KODEX
DES ÖSTERREICHISCHEN RECHTS

Herausgeber: em. o. Univ.-Prof. Dr. Werner Doralt
Redaktion: Dr. Veronika Doralt

VERKEHRS-RECHT

bearbeitet von

Mag. Peter Andre
Bundesministerium für Inneres

Rubbeln Sie Ihren persönlichen Code frei und laden Sie diesen Kodexband kostenlos in die Kodex App!

1151734

RUBBELN!

Der Code kann bis zum Erscheinen der Neuauflage eingelöst werden. Beachten Sie bitte, dass das Aufrubbeln des Feldes zum Kauf des Buches verpflichtet!

Benützungsanleitung: Die Novellen sind nach dem Muster der Wiederverlautbarung in Kursivdruck jeweils am Ende eines Paragraphen, eines Absatzes oder einer Ziffer durch Angabe des Bundesgesetzblattes in Klammer ausgewiesen. Soweit nach Meinung des Bearbeiters ein Bedarf nach einem genauen Novellenausweis besteht, ist der geänderte Text zusätzlich durch Anführungszeichen hervorgehoben.

KODEX
DES ÖSTERREICHISCHEN RECHTS

VERFASSUNGSRECHT	SOZIALVERSICHERUNG I + II
PARLAMENTSRECHT	SV DURCHFÜHRUNGSVORSCHRIFTEN
EUROPARECHT (EU-VERFASSUNGSRECHT)	STEUERGESETZE
VÖLKERRECHT	STEUER-ERLÄSSE I – IV
SCHIEDSVERFAHREN	EU-STEUERRECHT
BASISGESETZE ABGB und B-VG	EStG – RICHTLINIENKOMMENTAR
BÜRGERLICHES RECHT	LSt – RICHTLINIENKOMMENTAR
UNTERNEHMENSRECHT	KStG – RICHTLINIENKOMMENTAR
ZIVILGERICHTLICHES VERFAHREN	UmGrStG – RICHTLINIENKOMMENTAR
INTERNATIONALES PRIVATRECHT	UStG – RICHTLINIENKOMMENTAR
MEDIATION	DOPPELBESTEUERUNGSABKOMMEN
STRAFRECHT	ZOLLRECHT UND VERBRAUCHSTEUERN
IT-STRAFRECHT	RECHNUNGSLEGUNG UND PRÜFUNG
GERICHTSORGANISATION	INTERNATIONALE RECHNUNGSLEGUNG
ANWALTS- UND GERICHTSTARIFE	VERKEHRSRECHT
NOTARIATSRECHT	WEHRRECHT
JUSTIZGESETZE	ÄRZTERECHT
WOHNUNGSGESETZE	KRANKENANSTALTENGESETZE
FINANZMARKTRECHT I	LEBENSMITTELRECHT
FINANZMARKTRECHT II	VETERINÄRRECHT
FINANZMARKTRECHT III	UMWELTRECHT
FINANZMARKTRECHT IV	EU-UMWELTRECHT
FINANZMARKTRECHT V	EU-CHEMIKALIENRECHT
VERSICHERUNGSRECHT I + II	CHEMIKALIENGESETZE
COMPLIANCE FÜR UNTERNEHMEN	WASSERRECHT
WIRTSCHAFTSGESETZE I + II	ABFALLRECHT
UNLAUTERER WETTBEWERB	SCHULGESETZE
TELEKOMMUNIKATION	UNIVERSITÄTSRECHT
WETTBEWERBS- und KARTELLRECHT	INNERE VERWALTNG
DATENSCHUTZ	BESONDERES VERWALTUNGSRECHT
ENERGIERECHT	ASYL- UND FREMDENRECHT
IP-/IT-RECHT	POLIZEIRECHT
VERGABEGESETZE	VERWALTUNGSVERFAHRENSGESETZE
ARBEITSRECHT	LANDESRECHT TIROL I + II
EU-ARBEITSRECHT	LANDESRECHT VORARLBERG
ARBEITNEHMERSCHUTZ	STEIERMÄRKISCHES GEMEINDERECHT

ISBN: 978-3-7007-8382-4

LexisNexis Verlag ARD Orac GmbH & CoKG, 1020 Wien, Trabrennstraße 2A
Druck: Prime Rate GmbH, Budapest

Alle Rechte, insbesondere das Recht der Vervielfältigung und Verbreitung sowie der Übersetzung, vorbehalten. Kein Teil des Werkes darf in irgendeiner Form ohne schriftliche Genehmigung des Verlags reproduziert oder unter Verwendung elektronischer Systeme gespeichert, verarbeitet, vervielfältigt oder verbreitet werden. Alle Angaben in diesem Fachbuch sowie digitale Ausgabemedien (wie Apps, E-Books udgl.), die diesen Inhalt enthalten, erfolgen trotz sorgfältiger Bearbeitung ohne Gewähr; eine Haftung des Verlags, des Herausgebers, der Bearbeiter sowie der Software-Entwickler ist ausgeschlossen.

Vorwort

Der Kodex fasst alle wesentlichen Bundesgesetze und Verordnungen zum Straßen- und Eisenbahnrecht in einem Band zusammen, wobei durch die Einbeziehung des Parkgebührenrechts der Länder, der versicherungs- und abgabenrechtlichen Nebengesetze sowie der wesentlichen Rechtsakte der Europäischen Union ein umfassender Arbeitsbehelf für alle mit dem Verkehrsrecht befassten Rechtsanwender, sei es in der Rechtsanwaltschaft, bei Gericht, im Verwaltungsdienst, Versicherungswesen oder im Fahrschulwesen, geschaffen wurde. Durch die Einbeziehung der verschiedenen Durchführungsverordnungen ist auch ein praktikables Nachschlagewerk insbesondere für betroffene Personen und Unternehmen (z.B. Transportbereich) entstanden.

Insbesondere wurden nachstehende Gesetzes- und Verordnungsänderungen seit der Vorauflage berücksichtigt:

1/1.	Straßenverkehrsordnung 1960 – StVO 1960	BGBl I 2022/122
2/5.	Salzburger Parkgebührengesetz	LGBl 2022/37
3/1a.	Bundesstraßengesetz 1971	BGBl I 2022/123
3/2.	Straßentunnel-Sicherheitsgesetz	BGBl I 2022/123
4/3.	Prüf- und Begutachtungsstellenverordnung – PBStV	BGBl II 2022/258
4/5.	Führerscheingesetz – FSG	BGBl I 2022/121 (22. FSG-Novelle)
6/2.	Berufszugangs-Verordnung Güterkraftverkehr	BGBl II 2022/191
9/2.	Zulassungsstellenverordnung – ZustV	BGBl II 2022/387
9/3.	Kraftfahrzeugsteuergesetz – KfzStG 1992	BGBl I 2022/108
9/4.	Normverbrauchsabgabegesetz – NoVAG 1991	BGBl I 2022/108
10/1.	Tiertransportgesetz 2007 – TTG 2007	BGBl I 2022/130
14/1a.	Delegierte Verordnung (EU) 2022/1012 zur Ergänzung der Verordnung (EG) Nr. 561/2006	ABl L 170 vom 28. 6. 2022, S. 27

Mag. Peter Andre

Inhaltsverzeichnis

1.	**Straßenpolizeirecht**
1/1.	Straßenverkehrsordnung 1960
1/1/2.	Straßenverkehrszeichenverordnung 1998
1/1/3.	Bodenmarkierungsverordnung
1/1/4.	Verordnung des Bundesministeriums für Handel und Wiederaufbau vom 1. Jänner 1961 über das Weitergelten von Verordnungen, die auf Grund des Straßenpolizeigesetzes erlassen wurden
1/1/5a.	Schulwegsicherungsverordnung
1/1/5b.	Verordnung des Bundesministeriums für öffentliche Wirtschaft und Verkehr, mit der die näheren Bestimmungen über das Aussehen der bei Schülertransporten zu verwendenden Tafel festgelegt werden (Schülertransport-Kennzeichnungs-Verordnung)
1/1/6.	Verordnung des Bundesministers für Arbeit, Soziales und Konsumentenschutz über die Ausstellung von Behindertenpässen und von Parkausweisen
1/1/7.	Kurzparkzonen-Überwachungsverordnung
1/1/8.	Verordnung des Bundesministers für öffentliche Wirtschaft und Verkehr vom 2. November 1989 über Geschwindigkeitsbeschränkungen auf bestimmten Autobahnen zur Nachtzeit
1/1/9.	Verordnung des Bundesministers für öffentliche Wirtschaft und Verkehr über Ausnahmen vom Nachtfahrverbot für Fahrten im Rahmen des kombinierten Verkehrs
1/1/10.	Fahrradverordnung
1/1/11.	Verordnung der Bundesministerin für Inneres über die zur Atemalkoholüberprüfung geeigneten Geräte und die zu deren Handhabung zu ermächtigenden Organe der Straßenaufsicht (Alkoholvortestgeräteverordnung)
1/1/12.	Verordnung des Bundesministers für Inneres über die zur Atemalkoholuntersuchung geeigneten Geräte und die zu deren Handhabung zu ermächtigenden Organe der Straßenaufsicht (Alkomatverordnung)
1/1/13.	Verordnung des Bundesministers für Handel, Gewerbe und Industrie vom 14. Feber 1973 über das Dienstabzeichen für Organe der Straßenaufsicht, ausgenommen Organe der Bundesgendarmerie, der Bundes- oder einer Gemeindesicherheitswache
1/1/14.	Verordnung des Bundesministers für öffentliche Wirtschaft und Verkehr über Ausnahmen vom Wochenend- und Feiertagsfahrverbot
1/1/15.	Kinderradfahrausweis-Verordnung
1/1/16.	Speichelvortestgeräteverordnung 2017
1/2.	Straßenverkehrsunfallstatistik-Gesetz
2.	**Parkgebührengesetze der Länder**
2/1.	Burgenländisches Kurzparkzonengebührengesetz
2/2.	Kärntner Parkraum- und Straßenaufsichtsgesetz
2/3.	Niederösterreichisches Kraftfahrzeugabstellabgabegesetz
2/4.	Oberösterreichisches Parkgebührengesetz
2/5.	Salzburger Parkgebührengesetz
2/6.	Steiermärkisches Parkgebührengesetz 2006
2/7.	Tiroler Parkabgabegesetz 2006
2/8.	Vorarlberger Parkabgabegesetz
2/9/1.	Parkometergesetz 2006
2/9/2.	Parkometerabgabeverordnung
2/9/3.	Verordnung des Wiener Gemeinderates über die Art der zu verwendenden Kontrolleinrichtungen in Kurzparkzonen (Kontrolleinrichtungenverordnung)
2/9/4.	Verordnung des Wiener Gemeinderates über die pauschale Entrichtung der Parkometerabgabe (Pauschalierungsverordnung)
2/9/5.	Verordnung des Magistrats der Stadt Wien betreffend Parkraumbewirtschaftung im 1. Wiener Gemeindebezirk (Innere Stadt)

3. **Bundesstraßenrecht**
3/1a. Bundesstraßengesetz 1971 (BStG 1971)
3/1b. Verordnung über ein Sicherheitsmanagement für die Straßenverkehrsinfrastruktur
3/2. Straßentunnel-Sicherheitsgesetz (STSG)

4. **Kraftfahrrecht**
4/1. Kraftfahrgesetz 1967
4/2. Kraftfahrgesetz-Durchführungsverordnung 1967
4/2/1. Verzeichnis der Anlagen zur Kraftfahrgesetz-Durchführungsverordnung 1967
4/3. Prüf- und Begutachtungsstellenverordnung – PBStV
4/4. Kraftstoffverordnung 2012
4/5. Führerscheingesetz – FSG
4/6. Führerscheingesetz – Durchführungsverordnungen
    a) Führerscheingesetz-Durchführungsverordnung – FSG-DV
    b) Fahrprüfungsverordnung – FSG-PV
    c) Führerscheingesetz-Gesundheitsverordnung – FSG-GV
    d) Feuerwehr- und Rettungsverordnung – FSG-FRV
    e) Führerscheingesetz –Vorgezogene Lenkberechtigungsverordnung – FSG-VBV
    f) Führerscheingesetz – Nachschulungsverordnung – FSG-NV
4/7. Freisprecheinrichtungs-Verordnung
4/8. Automatisiertes Fahren Verordnung
4/9. Führerscheingesetz-Alternative Bewährungssystemverordnung *(mit 31. 8. 2022 außer Kraft getreten)*

5. **Gefahrgutbeförderungsrecht**
5/1. Gefahrgutbeförderungsgesetz – GGBG
5/2. Gefahrgutbeförderungsverordnung – GGBV
5/3. Gefahrgutbeförderungsverordnung Geringe Mengen – GGBV-GM
5/4. Gefahrgutbeförderungsverordnung land- oder forstwirtschaftliche Zugmaschinen – GGBV-lof
5/5. Beschränkungen für Beförderungseinheiten mit gefährlichen Gütern beim Befahren von Autobahntunneln

6. **Güterbeförderungsrecht**
6/1. Güterbeförderungsgesetz
6/2. Berufszugangs-Verordnung Güterkraftverkehr
6/3. Verordnung über den nichtlinienmäßigen Personenverkehr und den Güterverkehr mit Kraftfahrzeugen über die Grenze
6/4. Verordnung über die Anerkennung von Beförderungspapieren für bestimmte Beförderungstätigkeiten von Eisenbahnunternehmen
6/5. Kontingenterlaubnis-Vergabeverordnung – KVV 1999
6/6. Straßen- und Schienengüterverkehrsstatistik-Verordnung
6/7. Kabotagekontrollverordnung – KKV

7. **Gelegenheitsverkehrsrecht**
7/1. Gelegenheitsverkehrs-Gesetz 1996
7/2. Betriebsordnung für den nichtlinienmäßigen Personenverkehr – BO 1994
7/3. Berufszugangsverordnung Kraftfahrlinien- und Gelegenheitsverkehr – BZP-VO
7/4. Grundqualifikations- und Weiterbildungsverordnung – Berufskraftfahrer – GWB

8. Kraftfahrlinienrecht
8/1. Kraftfahrliniengesetz – KflG
8/2. Öffentliches Personennah- und Regionalverkehrsgesetz 1999 – ÖPNRV-G
8/3. Kraftfahrliniengesetz-Durchführungsverordnung – KflG-DV

9. Kraftfahrzeug-Versicherungs- und Abgabenrecht
9/1. Kraftfahrzeug-Haftpflichtversicherungsgesetz 1994 – KHVG 1994
9/2. Zulassungsstellenverordnung – ZustV
9/3. Kraftfahrzeugsteuergesetz 1992 – KfzStG 1992
9/4. Normverbrauchsabgabegesetz – NoVAG 1991
9/5a. Bundesstraßen-Mautgesetz 2002 – BStMG
9/5b. Verordnung des Bundesministers für Verkehr, Innovation und Technologie betreffend den Beginn der Einhebung der fahrleistungsabhängigen Maut

10. Tiertransportrecht
10/1. Tiertransportgesetz 2007 – TTG 2007
10/2. Tiertransport-Ausbildungsverordnung (TT-AusbVO)

11. Haftpflichtrecht
11. Eisenbahn- und Kraftfahrzeughaftpflichtgesetz – EKHG

12. Eisenbahnverkehrsrecht
12/1. Eisenbahngesetz 1957
12/2. Eisenbahn-Kreuzungsverordnung 2012
12/3. Schienenfahrzeug-Lärmzulässigkeitsverordnung – SchLV
12/4. Schienenverkehrslärm-Immissionsschutzverordnung – SchIV
12/5. Eisenbahnschutzvorschriften
12/6. Unfalluntersuchungsgesetz – UUG

13. Eisenbahnbeförderungsrecht
13. Eisenbahn-Beförderungs- und Fahrgastrechtegesetz – EisbBFG

14. EWG-EG-Rechtsakte
14/1. Verordnung (EG) Nr. 561/2006 des Europäischen Parlaments und des Rates vom 15. März 2006 zur Harmonisierung bestimmter Sozialvorschriften im Straßenverkehr und zur Änderung der Verordnungen (EWG) Nr. 3821/85 und (EG) Nr. 2135/98 des Rates sowie zur Aufhebung der Verordnung (EWG) Nr. 3820/85 des Rates
14/1a. Delegierte Verordnung (EU) 2022/1012 zur Ergänzung der Verordnung (EG) Nr. 561/2006 des Europäischen Parlaments und des Rates hinsichtlich der Festlegung von Normen für das Dienstleistungsniveau und das Sicherheitsniveau von sicheren und gesicherten Parkflächen sowie der Verfahren für deren Zertifizierung
14/2. Verordnung (EU) Nr. 165/2014 des Europäischen Parlaments und des Rates vom 4. Februar 2014 über Fahrtenschreiber im Straßenverkehr, zur Aufhebung der Verordnung (EWG) Nr. 3821/85 des Rates über das Kontrollgerät im Straßenverkehr und zur Änderung der Verordnung (EG) Nr. 561/2006 des Europäischen Parlaments und des Rates zur Harmonisierung bestimmter Sozialvorschriften im Straßenverkehr
14/3. Entscheidung der Kommission 93/172/EWG vom 22. Februar 1993 zur Festlegung des in Artikel 6 der Richtlinie 88/599/EWG des Rates auf dem Gebiet des Straßenverkehrs vorgesehenen Einheitsformulars

14/4. Richtlinie 2006/22/EG des Europäischen Parlaments und des Rates vom 15. März 2006 über Mindestbedingungen für die Durchführung der Verordnungen (EWG) Nr. 3820/85 und (EWG) Nr. 3821/85 des Rates über Sozialvorschriften für Tätigkeiten im Kraftverkehr sowie zur Aufhebung der Richtlinie 88/599/EWG des Rates

1. StVO

StVO VO

Inhaltsverzeichnis

Straßenpolizeirecht

1/1. **Straßenverkehrsordnung 1960,** BGBl 1960/159 idF
BGBl 1963/228   BGBl 1964/204   BGBl I 1965/229
BGBl 1968/163   BGBl 1969/209   BGBl 1971/274
BGBl 1973/405   BGBl 1974/21   BGBl 1975/402
BGBl 1976/412   BGBl 1976/576   BGBl 1977/115
BGBl 1977/616   BGBl 1979/209   BGBl 1982/275
BGBl 1983/174   BGBl 1984/253   BGBl 1984/450
BGBl 1986/105   BGBl 1986/449   BGBl 1987/213
BGBl 1987/573   BGBl 1989/86   BGBl 1989/562
BGBl 1989/641   BGBl 1990/423   BGBl 1991/207
BGBl 1991/615   BGBl 1993/522   BGBl 1994/518
BGBl 1994/819   BGBl 1996/201   BGBl I 1997/16
BGBl I 1997/129 BGBl I 1998/3   BGBl I 1998/92
BGBl I 1998/145 BGBl I 1999/134 BGBl I 2000/32
BGBl I 2000/142 BGBl I 2002/32 BGBl I 2002/50
BGBl I 2002/80 BGBl I 2002/128 BGBl I 2003/59
BGBl I 2003/71 BGBl I 2004/94 BGBl I 2004/151
BGBl I 2005/15 BGBl I 2005/52 BGBl I 2005/99
BGBl I 2006/54 BGBl I 2006/152 BGBl I 2008/2
BGBl I 2009/16 BGBl I 2009/93 BGBl I 2010/116
BGBl I 2011/34 BGBl I 2011/59 BGBl I 2012/50
BGBl I 2013/39 BGBl I 2014/27 BGBl I 2014/88
BGBl I 2015/123 BGBl I 2017/6   BGBl I 2017/68
BGBl I 2018/29 BGBl I 2018/30 BGBl I 2018/42
BGBl I 2019/18 BGBl I 2019/37 BGBl I 2019/77
BGBl I 2019/113 (VfGH) BGBl I 2020/24   BGBl I 2020/161
BGBl I 2021/154 BGBl I 2022/122

Verordnungen:

1/1/2. **Straßenverkehrszeichenverordnung 1998,** BGBl II 1998/238 idF
BGBl II 2013/292

1/1/3. **Bodenmarkierungsverordnung,** BGBl 1995/848 idF
BGBl II 2002/370

1/1/4. **Verordnung des Bundesministeriums für Handel und Wiederaufbau vom 1. Jänner 1961 über das Weitergelten von Verordnungen, die auf Grund des Straßenpolizeigesetzes erlassen wurden,** BGBl 1961/4

1/1/5a. **Schulwegsicherungsverordnung,** BGBl 1994/790 idF
BGBl II 1998/371   BGBl II 2003/399

1/1/5b. **Verordnung des Bundesministers für öffentliche Wirtschaft und Verkehr, mit der die näheren Bestimmungen über das Aussehen der bei Schülertransporten zu verwendenden Tafel festgelegt werden (Schülertransport-Kennzeichnungs-Verordnung),** BGBl 1994/792

1/1/6. **Behindertenpass - Parkausweis,** BGBl II 2013/495 idF BGBl II 2016/263

1. StVO
Inhaltsverzeichnis

1/1/7. **Kurzparkzonen-Überwachungsverordnung,** BGBl 1994/857 idF
BGBl II 2005/303   BGBl II 2008/145

1/1/8. **Verordnung des Bundesministers für öffentliche Wirtschaft und Verkehr vom 2. November 1989 über Geschwindigkeitsbeschränkungen auf bestimmten Autobahnen zur Nachtzeit,** BGBl 1989/527 idF
BGBl II 2001/473

1/1/9. **Verordnung des Bundesministers für öffentliche Wirtschaft und Verkehr über Ausnahmen vom Nachtfahrverbot für Fahrten im Rahmen des kombinierten Verkehrs,** BGBl 1994/1027 idF
BGBl II 1998/110   BGBl II 2002/33   BGBl II 2006/99
BGBl II 2007/76

1/1/10. **Fahrradverordnung,** BGBl II 2001/146 idF
BGBl II 2013/297

1/1/11. **Alkoholvortestgeräteverordnung** BGBl II 2005/404 idF
BGBl II 2013/238 und BGBl II 2018/101

1/1/12. **Verordnung des Bundesministers für Inneres über die zur Atemalkoholuntersuchung geeigneten Geräte und die zu deren Handhabung zu ermächtigenden Organe der Straßenaufsicht (Alkomatverordnung),** BGBl 1994/789 idF
BGBl II 1997/146 und BGBl II 2018/100

1/1/13. **Verordnung des Bundesministers für Handel, Gewerbe und Industrie vom 14. Februar 1973 über das Dienstabzeichen für Organe der Straßenaufsicht, ausgenommen Organe der Bundesgendarmerie, der Bundes- oder einer Gemeindesicherheitswache,** BGBl 1973/95

1/1/14. **Verordnung des Bundesministers für öffentliche Wirtschaft und Verkehr über Ausnahmen vom Wochenend- und Feiertagsfahrverbot,** BGBl 1994/855 idF
BGBl II 2005/114   BGBl II 2006/84   BGBl II 2007/119

1/1/15. **Kinderradfahrausweis-Verordnung,** BGBl 1994/947

1/1/16. **Speichelvortestgeräteverordnung 2017,** BGBl II 2017/61 idF
BGBl II 2019/53

1/2. **Straßenverkehrsunfallstatistik-Gesetz,** BGBl I 2017/7

Straßenverkehrsordnung 1960 (StVO 1960)

BGBl 1960/159 idF

1 BGBl 1963/228 (VfGH)
2 BGBl 1964/204
3 BGBl 1965/229
4 BGBl 1968/163 (VfGH)
5 BGBl 1969/209
6 BGBl 1971/274
7 BGBl 1973/405 (VfGH)
8 BGBl 1974/21
9 BGBl 1975/402
10 BGBl 1976/412
11 BGBl 1976/576 (DFB)
12 BGBl 1977/115
13 BGBl 1977/616
14 BGBl 1979/209
15 BGBl 1982/275
16 BGBl 1983/174
17 BGBl 1984/253
18 BGBl 1984/450
19 BGBl 1986/105
20 BGBl 1986/449 (VfGH)
21 BGBl 1987/213
22 BGBl 1987/573 (VfGH)
23 BGBl 1989/86
24 BGBl 1989/552
25 BGBl 1989/641 (VfGH)
26 BGBl 1990/423
27 BGBl 1991/207 (VfGH)
28 BGBl 1991/615 (VfGH)
29 BGBl 1993/522
30 BGBl 1994/505
31 BGBl 1994/518
32 BGBl 1994/819 (DFB)
33 BGBl 1996/201
34 BGBl I 1997/16 (VfGH)
35 BGBl I 1997/129 (VfGH)
36 BGBl I 1998/3
37 BGBl I 1998/92
38 BGBl I 1998/145
39 BGBl I 1999/134
40 BGBl I 2000/32 (VfGH)
41 BGBl I 2000/142
42 BGBl I 2002/32
43 BGBl I 2002/50
44 BGBl I 2002/80
45 BGBl I 2002/128
46 BGBl I 2003/59
47 BGBl I 2003/71
48 BGBl I 2004/94
49 BGBl I 2004/151 (SPG-Nov 2005)
50 BGBl I 2005/15
51 BGBl I 2005/52
52 BGBl I 2005/99
53 BGBl I 2006/54
54 BGBl I 2006/152
55 BGBl I 2008/2 (1. BVRBG)
56 BGBl I 2009/16
57 BGBl I 2009/93
58 BGBl I 2010/116
59 BGBl I 2011/34 (23. StVO-Novelle)
60 BGBl I 2011/59 (24. StVO-Novelle)
61 BGBl I 2012/50 (SNG)
62 BGBl I 2013/39 (25. StVO-Novelle)
63 BGBl I 2014/27 (26. StVO-Novelle)
64 BGBl I 2014/88
65 BGBl I 2015/123 (27. StVO-Novelle)
66 BGBl I 2017/6 (28. StVO-Novelle)
67 BGBl I 2017/68
68 BGBl I 2018/29
69 BGBl I 2018/30
70 BGBl I 2018/42
71 BGBl I 2019/18 (30. StVO-Novelle)
72 BGBl I 2019/37 (31. StVO-Novelle)
73 BGBl I 2019/77 (32. StVO-Novelle)
74 BGBl I 2019/113 (VfGH)
75 BGBl I 2020/24 (4. COVID-19-Gesetz)
76 BGBl I 2020/161
77 BGBl I 2021/154
78 BGBl I 2022/122 (33. StVO-Novelle)

1/1. StVO
Gliederung

GLIEDERUNG

I. Abschnitt. Allgemeines (§§ 1 – 6)
- § 1 Geltungsbereich
- § 2 Begriffsbestimmungen
- § 3 Vertrauensgrundsatz
- § 4 Verkehrsunfälle
- § 5 Besondere Sicherungsmaßnahmen gegen Beeinträchtigung durch Alkohol
- § 5a (ohne Überschrift)
- § 5b Zwangsmaßnahmen bei Alkoholisierung
- § 6 Benützung schienengleicher Eisenbahnübergänge

II. Abschnitt. Fahrregeln (§§ 7 – 25)
- § 7 Allgemeine Fahrordnung
- § 8 Fahrordnung auf Straßen mit besonderen Anlagen
- § 8a Fahrordnung auf Radfahranlagen
- § 9 Verhalten bei Bodenmarkierungen
- § 10 Ausweichen
- § 11 Änderung der Fahrtrichtung und Wechsel des Fahrstreifens
- § 12 Einordnen
- § 13 Einbiegen, Einfahren und Ausfahren
- § 14 Umkehren und Rückwärtsfahren
- § 15 Überholen
- § 16 Überholverbote
- § 17 Vorbeifahren
- § 18 Hintereinanderfahren
- § 19 Vorrang
- § 20 Fahrgeschwindigkeit
- § 21 Verminderung der Fahrgeschwindigkeit
- § 22 Warnzeichen
- § 23 Halten und Parken
- § 24 Halte- und Parkverbote
- § 25 Kurzparkzonen

III. Abschnitt. Bevorzugte Straßenbenützer (§§ 26 – 30)
- § 26 Einsatzfahrzeuge
- § 26a Fahrzeuge im öffentlichen Dienst
- § 27 Fahrzeuge des Straßendienstes, der Müllabfuhr und der Kanalwartung
- § 28 Schienenfahrzeuge
- § 29 Geschlossene Züge von Straßenbenützern
- § 29a Kinder
- § 29b Menschen mit Behinderungen
- § 30 Wirtschaftsfuhren

IV. Abschnitt. Regelung und Sicherung des Verkehrs (§§ 31 – 57)

A. Gemeinsame Bestimmungen (§§ 31 – 35)
- § 31 Einrichtungen zur Regelung und Sicherung des Verkehrs
- § 32 Anbringungspflicht und Kosten
- § 33 Einrichtungen auf benachbarten Grundstücken zur Regelung und Sicherung des Verkehrs
- § 34 Ausstattung der Einrichtungen zur Regelung und Sicherung des Verkehrs
- § 35 Vermeidung von Verkehrsbeeinträchtigungen

B. Armzeichen und Lichtzeichen (§§ 36 – 41)
- § 36 Zeichengebung
- § 37 Bedeutung der Armzeichen
- § 38 Bedeutung der Lichtzeichen
- § 39 Anordnung der Lichtzeichen
- § 40 Signalscheiben
- § 41 Hilfszeichen

C. Allgemeine Regelung und Sicherung des Verkehrs (§§ 42 – 47)
- § 42 Fahrverbot für Lastkraftfahrzeuge
- § 43 Verkehrsverbote, Verkehrserleichterungen und Hinweise
- § 44 Kundmachung der Verordnungen
- § 44a Vorbereitende Verkehrsmaßnahmen
- § 44b Unaufschiebbare Verkehrsbeschränkungen
- § 44c Verkehrsbeeinflussung
- § 44d Pannenstreifenfreigabe
- § 45 Ausnahmen in Einzelfällen
- § 46 Autobahnen
- § 47 Autostraßen

D. Straßenverkehrszeichen (§§ 48 – 54)
- § 48 Anbringung der Straßenverkehrszeichen
- § 49 Allgemeines über Gefahrenzeichen
- § 50 Gefahrenzeichen
- § 51 Allgemeines über Vorschriftszeichen
- § 52 Die Vorschriftszeichen
- § 53 Die Hinweiszeichen
- § 54 Zusatztafeln

E. Verkehrsleiteinrichtungen (§§ 55 – 57)
- § 55 Bodenmarkierungen auf der Straße

§ 56	Schutzwegmarkierungen
§ 56a	Radfahrerüberfahrtmarkierungen
§ 57	Einrichtungen neben und auf der Fahrbahn

V. Abschnitt. Allgemeine Vorschriften über den Fahrzeugverkehr (§§ 58 – 64)

§ 58	Lenker von Fahrzeugen
§ 59	Verbot des Lenkens von Fahrzeugen
§ 60	Zustand und Beleuchtung der Fahrzeuge
§ 61	Verwahrung der Ladung
§ 62	Ladetätigkeit
§ 63	entfällt
§ 64	Sportliche Veranstaltungen auf Straßen

VI. Abschnitt. Besondere Vorschriften für den Verkehr mit Fahrrädern und Motorfahrrädern (§§ 65 – 69)

§ 65	Benützung von Fahrrädern
§ 66	Beschaffenheit von Fahrrädern, Fahrradanhängern und Kindersitzen
§ 67	Fahrradstraße
§ 68	Fahrradverkehr
§ 69	Motorfahrräder

VII. Abschnitt. Besondere Vorschriften für den Fuhrwerksverkehr (§§ 70 – 75)

§ 70	Lenkung von Fuhrwerken
§ 71	Maße und Gewichte
§ 72	Beschaffenheit und Ausstattung des Fuhrwerkes
§ 73	Beleuchtung des Fuhrwerkes
§ 74	Bespannung
§ 75	Ankoppeln

VIII. Abschnitt. Fußgängerverkehr (§§ 76 – 78)

§ 76	Fußverkehr
§ 76a	Fußgängerzone
§ 76b	Wohnstraße
§ 76c	Begegnungszonen
§ 76d	Schulstraße
§ 77	Geschlossene Züge von Fußgängern
§ 78	Verhalten auf Verkehrsflächen mit Fußverkehr

IX. Abschnitt. Verkehr nicht eingespannter Tiere (§§ 79 – 81)

§ 79	Reiten
§ 80	Viehtrieb
§ 81	Weiden an Straßen

X. Abschnitt. Benützung von Straßen zu verkehrsfremden Zwecken (§§ 82 – 88b)

§ 82	Bewilligungspflicht
§ 83	Prüfung des Vorhabens
§ 84	Werbungen und Ankündigungen außerhalb des Straßengrundes
§ 85	Ausübung von Erwerbstätigkeiten
§ 86	Umzüge
§ 87	Wintersport auf Straßen
§ 88	Spielen auf Straßen
§ 88a	Rollschuhfahren
§ 88b	Rollerfahren

XI. Abschnitt. Verkehrserschwernisse (§§ 89 – 93)

§ 89	Kennzeichnung von Verkehrshindernissen
§ 89a	Entfernung von Hindernissen
§ 90	Arbeiten auf oder neben der Straße
§ 91	Bäume und Einfriedungen neben der Straße
§ 92	Verunreinigung der Straße
§ 93	Pflichten der Anrainer

XII. Abschnitt. Behörden und Straßenerhalter (§§ 94 – 98)

§ 94	Zuständigkeit des Bundesministers für Verkehr, Innovation und Technologie
§ 94a	Zuständigkeit der Landesregierung
§ 94b	Zuständigkeit der Bezirksverwaltungsbehörde
§ 94c	Übertragener Wirkungsbereich der Gemeinde
§ 94d	Eigener Wirkungsbereich der Gemeinde
§ 94e	Verordnungen
§ 94f	Mitwirkung
§ 95	Landespolizeidirektionen
§ 96	Besondere Rechte und Pflichten der Behörde
§ 97	Organe der Straßenaufsicht
§ 97a	Sicherung des Schulweges
§ 98	Besondere Rechte und Pflichten des Straßenerhalters

XIII. Abschnitt. Besondere Vorschriften für die Verkehrsüberwachung mittels bildverarbeitender technischer Einrichtungen, Straf- und Schlussbestimmungen (§§ 98a – 106)

§ 98a	Abschnittsbezogene Geschwindigkeitsüberwachung
§ 98b	Punktuelle Geschwindigkeitsmessung
§ 98c	Abstandsmessung

1/1. StVO
Gliederung

§ 98d	Überwachung der Beachtung von Lichtzeichen	§ 101	Verkehrsunterricht
§ 98e	Überwachung aus Fahrzeugen	§ 102	Abgrenzung zu anderen Rechtsvorschriften
§ 98f	Verkehrsbeobachtung	§ 102a	Verweisungen
§ 98g	Zulässige Weiterverwendung von Daten in bestimmten Fällen	§ 103	Inkrafttreten und Aufhebung
§ 99	Strafbestimmungen	§ 104	Übergangsbestimmungen
§ 100	Besondere Vorschriften für das Strafverfahren	§ 105	Vollziehung
		§ 106	Bezugnahme auf Richtlinien

1/1. StVO
Stichwortverzeichnis

STICHWORTVERZEICHNIS
Die Zahlen bezeichnen Paragraphen und geben die wichtigsten Fundstellen an. In Klammern gesetzte Zahlen bezeichnen die jeweiligen Absätze der zuvor genannten Paragraphen.

Abnahme der Fahrzeugschlüssel 5b (2), 58 (1), 42 (4)
Abrollsicherung 23 (5)
Abschleppen 89a
– Benachrichtigungen 89a (4) und (5)
– Eigentumsübergang 89a (6) lit. b
– Kosten 89a (7) und (7a)
– Radsperre 100 (3a)
Abschleppzone 54 (5) lit. j
Abstandsmessung 98c
Alarmblinkanlage 22 (3)
Alkoholbeeinträchtigung 5
Alkomat 5 (3)
Alkotest 5 (3)
Amtsarzt 5 (2)
Andreaskreuz 50 Z 6 d
Anhalten 2 (1) Z 26
Ankoppeln 75
Ankündigungen
– außerhalb des Straßengrundes 84
Anrainerpflichten 93
Alpgebiet 81 (3)
Arbeiten
– auf und neben der Straße 90
Arbeitsfahrt 27 (2)
– Verkehrszeichen 48 (3)
Arbeitsmaschinen 27
Armzeichen 37
– Heer 29 (3)
Arrest 99
Arzt
– Halte- und Parkverbote 24 (5)
Atemalkoholgehalt 5 (4)
Atemluftuntersuchung 5 (2), (2a), (3a)
Aufsichtsperson 29a (2)
Aufwölbung 50 Z 1
Ausfahren 13
Ausnahmen – Verkehrsbeschränkungen 45
Ausweichen 10
Autobahn 46
– Anhalten 46 (3)
– Hinweiszeichen 53 Z 8
– Mindestgeschwindigkeit 46 (1)
– Pannenstreifen 46 (3)
– Verbote und Verhalten auf 46 (4)
Autobus 26a
– Abfahrt
– Haltestelle 26a (2)
– Hinweiszeichen 53 (1) lit. b
Autostraße 47
– Hinweiszeichen 53 Z 8

Bahnübergang
– mit Schranken 50 Z 6a
– ohne Schranken 50 Z 6b
Baken 50 Z 6c
Bäume 91
Baustelle 50 Z 9, 90

Begegnungszone 2 (1) Z 2a, 23 (2), 53 (1) Z 9e, f, 76c
Behörde 94 ff
– Rechte der 96
– Pflichten der 96
Beleuchtung 60
Beschleunigungsstreifen 2 (1) Z 6c
Beschränkungszeichen 52a
Bettelmusik 85 (3)
Bezirksstraße 53 Z 21
Bezirksverwaltungsbehörde 94b
Blutabnahme 5 (6) + (8)
Bodenmarkierungen 55
– Verhalten bei 9
Bundesminister für Verkehr, Innovation und Technologie 94
Bundespolizeibehörden 95
Bundesstraße 53 Z 19 und 20

Container 23 (6) und 89a (2) lit. b

Dienstabzeichen 97 (2)
Dienstpflicht 97 (2)

Einbahnstraße
– Befahren 7 (5) und 26 (3)
– Begriff 2 (1) Z 3b
– Hinweiszeichen 53 (1) Z 10
Einbiegen 13
– nach links verboten 52 Z 3a
– nach rechts verboten 52 Z 3b
– Voranzeiger 53 (1) Z 23a
Einfahren 13
Einfahrt verboten 52 Z 2
Einfriedungen 91
Einordnen 12
– Voranzeiger 53 (1) Z 23
Einrichtungen zur Regelung und Sicherung des Verkehrs 31
– Abmessungen 48
– Anbringungspflicht 32
– auf benachbarten Grundstücken 33
– Ausstattung 34
– Beschaffenheit 34
– Farben 34
– Kosten 32
Einsatzfahrzeug 2 (1) Z 25, 26 (1)
– Ausnahme von Verkehrsbeschränkungen 26 (2)
– Signalverwendung 26 (1)
– Vorrang 19 (2), 26 (4)
Einweisen 13 (3), 14 (3)
Eisbildungen 93 (2)
Eisenbahnübergänge
– schienengleiche 6
– Überholverbot 16 (3)
Eisschleifen 88
Eisstockschießen 88
Erprobung 34 (5)

1/1. StVO

Stichwortverzeichnis

Erwerbstätigkeit 85
– Ladetätigkeit 62
– Ladezone 43 (1) lit. c
– Werbung 84

Fahrbahn
– Begriff 2 (1) Z 2
– Hauptfahrbahn 2 (1) Z 3
– Nebenfahrbahn 2 (1) Z 4
– Richtungsfahrbahn 2 (1) Z 3a
– Verengung 50 Z 8
Fahren auf Sicht 20 (1)
Fahrgeschwindigkeit 20
– Anzeige der Verminderung 21
– Höchstgeschwindigkeit 20 (2)
– Mindestgeschwindigkeit 20 (1)
– Schutzweg 9 (2)
– Sichtverhältnisse 20 (1)
– Überholvorgang 15 (5)
– wissenschaftliche Untersuchungen 20 (3) und (3a)
Fahrordnung
– allgemeine 7 (1)
– Einbahnstraße 7 (5)
– Nebenfahrbahn 8 (1)
– Schutzinsel 8 (2)
Fahrrad 2 (1) Z 22
– Anhänger 66
– Ausrüstung 66
– Ausweis 65 (2)
– Beleuchtungseinrichtung 66 (3)
– Benützung 65
– Beschaffenheit 66
– Kinder 65 (2)
– Ladung 67
– Lenker 65 (1)
– mehrspuriges 67
– Mitführen von Gegenständen 68 (5)
– Mitführen von Personen 65 (3), 66 (5) und (6)
– Nebeneinanderfahren 68 (2)
– Radfahrstreifen 68 (1)
– Radweg 68 (1)
– Rennfahrradausrüstung 66 (2a)
– Rückstrahler 66 (3)
– Sitz 66 (5) und (6)
– Verhalten der Radfahrer 68
Fahrradstraße 53 (1) Z 26, 67
Fahrstreifen 2 (1) Z 5
– für Omnibusse 53 (1) Z 25
– Signalisierung 38 (10)
– Verlauf
– Voranzeiger 53 (1) Z 23b
– Verminderung 53 (1) Z 23c
– Wahl des 7 (3a)
– Wechsel des 11, 13 (2a)
Fahrtrichtung
– Änderung der 11
– vorgeschriebene 52 Z 15
– vorgeschriebene, für Kraftfahrzeuge mit gefährlichen Gütern 52 Z 15a
Fahrverbot 52 Z 1, 52 Z 6a bis 9d

– für LKW bis 7, 5 t 42 (6)
– Nachtfahrverbot, Ausnahmen 42 (2a) und (3)
Fahrzeug 2 (1) Z 19
– Abschleppen von 82 (3) lit. b
– Anzeige von Pannen 89 (2)
– Be- und Entladen 62
– Beleuchtung 60 (3)
– im öffentlichen Dienst 26a
– Kontrolle 97 (5)
– Ladung 61
– Lenker 58
– Lenkverbot 59
– Rückstrahleinrichtungen 60 (4)
– Zustand 60
Falschfahrer 50 Z 14a
Feuerwehr
– Anweisung an Straßenbenützer 44b (1)
– Kolonne 29 (4)
– Kommandant 24 (5b)
Flugbetrieb 50 Z 10c
Freie Fahrt 37 (5), 38 (4) und (7)
Freilandstraße 2 (1) Z 16
Fuhrwerk 2 (1) Z 21
– Ankoppeln 75
– Ausstattung 72
– Beleuchtung 73
– Beschaffenheit 72
– Bespannung 74
– Gewichte 71
– Lenkung 70
– Maße 71
– unbespanntes 23 (6)
Fußgänger
– geschlossene Züge von 77
– Überqueren der Fahrbahn 76 (3)
– Unter- oder Überführung 76 (6) und (7)
– Verhalten 76, 78
– Verhalten am Gehweg 78
Fußgängerübergang 50 Z 11
– Markierung 56
– Pflicht zur Anlegung 56 (1)
Fußgängerzone 76a
– Ausnahme vom Fahrverbot 76a (5) lit. c
– Halte- und Parkverbote 24 (1) lit. i
– Ladetätigkeit 76a (2) Z 4

Gebotszeichen 52 lit b
Gebühr 4 (5b)
Gefahren, andere 50 Z 16
Gefahrenzeichen 49, 50
Gefälle, gefährliches 50 Z 7
Gegenverkehr 50 Z 14
– Ausweichen 10 (1)
– Einbiegen 13 (2)
– Überholverbot bei 16 (1) lit a
– Vorbeifahren 17 (1)
Gehbehinderte 29b
– Ausnahmen vom Halte- und Parkverbot 43 (1) lit d
– Ausnahmen von Verkehrsvorschriften 45 (2)
– Ausweis 29b (4)

1/1. StVO

Stichwortverzeichnis

– Benutzung von Rollstühlen auf Gehsteigen 76 (1)
– Halte- und Parkverbot 29b (1) lit b und (2) lit d
– Invalidenzone 43 (1) lit d
Gehsteig
– Begriff 2 (1) Z 10
– Benützung 8 (4)
– gewerbliche Tätigkeit auf 82 (3) lit a
– Ladetätigkeit 62 (4)
– Säuberungs- und Streupflicht 93 (1)
– Spielen auf 88 (2)
– Verhalten auf 78
– Verunreinigung durch Hunde 92 (2)
Gehweg 2 (1) Z 11, 52 Z 17
– Benützung 8 (4)
Geh- und Radweg ohne Benützungspflicht 53 (1) Z 28
Geldstrafe 99
Geltungsbereich 1
Gemeinde
– eigener Wirkungsbereich 94d
– übertragener Wirkungsbereich 94c
– Wachkörper der 94c (3), 97 (1)
Gesamtgewicht 2 (1) Z 20
Geschlossener Verband des Bundesheeres 29 (2)
Geschlossener Zug von Straßenbenützern 29
Geschwindigkeitsbeschränkungen 20 (3) und (3a)
– allgemeine 53 (1) Z 22
– für LKW über 7,5 t 42 (8)
– Verbotszeichen 52 Z 10
Geschwindigkeitsmesssysteme 100 (5b)
Geschwindigkeitsmessung, punktuell 98b
Geschwindigkeitstrichter 97 (5)
Geschwindigkeitsüberwachung, abschnittsbezogen 98a
Geschwindigkeitsverminderung 21
Geschwindigkeitsverringerung 37 (7)
Gewerbeausübung 82
Gleiskörper
– selbständiger 2 (1) Z 14
– Benützung 8 (5)
Gottesdienste 53 (1) Z 3a
Grenzübergang 38 (9), 97 (1a)

Halt 37 (1) bis (4), 38 (1), (2), (5) und (7)
– Vorrangzeichen 52 Z 24
Haltelinie 55 (2)
Halten
– Absicherung gegen Abrollen 23 (5)
– auf Autobahnen 46 (3)
– auf Fahrstreifen für Autobusse 26a (3)
– auf Gehsteigen 23 (2)
– auf Gleisen 28 (2)
– Definition 2 (1) Z 27, 23
– in der Kurzparkzone 25
– in Wohnstraßen 23 (2a)
– in zweiter Spur 23 (3a)
– Ladetätigkeit 62
– Verbot 24
– vor Haus- oder Grundstückseinfahrt 23 (3)
Haltestellenabfahrt 26a (2)

Hauptverkehrsweg, internationaler 53 (1) Z 18
Hauskrankenpflege
– Halte- und Parkverbot Ausnahme 24 (5a)
Hilfe, Erste 53 (1) Z 3
Hilfeleistung 4 (2) und 3
Hilfszeichen 41
Hintereinanderfahren 18
Höchstgeschwindigkeiten 20 (2) und (2a)
Hunde 92 (2)
Hupverbot 52 Z 14

Inkrafttreten 103

Kinder 29a, 50 Z 12
– Aufsichtsperson 29a (2)
– Lenken eines Fahrrades 65 (1) und (2)
– Schülerlotse 29a (3), 97a (1) und (2)
– Verhalten gegenüber 29a (1)
– Vertrauensgrundsatz 3
Kindersitz 66
Kombinierter Verkehr 42 (2a) und (2b)
Kompetenz
– Rückübertragung 100 (9)
– Übertragung 94c, 95 (2)
Krankenanstalt
– öffentliche 5 (8), 5a (1)
Kreisverkehr
– Begriff 2 (1) Z 3c
Kreuzung 2 (1) Z 17, 50 Z 3
– geregelte 2 (1) Z 18
– mit Kreisverkehr 50 Z 3a
– mit Straße ohne Vorrang 50 Z 4
Kundmachung 103
Kurve
– gefährliche 50 Z 2
Kurzparkzonen 25
– Ausnahmen 43 (2a), 45 (49 und (4a)
– Parkgenehmigung 43 (2a), 45 (4)
– Verbotszeichen 52 Z 13d

Lademulden 23 (6)
Ladetätigkeit 62
– Ausnahme vom Halteverbot 43 (11)
– in Fußgängerzonen 24 (1) Z 3, 76a (2) Z 4
– Ladezone 43 (1) lit. c
Ladung 61
Landespolizeidirektionen 95
Landesregierung 94a
Landesstraße 53 Z 21
Lastfahrzeug 2 (1) Z 23
Laternen 53 (1) Z 12
Lauflichtanlagen 57
Leichenzug 29
Leitbaken 57
Leitlinie, Verhalten bei 9 (1)
Leitmale 57
Leitpflöcke 57
Leitplanken 57
Lenker 58
Lenkerberechtigung 58
Lenkverbot 59
Lichtzeichen 38
– Anordnung 39

1/1. StVO

Stichwortverzeichnis

– Überwachung der Beachtung 98d
– Vorankündigung 50 Z 15

Mautschranken 89 (1)
Mehrzweckstreifen 2 (1) Z 7a
– Benützung 8 (4)
Mindestgeschwindigkeit
– vorgeschriebene 52 Z 19
Mitwirkung der Behörden 94f
Motorfahrräder 69
Müllabfuhr 27
– Arbeitsfahrt 27 (3)
Musizieren 82

Nachtfahrverbot
– Ausnahmen 42 (6) und (7)
– für LKW über 7,5 t 42 (1) und (6)
Nebeneinanderfahren 7 (3)
Nebenfahrbahn 8 (1)

Oberleitungsomnibus 2 (1) Z 24a, 2 (3)
Organe der Straßenaufsicht 97
Organmandate 100 (5a)
Orientierungstafel 53 (1) Z 15c
Ortsende 53 (1) Z 17b
Ortsgebiet 2 (1) Z 15
Ortstafel 53 (1) Z 17a

Pannenbucht 53 (1) Z 1c
Pannenhilfe 53 (1) Z 4
Pannenstreifen
– Abstellen von Kfz 46 (3)
– Begriff 2 (1) Z 6a
Pannenstreifenfreigabe 44d
Parken
– Definition 2 (1) Z 28
– Genehmigung 45 (4), 43 (2a)
– Hinweiszeichen 53 (1) Z 1
– Verbote 24
– Verbotszeichen 52 Z 13
– Verhalten beim 23
Parkplatz 8 (2)
Prozession 29

Querrinne 50 Z 1

Radfahranlage 2 (1) Z 11b, 68 (1)
– Fahrordnung 8a Radfahrausweis 65 (2)
Radfahrer
– auf Nebenfahrbahnen 8 (1)
– Verhalten der 68
Radfahrsitz 65 (3)
Radfahrstreifen 2 (1) Z 7
Radfahrerüberfahrt 2 (1) Z 12a, 50 Z 11a
– Benützung 9 (2)
– Fahrordnung 8a
– Kennzeichnung 53 (1) Z 2b, 2c
– Markierung 56a
Radfahrprüfung 65(2)
Radiostationen 84 (1)
Radschuhe 72 (4)
Radsperre 100 (3a)
Radweg 2 (1) Z 8, 52 Z 16
– ohne Benützungspflicht 53 (1) Z 27

Rechtsabbiegeverbot 43 (8)
Rechtsfahrgebot 7 (2)
Rechtsregel 19 (1)
Regelung des Verkehrs
– Arm- und Lichtzeichen 36 bis 39
– bei Gefahr im Verzug 97 (3)
– Einrichtungen 31 (1), 33 , 34
– Hilfszeichen 41
– Signalscheiben 40
– Straßenbauunternehmen 40 (2)
Reißverschlußsystem 11 (5)
Reiten 79
Reitverbot 52 Z 14a
Reitweg 2 (1) Z 9, 52 Z 17b
Rettungsgasse 99 (2c) Z 9, 10
Richtlinien 106
Richtungspfeile 9 (6)
Rollschuhe 88
Rollschuhfahren 88a, 9 (2)
Routenbindung 43 (2) lit. b
Rückstrahleinrichtungen 66 (3)
Rückwärtsfahren 14

Sackgasse 53 (1) Z 11
Schienenfahrzeug 2 (1) Z 24, 28
– Änderung der Fahrtrichtung 11 (4)
– Ausweichen 10 (1)
– Einordnen 12 (4)
– Überholvorgang 15 (5)
– Vorbeifahren 17 (1) und (2)
– Vorrangverzicht 19 (8)
Schleudergefahr 50 Z 10
Schneeablagerung
– Straße 93 (6)
Schneeketten 52 Z 22
– Fuhrwerke mit 72 (4)
Schneeräumfahrzeuge 27
Schneestangen 57
Schneewächten 93 (2)
Schnellverkehr 46 (1)
Schülerlotsen 29a (3)
Schulwegsicherung 97a
Schutzausrüstung 29a (4), 97
Schutzinsel 2 (1) Z 13, 8 (2)
– Benützung 8 (4)
Schutzweg 2 (1) Z 12
– Annäherung 9 (2)
– Kennzeichnung 53 (1) Z 2a, 2c
– Markierung 56
Seitenwind 50 Z 10a
Sicherheitsleistung 100 (3)
Sicherheitsleitschienen 57
Signalscheiben 40
Signalstab 29a (4). 97 (2)
Sperre, technische 100 (3) (3a), (3b)
Sperrflächen 55(4)
Sperrlinien 55(2)
Spielen auf der Straße 88
– Wohnstraße 76b
Spital 53 (1) Z 2
Sportveranstaltung 64
Spurensignalisation 39 (2)

1/1. StVO
Stichwortverzeichnis

Steigung, starke 50 Z 7a
Steinschlag 50 Z 10b
Strafbestimmungen 99
Strafgelder 100 (7) bis (9)
Strafregister 96(7)
Strafverfahren 100
Straße
– Begriff 2 (1) Z 1
– mit öffentlichem Verkehr 1 (1)
– ohne öffentlichen Verkehr 1 (2)
– Verunreinigung 92
Straßenaufsichtsorgane 97, 100 (8)
Straßenbankett 2 (1) Z 6
Straßendienstfahrzeug 27
Straßenerhalter 98, 100 (6)
Straßenverkehrszeichen 50, 52, 53, 104 (9) (10)
– Anbringung 48
Straßenverwaltungsgesetze 102
Streufahrzeuge 27
Sturzhelm 68 (6)
Suchtgiftbeeinträchtigung 5

Tankstelle 53 (1) Z 5, 84 (1)
Taxistandplatz 53 Z 6a, 96 (4)
Telefon 53 (1) Z 6
Tiere 50 Z 13a
– Viehtrieb 80
– Weiden 81
Tunnel 8b, 53 (1) Z 9e
Türöffnung 23 (4)

Übergangsbestimmungen 104
Überholen 2 (1) Z 29, 15
– Anzeige des Vorganges 15 (3)
– Länge des Verbotes 51 (1)
– Linksüberholen 15 (1)
– Rechtsüberholen 15 (2) lit. b und (2a)
– Seitenabstand 15 (4)
– Verbote 16
– Verbotszeichen 52 Z 4a
– Verhalten des Überholten 7 (2), 15 (5)
– von Schienenfahrzeugen 15 (2a)
Überholvorgang 15 (3) bis (5)
Überwachung aus Fahrzeugen 98e
Umkehren 14
– Gebot 52 Z 21
– Verbot 14 (2), 52 Z 3c Umleitung 52 (1) Z 16
Umzüge 86
Unfallhäufungsstellen 96
Unfallverhütung 96
Unfallverzeichnis 96
Unterführung 52 Z 18

Verbotszeichen 52a
Verfassungsbestimmungen 99 (1) lit. c, 105 (4)
Verkehrsbeeinflussung 44c
Verkehrsbeeinflussungssystem 44 (1a)
Verkehrsbeeinträchtigungen 35
– Kennzeichnung 89
– Vermeidung von 35
Verkehrsbeobachtung 98f

Verkehrsbeschränkungen 42 (6), 44 (1a)
– Ausnahmen 45 (2a)
– bei Elementarereignissen 44b
– Parkgenehmigung 43 (2a)
– unaufschiebbare 44b
Verkehrserleichterungen 43, 44 (1a)
Verkehrserschwernisse 89
Verkehrsfunk 53 (1) Z 4a
Verkehrshindernis
– Entfernung 89a
– Kennzeichnung 89
– Kosten der Entfernung 89a (7) und (8)
Verkehrsleiteinrichtungen 55 ff
Verkehrsmaßnahmen, vorbereitende 44a
Verkehrspolizei 94b (1) lit. a
Verkehrsposten 36 (2)
Verkehrsunfall 4
Verkehrsunterricht 101
Verkehrsverbote 43, 44 (1a)
– Ausnahmen 45 (2a)
Verkehrszeichen
– Anbringung 32, 33, 48
– Ausstattung 34
– Kosten der Anbringung 32
– Kundmachung 44, 44 (1a)
– Schutz der 31 (1)
Verordnungen 43, 44a (1), (2), 94e,
– Erlassungskompetenz 94e
– Kundmachung 44
– Mitwirkung 94f
Vertrauensgrundsatz 3
Verunreinigung
– der Straße 92
– durch Hunde 92 (2)
Verwaltungsübertretung 99
Verweisungen 102a
Verzögerungsstreifen 2 (1) Z 6b
Viehtrieb 80
Vollziehung 105
Vorbeifahren 17
– an Schienenfahrzeugen 17 (2)
– Verbote 17 (2a) und (3)
Vorbeugungsmaßnahmen 97 (1)
Vorrang 19
– Einsatzfahrzeuge 19 (2)
– geben 52 Z 23
– Radfahrer 19 (6a)
– Schienenfahrzeuge 19 (1)
– Verzicht 19 (8)
– Zeichen 52c
Vorrangstraße 52 Z 25
Vorschriftszeichen 51, 52
– allgemeines über 51
– Anbringung 51 (1)
– Kundmachung 44 (1)
– Zusatzangaben 51 (3)
Vorsicht 38 (3)
Vorwegweiser 53 (1) Z 13a

Warnleuchten 22 (3)
Warnzeichen 22
– akustische 22

1/1. StVO
Stichwortverzeichnis

– gelbrote Warnleuchten 22 (3)
– optische 22
– Schülertransporte 22 (3)
Wartepflicht bei Gegenverkehr 52 Z 5
Wegweiser 48 (4), 53 (1) Z 13
Weiden 81
Werbezwecke 82
Werbung 82 (3) lit. f, 84
– außerhalb der Straße 84
– behördliche Bewilligung 94d
– Benutzung von Straßen 82 (1)
– Benutzung von Verkehrszeichen 82 (3) lit. f
– Parkverbot für Werbefahrzeuge 24 (7)
Werkstätten 84 (1)
Wettfahrt 64
Wettlauf 64
Wildwechsel 50 Z 13b
Wintersport auf der Straße 87
Wirtschaftsfuhren 30
– Lenkervoraussetzungen 30 (2) und (3)
Wohnstraße 76b
– Begriff 2 (1) Z 1a

– Einbahnen 7 (5)
– Fahrverbot 76b (1)
– Hinweiszeichen 53 (1) Z 9c und d
– Parken 23 (22a)

Zeichengebung 36
Zeugenpflicht 4 (3)
Zoll 52 Z 12
Zollorgane 97 (1a)
Zonenbeschränkung 52 Z 11a
Zugtiere 74
Zusatztafeln 54
Zustand eines Fahrzeuges 60
Zuständigkeit
– der Bezirksverwaltungsbehörde 94b
– der Bundespolizeibehörden 95
– der Gemeinde 94c, 04d
– der Landesregierung 94a
– des Bundesministers für
– öffentliche Wirtschaft und Verkehr 94
Zwangsmaßnahmen 5b, 42 (4)
Zwecke, verkehrsfremde 82

Bundesgesetz vom 6. Juli 1960, mit dem Vorschriften über die Straßenpolizei erlassen werden (Straßenverkehrsordnung 1960 – StVO. 1960)

I. Abschnitt

Allgemeines

§ 1. Geltungsbereich

(1) Dieses Bundesgesetz gilt für Straßen mit öffentlichem Verkehr. Als solche gelten Straßen, die von jedermann unter den gleichen Bedingungen benützt werden können.

(2) Für Straßen ohne öffentlichen Verkehr gilt dieses Bundesgesetz insoweit, als andere Rechtsvorschriften oder die Straßenerhalter nichts anderes bestimmen. Die Befugnisse der Behörden und Organe der Straßenaufsicht erstrecken sich auf diese Straßen nicht.

§ 2. Begriffsbestimmungen

(1) Im Sinne dieses Bundesgesetzes gilt als

1. **Straße:** eine für den Fußgänger- oder Fahrzeugverkehr bestimmte Landfläche samt den in ihrem Zuge befindlichen und diesem Verkehr dienenden baulichen Anlagen;

1a. **Wohnstraße:** eine für den Fußgänger- und beschränkten Fahrzeugverkehr gemeinsam bestimmte und als solche gekennzeichnete Straße; *(BGBl 1983/174)*

2. **Fahrbahn:** der für den Fahrzeugverkehr bestimmte Teil der Straße;

2a. **Begegnungszone:** eine Straße, deren Fahrbahn für die gemeinsame Nutzung durch Fahrzeuge und Fußgänger bestimmt ist, und die als solche gekennzeichnet ist; *(BGBl I 2013/39)*

3. **Hauptfahrbahn:** die Fahrbahn, die bei Vorhandensein von wenigstens zwei Fahrbahnen für den Durchzugsverkehr bestimmt und durch ihre besondere Ausführung erkennbar ist, sofern sich aus Straßenverkehrszeichen und Verkehrsleiteinrichtungen nichts anderes ergibt;

3a. **Richtungsfahrbahn:** eine Fahrbahn, die für den Verkehr in einer Fahrtrichtung bestimmt und von der Fahrbahn für den Verkehr in der entgegengesetzten Fahrtrichtung durch bauliche Einrichtungen getrennt ist; *(BGBl 1983/174)*

3b. **Einbahnstraße:** eine Straße, deren Fahrbahn für den Verkehr in einer Richtung bestimmt ist; *(BGBl 1983/174)*

3c. **Kreisverkehr:** eine kreisförmige oder annähernd kreisförmig verlaufende Fahrbahn, die für den Verkehr in eine Richtung bestimmt ist; *(BGBl 1989/86)*

4. **Nebenfahrbahn:** jede neben einer Hauptfahrbahn verlaufende, von dieser jedoch getrennte Fahrbahn einer Straße;

5. **Fahrstreifen:** ein Teil der Fahrbahn, dessen Breite für die Fortbewegung einer Reihe mehrspuriger Fahrzeuge ausreicht;

6. **Straßenbankett:** der seitliche, nicht befestigte Teil einer Straße, der zwischen der Fahrbahn und dem Straßenrande liegt, soweit dieser Straßenteil nicht besonderen Zwecken vorbehalten ist (z. B. Gehsteige, Rad- oder Reitwege und sonstige besondere straßenbauliche Anlagen);

6a. **Pannenstreifen:** der rechts neben dem Fahrstreifen einer Richtungsfahrbahn befindliche befestigte Teil der Straße, sofern dieser nicht durch Bodenmarkierungen als Verzögerungs- oder Beschleunigungsstreifen gekennzeichnet ist; *(BGBl 1983/174)*

6b. **Verzögerungsstreifen:** der Fahrstreifen, der bei Ausfahrten zum Einordnen in die Ausfahrt dient; *(BGBl 1983/174)*

6c. **Beschleunigungsstreifen:** der Fahrstreifen, der bei Einfahrten zum Einordnen in den fließenden Verkehr dient; *(BGBl 1983/174)*

7. **Radfahrstreifen:** ein für den Fahrradverkehr bestimmter und besonders gekennzeichneter Teil der Fahrbahn, wobei der Verlauf durch wiederholte Markierung mit Fahrradsymbolen angezeigt wird; *(BGBl I 2019/18)*

7a. **Mehrzweckstreifen:** ein Radfahrstreifen oder ein Abschnitt eines Radfahrstreifens, der unter besonderer Rücksichtnahme auf die Radfahrer von anderen Fahrzeugen befahren werden darf, wenn für diese der links an den Mehrzweckstreifen angrenzende Fahrstreifen nicht breit genug ist oder wenn das Befahren durch Richtungspfeile auf der Fahrbahn für das Einordnen zur Weiterfahrt angeordnet ist. *(BGBl 1994/518)*

8. **Radweg:** ein für den Verkehr mit Fahrrädern bestimmter und als solcher gekennzeichneter Weg; *(BGBl 1976/412)*

9. **Reitweg:** ein für den Reitverkehr bestimmter und als solcher gekennzeichneter Weg; *(BGBl 1983/174)*

10. **Gehsteig:** ein für den Fußgängerverkehr bestimmter, von der Fahrbahn durch Randsteine, Bodenmarkierungen oder dgl. abgegrenzter Teil der Straße;

11. **Gehweg:** ein für den Fußgängerverkehr bestimmter und als solcher gekennzeichneter Weg; *(BGBl 1976/412)*

11a. **Geh- und Radweg:** ein für den Fußgänger- und Fahrradverkehr bestimmter und als solcher gekennzeichneter Weg; *(BGBl 1983/174)*

11b. **Radfahranlage:** ein Radfahrstreifen, ein Mehrzweckstreifen, ein Radweg, Geh- und Radweg oder eine Radfahrerüberfahrt; *(BGBl 1994/518)*

12. **Schutzweg:** ein durch gleichmäßige Längsstreifen (sogenannte „Zebrastreifen") gekennzeichneter, für die Überquerung der Fahrbahn durch Fußgänger bestimmter Fahrbahnteil;

12a. **Radfahrerüberfahrt:** ein auf beiden Seiten durch gleichmäßig unterbrochene Quermarkierungen gekennzeichneter, für die Überquerung der Fahrbahn durch Radfahrer bestimmter Fahrbahnteil; ist unmittelbar neben der Radfahrerüberfahrt ein Schutzweg markiert, so kann auf dieser Seite der Radfahrerüberfahrt die Quermarkierung entfallen; ist derselbe Fahrbahnteil in Fortsetzung eines Geh-und Radwegs gemäß § 52 Z 17a lit. a für die Überquerung der Fahrbahn durch Fußgänger und Radfahrer bestimmt, so sind die Quermarkierungen beiderseits des Schutzwegs jeweils versetzt zu den Längsstreifen des Schutzwegs anzubringen; *(BGBl I 2019/18)*

13. **Schutzinsel:** ein für Fußgänger innerhalb der Fahrbahn bestimmter und wie ein Gehsteig ausgeführter Straßenteil;

14. **Selbständiger Gleiskörper:** ein von der Fahrbahn durch bauliche Einrichtungen getrennter, dem Verkehr mit Schienenfahrzeugen dienender Bahnkörper im Verkehrsraum der Straße samt den darauf errichteten, dem Verkehr und Betrieb von Schienenfahrzeugen dienenden Anlagen und Einrichtungen; *(BGBl 1983/174)*

15. **Ortsgebiet:** das Straßennetz innerhalb der Hinweiszeichen „Ortstafel" (§ 53 Z. 17 a) und „Ortsende" (§ 53 Z. 17 b); *(BGBl 1983/174)*

16. **Freilandstraße:** eine Straße außerhalb von Ortsgebieten;

17. **Kreuzung:** eine Stelle, auf der eine Straße eine andere überschneidet oder in sie einmündet, gleichgültig in welchem Winkel;

18. **geregelte Kreuzung:** eine Kreuzung, auf welcher der Verkehr durch Lichtzeichen oder von Verkehrsposten durch Armzeichen geregelt wird; blinkendes gelbes Licht gilt nicht als Regelung;

19. **Fahrzeug:** ein zur Verwendung auf Straßen bestimmtes oder auf Straßen verwendetes Beförderungsmittel oder eine fahrbare Arbeitsmaschine, ausgenommen Rollstühle, Kinderwagen, Schubkarren und ähnliche, vorwiegend zur Verwendung außerhalb der Fahrbahn bestimmte Kleinfahrzeuge (etwa Mini- und Kleinroller ohne Sitzvorrichtung, mit Lenkstange, Trittbrett und mit einem äußeren Felgendurchmesser von höchstens 300 mm) sowie fahrzeugähnliches Spielzeug (etwa Kinderfahrräder mit einem äußeren Felgendurchmesser von höchstens 300 mm und einer erreichbaren Fahrgeschwindigkeit von höchstens 5 km/h) und Wintersportgeräte; *(BGBl I 2019/37)*

20. **Gesamtgewicht eines Fahrzeuges (Anhängers):** das Gewicht des stillstehenden, fahrbereiten Fahrzeuges (Anhängers) samt Ladung, dem Lenker und allen gleichzeitig beförderten Personen; *(BGBl 1969/209)*

21. **Fuhrwerk:** ein Fahrzeug, das nach seiner Bestimmung durch Menschen oder Tiere fortbewegt wird, sowie Kraftfahrzeuge mit einer Bauartgeschwindigkeit von nicht mehr als 10 km/h mit oder ohne Anhänger; *(BGBl 1983/174)*

22. **Fahrrad:**

a) ein Fahrzeug, das mit einer Vorrichtung zur Übertragung der menschlichen Kraft auf die Antriebsräder ausgestattet ist,

b) ein Fahrzeug nach lit. a, das zusätzlich mit einem elektrischen Antrieb gemäß § 1 Abs. 2a KFG 1967 ausgestattet ist (Elektrofahrrad),

c) ein zweirädriges Fahrzeug, das unmittelbar durch menschliche Kraft angetrieben wird (Roller), oder

d) ein elektrisch angetriebenes Fahrzeug, dessen Antrieb dem eines Elektrofahrrads im Sinne des § 1 Abs. 2a KFG 1967 entspricht; *(BGBl I 1998/92)*

23. **Lastfahrzeug:** ein zur Beförderung von Gütern bestimmtes Kraftfahrzeug, Fuhrwerk oder ein ausschließlich zur Beförderung von Gütern bestimmtes Fahrrad; *(BGBl I 2019/37)*

24. **Schienenfahrzeug:** ein an Gleise gebundenes Fahrbetriebsmittel; ein Oberleitungskraftfahrzeug ist jedoch kein Schienenfahrzeug im Sinne dieses Bundesgesetzes;

24a. **Oberleitungsomnibus:** unbeschadet § 5 Abs. 3 Eisenbahngesetz 1957 und § 39 Abs. 1 Kraftfahrliniengesetz ein Omnibus, der im regionalen Linienverkehr eingesetzt wird und dessen Antriebsenergie Oberleitungen entnommen wird; *(BGBl I 2015/123)*

25. **Einsatzfahrzeug:** ein Fahrzeug, das auf Grund kraftfahrrechtlicher oder straßenpolizeilicher Vorschriften als Warnzeichen (§ 22) blaues Licht und Schallzeichen mit Aufeinanderfolge verschieden hoher Töne führt, für die Dauer der Verwendung dieser Signale; *(BGBl I 2022/122)*

26. **Anhalten:** das durch die Verkehrslage oder durch sonstige wichtige Umstände erzwungene Zum-Stillstand-Bringen eines Fahrzeuges;

27. **Halten:** eine nicht durch die Verkehrslage oder durch sonstige wichtige Umstände erzwungene Fahrtunterbrechung bis zu zehn Minuten oder für die Dauer der Durchführung einer Ladetätigkeit (§ 62); *(BGBl 1964/204)*

28. **Parken:** das Stehenlassen eines Fahrzeuges für eine längere als die in Z. 27 angeführte Zeitdauer; *(BGBl 1964/204)*

29. **Überholen:** das Vorbeibewegen eines Fahrzeuges an einem auf derselben Fahrbahn in der gleichen Richtung fahrenden Fahrzeug; nicht als Überholen gelten das Vorbeibewegen an einem auf einem Verzögerungs- oder Beschleunigungsstreifen fahrenden Fahrzeug oder an einem auf einem Radfahrstreifen fahrenden Radfahrer

sowie das Nebeneinanderfahren von Fahrzeugreihen, auch mit unterschiedlicher Geschwindigkeit, auf Fahrbahnen mit mehr als einem Fahrstreifen für die betreffende Fahrtrichtung und das Nebeneinanderfahren, auch mit unterschiedlicher Geschwindigkeit, im Sinne des § 7 Abs. 3a *(BGBl 1989/86)*

30. **Vorbeifahren:** das Vorbeibewegen eines Fahrzeuges an einer sich auf der Fahrbahn befindenden, sich nicht fortbewegenden Person oder Sache, insbesondere an einem anhaltenden, haltenden oder parkenden Fahrzeug.

(2) Die Begriffsbestimmungen für Kraftfahrzeuge sind in den kraftfahrrechtlichen Vorschriften enthalten. *(BGBl 1983/174)*

(3) Soweit sich Bestimmungen dieses Bundesgesetzes auf den Kraftfahrlinienverkehr, Unternehmen oder Fahrzeuge des Kraftfahrlinienverkehrs oder Lenker von Fahrzeugen des Kraftfahrlinienverkehrs beziehen, gelten diese auch für Oberleitungsomnibusse, den Verkehr mit und Lenker von Oberleitungsomnibussen sowie Unternehmen, die Oberleitungsomnibusse in regionalen Linienverkehr einsetzen. *(BGBl I 2015/123)*

§ 3. Vertrauensgrundsatz

(1) Die Teilnahme am Straßenverkehr erfordert ständige Vorsicht und gegenseitige Rücksichtnahme; dessen ungeachtet darf jeder Straßenbenützer vertrauen, dass andere Personen die für die Benützung der Straße maßgeblichen Rechtsvorschriften befolgen, außer er müsste annehmen, dass es sich um Kinder, Menschen mit Sehbehinderung mit weißem Stock oder gelber Armbinde, Menschen mit offensichtlicher körperlicher Beeinträchtigung oder um Personen handelt, aus deren augenfälligem Gehaben geschlossen werden muss, dass sie unfähig sind, die Gefahren des Straßenverkehrs einzusehen oder sich dieser Einsicht gemäß zu verhalten. *(BGBl I 2011/34)*

(2) Der Lenker eines Fahrzeuges hat sich gegenüber Personen, gegenüber denen der Vertrauensgrundsatz gemäß Abs. 1 nicht gilt, insbesondere durch Verminderung der Fahrgeschwindigkeit und durch Bremsbereitschaft so zu verhalten, daß eine Gefährdung dieser Personen ausgeschlossen ist. *(BGBl 1994/518)*

§ 4. Verkehrsunfälle

(1) Alle Personen, deren Verhalten am Unfallsort mit einem Verkehrsunfall in ursächlichem Zusammenhange steht, haben

a) wenn sie ein Fahrzeug lenken, sofort anzuhalten,

b) wenn als Folge des Verkehrsunfalles Schäden für Personen oder Sachen zu befürchten sind, die zur Vermeidung solcher Schäden notwendigen Maßnahmen zu treffen,

c) an der Feststellung des Sachverhaltes mitzuwirken.

(2) Sind bei einem Verkehrsunfall Personen verletzt worden, so haben die im Abs. 1 genannten Personen Hilfe zu leisten; sind sie dazu nicht fähig, so haben sie unverzüglich für fremde Hilfe zu sorgen. Ferner haben sie die nächste „Polizeidienststelle" sofort zu verständigen. Wenn bei einem Verkehrsunfall, an dem ein Schienenfahrzeug oder ein Omnibus des Kraftfahrlinienverkehrs beteiligt ist, sich erst nach dem Wegfahren des Schienenfahrzeuges bzw. des Omnibusses nach dem Unfall eine verletzte Person meldet, kann auch das Unternehmen, dem das Schienenfahrzeug bzw. der Omnibus gehört, die „Polizeidienststelle" verständigen. *(BGBl 1983/174; BGBl I 2012/50)*

(3) Auch der Zeuge eines Verkehrsunfalles hat, sofern die nach Abs. 2 verpflichteten Personen nicht für erforderliche Hilfe sorgen, den verletzten Personen die ihm zumutbare Hilfe zu leisten. Die Hilfeleistung ist insbesondere dann nicht zumutbar, wenn sie nur unter erheblicher eigener Gefährdung oder Verletzung anderer wichtiger Interessen möglich wäre. Ist der Zeuge zur Hilfeleistung nicht fähig, so hat er unverzüglich für fremde Hilfe zu sorgen. Die gleichen Verpflichtungen wie der Zeuge eines Verkehrsunfalles haben auch Personen, die am Ort eines Verkehrsunfalles dessen Folgen wahrnehmen, es sei denn, daß nach den Umständen am Unfallort die eigene Hilfeleistung oder die Besorgung fremder Hilfe offensichtlich nicht mehr erforderlich ist. *(BGBl 1976/412)*

(4) Jedermann ist unter den im Abs. 3 bezeichneten Voraussetzungen verpflichtet, die Herbeiholung einer Hilfe bei einem Verkehrsunfall zu ermöglichen.

(5) Wenn bei einem Verkehrsunfall nur Sachschaden entstanden ist, haben die im Abs. 1 genannten Personen die nächste „Polizeidienststelle" vom Verkehrsunfall ohne unnötigen Aufschub zu verständigen. Eine solche Verständigung darf jedoch unterbleiben, wenn die im Abs. 1 genannten Personen oder jene, in deren Vermögen der Schaden eingetreten ist, einander ihren Namen und ihre Anschrift nachgewiesen haben. *(BGBl 1983/174; BGBl I 2012/50)*

(5a) Wenn nach einem Verkehrsunfall, bei dem nur Sachschaden entstanden ist, eine der im Abs. 1 genannten Personen die nächste „Polizeidienststelle" von dem Unfall verständigt, obwohl dies im Sinne des Abs. 5 nicht nötig wäre, haben die Organe dieser Dienststelle auf Verlangen der betreffenden Person Meldungen über diesen Verkehrsunfall, insbesondere über Unfallsort, Unfallszeit, Lichtverhältnisse, Straßenzustand, Unfallsbeteiligte, nähere Unfallsumstände und verursachte Schäden, entgegenzunehmen. *(BGBl 1986/105; BGBl I 2012/50)*

(5b) Für Verständigungen nach Abs. 5 und Meldungen gemäß Abs. 5a ist eine Gebühr von 36 Euro einzuheben, es sei denn, die Verständigung nach Abs. 5 ist deshalb erfolgt, weil die im Abs. 1 genannten Personen oder jene, in deren Vermögen der Schaden eingetreten ist, einander Namen und Anschrift nicht nachweisen konnten. „Von der Verpflichtung zur Entrichtung dieser Gebühr sind die Gebietskörperschaften, Lenker von Fahrzeugen und Reiter von Dienstpferden derselben sowie die Lenker von Rettungs- und Feuerwehrfahrzeugen ausgenommen."** Auf Wunsch erhält jede Person des Abs. 5, die eine gebührenpflichtige Verständigung oder Meldung vorgenommen hat oder für die die Gebühr entrichtet, eine Ausfertigung des von der „Polizeidienststelle"* erstatteten Unfallberichtes. Die Gebühren sind, sofern sie nicht ohne weiteres entrichtet werden, von den Bezirksverwaltungsbehörden, im „Gebiet einer Gemeinde, für das die Landespolizeidirektion zugleich Sicherheitsbehörde erster Instanz ist, von der Landespolizeidirektion"* vorzuschreiben. Sie fließen der Gebietskörperschaft zu, die den Aufwand der Organe zu tragen hat. *(BGBl I 2005/52; * BGBl I 2012/50; ** BGBl I 2019/37)*

(6) Aus einer Verletzung der Hilfeleistungspflicht können keine Ersatzansprüche nach dem bürgerlichen Recht abgeleitet werden.

§ 5. Besondere Sicherungsmaßnahmen gegen Beeinträchtigung durch Alkohol

(1) Wer sich in einem durch Alkohol oder Suchtgift beeinträchtigten Zustand befindet, darf ein Fahrzeug weder lenken noch in Betrieb nehmen. Bei einem Alkoholgehalt des Blutes von 0,8 g/l (0,8 Promille) oder darüber oder bei einem Alkoholgehalt der Atemluft von 0,4 mg/l oder darüber gilt der Zustand einer Person jedenfalls als von Alkohol beeinträchtigt. *(BGBl 1994/518)*

(1a) Werden in anderen Gesetzen an die Beeinträchtigung durch Alkohol oder an das Vorliegen eines die Zurechnungsfähigkeit nicht ausschließenden Rauschzustandes zivilrechtliche Rechtswirkungen oder Auswirkungen im Bereich des gerichtlichen Strafrechts geknüpft, so treten diese nur in den Fällen des Abs. 1 oder beim dritten oder häufigeren Verstoß innerhalb eines Zeitraumes von zwölf Monaten ab dem ersten Verstoß gegen § 14 Abs. 8 FSG, BGBl. I Nr. 120/1997, ein. *(BGBl I 1998/3)*

(2) Organe des amtsärztlichen Dienstes oder besonders geschulte und – soweit es sich nicht um Organe der Bundespolizei handelt – von der Behörde hierzu ermächtigte Organe der Straßenaufsicht sind berechtigt, jederzeit die Atemluft von Personen, die ein Fahrzeug lenken, in Betrieb nehmen oder zu lenken oder in Betrieb zu nehmen versuchen, auf Alkoholgehalt zu untersuchen. Sie sind außerdem berechtigt, die Atemluft von Personen,

1. die verdächtig sind, in einem vermutlich durch Alkohol beeinträchtigten Zustand ein Fahrzeug gelenkt zu haben, oder

2. bei denen der Verdacht besteht, dass ihr Verhalten am Unfallort mit einem Verkehrsunfall in ursächlichem Zusammenhang steht,

auf Alkoholgehalt zu untersuchen. Wer zu einer Untersuchung der Atemluft aufgefordert wird, hat sich dieser zu unterziehen. *(BGBl I 2017/6)*

(2a) Die Organe des amtsärztlichen Dienstes oder besonders geschulte und – soweit es sich nicht um Organe der Bundespolizei handelt – von der Behörde hierzu ermächtigte Organe der Straßenaufsicht sind weiters berechtigt, jederzeit die Atemluft von Personen, die ein Fahrzeug lenken, in Betrieb nehmen oder zu lenken oder in Betrieb zu nehmen versuchen, auf den Verdacht der Beeinträchtigung durch Alkohol zu überprüfen. Ergibt die Überprüfung der Atemluft den Verdacht der Beeinträchtigung durch Alkohol oder wird die Überprüfung verweigert, haben die genannten Organe eine Untersuchung der Atemluft gemäß Abs. 2 vorzunehmen. *(BGBl I 2017/6)*

(2b) Abs. 2 und 2a gelten auch für die Untersuchung und die Überprüfung der Atemluft von

1. Fahrlehrern bei Schulfahrten gemäß § 114 Abs. 4 und 4a KFG 1967,

2. Begleitern bei Übungsfahrten gemäß § 122 Abs. 2 und 5 KFG 1967 oder bei Ausbildungsfahrten gemäß § 19 Abs. 3 und 6 FSG oder

3. Ausbildnern bei Lehrfahrten gemäß § 122a Abs. 2 KFG 1967.
(BGBl I 2005/52)

(3) Die Untersuchung der Atemluft auf Alkoholgehalt ist mit einem Gerät vorzunehmen, das den Alkoholgehalt der Atemluft mißt und entsprechend anzeigt (Alkomat). *(BGBl 1994/518)*

(3a) Die Überprüfung der Atemluft auf Verdacht der Beeinträchtigung durch Alkohol ist mit einem Gerät vorzunehmen, das den Alkoholgehalt der Atemluft zwar nicht bestimmt, aber in einer solchen Weise misst und anzeigt, dass daraus Rückschlüsse auf das Vorliegen des Verdachts einer Beeinträchtigung durch Alkohol gezogen werden können. *(BGBl I 2005/52)*

(4) Die Organe der Straßenaufsicht sind berechtigt, Personen, deren Atemluft auf Alkoholgehalt untersucht werden soll (Abs. 2) zum Zweck der Feststellung des Atemalkoholgehaltes zur nächstgelegenen Dienststelle, bei der sich ein Atemalkoholmeßgerät befindet, zu bringen, sofern vermutet werden kann, daß sie sich in einem durch Alkohol beeinträchtigten Zustand befinden oder zur Zeit des Lenkens befunden haben. *(BGBl 1994/518)*

(4a) Die Organe der Straßenaufsicht sind weiters berechtigt, Personen, bei denen eine Untersuchung gemäß Abs. 2 aus Gründen, die in der Person des Probanden gelegen sind, nicht möglich war und die verdächtig sind, sich in einem durch Alkohol beeinträchtigten Zustand zu befinden, zu einem im öffentlichen Sanitätsdienst stehenden, bei einer „Landespolizeidirektion" tätigen, bei einer öffentlichen Krankenanstalt diensthabenden oder im Sinne des § 5a Abs. 4 ausgebildeten und von der Landesregierung hierzu ermächtigten Arzt zur Blutabnahme zum Zweck der Bestimmung des Blutalkoholgehaltes zu bringen. *(BGBl I 2005/52; BGBl I 2012/50)*

(4b) *(entfällt, BGBl 1994/518)*

(5) Die Organe der Straßenaufsicht sind weiters berechtigt, Personen, von denen vermutet werden kann, dass sie sich in einem durch Alkohol beeinträchtigten Zustand befinden, zum Zweck der Feststellung des Grades der Beeinträchtigung durch Alkohol zu einem im öffentlichen Sanitätsdienst stehenden, bei einer „Landespolizeidirektion" tätigen, bei einer öffentlichen Krankenanstalt diensthabenden oder im Sinne des § 5a Abs. 4 ausgebildeten und von der Landesregierung hierzu ermächtigten Arzt zu bringen, sofern eine Untersuchung gemäß Abs. 2

1. keinen den gesetzlichen Grenzwert gemäß Abs. 1 erreichenden Alkoholgehalt ergeben hat oder

2. aus in der Person des Probanden gelegenen Gründen nicht möglich war.

Wer zum Zweck der Feststellung des Grades der Beeinträchtigung durch Alkohol zu einem Arzt gebracht wird, hat sich einer Untersuchung durch diesen zu unterziehen; die genannten Ärzte sind verpflichtet, die Untersuchung durchzuführen.
(BGBl I 2005/52)
(BGBl I 2012/50)

(6) **(Verfassungsbestimmung)** An Personen, die gemäß Abs. 4a zu einem Arzt gebracht werden, ist eine Blutabnahme zum Zweck der Bestimmung des Blutalkoholgehaltes vorzunehmen; die Betroffenen haben diese Blutabnahme vornehmen zu lassen. *(BGBl I 1998/92)*

(7) *(entfällt, BGBl I 1998/92)*

(7a) und (7b) *(entfällt, BGBl 1994/518)*

(8) Ein bei einer öffentlichen Krankenanstalt diensthabender Arzt hat eine Blutabnahme zum Zweck der Bestimmung des Blutalkoholgehaltes vorzunehmen, wenn eine Person

1. zu diesem Zweck zu ihm gebracht wurde oder

2. dies verlangt und angibt, bei ihr habe eine Untersuchung nach Abs. 2 eine Alkoholbeeinträchtigung ergeben.

Der Arzt hat die Blutprobe der nächstgelegenen „Polizeidienststelle" ohne unnötigen Aufschub zu übermitteln und dieser im Fall der Z 2 Namen, Geburtsdatum und Adresse des Probanden sowie den Zeitpunkt der Blutabnahme bekanntzugeben. Weiters hat der Arzt eine Blutabnahme vorzunehmen, wenn eine Person zu diesem Zweck zu ihm gebracht wurde, weil bei einer Untersuchung (Abs. 9) eine Beeinträchtigung festgestellt wurde, die auf eine Suchtgifteinnahme schließen lässt; die Blutprobe ist der nächstgelegenen „Polizeidienststelle" ohne unnötigen Aufschub zu übermitteln. Übermittelte Blutproben sind durch ein Institut für gerichtliche Medizin oder eine gleichwertige Einrichtung zu untersuchen. Die Blutprobe darf nicht durch den Probanden selbst übermittelt werden.
(BGBl I 2005/52; BGBl I 2012/50)

(9) Die Bestimmungen des Abs. 5 gelten auch für Personen, von denen vermutet werden kann, daß sie sich in einem durch Suchtgift beeinträchtigten Zustand befinden; wer zum Arzt gebracht wird, hat sich der Untersuchung zu unterziehen. Die in Abs. 5 genannten Ärzte sind verpflichtet, die Untersuchung durchzuführen. *(BGBl I 2005/52)*

(9a) Organe des amtsärztlichen Dienstes oder besonders geschulte und der Behörde hiezu ermächtigte Organe der Straßenaufsicht sind berechtigt, den Speichel von in Abs. 2 und 2b genannten Personen auf das Vorliegen von Suchtgiftspuren zu überprüfen, sofern zwar keine Vermutung im Sinne des Abs. 9 vorliegt, aber vermutet werden kann, dass sie sich nicht in einer solchen körperlichen und geistigen Verfassung befinden oder zum Zeitpunkt des Lenkens befunden haben, in der sie ein Fahrzeug zu beherrschen und die beim Lenken eines Fahrzeuges zu beachtenden Rechtsvorschriften zu befolgen vermögen. Die Überprüfung des Speichels ist mit Speichelvortestgeräten oder -streifen, die das Vorliegen von Suchtgiftspuren im Speichel anzeigen, vorzunehmen. Ergibt die Überprüfung des Speichels das Vorliegen von Suchtgiftspuren oder wird die Überprüfung verweigert, so gilt dies als Vermutung der Beeinträchtigung durch Suchtgift. Diesfalls haben die genannten Organe gemäß Abs. 9 vorzugehen; andernfalls hat ein Vorgehen gemäß Abs. 9 zu unterbleiben. *(BGBl I 2005/52)*

(10) **(Verfassungsbestimmung)** An Personen, die gemäß Abs. 9 zu einem Arzt gebracht werden, ist nach Feststellung einer Beeinträchtigung, die auf eine Suchtgifteinnahme schließen lässt, eine Blutabnahme vorzunehmen. Die Betroffenen haben die Blutabnahme vornehmen zu lassen. *(BGBl I 2002/128)*

(11) Der Bundesminister für Inneres kann unter Bedachtnahme auf den jeweiligen Stand der Wissenschaft und Technik im Einvernehmen mit dem Bundesminister für Verkehr, Innovation und Technologie durch Verordnung für die Feststellung einer Beeinträchtigung durch Suchtgift geeignete Geräte und Testverfahren bestimmen.
(BGBl I 2002/128)

(12) Ist auf Grund des Ergebnisses der Untersuchung

1. einer Person, die gemäß Abs. 9 zu einem Arzt gebracht wurde, oder

2. einer Blutprobe, die von einer gemäß Abs. 9 zu einem Arzt gebrachten Person stammt,

anzunehmen, dass die zum Arzt gebrachte Person Suchtgift missbraucht, so ist an Stelle einer Strafanzeige nach dem Suchtmittelgesetz dieser Umstand der nach dem Hauptwohnsitz der untersuchten Person zuständigen Bezirksverwaltungsbehörde als Gesundheitsbehörde mitzuteilen (§§ 12 bis 14 des Suchtmittelgesetzes, BGBl. I Nr. 112/1997). *(BGBl I 2002/128)*

§ 5a. (1) **(Grundsatzbestimmung)** Der Rechtsträger einer öffentlichen Krankenanstalt hat dem diensthabenden Arzt die für eine Blutabnahme gemäß § 5 Abs. 4a, 8 und 10 erforderlichen Einrichtungen der Anstalt zur Verfügung zu stellen. Die Ausführungsgesetze der Länder sind binnen sechs Monaten zu erlassen. *(BGBl I 2002/128)*

(2) Ist bei einer Untersuchung nach § 5 Abs. 2, 4a, 5, 6 oder 8 Z 2 eine Alkoholbeeinträchtigung festgestellt worden, so sind die Kosten der Untersuchung vom Untersuchten zu tragen. Dasselbe gilt im Falle der Feststellung einer Suchtgiftbeeinträchtigung. Die Kosten der Untersuchung sind nach den Bestimmungen des Gebührenanspruchsgesetzes 1975, BGBl. Nr. 136, vorzuschreiben. *(BGBl I 1998/92)*

(3) Der Bundesminister für Inneres hat im Einvernehmen mit dem Bundesminister für Verkehr, Innovation und Technologie unter Bedachtnahme auf den Zweck der Untersuchung nach § 5 Abs. 2 oder der Überprüfung nach § 5 Abs. 2a oder 9a sowie zur Gewährleistung ihrer zweckmäßigen Durchführung die persönlichen Voraussetzungen der hiefür zu ermächtigenden Organe der Straßenaufsicht, einschließlich die Art ihrer Schulung sowie, unter Bedachtnahme auf den jeweiligen Stand der Wissenschaft und Technik, die für eine Untersuchung der Atemluft geeigneten Geräte und die für eine Überprüfung des Speichels geeigneten Speichelvortestgeräte oder -streifen durch Verordnung zu bestimmen. Bei den Geräten zur Überprüfung der Atemluft auf das Vorliegen des Verdachts einer Beeinträchtigung durch Alkohol ist zudem jener gerätespezifische Wert anzugeben, ab dem auf das Vorliegen des Verdachts der Beeinträchtigung durch Alkohol im Sinne des § 5 Abs. 2a geschlossen werden kann. *(BGBl I 2005/52)*

(4) Der Bundesminister für Verkehr, Innovation und Technologie hat im Einvernehmen mit der Bundesministerin für Inneres und der Bundesministerin für Gesundheit und Frauen die für eine Ermächtigung zur Durchführung der in § 5 Abs. 4a, 5 oder 6 genannten Untersuchungen erforderliche Weiterbildung für Ärzte durch Verordnung festzulegen. *(BGBl I 2005/52)*

(BGBl 1994/518)

Zwangsmaßnahmen bei Alkoholisierung

§ 5b. (1) Die Organe der Straßenaufsicht sind berechtigt, Personen, die sich offenbar in einem durch Alkohol oder Suchtgift beeinträchtigten Zustand befinden (§ 5 Abs. 1), oder bei denen der Alkoholgehalt des Blutes 0,5 g/l (0,5 Promille) oder mehr oder der Alkoholgehalt der Atemluft 0,25 mg/l oder mehr beträgt, an der Lenkung oder Inbetriebnahme eines Fahrzeuges zu hindern. Zu diesem Zweck sind, falls erforderlich, je nach Lage des Falles und Art des Fahrzeuges, Zwangsmaßnahmen, wie etwa Abnahme der Fahrzeugschlüssel, Absperren oder Einstellung des Fahrzeuges, Anlegen von technischen Sperren und dergleichen, anzuwenden. Solche Zwangsmaßnahmen sind unverzüglich aufzuheben, wenn bei der Person, gegen die sie angewendet worden sind, der durch Alkohol oder Suchtgift beeinträchtigte Zustand nicht mehr gegeben und ihr auch nicht ein zum Lenken des betreffenden Fahrzeuges allenfalls nötiger Führerschein nach den kraftfahrrechtlichen Vorschriften abgenommen ist oder wenn eine andere Person, bei der keine Hinderungsgründe gegeben sind, beabsichtigt, das Fahrzeug in Betrieb zu nehmen und zu lenken. *(BGBl I 2002/80)*

(2) Die Organe der Straßenaufsicht sind weiters berechtigt, Personen an der Lenkung oder Inbetriebnahme eines Fahrzeuges zu hindern, deren Fahrlehrer (§ 114 Abs. 4 und 4a KFG 1967), Begleiter (§§ 122 Abs. 2 und 5 KFG 1967 oder 19 Abs. 3 und 6 FSG) oder Ausbildner (§ 122a Abs. 2 KFG 1967) sich offenbar in einem durch Alkohol oder Suchtgift beeinträchtigten Zustand befinden oder bei deren Fahrlehrer, Begleiter oder Ausbildner der Alkoholgehalt des Blutes 0,5 g/l (0,5 Promille) oder mehr oder der Alkoholgehalt der Atemluft 0,25 mg/l oder mehr beträgt. Zu diesem Zweck sind, falls erforderlich, je nach Lage des Falles und Art des Fahrzeuges, Zwangsmaßnahmen, wie etwa Abnahme der Fahrzeugschlüssel, Absperren oder Einstellung des Fahrzeuges, Anlegen von technischen Sperren und dergleichen, anzuwenden. Solche Zwangsmaßnahmen sind unverzüglich aufzuheben, wenn beim Fahrlehrer, Begleiter oder Ausbildner der durch Alkohol oder Suchtgift beeinträchtigte Zustand nicht mehr gegeben und ihm auch nicht ein zum Lenken des betreffenden Fahrzeuges allenfalls nötiger Führerschein nach den kraftfahrrechtlichen Vorschriften abgenommen ist oder wenn eine andere Person, bei der keine Hinderungsgründe gegeben sind, entweder beabsichtigt, das Fahrzeug selbst in Betrieb zu nehmen und zu lenken, oder die Aufgaben des Fahrlehrers, Be-

gleiters oder Ausbildners wahrzunehmen. *(BGBl I 2002/80)*

(BGBl 1994/518)

§ 6. Benützung schienengleicher Eisenbahnübergänge

Für das Verhalten bei Annäherung an schienengleiche Eisenbahnübergänge und bei der Übersetzung solcher Übergänge sowie für die Beachtung der den schienengleichen Eisenbahnübergang sichernden Zeichen gelten die eisenbahnrechtlichen Vorschriften.

II. Abschnitt

Fahrregeln

§ 7. Allgemeine Fahrordnung

(1) Der Lenker eines Fahrzeuges hat, sofern sich aus diesem Bundesgesetz nichts anderes ergibt, so weit rechts zu fahren, wie ihm dies unter Bedachtnahme auf die Leichtigkeit und Flüssigkeit des Verkehrs zumutbar und dies ohne Gefährdung, Behinderung oder Belästigung anderer Straßenbenützer, ohne eigene Gefährdung und ohne Beschädigung von Sachen möglich ist. Gleise von Schienenfahrzeugen, die an beiden Rändern der Fahrbahn liegen, dürfen jedoch nicht in der Längsrichtung befahren werden, wenn der übrige Teil der Fahrbahn genügend Platz bietet. *(BGBl 1994/518)*

(2) Wenn es die Verkehrssicherheit erfordert, insbesondere in unübersichtlichen Kurven, vor Fahrbahnkuppen, bei ungenügender Sicht, beim Überholtwerden und bei Gegenverkehr, hat der Lenker eines Fahrzeuges am rechten Fahrbahnrand zu fahren; er darf hiebei aber nicht Personen gefährden oder Sachen beschädigen. *(BGBl 1964/204)*

(3) Auf Straßen mit wenigstens zwei Fahrstreifen für die betreffende Fahrtrichtung darf, wenn es die Leichtigkeit und Flüssigkeit des Verkehrs erfordert, der Lenker eines Kraftfahrzeuges neben einem anderen Fahrzeug fahren. Er darf hiebei, außer auf Einbahnstraßen, die Fahrbahnmitte nicht überfahren. Die Lenker nebeneinander fahrender Fahrzeuge dürfen beim Wechsel des Fahrstreifens den übrigen Verkehr weder gefährden noch behindern. *(BGBl 1994/518)*

(3a) Im Ortsgebiet darf der Lenker eines Kraftfahrzeuges auf Straßen mit mindestens zwei durch Leit- oder Sperrlinien gekennzeichneten Fahrstreifen für die betreffende Fahrtrichtung den Fahrstreifen frei wählen. *(BGBl 1989/86)*

(4) Beim Zufahren zum linken Fahrbahnrand und beim Abfahren vom linken Fahrbahnrand dürfen andere Straßenbenützer nicht gefährdet oder behindert werden. Bei starkem Verkehr, auf unübersichtlichen Straßenstellen, auf Vorrangstraßen im Ortsgebiet und auf Fahrbahnen mit Gleisen von Schienenfahrzeugen ist das Zufahren zum linken Fahrbahnrand, außer in Einbahnstraßen, verboten. *(BGBl 1976/412)*

(5) Einbahnstraßen dürfen nur in der durch das Hinweiszeichen nach § 53 Abs. 1 Z 10 angezeigten Fahrtrichtung befahren werden. Dies gilt nicht für bestimmte Gruppen von Straßenbenützern, die hievon durch Verordnung ausgenommen werden, und für Radfahrer in solchen Einbahnstraßen, die zugleich Wohnstraßen im Sinne des § 76 b sind. Außer in Wohnstraßen sind in diesen Fällen Leit- oder Sperrlinien zur Trennung der entgegen der Einbahnstraße fahrenden Verkehrsteilnehmer von übrigen Fahrzeugverkehr anzubringen, sofern die Sicherheit oder die Flüssigkeit des Verkehrs dies erfordern. *(BGBl 1994/518)*

(6) Mit Kraftfahrzeugen ist es verboten, dieselbe Straße oder dieselben Straßenzüge innerhalb eines örtlichen Bereiches ohne zwingenden Grund mehrmals hintereinander zu befahren oder den Motor am Stand länger als unbedingt notwendig laufen zu lassen. *(BGBl I 2022/122)*

§ 8. Fahrordnung auf Straßen mit besonderen Anlagen

(1) Nebenfahrbahnen sind zum Ziehen oder Schieben von Handwagen, Handkarren oder Handschlitten sowie zum Schieben von einspurigen Fahrzeugen zu benützen. Radfahrer dürfen in Nebenfahrbahnen auch fahren, wenn kein Radfahrstreifen, Radweg oder Geh- und Radweg vorhanden ist. Sonst dürfen Nebenfahrbahnen, sofern sich aus Straßenverkehrszeichen oder Bodenmarkierungen nichts anderes ergibt, nur zum Zu- oder Abfahren benützt werden. Nebenfahrbahnen dürfen nur in der dem zunächst gelegenen Fahrstreifen der Hauptfahrbahn entsprechenden Fahrtrichtung befahren werden, sofern sich aus Straßenverkehrszeichen nichts anderes ergibt. *(BGBl 1989/86)*

(2) Liegt eine Schutzinsel oder ein Parkplatz in der Mitte einer Straße, so ist rechts davon vorbeizufahren. Befindet sich eine solche Anlage in einer Einbahnstraße oder Fahrbahnhälfte, so darf sowohl rechts als auch links von ihr vorbeigefahren werden, sofern sich aus Straßenverkehrszeichen oder Bodenmarkierungen nichts anderes ergibt.

(3) Liegt im Zuge einer Straße ein Platz, so darf die Fahrt in der gedachten Verlängerung der Straße fortgesetzt werden, sofern sich aus Straßenverkehrszeichen oder Bodenmarkierungen nichts anderes ergibt.

(4) Die Benützung von Gehsteigen, Gehwegen und Schutzinseln mit Fahrzeugen aller Art und die Benützung von Radfahranlagen mit Fahrzeugen, die keine Fahrräder sind, insbesondere mit

Motorfahrrädern, ist verboten. Dieses Verbot gilt nicht

1. für das Überqueren von Gehsteigen, Gehwegen und Radfahranlagen mit Fahrzeugen auf den hiefür vorgesehenen Stellen, sofern Fußgänger und Radfahrer nicht gefährdet oder gehindert werden, *(BGBl I 2022/122)*

2. für das Befahren von Mehrzweckstreifen mit Fahrzeugen, für welche der links an den Mehrzweckstreifen angrenzende Fahrstreifen nicht breit genug ist oder wenn das Befahren durch Richtungspfeile auf der Fahrbahn für das Einordnen zur Weiterfahrt angeordnet ist, wenn dadurch Radfahrer weder gefährdet noch behindert werden, sowie

3. für Arbeitsfahrten mit Fahrzeugen oder Arbeitsmaschinen, die nicht mehr als 1 500 kg Gesamtgewicht haben und für die Schneeräumung, die Streuung, die Reinigung oder Pflege verwendet werden.
(BGBl 1994/518)

(4a) Das Befahren von Schutzwegen mit Fahrzeugen in Gehrichtung der Fußgänger ist verboten; ausgenommen ist das Befahren mit Fahrrädern, wenn links und rechts des Schutzwegs Quermarkierungen gemäß § 2 Abs. 1 Z 12a angebracht sind. *(BGBl I 2019/18)*

(5) Die Lenker von anderen als Schienenfahrzeugen dürfen selbständige Gleiskörper nicht in der Längsrichtung befahren und dürfen sie nur an den dazu bestimmten Stellen überqueren. Von diesem Verbot sind Fahrzeuge des Verkehrsunternehmens, das den Verkehr mit den Schienenfahrzeugen betreibt, oder in dessen Auftrag fahrende Fahrzeuge und Fahrzeuge des Straßendienstes ausgenommen. *(BGBl 1976/412)*

Fahrordnung auf Radfahranlagen

§ 8a. (1) Radfahranlagen dürfen in beiden Fahrtrichtungen befahren werden, sofern sich aus Bodenmarkierungen (Richtungspfeilen) nichts anderes ergibt.

(2) Abweichend von Abs. 1 darf jedoch ein Radfahrstreifen, ausgenommen in Einbahnstraßen, nur in der dem angrenzenden Fahrstreifen entsprechenden Fahrtrichtung befahren werden; diese Fahrtrichtung ist auch auf einer Radfahrerüberfahrt einzuhalten, die an den Radfahrstreifen anschließt.

(3) Die Behörde kann, abweichend von § 8 Abs. 4, das Befahren von Radfahranlagen mit landwirtschaftlichen Fahrzeugen und, jedoch nur außerhalb des Ortsgebietes, Fahrzeugen der Klasse L1e mit elektrischem Antrieb erlauben. Auf Geh- und Radwegen dürfen Lenker von Kraftfahrzeugen, wenn sie sich Fußgängern nähern, mit einer Geschwindigkeit von höchstens 10 km/h fahren. *(BGBl I 2022/122)*

(BGBl I 1998/92)

§ 8b. (1) In Tunneln, die mit einem Straßenverkehrszeichen gemäß „§ 53 Abs. 1 Z 9g" gekennzeichnet sind, ist es verboten,

1. rückwärts zu fahren und
2. umzukehren.
(BGBl I 2013/39)

(2) Muss wegen einer Panne, in Notfällen oder bei Gefahr angehalten werden, ist das Fahrzeug, soweit möglich, in den durch Hinweiszeichen gemäß § 53 Abs. 1 Z 1c gekennzeichneten Pannenbuchten abzustellen.

(BGBl I 2006/54)

§ 9. Verhalten bei Bodenmarkierungen

(1) Sperrlinien (§ 55 Abs. 2) dürfen nicht überfahren, Sperrflächen (§ 55 Abs. 4) nicht befahren werden. Befinden sich eine Sperrlinie und eine Leitlinie nebeneinander, so hat der Lenker eines Fahrzeuges die Sperrlinie dann zu beachten, wenn sie dem von ihm benützten Fahrstreifen näher liegt. *(BGBl 1983/174)*

(2) Der Lenker eines Fahrzeuges, das kein Schienenfahrzeug ist, hat einem Fußgänger oder Rollschuhfahrer, der sich auf einem Schutzweg befindet oder diesen erkennbar benützen will, das unbehinderte und ungefährdete Überqueren der Fahrbahn zu ermöglichen. Zu diesem Zweck darf sich der Lenker eines solchen Fahrzeuges einem Schutzweg nur mit einer solchen Geschwindigkeit nähern, daß er das Fahrzeug vor dem Schutzweg anhalten kann, und er hat, falls erforderlich, vor dem Schutzweg anzuhalten. In gleicher Weise hat sich der Lenker eines Fahrzeuges, das kein Schienenfahrzeug ist, vor einer Radfahrerüberfahrt zu verhalten, um einem Radfahrer oder Rollschuhfahrer, der sich auf einer solchen Radfahrerüberfahrt befindet oder diese erkennbar benützen will, das ungefährdete Überqueren der Fahrbahn zu ermöglichen. *(BGBl I 1998/92)*

(3) Ist an einer geregelten Kreuzung auf der Fahrbahn eine Haltelinie (§ 55 Abs. 2) angebracht, so darf beim Anhalten nur bis an diese Haltelinie herangefahren werden. *(BGBl 1964/204)*

(4) Ist an einer Kreuzung das Vorschriftszeichen „Halt" und auf der Fahrbahn eine Haltelinie angebracht, so ist an dieser Haltelinie anzuhalten. *(BGBl 1976/412)*

(4a) Sind an einer Kreuzung auf der Fahrbahn zwei parallele Haltelinien angebracht, so darf in dem in § 12 Abs. 5 geregelten Fall mit einspurigen Fahrzeugen bis zu der dem Kreuzungsmittelpunkt näher liegenden Haltelinie herangefahren werden. *(BGBl I 2011/34)*

(5) Sind auf der Fahrbahn Bodenmarkierungen für das Einordnen bestimmter Fahrzeugarten angebracht, so haben die Lenker der in Betracht kommenden Fahrzeugarten ihre Fahrzeuge nach diesen Bodenmarkierungen einzuordnen. Die Lenker anderer Fahrzeuge haben so gekennzeichnete Straßenteile freizuhalten.

(6) Sind auf der Fahrbahn für das Einordnen zur Weiterfahrt Richtungspfeile angebracht, so haben die Lenker ihre Fahrzeuge je nach der beabsichtigten Weiterfahrt einzuordnen. Die Lenker von Fahrzeugen müssen jedoch auch dann im Sinne der Richtungspfeile weiterfahren, wenn sie sich nicht der beabsichtigten Weiterfahrt entsprechend eingeordnet haben. Radfahrer und Fahrzeuge des Kraftfahrlinienverkehrs können durch Hinweiszeichen von der Verpflichtung des Einordnens nach Richtungspfeilen befreit werden; sie haben sich entsprechend den Hinweiszeichen zu verhalten. *(BGBl I 1998/92)*

(7) Wird die Aufstellung der Fahrzeuge zum Halten oder Parken durch Bodenmarkierungen geregelt, so haben die Lenker die Fahrzeuge dieser Regelung entsprechend aufzustellen. Hiebei sind nach Maßgabe des zur Verfügung stehenden Platzes mehrere einspurige Fahrzeuge in eine für mehrspurige Fahrzeuge bestimmte Fläche aufzustellen.

(8) Im Fall des § 55 Abs. 6 2. Satz haben sich die Verkehrsteilnehmer ausschließlich entsprechend den vorübergehend geltenden Bodenmarkierungen zu verhalten. *(BGBl 1994/518)*

§ 10. Ausweichen

(1) Der Lenker eines Fahrzeuges hat einem entgegenkommenden Fahrzeug rechtzeitig und ausreichend nach rechts auszuweichen. Einem entgegenkommenden Schienenfahrzeug ist jedoch, wenn der Abstand zwischen ihm und dem Fahrbahnrand ein Ausweichen nach rechts nicht zuläßt, unter Bedachtnahme auf den Gegenverkehr nach links auszuweichen.

(2) Kann nicht oder nicht ausreichend ausgewichen werden, so sind die einander begegnenden Fahrzeuge anzuhalten. In einem solchen Fall muß jenes Fahrzeug zurückgefahren werden, mit dem dies wegen seiner Art und wegen der örtlichen Verhältnisse leichter möglich ist.

§ 11. Änderung der Fahrtrichtung und Wechsel des Fahrstreifens

(1) Der Lenker eines Fahrzeuges darf die Fahrtrichtung nur ändern oder den Fahrstreifen wechseln, nachdem er sich davon überzeugt hat, daß dies ohne Gefährdung oder Behinderung anderer Straßenbenützer möglich ist.

(2) Der Lenker eines Fahrzeuges hat die bevorstehende Änderung der Fahrtrichtung oder den bevorstehenden Wechsel des Fahrstreifens so rechtzeitig anzuzeigen, daß sich andere Straßenbenützer auf den angezeigten Vorgang einstellen können. Er hat die Anzeige zu beenden, wenn er sein Vorhaben ausgeführt hat oder von ihm Abstand nimmt. *(BGBl 1964/204)*

(3) Die Änderung der Fahrtrichtung oder der Wechsel des Fahrstreifens ist mit den hiefür bestimmten, am Fahrzeug angebrachten Vorrichtungen anzuzeigen. Sind solche Vorrichtungen nicht vorhanden oder gestört, so ist die Anzeige durch deutlich erkennbare Handzeichen durchzuführen. Wenn diese Zeichen jedoch wegen der Beschaffenheit des Fahrzeuges oder seiner Ladung nicht erkennbar sind, so sind sie mit einer Signalstange zu geben.

(4) Ob und in welcher Weise die Führer von Schienenfahrzeugen die Fahrtrichtungsänderung oder den Wechsel des Fahrstreifens anzuzeigen haben, ergibt sich aus den eisenbahnrechtlichen Vorschriften.

(5) Wenn auf Straßen mit mehr als einem Fahrstreifen für die betreffende Fahrtrichtung das durchgehende Befahren eines Fahrstreifens nicht möglich oder nicht zulässig ist oder ein Fahrstreifen endet, ist den am Weiterfahren gehinderten Fahrzeugen der Wechsel auf den zunächst gelegen verbleibenden Fahrstreifen in der Weise zu ermöglichen, dass diese Fahrzeuge jeweils im Wechsel einem auf dem durchgehenden Fahrstreifen fahrenden Fahrzeug nachfolgen können (Reißverschlusssystem). „Das Reißverschlusssystem ist auch anzuwenden, wenn die beschriebenen Umstände in Bezug auf einen Radfahrstreifen oder innerhalb des Ortsgebietes auf einen parallel einmündenden Radweg, nach dessen Verlassen der Radfahrer die Fahrtrichtung beibehält, auftreten." *(BGBl I 2019/18; BGBl I 2022/122)*

§ 12. Einordnen

(1) Beabsichtigt der Lenker eines Fahrzeuges nach links einzubiegen, so hat er das Fahrzeug, nachdem er sich davon überzeugt hat, daß niemand zum Überholen angesetzt hat, auf den der Fahrbahnmitte zunächst gelegenen Fahrstreifen seiner Fahrtrichtung, auf Einbahnstraßen jedoch auf den linken Fahrstreifen der Fahrbahn zu lenken. Radfahrer können durch Hinweiszeichen von dieser Einordnungsverpflichtung befreit werden; sie haben sich entsprechend den Hinweiszeichen zu verhalten. *(BGBl 1983/174)*

(2) Beabsichtigt der Lenker eines Fahrzeuges nach rechts einzubiegen, so hat er das Fahrzeug auf den rechten Fahrstreifen seiner Fahrtrichtung zu lenken. *(BGBl 1964/204)*

(3) Beabsichtigt der Lenker eines Fahrzeuges geradeaus zu fahren, so darf er hiezu jeden Fahrstreifen seiner Fahrtrichtung benützen. *(BGBl 1964/204)*

(4) Die Bestimmungen der Abs. 1 bis 3 gelten nur insoweit, als es die Fahrbahnbreite zuläßt, die für das Verhalten gegenüber Schienenfahrzeugen getroffenen Bestimmungen (§ 28 Abs. 2) nicht entgegenstehen und sich aus Bodenmarkierungen (§ 9 Abs. 6) nichts anderes ergibt.

(5) Müssen Fahrzeuge vor Kreuzungen, Straßenengen, schienengleichen Eisenbahnübergängen und dergleichen angehalten werden, so dürfen die Lenker einspuriger, später ankommender Fahrzeuge nur dann neben oder zwischen den bereits angehaltenen Fahrzeugen vorfahren, um sich mit ihren Fahrzeugen weiter vorne aufzustellen, wenn für das Vorfahren ausreichend Platz vorhanden ist und die Lenker von Fahrzeugen, die ihre Absicht zum Einbiegen angezeigt haben, dadurch beim Einbiegen nicht behindert werden. *(BGBl I 1998/92)*

§ 13. Einbiegen, Einfahren und Ausfahren

(1) Nach rechts ist in kurzem, nach links in weitem Bogen einzubiegen.

(2) Auf Kreuzungen ist beim Linkseinbiegen nach dem Einordnen (§ 12) bis unmittelbar vor die Kreuzungsmitte vorzufahren; sobald es der Gegenverkehr zuläßt, ist einzubiegen, wobei am Kreuzungsmittelpunkt links vorbeizufahren ist, sofern sich aus Bodenmarkierungen oder aus Hilfszeichen (§ 41) nichts anderes ergibt. *(BGBl 1964/204)*

(2a) Auf Kreuzungen mehrstreifiger Fahrbahnen ist der Fahrstreifen, der vor dem Einbiegen befahren wurde, auch beim Einbiegen zu benützen. Der Lenker eines Fahrzeuges darf den Fahrstreifen wechseln, wenn er sich überzeugt hat, daß dies ohne Gefährdung oder Behinderung anderer Straßenbenützer möglich ist. *(BGBl 1994/518)*

(3) Wenn es die Verkehrssicherheit erfordert, hat sich der Lenker beim Einfahren in Häuser oder Grundstücke und beim Ausfahren aus Häusern oder Grundstücken von einer geeigneten Person einweisen zu lassen.

(4) Beim Einbiegen in eine Fahrbahn hat der Lenker eines Fahrzeuges, das kein Schienenfahrzeug ist, einem Fußgänger, der die Fahrbahn bereits betreten hat, das unbehinderte und ungefährdete Überqueren dieser Fahrbahn zu ermöglichen. *(BGBl I 1998/92)*

§ 14. Umkehren und Rückwärtsfahren

(1) Der Lenker eines Fahrzeuges darf mit diesem nur umkehren, wenn dadurch andere Straßenbenützer weder gefährdet noch behindert werden.

(2) Das Umkehren ist verboten:

a) im Bereich der Vorschriftszeichen „Einbiegen nach links verboten", „Umkehren verboten" und „Vorgeschriebene Fahrtrichtung",

b) auf engen oder unübersichtlichen Straßenstellen,

c) bei starkem Verkehr,

d) auf Vorrangstraßen im Ortsgebiet, ausgenommen auf geregelten Kreuzungen,

e) auf Einbahnstraßen und auf Richtungsfahrbahnen.
(BGBl 1983/174)

(3) Wenn es die Verkehrssicherheit erfordert, muß sich der Lenker beim Rückwärtsfahren von einer geeigneten Person einweisen lassen.

(4) Ob und inwieweit das Umkehren im Bereich schienengleicher Eisenbahnübergänge verboten ist, ergibt sich aus den eisenbahnrechtlichen Vorschriften.

§ 15. Überholen

(1) Außer in den Fällen der Abs. 2 und 2a darf der Lenker eines Fahrzeuges nur links überholen. *(BGBl 1976/412)*

(2) Rechts sind zu überholen:

a) Fahrzeuge, deren Lenker die Absicht anzeigen, nach links einzubiegen oder zum linken Fahrbahnrand zuzufahren und die Fahrzeuge links eingeordnet haben, *(BGBl 1964/204)*

b) Schienenfahrzeuge, wenn der Abstand zwischen ihnen und dem rechten Fahrbahnrand genügend groß ist; auf Einbahnstraßen dürfen Schienenfahrzeuge auch in diesem Fall links überholt werden.

(2a) Fahrzeuge des Straßendienstes, die bei einer Arbeitsfahrt einen anderen als den rechten Fahrstreifen benützen, dürfen rechts überholt werden, sofern nicht noch genügend Platz vorhanden ist, um links zu überholen, und sich aus Straßenverkehrszeichen nichts anderes ergibt. *(BGBl 1976/412)*

(3) Der Lenker des überholenden Fahrzeuges hat den bevorstehenden Überholvorgang nach § 11 über den Wechsel des Fahrstreifens und nach § 22 über die Abgabe von Warnzeichen rechtzeitig anzuzeigen.

(4) Beim Überholen ist ein der Verkehrssicherheit und der Fahrgeschwindigkeit entsprechender seitlicher Abstand vom Fahrzeug, das überholt wird, einzuhalten. Beim Überholen mit Kraftfahrzeugen von Radfahrern und Rollerfahrern (§ 88b) hat der Seitenabstand im Ortsgebiet mindestens 1,5 m und außerhalb des Ortsgebietes mindestens 2 m zu betragen; bei einer gefahrenen Geschwindigkeit des überholenden Kraftfahrzeuges von höchstens 30 km/h kann der Seitenabstand der Verkehrssicherheit entsprechend reduziert werden. *(BGBl I 2022/122)*

(5) Der Lenker eines Fahrzeuges, das überholt wird, darf die Geschwindigkeit nicht erhöhen, sobald ihm der Überholvorgang angezeigt worden ist (Abs. 3) oder er den Überholvorgang nach den

Verkehrsverhältnissen sonst wahrgenommen haben mußte. Dies gilt nicht für die Führer von Schienenfahrzeugen. *(BGBl 1964/204)*

§ 16. Überholverbote

(1) Der Lenker eines Fahrzeuges darf nicht überholen:

a) wenn andere Straßenbenützer, insbesondere entgegenkommende, gefährdet oder behindert werden könnten oder wenn nicht genügend Platz für ein gefahrloses Überholen vorhanden ist,

b) wenn der Unterschied der Geschwindigkeiten des überholenden und des eingeholten Fahrzeuges unter Bedachtnahme auf allenfalls geltende Geschwindigkeitsbeschränkungen für einen kurzen Überholvorgang zu gering ist,

c) wenn er nicht einwandfrei erkennen kann, daß er sein Fahrzeug nach dem Überholvorgang in den Verkehr einordnen kann, ohne andere Straßenbenützer zu gefährden oder zu behindern,

d) auf und unmittelbar vor Schutzwegen und Radfahrerüberfahrten, sofern der Verkehr in einem solchen Bereich nicht durch Arm- oder Lichtzeichen geregelt wird. *(BGBl 1994/518)*

(2) Außer in den im Abs. 1 angeführten Fällen darf der Lenker eines Fahrzeuges nicht überholen:

a) mehrspurige Kraftfahrzeuge auf Straßenstrecken, die durch das Vorschriftszeichen „Überholen verboten" gekennzeichnet sind; es darf jedoch überholt werden, wenn rechts zu überholen ist, *(BGBl 1983/174)*

b) bei ungenügender Sicht und auf unübersichtlichen Straßenstellen, z. B. vor und in unübersichtlichen Kurven und vor Fahrbahnkuppen; es darf jedoch überholt werden, wenn die Fahrbahn durch eine Sperrlinie (§ 55 Abs. 2) geteilt ist und diese Linie vom überholenden Fahrzeug nicht überragt wird,

c) mehrspurige Fahrzeuge auf Kreuzungen, auf denen der Verkehr nicht durch Arm- oder Lichtzeichen (§ 36) geregelt wird; es darf jedoch überholt werden, wenn die Kreuzung auf einer Vorrangstraße durchfahren wird oder wenn rechts zu überholen ist (§ 15 Abs. 2),

d) überholende mehrspurige Fahrzeuge; es darf jedoch überholt werden

1. auf der Autobahn, wenn getrennte Fahrbahnen vorhanden sind, die in der Fahrtrichtung mindestens drei Fahrstreifen aufweisen,

2. auf anderen Straßen, wenn die Fahrbahn durch eine Sperrlinie (§ 55 Abs. 2) geteilt ist, in der Fahrtrichtung mindestens drei durch Leitlinien (§ 55 Abs. 3) gekennzeichnete Fahrstreifen aufweist und die Sperrlinie vom überholenden Fahrzeug nicht überragt wird.

(3) Ob und inwieweit das Überholen im Bereich schienengleicher Eisenbahnübergänge verboten ist, richtet sich nach den eisenbahnrechtlichen Vorschriften.

§ 17. Vorbeifahren

(1) Das Vorbeifahren ist nur gestattet, wenn dadurch andere Straßenbenützer, insbesondere entgegenkommende, weder gefährdet noch behindert werden. Für die Anzeige des Vorbeifahrens, die Einhaltung eines Sicherheitsabstandes und das Vorbeifahren an Schienenfahrzeugen gelten die beim Überholen zu beachtenden Vorschriften (§ 15). An einem entsprechend eingeordneten Fahrzeug, dessen Lenker die Absicht nach links einzubiegen anzeigt (§ 13 Abs. 2), ist rechts vorbeizufahren.

(2) Der Lenker eines Fahrzeuges darf an einem in eine Haltestelle einfahrenden oder dort stehenden Schienenfahrzeug oder an einem Omnibus des Schienenersatzverkehrs oder des Kraftfahrlinienverkehrs auf der Seite, die für das Ein- oder Aussteigen bestimmt ist, nicht vorbeifahren. Der Lenker eines Fahrzeugs darf dann vorbeifahren, wenn alle Türen des öffentlichen Verkehrsmittels wieder geschlossen sind und er sich vergewissert hat, dass keine Personen mehr zum öffentlichen Verkehrsmittel zulaufen; dabei ist Schrittgeschwindigkeit einzuhalten und anzuhalten, wenn es die Sicherheit erfordert. *(BGBl I 2022/122)*

(2 a) Das Vorbeifahren an einem Fahrzeug, an dem hinten eine gelbrote Tafel mit der bildlichen Darstellung von Kindern angebracht ist, und bei dem die Alarmblinkanlage und gelbrote Warnleuchten eingeschaltet sind, ist verboten. Die näheren Bestimmungen über das Aussehen und die Abmessungen der Tafel sind durch Verordnung des Bundesministers für Wissenschaft und Verkehr zu erlassen. *(BGBl 1994/518)*

(3) Das Vorbeifahren an Fahrzeugen, die vor einem Schutzweg oder einer Radfahrerüberfahrt anhalten, um

1. Fußgängern das Überqueren der Fahrbahn,

2. Radfahrern das Benützen der Radfahrerüberfahrt oder

3. Rollschuhfahrern das Benützen des Schutzweges oder der Radfahrerüberfahrt

zu ermöglichen, ist verboten. *(BGBl I 1998/92)*

(4) An Fahrzeugen, die gemäß § 18 Abs. 3 anhalten, darf nur vorbeigefahren werden, wenn wenigstens zwei Fahrstreifen für die betreffende Fahrtrichtung vorhanden sind, auf Fahrbahnen mit Gegenverkehr die Fahrbahnmitte oder eine zur Trennung der Fahrtrichtungen angebrachte Sperrlinie nicht überfahren wird und für den weiteren Fahrstreifen nicht auch schon die Voraussetzungen des § 18 Abs. 3 gegeben sind. *(BGBl 1976/412)*

§ 18. Hintereinanderfahren

(1) Der Lenker eines Fahrzeuges hat stets einen solchen Abstand vom nächsten vor ihm fahrenden Fahrzeug einzuhalten, daß ihm jederzeit das rechtzeitige Anhalten möglich ist, auch wenn das vordere Fahrzeug plötzlich abgebremst wird.

(2) Der Lenker eines Fahrzeuges hat von Schienenfahrzeugen, die er nicht zu überholen beabsichtigt oder wegen der Beschaffenheit seines Fahrzeuges nicht überholen kann, einen den jeweiligen Straßen- und Witterungsverhältnissen angemessenen Abstand (mindestens etwa 20 m) einzuhalten.

(3) Müssen die Lenker hintereinanderfahrender Fahrzeuge anhalten und reicht die Reihe der anhaltenden Fahrzeuge auf dem betreffenden Fahrstreifen bis zu einer Querstraße, einem Schutzweg, einer Radfahrerüberfahrt oder einer die Fahrbahn querenden Gleisanlage zurück, so haben die Lenker weiterer auf demselben Fahrstreifen herannahender Fahrzeuge so anzuhalten, daß der Verkehr auf der Querstraße, dem Schutzweg, der Radfahrerüberfahrt oder Gleisanlage nicht behindert wird. *(BGBl 1994/518)*

(4) Der Lenker eines Fahrzeuges mit größeren Längsabmessungen (Lastfahrzeuge, Kraftwagenzüge, Omnibusse u. dgl.) hat auf Freilandstraßen nach einem solchen Fahrzeug einen Abstand von mindestens 50 m einzuhalten. *(BGBl 1983/174)*

§ 19. Vorrang

(1) Fahrzeuge, die von rechts kommen, haben, sofern die folgenden Absätze nichts anderes bestimmen, den Vorrang; Schienenfahrzeuge jedoch auch dann, wenn sie von links kommen.

(2) Einsatzfahrzeuge (§ 2 Abs. 1 Z. 25) haben immer den Vorrang.

(3) Fahrzeuge, die auf einer Vorrangstraße fahren, haben den Vorrang gegenüber Fahrzeugen auf kreuzenden oder einmündenden Straßen.

(4) Ist vor einer Kreuzung das Vorschriftszeichen „Vorrang geben" oder „Halt" angebracht, so haben sowohl die von rechts als auch die von links kommenden Fahrzeuge den Vorrang. Ist jedoch auf einer Zusatztafel ein besonderer Verlauf einer Straße mit Vorrang dargestellt, so haben die Fahrzeuge, die auf dem dargestellten Straßenzug kommen, den Vorrang, unabhängig davon, ob sie dem Straßenzug folgen oder ihn verlassen; ansonsten gilt Abs. 1. Beim Vorschriftszeichen „Halt" ist überdies anzuhalten. *(BGBl 1976/412)*

(5) Fahrzeuge, die ihre Fahrtrichtung beibehalten oder nach rechts einbiegen, haben, sofern sich aus Abs. 4 nichts anderes ergibt, den Vorrang gegenüber entgegenkommenden, nach links einbiegenden Fahrzeugen; Fahrzeuge, die ihre Fahrtrichtung beibehalten, haben den Vorrang auch gegenüber aus derselben Richtung kommenden, nach rechts einbiegenden Fahrzeugen. *(BGBl I 2019/18)*

(6) Fahrzeuge im fließenden Verkehr haben den Vorrang gegenüber Fahrzeugen, die von Nebenfahrbahnen, von Fußgängerzonen, von Wohnstraßen, von Haus- oder Grundstücksausfahrten, von Garagen, von Parkplätzen, von Tankstellen, von Feldwegen oder dgl. kommen. *(BGBl 1989/86)*

(6a) Radfahrer, die einen nicht durch eine Radfahrerüberfahrt fortgesetzten (§ 56a) Radweg oder Geh- und Radweg verlassen, haben anderen Fahrzeugen im fließenden Verkehr, ausgenommen in Fällen parallel einmündender Radwege innerhalb des Ortsgebietes, nach deren Verlassen sie die Fahrtrichtung beibehalten (§ 11 Abs. 5 letzter Satz), den Vorrang zu geben. *(BGBl I 2022/122)*

(6b) Fahrzeuge, die auf Nebenfahrbahnen fahren, haben den Vorrang gegenüber Fahrzeugen, die von Fußgängerzonen, von Wohnstraßen, von Haus- oder Grundstücksausfahrten, von Garagen, von Parkplätzen, von Tankstellen, von Feldwegen oder dgl. kommen. *(BGBl 1994/518)*

(7) Wer keinen Vorrang hat (der Wartepflichtige), darf durch Kreuzen, Einbiegen oder Einordnen die Lenker von Fahrzeugen mit Vorrang (die Vorrangberechtigten) weder zu unvermitteltem Bremsen noch zum Ablenken ihrer Fahrzeuge nötigen. *(BGBl 1969/209)*

(8) Der Lenker eines Fahrzeuges darf auf seinen Vorrang verzichten, wobei ein solcher Verzicht dem Wartepflichtigen deutlich erkennbar zu machen ist. Das Zum-Stillstand-Bringen eines Fahrzeuges, ausgenommen eines Schienenfahrzeuges in Haltestellen, aus welchem Grund immer, insbesondere auch in Befolgung eines gesetzlichen Gebotes, gilt als Verzicht auf den Vorrang. Der Wartepflichtige darf nicht annehmen, daß ein Vorrangberechtigter auf seinen Vorrang verzichten werde, und er darf insbesondere auch nicht annehmen, daß bei Vorrangverzicht eines Vorrangberechtigten ein anderer Vorrangberechtigter gleichfalls auf seinen Vorrang verzichten werde, es sei denn, dem Wartepflichtigen ist der Vorrangverzicht von Vorrangberechtigten zweifelsfrei erkennbar. *(BGBl 1976/412)*

§ 20. Fahrgeschwindigkeit

(1) Der Lenker eines Fahrzeuges hat die Fahrgeschwindigkeit den gegebenen oder durch Straßenverkehrszeichen angekündigten Umständen, insbesondere den Straßen-, Verkehrs- und Sichtverhältnissen, sowie den Eigenschaften von Fahrzeug und Ladung anzupassen. Er darf auch nicht so schnell fahren, daß er andere Straßenbenützer oder an der Straße gelegene Sachen beschmutzt oder Vieh verletzt, wenn dies vermeidbar ist. Er darf auch nicht ohne zwingenden Grund

so langsam fahren, daß er den übrigen Verkehr behindert.

(2) Sofern die Behörde nicht gemäß § 43 eine geringere Höchstgeschwindigkeit erläßt oder eine höhere Geschwindigkeit erlaubt, darf der Lenker eines Fahrzeuges im Ortsgebiet nicht schneller als 50 km/h, auf Autobahnen nicht schneller als 130 km/h und auf den übrigen Freilandstraßen nicht schneller als 100 km/h fahren. *(BGBl 1994/518)*

(2a) Die Behörde kann, abgesehen von den in § 43 geregelten Fällen, durch Verordnung für ein gesamtes Ortsgebiet eine geringere als die nach Abs. 2 zulässige Höchstgeschwindigkeit festlegen, sofern dies auf Grund der örtlichen oder verkehrsmäßigen Gegebenheiten nach dem Stand der Wissenschaft zur Erhöhung der Verkehrssicherheit oder zur Fernhaltung von Gefahren oder Belästigungen, insbesondere durch Lärm, Geruch oder Schadstoffe und zum Schutz der Bevölkerung oder der Umwelt oder aus anderen wichtigen Gründen geeignet erscheint. Sofern dadurch der beabsichtigte Zweck der Verordnung nicht gefährdet wird, sind einzelne Straßen, Straßenabschnitte oder Straßenarten vom Geltungsbereich der Verordnung auszunehmen. *(BGBl 1994/518)*

(3) Für Zeiten, während derer eine besondere Verkehrsdichte zu erwarten ist, oder zur Durchführung wissenschaftlicher Untersuchungen unter den im Abs. 3a genannten Voraussetzungen kann der Bundesminister für Verkehr, Innovation und Technologie durch Verordnung für alle oder bestimmte Straßen bestimmen, daß die Lenker aller oder bestimmter Fahrzeugarten für die Dauer der besonderen Verkehrsdichte oder der Untersuchungen nicht schneller als mit einer unter Bedachtnahme auf die Verkehrssicherheit oder nach dem Zweck der Maßnahme bestimmten Fahrgeschwindigkeit fahren dürfen. Zur Durchführung wissenschaftlicher Untersuchungen dürfen solche Geschwindigkeitsbeschränkungen nur im unbedingt nötigen Ausmaß und höchstens für die Dauer eines Jahres verordnet, und es dürfen für den gleichen Zweck solche Untersuchungen nicht vor Ablauf von fünf Jahren wiederholt werden. *(BGBl I 2005/52)*

(3a) Zur Durchführung wissenschaftlicher Untersuchungen darf eine Verordnung nach Abs. 3 nur erlassen werden, wenn die Untersuchung im überwiegenden Interesse des Straßenverkehrs gelegen ist, wie insbesondere Untersuchungen über die Ursachen von Straßenverkehrsunfällen und Untersuchungen über die Lärm- und Schadstoffemissionen auf Straßen, und von der Behörde oder vom Straßenerhalter in Auftrag gegeben wird. *(BGBl 1989/86)*

(4) Die Bestimmungen des Abs. 1 werden durch die Regelungen nach Abs. 2 bis 3 nicht berührt. *(BGBl 1994/518)*

§ 21. Verminderung der Fahrgeschwindigkeit

(1) Der Lenker darf das Fahrzeug nicht jäh und für den Lenker eines nachfolgenden Fahrzeuges überraschend abbremsen, wenn andere Straßenbenützer dadurch gefährdet oder behindert werden, es sei denn, daß es die Verkehrssicherheit erfordert.

(2) Der Lenker eines Kraftfahrzeuges hat die Verminderung der Geschwindigkeit den Lenkern nachfolgender Fahrzeuge mit den am Fahrzeug hiefür angebrachten Vorrichtungen anzuzeigen. Sind solche Vorrichtungen nicht vorhanden oder gestört, so ist die Geschwindigkeitsverminderung durch Hochheben eines Armes, wenn diese Zeichen jedoch wegen der Beschaffenheit des Fahrzeuges oder seiner Ladung nicht erkennbar sind, durch Hochheben einer Signalstange anzuzeigen. *(BGBl 1983/174)*

(3) Lenker von Kraftfahrzeugen mit einem höchst zulässigen Gesamtgewicht von über 3,5 t haben innerhalb des Ortsgebietes beim Rechtsabbiegen mit Schrittgeschwindigkeit zu fahren, wenn mit geradeaus fahrendem Fahrradverkehr, in selber Fahrtrichtung rechts abbiegendem Fahrradverkehr oder im unmittelbaren Bereich des Einbiegens mit die Fahrbahn überquerendem Fußgängerverkehr zu rechnen ist. *(BGBl I 2022/122)*

(4) Ob und in welcher Weise die Führer von Schienenfahrzeugen die Geschwindigkeitsverminderung anzuzeigen haben, ergibt sich aus den eisenbahnrechtlichen Vorschriften.

§ 22. Warnzeichen

(1) Wenn es die Verkehrssicherheit erfordert, hat der Lenker eines Fahrzeuges andere Straßenbenützer mit der zum Abgeben von akustischen Warnzeichen bestimmten Vorrichtung durch deutliche Schallzeichen, sofern solche Vorrichtungen nicht vorhanden oder gestört sind, durch deutliche Zurufe zu warnen. Der Lenker darf auch durch Blinkzeichen warnen, wenn sie ausreichen und nicht blenden. *(BGBl 1983/174)*

(2) Die Abgabe von Schallzeichen (Abs. 1) ist unbeschadet der Bestimmungen über das Hupverbot (§ 43 Abs. 2) verboten, wenn es die Sicherheit des Verkehrs nicht erfordert. Schallzeichen dürfen insbesondere vor Kirchen und gekennzeichneten Schulen und Krankenhäusern sowie zur Nachtzeit nicht länger als unbedingt nötig gegeben werden. *(BGBl 1964/204)*

(3) Der Lenker, der mit einem Kraftfahrzeug mit mehr als insgesamt 9 Sitzplätzen ausschließlich einen Schülertransport gemäß § 106 Abs. 6 zweiter Satz KFG 1967 durchführt, hat dafür zu sorgen, daß an diesem Kraftfahrzeug während der Dauer der ausschließlichen Verwendung für Schülertransporte hinten eine Tafel gemäß § 17

Abs. 2 a angebracht ist. In allen anderen Fällen ist die Tafel zu entfernen oder abzudecken. Er hat die Alarmblinkanlage und mindestens zwei am Kraftfahrzeug angebrachte, von hinten sichtbare gelbrote Warnleuchten einzuschalten, wenn das Kraftfahrzeug stillsteht und Schüler ein- oder aussteigen. *(BGBl 1994/518)*

§ 23. Halten und Parken

(1) Der Lenker hat das Fahrzeug zum Halten oder Parken unter Bedachtnahme auf die beste Ausnützung des vorhandenen Platzes so aufzustellen, daß kein Straßenbenützer gefährdet und kein Lenker eines anderen Fahrzeuges am Vorbeifahren oder am Wegfahren gehindert wird. „Das Hineinragen von Teilen des aufgestellten Fahrzeuges auf Verkehrsflächen, die dem Fußgängerverkehr oder dem Fahrradverkehr vorbehalten sind, ist verboten. Ausgenommen davon ist im Falle von Verkehrsflächen des Fußgängerverkehrs ein Hineinragen in geringfügigem Ausmaß (z. B. Seitenspiegel, Stoßstange) sowie für Ladetätigkeiten bis zu 10 Minuten. In jedem Fall hat dabei der freibleibende Querschnitt mindestens 1,5 m zu betragen. Weiters hat auf Verkehrsflächen des Fußgängerverkehrs ein Querschnitt von mindestens 1,5 m in Fällen der Aufstellung oder Anbringung von Gegenständen und Einbauten freizubleiben; die Aufstellung von temporären Hindernissen wie Gerüsten oder Leitern zur Durchführung von Bau- oder Reparaturmaßnahmen ist zulässig." *(BGBl I 2022/122)*

(2) Außerhalb von Parkplätzen ist ein Fahrzeug, sofern sich aus Bodenmarkierungen oder Straßenverkehrszeichen nichts anderes ergibt, zum Halten oder Parken am Rand der Fahrbahn und parallel zum Fahrbahnrand aufzustellen. Auf Fahrbahnen mit gekennzeichnetem Radfahrstreifen, der kein Mehrzweckstreifen ist, dürfen Fahrzeuge auch parallel zu diesem aufgestellt werden. Einspurige Fahrzeuge sind am Fahrbahnrand platzsparend aufzustellen. Ist auf Grund von Bodenmarkierungen das Aufstellen von Fahrzeugen auf Gehsteigen vorgesehen, so dürfen auf diesen Flächen nur Fahrzeuge mit einem Gesamtgewicht von nicht mehr als 3 500 kg aufgestellt werden. *(BGBl 1994/518)*

(2a) In Wohnstraßen und Begegnungszonen ist das Parken von Kraftfahrzeugen nur an den dafür gekennzeichneten Stellen erlaubt. *(BGBl I 2013/39)*

(3) Hält der Lenker eines Fahrzeuges vor einer Haus- oder Grundstückseinfahrt, so hat er im Fahrzeug zu verbleiben und hat beim Herannahen eines Fahrzeuges, dessen Lenker die Haus- oder Grundstückseinfahrt benützen will, die Aus- oder Einfahrt unverzüglich freizumachen. *(BGBl 1983/174)*

(3a) Wenn die Sicherheit, Leichtigkeit und Flüssigkeit des Verkehrs nicht beeinträchtigt wird und innerhalb von 50 m ein Halten nach Abs. 2 nicht möglich ist, darf mit Personen- und Kombinationskraftwagen des Taxi-, Mietwagen- und Gästewagen-Gewerbes sowie mit Krankentransportfahrzeugen neben den nach Abs. 2 aufgestellten Fahrzeugen sowie im Bereich von weniger als 5 m vom nächsten Schnittpunkt einander kreuzender Fahrbahnränder außer auf Schutzwegen und Radfahrerüberfahrten und, wenn deren Benützung nicht durch Lichtzeichen geregelt ist, 5 m vor dem Schutzweg oder der Radfahrerüberfahrt aus der Sicht des ankommenden Verkehrs, zum Aus- oder Einsteigenlassen kurz angehalten werden. *(BGBl I 2010/116)*

(4) Die Türen eines Fahrzeuges dürfen so lange nicht geöffnet werden und auch nicht geöffnet bleiben, als dadurch andere Straßenbenützer gefährdet oder behindert werden können. *(BGBl 1983/174)*

(5) Bevor der Lenker das Fahrzeug verläßt, hat er es so zu sichern, daß es nicht abrollen kann. *(BGBl 1964/204)*

(6) Unbespannte Fuhrwerke, Anhänger ohne Zugfahrzeug sowie Transportbehälter zur Güterbeförderung (wie Container, Lademulden u. dgl.) dürfen nur während des Beladens oder Entladens auf der Fahrbahn stehengelassen werden, es sei denn, die genannten Fahrzeuge und Behälter können nach der Ladetätigkeit nicht sofort entfernt werden, das Entfernen wäre eine unbillige Wirtschaftserschwernis oder es liegen sonstige wichtige Gründe für das Stehenlassen vor. Für das Aufstellen der genannten Fahrzeuge und Behälter gelten die Bestimmungen über das Halten und Parken sinngemäß. Bei unbespannten Fuhrwerken ist die Deichsel abzunehmen oder gesichert in eine solche Stellung zu bringen, daß niemand gefährdet oder behindert wird. *(BGBl 1983/174)*

§ 24. Halte- und Parkverbote

(1) Das Halten und das Parken ist verboten:

a) im Bereich des Vorschriftszeichens „Halten und Parken verboten" nach Maßgabe der Bestimmungen des § 52 Z. 13b, *(BGBl 1976/412)*

b) auf engen Stellen der Fahrbahn, im Bereich von Fahrbahnkuppen oder von unübersichtlichen Kurven sowie auf Brücken, in Unterführungen und in Straßentunnels,

c) auf Schutzwegen und Radfahrerüberfahrten und, wenn deren Benützung nicht durch Lichtzeichen geregelt ist, 5 m vor dem Schutzweg oder der Radfahrerüberfahrt aus der Sicht des ankommenden Verkehrs, *(BGBl 1994/518)*

d) unbeschadet der Regelung des § 23 Abs. 3a im Bereich von weniger als 5 m vom nächsten

§ 24

Schnittpunkt einander kreuzender Fahrbahnränder, *(BGBl I 2010/116)*

e) im Haltestellenbereich eines Massenbeförderungsmittels, das ist – sofern sich aus Bodenmarkierungen nichts anderes ergibt – der Bereich innerhalb von 15 m vor und nach den Haltestellentafeln, während der Betriebszeiten des Massenbeförderungsmittels, *(BGBl I 2005/52)*

f) auf Hauptfahrbahnen in Ortsgebieten, wenn das Fahrzeug auf einer Nebenfahrbahn aufgestellt werden kann, ohne daß hiedurch der Verkehr behindert wird,

g) wenn durch das haltende oder parkende Fahrzeug der Lenker eines anderen Fahrzeuges gehindert wird, Einrichtungen zur Regelung und Sicherung des Verkehrs rechtzeitig wahrzunehmen, *(BGBl 1976/412)*

h) auf Vorrangstraßen außerhalb des Ortsgebietes bei starkem Nebel oder sonstiger erheblicher Sichtbehinderung, ausgenommen auf Straßenteilen, die für das Abstellen von Fahrzeugen bestimmt sind (wie etwa Abstellstreifen, Vorplätze von Häusern u. dgl.), *(BGBl 1976/412)*

i) in Fußgängerzonen.

1. Während der Zeit, in der eine Ladetätigkeit vorgenommen werden darf, ist das Halten für die Dauer einer solchen Ladetätigkeit erlaubt.

2. Während der Zeit, in der das Befahren der Fußgängerzone mit Fahrzeugen des Taxi-, Mietwagen- oder Gästewagen-Gewerbes oder Fiakern jeweils erlaubt ist, ist das Halten mit solchen Fahrzeugen im Zusammenhang mit dem Aus- und Einsteigenlassen der Fahrgäste erlaubt.

3. Mit Fahrzeugen, die nach § 76 a Abs. 2 „Z 4" und Abs. 5 die Fußgängerzone befahren dürfen, ist das Halten und Parken für die Dauer der Tätigkeit in der Fußgängerzone erlaubt. *(BGBl I 2022/122)*

4. Mit Fahrrädern ist das Halten und Parken erlaubt, sofern Fußgänger und der übrige Verkehr dadurch nicht behindert werden. *(BGBl I 2022/122)*
(BGBl 1994/518)

j) auf Straßen für Omnibusse, *(BGBl 1983/174)*

k) auf Radfahrstreifen, Radwegen und Rad- und Gehwegen, *(BGBl 1983/174)*

l) vor Rampen zur barrierefreien Erschließung von Verkehrsflächen oder wenn Leiteinrichtungen für Menschen mit Sehbehinderung nicht bestimmungsgemäß genutzt werden können, *(BGBl I 2015/123)*

m) auf Sperrflächen, *(BGBl 1983/174)*

n) auf Straßenstellen, die nur durch Verletzen eines gesetzlichen Verbots (zB nach § 7 Abs. 4 oder nach § 52 Z 1) erreicht werden können, *(BGBl 1983/174)*

o) wenn Fußgänger, insbesondere auch Personen mit Kinderwagen oder Behinderte mit Rollstuhl, an der Benützung eines Gehsteiges, eines Gehweges oder eines Geh- und Radweges gehindert sind ,,,," *(BGBl 1989/562; BGBl I 2011/34)*

p) entlang von nicht unterbrochenen, am Fahrbahnrand angebrachten gelben Linien gemäß § 55 Abs. 8. *(BGBl I 2011/34)*

(2) Die in Abs. 1 lit. b bis n und Abs. 3 lit. d angeführten Verbote gelten nicht, wenn sich aus Straßenverkehrszeichen oder Bodenmarkierungen etwas anderes ergibt. *(BGBl I 2002/80)*

(2a) Im Bereich des im Abs. 1 lit. e genannten Halteverbotes sowie im Bereich einer Ladezone (§ 43 Abs. 1 lit. c) oder eines Taxistandplatzes (§ 96 Abs. 4) darf zum Aus- oder Einsteigen kurz gehalten werden. *(BGBl 1983/174)*

(3) Das Parken ist außer in den im Abs. 1 angeführten Fällen noch verboten:

a) im Bereich der Vorschriftszeichen „Parken verboten" und „Wechselseitiges Parkverbot" nach Maßgabe der Bestimmungen des § 52 Z 13a und 13c, auf Straßenstellen, die mit einer Zickzacklinie gekennzeichnet sind, sowie entlang von unterbrochenen, am Fahrbahnrand angebrachten gelben Linien gemäß § 55 Abs. 8, *(BGBl I 2011/34)*

b) vor Haus- und Grundstückseinfahrten, *(BGBl 1976/412)*

c) auf Gleisen von Schienenfahrzeugen und auf Fahrstreifen für Omnibusse, *(BGBl 1976/412)*

d) auf Fahrbahnen mit Gegenverkehr, wenn nicht mindestens zwei Fahrstreifen für den fließenden Verkehr freibleiben, *(BGBl 1976/412)*

e) auf der linken Seite von Einbahnstraßen, wenn nicht mindestens ein Fahrstreifen für den fließenden Verkehr freibleibt, *(BGBl 1976/412)*

f) in der Zeit des Fahrverbotes gemäß § 42 Abs. 1 sowie sonst von 22 Uhr bis 6 Uhr im Ortsgebiet weniger als 25 m von Häusern entfernt, die ausschließlich oder vorwiegend Wohnzwecken dienen oder die Krankenanstalten, Kuranstalten oder Altersheime sind, mit Lastkraftwagen, Spezialkraftwagen, Anhängern und Sattelzugfahrzeugen mit einer höchsten zulässigen Gesamtgewicht von jeweils mehr als 3,5 t, *(BGBl I 2011/34)*

g) während der Dunkelheit auf Vorrangstraßen außerhalb des Ortsgebietes, ausgenommen auf Straßenteilen, die für das Parken von Fahrzeugen bestimmt sind, *(BGBl 1976/412)*

h) vor Tankstellen, sofern diese nicht durch bauliche Einrichtungen von der Fahrbahn getrennt sind, *(BGBl 1983/174)*

i) in der Zeit von 22 Uhr bis 6 Uhr im Ortsgebiet weniger als 25 m von Häusern entfernt, die ausschließlich oder vorwiegend Wohnzwecken dienen oder die Krankenanstalten, Kuranstalten oder Altersheime sind, mit Omnibussen mit einem höchsten zulässigen Gesamtgewicht von mehr als 7,5 t; dies gilt nicht für das Parken auf Parkstreifen und Parkflächen, die für Omnibusse bestimmt sind. *(BGBl 1994/518)*

(4) Die Bestimmungen der vorstehenden Absätze gelten nicht für das Halten und Parken auf Autobahnen und Autostraßen; hiefür sind die Bestimmungen der §§ 46 und 47 maßgebend.

(5) Ärzte, die zur selbständigen Berufsausübung berechtigt sind, dürfen bei einer Fahrt zur Leistung ärztlicher Hilfe das von ihnen selbst gelenkte Fahrzeug für die Dauer der Hilfeleistung auch auf einer Straßenstelle, auf der das Halten oder Parken verboten ist, abstellen, wenn in der unmittelbaren Nähe des Aufenthaltes des Kranken oder Verletzten kein Platz frei ist, auf dem gehalten oder geparkt werden darf, und durch das Aufstellen des Fahrzeuges die Sicherheit des Verkehrs nicht beeinträchtigt wird. Während einer solchen Aufstellung ist das Fahrzeug mit einer Tafel, welche die Aufschrift „Arzt im Dienst" und das Amtssiegel der Ärztekammer, welcher der Arzt angehört, tragen muß, zu kennzeichnen. Außer in diesem Falle ist eine solche Kennzeichnung von Fahrzeugen verboten.

(5a) Personen, die im diplomierten ambulanten Pflegedienst zur Hauskrankenpflege eingesetzt sind, dürfen bei einer Fahrt zur Durchführung der Hauskrankenpflege das von ihnen selbst gelenkte Fahrzeug für die Dauer der Pflegeleistung auch auf einer Straßenstelle, auf der das Halten und Parken verboten ist, abstellen, wenn in der unmittelbaren Nähe des Aufenthaltes der Pflegeperson kein Platz frei ist, auf dem gehalten oder geparkt werden darf, und durch das Aufstellen des Fahrzeuges die Sicherheit und Flüssigkeit des Verkehrs nicht beeinträchtigt wird. Während einer solchen Aufstellung ist das Fahrzeug mit einer Tafel, welche die Aufschrift „Mobile Hauskrankenpflege im Dienst" und das Amtssiegel der Behörde, die diese Tätigkeit genehmigt hat, oder in deren Auftrag diese Tätigkeit durchgeführt wird, tragen muß, zu kennzeichen. Außer in diesem Falle ist eine solche Kennzeichnung von Fahrzeugen verboten. *(BGBl 1994/518)*

(5b) Kommandanten von Feuerwehreinheiten, die vom zuständigen Landesfeuerwehrverband hiezu ermächtigt sind, dürfen bei einer Fahrt zum Einsatz das von ihnen selbst gelenkte Fahrzeug für die Dauer des Einsatzes auch auf einer Straßenstelle, auf der das Halten oder Parken verboten ist, abstellen, wenn in der unmittelbaren Nähe des Einsatzortes kein Platz frei ist, auf dem gehalten oder geparkt werden darf, und durch das Aufstellen des Fahrzeuges die Sicherheit des Verkehrs nicht beeinträchtigt wird. Während einer solchen Aufstellung ist das Fahrzeug mit einer Tafel, welche die Aufschrift „Feuerwehr" und das Dienstsiegel des Landesfeuerwehrverbandes tragen muß, zu kennzeichnen. Außer in diesem Falle ist eine solche Kennzeichnung von Fahrzeugen verboten. *(BGBl 1994/518)*

(5c) Personen, die zur selbstständigen Ausübung des Hebammenberufs berechtigt sind, dürfen bei einer Fahrt zur Leistung von Geburtshilfe das von ihnen selbst gelenkte Fahrzeug für die Dauer der Hilfeleistung auch auf einer Straßenstelle, auf der das Halten oder Parken verboten ist, abstellen, wenn in der unmittelbaren Nähe des Aufenthaltes der Patientin kein Platz frei ist, auf dem gehalten oder geparkt werden darf, und durch das Aufstellen des Fahrzeuges die Sicherheit des Verkehrs nicht beeinträchtigt wird. Während einer solchen Aufstellung ist das Fahrzeug mit einer Tafel, welche die Aufschrift „Hebamme im Dienst" und das Amtssiegel des Österreichischen Hebammengremiums tragen muss, zu kennzeichnen. Außer in diesem Falle ist eine solche Kennzeichnung von Fahrzeugen verboten. *(BGBl I 2013/39)*

(6) Ob und inwieweit das Halten und Parken im Bereich schienengleicher Eisenbahnübergänge verboten ist, richtet sich nach den eisenbahnrechtlichen Vorschriften.

(7) Die Behörde kann, soweit dies unter Bedachtnahme auf die Erfordernisse des ruhenden Verkehrs oder die beste Ausnützung der Parkflächen erforderlich oder zweckmäßig ist, durch Verordnung das Parken von Fahrzeugen, die vorwiegend der Werbung dienen, auf bestimmten Straßen, Parkflächen oder Teilen eines Ortsgebietes entweder dauernd, für eine bestimmte Zeit oder über eine bestimmte Dauer hinaus verbieten. *(BGBl 1969/209)*

(8) Wenn eine Beeinträchtigung der Umwelt nicht gegeben oder zu erwarten ist, kann die Behörde allgemein oder für bestimmte Gebiete Ausnahmen von dem in Abs. 3 lit. f angeführten Verbot bewilligen. Eine solche Entscheidung ist durch Anschlag auf der Amtstafel der Behörde kundzumachen. *(BGBl 1994/518)*

§ 25. Kurzparkzonen

(1) Wenn und insoweit es zu bestimmten Zeiten aus ortsbedingten Gründen (auch im Interesse der Wohnbevölkerung) oder zur Erleichterung der Verkehrslage erforderlich ist, kann die Behörde durch Verordnung für bestimmte Straßen oder Straßenstrecken oder für Straßen innerhalb eines bestimmten Gebietes das Parken zeitlich beschränken (Kurzparkzone). Die Kurzparkdauer darf nicht weniger als 30 Minuten und nicht mehr als 3 Stunden betragen. *(BGBl 1986/105)*

(2) Verordnungen nach Abs. 1 sind durch die Zeichen nach § 52 Z 13d und 13e kundzumachen; § 44 Abs. 1 gilt hiefür sinngemäß. Zusätzlich können Kurzparkzonen mit Bodenmarkierungen in blauer Farbe auf der Fahrbahn oder auf dem Randstein sowie mit blauen Markierungsstreifen an den im Bereich einer Kurzparkzone vorhandenen Anbringungsvorrichtungen für Straßenver-

kehrszeichen, Beleuchtungsmasten oder dergleichen gekennzeichnet werden. *(BGBl 1982/275)*

(3) Beim Abstellen eines mehrspurigen Fahrzeuges in einer Kurzparkzone hat der Lenker das zur Überwachung der Kurzparkdauer bestimmte Hilfsmittel bestimmungsgemäß zu handhaben. *(BGBl 1989/86)*

(4) Der Bundesminister für Verkehr, Innovation und Technologie hat durch Verordnung die Art der Überwachung der Kurzparkdauer und das hiefür notwendige Hilfsmittel zu bestimmen; er hat dabei auf den Zweck einer zeitlichen Parkbeschränkung sowie auf eine kostengünstige und einfache Handhabung des Hilfsmittels Bedacht zu nehmen. *(BGBl I 2005/52)*

(4a) Für Kurzparkzonen, in denen für das Abstellen eines mehrspurigen Fahrzeuges auf Grund abgabenrechtlicher Vorschriften eine Gebühr zu entrichten und für die Überwachung der Gebührenentrichtung die Verwendung eines technischen oder sonstigen Hilfsmittels vorgesehen ist, kann der Bundesminister für Verkehr, Innovation und Technologie mit Verordnung festlegen, unter welchen Voraussetzungen dieses Hilfsmittel zugleich auch als Hilfsmittel für die Überwachung der Kurzparkdauer gilt. Wenn für die Überwachung der Gebührenentrichtung die Anbringung des Hilfsmittels am Fahrzeug vorgesehen ist, kann der Bundesminister für Verkehr, Innovation und Technologie weiters aus Gründen der Einheitlichkeit mit Verordnung auch die Art, das Aussehen und die Handhabung des Hilfsmittels bestimmen. *(BGBl I 2005/52)*

(5) Die Behörde hat unter Bedachtnahme auf den Zweck einer nach § 43 Abs. 2a verordneten Regelung durch Verordnung das zur Kontrolle notwendige Hilfsmittel zu bestimmen. *(BGBl 1986/105)*

III. Abschnitt

Bevorzugte Straßenbenützer

§ 26. Einsatzfahrzeuge

(1) Die Lenker von Fahrzeugen, die nach den kraftfahrrechtlichen „oder straßenpolizeilichen" Vorschriften mit Leuchten mit blauem Licht oder blauem Drehlicht und mit Vorrichtungen zum Abgeben von Warnzeichen mit aufeinanderfolgenden verschieden hohen Tönen ausgestattet sind, dürfen diese Signale nur bei Gefahr im Verzuge, zum Beispiel bei Fahrten zum und vom Ort der dringenden Hilfeleistung oder zum Ort des sonstigen dringenden Einsatzes verwenden. Außerdem dürfen die angeführten Signale soweit als notwendig nur noch zur Abwicklung eines protokollarisch festgelegten Programms für Staatsbesuche oder sonstige Staatsakte sowie in Erfüllung völkerrechtlicher Verpflichtungen verwendet werden. Die Leuchten mit blauem Licht oder blauem Drehlicht dürfen aus Gründen der Verkehrssicherheit auch am Ort der Hilfeleistung oder des sonstigen Einsatzes oder bei einer behördlich vorgeschriebenen Transportbegleitung verwendet werden. *(BGBl 1976/412; BGBl I 2022/122)*

(2) Außer in den in Abs. 3 angeführten Fällen ist der Lenker eines Einsatzfahrzeuges bei seiner Fahrt an Verkehrsverbote oder an Verkehrsbeschränkungen nicht gebunden. Er darf jedoch hiebei nicht Personen gefährden oder Sachen beschädigen.

(3) Organe der Straßenaufsicht, die auf einer Kreuzung den Verkehr durch Arm- oder Lichtzeichen regeln, haben Einsatzfahrzeugen „Freie Fahrt" zu geben. Die Lenker von Einsatzfahrzeugen dürfen auch bei rotem Licht in eine Kreuzung einfahren, wenn sie vorher angehalten und sich überzeugt haben, daß sie hiebei nicht Menschen gefährden oder Sachen beschädigen. Einbahnstraßen und Richtungsfahrbahnen dürfen sie in der Gegenrichtung nur befahren, wenn der Einsatzort anders nicht oder nicht in der gebotenen Zeit erreichbar ist oder wenn Ausnahmen für andere Kraftfahrzeuge oder Fuhrwerke bestehen. *(BGBl 1994/518)*

(4) Beim Zusammentreffen von Einsatzfahrzeugen haben der Reihe nach den Vorrang:

1. Rettungsfahrzeuge,
2. Fahrzeuge der Feuerwehr,
3. Fahrzeuge des Sicherheitsdienstes,
4. Sonstige Einsatzfahrzeuge.

(5) Alle Straßenbenützer haben einem herannahenden Einsatzfahrzeug Platz zu machen. Kein Lenker eines anderen Fahrzeuges darf unmittelbar hinter einem Einsatzfahrzeug nachfahren oder, außer um ihm Platz zu machen, vor ihm in eine Kreuzung einfahren.

§ 26a. Fahrzeuge im öffentlichen Dienst

(1) Die Lenker von Fahrzeugen des öffentlichen Sicherheitsdienstes, des Entminungsdienstes, der Militärpolizei, der militärischen Nachrichtendienste, der Strafvollzugsverwaltung, der Feuerwehr und der Finanzverwaltung sind bei Fahrten, soweit dies für die ordnungsgemäße Ausübung des Dienstes erforderlich ist, an Halte- und Parkverbote, an Geschwindigkeitsbeschränkungen, an Fahrverbote gemäß § 52 lit. a Z 1, Z 6a, Z 6b, Z 6c, Z 6d, Z 7a, Z 7b, Z 8a, Z 8b, und Z 8c und an die Verbote bezüglich des Zufahrens zum linken Fahrbahnrand nicht gebunden. Sie dürfen auch Fahrstreifen und Straßen für Omnibusse und, sofern es sich um einspurige Fahrzeuge mit einer Bauartgeschwindigkeit von höchstens 45 km/h handelt, auch Radfahranlagen benützen. Die Lenker von Fahrzeugen des öffentlichen Sicherheitsdienstes dürfen Radfahranlagen auch dann benutzen, wenn dies für die ordnungsgemäße

Ausübung des Dienstes unerlässlich ist. Sie dürfen dabei aber nicht Personen gefährden, Sachen beschädigen oder den Radverkehr übermäßig behindern. *(BGBl I 2022/122)*

(1a) Die Lenker von Fahrzeugen, die nach den kraftfahrrechtlichen „oder straßenpolizeilichen" Vorschriften mit Warnzeichen mit blauem Licht und Schallzeichen mit Aufeinanderfolge verschieden hoher Töne ausgestattet sind, sind auch außerhalb von Einsatzfahrten an die Verbote gemäß § 52 lit. a Z 1 und 2 und die Gebote gemäß § 52 lit. b Z 15 nicht gebunden, wenn Ausnahmen für andere Kraftfahrzeuge und Fuhrwerke bestehen. Sie dürfen auch Fahrstreifen und Straßen für Omnibusse benützen. *(BGBl 1994/518; BGBl I 2022/122)*

(1b) Auf Fahrrädern, die durch den öffentlichen Sicherheitsdienst verwendet werden, dürfen Scheinwerfer und Warnleuchten mit blauem Licht und Vorrichtungen zum Abgeben von Warnzeichen mit aufeinanderfolgenden verschieden hohen Tönen angebracht werden. *(BGBl I 2022/122)*

(2) Den Omnibussen des Kraftfahrlinienverkehrs ist im Ortsgebiet das ungehinderte Abfahren von gekennzeichneten Haltestellen zu ermöglichen, sobald der Lenker eines solchen Fahrzeuges mit dem Fahrtrichtungsanzeiger die Absicht anzeigt, von der Haltestelle abzufahren. Zu diesem Zweck haben die Lenker nachkommender Fahrzeuge die Fahrgeschwindigkeit zu vermindern und, falls erforderlich, anzuhalten. Der Lenker des Kraftfahrlinienfahrzeuges darf die Absicht zum Abfahren erst anzeigen, wenn das Fahrzeug tatsächlich abfahrbereit ist und er darf beim Abfahren andere Straßenbenützer nicht gefährden. *(BGBl 1976/412)*

(3) Beim Halten auf Fahrstreifen für Omnibusse müssen die Lenker während der Betriebszeiten des Kraftfahrlinienverkehrs im Fahrzeug verbleiben und haben beim Herannahen eines Fahrzeuges des Kraftfahrlinienverkehrs den Fahrstreifen so rasch wie möglich zu verlassen, um einem solchen Fahrzeug Platz zu machen. *(BGBl 1983/174)*

(4) Die Lenker

1. von Fahrzeugen der Österreichischen Post Aktiengesellschaft und der Telekom Austria Aktiengesellschaft,

2. von Fahrzeugen sonstiger Post-, Paket-, Telekommunikations- oder Fernmeldedienstanbieter,

3. von Fahrzeugen von Werttransportanbietern,

4. von Fahrzeugen der Fernmeldebüros oder

5. von Fahrzeugen, die im Auftrag eines der unter Z 1 bis 3 genannten Dienstanbieter fahren,

sind bei der Zustellung und Abholung von Postsendungen, bei der Instandhaltung von Telekommunikations- oder Fernmeldeeinrichtungen, bei der Zustellung und Abholung von Bargeld oder Edelmetallen sowie bei Einsätzen der Funküberwachung an Halte- und Parkverbote nicht gebunden, sofern dies der Betriebseinsatz erfordert und der übrige Verkehr dadurch nicht wesentlich beeinträchtigt wird. *(BGBl I 2017/6)*

§ 27. Fahrzeuge des Straßendienstes, der Müllabfuhr und der Kanalwartung

(1) Die Lenker von Fahrzeugen des Straßendienstes, wie Streufahrzeuge, Schneeräumfahrzeuge und -geräte, Arbeitsmaschinen und sonstige Fahrzeuge, die für den Straßenbau, die Straßenerhaltung, die Straßenpflege, die Straßenreinigung oder die Instandhaltung von Einrichtungen zur Regelung und Sicherung des Verkehrs, der öffentlichen Beleuchtung oder der Straßenbahnanlagen verwendet werden, sind bei Arbeitsfahrten an die Bestimmungen über das Verhalten bei Bodenmarkierungen und über das Einordnen sowie an Zufahrtsbeschränkungen, an Halte- und Parkverbote und an die Verbote bezüglich des Zufahrens zum linken Fahrbahnrand nicht gebunden. Sie dürfen auch Nebenfahrbahnen durchfahren sowie an Schutzinseln in Einbahnstraßen oder in einer Fahrbahnhälfte, für die das Gebot, rechts vorbeizufahren, angeordnet ist, links vorbeifahren und dürfen die Betriebszufahrten und -abfahrten sowie die Betriebsumkehren einer Autobahn befahren. Weiters dürfen die Lenker von Fahrzeugen des Straßendienstes auch auf der linken Fahrbahnseite fahren, wenn durch die Ausstattung dieser Fahrzeuge oder durch sonstige Maßnahmen in ausreichender Weise für die Sicherheit anderer Straßenbenützer gesorgt ist. *(BGBl 1983/174)*

(2) Alle Straßenbenützer haben unbeschadet der Bestimmungen des § 26 Abs. 5 über das Verhalten gegenüber Einsatzfahrzeugen den Fahrzeugen des Straßendienstes, wenn sie sich auf einer Arbeitsfahrt befinden, insoweit Platz zu machen, als dies zur Erreichung des Zweckes der jeweiligen Arbeitsfahrt notwendig ist. Entgegenkommenden Fahrzeugen des Straßendienstes, die auf einer Arbeitsfahrt die linke Fahrbahnseite benützen, ist links auszuweichen. *(BGBl 1964/204)*

(3) Bei Arbeitsfahrten dürfen die Lenker von Fahrzeugen der Müllabfuhr durch Nebenfahrbahnen durchfahren und sind an Zufahrtsbeschränkungen und an Halteverbote nicht gebunden, sofern dies der Arbeitseinsatz erfordert und der übrige Verkehr dadurch nicht wesentlich beeinträchtigt wird. *(BGBl 1983/174)*

(4) Die Lenker von Fahrzeugen des Straßendienstes und der Müllabfuhr haben bei Arbeitsfahrten die an den Fahrzeugen angebrachten Warnleuchten mit gelbrotem Licht einzuschalten. Die eingeschaltete Warnleuchte gilt als ausreichender Hinweis auf Gefahren im Sinne des § 43 Abs. 6. *(BGBl 1987/213)*

(5) Soweit dies zur Erreichung des Zwecks der jeweiligen Arbeitsfahrt notwendig ist, sind auch

die Lenker von Fahrzeugen der Kanalwartung und -revision bei Arbeitsfahrten an die Bestimmungen über das Verhalten bei Bodenmarkierungen und über das Einordnen sowie an Zufahrtsbeschränkungen, an Halte- und Parkverbote und an die Verbote bezüglich des Zufahrens zum linken Fahrbahnrand nicht gebunden. Sie dürfen dabei auch durch Nebenfahrbahnen durchfahren und das Fahrzeug erforderlichenfalls abweichend von den Bestimmungen des § 23 Abs. 2 aufstellen. Abs. 4 ist anzuwenden. *(BGBl I 2005/52)*

§ 28. Schienenfahrzeuge

(1) Die Führer von Schienenfahrzeugen sind von der Einhaltung der straßenpolizeilichen Vorschriften insoweit befreit, als die Befolgung dieser Vorschriften wegen der Bindung dieser Fahrzeuge an Gleise nicht möglich ist.

(2) Sofern sich aus den Bestimmungen des § 19 Abs. 2 bis 6 über den Vorrang nichts anderes ergibt, haben beim Herannahen eines Schienenfahrzeuges andere Straßenbenützer die Gleise jedenfalls so rasch wie möglich zu verlassen um dem Schienenfahrzeug Platz zu machen; beim Halten auf Gleisen müssen die Lenker während der Betriebszeiten der Schienenfahrzeuge im Fahrzeug verbleiben, um dieser Verpflichtung nachkommen zu können. Unmittelbar vor und unmittelbar nach dem Vorüberfahren eines Schienenfahrzeuges dürfen die Gleise nicht überquert werden. Bodenmarkierungen für das Einordnen der Fahrzeuge vor Kreuzungen sind ungeachtet der Bestimmungen dieses Absatzes zu beachten. Bodenschwellen oder ähnliche bauliche Einrichtungen, die entlang von Gleisen angebracht sind, dürfen nicht überfahren werden. *(BGBl 1983/174)*

§ 29. Geschlossene Züge von Straßenbenützern

(1) Geschlossene Züge von Straßenbenützern, insbesondere Kinder- und Schülergruppen in Begleitung einer Aufsichtsperson, geschlossene Verbände des Bundesheeres oder des Sicherheitsdienstes (einschließlich der dazugehörigen Fahrzeuge), Prozessionen und Leichenzüge, dürfen nur von Lenkern von Einsatzfahrzeugen (§ 2 Abs. 1 Z. 25) und, wenn dies aus Gründen der Sicherheit und Leichtigkeit des Verkehrs dringend erforderlich ist und keine andere Maßnahme ausreicht, von Organen der Straßenaufsicht unterbrochen oder in ihrer Fortbewegung behindert werden.

(2) Geschlossene Verbände des Bundesheeres und Soldaten, die einzelne Fahrzeuge des Bundesheeres lenken, sind beim Einsatz gemäß § 2 Abs. 1 des Wehrgesetzes, BGBl. Nr. 181/1955, und bei der Vorbereitung dieses Einsatzes insoweit nicht an die Bestimmungen dieses Bundesgesetzes und der auf Grund dieses Bundesgesetzes erlassenen Verordnungen gebunden, als es der Zweck der Maßnahme erfordert und sonst in geeigneter Weise für die Sicherheit des Straßenverkehrs gesorgt ist. *(BGBl 1969/209)*

(3) Wenn eine Verkehrsregelung durch Organe der Sicherheitsexekutive nicht möglich ist, dürfen besonders geschulte und ausgerüstete Soldaten des Bundesheeres und Angehörige der Heeresverwaltung im Rahmen der ihnen erteilten Befehle, insbesondere auf Freilandstraßen, bei

1. Einsatz- und Einsatzübungsfahrten von Fahrzeugkolonnen und Einzelfahrzeugen des Bundesheeres sowie von zivilen Fahrzeugen, welche Zwecken des Bundesheeres dienen,

2. Transporten gefährlicher Güter mit Fahrzeugen des Bundesheeres oder mit zivilen Fahrzeugen, welche Zwecken des Bundesheeres dienen,

3. mit Fahrzeugen des Bundesheeres oder mit zivilen Fahrzeugen, welche Zwecken des Bundesheeres dienen, durchgeführten Transporten, die hinsichtlich der Abmessungen oder des Gesamtgewichtes einer besonderen Bewilligung nach den kraftfahrrechtlichen Bestimmungen bedürfen,

4. Fahrten ausländischer Militärfahrzeuge im Rahmen gemeinsam mit dem Bundesheer durchzuführender Einsätze, Übungen oder Ausbildungsmaßnahmen,

5. Fußmärschen geschlossener Verbände des Bundesheeres oder ausländischer Streitkräfte im Rahmen von Übungen oder Ausbildungsvorhaben in Österreich und

6. allen Bewegungen, bei denen militärischer Eigenschutz wahrzunehmen ist,

die zur Gewährleistung von Ordnung, Sicherheit, Leichtigkeit und Flüssigkeit der militärischen Marschbewegung und des übrigen Verkehrs erforderlichen Maßnahmen treffen. Hierbei können auch Armzeichen (§ 37) und Hilfszeichen (§ 41) gegeben werden, die einer bestehenden behördlichen Verkehrsregelung jedoch nur widersprechen dürfen, wenn dadurch die Sicherheit des übrigen Verkehrs nicht gefährdet wird. Die Straßenbenützer haben den Anordnungen solcher Soldaten und Angehörigen der Heeresverwaltung Folge zu leisten, wenn dies ohne Gefährdung von Personen und ohne Beschädigung von Sachen möglich ist. *(BGBl I 2005/52)*

(4) Die Bestimmungen des Abs. 3 gelten sinngemäß für Kolonnen der Feuerwehren bei einer Einsatzübungs- oder Einsatzfahrt; in diesem Falle werden die nach Abs. 3 den Soldaten zustehenden Rechte von besonders geschulten und ausgerüsteten Feuerwehrmännern ausgeübt. *(BGBl 1969/209)*

§ 29a. Kinder

(1) Vermag der Lenker eines Fahrzeuges zu erkennen, daß Kinder die Fahrbahn einzeln oder

in Gruppen, sei es beaufsichtigt oder unbeaufsichtigt, überqueren oder überqueren wollen, so hat er ihnen das unbehinderte und ungefährdete Überqueren der Fahrbahn zu ermöglichen und hat zu diesem Zweck, falls erforderlich, anzuhalten. Die Bestimmungen des § 76 werden dadurch nicht berührt. *(BGBl 1994/518)*

(2) Wer Kinder beim Überqueren der Fahrbahn beaufsichtigt, insbesondere anleitet oder begleitet, darf auf der Fahrbahn verweilen, solange sich die Kinder auf der Fahrbahn befinden. Die Aufsichtsperson hat darauf zu achten, daß das Überqueren der Fahrbahn nicht unnötig verzögert wird. *(BGBl 1976/412)*

(3) Die Leitung einer Schule kann der Behörde geeignete Schüler als Aufsichtspersonen nach Abs. 2 (Schülerlotsen) namhaft machen, die diese Aufgaben regelmäßig übernehmen. Die Behörde hat diesen Schülerlotsen einen Ausweis, aus dem ihre Eigenschaft als Aufsichtsperson hervorgeht, auszufolgen. *(BGBl 1994/518)*

(4) Die Schülerlotsen sind mit einem geeigneten Signalstab sowie mit einer gut wahrnehmbaren Schutzausrüstung auszustatten, die sie während der Aufsichtstätigkeit zu tragen haben. Der Bundesminister für Inneres hat durch Verordnung die Ausführung, Beschaffenheit, Farbe und sonstige zur Wahrnehmbarkeit erforderlichen Eigenschaften des Signalstabes und der Schutzausrüstung sowie den Inhalt und die Form des Ausweises zu bestimmen. *(BGBl 1994/518)*

Menschen mit Behinderungen

§ 29b. (1) Inhabern und Inhaberinnen eines Behindertenpasses nach dem Bundesbehindertengesetz, BGBl. Nr. 283/1990, die über die Zusatzeintragung „Unzumutbarkeit der Benützung öffentlicher Verkehrsmittel wegen dauerhafter Mobilitätseinschränkung aufgrund einer Behinderung" verfügen, ist als Nachweis über die Berechtigungen nach Abs. 2 bis 4 auf Antrag vom Bundesamt für Soziales und Behindertenwesen ein Ausweis auszufolgen. Die näheren Bestimmungen über diesen Ausweis sind durch Verordnung des Bundesministers für Arbeit, Soziales und Konsumentenschutz zu treffen. *(BGBl I 2013/39)*

(1a) **(Verfassungsbestimmung)** Die Ausfolgung und Einziehung eines Ausweises gemäß Abs. 1 kann unmittelbar durch Bundesbehörden besorgt werden. *(BGBl I 2013/39)*

(2) Inhaber eines Ausweises gemäß Abs. 1 dürfen

a) auf Straßenstellen, für die durch das Straßenverkehrszeichen „Halten und Parken verboten" oder eine nicht unterbrochene, am Fahrbahnrand angebrachte gelbe Linie (§ 24 Abs. 1 lit. p) ein Halte- und Parkverbot kundgemacht ist, *(BGBl I 2015/123)*

b) entgegen der Vorschrift des § 23 Abs. 2 über das Abstellen eines Fahrzeuges am Rand der Fahrbahn

mit dem von ihnen selbst gelenkten Fahrzeug oder mit einem Fahrzeug, das sie als Mitfahrer benützen, zum Aus- oder Einsteigen einschließlich des Aus- oder Einladens der für den Ausweisinhaber nötigen Behelfe (wie etwa ein Rollstuhl u. dgl.) für die Dauer dieser Tätigkeiten halten.

(3) Ferner dürfen Inhaber eines Ausweises gemäß Abs. 1 das von ihnen selbst gelenkte Fahrzeug oder Lenker von Fahrzeugen in der Zeit, in der sie einen Inhaber eines Ausweises gemäß Abs. 1 befördern,

a) auf Straßenstellen, für die durch das Straßenverkehrszeichen „Parken verboten" oder eine unterbrochene, am Fahrbahnrand angebrachte gelbe Linie (§ 24 Abs. 3 lit. a) ein Parkverbot kundgemacht ist, *(BGBl I 2015/123)*

b) in einer Kurzparkzone ohne zeitliche Beschränkung,

c) auf Straßen, für die ein Parkverbot, das gemäß § 44 Abs. 4 kundzumachen ist, erlassen worden ist, und

d) in einer Fußgängerzone während der Zeit, in der eine Ladetätigkeit vorgenommen oder die Fußgängerzone gemäß § 76a Abs. 2a befahren werden darf, *(BGBl I 2015/123)*

parken.

(4) Beim Halten gemäß Abs. 2 sowie beim Befahren einer Fußgängerzone gemäß § 76a Abs. 2a hat der Inhaber eines Ausweises gemäß Abs. 1 diesen den Straßenaufsichtsorganen auf Verlangen vorzuweisen. Beim Parken gemäß Abs. 3 sowie beim Halten oder Parken auf den nach § 43 Abs. 1 lit. d freigehaltenen Straßenstellen hat der Ausweisinhaber den Ausweis bei mehrspurigen Kraftfahrzeugen hinter der Windschutzscheibe und durch diese gut erkennbar, bei anderen Fahrzeugen an einer sonst geeigneten Stelle gut wahrnehmbar anzubringen. *(BGBl I 2015/123)*

(5) Die Bestimmungen der Abs. 2 bis 4 gelten auch für Inhaber eines Ausweises, der von einer ausländischen Behörde oder Organisation ausgestellt worden ist und der im wesentlichen einem Ausweis nach Abs. 1 entspricht.

(6) Ausweise, die vor dem 1. Jänner 2001 ausgestellt worden sind und der Verordnung des Bundesministers für Verkehr vom 16. November 1976, BGBl. Nr. 655/1976, zuletzt geändert durch BGBl. Nr. 80/1990, entsprechen, verlieren ihre Gültigkeit mit 31. Dezember 2015. Ausweise, die nach dem 1. Jänner 2001 ausgestellt worden sind und der Verordnung des Bundesministers für Verkehr, Innovation und Technologie über den Ausweis für dauernd stark gehbehinderte Personen (Gehbehindertenausweisverordnung),

BGBl. II Nr. 252/2000, entsprechen, bleiben weiterhin gültig. *(BGBl I 2013/39)*
(BGBl I 1998/92)

§ 30. Wirtschaftsfuhren

(1) Als Wirtschaftsfuhre gilt die Beförderung von Gütern im Betriebe eines land- und forstwirtschaftlichen Unternehmens innerhalb seines örtlichen Bereiches, insbesondere zwischen den zu diesem Unternehmen gehörenden Liegenschaften mit Fahrzeugen eines land- und forstwirtschaftlichen Unternehmens.

(2) Wirtschaftsfuhren mit Zugmaschinen, die auf gerader waagrechter Fahrbahn eine Geschwindigkeit von 10 km/h nicht zu überschreiten vermögen, dürfen nur von Personen gelenkt werden, die mindestens 16 Jahre alt sind und die erforderliche körperliche und geistige Eignung besitzen. *(BGBl 1983/174)*

(3) Wirtschaftsfuhren mit bespannten Fahrzeugen dürfen nur von Personen gelenkt werden, die mindestens zwölf Jahre alt sind und die erforderliche körperliche und geistige Eignung besitzen. Ist der Lenker noch nicht 16 Jahre alt, so darf er nur Straßen benützen, die nicht Vorrangstraßen sind, keine besonders gefährlichen Stellen aufweisen und lediglich örtlichen Verkehrsbedürfnissen dienen.

(4) Die im § 74 (Abs. 4 zweiter Satz) enthaltene Bestimmung über die Beschaffenheit der Zügel bei Fuhrwerken gilt nicht für Fuhrwerke für Wirtschaftsfuhren.

(5) Bei Wirtschaftsfuhren dürfen außerhalb von Ortsgebieten auch Wege, die ausschließlich für den Fußgängerverkehr bestimmt sind, benützt werden, wenn sonst keine für den Verkehr mit Fahrzeugen offene Straße vorhanden ist oder wenn die Erreichung des Zieles nur unter Zurücklegung eines unverhältnismäßig großen Umweges möglich ist.

(6) Im Betriebe eines land- und forstwirtschaftlichen Unternehmens gelten für die Beförderung eigener Erzeugnisse mit eigenen Fahrzeugen bis zur nächsten Eisenbahn- oder Schiffsstation oder bis zur nächsten Sammelstelle land- und forstwirtschaftlicher Erzeugnisse die Bestimmungen der Abs. 2 bis 5 sinngemäß, doch hat die Behörde eine solche Beförderung zu verbieten oder im erforderlichen Ausmaße einzuschränken, wenn es aus Gründen der Verkehrssicherheit geboten ist. *(BGBl 1964/204)*

IV. Abschnitt
Regelung und Sicherung des Verkehrs

A. Gemeinsame Bestimmungen

§ 31. Einrichtungen zur Regelung und Sicherung des Verkehrs

(1) Einrichtungen zur Regelung und Sicherung des Verkehrs (insbesondere Verkehrsampeln, Signalscheiben, Straßenverkehrszeichen, Verkehrsleiteinrichtungen, „Leiteinrichtungen für Menschen mit Sehbehinderung," Sockel für Verkehrsposten, Verkehrstürme, Schutzinseln, Sperrketten, Geländer, Begrenzungspfeiler, Randsteine, radableitende Randbegrenzungen, Straßenbeleuchtungseinrichtungen, Schneegatter, Verkehrsspiegel und das allenfalls mit solchen Einrichtungen verbundene Rückstrahlmaterial) dürfen nicht beschädigt oder unbefugt angebracht, entfernt, verdeckt oder in ihrer Lage oder Bedeutung verändert werden. *(BGBl I 2015/123)*

(2) Es ist verboten, an den in Abs. 1 bezeichneten Einrichtungen Beschriftungen, bildliche Darstellungen, Anschläge, geschäftliche Anpreisungen oder dgl. anzubringen. Dies gilt jedoch nicht für das Anbringen von Tabellen für Preise von Taxi- und Ausflugsfahrten unter den in § 96 Abs. 4 genannten Straßenverkehrszeichen, für die Nutzung der Rückseite der in Abs. 1 bezeichneten Einrichtungen gemäß § 82 Abs. 3 lit. f sowie bei Vorliegen einer Bewilligung nach den §§ 82 bis 84. *(BGBl I 2017/6)*

(3) Die Behörde ist berechtigt, unbefugt an den in Abs. 1 bezeichneten Einrichtungen angebrachte Beschriftungen, bildliche Darstellungen, Anschläge, geschäftliche Anpreisungen oder dgl. auf Kosten des für die Anbringung Verantwortlichen ohne weiteres Verfahren entfernen zu lassen. *(BGBl I 2005/52)*

§ 32. Anbringungspflicht und Kosten

(1) Die Einrichtungen zur Regelung und Sicherung des Verkehrs sind, sofern sich aus den folgenden Absätzen nichts anderes ergibt, vom Straßenerhalter auf seine Kosten anzubringen und zu erhalten. Die Kosten der Anbringung und Erhaltung dieser Einrichtungen auf und an Kreuzungen sind von den beteiligten Straßenerhaltern entsprechend dem Ausmaß des Verkehrs auf jeder Straße zu tragen. Die Erhaltung der Einrichtungen umfaßt auch ihre allenfalls notwendige Beleuchtung. Hinsichtlich der Hinweiszeichen „Gottesdienste" gilt § 53 Abs. 1 Z 3a und hinsichtlich der Hinweiszeichen „Pannenhilfe", „Verkehrsfunk" und „Tankstelle" § 84 Abs. 1. *(BGBl I 1998/92)*

(2) Die Kosten der Anbringung und Erhaltung von Straßenverkehrszeichen, die schienengleiche

Eisenbahnübergänge ankündigen, sind bei nichtöffentlichen Eisenbahnen vom Eisenbahnunternehmer zu tragen, wenn die Verkehrsbedeutung der Straße jene der Eisenbahn eindeutig überwiegt.

(3) Die Kosten der Anbringung und Erhaltung von Einrichtungen zur Regelung und Sicherung des Verkehrs, die wegen des Betriebes eines Unternehmens aus Gründen der Verkehrssicherheit dauernd erforderlich sind oder im Interesse eines solchen Unternehmens angebracht werden mußten, sind vom Unternehmer zu tragen. Eisenbahnunternehmen und Betriebe des Kraftfahrlinienverkehrs sind keine Unternehmen im Sinne dieses Bundesgesetzes. *(BGBl 1983/174)*

(3a) Die Kosten der Anbringung und Erhaltung von Verkehrszeichen zur Festlegung von Standplätzen für Fahrzeuge des Platzfuhrwerks-Gewerbes, des Ausflugswagen-(Stadtrundfahrten-)Gewerbes und für Fiaker sind vom Antragsteller zu tragen. *(BGBl 1994/518)*

(4) Die Kosten der Anbringung und Erhaltung von Einrichtungen zur Regelung und Sicherung des Verkehrs, die wegen der Abhaltung einer sportlichen Veranstaltung (§ 64) angebracht werden müssen, sind vom Veranstalter zu tragen.

(5) Die Kosten der Anbringung und Erhaltung von Einrichtungen zur Regelung und Sicherung des Verkehrs, die wegen der Benützung der Straße zu verkehrsfremden Zwecken (§§ 82 ff.) angebracht werden müssen, sind vom Inhaber der Bewilligung zu tragen.

(6) Sind aus Anlass von Arbeiten auf oder neben der Straße (§ 90) Einrichtungen zur Regelung und Sicherung des Verkehrs erforderlich, so sind sie vom Bauführer auf seine Kosten anzubringen, zu erhalten und zu entfernen. Bei Säumigkeit des Bauführers kann die Behörde die ersatzweise Anbringung und Entfernung von Einrichtungen zur Regelung und Sicherung des Verkehrs veranlassen und die Kosten hierfür dem Bauführer mit Bescheid vorschreiben. *(BGBl I 2005/52)*

(7) Die Bestimmungen der Abs. 1 bis 6 gelten nicht für das Zeichen „Andreaskreuz" (§ 50 Z. 6d); hiefür sind die eisenbahnrechtlichen Vorschriften maßgebend. *(BGBl 1964/204)*

§ 33. Einrichtungen auf benachbarten Grundstücken zur Regelung und Sicherung des Verkehrs

(1) Ist die Anbringung der Einrichtungen zur Sicherung und Regelung des Verkehrs auf Straßengrund nicht zweckentsprechend oder wegen der Beschaffenheit der Straße oder ihrer Anlage nicht möglich, so sind diese Einrichtungen unter tunlichster Vermeidung von Wirtschaftserschwernissen auf den Liegenschaften neben der Straße anzubringen. Die Eigentümer dieser Liegenschaften sind, wenn mit ihnen hierüber keine Einigung erzielt wurde, von der Behörde durch Bescheid zu verpflichten, die Anbringung zu dulden.

(2) Der Eigentümer der Liegenschaft ist, wenn durch die Anbringung der Einrichtungen die bestimmungsgemäße Verwendung der Liegenschaft erheblich beeinträchtigt wird, von demjenigen, der die Kosten der Anbringung zu tragen hat, zu entschädigen. Werden Ersatzansprüche innerhalb von sechs Monaten, gerechnet vom Zeitpunkt, in dem der Eigentümer der Liegenschaft von der Anbringung Kenntnis erlangt hat, nicht anerkannt, so hat auf seinen Antrag das Gericht im Verfahren außer Streitsachen zu entscheiden.

(BGBl 1969/209)

§ 34. Ausstattung der Einrichtungen zur Regelung und Sicherung des Verkehrs

(1) Der Bundesminister für Verkehr, Innovation und Technologie hat, soweit dies erforderlich oder zweckmäßig ist, unter Bedachtnahme auf die Erfordernisse der Sicherheit des Straßenverkehrs durch Verordnung die näheren Vorschriften über die Ausführung der Einrichtungen zur Regelung und Sicherung des Verkehrs (§ 31 Abs. 1) zu erlassen und insbesondere die Abmessungen (§ 48) und die Farben sowie die Beschaffenheit und Ausstattung der Straßenverkehrszeichen und Verkehrsleiteinrichtungen (§§ 55 ff.) zu bestimmen. *(BGBl I 2005/52)*

(2) Die Straßenverkehrszeichen und Verkehrsleiteinrichtungen sind so auszustatten, daß sie bei Tageslicht und bei Dunkelheit im Scheinwerferlicht deutlich erkennbar sind. Ihre Rückstrahleinrichtungen dürfen die Straßenbenützer nicht blenden und die Erkennbarkeit ihrer Bedeutung nicht erschweren.

(3) Die Straßenverkehrszeichen müssen hinsichtlich Form und Farbe bei Tageslicht und bei Dunkelheit im Scheinwerferlicht das gleiche Bild zeigen.

(4) Straßenverkehrszeichen, die den fließenden Kraftfahrzeugverkehr betreffen, müssen entweder mit rückstrahlendem Material ausgestattet oder bei Dunkelheit beleuchtet sein. *(BGBl 1983/174)*

(5) Zum Zwecke der Erprobung im Rahmen der Durchführung wissenschaftlicher Untersuchungen kann der Bundesminister für Verkehr, Innovation und Technologie durch Verordnung für eine bestimmte Zeit eine von den Bestimmungen dieses Gesetzes abweichende Ausführung von Einrichtungen zur Regelung und Sicherung des Verkehrs festlegen, wenn dagegen aus Gründen der Verkehrssicherheit keine Bedenken bestehen und eine solche Untersuchung im überwiegenden Interesse des Straßenverkehrs gelegen ist; der Zeitraum der Erprobung darf fünf Jahre ab dem In-Kraft-Treten der Verordnung nicht überschreiten. *(BGBl I 2002/80)*

§ 35. Vermeidung von Verkehrsbeeinträchtigungen

(1) Die Behörde hat, wenn es die Sicherheit des Straßenverkehrs erfordert, die Besitzer von Gegenständen, die auf der Straße oder auf Liegenschaften in der Umgebung der Straße angebracht sind und durch ihre Beschaffenheit oder Lage oder durch die Art ihrer Anbringung oder ihrer Anordnung geeignet sind, die Sicherheit des Straßenverkehrs zu beeinträchtigen, durch Bescheid zu verpflichten,

a) die Lage oder die Art der Anbringung oder die Anordnung des Gegenstandes so zu ändern, daß die Sicherheit des Straßenverkehrs nicht weiter beeinträchtigt wird, oder

b) wenn eine in lit. a bezeichnete Änderung nicht ausreicht, die Gegenstände zu beseitigen.

(2) Eine Beeinträchtigung der Sicherheit des Straßenverkehrs durch die in Abs. 1 bezeichneten Gegenstände ist insbesondere dann anzunehmen, wenn sie die Straßenbenützer blenden, die freie Sicht über den Verlauf der Straße oder auf Einrichtungen zur Regelung oder Sicherung des Verkehrs behindern oder mit solchen Einrichtungen, insbesondere mit Straßenverkehrszeichen oder mit Lichtzeichen (§ 38), verwechselt werden können oder die Wirkung solcher Einrichtungen herabmindern.

(3) Die Behörde hat auf Antrag dessen, der einen in Abs. 1 bezeichneten Gegenstand anzubringen beabsichtigt, durch Bescheid festzustellen, ob durch die Verwirklichung des Vorhabens eine Beeinträchtigung der Sicherheit des Straßenverkehrs im Sinne des Abs. 2 zu erwarten ist. *(BGBl 1964/204)*

B. Armzeichen und Lichtzeichen

§ 36. Zeichengebung

(1) Die Behörde hat zur Wahrung der Sicherheit, Leichtigkeit und Flüssigkeit des Verkehrs auf Straßen mit öffentlichem Verkehr unter Bedachtnahme auf die Verkehrserfordernisse zu bestimmen, ob und an welcher Stelle der Verkehr durch Armzeichen oder durch Lichtzeichen zu regeln ist. Sie darf jedoch eine Verkehrsregelung durch Lichtzeichen (§ 38), die von Haupt- oder Nebenbahnen im Sinne des Eisenbahngesetzes 1957 aus sichtbar sind, nur dann anordnen, wenn die Eisenbahnbehörde festgestellt hat, daß dagegen keine Bedenken nach § 39 Abs. 1 des Eisenbahngesetzes 1957, BGBl. Nr. 60/1957, bestehen.

(2) Die Armzeichen und Lichtzeichen sind von den Organen der Straßenaufsicht (Verkehrsposten), und zwar unter Bedachtnahme auf die jeweilige Verkehrslage und nach den Erfordernissen der Sicherheit, Leichtigkeit und Flüssigkeit des Verkehrs sowie der Bedürfnisse von Fußgängern, nach kurzer Wartezeit und ohne Eile queren zu können, zu geben. *(BGBl I 2022/122)*

(3) Werden auf einer Straßenstelle die Lichtzeichen automatisch oder von Straßenbenützern ausgelöst, (Abs. 2) so sind diese Vorrichtungen unter Bedachtnahme auf die Sicherheit, Leichtigkeit und Flüssigkeit des Verkehrs sowie auf Bedürfnisse von Fußgängern, nach kurzer Wartezeit und ohne Eile queren zu können, so einzustellen, dass die Zeichenfolge den auf dieser Straßenstelle bestehenden Verkehrsverhältnissen entspricht. *(BGBl I 2022/122)*

(4) Wenn der Verkehr durch Armzeichen oder Lichtzeichen geregelt wird, so gehen diese sowohl den Straßenverkehrszeichen als auch den Bodenmarkierungen vor.

§ 37. Bedeutung der Armzeichen

(1) Hält ein auf der Fahrbahn stehender Verkehrsposten einen Arm senkrecht nach oben, so gilt dies als Zeichen für „Halt". Bei diesem Zeichen haben die Lenker herannahender Fahrzeuge vor dem Verkehrsposten anzuhalten. Wird dieses Zeichen auf einer Kreuzung gegeben, so haben die Lenker herannahender Fahrzeuge vor einem Schutzweg, einer Radfahrerüberfahrt oder einer Haltelinie, sonst vor der Kreuzung anzuhalten oder, wenn ihnen das Anhalten nicht mehr möglich ist, die Kreuzung zu durchfahren. Fahrzeuglenker, die sich bei diesem Zeichen mit ihren Fahrzeugen bereits auf der Kreuzung befinden, haben sie so rasch wie dies möglich und erlaubt ist, zu verlassen. Beim Einbiegen nach links ist den entgegenkommenden geradeausfahrenden sowie den entgegenkommenden nach rechts einbiegenden Fahrzeugen der Vorrang zu geben. Fahrzeuge, die von Hauptfahrbahnen kommen, haben den Vorrang gegenüber Fahrzeugen, die aus Nebenfahrbahnen kommen. *(BGBl 1994/518)*

(2) Hält ein auf der Fahrbahn stehender Verkehrsposten einen Arm quer zu einer Fahrtrichtung, so gilt dies als Zeichen für „Halt" für den Verkehr in dieser Fahrtrichtung. Bei diesem Zeichen haben die Lenker der in dieser Fahrtrichtung fahrenden Fahrzeuge vor dem Verkehrsposten, wenn das Zeichen jedoch auf einer Kreuzung gegeben wird, vor der Kreuzung anzuhalten. Bei diesem Zeichen sind auch die senkrecht zur Brust und zum Rücken des Verkehrspostens verlaufenden Fahrtrichtungen gesperrt. *(BGBl 1976/412)*

(3) Hält ein auf der Fahrbahn stehender Verkehrsposten beide Arme quer zu beiden Fahrtrichtungen, so gilt dies als Zeichen für „Halt" für den Verkehr in diesen Fahrtrichtungen. Bei diesem Zeichen haben die Lenker der in diesen Fahrtrichtungen fahrenden Fahrzeuge vor dem Verkehrsposten, wenn das Zeichen jedoch auf einer Kreuzung gegeben wird, vor der Kreuzung anzuhalten.

(4) Wenn es die Verkehrslage zuläßt, hat ein Verkehrsposten auch bei den Zeichen nach Abs. 2 und 3 das Einbiegen nach rechts durch Hilfszeichen (§ 41) zu gestatten.

(5) Hält ein auf der Fahrbahn stehender Verkehrsposten einen Arm oder beide Arme parallel zu den Fahrtrichtungen, so gilt dies als Zeichen für „Freie Fahrt" für den Verkehr in diesen Fahrtrichtungen. Bei diesem Zeichen haben die Lenker von Fahrzeugen in der freigegebenen Fahrtrichtung weiterzufahren oder einzubiegen (§ 13). Beim Einbiegen dürfen jedoch Fußgänger und Radfahrer, welche die Fahrbahn im Sinne der für sie geltenden Regelungen überqueren, und die Benützer der freigegebenen Fahrbahn nicht behindert werden. Beim Einbiegen nach links ist den entgegenkommenden geradeausfahrenden sowie den entgegenkommenden nach rechts einbiegenden Fahrzeugen der Vorrang zu geben. Fahrzeuge, die von Hauptfahrbahnen kommen, haben den Vorrang gegenüber Fahrzeugen, die aus Nebenfahrbahnen kommen. *(BGBl 1994/518)*

(6) Ein Verkehrsposten darf, nachdem er die Armzeichen gemäß Abs. 3 und 5 gegeben hat, die Arme wieder senken. In diesem Falle sind die senkrecht zur Brust und zum Rücken des Verkehrspostens verlaufenden Fahrtrichtungen gesperrt (Abs. 3).

(7) Bewegt ein Verkehrsposten einen Arm auf und ab, so bedeutet dies, daß die Fahrgeschwindigkeit zu verringern ist.

§ 38. Bedeutung der Lichtzeichen

(1) Gelbes nicht blinkendes Licht gilt unbeschadet der Vorschriften des § 53 Z. 10a über das Einbiegen der Straßenbahn bei gelbem Licht als Zeichen für „Halt". Bei diesem Zeichen haben die Lenker herannahender Fahrzeuge unbeschadet der Bestimmungen des Abs. 7 anzuhalten:

a) wenn eine Haltelinie vorhanden ist, vor der Haltelinie;

b) wenn ein Schutzweg oder eine Radfahrerüberfahrt ohne Haltelinie vorhanden ist, vor der ersten Querungshilfe (Schutzweg, Radfahrerüberfahrt) aus der Sicht des ankommenden Verkehrs; *(BGBl 1994/518)*

c) wenn eine Kreuzung ohne Schutzweg und ohne Haltelinie vorhanden ist, vor der Kreuzung, *(BGBl 1994/518)*

d) ansonsten vor dem Lichtzeichen.
(BGBl 1964/204)

(2) Fahrzeuglenker, die sich bei gelbem nicht blinkendem Licht bereits auf der Kreuzung befinden, haben diese so rasch wie ihnen dies möglich und erlaubt ist zu verlassen. Fahrzeuglenker, denen ein sicheres Anhalten nach Abs. 1 nicht mehr möglich ist, haben weiterzufahren. Beim Einbiegen nach links ist den entgegenkommenden geradeausfahrenden sowie den entgegenkommenden nach rechts einbiegenden Fahrzeugen der Vorrang zu geben. Fahrzeuge, die von Hauptfahrbahnen kommen, haben den Vorrang gegenüber Fahrzeugen, die aus Nebenfahrbahnen kommen. *(BGBl 1976/412)*

(2a) Gemeinsam mit dem roten Licht leuchtendes gelbes Licht bedeutet „Halt" im Sinne des roten Lichtes und kündigt an, daß das Zeichen für „Freie Fahrt" unmittelbar folgen wird. *(BGBl 1983/174)*

(2b) Die Dauer des gelben nichtblinkenden Lichtes, das dem roten Licht folgt oder gemeinsam mit diesem leuchtet, hat zwei Sekunden zu betragen. *(BGBl 1983/174)*

(3) Blinkendes gelbes Licht bedeutet „Vorsicht".

(4) Grünes Licht gilt als Zeichen für „Freie Fahrt". Bei diesem Zeichen haben die Lenker von Fahrzeugen, wenn es die Verkehrslage zuläßt, weiterzufahren oder einzubiegen. Beim Einbiegen dürfen die Benützer der freigegebenen Fahrstreifen sowie Fußgänger und Radfahrer, welche die Fahrbahn im Sinne der für sie geltenden Regelungen überqueren, weder gefährdet noch behindert werden. Beim Einbiegen nach links ist den entgegenkommenden geradeaus fahrenden sowie den entgegenkommenden nach rechts einbiegenden Fahrzeugen der Vorrang zu geben. Fahrzeuge, die von Hauptfahrbahnen kommen, haben den Vorrang gegenüber Fahrzeugen, die aus Nebenfahrbahnen kommen. *(BGBl 1989/86)*

(5) Rotes Licht gilt als Zeichen für „Halt". Bei diesem Zeichen haben die Lenker von Fahrzeugen unbeschadet der Bestimmungen des Abs. 7 und des § 53 Z. 10a an den im Abs. 1 bezeichneten Stellen anzuhalten. *(BGBl 1976/412)*

(5a) Die Behörde kann durch Verordnung Kreuzungen bestimmen, an denen abweichend von Abs. 5 die Lenker von Fahrrädern trotz rotem Licht rechts abbiegen oder an Stellen, an denen kein Fahrzeugverkehr von Rechts kreuzen kann (T-Kreuzungen), geradeaus fahren dürfen, wenn

1. sie zuvor angehalten haben,

2. eine Behinderung oder Gefährdung anderer Verkehrsteilnehmer, insbesondere des Fußgänger- und Fahrzeugverkehrs in der freigegebenen Fahrtrichtung, nicht zu erwarten ist und

3. neben dem roten Lichtzeichen eine Zusatztafel gemäß § 54 Abs. 5 lit. n angebracht ist.
(BGBl I 2022/122)

(5b) Eine Verordnung nach Abs. 5a darf nur erlassen werden, wenn hinsichtlich der dadurch bestimmten Kreuzungen aus Gründen der Verkehrssicherheit keine Bedenken bestehen; der jeweilige Stand der Technik ist dabei zu berücksichtigen. In der Verordnung ist die Fahrtroute anzugeben, für die die Erlaubnis, bei rotem Licht rechts abzubiegen oder geradeaus zu fahren, gilt. An den in der Verordnung genannten Kreuzungen ist neben dem roten Lichtzeichen eine Zusatztafel gemäß § 54 Abs. 5 lit. n anzubringen. *(BGBl I 2022/122)*

(6) Das grüne Licht ist jeweils mit viermal grünblinkendem Licht zu beenden, wobei die Leucht- und die Dunkelphase abwechselnd je eine halbe Sekunde zu betragen haben. Grünes blinkendes Licht bedeutet das unmittelbar bevorstehende Ende des Zeichens für „Freie Fahrt". *(BGBl 1983/174)*

(7) Leuchtende grüne Pfeile gelten als Zeichen für „Freie Fahrt" im Sinne des grünen Lichtes. In die Leuchtfläche des gelben nicht blinkenden Lichtes schwarz eingezeichnete Pfeile gelten als Zeichen für „Halt" im Sinne des gelben nicht blinkenden Lichtes. In die Leuchtfläche des roten Lichtes schwarz eingezeichnete Pfeile gelten als Zeichen für „Halt" im Sinne des roten Lichtes. Die Pfeilspitzen zeigen jeweils die Richtung an, für welche die Zeichen gelten.

(8) „Zur gesonderten Regelung des Verkehrs auf einzelnen Fahrstreifen oder für bestimmte Gruppen von Straßenbenützern, wie etwa Fußgänger, Radfahrer oder Fahrzeuge des Kraftfahrlinienverkehrs sowie Taxifahrzeuge, dürfen auch andere leicht erkennbare Lichtzeichen verwendet werden, wobei hinsichtlich des grünen Lichtes die Bestimmung des Abs. 6 erster Satz anzuwenden ist." Hinsichtlich der Bedeutung solcher Lichtzeichen und des Verhaltens der betroffenen Straßenbenützer gelten die Bestimmungen der Abs. 1 bis 7 sinngemäß. *(BGBl 1983/174; BGBl I 2010/116)*

(9) Im Bereich eines Grenzüberganges dürfen auch Lichtzeichen verwendet werden, die nur rotes und grünes Licht ausstrahlen. Solche Zeichen sind für jeden Fahrstreifen getrennt rechts oder oberhalb des Fahrstreifens anzubringen. Bei Lichtzeichen dieser Art bedeutet rotes Licht, daß auf dem betreffenden Fahrstreifen keine Grenzabfertigung vorgenommen wird und dieser daher für den Fahrzeugverkehr gesperrt ist, und grünes Licht, daß der betreffende Fahrstreifen zur Grenzabfertigung zu benützen ist. Diese Bestimmungen gelten sinngemäß für den Bereich einer Mautstelle hinsichtlich der Mauteinhebung. *(BGBl 1976/412)*

(10) Für die Fahrstreifensignalisierung sind Lichtzeichen mit roten gekreuzten Schrägbalken, grün nach unten zeigendem Pfeil und gelb blinkendem halb links oder halb rechts nach unten zeigendem Pfeil auf nicht leuchtendem Hintergrund zu verwenden. Solche Zeichen sind für jeden Fahrstreifen oberhalb des Fahrstreifens anzubringen. Bei Lichtzeichen dieser Art bedeuten rote gekreuzte Schrägbalken, daß der betreffende Fahrstreifen gesperrt ist, der grün nach unten zeigende Pfeil, daß der Verkehr auf dem betreffenden Fahrstreifen gestattet ist und der gelb blinkende halb links oder halb rechts nach unten zeigende Pfeil, daß Fahrzeuglenker den betreffenden Fahrstreifen ehestmöglich in der angezeigten Richtung verlassen müssen. *(BGBl 1994/518)*

(BGBl 1969/209)

§ 39. Anordnung der Lichtzeichen

(1) Die Lichtzeichen sind entweder untereinander in der Reihenfolge oben rot, in der Mitte gelb und unten grün oder in Ausnahmefällen nebeneinander in der Reihenfolge links rot, in der Mitte gelb und rechts grün anzuordnen.

(2) Die Anlagen zur Abgabe von Lichtzeichen sind deutlich erkennbar anzubringen. Sind mehrere Fahrstreifen vorhanden, so ist sowohl eine getrennte als auch eine unterschiedliche Regelung für einzelne Fahrstreifen oder Fahrtrichtungen zulässig (Spurensignalisation). Der Abstand zwischen dem unteren Rand des Gehäuses einer Lichtsignalanlage und der Fahrbahn darf bei Anordnung am Fahrbahnrand nicht weniger als 2 m und nicht mehr als 3,50 m, bei Anordnung oberhalb der Fahrbahn nicht weniger als 4,50 m und nur in Ausnahmefällen mehr als 5,50 m betragen. Die Anbringung zusätzlicher Signale an anderen Stellen ist zulässig.

(BGBl 1976/412)

§ 40. Signalscheiben

(1) Die Zeichen „Halt" oder „Freie Fahrt" nach den §§ 37 Abs. 3 und 5 und 38 Abs. 4 und 5 können, wenn eine solche Zeichengebung an einer Straßenstelle zur Aufrechterhaltung der Sicherheit, Leichtigkeit und Flüssigkeit des Verkehrs vorübergehend erforderlich ist, mittels besonderer, den genannten Arm- oder Lichtzeichen im wesentlichen entsprechenden Hilfseinrichtungen, insbesondere mittels roter und grüner Signalscheiben, gegeben werden. *(BGBl 1983/174)*

(2) Wenn bei Arbeiten auf der Straße nur ein Fahrstreifen befahrbar ist, hat die Behörde unter Bedachtnahme auf die Verkehrssicherheit zu bestimmen, ob und inwieweit der Verkehr durch die in Abs. 1 bezeichneten Hilfsmittel besonders zu regeln ist. Sofern aus Gründen der Verkehrssicherheit keine erheblichen Bedenken entgegenstehen, kann die Behörde mit einer solchen Regelung des Verkehrs ein mit der Durchführung der Straßenbauarbeiten betrautes Unternehmen beauftragen.

§ 41. Hilfszeichen

(1) Wird der Verkehr durch Armzeichen oder Lichtzeichen geregelt, so sind die Organe der Straßenaufsicht berechtigt, durch leicht verständliche und gut wahrnehmbare Zeichen Straßenbenützern von einer solchen Regelung abweichende Anordnungen zu geben (Hilfszeichen). Im Bereich

eines Grenzüberganges dürfen solche Hilfszeichen auch die mit der Grenzabfertigung betrauten Organe geben. *(BGBl 1976/412)*

(2) Hilfszeichen dürfen nur gegeben werden, wenn

a) es die Sicherheit, Leichtigkeit und Flüssigkeit des Verkehrs erfordert und

b) ihre Befolgung ohne Gefährdung von Personen und ohne Beschädigung von Sachen möglich ist.

(3) Die Straßenbenützer, denen Hilfszeichen gegeben werden, haben sie nur zu befolgen, wenn dies ohne Gefährdung von Personen und ohne Beschädigung von Sachen möglich ist.

C. Allgemeine Regelung und Sicherung des Verkehrs

§ 42. Fahrverbot für Lastkraftfahrzeuge

(1) An Samstagen von 15 Uhr bis 24 Uhr und an Sonntagen und gesetzlichen Feiertagen von 00 Uhr bis 22 Uhr ist das Befahren von Straßen mit Lastkraftwagen mit Anhänger verboten, wenn das höchste zulässige Gesamtgewicht des Lastkraftwagens oder des Anhängers mehr als 3,5 t beträgt. *(BGBl I 2006/152)*

(2) In der im Abs. 1 angeführten Zeit ist ferner das Befahren von Straßen mit Lastkraftwagen, Sattelkraftfahrzeugen und selbstfahrenden Arbeitsmaschinen mit einem höchsten zulässigen Gesamtgewicht von mehr als 7,5 t verboten. *(BGBl 1976/412)*

(2a) Von den in Abs. 1 und 2 angeführten Verboten sind Fahrten ausgenommen, die ausschließlich der Beförderung von Gütern von oder zu Flughäfen (§ 64 Luftfahrtgesetz) oder Militärflugplätzen, die gemäß § 62 Abs. 3 des Luftfahrtgesetzes für Zwecke der Zivilluftfahrt benützt werden, dienen oder ausschließlich im Rahmen des Kombinierten Verkehrs (§ 2 Abs. 1 Z 40 KFG 1967) innerhalb eines Umkreises mit einem Radius von 65 km in einer durch Verordnung gemäß Abs. 2b festgelegten Be- oder Entladebahnhöfen oder Be- und Entladehäfen durchgeführt werden. *(BGBl I 2006/152)*

(2b) Der Bundesminister für Verkehr, Innovation und Technologie hat die Be- und Entladebahnhöfe sowie die Be- und Entladehäfen gemäß Abs. 2a unter Bedachtnahme auf die technischen Anforderungen für den Kombinierten Verkehr mit Verordnung festzusetzen. *(BGBl I 2005/52)*

(3) Von den im Abs. 1 und 2 angeführten Verboten sind Fahrten ausgenommen, die ausschließlich der Beförderung von Schlacht- oder Stechvieh, von Postsendungen sowie periodischen Druckwerken oder der Getränkeversorgung in Ausflugsgebieten, unaufschiebbaren Reparaturen an Kühlanlagen, Wasser- oder Energieversorgungsanlagen oder von Kanalgebrechen, dem Abschleppdienst, der Pannenhilfe, dem Einsatz in Katastrophenfällen, dem Einsatz von Fahrzeugen des Straßenerhalters zur Aufrechterhaltung des Straßenverkehrs, dem Einsatz von Fahrzeugen des öffentlichen Sicherheitsdienstes, der Müllabfuhr oder dem Einsatz von Fahrzeugen eines Linienverkehrsunternehmens zur Aufrechterhaltung des regelmäßigen Linienverkehrs dienen, Fahrten mit Fahrzeugen nach Schaustellerart (§ 2 Abs. 1 Z 42 KFG 1967) und mit Fahrzeugen der Berufsgruppe der Beleuchter und Beschaller zum und vom Ort der Auftragserfüllung sowie unaufschiebbare Fahrten mit Lastkraftwagen des Bundesheeres, mit selbstfahrenden landwirtschaftlichen Arbeitsmaschinen, zur Durchführung humanitärer Hilfstransporte sowie Fahrten im Ortsgebiet an den letzten beiden Samstagen vor dem 24. Dezember. *(BGBl I 2017/6)*

(3a) Von den in Abs. 1 und 2 angeführten Verboten sind Fahrten ausgenommen, die ausschließlich der Beförderung von frischem Obst und Gemüse, frischer Milch und frischen Milcherzeugnissen, frischem Fleisch und frischen Fleischerzeugnissen, frischem Fisch und frischen Fischerzeugnissen, lebenden Fischen, Eiern, frischen Pilzen, frischen Back- und Konditorwaren, frischen Kräutern als Topfpflanzen oder geschnitten, und genussfertigen Lebensmittelzubereitungen dienen sowie damit verbundene Leerfahrten oder Rückfahrten zur Beförderung von Transporthilfsmitteln und Verpackungen der vorgenannten Gütergruppen. Bei der Beförderung ist ein Frachtbrief bzw. eine Ladeliste für die einzelnen Entladestellen mitzuführen und bei Kontrollen vorzuweisen. Der Status der Beladung (Menge) hat zu Beginn und während einer Beförderung jederzeit nachvollziehbar zu sein. *(BGBl I 2010/116)*

(4) Zur Verhinderung von Übertretungen der in Abs. 1, 2 und 6 angeführten Verbote sowie einer Verordnung nach Abs. 5 ist, falls erforderlich, ein für eine Fahrt mit dem betreffenden Fahrzeug nötiges Dokument abzunehmen oder eine der im § 5 b angeführten Zwangsmaßnahmen anzuwenden. Die getroffene Maßnahme ist mit Ablauf der im Abs. 1 oder 6 oder der in einer Verordnung nach Abs. 5 angeführten Zeit aufzuheben. *(BGBl I 1998/92)*

(5) Wenn und insoweit es die Sicherheit, Leichtigkeit oder Flüssigkeit des Verkehrs, insbesondere zu Zeiten starken Verkehrs (zB Ferienreiseverkehr), oder eine gleichartige Verkehrsregelung in Nachbarstaaten Österreichs erfordert, kann der Bundesminister für Verkehr, Innovation und Technologie durch Verordnung bestimmen, daß die Lenker der in Abs. 1 oder 2 genannten Fahrzeuge zu den im Abs. 1 angeführten Zeiten bestimmte Straßen befahren oder zu anderen als den im Abs. 1 angeführten Zeiten bestimmte Straßen nicht befahren dürfen. *(BGBl I 2005/52)*

(6) Ab 1. Jänner 1995 ist das Fahren mit Lastkraftfahrzeugen mit einem höchsten zulässigen Gesamtgewicht von mehr als 7,5 t in der Zeit von 22 Uhr bis 5 Uhr verboten. Ausgenommen von diesem Fahrverbot sind Fahrten

a) mit Fahrzeugen des Straßendienstes,

b) mit Fahrzeugen des Bundesheeres, die zur Aufrechterhaltung des militärischen Dienstbetriebes unumgänglich sind und

c) mit lärmarmen Kraftfahrzeugen, bei denen eine Bestätigung nach § 8 b Abs. 4 KDV 1967 mitgeführt wird.
(BGBl 1994/518)

(7) Der Bundesminister für Verkehr, Innovation und Technologie kann durch Verordnung bestimmte Straßen oder Straßenstrecken vom Verbot gemäß Abs. 6 ausnehmen, soweit dies zur Förderung oder Erleichterung des Kombinierten Verkehrs notwendig ist. *(BGBl I 2005/52)*

(8) Ab 1. Jänner 1995 dürfen Lastkraftfahrzeuge mit einem höchsten zulässigen Gesamtgewicht von mehr als 7,5 t in der Zeit von 22 Uhr bis 5 Uhr nicht schneller als 60 km/h fahren. Die Behörde hat für bestimmte Gebiete, Straßen oder Straßenstrecken durch Verordnung diese erlaubte Höchstgeschwindigkeit zu erhöhen, sofern dadurch nicht die Schutz der Bevölkerung vor Lärm beeinträchtigt wird. *(BGBl 1994/518)*

(9) Für die Kundmachung von Verordnungen gemäß Abs. 7 und 8 gilt § 44 sinngemäß. *(BGBl 1994/518)*

(10) Rechtsvorschriften, mit denen weitergehende Fahrverbote oder Geschwindigkeitsbeschränkungen angeordnet werden, bleiben unberührt. *(BGBl 1994/518)*

(11) Wenn es aufgrund von Maßnahmen, die zur Verhinderung der Verbreitung von COVID-19 getroffen werden, erforderlich ist und eine Gesetzesänderung nicht in angemessener Zeit möglich ist, darf die Bundesministerin bzw. der Bundesminister für Klimaschutz, Umwelt, Energie, Mobilität, Innovation und Technologie durch Verordnung anordnen, dass die Fahrverbote gemäß Abs. 1 und 2 vorübergehend auf allen oder bestimmten Straßen des Bundesgebietes nicht gelten. Eine solche Verordnung darf für höchstens drei Monate gelten; eine einmalige Verlängerung der Gültigkeit um höchstens weitere drei Monate ist zulässig. *(BGBl I 2020/24, ab 5. 4. 2020, tritt mit 31. 12. 2021 außer Kraft)*

(12) Eine Verordnung nach Abs. 11 ist unverzüglich aufzuheben, wenn sie nicht mehr erforderlich ist. Endet die Gültigkeit einer Verordnung nach Abs. 11 oder wird die Verordnung aufgehoben, treten die Bestimmungen der Abs. 1 und 2 wieder in Kraft. *(BGBl I 2020/24, ab 5. 4. 2020, tritt mit 31. 12. 2021 außer Kraft)*

§ 43. Verkehrsverbote, Verkehrserleichterungen und Hinweise

(1) Die Behörde hat für bestimmte Straßen oder Straßenstrecken oder für Straßen innerhalb eines bestimmten Gebietes durch Verordnung,

a) wenn ein Elementarereignis bereits eingetreten oder nach den örtlich gewonnenen Erfahrungen oder nach sonst erheblichen Umständen mit hoher Wahrscheinlichkeit zu erwarten ist, die zum Schutze der Straßenbenützer oder zur Verkehrsabwicklung erforderlichen Verkehrsverbote oder Verkehrsbeschränkungen zu erlassen; *(BGBl 1969/209)*

b) wenn und insoweit es die Sicherheit, Leichtigkeit oder Flüssigkeit des sich bewegenden oder die Ordnung des ruhenden Verkehrs, die Lage, Widmung, Pflege, Reinigung oder Beschaffenheit der Straße, die Lage, Widmung oder Beschaffenheit eines an der Straße gelegenen Gebäudes oder Gebietes oder wenn und insoweit es die Sicherheit eines Gebäudes oder Gebietes und/oder der Personen, die sich dort aufhalten, erfordert,

1. dauernde oder vorübergehende Verkehrsbeschränkungen oder Verkehrsverbote, insbesondere die Erklärung von Straßen zu Einbahnstraßen, Maß-, Gewichts- oder Geschwindigkeitsbeschränkungen, Halte- oder Parkverbote u. dgl., zu erlassen,

2. den Straßenbenützern ein bestimmtes Verhalten vorzuschreiben, insbesondere bestimmte Gruppen von der Benützung einer Straße oder eines Straßenteiles auszuschließen oder sie auf besonders bezeichnete Straßenteile zu verweisen; *(BGBl 1987/213)*

c) wenn ein erhebliches wirtschaftliches Interesse von einem oder von mehreren umliegenden Unternehmungen vorliegt, Straßenstellen für die unbedingt notwendige Zeit und Strecke für Ladetätigkeiten durch Parkverbote, wenn jedoch eine Ladetätigkeit unter Berücksichtigung der zur Verfügung stehenden Abstellflächen und deren beste Ausnützung erfahrungsgemäß durch ein Parkverbot nicht gewährleistet ist, durch Halteverbote freizuhalten (Ladezonen); *(BGBl 1976/412)*

d) für „Menschen mit Behinderungen", die wegen ihrer Behinderung darauf angewiesen sind, das von ihnen selbst gelenkte Kraftfahrzeug oder ein Kraftfahrzeug, das sie als Mitfahrer benützen, in unmittelbarer Nähe ihrer Wohnung oder ihrer Arbeitsstätte oder in unmittelbarer Nähe von Gebäuden, die von solchen Personen in der Regel häufig besucht werden, wie etwa Invalidenämter, bestimmte Krankenhäuser oder Ambulatorien, Sozialversicherungseinrichtungen u. dgl., oder in unmittelbarer Nähe einer Fußgängerzone abstellen zu können, Straßenstellen für die unbedingt notwendige Zeit und Strecke zum Abstellen der betreffenden Kraftfahrzeuge durch ein Halteverbot freizuhalten. *(BGBl 1993/522; BGBl I 2013/39)*

1/1. StVO
§ 43

(1a) Sofern es sich nicht um Arbeitsfahrten im Sinne des § 27 Abs. 1 handelt, hat die Behörde zur Durchführung von Arbeiten auf oder neben einer Straße, die zwar vorhersehbar sind und entsprechend geplant werden können, bei denen aber die für die Arbeitsdurchführung erforderlichen Verkehrsregelungen örtlich und/oder zeitlich nicht genau vorherbestimmbar sind, durch Verordnung die aus Gründen der Sicherheit, Leichtigkeit oder Flüssigkeit des Verkehrs oder zur Sicherheit der mit den Arbeiten beschäftigten Personen erforderlichen Verkehrsbeschränkungen, Verkehrsverbote und/oder Verkehrsgebote zu erlassen. In diesen Fällen sind die Organe des Bauführers ermächtigt, nach Maßgabe der Arbeitsdurchführung den örtlichen und zeitlichen Umfang der von der Behörde verordneten Verkehrsmaßnahmen durch die Anbringung oder Sichtbarmachung der betreffenden Straßenverkehrszeichen mit der Wirkung zu bestimmen, als ob der örtliche und zeitliche Umfang von der Behörde bestimmt worden wäre. Der Zeitpunkt und der Ort (Bereich) der Anbringung (Sichtbarmachung) ist von den Organen des Bauführers in einem Aktenvermerk (§ 16 „des Allgemeinen Verwaltungsverfahrensgesetzes 1991 – AVG, BGBl. Nr. 51/1991") festzuhalten. *(BGBl 1989/86; BGBl I 2013/39)*

(2) Zur Fernhaltung von Gefahren oder Belästigungen, insbesondere durch Lärm, Geruch oder Schadstoffe, hat die Behörde, wenn und insoweit es zum Schutz der Bevölkerung oder der Umwelt oder aus anderen wichtigen Gründen erforderlich ist, durch Verordnung

a) für bestimmte Gebiete, Straßen oder Straßenstrecken für alle oder für bestimmte Fahrzeugarten oder für Fahrzeuge mit bestimmten Ladungen dauernde oder zeitweise Verkehrsbeschränkungen oder Verkehrsverbote zu erlassen,

b) zu bestimmen, daß mit bestimmten Arten von Fahrzeugen oder mit Fahrzeugen mit bestimmten Ladungen nur bestimmte Straßen oder bestimmte Arten von Straßen befahren werden dürfen (Routenbindung) oder

c) zu bestimmen, daß in bestimmten Gebieten oder auf bestimmten Straßen Vorrichtungen zur Abgabe von Schallzeichen nicht betätigt werden dürfen, es sei denn, daß ein solches Zeichen das einzige Mittel ist, um Gefahren von Personen abzuwenden (Hupverbot).

Bei der Erlassung solcher Verordnungen ist einerseits auf den angestrebten Zweck und andererseits auf die Bedeutung der Verkehrsbeziehungen und der Verkehrserfordernisse Bedacht zu nehmen. *(BGBl 1987/213)*

(2a) 1. Um Erschwernisse für die Wohnbevölkerung auszugleichen, die durch Verkehrsbeschränkungen hervorgerufen werden, kann die Behörde durch Verordnung Gebiete bestimmen, deren Bewohner die Erteilung einer Ausnahmegenehmigung für ein zeitlich uneingeschränktes Parken – in der Verordnung zu bezeichnenden – nahegelegenen Kurzparkzonen mit „Kraftfahrzeugen" mit einem höchsten zulässigen Gesamtgewicht von nicht mehr als 3 500 kg gemäß § 45 Abs. 4 beantragen können. *(BGBl I 2011/34)*

2. Wenn es in den nach Z 1 bestimmten Gebieten auf Grund der örtlichen Gegebenheiten möglich ist und eine Notwendigkeit dafür besteht, hat die Behörde durch Verordnung zu bestimmen, daß auch Angehörige bestimmter Personenkreise, die in diesen Gebieten ständig tätig sind, die Erteilung einer Ausnahmegenehmigung für ein auf das notwendige zeitliche Ausmaß eingeschränktes Parken in den in der Verordnung nach Z 1 bezeichneten nahegelegenen Kurzparkzonen mit „Kraftfahrzeugen" mit einem höchsten zulässigen Gesamtgewicht von nicht mehr als 3 500 kg gemäß § 45 Abs. 4 a beantragen können. *(BGBl 1994/518; BGBl I 2011/34)*

(2b) Organe der Straßenaufsicht sind berechtigt, zur Verhinderung von Übertretungen der in Abs. 2 lit. a angeführten Verordnungen, falls erforderlich, ein für eine Fahrt mit dem betreffenden Kraftfahrzeug nötiges Dokument abzunehmen oder eine der im § 5 b angeführten Zwangsmaßnahmen anzuwenden. Die getroffene Maßnahme ist aufzuheben, wenn der Grund für ihre Anordnung weggefallen ist. *(BGBl 1994/518)*

(3) Zum Zwecke der Erleichterung oder Beschleunigung des Verkehrs, insbesondere des Durchzugsverkehrs, hat die Behörde durch Verordnung

a) Bundesstraßen, die das Bundesstraßengesetz 1971, BGBl. Nr. 286, als Bundesautobahn bezeichnet, sowie Straßen ohne Überschneidungen mit anderen Straßen, sofern sie sich für den Schnellverkehr (§ 46 Abs. 1) eignen und besondere Anschlußstellen für die Zu- und Abfahrt vorhanden sind, einschließlich der Zu- und Abfahrtsstraßen zu Autobahnen zu erklären, *(BGBl 1976/412)*

b) Straßen, die sich für den Schnellverkehr (§ 46 Abs. 1) eignen und für welche die in lit. a genannten Voraussetzungen nicht zutreffen, zu Autostraßen zu erklären, sofern dadurch die Verkehrsinteressen der von der Benützung der Autostraße ausgeschlossenen Straßenbenützer nicht wesentlich beeinträchtigt werden,

c) Straßen zu Vorrangstraßen zu erklären ,,." *(BGBl I 2018/42)*

d) geeignete Autobahnstrecken festzulegen, auf denen das zeitweilige Befahren des Pannenstreifens erlaubt werden darf (§ 44d). *(BGBl I 2018/42)*

(4) Wenn es der Leichtigkeit und Flüssigkeit des Verkehrs dient und aus Gründen der Sicherheit des Verkehrs keine Bedenken dagegen bestehen, kann die Behörde durch Verordnung die gemäß § 20 Abs. 2 erlaubten Höchstgeschwindigkeiten erhöhen. *(BGBl I 2002/80)*

(5) Zur besseren Orientierung der Benützer von Straßen, insbesondere von Straßen, die dem zwischenstaatlichen Fernverkehr und dem binnenländischen Durchzugsverkehr dienen, hat die Behörde Straßen durch Verordnung mit Buchstaben oder Nummern zu bezeichnen.

(6) Außer in den in diesem Bundesgesetz besonders angeführten Fällen, darf ein Hinweis auf Gefahren und sonstige verkehrswichtige Umstände nur unterbleiben, wenn die Gefahr oder der verkehrswichtige Umstand auch ohne einen solchen Hinweis leicht erkannt werden kann.

(7) Ein allgemeines Fahrverbot darf die Behörde nur erlassen (Abs. 1 lit. b Z. 1) wenn dadurch der Verkehr in größeren bestehenden Ortsteilen nicht unmöglich wird. Ist ein solches Fahrverbot wegen besonderer Umstände, z. B. wegen Straßenbau oder -erhaltungsarbeiten unvermeidbar, so hat die Behörde für die Umleitung und Aufrechterhaltung der Leichtigkeit und Flüssigkeit des Verkehrs zu sorgen. *(BGBl 1976/412)*

(8) Die Behörde kann durch Verordnung für ein gesamtes Ortsgebiet, Teile von Ortsgebieten oder näher bestimmte Gebiete für Lastkraftfahrzeuge ohne Assistenzsysteme mit einem höchsten zulässigen Gesamtgewicht von über 7,5 t zur Vermeidung des toten Winkels Rechtsabbiegeverbote erlassen, sofern dies aufgrund der örtlichen oder verkehrsmäßigen Gegebenheiten nach dem Stand der Wissenschaft zur Erhöhung der Verkehrssicherheit oder aus anderen wichtigen Gründen geeignet erscheint. „Ist ein Assistenzsystem nicht vorhanden, kann die Hilfestellung durch einen volljährigen Beifahrer dieses ersetzen." Sofern dadurch der Zweck der Verordnung nicht gefährdet wird, sind einzelne Straßen, Straßenabschnitte oder Straßenarten vom Geltungsbereich der Verordnung auszunehmen. *(BGBl I 2019/77; BGBl I 2022/122)*

(9) Die Behörde hat bei der Erlassung von Verordnungen gemäß Abs. 1 lit. b Bedacht zu nehmen, ob die Maßnahme dem Fahrradverkehr bzw. Fußgängerverkehr dient, sofern sich die Verordnung auf Straßen bezieht, auf denen nicht motorisierter Verkehr zulässig ist. *(BGBl I 2022/122)*

(10) *(entfällt, BGBl I 2005/52)*

(11) Wenn Bedenken aus Gründen der Sicherheit des Straßenverkehrs nicht entgegenstehen, hat die Behörde von einem von ihr erlassenen Halteverbot (Abs. 1) das rasche Auf- oder Abladen geringer Warenmengen im Zustell- oder Abholdienst gewerblicher Betriebe sowie das rasche Einsteigen oder das rasche Aussteigen auf Antrag der gesetzlichen Interessenvertretung der in Betracht kommenden Gewerbebetriebe allgemein auszunehmen.

§ 44. Kundmachung der Verordnungen

(1) Die im § 43 bezeichneten Verordnungen sind, sofern sich aus den folgenden Absätzen nichts anderes ergibt, durch Straßenverkehrszeichen oder Bodenmarkierungen kundzumachen und treten mit deren Anbringung in Kraft. Der Zeitpunkt der erfolgten Anbringung ist in einem Aktenvermerk (§ 16 AVG) festzuhalten. Parteien im Sinne des § 8 AVG ist die Einsicht in einen solchen Aktenvermerk und die Abschriftnahme zu gestatten. Als Straßenverkehrszeichen zur Kundmachung von im § 43 bezeichneten Verordnungen kommen die Vorschriftszeichen sowie die Hinweiszeichen „Autobahn", „Ende der Autobahn", „Autostraße", „Ende der Autostraße", „Einbahnstraße", „Ortstafel", „Ortsende", „Internationaler Hauptverkehrsweg", „Straße mit Vorrang", „Straße ohne Vorrang", „Straße für Omnibusse" und „Fahrstreifen für Omnibusse" in Betracht. Als Bodenmarkierungen zur Kundmachung von im § 43 bezeichneten Verordnungen kommen Markierungen, die ein Verbot oder Gebot bedeuten, wie etwa Sperrlinien, Haltelinien vor Kreuzungen, Richtungspfeile, Sperrflächen, Zickzacklinien, Schutzwegmarkierungen oder Radfahrerüberfahrtmarkierungen in Betracht. *(BGBl I 2002/50)*

(1a) Werden Verkehrsverbote, Verkehrsbeschränkungen oder Verkehrserleichterungen für den Fall zeitlich nicht vorherbestimmbarer Verkehrsbedingungen (wie etwa Regen, Schneefall, besondere Verkehrsdichte) verordnet und erfolgt die Kundmachung dieser Verordnung im Rahmen eines Systems, das selbsttätig bei Eintritt und für die Dauer dieser Verkehrsbedingungen die entsprechenden Straßenverkehrszeichen anzeigt (Verkehrsbeeinflussungssystem), so kann der in Abs. 1 genannte Aktenvermerk entfallen. In diesem Fall ist jedoch sicherzustellen, dass der Inhalt, der Zeitpunkt und die Dauer der Anzeige selbsttätig durch das System aufgezeichnet werden; diese Aufzeichnungen sind entweder in elektronisch lesbarer Form zu speichern oder in Form von Ausdrucken aufzubewahren. Parteien im Sinne des § 8 AVG ist auf Verlangen ein Ausdruck der Aufzeichnungen oder eine Kopie des Ausdrucks auszufolgen. *(BGBl I 2004/94)*

(2) Läßt sich der Inhalt einer Verordnung (§ 43) des Bundesministers für Verkehr, Innovation und Technologie durch Straßenverkehrszeichen oder Bodenmarkierungen nicht ausdrücken oder bezieht sie sich auf das ganze Bundesgebiet, so gelten für die Kundmachung die einschlägigen gesetzlichen Vorschriften. Das gleiche gilt für Verordnungen (§ 43) einer Landesregierung sinngemäß. *(BGBl I 2005/52)*

(2a) Bezieht sich eine Verordnung (§ 43) einer Landesregierung auf das ganze Landesgebiet, ist die Verordnung zusätzlich zur Kundmachung nach den einschlägigen gesetzlichen Vorschriften

(Abs. 2) an allen für den Kraftfahrzeugverkehr bestimmten Straßen, die die Landesgrenzen überschreiten, unmittelbar an der Landesgrenze durch geeignete Hinweistafeln zu verlautbaren. Für solche Hinweistafeln sind insbesondere auch die in § 52 angeführten Straßenverkehrszeichen heranzuziehen. Auf solchen Hinweistafeln oder auf einer Zusatztafel ist der zeitliche und örtliche Geltungsbereich der Verordnung anzugeben. *(BGBl 1989/562)*

(2b) Bei Verordnungen (§ 43) einer Bezirksverwaltungsbehörde, die sich durch Straßenverkehrszeichen nicht ausdrücken lassen, gelten für die Kundmachung die einschlägigen gesetzlichen Vorschriften. Der Inhalt solcher Verordnungen ist zusätzlich zur Kundmachung durch Hinweistafeln am Beginn der von der Verordnung betroffenen Straßenstrecke zu verlautbaren. Für solche Hinweistafeln sind insbesondere auch die in § 52 angeführten Straßenverkehrszeichen heranzuziehen. Auf solchen Hinweistafeln oder auf einer Zusatztafel ist auf die entsprechende Fundstelle im Kundmachungsorgan hinzuweisen. *(BGBl I 2005/52)*

(3) Sonstige Verordnungen, die von einer anderen als in Abs. 2 genannten Behörde auf Grund des § 43 erlassen werden und sich durch Straßenverkehrszeichen oder Bodenmarkierungen nicht ausdrücken lassen, werden durch Anschlag auf der Amtstafel der Behörde gehörig kundgemacht. Solche Verordnungen treten, sofern darin kein späterer Zeitpunkt bestimmt wird, an dem dem Anschlag folgenden zweiten Tag in Kraft. Der Tag der Kundmachung ist auf dem Anschlag zu vermerken. Der Anschlag ist sechs Wochen auf der Amtstafel zu belassen. Der Inhalt der Verordnung ist überdies ortsüblich zu verlautbaren. *(BGBl 1994/518)*

(4) Verordnungen, die sich durch ein Vorschriftszeichen ausdrücken lassen und für ein ganzes Ortsgebiet oder für Straßen mit bestimmten Merkmalen innerhalb eines Ortsgebietes gelten, werden mit dem entsprechenden Vorschriftszeichen und der etwa erforderlichen Zusatztafel in unmittelbarer Verbindung mit dem Hinweiszeichen „Ortstafel" gehörig kundgemacht. Der Zeitpunkt der erfolgten Anbringung dieser Zeichen ist in einem Aktenvermerk (§ 16 „des Allgemeinen Verwaltungsverfahrensgesetzes 1991 – AVG, BGBl. Nr. 51/1991") festzuhalten. Solche Verordnungen sind im Ortsgebiet überdies ortsüblich zu verlautbaren. *(BGBl 1976/412; BGBl I 2013/39)*

(5) Verordnungen, die vom Bundesminister für Verkehr, Innovation und Technologie, von einer Landesregierung oder von einer Bezirksverwaltungsbehörde erlassen werden, sind, sofern sie nicht anders rechtzeitig und wirksam kundgemacht werden können, durch Verlautbarungen in der Presse oder im Rundfunk oder im Fernsehen kundzumachen. *(BGBl I 2005/52)*

§ 44a. Vorbereitende Verkehrsmaßnahmen

(1) Wenn auf Grund von Verkehrsbeobachtungen, Verkehrszählungen oder Verkehrserfahrungen aus Anlaß vorsehbarer Ereignisse oder Umstände Verkehrsverhältnisse zu erwarten sind, für deren Bewältigung besondere Verkehrsmaßnahmen (Verkehrsverbote, Verkehrsbeschränkungen, Verkehrserleichterungen) notwendig sind, hat die Behörde diese unter Bedachtnahme auf die Sicherheit, Leichtigkeit und Flüssigkeit des sich bewegenden und die Ordnung des ruhenden Verkehrs durch Verordnung zu bestimmen.

(2) Die Verordnung nach Abs. 1 hat zu enthalten:

a) Die Bestimmung der Strecke, auf der die Verkehrsmaßnahmen wirksam werden sollen,

b) die Festsetzung der Zeiten, in denen die Verkehrsmaßnahmen wirksam werden sollen,

c) die Voraussetzungen, unter denen die Verkehrsmaßnahmen wirksam werden sollen,

d) die in Betracht kommenden Verkehrsmaßnahmen, wie Geschwindigkeitsbeschränkungen, Fahrverbote, Einfahrtverbote, Beschränkungen für Halten und Parken, Einbahnregelungen, Ausnahmen von bestehenden Verkehrsverboten oder Verkehrsbeschränkungen u. dgl.

(3) Verordnungen nach Abs. 1 treten mit der Anbringung oder Sichtbarmachung der ihnen entsprechenden Straßenverkehrszeichen oder Bodenmarkierungen in Kraft. Die Behörde hat die Person, Dienststelle oder Unternehmung zu bestimmen, welche die Straßenverkehrszeichen oder Bodenmarkierungen anzubringen oder sichtbar zu machen hat. Die Aufstellung oder Sichtbarmachung der Straßenverkehrszeichen oder die Anbringung der Bodenmarkierungen ist der Behörde unverzüglich zur Kenntnis zu bringen; diese hat den Zeitpunkt der erfolgten Anbringung oder Sichtbarmachung in einem Aktenvermerk (§ 16 AVG) festzuhalten. *(BGBl 1994/518)*

(BGBl 1969/209)

§ 44b. Unaufschiebbare Verkehrsbeschränkungen

(1) Im Falle der Unaufschiebbarkeit dürfen die Organe der Straßenaufsicht, des Straßenerhalters, der Feuerwehr, des Bundesheeres oder des Gebrechendienstes öffentlicher Versorgungs- oder Entsorgungsunternehmen (zB Gasgebrechendienste) nach Erfordernis eine besondere Verkehrsregelung durch Anweisungen an die Straßenbenützer oder durch Anbringung von Verkehrsampeln oder Signalscheiben oder auch eine der in § 43 Abs. 1 lit. b Z 1 und 2 bezeichneten Maßnahmen durch Anbringung der entsprechenden Straßenverkehrszeichen oder Bodenmarkierungen mit der Wirkung treffen, als ob die Veranlassung oder

Maßnahme von der Behörde getroffen worden wäre. Dies gilt insbesondere,

a) wenn ein Elementarereignis bereits eingetreten oder nach den örtlich gewonnenen Erfahrungen oder nach sonst erheblichen Umständen mit hoher Wahrscheinlichkeit zu erwarten ist,

b) bei unvorhersehbar aufgetretenen Straßen- oder Baugebrechen u. dgl.,

c) bei unvorhersehbar eingetretenen Ereignissen, wie zB Brände, Unfälle, Ordnungsstörungen u. dgl., die besondere Verkehrsverbote oder Verkehrsbeschränkungen oder eine besondere Verkehrsregelung (zB Einbahnverkehr, abwechselnder Gegenverkehr, Umleitungen u. dgl.) erfordern. *(BGBl I 1998/92)*

(2) Ist der Grund für die Veranlassung oder Maßnahme weggefallen, so hat das nach Abs. 1 tätig gewordene Organ oder dessen Dienststelle die Veranlassung oder Maßnahme unverzüglich aufzuheben.

(3) Von der Veranlassung oder Maßnahme und von deren Aufhebung ist die Behörde von der Dienststelle des nach Abs. 1 tätig gewordenen Organs unverzüglich zu verständigen. Die Behörde hat diese Verständigungen in einem Aktenvermerk (§ 16 des „Allgemeinen Verwaltungsverfahrensgesetzes 1991 – AVG, BGBl. Nr. 51/1991") festzuhalten. *(BGBl I 2013/39)*

(3a) Von der Verpflichtung zur Verständigung der Behörde gemäß Abs. 3 ausgenommen sind die von den Organen des Straßenerhalters veranlassten Verkehrsbeschränkungen gemäß Abs. 1. Das nach Abs. 1 tätig gewordene Organ des Straßenerhalters hat in diesem Fall die Veranlassung oder Maßnahme und deren Aufhebung zu dokumentieren. Die Behörde kann in diese Dokumentation bei dem nach Abs. 1 tätig gewordenen Organ Einsicht nehmen. Diese Dokumentation ersetzt den von der Behörde gemäß Abs. 3 anzulegenden Aktenvermerk. *(BGBl I 2019/37)*

(4) Unbeschadet der Bestimmungen des Abs. 2 hat die Behörde von der Dienststelle des nach Abs. 1 tätig gewordenen Organs die Aufhebung der Veranlassung oder Maßnahme zu verlangen, wenn der Grund dafür weggefallen ist oder die Veranlassung oder Maßnahme gesetzwidrig oder sachlich unrichtig ist.

(BGBl 1969/209)

Verkehrsbeeinflussung

§ 44c. (1) Die Behörde kann für eine bestimmte Straße oder Straßenstrecke für den Fall besonderer Verkehrs- oder Fahrbahnverhältnisse, deren Auftreten zeitlich und/oder örtlich nicht vorhersehbar ist, durch Verordnung Verkehrsmaßnahmen (Verkehrsverbote, Verkehrsbeschränkungen, Verkehrserleichterungen) festlegen, die auf Grund der örtlichen oder verkehrsmäßigen Gegebenheiten nach dem Stand der Wissenschaft zur Aufrechterhaltung oder Förderung der Leichtigkeit oder Flüssigkeit des Verkehrs unter Bedachtnahme auf die Verkehrssicherheit zweckmäßig sind.

(2) In der Verordnung sind festzulegen:

1. die Straße oder Straßenstrecke, auf der die Verkehrsmaßnahmen gelten sollen,

2. die beim Auftreten besonderer Verkehrs- oder Fahrbahnverhältnisse jeweils geltenden Verkehrsmaßnahmen und

3. die Verkehrs- oder Fahrbahnverhältnisse, bei deren Auftreten die Verkehrsmaßnahmen gelten sollen.

(3) Verordnungen gemäß Abs. 1 sind mittels eines Verkehrsbeeinflussungssystems (§ 44 Abs. 1a) kundzumachen. Der örtliche und zeitliche Umfang der von der Behörde verordneten Verkehrsmaßnahmen wird dabei durch die Anzeige der betreffenden Straßenverkehrszeichen mit der Wirkung bestimmt, als ob der örtliche und zeitliche Umfang von der Behörde bestimmt worden wäre.

(BGBl I 2005/99)

Pannenstreifenfreigabe

§ 44d. (1) Auf einer gemäß § 43 Abs. 3 lit. d verordneten Autobahnstrecke oder auf Teilen derselben dürfen Organe des Straßenerhalters das Befahren des Pannenstreifens erlauben (Pannenstreifenfreigabe), wenn

1. eine Beeinträchtigung der Leichtigkeit und Flüssigkeit des Verkehrs bereits eingetreten ist oder die Pannenstreifenfreigabe aufgrund der örtlichen oder verkehrsmäßigen Gegebenheiten nach dem Stand der Wissenschaft zur Aufrechterhaltung oder Förderung der Leichtigkeit oder Flüssigkeit des Verkehrs zweckmäßig ist und

2. das gefahrlose Befahren des Pannenstreifens möglich ist.

(2) Eine Pannenstreifenfreigabe ist mittels Fahrstreifensignalisierung (§ 38 Abs. 10) anzuzeigen. § 38 Abs. 10 gilt mit der Maßgabe, dass die Zeichen auch nur über dem Pannenstreifen angebracht werden dürfen.

(3) Randlinien gelten im Bereich und zu Zeiten einer Pannenstreifenfreigabe nicht als Sperrlinie und dürfen überfahren werden; dasselbe gilt für Sperrflächen im Zuge der Pannenstreifensignalisierung.

(4) Der Straßenerhalter hat sicherzustellen, dass der Zeitpunkt und die Dauer der Anzeige selbsttätig durch das System aufgezeichnet werden; diese Aufzeichnungen sind entweder in elektronisch lesbarer Form zu speichern oder in Form von Ausdrucken aufzubewahren. Parteien im Sinne des § 8 AVG ist auf Verlangen ein Aus-

druck der Aufzeichnungen oder eine Kopie des Ausdruckes auszufolgen.
(BGBl I 2018/42)

§ 45. Ausnahmen in Einzelfällen

(1) Die Behörde kann auf Antrag durch Bescheid die Benützung von Straßen mit einem Fahrzeug oder einer Ladung mit größeren als den zulässigen Maßen und Gewichten bewilligen, wenn das Vorhaben im besonderen Interesse der österreichischen Volkswirtschaft liegt, sich anders nicht durchführen läßt und keine erheblichen Erschwerungen des Verkehrs und keine wesentlichen Überlastungen der Straße verursacht. Antragsberechtigt sind der Fahrzeugbesitzer oder die Person, für welche die Beförderung durchgeführt werden soll. Liegt bereits eine entsprechende kraftfahrrechtliche Bewilligung vor, so ist eine Bewilligung nach diesem Absatz nicht erforderlich.

(2) In anderen als in Abs. 1 bezeichneten Fällen kann die Behörde Ausnahmen von Geboten oder Verboten, die für die Benützung der Straßen gelten, auf Antrag bewilligen, wenn ein erhebliches persönliches (wie zB auch wegen einer schweren Körperbehinderung) oder wirtschaftliches Interesse des Antragstellers eine solche Ausnahme erfordert, oder wenn sich die ihm gesetzlich oder sonst obliegenden Aufgaben anders nicht oder nur mit besonderen Erschwernissen durchführen ließen und weder eine wesentliche Beeinträchtigung von Sicherheit, Leichtigkeit und Flüssigkeit des Verkehrs, noch wesentliche schädliche Einwirkungen auf die Bevölkerung oder die Umwelt durch Lärm, Geruch oder Schadstoffe zu erwarten sind. *(BGBl 1994/518)*

(2a) Die Behörde hat Ausnahmen von Verkehrsbeschränkungen und Verkehrsverboten (§ 42 Abs. 6 und § 43 Abs. 2 lit. a) nur für Fahrten zu bewilligen, die ausschließlich der Beförderung von Milch, Schlacht- und Stechvieh, leicht verderblichen Lebensmitteln „ "* " im Sinne des § 42 Abs. 3a „ "**" von periodischen Druckwerken, unaufschiebbaren Reparaturen an Kühlanlagen oder dem Einsatz von Fahrzeugen des Straßenerhalters zur Aufrechterhaltung des Straßenverkehrs dienen. In allen anderen Fällen ist eine Ausnahmebewilligung nur zu erteilen, wenn daran ein erhebliches öffentliches Interesse besteht. Der Antragsteller hat in beiden Fällen glaubhaft zu machen, daß die Fahrt weder durch organisatorische Maßnahmen noch durch die Wahl eines anderen Verkehrsmittels vermieden werden kann. *(BGBl 1994/518; *BGBl I 2010/116; **BGBl I 2014/88)*

(2b) Eine Bewilligung nach Abs. 2 kann auch für alle Straßenbenützungen des Antragstellers von der annähernd gleichen Art für die Dauer von höchstens zwei Jahren, nach Abs. 2a für die Dauer von höchstens sechs Monaten, erteilt werden, wenn für die Dauer dieser Befristung eine erhebliche Änderung der Verkehrsverhältnisse nicht zu erwarten ist. *(BGBl 1989/562)*

(2c) Soll sich die Bewilligung einer Ausnahme gemäß Abs. 1 bis 2a auf Antrag auf zwei oder mehrere Bundesländer erstrecken, ist zur Erteilung der Bewilligung jene Landesregierung zuständig, in deren örtlichem Wirkungsbereich die Fahrt beginnt, bei Fahrten aus dem Ausland kommend jene Landesregierung, deren örtlicher Wirkungsbereich zuerst befahren wird; das Einvernehmen mit den übrigen in Betracht kommenden Landesregierungen ist herzustellen. *(BGBl I 2014/88)*

(3) Eine Bewilligung „(Abs. 1, 2, 2a, 4 oder 4a)" ist, wenn es die Sicherheit, Leichtigkeit und Flüssigkeit des Verkehrs oder der Schutz der Bevölkerung und der Umwelt erfordert, bedingt, befristet, mit Auflagen oder unter Vorschreibung der Benützung eines bestimmten Straßenzuges zu erteilen. Die Behörde hat im Falle einer Bewilligung nach Abs. 1 den Ersatz dem Straßenerhalter aus Anlaß der ausnahmsweisen Straßenbenützung erwachsenden Kosten (z. B. für die Stützung von Brücken, für die spätere Beseitigung solcher Vorkehrungen und für die Wiederinstandsetzung), und, wenn nötig, eine vor der ersten ausnahmsweisen Straßenbenützung zu erlegende angemessene Sicherheitsleistung vorzuschreiben. *(BGBl 1989/562; BGBl I 2015/123)*

(4) Eine Bewilligung kann für die in der Verordnung gemäß § 43 Abs. 2a Z 1 angegebenen Kurzparkzonen auf der Dauer von höchstens zwei Jahren erteilt werden, wenn der Antragsteller in dem gemäß dieser Verordnung umschriebenen Gebiet wohnt und dort auch den Mittelpunkt seiner Lebensinteressen hat und ein persönliches Interesse nachweist, in der Nähe dieses Wohnsitzes zu parken und

1. Zulassungsbesitzer oder

2. dauernd ausschließlicher Nutzer eines Kraftfahrzeugs ist, der nachweist, dass er ein Dauerschuldverhältnis (insbesondere Leasingvertrag oder Mietvertrag) über einen Zeitraum von mindestens 4 Monaten hat oder nachweist, dass ihm ein arbeitgebereigenes oder von seinem Arbeitgeber geleastes Kraftfahrzeug zur Privatnutzung überlassen wird.
(BGBl I 2022/122)

(4a) Eine Bewilligung kann für die in der Verordnung gemäß § 43 Abs. 2a Z 1 angegebenen Kurzparkzonen auf die Dauer von höchstens zwei Jahren im notwendigen zeitlichen Ausmaß erteilt werden, wenn der Antragsteller zu dem in der Verordnung gemäß § 43 Abs. 2a Z 2 umschriebenen Personenkreis gehört und

1. Zulassungsbesitzer oder dauernd ausschließlicher Nutzer eines Kraftfahrzeuges ist, der nachweist, dass er ein Dauerschuldverhältnis

(insbesondere Leasingvertrag oder Mietvertrag) über einen Zeitraum von mindestens 4 Monaten hat oder nachweislich ein arbeitgebereigenes Kraftfahrzeug beruflich benützt, und

2. entweder die Tätigkeit des Antragstellers ohne Bewilligung erheblich erschwert oder unmöglich wäre, oder die Erteilung der Bewilligung im Interesse der Nahversorgung liegt. *(BGBl I 2022/122)*

(5) Behördliche Erledigungen gemäß den vorstehenden Absätzen können im Wege der automationsunterstützten Datenverarbeitung ohne Unterschrift hergestellt und ausgefertigt werden. *(BGBl 1989/562)*

§ 46. Autobahnen

(1) Autobahnen dürfen nur mit Kraftfahrzeugen benützt werden, die eine Bauartgeschwindigkeit von mindestens 60 km/h aufweisen und mit denen diese Geschwindigkeit überschritten werden darf; dies gilt nicht für Fahrzeuge des Straßendienstes. Jeder andere Verkehr, insbesondere der Fußgängerverkehr, der Verkehr mit Fahrrädern, Motorfahrrädern und Fuhrwerken, der Viehtrieb und das Reiten, ist auf der Autobahn verboten. Im Bereich eines Grenzüberganges darf die Autobahn betreten werden, um Tätigkeiten zu verrichten, die mit der Grenzabfertigung zusammenhängen oder einem vordringlichen Bedürfnis der Straßenbenützer dienen (wie Geldwechsel, Aufsuchen von Informationsstellen u. dgl.); das gleiche gilt für den Bereich einer Mautstelle sinngemäß. Die Autobahn darf weiters betreten werden:

1. im Bereich eines Kontrollplatzes, um Tätigkeiten zu verrichten, die mit Personen- oder Fahrzeugkontrollen zusammenhängen, oder

2. um Tätigkeiten zu verrichten, die mit einer Verkehrszählung zusammenhängen. *(BGBl I 2011/34)*

(2) Zur Autobahn darf nur über die durch Hinweiszeichen gekennzeichneten Zufahrtstraßen zugefahren und von der Autobahn nur über die ebenso gekennzeichneten Abfahrtstraßen abgefahren werden. Ein zwischen den Fahrbahnen angelegter, der Trennung entgegengesetzter Fahrtrichtungen dienender Mittelstreifen darf weder befahren noch überfahren werden. Beim Ausfahren aus einer Autobahn ist der Verzögerungsstreifen, beim Einfahren der Beschleunigungsstreifen zu benützen; das gleiche gilt im Bereich der Zu- und Abfahrten von Parkplätzen, sofern dort solche Fahrstreifen vorhanden sind. *(BGBl 1983/174)*

(3) Muß auf der Autobahn ein Fahrzeug wegen eines Gebrechens o. dgl. angehalten werden, so ist es möglichst auf dem Pannenstreifen abzustellen. Der Lenker des Fahrzeuges hat dafür zu sorgen, daß er mit ihm die Fahrt ehestens fortsetzen kann. Ist dies nicht möglich, so ist das Fahrzeug unverzüglich über die nächste Abfahrtsstraße von der Autobahn zu entfernen. *(BGBl 1983/174)*

(4) Auf der Autobahn ist verboten:

a) eine Richtungsfahrbahn entgegen der vorgesehenen Fahrtrichtung zu befahren, sofern sich nicht aus Straßenverkehrszeichen oder Bodenmarkierungen etwas anderes ergibt,

b) umzukehren, ausgenommen im Bereich eines Grenzüberganges auf Anordnung von öffentlichen Organen,

c) Betriebsumkehren zu befahren, ausgenommen mit Fahrzeugen des Straßendienstes, der Straßenaufsicht, des Pannendienstes oder der Arbeitsinspektionsorgane in Erfüllung ihrer gesetzlichen Aufgaben, *(BGBl I 2015/123)*

d) den Pannenstreifen zu befahren, ausgenommen mit Fahrzeugen des Straßendienstes, der Straßenaufsicht oder des Pannendienstes, in den Fällen des § 44d, im Zuge des Beschleunigens zum Zweck des Wiedereinordnens in den fließenden Verkehr, zwecks Bildung einer Rettungsgasse und sofern sich nicht aus Straßenverkehrszeichen oder Bodenmarkierungen etwas anderes ergibt, *(BGBl I 2018/42)*

e) außerhalb der durch Hinweiszeichen gekennzeichneten Stellen zu halten oder zu parken,

f) rückwärts zu fahren; dieses Verbot gilt jedoch nicht, wenn mit einem Fahrzeug des Straßendienstes bei Arbeitsfahrten zurückgefahren werden muß. *(BGBl I 2005/52)*

g) *(entfällt, BGBl 1994/518)*

(4a) Auf Abschnitten einer Richtungsfahrbahn mit mindestens drei Fahrstreifen ist das Befahren des äußerst linken Fahrstreifens mit Lastkraftfahrzeugen mit einem höchsten zulässigen Gesamtgewicht von mehr als 7,5 t verboten; dies gilt nicht, soweit das Befahren dieses Fahrstreifens notwendig ist, um sich entsprechend der beabsichtigten Weiterfahrt einzuordnen. *(BGBl I 2014/27)*

(5) Die Errichtung von Anlagen, aus denen Fahrzeuge ihre elektrische Antriebskraft entnehmen können (z. B. Oberleitungen), ist auf, über oder neben der Autobahn verboten.

(6) Stockt der Verkehr auf einer Richtungsfahrbahn in einem Abschnitt mit mindestens zwei Fahrstreifen, so müssen Fahrzeuge für die Durchfahrt von Einsatzfahrzeugen in der Mitte zwischen den Fahrstreifen, in Abschnitten mit mehr als zwei Fahrstreifen zwischen dem äußerst linken und dem daneben liegenden Fahrstreifen, eine freie Gasse bilden (Rettungsgasse); diese Gasse darf, außer von Einsatzfahrzeugen, nur von Fahrzeugen des Straßendienstes „, Fahrzeugen des Pannendienstes und Leichenwägen" benützt werden. *(BGBl I 2011/59; BGBl I 2019/37)*

Autostraßen

§ 47. Autostraßen sind Vorrangstraßen; für sie gelten die im § 46 Abs. 1, 3, 4 und 6 enthaltenen Bestimmungen über den Verkehr auf Autobahnen sinngemäß.

(BGBl I 2011/59)

D. Straßenverkehrszeichen

§ 48. Anbringung der Straßenverkehrszeichen

(1) Die Straßenverkehrszeichen (§§ 50, 52 und 53) sind als Schilder aus festem Material unter Bedachtnahme auf die Art der Straße und unter Berücksichtigung der auf ihr üblichen Verkehrsverhältnisse, namentlich der darauf üblichen Geschwindigkeit von Fahrzeugen, in einer solchen Art und Größe anzubringen, daß sie von den Lenkern herannahender Fahrzeuge leicht und rechtzeitig erkannt werden können. Im Verlauf derselben Straße sind womöglich Straßenverkehrszeichen mit gleichen Abmessungen zu verwenden.

(1a) Abweichend von Abs. 1 können für Straßenverkehrszeichen auch optische (Glasfasertechnik) oder elektronische Anzeigevorrichtungen verwendet werden; in diesem Falle können die Straßenverkehrszeichen abweichend von den Abbildungen in den §§ 50 und 52 auch „farbumgekehrt" (der weiße Untergrund schwarz und die schwarzen Symbole sowie die schwarze Schrift weiß) dargestellt werden. Weiters kann die Darstellung der Linie, welche die Fahrbahn symbolisiert, in den Straßenverkehrszeichen gem. § 52 lit. a Z 4a bis 4d und 7a bis 7c entfallen. *(BGBl 2005/52)*

(2) Die Straßenverkehrszeichen sind auf der rechten Straßenseite oder oberhalb der Fahrbahn anzubringen, sofern sich aus diesem Bundesgesetz nichts anderes ergibt. Die zusätzliche Anbringung an anderen Stellen ist zulässig. Auf Autobahnen sind Gefahrenzeichen und Vorschriftszeichen auf beiden Seiten oder oberhalb der Fahrbahn anzubringen, ausgenommen auf Streckenteilen, die in der jeweiligen Fahrtrichtung nur einen Fahrstreifen aufweisen, oder in Gegenverkehrsbereichen. *(BGBl I 1998/92)*

(3) Bei Arbeitsfahrten gemäß § 27 Abs. 1 können Straßenverkehrszeichen an Fahrzeugen des Straßendienstes angebracht werden. Solcherart angebrachte Straßenverkehrszeichen gelten nur für den Bereich der Arbeitstätigkeit; das Ende einer Beschränkung ist daher in diesem Falle nicht anzuzeigen. Beim Anbringen von Straßenverkehrszeichen an Fahrzeugen des Straßendienstes finden auch die Bestimmungen des Abs. 2 über das beiderseitige Anbringen von Gefahrenzeichen und Vorschriftszeichen auf Autobahnen und des § 52 Z 4a und 4c über das beiderseitige Anbringen der dort angeführten Zeichen keine Anwendung. *(BGBl 1983/174)*

(4) Auf einer Anbringungsvorrichtung für Straßenverkehrszeichen (wie Standsäulen, Rahmen, Träger und dgl.) dürfen nicht mehr als zwei Straßenverkehrszeichen angebracht werden; dies gilt nicht

1. für eine Kundmachung nach § 25 Abs. 2 oder § 44 Abs. 4,

2. für die Anbringung der Hinweiszeichen „Wegweiser" sowie

3. für die Anbringung von Straßenverkehrszeichen, deren Inhalt miteinander in Zusammenhang steht.

Die Anbringung sonstiger Beschriftungen, bildlicher Darstellungen, Tafeln oder dgl. auf derselben Anbringungsvorrichtung bewirkt – unbeschadet der §§ 31 Abs. 2 und 53 Abs. 1 Z 17a – nicht die Unwirksamkeit der Kundmachung einer Verordnung (§ 44 Abs. 1). *(BGBl I 2005/52)*

(5) Der Abstand zwischen dem unteren Rand eines Straßenverkehrszeichens und der Fahrbahn darf bei seitlicher Anbringung nicht weniger als 0,60 m und nur in Ausnahmefällen mehr als 2,50 m, bei Anbringung oberhalb der Fahrbahn nicht weniger als 4,50 m und nur in Ausnahmefällen oder bei Verwendung beleuchteter Straßenverkehrszeichen mehr als 5,50 m betragen, sofern sich aus den Bestimmungen dieses Bundesgesetzes bei einzelnen Straßenverkehrszeichen nichts anderes ergibt; der Abstand zwischen dem unteren Rand eines Straßenverkehrszeichens und einer für den Fußgängerverkehr bestimmten Fläche darf bei Anbringung auf einer solchen Fläche nur in Ausnahmefällen weniger als 2,20 m betragen. „Bei seitlicher Anbringung darf unter Berücksichtigung des fließenden und ruhenden Verkehrs der seitliche Abstand zwischen dem der Fahrbahn zunächst liegenden Rand eines Straßenverkehrszeichens und dem Fahrbahnrand im Ortsgebiet zwischen 0 m und nur im Ausnahmefall mehr als 2,50 m, auf Freilandstraßen nur in Ausnahmefällen weniger als 30 cm und mehr als 2,50 m betragen." Eine nicht fest mit dem Untergrund verbundene Anbringungsvorrichtung darf auch auf der Fahrbahn angebracht werden, wenn die Sicherheit, Leichtigkeit und Flüssigkeit des fließenden Verkehrs nicht gefährdet wird; in diesem Fall darf der seitliche Abstand zwischen dem dem Fahrbahnrand zunächst liegenden Rand eines Straßenverkehrszeichens und dem Fahrbahnrand nicht mehr als 0,30 m betragen. Sind auf einer Anbringungsvorrichtung mehr als ein Straßenverkehrszeichen angebracht, so gelten bei untereinander angebrachten Zeichen die Maßangaben bezüglich des Höhenabstandes für das untere Zeichen, bei nebeneinander angebrachten Zeichen die Maßangaben bezüglich des Seitenabstandes für das näher der Fahrbahn angebrachte Zeichen. Die weiteren Zeichen sind in einem solchen Fall entsprechend den Größenverhältnissen anzubringen. *(BGBl I 2017/6; BGBl I 2022/122)*

(6) Wenn es die Verkehrssicherheit erfordert, insbesondere bei unübersichtlichem Straßenverlauf, sind in angemessener Entfernung vor einem nach den Bestimmungen der §§ 49, 50, 52 oder 53 angebrachten Straßenverkehrszeichen ein oder mehrere gleiche Zeichen – ausgenommen beim Zeichen „Halt" – anzubringen, unter denen auf einer Zusatztafel nach § 54 Abs. 5 lit. a die Entfernung bis zu der Straßenstelle anzugeben ist, auf die sich das Straßenverkehrszeichen bezieht. Dies gilt insbesondere für die Gefahrenzeichen „Fußgängerübergang" und „Voranzeiger für Verkehrsampel", für die Vorschriftszeichen „Vorrang geben" und „Wartepflicht bei Gegenverkehr" sowie für das Hinweiszeichen „Krankenhaus". Wird das Vorschriftszeichen „Halt" vorangekündigt, so ist hiefür das Vorschriftszeichen „Vorrang geben" mit einer Zusatztafel nach § 54 Abs. 5 lit. c zu verwenden. *(BGBl 1976/412)*

§ 49. Allgemeines über Gefahrenzeichen

(1) Die Gefahrenzeichen kündigen an, daß sich in der Fahrtrichtung auf der Fahrbahn Gefahrenstellen befinden. Die Lenker von Fahrzeugen haben sich in geeigneter Weise, erforderlichenfalls durch Verminderung der Geschwindigkeit, der angekündigten Gefahr entsprechend zu verhalten.

(2) Auf Autobahnen sind die Gefahrenzeichen 250 m bis 400 m, auf anderen Straßen 150 m bis 250 m vor der Gefahrenstelle anzubringen, sofern sich aus § 50 nichts anderes ergibt. *(BGBl 1983/174)*

(3) Wenn es jedoch der Verkehrssicherheit besser entspricht, sind die Gefahrenzeichen in einer anderen als im Abs. 2 bezeichneten Entfernung anzubringen. In einem solchen Fall ist auf Freilandstraßen unter dem Zeichen auf einer Zusatztafel nach § 54 Abs. 5 lit. a die Entfernung bis zur Gefahrenstelle anzugeben. *(BGBl 1983/174)*

(4) Wenn sich Gefahrenstellen über einen längeren Straßenabschnitt erstrecken (wie etwa Gefälle, Schleudergefahr, Steinschlag, Wildwechsel u. a.) und dies nicht erkennbar ist oder nicht vermutet werden kann, so ist auf einer Zusatztafel nach § 54 Abs. 5 lit. b die Länge der Gefahrenstelle anzugeben. Innerhalb einer längeren Gefahrenstelle ist das betreffende Gefahrenzeichen zu wiederholen, wenn dies die Verkehrssicherheit erfordert. *(BGBl 1976/412)*

§ 50. Gefahrenzeichen

Die Gefahrenzeichen sind

1. „QUERRINNE" oder „AUFWÖLBUNG"

Dieses Zeichen zeigt Hindernisse, wie Querrinnen, Aufwölbungen oder aufgewölbte Brücken, an.

2. „GEFÄHRLICHE KURVEN" oder „GEFÄHRLICHE KURVE"

Diese Zeichen zeigen an:
a) eine Rechtskurve,
b) eine Linkskurve,
c) eine Doppelkurve rechts beginnend,
d) eine Doppelkurve links beginnend;
sie sind vor Kurven, die wegen ihrer Beschaffenheit oder Unübersichtlichkeit gefährlich sind, dem

Verlauf der Kurve entsprechend anzubringen. Sind auf einer kurvenreichen Strecke die Kurven nicht mehr als 240 m voneinander entfernt, so genügt die Anbringung eines der ersten Kurve entsprechenden Zeichens nach lit. c oder d, unter dem auf einer Zusatztafel nach § 54 Abs. 5 lit. b die Länge der kurvenreichen Strecke anzugeben ist. *(BGBl 1976/412)*

3. „KREUZUNG"

Dieses Zeichen zeigt eine Kreuzung an; in Ortsgebieten ist es nur anzubringen, wenn es die Verkehrssicherheit im besonderen Maße erfordert.

3a. „KREUZUNG MIT KREISVERKEHR"

Dieses Zeichen kann an Stelle des Zeichens nach Z. 3 und nach Maßgabe der Bestimmungen der Z. 3 aufgestellt werden, um eine Kreuzung mit Kreisverkehr anzuzeigen. *(BGBl 1969/209)*

4. „KREUZUNG MIT STRASSE OHNE VORRANG"

Dieses Zeichen zeigt eine Kreuzung mit einer Straße ohne Vorrang an und bedeutet, daß das in der Richtung des starken Striches fahrende Fahrzeug den Vorrang hat (§ 19).

5. *(entfällt, BGBl 1976/412)*

6a. „BAHNÜBERGANG MIT SCHRANKEN"

Dieses Zeichen kündigt einen durch Schranken gesicherten Eisenbahnübergang an; es ist vor jedem so gesicherten Bahnübergang anzubringen.

6b. „BAHNÜBERGANG OHNE SCHRANKEN"

Dieses Zeichen kündigt einen nicht durch Schranken gesicherten Eisenbahnübergang an; es ist vor jedem solchen Bahnübergang, ausgenommen bei Straßenbahnen im Ortsgebiet, anzubringen. Die Behörde kann die Anbringung des Zeichens bei Bahnübergängen von Anschluß- oder Materialbahnen erlassen, wenn diese durch Bewachung gesichert werden und die Zeichen des Bewachungsorganes für den Straßenbenützer rechtzeitig erkennbar sind.
(BGBl 1964/204)

1/1. StVO
§ 50

6c. „BAKEN"

Diese Zeichen kündigen Eisenbahnübergänge an und sind beiderseits der Straße anzubringen; die Baken mit den 3 roten schräg gestellten Balken sind unter den in Z. 6a und 6b angeführten Zeichen ungefähr 240 m, die Baken mit 2 Balken ungefähr 160 m und die Baken mit einem Balken ungefähr 80 m vor dem Bahnübergang anzubringen. Diese Zeichen sind vor allen schienengleichen Eisenbahnübergängen auf Straßen, die für den Durchzugsverkehr von Bedeutung sind, dann anzubringen, wenn es sich um eine Haupt- oder Nebenbahn im Sinne des § 4 Eisenbahngesetz 1957, BGBl. Nr. 60/1957, handelt. In anderen Fällen sind die Baken dann anzubringen, wenn es die Verkehrssicherheit erfordert.

6d. „ANDREASKREUZ"

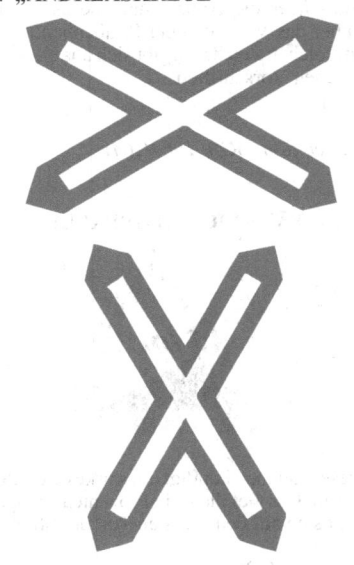

1/1. StVO
§ 50

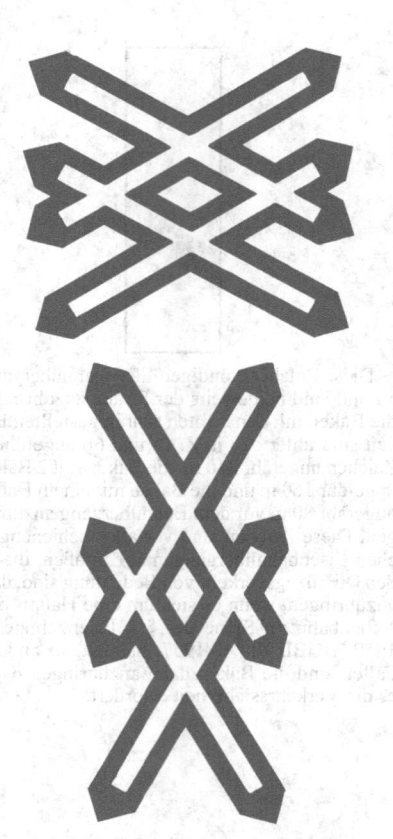

Dieses Zeichen zeigt einen Bahnübergang an. Näheres über die Anbringung dieses Zeichens und über das Verhalten der Straßenbenützer bei einem solchen Zeichen ergibt sich aus eisenbahnrechtlichen Vorschriften.

6e. *(entfällt, BGBl 1964/204)*

7. „GEFÄHRLICHES GEFÄLLE"

Dieses Zeichen kündigt ein starkes Gefälle der Straße an. Das Gefälle ist in Prozenten anzugeben und hat sich auf den steilsten Teil der Strecke zu beziehen.
(BGBl 1976/412)

7a. „STARKE STEIGUNG"

Dieses Zeichen kündigt eine starke Steigung der Straße an. Die Steigung ist in Prozenten anzugeben und hat sich auf den steilsten Teil der Strecke zu beziehen.
(BGBl 1976/412)

8. „FAHRBAHNVERENGUNG"

a)

b)

c)

Diese Zeichen kündigen
a) eine beiderseitige,
b) eine linksseitige und
c) eine rechtsseitige
Verengung der Fahrbahn an.
(BGBl 1976/412)

9. „BAUSTELLE"

Dieses Zeichen zeigt Arbeiten auf oder neben der Straße sowie damit üblicherweise verbundene Gefahren (wie Straßenverunreinigungen, Rollsplitt, Künettenabdeckungen und dgl.) an.
(BGBl I 2005/52)

10. „SCHLEUDERGEFAHR"

Dieses Zeichen zeigt Stellen an, auf denen auf der Fahrbahn unter besonderen Verhältnissen Gleitgefahr besteht. Auf einer Zusatztafel kann die Ursache der Gleitgefahr angekündigt werden.
(BGBl 1976/412)

10a. „SEITENWIND"

Dieses Zeichen zeigt Stellen an, auf denen häufig starker Seitenwind auftritt, dessen Stärke und Richtung durch einen Windsack angezeigt werden kann.
(BGBl 1964/204)

10b. „STEINSCHLAG"

Dieses Zeichen kündigt einen Straßenabschnitt an, wo mit Steinschlag und daher auch mit Steinen auf der Straße zu rechnen ist.
(BGBl 1976/412)

10c. „FLUGBETRIEB"

Dieses Zeichen kündigt einen Straßenabschnitt an, wo mit tiefffliegenden Luftfahrzeugen zu rechnen ist.
(BGBl 1976/412)

11. „FUSSGÄNGERÜBERGANG"

Dieses Zeichen zeigt einen Schutzweg (§ 2 Abs. 1 Z. 12) an.
(BGBl 1969/209)

11a. „RADFAHRERÜBERFAHRT"

Dieses Zeichen kündigt eine Radfahrerüberfahrt an.
(BGBl 1989/86)

12. „KINDER"

1/1. StVO
§ 50

Dieses Zeichen zeigt Stellen z. B. in der Nähe von Schulen, Kindergärten und Spielplätzen an, wo sich häufig Kinder aufhalten.
(BGBl 1983/174)

13a. „ACHTUNG TIERE"

Dieses Zeichen zeigt den Beginn eines Gebietes an, in dem mit unbegleiteten Weidetieren zu rechnen ist. Es ist insbesondere in Alpgebieten und in Gebieten, in denen der unbeaufsichtigte Weidegang nach altem Herkommen üblich ist, anzubringen (§ 81 Abs. 3).

13b. „ACHTUNG WILDWECHSEL"

Dieses Zeichen zeigt ein Gebiet an, wo damit zu rechnen ist, daß Wild die Straße überquert.

14. „ACHTUNG GEGENVERKEHR"

Dieses Zeichen zeigt an, daß auf Straßen, auf denen sonst nur in einer Richtung gefahren wird, mit Gegenverkehr zu rechnen ist.

14a. „ACHTUNG FALSCHFAHRER"

Dieses Zeichen zeigt an, dass ein Fahrzeug auf einer Richtungsfahrbahn entgegen der vorgesehenen Fahrtrichtung fährt, obwohl das nicht durch Straßenverkehrszeichen oder Bodenmarkierungen erlaubt ist.
(BGBl I 2006/152)

15. „VORANKÜNDIGUNG EINES LICHTZEICHENS"

Dieses Zeichen kündigt eine Lichtsignalanlage an. Es ist nur dann anzubringen, wenn mit einer Lichtsignalanlage üblicherweise nicht gerechnet werden muß oder wenn eine solche Anlage schlecht wahrnehmbar ist.
(BGBl 1976/412)

16. „ANDERE GEFAHREN"

Dieses Zeichen kündigt andere als in Z. 1 bis 15 angeführte Gefahrenstellen an. Auf einer Zusatztafel unter dem Zeichen kann die Gefahr näher bezeichnet werden, wie etwa Bankett nicht befahrbar, Holzbringung, Lawinengefahr, Wasserschutzgebiet u. dgl.
(BGBl 1976/412)

§ 51. Allgemeines über Vorschriftszeichen

(1) Die Vorschriftszeichen sind vor der Stelle, für die sie gelten, anzubringen. Gilt die Vorschrift für eine längere Straßenstrecke, so ist das Ende der Strecke durch ein gleiches Zeichen, unter dem eine Zusatztafel mit der Aufschrift „ENDE" anzubringen ist, kenntlich zu machen, sofern sich aus den Bestimmungen des § 52 nichts anderes ergibt. Innerhalb dieser Strecke ist das Zeichen zu wiederholen, wenn es die Verkehrssicherheit erfordert. Gilt ein Überholverbot oder eine Geschwindigkeitsbeschränkung für eine Straßenstrecke von mehr als 1 km, so ist bei den betreffenden Vorschriftszeichen die Länge der Strecke mit einer Zusatztafel nach § 54 Abs. 5 lit. b anzugeben, wenn es die Verkehrssicherheit erfordert; dies gilt für allfällige Wiederholungszeichen sinngemäß. *(BGBl 1994/518)*

(2) Die Vorschriftszeichen „Einbiegen verboten" und „Umkehren verboten" sind in angemessenem Abstand vor der betreffenden Kreuzung, die Vorschriftszeichen „Vorrang geben" und „Halt" sind im Ortsgebiet höchstens 10 m und auf Freilandstraßen höchstens 20 m vor der Kreuzung anzubringen. Die äußere Form der Zeichen „Vorrang geben" und „Halt" muß auch von der Rückseite her erkennbar sein. *(BGBl 1994/518)*

(3) Bei den Vorschriftszeichen können an Stelle einer Zusatztafel die in § 54 bezeichneten Angaben im roten Rand des Straßenverkehrszeichens einzeilig und leicht lesbar angebracht werden, wenn die Erkennbarkeit des Zeichens nicht beeinträchtigt wird. *(BGBl 1976/412)*

(4) Für die Anbringung von Vorschriftszeichen, die sich auf ein ganzes Ortsgebiet oder auf Straßen mit bestimmten Merkmalen innerhalb eines Ortsgebietes beziehen, gilt § 44 Abs. 4. *(BGBl 1976/412)*

(5) Mündet in einen Straßenabschnitt, für den durch Vorschriftszeichen Verkehrsbeschränkungen kundgemacht sind, eine andere Straße ein, so können diese Beschränkungen auch schon auf der einmündenden Straße durch die betreffenden Vorschriftszeichen mit einer Zusatztafel mit Pfeilen angezeigt werden. Solche Zeichen sind im Ortsgebiet höchstens 20 m und auf Freilandstraßen höchstens 50 m vor der Einmündung anzubringen. *(BGBl 1983/174)*

§ 52. Die Vorschriftszeichen

Die Vorschriftszeichen sind

a) Verbots- oder Beschränkungszeichen,
b) Gebotszeichen oder
c) Vorrangzeichen.

(BGBl 1976/412)

a)

Verbots- oder Beschränkungszeichen

1. **„FAHRVERBOT (IN BEIDEN RICHTUNGEN)"**

Dieses Zeichen zeigt an, daß das Fahren in beiden Fahrtrichtungen verboten ist; das Schieben eines Fahrrades ist erlaubt.
(BGBl 1983/174)

2. **„EINFAHRT VERBOTEN"**

Dieses Zeichen zeigt an, daß die Einfahrt verboten ist.
(BGBl 1964/204)

3a. **„EINBIEGEN NACH LINKS VERBOTEN"**

1/1. StVO
§ 52

3b. „EINBIEGEN NACH RECHTS VERBOTEN"

Diese unter Z. 3a und 3b angeführten Zeichen zeigen je nach der Richtung des Pfeiles an, daß das Einbiegen in die nächste Querstraße nach rechts oder links verboten ist.

3c. „UMKEHREN VERBOTEN"

Dieses Zeichen zeigt an, daß an der betreffenden Straßenstelle oder Kreuzung das Umkehren verboten ist.
(BGBl 1976/412)

4a. „ÜBERHOLEN VERBOTEN"

Dieses Zeichen zeigt an, daß das Überholen von mehrspurigen Kraftfahrzeugen verboten ist. Es ist auf beiden Seiten der Fahrbahn anzubringen.

4b. „ENDE DES ÜBERHOLVERBOTES"

Dieses Zeichen zeigt das Ende des Überholverbotes (Z. 4a) an.

4c. „ÜBERHOLEN FÜR LASTKRAFTFAHRZEUGE VERBOTEN"

Dieses Zeichen zeigt an, daß mit Lastkraftfahrzeugen mit einem höchsten zulässigen Gesamtgewicht von mehr als 3,5 t das Überholen von mehrspurigen Kraftfahrzeugen verboten ist. Es ist auf beiden Seiten der Fahrbahn anzubringen.
(BGBl 1976/412)

4d. „ENDE DES ÜBERHOLVERBOTES FÜR LASTKRAFTFAHRZEUGE"

Dieses Zeichen zeigt das Ende des Überholverbotes für Lastkraftfahrzeuge (Z. 4c) an.
(BGBl 1983/174)

5. „WARTEPFLICHT BEI GEGENVERKEHR"

Dieses Zeichen zeigt an, daß der Lenker eines in der durch den roten Pfeil bezeichneten Fahrtrichtung fahrenden Fahrzeuges bei Gegenverkehr zu warten hat.

6a. „FAHRVERBOT FÜR ALLE KRAFTFAHRZEUGE AUSSER EINSPURIGEN MOTORRÄDERN"

Dieses Zeichen zeigt an, daß das Fahren mit allen mehrspurigen Kraftfahrzeugen verboten ist.

6b. „FAHRVERBOT FÜR MOTORRÄDER"

Dieses Zeichen zeigt an, daß das Fahren mit allen einspurigen Kraftfahrzeugen verboten ist.

6c. „FAHRVERBOT FÜR ALLE KRAFTFAHRZEUGE"

Dieses Zeichen zeigt an, daß das Fahren mit allen Kraftfahrzeugen verboten ist.

6d. „FAHRVERBOT FÜR KRAFTFAHRZEUGE MIT ANHÄNGER"

Dieses Zeichen zeigt an, daß das Fahren mit Kraftfahrzeugen mit allen Arten von Anhängern verboten ist. Eine Gewichtsangabe bedeutet, daß das Verbot nur gilt, wenn das höchste zulässige Gesamtgewicht des Anhängers das im Zeichen angegebene Gewicht überschreitet. Eine Längenangabe bedeutet, daß das Verbot nur gilt, wenn die Länge des Anhängers die im Zeichen angegebene Länge überschreitet.
(BGBl 1983/174)

7a. „FAHRVERBOT FÜR LASTKRAFTFAHRZEUGE"

1/1. StVO
§ 52

Diese Zeichen zeigen an, daß das Fahren mit Lastkraftfahrzeugen verboten ist. Eine Gewichtsangabe bedeutet, daß das Verbot nur für ein Lastkraftfahrzeug gilt, wenn das höchste zulässige Gesamtgewicht des Lastkraftfahrzeuges oder das höchste zulässige Gesamtgewicht eines mitgeführten Anhängers das im Zeichen angegebene Gewicht überschreitet. Eine Längenangabe bedeutet, daß das Verbot nur gilt, wenn die Länge des Lastkraftfahrzeuges oder die Länge eines mitgeführten Anhängers oder die Länge des Lastkraftfahrzeuges samt Anhänger die im Zeichen angegebene Länge überschreitet.
(BGBl 1976/412)

7b. „FAHRVERBOT FÜR LASTKRAFTFAHRZEUGE MIT ANHÄNGER"

Dieses Zeichen zeigt an, daß das Fahren mit Lastkraftfahrzeugen mit Anhänger verboten ist. Die Gewichtsangabe bedeutet, daß das Mitführen von Anhängern verboten ist, deren Gesamtgewicht das im Zeichen angegebene Gewicht überschreitet. Der Verkehr von Sattelkraftfahrzeugen und von Zugmaschinen mit einem Anhänger ist jedoch gestattet.
(BGBl 1964/204)

7c. „FAHRVERBOT FÜR FUHRWERKE"

Dieses Zeichen zeigt an, daß die Einfahrt für Fuhrwerke (§ 2 Abs. 1 Z. 21) verboten ist.

7d. *(entfällt, BGBl I 1998/145)*

7e. „FAHRVERBOT FÜR KRAFTFAHRZEUGE MIT GEFÄHRLICHEN GÜTERN"

„Dieses Zeichen zeigt an, dass das Fahren mit Beförderungseinheiten, mit denen gefährliche Güter gemäß den in § 2 Z 1 GGBG, BGBl. I Nr. 145/1998, angeführten Vorschriften befördert werden und die gemäß diesen Vorschriften mit orangefarbenen Tafeln zu kennzeichnen sind, verboten ist. Bezieht sich das Verbot auf einen gemäß diesen Vorschriften kategorisierten Tunnel, ist auf einer Zusatztafel mit den Großbuchstaben „B", „C", „D" oder „E" die diesem Tunnel gemäß den genannten Vorschriften zugeordnete Tunnelkategorie anzugeben; in diesem Fall gilt das Verbot nur für Beförderungseinheiten, mit denen gefährliche Güter befördert werden, die in Tunnel der jeweiligen Tunnelkategorie nicht zugelassen sind."
(BGBl I 1998/145; BGBl I 2011/34)

7f. „FAHRVERBOT FÜR OMNIBUSSE"

Dieses Zeichen zeigt an, daß das Fahren mit Omnibussen verboten ist. Eine Gewichtsangabe bedeutet, daß das Verbot nur gilt, wenn das höchste zulässige Gesamtgewicht des Omnibusses das im Zeichen angegebene Gewicht überschreitet. Eine Längenangabe bedeutet, daß das Verbot nur gilt, wenn die Länge des Omnibusses die im Zeichen angegebene Länge überschreitet.
(BGBl 1994/518)

8a. „FAHRVERBOT FÜR FAHRRÄDER UND MOTORFAHRRÄDER"

Dieses Zeichen zeigt an, daß das Fahren mit Fahrrädern und mit Motorfahrrädern verboten ist. Das Schieben dieser Fahrzeuge ist jedoch gestattet. Für die Lenker von Motorfahrrädern gilt überdies die Z. 8b.

8b. „FAHRVERBOT FÜR MOTORFAHRRÄDER"

Dieses Zeichen zeigt an, daß das Fahren mit Motorfahrrädern mit laufendem Motor sowie das Laufenlassen der Motore solcher Fahrzeuge am Stand verboten ist. Das Schieben dieser Fahrzeuge ohne laufenden Motor ist jedoch gestattet.

8c. „FAHRVERBOT FÜR FAHRRÄDER"

Dieses Zeichen zeigt an, daß das Fahren mit Fahrrädern verboten ist; das Schieben dieser Fahrzeuge ist jedoch gestattet.
(BGBl 1964/204)

9a. „FAHRVERBOT FÜR ÜBER ... m BREITE FAHRZEUGE"

Dieses Zeichen zeigt an, daß das Fahren mit Fahrzeugen, deren größte Breite die im Zeichen angegebene Breite überschreitet, verboten ist.

9b. „FAHRVERBOT FÜR ÜBER ... m HOHE FAHRZEUGE"

Dieses Zeichen zeigt an, daß das Fahren mit Fahrzeugen, deren größte Höhe die im Zeichen angegebene Höhe überschreitet, verboten ist. Es kann oberhalb der Fahrbahn entsprechend der vorhandenen Höhe angebracht werden.
(BGBl 1976/412)

9c. „FAHRVERBOT FÜR FAHRZEUGE MIT ÜBER ... t GESAMTGEWICHT"

Dieses Zeichen zeigt an, daß das Fahren mit Fahrzeugen, deren Gesamtgewicht das im Zeichen angegebene Gewicht überschreitet, verboten ist.
(BGBl 1964/204)

9d. „FAHRVERBOT FÜR ALLE FAHRZEUGE MIT ÜBER ... t ACHSLAST"

Dieses Zeichen zeigt an, daß das Fahren mit Fahrzeugen, deren Achslast die im Zeichen angegebene Achslast überschreitet, verboten ist.
(BGBl 1983/174)

10a. „GESCHWINDIGKEITSBESCHRÄNKUNG (ERLAUBTE HÖCHSTGESCHWINDIGKEIT)"

Dieses Zeichen zeigt an, daß das Überschreiten der Fahrgeschwindigkeit, die als Stundenkilometeranzahl im Zeichen angegeben ist, ab dem Standort des Zeichens verboten ist. Ob und in welcher Entfernung es vor schienengleichen Eisenbahnübergängen anzubringen ist, ergibt sich aus den eisenbahnrechtlichen Vorschriften.
(BGBl 1994/518)

10b. „ENDE DER GESCHWINDIGKEITSBESCHRÄNKUNG"

Dieses Zeichen zeigt das Ende der Geschwindigkeitsbeschränkung an. Es ist nach jedem Zeichen gemäß Z. 10a anzubringen und kann auch auf der Rückseite des für die Gegenrichtung geltenden Zeichens angebracht werden. „Es kann entfallen, wenn am Ende der Geschwindigkeitsbeschränkung eine neue Geschwindigkeitsbeschränkung, sei es auch nicht aufgrund dieses Bundesgesetzes, beginnt."
(BGBl 1994/518; BGBl I 2009/16)

11. „ENDE VON ÜBERHOLVERBOTEN UND GESCHWINDIGKEITSBEGRENZUNGEN"

Dieses Zeichen zeigt das Ende von Überholverboten und Geschwindigkeitsbegrenzungen an, die für den betreffenden Straßenabschnitt durch Straßenverkehrszeichen kundgemacht worden sind.

(BGBl 1983/174)

11a. „ZONENBESCHRÄNKUNG"

Ein solches Zeichen zeigt den Beginn einer Zone an, innerhalb der die durch das eingefügte Zeichen zum Ausdruck gebrachte Verkehrsbeschränkung gilt, wobei in einem Zeichen auch zwei Beschränkungen dargestellt werden können.
(BGBl 1994/518)

11b. „ENDE EINER ZONENBESCHRÄNKUNG"

Ein solches Zeichen zeigt das Ende einer Zonenbeschränkung an. Es kann auch auf der Rückseite des für die Gegenrichtung geltenden Zeichens (Z 11 a) angebracht sein.
(BGBl 1994/518)

12. „HALT ZOLL"

Dieses Zeichen zeigt eine Zollstelle an, bei der zwecks Zollkontrolle anzuhalten ist. Mit entsprechend geänderter Aufschrift zeigt das Zeichen auch andere Stellen an, an denen der Fahrzeuglenker anzuhalten und bestimmte Bedingungen zu erfüllen hat, z. B. „MAUT".

13a. „PARKEN VERBOTEN"

Dieses Zeichen zeigt mit der Zusatztafel „ANFANG" den Beginn und mit der Zusatztafel „ENDE" das Ende eines Straßenabschnittes an, in dem das Parken verboten ist. Das Verbot bezieht sich auf die Straßenseite, auf der sich dieses Zeichen befindet. Folgende unter dem Zeichen angebrachte Zusatztafeln zeigen an:

a) eine Zusatztafel mit der Angabe bestimmter Stunden, daß das Verbot während der angegebenen Stunden gilt;

b) eine Zusatztafel mit der Angabe bestimmter Tage, daß das Verbot an den angegebenen Tagen gilt; beginnt das Verbot nicht um 00 Uhr oder endet es nicht um 24 Uhr, so ist auf der Zusatztafel überdies auch noch der Zeitpunkt des Beginnes oder des Endes des Verbotes anzugeben;

c) eine Zusatztafel mit Pfeilen den Verlauf des Straßenabschnittes, in dem das Verbot gilt; solche Pfeile können statt auf einer Zusatztafel auch im Zeichen selbst angebracht werden, sind dort aber in weißer Farbe auszuführen. Wenn der Geltungsbereich des Verbotes auf diese Weise unmißverständlich zum Ausdruck gebracht werden kann, so genügt ein Vorschriftszeichen.

Die Anbringung weiterer Angaben auf den unter lit. a bis c angeführten Zusatztafeln sowie die Anbringung von Zusatztafeln mit anderen Angaben ist unbeschadet des § 51 Abs. 3 zulässig.
(BGBl 1976/412)

13b. „HALTEN UND PARKEN VERBOTEN"

Dieses Zeichen zeigt mit der Zusatztafel „ANFANG" den Beginn und mit der Zusatztafel „ENDE" das Ende eines Straßenabschnittes an, in dem das Halten und Parken verboten ist. Das Verbot bezieht sich auf die Straßenseite, auf der sich dieses Zeichen befindet.

Eine Zusatztafel mit der Aufschrift „AUSGENOMMEN ZUSTELLDIENSTE" zeigt an, daß das rasche Auf- oder Abladen geringer Warenmengen vom Halteverbot ausgenommen ist.

Eine Zusatztafel mit der Aufschrift „AUSGENOMMEN LADETÄTIGKEIT" zeigt eine Ladezone an.

Hinsichtlich weiterer Zusatztafeln gelten die Bestimmungen der Z. 13a sinngemäß.

(BGBl 1976/412)

1/1. StVO
§ 52

13c. „WECHSELSEITIGES PARKVERBOT"

Dieses Zeichen zeigt an, daß auf der Straßenseite, auf der dieses Zeichen angebracht ist, das Parken an ungeraden Tagen verboten ist.

Dieses Zeichen zeigt an, daß auf der Straßenseite, auf der dieses Zeichen angebracht ist, das Parken an geraden Tagen verboten ist.

Beginnt bei den beiden angeführten Zeichen die wechselseitige Beschränkung für das Parken nicht um 00 Uhr, so ist auf einer Zusatztafel der Zeitpunkt des Beginnes des wechselseitigen Parkverbotes anzugeben, das dann ab diesem Zeitpunkt für 24 Stunden gilt.

Hinsichtlich der Zusatztafeln „ANFANG" und „ENDE" sowie weiterer Zusatztafeln gelten die Bestimmungen der Z. 13a sinngemäß.
(BGBl 1976/412)

13d. „KURZPARKZONE"

Dieses Zeichen zeigt den Beginn einer Kurzparkzone an. Wird dieses Zeichen auf der linken Straßenseite angebracht, so bezieht sich die Kurzparkzonenregelung nur auf diese Straßenseite. Im unteren Teil des Zeichens oder auf einer Zusatztafel ist die Zeit, während der die Kurzparkzonenregelung gilt, und die zulässige Kurzparkdauer anzugeben. Falls für das Abstellen eines Fahrzeuges in einer Kurzparkzone auf Grund abgabenrechtlicher Vorschriften eine Gebühr zu entrichten ist, so ist auf diesen Umstand durch das Wort ‚gebührenpflichtig', das im unteren Teil des Zeichens oder auf einer Zusatztafel anzubringen ist, hinzuweisen.
(BGBl 1987/213)

13e. „ENDE DER KURZPARKZONE"

Dieses Zeichen zeigt das Ende einer Kurzparkzone an.
(BGBl 1976/412)

13f. bis 13h. *(entfallen, BGBl 1976/412)*

14. „HUPVERBOT"

Dieses Zeichen zeigt an, daß die Betätigung der Vorrichtungen zur Abgabe von Schallzeichen verboten ist, wenn zur Abwendung einer Gefahr von einer Person ein anderes Mittel ausreicht. Die Zusatztafel mit der Angabe bestimmter Stunden zeigt die Geltungsdauer des Verbotes an. Das Ende dieses Verbotes ist durch das gleiche Zeichen mit der Zusatztafel „ENDE" kenntlich zu machen.

14a. „REITVERBOT"

Dieses Zeichen zeigt an, dass das Reiten verboten ist. „Ausgenommen sind Organe der Bundespolizei als Reiter von Dienstpferden."
(BGBl I 2005/52; BGBl I 2019/37)

14b. „VERBOT FÜR FUSSGÄNGER"

Dieses Zeichen zeigt an, dass das Betreten für Fußgänger verboten ist.
(BGBl I 2005/52)

b)

Gebotszeichen

15. „VORGESCHRIEBENE FAHRTRICHTUNG"

Dieses Zeichen zeigt an, daß Lenker von Fahrzeugen nur in der durch den Pfeil angegebenen Fahrtrichtung fahren dürfen. Der Pfeil kann der jeweiligen örtlichen Verkehrslage entsprechend, z. B. senkrecht, gebogen, geneigt oder mit mehr als einer Spitze ausgeführt sein. Ein nach unten geneigter Pfeil zeigt den zu benützenden Fahrstreifen an. Durch eine Zusatztafel oder durch weiße Aufschrift im blauen Feld unter dem Pfeil kann angezeigt werden, daß das Gebot nur für eine bestimmte Gruppe von Straßenbenützern

gilt. Das Zeichen ist, sofern es sich auf eine Kreuzung bezieht, in angemessenem Abstand vor der Kreuzung, sonst vor der Stelle, für die es gilt, anzubringen; bei einer einmündenden Straße darf dieses Zeichen statt vor der Kreuzung auch nur gegenüber der einmündenden Straße angebracht werden. Das Zeichen darf entsprechend dem angestrebten Gebot auch nur auf der Fahrbahn (wie etwa auf einer Schutzinsel oder vor einem Hindernis) angebracht werden.
(BGBl 1976/412)

15a. „VORGESCHRIEBENE FAHRTRICHTUNG FÜR KRAFTFAHRZEUGE MIT GEFÄHRLICHEN GÜTERN"

"Dieses Zeichen zeigt an, dass Lenker von Beförderungseinheiten, mit denen gefährliche Güter gemäß den in § 2 Z 1 GGBG, BGBl. I Nr. 145/1998, angeführten Vorschriften befördert werden und die gemäß diesen Vorschriften mit orangefarbenen Tafeln zu kennzeichnen sind, nur in der durch den Pfeil angegebenen Fahrtrichtung fahren dürfen. Ist dieses Gebot auf Grund eines für einen kategorisierten Tunnel im Sinn der Z 7e geltenden Fahrverbots erforderlich, so ist auf einer Zusatztafel mit den Großbuchstaben „B", „C", „D" oder „E" die diesem Tunnel zugeordnete Tunnelkategorie anzugeben; in diesem Fall gilt das Gebot nur für Beförderungseinheiten, mit denen gefährliche Güter befördert werden, die in Tunnels der jeweiligen Tunnelkategorie nicht zugelassen sind."
(BGBl I 2009/16; BGBl I 2011/34)

16. „RADWEG"

Dieses Zeichen zeigt an, daß Lenker von einspurigen Fahrrädern nur den Radweg benützen dürfen.

17. „GEHWEG"

Dieses Zeichen zeigt einen Gehweg an.

17a. „GEH- UND RADWEG"

a)

b)

Diese Zeichen zeigen einen Geh- und Radweg an, und zwar ein Zeichen nach a) einen für Fußgänger und Radfahrer gemeinsam zu benützenden Geh- und Radweg und ein Zeichen nach b) einen Geh- und Radweg, bei dem der Fußgänger- und Fahrradverkehr getrennt geführt werden, wobei die Symbole im Zeichen nach b) der tatsächlichen Verkehrsführung entsprechend anzuordnen sind (Fußgänger rechts, Fahrrad links oder umgekehrt).
(BGBl 1989/86)

17b. „REITWEG"

Dieses Zeichen zeigt einen Reitweg an.
(BGBl 1983/174)

18. „UNTERFÜHRUNG"

Dieses Zeichen zeigt an, daß Fußgänger die Unterführung benützen müssen und die Fahrbahn nicht überqueren dürfen.

(BGBl 1964/204)

19. „VORGESCHRIEBENE MINDESTGESCHWINDIGKEIT"

Dieses Zeichen zeigt an, daß die Lenker von Fahrzeugen unbeschadet der Bestimmungen des § 20 über die Fahrgeschwindigkeit ab dem Standort des Zeichens nicht langsamer fahren dürfen, als mit der im Zeichen angegebenen Anzahl von Kilometern pro Stunde.
(BGBl 1994/518)

20. *(entfällt, BGBl 1994/518)*

21. „UMKEHRGEBOT"

Dieses Zeichen zeigt an, daß die Lenker von Fahrzeugen an der betreffenden Straßenstelle umzukehren haben.
(BGBl 1976/412)

22. „SCHNEEKETTEN VORGESCHRIEBEN"

Dieses Zeichen zeigt an, daß Kraftwagen, die auf der Straße fahren, an deren Beginn das Zeichen angebracht ist, auf mindestens zwei Antriebsrädern Schneeketten haben müssen.
(BGBl 1976/412)

22a. „ENDE EINES GEBOTES"

Ein roter Querbalken von links unten nach rechts oben in den Zeichen nach Z 16, 17, 17a, 19 und 22 zeigt das Ende des durch das Zeichen ausgedrückten Gebotes an. Ein solches Zeichen kann auch auf der Rückseite des für die Gegenrichtung geltenden Zeichens angebracht werden.
(BGBl 1994/518)

c)
Vorrangzeichen

23. „VORRANG GEBEN"

Dieses Zeichen zeigt an, daß gemäß § 19 Abs. 4 Vorrang zu geben ist. Es ist vor einer Kreuzung mit einer Vorrangstraße oder mit einer Straße mit starkem Verkehr anzubringen, sofern nicht das Vorschriftszeichen „Halt" erforderlich ist.
(BGBl 1976/412)

24. „HALT"

Dieses Zeichen ordnet an, daß vor einer Kreuzung anzuhalten und gemäß § 19 Abs. 4 Vorrang zu geben ist. Fehlt eine Bodenmarkierung oder ist sie nicht sichtbar, so ist das Fahrzeug an einer Stelle anzuhalten, von der aus gute Übersicht besteht. Das Zeichen ist vor allem vor solchen Kreuzungen anzubringen, die besonders gefährlich sind und an denen die Lenker von Fahrzeugen die Verkehrslage in der Regel nur dann richtig beurteilen können, wenn sie anhalten. Ob und in welcher Entfernung es vor schienengleichen Eisenbahnübergängen anzubringen ist, ergibt sich aus den eisenbahnrechtlichen Vorschriften.
(BGBl 1976/412)

25a. „VORRANGSTRASSE"

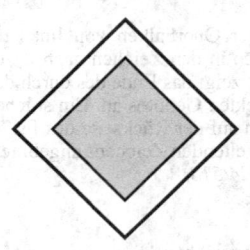

Dieses Zeichen zeigt den Beginn und den Verlauf einer Vorrangstraße an. Wenn eine Vorrangstraße auf einer Kreuzung die Richtung ihres Verlaufes ändert, so ist der Verlauf der Vorrangstraße auf einer Zusatztafel nach § 54 Abs. 5 lit. e erkennbar zu machen.
(BGBl 1976/412)

25b. „ENDE DER VORRANGSTRASSE"

Dieses Zeichen zeigt das Ende einer Vorrangstraße an.
(BGBl 1976/576 (DFB))

§ 53. Die Hinweiszeichen

(1) Die Hinweiszeichen weisen auf verkehrswichtige Umstände hin. Hinweiszeichen sind die folgenden Zeichen:

1a. „PARKEN"

Dieses Zeichen kennzeichnet einen Parkplatz oder einen Parkstreifen. Im unteren Teil des Zeichens oder auf einer Zusatztafel kann eine besondere Art des Aufstellens der Fahrzeuge für das Parken (Schräg- oder Querparken) angegeben werden; in einem solchen Fall kann die Bodenmarkierung entfallen.
(BGBl 1983/174)

1b. „ZUM PARKPLATZ"

Dieses Zeichen weist auf einen Parkplatz hin.

1c. „PANNENBUCHT"

Dieses Zeichen zeigt eine Pannenbucht an; das Abstellen eines Fahrzeuges in einer Pannenbucht ist nur bei Pannen, in Notfällen oder bei Gefahr oder für Fahrzeuge des Straßendienstes, der Straßenaufsicht oder des Pannendienstes erlaubt.
(BGBl I 2006/54)

2. „SPITAL"

Dieses Zeichen weist auf eine Heilstätte oder auf ein Krankenhaus hin. Jeder Lärm ist zu vermeiden; es muß damit gerechnet werden, daß Kranke und Gebrechliche die Straße überqueren.

2a. „KENNZEICHNUNG EINES SCHUTZWEGES"

Dieses Zeichen kennzeichnet einen Schutzweg (§ 2 Abs. 1 Z. 12), bei dem ständig betriebene Lichtzeichen zur Regelung des Verkehrs oder zur Abgabe blinkenden gelben Lichtes nicht vorhanden sind. Es ist beim Schutzweg anzubringen, und zwar auf Einbahnstraßen an beiden Seiten, auf anderen Straßen an der rechten Seite. Wenn jedoch die Verkehrssicherheit dadurch nicht beeinträchtigt wird, ist statt der seitlichen Anbringung die Anbringung des Zeichens über dem Schutzweg zulässig.
(BGBl 1969/209)

2b. „KENNZEICHNUNG EINER RADFAHRERÜBERFAHRT"

Dieses Zeichen kennzeichnet eine Radfahrerüberfahrt (§ 2 Abs. 1 Z 12a), bei der ständig betriebene Lichtzeichen zur Regelung des Verkehrs oder zur Abgabe blinkenden gelben Lichtes nicht vorhanden sind. Für die Anbringung dieses Zeichens gelten die diesbezüglichen Bestimmungen der Z 2a sinngemäß.
(BGBl 1989/86)

2c. „KENNZEICHNUNG EINES SCHUTZWEGES UND EINER RADFAHRERÜBERFAHRT"

Dieses Zeichen kennzeichnet die Fortsetzung eines Geh- und Radwegs sowie eines gemeinsam geführten Geh- und Radwegs für die Überquerung der Fahrbahn durch Fußgänger und Radfahrer. Für die Anbringung dieses Zeichens gelten die Bestimmungen der Z 2a sinngemäß.
(BGBl I 2022/122)

3. „ERSTE HILFE"

Dieses Zeichen weist auf einen Hilfsposten hin, der für die Leistung erster Hilfe ausgerüstet ist. Wird dieses Zeichen nicht beim Hilfsposten selbst angebracht, so ist auf einer Zusatztafel oder in weißer Farbe auf dem Zeichen selbst in die Richtung des Hilfspostens zu weisen und die Entfernung anzugeben.

3a. „GOTTESDIENSTE"

1/1. StVO
§ 53

Dieses Zeichen weist auf Einrichtungen für Gottesdienste hin. Im blauen Feld des Zeichens oder auf einer Zusatztafel können nähere Angaben über Art, Ort und Zeit des Gottesdienstes angegeben werden (Symbole, Schriftzeichen, Ziffern). Dieses Zeichen darf nur innerhalb des Ortsgebietes angebracht werden. Die Kosten für die Anbringung und Erhaltung dieses Zeichens sind von demjenigen zu tragen, der die Anbringung des Zeichens beantragt.
(BGBl 1976/412)

4. „PANNENHILFE"

Dieses Zeichen weist auf eine Reparaturwerkstätte hin. Wenn nötig, ist auf Zusatztafeln oder in weißer Farbe auf dem Zeichen selbst die Art der Werkstätte und die Entfernung bis zur Werkstätte anzugeben und in die Richtung der Werkstätte zu weisen.

4a. „VERKEHRSFUNK"

Dieses Zeichen informiert über den örtlichen Frequenzbereich von Radiostationen, die Verkehrsinformationen durchgeben. Es entspricht dem Zeichen gemäß Z 4 mit der Maßgabe, daß in dem weißen Feld der Name der Radiostation und anstelle der Entfernungsangabe der jeweilige örtliche Frequenzbereich anzugeben ist. Außerhalb des Ortsgebietes darf dieses Zeichen – abgesehen vom Fall einer Frequenzänderung – innerhalb einer Entfernung von 50 km nur einmal in der gleichen Fahrtrichtung, auf Autobahnen jedoch nur nach der Einmündung einer Auffahrt angebracht werden.
(BGBl I 1998/92)

5. „TELEFON"

Dieses Zeichen weist auf eine Fernsprechstelle hin. Wenn nötig, ist auf einer Zusatztafel oder mit weißer Farbe auf dem Zeichen selbst in die Richtung der Fernsprechstelle zu weisen und die Entfernung bis zur Fernsprechstelle anzugeben.

6. „TANKSTELLE"

Dieses Zeichen weist auf eine Tankstelle hin. Auf einer Zusatztafel kann die Entfernung bis zur Tankstelle sowie die Marke des Treibstoffes auch in anderen Farben angegeben werden. Die Anbringung des Markenzeichens unter diesem Zeichen ist zulässig. Auf derselben Straße darf dieses Zeichen jedoch innerhalb einer Entfernung von 1000 m nur einmal in der gleichen Fahrtrichtung angebracht werden.

6a.

Dieses Zeichen weist auf einen Taxistandplatz hin. *(BGBl I 2005/52)*

6b. „E-LADESTELLE"

Dieses Zeichen weist auf eine E-Ladestelle hin. Im blauen Rand kann die Entfernung bis zur E-Ladestelle angegeben werden. Auf derselben Straße darf dieses Zeichen innerhalb einer Entfernung von 1000 m nur einmal in der gleichen Fahrtrichtung angegeben werden.
(BGBl I 2022/122)

7. „ENDE DES GEGENVERKEHRS"

Dieses Zeichen zeigt an, daß mit dem angekündigten (§ 50 Z. 14) ausnahmsweisen Gegenverkehr nicht mehr gerechnet zu werden braucht.
(BGBl I 1998/92)

7a. „WARTEPFLICHT FÜR GEGENVERKEHR"

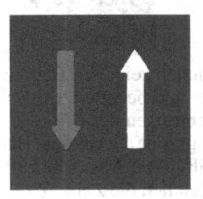

Dieses Zeichen zeigt an, daß der Lenker eines entgegenkommenden Fahrzeuges gemäß § 52 Z. 5 zu warten hat.
(BGBl 1964/204)

8a. „AUTOBAHN"

Dieses Zeichen zeigt den Beginn einer Autobahn an.

8b. „ENDE DER AUTOBAHN"

Dieses Zeichen zeigt das Ende einer Autobahn an.

8c. „AUTOSTRASSE"

Dieses Zeichen zeigt den Beginn einer Autostraße an.

(BGBl 1964/204)

1/1. StVO
§ 53

8d. „ENDE DER AUTOSTRASSE"

Dieses Zeichen zeigt das Ende einer Autostraße an.
(BGBl 1964/204)

9a. „FUSSGÄNGERZONE"

Dieses Zeichen zeigt den Beginn einer Fußgängerzone an. Es bedeutet gleichzeitig, daß hier jeglicher Fahrzeugverkehr verboten ist, sofern sich aus § 76a nichts anderes ergibt. Dieses Zeichen darf auch nur auf der Fahrbahn angebracht werden.
(BGBl 1976/412)

9b. „ENDE EINER FUSSGÄNGERZONE"

Dieses Zeichen zeigt das Ende einer Fußgängerzone an. Es darf auch nur auf der Fahrbahn angebracht werden.
(BGBl 1976/412)

9c. „WOHNSTRASSE"

Dieses Zeichen zeigt den Beginn einer Wohnstraße an und bedeutet, daß hier die besonderen Bestimmungen des § 76b gelten. Dieses Zeichen darf auch nur auf der Fahrbahn angebracht werden.
(BGBl 1983/174)

9d. „ENDE EINER WOHNSTRASSE"

Dieses Zeichen zeigt das Ende einer Wohnstraße an und bedeutet, daß die besonderen Bestimmungen des § 76b nun nicht mehr gelten und daß dem außerhalb der Wohnstraße fließenden Verkehr Vorrang zu geben ist. Dieses Zeichen darf auch nur auf der Fahrbahn angebracht werden.
(BGBl 1983/174)

9e. ‚BEGEGNUNGSZONE'

Dieses Zeichen zeigt den Beginn einer Begegnungszone an und bedeutet, dass hier die besonderen Bestimmungen des § 76c gelten. Wurde in der Begegnungszone die erlaubte Höchstgeschwindigkeit gemäß § 76c Abs. 6 auf 30 km/h erhöht, ist auf dem Zeichen die Zahl „20" durch die Zahl „30" zu ersetzen.
(BGBl I 2013/39)

9f. ‚ENDE EINER BEGEGNUNGSZONE'

Dieses Zeichen zeigt das Ende einer Begegnungszone an und bedeutet, dass die besonderen Bestimmungen des § 76c nun nicht mehr gelten. Wurde in der Begegnungszone die erlaubte Höchstgeschwindigkeit gemäß § 76c Abs. 6 auf 30 km/h erhöht, ist auf dem Zeichen die Zahl „20" durch die Zahl „30" zu ersetzen.
(BGBl I 2013/39)

„9g." „TUNNEL"

Dieses Zeichen zeigt einen Tunnel an, in dem die Bestimmungen des § 8b gelten. Es ist vor dem Portal eines jeden Tunnels mit einer Länge von mehr als 500 m anzubringen.
(BGBl I 2006/54; BGBl I 2013/39)

10. „EINBAHNSTRASSE"

Dieses Zeichen zeigt eine Einbahnstraße an und weist in die zulässige Fahrtrichtung.
(BGBl 1976/412)

10a. „STRASSENBAHN BIEGT BEI GELB ODER ROT EIN"

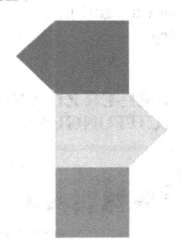

Dieses Zeichen an einem Abspanndraht für Oberleitungen von Schienenfahrzeugen zeigt an, daß auf geregelten Kreuzungen Schienenfahrzeuge bei „Gelb" bzw. bei „Rot" in der durch die Spitze angezeigten Richtung einbiegen.
(BGBl 1976/412)

11. „SACKGASSE"

Dieses Zeichen zeigt an, daß die Durchfahrt durch eine Straße nicht möglich ist. Es kann der Anlage der Straße entsprechend angebracht werden.

11a. „Sackgasse mit Durchgehmöglichkeit"

Dieses Zeichen zeigt an, dass die Durchfahrt durch eine Straße nicht möglich ist. Ein Durchgehen für Fußgänger ist möglich. Es kann der Anlage der Straße entsprechend angebracht werden.
(BGBl I 2022/122)

1/1. StVO
§ 53

11b. „Sackgasse mit Durchfahrmöglichkeit für Radfahrer und Durchgehmöglichkeit"

Dieses Zeichen zeigt an, dass die Durchfahrt durch eine Straße nicht möglich ist. Ein Durchfahren für Radfahrer und ein Durchgehen für Fußgänger ist möglich. Es kann der Anlage der Straße entsprechend angebracht werden.
(BGBl I 2022/122)

12. „LATERNEN, DIE NICHT DIE GANZE NACHT ÜBER LEUCHTEN"

Dieses Zeichen an einer Straßenlaterne weist darauf hin, daß sie noch während der Dunkelheit abgeschaltet wird.

13a. „VORWEGWEISER"

Diese Zeichen zeigen den Straßenverlauf und wichtige Abzweigungen an. Ein solches Zeichen ist 150 m bis 250 m vor der Kreuzung anzubringen. Straßen mit Vorrang werden mit breiten, andere Straßen mit schmalen Strichen angezeigt. Außer den Ortsnamen können auch die Straßennummern und Symbole angebracht werden.
(BGBl 1983/174)

13b. „WEGWEISER"

Diese Zeichen zeigen im Bereich einer Kreuzung die Richtung an, in der ein Ort liegt. Sie dürfen auch nur auf der linken Straßenseite angebracht werden, wenn dies eine bessere Erkennbarkeit erwarten läßt. Auf den Zeichen können auch die Namen mehrerer Orte sowie die Entfernungen, die Straßennummern, Symbole und allenfalls Hinweise auf Beschränkungen angegeben werden. Ist auf einem solchen Zeichen ein Symbol für eine bestimmte Fahrzeugart angebracht, so bedeutet dies, daß der Wegweiser nur für Fahrzeuge der betreffenden Fahrzeugart gilt.
(BGBl 1994/518)

13c. „WEGWEISER ZU ANDEREN VERKEHRSEINRICHTUNGEN"

Dieses Zeichen zeigt im Bereich einer Kreuzung die Richtung an, in der Einrichtungen anderer Verkehrsträger, ausgenommen Seilbahnen und Lifte, liegen. Es darf auch nur auf der linken Straßenseite angebracht werden, wenn dies eine bessere Erkennbarkeit erwarten läßt. Auf dem Zeichen können auch Symbole und Entfernungen angegeben werden.
(BGBl 1983/174)

13d. „WEGWEISER ZU LOKAL- ODER BEREICHSZIELEN"

Diese Zeichen zeigen im Bereich einer Kreuzung die Richtung an, in der bedeutende Ziele innerhalb eines Ortsgebietes oder Gebiets- oder Landschaftsziele liegen. Ein Zeichen dieser Art und Ausführung ist auch zu verwenden, wenn die Richtung zu Seilbahnen und Liften angezeigt wird. Diese Zeichen dürfen auch nur auf der linken Straßenseite angebracht werden, wenn dies eine bessere Erkennbarkeit erwarten läßt. Auf den Zeichen können auch Symbole und Entfernungen angegeben werden. Ist auf einem solchen Zeichen ein Symbol für eine bestimmte Fahrzeugart angebracht, so bedeutet dies, daß der Wegweiser nur für Fahrzeuge der betreffenden Fahrzeugart gilt.
(BGBl 1994/518)

13e. „Vorwegweiser Fahrradverkehr"

Dieses Zeichen zeigt den Straßenverlauf und wichtige Abzweigungen für den Fahrradverkehr an. Das Zeichen ist 50 m bis 150 m vor der Kreuzung anzubringen. Sie dürfen auch nur auf der linken Straßenseite angebracht werden, wenn dies eine bessere Erkennbarkeit erwarten lässt. Außer den Ortsnamen ist die zusätzliche Angabe von Nummern, Buchstaben, Symbolen und die Bezeichnung der Radroute zulässig.
(BGBl I 2022/122)

13f. „Hauptwegweiser Fahrradverkehr"

Dieses Zeichen zeigt im Bereich einer Kreuzung die Richtung für den Fahrradverkehr an, in der ein Ort liegt. Sie dürfen auch nur auf der linken Straßenseite angebracht werden, wenn dies eine bessere Erkennbarkeit erwarten lässt. Außer den Ortsnamen ist die zusätzliche Angabe von Nummern, Buchstaben, Symbolen, Lokal- oder Bereichsziele und die Bezeichnung der Radroute zulässig.

(BGBl I 2022/122)

1/1. StVO
§ 53

13g. **Zwischenwegweiser Fahrradverkehr**

Dieses Zeichen zeigt den Verlauf von Radrouten an. Sie dürfen auch nur auf der linken Straßenseite angebracht werden, wenn dies eine bessere Erkennbarkeit erwarten lässt. Außer einem Ortsnamen ist die zusätzliche Angabe von Nummern, Buchstaben, Symbolen, Lokal- oder Bereichsziele und die Bezeichnung der Radroute zulässig.
(BGBl I 2022/122)

14a. **„VORWEGWEISER ZUR AUTOBAHN ODER AUTOSTRASSE"**

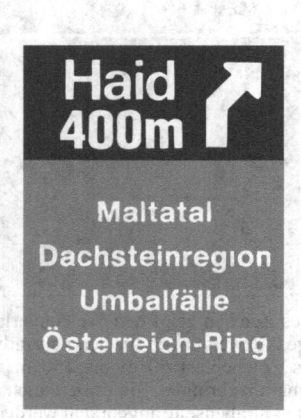

Dieses Zeichen zeigt vor einer Kreuzung den Weg zu einer Autobahn oder Autostraße an. Das Zeichen ist 150 m bis 250 m vor der Kreuzung anzubringen.
(BGBl 1983/174)

14b. **„WEGWEISER ZUR AUTOBAHN ODER AUTOSTRASSE"**

Diese Zeichen zeigen im Bereich einer Kreuzung den Weg zu einer Autobahn oder Autostraße an. Sie dürfen auch nur auf der linken Straßenseite angebracht werden, wenn dies eine bessere Erkennbarkeit erwarten läßt.
(BGBl 1983/174)

15a. **„VORWEGWEISER – AUTOBAHN ODER AUTOSTRASSE"**

a)

b)

c)

d)

Diese Zeichen zeigen den weiteren Verlauf einer Autobahn oder Autostraße und die nächste Ausfahrt an. Ein Zeichen nach a) ist etwa 1000 m, ein Zeichen nach b) etwa 700 m oder, wenn ein Zeichen nach c) nicht angebracht wird, etwa 500 m, ein Zeichen nach c) etwa 400 m vor dem Beginn einer Ausfahrt aus einer Autobahn oder Autostraße anzubringen; ein Zeichen nach d) ist etwa 1000 m vor dem Beginn einer Ausfahrt zu einer anderen Autobahn oder Autostraße anzubringen.

Die Aufschriften (und allfällige Symbole) auf einem Zeichen nach c) – ausgenommen die Bezeichnung der Anschlußstelle – hat die Landesregierung auf Antrag von Fremdenverkehrsorganisationen oder von Gemeinden unter Bedachtnahme darauf zu bestimmen, daß die Information einem vordringlichen Bedürfnis der Straßenbenützer dient oder für diese immerhin von erheblichem Interesse ist. Die Kosten für die Anbringung und Erhaltung eines Zeichens nach c) sind von demjenigen zu tragen, der die Anbringung dieses Zeichens beantragt.
(BGBl 1989/86)

15b. „AUSFAHRTSWEGWEISER – AUTOBAHN ODER AUTOSTRASSE"

a)

b)

Diese Zeichen zeigen eine Ausfahrt aus einer Autobahn oder Autostraße an. Ein Zeichen nach a) ist am Beginn der Ausfahrt, ein Zeichen nach b) am Ende der Ausfahrt auf der linken Seite anzubringen.
(BGBl I 2005/52)

15c. „ORIENTIERUNGSTAFEL – AUTOBAHN ODER AUTOSTRASSE"

Dieses Zeichen zeigt Entfernungen auf Autobahnen oder Autostraßen an.
(BGBl I 2005/52)

16a. „VORANKÜNDIGUNG EINER UM-LEITUNG"

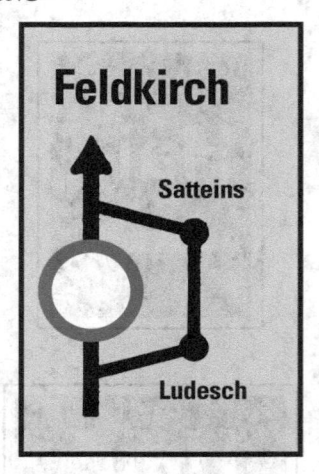

Dieses Zeichen kündigt den Verlauf einer Umleitung an. Im Zeichen kann angegeben werden, ob die Umleitung für alle Fahrzeuge oder nur für bestimmte Fahrzeugarten oder für bestimmte andere Umstände gilt (zB nur für Fahrzeuge, deren Höhe oder deren Gesamtgewicht ein bestimmtes Ausmaß überschreitet). Außerdem kann die Länge der Umleitungsstrecke angegeben werden.
(BGBl 1983/174)

16b. „UMLEITUNG"

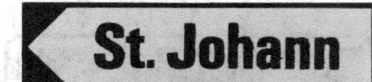

Diese Zeichen zeigen eine Umleitung des Verkehrs an. Ist auf einem solchen Zeichen ein Symbol für eine bestimmte Fahrzeugart angebracht, so bedeutet dies, daß die Umleitung nur für Fahrzeuge der betreffenden Fahrzeugart gilt.
(BGBl 1983/174)

16c. „WECHSEL DER RICHTUNGSFAHRBAHN"

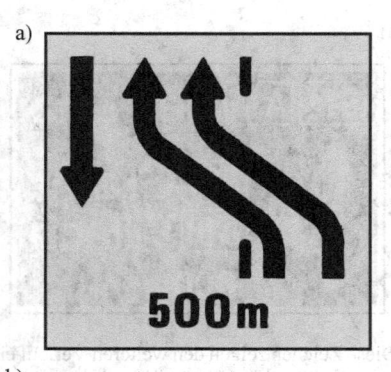

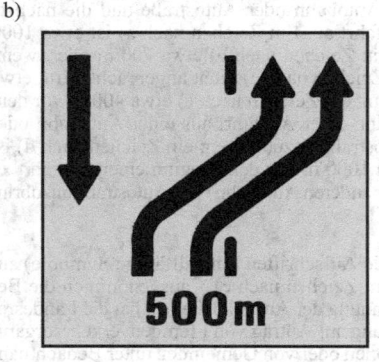

Diese Zeichen kündigen auf Straßen mit Richtungsfahrbahnen einen Wechsel der Richtungsfahrbahn an, und zwar ein Zeichen nach a) die Überleitung des Verkehrs von einer dann gesperrten Richtungsfahrbahn auf die Gegenfahrbahn, ein Zeichen nach b) die Rückleitung zum getrennten Richtungsverkehr. Auf den Zeichen ist die Anzahl und der Verlauf der zur Verfügung stehenden Fahrstreifen anzuzeigen. In den Pfeilen können auch Hinweise auf Beschränkungen oder Verbote enthalten sein. Auf den Zeichen können auch Entfernungsangaben angebracht werden.
(BGBl 1983/174)

17a. „ORTSTAFEL"

Dieses Zeichen gibt den Namen eines Ortes an und ist jeweils am Beginn des verbauten Gebietes anzubringen. Ein Gebiet ist dann verbaut, wenn die örtliche Zusammengehörigkeit mehrerer Bauwerke leicht erkennbar ist. Auf Autobahnen,

ausgenommen am Ende einer Ausfahrtsstraße, darf dieses Zeichen nicht angebracht werden. Die Anbringung einer grünen Tafel mit der weißen Aufschrift „Erholungsdorf" – bei Orten, die berechtigt sind, die Bezeichnung Erholungsdorf zu führen – oder einer ähnlichen, die Gemeinde näher beschreibenden Tafel unterhalb der Ortstafel ist zulässig, wenn dadurch die leichte Erkennbarkeit der Ortstafel nicht beeinträchtigt und die Sicherheit des Verkehrs nicht gefährdet wird; eine solche Tafel darf die Ortstafel seitlich nicht überragen.
(BGBl I 2003/59)

17b. „ORTSENDE"

Dieses Zeichen ist auf der Rückseite des Zeichens „Ortstafel" anzubringen; dem Zeichen kann ein Hinweis auf die Entfernung bis zum nächsten Ort mit Verkehrsbedeutung beigefügt werden.
(BGBl 1976/412)

18. „INTERNATIONALER HAUPTVERKEHRSWEG"

Dieses Zeichen zeigt den Verlauf eines internationalen Hauptverkehrsweges an. Ein internationaler Hauptverkehrsweg ist eine Vorrangstraße.

19. „STRASSE MIT VORRANG"

Dieses Zeichen zeigt die Nummer (§ 43 Abs. 5) einer Vorrangstraße an.
(BGBl I 2002/50)

20. *(entfällt, BGBl I 2002/50)*

21. „STRASSE OHNE VORRANG"

Dieses Zeichen zeigt die Nummer (§ 43 Abs. 5) einer nicht zur Vorrangstraße erklärten Straße an.
(BGBl I 2002/50)

22. „ALLGEMEINE GESCHWINDIGKEITSBESCHRÄNKUNG"

Dieses Zeichen zeigt eine allgemeine Geschwindigkeitsbeschränkung auf Freilandstraßen an. Ein für eine bestimmte Straßenart beigefügtes Symbol bedeutet, daß für diese Straßenart abweichend von der für die übrigen Freilandstraßen geltenden Geschwindigkeitsbeschränkung die neben dem Symbol angegebene Geschwindigkeitsbeschränkung gilt. Das Zeichen ist an den für den Kraftfahrzeugverkehr geöffneten Grenzübergängen anzubringen; es kann im Verlauf wichtiger Durchzugsstraßen wiederholt werden.
(BGBl 1976/412)

23. „VORANZEIGER FÜR EINORDNEN"

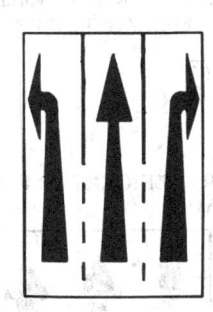

Dieses Zeichen zeigt an, wie sich der Lenker eines Fahrzeuges vor der nächsten Kreuzung auf Grund der dort angebrachten Bodenmarkierungen einzuordnen haben wird. Orientierungsangaben können beigefügt werden. Dieses Zeichen ist anzubringen, wenn Bodenmarkierungen ein besonderes Einordnen vorschreiben, es sei denn, diese Bodenmarkierungen können auch ohne Zeichen leicht und rechtzeitig erkannt werden.

(BGBl 1983/174)

§ 53

23a. „VORANZEIGER FÜR EINBIEGEN"

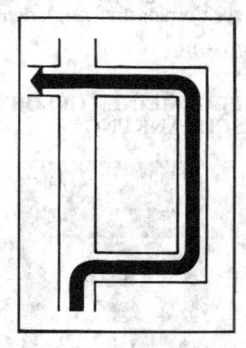

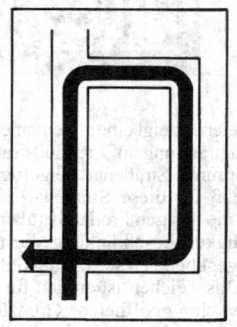

Diese Zeichen zeigen eine besondere Verkehrsführung, insbesondere für das Linkseinbiegen, an, wenn im Zuge der betreffenden Straße Fahrtrichtungsbeschränkungen (zB ein Linkseinbiegeverbot) verordnet sind. Bei besonderen Verkehrsführungen wegen vorübergehender Bauarbeiten sind die Zeichen mit gelbem Grund auszuführen.
(BGBl 1983/174)

23b. „VORANZEIGER FÜR FAHRSTREIFENVERLAUF"

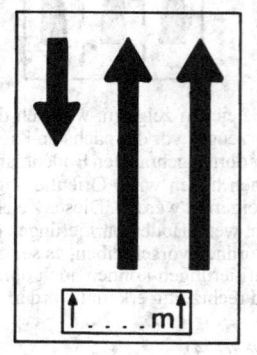

Diese Zeichen zeigen den Verlauf und die Veränderung von Fahrstreifen an. Die Anzahl und die Darstellung der Pfeile hat den tatsächlichen Verhältnissen zu entsprechen. In den Pfeilen können Hinweise auf Beschränkungen, Verbote oder Gebote enthalten sein. Auf den Zeichen können auch Entfernungsangaben angebracht werden. Auf Autobahnen und Autostraßen sind die Zeichen mit blauem Grund und weißen Pfeilen auszuführen. Wird ein besonderer Fahrstreifenverlauf wegen vorübergehender Bauarbeiten angezeigt, so sind die Zeichen mit gelbem Grund und schwarzen Pfeilen auszuführen.
(BGBl 1983/174)

23c. „FAHRSTREIFENVERMINDERUNG"

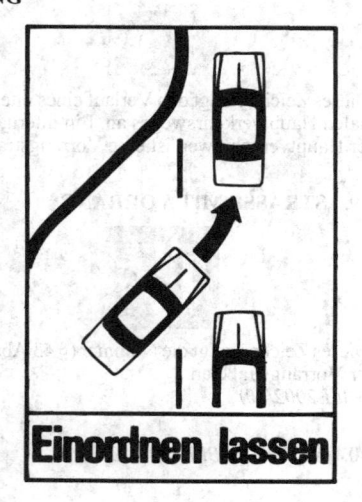

Dieses Zeichen zeigt eine Fahrstreifenverminderung im Sinne des § 11 Abs. 5 an; es ist der Art der Verminderung entsprechend auszuführen.
(BGBl 1983/174)

23d. „**Pannenstreifenfreigabe**"

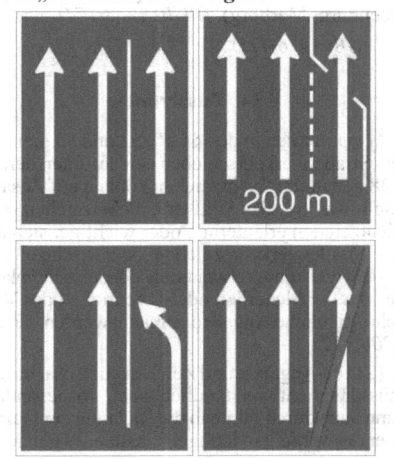

Diese Zeichen zeigen einen zum Befahren freigegebenen Pannenstreifen an. Die Anzahl und die Darstellung der Pfeile haben den tatsächlichen Verhältnissen zu entsprechen. In den Pfeilen können Hinweise auf Beschränkungen, Verbote oder Gebote enthalten sein. Auf den Zeichen können auch Entfernungsangaben angebracht werden.
(BGBl I 2018/42)

24. „**STRASSE FÜR OMNIBUSSE**"

Dieses Zeichen zeigt eine Straße an, die nur von Fahrzeugen des Kraftfahrlinienverkehrs, von Taxi- und Krankentransportfahrzeugen und bei Arbeitsfahrten auch von Fahrzeugen des Straßendienstes und der Müllabfuhr benützt werden darf. Auf einer Zusatztafel kann angegeben werden, daß die betreffende Straße auch mit anderen Fahrzeugarten (zB Omnibusse des Stadtrundfahrten-Gewerbes oder einspurige Fahrzeuge) benützt werden darf; diese Angaben können auch im weißen Feld des Hinweiszeichens angebracht werden, wenn dadurch die Erkennbarkeit des Verkehrszeichens nicht beeinträchtigt wird. Dies gilt auch für das Zeichen nach Z 25.
(BGBl 1994/518)

25. „**FAHRSTREIFEN FÜR OMNIBUSSE**"

Dieses Zeichen zeigt einen den Fahrzeugen des Kraftfahrlinienverkehrs vorbehaltenen Fahrstreifen an, für dessen Benützung die Bestimmungen der Z. 24 sinngemäß gelten. Falls es die Sicherheit, Leichtigkeit oder Flüssigkeit des Verkehrs erfordert, sind auf diesem Zeichen durch Fahrstreifenkennzeichnung und Pfeile die Fahrstreifen anzugeben, die für den übrigen Verkehr zur Verfügung stehen.
(BGBl 1976/412)

26. „**FAHRRADSTRASSE**"

Dieses Zeichen zeigt den Beginn einer Fahrradstraße an und bedeutet, dass hier die besonderen Bestimmungen des § 67 gelten.
(BGBl I 2013/39)

26a. „Sdhulstraße"

Dieses Zeichen zeigt den Beginn einer Schulstraße an und bedeutet, dass hier die besonderen Bestimmungen des § 76d gelten.
(BGBl I 2022/122)

1/1. StVO
§§ 53 – 54

27. „RADWEG OHNE BENÜTZUNGSPFLICHT"

Dieses Zeichen zeigt einen Radweg an, der von Radfahrern benützt werden darf, aber nicht muss. *(BGBl I 2013/39)*

28. „GEH- UND RADWEG OHNE BENÜTZUNGSPFLICHT"

a)

b)

Diese Zeichen zeigen einen Geh- und Radweg an, der von Radfahrern benützt werden darf, aber nicht muss, und zwar ein Zeichen nach a) einen für die gemeinsame Benützung durch Fußgänger und Radfahrer bestimmten Geh- und Radweg und ein Zeichen nach b) einen Geh- und Radweg, bei dem der Fußgänger- und Fahrradverkehr getrennt geführt werden, wobei die Symbole im Zeichen nach b) der tatsächlichen Verkehrsführung entsprechend anzuordnen sind (Fußgänger rechts, Fahrrad links oder umgekehrt). *(BGBl I 2013/39)*

29. „ENDE EINER FAHRRADSTRASSE, EINER SCHULSTRASSE, EINES RADWEGES ODER EINES GEH- UND RADWEGES OHNE BENÜTZUNGSPFLICHT"

Ein roter Querbalken von links unten nach rechts oben in den Zeichen nach Z 26, 26a, 27, 28 und 29 zeigt das Ende der jeweiligen Fahrradstraße, Schulstraße oder Radfahranlage an. *(BGBl I 2022/122)*

(BGBl 1983/174)

(2) Auf Vorwegweisern, Wegweisern und Orientierungstafeln sind die Namen von Orten, die im Ausland liegen, nach der offiziellen Schreibweise des betreffenden Staates anzugeben (zB Bratislava, Sopron, Maribor). Die zusätzliche Anführung einer allfälligen deutschsprachigen Ortsbezeichnung ist zulässig (zB Preßburg, Ödenburg, Marburg). *(BGBl 1983/174)*

(BGBl 1976/412)

§ 54. Zusatztafeln

(1) Unter den in den §§ 50, 52 und 53 genannten Straßenverkehrszeichen sowie unter den in § 38 genannten Lichtzeichen können auf Zusatztafeln weitere, das Straßenverkehrszeichen oder Lichtzeichen erläuternde oder wichtige, sich auf das Straßenverkehrszeichen oder Lichtzeichen beziehende, dieses erweiternde oder einschränkende oder der Sicherheit oder Leichtigkeit des Verkehrs dienliche Angaben gemacht werden. *(BGBl I 2005/52)*

(2) Die Angaben und Zeichen auf Zusatztafeln müssen leicht verständlich sein. Insbesondere kann auch durch Pfeile in die Richtung der Gefahr oder des verkehrswichtigen Umstandes gewiesen werden.

(3) Die Zusatztafeln sind Straßenverkehrszeichen. Sie sind, sofern sich aus den Bestimmungen des § 53 Z. 6 nichts anderes ergibt, rechteckige, weiße Tafeln; sie dürfen das darüber befindliche Straßenverkehrszeichen seitlich nicht überragen.

(4) Zusatztafeln dürfen nicht verwendet werden, wenn ihre Bedeutung durch ein anderes Straßenverkehrszeichen (§§ 50, 52 und 53) zum Ausdruck gebracht werden kann.

(5) Die nachstehenden Zusatztafeln bedeuten:

a)

100 m

Eine solche Zusatztafel gibt die Entfernung bis zu der Straßenstelle an, auf die sich das betreffende Straßenverkehrszeichen bezieht.

b)

↑ 3 km ↑

Eine solche Zusatztafel gibt die Länge eines Straßenabschnittes an, für den das betreffende Straßenverkehrszeichen gilt, wie etwa eine längere Gefahrenstelle, die Länge einer Verbots- oder Beschränkungsstrecke u. dgl.

c)

**STOP
100 m**

Eine solche Zusatztafel unter dem Zeichen „Vorrang geben" kündigt das Zeichen „Halt" an (§ 48 Abs. 6).

d)

Eine solche Zusatztafel unter den Zeichen „Vorrang geben" oder „Halt" zeigt an, daß die Querstraße eine Vorrangstraße ist.

e)

Eine solche Zusatztafel unter den Zeichen „Vorrang geben", „Halt" oder „Vorrangstraße" zeigt an, daß eine Straße mit Vorrang einen besonderen Verlauf nimmt (§ 19 Abs. 4).

f)

Diese Zusatztafel weist darauf hin, daß das Straßenverkehrszeichen bei Schneelage oder Eisbildung auf der Fahrbahn zu beachten ist. *(BGBl 1994/518)*

g)

Diese Zusatztafel weist darauf hin, daß das Straßenverkehrszeichen bei nasser Fahrbahn zu beachten ist. Die Symbole der Zusatztafeln nach lit. f und g dürfen auch auf einer Zusatztafel nebeneinander angebracht werden. *(BGBl 1994/518)*

h)

Eine solche Zusatztafel unter dem Zeichen „Halten und Parken verboten" zeigt an, daß das Halte- und Parkverbot nicht für Fahrzeuge gilt, die nach der Bestimmung des § 29b Abs. 4 gekennzeichnet sind. *(BGBl I 1998/92)*

i)

Eine solche Zusatztafel unter dem Zeichen „Überholen verboten" zeigt an, dass Zugmaschinen, Motorkarren, selbstfahrende Arbeitsmaschinen und vierrädrige Leichtkraftfahrzeuge überholt werden dürfen. *(BGBl I 2005/52)*

j)

Eine solche Zusatztafel unter dem Zeichen „Halten und Parken verboten" zeigt eine Abschleppzone (§ 89 a Abs. 2 lit. b) an. *(BGBl 1994/518)*

k)

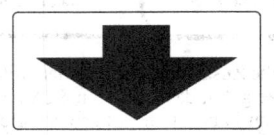

Diese Zusatztafel darf nur verwendet werden, wenn auf einer Fahrbahn mit mehreren Fahrstreifen für dieselbe Fahrtrichtung Straßenverkehrszeichen oberhalb eines Fahrstreifens angebracht sind; sie zeigt an, dass das Straßenverkehrszeichen nur für diesen Fahrstreifen gilt. *(BGBl I 2005/52)*

l)

Diese Zusatztafel darf nur in Verbindung mit einem Straßenverkehrszeichen verwendet werden, das auf einer Verkehrsinsel, einem Fahrbahnteiler oder einer ähnlichen baulichen Einrichtung, die die Fahrbahn in mehrere Fahrstreifen für dieselbe Fahrtrichtung aufteilt, angebracht ist. Sie zeigt an, dass das Straßenverkehrszeichen nur für den Fahrstreifen gilt, der links an der Trennungseinrichtung vorbeiführt. *(BGBl I 2005/52)*

m) [Zusatztafel „ausgenommen" mit Stecker-Symbol]

Eine solche Zusatztafel unter dem Zeichen ‚Halten und Parken verboten' zeigt an, dass das Halte- und Parkverbot nicht für ein von außen aufladbares Kraftfahrzeug mit einem Antriebsstrang, der mindestens einen nicht-peripheren elektrischen Motor als Energiewandler mit einem elektrisch aufladbaren Energiespeichersystem, das extern aufgeladen werden kann, enthält (Elektrofahrzeug), während des Ladevorgangs gilt. *(BGBl I 2017/6)*

n) [Zusatztafeln mit Fahrrad-Symbol und Pfeilen „nach Halt"]

Eine solche Zusatztafel neben einem roten Lichtzeichen zeigt an, dass i. S. von § 38 Abs. 5a die Lenker von Fahrrädern trotz rotem Licht rechts abbiegen bzw. bei T-Kreuzungen geradeaus fahren dürfen. *(BGBl I 2022/122)*
(BGBl 1976/412)

E. Verkehrsleiteinrichtungen

§ 55. Bodenmarkierungen auf der Straße

(1) Zur Sicherung, Leitung und Ordnung des fließenden und des ruhenden Verkehrs können auf der Straße Bodenmarkierungen angebracht werden; sie können als Längsmarkierungen, Quermarkierungen, Richtungspfeile, Schraffen, Schriftzeichen, Symbole u. dgl. ausgeführt werden. *(BGBl 1983/174)*

(2) Längs- oder Quermarkierungen, die ein Verbot oder Gebot bedeuten, wie Sperrlinien (§ 9 Abs. 1), Haltelinien vor Kreuzungen (§ 9 Abs. 3 und 4) und Längsmarkierungen, die dazu dienen, den Fahrbahnrand anzuzeigen (Randlinien), sind als nicht unterbrochene Linien auszuführen. *(BGBl 1969/209)*

(3) Längs- oder Quermarkierungen, die dazu dienen, den Verkehr zu leiten oder zu ordnen (Leit- oder Ordnungslinien), und Längsmarkierungen, die dazu dienen, die Fahrbahn von anderen Verkehrsflächen, wie Einmündungen, Ausfahrt u. dgl., abzugrenzen (Begrenzungslinien), sind als unterbrochene Linien auszuführen. *(BGBl 1964/204)*

(4) Sperrflächen sind als schräge, parallele Linien (Schraffen), die durch nichtunterbrochene Linien begrenzt sind, auszuführen. Parkverbote können mit einer Zickzacklinie kundgemacht werden. *(BGBl 1994/518)*

(5) Wenn die Anlage einer Straße entsprechende Fahrmanöver zuläßt, kann unmittelbar neben einer Sperrlinie eine Leitlinie angebracht werden (§ 9 Abs. 1). Wenn es die Verkehrsverhältnisse erfordern, daß in jeder Fahrtrichtung zumindest zwei Fahrstreifen durch Markierung gekennzeichnet werden, dann sind zum Trennen der Fahrtrichtungen zwei Sperrlinien nebeneinander anzubringen. *(BGBl 1994/518)*

(6) Bodenmarkierungen, ausgenommen die Darstellung von Verkehrszeichen, sind in weißer Farbe auszuführen; Zickzacklinien sind jedoch in gelber, Kurzparkzonen in blauer Farbe auszuführen. Wenn es erforderlich ist, eine durch Bodenmarkierungen zum Ausdruck gebrachte Verkehrsregelung vorübergehend durch eine andere Regelung zu ersetzen, sind die dafür notwendigen Bodenmarkierungen in einer anderen Farbe auszuführen. *(BGBl I 1998/92)*

(7) Bodenmarkierungen können dem jeweiligen Stand der Wissenschaft und Technik entsprechend durch Beschichten der Fahrbahn, durch Aufbringen von Belägen, durch den Einbau von Kunst- oder Natursteinen oder von Formstücken, durch Aufbringen von Fahrstreifenbegrenzern u. dgl. dargestellt werden. *(BGBl I 1998/92)*

(8) Abweichend von Abs. 6 sind die in § 24 Abs. 1 lit. p und 3 lit. a genannten Linien in gelber Farbe auszuführen; die in § 24 Abs. 3 lit. a angeführten Linien sind überdies abweichend von Abs. 2 als unterbrochene Linien auszuführen. Die genannten Linien sind außerhalb einer allenfalls vorhandenen Randlinie anzubringen und können bei Vorhandensein eines Gehsteigs auch auf diesem in einer Entfernung von nicht mehr als 0,30 m zum Fahrbahnrand angebracht werden. *(BGBl I 2011/34)*

(9) *(entfällt, BGBl 1994/518)*

§ 56. Schutzwegmarkierungen

(1) In Ortsgebieten sind auf Straßenstellen, wo ständig betriebene Lichtzeichen zur Regelung des Verkehrs oder zur Abgabe blinkenden gelben Lichtes vorhanden sind, auch Schutzwege (§ 2 Abs. 1 Z. 12) in entsprechender Anzahl anzulegen, sofern für den Fußgängerverkehr nicht in anderer Weise, etwa durch Über- oder Unterführungen, Vorsorge getroffen ist.

(2) Auf anderen als den in Abs. 1 bezeichneten Straßenstellen sind Schutzwege dann anzulegen, wenn es Sicherheit und Umfang des Fußgänger-

verkehrs erfordern. Die Benützung solcher Schutzwege ist durch Lichtzeichen zu regeln.

(3) Solange es die Verkehrsverhältnisse nicht erfordern, kann von einer Regelung des Verkehrs durch Lichtzeichen bei den in Abs. 2 genannten Schutzwegen Abstand genommen werden. In diesem Falle ist der Schutzweg mit blinkendem gelbem Licht (§ 38 Abs. 3) oder mit dem Hinweiszeichen nach § 53 Z. 2a („Kennzeichnung eines Schutzweges") zu kennzeichnen. *(BGBl 1983/174)*

(4) *(entfällt, BGBl 1969/209)*

§ 56a. Radfahrerüberfahrtmarkierungen

(1) Im Ortsgebiet sind auf Straßenstellen, wo ständig betriebene Lichtzeichen zur Regelung des Verkehrs oder zur Abgabe blinkenden gelben Lichtes vorhanden sind, auch Radfahrerüberfahrten (§ 2 Abs. 1 Z 12a) anzulegen, sofern dies in Fortsetzung von Radfahrstreifen, Radwegen oder Geh- und Radwegen erforderlich ist und für den Fahrradverkehr nicht in anderer Weise, etwa durch Über- oder Unterführungen, Vorsorge getroffen ist. *(BGBl 1989/86)*

(2) Auf anderen als den in Abs. 1 bezeichneten Straßenstellen sind Radfahrerüberfahrten dann anzulegen, wenn es die Sicherheit und der Umfang des Fahrradverkehrs erfordern. Die Benützung solcher Radfahrerüberfahrten ist durch Lichtzeichen zu regeln. *(BGBl 1989/86)*

(3) Solange es die Verkehrsverhältnisse nicht erfordern, kann von einer Regelung des Verkehrs durch Lichtzeichen bei den in Abs. 2 genannten Radfahrerüberfahrten Abstand genommen werden. In diesem Falle ist die Radfahrerüberfahrt mit blinkendem gelben Licht oder mit dem Hinweiszeichen nach § 53 Abs. 1 Z 2b („Kennzeichnung einer Radfahrerüberfahrt") zu kennzeichnen. *(BGBl 1989/86)*

§ 57. Einrichtungen neben und auf der Fahrbahn

(1) Zur besseren Kenntlichmachung des Verlaufes einer Straße können neben der Fahrbahn Leitpflöcke, Leitplanken, Leitbaken, Leitmale, Schneestangen u. dgl. angebracht werden. Überdies können, wenn es die Anlageverhältnisse der Straße erfordern, zur Sicherung des Straßenverkehrs Sicherheitsleitschienen, Lauflichtanlagen, andere Anlagen zur Abgabe von blinkendem Licht oder ähnliche Einrichtungen verwendet werden. Solche Einrichtungen sowie Fahrstreifenbegrenzer, straßenbauliche Einrichtungen u. dgl. können zur Ordnung und Sicherung des Verkehrs, insbesondere zur Teilung der Verkehrseinrichtungen, auch auf der Fahrbahn vorgesehen werden. Außerhalb von Ortsgebieten sind auf Bundes- und Landesstraßen ab einer Fahrbahnbreite von 5,5 m Randlinien anzubringen.

(2) Leitplanken, Leitbaken und Leitmale sind zur besseren Erkennbarkeit mit rückstrahlendem Material in roter und weißer Farbe auszustatten. Lauflichtanlagen und andere Anlagen zur Abgabe von blinkendem Licht haben weißgelbes oder gelbes Licht auszustrahlen. Werden die übrigen Einrichtungen gemäß Abs. 1 zur besseren Erkennbarkeit mit rückstrahlendem Material ausgestattet, so ist an der rechten Straßenseite im Sinne der Fahrtrichtung die Farbe Rot, an der linken die Farbe Weiß zu verwenden. Kann an solchen Einrichtungen an beiden Seiten vorbeigefahren werden, so ist die Farbe Gelb zu verwenden. Anstelle des rückstrahlenden Materials kann auch eine Lichtquelle in der entsprechenden Farbe verwendet werden.

(BGBl 1994/518)

V. Abschnitt

Allgemeine Vorschriften über den Fahrzeugverkehr

§ 58. Lenker von Fahrzeugen

(1) Unbeschadet der Bestimmungen des § 5 Abs. 1 darf ein Fahrzeug nur lenken, wer sich in einer solchen körperlichen und geistigen Verfassung befindet, daß er ein Fahrzeug zu beherrschen und die beim Lenken eines Fahrzeuges zu beachtenden Rechtsvorschriften zu befolgen vermag. Sind diese Voraussetzungen offenbar nicht gegeben, so sind die Bestimmungen des § 5b sinngemäß anzuwenden. *(BGBl 1994/518)*

(2) Stellt der Lenker unterwegs fest, daß der Zustand des Fahrzeuges oder der sich darauf befindlichen Ladung nicht den rechtlichen Vorschriften entspricht, und kann er einen solchen Zustand nicht sofort beheben, so darf er die Fahrt bis zum nächsten Ort, wo der vorschriftswidrige Zustand behoben werden kann, fortsetzen, jedoch nur dann, wenn er die notwendigen Sicherheitsvorkehrungen zur Hintanhaltung einer Gefährdung von Personen oder einer Beschädigung von Sachen trifft.

(3) Die Bestimmungen des Abs. 2 gelten auch dann, wenn der Lenker wegen eines nicht den rechtlichen Vorschriften entsprechenden Zustandes des Fahrzeuges oder der Ladung von einem Organ der Straßenaufsicht beanstandet wird. Die Organe der Straßenaufsicht können jedoch aus Gründen der Verkehrssicherheit die Weiterfahrt verbieten, wenn die Sicherheitsvorkehrungen des Lenkers (Abs. 2) nicht ausreichen.

(4) Ist der Lenker eines Fahrzeuges nicht auch dessen Besitzer, bei Kraftfahrzeugen dessen Zulassungsbesitzer, so hat er, wenn sich das Fahrzeug oder die Ladung nicht in einem den rechtli-

chen Vorschriften entsprechenden Zustand befindet, dies dem Besitzer des Fahrzeuges oder dem Verfügungsberechtigten, bei Kraftfahrzeugen dem Zulassungsbesitzer, zu melden. *(BGBl 1983/174)*

§ 59. Verbot des Lenkens von Fahrzeugen

(1) Die Behörde hat einer Person das Lenken eines Fahrzeuges, das ohne besondere Berechtigung gelenkt werden darf, ausdrücklich zu verbieten, wenn diese

a) wegen körperlicher oder geistiger Mängel zum Lenken eines Fahrzeuges ungeeignet ist oder

b) wegen ihres Verhaltens im Straßenverkehr, insbesondere im Hinblick auf wiederholte einschlägige Bestrafungen, eine Gefahr für die Sicherheit des Straßenverkehrs bildet.

(2) Ein Verbot nach Abs. 1 kann je nach den Umständen auf eine bestimmte Fahrzeugart eingeschränkt, befristet oder unbefristet erlassen werden. Es ist aufzuheben oder einzuschränken, wenn die Mängel nicht mehr oder nicht mehr in vollem Umfange bestehen. Wurde das Verbot wegen eines den Straßenverkehr gefährdenden Verhaltens (Abs. 1 lit. b) unbefristet für mehr als zwei Jahre verfügt, so darf es überdies nur dann aufgehoben werden, wenn es wenigstens zwei Jahre wirksam war.

(3) Soll eine Verfügung nach Abs. 1 oder 2 für zwei oder mehrere Bundesländer wirksam werden, so ist hiefür die Landesregierung, in deren örtlichem Wirkungsbereich die Partei ihren Wohnsitz hat, zuständig. Diese Behörde hat das Einvernehmen mit den anderen in Betracht kommenden Landesregierungen herzustellen.

§ 60. Zustand und Beleuchtung der Fahrzeuge

(1) Ein Fahrzeug darf auf Straßen nur verwendet werden, wenn es so gebaut und ausgerüstet ist, daß durch seinen sachgemäßen Betrieb Personen nicht gefährdet oder durch Geruch, Geräusch, Staub, Schmutz u. dgl. nicht über das gewöhnliche Maß hinaus belästigt oder Sachen, insbesondere die Fahrbahn, nicht beschädigt werden.

(2) Schneekufen sind nur zulässig, wenn die Straße mit einer ununterbrochenen oder doch wenigstens nicht nennenswert unterbrochenen Schnee- oder Eisschicht bedeckt ist.

(3) Während der Dämmerung, bei Dunkelheit oder Nebel oder wenn es die Witterung sonst erfordert, sind Fahrzeuge auf der Fahrbahn zu beleuchten; ausgenommen hievon sind Fahrräder, die geschoben werden. Weißes Licht darf nicht nach hinten und rotes Licht nicht nach vorne leuchten. Eine Beleuchtung des Fahrzeuges darf unterbleiben, wenn es stillsteht und die sonstige Beleuchtung ausreicht, um es aus einer Entfernung von ungefähr 50 m zu erkennen. *(BGBl 1964/204)*

(4) Wenn es die Verkehrssicherheit erfordert, hat der Bundesminister für Verkehr, Innovation und Technologie unter Bedachtnahme auf den jeweiligen Stand der Technik nähere Vorschriften über die Ausführung und Beschaffenheit der an Fahrzeugen anzubringenden Rückstrahleinrichtungen einschließlich der gelben Rückstrahler an den Pedalen von Fahrrädern und über ihre Lichtwirkungen durch Verordnung zu erlassen. *(BGBl I 2005/52)*

§ 61. Verwahrung der Ladung

(1) Die Ladung ist am Fahrzeug so zu verwahren, daß sein sicherer Betrieb nicht beeinträchtigt, niemand gefährdet, behindert oder belästigt und die Straße weder beschädigt noch verunreinigt wird. Es ist verboten, einen Teil der Ladung nachzuschleifen, es sei denn, daß es sich um eine vom Straßenerhalter erlaubte Beförderung von Baumstämmen auf Holzbringungswegen handelt.

(2) Das hintere Ende der Ladung ist, wenn sie das Fahrzeug mehr als 1 m überragt, deutlich zu kennzeichnen und bei Dunkelheit mit einer weißen Tafel mit rotem Rand aus rückstrahlendem Material zu versehen.

(3) Ladungen, die durch Staub- oder Geruchsentwicklung oder durch Abfallen, Ausrinnen oder Verspritzen Personen belästigen oder die Straße verunreinigen oder vereisen können, sind in geschlossenen und undurchlässigen Fahrzeugen oder in ebenso beschaffenen Behältern zu befördern. Ladungen, die abgeweht werden können, sind mit Plachen oder dergleichen zu überdecken; dies gilt für die Beförderung von Heu oder Stroh sowie für Düngerfuhren jedoch nur, wenn sie mit Fahrzeugen transportiert werden, mit denen eine Geschwindigkeit von 50 km/h überschritten werden darf. *(BGBl I 2005/52)*

(4) Ladungen, die durch die Bewegung des Fahrzeuges Lärm verursachen können, müssen mit schalldämpfenden Unter- oder Zwischenlagen versehen, fest zusammengebunden oder aneinandergepreßt werden.

(5) Blendende Gegenstände sind auf offenen Fahrzeugen verhüllt zu befördern.

(6) Ist die Ladung ganz oder teilweise auf die Straße gefallen, so hat der Lenker zunächst allenfalls erforderliche Maßnahmen zur Verhinderung von Verkehrsstörungen zu treffen, das Beförderungsgut von der Straße zu entfernen und die Straße zu reinigen.

§ 62. Ladetätigkeit

(1) Durch eine Ladetätigkeit auf Straßen, das ist das Beladen oder Entladen von Fahrzeugen sowie das Abschlauchen von Flüssigkeiten aus Fahrzeugen oder in Fahrzeuge, darf die Sicherheit

des Verkehrs nicht und die Leichtigkeit des Verkehrs nicht wesentlich beeinträchtigt werden.

(2) Beim Beladen oder Entladen eines Fahrzeuges ist nach Möglichkeit jeder Lärm zu vermeiden; wenn nötig, ist eine schalldämpfende Unterlage zu verwenden oder zwischen dem Ladegut schalldämpfendes Material anzubringen.

(3) Wird ein Fahrzeug auf der Straße für eine Ladetätigkeit aufgestellt, so muß sie unverzüglich begonnen und durchgeführt werden.

(4) Für eine Ladetätigkeit auf Straßenstellen, wo das Halten verboten ist, ist, sofern sich aus den im zweiten und dritten Absatz des § 52 Z 13b bezeichneten Zusatztafeln nichts anderes ergibt, eine Bewilligung erforderlich; gleiches gilt für das Aufstellen von Fahrzeugen auf Gehsteigen für Zwecke einer Ladetätigkeit, es sei denn, daß auf den in Betracht kommenden Stellen gehalten werden darf. Insoweit es die Sicherheit, Leichtigkeit oder Flüssigkeit des Verkehrs erfordert, ist die Bewilligung bedingt, befristet oder mit Auflagen zu erteilen. *(BGBl 1983/174)*

(5) Eine Bewilligung nach Abs. 4 ist von der Behörde zu erteilen, wenn die Ladetätigkeit an einer anderen Stelle besonders umständlich wäre und weder eine Beschädigung des Gehsteiges oder seiner Einbauten noch eine Beeinträchtigung der Sicherheit oder eine wesentliche Behinderung des Verkehrs zu befürchten ist. Auf Grund der Bewilligung dürfen nicht nur die Ladetätigkeiten des Antragstellers, sondern auch alle anderen im wesentlichen gleichartigen Ladetätigkeiten ausgeübt werden. Auch ein Organ der Straßenaufsicht darf eine solche Bewilligung erteilen, jedoch nur dann, wenn es sich um einen dringenden Einzelfall handelt und die sonstigen Voraussetzungen zur Erteilung vorliegen; das Aufstellen von Fahrzeugen auf Gehsteigen darf ein Organ der Straßenaufsicht jedoch nicht bewilligen. *(BGBl 1969/209)*

§ 63. *(entfällt, BGBl 1983/174)*

§ 64. Sportliche Veranstaltungen auf Straßen

(1) Wer auf der Straße sportliche Veranstaltungen, wie Wettlaufen, Wettfahren usw. durchführen will, bedarf hiezu der Bewilligung der Behörde. Die Bewilligung darf nur erteilt werden, wenn die Veranstaltung die Sicherheit, Leichtigkeit und Flüssigkeit des Verkehrs nicht wesentlich beeinträchtigt und schädliche Einwirkungen auf die Bevölkerung und die Umwelt durch Lärm, Geruch oder Schadstoffe nicht zu erwarten sind. *(BGBl 1994/518)*

(2) Die Bewilligung ist, wenn es der Schutz der Bevölkerung und der Umwelt oder die Sicherheit, Leichtigkeit und Flüssigkeit des Verkehrs erfordern, unter Bedingungen oder mit Auflagen zu erteilen. Insbesondere kann vorgeschrieben werden, daß der Veranstalter und die einzelnen Teilnehmer an der Veranstaltung bei einer in Österreich zugelassenen Versicherungsanstalt eine Versicherung für die gesetzliche Haftpflicht für Personen- und Sachschäden in einer von der Behörde zu bestimmenden angemessenen Höhe abzuschließen haben. *(BGBl 1994/518)*

(3) Wenn es die Verkehrssicherheit erfordert und die Verkehrslage es zuläßt, kann die Behörde eine Straße für die Dauer der sportlichen Veranstaltung ganz oder teilweise für den sonstigen Verkehr sperren. In einem solchen Fall kann die Behörde, wenn aus Gründen der Verkehrssicherheit keine Bedenken bestehen, Ausnahmen von den Fahrregeln zulassen.

(4) Erstreckt sich eine sportliche Veranstaltung auf zwei oder mehrere Bundesländer, so ist zur Erteilung der Bewilligung nach Abs. 1 die Landesregierung zuständig, in deren örtlichem Wirkungsbereich die Veranstaltung beginnt; das Einvernehmen mit den übrigen in Betracht kommenden Landesregierungen ist herzustellen.

VI. Abschnitt

Besondere Vorschriften für den Verkehr mit Fahrrädern und Motorfahrrädern

§ 65. Benützung von Fahrrädern

(1) Der Lenker eines Fahrrades (Radfahrer) muß mindestens zwölf Jahre alt sein; wer ein Fahrrad schiebt, gilt nicht als Radfahrer. Kinder unter zwölf Jahren dürfen ein Fahrrad nur unter Aufsicht einer Person, die das 16. Lebensjahr vollendet hat, oder mit behördlicher Bewilligung lenken. *(BGBl I 1998/92)*

(2) „Die Behörde hat auf Antrag des gesetzlichen Vertreters des Kindes die Bewilligung nach Abs. 1 zu erteilen, wenn das Kind

1. das 9. Lebensjahr vollendet hat und die 4. Schulstufe besucht oder

2. das 10. Lebensjahr vollendet hat

und anzunehmen ist, dass es die erforderliche körperliche und geistige Eignung sowie Kenntnisse der straßenpolizeilichen Vorschriften besitzt." Die Bewilligung gilt für das ganze Bundesgebiet, sofern nicht der gesetzliche Vertreter des Kindes eine örtlich eingeschränkte Geltung beantragt hat. Sie ist unter Bedingungen und mit Auflagen zu erteilen, wenn dies die Verkehrssicherheit erfordert. Die Behörde kann die Bewilligung widerrufen, wenn sich die Verkehrsverhältnisse seit der Erteilung geändert haben oder nachträglich zutage tritt, daß das Kind die erforderliche körperliche oder geistige Eignung nicht besitzt. Über die von ihr erteilte Bewilligung hat die Behörde eine Bestätigung, den Radfahrausweis, auszustellen. Inhalt und Form des Radfahrausweises hat der Bundesminister für Verkehr, Innovation und

1/1. StVO
§§ 65 – 68

Technologie durch Verordnung zu bestimmen. Der auf Grund dieser Bestimmung gestellte Antrag, die erteilte Bewilligung und der ausgestellte Radfahrausweis sind von Bundesstempelgebühren befreit. *(BGBl I 2005/52; BGBl I 2019/18)*

(3) Radfahrer, die auf dem Fahrrad Personen mitführen, müssen das 16. Lebensjahr vollendet haben. Ist die mitgeführte Person noch nicht acht Jahre alt, so muß für sie ein eigener, der Größe des Kindes entsprechender Sitz vorhanden sein. Ist die mitgeführte Person mehr als acht Jahre alt, so darf nur ein Fahrrad verwendet werden, das hinsichtlich seiner Bauart den Anforderungen der Produktsicherheitsbestimmungen für Fahrräder zum Transport mehrerer Personen (§ 104 Abs. 8) entspricht. *(BGBl I 1998/92)*

Beschaffenheit von Fahrrädern, Fahrradanhängern und Kindersitzen

§ 66. (1) Fahrräder müssen der Größe des Benützers entsprechen. Fahrräder, Fahrradanhänger und Kindersitze müssen in einem Zustand erhalten werden, der den Anforderungen der Produktsicherheitsbestimmungen für Fahrräder (§ 104 Abs. 8) entspricht.

(2) Der Bundesminister für Verkehr, Innovation und Technologie hat unter Bedachtnahme auf die Verkehrssicherheit und den Stand der Technik durch Verordnung festzulegen:

1. unter welchen Voraussetzungen bestimmte Teile der Ausrüstung von Fahrrädern oder Fahrradanhängern entfallen können;

2. unter welchen Voraussetzungen die Beförderung von Kindern in Kindersitzen oder Personen mit Fahrradanhängern und mehrspurigen Fahrrädern zulässig ist;

3. das Ladegewicht, das bei der Beförderung von Lasten oder Personen mit Fahrrädern oder mit Fahrradanhängern nicht überschritten werden darf. *(BGBl I 2005/52)*

(BGBl I 1998/92)

Fahrradstraße

§ 67. (1) Die Behörde kann, wenn es der Sicherheit, Leichtigkeit oder Flüssigkeit des Verkehrs, insbesondere des Fahrradverkehrs, oder der Entflechtung des Verkehrs dient oder aufgrund der Lage, Widmung oder Beschaffenheit eines Gebäudes oder Gebietes im öffentlichen Interesse gelegen ist, durch Verordnung Straßen oder Straßenabschnitte dauernd oder zeitweilig zu Fahrradstraßen erklären. In einer solchen Fahrradstraße ist außer dem Fahrradverkehr jeder Fahrzeugverkehr verboten; ausgenommen davon ist das Befahren mit den in § 76a Abs. 5 genannten Fahrzeugen sowie das Befahren zum Zweck des Zu- und Abfahrens.

(2) Die Behörde kann in der Verordnung nach Abs. 1 nach Maßgabe der Erfordernisse und unter Bedachtnahme auf die örtlichen Gegebenheiten bestimmen, dass die Fahrradstraße auch mit anderen als den in Abs. 1 genannten Fahrzeugen dauernd oder zu bestimmten Zeiten oder zu Zwecken der Durchfahrt befahren werden darf; das Queren von Fahrradstraßen ist jedenfalls erlaubt. *(BGBl I 2022/122)*

(3) Die Lenker von Fahrzeugen dürfen in Fahrradstraßen nicht schneller als 30 km/h fahren. Radfahrer dürfen weder gefährdet noch behindert werden.

(4) Für die Kundmachung einer Verordnung nach Abs. 1 gelten die Bestimmungen des § 44 Abs. 1 mit der Maßgabe, dass am Anfang und am Ende einer Fahrradstraße die betreffenden Hinweiszeichen (§ 53 Abs. 1 Z 26 und 29) anzubringen sind.

(BGBl I 2013/39)

§ 68. Fahrradverkehr

(1) Auf Straßen mit einer Radfahranlage ist mit einspurigen Fahrrädern ohne Anhänger die Radfahranlage zu benützen, wenn der Abstand der Naben des Vorderrades und des Hinterrades nicht mehr als 1,7 m beträgt und das Befahren der Radfahranlage in der vom Radfahrer beabsichtigten Fahrtrichtung gemäß § 8a erlaubt ist. Mit Fahrrädern mit einem Anhänger, der nicht breiter als 100 cm ist, mit mehrspurigen Fahrrädern, die nicht breiter als 100 cm sind, sowie bei Trainingsfahrten mit Rennfahrrädern darf die Radfahranlage benützt werden; mit Fahrrädern mit einem sonstigen Anhänger oder mit sonstigen mehrspurigen Fahrrädern ist die für den übrigen Verkehr bestimmte Fahrbahn zu benützen. Auf Gehsteigen und Gehwegen ist das Radfahren in Längsrichtung verboten. Auf Geh- und Radwegen haben sich Radfahrer so zu verhalten, dass Fußgänger nicht gefährdet werden. *(BGBl I 2019/18)*

(1a) Wenn es der Leichtigkeit und Flüssigkeit des Fahrradverkehrs dient und aus Gründen der Leichtigkeit und Flüssigkeit des übrigen Verkehrs sowie der Verkehrssicherheit keine Bedenken dagegen bestehen, kann die Behörde bestimmen, dass abweichend von Abs. 1 von Radfahrern mit einspurigen Fahrrädern ohne Anhänger ein Radweg oder ein Geh- und Radweg benützt werden darf, aber nicht muss. Derartige Radwege oder Geh- und Radwege sind mit den Zeichen gemäß § 53 Abs. 1 Z 27 bis 29 anzuzeigen. *(BGBl I 2013/39)*

(2) Radfahrer dürfen auf Radwegen, in Fahrradstraßen, in Wohnstraßen und in Begegnungszonen neben einem anderen Radfahrer fahren sowie bei Trainingsfahrten mit Rennfahrrädern nebeneinander fahren. In Fußgängerzonen dürfen Radfahrer neben einem anderen Radfahrer fahren, wenn das

Befahren der Fußgängerzone mit Fahrrädern erlaubt ist. Auf allen sonstigen Radfahranlagen und auf Fahrbahnen, auf denen eine Höchstgeschwindigkeit von höchstens 30 km/h und Fahrradverkehr erlaubt sind, ausgenommen auf Schienenstraßen, Vorrangstraßen und Einbahnstraßen gegen die Fahrtrichtung, darf mit einem einspurigen Fahrrad neben einem anderen Radfahrer gefahren werden, sofern niemand gefährdet wird, das Verkehrsaufkommen es zulässt und andere Verkehrsteilnehmer nicht am Überholen gehindert werden. Bei der Begleitung eines Kindes unter 12 Jahren durch eine Person, die mindestens 16 Jahre alt ist, ist das Fahren neben dem Kind, ausgenommen auf Schienenstraßen, zulässig. Beim Fahren neben einem anderen Radfahrer darf nur der äußerst rechte Fahrstreifen benützt werden und Fahrzeuge des Kraftfahrlinienverkehrs dürfen nicht behindert werden. Radfahrer in Gruppen ab zehn Personen ist das Queren einer Kreuzung im Verband durch den übrigen Fahrzeugverkehr zu erlauben. Dabei sind beim Einfahren in die Kreuzung die für Radfahrer geltenden Vorrangregeln zu beachten; der voran fahrende Radfahrer hat im Kreuzungsbereich den übrigen Fahrzeuglenkern das Ende der Gruppe durch Handzeichen zu signalisieren und erforderlichenfalls vom Fahrrad abzusteigen. Der erste und letzte Radfahrer der Gruppe haben dabei eine reflektierende Warnweste zu tragen. *(BGBl I 2022/122)*

(3) Es ist verboten,

a) auf einem Fahrrad freihändig zu fahren oder die Füße während der Fahrt von den Treteinrichtungen zu entfernen, *(BGBl 1964/204)*

b) sich mit einem Fahrrad an ein anderes Fahrzeug anzuhängen, um sich ziehen zu lassen,

c) Fahrräder in einer nicht verkehrsgemäßen Art zu gebrauchen, zum Beispiel Karussellfahren, Wettfahren und dgl.,

d) beim Radfahren andere Fahrzeuge oder Kleinfahrzeuge mitzuführen ",," *(BGBl I 2013/39)*

e) während des Radfahrens ohne Benützung einer Freisprecheinrichtung zu telefonieren; hinsichtlich der Anforderungen für Freisprecheinrichtungen gilt § 102 Abs. 3 KFG 1967. *(BGBl I 2013/39)*

(3a) Radfahrer dürfen sich Radfahrerüberfahrten, wo der Verkehr nicht durch Arm- oder Lichtzeichen geregelt wird, nur mit einer Geschwindigkeit von höchstens 10 km/h nähern und diese nicht unmittelbar vor einem herannahenden Fahrzeug und für dessen Lenker überraschend befahren, es sei denn, dass in unmittelbarer Nähe keine Kraftfahrzeuge aktuell fahren. *(BGBl I 2022/122)*

(4) Fahrräder sind so aufzustellen, daß sie nicht umfallen oder den Verkehr behindern können. Ist ein Gehsteig mehr als 2,5 m breit, so dürfen Fahrräder auch auf dem Gehsteig abgestellt werden; dies gilt nicht im Haltestellenbereich öffentlicher Verkehrsmittel, außer wenn dort Fahrradständer aufgestellt sind. Auf einem Gehsteig sind Fahrräder platzsparend so aufzustellen, daß Fußgänger nicht behindert und Sachen nicht beschädigt werden. *(BGBl 1989/86)*

(5) Gegenstände, die am Anzeigen der Fahrtrichtungsänderung hindern oder die freie Sicht oder die Bewegungsfreiheit des Radfahrers beeinträchtigen oder Personen gefährden oder Sachen beschädigen können, wie zum Beispiel ungeschützte Sägen oder Sensen, geöffnete Schirme und dgl., dürfen am Fahrrad nicht mitgeführt werden. *(BGBl 1983/174)*

(6) Kinder unter 12 Jahren müssen beim Radfahren, beim Transport in einem Fahrradanhänger und wenn sie auf einem Fahrrad mitgeführt werden, einen Sturzhelm in bestimmungsgemäßer Weise gebrauchen. Dies gilt nicht, wenn der Gebrauch des Helms wegen der körperlichen Beschaffenheit des Kindes nicht möglich ist. Wer ein Kind beim Rad fahren beaufsichtigt, auf einem Fahrrad mitführt oder in einem Fahrradanhänger transportiert, muss dafür sorgen, dass das Kind den Sturzhelm in bestimmungsgemäßer Weise gebraucht. Im Falle eines Verkehrsunfalls begründet das Nichttragen des Helms kein Mitverschulden im Sinne des § 1304 des allgemeinen bürgerlichen Gesetzbuches, JGS Nr. 946/1811, an den Folgen des Unfalls. *(BGBl I 2011/34)*

§ 69. Motorfahrräder

(1) Mit Motorfahrrädern ist ausschließlich die Fahrbahn zu benützen. *(BGBl 1983/174)*

(2) Für die Lenker von Motorfahrrädern gelten die Bestimmungen des § 68 Abs. 3 bis 5 über das Verhalten von Radfahrern sinngemäß. Überdies ist ihnen verboten:

a) Das Nebeneinanderfahren mit anderen Motorfahrrädern oder Fahrrädern,

b) Motorfahrräder neben einem anderen Motorfahrrad oder Fahrrad zu schieben,

c) *(entfällt, BGBl I 2022/122)*

VII. Abschnitt

Besondere Vorschriften für den Fuhrwerksverkehr

§ 70. Lenkung von Fuhrwerken

(1) Der Lenker eines Fuhrwerks muss, sofern sich aus den Bestimmungen über Wirtschaftsfuhren nichts anderes ergibt, mindestens 16 Jahre alt sein; abweichend hiervon ist das Lenken von Gespannen im Rahmen der Ausbildung an einer landwirtschaftlichen Fachschule im Beisein von geprüften Fahrinstruktoren oder Fahrlehrern ab dem vollendeten 15. Lebensjahr zulässig. *(BGBl I 2015/123)*

(2) Hochbeladene Handwagen und Handkarren dürfen nicht geschoben, sondern müssen gezogen werden. Es ist verboten, abschüssige Wegstrecken auf solchen Fahrzeugen sitzend herabzufahren.

(3) Der Besitzer eines Fuhrwerkes hat dafür zu sorgen, daß es nur im vorschriftsmäßigen Zustand in Betrieb genommen wird. Werden Frachtstücke auf geteilte Fahrzeuge geladen, deren rückwärtiger Teil frei beweglich ist, so ist dem Fuhrwerk eine zweite Person beizugeben, die das Ende des Fuhrwerkes zu beaufsichtigen und zu bedienen hat.

(4) Werden auf einem Fuhrwerk Personen befördert, so hat der Lenker dafür zu sorgen, daß sie so untergebracht sind, daß sie den sicheren Betrieb des Fuhrwerkes und die Verkehrssicherheit nicht beeinträchtigen und gefahrlos befördert werden können.

§ 71. Maße und Gewichte

(1) Die Länge eines Fuhrwerkes darf bei Möbel-, Theaterkulissen- und Langgutwagen ohne Deichsel, bei anderen Fuhrwerken mit der Deichsel 10 m nicht überschreiten. Die Ladung darf bei Möbel-, Theaterkulissen- und Langgutwagen nicht länger als 16 m sein und bei anderen Fuhrwerken um nicht mehr als die Hälfte des Achsabstandes über die Hinterachse hinausragen.

(2) Die Breite eines Fuhrwerkes darf bei Möbelwagen nicht mehr als 2,40 m, bei anderen Fuhrwerken nicht mehr als 2,20 m betragen. Die Breite der Ladung darf bei Erntefuhren und bei Fuhren mit Heu, Stroh oder Schilf in nicht gepreßtem Zustande, wenn sie nicht länger als 11 m sind, 3,50 m nicht überschreiten. Ansonsten darf die Ladung nicht breiter als das Fuhrwerk sein.

(3) Fuhrwerke dürfen auch mit der Ladung nicht höher als 3,80 m sein.

(4) Das Gesamtgewicht (§ 2 Abs. 1 Z. 20) eines Fuhrwerkes darf unter Bedachtnahme auf die Beschaffenheit der Straße und ihrer Neigungsverhältnisse auf die Länge der zu befahrenden Strecke sowie auf die Art und Beschaffenheit des Fahrzeuges und auf die Witterungsverhältnisse die Leistungsfähigkeit des Gespannes nicht übersteigen. Das Gesamtgewicht eines einspännigen Fuhrwerkes darf 2 t, das eines zweispännigen Fuhrwerkes 4,8 t nicht überschreiten. Werden bei Fuhren in einem ebenen Gelände besonders kräftige Pferde verwendet, so darf das Gesamtgewicht für einspännige Fuhrwerke bis 2,5 t und für zweispännige Fuhrwerke bis 5,5 t betragen. Im ebenen Gelände und bei Verwendung luftbereifter und mit Wälzlagern ausgestatteter Fuhrwerke darf das Gesamtgewicht um ein Drittel erhöht werden. *(BGBl 1964/204)*

(5) Die im Abs. 4 angeführten Gesamtgewichte dürfen bei mehr als zweispännigen Fuhrwerken überschritten werden, doch darf das Gesamtgewicht keinesfalls 10 t übersteigen. *(BGBl 1964/204)*

§ 72. Beschaffenheit und Ausstattung des Fuhrwerkes

(1) Der Lenker eines Fuhrwerkes, das nicht durch eine Zugmaschine fortbewegt wird, darf keine Vorrichtungen zur Abgabe von Schall- oder Blinkzeichen (§ 22) verwenden. Glocken und Schellen an Zugtieren und Schlitten werden von diesem Verbot nicht berührt.

(2) Die Radfelgen eines Fuhrwerkes müssen so breit sein, daß sie die Fahrbahn auch bei voller Belastung des Fuhrwerkes nicht mehr als unvermeidbar abnützen. *(BGBl 1964/204)*

(3) Fuhrwerke müssen mit sicher wirkenden Bremsvorrichtungen ausgestattet sein. Dies gilt nicht für zweirädrige Karren, für Handwagen, Handkarren und Handschlitten. Beim Bremsen des Fuhrwerkes darf die Umdrehung der Räder nicht gänzlich verhindert und durch die Betätigung der Hemmvorrichtungen von Schlitten die Fahrbahn nicht beschädigt werden.

(4) Zur Verstärkung der Wirkung der Bremsvorrichtungen (Abs. 3) dürfen Radschuhe nur zur Abwendung einer Gefahr und Ketten nur bei Glatteis oder verschneiter Fahrbahn verwendet werden. Die Glieder der Schneeketten aus starrem Material ohne elastische Überzüge dürfen nicht länger als 3 cm und nicht höher als 2 cm sein. Sie dürfen weder scharfe Kanten, Ecken, ebene Flächen noch wulstartige Erhöhungen aufweisen und müssen so am Rad befestigt sein, daß eine Schlagwirkung auf die Fahrbahn möglichst vermieden wird. *(BGBl 1964/204)*

(5) Radfelgen, Radreifen und Radschuhe, die wulstartige Erhöhungen, hervorstehende Nägel oder Schrauben aufweisen oder sonst geeignet sind, die Fahrbahn zu beschädigen, dürfen nicht verwendet werden. Durch das Ziehen von Maschinen und Geräten darf die Fahrbahn nicht beschädigt werden.

§ 73. Beleuchtung des Fuhrwerkes

(1) Zur Beleuchtung eines Fuhrwerkes (§ 60) sind zwei Lampen zu verwenden, die beide nach vorne weiß und nach hinten rot leuchten. Die Lichter müssen deutlich erkennbar sein und die Breite des Fahrzeuges erkennen lassen; sie können auch an der Ladung angebracht werden, wenn dies zweckmäßiger ist. Bei Handwagen, Handkarren und Handschlitten genügt jedoch eine Lampe, die nach vorne weiß und nach hinten rot leuchtet; kann die Lampe an solchen Fahrzeugen oder an deren Ladungen nicht deutlich sichtbar angebracht werden, so ist sie hinter dem Fahrzeug gut sichtbar zu tragen.

(2) Fuhrwerke dürfen weder mit Fackeln noch mit Laternen mit offenem Licht beleuchtet werden.

(3) An der Rückseite von Fuhrwerken sind höchstens 60 cm über der Fahrbahn zwei rote Rückstrahler mit einer Lichteintrittsfläche von mindestens 20 cm² so anzubringen, daß sie bei Dunkelheit und klarem Wetter im Lichte eines Scheinwerfers auf 150 m sichtbar sind und die Breite des Fahrzeuges erkennen lassen. Bei Handwagen, Handkarren und Handschlitten genügt ein solcher Rückstrahler, der nicht weiter als 40 cm vom linken Fahrzeugrand anzubringen ist.

(4) Am vorderen Ende der Deichsel sind weiße oder gelbe Rückstrahler beweglich aufzuhängen, die im Scheinwerferlicht einer 25-Watt-Lampe auf 150 m sichtbar sind.

(5) Die Beleuchtungseinrichtungen und Rückstrahler müssen in einem solchen Zustand gehalten werden, daß sie voll wirksam sind.

§ 74. Bespannung

(1) Die Zugtiere müssen zum Ziehen des Fuhrwerkes tauglich sein. Lahme oder übermüdete Tiere sowie solche, deren Eignung zum Ziehen eines Fuhrwerkes insbesondere durch äußerlich erkennbare Leiden oder Wunden herabgemindert ist, dürfen nicht als Zugtiere verwendet werden.

(2) Bissigen Zugtieren sind Maulkörbe anzulegen. Sofern es sich nicht um Rinder handelt, müssen die Zugtiere bei Schnee- oder Eisglätte mit scharfen Hufeisen oder anderen geeigneten Gleitschutzmitteln versehen sein.

(3) Werden Tiere uneingespannt an einem Fuhrwerk mitgeführt, so sind sie an ein Zugtier oder an das Fuhrwerk so anzubinden, daß sie sich nur an der rechten Seite des Fuhrwerkes oder hinter dem Fuhrwerk fortbewegen können und andere Straßenbenützer nicht behindern.

(4) Geschirr und Zügel müssen zweckmäßig sein und sich in gutem Zustand befinden. Die Verwendung von Gabelzügeln ist verboten. *(BGBl 1964/204)*

§ 75. Ankoppeln

(1) An ein Fuhrwerk darf nur ein weiteres Fuhrwerk angekoppelt werden. Dies gilt jedoch nur dann, wenn beide Fuhrwerke mit besonders leichtem Gut oder nur mäßig beladen sind oder wenn das zweite Fuhrwerk unbeladen, ein zweirädriger Karren oder ein Handwagen ist. Das Fuhrwerk ist so anzukoppeln, daß es nicht losreißen kann.

(2) Die Länge des gekoppelten Wagenzuges einschließlich der Deichsel und der Ladung darf 16 m nicht überschreiten.

(3) Die Bestimmungen der Abs. 1 und 2 gelten auch für das Ankoppeln von Fuhrwerken an Kraftfahrzeuge, sofern sich aus den kraftfahrrechtlichen Vorschriften nichts anderes ergibt.

VIII. Abschnitt

Fußgängerverkehr

§ 76. Fußverkehr

(1) Fußgänger haben, auch wenn sie Kinderwagen oder Rollstühle schieben oder ziehen, auf Gehsteigen oder Gehwegen zu gehen, sofern dies zumutbar ist; beim Betreten der Fahrbahn ist auf den übrigen Verkehr achtzugeben. Sind Gehsteige oder Gehwege nicht vorhanden, so haben Fußgänger das Straßenbankett und, wenn auch dieses fehlt, den äußersten Fahrbahnrand zu benützen; hiebei haben sie auf Freilandstraßen, außer im Falle der Unzumutbarkeit, auf dem linken Straßenbankett (auf dem linken Fahrbahnrand) zu gehen. Benützer von selbstfahrenden Rollstühlen dürfen Gehsteige, Gehwege und Fußgängerzonen in Schrittgeschwindigkeit befahren.

(2) Fußgänger in Gruppen auf Gehsteigen oder Gehwegen, auf dem Straßenbankett oder am Fahrbahnrand dürfen andere Straßenbenützer weder gefährden noch behindern und haben, wenn es die Umstände erfordern, rechts auszuweichen und links vorzugehen.

(3) An Stellen, wo der Verkehr für Fußgänger durch besondere Lichtzeichen (§ 38 Abs. 8) geregelt ist, dürfen Fußgänger nur bei grünem Licht die Fahrbahn zum Überqueren betreten. An Stellen, wo der Verkehr sonst durch Arm- oder Lichtzeichen geregelt ist, dürfen Fußgänger die Fahrbahn nur überqueren, wenn für den Fahrzeugverkehr auf dieser Fahrbahn das Zeichen „Halt" (§§ 37 Abs. 3 und 38 Abs. 5) gilt. Hält ein Verkehrsposten einen Arm senkrecht nach oben oder leuchtet gelbes, nicht blinkendes Licht, so dürfen Fußgänger die Fahrbahn nicht betreten. Wenn Fußgänger die Fahrbahn in Übereinstimmung mit den angeführten Arm- oder Lichtzeichen betreten haben, diese Zeichen jedoch ändern, während sich die Fußgänger auf der Fahrbahn befinden, so dürfen sie die Überquerung der Fahrbahn fortsetzen, bei Vorhandensein einer Schutzinsel jedoch nur bis zu dieser.

(4) An Stellen, wo der Verkehr weder durch Arm- noch durch Lichtzeichen geregelt wird, dürfen Fußgänger

a) die Fahrbahn unter Bedachtnahme auf das Verkehrsaufkommen auf geradem Weg überqueren. Dabei haben sie sich vor Betreten der Fahrbahn zu vergewissern, dass sie hiebei sich selbst oder andere Straßenbenützer nicht gefährden oder diese übermäßig behindern und

b) einen Schutzweg nicht unmittelbar vor einem herannahenden Fahrzeug und für dessen Lenker überraschend betreten.

(5) Ist ein Schutzweg vorhanden oder nicht mehr als 25 m entfernt, ist dieser zum Überqueren der Fahrbahn zu benutzen; dies gilt nicht, wenn es die Verkehrslage zweifellos zulässt und der Fahrzeugverkehr nicht behindert wird.

(6) Fußgänger dürfen die Fahrbahn auf geradem Weg überqueren, um eine Haltestelleninsel zu erreichen oder zu verlassen, wenn der Verkehr weder durch Arm- noch durch Lichtzeichen geregelt wird.

(7) An Haltestellen öffentlicher Verkehrsmittel darf die Fahrbahn zum Einsteigen in Schienenfahrzeuge erst nach deren Einfahren in den Haltestellenbereich (§ 24 Abs. 1 lit. e), zum Einsteigen in andere Fahrzeuge erst nach deren Stillstand betreten werden.

(8) Fußgänger dürfen Schranken, Seil- oder Kettenabsperrungen nicht übersteigen, eigenmächtig öffnen oder unter diesen Einrichtungen durchschlüpfen.

(9) Mit anderen als den im Abs. 1 genannten Kleinfahrzeugen und von Lastenträgern dürfen Gehsteige, Gehwege oder Straßenbankette dann benützt werden, wenn der Fußgängerverkehr dadurch nicht übermäßig behindert wird. Jedoch dürfen Gehsteige oder Gehwege mit Schubkarren in Ortsgebieten in der Nähe von Baustellen, landwirtschaftlichen Betrieben oder Gärten in Längsrichtung befahren werden.

(10) entfällt.

(BGBl I 2022/122)

§ 76a. Fußgängerzone

(1) Die Behörde kann, wenn es die Sicherheit, Leichtigkeit oder Flüssigkeit des Verkehrs, insbesondere des Fußgängerverkehrs, die Entflechtung des Verkehrs oder die Lage, Widmung oder Beschaffenheit eines Gebäudes oder Gebietes erfordert, durch Verordnung Straßenstellen oder Gebiete dauernd oder zeitweilig dem Fußgängerverkehr vorbehalten (Fußgängerzone). Vor Erlassung einer solchen Verordnung ist die Eisenbahnbehörde anzuhören, wenn auf der betroffenen Straßenstelle oder in dem betroffenen Gebiet Schienenfahrzeuge verkehren. In einer solchen Fußgängerzone ist jeglicher Fahrzeugverkehr verboten, sofern sich aus den folgenden Bestimmungen nichts anderes ergibt; das Schieben eines Fahrrades ist erlaubt. Die Bestimmungen des § 45 über Ausnahmen in Einzelfällen bleiben unberührt. *(BGBl I 1998/92)*

(2) Sind in einer Fußgängerzone Ladetätigkeiten erforderlich, so hat die Behörde in der Verordnung nach Abs. 1 nach Maßgabe der Erfordernisse die Zeiträume zu bestimmen, innerhalb deren eine Ladetätigkeit vorgenommen werden darf. Ferner kann die Behörde in der Verordnung nach Abs. 1 nach Maßgabe der Erfordernisse und unter Bedachtnahme auf die örtlichen Gegebenheiten bestimmen, daß mit

1. Kraftfahrzeugen des Taxi- und Mietwagen-Gewerbes und Fiakern jeweils zum Zubringen oder Abholen von Fahrgästen,

2. Kraftfahrzeugen des Gästewagen-Gewerbes zum Zubringen oder Abholen von Fahrgästen von Beherbergungsbetrieben,

3. Fahrrädern und

4. Kraftfahrzeugen mit einem höchsten zulässigen Gesamtgewicht bis zu 3500 kg, die zur Ausübung der Tätigkeit als Handelsvertreter dienen und die mit einer Tafel mit der Aufschrift „Bundesgremium der Handelsvertreter, Kommissionäre und Vermittler" und mit dem Amtssiegel des Landesgremiums, dem der Handelsvertreter angehört, gekennzeichnet sind,

die Fußgängerzone dauernd oder zu bestimmten Zeiten befahren werden darf. *(BGBl 1994/518)*

(2a) Die Behörde kann weiters in der Verordnung nach Abs. 1 nach Maßgabe der Erfordernisse (wie insbesondere der Erreichbarkeit von Ärztezentren, Ambulatorien, Sozialversicherungseinrichtungen und dgl.) und unter Bedachtnahme auf die örtlichen Gegebenheiten auch bestimmen, dass Inhaber eines Ausweises gemäß § 29b Abs. 1 oder Lenker von Fahrzeugen in der Zeit, in der sie einen Inhaber eines Ausweises gemäß § 29b Abs. 1 befördern, die Fußgängerzone dauernd oder zu bestimmten Zeiten befahren dürfen. Hat die Behörde in der Verordnung nach Abs. 1 Zeiträume bestimmt, innerhalb derer eine Ladetätigkeit vorgenommen werden darf, dürfen Inhaber eines Ausweises gemäß § 29b Abs. 1 oder Lenker von Fahrzeugen in der Zeit, in der sie einen Inhaber eines Ausweises gemäß § 29b Abs. 1 befördern, zu diesen Zeiten jedenfalls die Fußgängerzone befahren. *(BGBl I 2015/123)*

(3) Für die Kundmachung einer Verordnung nach Abs. 1 gelten die Bestimmungen des § 44 Abs. 1 mit der Maßgabe sinngemäß, daß am Anfang und am Ende einer Fußgängerzone die betreffenden Hinweiszeichen (§ 53 Z. 9a bzw. 9b) anzubringen sind.

(4) An Stelle einer Zusatztafel können die vorgesehenen Angaben im blauen Feld des Hinweiszeichens angebracht werden, wenn dadurch die Erkennbarkeit des Zeichens nicht beeinträchtigt wird.

(5) Unbeschadet der Bestimmung des Abs. 2 dürfen Fußgängerzonen

a) mit Fahrzeugen des Straßendienstes und der Müllabfuhr sowie gegebenenfalls mit Schienenfahrzeugen und Omnibussen des Kraftfahrlinienverkehrs,

b) mit den zur Durchführung einer unaufschiebbaren Reparatur eines unvorhersehbar aufgetretenen Gebrechens notwendigen Fahrzeugen,

c) mit Fahrzeugen des öffentlichen Sicherheitsdienstes „" der Strafvollzugsverwaltung" und der Feuerwehr in Ausübung des Dienstes und *(BGBl I 2022/122)*

d) mit Krankentransportfahrzeugen, sofern der Ausgangs- oder Endpunkt des Krankentransports in der Fußgängerzone liegt,

befahren werden. *(BGBl I 1998/92)*

(6) Die Lenker von Fahrzeugen dürfen in eine Fußgängerzone nur an den hiefür vorgesehenen Stellen einfahren. Sie haben von ortsgebundenen Gegenständen oder Einrichtungen (wie Häusern, Brunnen, Laternen, Bänken, Bäumen u. dgl.) einen der Verkehrssicherheit entsprechenden seitlichen Abstand einzuhalten und dürfen nur mit Schrittgeschwindigkeit fahren. Die zulässige Höchstgeschwindigkeit für Schienenfahrzeuge ist nach den eisenbahnrechtlichen Vorschriften festzusetzen. *(BGBl 1983/174)*

(7) Fußgänger dürfen in Fußgängerzonen auch die Fahrbahn benützen. Sie dürfen dabei aber den erlaubten Fahrzeugverkehr nicht mutwillig behindern.

(BGBl 1976/412)

§ 76b. Wohnstraße

(1) Die Behörde kann, wenn es die Sicherheit, Leichtigkeit oder Flüssigkeit des Verkehrs, insbesondere des Fußgängerverkehrs, die Entflechtung des Verkehrs oder die Lage, Widmung oder Beschaffenheit eines Gebäudes oder Gebietes erfordert, durch Verordnung Straßenstellen oder Gebiete dauernd oder zeitweilig zu Wohnstraßen erklären. In einer solchen Wohnstraße ist der Fahrzeugverkehr verboten; ausgenommen davon sind der Fahrradverkehr, das Befahren mit Fahrzeugen des Straßendienstes, der Müllabfuhr, des öffentlichen Sicherheitsdienstes „" der Strafvollzugsverwaltung" und der Feuerwehr in Ausübung des Dienstes sowie das Befahren zum Zwecke des Zu- und Abfahrens. *(BGBl I 1998/92; BGBl I 2022/122)*

(2) In Wohnstraßen ist das Betreten der Fahrbahn und das Spielen gestattet. Der erlaubte Fahrzeugverkehr darf aber nicht mutwillig behindert werden.

(3) Die Lenker von Fahrzeugen in Wohnstraßen dürfen Fußgänger und Radfahrer nicht behindern oder gefährden, haben von ortsgebundenen Gegenständen oder Einrichtungen einen der Verkehrssicherheit entsprechenden seitlichen Abstand einzuhalten und dürfen nur mit Schrittgeschwindigkeit fahren. Beim Ausfahren aus einer Wohnstraße ist dem außerhalb der Wohnstraße fließenden Verkehr Vorrang zu geben.

(4) Die Anbringung von Schwellen, Rillen, Bordsteinen u. dgl. sowie von horizontalen baulichen Einrichtungen ist in verkehrsgerechter Gestaltung zulässig, wenn dadurch die Einhaltung der Schrittgeschwindigkeit nach Abs. 3 gewährleistet wird.

(5) Für die Kundmachung einer Verordnung nach Abs. 1 gelten die Bestimmungen des § 44 Abs. 1 mit der Maßgabe, daß am Anfang und am Ende einer Wohnstraße die betreffenden Hinweiszeichen (§ 53 Abs. 1 Z 9c bzw. 9d) anzubringen sind. *(BGBl I 1998/92)*

(BGBl 1983/174)

Begegnungszonen

§ 76c. (1) Die Behörde kann, wenn es der Sicherheit, Leichtigkeit oder Flüssigkeit des Verkehrs, insbesondere des Fußgängerverkehrs, dient, oder aufgrund der Lage, Widmung oder Beschaffenheit eines Gebäudes oder Gebietes angebracht erscheint, durch Verordnung Straßen, Straßenstellen oder Gebiete dauernd oder zeitweilig zu Begegnungszonen erklären.

(2) In Begegnungszonen dürfen die Lenker von Fahrzeugen Fußgänger weder gefährden noch behindern, haben von ortsgebundenen Gegenständen oder Einrichtungen einen der Verkehrssicherheit entsprechenden seitlichen Abstand einzuhalten und dürfen nur mit einer Geschwindigkeit von höchstens 20 km/h fahren. Lenker von Kraftfahrzeugen dürfen auch Radfahrer weder gefährden noch behindern.

(3) In Begegnungszonen dürfen Fußgänger die gesamte Fahrbahn benützen. Sie dürfen den Fahrzeugverkehr jedoch nicht mutwillig behindern.

(4) Die Anbringung von Schwellen, Rillen, Bordsteinen und dergleichen sowie von horizontalen baulichen Einrichtungen ist in verkehrsgerechter Gestaltung zulässig, wenn dadurch die Verkehrssicherheit gefördert oder die Einhaltung der erlaubten Höchstgeschwindigkeit unterstützt wird.

(5) Für die Kundmachung einer Verordnung nach Abs. 1 gelten die Bestimmungen des § 44 Abs. 1 mit der Maßgabe, dass am Anfang und am Ende einer Begegnungszone die betreffenden Hinweiszeichen (§ 53 Abs. 1 Z 9e bzw. 9f) anzubringen sind.

(6) Wenn es der Leichtigkeit und Flüssigkeit des Verkehrs dient und aus Gründen der Sicherheit des Verkehrs keine Bedenken dagegen bestehen, kann die Behörde in der Verordnung nach Abs. 1 die erlaubte Höchstgeschwindigkeit auf 30 km/h erhöhen.

(BGBl I 2013/39)

§ 76d. Schulstraße

(1) Die Behörde kann, wenn es der Sicherheit, Leichtigkeit oder Flüssigkeit des Verkehrs, insbesondere des Fußgängerverkehrs, dient, durch Verordnung Straßenstellen oder Gebiete in der unmittelbaren Umgebung von Schulgebäuden, zu Schulstraßen erklären. Bei der Verordnung ist insbesondere auf Schultage sowie die Tageszeiten von Schulbeginn und Schulende Bedacht zu nehmen.

(2) In Schulstraßen ist der Fahrzeugverkehr verboten; ausgenommen davon ist der Fahrradverkehr. Krankentransporte, Schülertransporte gemäß § 106 Abs. 10 KFG, Fahrzeuge des Straßendienstes, der Müllabfuhr, des öffentlichen Sicherheitsdienstes und der Feuerwehr in Ausübung des Dienstes, Fahrzeuge des Öffentlichen Verkehrs, von Abschleppdiensten, der Pannenhilfe und Anrainer sind zum Zwecke des Zu- und Abfahrens ausgenommen. Die Behörde kann weitere Ausnahmen für Anrainerverkehre festlegen. Die Anbringung mechanischer Sperren durch von der Behörde ermächtigte Personen ist zulässig, sofern der erlaubte Fahrzeugverkehr dadurch nicht am Befahren gehindert wird. Den ermächtigten Personen ist von der Behörde eine Bestätigung über den Umfang der Ermächtigung auszustellen.

(3) In Schulstraßen ist das Gehen auf der Fahrbahn gestattet. Der erlaubte Fahrzeugverkehr darf aber nicht mutwillig behindert werden.

(4) Die Lenker von Fahrzeugen dürfen Fußgänger nicht behindern oder gefährden, haben von ortsgebundenen Gegenständen oder Einrichtungen einen der Verkehrssicherheit entsprechenden seitlichen Abstand einzuhalten und dürfen nur mit Schrittgeschwindigkeit fahren.

(5) Für die Kundmachung einer Verordnung nach Abs. 1 gelten die Bestimmungen des § 44 Abs. 1 mit der Maßgabe, dass am Anfang und am Ende einer Schulstraße die betreffenden Hinweiszeichen (§ 53 Abs. 1 Z 26a und 29) anzubringen sind.

(BGBl I 2022/122)

§ 77. Geschlossene Züge von Fußgängern

(1) Geschlossene Züge von Fußgängern, insbesondere geschlossene Verbände des Bundesheeres oder des Sicherheitsdienstes, Prozessionen, Leichenbegängnisse und sonstige Umzüge haben die Fahrbahn zu benützen. Für geschlossene Kinder- oder Schülergruppen gilt dies jedoch nur dann, wenn Gehsteige, Gehwege oder Straßenbankette nicht vorhanden sind. Geschlossene Züge von Fußgängern dürfen über Brücken und Stege nicht im Gleichschritt marschieren. Bei der Benützung der Fahrbahn durch solche Züge gelten die Bestimmungen des II. Abschnittes sowie die Bestimmungen über die Bedeutung der Arm- oder Lichtzeichen sinngemäß. *(BGBl 1983/174)*

(2) Bei Dämmerung, Dunkelheit, Nebel oder wenn es die Witterung sonst erfordert, ist, wenn die sonstige Beleuchtung nicht ausreicht, die Spitze eines die Fahrbahn benützenden geschlossenen Zuges durch nach vorne weiß und das Ende durch nach hinten rot leuchtende Lampen kenntlich zu machen. Besteht der Zug aus einer Reihe, so ist an Spitze und Ende je eine Lampe, besteht er aus mehreren Reihen, so sind an beiden Flügeln der Spitze und des Endes je eine Lampe mitzuführen.

(3) Ein geschlossener Zug von Fußgängern darf auch durch mitfahrende Fahrzeuge beleuchtet werden. In einem solchen Falle gelten die Bestimmungen des Abs. 2 sinngemäß. Das linke Licht muß in einer Linie mit den links gehenden Personen liegen.

§ 78. Verhalten auf Verkehrsflächen mit Fußverkehr

Auf Verkehrsflächen mit Fußgängerverkehr ist verboten:

a) andere Straßenbenützer zu gefährden, insbesondere mit Gegenständen, die scharf, spitz oder sonst gefährlich sind sowie

b) den Fußgängerverkehr mutwillig zu behindern.

(BGBl I 2022/122)

IX. Abschnitt

Verkehr nicht eingespannter Tiere

§ 79. Reiten

(1) Reiter müssen körperlich geeignet und des Reitens kundig sein und das 16. Lebensjahr vollendet haben. Jüngere Personen dürfen nur in Begleitung Erwachsener reiten; dies gilt jedoch nicht für das Reiten im Rahmen eines landwirtschaftlichen Betriebes, wenn der Reiter das zwölfte Lebensjahr vollendet hat.

(2) Reiter dürfen nur die Fahrbahn und auf Straßen mit Reitwegen nur die Reitwege benützen. Bei der Benützung der Fahrbahn gelten für sie die Bestimmungen des II. Abschnittes sinngemäß und sie haben Arm- oder Lichtzeichen zu beachten. *(BGBl 1983/174)*

(3) Bei Dämmerung, Dunkelheit, starkem Nebel oder wenn es die Witterung sonst erfordert, müssen Reiter bei Benützung der Fahrbahn, wenn die sonstige Beleuchtung nicht ausreicht durch helleuchtende Laternen an der linken Seite gekennzeichnet sein.

(4) Absatz 2 und 3 gelten nicht für Organe der Bundespolizei als Reiter von Dienstpferden. *(BGBl I 2019/37)*

§ 80. Viehtrieb

(1) Treiber und Führer von Vieh müssen im Hinblick auf die Anzahl und die Art der Tiere sowie im Hinblick auf die für den Viehtrieb in Betracht kommenden Straßen körperlich und geistig geeignet sein.

(2) Das Führen von Zug- oder Reittieren in Koppeln von mehr als drei Tieren durch eine Person ist verboten. Bei Stieren sind besondere Sicherheitsmaßnahmen zu treffen. Bei größeren Viehtrieben sind Gruppen zu bilden und zwischen den einzelnen Gruppen größere Abstände einzuhalten.

(3) Das Vieh muß auf der Straße so getrieben oder geführt werden, daß der übrige Verkehr dadurch möglichst wenig behindert wird. Das Vieh muß auf der rechten Fahrbahnseite getrieben und von einer angemessenen Zahl Treiber begleitet werden.

(4) Es ist verboten, Vieh auf der Fahrbahn, auf Gehwegen, Gehsteigen, Radfahranlagen und auf Straßenbanketten lagern zu lassen. *(BGBl 1994/518)*

(5) Bei kurzzeitig auf der Straße haltenden Tieren haben die Treiber Vorsorge zu treffen, daß übrige Straßenbenützer nicht behindert oder gefährdet werden.

(6) Bei Dämmerung und Dunkelheit, starkem Nebel oder wenn es die Witterung sonst erfordert, muß der Viehtrieb, wenn die sonstige Beleuchtung nicht ausreicht, an seinem Anfang durch einen Treiber mit einer nach vorne weiß und an seinem Ende durch einen Treiber mit einer nach hinten rot leuchtenden Lampe gesichert werden. Beim Treiben oder Führen von einzelnen Tieren genügt eine helleuchtende Lampe.

§ 81. Weiden an Straßen

(1) Vieh, das auf nicht abgezäunten Grundstücken an Autobahnen oder Vorrangstraßen weidet, muß von Personen, die zum Treiben und Führen von Vieh geeignet sind (§ 80 Abs. 1), beaufsichtigt und von der Straße ferngehalten werden.

(2) Die Bestimmungen des Abs. 1 gelten auch für das Weiden von Vieh auf nicht abgezäunten Grundstücken an anderen als den in Abs. 1 genannten Straßen, die keine ausreichende Sicht auf diese Grundstücke gewähren.

(3) Die Behörde hat Alpgebiete und Gebiete, in denen der unbeaufsichtigte Weidegang nach altem Herkommen üblich ist, von den Bestimmungen des Abs. 2 überhaupt, von den Bestimmungen des Abs. 1 dann auszunehmen, wenn nicht erhebliche Bedenken aus Gründen der Verkehrssicherheit entgegenstehen.

(4) Eine Verordnung gemäß Abs. 3 ist durch Anschlag auf der Amtstafel der Behörde kundzumachen. *(BGBl 1983/174)*

X. Abschnitt

Benützung von Straßen zu verkehrsfremden Zwecken

§ 82. Bewilligungspflicht

(1) Für die Benützung von Straßen einschließlich des darüber befindlichen, für die Sicherheit des Straßenverkehrs in Betracht kommenden Luftraumes zu anderen Zwecken als zu solchen des Straßenverkehrs, z. B. zu gewerblichen Tätigkeiten und zur Werbung, ist unbeschadet sonstiger Rechtsvorschriften eine Bewilligung nach diesem Bundesgesetz erforderlich. Das gleiche gilt für Tätigkeiten, die geeignet sind, Menschenansammlungen auf der Straße herbeizuführen oder die Aufmerksamkeit der Lenker von Fahrzeugen zu beeinträchtigen.

(2) Eine Bewilligung nach Abs. 1 ist auch für das Aufstellen von Kraftfahrzeugen oder Anhängern ohne Kennzeichentafeln erforderlich. *(BGBl 1983/174)*

(3) Eine Bewilligung nach Abs. 1 ist nicht erforderlich

a) für gewerbliche Tätigkeiten auf Gehsteigen oder Gehwegen ohne feste Standplätze,

b) für das Wegschaffen eines betriebsunfähig gewordenen Fahrzeuges oder für dessen Instandsetzung, sofern dies einfacher als das Wegschaffen ist und der fließende Verkehr dadurch nicht behindert wird, *(BGBl 1983/174)*

c) für eine gewerbliche Tätigkeit, die ihrem Wesen nach auf der Straße ausgeübt wird und deren Betriebsanlage genehmigt ist,

d) für das Aufstellen oder die Lagerung von Sachen, die für Bau, Erhaltung, Pflege und Reinigung der Straße erforderlich sind,

e) für das Musizieren bei Umzügen und dergleichen (§ 86),

f) für die Nutzung der Rückseite von Verkehrszeichen oder anderen Einrichtungen zur Verhinderung von Falschfahrten im Zuge von Autobahnabfahrten zu Werbezwecken, wenn diese Nutzung nicht der Sicherheit und Leichtigkeit des Verkehrs entgegensteht und die Behörde, die diese Verkehrszeichen oder diese Einrichtungen verfügt hat, zustimmt und die Gesamtkosten der Anbringung und Erhaltung vom Unternehmer getragen werden. *(BGBl 1994/518)*

(4) Eine Bewilligung nach Abs. 1 ist ferner nicht erforderlich für geringfügige Instandsetzungs- oder Instandhaltungsarbeiten an Fahrzeu-

gen, z. B. Vergaserreinigung, Reifenwechsel, Arbeiten an der elektrischen Anlage oder dergleichen, vor der Betriebsstätte eines hiezu befugten Gewerbetreibenden, wenn dort das Halten und Parken nicht verboten ist (§§ 23 und 24).

(5) Die Bewilligung nach Abs. 1 ist zu erteilen, wenn durch diese Straßenbenützung die Sicherheit, Leichtigkeit und Flüssigkeit des Verkehrs nicht wesentlich beeinträchtigt wird oder eine über das gewöhnliche Maß hinausgehende Lärmentwicklung nicht zu erwarten ist. Wenn es die Sicherheit, Leichtigkeit oder Flüssigkeit des Verkehrs erfordert, ist die Bewilligung bedingt, befristet oder mit Auflagen zu erteilen; die Bewilligung ist zu widerrufen, wenn die Voraussetzungen für die Erteilung weggefallen sind. *(BGBl 1983/174)*

(6) Die Organe der Straßenaufsicht sind befugt, verkehrsfremde Tätigkeiten auf und an der Straße, auch wenn für sie eine Bewilligung nach Abs. 1 vorliegt, vorübergehend zu untersagen, wenn es die Verkehrssicherheit erfordert.

(7) Das Aufstellen von Kisten, Brettern, Tafeln u. dgl. auf Parkflächen ist unbeschadet der Bestimmungen der Abs. 1 bis 6 verboten. *(BGBl 1976/412)*

§ 83. Prüfung des Vorhabens

(1) Vor Erteilung einer Bewilligung nach § 82 ist das Vorhaben unter Bedachtnahme auf die gegenwärtigen und zu erwartenden Verkehrsverhältnisse zu prüfen. Eine wesentliche, die Erteilung der Bewilligung ausschließende Beeinträchtigung der Sicherheit, Leichtigkeit und Flüssigkeit des Verkehrs (§ 82 Abs. 5) liegt insbesondere vor, wenn

a) die Straße beschädigt wird,

b) die Straßenbeleuchtung und die Straßen- oder Hausbezeichnungstafeln verdeckt werden,

c) sich die Gegenstände im Luftraum oberhalb der Straße nicht mindestens 2,20 m über dem Gehsteig und 4,50 m über der Fahrbahn befinden,

d) die Gegenstände seitlich der Fahrbahn den Fußgängerverkehr auf Gehsteigen oder Straßenbanketten behindern und nicht mindestens 60 cm von der Fahrbahn entfernt sind. *(BGBl 1983/174)*

(2) Wenn in einer Fußgängerzone, in einer Wohnstraße oder in einer Begegnungszone kein Gehsteig vorhanden ist, so gilt die Maßangabe nach Abs. 1 lit. c bezüglich eines Gehsteiges für einen 1,5 m breiten Streifen entlang der Häuserfronten, für den übrigen Teil der Fußgängerzone, Wohnstraße oder Begegnungszone gilt die Angabe bezüglich der Fahrbahn. *(BGBl I 2013/39)*

(3) Ist aufgrund bestimmter Tatsachen anzunehmen, dass der Zweck des Vorhabens (§ 82 Abs. 1) gegen die öffentliche Ordnung im Sinne des § 81 SPG oder öffentliche Sicherheit verstößt, so sind davon die Sicherheitsbehörden in Kenntnis zu setzen. Eine Bewilligung nach § 82 Abs. 1 ist nicht zu erteilen, wenn die jeweilige Landespolizeidirektion in der Stellungnahme erklärt hat, dass die Durchführung des Vorhabens (§ 82 Abs. 1) eine Gefährdung der öffentlichen Ordnung oder Sicherheit darstellen würde. Die Stellungnahme ist ohne unnötigen Aufschub, möglichst innerhalb von 10 Werktagen zu übermitteln. *(BGBl I 2017/68)*

§ 84. Werbungen und Ankündigungen außerhalb des Straßengrundes

(1) Werkstätten, wo Fahrzeuge repariert werden, Radiostationen, die Verkehrsinformationen durchgeben, und Tankstellen dürfen außerhalb von Ortsgebieten nur mit den Hinweiszeichen „Pannenhilfe" (§ 53 Abs. 1 Z 4), „Verkehrsfunk" (§ 53 Abs. 1 Z 4a) beziehungsweise „Tankstelle" (§ 53 Abs. 1 Z 6) angekündigt werden. Die Kosten für die Anbringung und Erhaltung dieser Zeichen sind von demjenigen zu tragen, der ihre Anbringung beantragt hat. *(BGBl I 1998/92)*

(2) Ansonsten sind außerhalb von Ortsgebieten Werbungen und Ankündigungen an Straßen innerhalb einer Entfernung von 100 m vom Fahrbahnrand verboten. Dies gilt jedoch nicht für die Nutzung zu Werbezwecken gemäß § 82 Abs. 3 lit. f. *(BGBl 1994/518)*

(3) Die Behörde hat Ausnahmen von dem in Abs. 2 enthaltenen Verbot zu bewilligen, wenn die Werbungen und Ankündigungen

1. einem dringlichen Bedürfnis der Straßenbenützer dienen oder

2. für diese immerhin von erheblichem Interesse sind oder

3. in einem Gebiet errichtet werden sollen, das nach den Raumordnungsgesetzen bzw. Bauordnungen der Länder als Bauland gewidmet ist,

und von dem Vorhaben eine Beeinträchtigung des Straßenverkehrs und der Verkehrssicherheit – insbesondere unter Berücksichtigung der erlaubten Höchstgeschwindigkeit – nicht zu erwarten ist. Für eine solche Ausnahmebewilligung gelten die Bestimmungen des § 82 Abs. 5 letzter Satz sinngemäß. *(BGBl I 2015/123)*

(4) Ist eine Werbung oder Ankündigung entgegen der Bestimmung des Abs. 2 und ohne Bewilligung nach Abs. 3 angebracht worden, so hat die Behörde die Entfernung ohne weiteres Verfahren zu veranlassen. Die Kosten für die Entfernung sind vom Besitzer oder Verfügungsberechtigten zu tragen und sind ihm mit Bescheid vorzuschreiben. *(BGBl I 2011/34)*

§ 85. Ausübung von Erwerbstätigkeiten

(1) Die Ausübung von Erwerbstätigkeiten im Umherziehen auf Straßen ist bei starkem Verkehr

oder wenn sie mit lärmender Kundenwerbung verbunden ist, in der Nähe von Krankenhäusern, Schulen, Theatern, Kinos, Markthallen, Marktplätzen und dergleichen während der Betriebszeit sowie vor Kirchen während des Gottesdienstes verboten.

(2) Von der Straße aus dürfen Waren in Schaufenstern nur in Zeiten schwachen Verkehrs geordnet werden; der Verkehr darf hiedurch nicht behindert werden.

(3) Inhabern einer Lizenz zur Ausübung der Bettelmusik ist auf Antrag oder von Amts wegen von der Behörde ein geeigneter Platz zur Ausübung dieser Tätigkeit unter Bedachtnahme auf die Sicherheit, Leichtigkeit und Flüssigkeit des Verkehrs anzuweisen.

§ 86. Umzüge

Sofern eine Benützung der Straße hiefür in Betracht kommt, sind, unbeschadet sonstiger Rechtsvorschriften, Versammlungen unter freiem Himmel, öffentliche oder ortsübliche Umzüge, volkstümliche Feste, Prozessionen oder dergleichen von den Veranstaltern drei Tage, Leichenbegängnisse von der Leichenbestattung 24 Stunden vorher der Behörde anzuzeigen.

§ 87. Wintersport auf Straßen

(1) Auf Straßen im Ortsgebiet, auf Bundes-, Landes- und Vorrangstraßen ist die Ausübung von Wintersport verboten, sofern eine solche Straße für den Fahrzeugverkehr nicht auf Grund der folgenden Bestimmung gesperrt oder auf Grund der Witterungsverhältnisse unbenützbar ist. Wenn es das öffentliche Interesse erfordert und keine erheblichen Interessen am unbehinderten Straßenverkehr entgegenstehen, kann die Behörde durch Verordnung einzelne Straßen von dem Verbot der Ausübung von Wintersport ausnehmen und für den übrigen Fahrzeugverkehr sperren. *(BGBl 1976/412)*

(2) Eine Verordnung nach Abs. 1 ist durch Anschlag auf der Amtstafel der Behörde kundzumachen.

(3) Personen, die auf Straßen skifahren, schlittschuhlaufen oder rodeln, haben auf andere Straßenbenützer Rücksicht zu nehmen und ihnen auszuweichen.

§ 88. Spielen auf Straßen

(1) Auf der Fahrbahn sind Spiele jeder Art verboten; dies gilt nicht für Wohnstraßen. Wenn es das öffentliche Interesse erfordert und keine erheblichen Interessen am unbehinderten Straßenverkehr entgegenstehen, kann die Behörde durch Verordnung einzelne Fahrbahnen oder Fahrbahnabschnitte entweder dauernd oder für bestimmte Zeiten von diesem Verbot ausnehmen und für den übrigen Verkehr sperren. Eine solche Fahrbahn darf jedoch mit fahrzeugähnlichem „Spielzeug" und ähnlichen Bewegungsmitteln nur befahren werden, wenn sie keine oder nur eine geringe Neigung aufweist. Weiters kann die Behörde durch Verordnung auf einzelnen Fahrbahnen oder Fahrbahnabschnitten entweder dauernd oder für bestimmte Zeiten das Fahren mit Rollschuhen zulassen. *(BGBl I 1998/92; BGBl I 2019/37)*

(1a) Eine Verordnung nach Abs. 1 ist durch Anschlag auf der Amtstafel der Behörde kundzumachen. *(BGBl 1976/412)*

(2) Spiele auf Gehsteigen oder Gehwegen und deren Befahren mit fahrzeugähnlichem „Spielzeug" und ähnlichen Bewegungsmitteln in Schrittgeschwindigkeit sind gestattet, wenn hiedurch der Verkehr auf der Fahrbahn oder Fußgänger nicht gefährdet oder behindert werden. Kinder unter zwölf Jahren müssen beim Befahren von Gehsteigen oder Gehwegen mit den genannten Geräten von einer Person, die das 16. Lebensjahr vollendet hat, beaufsichtigt werden, wenn sie nicht Inhaber eines Radfahrausweises gemäß § 65 sind. Die Beaufsichtigungspflicht entfällt für Kinder über 8 Jahren für die Benützung der genannten Geräte, sofern diese ausschließlich durch Muskelkraft betrieben werden. *(BGBl I 2019/18; BGBl I 2019/37)*

(3) Es ist verboten, die Ordnung des Straßenverkehrs durch Werfen von Steinen, Schießen mit Schleudern, Auslösen von Knallpräparaten, Eisschleifen, Eisstockschießen, Blenden mit Spiegeln und ähnlichen Betätigungen zu stören oder Straßenbenützer auf diese Weise zu belästigen.

Rollschuhfahren

§ 88a. (1) Das Rollschuhfahren ist auf Gehsteigen, Gehwegen und Schutzwegen erlaubt. Das Befahren der Fahrbahn mit Rollschuhen in der Längsrichtung ist verboten; ausgenommen von diesem Verbot sind:

1. Radfahranlagen, nicht jedoch Radfahrstreifen außerhalb des Ortsgebietes,

2. Wohnstraßen, Begegnungszonen und Fußgängerzonen, *(BGBl I 2013/39)*

3. Fahrbahnen, die gemäß § 88 Abs. 1 vom Verbot des Spielens auf der Fahrbahn ausgenommen wurden und

4. Fahrbahnen, auf denen durch Verordnung der zuständigen Behörde das Fahren mit Rollschuhen zugelassen wurde.

(2) Bei der Benützung von Radfahranlagen haben Rollschuhfahrer die gemäß § 8a vorgeschriebene Fahrtrichtung einzuhalten und die für Radfahrer geltenden Verhaltensvorschriften zu beachten.

(3) Rollschuhfahrer haben sich so zu verhalten, dass andere Verkehrsteilnehmer weder gefährdet noch behindert werden; insbesondere haben sie ihre Geschwindigkeit auf Gehsteigen, Gehwegen, Schutzwegen, in Fußgängerzonen, in Wohnstraßen und in Begegnungszonen dem Fußgängerverkehr anzupassen. Abgesehen von Abs. 2 haben Rollschuhfahrer die für Fußgänger geltenden Verhaltensvorschriften zu beachten. *(BGBl I 2013/39)*

(4) Kinder unter zwölf Jahren dürfen auf Straßen mit öffentlichem Verkehr, außer in Wohnstraßen, nur unter Aufsicht einer Person, die das 16. Lebensjahr vollendet hat, rollschuhfahren, wenn sie nicht Inhaber eines Radfahrausweises gemäß § 65 sind.

(BGBl I 1998/92)

Rollerfahren

§ 88b. (1) Das Fahren mit Klein- und Minirollern mit elektrischem Antrieb (elektrisch betriebene Klein- und Miniroller) ist auf Gehsteigen, Gehwegen und Schutzwegen verboten. Ausgenommen von diesem Verbot sind Gehsteige und Gehwege, auf denen durch Verordnung der Behörde das Fahren mit elektrisch betriebenen Klein- und Minirollern mit einer höchsten zulässigen Leistung von nicht mehr als 600 Watt und einer Bauartgeschwindigkeit von nicht mehr als 25 km/h erlaubt wurde. Das Fahren ist ferner mit elektrisch betriebenen Klein- und Minirollern mit einer höchsten zulässigen Leistung von nicht mehr als 600 Watt und einer Bauartgeschwindigkeit von nicht mehr als 25 km/h auf Fahrbahnen, auf denen das Radfahren erlaubt ist, zulässig.

(2) Bei der Benutzung von elektrisch betriebenen Klein- und Minirollern sind alle für Radfahrer geltenden Verhaltensvorschriften zu beachten; insbesondere gilt die Benützungspflicht für Radfahranlagen (§ 68 Abs. 1) sinngemäß. Bei der Benützung von Radfahranlagen haben Rollerfahrer die gemäß § 8a vorgeschriebene Fahrtrichtung einzuhalten.

(3) Benutzer von elektrisch betriebenen Klein- und Minirollern haben sich so zu verhalten, dass andere Verkehrsteilnehmer weder gefährdet noch behindert werden; insbesondere haben sie auf Gehsteigen und Gehwegen Schrittgeschwindigkeit einzuhalten sowie die Geschwindigkeit in Fußgängerzonen, in Wohnstraßen und in Begegnungszonen dem Fußgängerverkehr anzupassen.

(4) Kinder unter 12 Jahren dürfen auf Straßen mit öffentlichem Verkehr, außer in Wohnstraßen, nur unter Aufsicht einer Person, die das 16. Lebensjahr vollendet hat, mit elektrisch betriebenen Klein- und Minirollern fahren, wenn sie nicht Inhaber eines Radfahrausweises gemäß § 65 sind.

(5) Elektrisch betriebene Klein- und Miniroller sind mit einer wirksamen Bremsvorrichtung, mit Rückstrahlern oder Rückstrahlfolien, die nach vorne in weiß, nach hinten in rot und zur Seite in gelb wirken sowie bei Dunkelheit und schlechter Sicht mit weißem Licht nach vorne und rotem Rücklicht auszurüsten.

(BGBl I 2019/37)

XI. Abschnitt

Verkehrserschwernisse

§ 89. Kennzeichnung von Verkehrshindernissen

(1) Gegenstände, die auf der Straße stehen oder liegen, sind von den Verfügungsberechtigten durch das Gefahrenzeichen „Andere Gefahren" und bei Dämmerung, Dunkelheit, Nebel oder wenn es die Witterung sonst erfordert durch Lampen kenntlich zu machen. Kann nur an einer Seite vorbeigefahren werden, so ist der Gegenstand für diejenigen, die links vorbeifahren, durch rotes Licht und für diejenigen, die rechts vorbeifahren, durch weißes Licht zu kennzeichnen. Kann an beiden Seiten vorbeigefahren werden, so ist der Gegenstand durch gelbes Licht zu kennzeichnen. Die Kennzeichnung darf unterbleiben, wenn die Gegenstände am Straßenrand so gelagert sind, daß niemand gefährdet oder behindert wird und sie bei schlechten Sichtverhältnissen durch rückstrahlendes Material oder eine sonstige Beleuchtung erkennbar sind. Dauernde Absperrungen, wie etwa Mautschranken u. dgl., müssen ständig gut erkennbar sein. *(BGBl 1976/412)*

(2) Ist ein mehrspuriges Fahrzeug auf einer Freilandstraße an einer unübersichtlichen Straßenstelle, bei durch Witterung bedingter schlechter Sicht, Dämmerung oder Dunkelheit zum Stillstand gelangt, so hat der Lenker diesen Umstand unverzüglich den Lenkern anderer, auf dem verlegten Fahrstreifen herannahender Fahrzeuge durch das Aufstellen einer nach den kraftfahrrechtlichen Vorschriften genehmigten Warneinrichtung anzuzeigen. Diese Warneinrichtung ist auf dem verlegten Fahrstreifen in der Richtung des ankommenden Verkehrs in einer der Verkehrssicherheit entsprechenden Entfernung von dem zum Stillstand gelangten Fahrzeug aufzustellen, damit sich die Lenker herannahender Fahrzeuge rechtzeitig auf das Verkehrshindernis einstellen können. *(BGBl 1976/412)*

(3) bis (5) *(entfällt, BGBl 1969/209)*

(BGBl 1969/209)

§ 89a. Entfernung von Hindernissen

(1) Die Lenker von Fahrzeugen haben dafür zu sorgen, daß Steine oder andere Gegenstände, die unter die Räder des Fahrzeuges gelegt worden sind, um das Abrollen zu verhindern, vor der

Weiterfahrt von der Straße entfernt werden. Kann mit einem Fahrzeug wegen einer Betriebsstörung die Fahrt nicht fortgesetzt werden, so hat der Lenker, wenn das Fahrzeug ein Hindernis bildet, für die eheste Entfernung des Fahrzeuges von der Fahrbahn zu sorgen.

(2) Wird durch einen Gegenstand auf der Straße, insbesondere durch ein stehendes Fahrzeug, mag es betriebsfähig oder nicht betriebsfähig sein, durch Schutt, Baumaterial, Hausrat und dergleichen der Verkehr beeinträchtigt, so hat die Behörde die Entfernung des Gegenstandes ohne weiteres Verfahren zu veranlassen. Die Entfernung ist ferner ohne weiteres Verfahren zu veranlassen

a) bei einem Gegenstand, bei dem zu vermuten ist, daß sich dessen der Inhaber entledigen wollte, sowie bei einem ohne Kennzeichentafeln abgestellten Kraftfahrzeug oder Anhänger und

b) bei einem Gegenstand (Fahrzeug, Container u. dgl.), der im Bereich eines Halte- und Parkverbotes abgestellt ist, das aus Gründen der Sicherheit erlassen worden und durch das Vorschriftszeichen nach § 52 Z 13 b mit einer Zusatztafel mit der Aufschrift „Abschleppzone" (§ 54 Abs. 5 lit. j) kundgemacht ist. *(BGBl 1994/518) (BGBl 1987/213)*

(2a) Eine Verkehrsbeeinträchtigung im Sinne des Abs. 2 ist insbesondere gegeben,

a) wenn Schienenfahrzeuge nicht unbehindert fahren können,

b) wenn der Lenker eines Omnibusses des Kraftfahrlinienverkehrs am Vorbeifahren oder Wegfahren, am Zufahren zu einer Haltestelle oder zu einer Garage oder am Befahren eines Fahrstreifens für Omnibusse gehindert ist,

c) wenn der Lenker eines sonstigen Fahrzeuges am Vorbeifahren oder Wegfahren oder am Zufahren zu einer Ladezone oder zu einer Garagen- oder Grundstückseinfahrt gehindert ist,

d) wenn ein Fahrzeug, bei dem kein Ausweis im Sinne des Abs. 4 angebracht ist, auf einem gemäß § 43 Abs. 1 lit. d freigehaltenen Abstellplatz abgestellt ist oder wenn der Inhaber eines Ausweises nach § 29b Abs. 1 oder 5 am Zufahren zu einem solchen Abstellplatz gehindert ist, *(BGBl 1998/92)*

e) wenn Fußgänger, insbesondere auch Personen mit Kinderwagen oder „Menschen mit Behinderungen, die auf einen Rollstuhl angewiesen sind", an der Benützung eines Gehsteiges, eines Gehweges oder eines Geh- und Radweges „erheblich behindert" sind, *(BGBl I 2022/122)*

f) wenn Radfahrer an der Benützung eines Radfahrstreifens, eines Radweges oder eines Geh- und Radweges gehindert sind,

g) wenn ein Fahrzeug auf einem Schutzweg, auf einer Radfahrerüberfahrt oder entgegen den Bestimmungen des § 24 Abs. 1 lit. l abgestellt ist oder *(BGBl I 2015/123)*

h) wenn ein Fahrzeug, das nicht ein Omnibus ist, auf einer für Omnibusse vorbehaltenen Fläche („Buszone") abgestellt ist.

oder

i) wenn der Lenker eines Taxifahrzeuges oder einer Fiakerkutsche am Zufahren zum Standplatz gehindert ist. *(BGBl I 1998/92) (BGBl 1983/174)*

(3) Im Falle der Unaufschiebbarkeit sind auch die Organe der Straßenaufsicht, des Straßenerhalters, der Feuerwehr oder eines Kraftfahrlinien- oder Eisenbahnunternehmens berechtigt, unter den im Abs. 2 genannten Voraussetzungen die dort bezeichneten Gegenstände zu entfernen oder entfernen zu lassen. Dies gilt insbesondere auch bei Vorliegen der Voraussetzungen für unaufschiebbare Verkehrsbeschränkungen nach § 44b Abs. 1. *(BGBl 1983/174)*

(4) Von der Entfernung des Gegenstandes nach Abs. 2 und vom Ort der Verbringung ist sowohl die dem Orte der bisherigen Aufstellung oder Lagerung am nächsten gelegene als auch die hiefür örtlich zuständige „Polizeidienststelle" unverzüglich zu verständigen. Von einer Entfernung des Gegenstandes nach Abs. 3 ist darüber hinaus die Behörde unverzüglich zu verständigen. Die „Polizeidienststelle" hat alle die Verbringung betreffenden Auskünfte zu erteilen. *(BGBl I 2012/50)*

(5) Sofern der Gegenstand noch nicht übernommen worden ist, hat die Behörde innerhalb einer Frist von einer Woche nach dem Entfernen des Gegenstandes den Eigentümer, im Falle des Entfernens eines zum Verkehr zugelassenen Kraftfahrzeuges oder Anhängers jedoch den Zulassungsbesitzer, durch Zustellung zu eigenen Handen „(§ 22 des Allgemeinen Verwaltungsverfahrensgesetzes 1991 – AVG, BGBl. Nr. 51/1991)" aufzufordern, den Gegenstand innerhalb einer Frist von sechs Monaten, einen im letzten Satz des Abs. 2 genannten Gegenstand aber innerhalb einer Frist von zwei Monaten, gerechnet vom Tage der Zustellung, zu übernehmen. „Kann die Person, an welche die Aufforderung zu richten wäre, nicht festgestellt werden, ist § 25 des Zustellgesetzes – ZustG, BGBl. Nr. 200/1982, sinngemäß anzuwenden." *(BGBl 1976/412; BGBl I 2013/39)*

(6) Nach erfolglosem Ablauf der gemäß Abs. 5 gesetzten Frist geht das Eigentum am entfernten Gegenstand auf den Erhalter jener Straße über, von der der Gegenstand entfernt worden ist. Dieser Eigentumsübergang findet jedoch nicht statt, wenn

a) der Gegenstand zu einem Zeitpunkt aufgestellt oder gelagert worden ist, zu dem die Voraussetzungen zur Entfernung nach Abs. 2 oder 3 noch nicht vorlagen und dem Inhaber des Gegenstandes der bevorstehende Eintritt der Voraussetzungen nicht bekannt war und

b) die Aufstellung oder Lagerung nicht schon von Anbeginn gesetzwidrig war. *(BGBl 1976/412)*

(7) Das Entfernen und Aufbewahren des Gegenstandes erfolgt auf Kosten desjenigen, der im Zeitpunkt des Aufstellens oder Lagerns des Gegenstandes dessen Inhaber, bei zum Verkehr zugelassenen Kraftfahrzeugen oder Anhängern dessen Zulassungsbesitzer war. Die Kosten sind vom Inhaber, bei zum Verkehr zugelassenen Kraftfahrzeugen oder Anhängern vom Zulassungsbesitzer oder deren Erfüllungsgehilfen (Beauftragten) bei der Übernahme des Gegenstandes zu bezahlen. Wird der Gegenstand innerhalb der gemäß Abs. 5 festgesetzten Frist nicht übernommen oder die Bezahlung der Kosten verweigert, so sind die Kosten dem Inhaber des entfernten Gegenstandes, bei zum Verkehr zugelassenen Kraftfahrzeugen dem Zulassungsbesitzer mit Bescheid vorzuschreiben. Ist der Gegenstand widerrechtlich entzogen worden, so sind die Kosten demjenigen vorzuschreiben, der den Gegenstand entzogen hat. Ist der Gegenstand jedoch zu einem Zeitpunkt aufgestellt oder gelagert worden, zu dem die Voraussetzungen zur Entfernung nach Abs. 2 oder 3 noch nicht vorlagen, so sind die Kosten für die Entfernung, Aufbewahrung und Übernahme des Gegenstandes und die Gefahr der Entfernung und Aufbewahrung von dem Rechtsträger zu tragen, dessen Organ die Entfernung veranlaßt hat, es sei denn, daß dem Inhaber der bevorstehende Eintritt der Voraussetzung bekannt war oder daß die Aufstellung oder Lagerung von Anbeginn gesetzwidrig war. Eine Kostenvorschreibung nach Ablauf von drei Jahren nach Entfernung des Gegenstandes ist unzulässig. *(BGBl 1976/412)*

(7a) Die Höhe der zu bezahlenden Kosten (Abs. 7) kann durch Verordnung in Bauschbeträgen (Tarifen) gestaffelt bei Fahrzeugen nach der Art, sonst nach Größe oder Gewicht der Gegenstände auf Grund einer Ausschreibung nach dem kostengünstigsten Angebot festgesetzt werden. Die Festsetzung ist derart vorzunehmen, daß die notwendigen, der Behörde aus der Entfernung und Aufbewahrung der Gegenstände tatsächlich erwachsenden durchschnittlichen Kosten gedeckt sind. Hiezu gehören insbesondere die Kosten des Einsatzes der Transportfahrzeuge, der Entlohnung des für das Entfernen benötigten Personals, der Amortisation der Geräte sowie der Errichtung, des Betriebes, der Erhaltung, der Sicherung und der Bewachung des Ortes der Aufbewahrung, wobei jedoch jene Kosten unberücksichtigt zu bleiben haben, die die Behörde aus dem allgemeinen Aufwand zu tragen hat. Die für die Aufbewahrung der Gegenstände zu entrichtenden Bauschbeträge sind nach der Dauer der Verwahrung zu bestimmen. *(BGBl 1977/616)*

(8) Durch die Bestimmungen der Abs. 2 bis 7 werden Rechtsvorschriften über gefundene oder vom Eigentümer preisgegebene Sachen nicht berührt. Ist die Entsorgung einer preisgegebenen Sache erforderlich, so sind die Kosten hierfür vom letzten Eigentümer, im Fall eines Kraftfahrzeuges vom letzten Zulassungsbesitzer, zu tragen. Wird die Bezahlung der Kosten verweigert, so sind die Kosten dem letzten Eigentümer, im Fall eines Kraftfahrzeuges dem letzten Zulassungsbesitzer mit Bescheid vorzuschreiben. Ein bei der Entsorgung erzielter Gewinn ist von den Kosten in Abzug zu bringen. *(BGBl I 2005/52)*

(BGBl 1969/209)

§ 90. Arbeiten auf oder neben der Straße

(1) Wird durch Arbeiten auf oder neben der Straße der Straßenverkehr beeinträchtigt, so ist hiefür unbeschadet sonstiger Rechtsvorschriften eine Bewilligung der Behörde erforderlich. Die Bewilligung ist auf Antrag des Bauführers zu erteilen, wenn die Beeinträchtigung nicht wesentlich ist oder wenn es möglich ist, für die Aufrechterhaltung der Sicherheit, Leichtigkeit und Flüssigkeit des Verkehrs in anderer Weise zu sorgen.

(2) Die Bestimmungen des Abs. 1 finden keine Anwendung auf verkehrsfremde Tätigkeiten, für die gemäß § 82 eine Bewilligung erforderlich ist, sowie für Arbeiten an Mautanlagen und zur Erhaltung, Pflege und Reinigung der Straßen, für Vermessungsarbeiten und für nur kurzfristige dringende Reparaturen an öffentlichen Einrichtungen. Solche Arbeiten sind, sofern dies die Verkehrssicherheit erfordert, durch das Gefahrenzeichen „Baustelle" anzuzeigen. Für Personen, die mit Vermessungsarbeiten oder den dringenden Reparaturen an öffentlichen Einrichtungen beschäftigt sind, gelten die Bestimmungen des § 98 Abs. 2 sinngemäß. *(BGBl I 2002/50)*

(3) Die Bewilligung ist unter Berücksichtigung der Art und des Umfanges der Bauführung und der Verkehrsbedeutung der Straße zur Wahrung der Sicherheit, Leichtigkeit und Flüssigkeit des Verkehrs bedingt, befristet oder mit Auflagen (z. B. Absperrung mit rot-weiß gestreiften Schranken) zu erteilen. Geschwindigkeitsbeschränkungen aus Anlaß von Arbeiten auf oder neben der Straße dürfen nur von der Behörde und nur im unbedingt notwendigen Ausmaß und nur für die unbedingt notwendige Strecke angeordnet werden.

(4) Der Antragsteller hat dem Antrag sämtliche Unterlagen beizulegen, die erforderlich sind, damit die Behörde das Vorliegen der Voraussetzungen gemäß Abs. 1 beurteilen kann. *(BGBl I 2013/39)*

§ 91. Bäume und Einfriedungen neben der Straße

(1) Die Behörde hat die Grundeigentümer aufzufordern, Bäume, Sträucher, Hecken und derglei-

chen, welche die Verkehrssicherheit, insbesondere die freie Sicht über den Straßenverlauf oder auf die Einrichtungen zur Regelung und Sicherung des Verkehrs oder welche die Benützbarkeit der Straße einschließlich der auf oder über ihr befindlichen, dem Straßenverkehr dienenden Anlagen, z. B. Oberleitungs- und Beleuchtungsanlagen, beeinträchtigen, auszuästen oder zu entfernen.

(2) Ein Anspruch auf Entschädigung für die Ausästung oder Beseitigung (Abs. 1) besteht nur bei Obstbäumen, die nicht in den Luftraum über der Straße hineinragen. Über die Entschädigung entscheidet die Behörde nach den Bestimmungen des Eisenbahnenteignungsgesetzes 1954.

(3) An Einfriedungen, die von einer Straße nicht mehr als zwei Meter entfernt sind, dürfen spitze Gegenstände, wie Stacheldraht und Glasscherben, nur in einer Höhe von mehr als zwei Metern über der Straße und nur so angebracht werden, daß eine Gefährdung der Straßenbenützer nicht möglich ist.

(4) *(entfällt, BGBl I 2009/93)*

(5) Frisch gestrichene Gegenstände auf oder an der Straße müssen, solange sie abfärben, auffallend kenntlich gemacht werden.

§ 92. Verunreinigung der Straße

(1) Jede gröbliche oder die Sicherheit der Straßenbenützer gefährdende Verunreinigung der Straße durch feste oder flüssige Stoffe, insbesondere durch Schutt, Kehricht, Abfälle und Unrat aller Art, sowie das Ausgießen von Flüssigkeiten bei Gefahr einer Glatteisbildung ist verboten. Haften an einem Fahrzeug, insbesondere auf seinen Rädern, größere Erdmengen, so hat sie der Lenker vor dem Einfahren in eine staubfreie Straße zu entfernen. *(BGBl 1964/204)*

(2) Die Besitzer oder Verwahrer von Hunden haben dafür zu sorgen, dass diese Gehsteige, Gehwege, Geh- und Radwege, Fußgängerzonen, Wohnstraßen und Begegnungszonen nicht verunreinigen. *(BGBl I 2013/39)*

(3) Personen, die den Vorschriften der vorhergehenden Absätze zuwiderhandeln, können, abgesehen von den Straffolgen, zur Entfernung, Reinigung oder zur Kostentragung für die Entfernung oder Reinigung verhalten werden.

§ 93. Pflichten der Anrainer

(1) Die Eigentümer von Liegenschaften in Ortsgebieten, ausgenommen die Eigentümer von unverbauten, land- und forstwirtschaftlich genutzten Liegenschaften, haben dafür zu sorgen, daß die entlang der Liegenschaft in einer Entfernung von nicht mehr als 3 m vorhandenen, dem öffentlichen Verkehr dienenden Gehsteige und Gehwege einschließlich der in ihrem Zuge befindlichen Stiegenanlagen entlang der ganzen Liegenschaft in der Zeit von 6 bis 22 Uhr von Schnee und Verunreinigungen gesäubert sowie bei Schnee und Glatteis bestreut sind. Ist ein Gehsteig (Gehweg) nicht vorhanden, so ist der Straßenrand in der Breite von 1 m zu säubern und zu bestreuen. Die gleiche Verpflichtung trifft die Eigentümer von Verkaufshütten. *(BGBl I 1998/92)*

(1a) In einer Fußgängerzone oder Wohnstraße ohne Gehsteige gilt die Verpflichtung nach Abs. 1 für einen 1 m breiten Streifen entlang der Häuserfronten. *(BGBl 1983/174)*

(2) Die in Abs. 1 genannten Personen haben ferner dafür zu sorgen, daß Schneewächten oder Eisbildungen von den Dächern ihrer an der Straße gelegenen Gebäude bzw. Verkaufshütten entfernt werden. *(BGBl 1983/174)*

(3) Durch die in Abs. 1 und 2 genannten Verrichtungen dürfen Straßenbenützer nicht gefährdet oder behindert werden; wenn nötig, sind die gefährdeten Straßenstellen längstens für die Dauer der Verrichtung abzuschranken oder sonst in geeigneter Weise zu kennzeichnen. Bei den Arbeiten ist darauf Bedacht zu nehmen, daß der Abfluß des Wassers von der Straße nicht behindert, Wasserablaufgitter und Rinnsale nicht verlegt, Sachen, insbesondere Leitungsdrähte, Oberleitungs- und Beleuchtungsanlagen nicht beschädigt und Anlagen für den Betrieb von Eisenbahnen, insbesondere von Straßenbahnen oder Oberleitungsomnibussen in ihrem Betrieb nicht gestört werden. Weiters ist darauf Bedacht zu nehmen, dass Bäume und sonstige Bepflanzungen nicht beschädigt werden; bei Streuung mit Salz sind Baumscheiben und Grünflächen von der Bestreuung jedenfalls auszunehmen. *(BGBl I 2022/122)*

(4) Nach Maßgabe des Erfordernisses des Fußgängerverkehrs, sowie der Sicherheit, Leichtigkeit oder Flüssigkeit des übrigen Verkehrs hat die Behörde, sofern im Einzelfall unter den gleichen Voraussetzungen auf Antrag des nach Abs. 1 oder 5 Verpflichteten nicht die Erlassung eines Bescheides in Betracht kommt, durch Verordnung

a) die in Abs. 1 bezeichneten Zeiten, in denen die dort genannten Verkehrsflächen von Schnee oder Verunreinigung gesäubert oder bestreut sein müssen, einzuschränken;

b) die in Abs. 1 bezeichneten Verrichtungen auf bestimmte Straßenteile, insbesondere auf eine bestimmte Breite des Gehsteiges (Gehweges) oder der Straße einzuschränken;

c) zu bestimmen, daß auf gewissen Straßen oder Straßenteilen nicht alle in Abs. 1 genannten Verrichtungen vorgenommen werden müssen;

d) die Vorsichtsmaßregeln näher zu bestimmen, unter denen die in Abs. 1 und 2 bezeichneten Verrichtungen durchzuführen sind. *(BGBl 1969/209)*

(5) Andere Rechtsvorschriften, insbesondere das Hausbesorgergesetz, BGBl. Nr. 16/1970,

werden durch die Abs. 1 bis 4 nicht berührt. Wird durch ein Rechtsgeschäft eine Verpflichtung nach Abs. 1 bis 3 übertragen, so tritt in einem solchen Falle der durch das Rechtsgeschäft Verpflichtete an die Stelle des Eigentümers. *(BGBl 1976/412)*

(6) Zum Ablagern von Schnee aus Häusern oder Grundstücken auf die Straße ist eine Bewilligung der Behörde erforderlich. Die Bewilligung ist zu erteilen, wenn das Vorhaben die Sicherheit, Leichtigkeit und Flüssigkeit des Verkehrs nicht beeinträchtigt.

XII. Abschnitt

Behörden und Straßenerhalter

§ 94. Zuständigkeit des Bundesministers für Verkehr, Innovation und Technologie

Behörde im Sinne dieses Bundesgesetzes ist der Bundesminister für Verkehr, Innovation und Technologie

1. für die Erlassung der ihm in diesem Bundesgesetz ausdrücklich vorbehaltenen Verordnungen,

2. für die Erlassung von Verordnungen, die Autobahnen betreffen, ausgenommen jedoch Verordnungen gemäß § 43 Abs. 1a, und

3. für die Erlassung von Verordnungen, mit denen Bundesstraßen zu Autostraßen oder Vorrangstraßen erklärt werden.

(BGBl I 2005/52)

§ 94a. Zuständigkeit der Landesregierung

(1) Behörde im Sinne dieses Bundesgesetzes ist, sofern sich nicht eine andere Zuständigkeit ergibt, die Landesregierung. Diese ist jedenfalls für die Handhabung der Verkehrspolizei (§ 94b Abs. 1 lit. a) auf Autobahnen zuständig. *(BGBl 1989/86)*

(2) Die Landesregierung kann Organe, die „der Landespolizeidirektion" angehören oder „dieser" zugeteilt sind und in Angelegenheiten des Straßenverkehrs besonders geschult sind, zur Handhabung der Verkehrspolizei einsetzen:

a) auf der Autobahn,

b) auf verkehrsreichen Straßenzügen,

c) wenn die Verkehrsverhältnisse diesen Einsatz erfordern,

d) wenn auf Grund von Verkehrsbeobachtungen, Verkehrszählungen oder Verkehrserfahrungen aus Anlaß vorhersehbarer Ereignisse dieser Einsatz notwendig ist,

e) zur Hintanhaltung von schweren Verwaltungsübertretungen, insbesondere solchen nach § 5, § 99 Abs. 1 bis 2 und Überschreitungen von erlaubten Höchstgeschwindigkeiten, oder wenn ein über den Bereich einer Bezirksverwaltungsbehörde hinausgehendes Einschreiten erforderlich ist. *(BGBl I 2004/151)*
(BGBl I 2012/50)

(3) Abs. 2 lit. b bis e gilt nicht für „das Gebiet einer Gemeinde, für das die Landespolizeidirektion zugleich Sicherheitsbehörde erster Instanz ist". *(BGBl 1994/518; BGBl I 2012/50)*

(4) Die Landesregierung kann sich im „Gebiet einer Gemeinde, für das eine Landespolizeidirektion zugleich Sicherheitsbehörde erster Instanz ist" zur Vollziehung des Abs. 1 zweiter Satz auch der „Angehörigen des Wachkörpers Bundespolizei" dieser Behörden bedienen. *(BGBl 1989/86; BGBl I 2012/50)*

(BGBl 1969/209)

§ 94b. Zuständigkeit der Bezirksverwaltungsbehörde

(1) Behörde im Sinne dieses Bundesgesetzes ist, sofern der Akt der Vollziehung nur für den betreffenden politischen Bezirk wirksam werden soll und sich nicht die Zuständigkeit der Gemeinde oder „– im Gebiet einer Gemeinde, für das die Landespolizeidirektion zugleich Sicherheitsbehörde erster Instanz ist – der Landespolizeidirektion" ergibt, die Bezirksverwaltungsbehörde

a) für die Verkehrspolizei, das ist die Überwachung der Einhaltung straßenpolizeilicher Vorschriften und die unmittelbare Regelung des Verkehrs durch Arm- oder Lichtzeichen, nicht jedoch für die Verkehrspolizei auf der Autobahn,

b) für die Erlassung von Verordnungen und Bescheiden,

c) für die Entfernung von Hindernissen (§ 89a) mit Ausnahme der Erlassung von Verordnungen nach § 89a Abs. 7a, *(BGBl 1977/616)*

d) für Hinweise auf Gefahren und sonstige verkehrswichtige Umstände, unbeschadet des Rechtes des Straßenerhalters nach § 98 Abs. 3,

e) für die Führung des Verzeichnisses von Bestrafungen nach § 96 Abs. 7,

f) für die Sicherung des Schulweges (§§ 29a und 97a), *(BGBl 1994/518)*

g) für die Anordnung der Teilnahme am Verkehrsunterricht und die Durchführung des Verkehrsunterrichtes (§ 101), *(BGBl 1989/86)*

h) für die Feststellung von unfallverhütenden Maßnahmen gemäß § 96 Abs. 1. *(BGBl I 1998/92)*
(BGBl I 2012/50)

(2) Die Bezirksverwaltungsbehörde ist ferner Behörde im Sinne dieses Bundesgesetzes für Personen, die ihren ordentlichen Wohnsitz im örtlichen Wirkungsbereich der Behörde haben

a) *(entfällt, BGBl I 2013/39)*

b) für die Erteilung einer Bewilligung sowie die Ausstellung eines Radfahrausweises nach § 65 Abs. 2.

(BGBl 1994/518)
(BGBl 1969/209)

§ 94c. Übertragener Wirkungsbereich der Gemeinde

(1) Die Landesregierung kann durch Verordnung von der Bezirksverwaltungsbehörde zu besorgende Angelegenheiten (§ 94b), die nur das Gebiet einer Gemeinde betreffen, wenn und insoweit dies im Interesse der Zweckmäßigkeit, Raschheit und Einfachheit gelegen ist, dieser Gemeinde übertragen. Bei der Besorgung der übertragenen Angelegenheiten tritt die Gemeinde an die Stelle der Bezirksverwaltungsbehörde. Vor Erlassung der Verordnung ist der Bezirksverwaltungsbehörde Gelegenheit zur Stellungnahme zu geben. *(BGBl 1986/105)*

(2) Die Übertragung kann sich, sofern sich aus Abs. 3 nichts anderes ergibt, sowohl auf gleichartige einzelne, als auch auf alle im § 94b bezeichneten Angelegenheiten hinsichtlich einzelner oder aller Straßen beziehen. Angelegenheiten des Verwaltungsstrafverfahrens mit Ausnahme der Vollziehung des § 50 VStG und Angelegenheiten des Verkehrsunterrichtes (§ 101) sind von der Übertragung ausgeschlossen. Die Übertragung ist durch Verordnung zu widerrufen oder einzuschränken, wenn die Voraussetzungen, unter denen sie erfolgt ist, überhaupt weggefallen bzw. nicht mehr in seinerzeitigem Umfang gegeben sind. *(BGBl 1986/105)*

(3) Sofern eine Gemeinde über einen Gemeindewachkörper verfügt, kann ihr die Handhabung der Verkehrspolizei (§ 94b Abs. 1 lit. a) durch diesen übertragen werden. Hiebei können alle oder nur bestimmte Angelegenheiten der Verkehrspolizei hinsichtlich aller oder nur einzelner Straßen übertragen werden. Die Ermächtigung der übrigen Organe der Straßenaufsicht, die Verkehrspolizei im Gemeindegebiet zu handhaben, bleibt unberührt. *(BGBl 1994/518)*

(BGBl 1969/209)

§ 94d. Eigener Wirkungsbereich der Gemeinde

Sofern der Akt der Vollziehung nur für das Gebiet der betreffenden Gemeinde wirksam werden und sich auf Straßen, die nach den Rechtsvorschriften weder als Autobahnen, Autostraßen, Bundesstraßen oder Landesstraßen gelten noch diesen Straßen gleichzuhalten sind, beziehen soll, sind folgende Angelegenheiten von der Gemeinde im eigenen Wirkungsbereich zu besorgen:

1. die Erlassung von Verordnungen nach § 20 Abs. 2 a, *(BGBl 1994/518)*

1a. die Bewilligung von Ausnahmen nach § 24 Abs. 8, *(BGBl 1994/518)*

1b. die Bestimmung von Kurzparkzonen (§ 25), *(BGBl 1994/518)*

1c. die Erlassung einer Verordnung nach § 25 Abs. 5, *(BGBl 1994/518)*

2. das Verbot oder die Einschränkung von Wirtschaftsfuhren (§ 30 Abs. 6),

3. die Verpflichtung eines Anrainers, die Anbringung von Einrichtungen zur Regelung und Sicherung des Verkehrs zu dulden (§ 33 Abs. 1),

3a. die Erlassung von Bescheiden betreffend Vermeidung von Verkehrsbeeinträchtigungen (§ 35), *(BGBl 1983/174)*

4. die Erlassung von Verordnungen nach § 43, mit denen

a) Beschränkungen für das Halten und Parken,

b) ein Hupverbot,

c) ein Benützungsverbot für[1]) Radfahranlagen durch Rollschuhfahrer oder

d) Geschwindigkeitsbeschränkungen

erlassen werden, *(BGBl I 1998/92)*

4a. die Erlassung von Verordnungen nach § 43 Abs. 2a, *(BGBl 1986/105)*

5. Hinweise auf Gefahren und sonstige verkehrswichtige Umstände, unbeschadet des diesbezüglichen Rechtes des Straßenerhalters nach § 98 Abs. 3,

6. die Bewilligung von Ausnahmen (§ 45) von den erlassenen Beschränkungen und Verboten, *(BGBl 1991/615 (VfGH))*

6a. *(entfällt, BGBl 1976/412)*

7. die Bewilligung der Ladetätigkeit nach § 62 Abs. 4 und 5,

8. die Bestimmung von Fußgängerzonen und die Bewilligung von Ausnahmen für Fußgängerzonen (§ 76a),

8a. die Bestimmung von Wohnstraßen (§ 76b), *(BGBl 1983/174)*

8b. die Bestimmung von Fahrradstraßen einschließlich der Bewilligung von Ausnahmen für Fahrradstraßen (§ 67), *(BGBl I 2013/39)*

8c. die Bestimmung von Begegnungszonen (§ 76c), *(BGBl I 2013/39)*

9. die Bewilligung nach § 82,

10. die Bewilligung von Werbungen und Ankündigungen (§ 84 Abs. 3),

10a.

11. die Anweisung eines Platzes zur Ausübung der Bettelmusik (§ 85 Abs. 3),

12. die Entgegennahme der Anzeigen von Umzügen (§ 86), sofern sich nicht aus § 95 die Zuständigkeit der „Landespolizeidirektion" ergibt, *(BGBl I 2012/50)*

13. die Erlassung von Verordnungen nach § 87 Abs. 1 (Wintersport auf Straßen),

1/1. StVO
§§ 94d – 95

14. die Erlassung von Verordnungen nach § 88 Abs. 1 (Spielen auf Straßen, Rollschuhfahren auf Fahrbahnen), *(BGBl I 1998/92)*

15. die Entfernung von Hindernissen (§ 89a),

15a. Die Erlassung von Verordnungen nach § 89a Abs. 7a (Tariffestsetzung für die Entfernung und Aufbewahrung von Hindernissen), *(BGBl 1977/616)*

16. die Bewilligung von Arbeiten (§ 90) einschließlich der Erlassung der durch diese Arbeiten erforderlichen Verkehrsverbote und Verkehrsbeschränkungen,

17. die Verpflichtung, Straßenverunreinigungen zu beseitigen bzw. die Kosten hiefür zu tragen (§ 92 Abs. 3),

18. die Erlassung von Verordnungen und Bescheiden nach § 93 Abs. 4 und 6 (Pflichten der Anrainer),

19. die Handhabung der Bestimmungen des § 96 Abs. 4,

20. die Sicherung des Schulweges (§§ 29a und 97a) „"[1] *(BGBl 1994/518; BGBl 2019/37)*

21. die Erlassung von Verordnungen nach § 88b Abs. 1 StVO. *(BGBl I 2019/37)*

(BGBl 1976/412)

---
[1] Müsste wohl richtig „von" heißen.

§ 94e. Verordnungen

Soweit Verordnungen nicht gemäß § 94 vom Bundesminister für Verkehr, Innovation und Technologie zu erlassen sind, steht ihre Erlassung den Ländern zu.

(BGBl I 2005/52)

§ 94f. Mitwirkung

(1) Vor Erlassung einer Verordnung ist, außer bei Gefahr im Verzuge und bei Verordnungen gemäß § 43 Abs. 1a, die Autobahnen betreffen, anzuhören:

a) von der Landesregierung und von der Bezirksverwaltungsbehörde:

1. die betroffene Gemeinde,

2. wenn sich der Geltungsbereich einer Verordnung auch auf „das Gebiet einer Gemeinde, für das die Landespolizeidirektion zugleich Sicherheitsbehörde erster Instanz ist," erstrecken soll, diese Behörde, *(BGBl I 2012/50)*

3. wenn Interessen von Mitgliedern einer Berufsgruppe berührt werden, die gesetzliche Interessenvertretung dieser Berufsgruppe;

b) von der Gemeinde (§ 94c und d):

1. wenn sich der Geltungsbereich einer Verordnung auch auf „das Gebiet einer Gemeinde, für das die Landespolizeidirektion zugleich Sicherheitsbehörde erster Instanz ist," erstrecken soll, diese Behörde, *(BGBl I 2012/50)*

2. wenn Interessen von Mitgliedern einer Berufsgruppe berührt werden, die gesetzliche Interessenvertretung dieser Berufsgruppe. *(BGBl I 2005/52)*

(2) Die Landesregierung und die Bezirksverwaltungsbehörde haben, außer bei Gefahr im Verzuge, vor Erlassung eines Bescheides in Angelegenheiten, die das Gebiet einer Gemeinde, für das die Landespolizeidirektion zugleich Sicherheitsbehörde erster Instanz ist, oder das Gebiet nur einer Gemeinde berühren, die Landespolizeidirektion bzw. die Gemeinde anzuhören. Dies gilt jedoch nicht für Strafverfügungen oder Straferkenntnisse wegen Übertretungen nach § 99 und für die Anordnung der Teilnahme am Verkehrsunterricht (§ 101). Die Gemeinde (§ 94c und d) hat, außer bei Gefahr im Verzuge, vor Erlassung eines Bescheides in Angelegenheiten, die das Gebiet einer Gemeinde, für das die Landespolizeidirektion zugleich Sicherheitsbehörde erster Instanz ist, berühren, die Landespolizeidirektion anzuhören. *(BGBl I 2012/50)*

(3) Die Anhörung der Gemeinde nach den Abs. 1 und 2 hat zu entfallen, wenn die Gemeinde Straßenerhalter ist. In diesem Falle gilt § 98 Abs. 1.

(BGBl 1969/209)

§ 95. Landespolizeidirektionen

(1) Im „Gebiet einer Gemeinde, für das die Landespolizeidirektion zugleich Sicherheitsbehörde erster Instanz ist, obliegt der Landespolizeidirektion", soweit in den folgenden Absätzen nichts anderes bestimmt ist,

a) die Handhabung der Verkehrspolizei (§ 94 b lit. a), jedoch nicht auf der Autobahn, *(BGBl 1994/518)*

b) die Ausübung des Verwaltungsstrafrechts (§§ 99 und 100) einschließlich der Führung des Verzeichnisses von Bestrafungen (§ 96), jedoch nicht die Ausübung des Verwaltungsstrafrechts hinsichtlich Übertretungen der Bestimmungen über die Benützung der Straße zu verkehrsfremden Zwecken in den Fällen der §§ 82 bis 88a, *(BGBl I 2022/122)*

c) die Anordnung der Teilnahme am Verkehrsunterricht und die Durchführung des Verkehrsunterrichts (§ 101), *(BGBl 1994/518)*

d) die Schulung und Ermächtigung von Organen der Straßenaufsicht zur Prüfung der Atemluft auf Alkoholgehalt sowie überhaupt die Handhabung der §§ 5, 5a und 5b, *(BGBl 1994/518)*

e) das Verbot des Lenkens von Fahrzeugen (§ 59), *(BGBl 1994/518)*

f) die Bewilligung sportlicher Veranstaltungen (§ 64), *(BGBl 1994/518)*

g) die Entgegennahme der Anzeigen von Umzügen (§ 86), *(BGBl 1994/518)*

h) die Sicherung des Schulweges (§§ 29a und 97a), sofern sich nicht die Zuständigkeit der Gemeinde (§ 94d) ergibt.
(BGBl 1994/518; BGBl I 2012/50)

(1a) Im „Gebiet einer Gemeinde, für das die Landespolizeidirektion zugleich Sicherheitsbehörde erster Instanz ist, obliegen der Landespolizeidirektion" die in Abs. 1 lit. a bis h genannten Aufgaben, ausgenommen die Ausübung des Verwaltungsstrafrechtes hinsichtlich Übertretungen der §§ 8 Abs. 4, 9 Abs. 7, 23 bis 25 und 26a Abs. 3 sowie der Kurzparkzonen-Überwachungsverordnung. *(BGBl 2005/52; BGBl I 2012/50)*

(1b) und (1c) *(entfällt, BGBl I 2005/52)*

(2) Die „Landespolizeidirektionen" dürfen die ihnen obliegenden Angelegenheiten nicht auf die Gemeinde (§ 94 Abs. 3) übertragen. *(BGBl I 2012/50)*

(3) Die „Landespolizeidirektionen" haben bei Amtshandlungen nach Abs. 1 lit. f und g den Ortsgemeinden Gelegenheit zur Stellungnahme zu geben. *(BGBl I 2012/50)*

§ 96. Besondere Rechte und Pflichten der Behörde

(1) „Ereignen sich an einer Straßenstelle oder -strecke, unter besonderer Berücksichtigung von Abbiegevorgängen an Kreuzungen, wiederholt Unfälle mit Personen- oder Sachschaden, so hat die Behörde unverzüglich – insbesondere auf Grund von Berichten der Dienststellen von Organen der Straßenaufsicht oder sonstiger geeigneter Stellen, unter Durchführung eines Lokalaugenscheins, Einholung eines Sachverständigengutachten, Auswertung von Unfallverzeichnissen u. dgl. – festzustellen, welche Maßnahmen zur Verhütung weiterer Unfälle ergriffen werden können; hiebei ist auf den jeweiligen Stand der Wissenschaft und Forschung Bedacht zu nehmen." Das Ergebnis dieser Feststellungen ist demjenigen, der für die Ergreifung der jeweiligen Maßnahme zuständig ist, und der Landesregierung mitzuteilen. *(BGBl 1994/518; BGBl I 2019/77)*

(1a) Als unfallverhütend festgestellte Maßnahmen sind unverzüglich zu verwirklichen; ist das nicht möglich, so hat die Stelle, die für die Ergreifung der Maßnahme zuständig ist, der feststellenden Behörde und der Landesregierung die Umstände mitzuteilen, die diesen Maßnahmen entgegenstehen. Ist jedoch die Landesregierung oder der Bundesminister für Verkehr, Innovation und Technologie für die Ergreifung der Maßnahme zuständig, so sind die der Maßnahme entgegenstehenden Umstände in einem Aktenvermerk (§ 16 AVG) festzuhalten. *(BGBl I 2005/52)*

(1b) *(entfällt, BGBl I 2015/123)*

(2) Die Behörde hat mindestens alle fünf Jahre unter Beiziehung des Straßenerhalters alle angebrachten Einrichtungen zur Regelung und Sicherung des Verkehrs daraufhin zu überprüfen, ob sie noch erforderlich sind. Nicht mehr erforderliche Einrichtungen dieser Art sind zu entfernen. *(BGBl I 2015/123)*

(3) Die Behörde hat bei Kreuzungen von zwei Vorrangstraßen durch Anbringen der Straßenverkehrszeichen „Ende der Vorrangstraße" und „Vorrang geben" oder „Halt" zu bestimmen, welcher Fahrzeuglenker auf einer solchen Kreuzung den Vorrang hat. *(BGBl 1976/412)*

(4) Die Behörde hat unter Bedachtnahme auf die Sicherheit, Leichtigkeit und Flüssigkeit des Verkehrs von Amts wegen oder auf Antrag der gesetzlichen Interessenvertretung die Standplätze für Fahrzeuge des Platzfuhrwerks-Gewerbes (Taxi-Gewerbes) sowie des Ausflugswagen-(Stadtrundfahrten-)Gewerbes festzusetzen. Dabei hat sie unter Berücksichtigung der zur Verfügung stehenden Abstellflächen und deren beste Ausnützung für diese Standplätze entweder nur das Parken oder für den ganzen Bereich des Standplatzes oder nur für einen Teil desselben auch das Halten zu verbieten. Die Standplätze sind durch die Vorschriftszeichen nach § 52 Z 13a bzw. 13b mit den entsprechenden Zusatztafeln, zum Beispiel mit der Aufschrift „AUSGENOMMEN ... TAXI", zu kennzeichnen. Die Vorschriften dieses Absatzes gelten sinngemäß auch für die Standplätze des mit Pferden betriebenen Platzfuhrwerks-Gewerbes mit der Maßgabe, daß an Stelle des Ausdruckes „TAXI" der Ausdruck „FIAKER" zu verwenden ist. *(BGBl 1989/86)*

(5) Wird durch eine Haltestelle des Kraftfahrlinienverkehrs die Sicherheit, Leichtigkeit und Flüssigkeit des Verkehrs beeinträchtigt, so hat die Behörde die Verlegung der Haltestelle zu verfügen. Das Recht der Konzessionsbehörde zur bedarfsmäßigen Festsetzung der Haltestellen von Kraftfahrlinien nach den hiefür geltenden Rechtsvorschriften bleibt unberührt. Das gleiche gilt für Haltestellen von Straßenbahnen.

(6) Sofern es die Sicherheit, Leichtigkeit und Flüssigkeit des Straßenverkehrs erfordert, hat die Behörde zu verfügen, daß bestimmte Arten der Straßenbenützung, insbesondere solche, für die eine behördliche Bewilligung erforderlich ist, von Organen der Straßenaufsicht besonders zu überwachen sind. Die Behörde hat in regelmäßigen Abständen den Einsatz von Organen der Straßenaufsicht zur besonderen Überwachung der Bestimmungen des § 42 anzuordnen. *(BGBl 1994/518)*

(7) Die Behörde hat ein Verzeichnis aller Personen zu führen, die in ihrem örtlichen Wirkungsbereich den Hauptwohnsitz haben und innerhalb der letzten fünf Jahre wegen einer Übertretung nach § 99 Abs. 1 bis 2 oder § 37a FSG bestraft worden sind. Hat eine Person ihren Hauptwohn-

sitz nicht innerhalb des örtlichen Wirkungsbereiches der Behörde, die das Strafverfahren durchführt, so hat diese die Bestrafung nach Rechtskraft der Behörde des Hauptwohnsitzes bekanntzugeben. *(BGBl I 1998/92)*

(8) *(entfällt, BGBl 1994/518)*

§ 97. Organe der Straßenaufsicht

(1) Die Organe der Straßenaufsicht, insbesondere der Bundespolizei und im Falle des § 94 c Abs. 1 auch der Gemeindewachkörper, haben die Verkehrspolizei (§ 94 b Abs. 1 lit. a) zu handhaben und bei der Vollziehung dieses Bundesgesetzes durch

a) Vorbeugungsmaßnahmen gegen drohende Verwaltungsübertretungen,

b) Maßnahmen, die für die Einleitung von Verwaltungsstrafverfahren erforderlich sind,

c) Anwendung körperlichen Zwanges, soweit er gesetzlich vorgesehen ist,

mitzuwirken.

Darüber hinaus können Mitglieder eines Gemeindewachkörpers mit Zustimmung der Gemeinde von der zuständigen Bezirksverwaltungsbehörde in dem Umfang und unter den Voraussetzungen wie die sonstigen Organe der Straßenaufsicht zur Mitwirkung bei der Vollziehung dieses Bundesgesetzes durch die in lit. a bis c angeführten Maßnahmen ermächtigt werden. In diesem Fall unterstehen die Mitglieder des Gemeindewachkörpers in fachlicher Hinsicht der zuständigen Bezirksverwaltungsbehörde.
(BGBl I 2004/151)

(1a) Zollorgane haben im Bereich des Amtsplatzes im Sinne des § 11 des Zollrechts-Durchführungsgesetzes, BGBl. Nr. 659/1994, an der Vollziehung dieses Bundesgesetzes im Rahmen der ihnen sonst obliegenden Aufgaben in dem in Abs. 1 bezeichneten Umfang mitzuwirken und gelten hiebei als Organe der Straßenaufsicht. Im Bereich einer Mautstelle dürfen auch die mit der Mauteinhebung betrauten Organe den Verkehr durch Arm- oder Lichtzeichen regeln. *(BGBl I 1998/92)*

(2) Organe der Straßenaufsicht, ausgenommen Organe der Bundespolizei oder einer Gemeindesicherheitswache oder Zollorgane, sind auf ihre Dienstpflichten zu vereidigen und mit einem Dienstabzeichen auszustatten. Form, Ausstattung und Tragweise des Dienstabzeichens sind unter Bedachtnahme auf seinen Zweck und seine Erkennbarkeit durch Verordnung des Bundesministers für Verkehr, Innovation und Technologie zu bestimmen. *(BGBl I 2005/52)*

(3) Bei Gefahr im Verzuge, wie zum Beispiel bei Bränden oder Unfällen, oder in besonderen Ausnahmefällen, wie zum Beispiel bei Straßenbauten, kann die Behörde, wenn es die Sicherheit, Leichtigkeit und Flüssigkeit des Verkehrs erfordert, außer den Organen der Straßenaufsicht auch andere geeignete Personen mit der Regelung des Verkehrs auf den in Betracht kommenden Straßenteilen vorübergehend betrauen. Sie hat diese Personen nach Möglichkeit mit einer weißen Armbinde kenntlich zu machen und mit einem Ausweis, aus dem diese Betrauung hervorgeht, zu versehen. Wenn es die Sicherheit, Leichtigkeit und Flüssigkeit des Verkehrs erfordert, kann die Behörde auch Organe eines Straßenbahnunternehmens mit der Regelung des Verkehrs im Bereiche von Straßenbahnhaltestellen betrauen.

(4) Die Organe der Straßenaufsicht sowie die nach Abs. 3 betrauten Organe sind, wenn es die Sicherheit, Leichtigkeit und Flüssigkeit des sich bewegenden oder die Ordnung des ruhenden Verkehrs erfordert, berechtigt, einzelnen Straßenbenützern für den Einzelfall Anordnungen für die Benützung der Straße zu erteilen, und zwar auch solche, die von den sonstigen diesbezüglichen Bestimmungen abweichen. Diese Anordnungen dürfen

a) nur gegeben werden, wenn ihre Befolgung ohne Gefährdung von Personen und ohne Beschädigung von Sachen möglich ist,

b) nur befolgt werden, wenn dies ohne Gefährdung von Personen und ohne Beschädigung von Sachen möglich ist.

(5) Die Organe der Straßenaufsicht sind berechtigt, durch deutlich sichtbare oder hörbare Zeichen Fahrzeuglenker zwecks Lenker- oder Fahrzeugkontrolle, zwecks anderer, den Fahrzeuglenker oder eine beförderte Person betreffende Amtshandlungen oder zwecks Durchführung von Verkehrserhebungen (wie Verkehrszählungen u. dgl.) zum Anhalten aufzufordern. Der Fahrzeuglenker hat der Aufforderung Folge zu leisten. Bei solchen Amtshandlungen sind die Organe der Straßenaufsicht auch berechtigt, die aus Gründen der Verkehrssicherheit allenfalls notwendigen Verkehrsbeschränkungen (zB sogenannte Geschwindigkeitstrichter) anzuordnen und durch Straßenverkehrszeichen kundzumachen sowie eine allenfalls notwendige Regelung mit Lichtzeichen vorzunehmen. Art, Zeit und Dauer der angeordneten Verkehrsbeschränkungen sind in einem Aktenvermerk (§ 16 AVG) festzuhalten. *(BGBl I 2015/123)*

(5a) Die Organe der Straßenaufsicht während der bescheidmäßig vorgeschriebenen Begleitung von Sondertransporten sowie die im § 29 Abs. 3 genannten Soldaten und Angehörigen der Heeresverwaltung während der Begleitung eines Sondertransports gemäß § 97 Abs. 3 KFG 1967 sind nicht an die Bestimmungen über das Verhalten bei Bodenmarkierungen gebunden und überdies berechtigt, durch Anbringung der Straßenverkehrszeichen gemäß § 52 Z 4a und 4c an dem hinter dem Sondertransport fahrenden Begleitfahrzeug Fahrzeuglenkern das Überholen zu verbieten, soweit dies im Bescheid bzw. nach den vom Bundesminister für Landesverteidigung und Sport entwickelten Regeln für Transportabsicherung und Transportbegleitung vorgesehen ist. Hinsichtlich der Anbringung der Zeichen und deren Geltungsbereich gilt § 48 Abs. 3. *(BGBl I 2015/123)*

(6) Alle Personen, die auf Grund der Bestimmungen dieses Bundesgesetzes mit der unmittelbaren Regelung des Verkehrs befaßt sind, müssen während dieser Tätigkeit so ausgerüstet sein und sich so aufstellen, daß sie von allen Straßenbenützern bei gehöriger Aufmerksamkeit leicht gesehen werden können.

(BGBl 1969/209)

§ 97a. Sicherung des Schulweges

(1) Die Behörde kann auf Vorschlag oder nach Anhörung der Leitung eines Kindergartens oder einer Schule geeignete Personen mit der Regelung des Verkehrs nach Maßgabe des Abs. 3 betrauen; sie hat den betrauten Personen einen Ausweis, aus dem die Betrauung hervorgeht, auszufolgen. *(BGBl 1976/412)*

(2) Die betrauten Personen sind mit einem geeigneten Signalstab sowie mit einer gut wahrnehmbaren Schutzausrüstung auszustatten, die sie während der Verkehrsregelung zu tragen haben. Der Bundesminister für Inneres hat durch Verordnung die Ausführung, Beschaffenheit, Farbe und sonstige zur Wahrnehmbarkeit erforderliche Eigenschaften des Signalstabes und der Schutzausrüstung sowie den Inhalt und die Form des Ausweises zu bestimmen. *(BGBl 1994/518)*

(3) Die betrauten Personen dürfen durch deutlich erkennbare Zeichen mit dem Signalstab die Lenker von Fahrzeugen zum Anhalten auffordern, um Kindern das Überqueren der Fahrbahn zu ermöglichen. Die betrauten Personen dürfen diese Verkehrsregelung nur an Straßenstellen, an denen der Verkehr nicht durch Lichtzeichen geregelt wird, und nur ausüben

a) in der unmittelbaren Umgebung von Gebäuden, in denen Schulen, die von Kindern unter 15 Jahren besucht werden, oder Kindergärten untergebracht sind, aber nur auf Fahrbahnstellen, die von Kindern in der Regel auf dem Schulweg (Weg zum oder vom Kindergarten) überquert werden, oder

b) als Begleitung von geschlossenen Kindergruppen.

(4) Den Anordnungen (Abs. 3) der betrauten Personen ist Folge zu leisten.

(BGBl 1964/204)

§ 98. Besondere Rechte und Pflichten des Straßenerhalters

(1) Der Straßenerhalter ist in jedem nach den Bestimmungen dieses Bundesgesetzes durchzuführenden Verfahren Partei im Sinne des § 8 des „Allgemeinen Verwaltungsverfahrensgesetzes 1991 – AVG, BGBl. Nr. 51/1991,"; dies gilt jedoch nicht für Verfahren nach § 59 über das Verbot des Lenkens von Fahrzeugen, nach § 65 über die Bewilligung der Benützung von Fahrrädern durch Personen unter 12 Jahren, nach § 99 über die Bestrafung von Übertretungen straßenpolizeilicher Vorschriften, es sei denn, daß auch über privatrechtliche Ansprüche des Straßenerhalters zu entscheiden ist (§ 100 Abs. 6) und nach § 101 über die Verpflichtung zur Teilnahme am Verkehrsunterricht. Vor Erlassung einer Verordnung auf Grund dieses Bundesgesetzes hat die Behörde den Straßenerhalter anzuhören, es sei denn, daß Gefahr im Verzuge ist und er nicht rechtzeitig beteiligt werden kann. Vom Inhalt der Verordnung ist er in jedem Falle in Kenntnis zu setzen. *(BGBl 1969/209; BGBl I 2013/39)*

(2) Der Straßenerhalter hat seine Organe, die mit der Erhaltung, Pflege und Reinigung der Straßen beauftragt sind, mit einer auffallenden Schutzausrüstung auszustatten und sie anzuweisen, diese Ausrüstung während der Dauer der Arbeitsverrichtungen zu tragen. Die Schutzausrüstung braucht auf Straßenstellen, die durch das Gefahrenzeichen „Baustelle" (§ 50 Z. 9) gekennzeichnet sind, nicht getragen zu werden. *(BGBl 1969/209)*

(3) Der Straßenerhalter darf auch ohne behördlichen Auftrag Einrichtungen zur Regelung und Sicherung des Verkehrs (§ 31 Abs. 1) anbringen; dies gilt unbeschadet der Bestimmungen über unaufschiebbare Verkehrsbeschränkungen (§ 44b), jedoch nicht für die in § 44 Abs. 1 genannten Straßenverkehrszeichen und Bodenmarkierungen. Die Behörde kann ihm jedoch, wenn es die Sicherheit, Leichtigkeit oder Flüssigkeit des Verkehrs erfordert, vorschreiben, Einrichtungen zur Regelung und Sicherung des Verkehrs zu entfernen oder an den von ihr zu bestimmenden Stellen anzubringen. Die Entfernung der genannten Einrichtungen kann die Behörde insbesondere verlangen, wenn ihre Anbringung gesetzwidrig oder sachlich unrichtig ist. *(BGBl 1994/518)*

(4) Der Straßenerhalter hat der Behörde Umstände, die in der Anlage oder Beschaffenheit der Straße begründet sind und für die Erlassung einer Verordnung nach § 43 maßgebend sein können, bekanntzugeben.

XIII. Abschnitt
Besondere Vorschriften für die Verkehrsüberwachung mittels bildverarbeitender technischer Einrichtungen, Straf- und Schlussbestimmungen

Abschnittsbezogene Geschwindigkeitsüberwachung

§ 98a. (1) Wenn es zur Erhöhung oder Gewährleistung der Verkehrssicherheit oder zur Fernhaltung von Gefahren oder Belästigungen, insbesondere durch Lärm, Geruch oder Schadstoffe und zum Schutz der Bevölkerung oder der Umwelt dringend erforderlich erscheint, darf die Behörde zur automationsunterstützten Feststellung einer Überschreitung einer ziffernmäßig festgesetzten zulässigen Höchstgeschwindigkeit bildverarbeitende technische Einrichtungen verwenden, mit denen die durchschnittliche Fahrgeschwindigkeit eines Fahrzeuges auf einer festgelegten Wegstrecke gemessen werden kann. Diese technischen Einrichtungen umfassen jeweils alle Anlagenteile, die dem vorgenannten Zweck dienen. Die Messstrecke ist durch Verordnung festzulegen. „Der Einsatz dieser technischen Einrichtungen ist der Landespolizeidirektion, in deren örtlichem Wirkungsbereich die festgelegte Messstrecke endet, sieben Tage vor seinem Beginn für Zwecke des Abs. 2 erster Satz mitzuteilen." *(BGBl I 2018/29)*

(2) „ " Im Übrigen dürfen diese Daten über den Zeitpunkt der Feststellung der durchschnittlichen Fahrgeschwindigkeit auf einer festgelegten Wegstrecke hinaus nur im Überschreitungsfall und nur insoweit verwendet werden, als dies zur Identifizierung eines Fahrzeuges oder eines Fahrzeuglenkers erforderlich ist, und zwar ausschließlich für Zwecke eines Verwaltungsstrafverfahrens wegen der Überschreitung der zulässigen Höchstgeschwindigkeit. Daten, die keine Überschreitungsfälle betreffen, sind unverzüglich und in nicht rückführbarer Weise zu löschen. *(BGBl I 2018/29; BGBl I 2019/113 (VfGH))*

(3) Soweit die bildgebende Erfassung von Personen außer dem Fahrzeuglenker technisch nicht ausgeschlossen werden kann, sind diese Personen ohne unnötigen Verzug in nicht rückführbarer Weise unkenntlich zu machen.

(4) Beginn und Ende der mit einer technischen Einrichtung gemäß Abs. 1 überwachten Messstrecke sind anzukündigen.

(BGBl I 2009/16)

Punktuelle Geschwindigkeitsmessung

§ 98b. (1) Die Behörden dürfen zur automationsunterstützten Feststellung einer Überschreitung einer ziffernmäßig festgesetzten zulässigen Höchstgeschwindigkeit bildverarbeitende technische Einrichtungen verwenden, mit denen die Fahrgeschwindigkeit eines Fahrzeuges an einem Punkt gemessen werden kann. Diese technischen Einrichtungen umfassen jeweils alle Anlagenteile, die dem vorgenannten Zweck dienen. Ihr Einsatz hat dort zu erfolgen, wo dies aus Gründen der Erhöhung oder Gewährleistung der Verkehrssicherheit oder zur Fernhaltung von Gefahren oder Belästigungen, insbesondere durch Lärm, Geruch oder Schadstoffe und zum Schutz der Bevölkerung oder der Umwelt oder aus anderen wichtigen Gründen erforderlich erscheint.

(2) Die Ermittlung von Daten, die zur Identifizierung von Fahrzeugen oder Fahrzeuglenkern geeignet sind, mittels Einrichtungen gemäß Abs. 1 ist jeweils auf den Fall einer festgestellten Überschreitung einer ziffernmäßig festgesetzten zulässigen Höchstgeschwindigkeit zu beschränken. Soweit die bildgebende Erfassung von Personen außer dem Fahrzeuglenker technisch nicht ausgeschlossen werden kann, sind diese Personen ohne unnötigen Verzug in nicht rückführbarer Weise unkenntlich zu machen.

(3) Die bei einer Messung gemäß Abs. 1 ermittelten Daten dürfen ausschließlich für die Identifizierung des Fahrzeuges oder des Fahrzeuglenkers und nur für Zwecke eines Verwaltungsstrafverfahrens wegen einer Überschreitung einer ziffernmäßig festgesetzten zulässigen Höchstgeschwindigkeit verwendet werden.

(BGBl I 2009/16)

Abstandsmessung

§ 98c. (1) Für Zwecke der automationsunterstützten Feststellung einer Unterschreitung des erforderlichen Sicherheitsabstands beim Hintereinanderfahren gemäß § 18 dürfen die Behörden jeweils räumlich und zeitlich begrenzt bildverarbeitende technische Einrichtungen verwenden. Diese technischen Einrichtungen umfassen jeweils alle Anlagenteile, die diesem Zweck dienen. Die Ermittlung von Daten mittels dieser Einrichtungen hat sich auf Fälle des begründeten Verdachtes von Unterschreitungen des erforderlichen Sicherheitsabstandes zu beschränken.

(2) Wird mittels einer technischen Einrichtung gemäß Abs. 1 eine Unterschreitung eines notwendigen Sicherheitsabstands beim Hintereinanderfahren gemäß § 18 festgestellt, dürfen über den Zeitpunkt der Feststellung der Unterschreitung hinaus ausschließlich die Daten verwendet werden, die zur Identifizierung des auffahrenden Fahrzeuges oder des betreffenden Fahrzeuglenkers erforderlich sind, und zwar ausschließlich für Zwecke eines Verwaltungsstrafverfahrens wegen einer solchen Unterschreitung sowie wegen einer allenfalls gleichzeitig festgestellten Überschreitung einer ziffernmäßig festgesetzten zulässigen Höchstgeschwindigkeit. „Soweit mit-

tels einer technischen Einrichtung gemäß Abs. 1 zwar keine Unterschreitung eines notwendigen Sicherheitsabstandes, jedoch eine Überschreitung einer ziffernmäßig festgesetzten zulässigen Höchstgeschwindigkeit festgestellt wird, dürfen die bezüglichen Daten auch für die Zwecke eines darauf Bezug nehmenden Verwaltungsstrafverfahrens verwendet werden." *(BGBl I 2013/39)*

(3) Soweit die bildgebende Erfassung von Personen außer dem Fahrzeuglenker technisch nicht ausgeschlossen werden kann, sind diese Personen ohne unnötigen Verzug in nicht rückführbarer Weise unkenntlich zu machen. Dasselbe gilt für Kennzeichen von anderen Fahrzeugen als des auffahrenden Fahrzeuges, soweit ein solches Kennzeichen nicht für Zwecke des Ermittlungsverfahrens zwingend erforderlich ist.

(BGBl I 2009/16)

Überwachung der Beachtung von Lichtzeichen

§ 98d. (1) Für Zwecke der automationsunterstützten Feststellung einer Missachtung eines Rotlichtzeichens durch Verkehrsteilnehmer dürfen Behörden bildverarbeitende technische Einrichtungen verwenden. Diese technischen Einrichtungen umfassen jeweils alle Anlagenteile, die diesem Zweck dienen.

(2) Die Ermittlung von Daten, die zur Identifizierung von Fahrzeugen oder Verkehrsteilnehmern geeignet sind, mittels Einrichtungen gemäß Abs. 1 ist jeweils auf den Fall einer festgestellten Missachtung eines Rotlichtzeichens zu beschränken. Soweit die bildgebende Erfassung von Personen, die keine Übertretung begangen haben, technisch nicht ausgeschlossen werden kann, sind diese Personen ohne unnötigen Verzug in nicht rückführbarer Weise unkenntlich zu machen.

(3) Gemäß Abs. 1 ermittelte Daten dürfen ausschließlich für die Identifizierung des Fahrzeuges oder des Verkehrsteilnehmers verwendet werden, und zwar ausschließlich für Zwecke eines Verwaltungsstrafverfahrens wegen einer Missachtung gemäß Abs. 1.

(BGBl I 2009/16)

Überwachung aus Fahrzeugen

§ 98e. (1) Die Behörde darf die

1. bei Vorliegen eines durch eigene dienstliche Wahrnehmung eines Organs des öffentlichen Sicherheitsdienstes begründeten Verdachts hinsichtlich einer in Abs. 2 genannten Übertretung und

2. durch die genannten Organe zum Zweck der Dokumentation dieser Verwaltungsübertretung zum Einsatz gelangenden, in Fahrzeugen installierten, bildverarbeitenden technischen Einrichtungen

gewonnenen Daten für Zwecke nachfolgender Verwaltungsstrafverfahren verwenden.

(2) Als Verwaltungsübertretung gemäß Abs. 1 gelten Verstöße gegen Vorschriften dieses Bundesgesetzes oder aufgrund dieses Bundesgesetzes erlassener Verordnungen, insbesondere eine ziffernmäßig bestimmte Überschreitung der zulässigen Höchstgeschwindigkeit, eine Unterschreitung eines erforderlichen Sicherheitsabstands beim Hintereinanderfahren gemäß § 18 oder die Missachtung einer Verkehrsregelung durch Lichtzeichen oder Verstöße gegen kraftfahrrechtliche Vorschriften.

(3) Gemäß Abs. 1 gewonnene Daten dürfen über den Zeitpunkt der Feststellung von Übertretungen hinaus nur verwendet werden, soweit dies zur unmittelbaren Ahndung der Übertretungen oder für Zwecke nachfolgender Verwaltungsstrafverfahren erforderlich ist.

(4) Soweit die bildgebende Erfassung von Personen, die nicht im Verdacht stehen, eine der in Abs. 1 genannten Übertretungen begangen zu haben, technisch nicht ausgeschlossen werden kann, sind diese Personen ohne unnötigen Verzug in nicht rückführbarer Weise unkenntlich zu machen. Dies gilt nicht, wenn und insoweit die Daten für Zwecke eines nachfolgenden Ermittlungsverfahrens zwingend erforderlich sind.

(BGBl I 2009/16)

Verkehrsbeobachtung

§ 98f. (1) Soweit dies

1. für die Regelung sowie die Leichtigkeit, Flüssigkeit und Sicherheit des Verkehrs oder

2. für die Erfüllung der den Behörden und Straßenerhaltern gesetzlich obliegenden Aufgaben

erforderlich ist, dürfen die Behörden und Straßenerhalter zur Beobachtung des Verkehrsgeschehens technische Einrichtungen zur Bildübertragung einsetzen.

(2) Eine bildgebende Erfassung, die eine Identifizierung von Personen oder Fahrzeugen ermöglicht, ist jedoch nur zulässig, soweit dies im Einzelfall zwingend erforderlich ist, um die Aufgaben nach Abs. 1 zu erfüllen.

(3) Eine Speicherung von gemäß Abs. 1 gewonnenen Daten ist nicht zulässig. Für Zwecke der Information der Öffentlichkeit im Wege von Medien dürfen im Bedarfsfall auf Anfrage manuell einzelne Bildquellen ausgewählt und daraus kurze Bildfolgen gespeichert und an Medien übermittelt werden, soweit eine Identifizierung von Personen oder Fahrzeugen nicht möglich ist.

(BGBl I 2009/16)

Zulässige Weiterverwendung von Daten in bestimmten Fällen

§ 98g. (1) Die Behörde darf durch Verwendung bildverarbeitender technischer Einrichtungen gemäß den §§ 98a bis 98d ermittelte Daten außer für die dort genannten Zwecke auch für Zwecke eines nachfolgenden Verwaltungsstrafverfahrens wegen einer in Abs. 2 genannten Verwaltungsübertretung verwenden. Bei bildgebender Erfassung von Personen außer dem Fahrzeuglenker müssen diese Personen nicht unkenntlich gemacht werden, wenn aufgrund der bildgebenden Erfassung der Verdacht hinsichtlich einer Übertretung durch diese Personen besteht.

(2) Als Verwaltungsübertretung im Sinne des Abs. 1 gelten Verstöße gegen § 102 Abs. 3 5. Satz sowie § 106 Abs. 1, 2, 5, 7 und 12 KFG.

(BGBl I 2017/6)

§ 99. Strafbestimmungen

(1) Eine Verwaltungsübertretung begeht und ist mit einer Geldstrafe von „1600 Euro bis 5900 Euro"*, im Fall ihrer Uneinbringlichkeit mit „Freiheitsstrafe"** von zwei bis sechs Wochen, zu bestrafen,

a) wer ein Fahrzeug lenkt oder in Betrieb nimmt, obwohl der Alkoholgehalt seines Blutes 1,6 g/l (1,6 Promille) oder mehr oder der Alkoholgehalt seiner Atemluft 0,8 mg/l oder mehr beträgt, *(BGBl I 1998/92)*

b) wer sich bei Vorliegen der in § 5 bezeichneten Voraussetzungen weigert, seine Atemluft auf Alkoholgehalt untersuchen oder sich vorführen zu lassen, oder sich bei Vorliegen der bezeichneten Voraussetzungen nicht der ärztlichen Untersuchung unterzieht, *(BGBl I 1994/518)*

c) **(Verfassungsbestimmung)** wer sich bei Vorliegen der im § 5 bezeichneten Voraussetzungen weigert, sich Blut abnehmen zu lassen. *(BGBl 1994/518)*

(BGBl I 2002/32; *BGBl I 2009/93; **BGBl I 2013/39)

(1a) Eine Verwaltungsübertretung begeht und ist mit einer Geldstrafe von „1200 Euro bis 4400 Euro"*, im Fall ihrer Uneinbringlichkeit mit „Freiheitsstrafe"** von zehn Tagen bis sechs Wochen, zu bestrafen, wer ein Fahrzeug lenkt oder in Betrieb nimmt, obwohl der Alkoholgehalt seines Blutes 1,2 g/l (1,2 Promille) oder mehr, aber weniger als 1,6 g/l (1,6 Promille) oder der Alkoholgehalt seiner Atemluft 0,6 mg/l oder mehr, aber weniger als 0,8 mg/l beträgt. *(BGBl I 2002/32; *BGBl I 2009/93; **BGBl I 2013/39)*

(1b) Eine Verwaltungsübertretung begeht und ist mit einer Geldstrafe von „800 Euro bis 3700 Euro"*, im Fall ihrer Uneinbringlichkeit mit „Freiheitsstrafe"** von einer bis sechs Wochen, zu bestrafen, wer in einem durch Alkohol oder Suchtgift beeinträchtigten Zustand ein Fahrzeug lenkt oder in Betrieb nimmt. *(BGBl I 2002/32; *BGBl I 2009/93; **BGBl I 2013/39)*

(2) Eine Verwaltungsübertretung begeht und ist mit einer Geldstrafe von 36 Euro bis 2 180 Euro, im Fall ihrer Uneinbringlichkeit mit „Freiheitsstrafe" von 24 Stunden bis sechs Wochen, zu bestrafen,

a) der Lenker eines Fahrzeuges, dessen Verhalten am Unfallort mit einem Verkehrsunfall in ursächlichem Zusammenhang steht, sofern er den Bestimmungen des § 4 Abs. 1 und 2 zuwiderhandelt, insbesondere nicht anhält, nicht Hilfe leistet oder herbeiholt oder nicht die nächste „Polizeidienststelle" verständigt, *(BGBl I 2012/50)*

b) *(entfällt, BGBl 1963/228)*

c) wer als Lenker eines Fahrzeuges, zB beim Überholen, als Wartepflichtiger oder in Hinblick auf eine allgemeine oder durch Straßenverkehrszeichen kundgemachte Geschwindigkeitsbeschränkung, unter besonders gefährlichen Verhältnissen oder mit besonderer Rücksichtslosigkeit gegenüber anderen Straßenbenützern gegen die Vorschriften dieses Bundesgesetzes oder der auf Grund dieses Bundesgesetzes erlassenen Verordnungen verstößt, sofern nicht eine Übertretung nach Abs. 2d oder 2e vorliegt, *(BGBl I 2009/93)*

d) wer im Bereich von Fahrbahnkuppen oder von unübersichtlichen Kurven auf einem von den Lenkern herannahender Fahrzeuge zu benützenden Fahrstreifen oder auf Vorrangstraßen außerhalb des Ortsgebietes bei starkem Nebel oder bei sonstiger erheblicher Sichtbehinderung hält oder parkt (§ 24 Abs. 1) oder ein Verkehrshindernis nicht kennzeichnet (§ 89), *(BGBl 1976/412)*

e) wer Einrichtungen zur Regelung und Sicherung des Verkehrs unbefugt anbringt, entfernt, verdeckt oder in ihrer Lage oder Bedeutung verändert oder solche Einrichtungen beschädigt, es sei denn, die Beschädigung ist bei einem Verkehrsunfall entstanden und die nächste „Polizeidienststelle" oder der Straßenerhalter ist von der Beschädigung unter Bekanntgabe der Identität des Beschädigers ohne unnötigen Aufschub verständigt worden, *(BGBl 1971/274; BGBl I 2012/50)*

f) wer ein Fahrzeug lenkt, obwohl ihm dies gemäß § 59 verboten ist.
(BGBl I 2002/32; BGBl I 2013/39)

(2a) Eine Verwaltungsübertretung begeht und ist mit einer Geldstrafe von 218 Euro bis 2 180 Euro, im Fall ihrer Uneinbringlichkeit mit „Freiheitsstrafe" von 48 Stunden bis sechs Wochen zu bestrafen, wer als Lenker eines Fahrzeuges gegen die Fahrverbote des § 42 oder einer auf Grund des § 42 erlassenen Fahrverbotsverordnung verstößt. *(BGBl I 2002/32; BGBl I 2013/39)*

(2b) Wer als Lenker eines Fahrzeuges die in Abs. 2a genannte Verwaltungsübertretung innerhalb von 2 Stunden ab Beginn des jeweiligen

Fahrverbotes begeht, ist mit einer Geldstrafe bis zu 726 Euro, im Falle ihrer Uneinbringlichkeit mit „Freiheitsstrafe" bis zu zwei Wochen zu bestrafen. *(BGBl I 2002/32; BGBl I 2013/39)*

(2c) Eine Verwaltungsübertretung begeht und ist mit einer Geldstrafe von 72 Euro bis 2 180 Euro, im Fall ihrer Uneinbringlichkeit mit „Freiheitsstrafe" von 24 Stunden bis sechs Wochen, zu bestrafen, wer als Lenker eines Fahrzeuges

1. Fußgänger, die Schutzwege vorschriftsmäßig benützen, gefährdet,

2. Radfahrer, die Radfahrerüberfahrten vorschriftsmäßig benützen, gefährdet,

3. Fußgänger, die Schutzwege vorschriftsmäßig benützen oder Radfahrer, die Radfahrerüberfahrten vorschriftsmäßig benützen, behindert,

4. den erforderlichen Sicherheitsabstand zum nächsten vor ihm fahrenden Fahrzeug gemäß § 18 Abs. 1 nicht einhält, sofern der zeitliche Sicherheitsabstand 0,2 Sekunden oder mehr, aber weniger als 0,4 Sekunden beträgt,

5. unter Nichtbeachtung des Vorschriftszeichens „Halt" gegen § 19 Abs. 7 verstößt,

6. bei rotem Licht nicht anhält und dadurch Lenker von Fahrzeugen, für die gemäß § 38 Abs. 4 auf Grund grünen Lichts „Freie Fahrt" gilt, zu unvermitteltem Bremsen oder zum Ablenken ihrer Fahrzeuge nötigt,

7. verbotenerweise den Pannenstreifen auf der Autobahn mit einem mehrspurigen Kraftfahrzeug befährt, wenn damit eine Behinderung von Einsatzfahrzeugen, Fahrzeugen des Straßendienstes, der Straßenaufsicht oder des Pannendienstes verbunden ist,

8. verbotenerweise den Pannenstreifen auf der Autobahn mit einem einspurigen Kraftfahrzeug befährt, wenn damit eine Behinderung von Einsatzfahrzeugen, Fahrzeugen des Straßendienstes, der Straßenaufsicht oder des Pannendienstes verbunden ist,;" *(BGBl I 2011/59)*

9. trotz Vorliegens der Voraussetzungen keine Rettungsgasse bildet, wenn damit eine Behinderung von Einsatzfahrzeugen, Fahrzeugen des Straßendienstes oder Fahrzeugen des Pannendienstes verbunden ist, *(BGBl I 2011/59)*

10. verbotenerweise eine Rettungsgasse befährt, wenn damit eine Behinderung von Einsatzfahrzeugen, Fahrzeugen des Straßendienstes oder Fahrzeugen des Pannendienstes verbunden ist. *(BGBl I 2011/59)*
(BGBl I 2005/15; BGBl I 2013/39)

(2d) Eine Verwaltungsübertretung begeht und ist mit einer Geldstrafe von 150 bis 5000 Euro, im Fall ihrer Uneinbringlichkeit mit Freiheitsstrafe von 24 Stunden bis zu sechs Wochen, zu bestrafen, wer die zulässige Höchstgeschwindigkeit um mehr als 30 km/h überschreitet. *(BGBl I 2021/154)*

(2e) Eine Verwaltungsübertretung begeht und ist mit einer Geldstrafe von 300 bis 5000 Euro, im Fall ihrer Uneinbringlichkeit mit Freiheitsstrafe von 48 Stunden bis zu sechs Wochen, zu bestrafen, wer die jeweils zulässige Höchstgeschwindigkeit im Ortsgebiet um mehr als 40 km/h oder außerhalb des Ortsgebiets um mehr als 50 km/h überschreitet. *(BGBl I 2021/154)*

(3) Eine Verwaltungsübertretung begeht und ist mit einer Geldstrafe bis zu 726 Euro, im Fall ihrer Uneinbringlichkeit mit „Freiheitsstrafe" bis zu zwei Wochen, zu bestrafen,

a) wer als Lenker eines Fahrzeuges, als Fußgänger, als Reiter oder als Treiber oder Führer von Vieh gegen die Vorschriften dieses Bundesgesetzes oder der auf Grund dieses Bundesgesetzes erlassenen Verordnungen verstößt und das Verhalten nicht nach den Abs. 1, 1a, 1b, 2, 2a, 2b, 2c, 2d, 2e oder 4 zu bestrafen ist, *(BGBl I 2009/93)*

b) wer in anderer als der in Abs. 2 lit. a bezeichneten Weise gegen die Bestimmungen des § 4 verstößt, insbesondere die Herbeiholung einer Hilfe nicht ermöglicht, den bei einem Verkehrsunfall entstandenen Sachschaden nicht meldet oder als Zeuge eines Verkehrsunfalles nicht Hilfe leistet,

c) wer die Kennzeichnung „Arzt im Dienst", „Mobile Hauskrankenpflege im Dienst", „Feuerwehr" oder „Hebamme im Dienst" unbefugt oder zu anderen als im § 24 bezeichneten Zwecken gebraucht, *(BGBl I 2013/39)*

d) wer Straßen ohne Bewilligung zu verkehrsfremden Zwecken (X. Abschnitt) benützt, insbesondere ohne Bewilligung eine nach § 82 bewilligungspflichtige Tätigkeit oder Herstellung vornimmt oder ohne Bewilligung sportliche Veranstaltungen nach § 64 abhält,

e) wer sich an Fahrzeuge anhängt, um sich ziehen zu lassen,

f) wer Tiere während der Fahrt an einer Leine hält oder an Fahrzeuge anhängt, um sie mitlaufen zu lassen, ausgenommen die Fälle des § 74 Abs. 3, *(BGBl 1983/174)*

g) wer Straßenbenützer blendet,

h) wer als Besitzer eines Fuhrwerkes dieses einem anderen in unvorschriftsmäßigem Zustand zum Betrieb überläßt,

i) wer beim Betrieb eines Fahrzeuges oder bei einer Ladetätigkeit vermeidbaren Lärm erregt oder sonst gegen die in diesem Bundesgesetz oder in Verordnungen auf Grund dieses Bundesgesetzes enthaltenen Bestimmungen zum Schutze vor Lärmbelästigung, z. B. gegen § 69, verstößt,

j) wer in anderer als der in lit. a bis h sowie in den Abs. 1, 1a, 1b, 2, 2a, 2b, 2c und 4 bezeichneten Weise Gebote, Verbote oder Beschränkungen sowie Auflagen, Bedingungen oder Fristen in

Bescheiden nicht beachtet „..." *(BGBl I 2002/80; BGBl I 2011/34)*

k) wer durch Arbeiten auf oder neben der Straße entgegen den Bestimmungen des § 90 den Straßenverkehr beeinträchtigt. *(BGBl I 2011/34) (BGBl I 2002/32; BGBl I 2013/39)*

(4) Eine Verwaltungsübertretung begeht und ist mit einer Geldstrafe bis zu 72 Euro, im Fall ihrer Uneinbringlichkeit mit „Freiheitsstrafe" bis zu 48 Stunden, zu bestrafen,

a) wer auf fahrende Fahrzeuge aufspringt oder von ihnen abspringt,

b) wer Erwerbstätigkeiten auf Straßen entgegen den Bestimmungen des § 85 Abs. 1 ausübt oder durch Arbeiten an Schaufenstern den Verkehr behindert (§ 85 Abs. 2),

c) wer Versammlungen, öffentliche oder ortsübliche Umzüge, volkstümliche Feste, Prozessionen und Leichenbegängnisse nicht gemäß § 86 anzeigt,

d) wer auf Straßen trotz Verbot Wintersport betreibt,

e) wer durch Spiele auf oder neben der Straße oder sonst gegen die Bestimmungen des § 88 verstößt oder als gesetzlicher Vertreter von Kindern zuläßt, daß sie gegen diese Bestimmungen verstoßen,

f) wer an Einfriedungen spitze Gegenstände anbringt oder frisch gestrichene Gegenstände nicht kenntlich macht (§ 91), *(BGBl I 2011/34)*

g) wer Straßen gröblich verunreinigt oder als Besitzer oder Verwahrer eines Hundes die in § 92 bezeichnete Sorgfaltpflicht verletzt, *(BGBl 1983/174)*

h) wer entgegen der sich für ihn aus § 93 ergebenden Verpflichtungen nicht für die Säuberung oder Bestreuung der Straße sorgt,

i) *(entfällt, BGBl 1994/518) (BGBl I 2002/32; BGBl I 2013/39)*

(4a) Wer als Radfahrer die in § 68 Abs. 3 lit. e angeführte Verpflichtung nicht erfüllt, begeht, wenn dies bei einer Anhaltung gemäß § 97 Abs. 5 StVO 1960 festgestellt wird, eine Verwaltungsübertretung, welche mit einer Organstrafverfügung gemäß § 50 VStG mit einer Geldstrafe von 50 Euro zu ahnden ist. Wenn die Zahlung des Strafbetrages verweigert wird, ist von der Behörde eine Geldstrafe bis zu 72 Euro, im Falle der Uneinbringlichkeit eine Freiheitsstrafe bis zu 24 Stunden, zu verhängen. *(BGBl I 2013/39)*

(5) Der Versuch ist strafbar. Wer in einem durch Alkohol beeinträchtigten Zustand versucht, ein Fahrzeug in Betrieb zu nehmen, wird jedoch nicht bestraft, wenn er aus freien Stücken oder von wem immer auf seinen Zustand aufmerksam gemacht, die Ausführung aufgibt.

(6) Eine Verwaltungsübertretung liegt nicht vor,

a) wenn durch die Tat lediglich Sachschaden entstanden ist, die Bestimmungen über das Verhalten bei einem Verkehrsunfall mit bloßem Sachschaden (§ 4 Abs. 5) eingehalten worden sind und nicht eine Übertretung nach Abs. 1, 1a oder 1b vorliegt, *(BGBl I 1999/134)*

b) wenn die Tat auf einer Straße ohne öffentlichen Verkehr begangen wurde (§ 1 Abs. 2),

c) wenn eine Tat nach diesem Bundesgesetz oder nach den §§ 37 und 37a FSG den Tatbestand einer in die Zuständigkeit der Gerichte fallenden strafbaren Handlung verwirklicht, *(BGBl I 1998/3)*

d) wenn durch eine Zuwiderhandlung gegen § 25 Abs. 3 oder gegen eine auf Grund des § 25 Abs. 1 oder 4 erlassene Verordnung auch ein abgabenrechtlich strafbarer Tatbestand verwirklicht wird „..." *(BGBl 1994/518; BGBl I 2011/34)*

e) wenn die in § 68 Abs. 6 genannten Personen einer dort genannten Verpflichtung nicht nachkommen. *(BGBl I 2011/34)*

(7) Wegen einer in Abs. 1 bis 5 genannten Verwaltungsübertretung ist auch strafbar, wer diese auf dem Gebiet einer österreichischen Grenzabfertigungsstelle, die auf ausländischem Gebiet liegt, begeht. Die Überwachung der Einhaltung straßenpolizeilicher Vorschriften zählt zur Grenzabfertigung. *(BGBl I 1998/92)*

§ 100. Besondere Vorschriften für das Strafverfahren

(1) Ist eine Person einer Verwaltungsübertretung nach § 99 schuldig, derentwegen sie bereits einmal bestraft worden ist, so kann an Stelle der Geldstrafe eine „Freiheitsstrafe" im Ausmaß der für die betreffende Tat angedrohten Ersatzfreiheitsstrafe verhängt werden; ist eine solche Person bereits zweimal bestraft worden, so können „die Geldstrafe und die Freiheitsstrafe" auch nebeneinander verhängt werden. Bei Übertretungen nach § 99 Abs. 3 und 4 ist die Verhängung einer „Freiheitsstrafe" nach den vorstehenden Bestimmungen aber nur zulässig, wenn es ihrer bedarf, um die betreffende Person von weiteren Verwaltungsübertretungen der gleichen Art abzuhalten. *(BGBl 1971/274; BGBl I 2013/39)*

(2) Die im § 99 Abs. 1 lit. a bis c, Abs. 1a und Abs. 1b enthaltenen Strafdrohungen schließen einander aus. *(BGBl I 1998/92)*

(3) Der Verstoß eines Radfahrers gegen eine oder mehrere Ausrüstungsbestimmungen des § 1 Abs. 1 der Fahrradverordnung ist als eine einzige Verwaltungsübertretung zu bestrafen. *(BGBl I 2022/122)*

(3a) Ist ein Fahrzeug entgegen den Bestimmungen des § 8 Abs. 4, § 23 Abs. 1, 2, 2a, § 24 Abs. 1 lit. a, d, e, f, i, k, m und n, Abs. 3 lit. a, f und i abgestellt und auf Grund bestimmter Tatsachen anzunehmen, daß bei dem Lenker des Fahrzeuges die Strafverfolgung aus in seiner Person gelegenen Gründen offenbar unmöglich oder wesentlich erschwert sein werde, so können die Organe der Straßenaufsicht technische Sperren an das Fahrzeug anlegen, um den Lenker am Wegfahren zu hindern. Der Lenker ist mit einer an jeder Tür, die zum Lenkersitz Zugang gewährt – wenn dies nicht möglich ist, sonst auf geeignete Weise –, anzubringenden Verständigung auf die Unmöglichkeit, das Fahrzeug ohne Beschädigung in Betrieb zu nehmen, hinzuweisen. Diese Verständigung soll in deutscher Sprache sowie in jener Sprache gehalten sein, die der Lenker vermutlich versteht, und einen Hinweis auf die zur Durchführung des Strafverfahrens zuständige Behörde enthalten. Eine solche Sperre ist unverzüglich aufzuheben, sobald das gegen den Lenker des Fahrzeuges einzuleitende Verfahren abgeschlossen und die verhängte Strafe vollzogen ist oder eine Sicherheit gemäß §§ 37, 37a VStG geleistet wurde. Die eingehobenen Strafgelder fließen dem Rechtsträger zu, der den Aufwand der Behörde zu tragen hat. *(BGBl I 2000/142)*

(3b) Abgesehen von den in Abs. 3a genannten Fällen können die Organe der Straßenaufsicht die Unterbrechung der Fahrt anordnen und ihre Fortsetzung durch geeignete Vorkehrungen (Abnahme der Fahrzeugschlüssel und der Fahrzeugpapiere, Anbringung technischer Sperren am Fahrzeug, Abstellung an geeignetem Ort u. dgl.) verhindern, solange die gemäß Abs. 3 festgesetzte vorläufige Sicherheit nicht geleistet wird. Hierbei ist mit möglichster Schonung der Person vorzugehen und der Grundsatz der Verhältnismäßigkeit zu wahren. Eine solche Sperre ist unverzüglich aufzuheben, sobald das gegen den Lenker des Fahrzeugs einzuleitende Verfahren abgeschlossen und die verhängte Strafe vollzogen ist oder eine Sicherheit gemäß §§ 37, 37a VStG geleistet wurde. Wird die Unterbrechung der Fahrt nicht innerhalb von 72 Stunden aufgehoben, so kann die Behörde das Kraftfahrzeug als Sicherheit beschlagnahmen. § 37 Abs. 3 bis 6 VStG ist sinngemäß anzuwenden. *(BGBl I 2010/116)*

(4) Die Bestrafung einer Übertretung nach § 99 steht der Erlassung und Vollstreckung eines Bescheides, womit der Auftrag erteilt wird, einen den Vorschriften dieses Bundesgesetzes zuwiderlaufenden Tatbestand zu beseitigen, nicht entgegen.

(5) Bei einer Verwaltungsübertretung nach § 99 Abs. 1, 1a, 1b, 2, 2a, 2c oder 2e finden die Bestimmungen des § 50 VStG keine Anwendung. *(BGBl I 2015/123)*

(5a) Bei mit Messgeräten festgestellten Überschreitungen von mehr als 30 km/h einer ziffernmäßig festgesetzten erlaubten Höchstgeschwindigkeit können - sofern in diesen Fällen nicht Umstände im Sinne des § 99 Abs. 2 lit. c oder 2e vorliegen – die Bestimmungen des § 50 VStG mit der Maßgabe angewendet werden, dass Geldstrafen von 70 Euro sofort eingehoben werden. *(BGBl I 2009/93)*

(5b) Bei mit Messgeräten festgestellten Überschreitungen der auf Autobahnen erlaubten Höchstgeschwindigkeit von 130 km/h können - sofern in diesen Fällen nicht Umstände im Sinne des § 99 Abs. 2 lit. c vorliegen – die Bestimmungen des § 50 VStG mit der Maßgabe angewendet werden, dass

1. bei einer festgestellten Überschreitung bis 10 km/h eine Geldstrafe von 20 Euro,

2. bei einer festgestellten Überschreitung von mehr als 10 bis 20 km/h eine Geldstrafe von 35 Euro und

3. bei einer festgestellten Überschreitung von mehr als 20 bis 30 km/h eine Geldstrafe von 50 Euro

sofort eingehoben wird. *(BGBl I 2009/93)*

(5c) Bei mit Messgeräten festgestellten Überschreitungen der auf Autobahnen erlaubten Höchstgeschwindigkeit von 130 km/h können - sofern in diesen Fällen nicht Umstände im Sinne des § 99 Abs. 2 lit. c vorliegen – die Bestimmungen des § 49a VStG mit der Maßgabe angewendet werden, dass

1. bei einer festgestellten Überschreitung bis 10 km/h eine Geldstrafe von 30 Euro,

2. bei einer festgestellten Überschreitung von mehr als 10 bis 20 km/h eine Geldstrafe von 45 Euro und

3. bei einer festgestellten Überschreitung von mehr als 20 bis 30 km/h eine Geldstrafe von 60 Euro

durch Anonymverfügung vorgeschrieben wird. *(BGBl I 2009/93)*

„(5d)" Werden zur Feststellung einer Überschreitung einer ziffernmäßig festgesetzten zulässigen Höchstgeschwindigkeit technische Einrichtungen verwendet, mit denen die durchschnittliche Fahrgeschwindigkeit eines Fahrzeuges auf einer festgelegten Wegstrecke gemessen werden kann, gilt die Messstrecke als Ort der Begehung der Übertretung. Wurden dabei auf der Messstrecke im Messzeitraum mehrere Geschwindigkeitsübertretungen begangen, so gelten diese als eine Übertretung. Erstreckt sich die Messstrecke auf den Sprengel mehrerer Behörden, so ist die Behörde zuständig, in deren Sprengel das Ende der Messstrecke fällt. *(BGBl I 2009/16; BGBl I 2009/93)*

(6) Die Behörde hat im Strafkenntnis im Sinne des § 57 „des Verwaltungsstrafgesetzes 1991 – VStG, BGBl. Nr. 52/1991," auch über die aus einer Übertretung nach § 99 ergebenden privatrechtlichen Ansprüche des Straßenerhalters gegen den Beschuldigten zu entscheiden. *(BGBl I 2013/39)*

(7) Eingehobene Strafgelder, ausgenommen jene nach Abs. 3a, sind dem Erhalter jener Straße abzuführen, auf der die Verwaltungsübertretung begangen worden ist; Strafgelder, die auf Straßen eingehoben werden, die gemäß Art. 5 § 1 des Bundesgesetzes BGBl. I Nr. 50/2002 als Bundesstraßen aufgelassen wurden, sind jedoch an den Bund abzuführen; in Wien gilt das Land Wien als Erhalter jener Straßen, die weder Bundesstraßen sind noch gemäß Art. 5 § 1 des Bundesgesetzes BGBl. I Nr. 50/2002 als Bundesstraßen aufgelassen wurden. In Ortsgebieten mit Landes- und Gemeindestraßen können die eingehobenen Strafgelder zwischen Land und Gemeinde auch nach dem Verhältnis der Straßenlänge zwischen Landes- und Gemeindestraßen aufgeteilt und abgeführt werden, sofern zwischen Land und Gemeinde ein diesbezügliches Einvernehmen besteht. Sofern sich aus den Abs. 8, 9 und 10 nichts anderes ergibt, sind die eingehobenen Strafgelder, ausgenommen jene, die auf Straßen eingehoben werden, die gemäß Art. 5 § 1 des Bundesgesetzes BGBl. I Nr. 50/2002 als Bundesstraßen aufgelassen wurden, für die Straßenerhaltung, für die Beschaffung und Erhaltung von Einrichtungen zur Verkehrsüberwachung sowie für Maßnahmen zur Verkehrsüberwachung zu verwenden. Im Falle der Verwaltungsübertretung nach § 99 Abs. 4 lit. h gilt als Straßenerhalter der Erhalter der Fahrbahn; ist eine solche nicht vorhanden, so fließen die Strafgelder dem Träger der Sozialhilfe zu, der für den Ort, wo die Verwaltungsübertretung begangen worden ist, zuständig ist. *(BGBl I 2005/52)*

(8) Bestellt ein Land Straßenaufsichtsorgane oder ordnet ein Land zum Zwecke der Überwachung des Verkehrs Personal zur Dienstleistung bei einer Bezirksverwaltungsbehörde oder „Landespolizeidirektion" ab, so ist der Personal- und Sachaufwand für diese Organe aus den Strafgeldern jener Verwaltungsübertretungen, die von diesen Organen wahrgenommen werden, zu bestreiten. Dies gilt nur dann, wenn die Bestellung oder Abordnung der Organe im Einvernehmen mit dem Bundesminister für Inneres erfolgt und nur für Übertretungen der §§ 8 Abs. 4, 9 Abs. 7, 23 bis 25 und 26a Abs. 3 sowie der Kurzparkzonen-Überwachungsverordnung. Ein nach Abzug dieses Aufwandes verbleibender Rest ist auf die Erhalter jener Straßen aufzuteilen, auf denen die den eingenommenen Strafgeldern zu Grunde liegenden Verwaltungsübertretungen begangen wurden. Die Aufteilung hat im Verhältnis jener Beträge zu erfolgen, die den Straßenerhaltern ohne Abzug des Personal- und Sachaufwandes für diese Organe zugeflossen wären. Dieser Rest an Strafgeldern ist vorrangig für die Straßenerhaltung und ein danach noch verbleibender Rest zur Förderung von Investitionen des öffentlichen Nahverkehrs zu verwenden. *(BGBl 1994/518; BGBl I 2012/50)*

(9) Werden Angelegenheiten der Straßenpolizei, die bisher „gemäß § 95 von Landespolizeidirektionen" vollzogen wurden, auf Bezirksverwaltungsbehörden rückübertragen, so sind die im örtlichen Wirkungsbereich einer Bezirksverwaltungsbehörde anfallenden Strafgelder zur Abdeckung des dieser Bezirksverwaltungsbehörde durch die Rückübertragung entstehenden Mehraufwandes, mit Ausnahme des in Abs. 8 bezeichneten Aufwandes, zu verwenden; dabei haben der Bund und das jeweilige Land im Verhältnis der ihnen jeweils im Bereich dieser Bezirksverwaltungsbehörde im vorangegangenen Kalenderjahr zugeflossenen Strafgelder zur Abdeckung beizutragen. *(BGBl 1994/518; BGBl I 2012/50)*

(10) 20 vH der Strafgelder aus jenen Verwaltungsübertretungen, die von Organen der Bundespolizei wahrgenommen werden, fließen der Gebietskörperschaft zu, die den Aufwand für diese Organe zu tragen hat. Dies gilt nicht für Verwaltungsübertretungen auf Gemeindestraßen in Gemeinden mit weniger als 10 000 Einwohnern. Die Strafgelder sind für die Abdeckung des Personal- und Sachaufwandes, der aus dem Einsatz solcher zusätzlichen Organe auf dem Gebiet der Verkehrsüberwachung entsteht, und für die Beschaffung und Erhaltung von Einrichtungen zur Verkehrsüberwachung zu verwenden. *(BGBl I 2004/151)*

(11) Abweichend von Abs. 10 fließen 30 vH der Strafgelder aus jenen Verwaltungsübertretungen, die 2019 von Organen der Bundespolizei auf Bundesstraßen wahrgenommen werden, der Gebietskörperschaft zu, die den Aufwand für diese Organe zu tragen hat. Die Strafgelder sind für die Abdeckung des Personal- und Sachaufwandes, der aus dem Einsatz der Organe auf dem Gebiet der Verkehrsüberwachung entsteht, und für die Beschaffung und Erhaltung von Einrichtungen zur Verkehrsüberwachung zu verwenden. *(BGBl I 2018/30)*

§ 101. Verkehrsunterricht

(1) Wer als Lenker eines Fahrzeuges wegen einer Übertretung dieses Bundesgesetzes bestraft oder ermahnt (§ 21 „des Verwaltungsstrafgesetzes 1991 – VStG, BGBl. Nr. 52/1991") wurde, kann von der Behörde seines ordentlichen Wohnsitzes durch Bescheid zur Teilnahme an einem von ihr abzuhaltenden Verkehrsunterricht bis zu einer Gesamtdauer von sechs Stunden verpflichtet werden, wenn sein Verhalten im Straßenverkehr insbesondere mit Rücksicht auf wiederholte Beanstandungen vermuten läßt, daß er die Verkehrsvorschriften nicht beherrscht. *(BGBl 1983/174; BGBl I 2013/39)*

(2) Zur Teilnahme am Verkehrsunterricht kann der Lenker eines Fahrzeuges bei Vorliegen der Voraussetzungen des Abs. 1 auch dann verpflichtet werden, wenn er lediglich mit Rücksicht auf

die Bestimmungen des § 99 Abs. 6 lit. c von der Verwaltungsbehörde nicht bestraft wird.

(3) Der Verkehrsunterricht kann auch an Sonn- oder Feiertagen abgehalten werden, darf aber an solchen Tagen nicht länger als zwei Stunden dauern. Die Bestimmung des § 20 des „Allgemeinen Verwaltungsverfahrensgesetzes 1991 – AVG, BGBl. Nr. 51/1991," ist anzuwenden. *(BGBl I 2013/39)*

§ 102. Abgrenzung zu anderen Rechtsvorschriften

Durch dieses Bundesgesetz werden die Straßenverwaltungsgesetze sowie eisenbahnrechtliche und arbeitsrechtliche Vorschriften nicht berührt.

§ 102a. Verweisungen

Soweit in diesem Bundesgesetz auf Bestimmungen anderer Bundesgesetze verwiesen wird, sind diese, sofern nichts anderes ausdrücklich angeordnet ist, in ihrer jeweils geltenden Fassung anzuwenden.

(BGBl 1994/518)

§ 103. Inkrafttreten und Aufhebung

(1) Dieses Bundesgesetz tritt, sofern sich aus Abs. 2 nichts anderes ergibt, am 1. Jänner 1961 in Kraft. Die §§ 4 Abs. 5b und 105 Abs. 1 in der Fassung des Bundesgesetzes BGBl. Nr. 201/1996 treten mit 1. Juli 1996 in Kraft. *(BGBl 1996/201)*

(2) Der § 95 dieses Bundesgesetzes tritt in den einzelnen Ländern mit dem Inkrafttreten des ihm entsprechenden Landesgesetzes (Art. 15 Abs. 4 B.-VG), frühestens jedoch zugleich mit den übrigen Bestimmungen dieses Bundesgesetzes in Kraft.

(2a) Dieses Bundesgesetz, BGBl. Nr. 518/1994, ausgenommen § 24 Abs. 3 lit. i und § 95, tritt mit 1. Oktober 1994 in Kraft. Verordnungen auf Grund dieser Bestimmungen können bereits ab dem der Kundmachung folgenden Tag erlassen werden; sie dürfen jedoch frühestens mit 1. Oktober 1994 in Kraft gesetzt werden. § 24 Abs. 3 lit. i tritt mit 1. Jänner 1996 in Kraft. *(BGBl 1994/518)*

(2b) Der § 95 dieses Bundesgesetzes, in der Fassung BGBl. Nr. 518/1994, tritt in den einzelnen Ländern mit dem Inkrafttreten des ihm entsprechenden Landesgesetzes, frühestens jedoch mit 1. Oktober 1994 in Kraft. Die Zuständigkeit zur Ausübung des Verwaltungsstrafrechtes für die bis zum Inkrafttreten des jeweils entsprechenden Landesgesetzes begangenen Übertretungen richtet sich nach den bisherigen Vorschriften. *(BGBl 1994/518)*

(2c) Dieses Bundesgesetz, BGBl. Nr. 92/1998, ausgenommen § 95 Abs. 1b und 1c, tritt mit XX XXXXXX 1998 in Kraft. § 95 Abs. 1b und 1c, in der Fassung BGBl. I Nr. 92/1998, tritt in den einzelnen Ländern mit dem Inkrafttreten des entsprechenden Landesgesetzes, frühestens mit XX XXXXX 1998 in Kraft; die Zuständigkeit zur Ausübung des Verwaltungsstrafrechtes für die bis zum Inkrafttreten des jeweils entsprechenden Landesgesetzes begangenen Übertretungen richtet sich nach den bisherigen Vorschriften. *(BGBl I 1998/92)*

(2d) **(Verfassungsbestimmung)** *(nicht mehr geltend, BGBl I 2008/2)*

(2e) § 100 Abs. 3a letzter Satz in der Fassung des Bundesgesetzes BGBl. I Nr. 142/2000 tritt mit 1. Jänner 2001 in Kraft. *(BGBl I 2000/142)*

(2e) § 99 Abs. 1 bis 4 und § 100 Abs. 3 und 5a in der Fassung des Bundesgesetzes BGBl. I Nr. 32/2002 treten mit 1. Jänner 2002 in Kraft. *(BGBl I 2002/32)*

(2f) Dieses Bundesgesetz BGBl. I Nr. 50/2002 tritt mit 1. April 2002 in Kraft. *(BGBl I 2002/50)*

(3) Mit dem Inkrafttreten dieses Bundesgesetzes tritt das Straßenpolizeigesetz vom 12. Dezember 1946, BGBl. Nr. 46/1947, mit Ausnahme der darin enthaltenen Verfassungsbestimmungen, außer Kraft.

(4) Die §§ 5 Abs. 8, 11 und 12 sowie 5a Abs. 1 dieses Bundesgesetzes, in der Fassung BGBl. I Nr. 128/2002, treten mit 1. Jänner 2003 in Kraft. *(BGBl I 2002/128)*

(5) **(Verfassungsbestimmung)** *(nicht mehr geltend, BGBl I 2008/2)*

(6) § 100 Abs. 7 in der Fassung des Bundesgesetzes BGBl. I Nr. 71/2003 tritt mit 1. Juli 2003 in Kraft. *(BGBl I 2003/71)*

(7) Dieses Bundesgesetz, BGBl. I Nr. 52/2005, tritt mit 1. Juli 2005 in Kraft; Verordnungen auf Grund dieser Bestimmungen können bereits ab dem der Kundmachung folgenden Tag erlassen werden; sie dürfen jedoch frühestens mit 1. Juli 2005 in Kraft gesetzt werden. Abweichend hiervon treten die §§ 94 und 94f Abs. 1 mit 1. Oktober 2005 in Kraft. § 95 Abs. 1a tritt in den einzelnen Ländern mit InKraft-Treten des ihm entsprechenden Landesgesetzes, frühestens jedoch zugleich mit den übrigen Bestimmungen dieses Bundesgesetzes in Kraft. *(BGBl I 2005/52)*

(8) § 99 Abs. 1 bis 1b, 2 lit. c, 2c bis 2e und 3 lit. a, und § 100 Abs. 5 bis 5d in der Fassung des Bundesgesetzes BGBl. I Nr. 93/2009 treten am 1. September 2009 in Kraft. *(BGBl I 2009/93)*

(9) Dieses Bundesgesetz, BGBl. I Nr. 34/2011, tritt mit 31. Mai 2011 in Kraft. *(BGBl I 2011/34)*

(10) § 46 Abs. 6, § 47 und § 99 Abs. 2c Z 8 bis 10 in der Fassung des Bundesgesetzes BGBl. I Nr. 59/2011, treten mit 1. Jänner 2012 in Kraft. *(BGBl I 2011/59)*

(11) § 4 Abs. 2, 5, 5a und 5b, § 5 Abs. 4a, 5 und 8, § 89a Abs. 4, § 94a Abs. 2, 3 und 4, § 94b

Abs. 1, § 94d Z 12, § 94f Abs. 1 lit. a Z 2 und lit. b Z 1 sowie Abs. 2, die Überschrift des § 95, § 95 Abs. 1, 1a, 2 und 3, § 99 Abs. 2 lit. a und e, § 100 Abs. 8 und 9 sowie Art. II, Art. III Abs. 2 und 3 und Art. IV des Bundesgesetzes, BGBl. Nr. 159/1960, in der Fassung des Bundesgesetzes BGBl. I Nr. 50/2012 treten mit 1. September 2012 in Kraft. *(BGBl I 2012/50)*

(12) § 2 Abs. 1 Z 2a, § 8b Abs. 1, § 23 Abs. 2a, § 24 Abs. 5c, § 26a Abs. 1, § 42 Abs. 3, § 43 Abs. 1a, § 44 Abs. 4, § 44b Abs. 3, § 48 Abs. 5, § 53 Abs. 1 Z 9e bis 9g und 26 bis 29, § 67, § 68 Abs. 1a, Abs. 2 und Abs. 3 lit. d und e, § 76c, § 83 Abs. 2, § 88a Abs. 1 Z 2 und Abs. 3, § 89a Abs. 5, § 90 Abs. 4, § 92 Abs. 2, § 94d Z 8b und 8c, § 98 Abs. 2, § 99 Abs. 1 bis 4a, § 100 Abs. 1 und 6 und § 101 Abs. 1 und 3 in der Fassung des Bundesgesetzes BGBl. I Nr. 39/2013 treten mit 31. März 2013 in Kraft. *(BGBl I 2013/39)*

(13) Die Überschrift zu § 29b sowie dessen Abs. 1 und 6, § 43 Abs. 1 lit. d, § 94b Abs. 2 lit. a und § 105 Abs. 3 in der Fassung des Bundesgesetzes BGBl. I Nr. 39/2013 treten mit 1. Jänner 2014 in Kraft. Mit demselben Zeitpunkt tritt die Verordnung des Bundesministers für Verkehr, Innovation und Technologie über den Ausweis für dauernd stark gehbehinderte Personen (Gehbindertenausweisverordnung), BGBl. II Nr. 252/2000, außer Kraft. *(BGBl I 2013/39)*

(14) **(Verfassungsbestimmung)** § 29b Abs. 1a und § 105 Abs. 5 in der Fassung des Bundesgesetzes BGBl. I Nr. 39/2013 treten mit 1. Jänner 2014 in Kraft. *(BGBl I 2013/39)*

(15) § 26a Abs. 1 und § 46 Abs. 4a in der Fassung des Bundesgesetzes BGBl. I Nr. 27/2014 treten mit 1. Juni 2014 in Kraft. *(BGBl I 2014/27)*

(16) § 45 Abs. 2a und § 45 Abs. 2c in der Fassung des Bundesgesetzes BGBl. I Nr. 88/2014 treten mit 1.1.2015 in Kraft. *(BGBl I 2014/88)*

(17) § 5 Abs. 2 und 2a, § 26a Abs. 4, § 31 Abs. 2, § 42 Abs. 3, § 45 Abs. 4 Z 2, § 48 Abs. 5, § 54 Abs. 5 lit. m und § 98g in der Fassung des Bundesgesetzes BGBl. I Nr. 6/2017 treten mit Ablauf des Tages der Kundmachung in Kraft. *(BGBl I 2017/6)*

(18) § 83 Abs. 3 in der Fassung des Bundesgesetzes BGBl. I Nr. 68/2017 tritt mit Ablauf des Tages der Kundmachung in Kraft. *(BGBl I 2017/68)*

(19) § 98a Abs. 1 und 2 in der Fassung des Bundesgesetzes BGBl. I Nr. 29/2018 tritt mit 25. Mai 2018 in Kraft. *(BGBl I 2018/29)*

(20) § 2 Abs. 1 Z 7 und 12a, § 8 Abs. 4a, § 11 Abs. 5, § 19 Abs. 5 und 6a, § 38 Abs. 5a und 5b, § 54 Abs. 5 lit. n, § 65 Abs. 2, § 68 Abs. 1, § 88 Abs. 2 und § 104 Abs. 13 in der Fassung des Bundesgesetzes BGBl. I Nr. 18/2019 treten mit 1. April 2019 in Kraft. *(BGBl I 2019/18)*

(21) § 2 Abs. 1 Z 19 und Z 23, § 4 Abs. 5b 2. Satz, § 26a Abs. 1, § 44b Abs. 3a, § 46 Abs. 6, § 52 lit. a Z 14a, § 79 Abs. 4, § 88 Abs. 1 und 2, § 88b sowie § 94d Z 21 in der Fassung des Bundesgesetzes BGBl. I Nr. 37/2019 treten mit 1. Juni 2019 in Kraft. *(BGBl I 2019/37)*

(22) § 43 Abs. 8 sowie § 96 Abs. 1 1. Satz in der Fassung des Bundesgesetzes BGBl. I Nr. 77/2019, treten mit 1. September 2019 in Kraft. *(BGBl I 2019/77)*

(23) § 42 Abs. 11 und 12 in der Fassung dieses Bundesgesetzes, BGBl. I Nr. 24/2020, tritt mit Ablauf des Tages der Kundmachung in Kraft und mit 31. Dezember 2021 außer Kraft. § 76 Abs. 11 in der Fassung dieses Bundesgesetzes, BGBl. I Nr. 24/2020, tritt mit Ablauf des Tages der Kundmachung in Kraft und mit 30. Juni 2021 außer Kraft; aufgrund § 76 Abs. 11 erlassene Verordnungen treten spätestens mit 30. Juni 2021 außer Kraft. *(BGBl I 2020/161)*

(24) § 99 Abs. 2d und 2e in der Fassung des Bundesgesetzes BGBl. I Nr. 154/2021 tritt mit 1. September 2021 in Kraft. *(BGBl I 2021/154)*

(25) § 2 Abs. 1 Z 25, § 7 Abs. 7, § 8 Abs. 4 Z 1, § 8a Abs. 3, § 11 Abs. 5, § 15 Abs. 4, § 17 Abs. 2, § 19 Abs. 6a, § 21 Abs. 3, § 23 Abs. 1, § 24 Abs. 1 lit. i Z 3 und 4, § 26 Abs. 1, § 26a Abs. 1, § 26a Abs. 1a und 1b, § 36 Abs. 2 und 3, § 38 Abs. 5a und 5b, § 43 Abs. 8 und 9, § 45 Abs. 4 und 4a, § 48 Abs. 5, § 53 Abs. 1 Z 2c, 6b, 11a, 11b 13e, 13f, 13g, 26a, 29, § 54 Abs. 5 lit. n, § 67 Abs. 2, § 68, § 68 Abs. 2 und 3a, § 69 Abs. 2 lit. c, § 76, § 76a Abs. 5 lit c, § 76b Abs. 1, § 76d, § 78, § 89a Abs. 2a lit. e, § 93 Abs. 3, § 95 Abs. 1 lit. b, § 100 Abs. 3, § 104 Abs. 14 treten mit 1. Oktober 2022 in Kraft. *(BGBl I 2022/122)*

§ 104. Übergangsbestimmungen

(1) (Gegenstandslos)

(2) Bewilligungen, die auf Grund der bis zum Inkrafttreten dieses Bundesgesetzes geltenden straßenpolizeilichen Vorschriften rechtskräftig erteilt wurden, gelten als auf Grund dieses Bundesgesetzes erlassen, wenn sie seinen Vorschriften nicht widersprechen. Widerspricht eine solche Bewilligung den Vorschriften dieses Bundesgesetzes, so ist sie erloschen; dies hat die Behörde durch Bescheid festzustellen.

(3) (Gegenstandslos)

(4) Der Bundesminister für Verkehr, Innovation und Technologie wird ermächtigt, durch Verordnung zu bestimmen, daß die auf Grund des Straßenpolizeigesetzes, BGBl. Nr. 46/1947, erlassenen und durch Verkehrsschilder kundgemachten Verordnungen, soweit sie nicht mit den Bestimmungen dieses Bundesgesetzes im Widerspruch stehen, bis zur Erlassung der entsprechenden Verordnungen auf Grund dieses Bundesgesetzes weiter gelten. *(BGBl I 2005/52)*

(5) (Gegenstandslos)

(6) (Gegenstandslos)

(7) Straßenverkehrszeichen und Bodenmarkierungen, die den Bestimmungen dieses Bundesgesetzes in der Fassung der 19. StVO-Novelle, BGBl. Nr. 518/1994, nicht entsprechen, sind bei einer allfälligen Neuanbringung, spätestens aber bis 31. Dezember 2003, durch Straßenverkehrszeichen oder Bodenmarkierungen nach diesem Bundesgesetz zu ersetzen. Bis dahin sind Straßenverkehrszeichen und Bodenmarkierungen nach den Bestimmungen dieses Bundesgesetzes in der Fassung der 18. StVO-Novelle, BGBl. Nr. 522/1993, zu beachten. Randlinien gemäß § 57 Abs. 1 letzter Satz sind spätestens bis zum 31. Dezember 2000 anzubringen. *(BGBl 1994/518)*

(8) Bis zum Inkrafttreten einer Verordnung des Bundesministers für Verkehr, Innovation und Technologie im Einvernehmen mit der Bundesministerin für Frauenangelegenheiten und Verbraucherschutz gemäß § 8 Abs. 1 Produktsicherheitsgesetz 1994, BGBl. Nr. 63/1995, sind die §§ 65 Abs. 3, 66 und 67, jeweils in der Fassung BGBl. Nr. 518/1994, anstelle der §§ 65 Abs. 3, 66 und 67 in der Fassung BGBl. I Nr. 92/1998 anzuwenden. *(BGBl I 2005/52)*

(9) Straßenverkehrszeichen, die den Bestimmungen dieses Bundesgesetzes in der Fassung der 20. StVO-Novelle, BGBl. I Nr. 92/1998, nicht entsprechen, sind bei einer allfälligen Neuanbringung, spätestens aber bis 31. Dezember 2003, durch Straßenverkehrszeichen nach diesem Bundesgesetz zu ersetzen. Bis dahin sind Straßenverkehrszeichen nach den Bestimmungen dieses Bundesgesetzes in der Fassung der 19. StVO-Novelle, BGBl. Nr. 518/1994, zu beachten. *(BGBl I 1998/92)*

(10) Straßenverkehrszeichen, die den Bestimmungen dieses Bundesgesetzes in der Fassung des Bundesgesetzes BGBl. I Nr. 50/2002 nicht entsprechen, sind bei einer allfälligen Neuanbringung, spätestens aber bis 31. Dezember 2005, durch Straßenverkehrszeichen nach diesem Bundesgesetz zu ersetzen. Bis dahin sind Straßenverkehrszeichen nach den Bestimmungen dieses Bundesgesetzes in der Fassung des Bundesgesetzes BGBl. I Nr. 142/2000 zu beachten. *(BGBl I 2002/50)*

(11) Straßenverkehrszeichen, die den Bestimmungen dieses Bundesgesetzes in der Fassung des Bundesgesetzes BGBl. I Nr. 52/2005 nicht entsprechen, sind bei einer allfälligen Neuanbringung, spätestens aber bis 31. Dezember 2015, durch Straßenverkehrszeichen nach diesem Bundesgesetz zu ersetzen. Vom Bundesminister für Verkehr, Innovation und Technologie vor dem Inkrafttreten des § 94 in der Fassung des Bundesgesetzes BGBl. I Nr. 52/2005 erlassene Verordnungen gemäß § 43 Abs. 1a bleiben in Kraft; für Änderungen solcher Verordnungen gilt jedoch § 94 in der Fassung des Bundesgesetzes BGBl. I Nr. 52/2005. *(BGBl I 2005/52)*

(12) Straßenverkehrszeichen, deren Anbringung den Bestimmungen dieses Bundesgesetzes in der Fassung des Bundesgesetzes BGBl. I Nr. 123/2015 nicht entspricht, sind bei einer allfälligen Neuanbringung entsprechend den Bestimmungen dieses Bundesgesetzes anzubringen. *(BGBl I 2015/123)*

(13) Bodenmarkierungen, die den Bestimmungen dieses Bundesgesetzes in der Fassung des Bundesgesetzes BGBl. I Nr. 18/2019 nicht entsprechen, sind bei einer allfälligen Neuanbringung, spätestens aber bis 31. Dezember 2024 durch Bodenmarkierungen nach diesem Bundesgesetz zu ersetzen. *(BGBl I 2019/18)*

(14) Straßenverkehrszeichen, deren Anbringung den Bestimmungen dieses Bundesgesetzes in der Fassung des Bundesgesetzes BGBl. I Nr. 122/2022 nicht entspricht, sind bei einer allfälligen Neuanbringung entsprechend den Bestimmungen dieses Bundesgesetzes anzubringen. Bis dahin sind Straßenverkehrszeichen nach den Bestimmungen dieses Bundesgesetzes in der Fassung des Bundesgesetzes BGBl. I Nr. 154/2021 zu beachten. *(BGBl I 2022/122)*

§ 105. Vollziehung

(1) Mit der Vollziehung der §§ 4 Abs. 5b und 95 ist der Bundesminister für Verkehr, Innovation und Technologie im Einvernehmen mit dem Bundesminister für Inneres betraut. *(BGBl I 2005/52)*

(2) Mit der Vollziehung der zivilrechtlichen Vorschriften dieses Bundesgesetzes ist der Bundesminister für Justiz im Einvernehmen mit dem Bundesminister für Verkehr, Innovation und Technologie betraut. *(BGBl I 2005/52)*

(3) Soweit die Vollziehung dieses Bundesgesetzes den Ländern zusteht, obliegt sie den Landesregierungen, im Übrigen, soweit sich aus den Abs. 1 und 2 und aus § 29b Abs. 1 nicht anderes ergibt, der Bundesministerin bzw. dem Bundesminister für Verkehr, Innovation und Technologie. *(BGBl I 2013/39)*

(4) **(Verfassungsbestimmung)** Die Vollziehung der §§ 5 Abs. 6 und 10 sowie 99 Abs. 1 lit. c obliegt den Landesregierungen. *(BGBl I 2002/128)*

(5) **(Verfassungsbestimmung)** Mit der Vollziehung des § 29b Abs. 1a ist die Bundesregierung betraut. *(BGBl I 2013/39)*

§ 106. Bezugnahme auf Richtlinien

Durch dieses Bundesgesetz, in der Fassung des Bundesgesetzes BGBl. I Nr. 54/2006, wird die Richtlinie 2004/54/EG über Mindestanforderun-

1/1. StVO
§ 106

gen an die Sicherheit von Tunneln im transeuropäischen Straßennetz, ABl. Nr. L 201 vom 7.6.2004, S. 56 in österreichisches Recht umgesetzt.

(BGBl I 2006/54)

1/1/2. StVO

Verkehrszeichen

Straßenverkehrszeichenverordnung 1998

BGBl II 1998/238 idF

1 BGBl II 2013/292

Verordnung des Bundesministers für Wissenschaft und Verkehr über Straßenverkehrszeichen (Straßenverkehrszeichenverordnung 1998 – StVZVO 1998)

Auf Grund des § 34 Abs. 1 Straßenverkehrsordnung 1960, BGBl. Nr. 159, zuletzt geändert durch BGBl. I Nr. 3/1998, wird – nach erfolgter Notifizierung gemäß der Richtlinie 83/189/EWG des Rates vom 28. März 1983 in der Fassung der Richtlinien 88/182/EWG und 94/10/EG (Notifikationsnummer 96/0413/A) – verordnet:

Anwendungsbereich

§ 1. Diese Verordnung findet auf alle Straßenverkehrszeichen Anwendung, die nach Maßgabe des § 32 StVO 1960 angebracht werden.

Allgemeine Beschaffenheit

§ 2. Die Straßenverkehrszeichen sind als Schilder aus form- und witterungsbeständigem Material herzustellen, wobei die Rückseite blendfrei sein muß; Reflexstoffe (§ 4) sind auf solchem Material anzubringen. Straßenverkehrszeichen können beleuchtet (§ 5), rückstrahlend (§ 4) oder als optische oder elektronische Anzeigevorrichtung (§ 48 Abs. 1a StVO) ausgeführt sein.

Farben

§ 3. (1) Die Farbtöne des für die Herstellung von Straßenverkehrszeichen verwendeten Materials müssen in trockenem Zustand innerhalb der Farbbereiche der Normfarbtafel der Internationalen Beleuchtungskommission (Commission Internationale d'Eclairage-CIE) für das 2°-Normvalenzsystem liegen, die durch die in Anlage 1 Tabelle 1 für Straßenverkehrszeichen im Gebrauchszustand und in **Anlage 1** Tabelle 2 für Straßenverkehrszeichen im Neuzustand angegebenen Koordinaten bestimmt sind.

(2) Die Farbtöne und Leuchtdichtefaktoren sind bei Anleuchtung mit gerichtetem Licht der Normlichtart D 65 unter einem Winkel von 45° zur Flächennormalen und bei einer Meßrichtung von 0° (45/0-Meßgeometrie) zu messen.

(3) Das verwendete Farbmaterial muß lichtecht und entsprechend dauerhaft sein. Der Farbton darf sich nach dem Aufbringen des Farbmaterials auf das Straßenverkehrszeichen nur in einem solchen Ausmaß ändern, daß er immer noch innerhalb der in Anlage 1 Tabelle 1 angegebenen Farbbereiche liegt.

Rückstrahlwirkung

§ 4. (1) Die zu verwendenden Reflexstoffe (retroreflektierende Folien) müssen entweder dem Typ 1, dem Typ 2 oder dem Typ 3 entsprechen.

a) Typ 1: Der Reflexstoff besteht aus einem Lichtbündelsystem, das einfallendes Licht in gebündelter Form zurücksendet (retroreflektierende Folie).

b) Typ 2: Der Reflexstoff besteht aus einem Lichtbündelsystem, der eine höhere Retroreflexion als Typ 1 aufweist.

c) Typ 3: Der Reflexstoff besteht aus einem Lichtbündelsystem, der eine höhere Retroreflexion als Typ 2 aufweist.
(BGBl II 2013/292)

(2) Die Reflexstoffe müssen mit Kennzeichnungssymbolen versehen sein, die derart im reflektierenden Material eingebracht sind, daß ihre Erkennbarkeit weder durch chemische noch physikalische Einwirkungen beeinträchtigt werden kann, ohne daß zugleich die Folien zerstört werden. Aus den Kennzeichnungssymbolen muß der Name des Folienherstellers ermittelbar sein. Zusätzlich ist das Straßenverkehrszeichen auf der Rückseite mit dem Namen des Herstellers und dem Auslieferungsjahr des Straßenverkehrszeichens sichtbar und dauerhaft in einer Größe von höchstens 30 mm × 80 mm zu kennzeichnen. Die Anbringung eines Gütezeichens auf der Rückseite des Straßenverkehrszeichens ist in einer Größe von höchstens 20 mm × 40 mm zulässig.

(3) Die Reflexstoffe haben weiters den in den folgenden Absätzen in Verbindung mit **Anlage 2** festgelegten Mindestwerten für den spezifischen Rückstrahlwert R' zu entsprechen. „Diese Mindestwerte gelten jeweils für Folien des entsprechenden Typs im Neuzustand bei Anleuchtung mit der Normlichtart A für die angegebenen Anleuchtungswinkel und Beobachtungswinkel sowie für die festgelegten Meßgeometrien." „
(BGBl II 2013/292)

(4) „Der Rückstrahlwert darf sich bei Folien vom Typ 1 während eines Zeitraumes von sieben Jahren nicht um mehr als 50%, bei Folien vom Typ 2 während eines Zeitraumes von zehn Jahren nicht um mehr als 20% und bei Folien vom Typ 3 während eines Zeitraumes von zwölf Jahren

1/1/2. StVO
Verkehrszeichen

nicht um mehr als 20% gegenüber den Mindestrückstrahlwerten im Neuzustand vermindern." Diese Bedingungen gelten für einen Beobachtungswinkel von 0,33° und einen Anleuchtungswinkel von 5° für dauernd angebrachte Straßenverkehrszeichen bei üblicher Beanspruchung. *(BGBl II 2013/292)*

(5) „Für Straßenverkehrszeichen gemäß § 50 Z 6a bis d, 11, 11a und 12, § 52 lit. a Z 2, 4a, 4c, lit. b Z 15, 23 und 24 sowie § 53 Z 2a, 2b, 2c, 8a und 8c StVO 1960 sind, sofern sie nicht beleuchtet oder als optische oder elektronische Anzeigevorrichtungen ausgeführt sind, Reflexstoffe vom Typ 2 oder Typ 3 zu verwenden." Dies gilt sinngemäß für Straßenverkehrszeichen, die als Überkopfwegweiser ausgeführt sind. *(BGBl II 2013/292)*

Beleuchtung

§ 5. (1) Als beleuchtete Straßenverkehrszeichen gelten angeleuchtete (außen beleuchtete) oder innen beleuchtete Verkehrszeichen. Die mittlere Leuchtdichte von beleuchteten oder als optische oder elektronische Anzeigevorrichtungen ausgeführten Straßenverkehrszeichen hat mindestens den in der Tabelle angeführten Werten zu entsprechen.

Farbe	mittlere Leuchtdichte L m in cd/m²
Rot	20
Gelb	150
Grün	40
Blau	10
Weiß	150

(2) Die Leuchtdichte darf bei optischen oder elektronischen Anzeigevorrichtungen einen Wert von 2 000 cd/m² nicht überschreiten.

Abmessungen

§ 6. Die Straßenverkehrszeichen sind nach den Maßangaben der in **Anlage 3** angefügten Tabelle herzustellen. Abweichungen bis zu +/− 3% der Maßangaben sind zulässig. Bei Hinweiszeichen sind dabei je nach Größe Eckabrundungen mit einem Radius bis zu 100 mm zulässig.

Bildliche Darstellung

§ 7. Die Straßenverkehrszeichen sind in ihrer bildlichen Darstellung verhältnismäßig entsprechend den in **Anlage 4, 5, 6 und 7** angefügten Abbildungen auszuführen. Das Anbringen eines bis zu 10 mm breiten weißen oder grauen Außenrandes ist zulässig, sofern nicht schon nach der Abbildung eine andere Umrandung des Straßenverkehrszeichens vorgesehen ist.

Schriftzeichen

§ 8. Für Aufschriften auf Straßenverkehrszeichen sind Schriftzeichen nach der **Anlage 8** zu verwenden. „ " *(BGBl II 2013/292)*

Übergangsbestimmungen

§ 9. (1) Die im Zeitpunkt des Inkrafttretens dieser Verordnung angebrachten Straßenverkehrszeichen, deren Ausführung zwar nicht den Bestimmungen dieser Verordnung, hingegen aber den Bestimmungen der Straßenverkehrszeichenverordnung 1966, BGBl. Nr. 83, in der Fassung BGBl. Nr. 703/1976 entspricht, sind erst bei ihrer Erneuerung, spätestens jedoch bis 31. Dezember 2005 durch Straßenverkehrszeichen, die dieser Verordnung entsprechen, zu ersetzen.

(2) Straßenverkehrszeichen, die der Straßenverkehrszeichenverordnung 1966, BGBl. Nr. 83, in der Fassung BGBl. Nr. 703/1976 entsprechen, können bis zum 31. Dezember 1997 angebracht werden und sind erst bei ihrer Erneuerung, spätestens jedoch bis 31. Dezember 2005 durch Straßenverkehrszeichen, die dieser Verordnung entsprechen, zu ersetzen.

(3) Straßenverkehrszeichen, deren Ausführung den Bestimmungen der Straßenverkehrszeichenverordnung 1995 – StVZVO 1995, BGBl. Nr. 770/1995, entspricht, gelten als dieser Verordnung entsprechend.

(4) Straßenverkehrszeichen, deren Ausführung den Bestimmungen der Straßenverkehrszeichenverordnung 1998, BGBl II Nr. 238/1998, entsprechen, können bis zum 31. Dezember 2014 angebracht werden; bereits angebrachte Straßenverkehrszeichen sind erst bei ihrer Erneuerung durch Straßenverkehrszeichen, die dieser Verordnung in der Fassung des BGBl. II Nr. 292/2013 entsprechen, zu ersetzen. Straßenverkehrszeichen, die vorübergehend angebracht werden, insbesondere im Zuge von Baustellen, und deren Ausführung den Bestimmungen der Straßenverkehrszeichenverordnung 1998, BGBl II Nr. 238/1998, entspricht, dürfen weiterhin angebracht werden. *(BGBl II 2013/292)*

Inkrafttreten

§ 10. Diese Verordnung tritt mit 1. August 1998 in Kraft. Mit Inkrafttreten dieser Verordnung tritt die Straßenverkehrszeichenverordnung 1995 – StVZVO 1995, BGBl. Nr. 770/1995, außer Kraft.

Notifizierungen

§ 11. Die Verordnung in der Fassung des BGBl. II Nr. 292/2013 wurde unter Einhaltung der Bestimmungen der Richtlinie 98/34/EG über ein Informationsverfahren auf dem Gebiet der Normen und technischen Vorschriften, welches das Verfahren nach der Richtlinie 83/189/EWG kodifiziert, unter der Notifikationsnummer 2013/170/A notifiziert.

(BGBl II 2013/292)

1/1/2. StVO
Verkehrszeichen

Anlage 1

Farbwertdiagramm für den 2°-Normalbeobachter

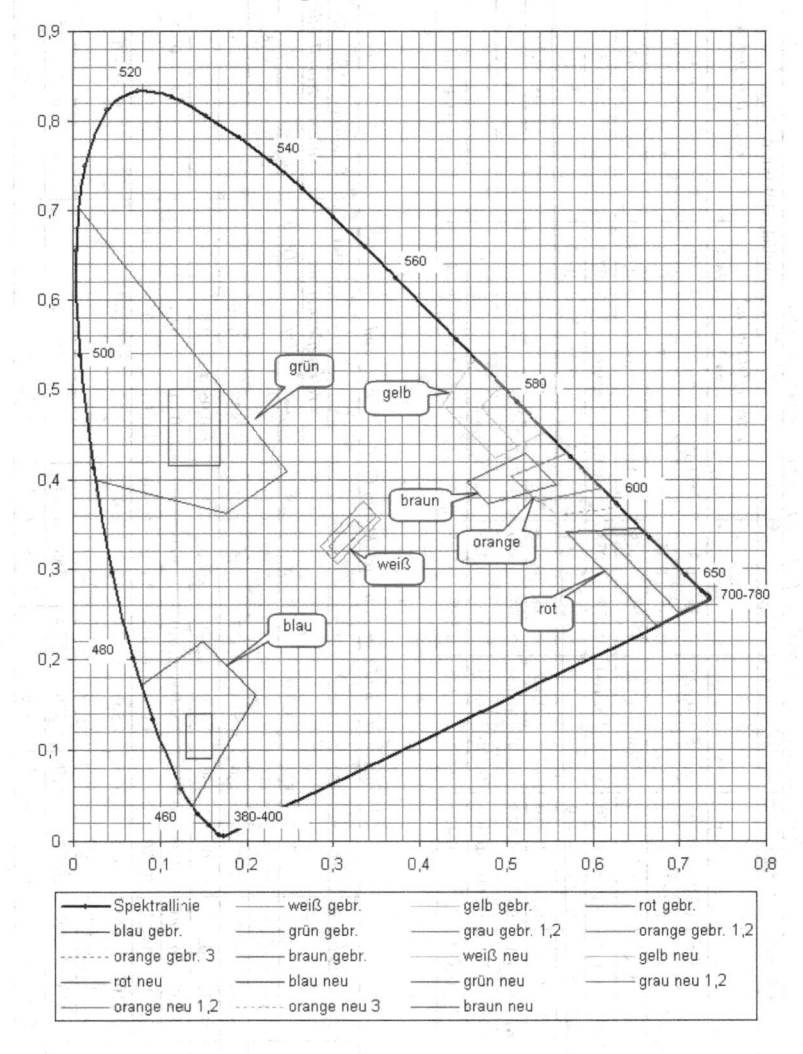

1/1/2. StVO
Verkehrszeichen

Tabelle 1
Farbbereiche und Leuchtdichtefaktoren für den Gebrauchszustand

Farbe	Typ	1		2		3		4		Leuchtdichtefaktoren			
										retroreflektierend			nicht retroreflektierend
		x	y	x	y	x	y	x	y	Typ 1	Typ 2	Typ 3	
Weiß	1, 2, 3	0,355	0,355	0,305	0,305	0,285	0,325	0,335	0,375	>=0,35	>=0,27	>=0,40	>=0,75
Gelb	1, 2, 3	0,545	0,454	0,487	0,423	0,427	0,483	0,465	0,534	>=0,27	>=0,16	>=0,24	>=0,45
Rot	1, 2, 3	0,735	0,265	0,674	0,236	0,569	0,341	0,655	0,345	>=0,05	>=0,03	>=0,03	>=0,07
Blau	1, 2, 3	0,078	0,171	0,150	0,220	0,210	0,160	0,137	0,038	>=0,01	>=0,01	>=0,01	>=0,05
Grün	1, 2, 3	0,007	0,703	0,248	0,409	0,177	0,362	0,026	0,399	>=0,04	>=0,03	>=0,03	>=0,10
Grau	1, 2	0,350	0,360	0,300	0,310	0,285	0,325	0,335	0,375	0,12 – 0,18			0,16 – 0,29
Orange	1,2	0,610	0,390	0,535	0,375	0,506	0,404	0,570	0,429	>=0,17	>=0,14		>=0,20
	3	0,631	0,369	0,560	0,360	0,506	0,404	0,570	0,429			>=0,14	
Braun	1, 2, 3	0,455	0,397	0,523	0,429	0,479	0,373	0,558	0,394	0,03 – 0,09			0,04 – 0,15

Tabelle 2
Farbbereiche und Leuchtdichtefaktoren für den Neuzustand

Farbe	Typ	1		2		3		4		Leuchtdichtefaktoren			
										retroreflektierend			nicht retroreflektierend
		x	y	x	y	x	y	x	y	Typ 1	Typ 2	Typ 3	
Weiß	1, 2, 3	0,305	0,315	0,335	0,345	0,325	0,355	0,295	0,325	>=0,35	>=0,27	>=0,40	>=0,75
Gelb	1, 2, 3	0,494	0,505	0,470	0,480	0,513	0,437	0,545	0,454	>=0,27	>=0,16	>=0,24	>=0,45
Rot	1, 2, 3	0,735	0,265	0,700	0,250	0,610	0,340	0,660	0,340	>=0,05	>=0,03	>=0,03	>=0,07
Blau	1, 2, 3	0,130	0,090	0,160	0,090	0,160	0,140	0,130	0,140	>=0,01	>=0,01	>=0,01	>=0,05
Grün	1, 2, 3	0,110	0,415	0,170	0,415	0,170	0,500	0,110	0,500	>=0,04	>=0,03	>=0,03	>=0,10
Orange	1,2	0,610	0,390	0,535	0,375	0,506	0,404	0,570	0,429	>=0,17	>=0,14		>=0,20
	3	0,631	0,369	0,560	0,360	0,506	0,404	0,570	0,429			>=0,14	
Braun	1, 2, 3	0,455	0,397	0,523	0,429	0,479	0,373	0,558	0,394	0,03 – 0,09			0,04 – 0,15
Grau	1, 2	0,305	0,315	0,335	0,345	0,325	0,355	0,295	0,325	0,12 – 0,18			0,16 – 0,29

(BGBl II 2013/292)

1/1/2. StVO — Verkehrszeichen

Anlage 2

Mindestrückstrahlwerte R' in cd lx^{-1} m^{-2}

Aufsichtsfarbe		α=0,2°			0,33°				1°				1,5°				2°		
		β=5°	30°	40°	5°	20°	30°	40°	5°	20°	30°	40°	5°	20°	30°	40°	5°	30°	40°
Rot	Typ 1	14,5	6	2	10	-	4	1,8	-	-	-	-	-	-	-	-	1	0,5	0,5
	Typ 2	45	25	15	25	-	14	13	-	-	-	-	-	-	-	-	1	0,4	0,3
	Typ 3	-	-	-	60	48	33	6	7	6	6	4	3	2,5	-	#	-	-	#
Orange	Typ 1	25	10	2,2	20	-	8	2,2	-	-	-	-	-	-	2	-	1,2	0,5	#
	Typ 2	100	60	29	65	-	40	20	-	-	-	-	-	-	-	-	1,5	1	#
	Typ 3	-	-	-	150	120	83	15	18	15	15	10	7,5	6,5	4,5	1	-	-	-
Braun	Typ 1	1	0,3	#	0,6	-	0,2	#	-	-	-	-	-	-	-	-	-	-	#
	Typ 2	12	8,5	5	8	-	5	3	-	-	-	-	-	-	-	-	0,2	-	#
Gelb	Typ 1	50	22	7	35	-	16	6	-	-	6	-	-	-	-	-	3	1,5	1
	Typ 2	170	100	70	120	-	70	60	-	-	-	-	-	-	-	-	3	1,5	1
	Typ 3	-	-	-	195	155	110	20	23	20	13	-	10	8	6	1	-	-	-
Grün	Typ 1	9	3,5	1,5	7	-	3	1,2	-	-	-	-	-	-	-	-	0,5	0,3	0,2
	Typ 2	45	25	12	21	-	12	11	-	-	-	-	-	-	-	-	0,5	0,3	0,2
	Typ 3	-	-	-	30	24	17	3	3,5	3	2	-	1,5	1	-	#	-	-	#
Blau	Typ 1	4	1,7	0,5	2	-	1	#	-	-	-	-	-	-	-	-	-	-	#
	Typ 2	20	11	8	14	-	8	7	-	-	-	-	-	-	-	#	0,2	0,2	#
	Typ 3	-	-	-	19	16	11	2	2,5	2	1,5	-	1	-	#	-	-	-	-
Weiß	Typ 1	70	30	10	50	-	24	9	-	-	-	-	-	-	-	-	5	2,5	1,5
	Typ 2	250	150	110	180	-	100	95	-	-	-	-	-	-	-	-	5	2,5	1,5
	Typ 3	-	-	-	300	240	165	30	35	30	20	3,5	15	13	9	1,5	-	-	-
Grau	Typ 1	42	18	6	30	-	14,4	5,4	-	-	-	-	-	-	-	-	3	1,5	0,9
	Typ 2	125	75	55	90	-	50	47	-	-	-	-	-	-	-	-	2,5	1,2	0,7

\# bedeutet Werte über Null, aber nicht anwendbar

(BGBl II 2013/292)

1/1/2. StVO
Verkehrszeichen

Anlage 3

Abmessungen der Straßenverkehrszeichen
(Die Ziffern entsprechen den Abbildungen in Anlage 4, 5, 6 und 7)

Gefahrenzeichen

	Großformat	Mittelformat	Kleinformat
Seitenlänge	1 500 mm	1 000 mm	700 mm
Breite des roten Randes	150 mm	100 mm	70 mm
Eckenabrundung	50 mm	30 mm	30 mm
Z 6c (Baken)	–	380 × 1 200 mm	310 × 960 mm
Z 6d (Tafel)	–	750 × 1 150 mm	630 × 1 400 mm
		750 × 1 600 mm	630 × 960 mm

Vorschriftszeichen

	Großformat	Mittel 1	Mittel 2	Kleinformat
Verbots-, Gebots- oder Beschränkungszeichen				
Durchmesser	1 200 mm	960 mm	670 mm	480 mm
Breite des roten Randes	150 mm	120 mm	80 mm	60 mm
Breite des roten Quer- oder Schrägbalkens bei Z 3a, 3b, 3c, 8a, 13a, 13b, 13c/a, 13c/b, 14	90 mm	70 mm	50 mm	40 mm
Breite des roten Schrägbalkens bei Z 16, 17a/c, 17a/d, 17c, 19a, 22a	180 mm	130 mm	90 mm	65 mm
Breite von schwarzen Schrägbalken	230 mm	180 mm	130 mm	90 mm
Breite von schwarzen Schrägbalken Z 11b	115 mm	90 mm	65 mm	45 mm
Z 11a, 11b, 13d		960 × 1 200 mm	630 × 960 mm	470 × 630 mm
Z 13e		960 × 960 mm	630 × 630 mm	470 × 470 mm
„Z 15a" *(BGBl II 2013/292)*	1 500 × 2 500 mm	1 000 × 1 500 mm		630 × 960 mm

Vorrangzeichen

Z 23			
Seitenlänge	1 500 mm	1 000 mm	700 mm
Breite des roten Randes	150 mm	100 mm	70 mm
Eckenabrundung	50 mm	30 mm	30 mm
Z 24 (gleichseitiges Achteck)			
Höhe × Breite	je 1 160 mm	je 940 mm	je 630 mm
Schrifthöhe	390 mm	310 mm	210 mm

1/1/2. StVO Verkehrszeichen

Vorschriftszeichen

	Großformat	Mittel 1	Mittel 2	Kleinformat
Buchstabenstärke u. Breite des weißen Randes	57 mm	45 mm	30 mm	
Z 25a u. 25b Seitenlänge		960 mm	630 mm	470 mm
Breite des schwarzen Schrägbalkens bei Z 25b		180 mm	130 mm	90 mm

Anmerkung: STVZO ab der Eintragung "Hinweiszeichen" geändert durch BGBl II 2013/292 vom 3. 10. 2013, in Kraft mit 4. 10. 2013.

Hinweiszeichen

a) Alle Zeichen mit Ausnahme der unter lit. b gesondert angeführten Zeichen

Quadratische Form (Seitenlänge)		960 mm	630 mm	470 mm
Rechteckige Form (Seitenlänge)		960 × 1 200 mm	630 × 960 mm	470 × 630 mm

b) Die nachstehend angeführten Hinweiszeichen sind in den jeweils angegebenen Abmessungen auszuführen

Z 1b	1000 x 1500 mm 1500 x 2000 mm	960 x 1200 mm	630 x 960 mm	470 x 630 mm
Z 1c	1000 x 1500 mm		630 x 960 mm	
Z 8a, 8b, 8c und 8d			960 x 1 200 mm	
Breite des roten Schrägbalkens bei Z 8b und 8d			130 mm	
Z 9a, 9b, 9c und 9d		960 × 1 200 mm	630 × 960 mm	470 × 630 mm
Breite des roten Schrägbalkens bei Z 9b und 9d		130 mm	90 mm	70 mm
Z 9e	mm	960 x 1200 mm	630 x 960 mm	
Z 10			960 × 310 mm	
Z 10a (ohne Spitze)			110 × 330 mm	
Z 12			70 × 150 mm	

Überkopfwegweiser

Höhe
1500 mm
2000 mm
2500 mm
3000 mm
3500 mm

Vorwegweiser und Wegweiser

Z 13a Vorwegweiser
1500 x 1000 mm
2000 × 1000 mm
1500 × 1500 mm

1/1/2. StVO
Verkehrszeichen

	2000 × 1500 mm
	2500 × 1500 mm
	2000 × 2500 mm
	2500 × 2500 mm
	3500 × 2500 mm
	3 500 × 3 500 mm
Z 13b, 13c, 13d, 14b, 16b Wegweiser	
	1150 x 250 mm
	1150 x 400 mm
	1150 x 620 mm
	1460 x 250 mm
	1460 x 330 mm
	1460 x 400 mm
	1460 x 500 mm
	1460 x 620 mm
	1460 x 660 mm
	1740 x 330 mm
	1740 x 500 mm
	1740 x 660 mm
	1740 x 750 mm
	2200 x 330 mm
	2200 x 400 mm
	2200 x 500 mm
	2200 x 660 mm
	2200 x 750 mm
	2200 x 900 mm
	2500 x 400 mm
	2500 x 660 mm
	2500 x 900 mm
zusätzliches Format für Wegweiser an Autobahnauffahrten:	
	1500 x 2000 mm
	2000 x 1500 mm
Z 14a Vorwegweiser	
	2000 x 1500 mm
	2500 x 1500 mm
	2500 x 2500mm
	3500 x 2500 mm
	3500 x 3500 mm
Z 15a/a, 15a/d Vorwegweiser	
	3500 x 3500 mm
	3500 x 4000 mm
	4000 x 4000 mm
	3500 x 4500 mm
	4000 x 4500 mm
	3500 x 5000 mm

1/1/2. StVO
Verkehrszeichen

	4000 x 5000 mm
Z 15a/b, 15a/c Vorwegweiser	2500 x 2000 mm 3000 x 2000 mm 2500 x 2500 mm 3000 x 2500 mm 2500 x 3500 mm 3000 x 3500 mm
Z 15a/b, Z 15a/c Vorwegweiser Überkopftafel	4500 x 2500 mm 5000 x 2500 mm
Z 15b/a Ausfahrtswegweiser Überkopftafel	3500 x 2000 mm 4000 x 2000 mm 3500 x 3000 mm 4000 x 3000 mm
Z 15b/b Ausfahrtswegweiser	2500 x 1500 mm 3000 x 1500 mm 2000 x 2500 mm
Z 15c Orientierungstafel	2500 x 2000 mm 3000 x 2000 mm 2500 x 2500 mm 3000 x 2500 mm 2500 x 3000 mm 3000 x 3000 mm 2500 x 3500 mm 3000 x 3500 mm
Z 16a Vorankündigung einer Umleitung	1000 x 1500 mm 1500 x 1500 mm 1500 x 2000 mm 1500 x 2500 mm 2000 x 2500 mm 2500 x 2500 mm

1/1/2. StVO
Verkehrszeichen

Z 16c/a, 16c/b Wechsel
der Richtungsfahrbahn

	1000 x 1500 mm	
	1500 x 1500 mm	
	1500 x 2500 mm	
	2000 x 2500 mm	
	2500 x 2500 mm	

Z 17a und 17b   2000 x 1000 mm   1500 x 1000 mm   960 x 630 mm

Breite des roten Schrägbalkens bei Z 17b   140 mm   130 mm   90 mm

Z 18 und 19 Internationaler Hauptverkehrsweg, Straße mit Vorrang

zweistellig		310 x 310 mm
		470 x 470 mm
		630 x 630 mm
dreistellig		470 x 310 mm
		630 x 470 mm
		960 x 630 mm

Z 21 Straße ohne Vorrang

310 x 150 mm

Z 22 Allgemeine Geschwindigkeitsbeschränkung

1000 x 1500 mm
1500 x 2500 mm
2000 x 3500 mm

Z 23 Voranzeiger für Einordnen

630 x 960 mm
960 x 960 mm
1000 x 1500 mm
1500 x 1500 mm
1500 x 2000 mm
1500 x 2500 mm
2000 x 2500 mm
2500 x 2500 mm

Z 23b, 23c Voranzeiger für Fahrstreifenverlauf, Fahrstreifenverminderung

1000 x 1500 mm
1500 x 1500 mm
1500 x 2500 mm
2000 x 2500 mm
2500 x 2500 mm

1/1/2. StVO Verkehrszeichen

Z 23a Voranzeiger für Einbiegen	630 x 960 mm 1000 x 1500 mm 1500 x 2500 mm
Z 24 und 24a Straße für Omnibusse	470 x 470 mm 630 x 630 mm 960 x 960 mm
Breite des roten Schrägbalkens bei Z 24a	65 mm 90 mm 130 mm
Z 25 und 25a Fahrstreifen für Omnibusse	1200 x 600 mm
Breite des roten Schrägbalkens bei Z 24a	90 mm

Zusatztafeln

310 x 150 mm
400 x 150 mm
470 x 150 mm
470 x 230 mm
470 x 310 mm
470 x 470 mm
630 x 230 mm
630 x 310 mm
630 x 470 mm
630 x 630 mm
960 x 310 mm
960 x 470 mm
960 x 630 mm
960 x 960 mm
1000 x 500 mm
1500 x 500 mm

(BGBl II 2013/292)

1/1/2. StVO
Verkehrszeichen

Anlage 4

Gefahrenzeichen

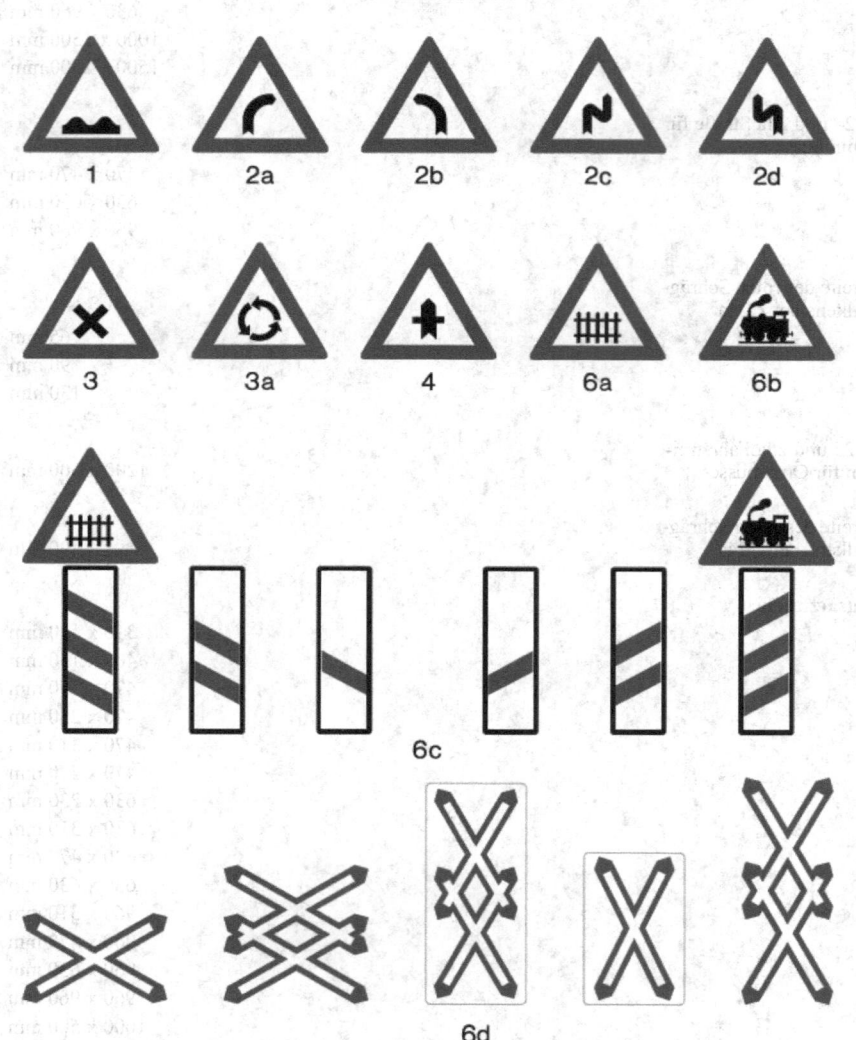

1   2a   2b   2c   2d

3   3a   4   6a   6b

6c

6d

1/1/2. StVO
Verkehrszeichen

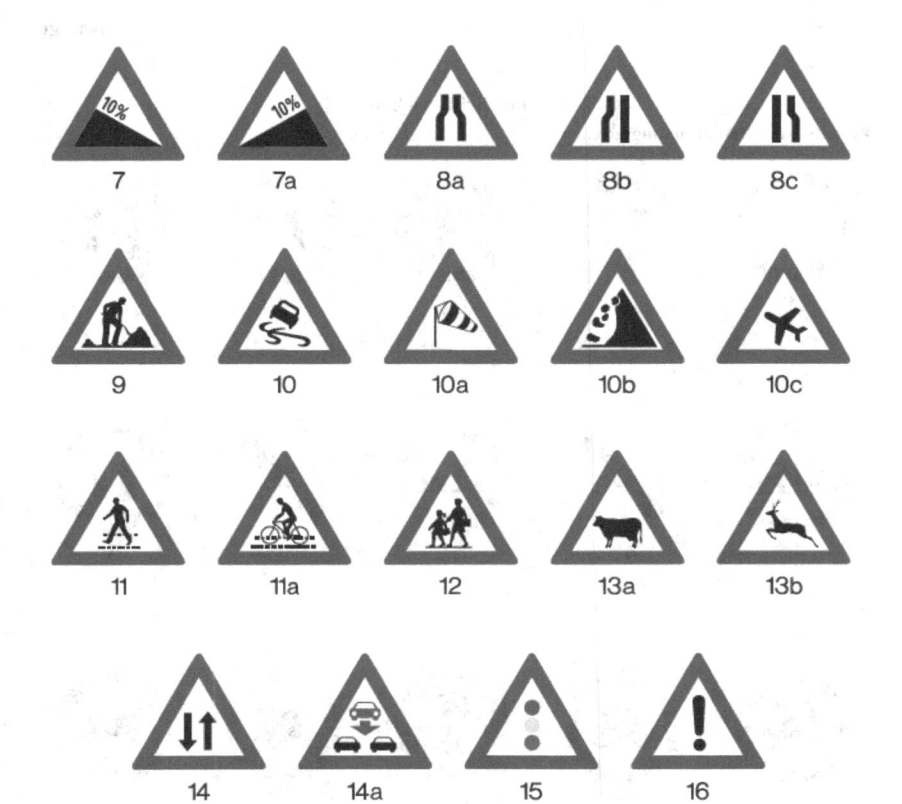

(BGBl II 2013/292)

1/1/2. StVO
Verkehrszeichen

Anlage 5

Verbots- oder Beschränkungszeichen

Vorschriftszeichen

1　2　3a　3b　3c

4a　4b　4c　4d　5

6a　6b　6c　6d　7a

7a　7a　7b　7c　7e

1/1.2. StVO Verkehrszeichen

7f 7f 7f 8a 8b
8c 9a 9b 9c 9d
10a 10b 11 11a 11b
12 13a 13b 13c/a 13c/b
13d 13e 14 14a 14b

1/1/2. StVO
Verkehrszeichen

Gebotszeichen

15, 15, 15, 15a, 15a, 15a

16, 16a, 17, 17c, 17a/a

17a/c, 17a/b, 17a/d, 17b, 18

19, 19a, 21, 22, 22a

Vorrangzeichen

23, 24, 25a, 25b

(BGBl II 2013/292)

— 131 —

1/1/2. StVO
Verkehrszeichen

Anlage 6

Hinweiszeichen

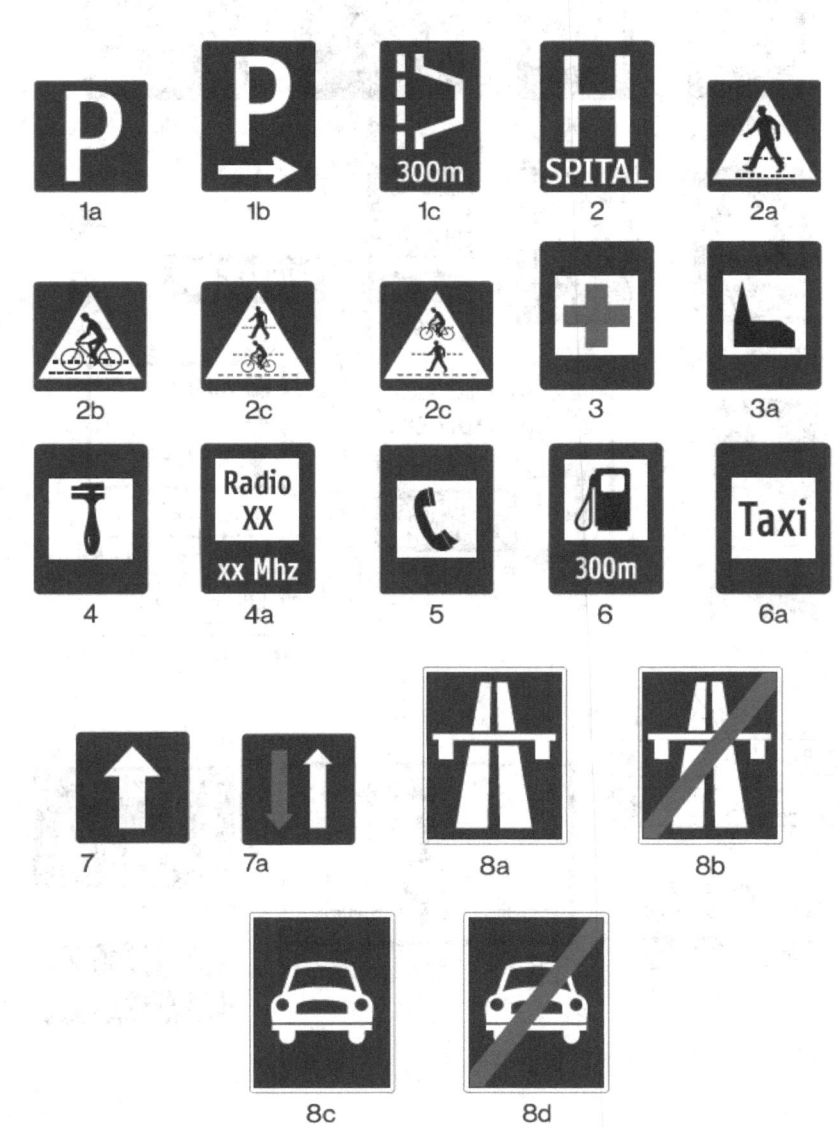

1a	1b	1c	2	2a
2b	2c	2c	3	3a
4	4a	5	6	6a
7	7a	8a	8b	
	8c	8d		

1/1/2. StVO
Verkehrszeichen

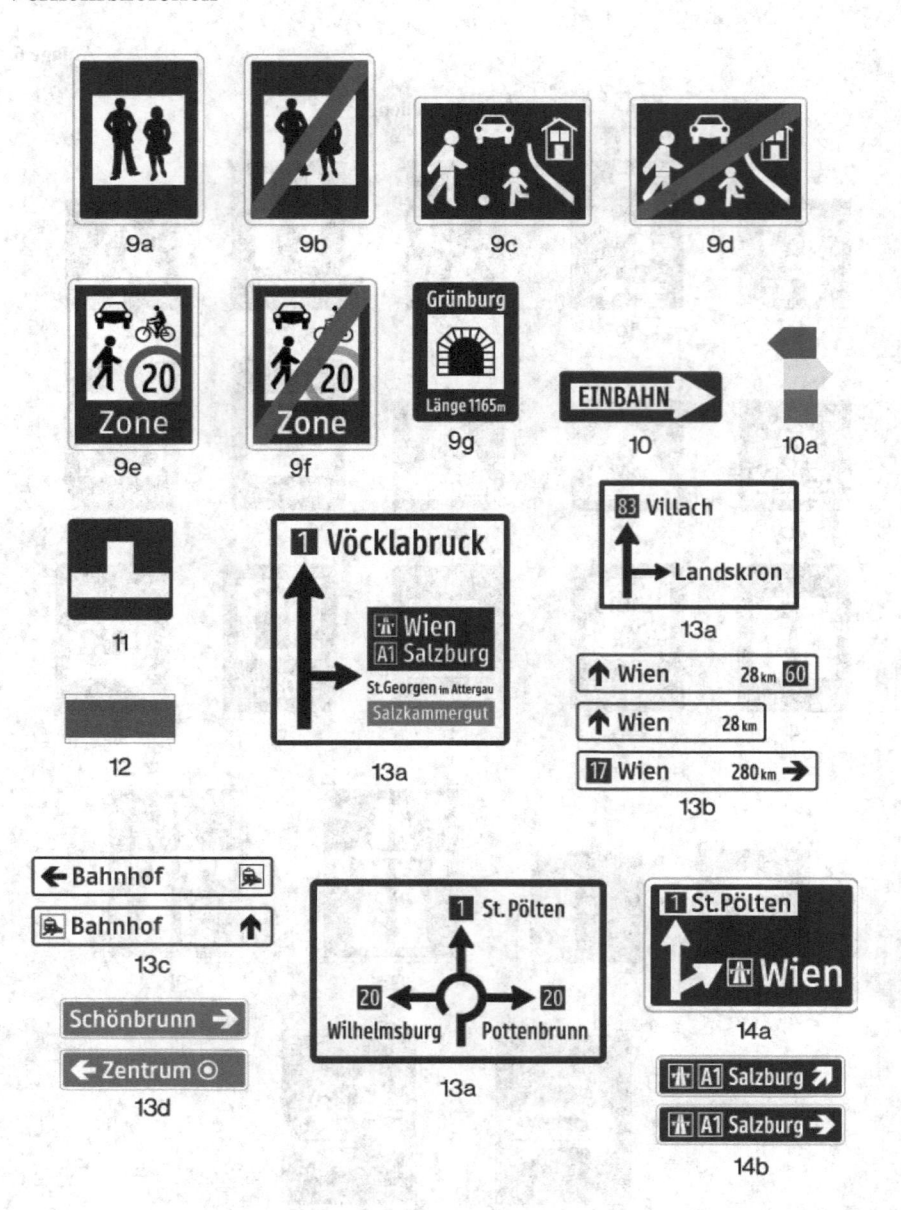

1/1/2. StVO
Verkehrszeichen

A1 Salzburg ↑ / 1 Haid ↗ / 1000m **15a/a**	 Haid 500m / Rosenau / Aigen / Bad Hall / Kremsmünster **15a/b**	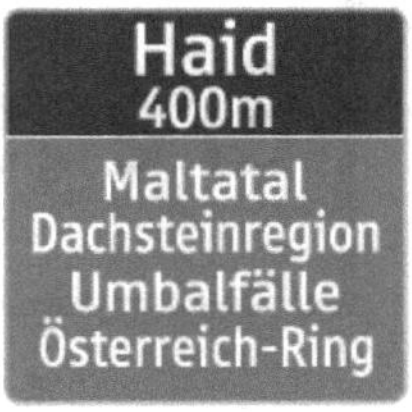 Haid 400m / Maltatal / Dachsteinregion / Umbalfälle / Österreich-Ring **15a/c**
 A1 E14 Salzburg / Sattledt ↑ / A25 E5 / Passau D / Wels Ost ↗ / 1000m **15a/d**	 Steyrermühl ↗ **15b/a**	 Haid → **15b/b**
 Haid → **15b/b**	 A1 E55 E60 / Wien 208 km / Vorchdorf 8 km **15c**	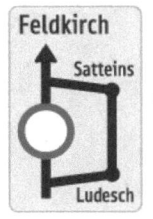 Feldkirch ↑ / Satteins / Ludesch **16a**
 St. Johann → / ↑ Umleitung / Wien 🚛 → **16b**	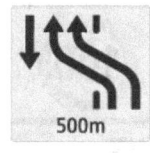 ↓↑↑ 500m **16c/a**	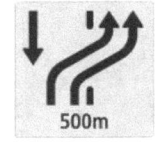 ↓ ↑↑ 500m **16c/b**

1/1/2. StVO
Verkehrszeichen

Bregenz 17a

Bregenz 17b

E 5 — 18

1 — 19

1368 — 21

Republik Österreich

50 (Ortsgebiet)

100

130 (Autobahn)

22

1/1/2. StVO

Verkehrszeichen

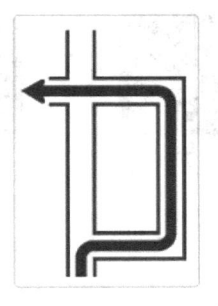

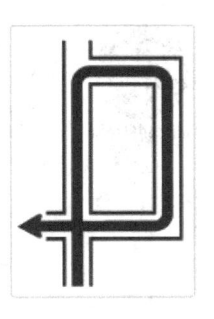

23

23a

23b

23c

24

25

24a

25a

1/1/2. StVO
Verkehrszeichen

26	27	28a	28b
29a	29b	29c	29d

(BGBl II 2013/292)

— 137 —

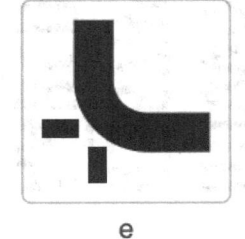

1/1/2. StVO
Verkehrszeichen

Anlage 7

Zusatztafeln

a — 100m

b — ↑3km↑

c — STOP 100m

d — (Kreuzung)

e — (Einmündung)

f — ❄ (Schneeflocke)

g — (Regen/Nässe)

h — ausgenommen ♿

i — ausgenommen (Traktor)

j — Abschleppzone

k — ↓

l — ↙

(BGBl II 2013/292)

1/1/2. StVO
Verkehrszeichen

Anlage 8

Schriftzeichen mit Schriftart Tern

aäbcdefghijk lmnoöpqrsßt uüvwxyz123 4567890-!.,% AÄBCDEFGHI JKLMNOÖPQ RSTUÜVWXYZ

Tern Engschrift

aäbcdefghijk lmnoöpqrsßt uüvwxyz123 4567890-!.,% AÄBCDEFGHI JKLMNOÖPQ RSTUÜVWXYZ

Tern Normalschrift

(BGBl II 2013/292)

1/1/3. StVO

Bodenmarkierung

Bodenmarkierungsverordnung

BGBl 1995/848 idF

BGBl II 2002/370

848. Verordnung des Bundesministers für Wissenschaft und Verkehr über Bodenmarkierungen (Bodenmarkierungsverordnung)

Auf Grund des § 34 Abs. 1 Straßenverkehrsordnung 1960, BGBl. Nr. 159, zuletzt geändert durch BGBl. Nr. 518/1994, wird verordnet:

Inhaltsverzeichnis

1. Abschnitt: Allgemeines
§ 1 Anwendungsbereich
§ 2 Ausführung von Bodenmarkierungen
§ 3 Anforderungen an das Markierungsmaterial
§ 4 Darstellung von Bodenmarkierungen durch Straßenknöpfe

2. Abschnitt: Längsmarkierungen
§ 5 Leitlinien
§ 6 Sperrlinien
§ 7 Leit- und Sperrlinien nebeneinander
§ 8 Rand- und Begrenzungslinien
§ 9 Anwendung von Sperr- und Leitlinien
§ 10 Änderung der Anzahl der Fahrstreifen
§ 11 Bodenmarkierungen vor Hindernissen
§ 12 Bodenmarkierungen auf unübersichtlichen Straßenstellen
§ 13 Bodenmarkierungen auf Radfahrstreifen

3. Abschnitt: Quermarkierungen
§ 14 Haltelinien
§ 15 Ordnungslinien
§ 16 Schutzwege
§ 17 Kreuzungen von Radfahranlagen mit anderen Fahrbahnen

4. Abschnitt: Sonstige Markierungen
§ 18 Regelung des Einbiegens durch Richtungspfeile
§ 19 Ausführung der Richtungspfeile
§ 20 Schriftzeichen
§ 21 Sperrflächen
§ 22 Parkflächen
§ 23 Bodenmarkierungen für Parkflächen
§ 24 Bodenmarkierungen zur Kennzeichnung von Parkflächen für bestimmte Fahrzeuge
§ 25 Bodenmarkierungen für das Aufstellen von Fahrzeugen auf Gehsteigen
§ 26 Bodenmarkierungen für das Verbot des Aufstellens von Fahrzeugen
§ 27 Bodenmarkierungen zur Kennzeichnung von Haltestellen

5. Abschnitt: Schlußbestimmungen
§ 28 Übergangsbestimmungen
§ 29 Inkrafttreten

Anlage 1 Farbwerte für Bodenmarkierungen
Anlage 2 Bodenmarkierungen auf unübersichtlichen Straßenstellen
Anlage 3 Kennzeichnung eines Radfahrstreifens
Anlage 4 Richtungspfeile
Anlage 5 Schriftzeichen
Anlage 6 Kennzeichnung einer Behindertenparkfläche und Zickzacklinie

1. ABSCHNITT

Allgemeines

Anwendungsbereich

§ 1. (1) Diese Verordnung findet auf alle Bodenmarkierungen Anwendung, die der Straßenerhalter nach Maßgabe der Bestimmungen des § 98 Abs. 3 der Straßenverkehrsordnung 1960 (StVO 1960), BGBl. Nr. 159, in der Fassung der 19. StVO-Novelle, BGBl. Nr. 518/1994, ohne behördlichen Auftrag anbringen kann oder auf behördlichen Auftrag anzubringen hat.

(2) Auf Symbole, die nicht nach den folgenden Bestimmungen zur Markierung von Straßen vorgesehen sind, wie etwa die Darstellung von Straßenverkehrszeichen, sind die Bestimmungen des § 2 Abs. 1 und 2 und § 3 Abs. 1 und 2 nicht anzuwenden.

Ausführung von Bodenmarkierungen

§ 2. (1) Bodenmarkierungen sind in weißer, blauer oder gelber Farbe durch Beschichten, durch Aufbringen von vorgefertigten Materialien, durch den Einbau von Kunst- oder Natursteinen oder von Formstücken, durch Aufbringen oder Einsetzen von Straßenknöpfen u. dgl. darzustellen. Vorübergehende Bodenmarkierungen im Sinne des § 55 Abs. 6 StVO 1960 in der Fassung der 19. StVO-Novelle sind in gleicher Weise, jedoch in oranger Farbe darzustellen.

(2) Bodenmarkierungen sind, wenn es die Verkehrssicherheit erfordert, rückstrahlend

/ # 1/1/3. StVO
Bodenmarkierung

auszuführen. Das ist insbesondere bei Straßen der Fall, die mit einer Geschwindigkeit von mehr als 50 km/h befahren werden dürfen oder keine während der Dunkelheit dauernd in Betrieb stehende Straßenbeleuchtung aufweisen sowie bei der Anbringung von Schutzwegen (§ 16), Radfahrerüberfahrten (§ 17) oder Bodenmarkierungen in Form von Straßenknöpfen (§ 4). Straßenknöpfe gelten auch als rückstrahlend, wenn sie mit Rückstrahlelementen versehen sind.

(3) Bodenmarkierungen müssen einen Reibungsbeiwert haben, der annähernd dem der betreffenden Fahrbahn entspricht. Das gilt nicht für die Darstellung von Bodenmarkierungen durch Straßenknöpfe (§ 4).

Anforderungen an das Markierungsmaterial

§ 3. (1) Die Farbtöne der Oberfläche des für Bodenmarkierungen verwendeten Materials müssen in trockenem Zustand in der Normfarbtafel der Internationalen Beleuchtungskommission (Commission Internationale d'Eclairage - CIE) für das 2°-Normvalenzsystem innerhalb der Farbbereiche liegen, die durch die in der Tabelle in Anlage 1 angegebenen Koordinaten bestimmt sind. Die Leuchtdichtefaktoren des verwendeten Materials müssen den in der Tabelle in der Anlage 1 angeführten Mindestwerten entsprechen. Die Messung hat bei einer Beleuchtung mit Normlichtart D 65 unter einem Lichteinfallswinkel von 45° und bei Beobachtung in Richtung der Flächennormalen zu erfolgen. Bei vorgeschriebener Anbringung von rückstrahlenden Bodenmarkierungen müssen die Rückstrahlwerte des verwendeten Materials dem aktuellen Stand von Wissenschaft und Technik entsprechen.

(2) Die Pigmente des für Bodenmarkierungen verwendeten Materials müssen lichtecht sein. Die Farbart des Materials darf sich nach dem Aufbringen auf die Straße nur in einem solchen Ausmaß verändern, daß sie noch deutlich als weiß, blau, gelb oder orange erkennbar ist. Auch bei künstlichem farblosem Licht müssen die Markierungsfarben jeweils deutlich als weiß, blau, gelb oder orange erkennbar sein. Die Rückstrahlwerte dürfen sich bei vorgeschriebener Verwendung von rückstrahlendem Material nach dem Aufbringen auf die Straße nur in einem solchen Ausmaß verändern, daß für die Verkehrssicherheit erforderliche Rückstrahlwirkung gegeben ist.

(3) Das für Bodenmarkierungen verwendete Material darf keine Stoffe enthalten, die sich auf den Straßenbelag nachteilig auswirken. Es muß außerdem eine für eine den Umständen entsprechende Dauer ausreichende Deckfähigkeit aufweisen und umweltverträglich sein.

Darstellung von Bodenmarkierungen durch Straßenknöpfe

§ 4. (1) Straßenknöpfe sind Fahrstreifenbegrenzer und Markierungsknöpfe. Fahrstreifenbegrenzer sind Straßenknöpfe, die mindestens 20 cm von der Fahrbahnoberfläche aufragen. Teile von Straßenknöpfen, die mehr als 2,5 cm von der Fahrbahnoberfläche aufragen, müssen elastisch sein.

(2) Die Darstellung von Bodenmarkierungen durch Straßenknöpfe ist für die Darstellung von vorübergehenden Bodenmarkierungen im Sinne des § 55 Abs. 6 StVO 1960 in der Fassung der 19. StVO-Novelle gestattet, sofern die Verkehrssicherheit dadurch nicht beeinträchtigt wird. Im übrigen ist sie nur zulässig, wenn andere Mittel dafür insbesondere auf Grund der Beschaffenheit der Straße weniger geeignet sind.

(3) Straßenknöpfe sind zur Darstellung von Bodenmarkierungen in Abständen anzubringen, die den Anforderungen der Verkehrssicherheit genügen und den jeweiligen örtlichen Gegebenheiten und Verkehrsverhältnissen entsprechen. Fahrstreifenbegrenzer dürfen jedoch höchstens in einem Abstand von 20 m, Markierungsknöpfe höchstens in einem Abstand von 2 m, im Falle der Darstellung einer Randlinie höchstens in einem Abstand von 10 m angebracht werden. Die Art und Bedeutung der dargestellten Bodenmarkierung muß jeweils klar erkennbar sein. Leitlinien (§ 5) oder Begrenzungslinien (§ 8 Abs. 3), die durch Straßenknöpfe dargestellt werden sollen, dürfen nur durch Markierungsknöpfe dargestellt werden. Die Darstellung einer doppelten Sperrlinie als vorübergehende Bodenmarkierung kann durch eine Reihe von Fahrstreifenbegrenzern erfolgen.

2. ABSCHNITT
Längsmarkierungen

Leitlinien

§ 5. (1) Leitlinien sind unterbrochene Längsmarkierungen in weißer Farbe. Auf Autobahnen und Autostraßen hat die Breite der Leitlinien mindestens 15 cm, die Länge des Striches 6 m sowie die Länge der Unterbrechung 12 m zu betragen. Auf Autostraßen ohne baulich getrennte Richtungsfahrbahnen kann die Breite von Leitlinien auch bis auf 10 cm herabgesetzt werden, wenn die Verkehrssicherheit dadurch nicht

1/1/3. StVO
Bodenmarkierung

beeinträchtigt wird; die Länge der Unterbrechung einer Leitlinie kann in diesem Fall 9 m betragen. Auf allen übrigen Freilandstraßen hat die Breite der Leitlinie mindestens 10 cm, die Länge des Striches 6 m sowie die Länge der Unterbrechung 9 m zu betragen. In Ortsgebieten und vor Kreuzungen hat die Länge des Striches sowie der Unterbrechung einer Leitlinie je 3 m zu betragen.

(2) Eine Warnlinie ist eine Leitlinie, die anzubringen ist, wenn die Verkehrsteilnehmer darauf hingewiesen werden sollen, daß auf Grund bestimmter Umstände erhöhte Vorsicht geboten ist. Die Länge des Striches einer Warnlinie hat 6 m und die Länge der Unterbrechung 1,5 m zu betragen. In Ortsgebieten, und wenn es die örtlichen Gegebenheiten erfordern, auch außerhalb von Ortsgebieten, kann die Länge des Striches sowie die Länge der Unterbrechung einer Warnlinie auch je 1,5 m betragen.

Sperrlinien

§ 6. (1) Sperrlinien sind nicht unterbrochene Längsmarkierungen in weißer Farbe, die zur Abgrenzung von für den fließenden Verkehr bestimmten Verkehrsflächen untereinander dienen. Sie müssen eine Breite von mindestens 10 cm, auf Autobahnen und Autostraßen eine Breite von mindestens 15 cm haben. Auf Autostraßen ohne baulich getrennte Richtungsfahrbahnen kann die Breite auch bis auf 10 cm herabgesetzt werden, wenn die Verkehrssicherheit dadurch nicht beeinträchtigt wird.

(2) Doppelte Sperrlinien sind mit einer Strich- und Zwischenraumbreite von mindestens je 10 cm auszuführen. Auf Autobahnen hat die Strichbreite mindestens 15 cm sowie die Zwischenraumbreite mindestens 10 cm zu betragen. Auf Autostraßen ohne baulich getrennte Richtungsfahrbahnen kann die Strichbreite auch bis auf 10 cm herabgesetzt werden, wenn die Verkehrssicherheit dadurch nicht beeinträchtigt wird.

Leit- und Sperrlinien nebeneinander

§ 7. Wenn neben einer Sperrlinie eine Leitlinie angeordnet ist, sind diese Linien mit den gleichen Strich- und Zwischenraumbreiten wie die doppelten Sperrlinien (§ 6 Abs. 2) auszuführen. Die Länge des Striches und die Länge der Unterbrechung einer neben einer Sperrlinie angebrachten Leitlinie hat je 3 m zu betragen. In Ortsgebieten kann dieses Maß, wenn es die örtlichen Gegebenheiten oder die Verkehrsverhältnisse erfordern, auf je 1,5 m herabgesetzt werden.

Rand- und Begrenzungslinien

§ 8. (1) Randlinien sind nicht unterbrochene Längsmarkierungen in weißer Farbe, die den Rand der Fahrbahn anzeigen. Sie müssen eine Breite von mindestens 10 cm, auf Autobahnen und Autostraßen mit baulich getrennten Richtungsfahrbahnen eine Breite von mindestens 15 cm haben.

(2) Im Bereich von Straßenabschnitten, in denen vorübergehende Bodenmarkierungen im Sinne des § 55 Abs. 6 StVO 1960 in der Fassung der 19. StVO-Novelle angebracht werden, ist eine hinreichende Kennzeichnung des Fahrbahnrandes mit sonstigen Einrichtungen zur Leitung und Sicherung des Verkehrs dem Vorhandensein einer Randlinie gleichzuhalten.

(3) Begrenzungslinien sind unterbrochene Längsmarkierungen in weißer Farbe, die die Fahrbahn oder den allein für den fließenden Verkehr bestimmten Teil der Fahrbahn von anderen Verkehrsflächen abgrenzen. Sie müssen eine Breite von mindestens 10 cm, auf Autobahnen und Autostraßen mit baulich getrennten Richtungsfahrbahnen eine Breite von mindestens 15 cm haben. Auf Autobahnen und Autostraßen hat die Länge des Striches 4 m sowie die Länge der Unterbrechung 2 m zu betragen. Auf den übrigen Straßen hat die Länge des Striches 2 m sowie die Länge der Unterbrechung 1 m zu betragen.

Anwendung von Sperr- und Leitlinien

§ 9. (1) Fahrstreifen, die mit einer Sperrlinie gegen andere Fahrstreifen abgegrenzt werden, müssen eine verbleibende Breite haben, die dem auf ihnen zulässigen Fahrzeugverkehr das problemlose Befahren ohne Überfahren der Sperrlinie erlaubt. Diese Breite beträgt zumindest für den äußerst rechten Fahrstreifen einer Fahrtrichtung 2,9 m. Wenn es die Verkehrsverhältnisse erlauben und die Verkehrssicherheit dadurch nicht beeinträchtigt wird, kann dieser Wert im unbedingt notwendigen Ausmaß unterschritten werden. Fahrstreifen, die mit einer Leitlinie gegen andere Fahrstreifen abgegrenzt werden, müssen eine verbleibende Breite haben, die dem auf ihnen zulässigen Fahrzeugverkehr ein Befahren erlaubt, das ein Überfahren der Leitlinie in der Regel nicht erwarten läßt. Diese Breite beträgt zumindest für den äußerst rechten Fahrstreifen einer Fahrtrichtung 2,6 m. Wenn es die Verkehrsverhältnisse erlauben und die Verkehrssicherheit dadurch nicht beeinträchtigt wird, kann dieser Wert im notwendigen Ausmaß unterschritten wer-

1/1/3. StVO
Bodenmarkierung

den. Im Bereich von Kurven müssen die nach Aufbringung von Sperr- oder Leitlinien verbleibenden Fahrstreifenbreiten jeweils den Anforderungen der Verkehrssicherheit, den örtlichen Gegebenheiten sowie den Verkehrsverhältnissen entsprechend größer bemessen sein. Dabei hat die Verbreiterung des bogeninnenseitig gelegenen Fahrstreifens im Verhältnis zu jener des bogenaußenseitig gelegenen Fahrstreifens zuzunehmen.

(2) Die Länge einer Sperrlinie hat auf Freilandstraßen grundsätzlich mindestens 50 m zu betragen. Wenn die örtlichen Gegebenheiten oder die Verkehrsverhältnisse eine andere Regelung erfordern und die Verkehrssicherheit dadurch nicht beeinträchtigt wird, kann diese Länge im erforderlichen Ausmaß unterschritten werden. Im übrigen ist die Länge der Sperrlinie den Erfordernissen der Verkehrssicherheit und den örtlichen Gegebenheiten anzupassen. Erweist sich auf Freilandstraßen die Anbringung von Sperrlinien in einem Abstand von weniger als 150 m als erforderlich, so ist die Sperrlinie durchgehend auszuführen, sofern sich aus Abs. 3 nichts anderes ergibt.

(3) Wenn es die Verkehrsverhältnisse oder die örtlichen Gegebenheiten erfordern und die Verkehrssicherheit dadurch nicht beeinträchtigt wird, können Sperrlinien auf den hiefür in Betracht kommenden Straßenabschnitten auf eine unbedingt erforderliche Länge durch Warnlinien ersetzt werden. Insbesondere können auch in Fällen, in denen einerseits gemäß den Bestimmungen dieser Verordnung Sperrlinien anzubringen wären, die Anbringung zugleich jedoch auf Grund der zu geringen verbleibenden Fahrstreifenbreite gemäß Abs. 1 untersagt ist, die Sperrlinien durch Warnlinien ersetzt werden. Wenn es den Anforderungen der Verkehrssicherheit eher entspricht, sowie jedenfalls in Fällen, in denen auf Grund der zu geringen verbleibenden Fahrstreifenbreite gemäß Abs. 1 auch die Anbringung einer Warnlinie unzulässig ist, sind keine die Fahrstreifen untereinander begrenzenden Längsmarkierungen anzubringen.

(4) Vor jeder Sperrlinie ist eine Warnlinie (§ 5 Abs. 2) in einer den örtlichen Gegebenheiten und den Verkehrsverhältnissen entsprechenden, in der Regel jedoch aus zehn Einzelstrichen bestehenden Länge anzubringen. Dies gilt nicht für Bereiche, in denen eine Sperrlinie in eine Randlinie übergeht sowie für Sperrlinien, mit denen ein Radfahrstreifen abgegrenzt wird (§ 13 Abs. 1).

(5) Werden auf Straßen mit Gegenverkehr vier oder mehr Fahrstreifen durch Bodenmarkierungen gekennzeichnet, so sind die in entgegengesetzten Richtungen zu benützenden Fahrstreifen durch doppelte Sperrlinien voneinander zu trennen, sofern die Abgrenzung nicht durch bauliche Einrichtungen erfolgt. Zur Abgrenzung von in derselben Richtung zu benützenden Fahrstreifen sind grundsätzlich Leitlinien anzuwenden. Diese Bestimmungen gelten nicht, wenn eine Straße nur im Bereich vor Kreuzungen vier oder mehr Fahrstreifen aufweist.

Änderung der Anzahl der Fahrstreifen

§ 10. (1) Auf Freilandstraßen darf bei Änderung der Anzahl der Fahrstreifen die Abweichung der Markierungslinien von der vorherigen Richtung grundsätzlich höchstens 1 : 20 betragen. Bei Kennzeichnung von Rechtsabbiegespuren kann die Abweichung, wenn es die örtlichen Gegebenheiten erfordern und die Verkehrssicherheit dadurch nicht beeinträchtigt wird, auf höchstens 1 : 10 vergrößert werden. In Ortsgebieten ist die Richtungsänderung der Markierungslinien den örtlichen Gegebenheiten anzupassen. Den Sperrlinien im Bereich der Richtungsänderung sind, bezogen auf die Verkehrsrichtung, für die sie gelten, Sperrlinien in einer § 9 Abs. 2 entsprechenden Länge voranzusetzen. Im Bereich von Rechtsabbiegespuren können diese, wenn es die örtlichen Gegebenheiten erfordern und die Verkehrssicherheit dadurch nicht beeinträchtigt wird, auch ganz entfallen.

(2) Zur Trennung von Fahrstreifen mit entgegengesetzter Fahrtrichtung sind im Bereich des Überganges auf weniger Fahrstreifen Sperrlinien anzubringen.

Bodenmarkierungen vor Hindernissen

§ 11. (1) An Hindernissen auf der Fahrbahn ist der Verkehr, wenn die örtlichen Gegebenheiten keine andere Regelung erfordern, entweder durch eine Sperrlinie in einem Mindestabstand von 15 cm vom Hindernis oder durch eine den örtlichen Gegebenheiten entsprechende Sperrfläche (§ 21) vorbeizuleiten. Die Abweichung der Sperrlinie von der vorherigen Richtung darf auf Freilandstraßen höchstens 1:10 betragen; in Ortsgebieten ist die Richtungsänderung den örtlichen Gegebenheiten anzupassen. Der Sperrlinie und der Sperrfläche sind, bezogen auf die Verkehrsrichtung, für die sie gelten, Sperrlinien in einer § 9 Abs. 2 entsprechenden Länge voranzusetzen. Zur Trennung von Fahrstreifen mit entgegengesetzter Fahrtrichtung sind im Bereich des Hindernisses Sperrlinien anzubringen.

1/1/3. StVO
Bodenmarkierung

(2) An Hindernissen am Fahrbahnrand ist der Verkehr, wenn die örtlichen Gegebenheiten keine andere Regelung erfordern, entweder durch eine Randlinie in einem Mindestabstand von 15 cm vom Hindernis oder durch eine den örtlichen Gegebenheiten entsprechende Sperrfläche (§ 21) vorbeizuleiten. Die Abweichung der Randlinie von der vorherigen Richtung darf höchstens 1 : 10 betragen.

Bodenmarkierungen auf unübersichtlichen Straßenstellen

§ 12. (1) Werden auf Straßen mit Gegenverkehr in Bereichen ungenügender Sicht (auf Kuppen, in Kurven u. dgl.) Fahrstreifen durch Bodenmarkierungen gekennzeichnet, sind Sperrlinien anzubringen, sofern sich aus § 9 Abs. 3 nichts anderes ergibt. Auf die Markierung von Straßen mit vier oder mehr Fahrstreifen sind die Bestimmungen des § 9 Abs. 5 anzuwenden.

(2) Bereiche ungenügender Sicht liegen dann vor, wenn die tatsächliche Sichtweite geringer ist als die aus Gründen der Sicherheit zu verlangende Mindestsichtweite. Die Mindestsichtweite „s min" ist gleich der Summe der Anhaltewege zweier einander begegnender Fahrzeuge. Sie beträgt bei einer Geschwindigkeit jeden Fahrzeuges von

30 km/h	40 m.
40 km/h	60 m.
50 km/h	85 m.
60 km/h	115 m.
70 km/h	150 m.
80 km/h	190 m.
90 km/h	230 m.
100 km/h	280 m.
110 km/h	335 m.
120 km/h	390 m.
130 km/h	450 m.

(3) Der Ermittlung der Anhaltewege ist die in den betreffenden Straßenabschnitten für Personenkraftwagen zulässige Höchstgeschwindigkeit zugrunde zu legen.

(4) Auf Straßenkuppen ist unter Sichtweite der Abstand, bei dem ein 1,2 m hoher Gegenstand auf der Fahrbahn von einem 1 m hohen Punkt über der Fahrbahn erstmalig wahrgenommen werden kann (mittlere Augenhöhe eines Kraftfahrzeuglenkers), zu verstehen. Bei Straßenkurven ist diese Sichtweite im Abstand einer Fahrstreifenbreite vom bogeninnenseitigen Rand der Fahrbahn zu ermitteln.

(5) Die Sichtweite ist dann zu gering, wenn die oben angeführten Mindestsichtweiten unterschritten werden. Ergibt sich bei der Ermittlung der anzubringenden Sperrlinie eine Länge zwischen 20 m und 50 m, so ist die Sperrlinie jedenfalls auf 50 m zu verlängern. Sofern die örtlichen Gegebenheiten keine andere Regelung erfordern, hat die Verlängerung entgegen der Bewegungsrichtung zu erfolgen. Bei einem Ermittlungsergebnis von weniger als 20 m ist keine Sperrlinie anzubringen.

(6) Bodenmarkierungen auf unübersichtlichen Straßenstellen sind, wenn die örtlichen Gegebenheiten oder die Verkehrsverhältnisse keine andere Regelung erfordern, grundsätzlich unter Beachtung der in Anlage 2 angeführten Beispiele auszuführen.

Bodenmarkierungen auf Radfahrstreifen

§ 13. (1) Ein Radfahrstreifen ist durch eine Sperrlinie gegen den benachbarten Fahrstreifen abzugrenzen.

(2) Wenn es die Verkehrsverhältnisse oder die örtlichen Gegebenheiten erfordern, kann an hiefür in Betracht kommenden Stellen oder im Bereich bestimmter Straßen oder Straßenabschnitte entweder die Sperrlinie durch eine Warnlinie unterbrochen oder statt einer Sperrlinie überhaupt eine Warnlinie angebracht werden (Mehrzweckstreifen, § 2 Abs. 1 Z 7a StVO 1960 in der Fassung der 19. StVO-Novelle).

(3) Der Beginn und der Verlauf eines Radfahrstreifens sind durch wiederholte Markierung mit Fahrradsymbolen entsprechend der Abbildung in Anlage 3 zu kennzeichnen. Die Abstände der einzelnen Fahrradsymbole haben den örtlichen Gegebenheiten, den Verkehrsverhältnissen sowie den Anforderungen der Verkehrssicherheit zu entsprechen. Das Ende eines Radfahrstreifens ist durch die Schriftzeichenmarkierung „Ende" (§ 20) anzuzeigen.

3. ABSCHNITT
Quermarkierungen

Haltelinien

§ 14. (1) Haltelinien sind nicht unterbrochene Quermarkierungen in weißer Farbe. Sie müssen eine Breite von mindestens 50 cm haben.

(2) Haltelinien sind nur auf dem Teil der Fahrbahn anzubringen, für den die Haltelinie maßgebend ist. Haltelinien vor geregelten Kreuzungen sind an jener Stelle anzubringen, an der Fahrzeuglenker bei einem Arm- oder Lichtzeichen, das als Zeichen für „Halt" gilt (§§ 37 und 38 StVO 1960 in der Fassung der 19. StVO-Novelle), nach Maß-

1/1/3. StVO
Bodenmarkierung

gabe der örtlichen Gegebenheiten anzuhalten haben. Haltelinien vor Kreuzungen, an denen das Zeichen „Halt" (§ 52 Z 24 StVO 1960 in der Fassung der 19. StVO-Novelle) angebracht ist, sind an jener Stelle anzubringen, von der aus die erforderlichen Sichtweiten gegeben sind. Die Sichtweite ist nach den jeweiligen örtlichen Gegebenheiten und Verkehrsverhältnissen zu bestimmen und hat auf Freilandstraßen in der Regel nach rechts 120 m und nach links 80 m zu betragen.

(3) Haltelinien sind, sofern die örtlichen Gegebenheiten oder die Verkehrsverhältnisse keine andere Regelung erfordern, parallel zur Achse der querenden Fahrbahn anzubringen.

(4) Wenn es die örtlichen Gegebenheiten und die Verkehrsverhältnisse erfordern, kann die Haltelinie in Ortsgebieten in Verlängerung der Gehsteigkante angebracht werden, sofern die Verkehrssicherheit sowie insbesondere die Sicherheit der Fußgänger dadurch nicht beeinträchtigt wird.

Ordnungslinien

§ 15. (1) Ordnungslinien sind unterbrochene Quermarkierungen in weißer Farbe. Sie müssen eine Breite von 30 cm haben. Die Länge des Striches hat 60 cm, die Länge der Unterbrechung 30 cm zu betragen.

(2) Ordnungslinien sind, sofern die örtlichen Gegebenheiten oder die Verkehrsverhältnisse keine andere Regelung erfordern, parallel zur Achse der querenden Fahrbahn anzubringen. Sie können vor Kreuzungen, an denen das Zeichen „Vorrang geben" (§ 52 Z 23 StVO 1960 in der Fassung der 19. StVO-Novelle) angebracht ist, verwendet werden.

(3) Anstelle einer Ordnungslinie kann auch eine Linie bestehend aus gleichschenkeligen Dreiecken in weißer Farbe in einem Abstand von 30 cm angebracht werden. Die Länge der der querenden Fahrbahn zugewandten Basis der Dreiecke hat 60 cm sowie jene der auf diese Basis bezogenen Höhe mindestens 60 cm zu betragen. Die Spitzen der Dreiecke müssen der Sicht des ankommenden Verkehrs zugewandt sein.

Schutzwege

§ 16. (1) Schutzwege sind in einer Breite von mindestens 3 m auszuführen. Wenn es jedoch die örtlichen Gegebenheiten erfordern, dürfen Schutzwege auch in einer geringeren Breite, jedoch nicht schmäler als 2 m, ausgeführt werden.

(2) Die einzelnen weißen Längsstreifen eines Schutzweges müssen in der Fahrtrichtung liegen und eine Breite von 50 cm aufweisen. Die weißen Längsstreifen eines Schutzweges müssen im Ausmaß ihrer Breite voneinander entfernt sein. Die Felder zwischen den weißen Längsstreifen eines Schutzweges müssen in ihrer Färbung einen ausreichenden Kontrast bilden.

(3) Außerhalb des Ortsgebietes sind auf Straßenstellen, die mit mehr als 50 km/h befahren werden dürfen, vor Schutzwegen Sperrlinien anzubringen.

Kreuzungen von Radfahranlagen mit anderen Fahrbahnen

§ 17. (1) Radwege und Geh- und Radwege, die eine für den übrigen Verkehr bestimmte Fahrbahn kreuzen, sowie Radfahrstreifen, die eine für den übrigen Verkehr bestimmte bevorrangte oder gleichrangige Fahrbahn kreuzen, sind im Kreuzungsbereich durch unterbrochene Linien zu begrenzen, die so anzuordnen sind, daß die volle Breite der entsprechenden Radfahranlage erhalten bleibt (Radfahrerüberfahrt). Diese Linien bestehen aus quadratischen Feldern und ebensolchen Unterbrechungen mit einer Seitenlänge von je 50 cm, wobei die Felder in weißer Farbe auszuführen sind. Im Falle von schrägen Überfahrten können statt der Quadrate auch Parallelogramme aufgebracht werden.

(2) Wenn neben einer Radfahrerüberfahrt ein Schutzweg markiert ist, kann jene Linie der Radfahrerüberfahrt, die auf der dem Schutzweg zugewandten Seite verlaufen würde, entfallen.

(3) Außerhalb des Ortsgebietes dürfen auf Straßenstellen, die mit mehr als 50 km/h befahren werden dürfen, Radfahrerüberfahrtmarkierungen nur angebracht werden, wenn ihre Benützung durch Lichtzeichen geregelt ist. Auf der die entsprechende Radfahranlage kreuzenden Fahrbahn sind außerhalb und, soweit es die Verkehrssicherheit erfordert, auch innerhalb des Ortsgebietes Sperrlinien anzubringen.

4. ABSCHNITT
Sonstige Markierungen

Regelung des Einbiegens durch Richtungspfeile

§ 18. Ist nach Verlassen eines Fahrstreifens über eine Kreuzung oder sonstige Verkehrsfläche in einer bestimmten Richtung weiterzufahren, so ist dies durch entspre-

Ausführung der Richtungspfeile

§ 19. (1) Richtungspfeile sind in weißer Farbe entsprechend Anlage 4 mit einer Länge von 5 m oder 3 m auszuführen. Auf Autobahnen dürfen Richtungspfeile auch mit einer Länge von 10 m sowie, wenn es die Verkehrsverhältnisse erfordern, in einer Länge von 20 m ausgeführt werden. In Ortsgebieten dürfen Richtungspfeile mit einer Länge von nur 2 m und auf Radfahranlagen dürfen Richtungspfeile in einer Länge von 1 m ausgeführt werden. Bei Anbringung von Pfeilen mit anderen als den in Anlage 4 vorgesehenen Längenmaßen sind insbesondere die in Längsrichtung gelegenen Maße grundsätzlich jeweils im gleichen Verhältnis zu vergrößern oder zu verkleinern.

(2) Der Abstand zwischen Fuß und Spitze jeweils aufeinanderfolgender Richtungspfeile darf nicht kleiner als eine Pfeillänge und nicht größer als sechs Pfeillängen sein. Der Abstand eines Richtungspfeiles von einer Quermarkierung soll in der Regel mindestens eine Pfeillänge betragen. Richtungspfeile sind, wenn die örtlichen Gegebenheiten keine andere Regelung erfordern, innerhalb von Fahrstreifen so anzubringen, daß die Mittellinie des geraden Pfeilschaftes in der Mitte des Fahrstreifens liegt. Reicht die Breite des Fahrstreifens für diese Anordnung nicht aus, so ist der Richtungspfeil in einer anderen den örtlichen Gegebenheiten entsprechenden Weise anzubringen.

(3) Darf die Fahrt nur in gerader Richtung fortgesetzt werden, so sind gerade Pfeile anzubringen. Muß nach Verlassen des Fahrstreifens in einem annähernd rechten oder kleineren Winkel nach rechts oder links eingebogen werden, so sind nur rechts oder links abgebogene Pfeile entsprechend den Abbildungen a oder e in Anlage 4 anzubringen. Darf die Fahrt nach dem Verlassen des Fahrstreifens wahlweise in der geraden Richtung über eine Kreuzung fortgesetzt oder in einem annähernd rechten oder kleineren Winkel nach rechts oder links eingebogen werden, dann sind zusammengesetzte Pfeile entsprechend den Abbildungen b oder f in Anlage 4 anzubringen. Wenn die Fahrt in eine rechts oder links schräg einmündende Straße fortgesetzt werden soll, sind schräg abgewinkelte Pfeile entsprechend den Abbildungen c oder g in Anlage 4, wenn die Fahrt wahlweise geradeaus oder schräg nach rechts oder links fortgesetzt werden kann, sind zusammengesetzte Pfeile entsprechend den Abbildungen d oder h in Anlage 4 anzubringen.

(4) In sinngemäßer Anwendung der vorstehenden Bestimmungen und der Abmessungen in Anlage 4 dürfen im Bedarfsfall auch andere Pfeilverbindungen angewendet werden.

Schriftzeichen

§ 20. (1) Schriftzeichenmarkierungen dürfen nur in weißer Farbe ausgeführt werden; hiebei dürfen nur Großbuchstaben und arabische Ziffern verwendet werden. Die aus den Großbuchstaben zusammengesetzten Wörter müssen möglichst kurz und allgemein verständlich sein, wie etwa „STOP", „BUS", „TAXI" und dgl.

(2) Für den ruhenden Verkehr sind die Schriftzeichen gemäß den in Anlage 5 angegebenen Maßen auszuführen, sofern nicht die örtlichen Gegebenheiten Abweichungen erfordern. Für sich bewegenden Verkehr sind die Schriftzeichen angepaßt an die jeweiligen örtlichen Gegebenheiten und die Verkehrsverhältnisse mit den dreifachen, fünffachen oder zehnfachen Werten der in Anlage 5 angegebenen Längenmaße auszuführen. Die Breitenmaße bleiben in der Regel unverändert. Bei Schriftzeichen auf Radfahranlagen kann von den in Anlage 5 angegebenen Maßen im notwendigen Ausmaß abgewichen werden, sofern die Längs- und Breitenmaße im gleichen Verhältnis vergrößert oder verkleinert werden. Der Abstand zwischen den einzelnen Schriftzeichen ist so zu wählen, daß für die Verkehrsteilnehmer die Lesbarkeit gewährleistet ist.

Sperrflächen

§ 21. (1) Sperrflächen sind in weißer Farbe auszuführen. Sie dürfen nur durch schräge, parallele Linien (Schraffen) gekennzeichnet werden und sind mit nicht unterbrochenen Linien zu begrenzen. Die Breiten der Schraffen und der Zwischenräume zwischen den Schraffen haben in der Regel entweder 25 cm und 50 cm oder 50 cm und 200 cm zu betragen. Die Breite der Umrandung hat auf Autobahnen und Autostraßen mit baulich getrennten Richtungsfahrbahnen mindestens 15 cm, im übrigen mindestens 10 cm zu betragen. Sofern die örtlichen Gegebenheiten oder die

1/1/3. StVO
Bodenmarkierung

Verkehrsverhältnisse keine andere Regelung erfordern, sind die Schraffen bezogen auf eine gedachte, parallel zur Achse des angrenzenden Fahrstreifens verlaufende Linie aus der Sicht des ankommenden Verkehrs in einem Winkel von annähernd 45° anzubringen.

(2) Sofern die Verkehrssicherheit dadurch nicht beeinträchtigt wird und das Markierungsbild eindeutig als Sperrfläche erkennbar bleibt, können innerhalb der Sperrfläche auch Schraffen entfallen. Soweit eine Abgrenzung durch bauliche Einrichtungen wie etwa Gehsteigkanten, gegeben ist, kann auch die Umrandung der Sperrfläche durch eine nicht unterbrochene Linie entfallen.

Parkflächen

§ 22. Im Sinne der nachfolgenden Bestimmungen gelten als
1. Parkplätze: Flächen, die von den Fahrbahnen der benachbarten Straßen getrennt sind, der Aufstellung mehrerer Fahrzeuge dienen und von der benachbarten Straße unmittelbar oder durch eigene Zu- und Abfahrtswege erreichbar sind;
2. Parkstreifen: Flächen am Rand oder innerhalb der für den fließenden Verkehr bestimmten Fahrbahn einer Straße oder eines Platzes, die der Aufstellung von Fahrzeugen in einer Reihe dienen;
3. Abstellplätze: Flächen, die der Aufstellung eines einzelnen Fahrzeuges dienen;
4. Parkflächen: Parkplätze, Parkstreifen und Abstellplätze;
5. Abstellflächen: mehrere zu einer Gruppe vereinigte Abstellplätze innerhalb eines Parkplatzes oder Parkstreifens.

Bodenmarkierungen für Parkflächen

§ 23. (1) Bodenmarkierungen für Parkflächen sind so auszuführen, daß die beste Ausnützung des vorhandenen Platzes gewährleistet und das Zu- und Abfahren leicht möglich ist. Insbesondere ist bei der Kennzeichnung von Abstellplätzen für das Schrägparken darauf zu achten, daß das Zufahren in einem flachen Bogen möglich ist.

(2) Sofern die Bodenmarkierung für Parkplätze oder Parkstreifen nicht gemäß § 53 Abs. 1 Z 1a StVO 1960 in der Fassung der 19. StVO-Novelle entfallen kann, sind Abstellflächen für das Quer- und Schrägparken in einzelne Abstellplätze zu unterteilen. Wenn die einzuhaltende Aufstellungsrichtung erkennbar bleibt, können innerhalb einer umgrenzten Abstellfläche aber auch nur einzelne Abstellplätze gekennzeichnet werden oder kann deren Kennzeichnung überhaupt unterbleiben.

(3) Die Abgrenzungen von Parkflächen zu allein für den Fließverkehr bestimmten Fahrbahnteilen sind, wenn es die Verkehrsverhältnisse oder die örtlichen Gegebenheiten erfordern, in Bereichen, in denen die Zufahrt erlaubt sein soll, durch Begrenzungslinien (§ 8 Abs. 3) zu kennzeichnen. Dabei kann zur Erzielung eines gleichmäßigen Markierungsbildes von den in § 8 Abs. 3 vorgegebenen Maßen für die Länge von Strich und Unterbrechung der Begrenzungslinie im notwendigen Ausmaß abgewichen werden.

(4) Die Abgrenzungen von Abstellflächen innerhalb von Parkflächen und deren Unterteilungen sind, sofern diese nicht schon durch bauliche Einrichtungen gegeben sind, durch Linien in weißer Farbe mit einer Mindestbreite von 10 cm zu kennzeichnen. In Bereichen, in denen diese Linien nicht überfahren werden sollen, sind sie ununterbrochen, ansonsten mit gleichmäßigen Unterbrechungen und Strichlängen auszuführen.

(5) Im Bereich einer Kurzparkzone sind die Abgrenzungen von Parkflächen zu Fahrbahnteilen, die nur für den Fließverkehr bestimmt sind, oder, wenn solche nicht gekennzeichnet werden, die Abgrenzungen von Abstellflächen innerhalb von Parkflächen und deren Unterteilungen durch entsprechende Linien in blauer Farbe zu kennzeichnen. Im Fall einer zeitlich befristeten Kurzparkzone kann eine blaue Markierung auch an der Außenseite einer weißen Markierung angebracht werden.

(6) Die den Abstellflächen eines Parkplatzes benachbarten Flächen, die der Zu- und Abfahrbewegung der Fahrzeuge dienen, müssen ausreichend bemessen sein. Beim Querparken muß dieser Abstand für Personenkraftwagen mindestens 7 m, für Omnibusse und Lastkraftwagen mindestens 15 m betragen. Beim Schrägparken unter einem Winkel von 60° muß dieser Abstand für Personenkraftwagen mindestens 5 m, für Omnibusse und Lastkraftwagen mindestens 10 m, unter einem Winkel von 45° für Personenkraftwagen mindestens 4 m, für Omnibusse und Lastkraftwagen mindestens 8 m betragen. Wenn es die Verkehrsverhältnisse erfordern, und die Verkehrssicherheit dadurch nicht beeinträchtigt wird, können diese Maße auch im notwendigen Ausmaß unterschritten werden.

(7) Beim Längsparken muß die den Beginn oder das Ende eines Parkstreifens an-

zeigende Markierungslinie, gemessen in der Fahrbahnrichtung, vom nächsten Schnittpunkt der Gehsteigkanten oder vergleichbarer Einrichtungen mindestens 5 m entfernt sein. Beim Querparken und beim Schrägparken müssen die gegen die Fahrbahnmitte zu liegenden Endpunkte des Parkstreifens, gemessen in der Fahrbahnrichtung, von der verlängerten Kante des nächsten kreuzenden Gehsteiges oder einer vergleichbaren Einrichtung mindestens 10 m entfernt sein. Wenn es die örtlichen Gegebenheiten und die Verkehrsverhältnisse erlauben, und die Verkehrssicherheit dadurch nicht beeinträchtigt wird, können die genannten Abstände im notwendigen Ausmaß unterschritten werden.

Bodenmarkierungen zur Kennzeichnung von Parkflächen für bestimmte Fahrzeuge

§ 24. Sollen Parkflächen für das Abstellen bestimmter Fahrzeuge oder Fahrzeugkategorien vorbehalten bleiben, so ist die vorgesehene Widmung der Fläche, wenn dafür nicht auf andere Weise ausreichende Vorkehrung getroffen ist, durch Markierung mit entsprechenden Worten wie „POLIZEI", „GENDARMERIE", „RETTUNG", „4 TAXI", „LKW", „NUR PKW", „MOTORRÄDER" usw, oder durch Markierung entsprechender Symbole wie einem Behindertensymbol entsprechend der Abbildung a in Anlage 6 innerhalb dieser Fläche kenntlich zu machen. Worte sind auf Parkstreifen, wenn möglich in verlängerter Ausführung und so anzubringen, daß sie von dem Lenker eines sich nähernden Fahrzeuges gelesen werden können. Wenn dies wegen zu geringer Breite des Parkstreifens nicht möglich ist sowie auch auf Parkplätzen, sind die Worte in unverlängerter Ausführung und geeigneter Größe so anzubringen, daß sie von der angrenzenden, für die Zufahrt vorgesehenen Verkehrsfläche aus lesbar sind.

Bodenmarkierungen für das Aufstellen von Fahrzeugen auf Gehsteigen

§ 25. Ist ein Gehsteig in seiner baulichen Anlage breiter als es der Bedarf des Fußgängerverkehrs gewöhnlich erfordert, so kann, sofern die Verkehrssicherheit dadurch nicht beeinträchtigt wird, ein Parkstreifen zur Gänze oder zum Teil auf einem solchen Gehsteig markiert werden. Die für den Fußgängerverkehr verbleibende Gehsteigbreite muß jedoch bei Markierungen für das Längsparken mindestens 1,5 m, bei Markierungen für das Schräg- oder Querparken mindestens 2 m betragen.

Bodenmarkierungen für das Verbot des Aufstellens von Fahrzeugen

§ 26. Flächen, auf denen nicht geparkt werden darf, sind, sofern dies durch Bodenmarkierungen kundgemacht werden soll, mit einer Zickzacklinie in gelber Farbe zu kennzeichnen. Diese Zickzacklinie ist angepaßt an die jeweiligen örtlichen Gegebenheiten entsprechend der Abbildung b in Anlage 6 auszuführen, wobei die Strichbreite mindestens 10 cm zu betragen hat.

Bodenmarkierungen zur Kennzeichnung von Haltestellen

§ 27. (1) Werden Omnibus- oder Obushaltestellen durch Markierung auf der Fahrbahn gekennzeichnet, so ist die erforderliche Fläche in der Längsrichtung durch eine Warnlinie (§ 5 Abs. 2), in der Querrichtung jeweils durch unterbrochene Linien in weißer Farbe mit einer Breite von mindestens 10 cm abzugrenzen. Innerhalb der Fläche der Haltestelle ist das Wort „BUS" oder der Buchstabe „H" mit Schriftzeichen in verlängerter Ausführung gemäß § 20 so einzusetzen, daß es aus der Fahrtrichtung des Busses gelesen werden kann. Der Abstand zwischen der den Beginn oder das Ende einer Haltestelle darstellenden Markierungslinie zum nächsten Schnittpunkt der Gehsteigkanten oder vergleichbaren Einrichtungen darf nicht kleiner als 5 m sein. Wenn es die örtlichen Gegebenheiten und die Verkehrsverhältnisse erlauben, und die Verkehrssicherheit dadurch nicht beeinträchtigt wird, kann dieser Abstand im notwendigen Ausmaß unterschritten werden.

(2) Sind für Omnibus- oder Obushaltestellen besondere bauliche Anlagen vorgesehen („Busbuchten"), so ist zwischen diesen und dem für den fließenden Verkehr bestimmten Teil der Fahrbahn eine Begrenzungslinie (§ 8 Abs. 3) anzubringen. Innerhalb einer ‚Busbucht' kann das Wort „BUS" oder der Buchstabe „H" unter sinngemäßer Anwendung der Bestimmungen des Abs. 1 angebracht werden.

5. ABSCHNITT

Schlußbestimmungen

Übergangsbestimmungen

§ 28. (1) Bestehende Bodenmarkierungen, deren Ausführung zwar nicht den Bestimmungen diese Verordnung, hingegen den Bestimmungen der Bodenmarkierungsverordnung in der bisher geltenden Fasung

1/1/3. StVO
Bodenmarkierung

entspricht, sind erst bei ihrer Erneuerung, spätestens jedoch bis 31. Dezember 2003, den Bestimmungen dieser Verordnung entsprechend auszuführen.

(2) Straßenknöpfe in gelber Farbe dürfen bis zum 31. Dezember 2000 zur Darstellung von vorübergehenden Bodenmarkierungen im Sinne des § 55 Abs. 6 StVO 1960 in der Fassung der 19, StVO Novelle verwendet werden.

Inkrafttreten

§ 29. (1) Diese Verordnung tritt mit 1. Jänner 1996 in Kraft.

(2) Mit dem Inkrafttreten dieser Verordnung tritt die Verordnung des Bundesministeriums für Handel und Wiederaufbau über Bodenmarkierungen (Bodenmarkierungsverordnung), BGBl. Nr. 226/1963 in der Fassung BGBl. Nr. 16/1977 außer Kraft.

Anlage 1

FARBWERTE FÜR BODENMARKIERUNGEN
Tabelle

Aufsichts-farbe	Farbkoordinaten								Leuchtdichte-faktor	
	Punkt A		Punkt B		Punkt C		Punkt D		nicht rückstr.	rückstr.
	x	y	x	y	x	y	x	y		
weiß	0,301	0,322	0,310	0,313	0,331	0,334	0,322	0,343	0,80	0,50
gelb	0,445	0,463	0,467	0,450	0,488	0,467	0,464	0,485	0,50	0,30
blau	0,131	0,222	0,188	0,162	0,255	0,247	0,225	0,275	0,20	
orange	0,500	0,410	0,500	0,360	0,630	0,369	0,584	0,416	0,15	0,10

1/1/3. StVO
Bodenmarkierung

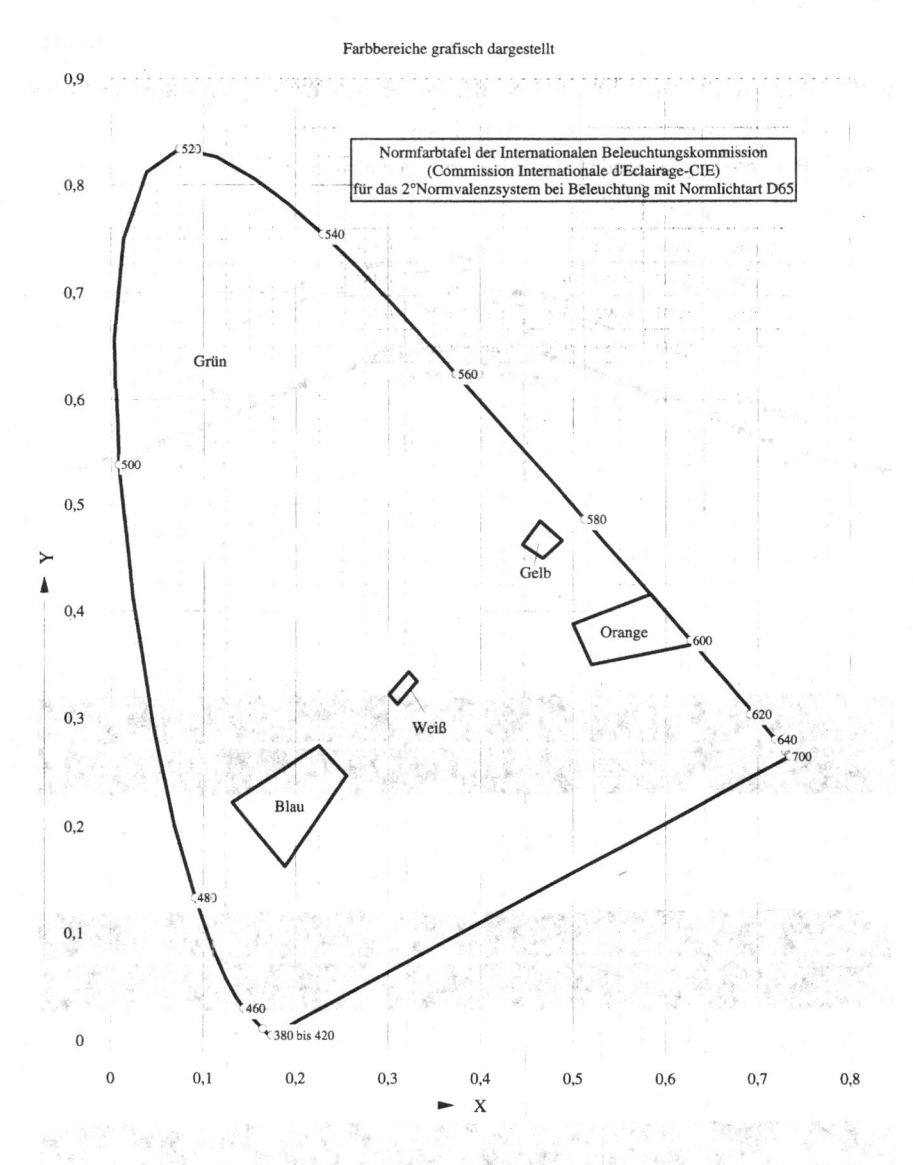

Farbbereiche grafisch dargestellt

Normfarbtafel der Internationalen Beleuchtungskommission
(Commission Internationale d'Eclairage-CIE)
für das 2°Normvalenzsystem bei Beleuchtung mit Normlichtart D65

1/1/3. StVO
Bodenmarkierung

Anlage 2

BODENMARKIERUNGEN AUF UNÜBERSICHTLICHEN STRASSENSTELLEN

I. Kuppen

a) Die Bereiche ungenügender Sicht überschneiden einander:

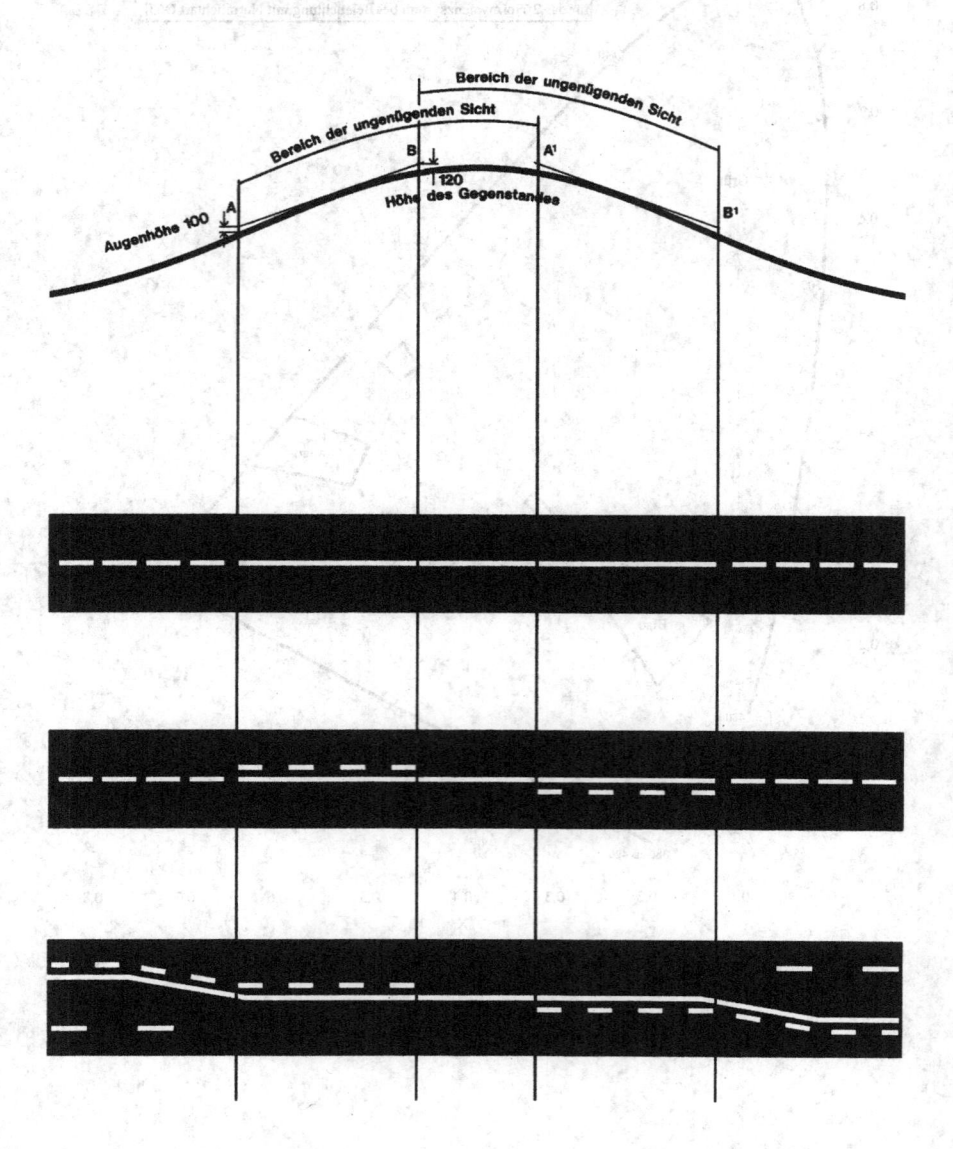

1/1/3. StVO
Bodenmarkierung

b) Die Bereiche ungenügender Sicht sind getrennt:

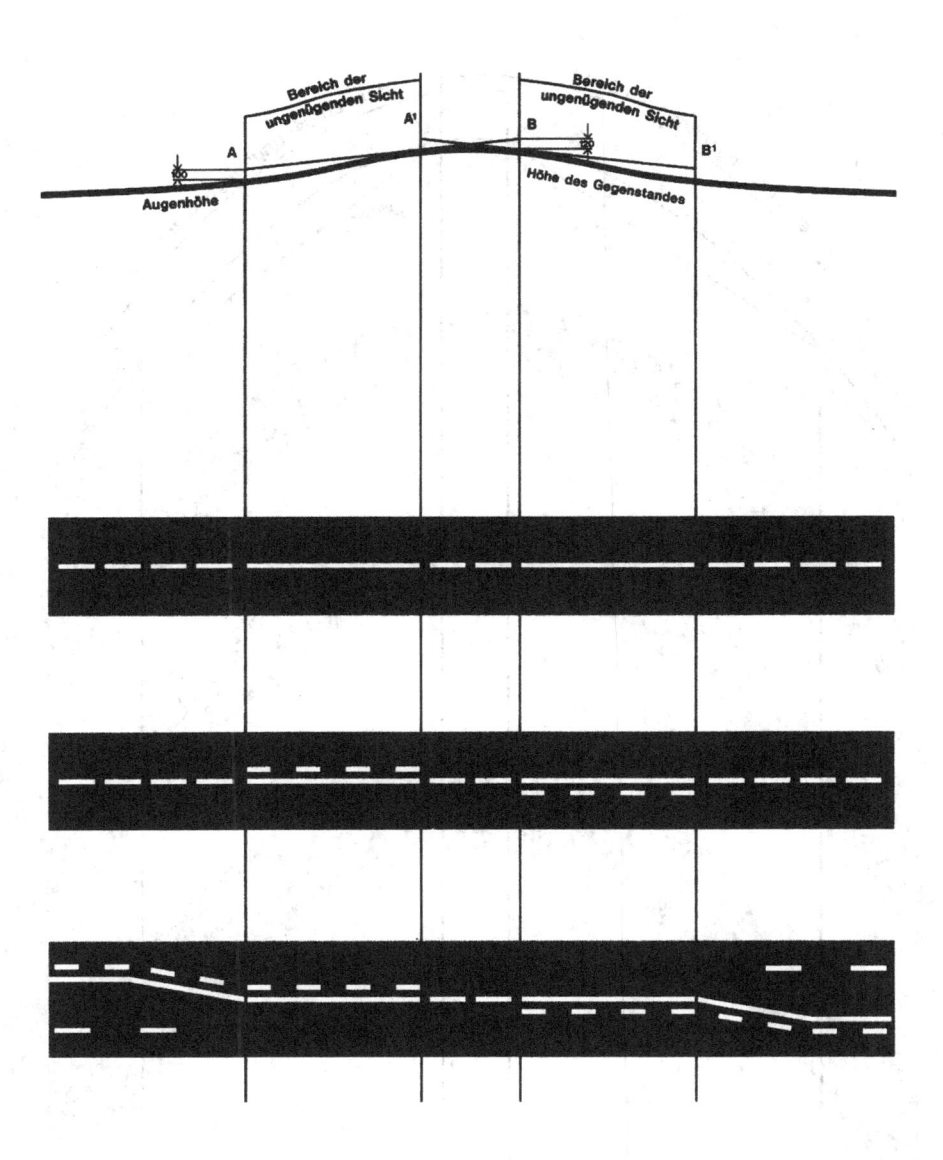

1/1/3. StVO
Bodenmarkierung

2. Kurven

a) Die Bereiche ungenügender Sicht überschneiden einander:

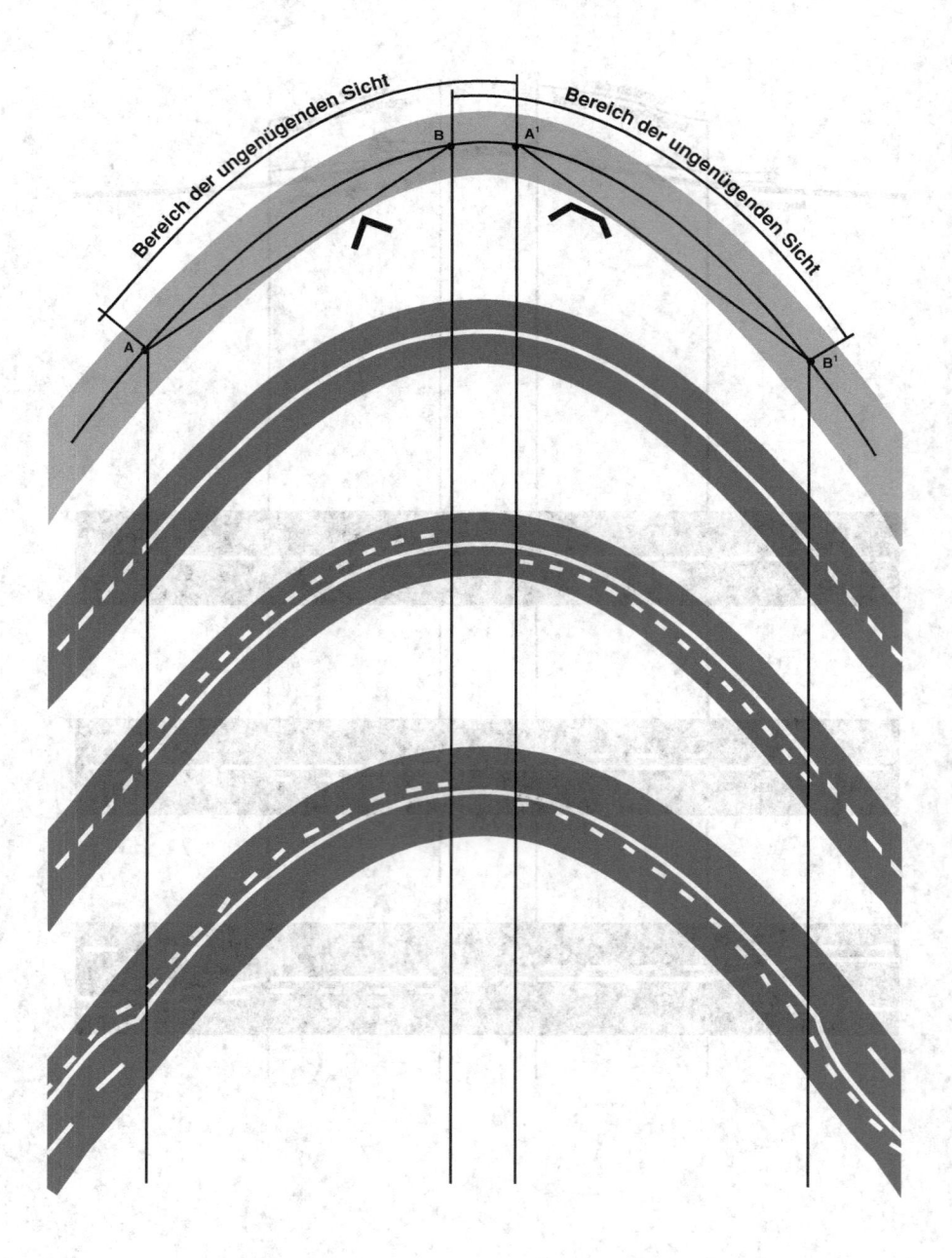

1/1/3. StVO
Bodenmarkierung

b) Die Bereiche ungenügender Sicht sind getrennt:

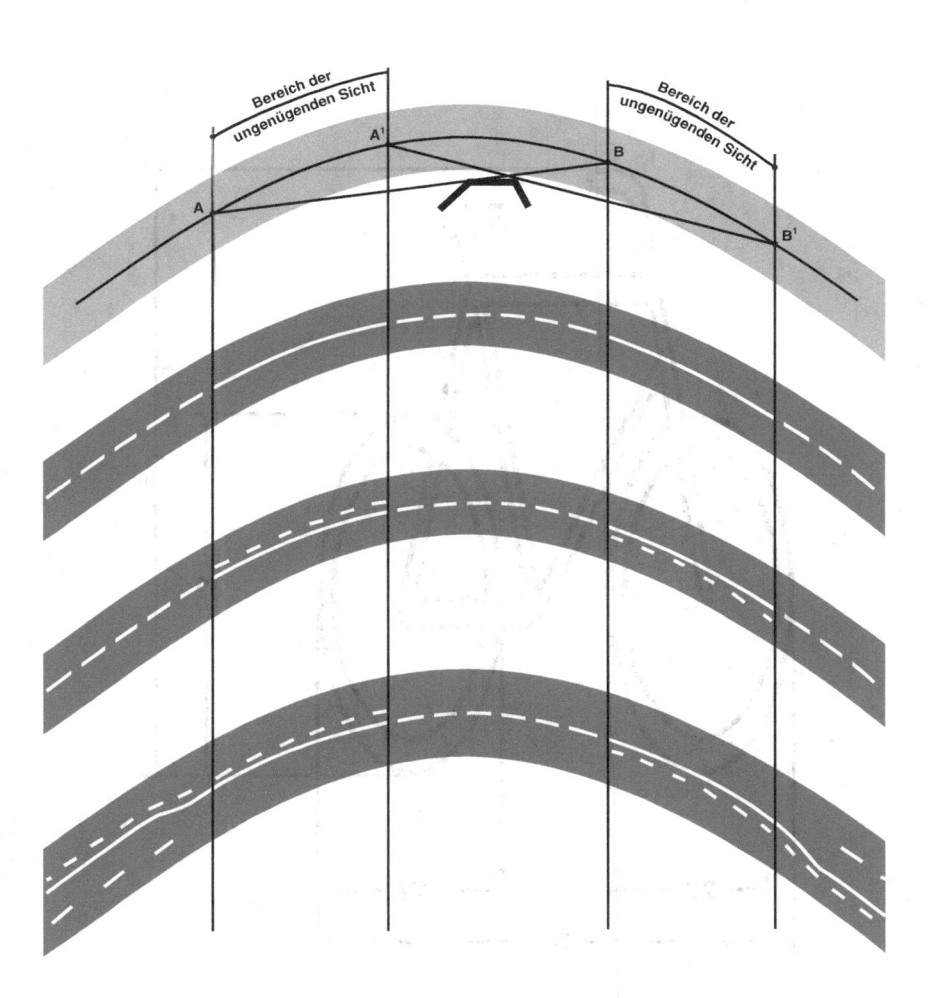

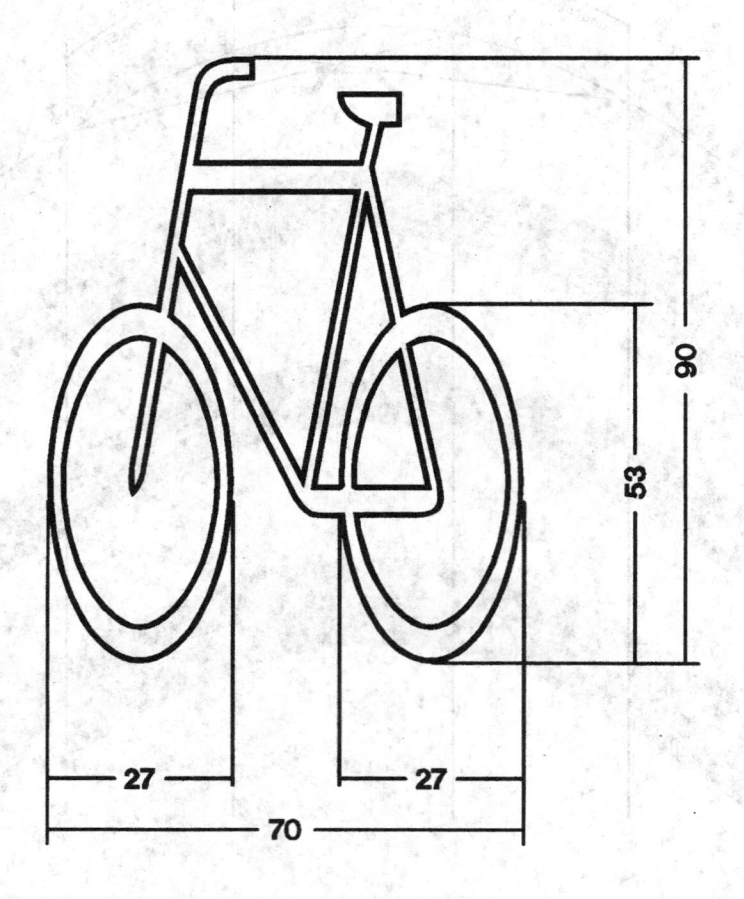

1/1/3. StVO
Bodenmarkierung

Anlage 3

KENNZEICHNUNG EINES RADFAHRSTREIFENS

1/1/3. StVO
Bodenmarkierung

Anlage 4

RICHTUNGSPFEILE

Abb. a

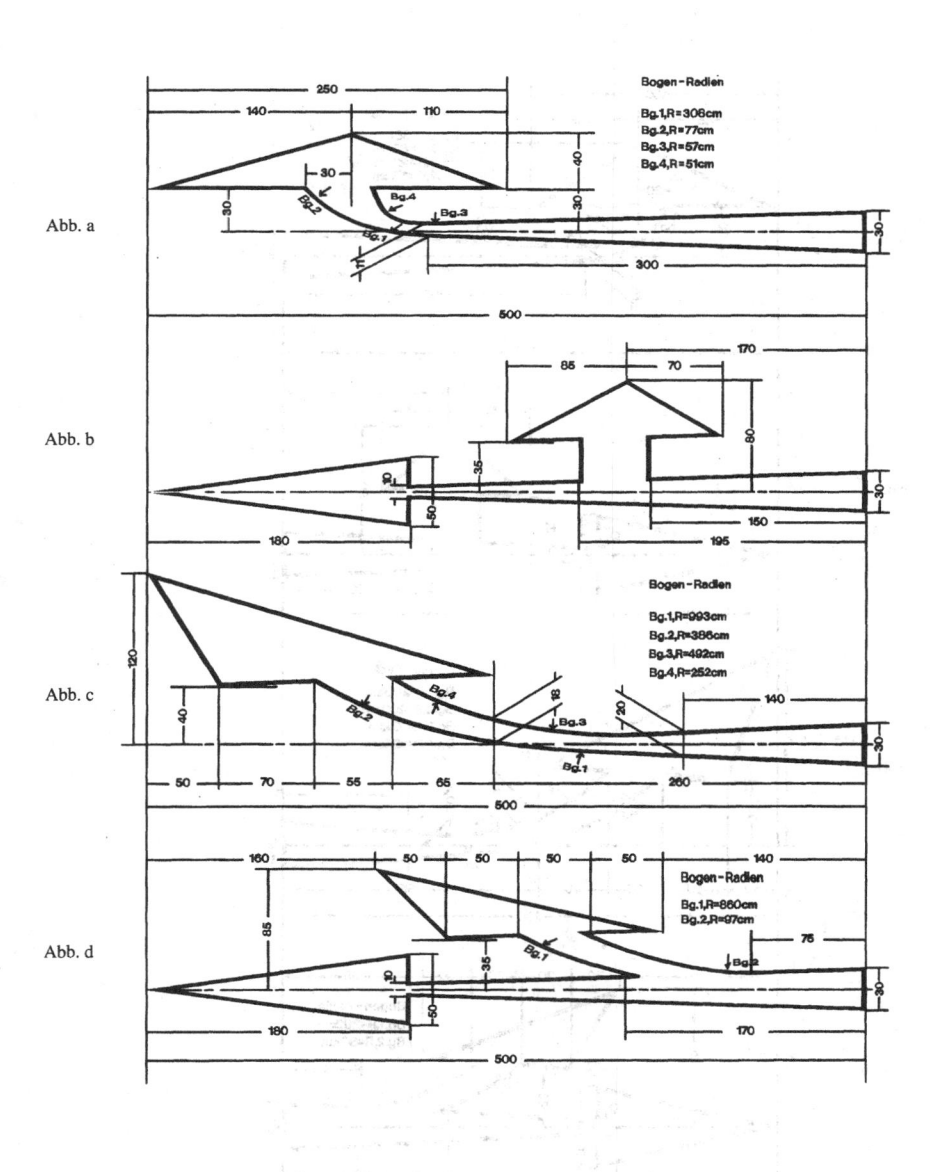

Abb. b

Abb. c

Abb. d

1/1/3. StVO
Bodenmarkierung

Abb. e

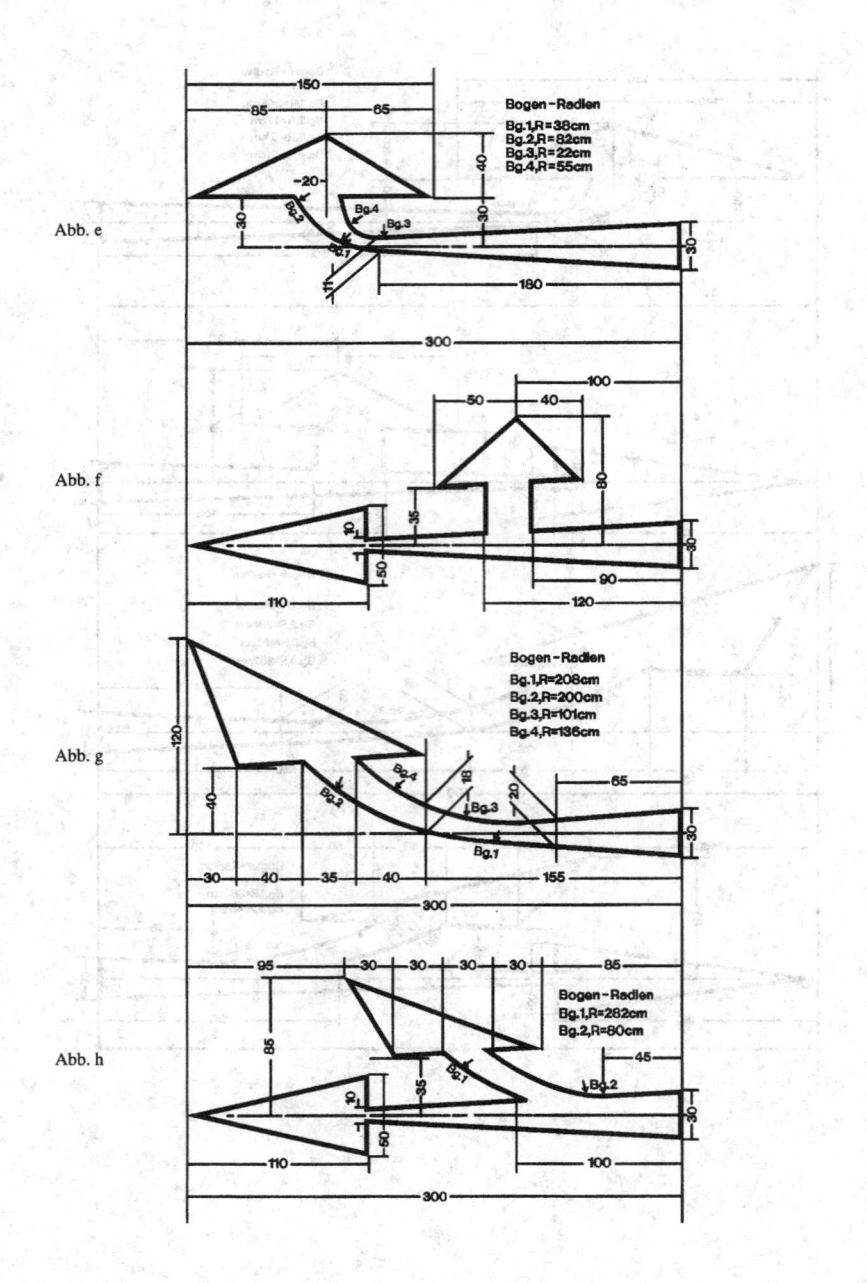

Abb. f

Abb. g

Abb. h

1/1/3. StVO
Bodenmarkierung

Anlage 5

SCHRIFTZEICHEN

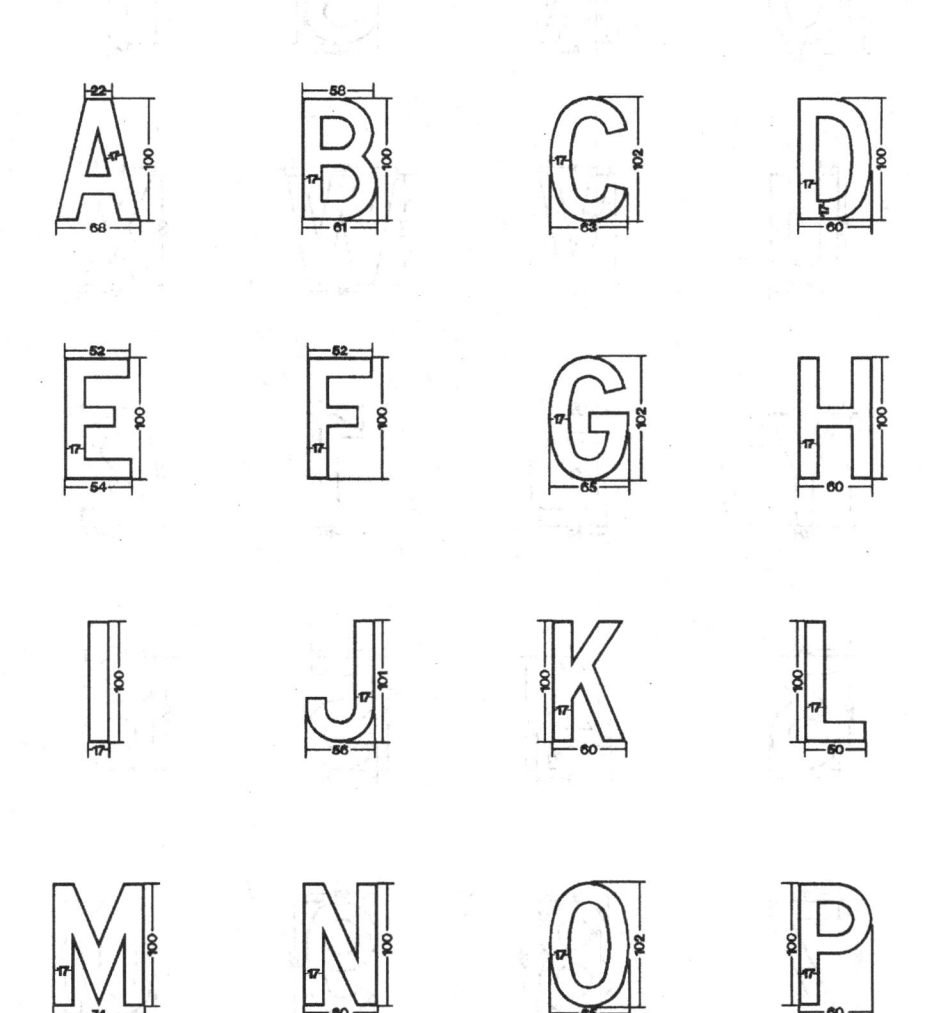

1/1/3. StVO
Bodenmarkierung

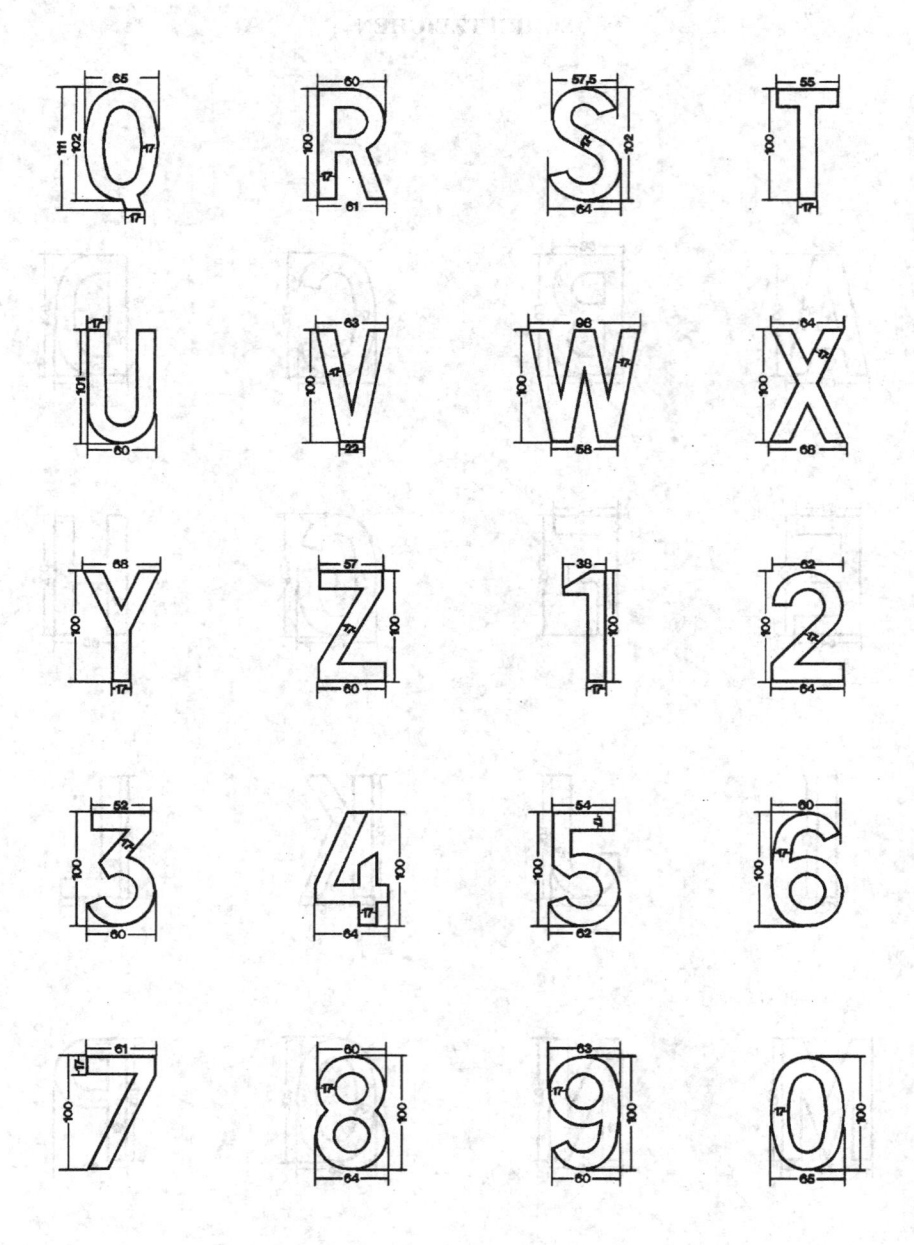

1/1/3. StVO
Bodenmarkierung

Anlage 6

KENNZEICHNUNG EINER BEHINDERTENPARKFLÄCHE

Abbildung a

ZICKZACKLINIE

Abbildung b

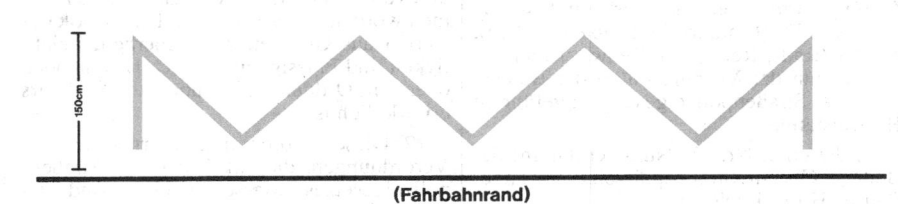

(Fahrbahnrand)

1/1/4. StVO
Weitergeltung von VOen

Weitergeltung von Verordnungen nach dem Straßenpolizeigesetz 1947

BGBl 1961/4

4. Verordnung des Bundesministeriums für Handel und Wiederaufbau vom 1. Jänner 1961 über das Weitergelten von Verordnungen, die auf Grund des Straßenpolizeigesetzes erlassen wurden.

Auf Grund des § 104 Abs. 1 und 4 der Straßenverkehrsordnung 1960, BGBl. Nr. 159, wird verordnet:

§ 1. Verordnungen, die auf Grund des Straßenpolizeigesetzes, BGBl. Nr. 46/1947, erlassen und durch eines der im § 2 Abs. 1 angeführten Verkehrsschilder (Straßenverkehrszeichen) kenntlich gemacht worden sind, gelten, soweit sich aus § 2 Abs. 2 und § 3 nichts anderes ergibt, bis zur Erlassung einer Verordnung auf Grund der Straßenverkehrsordnung 1960, BGBl. Nr. 159, weiter.

§ 2. (1) Demgemäß sind die nachstehenden Verkehrsschilder (Straßenverkehrszeichen) weiterhin zu beachten:

a) die unter Nr. 8 (Vorrang) und Nr. 8a (Stopstraße) der Beilage A zum Straßenpolizeigesetz angeführten Warnungstafeln,

b) die in der Beilage B zum Straßenpolizeigesetz angeführten Vorschriftstafeln mit der Maßgabe, daß die dort unter Nr. 22 angeführte Verkehrsschild (Halteverbot) als Parkverbot gilt,

c) die unter Nr. 25b (Parkplatz, Ausführungsform, wenn die Parkzeit begrenzt ist), Nr. 27 (Einfahrt in Einbahnstraßen), Nr. 28 (Rad-, Reit- oder Gehweg) und Nr. 32 (Beginn der Vorrangstraße) der Beilage C zum Straßenpolizeigesetz angeführten Hinweistafeln,

d) die unter Nr. 33 (Nummerntafeln) der Beilage C zum Straßenpolizeigesetz angeführten Hinweiszeichen,

e) die im Protokoll über Straßenverkehrszeichen, BGBl. Nr. 222/1955, unter Nr. II A 3 (Abbiegen nach rechts – nach links – verboten), Nr. II A 4 (Überholen verboten), Nr. II A 15 (Ende der Geschwindigkeitsbeschränkung), Nr. II A 16 (Halt vor Kreuzung), Nr. II A 18 (Beschränkung für Halten und Parken, insbesondere mit der Aufschrift „Halten verboten" im Zeichen selbst) und Nr. II B 2 (Radweg) angeführten Vorschriftszeichen,

f) die im Protokoll über Straßenverkehrszeichen, BGBl. Nr. 222/1955, unter Nr. III A 8 (Vorrangstraße) und Nr. III A 9 (Ende des Vorranges) angeführten Richtzeichen,

g) die Zusatztafeln (§ 36 Abs. 10 des Straßenpolizeigesetzes) in Verbindung mit einem der in den lit. a bis f angeführten Verkehrsschilder (Straßenverkehrszeichen).

(2) Verordnungen im Sinne des § 1, die durch unter Nr. 8a der Beilage A zum Straßenpolizeigesetz angeführte Warnungstafeln (Stopstraße), durch unter Nr. 21 der Beilage B zum Straßenpolizeigesetz angeführte Vorschriftstafeln (Parkverbot) oder durch unter Nr. 32 der Beilage C zum Straßenpolizeigesetz angeführte Hinweistafeln (Beginn der Vorrangstraße) kenntlich gemacht worden sind, treten gemäß § 104 Abs. 1 der Straßenverkehrsordnung 1960 mit 31. Dezember 1964 außer Kraft.

§ 3. (1) Diese Verordnung gilt nicht

a) für Halteverbote, die auf Grund des Straßenpolizeigesetzes für den Bereich von Standplätzen des Platzfuhrwerks-Gewerbes (Taxi-Gewerbes) und des Ausflugswagen-(Stadtrundfahrten-)Gewerbes erlassen worden sind,

b) für Halteverbote, die auf Grund des Straßenpolizeigesetzes erlassen worden sind und von denen die Ladetätigkeit ausgenommen worden ist, es sei denn, daß ein solches Verbot aus Gründen der Sicherheit, Leichtigkeit und Flüssigkeit des sich bewegenden oder zur Ordnung des ruhenden Verkehrs erforderlich ist.

(2) Diese Verordnung gilt ferner nicht für Verordnungen, die auf Grund des Straßenpolizeigesetzes erlassen worden sind, jedoch mit der Straßenverkehrsordnung 1960 in Widerspruch stehen.

§ 4. Übertretungen der gemäß der vorstehenden Bestimmungen weitergeltenden Verordnungen sind nach § 99 Abs. 3 lit. a der Straßenverkehrsordnung 1960 zu ahnden.

Schulwegsicherungsverordnung

BGBl 1994/790 idF
BGBl II 1998/371 BGBl II 2003/399

790. Verordnung des Bundesministers für Inneres über die Sicherung des Schulweges und des Weges zum und vom Kindergarten (Schulwegsicherungsverordnung)

Auf Grund des § 29a Abs. 4 und § 97a Abs. 2 der Straßenverkehrsordnung 1960 (StVO 1960), BGBl. Nr. 159, in der Fassung der 19. StVO-Novelle, BGBl. Nr. 518/1994, wird verordnet:

Schülerlotsen und betraute Personen

§ 1. Die Behörde hat Schülerlotsen (§ 29a StVO) und mit der Sicherung des Schulweges, des Weges zum oder vom Kindergarten oder mit der Begleitung von geschlossenen Kindergruppen betrauten Personen (§ 97a StVO) für die Dauer ihrer Betrauung zur Verfügung zu stellen:

1. einen Signalstab (§ 2),

2. eine Schutzausrüstung (§ 4) und

3. Schülerlotsen einen Ausweis nach dem Muster der Anlage 1, gemäß § 97a StVO betrauten Personen einen Ausweis nach dem Muster der Anlage 2.

Signalstab

§ 2. (1) Der Signalstab besteht aus einem Stiel aus leichtem Material und einer an einem Stielende angebrachten runden Scheibe, beiderseits rot mit einem weißen Rand. Sie hat entweder voll rückstrahlend oder in der Mitte beleuchtet und mit rückstrahlendem Rand versehen zu sein. Bei Dunkelheit und klarer Sicht muss sie auf eine Entfernung von 200 m im Scheinwerferlicht deutlich sichtbar rot rückstrahlen oder rotes Licht ausstrahlen.

(2) Einem Signalstab gemäß Abs. 1 ist ein leuchtender Anhaltestab gleichzuhalten.

Zeichengebung

§ 3. (1) Gemäß § 97a StVO betraute Personen haben von der Fahrbahn aus durch Hochheben des Signalstabes die Aufforderung zum Anhalten zu geben. Schülerlotsen haben bei der Begleitung der die Fahrbahn überquerenden Kinder den Signalstab hochzuhalten.

(2) Der Signalstab ist bei der Zeichengebung senkrecht zur Fahrtrichtung zu halten, daß seine Scheibe für Lenker herannahender Fahrzeuge deutlich sichtbar ist.

Schutzausrüstung

§ 4. (1) Die Schutzausrüstung ist mit Streifen aus rückstrahlendem Material zu versehen und besteht aus einem Mantel, einer Jacke, einer Warnweste oder einem Regenumhang sowie einer Mütze, jeweils in den Farben weiß oder gelb.

(2) Sofern sich auf der Schutzausrüstung eine Aufschrift befindet, darf diese nach ihrer Größe und Beschaffenheit nicht die Erkennbarkeit der Schutzausrüstung beeinträchtigen.

Übergangsbestimmung

§ 5. Bisherige Betrauungen mit der Sicherung des Schulweges nach § 97a StVO und ausgestellte Ausweise behalten ihre Gültigkeit.

Inkrafttreten

§ 6. Diese Verordnung tritt mit 1. Oktober 1994 in Kraft. Die Verordnung des Bundesministers für Verkehr vom 25. November 1976, BGBl. Nr. 677, in der Fassung der Verordnung, BGBl. Nr. 493/1984, über die Sicherung des Schulweges tritt mit Ablauf des 30. September 1994 außer Kraft.

1/1/5a. StVO
Schulwegsicherung

Anlage 1

(Vorderseite)

....
Bezeichnung der Behörde   Datum

Betrauung mit der Sicherung des Schulweges
Schülerlotsenausweis

Gültig bis ....

Name ....

geboren am ....

ist Schülerlotse (§ 29 a Abs. 2 StVO 1960) für den Bereich der Gemeinde ....

....

(allenfalls nähere Bezeichnung des Bereiches) *)

....
Amtssiegel und Unterschrift

_____
*) Nichtzutreffendes streichen!

1/1/5a. **StVO**

Schulwegsicherung

Anlage 2

(Vorderseite)

....
Bezeichnung der Behörde   Datum

Betrauung mit der Sicherung des Schulweges

Gültig bis ....

Herr *)/Frau *) ....

geboren am ....

ist mit der Sicherung des Schulweges *)/des Weges zum oder vom Kindergarten *) im Bereich der

Gemeinde ....

....
(allenfalls nähere Bezeichnung des Bereiches)

gemäß § 97 a der Straßenverkehrsordnung 1960 betraut.
Seinen *)/Ihrer *) Anordnungen ist Folge zu leisten.

....
Amtssiegel und Unterschrift

*) Nichtzutreffendes streichen!

1/1/5a+b. StVO

Schulwegsicherung — Schülertransport

Der § 97a Abs. 3 der Straßenverkehrsordnung 1960 lautet:

„Die betrauten Personen dürfen durch deutlich erkennbare Zeichen mit dem Signalstab die Lenker von Fahrzeugen zum Anhalten auffordern, um Kindern das Überqueren der Fahrbahn zu ermöglichen. Die betrauten Personen dürfen diese Verkehrsregelung nur auf Straßenstellen, an denen der Verkehr nicht durch Lichtzeichen geregelt wird, und nur ausüben

a) in der unmitelbaren Umgebung von Gebäuden, in denen Schulen, die von Kindern unter 15 Jahren besucht werden, oder Kindergärten untergebracht sind, aber nur auf Fahrbahnstellen, die von Kindern in der Regel auf dem Schulweg (Weg zum oder vom Kindergarten) überquert werden, oder

b) als Begleitung von geschlossenen Kindergruppen."

Schülertransport-Kennzeichnungs-Verordnung

BGBl 1994/792

792. Verordnung des Bundesministers für Wissenschaft und Verkehr, mit der die näheren Bestimmungen über das Aussehen der bei Schülertransporten zu verwendenden Tafel festgelegt werden (Schülertransport-Kennzeichnungs-Verordnung)

Auf Grund des § 17 Abs. 2a der Straßenverkehrsordnung 1960, BGBl. Nr. 159, zuletzt geändert durch das Bundesgesetz BGBl. Nr. 518/1994, wird verordnet:

Die quadratische Tafel zur Kennzeichnung von Schülertransporten ist entsprechend nachfolgendem Muster auszuführen und muß folgende Merkmale aufweisen:

1. 400 mm Seitenlänge,
2. 30 mm breite schwarze Umrandung,
3. Höhe der bildlichen Darstellung der Kinder: 200 mm,
4. rückstrahlendes Material.

Behindertenpass - Parkausweis

BGBl II 2013/495 idF

1 BGBl II 2016/263

Verordnung des Bundesministers für Arbeit, Soziales und Konsumentenschutz über die Ausstellung von Behindertenpässen und von Parkausweisen

Aufgrund der §§ 42 und 47 des Bundesbehindertengesetzes, BGBl. Nr. 283/1990, zuletzt geändert durch das Bundesgesetz BGBl. I Nr. 71/2013, sowie aufgrund des § 29b Abs. 1 der Straßenverkehrsordnung 1960 (StVO), BGBl. Nr. 159, zuletzt geändert durch das Bundesgesetz BGBl. I Nr. 39/2013, wird verordnet:

§ 1. (1) Der Behindertenpass wird als Karte aus Polyvinylchlorid hergestellt und hat nach Form und Inhalt dem Muster der **Anlage A** zu entsprechen. Seine Gesamtabmessungen haben 53,98 mm in der Höhe und 85,60 mm in der Breite zu betragen.

(2) Der Behindertenpass hat auf der Vorderseite zu enthalten:
1. die Bezeichnung „Behindertenpass" in deutscher, englischer und französischer Sprache;
2. den Familien- oder Nachnamen, Vorname(n), akademischen Grad oder Standesbezeichnung des Menschen mit Behinderung;
3. das Geburtsdatum;
4. den Verfahrensordnungsbegriff;
5. den Grad der Behinderung oder die Minderung der Erwerbsfähigkeit;
6. das Antragsdatum;
7. das Ausstellungsdatum;
8. die ausstellende Behörde;
9. eine allfällige Befristung;
10. eine Braillezeile mit dem Ausdruck „Behindertenpass";
11. ein Hologramm in Form des Bundeswappens mit dem Schriftzug „Sozialministeriumservice" im Hintergrund;
12. das Logo des Sozialministeriumservice;
13. einen QR-Code, mit dem auf der Homepage des Sozialministeriumservice nähere Informationen zum Behindertenpass und den einzelnen Zusatzeintragungen abgerufen werden können sowie
14. ein der Bestimmung des § 4 der Passgesetz-Durchführungsverordnung, BGBl. II Nr. 223/2006, entsprechendes Lichtbild.

(3) Die äußeren Merkmale des Trägermaterials des Behindertenpasses haben der ISO/IEC-Norm 7810 zu entsprechen. Das Trägermaterial hat folgende Fälschungssicherheitsmerkmale zu enthalten:
1. Hologramm in Form des Bundeswappens mit dem Schriftzug „Sozialministeriumservice" im Hintergrund;
2. UV-Lack;
3. Brailleschrift;
4. Guillochenraster und
5. Mikroschrift auf der Rückseite.

Der Behindertenpass darf nur von einem vom Bundesministerium für Arbeit, Soziales und Konsumentenschutz bestimmten Dienstleister hergestellt werden.

(4) Auf Antrag des Menschen mit Behinderung ist jedenfalls einzutragen:
1. die Art der Behinderung, etwa dass der Inhaber/die Inhaberin des Passes
a) überwiegend auf den Gebrauch eines Rollstuhles angewiesen ist;
diese Eintragung ist vorzunehmen, wenn die Voraussetzungen für eine diagnosebezogene Mindesteinstufung im Sinne des § 4a Abs. 1 bis 3 des Bundespflegegeldgesetzes (BPGG), BGBl. Nr. 110/1993, vorliegen. Bei Kindern und Jugendlichen gelten jedoch dieselben Voraussetzungen ab dem vollendeten 36. Lebensmonat.

b) blind oder hochgradig sehbehindert ist;
diese Eintragung ist vorzunehmen, wenn die Voraussetzungen für eine diagnosebezogene Mindesteinstufung im Sinne des § 4a Abs. 4 oder 5 BPGG vorliegen.

c) gehörlos oder schwer hörbehindert ist;
die Eintragung gehörlos ist bei einem Grad der Behinderung von 80% entsprechend der Positionsnummer 12.02.01 der Anlage zur Einschätzungsverordnung, BGBl. II Nr. 261/2010, bzw. einem Grad der Behinderung von 70% aufgrund der Position 643 nach der Richtsatzverordnung BGBl. Nr. 150/1965, vorzunehmen.
Die Eintragung schwer hörbehindert ist ab einem Grad der Behinderung von 50% auf der Grundlage der Positionsnummer 12.02.01 der Anlage zur Einschätzungsverordnung, bzw. der Position 643 nach der Richtsatzverordnung, vorzunehmen.
Bei Kindern und Jugendlichen bis zum vollendeten 10. Lebensjahr muss ein Grad der Behinderung von 90%, vom 11. Lebensjahr bis zum vollendeten 14. Lebensjahr ein Grad der Behinderung von 80% entsprechend der Positionsnummer 12.02.01 der Anlage zur Einschätzungs verordnung vorliegen.

1/1/6. StVO
Behindertenpass - Parkausweis

d) taubblind ist;
diese Eintragung ist vorzunehmen, wenn die Voraussetzungen für eine diagnosebezogene Mindesteinstufung im Sinne des § 4a Abs. 6 BPGG vorliegen.

e) Träger/Trägerin eines Cochlear-Implantates ist;

f) Epileptiker/Epileptikerin ist;
diese Eintragung ist vorzunehmen, wenn eine Diagnose entsprechend Abschnitt 04.10.02 oder 04.10.03 der Anlage zur Einschätzungsverordnung bzw. der Positionsnummern 573 oder 574 nach der Richtsatzverordnung vorliegt.

g) eine Gesundheitsschädigung gemäß § 2 Abs. 1 erster Teilstrich der Verordnung des Bundesministers für Finanzen über außergewöhnliche Belastungen, BGBl. Nr. 303/1996, aufweist;
diese Eintragung ist vorzunehmen, wenn Tuberkulose, Zuckerkrankheit, Zöliakie oder Aids entsprechend einem festgestellten Grad der Behinderung von mindestens 20% vorliegt. Der Zöliakie sind die Phenylketonurie (PKU) und ähnliche schwere Stoffwechselerkrankungen im Sinne des Abschnittes 09.03. der Anlage zur Einschätzungsverordnung gleichzuhalten.

h) eine Gesundheitsschädigung gemäß § 2 Abs. 1 zweiter Teilstrich der Verordnung des Bundesministers für Finanzen über außergewöhnliche Belastungen aufweist;
diese Eintragung ist bei Vorliegen einer Gallen-, Leber- oder Nierenerkrankung mit einem festgestellten Grad der Behinderung von mindestens 20% vorzunehmen.

i) eine Gesundheitsschädigung gemäß § 2 Abs. 1 dritter Teilstrich der Verordnung des Bundesministers für Finanzen über außergewöhnliche Belastungen aufweist;
diese Eintragung ist bei Funktionsbeeinträchtigungen im Sinne der Abschnitte 07 und 09 der Anlage zur Einschätzungsverordnung sowie bei Malignomen des Verdauungstraktes im Sinne des Abschnittes 13 der Anlage zur Einschätzungsverordnung entsprechend einem festgestellten Grad der Behinderung von mindestens 20% vorzunehmen.

j) Träger/Trägerin von Osteosynthesematerial ist;

k) Träger/Trägerin einer Orthese ist;

l) Träger/Trägerin einer Prothese ist.

2. die Feststellung, dass der Inhaber/die Inhaberin des Passes

a) einer Begleitperson bedarf;
– Passinhabern/Passinhaberinnen, die über eine Eintragung nach Abs. 4 Z 1 lit. a verfügen;
– Passinhabern/Passinhaberinnen, die über eine Eintragung nach Abs. 4 Z 1 lit. b oder d verfügen;
– bewegungseingeschränkten Menschen ab dem vollendeten 6. Lebensjahr, die zur Fortbewegung im öffentlichen Raum ständig der Hilfe einer zweiten Person bedürfen;
– Kindern ab dem vollendeten 6. Lebensjahr und Jugendlichen mit deutlicher Entwicklungsverzögerung und/oder ausgeprägten Verhaltensveränderungen;
– Menschen ab dem vollendeten 6. Lebensjahr mit kognitiven Einschränkungen, die im öffentlichen Raum zur Orientierung und Vermeidung von Eigengefährdung ständiger Hilfe einer zweiten Person bedürfen;
– schwerst behinderten Kindern ab Geburt bis zum vollendeten 6. Lebensjahr, die dauernd überwacht werden müssen (z. B. Aspirationsgefahr).

b) die Fahrpreisermäßigung nach dem Bundesbehindertengesetz in Anspruch nehmen kann;
diese Eintragung ist bei Menschen mit Behinderung, die dem Personenkreis des § 48 des Bundesbehindertengesetzes angehören, bei Vorliegen eines festgestellten Grades der Behinderung/einer festgestellten Minderung der Erwerbsfähigkeit von mindestens 70% bzw. bei Bezug von Pflegegeld oder anderen vergleichbaren Leistungen nach bundes- oder landesgesetzlichen Vorschriften vorzunehmen.

c) einen geprüften Assistenzhund besitzt;

3. die Feststellung, dass dem Inhaber/der Inhaberin des Passes die Benützung öffentlicher Verkehrsmittel wegen dauerhafter Mobilitätseinschränkung aufgrund einer Behinderung nicht zumutbar ist; die Benützung öffentlicher Verkehrsmittel ist insbesondere dann nicht zumutbar, wenn das 36. Lebensmonat vollendet ist und

– erhebliche Einschränkungen der Funktionen der unteren Extremitäten oder
– erhebliche Einschränkungen der körperlichen Belastbarkeit oder
– erhebliche Einschränkungen psychischer, neurologischer oder intellektueller Fähigkeiten, Funktionen oder
– eine schwere anhaltende Erkrankung des Immunsystems oder
– eine hochgradige Sehbehinderung, Blindheit oder Taubblindheit nach Abs. 4 Z 1 lit. b oder d

vorliegen.

(5) Grundlage für die Beurteilung, ob die Voraussetzungen für die in Abs. 4 genannten Eintragungen erfüllt sind, bildet ein Gutachten eines/einer ärztlichen Sachverständigen des Sozialministeriumservice. Soweit es zur ganzheitlichen Beurteilung der Funktionsbeeinträchtigungen erforderlich erscheint, können Experten/Expertinnen aus anderen Fachbereichen beigezogen werden. Bei

1/1/6. StVO
Behindertenpass - Parkausweis

der Ermittlung der Funktionsbeeinträchtigungen sind alle zumutbaren therapeutischen Optionen, wechselseitigen Beeinflussungen und Kompensationsmöglichkeiten zu berücksichtigen.

(6) Die im Abs. 4 angeführten Eintragungen sind auf der Rückseite entweder in Form von Piktogrammen oder in Form von Schriftzügen vorzunehmen, und zwar

für die Zusatzeintragung nach Abs. 4 Z 1 lit. a (Inhaber/Inhaberin des Passes ist überwiegend auf den Gebrauch eines Rollstuhles angewiesen)

für die Zusatzeintragung nach Abs. 4 Z 1 lit. b (blind)

für die Zusatzeintragung nach Abs. 4 Z 1 lit. b (hochgradig sehbehindert)

für die Zusatzeintragung nach Abs. 4 Z 1 lit. c (gehörlos)

für die Zusatzeintragung nach Abs. 4 Z 1 lit. c (schwer hörbehindert)

für die Zusatzeintragung nach Abs. 4 Z 1. lit. d (taubblind)

für die Zusatzeintragung nach Abs. 4 Z 1 lit. e: der Schriftzug „Cochlearimplantat"

für die Zusatzeintragung nach Abs. 4 Z 1 lit. f: der Schriftzug „Epileptiker/Epileptikerin"

für die Zusatzeintragung nach Abs. 4 Z 1 lit. g (Diäterfordernis bei Tuberkulose, Zuckerkrankheit, Zöliakie oder Aids)

D1

für die Zusatzeintragung nach Abs. 4 Z 1 lit. h (Diäterfordernis bei Gallen-, Leber- oder Nierenerkrankung)

D2

für die Zusatzeintragung nach Abs. 4 Z 1 lit. i (Diäterfordernis bei Inneren Erkrankungen)

D3

für die Zusatzeintragung nach Abs. 4 Z 2 lit. a (Begleitperson erforderlich)

für die Zusatzeintragung nach Abs. 4 Z 1 lit. j: der Schriftzug „Osteosynthesematerial"
für die Zusatzeintragung nach Abs. 4 Z 1 lit. k: der Schriftzug „Orthese"
für die Zusatzeintragung nach Abs. 4 Z 1 lit. l: der Schriftzug „Prothese"

1/1/6. StVO
Behindertenpass - Parkausweis

für die Zusatzeintragung nach Abs. 4 Z 2 lit. b (Fahrpreisermäßigung)

für die Zusatzeintragung nach Abs. 4 Z 2 lit. c (Inhaber/Inhaberin besitzt einen geprüften Assistenzhund)

für die Zusatzeintragung nach Abs. 4 Z 3 (Unzumutbarkeit der Benützung öffentlicher Verkehrsmittel)

Wird ein Behindertenpass mit einem oder mehreren Piktogrammen ausgestellt, ist deren Bedeutung dem Menschen mit Behinderung in einem beigelegten Merkblatt zur Kenntnis zu bringen.

(BGBl II 2016/263)

§ 2. Der Behindertenpass ist in deutscher Sprache auszustellen; die Bezeichnung „Behindertenpass" ist auch in englischer und französischer Sprache anzubringen.

(BGBl II 2016/263)

§ 3. (1) Zum Nachweis, dass der Behindertenpassinhaber/Behindertenpassinhaberin, der/die über die Eintragung „Unzumutbarkeit der Benützung öffentlicher Verkehrsmittel wegen dauerhafter Mobilitätseinschränkung aufgrund einer Behinderung" verfügt, die im § 29b Abs. 2 bis 4 der Straßenverkehrsordnung 1960, BGBl. 159 (StVO), genannten Berechtigungen in Anspruch nehmen kann, ist ihm/ihr ein Parkausweis auszustellen. Die in einem gültigen Behindertenpass enthaltene Eintragung „Unzumutbarkeit der Benützung öffentlicher Verkehrsmittel wegen dauernder Gesundheitsschädigung oder Blindheit" ist der Eintragung „Unzumutbarkeit der Benützung öffentlicher Verkehrsmittel wegen dauerhafter Mobilitätseinschränkung aufgrund einer Behinderung" gleichzuhalten.

(2) Der Ausweis ist plastifiziert und mit einer Höhe von 106 mm und einer Breite von 148 mm auszuführen. Der Ausweis ist mit einem 35 x 45 mm großen Lichtbild des Ausweisinhabers/der Ausweisinhaberin auszustatten.

(3) Der Parkausweis hat dem in der **Anlage B** enthaltenen Muster zu entsprechen. Auf der Vorderseite der Anlage B ist zwischen dem mehrsprachigen Text und dem Textteil „Modell der Europäischen Gemeinschaften" eine allfällige Befristung einzutragen.

§ 4. Die Ausstellung des Behindertenpasses und des Parkausweises erfolgt gemäß § 51 des Bundesbehindertengesetzes gebührenfrei.

§ 5. (1) Diese Verordnung tritt mit dem auf die Kundmachung folgenden Tag, frühestens mit 1. Jänner 2014, in Kraft; die Verordnung über die Ausstellung von Behindertenpässen, BGBl. Nr. 86/1991, tritt mit Ablauf des 31. Dezember 2013 außer Kraft.

(2) Bestehende Eintragungen in Behindertenpässen werden durch das Inkrafttreten dieser Verordnung nicht berührt.

(3) Für das Inkrafttreten der durch die Verordnung, BGBl. II Nr. 263/2016 geänderten Bestimmungen und für den Übergang der neuen Rechtslage gilt Folgendes:

1. §§ 1, 2 und 5 in der Fassung der Verordnung, BGBl. II Nr. 263/2016 treten mit Ablauf des Tages ihrer Kundmachung in Kraft.

2. Behindertenpässe, die vor dem in Z 1 genannten Zeitpunkt unbefristet ausgestellt wurden, bleiben weiterhin gültig; Gleiches gilt für bestehende Eintragungen in Behindertenpässen.

3. Behindertenpässe im Scheckkartenformat werden nur bei Anträgen, die ab dem 1. September 2016 im Sozialministeriumservice einlangen, ausgestellt; ein automatischer Umtausch von Behindertenpässen findet nicht statt.

1/1/6. StVO

Behindertenpass - Parkausweis

Anlage A

Vorderseite

Behindertenpass
Identity card for disabled persons
Carte d`identité pour personnes handicapées

12345678912345

Familienname
Vorname

Geburtsdatum:
Grad der Behinderung:
ausgestellt am:
gültig ab:
gültig bis:

Ausstellende Behörde: Sozialministeriumservice

*Bundeswappen als Hologramm mit dem Schriftzug Sozialministeriumservice im Hintergrund
*Bundeswappen nur unter UV-Licht sichtbar auf der rechten Seite
*Schriftzug Sozialministeriumservice im Guillochenraster nur unter UV-Licht sichtbar

Rückseite

Epileptiker/Epileptikerin	🚊	🚆	👥
Osteosynthesematerial	**D1**	**D3**	**D2**
Prothese	♿	👂	👂
Cochlearimplantat	🚶	👂	⚠️
Orthese			

*Mikroschrift

(BGBl II 2016/263)

1/1/6. StVO
Behindertenpass - Parkausweis

Anlage B

1/1/6. StVO
Behindertenpass - Parkausweis
Anlage A
(idF Fassung vor BGBl II 2016/263)

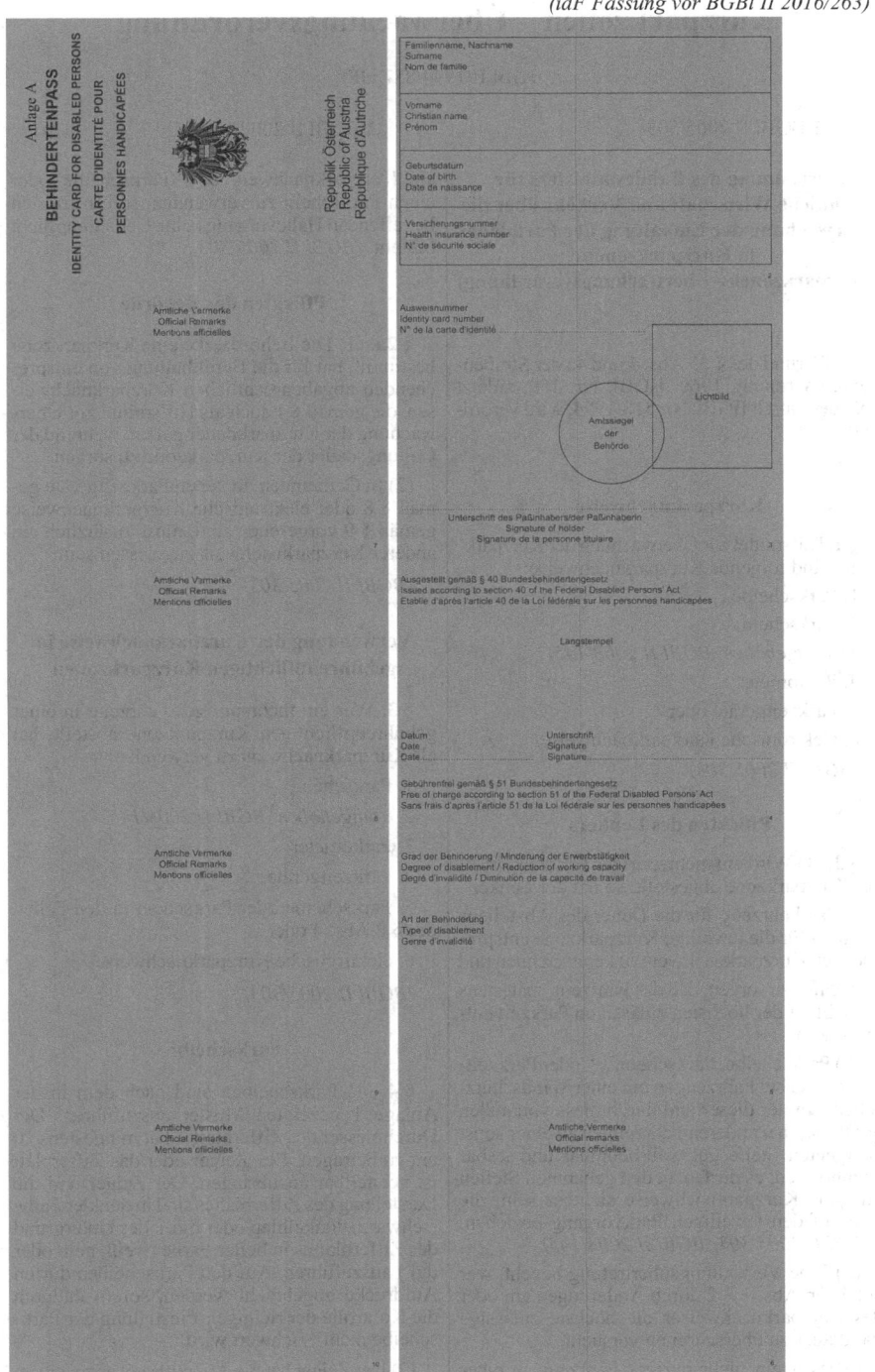

Anlage A

BEHINDERTENPASS
IDENTITY CARD FOR DISABLED PERSONS
CARTE D'IDENTITÉ POUR PERSONNES HANDICAPÉES

Republik Österreich
Republic of Austria
République d'Autriche

Familienname, Nachname
Surname
Nom de famille

Vorname
Christian name
Prénom

Geburtsdatum
Date of birth
Date de naissance

Versicherungsnummer
Health insurance number
N° de sécurité sociale

Amtliche Vermerke
Official Remarks
Mentions officielles

Ausweisnummer
Identity card number
N° de la carte d'identité

Lichtbild

Amtssiegel der Behörde

Unterschrift des Paßinhabers/der Paßinhaberin
Signature of holder
Signature de la personne titulaire

Amtliche Vermerke
Official Remarks
Mentions officielles

Ausgestellt gemäß § 40 Bundesbehindertengesetz
Issued according to section 40 of the Federal Disabled Persons' Act
Établie d'après l'article 40 de la Loi fédérale sur les personnes handicapées

Langstempel

Datum   Unterschrift
Date   Signature
Date   Signature

Gebührenfrei gemäß § 51 Bundesbehindertengesetz
Free of charge according to section 51 of the Federal Disabled Persons' Act
Sans frais d'après l'article 51 de la Loi fédérale sur les personnes handicapées

Amtliche Vermerke
Official Remarks
Mentions officielles

Grad der Behinderung / Minderung der Erwerbstätigkeit
Degree of disablement / Reduction of working capacity
Degré d'invalidité / Diminution de la capacité de travail

Art der Behinderung
Type of disablement
Genre d'invalidité

Amtliche Vermerke
Official Remarks
Mentions officielles

Amtliche Vermerke
Official remarks
Mentions officielles

Gem. § 5 Abs. 3 bleiben Behindertenpässe gem. Anlage 1, die vor dem 22. September 2016 unbefristet ausgestellt wurden, weiterhin gültig; Gleiches gilt für bestehende Eintragungen in Behinder-

Kurzparkzonen – Überwachungsverordnung

BGBl II 1994/857 idF

1 BGBl II 2005/303
2 BGBl II 2008/145

Verordnung des Bundesministers für öffentliche Wirtschaft und Verkehr über die Überwachung der Einhaltung der Parkdauer in Kurzparkzonen (Kurzparkzonen – Überwachungsverordnung)

Auf Grund des § 25 Abs. 4 und 4a der Straßenverkehrsordnung 1960, BGBl. Nr. 159, zuletzt geändert durch BGBl. Nr. 518/1994, wird verordnet:

Kurzparknachweise

§ 1. Hilfsmittel zur Überwachung der Kurzparkdauer sind folgende Kurzparknachweise:
1. Parkscheibe,
2. Parkschein,
3. *(aufgehoben, BGBl II 2008/145)*
4. Parkometer,
5. Parkzeitgeräte oder
6. elektronische Kurzparknachweise.

(BGBl II 2005/303)

Pflichten des Lenkers

§ 2. (1) Wird ein mehrspuriges Fahrzeug in einer Kurzparkzone abgestellt, so hat der Lenker
1. das Fahrzeug für die Dauer des Abstellens mit dem für die jeweilige Kurzparkzone entsprechenden Kurzparknachweis zu kennzeichnen und
2. dafür zu sorgen, daß das Fahrzeug spätestens mit Ablauf der höchsten zulässigen Parkzeit entfernt wird.

(2) Parkscheibe, Parkschein, „ " oder Parkzeitgeräte sind bei Fahrzeugen mit einer Windschutzscheibe hinter dieser und durch diese von außen gut lesbar, bei anderen Fahrzeugen an einer sonst geeigneten Stelle gut wahrnehmbar und lesbar anzubringen; es dürfen an den genannten Stellen nur jene Kurzparknachweise sichtbar sein, die sich auf den jeweiligen Parkvorgang beziehen. *(BGBl II 2005/303; BGBl II 2008/145)*

(3) Eine Verwaltungsübertretung begeht, wer entgegen Abs. 1 Z 2 durch Änderungen am oder des Kurzparknachweises die höchste zulässige Parkdauer zu überschreiten versucht.

(4) Wer ein mehrspuriges Fahrzeug in einer gebührenpflichtigen Kurzparkzone abstellt, hat als Kurzparknachweis eine Parkscheibe oder einen Parkschein zu verwenden, sofern für den betreffenden Haltevorgang keine Gebührenpflicht besteht. *(BGBl II 2005/303)*

Pflichten der Behörde

§ 2a. (1) Die Behörde, die eine Kurzparkzone bestimmt, hat für die Bereithaltung von entsprechenden abgabenrechtlichen Kurzparknachweisen, die gemäß § 1 auch als Hilfsmittel zur Überwachung der Kurzparkdauer gelten, während der Geltungsdauer der Kurzparkzone zu sorgen.

(2) In Gemeinden, in denen Parkzeitgeräte gemäß § 8 oder elektronische Kurzparknachweise gemäß § 9 vorgesehen sind, muss zusätzlich ein anderer Kurzparknachweis zugelassen sein. *(BGBl II 2005/303)*

Verwendung der Kurzparknachweise in gebührenpflichtigen Kurzparkzonen

§ 3. Wer ein mehrspuriges Fahrzeug in einer gebührenpflichtigen Kurzparkzone abstellt, hat als Kurzparknachweis zu verwenden:
1. Parkschein,
2. *(aufgehoben, BGBl II 2008/145)*
3. Parkometer,
4. Parkzeitgeräte,
5. Parkscheibe oder Parkschein in den Fällen des § 2 Abs. 4 oder
6. elektronische Kurzparknachweise.

(BGBl II 2005/303)

Parkscheibe

§ 4. (1) Parkscheiben sind nach dem in der Anlage 1 gezeigten Muster auszuführen. Der Durchmesser des Zifferblattes hat mindestens 10 cm zu betragen. Der Zeiger oder das Zifferblatt ist verstellbar anzubringen. Der Zeiger und die Darstellung des Zifferblattes sind in dunkler Farbe (schwarz, dunkelblau oder dgl.), der Untergrund des Zifferblattes in heller Farbe (weiß, gelb oder dgl.) auszuführen. Auf den Parkscheiben dürfen Aufdrucke angebracht werden, sofern dadurch die Kontrolle der richtigen Einstellung der Parkscheibe nicht erschwert wird.

(2) Der Zeiger hat die Ankunftszeit anzuzeigen, wobei auf die dem Zeitpunkt des Abstellens fol-

1/1/7. StVO Kurzparkzonen

gende volle Viertelstunde aufgerundet werden kann.

(3) Parkscheiben, die der Parkscheiben-Verordnung BGBl. Nr. 249/1961 entsprechend ausgeführt sind, dürfen mit der Maßgabe weiterverwendet werden, daß die schwarze Spitze des Doppelzeigers gemäß Abs. 2 eingestellt wird; die rote Spitze des Doppelzeigers bleibt dabei ohne rechtliche Bedeutung.

Parkscheine

§ 5. (1) Parkscheine können als Vordruck oder als Automatenparkscheine ausgegeben werden.

(2) Auf dem Parkschein muss die herausgebende Gebietskörperschaft sowie die Parkdauer, für die er gilt, ersichtlich sein. Es dürfen auch solche Parkscheine als Kurzparknachweise verwendet werden, die Zusätze wie durchlaufende Numerierung, Höhe der entrichteten Gebühr und dergleichen oder verschiedene Farben entsprechend der jeweils gültigen Parkdauer aufweisen.

(3) Bei Parkscheinen ist der Zeitpunkt des Abstellens des Fahrzeuges durch deutliches Ankreuzen oder Eintragen der betreffenden Kalenderdaten und der Uhrzeit sowie durch Eintragen des Kalenderjahres auf dem Parkschein zu markieren. Die Eintragung von Datum, Uhrzeit des Beginns oder des Endes der Parkzeit kann bei Automatenparkscheinen durch den Automaten erfolgen.

(4) Die Aufrundung auf die dem Zeitpunkt des Abstellens folgende volle Viertelstunde ist zulässig. Bis zum Ausmaß der insgesamt erlaubten Parkdauer dürfen auch mehrere Parkscheine mit geringerer Geltungsdauer angebracht werden, wobei auf jedem Parkschein der Zeitpunkt des Abstellens des Fahrzeuges zu markieren ist.

(BGBl II 2008/145)

Automatenparkscheine

§ 6. *(aufgehoben, BGBl II 2008/145)*

Parkometer

§ 7. Automaten im Sinne des § 25 Abs. 4a StVO sind Parkuhren (Parkometer), die für jeden einzelnen Stellplatz der Kurzparkzone aufgestellt sind und gegen Geldeinwurf Dauer und Ende der zulässigen Parkzeit anzeigen.

Parkzeitgeräte

§ 8. Parkzeitgeräte sind Geräte, die die Parkgebühr elektronisch von einer nicht personenbezogenen Magnetkarte abbuchen. Auf dem Gerät muß mindestens ersichtlich sein:

1. Datum des Abstellens,

2. Ende der zulässigen Parkzeit und

3. Codenummer der Gemeinde, in der das Gerät verwendet wird.

Elektronische Kurzparknachweise

§ 9. (1) Elektronische Kurzparknachweise sind in einem elektronischen System gespeicherte Nachweise über die Entrichtung der Gebühr im Wege der Telekommunikation.

(2) Elektronische Kurzparknachweise dürfen von der Behörde nur dann vorgesehen werden, wenn sichergestellt ist, dass die Einhaltung der höchstzulässigen Parkdauer überprüft werden kann.

(BGBl II 2005/303)

Inkrafttreten

§ 10. Diese Verordnung tritt mit 1. Jänner 1995 in Kraft. Die Kurzparkzonen-Überwachungsverordnung BGBl. 250/1983 in der Fassung BGBl. Nr. 411/1989 tritt mit Ablauf des 31. Dezember 1994 außer Kraft.

1/1/7. StVO
Kurzparkzonen

Anlage 1

1/1/7. StVO
Kurzparkzonen

Anlage 2

(aufgehoben, BGBl II 2008/145)

Geschwindigkeitsbeschränkungen – Autobahn-Nachtzeit

BGBl 1989/527 idF BGBl II 2001/473

527. Verordnung des Bundesministers für Wissenschaft und Verkehr vom 2. November 1989 über Geschwindigkeitsbeschränkungen auf bestimmten Autobahnen zur Nachtzeit

Auf Grund des § 43 Abs. 1 und 2 lit. a Straßenverkehrsordnung 1960, BGBl. Nr. 159, wird verordnet:

§ 1. Zur Sicherheit des Verkehrs und zur Fernhaltung von Gefahren und Belästigungen, insbesondere durch Lärm und Schadstoffe, wird für den Bereich der nachstehend angeführten Autobahnen in der Zeit von 22.00 Uhr bis 5.00 Uhr die erlaubte Höchstgeschwindigkeit

a) für die Lenker von Lastkraftfahrzeugen mit einem höchsten zulässigen Gesamtgewicht von mehr als 7,5 t mit 60 km/h,

b) für die Lenker von Omnibussen mit 90 km/h und

c) für die Lenker der übrigen Kraftfahrzeuge mit 110 km/h festgesetzt:

1. Tauernautobahn A 10 im gesamten Bereich, ausgenommen Tauern- und Katschbergtunnel;

2. Inntalautobahn A 12 im gesamten Bereich;

3. Brennerautobahn A 13 im gesamten Bereich;

4. Rheintalautobahn A 14 im gesamten Bereich.

§ 2. Rechtsvorschriften, mit denen geringere als die oben angeführten Fahrgeschwindigkeiten angeordnet werden, bleiben unberührt.

§ 3. (1) Diese Verordnung tritt mit 1. Dezember 1989, 22.00 Uhr, in Kraft. Mit diesem Zeitpunkt wird die Verordnung vom 22. November 1988, Zl. 610.800/4-I/6-1988, über eine Geschwindigkeitsbeschränkung für bestimmte Kraftfahrzeuge während der Nacht auf der Inntalautobahn und der Brennerautobahn aufgehoben.

(2) Diese Verordnung in der Fassung BGBl II Nr. 473/2001 tritt am 1. Jänner 2002 um 5.00 Uhr in Kraft.

Ausnahmen vom Nachtfahrverbot

BGBl 1994/1027 idF

1 BGBl II 1998/110
2 BGBl II 2002/33
3 BGBl II 2006/99
4 BGBl II 2007/76

1027. Verordnung des Bundesministers für Wissenschaft und Verkehr über Ausnahmen vom Nachtfahrverbot für Fahrten im Rahmen des Kombinierten Verkehrs

Auf Grund des § 42 Abs. 7 StVO 1960, BGBl. Nr. 159, zuletzt geändert durch das Bundesgesetz BGBl. Nr. 518/1994, wird verordnet:

§ 1. (1) Vom Nachtfahrverbot des § 42 Abs. 6 StVO sind Fahrten im Rahmen des Kombinierten Verkehrs im Sinne des § 2 Z 40 KFG 1967 zu und von den nachstehend angeführten Bahnhöfen „und Häfen" auf folgenden Straßen und Straßenstrecken in beiden Fahrtrichtungen ausgenommen: *(BGBl II 2006/99)*

(2) Zum Wiener Südbahnhof auf der

1. A 4 Ostautobahn vom Grenzübergang Nickelsdorf bis zur A 23 Südosttangente Wien, weiter über A 23 Südosttangente Wien, Abfahrt Gürtel über Landstraßer Gürtel, Wiedner Gürtel bis Südtirolerplatz, Sonnwendgasse;

2. B 16 Ödenburger Bundesstraße vom Grenzübergang Klingenbach bis zur A 3 Südostautobahn, weiter über A 3 Südostautobahn, B 210 Badener Bundesstraße bis zur A 2 Südautobahn, weiter über A 2 Südautobahn, A 23 Südosttangente Wien, Abfahrt Gürtel über Landstraßer Gürtel, Wiedner Gürtel bis Südtirolerplatz, Sonnwendgasse.

(3) Zum Grazer Ostbahnhof auf der

1. A 9 Pyhrnautobahn vom Grenzübergang Spielfeld bis zur A 2 Südautobahn, weiter über A 2 Südautobahn, Abfahrt Graz-Ost, Ulrich Lichtensteingasse, Conrad von Hötzendorfstraße;

2. B 65 Gleisdorfer Bundesstraße vom Grenz-

übergang Heiligenkreuz bis zur A 2 Südautobahn, weiter über A 2 Südautobahn, Abfahrt Graz-Ost, Ulrich Lichtensteingasse, Conrad von Hötzendorfstraße.

(4) Zum Bahnhof Villach-Fürnitz auf der
1. A 11 Karawankenautobahn vom Grenzübergang Rosenbach bis zur A 2 Südautobahn, weiter über A 2 Südautobahn, Ausfahrt Fürnitz, B 83 Kärntner Bundesstraße;
2. A 2 Südautobahn vom Grenzübergang Arnoldstein bis zur Ausfahrt Fürnitz, B 83 Kärntner Bundesstraße.

(5) Zum Verschiebebahnhof Wels auf der
1. A 8 Innkreisautobahn vom Grenzübergang Suben bis zur A 25 Linzer Autobahn, weiter über A 25 Linzer Autobahn, Terminalausfahrt 13;
2. A 1 Westautobahn vom Grenzübergang Walserberg bis zur Abfahrt Sattledt, weiter über B 138 Pyhrnpaß Bundesstraße, B 137 Innviertler Bundesstraße bis zur A 25 Linzer Autobahn, weiter über A 25 Linzer Autobahn, Terminalausfahrt 13;
3. „B 310 Mühlviertler Straße" vom Grenzübergang Wullowitz bis zur A 7 Mühlkreisautobahn, weiter über A 7 Mühlkreisautobahn, Mühlkreisautobahn, A 1 Westautobahn über A 25 Linzer Autobahn, Terminalausfahrt 13. *(BGBl II 2006/99)*

(6) Zum Bahnhof Brennersee auf der A 13 Brennerautobahn vom Grenzübergang Brenner bis zur Abfahrt Brennersee, weiter über B 182 Brenner Bundesstraße.

(7) Zum Salzburger Hauptbahnhof auf der A1 Westautobahn vom Grenzübergang Walserberg bis Abfahrt Salzburg Nord (Exit 288), weiter über die Salzburgerstraße, Vogelweiderstraße, Gnigler Straße, Lastenstraße.

(8) Zum ÖBB Terminal Wörgl auf der A 12 Inntalautobahn vom Grenzübergang Kiefersfelden bis zur Ausfahrt Wörgl West und weiter und weiter über die B 171 Tirolerstraße.

(9) Zum Wien Freudenau Hafen CCT auf der
1. A 4 Ostautobahn vom Grenzübergang Nickelsdorf bis zur Anschlussstelle Wien-Simmeringer Heide, weiter auf der Jedletzbergerstraße (Hauptstraße B 228), Margetinstraße (Hauptstraße B 228), Artillerieplatz, Zinnergasse (Hauptstraße B 14), Freudenauer Hafenstraße (Hauptstraße B 14), Seitenhafenstraße, bis Hafen Freudenau;
2. B 16 Ödenburger Straße vom Grenzübergang Klingenbach bis zur A 3 Südostautobahn, weiter über die A 3 Südostautobahn, weiter über die A 2 Südautobahn, A 23 Südosttangente Wien, A 4 Ostautobahn bis zur Anschlussstelle Wien-Simmeringer Heide, Jedletzbergerstraße (Hauptstraße B 228), Margetinstraße (Hauptstraße B 228), Artillerieplatz, Zinnergasse (Hauptstraße B 14), Freudenauer Hafenstraße (Hauptstraße B 14), Seitenhafenstraße, bis Hafen Freudenau;
3. B 7 Brünner Straße - Hauptstraße B 7 ab dem Grenzübergang Drasenhofen, weiter auf der Hauptstraße B 3, Hauptstraße B 227, A 22 Donauuferautobahn, A 23 Südosttangente Wien, A 4 Ostautobahn bis zur Anschlussstelle Wien-Simmeringer Heide, Jedletzbergerstraße (Hauptstraße B 228), Margetinstraße (Hauptstraße B 228), Artillerieplatz, Zinnergasse (Hauptstraße B 14), Freudenauer Hafenstraße (Hauptstraße B 14), Seitenhafenstraße, bis Hafen Freudenau.
(BGBl II 2006/99)

(10) Zum Krems a.d. Donau CCT auf der
1. B 303 Weinviertler Straße vom Grenzübergang Kleinhaugsdorf bis Stockerau, weiter über die A 22 Donauuferautobahn, S 5 Stockerauer Schnellstraße, Doktor-Franz-Wilhelm-Straße, Karl Mierka Straße;
2. B 2 Waldviertler Straße vom Grenzübergang Neu-Naglberg über Schrems bis Vitis, weiter über die B 36 Zwettler Straße bis Zwettl und die B 37 Kremser Straße bis Krems, S 5 Stockerauer Schnellstraße, Doktor-Franz-Wilhelm-Straße, Karl Mierka Straße.
(BGBl II 2006/99)

(11) Zum Enns Hafen CCT auf der
1. A 8 Innkreisautobahn vom Grenzübergang Suben bis zur A 25 Welser Autobahn, weiter über die A 25 Welser Autobahn und A 1 Westautobahn bis Anschlussstelle „Asten – St. Florian, B 1 Wiener Straße (Umfahrung) bis Hafen Enns";
(BGBl II 2007/76)
2. A 1 Westautobahn vom Grenzübergang Walserberg bis Anschlussstelle Enns-Steyr, weiter über die B 1 Wiener Straße bis Donaustraße.
(BGBl II 2006/99)

(12) Zum Linz Stadthafen CCT auf der
1. B 310 Mühlviertler Straße vom Grenzübergang Wullowitz bis Unterweitersdorf, weiter über die A 7 Mühlkreisautobahn bis zur Anschlussstelle Hafenstraße, weiter über die B 129 Hafenstraße, Industriezeile bis Stadthafen Linz;
2. B 310 Mühlviertler Straße vom Grenzübergang Wullowitz bis Unterweitersdorf, weiter über die A 7 Mühlkreisautobahn bis zur Anschlussstelle Hafenstraße, weiter über die B 129 Hafenstraße, Industriezeile, Pummerer Straße, Saxingerstraße.
(BGBl II 2006/99)

§ 2. Bei den unter § 1 angeführten Fahrten ist ein vollständig ausgefülltes Dokument (CIM/UIRR Vertrag) mitzuführen, aus dem hervorgeht, daß das Fahrzeug oder dessen Aufbauten (Wechselbehälter, Container) mit der Eisenbahn befördert werden oder bereits befördert wurden.

§ 3. Mit dem Inkrafttreten dieser Verordnung tritt die Verordnung des Bundesministers für Wissenschaft und Verkehr vom 2. November 1989, BGBl. Nr. 528/1989, in der Fassung BGBl. Nr. 274/1990, mit der ein Nachtfahrverbot für Lastkraftfahrzeuge auf bestimmten Autobahnen verhängt wurde, außer Kraft.

§ 4. Diese Verordnung tritt mit 1. Jänner 1995 in Kraft.

1/1/10. StVO
Fahrradverordnungen

Fahrradverordnung

BGBl II 2001/146 idF

1 BGBl II 2013/297

Verordnung der Bundesministerin für Verkehr, Innovation und Technologie über Fahrräder, Fahrradanhänger und zugehörige Ausrüstungsgegenstände (Fahrradverordnung)

Auf Grund des § 66 Abs. 2 der Straßenverkehrsordnung 1960, BGBl. Nr. 159, zuletzt geändert durch BGBl. I Nr. 134/1999, und auf Grund des § 8 Abs. 1 des Produktsicherheitsgesetzes 1994, BGBl. Nr. 63/1995, wird - nach erfolgter Notifizierung gemäß der Richtlinie 98/34/EG des Rates vom 22. Juni 1998 (Notifikationsnummer 99/536 A) -

hinsichtlich der Bestimmungen der §§ 1 Abs. 1 bis 3, 2, 3 Abs. 1, 4 Abs. 2, 5 Abs. 1 bis 3 sowie Abs. 5 und 6, 6 Abs. 2 und 3 sowie § 8 im Einvernehmen mit dem Bundesminister für Justiz, verordnet:

Allgemeines

§ 1. (1) Jedes Fahrrad, das in Verkehr gebracht wird, muss – sofern sich aus den folgenden Bestimmungen nichts anderes ergibt – ausgerüstet sein:

1. mit zwei voneinander unabhängig wirkenden Bremsvorrichtungen, mit denen auf trockener Fahrbahn eine mittlere Bremsverzögerung von 4 m/s^2 bei einer Ausgangsgeschwindigkeit von 20 km/h erreicht wird,

2. mit einer Vorrichtung zur Abgabe von akustischen Warnzeichen,

3. mit weißen, nach vorne wirkenden Rückstrahlern oder Rückstrahlmaterialien, die den Bestimmungen der ECE-Regelung Nr. R 104 entsprechen, mit einer Lichteintrittsfläche von mindestens 20 cm^2; die Rückstrahler dürfen mit dem Scheinwerfer verbunden sein,

4. mit roten, nach hinten wirkenden Rückstrahlern oder Rückstrahlmaterialien, die den Bestimmungen der ECE-Regelung Nr. R 104 entsprechen, mit einer Lichteintrittsfläche von mindestens 20 cm^2; die Rückstrahler dürfen mit dem Scheinwerfer verbunden sein,

5. mit gelben Rückstrahlern an den Pedalen; diese können durch gleichwertige Einrichtungen ersetzt werden,

6. mit Reifen, deren Seitenwände ringförmig zusammenhängend weiß oder gelb rückstrahlend sind, oder an jedem Rad mit nach beiden Seiten wirkenden Rückstrahlern oder Rückstrahlmaterialien, die den Bestimmungen der ECE-Regelung Nr. R 104 entsprechen, mit einer Lichteintrittsfläche von mindestens 20 cm^2,

7. wenn das Fahrrad für den Transport mehrerer Personen bestimmt ist, für jede weitere Person mit einem eigenen Sitz, mit einer eigenen Haltevorrichtung und eigenen Pedalen oder Abstützvorrichtungen.
(BGBl II 2013/297)

(2) Bei bestimmungsgemäßer Verwendung von Fahrrädern abseits der Fahrbahn muss die Bremsverzögerung – unbeschadet des Abs. 1 Z 1 – einen Wert erreichen, der einen sicheren Gebrauch des Fahrrades gewährleistet.

(3) Sofern Scheinwerfer oder Rücklicht mit einem Dynamo betrieben werden, gilt Abs. 4 mit der Maßgabe, dass die dort genannte Wirkung ab einer Geschwindigkeit von 15 km/h erreicht werden muss. *(BGBl II 2013/297)*

(4) Fahrräder müssen mit einem hellleuchtenden, mit dem Fahrrad fest verbundenen Scheinwerfer, der die Fahrbahn nach vorne mit weißem oder hellgelbem, ruhendem Licht mit einer Lichtstärke von mindestens 100 cd beleuchtet und mit einem roten Rücklicht mit einer Lichtstärke von mindestens 1 cd ausgerüstet sein. Bei Tageslicht und guter Sicht kann diese Ausrüstung entfallen. *(BGBl II 2013/297)*

Mehrspurige Fahrräder

§ 2. Die Bestimmungen des § 1 gelten für mehrspurige Fahrräder mit folgenden Maßgaben:

1. es müssen jeweils zwei Rücklichter und Rückstrahler in gleicher Höhe so angebracht sein, dass sie die seitliche Begrenzung des Fahrrades erkennen lassen;

2. die Bremsen müssen auf alle Räder und innerhalb einer Achse gleichzeitig und gleichmäßig wirken;

3. wenn das Fahrrad für den Transport mehrerer Personen bestimmt ist, muss abweichend von § 1 Abs. 1 Z „7" für jede beförderte Person lediglich ein eigener Sitz vorhanden sein. *(BGBl II 2013/297)*

Bestimmungen über das Ziehen von Anhängern

§ 3. (1) Für Fahrräder, die einen Anhänger ziehen, gelten außer den Vorschriften der §§ 1 und 2 noch folgende Bestimmungen:

1. der Tretmechanismus des Fahrrades muss zumindest eine Gangstufe mit einer Entfaltung

Fahrradverordnungen

von höchstens 4 m pro Kurbelumdrehung aufweisen;

2. wenn mit dem Anhänger Kinder befördert werden, ist das Fahrrad oder der Anhänger so auszurüsten, dass ein Berühren der Speichen durch beförderte Kinder und ein Einklemmen von Gliedmaßen zwischen Hinterrad und Radabdeckung ausgeschlossen ist;

3. das Fahrrad muss über einen Fahrradständer verfügen.

(2) Für Rennfahrräder, die zum Ziehen von Anhängern benutzt werden, gelten die Bestimmungen des § 3 Abs. 1 sinngemäß. *(BGBl II 2013/297)*

Rennfahrräder

§ 4. (1) Als Rennfahrrad gilt ein Fahrrad mit folgenden technischen Merkmalen:

1. Eigengewicht des fahrbereiten Fahrrades höchstens 12 kg;

2. Rennlenker;

3. äußerer Felgendurchmesser mindestens 630 mm und

4. äußere Felgenbreite höchstens 23 mm.

(2) Rennfahrräder dürfen ohne die in § 1 Z 2 bis 6 genannte Ausrüstung in Verkehr gebracht werden. Bei Tageslicht und guter Sicht dürfen Rennfahrräder ohne diese Ausrüstung verwendet werden. *(BGBl II 2013/297)*

Fahrradanhänger

§ 5. (1) Jeder Fahrradanhänger, der in Verkehr gebracht wird, muss ausgestattet sein:

1. mit einer vom Fahrrad unabhängigen Lichtanlage,

2. mit einem roten Rücklicht,

3. vorne mit einem weißen und hinten mit einem roten Rückstrahler; die roten Rückstrahler dürfen mit den Rücklichtern verbunden sein; sowie

4. jeweils einem gelben Rückstrahler an den seitlichen Flächen.

Bei Anhängern, die breiter als 60 cm sind, sind jeweils zwei Rücklichter sowie zwei weiße und zwei rote Rückstrahler so anzubringen, dass die Breite des Anhängers zweifelsfrei erkennbar ist. Sämtliche Rückstrahler müssen eine rückstrahlende Fläche von jeweils mindestens 20 cm² aufweisen.

(2) Fahrradanhänger sind einachsig und mit einer Radblockiereinrichtung, die auf beide Räder wirkt, oder einer Feststellbremse auszustatten.

(3) Zum Personentransport bestimmte Fahrradanhänger müssen unabhängig von Abs. 1 und 2 zusätzlich ausgerüstet sein:

1. mit geeigneten Rückhalteeinrichtungen,

2. mit einer mindestens 1,5 m hohen, biegsamen Fahnenstange mit leuchtfarbenem Wimpel und

3. mit einer Vorrichtung, die zur Abdeckung der Speichen und der Radhäuser und gegenüber Hinausbeugen und gegenüber Kontakt der Beine mit der Fahrbahn wirksam ist.

(4) Personen dürfen nur in Fahrradanhängern befördert werden, die zum Personentransport bestimmt sind (Abs. 3). Die Angaben des Herstellers über Gewicht, Größe und Anzahl der zu transportierenden Personen sind einzuhalten. Die Befestigung am Fahrrad darf ausschließlich über eine betriebssichere Kupplung erfolgen.

(5) Die Beschaffenheit der Kupplung muss gewährleisten, dass der Anhänger aufrecht stehen bleibt, wenn das Zugfahrrad umkippt.

(6) Fahrradanhänger dürfen nur zusammen mit

1. einer leicht verständlichen Betriebsanleitung für die sichere Befestigung am Fahrrad

a) in deutscher Sprache oder

b) in Form einer bildlichen Darstellung und

2. sofern der Anhänger für den Personentransport bestimmt ist, einem Sicherheitshinweis

a) in deutscher Sprache laut Anhang I oder

b) in bildlicher Darstellung, wobei die Inhalte laut Anhang I dargestellt werden müssen,

in Verkehr gebracht werden.

Kindersitze

§ 6. (1) Der für ein mitfahrendes Kind bestimmte Sitz muss mit dem Fahrradrahmen fest verbunden sein. Der Sitz ist hinter dem Sattel so anzubringen, dass der Fahrer nicht in seiner Sicht, Aufmerksamkeit oder Bewegungsfreiheit behindert oder in seiner Sicherheit gefährdet werden kann. Die Beförderung von mehr als einem Kind ist unzulässig.

(2) Jeder Kindersitz, der in Verkehr gebracht wird, muss ausgestattet sein:

1. mit einem Gurtsystem, das vom Kind nicht leicht geöffnet werden kann,

2. mit einem höhenverstellbaren Beinschutz,

3. mit einer Vorrichtung, die sicherstellt, dass die Beine nicht in die Speichen gelangen können und *(BGBl II 2013/297)*

4. mit einer Lehne, die das Abstützen des Kopfes erlaubt.

(2a) Abweichend von den Bestimmungen des Abs. 1 und 2 ist der Transport von einem oder mehreren Kindern mit Fahrrädern in einer Transportkiste zulässig, sofern diese laut Hersteller für den Transport von Kindern geeignet und mit einem Gurtsystem ausgerüstet ist, das von Kindern nicht leicht geöffnet werden kann; die Transport-

1/1/10. StVO
Fahrradverordnungen

kiste darf vor oder hinter dem Lenker angebracht werden. *(BGBl II 2013/297)*

(3) Kindersitze dürfen nur mit einem Sicherheitshinweis
1. in deutscher Sprache laut Anhang II oder
2. in bildlicher Darstellung, wobei sämtliche Inhalte laut Anhang II dargestellt werden müssen,

in Verkehr gebracht werden.

Ladegewicht

§ 7. Das Ladegewicht darf bei der Beförderung von Lasten oder Personen nicht überschreiten:
1. bei mehrspurigen Fahrrädern 250 kg,
2. bei durchgehend- und auflaufgebremsten Anhängern 100 kg,
3. bei ungebremsten Anhängern 60 kg.

Gleichwertigkeitsklausel

§ 8. Von den in den §§ 1 bis 7 beschriebenen Anforderungen für Fahrräder, Fahrradanhänger und zugehörige Ausrüstungsgegenstände darf dann abgegangen werden, wenn diese in anderen Mitgliedstaaten der Europäischen Union sowie in anderen Vertragsstaaten des Abkommens über den EWR rechtmäßig hergestellt oder in Verkehr gebracht werden dürfen und die Anforderungen dasselbe Niveau für den Schutz der Gesundheit und für die Verkehrssicherheit gewährleisten, wie in dieser Verordnung verlangt.

Inkrafttreten

§ 9. (1) Diese Verordnung tritt mit 1. Mai 2001 in Kraft.

(2) Mit Inkrafttreten dieser Verordnung tritt die Verordnung des Bundesministers für öffentliche Wirtschaft und Verkehr vom 24. April 1986 über die technischen Merkmale von Rennfahrrädern, BGBl. Nr. 242/1986, außer Kraft.

Übergangsbestimmungen

§ 10. (1) Fahrräder, die beim Inkrafttreten dieser Verordnung in Verwendung stehen und den Bestimmungen der Straßenverkehrsordnung 1960 idF der 19. StVO-Novelle, BGBl. Nr. 518/1994, nicht aber dieser Verordnung entsprechen, sind innerhalb von zwei Jahren ab dem Inkrafttreten entsprechend dieser Verordnung nachzurüsten; bis zu diesem Zeitpunkt dürfen sie weiter verwendet werden.

(2) Fahrradanhänger, die nicht den Bestimmungen dieser Verordnung entsprechen und bezüglich derer vor dem Inkrafttreten dieser Verordnung die Beförderung von Personen durch die Behörde bewilligt wurde, gelten als dieser Verordnung entsprechende Anhänger, sofern der Bewilligungsbescheid während der Beförderung mitgeführt wird.

Notifizierungen

§ 11. Die Verordnung in der Fassung des BGBl. II Nr. 297/2013 wurde unter Einhaltung der Best-immungen der Richtlinie 98/34/EG über ein Informationsverfahren auf dem Gebiet der Normen und technischen Vorschriften, welches das Verfahren nach der Richtlinie 83/189/EWG kodifiziert, unter der Notifikationsnummer 2013/184/A notifiziert.

(BGBl II 2013/297)

Anhang I

Sicherheitshinweise für Fahrradanhänger zum Personentransport

„Da Kinder in einem Fahrradanhänger bei einem Unfall (Sturz) einem besonderen Risiko ausgesetzt sind, sollten Sie diese niemals unangegurtet transportieren; beachten Sie die Helmpflicht für Kinder unter 12 Jahren." *(BGBl II 2013/297)*

Achten Sie darauf, dass die Kinder nicht in die Speichen greifen können, sich nicht hinausbeugen und mit den Beinen nicht mit der Fahrbahn in Kontakt kommen können.

Hinaushängende Schals und dergleichen können in die Räder gelangen und zur tödlichen Falle werden. Verwenden Sie keinen Schal im Anhänger.

Anhang II

Sicherheitshinweise für Fahrradkindersitze

Nach der Montage des Kindersitzes sollten Sie nochmals überprüfen, ob alle Bauteile gemäß der Montageanleitung montiert und solide befestigt worden sind.

1/1/10. StVO
Fahrradverordnungen

Beim Befördern eines Kindes ändern sich die Fahreigenschaften des Fahrrades. Eine Probefahrt mit dem Kind gibt Ihnen für die Verwendung auf der Straße die nötige Sicherheit. Kontrollieren Sie anschließend die Befestigung der Bauteile.

Da nicht auszuschließen ist, dass sich das Kind mit den Beinen aus der Schutzvorrichtung befreit, sollten die Speichen des Fahrrades, auf das der Kindersitz montiert ist, möglichst weiträumig abgedeckt sein. Ein Speichenschutz ist im Fachhandel erhältlich.

Um zu vermeiden, dass sich das Kind mit den Fingern in die Stahlfedern des Sattels einklemmt, sollte ein Sattel ohne Stahlfeder oder eine Sattelfederabdeckung montiert werden, die im Fachhandel erhältlich ist.

Transportieren Sie das Kind niemals, ohne den Sicherheitsgurt und den Fußriemen zu befestigen.

„Beachten Sie die Helmpflicht für Kinder." *(BGBl II 2013/297)*

Lassen Sie das Kind niemals alleine im Kindersitz. Schon durch eine kleine Bewegung des Kindes kann das Fahrrad umstürzen.

1/1/11. StVO
AlkoholvortestgeräteVO

Alkoholvortestgeräteverordnung

BGBl II 2005/404 idF

1 BGBl II 2013/238   **2** BGBl II 2018/101

Verordnung der Bundesministerin für Inneres über die zur Atemalkoholüberprüfung geeigneten Geräte und die zu deren Handhabung zu ermächtigenden Organe der Straßenaufsicht (Alkoholvortestgeräteverordnung)

Auf Grund des § 5a Abs. 3 der Straßenverkehrsordnung 1960 (StVO 1960), BGBl. Nr. 159, in der Fassung der 21. StVO-Novelle, BGBl. I Nr. 52/2005, wird im Einvernehmen mit dem Bundesminister für Verkehr, Innovation und Technologie verordnet:

Gerät und gerätespezifischer Wert

§ 1. (1) Als Geräte, die geeignet sind, die Atemluft von Personen auf den Verdacht der Beeinträchtigung durch Alkohol zu überprüfen (§ 5 Abs. 2a StVO), werden folgende Geräte bestimmt:

Gerätebezeichnung: AlcoQuant 6020   AlcoTrueP AlcoQuant 6020 plus

Hersteller: EnviteC – Wismar GmbH   Bluepoint MEDICAL GmbH & Co. KG

(BGBl II 2018/101)

(2) Der gerätespezifische Wert, ab dem auf das Vorliegen des Verdachts der Beeinträchtigung durch Alkohol im Sinne des § 5 Abs. 2a StVO geschlossen werden kann, wird mit 0,22 mg/l bestimmt.

Organe der Straßenaufsicht

§ 2. (1) Die Überprüfung der Atemluft auf den Verdacht der Beeinträchtigung durch Alkohol darf gemäß § 5 Abs. 2a StVO 1960 von

1. Organen des amtsärztlichen Dienstes und besonders geschulten Organen der Bundespolizei;

2. sonstigen ermächtigten und besonders geschulten Organen der Straßenaufsicht,

vorgenommen werden.

(2) Der Inhalt der Ermächtigung ist in einer dem Organ zu übergebenden Urkunde anzuführen. Die Organe gemäß Abs. 1 Z 2 sind verpflichtet, diese Urkunde auf Verlangen jener Person, deren Atemluft überprüft werden soll, bei der Amtshandlung vorzuweisen.

(BGBl II 2018/101)

Schulung

§ 3. Die für die Ermächtigung erforderliche Schulung hat sich

1. auf die Feststellung der gesetzlichen Voraussetzungen für die Vornahme der Überprüfung der Atemluft gemäß § 5 Abs. 2a StVO und auf die Bedeutung des Ergebnisses dieser Überprüfung für den Betroffenen und

2. auf die Wirkungsweise, die Handhabung und die zweckmäßige Anwendung der Vortestgeräte zu erstrecken.

Überprüfung

§ 4. Die Überprüfung der Atemluft auf den Verdacht der Beeinträchtigung durch Alkohol ist am Ort der Amtshandlung unter größtmöglicher Schonung des Ansehens des Probanden vorzunehmen.

In-Kraft-Treten

§ 5. „(1)" Diese Verordnung tritt mit 15. Dezember 2005 in Kraft. *(BGBl II 2013/238)*

(2) § 1 Abs. 1 in der Fassung der Verordnung BGBl. II Nr. 238/2013 tritt mit Ablauf des Tages der Kundmachung in Kraft. *(BGBl II 2013/238)*

(3) § 1 Abs. 1 und § 2 in der Fassung der Verordnung BGBl. II Nr. 101/2018 treten mit Ablauf des Tages der Kundmachung in Kraft. *(BGBl II 2018/101)*

Alkomatverordnung

BGBl 1994/789 idF

1 BGBl II 1997/146 **2** BGBl II 2018/100

Verordnung des Bundesministers für Inneres über die zur Atemalkoholuntersuchung geeigneten Geräte und die zu deren Handhabung zu ermächtigenden Organe der Straßenaufsicht (Alkomatverordnung)

Geräte

§ 1. Für die Untersuchung der Atemluft auf Alkoholgehalt sind Alkomaten (§ 5 Abs. 3 StVO) geeignet, die nach dem Maß- und Eichgesetz, BGBl. Nr. 152/1950, eichfähig sind. Derzeit besitzen diese Eichfähigkeit folgende Geräte:
1. Hersteller: Siemens AG
Gerätebezeichnung: Alcomat M 52052/A15
2. Hersteller: Dräger AG
Gerätebezeichnung: 7110 MKIII A

Organe der Straßenaufsicht

§ 2. (1) Die Untersuchung der Atemluft darf bei Verdacht auf Beeinträchtigung durch Alkohol gemäß § 5 Abs. 2 StVO 1960 von
1. Organen des amtsärztlichen Dienstes und besonders geschulten Organen der Bundespolizei;
2. sonstigen ermächtigten und besonders geschulten Organen der Straßenaufsicht,

vorgenommen werden.

(2) Der Inhalt der Ermächtigung ist in einer dem Organ zu übergebenden Urkunde anzuführen. Die Organe gemäß Abs. 1 Z 2 sind verpflichtet, diese Urkunde auf Verlangen jener Person, deren Atemluft untersucht werden soll, bei der Amtshandlung vorzuweisen.

(BGBl II 2018/100)

Schulung

§ 3. Die für die Ermächtigung erforderliche Schulung hat sich

1. auf die Feststellung der gesetzlichen Voraussetzungen für die Vornahme der Untersuchung der Atemluft auf Alkoholgehalt und auf die Bedeutung des Ergebnisses dieser Untersuchung für den Betroffenen und

2. auf die Wirkungsweise, die Handhabung und die zweckmäßige Anwendung der Alkomaten sowie

3. auf die Vorschriften des § 4

zu erstrecken.

Untersuchung

§ 4. Die Untersuchung der Atemluft auf Alkoholgehalt ist am Ort der Amtshandlung vorzunehmen; sie kann jedoch auch bei der nächsten Dienststelle (§ 5 Abs. 4 StVO), bei der sich ein Alkomat befindet, vorgenommen werden, wenn vermutet werden kann, daß sich der Proband in einem durch Alkohol beeinträchtigten Zustand befindet oder zur Zeit des Lenkens befunden hat. Die Untersuchung ist unter größtmöglicher Schonung des Ansehens des Probanden vorzunehmen.

Inkrafttreten und Aufhebung

§ 5. „(1)" Diese Verordnung tritt mit 1. Oktober 1994 in Kraft. Die Verordnung des Bundesministers für öffentliche Wirtschaft und Verkehr vom 12. März 1987, BGBl. Nr. 106, in der Fassung der Verordnung BGBl. Nr. 390/1988, tritt mit Ablauf des 30. Septembers 1994 außer Kraft; Organe der Straßenaufsicht, die aufgrund dieser Verordnung ermächtigt wurden, gelten als nach der vorliegenden Verordnung ermächtigt. *(BGBl II 2018/100)*

(2) § 2 in der Fassung der Verordnung BGBl. II Nr. 100/2018 tritt mit Ablauf des Tages der Kundmachung in Kraft. *(BGBl II 2018/100)*

1/1/13. StVO
Dienstabzeichen

Dienstabzeichen – Straßenaufsicht

BGBl 1973/95

Verordnung des Bundesministers für Handel, Gewerbe und Industrie vom 14. Feber 1973 über das Dienstabzeichen für Organe der Straßenaufsicht, ausgenommen Organe der Bundesgendarmerie, der Bundes oder einer Gemeindesicherheitswache

Auf Grund der §§ 94 Z. 2 und 97 Abs. 2 der Straßenverkehrsordnung 1960, BGBl. Nr. 159, in der Fassung des Bundesgesetzes BGBl. Nr. 209/1969 wird verordnet:

§ 1. Für das Dienstabzeichen der Organe der Straßenaufsicht, ausgenommen die Organe der Bundesgendarmerie, der Bundes- oder einer Gemeindesicherheitswache, wird folgende Form und Ausstattung bestimmt:
Das Dienstabzeichen hat die Form eines unten spitz zulaufenden Schildes, der oben mindestens 40 mm und höchstens 50 mm breit ist und dessen Höhe mindestens 50 mm und höchstens 70 mm mißt. In der Mitte des Schildes befindet sich das Wappen des Bundeslandes in den hiefür vorgesehenen Farben. Es ist allseits von einem mindestens 11 mm breiten gelben Streifen umgeben, der in roter Farbe folgende mindestens 6 mm hohe Aufschrift trägt: oben den Namen des Bundeslandes, links „STRASSEN" und rechts „AUFSICHT". Das Dienstabzeichen ist aus haltbarem Material herzustellen.

§ 2. Die vor dem Inkrafttreten dieser Verordnung verwendeten Dienstabzeichen behalten ihre Gültigkeit bis 1. Jänner 1978.

§ 3. Das Dienstabzeichen ist vom Organ der Straßenaufsicht auf der linken Brustseite sichtbar zu tragen.

§ 4. Mit dem Inkrafttreten dieser Verordnung tritt die Verordnung des Bundesministeriums für Handel, Gewerbe und Industrie vom 29. Jänner 1968, BGBl. Nr. 75, über das Dienstabzeichen für Organe der Straßenaufsicht, ausgenommen Organe der Bundesgendarmerie und der Polizei, außer Kraft.

Anlage

Anlage

Verordnung über Ausnahmen vom Wochenend- und Feiertagsfahrverbot

BGBl 1994/855 idF

1 BGBl II 2005/114
2 BGBl II 2006/84
3 BGBl II 2007/119

Verordnung des Bundesministers für öffentliche Wirtschaft und Verkehr über Ausnahmen vom Wochenend- und Feiertagsfahrverbot

Auf Grund des § 42 Abs. 2b Straßenverkehrsordnung 1960, BGBl. Nr. 159, zuletzt geändert durch das Bundesgesetz BGBl. Nr 518/1994, wird verordnet:

Im Rahmen des Kombinierten Verkehrs im Sinne des § 2 Z 40 KFG 1967 dürfen Fahrten innerhalb eines Umkreises mit einem Radius von 65 km Luftlinie gemäß § 42 Abs. 2a StVO 1960 von und zu folgenden Bahnhöfen und Häfen durchgeführt werden:

1. Brennersee
2. Graz-Ostbahnhof
3. Salzburg-Hauptbahnhof
4. Villach-Fürnitz
5. Wels-Verschiebebahnhof
6. Wien-Südbahnhof
7. Wien-Nordwestbahnhof
8. Wörgl
9. Graz-Süd CCT
10. Enns-Hafen CCT
11. Wien Freudenau Hafen CCT
12. Krems a.d. Donau CCT
13. Linz Stadthafen CCT
14. St. Michael CCT
15. Hall in Tirol CCT *(BGBl II 2007/119)*
16. Bludenz CCT *(BGBl II 2007/119)*
17. Wolfurt CCT *(BGBl II 2007/119)*

Kinderradfahrausweis-Verordnung

BGBl 1994/947

Verordnung des Bundesministers für öffentliche Wirtschaft und Verkehr über das Aussehen des Radfahrausweises für Kinder (Kinderradfahrausweis-Verordnung)

Auf Grund des § 65 Abs. 2 der Straßenverkehrsordnung 1960, BGBl. Nr. 159, zuletzt geändert durch das Bundesgesetz BGBl. Nr. 518/1994, wird verordnet:

§ 1. Der Radfahrausweis ist entsprechend der Anlage mit einer Länge von 85 mm und einer Breite von 55 mm auszuführen. An geeigneter Stelle kann das Zeichen einer gemeinnützigen Organisation, die die Herstellung des Ausweises finanziell unterstützt, aufscheinen.

§ 2. Vor dem Inkrafttreten dieser Verordnung ausgestellte Radfahrausweise gelten als Radfahrausweise im Sinne dieser Verordnung. Ausweisformulare, die dieser Verordnung nicht entsprechen, dürfen noch bis 31. Juli 1995 verwendet werden.

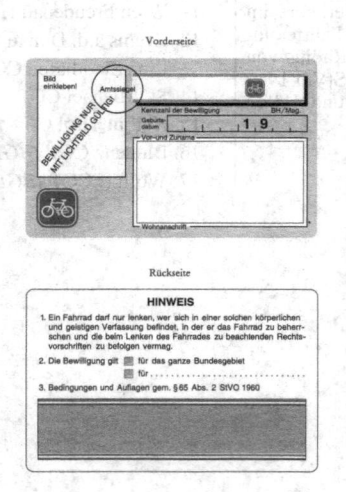

Anlage

Vorderseite

Rückseite

HINWEIS

1. Ein Fahrrad darf nur lenken, wer sich in einer solchen körperlichen und geistigen Verfassung befindet, in der er das Fahrrad zu beherrschen und die beim Lenken des Fahrrades zu beachtenden Rechtsvorschriften zu befolgen vermag.
2. Die Bewilligung gilt ☐ für das ganze Bundesgebiet
   ☐ für ....
3. Bedingungen und Auflagen gem. § 65 Abs. 2 StVO 1960

Speichelvortesteräteverordnung 2017

BGBl II 2017/61 idF

¹ BGBl II 2019/53

Verordnung des Bundesministers für Inneres über die zur Überprüfung des Speichels auf Suchtgiftspuren geeigneten Geräte und die zu deren Handhabung zu ermächtigenden Organe der Straßenaufsicht (Speichelvortestgeräteverordnung 2017)

Auf Grund des § 5a Abs. 3 der Straßenverkehrsordnung 1960 - StVO 1960, BGBl. Nr. 159/1960, zuletzt geändert durch das Bundesgesetz BGBl. I Nr. 6/2017, wird im Einvernehmen mit dem Bundesminister für Verkehr, Innovation und Technologie verordnet:

Gerät

§ 1. Als zur Überprüfung des Speichels von Fahrzeuglenkern auf das Vorhandensein von Suchtgift im Sinne des § 5 Abs. 9a StVO geeignete Geräte werden bestimmt:

1. Bezeichnung: Speicheltest; P.I.A.² 613S
Hersteller: Protzek Gesellschaft für Biomedizinische Technik mbH

2. Bezeichnung: Speicheltest; Dräger Drug Test 5000 STK 5, DrugTest 5000
Hersteller: Dräger Safety AG und Co.KGaA

3. Bezeichnung: Speicheltest; DrugWipe 5 S, WipeAlyser
Hersteller: Securetec Detektions-Systeme AG

4. Bezeichnung: Speicheltest; Rapid STAT, Cube Reader
Hersteller: Mavand Solutions GmbH

(BGBl II 2019/53)

Organe der Straßenaufsicht

§ 2. (1) Die Behörde darf zur Überprüfung des Speichels auf das Vorliegen von Suchtgiftspuren nur hiefür besonders geschulte Organe der Straßenaufsicht ermächtigen.

(2) Der Inhalt der Ermächtigung ist in einer dem Organ zu übergebenden Urkunde anzuführen. Das Organ ist verpflichtet, diese Urkunde auf Verlangen jener Person, deren Speichel überprüft werden soll, bei der Amtshandlung vorzuweisen.

Schulung

§ 3. Die für die Ermächtigung erforderliche Schulung hat sich

1. auf die Feststellung der gesetzlichen Voraussetzungen für die Vornahme der Überprüfung des Speichels gemäß § 5 Abs. 9a StVO und auf die Bedeutung des Ergebnisses dieser Überprüfung für den Betroffenen und

2. auf die Wirkungsweise, die Handhabung und die zweckmäßige Anwendung der Vortestgeräte

zu erstrecken.

Überprüfung

§ 4. Die Überprüfung des Speichels auf das Vorliegen von Suchtgiftspuren ist am Ort der Amtshandlung unter größtmöglicher Schonung des Ansehens des Probanden vorzunehmen.

Inkrafttreten

§ 5. Diese Verordnung tritt mit Ablauf des Tages der Kundmachung in Kraft.

Straßenverkehrsunfallstatistik-Gesetz

BGBl I 2017/7

Bundesgesetz über die Statistik zu Straßenverkehrsunfällen mit Personenschaden (Straßenverkehrsunfallstatistik-Gesetz, StVUSt-G)

Ziel des Gesetzes

§ 1. Ziel des Gesetzes ist es, die Erstellung und Veröffentlichung von Statistiken über Straßenverkehrsunfälle mit Personenschaden und die Zusammenarbeit des Bundesministers für Inneres und des Bundesministers für Verkehr, Innovation und Technologie auf diesem Gebiet zu regeln.

Begriffsbestimmungen

§ 2. Im Sinne dieses Bundesgesetzes bedeuten
1. Straßenverkehrsunfall mit Personenschaden: jeder Verkehrsunfall auf Straßen mit öffentlichem Verkehr, bei dem Personen verletzt oder getötet wurden und an dem zumindest ein in Bewegung befindliches Fahrzeug beteiligt war; eine Person gilt als getötet, wenn sie entweder am Unfallort oder innerhalb von 30 Tagen, gerechnet ab dem Unfallereignis, an den Unfallfolgen verstirbt; in diesem Fall wird diese Person als Verkehrstoter bezeichnet;
2. Unfalldatenbank (UHS): Elektronisches Hilfsmittel zur Auswertung und Verwaltung der durch die Organe der Bundespolizei erhobenen Daten zu Straßenverkehrsunfällen;
3. Verkehr: die Bewegung von Verkehrsmitteln, Personen und Gütern im Raum;

Anordnung der Erstellung und Veröffentlichung von Statistiken zu Straßenverkehrsunfällen mit Personenschaden

§ 3. (1) Der Bundesminister für Verkehr, Innovation und Technologie hat eine fachlich geeignete Einrichtung, die unabhängig und weisungsfrei im Sinne der Verordnung (EG) Nr. 223/2009, geändert durch Verordnung (EU) Nr. 2015/759, ist, mit der Erstellung und Veröffentlichung einer jährlichen Statistik zu Straßenverkehrsunfällen mit Personenschaden in Österreich zu betrauen. Die Einrichtung fungiert bei dieser Aufgabenwahrnehmung als Organ der Bundesstatistik im Sinne des § 3 Z 19 Bundesstatistikgesetz 2000, BGBl I Nr. 163/1999, und hat dabei entsprechend §§ 14 bis 19 leg.cit. vorzugehen.

(2) Die Einrichtung gemäß Abs. 1 hat dem Statistischen Amt der Europäischen Union rechtzeitig die Jahresstatistik zur Erfüllung der Verpflichtung aus Art. 2 der Entscheidung 93/704/EG zu übermitteln.

(3) Wird die Bundesanstalt Statistik Österreich mit der Erstellung der Statistik zu Straßenverkehrsunfällen mit Personenschaden betraut, hat dies durch Verordnung des Bundesministers für Verkehr, Innovation und Technologie im Einvernehmen mit dem Bundesminister für Inneres und dem Bundeskanzler zu erfolgen. In dieser Verordnung ist der Kostenersatz für die Bundesanstalt Statistik Österreich gemäß § 32 Bundesstatistikgesetz 2000 festzulegen.

Erhebung der Daten und Qualitätssicherung

§ 4. (1) Für die Erstellung dieser Statistik haben die Organe der Bundespolizei folgende in Z 1 bis 5 angeführten, nicht direkt personenbezogenen und die in Z 6 genannten Daten zu Straßenverkehrsunfällen mit Personenschaden zu erheben und dem Bundesminister für Inneres zur Weiterleitung an die Einrichtung gemäß § 3 Abs.1 zu überlassen:

1. Angaben zum Unfall,

2. Angaben zu den Unfallumständen,

3. Angaben zu den unfallbeteiligten Fahrzeugen und sonstigen Verkehrsmitteln,

4. Angaben zu den unfallbeteiligten Personen: Alter, Geschlecht, Nationalität, Art der Verkehrsbeteiligung, Verletzungsgrad, verwendete Sicherheitseinrichtungen, Beeinträchtigung der Verkehrstüchtigkeit, unerlaubtes Entfernen vom Unfallort, Lenkberechtigung,

5. Angaben zu Unfallörtlichkeit und Verortung der Unfallstelle sowie

6. aufnehmende Dienststelle und Aktenzahl.

Zu diesem Zweck dürfen auch nach der Strafprozessordnung verarbeitete Daten herangezogen werden.

(2) Der Bundesminister für Inneres ist ermächtigt und verpflichtet die Daten vor Weiterleitung an die Einrichtung gemäß § 3 Abs. 1 zur Qualitätssicherung an Hand der in den Aktenverwaltungssystemen der Sicherheitsbehörden verarbeiteten Anzeigen (Berichte) zu kontrollieren und gegebenenfalls zu überarbeiten.

(3) Der Bundesminister für Inneres hat die qualitätsgesicherten Daten laufend und unverzüglich in elektronischer Form der Einrichtung gemäß § 3 Abs. 1 weiterzuleiten.

Weitergabe und Löschung von Daten

§ 5. (1) Der Bundesminister für Verkehr, Innovation und Technologie hat die Löschung von Aktenzahlen und Angaben zur Dienststelle laut § 4 Abs. 1 Z 6 spätestens nach Ablauf von zehn Jahren, gerechnet vom Tag der Veröffentlichung der Jahres-Straßenverkehrsunfallstatistik, zu veranlassen.

(2) Vor diesem Zeitpunkt dürfen die Geschäftszahl und die Bezeichnung der Dienststelle weder veröffentlicht noch sonst in irgendeiner Weise weitergegeben werden. Eine Ausnahme bildet die Weitergabe zur wissenschaftlichen Forschung bei Bestehen einer Genehmigung gemäß § 46 Datenschutzgesetz 2000, BGBl. I Nr. 165/1999, oder einer Bewilligung gemäß § 77 Strafprozessordnung, BGBl. Nr. 631/1975, und dies nur zur Auffindung von Akten.

Auswertung von Daten durch den Bundesminister für Inneres

§ 6. (1) Der Bundesminister für Inneres ist überdies ermächtigt, die ihm gemäß § 4 überlassenen und die einer Qualitätssicherung unterzogenen Daten

1. zur Gewinnung unmittelbar umsetzbarer Erkenntnisse auf dem Gebiet der Verkehrsüberwachung auszuwerten und das Ergebnis den Verkehrsbehörden für ihre Tätigkeit im Dienste der Verkehrssicherheit zur Verfügung zu stellen und

2. zur Erstellung von Auswertungen über tödlich verlaufene Verkehrsunfälle zu verwenden. Der Bundesminister für Inneres hat die wöchentliche Auswertung betreffend tödlich verlaufene Verkehrsunfälle zu veröffentlichen.

(2) Auswertungen und Untersuchungen gemäß Abs. 1 dürfen keine personenbezogenen Ergebnisse zum Ziel haben.

Verwendung des Gesamtunfalldatenbestandes durch den Bundesminister für Verkehr, Innovation und Technologie

§ 7. (1) Die Einrichtung gemäß § 3 Abs. 1 hat den elektronischen Gesamtunfalldatenbestand des jeweiligen Jahres nach der Veröffentlichung der jährlichen Unfallstatistik dem Bundesminister für Verkehr, Innovation und Technologie, dem Bundesminister für Inneres, dem Bund (Bundesstraßenverwaltung) und den Landesregierungen über die Unfalldatenbank (UHS) des Bundesministers für Verkehr, Innovation und Technologie in elektronischer Form und unentgeltlich zur Verfügung zu stellen. Die Einrichtung gemäß § 3 Abs. 1 hat Vorsorge zu treffen, dass die Zuordnung der Daten zu den Betroffenen mit Mitteln, die vernünftiger Weise angewendet werden können, nicht möglich ist.

(2) Der Bundesminister für Verkehr, Innovation und Technologie hat über Ersuchen den elektronischen Gesamtunfalldatenbestand gemäß Abs. 1 zum Zwecke der Verkehrsunfallforschung und -prävention gegen Entgelt an fachlich geeignete Personen oder Einrichtungen zu übermitteln. Der Datenempfänger hat sich vorab schriftlich zur ausschließlichen Nutzung der Daten für Zwecke der Verkehrsunfallforschung und -prävention zu verpflichten. Die Daten dürfen vom Datenempfänger nicht an Dritte weitergegeben werden.

Anonymisierung und Geheimhaltung

§ 8. (1) Alle mit der Erstellung von Statistiken nach diesem Bundesgesetz betrauten Personen sind verpflichtet, bei personenbezogen erhobenen Daten die Identitätsdaten des Betroffenen zu beseitigen, sobald diese für die Statistik nicht mehr erforderlich sind. Sie dürfen insbesondere nicht in der Weise ausgewertet werden, dass das Zutreffen von Merkmalen personenbezogen dargestellt wird.

(2) Alle mit der Erstellung von Statistiken nach diesem Bundesgesetz betrauten Personen sind über alle personenbezogenen Daten, die ihnen in Wahrnehmung dieser Tätigkeit zur Kenntnis gelangt sind, und über alle Tatsachen, die ihnen bei der statistischen Erhebung zur Kenntnis gelangt sind, zur Verschwiegenheit verpflichtet.

Verordnungsermächtigungen

§ 9. (1) Die näheren Ausprägungen der zu erhebenden Merkmale, die Eckpunkte der Qualitätssicherung, Berichtszeitraum und Stichtag, die Details und Fristen der Datenübermittlung und Überlassung sowie Umfang und Periodizität der Erstellung und Datum und Ort der Veröffentlichung sind durch den Bundesminister für Verkehr, Innovation und Technologie im Einvernehmen mit dem Bundesminister für Inneres durch Verordnung festzulegen. Ein über die Z 1 bis 5 des § 4 Abs. 1 hinausgehender Personenbezug darf bei der Veröffentlichung nicht vorgesehen werden.

(2) Der Bundesminister für Verkehr, Innovation und Technologie ist im Einvernehmen mit dem Bundesminister für Inneres ermächtigt, den Dienstleister gemäß § 3 Abs. 1 durch Verordnung bekannt zu geben.

(3) Der Bundesminister für Verkehr, Innovation und Technologie ist ermächtigt, durch Verordnung das Entgelt für die Überlassung des Gesamtunfalldatenbestandes gemäß § 7 Abs. 2 festzulegen.

Sprachliche Gleichbehandlung

§ 10. Soweit in diesem Bundesgesetz personenbezogene Bezeichnungen nur in männlicher Form angeführt sind, beziehen sie sich auf Frauen und Männer in gleicher Weise. Bei der Anwendung auf bestimmte Personen ist die jeweils geschlechtsspezifische Form zu verwenden.

Verweisung auf andere Rechtsvorschriften

§ 11. Soweit in diesem Bundesgesetz auf andere Bundesgesetze verwiesen wird und nichts anderes bestimmt ist, bezieht sich dieser Verweis auf die jeweils geltende Fassung.

Vollziehung

§ 12. Mit der Vollziehung dieses Bundesgesetzes ist

1. hinsichtlich der §§ 4 und 6 der Bundesminister für Inneres,

2. hinsichtlich des § 9 Abs. 1 und 2 der Bundesminister für Verkehr, Innovation und Technologie im Einvernehmen mit dem Bundesminister für Inneres,

3. hinsichtlich des § 3 Abs. 3 der Bundesminister für Verkehr, Innovation und Technologie im Einvernehmen mit dem Bundesminister für Inneres und mit dem Bundeskanzler,

4. hinsichtlich der §§ 1, 2, 8 und 10 der Bundesminister für Inneres und der Bundesminister für Verkehr, Innovation in ihrem jeweiligen Wirkungsbereich und

5. hinsichtlich der übrigen Bestimmungen der Bundesminister für Verkehr, Innovation und Technologie

betraut.

Umsetzung von Unionsrecht

§ 13. Durch die Bestimmungen dieses Bundesgesetzes wird Art. 7 Abs. 1 iVm Anhang IV der Richtlinie 2008/96/EG über ein Sicherheitsmanagement für die Straßenverkehrsinfrastruktur, ABl. Nr. L 319 vom 29.11.2008, S. 59, die Verordnung (EG) 223/2009 über europäische Statistiken und zur Aufhebung der Verordnung (EG, Euratom) Nr. 1101/2008 des Europäischen Parlaments und des Rates über die Übermittlung von unter die Geheimhaltungspflicht fallenden Informationen an das Statistische Amt der Europäischen Gemeinschaften, der Verordnung (EG) Nr. 322/97 des Rates über die Gemeinschaftsstatistiken und des Beschlusses Nr. 89/382/EWG, Euratom des Rates zur Einsetzung eines Ausschusses für das Statistische Programm der Europäischen Gemeinschaften, ABl. Nr. L 87 vom 31.3.2009, S. 164, geändert durch die Verordnung (EU) Nr. 2015/759, ABl. Nr. L 123 vom 19.5.2015, S. 90 und die Entscheidung des Rates 93/704/EG über die Einrichtung einer gemeinschaftlichen Datenbank über Straßenverkehrsunfälle, ABl. Nr. L 329 vom 30.12.1993, S. 63 umgesetzt.

Inkrafttreten

§ 14. Dieses Bundesgesetz tritt mit 1. Juli 2017 in Kraft.

2. ParkG
Inhaltsverzeichnis

PARKGEBÜHREN: Bgld, Kärnten, NÖ, OÖ, Salzburg, Steiermark, Tirol, Vorarlberg, Wien

Parkgebühren der Länder

2/1. **Burgenländisches Kurzparkzonengebührengesetz**, LGBl 1992/51 idF
LGBl 2001/32   LGBl 2006/46   LBGl 2011/73
LGBl 2018/7

2/2. **Kärntner Parkraum- und Straßenaufsichtsgesetz – K-PStG,**
LGBl 1996/55 idF (Wv)
LGBl 1997/122   LGBl 1999/6   LGBl 2005/13
LGBl 2005/113   LGBl 2010/42   LGBl 2011/75
LGBl 2012/43 (DFB) LGBl 2013/85   LGBl 2014/22
LGBl 2020/3   LGBl 2020/29

2/3. **Niederösterreichisches Kraftfahrzeugabstellabgabegesetz,**
LGBl 1987/35 idF
LGBl 1990/103   LGBl 1995/10   LGBl 1998/24
LGBl 2001/80   LGBl 2001/241   LGBl 2006/10
LGBl 2010/66   LGBl 2020/66   LGBl 2020/90

2/4. **Oberösterreichisches Parkgebührengesetz,** LGBl 1988/28 idF
LGBl 1992/60   LGBl 1993/88   LGBl 2000/44
LGBl 2001/90   LGBl 2005/61   LGBl 2005/126
LGBl 2009/84   LGBl 2013/4   LGBl 2013/90
LGBl 2015/112   LGBl 2018/57

2/5. **Salzburger Parkgebührengesetz,** LGBl 1991/48 idF
LGBl 1995/108   LGBl 1998/20   LGBl 2001/46
LGBl 2001/117   LGBl 2005/88   LGBl 2022/37

2/6. **Steiermärkisches Parkgebührengesetz 2006,** LGBl 2006/37 idF
LGBl 2012/33   LGBl 2013/87   LGBl 2016/149
LGBl 2017/80

2/7. **Tiroler Parkabgabegesetz 2006,** LGBl 2006/9 (WV)
LGBl 2012/150   LGBl 2013/130   LGBl 2014/51
LGBl 2017/32   LGBl 2018/144   LGBl I 2019/138
LGBl 2020/59

2/8. **Vorarlberger Parkabgabegesetz,** LGBl 1987/2 idF
LGBl 1992/38   LGBl 1998/65   LGBl 2001/58
LGBl 2004/6   LGBl 2006/16   LGBl 2009/57
LGBl 2015/40   LGBl 2019/48

2/9/1. **Parkometergesetz 2006,** LGBl 2006/9 idF
LGBl 2007/33   LGBl 2009/58   LGBl 2012/24
LGBl 2012/45   LGBL 2013/10   LGBl 2018/71

2/9/2. **Verordnung des Wiener Gemeinderats, mit der für das Abstellen von mehrspurigen Kraftfahrzeugen in Kurzparkzonen die Entrichtung einer Abgabe vorgeschrieben wird (Parkometerabgabeverordnung),**
Wiener Amtsblatt Nr 51 v 22. Dezember 2005
Wiener Amtsblatt Nr 2 v 12. Jänner 2006
Wiener Amtsblatt Nr 29 v 19. Juli 2007
Wiener Amtsblatt Nr 47 v 22. November 2007
Wiener Amtsblatt Nr 1 v 3. Jänner 2008
Wiener Amtsblatt Nr 52 v 29. Dezember 2011
Wiener Amtsblatt Nr 29 v 18. Juli 2013
Wiener Amtsblatt Nr 29 v 21. Juli 2016

2. ParkG
Inhaltsverzeichnis

  Wiener Amtsblatt Nr 46 v 17. November 2016
  Wiener Amtsblatt Nr 46 v 14. November 2019
  Wiener Amtsblatt Nr 48 v 28. November 2019
  Wiener Amtsblatt Nr 20 v 14. Mai 2020

2/9/3. VO des Wiener Gemeinderates über die Art der zu verwendenden Kontrolleinrichtungen in Kurzparkzonen (Kontrolleinrichtungenverordnung),
  Wiener Amtsblatt Nr 33 v 14. August 2008
  Wiener Amtsblatt Nr 29 v 18. Juli 2013
  Wiener Amtsblatt Nr 28 v 12. Juli 2018

2/9/4. VO des Wiener Gemeinderates über die pauschale Entrichtung der Parkometerabgabe (Pauschalierungsverordnung),
  Wiener Amtsblatt Nr 29 v 19. Juli 2007
  Wiener Amtsblatt Nr 52 v 29. Dezember 2011
  Wiener Amtsblatt Nr 28 v 12. Juli 2012
  Wiener Amtsblatt Nr 38 v 20. September 2012
  Wiener Amtsblatt Nr 29 v 18. Juli 2013
  Wiener Amtsblatt Nr 29 v 21. Juli 2016
  Wiener Amtsblatt Nr 49 v 9. 12. 2021

2/9/5. VO des Magistrates der Stadt Wien betreffend Parkraumbewirtschaftung im 1. Wiener Gemeindebezirk (Innere Stadt),
  Wiener Amtsblatt Nr 28 v 9. Juli 1998 idF
  Wiener Amtsblatt Nr 22 v 30. Mai 2002
  Wiener Amtsblatt Nr 46 v 13. November 2003
  Wiener Amtsblatt Nr 22 v 1. Juni 2006
  Wiener Amtsblatt Nr 33 v 16. August 2007
  Wiener Amtsblatt Nr 34 v 23. August 2012

Anmerkung: Neben dem Bundesland Wien haben auch andere Bundesländer Verordnungen über Dienstabzeichen und Dienstausweise für Aufsichtsorgane nach dem jeweiligen Parkgebührengesetz erlassen. Von einem Abdruck wird jedoch Abstand genommen.

Bgld Kurzparkzonengebührengesetz

LGBl 1992/51 idF

1 LGBl 2001/32
2 LGBl 2006/46
3 LGBl 2011/73
4 LGBl 2018/7

Gesetz vom 2. April 1992 über die Erhebung einer Abgabe für das Parken von mehrspurigen Kraftfahrzeugen in Kurzparkzonen (Bgld. Kurzparkzonengebührengesetz)

§ 1
Geltungsbereich

Dieses Gesetz gilt für Gemeinden, die auf Grund bundesgesetzlicher Ermächtigung durch Verordnung des Gemeinderates eine Abgabe für das Abstellen mehrspuriger Kraftfahrzeuge in Kurzparkzonen gemäß § 25 StVO 1960 erheben (Kurzparkzonengebühr).

(LGBl 2006/46)

§ 2
Höhe der Kurzparkzonengebühr

Die Höhe der Kurzparkzonengebühr ist vom Gemeinderat durch Verordnung festzusetzen.

(LGBl 2006/46)

§ 3
Abgabenschuldner

(1) Zur Entrichtung der Kurzparkzonengebühr ist der Lenker des Fahrzeuges verpflichtet.

(2) Jeder Lenker, der ein mehrspuriges Kraftfahrzeug, das nicht unter die Ausnahmebestimmungen des § 6 fällt, in einer gebührenpflichtigen Kurzparkzone abstellt, hat die Kurzparkzonengebühr bei Beginn des jeweiligen Zeitraumes, für den die Abgabe festgesetzt wurde, zu entrichten.

(LGBl 2006/46)

§ 4
Art der Entrichtung

Die Art der Entrichtung der Kurzparkzonengebühr und die zu verwendenden Kontrolleinrichtungen sind durch Verordnung des Gemeinderates so zu bestimmen, daß die Entrichtung für den Fahrzeuglenker möglichst erleichtert, der mit der Einhebung verbundene Verwaltungsaufwand möglichst gering gehalten und das Ortsbild nicht beeinträchtigt wird.

§ 5
Auskunftspflicht

Die Abgabenbehörde und jene Behörde, die zur Ahndung einer Verwaltungsübertretung nach § 13 zuständig ist, können Auskünfte darüber verlangen, wer ein nach dem Kennzeichen bestimmtes mehrspuriges Kraftfahrzeug zuletzt vor einem bestimmten Zeitpunkt gelenkt und in einer gebührenpflichtigen Kurzparkzone oder auf einem gebührenpflichtigen Parkplatz abgestellt hat. Diese Auskünfte, welche den Namen, das Geburtsdatum und die Anschrift der betreffenden Person enthalten müssen, hat der Zulassungsbesitzer, wenn dieser geschäftsunfähig oder beschränkt geschäftsfähig ist, sein gesetzlicher Vertreter, oder jeder, der einem Dritten das Lenken eines mehrspurigen Kraftfahrzeuges überlässt, zu erteilen. Können diese Personen die Auskunft nicht erteilen, haben sie die Person zu benennen, die die Auskunft erteilen kann; diese trifft dann die Auskunftspflicht. Die Angaben des Auskunftspflichtigen entbinden die Behörde nicht, diese Angaben zu überprüfen, wenn dies nach den Umständen des Falles geboten scheint. Die Auskunft ist unverzüglich, im Fall einer schriftlichen Aufforderung innerhalb von zwei Wochen nach deren Zustellung zu erteilen. Wenn eine solche Auskunft ohne entsprechende Aufzeichnungen nicht gegeben werden könnte, sind Aufzeichnungen zu führen.

(LGBl 2011/73)

§ 6
Befreiung von der Abgabe

„(1)" Die Kurzparkzonengebühr ist nicht zu entrichten für:

1. Einsatzfahrzeuge und Fahrzeuge im öffentlichen Dienst gemäß §§ 26 und 26a StVO 1960;

2. Fahrzeuge des Straßendienstes und der Müllabfuhr gemäß § 27 StVO 1960;

3. Fahrzeuge, die von Ärzten bei einer Fahrt zur Leistung ärztlicher Hilfe gelenkt werden, sofern sie beim Abstellen mit einer Tafel gemäß § 24 Abs. 5 StVO 1960, gekennzeichnet sind;

4. Fahrzeuge, die von Personen im diplomierten ambulanten Pflegedienst bei einer Fahrt zur Durchführung solcher Pflege gelenkt werden,

sofern sie beim Abstellen mit einer Tafel gemäß § 24 Abs. 5a StVO 1960, gekennzeichnet sind;

5. Fahrzeuge, die von dauernd stark gehbehinderten Personen abgestellt werden oder in denen solche Personen gemäß § 29b Abs. 3 StVO 1960 befördert werden, wenn die Fahrzeuge mit dem Ausweis gemäß § 29b Abs. 1 oder 5 StVO 1960 gekennzeichnet sind;

6. Fahrzeuge, die für den Bund, eine andere Gebietskörperschaft oder einen Gemeindeverband zugelassen sind, ausgenommen Personenkraftwagen;

7. Fahrzeuge, die lediglich zum Zwecke des Aus- und Einsteigens von Personen oder für die Dauer der Durchführung einer Ladetätigkeit halten.
(LGBl 2011/73)

(2) Die Gemeinden werden ermächtigt durch Verordnung weitere Ausnahmen von der Verpflich-tung zur Entrichtung der Kurzparkzonengebühr zu bestimmen, sofern diese nicht den Rechtsvorschriften oder allgemeinen Rechtsgrundsätzen widersprechen. In dieser Verordnung ist auch festzulegen, wie die von der Ausnahme betroffenen Fahrzeuge zu kennzeichnen sind. *(LGBl 2011/73)*

(LGBl 2006/46)

§ 7
Aufsichtsorgane

(1) Zur Unterstützung bei der Einleitung oder Durchführung von Verwaltungsstrafverfahren können von der Bezirksverwaltungsbehörde auf Antrag der Gemeinde Aufsichtsorgane bestellt werden. Die Bestellung hat mit schriftlichem Bescheid zu erfolgen.

(2) Zu Aufsichtsorganen dürfen nur Personen bestellt werden, die

1. die österreichische Staatsbürgerschaft besitzen,

2. eigenberechtigt, verläßlich, körperlich und geistig geeignet sind,

3. über die zur Ausübung des Amtes erforderlichen Kenntnisse verfügen und

4. der Bestellung zustimmen.

(3) Als nicht verläßlich sind Personen anzusehen, die wegen einer vorsätzlichen, mit mehr als einjähriger Freiheitsstrafe bedrohten Handlung oder wegen einer strafbaren Handlung gegen fremdes Vermögen oder gegen die Sittlichkeit von einem Gericht rechtskräftig verurteilt worden sind, solange die Verurteilung nicht getilgt ist oder nicht der beschränkten Auskunft aus dem Strafregister unterliegt.

(4) Die körperliche und geistige Eignung ist durch ein Zeugnis des Amtsarztes der Bezirksverwaltungsbehörde nachzuweisen, die die Bestellung vornehmen soll.

(5) Die Kenntnisse nach Abs. 2 Z 3 sind von der Bezirksverwaltungsbehörde durch eine mündliche Befragung festzustellen. Bei der Befragung sind nachzuweisen:

1. eingehende Kenntnisse dieses Gesetzes und der in seiner Durchführung erlassenen Verordnungen der Gemeinde, in der das Amt ausgeübt werden soll, und

2. Kenntnisse der StVO 1960 und der in ihrer Durchführung erlassenen Verordnungen sowie des Verwaltungsstrafgesetzes 1991, soweit die Kenntnis dieser Rechtsvorschriften zur ordnungsgemäßen Erfüllung der Aufgaben eines Aufsichtsorganes erforderlich ist.

§ 8
Angelobung, Dienstabzeichen, Dienstausweis

(1) Das Aufsichtsorgan hat vor der Bezirksverwaltungsbehörde die gewissenhafte Erfüllung seiner Aufgaben zu geloben.

(2) Die Bezirksverwaltungsbehörde hat dem Aufsichtsorgan unmittelbar nach der Angelobung das Dienstabzeichen und den Dienstausweis auszufolgen.

(3) Die Landesregierung hat durch Verordnung nähere Vorschriften über die Art, die Form und das Tragen des Dienstabzeichens und über den Inhalt und die Form des Dienstausweises zu erlassen. Das Dienstabzeichen hat jedenfalls die Inschrift „Aufsichtsorgan nach dem Bgld. Kurzparkzonengebührengesetz" zu enthalten. Der Dienstausweis hat jedenfalls zu enthalten:

1. den Namen, das Geburtsdatum, die Adresse und ein Lichtbild des Aufsichtsorganes,

2. die Geschäftszahl und das Datum des Bestellungsbescheides und die Bezeichnung der Behörde, die den Bescheid erlassen hat, und

3. die Gemeinde, auf deren Gebiet sich die Tätigkeit des Aufsichtsorganes erstreckt.

(4) Das Aufsichtsorgan hat bei der Ausübung seines Dienstes das Dienstabzeichen sichtbar zu tragen und den Dienstausweis mitzuführen. Der Dienstausweis ist dem Betretenen auf dessen Verlangen vorzuweisen.

(5) Das Dienstabzeichen und der Dienstausweis sind der Bezirksverwaltungsbehörde zurückzugeben, wenn die Bestellung zum Aufsichtsorgan erloschen ist.

§ 9
Erlöschen der Bewilligung

(1) Die Bestellung zum Aufsichtsorgan erlischt mit
1. dem Tod,
2. dem Widerruf der Bestellung oder
3. dem Verzicht auf das Amt.

(2) Die Bezirksverwaltungsbehörde hat die Bestellung zum Aufsichtsorgan zu widerrufen, wenn
1. die Unterstützung der Bezirksverwaltungsbehörde durch das Aufsichtsorgan nicht mehr erforderlich ist,
2. eine der im § 7 Abs. 2 Z 1 und 2 genannten Voraussetzungen nachträglich weggefallen ist,
3. das Aufsichtsorgan seine Befugnisse wiederholt überschritten oder Dienstaufträge wiederholt nicht oder nicht ordnungsgemäß ausgeführt hat,
4. das Aufsichtsorgan ein mit der Stellung als Organ der öffentlichen Aufsicht unvereinbares Verhalten gezeigt hat oder
5. die Gemeinde den Widerruf aus sonstigen wichtigen Gründen beantragt.

(3) Ein Aufsichtsorgan kann auf sein Amt verzichten. Der Verzicht ist gegenüber der Bezirksverwaltungsbehörde schriftlich zu erklären. Er wird mit dem Einlangen der Verzichtserklärung unwiderruflich und, sofern in der Verzichtserklärung nicht ein späterer Zeitpunkt angegeben ist, wirksam.

§ 10
Befugnisse

(1) Aufsichtsorgane dürfen in Ausübung ihres Amtes Personen, die bei der Begehung einer Verwaltungsübertretung nach § 13 betreten werden, zum Nachweis ihrer Identität auffordern.

(2) Die Bezirksverwaltungsbehörde kann Aufsichtsorgane zur Vornahme von Amtshandlungen nach § 50 Abs. 1, 2 und 8 des Verwaltungsstrafgesetzes 1991 ermächtigen.

§ 11
Verweisung auf die Straßenverkehrsordnung 1960

Soweit in diesem Gesetz die StVO 1960 zitiert wird, ist darunter die Straßenverkehrsordnung 1960, BGBl. Nr. 159, zuletzt geändert durch das Bundesgesetz BGBl. I Nr. 99/2005, zu verstehen.

(LGBl 2006/46)

§ 12
Eigener Wirkungsbereich der Gemeinde

Die in diesem Gesetz geregelten Aufgaben der Gemeinde sind solche des eigenen Wirkungsbereiches.

§ 13
Strafen

(1) Wer
1. durch Handlungen oder Unterlassungen die Abgabe hinterzieht oder fahrlässig verkürzt,
2. der Auskunftspflicht gemäß § 5 nicht nachkommt,
3. sonstigen Geboten oder Verboten der auf Grund dieses Gesetzes erlassenen Verordnungen zuwiderhandelt,

begeht eine Verwaltungsübertretung und ist von der Bezirksverwaltungsbehörde mit einer Geldstrafe bis zu 220 Euro zu bestrafen.

(2) Bei allen Übertretungen gemäß Abs. 1 können mit Organstrafverfügung Geldstrafen bis zu 22 Euro eingehoben werden.

(3) Die Geldstrafen fließen der Gemeinde zu, in deren Gebiet die Abgabepflicht entstanden ist.

(4) Bei den nach diesem Gesetz mit Strafe bedrohten Verwaltungsübertretungen können, wenn auf Grund bestimmter Tatsachen anzunehmen ist, dass

1. die Strafverfolgung des Lenkers aus in seiner Person gelegenen Gründen offenbar unmöglich oder wesentlich erschwert sein werde und

2. es sich um mehrfache und ein einem zeitlichen Zusammenhang stehende Übertretungen handelt,

die Organe der Straßenaufsicht technische Sperren an das Fahrzeug anlegen, um den Lenker am Wegfahren zu hindern. Der Lenker ist mit einer an jeder Tür, die zum Lenkersitz Zugang gewährt - wenn dies nicht möglich ist, sonst auf geeignete Weise -, anzubringenden Verständigung auf die Unmöglichkeit, das Fahrzeug ohne Beschädigung in Betrieb zu nehmen, hinzuweisen. Diese Verständigung hat in deutscher Sprache sowie in jener Sprache zu erfolgen, die der Lenker vermutlich versteht, und einen Hinweis auf die zur Durchführung des Strafverfahrens zuständige Behörde zu enthalten. Eine solche Sperre ist unverzüglich aufzuheben, sobald das gegen den Lenker des Fahrzeuges einzuleitende Verfahren abgeschlossen und die verhängte Strafe vollzogen ist oder eine Sicherheit gemäß §§ 37, 37a VStG,

2/1. ParkG
Bgld

BGBl. Nr. 52/1991, in der Fassung BGBl. I Nr. 120/2016 geleistet wurde.
(LGBl 2018/7)

§ 14
Inkrafttreten

(1) Dieses Gesetz tritt mit 1. Juli 1992 in Kraft.

(2) Verordnungen gemäß § 8 dieses Gesetzes dürfen bereits ab dem seiner Kundmachung folgenden Tag an erlassen werden; sie dürfen jedoch frühestens zugleich mit seinem Gesetz in Kraft gesetzt werden.

(3) Die §§ 5 und 6 Abs. 2 in der Fassung des Gesetzes LGBl. Nr. 73/2011 treten mit dem auf die Kundmachung folgenden Tag in Kraft.
(LGBl 2011/73)

2/2. ParkG
Kärnten

Gesetz, mit dem die Entrichtung der Parkgebühr, der Ausgleich für fehlende Garagen und Stellplätze sowie die Bestellung von Straßenaufsichtsorganen geregelt werden (Kärntner Parkraum- und Straßenaufsichtsgesetz – K-PStG)

LGBl 1996/55 idF

1 LGBl 1997/122
2 LGBl 1999/6
3 LGBl 2005/13
4 LGBl 2005/113
5 LGBl 2010/42
6 LGBl 2011/75
7 LGBl 2012/43 (DFB)
8 LGBl 2013/85
9 LGBl 2014/22
10 LGBl 2020/3
11 LGBl 2020/29

„Gesetz, mit dem die Entrichtung der Parkgebühr, der Ausgleich für fehlende Garagen und Stellplätze sowie die Bestellung von Straßenaufsichtsorganen geregelt werden (Kärntner Parkraum- und Straßenaufsichtsgesetz – K-PStG)"

Artikel I

Auf Grund des Kärntner Wiederverlautbarungsgesetzes, LGBl. Nr. 50/1985, wird in der Anlage das Gesetz vom 18. April 1980 über die Einhebung einer Parkgebühr und einer Ausgleichsabgabe (Parkgebühren- und Ausgleichsabgabengesetz), LGBl. Nr. 54/1980, in der durch die Gesetze LGBl. Nr. 42/1983, 19/1991, 85/1991, 27/1994 und 1/1996 geänderten Fassung, neu verlautbart.

Artikel II

Es sind in Kraft getreten:
1. das Parkgebühren- und Ausgleichsabgabengesetz in seiner ursprünglichen Fassung am 11. Juli 1980;
2. das Gesetz LGBl. Nr. 42/1983 am 6. August 1983;
3. das Gesetz LGBl. Nr. 19/1991 am 1. Februar 1991;
4. das Gesetz LGBl. Nr. 85/1991 am 20. Juli 1991;
5. das Gesetz LGBl. Nr. 27/1994 am 19. März 1994;
6. das Gesetz LGBl. Nr. 1/1996 am 1. Februar 1996.

Artikel III

(1) Die wiederverlautbarte Fassung der folgenden Bestimmungen ergibt sich aus den nachstehend angeführten Gesetzesänderungen:

Titel	LGBl. Nr. 1/1996, Art. I Z. 1
§ 1 Abs. 1	LGBl. Nr. 42/1983, Art. I Z. 1
	LGBl. Nr. 19/1991, Art. I Z. 1
	LGBl. Nr. 85/1991, Art. I Z. 1
	LGBl. Nr. 1/1996, Art. I Z. 2
§ 1 Abs. 2	LGBl. Nr. 1/1996, Art. I Z. 3
§ 2 Abs. 3	entfällt (LGBl. Nr. 1/1996)
§ 3	LGBl. Nr. 1/1996, Art. I Z. 5
§ 3 Abs. 3	LGBl. Nr. 85/1991, Art. I Z. 2
§ 4 (Überschrift)	LGBl. Nr. 19/1991, Art. I Z. 2
§ 4 Abs. 1	LGBl. Nr. 19/1991, Art. I Z. 3
	LGBl. Nr. 1/1996, Art. I Z. 6
§ 4 Abs. 2	LGBl. Nr. 85/1991, Art. I Z. 3
	LGBl. Nr. 1/1996, Art. I Z. 7
§ 4 Abs. 4	LGBl. Nr. 42/1983, Art. I Z. 2
§ 4 Abs. 5	LGBl. Nr. 19/1991, Art. I Z. 4
§ 5 Abs. 1	LGBl. Nr. 1/1996, Art. I Z. 8
§ 5 Abs. 2	LGBl. Nr. 42/1983, Art. I Z. 3
	LGBl. Nr. 1/1996, Art. I Z. 9
§ 6 Abs. 1	LGBl. Nr. 19/1991, Art. I Z. 5
§ 6 Abs. 2	LGBl. Nr. 1/1996, Art. I Z. 10
§ 6 Abs. 5	LGBl. Nr. 19/1991, Art. I Z. 6
	LGBl. Nr. 1/1996, Art. I Z. 11
§ 7 Z. 3	LGBl. Nr. 85/1991, Art. I Z. 4
	LGBl. Nr. 1/1996, Art. I Z. 12
§ 7 Z. 5	LGBl. Nr. 19/1991, Art. I Z. 7
	LGBl. Nr. 85/1991, Art. I Z. 5
	LGBl. Nr. 27/1993, Art. I
	LGBl. Nr. 1/1996, Art. I Z. 13
§ 7 Z. 6	LGBl. Nr. 19/1991, Art. I Z. 7
	LGBl. Nr. 85/1991, Art. I Z. 5
	LGBl. Nr. 1/1996, Art. I Z. 14
§ 7 Z. 7	LGBl. Nr. 19/1991, Art. I Z. 8
	LGBl. Nr. 85/1991, Art. I Z. 5
	LGBl. Nr. 1/1996, Art. I Z. 15

2/2. ParkG
Kärnten

§ 8	LGBl. Nr. 19/1991, Art. I Z. 9
§ 8 Abs. 1	LGBl. Nr. 85/1991, Art. I Z. 6
	LGBl. Nr. 1/1996, Art. I Z. 16
§ 8 Abs. 5 lit. b	LGBl. Nr. 85/1991, Art. I Z. 7
§ 9	LGBl. Nr. 19/1991, Art. I Z. 9
§ 10	LGBl. Nr. 19/1991, Art. I Z. 9
§ 11	LGBl. Nr. 19/1991, Art. I Z. 9
§ 11 Abs. 1	LGBl. Nr. 85/1991, Art. I Z. 8
	LGBl. Nr. 1/1996, Art. I Z. 17
§ 11 Abs. 2	LGBl. Nr. 85/1991, Art. I Z. 9
§ 12	LGBl. Nr. 1/1996, Art. I Z. 18
§ 13 Abs. 1 lit. a	LGBl. Nr. 85/1991, Art. I Z. 10
	LGBl. Nr. 1/1996, Art. I Z. 19
§ 13 Abs. 1 lit. b	LGBl. Nr. 1/1996, Art. I Z. 20
§ 16 Abs. 1 (Absatzbezeichnung)	LGBl. Nr. 42/1983, Art. I Z. 4
§ 16 Abs. 2	LGBl. Nr. 42/1983, Art. I Z. 4
§ 16 Abs. 3	LGBl. Nr. 1/1996, Art. I Z. 21
§ 17 Abs. 1	LGBl. Nr. 42/1983, Art. I Z. 5
§ 17 Abs. 1 lit. d	LGBl. Nr. 1/1996, Art. I Z. 22

(2) Die Fassung der übrigen wiederverlautbarten Bestimmungen entspricht noch dem Parkgebühren- und Ausgleichsabgabengesetz in seiner ursprünglichen Fassung.

Artikel IV

(1) Die bisherigen Paragraphenbezeichnungen wurden im wiederverlautbarten Text wie folgt geändert:

alt	neu
1 bis 7	1 bis 7
7a	8
7b	9
7c	10
7d	11
7e	12
8 bis 12	13 bis 17

(2) Die bisherigen Absatzbezeichnungen wurden im wiederverlautbarten Text wie folgt geändert:

alt	neu
§ 6 Abs. 1 bis 4	§ 6 Abs. 1 bis 4
§ 6 Abs. 4a	§ 6 Abs. 5
§ 6 Abs. 5	§ 6 Abs. 6

(3) Bezugnahmen innerhalb des Textes des wiederverlautbarten Gesetzes auf die durch die Abs. 1 und 2 geänderten Bezeichnungen wurden richtiggestellt.

(4) Druckfehler und andere Unstimmigkeiten wurden berichtigt. Insbesondere wurden

1. im § 8 Abs. 5 das Wort „dieser" durch das Wort „der" sowie das Wort „sind" durch das Wort „ist" ersetzt;

2. im § 7 (neu) das Wort „oder" von der lit. b in die lit. c gerückt.

Artikel V

(1) Mit Art. II des Gesetzes LGBl. Nr. 42/1983 wurde folgende Übergangsbestimmung getroffen:

Parkscheine, welche vor dem Inkrafttreten dieses Gesetzes aufgelegt wurden, bleiben gültig, ohne daß auf der Rückseite der Text des § 5 Abs. 2 an die durch dieses Gesetz geänderte Fassung angepaßt wird.

(2) Mit Art. II Abs. 2 des Gesetzes LGBl. Nr. 19/1991 wurde folgende Übergangsbestimmung getroffen:

Verordnungen auf Grund des § 7c (§ 10 neu) dieses Gesetzes dürfen bereits ab dem seiner Kundmachung folgenden Tag erlassen werden; sie dürfen jedoch frühestens zugleich mit diesem Gesetz in Kraft gesetzt werden.

Artikel VI

Das wiederverlautbarte Gesetz ist als „Parkgebühren- und Ausgleichsabgabengesetz 1996, K-PGAG 1996" zu bezeichnen.

Inhaltsverzeichnis

I. Abschnitt:

§1	„Kurzparkzonengebühr" *(LGBl 2014/22)*
§2	„Parkgebühr" *(LGBl 2014/22)*
§3	„Kundmachung" *(LGBl 2014/22)*
§4	„Höhe der Parkgebühr" *(LGBl 2014/22)*
§5	„Abgabenschuldner, Auskunftspflichten" *(LGBl 2014/22)*
§6	„Entrichtung der Parkgebühr" *(LGBl 2014/22)*
§7	„Anrainer" *(LGBl 2014/22)*
§8	Aufsichtsorgane für den ruhenden Verkehr
§9	Bestellung, Angelobung, Erlöschen der Bestellung
§10	Dienstabzeichen, Dienstausweis
§11	Befugnisse
§12	Verweisungen

2/2. ParkG
Kärnten

II. Abschnitt:
§ 13 Ausgleich für fehlende Garagen und Stellplätze
§ 14 Ausgleichsabgabe
§ 14a „Aufsichtsorgane für straßenpolizeiliche Überwachungen" (LGBl 2005/13)
§ 14b „Stellung gegenüber der Behörde" (LGBl 2005/13)

III. Abschnitt:
§ 15 Eigener Wirkungsbereich
§ 16 Mitwirkung
§ 17 Strafen

Anlage

„Gesetz, mit dem die Entrichtung der Parkgebühr, der Ausgleich für fehlende Garagen und Stellplätze sowie die Bestellung von Straßenaufsichtsorganen geregelt werden (Kärntner Parkraum- und Straßenaufsichtsgesetz – K-PStG)"

(LGBl 2005/13)

I. Abschnitt
§ 1
Kurzparkzonengebühr

(1) Die Bestimmungen dieses Gesetzes über die Kurzparkzonengebühr gelten für Gemeinden, die aufgrund einer gemäß § 7 Abs. 5 des Finanz-Verfassungsgesetzes 1948 erteilten bundesgesetzlichen Ermächtigung Abgaben für das Abstellen mehrspuriger Kraftfahrzeuge in Kurzparkzonen gemäß § 25 der Straßenverkehrsordnung 1960 ausschreiben. *(LGBl 2014/22)*

(2) Die nach den straßenverkehrsrechtlichen Vorschriften festgesetzte zulässige Abstelldauer in Kurzparkzonen bleibt von den Vorschriften dieses Gesetzes unberührt.

(LGBl 2005/113; LGBl 2014/22)

§ 2
Parkgebühr

(1) Über § 1 hinaus werden die Gemeinden ermächtigt, durch Beschluss des Gemeinderates auf Straßen mit öffentlichem Verkehr (§ 1 StVO 1960) außerhalb von Kurzparkzonen für das Abstellen von mehrspurigen Kraftfahrzeugen eine Parkgebühr auszuschreiben.

(2) Als Abstellen im Sinne des Abs. 1 gilt das Halten und Parken im Sinne der straßenpolizeilichen Vorschriften.

(3) „Von der Entrichtung der Parkgebühr sind jedenfalls jene Fahrzeuge ausgenommen, die gemäß § 17 Abs. 3 Z 5 zweiter Satz des Finanzausgleichsgesetzes 2017 von der Entrichtung der Kurzparkzonengebühr befreit sind." Darüber hinaus kann die Gemeinde weitere sachliche oder zeitliche Ausnahmen von der Abgabepflicht gemäß Abs. 1 festlegen. *(LGBl 2020/3)*

(4) Die Verordnung gemäß Abs. 1 hat festzulegen, auf welchen Verkehrsflächen und zu welchen Zeiten die Abgabepflicht besteht.

(LGBl 2014/22)

§ 3
Kundmachung

(1) Auf die Gebührenpflicht in gebührenpflichtigen Kurzparkzonen hat die Gemeinde auf geeignete Art hinzuweisen. Ein Hinweis nach § 52 lit. a Z. 13d letzter Satz der Straßenverkehrsordnung 1960 gilt jedenfalls als geeignet.

(2) Wenn die Gebührenpflicht nur zu bestimmten Zeiten besteht, sind diese ersichtlich zu machen.

(3) Die Gebührenpflicht tritt mit dem Zeitpunkt des Anbringens der Hinweise (Abs. 1) ein. Der Zeitpunkt der erfolgten Anbringung ist in einem Aktenvermerk (§ 16 AVG) festzuhalten.

(4) Verkehrsflächen gemäß § 2 Abs. 4 sind jeweils am Beginn und am Ende durch Hinweistafeln mit der Aufschrift „Gebührenpflichtige Parkplätze – Anfang bzw. – Ende deutlich zu kennzeichnen. Abs. 2 und 3 sind anzuwenden. *(LGBl 2014/22)*

§ 4
Höhe der Parkgebühr

(1) Die Höhe der Parkgebühr ist durch Verordnung des Gemeinderates festzulegen. Sie darf 0,90 Euro für jede angefangene halbe Stunde der Abstelldauer nicht überschreiten. Die Verwendung anderer Zeiteinheiten ist zulässig, wenn dies wegen der zur Verwendung gelangenden Kontrollnachweise (§ 6 Abs. 1) erforderlich ist, jedoch darf dadurch der Höchstbetrag gemäß dem zweiten Satz nicht überschritten werden.

(2) Für Inhaber von Ausnahmebewilligungen (§ 7 Abs. 1) kann die Abgabe für die Dauer der Ausnahmebewilligung pauschaliert werden (§ 7 Abs. 2 Z 2). Die Pauschalgebühr darf 50 Euro für jeden angefangenen Monat nicht überschreiten.

(LGBl 2014/22)

§ 5
Abgabenschuldner, Auskunftspflichten

(1) Zur Entrichtung der Parkgebühr (§ 2) ist verpflichtet, wer ein mehrspuriges Kraftfahrzeug auf einer Verkehrsfläche abstellt, für die eine Abgabepflicht besteht. In Fällen des § 7 Abs. 2 Z 2 ist der Inhaber der Ausnahmebewilligung Abgabenschuldner.

2/2. ParkG
Kärnten

(2) Wurde ein Kraftfahrzeug abgabepflichtig abgestellt, ohne dass die erforderliche Abgabe (§§ 1 und 2) für das Abstellen mehrspuriger Kraftfahrzeuge entrichtet wurde, so sind der Zulassungsbesitzer und jede Person, der das Kraftfahrzeug vom Zulassungsbesitzer überlassen wurde, verpflichtet, der Behörde auf Verlangen Auskunft darüber zu geben, von wem das Kraftfahrzeug im fraglichen Zeitpunkt benützt worden ist. Kann eine solche Auskunft ohne Führung von Aufzeichnungen nicht erteilt werden, so sind entsprechende Aufzeichnungen zu führen. Diese Auskunftspflicht gilt in gleicher Weise, wenn die Abgabe verkürzt oder hinterzogen wurde oder wenn der tatsächliche Zeitpunkt des Beginns des Abstellvorganges (§ 17 Abs. 1 Z 3 lit. b) nicht deutlich sichtbar gemacht oder ein entsprechender Nachweis nicht angebracht wurde.

(LGBl 2014/22)

§ 6
Entrichtung der Parkgebühr

(1) Der Zeitpunkt und die Art der Entrichtung der Parkgebühr und die zu verwendenden Kontrollnachweise sind durch Verordnung des Gemeinderates so zu bestimmen, dass

1. die Handhabung möglichst einfach ist,

2. der mit der Einhebung verbundene Verwaltungsaufwand möglichst gering ist,

3. das Ortsbild nicht beeinträchtigt wird und

4. die ordnungsgemäße Überwachung möglich ist.

(2) Die Gemeinde hat dafür zu sorgen, dass jeder, der sein Fahrzeug auf einem abgabepflichtigen Parkplatz gemäß §§ 1 und 2 abstellt, wenigstens einen der vorgesehenen Kontrollnachweise in der Nähe des Abstellplatzes erwerben kann.

(LGBl 2014/22)

§ 7
Anrainer

(1) Der Bürgermeister kann unter sinngemäßer Anwendung des § 45 Abs. 4 und 4a der Straßenverkehrsordnung 1960 Ausnahmen von der Entrichtung der Parkgebühr gemäß § 2 erteilen.

(2) Der Gemeinderat hat in der Verordnung gemäß § 2 festzulegen, dass Personen, denen eine Ausnahmebewilligung gemäß Abs. 1 erteilt worden ist,

1. keine Parkgebühr zu entrichten haben oder

2. eine Parkgebühr in der Form einer Pauschalgebühr je Kalendermonat (§ 4 Abs. 2)

zu entrichten haben.

(LGBl 2014/22)

§ 8
Aufsichtsorgane für den ruhenden Verkehr

(1) Zur Unterstützung bei der Einleitung oder Durchführung von Verwaltungsstrafverfahren wegen Übertretungen von Bestimmungen des ruhenden Verkehrs nach § 17 Abs. 1 dieses Gesetzes und §§ 99 Abs. 1 lit. a, Abs. 3 lit. a und Abs. 6 lit. d in Verbindung mit §§ 23, 24, 25 sowie § 89a – soweit er sich auf den ruhenden Verkehr bezieht – der Straßenverkehrsordnung 1960, können die Bezirksverwaltungsbehörden Aufsichtsorgane bestellen. Die Bestellung darf nur auf Antrag einer Gemeinde, für den Bereich dieser Gemeinde und mit Zustimmung des zu Bestellenden erfolgen.

(2) Die persönlichen Voraussetzungen für die Bestellung zum Aufsichtsorgan sind:

1. die österreichische Staatsbürgerschaft,

2. die Eigenberechtigung,

3. die Vertrauenswürdigkeit,

4. die körperliche und geistige Eignung,

5. die zur Ausübung eines Amtes erforderlichen Kenntnisse.

(3) Die erforderliche Vertrauenswürdigkeit (Abs. 2 Z. 3) liegt jedenfalls nicht vor bei Personen, die wegen eines Verbrechens gegen Leib und Leben oder gegen fremdes Vermögen oder eines sonstigen Vergehens gegen fremdes Vermögen oder die sonst „von einem ordentlichen Gericht" zu einer mindestens sechsmonatigen Freiheitsstrafe rechtskräftig verurteilt worden sind, solange die Verurteilungen nicht getilgt sind und nach der Eigenart der strafbaren Handlung und der Persönlichkeit des Verurteilten die Begehung der gleichen oder einer ähnlichen Straftat zu befürchten ist. *(LGBl 2013/85)*

(4) *(aufgehoben, LGBl 2005/13)*

(5) Die Kenntnisse nach Abs. 2 Z. 5 sind von der Bezirksverwaltungsbehörde durch eine mündliche Befragung festzustellen. Gegenstand der Befragung sind:

a) dieses Gesetz und die aufgrund der in den §§ 1 Abs. 1 und 2 Abs. 1 genannten Ermächtigungen erlassenen Verordnungen der antragstellenden Gemeinde (Abs. 1 zweiter Satz) und *(LGBl 2014/22)*

b) die Straßenverkehrsordnung 1960, ihre Durchführungsverordnungen und das Verwaltungsstrafgesetz 1991,

soweit die Kenntnis dieser Rechtsvorschriften zur ordnungsgemäßen Erfüllung dieser Aufgaben eines Aufsichtsorganes erforderlich ist.

(6) Die Tätigkeit eines Aufsichtsorganes nach diesem Gesetz gilt für Mitglieder eines Gemeindewachkörpers oder von Gemeindesicherheitswacheorganen nicht als Nebenbeschäftigung im Sinne des Nebenbeschäftigungsgesetzes.

§ 9
Bestellung, Angelobung, Erlöschen der Bestellung

(1) Die Bestellung zum Aufsichtsorgan hat durch schriftlichen Bescheid zu erfolgen.

(2) Das Aufsichtsorgan hat vor der Bezirksverwaltungsbehörde die gewissenhafte Erfüllung seiner Aufgaben zu geloben.

(3) Die Bestellung zum Aufsichtsorgan erlischt mit

a) dem Tod,

b) dem Widerruf der Bestellung oder

c) dem Verzicht auf das Amt.

(4) Die Bezirksverwaltungsbehörde hat die Bestellung zum Aufsichtsorgan zu widerrufen, wenn

a) die Notwendigkeit der Unterstützung der Bezirksverwaltungsbehörde durch das Aufsichtsorgan nach § 8 Abs. 1 wegfällt,

b) eine der im § 8 Abs. 2 Z. 1 bis 4 genannten Voraussetzungen nachträglich wegfällt,

c) das Aufsichtsorgan schwer oder wiederholt seine Pflichten verletzt,

d) das Aufsichtsorgan ein mit der Stellung als Organ der öffentlichen Aufsicht unvereinbares Verhalten gezeigt hat oder

e) die Gemeinde den Widerruf beantragt.

(5) Ein Aufsichtsorgan kann auf sein Amt verzichten, der Verzicht ist gegenüber der Bezirksverwaltungsbehörde schriftlich zu erklären. Er wird mit dem Einlangen der Verzichtserklärung bei der Behörde unwiderruflich und, sofern in der Verzichtserklärung nicht ein späterer Zeitpunkt angegeben ist, wirksam.

§ 10
Dienstabzeichen, Dienstausweis

(1) Die Bezirksverwaltungsbehörde hat dem Aufsichtsorgan unmittelbar nach der Angelobung das Dienstabzeichen und den Dienstausweis auszufolgen.

(2) Das Aufsichtsorgan hat bei der Ausübung seines Dienstes das Dienstabzeichen sichtbar zu tragen und den Dienstausweis mitzuführen. Der Dienstausweis ist auf Verlangen vorzuweisen.

(3) Das Dienstabzeichen und der Dienstausweis sind der Bezirksverwaltungsbehörde zurückzugeben, wenn die Bestellung zum Aufsichtsorgan erloschen ist.

(4) Die Landesregierung hat durch Verordnung nähere Vorschriften über die Art, die Form und das Tragen des Dienstabzeichens und über den Inhalt und die Form des Dienstausweises zu erlassen. „Das Dienstabzeichen hat jedenfalls den Schild des Landeswappens sowie die Inschrift „Aufsichtsorgan für den Straßenverkehr" zu enthalten." Der Dienstausweis hat jedenfalls zu enthalten:

a) den Namen, das Geburtsdatum, die Adresse und ein Lichtbild des Aufsichtsorganes und

b) den Schild des Landeswappens, die Geschäftszahl und das Datum der Bestellung und die Bezeichnung der Behörde, die die Entscheidung erlassen hat. *(LGBl 2013/85)*
(LGBl 2011/75)

§ 11
Befugnisse

(1) Aufsichtsorgane dürfen in Ausübung ihres Amtes Personen, die bei der Begehung einer Verwaltungsübertretung nach „§ 17 Abs. 1 Z 1 und 3" dieses Gesetzes und §§ 99 Abs. 1 lit. a, Abs. 3 lit. a und Abs. 6 lit. d in Verbindung mit §§ 23, 24, 25 sowie § 89a – soweit er sich auf den ruhenden Verkehr bezieht – der Straßenverkehrsordnung 1960 betreten werden, zum Nachweis ihrer Identität auffordern. *(LGBl 2020/3)*

(2) Die Bezirksverwaltungsbehörde kann Aufsichtsorgane zur Vornahme von Amtshandlungen nach § 50 Abs. 1, 2 und 8 des Verwaltungsstrafgesetzes 1991 ermächtigen. „ " *(LGBl 2005/13)*

§ 12
Verweisungen

Soweit in diesem Gesetz auf Bundesgesetze verwiesen wird, sind diese in der nachstehenden Fassung anzuwenden:

a) *(entfällt, LGBl 2020/3)*

b) Finanz-Verfassungsgesetz 1948 (F-VG 1948), BGBl. Nr. 45/1948, zuletzt geändert durch BGBl. I Nr. „51/2012"; *(LGBl 2014/22)*

c) Straßenverkehrsordnung 1960 (StVO 1960), BGBl. Nr. 159, zuletzt geändert durch BGBl. I Nr. „37/2019"; *(LGBl 2020/3)*

d) Verwaltungsstrafgesetz 1991 (VStG), BGBl. Nr. 52, zuletzt geändert durch BGBl. I Nr. „58/2018;" *(LGBl 2020/3)*

e) Finanzausgleichsgesetz 2017 – FAG 2017, BGBl. Nr. 116/2016, zuletzt geändert durch BGBl. I Nr. 106/2018. *(LGBl 2020/3)*

(LGBl 2005/113)

II. Abschnitt

§ 13
Ausgleich für fehlende Garagen und Stellplätze

(1) Ist es

a) bei Vorhaben nach § „6" lit. a der Kärntner Bauordnung „1996", in ihrer jeweils geltenden Fassung, bei geschlossener Bauweise oder *(LGBl 1999/6)*

b) bei Vorhaben nach § „6" lit. b oder c der Kärntner Bauordnung „1996", in ihrer jeweils geltenden Fassung, *(LGBl 1999/6)*

nicht möglich, sämtliche der nach Art, Lage, Größe und Verwendung des Gebäudes oder der baulichen Anlage erforderlichen Garagen oder Stellplätze für Kraftfahrzeuge zu errichten, so kann die Baubehörde in den Auflagen zur Baubewilligung festlegen, wie viele Garagen oder Stellplätze tatsächlich zu errichten sind und für wie viele eine Ausgleichsabgabe zu entrichten ist.

(2) Die Baubehörde hat bei der Festlegung im Sinne des Abs. 1 darauf zu achten, daß möglichst viele der erforderlichen Garagen oder Stellplätze, nach Möglichkeit aber wenigstens ein Fünftel davon, tatsächlich errichtet werden.

(3) Der Inhaber der Baubewilligung ist verpflichtet, die von der Gemeinde mittels Bescheid vorzuschreibende Ausgleichsabgabe im Sinne des Abs. 1 zu entrichten.

§ 14
Ausgleichsabgabe

(1) Die Gemeinden werden ermächtigt, als Ersatz für jene Stellplätze oder Garagen, die infolge der örtlichen Gegebenheiten bei Vorhaben im Sinne des § 13 Abs. 1 nicht errichtet werden können, durch Beschluß des Gemeinderates je Stellplatz oder Garage eine Ausgleichsabgabe bis zu der im Abs. 3 festgelegten Höhe zu erheben.

(2) Die Höhe der Ausgleichsabgabe ist vom Gemeinderat durch Verordnung festzulegen. Die Sätze sind für Stellplätze einspuriger und mehrspuriger Kraftfahrzeuge gesondert festzulegen. Zufahrtswege haben außer Betracht zu bleiben.

(3) Die Ausgleichsabgabe ist so zu bestimmen, daß je Stellplatz oder Garage die ortsüblichen durchschnittlichen Kosten für die Errichtung eines Stellplatzes (bei Stellplätzen für mehrspurige Kraftfahrzeuge unter Zugrundelegung eines Flächenausmaßes von 2,30 x 5,00 m) nicht überschritten werden.

IIa. Abschnitt
§ 14a
Aufsichtsorgane für straßenpolizeiliche Überwachungen

(1) Die Landesregierung darf Organe der Straßenaufsicht bestellen, die von der zuständigen Straßenpolizeibehörde zur Durchführung von Überwachungen nach § 96 Abs. 6 erster Satz der Straßenverkehrsordnung 1960 herangezogen werden können. Die Bestellung darf nur mit Zustimmung des zu Bestellenden erfolgen. Soweit dies zur Gewährleistung eines ausreichenden Standes an Kenntnissen und Tätigkeiten (Abs. 2) erforderlich ist, hat die Bestellung unter Bedingungen oder befristet zu erfolgen.

(2) Die zu Bestellenden müssen über die für die jeweilige Tätigkeit als Organ der Straßenaufsicht notwendigen fachlichen Kenntnisse und Fähigkeiten verfügen sowie mit den ihnen übertragenen Aufgaben der betreffenden Straßenaufsicht vertraut sein. Wenn dies zur Überprüfung der Kenntnisse und Fähigkeiten gemäß dem ersten Satz erforderlich ist, hat die Behörde das Vorliegen dieser Voraussetzungen durch eine eingehende Befragung des zu Bestellenden zu überprüfen.

(3) Bei Personen, die in einem anderen Bundesland als Organe der Straßenaufsicht bestellt sind, ist ein Nachweis gemäß Abs. 2 nicht zu erbringen, wenn die fachlichen Bestellungsvoraussetzungen im anderen Bundesland im Wesentlichen den Anforderungen nach Abs. 2 entsprechen.

(4) Die §§ 8 Abs. 2, 3 und 6, 9 Abs. 2, 3 und 5 und 10 Abs. 1 und 3 sowie hinsichtlich des Dienstausweises § 10 Abs. 2 und 4 sind mit der Maßgabe anzuwenden, dass an die Stelle der Bezirksverwaltungsbehörde die Landesregierung tritt.

(5) Das Organ der Straßenaufsicht ist von seiner Funktion zu entheben, wenn

1. eine der im § 8 Abs. 2 Z 1 bis 4 genannten Voraussetzungen nachträglich wegfällt;

2. das Organ der Straßenaufsicht schwer oder wiederholt seine Pflichten verletzt, insbesondere, wenn derartige Pflichtverletzungen § 14b Abs. 1 oder § 14b Abs. 2 erster Satz betreffen;

3. das Organ der Straßenaufsicht ein mit der Stellung als Organ der öffentlichen Aufsicht unvereinbares Verhalten gezeigt hat oder

4. die Notwendigkeit der Unterstützung durch die Organe der Straßenaufsicht wegfällt.

(6) Die Landesregierung darf über die nach Abs. 1 bestellten Organe der Straßenaufsicht personenbezogene Daten über deren Adresse, Wirkungsbereich sowie Datum und Aktenzahl der Bestellung automationsunterstützt verarbeiten. Diese personenbezogenen Daten dürfen zum Zweck der Handhabung der Verkehrspolizei an die zuständige Straßenbehörde übermittelt werden. Im Falle des Erlöschens der Bestellung sind die personenbezogenen Daten jeweils zu löschen.

(7) Wenn die Bestellung zum Organ der Straßenaufsicht nach dem 1. März 2020 und vor dem 1. Mai 2020 abgelaufen ist oder abläuft, gelten die betreffenden Personen von Gesetzes wegen als Organe der Straßenaufsicht bis zum Ablauf des 30. Juni 2020 als wiederbestellt. Bedingungen gemäß Abs. 1 letzter Satz bleiben für die Dauer der Wiederbestellung aufrecht. Abs. 5 ist bis zum Ende der Wiederbestellungsfrist auch für den Fall anzuwenden, dass eine Person gegenüber der Landesregierung mitteilt, auf die weitere Aus-

übung seiner Organstellung zu verzichten. *(LGBl 2020/29)*

(LGBl 2020/3)

§ 14b
Stellung gegenüber der Behörde

(1) Die Organe der Straßenaufsicht haben ihr Amt nach den Dienstanweisungen der Landesregierung und der zuständigen Straßenpolizeibehörde auszuüben.

(2) Die Organe der Straßenaufsicht haben alle in Ausübung ihres Amtes gemachten Wahrnehmungen, die ein behördliches Tätigwerden erfordern, der zuständigen Straßenpolizeibehörde, bei Gefahr im Verzug der nächsten Sicherheitsdienststelle umgehend zu melden. Auf Verlangen der zuständigen Straßenpolizeibehörde haben Organe der Straßenaufsicht über alle in Ausübung ihres Amtes gemachten Wahrnehmungen, die ihren Wirkungsbereich betreffen, Auskunft zu erteilen.

(3) Sofern die Organe der Straßenaufsicht nicht unmittelbar auf Grund einer Weisung der zuständigen Behörde tätig werden, sind sie verpflichtet, der zuständigen Behörde den Fall der Durchführung einer Überwachung nach § 96 Abs. 6 erster Satz der Straßenverkehrsordnung 1960 unverzüglich mitzuteilen.

(4) Organe der Straßenaufsicht, die die persönlichen Voraussetzungen für ihre Bestellung nicht mehr erfüllen, haben dies der Landesregierung anzuzeigen.

(LGBl 2005/13)

III. Abschnitt

§ 15
Eigener Wirkungsbereich

Die nach diesem Gesetz der Gemeinde übertragenen Aufgaben sind solche des eigenen Wirkungsbereiches.

§ 16
Mitwirkung

(1) Die Organe der Bundespolizei haben bei der Vollziehung des § 17 mitzuwirken durch

a) Vorbeugungsmaßnahmen gegen drohende Verwaltungsübertretungen und

b) Maßnahmen, die für die Einleitung von Verwaltungsstrafverfahren erforderlich sind.

(2) Abs. 1 gilt nicht für § 17 Abs. 1 Z 1, 2 und 3 lit. a, soweit dies die Parkgebühr betrifft, sowie für § 17 Abs. 1 Z 3 lit. b. *(LGBl 2014/22)*

(LGBl 2005/113)

§ 17
Strafen

(1) Wer

1. durch Handlungen und Unterlassungen die Kurzparkzonen- oder Parkgebühr hinterzieht oder verkürzt;

2. einer Auskunftspflicht gemäß § 5 Abs. 2 nicht nachkommt oder

3. entgegen einer aufgrund der in den §§ 1 Abs. 1 oder 2 Abs. 1 genannten Ermächtigung erlassenen Verordnung der Gemeinde

a) die zur Entrichtung der Kurzparkzonen- oder Parkgebühr bestimmten Nachweise für deren Entrichtung nicht oder nicht ordnungsgemäß anbringt, markiert, entwertet oder in Gang setzt, oder

b) den tatsächlichen Zeitpunkt des Beginnes des Abstellvorganges nicht deutlich sichtbar macht, verfälscht oder einen entsprechenden Nachweis nicht anbringt,

begeht eine Verwaltungsübertretung und ist von der Bezirksverwaltungsbehörde mit einer Geldstrafe bis zu 1000 Euro zu bestrafen. *(LGBl 2014/22)*

(2) Wer

1. als Organ der Straßenaufsicht

a) sein Amt entgegen den Dienstanweisungen der Landesregierung oder zuständigen Straßenpolizeibehörde (§ 14b Abs. 1) ausübt,

b) gegen die Meldepflicht gemäß § 14b Abs. 2 erster Satz verstößt oder

2. die Tätigkeit eines Organs der Straßenaufsicht

a) ohne Bestellung gemäß § 14a Abs. 1 erster Satz ausübt oder

b) nach Ablauf der Befristung gemäß § 14a Abs. 1 erster Satz ausübt

begeht eine Verwaltungsübertretung und ist, sofern die Tat nicht nach anderen Verwaltungsstrafbestimmungen mit strengerer Straße bedroht wird, von der Bezirksverwaltungsbehörde mit einer Geldstrafe bis zu 3.000 Euro zu bestrafen. *(LGBl 2020/3)*

Artikel II

(1) Dieses Gesetz tritt – soweit im Abs. 4 nicht anderes bestimmt wird – am 1. Jänner 2006 in Kraft.

(LGBl 2005/113)

(2) Auf Verwaltungsübertretungen, die vor dem In-Kraft-Treten dieses Gesetzes verwirklicht wurden, sind die bisher geltenden Bestimmungen anzuwenden.

(LGBl 2005/113)

2/2. ParkG
Kärnten

(3) Parkscheine, welche vor dem In-Kraft-Treten dieses Gesetzes aufgelegt wurden, bleiben gültig, ohne dass sie an eine aufgrund der im Artikel I Z 1 (betreffend § 1) genannten Ermächtigung erlassene Verordnung der Gemeinde angepasst werden.

(LGBl 2005/113)

(4) Abweichend von Abs. 1 ist Art. I Z 10 (betreffend § 17 Abs. 1) auf Verwaltungsübertretungen anzuwenden, die nach dem der Kundmachung dieses Gesetzes folgenden Tag begangen wurden.

(LGBl 2005/113)

NÖ Kraftfahrzeugabstellabgabegesetz

LGBl 1987/35 idF

1 LGBl 1990/103
2 LGBl 1995/10
3 LGBl 1998/24
4 LGBl 2001/80
5 LGBl 2001/241
6 LGBl 2006/10
7 LGBl 2010/66
8 LGBl 2020/66
9 LGBl 2020/90

§ 1
Geltungsbereich

(1) „Die Bestimmungen über die Kurzparkzonenabgabe gelten" in jenen Gemeinden, die auf Grund bundesgesetzlicher Ermächtigung durch Verordnung des Gemeinderates eine Abgabe für das Abstellen mehrspuriger Kraftfahrzeuge in Kurzparkzonen gemäß § 25 StVO 1960 erheben „". *(LGBl 2010/66, ab 1. 1. 2011)*

(2) Darüber hinaus werden die Gemeinden ermächtigt, durch Verordnung des Gemeinderates für das Parken von mehrspurigen Kraftfahrzeugen auf Straßen mit öffentlichem Verkehr (§ 1 StVO 1960) außerhalb von Kurzparkzonen eine Abgabe zu erheben (Parkabgabe). Dies gilt auch für den Bereich von Kurzparkzonen außerhalb der Zeit der Kurzparkzonenregelung. *(LGBl 2010/66, ab 1. 1. 2011)*

§ 2
Kennzeichnung der Abgabepflicht

(1) Der Gemeinderat kann einzelne Kurzparkzonen von der Abgabepflicht ausnehmen. Hinsichtlich der Kennzeichnung der Abgabepflicht in Kurzparkzonen gilt § 52 lit. a Z. 13d StVO 1960. *(LGBl 2010/66, ab 1. 1. 2011)*

(2) Der Beginn der Parkabgabepflicht (§ 1 Abs. 2) ist durch grüne Hinweistafeln mit der weißen Aufschrift „Gebührenpflichtige Parkplätze", deren Ende durch grüne Hinweistafeln mit der weißen Aufschrift „Gebührenpflichtige Parkplätze – Ende" deutlich zu kennzeichnen. Im unteren Teil der Tafel oder auf einer Zusatztafel ist die Zeit, während der die Parkabgabepflicht gilt, anzugeben. *(LGBl 2020/66)*

(LGBl 2010/66)

§ 3
Begriffsbestimmungen

(1) Im Sinne dieses Gesetzes gilt als

1. StVO 1960: Straßenverkehrsordnung 1960, BGBl. Nr. 159/1960 in der Fassung BGBl. I Nr. „24/2020"; *(LGBl 2020/66)*

2. VStG: Verwaltungsstrafgesetz 1991, BGBl. Nr. 52/1991 in der Fassung BGBl. I Nr. „58/2018". *(LGBl 2020/66)*

(LGBl 2010/66)

„§ 4"
Höhe der Abgabe

(1) Die Höhe der Kurzparkzonenabgabe „und der Parkabgabe" muß der Gemeinderat durch Verordnung festsetzen. Dabei ist die bestmögliche Nutzung der vorhandenen Stellplätze anzustreben. „Die Parkabgabe darf höchstens 2,– pro Stunde betragen." *(LGBl 2010/66, ab 1. 1. 2011)*

(2) Die „Kurzparkzonenabgabe" kann für einzelne Kurzparkzonen „und die Parkabgabe kann für einzelne Verkehrsflächen" in der Gemeinde oder für Teile davon unterschiedlich hoch festgesetzt werden. Die „Abgaben sind" für angefangene halbe oder ganze Stunden festzusetzen, wobei die „Abgaben" – bezogen auf die Parkdauer – unterschiedlich hoch festgesetzt werden „können". *(LGBl 2010/66, ab 1. 1. 2011)*

(3) Aus Gründen der Verwaltungsvereinfachung können mit den Inhabern einer Ausnahmebewilligung nach § 45 Abs. 4 oder 4a StVO 1960 sowie mit Personen, die berechtigt sind, eine Haus- und Grundstückseinfahrt allein zu benützen und ihr Fahrzeug vor dieser Einfahrt zu parken, Vereinbarungen über die Pauschalierung der zu entrichtenden „Kurzparkzonenabgabe" getroffen werden. *(LGBl 2010/66, ab 1. 1. 2011)*

(4) Die Gemeinde kann durch Verordnung für Gebiete, in denen eine Verordnung gemäß § 1 Abs. 2 Geltung hat, jedoch für bestimmte nachgenannte Personengruppen in diesen Gebieten zeitlich unbeschränkte Abstellmöglichkeiten nicht in ausreichender Zahl zur Verfügung stehen, eine Pauschalierung der Parkabgabe vorsehen. In dieser Verordnung kann vorgesehen werden, dass die Parkabgabe für die Dauer von bis zu zwei Jahren für folgende einzelne oder sämtliche Personengruppen pauschaliert werden kann:

a) Inhabern von mehrspurigen Kraftfahrzeugen, die in diesem Gebiet wohnen;

b) Unternehmern, die Zulassungsbesitzer eines mehrspurigen Kraftfahrzeuges sind und die in diesem Gebiet einen Betriebsstandort haben;

c) Personen, die Inhaber eines mehrspurigen Kraftfahrzeuges sind und die ein Interesse an einer in diesem Gebiet gelegenen Einrichtung (z. B. Bildungseinrichtung, Arbeitsstätte etc.) haben. Das Interesse ist bei der Beantragung der Pauschalierung glaubhaft zu machen (z. B. durch Bestätigung des Arbeitgebers, dass von ihm keine privaten Abstellflächen am Betriebsstandort in dieser Zone zur Verfügung gestellt werden können);

d) andere, ähnlich häufig in diesem Gebiet parkende und in der Verordnung näher zu bestimmende Personengruppen (z. B. Dienstnehmer oder pflegende Angehörige).

Stellt sich im Nachhinein heraus, dass die Voraussetzungen der lit. a bis d nicht gegeben sind, kann die Pauschalierung wieder entzogen werden, sofern dies erforderlich ist, um die Verfügbarkeit einer ausreichenden Zahl zeitlich unbeschränkter Abstellmöglichkeiten sicher zu stellen. Im Falle eines Entzugs ist die geleistete pauschalierte Parkabgabe für die noch offene Dauer anteilig zurückzuerstatten.

Weiters kann in dieser Verordnung vorgesehen werden, dass die Höhe der pauschalierten Parkabgabe sowie die Anzahl der zu gewährenden Pauschalierungen der Parkabgabe entsprechend den Personengruppen gemäß lit. a bis d gestaffelt werden kann, sofern dies erforderlich ist, um die Verfügbarkeit einer ausreichenden Zahl zeitlich unbeschränkter Abstellmöglichkeiten sicher zu stellen.
(LGBl 2020/66)

(LGBl 2010/66, ab 1. 1. 2011)

„§ 5"
Abgabenschuldner, Art der Entrichtung, Kontrolleinrichtungen

(1) Zur Entrichtung der Abgabe ist der Lenker des Fahrzeuges verpflichtet.

(2) Jeder Lenker eines mehrspurigen Kraftfahrzeuges, der ein solches Fahrzeug „auf einem abgabepflichtigen Parkplatz" abstellt, muß die Abgabe bei Beginn des jeweiligen Zeitraumes, für den die Abgabe festgesetzt wurde, entrichten.
(LGBl 2010/66, ab 1. 1. 2011)

(3) Die Art der Entrichtung der Abgabe und die zu verwendenden Kontrolleinrichtungen sind durch Verordnung des Gemeinderates so zu bestimmen, daß

– die Handhabung möglichst einfach ist,
– der mit der Einhebung verbundene Verwaltungsaufwand möglichst gering ist,
– das Ortsbild nicht beeinträchtigt wird und
– die ordnungsgemäße Überwachung möglich ist.

Die Gemeinde muß dafür sorgen, daß jeder, der sein Fahrzeug „auf einem abgabepflichtigen Parkplatz" abstellt, vorgesehene Kontrolleinrichtungen in der Gemeinde erwerben kann.
(LGBl 2010/66, ab 1. 1. 2011)

(4) Aus Gründen der Verwaltungsvereinfachung kann in dieser Verordnung (Abs. 3) festgelegt werden, daß beim Beginn des Parkens eine angefangene Viertelstunde unberücksichtigt bleiben kann.
(LGBl 2010/66, ab 1. 1. 2011)

„§ 6"
Abgabefreies Abstellen

„Es" kann vorgesehen werden, dass „die Kurzparkzonenabgabe und/oder die Parkabgabe" nur ab einer bestimmten Mindestdauer des Abstellens eines mehrspurigen Kraftfahrzeuges zu entrichten ist. *(LGBl 2010/66, ab 1. 1. 2011)*

„§ 7"
Auskunftspflicht

(1) Der (Die) Zulassungsbesitzer eines Fahrzeuges, für dessen Abstellen eine Abgabe zu entrichten war, hat (haben) über Strafbehörde Verlangen darüber Auskunft zu geben, wem er (sie) das Kraftfahrzeug zu einem bestimmten Zeitpunkt überlassen hat (haben). Nötigenfalls sind dafür von dem(n) Zulassungsbesitzer(n) Aufzeichnungen zu führen. Die Auskunft ist unverzüglich, im Falle einer schriftlichen Aufforderung binnen zwei Wochen nach Zustellung zu erteilen und muß den Namen und die Anschrift der betreffenden Person enthalten.

(2) Abs. 1 gilt sinngemäß für jeden, der einer dritten Person das Lenken eines Kraftfahrzeuges überläßt.
(LGBl 2010/66, ab 1. 1. 2011)

„§ 8"
Befreiung von der Abgabe

Die Kurzparkzonenabgabe „und die Parkabgabe sind" nicht zu entrichten für:

a) Einsatzfahrzeuge und Fahrzeuge im öffentlichen Dienst gemäß §§ 26 und 26a StVO 1960;

b) Fahrzeuge des Straßendienstes und der Müllabfuhr gemäß § 27 StVO 1960;

c) Fahrzeuge, die von Ärzten bei einer Fahrt zur Leistung ärztlicher Hilfe gelenkt werden, sofern sie beim Abstellen mit einer Tafel gemäß § 24 Abs. 5 StVO 1960 gekennzeichnet sind;

d) Fahrzeuge, die von Personen im diplomierten ambulanten Pflegedienst bei einer Fahrt zur Durchführung solcher Pflege gelenkt werden, sofern sie beim Abstellen mit einer Tafel gemäß § 24 Abs. 5a StVO 1960 gekennzeichnet sind;

e) Fahrzeuge, die von Inhabern eines Parkausweises für Behinderte gemäß § 29b StVO 1960 abgestellt oder in denen solche Personen befördert werden, sofern die Fahrzeuge beim Abstellen mit diesem Ausweis gekennzeichnet sind; *(LGBl 2020/66)*

f) Fahrzeuge, die für den Bund, eine andere Gebietskörperschaft oder einen Gemeindeverband zugelassen sind, ausgenommen Personenkraftwagen;

g) Fahrzeuge, die lediglich zum Zwecke des Aus- und Einsteigens von Personen oder für die Dauer der Durchführung einer Ladetätigkeit halten.

(LGBl 2010/66, ab 1. 1. 2011)

„§ 9"
Strafen

(1) Wer

a) durch Handlungen oder Unterlassungen die „Kurzparkzonenabgabe oder die Parkabgabe" hinterzieht oder fahrlässig verkürzt oder *(LGBl 2010/66, ab 1. 1. 2011)*

b) sonstigen Geboten und Verboten dieses Gesetzes zuwiderhandelt oder

c) ohne den Tatbestand nach lit. a oder lit. b zu verwirklichen, Kontrolleinrichtungen nach „§ 5 Abs. 3" nicht ordnungsgemäß verwendet, *(LGBl 2020/66)*

begeht eine Verwaltungsübertretung und ist von der Bezirksverwaltungsbehörde mit einer Geldstrafe bis zu 220,– zu bestrafen.

(2) Bei allen gemäß Abs. 1 mit Strafe bedrohten Übertretungen der Gebote und Verbote dieses Gesetzes können mit Organstrafverfügung Geldstrafen bis zu „36,–" eingehoben werden. *(LGBl 2010/66, ab 1. 1. 2011)*

(3) Die Geldstrafen fließen der Gemeinde zu, in deren Gebiet die Abgabepflicht entstanden ist.

(LGBl 2010/66, ab 1. 1. 2011)

„§ 10"
Mitwirkung der Bundespolizei

Die Organe der Bundespolizei haben „hinsichtlich der Kurzparkzonenabgabe" einzuschreiten durch

– Vorbeugungsmaßnahmen gegen drohende Verwaltungsübertretungen und

– Maßnahmen, die für die Einleitung oder Durchführung von Verwaltungsstrafverfahren erforderlich sind.

(LGBl 2010/66, ab 1. 1. 2011)

„§ 11"
Überwachung

(1) Die Überwachung der Einhaltung der abgaberechtlichen Vorschriften kann neben den im „§ 10" genannten Organen noch durch folgende Organe der öffentlichen Aufsicht erfolgen:

a) Gemeindewacheorgane, in jenen Gemeinden, wo ein Gemeindewachkörper vorhanden ist und

b) Aufsichtsorgane, die von jener Gemeinde bestellt werden, die eine Kurzparkzonenabgabe „oder eine Parkabgabe" erhebt. *(LGBl 2010/66, ab 1. 1. 2011)*

(2) Zu Aufsichtsorganen dürfen nur Personen bestellt werden, die

a) die österreichische Staatsbürgerschaft besitzen,

b) volljährig, verlässlich, körperlich und geistig geeignet sind, *(LGBl 2020/90)*

c) über die zur Ausübung des Amtes erforderlichen Kenntnisse verfügen und

d) der Bestellung zustimmen.

(3) Die Bestellung zum Aufsichtsorgan hat durch Bescheid der Gemeinde zu erfolgen und ist nachweislich der Bezirksverwaltungsbehörde mitzuteilen.

(LGBl 2010/66, ab 1. 1. 2011)

„§ 12"
Angelobung, Dienstabzeichen, Dienstausweis

(1) Das Aufsichtsorgan hat vor dem Bürgermeister die gewissenhafte Erfüllung seiner Aufgaben zu geloben.

(2) Der Bürgermeister hat dem Aufsichtsorgan unmittelbar nach der Angelobung das Dienstabzeichen und den Dienstausweis auszufolgen.

(3) Die Landesregierung hat durch Verordnung nähere Vorschriften über die Art, die Form und das Tragen des Dienstabzeichens und über den Inhalt und die Form des Dienstausweises zu erlassen. Das Dienstabzeichen hat jedenfalls die Inschrift „Aufsichtsorgan „für Kfz-Abstellabgaben"" und den Namen der Gemeinde, die das Aufsichtsorgan bestellt hat, zu enthalten. Der Dienstausweis hat jedenfalls zu enthalten:

a) den Namen, das Geburtsdatum, die Adresse und ein Lichtbild des Aufsichtsorganes,

b) das Datum des Bestellungsbescheides und die Bezeichnung der Behörde, die den Bescheid erlassen hat und

c) den Hinweis, daß sich der Tätigkeitsbereich des Aufsichtsorganes nur auf das Gebiet jener Gemeinde erstreckt, von welcher es bestellt wurde.

(LGBl 2010/66, ab 1. 1. 2011)

(4) Das Aufsichtsorgan hat bei der Ausübung seines Dienstes das Dienstabzeichen sichtbar zu tragen und den Dienstausweis mitzuführen. Der Dienstausweis ist dem Betretenen auf dessen Verlangen vorzuweisen.

(5) Das Dienstabzeichen und der Dienstausweis sind der Gemeinde unverzüglich zurückzugeben, wenn die Bestellung zum Aufsichtsorgan erloschen ist.

(LGBl 2010/66, ab 1. 1. 2011)

„§ 13"
Erlöschen der Bestellung

(1) Die Bestellung zum Aufsichtsorgan erlischt mit

a) dem Tod,

b) dem Widerruf der Bestellung oder

c) dem Verzicht auf das Amt.

(2) Die Gemeinde kann die Bestellung zum Aufsichtsorgan jederzeit widerrufen, insbesondere wenn

a) eine der im „§ 11" Abs. 2 lit. a und b genannten Voraussetzungen nachträglich weggefallen ist, *(LGBl 2010/66, ab 1. 1. 2011)*

b) das Aufsichtsorgan seine Befugnisse wiederholt überschritten oder Dienstaufträge wiederholt nicht oder nicht ordnungsgemäß ausgeführt hat,

c) das Aufsichtsorgan ein mit der Stellung als Organ der öffentlichen Aufsicht unvereinbares Verhalten gezeigt hat oder

d) sich der Widerruf aus sonstigen wichtigen Gründen (z.B. Änderung der Organisation oder des Aufgabenumfanges) als notwendig erweist.

(3) Ein Aufsichtsorgan kann auf sein Amt verzichten. Der Verzicht ist gegenüber der Gemeinde schriftlich zu erklären. Er wird mit dem Einlangen der Verzichtserklärung bei der Gemeinde unwiderruflich und, sofern in der Verzichtserklärung nicht ein späterer Zeitpunkt angegeben ist, wirksam.

(4) Das Erlöschen der Bestellung ist der Bezirksverwaltungsbehörde mitzuteilen.

(LGBl 2010/66, ab 1. 1. 2011)

„§ 14"
Befugnisse

(1) Aufsichtsorgane dürfen in Ausübung ihres Amtes Personen, die bei der Begehung einer Verwaltungsübertretung nach „§ 9" betreten werden, zum Nachweis ihrer Identität auffordern. *(LGBl 2010/66, ab 1. 1. 2011)*

(2) Die Aufsichtsorgane sind verpflichtet, bei Wahrnehmung von Verwaltungsübertretungen nach diesem Gesetz Anzeige an die Strafbehörde zu erstatten oder gemäß § 50 Abs. 1, 2 und 8 VStG vorzugehen, wenn sie entsprechend ermächtigt worden sind.

(LGBl 2010/66, ab 1. 1. 2011)

„§ 15"
Eigener Wirkungsbereich

Die Gemeinde besorgt ihre in diesem Gesetz geregelten Aufgaben im eigenen Wirkungsbereich. *(LGBl 2010/66, ab 1. 1. 2011)*

„§ 16"
Inkrafttreten

„(1)" Dieses Gesetz tritt mit 1. Juli 1987 in Kraft. *(LGBl 2020/66)*

(2) Bestehende Kennzeichnungen einer Parkabgabepflicht mit Hinweistafeln nach § 2 Abs. 2 in der Fassung des Landesgesetzes LGBl. 3706-7 behalten ihre Gültigkeit. *(LGBl 2020/66)*

(LGBl 2010/66, ab 1. 1. 2011)

Oö. Parkgebührengesetz

LGBl 1988/28 idF

1 LGBl 1992/60
2 LGBl 1993/88
3 LGBl 2000/44
4 LGBl 2001/90
5 LGBl 2005/61
6 LGBl 2005/126
7 LGBl 2009/84
8 LGBl 2013/4
9 LGBl 2013/90
10 LGBl 2015/112
11 LGBl 2018/57

Gesetz vom 4. März 1988 über die Erhebung einer Gemeindeabgabe für das Abstellen von mehrspurigen Kraftfahrzeugen in Kurzparkzonen (O.ö. Parkgebührengesetz)

§ 1

(1) Die Gemeinden werden nach Maßgabe dieses Gesetzes ermächtigt, durch Verordnung des Gemeinderates eine Abgabe (Parkgebühr) für das Abstellen von mehrspurigen Kraftfahrzeugen in Kurzparkzonen (§ 25 der Straßenverkehrsordnung 1960 – StVO 1960) für die nach den straßenpolizeilichen Vorschriften zulässige Parkdauer auszuschreiben. *(LGBl 2018/57)*

(2) Als Abstellen im Sinne dieses Gesetzes gelten das Halten und Parken gemäß § 2 Abs. 1 Z. 27 und 28 StVO 1960.

(3) Die Verordnung gemäß Abs. 1 hat zu enthalten:

1. die Höhe der Parkgebühr pro Zeiteinheit;
2. die Zeit, innerhalb der das Abstellen von mehrspurigen Kraftfahrzeugen gebührenpflichtig ist;
3. eine planliche Darstellung des örtlichen Geltungsbereichs der Parkgebührenpflicht;
4. die Angabe über Ausnahmen (Befreiungen) von der Parkgebührenpflicht;
5. die Art (Arten) der Entrichtung der Parkgebühr einschließlich der Anordnungen an die Fahrzeuglenkerinnen und Fahrzeuglenker, welche Kurzparknachweise entsprechend der Kurzparkzonen-Überwachungsverordnung zur Überwachung der Abgabenentrichtung zu verwenden sind.
(LGBl 2018/57)

(4) Die nach Abs. 3 bestimmten Gebiete (gebührenpflichtige Kurzparkzonen) sind nach den entsprechenden straßenpolizeilichen Vorschriften kundzumachen. *(LGBl 2018/57)*

§ 2

(1) Zur Entrichtung der Parkgebühr ist die Fahrzeuglenkerin bzw. der Fahrzeuglenker verpflichtet. *(LGBl 2018/57)*

(2) Die Abgabenbehörde und jene Behörde, die zur Ahndung einer Verwaltungsübertretung nach § 6 zuständig ist, können Auskünfte darüber verlangen, wer ein nach dem Kennzeichen bestimmtes mehrspuriges Kraftfahrzeug zuletzt vor einem bestimmten Zeitpunkt gelenkt und in einer gebührenpflichtigen Kurzparkzone oder auf einem gebührenpflichtigen Parkplatz abgestellt hat. Diese Auskünfte, welche den Namen, das Geburtsdatum und die Anschrift der betreffenden Person enthalten müssen, hat der Zulassungsbesitzer, wenn dieser geschäftsunfähig oder beschränkt geschäftsfähig ist, sein gesetzlicher Vertreter, oder jeder, der einem Dritten das Lenken eines mehrspurigen Kraftfahrzeugs überlässt, zu erteilen. Können diese Personen die Auskunft nicht erteilen, haben sie die Person zu benennen, die die Auskunft erteilen kann; diese trifft dann die Auskunftspflicht. Die Angaben des Auskunftspflichtigen entbinden die Behörde nicht, diese Angaben zu überprüfen, wenn dies nach den Umständen des Falles geboten scheint. Die Auskunft ist unverzüglich, im Fall einer schriftlichen Aufforderung innerhalb von zwei Wochen nach deren Zustellung zu erteilen. Wenn eine solche Auskunft ohne entsprechende Aufzeichnungen nicht gegeben werden könnte, sind Aufzeichnungen zu führen. *(LGBl 2009/84)*

§ 3

(1) Die Gebühr darf für das Abstellen von Fahrzeugen, die für den Bund, eine andere Gebietskörperschaft oder einen Gemeindeverband zugelassen sind, ausgenommen Personenkraftwagen, nicht niedriger als mit 20 Cent und nicht höher als mit 1 Euro für jede angefangene halbe Stunde festgesetzt werden. In der Verordnung kann auch eine kürzere Zeiteinheit als eine halbe Stunde einer entsprechend geringeren Gebühr unterworfen werden. *(LGBl 2018/57)*

(2) Die Landesregierung kann das im Abs. 1 genannte Mindest- und Höchstausmaß der Parkgebühr entsprechend dem vom Österreichischen Statistischen Zentralamt kundgemachten Verbraucherpreisindex 2015 oder einem an seine Stelle tretenden Index, bezogen auf den Monat des Inkrafttretens dieses Gesetzes, durch Verordnung ändern. Dies hat erst zu erfolgen, wenn das Aus-

maß der Änderung 20 % gegenüber den bisher maßgebenden Beträgen beträgt. *(LGBl 2018/57)*

(3) Aus Gründen der Verwaltungsvereinfachung kann die Gemeinde mit den Abgabepflichtigen Vereinbarungen über die Höhe und die Form der zu entrichtenden Abgabe treffen. Hiebei können insbesondere Pauschalierungsvereinbarungen und Vereinbarungen über die Fälligkeit abgeschlossen werden; durch solche Vereinbarungen darf der durchschnittlich zu erwartende Abgabenertrag nicht beeinträchtigt werden. In dieser Vereinbarung ist vorzusehen, daß der Abgabepflichtige sie mit Wirkung für die Zukunft lösen kann, wobei eine pauschal entrichtete Gebühr anteilig zu verrechnen ist.

§ 4

(1) Bei der Vorschreibung der Art der Entrichtung der Parkgebühr und der zu verwendenden Kurzparknachweise ist auf eine möglichst einfache Handhabung für die Fahrzeuglenkerin bzw. den Fahrzeuglenker und einen möglichst geringen Verwaltungsaufwand Bedacht zu nehmen.

(2) Die Parkgebühr ist, sofern die Verordnung nichts anderes bestimmt, bei Beginn des Abstellens des Kraftfahrzeuges fällig.

(LGBl 2018/57)

§ 5

"(1)" Für das Abstellen folgender mehrspuriger Kraftfahrzeuge darf keine Parkgebühr ausgeschrieben und festgesetzt werden:

1. Einsatzfahrzeuge und Fahrzeuge im öffentlichen Dienst gemäß §§ 26 und 26a StVO 1960;

2. Fahrzeuge des Straßendienstes und der Müllabfuhr gemäß § 27 StVO 1960;

3. Fahrzeuge, die von Ärzten bei einer Fahrt zur Leistung ärztlicher Hilfe gelenkt werden, sofern sie beim Abstellen mit einer Tafel gemäß § 24 Abs. 5 StVO 1960 gekennzeichnet sind;

4. Fahrzeuge, die von Personen im diplomierten ambulanten Pflegedienst bei einer Fahrt zur Durchführung solcher Pflege gelenkt werden, sofern sie beim Abstellen mit einer Tafel gemäß § 24 Abs. 5a StVO 1960 gekennzeichnet sind;

5. Fahrzeuge, die von Inhabern eines Parkausweises für Behinderte gemäß § 29b StVO 1960 abgestellt oder in denen solche Personen befördert werden, sofern die Fahrzeuge beim Abstellen mit diesem Ausweis gekennzeichnet sind; *(LGBl 2018/57)*

6. Fahrzeuge, die lediglich zum Zweck des Aus- und Einsteigens von Personen oder für die Dauer der Durchführung einer Ladetätigkeit halten.

(LGBl 2009/84)

(2) Die Gemeinde kann durch Verordnung weitere Ausnahmen von der Abgabepflicht der Parkgebühr gemäß § 1 Abs. 1 bestimmen, sofern diese nicht Rechtsvorschriften oder allgemeinen Rechtsgrundsätzen widersprechen. *(LGBl 2009/84)*

§ 5a

(1) Die Kontrolle der Einhaltung der Abgabepflicht fällt – unbeschadet des § 8 – in die Zuständigkeit der Gemeinden; die Gemeinden können mit der Kontrolle der Einhaltung der Abgabepflicht

1. Mitglieder eines in der Gemeinde eingerichteten Gemeindewachkörpers betrauen oder

2. besondere Aufsichtsorgane bestellen (§ 5b bis § 5d). Die Bestellung kann befristet erfolgen.

(2) Die Aufsichtsorgane sind bei der Durchführung der Kontrolle der Einhaltung der Abgabepflicht gemäß Abs. 1 an die Weisungen der zuständigen Gemeindeorgane gebunden. Sie haben alle in Ausübung ihres Amtes gemachten Wahrnehmungen, die ein behördliches Tätigwerden erfordern, der zuständigen Behörde unverzüglich mitzuteilen, im übrigen aber gegenüber jeder Person strengstes Stillschweigen zu bewahren.

(3) Bei der Durchführung der Kontrolle gemäß Abs. 1 haben die Aufsichtsorgane so vorzugehen, daß damit eine möglichst geringe Beeinträchtigung verbunden ist und jedes unnötige Aufsehen tunlichst vermieden wird.

§ 5b

(1) Zu besonderen Aufsichtsorganen gemäß § 5a Abs. 1 Z. 2 können nur eigenberechtigte österreichische Staatsbürger bestellt werden, die

1. die erforderliche gesundheitliche Eignung (Abs. 2) sowie Verläßlichkeit (Abs. 3) besitzen,

2. mit den Aufgaben ihres öffentlichen Amtes vertraut sind und die damit verbundenen Rechte und Pflichten kennen (Abs. 4).

Auf die Bestellung besteht auch bei Erfüllung der Voraussetzungen kein Rechtsanspruch.

(2) Die gesundheitliche Eignung ist durch ein amtsärztliches Zeugnis nachzuweisen. Dieses darf im Zeitpunkt der Vorlage nicht älter als vier Wochen sein.

(3) Die erforderliche Verläßlichkeit ist nicht (mehr) als gegeben anzusehen, wenn Tatsachen die Annahme rechtfertigen, daß das Aufsichtsorgan von seinen Befugnissen in einer den Bestimmungen dieses Landesgesetzes nicht entsprechenden Weise Gebrauch machen wird. Dies ist insbesondere dann der Fall, wenn diese Person wegen einer vorsätzlich begangenen „gerichtlich"* strafbaren Handlung zu einer Freiheitsstrafe von mehr als drei Monaten oder einer Geldstrafe von

mehr als 180 Tagessätzen verurteilt wurde, wenn die Verurteilung noch nicht getilgt ist oder zumindest nicht der beschränkten Auskunft aus dem Strafregister (§ 6 Tilgungsgesetz 1972 „ "**) unterliegt und wenn nach der Eigenart der strafbaren Handlung und nach der Persönlichkeit des Verurteilten seine Verläßlichkeit in Zweifel gezogen werden muß. (*LGBl 2013/90; **LGBl 2018/57)

(4) Vor der erstmaligen Bestellung hat sich die Behörde vom Vorliegen der Voraussetzungen nach Abs. 1 Z. 2 durch eine eingehende Befragung über die für die Ausübung der Tätigkeit maßgebenden Rechtsvorschriften zu überzeugen; die Aufsichtsorgane haben bei Antritt ihres Amtes vor der Behörde die gewissenhafte Erfüllung der mit dem Amt verbundenen Pflichten zu geloben.

§ 5c

(1) Die Behörde hat dem besonderen Aufsichtsorgan (§ 5a Abs. 1 Z. 2) ein Dienstabzeichen und einen Dienstausweis auszufolgen. Das Aufsichtsorgan hat bei der Ausübung seines Amtes das Dienstabzeichen an sichtbarer Stelle zu tragen sowie den Dienstausweis mit sich zu führen; der Dienstausweis ist bei Amtshandlungen auf Verlangen vorzuweisen.

(2) Nähere Vorschriften über Form, Größe, Ausführung und Trageweise des Dienstabzeichens sowie den Inhalt des Dienstausweises werden durch Verordnung der Landesregierung festgelegt.

(3) Die Behörde hat über die bestellten Aufsichtsorgane ein Register mit den wesentlichen personenbezogenen Daten (Vor- und Familienname, Nummer des Dienstabzeichens, Datum der Bestellung, Befugnisse des Organs) fortlaufend zu führen. Die Behörde hat auf Verlangen Auskunft darüber zu erteilen, ob eine bestimmte Person als Aufsichtsorgan bestellt ist. (LGBl 2018/57)

(4) Das Aufsichtsorgan hat der Behörde unverzüglich jede Änderung der seine Bestellung betreffenden Umstände mitzuteilen und, wenn eine Änderung im Dienstausweis erforderlich ist, gleichzeitig den Dienstausweis vorzulegen. Ebenso ist der Verlust des Dienstausweises und des Dienstabzeichens der Behörde anzuzeigen. Bei Beendigung der Tätigkeit als Aufsichtsorgan sind der Behörde der Dienstausweis und das Dienstabzeichen zurückzugeben.

§ 5d

(1) Die Bestellung des besonderen Aufsichtsorgans (§ 5a Abs. 1 Z. 2) endet
 1. durch Verzicht,
 2. durch den Ablauf einer allfälligen Befristung,
 3. wenn die Organisation der Kontrolle der Einhaltung der Abgabepflicht geändert wird, oder

 4. die Gemeinde von der Einhebung dieser Abgabe zur Gänze oder zum Teil Abstand nimmt.

(2) Ein Aufsichtsorgan ist seines Amtes zu entheben, wenn

 1. nach der Bestellung bekannt wird, daß eine zur Bestellung geforderte Voraussetzung nicht vorgelegen ist,

 2. eine zur Bestellung geforderte Voraussetzung weggefallen ist, oder

 3. es wiederholt gegen seine Pflichten als Aufsichtsorgan verstoßen hat.

§ 6

(1) Wer
 a) durch Handlungen oder Unterlassungen die Parkgebühr hinterzieht oder verkürzt bzw. zu hinterziehen oder zu verkürzen versucht oder
 b) den Geboten des § 2 Abs. 2 oder den Geboten oder Verboten der auf Grund dieses Landesgesetzes erlassenen Verordnungen zuwiderhandelt,
begeht eine Verwaltungsübertretung und ist von der Bezirksverwaltungsbehörde mit einer Geldstrafe bis zu 220 Euro, – zu bestrafen.

(2) Bei allen gemäß Abs. 1 mit Strafe bedrohten Verwaltungsübertretungen können mit Organstrafverfügung im Sinn des § 50 Verwaltungsstrafgesetz (VStG) 1991 Geldstrafen bis zu 36 Euro eingehoben werden. (LGBl 2018/57)

(3) Wer das im § 5c vorgesehene Dienstabzeichen bzw. den Dienstausweis oder diesem verwechselbar ähnliche Gegenstände unbefugt oder mißbräuchlich führt oder verwendet, begeht „ " eine Verwaltungsübertretung und ist von der Bezirksverwaltungsbehörde mit einer Geldstrafe bis 2.200 Euro, – zu bestrafen. Unbefugt geführte Dienstabzeichen, Dienstausweise oder Gegenstände, die einer solchen Übertretung zugrunde liegen, sind für verfallen zu erklären. (LGBl 2013/90)

(4) Bei den nach § 6 Abs. 1 lit. a mit Strafe bedrohten Verwaltungsübertretungen können, wenn auf Grund bestimmter Tatsachen anzunehmen ist, dass

 1. die Strafverfolgung der Lenkerin bzw. des Lenkers aus in ihrer bzw. seiner Person gelegenen Gründen offenbar unmöglich oder wesentlich erschwert sein werde oder

 2. die Strafverfolgung oder die Strafvollstreckung einen Aufwand verursachen könnte, der gemessen an der Bedeutung des strafrechtlich geschützten Rechtsguts und der Intensität seiner Beeinträchtigung durch die Tat unverhältnismäßig wäre,

die Organe gemäß §§ 5a und 8 dieses Gesetzes technische Sperren an das Fahrzeug anlegen, um die Lenkerin bzw. den Lenker am Wegfahren zu hindern. Die Lenkerin bzw. der Lenker ist mit einer an jeder Tür, die zum Lenkersitz Zugang gewährt - wenn dies nicht möglich ist, sonst auf geeignete Weise -, anzubringenden Verständigung auf die Unmöglichkeit, das Fahrzeug ohne Beschädigung in Betrieb zu nehmen, hinzuweisen. Diese Verständigung hat in deutscher Sprache sowie in jener Sprache zu erfolgen, die die Lenkerin bzw. der Lenker vermutlich versteht, und einen Hinweis auf die zur Durchführung des Strafverfahrens zuständige Behörde zu enthalten. Eine solche Sperre ist unverzüglich aufzuheben, sobald das gegen die Lenkerin bzw. den Lenker des Fahrzeugs einzuleitende Verfahren abgeschlossen und die verhängte Strafe vollzogen ist oder eine Sicherheit gemäß §§ 37 und 37a VStG geleistet wurde. *(LGBl 2015/112)*

§ 7

entfällt.

§ 8

Die Organe der Bundespolizei „ " haben an der Vollziehung dieses Gesetzes oder einer auf Grund dieses Gesetzes erlassenen Verordnung mitzuwirken durch

a) Vorbeugungsmaßnahmen gegen drohende Verwaltungsübertretungen und

b) Maßnahmen, die für die Einleitung oder Durchführung von Verwaltungsstrafverfahren erforderlich sind.

(LGBl 2013/4)

§ 8a

(1) Die Aufsichtsorgane gemäß § 5a Abs. 1 Z. 1 und 2 sind berechtigt – unbeschadet des § 8 sowie der nach sonstigen Vorschriften zustehenden weiteren Befugnisse – Personen, die auf frischer Tat einer Verwaltungsübertretung nach § 6 Abs. 1 betreten werden oder sonst im dringenden Verdacht der Begehung einer solchen stehen, anzuhalten, um die Identität festzustellen und sie zum Sachverhalt zu befragen.

(2) Die zur Ahndung von Verwaltungsübertretungen nach § 6 Abs. 1 zuständige Bezirksverwaltungsbehörde kann besonders geschulte Aufsichtsorgane im Sinn des Abs. 1 ermächtigen, unter den Voraussetzungen des § 37a Abs. 1 Z 2 und Abs. 2 bis 4 VStG eine vorläufige Sicherheit einzuheben bzw. verwertbare Sachen als vorläufige Sicherheit zu beschlagnahmen. *(LGBl 2015/112)*

(3) Bei der Handhabung ihrer Befugnisse haben die Aufsichtsorgane im Sinne des Abs. 1 so vorzugehen, daß damit eine möglichst geringe Beeinträchtigung verbunden ist und jedes unnötige Aufsehen tunlichst vermieden wird.

§ 9

Die in diesem Gesetz geregelten Aufgaben der Gemeinde sind solche des eigenen Wirkungsbereiches.

§ 10

Dieses Gesetz tritt mit dem Ablauf des Tages seiner Kundmachung im Landesgesetzblatt für Oberösterreich in Kraft.

Salzburger Parkgebührengesetz

LGBl 1991/48 idF

1 LGBl 1995/108
2 LGBl 1998/20
3 LGBl 2001/46
4 LGBl 2001/117
5 LGBl 2005/88
6 LGBl 2022/37

Gesetz vom 20. März 1991 über die Erhebung einer Gemeindeabgabe für das Abstellen von mehrspurigen Kraftfahrzeugen im Land Salzburg (Salzburger Parkgebührengesetz)

Abgabenausschreibung

§ 1

(1) Die Gemeinden des Landes Salzburg einschließlich der Stadt Salzburg sind ermächtigt, durch Beschluß der Gemeindevertretung bzw des Gemeinderates der Stadt Salzburg eine Abgabe (Parkgebühr) für das Abstellen von mehrspurigen Kraftfahrzeugen auf öffentlichen Straßen nach den Bestimmungen dieses Gesetzes auszuschreiben.

(2) Die Verordnung über die Abgabenausschreibung hat zu enthalten:

1. die Höhe der Parkgebühr;

2. die Zeiten, innerhalb der das Abstellen von mehrspurigen Kraftfahrzeugen abgabepflichtig ist;

3. die Teile des Gemeindegebietes, für die die Abgabepflicht besteht;

4. die Art (Arten) der Abgabenentrichtung einschließlich der Maßnahmen des Fahrzeuglenkers zum Zweck der Überwachung der Abgabenentrichtung;

5. die Höhe des Einhebungszuschlages und des Erhöhungsbetrages (§ 3 Abs. 4); dies gilt nicht für eine Verordnung der Stadt Salzburg.

(2a) Die Verordnung kann vorsehen, dass die Parkgebühr nur bei einer bestimmten Mindestdauer des Abstellens eines mehrspurigen Kraftfahrzeuges zu entrichten ist. Die Zeiten, in welchen die Abgabepflicht besteht, können vom Zeitraum der Geltung der Kurzparkzone sowohl uhrzeitlich wie auch tagemäßig abweichen.

(3) Außerhalb von Kurzparkzonen darf die Parkgebühr nicht höher als mit 0,70 € für jede halbe Stunde, der Einhebungszuschlag nicht höher als mit 36 € und der Erhöhungsbetrag nicht höher als mit 22 € festgelegt werden. Eine Einhebung der Parkgebühr nur als Tagespauschale ist möglich, wobei die Höhe der Tagespauschale das Zwölffache des Betrages in Satz 1 nicht überschreiten darf.

(LGBl 2022/37)

(4) Die Art (Arten) der Abgabenentrichtung ist (sind) unter Bedachtnahme auf eine für die Fahrzeuglenker möglichst einfache Handhabung, auf einen möglichst geringen Verwaltungsaufwand und auf die Auswirkungen für das Ortsbild zu bestimmen. Aus Gründen der einfachen Handhabung und Verwaltungsvereinfachung kann festgelegt werden, daß beim Beginn des Abstellens die angefangene Viertelstunde unberücksichtigt bleibt.

(4a) In der Verordnung über die Abgabenausschreibung kann ferner bestimmt werden, daß die Parkgebühr auch in Bauschbeträgen je Kalendermonat entrichtet werden kann. Für das Abstellen mehrspuriger Kraftfahrzeuge außerhalb von Kurzparkzonen darf die Höhe des Bauschbetrages die für 100 Stunden zu entrichtende Parkgebühr nicht übersteigen.

(5) Für die Kennzeichnung der Abgabepflicht in Kurzparkzonen gelten die straßenverkehrsrechtlichen Vorschriften. Die anderen Verkehrsflächen sind durch Hinweistafeln mit der Aufschrift „Abstellen mehrspuriger Kraftfahrzeuge nur gegen Gebühr" oder, soweit dies gemäß Abs. 2a vorgesehen ist, und der Angabe der Zeiten, für die Abgabepflicht besteht, zu kennzeichnen. Die Landesregierung kann durch Verordnung nähere Bestimmungen über Größe, Form, Farbe und Aufschrift und Zeitangaben der Hinweistafeln erlassen.

Ausnahmen von der Abgabepflicht

§ 2

(1) a) Einsatzfahrzeuge und Fahrzeuge im öffentlichen Dienst gemäß den §§ 26 und 26a StVO 1960;

b) Fahrzeuge des Straßendienstes und der Müllabfuhr gemäß § 27 StVO 1960;

c) Fahrzeuge, die von Ärzten bei einer Fahrt zur Leistung ärztlicher Hilfe gelenkt werden, wenn sie beim Abstellen mit einer Tafel gemäß § 24 Abs. 5 StVO 1960 gekennzeichnet sind;

d) Fahrzeuge, die von Personen im diplomierten ambulanten Pflegedienst bei einer Fahrt zur Durchführung solcher Pflege gelenkt werden, wenn sie beim Abstellen mit einer Tafel gemäß § 24 Abs. 5a StVO 1960 gekennzeichnet sind;

e) Fahrzeuge, die von dauernd stark gehbehinderten Personen abgestellt werden oder in denen solche Personen gemäß § 29b Abs. 3 StVO 1960 befördert werden, wenn die Fahrzeuge mit dem Ausweis gemäß § 29b Abs. 1 oder 5 StVO 1960 gekennzeichnet sind;

f) Fahrzeuge, die für eine Gebietskörperschaft oder einen Gemeindeverband zugelassen sind, ausgenommen Personenkraftwagen;

g) Fahrzeuge, die lediglich zum Zweck des Aus- und Einsteigens von Personen oder für die Dauer der Durchführung einer Ladetätigkeit halten.

(2) In der Verordnung über die Abgabenausschreibung kann für Personen, denen eine Ausnahmebewilligung gemäß § 45 Abs. 2, 4 oder 4a StVO 1960 erteilt worden ist, vorgesehen werden, dass

a) keine Parkgebühr zu entrichten ist oder

b) eine Parkgebühr in Form von Bauschbeträgen je Kalendermonat (§ 1 Abs. 4a) zu entrichten ist.

Für das Abstellen von Fahrzeugen außerhalb von Kurzparkzonen können in der Verordnung unter sinngemäßer Anwendung des § 45 Abs. 2 und 4 StVO 1960 allgemeine oder im Einzelfall durch Bescheid des Bürgermeisters zu bewilligende Ausnahmen von der Abgabepflicht vorgesehen werden. Wird diese Abgabenbefreiung nicht vorgesehen, ist für den genannten Personenkreis die Möglichkeit der Abgabenentrichtung in Form von Bauschbeträgen je Kalendermonat (§ 1 Abs. 4a) vorzusehen.

Entrichtung der Parkgebühr

§ 3

(1) Zur Entrichtung der Parkgebühr ist der Lenker des Fahrzeuges verpflichtet. Die Parkgebühr ist zu Beginn des Abstellens des Fahrzeuges fällig.

(2) Die Parkgebühr ist nach der Festlegung in der Verordnung über die Abgabenausschreibung entweder entsprechend der tatsächlichen Abstelldauer oder in einem Bauschbetrag zu entrichten. Bei der Entrichtung entsprechend der tatsächlichen Abstelldauer kann festgelegt werden, daß die Parkgebühr aufgerundet auf den nächsten durch 10 teilbaren Centbetrag oder für jede auch nur angefangene halbe Stunde in der vollen für eine halbe Stunde festgelegten Höhe zu entrichten ist. Mit der Aufrundung auf den nächsten durch 10 teilbaren Centbetrag kann verbunden werden, daß die Parkgebühr für die erste auch nur angefangene halbe Stunde unabhängig von der Abstelldauer in voller Höhe zu entrichten ist.

(3) Die Lenker der Fahrzeuge haben bei der Durchführung der angeordneten Kontrollmaßnahmen mitzuwirken.

(4) Wird die Parkgebühr nicht oder nicht zur Gänze auf die in der Verordnung über die Abgabenausschreibung festgelegte Weise entrichtet, hat der Lenker des Fahrzeuges aus Anlaß einer aus diesem Grund erfolgenden Beanstandung durch ein Aufsichtsorgan (§ 4) die Parkgebühr sowie den festgelegten Erhöhungsbetrag zu leisten. Ist keine solche Beanstandung erfolgt oder die Parkgebühr und der Erhöhungsbetrag nicht geleistet worden, ist die Parkgebühr bzw. der fehlende Restbetrag sowie der festgelegte Einhebungszuschlag dem Lenker vom Bürgermeister durch Bescheid vorzuschreiben. Solange nicht anderes nachgewiesen wird, gilt bei der nachträglichen Einhebung die Vermutung, daß das Abstellen zwei Stunden oder in Kurzparkzonen die hiefür festgelegte Höchstdauer gewährt hat. In keinem Fall darf die vermutete Abstelldauer aber länger sein, als die Zeit ab dem in der Verordnung über die Abgabenausschreibung festgelegten Beginn der Abgabepflicht oder ab dem Beginn der Beschränkung des Abstellens. In der Stadt Salzburg unterbleibt eine nachträgliche Gebühreneinhebung, wenn wegen der nicht vorschriftsgemäßen Entrichtung der Parkgebühr ein Strafverfahren anhängig oder eine Bestrafung erfolgt ist.

(5) Die Abgabenbehörde sowie die Behörde, die zur Ahndung einer Verwaltungsübertretung nach § 12 zuständig ist, können Auskunft darüber verlangen, wer ein nach dem Kennzeichen bestimmtes mehrspuriges Kraftfahrzeug zuletzt vor einem bestimmten Zeitpunkt an einem bestimmten Ort abgestellt hat. Diese Auskunft hat der Zulassungsbesitzer im Fall von Probe- oder Überstellungsfahrten der Besitzer der Bewilligung dafür zu erteilen. Können diese Personen die Auskunft nicht erteilen, so haben sie die Person zu benennen, die die Auskunft erteilen kann, die dann die Auskunftspflicht trifft. Die Angaben des Auskunftspflichtigen entbinden die Behörde nicht, diese Angaben zu überprüfen, wenn dies nach den Umständen des Falles geboten erscheint. Die Auskunft ist unverzüglich, im Fall einer schriftlichen Aufforderung innerhalb von zwei Wochen nach Zustellung zu erteilen und muß den Namen und die Anschrift der betreffenden Person enthalten. Wenn eine solche Auskunft ohne entsprechende Aufzeichnungen nicht gegeben werden könnte, sind Aufzeichnungen zu führen.

(6) Der Zulassungsbesitzer und jeder, der einer dritten Person die Verwendung eines mehrspurigen Kraftfahrzeuges überlassen hat, haftet neben dem Lenker des Fahrzeuges zur ungeteilten Hand für die Entrichtung der Parkgebühr und des Einhebungszuschlages, wenn der Lenker des Fahrzeuges eine Person war, die sich nicht oder nur vorübergehend im Inland aufhält.

Überwachung der Abgabenentrichtung, Aufsichtsorgane
§ 4

(1) Die Einhaltung der Abgabepflicht wird durch Aufsichtsorgane überwacht. Aufsichtsorgane im Sinne dieses Gesetzes sind
1. die Mitglieder der von den Gemeinden errichteten Wachkörper und
2. besonders bestellte Überwachungsorgane.

(2) Mitglieder der von den Gemeinden errichteten Wachkörper haben in Ausübung ihres Amtes als Aufsichtsorgan erkennbar zu sein und einen Dienstausweis mit sich zu führen. Dieser ist bei Amtshandlungen auf gehörig vorgebrachtes Verlangen des Beanstandeten vorzuweisen.

Bestellung von Überwachungsorganen
§ 5

(1) Überwachungsorgane werden vom Bürgermeister der Gemeinde, in den folgenden Absätzen und den §§ 6 bis 8 kurz Behörde genannt, bestellt. Die Bestellung kann befristet erfolgen; auf die Weiterbestellung finden die Abs. 5 und 6 keine Anwendung.

(2) Es können nur eigenberechtigte Personen bestellt werden, die österreichische Staatsbürger sind und
1. die erforderliche körperliche, geistige und charakterliche Eignung sowie Vertrauenswürdigkeit besitzen und
2. mit den Aufgaben ihres öffentlichen Amtes vertraut sind und die damit verbundenen Rechte und Pflichten kennen.
Die Bestellung liegt im freien Ermessen der Behörde.

(3) Die körperliche und geistige Eignung ist durch ein Zeugnis des Amtsarztes der zuständigen Bezirksverwaltungsbehörde nachzuweisen.

(4) Eine Person ist als vertrauenswürdig anzusehen, wenn Tatsachen die Annahme rechtfertigen, daß sie von ihren Befugnissen in einer den Bestimmungen dieses Gesetzes entsprechenden Weise Gebrauch machen wird. Die erforderliche Vertrauenswürdigkeit ist jedenfalls nicht gegeben, wenn die betreffende Person wegen einer vorsätzlich begangenen Straftat, die nicht nur auf Verlangen des Verletzten verfolgt wird, rechtskräftig verurteilt worden ist, solange die Strafe nicht getilgt ist oder nicht der beschränkten Auskunft aus dem Strafregister unterliegt. Die Strafregisterbescheinigung darf nicht älter als drei Monate sein.

(5) Vom Vorliegen der Voraussetzungen nach Abs. 2 Z 2 hat sich die Behörde nach einer Schulung durch eine eingehende Befragung zu überzeugen.

(6) Die Überwachungsorgane haben bei Antritt ihres Amtes vor der Behörde die gewissenhafte Erfüllung der mit dem Amt verbundenen Pflichten zu geloben.

Dienstabzeichen, Dienstausweis, Register
§ 6

(1) Die Behörde hat dem Überwachungsorgan ein Dienstabzeichen und einen Dienstausweis auszufolgen. Das Überwachungsorgan hat bei der Ausübung seines Amtes das Dienstabzeichen auf der linken Brustseite sichtbar zu tragen sowie den Dienstausweis mit sich zu führen und bei Amtshandlungen auf gehörig vorgebrachtes Verlangen des Beanstandeten vorzuweisen.

(2) Dienstabzeichen und Dienstausweis haben die Aufschrift „Parkgebühren-Überwachungsorgan" und den Namen der Gemeinde zu enthalten. Das Dienstabzeichen ist mit einer fortlaufenden, von außen sichtbaren Nummer zu versehen. Der Dienstausweis muß folgendes beeinhalten: Bezeichnung als Dienstausweis, Vor- und Zuname, Wohnort und ein Lichtbild des Überwachungsorganes, die Nummer seines Dienstabzeichens, Name der Gemeinde, das Datum und die Geschäftszahl der Bestellung des Organes, das Dienstsiegel über Urkunde und Lichtbild, die Befugnis gemäß § 9 Abs. 1. In den Dienstausweis können Hinweise über sonstige, dem Organ eingeräumte Befugnisse aufgenommen werden.

(3) Die Behörde hat über die bestellten Überwachungsorgane ein Register mit den wesentlichen Daten (Vor- und Zuname, Wohnort, Nummer des Dienstabzeichens, Datum der Bestellung, Befugnisse des Überwachungsorganes u. dgl.) fortlaufend zu führen. In das Register kann jedermann, der ein berechtigtes Interesse daran glaubhaft macht, während der Amtsstunden (§ 13 Abs. 5 AVG) Einsicht nehmen.

(4) Das Überwachungsorgan hat der Behörde unverzüglich jede Änderung der Umstände mitzu-

teilen, die für die Bestellung maßgeblich waren. Gleichzeitig mit der Meldung ist der Dienstausweis vorzulegen, wenn die Änderung dort eingetragene Umstände betrifft. Ebenso ist der Verlust des Dienstausweises und des Dienstabzeichens der Behörde anzuzeigen. Bei Ende des Amtes sind der Dienstausweis und das Dienstabzeichen der Behörde abzugeben.

Ausübung des Amtes
§ 7

(1) Die Überwachungsorgane sind in Ausübung ihres Amtes an die Weisungen der Behörde gebunden.

(2) Die Überwachungsorgane haben alle in Ausübung ihres Amtes gemachten Wahrnehmungen, die ein Tätigwerden der Behörde erfordern, dieser unverzüglich mitzuteilen, im übrigen aber gegen jedermann strengstes Stillschweigen zu bewahren.

Ende des Amtes
§ 8

(1) Die Bestellung des Überwachungsorganes endet durch den jederzeit möglichen Verzicht des Organes, die jederzeit mögliche Enthebung seitens der Behörde oder den Ablauf einer allfällig festgelegten Bestellungsdauer.

(2) Ein Überwachungsorgan ist seines Amtes zu entheben, wenn eine zur Bestellung geforderte Voraussetzung weggefallen ist oder wenn es schwer oder wiederholt gegen seine Pflichten als Aufsichtsorgan verstoßen hat.

Befugnisse der Aufsichtsorgane
§ 9

(1) Die Aufsichtsorgane sind unbeschadet der nach sonstigen Vorschriften (z. B. dem Verwaltungsstrafgesetz 1991) zustehenden weiteren Befugnisse befugt, Personen, die auf frischer Tat einer Verwaltungsübertretung nach § 12 Abs. 1 betreten werden oder sonst im dringenden Verdacht der Begehung einer solchen stehen, anzuhalten, auf ihre Identität zu überprüfen und zum Sachverhalt zu befragen.

(2) Die zur Ahndung von Verwaltungsübertretungen nach § 12 Abs. 1 zuständige Behörde kann besonders geschulte Aufsichtsorgane ermächtigen, unter den Voraussetzungen des § 37a Abs. 1, 2 Z 2, Abs. 3 und 4 VStG eine vorläufige Sicherheit einzuheben bzw. verwertbare Sachen als vorläufige Sicherheit zu beschlagnahmen.

(3) Ist ein Fahrzeug ohne den in der Verordnung über die Abgabenausschreibung festgelegten Nachweis der ordnungsgemäßen Entrichtung der Parkgebühr abgestellt und auf Grund bestimmter Tatsachen anzunehmen, daß bei dem Lenker des Fahrzeuges die Durchsetzung der Gebührenpflicht aus in seiner Person gelegenen Gründen offenbar unmöglich oder wesentlich erschwert sein wird, können die Aufsichtsorgane technische Sperren an das Fahrzeug anlegen, um den Lenker am Wegfahren zu hindern. An jeder zum Lenkersitz Zugang gewährenden Tür oder, wenn es dort nicht möglich ist, an einem sonst geeigneten Teil des Fahrzeuges ist eine Verständigung für den Lenker anzubringen, daß das Fahrzeug nicht ohne Beschädigung in Betrieb genommen werden kann. Diese Verständigung soll in deutscher Sprache sowie in jener Sprache gehalten sein, die der Lenker vermutlich versteht. Sie soll auch die zur Abgabeneinhebung zuständige Behörde nennen.

(4) Die Sperre gemäß Abs. 3 ist unverzüglich aufzuheben, wenn

1. bei Verwaltungsübertretungen außerhalb der Stadt Salzburg die Parkgebühr samt dem Erhöhungsbetrag gemäß § 3 Abs. 4 erster Satz entrichtet oder eine Sicherheit gemäß Abs. 2 geleistet worden ist;

2. in der Stadt Salzburg die in einer allfälligen Organstrafverfügung verhängte Strafe (§ 12 Abs. 5) entrichtet oder eine Sicherheit gemäß Abs. 2 geleistet worden ist.

(5) Bei der Handhabung ihrer Befugnisse haben die Aufsichtsorgane so vorzugehen, daß damit möglichst geringe Beeinträchtigungen verbunden und jedes unnötige Aufsehen tunlichst vermieden wird.

Zweckwidmung
§ 10

entfällt.

Eigener Wirkungsbereich
§ 11

Die Gemeinden haben die ihnen nach diesem Gesetz zukommenden Aufgaben im eigenen Wirkungsbereich zu besorgen.

Strafbestimmungen
§ 12

(1) Eine Verwaltungsübertretung begeht, wer
a) die Parkgebühr hinterzieht oder verkürzt;
b) als Fahrzeuglenker die von der Gemeindevertretung mit Verordnung angeordneten Kontrol-

leinrichtungen (§ 1 Abs. 2 Z 4) nicht oder nicht richtig verwendet;

c) als Zulassungsbesitzer oder sonstige Auskunftsperson die geforderte Lenkerauskunft (§ 3 Abs. 5) nicht oder nicht rechtzeitig erteilt;

d) das Dienstabzeichen der Überwachungsorgane (§ 6) oder ein diesem Abzeichen verwechselbar ähnliches Abzeichen unbefugt oder mißbräuchlich führt oder verwendet.

e) in Ausübung des Amtes das Dienstabzeichen nicht oder nicht in der gehörigen Weise trägt oder den Dienstausweis über gehörig vorgebrachtes Verlangen nicht vorweist oder der Pflicht, jede Änderung in den die Bestellung zum Wacheorgan betreffenden Umständen oder den Verlust des Dienstabzeichens oder des Dienstausweises der Behörde zu melden oder derselben das Dienstabzeichen oder den Dienstausweis vorzulegen oder abzugeben, nicht nachkommt.

(2) Verwaltungsübertretungen nach Abs. 1 sind nicht zu bestrafen, wenn die Tat den Tatbestand einer in die Zuständigkeit der Gerichte fallenden strafbaren Handlung bildet. Verwaltungsübertretungen nach Abs. 1 lit. b sind weiters nicht zu bestrafen, wenn der Lenker wegen derselben Tat gemäß Abs. 1 lit. a zu bestrafen ist.

(3) Außerhalb der Stadt Salzburg begangene Verwaltungsübertretungen nach Abs. 1 lit. a und b sind nicht zu bestrafen, wenn der Lenker die Parkgebühr gemäß § 3 Abs. 4 ordnungsgemäß nachträglich entrichtet. Als ordnungsgemäß gilt die Entrichtung der Parkgebühr samt dem Erhöhungsbetrag innerhalb von drei Tagen und bei einer späteren Nachzahlung die Entrichtung der Parkgebühr samt dem Einhebungszuschlag innerhalb der im Bescheid festgesetzten Frist.

(4) Verwaltungsübertretungen, auf die weder Abs. 2 noch Abs. 3 anzuwenden ist, sind im Fall des Abs. 1 lit. a bis c mit Geldstrafe bis zu 730 und im Fall des Abs. 1 lit. d mit Geldstrafe bis zu 2.200 sowie im Fall des Abs. 1 lit. e mit Geldstrafe bis zu 220 zu bestrafen. Liegen einer Verwaltungsübertretung nach Abs. 1 lit. d unbefugt geführte Abzeichen zugrunde, sind diese für verfallen zu erklären.

(5) Bei Verwaltungsübertretungen nach Abs. 1 lit. a und b können mit Organstrafverfügung Geldstrafen bis 30 eingehoben werden.

(6) Geldstrafen auf Grund dieses Gesetzes, die für in der Stadt Salzburg begangene Verwaltungsübertretungen verhängt werden, fließen der Stadt Salzburg zu.

Verweisungen auf Bundesgesetze
§ 12a

Die in diesem Gesetz enthaltenen Verweisungen auf Bundesgesetze gelten als solche auf jene Fassung, die sie durch Änderungen bis zu der im Folgenden letztzitierten erhalten haben:

1. Allgemeines Verwaltungsverfahrensgesetz 1991 (AVG), BGBl Nr 51, zuletzt geändert durch das Gesetz BGBl I Nr 10/2004;

2. Straßenverkehrsordnung 1960 (StVO 1960), BGBl Nr 159, zuletzt geändert durch das Gesetz BGBl I Nr 52/2005;

3. Verwaltungsstrafgesetz 1991 (VStG), BGBl Nr 52, zuletzt geändert durch das Gesetz BGBl I Nr 117/2002.

In- und Außerkrafttreten;
Übergangsbestimmungen
§ 13

(1) Dieses Gesetz tritt mit Beginn des auf seine Kundmachung folgenden Monats in Kraft.

(2) Mit dem Inkrafttreten dieses Gesetzes treten außer Kraft:

1. das Parkgebührengesetz für Hallein, LGBl. Nr. 29/1989, und

2. das Parkgebührengesetz für Zell am See, LGBl. Nr. 90/1989.

(3) Verordnungen über die Abgabenausschreibung auf Grund der im Abs. 2 genannten Gesetze gelten als solche auf Grund dieses Gesetzes weiter. Bis zur Änderung der Verordnungen auf Grund des § 3 Abs. 2 ist die Parkgebühr für jede auch nur angefangene halbe Stunde in der vollen für eine halbe Stunde festgesetzten Höhe zu entrichten.

(4) Auf Verwaltungsübertretungen nach den im Abs. 2 genannten Gesetzen finden die bisher geltenden Vorschriften weiter Anwendung.

(5) Die §§ 1 Abs. 2, 3 und 4a, 2 Abs. 1 und 2 sowie 3 Abs. 2 und 4 in der Fassung des Gesetzes LGBl. Nr. 108/1995 treten mit 1. Oktober 1995 in Kraft. Verordnungen auf Grund dieser Bestimmungen können bereits ab dem Tag der Kundmachung dieses Gesetzes, jedoch mit Wirksamkeit frühestens ab dem 1. Oktober 1995, erlassen werden.

(6) Die §§ 2 Abs. 1, 3 Abs. 4 und 12 in der Fassung des Gesetzes LGBl Nr 20/1998 treten

2/5. ParkG
Salzburg

mit 1. April 1998 in Kraft. Auf Verwaltungsübertretungen, die vor diesem Zeitpunkt begangen worden sind, findet § 12 in der bisherigen Fassung weiterhin Anwendung.

(7) Die §§ 1 Abs. 3, 3 Abs. 2 und 12 Abs. 4 in der Fassung des Gesetzes LGBl Nr 46/2001 treten mit 1. Jänner 2002 in Kraft.

(8) Die §§ 2 Abs. 1 und 12a in der Fassung des Gesetzes LGBl Nr 117/2001 treten mit 1. Jänner 2002 in Kraft.

§ 14

(1) Die §§ 1, 2, 3, 9 Abs. 4, (§§) 12 und 12a in der Fassung des Gesetzes LGBl Nr 88/2005 treten mit 1. Jänner 2006 in Kraft. Gleichzeitig tritt § 10 außer Kraft.

(2) Gleichzeitig tritt das Parkgebührengesetz für die Stadt Salzburg, LGBl Nr 28/1989, zuletzt geändert durch das Gesetz LGBl Nr 117/2001, außer Kraft. Verordnungen über die Abgabenausschreibung auf Grund des genannten Gesetzes gelten als solche auf Grund dieses Gesetzes weiter. Auf bis dahin nach dem Parkgebührengesetz für die Stadt Salzburg begangene Verwaltungsübertretungen finden die bisher geltenden Vorschriften weiter Anwendung.

(3) Verordnungen auf Grund der im Abs. 1 angeführten Bestimmungen können bereits vor deren Inkrafttreten erlassen werden; sie werden jedoch frühestens mit 1. Jänner 2006 wirksam.

(4) § 1 Abs 3 in der Fassung des Gesetzes LGBl Nr 37/2022 tritt mit dem auf die Kundmachung folgenden Tag in Kraft.

(LGBl 2022/37)

Steiermärkisches Parkgebührengesetz 2006

LGBl 2006/37 idF

1 LGBl 2012/33
2 LGBl 2013/87
3 LGBl 2016/149
4 LGBl 2017/80

Gesetz vom 17. Jänner 2006 über die Erhebung von Gemeindeabgaben für das Abstellen von Kraftfahrzeugen (Steiermärkisches Parkgebührengesetz 2006)

Inhaltsverzeichnis

§ 1	Abgabenberechtigung, Gegenstand der Abgabe, Kennzeichnungspflicht
§ 2	Abgabepflichtige
§ 3	Bemessung der Parkgebühr für gebührenpflichtige Parkplätze
§ 4	Abgabenentrichtung, Kontrolleinrichtungen
§ 5	Bewohnerzonen
§ 6	Ausnahme von der Abgabepflicht
§ 7	Bestellung von Aufsichtsorganen
§ 8	Dienstabzeichen, Dienstausweis
§ 9	„Erlöschen der Bestellung" *(LGBl 2016/149)*
§ 10	Identitätsnachweis
§ 11	Eigener Wirkungsbereich der Gemeinde
§ 12	Strafbestimmungen, Pflichten des Zulassungsbesitzers
§ 13	Inkrafttreten
§ 14	Außerkrafttreten
§ 15	„Inkrafttreten von Novellen" *(LGBl 2012/33)*

§ 1
Abgabenberechtigung, Gegenstand der Abgabe, Kennzeichnungspflicht

(1) Die Gemeinden des Landes Steiermark werden ermächtigt, durch Verordnung eine Abgabe für das Abstellen von mehrspurigen Kraftfahrzeugen in Kurzparkzonen (§ 25 der Straßenverkehrsordnung 1960 - StVO 1960) oder in Teilen von solchen nach Maßgabe der §§ 2, 4 und 7 bis 12 auszuschreiben. Kurzparkzonen, für die Gebührenpflicht besteht, sind durch Hinweistafeln mit der Aufschrift "Gebührenpflichtige Kurzparkzone" deutlich zu kennzeichnen.

(2) „Darüber hinaus werden die Gemeinden ermächtigt, durch Verordnung für das Abstellen von mehrspurigen Kraftfahrzeugen auf Straßen mit öffentlichem Verkehr (§ 1 StVO) außerhalb von Kurzparkzonen eine Abgabe auszuschreiben." Die Verordnung hat festzulegen, auf welchen Verkehrsflächen und zu welchen Zeiten die Abgabepflicht besteht. Diese Verkehrsflächen sind durch Hinweistafeln mit der Aufschrift "Gebührenpflichtige Parkplätze" deutlich zu kennzeichnen. Wenn die Abgabepflicht nur für bestimmte Zeiten besteht, sind auch diese anzuführen. *(LGBl 2016/149)*

§ 2
Abgabepflichtige

Zur Entrichtung der Parkgebühr sind der Lenker, der Besitzer und Zulassungsbesitzer zur ungeteilten Hand verpflichtet (Abgabepflichtige). Jeder Lenker eines mehrspurigen Kraftfahrzeuges, der ein solches Fahrzeug in gebührenpflichtigen Kurzparkzonen oder auf gebührenpflichtigen Parkplätzen abstellt, hat die Parkgebühr, sofern die Verordnung nicht anderes bestimmt, bei Beginn des Abstellens des Kraftfahrzeuges zu entrichten. Die Lenker haben sich der durch Verordnung festgelegten Kontrolleinrichtungen zu bedienen.

§ 3
Bemessung der Parkgebühr für gebührenpflichtige Parkplätze

(1) Zeiteinheit für die Bemessung der Parkgebühr ist eine halbe Stunde. Die Höhe der Abgabe ist je halbe Stunde bis zum Ausmaß von 80 Cent durch Verordnung festzusetzen. Die Parkgebühr ist auch für eine angefangene halbe Stunde in der vollen für eine halbe Stunde festgesetzten Höhe zu entrichten.

(2) Bei Verwendung von Parkautomaten kann für über eine halbe Stunde hinausgehendes Parken eine andere als die in Abs. 1 vorgesehene Zeiteinheit durch Verordnung festgesetzt werden. Die Höhe der Abgabe ist so festzulegen, dass jedenfalls die gemäß Abs. 1 für eine halbe Stunde festgesetzte Parkgebühr zu entrichten ist. Für Zeiteinheiten, die über eine halbe Stunde hinausgehen, ist die Abgabe als Bruchteil der für eine halbe Stunde festgesetzten Betrages festzulegen.

(3) Bei Verwendung eines Mobiltelefons (Handyparken) kann die Festsetzung der Parkgebühr unter sinngemäßer Anwendung des Abs. 2 erfolgen. In diesem Fall ist die Abgabe erst mit dem Ende des Parkvorganges zu entrichten.

(4) Aus Gründen der Verwaltungsvereinfachung kann die Gemeinde mit den Abgabenpflichtigen Vereinbarungen über die Höhe und die Form der zu entrichtenden Abgabe treffen. Diese Ermächtigung gilt auch in den Fällen des § 1 Abs. 1.

§ 4
Abgabenentrichtung, Kontrolleinrichtungen

(1) Die Art der Abgabenentrichtung und die von den Abgabepflichtigen zu verwendenden Kontrolleinrichtungen sind unter Bedachtnahme auf eine möglichst einfache Handhabung und auf die Auswirkungen auf das Ortsbild durch Verordnung zu bestimmen.

(2) Dem Abgabepflichtigen dürfen, sofern die Entrichtung der Parkgebühr nicht im Wege des Handyparkens erfolgt, außer der Parkgebühr selbst keinerlei Mehrkosten erwachsen. Die Gemeinde hat dafür zu sorgen, dass jeder Abgabepflichtige während der gebührenpflichtigen Parkzeiten die Möglichkeit hat, die Abgabe in der nach Abs. 1 festgelegten Art zu entrichten. Die Verordnung des Handyparkens als einzige Art der Abgabenentrichtung ist unzulässig.

§ 5
Bewohnerzonen

(1) Die Gemeinde kann durch Verordnung Gebiete, in denen als Folge der Geltung von Verordnungen gemäß § 1 Abs. 2 für Bewohner dieser Gebiete zeitlich unbeschränkte Abstellmöglichkeiten nicht in ausreichender Zahl zur Verfügung stehen, zu Bewohnerzonen erklären.

(2) Inhabern von mehrspurigen Kraftfahrzeugen, die in einer Bewohnerzone wohnen, kann die Abgabe für den Bereich der Zone für die Dauer bis zu zwei Jahren pauschaliert werden.

(3) Unternehmern, die Zulassungsbesitzer eines mehrspurigen Kraftfahrzeuges sind und die in einer Bewohnerzone einen Betriebsstandort haben, kann bei Vorliegen der im Abs. 1 umschriebenen Voraussetzung die Abgabe im Sinne des Abs. 2 pauschaliert werden.

(4) Personen, die erwerbstätig sind und ihre Arbeitsstätte mit öffentlichen Verkehrsmitteln nicht oder nur mit einem im Verhältnis zur Wegstrecke unzumutbaren Zeitaufwand erreichen können, kann bei Vorliegen der in Abs. 1 umschriebenen Voraussetzungen die Abgabe im Sinne des Abs. 2 pauschaliert werden.

(5) Eine Pauschalierung ist nur zulässig, wenn

1. der Abgabepflichtige im Fall des Abs. 2 in einer Bewohnerzone den Mittelpunkt seiner Lebensinteressen hat und ein persönliches Interesse nachweist, in der Nähe seines Wohnsitzes zu parken sowie darüber hinaus Zulassungsbesitzer oder Leasingnehmer eines Kraftfahrzeuges ist oder nachweist, dass ihm ein arbeitgebereigenes Kraftfahrzeug zur Privatnutzung überlassen wird;

2. der Abgabepflichtige im Fall des Abs. 3 ein wirtschaftliches Interesse nachweist oder wenn sich die ihm gesetzlich oder sonst obliegenden Aufgaben anders nicht oder nur mit besonderen Erschwernissen durchführen ließen;

3. der Abgabepflichtige im Falle des Abs. 4 in einer Bewohnerzone ständig tätig und Zulassungsbesitzer oder Leasingnehmer eines Kraftfahrzeuges ist oder nachweislich ein arbeitgebereigenes Kraftfahrzeug beruflich benützt.

§ 6
Ausnahmen von der Abgabepflicht

(1) Ausgenommen von der Abgabepflicht gemäß § 1 Abs. 2 sind:

1. Ausgenommen von der Abgabepflicht gemäß § 1 Abs. 2 sind: 1. Einsatzfahrzeuge und Fahrzeuge im öffentlichen Dienst gemäß §§ 26 und 26a StVO 1960;

2. Fahrzeuge des Straßendienstes und der Müllabfuhr gemäß § 27 StVO 1960;

3. Fahrzeuge, die von Ärzten bei einer Fahrt zur Leistung ärztlicher Hilfe gelenkt werden, sofern sie beim Abstellen mit einer Tafel gemäß § 24 Abs. 5 StVO 1960 gekennzeichnet sind;

4. Fahrzeuge, die von Personen im diplomierten ambulanten Pflegedienst bei einer Fahrt zur Durchführung solcher Pflege gelenkt werden, sofern sie beim Abstellen mit einer Tafel gemäß § 24 Abs. 5a StVO 1960 gekennzeichnet sind;

5. Fahrzeuge, die von dauernd stark gehbehinderten Personen abgestellt werden oder in denen solche Personen gemäß § 29b Abs. 3 StVO 1960 befördert werden, wenn die Fahrzeuge mit dem Ausweis gemäß § 29b Abs. 1 oder 5 StVO 1960 gekennzeichnet sind;

6. Fahrzeuge, die für den Bund, eine andere Gebietskörperschaft oder einen Gemeindeverband zugelassen sind, ausgenommen Personenkraftwagen;

7. Fahrzeuge, die lediglich zum Zwecke des Aus und Einsteigens von Personen oder für die Dauer der Durchführung einer Ladetätigkeit halten.

(2) Die Gemeinde kann durch Verordnung weitere Ausnahmen von der Abgabepflicht gemäß § 1 Abs. 2 der Parkgebühr bestimmen.

§ 7
Bestellung von Aufsichtsorganen

(1) Die Bezirksverwaltungsbehörde kann auf Antrag einer Gemeinde Aufsichtsorgane bestellen. Diese sind zu beauftragen, Übertretungen der Gebote und Verbote der auf Grund dieses Geset-

zes erlassenen Verordnungen wahrzunehmen und Amtshandlungen gemäß § 50 Abs. 1, 2 und 8 des Verwaltungsstrafgesetzes 1991 - VStG vorzunehmen.

(2) Die Bestellung zum Aufsichtsorgan hat durch Bescheid zu erfolgen. Sie bedarf der Zustimmung des Betroffenen, sofern dieser nicht Mitglied eines Gemeindewachkörpers oder Gemeindesicherheitswacheorgan ist.

(3) Zu Aufsichtsorganen dürfen nur Personen bestellt werden, die

1. österreichische Staatsbürger sind,

2. eigenberechtigt, verlässlich, körperlich und geistig geeignet sind und

3. über die zur Ausübung des Amtes erforderlichen Kenntnisse verfügen.

(4) Als nicht verlässlich sind Personen anzusehen, die wegen einer vorsätzlichen, mit mehr als einjähriger Freiheitsstrafe bedrohten Handlung oder wegen einer strafbaren Handlung gegen fremdes Vermögen oder gegen die Sittlichkeit von einem „ordentlichen Gericht" verurteilt wurden, es sei denn, dass die Verurteilung getilgt ist oder der Beschränkung über die Erteilung von Auskünften aus dem Strafregister nach § 6 des Tilgungsgesetzes 1972 unterliegt. *(LGBl 2013/87)*

(5) Personen, die nicht Mitglieder eines Gemeindewachkörpers oder Gemeindesicherheitswacheorgan sind, haben Folgendes nachzuweisen:

1. die körperliche und geistige Eignung durch ein Zeugnis des Amtsarztes der Bezirksverwaltungsbehörde, die die Bestellung vornehmen soll;

2. die zur Ausübung des Amtes erforderlichen Kenntnisse in einer mündlichen Befragung. Diese ist von der Bezirksverwaltungsbehörde vorzunehmen. Dabei sind festzustellen:

a) eingehende Kenntnisse dieses Gesetzes und der zu seiner Durchführung erlassenen Verordnungen der Gemeinde, in der das Amt ausgeübt werden soll, und

b) Kenntnisse der Straßenverkehrsordnung und der zu ihrer Durchführung erlassenen Verordnungen sowie des VStG jeweils in dem Umfang, der zur ordnungsgemäßen Erfüllung der Aufgaben eines Aufsichtsorgans erforderlich ist.

§ 8
Dienstabzeichen, Dienstausweis

(1) Das Aufsichtsorgan hat vor der Bezirksverwaltungsbehörde die gewissenhafte Erfüllung seiner Aufgaben zu geloben.

(2) Für Aufsichtsorgane, die nicht Mitglieder eines Gemeindewachkörpers oder Gemeindesicherheitswacheorgan sind, gelten zudem noch folgende Regelungen:

1. Die Bezirksverwaltungsbehörde hat dem Aufsichtsorgan unmittelbar nach der Angelobung das Dienstabzeichen und den Dienstausweis auszufolgen.

2. Das Aufsichtsorgan hat bei der Ausübung seines Dienstes das Dienstabzeichen sichtbar zu tragen und den Dienstausweis mitzuführen. Der Dienstausweis ist dem Betretenen auf dessen Verlangen vorzuweisen.

3. Das Dienstabzeichen und der Dienstausweis sind der Bezirksverwaltungsbehörde zurückzugeben, wenn die Bestellung zum Aufsichtsorgan erloschen ist.

(3) Die Landesregierung hat durch Verordnung nähere Vorschriften über Art, Form und Tragen des Dienstabzeichens sowie über Inhalt und Form des Dienstausweises zu erlassen. „ " Der Dienstausweis hat jedenfalls zu enthalten: *(LGBl 2017/80)*

1. den Namen, das Geburtsdatum und ein Lichtbild des Aufsichtsorgans;

2. die Geschäftszahl, das Datum der Bestellung und die Bezeichnung der Behörde (§ 7 Abs. 1). *(LGBl 2016/149)*

§ 9
Erlöschen der Bestellung

(1) Die Bestellung zum Aufsichtsorgan erlischt mit

1. dem Tod,

2. dem Widerruf der Bestellung oder

3. dem Verzicht auf das Amt.

(2) Die Bezirksverwaltungsbehörde hat die Bestellung zum Aufsichtsorgan zu widerrufen, wenn

1. die Tätigkeit des Aufsichtsorgans nicht mehr erforderlich ist,

2. eine der im § 7 Abs. 3 Z. 1 und 2 genannten Voraussetzungen nachträglich weggefallen ist,

3. das Aufsichtsorgan seine Befugnisse wiederholt überschritten oder Dienstaufträge wiederholt nicht oder nicht ordnungsgemäß ausgeführt hat,

4. das Aufsichtsorgan ein mit der Stellung als Organ der öffentlichen Aufsicht unvereinbares Verhalten gezeigt hat oder

5. die Gemeinde den Widerruf aus sonstigen wichtigen Gründen beantragt.

(3) Ein Aufsichtsorgan, ausgenommen ein Mitglied eines Gemeindewachkörpers oder ein Gemeindesicherheitswacheorgan, kann auf sein Amt verzichten. Der Verzicht ist gegenüber der Bezirksverwaltungsbehörde schriftlich zu erklären. Er wird mit dem Einlangen der Verzichtserklärung bei der Behörde unwiderruflich, sofern in der Verzichtserklärung nicht ein späterer Zeitpunkt angegeben ist, wirksam.

§ 10
Identitätsnachweis

Aufsichtsorgane dürfen in Ausübung ihres Amtes Personen, die bei Handlungen oder Unterlassungen betreten werden, durch welche die Parkgebühr hinterzogen oder verkürzt wird, zum Nachweis ihrer Identität auffordern.

§ 11
Eigener Wirkungsbereich der Gemeinde

Die Gemeinde hat ihre in diesem Gesetz geregelten Aufgaben mit Ausnahme der Durchführung des Verwaltungsstrafverfahrens im eigenen Wirkungsbereich zu besorgen. Verordnungen auf Grund dieses Gesetzes sind vom Gemeinderat zu erlassen.

§ 12
Strafbestimmungen, Pflichten des Zulassungsbesitzers

(1) Handlungen oder Unterlassungen, durch welche die Parkgebühr hinterzogen oder verkürzt wird, sowie Übertretungen der Auskunftspflicht nach Abs. 5 und der Verpflichtung nach Abs. 6 sind, unbeschadet der nachträglichen Vorschreibung der hinterzogenen oder verkürzten Parkgebühr, als Verwaltungsübertretungen mit Geldstrafen bis zu 218 Euro von den Bezirksverwaltungsbehörden zu bestrafen.

(2) Übertretungen der Gebote und Verbote der auf Grund dieses Gesetzes erlassenen Verordnungen sind als Verwaltungsübertretungen mit Geldstrafen bis zu 73 Euro zu bestrafen.

(3) Bei allen Übertretungen gemäß Abs. 1 und 2 können mit Organstrafverfügungen Geldstrafen bis zu „35" Euro eingehoben werden. *(LGBl 2012/33)*

(4) Alle Geldstrafen fließen jener Gemeinde zu, in der die Gebührenpflicht entstanden ist.

(5) Der Zulassungsbesitzer oder jeder, der einem Dritten das Lenken eines mehrspurigen Kraftfahrzeuges überlässt, für dessen Abstellen eine Parkgebühr zu entrichten war, hat, falls das mehrspurige Kraftfahrzeug in einer gebührenpflichtigen Kurzparkzone oder auf einem gebührenpflichtigen Parkplatz abgestellt war, der Bezirksverwaltungsbehörde darüber Auskunft zu geben, wem er das Kraftfahrzeug zu einem bestimmten Zeitpunkt überlassen hatte. Die Auskunft, welche den Namen und die Anschrift der betreffenden Person enthalten muss, ist unverzüglich, im Falle einer schriftlichen Aufforderung binnen zwei Wochen nach Zustellung, zu erteilen. Wenn eine solche Auskunft ohne entsprechende Aufzeichnungen nicht erteilt werden könnte, sind diese Aufzeichnungen zu führen.

(6) Wird ein mehrspuriges Kraftfahrzeug in einer gebührenpflichtigen Kurzparkzone oder auf einem gebührenpflichtigen Parkplatz abgestellt, so hat der Lenker dafür Sorge zu tragen, dass das Fahrzeug spätestens mit Ablauf der höchstzulässigen Parkdauer entfernt wird.

(7) Die Gemeinde kann durch Verordnung bestimmen, dass eine Überschreitung der bezahlten Zeiteinheit (zulässige Parkdauer) um bis zu zehn Minuten keine Hinterziehung oder Verkürzung der Parkgebühr darstellt.

§ 13
Inkrafttreten

Dieses Gesetz tritt mit dem der Kundmachung folgenden Tag, das ist der 28. März 2006, in Kraft.

§ 14
Außerkrafttreten

Mit Inkrafttreten dieses Gesetzes tritt das Steiermärkische Parkgebührengesetz 1979, LGBl. Nr. 21, in der Fassung LGBl. Nr. 10/2005, außer Kraft.

§ 15
Inkrafttreten von Novellen

„(1)" Die Änderung des Inhaltsverzeichnisses und des § 12 Abs. 3 durch die Novelle LGBl. Nr. 33/2012 tritt mit dem der Kundmachung folgenden Tag, das ist der 7. April 2012, in Kraft. *(LGBl 2013/87)*

(2) Die Änderung des § 7 Abs. 4 und des § 8 Abs. 3 Z. 2 durch die Novelle LGBl. Nr. 87/2013 tritt mit 1. Jänner 2014 in Kraft. *(LGBl 2013/87)*

(3) In der Fassung des Gesetzes LGBl. Nr. 149/2016 treten das Inhaltsverzeichnis, § 1 Abs. 2 erster Satz, § 8 Abs. 3 und die Überschrift des § 9 mit **1. Jänner 2017** in Kraft. Vor Inkrafttreten der Novelle LGBl. Nr. 149/2016 ausgefolgte Dienstabzeichen bleiben bis zum Erlöschen der Bestellung als Aufsichtsorgan gültig. Verordnungen auf Grund dieses Gesetzes können ab dem Kundmachung folgenden Tag erlassen werden; sie dürfen jedoch frühestens mit 1. Jänner 2017 in Kraft gesetzt werden. *(LGBl 2016/149)*

(4) In der Fassung des Gesetzes LGBl. Nr. 80/2017 tritt § 8 Abs. 3 mit dem der Kundmachung folgenden Tag, das ist der **7. September 2017**, in Kraft. *(LGBl 2017/80)*

Tiroler Parkabgabegesetz 2006

LGBl 2006/9 (WV) idF

1 LGBl 2012/150
2 LGBl I 2013/130
3 LGBl I 2014/51
4 LGBl I 2017/32
5 LGBl I 2018/144
6 LGBl I 2019/138
7 LGBl I 2020/59

Kundmachung der Landesregierung vom 10. Jänner 2006 über die Wiederverlautbarung des Tiroler Parkabgabegesetzes 1997

Artikel I

(1) Aufgrund des Art. 41 der Tiroler Landesordnung 1989, LGBl. Nr. 61/1988, wird in der Anlage das Parkabgabegesetz 1997, LGBl. Nr. 29, unter Berücksichtigung der durch die Gesetze LGBl. Nr. 112/2001, 89/2002, 48/2003 und 84/2005 erfolgten Änderungen wieder verlautbart.

(2) Die wieder verlautbarte Rechtsvorschrift ist als „Tiroler Parkabgabegesetz 2006" zu bezeichnen.

Artikel II

Die Bestimmung des § 17 Abs. 3 wird als nicht mehr geltend festgestellt, weil sie gegenstandslos geworden ist.

Anlage

Tiroler Parkabgabegesetz 2006

§ 1
Anwendungsbereich

(1) Dieses Gesetz gilt für die Erhebung von Abgaben für das Abstellen von mehrspurigen Kraftfahrzeugen auf öffentlichen Straßen, die für die Parkraumbewirtschaftung genutzt werden sollen, ausgenommen in Kurzparkzonen nach § 25 der Straßenverkehrsordnung 1960, BGBl. Nr. 159, zuletzt geändert durch das Gesetz „BGBl. I Nr. 39/2013". *(LGBl I 2014/51)*

(2) Auf die Erhebung von Abgaben für das Abstellen von mehrspurigen Kraftfahrzeugen in Kurzparkzonen nach § 25 der Straßenverkehrsordnung 1960 aufgrund einer Verordnung des Gemeinderates nach § 15 Abs. 3 Z. 5 „des Finanzausgleichsgesetzes 2008, BGBl. I Nr. 103/2007, zuletzt geändert durch das Gesetz BGBl. I Nr. 165/2013", sind folgende Bestimmungen dieses Gesetzes anzuwenden:

a) § 2 Abs. 1 zweiter und dritter Satz sowie Abs. 4 sinngemäß;

b) § 2 Abs. 5 mit der Maßgabe, dass ein nach § 52 lit. a Z. 13d letzter Satz der Straßenverkehrsordnung 1960 angebrachter Hinweis als geeignet gilt;

c) § 4 mit der Maßgabe, dass die Verpflichtung zur Entrichtung der Abgabe den Inhaber einer Bewilligung nach § 45 Abs. 4 und 4a der Straßenverkehrsordnung 1960 bzw. einer Bewilligung zur Entrichtung einer pauschalierten Abgabe trifft, wenn in der Verordnung eine Pauschalierung der Abgabe vorgesehen ist;

d) § 7 Abs. 1, 2, 4 und 5 sinngemäß;

e) § 8 Abs. 1 erster Halbsatz mit der Maßgabe, dass der Abgabenanspruch mit dem Eintritt der Rechtskraft „der Bewilligung" nach § 45 Abs. 4 oder 4a der Straßenverkehrsordnung 1960 entsteht, wenn in der Verordnung hierfür die Entrichtung der Abgabe in Form eines Pauschalbetrages vorgesehen ist; *(LGBl I 2013/130)*

f) § 8 Abs. 3 sinngemäß;

g) § 8 Abs. 4 mit der Maßgabe, dass lit. a Z. 1 unter den genannten Voraussetzungen auch bei Vorliegen einer in einer Verordnung im Sinn des § 2 Abs. 1 vorgesehenen Bewilligung zur Entrichtung einer pauschalierten Abgabe anzuwenden ist;

h) §§ 9 bis 13 sinngemäß;

i) § 14 Abs. 1 lit. a, b und c erster Fall sowie Abs. 2 bis 4.

(LGBl I 2014/51)

§ 2
Abgabengegenstand

(1) Die Gemeinden werden ermächtigt, durch Verordnung des Gemeinderates für das Abstellen von mehrspurigen Kraftfahrzeugen auf öffentlichen Straßen, die für die Parkraumbewirtschaftung genutzt werden sollen, ausgenommen in Kurzparkzonen nach § 25 der Straßenverkehrsordnung 1960, eine Abgabe – im Folgenden kurz Parkabgabe genannt – zu erheben. Die Gemeinde hat, sofern es sich nicht um Gemeindestraßen handelt, vor der Erlassung einer solchen Verordnung den Straßenverwalter zu hören. Für die Abgabe einer Äußerung ist eine angemessene, drei Monate nicht übersteigende Frist festzusetzen.

(2) Für die Parkraumbewirtschaftung können jene öffentlichen Straßen genutzt werden, die regelmäßig von einem größeren Personenkreis als Parkraum nachgefragt werden.

(3) Öffentliche Straßen im Sinn dieses Gesetzes sind die unmittelbar dem Verkehr mit Kraftfahrzeugen dienenden Flächen von öffentlichen Straßen im Sinn des Tiroler Straßengesetzes, LGBl. Nr. 13/1989, in der jeweils geltenden Fassung.

(4) Die öffentlichen Straßen, auf denen das Abstellen von mehrspurigen Kraftfahrzeugen abgabepflichtig ist, sind in Verordnungen nach Abs. 1 hinreichend genau zu bezeichnen (Parkzonen). Weiters sind die Zeiten, in denen die Abgabepflicht besteht, anzuführen.

(5) Auf die Abgabepflicht für das Abstellen von mehrspurigen Kraftfahrzeugen in einer Parkzone ist auf geeignete Art hinzuweisen.

§ 3

Ausnahmen

Nicht abgabepflichtig ist das Abstellen folgender Fahrzeuge in Parkzonen:

a) Einsatzfahrzeuge und Fahrzeuge im öffentlichen Dienst nach den §§ 26 und 26a der Straßenverkehrsordnung 1960;

b) Fahrzeuge des Straßendienstes und der Müllabfuhr nach § 27 der Straßenverkehrsordnung 1960;

c) Fahrzeuge, die von Ärzten bei einer Fahrt zur Leistung ärztlicher Hilfe gelenkt werden, sofern diese Fahrzeuge Fahrzeuge mit einer Tafel nach § 24 Abs. 5 der Straßenverkehrsordnung 1960 gekennzeichnet sind;

d) Fahrzeuge, die von Personen im diplomierten ambulanten Pflegedienst bei einer Fahrt zur Durchführung solcher Pflege gelenkt werden, sofern diese Fahrzeuge mit einer Tafel nach § 24 Abs. 5a der Straßenverkehrsordnung 1960 gekennzeichnet sind;

e) Fahrzeuge, die von dauernd stark gehbehinderten Personen abgestellt werden oder in denen solche Personen nach § 29b Abs. 3 der Straßenverkehrsordnung 1960 befördert werden, wenn diese Fahrzeuge mit einem Ausweis nach § 29b Abs. 1 oder 5 der Straßenverkehrsordnung 1960 gekennzeichnet sind;

f) Fahrzeuge, die für eine Gebietskörperschaft oder einen Gemeindeverband zugelassen sind, ausgenommen Personenkraftwagen;

g) Fahrzeuge, die lediglich zum Zweck des Aus- und Einsteigens von Personen oder für die Dauer der Durchführung einer Ladetätigkeit halten.

§ 4

Abgabenschuldner, Auskunftspflicht

(1) Zur Entrichtung der Parkabgabe ist der Lenker des Fahrzeuges, in den Fällen der §§ 6 und 7 der Inhaber der jeweiligen Bewilligung, verpflichtet.

(2) Besteht der Verdacht der Begehung einer Verwaltungsübertretung nach § 14 Abs. 1 lit. a oder c, so kann die Bezirksverwaltungsbehörde Auskunft darüber verlangen, wer ein nach dem Kennzeichen bestimmtes Kraftfahrzeug zuletzt vor einem bestimmten Zeitpunkt an einem bestimmten Ort abgestellt hat. Die Auskunft, die den Namen und die Adresse der entsprechenden Person enthalten muss, hat der Zulassungsbesitzer, im Fall von Probe- oder Überstellungsfahrten der Inhaber der entsprechenden Bewilligung, zu erteilen. Können sie diese Auskunft nicht erteilen, so haben sie den Namen und die Adresse jener Person anzugeben, die die Auskunft erteilen kann; dann trifft diese Person die Auskunftspflicht. Die Auskunft ist unverzüglich, im Fall einer schriftlichen Aufforderung innerhalb von zwei Wochen nach deren Zustellung, zu erteilen. Kann die Auskunft ohne Führung von Aufzeichnungen nicht gegeben werden, so sind entsprechende Aufzeichnungen zu führen.

§ 5

Bemessungsgrundlage und Höhe der Parkabgabe

(1) Die Höhe der Parkabgabe ist mit höchstens 1,1 Euro je angefangene halbe Stunde der Dauer des Abstellens eines Kraftfahrzeuges festzusetzen, soweit in den Abs. 2 und 3 und in den §§ 6 und 7 nichts anderes bestimmt ist.

(2) Im Interesse einer bestmöglichen Parkraumbewirtschaftung kann die Parkabgabe unter Berücksichtigung der örtlichen Verhältnisse und der jeweils zulässigen Abstelldauer in unterschiedlicher Höhe festgesetzt werden. Derartige Parkzonen sind in Verordnungen nach § 2 Abs. 1 zu bezeichnen.

(3) Wird in Verordnungen nach § 2 Abs. 1 die Verwendung von Parkzeitgeräten im Sinn des § 8

der Kurzparkzonen-Überwachungsverordnung, BGBl. Nr. 857/1994, „zuletzt geändert durch die Verordnung BGBl. II Nr. 145/2008," als Kontrolleinrichtung für zulässig erklärt, so kann der Gemeinderat die Höhe der Parkabgabe in Bruchteilen einer halben Stunde festsetzen. Die Höhe der je 30 Minuten zu entrichtenden Parkabgabe darf die nach Abs. 1 oder 2 je angefangene halbe Stunde festgesetzte Parkabgabe nicht überschreiten. *(LGBl I 2014/51)*

§ 6
Pauschalierte Abgabe für Parkzonen

(1) In Verordnungen nach § 2 Abs. 1 können Gebiete, in denen keine Kurzparkzonenregelungen bestehen, bestimmt werden, deren Bewohner die Erteilung einer Bewilligung zur Entrichtung einer pauschalierten Parkabgabe für das Abstellen eines mehrspurigen Kraftfahrzeuges auf den in Verordnungen nach § 2 Abs. 1 zu bezeichnenden nahe gelegenen Straßen beantragen können. Eine derartige Bewilligung darf nur erteilt werden:

a) für das Abstellen von Kraftfahrzeugen mit einem höchstzulässigen Gesamtgewicht von nicht mehr als 3.500 kg,

b) für die Dauer von höchstens zwei Jahren,

c) wenn der Antragsteller in diesem Gebiet seinen Hauptwohnsitz hat und ein persönliches Interesse nachweist, in der Nähe des Hauptwohnsitzes zu parken, und *(LGBl I 2014/51)*

d) wenn der Antragsteller Zulassungsbesitzer oder Leasingnehmer eines Kraftfahrzeuges ist oder nachweist, dass ihm ein arbeitgebereigenes Kraftfahrzeug auch zur Privatnutzung überlassen wird.

(2) Die Höhe der Parkabgabe nach Abs. 1 darf für jeden angefangenen Monat der Bewilligungsdauer mit höchstens 18,5 Euro festgesetzt werden.

(3) Wenn es aufgrund der örtlichen Gegebenheiten möglich ist und eine Notwendigkeit dafür besteht, kann in Verordnungen nach § 2 Abs. 1 weiters bestimmt werden, dass auch Angehörige bestimmter Personenkreise, die in diesen Gebieten ständig tätig sind, die Erteilung einer Bewilligung zur Entrichtung einer pauschalierten Parkabgabe beantragen können. Eine derartige Bewilligung darf nur erteilt werden:

a) für das Abstellen von Kraftfahrzeugen mit einem höchstzulässigen Gesamtgewicht von nicht mehr als 3.500 kg,

b) für die Dauer von höchstens zwei Jahren,

c) wenn der Antragsteller Zulassungsbesitzer bzw. Leasingnehmer eines Kraftfahrzeuges ist oder mit diesem in häuslicher Gemeinschaft lebt oder nachweist, dass ihm ein arbeitgebereigenes Kraftfahrzeug auch zur Privatnutzung überlassen wird und

d) die Tätigkeit des Antragstellers ohne eine solche Bewilligung erheblich erschwert oder unmöglich wäre.

(4) Die Höhe der Parkabgabe nach Abs. 3 darf für jeden angefangenen Monat der Bewilligungsdauer mit höchstens 73,– Euro oder, wenn die Bewilligung für weniger als einen Monat erteilt wird, für jeden angefangenen Tag mit höchstens 11,– Euro festgesetzt werden. Bei der Festlegung der Höhe der Parkabgabe sind die bewilligte Abstelldauer und die Art des Personenkreises zu berücksichtigen.

§ 7
Pauschalierte Abgabe für Beherbungsbetriebe

(1) Wenn es aufgrund der örtlichen Gegebenheiten möglich ist, kann in Verordnungen nach § 2 Abs. 1 bestimmt werden, dass die Inhaber von Beherbergungsbetrieben im Sinn des § 1 Abs. 3 des Meldegesetzes 1991, BGBl. Nr. 9/1992, zuletzt geändert durch das Gesetz „BGBl. I Nr. 161/2013", die Erteilung einer Bewilligung zur Entrichtung einer pauschalierten Parkabgabe für das Abstellen von Kraftfahrzeugen der von ihnen beherbergten Gäste beantragen können. Eine derartige Bewilligung darf nur erteilt werden:

a) für das Abstellen von Kraftfahrzeugen mit einem höchstzulässigen Gesamtgewicht von nicht mehr als 3.500 kg und

b) für die Dauer von höchstens zwei Jahren. *(LGBl I 2014/51)*

(2) In Verordnungen nach § 2 Abs. 1 ist weiters insbesondere unter Berücksichtigung der Anzahl, der Größe und der Art der Beherbergungsbetriebe sowie der Anzahl der den Beherbergungsbetrieben zur Verfügung stehenden privaten Stellplätze zu bestimmen, wie viele Bewilligungen nach Abs. 1 je Beherbergungsbetrieb erteilt werden dürfen.

(3) Die Höhe der Parkabgabe darf für jeden angefangenen Monat der Bewilligungsdauer mit höchstens 73,– Euro oder, wenn die Bewilligung für weniger als einen Monat erteilt wird, für jeden angefangenen Tag mit höchstens 11,– Euro festgesetzt werden. Bei der Festlegung der Höhe der Parkabgabe sind die bewilligte Abstelldauer und die Anzahl der Bewilligungen zu berücksichtigen.

(4) Die Gemeinde hat Parkkarten auszustellen, die auf den Namen des Beherbergungsbetriebes lauten und fortlaufend nummeriert sind. Der Inhaber des Beherbergungsbetriebes hat dafür zu sorgen, dass Aufzeichnungen geführt werden, aus

denen der Name des beherbergten Gastes unter Bezugnahme auf die Gästeblattsammlung, das Kennzeichen des Kraftfahrzeuges, die laufende Nummer der Parkkarte sowie der Zeitpunkt der Ausgabe und der Rücknahme der Parkkarte hervorgehen. Die Aufzeichnungen sind vom Inhaber des Beherbergungsbetriebes den Aufsichtsorganen nach § 10 auf Verlangen zur Einsichtnahme vorzulegen. Erfolgt die Führung der Aufzeichnungen mit Hilfe der automationsunterstützten Datenverarbeitung, so hat er den Aufsichtsorganen Einsicht in die Daten zu gewähren und für sie auf Verlangen unentgeltlich Ausdrucke herzustellen.

(5) Die Gäste haben die Parkkarten so hinter der Windschutzscheibe anzubringen, dass sie von außen gut erkennbar sind, und den Aufsichtsorganen auf Verlangen die Eigenschaft als Gast glaubhaft zu machen.

§ 8
Abgabenanspruch, Fälligkeit

(1) Der Abgabenanspruch entsteht mit dem Abstellen des Kraftfahrzeuges, soweit im Abs. 2 nichts anderes bestimmt ist.

(2) In den Fällen der §§ 6 und 7 entsteht der Abgabenanspruch mit dem Eintritt der Rechtskraft „der Bewilligung". *(LGBl I 2013/130)*

(3) Die Parkabgabe wird mit der Entstehung des Abgabenanspruches fällig. Der Gemeinderat kann in Verordnungen nach § 2 Abs. 1 bestimmen, dass fällige Parkabgaben nach § 5 unter einer bestimmten Höhe nicht erhoben werden.

(4) Die Abgabenbehörde hat dem Abgabenschuldner

a) den entsprechenden Anteil an der bereits entrichteten Parkabgabe, ausgenommen für bereits angefangene Kalendermonate, auf künftige gleichartige Abgabeschuldigkeiten anzurechnen oder auf Antrag zu erstatten, wenn

1. nachträglich Umstände eintreten, durch die der Abgabenschuldner auf Dauer gehindert wird, von seiner Bewilligung nach § 45 Abs. 4 oder 4a der Straßenverkehrsordnung 1960 oder nach den §§ 6 oder 7 Gebrauch zu machen;

2. eine Parkzone, die keine Kurzparkzone ist, zu einer abgabepflichtigen Kurzparkzone oder eine abgabepflichtige Kurzparkzone zu einer anderen Parkzone erklärt wird oder

3. die Abgabepflicht für das Abstellen eines mehrspurigen Kraftfahrzeuges in einer Parkzone aufgehoben wird;

b) jenen noch ermittelbaren Wert eines zur bargeldlosen Entrichtung der Parkabgabe bestimmten Datenträgers auf künftige gleichartige Abgabenschuldigkeiten anzurechnen oder auf Antrag zu erstatten, wenn der Datenträger funktionsunfähig wird.

(5) Dem Abgabenschuldner, der die Parkabgabe in der nach § 9 vorgeschriebenen Art entrichtet, dürfen hierfür keine zusätzlichen Kosten erwachsen.

§ 9
Art der Entrichtung, Kontrolleinrichtungen

(1) Die Art der Entrichtung der Parkabgabe und die zu verwendenden Kontrolleinrichtungen sind in Verordnungen nach § 2 Abs. 1 so zu bestimmen, dass die Entrichtung möglichst erleichtert und der mit der Einhebung verbundene Verwaltungsaufwand möglichst gering gehalten wird. Eine Verpflichtung zur Verwendung von Parkzeitgeräten darf in solchen Verordnungen nicht vorgesehen werden.

(2) Soweit es sich nicht um Parkzeitgeräte handelt, sind die im Kraftfahrzeug anzubringenden Kontrolleinrichtungen dem Abgabenschuldner unverzüglich nach der Entrichtung der Parkabgabe auszufolgen.

§ 10
Aufsichtsorgane

(1) Zur Unterstützung bei der Einleitung oder Durchführung von Verwaltungsstrafverfahren können von der Bezirksverwaltungsbehörde auf Antrag der Gemeinde Aufsichtsorgane bestellt werden. Die Bestellung hat mit schriftlichem Bescheid zu erfolgen und bedarf der Zustimmung des zu Bestellenden.

(2) Zu Aufsichtsorganen dürfen nur Personen bestellt werden, die

a) volljährig und entscheidungsfähig sind und für die keine aufrechte Vertretung nach § 1034 ABGB vorliegt,

b) verlässlich, körperlich und geistig geeignet sind und

c) über die zur Ausübung des Amtes erforderlichen Kenntnisse verfügen.

(LGBl I 2019/138)

(3) Als nicht verlässlich sind Personen anzusehen, die wegen einer vorsätzlichen, mit mehr als einjähriger Freiheitsstrafe bedrohten Handlung oder wegen einer strafbaren Handlung gegen fremdes Vermögen oder gegen die Sittlichkeit von einem Gericht verurteilt wurden, es sei denn, dass die Verurteilung getilgt ist oder der Beschrän-

kung der Auskunft aus dem Strafregister nach den tilgungsrechtlichen Vorschriften unterliegt.

(4) Die körperliche und geistige Eignung ist durch ein Zeugnis des Amtsarztes jener Bezirksverwaltungsbehörde nachzuweisen, in deren Sprengel das Aufsichtsorgan tätig werden soll.

(5) Die Kenntnisse nach Abs. 2 lit. c sind von der Bezirksverwaltungsbehörde durch eine mündliche Befragung festzustellen. Bei der Befragung sind eingehende Kenntnisse dieses Gesetzes und der in seiner Durchführung erlassenen Verordnungen der zum Sprengel der Bezirksverwaltungsbehörde gehörenden Gemeinden nachzuweisen. Die Straßenverkehrsordnung 1960, die in ihrer Durchführung erlassenen Verordnungen und das Verwaltungsstrafgesetz 1991 „ " dürfen nur insoweit Gegenstand der Befragung sein, als die Kenntnis dieser Rechtsvorschriften zur ordnungsgemäßen Erfüllung der Aufgaben eines Aufsichtsorganes erforderlich ist. *(LGBl 2020/59)*

(6) Das Erfordernis der Zustimmung nach Abs. 1 zweiter Satz und die Abs. 2 bis 5 gelten nicht für die Bestellung von Mitgliedern eines Gemeindewachkörpers oder von Gemeindesicherheitswacheorganen zu Aufsichtsorganen nach diesem Gesetz.

§ 11
Angelobung, Dienstabzeichen, Dienstausweis

(1) Das Aufsichtsorgan hat vor der Bezirksverwaltungsbehörde die gewissenhafte Erfüllung seiner Aufgaben zu geloben.

(2) Die Bezirksverwaltungsbehörde hat dem Aufsichtsorgan unmittelbar nach der Angelobung das Dienstabzeichen und den Dienstausweis auszufolgen.

(3) Die Landesregierung hat durch Verordnung nähere Bestimmungen über die Art, die Form und das Tragen des Dienstabzeichens und über den Inhalt und die Form des Dienstausweises zu erlassen. Das Dienstabzeichen hat jedenfalls die Inschrift „Aufsichtsorgan nach dem Tiroler Parkabgabegesetz" zu enthalten. Der Dienstausweis hat jedenfalls zu enthalten:

a) den Namen, das Geburtsdatum und ein Lichtbild des Aufsichtsorganes,

b) die Geschäftszahl und das Datum der Bestellungsentscheidung und die Bezeichnung jener Stelle, die diese erlassen hat, und *(LGBl 2013/130)*

c) die Befugnisse des Aufsichtsorganes nach § 13.

(4) Das Aufsichtsorgan hat bei der Ausübung seines Dienstes das Dienstabzeichen sichtbar zu tragen und den Dienstausweis mitzuführen. Der Dienstausweis ist dem Abgabenschuldner auf Verlangen vorzuweisen.

(5) Das Dienstabzeichen und der Dienstausweis sind der Bezirksverwaltungsbehörde zurückzugeben, wenn die Bestellung zum Aufsichtsorgan erloschen ist.

(6) Die Abs. 2 bis 5 gelten nicht für die Bestellung von Mitgliedern eines Gemeindewachkörpers oder von Gemeindesicherheitswacheorganen zu Aufsichtsorganen nach diesem Gesetz.

§ 12
Erlöschen der Bestellung

(1) Die Bestellung zum Aufsichtsorgan erlischt mit:

a) dem Tod,

b) dem Widerruf der Bestellung oder

c) dem Verzicht auf das Amt.

(2) Die Bezirksverwaltungsbehörde hat die Bestellung zum Aufsichtsorgan zu widerrufen, wenn

a) die Unterstützung der Bezirksverwaltungsbehörde durch das Aufsichtsorgan nicht mehr erforderlich ist,

b) eine der im § 10 Abs. 2 lit. a und b genannten Voraussetzungen nachträglich weggefallen ist,

c) das Aufsichtsorgan seine Befugnisse wiederholt überschritten oder Dienstaufträge wiederholt nicht oder nicht ordnungsgemäß ausgeführt hat,

d) das Aufsichtsorgan ein mit der Stellung als Organ der öffentlichen Aufsicht unvereinbares Verhalten gezeigt hat oder

e) die Gemeinde den Widerruf aus sonstigen wichtigen Gründen beantragt.

(3) Im Verfahren zum Widerruf der Bestellung nach Abs. 2 kommt der Gemeinde, in den Fällen des Abs. 2 lit. b bis d auch dem Aufsichtsorgan, Parteistellung zu. „ " *(LGBl 2012/150)*

(4) Ein Aufsichtsorgan, ausgenommen ein Mitglied eines Gemeindewachkörpers oder ein Gemeindesicherheitswacheorgan, kann auf sein Amt verzichten. Der Verzicht ist gegenüber der Bezirksverwaltungsbehörde schriftlich zu erklären. Er wird mit dem Einlangen der Verzichtserklärung bei der Behörde unwiderruflich und, sofern in der Verzichtserklärung nicht ein späterer Zeitpunkt angegeben ist, wirksam.

§ 13
Befugnisse

(1) Aufsichtsorgane dürfen in Ausübung ihres Amtes Personen, die bei der Begehung einer Verwaltungsübertretung nach § 14 Abs. 1 lit. a oder c betreten werden, zum Nachweis ihrer Identität auffordern.

(2) Die Bezirksverwaltungsbehörde kann Aufsichtsorgane zur Vornahme von Amtshandlungen nach § 50 Abs. 1, 2 und 8 VStG ermächtigen.

(3) Mitglieder eines Gemeindewachkörpers können weiters von der Bezirksverwaltungsbehörde mit Zustimmung der Gemeinde zur Festsetzung und Einhebung vorläufiger Sicherheiten nach Maßgabe des § 37a Abs. 2 Z. 2 VStG ermächtigt werden.

§ 14
Strafbestimmungen

(1) Wer

a) durch Handlungen oder Unterlassungen die Parkabgabe hinterzieht oder verkürzt,

b) der Auskunftspflicht nach § 4 Abs. 2 nicht oder nicht rechtzeitig nachkommt,

c) ohne den Tatbestand nach lit. a zu verwirklichen, Kontrolleinrichtungen nach § 9 oder als Gast Parkkarten nach § 7 Abs. 4 nicht ordnungsgemäß verwendet,

d) Parkkarten anderen Personen als beherbergten Gästen überlässt oder

e) als Inhaber eines Beherbergungsbetriebes den Verpflichtungen nach § 7 Abs. 4 nicht nachkommt,

begeht „ " eine Verwaltungsübertretung und ist von der Bezirksverwaltungsbehörde mit Geldstrafe bis zu 370,– Euro zu bestrafen. *(LGBl I 2017/32)*

(2) Wird ein Kraftfahrzeug, für das die Parkabgabe hinterzogen oder verkürzt worden ist, nicht spätestens zu Beginn des nächstfolgenden Zeitraumes nach § 2 Abs. 4 zweiter Satz entfernt, so bildet das weitere Stehenlassen des Kraftfahrzeuges für jeden solchen angefangenen Zeitraum eine neuerliche Verwaltungsübertretung. Ist das Abstellen eines mehrspurigen Kraftfahrzeuges in einer Parkzone durchgehend abgabepflichtig, so bildet das weitere Stehenlassen des Kraftfahrzeuges nach Ablauf von jeweils 24 Stunden eine neue Verwaltungsübertretung.

(3) Der Versuch ist strafbar.

(4) Die Geldstrafen fließen der Gemeinde zu, in deren Gebiet die Abgabepflicht entstanden ist.

§ 15
Eigener Wirkungsbereich

Die von der Gemeinde nach diesem Gesetz zu besorgenden Aufgaben sind solche des eigenen Wirkungsbereiches.

§ 16
Übergangsbestimmungen

(1) Rechtskräftige Bewilligungen nach § 4 Abs. 3 und 4 des Tiroler Kurzparkzonenabgabegesetzes bleiben unberührt.

(2) Die zum Zeitpunkt des „Inkrafttretens" dieses Gesetzes bestellten Aufsichtsorgane nach § 8 des Tiroler Kurzparkzonenabgabegesetzes gelten als Aufsichtsorgane nach diesem Gesetz. *(LGBl I 2018/144)*

§ 17
Inkrafttreten

(1) Dieses Gesetz tritt mit 1. Juli 1997 in Kraft.

(2) Zugleich tritt das Tiroler Kurzparkzonenabgabegesetz, LGBl. Nr. 44/1994, in der Fassung des Gesetzes LGBl. Nr. 62/1995 außer Kraft.

Vorarlberger Parkabgabegesetz

LGBl 1987/2 idF

1 LGBl 1992/38
2 LGBl 1998/65
3 LGBl 2001/58
4 LGBl 2004/6
5 LGBl 2006/16
6 LGBl 2009/57
7 LGBl 2015/40
8 LGBl 2019/48

Gesetz über die Erhebung einer Abgabe für das Abstellen von Kraftfahrzeugen auf öffentlichen Straßen (Parkabgabegesetz)

§ 1
Ermächtigung zur Erhebung der Abgabe

(1) Die Gemeinden werden ermächtigt, durch Beschluss der Gemeindevertretung für das Abstellen mehrspuriger Kraftfahrzeuge auf Straßen mit öffentlichem Verkehr eine Abgabe nach den Bestimmungen dieses Gesetzes zu erheben.

(2) Als Abstellen im Sinne dieses Gesetzes gelten das Halten und Parken im Sinne der straßenverkehrsrechtlichen Vorschriften.

§ 2
Festlegung der Abgabenpflicht

(1) Die Gemeindevertretung hat durch Verordnung zu bestimmen, auf welchen Verkehrsflächen und zu welchen Zeiten das Abstellen von Fahrzeugen abgabepflichtig ist. „Eine Verordnung, die sich auf andere Verkehrsflächen als öffentliche Straßen bezieht, darf nur erlassen werden, wenn die Zustimmung des Grundeigentümers vorliegt; dies gilt nicht für Verordnungen, die sich auf Kurzparkzonen beziehen." *(LGBl 2006/16)*

(2) Die Verkehrsflächen, für welche die Abgabepflicht besteht, müssen entsprechend gekennzeichnet sein. Für die Kennzeichnung der Abgabepflicht in Kurzparkzonen gelten die straßenverkehrsrechtlichen Vorschriften. Die anderen Verkehrsflächen sind durch Hinweistafeln mit der Aufschrift "Gebührenpflichtige Parkplätze" zu kennzeichnen. Wenn die Abgabepflicht nur für bestimmte Zeiten besteht, sind auch diese anzuführen. Die Landesregierung hat erforderlichenfalls durch Verordnung die näheren Bestimmungen über die Größe, Form, Farbe und Aufschrift der Hinweistafeln zu erlassen.

§ 3
Abgabepflichtige, Auskunftspflichtige

(1) Zur Entrichtung der Abgabe ist der Lenker verpflichtet.

(2) Wer ein Kraftfahrzeug einem anderen überlässt, hat der Behörde auf Verlangen hierüber Auskunft zu geben. Er hat entsprechende Aufzeichnungen zu führen, wenn er die Auskunft ansonsten nicht erteilen könnte.

§ 4
Höhe der Abgabe

(1) Die Höhe der Abgabe ist von der Gemeindevertretung durch Verordnung festzulegen.

(2) Die Abgabe hat auf Verkehrsflächen, die keine Kurzparkzonen sind,
a) für jede angefangene Stunde mindestens 70 Cent und höchstens 2 Euro oder
b) für je angefangene zwölf Stunden mindestens 4,20 Euro und höchstens 11,90 Euro
zu betragen. Davon abweichend kann maximal für die ersten 1,5 Stunden der Mindestbetrag unterschritten oder auch gar keine Abgabe vorgesehen werden. Weiters abweichend können die Höchstbeträge für Verkehrsflächen, auf welchen Kraftfahrzeuge mit einer Gesamtlänge von mehr als neun Metern abgestellt werden, um bis zu 300 % überschritten werden. *(LGBl 2019/48)*

(3) Die im Abs. 2 angeführten „Beträge"** erhöhen sich jeweils um „10 %"**, wenn, ausgehend vom 1. Jänner „2019"**, der vom Amt der Landesregierung kundgemachte Lebenshaltungskostenindex in diesem Ausmaß gestiegen ist. „Die neuen Beträge gelten jeweils ab Beginn des auf diese Indexsteigerung folgenden Kalenderjahres und sind auf volle 10 Cent aufzurunden."*
(*LGBl 2006/16; **LGBl 2019/48)

§ 5
Entrichtung und Fälligkeit

(1) Die Art der Entrichtung der Abgabe und die Hilfsmittel hiefür sind durch Verordnung der Gemeindevertretung festzulegen. Es ist dabei auf eine einfache Handhabung für den Fahrzeuglenker und einen möglichst geringen Verwaltungsaufwand Bedacht zu nehmen.

(2) Die Abgabe ist„, sofern in der Verordnung nach Abs. 1 nichts anderes festgelegt ist," bei Beginn des Abstellens fällig. *(LGBl 2019/48)*

§ 6
Ausnahmen

Die Abgabe ist nicht zu entrichten für
a) Einsatzfahrzeuge, Fahrzeuge im öffentlichen Dienst, Fahrzeuge des Straßendienstes, der

2/8. ParkG
Vorarlberg

Müllabfuhr und Fahrzeuge, die für eine Gebietskörperschaft oder einen Gemeindeverband zugelassen sind, ausgenommen Personenkraftwagen, *(LGBl 2006/16)*

b) Fahrzeuge, die von Inhabern eines Parkausweises für Menschen mit Behinderung gemäß § 29b der Straßenverkehrsordnung 1960 gelenkt oder als Mitfahrer benützt werden, sofern die Fahrzeuge beim Abstellen mit diesem Ausweis sichtbar gekennzeichnet sind, *(LGBl 2015/40)*

c) Fahrzeuge, die von Ärzten oder Ärztinnen bei einer Fahrt zur Leistung ärztlicher Hilfe gelenkt werden und beim Abstellen mit einer Tafel gemäß § 24 der „Straßenverkehrsordnung 1960" sichtbar gekennzeichnet sind, *(LGBl 2006/16; LGBl 2015/40)*

d) Fahrzeuge, die von Personen im diplomierten ambulanten Pflegedienst bei einer Fahrt zur Hauskrankenpflege gelenkt werden und beim Abstellen mit einer Tafel gemäß § 24 der „Straßenverkehrsordnung 1960" sichtbar gekennzeichnet sind, *(LGBl 2006/16; LGBl 2015/40)*

„e)" Fahrzeuge, die lediglich zum Zwecke des Aus- und Einsteigens von Personen oder für die Dauer der Durchführung einer Ladetätigkeit halten, *(LGBl 2006/16)*

f) Elektrofahrzeuge während des Ladevorganges auf Verkehrsflächen, die keine Kurzparkzonen sind. *(LGBl 2019/48)*

§ 6a
Pauschalierungszonen

(1) Die Gemeindevertretung kann durch Verordnung Gebiete für alle oder einzelne der folgenden Nutzergruppen zu Pauschalierungszonen erklären:

a) Inhaber von mehrspurigen Kraftfahrzeugen, die in der Pauschalierungszone den Hauptwohnsitz haben,

b) Unternehmer und Arbeitnehmer, die Zulassungsbesitzer eines mehrspurigen Kraftfahrzeuges sind und in einer Pauschalierungszone einen Standort haben bzw. dort beschäftigt sind,

c) Benutzer eines Park-and-ride-Systems oder

d) andere, ähnlich häufig in der Pauschalierungszone parkende und in der Verordnung näher zu bestimmende Nutzergruppen.

(2) Den nach Abs. 1 berechtigten Nutzern ist die Abgabe für den Bereich der Pauschalierungszone auf Antrag für die Dauer bis zu einem Jahr zu pauschalieren.

(3) Die Höhe der Pauschalbeträge ist von der Gemeindevertretung durch Verordnung festzulegen. Der Pauschalbetrag darf auf Verkehrsflächen – ausgenommen Kurzparkzonen – höchstens 817 Euro betragen. Erfolgt die Pauschalierung für einen kürzeren Zeitraum als ein Jahr, verringert sich der Höchstbetrag aliquot. Die Bestimmungen des § 4 Abs. 3 gelten sinngemäß.

(4) Die näheren Bestimmungen über die erforderlichen Nachweise zur Anwendbarkeit der Pauschalierungsregelung, die Art der Kennzeichnung der Fahrzeuge und der Hilfsmittel hiefür sind durch Verordnung der Gemeindevertretung festzulegen.

(LGBl 2019/48)

§ 6b
Überwachung

(1) Zur Mitwirkung bei der Überwachung der Entrichtung der Abgabe kann die Gemeinde mit Bescheid Überwachungsorgane bestellen.

(2) Als Überwachungsorgane können Personen bestellt werden, die

a) das 19. Lebensjahr vollendet haben,

b) vom Wahlrecht zum Landtag nicht ausgeschlossen sind und

c) über die im Hinblick auf die angestrebte Tätigkeit erforderlichen fachlichen Kenntnisse verfügen.

(3) Als Nachweis der erforderlichen fachlichen Kenntnisse gilt die Bestätigung über die Teilnahme an einem Ausbildungskurs. Dieser hat Kenntnisse über das Parkabgabegesetz und, soweit es für die ordnungsgemäße Erfüllung der Aufgaben der Überwachungsorgane erforderlich ist, über die straßenverkehrsrechtlichen Bestimmungen sowie über das Verwaltungsstrafgesetz zu vermitteln.

(4) Die Überwachungsorgane sind Organe der öffentlichen Aufsicht.

(5) Die Landesregierung kann durch Verordnung das Führen von Dienstausweisen oder auch das Tragen von Dienstabzeichen anordnen sowie nähere Bestimmungen über

a) Inhalt und Form des Dienstausweises,

b) Form, Größe und Ausführung des Dienstabzeichens

erlassen.

§ 7
Strafbestimmungen

(1) Wer

a) durch Handlungen oder Unterlassungen die Abgabe hinterzieht oder verkürzt „ ", *(LGBl 2009/57)*

b) der Verpflichtung zur Auskunftserteilung und zur Führung von Aufzeichnungen gemäß § 3 Abs. 2 nicht nachkommt oder

c) Bestimmungen in einer Verordnung gemäß § 5 Abs. 1 über die Art der Entrichtung der Abgabe und die Hilfsmittel hiefür nicht befolgt, begeht eine Verwaltungsübertretung und ist von der Bezirkshauptmannschaft mit einer Geldstrafe bis zu 300 Euro zu bestrafen.

(2) Die Geldstrafen fließen der Gemeinde zu, in deren Gebiet die Abgabepflicht entstanden ist.

§ 8
Eigener Wirkungsbereich

Die in diesem Gesetz geregelten Aufgaben der Gemeinde sind solche des eigenen Wirkungsbereiches.

§ 9
Übergangsbestimmung zur Novelle LGBl.Nr. 48/2019

Verordnungen, in welchen Abgabenhöhen festgelegt sind, die nicht den Vorgaben betreffend Mindestbeträge nach § 4 Abs. 2 in der Fassung LGBl.Nr. 48/2019 entsprechen, sind bis spätestens 31. Dezember 2020 anzupassen.

(LGBl 2019/48)

2/9/1. ParkG
Wien

Parkometergesetz 2006

LGBl 2006/9 idF

1 LGBl 2007/33
2 LGBl 2009/58
3 LGBl 2012/24
4 LGBl 2012/45
5 LGBl 2013/10 (Landes-Sicherheitsbehörden-Neustrukturierungs-Gesetz - LSNG)
6 LGBl 2018/71

Gesetz über die Regelung der Benützung von Straßen durch abgestellte mehrspurige Kraftfahrzeuge (Parkometergesetz 2006)

§ 1. (1) Die Gemeinde wird ermächtigt, durch Verordnung für das Abstellen von mehrspurigen Kraftfahrzeugen in Kurzparkzonen gemäß § 25 der Straßenverkehrsordnung 1960 (StVO 1960), BGBl. Nr. 159/1960, in der Fassung des Bundesgesetzes BGBl. I Nr. 99/2005, die Entrichtung einer Abgabe auch für mehrspurige Kraftfahrzeuge vorzuschreiben, die lediglich zum Zwecke des Aus- und Einsteigens von Personen oder für die Dauer der Durchführung einer Ladetätigkeit halten.

(1a) Wird der Magistrat gemäß § 88 Abs. 3a der Wiener Stadtverfassung, LGBl. für Wien Nr. 28/1968, zuletzt geändert durch LGBl. für Wien Nr. 22/2003, zur Vornahme einer Wertanpassung der Abgabe nach Abs. 1 ermächtigt, so hat dieser die Anpassung nur vorzunehmen, wenn sich eine Erhöhung bzw. Verminderung der jeweils geltenden Abgabenhöhe für jede halbe Stunde Abstellzeit in der Höhe von mindestens 5 Cent ergibt. Die Änderung hat im Ausmaß der Erhöhung oder Verminderung des Indexes zum Stichtag 30. Juni in Schritten von vollen 5 Cent zu erfolgen. Dabei sind Teilbeträge von weniger als 3 Cent auf die vorigen 10 Cent abzurunden; ebenso Teilbeträge von weniger als 8 Cent auf die vorigen 5 Cent. Teilbeträge von mindestens 3 Cent sind auf die nächsten 5 Cent aufzurunden; ebenso Teilbeträge von mindestens 8 Cent auf die nächsten 10 Cent. *(LGBl 2007/33)*

(2) Die übrigen Bestimmungen des § 15 Abs. 3 Z 5 des Finanzausgleichsgesetzes 2005 (FAG 2005), BGBl. I Nr. 156/2004, in der Fassung des Bundesgesetzes BGBl. I Nr. 34/2005, bleiben unberührt.

(3) Die Vorschreibung der Abgabe erfolgt durch formlose Zahlungsaufforderung. *(LGBl 2009/58)*

(4) Ein Abgabenbescheid ist zu erlassen, wenn die Abgabepflicht bestritten wird. *(LGBl 2009/58)*

(5) Die Erlassung eines Abgabenbescheides ohne vorhergehende formlose Zahlungsaufforderung ist zulässig. *(LGBl 2009/58)*

§ 2. (1) Der Zulassungsbesitzer und jeder, der einem Dritten das Lenken eines mehrspurigen Kraftfahrzeuges oder die Verwendung eines mehrspurigen Kraftfahrzeuges überlässt, für dessen Abstellen gemäß Verordnung des Wiener Gemeinderates eine Parkometerabgabe zu entrichten war, hat, falls das Kraftfahrzeug in einer gebührenpflichtigen Kurzparkzone gemäß § 25 StVO 1960, BGBl. Nr. 159/1960, in der Fassung des Bundesgesetzes BGBl. I Nr. 99/2005, abgestellt war, dem Magistrat darüber Auskunft zu geben, wem er das Kraftfahrzeug zu einem bestimmten Zeitpunkt überlassen gehabt hat.

(2) Die Auskunft, welche den Namen und die Anschrift der betreffenden Person enthalten muss, ist unverzüglich, im Falle einer schriftlichen Aufforderung binnen zwei Wochen nach Zustellung, zu erteilen; wenn eine solche Auskunft ohne entsprechende Aufzeichnungen nicht erteilt werden könnte, sind diese Aufzeichnungen zu führen.

§ 3. Die Gemeinde wird ermächtigt, durch Verordnung die Art der von den Abgabepflichtigen zu verwendenden Kontrolleinrichtungen unter Bedachtnahme auf eine möglichst einfache Handhabung und auf die Auswirkungen auf das Stadtbild sowie unter Rücksichtnahme auf zur Überwachung von Parkzeitbeschränkungen vorgeschriebene Kontrolleinrichtungen zu bestimmen.

§ 4. (1) Handlungen oder Unterlassungen, durch die die Abgabe hinterzogen oder fahrlässig verkürzt wird, sind als Verwaltungsübertretungen mit Geldstrafen bis zu „365" Euro zu bestrafen. *(LGBl 2012/24)*

(2) Übertretungen des § 2 sind als Verwaltungsübertretungen mit Geldstrafen bis zu „365" Euro zu bestrafen. *(LGBl 2012/24)*

(3) Die sonstigen Übertretungen der Gebote und Verbote dieses Gesetzes und der auf Grund dieses Gesetzes erlassenen Verordnungen sind als Verwaltungsübertretungen mit Geldstrafen bis zu „120" Euro zu bestrafen. *(LGBl 2012/24)*

(4) Bei allen gemäß Abs. 1 und 3 mit Strafe bedrohten Übertretungen der Gebote und Verbote dieses Gesetzes können mit Organstrafverfügung Geldstrafen bis zu „36" Euro eingehoben werden. *(LGBl 2012/24)*

(5) Bei den nach diesem Gesetz mit Strafe bedrohten Verwaltungsübertretungen können, wenn

2/9/1. ParkG
Wien

auf Grund bestimmter Tatsachen anzunehmen ist, dass

1. die Strafverfolgung des Lenkers aus in seiner Person gelegenen Gründen offenbar unmöglich oder wesentlich erschwert sein werde und

2. es sich um mehrfache und in einem zeitlichen Zusammenhang stehende Übertretungen handelt,

die Organe der Straßenaufsicht technische Sperren an das Fahrzeug anlegen, um den Lenker am Wegfahren zu hindern. Der Lenker ist mit einer an jeder Tür, die zum Lenkersitz Zugang gewährt – wenn dies nicht möglich ist, sonst auf geeignete Weise –, anzubringenden Verständigung auf die Unmöglichkeit, das Fahrzeug ohne Beschädigung in Betrieb zu nehmen, hinzuweisen. Diese Verständigung hat in deutscher Sprache sowie in jener Sprache zu erfolgen, die der Lenker vermutlich versteht, und einen Hinweis auf die zur Durchführung des Strafverfahrens zuständige Behörde zu enthalten. Eine solche Sperre ist unverzüglich aufzuheben, sobald das gegen den Lenker des Fahrzeuges einzuleitende Verfahren abgeschlossen und die verhängte Strafe vollzogen ist oder eine Sicherheit gemäß §§ 37, 37a VStG, BGBl. Nr. 52/1991, in der Fassung BGBl. I Nr. 100/2011, geleistet wurde. *(LGBl 2012/45)*

(6) § 33a Verwaltungsstrafgesetz 1991 – VStG, BGBl. Nr. 52/1991 in der Fassung BGBl. I Nr. 57/2018, findet auf sämtliche Übertretungen nach diesem Gesetz und sämtliche Übertretungen der auf Grund dieses Gesetzes sowie der auf Grund einer bundesgesetzlichen Ermächtigung gemäß § 7 Abs. 5 Finanz-Verfassungsgesetz 1948, BGBl. Nr. 45, für das Abstellen mehrspuriger Kraftfahrzeuge in Kurzparkzonen gemäß § 25 StVO 1960 erlassenen Verordnungen keine Anwendung. *(LGBl 2018/71)*

§ 5. „" Die Überwachung der Einhaltung der mit Verordnung des Wiener Gemeinderates angeordneten Kontrollmaßnahmen erfolgt durch „die „Landespolizeidirektion"** Wien"*. *(*LGBl 2012/45; **LGBl 2013/10)*

(2) *(entfällt, LGBl 2012/45)*

§ 6. Aus Gründen der Verwaltungsvereinfachung und der Vereinheitlichung kann die Gemeinde durch Verordnung Pauschalierungsrichtlinien festlegen, die die Höhe und die Form der Abgabenentrichtung regeln und auf das unterschiedliche Abstellverhalten der Wohnbevölkerung in Gebieten, die gemäß § 43 Abs. 2a StVO 1960, BGBl. Nr. 159/1960, in der Fassung des Bundesgesetzes BGBl. I Nr. 99/2005, verordnet sind, des Wirtschaftsverkehrs und des sonstigen Verkehrs Bedacht nehmen.

§ 7. Die Gemeinde hat die in § 15 Abs. 3 Z 5 des FAG 2005, BGBl. I Nr. 156/2004 in der Fassung des Bundesgesetzes BGBl. I Nr. 34/2005 und die in diesem Gesetz geregelten Aufgaben mit Ausnahme der Durchführung des Verwaltungsstrafverfahrens im eigenen Wirkungsbereich zu besorgen.

§ 8. Soweit in diesem Gesetz und in den auf Grund dieses Gesetzes erlassenen Verordnungen personenbezogene Bezeichnungen nur in männlicher Form angeführt sind, beziehen sich diese auf Frauen und Männer in gleicher Weise.

§ 9. Dieses Gesetz tritt mit dem seiner Kundmachung folgenden Tag, frühestens jedoch am 1. Jänner 2006, in Kraft. Gleichzeitig treten das Parkometergesetz, LGBl. für Wien Nr. 47/1974, zuletzt geändert durch LGBl. für Wien Nr. 28/2000, sowie die auf Grund dieses Gesetzes erlassenen Verordnungen der Wiener Landesregierung außer Kraft.

2/9/2. ParkG
Wien

Parkometerabgabeverordnung

ABl Nr 2005/51 (v 22. 12. 2005) idF

1 ABl Nr 2006/02 (v 12. 1. 2006)
2 ABl Nr 2007/29 (v 19. 7. 2007)
3 ABl Nr 2007/47 (v 22. 11. 2007)
4 ABl Nr 2008/01 (v 3. 1. 2008)
5 ABl Nr 2011/52 (v 29. 12. 2011)
6 ABl Nr 2013/29 (v 18. 7. 2013)
7 ABl Nr 2016/29 (v 21. 7. 2016)
8 ABl Nr 2016/46 (v 17. 11. 2016)
9 ABl Nr 2019/46 (v 14. 11. 2019)
10 ABl Nr 2019/48 (v 28. 11. 2019)
11 ABl Nr 2020/20 (v 14. 5. 2020)

Verordnung des Wiener Gemeinderats, mit der für das Abstellen von mehrspurigen Kraftfahrzeugen in Kurzparkzonen die Entrichtung einer Abgabe vorgeschrieben wird (Parkometerabgabeverordnung)

Der Wiener Gemeinderat hat auf Grund des § 15 Abs. 3 Z 5 des Finanzausgleichsgesetzes 2005 (FAG 2005), BGBl. I Nr. 156/2004, in der Fassung des Bundesgesetzes BGBl. I Nr. 34/2005, sowie des Gesetzes über die Regelung der Benützung von Straßen durch abgestellte mehrspurige Kraftfahrzeuge (Parkometergesetz 2006) beschlossen:

§ 1. Für das Abstellen von mehrspurigen Kraftfahrzeugen in Kurzparkzonen (§ 25 StVO 1960) ist eine Abgabe zu entrichten.

(2) 1. der Begriff „Abstellen" umfasst sowohl das Halten im Sinne der Begriffsbestimmung des § 2 Abs. 1 Z 27 der StVO 1960, als auch das Parken im Sinne des § 2 Abs. 1 Z 28 der StVO 1960 von mehrspurigen Kraftfahrzeugen;

2. der Begriff „Kraftfahrzeug" ist im Sinne der Begriffsbestimmung des § 2 Abs. 1 Z 1 des Kraftfahrgesetzes 1967 (KFG 1967), BGBl. Nr. 267/1967, in der Fassung des Bundesgesetzes BGBl. I Nr. 175/2004, zu verstehen.

(3) Die Bestimmungen der StVO 1960 sowie die Bestimmungen der darauf gestützten Verordnungen und Anordnungen werden durch diese Verordnung nicht berührt.

(4) Die Bemessung der Abgabe erfolgt durch formlose Zahlungsaufforderung.

§ 2. Die Abgabe beträgt für jede halbe Stunde Abstellzeit „1,10 Euro"**, wobei für angefangene halbe Stunden der volle Abgabenbetrag zu entrichten ist. „Beträgt die gesamte Abstellzeit nicht mehr als fünfzehn Minuten, ist ein Abgabenbetrag nicht zu entrichten, wenn der hiefür vorgesehene Parkschein vorschriftsmäßig angebracht und entwertet oder aktiviert ist."* *(*ABl Nr 2013/29; **ABl Nr 2019/48)*

§ 3. Das bei Erwerb von Parkscheinen zu zahlende Entgelt beträgt pro Parkschein

a) für eine Abstellzeit von einer halben Stunde (rot) 1,10 Euro,

b) für eine Abstellzeit von einer Stunde (blau) 2,20 Euro,

c) für eine Abstellzeit von eineinhalb Stunden (grün) 3,30 Euro

d) für eine Abstellzeit von zwei Stunden (gelb) 4,40 Euro,

(ABl Nr 2019/48, ab 1. 1. 2020)

§ 4. Das bei Erwerb von elektronischen Parkscheinen zu zahlende Entgelt beträgt pro elektronischem Parkschein

a) für eine Abstellzeit von einer halben Stunde 1,10 Euro,

b) für eine Abstellzeit von einer Stunde 2,20 Euro,

c) für eine Abstellzeit von eineinhalb Stunden 3,30 Euro,

d) für eine Abstellzeit von zwei Stunden 4,40 Euro,

e) für eine Abstellzeit von zweieinhalb Stunden 5,50 Euro,

f) für eine Abstellzeit von drei Stunden 6,60 Euro.

(ABl Nr 2019/48, ab 1. 1. 2020)

§ 4a. (1) Der Magistrat hat die in den §§ 2 bis 4 angeführten Abgaben zu erhöhen oder zu verringern, wenn sich der von der Bundesanstalt Statistik Österreich berechnete und im Amtsblatt der Stadt Wien kundgemachte Verbraucherpreisindex 2005 (VPI 2005) oder ein an dessen Stelle tretender Index seit 1. Jänner 2007 und in weiterer Folge seit der letzten Änderung der Abgabe zum Stichtag 30. Juni eines Jahres mindestens insoweit verändert hat, dass unter Zugrundelegung der Änderung eine Erhöhung bzw. Verminderung der jeweils geltenden Abgabenhöhe für jede halbe Stunde Abstellzeit in Höhe von mindestens 5 Cent (Schwellenwert) vorzunehmen ist. Die Änderung hat im Ausmaß der Erhöhung oder Verminderung des Indexes zum Stichtag 30. Juni dieses Jahres in Schritten von vollen 5 Cent zu erfolgen. Dabei sind Teilbeträge von weniger als 3 Cent auf die vorigen 10 Cent abzurunden und Teilbeträge von

2/9/2. ParkG
Wien

weniger als 8 Cent auf die vorigen 5 Cent abzurunden. Teilbeträge von mindestens 3 Cent sind auf die nächsten 5 Cent aufzurunden und Teilbeträge von mindestens 8 Cent auf die nächsten 10 Cent aufzurunden. Die Valorisierung ist vom Magistrat im Amtsblatt der Stadt Wien kundzumachen und tritt mit Beginn des der Indexanpassung nachfolgenden 1. Jänner in Kraft.

(2) Abweichend von Abs. 1 ist im Falle einer Änderung der Abgabe durch Verordnung des Gemeinderates in der Zeit zwischen 1. Jänner und 31. Dezember des Jahres 2007 als Vergleichswert für die erstmalige Valorisierung der Verbraucherpreisindex 2005 (VPI 2005) zu dem Stand heranzuziehen, der dem Datum der Kundmachung dieser Verordnung entspricht.

(3) Eine Rückgabe bzw. ein Umtausch von Parkscheinen ist ausgeschlossen.
Im Falle einer Abgabenerhöhung verlieren alle vor der Abgabenerhöhung gültig erworbenen Parkscheine mit dem aufgedruckten Wert der bis zur Abgabenerhöhung gültigen Gebühr 6 Monate nach dem Inkrafttreten der Abgabenerhöhung ihre Gültigkeit und ihre Eigenschaft als Abgabenentrichtungsmittel.
Im Falle einer Abgabenminderung bleiben alle vor der Abgabenminderung gültig erworbenen Parkscheine mit dem aufgedruckten Wert der bis zur Abgabenminderung gültigen Gebühr vorerst gültig. Diese verlieren 6 Monate nach dem Inkrafttreten jener zukünftigen Abgabenerhöhung, die zu einer Erhöhung über die Abgabenhöhe beim Erwerb der Parkscheine führt, ihre Gültigkeit und ihre Eigenschaft als Abgabenentrichtungsmittel. Die Abgabe gilt für die auf dem jeweiligen Parkschein aufgedruckte Zeitdauer als entrichtet.
(ABl Nr 2019/46)

(4) Abweichend von Abs. 3 Satz 2 verlieren alle vor der mit 1. Jänner 2020 in Kraft getretenen Abgabenerhöhung gültig erworbenen Parkscheine mit dem aufgedruckten Wert der bis zu dieser Abgabenerhöhung gültigen Gebühr 12 Monate nach dem Inkrafttreten dieser Abgabenerhöhung ihre Gültigkeit und ihre Eigenschaft als Abgabenentrichtungsmittel.
Die Abgabe gilt für die auf dem jeweiligen Parkschein aufgedruckte Zeitdauer als entrichtet.
(ABl Nr 2020/20)

(ABl Nr 2007/47)

§ 5. (1) Die Abgabe gilt mit der ordnungsgemäßen Entwertung des Parkscheins (der Parkscheine) oder mit der Bestätigung der Abstellanmeldung als entrichtet.

(2) Zur Entrichtung der Abgabe sind der Lenker, der Besitzer und der Zulassungsbesitzer zur ungeteilten Hand verpflichtet. Jeder Lenker, der ein mehrspuriges Kraftfahrzeug in einem Gebiet abstellt, für das eine Abgabepflicht besteht, hat die Parkometerabgabe bei Beginn des Abstellens des Fahrzeuges zu entrichten. Die Lenker haben bei der Durchführung der angeordneten Kontrollmaßnahmen mitzuwirken.

§ 6. Fahrzeuge, die für den Bund, eine andere Gebietskörperschaft oder einen Gemeindeverband zugelassen sind, ausgenommen Personenkraftwagen;

a) Fahrzeuge, die für den Bund, eine andere Gebietskörperschaft oder einen Gemeindeverband zugelassen sind, ausgenommen Personenkraftwagen;

b) Einsatzfahrzeuge gemäß § 26 StVO 1960 und Fahrzeuge im öffentlichen Dienst gemäß § 26a StVO 1960;

c) Fahrzeuge des Straßendienstes und der Müllabfuhr gemäß § 27 StVO 1960;

d) Fahrzeuge, die von Ärzten bei einer Fahrt zur Leistung ärztlicher Hilfe gelenkt werden, sofern sie beim Abstellen mit einer Tafel gemäß § 24 Abs. 5 StVO 1960 gekennzeichnet sind;

e) Fahrzeuge, die von Personen im diplomierten ambulanten Pflegedienst bei einer Fahrt zur Durchführung solcher Pflege gelenkt werden, sofern sie beim Abstellen mit einer Tafel gemäß § 24 Abs. 5a StVO 1960 gekennzeichnet sind;

f) Taxis, die zum Zwecke der Kundenaufnahme oder -abfertigung anhalten;

g) Fahrzeuge, die von Inhabern eines Parkausweises für Behinderte gemäß § 29b StVO 1960 abgestellt oder in denen solche Personen befördert werden, sofern die Fahrzeuge beim Abstellen mit diesem Ausweis gekennzeichnet sind; *(ABl Nr 2016/29)*

h) Fahrzeuge, die von Personen, die zur selbstständigen Ausübung des Hebammenberufs berechtigt sind, bei einer Fahrt zur Leistung von Geburtshilfe gelenkt werden, sofern sie beim Abstellen mit einer Tafel gemäß § 24 Abs. 5c StVO 1960 gekennzeichnet sind.

(ABl Nr 2013/29)

§ 7. Die Nettoeinzahlungen der Parkometerabgabe sind für Maßnahmen zu verwenden, die der Erleichterung des innerstädtischen Verkehrs dienen. Darunter sind vor allem Maßnahmen zu verstehen, die den Bau von Garagen fördern, die der Verbesserung von Einrichtungen des öffentlichen Personennah- und Regionalverkehrs dienen, oder solche, die zu einer Funktionsaufteilung zwischen Individual- und Massenverkehr führen. Unter Nettoeinzahlungen der Parkometerabgabe sind die um die Kosten der Kontrolleinrichtungen verminderten Einzahlungen der Parkometerabgabe zu verstehen.

(ABl Nr 2019/46)

§ 8. Soweit in dieser Verordnung auf Bestimmungen der StVO 1960 verwiesen wird, ist die Straßenverkehrsordnung 1960, BGBl. Nr. 159/1960, in der Fassung des Bundesgesetzes BGBl. I Nr. 39/2013 anzuwenden.

§ 9. (1) Diese Verordnung tritt mit 1. Jänner 2006 in Kraft. Gleichzeitig tritt die Verordnung des Wiener Gemeinderates, mit der für das Abstellen von mehrspurigen Kraftfahrzeugen in Kurzparkzonen die Entrichtung einer Abgabe vorgeschrieben wird (Amtsblatt der Stadt Wien Nr. 28/2003) außer Kraft.

(2) Bereits ausgestellte Bescheinigungen über Befreiungen gemäß § 6 Abs. 2 behalten ihre Gültigkeit.

2/9/3. ParkG
Wien

Verordnung des Wiener Gemeinderates über die Art der zu verwendenden Kontrolleinrichtungen in Kurzparkzonen (Kontrolleinrichtungenverordnung)

ABl Nr 2008/33 v 14. August 2008 idF

1 ABl Nr 2013/29 v 18. Juli 2013   2 ABl Nr 2018/28 v 12. Juli 2018

Der Wiener Gemeinderat hat auf Grund des § 15 Abs. 3 Z 5 des Finanzausgleichsgesetzes 2008 (FAG 2008), BGBl. I Nr. 103/2007, in der Fassung des Bundesgesetzes BGBl. I Nr. 66/2008, sowie des § 3 des Gesetzes über die Regelung der Benützung von Straßen durch abgestellte mehrspurige Kraftfahrzeuge (Parkometergesetz 2006), LGBl. für Wien Nr. 9/2006, in der Fassung LGBl. für Wien Nr. 33/2007, beschlossen:

1. Abschnitt
Regelungsgegenstand

§ 1. Als Hilfsmittel zur Überwachung der Einhaltung der Vorschriften der Verordnung des Wiener Gemeinderates, mit der für das Abstellen von mehrspurigen Kraftfahrzeugen in Kurzparkzonen die Entrichtung einer Abgabe vorgeschrieben wird (Parkometerabgabeverordnung), sind Parkscheine nach dem Muster der Anlagen oder elektronische Parkscheine zu verwenden.

2. Abschnitt
Parkscheine

§ 2. (1) Der Parkschein nach Anlage I für eine Abstellzeit von „fünfzehn" Minuten ist in violetter Farbe, der Parkschein nach Anlage II für eine Abstellzeit von einer halben Stunde ist in roter, der für eine Abstellzeit von einer Stunde in blauer, der für eine Abstellzeit von eineinhalb Stunden in grüner und der für eine Abstellzeit von zwei Stunden in gelber Farbe aufzulegen. *(ABl Nr 2013/29 v 18. Juli 2013)*

(2) Für die Parkscheine nach Anlage II und III ist ein Entgelt zu entrichten. Dieses wird durch die Verordnung des Wiener Gemeinderates, mit der für das Abstellen von mehrspurigen Kraftfahrzeugen in Kurzparkzonen die Entrichtung einer Abgabe vorgeschrieben wird (Parkometerabgabeverordnung), festgesetzt.

§ 3. (1) Abgabepflichtige, die ein mehrspuriges Kraftfahrzeug in einer Kurzparkzone abstellen, haben dafür zu sorgen, dass es während der Dauer seiner Abstellung mit einem richtig angebrachten und richtig entwerteten Parkschein gekennzeichnet ist.

(2) Die Entwertung der Parkscheine nach Anlage II hat durch deutlich sichtbares und haltbares Ankreuzen des Beginnes der Abstellzeit (Monat, Tag, Stunde, Minute) und Eintragen des Jahres zu erfolgen, wobei angefangene Viertelstunden unberücksichtigt gelassen werden können. Bei Verwendung mehrerer Parkscheine sind auf jedem Parkschein die gleichen, der Ankunftszeit entsprechenden Daten zu bezeichnen.

(3) Die Entwertung des Parkscheines nach Anlage I hat durch deutlich sichtbares und haltbares Eintragen der Stunde und Minute zu erfolgen. Bei einstelligen Stunden- oder Minutenangaben ist eine Null vorzusetzen.

(4) Die Entwertung der Parkscheine nach Anlage III hat durch deutlich sichtbares und haltbares Eintragen von Tag, Monat und Jahr zu erfolgen, wobei bei einstelligen Tages- oder Monatsangaben eine Null vorzusetzen ist. Der Beginn der Abstellzeit (Stunde, Minute) ist deutlich sichtbar und haltbar anzukreuzen, wobei angefangene Viertelstunden unberücksichtigt gelassen werden können. Bei Verwendung mehrerer Parkscheine sind auf jedem Parkschein die gleichen, der Ankunftszeit entsprechenden Daten zu bezeichnen.

(5) Der Inhalt dieser Bestimmung kann auf der Rückseite der Parkscheine wiedergegeben werden.

§ 4. (1) Die Verwendung von mehr als einem Parkschein nach Anlage I („Fünfzehn"-Minuten-Parkschein) in zeitlich unmittelbarer Aufeinanderfolge ist unzulässig. *(ABl Nr 2013/29 v 18. Juli 2013)*

(2) Die Kombination eines Parkscheines nach Anlage II oder III mit einem Parkschein nach Anlage I in zeitlich unmittelbarer Aufeinanderfolge ist unzulässig.

§ 5. Parkscheine sind bei mehrspurigen Kraftfahrzeugen mit Windschutzscheibe hinter dieser und durch diese gut erkennbar, bei anderen mehrspurigen Kraftfahrzeugen an einer sonst geeigneten Stelle gut wahrnehmbar anzubringen.

3. Abschnitt
Elektronische Parkscheine

§ 6. (1) Übersteigt die Abstellzeit „fünfzehn" Minuten, ist für die elektronischen Parkscheine ein Entgelt zu entrichten. Dieses wird durch die Verordnung des Wiener Gemeinderates, mit der für das Abstellen von mehrspurigen Kraftfahrzeugen in Kurzparkzonen die Entrichtung einer Abgabe vorgeschrieben wird (Parkometerabgabeverordnung), festgesetzt. *(ABl Nr 2013/29 v 18. Juli 2013)*

(2) Zur Entrichtung des Entgeltes ist vom Abgabepflichtigen bei dem mit dem Betrieb des elektronischen Systems beauftragten Unternehmen „(Auftragsverarbeiter gemäß Art. 4 Z 8 der Verordnung (EU) 2016/679 des Europäischen Parlaments und des Rates vom 27. April 2016 zum Schutz natürlicher Personen bei der Verarbeitung personenbezogener Daten, zum freien Datenverkehr und zur Aufhebung der Richtlinie 95/46/EG (Datenschutz-Grundverordnung), ABl. Nr. L 119 vom 4.5.2016 S. 1)" ein Benutzerkonto einzurichten. *(ABl Nr 2018/28 v 12. Juli 2018)*

(3) *(entfällt, ABl Nr 2018/28 v 12. Juli 2018)*

§ 7. (1) Abgabepflichtige, die ein mehrspuriges Kraftfahrzeug in einer Kurzparkzone abstellen, haben dafür zu sorgen, dass während der Dauer seiner Abstellung ein elektronischer Parkschein aktiviert ist.

(2) Die Aktivierung eines elektronischen Parkscheines erfolgt durch Übermittlung einer SMS „oder im Wege einer vom Systembetreiber zur Verfügung gestellten Internet-Applikation über das Internet Protokoll (IP)" an das elektronische System. Über das Mobiltelefon „bzw. das (mobile) Endgerät" ist die beabsichtigte Parkdauer sowie das behördliche Kennzeichen des abgestellten mehrspurigen Kraftfahrzeuges einzugeben, sofern das behördliche Kennzeichen nicht bereits im Zuge der Einrichtung des Benutzerkontos im System erfasst wurde (Abstellanmeldung). Danach ist die Rückmeldung des elektronischen Systems durch SMS „oder im Wege einer vom Systembetreiber zur Verfügung gestellten Internet-Applikation über das Internet Protokoll (IP)" über die durchgeführte Transaktion abzuwarten (Bestätigung). *(ABl Nr 2013/29 v 18. Juli 2013)*

(3) Wird die Abstellanmeldung durch das elektronische System bestätigt, gilt die Abgabe als entrichtet oder darf das mehrspurige Kraftfahrzeug für einen „fünfzehn" Minuten nicht übersteigenden Zeitraum abgestellt werden. *(ABl Nr 2013/29 v 18. Juli 2013)*

§ 8. (1) Der Magistrat kann zum Zwecke der Kontrolle der Abgabenentrichtung insbesondere folgende Datenarten verarbeiten: Name, Adresse, Umsatzsteuer-Identifikationsnummer, mobile Rufnummer, E-Mail-Adresse, Kennzeichen des mehrspurigen Kraftfahrzeuges, Daten des Benutzerkontos und Kreditkartendaten. *(ABl Nr 2018/28 v 12. Juli 2018)*

(2) Die gemäß Abs. 1 verarbeiteten Datenarten sind zehn Jahre nach Ablauf des Jahres, in dem der Abgabenanspruch entstanden ist, aufzubewahren.

§ 9. (1) Wird das Entgelt im Wege der Benützung eines elektronischen Parkscheines entrichtet, ist die Kombination mit einem Parkschein nach Anlage I („Fünfzehn"-Minuten-Parkschein) oder mit einem „fünfzehn" Minuten nicht übersteigenden elektronischen Parkschein in zeitlich unmittelbarer Aufeinanderfolge unzulässig. *(ABl Nr 2013/29 v 18. Juli 2013)*

(2) Die unmittelbar aufeinander folgende Aktivierung von elektronischen Parkscheinen mit einer „fünfzehn" Minuten nicht übersteigenden Abstellzeit oder die Kombination der Aktivierung eines „fünfzehn" Minuten nicht übersteigenden elektronischen Parkscheins mit einem Parkschein gemäß Anlage I, II oder III in zeitlich unmittelbarer Aufeinanderfolge ist unzulässig. *(ABl Nr 2013/29 v 18. Juli 2013)*

4. Abschnitt
Schluss- und Übergangsbestimmungen

§ 11. Diese Verordnung tritt mit Ablauf des Tages ihrer Kundmachung in Kraft. Gleichzeitig tritt die Kontrolleinrichtungenverordnung, ABl. der Stadt Wien Nr. 51/2005, zuletzt geändert durch ABl. der Stadt Wien Nr. 1/2008, außer Kraft. Sie ist aber auf Sachverhalte weiterhin anzuwenden, die sich während ihrer Gültigkeitsdauer ereignet haben.

2/9/3. **ParkG**

Wien

Anlage I

15 MINUTEN-PARKSCHEIN

MAGISTRAT DER STADT WIEN — gebührenfrei

000000 AF

ABSTELLDAUER 15 MINUTEN

Stunde:

Minute:

Die Ankunftszeit ist auf dem Parkschein durch deutlich sichtbare und haltbare Eintragung der Stunde und der Minute, wobei bei einstelliger Angabe eine Null vorzusetzen ist, anzugeben.
Die auf der Rückseite angeführten Bestimmungen sind genau einzuhalten!

Artikel IV (Auszug aus ABl 29/2013):
10-Minuten-Parkscheine gemäß der Kontrolleinrichtungenverordnung, Amtsblatt der Stadt Wien Nr. 33/2008, dürfen weiter verwendet werden und gelten als 15-Minuten-Parkscheine.

Geändert durch ABl Nr. 29 v 18. Juli 2013. In Kraft ab 1. 9. 2013.

2/9/3. ParkG
Wien

Anlage II

PARKSCHEIN
zur Benützung gebührenpflichtiger Kurzparkzonen

MAGISTRAT DER STADT WIEN

000001 A

Parkdauer ½ Stunde   X EUR

Monat	Tag			Stunde		Min.
Jänner	1	11	21	0	12	0
Feber	2	12	22	1	13	
März	3	13	23	2	14	15
April	4	14	24	3	15	
Mai	5	15	25	4	16	30
Juni	6	16	26	5	17	
Juli	7	17	27	6	18	45
August	8	18	28	7	19	
September	9	19	29	8	20	
Oktober	10	20	30	9	21	
November			31	10	22	
Dezember	JAHR			11	23	

2/9/3. ParkG
Wien

Anlage III

PARKGEBÜHREN: Bgld, Kärnten, NÖ, OÖ, Salzburg, Steiermark, Tirol, Vorarlberg, Wien

---

MAGISTRAT DER STADT WIEN

Parkschein
für gebührenpflichtige Kurzparkzonen

Parkdauer: X Minuten
             € X

000000
000AB0000000000

---

bitte eintragen

TAG	MONAT	JAHR
_ _	_ _	_ _ _ _

bitte ankreuzen
STUNDE

0	1	2	3	4	5
6	7	8	9	10	11
12	13	14	15	16	17
18	19	20	21	22	23

MINUTEN

0	15	30	45

Handy Parken
Parkscheine per SMS
SMS mit Parkdauer in Minuten (30, 60, 90, 120) an
0664/660 09 90

2/9/4. ParkG
Wien

Verordnung des Wiener Gemeinderates über die pauschale Entrichtung der Parkometerabgabe (Pauschalierungsverordnung)

ABl Nr 2007/29 (v 19. Juli 2007) idF

1 ABl Nr 2011/52 (v 29. Dezember 2011)
2 ABl Nr 2012/28 (v 12. Juli 2012)
3 ABl Nr 2012/38 (v 20. September 2012)
4 ABl Nr 2013/29 (v 18. Juli 2013)
5 ABl Nr 2016/29 (v 21. Juli 2016)
6 ABl Nr 2021/49 (v 9. Dezember 2021)

Verordnung des Wiener Gemeinderates über die pauschale Entrichtung der Parkometerabgabe (Pauschalierungsverordnung)

Der Wiener Gemeinderat hat aufgrund des § 15 Abs. 3 Z. 5 des Finanzausgleichsgesetzes 2005, BGBl. I Nr. 156/2004, in der Fassung des Bundesgesetzes BGBl. I Nr. 2/2007, sowie des Gesetzes über die Regelung der Benützung von Straßen durch abgestellte mehrspurige Kraftfahrzeuge (Parkometergesetz 2006), LGBl. für Wien Nr. 9/2006, beschlossen:

§ 1. Soweit in dieser Verordnung die Straßenverkehrsordnung 1960, BGBl. Nr. 159, zitiert wird, ist sie in der Fassung des Bundesgesetzes BGBl. I Nr. 50/2012 anzuwenden.
(ABl Nr 2012/38)

§ 2. (1) Die Parkometerabgabe ist bei pauschaler Entrichtung mit folgenden Beträgen vorzuschreiben:

a) Für Inhaber bzw. Inhaberinnen von Ausnahmebewilligungen gemäß § 45 Abs. 4 StVO 1960 in dem jeweils gemäß § 43 Abs. 2a Z. 1 StVO 1960 zur Abstellung von Kraftfahrzeugen verordneten Gebiet für ein Jahr mit 120 Euro, bei einer Geltungsdauer der Kurzparkzone von nicht mehr als zehn Stunden an fünf Tagen pro Woche für ein Jahr mit 90 Euro; *(ABl Nr 2012/38)*

b) für Inhaber bzw. Inhaberinnen von „Ausnahmebewilligungen" gemäß § 45 Abs. 2 StVO 1960
1. für ein Jahr mit 120 Euro, wenn die Gültigkeit der Ausnahmebewilligung auf ein gemäß § 43 Abs. 2a Z. 1 StVO 1960 zur Abstellung von Kraftfahrzeugen verordnetes Gebiet bescheidmäßig eingeschränkt ist, bei einer Geltungsdauer der Kurzparkzone von nicht mehr als zehn Stunden an fünf Tagen pro Woche für ein Jahr mit 90 Euro; *(ABl Nr 2012/28; ABl Nr 2012/38)*
2. für ein Jahr mit 249 Euro, wenn sich die Gültigkeit der Ausnahmebewilligung auf ein oder mehrere in Wien gemäß § 43 Abs. 2a Z. 1 StVO 1960 zur Abstellung von Kraftfahrzeugen verordnete Gebiete bezieht, bei einer Geltungsdauer der Kurzparkzone von nicht mehr als zehn Stunden an fünf Tagen pro Woche für ein Jahr mit 186 Euro; *(ABl Nr 2012/28; ABl Nr 2012/38)*
3. für ein Jahr mit „60" Euro, sofern es sich um Beschäftigte handelt, deren Arbeitsbeginn nicht in die Betriebszeit eines öffentlichen Verkehrsmittels fällt, in dem jeweils gemäß § 43 Abs. 2a Z. 1 StVO 1960 zur Abstellung von Kraftfahrzeugen verordneten Gebiet, wenn die „Ausnahmebewilligung" für bestimmte Tage und/oder Bruchteile des täglichen Gültigkeitszeitraumes von Kurzparkzonen erteilt wird; *(ABl Nr 2012/28)*
(ABl Nr 2012/28)

c) für Inhaber bzw. Inhaberinnen von „Ausnahmebewilligungen" gemäß § 45 Abs. 4a StVO 1960
1. für ein Jahr mit „60" Euro für ein Fahrzeug in dem jeweils gemäß § 43 Abs. 2a Z. 1 StVO 1960 zur Abstellung von Kraftfahrzeugen verordneten Gebiet, wenn der Antragsteller bzw. die Antragstellerin die im Art. II der Personenkreisverordnung, ABl. der Stadt Wien Nr. 20/2007, beschriebenen Erfordernisse erfüllt; *(ABl Nr 2012/28)*
2. für ein Jahr mit 138 Euro für jedes weitere Fahrzeug in dem gemäß § 43 Abs. 2a Z. 1 StVO 1960 zur Abstellung von Kraftfahrzeugen verordneten Gebiet, wenn der Antragsteller bzw. die Antragstellerin die im Art. II der Personenkreisverordnung, ABl. der Stadt Wien Nr. 20/2007, beschriebenen Erfordernisse erfüllt;
3. für ein Jahr mit „60" Euro in dem jeweils gemäß § 43 Abs. 2a Z. 1 StVO 1960 zur Abstellung von Kraftfahrzeugen verordneten Gebiet, wenn der Antragsteller bzw. die Antragstellerin die im Art. III der Personenkreisverordnung, ABl. der Stadt Wien Nr. 20/2007, beschriebenen Erfordernisse erfüllt; *(ABl Nr 2012/28)*
(ABl Nr 2012/28)

d) für Inhaber bzw. Inhaberinnen von „Ausnahmebewilligungen" gemäß § 45 Abs. 2 StVO 1960 für einen Tag mit 4,10 Euro bei Gültigkeit in allen Kurzparkzonen in Wien, ausgenommen der auf der „Ausnahmebewilligung" angeführten Straßen oder Bezirke; *(ABl Nr 2012/28)*

e) für Inhaber bzw. Inhaberinnen von „Ausnahmebewilligungen" gemäß § 45 Abs. 2 StVO 1960

2/9/4. ParkG Wien

für einen Tag mit 4,10 Euro, wenn die Gültigkeit der „Ausnahmebewilligung" auf ein gemäß § 43 Abs. 2a StVO 1960 zur Abstellung von Kraftfahrzeugen verordnetes Gebiet bescheidmäßig eingeschränkt ist; *(ABl Nr 2012/28)*

f) in allen übrigen Fällen für ein Jahr mit 2 544 Euro.
(ABl Nr 2011/52)

(2) Die pauschale Entrichtung (Abs. 1 lit. a bis c und f) ist nur für Zeiträume von mindestens drei Monaten zulässig. Bereits begonnene Kalendermonate werden dabei voll gerechnet.

(3) Wird die „Ausnahmebewilligung" gemäß § 45 Abs. 2, 4 oder 4a StVO 1960 oder die Pauschalierung gemäß § 2 Abs. 1 lit. f für einen kürzeren Zeitraum als den jährlichen Bewirtschaftungszeitraum erteilt, ist die gemäß Abs. 1 lit. a bis c und f zu entrichtende Parkometerabgabe aliquot zu verringern. Absatz 2 ist zu beachten. *(ABl Nr 2012/28)*

§ **3.** (1) Bei einer „Ausnahmebewilligung" gemäß § 45 Abs. 2 oder 4a StVO 1960, die

a) für bestimmte Tage und/oder Bruchteile des täglichen Gültigkeitszeitraumes von Kurzparkzonen oder

b) für mehrere Kraftfahrzeuge (Firmenfuhrpark)

erteilt wird, hat anstelle der nach § 2 zu entrichtenden Abgabe die Entrichtung der Abgabe in der für den gesamten bewilligten Abstellzeitraum errechneten Höhe zu erfolgen. *(ABl Nr 2012/28)*

(2) Abs. 1 ist bei Entrichtung der Parkometerabgabe gemäß § 2 Abs. 1 lit. d und e nicht anzuwenden.

(3) Für Beschäftigte, die eine „Ausnahmebewilligung" nach § 45 Abs. 2 oder 4a StVO 1960 erhalten, weil deren Arbeitsbeginn oder Arbeitsende nicht in die Betriebszeit eines öffentlichen Verkehrsmittels fällt, ist in den Fällen des Abs. 1 die Entrichtung der Parkometerabgabe gemäß § 2 Abs. 1 lit. b Z. 3 oder lit. c Z. 3 zulässig. *(ABl Nr 2012/28)*

(4) Die pauschale Entrichtung der Parkometerabgabe gemäß § 2 Abs. 1 lit. b Z. 1 und lit. c Z. 1 ist pro Betriebsstandort nur für ein betriebserforderliches Fahrzeug zulässig.

(5) Die pauschale Entrichtung der Parkometerabgabe gemäß § 2 Abs. 1 lit. b Z. 2 ist nur für Lastfahrzeuge oder zum Lastentransport bestimmte Fahrzeuge, Fahrschulfahrzeuge sowie Vorführfahrzeuge, die auf einen Fahrzeughandelsbetrieb zugelassen sind und von diesem zum Zweck der probeweisen Benützung durch Kunden bereitgehalten werden, zulässig. Für letztere kann eine Pauschalierungsvereinbarung für längstens ein Jahr ab Erstzulassung getroffen werden.

(6) Die pauschale Entrichtung der Parkometerabgabe gemäß § 2 Abs. 1 lit. d ist nur für nachgewiesenes Service im Außendienst

a) für den Wiener Sozialhilfeträger gemäß § 34 Abs. 2 und 3 des Gesetzes über die Regelung der Sozialhilfe (Wiener Sozialhilfegesetz - WSHG), LGBl. für Wien Nr. 11/1973 in der Fassung LGBl. für Wien Nr. 56/2010, und dessen anerkannten Einrichtungen sowie für Mitarbeiter und Mitarbeiterinnen des Wiener Sozialhilfeträgers und dessen anerkannten Einrichtungen und

b) für Unternehmen

zulässig. *(ABl Nr 2012/28)*

(7) Die pauschale Entrichtung der Parkometerabgabe gemäß § 2 Abs. 1 lit. e ist nur für Hotelgäste und Kunden von Gewerbebetrieben, die Dienstleistungen an Kraftfahrzeugen verrichten, zulässig.

(8) In den Fällen des Abs. 1 ist die Entrichtung der Parkometerabgabe durch Entwerten von Parkscheinen zulässig.

§ **4.** (1) Wird die Abgabe in pauschaler Form (§ 2 und § 3 Abs. 1) entrichtet, hat dies durch Einzahlung des Abgabenbetrages in bar oder nach Maßgabe der der Abgabenbehörde zur Verfügung stehenden technischen Mittel im bargeldlosen Zahlungsverkehr zu erfolgen.

(2) Der Parkkleber und die Einlegetafel gemäß § 5 Abs. 1 dürfen von der Behörde erst nach erfolgter Abgabenentrichtung ausgehändigt werden. Der Datenträger gemäß § 5 Abs. 6 kann bereits vor erfolgter Abgabenentrichtung ausgehändigt werden. Die Freischaltung des Datenträgers darf von der Behörde erst nach erfolgter Abgabenentrichtung vorgenommen werden. Die Aushändigung der Tagespauschalkarte gemäß Anlage VI und der Wochenpauschalkarte gemäß Anlage VIa darf nur nach Vorlage des entsprechenden Bescheides über die Ausnahmebewilligung oder einer Einlegetafel gemäß Anlage IV oder V und nach Entrichtung der Abgabe erfolgen. *(ABl Nr 2012/28; ABl Nr 2016/29)*

(3) Wurde die Abgabe bereits in pauschaler Form (§ 2) entrichtet, so hat die Abgabenbehörde im Falle einer Verringerung der Abgabenhöhe während des Pauschalierungszeitraumes die ab dem Stichtag der Verringerung ermittelte Differenz des Abgabenbetrages als Guthaben zu erfassen und im Falle einer neuerlichen Pauschalierung zu verwenden oder ist das Guthaben nach Maßgabe des § 242a BAO auf ein bekanntzugebendes Konto zu überweisen. *(ABl Nr 2011/52)*

§ **5.** (1) § 5 Abs. 1 lautet:

– Als Hilfsmittel zur Kontrolle der Abgabenentrichtung gilt: in den Fällen des § 2 Abs. 1 lit. a ein Parkkleber gemäß Anlage I,

2/9/4. ParkG
Wien

- in den Fällen des § 2 Abs. 1 lit. b Z. 1 eine Einlegetafel gemäß Anlage II,
- in den Fällen des § 2 Abs. 1 lit. b Z. 2 eine Einlegetafel gemäß Anlage III,
- in den Fällen des § 2 Abs. 1 lit. b Z. 3 eine Einlegetafel gemäß Anlage VIII,
- in den Fällen des § 2 Abs. 1 lit. c Z. 1 und 2 eine Einlegetafel gemäß Anlage IIa,
- in den Fällen des § 2 Abs. 1 lit. c Z. 3 eine Einlegetafel gemäß Anlage VIIIa,
- in den Fällen des § 2 Abs. 1 lit. d eine Einlegetafel gemäß Anlage IV in Verbindung mit einer Tagespauschalkarte gemäß Anlage VI oder einer Wochenpauschalkarte gemäß Anlage VIa,
- in den Fällen des § 2 Abs. 1 lit. e eine Einlegetafel gemäß Anlage V in Verbindung mit einer Tagespauschalkarte gemäß Anlage VI oder einer Wochenpauschalkarte gemäß Anlage VIa,
- in den Fällen des § 2 Abs. 1 lit. f eine Einlegetafel gemäß Anlage VII,
- in den Fällen des § 3 Abs. 1 lit. a und b eine Einlegetafel gemäß Anlage VIII oder VIIIa.

(ABl Nr 2012/28)

(2) Parkkleber bzw. Einlegetafeln gemäß Anlage IX, X, Xa, XI, XII und XIIa gelten nicht als Hilfsmittel zur Kontrolle der Abgabenentrichtung.

(3) Der im Abs. 1 „und Abs. 2" genannte Parkkleber ist bei Kraftfahrzeugen mit einer Windschutzscheibe hinter dieser und durch diese gut lesbar, in der rechten oberen Ecke anzubringen. Bei Kraftfahrzeugen ohne Windschutzscheibe ist der Parkkleber an sonst geeigneter Stelle gut wahrnehmbar anzubringen. Die Einlegetafel „gemäß Abs. 1 und Abs. 2", die Tagespauschalkarte und die Wochenpauschalkarte gemäß Abs. 1 sind bei Kraftfahrzeugen mit einer Windschutzscheibe hinter dieser und durch diese gut lesbar, bei anderen Kraftfahrzeugen an sonst geeigneter Stelle gut wahrnehmbar anzubringen und auf Verlangen den Organen der öffentlichen Aufsicht zur Einsichtnahme auszuhändigen. Die Anbringung von Kopien oder Abschriften ist unzulässig. *(ABl Nr 2012/28; ABl Nr 2013/29)*

(4) Die pauschale Parkometerabgabe gemäß § 2 Abs. 1 lit. d und e ist für den jeweils entwerteten Tag mit der ordnungsgemäßen Entwertung der Tagespauschalkarte gemäß Anlage VI entrichtet. Die Entwertung hat durch deutlich sichtbares und haltbares Ankreuzen des Monats, des Tages und Eintragung des Jahres, des behördlichen Kennzeichens des Kraftfahrzeuges und der Firma bzw. des Hotels zu erfolgen.

(5) Die pauschale Parkometerabgabe gemäß § 2 Abs. 1 lit. d und e ist für die jeweils entwertete Kalenderwoche (Montag bis Freitag) mit der ordnungsgemäßen Entwertung der Wochenpauschalkarte gemäß Anlage VIa entrichtet. Die Entwertung hat durch deutlich sichtbares und haltbares Ankreuzen der Kalenderwoche und des Jahres, des behördlichen Kennzeichens des Kraftfahrzeuges und der Firma bzw. des Hotels zu erfolgen. *(ABl Nr 2012/28)*

(6) Anstelle der Parkkleber und Einlegetafeln gemäß Abs. 1 und Abs. 2 kann auch ein Datenträger (z. B. RFID-Chip, QR-Code) verwendet werden. Als Hilfsmittel zur Kontrolle der Abgabenentrichtung gilt der Datenträger nach erfolgter Freischaltung in den Fällen des § 2 Abs. 1 lit. a als Parkkleber, in den Fällen des § 2 Abs. 1 lit. b, c, d in Verbindung mit einer Tagespauschalkarte gemäß Anlage VI oder einer Wochenpauschalkarte gemäß Anlage VIa, lit. e in Verbindung mit einer Tagespauschalkarte gemäß Anlage VI oder einer Wochenpauschalkarte gemäß Anlage VIa, lit. f sowie des § 3 Abs. 1 lit. a und b als Einlegetafel. Der Datenträger ist bei Kraftfahrzeugen mit einer Windschutzscheibe hinter dieser und durch diese gut lesbar, in der rechten oberen Ecke anzubringen. Bei Kraftfahrzeugen ohne Windschutzscheibe ist dieser an sonst geeigneter Stelle gut wahrnehmbar anzubringen. Die Tagespauschalkarte gemäß Anlage VI und die Wochenpauschalkarte gemäß Anlage VIa sind gemäß Abs. 3 zu verwenden. Die Anbringung von Kopien oder Abschriften ist unzulässig. *(ABl Nr 2013/29; ABl Nr 2016/29)*

§ 6. (1) Treten nachträglich Umstände ein, durch die der Abgabenschuldner auf Dauer gehindert wird, von seiner Pauschalierung Gebrauch zu machen, wie z. B. Wechsel oder Aufgabe des in der Ausnahmebewilligung bezeichneten Kraftfahrzeuges, so ist der entsprechende Anteil an der bereits entrichteten Abgabe auf künftige gleichartige Abgabeschuldigkeiten anzurechnen. *(ABl Nr 2013/29)*

(2) Bei Vorliegen der in Abs. 1 genannten Gründe ist über Antrag des Abgabenschuldners die Abgabe rückzuerstatten. Bereits angefangene Kalendermonate werden bei Rückerstattung nicht berücksichtigt.

(3) In den Fällen der Abs. 1 und 2 „sind sämtliche Abgabennachweise (insbesondere das Original)"* über die bereits entrichtete Abgabe auf Verlangen der Behörde bei dieser abzugeben. „Bei Verwendung eines Datenträgers gemäß § 5 Abs. 6 hat die Behörde die entsprechenden Daten in der Datenbank zu berichten."** *(*ABl Nr 2013/29; **ABl Nr 2016/29)*

(4) Für Eingaben nach Abs. 2 gilt § 7 Abs. 2 sinngemäß. *(ABl Nr 2021/49)*

§ 7. „(1)" Aus Gründen der Verwaltungsvereinfachung wird der Magistrat ermächtigt, mit den Abgabepflichtigen gemäß dieser Verordnung Vereinbarungen über die Höhe und die Form der zu entrichtenden Abgabe zu treffen. Hierbei können insbesondere Pauschalierungsvereinbarungen und Vereinbarungen über die Fälligkeit getroffen werden. *(ABl Nr 2021/49)*

(2) Der Magistrat kann für Eingaben bezüglich einer Vereinbarung nach Abs. 1 ein elektronisches Formular im Internet zur Verfügung stellen. Wird ein elektronisches Formular zur Verfügung gestellt, ist dieses zu verwenden, es sei denn die Verwendung des elektronischen Formulars ist unzumutbar. Dem Abgabepflichtigen bzw. dessen vertretungsbefugten Personen einschließlich berufsmäßigen Parteienvertretern ist die Einbringung mittels elektronischen Formulars unzumutbar, wenn er bzw. sie nicht über die dazu erforderlichen technischen Voraussetzungen verfügt. *(ABl Nr 2021/49)*

§ 8. (1) Diese Verordnung tritt mit 1. September 2007 in Kraft. Die Verordnung des Wiener Gemeinderates über die pauschale Entrichtung der Parkometerabgabe, ABl. der Stadt Wien Nr. 51/2005, tritt mit Ablauf des 31. August 2007 außer Kraft.

(2) Auf Pauschalierungsvereinbarungen, die einen vor September 2007 beginnenden Pauschalierungszeitraum zum Inhalt haben, findet diese Verordnung keine Anwendung, vielmehr ist auf diese Pauschalierungsvereinbarungen die Verordnung des Wiener Gemeinderates über die pauschale Entrichtung der Parkometerabgabe (Pauschalierungsverordnung), ABl. der Stadt Wien Nr. 51/2005, anzuwenden.

(3) Tagespauschalkarten mit dem Aufdruck von bis zum 31. August 2007 gültigen Abgabenbeträgen verlieren mit Ablauf des 31. August 2007 ihre Gültigkeit.

(4) Pauschalierungsvereinbarungen gemäß § 2 Abs. 1 lit. a und b, die einen vor 1. März 2022 beginnenden Pauschalierungszeitraum zum Inhalt haben, bleiben bis zu ihrem Ablauf gültig, auch wenn sich der in der Ausnahmebewilligung nach § 45 Abs. 2 oder § 45 Abs. 4 StVO 1960 genannte Zeitraum der Kurzparkzone ändert. Die Parkometerabgabe gilt in diesen Fällen für die von der jeweiligen Ausnahmebewilligung umfassten Kurzparkzonen als pauschal entrichtet. *(ABl Nr 2021/49)*

2/9/4. ParkG
Wien

Anlage I

MAGISTRAT DER STADT WIEN
W 00000XX — Kennzeichen
✠ — Hologramm
01 12/08
Bezirk — Gültigkeitsende
Ausnahmebewilligung gem. § 45 Abs. 4 StVO 1960

Größe: 72 × 54 mm

Anlage II
Schriftgröße zwischen 2 und 20 mm

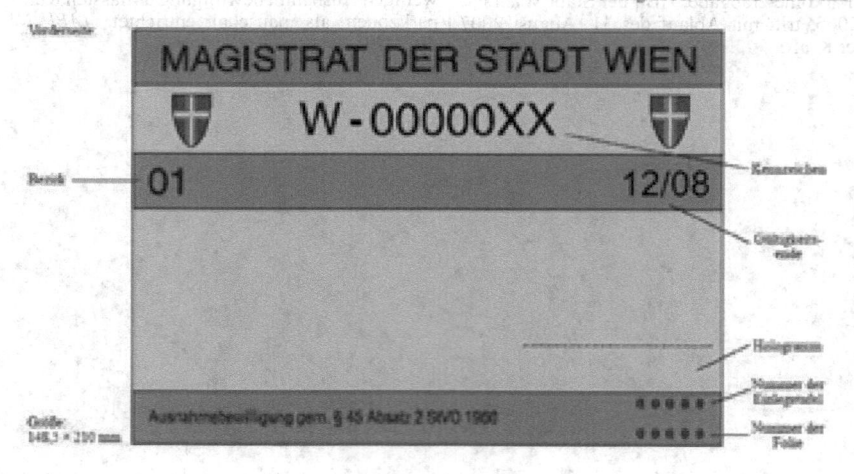

Vorderseite

MAGISTRAT DER STADT WIEN
✠ W - 00000XX ✠ — Kennzeichen
01   12/08 — Gültigkeitsende
Bezirk

——————— Hologramm
••••• — Nummer der Einlegetafel
Ausnahmebewilligung gem. § 45 Absatz 2 StVO 1960   ••••• — Nummer der Folie

Größe: 148,5 × 210 mm

2/9/4. ParkG
Wien

PARKGEBÜHREN: Bgld, Kärnten, NÖ, OÖ, Salzburg, Steiermark, Tirol, Vorarlberg, Wien

Anlage IIA
Schriftgröße zwischen 2 und 20 mm

Vorderseite:

MAGISTRAT DER STADT WIEN
W - 00000XX
01 — 12/08
Ausnahmebewilligung gem. § 45 Absatz 4a StVO 1960
00000
00000

- Bezirk
- „A" für Ausnahme nach § 45 Abs. 4a StVO 1960
- Hinweise
- Größe: 148,5 × 210 mm
- Kennzeichen
- Gültigkeitsende
- Hologramm
- Nummer der Einlegetafel
- Nummer der Folie

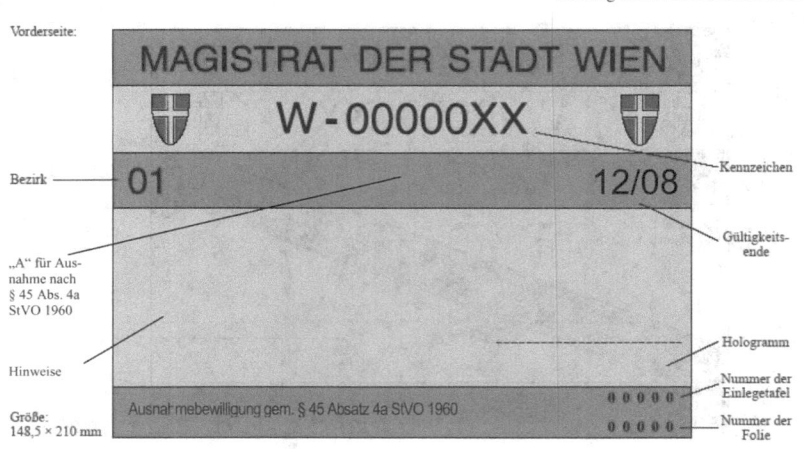

Anlage III
Schriftgröße zwischen 2 und 20 mm

Vorderseite:

MAGISTRAT DER STADT WIEN
W - 00000XX
12/08
gilt in folgendem(n) in Wien gemäß § 43 Abs. 2a StVO 1960 für die Abstellung von Kraftfahrzeugen verordnetem(n) Gebiet(en):
Ausnahmebewilligung gem. § 45 Absatz 2 StVO 1960
00000
00000

- Bezirk(e), in dem (denen) die Ausnahmegenehmigung gilt
- Größe: 148,5 × 210 mm
- Kennzeichen
- Gültigkeitsende
- Hologramm
- Nummer der Einlegetafel
- Nummer der Folie

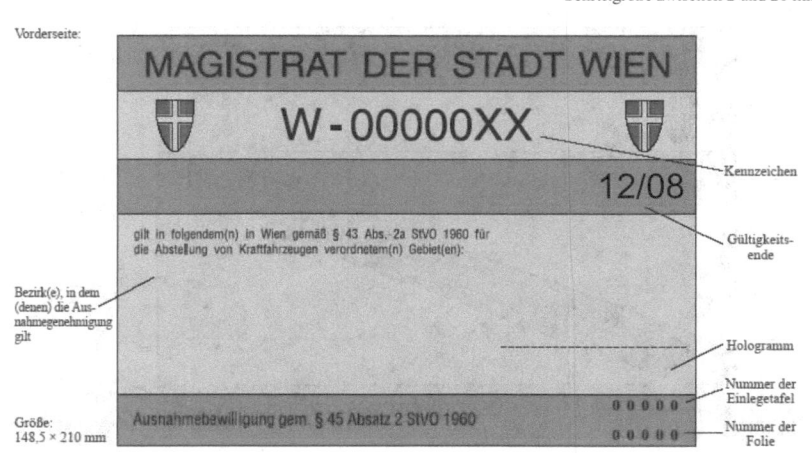

2/9/4. ParkG
Wien

Anlage IV
Schriftgröße zwischen 2 und 20 mm

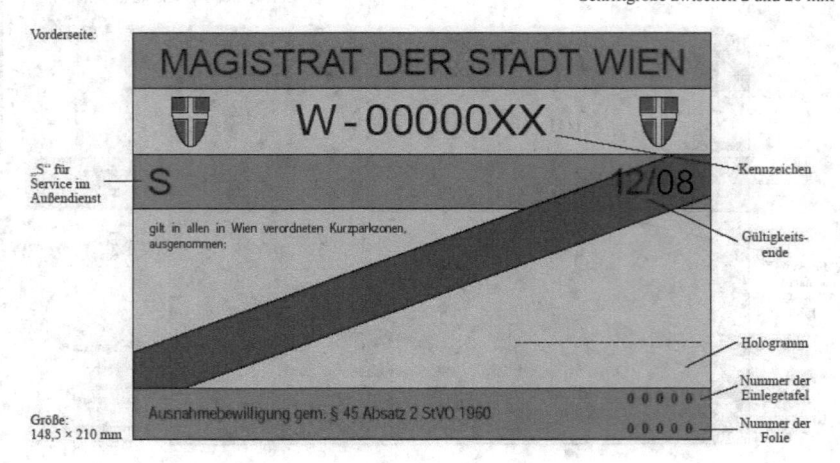

Vorderseite:

MAGISTRAT DER STADT WIEN
W-00000XX
S 12/08
gilt in allen in Wien verordneten Kurzparkzonen, ausgenommen:
Ausnahmebewilligung gem. § 45 Absatz 2 StVO 1960
00000
00000

- „S" für Service im Außendienst
- Kennzeichen
- Gültigkeitsende
- Hologramm
- Nummer der Einlegetafel
- Nummer der Folie

Größe: 148,5 × 210 mm

Anlage V
Schriftgröße zwischen 2 und 20 mm

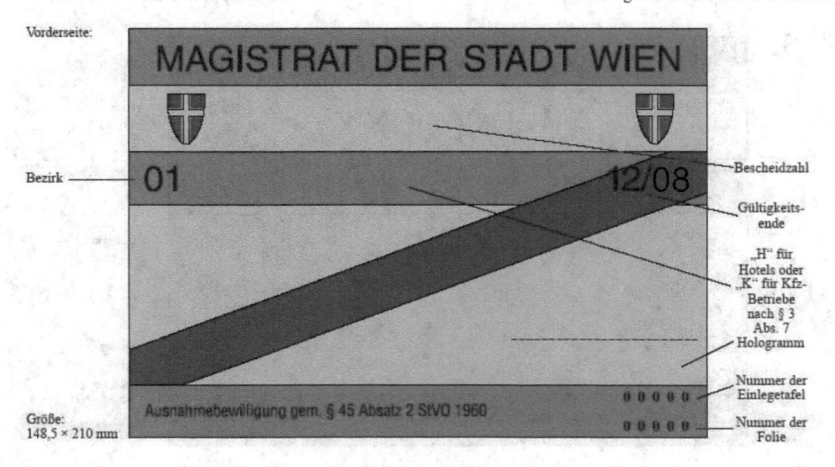

Vorderseite:

MAGISTRAT DER STADT WIEN
01 12/08
Ausnahmebewilligung gem. § 45 Absatz 2 StVO 1960
00000
00000

- Bezirk
- Bescheidzahl
- Gültigkeitsende
- „H" für Hotels oder „K" für Kfz-Betriebe nach § 3 Abs. 7
- Hologramm
- Nummer der Einlegetafel
- Nummer der Folie

Größe: 148,5 × 210 mm

Anhang VI

TAGESPAUSCHALKARTE
gemäß § 2 Abs. 1 lit. d und e der Verordnung des Wiener Gemeinderates über die pauschale Entrichtung der Parkometerabgabe

gilt nur in Verbindung mit einer Einlegetafel gemäß Anlage IV oder V leg. cit.

Magistrat der Stadt Wien — 4,10 EUR — 000000 Seriennummer

FIRMA: KFZ-KENNZEICHEN:

gelb

Monat		Tag					
Jänner	Juli	1	7	13	19	25	31
Februar	August	2	8	14	20	26	
März	September	3	9	15	21	27	
April	Oktober	4	10	16	22	28	
Mai	November	5	11	17	23	29	
Juni	Dezember	6	12	18	24	30	

Jahr

Größe: 148,5 x 210 mm — Wasserzeichen

Anlage VI geändert durch ABl Nr 2012/28[1]
[1] Anlage VI idF Abl Nr 2012/28 tritt mit 1. Oktober 2012 in Kraft.

Anhang VIa

WOCHENPAUSCHALKARTE
gemäß § 2 Abs. 1 lit. d und e der Verordnung des Wiener Gemeinderates über die pauschale Entrichtung der Parkometerabgabe

gilt nur in Verbindung mit einer Einlegetafel gemäß Anlage IV oder V leg. cit.

Magistrat der Stadt Wien — 20,50 EUR — 000000 Seriennummer

FIRMA: KFZ-KENNZEICHEN:

gelb

KALENDERWOCHE (Montag bis Freitag)

1	7	13	19	25	31	37	43	49
2	8	14	20	26	32	38	44	50
3	9	15	21	27	33	39	45	51
4	10	16	22	28	34	40	46	52
5	11	17	23	29	35	41	47	
6	12	18	24	30	36	42	48	

Jahr

Größe: 148,5 x 210 mm — Wasserzeichen

Anlage VIa neu eingefügt durch ABl Nr 2012/28.

2/9/4. ParkG
Wien

Anhang VII

Vorderseite:

MAGISTRAT DER STADT WIEN
Magistratsabteilung 6 Dezernat II Referat 2 Parkometerabgabe

BESCHEINIGUNG

MA 6/DII/R2-PA- /

Die/Der umseits Genannte hat für das Kraftfahrzeug mit dem behördlichen Kennzeichen

gemäß § 2 Abs. 1 lit. f Pauschalierungsverordnung die Parkometerabgabe für den Zeitraum

vom   bis einschließlich

für die Zeit von   bis   Uhr pauschal entrichtet.

Bei Abstellung des obgenannten Fahrzeuges in einer gebührenpflichtigen Kurzparkzone in Wien ist diese Bescheinigung im Original hinter der Windschutzscheibe und durch diese gut erkennbar anzubringen.

Wien,   Für die Abteilungsleiterin:

00000 — Geschäftszahl
Kennzeichen
Gültigkeitsdauer
Hologramm
Unterschrift
Nummer der Bescheinigung

Rundsiegel
Datum der Ausstellung der Bescheinigung
Größe: 148,5 x 210 mm

Rückseite:

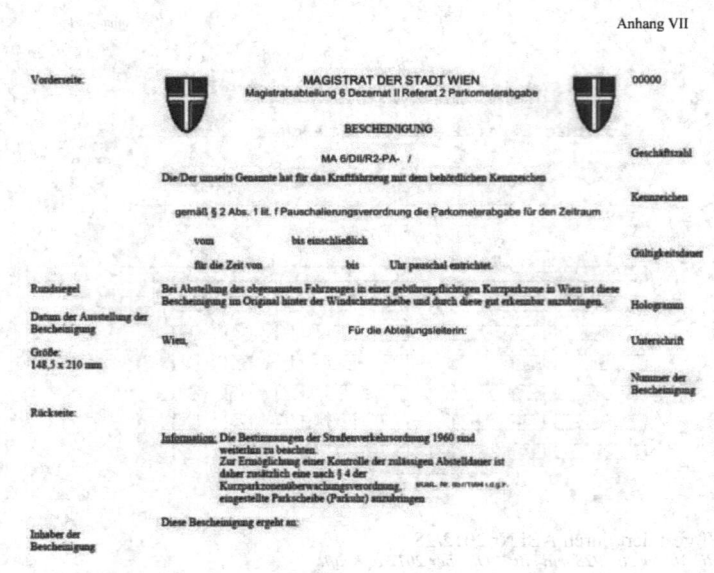

Information: Die Bestimmungen der Straßenverkehrsordnung 1960 sind weiterhin zu beachten.
Zur Ermöglichung einer Kontrolle der zulässigen Abstelldauer ist daher zusätzlich eine nach § 4 der Kurzparkzonenüberwachungsverordnung, BGBl. Nr. 85/1975 i.d.g.F., eingestellte Parkscheibe (Parkuhr) anzubringen.

Diese Bescheinigung ergeht an:

Inhaber der Bescheinigung

Anlage VII geändert durch ABl Nr 2012/28[2)]

[2)] *Anlage VII mit Ausnahme der Ziffern 8 bis 11 idF Abl Nr 2012/28 tritt mit 1. Oktober 2012 in Kraft.*

2/9/4. ParkG

Wien

PARKGEBÜHREN: Bgld, Kärnten, NÖ, OÖ, Salzburg, Steiermark, Tirol, Vorarlberg, Wien

Anlage VIII
Schriftgröße zwischen 2 und 20 mm

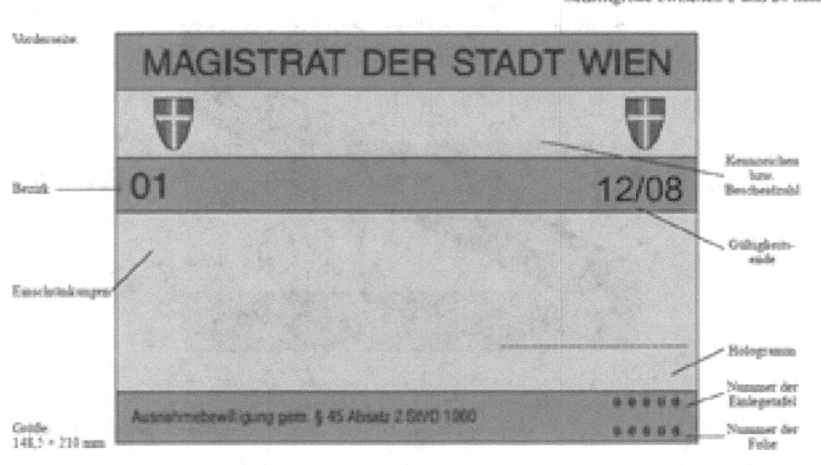

Vorderseite

MAGISTRAT DER STADT WIEN

Bezirk — 01 — 12/08 — Kennzeichen bzw. Bescheidzahl

Einschränkungen — Gültigkeitsende

Hologramm

Ausnahmebewilligung gem. § 45 Absatz 2 StVO 1960 — Nummer der Einlegetafel / Nummer der Folie

Größe: 148,5 × 210 mm

Anlage VIIIa
Schriftgröße zwischen 2 und 20 mm

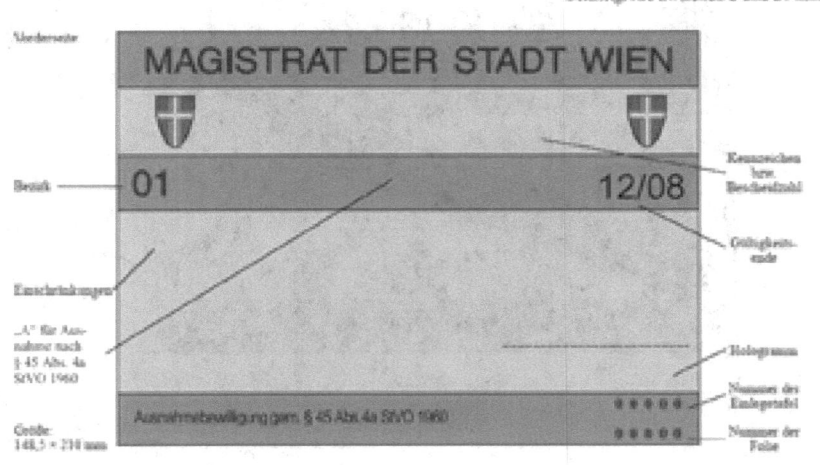

Vorderseite

MAGISTRAT DER STADT WIEN

Bezirk — 01 — 12/08 — Kennzeichen bzw. Bescheidzahl

Einschränkungen — Gültigkeitsende

„A" für Ausnahme nach § 45 Abs. 4a StVO 1960

Hologramm

Ausnahmebewilligung gem. § 45 Abs. 4a StVO 1960 — Nummer der Einlegetafel / Nummer der Folie

Größe: 148,5 × 210 mm

2/9/4. ParkG
Wien

Anlage IX

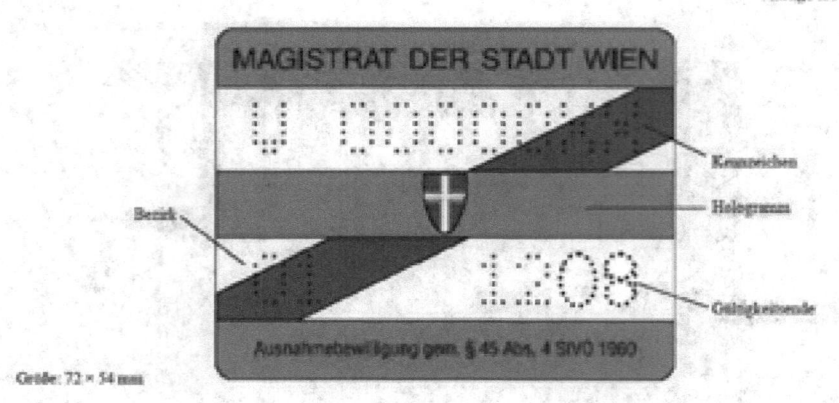

- Kennzeichen
- Hologramm
- Bezirk
- Gültigkeitsende

Größe: 72 × 54 mm

Anlage X
Schriftgröße zwischen 2 und 20 mm

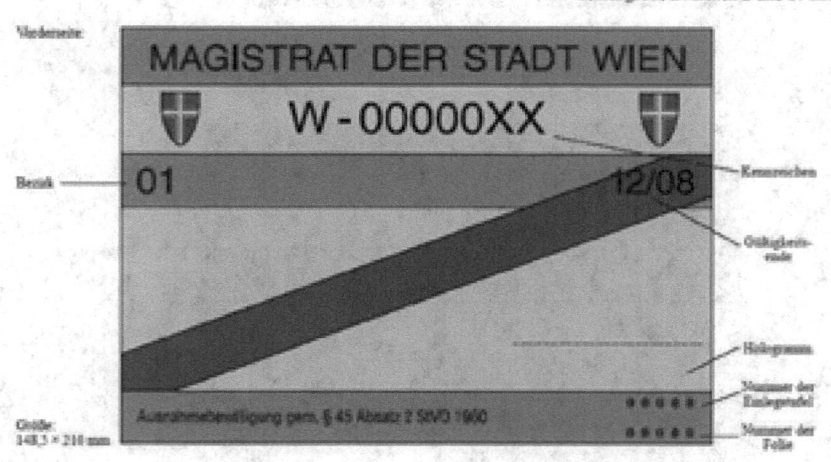

Vorderseite:

- Bezirk
- Kennzeichen
- Gültigkeitsende
- Hologramm
- Nummer der Einlegetafel
- Nummer der Folie

Größe: 148,5 × 210 mm

2/9/4. ParkG
Wien

PARKGEBÜHREN: Bgld, Kärnten, NÖ, OÖ, Salzburg, Steiermark, Tirol, Vorarlberg, Wien

Anlage Xa
Schriftgröße zwischen 2 und 20 mm

Vorderseite:

MAGISTRAT DER STADT WIEN
W - 00000XX
01 — 12/08
Ausnahmebewilligung gem. § 45 Absatz 4a StVO 1960
00000
00000

- Bezirk
- „A" für Ausnahme nach § 45 Abs. 4a StVO 1960
- Hinweise
- Größe: 148,5 × 210 mm
- Kennzeichen
- Gültigkeitsende
- Hologramm
- Nummer der Einlegetafel
- Nummer der Folie

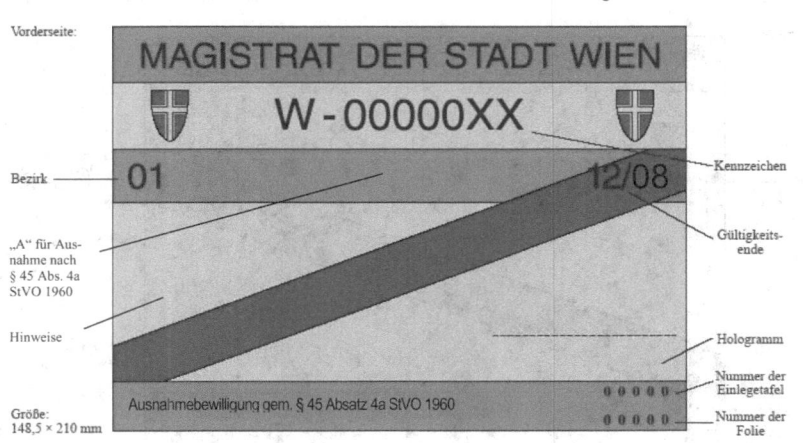

Anlage XI
Schriftgröße zwischen 2 und 20 mm

Vorderseite:

MAGISTRAT DER STADT WIEN
W - 00000XX
12/08
gilt in folgendem(n) in Wien gemäß § 43 Abs. 2a StVO 1960 für die Abstellung von Kraftfahrzeugen verordnetem(n) Gebieten:
Ausnahmebewilligung gem. § 45 Absatz 2 StVO 1960
00000
00000

- Bezirk(e), in dem (denen) die Ausnahmegenehmigung gilt
- Größe: 148,5 × 210 mm
- Kennzeichen
- Gültigkeitsende
- Hologramm
- Nummer der Einlegetafel
- Nummer der Folie

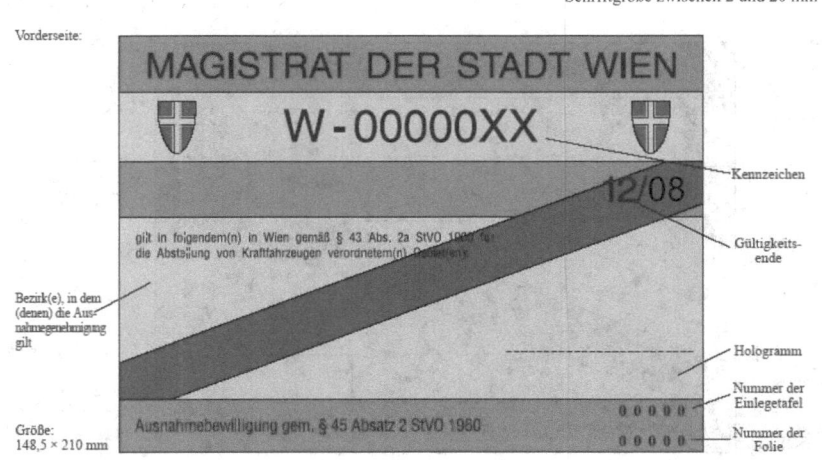

2/9/4. ParkG
Wien

Anlage XII
Schriftgröße zwischen 2 und 20 mm

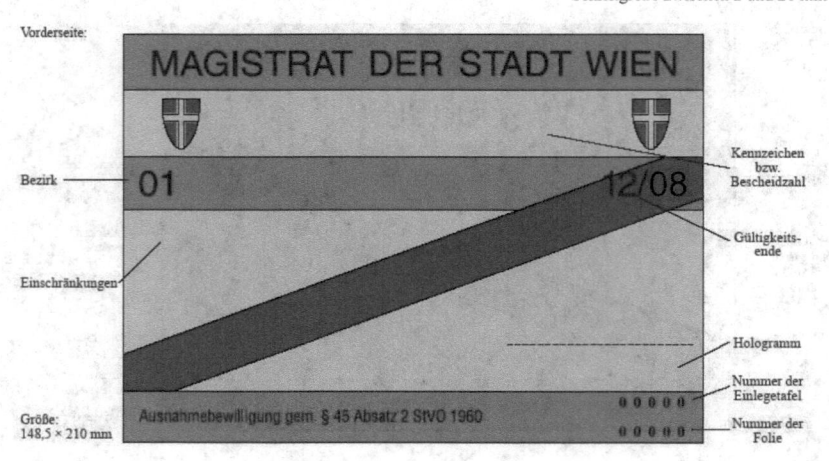

Vorderseite:
- Bezirk — 01
- Einschränkungen
- Größe: 148,5 × 210 mm
- MAGISTRAT DER STADT WIEN
- Ausnahmebewilligung gem. § 45 Absatz 2 StVO 1960
- Kennzeichen bzw. Bescheidzahl — 12/08
- Gültigkeitsende
- Hologramm
- Nummer der Einlegetafel
- Nummer der Folie

Anlage XIIa
Schriftgröße zwischen 2 und 20 mm

Vorderseite:
- Bezirk — 01
- Einschränkungen
- „A" für Ausnahme nach § 45 Abs. 4a StVO 1960
- Größe: 148,5 × 210 mm
- MAGISTRAT DER STADT WIEN
- Ausnahmebewilligung gem. § 45 Abs.4a StVO 1960
- Kennzeichen bzw. Bescheidzahl — 12/08
- Gültigkeitsende
- Hologramm
- Nummer der Einlegetafel
- Nummer der Folie

2/9/4. **ParkG**
Wien

PARKGEBÜHREN
Bgld
Kärnten
NÖ
OÖ
Salzburg
Steiermark
Tirol
Vorarlberg
Wien

Rückseite zu Anlage II, IIa, III, VIII und VIIIa:
Diese Parkkarte ist im Original im Wageninneren hinter der Windschutzscheibe derart anzubringen, dass die Vorderseite von außen gut sichtbar und gut lesbar ist.

Auf Verlangen ist sie den Organen der öffentlichen Aufsicht zur Einsichtnahme auszuhändigen.

Die Parkometerabgabe wurde entrichtet.

MA 46 SD 231 DVRNR 0000191

Rückseite zu Anlage IV, V, X; Xa, XI, XII und XIIa:
Diese Parkkarte ist im Original im Wageninneren hinter der Windschutzscheibe derart anzubringen, dass die Vorderseite von außen gut sichtbar und gut lesbar ist.

Auf Verlangen ist sie den Organen der öffentlichen Aufsicht zur Einsichtnahme auszuhändigen.

Die Entrichtung der Parkometerabgabe hat durch Entwertung entsprechender Parkscheine zu erfolgen.

MA 46 SD 232 DVRNR 0000191

2/9/5. ParkG
Wien

Verordnung des Magistrates der Stadt Wien betreffend Parkraumbewirtschaftung im 1. Wiener Gemeindebezirk (Innere Stadt)

ABl Nr 1998/28 v. 9. Juli 1998 idF ABl Nr 2002/22 v. 30. Mai 2002, ABl Nr 2003/46 v. 13. November 2003, ABl Nr 2006/22 v. 1. Juni 2006 und ABl Nr 2007/33 v. 16. August 2007 und ABl Nr 2012/34 vom 23. August 2012

Verordnung des Magistrates der Stadt Wien betreffend Parkraumbewirtschaftung im 1. Wiener Gemeindebezirk (Innere Stadt)

Artikel I

Auf Grund des § 43 Abs. 2a Z 1 in Verbindung mit § 94d Z 4a Straßenverkehrsordnung 1960 (StVO 1960) wird das gesamte Straßennetz des 1. Wiener Gemeindebezirkes als Gebiet bestimmt, dessen BewohnerInnen die Erteilung einer Ausnahmebewilligung von der im 1. Wiener Gemeindebezirk flächendeckend kundgemachten Kurzparkzone sowie den Kurzparkzonen in den Straßenzügen oder Straßenbereichen

in 1060 Wien, Getreidemarkt ONr. 8–10 und ONr. 14–16

und in 1080 Wien
– Landesgerichtsstraße ONr. 2–8, ONr. 11, und ONr. 16–22
– Auerspergstraße ONr. 2–6 und ONr. 3–21
– Friedrich-Schmidt-Platz (ehemalige 2-er Linie) Fahrtrichtung 9. Bezirk zwischen Lichtenfelsgasse und Felder Straße

und in 1090 Wien
– Maria-Theresien-Straße ONr. 1–9, Onr. 2–36, ONr. 13 und ONr. 17–23
– Universitätsstraße ONr. 1–11 und ONr. 1 gegenüber

beantragen können.*⁾

(ABl Nr 2012/34)

---
*⁾ In Kraft ab 24. August 2012.

Artikel II

(1) Gemäß § 25 Abs. 5 in Verbindung mit § 94 d Z 1c der StVO 1960 wird als Hilfsmittel zur Kontrolle der Ausnahmebewilligung die Parkkarte (zB in Form einer Einlegetafel) und die Klebevignette (zB in Form eines Parkklebers) im Sinne der aufgrund des Parkometergesetzes erlassenen Verordnung der Wiener Landesregierung über die pauschale Entrichtung der Parkometerabgabe - Pauschalierungsverordnung - bestimmt.

Artikel III

(1) Diese Verordnung wird gemäß § 44 Abs. 3 der StVO 1960 durch Anschlag an den Amtstafeln des Magistratischen Bezirksamtes für den 1. und 8. Bezirk und der Magistratsabteilung 46 am 25. Juni 1998 kundgemacht und tritt mit 1. Juli 1998 in Kraft. Mit diesem Zeitpunkt tritt die Verordnung des Magistrates der Stadt Wien (MA 46 - VI - 3375/96) vom 7. Mai 1997 mit welcher das gesamte Straßennetz des 1. Wiener Gemeindebezirkes als Gebiet bestimmt wurde, dessen Bewohner die Erteilung einer Ausnahmebewilligung von der im gleichen Bezirk ab 1. Juli 1993 flächendeckend kundgemachten Kurzparkzone sowie den Kurzparkzonen in Wien 9, Maria-Theresien-Straße ONr 1-9, ONr 13, ONr 17-23 und ONr 2-36 sowie in Wien 8, Landesgerichtsstraße ONr 11, ONr 2-8 und ONr 10-18, Auerspergstraße ONr 3-21 und ONr 2-6, Friedrich-Schmidt-Platz (ehemalige 2er-Linie) - Fahrtrichtung 9. Bezirk - zwischen Lichtenfelsgasse bis ca. 25 m vor Felderstraße beantragen können, außer Kraft.

Artikel I

(1) Aufgrund des § 43 Abs. 2a Z 1 in Verbindung mit § 94b Abs. 1 lit. b StVO 1960 wird das gesamte Straßennetz des 1. Wiener Gemeindebezirkes als Gebiet bestimmt, dessen Bewohner die Erteilung einer Ausnahmebewilligung von der flächendeckend kundgemachten Kurzparkzone in den Straßen, gemäß der Anlage 2 der Verordnung des Gemeinderates betreffend Feststellung der Hauptstraßen und Nebenstraßen, kundgemacht im Amtsblatt der Stadt Wien Nr. 19/2005 vom 12. Mai 2005, im 1. Wiener Gemeindebezirk beantragen können.

Artikel II

(1) Gemäß § 25 Abs. 5 in Verbindung mit § 94b Abs. 1 lit. b der StVO 1960 wird als Hilfsmittel zur Kontrolle der Ausnahmebewilligung die Parkkarte (zB in Form einer Einlegetafel) und die Klebevignette (zB in Form eines Parkklebers) im Sinne der aufgrund des Parkometergesetzes erlassenen Verordnung der Wiener Landesregierung über die pauschale Entrichtung der Parkometerabgabe - Pauschalierungsverordnung - bestimmt.

Artikel III

(1) Diese Verordnung wird gemäß § 44 Abs. 3 der StVO 1960 durch Anschlag an den Amtstafeln des Magistratsichen Bezirksamtes für den 1. und 8. Bezirk und der Magistratsabteilung 46 am 25. Juni 1998 kundgemacht und tritt mit 1. Juli 1998 in Kraft.

Hinweis auf nicht abgedruckte Rechtsvorschriften:

Parkraumbewirtschaftung für den

- 2. Wiener Gemeindebezirk
  ABl Nr 17/1999 v. 29. 4. 1999
  ABl Nr 10/2001 v. 8. 3. 2001
  ABl Nr 33/2007 v. 16. 8. 2007
  ABl Nr 34/2012 v. 23. 8. 2012
- 3. Wiener Gemeindebezirk
  ABl Nr 09/2001 v. 1. 3. 2001
  ABl Nr 46/2003 v. 13. 11. 2003
  ABl Nr 33/2007 v. 16. 8. 2007
  ABl Nr 34/2012 v. 23. 8. 2012
- 4. + 5. Wiener Gemeindebezirk
  ABl Nr 23/1997 v. 5. 6. 1997
  ABl Nr 14/2005 v. 7. 4. 2005
  ABl Nr 22/2006 v. 1. 6. 2006
  ABl Nr 33/2007 v. 16. 8. 2007
  ABl Nr 24/2016 v. 6. 6. 2016
- 6. Wiener Gemeindebezirk
  ABl Nr 27/1995 v. 6. 7. 1995
  ABl Nr 23/1997 v. 5. 6. 1997
  ABl Nr 22/2006 v. 1. 6. 2006
  ABl Nr 33/2007 v. 16. 8. 2007
  ABl Nr 34/2012 v. 23. 8. 2012
  ABl Nr 04/2015 v. 22. 1. 2015
- 7. Wiener Gemeindebezirk
  ABl Nr 27/1995 v. 6. 7. 1995
  ABl Nr 31/1996 v. 1. 8. 1996
  ABl Nr 33/2007 v. 16. 8. 2007
  Abl Nr 04/2015 v. 22. 1. 2015
  Abl Nr 10/2017 v. 9. 3. 2017
- 8. Wiener Gemeindebezirk
  ABl Nr 23/1997 v. 5. 6. 1997
  ABl Nr 22/2002 v. 30. 5. 2002
  ABl Nr 33/2007 v. 16. 8. 2007
  ABl Nr 34/2012 v. 23. 8. 2012
  Abl Nr 10/2017 v. 9. 3. 2017
- 9. Wiener Gemeindebezirk
  ABl Nr 27/1995 v. 6. 7. 1995
  ABl Nr 31/1996 v. 1. 8. 1996
  ABl Nr 46/2003 v. 13. 11. 2003
  ABl Nr 33/2007 v. 16. 8. 2007
  ABl Nr 34/2012 v. 23. 8. 2012
- 12. Wiener Gemeindebezirk
  ABl Nr 34/2012 v. 23. 8. 2012
  ABl Nr 13/2014 v. 27. 3. 2014
  Abl Nr 15/2017 v. 13. 4. 2017
- 14. Wiener Gemeindebezirk
  ABl Nr 34/2012 v. 23. 8. 2012
  ABl Nr 47/2012 v. 22. 11. 2012
  ABl Nr 14/2013 v. 4. 4. 2013
  ABl Nr 21/2014 v. 22. 5. 2014
  Abl Nr 10/2017 v. 9. 3. 2017
- 15. Wiener Gemeindebezirk
  ABl Nr 26/2005 v. 30. 6. 2005
  ABl Nr 22/2006 v. 1. 6. 2006
  ABl Nr 33/2007 v. 16. 8. 2007
  ABl Nr 34/2012 v. 23. 8. 2012
  ABl Nr 14/2013 v. 4. 4. 2013
  ABl Nr 21/2014 v. 22. 5. 2014
  Abl Nr 10/2017 v. 9. 3. 2017
- 16. Wiener Gemeindebezirk
  ABl Nr 34/2012 v. 23. 8. 2012
  ABl Nr 47/2012 v. 22. 11. 2012
  ABl Nr 14/2013 v. 4. 4. 2013
  Abl Nr 10/2017 v. 9. 3. 2017
- 17. Wiener Gemeindebezirk
  ABl Nr 34/2012 v. 23. 8. 2012
  ABl Nr 47/2012 v. 22. 11. 2012
  ABl Nr 14/2013 v. 4. 4. 2013
  ABl Nr 13/2014 v. 27. 3. 2014
  Abl Nr 24/2016 v. 16.6.2016
  Abl Nr 39/2016 v. 29.9.2016
- 20. Wiener Gemeindebezirk
  ABl Nr 17/1999 v. 29. 4. 1999
  ABl Nr 33/2007 v. 16. 8. 2007

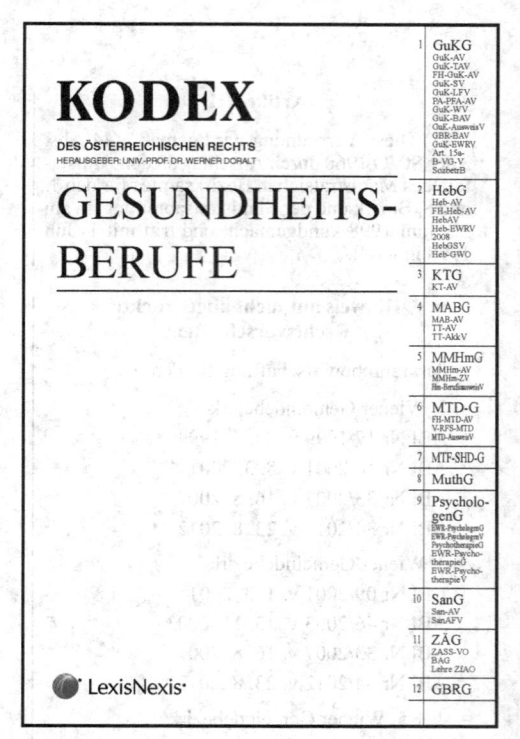

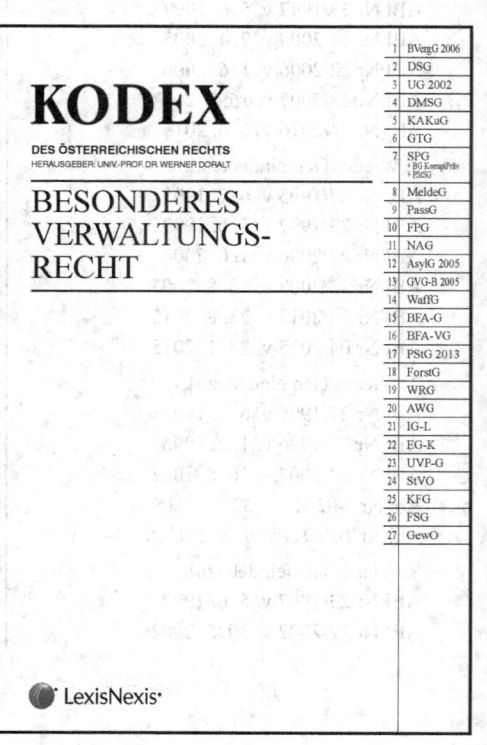

KODEX

DES ÖSTERREICHISCHEN RECHTS
HERAUSGEBER: UNIV.-PROF. DR. WERNER DORALT

LEBENSMITTEL-RECHT

1	LMSVG
2	Kennzeichnung
3	Lebensmittel
4	LM für spez. Gruppen
5	Wasser
6	Zusatzstoffe
7	Hygiene
8	Gebrauchsgegenstände
9	Kosmetika
10	Amtl Kontrolle
11	EG-Basis-Verordnung
12	EG-Hygiene-Verordnungen
13	EG-KontrollV
14	EG-ClaimsV
15	EG-AnreicherungsV
16	EU-Novel FoodV
17	EU-QuaDG

LexisNexis

KODEX

DES ÖSTERREICHISCHEN RECHTS
HERAUSGEBER: UNIV.-PROF. DR. WERNER DORALT

GESUNDHEITSBERUFE

1	GuKG / GuK-AV / GuK-TAV / FH-GuK-AV / GuK-SV / GuK-LF-V / PA-PFA-AV / GuK-WV / GuK-BAV / GuK-AusweisV / GBR-BAV / GuK-EWRV / Art. 15a-B-VG-V / ScizbetrB
2	HebG / Heb-AV / FH-Heb-AV / HebAV / Heb-EWRV 2008 / HebGSV / Heb-GWO
3	KTG / KT-AV
4	MABG / MAB-AV / TT-AV / TT-AkkV
5	MMHmG / MMHm-AV / MMHm-ZV / Hu-BerufanenwV
6	MTD-G / FH-MTD-AV / V-RFS-MTD / MTD-AusweisV
7	MTF-SHD-G
8	MuthG
9	PsychologenG / EWR-PsychologenG / EWR-PsychologieV / PsychotherapieG / EWR-PsychotherapieG / EWR-PsychotherapieV
10	SanG / San-AV / SanAFV
11	ZÄG / ZASS-VO / BAG / Lehre ZIAO
12	GBRG

LexisNexis

KODEX

DES ÖSTERREICHISCHEN RECHTS
HERAUSGEBER: UNIV.-PROF. DR. WERNER DORALT

POLIZEIRECHT

1	SPG + Ven
2	PStSG
3	WaffGebrG
4	BKA-G
5	BAK-G
6	PolKG / EU-PolKG
7	Sonstige
8	StGB / VbVG
9	NebenG
10	StPO / JGG
11	StRegG / TilgG
12	Sonstige
13	EGVG + Sonstige
14	AVG
15	VStG / VVG + VwGVG
16	ZustellG
17	MeldeG + DV
18	PassG + DV
19	BFA-G + DV / BFA-VG + DV
20	FPG + DV
21	NAG + DV
22	AsylG + DV
23	GrekoG
24	SDÜ + Sonstige
25	AuslBG
26	WaffG + Ven
27	KriegsmatG + V
28	PyroTG + DV
29	SprG + Ven
30	MedienG
31	VersammlG
32	StVO + Ven
33	FSG + DV
34	KFG + Ven
35	Sonstige
36	B-VG
37	EMRK + ZP / StGG / HausRG / PersFrG
38	Sonstige
39	ABGB
40	AHG, OrgHG / PolBEG
41	ASVG
42	BDG + Ven

LexisNexis

KODEX

DES ÖSTERREICHISCHEN RECHTS
HERAUSGEBER: UNIV.-PROF. DR. WERNER DORALT

BESONDERES VERWALTUNGSRECHT

1	BVergG 2006
2	DSG
3	UG 2002
4	DMSG
5	KAKuG
6	GTG
7	SPG + BG KompatPrlv + PStSG
8	MeldeG
9	PassG
10	FPG
11	NAG
12	AsylG 2005
13	GVG-B 2005
14	WaffG
15	BFA-G
16	BFA-VG
17	PStG 2013
18	ForstG
19	WRG
20	AWG
21	IG-L
22	EG-K
23	UVP-G
24	StVO
25	KFG
26	FSG
27	GewO

LexisNexis

3. BStG
Inhaltsverzeichnis

Bundesstraßenrecht

3/1a. **Bundesstraßengesetz 1971,** BGBl I 1971/286 idF
BGBl I 1975/239   BGBl I 1975/381   BGBl I 1975/416
BGBl I 1978/294   BGBl I 1983/63   BGBl I 1986/165
BGBl I 1990/159   BGBl I 1992/420   BGBl I 1994/33
BGBl I 1995/297   BGBl I 1997/31   BGBl I 1999/182
BGBl I 2000/142   BGBl I 2002/50   BGBl I 2003/112
BGBl I 2004/95   BGBl I 2004/154   BGBl I 2006/58
BGBl I 2010/24   BGBl I 2011/62   BGBl I 2013/34
BGBl I 2013/96   BGBl I 2017/5   BGBl I 2017/7
BGBl I 2021/156   BGBl I 2022/123

BStG
STSG

3/1b. **Verordnung über ein Sicherheitsmanagement für die Straßenverkehrsinfrastruktur,** BGBl II 2011/258

3/2. **Straßentunnel-Sicherheitsgesetz,** BGBl I 2006/54 idF
BGBl I 2010/11   BGBl I 2013/96   BGBl I 2022/123

3/1a. BStG
Inhaltsverzeichnis

Bundesstraßengesetz 1971

BGBl 1971/286 idF

1	BGBl 1975/239	14	BGBl I 2002/50
2	BGBl 1975/381	15	BGBl I 2003/112
3	BGBl 1975/416	16	BGBl I 2004/95
4	BGBl 1978/294	17	BGBl I 2004/154
5	BGBl 1983/63	18	BGBl I 2006/58
6	BGBl 1986/165	19	BGBl I 2010/24
7	BGBl 1990/159	20	BGBl I 2011/62
8	BGBl 1992/420	21	BGBl I 2013/34
9	BGBl 1994/33	22	BGBl I 2013/96
10	BGBl 1995/297	23	BGBl I 2017/5
11	BGBl I 1997/31	24	BGBl I 2017/7
12	BGBl I 1999/182	25	BGBl I 2021/156
13	BGBl I 2000/142	26	BGBl I 2022/123

Bundesgesetz vom 16. Juli 1971, betreffend die Bundesstraßen (Bundesstraßengesetz 1971 – BStG 1971)

Inhaltsverzeichnis

I. Allgemeines

- § 1 Erklärung und Auflassung von Straßenzügen als Bundesstraßen
- § 2 Einteilung der Bundesstraßen
- § 3 Bestandteile der Bundesstraßen
- § 4 Bestimmung des Straßenverlaufes, Ausbau und Auflassung von Straßenteilen
- § 4a „Änderung des Bescheides vor Verkehrsfreigabe" *(BGBl I 2010/24)*
- § 5 „Sicherheitsmanagement" *(BGBl I 2011/62)*
- § 5a „Straßenverkehrssicherheitsgutachten" *(BGBl I 2011/62)*
- § 5b „Straßenverkehrssicherheitsgutachten aus anderen EU-Mitgliedstaaten" *(BGBl I 2011/62)*
- § 5c „Ausbildungseinrichtungen und Lehrgänge" *(BGBl I 2011/62)*
- § 5d „Verordnungsermächtigungen" *(BGBl I 2011/62)*
- § 6 Straßenforschung

„II. Planung, Bau, Betrieb und Erhaltung" *(BGBl I 2017/5)*

- § 7 Grundsätze und objektiver Nachbarschutz
- § 7a Subjektiver Nachbarschutz
- § 8 Straßenbaulast
- § 10 Beiträge
- § 12 Aufrechterhaltung der Verkehrsbeziehungen

III. Zwangsrechte und Verpflichtungen

- § 14 Bundesstraßenplanungsgebiet
- § 15 Bundesstraßenbaugebiet
- § 16 Untersuchungen und Vorarbeiten
- § 17 Enteignung
- § 18 Entschädigung, Parteistellung
- § 19 Einleitung des Verfahrens
- § 20 Enteignungsverfahren
- § 20a Rückübereignung

IV. Schutz der Straßen

- § 21 Bauten an Bundesstraßen
- § 22 Arbeitsleistungen auf benachbarten Grundstücken
- § 23 Benachbarte Waldungen
- § 24 Anrainerverpflichtungen
- § 25 Ankündigungen und Werbungen
- § 26 Anschlüsse von Straßen und Wegen, Zufahrten
- § 27 Betriebe an Bundesstraßen
- § 28 Benützung der Bundesstraßen
- § 29 Lagerungen

„V. Sachverständige, Kosten und Gebühren" *(BGBl I 2011/62; BGBl I 2021/156)*

- § 30 „Sachverständige" *(BGBl I 2021/156)*
- § 31 „Kostentragung" *(BGBl I 2010/24)*
- § 31a „Gebühren" *(BGBl I 2011/62)*

VI. Behörden „und Rechtsschutz" *(BGBl I 2013/96)*

§ 32 Behörden
§ 32a „Örtliche Zuständigkeit der Landesverwaltungsgerichte" *(BGBl I 2013/96)*
§ 32b „Aufschiebende Wirkung" *(BGBl I 2013/96)*

VII. Übergangsbestimmung, In-Kraft-Treten, Vollziehung

§ 33 Übergangsbestimmung
§ 34 In-Kraft-Treten, Außer-Kraft-Setzung von Vorschriften
§ 34a Verweisungen
§ 34b Autobahnen- und Schnellstraßen-Finanzierungs-Aktiengesellschaft
§ 35 Vollziehung
§ 36 Sprachliche Gleichbehandlung
§ 37 „Umsetzung von Unionsrecht" *(BGBl I 2011/62)*

Verzeichnis 1

Bundesstraßen A (Bundesautobahnen)

Verzeichnis 2

Bundesstraßen S (Bundesschnellstraßen)

(BGBl I 2006/58)

I. Allgemeines

Erklärung und Auflassung von Straßenzügen als Bundesstraßen

§ 1. (1) Die in den einen Bestandteil dieses Bundesgesetzes bildenden Verzeichnissen angeführten Straßenzüge werden zu Bundesstraßen erklärt. „Die Bundesministerin bzw. der Bundesminister für Klimaschutz, Umwelt, Energie, Mobilität, Innovation und Technologie" hat die nähere Beschreibung der Strecke der in den Verzeichnissen enthaltenen Bundesstraßen, soweit sie bereits unter Verkehr stehen, durch Verordnung festzulegen. Diese Verordnung hat den Hinweis auf Planunterlagen zu enthalten, welche beim „Bundesministerium für Klimaschutz, Umwelt, Energie, Mobilität, Innovation und Technologie" und beim Amt der Landesregierung des jeweiligen Landes zur Einsicht aufliegen. *(BGBl I 2021/156)*

(2) Die Übernahme und der Bau weiterer Straßenzüge, die eine Bedeutung für den Durchzugsverkehr erlangen, als Bundesstraßen kann nur auf Grund eines Bundesgesetzes erfolgen. Straßenzüge, die ihre Bedeutung für den Durchzugsverkehr verloren haben, werden durch Bundesgesetz als Bundesstraßen aufgelassen. „Ein als Bundesstraße aufgelassener Straßenzug ist im Falle einer Übertragung in das Eigentum eines anderen Trägers der Straßenbaulast in einem seiner Benützung entsprechenden guten Zustand zu übergeben." *(BGBl I 2006/58)*

(3) Der Bund (Bundesstraßenverwaltung) kann seiner Aufgabe zur Errichtung von Bundesstraßen gemäß den Verzeichnissen 1 und 2 durch Übernahme bestehender Straßen oder Straßenteile nachkommen, soweit sie zur Bemautung geeignet sind (§ 1 BStMG 2002, BGBl. I Nr. 109/2002). Die Übertragung ins Eigentum des Bundes erfolgt entschädigungslos aufgrund eines Übereinkommens zwischen dem Bund (Bundesstraßenverwaltung) und dem bisherigen Träger der Straßenbaulast. Die Übernahme wird mit dem Zeitpunkt wirksam, in dem der Bund (Bundesstraßenverwaltung) auf den mautpflichtigen Strecken mit der Einhebung der fahrleistungsabhängigen Maut beginnt. „Die Bundesministerin bzw. der Bundesminister für Klimaschutz, Umwelt, Energie, Mobilität, Innovation und Technologie" hat den Abschluss des Übereinkommens über die Übernahme und die nähere Beschreibung der zu übernehmenden Straßen oder Straßenteile im Bundesgesetzblatt kundzumachen. *(BGBl I 2006/58; BGBl I 2021/156)*

Einteilung der Bundesstraßen

§ 2. (1) Das Bundesstraßennetz besteht aus den Bundesstraßen A (Bundesautobahnen, Verzeichnis 1) und den Bundesstraßen S (Bundesschnellstraßen, Verzeichnis 2). Die Bundesstraßen eignen sich für den Schnellverkehr im Sinne der straßenpolizeilichen Vorschriften, weisen keine höhengleichen Überschneidungen mit anderen Verkehrswegen auf und dienen nicht der lokalen Aufschließung.

(2) Durch Anschlussstellen werden Verbindungen

1. zum übrigen öffentlichen Straßennetz,

2. zu Frachtenbahnhöfen, Güterterminals oder Güterverkehrszentren (Eisenbahnanlagen im Sinne des § 10 des Eisenbahngesetzes 1957, BGBl. Nr. 60) mit einer Flächeninanspruchnahme von mindestens 50 ha,

3. zu Flughäfen im Sinne des § 64 des Luftfahrtgesetzes, BGBl. Nr. 253/1957,

4. zu Häfen im Sinne des § 2 Z 20 des Schifffahrtsgesetzes (SchFG), BGBl. I Nr. 62/1997, oder Länden im Sinne des § 2 Z 23 SchFG, die Schiffen mit einer Tragfähigkeit von mehr als 1 350 t zugänglich sind, oder

5. zu Park & Ride Anlagen mit mindestens 750 Stellplätzen für Kraftfahrzeuge

hergestellt. Anschlussstellen auf Rampen von Anschlussstellen und Zu- und Abfahrtsstraßen sind unzulässig. Außer am Anfang oder Ende einer Bundesstraße sind Anschlussstellen niveaufrei auszuführen. *(BGBl I 2021/156)*

(3) Durch diese Bestimmungen werden die einschlägigen straßenpolizeilichen Vorschriften nicht berührt. *(BGBl I 2006/58)*

Bestandteile der Bundesstraßen

§ 3. Als Bestandteile der Bundesstraße gelten neben den unmittelbar dem Verkehr dienenden Flächen wie Fahrbahnen (zB Hauptfahrbahnen inklusive Kollektoren, Zu- und Abfahrtstraßen, Anschlussstellen samt ihren Rampen) und Parkflächen „(zB Park & Ride Anlagen und Park & Drive Anlagen)" auch der Grenzabfertigung, der Verkehrsbeeinflussung, der Kontrolle oder der Bemautung dienende Grundflächen und Anlagen, weiters Anlagen im Zuge einer Bundesstraße wie Tunnel, Brücken, Durchlässe, Stütz- und Futtermauern, Straßenböschungen, Straßengräben und Sanitäranlagen, ferner Betriebsgrundstücke gemäß § 27, sowie sonstige der Erhaltung und der Beaufsichtigung der Bundesstraßen dienende bebaute und unbebaute Grundstücke und Anlagen zum Schutz vor Beeinträchtigungen durch den Verkehr auf der Bundesstraße, insbesondere gegen Lärmeinwirkung. *(BGBl I 2021/156)*

(BGBl I 2006/58)

Bestimmung des Straßenverlaufes, Ausbau und Auflassung von Straßenteilen

§ 4. (1) Vor dem Bau einer neuen Bundesstraße oder ihrer Teilabschnitte oder vor der Zulegung einer zweiten Richtungsfahrbahn oder vor Ausbaumaßnahmen sonstiger Art an Bundesstraßen hat „die Bundesministerin bzw. der Bundesminister für Klimaschutz, Umwelt, Energie, Mobilität, Innovation und Technologie" über Antrag des Bundes (Bundesstraßenverwaltung) unter Bedachtnahme auf die Bestimmungen der §§ 7 und 7a, „ " die Umweltverträglichkeit und die Erfordernisse des Verkehrs, darüber hinaus die funktionelle Bedeutung des Straßenzuges sowie unter Bedachtnahme auf die Ergebnisse der Anhörung (Abs. 5) den Straßenverlauf im Rahmen der Verzeichnisse durch Festlegung der Straßenachse, im Falle eines Ausbaues durch Beschreibung, beides auf Grundlage eines konkreten Projektes, durch Bescheid zu bestimmen. „Hiezu können im Bescheid die erforderlichen Auflagen, Bedingungen und Befristungen vorgeschrieben werden. Dieser Bescheid „hat dingliche Wirkung und" tritt außer Kraft, wenn nicht binnen 10 Jahren ab Rechtskraft mit wesentlichen Baumaßnahmen zur Errichtung begonnen wurde. Wenn dies zweckmäßig erscheint, kann die Verwirklichung des Straßenbauvorhabens über Antrag in Abschnitten genehmigt werden." *(BGBl I 2006/58; BGBl I 2010/24; BGBl I 2017/5, siehe § 34 Abs. 10; BGBl I 2021/156)*

(1a) Anschlussstellen, die im Zeitraum zwischen dem 10. Februar 1983 und dem 14. März 1999 errichtet wurden und für die keine Verordnung zur Bestimmung des Straßenverlaufes (§ 4 Abs. 1 in der im Zeitpunkt ihrer Errichtung geltenden Fassung) erlassen wurde, gelten als gemäß diesem Bundesgesetz genehmigt. Dies gilt auch für die in dieser Zeitspanne durchgeführten Ausbau- und Umbaumaßnahmen an bestehenden Anschlussstellen. *(BGBl I 2021/156)*

(1b) Anbindungen des übrigen öffentlichen Straßennetzes über Betriebe gemäß § 27 an Bundesstraßen (Fahrverbindungen), die im Zeitraum zwischen dem 22. März 1990 und dem 14. März 1999 errichtet wurden und für die keine Verordnung zur Bestimmung des Straßenverlaufes (§ 4 Abs. 1 in der im Zeitpunkt ihrer Errichtung geltenden Fassung) erlassen wurde, gelten als gemäß diesem Bundesgesetz genehmigt. Dies gilt auch für die in dieser Zeitspanne durchgeführten Ausbau- und Umbaumaßnahmen an derartigen Anbindungen. *(BGBl I 2021/156)*

(2) Jedenfalls keine Ausbaumaßnahmen sonstiger Art sind: Schutzbauten zur Beseitigung von Gefahrenbereichen oder Umlegungen, die durch Katastrophenfälle oder Brückenneubauten bedingt werden, die Errichtung zusätzlicher Parkplätze mit weniger als 750 Stellplätzen, die Errichtung zusätzlicher Betriebe gemäß § 27 mit einer Flächeninanspruchnahme von weniger als 5 ha, die Zulegung von Kriechspuren, Rampenverlegungen, die Errichtung von zusätzlichen Einzelrampen bei bestehenden Knoten oder Anschlussstellen, Änderungen der Straßenachse oder der Nivelette um weniger als 5 m, Anlagen für den Straßenbetrieb und Umweltschutzmaßnahmen. Die Errichtung von sonstigen Betrieben gemäß § 27, die Zulegung weiterer Fahrstreifen und Änderungen der Nivelette, die nicht der Pflicht zur Durchführung einer Umweltverträglichkeitsprüfung unterliegen, sind auch keine Ausbaumaßnahmen sonstiger Art.

(3) Werden Straßenteile für den Durchzugsverkehr entbehrlich oder hat sich eine wesentliche Änderung der Voraussetzungen nach Abs. 1 ergeben, so kann „die Bundesministerin bzw. der Bundesminister für Klimaschutz, Umwelt, Energie, Mobilität, Innovation und Technologie" über Antrag des Bundes (Bundesstraßenverwaltung) die Auflassung dieser Straßenteile als Bundesstraße durch Bescheid verfügen. „§ 1 Abs. 2, dritter Satz," gilt sinngemäß. Sofern die aufgelassenen Straßenteile nicht mehr Verkehrszwecken dienen, sind sie vom Bund (Bundesstraßenverwaltung) hinsichtlich ihrer Kulturgattung in einen den anrainenden Grundstücken ähnlichen Zustand zu versetzen (Rekultivierung). Vor Erlassung eines Bescheides sind die berührten Länder und Gemeinden zu hören; die Gemeinden werden hiebei im eigenen Wirkungsbereich tätig. *(BGBl I 2006/58; BGBl I 2021/156)*

(4) Die Bescheide nach Abs. 1 und 3 sind in den berührten Gemeinden und beim Amt der Landesregierung des jeweiligen Landes zur Einsicht aufzubewahren.

(5) Vor Erlassung eines Bescheides nach Abs. 1 sind ausreichende Plan- und Projektunterlagen sowie Unterlagen zur Darlegung der Umweltverträglichkeit durch sechs Wochen in den berührten Gemeinden zur öffentlichen Einsicht aufzulegen. Zeit und Ort der Auflage sind durch einmalige Veröffentlichung „ " in einer im betreffenden Bundesland weit verbreiteten Tageszeitung sowie durch Anschlag an den Amtstafeln des Gemeindeamtes (Rathauses) der berührten Gemeinden kundzumachen. „Innerhalb dieser Auflagefrist kann jedermann schriftlich eine Stellungnahme und können Nachbarn (§ 7a) schriftlich Einwendungen beim „Bundesministerium für Klimaschutz, Umwelt, Energie, Mobilität, Innovation und Technologie" einbringen." *(BGBl I 2006/58; BGBl I 2021/156)*

(6) Für die Abs. 7 und 8 sowie für § 24 Abs. 6 gelten folgende Begriffsbestimmungen:

1. „Seveso-Betrieb" ist ein Betrieb, der in den Geltungsbereich der Richtlinie 2012/18/EU zur Beherrschung der Gefahren schwerer Unfälle mit gefährlichen Stoffen fällt. Seveso-Betriebe sind entweder Betriebe der unteren Klasse (Art. 3 Z 2 der Richtlinie 2012/18/EU) oder Betriebe der oberen Klasse (Art. 3 Z 3 der Richtlinie 2012/18/EU);

2. „schwerer Unfall" ist ein Ereignis (zB eine Emission, ein Brand oder eine Explosion größeren Ausmaßes), das sich aus unkontrollierten Vorgängen in einem Seveso-Betrieb oder aber auch durch äußere Einwirkung aufgrund von Naturereignissen ergibt, das unmittelbar oder später innerhalb oder außerhalb des Seveso-Betriebes zu einer ernsten Gefahr für die menschliche Gesundheit oder die Umwelt führt und bei dem ein oder mehrere gefährliche Stoffe im Sinn von Art. 3 Z 10 der Richtlinie 2012/18/EU beteiligt sind;

3. „Gefährdungsbereich eines Seveso-Betriebes" ist jener angemessene Sicherheitsabstand von der Betriebsanlage, der sich aufgrund von mengenschwellenbezogenen Abstandsmodellen oder standardisierten Einzelfallbetrachtungen ergibt.
(BGBl I 2021/156)

(7) In einem Antrag gemäß Abs. 1 ist in der planlichen Darstellung der Antragsunterlagen der Gefährdungsbereich eines Seveso-Betriebes auszuweisen. *(BGBl I 2021/156)*

(8) Eine Genehmigung für Straßenbauvorhaben gemäß Abs. 1 im Gefährdungsbereich eines Seveso-Betriebes darf überdies nur erteilt werden, wenn bei Planung, Bau und Betrieb solcher Vorhaben darauf Bedacht genommen wird – insbesondere durch das Vorsehen von baulichen oder organisatorischen Vorkehrungen –, dass durch das Vorhaben weder schwere Unfälle bewirkt noch das Risiko oder die Folgen solcher Unfälle vergrößert oder verschlimmert werden können. *(BGBl I 2021/156)*

Änderung des Bescheides vor Verkehrsfreigabe

§ 4a. (1) Beabsichtigte Änderungen eines gemäß § 4 Abs. 1 genehmigten Vorhabens oder beabsichtigte Abweichungen von im Bescheid enthaltenen Nebenbestimmungen vor Verkehrsfreigabe des Bauvorhabens bedürfen einer Genehmigung gemäß § 4 Abs. 1, wenn dies zur Wahrung der in den §§ 4 Abs. 1, 7 und 7a umschriebenen Interessen und Rechte erforderlich ist. Diese Genehmigung hat im Falle der Änderung des Vorhabens auch das bereits dem Bescheid gemäß § 4 Abs. 1 zugrunde liegende Vorhaben insoweit zu umfassen, als es wegen der Änderung zur Wahrung der in den §§ 4 Abs. 1, 7 und 7a beschriebenen Grundsätze und Interessen erforderlich ist.

(2) Eine Genehmigung nach Abs. 1 ist dann zu erteilen, wenn die in den §§ 4 Abs. 1 und 7 umschriebenen Grundsätze eingehalten werden und die von der Änderung oder Abweichung betroffenen Nachbarn gemäß § 7a in ihren Rechten nicht nachteilig berührt werden oder diese den spezifischen Änderungen oder Abweichungen nachweislich zugestimmt haben. „Die Bundesministerin bzw. der Bundesminister für Klimaschutz, Umwelt, Energie, Mobilität, Innovation und Technologie" hat dabei das Ermittlungsverfahren insoweit zu ergänzen, als dies im Hinblick auf seine Zwecke notwendig ist. *(BGBl I 2021/156)*

(3) An die Stelle der Änderungsgenehmigung kann eine Anzeige des Bundes (Bundesstraßenverwaltung) an „die Bundesministerin bzw. den Bundesminister für Klimaschutz, Umwelt, Energie, Mobilität, Innovation und Technologie" treten, wenn die Änderungen oder Abweichungen grundsätzlich genehmigungsfähig sind und voraussichtlich keine zusätzlichen Auflagen zum Schutz der genannten Interessen und Rechte erforderlich sind. Wenn die Voraussetzungen für eine Anzeige nicht gegeben sind, hat die Behörde die Durchführung der Änderungen oder Abweichungen binnen acht Wochen zu untersagen oder ein Genehmigungsverfahren einzuleiten. Über die Untersagung oder die Nichtuntersagung hat sie dem Bund (Bundesstraßenverwaltung) schriftlich Mitteilung zu machen. *(BGBl I 2021/156)*

(4) Dem Genehmigungsantrag und der Anzeige sind die zur Beurteilung der gesetzlichen Voraussetzungen für die beabsichtigte Änderung oder Abweichung erforderlichen Unterlagen anzuschließen.

(5) Angezeigte Änderungen dürfen nach Einlangen der Anzeige bei der Behörde vorgenommen werden, wenn dies aus Gründen der Gefahr im Verzug erforderlich ist. Andere angezeigte

Änderungen, für die ein Genehmigungsverfahren nicht eingeleitet wurde und die nicht untersagt wurden, dürfen nach Verstreichen von 8 Wochen oder, falls dieser Zeitpunkt früher liegt, nach Einlangen der Nichtuntersagung beim Bund (Bundesstraßenverwaltung) vorgenommen werden.

(6) Nicht der Anzeigepflicht unterliegen Änderungen, welche immissionsneutrale Änderungen zur Anpassung an den Stand der Technik oder immissionsneutrale Änderungen der technischen Ausführung oder der Herstellung darstellen, wenn die in den §§ 4 Abs. 1, 7 und 7a umschriebenen Interessen nicht nachteilig berührt werden. Der Bund (Bundesstraßenverwaltung) hat über das Vorliegen einer der oben angeführten Voraussetzungen eine im Rahmen seiner Befugnis ausgestellte Bestätigung eines Zivilteknikers oder Ingenieurbüros einzuholen und der Behörde auf Verlangen vorzulegen.

(7) Der Bund (Bundesstraßenverwaltung) hat die Bevölkerung von anzeigepflichtigen Änderungen (Abs. 3) sowie anzeigefreien Änderungen (Abs. 6) im Vorhinein durch Anschlag an den Amtstafeln der von der Änderung betroffenen Standortgemeinden zu informieren. Angrenzende Grundeigentümer im Sinne des § 7a sind nach Möglichkeit schriftlich zu informieren. Durch diese Bestimmungen werden keine subjektiven Rechte begründet.

(8) Die Absätze 1 bis 7 sind auf Vorhaben, für die eine Umweltverträglichkeitsprüfung gemäß Umweltverträglichkeitsprüfungsgesetz 2000 – UVP-G 2000, BGBl. Nr. 697/1993, durchgeführt worden ist, nicht anzuwenden.
(BGBl I 2010/24)

Sicherheitsmanagement

§ 5. (1) Zur Erhöhung der Sicherheit auf den Bundesstraßen werden folgende Instrumente vorgesehen:

1. Folgenabschätzung hinsichtlich der Straßenverkehrssicherheit,
2. Straßenverkehrssicherheitsaudit,
3. netzweite Straßenverkehrssicherheitsbewertung des in Betrieb befindlichen Straßennetzes und Veröffentlichung von Straßenabschnitten mit hoher Unfallhäufigkeit,
4. Straßenverkehrssicherheitsüberprüfung,
5. Unfallkostenrechnung und
6. Bestellung und Ausbildung von Gutachtern.
(BGBl I 2022/123)

(2) Die Bundesministerin bzw. der Bundesminister für Klimaschutz, Umwelt, Energie, Mobilität, Innovation und Technologie hat die Europäische Kommission über Änderungen (Aufnahme oder Auflassung von Straßenzügen) in der Liste des Bundesstraßennetzes, welche an die Europäische Kommission übermittelt wurde, zu informieren. Die in Abs. I genannten Instrumente gelten nicht für Straßen in Tunneln, die dem Geltungsbereich des Straßentunnel-Sicherheitsgesetzes (STSG), BGBl. I Nr. 54/2006, in der jeweils geltenden Fassung, unterliegen. *(BGBl I 2022/123)*

(3) Die Folgenabschätzung hinsichtlich der Straßenverkehrssicherheit gemäß Abs. 1 Z 1 ist eine strategisch orientierte, vergleichende Analyse der Auswirkungen einer neuen Bundesstraße oder wesentlichen Änderungen an bestehenden Bundesstraßen auf die Sicherheit im Straßennetz. Der Bund (Bundesstraßenverwaltung) hat die Folgenabschätzung

1. für den Neubau von Bundesstraßen oder ihrer Teilabschnitte mit einer durchgehenden Länge von mindestens 2 km vor der Einreichung zur Genehmigung gemäß § 4 Abs. 1,
2. für die Auflassung von Straßenteilen nach § 4 Abs. 3 auf der Ebene des Einreichprojekts in vereinfachter Form

durchzuführen. Die entsprechenden Unterlagen sind spätestens mit dem Einreichprojekt zur Bestimmung des Straßenverlaufes gemäß § 4 Abs. 1 bzw. zur Auflassung von Straßenteilen nach § 4 Abs. 3 „der Bundesministerin bzw. dem Bundesminister für Klimaschutz, Umwelt, Energie, Mobilität, Innovation und Technologie" vorzulegen. *(BGBl I 2021/156)*

(4) Das Straßenverkehrssicherheitsaudit gemäß Abs. 1 Z 2 ist eine unabhängige, eingehende, systematische und technische Prüfung der Entwurfsmerkmale einer Straße unter dem Sicherheitsaspekt und bezieht sich auf das Einreichprojekt, das Bauprojekt und den fertig gestellten Bau von Bundesstraßenbauvorhaben nach § 4 Abs. 1. Der Bund (Bundesstraßenverwaltung) bestellt für die Durchführung des Straßenverkehrssicherheitsaudits einen unabhängigen, gemäß § 5a oder § 5b zertifizierten Straßenverkehrssicherheitsgutachter. Wird ein Team für die Durchführung des Straßenverkehrssicherheitsaudits bestellt, muss zumindest der Leiter des Teams ein unabhängiger, gemäß § 5a oder § 5b zertifizierter Straßenverkehrssicherheitsgutachter sein.

(5) Durch die netzweite Straßenverkehrssicherheitsbewertung gemäß Abs. 1 Z 3 wird das Risiko von Unfällen und deren Schweregrad bewertet. Der Bund (Bundesstraßenverwaltung) führt mindestens alle fünf Jahre eine netzweite, abschnittsweise Straßenverkehrssicherheitsbewertung des gesamten in Betrieb befindlichen Bundesstraßennetzes durch. Die netzweite Straßenverkehrssicherheitsbewertung besteht aus

1. einer Einstufung der Sicherheit des untersuchten Bundesstraßennetzes unter Berücksichtigung der Entwurfsmerkmale (Sicherheitseinschätzung) der Straße und des Potentials für die Senkung der Unfallkosten in mindestens drei Kategorien und

2. einer Prioritätenreihung jener Straßenabschnitte, bei denen eine Verbesserung der Infrastruktur das größte Potential für die Erhöhung der Verkehrssicherheit und die Senkung der Unfallkosten hat.

Die Ergebnisse der netzweiten Straßenverkehrssicherheitsbewertung sind entweder durch gezielte Straßenverkehrssicherheitsüberprüfungen oder durch direkte Abhilfemaßnahmen weiterzuverfolgen. Der Bund (Bundesstraßenverwaltung) veröffentlicht jährlich auf seiner Internetseite eine Aufstellung der Straßenabschnitte mit hoher Unfallhäufigkeit. Die Bundesministerin bzw. der Bundesminister für Klimaschutz, Umwelt, Energie, Mobilität, Innovation und Technologie hat der Europäischen Kommission alle fünf Jahre einen Bericht über die Sicherheitseinordnung des gesamten bewerteten Bundesstraßennetzes vorzulegen. *(BGBl I 2022/123)*

(6) Die Straßenverkehrssicherheitsüberprüfungen gemäß Abs. 1 Z 4 sind periodische Überprüfungen der in Betrieb befindlichen Bundesstraßen einschließlich etwaiger Baustellen zur Feststellung von Sicherheitsdefiziten und Gefahrenpotentialen, die zu ihrer Behebung Maßnahmen unter Berücksichtigung des Nutzen-Kosten-Verhältnisses erfordern. Der Bund (Bundesstraßenverwaltung) hat jährlich einfache Straßenverkehrssicherheitsüberprüfungen und mindestens alle zehn Jahre gezielte Straßenverkehrssicherheitsüberprüfungen durchzuführen. Im Falle des Neubaus von Bundesstraßen sind gezielte Straßenverkehrssicherheitsüberprüfungen erstmals innerhalb von drei Jahren ab Verkehrsfreigabe durchzuführen. Der Bund (Bundesstraßenverwaltung) bestellt für die Durchführung der gezielten Straßenverkehrssicherheitsüberprüfung ein Expertenteam, in dem zumindest der Leiter des Teams ein unabhängiger, gemäß § 5a oder § 5b zertifizierter Straßenverkehrssicherheitsgutachter sein muss. Gezielte Straßenverkehrssicherheitsüberprüfungen von Straßenabschnitten, die an unter die Richtlinie 2004/54/EG über Mindestanforderungen an die Sicherheit von Tunneln im transeuropäischen Straßennetz, ABl. Nr. L 167 vom 30.04.2004 S. 39, in der Fassung der Berichtigung ABl. Nr. L 201 vom 07.06.2004 S. 56, in der Fassung der Verordnung (EG) Nr. 596/2009, ABl. Nr. L 188 S 14, fallende Straßentunnel angrenzen, sind mindestens alle sechs Jahre gemeinsam mit der für die Umsetzung der Richtlinie zuständigen Stelle durchzuführen. *(BGBl I 2022/123)*

„(7)" „Die Bundesministerin bzw. der Bundesminister für Klimaschutz, Umwelt, Mobilität, Innovation und Technologie" hat jeweils die durchschnittlichen Kosten zu errechnen, die dadurch verursacht werden, dass bei einem Straßenverkehrsunfall auf einer Bundesstraße im Sinne des Abs. 1 eine Person getötet bzw. schwer verletzt wird. Die Kostensätze sind erstmalig im Jahr 2012 zu veröffentlichen und danach mindestens alle fünf Jahre zu aktualisieren. *(BGBl I 2017/7, ab 1. 7. 2017; BGBl I 2021/156)*

„(8)" Durch die „Abs. 1 bis 7" werden keine subjektiv-öffentlichen Rechte begründet. *(BGBl I 2017/7, ab 1. 7. 2017)*

(BGBl I 2011/62)

Straßenverkehrssicherheitsgutachter

§ 5a. (1) „Die Bundesministerin bzw. der Bundesminister für Klimaschutz, Umwelt, Energie, Mobilität, Innovation und Technologie" hat auf Antrag fachlich qualifizierte Personen als Straßenverkehrssicherheitsgutachter zu zertifizieren. *(BGBl I 2021/156)*

(2) Eine Person ist fachlich qualifiziert im Sinne des Abs. 1, wenn sie

1. über mehrjährige einschlägige Ausbildung und praktische Erfahrung auf den Gebieten der Straßenplanung, der Sicherheitstechnik im Straßenverkehr sowie der Unfallanalyse verfügt und

2. den Lehrgang für Straßenverkehrssicherheitsgutachter gemäß § 5c Abs. 3 erfolgreich abgeschlossen hat.

(3) Der Antrag auf Zertifizierung hat schriftlich zu erfolgen „und ist beim Bundesministerium für Klimaschutz, Umwelt, Energie, Mobilität, Innovation und Technologie einzubringen". Dem Antrag sind anzuschließen: *(BGBl I 2022/123)*

1. Nachweise über die Ausbildung und praktische Erfahrung gemäß Abs. 2 Z 1 und über den erfolgreichen Abschluss des Lehrganges für Straßenverkehrssicherheitsgutachter sowie

2. ein Gutachten einer Ausbildungseinrichtung gemäß § 5c Abs. 1 über das Vorliegen der Zertifizierungsvoraussetzungen.

(4) Wenn die Voraussetzungen zur Zertifizierung vorliegen, hat „die Bundesministerin bzw. der Bundesminister für Klimaschutz, Umwelt, Energie, Mobilität, Innovation und Technologie" dem Antragsteller „mit Bescheid" ein entsprechendes Zertifikat auszustellen. Die Gültigkeit des Zertifikats ist auf die Dauer von fünf Jahren zu befristen. Liegen die Voraussetzungen nicht vor, ist die Zertifizierung mit Bescheid zu versagen. *(BGBl I 2021/156; BGBl I 2022/123)*

(5) Ein zertifizierter Straßenverkehrssicherheitsgutachter hat sich angemessen, zumindest im Ausmaß von 20 Ausbildungseinheiten innerhalb eines Zeitraumes von fünf Jahren „in einem Fortbildungslehrgang gemäß § 5c Abs. 4" fortzubilden, wobei eine Ausbildungseinheit mindestens 45 Minuten zu betragen hat. *(BGBl I 2022/123)*

(6) Auf Antrag hat „die Bundesministerin bzw. der Bundesminister für Klimaschutz, Umwelt, Energie, Mobilität, Innovation und Technologie" die Gültigkeit des Zertifikats um jeweils weitere fünf Jahre zu verlängern. Voraussetzung für die

Verlängerung ist, dass der Antragsteller innerhalb der letzten fünf Jahre *(BGBl I 2021/156)*

1. die vorgeschriebene Fortbildung absolviert hat und

2. zumindest zwei Straßenverkehrssicherheitsaudits oder „gezielte" Straßenverkehrssicherheitsüberprüfungen in fachlich korrekter Weise durchgeführt hat. *(BGBl I 2022/123)*

(7) Der Antrag auf Verlängerung hat schriftlich zu erfolgen und kann frühestens ein Jahr und spätestens drei Monate vor Ablauf der Gültigkeit des Zertifikats gestellt werden. Die Gültigkeit des Zertifikats bleibt bis zur Entscheidung über den fristgerechten Antrag aufrecht. „Der Antrag ist beim Bundesministerium für Klimaschutz, Umwelt, Energie, Mobilität, Innovation und Technologie einzubringen." Dem Antrag auf Verlängerung sind anzuschließen: *(BGBl I 2022/123)*

1. Nachweise über die absolvierte Fortbildung und über die durchgeführten Straßenverkehrssicherheitsaudits bzw. „gezielten" Straßenverkehrssicherheitsüberprüfungen sowie *(BGBl I 2022/123)*

2. ein Gutachten einer Ausbildungseinrichtung gemäß § 5c Abs. 1 über das Vorliegen der Voraussetzungen zur Verlängerung.

(8) Wenn die Voraussetzungen zur Verlängerung der Gültigkeit des Zertifikats vorliegen, hat „die Bundesministerin bzw. der Bundesminister für Klimaschutz, Umwelt, Energie, Mobilität, Innovation und Technologie" „mit Bescheid" ein neues Zertifikat auszustellen. Liegen die Voraussetzungen nicht vor, ist die Verlängerung der Gültigkeit des Zertifikats mit Bescheid zu versagen. Wird eine Verlängerung nicht erlangt, so kann frühestens zwei Jahre nach Ablauf der Gültigkeit des Zertifikats ein neuer Antrag gemäß Abs. 3 gestellt werden; der Lehrgang gemäß § 5c Abs. 3 muss in diesem Fall wiederholt werden. *(BGBl I 2021/156; BGBl I 2022/123)*

(9) Sofern zum Zeitpunkt der Antragstellung kein Vertrag gemäß § 5c Abs. 1 besteht, entfällt die Verpflichtung des Antragstellers zur Vorlage eines Gutachtens einer Ausbildungseinrichtung.

(10) „Die Bundesministerin bzw. der Bundesminister für Klimaschutz, Umwelt, Energie, Mobilität, Innovation und Technologie" hat die Gültigkeit des Zertifikats mit Bescheid zu widerrufen, wenn die Voraussetzungen zur Erteilung oder Verlängerung nicht mehr vorliegen oder nicht bestanden haben oder wenn der zertifizierte Straßenverkehrssicherheitsgutachter im Rahmen seiner Tätigkeit eine grobe Pflichtverletzung begangen hat. *(BGBl I 2021/156)*

(11) „Die Bundesministerin bzw. der Bundesminister für Klimaschutz, Umwelt, Energie, Mobilität, Innovation und Technologie" hat die zertifizierten Straßenverkehrssicherheitsgutachter in eine Liste einzutragen, welche auf der Internetseite „des Bundesministeriums für Klimaschutz, Umwelt, Energie, Mobilität, Innovation und Technologie" zu veröffentlichen ist. *(BGBl I 2021/156)*

(BGBl I 2011/62)

Straßenverkehrssicherheitsgutachter aus anderen EU-Mitgliedstaaten

§ 5b. (1) „Die Bundesministerin bzw. der Bundesminister für Klimaschutz, Umwelt, Energie, Mobilität, Innovation und Technologie" hat Staatsangehörige eines Mitgliedstaates der Europäischen Union (EU), die *(BGBl I 2021/156)*

1. über eine aufrechte Berechtigung verfügen, in einem anderen Mitgliedstaat der EU die Tätigkeit eines Straßenverkehrssicherheitsgutachters auszuüben, und

2. nachweisen, dass die von ihnen absolvierte Ausbildung in Inhalt und Umfang dem Lehrgang gemäß § 5c Abs. 3 gleichwertig ist,

auf Antrag als Straßenverkehrssicherheitsgutachter zu zertifizieren. Kann der Nachweis gemäß Z 2 nicht erbracht werden, ist stattdessen der Lehrgang gemäß § 5c Abs. 3 zu absolvieren.

(2) Der Antrag auf Zertifizierung hat schriftlich und in deutscher Sprache zu erfolgen. „Der Antrag ist beim Bundesministerium für Klimaschutz, Umwelt, Energie, Mobilität, Innovation und Technologie einzubringen." Dem Antrag sind anzuschließen: *(BGBl I 2022/123)*

1. ein Nachweis über die Staatsangehörigkeit,

2. eine Bescheinigung über die aufrechte Berechtigung gemäß Abs. 1 Z 1,

3. Nachweise über die absolvierte Ausbildung gemäß Abs. 1 Z 2 oder über den erfolgreich absolvierten Lehrgang gemäß § 5c Abs. 3 und

4. ein Gutachten einer Ausbildungseinrichtung gemäß § 5c Abs. 1 über das Vorliegen der Zertifizierungsvoraussetzungen.

Die in Z 1 bis 4 genannten Bescheinigungen und Belege sind, sofern sie nicht in deutscher Sprache abgefasst sind, in beglaubigter Übersetzung vorzulegen.

(3) Wenn die Voraussetzungen zur Zertifizierung vorliegen, hat „die Bundesministerin bzw. der Bundesminister für Klimaschutz, Umwelt, Energie, Mobilität, Innovation und Technologie" dem Antragsteller „mit Bescheid" ein entsprechendes Zertifikat auszustellen. Die Gültigkeit des Zertifikats ist auf die Dauer von fünf Jahren zu befristen. Liegen die Voraussetzungen nicht vor, ist die Zertifizierung mit Bescheid zu versagen. *(BGBl I 2021/156; BGBl I 2022/123)*

(4) Auf Antrag hat „die Bundesministerin bzw. der Bundesminister für Klimaschutz, Umwelt, Energie, Mobilität, Innovation und Technologie" die Gültigkeit des Zertifikats um jeweils weitere

fünf Jahre zu verlängern. Voraussetzung für die Verlängerung ist, dass der Antragsteller weiterhin über die aufrechte Berechtigung gemäß Abs. 1 Z 1 verfügt. *(BGBl I 2021/156)*

(5) Der Antrag auf Verlängerung hat schriftlich und in deutscher Sprache zu erfolgen und kann frühestens ein Jahr und spätestens drei Monate vor Ablauf der Gültigkeit des Zertifikats gestellt werden. Die Gültigkeit des Zertifikats bleibt bis zur Entscheidung über den fristgerechten Antrag aufrecht. „Der Antrag ist beim Bundesministerium für Klimaschutz, Umwelt, Energie, Mobilität, Innovation und Technologie einzubringen." Dem Antrag ist eine Bescheinigung über die aufrechte Berechtigung gemäß Abs. 1 Z 1 anzuschließen. Diese Bescheinigung ist, sofern sie nicht in deutscher Sprache abgefasst ist, in beglaubigter Übersetzung vorzulegen. *(BGBl I 2022/123)*

(6) Wenn die Voraussetzungen zur Verlängerung der Gültigkeit des Zertifikats vorliegen, hat „die Bundesministerin bzw. der Bundesminister für Klimaschutz, Umwelt, Energie, Mobilität, Innovation und Technologie" „mit Bescheid" ein neues Zertifikat auszustellen. Liegen die Voraussetzungen nicht vor, ist die Verlängerung der Gültigkeit des Zertifikats mit Bescheid zu versagen. *(BGBl I 2021/156; BGBl I 2022/123)*

(7) § 5a Abs. 9 bis 11 ist anzuwenden. *(BGBl I 2011/62)*

Ausbildungseinrichtungen und Lehrgänge

§ 5c. (1) „Die Bundesministerin bzw. der Bundesminister für Klimaschutz, Umwelt, Energie, Mobilität, Innovation und Technologie" wird ermächtigt, mit einer oder mehreren geeigneten Ausbildungseinrichtung(en) einen unentgeltlichen, auf die Dauer von jeweils fünf Jahren befristeten Vertrag abzuschließen, in dem insbesondere vereinbart wird, dass die Ausbildungseinrichtung *(BGBl I 2021/156)*

1. Lehrgänge gemäß Abs. 3 einzurichten und durchzuführen hat, wobei eine personelle Trennung von Vortragenden und Prüfenden sicherzustellen ist,

2. Fortbildungsmaßnahmen für Straßenverkehrssicherheitsgutachter durchzuführen hat,

3. Gutachten darüber zu erstellen hat, ob
 a) die Zertifizierungsvoraussetzungen gegeben sind,
 b) die Voraussetzungen zur Verlängerung der Gültigkeit des Zertifikats vorliegen,

4. berechtigt ist, von den Lehrgangsteilnehmern für die Durchführung der Lehrgänge und Fortbildungsmaßnahmen sowie für die Erstellung der Gutachten ein angemessenes Entgelt zu verlangen.

(2) Lehrgänge für Straßenverkehrssicherheitsgutachter gemäß Abs. 3 können auch von Ausbildungseinrichtungen, mit denen kein Vertrag gemäß Abs. 1 abgeschlossen wurde, durchgeführt werden, sofern diese die Voraussetzungen des „Abs. 5" erfüllen. Wenn die Absolventen solcher Lehrgänge um Zertifizierung ansuchen, hat das Gutachten der Ausbildungseinrichtung gemäß Abs. 1 insbesondere auch dazu Stellung zu nehmen, ob die Ausbildungseinrichtung und der Lehrgang den gesetzlichen und durch Verordnung festgelegten Anforderungen entspreche. *(BGBl I 2022/123)*

(3) In einem Lehrgang für Straßenverkehrssicherheitsgutachter sind die für die Tätigkeit eines Straßenverkehrssicherheitsgutachters erforderlichen spezifischen Kenntnisse und Fähigkeiten zu vermitteln. Der Lehrgang hat folgende Ausbildungsschwerpunkte zu umfassen, wobei die Kenntnisse der einschlägigen technischen Richtlinien und der rechtlichen Grundlagen vorausgesetzt werden:

1. Straßenplanung,
2. Unfallanalyse,
3. menschliches Verhalten im Straßenverkehr,
4. Schutz von ungeschützten Verkehrsteilnehmern, *(BGBl I 2022/123)*
„5." Straßenausrüstung, *(BGBl I 2022/123)*
„6." „Prüfberichterstellung (Straßenverkehrssicherheitsaudit und Straßenverkehrssicherheitsüberprüfung)" und *(BGBl I 2022/123)*
„7." praktisches Auditbeispiel. *(BGBl I 2022/123)*

Der Lehrgang hat mindestens 40 Ausbildungseinheiten zu umfassen, wobei eine Ausbildungseinheit mindestens 45 Minuten zu betragen hat. Die Ausbildungsinhalte sind ausschließlich durch einschlägig anerkannte Fachexperten abzudecken.

(4) In einem Fortbildungslehrgang für zertifizierte Straßenverkehrssicherheitsgutachter sind die für die Tätigkeit eines Straßenverkehrssicherheitsgutachters erforderlichen Aktualisierungen und Entwicklungen der Kenntnisse und Fähigkeiten zu den in Abs. 3 angeführten Ausbildungsschwerpunkten zu vermitteln. Der Fortbildungslehrgang muss unter Berücksichtigung des Schutzes von ungeschützten Verkehrsteilnehmern mindestens zwei Themenbereiche der in Abs. 3 angeführten Ausbildungsschwerpunkte umfassen. *(BGBl I 2022/123)*

„(5)" Eine Stelle ist als Ausbildungseinrichtung gemäß Abs. 1 bzw. Abs. 2 geeignet, wenn sie
1. über fachlich qualifiziertes Lehrpersonal verfügt,
2. Lehrgänge gemäß Abs. 3 anbietet und
3. über die zur Ausbildung erforderliche Einrichtung und Ausstattung verfügt. *(BGBl I 2022/123)*

„(6)" Die Bundesministerin bzw. der Bundesminister für Klimaschutz, Umwelt, Energie, Mobilität, Innovation und Technologie hat die Ausbildungseinrichtungen gemäß Abs. 1 in eine Liste einzutragen, welche auf der Internetseite des Bundesministeriums für Klimaschutz, Umwelt, Energie, Mobilität, Innovation und Technologie zu veröffentlichen ist. *(BGBl I 2021/156; BGBl I 2022/123)*

(BGBl I 2011/62)

Verordnungsermächtigungen

§ 5d. „Die Bundesministerin bzw. der Bundesminister für Klimaschutz, Umwelt, Energie, Mobilität, Innovation und Technologie" hat durch Verordnung nähere Bestimmungen zu erlassen über *(BGBl I 2021/156)*

1. Ablauf und maßgebliche Elemente und Aspekte der Folgenabschätzung hinsichtlich der Straßenverkehrssicherheit,
2. Ablauf und maßgebliche Kriterien des Straßenverkehrssicherheitsaudits,
3. Ablauf und maßgebliche Aspekte der „Straßenverkehrssicherheitsbewertung" des in Betrieb befindlichen Straßennetzes und Art der Veröffentlichung von Straßenabschnitten mit hoher Unfallhäufigkeit, *(BGBl I 2022/123)*
4. Ablauf und maßgebliche Aspekte der Straßenverkehrssicherheitsüberprüfungen,
5. die erforderliche fachliche Qualifikation der Straßenverkehrssicherheitsgutachter und
6. Inhalte und Umfang der Lehrgänge für Straßenverkehrssicherheitsgutachter gemäß § 5a Abs. 5 und § 5c Abs. 3 „und 4". *(BGBl I 2022/123)*

(BGBl I 2011/62)

Straßenforschung

§ 6. (1) Die Aufwendungen für Zwecke der Forschung und für grundlegende Untersuchungen in Angelegenheiten der Bundesstraßen, ausgenommen die Straßenpolizei, sind aus den in den jährlichen Bundesfinanzgesetzen dafür vorgesehenen Mitteln zu bedecken. Diese Mittel sind im Interesse der Umweltverträglichkeit im Straßenbau und der Steigerung der Wirtschaftlichkeit im Straßenbau sowie der Sicherheit der Verkehrsabwicklung sowohl für die Erteilung von Forschungs- und Entwicklungsaufträgen gegen Entgelt als auch für die Förderung von Forschungs- und Entwicklungsvorhaben physischer oder juristischer Personen durch die Gewährung von Zuschüssen sowie weiters für Zwecke der Dokumentation, Information und Publikation in allen Bereichen der Bundesstraßen, ausgenommen die Straßenpolizei, zu verwenden.

(2) Die Gewährung von Förderbeiträgen kann von Bedingungen abhängig gemacht werden. Bei Forschungsvorhaben von unmittelbarem Nutzen für den Förderungswerber hat dieser einen angemessenen Beitrag zur Deckung der Kosten zu leisten. Die §§ 21 und 22 der Allgemeinen Rahmenrichtlinien für die Gewährung von Förderungen aus Bundesmitteln (ARR 2004), BGBl. II Nr. 51/2004, gelten sinngemäß.

(BGBl I 2006/58)

II. Planung, Bau, Betrieb und Erhaltung

Grundsätze und objektiver Nachbarschutz

§ 7. (1) Die Bundesstraßen sind derart zu planen, zu bauen und zu erhalten, daß sie nach Maßgabe und bei Beachtung der straßenpolizeilichen und kraftfahrrechtlichen Vorschriften von allen Straßenbenützern unter Bedachtnahme auf die durch die Witterungsverhältnisse oder durch Elementarereignisse bestimmten Umstände ohne Gefahr benützbar sein können; hiebei ist auch auf die Sicherheit, Leichtigkeit und Flüssigkeit des Verkehrs sowie auf die Umweltverträglichkeit Bedacht zu nehmen.

(2) „Die Bundesministerin bzw. der Bundesminister für Klimaschutz, Umwelt, Energie, Mobilität, Innovation und Technologie" erläßt die für die Planung, den Bau und die Erhaltung der Bundesstraßen erforderlichen Verordnungen und Dienstanweisungen. *(BGBl I 2021/156)*

(3) Bei Planung, Bau und Betrieb von Bundesstraßen ist vorzusorgen, dass Beeinträchtigungen von Nachbarn vermindert oder vermieden werden. „ " Maßnahmen zur Vermeidung oder Verminderung von Beeinträchtigungen sind nur zu ergreifen, wenn dies im Verhältnis zum Erfolg mit wirtschaftlich vertretbarem Aufwand erreicht werden kann. *(BGBl I 2006/58; BGBl I 2017/5)*

(4) Die Vorsorge gegen Beeinträchtigungen der Nachbarn durch den Bau und den Betrieb der Bundesstraße (Abs. 3) kann auch dadurch erfolgen, dass auf fremden Grundstücken mit Zustimmung des Eigentümers geeignete Maßnahmen gesetzt werden, insbesondere Baumaßnahmen an Gebäuden, Einbau von Lärmschutzfenstern und dergleichen, sofern die Erhaltung und allfällige Wiederherstellung durch den Eigentümer oder einen Dritten sichergestellt ist. *(BGBl I 2006/58)*

(5) In Fällen, in denen mit wirtschaftlich vertretbarem Aufwand durch Maßnahmen nach Abs. 3 und Abs. 4 kein entsprechender Erfolg erzielt werden kann, können mit Zustimmung des Eigentümers Grundstücke oder Grundstücksteile vom Bund (Bundesstraßenverwaltung) nach den Grundsätzen des § 18 und der §§ 4 bis 8 des Eisenbahn-Enteignungsentschädigungsgesetzes - EisbEG, BGBl. Nr. 71/1954, eingelöst werden, sofern durch den Bau oder den Betrieb der Bundesstraße die Benützung eines Grundstücks oder Grundstücksteiles unzumutbar beeinträchtigt wird. Gleiches gilt, wenn die unzumutbare Beeinträchtigung durch bauliche Anlagen im Zuge einer

Bundesstraße (§ 3), zum Beispiel durch Beeinträchtigung des Lichtraumes, erfolgt. *(BGBl I 2006/58)*

(6) Im Falle, dass sich Maßnahmen in der Umgebung von Bundesstraßen für die Abwicklung des Verkehrs und seiner Auswirkungen auf die Umwelt als zweckmäßiger und wirtschaftlicher erweisen als Baumaßnahmen an der Bundesstraße, können auch solche an Stelle dieser Baumaßnahmen getroffen werden. *(BGBl I 2006/58)*

(7) Bei der Planung, dem Bau, dem Betrieb und der Erhaltung von Bundesstraßen ist auch auf die Grundsätze der Wirtschaftlichkeit, Sparsamkeit und Zweckmäßigkeit Bedacht zu nehmen. Im Rahmen einer Verordnung im Sinne des Abs. 2 ist „die Bundesministerin bzw. der Bundesminister für Klimaschutz, Umwelt, Energie, Mobilität, Innovation und Technologie" ermächtigt, Bestimmungen betreffend die Prüfung wirtschaftlicher Aspekte von Bauvorhaben und Erhaltungsmaßnahmen zu erlassen. In einer solchen Verordnung können insbesondere der Anwendungsbereich, Zuständigkeiten und die Methoden und Tiefe der Prüfung beschrieben und festgelegt werden. *(BGBl I 2017/5; BGBl I 2021/156)*

(8) Durch diese Bestimmungen werden keine subjektiven Rechte begründet. *(BGBl I 2017/5)*

Subjektiver Nachbarschutz

§ 7a. (1) Eine Bestimmung des Straßenverlaufes nach § 4 Abs. 1 ist nur zulässig, wenn bei Bau und Betrieb der Bundesstraße vermieden wird,

a) dass das Leben und die Gesundheit von Nachbarn gefährdet werden und

b) dass das Eigentum oder sonstige dingliche Rechte der Nachbarn gefährdet werden.

(2) Nachbarn im Sinne dieser Bestimmung sind alle Personen, die durch den Bau oder den Betrieb, oder deren Eigentum oder sonstige dingliche Rechte dadurch gefährdet werden könnten. Als Nachbarn gelten nicht Personen, die sich vorübergehend in der Nähe der Bundesstraße aufhalten und nicht im Sinne des vorherigen Satzes dinglich berechtigt sind. Als Nachbarn gelten jedoch die Inhaber von Einrichtungen, in denen sich, wie etwa in Beherbergungsbetrieben, Krankenanstalten und Heimen regelmäßig Personen vorübergehend aufhalten, hinsichtlich des Schutzes dieser Personen, und die Erhalter von Schulen hinsichtlich des Schutzes der Schüler, der Lehrer und der sonst in Schulen ständig beschäftigten Personen.

(3) Einwendungen, die sich auf zivilrechtliche Ansprüche beziehen, sind auf den Zivilrechtsweg zu verweisen.

(4) Einwendungen, die eine Verletzung subjektiver öffentlicher Rechte, abgesehen von den Rechten nach Abs. 1 lit. a, zum Inhalt haben, sind als unbegründet abzuweisen, wenn das öffentliche Interesse an der Errichtung der Bundesstraße größer ist, als der Nachteil, der der Partei durch die Bestimmung des Straßenverlaufes erwächst. Subjektive Rechte gemäß Abs. 1 lit. b können nach Maßgabe der Bestimmungen über die Enteignung (§§ 17ff) eingeschränkt werden.

(5) Im Rahmen einer Verordnung im Sinne des § 7 Abs. 2 ist „die Bundesministerin bzw. der Bundesminister für Klimaschutz, Umwelt, Energie, Mobilität, Innovation und Technologie" auch ermächtigt, Bestimmungen über betriebs- und baubedingte Immissionen von Bundesstraßenvorhaben zu erlassen. In einer solchen Verordnung können insbesondere der Anwendungsbereich, die Ermittlungsmethoden, Schwellen- und Grenzwerte, ein Beurteilungsmaßstab, Umfang und Dauer des Anspruchs auf Maßnahmen zum Schutz vor Immissionen und die Art der Festlegung und der Durchführung von Maßnahmen geregelt werden. *(BGBl I 2017/5; BGBl I 2021/156)*

(6) Bei der Beurteilung der Auswirkungen von Immissionen ist darauf abzustellen, wie sich diese auf ein gesundes, normal empfindendes Kind und auf einen gesunden, normal empfindenden Erwachsenen auswirken. *(BGBl I 2017/5)*

(7) Wird bei objektseitigen Lärmschutzmaßnahmen die Zustimmung durch den Eigentümer oder sonst Berechtigten zur Umsetzung verweigert oder trotz Zustimmung in Folge die Umsetzung der Maßnahmen nicht oder nicht rechtzeitig ermöglicht, ist der Nachbar so zu behandeln, als wären die Maßnahmen gesetzt worden. Der Anspruch des Eigentümers oder sonst Berechtigten auf Umsetzung der Maßnahmen bleibt jedenfalls für einen Zeitraum von drei Jahren ab Verkehrsfreigabe aufrecht. *(BGBl I 2017/5)*

(BGBl I 2006/58)

Straßenbaulast

§ 8. (1) Der[1] „Die Planung, der" Bau und die Erhaltung der Bundesstraßen erfolgt aus „Mitteln des Bundes (Bundesstraßenverwaltung)", insoweit sich nicht aus den folgenden Bestimmungen etwas anderes ergibt oder auf Grund eines besonderen Rechtstitels Verpflichtungen zu Leistungen für diese Zwecke bestehen. Falls derartige Verpflichtungen bei einer vom Bund (Bundesstraßenverwaltung) zu übernehmenden öffentlichen Straße bestehen, bleiben sie auch nach der Umwandlung in eine Bundesstraße aufrecht. *(BGBl I 2006/58)*

(2) Verträge nach den §§ 25 bis 28 sind entgeltlich. *(BGBl I 2006/58)*

---

[1] *Offensichtliches Redaktionsversehen: Das Wort "Der" wurde irrtümlich im Text belassen.*

§ 9. *entfällt.*

Beiträge

§ 10. (1) Muss eine Bundesstraße wegen der besonderen Art oder Häufigkeit der Benützung durch eine Unternehmung oder durch deren Kunden und Lieferanten in einer kostspieligeren Weise geplant, gebaut oder erhalten werden, als dies mit Rücksicht auf den allgemeinen Straßenverkehr notwendig wäre, so hat die Unternehmung dem Bund (Bundesstraßenverwaltung) die Mehrkosten zu vergüten.

(2) Länder, Gemeinden und andere juristische Personen können Beiträge zu Planung, Bau oder Erhaltung von Bundesstraßen an den Bund (Bundesstraßenverwaltung) leisten.

(3) Der Bund leistet an das Land Burgenland entsprechend dem Baufortschritt einen Zuschuss in der Höhe von 37 Millionen Euro zur Errichtung einer Straße von Steinberg-Dörfl (S 31, B 50) bis zur Staatsgrenze bei Rattersdorf. *(BGBl I 2011/62)*

(4) Der Bund leistet an das Land Wien entsprechend dem Baufortschritt einen Zuschuss in der Höhe von 231,6 Millionen Euro zur Errichtung einer Straße von Hirschstetten (A 23) bis zum Beginn der Einschließlichstrecke der S 1 im Bereich der Straße Am Heidjöchl, Höhe Johann-Kutschera-Gasse. *(BGBl I 2011/62)*

(BGBl I 2006/58)

Entscheidung über Beiträge

§ 11. *(aufgehoben, BGBl I 2006/58)*

Aufrechterhaltung der Verkehrsbeziehungen

§ 12. (1) Werden durch den Bau einer Bundesstraße bestehende Straßen und Wege oder Zu- und Abfahrten unterbrochen oder sonst unbenützbar gemacht, so hat der Bund (Bundesstraßenverwaltung) auf seine Kosten die erforderlichen Vorkehrungen zur Aufrechterhaltung der Verkehrsbeziehungen in diesem Bereich zu treffen. Hiedurch tritt eine Änderung in der Erhaltungspflicht wiederhergestellter Straßen und Wege nicht ein; werden diese Straßen und Wege über oder unter der Bundesstraße geführt, obliegt dem Bund (Bundesstraßenverwaltung) die Erhaltung des Kreuzungsbauwerkes.

(2) Wird der Durchzugsverkehr von einem Bundesstraßenteilstück durch eine längere Zeitspanne unterbrochen oder umgeleitet, kann der Bund (Bundesstraßenverwaltung) auf seine Kosten die erforderlichen baulichen Vorkehrungen zur Ermöglichung einer Verkehrsumleitung treffen oder den Trägern der Straßenbaulast jener Straßen, auf welche der Verkehr umgeleitet wird, die durch die stärkere Benützung entstandenen Schäden abgelten.

§ 13. *entfällt.*

III. Zwangsrechte und Verpflichtungen

Bundesstraßenplanungsgebiet

§ 14. (1) Zur Sicherung des Baues einer in den Verzeichnissen aufgenommenen Bundesstraße kann „die Bundesministerin bzw. der Bundesminister für Klimaschutz, Umwelt, Energie, Mobilität, Innovation und Technologie" auch vor Bestimmung des Straßenverlaufes (§ 4 Abs. 1) das in einem Lageplan bezeichnete Gelände, das für die spätere Führung der Bundesstraße in Betracht kommt, durch Verordnung zum Bundesstraßenplanungsgebiet erklären. Eine solche Verordnung darf nur erlassen werden, wenn nach dem Stand der Planungs- und Bauvorbereitungsarbeiten die Bestimmung des Straßenverlaufes (§ 4 Abs. 1) in absehbarer Zeit zu erwarten ist und zu befürchten ist, daß durch bauliche Veränderungen in diesem Gelände der geplante Straßenbau erheblich erschwert oder wesentlich verteuert wird. *(BGBl I 2021/156)*

(1a) Zur Sicherung der Durchführung von Ausbaumaßnahmen sonstiger Art an Bundesstraßen kann die Bundesministerin bzw. der Bundesminister für Klimaschutz, Umwelt, Energie, Mobilität, Innovation und Technologie vor Bestimmung des Straßenverlaufes (§ 4 Abs. 1) das in einem Lageplan bezeichnete Gelände, das für die örtliche Lage dieser Ausbaumaßnahmen in Betracht kommt, durch Verordnung zum Bundesstraßenplanungsgebiet erklären. Eine solche Verordnung darf nur erlassen werden, wenn nach dem Stand der Planungs- und Bauvorbereitungsarbeiten die Bestimmung des Straßenverlaufes (§ 4 Abs. 1) innerhalb von drei Jahren zu erwarten ist und zu befürchten ist, dass durch bauliche Veränderungen in diesem Gelände die geplante Ausbaumaßnahme erheblich erschwert oder wesentlich verteuert wird. *(BGBl I 2021/156)*

(1b) Zur Sicherung der Durchführung von baulichen Maßnahmen, die keine Ausbaumaßnahmen sonstiger Art an Bundesstraßen sind (insbesondere solche nach § 4 Abs. 2), oder zur Sicherung der Errichtung von betriebsnotwendigen Anlagen kann die Bundesministerin bzw. der Bundesminister für Klimaschutz, Umwelt, Energie, Mobilität, Innovation und Technologie vor Realisierung das in einem Lageplan bezeichnete Gelände, das für die spätere Umsetzung der baulichen Maßnahmen oder für die Errichtung betriebsnotwendiger Anlagen in Betracht kommt, durch Verordnung zum Bundesstraßenplanungsgebiet erklären. Eine solche Verordnung darf nur erlassen werden, wenn nach dem Stand der Planungs- und Bauvorbereitungsarbeiten die bauliche Umsetzung innerhalb von drei Jahren zu erwarten ist und zu befürchten ist, dass durch bauliche Veränderungen in diesem Gelände die geplante bauliche Maßnahme oder Anlage erheblich erschwert oder wesentlich verteuert wird. *(BGBl I 2021/156)*

(2) Vor Erlassung der Verordnung sind entsprechende Unterlagen durch sechs Wochen in den berührten Gemeinden zur öffentlichen Einsicht aufzulegen. Die Kundmachung erfolgt in sinngemäßer Anwendung des § 4 Abs. 5. Weiters sind die berührten Länder und Gemeinden zu hören; die Gemeinden werden hiebei im eigenen Wirkungsbereich tätig.

(3) Im Bundesstraßenplanungsgebiet dürfen Neu-, Zu- und Umbauten nicht vorgenommen und Anlagen jeder Art weder errichtet noch geändert werden; ein Entschädigungsanspruch kann hieraus nicht abgeleitet werden. Die Behörde hat jedoch Ausnahmen zuzulassen, wenn diese den geplanten Straßenbau nicht erheblich erschweren oder wesentlich verteuern oder zum Schutze des Lebens und der Gesundheit von Personen notwendig sind. Der Bund (Bundesstraßenverwaltung) ist in dem Bewilligungsverfahren Partei im Sinne des § 8 des Allgemeinen Verwaltungsverfahrensgesetzes 1991 – AVG. Bauführungen, die in rechtlich zulässiger Weise vor Erklärung zum Bundesstraßenplanungsgebiet begonnen worden sind, werden hievon nicht berührt.

(4) Die Behörde hat auf Antrag des Bundes (Bundesstraßenverwaltung) die Beseitigung eines dem Abs. 3 widersprechenden Zustandes auf Kosten des Betroffenen anzuordnen.

(5) Die mit der Erklärung zum Bundesstraßenplanungsgebiet verbundenen Rechtsfolgen sind auf höchstens fünf Jahre beschränkt. Mit der Bestimmung des Straßenverlaufes (§ 4 Abs. 1) treten die mit der Erklärung zum Bundesstraßenplanungsgebiet verbundenen Rechtsfolgen außer Kraft.

(6) „Die Verordnung hat einen Hinweis auf Planunterlagen zu enthalten, welche beim Bundesministerium für Klimaschutz, Umwelt, Energie, Mobilität, Innovation und Technologie, beim Amt der Landesregierung des jeweiligen Landes und in den betroffenen Gemeinden für die Dauer der Wirksamkeit der Rechtsfolgen der Verordnung gemeinsam mit dieser zur Einsichtnahme aufliegen." Die Verordnung ist den betroffenen Gemeinden zur ortsüblichen Kundmachung zu übermitteln. *(BGBl I 2006/58; BGBl I 2021/156)*

Bundesstraßenbaugebiet

§ 15. (1) Nach Bestimmung des Straßenverlaufes (§ 4 Abs. 1) dürfen auf den von der künftigen Straßentrasse betroffenen Grundstücksteilen (Bundesstraßenbaugebiet) Neu-, Zu- und Umbauten nicht vorgenommen und Anlagen jeder Art weder errichtet noch geändert werden; ein Entschädigungsanspruch kann hieraus nicht abgeleitet werden. § 14 Abs. 3 und Abs. 4 gelten sinngemäß.

(2) Als betroffene Grundstücksteile im Sinne des Abs. 1 sind alle jene anzusehen, die in einem Geländestreifen um die künftige Straßenachse liegen, dessen Breite in einer Verordnung oder einen Bescheid gemäß § 4 Abs. 1 entsprechend den örtlichen Verhältnissen festgelegt wird und bei Bundesautobahnen „und Bundesschnellstraßen insgesamt 150 m, bei Kollektorfahrbahnen, zweiten Richtungsfahrbahnen, Zu- und Abfahrtstraßen und Rampen bei Bundesstraßen insgesamt 75 m" nicht überschreiten darf. *(BGBl I 2006/58)*

(3) Nach Ablauf von 3 Jahren nach In-Kraft-Treten einer Verordnung oder Rechtskraft des Bescheides über die Erklärung zum Bundesstraßenbaugebiet haben die betroffenen Liegenschaftseigentümer bzw. allfällige Bergbauberechtigte Anspruch auf Einlösung der bezüglichen Grundstücksteile durch den Bund (Bundesstraßenverwaltung), sofern ihnen eine Ausnahmebewilligung nach Abs. 1, letzter Satz verweigert wurde. Die Bestimmungen der §§ 17 ff finden sinngemäß Anwendung.

(4) Mit dem Bau und dem Wirksamwerden der Bestimmung des § 21 treten die mit der Erklärung zum Bundesstraßenbaugebiet verbundenen Rechtsfolgen außer Kraft. *(BGBl I 2010/24)*

Untersuchungen und Vorarbeiten

§ 16. (1) Auf Antrag hat die Behörde dem Bund (Bundesstraßenverwaltung) zur Vornahme von Untersuchungen und Vorarbeiten für den Bau einer Bundesstraße sowie für Erhebungen zur Beurteilung der Umweltsituation die Bewilligung zu erteilen, fremde Grundstücke zu betreten und auf diesen die erforderlichen Untersuchungen und sonstigen technischen Vorarbeiten gegen Entschädigung auszuführen. Die Behörde entscheidet hiebei über die Zulässigkeit einzelner vorzunehmender Handlungen unter Bedachtnahme auf deren Notwendigkeit sowie die möglichste Schonung und den bestimmungsgemäßen Gebrauch des betroffenen Grundstückes beziehungsweise allfälliger Bergbauberechtigungen. „ " *(BGBl I 2013/96)*

(2) Die Behörde entscheidet auch in sinngemäßer Anwendung der §§ 18 und 20, insbesondere dessen Abs. 3, über die zu leistende Entschädigung.

Enteignung

§ 17. Für die Herstellung, Erhaltung und Umgestaltung von Bundesstraßen samt den zugehörigen baulichen Anlagen sowie aus Verkehrsrücksichten kann das Eigentum an Liegenschaften, die dauernde oder zeitweilige Einräumung, Einschränkung und Aufhebung von dinglichen und obligatorischen Rechten (insbesondere Nutzungs- und Bestandrechten) an solchen im Wege der

Enteignung in Anspruch genommen werden. Das gleiche gilt für Baulichkeiten und sonstige Anlagen, deren Entfernung sich aus Gründen der Verkehrssicherheit als notwendig erweist. Auch können zu diesen Zwecken durch Enteignung für die Anlage von Ablagerungsplätzen, Zufahrten, Straßenwärterhäusern, Bauhöfen und anderen Baulichkeiten sowie die zur Aufrechterhaltung der Verkehrsbeziehungen erforderlichen Grundstücke erworben werden.

Entschädigung, Parteistellung

§ 18. (1) Dem Enteigneten gebührt für alle durch die Enteignung verursachten vermögensrechtlichen Nachteile Schadloshaltung (§ 1323 ABGB). Bei Bemessung der Entschädigung hat jedoch der Wert der besonderen Vorliebe und die Werterhöhung außer Betracht zu bleiben, den die Liegenschaft durch die straßenbauliche Maßnahme erfährt. Hingegen ist auf die Verminderung des Wertes eines etwa verbleibenden Grundstücksrestes Rücksicht zu nehmen. Ist dieser Grundstücksrest unter Berücksichtigung seiner bisherigen Verwendung nicht mehr zweckmäßig nutzbar, so ist auf Verlangen des Eigentümers das ganze Grundstück einzulösen. „Bei der Bemessung der Entschädigung ist auf jene Widmung abzustellen, die im Zeitpunkt der Kenntnisnahme der Gemeinde von den Planungsabsichten des Bundes bei der öffentlichen Auflage eines Bundesstraßenplanungsgebiets (§ 14) oder, falls ein solches nicht aufgelegt wurde, bei der öffentlichen Auflage des Bundesstraßenbauvorhabens (§ 4) gegeben war." *(BGBl I 2010/24)*

(2) Enteigneter ist der Eigentümer des Gegenstandes der Enteignung, andere dinglich Berechtigte, sofern das dingliche Recht mit einem nicht der Enteignung unterworfenen Gegenstand verbunden ist, sowie der dinglich und obligatorisch Berechtigte (insbesondere der Nutzungs- und Bestandberechtigte), sofern dieses Recht für sich allein Gegenstand der Enteignung ist.

(3) Wird dem Enteigneten durch die Enteignung die seinen Hauptwohnsitz bildende Wohngelegenheit entzogen, so ist die Entschädigung unter Berücksichtigung der Bestimmung des Abs. 1 zumindest so zu bemessen, daß ihm der Erwerb einer nach Größe und Ausstattung ausreichenden Wohngelegenheit ermöglicht wird. Entsprechend ist auch auf die Wohnversorgung der Bestandnehmer und sonstigen Nutzungsberechtigten Rücksicht zu nehmen.

Einleitung des Verfahrens

§ 19. Um die Enteignung ist unter Vorlage der zur Beurteilung der Angelegenheit erforderlichen Pläne und sonstigen Behelfe, insbesondere eines Verzeichnisses der zu enteignenden Parzellen mit den Namen und Wohnorten der zu enteignenden Personen und den Ausmaßen der beanspruchten Grundfläche, schließlich eines Grundbuchauszuges „bei der Landeshauptfrau bzw. dem Landeshauptmann" einzuschreiten. *(BGBl I 2021/156)*

Enteignungsverfahren

§ 20. (1) Über die Notwendigkeit, den Gegenstand und Umfang der Enteignung entscheidet „die Landeshauptfrau bzw. der Landeshauptmann" als Bundesstraßenbehörde (§ 32) unter sinngemäßer Anwendung des „Eisenbahn - Enteignungsentschädigungsgesetzes - EisbEG, BGBl. Nr. 71/1954" wobei auch auf die Wirtschaftlichkeit der Bauausführung Rücksicht zu nehmen ist. „ " *(BGBl I 2006/58; BGBl I 2021/156)*

(2) Der Enteignungsbescheid hat zugleich eine Bestimmung über die Höhe der Entschädigung zu enthalten. Diese ist auf Grund der „Bewertung" beeideter unparteiischer Sachverständiger unter Beobachtung der in den §§ 4 bis 8 des „Eisenbahn - Enteignungsentschädigungsgesetzes - EisbEG, BGBl. Nr. 71/1954", aufgestellten Grundsätze zu ermitteln. *(BGBl I 2006/58)*

(3) „Gegen die Entscheidung „der Landeshauptfrau bzw. des Landeshauptmannes" über die Notwendigkeit, den Gegenstand und den Umfang der Enteignung ist die Beschwerde an das Verwaltungsgericht des Landes zulässig. Eine Beschwerde bezüglich der Höhe der im Verwaltungswege zuerkannten Entschädigung ist unzulässig." Doch steht es jedem der beiden Teile frei, binnen drei Monaten nach Rechtskraft des Enteignungsbescheides die Entscheidung über die Höhe der Entschädigung bei jenem Landesgericht zu begehren, in dessen Sprengel sich der Gegenstand der Enteignung befindet. Mit Anrufung des Gerichtes tritt die verwaltungsbehördliche Entscheidung über die Höhe der Entschädigung außer Kraft. Der Antrag auf gerichtliche Festsetzung der Entschädigung kann ohne Zustimmung des Antragsgegners nicht zurückgenommen werden. Bei Zurücknahme des Antrages gilt der im Enteignungsbescheid bestimmte Entschädigungsbetrag als vereinbart. *(BGBl I 2013/96; BGBl I 2021/156)*

(4) Der Vollzug des rechtskräftigen Enteignungsbescheides kann jedoch nicht gehindert werden, sobald der „von der Landeshauptfrau bzw. dem Landeshauptmann" ermittelte Entschädigungsbetrag oder eine Sicherheit für die erst nach Vollzug der Enteignung zu leistende Entschädigung gerichtlich erlegt ist. *(BGBl I 2021/156)*

(5) Für das gerichtliche Verfahren zur Ermittlung der Entschädigung, für deren Feststellung im Wege des Übereinkommens sowie für die Wahrnehmung der Ansprüche, welche dritten Personen auf die Befriedigung aus der Entschädigung auf Grund ihrer dinglichen Rechte zustehen, finden die Bestimmungen des „Eisenbahn-Enteig-

nungsentschädigungsgesetzes - EisbEG, BGBl. Nr. 71/1954" sinngemäße Anwendung. *(BGBl I 2006/58)*

Rückübereignung

§ 20a. (1) Wird der Enteignungsgegenstand ganz oder zum Teil nicht für den Enteignungszweck verwendet, so kann der Enteignete die bescheidmäßige Rückübereignung des Enteignungsgegenstandes beziehungsweise dessen Teiles nach Ablauf von drei Jahren ab Rechtskraft des Enteignungsbescheides bei der Behörde beantragen, die unter sinngemäßer Anwendung der im Enteignungsverfahren zu beachtenden Bestimmungen (§ 20) zu entscheiden hat. Dieser Anspruch ist vererblich und veräußerlich; er erlischt, wenn der Enteignete dieses Recht nicht binnen einem Jahr ab nachweislicher Aufforderung durch den Enteigner bei der Behörde geltend macht, spätestens jedoch zehn Jahre nach Rechtskraft des Enteignungsbescheides. Macht der Enteigner glaubhaft, daß die Verwendung des Enteignungsgegenstandes für den Enteignungszweck unmittelbar bevorsteht oder die Verwendung aus Gründen, die der Enteigner nicht zu vertreten hat, vorläufig nicht möglich ist, aber in absehbarer Zeit erfolgen wird, hat die Behörde dem Enteigner eine angemessene Ausführungsfrist zu bestimmen. Bei deren Einhaltung ist der Antrag auf Rückübereignung abzuweisen. Eine Fristsetzung ist jedoch in jedem Falle unzulässig, wenn den Enteigner an der bislang nicht entsprechenden Verwendung ein Verschulden trifft.

(2) Der Bescheid über die Rückübereignung hat auch eine Bestimmung über den Rückersatz der empfangenen Entschädigung (siehe Anhang 1) zu enthalten. In bezug auf diesen Betrag sind wertvermindernde Änderungen am Enteignungsgegenstand zu berücksichtigen, Werterhöhungen nur insoweit, als sie ohne Aufwand des aus der Enteignung Berechtigten herbeigeführt wurden, doch darf die dem Enteigneten geleistete Entschädigungssumme nicht überschritten werden. Weiters sind auch jene Entschädigungsbeträge zu erstatten, die für Nebenberechtigte (§ 5 Eisenbahnenteignungsgesetz 1954, BGBl. Nr. 71) bestimmt wurden, soweit und in dem Maße das Fehlen solcher Nebenrechte als werterhöhend anzusehen ist, und sonstige Entschädigungsbeträge, die zum Ausgleich von Nachteilen geleistet wurden, die durch die Rückübereignung in Wegfall kommen. Auf die in der Zwischenzeit gezogenen Nutzungen ist keine Rücksicht zu nehmen, wie auch für die geleistete Entschädigung keine Zinsen zu berechnen sind. Bei unbilligen Härten ist für die Leistung des Rückersatzes unter Bedachtnahme auf die wirtschaftliche Leistungsfähigkeit des Enteigneten und auf § 61 Abs. 2 Bundeshaushaltsgesetz, BGBl. Nr. 213/1986, Ratenzahlung zu bewilligen. Mit Rechtskraft des Rückübereignungsbescheides und vollständiger Leistung oder Sicherstellung des Rückersatzes sind die früheren Rechte des Enteigneten wiederhergestellt und ist der Enteignung begründeten dinglichen und obligatorischen Rechte hinsichtlich des Enteignungsgegenstandes erloschen.

(3) Die dinglich und obligatorisch Berechtigten am Enteignungsgegenstand, deren Rechte durch die Enteignung erloschen sind, sind von der Einleitung des Verfahrens nach Abs. 1 zu verständigen; soweit sie der Behörde nicht bekannt sind, hat die Verständigung durch öffentliche Bekanntmachung zu erfolgen. Beantragen sie innerhalb von drei Monaten die Wiederherstellung ihrer Rechte, sind ihnen diese in sinngemäßer Anwendung der Abs. 1 und 2, auch hinsichtlich des Rückersatzes der empfangenen Entschädigung, im Rückübereignungsbescheid zuzuerkennen.

(4) Bezüglich der Bestimmung über den Rückersatz der empfangenen Entschädigung (Abs. 2) ist § 20 Abs. 3 sinngemäß anzuwenden. Die Herstellung des ordnungsgemäßen Grundbuchstandes ist von der Behörde zu veranlassen.

(5) Bis zum Erlöschen des Rückübereignungsanspruches ist die Veräußerung des Enteignungsgegenstandes unzulässig, es sei denn, der Rückübereignungsberechtigte hätte auf seinen Anspruch verzichtet. Eine entgegen dieser Bestimmung vorgenommene Veräußerung ist nichtig. Für Schäden, die dem gutgläubigen Erwerber durch eine derartige Veräußerung entstehen, hat der Bund (Bundesstraßenverwaltung) volle Genugtuung zu leisten (§ 1323 ABGB).

IV. Schutz der Straßen Bauten an Bundesstraßen

§ 21. (1) In einer Entfernung bis 40 m beiderseits der Bundesautobahnen dürfen Neu-, Zu- und Umbauten nicht vorgenommen sowie Einfriedungen nicht angelegt und überhaupt Anlagen jeder Art weder errichtet noch geändert werden. Der Bund (Bundesstraßenverwaltung) hat auf Antrag Ausnahmen zuzustimmen, soweit dadurch Rücksichten auf den Bestand der Straßenanlagen und des Straßenbildes, Verkehrsrücksichten sowie Rücksichten auf die künftige Verkehrsentwicklung oder erforderliche Maßnahmen nach §§ 7 und 7a nicht beeinträchtigt werden. Eine solche Zustimmung ist auch bei Bauführungen über oder unter Bundesautobahnen erforderlich. Wird die Zustimmung nicht binnen sechs Wochen nach Einlangen des Antrages erteilt, so entscheidet auf Antrag „die Bundesministerin bzw. der Bundesminister für Klimaschutz, Umwelt, Energie, Mobilität, Innovation und Technologie" über die Ausnahmebewilligung. Der Bund (Bundesstraßenverwaltung) ist in diesem Verfahren Partei im Sinne des § 8 des Allgemeinen Verwaltungsverfahrensgesetzes 1991 – AVG. „ " Die einschlägigen straßenpolizeilichen Vorschriften bleiben unberührt. *(BGBl I 2006/58; BGBl I 2021/156)*

(2) Auf Bundesschnellstraßen „" Rampen von Anschlussstellen" sowie Zu- und Abfahrtsstraßen der Bundesautobahnen und Bundesschnellstraßen gilt Abs. 1 für eine Entfernung von 25 m. *(BGBl I 2006/58)*

(3) Erwächst einem Grundeigentümer beziehungsweise Bergbauberechtigten durch die Verweigerung der Ausnahmebewilligung gemäß Abs. 1 oder 2 ein Nachteil, so hat die Behörde dem Grundeigentümer (Bergbauberechtigten) auf seinen Antrag in sinngemäßer Anwendung der §§ 18 und 20 eine angemessene Entschädigung zuzuerkennen, soweit es sich nicht um ein Vorhaben des Grundeigentümers (Bergbauberechtigten) innerhalb einer Zone von 15 m handelt. Der Bund (Bundesstraßenverwaltung) kann in diesem Verfahren die Enteignung des von der Verfügung betroffenen Grundstückes oder Grundstückteiles beantragen.

(4) Die Breite der in Abs. 1 und 2 genannten Zonen ist vom äußeren Rand des Straßengrabens, bei aufgedämmten Straßen vom Böschungsfuß, bei im Gelände eingeschnittenen Straßen von der oberen Einschnittsböschungskante, in Ermanglung von Gräben und Böschungen von der äußeren Begrenzungslinie der Straßenbankette zu messen.

(5) „Die Bundesministerin bzw. der Bundesminister für Klimaschutz, Umwelt, Energie, Mobilität, Innovation und Technologie" wird ermächtigt, die in Abs. 1 und 2 genannten Entfernungen bei Bundesstraßenabschnitten im dicht besiedelten Gebiet oder im Gebirge auf ein den örtlichen Verhältnissen entsprechendes Ausmaß zu verringern. *(BGBl I 2021/156)*

(6) „Die Bundesministerin bzw. der Bundesminister für Klimaschutz, Umwelt, Energie, Mobilität, Innovation und Technologie" hat auf Antrag des Bundes (Bundesstraßenverwaltung) die Beseitigung eines durch vorschriftswidriges Verhalten herbeigeführten Zustandes auf Kosten des Betroffenen anzuordnen. *(BGBl I 2021/156)*

Arbeitsleistungen auf benachbarten Grundstücken

§ 22. (1) Wenn Baumfällungen, Holzbringungen, Wasserableitungen, Sprengungen, Grab- und Bohrarbeiten oder ähnliche Verrichtungen auf den der Straße benachbarten Grundstücken nach den örtlichen Verhältnissen den Bestand oder Erhaltungszustand einer Bundesstraße unmittelbar oder mittelbar gefährden, kann die Behörde über Antrag des Bundes (Bundesstraßenverwaltung) durch Verordnung für ein bestimmtes Gebiet anordnen, daß die angeführten Verrichtungen oder einzelne derselben, unbeschadet der nach anderen Vorschriften etwa erforderlichen behördlichen Genehmigungen, nur mit ihrer Bewilligung ausgeführt werden dürfen. Die Bewilligung darf nur erteilt werden, wenn eine Gefährdung der Straße oder der Straßenbenützer durch die beabsichtigten Arbeiten ausgeschlossen ist oder bei Einhaltung der gleichzeitig festzusetzenden Bedingungen hintangehalten werden kann.

(2) Wird ein Grundeigentümer durch die Verweigerung einer Ausnahmebewilligung nach Abs. 1 in der freien Benützung seines Grundes, welche er schon vor Erlassung der in Abs. 1 bezeichneten Anordnung rechtmäßig ausgeübt hat, behindert oder tritt durch Bedingungen oder Auflagen, unter denen die Ausnahmebewilligung erteilt wird, eine erhebliche Erschwernis gegenüber dieser freien Benützung ein, so hat er gegen den Bund (Bundesstraßenverwaltung) einen Anspruch auf angemessene Entschädigung; diese ist im Streitfalle unter sinngemäßer Anwendung des § 20 zu bestimmen. Die Bestimmungen des § 23 werden hiedurch nicht berührt.

Benachbarte Waldungen

§ 23. Auf Antrag des Bundes (Bundesstraßenverwaltung) kann die Behörde, wenn es Rücksichten des Bestandes der Straße oder der Straßenerhaltung, wegen schlechter Sicht oder dergleichen erfordern, durch Bescheid anordnen, daß ohne Anspruch auf Entschädigung der an eine Bundesstraße angrenzende Wald in einer Breite von 4 m zu beiden Seiten der Straße (§ 21 Abs. 4) zu schlägern, auszulichten oder nach einer bestimmten Betriebsweise zu bewirtschaften ist.

Anrainerverpflichtungen

§ 24. (1) „Die Wasserableitung auf Anlagen der Bundesstraße ist verboten." Die Behörde hat auf Antrag des Bundes (Bundesstraßenverwaltung) die Beseitigung eines durch vorschriftswidriges Verhalten herbeigeführten Zustandes auf Kosten des Betroffenen anzuordnen. *(BGBl I 2006/58)*

(2) Hingegen sind die Anrainer der Bundesstraßen verpflichtet, den freien Abfluß des Wassers von der Straße auf ihren Grund und die Ablagerung von Schnee ohne Anspruch auf Entschädigung, die Herstellung von Ableitungsgräben, Sickergruben und dergleichen, gegen Entschädigung, die im Streitfall unter sinngemäßer Anwendung des § 20 zu bestimmen ist, zu dulden.

(3) Das Weiden des Viehes auf Anlagen der Bundesstraße sowie jede eigenmächtige Baum- oder Grasnutzung ist verboten. Auf den gegen eine Bundesstraße nicht eingefriedeten Grundstücken darf innerhalb einer Entfernung von 4 m von der Straße (§ 21 Abs. 4) nur parallel zu dieser gepflügt werden.

(4) Die Anrainer von Bundesstraßen sind verpflichtet, ohne Anspruch auf Entschädigung zu dulden, daß der Bund (Bundesstraßenverwaltung) Schneezäune auf ihren Grundstücken aufstellt und andere zur Hintanhaltung von Schneeverwehungen, Lawinen, Steinschlägen und dergleichen erforderliche, jahreszeitlich bedingte Vorkehrungen trifft. Als Folge derartiger Vorkehrungen entstehende Schäden an der Liegenschaft sind gesondert zu vergüten.

(5) Die Eigentümer von der Bundesstraße benachbarten Grundstücken können die beim Bau „oder Ausbau" einer Bundesstraße von Grundstücken des Bundes (Bundesstraßenverwaltung) ausgehenden Einwirkungen nicht untersagen. Wird durch solche Einwirkungen die ortsübliche Benützung des nachbarlichen Grundes wesentlich beeinträchtigt, hat der Nachbar Anspruch auf Schadenersatz gegen den Bund (Bundesstraßenverwaltung) nur dann, wenn Organe des Bundes an dieser Beeinträchtigung ein Verschulden trifft oder soweit es sich um den Ersatz von Sachschäden an Bauwerken oder um die nicht bloß vorübergehende oder unerhebliche Beeinträchtigung einer rechtmäßigen Nutzung des Grundwassers oder Quellwassers handelt. *(BGBl I 2006/58)*

(6) Die Inhaber von Seveso-Betrieben und die Projektwerber bezüglich solcher Betriebe haben dem Bund (Bundesstraßenverwaltung) ausreichende Informationen zu den vom Betrieb ausgehenden Risiken zur Verfügung zu stellen. Bei Betrieben der unteren Klasse (Art. 3 Z 2 der Richtlinie 2012/18/EU) sind diese Informationen nur auf Verlangen des Bundes (Bundesstraßenverwaltung) zur Verfügung zu stellen. *(BGBl I 2021/156)*

Ankündigungen und Werbungen

§ 25. „Akustische Werbungen und Vorrichtungen zur Abgabe akustischer Ankündigungen dürfen in jeder Richtung bis zu einer Entfernung von 100 m von der Bundesstraße (§ 21 Abs. 4) nicht errichtet werden." Optische Ankündigungen und Werbungen bedürfen in diesem Bereich – unbeschadet anderer einschlägiger Rechtsvorschriften, insbesondere der straßenpolizeilichen Vorschriften – einer Zustimmung des Bundes (Bundesstraßenverwaltung), die nur dann erteilt werden darf, wenn diese Ankündigungen und Werbungen dem allgemeinen Interesse der Verkehrsteilnehmer dienen. „Die Bundesministerin bzw. der Bundesminister für Klimaschutz, Umwelt, Energie, Mobilität, Innovation und Technologie" hat auf Antrag des Bundes (Bundesstraßenverwaltung) die Beseitigung eines durch vorschriftswidriges Verhalten herbeigeführten Zustandes auf Kosten des Betroffenen anzuordnen. *(BGBl I 2010/24; BGBl I 2021/156)*

Anschlüsse von Straßen und Wegen, Zufahrten

§ 26. (1) Zu- und Abfahrten auf und von Bundesstraßen sind nur in Form von Anschlussstellen zulässig (§ 2 Abs. 2). Ausgenommen sind Zu- und Abfahrten zu rein betrieblichen Zwecken der Bundesstraßenverwaltung oder solche gemäß „Abs. 2 bis 4". *(BGBl I 2013/34)*

(2) Der Bund (Bundesstraßenverwaltung) kann jedoch befristet Zu- und Abfahrten zu und von Baustellen im Zusammenhang mit der Errichtung von im öffentlichen Interesse liegenden Infrastrukturbauten zustimmen, sofern sichergestellt ist, dass deren Benützung nicht jedermann offen steht und für die Verkehrssicherheit auf der Bundesstraße keine Nachteile zu erwarten sind. „Die Bundesministerin bzw. der Bundesminister für Klimaschutz, Umwelt, Energie, Mobilität, Innovation und Technologie" hat auf Antrag des Bundes (Bundesstraßenverwaltung) bei geänderten Verhältnissen oder nach Ablauf der Frist die Anpassung oder die gänzliche Entfernung der Zu- und Abfahrten auf Kosten des Anschlussberechtigten anzuordnen. *(BGBl I 2021/156)*

(3) Im Zusammenhang mit der Tunnelsicherheit von Eisenbahnanlagen kann der Bund (Bundesstraßenverwaltung) Zu- und Abfahrten zwischen Eisenbahnanlagen (§ 10 Eisenbahngesetz 1957, BGBl. Nr. 60/1957) und Bundesstraßen erlauben. Es ist sicherzustellen, dass diese Anlagen nur im Einsatzfall benützt werden. „Die Bundesministerin bzw. der Bundesminister für Klimaschutz, Umwelt, Energie, Mobilität, Innovation und Technologie" hat auf Antrag des Bundes (Bundesstraßenverwaltung) bei geänderten Verhältnissen die Anpassung dieser Anlagen auf Kosten des Eisenbahnunternehmens anzuordnen. *(BGBl I 2021/156)*

(4) Der Bund (Bundesstraßenverwaltung) kann Zu- und Abfahrten zu und von militärisch genutzten Liegenschaften des Bundesheeres zu militärischen Zwecken erlauben, sofern sichergestellt ist, dass für die Verkehrssicherheit auf der Bundesstraße keine Nachteile zu erwarten sind. Der dem Bund (Bundesstraßenverwaltung) dadurch entstehende Aufwand ist abzugelten. *(BGBl I 2013/34)*

„(5)" „Die Bundesministerin bzw. der Bundesminister für Klimaschutz, Umwelt, Energie, Mobilität, Innovation und Technologie" hat auf Antrag des Bundes (Bundesstraßenverwaltung) die Beseitigung eines durch vorschriftswidriges Verhalten herbeigeführten Zustandes auf Kosten des Betroffenen anzuordnen. *(BGBl I 2013/34; BGBl I 2021/156)*

(BGBl I 2006/58)

Betriebe an Bundesstraßen

§ 27. (1) Betriebe im Zuge von Bundesstraßen, die den Belangen der Verkehrsteilnehmer auf diesen dienen (wie Tankstellen, Raststätten, Motels, Werkstätten und dergleichen) und unmittelbare Zu- und Abfahrten zu diesen Straßen haben, dürfen nur mit Zustimmung des Bundes (Bundesstraßenverwaltung) errichtet werden. Jede bauliche Änderung eines solchen Betriebes bedarf der Zustimmung des Bundes (Bundesstraßenverwaltung). Die gewerberechtlichen Vorschriften werden hiedurch nicht berührt. Verkehrsflächen in diesem Bereich, insbesondere Zu- und Abfahrten zu und von den Betrieben, und Parkplätze, sind Bestandteile der Bundesstraßen (§ 3).

(2) Zu- und Abfahrten zu und von einzelnen Grundstücken dieser Betriebe sind unzulässig. Im Bereich dieser Betriebe sind Anschlüsse zum übrigen Straßennetz zulässig, sofern sie keine Verbindung mit der Bundesstraße ermöglichen. „" Die Behörde hat die Beseitigung eines durch vorschriftswidriges Verhalten herbeigeführten Zustandes auf Kosten des Betroffenen anzuordnen. *(BGBl I 2006/58)*

(3) *(aufgehoben, BGBl I 2006/58)*

Benützung der Bundesstraßen

§ 28. (1) Die Benützung der unmittelbar dem Verkehr dienenden Flächen der Bundesstraßen steht jedermann im Rahmen der straßenpolizeilichen und kraftfahrrechtlichen Vorschriften offen. Jede Benützung der Bundesstraßen für einen anderen als ihren bestimmungsgemäßen Zweck bedarf, unbeschadet der straßenpolizeilichen und kraftfahrrechtlichen Bestimmungen, der Zustimmung des Bundes (Bundesstraßenverwaltung). Diese ist zu versagen, wenn Schäden an der Straße zu befürchten sind oder künftige Bauvorhaben an der Straße erheblich erschwert würden. Insoweit solche Benützungsrechte an einer Straße vor ihrer Erklärung als Bundesstraße begründet worden sind, bleiben sie im gleichen Umfang bestehen. „Weiters ist die Zustimmung zu versagen, wenn erhebliche Verkehrsbeeinträchtigungen zu befürchten sind, sofern dem nicht wesentliche öffentliche Interessen entgegenstehen; dies gilt nicht für die Abhaltung von Versammlungen, auf die die Bestimmungen des Versammlungsgesetzes 1953, BGBl. Nr. 98, in der jeweils geltenden Fassung, anzuwenden sind." Der Bund (Bundesstraßenverwaltung) kann – sofern dies nicht den Bedingungen der Zustimmung zur Benützung widerspricht – jederzeit, ohne Entschädigung zu leisten, eine entsprechende Abänderung der hergestellten Einrichtungen verlangen, falls dies wegen einer Umgestaltung der Straße oder aus Verkehrsrücksichten notwendig wird. *(BGBl I 2010/24)*

(2) Auf Parkplätzen von Bundesstraßen ist die Errichtung von Haltestellen von Kraftfahrlinien mit Zustimmung des Bundes (Bundesstraßenverwaltung) zulässig, sofern keine Nachteile gemäß den §§ 7 und 7a zu erwarten sind. Dem Bund (Bundesstraßenverwaltung) ist ein Ersatz der Kosten für die erforderlichen baulichen Änderungen zu leisten.

(3) *entfällt.*

Lagerungen

§ 29. Die Bundesstraßen dürfen nicht als Lagerplatz für Baustoffe, Erde, Schnee, Dünger, Gerätschaften und dergleichen benützt werden. Hievon können nur bei Bauten an der Straße und im Notfall vom Bund (Bundesstraßenverwaltung) Ausnahmen gestattet werden.

V. Sachverständige, Kosten und Gebühren

Sachverständige

§ 30. Die Beiziehung von nicht amtlichen Sachverständigen in Verfahren sowie für behördliche Aufgaben nach diesem Bundesgesetz ist auch ohne Vorliegen der Voraussetzungen des § 52 Abs. 2 und 3 AVG zulässig. Es können auch fachlich einschlägige Anstalten, Institute oder Unternehmen als Sachverständige bestellt werden.

(BGBl I 2021/156)

Kostentragung

§ 31. Kosten, die der Behörde im Rahmen der Verfahren gemäß den Bestimmungen in § 4, § 4a und § 17 erwachsen, wie Gebühren oder Honorare für Sachverständige oder Projektkoordinatoren, sind vom Projektwerber zu tragen. Geleitet von den Grundsätzen der Zweckmäßigkeit, Raschheit, Einfachheit und Kostenersparnis kann die Behörde dem Projektwerber durch Bescheid auftragen, die Kosten, die in Verfahren nach diesem Bundesgesetz vom Projektwerber zu tragen sind, nach Prüfung der sachlichen und rechnerischen Richtigkeit durch die Behörde, direkt an den Rechnungsleger zu bezahlen.

(BGBl I 2010/24)

Gebühren

§ 31a. „Die Bundesministerin bzw. der Bundesminister für Klimaschutz, Umwelt, Energie, Mobilität, Innovation und Technologie" kann im Einvernehmen mit „der Bundesministerin bzw. dem Bundesminister für Finanzen" durch Verordnung *(BGBl I 2021/156)*

1. für die in „ihrem bzw. seinem" Zuständigkeitsbereich auf Antrag des Bundes (Bundesstraßenverwaltung) durchzuführenden Verwaltungsverfahren und *(BGBl I 2021/156)*

2. für Verwaltungsverfahren nach §§ 5a und 5b

kostenpflichtige Tatbestände und die Höhe der Gebühren festlegen. Bei der Ermittlung der Höhe der Gebühren ist unter Anwendung des Äquivalenzgedankens das Kostendeckungsprinzip zu beachten.

(BGBl I 2011/62)

VI. Behörden und Rechtsschutz

Behörden

§ 32. Behörden im Sinne dieses Bundesgesetzes sind

1. die Landeshauptfrau bzw. der Landeshauptmann für alle Angelegenheiten, die nicht der Bundesministerin bzw. dem Bundesminister für Klimaschutz, Umwelt, Energie, Mobilität, Innovation und Technologie vorbehalten sind,

2. die Bundesministerin bzw. der Bundesminister für Klimaschutz, Umwelt, Energie, Mobilität, Innovation und Technologie zur Erlassung von Verordnungen und Bescheiden, die ihr bzw. ihm nach diesem Bundesgesetz vorbehalten sind.

(BGBl I 2021/156)

Örtliche Zuständigkeit der Landesverwaltungsgerichte

§ 32a. Fällt eine Angelegenheit in den örtlichen Wirkungsbereich mehrerer Verwaltungsgerichte, ist jenes Verwaltungsgericht zuständig, in dessen Sprengel das längere Teilstück des festzulegenden oder aufzulassenden Straßenverlaufes liegt. Wird keine Straßenachse festgelegt, richtet sich die örtliche Zuständigkeit nach der Lage des durch Baumaßnahmen in Anspruch genommenen größeren Flächenanteils.

(BGBl I 2013/96)

Aufschiebende Wirkung

§ 32b. Die §§ 13 Abs. 2 und 22 Abs. 2 des Verwaltungsgerichtsverfahrensgesetzes (VwGVG), BGBl. I Nr. 33/2013, sind mit der Maßgabe anzuwenden, dass die aufschiebende Wirkung einer Beschwerde gegen einen Bescheid nach diesem Bundesgesetz auch dann ausgeschlossen werden kann, wenn die vorzeitige Vollstreckung aus zwingenden Gründen des öffentlichen Interesses geboten ist und nach Abwägung aller berührten Interessen, insbesondere des volkswirtschaftlichen Interesses, mit dem Vollzug oder mit der Ausübung der mit Bescheid eingeräumten Berechtigung für die anderen Parteien kein unverhältnismäßiger Nachteil verbunden wäre.

(BGBl I 2013/96)

VII. Übergangsbestimmung, Inkrafttreten, Vollziehung

Übergangsbestimmung

§ 33. (1) Jene Straßenzüge, die nach dem Bundesgesetz vom 18. Februar 1948, betreffend die Bundesstraßen (Bundesstraßengesetz – BStG), BGBl. Nr. 59, in seiner zuletzt geltenden Fassung, Bundesstraßen waren, in dem Verzeichnis zu diesem Bundesgesetz jedoch nicht mehr enthalten sind, sind mit Inkrafttreten dieses Bundesgesetzes als Bundesstraßen aufgelassen.

(2) Unbeschadet der Bestimmung des Abs. 1 ist der Bund (Bundesstraßenverwaltung) verpflichtet, alle Baumaßnahmen an diesen Straßen, die vor dem in Abs. 1 bezeichneten Zeitpunkt begonnen wurden, auf seine Kosten fertigzustellen. Abweichende Übereinkommen zwischen Bund und künftigem Träger der Straßenbaulast sind hiedurch nicht ausgeschlossen.

(3) Jene Straßenzüge, die erst durch dieses Bundesgesetz als Bundesstraßen erklärt werden, werden als Bundesstraßen erst mit jenem Zeitpunkt übernommen, als das Land, in welchem die in Abs. 1 genannten Straßenzüge ganz oder teilweise liegen, durch das nach den landesgesetzlichen Vorschriften zuständige Organ den künftigen Träger der Straßenbaulast festlegt. Sie werden mit der Maßgabe als Bundesstraßen erklärt, daß der bisherige Träger der Straßenbaulast alle Baumaßnahmen, welche vor dem genannten Zeitpunkt begonnen wurden, auf seine Kosten fertigstellt; abweichende Übereinkommen sind zulässig.

(4) „Die Bundesministerin bzw. der Bundesminister für Klimaschutz, Umwelt, Energie, Mobilität, Innovation und Technologie" stellt durch im Bundesgesetzblatt zu verlautbarende Kundmachungen die unter Abs. 1 und Abs. 3 fallenden Straßenzüge, die unter Abs. 2 und Abs. 3, letzter Satz, fallenden Baumaßnahmen sowie allfällige Übereinkommen nach diesen Bestimmungen und den in Abs. 3 genannten Zeitpunkt fest. *(BGBl I 2021/156)*

(5) *entfällt.*

Inkrafttreten, Außerkraftsetzung von Vorschriften

§ 34. (1) Dieses Bundesgesetz tritt nach Maßgabe des § 33 Abs. 3 am 1. September 1971 in Kraft.

(2) Mit dem in Abs. 1 bezeichneten Zeitpunkt tritt das Bundesgesetz vom 18. Februar 1948, betreffend die Bundesstraßen (Bundesstraßengesetz – BStG), BGBl. Nr. 59, zuletzt geändert durch die Bundesstraßengesetznovelle 1968, BGBl. Nr. 113, außer Kraft.

(3) Die §§ 2, 3, 4, 7, 8, 11, 12, 15, 21, 25 bis 28, 34b und 35 sowie die Verzeichnisse in der

Fassung des Bundesgesetzes BGBl. I Nr. 50/2002 treten am 1. April 2002 in Kraft. Die §§ 4a, 9, 13 und 33 Abs. 5 in der Fassung des Bundesgesetzes BGBl. I Nr. 142/2000 treten am 1. April 2002 außer Kraft.

(4) Die §§ 4 Abs. 1 bis 5, 7a Abs. 1, 14 Abs. 4, 15, 26 Abs. 1 und 27 Abs. 3 dieses Bundesgesetzes in der Fassung des Bundesgesetzes BGBl. I Nr. 154/2004 treten am 1. Jänner 2005 in Kraft. Diese Bestimmungen sind jedoch auf Vorhaben nicht anzuwenden, für die bis zum 31. Dezember 2004 entweder

a) das Anhörungsverfahren durch Kundmachung gemäß § 4 Abs. 5 oder

b) das Feststellungsverfahren gemäß § 24 Abs. 3 UVP-G 2000 in der Fassung BGBl. I Nr. 50/2002 eingeleitet worden ist oder

c) das Vorverfahren gemäß § 4 UVP-G 2000 in der Fassung des Bundesgesetzes BGBl. I Nr. 50/2002 eingeleitet worden ist und das Anhörungsverfahren durch Kundmachung gemäß § 4 Abs. 5 bis zum 31. Mai 2005 eingeleitet wird.

Ferner sind Maßnahmen, die erstmals nach diesem Bundesgesetz eines Bescheides gemäß § 4 bedürfen und für die bisher die Erlassung einer Trassenverordnung nicht vorgeschrieben war, von der Anwendung dieses Gesetzes ausgenommen, wenn bis zum 31. Dezember 2004 ein nach den Verwaltungsvorschriften erforderliches Genehmigungsverfahren eingeleitet worden ist. Die Bestimmungen des § 4 Abs. 6 bis 8 treten mit Ablauf des 31. Dezember 2004 außer Kraft.

(5) Die Verzeichnisse 1 und 2 dieses Bundesgesetzes in der Fassung der Novelle BGBl. I Nr. 58/2006 treten am 1. Jänner 2006 in Kraft. Die übrigen Bestimmungen dieser Novelle finden auf Vorhaben, die von Abs. 4 erfasst sind, oder für die vor der öffentlichen Auflage im Rahmen des Verfahrens zur Bestimmung des Straßenverlaufes vor dem In-Kraft-Treten dieser Bestimmungen begonnen wurde, keine Anwendung. § 11 und § 27 Abs. 3 in der Fassung des Bundesgesetzes BGBl. I Nr. 154/2004 treten am 31. Dezember 2005 außer Kraft. *(BGBl I 2006/58)*

(6) Für bestehende Verkehrsverbindungen, die nicht zur Gänze den §§ 2, 26 oder 27 entsprechen, hat der Bund (Bundesstraßenverwaltung) dem Bundesminister für Verkehr, Innovation und Technologie bis 30. Juni 2007 ein Konzept zur Anpassung vorzulegen. *(BGBl I 2006/58)*

(7) Verordnungen, mit denen Fahrverbindungen gemäß dem bis zum 31. Dezember 2005 in Geltung gestandenen § 27 Abs. 3 oder Anschlussstellen auf Rampen von Anschlussstellen und Zu- und Abfahrtstraßen festgelegt wurden und die am 31. Dezember 2005 in Geltung standen, bleiben aufrecht. *(BGBl I 2006/58)*

(8) Das Inhaltsverzeichnis und die §§ 5, 5a, 5b, 5c, 5d, 10 Abs. 3 und 4, 31a, 35 und 37 sowie die Verzeichnisse 1 und 2 in der Fassung des Bundesgesetzes BGBl. I Nr. 62/2011 treten mit dem auf die Kundmachung folgenden Tag in Kraft. Für den Übergang zur neuen Rechtslage gilt Folgendes:

1. § 5 Abs. 1 Z 1 und Abs. 3 in der Fassung des Bundesgesetzes BGBl. I Nr. 62/2011 ist auf die in den Verzeichnissen 1 und 2 in der Fassung des Bundesgesetzes BGBl. I Nr. 24/2010 beschriebenen Straßenzüge nicht anzuwenden.

2. § 5 Abs. 1 Z 2 und Abs. 4 in der Fassung des Bundesgesetzes BGBl. I Nr. 62/2011 ist auf Vorhaben nicht anzuwenden, für die zum Zeitpunkt des Inkrafttretens dieser Novelle ein Genehmigungsverfahren nach diesem Bundesgesetz oder nach dem UVP-G 2000 anhängig ist.

3. In der Zeit bis 19. Dezember 2013 dürfen Tätigkeiten, die nach diesem Bundesgesetz zertifizierten Straßenverkehrssicherheitsgutachtern gemäß § 5a bzw. § 5b vorbehalten sind, auch von Personen durchgeführt werden, die hinsichtlich der fachlichen Qualifikation zumindest die Voraussetzungen des § 5a Abs. 2 Z 1 erfüllen.

4. Die Voraussetzung des § 5a Abs. 2 Z 2 gilt für Personen als erfüllt, die vor Inkrafttreten dieser Novelle eine spezifische Ausbildung zum Straßenverkehrssicherheitsgutachter erfolgreich absolviert haben, welche in Inhalt und Umfang mit dem Lehrgang gemäß § 5c Abs. 3 vergleichbar ist. Sofern diese Personen um Zertifizierung ansuchen, hat das Gutachten der Ausbildungseinrichtung gemäß § 5c Abs. 1 insbesondere auch dazu Stellung zu nehmen, ob die absolvierte Ausbildung in Inhalt und Umfang mit dem Lehrgang gemäß § 5c Abs. 3 vergleichbar ist. *(BGBl I 2011/62)*

(9) Das Inhaltsverzeichnis, die Überschrift des VI. Abschnittes und die §§ 20 Abs. 3, 32, 32a und 32b in der Fassung des Bundesgesetzes BGBl. I Nr. 96/2013 treten am 1. Jänner 2014 in Kraft, gleichzeitig tritt § 16 Abs. 1 letzter Satz außer Kraft. *(BGBl I 2013/96)*

(10) § 4 Abs. 1 in der Fassung des Bundesgesetzes BGBl. I Nr. 5/2017 tritt drei Monate nach der Kundmachung dieses Bundesgesetzes in Kraft. Auf Vorhaben, für die vor dem Inkrafttreten des § 4 Abs. 1 in der novellierten Fassung ein Trassenfestlegungsverfahren nach § 4 Abs. 1 eingeleitet wurde, ist § 4 Abs. 1 in der Fassung des Bundesgesetzes BGBl. I Nr. 96/2013 anzuwenden. Die nach den bisherigen Bestimmungen erlassenen Verordnungen gelten als Verordnungen nach diesem Gesetz weiter. *(BGBl I 2017/5)*

(11) Die Verordnung des Bundesministers für wirtschaftliche Angelegenheiten betreffend die Bestimmung des Straßenverlaufes der S 18 Bodensee Schnellstraße und der A 14 Rheintal Autobahn – Anschlußstelle Wolfurt/Lauterach im

Bereich der Gemeinden Wolfurt, Lauterach, Dornbirn, Lustenau, Fußach und Höchst, BGBl. Nr. II 96/1997, geändert mit BGBl. II Nr. 278/2006, bleibt vorerst aufrecht; sie tritt außer Kraft

a) mit Erlassung einer Verordnung nach § 14, mit der für die mit Bundesgesetz BGBl. I Nr. 5/2017 geänderte Streckenbeschreibung im Verzeichnis 2 betreffend die S 18 Bodensee Schnellstraße ein Bundesstraßenplanungsgebiet ausgewiesen wird, oder

b) mit rechtskräftiger Entscheidung nach § 4 Abs. 1, mit der der Straßenverlauf der S 18 Bodensee Schnellstraße auf Grundlage der mit Bundesgesetz BGBl. I Nr. 5/2017 geänderten Streckenbeschreibung im Verzeichnis 2 bestimmt wird; diesfalls ist das Außerkrafttreten vom zuständigen Bundesminister im Bundesgesetzblatt (II) kundzumachen.
(BGBl I 2017/5)

(12) § 5 in der Fassung des Bundesgesetzes BGBl. I Nr. 7/2017 tritt mit 1. Juli 2017 in Kraft. *(BGBl I 2017/7)*

(13) Die §§ 5 Abs. 1, 2, 5 und 6, 5a Abs. 3 bis 8, 5b Abs. 2, 3, 5 und 6, 5c Abs. 2 bis 6, 5d und 37 in der Fassung des Bundesgesetzes BGBl. I Nr. 123/2022 treten mit dem auf die Kundmachung im Bundesgesetzblatt folgenden Tag in Kraft. Für den Übergang zur neuen Rechtslage gilt Folgendes:

1. Die erste netzweite Straßenverkehrssicherheitsbewertung gemäß § 5 Abs. 5 in der Fassung des Bundesgesetzes BGBl. I Nr. 123/2022 ist bis spätestens 31. Dezember 2024 durchzuführen.

2. Der Europäischen Kommission ist der erste Bericht über die Sicherheitseinordnung des gesamten gemäß § 5 Abs. 5 in der Fassung des Bundesgesetzes BGBl. I Nr. 123/2022 bewerteten Netzes bis spätestens 31. Oktober 2025 vorzulegen.

3. § 5c Abs. 3 Z 4 in der Fassung des Bundesgesetzes BGBl. I Nr. 123/2022 gilt für Straßenverkehrssicherheitsgutachter, die ihre Ausbildung ab 17. Dezember 2024 absolvieren.
(BGBl I 2022/123)

Verweisungen

§ 34a. Soweit in diesem Bundesgesetz auf Bestimmungen anderer Bundesgesetze verwiesen wird, sind diese in ihrer jeweils geltenden Fassung anzuwenden.

Autobahnen- und Schnellstraßen-Finanzierungs-Aktiengesellschaft

§ 34b. Hinsichtlich jener Bundesstraßen, über die sie mit dem Bund den Fruchtgenussvertrag gemäß § 2 des ASFINAG-Ermächtigungsgesetzes 1997, BGBl. I Nr. 113/1997 Art. I, abgeschlossen hat, kommen der Autobahnen- und Schnellstraßen-Finanzierungs-Aktiengesellschaft alle Rechte und Pflichten des Bundes (Bundesstraßenverwaltung) nach diesem Bundesgesetz zu.

Vollziehung

§ 35. Mit der Vollziehung dieses Bundesgesetzes ist „die Bundesministerin bzw. der Bundesminister für Klimaschutz, Umwelt, Energie, Mobilität, Innovation und Technologie", hinsichtlich des „§ 1 Abs. 2 dritter Satz, des § 4 Abs. 3 zweiter Satz sowie des § 31a" im Einvernehmen mit „der Bundesministerin bzw. dem Bundesminister für Finanzen" betraut. *(BGBl I 2011/62; BGBl I 2021/156)*

Sprachliche Gleichbehandlung

§ 36. Bei allen personenbezogenen Formulierungen gilt die gewählte Form für beide Geschlechter.

Umsetzung von Unionsrecht

§ 37. Durch dieses Gesetz werden folgende Richtlinien umgesetzt:

1. Richtlinie 2008/96/EG über ein Sicherheitsmanagement für die Straßenverkehrsinfrastruktur, ABl. Nr. L 319 vom 29.11.2008 S. 59, in der Fassung der Richtlinie (EU) 2019/1936 zur Änderung der Richtlinie 2008/96/EG über ein Sicherheitsmanagement für die Straßenverkehrsinfrastruktur, ABl. Nr. L 305 vom 26.11.2019 S. 1;

2. Richtlinie 2012/18/EU zur Beherrschung der Gefahren schwerer Unfälle mit gefährlichen Stoffen, zur Änderung und anschließenden Aufhebung der Richtlinie 96/82/EG, ABl. Nr. L 197 vom 24.7.2012 S. 1.

(BGBl I 2022/123)

3/1a. BStG
Verzeichnis 1

Verzeichnis 1
Bundesstraßen A (Bundesautobahnen)

Nr.	Bezeichnung	Beschreibung der Strecke
A 1	West Autobahn	Wien/Auhof (B 1) – Knoten Steinhäusl (A 21) – Knoten St. Pölten (S 33, S 34) – Knoten Linz (A 7) – Knoten Haid (A 25) – Knoten Voralpenkreuz (A 8/A 9) – Knoten Salzburg (A 10) – Staatsgrenze am Walserberg
A 2	Süd Autobahn	Knoten Wien/Inzersdorf (A 23/B 17) Knoten Wiener Neustadt (S 4) – Knoten Seebenstein (S 6) – Wechsel – Knoten bei Riegersdorf (S 7) – Knoten Graz/Ost – Knoten Graz/West (A 9) – Pack – Knoten Klagenfurt/Nord (S 37) – Knoten Villach (A 10/A 11) – Staatsgrenze bei Arnoldstein, einschließlich Knoten Graz/Ost – Graz/Liebenau (Sternäckerweg)
A 3	Südost Autobahn	Knoten Guntramsdorf (A 2) – Knoten Eisenstadt (S 31) – Wulkaprodersdorf – Staatsgrenze bei Klingenbach
A 4	Ost Autobahn	Wien/Stadionbrücke (B 221/B 227) – Knoten Prater (A 23) – Knoten Wien/Simmering (A 22) – Knoten Schwechat (S 1) – Knoten Bruckneudorf (A 6) – Staatsgrenze bei Nickelsdorf
A 5	„Nord/Weinviertel Autobahn" *(BGBl I 2010/24)*	Knoten Eibesbrunn (S 1) – Wolkersdorf – Staatsgrenze bei Drasenhofen
A 6	Nordost Autobahn	Knoten Bruckneudorf (A 4) – Staatsgrenze bei Kittsee
A 7	Mühlkreis Autobahn	„Knoten Linz (A 1) – Knoten Linz/Hummelhof (A 26) – Unterweitersdorf (S 10)" *(BGBl I 2011/62)*
A 8	Innkreis Autobahn	Knoten Voralpenkreuz (A 1/A 9) – Knoten Wels (A 25) – Staatsgrenze bei Suben
A 9	Pyhrn Autobahn	Knoten Voralpenkreuz (A 1/A 8) – Bosrucktunnel – Knoten St. Michael (S 6/S 36) – Knoten Graz/West (A 2) – Staatsgrenze bei Spielfeld
A 10	Tauern Autobahn	Knoten Salzburg (A 1) – Knoten Pongau – Katschbergtunnel – Knoten Spittal/Millstätter See – Knoten Villach (A 2/A 11), einschließlich Knoten Pongau – Bischofshofen (B 164/B 311) sowie einschließlich Lieserhofen (B 98) – Knoten Spittal/Millstätter See – Lendorf (B 100)
A 11	Karawanken Autobahn	Knoten Villach (A 2/A 10) – Staatsgrenze im Karawankentunnel
A 12	Inntal Autobahn	Staatsgrenze bei Kufstein – Knoten Innsbruck/Amras (A 13) – Knoten Innsbruck/West (A 13) – Knoten Oberinntal – Zams (S 16), einschließlich Knoten Oberinntal – Landecker Tunnel – Fließ (B 180) sowie einschließlich Knoten bei Haiming – Tschiranttunnel – Nassereith (B 179/B 189)
A 13	Brenner Autobahn	Knoten Innsbruck/Amras (A 12) – Knoten Innsbruck – Staatsgrenze am Brennerpaß, einschließlich Knoten Innsbruck/West (A 12) – Knoten Innsbruck
A 14	Rheintal/Walgau Autobahn	Staatsgrenze bei Hörbranz – Pfändertunnel – Knoten Bregenz – Knoten bei „Dornbirn" (S 18) – Bludenz/Ost (S 16), einschließlich Knoten Bregenz – Bregenz (L 202) *(BGBl I 2017/5)*
A 21	Wiener Außenring Autobahn	Knoten Steinhäusl (A 1) – Knoten Vösendorf (A 2/S 1)
A 22	Donauufer Autobahn	Knoten Wien/Simmering (A 4) – Knoten Kaisermühlen (A 23) – Knoten Nordbrücke – Knoten Korneuburg/West (S 1) – Knoten Stockerau/West (S 3, S 5), einschließlich An-

Nr.	Bezeichnung	Beschreibung der Strecke
		schluss Nordbrücke (B 14/B 227) – Nordbrücke – Knoten Nordbrücke – Lundenburger Gasse/Ignaz-Köck-Straße
A 23	Autobahn Südosttangente Wien	„Wien/Altmannsdorf (B 224) – Knoten Inzersdorf (A 2) – Knoten Prater (A 4) – Knoten Kaisermühlen (A 22) – Hirschstetten (S 2)" *(BGBl I 2011/62)*
A 24	*entfällt (BGBl I 2011/62)*	
A 25	Welser Autobahn	Knoten Haid (A 1) – Knoten Wels (A 8)
A 26	Linzer Autobahn	„Knoten Linz/Hummelhof (A 7) – Linz/Urfahr (B 127)" *(BGBl I 2011/62)*

(BGBl I 2006/58)

Verzeichnis 2
Bundesstraßen S (Bundesschnellstraßen)

Nr.	Bezeichnung	Beschreibung der Strecke
S 1	Wiener Außenring Schnellstraße	„Knoten Vösendorf (A 2, A 21) – Knoten Rustenfeld (Einschließlichstrecke) – Knoten Schwechat (A 4) – Knoten bei Raasdorf (Einschließlichstrecke) – Knoten bei Raasdorf (S 8) – Knoten Wien/Süßenbrunn (S 2) – Knoten Eibesbrunn (A 5) – Knoten Korneuburg/West (A 22), einschließlich Knoten Rustenfeld – Leopoldsdorf (B 16) sowie einschließlich Knoten bei Raasdorf – Wien/Donaustadt (Am Heidjöchl, Höhe Johann-Kutschera-Gasse)" *(BGBl I 2011/62)*
S 2	Wiener Nordrand Schnellstraße	Knoten Wien/Hirschstetten (A 23) – Knoten Wien/Süßenbrunn (S 1) – Deutsch Wagram (S 1) (Anmerkung 1)
S 3	Weinviertler Schnellstraße	Knoten Stockerau/West (A 22, S 5) – Hollabrunn – Staatsgrenze bei Kleinhaugsdorf
S 4	Mattersburger Schnellstraße	Mattersburg (B 50) – Knoten Mattersburg (S 31) – Knoten Wiener Neustadt (A 2, B 17)
S 5	Stockerauer Schnellstraße	Knoten Stockerau/West (A 22, S 3) – Knoten Jettsdorf (S 33) – Krems (B 3/B 37)
S 6	Semmering Schnellstraße	Seebenstein (B 54) – Knoten Seebenstein (A 2) – Semmeringtunnel – Knoten Bruck/Mur (S 35) – Knoten St. Michael (A 9/ S 36)
S 7	Fürstenfelder Schnellstraße	Knoten bei Riegersdorf (A 2) – Fürstenfeld – Staatsgrenze bei Heiligenkreuz
S 8	Marchfeld Schnellstraße	Knoten bei Raasdorf (S 1) – Staatsgrenze bei Marchegg
S 10	Mühlviertler Schnellstraße	Unterweitersdorf (A 7) – Freistadt – Staatsgrenze bei Wullowitz
S 16	Arlberg Schnellstraße	Zams (A 12) – Arlbergtunnel – Bludenz/Ost (A 14)
S 18	Bodensee Schnellstraße	Knoten bei „Dornbirn" (A 14) – Staatsgrenze bei Höchst *(BGBl I 2017/5)*
S 31	Burgenland Schnellstraße	„Eisenstadt/Ost (B 50) – Knoten Eisenstadt (A 3) – Knoten Mattersburg (S 4) – Steinberg-Dörfl (B 50)" *(BGBl I 2010/24, ab 23. 4. 2010; BGBl I 2011/62)*
S 33	Kremser Schnellstraße	Knoten St. Pölten (A 1, S 34) – Traismauer – Donaubrücke Traismauer – Knoten Jettsdorf (S 5), einschließlich Traismauer – Krems/Süd (B 33/B 37) (Anmerkung 2)
S 34	Traisental Schnellstraße	„St. Pölten/Hafing (B 1) – Knoten St. Pölten/West (A 1) – Wilhelmsburg/Nord (B 20)" *(BGBl I 2010/24, ab 23. 4. 2010)*

3/1a. BStG
Anhang 1

Nr.	Bezeichnung	Beschreibung der Strecke
S 35	Brucker Schnellstraße	Knoten Bruck/Mur (S 6) – Knoten Peggau-Deutschfeistritz (A 9)
S 36	Murtal Schnellstraße	Knoten St. Michael (A 9/S 6) – Judenburg – Scheifling (S 37)
S 37	Klagenfurter Schnellstraße	Scheifling (S 36) – Friesach – Knoten Klagenfurt/Nord (A 2)

Anmerkung 1: Der zur Wagramer Straße führende Straßenzug wird ab dem Absprung der Umfahrung Süßenbrunn mit Verkehrsübergabe der Umfahrung Süßenbrunn als Bundesstraße aufgelassen.

Anmerkung 2: Der Straßenzug Traismauer - Krems/Süd (B 33, B 37) wird mit Verkehrsübergabe der Donaubrücke Traismauer als Bundesstraße aufgelassen.

(BGBl I 2006/58)

Verzeichnis 3

(als nicht mehr geltend festgestellt, BGBl I 2002/50)

63. Bundesgesetz vom 20. Jänner 1983, mit dem das Bundesstraßengesetz 1971 geändert wird (Bundesstraßengesetznovelle 1983)

Artikel II
(Auszug)

…

2. Der Bund hat aus den für den Ausbau und die Erhaltung der Bundesstraßen zweckgebundenen Mitteln der Mineralölsteuer der Stadt Wien zu ersetzen:

a) die Kosten der Planung und Errichtung einer Brücke über den Donaukanal in Verlängerung der Rembrandtstraße (Roßauerbrücke) zwischen den beiden Ästen der B227 Donaukanal Straße,

b) die Kosten der Planung und Errichtung der Straßen- und Brückenverbindung zwischen der B 221 Wiener Gürtel Straße am Liechtenwerderplatz und der B 227 Donaukanal Straße bei der Nordbergstraße/Friedensbrücke.

3. „Die Bestimmungen des § 20a Bundesstraßengesetz 1971, BGBl. Nr. 286, in seiner jeweils geltenden Fassung sind auch auf Enteignungen anzuwenden, die vor Inkrafttreten dieses Bundesgesetzes durchgeführt wurden, wenn dem Bund zum Zeitpunkt der Antragstellung nach § 20a Abs. 1 noch die rechtliche Verfügungsgewalt hinsichtlich des Enteignungsgegenstandes zukommt. Die in dieser Bestimmung angeführten Fristen beginnen mit 1. April 1983."

(BGBl 1986/165)

4. Verordnungen gemäß § 4 Abs. 1 des Bundesstraßengesetzes 1971, BGBl. Nr. 286, in seiner jeweils geltenden Fassung, behalten nach Inkrafttreten dieses Bundesgesetzes ihre Rechtswirkungen auch dann, wenn sich der Straßentyp (§ 2 BStG 1971), auf die sie sich beziehen, durch dieses Bundesgesetz geändert hat.

Verordnung über ein Sicherheitsmanagement für die Straßenverkehrsinfrastruktur

BGBl II 2011/258

Verordnung der Bundesministerin für Verkehr, Innovation und Technologie über ein Sicherheitsmanagement für die Straßenverkehrsinfrastruktur

Auf Grund des § 5d des Bundesstraßengesetzes 1971, BGBl. Nr. 286, zuletzt geändert durch das Bundesgesetz BGBl. I Nr. 62/2011, wird verordnet:

Folgenabschätzung hinsichtlich der Straßenverkehrssicherheit

§ 1. (1) Wesentliche Elemente der Folgenabschätzung hinsichtlich der Straßenverkehrssicherheit gemäß § 5 Abs. 1 Z 1 und Abs. 3 des Bundesstraßengesetzes 1971 (BStG 1971), BGBl. Nr. 286, in der jeweils geltenden Fassung, sind

1. die Definition der Straßenverkehrssicherheitsziele,
2. die Beschreibung der Istsituation und der Nullvariante im Prognosezeitpunkt im Einflussbereich des Vorhabens und
3. die Erörterung der Folgen, die die verschiedenen Lösungsmöglichkeiten in Bezug auf die Straßenverkehrssicherheit mit sich bringen.

(2) Die Folgenabschätzung hat alle Angaben zu enthalten, die für eine Kosten-Nutzen-Analyse der untersuchten Lösungsmöglichkeiten notwendig sind.

(3) Die Folgenabschätzung besteht in der Betrachtung der Verkehrsleistungen, der Unfallraten und der Unfallschwere in den jeweiligen Betrachtungsabschnitten, wobei zusätzlich insbesondere folgende Aspekte zu berücksichtigen sind:

1. geografische Lage (zB Erdrutsch-, Überschwemmungs- und Lawinengefahr),
2. Arten von Knoten und Abstand zwischen ihnen,
3. Fahrgeschwindigkeiten,
4. Straßenquerschnitt (zB Anzahl der Fahrstreifen, Breite der Fahrbahn, bauliche Mitteltrennung),
5. Trassierung in Lage und Höhe (Straßenachse).

(4) Für Vorhaben nach § 4 Abs. 3 BStG 1971 ist im Einreichprojekt eine vereinfachte Folgenabschätzung durchzuführen, welche die Elemente des Abs. 1 umfasst.

Straßenverkehrssicherheitsaudit

§ 2. (1) Der Bund (Bundesstraßenverwaltung) bestellt einen unabhängigen, gemäß § 5a oder § 5b BStG 1971 zertifizierten Straßenverkehrssicherheitsgutachter für die Durchführung des Straßenverkehrssicherheitsaudits gemäß § 5 Abs. 1 Z 2 und Abs. 4 BStG 1971. Dieser verfasst für jede Projektstufe einen Auditbericht, in dem er auf die sicherheitsrelevanten Entwurfsmerkmale hinweist. Beabsichtigt der Bund (Bundesstraßenverwaltung) einen vom Gutachter in seinem Bericht aufgezeigten Sicherheitsmangel nicht in der nächsten Projektstufe zu beheben, so hat er dies in einem Anhang zum Bericht darzulegen und zu begründen.

(2) Für die Projektphase „Einreichprojekt" sind im Auditbericht insbesondere folgende Kriterien zu berücksichtigen:

1. Witterungsverhältnisse,
2. Fahrgeschwindigkeiten,
3. Straßenquerschnitt (Querschnittselemente),
4. räumliche Linienführung,
5. Sichtverhältnisse,
6. Gestaltung von Knoten,
7. Trassierungsparameter in Lage und Höhe,
8. Straßenseitenraum einschließlich Vegetation,
9. Ausstattung mit Parkplätzen.

(3) Für die Projektphase „Bauprojekt" sind im Auditbericht insbesondere folgende Kriterien zu berücksichtigen:

1. Trassierung in Lage und Höhe,
2. Trassierungsparameter,
3. räumliche Linienführung,
4. Sichtverhältnisse,
5. Gestaltung von Knoten,
6. übereinstimmende Verkehrszeichen und Bodenmarkierungen,
7. Straßenbeleuchtung,
8. Straßenausstattung,
9. Straßenseitenraum einschließlich Vegetation,
10. feststehende Hindernisse neben der Straße,
11. ordnungsgemäße Ausstattung der Parkplätze,
12. Berücksichtigung ungeschützter Verkehrsteilnehmer (Motorradfahrer),

13. benutzerfreundliche Anpassung von Fahrzeugrückhaltesystemen (Mittelstreifen und Schutzeinrichtungen zur Vermeidung einer Gefährdung ungeschützter Verkehrsteilnehmer).

(4) Für die Projektphase „Fertigstellung des Baus" sind im Auditbericht insbesondere folgende Kriterien zu berücksichtigen:

1. zusätzliche Ausstattungen im Straßenraum,
2. Sicherheit der Verkehrsteilnehmer und Sichtverhältnisse bei unterschiedlichen Witterungsbedingungen (zB Dunkelheit, Regen, Nebel),
3. Erkennbarkeit von Verkehrszeichen und Bodenmarkierungen,
4. Zustand der Straßendecke.

(5) Der Bund (Bundesstraßenverwaltung) hat dem Bundesminister/der Bundesministerin für Verkehr, Innovation und Technologie den Auditbericht

1. für die Projektphase „Einreichprojekt" gemeinsam mit dem Einreichprojekt,
2. für die Projektphasen „Bauprojekt" und „Fertigstellung des Baus" möglichst vor, spätestens aber innerhalb eines Jahres nach Verkehrsfreigabe

vorzulegen.

(6) Sollten bestimmte Sicherheitsdefizite gehäuft auftreten, so hat der Bundesminister/die Bundesministerin für Verkehr, Innovation und Technologie dafür Sorge zu tragen, dass entsprechende Richtlinien zur Abhilfe erarbeitet werden.

Straßenverkehrssicherheitsanalyse des in Betrieb befindlichen Straßennetzes und Veröffentlichung von Straßenabschnitten mit hoher Unfallhäufigkeit

§ 3. (1) Im Zuge einer Straßenverkehrssicherheitsanalyse gemäß § 5 Abs. 1 Z 3 und Abs. 5 BStG 1971 wird das gesamte in Betrieb befindliche Straßennetz, soweit es Teil des transeuropäischen Straßennetzes ist, in Abschnitte mit mindestens 3 km Länge eingeteilt. Die Straßenverkehrssicherheitsanalyse ist dem Bundesminister/der Bundesministerin für Verkehr, Innovation und Technologie binnen einem Monat nach Fertigstellung vorzulegen.

(2) An jenen Straßenabschnitten, die gemäß der Straßenverkehrssicherheitsanalyse das größte Potenzial für die Senkung der Unfallkosten haben, veranlasst der Bund (Bundesstraßenverwaltung) umgehend, spätestens aber binnen einem Jahr einen Lokalaugenschein durch ein Expertenteam, in dem mindestens ein gemäß § 5a oder § 5b BStG 1971 zertifizierter Straßenverkehrssicherheitsgutachter vertreten sein muss.

(3) Ergebnis des Lokalaugenscheins ist ein Bericht zum jeweils untersuchten Straßenabschnitt, der

1. die Beschreibung des untersuchten Straßenabschnitts,
2. einen Verweis auf eventuell früher verfasste Berichte über denselben Straßenabschnitt,
3. die Analyse etwaiger Unfallberichte,
4. die Zahl der Unfälle sowie der getöteten und schwer verletzten Personen in den vergangenen drei Jahren sowie
5. eine Liste unfallverhütender Maßnahmen, die kurz-, mittel- oder langfristig umsetzbar sind,

enthält. Dieser Bericht samt allfälligem Anhang ist dem Bundesminister/der Bundesministerin für Verkehr, Innovation und Technologie binnen einem Monat nach Fertigstellung vorzulegen.

(4) Der Bund (Bundesstraßenverwaltung) hat Straßenabschnitte mit hoher Unfallhäufigkeit anhand von Karten auf seiner Internetseite zu veröffentlichen.

Straßenverkehrssicherheitsüberprüfungen

§ 4. (1) Prüfinhalte der jährlichen einfachen Straßenverkehrssicherheitsüberprüfungen gemäß § 5 Abs. 1 Z 4 und Abs. 6 BStG 1971 sind jedenfalls:

1. Freihaltung des Sichtraumes,
2. ordnungsgemäßer Zustand der Fahrbahndecke,
3. ordnungsgemäßer Zustand der Fahrzeugrückhaltesysteme und Verkehrszeichen,
4. Vollständigkeit der Bodenmarkierung,
5. Funktionsfähigkeit der Entwässerungsanlagen,
6. Funktionsfähigkeit vorhandener Notrufeinrichtungen,
7. Funktionsfähigkeit von Beleuchtungen.

(2) Die Durchführung der jährlichen einfachen Straßenverkehrssicherheitsüberprüfungen ist zu protokollieren.

(3) Prüfinhalte der vertieften Straßenverkehrssicherheitsüberprüfungen gemäß § 5 Abs. 1 Z 4 und Abs. 6 BStG 1971 sind jedenfalls:

1. Anlage- und Sichtverhältnisse,
2. Straßenausrüstung,
3. Informationsdarbietung und -aufnahme,
4. lichttechnische Gegebenheiten,
5. Erhaltungs- inklusive Fahrbahnzustand,
6. klimatische Einflüsse,
7. kollisionsmechanische Gefährdungen.

(4) Die Durchführung der vertieften Straßenverkehrssicherheitsüberprüfungen hat durch einen unabhängigen, gemäß § 5a oder § 5b BStG 1971 zertifizierten Straßenverkehrssicherheitsgutachter

zu erfolgen. Dieser hat die Ergebnisse der vertieften Straßenverkehrssicherheitsüberprüfungen inklusive Befund und Sanierungsvorschlägen in einem Bericht festzuhalten. Beabsichtigt der Bund (Bundesstraßenverwaltung) einen vom Gutachter in seinem Bericht aufgezeigten Sicherheitsmangel nicht zu beheben, so hat er dies in einem Anhang zum Bericht darzulegen und zu begründen. Der Bericht samt allfälligem Anhang ist dem Bundesminister/der Bundesministerin für Verkehr, Innovation und Technologie binnen einem Monat nach Fertigstellung vorzulegen.

(5) Sollten im Zuge der vertieften Straßenverkehrssicherheitsüberprüfungen bestimmte Sicherheitsdefizite gehäuft auftreten, so hat der Bundesminister/die Bundesministerin für Verkehr, Innovation und Technologie dafür Sorge zu tragen, dass entsprechende Richtlinien zur Abhilfe erarbeitet werden.

Straßenverkehrssicherheitsgutachter

§ 5. Durch die im Folgenden angeführten Belege ist die fachliche Qualifikation für die Tätigkeit eines zertifizierten Straßenverkehrssicherheitsgutachters (§ 5a BStG 1971) als erfüllt anzusehen:

1. Zeugnisse über

a) den erfolgreichen Abschluss der Studienrichtung Bauingenieurwesen oder Wirtschaftsingenieurwesen – Bauwesen oder Maschinenbau oder Wirtschaftsingenieurwesen – Maschinenbau oder Kulturtechnik und Wasserwirtschaft oder Landmanagement – Infrastruktur – Bautechnik oder einer mit diesen Studienrichtungen vergleichbaren Studienrichtung oder eines vergleichbaren Fachhochschul-Studienganges und

b) eine mindestens dreijährige fachliche Tätigkeit auf den Gebieten der Straßenplanung, der Sicherheitstechnik im Straßenverkehr und der Unfallanalyse und

c) die erfolgreiche Absolvierung des Lehrganges für Straßenverkehrssicherheitsgutachter
oder

2. Zeugnisse über

a) den erfolgreichen Abschluss einer berufsbildenden höheren Schule oder deren Sonderformen, deren Ausbildung im Bereich der Bautechnik, des Maschinenbaus oder des Wirtschaftsingenieurwesens (mit Ausbildungsschwerpunkt Betriebsmanagement) liegt, und

b) eine mindestens fünfjährige fachliche Tätigkeit auf den Gebieten der Straßenplanung, der Sicherheitstechnik im Straßenverkehr und der Unfallanalyse und

c) die erfolgreiche Absolvierung des Lehrganges für Straßenverkehrssicherheitsgutachter.

Lehrgang für Straßenverkehrssicherheitsgutachter

§ 6. (1) Ziel des Lehrganges ist die Erlangung der spezifischen Kenntnisse und Fähigkeiten, die für die Ausübung der Tätigkeit eines zertifizierten Straßenverkehrssicherheitsgutachters erforderlich sind.

(2) Der Lehrgang hat die in der Anlage festgelegten Ausbildungsinhalte sowie die Mindestanzahl der Ausbildungseinheiten zu umfassen. Eine Ausbildungseinheit hat mindestens 45 Minuten zu betragen.

(3) Der Lehrgang ist mit einer schriftlichen Prüfung abzuschließen. Über den erfolgreichen Abschluss des Lehrganges ist ein Zeugnis auszustellen.

Umsetzung von Unionsrecht

§ 7. Durch diese Verordnung wird die Richtlinie 2008/96/EG über ein Sicherheitsmanagement für die Straßenverkehrsinfrastruktur, ABl. Nr. 319 vom 29.11.2008 S. 59, umgesetzt.

Inkrafttreten

§ 8. Diese Verordnung tritt mit dem auf die Kundmachung folgenden Tag in Kraft.

3/1b. SimStrV
Anlage

Anlage

Ausbildungsinhalte	Mindesteinheiten
Relevante Rechtsgrundlagen in Österreich	1
Planungsgrundsätze der Straßentrassierung (Theorie- und Praxisteil)	4
Fahrbahnentwässerung	1
Straßenzustand	2
Unfallanalyse und Maßnahmen zur Sanierung von Unfall- und Gefahrenstellen	3
Nichtmotorisierter Verkehr (Fußgänger- und Radverkehr)	2
Motorisierter Zweiradverkehr	2
Großfahrzeugverkehr	2
Psychologische Aspekte im Straßenverkehr	2
Informationsaufnahme im Straßenverkehr	4
Lichttechnische Zusammenhänge	2
Verkehrstechnik und Straßenausrüstung	4
Verkehrssteuerung mit Verkehrslichtsignalanlagen	2
Erstellung eines Auditberichtes	2
Vertiefungseinheiten	3
Praktisches Auditbeispiel und Prüfung	4

Straßentunnel-Sicherheitsgesetz

BGBl I 2006/54 idF

1 BGBl I 2010/111
2 BGBl I 2013/96
3 BGBl I 2022/123

**Bundesgesetz über die Sicherheit von Straßentunneln
(Straßentunnel-Sicherheitsgesetz – STSG)**

Inhaltsverzeichnis

§ 1	Geltungsbereich
§ 2	Begriffsbestimmungen
§ 3	Aufgaben der Tunnel-Verwaltungsbehörde
§ 4	Aufgaben des Tunnel-Managers
§ 5	Aufgaben des Tunnel-Sicherheitsbeauftragten, Anforderungen
§ 6	Periodische Übungen
§ 7	„ " Genehmigung des Tunnel-Vorentwurfs *(BGBl I 2010/111)*
§ 7a	„Änderungen vor Inbetriebnahme" *(BGBl I 2010/111)*
§ 8	„ " Inbetriebnahme von Tunneln *(BGBl I 2010/111)*
§ 9	„Erstbewertung und Anpassung der Konformität von Tunneln" *(BGBl I 2010/111)*
§ 10	Änderungen an in Betrieb genommenen Tunneln
§ 11	Tunnel-Sicherheitsdokumentation
§ 12	Tunnel-Risikoanalysen
§ 12a	„Gebühren" *(BGBl I 2010/111)*
§ 13	Behördenzuständigkeit
§ 13a	„Örtliche Zuständigkeit der Landesverwaltungsgerichte" *(BGBl I 2013/96)*
§ 13b	„Aufschiebende Wirkung" *(BGBl I 2013/96)*
§ 14	Strafbestimmungen
§ 15	Vollzugsklausel
§ 16	Bezugnahme auf Richtlinien
§ 17	„Inkrafttreten, Außerkrafttreten, Übergangsbestimmungen" *(BGBl I 2013/96)*
Anlage	Sicherheitsmaßnahmen

Geltungsbereich

§ 1. Dieses Bundesgesetz gilt für alle Tunnel mit einer Länge von mehr als 500 m im Verlauf von Bundesstraßen A oder S gemäß Bundesstraßengesetz 1971, BGBl. Nr. 286, in der geltenden Fassung.

Begriffsbestimmungen

§ 2. Für dieses Bundesgesetz gelten folgende Begriffsbestimmungen:

1. Tunnellänge ist die Länge des längsten Fahrstreifens, gemessen im Bereich des völlig geschlossenen Tunnelabschnitts;

2. Einsatzdienste sind alle örtlich betroffenen – öffentlichen wie privaten – Dienste oder Tunnelbediensteten, die befugt und verpflichtet sind, bei einem Unfall Hilfe zu leisten, einschließlich Polizei, Feuerwehr und Rettungsdienste;

3. Tunnel-Verwaltungsbehörde ist der Bundesminister für Verkehr, Innovation und Technologie;

4. Tunnel-Manager eines Tunnels ist der Straßenerhalter der Bundesstraße, in deren Verlauf sich der Tunnel befindet;

5. Tunnel-Sicherheitsbeauftragter ist eine natürliche Person, die sämtliche Präventiv- und Sicherungsmaßnahmen koordiniert, um die Sicherheit der Nutzer und des Betriebspersonals sicherzustellen. Tunnel-Sicherheitsbeauftragte können auch Angehörige des Tunnelpersonals oder der Einsatzdienste sein. Ein Tunnel-Sicherheitsbeauftragter darf seine Aufgaben und Funktionen auch in mehreren Tunneln wahrnehmen, sofern sich diese auf dem Gebiet von höchstens drei aneinander grenzenden Bundesländern befinden.

6. Erhebliche Störung ist ein unvorhersehbares Ereignis, das eine unmittelbare Auswirkung auf den Verkehrsfluss hat oder ein unverzügliches Eingreifen in den Verkehrsfluss erfordert. Jedenfalls keine unvorhersehbaren Ereignisse sind Sperren aufgrund von Wartungs- und Reinigungsarbeiten sowie für die Dauer von weniger als einer Stunde. *(BGBl I 2010/111)*

Aufgaben der Tunnel-Verwaltungsbehörde

§ 3. (1) Die Tunnel-Verwaltungsbehörde hat vom Tunnel-Manager namhaft gemachte Tunnel-Sicherheitsbeauftragte anzuerkennen, wenn diese die in § 5 Abs. 2 angeführten Anforderungen erfüllen.

(2) Die Tunnel-Verwaltungsbehörde hat für den Vorentwurf eines von diesem Bundesgesetz betroffenen Tunnels auf Antrag des Tunnel-Managers ein Genehmigungsverfahren gemäß § 7 durchzuführen.

(3) Die Tunnel-Verwaltungsbehörde hat für die Inbetriebnahme eines von diesem Bundesgesetz betroffenen Tunnels auf Antrag des Tunnel-Managers ein Genehmigungsverfahren gemäß § 8 durchzuführen.

(4) Die Tunnel-Verwaltungsbehörde hat Tunnel, die im Zeitpunkt des In-Kraft-Tretens dieses Bundesgesetzes bereits für den allgemeinen Verkehr freigegeben sind, gemäß § 9 hinsichtlich ihrer Konformität mit den Anforderungen gemäß der Anlage zu diesem Bundesgesetz zu bewerten.

(5) Die Tunnel-Verwaltungsbehörde hat wiederkehrend Inspektionen durchzuführen, um sicherzustellen, dass alle unter dieses Bundesgesetz fallenden Tunnel mit dessen Bestimmungen und dem Stand der Technik in Einklang stehen. Zwischen zwei aufeinander folgenden Inspektionen eines Tunnels dürfen nicht mehr als sechs Jahre liegen. Das Ergebnis der Inspektion ist in einem Bericht festzuhalten. „Ebenso hat die Tunnel-Verwaltungsbehörde an gezielten Straßenverkehrssicherheitsüberprüfungen gemäß § 5 Abs. 6 letzter Satz des Bundesstraßengesetzes 1971, BGBl. Nr. 286/1971, in der jeweils geltenden Fassung, mitzuwirken." *(BGBl I 2022/123)*

(5a) Die Beiziehung von nichtamtlichen Sachverständigen für einzelne Inspektionen gemäß Abs. 5 oder für Teilaufgaben solcher Inspektionen ist auch ohne Vorliegen der Voraussetzungen des § 52 Abs. 2 und 3 des Allgemeinen Verwaltungsverfahrensgesetzes 1991, BGBl. Nr. 51/1991, zulässig. Ein beigezogener Sachverständiger muss über die zur Durchführung einer Inspektion oder ihrer Teilaufgaben erforderliche Qualifikation in Bezug auf Ausbildung, Berufserfahrung, Kenntnisse und Fähigkeiten verfügen. Es können auch fachlich einschlägige Anstalten, Institute oder Unternehmen als Sachverständige bestellt werden. Der Sachverständige muss vom Tunnel-Manager funktional und wirtschaftlich unabhängig sein. Hinsichtlich der Kosten gilt § 7 Abs. 5 sinngemäß. *(BGBl I 2022/123)*

(6) Stellt die Tunnel-Verwaltungsbehörde fest, dass ein Tunnel nicht den Vorgaben dieses Bundesgesetzes entspricht, so hat sie dem Tunnel-Manager und dem Tunnel-Sicherheitsbeauftragten mitzuteilen, welche Maßnahmen zur Erhöhung der Sicherheit des Tunnels ergriffen werden müssen. Umfassen diese Maßnahmen wesentliche bauliche oder betriebliche Änderungen, so ist gemäß § 10 vorzugehen.

(7) Die Tunnel-Verwaltungsbehörde kann, wenn in einem Tunnel die Sicherheitsanforderungen nicht erfüllt sind, dem Tunnel-Manager mit Bescheid die Aussetzung oder Einschränkung des Tunnelbetriebs auftragen und darin die Bedingungen festsetzen, unter denen der normale Verkehrsbetrieb wieder aufgenommen werden darf. Eine Ausfertigung des Bescheides ist dem Tunnel-Sicherheitsbeauftragten zuzuleiten.

(8) Die Tunnel-Verwaltungsbehörde hat erstmalig über den Zeitraum vom In-Kraft-Treten dieses Bundesgesetzes bis zum Ablauf des darauf folgenden Kalenderjahres sowie wiederkehrend über den Zeitraum der zwei auf den letzten Berichtszeitraum folgenden Kalenderjahre Berichte über Brände in Tunneln und über Unfälle, welche die Sicherheit von Straßennutzern im Tunnel gefährden, sowie über deren Häufigkeit und die Ursachen zu erstellen; sie hat diese Vorkommnisse auszuwerten und Angaben zur tatsächlichen Bedeutung und Wirksamkeit von Sicherheitseinrichtungen und Sicherheitsmaßnahmen zu machen. Die Berichte sind der Europäischen Kommission jeweils bis Ende September des auf den Berichtszeitraum folgenden Jahres zu übermitteln, sofern es sich um Tunnelanlagen des transeuropäischen Straßennetzes handelt.

Aufgaben des Tunnel-Managers

§ 4. (1) Der Tunnel-Manager ist für jeden unter seine Zuständigkeit fallenden Tunnel in der Phase der Planung, des Baus und des Betriebs verantwortlich.

(2) Der Tunnel-Manager hat für jeden Tunnel einen von ihm namhaft gemachten und von der Tunnel-Verwaltungsbehörde gemäß § 3 Abs. 1 anerkannten Tunnel-Sicherheitsbeauftragten zu ernennen.

(3) Der Tunnel-Manager hat für jeden Tunnel eine Tunnel-Sicherheitsdokumentation gemäß § 11 zusammenzustellen und auf dem aktuellen Stand zu halten. Eine Kopie dieser Tunnel-Sicherheitsdokumentation hat er der Tunnel-Verwaltungsbehörde und dem Tunnel-Sicherheitsbeauftragten zuzuleiten.

(4) Der Tunnel-Manager hat für die Vorlage aller im Rahmen der Verfahren gemäß § 7, § 8 und § 9 erforderlichen Unterlagen zu sorgen.

(5) Der Tunnel-Manager hat in allen Tunneln, die von einer Überwachungszentrale überwacht werden, ein Videoüberwachungssystem zur automatischen Erkennung von Verkehrsstörungen (zB stehen gebliebene Fahrzeuge) „ " gemäß nachstehenden Bestimmungen zu betreiben: *(BGBl I 2010/111)*

1. Der Umstand der Videoüberwachung und deren Zweck sind für die Verkehrsteilnehmer durch geeignete Maßnahmen erkennbar zu machen.

2. Mit dem Videoüberwachungssystem dürfen Bilder ausschließlich zum Zweck der möglichst frühzeitigen und deutlichen Erkennung von Gefahren für die Sicherheit des Straßenverkehrs und des Tunnelbetriebs sowie der Unterstützung des Tunnel-Managers und der Einsatzdienste bei der Bewältigung solcher Gefahren erfasst, übertragen, aufgezeichnet und genutzt werden.

3. Die technische Ausgestaltung des Videoüberwachungssystems hat den in Z 2 genannten Zwecken zu entsprechen.

4. Aufzeichnung und Wiedergabe der Bilder haben in einer Qualität zu erfolgen, die eine Erkennbarkeit einzelner Personen oder Fahrzeugkennzeichen ausschließt.

5. Die anfallenden Bilder sind vor einem Zugriff durch Unbefugte zu schützen.

6. Die Bilder sind spätestens nach Ablauf von „72" Stunden, gerechnet vom Zeitpunkt der erstmaligen Aufzeichnung, zu löschen. *(BGBl I 2010/111)*

7. Werden mit dem Videoüberwachungssystem Bilder von erheblichen Störungen oder Unfällen (Abs. 7) aufgezeichnet, so dürfen diese Aufzeichnungen, soweit dies für die Erfüllung der in Z 2 genannten Zwecke erforderlich ist, abweichend von Z 4 auch in einer Qualität erfolgen, welche die Erkennbarkeit einzelner Personen oder Fahrzeugkennzeichen zulässt. Abweichend von Z 6 dürfen solche Aufzeichnungen so lange aufbewahrt werden, als dies für Zwecke der Feststellung rechtserheblicher Tatsachen durch die Tunnel-Verwaltungsbehörde „und den Tunnel-Manager" in Wahrnehmung ihrer gesetzlichen Aufgaben „(§§ 3 und 4)" oder die Analyse der technischen Funktionalität der Tunnelsicherheitseinrichtungen unbedingt erforderlich ist, längstens jedoch bis zum Ablauf von drei Jahren, gerechnet vom Zeitpunkt der erstmaligen Aufzeichnung. Auch in diesem Fall ist durch geeignete Maßnahmen zum frühestmöglichen Zeitpunkt sicherzustellen, dass die Erkennbarkeit einzelner Personen oder Fahrzeugkennzeichen ausgeschlossen wird. *(BGBl I 2010/111)*

8. Für Zwecke der Information der Öffentlichkeit im Wege von Medien dürfen im Bedarfsfall auf Anfrage manuell kurze Bildfolgen aus den in Abs. 5 Z 2 beschriebenen Aufzeichnungen an Medien übermittelt werden, soweit eine Identifizierung von Personen oder Fahrzeugen nicht möglich ist. *(BGBl I 2010/111)*

(6) Der Tunnel-Manager hat, unter Beachtung der Anlage zu diesem Bundesgesetz, die Vorgangsweise im Zusammenhang mit Tunnelsperren im Ereignisfall sowie mit Voll- und Teilsperrungen wegen Bau- und Erhaltungsarbeiten festzulegen.

(7) Der Tunnel-Manager hat über alle erheblichen Störungen und Unfälle, die sich im Tunnel ereignen, einen Meldebericht zu erstellen, der innerhalb eines Monats nach dem Ereignis dem Tunnel-Sicherheitsbeauftragten, der Tunnel-Verwaltungsbehörde und den Einsatzdiensten zuzuleiten ist.

(8) Der Tunnel-Manager hat

1. im Falle eines Brandes im Tunnel oder eines Unfalls, bei dem die Sicherheit von Straßenbenutzern im Tunnel gefährdet wurde, oder

2. über Ersuchen der Tunnel-Verwaltungsbehörde oder

3. wenn es ihm sonst geboten erscheint,

dafür zu sorgen, dass ein Untersuchungsbericht angefertigt wird, in welchem die Umstände des in Abs. 7 genannten Ereignisses analysiert oder die sich daraus ergebenden Schlussfolgerungen dargelegt werden. Diesen Bericht hat der Tunnel-Manager spätestens einen Monat, nachdem er ihn selbst erhalten hat, an den Tunnel-Sicherheitsbeauftragten, die Tunnel-Verwaltungsbehörde und die Einsatzdienste weiterzuleiten.

(9) Der Tunnel-Manager hat dafür zu sorgen, dass Übungen für das Tunnelpersonal und die Einsatzdienste gemäß § 6 in den dort angeführten Zeitabständen durchgeführt werden können.

(10) Der Tunnel-Manager hat dafür zu sorgen, dass die Tunnelnutzer an geeigneten Stellen (z. B. an Rastplätzen vor Tunneln, an Tunneleingängen, an denen der Verkehr angehalten wird) und im Wege des Internet über die vorhandenen Sicherheitseinrichtungen und das richtige Verhalten im Tunnel informiert werden.

Weiters hat er, in Abstimmung mit der Tunnel-Verwaltungsbehörde, erstmals im Jahr 2010 und danach jeweils im Abstand von höchstens fünf Jahren Informationskampagnen durchzuführen, die sich auf das richtige Verhalten der Verkehrsteilnehmer bei der Anfahrt zum Tunnel und der Durchfahrt, insbesondere im Fall von Fahrzeugpannen, Staus, Unfällen und Bränden, erstrecken. Die Informationskampagnen sind auf der Grundlage der harmonisierten Arbeiten internationaler Organisationen gemeinsam mit den beteiligten Parteien durchzuführen.

Aufgaben des Tunnel-Sicherheitsbeauftragten, Anforderungen

§ 5. (1) Der Tunnel-Sicherheitsbeauftragte hat

1. die Koordinierung mit den Einsatzdiensten sicherzustellen und an der Ausarbeitung von Betriebsabläufen mitzuwirken,

2. an der Planung, Durchführung und Bewertung von Einsätzen im Ereignisfall mitzuwirken,

3. an der Ausgestaltung von Sicherheitsprogrammen und an der Festlegung von Spezifikationen für bauliche Einrichtungen, Ausstattung und Betrieb sowohl bei neuen Tunneln als auch in Bezug auf den Umbau bestehender Tunnel mitzuwirken,

4. sich zu vergewissern, dass das Betriebspersonal geschult wird und die Einsatzdienste mit den Besonderheiten des jeweiligen Tunnels vertraut gemacht werden, sowie an der Durchführung

der periodischen Übungen gemäß § 6 mitzuwirken,

5. fachlichen Rat hinsichtlich der Abnahme baulicher Einrichtungen, der Ausstattung und des Betriebs von Tunneln zu erteilen,

6. sich zu vergewissern, dass die baulichen Einrichtungen und die Ausstattung von Tunneln instand gehalten und repariert werden,

7. Stellungnahmen gemäß § 7 Abs. 2, § 7a Abs. 4, § 8 Abs. 2 und § 10 Abs. 2 abzugeben und *(BGBl I 2010/111)*

8. an der Auswertung erheblicher Störungen oder Unfälle gemäß § 4 Abs. 7 und 8 mitzuwirken.

(2) Der Tunnel-Sicherheitsbeauftragte hat über die zur Erfüllung der in Abs. 1 genannten Aufgaben erforderliche Qualifikation in Bezug auf Ausbildung, Berufserfahrung, Kenntnisse und Fähigkeiten zu verfügen. Er muss in allen die Sicherheit von Straßentunneln betreffenden Fragen unabhängig sein und darf diesbezüglich an keine Weisungen gebunden sein.

Periodische Übungen

§ 6. (1) In Tunneln haben in nachstehenden Zeitabständen Übungen stattzufinden:

1. mindestens alle vier Jahre Großübungen unter möglichst realistischen Bedingungen, mit erforderlichen straßenpolizeilichen Begleitmaßnahmen und

2. im Zeitraum dazwischen jährliche Teil- und/oder Simulationsübungen.

In Gebieten, in denen mehrere in den Anlageverhältnissen vergleichbare Tunnel nahe beieinander liegen, hat die Großübung in mindestens einem dieser Tunnel stattzufinden.

(2) Die Planung und Durchführung der Übungen gemäß Abs. 1, einschließlich der Kostentragung, hat anhand einer schriftlichen Vereinbarung der Beteiligten zu erfolgen, wobei insbesondere darauf zu achten ist, dass die Übungen

1. möglichst realistisch sind und festgelegten Störfallszenarien entsprechen,

2. klare Ergebnisse liefern und

3. so durchgeführt werden, dass Schäden am Tunnel möglichst vermieden werden.

Es ist zulässig, Übungen zum Teil und für ergänzende Ergebnisse auch am Modell oder in der Form von Computer-Simulationen durchzuführen.

(3) Die Tunnel-Sicherheitsbeauftragten und die Einsatzdienste haben die Ergebnisse der durchgeführten periodischen Übungen gemeinsam zu beurteilen, einen Bericht an den Tunnel-Manager zu erstellen und geeignete Maßnahmen vorzuschlagen.

Genehmigung des Tunnel-Vorentwurfs

§ 7. (1) Vor Baubeginn eines Tunnels genehmigt die Tunnel-Verwaltungsbehörde über Antrag des Tunnel-Managers mit Bescheid den Tunnel-Vorentwurf, sofern die Anforderungen dieses Bundesgesetzes und des Standes der Technik erfüllt sind. „Dieser Bescheid legt erforderlichenfalls Nebenbestimmungen fest." *(BGBl I 2010/111)*

(2) Dem Antrag sind jedenfalls beizugeben:

1. die Tunnel-Sicherheitsdokumentation gemäß § 11 für einen in Planung befindlichen Tunnel und

2. die Stellungnahme des Tunnel-Sicherheitsbeauftragten zum Tunnel-Vorentwurf.

(3) Wird im Verfahren unter Vorlage geforderter Nachweise beantragt, Ausnahmen von den Anforderungen gemäß der Richtlinie 2004/54/EG über Mindestanforderungen an die Sicherheit von Tunneln im transeuropäischen Straßennetz zu genehmigen, um den Einbau und die Verwendung innovativer Sicherheitseinrichtungen oder die Verwendung innovativer Sicherheitsverfahren zu ermöglichen, die im Vergleich zum Stand der Technik, der den Vorgaben für die Anforderungen gemäß der Anlage zu diesem Bundesgesetz zugrunde liegt, einen gleichwertigen oder höheren Schutz bieten, so hat die Tunnel-Verwaltungsbehörde gemäß der genannten Richtlinie die Europäische Kommission zu befassen und das Verfahren unter Bedachtnahme auf die Ergebnisse dieser Befassung durchzuführen.

(4) Wenn dies im Interesse der Zweckmäßigkeit, Raschheit, Einfachheit und Kostenersparnis gelegen ist, können Genehmigungsverfahren gemäß Abs. 1 gemeinsam mit allfälligen Verfahren gemäß § 24 Umweltverträglichkeitsprüfungsgesetz 2000, BGBl. Nr. 697/1993 oder § 4 Bundesstraßengesetz 1971, BGBl. Nr. 286, in der jeweils geltenden Fassung durchgeführt werden.

(5) Kosten, die der Tunnel-Verwaltungsbehörde im Rahmen des Verfahrens erwachsen, wie Gebühren oder Honorare für Sachverständige oder Projektkoordinatoren, sind vom Tunnel-Manager zu tragen. Diesem kann von der Tunnel-Verwaltungsbehörde, geleitet von den Grundsätzen der Zweckmäßigkeit, Raschheit, Einfachheit und Kostenersparnis, mit Bescheid die Bezahlung der geprüften Rechnungen direkt an den Rechnungsleger vorgeschrieben werden.

Änderungen vor Inbetriebnahme

§ 7a. (1) Beabsichtigte Änderungen eines gemäß § 7 Abs. 1 genehmigten Tunnel-Vorentwurfs oder beabsichtigte Abweichungen von im Bescheid enthaltenen Nebenbestimmungen vor Erlassung des Bescheides gemäß § 8 Abs. 1 bedürfen einer Genehmigung, wenn wesentliche Änderungen bezüglich Konstruktion, Ausstattung oder Betrieb eines Tunnels, die die Bestandteile der Tunnel-Sicherheitsdokumentation erheblich beeinflussen könnten, vorliegen. Diese Genehmigung hat im Falle der Änderung des Tunnel-Vorentwurfs auch das bereits dem Bescheid gemäß § 7 Abs. 1 zugrunde liegende Vorhaben insoweit zu umfassen, als es wegen der Änderung zur Wahrung der Anforderungen dieses Bundesgesetzes und des Standes der Technik erforderlich ist.

(2) Eine Genehmigung nach Abs. 1 ist dann zu erteilen, wenn die Anforderungen dieses Bundesgesetzes und des Standes der Technik eingehalten werden. Die Tunnel-Verwaltungsbehörde hat dabei das Ermittlungsverfahren insoweit zu ergänzen, als dies im Hinblick auf seine Zwecke notwendig ist.

(3) An die Stelle der Änderungsgenehmigung kann eine Anzeige des Tunnel-Managers an die Tunnel-Verwaltungsbehörde treten, wenn die Änderungen oder Abweichungen grundsätzlich genehmigungsfähig sind und voraussichtlich keine zusätzlichen Auflagen zur Wahrung der Anforderungen dieses Bundesgesetzes und des Standes der Technik erforderlich sind. Wenn die Voraussetzungen für eine Anzeige nicht gegeben sind, hat die Tunnel-Verwaltungsbehörde die Durchführung der Änderungen oder Abweichungen binnen acht Wochen zu untersagen oder ein Genehmigungsverfahren einzuleiten. Über die Untersagung oder die Nichtuntersagung hat sie dem Tunnel-Manager schriftlich Mitteilung zu machen.

(4) Dem Genehmigungsantrag und der Anzeige sind die zur Beurteilung der gesetzlichen Voraussetzungen für die beabsichtigte Änderung oder Abweichung erforderlichen Unterlagen sowie eine Stellungnahme des Tunnel-Sicherheitsbeauftragten anzuschließen.

(5) Angezeigte Änderungen oder Abweichungen dürfen nach Einlangen der Anzeige bei der Behörde vorgenommen werden, wenn dies aus Gründen der Gefahr im Verzug erforderlich ist. Andere angezeigte Änderungen oder Abweichungen, für die ein Genehmigungsverfahren nicht eingeleitet wurde und die nicht untersagt wurden, dürfen nach Verstreichen von acht Wochen oder, falls dieser Zeitpunkt früher liegt, nach Einlangen der Nichtuntersagung beim Tunnel-Manager vorgenommen werden.

(6) Nicht der Anzeigepflicht unterliegen Änderungen der technischen Ausführung oder der Herstellung, wenn die Anforderungen dieses Bundesgesetzes und des Standes der Technik gewahrt sind. Auf Verlangen der Tunnel Verwaltungsbehörde hat der Tunnel-Manager über das Vorliegen einer der oben angeführten Voraussetzungen eine im Rahmen seiner Befugnis ausgestellte Bestätigung eines Ziviltechnikers oder Ingenieurbüros einzuholen und vorzulegen.

(7) Die Abs. 1 bis 6 sind auf Vorhaben, für die eine Umweltverträglichkeitsprüfung gemäß dem Umweltverträglichkeitsprüfungsgesetz 2000 durchgeführt worden ist, nicht anzuwenden.

(8) Hinsichtlich der Kosten gilt § 7 Abs. 5 sinngemäß.

(BGBl I 2010/111)

Inbetriebnahme von Tunneln

§ 8. (1) Vor Inbetriebnahme eines Tunnels genehmigt die Tunnel-Verwaltungsbehörde über Antrag des Tunnel-Managers mit Bescheid die erstmalige Eröffnung oder die Wiedereröffnung (§ 10 Abs. 2) eines Tunnels für den allgemeinen Verkehr sofern die Anforderungen dieses Bundesgesetzes und gegebenenfalls des Bescheids gemäß § 7 erfüllt sind. Eine Kopie des Bescheides ist auch den Einsatzdiensten gemäß Alarm- und Einsatzplan zuzuleiten. Dieser Bescheid legt erforderlichenfalls Bedingungen oder Auflagen sowie den Zeitpunkt fest, zu dem diese jeweils zu erfüllen sind.

(2) Dem Antrag sind jedenfalls beizugeben:

1. die entsprechende Tunnel-Sicherheitsdokumentation gemäß § 11 und

2. die Stellungnahme des Tunnel-Sicherheitsbeauftragten zur Frage der Inbetriebnahme.

(3) Hinsichtlich der Kosten gilt § 7 Abs. 5 sinngemäß.

Erstbewertung und Anpassung der Konformität von Tunneln

§ 9. (1) Die Tunnel-Verwaltungsbehörde hat Tunnel, die im Zeitpunkt des In-Kraft-Tretens dieses Bundesgesetzes bereits für den allgemeinen Verkehr freigegeben sind, bis zum 30. Oktober 2006 hinsichtlich ihrer Konformität mit den Anforderungen gemäß der Anlage zu diesem Bundesgesetz unter besonderer Berücksichtigung der Tunnel-Sicherheitsdokumentation gemäß § 11 und anhand einer Inspektion zu bewerten.

(2) Der Tunnel-Manager hat der Tunnel-Verwaltungsbehörde erforderlichenfalls einen Vorschlag mit einem Plan zur Anpassung des Tunnels an die Bestimmungen gemäß der Anlage zu diesem Bundesgesetz und mit einer Beschreibung der von ihm beabsichtigten Maßnahmen zur Mängelbeseitigung zu unterbreiten. Ist er der Ansicht, dass bestimmte, in der Anlage festgelegte bauliche Anforderungen nur durch technische Lösungen erfüllbar sind, die nicht oder nur unverhältnismäßig hohen Kosten verwirklicht werden können, so kann er risikomindernde Alternativmaßnahmen vorschlagen, die zu einem gleichwertigen oder höheren Schutzniveau führen.

(3) Die Tunnel-Verwaltungsbehörde hat die Maßnahmen zur Mängelbeseitigung zu genehmigen oder deren Änderung zu verlangen. Risikomindernde Alternativmaßnahmen gemäß Abs. 2 sind nur zulässig, wenn deren Wirksamkeit anhand einer Tunnel-Risikoanalyse gemäß § 12 nachgewiesen worden ist. Weichen die risikomindernden Alternativmaßnahmen bei Tunneln des transeuropäischen Straßennetzes von den Anforderungen gemäß Anhang I der in § 7 Abs. 3 genannten Richtlinie ab, so hat die Tunnel-Verwaltungsbehörde gemäß der genannten Richtlinie die Europäische Kommission zu befassen und das Verfahren unter Bedachtnahme auf die Ergebnisse dieser Befassung durchzuführen. Der Tunnel-Manager hat die Tunnel-Verwaltungsbehörde über die erfolgte Durchführung der Maßnahmen in Kenntnis zu setzen.

(4) Umfassen die Maßnahmen zur Mängelbeseitigung wesentliche bauliche oder betriebliche Änderungen, so ist gemäß § 10 vorzugehen.

(5) Alle Maßnahmen und Verfahren im Hinblick auf die Konformität von Tunneln, die in den Anwendungsbereich der Richtlinie 2004/54/EG über Mindestanforderungen an die Sicherheit von Tunneln im transeuropäischen Straßennetz fallen, müssen spätestens am 30. April 2019 abgeschlossen sein. Für jene Tunnel, welche darüber hinaus in den Geltungsbereich dieses Bundesgesetzes fallen, sind die Maßnahmen und Verfahren im Hinblick auf die Konformität bis spätestens 2029 abzuschließen. *(BGBl I 2010/111)*

(6) Die Tunnel-Verwaltungsbehörde hat erstmalig über den Zeitraum vom In-Kraft-Treten dieses Bundesgesetzes bis zum 30. Oktober 2006 sowie wiederkehrend über den Zeitraum der zwei auf den letzten Berichtszeitraum folgenden Jahre Berichte über den Zeitplan für die Anpassung der Tunnel an die Bestimmungen gemäß der Anlage zu diesem Bundesgesetz, über den Stand der Durchführung und über etwaige Änderungen des Plans zu erstellen und diese, sofern es sich um Tunnelanlagen des transeuropäischen Straßennetzes handelt, der Europäischen Kommission bis zum Ende des auf den Berichtszeitraum folgenden Jahres zu übermitteln. Bis zum 30. April 2007 hat sie der Europäischen Kommission weiters, sofern es sich um Tunnelanlagen des transeuropäischen Straßennetzes handelt, einen Bericht vorzulegen, in dem die Pläne im Hinblick auf die Beachtung der Anforderungen dieses Bundesgesetzes sowie die beabsichtigten Maßnahmen dargelegt werden und gegebenenfalls zu den Konsequenzen Stellung genommen wird, die sich aus der Öffnung oder Schließung der wichtigsten Tunnelzufahrtsstraßen ergeben.

Änderungen an in Betrieb genommenen Tunneln

§ 10. (1) Bei allen wesentlichen Änderungen bezüglich Konstruktion, Ausstattung oder Betrieb an in Betrieb genommenen Tunneln oder Abweichungen von in Bescheiden enthaltenen Nebenbestimmungen, die Bestandteile der Tunnel-Sicherheitsdokumentation erheblich beeinflussen könnten, sind Verfahren gemäß § 7 und § 8 durchzuführen.

(2) Bei Vorliegen unwesentlicher Änderungen oder Abweichungen von Nebenbestimmungen, die Bestandteile der Tunnel-Sicherheitsdokumentation nicht erheblich beeinflussen könnten,

1. hat der Tunnel-Manager dem Tunnel-Sicherheitsbeauftragten vorab jeweils eine Dokumentation vorzulegen, in der die Vorschläge detailliert ausgeführt werden, und

2. hat der Tunnel-Sicherheitsbeauftragte die Auswirkungen der Änderungen zu prüfen und dem Tunnel-Manager seine Stellungnahme mitzuteilen.

Derartige Änderungen oder Abweichungen hat der Tunnel-Manager der Tunnel-Verwaltungsbehörde anzuzeigen. Der Anzeige sind die zur Beurteilung der gesetzlichen Voraussetzungen für die beabsichtigte Änderung oder Abweichung erforderlichen Unterlagen anzuschließen.

(3) Wenn die Voraussetzungen für eine Anzeige nicht gegeben sind, hat die Tunnel-Verwaltungsbehörde die Durchführung der Änderungen oder Abweichungen binnen acht Wochen zu untersagen oder ein Genehmigungsverfahren einzuleiten. Über die Untersagung oder die Nichtuntersagung hat sie dem Tunnel-Manager schriftlich Mitteilung zu machen. Eine Kopie der Stellungnahme des Tunnel-Sicherheitsbeauftragten ist den Einsatzdiensten zuzuleiten.

(4) Angezeigte Änderungen oder Abweichungen dürfen nach Einlangen der Anzeige bei der Behörde vorgenommen werden, wenn dies aus Gründen der Gefahr im Verzug erforderlich ist. Andere angezeigte Änderungen oder Abweichungen, für die ein Genehmigungsverfahren nicht eingeleitet wurde und die nicht untersagt wurden, dürfen nach Verstreichen von acht Wochen oder, falls dieser Zeitpunkt früher liegt, nach Einlangen der Nichtuntersagung beim Tunnel-Manager vorgenommen werden.

(5) Nicht der Anzeigepflicht unterliegen Instandhaltungstätigkeiten, wenn die Anforderungen dieses Bundesgesetzes, der Bescheide gemäß den §§ 7 und 8 und des Standes der Technik gewahrt sind. Auf Verlangen der Tunnel Verwaltungsbehörde hat der Tunnel-Manager über das Vorliegen einer der oben angeführten Voraussetzungen eine im Rahmen seiner Befugnis ausgestellte Bestäti-

gung eines Ziviltechnikers oder Ingenieurbüros einzuholen und vorzulegen.

(BGBl I 2010/111)

Tunnel-Sicherheitsdokumentation

§ 11. (1) Die Tunnel-Sicherheitsdokumentation hat eine Beschreibung der vorbeugenden und sichernden Maßnahmen zu enthalten, die unter Berücksichtigung von Personen mit eingeschränkter Mobilität und behinderten Personen, der Art der Straße, der Gesamtauslegung des Bauwerks, seiner Umgebung, der Art des Verkehrs und der Einsatzbedingungen der Einsatzdienste zur Sicherstellung der Sicherheit der Nutzer erforderlich sind.

(2) Für einen in Planung befindlichen Tunnel hat die Tunnel-Sicherheitsdokumentation insbesondere folgende Bestandteile zu umfassen:

1. eine Beschreibung des geplanten Bauwerks und seiner Zufahrten, zusammen mit den für das Verständnis des Entwurfs und der erwarteten Betriebsregelungen erforderlichen Plänen,

2. eine Verkehrsprognose unter Darlegung und Begründung der erwarteten Bedingungen für die Beförderung gefährlicher Güter, gegebenenfalls zusammen mit der Tunnel-Risikoanalyse gemäß § 12,

3. eine spezifische Gefahrenanalyse, in der die beim Betrieb des Tunnels möglicherweise auftretenden Unfälle, die für die Sicherheit der Tunnelnutzer von Belang sind, sowie Art und Umfang ihrer möglichen Folgen beschrieben sind; in dieser Untersuchung sind auch Maßnahmen zur Verringerung der Wahrscheinlichkeit von Unfällen und ihrer Folgen zu beschreiben und zu belegen; und

4. die Sicherheitsbeurteilung durch einen auf dem Gebiet der Tunnelsicherheit spezialisierten Sachverständigen. „Die Vorlage dieser Sicherheitsbeurteilung kann bei Verfahren gemäß den §§ 7, 7a, 8 und 10 entfallen, wenn die Tunnel-Verwaltungsbehörde diese Sicherheitsbeurteilung selbst beauftragt." *(BGBl I 2010/111)*

(3) Für einen in der Phase der Inbetriebnahme befindlichen Tunnel hat die Tunnel-Sicherheitsdokumentation zusätzlich zu den in Abs. 2 angeführten Bestandteilen noch folgende Bestandteile zu umfassen:

1. eine Darstellung der bestehenden Organisation, der vorhandenen personellen und materiellen Ressourcen und der Anweisungen des Tunnel-Managers zur Sicherstellung des Betriebs und der Erhaltung des Tunnels,

2. einen gemeinsam mit den Einsatzdiensten erstellten Alarm- und Einsatzplan, in dem auch Personen mit eingeschränkter Mobilität und behinderte Personen berücksichtigt werden, und

3. eine Beschreibung des Systems für das ständige Erfahrungsfeedback, durch das bedeutendere Störfälle und Unfälle erfasst und analysiert werden können.

(4) Für einen in Betrieb befindlichen Tunnel hat die Tunnel-Sicherheitsdokumentation zusätzlich zu den in Abs. 2 und 3 angeführten Bestandteilen noch folgende Bestandteile zu umfassen:

1. einen Bericht mit Analyse über erhebliche Störungen und Unfälle, die sich ab 1. Mai 2006 ereignet haben, und

2. eine Aufstellung der durchgeführten Sicherheitsübungen und eine Analyse der aus diesen Übungen gezogenen Lehren.

Tunnel-Risikoanalysen

§ 12. (1) Weist ein Tunnel hinsichtlich der Sicherheitsparameter gemäß der Anlage zu diesem Bundesgesetz eine besondere Charakteristik auf, so ist eine Tunnel-Risikoanalyse durchzuführen, um festzustellen, ob zur Sicherstellung eines hohen Sicherheitsniveaus im Tunnel zusätzliche Sicherheitsmaßnahmen und/oder weitere Ausrüstungen erforderlich sind. Bei dieser Tunnel-Risikoanalyse sind die beim Betrieb des Tunnels möglicherweise auftretenden Unfälle, die für die Sicherheit der Tunnelnutzer von Belang sind, sowie Art und Umfang ihrer möglichen Folgen zu berücksichtigen.

(2) In gemäß Abs. 1 erforderlichen Tunnel-Risikoanalysen sind die Risiken für einen bestimmten Tunnel unter Berücksichtigung aller sicherheitsrelevanten planerischen und verkehrlichen Faktoren zu untersuchen. Die Untersuchung hat insbesondere Verkehrsmerkmale, Tunnellänge, Verkehrsart und Tunnelgeometrie sowie das prognostizierte tägliche Aufkommen an LKW-Verkehr zu umfassen.

(3) Tunnel-Risikoanalysen sind durch vom Tunnel-Manager unabhängige Stellen durchzuführen, und es ist für sie eine präzise, genau definierte und optimaler Praxis entsprechende Methodik anzuwenden.

Gebühren

§ 12a. Der Bundesminister für Verkehr, Innovation und Technologie kann im Einvernehmen mit dem Bundesminister für Finanzen durch Verordnung für die nach diesem Bundesgesetz durchzuführenden Verwaltungsverfahren kostenpflichtige Tatbestände und die Höhe der Gebühren festlegen. Bei der Ermittlung der Höhe der Gebühren ist unter Anwendung des Äquivalenzgedankens das Kostendeckungsprinzip zu beachten.

(BGBl I 2010/111)

Behördenzuständigkeit

§ 13. Behörde im Sinne dieses Bundesgesetzes, mit Ausnahme des § 14, ist der Bundesminister für Verkehr, Innovation und Technologie.

Örtliche Zuständigkeit der Landesverwaltungsgerichte

§ 13a. Fällt eine Angelegenheit in den örtlichen Wirkungsbereich mehrerer Verwaltungsgerichte, ist jenes Verwaltungsgericht zuständig, in dessen Sprengel das längere Teilstück des Tunnels liegt.

(BGBl I 2013/96)

Aufschiebende Wirkung

§ 13b. Die §§ 13 Abs. 2 und 22 Abs. 2 des Verwaltungsgerichtsverfahrensgesetzes (VwGVG), BGBl. I Nr. 33/2013, sind mit der Maßgabe anzuwenden, dass die aufschiebende Wirkung einer Beschwerde gegen einen Bescheid nach diesem Bundesgesetz auch dann ausgeschlossen werden kann, wenn die vorzeitige Vollstreckung aus zwingenden Gründen des öffentlichen Interesses geboten ist und nach Abwägung aller berührten Interessen, insbesondere des volkswirtschaftlichen Interesses, mit dem Vollzug oder mit der Ausübung der mit Bescheid eingeräumten Berechtigung für die anderen Parteien kein unverhältnismäßiger Nachteil verbunden wäre. Dies gilt nicht in Verfahren nach § 14.

(BGBl I 2013/96)

Strafbestimmungen

§ 14. (1) Wer

1. als Tunnel-Manager entgegen § 4 eine dort angeführte Aufgabe nicht wahrnimmt, oder

2. als Tunnel-Manager ohne Genehmigung gemäß § 7 einen Tunnel baut, oder

3. als Tunnel-Manager ohne die erforderliche Genehmigung gemäß § 7a Änderungen durchführt, oder *(BGBl I 2010/111)*

„4." als Tunnel-Manager ohne Genehmigung gemäß § 8 einen Tunnel in Betrieb nimmt, oder *(BGBl I 2010/111)*

„5." als Tunnel-Sicherheitsbeauftragter entgegen § 5 eine dort angeführte Aufgabe nicht wahrnimmt oder *(BGBl I 2010/111)*

„6." einer auf Grund dieses Bundesgesetzes erlassenen Verordnung zuwiderhandelt oder *(BGBl I 2010/111)*

„7." einem auf Grund dieses Bundesgesetzes oder einer Verordnung erlassenen Bescheid zuwiderhandelt oder *(BGBl I 2010/111)*

„8." als sonst gemäß diesem Bundesgesetz Verpflichteter seine Aufgabe nicht wahrnimmt, *(BGBl I 2010/111)*

begeht, sofern die Tat nicht den Tatbestand einer in die Zuständigkeit der Gerichte fallenden strafbaren Handlung bildet, eine Verwaltungsübertretung und ist

a) in den Fällen der „Z 1 bis 4" mit einer Geldstrafe bis zu Euro 3 000, *(BGBl I 2010/111)*

b) in den Fällen der „Z 5 bis 7" mit einer Geldstrafe bis zu Euro 1 500 und *(BGBl I 2010/111)*

c) im Fall der „Z 8" mit einer Geldstrafe bis zu Euro 1 000 *(BGBl I 2010/111)*

zu bestrafen. Im Fall der Uneinbringlichkeit ist mit einer Ersatzfreiheitsstrafe zu bestrafen, die bei Geldstrafen gemäß lit. a bis zu sechs und bei Geldstrafen gemäß lit. b bis zu drei Wochen betragen kann.

(2) Von den eingehobenen Strafgeldern fließen 30% der Gebietskörperschaft zu, die den Aufwand jener Behörde zu tragen hat, die das Strafverfahren in erster Instanz durchführt. Weitere 70% fließen dem Österreichischen Verkehrssicherheitsfonds zu.

Vollzugsklausel

§ 15. Mit der Vollziehung dieses Bundesgesetzes ist der Bundesminister für Verkehr, Innovation und Technologie „, hinsichtlich des § 12a im Einvernehmen mit dem Bundesminister für Finanzen," betraut. *(BGBl I 2010/111)*

Bezugnahme auf Richtlinien

§ 16. Durch dieses Bundesgesetz wird die Richtlinie 2004/54/EG über Mindestanforderungen an die Sicherheit von Tunneln im transeuropäischen Straßennetz, ABl. Nr. L 201 vom 7.6.2004, S. 56 in österreichisches Recht umgesetzt.

Inkrafttreten, Außerkrafttreten, Übergangsbestimmungen

§ 17. (1) und (2) *(außer Kraft getreten, BGBl I 2006/54)*

(3) Die Abs. 1 und 2 treten mit Ablauf des 31. Dezember 2006 außer Kraft.

(4) Das Inhaltsverzeichnis und § 13a und § 13b in der Fassung des Bundesgesetzes BGBl. I Nr. 96/2013 treten am 1. Jänner 2014 in Kraft. *(BGBl I 2013/96)*

Sicherheitsmaßnahmen

1. Entscheidungsgrundlage für Sicherheitsmaßnahmen
   1.1. Sicherheitsparameter
      1.1.1. Die in einem Tunnel durchzuführenden Sicherheitsmaßnahmen werden unter systematischer Berücksichtigung aller Aspekte des durch die Infrastruktur, den Betrieb, die Nutzer und die Fahrzeuge gebildeten Systems bestimmt.
      1.1.2. Folgende Sicherheitsparameter sind insbesondere zu beachten:
         – Tunnellänge,
         – Anzahl der Tunnelröhren,
         – Anzahl der Fahrstreifen,
         – Querschnittsgeometrie,
         – Trassierung,
         – Bauart,
         – Richtungsverkehr oder Gegenverkehr,
         – Verkehrsaufkommen je Tunnelröhre (einschließlich der zeitlichen Verteilung),
         – Gefahr täglicher oder saisonaler Staubildung,
         – Zugriffszeit der Einsatzdienste,
         – Vorkommen und Anteil des Lkw-Verkehrs,
         – Vorkommen, Anteil und Art des Gefahrgutverkehrs,
         – Merkmale der Zufahrtsstraßen,
         – Fahrstreifenbreite,
         – geschwindigkeitsbezogene Aspekte,
         – topografische und meteorologische Verhältnisse.
   1.2. Mindestanforderungen
      1.2.1. Zur Sicherstellung eines Mindestsicherheitsniveaus in allen von diesem Gesetz betroffenen Tunneln werden zumindest die in den nachstehenden Abschnitten geforderten Sicherheitsmaßnahmen durchgeführt. „Begrenzte Abweichungen von den Anforderungen der Richtlinie 2004/54/EG bei Tunnelanlagen des transeuropäischen Straßennetzes können gestattet werden, sofern das folgende Verfahren mit einem positiven Ergebnis abgeschlossen wurde:" *(BGBl I 2010/111)*
         a) „Die Tunnel-Verwaltungsbehörde übermittelt der Europäischen Kommission Angaben zu folgenden Punkten:" *(BGBl I 2010/111)*
            – in Betracht gezogene begrenzte Abweichung(en);
            – zwingende Gründe für die in Betracht gezogene begrenzte Abweichung;
            – risikomindernde Alternativmaßnahmen, die zum Einsatz kommen oder verstärkt werden, um ein mindestens gleichwertiges Sicherheitsniveau sicherzustellen, einschließlich des Nachweises hierfür in Form einer Analyse der relevanten Risiken.
         b) Die Kommission leitet diesen Antrag auf Genehmigung einer begrenzten Abweichung so schnell wie möglich, spätestens jedoch einen Monat, nachdem sie ihn erhalten hat, an die Mitgliedstaaten weiter.
         c) Wenn weder die Kommission noch ein Mitgliedstaat innerhalb von drei Monaten nach Eingang des Antrags bei der Kommission Einwände geltend macht, gilt die begrenzte Abweichung als gebilligt; die Kommission unterrichtet alle Mitgliedstaaten entsprechend. Wenn Einwände vorgebracht werden, legt die Kommission nach dem Verfahren gemäß Artikel 17 Absatz 2 der in § 7 Abs. 3 genannten Richtlinie einen Vorschlag vor. Im Falle einer abschlägigen Entscheidung ist die begrenzte Abweichung nicht gestattet.

3/2. STSG

Anlage

„Begrenzte Abweichungen von den Anforderungen dieses Bundesgesetzes können gestattet werden, sofern eine Risikoanalyse bestätigt, dass ein mindestens gleichwertiges Sicherheitsniveau sichergestellt ist." *(BGBl I 2010/111)*

1.2.2. Damit alle Tunnel, die von diesem Gesetz betroffen sind, eine einheitliche Nutzer-Schnittstelle aufweisen, ist in Bezug auf die Gestaltung der Sicherheitseinrichtungen, die den Tunnelnutzern zur Verfügung stehen, keine Abweichung von den in den nachstehenden Abschnitten festgelegten Anforderungen gestattet (Notrufeinrichtungen, Beschilderung, Pannenbuchten, Notausgänge und, soweit erforderlich, Verkehrsfunkanlagen).

1.3. Verkehrsaufkommen

1.3.1. Der Begriff „Verkehrsaufkommen" bezeichnet im Rahmen dieser Anlage den im Jahresdurchschnitt ermittelten täglichen Tunneldurchgangsverkehr je Fahrstreifen. Für die Ermittlung des Verkehrsaufkommens wird jedes Kraftfahrzeug als eine Einheit gerechnet.

1.3.2. Wenn der Anteil des LKW-Verkehrs (Anzahl der Fahrzeuge mit höchstzulässigem Gesamtgewicht von mehr als 3,5 Tonnen) das im Jahresdurchschnitt ermittelte tägliche Verkehrsaufkommen um mehr als 15 % übersteigt oder das saisonale tägliche Verkehrsaufkommen das im Jahresdurchschnitt ermittelte tägliche Verkehrsaufkommen deutlich übersteigt, wird das entsprechende zusätzliche Risiko einer Bewertung unterzogen und in der Weise berücksichtigt, dass der Wert für das Verkehrsaufkommen des Tunnels im Rahmen der Anwendung der nachstehenden Abschnitte entsprechend angehoben wird.

2. Infrastrukturbezogene Maßnahmen

2.1. Zahl der Tunnelröhren und Fahrstreifen

2.1.1. Hauptentscheidungskriterien für den Bau einer einröhrigen oder einer zweiröhrigen Tunnelanlage sind das prognostizierte Verkehrsaufkommen und die Sicherheit, wobei Aspekte wie der Anteil des LKW-Verkehrs (1.3.2), die Steigung und die Tunnellänge zu berücksichtigen sind.

2.1.2. Wenn bei Tunneln, die sich in der Planungsphase befinden, eine 15-Jahre-Prognose des Verkehrsaufkommens zeigt, dass das Verkehrsaufkommen 10 000 Fahrzeuge je Tag und Fahrstreifen übersteigen wird, muss auf jeden Fall zu dem Zeitpunkt, an dem dieser Wert überschritten wird, eine zweiröhrige Tunnelanlage mit Richtungsverkehr vorhanden sein.

2.1.3. Mit Ausnahme der Seitenstreifen „und Rampen" ist innerhalb und außerhalb des Tunnels die gleiche Anzahl von Fahrstreifen beizubehalten. Jegliche Änderung der Anzahl der Fahrstreifen muss in hinreichender Entfernung vor dem Tunnelportal erfolgen; diese Entfernung muss mindestens der Entfernung entsprechen, die ein Fahrzeug mit der zulässigen Höchstgeschwindigkeit in 10 Sekunden zurücklegt. Wenn diese Entfernung aufgrund topografischer Gegebenheiten nicht eingehalten werden kann, sind zusätzliche und/oder verstärkte Maßnahmen zur Verbesserung der Sicherheit zu treffen. *(BGBl I 2010/111)*

2.2. Tunnelgeometrie

2.2.1. Bei der Auslegung der Querschnittsgeometrie und der Trassierung eines Tunnels und seiner Zufahrtsstraßen sind die Sicherheitsaspekte besonders zu berücksichtigen, da diese Parameter einen großen Einfluss auf die Wahrscheinlichkeit und die Schwere von Unfällen haben.

2.2.2. Längsgefälle von mehr als 5 % sind in neuen Tunneln nicht zulässig, es sei denn, dies ist aufgrund der topografischen Gegebenheiten unvermeidlich.

2.2.3. In Tunneln mit „einer Längsneigung" über 3 % sind ausgehend von einer Tunnel-Risikoanalyse zusätzliche und/oder verstärkte Maßnahmen zur Verbesserung der Sicherheit zu treffen. *(BGBl I 2010/111)*

2.2.4. Beträgt die Breite des Fahrstreifens für langsam fahrende Fahrzeuge weniger als 3,5 m und ist LKW-Verkehr zugelassen, so sind ausgehend von einer Tunnel-Risikoanalyse zusätzliche und/oder verstärkte Maßnahmen zur Verbesserung der Sicherheit zu treffen.

2.3. Fluchtwege und Notausgänge

2.3.1. „In neuen Tunneln, die über keinen Seitenstreifen verfügen, sind erhöhte oder nicht erhöhte Notgehwege vorzusehen, die von den Tunnelnutzern bei Pannen oder Unfällen benutzt werden können." *(BGBl I 2010/111)*

2.3.2. In bestehenden Tunneln, die weder über einen erhöhten Seitenstreifen noch über einen Notgehweg verfügen, sind zusätzliche und/oder verstärkte Maßnahmen zur Gewährleistung der Sicherheit zu treffen.

2.3.3. Notausgänge ermöglichen, dass die Tunnelnutzer bei Unfall oder Brand den Tunnel ohne ihre Fahrzeuge über die Notausgänge verlassen und einen sicheren Bereich erreichen und dass die Einsatzdienste auch zu Fuß in den Tunnel gelangen. Solche Notausgänge sind beispielsweise:
   – direkte Ausgänge vom Tunnel ins Freie;
   – Querschläge zwischen Tunnelröhren;
   – Ausgänge zu einem Fluchtstollen;
   – Schutzräume mit einem von der Tunnelröhre getrennten Fluchtweg.

2.3.4. Schutzräume ohne Ausgang zu einem Fluchtweg ins Freie dürfen nicht gebaut werden.

2.3.5. Notausgänge sind dann vorzusehen, wenn eine Analyse der betreffenden Risiken einschließlich der Rauchbildungs- und -ausbreitungsgeschwindigkeit unter örtlichen Gegebenheiten zeigt, dass die Lüftung und andere Sicherheitsvorkehrungen nicht ausreichen, um die Sicherheit der Straßennutzer sicherzustellen.

2.3.6. In neuen Tunneln, deren Verkehrsaufkommen 2 000 Fahrzeuge je Fahrstreifen übersteigt, sind auf jeden Fall Notausgänge einzurichten.

2.3.7. Im Falle von bestehenden Tunneln von mehr als 1 000 m Länge, deren Verkehrsaufkommen 2 000 Fahrzeuge je Fahrstreifen übersteigt, sind die Machbarkeit und die Wirksamkeit der Einrichtung neuer oder zusätzlicher Notausgänge zu untersuchen.

2.3.8. Sofern Notausgänge vorhanden sind, darf der Abstand zwischen zwei Notausgängen 500 m nicht übersteigen.

2.3.9. Geeignete Vorkehrungen, beispielsweise Türen, müssen die Ausbreitung von Rauch und Hitze in die über die Notausgänge zugänglichen Fluchtwege verhindern, damit die Tunnelnutzer sicher ins Freie gelangen können und den Einsatzdiensten der Zugang zum Tunnel möglich ist.

2.4. Zugang für Einsatzdienste

2.4.1. „Bei zweiröhrigen Tunnelanlagen sind von Einsatzdiensten nutzbare Querschläge in Abständen von maximal 1 500 m vorzusehen." *(BGBl I 2010/111)*

2.4.2. Soweit die topografischen Gegebenheiten dies zulassen, muss außerhalb einer zweiröhrigen Tunnelanlage oder eines Tunnels mit mehreren Röhren an jedem Tunnelportal der die Richtungsfahrbahnen trennende Mittelstreifen überquert werden können. Hierdurch soll den Einsatzdiensten ein unmittelbarer Zugang zu jeder Tunnelröhre ermöglicht werden.

2.5. Pannenbuchten

2.5.1. Wenn kein durchgehender Abstellstreifen vorgesehen ist, ist im Abstand von „maximal" 1 000 m (neue Tunnel) bzw. von „maximal" 1 500 m (bestehende Tunnel) eine Pannenbucht einzurichten. *(BGBl I 2010/111)*

2.5.2. Bei bestehenden Gegenverkehrstunneln von mehr als 1 500 m Länge, deren Verkehrsaufkommen 2 000 Fahrzeuge je Fahrstreifen übersteigt und die über keine durchgehenden Abstellstreifen verfügen, sind die Machbarkeit und die Wirksamkeit der Einrichtung von Pannenbuchten zu untersuchen.

2.5.3. Zur Ausgestaltung einer Pannenbucht zählt eine Notrufeinrichtung.

2.6. Entwässerung

2.6.1. In Tunneln, in denen der Gefahrguttransport zulässig ist, ist dafür zu sorgen, dass entzündliche und toxische Flüssigkeiten durch im Tunnelprofil vorhandene und angemessen dimensionierte Schlitzrinnen oder auf sonstige Weise abgeleitet werden können. Zudem ist das Entwässerungssystem so anzulegen und zu warten, dass Feuer und entzündliche und toxische Flüssigkeiten sich nicht in der Tunnelröhre ausbreiten oder auf andere Tunnelröhren übergreifen können.

2.6.2. Können diese Anforderungen in einem bestehenden Tunnel nicht oder nur zu unverhältnismäßig hohen Kosten erfüllt werden, so ist dies ausgehend von einer Analyse der relevanten Risiken bei der Entscheidung über die Genehmigung des Gefahrguttransports zu berücksichtigen.

2.7. Brandbeständigkeit von baulichen Anlagen

Tunnel, bei denen das Versagen der Tragsicherheit im Brandfall katastrophale Folgen verursachen kann, zB Unterwassertunnel oder Tunnel mit wichtiger angrenzender Überbauung, müssen eine ausreichende Brandbeständigkeit aufweisen.

2.8. Beleuchtung

2.8.1. Für den Normalbetrieb ist eine Beleuchtung vorzusehen, die für die Fahrzeugführer sowohl im Einfahrtbereich als auch im Innern des Tunnels bei Tag und Nacht angemessene Sichtverhältnisse sicherstellt.

2.8.2. Für Netzausfälle ist eine Notbeleuchtung vorzusehen, die eine minimale Sicht erlaubt und den Tunnelnutzern ein Räumen des Tunnels mit ihrem Fahrzeug ermöglicht.

2.8.3. In Notfällen zeigt eine in maximal 1,0 m Höhe (Unterkante) anzubringende Fluchtwegorientierungsbeleuchtung den Tunnelnutzern an, wie sie den Tunnel zu Fuß verlassen können.

2.9. Lüftung

2.9.1. Bei Auslegung, Bau und Betrieb des Lüftungssystems ist folgendes zu berücksichtigen:
– Fahrzeugabgase bei Normal- und Spitzenverkehr;
– Fahrzeugabgasen bei einem Verkehrsstau wegen Störung oder Unfall;
– Hitze und Rauch im Brandfall.

2.9.2. In Tunneln von mehr als 1 000 m Länge, deren Verkehrsaufkommen 2 000 Fahrzeuge je Fahrstreifen übersteigt, ist ein mechanisches Lüftungssystem einzubauen.

2.9.3. In Tunneln mit Gegenverkehr und/oder stockendem Richtungsverkehr dürfen Längslüftungssysteme nur verwendet werden, wenn eine Tunnel-Risikoanalyse gemäß § 12 zeigt, dass dies annehmbar ist und/oder spezielle Maßnahmen, beispielsweise angemessene Verkehrssteuerung, kürzere Abstände zwischen den Notausgängen, Rauchabsaugung in regelmäßigen Abständen, getroffen werden.

2.9.4. Quer- und Halbquerlüftungssysteme sind in Tunneln zu verwenden, in denen ein mechanisches Lüftungssystem erforderlich und eine Längslüftung gemäß Abschnitt 2.9.3 nicht zulässig ist. Diese Systeme müssen in der Lage sein, den Rauch im Brandfall abzusaugen.

2.9.5. Sowohl in Gegenverkehrs- als auch Richtungsverkehrstunneln von mehr als 3 000 m Länge, deren Verkehrsaufkommen 2 000 Fahrzeuge je Fahrstreifen übersteigt und die ein Quer- und/oder Halbquerlüftungssystem aufweisen, sind hinsichtlich der Lüftung folgende Mindestmaßnahmen zu treffen:
– Es sind steuerbare Abluftklappen einzubauen, die getrennt oder in Gruppen betätigt werden können.
– Die Geschwindigkeit des in Längsrichtung verlaufenden Luftstroms ist ständig zu überwachen und die Steuerung des Lüftungssystems („Abluftklappen", Ventilatoren usw.) ist entsprechend anzupassen. *(BGBl I 2010/111)*

2.10. Notrufeinrichtungen

2.10.1. Notrufeinrichtungen sind zur Unterbringung von verschiedenen Sicherheitsausrüstungen, insbesondere Sprechverbindungen und Feuerlöschern, vorgesehen, nicht aber zum Schutz der Tunnelnutzer vor den Auswirkungen eines Brandes.

2.10.2. „Notrufeinrichtungen können sich an der Seitenwand oder in einer Nische in der Seitenwand befinden." Sie sind mindestens mit einer Sprechverbindung und zwei Feuerlöschern auszurüsten. *(BGBl I 2010/111)*

2.10.3. In Notrufeinrichtungen, die vom Tunnel durch eine Tür getrennt sind, muss ein klar lesbarer und in geeigneten Sprachen, zumindest in deutsch und englisch, abgefasster Text darauf hinweisen, dass die Notrufeinrichtung keinen Schutz bei Feuer bietet.

2.10.4. Notrufeinrichtungen sind in der Nähe der Tunnelportale und im Tunnelinnern im Abstand von höchstens 150 m (neue Tunnel) bzw. 250 m (bestehende Tunnel) vorzusehen.

2.11. Wasserversorgung

In allen Tunneln ist eine Löschwasserversorgung vorzusehen. In der Nähe der Tunnelportale und im Tunnelinnern sind im Abstand von höchstens 250 m Hydranten vorzusehen.

„Wenn keine Wasserversorgung zur Verfügung steht, ist zu überprüfen, dass mit anderen Mitteln genügend Löschwasser bereitgestellt wird." *(BGBl I 2010/111)*

2.12. Beschilderung

2.12.1. Folgende für die Tunnelnutzer bereitgestellte Sicherheitseinrichtungen sind durch Straßenverkehrs- oder Sicherheitszeichen zu kennzeichnen:

– Pannenbuchten gemäß § 53 Abs. 1 Z 1c StVO 1960;

– Notausgänge durch folgendes Fluchtweghinweiszeichen:

– Fluchtwege durch folgende Fluchtwegorientierungskennzeichen in Abständen von höchstens 25 m an den Tunnelwänden in 1,0 m Höhe (Unterkante) über dem Fluchtweg und unter Angabe der Entfernung der beiden jeweils nächstgelegenen Notausgänge:

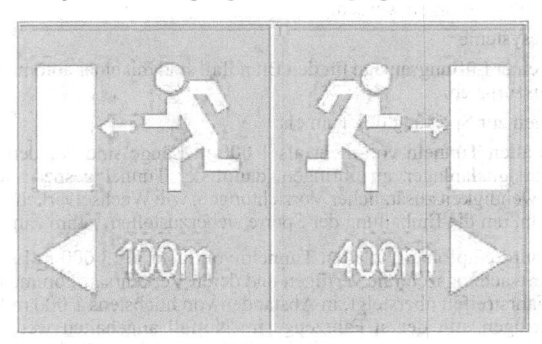

– Notrufeinrichtungen mit folgendem Sicherheitskennzeichen:

Anlage

– Feuerlöscher mit folgendem Sicherheitskennzeichen:

2.12.2. Weiters sind Tunnelbenutzer mittels geeigneter Zeichen hinzuweisen
- vor dem Tunnelportal auf Möglichkeiten des Empfangs von Rundfunkinformationen;
- im Bereich der Pannenbuchten auf die Entfernung zu beiden Tunnelportalen.

2.12.3. Die Zeichen und Markierungen sind so zu gestalten und so anzubringen, dass sie klar erkennbar sind.

2.12.4. Infotafeln müssen die Tunnelnutzer unmissverständlich auf Staus, Pannen, Unfälle, Brände oder sonstige Risiken hinweisen.

2.13. Überwachungszentrale

2.13.1. Eine Überwachungszentrale ist für alle Tunnel vorzusehen, deren Verkehrsaufkommen 2 000 Fahrzeuge je Fahrstreifen übersteigt.

2.13.2. Die Überwachung mehrerer Tunnel kann von einer zentralen Überwachungszentrale aus vorgenommen werden.

2.14. Brandmeldesysteme

Tunnel mit einer Lüftungsanlage für den Brandfall sind mit einer automatischen Brandmeldeanlage auszurüsten.

2.15. Einrichtungen zur Sperrung des Tunnels

2.15.1. Bei allen Tunneln von mehr als 1 000 m Länge sind vor den Tunneleinfahrten Lichtsignalanlagen anzubringen, damit der Tunnel gesperrt werden kann. Die Notwendigkeit zusätzlicher Vorrichtungen, wie Wechselverkehrszeichen und Infotafeln, um die Einhaltung der Sperre sicherzustellen, ist im Einzelfall zu prüfen.

2.15.2. Es wird empfohlen, in allen Tunneln von mehr als 3 000 m Länge, die über eine Überwachungszentrale verfügen und deren Verkehrsaufkommen 2 000 Fahrzeuge je Fahrstreifen übersteigt, in Abständen von höchstens 1 000 m Einrichtungen anzubringen, mit denen Fahrzeuge im Notfall angehalten werden können. Diese Einrichtungen umfassen Lichtsignalanlagen und eventuell weitere Vorkehrungen wie Lautsprecher, Wechselverkehrszeichen und Infotafeln.

2.16. Kommunikationssysteme

2.16.1. In allen Tunneln von mehr als 1 000 m Länge, deren Verkehrsaufkommen 2 000 Fahrzeuge je Fahrstreifen übersteigt, sind Funkanlagen für die Einsatzdienste zu installieren.

2.16.2. Sofern eine „Überwachungszentrale" vorhanden ist und Rundfunksendungen für die Tunnelnutzer übertragen werden, muss die Möglichkeit bestehen, diese Sendungen für Sicherheitsdurchsagen zu unterbrechen. *(BGBl I 2010/111)*

2.16.3. In Schutzräumen und anderen Räumlichkeiten, in denen fliehende Tunnelnutzer warten müssen, bevor sie ins Freie gelangen können, sind Lautsprecher für Durchsagen anzubringen.

(BGBl I 2010/111)

2.17. Stromversorgung und elektrische Leitungen

2.17.1. Alle Tunnel müssen über eine Sicherheitsstromversorgung verfügen, die das Funktionieren der für die Evakuierung unerlässlichen Sicherheitseinrichtungen sicherstellt, bis alle Tunnelnutzer den Tunnel verlassen haben.

2.17.2. Strom-, Mess- und Steuerkreise sind so auszulegen, dass ein Teilausfall, z B wegen Brand, unbeschädigte Systemteile unbeeinträchtigt lässt.

2.18. Brandbeständigkeit von Tunnelbetriebseinrichtungen

Der jeweilige Grad der Brandbeständigkeit aller Tunnelbetriebseinrichtungen muss den technischen Möglichkeiten Rechnung tragen und auf die Aufrechterhaltung der erforderlichen Sicherheitsfunktionen im Brandfall abzielen.

3. Maßnahmen des Tunnelbetriebs

3.1. Mittel für den Tunnelbetrieb

Der Tunnelbetrieb ist so zu organisieren und mit geeigneten Mitteln so durchzuführen, dass ein ungehinderter, sicherer Verkehrsfluss durch den Tunnel sichergestellt ist. Das Betriebspersonal sowie das Personal der Einsatzdienste muss eine geeignete Grundschulung und fortlaufende Schulung erhalten.

3.2. Alarm- und Einsatzplan

Zu allen Tunneln müssen Alarm- und Einsatzpläne für den Notfall vorliegen.

3.3. Arbeiten in Tunneln

Eine Voll- oder Teilsperrung von Fahrstreifen wegen geplanter Bau- oder Unterhaltungsarbeiten muss stets außerhalb des Tunnels beginnen. Hierfür können Wechselverkehrszeichen, Infotafeln und Lichtsignalanlagen verwendet werden.

3.4. Ereignis- und Störfallmanagement

Die Sperrung eines Tunnels erfolgt durch gleichzeitige Betätigung nicht nur der oben genannten Einrichtungen vor den Tunnelportalen, sondern gegebenenfalls auch durch vorhandene Wechselverkehrszeichen, Infotafeln und Lichtsignalanlagen im Tunnel, damit der gesamte Verkehr innerhalb wie außerhalb des Tunnels so schnell wie möglich angehalten werden kann. Verkehrslenkungsmaßnahmen im Tunnel müssen darauf abzielen, dass die nicht betroffenen Fahrzeuge den Tunnel rasch verlassen können.

Die bei einem Störfall in einem Tunnel bis zum Eintreffen der Einsatzdienste benötigte Zeit muss so kurz wie möglich sein; sie ist bei periodisch abzuhaltenden Übungen zu messen. Sie kann außerdem während eines Störfalls gemessen werden. Bei größeren Gegenverkehrstunneln mit hohem Verkehrsaufkommen ist im Rahmen einer Tunnel-Risikoanalyse gemäß § 12 zu ermitteln, ob die Stationierung von Einsatzdiensten an den beiden Tunnelportalen erforderlich ist.

3.5. Tätigkeit der Überwachungszentrale

Für alle Tunnel, für die eine Überwachungszentrale vorgeschrieben ist, gilt, dass eine einzige Überwachungszentrale jederzeit die volle Kontrolle ausüben muss.

3.6. Tunnelschließung

Bei (kurz- oder langfristigen) Tunnelschließungen sind die Nutzer durch leicht zugängliche Informationssysteme über die besten Ausweichstrecken zu informieren.

Solche Ausweichstrecken sind im Rahmen systematischer Alarmpläne vorzusehen. Sie sollten darauf angelegt sein, den Verkehrsfluss so weit wie möglich aufrechtzuerhalten und die Sekundäreffekte auf umliegende Gebiete auf ein Mindestmaß zu beschränken.

Anlage

Die Tunnel-Verwaltungsbehörde hat sich nach Kräften um die Vermeidung von Situationen zu bemühen, in denen ein grenzüberschreitender Tunnel wegen den Folgen schlechter Witterungsverhältnisse nicht benutzt werden kann.

3.7. Gefahrguttransporte

Gemäß den einschlägigen europäischen Rechtsvorschriften für den Gefahrguttransport auf der Straße sind hinsichtlich des Zugangs von Gefahrgutfahrzeugen zu Tunneln die folgenden Maßnahmen anzuwenden:
- Vor der Festlegung oder Änderung von Vorschriften und Anforderungen für den Gefahrguttransport durch einen Tunnel ist eine Tunnel-Risikoanalyse gemäß § 12 durchzuführen.
- Vor der letzten Abfahrtsmöglichkeit vor dem Tunnel und am Tunneleingang sowie im vorgelagerten Bereich sind zur Durchsetzung der Vorschriften entsprechende Schilder aufzustellen, damit Ausweichstrecken benutzt werden können.
- Im Einzelfall sind im Anschluss an die genannte Tunnel-Risikoanalyse spezielle betriebliche Maßnahmen zur Verringerung der Risiken für bestimmte oder alle Gefahrgutfahrzeuge in Tunneln zu prüfen, z B Meldung vor der Einfahrt oder Durchfahrt in Konvois mit Begleitfahrzeugen.

3.8. Überholen im Tunnel

Aufgrund einer Tunnel-Risikoanalyse ist zu prüfen, ob LKW-Verkehr in Tunneln mit mehr als einem Fahrstreifen in jeder Richtung das Überholen erlaubt werden könnte.

3.9. Abstände zwischen den Fahrzeugen und Geschwindigkeit

Angemessene Fahrzeuggeschwindigkeiten und ausreichende Sicherheitsabstände zwischen den Fahrzeugen sind in Tunneln besonders wichtig und bedürfen großer Aufmerksamkeit. Gegebenenfalls sind Maßnahmen zur Durchsetzung entsprechender Vorschriften zu ergreifen.

4. KFG
Inhaltsverzeichnis

Kraftfahrrecht

4/1. Kraftfahrgesetz 1967
Gliederung
Stichwortverzeichnis zum Kraftfahrgesetz 1967
Gesetzestext zum Kraftfahrgesetz 1967, BGBl 1967/267 idF

BGBl 1970/240 (VfGH)	BGBl 1971/285	BGBl 1974/286
BGBl 1976/352	BGBl 1977/615	BGBl 1979/209
BGBl 1981/345	BGBl 1981/549 (VfGH)	BGBl 1982/362
BGBl 1982/631	BGBl 1984/237 (VfGH)	BGBl 1984/253
BGBl 1984/451	BGBl 1984/552	BGBl 1985/198 (VfGH)
BGBl 1986/106	BGBl 1987/173 (VfGH)	BGBl 1987/296
BGBl 1987/318	BGBl 1988/375	BGBl 1990/458
BGBl 1990/720 (VfGH)	BGBl 1991/517 (DFB)	BGBl 1991/695
BGBl 1992/449	BGBl 1992/452	BGBl 1992/453
BGBl 1992/454	BGBl 1993/404 (VfGH)	BGBl 1993/456
BGBl 1993/724 (VfGH)	BGBl 1993/917 (K ü Idat)	BGBl 1994/505
BGBl 1994/651	BGBl 1994/654	BGBl 1994/743
BGBl 1995/50	BGBl 1995/162	BGBl 1995/258
BGBl 1995/457	BGBl I 1997/103	BGBl I 1997/120
BGBl I 1997/121	BGBl I 1998/93	BGBl I 1998/145
BGBl I 1998/146	BGBl I 2002/11	BGBl I 2002/32
BGBl I 2002/65	BGBl I 2002/80	BGBl I 2002/102
BGBl I 2002/132	BGBl I 2003/60	BGBl I 2004/29
BGBl I 2004/107	BGBl I 2004/151	BGBl I 2004/175
BGBl I 2005/117	BGBl I 2006/57	BGBl I 2006/99
BGBl I 2007/37	BGBl I 2007/57	BGBl I 2008/6
BGBl I 2009/16	BGBl I 2009/94	BGBl I 2009/149
BGBl I 2010/116	BGBl I 2012/35	BGBl I 2012/40
BGBl I 2012/50	BGBl I 2013/43	BGBl I 2013/90
BGBl I 2014/26	BGBl I 2014/87	BGBl I 2015/26 (VfGH)
BGBl II 2015/73 (K)	BGBl I 2015/72	BGBl I 2015/73
BGBl II 2016/40	BGBl I 2016/67	BGBl I 2016/120
BGBl I 2017/9	BGBl II 2017/77	BGBl I 2017/40
BGBl I 2017/102	BGBl I 2018/37	BGBl I 2019/19
BGBl I 2019/78	BGBl I 2019/104	BGBl I 2020/24
BGBl I 2020/37	BGBl I 2020/134	BGBl I 2020/169
BGBl I 2021/48	BGBl I 2021/190	BGBl I 2022/62

KFG
KDV
PBStV
Kraftstoff-VO
FSG + VO

4/2. Kraftfahrgesetz-Durchführungsverordnung 1967
Gliederung
Stichwortverzeichnis zur Kraftfahrgesetz-Durchführungsverordnung 1967
Verordnungstext, BGBl 1967/399 idF

BGBl 1968/77	BGBl 1968/204	BGBl 1970/256 (VfGH)
BGBl 1970/257 (VfGH)	BGBl 1971/201 (VfGH)	BGBl 1971/376
BGBl 1971/476	BGBl 1972/177	BGBl 1972/356
BGBl 1975/450	BGBl 1977/396	BGBl 1978/279
BGBl 1980/215	BGBl 1981/16	BGBl 1981/380
BGBl 1982/36	BGBl 1983/485	BGBl 1985/69

4. KFG

Inhaltsverzeichnis

BGBl 1985/101
BGBl 1985/161
BGBl 1985/395
BGBl 1985/433
BGBl 1986/279
BGBl 1986/612 (DFB)
BGBl 1986/711
BGBl 1987/362
BGBl 1988/173
BGBl 1988/455
BGBl 1988/643
BGBl 1988/683
BGBl 1989/33
BGBl 1989/451
BGBl 1989/520
BGBl 1990/484
BGBl 1990/684
BGBl 1991/72
BGBl 1991/260
BGBl 1991/579
BGBl 1992/665
BGBl 1993/351
BGBl 1993/950
BGBl 1994/392
BGBl 1994/797
BGBl 1995/214
BGBl 1995/746
BGBl II 1997/80
BGBl II 1997/320
BGBl II 1997/321
BGBl II 1997/322
BGBl II 1997/427
BGBl II 1998/16
BGBl II 1998/78
BGBl II 1998/136
BGBl II 1999/224
BGBl II 1999/308
BGBl II 2001/414
BGBl II 2002/376
BGBl II 2004/129
BGBl II 2004/535
BGBl II 2005/412
BGBl II 2006/334
BGBl II 2007/275
BGBl II 2008/220
BGBl II 2009/258
BGBl II 2010/124
BGBl II 2010/458
BGBl II 2011/207
BGBl II 2011/432
BGBl II 2012/278
BGBl II 2012/471
BGBl II 2014/290
BGBl II 2015/40
BGBl II 2016/287
BGBl II 2017/221
BGBl II 2017/298
BGBl II 2019/172
BGBl II 2019/350
BGBl II 2019/394
BGBl II 2021/161

4/2/1 Verzeichnis der Anlagen zur Kraftfahrgesetz-Durchführungsverordnung 1967

4/3. **Prüf- und Begutachtungsstellenverordnung – PBStV,** BGBl II 1998/78
BGBl II 2001/165
BGBl II 2004/101
BGBl II 2008/240
BGBl II 2010/83
BGBl II 2010/447
BGBl II 2011/207
BGBl II 2013/70
BGBl II 2015/200
BGBl II 2018/65
BGBl II 2022/258

4/4. **Kraftstoffverordnung 2012,** BGBl II 2012/398 idF
BGBl II 2014/259
BGBl II 2017/196
BGBl II 2018/86
BGBl II 2020/630

4/5. **Führerscheingesetz – FSG,** BGBl I 1997/120 idF
BGBl I 1998/2
BGBl I 1998/94
BGBl I 1999/134
BGBl I 2001/25
BGBl I 2001/112
BGBl I 2002/32
BGBl I 2002/65
BGBl I 2002/81
BGBl I 2002/129
BGBl I 2004/151
BGBl I 2005/15
BGBl I 2005/152
BGBl I 2006/32
BGBl I 2006/153
BGBl I 2008/31
BGBl I 2009/93
BGBl I 2010/117
BGBl I 2011/61
BGBl I 2012/50
BGBl I 2013/43
BGBl I 2013/96
BGBl I 2014/52
BGBl I 2015/74
BGBl I 2016/68
BGBl I 2017/15
BGBl I 2018/37
BGBl I 2019/76
BGBl I 2020/24
BGBl I 2020/169
BGBl I 2021/48
BGBl I 2021/153
BGBl I 2021/154
BGBl I 2022/121

4/6. **Führerscheingesetz-Durchführungsverordnungen**
4/6a. Führerscheingesetz-Durchführungsverordnung FSG-DV, BGBl II 1997/320 idF
BGBl II 2000/88
BGBl II 2002/495
BGBl II 2004/42
BGBl II 2004/223
BGBl II 2005/221
BGBl II 2006/66

4. KFG
Inhaltsverzeichnis

BGBl II 2008/325	BGBl II 2009/26	BGBl II 2009/274
BGBl II 2012/472	BGBl II 2013/290	BGBl II 2015/54
BGBl II 2017/46	BGBl II 2017/282	BGBl II 2018/58
BGBl II 2018/349	BGBl II 2019/88	BGBl II 2019/227
BGBl II 2020/237	BGBl II 2020/570	

4/6b. Fahrprüfungsverordnung FSG-PV, BGBl II 1997/321 idF

BGBl II 1998/111	BGBl II 2000/246	BGBl II 2002/15
BGBl II 2004/115	BGBl II 2006/65	BGBl II 2008/46
BGBl II 2009/307	BGBl II 2012/244	BGBl II 2013/41
BGBl II 2013/289	BGBl II 2015/187	BGBl II 2019/229
BGBl II 2019/299	BGBl II 2020/415	

4/6c. Führerscheingesetz-Gesundheitsverordnung FSG-GV, BGBl II 1997/322 idF

BGBl II 1998/138	BGBl II 2002/16	BGBl II 2002/427
BGBl II 2006/64	BGBl II 2011/280	BGBl II 2015/285
BGBl II 2016/206	BGBl II 2018/64	BGBl II 2019/228
BGBl II 2021/267		

4/6d. Feuerwehr- und Rettungsverordnung FSG-FRV, BGBl II 1998/378 idF
BGBl II 2011/79

4/6e. Führerscheingesetz – Verordnung über die vorgezogene Lenkberechtigung – FSG-VBV, BGBl II 1999/54 idF

BGBl II 2001/52	BGBl II 2002/496	BGBl II 2013/489
BGBl II 2020/76		

4/6f. Führerscheingesetz-Nachschulungsverordnung – FSG-NV, BGBl II 2002/357 idF

BGBl II 2004/196	BGBl II 2005/32	BGBl II 2005/220
BGBl II 2021/452		

4/7. **Freisprecheinrichtungs-Verordnung,**
BGBl II 1999/152

4/8. **Automatisiertes Fahren Verordnung,**
BGBl II 2016/402 idF BGBl II 2019/66 und BGBl II 2022/143

4/9. **Führerscheingesetz-Alternative Bewährungssystemverordnung,**
BGBl II 2017/35 idF BGBl II 2018/90
Mit 31. August 2022 außer Kraft getreten; gem. § 14 dürfen jene Teilnehmer, deren ABS-Dauer zum Zeitpunkt des Außerkrafttretens noch nicht abgelaufen ist, ihre Teilnahme am Alternativen Bewährungssystem entsprechend der Bestimmungen dieser Verordnung beenden.

KFG
KDV
PBStV
Kraftstoff-VO
FSG + VO

4/1. KFG

Bundesgesetz vom 23. Juni 1967 über das Kraftfahrwesen (Kraftfahrgesetz 1967 – KFG 1967)

BGBl 1967/267 idF

1 BGBl 1970/240 (VfGH)
2 BGBl 1971/285
3 BGBl 1974/286
4 BGBl 1976/352
5 BGBl 1977/615
6 BGBl 1979/209
7 BGBl 1981/345
8 BGBl 1981/549 (VfGH)
9 BGBl 1982/362
10 BGBl 1982/631
11 BGBl 1984/237 (VfGH)
12 BGBl 1984/253
13 BGBl 1984/451
14 BGBl 1984/552
15 BGBl 1985/198 (VfGH)
16 BGBl 1986/106
17 BGBl 1987/173 (VfGH)
18 BGBl 1987/296
19 BGBl 1987/318
20 BGBl 1988/375
21 BGBl 1990/458
22 BGBl 1990/720 (VfGH)
23 BGBl 1991/517 (DFB)
24 BGBl 1991/695
25 BGBl 1992/449
26 BGBl 1992/452
27 BGBl 1992/453
28 BGBl 1992/454
29 BGBl 1993/404 (VfGH)
30 BGBl 1993/456
31 BGBl 1993/724 (VfGH)
32 BGBl 1993/917 (K über Idat)
33 BGBl 1994/505
34 BGBl 1994/651
35 BGBl 1994/654
36 BGBl 1994/743
37 BGBl 1995/50
38 BGBl 1995/162
39 BGBl 1995/258
40 BGBl 1995/457 (DFB)
41 BGBl I 1997/103
42 BGBl I 1997/120
43 BGBl I 1997/121
44 BGBl I 1998/93
45 BGBl I 1998/145
46 BGBl I 1998/146
47 BGBl I 2002/11
48 BGBl I 2002/32
49 BGBl I 2002/65
50 BGBl I 2002/80
51 BGBl I 2002/102
52 BGBl I 2002/132
53 BGBl I 2003/60
54 BGBl I 2004/29
55 BGBl I 2004/107
56 BGBl I 2004/151
57 BGBl I 2004/175
58 BGBl I 2005/117
59 BGBl I 2006/57
60 BGBl I 2006/99
61 BGBl I 2007/37 (KrÄG 2007)
62 BGBl I 2007/57
63 BGBl I 2008/6
64 BGBl I 2009/16
65 BGBl I 2009/94
66 BGBl I 2009/149
67 BGBl I 2010/116
68 BGBl I 2012/35 (2. StabG 2012)
69 BGBl I 2012/40
70 BGBl I 2012/50 (SNG)
71 BGBl I 2013/33
72 BGBl I 2013/43
73 BGBl I 2013/90
74 BGBl I 2014/26
75 BGBl I 2014/87
76 BGBl I 2015/26 (VfGH)
77 BGBl II 2015/73 (K ü Betragsanp)
78 BGBl I 2015/72
79 BGBl I 2015/73
80 BGBl I 2016/40 (32. KFG-Novelle)
81 BGBl I 2016/67 (33. KFG-Novelle)
82 BGBl I 2016/120
83 BGBl I 2017/9 (34. KFG-Novelle)
84 BGBl II 2017/77 (V über Idat)
85 BGBl I 2017/40 (Deregulierungsgesetz 2017)
86 BGBl I 2017/102 (35. KFG-Novelle)
87 BGBl I 2018/37
88 BGBl I 2019/19 (36. KFG-Novelle)
89 BGBl I 2019/78 (37. KFG-Novelle)
90 BGBl I 2019/104 (FORG)
91 BGBl I 2020/24 (4. COVID-19-Gesetz)
92 BGBl I 2020/37 (38. KFG-Novelle)
93 BGBl I 2020/134 (39. KFG-Novelle)
94 BGBl I 2020/169
95 BGBl I 2021/48
96 BGBl I 2021/190
97 BGBl I 2022/62 (40. KFG-Novelle)

GLIEDERUNG

I. Abschnitt. Anwendungsbereich und Begriffsbestimmungen §§ 1 – 3
Anwendungsbereich § 1
Begriffsbestimmungen § 2
Einteilung der Kraftfahrzeuge und Anhänger § 3

II. Abschnitt. Bauart und Ausrüstung der Kraftfahrzeuge und Anhänger §§ 4 – 27a
Allgemeines § 4
Genehmigungspflichtige Teile, Ausrüstungsgegenstände und Sturzhelme § 5
Bremsanlagen § 6
Reifen, Radabdeckungen, Gleisketten, Gleitschutzvorrichtungen § 7
Lenkvorrichtung § 8
Vorrichtung zum Anlassen und zum Rückwärtsfahren § 9
Windschutzscheiben und Verglasungen § 10
Kraftstoffe, Kraftstoffbehälter, Kraftstoffleitungen und Gasgeneratoren § 11
Vorrichtungen zur Lärmverhütung und Auspuffanlagen § 12
Vorrichtungen zum Ziehen und zum Stützen von Anhängern § 13
Scheinwerfer, Leuchten und Rückstrahler für Kraftwagen § 14
Beleuchtungs- und Lichtsignaleinrichtungen für Fahrzeuge der Klasse L § 15
Scheinwerfer, Leuchten und Rückstrahler für Anhänger § 16
Scheinwerfer und Leuchten für Fahrzeuge des Straßendienstes § 17
Bremsleuchten § 18
Fahrtrichtungsanzeiger § 19
Scheinwerfer, Leuchten, Rückstrahler und Lichtfarben für besondere Zwecke § 20
Vorrichtungen zum Freihalten des Blickfeldes für den Lenker § 21
Warnvorrichtungen § 22
Rückblickspiegel und andere Einrichtungen für die indirekte Sicht § 23
Geschwindigkeitsmesser, Fahrtschreiber und Wegstreckenmesser § 24
Geschwindigkeitsbegrenzer § 24a
Heizvorrichtungen § 25
Sitze und Kopfstützen § 26
Verordnungsermächtigung § 26a
Fahrgestellnummer, Motornummer und Aufschriften § 27
Bauvorschriften für Fahrzeuge, die vom Geltungsbereich der EU-Betriebserlaubnisrichtlinien erfasst werden § 27a

III. Abschnitt. Typengenehmigung und Einzelgenehmigung von Kraftfahrzeugen und Anhängern und ihrer Teile und Ausrüstungsgegenstände §§ 28 – 35
Allgemeines § 28
In Österreich erteilte EG-Betriebserlaubnis § 28a
EG-Betriebserlaubnis aus anderen Staaten § 28b
Pflichten der Hersteller § 28c
Nationale Kleinserien-Typgenehmigung § 28d
Typengenehmigung § 29
Typenschein § 30
Genehmigungsdatenbank § 30a
Einzelgenehmigung § 31
Einzelgenehmigung nach der Richtlinie 2007/46/EG § 31a
Änderungen an genehmigten Typen § 32
Änderungen an einzelnen Fahrzeugen § 33
Ausnahmegenehmigung § 34
Ausnahmegenehmigung für die Zulassung von Fahrzeugen aus auslaufenden Serien § 34a
Typengenehmigung von Teilen und Ausrüstungsgegenständen sowie von zusätzlichen Aufbauten und Vorrichtungen § 35

IV. Abschnitt. Zulassung zum Verkehr, Probe- und Überstellungsfahrten und Kennzeichen der Kraftfahrzeuge und Anhänger §§ 36 – 54
Allgemeines § 36
Zulassung § 37
Vorübergehende Zulassung § 38
Eingeschränkte Zulassung § 39
Verfahren bei der Zulassung § 40
Beleihung von Versicherern zum Zwecke der Zulassung § 40a
Zulassung durch beliehene Versicherer § 40b
Zulassungsschein § 41
Zulassungsbescheinigung Teil I im Chipkartenformat § 41a
Änderungen für die Zulassung maßgebender Umstände § 42
Abmeldung § 43
Aufhebung der Zulassung § 44
Aussetzung der Zulassung § 44a
Probefahrten § 45
Überstellungsfahrten § 46
Zulassungsevidenz § 47
Nationale Kontaktstelle im Sinne der Richtlinie 2015/413/EU § 47a
Abruf von Fahrzeug- und Halterdaten im automatisierten Verfahren im Ausland § 47b
Kennzeichen § 48
Kennzeichen nach eigener Wahl § 48a
Kennzeichentafeln § 49
Zustand der Kennzeichentafeln § 50
Verlust von Kennzeichentafeln § 51
Hinterlegung des Zulassungsscheines und der Kennzeichentafeln § 52
Kennzeichnung der Kraftwagen des Bundespräsidenten § 53
Abzeichen an Kraftfahrzeugen und Anhängern § 54

V. Abschnitt. Überprüfung und Begutachtung der Kraftfahrzeuge und Anhänger §§ 56 – 58a
Besondere Überprüfung § 56
Verfahren bei der Überprüfung § 57
Wiederkehrende Begutachtung § 57a

4/1. KFG
Gliederung

Rückersatzansprüche § 57b
Begutachtungsplakettendatenbank § 57c
Prüfung an Ort und Stelle § 58
Technische Unterwegskontrolle § 58a

VI. Abschnitt. Haftpflichtversicherung für Kraftfahrzeuge und Anhänger §§ 59 – 62
Versicherungspflicht für Kraftfahrzeuge und Anhänger mit inländischem Kennzeichen § 59
Überwachung der Versicherung § 61
Haftung für Kraftfahrzeuge und Anhänger mit ausländischem Kennzeichen § 62

VIII. Abschnitt. Internationaler Kraftfahrverkehr §§ 79 – 86
Allgemeines § 79
Unterscheidungszeichen für Kraftfahrzeuge und Anhänger mit inländischem Kennzeichen § 80
Ausstellung internationaler Zulassungsscheine § 81
Verwendung von Kraftfahrzeugen und Anhängern mit ausländischem Kennzeichen § 82
Ziehen ausländischer Anhänger mit inländischen Kraftfahrzeugen § 83
Grenzüberschreitende Verfolgung von Verkehrsübertretungen § 84
Verwenden von ausländischen Motorfahrrädern § 85
Aberkennung des Rechtes, Kraftfahrzeuge und Anhänger auf Grund ausländischer Zulassungsscheine zu verwenden § 86

IX. Abschnitt. Sondervorschriften für einzelne Arten von Kraftfahrzeugen und Anhängern §§ 87 – 97
Omnibusse und Omnibusanhänger § 87
Kombinationskraftwagen § 88
Kraftfahrzeuge mit Antrieb durch elektrische oder mechanisch gespeicherte Energie § 89
Kraftfahrzeuge mit Antrieb durch Kraftgas § 89a
Zugmaschinen § 90
Transportkarren und Motorkarren § 91
Kraftwagen und Anhänger zum Transport von Tieren § 91a
Kraftwagen und Anhänger zur Beförderung gefährlicher Güter § 92
Selbstfahrende Arbeitsmaschinen und Anhänger-Arbeitsmaschinen § 93
Krafträder § 93a
Fahrzeuge zur Begleitung von Sondertransporten § 94
Sonderkraftfahrzeuge und Sonderanhänger § 95
Kraftfahrzeuge mit einer Bauartgeschwindigkeit von nicht mehr als 10 km/h § 96
Heeresfahrzeuge § 97

X. Abschnitt. Verkehr mit Kraftfahrzeugen und Anhängern und Pflichten des Kraftfahrzeuglenkers und des Zulassungsbesitzers §§ 98 – 107
Höchste zulässige Fahrgeschwindigkeit § 98
Radar- oder Laserblocker § 98a
Beleuchtung § 99
Warnzeichen § 100
Beladung § 101
Gewichtsangaben bei Containertransport § 101a
Automationsunterstützte Überwachung der zulässigen Gesamtgewichte, Achslasten und Abmessungen § 101b
Pflichten des Kraftfahrzeuglenkers § 102
Fahrerkarte § 102a
Zentrales Register für Kontrollgerätekarten § 102b
Zertifizierungsstelle § 102c
Ausstellung von Kontrollgerätekarten durch ermächtigte Einrichtungen § 102d
Digitaler Dokumentennachweis § 102e
Pflichten des Zulassungsbesitzers eines Kraftfahrzeuges oder Anhängers § 103
Mieter von Kraftfahrzeugen oder Anhängern § 103a
Unternehmenskarte § 103b
Risikoeinstufungssystem § 103c
Ziehen von Anhängern § 104
Abschleppen und Schieben von Kraftfahrzeugen § 105
Personenbeförderung § 106
Fahrzeuge zur Verwendung für dringende Einsätze § 107

XI. Abschnitt. Ausbildung von Kraftfahrzeuglenkern §§ 108 – 122b
Ausbildung in Fahrschulen § 108
Unterweisen von Besitzern einer Lenkberechtigung § 108a
Persönliche Voraussetzungen für die Erteilung einer Fahrschulbewilligung § 109
Sachliche Voraussetzungen für die Erteilung einer Fahrschulbewilligung § 110
Verfahren bei der Erteilung einer Fahrschulbewilligung und bei der Bewilligung einer Standortverlegung § 111
Genehmigung des Betriebes einer Fahrschule § 112
Leitung der Fahrschule § 113
Betrieb der Fahrschule § 114
Fahrschuldatenbank – Allgemeines § 114a
Fahrschuldatenbank – gespeicherte Daten § 114b
Entziehung der Fahrschulbewilligung und Verbot des Fahrschulbetriebes § 115
Fahrschullehrer § 116
Fahrlehrer § 117
Lehrbefähigungsprüfung für Fahrschullehrer und Fahrlehrer § 118
Lenkerausbildung in land- und forstwirtschaftlichen Lehranstalten und in berufsbildenden höheren und mittleren Schulen § 119
Ausbildung von Kraftfahrern öffentlicher Dienststellen § 120
Ausbildung von Lenkern von Heereskraftfahrzeugen § 121
Übungsfahrten § 122

Lehrfahrten §§ 122a – 122b

XII. Abschnitt. Zuständigkeit, Sachverständige, Vergütungen §§ 123 – 131b
Zuständigkeit § 123
Kontrollkarte § 123a
Sachverständige für die Typenprüfung § 124
Sachverständige für die Einzelprüfung § 125
Sachverständige für die Lehrbefähigungsprüfung für Fahrschullehrer und Fahrlehrer § 127
Allgemeine Bestimmungen über die Sachverständigen § 128
Vergütung für Gutachten § 129
Kraftfahrbeirat § 130
Österreichischer Verkehrssicherheitsfonds § 131a
Beirat für historische Fahrzeuge § 131b

XIII. Abschnitt. Übergangs-, Straf- und Vollzugsbestimmungen §§ 132 – 136
Übergangsbestimmungen § 132
Bestimmungen in Zusammenhang mit COVID-19 § 132a
Bestimmungen in Zusammenhang mit COVID-19; zweite Phase § 132a
Bisher erworbene Rechte und Führerscheinaustausch § 133
Strafbestimmungen § 134
Verweise § 134a
Geschlechtsneutrale Bezeichnungen § 134b
Inkrafttreten und Aufhebung § 135
Vollzugsbestimmungen § 136

4/1. KFG

Stichwortverzeichnis

STICHWORTVERZEICHNIS

Abmeldung 43
– Abmeldepflicht 43 (4)
– Dokumentenvorlage 43 (2)
– juristische Person 43 (7)
– kreditfinanzierte Fahrzeuge 43 (5)
– Tod 43 (6)
Abmessungen 4 (6)
Abschleppeinrichtung 4 (5a)
Abschleppen von Kraftfahrzeugen 105
– Abschleppstange 105 (2)
– besondere Fahrzeuge 105 (5) und (6)
– Notbeleuchtung 105 (4)
Absperrvorrichtung 4 (4)
Abzeichen an Kfz und Anhägern
– Anbringung 54 (3c)
– Angehörige 54 (3b)
– ausländische Hoheitszeichen 54 (2)
– CC 54 (3a)
– CD 54 (3)
– österreichische Flagge 54 (1)
– Verbote 54 (4)
Achslast 2 Z 34, 4 (8)
– Achshöchstlast 2 Z 34 a
– höchste zulässige 2 Z 35
Alarmblinkanlage 19 (1a)
Amtshaftungsgesetz 40a, 57b
Änderungen
– an einzelnen Fahrzeugen 33
– an genehmigten Typen 32
– für die Zulassung maßgebender Umstände 42
Anhänger 2 Z 2
– für Tiertransporte 91a
– land- und forstwirtschaftlicher 2 Z 26d
– mit ausländischem Kennzeichen 83
– Sicherungsverbindungen am 13 (5)
– Sitze 26 (7)
– Stützen 13 (7)
– Ziehen von 104
Anhängerlast
– höchste zulässige 2 Z 33b
Anhängevorrichtung
– selbsttätig schließende 13 (3)
Anhängewagen 2 Z 25
Anlasser 9 (1)
Anpassungslehrgang 109 (8)
Anwendungsbereich 1
Arbeitsmaschine
– Anhänger-Arbeitsmaschine 2 Z 22, 93
– selbstfahrende 2 Z 21, 93
Aufhebung der Zulassung 44
– Ablieferung 44 (4)
– Berufung 44 (3)
– Eintragung 44 (5)
– fakultativ 44 (2)
– obligatorisch 44 (1)
Aufhebung von Rechtsvorschriften 135
Außenkurse 114 (5)
Ausgleichskraftfahrzeug 2 Z 24
Ausnahmegenehmigungen 34
Auspuffrohre 12 (2)

Ausrüstungsgegenstände 5
A-Zeichen 80

Bauartgeschwindigkeit 2 Z 37a
Bauvorschriften, Geltungsbereich der EU-Betriebserlaubnisrichtlinien 27a
Beförderung gefährlicher Güter 92
Begrenzungsleuchten 14 (3)
Begutachtung, wiederkehrende
– Allgemeines 57a (1)
– Begutachtungsplakette 57a (5) und (6)
– Ermächtigung 57a (2)
– Fristen 57a (3)
– Gutachten 57a (4)
– Herstellung 57a (7) bis (7d)
– Kontrolle 57a (2a)
– Mikroverfilmung 57a (4a)
– nicht zugelassene Fahrzeuge 57a (9)
– Statistik 57a (10)
– Verordnungsermächtigung 57a (8)
Begutachtungsplakettendatenbank 57c
Beirat für historische Kraftfahrzeuge 131b
Beiwagensitze 26 (6)
Beladung 101
– Belader 101 (1a)
– besondere Transporte 101 (2)
– Gewichtskontrolle 101 (7)
– Heeresfahrzeuge 101 (8)
– hinausragende Ladung 101 (4)
– übergroße und überschwere Transporte 101 (5)
– Verordnungsermächtigung 101 (6)
Belastung, höchste zulässige
– Definition 2 Z 36
Beleihung von Versicherern 40a
Beleuchtung 99
– Blaulicht 99 (8)
– Freilandstraße 99 (4)
– Ortsgebiet 99 (3)
– Parkleuchten 99 (7)
– Sichtbehinderung 99 (5)
– Sonderleuchten 99 (6)
Betriebserlaubnis siehe EG-Betriebserlaubnis
Betriebssicherheit 4 (1)
Blaulicht 20 (5), 99 (8)
Blickfeld für den Lenker 21
Blinkleuchten 19 (2)
Bremsanlagen 6
– Allgemeines 6 (1)
– Anhängerallradbremsanlage 6 (10a)
– Anhängerbremsanlage 6 (10)
– Auflaufbremsanlage 6 (11)
– Ausgleichskraftfahrzeuge 6 (9)
– Bauweise 6 (4)
– Betriebsbremsanlage 6 (3)
– eine Bremsanlage 6 (2)
– Falldeichselbremsanlage 6 (12)
– Hilfsbremsanlage 6 (3)
– Invalidenkraftfahrzeuge 6 (9)
– Krafträder 6 (5)
– lastkonforme Bremslastverteilung 6 (7a)

4/1. KFG
Stichwortverzeichnis

- Mehrleitungsbremsanlage 6 (7c)
- Sonderformen 6 (12b)
- Verlangsameranlage 6 (6)
- Zugfahrzeuge 6 (7b)
- Zweikreisbremsanlage 6 (7)

Bremsleuchten
- Anbringung 18 (3) und (5)
- einspurige Fahrzeuge 18 (2)
- mehrspurige Fahrzeuge 18 (1)

Containertransport 101a
Containerverkehr
- Defintion 2 Z 40
Corps consulaire (CC) 54 (3a)
Corps diplomatique (CD) 54 (3)

Delegierung 132 (5)
Deichsel 13 (4)
- einstellbare 13 (6)
Dokumentennachweis, digitaler 102e
Doppelwohnsitzbescheinigung 79 (3)

EG-Betriebserlaubnis 28a, 28b
- Antrag auf 28a (3)
- aus anderen Staaten 28b
- Beschreibungsbogen 28a (4), 28b (2)
- Betriebserlaubnisrichtlinien 28a (1)
- Entzug 28a (9)
- in Österreich erteilt 28a
- Kontrolle der Produktion 28a (7)
- Produktionsänderung 28a (8)
- Produktionseinstellung 28a (8)
- Typenübereinstimmung 28a (5)
- Übereinstimmungsbescheinigung 28b (1) und (5)
- Ungültigkeit 28a (10)
- Verordnung 28a (4)
- Verweigerung 28a (11)

Eigengewicht
- Definition 2 Z 31
Einachsanhänger
- Definition 2 Z 26
Einbringungsverbote 82 (7)
Einsatzfahrten 107 (1)
Einsatzübungsfahrten 107 (2)
Einteilung der Kraftfahrzeuge und Anhänger 3
Einzelgenehmigung
- Allgemeines 31 (1)
- Bescheidinhalt 31 (5)
- Einzelprüfung 31 (3)
- Gültigkeit 31 (6)
- Heeresfahrzeuge 31 (6)
- Kostenersatz 31 (4)
- nach der Richtlinie 2007/46/EG
- Verordnungsermächtigung 31 (7)
- Zuständigkeit 31 (2)
Elektrofahrzeuge 89
E-Tafel 39b
EWG-Richtlinien 2 Z 3, 4c, 14 u. 15, 15, 26a (3b), 28 (3b), 102 (11a) bis (11d) 109 (5) u. (8)
Exportfahrzeuge 28 (7)

Fahrerkarte 102a

Fahrgeschwindigkeit
- höchste zulässige 98
Fahrgestell 2 (1) Z 46
Fahrgestellnummer 27 (1)
Fahrlehrer 117
- Lehrbefähigungsprüfung 118
Fahrlehrerakademie 116 (7)
Fahrräder
- elektrisch angetriebene 1 (2a)
Fahrschulbewilligung
- Entziehung 115
- persönliche Voraussetzungen 109
- sachliche Voraussetzungen 110
- Verfahren bei 111
Fahrschule 108
- Außenkurse 114 (5)
- Betrieb 114
- Betriebsgenehmigung 112
- Bewilligung 108 (3)
- Fahrzeuge 114 (3)
- Leitung 113
- Schulfahrten 114 (4)
- Standort 111 (2)
- Standortverlegung 111 (3)
- Überwachung 114 (7)
- Verbot des Betriebes 114 (7)
- Verordnungsermächtigung 108 (4)
Fahrschullehrer 116
- Ausbildungsstätten 116 (6a)
- Ausdehnung der Berechtigung 116 (4)
- Dispens 116 (2)
- Entziehung 116 (5)
- Lehrbefähigungsprüfung 118
- Probefahrschullehrer 116 (6)
- Prüfung 116 (3)
- Verordnungsermächtigung 116 (7)
- Zuständigkeit 116 (2a)
Fahrtrichtungsanzeiger 19
- Alarmblinkanlagen 19 (1a)
- Allgemeines 19 (1)
- Anbringung 19 (4)
- Anhänger 19 (3)
- Blinkleuchten 19 (2)
Fahrtschreiber 24 (2)
- Ermächtigung 24 (5)
- Prüfung 24 (4)
- Strafen 134 (3a)
- Verschlußsicherheit 24 (6)
Fahrzeug
- beschussgeschütztes 2 (1) Z 28b
- historisches 2 (1) Z 43, 131b
- Identifizierungsnummer 27 (3)
- landwirtschaftliches, Defintion 2 Z 37b
- mit ausländischem Kennzeichen 79 (1)
Fahrzeugschild 27 (3) und (4)
- Inhalt 27 (3)
Feuerwehrfahrzeug
- Definition 2 Z 28
Feuerwehrführerschein 103 (1)
Flüssiggas-Kfz 89a
Folgetonhorn 22 (4)

KFG
KDV
PBStV
Kraftstoff-VO
FSG + VO

4/1. KFG

Stichwortverzeichnis

Freihaltung des Kennzeichens 43 (3)
Freilandstraße 99 (4)
Freisprecheinrichtung 102 (3)
Funkentstörung 4 (3)
Führerschein
– -austausch 133 (2)
– internationaler 81 (1)
Führerscheingesetz 132 (9)

Gasbetrieb 11 (2)
Gefahrenvermeidung 4 (2)
Gefahrgutbeförderung 29 (3), 29 (5), 31 (2) + (4), 33 (5), 41 (3a), 57a (1), 92
Gelenkbus 4 (7)
Gelenkkraftfahrzeuge
– Definition 2 Z 13
Genehmigungsdatenbank 30a, 33, 43 (7)
Gesamtgewicht
– Definition 2 Z 32, 4 (7) und (7a)
Gesamtgewicht, höchstes zulässiges
– Definition 2 Z 33
Geschwindigkeitsbegrenzer 24a
– Ausgestaltung 24a (3)
– Ausnahme 24a (2)
– nachträglicher Einbau 24a (6)
– Pflicht zu 24a (1)
– Prüfung 24a (5)
– Verordnung 24a (7)
Geschwindigkeitsmesser 24 (1)
Gewicht
– Angaben 27 (2)
– Definition 2 Z 30a
Gleisketten 7 (1)
Gleitschutzvorrichtungen 7 (2)

Haftpflichtversicherung
– Anzeige der Leistungsfreiheit 61 (3)
– Anzeige der Vertragsbeendigung 61 (4)
– für Kraftfahrzeuge und Anhänger mit ausländischem Kennzeichen 62
– Gefahr im Verzug 61 (5)
– Pflicht 59
– Probefahrten 61 (6)
– Überstellungsfahrten 61 (6)
– Überwachung der Versicherung 61
– Versicherungsbestätigung 61 (1)
– Verständigung des Versicherers 61 (2)
Heeresfahrzeug
– Allgemeines 97
– Definition 2 Z 38
Heizvorrichtungen 25
Hersteller, Pflichten der 28c
Höchstgewicht
– Definition 2 Z 32a
H-Tafel 39a

Inkrafttreten 135
Insassensitze 26 (2)
Interimsbescheinigung 37 (4)
Invalidenkraftfahrzeuge 2 Z 18, 94

Kampffahrzeug 97 (2)
Kennzeichen 48

– Probefahrtkennzeichen 48 (3)
– Verordnungsermächtigung 48 (5)
– Wechselkennzeichen 48 (2)
Kennzeichenleuchten 14 (6)
Kennzeichentafeln
– Anbringung 49 (6)
– Anhänger 49 (3)
– Ausgestaltung 49 (4)
– Befestigung 49 (7)
– Herstellung 49 (5)
– Hinterlegung 52
– Lesbarkeit 50 (2)
– Sichtbarkeit 50 (1)
– Verlust 51
– Verordnung 49 (5c) und (5d)
– Zuständigkeit 49 (2)
Kennzeichnung von Fahrzeugen
– der Kraftwagen des Bundespräsidenten 53
Kilometerzähler 24 (2)
Kindersitze 26 (5), 106 (1a) bis (1c)
Klasseneinteilung 3
Kleinmotorrad
– Definition 2 Z 15a
Kleinserien-Typengenehmigung, nationale 28d
Kombinationskraftwagen
– Allgemeines 88
– Definition 2 Z 6
Kombinierter Verkehr
– Definition 2 Z 40
Kontrollgerät 24 (2), (2a), (2b) und (7)
– digitales 24 (7) und (8)
Kontrollgerätekarte 102b
– Ausstellung 102d
– zentrales Register für 102b
Kontrollkarte 123a
Konventionsstaaten 82
– Fahrzeuge aus 82 (1)
Kopfstützen 26 (2a)
Kraftfahrbeirat 130
– Behördenvertreter 130 (7)
– Geschäftsordnung 130 (6)
– Pflichten 130 (5)
– Vorschlagsrecht 130 (3)
– Zusammensetzung 130 (2)
Kraftfahrzeug
– Definition 2 Z 1
– dreirädriges 2 Z 4a
– klimatisiertes 2 Z 44
– Lenken von, durch Ausländer 84, 86
– nach Schaustellerart 2 Z 42
– mit Antrieb durch elektrische oder mechanisch gespeicherte Energie 89
– mit Antrieb durch Kraftgas 89a
– mit ausländischem Kennzeichen 82
– mit Bauartgeschwindigkeit von nicht mehr als 10 km/h 96
– vierrädriges 2 Z 4b, c
Kraftrad
– Allgemeines 93a
– Definition 2 Z 4
Kraftstoffe 4 (2b)

4/1. KFG
Stichwortverzeichnis

– Behälter 11 (1)
– Duldung der Probennahme 11 (7)
– Ersatz für Erdölderivate 11 (5)
– Probennahme 11 (6) und (9)
– Unschädlichkeit 11 (3)
– Untersuchung 11 (8)
Kraftwagen
– Definition 2 Z 3
– für Tiertransport 91a
Kraftwagenzug
– Definition 2 Z 3
Krankenwagen 2 (1) Z 28c

Ladung
– unteilbare 2 Z 45
Langgutfuhre
– Definition 2 Z 39
Lärmschutz 12 (1)
Last
– Definition 2 Z 30a
Lastkraftwagen
– Definition 2 Z 8
Lehrfahrten 122a
– Lehrlingsausbildung 122a (1)
– Mindestalter 122a (7)
Leichenwagen 2 (1) Z 28d
Leichtmotorrad
– Definition 2 Z 15b
Leistungsfreiheit der Versicherung 61(3)
Lenkerausbildung
– Feuerwehr 120 (5)
– Heer 121
– in Schulen 119
– öffentlicher Dienst 120
– Omnibusbetriebe 120 (5)
Lenkerauskunft 103 (2)
Lenkererhebung 123 (4)
Lenkerpflichten 102
– Dokumentenmitführung 102 (5)
– Fahrtschreiber 102 (1)
– Lenkerplatz 102 (2)
– Lenkzeit 102 (11)
– Pannendreieck 102 (10)
– Ruhezeit 102 (11)
– Schneeketten 102 (9)
– Straßenkontrollen 102 (11)
– Überlassen des Fahrzeuges an Dritte 102 (8)
– Umweltschutz 102 (4)
– Unfälle 102 (7)
– Verbandszeug 102 (10)
– Verhalten beim Fahren 102 (3)
– Verlassen des Fahrzeuges 102 (6)
– Verordnungsermächtigung 102 (13)
– Zwangsmaßnahmen 102 (12)
Lenkersitz 26 (1)
Lenkhilfe 8 (2)
Lenkvorrichtung 8 (1)
Leuchten
– Anbringung 14 (9)
– Anhänger 16
– Begrenzungsleuchten 14 (3)
– einspurige Krafträder 15 (1)

– Fahrzeuge des Straßendienstes 17
– für besondere Zwecke 20
– Kennzeichenleuchten 14 (6)
– mehrspurige Krafträder 15 (2)
– Schlußleuchten 14 (4)
– Wirksamkeit 14 (8)
– zusätzliche 14 (7)
Lichtfarben
– für besondere Zwecke 20
Luftfederung
– Definition 2 Z 41

Mannschaftstransportfahrzeug
– Definition 2 Z 29
Maschine, gezogene auswechselbare 2 Z 26d
Mieter von Kraftfahrzeugen oder Anhängern 103 a
Motordreirad
– Definition 2 Z 17
Motorfahrrad
– ausländisches 85
– Definition 2 Z 14
– Lenkverbot 75a
Motorkarren
– Allgemeines 91 (2)
– Definition 2 Z 20
Motornummer 27 (1)
Motorrad
– Definition 2 Z 15
Motorrad mit Beiwagen
– Defintion 2 Z 16
Motortausch 42 (2)

Nachläufer
– Definition 2 Z 26a
Nachlaufverkehr
– Definition 2 Z 40
Nachschulung 64a (2)
Nebelscheinwerfer 20 (2)
Nebelschlußleuchten 20 (2)
Nutzlast, höchste zulässige
– Definition 2 Z 37

Ökopunkte 123 (3a)
Omnibus 87 (1)
– Anhänger 87 (3)
– Definition 2 Z 7
– Lenkerplatz 87 (2)
– Sonderformen 87 (6)
– Verordnungsermächtigung 87 (5)
Omnibusanhänger
– Definition 2 Z 25a
ÖNORMEN
– Verbindlichkeit 26a (3a)
Organstrafverfügungen 134 (3)
Ortsgebiet 99 (3)

Parkleuchten 20 (3), 99 (7)
Personenbeförderung 106
– Anhänger 106 (13)
– auf der Ladefläche 106 (11)
– Heeresfahrzeuge 106 (15)
– Kinder 106 (5 und 6)
– Krafträder 106 (7), (8), (9), (12)

KFG
KDV
PBStV
Kraftstoff-VO
FSG + VO

4/1. KFG

Stichwortverzeichnis

– Personenanzahl 106 (1)
– Schülertransporte 106 (10)
Personenkraftwagen
– Definition 2 Z 5
Posthorn 22 (5)
Probefahrten
– Allgemeines 45 (1), 102 (4)
– Durchführung 45 (2)
– Erlöschen 45 (7)
– Heeresfahrzeuge 45 (8)
– Kennzeichen 45 (4)
– Nachweis 45 (6)
– übergroße und überschwere Fahrzeuge 45 (5)
– Voraussetzungen 45 (3)
Probeführerschein 64a
– Probezeit 64a (1)
– 0,1 Promille 64a (4)
– schwerer Verstoß 64a (3)
– Verzeichnis 64a (7)
Promille, 0,1 64a (4), 122b (5)
Prüfung an Ort und Stelle 58
– Emissionen 58 (2)
– Vorführpflicht 58 (3)

Radabdeckungen 7 (1)
Räder einer Achse
– Definition 2 Z 34
Rechte, bisher erworbene 133 (1)
Reifen 7 (1)
R-Tafel 39 (2)
Rückblickspiegel 23
Rückersatzanspruch 57b
Rückfahrscheinwerfer 20 (2)
Rückstrahler 14 (5)
– Anhänger 16
– einspurige Krafträder 15 (1)
– für besondere Zwecke 20
– mehrspurige Krafträder 15 (2)
– seitliche 15 (1a)
Rückwärtsfahren 9 (2)

Sachverständige
– allgemeine Bestimmungen 128
– für die Einzelprüfung 125
– für die Lehrbefähigungsprüfung für Fahrschullehrer und Fahrlehrer 127
– für die Lenkerprüfung 126
– für die Typenprüfung 124
– Gutachtensvergütung 129
Sattelanhänger
– Definition 2 Z 12
Sattelkraftfahrzeug
– Definition 2 Z 10
Sattellast
– Definition 2 Z 35a
Sattellast, höchste zulässige
– Definition 2 Z 35b
Sattelzugfahrzeug
– Definition 2 Z 11
Scheibenwaschvorrichtung 21
Scheibenwischer 21
Scheinwerfer 14 (1)

– Anbringung 14 (9)
– Anhänger 16
– einspurige Krafträder 15 (1)
– Fahrzeuge des Straßendienstes 17
– für besondere Zwecke 20
– mehrspurige Krafträder 15 (2)
– Wirksamkeit 14 (8)
Schibox 4 (9)
Schieben von Kraftfahrzeugen 105 (7)
Schlußleuchten 14 (4)
Schülertransporte 106 (6)
Schulfahrten 114 (4)
Schulfahrzeuge 112 (3)
Sicherheit, vorläufige 134 (4)
Sicherheitsgurte 4 (5)
Sichtbehinderung 99 (5)
Sitze
– Anhängersitze 26 (7)
– Beiwagensitze 26 (6)
– für Insassen 26 (2)
– für Kinder 26 (5), 106 (1a) bis (1c)
– für Lenker 26 (1)
– Krafträder 26 (4)
– Zugmaschinen 26 (3)
Sonderanhänger
– Definition 2 Z 27, 95
Sonderkraftfahrzeug
– Definition 2 Z 23, 95
Spezialkraftwagen
– Definition 2 Z 22a
Standortvermutung 82 (8)
Starrdeichselanhänger 2 Z 26c
Strafbestimmungen 134
Streifen, rote 20 (8)
Sturzhelme 5

Tachometer 24 (1)
Tagfahrlicht 99 (5a)
Teile, genehmigungspflichtige 5
Telefonieren 102 (3)
Transportkarren
– Definition 2 Z 19, 91 (1)
Typengenehmigung
– Abweichen von der Type 28 (9)
– Allgemeines 28
– Anhänger 28 (4)
– Bescheid 29 (5)
– Betriebserlaubnisrichtlinien 29 (1a)
– Einstellung der Erzeugung 29 (8)
– Export 35 (6)
– Exportfahrzeuge 28 (7)
– Gesamtgewichtsherabsetzung 28 (3a)
– Gutachten 29 (3)
– Heeresfahrzeuge 29 (6)
– im Detail 29
– Inhalt 28 (3)
– Musterstücke 35 (7a)
– Sattelkraftfahrzeuge 28 (4)
– Sonderkraftfahrzeuge 28 (5)
– Verordnungsermächtigung 29 (7), 35 (7)
– von Ausrüstungsgegenständen 35
– von Teilen 35

4/1. KFG
Stichwortverzeichnis

– von Vorrichtungen 35
– von zusätzlichen Aufbauten 35 (3)
– vorschriftswidrige Fahrzeuge 28 (8)
– Wirkung, objektive 28 (2)
– Zusatzeinrichtungen 28 (6)
– Zuständigkeit 29 (2)
Typenprüfung 29 (4)
Typenschein
– Ausstellung 30 (1)
– Ausstellungsverbot 30 (3) und (6)
– Heeresfahrzeuge 30 (7)
– Kraftstoffverbrauchsangabe 30 (1b)
– Muster 30 (2)
– Verlust 30 (5)
– Verzeichnis 30 (4)
– Weitergabe 30 (1a)
Übereinstimmungsbescheinigung 28a (6), 28b (1)
Übergangsbestimmungen 132
Überprüfung, besondere
– Allgemeines 56 (1)
– generelle 56 (2)
– Kostenbeitrag 56 (4)
– Verordnungsermächtigung 56 (3)
Überprüfung, wiederkehrende
– Einrichtungen 57 (3)
– Ergebnis 55 (6) und (7)
– Ermächtigung 57 (4)
– Fahrzeugarten 55 (1)
– Fristen 55 (2)
– Gefahr im Verzug 57 (8)
– Gutachten 57 (1)
– Kontrolle 57 (4a)
– Kostenbeitrag 55 (3)
– Tarif 55 (4)
– Verfahren 57
– Verordnungsermächtigung 57 (9)
– Vorführung des Fahrzeuges 57 (5)
Überstellungsfahrten
– Allgemeines 46 (1)
– Dauer 46 (2)
– Erlöschen 46 (5)
– Heeresfahrzeuge 46 (6)
– Kennzeichen 46 (2)
– übergroße und überschwere Fahrzeuge 46 (3)
– Überstellungsfahrtschein 46 (4)
– Voraussetzungen 46 (2)
Übungsfahrten 122
Umweltbeeinträchtigung, Vermeidung von 4 (2)
Unterfahrschutz 4 (2a)
Unternehmenskarte 103b
Unterscheidungszeichen 82 (4)
Unterweisung von Besitzern einer Lenkerberechtigung 108a

Verfall 134 (6)
Verglasungen 10 (2)
Verkehr, kombinierter
– Definition 2 Z 40
Verkehrssicherheit 4 (1)
Verkehrssicherheitsfonds 131a

Verlust von Kennzeichentafeln
– Anzeigepflicht 51 (1)
– Bestätigung 51 (2)
– Ersatztafel 51 (3)
– Wiederzuweisung 51 (4)
Verordnungsermächtigung 26a
– für Umweltschutz 26a (2)
– für Verkehrs- und Betriebssicherheit 26a (1)
Versicherungsbestätigung 61 (1)
Versicherungspflicht 59
– Ausnahmen 59 (2)
Versicherungsvertragsbestätigung 61 (4)
Verständigung des Versicherers 61 (2)
Verweise 134a
Vidierung 81 (7)
Vollzugsbestimmungen 136
Vorlaufverkehr
– Definition 2 Z 40
Warmlaufenlassen des Motors 102 (8)
Warnkleidung 102 (10)
Warnvorrichtungen 22
– akustisch 22 (1)
– Folgetonhorn 22 (5)
– optisch 22 (2)
– Posthorn 22 (5)
Warnzeichen 100
Wechselkennzeichen 41 (7)
Wendekreis
– Definition 2 Z 37c
Werkstattkarte 24 (8), (9) und (10)
Wiederkehrende Überprüfung siehe Überprüfung
Windschutzscheiben 10 (1)
Wohnmobil 2 (1) Z 28a
Wunschkennzeichen 48a

Zertifizierungsstelle 102c
Ziehen von Anhängern
– Allgemeines 104 (1)
– Anhängeschlitten 104 (6)
– Bedingungen 104 (2)
– Bremsen 104 (3) und (4)
– Krafträder 104 (5)
– Maße und Gewichte 104 (8)
– nicht zugelassene Anhänger 104 (7)
– Verordnungsermächtigung 104 (8)
Zugfahrzeug
– Sicherungsverbindung am 13 (2)
Zugmaschine
– Definition 2 Z 9
– Verordnungsermächtigung 90 (4)
Zugvorrichtung 13 (1)
Zulassung
– Allgemeines 36, 37 (1)
– Aufhebung der 44
– Auflagen 37 (3)
– dauernder Standort 40 (1)
– durch beliehene Versicherer 40b
– eingeschränkte 39, 40 (3)
– Ersatzdokument 38 (2)
– erstmalige 37 (2a)
– Gewerbeverbot 38 (3)

KFG
KDV
PBStV
Kraftstoff-VO
FSG + VO

4/1. KFG

Stichwortverzeichnis

- gewerbliche Fahrzeuge 40 (6)
- Heeresfahrzeuge 40 (5)
- Nachweis 37 (2)
- Unterlagen 37 (2)
- Verfahren 40
- vorübergehende 38 (1), 40 (2)
- Zuständigkeit 40 (4)

Zulassungsbescheinigung Teil I, Chipkartenformat 41a

Zulassungsbesitzerpflichten
- Allgemeines 103 (1)
- Aufschriften 103 (5)
- Dienstgeber 103 (3)
- Dienstkraftwagen 103 (6)
- Fahrtschreiber 103 (4)
- gesetzlicher Vertreter 103 (9)
- Lenkerauskunft 103 (2)
- Statistiken 103 (7)
- Zwischenprüfung 103 (5a)

Zulassungsevidenz 47
- Auskünfte 47 (2), und (2a)
- Heeresfahrzeuge 47 (3)
- Probefahrten 47 (5)
- Überstellungsfahrten 47 (5)

Zulassungsschein
- Allgemeines 41 (1)
- Bestätigung 41 (5)
- Eintragungen 41 (2)
- Heeresfahrzeuge 41 (6)
- Hinterlegung 52
- internationaler 81 (2), 82 (3)
- Ungültigkeit 41 (4)
- Wechselkennzeichen 41 (7)
- Zweitausfertigung 41 (3)

Zulassungsstelle 40a
- Ermächtigung als 40a (4)

Zuständigkeit 123
- Bezirksverwaltungsbehörde 123 (1)
- Landeshauptmann 123 (1)
- Landespolizeidirektion 123 (1)
- Zollwache 123 (2a)

Zustellung an Zulassungsbesitzer 134 (5)

Bundesgesetz vom 23. Juni 1967 über das Kraftfahrwesen (Kraftfahrgesetz 1967 – KFG 1967)

I. Abschnitt
Anwendungsbereich und Begriffsbestimmungen

Anwendungsbereich

§ 1. (1) Die Bestimmungen dieses Bundesgesetzes sind, sofern im Abs. 2 nichts anderes festgesetzt ist, auf Kraftfahrzeuge und Anhänger, die auf Straßen mit öffentlichem Verkehr (§ 1 Abs. 1 der Straßenverkehrsordnung 1960 – StVO. 1960, BGBl. Nr. 159) verwendet werden, und auf den Verkehr mit diesen Fahrzeugen auf solchen Straßen anzuwenden.

(2) Von der Anwendung der Bestimmungen des II. bis XI. Abschnittes dieses Bundesgesetzes sind ausgenommen:

a) Kraftfahrzeuge mit einer Bauartgeschwindigkeit von nicht mehr als 10 km/h und mit solchen Kraftfahrzeugen gezogene Anhänger; diese Fahrzeuge unterliegen jedoch den §§ 27 Abs. 1, 58 und 96; *(BGBl 1977/615)*

b) Transportkarren (§ 2 Z. 19), selbstfahrende Arbeitsmaschinen (§ 2 Z. 21), Anhänger-Arbeitsmaschinen (§ 2 Z. 22) und Sonderkraftfahrzeuge (§ 2 Z. 23), mit denen im Rahmen ihrer bestimmungsmäßigen Verwendung Straßen mit öffentlichem Verkehr nur überquert oder auf ganz kurze Strecken oder gemäß § 50 Z. 9 der StVO 1960 als Baustelle gekennzeichnete Strecken befahren werden, und mit Transportkarren, selbstfahrenden Arbeitsmaschinen oder Sonderkraftfahrzeugen auf solchen Fahrten gezogene Anhänger; *(BGBl 1977/615)*

c) Kraftfahrzeuge, die bei einer kraftfahrsportlichen Veranstaltung und ihren Trainingsfahrten auf einer für den übrigen Verkehr gesperrten Straße verwendet werden, für die Dauer einer solchen Veranstaltung;

d) Heeresfahrzeuge (§ 2 Z. 38), die durch Bewaffnung, Panzerung oder ihre sonstige Bauweise für die militärische Verwendung im Zusammenhang mit Kampfeinsätzen besonders gebaut oder ausgerüstet oder diesem Zweck gewidmet sind; diese Fahrzeuge unterliegen jedoch dem § 97 Abs. 2. *(BGBl 1977/615)*

(2a) Nicht als Kraftfahrzeuge, sondern als Fahrräder im Sinne der StVO 1960 gelten auch elektrisch angetriebene Fahrräder mit

1. einer höchsten zulässigen Leistung von nicht mehr als 600 Watt und
2. einer Bauartgeschwindigkeit von nicht mehr als 25 km/h.
(BGBl I 2009/94)

(3) Auf Sonderkraftfahrzeuge und Sonderanhänger (§ 2 Z. 23 und 27) sind die Bestimmungen dieses Bundesgesetzes, soweit nichts anderes festgesetzt ist, nur sinngemäß anzuwenden.

(4) *(aufgehoben, BGBl 1992/452, KompetenzänderungsG 1992)*

Begriffsbestimmungen

§ 2. „" Im Sinne dieses Bundesgesetzes gilt als

1. **Kraftfahrzeug** ein zur Verwendung auf Straßen bestimmtes oder auf Straßen verwendetes Fahrzeug, das durch technisch freigemachte Energie angetrieben wird und nicht an Gleise gebunden ist, auch wenn seine Antriebsenergie Oberleitungen entnommen wird;

2. **Anhänger** ein nicht unter Z. 1 fallendes Fahrzeug, das nach seiner Bauart und Ausrüstung dazu bestimmt ist, mit Kraftfahrzeugen auf Straßen gezogen zu werden, oder mit einem Kraftfahrzeug auf Straßen gezogen wird; als leichter Anhänger gilt ein Anhänger mit einem höchsten zulässigen Gesamtgewicht von nicht mehr als 750 kg;

3. **Kraftwagen** ein mehrspuriges Kraftfahrzeug mit mindestens vier Rädern; zwei Räder mit einer gemeinsamen Nabe, Zwillingsräder sind als ein Rad zu zählen; *(BGBl I 1997/103)*

4. **Kraftrad** ein Kraftfahrzeug mit zwei Rädern oder ein Kraftfahrzeug mit drei Rädern, mit oder ohne Doppelrad; *(BGBl I 1997/103)*

4a. **dreirädriges Kraftfahrzeug** ein mit drei symmetrisch angeordneten Rädern ausgestattetes Kraftfahrzeug mit einem Motor und Hubraum von mehr als 50 cm^3 bei innerer Verbrennung oder einer bauartbedingten Höchstgeschwindigkeit von mehr als 45 km/h; *(BGBl I 1997/103)*

4b. **vierrädriges Leichtkraftfahrzeug** ein Kraftwagen der Klasse L6e im Sinne der Begriffsbestimmung gemäß Art. 4 Abs. 2 lit. f der Verordnung (EU) Nr. 168/2013, ABl. L 60 vom 2.3.2013, S. 52; *(BGBl I 2017/9)*

4c. **vierrädriges Kraftfahrzeug** im Sinne der Verordnung (EU) Nr. 168/2013 ein Kraftwagen der Klasse L7e im Sinne der Begriffsbestimmung gemäß Art. 4 Abs. 2 lit. g der Verordnung (EU) Nr. 168/2013; *(BGBl I 2017/9)*

5. **Personenkraftwagen** ein Kraftwagen (Z. 3), der nach seiner Bauart und Ausrüstung ausschließlich oder vorwiegend zur Beförderung von Personen bestimmt ist und außer dem Lenkerplatz für nicht mehr als acht Personen Plätze aufweist;

6. **Kombinationskraftwagen** ein Kraftwagen (Z. 3), der nach seiner Bauart und Ausrüstung dazu bestimmt ist, wahlweise vorwiegend zur Beförderung von Personen oder vorwiegend zur Beförderung von Gütern verwendet zu werden, und außer dem Lenkerplatz für nicht mehr als acht Personen Plätze aufweist;

7. **Omnibus** ein Kraftwagen (Z. 3), der nach seiner Bauart und Ausrüstung zur Beförderung von Personen bestimmt ist und außer dem Lenkerplatz für mehr als acht Personen Plätze aufweist;

8. **Lastkraftwagen** ein Kraftwagen (Z. 3), der nach seiner Bauart und Ausrüstung ausschließlich oder vorwiegend zur Beförderung von Gütern oder zum Ziehen von Anhängern auf für den Fahrzeugverkehr bestimmten Landflächen bestimmt ist, auch wenn er in diesem Fall eine beschränkte Ladefläche aufweist, ausgenommen Sattelzugfahrzeuge; *(BGBl 1982/362)*

9. **Zugmaschine** ein Kraftwagen (Z. 3), der nach seiner Bauart und Ausrüstung ausschließlich oder vorwiegend zum Ziehen von Anhängern oder Geräten überwiegend auf nicht für den Fahrzeugverkehr bestimmten Landflächen oder zur Verwendung als Geräteträger bestimmt ist, auch wenn er eine beschränkte Ladefläche aufweist; *(BGBl 1982/362)*

10. **Sattelkraftfahrzeug** ein Sattelzugfahrzeug (Z. 11) mit einem so auf diesem aufliegenden Sattelanhänger (Z. 12), daß ein wesentlicher Teil seines Eigengewichtes oder, bei gleichmäßiger Verteilung der Ladung auf der Ladefläche, seines Gesamtgewichtes vom Sattelzugfahrzeug getragen wird; *(BGBl 1977/615)*

11. **Sattelzugfahrzeug** ein Kraftwagen, der nach seiner Bauart und Ausrüstung dazu bestimmt ist, einen Sattelanhänger (Z. 12) so zu ziehen, daß ihn dieser mit einem wesentlichen Teil seines Eigengewichtes oder, bei gleichmäßiger Verteilung der Ladung auf der Ladefläche, seines Gesamtgewichtes belastet; *(BGBl 1971/285)*

12. **Sattelanhänger** ein Anhänger, der nach seiner Bauart und Ausrüstung dazu bestimmt ist, so mit einem Sattelzugfahrzeug (Z. 11) gezogen zu werden, daß er dieses mit einem wesentlichen Teil seines Eigengewichtes oder, bei gleichmäßiger Verteilung der Ladung auf der Ladefläche, seines Gesamtgewichtes belastet; *(BGBl 1971/285)*

13. **Gelenkkraftfahrzeug** ein Fahrzeug, das sich aus zwei starren Teilfahrzeugen zusammensetzt, die je für sich kein selbständiges Fahrzeug bilden und miteinander dauernd gelenkig verbunden sind; *(BGBl 1997/103)*

14. Motorfahrrad ein Kraftrad (Z 4) mit einer Bauartgeschwindigkeit von nicht mehr als 45 km/h, dessen Antriebsmotor, wenn er ein Hubkolbenmotor ist, einen Hubraum von nicht mehr als 50 cm³ hat, oder ein Fahrzeug der Klasse L1e (leichtes zweirädriges Kraftfahrzeug) im Sinne der Begriffsbestimmung gemäß Art. 4 Abs. 2 lit. a der Verordnung (EU) Nr. 168/2013; *(BGBl I 2017/9)*

15. Motorrad ein nicht unter Z 14 fallendes einspuriges Kraftrad (Z 4) der Klasse L3e (zweirädriges Kraftrad) im Sinne der Begriffsbestimmung gemäß Artikel 4 Abs. 2 lit c der Verordnung (EU) Nr. 168/2013; *(BGBl I 2017/9)*

15a. **Kleinmotorrad** ein Motorrad (Z. 15), dessen Antriebsmotor, wenn er ein Hubkolbenmotor ist, einen Hubraum von nicht mehr als 50 cm³ hat; *(BGBl 1977/615)*

15b. *(aufgehoben, BGBl I 2016/40)*

16. **Motorrad mit Beiwagen** ein Motorrad, das an der Seite mit einem zur Beförderung von Personen oder Gütern bestimmten Beiwagen fest verbunden ist; *(BGBl I 1997/103)*

17. **Motordreirad** ein nicht unter Z. 14 oder 16 fallendes Kraftrad (Z. 4) mit drei Rädern; *(BGBl 1982/362)*

18. *(entfällt, BGBl I 2013/43)*

19. **Transportkarren** ein Kraftfahrzeug, das nach seiner Bauart und Ausrüstung ausschließlich oder vorwiegend zur Beförderung von Gütern sowie in erster Linie zur Verwendung innerhalb von Betriebsanlagen bestimmt ist;

20. **Motorkarren** ein Kraftwagen mit einem höchsten zulässigen Gesamtgewicht von nicht mehr als 7 000 kg mit einer Bauartgeschwindigkeit von nicht mehr als 40 km/h, der nach seiner Bauart und Ausrüstung dazu bestimmt ist, wahlweise als Lastkraftwagen oder als Zugmaschine, als Lastkraftwagen oder als selbstfahrende Arbeitsmaschine, als Zugmaschine oder als selbstfahrende Arbeitsmaschine oder als Lastkraftwagen, als Zugmaschine oder als selbstfahrende Arbeitsmaschine verwendet zu werden; *(BGBl 1994/654)*

21. **selbstfahrende Arbeitsmaschine** ein Kraftfahrzeug, das nach seiner Bauart und Ausrüstung ausschließlich oder vorwiegend zur Durchführung von nicht in der Beförderung von Personen oder Gütern auf Straßen bestehenden Arbeitsvorgängen bestimmt ist;

22. **Anhänger-Arbeitsmaschine** eine als Anhänger ausgebildete Arbeitsmaschine, die nach ihrer Bauart und Ausrüstung ausschließlich oder vorwiegend zur Durchführung von nicht in der Beförderung von Personen oder Gütern auf Straßen bestehenden Arbeitsvorgängen bestimmt ist;

22a. **Spezialkraftwagen** ein Kraftwagen, der nicht unter Z 5, 6, 7, 8, 9, 11, „ " 19, 20, 21, 28a, 28b, 28c oder 28d fällt; *(BGBl I 2002/80; BGBl I 2016/40)*

23. Sonderkraftfahrzeug ein Kraftfahrzeug, das nicht oder nicht ausschließlich auf Rädern läuft sowie Einachszugmaschinen, die mit einem anderen Fahrzeug oder Gerät so verbunden sind, dass sie mit diesem ein einziges Kraftfahrzeug bilden, sofern das Fahrzeug nicht unter eine der anderen Begriffsbestimmungen subsumiert werden kann; *(BGBl I 2016/40)*

24. **Ausgleichkraftfahrzeug** ein Kraftfahrzeug, das durch angebrachte besondere Teile oder Vorrichtungen geeignet ist, die Körperbehinde-

rung seines Lenkers beim Lenken des Fahrzeuges auszugleichen;

25. **Anhängewagen** (Deichselanhänger oder Anhänger mit schwenkbarer Zugeinrichtung) ein Anhänger mit mindestens zwei Achsen, davon mindestens einer gelenkten Achse, und einer (relativ zum Anhänger) senkrecht beweglichen Zugeinrichtung, die keine wesentliche Last auf das Zugfahrzeug überträgt (weniger als 100 daN). Ein an eine Nachläuferachse angekuppelter Sattelanhänger gilt als Anhängewagen; *(BGBl I 2005/117)*

25a. **Omnibusanhänger** ein Anhänger, der nach seiner Bauart und Ausrüstung ausschließlich oder vorwiegend zur Beförderung von Personen bestimmt ist; *(BGBl 1977/615)*

26. **Einachsanhänger** ein Zentralachsanhänger mit einer Achse; *(BGBl I 2005/117)*

26a. **Nachläufer** ein nicht unter Z. 12 fallender Anhänger, der nach seiner Bauart und Ausrüstung dazu bestimmt ist, auch nur durch das Ladegut des Zugfahrzeuges gezogen zu werden; *(BGBl 1977/615)*

26b. **Zentralachsanhänger** ein Anhänger mit einer starren Zugeinrichtung, dessen Achse(n) nahe dem Schwerpunkt des (gleichmäßig beladenen) Fahrzeuges so angeordnet ist (sind), dass nur eine geringfügige statische vertikale Last, die 10% des Gesamtgewichts des Anhängers nicht übersteigt, oder eine Belastung von 1000 daN auf das Zugfahrzeug übertragen wird, wobei der jeweils niedrigere Wert berücksichtigt wird; *(BGBl I 2005/117)*

26c. **Starrdeichselanhänger** ein nicht unter Z 12, 25, 26 oder 26b fallender Anhänger mit einer Achse oder Achsgruppe, bei dem die winkelbewegliche Verbindung zum Zugfahrzeug über eine Zugeinrichtung (Deichsel) erfolgt, die nicht frei beweglich mit dem Fahrgestell verbunden ist und deshalb eine statische vertikale Last übertragen kann, und nach seiner Bauart ein Teil seines Gesamtgewichtes von dem Zugfahrzeug getragen wird; *(BGBl I 2004/107)*

26d. **land- oder forstwirtschaftlicher Anhänger** (Richtlinie 2003/37/EG) ein gezogenes land- oder forstwirtschaftliches Fahrzeug, das im wesentlichen zur Beförderung von Lasten und zur Ankupplung an eine Zugmaschine beim Einsatz in der Land- oder Forstwirtschaft bestimmt ist; dazu gehören auch Anhänger, deren Ladung teilweise vom Zugfahrzeug getragen wird; unter den Begriff „land- oder forstwirtschaftlicher Anhänger" fallen auch Fahrzeuge, die an eine Zugmaschine angekuppelt werden und dauerhaft mit einem Gerät ausgerüstet sind, wenn das Verhältnis zwischen der technisch zulässigen Gesamtmasse und der Leermasse dieses Fahrzeugs 3,0 oder mehr beträgt und wenn das Fahrzeug nicht dafür ausgelegt ist, Materialien zu behandeln; *(BGBl I 2005/117)*

26e. **gezogenes auswechselbares Gerät** ein Fahrzeug zum Einsatz in der Land- oder Forstwirtschaft, das dazu bestimmt ist, von einer Zugmaschine gezogen zu werden, und das die Funktion der Zugmaschine verändert oder erweitert, dauerhaft mit einem Gerät ausgerüstet oder für die Bearbeitung von Materialien ausgelegt ist; es kann auch mit einer Ladeplattform ausgestattet sein, die für die Aufnahme der zur Ausführung der Arbeiten erforderlichen Geräte und Vorrichtungen sowie für die zeitweilige Lagerung der bei der Arbeit erzeugten oder benötigten Materialien ausgelegt und gebaut ist; das Verhältnis zwischen der technisch zulässigen Gesamtmasse in beladenem Zustand und der Leermasse dieses Fahrzeugs beträgt weniger als 3,0; *(BGBl I 2017/9)*

27. **Sonderanhänger** ein Anhänger, der nicht oder nicht ausschließlich auf Rädern läuft;

28. **Feuerwehrfahrzeug** ein Kraftfahrzeug oder ein Anhänger, die nach ihrer Bauart und Ausrüstung ausschließlich oder vorwiegend zur Verwendung für Feuerwehren bestimmt sind; *(BGBl 1971/285)*

28a. **Wohnmobil** ein Fahrzeug der Klasse M1 mit besonderer Zweckbestimmung, das so konstruiert ist, dass es die Unterbringung von Personen erlaubt und mindestens die folgende Ausrüstung umfasst:
– Tisch und Sitzgelegenheiten,
– Schlafgelegenheiten, die tagsüber auch als Sitze dienen können,
– Kochgelegenheiten und
– Einrichtungen zur Unterbringung von Gepäck und sonstigen Gegenständen.
Diese Ausrüstungsgegenstände sind im Wohnbereich fest anzubringen, mit Ausnahme des Tisches, der leicht entfernbar sein kann; *(BGBl I 2002/80)*

28b. **beschussgeschütztes Fahrzeug** ein Fahrzeug zum Schutz der beförderten Insassen oder Güter, das kugelsicher gepanzert ist; *(BGBl I 2002/80)*

28c. **Krankenwagen** ein Kraftfahrzeug der Klasse M zur Beförderung Kranker oder Verletzter, das zu diesem Zweck entsprechend ausgerüstet ist; *(BGBl I 2002/80)*

28d. **Leichenwagen** ein Kraftfahrzeug zur Beförderung von Leichen, das zu diesem Zweck entsprechend ausgerüstet ist; *(BGBl I 2002/80)*

29. **Mannschaftstransportfahrzeug** ein Kraftwagen oder ein Anhänger, die nach ihrer Bauart und Ausrüstung ausschließlich oder vorwiegend zur Beförderung von Mannschaften für den Einsatz bestimmt sind und außer dem Lenkerplatz für mehr als acht Personen Plätze aufweisen;

30. **Kraftwagenzug** ein Kraftwagen mit einem Anhänger mit einem höchsten zulässigen Gesamtgewicht von mehr als 750 kg oder mit mehr als einem Anhänger; Sattelkraftfahrzeuge und Gelenk-

kraftfahrzeuge gelten jedoch nicht als Kraftwagenzüge; *(BGBl 1977/615)*

30a. **Gewicht** oder **Last** eine Größe von der Art der Masse gemäß „§ 2 Abs. 1 Z 2 des Maß- und Eichgesetzes 1950, BGBl. Nr. 152/1950"; *(BGBl 1977/615; BGBl I 2017/9)*

31. **Eigengewicht** das Gewicht eines vollständig ausgestatteten, betriebsbereiten, auf waagrechter, ebener Fahrbahn stehenden Fahrzeuges ohne Ladung, bei Kraftfahrzeugen einschließlich des vollgefüllten Kraftstoffbehälters oder der als Kraftquelle bestimmten Akkumulatorenbatterie; für Fahrzeuge, die den in den Betriebserlaubnisrichtlinien definierten Klassen angehören, hat der Bundesminister für „Klimaschutz, Umwelt, Energie, Mobilität, Innovation und Technologie" die Art und Weise der Bestimmung des Eigengewichtes durch Verordnung festzulegen; *(BGBl I 2005/117; BGBl I 2020/134)*

31a. *(aufgehoben, BGBl I 2017/9)*

32. **Gesamtgewicht** das Gewicht des „ " fahrbereiten Fahrzeuges samt der Ladung, dem Lenker und allen gleichzeitig beförderten Personen; das Gesamtgewicht eines Anhängers, ausgenommen Sattelanhänger und Starrdeichselanhänger; ergibt sich aus der oder den Achsen des an das Zugfahrzeug angekuppelten beladenen Anhängers auf die Fahrbahn übertragenen Last; *(BGBl I 2004/107; BGBl I 2019/19)*

32a. **Höchstgewicht** das vom Erzeuger höchste technisch mögliche Gesamtgewicht des Fahrzeugs; *(BGBl 1977/615)*

33. **höchstes zulässiges Gesamtgewicht** das höchste Gesamtgewicht, das ein bestimmtes Fahrzeug erreichen darf;

33a. **zulässiges Gesamtgewicht** der Wert, den das Gesamtgewicht eines Fahrzeuges unter bestimmten Verwendungsbedingungen nicht überschreiten darf; *(BGBl I 1997/103)*

33b. **Höchste zulässige Anhängelast** ist das größte tatsächliche Gewicht eines an ein Kraftfahrzeug anzukuppelnden Anhängers, mit dem das Kraftfahrzeug in den Mitgliedstaaten der EU zugelassen oder in Betrieb genommen werden kann. Bei Zentralachsanhängern, Starrdeichselanhängern oder Sattelanhängern ist die höchste zulässige Anhängelast das tatsächliche Gewicht des Anhängers abzüglich der tatsächlichen Stützlast am Kupplungspunkt; die Belastung des Kupplungspunktes muß vom Hersteller angegeben werden. Die höchste zulässige Anhängelast darf die technisch zulässige Anhängelast, angegeben vom Hersteller des Fahrzeuges, nicht übersteigen; *(BGBl I 2004/107)*

34. **Achslast** die Summe aller „ " auf eine waagrechte, ebene Fahrbahn wirkenden Radlasten einer Achse oder zweier Achsen mit einem Radstand bis zu 1 m. Unter „Räder einer Achse" sind die Räder eines Fahrzeuges zu verstehen, die symmetrisch oder im wesentlichen symmetrisch zur Längsmittelebene des Fahrzeuges liegen; Achsen von Rädern, die ausschließlich der Stützung des Fahrzeugs dienen, gelten nicht als Achsen im Sinne dieses Bundesgesetzes; *(BGBl 1982/631; BGBl I 2019/19)*

34a. **Achshöchstlast** die vom Erzeuger angegebene höchste technisch mögliche Achslast einer Achse; *(BGBl 1982/631)*

35. **höchste zulässige Achslast** die höchste Achslast, die mit einem bestimmten „ " Fahrzeug auf eine waagrechte Fahrbahn übertragen werden darf; *(BGBl I 2019/19)*

35a. **Sattellast** die bei einem auf waagrechter, ebener Fahrbahn stehenden Sattelkraftfahrzeug vom Sattelanhänger auf das Sattelzugfahrzeug übertragene lotrechte Last; *(BGBl 1977/615)*

35b. **höchste zulässige Sattellast** die höchste Sattellast, die auf ein bestimmtes Sattelzugfahrzeug übertragen werden darf oder die ein bestimmter Sattelanhänger übertragen darf; *(BGBl 1977/615)*

36. **höchste zulässige Belastung** das höchste zulässige Gesamtgewicht, vermindert um das Eigengewicht;

37. **höchste zulässige Nutzlast** das höchste Gewicht, das die Ladung eines bestimmten Fahrzeuges erreichen darf;

37a. **Bauartgeschwindigkeit** die Geschwindigkeit, hinsichtlich der auf Grund der Bauart des Fahrzeuges dauernd gewährleistet ist, daß sie auf gerader, waagrechter Fahrbahn bei Windstille nicht überschritten werden kann; *(BGBl 1977/615)*

37b. **landwirtschaftliches Fahrzeug** ein Fahrzeug, das zur Verwendung im Rahmen eines land- und forstwirtschaftlichen Betriebes bestimmt ist; *(BGBl 1977/615)*

37c. **Wendekreis** der Kreis, den der äußerste Punkt eines mit größtem Einschlag der Lenkvorrichtung fahrenden Fahrzeuges beschreibt; *(BGBl 1977/615)*

38. **Heeresfahrzeug** ein Kraftfahrzeug oder ein Anhänger, die zur Verwendung im Bereich des Bundesheeres oder der Heeresverwaltung bestimmt sind;

39. **Langgutfuhr** die Beförderung von Ladungen

a) mit Kraftfahrzeugen, wenn

aa) die Länge des Kraftfahrzeuges samt der Ladung 14 m übersteigt oder

bb) die Ladung um mehr als ein Viertel der Länge des Kraftfahrzeuges über dessen hintersten Punkt hinausragt;

b) mit Kraftfahrzeugen mit Anhängern, wenn

aa) die Länge des letzten Anhängers samt der Ladung 14m übersteigt, bb) die Ladung des letzten Anhängers um mehr als ein Viertel der Länge des Anhängers über dessen hintersten Punkt hinausragt oder

cc) der letzte Anhänger ein Nachläufer (Z. 26a) ist und die Ladung um mehr als ein Fünftel ihrer Länge über den hintersten Punkt des Nachläufers hinausragt.
(BGBl 1977/615)

40. **Kombinierter Verkehr** die Güterbeförderung

a) vom Absender zum nächstgelegenen technisch geeigneten Verladebahnhof oder innerhalb eines Umkreises von höchstens 150 km Luftlinie zu einem Verladehafen mit Kraftfahrzeugen auf der Straße (Vorlaufverkehr),

b) vom Verladebahnhof oder Verladehafen zum Entladebahnhof oder Entladehafen in einem Kraftfahrzeug, einem Anhänger oder deren Wechselaufbauten oder in einem Container von mindestens 6 m Länge, jedoch mit einer maximalen Gesamtlänge von nicht mehr als 45 Fuß, mit der Eisenbahn oder mit einem See- oder Binnenschiff und

c) vom nächstgelegenen technisch geeigneten Entladebahnhof oder von einem innerhalb eines Umkreises von höchstens 150 km Luftlinie gelegenen Entladehafen zum Empfänger mit Kraftfahrzeugen auf der Straße (Nachlaufverkehr).

Die Güterbeförderung auf der Straße erfolgt nur dann im Vorlauf- oder Nachlaufverkehr, wenn sie auf der kürzesten verkehrsüblichen, transportwirtschaftlich zumutbaren und nach den kraftfahrrechtlichen und straßenpolizeilichen Vorschriften zulässigen Route durchgeführt wird. Der Ver- oder Entladebahnhof bzw. -hafen kann in einem anderen Mitgliedstaat gelegen sein, wenn dieser näher liegt als der nächstgelegene technisch geeignete Ver- oder Entladebahnhof bzw. -hafen im Bundesgebiet. *(BGBl I 2017/9)*

41. **Luftfederung** ein Federungssystem dessen Federwirkung zu mindestens 75 % durch pneumatische Vorrichtungen erzeugt wird; *(BGBl 1993/456)*

42. **Fahrzeug nach Schaustellerart** ein Fahrzeug für die Verwendung im Schaustellergewerbe, das mit fest am Fahrzeug montierten Geräten oder Aufbauten ausgestattet ist; *(BGBl I 1997/103)*

43. **historisches Fahrzeug** ein erhaltungswürdiges, nicht zur ständigen Verwendung bestimmtes Fahrzeug,

a) mit Baujahr 1955 oder davor, oder

b) das älter als „30"** Jahre ist und in die vom Bundesminister für „Klimaschutz, Umwelt, Energie, Mobilität, Innovation und Technologie"*** approbierte Liste der historischen Fahrzeuge eingetragen ist (§ 131b); *(*BGBl I 2008/6; **BGBl I 2020/134)*
(BGBl I 2005/117)

44. **klimatisiertes Fahrzeug** ein Fahrzeug, dessen feste oder abnehmbare Aufbauten besonders für die Beförderung von Gütern in temperaturgeführtem Zustand ausgerüstet sind und dessen Seitenwände einschließlich der Wärmedämmung mindestens 45 mm dick sind; *(BGBl I 1997/103)*

45. **unteilbare Ladung** eine Ladung, die für die Zwecke der Beförderungen auf der Straße nicht ohne unverhältnismäßig hohe Kosten oder Schadensrisiken in zwei oder mehr Einzelladungen geteilt werden kann und die auf Grund ihrer Abmessungen oder Massen nicht von einem Fahrzeug, das in jeder Hinsicht den Vorschriften dieses Bundesgesetzes entspricht, befördert werden kann; als unteilbar gelten auch

a) zu einer unteilbaren Ladung gehörende Ballastgewichte und Zubehör, sofern dieses 10 % des Gewichtes der unteilbaren Ladung nicht überschreitet,

b) das Ballastgewicht und Zubehör von Kränen; *(BGBl I 2020/134)*
(BGBl I 2004/175)

46. **Fahrgestell** ein unvollständiges Fahrzeug im Sinne des Art. 3 der Richtlinie 2007/46/EG oder des Art. 2 der Richtlinie 2003/37/EG „;" *(BGBl I 2009/94; BGBl I 2017/9)*

47. **Fahrzeug mit alternativem Antrieb** ein Kraftfahrzeug, das ganz oder teilweise mit einem alternativen Kraftstoff angetrieben wird und nach der Richtlinie 2007/46/EG genehmigt wurde; als alternativer Kraftstoff gilt ein Kraftstoff oder eine Kraftquelle, der oder die zumindest teilweise als Ersatz für Erdöl als Energieträger für den Verkehrssektor dient und zur Reduzierung der CO_2-Emissionen beitragen und die Umweltverträglichkeit des Verkehrssektors erhöhen kann; dazu zählt:

a) Strom in allen Arten von Elektrofahrzeugen,

b) Wasserstoff,

c) Erdgas, einschließlich Biomethan, gasförmig (komprimiertes Erdgas – CNG) und flüssig (Flüssigerdgas – LNG),

d) Flüssiggas (LPG)

e) mechanische Energie aus bordeigenen Speichern.
(BGBl I 2017/9)
(BGBl I 2020/134)

(2) *(aufgehoben, BGBl I 2017/9)*

Einteilung der Kraftfahrzeuge und Anhänger

§ 3. (1) Die Kraftfahrzeuge und Anhänger werden in nachstehende Ober- und Untergruppen eingeteilt:

1. Fahrzeuge der Klasse L1e bis L5e, das sind

§ 3

1.1.	Fahrzeuge der Klasse L1e (leichtes zweirädriges Kraftfahrzeug),		
1.2.	Fahrzeuge der Klasse L2e (dreirädriges Kleinkraftrad),		
1.3.	Fahrzeuge der Klasse L3e (zweirädriges Kraftrad),		
1.4.	Fahrzeuge der Klasse L4e (zweirädriges Kraftrad mit Beiwagen),		
1.5.	Fahrzeug der Klasse L5e (dreirädriges Kraftfahrzeug), jeweils weiter unterteilt gemäß der Verordnung (EU) Nr. 168/2013.		
2.	Kraftwagen, das sind		
2.1.	Kraftwagen zur Personenbeförderung mit mindestens vier Rädern (Klasse M),		
2.1.1.	Personenkraftwagen (Klasse M1),		
2.1.2.	Omnibusse (Klassen M2 und M3),		
2.1.2.1.	Fahrzeuge zur Personenbeförderung mit mehr als acht Sitzplätzen außer dem Fahrersitz und einer zulässigen Gesamtmasse von nicht mehr als 5 000 kg (Klasse M2),		
2.1.2.2.	Fahrzeuge zur Personenbeförderung mit mehr als acht Sitzplätzen außer dem Fahrersitz und einer zulässigen Gesamtmasse von mehr als 5 000 kg (Klasse M3),		
2.2.	Kraftfahrzeuge zur Güterbeförderung mit mindestens vier Rädern (Lastkraftwagen – Klasse N),		
2.2.1.	Fahrzeuge zur Güterbeförderung mit einer zulässigen Gesamtmasse von nicht mehr als 3 500 kg (Klasse N1); diese können weiter unterteilt werden in:		
	- Gruppe I: Bezugsmasse bis zu 1 305 kg,		
	- Gruppe II: Bezugsmasse von mehr als 1 305 kg, aber nicht mehr als 1 760 kg,		
	- Gruppe III: Bezugsmasse von mehr als 1 760 kg,		
2.2.2.	Fahrzeuge zur Güterbeförderung mit einer zulässigen Gesamtmasse von mehr als 3 500 kg und nicht mehr als 12 000 kg (Klasse N2),		
2.2.3.	Fahrzeuge zur Güterbeförderung mit einer zulässigen Gesamtmasse von mehr als 12 000 kg (Klasse N3),		
2.3.	leichte vierrädrige Kraftfahrzeuge (Fahrzeuge der Klasse L6e), mit weiteren Unterklassen gemäß der Verordnung (EU) Nr. 168/2013,		
2.4.	schwere vierrädrige Kraftfahrzeuge (Fahrzeuge der Klasse L7e), mit weiteren Unterklassen gemäß der Verordnung (EU) Nr. 168/2013,		
2.5.	Zugmaschinen,		
2.5.1.	land- oder forstwirtschaftliche Zugmaschinen auf Rädern (Klasse T im Sinne der Verordnung (EU) Nr. 167/2013, eingeteilt in die Klassen T1 bis T4, jeweils weiter unterteilt gemäß der Verordnung (EU) Nr. 167/2013),		
2.5.2.	Zugmaschinen, ausgenommen solche nach Z 2.5.1.,		
2.6.	Motorkarren, ausgenommen solche nach Z 2.5.1.,		
2.7.	Kraftwagen, die nicht unter Z 2.1. bis 2.6. fallen.		
3.	Sonderkraftfahrzeuge, das sind		
3.1.	land- oder forstwirtschaftliche Zugmaschinen auf Gleisketten (Klasse C im Sinne der Verordnung (EU) Nr. 167/2013, eingeteilt in die Klassen C1 bis C4, jeweils weiter unterteilt gemäß der Verordnung (EU) Nr. 167/2013),		
3.2.	Sonderkraftfahrzeuge, ausgenommen solche nach Z 3.1..		
4.	Anhänger, das sind		
4.1.	Anhängewagen,		
4.2.	Sattelanhänger,		
4.3.	Zentralachsanhänger,		
4.4.	Starrdeichselanhänger, jeweils unterteilt in:		

- Anhänger der Klassen O1 bis O4 gemäß der Richtlinie 2007/46/EG:

-- Klasse O1: Anhänger mit einer zulässigen Gesamtmasse von nicht mehr als 750 kg,

-- Klasse O2: Anhänger mit einer zulässigen Gesamtmasse von mehr als 750 kg und nicht mehr als 3 500 kg,

-- Klasse O3: Anhänger mit einer zulässigen Gesamtmasse von mehr als 3 500 kg und nicht mehr als 10 000 kg,

-- Klasse O4: Anhänger mit einer zulässigen Gesamtmasse von mehr als 10 000 kg,

-- oder, wenn es sich um land- oder forstwirtschaftliche Anhänger handelt (Klasse R im Sinne der Verordnung (EU) Nr. 167/2013), eingeteilt in die Klassen R1 bis R4, jeweils weiter unterteilt gemäß der Verordnung (EU) Nr. 167/2013,

-- oder, wenn es sich um gezogene auswechselbare Geräte für den Einsatz in der Land- und Forstwirtschaft handelt (Klasse S im Sinne der Verordnung (EU) Nr. 167/2013), eingeteilt in die Klassen S1 und S2, jeweils weiter unterteilt gemäß der Verordnung (EU) Nr. 167/2013).

Die für die Klasseneinteilung von Sattelanhängern, Zentralachsanhängern und Starrdeichselanhängern maßgebliche Gesamtmasse ist gleich der von der oder den Achsen des Anhängers auf den Boden übertragenen Last, wenn der Anhänger mit dem Zugfahrzeug verbunden und bis zum zulässigen Höchstwert beladen ist.

5. Sonderanhänger.

(2) Sattelkraftfahrzeuge, Gelenkkraftfahrzeuge, Mannschaftstransportfahrzeuge, Transportkarren, selbstfahrende Arbeitsmaschinen, Spezialkraftwagen, Einachsanhänger, Anhänger-Arbeitsmaschinen und Ausgleichkraftfahrzeuge fallen jeweils in die ihrer Bauart und Verwendungsbestimmung entsprechende, in Abs. 1 angeführte Ober- und Untergruppe.

(BGBl I 2017/9)

II. Abschnitt

Bauart und Ausrüstung der Kraftfahrzeuge und Anhänger

Allgemeines

§ 4. (1) Kraftfahrzeuge und Anhänger müssen verkehrs- und betriebssicher gebaut und ausgerüstet sein. Die Sicht vom Lenkerplatz aus muß für das sichere Lenken des Fahrzeuges ausreichen. Die Vorrichtungen zum Betrieb eines Kraftfahrzeuges müssen so angeordnet sein, daß sie der Lenker auch bei bestimmungsgemäßer Verwendung eines geeigneten Sicherheitsgurtes, ohne das Augenmerk von der Fahrbahn abzuwenden, leicht und ohne Gefahr einer Verwechslung betätigen und das Fahrzeug sicher lenken kann. Die Wirksamkeit und Brauchbarkeit der für die verkehrs- und betriebssichere Verwendung dieser Fahrzeuge maßgebenden Teile muß bei sachgemäßer Wartung und Handhabung gegeben und zu erwarten sein; diese Teile müssen so ausgebildet und angeordnet sein, daß ihr ordnungsgemäßer Zustand leicht überwacht werden kann und ein entsprechender Austausch möglich ist. *(BGBl 1977/615)*

(2) Kraftfahrzeuge und Anhänger müssen so gebaut und ausgerüstet sein, daß durch ihren sachgemäßen Betrieb weder Gefahren für den Lenker oder beförderte Personen oder für andere Straßenbenützer noch Beschädigungen der Straße oder schädliche Erschütterungen noch übermäßig Lärm, Rauch, übler Geruch, schädliche Luftverunreinigungen oder vermeidbare Beschmutzungen anderer Straßenbenützer oder ihrer Fahrzeuge entstehen. Sie müssen so gebaut und ausgerüstet sein, daß der Lenker, beförderte Personen und andere Straßenbenützer bei Verkehrsunfällen möglichst geschützt sind. Sie dürfen innen und außen keine vermeidbaren vorspringenden Teile, Kanten oder zusätzlichen Vorrichtungen aufweisen, die bei Verkehrsunfällen schwere körperliche Verletzungen erwarten lassen. Unvermeidbare vorspringende Teile, Kanten oder zusätzliche Vorrichtungen, die bei Verkehrsunfällen schwere körperliche Verletzungen erwarten lassen, müssen durch geeignete Schutzvorrichtungen entsprechend abgedeckt oder, wenn dies nicht ohne schwere Beeinträchtigung der Verwendbarkeit des Fahrzeuges im Rahmen seiner Zweckbestimmung durchführbar ist, entsprechend gekennzeichnet sein. *(BGBl 1984/552)*

(2a) Kraftwagen außer Sattelzugfahrzeugen, Zugmaschinen, Motorkarren und selbstfahrenden Arbeitsmaschinen sowie Anhänger außer Anhängerarbeitsmaschinen und Nachläufern müssen, soweit mit ihnen auf gerader, waagrechter Fahrbahn bei Windstille eine Geschwindigkeit von 25 km/h überschritten werden kann oder darf und der hinterste Punkt des Fahrzeuges mehr als 1 m über die hinterste Achse hinausragt und wenn dies nicht mit dem durch die Bauart und Ausrüstung des Fahrzeuges bestimmten Verwendungszweck unvereinbar ist, hinten das Unterfahren des Fahrzeuges durch andere Kraftfahrzeuge verhindernde widerstandsfähige Aufbau- oder Rahmenteile oder Stoßstangen haben. *(BGBl 1977/615)*

(2b) Kraftfahrzeuge und Anhänger mit Motoren mit Fremdzündung müssen so gebaut und ausgerüstet sein, daß zum Betrieb des Fahrzeuges und seiner Einrichtungen Kraftstoffe verwendet werden können, die dem § 11 Abs. 3 entsprechen. *(BGBl 1982/362)*

(3) Hochspannungszündanlagen von Verbrennungsmotoren müssen so funkentstört sein, daß der Betrieb von Funkempfangsanlagen außerhalb des Fahrzeuges durch sie nicht beeinträchtigt werden kann (Fernentstörung).

(4) Kraftfahrzeuge außer Zugmaschinen ohne Führerhaus, Motorkarren und selbstfahrende Arbeitsmaschinen müssen mit mindestens einer Vorrichtung ausgestattet sein, die der Inbetriebnahme durch Unbefugte ein beträchtliches Hindernis entgegensetzt.

(5) „Kraftfahrzeuge der Klassen M1 und N1 sowie Spezialkraftwagen, Kraftfahrzeuge der Klassen M2 und M3 (Omnibusse), ausgenommen Omnibusse, die sowohl für den Einsatz im Nahverkehr als auch für stehende Fahrgäste konstruiert sind, N2, N3 und sofern sie über einen Aufbau verfügen dreirädrige Kleinkrafträder (Klasse L2e), dreirädrige Kraftfahrzeuge (Klasse L5e), vierräd-

rige Leichtkraftfahrzeuge (Klasse L6e), und schwere vierrädrige Kraftfahrzeuge im Sinne der Verordnung (EU) 168/2013 (Klasse L7e), müssen für jeden Sitzplatz mit Sicherheitsgurten ausgerüstet sein, die hinsichtlich ihrer Befestigung am Fahrzeug der Bauart des Fahrzeuges entsprechen;" dies gilt jedoch nicht für *(BGBl I 2017/9)*

1. Feuerwehr- und Heeresfahrzeuge,

2. Sitze, die nicht quer zur Fahrtrichtung angeordnet sind,

3. nur zur gelegentlichen Benützung bestimmte Notsitze, die bei Nichtbenützung umgeklappt sind und die nicht mit Verankerungspunkten für Sicherheitsgurte ausgestattet sind. *(BGBl I 2005/117)*

(5a) Mit einer geeigneten und leicht zugänglichen Einrichtung zum Anbringen eines Abschleppseiles oder einer Abschleppstange müssen versehen sein:

1. Kraftwagen der Klassen M2, M3 und N vorne;

2. sonstige Kraftwagen, Motordreiräder sowie Kraftwagen der Klasse M1, ausgenommen solche, die nicht zum Ziehen einer Anhängelast geeignet sind, vorne und hinten. *(BGBl I 1997/103)* Dies gilt jedoch hinsichtlich der vorne anzubringenden Einrichtung nicht für Fahrzeuge, die nur teilweise hochgehoben abgeschleppt werden können.

(6) Die Abmessungen von Kraftfahrzeugen und Anhängern dürfen nicht überschreiten

1. eine größte Höhe von............................4 m,

2. eine größte Breite von

a) bei klimatisierten Fahrzeugen (§ 2 Abs. 1 Z 44) ....2,6 m

b) bei allen anderen Kraftfahrzeugen und Anhängern ....2,55 m,

3. eine größte Länge von

a) bei Kraftfahrzeugen und Anhängern, ausgenommen Sattelanhänger, Omnibusse und Gelenkkraftfahrzeuge..12,00 m,

b) bei Gelenkkraftfahrzeugen..18,00 m,

c) bei Gelenkbussen.................18,75 m,

d) bei zweiachsigen Omnibussen..13,50 m,

e) bei Omnibussen mit mehr als zwei Achsen..15,00 m.

„Die unter Z 1 bis 3 genannten Werte umfassen auch Wechselaufbauten und genormte Frachtstücke wie zB Container, wobei die zulässige Länge, einschließlich die zulässige Länge von Fahrzeugkombinationen (Abs. 7a) bei der Beförderung von Containern von 45 Fuß Länge oder Wechselaufbauten von 45 Fuß Länge – leer oder beladen, im kombinierten Verkehr um 15 cm überschritten werden darf; dies gilt auch dann, wenn bei Beförderungsvorgängen mit Nutzung des kombinierten Verkehrs die in § 2 Abs. 1 Z 40 lit. a oder c genannte Entfernung überschritten wird, um das nächstgelegene Verkehrsterminal, das für den geplanten Dienst geeignet ist, zu erreichen; im Falle einer solchen Überschreitung der Entfernungsgrenzen darf die Summe der Gesamtgewichte aber 40 000 kg nicht überschreiten."
(BGBl I 2017/9)
(BGBl I 2002/80)

(6a) Die in Abs. 6 Z 3 und in Abs. 7a festgelegten Werte für die größten Längen von Fahrzeugen oder Fahrzeugkombinationen dürfen überschritten werden:

1. Um den Anbau von aerodynamischen Luftleiteinrichtungen am hinteren Teil der Fahrzeuge oder Fahrzeugkombinationen zu ermöglichen. Die am Heck des Fahrzeugs angebrachten aerodynamischen Luftleiteinrichtungen dürfen um nicht mehr als 500 mm über die größte Länge des Fahrzeugs hinausragen und die Länge des Fahrzeuges darf nicht um mehr als 20 cm überschritten werden, wenn sie zusammengeklappt oder eingezogen sind. Auch bei Verwendung solcher aerodynamischer Luftleiteinrichtungen müssen die Fahrzeuge im kombinierten Verkehr verwendet werden können und es muss die Verkehrs- und Betriebssicherheit gewährleistet sein. Die Luftleiteinrichtungen müssen sicher am Fahrzeug befestigt sein und dürfen sich – auch im kombinierten Verkehr – nicht ablösen; sie müssen einklappbar, zusammenfaltbar oder abnehmbar sein und es müssen außer den Beleuchtungseinrichtungen auch die hinteren Konturmarkierungen sichtbar bleiben und sie dürfen die Funktion des hinteren Unterfahrschutzes nicht beeinträchtigen. *(BGBl I 2017/9, ab 7. 5. 2017, siehe § 135 Abs. 31 Z 3)*

2. Sofern das Führerhaus eine verbesserte Aerodynamik und Energieeffizienz sowie eine bessere Sicherheit bietet und das im Rahmen des einschlägigen Typen- oder Einzelgenehmigungsverfahren festgestellt worden ist. *(BGBl I 2017/9, der Zeitpunkt des Inkrafttretens dieser Änderung wird durch Verordnung geregelt – vgl § 135 Abs 31 Z 8)*

Die Überschreitung der höchstzulässigen Längen darf nicht zu einer größeren Ladelänge dieser Fahrzeuge oder Fahrzeugkombinationen führen. *(BGBl I 2017/9)*

(7) Das Gesamtgewicht eines Kraftwagens oder Anhängers darf nicht überschreiten:

1. bei Fahrzeugen mit zwei Achsen, ausgenommen „Omnibusse," Sattelanhänger und Starrdeichselanhänger,......
....18 000 kg,

(BGBl I 2004/107; BGBl I 2015/73)

4/1. KFG

§ 4

1a. bei Omnibussen mit zwei Achsen ....19 500 kg,

(BGBl I 2015/73)

1b. bei zweiachsigen Kraftfahrzeugen mit alternativem Antrieb, bei denen es sich nicht um Omnibusse handelt, wird das höchstzulässige Gewicht von 18 000 kg um das zusätzliche, für die alternative Antriebstechnik erforderliche Gewicht – höchstens jedoch 1 000 kg – angehoben; *(BGBl I 2017/9)*

2. bei Kraftfahrzeugen mit mehr als zwei Achsen, ausgenommen Z 3 und Z 4...25 000 kg,

3. bei Kraftfahrzeugen mit mehr als zwei Achsen, ausgenommen Z 4, wenn

a) die Antriebsachse mit Doppelbereifung und Luftfederung oder einer als gleichwertig anerkannten Federung ausgerüstet ist, oder

b) wenn jede Antriebsachse mit Doppelbereifung ausgerüstet ist und die maximale Achslast von 9 500 kg je Achse nicht überschritten wird...26 000 kg,

3a. bei dreiachsigen Kraftfahrzeugen mit alternativem Antrieb wird das jeweilige Gesamtgewicht gemäß Z 2 oder 3 um das zusätzliche, für die alternative Antriebstechnik erforderliche Gewicht – höchstens jedoch 1 000 kg – angehoben; *(BGBl I 2017/9)*

4. bei Kraftfahrzeugen mit mehr als drei Achsen:

a) mit zwei Lenkachsen, wenn die Antriebsachse mit Doppelbereifung und Luftfederung oder einer als gleichwertig anerkannten Federung ausgerüstet ist, oder

b) wenn jede Antriebsachse mit Doppelbereifung ausgerüstet ist und die maximale Achslast von 9 500 kg je Achse nicht überschritten wird...32 000 kg,

4a. bei Kraftfahrzeugen mit Betonmischeraufbau mit mehr als drei Achsen:

a) mit zwei Lenkachsen, wenn die Antriebsachse mit Doppelbereifung und Luftfederung oder einer als gleichwertig anerkannten Federung ausgerüstet ist, oder

b) wenn jede Antriebsachse mit Doppelbereifung ausgerüstet ist und die maximale Achslast von 9 500 kg je Achse nicht überschritten wird,...36 000 kg,

(BGBl I 2015/73)

5. bei Gelenkkraftfahrzeugen......38 000 kg,

bei dreiachsigen Gelenkbussen......28 000 kg.

(BGBl I 2002/80)

5a. bei dreiachsigen Gelenkbussen mit alternativem Antrieb wird das höchstzulässige Gewicht von 28 000 kg um das zusätzliche, für die alternative Antriebstechnik erforderliche Gewicht – höchstens jedoch 1 000 kg – angehoben; *(BGBl I 2017/9)*

6. bei Einachsanhängern, ausgenommen Starrdeichselanhänger,.............................10 000 kg,

(BGBl I 2004/107)

7. bei Anhängern mit mehr als zwei Achsen, ausgenommen Sattelanhänger und Starrdeichselanhänger,..24 000 kg;

(BGBl I 2004/107)

8. bei landwirtschaftlichen Anhängern mit mehr als drei Achsen, mit denen eine Geschwindigkeit von 40 km/h nicht überschritten werden darf,...32 000 kg.

(BGBl I 2004/107)

Als Achse im Sinne der Z 1, 2, 3, 4, 5 und 7 gelten auch zwei Achsen mit einem Radstand bis zu 1 m. Werden mehrere Achsen angetrieben, so sind bei einem dreiachsigen Fahrzeug die vordere Lenkachse, bei einem vierachsigen Fahrzeug die beiden vorderen Lenkachsen von der Vorschrift der Doppelbereifung ausgenommen. *(BGBl 1994/654)*

(7a) Bei Kraftwagen mit Anhängern darf die Summe der Gesamtgewichte sowie die Summe der Achslasten 40 000 kg, im Vorlauf- und Nachlaufverkehr 44 000 kg, und beim Transport von „Holz"** aus dem Wald oder bei der Sammlung von Rohmilch bis zum nächstgelegenen technisch geeigneten Verladebahnhof oder zu einem Verarbeitungsbetrieb, höchstens jedoch 100 km Luftlinie, wenn die hintere Achse des Anhängers mit Doppelbereifung oder einer der Doppelbereifung gleichwertigen Bereifung ausgerüstet ist oder beide Fahrzeuge jeweils mehr als zwei Achsen haben, 44 000 kg nicht überschreiten. Die größte Länge von Kraftwagen mit Anhängern darf 18,75 m, von Sattelkraftfahrzeugen jedoch 16,5 m nicht überschreiten. „Bei Sattelkraftfahrzeugen mit einem kranbaren Sattelanhänger darf die Summe der Gesamtgewichte sowie die Summe der Achslasten bei Fahrten innerhalb Österreichs 41.000 kg nicht überschreiten. Bei Mobilkränen darf auch bei höheren als im ersten Satz genannten Gewichten jedenfalls ein Anhänger zum Transport eines PKW gezogen werden."* *(BGBl I 2013/43; *BGBl I 2019/78; **BGBl I 2020/134)*

(7b) Fahrzeuge, die betriebsbedingt über einen druck- und vakuumfesten Tank verfügen (Saug-Druck-Tankfahrzeuge), dürfen abweichend von den Bestimmungen des Abs. 7 und Abs. 7a im Rahmen der zulässigen Achslasten folgende Werte für das Gesamtgewicht nicht überschreiten:

1. Fahrzeuge mit zwei Achsen.......20 000 kg,

2. Fahrzeuge mit drei Achsen........29 000 kg,

3. Fahrzeuge mit

KFG
KDV
PBStV
Kraftstoff-VO
FSG + VO

mehr als drei Achsen ....37 000 kg,
(BGBl I 2009/94)
    4. Kraftwagen mit Anhänger..........44 000 kg,
    5. Sattelkraftfahrzeuge...................42 000 kg.
(BGBl I 2005/117)

(7c) Bei Fahrzeugen, die mit rein elektrisch angetriebenen Hilfsaggregaten ausgestattet sind, wird das höchste zulässige Gesamtgewicht um das zusätzliche, für die notwendige Batteriemasse der jeweiligen alternativen Antriebstechnik des Hilfsaggregates erforderliche und im Genehmigungsdokument des Fahrzeugs angegebene Gewicht, höchstens jedoch um 1 000 kg, angehoben. *(BGBl I 2019/19)*

(8) Die Achslast (§ 2 Z 34) darf 10 000 kg, die der Antriebsachse jedoch 11 500 kg nicht überschreiten, wobei bei einem Fahrzeug mit mehreren Antriebsachsen eine gelenkte Achse nicht als Antriebsachse gilt. Die Summe der Achslasten zweier Achsen (Doppelachse) darf bei nachstehenden Radständen (Achsabständen) jeweils folgende Werte nicht übersteigen:

    a) bei Kraftfahrzeugen:
weniger als 1 m...............................11 500 kg.
1 m bis weniger als 1,3 m................16 000 kg.
1,3 m bis weniger als 1,8 m.............18 000 kg.

1,3 m bis weniger als 1,8 m, wenn die Antriebsachse mit Doppelbereifung und Luftfederung oder mit einer als gleichwertig anerkannten Federung ausgerüstet ist, oder wenn jede Antriebsachse mit Doppelbereifung ausgerüstet ist und die maximale Achslast von 9,5 t je Achse nicht überschritten wird..........................19 000 kg,

    b) bei Anhängern und Sattelanhängern:
weniger als 1 m...............................11 000 kg.
1 m bis weniger als 1,3 m................16 000 kg.
1,3 m bis weniger als 1,8 m.............18 000 kg.
1,8 und darüber................................20 000 kg.

Die Summe der Achslasten einer Dreifachachse von Anhängern und Sattelanhängern darf bei nachstehenden Radständen jeweils folgende Werte nicht übersteigen:

1,3 m oder weniger..........................21 000 kg.
über 1,3 m und bis zu 1,4 m............24 000 kg.

(BGBl 1994/654)

(8a) *(aufgehoben, BGBl 1993/456)*

(9) Zusätzlich zu den Gewichten und Abmessungen im Sinne der vorstehenden Absätze haben Fahrzeuge noch die folgenden Merkmale aufzuweisen:

a) Bei Lastkraftwagen, Sattelkraftfahrzeugen und Lastkraftwagen mit Anhängern darf das Gewicht auf der oder den Antriebsachsen nicht weniger als 25 vH des Gesamtgewichtes des Fahrzeuges oder der Fahrzeugkombination betragen. *(BGBl I 2009/94)*

b) Der Abstand zwischen der letzten Achse eines Kraftfahrzeuges und der ersten Achse eines Anhängers beträgt mindestens 3 m.

c) Das höchste zulässige Gesamtgewicht (in Tonnen) eines vierachsigen Kraftfahrzeuges darf das Fünffache des Abstandes in Metern zwischen den Mitten der vordersten und der letzten Achse nicht überschreiten.

Dies gilt nicht für Kraftfahrzeuge mit zwei Doppelachsen, deren Mitten mindestens 4 m voneinander entfernt sind.

d) Die horizontal gemessene Entfernung zwischen der Achse des Sattelzapfens und einem Punkt des Kopfes des Sattelanhängers darf nicht mehr als 2,04 m betragen. *(BGBl 1993/456)*

e) Wenn abnehmbare Zubehörteile wie Schiboxen an einem Omnibus angebracht sind, darf die Höchstlänge des Fahrzeuges einschließlich des Zubehörteiles die zulässige Höchstlänge gemäß Abs. 6 nicht überschreiten. *(BGBl I 2002/80)*

(10) *(aufgehoben, BGBl 1977/615)*

Genehmigungspflichtige Teile, Ausrüstungsgegenstände und Sturzhelme

§ 5. (1) Teile und Ausrüstungsgegenstände von Kraftfahrzeugen und Anhängern, die für die Verkehrs- und Betriebssicherheit von besonderer Bedeutung sind und die im Hinblick auf ihre Bauart und Wirkungsweise einer von der Prüfung des Fahrzeuges (§ 29 Abs. 4 und § 31 Abs. 3) getrennten Prüfung unterzogen werden müssen, dürfen, unbeschadet des Abs. 3 und 5, nur feilgeboten oder verwendet werden, wenn

a) sie unbeschadet der Bestimmungen des Abs. 3 einer gemäß § 35 Abs. 1 genehmigten Typen oder einer im Ausland genehmigten Type angehören, deren Genehmigung gemäß § 35 Abs. 4 anerkannt wurde, *(BGBl 1982/631)*

b) sie den für sie geltenden Bestimmungen entsprechen und

c) an ihnen das für diese Type festgesetzte Genehmigungszeichen vollständig sichtbar und dauernd gut lesbar und unverwischbar angebracht ist. *(BGBl 1988/375)*

Das gleiche gilt für das Feilbieten und Verwenden von Sturzhelmen für Kraftfahrer sowie für das Feilbieten und Mitführen von Warneinrichtungen (§ 89 Abs. 2 StVO 1960). Das Anbieten solcher Teile, Ausrüstungsgegenstände, Sturzhelme und Warneinrichtungen an einen größeren Kreis von Personen wird dem Feilbieten gleichgehalten.

(2) Sind Umstände gegeben, die die begründete Annahme rechtfertigen, dass auch nicht genehmigte oder nicht genehmigungsfähige Teile und Ausrüstungsgegenstände, Sturzhelme oder Warneinrichtungen feilgeboten werden, so kann der

Bundesminister für „Klimaschutz, Umwelt, Energie, Mobilität, Innovation und Technologie" eine Prüfung gemäß § 35 Abs. 8 veranlassen. *(BGBl I 2002/80; BGBl I 2020/134)*

(3) Abs. 1 ist auf Teile und Ausrüstungsgegenstände nicht anzuwenden, wenn sie bestimmt sind
   a) zur ausschließlichen Verwendung auf einzeln genehmigten Fahrzeugen oder
   b) zur ausschließlichen Versorgung von Fahrzeugen, deren Type vor dem Inkrafttreten der Genehmigungspflicht (Abs. 1 lit. a) für den betreffenden Teil oder Ausrüstungsgegenstand genehmigt wurde. *(BGBl 1988/375)*

(4) *(aufgehoben, BGBl 1977/615)*

(5) Der Landeshauptmann kann eine von Abs. 1 abweichende Verwendung von Teilen und Ausrüstungsgegenständen zum Zwecke ihrer Erprobung, Überprüfung oder Begutachtung für eine bestimmte Zeit mit bestimmten Fahrzeugen bewilligen, wenn nicht angenommen werden kann, daß dadurch die Verkehrssicherheit beeinträchtigt wird; hiebei können auch Ausnahmen von den Vorschriften über die Anbringung der Teile und Ausrüstungsgegenstände am Fahrzeug erteilt werden. *(BGBl 1982/631)*

Bremsanlagen

§ 6. (1) Kraftfahrzeuge, außer den im Abs. 2 angeführten, müssen mindestens zwei Bremsanlagen aufweisen, von denen jede aus einer Betätigungseinrichtung, einer Übertragungseinrichtung und den auf Räder wirkenden Bremsen besteht. Jede Bremsanlage muß vom Lenkerplatz aus betätigt werden können. Die Bremsanlagen müssen so beschaffen und eingebaut sein, daß mit ihnen bei betriebsüblicher Beanspruchung und ordnungsgemäßer Wartung trotz Erschütterung, Alterung, Abnützung und Korrosion die vorgeschriebene Wirksamkeit erreicht wird. *(BGBl 1982/631)*

(2) Nur eine Bremsanlage, sofern diese nicht mit elektrischer Energie betrieben wird, müssen aufweisen:
   a) Zugmaschinen mit einer Bauartgeschwindigkeit von nicht mehr als 25 km/h,
   b) Motorkarren mit einer Bauartgeschwindigkeit von nicht mehr als 25 km/h, deren höchstes zulässiges Gesamtgewicht 3500 kg nicht überschreitet,
   c) *(entfällt, BGBl I 2013/43)*
   d) Transportkarren mit einer Bauartgeschwindigkeit von nicht mehr als 30 km/h,
   e) selbstfahrende Arbeitsmaschinen mit einer Bauartgeschwindigkeit von nicht mehr als 30 km/h.

Diese Bremsanlage muß auf die Räder wenigstens einer Achse des Fahrzeuges wirken und vom Lenker betätigt werden können, wenn er die Lenkvorrichtung mit einer Hand festhält. Diese Bremsanlage muß mit einer gesonderten Betätigungseinrichtung in der im Abs. 3 angeführten Weise feststellbar sein. Beim Ausfallen eines Teiles der Bremsanlage, dessen Ausfallen nicht ausgeschlossen werden kann, muß bei Betätigung des verbleibenden Teiles der Bremsanlage das Fahrzeug auf trockener Fahrbahn auf angemessene Entfernung zum Stillstand gebracht werden können.

(3) Bei Kraftwagen muß der Lenker eine der im Abs. 1 angeführten Bremsanlagen betätigen können, wenn er die Lenkvorrichtung mit beiden Händen festhält. Diese Bremsanlage gilt als Betriebsbremsanlage, die andere, außer in den im Abs. 4 Z. 2 und 3 angeführten Fällen, als Hilfsbremsanlage. Die Hilfsbremsanlage muß so betätigt werden können, daß der Lenker hiebei die Lenkvorrichtung mit mindestens einer Hand festhält. Mit jeder der beiden im Abs. 1 angeführten Bremsanlagen muß es dem Lenker, unbeschadet der Bestimmungen der Abs. 2 und 4, möglich sein, auch bei höchster zulässiger Belastung des Fahrzeuges, auf allen in Betracht kommenden Steigungen und Gefällen und auch beim Ziehen von Anhängern bei jeder Fahrgeschwindigkeit die Bewegung des Fahrzeuges zu beherrschen und dessen Geschwindigkeit, der jeweiligen Verkehrslage entsprechend, sicher, schnell und auf eine im Hinblick auf die Zweckbestimmung als Betriebs- oder als Hilfsbremsanlage möglichst geringe Entfernung bis zum Stillstand des Fahrzeuges zu verringern und das unbeabsichtigte Abrollen des Fahrzeuges auszuschließen. Die Hilfsbremsanlage muß wirken können, wenn die Betriebsbremsanlage versagt; dies gilt jedoch nicht, wenn beim Ausfallen eines Teiles der Betriebsbremsanlage, dessen Ausfallen nicht ausgeschlossen werden kann, oder der Störungen der Betriebsbremsanlage (wie mangelhafte Wirkung, teilweise oder völlige Erschöpfung des Energievorrates) mit den nicht vom Ausfall oder von der Störung betroffenen Teilen der Betriebsbremsanlage die für die Hilfsbremsanlage vorgeschriebene Wirksamkeit erzielt werden kann. Die Wirkung dieser Bremsanlagen muß abstufbar sein. Bei Kraftwagen mit einer Bauartgeschwindigkeit von mehr als 25 km/h, bei Zugmaschinen mit einer Bauartgeschwindigkeit von mehr als 40 km/h, bei Transportkarren und selbstfahrenden Arbeitsmaschinen mit einer Bauartgeschwindigkeit von mehr als 30 km/h, muß die Bremsanlage auf alle Räder wirken können. Eine Bremsanlage muß vom Lenkerplatz aus so feststellbar sein, daß mit ihr das Abrollen des Fahrzeuges auch bei Abwesenheit des Lenkers durch eine ausschließlich mechanische Vorrichtung dauernd verhindert werden kann. Diese Bremsanlage gilt als Feststellbremsanlage. *(BGBl 1988/375)*

§ 6

(4) Die Betriebsbremsanlage, die Hilfsbremsanlage und die Feststellbremsanlage dürfen gemeinsame Teile aufweisen, wenn

1. mindestens zwei voneinander unabhängige Betätigungseinrichtungen vorhanden sind;
2. bei gemeinsamer Betätigungseinrichtung der Betriebsbremsanlage und der Hilfsbremsanlage

    a) die Betätigungseinrichtung der Betriebsbremsanlage von der der Feststellbremsanlage getrennt ist und

    b) das Fahrzeug mit der Feststellbremsanlage angehalten werden kann;

3. bei gemeinsamer Betätigungseinrichtung und gemeinsamer Übertragungseinrichtung der Betriebsbremsanlage und der Hilfsbremsanlage die für die Hilfsbremsanlage vorgeschriebene Wirksamkeit ohne die Fahrstabilität des Fahrzeuges während des Bremsens zu beeinträchtigen erzielt werden kann:

    a) beim Ausfallen eines Teiles der Betriebsbremsanlage, dessen Ausfallen nicht ausgeschlossen werden kann, oder bei Störungen der Betriebsbremsanlage (wie mangelhafte Wirkung, teilweise oder völlige Erschöpfung des Energievorrates) mit den nicht vom Ausfall oder von der Störung betroffenen Teilen der Betriebsbremsanlage,

    b) bei Betriebsbremsanlagen, bei denen die zu ihrer Betätigung erforderliche Muskelkraft des Lenkers durch eine Hilfskraft unterstützt wird (Hilfskraftbremsanlage), bei Ausfall dieser Unterstützung mit der Muskelkraft des Lenkers oder mit Unterstützung des vom Energieausfall nicht beeinflußten Energievorrates,

    c) bei Betriebsbremsanlagen, bei denen die auf die Betätigungseinrichtungen ausgeübte Muskelkraft ausschließlich zur Steuerung der auf die Bremsen wirkenden Kraft dient (Fremdkraftbremsanlage), bei Ausfall eines Energiespeichers mit einem von diesem unabhängigen weiteren Energiespeicher.

(5) Bei Krafträdern muß es dem Lenker mit jeder der im Abs. 1 angeführten Bremsanlagen möglich sein, auch bei höchster zulässiger Belastung des Fahrzeuges, auf allen in Betracht kommenden Steigungen und Gefällen und auch beim Ziehen von Anhängern bei jeder Fahrgeschwindigkeit diese, der jeweiligen Verkehrslage entsprechend, sicher, schnell und auf eine möglichst geringe Entfernung bis zum Stillstand des Fahrzeuges zu verringern und das unbeabsichtigte Abrollen des Fahrzeuges auszuschließen. Bei gleichzeitiger Betätigung beider Bremsanlagen müssen alle Räder des Fahrzeuges gebremst werden können; dies gilt jedoch nicht für das Beiwagenrad bei Motorfahrrädern und Motorrädern mit Beiwagen. „ " *(BGBl I 2020/134)*

(6) Kraftwagen der Klassen M3 und N3 mit einer Bauartgeschwindigkeit von mehr als 25 km/h sowie von solchen Fahrzeugen abgeleitete Gelenkkraftfahrzeuge, Spezialkraftfahrzeuge und selbstfahrende Arbeitsmaschinen müssen außer den im Abs. 1 angeführten Bremsanlagen eine Einrichtung aufweisen, mit der die Geschwindigkeit des Fahrzeuges ohne Verwendung der Betriebs-, der Hilfs- oder der Feststellbremsanlage, jedoch nicht bis zum Stillstand des Fahrzeuges, verringert werden kann (Verlangsameranlage). *(BGBl I 2004/175)*

(7) Bei Kraftwagen mit einer Bauartgeschwindigkeit von mehr als 40 km/h muß die Betriebsbremsanlage eine Zweikreisbremsanlage sein. Die Zweikreisbremsanlage ist eine Bremsanlage, bei der bei Ausfall eines Teiles ihrer Übertragungseinrichtung eine entsprechende Anzahl von Rädern gebremst werden kann. *(BGBl 1994/654)*

(7a) Bei Personenkraftwagen, Kombinationskraftwagen, Omnibussen, Lastkraftwagen, Sattelzugfahrzeugen, Kraftwagen von Gelenkkraftfahrzeugen sowie bei Spezialkraftwagen mit einer Bauartgeschwindigkeit von mehr als 40 km/h, deren Betriebsbremsanlage nicht eine selbsttätig wirkende Vorrichtung zur Verhinderung des Blockierens der Räder während des Bremsvorganges aufweist (Antiblockiervorrichtung), müssen die an den Rädern wirksamen Bremskräfte unabhängig von der Belastung des Fahrzeuges in einer die Fahrstabilität des Fahrzeuges nicht beeinträchtigenden Weise auf die Fahrzeugachsen aufgeteilt sein (lastkonforme Bremskraftverteilung). Kraftwagen der Klassen M2, M3, N2 und N3 mit einer Bauartgeschwindigkeit von mehr als 25 km/h und mit nicht mehr als vier Achsen sowie von solchen Fahrzeugen abgeleitete Gelenkkraftfahrzeuge, Spezialkraftfahrzeuge oder selbstfahrende Arbeitsmaschinen und Anhänger der Klassen O3 und O4, die mit solchen Kraftwagen gezogen werden, müssen jedoch mit einer Antiblockiervorrichtung ausgerüstet sein. *(BGBl I 2002/80)*

(7b) Bei Kraftwagen mit einer Bauartgeschwindigkeit von mehr als 25 km/h, die zum Ziehen von Anhängern bestimmt sind, mit denen eine Geschwindigkeit von 25 km/h überschritten werden darf und deren höchstes zulässiges Gesamtgewicht 3 500 kg übersteigt, muß

a) bei der Betätigung der Hilfsbremsanlage oder der Feststellbremsanlage des Kraftwagens die Bremsanlage des Anhängers abgestuft wirksam werden;

b) bei Ausfall eines Teiles der Übertragungseinrichtung der Betriebsbremsanlage des Kraftwagens gemäß Abs. 7 die Bremsanlage des Anhängers mit dem verbleibenden Teil der Übertragungseinrichtung der Betriebsbremsanlage des Kraftwagens abstufbar betätigt werden können;

c) es dem Lenker beim Abreißen oder bei Undichtheit einer der Verbindungsleitungen vom Kraftwagen zur Bremsanlage des Anhängers möglich sein, diese durch die Betätigungseinrichtung der Betriebsbremsanlage oder der Hilfsbremsanlage des Kraftwagens oder durch eine besondere Betätigungseinrichtung zu betätigen, wenn nicht die Bremsung des Anhängers durch das Abreißen oder die Undichtheit selbsttätig erfolgt.

(7c) Bei Druckluftbremsanlagen von Kraftwagen mit einer Bauartgeschwindigkeit von mehr als 25 km/h, die zum Ziehen von Anhängern mit Druckluftbremsen bestimmt sind, sowie bei solchen Anhängern, mit denen eine Geschwindigkeit von 25 km/h überschritten werden darf, muß die Betätigung der Anhängerbremsanlage durch Steigerung des Druckes in der Bremsleitung erfolgen und dabei die Versorgung des Druckluftvorratsbehälters des Anhängers vom Kraftwagen aus möglich sein (Mehrleitungsbremsanlage). *(BGBl 1982/631)*

(8) *(aufgehoben, BGBl 1971/285)*

(9) Bei „ " Ausgleichkraftfahrzeugen darf die Betriebsbremsanlage, sofern keine andere Möglichkeit besteht, auch so zu betätigen sein, daß der Lenker die Lenkvorrichtung hiezu mit einer Hand loslassen muß. *(BGBl I 2013/43)*

(10) Sofern im Abs. 11 nichts anderes bestimmt ist, müssen Anhänger mindestens eine Bremsanlage haben, die wirkt, wenn die Betriebsbremsanlage des Zugfahrzeuges betätigt wird. Die Wirksamkeit dieser Bremsanlage muß dem Gesamtgewicht des Anhängers entsprechend geregelt werden können; für Anhänger mit einem höchsten zulässigen Gesamtgewicht von mehr als 3 500 kg, mit denen eine Geschwindigkeit von 25 km/h überschritten werden darf, gilt jedoch Abs. 7a sinngemäß. Eine Bremsanlage des Anhängers muß so feststellbar sein, daß das Abrollen des Anhängers mit ihr, auch wenn er nicht mit dem Zugfahrzeug verbunden ist, durch eine ausschließlich mechanische Vorrichtung dauernd verhindert werden kann. Eine Bremsanlage müssen nicht haben

a) leichte Anhänger, wenn sie dazu bestimmt sind, ausschließlich mit Kraftfahrzeugen gezogen zu werden, deren um 75 kg erhöhtes Eigengewicht das Doppelte des Gesamtgewichtes des Anhängers überschreitet, und *(BGBl 1994/743)*

b) landwirtschaftliche Anhänger mit einem höchsten zulässigen Gesamtgewicht von nicht mehr als 1 500 kg, mit denen eine Geschwindigkeit von 25 km/h nicht überschritten werden darf und die dazu bestimmt sind, mit Zugfahrzeugen gezogen zu werden, deren Eigengewicht nicht geringer ist als das höchste zulässige Gesamtgewicht dieser Anhänger.

(10a) Bei Anhängern, mit denen eine Geschwindigkeit von 25 km/h überschritten werden darf, ausgenommen die im Abs. 10 lit. a angeführten, sowie bei Anhängern, deren höchstes zulässiges Gesamtgewicht 5 000 kg übersteigt, muß die im Abs. 10 erster Satz angeführte Bremsanlage auf alle Räder wirken können; bei Nachläufern mit mehr als einer Achse ist dies hinsichtlich der vom Zugfahrzeug unabhängig lenkbaren Räder nicht erforderlich, wenn die Summe der höchsten zulässigen Achslasten der nicht lenkbaren Räder mindestens zwei Drittel des höchsten zulässigen Gesamtgewichtes des Nachläufers beträgt.

(11) Anhänger mit einem höchsten zulässigen Gesamtgewicht von nicht mehr als 3500 kg, außer Sattelanhängern, Anhängern von Gelenkkraftfahrzeugen und Omnibusanhängern, dürfen auch als einzige Bremsanlage eine Auflaufbremsanlage haben. Die Auflaufbremsanlage ist eine Bremsanlage, die nur wirkt, wenn sich der Anhänger dem Zugfahrzeug nähert. Auflaufbremsanlagen müssen eine für die Bremsvorrichtungen geeignete Übertragungseinrichtung haben, durch die die vorgeschriebene Bremswirkung ohne das Einwirken von gefährlichen Deichselkräften auf das Zugfahrzeug erreicht werden kann. Landwirtschaftliche Anhänger, mit denen eine Geschwindigkeit von 25 km/h nicht überschritten werden darf, dürfen auch bei einem höchsten zulässigen Gesamtgewicht von mehr als 3 500 kg als einzige Bremsanlage eine Auflaufbremsanlage oder bei Anhängern bis zu einem höchsten zulässigen Gesamtgewicht von nicht mehr als 8 000 kg eine Bremsanlage haben, die unabhängig von der Betriebsbremsanlage zu betätigen ist. *(BGBl I 2005/117)*

(12) Anhänger müssen eine Vorrichtung aufweisen, durch die sie selbsttätig zum Stehen gebracht werden, wenn sie ohne den Willen des Lenkers nicht mehr durch die Anhängervorrichtungen mit dem Zugfahrzeug verbunden sind; dies gilt jedoch nicht für Anhänger mit einem höchsten zulässigen Gesamtgewicht von nicht mehr als 1 500 kg und nur mit einer Achse oder mit zwei Achsen, deren Radstand 1 m nicht übersteigt, und die entweder mit dem Zugfahrzeug außer durch die Anhängerdeichsel auch durch eine Sicherungsverbindung (§ 13 Abs. 5) verbunden werden können oder landwirtschaftliche Anhänger sind, wenn mit ihnen eine Geschwindigkeit von 25 km/h nicht überschritten werden darf. *(BGBl 1982/631)*

(12a) *(aufgehoben, BGBl 1993/456)*

(12b) Bei Hilfskraftbremsanlagen und Fremdkraftbremsanlagen müssen die Einrichtungen zur Erzeugung, Speicherung und Übertragung der Energie ein rasches und erschöpfungssicheres Wirken der Bremsanlage gewährleisten. Druckluftbremsanlagen müssen Energiespeicher ausreichenden Fassungsraumes sowie Luftverdichter genügender Förderwirkung aufweisen. Die Wirksamkeit der Betriebsbremsanlage muß auch ohne Verwendung von Energiespeichern mit mechanischen Speicherelementen (Federspeicherbremsanlagen) erreicht werden können.

(13) *(aufgehoben, BGBl 1977/615)*

(BGBl 1977/615)

Reifen, Radabdeckungen, Gleisketten, Gleitschutzvorrichtungen

§ 7. (1) Kraftfahrzeuge und die mit ihnen gezogenen Anhänger außer Anhängeschlitten müssen mit Reifen oder Gleisketten versehen sein, die nach ihrer Bauart, ihren Abmessungen und ihrem Zustand auch bei den höchsten für das Fahrzeug zulässigen Achslasten und bei der Bauartgeschwindigkeit des Fahrzeuges verkehrs- und betriebssicher sind, und durch die die Fahrbahn bei üblicher Benützung nicht in einem unzulässigen Ausmaß abgenützt werden kann; Räder von Kraftfahrzeugen mit einer Bauartgeschwindigkeit von mehr als 25 km/h und Räder von Anhängern, mit denen eine Geschwindigkeit von 25 km/h überschritten werden darf, müssen mit ausreichenden Radabdeckungen wie Kotflügeln und dergleichen versehen sein. *(BGBl 1988/375)*

(2) Gleitschutzvorrichtungen müssen so beschaffen sein, daß bei ihrer Verwendung die Fahrbahn nicht beschädigt und andere Straßenbenützer nicht gefährdet werden können.

(3) *(aufgehoben, BGBl I 2002/80)*

(4) *(aufgehoben, BGBl 1977/615)*

Lenkvorrichtung

§ 8. (1) Kraftfahrzeuge und unabhängig vom Zugfahrzeug zu lenkende Anhänger müssen eine verläßlich wirkende Lenkvorrichtung aufweisen, mit der das Fahrzeug leicht, schnell und sicher gelenkt werden kann.

(2) Kraftfahrzeuge, die, insbesondere wegen der Radlast der lenkbaren Räder, nicht leicht gelenkt werden können, müssen mit einer Lenkhilfe versehen sein. Die Lenkvorrichtung muß, auch wenn die Lenkhilfe ausfällt, verläßlich wirken und das sichere Lenken ermöglichen.

(3) *(aufgehoben, BGBl 1977/615)*

Vorrichtung zum Anlassen und zum Rückwärtsfahren

§ 9. (1) Kraftwagen mit Verbrennungsmotoren müssen mit einer durch Maschinenkraft zu betätigenden Vorrichtung zum Anlassen versehen sein; dies gilt jedoch nicht für Zugmaschinen, Transportkarren (§ 91 Abs. 1) und selbstfahrende Arbeitsmaschinen, wenn der Antriebsmotor dieser Fahrzeuge einen Hubraum von nicht mehr als 1000 cm^3 hat. Wenn der Motor mit einer Handkurbel angelassen werden kann, muß eine Vorrichtung vorhanden sein, durch die ein Antreiben der Kurbel durch den Motor, das Abschleudern der Kurbel und andere Ursachen von Verletzungen vermieden werden. *(BGBl 1977/615)*

(2) Kraftwagen müssen mit einer vom Lenkerplatz aus zu betätigenden Vorrichtung zum Rückwärtsfahren versehen sein.

Windschutzscheiben und Verglasungen

§ 10. (1) Windschutzscheiben und Klarsichtscheiben von Kraftfahrzeugen müssen aus einem unveränderlichen, vollkommen durchsichtigen Stoff bestehen. Sie dürfen Gegenstände nicht verzerrt erscheinen lassen und müssen auch bei Bruch so weit Sicht lassen, daß das Fahrzeug bis zum Anhalten sicher gelenkt werden kann.

(2) Durchsichtige Stoffe, die Teile der Außenwand des Fahrzeuges einschließlich der Windschutzscheibe oder einer inneren Trennwand bilden, müssen so beschaffen sein, daß bei Bruch die Gefahr von Körperverletzungen so gering wie möglich ist. *(BGBl 1971/285)*

(3) *(aufgehoben, BGBl 1977/615)*

Kraftstoffe, Kraftstoffbehälter, Kraftstoffleitungen und Gasgeneratoren

§ 11. (1) Kraftstoffbehälter und Kraftstoffleitungen müssen betriebssicher und so angebracht sein, daß sie gegen Beschädigungen von außen möglichst geschützt sind und daß der Kraftstoff leicht und ohne Gefahr eingefüllt werden kann. Kraftstoffleitungen zu Vergasern müssen, wenn der Kraftstoff nicht durch eine Pumpe gefördert wird, mit einer vom Lenkerplatz aus leicht zu betätigenden Absperrvorrichtung versehen sein.

(2) Anlagen zur Erzeugung oder Speicherung von Kraftgas müssen betriebssicher und so angebracht sein, daß sie gegen Beschädigungen von außen möglichst geschützt sind. Einrichtungen dieser Anlagen, die Gas enthalten oder leiten, müssen dicht sein und dauernd dicht erhalten werden können. Teile, die hohe Temperatur annehmen können, müssen von brennbaren Teilen des Fahrzeuges entsprechend isoliert sein. Absperr- und Regulierungsvorrichtungen in Gasleitungen müssen so beschaffen sein, daß gut zu erkennen ist, ob sie offen oder geschlossen sind oder ein- oder ausgeschaltet sind, und so angebracht sein, daß auch, wenn sie undicht werden, weder der Lenker noch beförderte Personen durch austretende Gase gefährdet werden können.

(3) Für den Betrieb von Kraftfahrzeugen und Anhängern oder ihrer Einrichtungen im Großhandel oder Kleinverkauf feilgebotene Kraftstoffe, nicht jedoch für solche, die aus dem Bundesgebiet verbracht werden, dürfen Bestandteile, die die Verkehrs- und Betriebssicherheit beeinträchtigen oder die durch die bei der Verbrennung des Kraftstoffes entstehenden Abgase

1. die Luft verunreinigen können, wie zB Bleiverbindungen, Benzol oder Schwefel, oder

2. die übermäßige Bildung von Treibhausgasen fördern, wie zB durch übermäßigen CO_2-Ausstoß,

nicht oder nur in solcher Menge enthalten, dass eine schädliche Luftverunreinigung sowie die übermäßige Bildung von Treibhausgasen ausgeschlossen ist; dies gilt sinngemäß auch für Kraftstoffe, die – außer in Kraftstoffbehältern des Fahrzeuges (Abs. 1) – in das Bundesgebiet eingebracht werden. *(BGBl I 2002/80)*

(4) *(aufgehoben, BGBl 1977/615)*

(5) Den für den Betrieb von Kraftfahrzeugen und Anhängern und ihrer Einrichtungen feilgebotenen Kraftstoffen für Motoren mit Fremdzündung können Stoffe beigemengt werden, die geeignet sind, Erdölderivate als Kraftstoff zu ersetzen. Im Falle einer solchen Beimengung sind durch Verordnung nach den Erfordernissen der Verkehrs- und Betriebssicherheit und der Vermeidung von Luftverunreinigungen im Sinne des Abs. 3, nach den volkswirtschaftlichen Interessen, insbesondere der Versorgung mit Kraftstoffen, dem jeweiligen Stand der Technik und der Chemie entsprechend, die Art und die Menge der Ersatzstoffe festzusetzen. *(BGBl 1982/362)*

(6) Die Organe der Behörde oder des Bundesministers für „Klimaschutz, Umwelt, Energie, Mobilität, Innovation und Technologie"*** sowie die von diesen Behörden herangezogenen Sachverständigen sind berechtigt, Kraftstoffe auf die Einhaltung des Abs. 3 und der aufgrund dieses Bundesgesetzes erlassenen Verordnungen zu kontrollieren und zu diesem Zwecke Proben in unbedingt erforderlichem Ausmaß zu entnehmen und Betriebe und Lagerräume zu betreten. Die Entnahme von Proben kann in Betriebsstätten und Standorten des Erzeugers, des Importeurs und des Beförderers, an Tankstellen sowie bei der Kontrolle von Fahrzeugen erfolgen. Die Probeentnahme ist, außer bei Gefahr im Verzug oder anlässlich einer Lenker- oder Fahrzeugkontrolle an Ort und Stelle, während der Betriebszeiten vorzunehmen. Betrifft die Probeentnahme Kraftstoffe, die „unter zollamtlicher Überwachung stehen"**, so darf die Kontrolle nur „bei einer Zollstelle"** oder anlässlich einer Zollamtshandlung vorgenommen werden; in Zolllagern „ "* ist, während sie für Zollamtshandlungen geöffnet sind, die Probeentnahme jederzeit statthaft. *(BGBl I 2007/57; *BGBl I 2019/19; **BGBl I 2019/104; ***BGBl I 2020/134)*

(7) Der Betriebsinhaber des beprobten Betriebes im Sinne des Abs. 6 sowie ihm zurechenbare Personen bzw. der Lenker des beprobten Fahrzeuges haben den Organen der zur Vollziehung ermächtigten Behörden sowie den von diesen herangezogenen Sachverständigen das Betreten des Betriebes sowie der Lagerräume bzw. des Fahrzeuges zu ermöglichen und die Entnahme der Proben zu dulden; weiters haben sie die notwendigen Auskünfte zu geben, notwendige Unterlagen auszufolgen und erforderlichenfalls Einblick in die Aufzeichnungen über den Lagerbestand sowie über die Warenein- und -ausgänge zu gewähren. Betriebsinhaber der zu beprobenden Betriebsstätten bzw. Fahrzeuge gemäß Abs. 6 haben dafür Sorge zu tragen, dass ihnen zurechenbare Personen von den Bestimmungen dieses Bundesgesetzes betreffend die Probeentnahme Kenntnis erhalten. Im Falle der Behinderung oder Verweigerung der Probeentnahme durch den Betriebsinhaber oder diesem zurechenbare Personen, kann die Probeentnahme erzwungen werden. Die Organe der Bundespolizei haben den gemäß Abs. 6 zuständigen Behörden auf deren Ersuchen Hilfe zu leisten und die Beprobten zur Duldung der Probeentnahme anzuhalten. *(BGBl I 2007/57)*

(8) Die entnommenen Proben sind darauf zu untersuchen, ob sie den Spezifikationen einer gemäß § 26a Abs. 2 lit. c erlassenen Verordnung entsprechen; hiefür können sich die Behörden gemäß Abs. 1 sachkundiger Personen oder Einrichtungen bedienen. *(BGBl I 2007/57)*

(9) Für die entnommenen Proben gebührt keine Entschädigung. Die mit der Probeentnahme und mit der Untersuchung (Überprüfung) verbundenen Kosten hat außer im Falle der Probeentnahme aus privaten Fahrzeugtanks derjenige zu tragen, auf dessen Rechnung der beprobte Betrieb oder das Fahrzeug im Sinne des Abs. 6 geführt wird. Die Kosten sind von der Behörde, der die Beprobung zuzurechnen ist, mit Bescheid vorzuschreiben. Der Bundesminister für „Klimaschutz, Umwelt, Energie, Mobilität, Innovation und Technologie" kann die Höhe der Kosten durch Verordnung tarifmäßig festlegen. Die eingehobenen Kostensätze sind zweckgebunden für den Aufwand der Probenziehung und Auswertung durch den Bundesminister für „Klimaschutz, Umwelt, Energie, Mobilität, Innovation und Technologie" zu vereinnahmen. Die Kostensätze werden, soweit dem Bundesminister für „Klimaschutz, Umwelt, Energie, Mobilität, Innovation und Technologie" seit dem 11. Juli 2003 Auslagen erwachsen sind, rückwirkend zweckgebunden. Eine für weitere Untersuchungen ausreichende Referenzmenge der gezogenen Probe ist im Falle des Nichtentsprechens der Probe für den Beprobten bis drei Monate nach der Verständigung über das Nichtentsprechen bei der Behörde gemäß Abs. 6 bzw. beim durch die Behörde herangezogenen Sachverständigen erhältlich. *(BGBl I 2007/57; BGBl I 2020/134)*

Vorrichtungen zur Lärmverhütung und Auspuffanlagen

§ 12. (1) Kraftfahrzeuge mit Verbrennungsmotoren müssen zur Vermeidung von übermäßigem Lärm mit in ihrer Wirkung gleichbleibenden, nicht ausschaltbaren Vorrichtungen zur Dämpfung des Auspuffgeräusches versehen sein. Wird durch das Ansauggeräusch übermäßiger Lärm verursacht, so muß das Fahrzeug mit einer in ihrer Wirkung gleichbleibenden, nicht ausschaltbaren Vorrichtung zur Dämpfung dieses Geräusches versehen sein. Fahrzeugmotoren mit starkem

Motorgeräusch müssen zur Dämpfung dieses Geräusches ausreichend abgeschirmt sein.

(2) Die Achse der freien Enden der Auspuffrohre darf nur so weit gegen die Fahrbahn geneigt sein, daß andere Straßenbenützer durch die Einwirkung der Auspuffgase auf die Fahrbahn nicht behindert werden. *(BGBl I 2002/80)*

(3) *(aufgehoben, BGBl 1977/615)*

Vorrichtungen zum Ziehen und zum Stützen von Anhängern

§ 13. (1) Kraftfahrzeuge und Anhänger, die zum Ziehen von Anhängern bestimmt sind, müssen eine sichere Anhängevorrichtung aufweisen, die es ermöglicht, einen Anhänger so zu ziehen, daß dessen Radspur auf gerader, waagrechter Fahrbahn von der Richtung der Radspur des Zugfahrzeuges nur geringfügig abweichen kann (§ 104 Abs. 2 lit. a). Sie müssen Vorrichtungen zum Anschließen der elektrischen Leitungen für vorgeschriebene Leuchten und der Übertragungsvorrichtungen für vorgeschriebene Bremsanlagen des Anhängers aufweisen. *(BGBl 1982/631)*

(2) Sind Fahrzeuge zum Ziehen von Anhängern außer Sattelanhängern bestimmt, die nicht selbsttätig zum Stehen gebracht werden, wenn sie ohne den Willen des Lenkers nicht mehr durch die Anhängevorrichtung mit dem Zugfahrzeug verbunden sind, so müssen diese Fahrzeuge eine Vorrichtung aufweisen, an die die Sicherungsverbindung des Anhängers (Abs. 5) angeschlossen werden kann; dies gilt jedoch nicht für landwirtschaftliche Zugmaschinen mit einer Bauartgeschwindigkeit von nicht mehr als 25 km/h. Die Sicherungsverbindung muß so anschließbar sein, daß die Radspur des Anhängers auf gerader, waagrechter Fahrbahn von der Richtung der Radspur des Zugfahrzeuges nur geringfügig abweichen und die Anhängerdeichsel nur geringfügig abfallen kann, wenn der Anhänger ohne den Willen des Lenkers nicht mehr durch die Anhängevorrichtung mit dem Zugfahrzeug verbunden ist. *(BGBl 1977/615)*

(3) Die Verbindung der Fahrzeuge muss gefahrlos von einer Person ohne Verwendung von Werkzeug herstellbar und lösbar sein. Für das Kuppeln von Anhängern mit einem höchsten zulässigen Gesamtgewicht von mehr als 3 500 kg sind nur selbsttätige Kupplungen zulässig, die einen selbsttätigen Kupplungsvorgang erlauben. Das gilt jedoch nicht für das Kuppeln von land- oder forstwirtschaftlichen Anhängern oder gezogenen auswechselbaren Maschinen (Richtlinie 2003/37/EG). Omnibusse, die zum Ziehen von Omnibusanhängern bestimmt sind, dürfen jedoch auch mit einer nicht selbsttätig schließenden Anhängevorrichtung ausgerüstet sein, die mit dem Ende der Deichsel des Omnibusanhängers spielfrei und doppelt gesichert verbunden werden kann. *(BGBl I 2007/57)*

(4) Anhänger außer Nachläufern und Sattelanhängern müssen mit einer Anhängerdeichsel ausgerüstet sein, die das sichere Anhängen an das Zugfahrzeug ermöglicht. *(BGBl 1977/615)*

(5) Anhänger, die nicht selbsttätig zum Stehen gebracht werden, wenn sie ohne den Willen des Lenkers nicht mehr durch die Anhängevorrichtung mit dem Zugfahrzeug verbunden sind, außer Sattelanhängern, müssen außer der Anhängerdeichsel (Abs. 4) eine Sicherungsverbindung aufweisen, mit der sie, auch wenn der Anhänger ohne den Willen des Lenkers nicht mehr durch die Anhängevorrichtung mit dem Zugfahrzeug verbunden ist, so gezogen werden können, daß ihre Radspur auf gerader, waagrechter Fahrbahn von der Richtung der Radspur des Zugfahrzeuges nur geringfügig abweichen und die Anhängerdeichsel nur geringfügig abfallen kann; dies gilt jedoch nicht für landwirtschaftliche Anhänger, mit denen eine Geschwindigkeit von 25 km/h nicht überschritten werden darf. *(BGBl 1977/615)*

(6) Anhängewagen müssen eine Anhängerdeichsel aufweisen, die bleibend auf die Höhe der Anhängevorrichtung (Abs. 1) eingestellt werden kann und so am Fahrzeug angebracht ist, daß sie, wenn das Fahrzeug ohne den Willen des Lenkers nicht mehr durch die Anhängevorrichtung mit dem Zugfahrzeug verbunden ist, auch bei Unebenheiten der Fahrbahn diese nicht berührt.

(7) Sattelanhänger, Zentralachsanhänger, Starrdeichselanhänger und Einachsanhänger außer Nachläufern müssen mit der Höhe nach einstellbaren Vorrichtungen versehen sein, durch die das unbeabsichtigte Kippen verhindert werden kann (Anhängerstützen); dies gilt jedoch nicht bei Zentralachsanhängern, Starrdeichselanhängern und Einachsanhängern, deren Achse vom Ende der Deichsel so weit entfernt ist, dass diese auch bei höchster zulässiger Belastung von einer Person aufgehoben werden kann, und bei Nachläufern mit einer Achse, die unbeladen von einer Person in eine zum Beladen geeignete Stellung gebracht werden können. *(BGBl I 2005/117)*

Scheinwerfer, Leuchten und Rückstrahler für Kraftwagen

§ 14. (1) Kraftwagen müssen vorne mit Scheinwerfern ausgerüstet sein, mit denen paarweise weißes Fernlicht und weißes Abblendlicht ausgestrahlt werden kann. Abblendlicht darf nur mit einem Scheinwerferpaar ausgestrahlt werden können. Für Fern- und Abblendlicht sind getrennte Scheinwerfer zulässig. Bei Kraftwagen mit einer Bauartgeschwindigkeit von nicht mehr als 45 km/h ist jedoch kein Fernlicht erforderlich. Die Scheinwerfer eines jeden Paares müssen in gleicher Höhe und symmetrisch zur Längsmittelebene des Fahrzeuges angebracht sein. Das Fernlicht muss eine gerade, in der Richtung parallel zur Längsmittelebene des Fahrzeuges verlaufende Straße bei Dunkelheit auf eine große Entfernung ausleuchten, das Abblendlicht muss, ohne andere Straßenbenützer zu blenden, oder mehr als unvermeidbar zu stören, die Fahrbahn vor dem Fahrzeug ausreichend beleuchten können. Der Lenker muss von seinem Platz aus erkennen können, dass die Scheinwerfer für Fernlicht eingeschaltet sind. Die Scheinwerfer dürfen nur gleichzeitig und mit der gleichen Wirkung abblendbar sein. Bei Kraftwagen der Klassen M und N müssen die Scheinwerfer für das Abblendlicht den Anbauvorschriften der Richtlinie 76/756/EWG entsprechen. Sollte dazu eine Leuchtweitenregulierung erforderlich sein, kann diese automatisch oder handbetätigt vom Lenkersitz aus sein. Scheinwerfer für Fern und/oder Abblendlicht dürfen mit einer Funktion für Kurvenlicht zur besseren Ausleuchtung der Fahrbahn in Kurven ausgestattet sein. *(BGBl I 2005/117)*

(1a) Kraftwagen dürfen im vorderen Bereich mit zwei Abbiegescheinwerfern ausgerüstet sein, mit denen weißes Licht auf jenen Teil der Strasse ausgestrahlt werden kann, der sich im Nahbereich der vorderen Ecke des Fahrzeuges an der Seite befindet, zu der das Fahrzeug beim Abbiegen gelenkt wird. *(BGBl I 2005/117)*

(2) Kraftwagen dürfen vorne zusätzlich mit zwei Tagfahrleuchten ausgerüstet sein, mit denen weißes Licht ausgestrahlt werden kann. Kraftwagen der Klassen M und N müssen hinten mit einem oder zwei Rückfahrscheinwerfern ausgerüstet sein, mit denen weißes Licht ausgestrahlt werden können muß; sie müssen so beschaffen sein, daß mit ihnen andere Straßenbenützer nicht geblendet werden können und Licht ausgestrahlt werden kann, wenn die Vorrichtung zum Rückwärtsfahren eingeschaltet ist. Das Anbringen solcher Rückfahrscheinwerfer an anderen Kraftwagen ist zulässig. *(BGBl I 1997/103)*

(3) Kraftwagen müssen vorne mit zwei Begrenzungsleuchten ausgerüstet sein, mit denen weißes Licht ausgestrahlt und dadurch anderen Straßenbenützern das Fahrzeug erkennbar gemacht und das richtige Abschätzen seiner Breite ermöglicht werden kann (Begrenzungslicht); mit ihnen darf jedoch gelbes Licht ausgestrahlt werden können, wenn sie mit Scheinwerfern eine gemeinsame Lichtaustrittsfläche haben, mit denen gelbes Licht ausgestrahlt werden kann. Die Begrenzungsleuchten müssen symmetrisch zur Längsmittelebene des Fahrzeuges angebracht sein. Begrenzungsleuchten müssen Licht ausstrahlen, wenn die im Abs. 1 angeführten Scheinwerfer oder Nebelscheinwerfer Licht ausstrahlen. *(BGBl 1977/615)*

(4) Kraftwagen müssen hinten mit einer geraden Anzahl von Schlußleuchten ausgerüstet sein, mit denen nach hinten rotes Licht ausgestrahlt und anderen Straßenbenützern das Fahrzeug erkennbar gemacht und das richtige Abschätzen seiner Breite ermöglicht werden kann (Schlußlicht). Die Schlußleuchten müssen symmetrisch zur Längsmittelebene des Fahrzeuges angebracht sein. Sie müssen Licht ausstrahlen, wenn die im Abs. 1 angeführten Scheinwerfer oder Nebelscheinwerfer oder Begrenzungsleuchten Licht ausstrahlen; dies gilt jedoch nicht, wenn mit den Scheinwerfern optische Warnzeichen abgegeben werden. *(BGBl 1977/615)*

(4a) Kraftwagen der Klassen M und N müssen hinten mit einer oder zwei Nebelschlussleuchten ausgerüstet sein. Mit diesen Nebelschlussleuchten darf nur rotes Licht ausgestrahlt werden können. Werden zwei Nebelschlussleuchten angebracht, so müssen sie symmetrisch zur Längsmittelebene des Fahrzeuges liegen; wird eine Nebelschlussleuchte angebracht, so muss sie links von dieser Ebene oder auf dieser Ebene liegen. Das Anbringen von mehr als zwei Nebelschlussleuchten ist unzulässig. Der Lenker muss von seinem Platz aus erkennen können, dass die Nebelschlussleuchte eingeschaltet ist. *(BGBl I 2002/80)*

(5) Kraftwagen müssen hinten mit einer geraden Anzahl von Rückstrahlern ausgerüstet sein, mit denen im Lichte eines Scheinwerfers rotes Licht rückgestrahlt und anderen Straßenbenützern das Fahrzeug erkennbar gemacht und das richtige Abschätzen seiner Breiten ermöglicht werden kann (rote Rückstrahler). Diese Rückstrahler dürfen nicht die Form eines Dreieckes haben. Die Rückstrahler müssen symmetrisch zur Längsmittelebene des Fahrzeuges angebracht sein. Kraftwagen, deren Länge 6 m übersteigt, müssen an beiden Längsseiten mit Rückstrahlern ausgerüstet sein, mit denen im Lichte eines „Scheinwerfers" gelbrotes Licht quer zur Längsmittelebene des Fahrzeuges rückgestrahlt werden kann (gelbrote Rückstrahler). Wenn jedoch der hinterste seitliche Rückstrahler mit der Schlußleuchte, Umrißleuchte, Nebelschlußleuchte, Bremsleuchte oder der roten hinteren Seitenmarkierungsleuchte zusammengebaut ist oder eine gemeinsame leuchtende Fläche hat, darf er auch so beschaffen sein, daß im Lichte eines Scheinwerfers rotes Licht rückgestrahlt werden kann. *(BGBl I 1997/103; BGBl I 2014/87)*

(6) Kraftwagen müssen mit Kennzeichenleuchten ausgerüstet sein, mit denen die hintere oder die gemäß § 49 Abs. 6 seitlich angebrachten Kennzeichentafeln mit weißem, nicht nach hinten ausgestrahltem Licht beleuchtet werden können. Die Kennzeichenleuchten müssen bei Dunkelheit und klarem Wetter das Ablesen des Kennzeichens auf mindestens 20 m gewährleisten und müssen Licht ausstrahlen, wenn mit den Schlußleuchten Licht ausgestrahlt wird. *(BGBl 1971/285)*

(6a) Kraftwagen der Klassen M und N mit einer Breite von mehr als 2 100 mm müssen mit je zwei, von vorne und von hinten sichtbaren, Umrißleuchten ausgestattet sein, die nach vorne weißes und nach hinten rotes Licht ausstrahlen. Die Anbringung von Umrißleuchten an Kraftwagen mit einer Breite zwischen 1 800 mm und 2 100 mm ist zulässig. *(BGBl I 1997/103)*

(6b) Kraftwagen der Klassen M und N mit einer Länge von mehr als 6 m, ausgenommen Fahrgestelle mit Führerhaus, müssen mit Seitenmarkierungsleuchten, mit denen gelbrotes Licht ausgestrahlt wird, ausgerüstet sein. Wenn jedoch die hinterste Seitenmarkierungsleuchte mit der Schlußleuchte, Umrißleuchte, Nebelschlußleuchte oder Bremsleuchte zusammengebaut, kombiniert oder ineinandergebaut ist oder Teil einer gemeinsam leuchtenden Fläche mit dem Rückstrahler bildet, darf sie auch rotes Licht ausstrahlen. *(BGBl I 1997/103)*

(6c) An Kraftwagen der Klassen N2 mit einer Höchstmasse von mehr als 7,5 t und N3 sowie von solchen Fahrzeugen abgeleiteten Spezialkraftwagen und selbstfahrenden Arbeitsmaschinen müssen auffällige Markierungen im Sinne der ECE-Regelung Nr. 104 angebracht sein. An solchen Fahrzeugen mit einer

1. Breite von mehr als 2 100 mm muss hinten eine Vollkontur-Markierung und

2. Länge von mehr als 6 m muss seitlich eine Teilkonturmarkierung

angebracht sein. Das gilt nicht für Fahrgestelle mit Fahrerhaus, unvollständige Fahrzeuge und Sattelzugfahrzeuge. Ist es wegen der Form, des Aufbaus, der Bauart oder der Betriebsbedingungen nicht möglich, die vorgeschriebene Konturmarkierung anzubringen, darf eine Linienmarkierung angebracht sein. An Feuerwehrfahrzeugen reicht generell eine Linienmarkierung. Diese kann je nach Konstruktion des Fahrzeuges auch unterbrochen sein. *(BGBl I 2013/43)*

(7) Kraftwagen, deren größte Breite die im § 4 Abs. 6 Z. 2 festgesetzte Höchstgrenze überschreitet, müssen außer mit den im Abs. 3 angeführten Begrenzungsleuchten auf beiden Seiten vorne mit je einer weiteren Begrenzungsleuchte und hinten auf beiden Seiten mit mindestens je zwei Schlußleuchten (Abs. 4) ausgerüstet sein; die weiteren Begrenzungsleuchten und je eine Schlußleuchte auf jeder Seite müssen so am äußersten Rand des Fahrzeuges angebracht sein, daß anderen Straßenbenützern dessen größte Breite erkennbar gemacht werden kann. Diese Leuchten müssen Licht ausstrahlen, wenn die vorne am Fahrzeug angebrachten Scheinwerfer oder Leuchten mit Ausnahme der Suchscheinwerfer Licht ausstrahlen. *(BGBl 1971/285)*

(8) Die in den Abs. 1 bis 4, 6 und 7 angeführten Scheinwerfer und Leuchten der Kraftwagen müssen auch bei stillstehendem Motor wirksam sein; Scheinwerfer, Leuchten und Rückstrahler gleicher Art dürfen paarweise nur gleichstarkes Licht aus- oder rückstrahlen, doch dürfen bei Personenkraftwagen sowie Fahrzeugen, die nicht länger als 6 m und nicht breiter als 2 m sind, auch nur die Leuchten einer Seite des Fahrzeuges einschaltbar sein (Parklichtschaltung). Im Abs. 1 angeführte Scheinwerfer und Begrenzungsleuchten dürfen nur Licht gleicher Farbe ausstrahlen. Begrenzungsleuchten (Abs. 3), Schlußleuchten (Abs. 4), Rückstrahler im Lichte eines Scheinwerfers (Abs. 5), Bremsleuchten (§ 18) und Blinkleuchten (§ 19) dürfen nicht blenden und müssen ein auf eine hinreichende Entfernung sichtbares Licht aus- oder rückstrahlen können. Die vorderen Scheinwerfer und Leuchten sowie die hinteren Scheinwerfer, Leuchten und Rückstrahler der Kraftwagen dürfen auf jeder Seite jeweils auch gemeinsame Lichtaus- und Lichteintrittsflächen haben. *(BGBl 1982/631)*

(9) Die in den Abs. 1 bis 7, § 18 und § 19 angeführten Scheinwerfer, Leuchten und Rückstrahler müssen mit dem Fahrzeug dauernd fest verbunden sein; dies gilt jedoch nicht für

a) Scheinwerfer mit Vorrichtungen zum Ausfahren oder Abdecken,

b) die im § 99 Abs. 2 angeführten Ersatzvorrichtungen und

c) Scheinwerfer, Leuchten und Rückstrahler, die nur unter wesentlicher Beeinträchtigung der bestimmungsgemäßen Verwendung des Fahrzeuges an diesem angebracht werden können, wenn sie auf einem abnehmbaren starren Leuchtenträger angebracht sind.
(BGBl 1977/615)

Beleuchtungs- und Lichtsignaleinrichtungen für Fahrzeuge der Klasse L

§ 15. Für Fahrzeuge der Klasse L gelten hinsichtlich des Anbaues, der technischen Eigenschaften und der Funktionsweise der Beleuchtungs- und Lichtsignaleinrichtungen die Vorschriften der Verordnung (EU) Nr. 168/2013 über die Genehmigung und Marktüberwachung von zwei- oder dreirädrigen und vierrädrigen Fahrzeugen, ABl. Nr. L 60 vom 02.03.2013, in Verbindung mit der delegierten Verordnung (EU) Nr. 3/2014 hinsichtlich der Anforderungen an die funktionale Sicherheit von Fahrzeugen für die Genehmigung von zwei- oder dreirädrigen und vierrädrigen Fahrzeugen, ABl. Nr. L 7 vom 10.01.2014.

(BGBl I 2016/40)

Scheinwerfer, Leuchten und Rückstrahler für Anhänger

§ 16. (1) „Für Anhänger gelten die Bestimmungen des § 14 über die Schlussleuchten und paarweisen Bremsleuchten, die hinteren Umrissleuchten, Fahrtrichtungsanzeiger, Kennzeichenleuchten und Rückstrahler sowie Nebelschlussleuchten."

Nebelschlussleuchten sind für Anhänger, die dazu bestimmt sind, mit Zugmaschinen gezogen zu werden, jedoch nicht erforderlich. Die Rückstrahler müssen von den Lichtaustrittsflächen der Leuchten getrennt sein, die Form eines gleichseitigen Dreiecks haben und so angebracht sein, dass eine Spitze des Dreieckes nach oben gerichtet ist. Anhänger, deren größte Breite 80 cm nicht übersteigt und die dazu bestimmt sind, mit einspurigen Krafträdern gezogen zu werden, müssen mit nur einer der sonst für Anhänger vorgeschriebenen Leuchten ausgerüstet sein. Diese Rückstrahler müssen auch dann mit dem Fahrzeug dauernd fest verbunden sein, wenn die hinteren Leuchten auf einem Leuchtenträger (§ 14 Abs. 9 lit. c) angebracht sind; werden sie durch den Leuchtenträger verdeckt, so müssen auch auf diesem Rückstrahler angebracht sein. *(BGBl I 2005/117; BGBl I 2007/57)*

(2) Anhänger müssen vorne mit zwei nicht dreieckigen Rückstrahlern ausgerüstet sein, mit denen im Lichte eines Scheinwerfers weißes Licht rückgestrahlt werden kann (weiße Rückstrahler) und die so am äußersten Rand des Fahrzeuges angebracht sind, daß anderen Straßenbenützern dessen größte Breite erkennbar gemacht werden kann. Anhänger, deren größte Breite 1,6 m übersteigt, müssen mit Begrenzungsleuchten (§ 14 Abs. 3) ausgerüstet sein. Begrenzungsleuchten sind jedoch nicht für landwirtschaftliche Anhänger erforderlich, mit denen eine Geschwindigkeit von 25 km/h nicht überschritten werden darf. Unabhängig vom Zugfahrzeug zu lenkende Anhänger müssen vorne mit Scheinwerfern ausgerüstet sein, mit denen nur Abblendlicht ausgestrahlt werden kann. Für diese Rückstrahler und Scheinwerfer gelten die Bestimmungen des § 14 Abs. 1 und 5 sinngemäß. *(BGBl I 1997/103)*

(3) Anhänger mit einer Länge von mehr als 6 m ausgenommen landwirtschaftliche Anhänger, mit denen eine Geschwindigkeit von 25 km/h nicht überschritten werden darf, müssen mit Seitenmarkierungsleuchten, mit denen gelbrotes Licht ausgestrahlt wird, ausgerüstet sein. Wenn jedoch die hinterste Seitenmarkierungsleuchte mit der Schlußleuchte, Umrißleuchte, Nebelschlußleuchte oder Bremsleuchte zusammengebaut, kombiniert oder ineinandergebaut ist oder Teil einer gemeinsam leuchtenden Fläche mit dem Rückstrahler bildet, darf sie auch rotes Licht ausstrahlen. Anhänger und Nachläufer müssen an beiden Längsseiten mit seitlichen Rückstrahlern ausgerüstet sein, mit denen im Lichte eines Scheinwerfers gelbrotes Licht quer zur Längsmittelebene des Fahrzeuges rückgestrahlt werden kann. Wenn jedoch der hinterste seitliche Rückstrahler mit der Schlußleuchte, Umrißleuchte, Nebelschlußleuchte, Bremsleuchte oder der hinteren Seitenmarkierungsleuchte zusammengebaut ist oder eine gemeinsame leuchtende Fläche hat, darf er auch so beschaffen sein, daß rotes Licht rückgestrahlt werden kann. *(BGBl I 1997/103)*

(4) Anhänger mit einer Breite von mehr als 2 100 mm ausgenommen landwirtschaftliche Anhänger, mit denen eine Geschwindigkeit von 25 km/h nicht überschritten werden darf, müssen mit je zwei, von vorne und von hinten sichtbaren Umrißleuchten ausgestattet sein, die nach vorne weißes und nach hinten rotes Licht ausstrahlen. Die Anbringung von Umrißleuchten an Anhängern mit einer Breite zwischen 1 800 mm und 2 100 mm ist zulässig. *(BGBl I 1997/103)*

(5) Anhänger der Klassen O2, O3 und O4, müssen hinten mit einem oder zwei, ab einer Länge von mehr als 6 m jedenfalls mit zwei, Rückfahrscheinwerfern ausgerüstet sein, mit denen weißes Licht ausgestrahlt werden können muss; sie müssen so beschaffen sein, dass mit ihnen andere Straßenbenützer nicht geblendet werden können und nur Licht ausgestrahlt werden kann, wenn die Vorrichtung zum Rückwärtsfahren eingeschaltet ist. Rückfahrscheinwerfer sind für Anhänger, die dazu bestimmt sind, mit landwirtschaftlichen Zugmaschinen gezogen zu werden, jedoch nicht erforderlich. *(BGBl I 2013/43)*

(6) An Anhängern der Klassen O3 und O4, müssen auffällige Markierungen im Sinne der ECE-Regelung Nr. 104 angebracht sein. An solchen Anhängern mit einer

1. Breite von mehr als 2 100 mm muss hinten eine Vollkontur-Markierung und

2. Länge von mehr als 6 m muss seitlich eine Teilkonturmarkierung

angebracht sein. Dies gilt nicht für Anhänger, die dazu bestimmt sind, mit landwirtschaftlichen Zugmaschinen gezogen zu werden. Ist es wegen der Form, des Aufbaus, der Bauart oder der Betriebsbedingungen nicht möglich, die vorgeschriebene Konturmarkierung anzubringen, darf eine Linienmarkierung angebracht sein. An Feuerwehrfahrzeugen reicht generell eine Linienmarkierung. Diese kann je nach Konstruktion des Fahrzeuges auch unterbrochen sein. *(BGBl I 2013/43)*

Scheinwerfer und Leuchten für Fahrzeuge des Straßendienstes

§ 17. (1) Fahrzeuge, die ausschließlich oder vorwiegend zur Verwendung im Bereich des Straßendienstes im Sinne des § 27 Abs. 1 der StVO 1960 bestimmt oder zur Verrichtung von Streu- oder Schneeräumarbeiten besonders gebaut oder ausgerüstet sind, müssen, sofern sie nicht ausschließlich oder vorwiegend zur Verwendung auf beleuchteten Straßen bestimmt sind, aufweisen:

a) Warnleuchten mit gelbrotem Licht in einer für die Sichtbarkeit des mit ihnen ausgestrahlten Lichtes von allen Seiten erforderlichen Anzahl; *(BGBl 1977/615)*

b) bei Schneeräumfahrzeugen außer den im § 14 Abs. 1 angeführten Scheinwerfern weitere Scheinwerfer in einer auch bei vorgebautem Schneeräumgerät zur hinreichenden Beleuchtung der zu räumenden Fahrbahn erforderlichen Anzahl; *(BGBl 1977/615)*

c) sofern das Streu- oder Schneeräumgerät die Breite des übrigen Fahrzeuges überragt, am äußersten Rand vorne zwei Begrenzungsleuchten und hinten zwei Schlussleuchten, die so angebracht sind, dass durch diese anderen Straßenbenützern die größte Breite des Gerätes erkennbar gemacht werden kann; diese Leuchten dürfen auch auf einer nicht am Gerät befestigten Vorrichtung angebracht sein. An Stelle dieser Begrenzungs- und Schlussleuchten darf auch auf jeder Seite nur eine Leuchte angebracht sein, mit der nach vorne weißes und nach hinten rotes Licht ausgestrahlt werden kann. *(BGBl I 2002/80)*

(2) Für die im Abs. 1 angeführten Scheinwerfer und Leuchten gelten die Bestimmungen des § 14 Abs. 8 sinngemäß. Bei Verwendung von Anhängern für Streu- oder Schneeräumarbeiten können die im Abs. 1 lit. a und c angeführten Leuchten statt auf dem Anhänger auch auf dem Zugfahrzeug angebracht werden. *(BGBl 1977/615)*

(3) *(aufgehoben, BGBl 1977/615)*

Bremsleuchten

§ 18. (1) Mehrspurige Fahrzeuge, abgesehen von den in § 15 geregelten Fahrzeugen und ausgenommen die Fälle des Abs. 2 müssen hinten mit zwei, Fahrzeuge der Klasse M1 mit drei Bremsleuchten ausgestattet sein. Die Anbringung einer zusätzlichen mittleren hochgesetzten Bremsleuchte oder eines Paares zusätzlicher hochgesetzter Bremsleuchten ist zulässig, sofern nicht schon eine dritte, mittlere Bremsleuchte vorhanden ist. Bremsleuchten sind Leuchten, mit denen beim Betätigen der Betriebsbremsanlage (§ 6 Abs. 3), bei Anhängern der Betriebsbremsanlage des Zugfahrzeuges, rotes Licht ausgestrahlt wird (Bremslicht). Dieses Licht muss sich vom Schlusslicht (§ 14 Abs. 4) durch größere Lichtstärke deutlich unterscheiden. *(BGBl I 2003/60)*

(2) Bremsleuchten sind nicht erforderlich bei

1. *(entfällt, BGBl I 2013/43)*

2. Zugmaschinen mit einer Bauartgeschwindigkeit von nicht mehr als 25 km/h,

3. Motorkarren mit einer Bauartgeschwindigkeit von nicht mehr als 25 km/h, deren höchstes zulässiges Gesamtgewicht 3 500 kg nicht überschreitet,

4. Einachszugmaschinen, die mit einem anderen Fahrzeug oder Gerät so verbunden sind, daß sie mit diesem ein einziges Kraftfahrzeug bilden,

5. selbstfahrenden Arbeitsmaschinen mit einer Bauartgeschwindigkeit von nicht mehr als 25 km/h,

6. landwirtschaftlichen Anhängern, mit denen eine Geschwindigkeit von 25 km/h nicht überschritten werden darf,

7. Anhängern, deren Abmessungen so gering sind, daß eine Bremsleuchte des Zugfahrzeuges für Lenker nachfolgender Fahrzeuge sichtbar bleibt,

8. Anhängern, die ausschließlich dazu bestimmt sind, mit den in Z 2, 3 oder 5 angeführten Kraftfahrzeugen gezogen zu werden. *(BGBl I 1997/103)*

(3) Die Bremsleuchten müssen bei mehrspurigen Fahrzeugen symmetrisch zur Längsmittelebene des Fahrzeuges angebracht sein. *(BGBl 1977/615)*

(4) *(aufgehoben, BGBl 1977/615)*

(5) Die Bestimmungen der Abs. 1 und 3 sind auch dann auf Bremsleuchten an Kraftfahrzeugen und Anhängern anzuwenden, wenn sie für diese Fahrzeuge nicht vorgeschrieben sind. *(BGBl I 2002/80)*

Fahrtrichtungsanzeiger

§ 19. (1) Abgesehen von den in § 15 geregelten Fahrzeugen müssen Kraftfahrzeuge mit Fahrtrichtungsanzeigern ausgerüstet sein, deren Blinkleuchten (Abs. 2) symmetrisch zur Längsmittelebene des Fahrzeuges und so angebracht sind, dass von vorne und von hinten jeweils mindestens zwei symmetrisch zur Längsmittelebene des Fahrzeuges liegende sichtbar sind; wenn jedoch zwingende Gründe vorliegen, können Blinkleuchten auch nicht symmetrisch zur Längsmittelebene des Fahrzeuges angebracht sein; bei Kraftfahrzeugen der Klassen M und N müssen zusätzlich seitliche Fahrtrichtungsanzeiger vorhanden sein. Die auf einer Seite des Fahrzeuges angebrachten Blinkleuchten müssen durch dieselbe Betätigungsvorrichtung ein- und ausschaltbar sein. Sie dürfen nur ein- und ausschaltbar sein, wenn die Blinkleuchten der anderen Seite ausgeschaltet sind. Der Lenker muss von seinem Platz aus erkennen können, dass die Blinkleuchten des von ihm gelenkten Fahrzeuges und eines mit diesem gezogenen Anhängers (Abs. 3) wirksam sind. *(BGBl I 2013/43)*

(1a) Mehrspurige Kraftfahrzeuge, die gemäß Abs. 1 mit Fahrtrichtungsanzeigern ausgerüstet sein müssen, müssen eine zusätzliche Schaltung aufweisen, durch die alle Blinkleuchten, einschließlich der von mit dem Kraftfahrzeug gezogenen Anhängern zugleich ein- und ausschaltbar sind (Alarmblinkanlage). Der Lenker muß von seinem Platz aus erkennen können, daß die Alarmblinkanlage eingeschaltet ist. *(BGBl 1977/615)*

(2) Fahrtrichtungsanzeiger dürfen nur unbewegliche Leuchten mit Blinklicht, Blinkleuchten, aufweisen, mit denen gelbrotes Licht ausgestrahlt werden kann. Die Blinkleuchten müssen in gleicher Höhe an den Längsseiten des Fahrzeuges oder vorne und hinten oder an den Längsseiten und vorne und hinten oder an den Längsseiten und vorne oder hinten angebracht sein. Sie müssen gleich weit von der Längsmittelebene des Fahrzeuges entfernt sein. *(BGBl 1977/615)*

(3) Anhänger müssen hinten mit Blinkleuchten ausgerüstet sein, die den Bestimmungen des Abs. 2 über die hinteren Blinkleuchten entsprechen; Anhänger, deren Abmessungen so gering sind, daß die Blinkleuchten des Zugfahrzeuges für Lenker nachfolgender Fahrzeuge sichtbar bleiben, müssen jedoch nicht mit Blinkleuchten ausgerüstet sein.

(4) Die Bestimmungen des Abs. 2 sind auch dann auf Fahrtrichtungsanzeiger an Kraftfahrzeugen und Anhängern anzuwenden, wenn sie für diese Fahrzeuge nicht vorgeschrieben sind.

(5) *(aufgehoben, BGBl 1977/615)*

Scheinwerfer, Leuchten, Rückstrahler und Lichtfarben für besondere Zwecke

§ 20. (1) Außer den im § 14 Abs. 1 bis 7 und in den §§ 15 und 17 bis 19 angeführten Scheinwerfern, Leuchten und Rückstrahlern dürfen ohne Bewilligung gemäß Abs. 4 an Kraftfahrzeugen und Anhängern nur angebracht werden:

„1." Leuchten für die Beleuchtung des Wageninneren, der dem Betrieb dienenden Kontrollgeräte, der Zeichen für Platzkraftwagen (Taxi- Fahrzeuge), der Fahrpreisanzeiger und von Zeichen für die im Abs. 5 lit. d und e angeführten Fahrzeuge von ärztlichen Bereitschaftsdiensten oder Ärzten; *(BGBl I 2009/94)*

„2." Freizeichen, Linienzeichen, Zielschilder und dergleichen, Parkleuchten sowie Leuchten oder Rückstrahler, mit denen rotes oder gelbrotes Licht aus- oder rückgestrahlt werden kann und mit denen die Lage einer geöffneten Fahrzeugtüre angezeigt werden kann, und Leuchten und Rückstrahler, deren Anbringen gemäß § 33 Abs. 1 nicht angezeigt werden muß; *(BGBl I 2009/94)*

„3." Nebelscheinwerfer, Suchscheinwerfer, Rückfahrscheinwerfer, Arbeitsscheinwerfer, Nebelschlußleuchten und Seitenleuchten; *(BGBl I 2009/94)*

4. Scheinwerfer und Warnleuchten mit blauem Licht bei

a) Fahrzeugen, die zur Verwendung im Bereich des öffentlichen Sicherheitsdienstes bestimmt sind,

b) Fahrzeugen, die im Bereich des militärischen Eigenschutzes „ " sowie des Entminungsdienstes zur Verwendung kommen, *(BGBl I 2013/43; BGBl I 2019/19)*

c) Fahrzeugen, die zur Verwendung „von Organen des Amtes für Betrugsbekämpfung und des Zollamtes Österreich", bestimmt sind, *(BGBl I 2019/104)*

d) Feuerwehrfahrzeugen sowie Kommando- und Mannschaftsfahrzeugen der Feuerwehr, *(BGBl I 2020/134)*

e) Fahrzeugen des Rettungsdienstes im Besitz von Gebietskörperschaften,

f) Fahrzeugen im Besitz der in § 23 Abs. 1 Z 1 bis 5 des Sanitätergesetzes, BGBl. I Nr. 30/2002 namentlich genannten Einrichtungen, oder Fahrzeugen der Bergrettung, der Höhlenrettung oder der Wasserrettung, die für dringende Einsätze im Rettungsdienst, bei Großschadensereignissen oder zur Katastrophenhilfe verwendet werden, *(BGBl I 2019/19)*

g) Fahrzeugen, die von gemäß § 97 Abs. 2 StVO beeideten Straßenaufsichtsorganen zur Begleitung von Sondertransporten verwendet werden, sofern die Verwendung von Blaulicht im Bescheid gemäß § 39, § 82 Abs. 5, § 101 Abs. 5 oder § 104 Abs. 9 als Auflage zur Transportabsicherung vorgeschrieben wurde, für die Dauer dieser Transportbegleitung;

h) Fahrzeugen, die von Organen der Strafvollzugsverwaltung verwendet werden, *(BGBl I 2015/73)*

i) Fahrzeugen von Eisenbahninfrastrukturunternehmen, die im Notfallmanagement

– von den Einsatzleitern oder Gefahrgutmanagern dieser Unternehmen verwendet werden, um im Falle außergewöhnlicher Ereignisse innerhalb kurzer Zeit am Einsatzort zu sein oder

– im Streifendienst entlang der Bahnstrecken zur Durchführung von Erstmaßnahmen zur Gefahrenbeseitigung nach Buntmetalldiebstählen eingesetzt werden „" *(BGBl I 2016/40)*

(BGBl I 2015/73; BGBl I 2016/40)

j) Fahrzeugen der Sicherheitsuntersuchungsstelle des Bundes (§ 2 Unfalluntersuchungsgesetz – UUG 2005, BGBl. I Nr. 123/2005) für Fahrten zum Ort eines Vorfalles gemäß § 6 UUG 2005; *(BGBl I 2016/40)*

k) Fahrzeugen der Fernmeldebehörden, die für dringende Einsätze im Rahmen der Aufsicht über den ordnungsgemäßen und störungsfreien Betrieb von Funkanlagen „(§§ 175 ff des Telekommunikationsgesetzes 2021, BGBl. I Nr. 190/2021, TKG 2021)" verwendet werden; *(BGBl I 2020/134; BGBl I 2021/190)*
(BGBl I 2009/94)

„5." bei Fahrzeugen, die ausschließlich oder vorwiegend zur Verwendung im Bereich des

§ 20

Straßendienstes im Sinne des § 27 Abs. 1 der StVO. 1960 bestimmt und zur Verrichtung von Streu- oder Schneeräumarbeiten besonders gebaut oder ausgerüstet sind und deren äußerste Punkte durch Flaggen erkennbar gemacht werden, je ein quer zur Fahrtrichtung wirkender Scheinwerfer, mit dem zur Beleuchtung dieser Flaggen weißes Licht ausgestrahlt werden kann; *(BGBl I 2009/94)*

„6." Warnleuchten mit gelbrotem Licht; *(BGBl I 2009/94)*

„7." Ladewarnleuchten zur Kenntlichmachung von Anbaugeräten oder Hubladebühnen, mit denen paarweise gelbrotes Blinklicht ausgestrahlt werden kann. Diese sind möglichst am äußeren Rand der Einrichtung anzubringen. *(BGBl 1994/654; BGBl I 2009/94)*

8. bei Fahrzeugen der Klassen M2, M3, N, O2, O3 und O4 auffällige Markierungen gemäß UN-Regelung Nr. 48 sowie charakteristische Markierungen und Grafiken mit retroreflektierenden Markierungsmaterialien der Klassen „D" und „E" gemäß UN-Regelung Nr. 104, letztere unter Einhaltung der Anbringungsvorschriften in Pkt. 7.2 der UN-Regelung Nr. 104; *(BGBl I 2019/19)*

9. bei Fahrzeugen des öffentlichen Sicherheitsdienstes, der Straßenaufsichtsorgane oder des Straßendienstes sowie bei Feuerwehrfahrzeugen und bei Pannen- und Abschleppfahrzeugen beleuchtete Warnleiteinrichtungen; *(BGBl I 2017/102)*

„10." Beleuchtungseinrichtungen an historischen Fahrzeugen zur Aufrechterhaltung des historischen Erscheinungsbildes; solche Beleuchtungseinrichtungen dürfen aber auf Straßen mit öffentlichem Verkehr nicht im Sinne des § 99 verwendet werden. *(BGBl I 2005/117; BGBl I 2009/94)*
(BGBl I 1997/103)

(2) Nebelscheinwerfer müssen so angebracht sein, daß ihre Lichtaustrittsfläche nicht höher liegt als der höchste Punkt der Lichtaustrittsfläche der Scheinwerfer, mit denen Abblendlicht ausgestrahlt werden kann. Sie müssen, außer bei Motorrädern mit Beiwagen, symmetrisch zur Längsmittelebene des Fahrzeuges angebracht sein. Abgesehen von den im § 15 geregelten Fahrzeugen dürfen an mehrspurigen Kraftfahrzeugen nur zwei Nebelscheinwerfer angebracht sein. *(BGBl I 2002/80)*

(3) Mit Parkleuchten dürfen nur Personenkraftwagen sowie Fahrzeuge, die nicht länger als 6 m und nicht breiter als 2 m sind, ausgerüstet sein. Parkleuchten müssen so beschaffen und angebracht sein, daß mit ihnen während des Parkens bei Dunkelheit und klarem Wetter nach vorne und nach hinten anderen Straßenbenützern das Fahrzeug auf mindestens 50 m erkennbar gemacht werden kann. Mit Parkleuchten darf nach vorne nur gelbrotes, gelbes oder weißes und nach hinten nur gelbrotes oder rotes Licht ausgestrahlt werden können.

(4) Andere als die im § 14 Abs. 1 bis 7, in den §§ 15 und 17 bis 19 und in den Abs. 1 bis 3 angeführten „Scheinwerfer", Leuchten und Rückstrahler oder andere Lichtfarben dürfen nur mit Bewilligung des Landeshauptmannes an Kraftfahrzeugen und Anhängern angebracht werden und nur, wenn der Antragsteller hiefür einen dringenden beruflichen oder wirtschaftlichen Bedarf glaubhaft macht. Diese Bewilligung ist nach Maßgabe der Bestimmungen der Abs. 5 bis 7 zu erteilen, wenn die Verkehrs- und Betriebssicherheit dadurch nicht beeinträchtigt wird und wenn nicht zu erwarten ist, daß andere Verkehrsteilnehmer durch diese Leuchten und Lichtfarben abgelenkt oder getäuscht werden können, wie insbesondere bei beleuchteten Werbeflächen oder Leuchten, die so geschaltet sind, daß der Eindruck bewegter Lichter entsteht. *(BGBl I 1997/103; BGBl I 2014/87)*

(5) Scheinwerfer und Warnleuchten mit blauem Licht dürfen bei nicht unter „Abs. 1 Z 4" fallenden Fahrzeugen nur bewilligt werden, wenn ihre Verwendung im öffentlichen Interesse gelegen ist und dagegen vom Standpunkt der Verkehrs- und Betriebssicherheit keine Bedenken bestehen und nur für Fahrzeuge, die zur Verwendung bestimmt sind: *(BGBl I 2009/94)*

a) ausschließlich oder vorwiegend für Feuerwehren,

b) für den öffentlichen Hilfsdienst,

c) für den Rettungsdienst „ ", *(BGBl I 2009/94; BGBl I 2019/19)*

d) für den ärztlichen Bereitschaftsdienst von Gebietskörperschaften, Ärztekammern oder Sozialversicherungsträgern,

e) für die Leistung dringender ärztlicher Hilfe durch Ärzte in verkehrsreichen Gebieten, in denen kein mit einem Arzt besetzter Rettungsdienst und kein ärztlicher Bereitschaftsdienst gemäß lit. d zur Verfügung stehen; vor der Entscheidung über einen Antrag auf Erteilung der Bewilligung ist eine Stellungnahme der Ärztekammer zur Frage der Notwendigkeit der Erteilung dieser Bewilligung einzuholen oder

f) für die Leistung dringender Hilfsdienste im Zusammenwirken mit Feuerwehren und öffentlichen Hilfsdiensten bei Verkehrsunfällen, an denen Fahrzeuge zur Beförderung gefährlicher Güter beteiligt sind;

g) für die Erbringung dringender tierärztlicher Hilfe durch Tierärzte in verkehrsreichen Gebieten, in denen kein mit einem Tierarzt besetzter Rettungsdienst zur Verfügung steht; vor der Entscheidung über einen Antrag auf Erteilung der Bewilligung ist eine Stellungnahme der Tierärztekammer zur Frage der Notwendigkeit der Erteilung dieser Bewilligung einzuholen, *(BGBl 1994/654)*

h) für die Leistung dringender ärztlicher Hilfe durch Fachärzte (in verkehrsreichen Gebieten), sofern sie sich auf Grund krankenanstaltenrechtlicher Organisationsvorschriften in Rufbereitschaft befinden, oder *(BGBl I 2002/80)*

i) für frei praktizierende Hebammen, die berechtigt sind, Hausgeburten durchzuführen, und für Fachärzte für Frauenheilkunde und Geburtshilfe, die tatsächlich auch Hausgeburten durchführen, zum rascheren Erreichen des Ortes der Hausgeburt, *(BGBl I 2019/19)*

j) für die auftragsgemäße dringende Entstörung der Funk- bzw. Kommunikationssysteme sowie Leitzentralen der BOS-Organisationen (Behörden und Organisationen mit Sicherheitsaufgaben). *(BGBl I 2008/6)*

In den Fällen der lit. d und lit. h ergeht die Bewilligung, sofern es sich nicht um Fahrzeuge gemäß lit. c handelt, an die Institution oder Krankenanstalt, die den Bereitschaftsdienst organisiert. Die Bewilligung erstreckt sich auf ein oder mehrere Fahrzeuge dieser Institutionen oder auf die jeweils von der Institution namhaft gemachten Fahrzeuge der Bereitschaftsdienst versehenden Ärzte. Die Warnleuchten mit blauem Licht dürfen jeweils nur an dem Fahrzeug angebracht werden, das tatsächlich für einen bestimmten Bereitschaftsdienst eingesetzt wird und nur auf die Dauer des Bereitschaftsdienstes und während der Verwendung dieses Fahrzeuges für Einsatzfahrten. *(BGBl I 2005/117, zu BGBl 1977/615: § 44 Abs. 1 Z 2 GGSt)*

(6) Bewilligungen nach Abs. 5 sind unter den entsprechenden Auflagen oder zeitlichen, örtlichen oder sachlichen Beschränkungen der Gültigkeit zu erteilen. Durch Verordnung können die näheren Bestimmungen hinsichtlich der Bewilligungen nach Abs. 5 festgelegt werden. Dabei sind insbesondere die Antragslegitimation, die Erteilungsvoraussetzungen, spezielle Einsatzbedingungen sowie die Führung entsprechender Aufzeichnungen über die Verwendung des Blaulichts zu regeln. *(BGBl 1994/654)*

(6a) Die Bewilligung nach Abs. 5 ist zu widerrufen, wenn die für ihre Erteilung erforderlichen Voraussetzungen nicht mehr gegeben sind. In diesem Fall sind die Scheinwerfer und Warnleuchten mit blauem Licht von den betroffenen Fahrzeugen zu entfernen. Dies gilt auch, wenn ein unter die Bestimmung des Abs. 1 Z 4 fallendes Fahrzeug nicht mehr von den dort genannten Stellen verwendet wird oder nicht mehr für die dort genannten Verwendungen bestimmt ist. *(BGBl I 2009/94)*

(7) Die in den Abs. 1 bis 5 angeführten Scheinwerfer, Leuchten und Rückstrahler dürfen nicht blenden; sie dürfen die Wirkung der vorgeschriebenen Scheinwerfer, Leuchten und Rückstrahler nicht beeinträchtigen. Nach vorne darf, außer mit fluoreszierenden Farben bei Feuerwehrfahrzeugen oder Rettungsfahrzeugen, nie rotes Licht, nach hinten, außer bei Rückfahrscheinwerfern, rückstrahlenden Kennzeichentafeln, reflektierenden Warntafeln im Sinne des § 102 Abs. 10a und 10c, Zeichen für Platzkraftwagen (Taxi-Fahrzeuge), retroreflektierenden Markierungen, Konturmarkierungen sowie charakteristischen Markierungen zur Verbesserung der Sichtbarkeit und Erkennbarkeit schwerer und langer Fahrzeuge im Sinne der ECE-Regelung Nr. 104 und reflektierenden Tafeln (Aufklebern) für vierrädrige Leichtkraftfahrzeuge, nie weißes oder gelbes Licht aus- oder rückgestrahlt werden können; dies gilt jedoch nicht für die Kenntlichmachung von Fahrzeugen des Straßendienstes, von Fahrzeugen, deren größte Länge oder größte Breite die im § 4 Abs. 6 Z 2 und 3 festgesetzten Höchstgrenzen überschreitet, oder von über das Fahrzeug hinausragenden Ladungsteilen oder Geräten mit fluoreszierenden Farben oder rückstrahlendem Material. Leuchten mit Blinklicht sind ausschließlich bei Fahrtrichtungsanzeigern (§ 19) oder als Warnleuchten, Leuchten mit Drehlicht ausschließlich als Warnleuchten zulässig. Leuchten mit Drehlicht sind Leuchten, bei denen die die Richtung der Lichtaussendung bestimmenden Teile rotieren. Blaues Licht darf außer mit den im „Abs. 1 Z 4" und Abs. 5 angeführten Scheinwerfern und Warnleuchten nicht aus- oder rückgestrahlt werden. Wenn Bedenken bestehen, ob die Scheinwerfer, Leuchten und Rückstrahler oder ihre Anbringung den Vorschriften entsprechen, hat die Behörde hierüber ein Gutachten eines gemäß § 125 bestellten Sachverständigen „ " einzuholen. *(BGBl I 2004/175; BGBl I 2016/40)*

(8) Das Anbringen von über die ganze Hinterseite oder über die ganze Seitenwand verlaufenden waagrechten Streifen aus rot fluoreszierendem oder rot rückstrahlendem Material von mehr als 100 mm Höhe an anderen als Fahrzeugen, die zur Verwendung im Bereich des öffentlichen Sicherheitsdienstes bestimmt sind, ist unzulässig. Weiters ist das Anbringen von Streifen aus rot fluoreszierendem oder rückstrahlendem Material an Fahrzeugen in der Art, dass es dadurch zu einer Verwechslung mit Fahrzeugen, die zur Verwendung im Bereich des öffentlichen Sicherheitsdienstes bestimmt sind, kommen kann, unzulässig. *(BGBl I 2007/57)*

Vorrichtungen zum Freihalten des Blickfeldes für den Lenker

§ 21. Mehrspurige Kraftfahrzeuge mit Windschutzscheiben, deren oberer Rand höher liegt als die Augen des Lenkers beim Lenken, müssen mit Scheibenwischern oder ähnlichen Vorrichtungen ausgerüstet sein, die dem Lenker selbsttätig auf der Windschutzscheibe ein ausreichendes Blickfeld freihalten. Sie müssen mit Scheibenwaschvorrichtungen und Vorrichtungen gegen das Beschlagen und Vereisen ausgerüstet sein; dies gilt jedoch nicht für Kraftfahrzeuge mit einer Bauartgeschwindigkeit von nicht mehr als 25 km/h.

(BGBl 1977/615)

Warnvorrichtungen

§ 22. (1) Kraftfahrzeuge und unabhängig vom Zugfahrzeug zu lenkende Anhänger müssen mit mindestens einer Vorrichtung zum Abgeben von akustischen Warnzeichen ausgerüstet sein, die vom Lenker mit der Hand auch betätigt werden kann, wenn er die Lenkvorrichtung mit beiden Händen festhält. Die Vorrichtung zum Abgeben von akustischen Warnzeichen muß außer bei Krafträdern mit einem Eigengewicht von nicht mehr als 100 kg auch bei stillstehendem Motor, jedoch nicht bei ausgeschalteter Zündung, wirksam betätigt werden können; dies gilt sinngemäß auch für Fahrzeuge mit Diesel- oder Elektromotor. Sie muß einen gut wahrnehmbaren, nicht auf- und abschwellenden, nicht schrillen Klang haben und auch wirksam betätigt werden können, wenn die Vorrichtung zum Abgeben von optischen Warnzeichen eingeschaltet ist. Glocken, Gongs und Ratschen dürfen an Kraftfahrzeugen und Anhängern nicht angebracht sein. Glocken sind jedoch bei Motorfahrrädern zulässig. *(BGBl 1971/285)*

(2) *(aufgehoben, BGBl I 2016/40)*

(3) *(aufgehoben, BGBl 1977/615)*

(4) Vorrichtungen zum Abgeben von Warnzeichen mit aufeinanderfolgenden, verschieden hohen Tönen dürfen, außer in den in den Abs. 5 und 6 angeführten Fällen, nur mit Bewilligung des Landeshauptmannes angebracht werden. Die Bewilligung darf nur er teilt werden, wenn diese Vorrichtungen sonst den Bestimmungen des Abs. 1 dritter und vierter Satz entsprechen. Für die Erteilung der Bewilligung gilt § 20 Abs. 5 sinngemäß. *(BGBl 1971/285)*

(5) An Omnibussen, die zur Verwendung im Bereich der Post- und Telegraphenverwaltung bestimmt sind, dürfen Vorrichtungen zum Abgeben von Warnzeichen mit der Tonfolge des Posthornes (a-fis-ad) angebracht sein, wenn sie sonst den Bestimmungen des Abs. 1 dritter und vierter Satz entsprechen.

(6) An den im „§ 20 Abs. 1 Z 4" angeführten Fahrzeugen, an denen Scheinwerfer oder Warnleuchten mit blauem Licht angebracht sind, dürfen Vorrichtungen zum Abgeben von Warnzeichen mit auf einanderfolgenden, verschieden hohen Tönen außer der im Abs. 5 angeführten Tonfolge des Posthornes angebracht sein, wenn die Vorrichtungen sonst den Bestimmungen des Abs. 1 dritter und vierter Satz entsprechen. *(BGBl 1977/615; BGBl I 2013/43)*

Rückblickspiegel und andere Einrichtungen für die indirekte Sicht

§ 23. Kraftfahrzeuge müssen mit geeigneten, entsprechend großen Rückblickspiegeln und erforderlichenfalls anderen Einrichtungen für die indirekte Sicht ausgerüstet sein, die so angebracht sind, dass der Lenker von seinem Platz aus die Straße neben und hinter dem Fahrzeug ausreichend überblicken kann, auch wenn dieses voll besetzt oder beladen ist.

(BGBl I 2005/117)

Geschwindigkeitsmesser, Fahrtschreiber und Wegstreckenmesser

§ 24. (1) Kraftfahrzeuge mit einer Bauartgeschwindigkeit von mehr als 40 km/h und Motorfahrräder müssen mit einem geeigneten, im Blickfeld des Lenkers liegenden Geschwindigkeitsmesser ausgerüstet sein. *(BGBl 1977/615)*

(2) Lastkraftwagen und Sattelzugfahrzeuge mit einem Eigengewicht von mehr als 3 500 kg und Omnibusse müssen mit geeigneten Fahrtschreibern und Wegstreckenmessern ausgerüstet sein, die so beschaffen sind, dass sie nicht von Unbefugten in Betrieb oder außer Betrieb gesetzt werden können; mit Fahrtschreibern und Wegstreckenmessern müssen jedoch nicht ausgerüstet sein:

1. Lastkraftwagen und Sattelzugfahrzeuge, die zur Verwendung im Bereich des öffentlichen Sicherheitsdienstes bestimmt sind, sowie Heereslastkraftwagen,

2. Mannschaftstransportfahrzeuge und Wasserwerfer (§ 3 Z 3 des Waffengebrauchsgesetzes 1969, BGBl. Nr. 149), die zur Verwendung im Bereich des öffentlichen Sicherheitsdienstes oder der Finanzverwaltung bestimmt sind, sowie Heeresmannschaftstransportfahrzeuge und

3. Feuerwehrfahrzeuge (§ 2 Z 28) und Mannschaftstransportfahrzeuge, die ausschließlich oder vorwiegend zur Verwendung für Feuerwehren bestimmt sind.

Ein in das Fahrzeug eingebautes Kontrollgerät („Verordnung (EU) Nr. 165/2014"**) ersetzt den Fahrtschreiber. „Fällt das Fahrzeug unter eine der Ausnahmen des Abs. 2b Z 1 und 2 oder des Artikels 3 lit. aa bis i der Verordnung (EG) Nr. 561/2006, so muss der Fahrtschreiber/das Kontrollgerät lediglich zum Zwecke der Geschwindigkeitskontrolle verwendet werden."* Es ist ein geeignetes Schaublatt einzulegen, in welches der Name des Lenkers nicht eingetragen werden muss. *(BGBl I 2009/149; *BGBl I 2016/40; **BGBl I 2017/9)*

(2a) Abweichend von Artikel 3 lit. a der Verordnung (EG) Nr. 561/2006 muss bei Omnibussen, die im regionalen Linienverkehr eingesetzt werden, ausgenommen solche, deren Antriebsenergie Oberleitungen entnommen wird (Oberleitungsomnibusse), jedenfalls ein Kontrollgerät im Sinne der „Verordnung (EU) Nr. 165/2014"* eingebaut und benutzt werden. „Bei der Verwendung des Kontrollgerätes im Ortslinienverkehr (das ist der zugelassene Verkehr auf Linien, deren Anfangs- und Endpunkte innerhalb desselben Gemeindegebietes oder innerhalb aneinandergrenzender Gemeindegebiete liegen und Haltestellen zum Aus- und Einsteigen nur innerhalb dieser Gemeindegebiete bestehen) kann unter der Voraussetzung, dass die jeweiligen Aufzeichnungen in der Betriebsstätte aufliegen von folgenden Bestimmungen dieses Bundesgesetzes und der Verordnung (EU) Nr. 165/2014 abgewichen werden:"** *(*BGBl I 2017/9; **BGBl I 2019/19)*

1. von der Verpflichtung zur Mitführung eines Nachweises über Zeiten während des laufenden Tages und der vergangenen 28 Tage, „ab 1. Jänner 2025 der vergangenen 56 Tage," in denen sich der Lenker in Krankenstand oder Urlaub befunden hat oder ein Fahrzeug gelenkt hat, für das keine Kontrollgerätepflicht besteht; *(BGBl I 2020/134)*

2. *(entfällt, BGBl I 2020/134)*

3. bis zum Ablauf des 31. Dezember 2024 von der Verpflichtung zur manuellen Eingabe gemäß Art. 34 der Verordnung (EU) Nr. 165/2014, wenn ein Fahrerwechsel erfolgt. *(BGBl I 2020/134)* *(BGBl I 2014/87)*

(2b) Im Sinne von Artikel 13 der Verordnung (EG) Nr. 561/2006 und von Artikel 3 Abs. 2 der „Verordnung (EU) Nr. 165/2014" werden folgende Fahrzeuge von der Anwendung dieser Verordnungen *(BGBl I 2017/9)*

1. ganz freigestellt:

a) Fahrzeuge, die Eigentum von Behörden sind oder von diesen ohne Fahrer angemietet sind, um Beförderungen im Straßenverkehr durchzuführen, die nicht im Wettbewerb mit privatwirtschaftlichen Verkehrsunternehmen stehen;

b) Fahrzeuge, die von Landwirtschafts-, Gartenbau-, Forstwirtschafts- oder Fischereiunternehmen zur Güterbeförderung im Rahmen ihrer eigenen unternehmerischen Tätigkeit in einem Umkreis von bis zu 100 km vom Standort des Unternehmens benutzt oder ohne Fahrer angemietet werden;

c) land- und forstwirtschaftliche Zugmaschinen, die für land- oder forstwirtschaftliche Tätigkeiten eingesetzt werden, und zwar in einem Umkreis von bis zu 100 km vom Standort des Unternehmens, das das Fahrzeug besitzt, anmietet oder least;

d) Fahrzeuge, die von den Straßenbauämtern der Gebietskörperschaften verwendet und die von Landes- oder Gemeindebediensteten gelenkt werden;

e) Spezialfahrzeuge, die Ausrüstungen des Zirkus- oder Schaustellergewerbes transportieren;

f) speziell ausgerüstete Projektfahrzeuge für mobile Projekte, die hauptsächlich im Stand zu Lehrzwecken dienen;

g) Fahrzeuge, die ausschließlich auf Straßen in Güterverteilzentren wie Häfen, Umschlaganlagen des Kombinierten Verkehrs und Eisenbahnterminals benutzt werden;

h) Fahrzeuge, die innerhalb eines Umkreises von bis zu „100 km" für die Beförderung lebender Tiere von den landwirtschaftlichen Betrieben zu den lokalen Märkten und umgekehrt oder von den Märkten zu den lokalen Schlachthäusern verwendet werden; *(BGBl I 2014/87)*

i) Fahrzeuge mit zehn bis 17 Sitzen, die ausschließlich zur nichtgewerblichen Personenbeförderung verwendet werden;

j) Fahrzeuge mit Elektroantrieb mit einem höchsten zulässigen Gesamtgewicht von nicht mehr als 4 250 kg, die im Umkreis von 50 km vom Standort des Unternehmens zur Güterbeförderung verwendet werden; *(BGBl I 2017/9)*

2. freigestellt, wenn das Lenken des Fahrzeuges für den Lenker nicht die Haupttätigkeit darstellt, Fahrzeuge, die in Verbindung mit Kanalisation, Hochwasserschutz, Wasser-, Gas- und Elektrizitätsversorgung, den Telegramm- und Telefonanbietern, Radio- und Fernsehendern sowie zur Erfassung von Radio- bzw. Fernsehsendern oder -geräten eingesetzt werden; *(BGBl I 2014/87)*

3. nur in Bezug auf die Fahrtunterbrechungen gemäß Artikel 7 der Verordnung (EG) Nr. 561/2006 freigestellt:

a) Fahrzeuge, die zum Sammeln von Rohmilch bei landwirtschaftlichen Betrieben verwendet werden;

b) Spezialfahrzeuge für Geld- und/oder Werttransporte;

c) Fahrzeuge, die von den zuständigen Stellen zur Hausmüllabfuhr eingesetzt werden „;" *(BGBl I 2020/134)*

d) Fahrzeuge, die von den Straßenerhaltern oder von Unternehmen, die von Straßenerhaltern beauftragt wurden, für den Winterdienst eingesetzt werden, sofern das Fahrzeug nicht unter die Ausnahme der Z 1 lit. d fällt „;" *(BGBl I 2017/9; BGBl I 2020/134)*

e) Fahrzeuge, die für die Lieferung von Transportbeton verwendet werden. *(BGBl I 2020/134)* *(BGBl I 2009/149)*

„(3)"* Über Anträge auf eine EG-Bauartgenehmigung für ein Kontrollgerät- oder ein Schaublatt- oder ein Kontrollgerätekartenmuster gemäß „Kapitel III der Verordnung (EU) Nr. 165/2014"*** entscheidet in Österreich der Bundesminister für „Klimaschutz, Umwelt, Energie, Mobilität, Innovation und Technologie"***. *(BGBl I 2004/175; *BGBl I 2009/149; **BGBl I 2017/9; ***BGBl I 2020/134)*

4/1. KFG
§ 24

(4) Der Zulassungsbesitzer eines Kraftfahrzeuges, das mit einem Fahrtschreiber ausgerüstet sein muss, hat den Fahrtschreiber und dessen Antriebseinrichtung (Fahrtschreiberanlage) nach jedem Einbau und jeder Reparatur dieser Anlage und nach jeder Änderung der Wegdrehzahl oder des wirksamen Reifenumfanges des Kraftfahrzeuges, sonst mindestens einmal innerhalb von zwei Jahren seit der letzten Prüfung, durch einen gemäß § 125 bestellten Sachverständigen „ "* oder durch einen hiezu gemäß Abs. 5 Ermächtigten prüfen zu lassen, ob Einbau, Zustand, Messgenauigkeit und Arbeitsweise der Fahrtschreiberanlage die richtige Wirkung des Fahrtschreibers ergeben. Diese Verpflichtung gilt ebenso für den Zulassungsbesitzer eines Kraftfahrzeuges, das mit einem Kontrollgerät im Sinne der „Verordnung (EU) Nr. 165/2014"** ausgerüstet ist „ "***. Beim Austausch oder der Reparatur eines digitalen Kontrollgerätes sind alle Daten des Kontrollgerätes von einem gemäß Abs. 5 Ermächtigten zu speichern und mindestens zwei Jahre lang aufzubewahren. Die gespeicherten Daten sind auf Verlangen dem Zulassungsbesitzer oder dem Arbeitgeber des Lenkers, dessen Daten gespeichert sind, zur Verfügung zu stellen und dürfen ohne behördliche Anordnung nicht an Dritte weitergegeben werden. Ein Nachweis über das Ergebnis der letzten durchgeführten Überprüfung der Fahrtschreiberanlage/des Kontrollgerätes ist bei einer Überprüfung (§ 56) oder Begutachtung (§ 57a) des Fahrzeuges vorzulegen. § 57 Abs. 9 und § 57a Abs. 1b gelten sinngemäß. *(BGBl I 2004/175; *BGBl I 2016/40; **BGBl I 2017/9; ***BGBl I 2020/134)*

(5) Der Landeshauptmann hat für seinen örtlichen Wirkungsbereich auf Antrag Ziviltechniker, staatlich autorisierte Versuchsanstalten, Vereine oder Gewerbetreibende, die hinreichend über hiezu geeignetes Personal und die erforderlichen Einrichtungen verfügen, zur Prüfung von Fahrtschreibern gemäß Abs. 4 zu ermächtigen. Die Ermächtigung darf nur vertrauenswürdigen Personen verliehen werden. Bei der Ermächtigung ist auch ein Plombierungszeichen festzusetzen und ein Plombiergerät gegen Ersatz der Kosten auszufolgen. Der Ermächtigte hat Veränderungen hinsichtlich seines Personals und seiner Einrichtungen, soweit diese Voraussetzung für die Erteilung der Ermächtigung waren, unverzüglich dem Landeshauptmann anzuzeigen. Der Ermächtigte hat nach jeder Tätigkeit an der Fahrtschreiberanlage diese mit seinem Plombierungszeichen so zu sichern, daß dieses bei Eingriffen in die Fahrtschreiberanlage zwangsläufig zerstört wird (Verschlußsicherheit). Die Ermächtigung ist zu widerrufen, wenn der Ermächtigte nicht mehr vertrauenswürdig ist, nicht mehr über geeignetes Personal verfügt oder seine Einrichtungen nicht den durch Verordnung festgesetzten Anforderungen entsprechen. Im Falle des Widerrufs ist das Plombiergerät ohne Anspruch auf Entschädigung dem Landeshauptmann abzuliefern. Durch Verordnung ist der Umfang der Prüfung der Fahrtschreiberanlage festzusetzen. *(BGBl 1988/375)*

(5a) Der Landeshauptmann hat regelmäßig zu überprüfen, ob die Voraussetzungen für die Erteilung der Ermächtigung noch gegeben sind und ob die Prüfungen ordnungsgemäß durchgeführt werden. Er kann Anordnungen zur Behebung von Mängeln treffen. Den Anordnungen des Landeshauptmannes ist unverzüglich zu entsprechen. Erforderlichenfalls kann der Ausschluss bestimmter Personen von dieser Tätigkeit angeordnet werden. *(BGBl I 2013/43)*

(6) Die Plombierung darf nur durch die Behörde oder einen zur Prüfung gemäß Abs. 4 oder 5 Berechtigten im Zuge seiner Tätigkeit an der Fahrtschreiberanlage geöffnet werden. Jede andere Verletzung der Verschlußsicherheit ist unzulässig. Gegenstände, die nach ihrer Beschaffenheit und ihrem Aussehen mit Plomben verwechselt werden können, dürfen an Fahrtschreiberanlagen nicht angebracht sein. *(BGBl 1988/375)*

(7) Hinsichtlich des Einbaues, der Plombierung und der Prüfung des Kontrollgerätes gelten unbeschadet der „Verordnung (EU) Nr. 165/2014"* die Bestimmungen der Abs. 4 bis 6. Erteilte Ermächtigungen zum Einbau und zur Prüfung von Fahrtschreibern gelten auch für Einbau und Prüfung von analogen Kontrollgeräten. Aufrechte Ermächtigungen für Einbau und Prüfung von analogen Kontrollgeräten gelten auch für Einbau und Prüfung von digitalen Kontrollgeräten im Sinne der „Verordnung (EU) Nr. 165/2014"*, sofern die ermächtigte Stelle über geeignetes, für das digitale Kontrollgerät geschulte Personal und die erforderlichen Einrichtungen zur Prüfung des digitalen Kontrollgerätes verfügt und das Vorliegen dieser Voraussetzungen vom Landeshauptmann auf Antrag festgestellt worden ist. Der Landeshauptmann hat den Bundesminister für „Klimaschutz, Umwelt, Energie, Mobilität, Innovation und Technologie"** über solche Feststellungen unverzüglich durch Übermittlung einer Bescheidausfertigung zu informieren. *(BGBl I 2004/175; *BGBl I 2017/9; **BGBl I 2020/134)*

(8) Die für Einbau und Prüfung des digitalen Kontrollgerätes erforderlichen Werkstattkarten sind von den ermächtigten Stellen für die geeigneten Personen beim Bundesminister für „Klimaschutz, Umwelt, Energie, Mobilität, Innovation und Technologie"*** unter Anschluss des Feststellungsbescheides des Landeshauptmannes gemäß Abs. 7 zu beantragen. In diesem Verfahren hat der Bundesminister für „Klimaschutz, Umwelt, Energie, Mobilität, Innovation und Technologie"*** die unter Randnummer 175 des Anhangs I B der „Verordnung (EU) Nr. 165/2014"* vorgesehenen personenbezogenen Daten automationsunterstützt zu erfassen und über eine gesicher-

te Datenverbindung an das zentrale Register für Kontrollgerätekarten (§ 102b) weiterzuleiten. Für die Ausstellung der Werkstattkarte ist ein Kostenersatz an den Bundesminister für „Klimaschutz, Umwelt, Energie, Mobilität, Innovation und Technologie"*** zu entrichten. Sind die Voraussetzungen erfüllt, so erteilt der Bundesminister für „Klimaschutz, Umwelt, Energie, Mobilität, Innovation und Technologie"*** im Wege des Bundesrechenzentrum GmbH den Auftrag zur Ausstellung der Werkstattkarte. Die zur Erlangung der Werkstattkarte erforderlichen schriftlichen Eingaben und die Ausstellung der Werkstattkarte sind von Stempelgebühren und Verwaltungsabgaben befreit. Der Bundesminister für „Klimaschutz, Umwelt, Energie, Mobilität, Innovation und Technologie"*** hat durch Verordnung die Höhe des Kostenersatzes festzulegen. Werkstattkarten sind auf Antrag der jeweils zuständigen Stelle vom Bundesminister für „Klimaschutz, Umwelt, Energie, Mobilität, Innovation und Technologie"*** auch für die geeigneten Personen in den Landesprüfstellen „ "*1) auszustellen. Der Bundesminister für „Klimaschutz, Umwelt, Energie, Mobilität, Innovation und Technologie"*** hat den jeweils zuständigen Landeshauptmann über die Ausstellung von Werkstattkarten unverzüglich zu informieren. *(BGBl I 2004/175; *BGBl I 2017/9; **BGBl I 2017/102; ***BGBl I 2020/134)*

(9) Die Werkstattkarte darf durch die geeigneten Personen nicht missbräuchlich verwendet werden. Der Ermächtigte hat sicherzustellen, dass die Werkstattkarte nicht missbräuchlich oder durch andere als den Inhaber der Werkstattkarte verwendet wird. Der Ermächtigte und der Inhaber der Werkstattkarte haben sicherzustellen, dass der PIN-Code der Werkstattkarte mit der erforderlichen Sorgfalt geheim gehalten wird. Die Werkstattkarte ist innerhalb der Betriebsstätte sicher aufzubewahren und darf außerhalb der Betriebsstätte nur zum ordnungsgemäßen Gebrauch mitgeführt werden. Der Diebstahl oder Verlust der Werkstattkarte oder das Bekanntwerden des PIN-Codes ist unverzüglich dem Bundesminister für „Klimaschutz, Umwelt, Energie, Mobilität, Innovation und Technologie" und dem Landeshauptmann anzuzeigen. Der Bundesminister für „Klimaschutz, Umwelt, Energie, Mobilität, Innovation und Technologie" hat diesen Sachverhalt unverzüglich an das zentrale Register für Kontrollgerätekarten zu übermitteln. Bei Bekanntwerden des PIN-Codes hat der Ermächtigte die Werkstattkarte unverzüglich dem Bundesminister für „Klimaschutz, Umwelt, Energie, Mobilität, Innovation und Technologie" ohne Anspruch auf Entschädigung abzuliefern und diesen Sachverhalt unverzüglich dem Landeshauptmann anzuzeigen. *(BGBl I 2004/175; BGBl I 2020/134)*

(10) Ist die Ausstellung der Werkstattkarte erfolgt, ohne dass die Voraussetzungen für die Ausstellung vorliegen, ist eine der Voraussetzungen nachträglich weggefallen oder wurde die Ermächtigung vom Landeshauptmann widerrufen (Abs. 5), ist die Werkstattkarte unverzüglich vom Landeshauptmann ohne Anspruch auf Entschädigung für den Inhaber einzuziehen und dem Bundesminister für „Klimaschutz, Umwelt, Energie, Mobilität, Innovation und Technologie" zu übermitteln. Scheidet die geeignete Person, auf deren Namen die Karte ausgestellt ist, aus der ermächtigten Stelle aus, ist die Werkstattkarte vom Ermächtigten unverzüglich dem Bundesminister für „Klimaschutz, Umwelt, Energie, Mobilität, Innovation und Technologie" ohne Anspruch auf Entschädigung abzuliefern. Bei Änderungen der für die Ausstellung der Werkstattkarte maßgebender Daten, die auf der Werkstattkarte aufgedruckt oder gespeichert sind, ist die Werkstattkarte vom Ermächtigten unverzüglich dem Bundesminister für „Klimaschutz, Umwelt, Energie, Mobilität, Innovation und Technologie" ohne Anspruch auf Entschädigung zu übermitteln. Der Bundesminister für „Klimaschutz, Umwelt, Energie, Mobilität, Innovation und Technologie" hat bei der betreffenden ermächtigten Stelle im zentralen Register für Kontrollgerätekarten einzutragen, welche Voraussetzungen nicht oder nicht mehr vorliegen und ob die Werkstattkarte bereits abgeliefert wurde. Vor der Übermittlung an den Bundesminister für „Klimaschutz, Umwelt, Energie, Mobilität, Innovation und Technologie" sind alle auf der Werkstattkarte gespeicherten Daten auf einem externen Datenträger zu sichern, mindestens zwei Jahre lang aufzubewahren und bei Bedarf den zuständigen Behörden zur Verfügung zu stellen. *(BGBl I 2004/175; BGBl I 2020/134)*

(11) Ist ein Fahrzeug mit einem Wegstreckenmesser (Kilometerzähler) ausgerüstet, so dürfen keine Manipulationen des Kilometerzählers zur Reduzierung oder falschen Wiedergabe des Kilometerstandes des Fahrzeugs vorgenommen werden. Bei Reparatur oder Tausch eines elektronischen Kilometerzählers ist der bisherige Kilometerstand einzustellen. *(BGBl I 2016/40)*

---

1) Gem. BGBl I 2017/102 entfällt im sechsten Satz des § 24 Abs. 8 die Wortfolge „und in der Bundesanstalt für Verkehr". Die Wortfolge entfällt im siebenten Satz.

Geschwindigkeitsbegrenzer

§ 24a. (1) Fahrzeuge der Klassen M2, M3, N2 und N3 jeweils mit einer Bauartgeschwindigkeit von mehr als 25 km/h sowie von solchen Fahrzeugen abgeleitete Gelenkkraftfahrzeuge, Spezialkraftwagen und selbstfahrende Arbeitsmaschinen müssen mit geeigneten Geschwindigkeitsbegrenzern ausgerüstet sein, die die Höchstgeschwindigkeit auf einen bestimmten Wert begrenzen. Bei Fahrzeugen der Klassen M2 und M3 muss der Geschwindigkeitsbegrenzer so eingestellt sein, dass eine Geschwindigkeit von 100 km/h nicht überschritten werden kann. Bei den anderen Fahrzeugen muss der Geschwindigkeitsbegrenzer so eingestellt sein, dass eine Geschwindigkeit von 90 km/h nicht überschritten werden kann. *(BGBl I 2004/107)*

(2) Mit Geschwindigkeitsbegrenzern im Sinne des Abs. 1 müssen jedoch nicht ausgerüstet sein

a) Heeresfahrzeuge,

b) Kraftfahrzeuge, die zur Verwendung im Bereich des öffentlichen Sicherheitsdienstes oder der Finanzverwaltung bestimmt sind, *(BGBl I 2004/107)*

c) Kraftfahrzeuge, die ausschließlich oder vorwiegend zur Verwendung von Feuerwehren bestimmt sind, sowie Kraftfahrzeuge, an denen gemäß § 20 Abs. 1 lit. d oder § 20 Abs. 5 Scheinwerfer und Warnleuchten mit blauem Licht angebracht sein dürfen, *(BGBl I 2004/175)*

d) Kraftfahrzeuge, die für wissenschaftliche Versuchszwecke auf der Straße eingesetzt werden,

e) Kraftfahrzeuge, die eine öffentliche Dienstleistung ausschließlich in geschlossenen Ortschaften erbringen,

f) Omnibusse, mit einer Bauartgeschwindigkeit von nicht mehr als 100 km/h und

g) Fahrzeuge mit einer Bauartgeschwindigkeit von nicht mehr als 90 km/h. *(BGBl I 2004/107)*

(3) Der Geschwindigkeitsbegrenzer darf nicht ausschaltbar sein und muß so beschaffen sein, daß er Abnutzungserscheinungen sowie mißbräuchlichen Eingriffen standhält. Er darf keinen Einfluß auf die Betriebsbremsanlage des Fahrzeuges haben.

(4) Der Geschwindigkeitsbegrenzer gilt sowohl als Teil der Fahrtschreiberanlage als auch als Teil der Gesamtanlage des Kontrollgerätes. Die Bestimmungen des § 24 Abs. 4 hinsichtlich der Prüfung der Anlage und die Bestimmungen des § 24 Abs. 5 und 6 hinsichtlich der Verschlußsicherheit gelten auch für den Geschwindigkeitsbegrenzer.

(5) Die Ermächtigung zur Prüfung von Fahrtschreibern oder Kontrollgeräten (§ 24 Abs. 5) ist auf Antrag auf die Prüfung von Geschwindigkeitsbegrenzern auszudehnen, wenn hiefür geeignetes Personal und die erforderlichen Einrichtungen vorhanden sind.

(6) Der nachträgliche Einbau von Geschwindigkeitsbegrenzern darf nur von einer vom Landeshauptmann hiezu ermächtigten Stelle vorgenommen werden. Die Ermächtigung darf nur solchen Stellen erteilt werden, die zur Prüfung von Geschwindigkeitsbegrenzern (Abs. 5) ermächtigt sind und zusätzlich eine Erlaubnis zum Einbau durch den Gerätehersteller oder den Fahrzeughersteller, bei ausländischen Herstellern durch den im Inland Bevollmächtigten, nachweisen können. § 24 Abs. 5 ist sinngemäß anzuwenden.

(6a) Die Bestimmungen des § 24 Abs. 5 über den Widerruf der Ermächtigung und des § 24 Abs. 5a über die regelmäßige Kontrolle durch den Landeshauptmann und die Möglichkeit Anordnungen zur Behebung von Mängeln zu treffen und erforderlichenfalls bestimmte Personen von dieser Tätigkeit auszuschließen, gelten auch für Ermächtigungen betreffend Einbau und Prüfung der Geschwindigkeitsbegrenzer. *(BGBl I 2013/43)*

(7) Durch Verordnung sind die näheren Bestimmungen hinsichtlich des Einbaues von Geschwindigkeitsbegrenzern, Umfang der Prüfung sowie der Anforderungen an Personal und Einrichtungen der ermächtigten Stellen festzulegen.

(BGBl 1993/456)

Heizvorrichtungen

§ 25. (1) Heizvorrichtungen zur Erwärmung der Innenräume von Kraftfahrzeugen und Anhängern müssen so beschaffen sein, daß durch ihren Betrieb der Lenker oder beförderte Personen nicht gefährdet werden können. Das gleiche gilt für anderen Zwecken dienende Vorrichtungen, die innerhalb des Fahrzeuges angebracht sind und Wärme abgeben.

(2) *(aufgehoben, BGBl 1977/615)*

Sitze und Kopfstützen

§ 26. (1) Der Lenkersitz eines Kraftfahrzeuges muß so beschaffen sein, daß der Lenker das Fahrzeug sicher lenken kann.

(2) Sitze in Kraftwagen müssen so gebaut sein, daß weder die Sicherheit von auf ihnen beförderten Personen durch andere beförderte Personen oder durch die Ladung, auch beim Auftreten von Verzögerungskräften, gefährdet noch die Bewegungsfreiheit des Lenkers beeinträchtigt werden kann; dies gilt sinngemäß auch für Anhänger. *(BGBl 1971/285)*

(2a) Sitze von Kraftfahrzeugen, die gemäß § 4 Abs. 5 mit Sicherheitsgurten ausgerüstet sein müssen, müssen, wenn sie an eine äußere seitliche Längswand des Fahrzeuges angrenzen und unmittelbar hinter der Windschutzscheibe gelegen sind, mit geeigneten Kopfstützen ausgerüstet sein. Kopfstützen müssen so beschaffen sein, daß eine Gefährdung sowohl der Benützer der Sitze, denen die Kopfstützen zugeordnet sind, als auch der Benützer dahinter gelegener Sitze bei einem Aufprall dieser Personen auf die Kopfstützen nicht zu erwarten ist. *(BGBl 1982/631)*

(3) Auf Zugmaschinen ohne Führerhaus und auf offenen Anhängern müssen bei den Sitzen für zu befördernde Personen sichere Haltegriffe, Fußrasten und Lehnen, bei offenen Anhängern auch Auffangstangen, vorhanden sein.

(4) Auf nicht geschlossenen Krafträdern müssen bei Sitzen für den Lenker und, außer in Bei-

wagen, bei Sitzen für zu befördernde Personen Fußrasten oder Trittbretter vorhanden sein; bei Motorfahrrädern können jedoch an Stelle der Fußrasten oder Trittbretter Tretkurbeln angebracht sein. Bei einem Sitzplatz für eine zu befördernde Person muß vorgesorgt sein, daß sich diese mit beiden Händen in geeigneter Weise anhalten kann. *(BGBl 1988/375)*

(5) Sitze für Kinder unter acht Jahren auf Motorfahrrädern (Kindersitze) müssen mit dem Fahrzeug fest und sicher verbunden sein. Sie müssen so angebracht und beschaffen sein, daß durch das Kind nicht die Sicht oder die Bewegungsfreiheit des Lenkers behindert, seine Aufmerksamkeit abgelenkt oder sonst die Sicherheit des Lenkers oder des Kindes selbst gefährdet werden kann.

(6) Beiwagen von Motorrädern dürfen nicht mehr als zwei Sitze aufweisen. *(BGBl I 2002/80)*

(7) Anhänger, deren Bremsanlagen vom Lenker des Zugfahrzeuges nicht oder nur unter Gefährdung der Verkehrs- oder Betriebssicherheit unmittelbar oder mittelbar betätigt werden können, müssen für den im § 104 Abs. 3 angeführten Bremser einen Sitz aufweisen, der mit sicheren Haltegriffen, Fußrasten, einer Auffangstange und einer Lehne ausgerüstet ist. *(BGBl 1982/631)*

(8) *(aufgehoben, BGBl 1977/615)*

Verordnungsermächtigung

§ 26a. (1) Durch Verordnung sind nach den Erfordernissen der Verkehrs- und Betriebssicherheit, dem jeweiligen Stand der Technik entsprechend, festzusetzen

a) die näheren Bestimmungen zu den in den §§ 4 bis 26 enthaltenen Vorschriften über die Bauart der Fahrzeuge sowie über die Bauart ihrer Teile, Ausrüstungs- und Ausstattungsgegenstände, deren Wirksamkeit und Anbringung am Fahrzeug,

b) die näheren Bestimmungen über die Beschaffenheit von Sturzhelmen für Kraftfahrer (§ 5 Abs. 1),

c) welche Teile und Ausrüstungsgegenstände für die Verkehrs- und Betriebssicherheit von besonderer Bedeutung sind und im Hinblick auf ihre Bauart und Wirkungsweise einer von der Prüfung des Fahrzeuges getrennten Prüfung unterzogen werden müssen (§ 5 Abs. 1),

d) die näheren Bestimmungen über die Beschaffenheit von Warneinrichtungen (§ 5 Abs. 1),

e) wie Fahrzeuge wegen ihrer Bauart oder Ausrüstung besonders zu kennzeichnen sind,

f) Erleichterungen hinsichtlich der Verwendung von Schnee- und Matschreifen im Verhältnis zur Bauartgeschwindigkeit des Fahrzeuges (§ 7 Abs. 1 erster Satz), entsprechend den im Handel allgemein verfügbaren Reifen, *(BGBl 1988/375)*

g) die näheren Bestimmungen über die Beschaffenheit von Rückhalteeinrichtungen für Kinder. *(BGBl 1993/456)*

(2) Durch Verordnung sind dem jeweiligen Stand der Technik entsprechend die näheren Bestimmungen festzusetzen über

a) die höchste zulässige Dichte des Rauches, der mit den einzelnen Arten von Kraftfahrzeugen verursacht werden darf, und die zur Verhinderung einer unzulässigen Dichte des Rauches erforderlichen Vorrichtungen (§ 4 Abs. 2),

b) die Zusammensetzung der Gase und Dämpfe, die mit den einzelnen Arten von Kraftfahrzeugen verursacht werden dürfen, und die zur Verhinderung einer gefährlichen Luftverunreinigung erforderlichen Vorrichtungen (§ 4 Abs. 2),

c) den höchsten zulässigen Gehalt an den im § 11 Abs. 3 angeführten Kraftstoffbestandteilen nach dem jeweiligen Stand der Chemie, *(BGBl 1982/362)*

d) die Vorrichtungen zu Vermeidung von übermäßigem Lärm und die höchste zulässige Stärke des Betriebsgeräusches von Kraftfahrzeugen und Anhängern sowie über die Beschaffenheit der Vorrichtungen zur Dämpfung des Auspuffgeräusches insbesondere im Hinblick auf ihre gleichbleibende Wirkung und unter Bedachtnahme auf ihre Korrosionsbeständigkeit (§ 12 Abs 1),

e) die höchste zulässige Lautstärke der akustischen Warnzeichen (§ 22).

(3) An Stelle der im Abs. 1 und 2 angeführten Verordnungsbestimmungen sind die Bestimmungen der Regelungen gemäß Art. 1 Abs. 2 des Übereinkommens über die Annahme einheitlicher Bedingungen für die Genehmigung der Ausrüstungsgegenstände und Teile von Kraftfahrzeugen und über die gegenseitige Anerkennung der Genehmigung, BGBl. Nr. 177/1971, die von Österreich angewendet werden, soweit sie die in Abs. 1 und 2 angeführten Eigenschaften betreffen, durch Verordnung für verbindlich zu erklären, sofern nicht Rücksichten auf die besonderen Verhältnisse in Österreich entgegenstehen.

(3a) Anstelle der im Abs. 1 und 2 angeführten Verordnungsbestimmungen können auch einschlägige ÖNORMEN durch Verordnung für verbindlich erklärt werden. *(BGBl 1988/375)*

(3b) An Stelle der im Abs. 1 und 2 angeführten Verordnungsbestimmungen können auch technische EWG-Richtlinien oder Teile oder einzelne Bestimmungen von diesen EWG-Richtlinien, auf die im EWR-Abkommen im Anhang II verwiesen wird, durch Verordnung umgesetzt werden. *(BGBl 1993/456)*

(4) Die Verordnungen nach Abs. 1 und 2 können den Hinweis auf Anlagen mit technischen Meß- und Prüfmethoden enthalten, welche beim „Bundesministerium für „Klimaschutz, Umwelt, Energie, Mobilität, Innovation und Technolo-

gie"*"*" und bei allen Ämtern der Landesregierungen zur Einsicht während der Amtsstunden aufliegen. *(BGBl I 2002/80; *BGBl I 2019/19; **BGBl I 2020/134)*

(BGBl 1977/615)

Fahrgestellnummer, Motornummer und Aufschriften

§ 27. (1) Am Fahrzeug müssen der Name oder die Marke des Erzeugers und die Fahrgestellnummer, am Fahrzeugmotor die Motornummer, an Motorfahrrädern überdies das Zeichen „CM" sowie an Motorfahrrädern mit Hubkolbenmotor der Hubraum in vollen Kubikzentimetern vollständig sichtbar und dauernd gut lesbar und unverwischbar angeschrieben oder zuverlässig angebracht sein. Bei serienmäßig erzeugten Fahrzeugen ist die Fahrgestellnummer vom Erzeuger festzusetzen. Für Fahrzeuge ohne Fahrgestellnummer ist eine solche im Verfahren über die Einzelgenehmigung oder im Verfahren gemäß § 96 Abs. 3 festzusetzen. *(BGBl 1977/615)*

(2) „An Omnibussen, Lastkraftwagen und Zugmaschinen und an Anhängern außer Wohnanhängern, die nicht den in § 27a angeführten Rechtsakten der Europäischen Union unterliegen, müssen an der rechten Außenseite vollständig sichtbar und dauernd gut lesbar und unverwischbar das Eigengewicht, das höchste zulässige Gesamtgewicht, die höchsten zulässigen Achslasten, bei Lastkraftwagen und Anhängern außerdem die höchste zulässige Nutzlast angeschrieben sein." Bei Anhängern der Klassen O1 und O2 kann für das höchste zulässige Gesamtgewicht auch eine bestimmte Bandbreite angegeben werden. *(BGBl I 2008/6; BGBl I 2020/134)*

(3) Weiters müssen an Omnibussen, Lastkraftwagen, Sattelzugfahrzeugen und Anhängern jeweils mit einem höchsten zulässigen Gesamtgewicht von mehr als 3500 kg, ausgenommen Wohnanhänger und landwirtschaftliche Anhänger, an der rechten Außenseite vollständig sichtbar und dauernd gut lesbar und unverwischbar folgende Angaben angeschrieben sein:

1. Name des Erzeugers
2. Fahrgestellnummer (Fahrzeug-Identifizierungsnummer)
3. Länge (L)
4. Breite (W)
5. Angaben zur Messung der Länge von Fahrzeugkombinationen. *(BGBl 1994/654)*

Durch Verordnung können die näheren Bestimmungen hinsichtlich der Angaben gemäß Abs. 1 bis 3 festgesetzt werden.

(4) Die Angaben gemäß Abs. 1, Abs. 2 und Abs. 3 können auch in einem einzigen Schild, das mit dem Fahrzeug dauernd fest verbunden ist, enthalten sein. *(BGBl 1993/456)*

(5) Durch Verordnung des Bundesministers für „Klimaschutz, Umwelt, Energie, Mobilität, Innovation und Technologie" können für verschiedene Arten von Fahrzeugen gänzliche oder teilweise Ausnahmen von den Angaben und Aufschriften im Sinne der Abs. 1 bis 4 festgelegt werden, wenn für diese Fahrzeuge die Aufschriften auf Grund ihrer Einsatzbereiche nicht erforderlich sind. *(BGBl I 2002/80; BGBl I 2020/134)*

(BGBl I 1997/103)

Bauvorschriften für Fahrzeuge, die vom Geltungsbereich der EU-Betriebserlaubnisrichtlinien erfasst werden

§ 27a. (1) Fahrzeuge, die vom Geltungsbereich der jeweiligen EU-Rechtsakte betreffend die Genehmigung von Fahrzeugen, der Richtlinie 2007/46/EG, der Verordnung (EU) Nr. 167/2013 oder der Verordnung (EU) Nr. 168/2013 erfasst werden und die nach diesen Vorschriften genehmigt werden, müssen anstelle der Bestimmungen der §§ 4 bis 27 die in den Abs. 2 bis 4 angeführten Bestimmungen erfüllen. *(BGBl I 2017/9)*

(2) Fahrzeuge der Klassen M, N und O sowie selbstfahrende Arbeitsmaschinen, die auf einem Fahrgestell für Fahrzeuge der Klassen M oder N montiert sind oder auf Basis eines vollständigen oder unvollständigten Fahrzeuges der Klassen M oder N gebaut wurden, müssen allen Bestimmungen der in den Anhängen IV und XI der Richtlinie 2007/46/EG angeführten Rechtsakte entsprechen, sofern in den §§ 4 bis 27 keine Bestimmungen enthalten sind, die ausdrücklich über die Vorgaben der Richtlinie hinausgehend für die Fahrzeuge dieser Klassen gültig sind. Der genaue Anwendungsbereich dieser Rechtsakte ist den Anhängen IV und XI der Richtlinie 2007/46/EG und den dort angeführten Rechtsakten zu entnehmen. Der Bundesminister für „Klimaschutz, Umwelt, Energie, Mobilität, Innovation und Technologie" kann durch Verordnung Fahrzeuge dieser Klassen, deren Type als nationale Kleinserie nach den Vorschriften des Artikels 23 der Richtlinie 2007/46/EG genehmigt werden soll oder die einzeln nach den Vorschriften des Artikels 24 der Richtlinie 2007/46/EG genehmigt werden sollen, von einzelnen Bestimmungen der Richtlinie 2007/46/EG oder einem oder mehreren der in den Anhängen IV oder XI der Richtlinie 2007/46/EG angeführten Rechtsakte ausnehmen, sofern entsprechende alternative Anforderungen festgelegt werden, die sicher stellen, dass das gleiche Maß an Verkehrssicherheit und Umweltschutz gewährleistet ist, wie in den einschlägigen Rechtsakten und dem keine Rechtsakte der EU entgegenstehen. Diese alternativen Vorschriften für die Einzelgenehmigung dürfen keine zerstörenden Prüfungen erfordern; dies gilt nicht für Fahrzeuge oder Fahrgestelle der Klassen M, N und O, die

serienmäßig hergestellt werden. *(BGBl I 2020/134)*

(3) Fahrzeuge der Klassen L müssen allen Bestimmungen der in Anhang II der Verordnung (EU) Nr. 168/2013 angeführten Rechtsakte entsprechen, sofern in den §§ 4 bis 27 keine Bestimmungen enthalten sind, die ausdrücklich über die Vorgaben der Verordnung hinausgehend für Fahrzeuge dieser Klassen gültig sind. Der genaue Anwendungsbereich dieser Rechtsakte ist dem Anhang II der Verordnung (EU) Nr. 168/2013 und den dort angeführten Rechtsakten zu entnehmen. Der Bundesminister für „Klimaschutz, Umwelt, Energie, Mobilität, Innovation und Technologie" kann durch Verordnung Fahrzeuge dieser Klassen, die einzeln genehmigt werden sollen, von einzelnen Bestimmungen der in Anhang II der Verordnung (EU) Nr. 168/2013 angeführten Rechtsakte ausnehmen, sofern entsprechende alternative Anforderungen festgelegt werden, die sicher stellen, dass das gleiche Maß an Verkehrssicherheit und Umweltschutz gewährleistet ist, wie in den einschlägigen Rechtsakten. Diese alternativen Vorschriften dürfen keine zerstörenden Prüfungen erfordern. *(BGBl I 2017/9; BGBl I 2020/134)*

(4) Fahrzeuge der Klassen T, C, R und S müssen allen Bestimmungen der in Anhang I der Verordnung (EU) Nr. 167/2013 angeführten Rechtsakte entsprechen, sofern in den §§ 4 bis 27 keine Bestimmungen enthalten sind, die ausdrücklich über die Vorgaben der Verordnung hinausgehend für Fahrzeuge dieser Klassen gültig sind. Der genaue Anwendungsbereich dieser Rechtsakte ist dem Anhang I der Verordnung (EU) Nr. 167/2013 und den dort angeführten Rechtsakten zu entnehmen. Der Bundesminister für „Klimaschutz, Umwelt, Energie, Mobilität, Innovation und Technologie" kann durch Verordnung Fahrzeuge der Klassen T, C, R und S, die einzeln genehmigt werden sollen, von einzelnen Bestimmungen der in Anhang I der Verordnung (EU) Nr. 167/2013 angeführten Rechtsakte und dieses Bundesgesetzes ausnehmen, sofern entsprechende alternative Anforderungen festgelegt werden, die sicher stellen, dass das gleiche Maß an Verkehrssicherheit und Umweltschutz gewährleistet ist, wie in den einschlägigen Rechtsakten. Diese alternativen Vorschriften dürfen keine zerstörenden Prüfungen erfordern. *(BGBl I 2017/9; BGBl I 2020/134)*

(BGBl I 2009/94)

III. Abschnitt

Typengenehmigung und Einzelgenehmigung von Kraftfahrzeugen und Anhängern und ihrer Teile und Ausrüstungsgegenstände

Allgemeines

§ 28. (1) Typen von Kraftfahrzeugen oder Anhängern oder von Fahrgestellen solcher Fahrzeuge und einzelne Kraftfahrzeuge oder Anhänger oder Fahrgestelle solcher Fahrzeuge sind auf Antrag behördlich zu genehmigen, wenn sie den Bestimmungen dieses Bundesgesetzes und der auf Grund dieses Bundesgesetzes erlassenen Verordnungen entsprechen.

(1a) *(aufgehoben, BGBl I 2009/94)*

(2) Die Genehmigung einer Type oder eines einzelnen Fahrzeuges oder Fahrgestelles gilt ohne Rücksicht darauf, wer der Erzeuger der Type oder, bei ausländischen Erzeugern, ihr Bevollmächtigter in Österreich oder wer der Besitzer des Fahrzeuges ist. *(BGBl 1971/285)*

(3) Bei der Genehmigung sind festzusetzen:

1. die zulassungsrelevanten Daten,

2. soweit dies nach den Erfordernissen der Verkehrs- und Betriebssicherheit erforderlich ist, Bedingungen, die zur Gültigkeit der Genehmigung erfüllt sein müssen, oder Auflagen, die zur Gültigkeit der Genehmigung bei der Zulassung zum Verkehr vorgeschrieben sein müssen.

Die zulassungsrelevanten Daten setzen sich aus den im zutreffenden Muster der Übereinstimmungsbescheinigung für vollständige Fahrzeuge enthaltenen Daten und aus den für die Zulassung in Österreich zusätzlich erforderlichen Daten zusammen und sind vom Bundesminister für „Klimaschutz, Umwelt, Energie, Mobilität, Innovation und Technologie" durch Verordnung festzusetzen. Bei Fahrzeugen mit EG-Betriebserlaubnis oder mit einer gemäß § 28b Abs. 4 anerkannten nationalen Kleinserien- Typgenehmigung sind die sonstigen für die Zulassung in Österreich erforderlichen Daten bei der Dateneingabe in der Genehmigungsdatenbank festzusetzen; bei der Anerkennung einer Einzelgenehmigung aus einem anderen Mitgliedstaat sind diese vom Landeshauptmann im Verfahren nach § 31a Abs. 6 festzusetzen. *(BGBl I 2009/94; BGBl I 2020/134)*

(3a) Das höchste zulässige Gesamtgewicht und die höchste zulässige Sattellast sowie höchsten zulässigen Achslasten sind der Bauart des Fahrzeuges entsprechend festzusetzen, höchstens jedoch mit den im § 4 Abs. 7 bis 8 angeführten Werten. Auf Antrag ist das höchste zulässige Gesamtgewicht mit nicht weniger als 80 vH des Höchstgewichtes, bei Schulfahrzeugen mit nicht weniger als 60 vH und bei Fahrzeugen für das Schaustellergewerbe mit nicht weniger als 30 vH des Höchstgewichtes, höchstens jedoch mit dem sich aus § 4 Abs. 7 ergebenden Wert, festzusetzen. Bei Starrdeichselanhängern ist das höchste zulässige Gesamtgewicht als Summe der höchsten zulässigen Stützlast und der höchsten zulässigen Achslast(en) festzusetzen. Wenn das Höchstgewicht 3 500 kg nicht überschreitet, so kann das höchste zulässige Gesamtgewicht bei Anhängern auch mit nicht weniger als 60 vH des Höchstgewichtes festgesetzt werden. Bei Anhängern der Klassen O1 und O2 kann für das höchste zulässige Gesamtgewicht auch eine bestimmte Bandbreite angegeben werden. Innerhalb dieser Bandbreite wird das jeweils aktuelle höchste zulässige Gesamtgewicht von der Behörde und der Zulassungsstelle auf Antrag festgesetzt und in den Zulassungsschein/Zulassungsbescheinigung eingetragen. *(BGBl I 2005/117)*

(3b) *(aufgehoben, BGBl I 2009/94)*

(4) Sattelzugfahrzeuge und Sattelanhänger dürfen nur gesondert genehmigt werden. *(BGBl I 2005/117)*

(5) Einachszugmaschinen (§ 2 Z. 23) oder Typen solcher Fahrzeuge sind nur gemäß Abs. 1 zu genehmigen, wenn sie dazu bestimmt sind, mit einem anderen Fahrzeug oder einem Gerät so verbunden zu werden, daß sie mit diesem ein einziges Kraftfahrzeug bilden. Bei der Genehmigung ist auch auszusprechen, mit welchen Arten von Fahrzeugen sie verbunden werden dürfen und welche Voraussetzungen hiebei zu erfüllen sind. Kraftfahrzeuge, die nicht ausschließlich auf Rädern laufen, dürfen nur unter der Bedingung genehmigt werden, daß sie nur auf bestimmten Arten von Straßen verwendet werden.

(6) Bei der Genehmigung ist auf Antrag auch auszusprechen, unter welchen Voraussetzungen Geräte, zusätzliche Aufbauten, Sitze und Vorrichtungen zur Beförderung von Gütern oder Typen von ihnen mit dem Fahrzeug auch so verbunden werden dürfen, dass sie die Fahreigenschaften des Fahrzeuges verändern, und unter welchen Bedingungen und Auflagen im Sinne des Abs. 3 Z 2, insbesondere hinsichtlich der Belastung der einzelnen Achsen des Fahrzeuges nach den Erfordernissen der Verkehrs- und Betriebssicherheit einzuhaltenden höchsten und zu gewährleistenden mindesten Achslasten, ein solches Fahrzeug auf Straßen mit öffentlichem Verkehr verwendet werden darf. *(BGBl I 2007/57)*

(7) Typen von Kraftfahrzeugen oder Anhängern oder von Fahrgestellen solcher Fahrzeuge und einzelne Kraftfahrzeuge oder Anhänger oder Fahrgestelle solcher Fahrzeuge, die den Vorschriften dieses Bundesgesetzes und der auf Grund dieses Bundesgesetzes erlassenen Verordnungen nicht entsprechen, sind auf Antrag zu genehmigen, wenn sie den Bestimmungen internationaler Vereinbarungen entsprechen, die für Österreich gelten. Die Genehmigung darf nur unter der Bedingung erteilt werden, daß Fahrzeuge dieser Type, bei Einzelgenehmigungen das einzelne Fahrzeug, nur gemäß § 38 vorübergehend zugelassen werden. *(BGBl 1971/285)*

(8) Wenn eine nach früheren Vorschriften genehmigte Type oder ein genehmigtes einzelnes Fahrzeug oder Fahrgestell nicht oder nicht mehr den Bestimmungen dieses Bundesgesetzes und der auf Grund dieses Bundesgesetzes erlassenen Verordnungen entspricht und die Verkehrssicherheit dadurch gefährdet wird, hat die Behörde, die den Genehmigungsbescheid in letzter Instanz erlassen hat, festzustellen, daß der Genehmigungsbescheid oder die ihm gemäß ausgestellten Typenscheine nicht mehr als Nachweis gemäß § 37 Abs. 2 lit. a gelten, und das Genehmigungszeichen zu widerrufen. Der Widerruf eines Genehmigungszeichens ist im Amtsblatt zur Wiener Zeitung kundzumachen. *(BGBl 1977/615)*

(9) Abs. 8 gilt sinngemäß, wenn Fahrzeuge oder Fahrgestelle als einer genehmigten Type zugehörig feilgeboten werden und dieser Type nicht entsprechen. *(BGBl 1977/615)*

In Österreich erteilte EG-Betriebserlaubnis

§ 28a. (1) Der Bundesminister für „Klimaschutz, Umwelt, Energie, Mobilität, Innovation und Technologie" ist zuständig: *(BGBl I 2020/134)*

1. für die Erteilung, Änderung, Erweiterung, Entziehung, Verweigerung oder Ungültigkeitserklärung einer EG-Typgenehmigung (einschließlich Mehrstufen- Typgenehmigung, Mehrphasen-Typgenehmigung, Einphasen-Typgenehmigung oder gemischte Typgenehmigung), Kleinserien-Typgenehmigung oder einer nationalen Kleinserien- Typgenehmigung gemäß den „EU-Rechtsakten betreffend die Genehmigung von Fahrzeugen, Richtlinie 2007/46/EG, Verordnung (EU) Nr. 167/2013 oder Verordnung Nr. (EU) 168/2013"* für Fahrzeuge, sowie für Systeme, Bauteile oder selbständige technische Einheiten, die für den Anbau an derartigen Fahrzeugen vorgesehen sind; der Bundesminister für „Klimaschutz, Umwelt, Energie, Mobilität, Innovation und Technologie"** hat durch Verordnung die jeweils aktuelle Fassung der genannten Betriebserlaubnisrichtlinien ersichtlich zu machen; *(BGBl I 2009/94; *BGBl I 2017/9; **BGBl I 2020/134)*

2. für Mitteilungen an die Kommission der Europäischen Union und die anderen Mitgliedstaaten der Europäischen Union im Zusammenhang mit Z 1;

3. für die Information der Landeshauptmänner über Fälle der Z 1, sowie Information der Landeshauptmänner über in anderen Mitgliedstaaten erteilte EG-Betriebserlaubnisse;

4. für allenfalls zu treffende Maßnahmen zur Sicherstellung der Einhaltung der in Z 1 genannten Richtlinien.

(BGBl I 2005/117)

(2) Im Verfahren auf Erteilung einer EG-Betriebserlaubnis kann auf Antrag des Herstellers von den in den Betriebserlaubnisrichtlinien vorgesehenen Ausnahmemöglichkeiten für Fahrzeuge, die in Kleinserien hergestellt werden, die zu auslaufenden Serien gehören, oder die aufgrund bestimmter angewandter Technologien oder Merkmale eine oder mehrere Anforderungen einer oder mehrerer Einzelrichtlinien nicht erfüllen können, Gebrauch gemacht werden. *(BGBl I 2005/117)*

(3) Der Antrag ist vom Hersteller unter Anschluß aller erforderlichen Unterlagen zu stellen. Dem Antrag sind eine Beschreibungsmappe mit den erforderlichen Angaben und die Genehmigungsbögen zu allen anwendbaren Einzelrichtlinien beizufügen.

(4) Durch Verordnung werden die näheren Bestimmungen hinsichtlich der Antragsunterlagen (Beschreibungsbogen), der Abwicklung des Verfahrens, der Qualitätssicherung, der durchzuführenden Kontrollen und einzuhaltenden Einzelrichtlinien sowie der Inhalt der Übereinstimmungsbescheinigung festgelegt.

(4a) Der Bundesminister für „Klimaschutz, Umwelt, Energie, Mobilität, Innovation und Technologie" kann vom Hersteller unter Angabe von Gründen zusätzliche Unterlagen anfordern, die für die Entscheidung über die erforderlichen Prüfungen notwendig sind oder die die Durchführung dieser Prüfungen erleichtern. Der Hersteller hat dem Bundesminister für „Klimaschutz, Umwelt, Energie, Mobilität, Innovation und Technologie" die Zahl von Fahrzeugen zur Verfügung zu stellen, die für die ordnungsgemäße Durchführung des Typgenehmigungsverfahrens erforderlich ist. *(BGBl I 2009/94; BGBl I 2020/134)*

(4b) Die Genehmigung wird erteilt, wenn die in Betracht kommenden Anforderungen der jeweiligen Betriebserlaubnisrichtlinien erfüllt werden und die Einhaltung der technischen Vorschriften durch die erforderlichen Prüfungen nachgewiesen wird. Stellt der Bundesminister für „Klimaschutz, Umwelt, Energie, Mobilität, Innovation und Technologie" fest, dass eine Type eines Fahrzeugs, eines Systems, eines Bauteils oder einer selbstständigen technischen Einheit zwar den erforderlichen Bestimmungen entspricht, aber dennoch ein erhebliches Risiko für die Sicherheit im Straßenverkehr darstellt oder die Umwelt oder die öffentliche Gesundheit ernsthaft gefährdet, so kann er die Erteilung der EG-Betriebserlaubnis verweigern. In diesem Fall übermittelt er den anderen Mitgliedstaaten und der Kommission unverzüglich ausführliche Unterlagen mit einer Begründung seiner Entscheidung und Belegen für seine Feststellungen. *(BGBl I 2009/94; BGBl I 2020/134)*

(5) Bei Vorliegen der Genehmigungsvoraussetzungen darf diese nur erteilt werden, wenn ein Qualitätssicherungssystem installiert ist, welches die Anforderungen der jeweiligen Betriebserlaubnisrichtlinien erfüllt und gewährleistet ist, dass die herzustellenden Fahrzeuge, Systeme, Bauteile oder selbständige technische Einheiten jeweils mit dem genehmigten Typ übereinstimmen. Der Antragsteller hat die Kosten der Überprüfung des Qualitätssicherungssystems zu tragen. Die Genehmigung kann erforderlichenfalls mit Nebenbestimmungen (Bedingungen, Auflagen) versehen sein, um die Erfüllung der sich aus der Genehmigung ergebenden Pflichten durch den Hersteller sicherzustellen. *(BGBl I 2002/80)*

(6) Der Inhaber einer EG-Betriebserlaubnis hat für von ihm in den Handel gebrachte Fahrzeuge eine Übereinstimmungsbescheinigung im Sinne der jeweils anzuwendenden Betriebserlaubnisrichtlinie auszustellen. Der Inhaber einer EG-Betriebserlaubnis oder sein gemäß § 29 Abs. 2 in Österreich Bevollmächtigter hat für von ihm in Österreich in den Handel gebrachte Fahrzeuge, für die er eine Übereinstimmungsbescheinigung ausgestellt hat, die Genehmigungsdaten in die Genehmigungsdatenbank einzugeben. Dies gilt auch für andere Fahrzeuge dieser Type, die in Österreich zugelassen werden sollen und über eine gültige Übereinstimmungsbescheinigung verfügen oder für die der Inhaber einer EG-Betriebserlaubnis eine Übereinstimmungsbescheinigung ausgestellt hat und die bereits im Ausland zugelassen waren. Das ist in den Genehmigungsdaten samt Angabe des Datums der erstmaligen Zulassung entsprechend zu vermerken. Ist bei einem der wiederkehrenden Begutachtung unterliegenden Fahrzeug bereits eine Begutachtung fällig geworden, dürfen die Genehmigungsdaten erst nach Vorliegen eines positiven Gutachtens gemäß § 57a angelegt werden. Dieses Gutachten kann durch den Nachweis eines positiven Ergebnisses einer technischen Untersuchung im Sinne der Richtlinie „2014/45/EU, ABl. L Nr. 127 vom 29.04.2014, S 51" ersetzt werden, wenn keine weitere Begutachtung gemäß § 57a fällig geworden ist. Wurde das Fahrzeug bereits im Ausland zugelassen und die Übereinstimmungsbescheinigung eingezogen, ersetzt eine Zulassungsbescheinigung im Sinne der Richtlinie 1999/37/EG, in der Fassung der „Richtlinie 2014/46/EU, ABl. L Nr. 127 vom 29.04.2014, S 129," die Übereinstimmungsbescheinigung. Wenn vom Inhaber der EG-Betriebserlaubnis oder seinem Bevollmächtigten keine Übereinstimmungsbescheinigung ausgestellt werden kann, so haben diese vor Eingabe der Genehmigungsdaten einen Datenauszug aus der Genehmigungsdatenbank herzustellen und dem Antragsteller zu übergeben. *(BGBl I 2005/117; BGBl I 2017/9)*

(7) Der Bundesminister für „Klimaschutz, Umwelt, Energie, Mobilität, Innovation und

Technologie" hat das Recht, stichprobenartig die Produktion von Fahrzeugen, Bauteilen oder technischen Einheiten, denen gemäß Abs. 1 Z 1 in Österreich eine EG-Betriebserlaubnis erteilt wurde, auf deren Übereinstimmung mit den in Abs. 1 Z 1 genannten Betriebserlaubnisrichtlinien zu überprüfen oder überprüfen zu lassen. Dies kann auch auf Antrag anderer Mitgliedstaaten oder in Zusammenarbeit mit anderen Mitgliedstaaten geschehen. Wenn das Überprüfungsergebnis negativ ist hat der Inhaber der Betriebserlaubnis die Kosten der Überprüfungen zu tragen. *(BGBl I 2002/80; BGBl I 2020/134)*

(8) Jede genehmigungspflichtige Änderung oder Einstellung der mit einer EG-Betriebserlaubnis versehenen Produktion ist unverzüglich dem Bundesminister für „Klimaschutz, Umwelt, Energie, Mobilität, Innovation und Technologie" anzuzeigen. Durch Verordnung ist festzusetzen, welche Änderungen *(BGBl I 2020/134)*

1. nur gemäß Abs. 1 Z 2 anzuzeigen sind oder

2. eine Änderung oder Neuausstellung der EG-Betriebserlaubnis erfordern.

(9) Eine in Österreich erteilte EG-Betriebserlaubnis kann nach allenfalls zu treffenden Maßnahmen gemäß Abs 1 Z 3 bei Nichtübereinstimmung der Produktion mit den im Beschreibungsbogen zur EG-Betriebserlaubnis enthaltenen Daten entzogen werden. *(BGBl I 2002/80)*

(10) Eine EG-Betriebserlaubnis wird ungültig, wenn eine oder mehrere der Genehmigungen, die Bestandteil des Beschreibungsbogens sind, nach den jeweiligen Einzelrichtlinien ungültig werden, soferne diese in ihren Übergangsbestimmungen nichts anderes vorsehen.

(11) Die Erteilung einer EG-Betriebserlaubnis ist jedenfalls zu verweigern, wenn ein gleicher Antrag bereits in einem anderen Mitgliedstaat gestellt wurde.

(BGBl 1994/654)

EG-Betriebserlaubnis aus anderen Staaten

§ 28b. (1) Der Inhaber einer EG-Betriebserlaubnis hat für von ihm in den Handel gebrachte Fahrzeuge eine Übereinstimmungsbescheinigung im Sinne der jeweils anzuwendenden Betriebserlaubnisrichtlinie auszustellen. Der Inhaber einer EG-Betriebserlaubnis oder sein gemäß § 29 Abs. 2 in Österreich Bevollmächtigter ist verpflichtet, die Erteilung und jede Änderung der EG-Betriebserlaubnis dem Bundesminister für „Klimaschutz, Umwelt, Energie, Mobilität, Innovation und Technologie"** anzuzeigen. Er hat für von ihm in Österreich in den Handel gebrachte Fahrzeuge, für die eine gültige Übereinstimmungsbescheinigung vorliegt, die Genehmigungsdaten in die Genehmigungsdatenbank einzugeben. Dies gilt auch für andere Fahrzeuge dieser Type, die in Österreich zugelassen werden sollen und über eine gültige Übereinstimmungsbescheinigung verfügen oder für die eine Übereinstimmungsbescheinigung ausgestellt wurde und die bereits im Ausland zugelassen waren. Das ist in den Genehmigungsdaten samt Angabe des Datums der erstmaligen Zulassung entsprechend zu vermerken. Ist bei einem der wiederkehrenden Begutachtung unterliegenden Fahrzeug bereits eine Begutachtung fällig geworden, dürfen die Genehmigungsdaten erst nach Vorliegen eines positiven Gutachtens gemäß § 57a angelegt werden. Dieses Gutachten kann durch den Nachweis eines positiven Ergebnisses einer technischen Untersuchung im Sinne der Richtlinie „2014/45/EU"* ersetzt werden, sofern keine weitere Begutachtung gemäß § 57a fällig geworden ist. Wurde das Fahrzeug bereits im Ausland zugelassen und die Übereinstimmungsbescheinigung eingezogen, ersetzt eine Zulassungsbescheinigung im Sinne der Richtlinie 1999/37/EG, in der Fassung der „Richtlinie 2014/46/EU,"* die Übereinstimmungsbescheinigung. Wenn vom Inhaber der EG-Betriebserlaubnis oder seinem Bevollmächtigten keine Übereinstimmungsbescheinigung ausgestellt werden kann, so haben diese nach Eingabe der Genehmigungsdaten einen Datenauszug aus der Genehmigungsdatenbank herzustellen und dem Antragsteller zu übergeben. *(BGBl I 2005/117; *BGBl I 2017/9; **BGBl I 2020/134)*

(1a) Der Inhaber einer EG-Betriebserlaubnis oder sein gemäß § 29 Abs. 2 in Österreich Bevollmächtigter sind berechtigt, für die Eingabe der Genehmigungsdaten in die Genehmigungsdatenbank einen Kostenersatz vom Fahrzeuginhaber in der Höhe von bis zu 180 Euro (einschließlich Umsatzsteuer) zu verrechnen. Dies gilt auch für die Fälle der Dateneingabe gemäß § 28a Abs. 6. *(BGBl I 2009/94)*

(2) Der Bundesminister für „Klimaschutz, Umwelt, Energie, Mobilität, Innovation und Technologie" hat das Recht, nach Anzeige einer Erteilung oder Änderung einer EG-Betriebserlaubnis, *(BGBl I 2020/134)*

1. die Vorlage des EG-Betriebserlaubnisbogens einschließlich aller Anlagen zu verlangen, wenn dieser nicht oder unvollständig vom Mitgliedstaat, der die Genehmigung erteilt hat, an den Bundesminister für „Klimaschutz, Umwelt, Energie, Mobilität, Innovation und Technologie" übermittelt wurde, *(BGBl I 2020/134)*

2. die Vollständigkeit und Richtigkeit der erstellten Musterdatensätze von Genehmigungsdaten zu überprüfen und gegebenenfalls die Eingabe von Genehmigungsdaten zu untersagen, bis sichergestellt ist, dass die eingegebenen Daten fehlerfrei sind; werden Fehler in den Musterdatensätzen von Genehmigungsdaten festgestellt, ist der beim Bundesminister für „Klimaschutz, Umwelt, Energie, Mobilität, Innovation und Technologie"*** angefallene Aufwand „nach einem durch

Verordnung festgesetzten Tarif"* vom gemäß Abs. 1 zweiter Satz zur Anzeige Verpflichteten zu ersetzen, *(*BGBl I 2017/102; **BGBl I 2020/134)*

3. den Staat, der die Genehmigung erteilt hat, zu ersuchen, stichprobenartig einzelne Fahrzeuge zu überprüfen oder einzelne Fahrzeuge der betreffenden Type stichprobenartig auf deren Übereinstimmung mit den Daten in den Musterdatensätzen zu untersuchen.
(BGBl I 2005/117)

(3) Stellt der Bundesminister für „Klimaschutz, Umwelt, Energie, Mobilität, Innovation und Technologie" eine Nichtübereinstimmung nach Abs. 2 fest, so teilt er dies dem Staat, der die EG-Betriebserlaubnis erteilt hat, mit. *(BGBl I 2020/134)*

(4) Wird festgestellt, dass trotz Übereinstimmung eine Gefährdung der Sicherheit des Straßenverkehrs oder der Umwelt oder der öffentlichen Gesundheit durch solche Fahrzeuge eintreten kann, so hat der Bundesminister für „Klimaschutz, Umwelt, Energie, Mobilität, Innovation und Technologie": *(BGBl I 2020/134)*

1. hiervon den genehmigenden Mitgliedstaat und die Kommission zu verständigen,

2. die weitere Eingabe von Genehmigungsdaten für diese Fahrzeuge in die Genehmigungsdatenbank zu untersagen und gegebenenfalls die Eingabe einer Zulassungssperre in den bereits in die Genehmigungsdatenbank eingegebenen Genehmigungsdatensätzen oder Typendatendatensätzen oder eine Löschung dieser Datensätze in der Genehmigungsdatenbank zu verfügen, und

3. die Zulassung solcher Fahrzeuge zu untersagen,

bis eine diesbezügliche Klarstellung mit dem genehmigenden Staat, allenfalls nach Konsultation der Kommission, getroffen wird. *(BGBl I 2009/94)*

(5) Wurde eine EG-Betriebserlaubnis von einem anderen Mitgliedsstaat dem Bundesminister für „Klimaschutz, Umwelt, Energie, Mobilität, Innovation und Technologie"*** übermittelt und hat der Inhaber der EG-Betriebserlaubnis keinen gemäß § 29 Abs. 2 in Österreich Bevollmächtigten oder kommt der Inhaber der EG-Betriebserlaubnis oder der gemäß § 29 Abs. 2 Bevollmächtigte den Verpflichtungen des Abs. 1 hinsichtlich der Eingabe der Genehmigungsdaten in die Genehmigungsdatenbank nicht unverzüglich nach, hat der örtlich zuständige Landeshauptmann auf Antrag des rechtmäßigen Besitzers eines mit einer gültigen Übereinstimmungsbescheinigung versehenen Fahrzeuges, das in Österreich zugelassen werden soll, die Genehmigungsdaten in die Genehmigungsdatenbank einzugeben. Dies gilt auch für andere Fahrzeuge dieser Type, die in Österreich zugelassen werden sollen und für die eine Übereinstimmungsbescheinigung ausgestellt wurde und die bereits im Ausland zugelassen waren. Das ist in den Genehmigungsdaten samt Angabe des Datums der erstmaligen Zulassung entsprechend zu vermerken. Ist bei einem der wiederkehrenden Begutachtung unterliegenden Fahrzeug bereits eine Begutachtung fällig geworden, dürfen Genehmigungsdaten erst nach Vorliegen eines positiven Gutachtens gemäß § 57a angelegt werden. Dieses Gutachten kann durch den Nachweis eines positiven Ergebnisses einer technischen Untersuchung im Sinne der Richtlinie „2014/45/EU"* ersetzt werden, sofern keine weitere Begutachtung gemäß § 57a fällig geworden ist. Wurde das Fahrzeug bereits im Ausland zugelassen und die Übereinstimmungsbescheinigung eingezogen, ersetzt eine Zulassungsbescheinigung im Sinne der Richtlinie 1999/37/EG, in der Fassung der „Richtlinie 2014/46/EU,"* die Übereinstimmungsbescheinigung. In diesem Fall ist nach Eingabe der Genehmigungsdaten ein Datenauszug aus der Genehmigungsdatenbank herzustellen und dem Antragsteller zu übergeben. Der für die Eingabe der Daten anfallende Aufwand ist dem Landeshauptmann „nach einem durch Verordnung festgesetzten Tarif"** vom Antragsteller zu ersetzen. Der Abbruch des Verfahrens der Eintragung der Genehmigungsdaten einschließlich der Umstände ist gegebenenfalls in der Genehmigungsdatenbank zu vermerken.
*(BGBl I 2005/117; *BGBl I 2017/9; **BGBl I 2017/102; ***BGBl I 2020/134)*

(5a) Wenn im Sinne des Abs. 5 sechster Satz die Zulassungsbescheinigung die Übereinstimmungsbescheinigung ersetzt und in dieser Zulassungsbescheinigung nicht alle für die Zulassung in Österreich erforderlichen Daten ersichtlich sind, so ist der Antragsteller verpflichtet, dem Landeshauptmann die für die Zulassung in Österreich erforderlichen Daten zur Verfügung zu stellen. Erforderlichenfalls haben die bevollmächtigten Vertreter der Hersteller (§ 29 Abs. 2) dem Antragsteller die benötigten Daten zur Verfügung zu stellen. *(BGBl I 2007/57)*

(5b) Die Genehmigungsdaten oder Typendaten von Fahrzeugen mit einer von einem anderen Mitgliedstaat erteilten EG-Betriebserlaubnis, für die eine gültige Übereinstimmungsbescheinigung vorliegt, dürfen neben den im Abs. 5 beschriebenen Fällen auf Antrag einer Person, die

1. hierfür ein dringendes wirtschaftliches Interesse glaubhaft macht und

2. den Nachweis erbringt, dass sie in die beim Bundesministerium für Nachhaltigkeit und Tourismus geführten Register der Hersteller oder Eigenimporteure von Fahrzeugen und Batterien eingetragen ist,

nach Prüfung der Gültigkeit der Übereinstimmungsbescheinigung durch den Bundesminister für „Klimaschutz, Umwelt, Energie, Mobilität, Innovation und Technologie" auch durch Auftragsverarbeiter, die im Auftrag von zwei oder mehreren Herstellern oder deren Bevollmächtigten die Eingabe der Daten in die Genehmigungsdatenbank vornehmen, unter Beachtung der Vorgaben des Abs. 5 Sätze drei bis acht in die Genehmigungsdatenbank eingetragen werden oder nach Maßgabe des § 30a Abs. 5 vom Bundesminister für „Klimaschutz, Umwelt, Energie, Mobilität, Innovation und Technologie" Typendaten in die Genehmigungsdatenbank eingegeben werden. Der aus der Prüfung der Gültigkeit der Übereinstimmungsbescheinigung dem Bundesminister für „Klimaschutz, Umwelt, Energie, Mobilität, Innovation und Technologie" entstehende Aufwand ist nach einem durch Verordnung festgesetzten Tarif vom Antragsteller zu ersetzen. *(BGBl I 2018/37; BGBl I 2020/134)*

(6) Wird dem Landeshauptmann, dem Inhaber einer EG-Betriebserlaubnis oder seinem gemäß § 29 Abs. 2 in Österreich Bevollmächtigtem eine Übereinstimmungsbescheinigung vorgelegt und ist die EG-Betriebserlaubnis, auf die sich die Übereinstimmungsbescheinigung bezieht, nicht vom Mitgliedsstaat, der die Betriebserlaubnis erteilt hat, an den Bundesminister für „Klimaschutz, Umwelt, Energie, Mobilität, Innovation und Technologie" übermittelt worden, ist dies dem Bundesminister für „Klimaschutz, Umwelt, Energie, Mobilität, Innovation und Technologie" anzuzeigen. Dieser hat den betroffenen Mitgliedsstaat um Übermittlung des Genehmigungsbogens und seiner Anlagen zu ersuchen. Wird diesem Ersuchen nicht stattgegeben oder bestreitet der Mitgliedsstaat die Erteilung der EG-Betriebserlaubnis, ist der Antrag auf Eingabe der Genehmigungsdaten vom Landeshauptmann zurückzuweisen. Die Zurückweisung und deren Umstände sind gegebenenfalls in der Genehmigungsdatenbank zu vermerken. *(BGBl I 2005/117; BGBl I 2020/134)*

(BGBl 1994/654)

Pflichten der Hersteller

§ 28c. (1) Der Hersteller ist gegenüber der Genehmigungsbehörde für alle Belange des Genehmigungsverfahrens und für die Sicherstellung der Übereinstimmung der Produktion verantwortlich, und zwar auch dann, wenn er nicht an allen Stufen der Herstellung des Fahrzeuges, des Systems, des Bauteils oder der selbstständigen technischen Einheit unmittelbar beteiligt ist. Im Falle einer Mehrstufen- Typgenehmigung ist jeder Hersteller für die Genehmigung und die Übereinstimmung der Produktion der Systeme, Bauteile oder selbstständigen technischen Einheiten, die er auf seiner Fahrzeug-Fertigungsstufe hinzufügt, verantwortlich. Verändert ein Hersteller Bauteile oder Systeme, die auf früheren Fertigungsstufen bereits genehmigt wurden, so ist er für die Genehmigung und die Übereinstimmung der Produktion dieser Bauteile und Systeme verantwortlich.

(2) Muss ein Hersteller, dem eine EG-Typgenehmigung für Fahrzeuge von Österreich erteilt wurde, bereits verkaufte, zugelassene oder in Betrieb genommene Fahrzeuge zurückrufen, weil von einem oder mehreren Systemen oder Bauteilen oder von einer oder mehreren selbstständigen technischen Einheiten, mit denen diese Fahrzeuge ausgerüstet sind, ein erhebliches Risiko für die Verkehrssicherheit, die öffentliche Gesundheit oder die Umwelt ausgeht, so hat er das unverzüglich dem Bundesminister für „Klimaschutz, Umwelt, Energie, Mobilität, Innovation und Technologie" als Genehmigungsbehörde mitzuteilen. In dieser Mitteilung sind auch die Abhilfemaßnahmen vorzuschlagen, die geeignet sind, das genannte Risiko zu beseitigen. Wenn der Hersteller keine wirksamen Abhilfemaßnahmen vorschlägt und durchführt, so kann die Genehmigungsbehörde, die die EG-Typgenehmigung erteilt hat, ihrerseits Schutzmaßnahmen ergreifen, bis hin zum Entzug der EG-Typgenehmigung. *(BGBl I 2020/134)*

(3) Hersteller von Teilen oder Ausrüstungen, von denen ein erhebliches Risiko für das einwandfreie Funktionieren wesentlicher Systeme ausgehen kann, haben dafür zu sorgen, dass solche Teile oder Ausrüstungen nur in den Handel gelangen, wenn dafür eine Autorisierung im Sinne des Artikels 31 der Richtlinie 2007/46/EG erteilt und eine entsprechende Bescheinigung ausgestellt wurde. Alle Teile oder Ausrüstungen, für die eine Autorisierung erteilt wurde, sind entsprechend zu kennzeichnen. Der Hersteller ist dafür verantwortlich, dass diese Teile und Ausrüstungen stets unter den Bedingungen hergestellt werden, aufgrund deren die Bescheinigung ausgestellt wurde.

(4) Der Hersteller hat den Nutzern alle relevanten Informationen und erforderlichen Anweisungen zur Verfügung zu stellen, aus denen alle für ein Fahrzeug, ein Bauteil oder eine selbstständige technische Einheit geltenden besonderen Nutzungsbedingungen oder Nutzungseinschränkungen zu ersehen sind, sofern ein Rechtsakt dies ausdrücklich vorsieht.

(5) Der Fahrzeughersteller muss den Herstellern von Bauteilen oder selbstständigen technischen Einheiten alle Angaben, gegebenenfalls auch Zeichnungen, zur Verfügung stellen, die im Anhang oder in der Anlage eines Rechtsakts ausdrücklich genannt und für die EG-Typgenehmigung von Bauteilen oder selbstständigen technischen Einheiten oder für den Erhalt einer Erlaubnis nach Artikel 31 der Richtlinie 2007/46/EG benötigt werden. Ist ein Hersteller von Bauteilen oder selbstständigen technischen Einheiten Inhaber eines EG-Typgenehmigungsbogens, in dem auf Nutzungseinschränkungen und/oder besondere Einbauvorschriften hingewiesen wird, so stellt er dem Fahrzeughersteller alle

4/1. KFG

§§ 28c – 29

diesbezüglichen Informationen zur Verfügung. Wenn ein Rechtsakt dies vorsieht, hat der Hersteller von Bauteilen oder selbstständigen technischen Einheiten den von ihm hergestellten Bauteilen oder selbstständigen technischen Einheiten Hinweise auf Nutzungseinschränkungen und/oder besondere Einbauvorschriften beizufügen.

(6) Ein außerhalb des Bundesgebietes ansässiger Hersteller muss für die Zwecke einer EU-Typgenehmigung einen im Bundesgebiet ansässigen Bevollmächtigten benennen, der ihn bei der Genehmigungsbehörde vertritt. Die in den vorstehenden Absätzen normierten Pflichten treffen in einem solchen Fall auch den Bevollmächtigten.

(BGBl I 2009/94)

Nationale Kleinserien-Typgenehmigung

§ 28d. (1) Bei Fahrzeugen, deren Stückzahl die in Anhang XII Teil A Abschnitt 2 der Richtlinie 2007/46/EG oder die in Anhang II der Verordnung (EU) Nr. 167/2013 oder in Anhang III der Verordnung (EU) Nr. 168/2013 genannten Stückzahlen nicht überschreitet, kann der Bundesminister für „Klimaschutz, Umwelt, Energie, Mobilität, Innovation und Technologie" auf Antrag eine nationale Kleinserien-Typgenehmigung erteilen, wenn die Fahrzeuge den dafür relevanten Bestimmungen dieses Bundesgesetzes, den einschlägigen Vorschriften der Europäischen Union oder den durch Verordnung festgelegten alternativen Anforderungen entsprechen. *(BGBl I 2017/9; BGBl I 2020/134)*

(2) Auf das Verfahren finden die Vorschriften über die Erteilung einer Typgenehmigung gemäß § 29 Anwendung. Wird eine nationale Kleinserien-Typgenehmigung erteilt, so hat der Hersteller oder dessen Bevollmächtigter im Inland die Genehmigungsdaten der in Betracht kommenden Fahrzeuge in die Genehmigungsdatenbank einzugeben und für jedes der von ihm in den Handel gebrachte Fahrzeuge dieser Type einen Typenschein auszustellen.

(3) Auf Antrag fertigt der Bundesminister für „Klimaschutz, Umwelt, Energie, Mobilität, Innovation und Technologie" eine Kopie des Typgenehmigungsbogens einschließlich der Beschreibungsunterlagen aus, falls ein Fahrzeug mit einer nationalen Kleinserien-Typgenehmigung in einem anderen Mitgliedstaat verkauft, zugelassen oder in Betrieb genommen werden soll. *(BGBl I 2020/134)*

(4) Wenn dem Bundesminister für „Klimaschutz, Umwelt, Energie, Mobilität, Innovation und Technologie" auf Antrag des Herstellers von einer Genehmigungsbehörde eines anderen Mitgliedstaates eine Kopie eines Typgenehmigungsbogens und der zugehörigen Anlagen einer nationalen Kleinserien-Typgenehmigung übermittelt werden, so hat der Bundesminister für „Klimaschutz, Umwelt, Energie, Mobilität, Innovation und Technologie" binnen 60 Tagen nach Erhalt der Mitteilung zu entscheiden, ob die Typgenehmigung anerkannt wird und dies der Genehmigungsbehörde des anderen Staates mitzuteilen. *(BGBl I 2020/134)*

(5) Vor der Entscheidung hat der Bundesminister für „Klimaschutz, Umwelt, Energie, Mobilität, Innovation und Technologie" ein Gutachten im Sinne des § 29 Abs. 3 darüber einzuholen, ob die technischen Vorschriften, nach denen das Fahrzeug genehmigt wurde, den in Österreich geltenden Vorschriften gleichwertig sind. Der Hersteller muss gegebenenfalls die für die Erstellung des Gutachtens der Sachverständigen gemäß § 124 erforderlichen Fahrzeuge vorführen. Ergibt das Gutachten eine Gleichwertigkeit der technischen Vorschriften, so ist die nationale Kleinserien-Typgenehmigung anzuerkennen und es finden die Vorschriften des Abs. 2 Anwendung. Hat der Hersteller keinen gemäß § 29 Abs. 2 Bevollmächtigten, kann er sich zur Ausstellung der Typenscheine und zur Dateneingabe in die Genehmigungsdatenbank eines Auftragsverarbeiters, der im Auftrag von zwei oder mehreren Herstellern oder deren Bevollmächtigten die Eingabe der Daten in die Genehmigungsdatenbank vornimmt, bedienen. Die Anerkennung ist abzulehnen, wenn das Gutachten ergibt, dass die technischen Vorschriften, nach denen das Fahrzeug genehmigt wurde, den in Österreich geltenden Vorschriften nicht gleichwertig sind. *(BGBl I 2018/37; BGBl I 2020/134)*

(6) Das in Abs. 5 beschriebene Verfahren gilt auch, wenn ein Fahrzeuginhaber die Anerkennung der nationalen Kleinserien-Typgenehmigung seines Fahrzeuges in Österreich beantragt oder wenn ein Fahrzeug auf Grundlage einer nationalen Kleinserien-Typgenehmigung bereits in einem anderen Mitgliedstaat zugelassen war und in Österreich zugelassen werden soll. Im Falle einer Anerkennung sind die Genehmigungsdaten vom zuständigen Landeshauptmann einzugeben. Der Aufwand ist dem Landeshauptmann „nach einem durch Verordnung festgesetzten Tarif" zu vergüten. Nach Eingabe der Daten in die Genehmigungsdatenbank ist ein Datenauszug aus der Genehmigungsdatenbank herzustellen und dem Antragsteller zu übergeben. *(BGBl I 2017/102)*

(BGBl I 2009/94)

Typengenehmigung

§ 29. (1) Als Typen im Sinne des § 28 Abs. 1 gelten nur Typen von Fahrzeugen oder Fahrgestellen, die serienmäßig hergestellt werden. Ist die Type genehmigt, so gelten alle Fahrzeuge, die dieser Type entsprechen und für die die Typdaten in der Genehmigungsdatenbank eingetragen sind, als genehmigt. Für diese Fahrzeuge gilt die Genehmigung auch, wenn an ihnen genehmigungspflichtige Teile oder Ausrüstungsgegenstände gegen solche einer anderen gemäß § 35 Abs. 1 genehmigten Type oder einer im Ausland genehmigten Type, deren Genehmigung gemäß § 35 Abs. 4 anerkannt wurden, ausgetauscht wurden, die hinsichtlich ihrer Wirkung mindestens gleichwertig sind und die Fahreigenschaften oder andere Betriebseigenschaften des Fahrzeuges nicht verschlechtern. Dieser Absatz ist sinngemäß auch auf Fahrgestelle anzuwenden. Eine Typengenehmigung mit nationaler Geltung kann nur für Fahrzeuge erteilt werden, die nicht unter den Anwendungsbereich der Betriebserlaubnisrichtlinien fallen, sofern in diesen Richtlinien nichts anderes vorgesehen wird. *(BGBl I 2005/117)*

(1a) *(aufgehoben, BGBl I 2009/94)*

(2) Über einen Antrag auf Genehmigung einer Type (§ 28 Abs. 1) hat der Bundesminister für „Klimaschutz, Umwelt, Energie, Mobilität, Innovation und Technologie"** zu entscheiden. Bei Heeresfahrzeugen ist hiebei vor der Entscheidung das Einvernehmen mit dem Bundesminister für Landesverteidigung herzustellen. Der Antrag darf nur vom Erzeuger, bei Heeresfahrzeugen auch vom Bundesminister für Landesverteidigung gestellt werden; ein ausländischer Erzeuger ohne Hauptniederlassung im Bundesgebiet darf jedoch den Antrag nur durch eine Person stellen, die im Bundesgebiet ihren Hauptwohnsitz oder Sitz hat und als einzige von ihm bevollmächtigt ist, in Österreich selbst oder durch einen Vertreter („§ 10 des Allgemeinen Verwaltungsverfahrensgesetzes 1991 – AVG, BGBl. Nr. 51/1991"*) Anträge auf Genehmigung einer Type von ihm hergestellter Fahrzeuge oder Fahrgestelle zu stellen. Der Bundesminister für „Klimaschutz, Umwelt, Energie, Mobilität, Innovation und Technologie"** kann jedoch Anträge auf Typengenehmigung von besonderen Bevollmächtigten für einzelne Bereiche des Erzeugungsprogramms von Fahrzeugen oder Fahrgestellen jeweils desselben Erzeugers entgegennehmen, wenn glaubhaft gemacht wird, daß dies im Hinblick auf Instandsetzungs- oder Wartungsdienste, Handelsbräuche oder die Organisation der Unternehmung dringend erforderlich ist. *(BGBl 1986/106; *BGBl I 2017/9; **BGBl I 2020/134)*

(3) Der Bundesminister für „Klimaschutz, Umwelt, Energie, Mobilität, Innovation und Technologie" hat vor der Entscheidung über den Antrag auf Typengenehmigung ein Gutachten eines oder mehrerer gemäß § 124 bestellter Sachverständiger darüber einzuholen, ob die Type den Erfordernissen der Verkehrs- und Betriebssicherheit entspricht, mit der Type nicht übermäßig Lärm, Rauch, übler Geruch oder schädliche Luftverunreinigungen verursacht werden, und – soweit dies dem oder den Sachverständigen erkennbar ist – die Type der Typenbeschreibung entspricht und das Fahrzeug den Bestimmungen dieses Bundesgesetzes und den aufgrund dieses Bundesgesetzes erlassenen Verordnungen entspricht. *(BGBl I 2005/117; BGBl I 2020/134)*

(4) Die Sachverständigen haben ihre Gutachten (Abs. 3) auf Grund einer Prüfung, der Typenprüfung, abzugeben. Die für die Vornahme der Typenprüfung erforderlichen Einrichtungen sind vom Antragsteller zur Verfügung zu stellen. Davon kann dann abgesehen werden, wenn die Typenprüfung „vom Bundesminister für „Klimaschutz, Umwelt, Energie, Mobilität, Innovation und Technologie"**"* oder in einer Landesprüfstelle durchgeführt wird und der Umfang der erforderlichen Einrichtungen nicht des § 57a Abs. 2 überschreitet. Das Ergebnis der Typenprüfung ist in einem Gutachten festzuhalten, das sich auf die Typenbeschreibung der Type bezieht. *(BGBl I 2005/117; *BGBl I 2017/102; **BGBl I 2020/134)*

(5) Wird die Type genehmigt, so hat sich der Spruch des Bescheides auf die Typenbeschreibung der Type zu beziehen. *(BGBl I 2005/117)*

(6) Bei Anträgen auf Genehmigung einer Type von Heeresfahrzeugen ist zur Erstellung des im Abs. 3 angeführten Gutachtens auch ein gemäß § 124 bestellter Sachverständiger aus dem Personalstand des Bundesministeriums für Landesverteidigung heranzuziehen. Heeresfahrzeuge gelten nur solange als genehmigt, als sie zur Verwendung im Bereich des Bundesheeres oder der Heeresverwaltung bestimmt sind. *(BGBl I 2005/117)*

(7) Durch Verordnung sind nach den Erfordernissen der Verkehrs- und Betriebssicherheit und des Umweltschutzes, dem jeweiligen Stand der Technik entsprechend, die näheren Bestimmungen über den Antrag auf Typengenehmigung, die Typenbeschreibung der Type, die weiteren Beilagen zum Antrag, über die Typenprüfung und über Unterlagen, die bei der Typenprüfung vorzulegen sind, festzusetzen. *(BGBl I 2005/117)*

(8) Der Erzeuger einer Type von Fahrzeugen mit einem gemäß § 35 Abs. 2 festgesetzten, einer internationalen Vereinbarung entsprechenden Genehmigungszeichen oder sein gemäß Abs. 2 Bevollmächtigter hat, wenn diese Type nicht mehr erzeugt wird, dies dem „Bundesministerium für „Klimaschutz, Umwelt, Energie, Mobilität, Innovation und Technologie"***" anzuzeigen. *(BGBl 1977/615; *BGBl I 2019/19; **BGBl I 2020/134)*

Typenschein

§ 30. (1) Wurde eine Typengenehmigung mit nationaler Geltung erteilt, so ist der jeweilige Erzeuger dieser Type, bei ausländischen Erzeugern der gemäß § 29 Abs. 2 Bevollmächtigte, verpflichtet, für jedes der von ihm in den Handel gebrachten Fahrzeuge dieser Type einen Typenschein auszustellen und die Genehmigungsdaten des Fahrzeuges in die Genehmigungsdatenbank einzugeben. Von der Eingabe der Genehmigungsdaten in die Genehmigungsdatenbank kann abgesehen werden, wenn für die Type die Typendaten in die Genehmigungsdatenbank eingegeben wurden. Der Typenschein ist die Bestätigung, dass ein durch die Fahrgestellnummer bestimmtes Fahrzeug der genehmigten Type entspricht. Wurden bei der Genehmigung mehrere Ausführungen einer Type mit einem Bescheid genehmigt, so ist im Typenschein anzugeben, welcher dieser Ausführungen das Fahrzeug zugehört; bei Fahrzeugen, bei denen ein Typendatensatz angelegt wurde, ist anzugeben, welcher Datensatz dem Fahrzeug zuzuordnen ist. Die Ausstellung eines Typenscheines für ein einer genehmigten Type angehörendes Fahrzeug oder Fahrgestell ist unzulässig, wenn die Type nicht mehr den Vorschriften dieses Bundesgesetzes und der auf Grund dieses Bundesgesetzes erlassenen Verordnungen entspricht oder wenn Bedenken bestehen, dass das Fahrzeug nicht mit dieser Type übereinstimmt. Eintragungen in einen ausgestellten Typenschein dürfen nur von Behörden oder auf Anordnung des Bundesministers für „Klimaschutz, Umwelt, Energie, Mobilität, Innovation und Technologie" vom Erzeuger oder seinem gemäß § 29 Abs. 2 Bevollmächtigten vorgenommen werden. *(BGBl I 2005/117; BGBl I 2020/134)*

(1a) Die Weitergabe eines ausgestellten Typenscheines für ein einer genehmigten Type angehörendes Fahrzeug bei der Übertragung des rechtmäßigen Besitzes an dem Fahrzeug an den neuen rechtmäßigen Besitzer ist unzulässig, wenn das Fahrzeug mit dieser Type nicht mehr übereinstimmt, weil wesentliche technische Merkmale dieser Type am Fahrzeug verändert wurden; vor der Übertragung des rechtmäßigen Besitzes an einem solchen Fahrzeug ist der Typenschein der Behörde, die zuletzt einen Zulassungsschein für das Fahrzeug ausgestellt hat, abzuliefern. *(BGBl 1977/615)*

(2) Der Typenschein muss nach einem vom Bundesminister für „Klimaschutz, Umwelt, Energie, Mobilität, Innovation und Technologie" genehmigten Muster ausgestellt sein. Der Typenschein muss fälschungssicher sein, wenn nur Typendaten und keine Genehmigungsdaten für das Fahrzeug in die Genehmigungsdatenbank eingegeben wurden. Zu diesem Zweck muss für den Druck Papier verwendet werden, das entweder durch farbige graphische Darstellungen geschützt ist oder ein vom Bundesminister für „Klimaschutz, Umwelt, Energie, Mobilität, Innovation und Technologie" genehmigtes Wasserzeichen enthält. Besteht der Typenschein aus mehr als einem Blatt ist er gegen Austausch einzelner Blätter zu sichern. Durch Verordnung können nähere Bestimmungen über Form und Inhalt der Typenscheine festgesetzt werden. *(BGBl I 2007/57; BGBl I 2020/134)*

(3) Wer nicht mehr das Recht besitzt, die Fahrzeuge einer genehmigten Type zu erzeugen, oder nicht mehr von ihrem Erzeuger gemäß § 29 Abs. 2 bevollmächtigt ist, in Österreich Anträge auf Typengenehmigung einzubringen, darf für diese Fahrzeuge keine Typenscheine ausstellen und keine Genehmigungsdaten in die Genehmigungsdatenbank eingeben. Er hat den Verlust dieses Rechtes oder den Verlust der Bevollmächtigung dem Bundesministerium für „Klimaschutz, Umwelt, Energie, Mobilität, Innovation und Technologie" unverzüglich anzuzeigen und den Typengenehmigungsbescheid für diese Type abzuliefern. *(BGBl I 2005/117; BGBl I 2020/134)*

(4) Die zur Ausstellung von Typenscheinen Verpflichteten (Abs. 1) haben ein Verzeichnis über die ausgestellten Typenscheine zu führen. Dieses ist zehn Jahre, gerechnet vom Tage der Ausstellung des letzten darin angeführten Typenscheines, aufzubewahren und den mit Angelegenheiten des Kraftfahrwesens befaßten Behörden auf Verlangen vorzulegen.

(5) Wird der Verlust eines Typenscheines glaubhaft gemacht, so hat der zur Erzeugung der Type des Fahrzeuges Berechtigte, bei ausländischen Erzeugern der gemäß § 29 Abs. 2 Bevollmächtigte, einen neuen Typenschein auszustellen. Er darf diesen nur mit Zustimmung der Behörde ausstellen, in deren Sprengel der Besitzer des Fahrzeuges seinen Hauptwohnsitz hat. Diese hat die Zustimmung zu erteilen, wenn keine Bedenken dagegen bestehen, dass nach dem Fahrzeug nicht als gestohlen gefahndet wird. In der Zustimmungserklärung der Behörde hat diese auch allfällige Vorbesitzer des Fahrzeuges anzugeben. Diese Vorbesitzer sind vom Aussteller in den neuen Duplikat-Typenschein einzutragen. „Der neue Typenschein darf weiters erst ausgestellt werden, wenn durch eine Abfrage bei einer dafür zur Verfügung stehenden Datenbank die Unbedenklichkeit der Duplikatausstellung bestätigt worden ist; eine solche Abfrage kann unterbleiben, wenn das Fahrzeug bereits vor dem 1. Juli 2007 erstmals zugelassen worden ist." Stellt der zur Ausstellung des Duplikat-Typenscheines Berufene fest, dass das Fahrzeug nicht der genehmigten Type entspricht, so hat er den Antragsteller auf die sich aus § 33 ergebenden Verpflichtungen hinzuweisen und die Behörde zu informieren. Ein für einen in Verlust geratenen Typenschein ausgestellter neuer Typenschein muss als solcher bezeichnet sein. Der Duplikat-Typenschein darf nach dem Muster ausgestellt werden, das zum Zeitpunkt der Genehmigung der Type vorgeschrieben war; bei Ausstellung eines Duplikat-Typenscheins müssen keine Genehmigungsdaten in die Genehmigungsdatenbank eingegeben werden. Bei Fahrzeugen, die schon einmal in Österreich zugelassen waren, zwischenzeitig in einem anderen EU-Mitgliedstaat zugelassen wurden und deren Typenschein von den Behörden

im anderen EU-Mitgliedstaat eingezogen oder entwertet wurde und die nunmehr wieder in Österreich zugelassen werden sollen, ist gemäß § 30a Abs. 4a vorzugehen. *(BGBl I 2019/19; BGBl I 2020/134)*

(6) Werden die in den Abs. 1, 2 und 4 angeführten Verpflichtungen hinsichtlich der Ausstellung von Typenscheinen nicht ordnungsgemäß erfüllt, so hat der Bundesminister für „Klimaschutz, Umwelt, Energie, Mobilität, Innovation und Technologie" die weitere Ausstellung von Typenscheinen zu verbieten. Dieses Verbot darf erst widerrufen werden, wenn die ordnungsgemäße Ausstellung der Typenscheine gewährleistet ist. *(BGBl I 2002/80; BGBl I 2020/134)*

(7) Bei Fahrzeugen, die einer Type angehören, deren Genehmigung vom Bundesminister für Landesverteidigung beantragt wurde, ist die Ausstellung eines Typenscheines nicht erforderlich, wenn die im Typenschein vorgesehenen Angaben in den Aufzeichnungen des Bundesministeriums für Landesverteidigung festgehalten werden. *(BGBl 1982/362)*

(8) *(aufgehoben, BGBl I 2009/94)*

Genehmigungsdatenbank

§ 30a. (1) Die Genehmigungsdatenbank wird von der Gemeinschaftseinrichtung der zum Betrieb der Kraftfahrzeug-Haftpflichtversicherung berechtigten Versicherer geführt und ist Teil der zentralen Zulassungsevidenz gemäß § 47 Abs. 4a. In der Genehmigungsdatenbank sind die Genehmigungsdaten oder die Typendaten von einer Type angehörenden Fahrzeugen und Fahrgestellen und die Genehmigungsdaten von einzeln genehmigten Fahrzeugen als Nachweis der Genehmigung im Sinne des § 37 Abs. 2 lit. a zu speichern.

(2) Die Eingabe der Daten in die Genehmigungsdatenbank erfolgt online im Wege der Datenfernübertragung. Die mit den Angelegenheiten des Genehmigungs- und Zulassungswesens nach diesem Bundesgesetz befassten Behörden sowie die Zulassungsstellen können für die Zwecke der Genehmigung, der Zulassung oder der Überprüfung von Fahrzeugen auf die jeweils in Betracht kommenden Daten zugreifen und diese für die Genehmigung, Zulassung oder Überprüfung verwenden. In Verfahren gemäß § 31, § 33 und § 34 kann der Landeshauptmann neben den fahrzeugspezifischen und den verfahrensspezifischen Daten auch personenbezogene Daten, die für diese Verfahren benötigt werden (Familienname, Vorname, Adresse), automationsunterstützt verarbeiten und speichern. *(BGBl I 2007/57)*

(3) Die Genehmigungsdaten bestehen aus

1. den zulassungsrelevanten Daten eines durch die Fahrgestellnummer bestimmten Fahrzeuges,

2. den bei der Genehmigung des Fahrzeuges vorgeschriebenen Auflagen und Bedingungen,

3. den Daten über erteilte Genehmigungen von Änderungen und Ausnahmegenehmigungen „,," *(BGBl I 2017/9)*

4. weiteren Daten, die für eine ordnungsgemäße Durchführung der mit der Zulassung und Genehmigung des Fahrzeuges verbundenen Aufgaben erforderlich sind „und" *(BGBl I 2017/9)*

5. technischen Angaben, die für eine ordnungsgemäße Begutachtung und Überprüfung gemäß den §§ 56 bis 58 erforderlich sind. *(BGBl I 2017/9)*

(4) Die Genehmigungsdaten von Fahrzeugen oder Fahrgestellen, die einer gemäß § 29 genehmigten Type oder einer Type mit EG-Betriebserlaubnis angehören, sind vom Erzeuger des Fahrzeuges oder Fahrgestelles oder dessen gemäß § 29 Abs. 2 Bevollmächtigtem in die Datenbank einzugeben, sofern diese durch den Bundesminister für „Klimaschutz, Umwelt, Energie, Mobilität, Innovation und Technologie" hierfür gemäß Abs. 8 ermächtigt worden sind. Wurde ein einzelnes Fahrzeug gemäß § 31 genehmigt, sind dessen Genehmigungsdaten vom Landeshauptmann in die Genehmigungsdatenbank einzugeben. Wurde die Änderung an einem einzelnen Fahrzeug gemäß § 33 genehmigt, sind die Genehmigungsdaten des Fahrzeuges in der Genehmigungsdatenbank vom Landeshauptmann entsprechend abzuändern. *(BGBl I 2020/134)*

(4a) Der Erzeuger des Fahrzeuges oder dessen gemäß § 29 Abs. 2 Bevollmächtigter hat weiters auf Antrag die Genehmigungsdaten von Fahrzeugen, die

1. einer genehmigten Type angehören,

2. schon ein Mal in Österreich zugelassen waren, zwischenzeitig in einem anderen EU-Mitgliedstaat zugelassen wurden und deren Typenschein von den Behörden im anderen EU-Mitgliedstaat eingezogen oder entwertet wurde und die nunmehr wieder in Österreich zugelassen werden sollen und

3. deren Genehmigungsdaten nicht in der Genehmigungsdatenbank enthalten sind,

in die Genehmigungsdatenbank einzugeben, wenn eine Zulassungsbescheinigung im Sinne der Richtlinie 1999/37/EG, in der Fassung der Richtlinie 2003/127/EG aus einem anderen Mitgliedstaat vorgelegt wird. Sind die Genehmigungsdaten des Fahrzeuges bereits in der Genehmigungsdatenbank enthalten, hat der Erzeuger des Fahrzeuges oder dessen gemäß § 29 Abs. 2 Bevollmächtigter die sich aus der Zulassung im anderen Mitgliedstaat ergebenden Änderungen im Genehmigungsdatensatz des Fahrzeuges in die Genehmigungsdatenbank einzutragen. Ist der Erzeuger oder dessen gemäß § 29 Abs. 2 Bevollmächtigter nicht ermächtigt oder vorübergehend nicht in der Lage, Daten in die Genehmigungsdatenbank einzugeben oder wurde die erstmalige Zulassung in Österreich auf Grundlage von Typendaten vorgenommen, sind die entsprechend geänderten Daten vom zuständigen Landeshauptmann einzugeben. Der Aufwand ist dem Landeshauptmann „nach einem durch Verordnung festgesetzten Tarif" zu vergüten. Nach Eingabe der Daten in die Genehmigungsdatenbank ist ein Datenauszug aus der Genehmigungsdatenbank herzustellen und dem Antragsteller zu übergeben. *(BGBl I 2008/6; BGBl I 2017/102)*

(4b) Ein Duplikat des Datenauszuges aus der Genehmigungsdatenbank darf nur ausgestellt werden, wenn durch eine Abfrage bei einer dafür zur Verfügung stehenden Datenbank die Unbedenklichkeit der Duplikatausstellung bestätigt worden ist. *(BGBl I 2019/19)*

(5) Bei geringer Stückzahl in Österreich in den Handel gebrachter Fahrzeuge können vom Hersteller oder dessen gemäß § 29 Abs. 2 Bevollmächtigten anstelle der Genehmigungsdaten Typendaten in die Datenbank eingegeben werden. „Für die Eingabe der Typendaten gelten dieselben Bestimmungen wie für die Eingabe der Genehmigungsdaten; bei Fahrzeugen, die den Bestimmungen der Verordnung (EG) Nr. 715/2007, ABl L 171 vom 29.6.2007, S. 1 und der Verordnung (EU) 2017/1151, ABl L 175 vom 7.7.2017, S. 1 unterliegen, ist die Eingabe von Typendaten in die Genehmigungsdatenbank nicht zulässig."** In begründeten Ausnahmefällen wie geringer Stückzahl in Österreich in den Handel gebrachter Fahrzeuge oder geringer Anzahl an verschiedenen Ausführungen innerhalb einer Type können der Erzeuger des Fahrzeuges oder Fahrgestells oder sein gemäß § 29 Abs. 2 Bevollmächtigter eine Vereinbarung mit „dem Bundesminister für „Klimaschutz, Umwelt, Energie, Mobilität, Innovation und Technologie"***"* treffen, dass die Typendaten von „dem Bundesminister für „Klimaschutz, Umwelt, Energie, Mobilität, Innovation und Technologie"***"* in die Genehmigungsdatenbank eingegeben werden. „Der Aufwand des Bundesministers für „Klimaschutz, Umwelt, Energie, Mobilität, Innovation und Technologie"*** ist nach einem durch Verordnung festgesetzten Tarif zu vergüten."* *(*BGBl I 2017/102; **BGBl I 2019/19; ***BGBl I 2020/134)*

(6) Die Typendaten bestehen aus

1. den bei der Typengenehmigung der Type festgelegten zulassungsrelevanten Daten für jede genehmigte Ausführung, oder

2. den Daten aller Ausführungen von Übereinstimmungsbescheinigungen einer Type mit EG-Betriebserlaubnis einschließlich der zusätzlichen für die Zulassung des Fahrzeuges in Österreich erforderlichen Daten für jede Variante und Version des Fahrzeuges, und

3. weiteren Daten, die für die Zulassung und Genehmigung von dieser Type angehörenden Fahrzeuge erforderlich sind, wie beispielsweise Informationen für die richtige Zuordnung von Übereinstimmungsbescheinigungen oder Typenscheinen zu bestimmten Typendatensätzen oder erforderliche Arbeitsanweisungen für die Zulassungsstellen sowie, falls zutreffend,

4. den bei der Genehmigung der Type vorgeschriebenen Auflagen und Bedingungen „„" *(BGBl I 2017/9)*

5. den Daten über erteilte Ausnahmegenehmigungen für die Type „und" *(BGBl I 2017/9)*

6. technischen Angaben, die für eine ordnungsgemäße Begutachtung und Überprüfung gemäß den §§ 56 bis 58 erforderlich sind. *(BGBl I 2017/9)*

Die Typendaten dienen als Grundlage für die in der Genehmigungsdatenbank zu speichernden Genehmigungsdaten eines dieser Type angehörenden Fahrzeuges bei der Zulassung. Bei Änderungen einer nach diesem Bundesgesetz oder nach einer EG-Betriebserlaubnisrichtlinie genehmigten Type sind die Typendaten entsprechend zu ergänzen.

(7) Die Typendaten und Genehmigungsdaten können in begründeten Fällen bis zur Zulassung des Fahrzeuges durch die Stelle, die sie eingegeben hat, abgeändert werden. Die Sperre gegen Abänderung ist dieser Stelle ohne unnötigen Aufschub elektronisch mitzuteilen, wenn dies in der Genehmigungsdatenbank vermerkt ist. Bei zugelassenen Fahrzeugen dürfen fehlerhafte Genehmigungsdaten nur auf Antrag und vom örtlich zuständigen Landeshauptmann abgeändert werden. Der dabei anfallende Aufwand ist dem Landeshauptmann „nach einem durch Verordnung festgesetzten Tarif" vom Antragsteller zu ersetzen. Zulassungsstellen sind nicht berechtigt, die Fahrzeugdaten in der Genehmigungsdatenbank zu ändern. *(BGBl I 2007/57; BGBl I 2017/102)*

(8) Der Bundesminister für „Klimaschutz, Umwelt, Energie, Mobilität, Innovation und Technologie"** hat auf Antrag Erzeuger oder deren gemäß § 29 Abs. 2 Bevollmächtigte zu ermächtigen, die entsprechenden Genehmigungsdaten in die Genehmigungsdatenbank einzugeben, wenn folgende Voraussetzungen erfüllt sind: *(BGBl I 2020/134)*

1. er muss entweder als Erzeuger einen Sitz in einem EU-Mitgliedstaat aufweisen oder gemäß § 29 Abs. 2 vom Erzeuger bevollmächtigt sein,

2. über geeignetes Personal mit ausreichenden Kenntnissen des österreichischen Kraftfahrrechts, des einschlägigen EU-Rechts, der Fahrzeugtechnik und der deutschen Sprache verfügen,

3. über direkten Kontakt mit dem Erzeuger verfügen,

4. als Bevollmächtigter über Zugang zu allen Betriebserlaubnissen verfügen, die für den Erzeuger erteilt wurden bzw. zu allen Typengenehmigungsbescheiden, die für den Erzeuger ausgestellt wurden,

4/1. KFG
§ 30a

5. entweder über eine elektronische Datenübernahme für die Daten der Übereinstimmungsbescheinigungen des Erzeugers und geeignete Software für deren Umwandlung in das für die Genehmigungsdatenbank erforderliche Datenformat sowie der Umwandlung der Textdaten in deutschen Text, oder eine vom Bundesminister für „Klimaschutz, Umwelt, Energie, Mobilität, Innovation und Technologie" genehmigte Software für die Erfassung und Übermittlung der Genehmigungsdaten in die Genehmigungsdatenbank verfügen, *(BGBl I 2020/134)*

6. über ein vom Bundesminister für „Klimaschutz, Umwelt, Energie, Mobilität, Innovation und Technologie" genehmigtes Qualitätssicherungssystem für die Genehmigungsdaten verfügen. *(BGBl I 2020/134)*

Die Ermächtigung darf nur vertrauenswürdigen Personen verliehen werden. Der Ermächtigte hat Veränderungen, die die Voraussetzungen für die Erteilung der Ermächtigung betreffen können, unverzüglich dem Bundesminister für „Klimaschutz, Umwelt, Energie, Mobilität, Innovation und Technologie"** anzuzeigen. Der Bundesminister für „Klimaschutz, Umwelt, Energie, Mobilität, Innovation und Technologie"** kann jederzeit überprüfen, ob die Voraussetzungen für die Ermächtigung noch gegeben sind und ob die in die Genehmigungsdatenbank „eingegebenen"* Daten fehlerfrei sind. Er kann Anordnungen zur Behebung von Mängeln treffen. Den Anordnungen des Bundesministers für „Klimaschutz, Umwelt, Energie, Mobilität, Innovation und Technologie"** ist unverzüglich zu entsprechen. Der Bundesminister für „Klimaschutz, Umwelt, Energie, Mobilität, Innovation und Technologie"** kann Zulassungssperren in der Genehmigungsdatenbank verfügen, wenn nicht sichergestellt ist, dass die in die Genehmigungsdatenbank eingegebenen Daten fehlerfrei sind oder aufgrund der Daten in der Genehmigungsdatenbank rechtswidrige Zulassungen ermöglicht oder begünstigt werden. Die Ermächtigung ist zu widerrufen, wenn die Voraussetzungen für die Ermächtigung nicht mehr vorliegen, den Anordnungen des Bundesministers für „Klimaschutz, Umwelt, Energie, Mobilität, Innovation und Technologie"** nicht unverzüglich entsprochen wird, nicht sichergestellt ist, dass die in die Genehmigungsdatenbank eingegebenen Daten fehlerfrei sind oder aufgrund der Tätigkeiten des Ermächtigten rechtswidrige Zulassungen ermöglicht oder begünstigt werden. Wer nicht mehr das Recht besitzt, die Fahrzeuge einer genehmigten Type zu erzeugen, oder nicht mehr von ihrem Erzeuger gemäß § 29 Abs. 2 bevollmächtigt ist, hat den Verlust dieses Rechtes oder den Verlust der Bevollmächtigung dem Bundesminister für „Klimaschutz, Umwelt, Energie, Mobilität, Innovation und Technologie"** unverzüglich anzuzeigen und einen allenfalls vorhandenen Ermächtigungsbescheid zur Dateneingabe abzuliefern. Die Ermächtigung kann mit einer Ankündigungsfrist von 2 Monaten zurückgelegt werden. *(*BGBl I 2019/19; **BGBl I 2020/134)*

(8a) Die Eingabe der Genehmigungs- oder Typendaten in die Genehmigungsdatenbank darf erst dann erfolgen, wenn dem Bundesminister für „Klimaschutz, Umwelt, Energie, Mobilität, Innovation und Technologie"** die Erteilung und jede aktuelle Änderung einer EG-Betriebserlaubnis (§ 28b Abs. 1) oder einer nationalen Kleinserien-Typengenehmigung unter Angabe der Genehmigungsnummer angezeigt worden ist und diese Genehmigungsnummer in der Genehmigungsdatenbank vom Bundesminister für „Klimaschutz, Umwelt, Energie, Mobilität, Innovation und Technologie"** freigegeben wurde. Der Bundesminister für „Klimaschutz, Umwelt, Energie, Mobilität, Innovation und Technologie"** kann vor der Freigabe der Genehmigungsnummer in der Genehmigungsdatenbank die Vorlage einer gültigen Übereinstimmungsbescheinigung verlangen. Ist diese Übereinstimmungsbescheinigung oder diese EG-Betriebserlaubnis ungültig oder wurde die Anerkennung einer nationalen Kleinserien-Typengenehmigung abgelehnt, kann der Bundesminister für „Klimaschutz, Umwelt, Energie, Mobilität, Innovation und Technologie"** eine Sperre für diese Genehmigungsnummer in der Genehmigungsdatenbank eintragen. Diese Sperre ist auf Antrag wieder aufzuheben, wenn die Gründe für die Sperre weg gefallen sind und sichergestellt ist, dass die in die Genehmigungsdatenbank eingegebenen Genehmigungsdaten oder Typendaten richtig sind. Eine Liste der freigegebenen oder gesperrten Genehmigungsnummern ist auf der Homepage „des Bundesministeriums für „Klimaschutz, Umwelt, Energie, Mobilität, Innovation und Technologie"*"* zu veröffentlichen. *(BGBl I 2009/94; *BGBl I 2017/102; **BGBl I 2020/134)*

(9) Wird eine Übereinstimmungsbescheinigung oder ein Typenschein aufgrund von Änderungen in diesem Bundesgesetz oder den auf Grund dieses Bundesgesetzes erlassenen Verordnungen oder aufgrund von Änderungen in einer Richtlinie ungültig, dürfen nur dann die Genehmigungsdaten eingegeben werden, wenn eine diesbezügliche Ausnahmegenehmigung (§ 34, § 34a) erteilt wurde. Bereits in der Genehmigungsdatenbank vorhandene Typendaten und Genehmigungsdaten sind entsprechend zu kennzeichnen und für die erstmalige Zulassung zu sperren. Diese Sperre darf erst nach Erteilung einer entsprechenden Ausnahmegenehmigung aufgehoben werden. *(BGBl I 2007/57)*

(9a) Zum Zwecke der steuerlichen Erfassung der Fahrzeuge und Sicherstellung der Einhebung der allenfalls durch die Zulassung anfallenden Steuern und Abgaben können der Bundesminister für Finanzen und die Finanzbehörden verfügen, dass die Genehmigungsdaten oder Typendaten bestimmter Fahrzeuge oder Fahrzeugkategorien in der Genehmigungsdatenbank mit einer diesbezüglichen Zulassungssperre zu versehen sind. Diese Zulassungssperren können für einzelne Fahrzeuge oder bestimmte Fahrzeugkategorien vom Bundesminister für Finanzen oder den Finanzbehörden wieder aufgehoben werden. *(BGBl I 2007/57)*

(10) Die Genehmigungsdaten eines Fahrzeuges können zehn Jahre nach der letzten Abmeldung oder Aufhebung der Zulassung des Fahrzeuges gelöscht werden. Werden die Daten eines Fahrzeuges in die Genehmigungsdatenbank eingegeben und erfolgt innerhalb von zwei Jahren ab Eingabe in die Datenbank keine Zulassung in Österreich, können die Genehmigungsdaten dieses Fahrzeuges gelöscht werden. Die Löschung eines Genehmigungsdatensatzes ist in der Genehmigungsdatenbank zu vermerken.

(11) Durch Verordnung des Bundesministers für „Klimaschutz, Umwelt, Energie, Mobilität, Innovation und Technologie"** sind die näheren Bestimmungen hinsichtlich der Form der Dateneingabe in die Datenbank, der erforderlichen Datenformate, der Speicherung von Verfahrensdaten sowie des Qualitätssicherungssystems und der Häufigkeit der Prüfungen der übergebenen Daten festzusetzen. „Weiters ist durch Verordnung ein Tarif für die Durchführung von Prüfungen und Eingabe von Daten in die Genehmigungsdatenbank durch den Bundesminister für „Klimaschutz, Umwelt, Energie, Mobilität, Innovation und Technologie"* oder den Landeshauptmann unter Bedachtnahme auf die damit verbundenen Aufwand festzusetzen."* *(BGBl I 2005/117; *BGBl I 2017/102; **BGBl I 2020/134)*

(BGBl I 2005/117)

Einzelgenehmigung

§ 31. (1) Die Genehmigung eines einzelnen Kraftfahrzeuges oder Anhängers oder eines Fahrgestelles solcher Fahrzeuge darf nur erteilt werden, wenn das Fahrzeug oder Fahrgestell

1. keiner genehmigten Type angehört,

2. einer genehmigten Type angehört und wesentliche technische Merkmale dieser Type am Fahrzeug verändert wurden (§ 33 Abs. 2),

3. einer genehmigten Type angehört und der Nachweis erbracht wurde, dass für das Fahrzeug oder Fahrgestell kein Typenschein erlangt werden kann, oder

4. einer Type angehört, deren Genehmigung vom Bundesminister für Landesverteidigung beantragt wurde, und nicht mehr zur Verwendung im Bereich des Bundesheeres oder der Heeresverwaltung bestimmt ist.

(2) Über die Genehmigung eines einzelnen Kraftfahrzeuges oder Anhängers oder eines Fahrgestelles solcher Fahrzeuge hat auf Antrag des Erzeugers, bei ausländischen Erzeugern des gemäß § 29 Abs. 2 Bevollmächtigten oder des rechtmäßigen Besitzers des Fahrzeuges, unbeschadet der Bestimmungen des Abs. 6 der Landeshauptmann zu entscheiden, in dessen örtlichem Wirkungsbereich der rechtmäßige Besitzer seinen Hauptwohnsitz hat oder der Erzeuger oder sein inländischer Bevollmächtigter den Hauptwohnsitz oder eine feste Betriebsstätte oder, sofern sich das Fahrzeug dort befindet, ein Auslieferungslager haben. Der Landeshauptmann hat vor der Entscheidung über den Antrag auf Einzelgenehmigung ein Gutachten eines oder mehrerer gemäß § 125 bestellter Sachverständiger „ " darüber einzuholen, ob das Fahrzeug den Erfordernissen der Verkehrs- und Betriebssicherheit und, soweit dies durch den Sachverständigen „ " zumutbar erkennbar ist, den Vorschriften dieses Bundesgesetzes und der auf Grund dieses Bundesgesetzes erlassenen Verordnungen entspricht. *(BGBl I 2016/40)*

(3) Die Sachverständigen haben ihr Gutachten auf Grund einer Prüfung, der Einzelprüfung abzugeben. Der Landeshauptmann hat den Sachverständigen die für die Vornahme der Einzelprüfung erforderlichen Einrichtungen zur Verfügung zu stellen. Das Ergebnis der Einzelprüfung ist in einem Prüfungsbefund festzuhalten, der die zulassungsrelevanten Daten des Fahrzeuges und alle weiteren den Gegenstand der angestrebten Einzelgenehmigung bildenden Angaben zu enthalten hat.

(4) Werden bei der Einzelprüfung schwere Mängel (§ 57 Abs. 7) festgestellt, so ist auch bei Abbruch eines Einzelgenehmigungsverfahrens durch den Antragsteller ein Kostenersatz im Sinne des § 56 Abs. 4 für das bereits erstellte Gutachten hinsichtlich Verkehrs- und Betriebssicherheit an den Landeshauptmann zu entrichten. Der Abbruch des Einzelgenehmigungsverfahrens und dessen Umstände sind in der Genehmigungsdatenbank zu vermerken.

(5) Der Spruch des Bescheides über die Einzelgenehmigung hat sich auf eine zeichnerische oder bildliche Darstellung des Fahrzeuges zu beziehen. Bei Fahrzeugen, die bereits zugelassen waren, ist im Bescheid der Zeitpunkt der ersten Zulassung, auch wenn diese im Ausland erfolgte, festzuhalten. Nach Genehmigung des Fahrzeuges sind die Genehmigungsdaten des Fahrzeuges im Wege der Datenfernübertragung in die Genehmigungsdatenbank einzugeben.

(6) Über einen Antrag auf Genehmigung eines einzelnen, im § 97 Abs. 1 angeführten Fahrzeuges hat der Bundesminister für „Klimaschutz, Umwelt, Energie, Mobilität, Innovation und Technologie" zu entscheiden. Hiebei sind die Abs. 1 bis 5 sinngemäß anzuwenden, doch ist das Gutachten

gemäß Abs. 3 bei gemäß § 124 bestellten Sachverständigen einzuholen. Von diesen muss mindestens einer dem Personalstand des Bundesministeriums für Landesverteidigung angehören. Vor der Entscheidung ist das Einvernehmen mit dem Bundesminister für Landesverteidigung herzustellen. Eine solche Genehmigung eines Fahrzeuges gilt nur, solange das Fahrzeug zur Verwendung im Bereich des Bundesheeres oder der Heeresverwaltung bestimmt ist. *(BGBl I 2020/134)*

(7) Durch Verordnung sind nach den Erfordernissen der Verkehrs- und Betriebssicherheit, dem jeweiligen Stand der Technik entsprechend, die näheren Bestimmungen über die Einzelprüfung (Abs. 3) und über Unterlagen, die bei der Einzelprüfung vorzulegen sind, festzusetzen.

(8) Wird der Verlust eines Bescheides über die Einzelgenehmigung glaubhaft gemacht, darf ein Duplikat erst ausgestellt werden, wenn durch eine Abfrage bei einer dafür zur Verfügung stehenden Datenbank die Unbedenklichkeit der Duplikatausstellung bestätigt worden ist. „Eine solche Abfrage kann unterbleiben, wenn das Fahrzeug bereits vor dem 1. Juli 2007 erstmals zugelassen worden ist." *(BGBl I 2019/19; BGBl I 2020/134)*

(BGBl I 2005/117)

Einzelgenehmigung nach der Richtlinie 2007/46/EG

§ 31a. (1) Einzelgenehmigungen von Fahrzeugen der Klassen M, N und O, die unter den Geltungsbereich der Richtlinie 2007/46/EG fallen, werden auf Antrag vom jeweils örtlich zuständigen Landeshauptmann erteilt, wenn das Fahrzeug die jeweils durch Verordnung festgelegten Anforderungen erfüllt.

(2) Der Landeshauptmann kann für Prüfungen nach Rechtsakten der EU selbst als technischer Dienst fungieren, wenn ein Qualitätshandbuch erstellt und eine Bewertung als Technischer Dienst im Sinne von Anhang V, Anlage 2 der Richtlinie 2007/46/EG durchgeführt worden ist.

(3) Ein Antrag auf Einzelgenehmigung wird vom Hersteller oder Besitzer des Fahrzeugs oder von einer in ihrem Auftrag handelnden Person, sofern diese im Bundesgebiet ansässig ist, eingereicht. Hat der Hersteller oder Besitzer des Fahrzeugs keinen Sitz im Bundesgebiet, muss er eine in seinem Auftrag handelnde Person mit Sitz im Bundesgebiet nennen. Diese Person ist auch für die Entrichtung der im Zuge des Verfahrens anfallenden Gebühren, Abgaben und Kostensätze (Abs. 3) verantwortlich. Die örtliche Zuständigkeit des Landeshauptmanns ergibt sich aus „§ 31 Abs. 2", bei Herstellern oder Besitzern ohne Sitz im Bundesgebiet aus dem Sitz der Person, die in ihrem Auftrag handelt. *(BGBl I 2016/40)*

(4) Vor der Entscheidung hat der Landeshauptmann unter Anwendung der Bestimmungen des § 31 Abs. 2 bis 4 ein Gutachten eines oder mehrerer gemäß § 125 bestellter Sachverständiger einzuholen. Wenn das Fahrzeug der dem Antrag beigefügten Beschreibung entspricht und die geltenden technischen Anforderungen erfüllt, wird ein Einzelgenehmigungsbogen ausgestellt. Mit Ausstellung des Einzelgenehmigungsbogens gilt das Fahrzeug als genehmigt. Der Einzelgenehmigungsbogen entspricht funktionell dem Einzelgenehmigungsbescheid. Nach Genehmigung des Fahrzeuges sind die Genehmigungsdaten des Fahrzeuges im Wege der Datenfernübertragung in die Genehmigungsdatenbank einzugeben.

(5) Möchte ein Antragsteller ein Fahrzeug, für das eine Einzelgenehmigung erteilt worden ist, in einem anderen Mitgliedstaat verkaufen, zulassen oder in Betrieb nehmen, so fertigt ihm der Landeshauptmann, der die Genehmigung erteilt hat, auf Antrag eine Erklärung über die technischen Vorschriften aus, nach denen das Fahrzeug genehmigt wurde, wenn diese nicht bereits aus dem Einzelgenehmigungsbogen (Abs. 4) ersichtlich sind.

(6) Soll ein Fahrzeug, für das eine Einzelgenehmigung nach der Richtlinie 2007/46/EG in einem anderen Mitgliedstaat erteilt worden ist, in Österreich zugelassen werden, so muss beim örtlich zuständigen Landeshauptmann eine Einzelgenehmigung beantragt werden. Wenn das Verfahren ergibt, dass das Fahrzeug, den Bestimmungen der Richtlinie 2007/46/EG und den jeweiligen in Anhang IV oder Anhang XI der Richtlinie 2007/46/EG angeführten Rechtsakten entspricht, so ist der Einzelgenehmigungsbogen anzuerkennen und es sind die Genehmigungsdaten des Fahrzeuges im Wege der Datenfernübertragung in die Genehmigungsdatenbank einzugeben. Wenn das Fahrzeug im anderen Mitgliedstaat nach alternativen Bestimmungen genehmigt worden ist, so hat der Landeshauptmann zu prüfen, ob die technischen Vorschriften, nach denen das Fahrzeug genehmigt wurde, den eigenen Vorschriften gleichwertig sind. Vor der Entscheidung hat der Landeshauptmann unter Anwendung der Bestimmungen des § 31 Abs. 2 bis 4 ein Gutachten eines oder mehrerer gemäß § 125 bestellter Sachverständiger einzuholen. Wird eine Gleichwertigkeit festgestellt, so ist der Einzelgenehmigungsbogen anzuerkennen und es sind die Genehmigungsdaten in die Genehmigungsdatenbank einzugeben. Kann eine Gleichwertigkeit der Genehmigungsgrundlagen nicht festgestellt werden und stellt das Fahrzeug ein erhebliches Risiko für die Sicherheit im Straßenverkehr dar oder wird durch das Fahrzeug die Umwelt oder die öffentliche Gesundheit ernsthaft gefährdet, so ist der Antrag auf Einzelgenehmigung abzulehnen.

(7) Das in Abs. 6 beschriebene Verfahren gilt auch für Fahrzeuge, die auf Grundlage einer von

einem anderen Mitgliedstaat erteilten Einzelgenehmigung zugelassen waren und in Österreich zugelassen werden sollen.

(8) Wenn der Landeshauptmann selbst Prüfungen nach Rechtsakten der EU oder durch Verordnung erlassenen alternativen Vorschriften durchführt, so ist ihm der dafür anfallende Aufwand „nach einem durch Verordnung festgesetzten Tarif" vom Antragsteller zu ersetzen. *(BGBl I 2017/102)*

(9) Wird der Verlust des Einzelgenehmigungsbogens glaubhaft gemacht, so gilt für die Duplikatausstellung § 31 Abs. 8. *(BGBl I 2019/19)*

(BGBl I 2009/94)

Änderungen an genehmigten Typen

§ 32. (1) Änderungen an einer genehmigten Type, die Entscheidungsgrundlagen des Typengenehmigungsbescheids betreffen, sowie die endgültige Einstellung der Produktion hat der Erzeuger oder dessen Bevollmächtigter unverzüglich dem Bundesminister für „Klimaschutz, Umwelt, Energie, Mobilität, Innovation und Technologie" anzuzeigen. Bei Änderungen an einer genehmigten Type ist der Anzeige eine entsprechend abgeänderte Typenbeschreibung anzuschließen. *(BGBl I 2005/117; BGBl I 2020/134)*

(2) Betreffen die Änderungen (Abs. 1) wesentliche technische Merkmale der genehmigten Type, so bedarf die veränderte Type einer neuen Typengenehmigung (§ 29).

(3) Der Bundesminister für „Klimaschutz, Umwelt, Energie, Mobilität, Innovation und Technologie" hat vor der Entscheidung über die Genehmigung der Änderungen ein Gutachten eines oder mehrerer gemäß § 124 bestellter Sachverständiger darüber einzuholen, ob keine wesentlichen technischen Merkmale der genehmigten Type geändert wurden und ob die Type nach den angezeigten Änderungen noch den Erfordernissen der Verkehrs- und Betriebssicherheit entspricht, mit der Type nicht übermäßig Lärm, Rauch, übler Geruch oder schädliche Luftverunreinigungen verursacht werden – soweit dies von dem oder den Sachverständigen erkennbar ist – die Type dem Beschreibungsbogen entspricht und das Fahrzeug den Bestimmungen dieses Gesetzes und den aufgrund dieses Gesetzes erlassenen Verordnungen entspricht. § 29 Abs. 4 gilt sinngemäß. *(BGBl I 2005/117; BGBl I 2020/134)*

(4) Der Bescheid über die Genehmigung der Änderung hat sich auf den geänderten Beschreibungsbogen der Type zu beziehen. Die Typendaten in der Genehmigungsdatenbank sind entsprechend zu ergänzen. *(BGBl I 2005/117)*

(5) Sind Umstände gegeben, die die begründete Annahme rechtfertigen, daß Fahrzeuge oder Fahrgestelle, die als einer Type zugehörig feilgeboten werden, dieser Type nicht entsprechen, oder besteht auf Grund internationaler Vereinbarungen für Österreich die Verpflichtung hiezu, so hat der Bundesminister für „Klimaschutz, Umwelt, Energie, Mobilität, Innovation und Technologie" von ihm zu bestimmende Fahrzeuge oder Fahrgestelle dieser Type zu prüfen, ob diese Fahrzeuge oder Fahrgestelle mit der entsprechenden Type übereinstimmen. Die Bestimmungen des § 29 Abs. 3 und 4 sind sinngemäß anzuwenden. Die vom Bundesminister für „Klimaschutz, Umwelt, Energie, Mobilität, Innovation und Technologie" bestimmten Fahrzeuge oder Fahrgestelle sind diesem von dem das Fahrzeug oder Fahrgestell Feilbietenden für die Dauer der Prüfung zur Verfügung zu stellen. Hinsichtlich von Beschädigungen, die bei Vornahme der Prüfung unvermeidlich sind, und einer sich daraus ergebenden allfälligen Wertminderung besteht kein Anspruch auf Entschädigung. Das das Fahrzeug Feilbietende und der zur Ausstellung des Typenscheines Verpflichtete (§ 30 Abs. 1) haben hiebei auf Verlangen der Behörde auf eigene Kosten die zur Prüfung erforderlichen Nachweise und Unterlagen vorzulegen. *(BGBl I 2002/80; BGBl I 2020/134)*

(6) Ergibt die Prüfung, daß das Fahrzeug oder Fahrgestell mit der entsprechenden genehmigten Type nicht übereinstimmt, so hat die Behörde, die den Genehmigungsbescheid in letzter Instanz erlassen hat, festzustellen, daß der Genehmigungsbescheid oder die ihm gemäß ausgestellten Typenscheine nicht mehr als Nachweis gemäß § 37 Abs. 2 lit. a gelten, und das Genehmigungszeichen zu widerrufen; § 28 Abs. 8 letzter Satz gilt sinngemäß. *(BGBl 1977/615)*

Änderungen an einzelnen Fahrzeugen

§ 33. (1) Änderungen an einem einzelnen zum Verkehr zugelassenen Fahrzeug einer genehmigten Type, die die Verkehrs- und Betriebssicherheit oder die Umweltverträglichkeit des Fahrzeuges beeinflussen können, hat der Zulassungsbesitzer des Fahrzeuges unverzüglich dem Landeshauptmann anzuzeigen, in dessen örtlichem Wirkungsbereich das Fahrzeug seinen dauernden Standort hat; durch Verordnung kann jedoch festgesetzt werden, dass Änderungen durch das Anbringen von bestimmten Arten von Teilen, Ausrüstungsgegenständen, zusätzlichen Aufbauten oder Vorrichtungen an Fahrzeugen nicht angezeigt werden müssen, wenn

1. diese Änderungen

a) nicht wesentliche technische Merkmale der genehmigten Type betreffen,

b) den Bestimmungen dieses Bundesgesetzes und der auf Grund dieses Bundesgesetzes erlassenen Verordnungen nicht zuwiderlaufen und

c) die Verkehrs- und Betriebssicherheit und die Umweltverträglichkeit des Fahrzeuges nicht herabsetzen, und

4/1. KFG
§ 33

2. sofern für diese Teile, Ausrüstungsgegenstände, zusätzlichen Aufbauten oder Vorrichtungen eine Typengenehmigung vorgesehen ist, sie gemäß § 35 oder nach einer Einzelrichtlinie typengenehmigt sind, oder

3. sofern diese Teile, Ausrüstungsgegenstände, zusätzliche Aufbauten oder Vorrichtungen von der Behörde als für diese Type und Ausführung auf Grund eines von einem nach § 124 bestellten Sachverständigen erstellten Gutachtens für geeignet erklärt oder nach § 33 an einem einzelnen Fahrzeug bereits genehmigt worden sind. In diesem Fall ist eine Abschrift des Genehmigungsbescheides im Fahrzeug mitzuführen.
(BGBl I 2019/19)

(1a) In begründeten Einzelfällen kann die Anzeige einer Fahrzeugänderung durch den Zulassungsbesitzer und die Durchführung des weiteren Verfahrens auch bei dem Landeshauptmann erfolgen, in dessen Wirkungsbereich sich das Fahrzeug vorübergehend befindet, wenn

1. sich das Fahrzeug nachweislich vorübergehend in einem anderen Bundesland befindet und bei dieser Gelegenheit dort geändert wurde, oder

2. der Zulassungsbesitzer

a) nachweislich in einem anderen Bundesland arbeitet als er wohnt, oder

b) in einer extremen Randlage eines Bundeslandes seinen Wohnort oder Firmensitz hat, und die Entfernung zu einer Zweigstelle der an sich zuständigen Landesprüfstelle unzumutbar groß im Vergleich zu einer Prüfstelle des benachbarten Bundeslandes ist.
(BGBl I 2007/57)

(2) Betreffen die Änderungen (Abs. 1) wesentliche technische Merkmale der Type, der das Fahrzeug angehört, so bedarf das geänderte Fahrzeug einer Einzelgenehmigung. Mit dieser Einzelgenehmigung verliert das für das Fahrzeug allenfalls ausgestellte Genehmigungsdokument seine Gültigkeit und ist dem Landeshauptmann abzuliefern. *(BGBl I 2005/117)*

(3) Wurden Änderungen angezeigt, die nicht wesentliche technische Merkmale der Type betreffen, so hat der Landeshauptmann diese Änderungen im Sinne des § 28 Abs. 1 zu genehmigen und die geänderten Daten im Wege der Datenfernübertragung in die Genehmigungsdatenbank einzugeben. Es ist ein neuer Zulassungsschein mit den geänderten Daten auszustellen, wenn die Genehmigung der Änderung in den Amtsräumen einer Landesprüfstelle durchgeführt wird und durch die Änderung am Fahrzeug keine für die Zulassung maßgebliche Änderungen eintreten. Wird im Zuge der Genehmigung ein neuer Zulassungsschein im Chipkartenformat beantragt, so ist ein Kostenersatz für die Chipkartenzulassungsbescheinigung zu entrichten. Änderungen im Zulassungsschein dürfen ausschließlich hinsichtlich der Genehmigungsdaten vorgenommen werden. Wird im Zuge der Genehmigung ein neuer Zulassungsschein ausgestellt, ist dies in der Zulassungsevidenz zu vermerken. Die geänderten Daten im Genehmigungsdokument sind dauerhaft als ungültig zu kennzeichnen und die geänderten Daten sind dem Genehmigungsdokument beizufügen; bei Fahrzeugen, deren Daten vollständig in der Genehmigungsdatenbank enthalten sind, ist dem Genehmigungsdokument der aktuelle Datenausdruck der Genehmigungsdatenbank beizufügen. „ " *(BGBl I 2009/94; BGBl I 2019/19)*

(3a) Auf Antrag hat der Landeshauptmann ein bereits genehmigtes Fahrzeug auch ohne Änderungen am Fahrzeug als historisches Fahrzeug zu genehmigen, sofern die Voraussetzungen für ein historisches Fahrzeug erfüllt sind. Eine solche Genehmigung ist im Wege der Datenfernübertragung in die Genehmigungsdatenbank einzugeben. Weiters hat der Landeshauptmann Änderungen der Genehmigungsdaten eines Fahrzeuges auch ohne Änderungen am Fahrzeug zu genehmigen und im Wege der Datenfernübertragung in die Genehmigungsdatenbank einzugeben, wenn

1. dies beantragt wird und durch eine Änderung der einschlägigen Rechtsvorschriften begründet ist, oder

2. diese Änderung eine Einschränkung eines Wertebereiches auf einen festen Wert innerhalb des Wertebereiches für ein oder mehrere Merkmale des Fahrzeuges in der Genehmigungsdatenbank darstellt, und diese Einschränkung auf einen festen Wert wirtschaftlich begründbar ist.

Es ist ein neuer Zulassungsschein mit den geänderten Daten auszustellen. Die geänderten Daten im Genehmigungsdokument sind dauerhaft als ungültig zu kennzeichnen und die geänderten Daten sind dem Genehmigungsdokument beizufügen; bei Fahrzeugen, deren Daten vollständig in der Genehmigungsdatenbank enthalten sind, ist dem Genehmigungsdokument der aktuelle Datenausdruck der Genehmigungsdatenbank beizufügen. Im Fall der Z 2 ist der dabei anfallende Aufwand dem Landeshauptmann „nach einem durch Verordnung festgesetzten Tarif" vom Antragsteller zu ersetzen. *(BGBl I 2007/57; BGBl I 2017/102)*

(4) Der Landeshauptmann hat vor der Entscheidung unter Anwendung der Bestimmungen des § 31 Abs. 2 und 3 ein Gutachten eines oder mehrerer gemäß § 125 bestellter Sachverständiger darüber einzuholen,

1. ob durch eine angezeigte Änderung wesentliche technische Merkmale verändert wurden,

2. ob die Verkehrs- und Betriebssicherheit oder die Umweltverträglichkeit des Fahrzeuges herabgesetzt ist und

3. ob, soweit dies durch den Sachverständigen beurteilt werden kann, weiterhin die Vorschriften dieses Bundesgesetzes und der aufgrund dieses

Bundesgesetzes erlassenen Verordnungen eingehalten werden;

hierbei sind, sofern in diesem Bundesgesetz oder in den aufgrund dieses Bundesgesetzes erlassenen Verordnungen nichts anderes vorgeschrieben ist, die Vorschriften zugrunde zu legen, die zum Zeitpunkt der erstmaligen Zulassung des Fahrzeugs in Kraft waren; später erlassene Vorschriften dürfen ebenfalls eingehalten werden. *(BGBl I 2019/19)*

(5) Für Änderungen an einem gemäß § 31, allenfalls in Verbindung mit § 34 einzeln genehmigten Fahrzeug gelten die Abs. 1 bis 4 und § 30 Abs. 1a sinngemäß. *(BGBl I 2005/117)*

(6) Änderungen an Teilen und Ausrüstungsgegenständen von genehmigten Fahrzeugen, durch die deren Eigenschaften oder deren Wirkung im Sinne der Verkehrs- oder Betriebssicherheit herabgesetzt werden können, sind unzulässig. *(BGBl 1988/375)*

(6a) Änderungen an den emissionsrelevanten Bauteilen des Antriebsstrangs einschließlich Motor, Abgasanlage und Emissionskontrollsystem von Fahrzeugen, durch die deren Eigenschaften oder deren Wirkung im Hinblick auf das Emissionsverhalten herabgesetzt werden können, sind unzulässig. Insbesondere ist der Einbau von Abschalteinrichtungen im Sinne der jeweils zutreffenden Verordnungen (EG) Nr. 715/2007 oder (EU) Nr. 168/2013 oder von Umgehungsstrategien im Sinne der jeweils zutreffenden Verordnungen (EG) Nr. 595/2009 oder (EU) 2016/1628 sowie das Deaktivieren oder Entfernen von emissionsmindernden Einrichtungen oder eine Veränderung, die deren Wirkung herabsetzen könnte, nicht zulässig. Leistungsverändernde Eingriffe in die Motorsteuerung (Chip-Tuning) sind nur dann zulässig und dürfen nur dann genehmigt werden, wenn durch einen Prüfbericht eines für die oben genannten Verordnungen benannten technischen Dienstes nachgewiesen ist, dass alle für das Fahrzeug relevanten Emissionsvorschriften weiterhin eingehalten werden. Das Inverkehrbringen, die Bereitstellung auf dem Markt, das Anbieten und das Bewerben von Abschalteinrichtungen, Umgehungsstrategien oder von Gegenständen zum Deaktivieren oder Manipulieren von emissionsmindernden Einrichtungen sowie einer Deaktivierung oder Entfernung oder einer sonstigen Veränderung von emissionsmindernden Einrichtungen, die deren Wirkung herabsetzen könnten, ist nicht zulässig. Ebenso unzulässig ist das Anbieten oder Bewerben der Durchführung solcher Änderungen, ebenso wie das Inverkehrbringen, die Bereitstellung auf dem Markt, das Anbieten oder Bewerben von im Sinne dieses Absatzes unerlaubtem Chip-Tuning. *(BGBl I 2019/19)*

(7) Abs. 1 bis „6a" gelten für genehmigte Fahrzeuge, die nicht zugelassen sind, sinngemäß, wenn die Anzeige gemäß Abs. 1 vom rechtmäßigen Besitzer des Fahrzeuges erstattet wird. *(BGBl 1988/375; BGBl I 2019/19)*

(8) Ein Abbruch des Verfahrens und dessen Umstände sind gegebenenfalls in der Genehmigungsdatenbank zu vermerken. *(BGBl I 2005/117)*

Ausnahmegenehmigung

§ 34. (1) Der Bundesminister für „Klimaschutz, Umwelt, Energie, Mobilität, Innovation und Technologie" kann auf Antrag des Erzeugers, bei ausländischen Erzeugern ihres gemäß § 29 Abs. 2 Bevollmächtigten, Typen von Fahrzeugen oder von Fahrgestellen, die den Vorschriften dieses Bundesgesetzes und der auf Grund dieses Bundesgesetzes erlassenen Verordnungen nicht entsprechen, zum Zwecke der Erprobung, für die Beförderung unteilbarer Güter oder wegen anderer besonderer Gegebenheiten, unter denen diese Fahrzeuge verwendet werden, gemäß § 29 als Type genehmigen, wenn dagegen vom Standpunkt der Verkehrs- und Betriebssicherheit keine Bedenken bestehen (Ausnahmegenehmigung). *(BGBl I 2020/134)*

(2) Der Landeshauptmann kann auf Antrag des Besitzers einzelne Fahrzeuge oder Fahrgestelle, die den Vorschriften dieses Bundesgesetzes und der auf Grund dieses Bundesgesetzes erlassenen Verordnungen nicht entsprechen, zum Zwecke der Erprobung, für die Beförderung unteilbarer Güter oder wegen anderer besonderer Gegebenheiten, unter denen diese Fahrzeuge verwendet werden (zB historische Fahrzeuge), gemäß § 31 einzeln genehmigen, wenn dagegen vom Standpunkt der Verkehrs- und Betriebssicherheit sowie der Umweltverträglichkeit keine Bedenken bestehen (Ausnahmegenehmigung). Der Landeshauptmann kann weiters Ausnahmegenehmigungen erteilen, wenn in einem Genehmigungsverfahren die erforderlichen Nachweise im Sinne der Richtlinie 2007/46/EG und der Verordnungen (EU) Nr. 167/2013 und 168/2013 nicht erbracht werden können und wenn vom Standpunkt der Verkehrs- und Betriebssicherheit sowie der Umweltverträglichkeit keine Bedenken bestehen. Solche Ausnahmen sind aber nur jeweils für eine bestimmte Anzahl gleichartiger Fahrzeuge zu erteilen. Bei der Bemessung der Zahl der allenfalls zu genehmigenden Fahrzeuge sind gegebenenfalls die Vorgaben der Kommission zu berücksichtigen. *(BGBl I 2019/19)*

(3) Die Ausnahmegenehmigung ist, soweit dies nach den Erfordernissen der Verkehrs- und Betriebssicherheit oder im Hinblick auf den Ausbauzustand der Straßen und Brücken sowie hinsichtlich der Genehmigungsvoraussetzungen der Abs. 1 und 2 geboten ist und unter Bedachtnahme auf das Ziel, dass mit diesen Fahrzeugen nicht übermäßig Lärm, Rauch, übler Geruch oder schädliche Luftverunreinigungen verursacht werden können, unter den entsprechenden Bedin-

§§ 34 – 34a

gungen oder Auflagen im Sinne des § 28 Abs. 3 Z 2 oder allenfalls nur für einen bestimmten Zeitraum zu erteilen. *(BGBl I 2005/117)*

(4) Vor Erteilung einer Ausnahmegenehmigung für historische Fahrzeuge sind deren Erhaltungswürdigkeit und deren Erhaltungszustand nachzuweisen. Bei Fahrzeugen, die nicht in die Liste der historischen Fahrzeuge eingetragen sind, hat der Beirat für historische Fahrzeuge (§ 131b) eine Empfehlung abzugeben. Historische Kraftwagen dürfen nur an 120 Tagen pro Jahr verwendet werden, historische Krafträder nur an 60 Tagen pro Jahr. Über diese Verwendung sind fahrtenbuchartige Aufzeichnungen zu führen und der Behörde auf Verlangen vorzulegen. „Diese Aufzeichnungen sind drei Jahre ab der letzten Eintragung aufzubewahren." *(BGBl I 2005/117; BGBl I 2017/102)*

(5) Wenn die Voraussetzungen, unter denen die Ausnahmegenehmigung erteilt wurde, nicht mehr gegeben sind, ist § 28 Abs. 8 und 9 sinngemäß anzuwenden.

(6) Zum Zwecke der Erprobung oder wegen anderer besonderer Gegebenheiten, unter denen diese Fahrzeuge verwendet werden, kann der Bundesminister für „Klimaschutz, Umwelt, Energie, Mobilität, Innovation und Technologie" durch Verordnung allgemein Ausnahmen von einzelnen oder allen Bestimmungen der §§ 4 bis 27 für bestimmte Fahrzeugkategorien festlegen, sofern dagegen vom Standpunkt der Verkehrs- und Betriebssicherheit keine Bedenken bestehen (Ausnahmeverordnung). Anstelle der Vorschriften der §§ 4 bis 27 können erforderlichenfalls davon abweichende Bestimmungen in dieser Verordnung festgelegt werden. Erforderlichenfalls ist der zeitliche Geltungsbereich einer Ausnahme in der Verordnung festzulegen. *(BGBl I 2016/40; BGBl I 2020/134)*

(7) Die Erteilung einer Ausnahmegenehmigung ist allenfalls einschließlich einzuhaltender Auflagen und Bedingungen in die Genehmigungsdatenbank einzutragen. Ein Abbruch des Verfahrens zur Erteilung einer Ausnahmegenehmigung und dessen Umstände sind gegebenenfalls in der Genehmigungsdatenbank zu vermerken. *(BGBl I 2005/117)*

(BGBl I 2003/60)

Ausnahmegenehmigung für die Zulassung von Fahrzeugen aus auslaufenden Serien

§ 34a. (1) Für Fahrzeuge, die einer genehmigten Type angehören und für die aufgrund des § 30a Abs. 9 in der Genehmigungsdatenbank eine Zulassungssperre eingetragen wurde oder deren Genehmigungsdaten nicht mehr in die Genehmigungsdatenbank eingegeben werden dürfen, kann der Hersteller, bei Herstellern ohne Niederlassung im Bundesgebiet dessen gemäß § 29 Abs. 2 Bevollmächtigter, innerhalb eines durch Verordnung festzulegenden Zeitraumes beim Bundesminister für „Klimaschutz, Umwelt, Energie, Mobilität, Innovation und Technologie" einen Antrag auf Ausnahmegenehmigung stellen. Im Antrag auf Ausnahmegenehmigung sind die technischen oder wirtschaftlichen Gründe für den Antrag anzuführen. Sind von der Type nur Typendaten in der Genehmigungsdatenbank enthalten, muss dem Antrag eine Liste der Fahrgestellnummern der Fahrzeuge in einem vom Bundesminister für „Klimaschutz, Umwelt, Energie, Mobilität, Innovation und Technologie" genehmigten Format angeschlossen werden, für die eine solche Ausnahmegenehmigung beantragt wird. Der Bundesminister für „Klimaschutz, Umwelt, Energie, Mobilität, Innovation und Technologie" hat unter Beachtung der in Abs. 3 festgelegten Bestimmungen innerhalb von drei Monaten zu entscheiden, ob und für wie viele Fahrzeuge der Type eine Ausnahmegenehmigung erteilt wird. *(BGBl I 2020/134)*

(2) Für einzelne Fahrzeuge, für die aufgrund des § 30a Abs. 9 in der Genehmigungsdatenbank eine Zulassungssperre eingetragen wurde oder deren Genehmigungsdaten nicht mehr in die Genehmigungsdatenbank eingegeben werden dürfen, kann der Hersteller, bei Herstellern ohne Niederlassung im Bundesgebiet dessen gemäß § 29 Abs. 2 Bevollmächtigter oder der Besitzer eines einzelnen Fahrzeuges beim örtlich zuständigen Landeshauptmann einen Antrag auf Ausnahmegenehmigung stellen. Im Antrag auf Ausnahmegenehmigung sind die technischen oder wirtschaftlichen Gründe für den Antrag anzuführen. Der Landeshauptmann kann unter Bedachtnahme der in Abs. 3 festgelegten Bestimmungen eine Ausnahmegenehmigung erteilen.

(3) Die Ausnahmegenehmigung darf nur dann erteilt werden, wenn

1. dringende wirtschaftliche oder technische Gründe vorliegen,

2. die einschlägigen Rechtsakte der Europäischen Union (die in den Betriebserlaubnisrichtlinien genannten Einzelrichtlinien oder Verordnungen, deren Einhaltung zur Erlangung einer EU-Betriebserlaubnis nachgewiesen werden muss) oder die Bestimmungen dieses Bundesgesetzes oder die aufgrund dieses Bundesgesetzes erlassenen Verordnungen eine Ausnahmegenehmigung zulassen und

3. die sich aufgrund dieser Bestimmungen ergebende zulässige Anzahl an Fahrzeugen, für die eine solche Ausnahmegenehmigung erteilt wird, nicht überschritten wird.

(4) Für die Erteilung einer solchen Ausnahmegenehmigung ist eine Verwaltungsabgabe in folgender Höhe zu entrichten

1. dem Bundesminister für „Klimaschutz, Umwelt, Energie, Mobilität, Innovation und Technologie" für *(BGBl I 2020/134)*
   a) bis zu 10 Fahrzeuge einer Type .... 75 Euro
   b) über 10 Fahrzeuge einer Type .... 100 Euro
2. dem Landeshauptmann für ein Fahrzeug .... 50 Euro.

(5) Wurde eine Ausnahmegenehmigung erteilt, ist die aufgrund des § 30a Abs. 9 in der Genehmigungsdatenbank eingetragene Zulassungssperre für den Zeitraum aufzuheben, innerhalb dessen das Fahrzeug zugelassen werden darf. Die Aufhebung der Zulassungssperre ist bei Erteilung einer Ausnahmegenehmigung nach Abs. 1 vom Eingeber des Datensatzes, in den Fällen des Abs. 2 vom Landeshauptmann, der die Ausnahmegenehmigung erteilt hat, in die Genehmigungsdatenbank einzutragen. Wird in den Fällen des Abs. 1 eine Ausnahmegenehmigung für Fahrzeuge erteilt, die durch die Fahrgestellnummer identifiziert sind, und liegen in der Genehmigungsdatenbank Typendaten dieser Fahrzeuge vor, sind für die von der Ausnahmegenehmigung betroffenen Fahrzeuge Genehmigungsdatensätze anzulegen. Die Ausnahmegenehmigung ist im Genehmigungsnachweis zu vermerken. In den Fällen des Abs. 2 gilt der Vermerk der erteilten Ausnahmegenehmigung im Genehmigungsnachweis als Bescheid im Sinne des § 56 AVG. Wenn dem Antragsteller zum Zeitpunkt der Antragstellung die Fahrgestellnummern der von der Ausnahmegenehmigung betroffenen Fahrzeuge nicht bekannt sind, hat der Antragsteller die dem Bund aus der Überwachung der Einhaltung der erteilten Ausnahmegenehmigung entstehenden Aufwände „nach einem durch Verordnung festgesetzten Tarif" zu ersetzen. *(BGBl I 2017/102)*

(6) Der Bundesminister für „Klimaschutz, Umwelt, Energie, Mobilität, Innovation und Technologie" hat unter Bedachtnahme auf die in den einschlägigen Rechtsakten der Europäischen Union enthaltenen Bestimmungen durch Verordnung festzulegen: *(BGBl I 2020/134)*
1. die höchsten zulässigen Stückzahlen, für die eine solche Ausnahmegenehmigung erteilt werden darf,
2. den Zeitraum, innerhalb dessen die von der Ausnahmegenehmigung betroffenen Fahrzeuge zugelassen werden dürfen,
3. den Zeitraum, innerhalb dessen ein Antrag gemäß Abs. 1 gestellt werden kann.

Der Bundesminister für „Klimaschutz, Umwelt, Energie, Mobilität, Innovation und Technologie" kann durch Verordnung festlegen, welche Mindestinhalte der Antrag auf eine solche Ausnahmegenehmigung aufweisen muss. *(BGBl I 2020/134)*

(7) Der Bundesminister für „Klimaschutz, Umwelt, Energie, Mobilität, Innovation und Technologie" ist zuständig für die Ermittlung der Anzahl der nach Abs. 1 und 2 erteilten Ausnahmegenehmigungen und die Übermittlung der aufgrund der EU-Richtlinien erforderlichen Meldung der erteilten Ausnahmegenehmigungen an die Kommission der Europäischen Gemeinschaften. Zur Ermittlung der Anzahl der erteilten Ausnahmegenehmigungen kann der Bundesminister für „Klimaschutz, Umwelt, Energie, Mobilität, Innovation und Technologie" auf die fahrzeugspezifischen Daten in der Genehmigungsdatenbank und auf die hinsichtlich der Eigentümer, Besitzer und Zulassungsbesitzer pseudonymisierten Daten und in der Zulassungsevidenz zugreifen. *(BGBl I 2018/37; BGBl I 2020/134)*

(BGBl I 2007/57)

Typengenehmigung von Teilen und Ausrüstungsgegenständen sowie von zusätzlichen Aufbauten und Vorrichtungen

§ 35. (1) Für die Genehmigung einer Type der im § 5 angeführten Teile und Ausrüstungsgegenstände von Kraftfahrzeugen oder Anhängern oder einer Type von Sturzhelmen für Kraftfahrer oder von Warneinrichtungen und für die Genehmigung von Änderungen einer solchen Type gelten die Bestimmungen der §§ 28, 29, 32 und 34 sinngemäß. *(BGBl 1977/615)*

(2) Bei der Genehmigung ist ein Genehmigungszeichen für die Type festzusetzen. Der jeweilige Erzeuger, bei ausländischen Erzeugern der jeweilige gemäß § 29 Abs. 2 Bevollmächtigte, hat dafür zu sorgen, daß das Genehmigungszeichen bei Teilen und Ausrüstungsgegenständen, deren Wirksamkeit unabhängig vom Fahrzeug beurteilt werden kann, auf dem Teil oder Ausrüstungsgegenstand selbst, bei anderen Teilen und Ausrüstungsgegenständen am Fahrzeug gut sichtbar und dauernd gut lesbar und unverwischbar angebracht ist. Die Verwendung eines Zeichens, durch das eine Verwechslung mit einem festgesetzten oder einem ausländischen Genehmigungszeichen möglich ist, ist unzulässig. *(BGBl 1977/615)*

(3) Die Bestimmungen der Abs. 1 und 2 sind sinngemäß auch auf Typen von zusätzlichen Aufbauten, Sitzen und Vorrichtungen zur Beförderung von Gütern anzuwenden, die mit einem Kraftfahrzeug oder einem Anhänger auch so verbunden werden sollen, daß sie die Fahreigenschaften des Fahrzeuges verändern.

(4) Der Bundesminister für „Klimaschutz, Umwelt, Energie, Mobilität, Innovation und Technologie" hat, unbeschadet des Abs. 5, auf Antrag die ausländische Genehmigung oder Kennzeichnung einer Type von Teilen oder Ausrüstungsgegenständen von Kraftfahrzeugen oder

Anhängern, von Sturzhelmen für Kraftfahrer oder von Warneinrichtungen für die Dauer der Geltung dieser Genehmigung als einer inländischen gleichgestellt anzuerkennen, wenn der Genehmigung zu entnehmen ist, daß die Type den Vorschriften dieses Bundesgesetzes und der auf Grund dieses Bundesgesetzes erlassenen Verordnungen entspricht und das ausländische Verfahren bei der Genehmigung und der Festsetzung des Genehmigungszeichens dem inländischen Verfahren gleichwertig ist. Für dieses Verfahren gelten die Bestimmungen des § 29 Abs. 2 und 3 sinngemäß. *(BGBl I 2002/80; BGBl I 2020/134)*

(5) Die ausländische Genehmigung und die Kennzeichnung einer Type von Teilen oder Ausrüstungsgegenständen von Kraftfahrzeugen oder Anhängern, von Sturzhelmen für Kraftfahrer oder von Warneinrichtungen gelten, wenn sie von Österreich auf Grund internationaler Vereinbarungen anzuerkennen sind, für die Dauer der Geltung der Genehmigung als einer inländischen Genehmigung und einem inländischen Genehmigungszeichen gleichgestellt. Wird festgestellt, daß diese Teile, Ausrüstungsgegenstände, Sturzhelme oder Warneinrichtungen nicht mit der ihrer Kennzeichnung entsprechenden im Ausland genehmigten Type übereinstimmen, so hat der Bundesminister für „Klimaschutz, Umwelt, Energie, Mobilität, Innovation und Technologie" hievon die auf Grund der internationalen Vereinbarung zuständige Behörde zu verständigen, wenn Österreich auf Grund dieser inter nationalen Vereinbarung hiezu verpflichtet ist. *(BGBl I 2002/80; BGBl I 2020/134)*

(6) Typen von Teilen oder Ausrüstungsgegenständen von Kraftfahrzeugen oder Anhängern, von Sturzhelmen für Kraftfahrer oder von Warneinrichtungen, die nicht zur Feilbietung oder Verwendung im Inland bestimmt sind und die den Vorschriften dieses Bundesgesetzes und der auf Grund dieses Bundesgesetzes erlassenen Verordnungen nicht entsprechen, sind auf Antrag zu genehmigen, wenn auf Grund internationaler Vereinbarungen für Österreich die Verpflichtung hiezu besteht und sie den Bestimmungen dieser Vereinbarungen entsprechen. Bei dieser Genehmigung ist auszusprechen, daß die Teile oder Ausrüstungsgegenstände dieser Type nicht den für sie geltenden österreichischen Vorschriften entsprechen. Bei der Genehmigung einer Type von Teilen oder Ausrüstungsgegenständen, die mit einfachen Mitteln, ohne Hinzufügen neuer Bestandteile in einen diesem Bundesgesetz und den auf Grund dieses Bundesgesetzes erlassenen Verordnungen entsprechenden Zustand gebracht werden können, ist auszusprechen, in welchem Zustand sie den österreichischen Vorschriften entsprechen. *(BGBl 1977/615)*

(7) Durch Verordnung ist nach den Erfordernissen des Prüfungsvorganges die Anzahl von Mustern der Teile und Ausrüstungsgegenstände festzusetzen, die für die Prüfung vorzulegen sind. Die Muster sind ohne Anspruch auf Rückgabe oder Entschädigung zur Verfügung zu stellen. *(BGBl 1971/285)*

(7a) Der Bundesminister für „Klimaschutz, Umwelt, Energie, Mobilität, Innovation und Technologie" kann bei Erteilung der Genehmigung dem Antragsteller besonders gekennzeichnete Muster mit dem Auftrag zurückgeben, diese durch eine festzusetzende Zeit aufzubewahren und dem Bundesminister für „Klimaschutz, Umwelt, Energie, Mobilität, Innovation und Technologie" auf Verlangen vorzulegen. Einem solchen Auftrag ist zu entsprechen; die Kennzeichnung eines Musterstückes darf nicht entfernt oder unleserlich gemacht werden. *(BGBl 2002/80; BGBl I 2020/134)*

(8) Sind Umstände gegeben, die die begründete Annahme rechtfertigen, daß feilgebotene oder verwendete Teile, Ausrüstungsgegenstände, Sturzhelme für Kraftfahrer oder Warneinrichtungen, deren Type gemäß § 5 Abs. 1 genehmigt oder im Ausland genehmigt wurde und die ausländische Genehmigung gemäß Abs. 4 anerkannt wurde, dieser Type nicht entsprechen, so hat der Bundesminister für „Klimaschutz, Umwelt, Energie, Mobilität, Innovation und Technologie" von ihm zu bestimmende Teile, Ausrüstungsgegenstände, Sturzhelme für Kraftfahrer oder Warneinrichtungen zu prüfen, ob diese mit der entsprechenden Type übereinstimmen. Die vom Bundesminister für „Klimaschutz, Umwelt, Energie, Mobilität, Innovation und Technologie" bestimmten Teile, Ausrüstungsgegenstände, Sturzhelme oder Warneinrichtungen sind diesem vom Erzeuger, dessen Bevollmächtigten (§ 29 Abs. 2) oder dem Feilbietenden zur Verfügung zu stellen. Hinsichtlich von Beschädigungen, die bei Vornahme der Prüfung unvermeidlich sind, und einer sich daraus ergebenden allfälligen Wertminderung besteht kein Anspruch auf Entschädigung. Der Erzeuger, dessen Bevollmächtigter (§ 29 Abs. 2) oder der Feilbietende haben außerdem auf Verlangen der Behörde die erforderlichen Befunde, Gutachten oder sonstigen für die Prüfung erforderlichen Nachweise und Unterlagen auf eigene Kosten vorzulegen. *(BGBl I 2002/80; BGBl I 2020/134)*

IV. Abschnitt

Zulassung zum Verkehr, Probe- und Überstellungsfahrten und Kennzeichen der Kraftfahrzeuge und Anhänger

Allgemeines

§ 36. Kraftfahrzeuge und Anhänger außer Anhängern, die mit Motorfahrrädern gezogen werden, dürfen unbeschadet der Bestimmungen der §§ 82, 83 und 104 Abs. 7 über die Verwendung von Kraftfahrzeugen und Anhängern mit ausländischem Kennzeichen und von nicht zugelassenen Anhängern auf Straßen mit öffentlichem Verkehr nur verwendet werden, wenn

a) sie zum Verkehr zugelassen sind (§§ 37 bis 39) oder mit ihnen behördlich bewilligte Probe- oder Überstellungsfahrten (§§ 45 und 46) durchgeführt werden,

b) sie das behördliche Kennzeichen (§ 48) führen,

c) bei der Zulassung oder Bewilligung einer Probe- oder Überstellungsfahrt vorgeschriebene Auflagen erfüllt werden,

d) für sie die vorgeschriebene Kraftfahrzeug-Haftpflichtversicherung (§ 59) oder Haftung (§ 62) besteht und *(BGBl 1988/375)*

e) bei den der wiederkehrenden Begutachtung (§ 57a) unterliegenden zum Verkehr zugelassenen Fahrzeugen, soweit sie nicht unter § 57a Abs. 1b fallen, eine den Vorschriften entsprechende Begutachtungsplakette (§ 57a Abs. 5 und 6) am Fahrzeug angebracht ist. *(BGBl I 1997/103)*

Zulassung

§ 37. (1) Kraftfahrzeuge und Anhänger sind auf Antrag und, soweit dies erforderlich ist, unter Vorschreibung entsprechender Auflagen zum Verkehr zuzulassen, wenn die im Abs. 2 angeführten Voraussetzungen erfüllt sind. Bei der Zulassung ist auch anzusprechen, welches Kennzeichen gemäß § 48 das Fahrzeug zu führen hat.

(2) Kraftfahrzeuge und Anhänger dürfen nur zugelassen werden, wenn der Antragsteller glaubhaft macht, dass er der rechtmäßige Besitzer des Fahrzeuges ist oder das Fahrzeug auf Grund eines Abzahlungsgeschäftes im Namen des rechtmäßigen Besitzers innehat, wenn er seinen Hauptwohnsitz oder Sitz, bei Antragstellern mit Sitz im Bundesgebiet eine „Betriebsstätte" im Bundesgebiet hat oder bei Miete des Fahrzeuges aus einem anderen EU-Mitgliedstaat, jedenfalls der Mieter seinen Hauptwohnsitz oder Sitz im Bundesgebiet hat, wenn er eine Erklärung über die beabsichtigte Verwendungsbestimmung des Fahrzeuges abgibt und wenn er folgende Nachweise erbringt: *(BGBl I 2016/40)*

a) bei der erstmaligen Zulassung den entsprechenden Genehmigungsnachweis für das Fahrzeug (Typenschein bei Fahrzeugen mit nationaler Typengenehmigung, gültige Übereinstimmungsbescheinigung oder Datenauszug aus der Genehmigungsdatenbank bei Fahrzeugen mit EG-Betriebserlaubnis, Bescheid über die Einzelgenehmigung bei einzeln genehmigten Fahrzeugen), bei Fahrzeugen, die unter aufschiebenden Bedingungen genehmigt wurden, eine Bescheinigung der Genehmigungsbehörde darüber, dass diese Bedingungen erfüllt sind, bei Fahrzeugen, die bereits in einem anderen Mitgliedstaat zugelassen waren, zusätzlich – sofern vorhanden – die Zulassungsbescheinigung im Sinne der Richtlinie 1999/37/EG, in der Fassung der Richtlinie 2003/127/EG, bei neuerlicher Zulassung das bei der letzten Zulassung hergestellte Fahrzeug-Genehmigungsdokument; *(BGBl I 2005/117)*

b) eine Versicherungsbestätigung für das Fahrzeug gemäß § 61 Abs. 1; dies gilt jedoch nicht für Fahrzeuge, die gemäß § 59 Abs. 2 von der Versicherungspflicht ausgenommen sind;

c) bei beabsichtigter Verwendungsbestimmung des Fahrzeuges zur gewerbsmäßigen Beförderung oder zur gewerbsmäßigen Vermietung ohne Beistellung eines Lenkers eine Bestätigung der zuständigen gesetzlichen Interessenvertretung über das Vorliegen der Berechtigung zu dieser Verwendung;

d) bei der erstmaligen Zulassung eines Fahrzeuges für Diplomaten eine Bestätigung des Bundesministeriums für europäische und internationale Angelegenheiten über die völkerrechtliche Steuerbefreiung; *(BGBl I 2007/57)*

e) *(aufgehoben, BGBl I 2007/57)*

f) bei rechtmäßigem Besitz auf Grund eines Bestandvertrages eine Zustimmungserklärung des Bestandgebers zur beantragten Zulassung;

g) bei einer Erklärung über die beabsichtigte Verwendungsbestimmung des Fahrzeuges im Sinne des § 54 Abs. 3 lit. b oder c, Abs. 3a lit. b oder c oder Abs. 3b die entsprechende vom Bundesministerium für auswärtige Angelegenheiten für den Antragsteller ausgestellte Legitimationskarte;

h) bei den der wiederkehrenden Begutachtung unterliegenden Fahrzeugen das letzte für das Fahrzeug ausgestellte Gutachten gemäß § 57a Abs. 4, sofern bereits eine wiederkehrende Begutachtung fällig geworden ist und das Gutachten noch nicht in der Begutachtungsplakettendatenbank gemäß § 57c gespeichert ist. Wenn in den Fällen des § 28a Abs. 6 oder des § 28b Abs. 1 und 5 das erforderliche positive Gutachten gemäß § 57a durch den Nachweis eines positiven Ergebnisses einer Begutachtung im Sinne der „Richtlinie 2014/45/EU" ersetzt worden ist, so ist dieser Nachweis vorzulegen und anzuerkennen, sofern noch keine weitere wiederkehrende Begutachtung fällig geworden ist. Im Falle einer Miete des Fahrzeuges aus einem anderen EU-Mitgliedstaat ist das im jeweiligen Mitgliedstaat zuletzt ausgestellte Prüfgutachten vorzulegen, sofern bereits eine wiederkehrende Begutachtung fällig geworden ist. *(BGBl I 2013/43; BGBl I 2017/9)*

(BGBl I 2002/132)

(2a) Die erstmalige Zulassung in Österreich darf nur vorgenommen werden, wenn ein Genehmigungsdatensatz für das Fahrzeug in der Genehmigungsdatenbank vorhanden ist und keine Zulassungssperre in der Datenbank eingetragen ist.

Weitere Zulassungen dürfen nur vorgenommen werden, wenn keine Zulassungssperre in der Genehmigungsdatenbank oder der Zulassungsevidenz eingetragen ist. Eine erstmalige Zulassung in Österreich auf Basis von Typendaten darf nur bei Vorlage eines gültigen Typenscheins oder einer gültigen Übereinstimmungsbescheinigung vorgenommen werden. Ist in der Genehmigungsdatenbank kein Genehmigungsdatensatz und kein Typendatensatz vorhanden, ist das Zulassungsverfahren zu unterbrechen und der Antragsteller hat die Eingabe der Genehmigungsdaten oder der Typendaten in die Genehmigungsdatenbank nach den in den §§ 28a, 28b, 30 oder 30a vorgeschriebenen Verfahren zu veranlassen. *(BGBl I 2008/6)*

(2b) Im Zuge der Zulassung wird eine Bestätigung über die Zulassung, in der auch die Anzahl der bisherigen Zulassungsbesitzer eingetragen wird, ausgedruckt und mit dem vorgelegten Genehmigungsnachweis für das Fahrzeug zum Fahrzeug-Genehmigungsdokument verbunden. *(BGBl I 2007/57)*

(2c) Wird der Verlust des Genehmigungsdokumentes glaubhaft gemacht so hat die Zulassungsstelle bei Fahrzeugen, deren Daten vollständig in der Genehmigungsdatenbank enthalten sind, einen aktuellen Datenausdruck aus der Genehmigungsdatenbank herzustellen und mit einer neuerlich ausgedruckten Bestätigung über die Zulassung gemäß Abs. 2b zu einem Duplikat-Genehmigungsdokument zu verbinden. „Ein aktueller Datenausdruck aus der Genehmigungsdatenbank darf nur dann hergestellt werden, wenn durch eine Abfrage bei einer dafür zur Verfügung stehenden Datenbank die Unbedenklichkeit der Duplikatausstellung bestätigt worden ist." Bei Fahrzeugen, deren Daten nicht vollständig in der Genehmigungsdatenbank enthalten sind, ist vom jeweiligen Aussteller des bisherigen Genehmigungsnachweises ein Duplikat dieses Nachweises herzustellen und von der Zulassungsstelle mit einer neuerlich ausgedruckten Bestätigung über die Zulassung gemäß Abs. 2b zu einem Duplikat-Genehmigungsdokument zu verbinden. Das Duplikat-Genehmigungsdokument ist als solches zu bezeichnen und es ist jeweils anzugeben, das wievielte Duplikat es sich handelt. *(BGBl I 2007/57; BGBl I 2019/19)*

(3) Fahrzeuge, die unter der Bedingung genehmigt wurden, daß sie nur unter einer bestimmten Auflage zugelassen werden, dürfen nur unter dieser Auflage zugelassen werden. Fahrzeuge, die gemäß § 43 Abs. 4 lit. b wegen Verlegung des dauernden Standortes in den örtlichen Wirkungsbereich einer anderen Behörde abgemeldet wurden, dürfen erst zugelassen werden, wenn der bisherige Zulassungsschein und die bisherigen Kennzeichentafeln gemäß § 43 Abs. 1 abgeliefert wurden. Sattelzugfahrzeuge und Sattelanhänger dürfen nur gesondert zugelassen werden.

(4) *(aufgehoben, BGBl I 2005/117)*

Vorübergehende Zulassung

§ 38. (1) Kraftfahrzeuge und Anhänger sind auf Antrag für die Dauer von höchstens einem Jahr vorübergehend zuzulassen, wenn der Antragsteller seinen Hauptwohnsitz, seine Hauptniederlassung oder seinen Sitz nicht im Bundesgebiet hat und die im § 37 Abs. 2 angeführten Unterlagen und Nachweise ordnungsgemäß erbracht sind.

(2) Bei einem Antrag auf vorübergehende Zulassung von Fahrzeugen, die in das Bundesgebiet eingebracht wurden, gilt, sofern keine Bedenken hinsichtlich der Verkehrs- und Betriebssicherheit des Fahrzeuges bestehen, als Nachweis gemäß § 37 Abs. 2 lit. a auch ein Dokument, aus dem zu ersehen ist, daß das Fahrzeug oder die Type, der das Fahrzeug angehört, im Ausland genehmigt ist, oder die Feststellung auf Grund einer besonderen Überprüfung gemäß § 56 Abs. 1, daß das Fahrzeug verkehrs- und betriebssicher ist. *(BGBl 1977/615)*

(3) Vorübergehend zugelassene Fahrzeuge dürfen nicht zur gewerbsmäßigen Beförderung verwendet werden.

Eingeschränkte Zulassung

§ 39. (1) Fahrzeuge, die unter der Bedingung genehmigt wurden, dass sie nur auf bestimmten Arten von Straßen verwendet werden, dürfen nur für bestimmte Straßenzüge dieser Art (Routen) zugelassen werden; bei dieser Zulassung sind, soweit dies insbesondere im Hinblick auf örtliche Gegebenheiten erforderlich ist, entsprechenden Auflagen vorzuschreiben. Dies gilt auch für Fahrzeuge mit einer EG-Betriebserlaubnis, deren Abmessungen die in § 4 Abs. 6 festgesetzten Höchstgrenzen überschreiten. Fahrzeuge zur Güterbeförderung, bei denen lediglich das höchste zulässige Gesamtgewicht oder die höchsten zulässigen Achslasten oder beide die im § 4 Abs. 7, 7a und 8 angeführten Höchstgrenzen übersteigen, sind gemäß § 37 zuzulassen und die Beschränkung der Zulassung auf bestimmte Straßenzüge ist bedingt für den Fall auszusprechen, dass das Fahrzeug ganz oder teilweise beladen ist und durch die Beladung die jeweiligen Höchstgrenzen überschritten werden, bei Fahrzeugen für die Benützung von Straßen im Vorlauf- und Nachlaufverkehr auf die Dauer der Verwendung für diese Zwecke; dies gilt sinngemäß auch für Fahrzeuge, an denen gemäß § 28 Abs. 6 Streu- oder Schneeräumgeräte angebracht werden dürfen und deren größte Breite nur bei angebrachtem Gerät die im § 4 Abs. 6 Z 2 angeführte oder die durch Verordnung für Schneeräumgeräte festgelegte Höchstgrenze übersteigt. *(BGBl I 2013/43)*

(2) Bei Fahrzeugen, die nach dem Abs. 1 zugelassen sind, muß neben der vorderen und hinteren Kennzeichentafel, bei Kraftwagenzügen neben der vorderen Kennzeichentafel des Zugfahrzeuges

und der hinten am letzten Anhänger angebrachten Kennzeichentafel je eine kreisrunde gelbe Tafel mit mindestens 20 cm Durchmesser, schwarzem Rand und dem lateinischen Buchstaben „R" in dauernd gut lesbarer und unverwischbarer schwarzer Schrift vollständig sichtbar angebracht sein. Wenn die Verwendung von Fahrzeugen, an denen gemäß § 28 Abs. 6 Streu- oder Schneeräumgeräte angebracht werden dürfen, nicht der eingeschränkten Zulassung unterliegt, sind die Tafeln zu entfernen oder abzudecken. *(BGBl 1982/362)*

(3) Kraftfahrzeuge und Anhänger dürfen gemäß Abs. 1 auch zugelassen werden, wenn der Antragsteller glaubhaft macht, daß der nach § 37 Abs. 2 Antragsberechtigte der Antragstellung zustimmt. *(BGBl 1982/362)*

§§ 39a und 39b. *(aufgehoben, BGBl I 2005/117)*

Verfahren bei der Zulassung

§ 40. (1) Über einen Antrag auf Zulassung eines Kraftfahrzeuges oder Anhängers zum Verkehr hat, abgesehen von den im Abs. 2 bis 5 angeführten Fällen, die Behörde zu entscheiden, in deren örtlichem Wirkungsbereich das Fahrzeug seinen dauernden Standort hat. „Als dauernder Standort eines Fahrzeuges gilt der Hauptwohnsitz des Antragstellers, bei Fahrzeugen von Unternehmungen der Ort, von dem aus der Antragsteller über das Fahrzeug hauptsächlich verfügt und bei Fahrzeugen von Einzelunternehmern je nach Beantragung entweder der Hauptwohnsitz oder der Sitz des Unternehmens;" jedoch gilt *(BGBl I 2020/134)*

a) bei Fahrzeugen, die zur Verwendung für den Bundespräsidenten, die Präsidenten des Nationalrates, die Vorsitzenden des Bundesrates, die Mitglieder der Bundesregierung, die Staatssekretäre, die Mitglieder der Volksanwaltschaft, den Präsidenten oder Vizepräsidenten des Verfassungsgerichtshofes und Verwaltungsgerichtshofes oder des Obersten Gerichtshofes, den Präsidenten des Rechnungshofes sowie zur Verwendung im Bereich des öffentlichen Sicherheitsdienstes, der Finanzverwaltung, der „Strafvollzugsverwaltung" oder der Post bestimmt sind, sowie für Heeresfahrzeuge als dauernder Standort Wien, *(BGBl I 2004/107; BGBl I 2015/73)*

b) bei Fahrzeugen, die zur Verwendung für Dienststellen des Landes Niederösterreich mit dem Sitz in Wien oder für den Landesverband vom Roten Kreuz für Niederösterreich bestimmt sind, als dauernder Standort Tulln, *(BGBl I 2019/78)*

c) bei Fahrzeugen, die zur Verwendung für die Präsidenten der Landtage sowie für die Mitglieder der Landesregierungen bestimmt sind, als dauernder Standort die jeweilige Landeshauptstadt, *(BGBl 1988/375)*

d) im Falle einer Miete des Fahrzeuges aus einem anderen EU-Mitgliedstaat der Hauptwohnsitz des Mieters als dauernder Standort des Fahrzeuges. *(BGBl I 2002/132)*

(2) Über einen Antrag auf vorübergehende Zulassung (§ 38) hat die Behörde zu entscheiden, in deren örtlichem Wirkungsbereich der Antragsteller seinen Aufenthalt hat.

(2a) Im Verfahren auf Zulassung eines Fahrzeuges oder bei Adressänderungen kann die Zulassungsstelle zur Prüfung des Wohnsitzes eine Abfrage beim Zentralen Melderegister durchführen. Die Zulassungsstelle erhält Auskunft über das Vorliegen eines Hauptwohnsitzes oder Nebenwohnsitzes des Antragstellers. Treffen die Abfragekriterien (Vorname, Zuname, Geburtsdatum) auf mehrere Personen zu, so übermittelt das Zentrale Melderegister die Datensätze zu allen gefundenen Personen. Die Zulassungsstelle hat in einem solchen Fall die Entscheidung zu treffen, welcher der gefundenen Datensätze dem Antragsteller entspricht. Der Bundesminister für „Klimaschutz, Umwelt, Energie, Mobilität, Innovation und Technologie" kann durch Verordnung festlegen, dass die ZMR - Abfrage ab einem bestimmten Zeitpunkt verpflichtend durchzuführen ist. *(BGBl I 2007/57; BGBl I 2020/134)*

(3) Über einen Antrag auf eingeschränkte Zulassung (§ 39) hat, unbeschadet der Bestimmungen des Abs. 5, der Landeshauptmann, in dessen örtlichem Wirkungsbereich das Fahrzeug verwendet werden soll, nach Anhörung der Straßenverwaltungen, denen die Erhaltung der in Betracht kommenden Straßenzüge obliegt, zu entscheiden.

(4) Über einen Antrag auf eingeschränkte Zulassung (§ 39) eines Fahrzeuges, das in den örtlichen Wirkungsbereichen von zwei oder mehr Landeshauptmännern verwendet werden soll, hat, unbeschadet der Bestimmungen des Abs. 5, nach Anhörung der Straßenverwaltungen, denen die Erhaltung der in Betracht kommenden Straßenzüge obliegt, der Landeshauptmann zu entscheiden, in dessen örtlichem Wirkungsbereich der dauernde Standort des Fahrzeuges liegt; bei sinngemäßer Anwendung dieser Bestimmung gemäß § 45 Abs. 5, § 46 Abs. 3, § 82 Abs. 5, § 101 Abs. 5 und § 104 Abs. 9 ist das Verfahren auf Antrag von dem Landeshauptmann zu führen, in dessen örtlichem Wirkungsbereich die Fahrt angetreten wird oder das Fahrzeug ins Bundesgebiet eingebracht wird. Der das Verfahren führende Landeshauptmann hat das Einvernehmen mit den übrigen betroffenen Landeshauptmännern herzustellen. „Einem Antrag auf eingeschränkte Zulassung (§ 39) oder auf Bewilligung von Transporten gemäß § 82 Abs. 5, § 101 Abs. 5 oder § 104 Abs. 9 kann dann stattzugeben, wenn der Antragsteller, sein Bevollmächtigter und gegebenenfalls auch ein beauftragter Transporteur die für die ordnungsgemäße Verwendung des Fahrzeuges

§§ 40 – 40a

bzw. die Durchführung des Transportes erforderliche Verlässlichkeit besitzen. Diese Verlässlichkeit liegt nicht vor, wenn der Antragsteller oder sein Bevollmächtigter oder ein beauftragter Transporteur innerhalb der letzten sechs Monate bewilligungspflichtige Transporte mit einer gefälschten oder verfälschten Bewilligung durchgeführt haben oder wiederholt Sondertransport-Bescheid-Auflagen grob missachtet haben, oder eine solche Bewilligung wegen Missbrauchs aufgehoben worden ist. Wird im Zuge einer Kontrolle eine ge- oder verfälschte Bewilligung vorgewiesen, so ist der Landeshauptmann, der die Bewilligung erteilt hat, zu verständigen. Im Falle einer Verfälschung einer erteilten Bewilligung kann diese vom Landeshauptmann aufgehoben werden und in Folge die Ausstellung von Bewilligungen bis zu einem Zeitraum von sechs Monaten verweigert werden." *(BGBl 1988/375; BGBl I 2016/40)*

(5) Heeresfahrzeuge sind vom Bundesminister für Landesverteidigung und Sport zuzulassen. Die im Zuge der Zulassung erfassten Daten sind im Sinne des § 40b Abs. 6 Z 2 der zentralen Zulassungsevidenz gemäß § 47 Abs. 4 zu übermitteln. Wurde für ein solches Fahrzeug eine Ausnahmegenehmigung (§ 34) unter der Bedingung erteilt, dass es nur auf bestimmten Arten von Straßen verwendet wird, so sind vor der eingeschränkten Zulassung (§ 39 Abs. 1) die Straßenverwaltungen anzuhören, denen die Erhaltung der in Betracht kommenden Straßenzüge obliegt. *(BGBl I 2016/40)*

(5a) Fahrzeuge des öffentlichen Sicherheitsdienstes sind vom Bundesminister für Inneres zuzulassen. Die im Zuge der Zulassung erfassten Daten sind im Sinne des § 40b Abs. 6 Z 2 der zentralen Zulassungsevidenz gemäß § 47 Abs. 4 zu übermitteln. Die Bestimmung des § 40 Abs. 5 letzter Satz findet auch für solche Fahrzeuge Anwendung. *(BGBl I 2016/40)*

(6) Bei Fahrzeugen, für die eine Bestätigung gemäß § 37 Abs. 2 lit. c vorgelegt wurde, ist die gesetzliche Interessenvertretung, die die Bestätigung ausgestellt hat, von der Zulassung des Fahrzeuges unter Angabe des zugewiesenen Kennzeichens zu verständigen. Im Falle der Abs. 3 und 4 sind die im § 37 Abs. 2 angeführten Nachweise der Behörde zu erbringen, in deren örtlichem Wirkungsbereich das Fahrzeug seinen dauernden Standort hat. *(BGBl 1982/362)*

Beleihung von Versicherern zum Zwecke der Zulassung

§ 40a. (1) Der Landeshauptmann hat durch Verordnung Behörden zu bestimmen, in deren örtlichem Wirkungsbereich Versicherer, die eine Kraftfahrzeug-Haftpflichtversicherung anbieten (§ 59 Abs. 1), auf Antrag ermächtigt werden, Zulassungsstellen einzurichten und zu betreiben. In dieser Verordnung ist darüber hinaus festzulegen, zu welchen Zeiten die Zulassungsstelle jedenfalls für die Abwicklung der übertragenen Aufgaben geöffnet sein muß. Vor Erlassung einer solchen Verordnung hat der Landeshauptmann das Einvernehmen mit dem Bundesminister für „Klimaschutz, Umwelt, Energie, Mobilität, Innovation und Technologie"** und, falls eine „Landespolizeidirektion, soweit diese zugleich Sicherheitsbehörde erster Instanz ist,"* erfaßt ist, auch mit dem Bundesminister für Inneres herzustellen. *(*BGBl I 2012/50; **BGBl I 2020/134)*

(2) Durch Verordnung des Bundesministers für „Klimaschutz, Umwelt, Energie, Mobilität, Innovation und Technologie" sind die näheren Bestimmungen festzulegen hinsichtlich *(BGBl I 2020/134)*

1. der Leistungsfähigkeit der Zulassungsstellen,

2. der Anforderungen in räumlicher und personeller Hinsicht, die an Zulassungsstellen zu stellen sind,

3. der persönlichen Voraussetzungen, die die verantwortliche Person der Zulassungsstelle erfüllen muß,

4. der bestimmten Zeichen, durch die die Zulassungsstellen von außen als solche erkennbar gemacht sein müssen,

5. der Systematik, der Formatierung und der Qualität der zu erfassenden und zu übermittelnden Daten (§ 47 Abs. 1),

6. des Umfanges des Datenaustausches der Zulassungsstellen mit den Behörden und der zentralen Zulassungsevidenz des Bundesministers für Inneres sowie auf welche Weise und in welchem zeitlichen Rahmen der Datenaustausch zwischen den Zulassungsstellen und den Behörden zu erfolgen hat,

7. der bei der Antragstellung vorzulegenden Unterlagen sowie der Form und des Umfanges der Aktenführung durch die Zulassungsstellen und *(BGBl I 2002/80)*

8. der Grundsätze der Kennzeichenverwaltung durch die Zulassungsstellen.

(3) Als Zulassungsstelle kommt nur eine Einrichtung von in Österreich zum Betrieb der Kraftfahrzeug-Haftpflichtversicherung berechtigten Versicherern, die hierzu durch Bescheid des Landeshauptmannes ermächtigt worden sind, in Betracht, die im Sprengel oder am Sitz der Behörde einen Standort aufweist. Die Ermächtigung kann über Antrag auf andere Behörden desselben Bundeslandes ausgedehnt werden. *(BGBl I 2016/40)*

(4) Auf Antrag hat der Landeshauptmann in Österreich zum Betrieb der Kraftfahrzeug-Haftpflichtversicherung berechtigte Versicherer mit Bescheid zu ermächtigen, Zulassungsstellen einzurichten, wenn

1. auf Grund der namhaft zu machenden verantwortlichen natürlichen Person zu erwarten ist,

daß diese die für die Ausübung der Berechtigung erforderliche Zuverlässigkeit besitzen, und

2. die durch Verordnung des Bundesministers für „Klimaschutz, Umwelt, Energie, Mobilität, Innovation und Technologie" und des Landeshauptmannes festgelegten besonderen Voraussetzungen erfüllt werden. *(BGBl I 2020/134)*

Die verantwortliche natürliche Person kann innerhalb eines Bundeslandes auch für mehrere Behörden namhaft gemacht werden. Die Ermächtigung ist allenfalls unter den erforderlichen Bedingungen, Auflagen oder Einschränkungen zu erteilen. Im Ermächtigungsbescheid ist auch festzusetzen, ab welchem Datum die Zulassungsstellen einzurichten sind. Für die Ermächtigung ist eine Bundes-Verwaltungsabgabe in der Höhe von 726 Euro zu entrichten. Bei der erstmaligen Erteilung der Ermächtigung nach Ablauf des Probezeitraumes (Abs. 9) hat der Landeshauptmann diese auf Antrag vorübergehend bis längstens ein Jahr auf Krafträder, Personenkraftwagen, Kombinationskraftwagen und Anhänger, die mit solchen Fahrzeugen gezogen werden sollen, beschränkt zu erteilen. Nach Ablauf dieses Zeitraumes gilt die Ermächtigung unbeschränkt für alle Fahrzeugkategorien. Bei der Ermächtigung für den Probezeitraum hat der Landeshauptmann diese auf Antrag für die Dauer des Probezeitraumes auf Krafträder, Personenkraftwagen, Kombinationskraftwagen und Anhänger, die mit solchen Fahrzeugen gezogen werden sollen, beschränkt zu erteilen. *(BGBl I 2002/32)*

(5) Mit der Ermächtigung werden folgende Aufgaben übertragen:

1. die Zulassung (§ 37) und damit verbunden die Zuweisung von Kennzeichen, ausgenommen die im § 48 Abs. 1 Z 1 bis 3 und § 54 Abs. 3 und Abs. 3a lit. a und b angeführten Fahrzeuge (Sachbereichskennzeichen),

2. die Vornahme von Eintragungen gemäß Z 8, 9, 10 und 12 in das Fahrzeug-Genehmigungsdokument, *(BGBl I 2005/117)*

3. Streichung der Befristung der Zulassung (§ 37 Abs. 4),

4. Vornahme der vorübergehenden Zulassung (§ 38), *(BGBl I 2002/80)*

5. die Verständigung der gesetzlichen Interessenvertretung (§ 40 Abs. 6),

6. die Ausstellung des Zulassungsscheines (§ 41 Abs. 1, § 41a Abs. 1) und die Festsetzung des höchsten zulässigen Gesamtgewichtes bei Anhängern der Klasse O1 und O2 innerhalb der vorgegebenen Bandbreite (§ 28 Abs. 3a), *(BGBl I 2009/94)*

7. die Vornahme von Ergänzungen im Zulassungsschein oder Ausstellung eines neuen Zulassungsscheines (§ 41 Abs. 4, § 49 Abs. 3),

8. Bestätigung der Zulassung im Fahrzeug-Genehmigungsdokument (§ 41 Abs. 5), *(BGBl I 2005/117)*

9. Vornahme von Änderungen für die Zulassung maßgebender Umstände (§ 42 Abs. 1, § 43 Abs. 8), *(BGBl I 2005/117)*

10. Befreiung von der Eintragung der Motornummer und Vermerk auf dem Zulassungsschein (§ 42 Abs. 3),

11. Abmeldung (§ 43 Abs. 1), ausgenommen die im § 48 Abs. 1 und § 54 Abs. 3 und Abs. 3a lit. a und b angeführten Fahrzeuge (Sachbereichskennzeichen),

12. Bestätigung der Abmeldung im Fahrzeug-Genehmigungsdokument (§ 43 Abs. 2), *(BGBl I 2005/117)*

13. Freihaltung von Kennzeichen (§ 43 Abs. 3),

14. Zuweisung von Probefahrtkennzeichen und Ausgabe von Kennzeichentafeln mit Probefahrtkennzeichen, nachdem die Behörde die Durchführung von Probefahrten bewilligt hat,

15. Bewilligung zur Durchführung von Überstellungsfahrten (§ 46 Abs. 1),

16. Ausstellung des Überstellungsfahrtscheines (§ 46 Abs. 4),

17. Ausgabe von Kennzeichentafeln für Überstellungsfahrten (§ 49 Abs. 1),

18. Zuweisung von Wechselkennzeichen (§ 48 Abs. 2),

19. Ausgabe von Kennzeichentafeln (§ 49 Abs. 1 und Abs. 3), ausgenommen die im § 48 Abs. 1 und § 54 Abs. 3 und Abs. 3a lit. a und b angeführten Fahrzeuge (Sachbereichskennzeichen),

20. Ausgabe von Kennzeichentafeln für Wunschkennzeichen, nachdem die Behörde das Wunschkennzeichen zugewiesen oder reserviert hat und Verlängerung des Rechts zur Führung eines Wunschkennzeichens (§ 48a Abs. 8a) und Rücknahme der Kennzeichentafeln, sofern das Recht zur Führung des Wunschkennzeichens erloschen ist (§ 48a Abs. 8b), *(BGBl I 2005/117)*

21. Erneuerung einer Kennzeichentafel (§ 50 Abs. 2),

22. Zuweisung von Kennzeichen nach Verlust (§ 51 Abs. 2) samt Ausfolgung der Kennzeichentafel,

23. Vornahme der Hinterlegung von Kennzeichentafeln (§ 52 Abs. 1),

24. Ausfolgung einer Begutachtungsplakette (§ 57a Abs. 6 und Abs. 9),

25. Entgegennahme einer neuen Versicherungsbestätigung und Ersichtlichmachung dieses Umstandes in der zentralen Deckungsevidenz, *(BGBl I 2016/40, gem. V BGBl II 2017/77 ab 1. 4. 2017)*

26. Entgegennahme einer Anzeige gemäß § 61 Abs. 3 und Abs. 4 und Ersichtlichmachung in der

zentralen Deckungsevidenz. *(BGBl I 2016/40, gem. V BGBl II 2017/77 ab 1. 4. 2017)*

(6) Die Bezirksverwaltungsbehörde, im „Gebiet einer Gemeinde, für das die Landespolizeidirektion zugleich Sicherheitsbehörde erster Instanz ist, die Landespolizeidirektion", für deren Sprengel eine Zulassungsstelle eingerichtet ist, kann jederzeit überprüfen, ob die Voraussetzungen für die Erteilung der Ermächtigung noch gegeben sind und die übertragenen Aufgaben ordnungsgemäß besorgt werden. Weiters kann die Vorlage von Unterlagen betreffend die übertragenen Aufgaben verlangt werden. Einem solchen Verlangen hat die Zulassungsstelle unverzüglich nachzukommen. Weiters kann die Behörde Anordnungen zur Behebung von Mängeln treffen. Den Anordnungen der Behörde ist unverzüglich zu entsprechen. *(BGBl I 2012/50)*

(6a) Werden die Aufgaben nicht ordnungsgemäß besorgt oder wird gegen die Verpflichtungen gemäß § 40b Abs. 6 verstoßen, kann die Behörde auch den Ausschluss bestimmter Personen von dieser Tätigkeit anordnen oder, wenn in einer Zulassungsstelle nach erfolgloser schriftlicher Anordnung zur Behebung von Mängeln wiederholt schwere Mängel festgestellt werden, die weitere Durchführung dieser Tätigkeiten in dieser Zulassungsstelle untersagen. *(BGBl I 2005/117)*

(7) Die Ermächtigung ist vom Landeshauptmann zu widerrufen, wenn

1. die Voraussetzungen für die Erteilung nicht mehr gegeben sind, oder

2. eine ordnungsgemäße Abwicklung der Zulassung nicht gewährleistet wird, insbesondere

a) die Zulassung unbegründet nicht unverzüglich vorgenommen worden ist,

b) schriftliche Anordnungen der Behörde zur Vollziehung der kraftfahrrechtlichen Bestimmungen nicht befolgt werden oder

c) die sonstigen übertragenen Aufgaben wiederholt nicht ordnungsgemäß erfüllt werden, und die Maßnahmen nach Abs. 6a erfolglos geblieben sind.

Wird durch ein rechtswidriges Verhalten einer ermächtigten Zulassungsstelle jemandem schuldhaft ein Schaden zugefügt, so finden die Bestimmungen des Amtshaftungs-Gesetzes, BGBl. Nr. 20/1949 idF BGBl. Nr. 91/1993 mit der Maßgabe Anwendung, dass der Rückersatzanspruch des Rechtsträgers gegenüber der ermächtigten Zulassungsstelle auch dann gilt, wenn es sich dabei nicht um eine natürliche Person handelt. *(BGBl I 2005/117)*

(8) Die Ermächtigung kann vom ermächtigten Versicherer zurückgelegt werden. Die Zurücklegung wird nach Ablauf von drei Monaten ab dem Tag wirksam, an dem die Anzeige über die Zurücklegung beim Landeshauptmann einlangt, sofern nicht der Versicherer die Zurücklegung für einen späteren Tag anzeigt oder an den späteren Eintritt einer Bedingung bindet. Der die Ermächtigung zurücklegende Versicherer kann der Ermächtigungsbehörde einen anderen im örtlichen Wirkungsbereich ermächtigten Versicherer als Nachfolger benennen. Sofern sich dieser zur Übernahme der übertragenen Aufgaben für den die Ermächtigung zurücklegenden Versicherer verpflichtet, dieser für den Wirkungsbereich der betroffenen Behörde ermächtigt ist und über die erforderliche Leistungsfähigkeit verfügt, hat der Landeshauptmann die Übertragung der beliehenen Aufgaben zu einem im Antrag bestimmten Datum auszusprechen. In diesem Fall ist das weitere Aufrechterhalten des Betriebs für eine Mindestdauer nicht erforderlich. Der ermächtigte Versicherer kann die Ermächtigung, Zulassungsstellen einzurichten oder zu betreiben, hinsichtlich aller oder einzelner Behörden ruhen lassen. Er hat dies dem Landeshauptmann schriftlich anzuzeigen. Der Betrieb bereits eingerichteter Zulassungsstellen ist mindestens noch drei Monate nach erfolgter Anzeige weiter aufrecht zu erhalten. Die Verlegung einer bereits eingerichteten Zulassungsstelle an eine neue Adresse im örtlichen Wirkungsbereich der Beleihung gilt nach erfolgter Anzeige und nach Überprüfung des neuen Standortes durch die Ermächtigungsbehörde sowie Ergänzung des Ermächtigungsbescheides zu dem angezeigten Datum. Das weitere Aufrechterhalten des Betriebs am alten Standort für eine Mindestdauer ist nicht erforderlich. *(BGBl I 2002/80)*

(9) und (10) *(aufgehoben, BGBl I 2005/117)*

(BGBl I 1997/103)

Zulassung durch beliehene Versicherer

§ 40b. (1) Nach der Einrichtung von Zulassungsstellen dürfen Anträge gemäß § 40a Abs. 5 nur bei den zuständigen Zulassungsstellen eingebracht werden. Im Rahmen der übertragenen Aufgaben (§ 40a Abs. 5) treten die Zulassungsstellen an die Stelle der Behörde und haben die ihnen übertragenen Aufgaben wahrzunehmen, wobei die Bestimmungen des IV. Abschnittes anzuwenden sind.

(2) Auf Antrag sind die Zulassung sowie die anderen übertragenen Aufgaben unverzüglich, längstens jedoch innerhalb einer Woche ab dessen Einlangen vorzunehmen. Mit Ausfolgung des Zulassungsscheines und der Kennzeichentafeln gelten die Fahrzeuge als zugelassen. Bei Zuwiderhandlung kann die Behörde angerufen werden.

(3) Wenn dem Antrag nicht vollinhaltlich stattgegeben werden kann, hat sich die Zulassungsstelle jeder weiteren Tätigkeit zu enthalten und den Antrag samt Beilagen mit ausreichender Begründung unverzüglich der Behörde vorzulegen.

(4) Wird die Behörde in den Fällen des Abs. 2 oder Abs. 3 befasst, so hat die Behörde den Antrag

zu prüfen. Ergibt die Prüfung, daß dem Antrag stattzugeben ist, so hat die Behörde festzustellen, daß die Zulassungsstelle zuständig ist. Ergibt die Prüfung, daß dem Antrag nicht stattgegeben werden kann, so hat die Behörde über den Antrag abzusprechen.

(5) Die Behörde hat den zur Herstellung der Kennzeichentafeln Ermächtigten (§ 49 Abs. 5) zeitgerecht Kennzeichen zur Fertigung und Lagerung zuzuteilen. Die Zulassungsstelle hat die benötigten Kennzeichentafeln rechtzeitig bei den ermächtigten Herstellern zu bestellen. Die abgerufenen Kennzeichentafeln sind von den ermächtigten Herstellern direkt an die Zulassungsstellen zu den gesetzlichen Bedingungen zu liefern und zu verrechnen; die Behörde ist von den Kennzeichentafelherstellern unverzüglich darüber zu informieren, welche Kennzeichentafeln an welche Zulassungsstellen geliefert worden sind. Die Zulassungsstellen können die Begutachtungsplaketten (§ 57a) direkt von den zur Herstellung der Begutachtungsplaketten Ermächtigten (§ 57a Abs. 7) beziehen. In diesem Fall hat die Zulassungsstelle die benötigten Begutachtungsplaketten rechtzeitig bei den ermächtigten Herstellern zu bestellen und die bestellten Begutachtungsplaketten sind von den ermächtigten Herstellern direkt an die Zulassungsstellen zu den gesetzlichen Bedingungen zu liefern und zu verrechnen. *(BGBl I 2017/9)*

(6) Die Zulassungsstelle hat die Verpflichtung

1. die übertragenen Aufgaben im Rahmen ihrer Ermächtigung auf Antrag für ihre Versicherungsnehmer sowie für Versicherungsnehmer anderer Versicherer, die keine privaten Zulassungsstellen eingerichtet haben, ordnungsgemäß zu besorgen,

2. die gemäß § 47 Abs. 1 erforderlichen Daten zu erfassen und täglich im Wege der automationsunterstützten Datenverarbeitung der von der Gemeinschaftseinrichtung der zum Betrieb der Kraftfahrzeug-Haftpflichtversicherung berechtigten Versicherer geführten Zulassungsevidenz sowie über diese Gemeinschaftseinrichtung auch der zentralen Zulassungsevidenz des Bundesministers für Inneres zu übermitteln und für die Nachvollziehbarkeit sämtlicher Schritte der Datenverarbeitung zu sorgen, *(BGBl I 2002/80)*

3. eine der Amtsverschwiegenheit vergleichbare Geheimhaltung über alle ihnen ausschließlich aus der Besorgung der übertragenen Aufgaben bekannt gewordenen Tatsachen zu wahren,

4. die im Zuge der Durchführung von übertragenen Aufgaben (§ 40a Abs. 5) zur Kenntnis gelangten Daten (§ 47 Abs. 1) von Versicherungsnehmern anderer Versicherer nur für die Zwecke des Zulassungsverfahrens zu verwenden,

5. für die Bestätigung der von der Ermächtigung umfaßten Tätigkeiten stets die von der Gemeinschaftseinrichtung der zum Betrieb der Kraftfahrzeug-Haftpflichtversicherung berechtigten Versicherer zugewiesene Zulassungsstellennummer zu verwenden und diese Identitätsnummer insbesondere auch auf den ausgefertigten Zulassungsscheinen anzuführen,

6. die Vormerkzeichen aus dem vorhandenen Kennzeichenstock nach einem bestimmten Vergabesystem in der Reihenfolge des Einlangens der Anträge zu vergeben,

7. alle Anträge in der Reihenfolge ihres Einlangens zu behandeln,

8. Kennzeichentafeln und Begutachtungsplaketten sicher zu verwahren und vor jedem Zugriff durch Unbefugte zu schützen,

9. abgelieferte Zulassungsscheine zu vernichten und abgelieferte Kennzeichentafeln, sofern keine Freihaltung gemäß § 43 Abs. 3 verfügt wurde, zu verschrotten, sodaß jeglicher Mißbrauch ausgeschlossen ist und einer umweltgerechten Entsorgung zuzuführen und der Behörde in regelmäßigen Abständen darüber zu berichten,

10. verfallene Sicherstellungen für Kennzeichentafeln mit Überstellungskennzeichen (§ 49 Abs. 1) vierteljährlich der Behörde abzuführen.

(7) Vorgänge im Rahmen der übertragenen Aufgaben (§ 40a Abs. 5) sind von Verwaltungsabgaben befreit. Die Zulassungsstellen sind aber berechtigt, für die Vornahme der Zulassung, für die Ausstellung des Zulassungsscheines bei einer eingeschränkten Zulassung, für die Bewilligung zur Durchführung von Überstellungsfahrten oder für die Ausgabe von Probefahrtkennzeichen einen Kostenersatz bis zu einer Höhe von 41,70 Euro einzuheben. Dieser Betrag ist entsprechend der Regelung des Abs. 8 valorisiert. Mit diesem einmaligen Kostenersatz sind alle mit der Zulassung in Zusammenhang stehenden Tätigkeiten gemäß § 40a Abs. 5, wie insbesondere Vornahme der Abmeldung oder Vornahme von Eintragungen abgegolten. Die Gestehungskosten der Kennzeichentafeln und der Begutachtungsplaketten, sowie der Chipkartenzulassungsbescheinigung Teil I sind gesondert in Rechnung zu stellen. *(BGBl I 2009/94)*

(8) Der in Abs. 7 genannte Betrag erhöht sich jährlich in dem Maß, das sich aus der Veränderung des vom Österreichischen Statistischen Zentralamt verlautbarten Verbraucherpreisindex im Jänner eines Jahres gegenüber der für Jänner des Vorjahres verlautbarten Indexzahl ergibt, wobei Änderungen solange nicht zu berücksichtigen sind, als sie 5% der maßgeblichen Indexzahl nicht übersteigen. Bei der Berechnung der jeweiligen neuen Beträge ist auf jeweils volle Zehn-Cent-Beträge auf- oder abzurunden. Der Bundesminister für „Klimaschutz, Umwelt, Energie, Mobilität, Innovation und Technologie" hat die Änderung der Beträge und den Zeitpunkt, ab dem die Änderung wirksam wird, im Bundesgesetzblatt kundzumachen. *(BGBl I 2002/32; BGBl I 2020/134)*

(9) Die Gemeinschaftseinrichtung der zum Betrieb der Kraftfahrzeug-Haftpflichtversicherung berechtigten Versicherer hat auf begründeten Antrag eines Fahrzeugerzeugers oder seines gemäß § 29 Abs. 2 Bevollmächtigten für die Abwicklung von Fahrzeugrückrufaktionen unter Angabe der Fahrgestellnummer den davon betroffenen Zulassungsbesitzern ein Informationsschreiben des Fahrzeugerzeugers über die Durchführung der Rückrufaktion zuzustellen. Der Antragsteller hat die dadurch entstehenden Kosten zu ersetzen. *(BGBl I 2002/80)*

(10) Die Gemeinschaftseinrichtung der zum Betrieb der Kraftfahrzeug-Haftpflichtversicherung berechtigten Versicherer hat weiters dem Österreichischen Statistischen Zentralamt auf Anfrage Auskünfte über Zulassungsbesitzer bestimmter Lastkraftwagen oder Omnibusse zur Durchführung statistischer Erhebungen im Bereich des Straßen- und Schienengüterverkehrs zu erteilen.

(BGBl I 1997/103)

Zulassungsschein

§ 41. (1) Die Behörde hat dem Zulassungsbesitzer über die Zulassung eine Bescheinigung, den Zulassungsschein, auszustellen; bei der eingeschränkten Zulassung durch den Landeshauptmann (§ 39, § 40 Abs. 3 und 4) ist der Zulassungsschein jedoch von der Behörde auszustellen, in deren örtlichem Wirkungsbereich das Fahrzeug seinen dauernden Standort hat. Wurde gemäß § 48 Abs. 1 letzter Satz ein Deckkennzeichen zugewiesen, so ist ein mit dem ersten gleichlautender zweiter Zulassungsschein auszustellen, jedoch an Stelle des ersten Kennzeichens das Deckkennzeichen einzutragen. *(BGBl 1988/375)*

(2) In den Zulassungsschein sind insbesondere einzutragen:

1. Name und Anschrift des Zulassungsbesitzers, im Falle einer Miete des Fahrzeuges aus einem anderen EU-Mitgliedstaat auch Name und Anschrift des Mieters, *(BGBl I 2002/132)*

2. das Kennzeichen (§ 48) sowie das Datum der erstmaligen Zulassung im In- oder Ausland und das Datum der Genehmigung,

3. Auflagen, die bei der Zulassung vorgeschrieben wurden,

4. Daten zur Identifizierung des Fahrzeuges,

5. Genehmigungsgrundlagen und eventuell erteilte Ausnahmen sowie

6. Daten, die für Prüfungen des Fahrzeuges an Ort und Stelle erforderlich sind.

Durch Verordnung des Bundesministers für „Klimaschutz, Umwelt, Energie, Mobilität, Innovation und Technologie" werden die näheren Bestimmungen betreffend den Zulassungsschein, insbesondere hinsichtlich Form, Farbe, Fälschungssicherheitsmerkmale, Rubriken und Inhalt festgesetzt. Vor Inkrafttreten dieser Bestimmung ausgestellte Zulassungsscheine bleiben weiter gültig. *(BGBl I 1997/103; BGBl I 2020/134)*

(3) Auf Antrag sind dem Zulassungsbesitzer zwei gleichlautende Ausfertigungen des Zulassungsscheines auszustellen. Das ist auf der jeweiligen Zweitausfertigung zu vermerken, bei Zulassungsbescheinigungen im Chipkartenformat ist der Vermerk „Zweitkarte" mit freiem Auge lesbar anzubringen. Wenn in den Fällen des § 57 Abs. 8 oder § 58 Abs. 1 oder 2 der Zulassungsschein abgenommen worden ist, darf die Zweitausfertigung nicht mehr verwendet werden und ist unverzüglich der Behörde abzuliefern. *(BGBl I 2013/43)*

(3a) *(aufgehoben, BGBl I 2005/117)*

(4) Ein Zulassungsschein ist ungültig, wenn behördliche Eintragungen, Unterschriften oder Stempel unkenntlich geworden sind oder Beschädigungen oder Merkmale seine Vollständigkeit, Einheit oder Echtheit in Frage stellen. Ist ein Zulassungsschein ungültig oder in Verlust geraten, so hat der Zulassungsbesitzer bei der Behörde, in deren örtlichem Wirkungsbereich das Fahrzeug zugelassen ist, unverzüglich um Vornahme erforderlicher Ergänzungen oder um Ausstellung eines neuen Zulassungsscheines anzusuchen. Bestehen keine Bedenken, ob die Voraussetzungen für die Zulassung noch gegeben sind, so hat die Behörde die Ergänzungen vorzunehmen oder den neuen Zulassungsschein auszustellen. Mit der Ausstellung des neuen Zulassungsscheines verliert der alte Zulassungsschein seine Gültigkeit; er ist, sofern dies möglich ist, der Behörde unverzüglich abzuliefern. Dies gilt auch für das Duplikat einer Zulassungsbescheinigung im Chipkartenformat. In diesem Fall sowie im Falle einer Mehrfachzustellung ist nur die Chipkartenzulassungsbescheinigung mit der höchsten Seriennummer gültig. *(BGBl I 2009/94)*

(5) Die Behörde, in deren örtlichem Wirkungsbereich das Fahrzeug zugelassen ist, hat die Zulassung des Fahrzeuges, das zugewiesene Kennzeichen und den Namen des Zulassungsbesitzers im Fahrzeug-Genehmigungsdokument zu bestätigen; dies gilt jedoch nicht für gemäß § 48 Abs. 1 letzter Satz zugewiesene Deckkennzeichen. *(BGBl I 2005/117)*

(6) Wird ein Fahrzeug vom Bundesminister für Landesverteidigung zum Verkehr zugelassen, so hat dieser hierüber unter sinngemäßer Anwendung der Bestimmung des Abs. 1 letzter Satz und Abs. 2 bis 4 den Heereszulassungsschein auszustellen. *(BGBl 1982/362)*

(7) Bei der Zuweisung von Wechselkennzeichen (§ 48 Abs. 2) wird ein Zulassungsschein in Papierformat oder eine Chipkartenzulassungsbescheinigung pro Fahrzeug ausgestellt. " *(BGBl I 2009/94; BGBl I 2016/40)*

Zulassungsbescheinigung Teil I im Chipkartenformat

§ 41a. (1) Auf Antrag kann anstelle der Zulassungsbescheinigung Teil I aus Papier eine Zulassungsbescheinigung Teil I im Chipkartenformat (Chipkartenzulassungsbescheinigung) ausgestellt werden. Die ausgestellte Zulassungsbescheinigung Teil I im Chipkartenformat entspricht funktionell der Zulassungsbescheinigung Teil I aus Papier. Wird eine Zulassungsbescheinigung im Chipkartenformat beantragt, erfolgt vorerst die Ausstellung einer befristeten Papierausfertigung der Zulassungsbescheinigung Teil I. Diese befristete Zulassungsbescheinigung ist bis zur Zustellung der Chipkartenzulassungsbescheinigung gültig, längstens jedoch für 8 Wochen. Die auf der Chipkartenzulassungsbescheinigung mit freiem Auge lesbaren personenbezogenen und fahrzeugspezifischen Daten entsprechen den Vorgaben der Richtlinie 1999/37/EG in der Fassung der Richtlinie 2003/127/EG. Weitere gemäß § 47 Abs. 1 erfasste personenbezogene oder fahrzeugspezifische Daten können auf einem Chip gespeichert werden.

(2) Wird eine Chipkartenzulassungsbescheinigung beantragt, haben die Zulassungsstelle, die Behörde, oder die gemäß § 33 Abs. 3 tätig werdende Landesprüfstelle die gemäß § 47 Abs. 1 erfassten Daten dem mit der Herstellung der Chipkartenzulassungsbescheinigung beauftragten Unternehmen im automationsunterstützten Datenverkehr zu übermitteln. Der Auftragsverarbeiter hat sodann die Versendung entsprechend der Zustellverfügung der Behörde oder der Zulassungsstelle zu veranlassen. *(BGBl I 2018/37)*

(3) Der Bundesminister für „Klimaschutz, Umwelt, Energie, Mobilität, Innovation und Technologie" zieht zur Produktion der Chipkartenzulassungsbescheinigung einen Auftragsverarbeiter heran. Er ist darüber hinaus ermächtigt, für die Zulassungsstellen und Behörden nach Maßgabe des Art. 28 Abs. 3 der Verordnung (EU) Nr. 2016/679 zum Schutz natürlicher Personen bei der Verarbeitung personenbezogener Daten, zum freien Datenverkehr und zur Aufhebung der Richtlinie 95/45/EG (Datenschutz-Grundverordnung), ABl. Nr. L 119 vom 04.05.2016 S. 1, (im Folgenden: DSGVO) eine Vereinbarung mit dem Auftragsverarbeiter zu den im Abs. 2 genannten Zwecken abzuschließen. *(BGBl I 2018/37; BGBl I 2020/134)*

(4) Für die Zulassungsbescheinigung im Chipkartenformat ist bei jedem Antrag ein Kostenersatz zu entrichten, wobei hievon ein bestimmter Teilbetrag für die Herstellung der Chipkarte dem Auftragsverarbeiter gebührt. Die Höhe des Kostenersatzes für die Chipkartenzulassungsbescheinigung sowie die Höhe des Teils, welcher dem Produzenten gebührt, legt der Bundesminister für „Klimaschutz, Umwelt, Energie, Mobilität, Innovation und Technologie" durch Verordnung fest. *(BGBl I 2018/37; BGBl I 2020/134)*

(5) Im Falle einer Zulassungsbesitzgemeinschaft wird eine Chipkartenzulassungsbescheinigung pro Fahrzeug ausgestellt, welche auf den Zustellbevollmächtigten der Besitzgemeinschaft lautet. Die weiteren Zulassungsbesitzer sind am Chip gespeichert. Auf der Chipkarte ist der Vermerk „Besitzgemeinschaft" mit freiem Auge lesbar anzubringen.

(6) Wird bei der Genehmigung oder Zulassung das Mitführen von Beiblättern vorgeschrieben, so ist auf der Chipkartenzulassungsbescheinigung der Vermerk „Beiblatt" mit freiem Auge lesbar anzubringen.

(7) Bei Fahrzeugen mit mehreren Teilgenehmigungen pro Fahrgestell wird eine Chipkartenzulassungsbescheinigung pro Fahrzeug ausgestellt. Auf dieser ist der Dateninhalt der Hauptgenehmigung vermerkt. Die Daten der weiteren Teilgenehmigungen sind auf Beiblättern anzuführen. Auf der Chipkartenzulassungsbescheinigung ist in diesen Fällen der Vermerk „Teilbescheid" mit freiem Auge lesbar anzubringen.

(8) Die nähere Ausgestaltung der Chipkartenzulassungsbescheinigung Teil I, insbesondere welche Daten in mit freiem Auge lesbarer Form aufgedruckt werden, wird durch Verordnung des Bundesministers für „Klimaschutz, Umwelt, Energie, Mobilität, Innovation und Technologie" festgelegt. *(BGBl I 2020/134)*

(9) Der Bundesminister für „Klimaschutz, Umwelt, Energie, Mobilität, Innovation und Technologie" ist nach Abschluss der zur Einführung der Chipkartenzulassungsbescheinigung erforderlichen vorbereitenden Maßnahmen ermächtigt, durch Verordnung den Zeitpunkt festzulegen, ab dem Zulassungsbescheinigungen im Chipkartenformat beantragt werden können. *(BGBl I 2020/134)*

(BGBl I 2009/94)

Änderungen für die Zulassung maßgebender Umstände

§ 42. (1) Der Zulassungsbesitzer hat der Behörde, in deren örtlichem Wirkungsbereich das Fahrzeug zugelassen ist, binnen einer Woche jede Änderung von Umständen anzuzeigen, durch die behördliche Eintragungen im Zulassungsschein berührt werden, wie insbesondere die Verlegung seines Hauptwohnsitzes, seiner „Betriebsstätte" oder seines Sitzes und des Ortes, von dem aus er über das Fahrzeug hauptsächlich verfügt, innerhalb des örtlichen Wirkungsbereiches derselben Behörde oder Änderungen der Genehmigungsdaten des Fahrzeuges, sofern nicht vom Landeshauptmann ein neuer Zulassungsschein ausgestellt worden ist. Diese Anzeigepflicht gilt nicht für Änderungen des Firmennamens, die aufgrund der

§§ 42 – 43

neu durch das Bundesgesetz BGBl. I Nr. 120/2005 in das Unternehmensgesetzbuch – UGB, dRGBl. S 219/1897, aufgenommenen Formen des Gesellschaftsrechts im Firmenbuch vorzunehmen sind. *(BGBl I 2009/94; BGBl I 2016/40)*

(1a) Die Verpflichtung des Abs. 1 erster Satz hinsichtlich der Anzeige einer Änderung des Namens oder des Hauptwohnsitzes besteht nicht, sofern die Änderung innerhalb des örtlichen Wirkungsbereiches derselben Behörde und im Gebiet einer Gemeinde mit derselben Behördenbezeichnung im Kennzeichen erfolgt; die Zulassungsbescheinigung behält in diesen Fällen ihre Gültigkeit. Die in der zentralen Zulassungsevidenz der Gemeinschaftseinrichtung der zum Betrieb der Kraftfahrzeug-Haftpflichtversicherung berechtigten Versicherer (§ 47 Abs. 4a) enthaltenen Namens- und Wohnsitzdaten sind durch die Nutzung des Änderungsdienstes gemäß § 16c Meldegesetz, BGBl. Nr. 9/1992, zu aktualisieren. Bei der Abfrage der geänderten Datensätze gemäß § 17 Abs. 4 Meldegesetz-Durchführungsverordnung, BGBl. II Nr. 66/2002, durch die Gemeinschaftseinrichtung sind dieser die aktuellen Namens- und Wohnsitzdaten zu übermitteln. *(BGBl I 2017/40)*

(2) Wurde in ein Fahrzeug ein anderer Fahrzeugmotor derselben Type eingebaut, so hat der Zulassungsbesitzer dessen Motornummer der Behörde, in deren örtlichem Wirkungsbereich das Fahrzeug zugelassen ist, anzuzeigen, sofern die Motornummer des bisherigen Motors im Zulassungsschein eingetragen ist. Die Anzeige ist nicht erforderlich, wenn im Zulassungsschein lediglich die Bezeichnung der Motortype eingetragen ist. Die Behörde hat die neue Motornummer in den Zulassungsschein und in das Fahrzeug-Genehmigungsdokument einzutragen. Bei der Anzeige der Motornummer eines anderen Fahrzeugmotors, der im Ausland in das Fahrzeug eingebaut wurde, ist die Bestätigung „des Zollamtes Österreich" vorzulegen, dass der Motor einem entsprechenden Zollverfahren unterzogen wurde; dieser Nachweis ist jedoch bei Fahrzeugen, die ihren dauernden Standort in einem österreichischen Zollausschlussgebiet haben, der Behörde erst vorzulegen, wenn der dauernde Standort in das Zollgebiet verlegt wurde. *(BGBl I 2005/117; BGBl I 2019/104)*

(3) Die Behörde hat den Zulassungsbesitzer auf Antrag von der im Abs. 2 erster Satz angeführten Verpflichtung der Anzeige der Motornummer zu befreien, wenn er nachweist, daß er für das Fahrzeug zwei oder mehrere Fahrzeugmotoren derselben Type besitzt, die dazu bestimmt sind, im Zuge der Wartung des Fahrzeuges regelmäßig gegeneinander ausgetauscht zu werden. Die erteilte Befreiung ist auf dem Zulassungsschein zu vermerken.

Abmeldung

§ 43. (1) Die Zulassung eines Kraftfahrzeuges oder Anhängers erlischt, wenn der Zulassungsbesitzer das Fahrzeug bei der Behörde abgemeldet hat, in deren örtlichem Wirkungsbereich das Fahrzeug zugelassen ist oder in deren örtlichem Wirkungsbereich er seinen Aufenthalt hat. Bei der Abmeldung sind der Zulassungsschein und die Kennzeichentafeln abzuliefern. Sollte bei einer Abmeldung mit Chipkartenzulassungsbescheinigung diese noch nicht zugestellt worden sein, so ist sie nach Erhalt unverzüglich entwerten zu lassen. Die Ablieferung begründet keinen Anspruch auf Entschädigung. Bei Fahrzeugen, die zur Verwendung zur gewerbsmäßigen Beförderung oder zur gewerbsmäßigen Vermietung ohne Beistellung eines Lenkers bestimmt waren, hat die Behörde die zuständige gesetzliche Interessenvertretung von der Abmeldung zu verständigen. *(BGBl I 2009/94)*

(1a) Kraftfahrzeuge der Klasse M1 oder N1 und dreirädrige Kraftfahrzeuge unter Ausschluss von dreirädrigen Krafträdern, die endgültig aus dem Verkehr gezogen werden, dürfen nur abgemeldet werden, wenn für sie ein Verwertungsnachweis, der einer Verordnung über die Abfallvermeidung, Sammlung und Behandlung von Altfahrzeugen nach § 14 Abs. 1 des Abfallwirtschaftsgesetzes 2002, BGBl. I Nr. 102/2002, entspricht, bei der Behörde oder Zulassungsstelle vorgelegt wurde. Dabei ist das Fahrzeug-Genehmigungsdokument mit abzugeben und von der Behörde oder Zulassungsstelle zu vernichten oder zu entwerten und wieder auszufolgen. Der Antragsteller hat der Behörde oder Zulassungsstelle zu erklären, ob das Fahrzeug endgültig aus dem Verkehr gezogen wird. Die Vernichtung oder Entwertung des Fahrzeug-Genehmigungsdokumentes ist in die Genehmigungsdatenbank einzutragen. *(BGBl I 2005/117)*

(1b) Die Gemeinschaftseinrichtung der zum Betrieb der Kraftfahrzeug-Haftpflichtversicherung berechtigten Versicherer hat dem Bundesminister für Land- und Forstwirtschaft, Umwelt und Wasserwirtschaft in elektronischer Form halbjährlich Daten der Abmeldung derjenigen Kraftfahrzeuge der Klasse M1 oder N1 und der dreirädrigen Kraftfahrzeuge unter Ausschluss von dreirädrigen Krafträdern zu übermitteln, die innerhalb von sechs Monaten nicht wieder zugelassen wurden. *(BGBl I 2002/102)*

(2) Wurde das Fahrzeug abgemeldet und der Zulassungsschein und die Kennzeichentafeln abgeliefert (Abs. 1) oder ihr Verlust oder Untergang glaubhaft gemacht, so ist der Behörde, sofern nicht zwingende entgegenstehende Gründe glaubhaft gemacht werden, das Fahrzeug-Genehmigungsdokument zur Einsichtnahme vorzulegen. Die Behörde hat auf diesem die Abmeldung und den Tag der Abmeldung zu bestätigen. Als Tag

der Abmeldung gilt der Tag der Ablieferung des Zulassungsscheines und der Kennzeichentafeln oder der Tag, an dem ihr Verlust oder Untergang glaubhaft gemacht wurde. Außer in den Fällen des Abs. 1a, § 44 Abs. 1 lit. a und lit. d, § 44 Abs. 2 lit. a und lit. e und wenn bei Leasingfahrzeugen das Fahrzeug-Genehmigungsdokument nicht vorgelegt wird, ist die Abmeldung oder die Aufhebung der Zulassung auf dem Zulassungsschein zu vermerken und der Zulassungsschein dem Antragsteller wieder auszufolgen; dies ist nicht erforderlich, wenn die Abmeldung und die neuerliche Zulassung des Fahrzeuges im Zuge der gleichen Amtshandlung erfolgen. Bei der Abmeldung eines Fahrzeuges mit Chipkartenzulassungsbescheinigung Teil I, wird diese mittels Lochung entwertet. Auf der Zulassungsbescheinigung Teil II wird die Abmeldung bestätigt. Beide Teile sind dem Antragsteller, außer in den oben genannten Fällen, wieder auszufolgen. *(BGBl I 2009/94)*

(2a) Ist für ein Fahrzeug eine besondere Überprüfung gemäß § 56 angeordnet, und wird dieses Fahrzeug abgemeldet, so ist auf der Zulassungsbescheinigung Teil II der Vermerk anzubringen, dass bei einer neuerlichen Zulassung eine positive Überprüfung gemäß § 56 vorgelegt werden muss. *(BGBl I 2009/94)*

(3) Das Kennzeichen ist auf Antrag des Zulassungsbesitzers längstens sechs Monate, gerechnet vom Tage der

1. Abmeldung oder
2. Ummeldung auf ein Wechselkennzeichen
3. Zuweisung eines Wunschkennzeichens an

freizuhalten und dem Antragsteller für ein Fahrzeug zuzuweisen, wenn er dies vor Ablauf von sechs Monaten beantragt. *(BGBl I 2005/117)*

(4) Der Zulassungsbesitzer hat sein Fahrzeug abzumelden, wenn

a) das Fahrzeug nicht mehr zur Verwendung auf Straßen mit öffentlichem Verkehr bestimmt ist,

b) er den dauernden Standort des Fahrzeuges in den örtlichen Wirkungsbereich einer anderen Behörde verlegt hat,

c) er nicht mehr der rechtmäßige Besitzer oder, bei Fahrzeugen, die der Zulassungsbesitzer auf Grund eines Abzahlungsgeschäftes im Namen des Besitzers innehatte (§ 37 Abs. 2), nicht mehr Inhaber des Fahrzeuges ist; die Pflicht zur Abmeldung des Fahrzeuges entfällt bei Zulassungsbesitzern, die das Fahrzeug in Bestand gegeben haben und keine Zustimmungserklärung zu einer vom Bestandnehmer beantragten Zulassung abgegeben haben (§ 37 Abs. 2 lit. f), oder

d) die vorgeschriebene Kraftfahrzeug-Haftpflichtversicherung für das Fahrzeug nicht besteht, beendet ist oder ihre Versicherungssummen die vorgeschriebenen Mindestsummen nicht erreichen.
(BGBl 1987/296, § 30 Z 2 KHVG 1987)

(5) Wenn der Zulassungsbesitzer eines Fahrzeuges, das er auf Grund eines Abzahlungsgeschäftes im Namen des Besitzers innehatte (§ 37 Abs. 2) oder das er als Bestandnehmer innehatte, nicht mehr Inhaber des Fahrzeuges ist und dieses nicht gemäß Abs. 4 lit. c abgemeldet hat, darf auch der jeweilige Besitzer das Fahrzeug abmelden, sofern er glaubhaft macht, daß er der rechtmäßige Besitzer ist.

(6) Ist der Zulassungsbesitzer gestorben, so hat der zur Vertretung des Nachlasses Berufene die Behörde vom Tode des Zulassungsbesitzers zu verständigen. *(BGBl 1977/615)*

(7) Ist der Zulassungsbesitzer eine juristische Person, eine Personengesellschaft des Handelsrechtes oder eine Genossenschaft, die aufgelöst oder beendet worden ist, so haben die Abwickler die Behörde von der Auflösung oder Beendigung zu verständigen. *(BGBl 1977/615)*

(8) Bei Unternehmenszusammenlegungen oder Unternehmensumgründungen, die nach dem Umgründungssteuergesetz, BGBl. Nr. 699/1991, abgewickelt werden, ist keine Ab- und Neuanmeldung der auf die jeweiligen Unternehmen zugelassenen Fahrzeuge vorzunehmen, sondern die Zulassungsstellen haben auf Antrag eine Korrektur der Datensätze in der Zulassungsevidenz durchzuführen und einen neuen Zulassungsschein auszustellen, wenn sich dadurch keine Änderung der örtlichen Zuständigkeit ergibt. *(BGBl I 2005/117)*

Aufhebung der Zulassung

§ 44. (1) Die Zulassung ist von der Behörde, die das Fahrzeug zugelassen hat, aufzuheben, wenn

a) sich das Fahrzeug nicht in verkehrs- und betriebssicherem Zustand befindet oder mehr Lärm, Rauch, üblen Geruch oder schädliche Luftverunreinigungen als bei ordnungsgemäßem Zustand und sachgemäßem Betrieb unvermeidlich ist, verursacht werden und nicht glaubhaft gemacht wird, dass es erst nach Behebung dieses Zustandes weiter auf Straßen mit öffentlichem Verkehr verwendet wird, *(BGBl I 2019/19)*

b) *(aufgehoben, BGBl I 2016/40, gem. V BGBl II 2017/77 ab 1. 4. 2017)*

c) die Gemeinschaftseinrichtung der zum Betrieb der Kraftfahrzeug-Haftpflichtversicherung berechtigten Versicherer der Behörde, in deren Wirkungsbereich das Fahrzeug zugelassen ist, unter Angabe des Kennzeichens angezeigt hat, dass kein haftender Versicherer festgestellt werden kann (§ 47 Abs. 4b letzter Satz), oder *(BGBl I 2016/40, gem. V BGBl II 2017/77 ab 1. 4. 2017)*

d) das Fahrzeug-Genehmigungsdokument seine Gültigkeit verloren hat; dies gilt jedoch nicht bei der Genehmigung von Änderungen an einem Fahrzeug gemäß § 33 Abs. 2. *(BGBl I 2005/117)*

(2) Die Zulassung kann von der Behörde, die das Fahrzeug zugelassen hat, aufgehoben werden, wenn

a) der Aufforderung, ein Fahrzeug zur Überprüfung vorzuführen, wiederholt nicht entsprochen wurde,

b) ein Fahrzeug, das nur für bestimmte Straßenzüge (Routen) zugelassen ist, wiederholt auf anderen Straßen mit öffentlichem Verkehr verwendet wurde,

c) Auflagen, unter denen das Fahrzeug zugelassen worden ist, nicht eingehalten wurden,

d) ein vorübergehend zugelassenes Fahrzeug zur gewerbsmäßigen Beförderung verwendet wurde (§ 38 Abs. 3),

e) das Fahrzeug-Genehmigungsdokument durch die Genehmigung von Änderungen am Fahrzeug seine Gültigkeit verloren hat und der Behörde nicht abgeliefert wurde (§ 33 Abs. 2) oder *(BGBl I 2005/117)*

f) bei Fahrzeugen, die zur Verwendung zur gewerbsmäßigen Beförderung oder zur gewerbsmäßigen Vermietung ohne Beistellung eines Lenkers gemäß § 103 Abs. 1 lit. c Z 22 GewO 1973 bestimmt sind, die in Betracht kommende Gewerbeberechtigung erloschen ist, *(BGBl 1982/362)*

g) der Zulassungsbesitzer den Verpflichtungen gemäß § 43 Abs. 4 lit. a bis c nicht nachkommt, *(BGBl 1977/615)*

h) der Zulassungsbesitzer gestorben ist oder *(BGBl 1977/615)*

i) der Zulassungsbesitzer eine juristische Person, eine Personengesellschaft des Handelsrechtes oder eine Genossenschaft ist, diese aufgelöst oder beendigt worden ist „,". *(BGBl 1977/615; BGBl I 2016/40)*

j) von einer Zulassungsstelle bei der Zulassung eines Fahrzeugs einschlägige Rechtsvorschriften nicht beachtet wurden und das Fahrzeug rechtswidrig zugelassen worden ist. *(BGBl I 2016/40)*

(3) Eine Beschwerde gegen die Aufhebung der Zulassung gemäß Abs. 1 lit. a oder c hat keine aufschiebende Wirkung. *(BGBl I 2016/40)*

(3a) In den Fällen des Abs. 1 lit. a und lit. d sowie des Abs. 2 lit. a und lit. e ist in der Genehmigungsdatenbank eine Zulassungssperre einzutragen und auf Teil II der Zulassungsbescheinigung zu vermerken. *(BGBl I 2009/94)*

(4) Nach Eintritt der Vollstreckbarkeit des Bescheides über die Aufhebung der Zulassung hat der bisherige Zulassungsbesitzer den Zulassungsschein und die Kennzeichentafeln unverzüglich einer der im § 43 Abs. 1 angeführten Behörden abzuliefern. Das gleiche gilt, wenn die Zulassung infolge Zeitablaufes erloschen ist. Die Ablieferung begründet keinen Anspruch auf Entschädigung. *(BGBl 1971/285)*

(5) Die Bestimmungen des § 43 Abs. 2 über die Bestätigung der Abmeldung gelten sinngemäß auch für die Aufhebung der Zulassung. Als Tag der Aufhebung der Zulassung gilt der Tag des Eintrittes der Vollstreckbarkeit des Aufhebungsbescheides (Abs. 3 und 4). *(BGBl 1977/615)*

Aussetzung der Zulassung

§ 44a. (1) Erhält die Behörde eine Verständigung gemäß „§ 57c Abs. 4b", dass bei einem Fahrzeug im Zuge der wiederkehrenden Begutachtung Mängel mit Gefahr im Verzug festgestellt worden sind, so kann sie unbeschadet des § 44 Abs. 1 lit. a die Zulassung vorübergehend aussetzen und den Zulassungsschein und die Kennzeichentafeln unverzüglich abnehmen. *(BGBl I 2019/19)*

(2) Sobald die Mängel behoben worden sind und ein positives Gutachten vorgelegt wird, ist diese vorläufige Aussetzung der Zulassung unverzüglich zu beenden und der Zulassungsschein und die Kennzeichentafeln sind wieder auszufolgen.

(BGBl I 2017/9)

Probefahrten

§ 45. (1) Probefahrten mit nicht zum Verkehr zugelassenen Kraftfahrzeugen oder Anhängern oder Fahrgestellen solcher Fahrzeuge dürfen auf Straßen mit öffentlichem Verkehr nur mit Bewilligung der Behörde durchgeführt werden, in deren örtlichem Wirkungsbereich der Ort liegt, von dem aus der Antragsteller hauptsächlich über die Verwendung der Probefahrtkennzeichen verfügt. Probefahrten sind Fahrten zur Feststellung der Gebrauchsfähigkeit oder der Leistungsfähigkeit von Fahrzeugen oder ihrer Teile oder Ausrüstungsgegenstände oder Fahrten, um Fahrzeuge vorzuführen. Als Probefahrten gelten auch

1. Fahrten zur Überführung eines Fahrzeuges an einen anderen Ort im Rahmen des Geschäftsbetriebes „sowie Fahrten um unbeladene Fahrzeuge der Klassen M2, M3, N2 oder N3 gewerbsmäßig im Auftrag von Nutzfahrzeugherstellern oder Nutzfahrzeughändlern zu überführen," *(BGBl I 2016/40)*

2. Fahrten zur Überführung des Fahrzeuges durch den Käufer bei der Abholung des Fahrzeuges vom Verkäufer und

3. Fahrten zum Ort der Begutachtung oder Überprüfung des Fahrzeuges nach dem III. und V. Abschnitt.

4. das Überlassen des Fahrzeuges mit einem höchsten zulässigen Gesamtgewicht von nicht mehr als 3 500 kg an einen Kaufinteressenten für

die Dauer von bis zu maximal 72 Stunden, wobei auch Fahrtunterbrechungen zulässig sind. *(BGBl I 2002/80)*

(1a) Wird ein Fahrzeug mit Probekennzeichen im Zuge einer Probefahrtunterbrechung (Abs. 1 Z 4) auf Straßen mit öffentlichem Verkehr abgestellt, so muss der Lenker oder der Besitzer der Bewilligung zur Durchführung von Probefahrten die Bescheinigung gemäß § 102 Abs. 5 lit. c so im Fahrzeug hinterlegen, dass diese bei mehrspurigen Kraftfahrzeugen hinter der Windschutzscheibe und durch diese gut erkennbar ist. Bei anderen Fahrzeugen ist diese Bescheinigung an einer sonst geeigneten Stelle gut wahrnehmbar anzubringen. *(BGBl I 2002/80)*

(2) Der Besitzer einer im Abs. 1 angeführten Bewilligung darf Probefahrten mit zum Verkehr zugelassenen Fahrzeugen nur durchführen, wenn sie ein Probefahrtkennzeichen führen oder wenn der Zulassungsbesitzer oder dessen Bevollmächtigter an der Fahrt teilnimmt oder einen schriftlichen Auftrag zu dieser Fahrt erteilt hat.

(3) Die im Abs. 1 angeführte Bewilligung ist auf Antrag zu erteilen, wenn

1. der Antragsteller

1.1. sich im Rahmen seines gewerblichen Betriebes, gewerbsmäßig oder zur Versorgung einer größeren Anzahl von Fahrzeugen des eigenen Betriebes, mit der Erzeugung oder Instandsetzung von Kraftfahrzeugen und Anhängern befasst,

1.2. mit solchen Handel treibt,

1.3. solche gewerbsmäßig befördert,

1.4. eine Anstalt oder einen Betrieb besitzt, der sich im öffentlichen Interesse mit der Instandsetzung oder Prüfung von Fahrzeugen befasst ,,,, *(BGBl I 2019/19)*

1.5. ein Servicestationsunternehmen oder Reinigungsunternehmen betreibt, welches Fahrzeuge von Kunden zur Durchführung der Reinigung oder Pflege abholt und wieder zurückstellt, „oder" *(BGBl I 2019/19)*

1.6. ein für eines oder mehrere Fachgebiete

- 17.01 – Verkehrsunfall Straßenverkehr, Unfallanalyse,
- 17.11 – Kfz-Reparaturen, Havarieschäden, Bewertung,
- 17.14 – Kfz-Lackierung,
- 17.15 – Kfz-Elektronik,
- 17.40 – Auswertung von Fahrtschreibern, Unfalldatenschreibern,
- 17.45 – Baumaschinen, Reparatur, Havarieschäden, Bewertung,
- 17.46 – Landmaschinen, Reparatur, Havarieschäden, Bewertung,
- 17.47 – Historische Fahrzeuge (Oldtimer), Restaurierung, Bewertung

in die Gerichtssachverständigen- und Gerichtsdolmetscherliste (§ 2 Abs. 1 SDG) eingetragener allgemein beeideter und gerichtlich zertifizierter Sachverständiger ist, *(BGBl I 2019/19)*

2. die Notwendigkeit der Durchführung solcher Fahrten glaubhaft gemacht wird,

3. für jedes beantragte Probefahrtkennzeichen eine Versicherungsbestätigung gemäß § 61 Abs. 1 beigebracht wurde, und

4. der Antragsteller die für die ordnungsgemäße Verwendung der Probefahrtkennzeichen erforderliche Verlässlichkeit besitzt; diese kann angenommen werden, wenn dem Antragsteller nicht innerhalb der letzten sechs Monate eine Probefahrtbewilligung wegen Missbrauchs oder Verstoß gegen Abs. 6 aufgehoben worden ist „und gegen die Vergabe an den Antragsteller keine steuerlichen Bedenken bestehen". *(BGBl I 2016/40)*

(4) Bei der Erteilung der im Abs. 1 angeführten Bewilligung ist auch auszusprechen, welche Kennzeichen bei den Probefahrten zu führen sind. Diese Kennzeichen sind Probefahrtkennzeichen (§ 48 Abs. 3) und dürfen nur bei Probefahrten geführt werden. Über die Erteilung der im Abs. 1 angeführten Bewilligung ist dem Antragsteller eine Bescheinigung, der Probefahrtschein, auszustellen.

(5) Probefahrten mit nicht zum Verkehr zugelassenen Fahrzeugen, deren Abmessungen oder Gesamtgewichte oder Achslasten die im § 4 Abs. 6 bis 9 festgesetzten Höchstgrenzen überschreiten, sind nur mit Bewilligung des Landeshauptmannes zulässig, in dessen örtlichem Wirkungsbereich die Probefahrten durchgeführt werden sollen. Die Bewilligung darf nur für bestimmte Straßenzüge erteilt werden. Vor der Erteilung der Bewilligung sind die Straßenverwaltungen zu hören, denen die Erhaltung der in Betracht kommenden Straßenzüge obliegt. Die Bestimmungen des § 40 Abs. 4 sind sinngemäß anzuwenden. *(BGBl I 2002/80)*

(6) Der Besitzer einer Bewilligung zur Durchführung von Probefahrten hat über die Verwendung der mit dieser Bewilligung zugewiesenen Probefahrtkennzeichen einen Nachweis zu führen und darin vor jeder Fahrt den Namen des Lenkers und das Datum des Tages sowie die Marke, die Type und die Fahrgestellnummer „oder die letzten sieben Stellen der Fahrzeugidentifizierungsnummer" des Fahrzeuges, sofern dieses zugelassen ist, jedoch nur sein Kennzeichen einzutragen. Der Nachweis ist drei Jahre gerechnet vom Tag der letzten Eintragung aufzubewahren und der Behörde auf Verlangen zur Einsichtnahme vorzulegen. Für Probefahrten auf Freilandstraßen (§ 2 Abs. 1 Z 16 der StVO 1960) und für Probefahrten an Sonn- und Feiertagen hat der Besitzer der Bewilligung für den Lenker eine Bescheinigung über

das Ziel und den Zweck der Probefahrt auszustellen (§ 102 Abs. 5 lit. c); diese Bescheinigung unterliegt keiner Stempelgebühr. Bei Betrieben, die außerhalb des Ortsgebietes (§ 2 Abs. 1 Z 15 der StVO 1960) liegen, muss diese Bescheinigung nur für Probefahrten an Sonn- und Feiertagen ausgestellt werden. In den Fällen des Abs. 1 Z 4 hat der Besitzer der Bewilligung für den Lenker eine Bescheinigung über die Probefahrt auszustellen, aus der jedenfalls der Zeitpunkt des Beginnes und des Endes der Probefahrt ersichtlich sind. *(BGBl I 2002/80; BGBl I 2013/43)*

(6a) Die Behörde kann die Bewilligung bei wiederholtem Missbrauch oder wenn die Vorschriften des Abs. 6 wiederholt nicht eingehalten wurden, aufheben. In diesem Fall darf eine neuerliche Bewilligung zur Durchführung von Probefahrten nicht vor Ablauf von sechs Monaten erteilt werden. Die Bewilligung ist auch aufzuheben, wenn die Voraussetzungen für ihre Erteilung nicht mehr gegeben sind. Die Bestimmungen der §§ 43 und 44 gelten sinngemäß. Im Falle einer Aufhebung sind die Kennzeichentafeln mit den Probefahrtkennzeichen und der Probefahrtschein (Abs. 4) unverzüglich der Behörde abzuliefern. Die Ablieferung begründet keinen Anspruch auf Entschädigung. *(BGBl I 2002/80)*

(7) Erlischt die Berechtigung zur Durchführung von Probefahrten (Abs. 1), so sind die Kennzeichentafeln mit den Probefahrtkennzeichen und der Probefahrtschein (Abs. 4) abzuliefern. Die Ablieferung begründet keinen Anspruch auf Entschädigung.

(8) Der Bundesminister für Landesverteidigung kann die Durchführung von Probefahrten mit Heeresfahrzeugen bewilligen, wenn solche Fahrten zur Erfüllung der dem Bundesheer oder der Heeresverwaltung obliegenden Aufgaben erforderlich sind. Hiebei sind die Bestimmungen der Abs. 1 bis 6 sinngemäß anzuwenden. *(BGBl 1982/362)*

Überstellungsfahrten

§ 46. (1) Die Behörde hat Personen, die in ihrem örtlichen Wirkungsbereich ihren Aufenthalt haben, die Bewilligung zu erteilen, nicht zugelassene Kraftfahrzeuge und Anhänger oder zugelassene, deren Kennzeichentafeln in Verlust geraten sind oder für die ein Wechselkennzeichen (§ 48 Abs. 2) zugewiesen wurde, vorübergehend auf Straßen mit öffentlichem Verkehr zu verwenden, wenn glaubhaft gemacht wird, daß dies für Fahrten zur Überstellung des Fahrzeuges an einen anderen Ort, zu Überstellungsfahrten, erforderlich ist, oder wenn der Verlust glaubhaft gemacht wird.

(2) Die Bewilligung (Abs. 1) darf bei nicht zugelassenen Fahrzeugen oder bei Fahrzeugen, für die ein Wechselkennzeichen (§ 48 Abs. 2) zugewiesen wurde, nur erteilt werden, wenn eine Versicherungsbestätigung gemäß § 61 Abs. 1 beigebracht wurde; bei nicht zugelassenen Fahrzeugen gilt § 56 Abs. 1 sinngemäß. Bei der Erteilung der Bewilligung ist auch auszusprechen, welches Kennzeichen das Fahrzeug bei diesen Fahrten zu führen hat. Diese Kennzeichen sind Überstellungskennzeichen (§ 48 Abs. 1) und dürfen nur bei Überstellungsfahrten (Abs. 1) geführt werden. Die Bewilligung ist für die beantragte Dauer, höchstens jedoch für drei Wochen zu erteilen. Die §§ 43 und 44 gelten sinngemäß. *(BGBl 1988/375)*

(3) Überstellungsfahrten mit Fahrzeugen oder mit Kraftwagen und Anhängern, deren Abmessungen oder Gesamtgewichte oder Achslasten die im § 4 Abs. 6 bis 9 festgesetzten Höchstgrenzen überschreiten, sind nur mit Bewilligung des Landeshauptmannes zulässig, in dessen örtlichem Wirkungsbereich die Überstellungsfahrten durchgeführt werden sollen. Die Bewilligung darf nur für bestimmte Straßenzüge erteilt werden. Vor der Erteilung der Bewilligung sind die Straßenverwaltungen zu hören, denen die Erhaltung der in Betracht kommenden Straßenzüge obliegt. Die Bestimmungen des § 40 Abs. 4 sind sinngemäß anzuwenden. *(BGBl I 2002/80)*

(4) Über die Erteilung der Bewilligung (Abs. 1) ist eine Bestätigung, der Überstellungsfahrtschein, auszustellen. Bei der Ausstellung sind die Bestimmungen des § 41 über den Zulassungsschein sinngemäß anzuwenden.

(5) Erlischt die Berechtigung zur Durchführung von Überstellungsfahrten (Abs. 1), so sind die Kennzeichentafeln mit den Überstellungskennzeichen und der Überstellungsfahrtschein (Abs. 4) der Behörde, in deren örtlichem Wirkungsbereich ihr Besitzer seinen Aufenthalt hat, abzuliefern.

(6) Der Bundesminister für Landesverteidigung kann die Durchführung von Überstellungsfahrten mit Heeresfahrzeugen bewilligen, wenn solche Fahrten zur Erfüllung der dem Bundesheer oder der Heeresverwaltung obliegenden Aufgaben erforderlich sind. Hiebei sind die Bestimmungen der Abs. 1 bis 4 sinngemäß anzuwenden. *(BGBl 1982/362)*

Zulassungsevidenz

§ 47. (1) Die Behörde hat, sofern die Zulassung nicht durch Zulassungsstellen vorgenommen wird, eine Evidenz über die in ihrem örtlichen Wirkungsbereich zum Verkehr zugelassenen Kraftfahrzeuge und Anhänger zu führen. In diese Evidenz hat sie das zugewiesene Kennzeichen, das Datum der Anmeldung, der Abmeldung, der Hinterlegung des Zulassungsscheines und der Kennzeichentafeln, der Aufhebung oder des Erlöschens der Zulassung, bei natürlichen Personen den Namen des Zulassungsbesitzers, den akademischen Grad, das Geburtsdatum, das Geschlecht, den Beruf und die Anschrift, bei juristischen Personen und Personengesellschaften des Handelsrechtes den Namen oder die Firma, die Art des Betriebes und die Anschrift, im Falle einer Miete des Fahrzeuges aus einem anderen EU-Mitgliedstaat auch die Daten des Mieters, außerdem andere mit der Zulassung und der Beschaffenheit des Fahrzeuges zusammenhängende Daten, soweit dies für die Erfüllung ihrer Aufgaben als Zulassungsbehörde erforderlich ist, aufzunehmen. „Die Daten sind nach sieben Jahren ab Abmeldung, Aufhebung oder Erlöschen der Zulassung des Fahrzeuges zu löschen, sofern ein Verwertungsnachweis über das Fahrzeug vorgelegt worden ist; unabhängig davon sind die personenbezogenen Daten jedenfalls nach sieben Jahren ab Abmeldung, Aufhebung oder Erlöschen der Zulassung des Fahrzeuges zu löschen." Die Behörde muss die Zulassungsdaten der in ihrem örtlichen Wirkungsbereich zugelassenen oder zuzulassenden Fahrzeuge in der von der Gemeinschaftseinrichtung der zum Betrieb der Kraftfahrzeug-Haftpflichtversicherung berechtigten Versicherer geführten Zulassungsevidenz für die Erfüllung ihrer Aufgaben als Zulassungsbehörde verarbeiten können. *(BGBl I 2018/37; BGBl I 2019/78)*

(1a) Die Behörde hat, sofern die Zulassung nicht durch Zulassungsstellen vorgenommen wird, von Amts wegen periodisch Daten gemäß Abs. 1 den Finanzbehörden und der Bundesanstalt Statistik Österreich im automationsunterstützten Datenverkehr zu übermitteln, sofern diese Daten für Zwecke der Einhebung der Kraftfahrzeugsteuer oder einer Bundesstatistik über den Kfz-Bestand und über die Zulassungen notwendig sind. Wird die Zulassung durch Zulassungsstellen vorgenommen, so erfolgt diese Datenübermittlung durch die Gemeinschaftseinrichtung der zum Betrieb der Kraftfahrzeug-Haftpflichtversicherung berechtigten Versicherer. *(BGBl I 2002/80)*

(2) Die Behörde hat unter Berücksichtigung ihrer technischen und organisatorischen Möglichkeiten aus der im Abs. 1 angeführten Evidenz auf Anfrage bei Angabe eines diesen Möglichkeiten entsprechenden Suchkriteriums den Organen des Bundes, der Länder, der Gemeinden und der gesetzlichen Interessenvertretungen Auskünfte zu erteilen, soweit diese zur Wahrnehmung der ihnen übertragenen Aufgaben eine wesentliche Voraussetzung bilden.

(2a) Die Behörde hat, sofern nicht eine Auskunftserteilung gemäß § 31a KHVG 1994 in Betracht kommt, Privatpersonen auf Anfrage, in der das Kennzeichen, die Motornummer oder die Fahrgestellnummer angegeben und ein rechtliches Interesse glaubhaft gemacht wird, nach Maßgabe der technischen und organisatorischen Auswertungsmöglichkeiten Namen und Anschrift des Zulassungsbesitzers bekanntzugeben. *(BGBl I 2003/60)*

(3) Der Bundesminister für Landesverteidigung hat eine Evidenz über alle von ihm gemäß § 40 Abs. 5 zugelassenen Fahrzeuge zu führen. Er hat aus dieser Evidenz auf Anfrage und Angabe des von einem Fahrzeug geführten Kennzeichens den Organen des Bundes, der Länder und der Gemeinden, den gesetzlichen Interessenvertretungen, wenn ein rechtliches Interesse glaubhaft gemacht wird, auch Privatpersonen Auskunft über die Person des Lenkers eines solchen Fahrzeuges zu erteilen und bei Fahrzeugen, für die eine Haftpflichtversicherung besteht, den Versicherer bekanntzugeben. Abs. 2 und 2a gelten sinngemäß.

(4) Der Bundesminister für Inneres führt eine zentrale Zulassungsevidenz. Zu diesem Zweck haben – sofern die Zulassung nicht durch Zulassungsstellen vorgenommen wird – die Zulassungsbehörden, bei denen die örtliche Zulassungsevidenz automationsunterstützt führen, laufend die Daten der Zulassungsbesitzer, im Falle einer Miete des Fahrzeuges aus einem anderen EU-Mitgliedstaat auch die Daten der Mieter, gemäß Abs. 1 – ausgenommen Beruf und Art des Betriebes – sowie Daten über das Kraftfahrzeug oder den Anhänger und die Zulassung dem Bundesminister für Inneres mittels maschinell lesbarer Datenträger oder im Wege der Datenfernübertragung zu übermitteln. Auskünfte sind im Wege der Datenfernverarbeitung dem Bundesministerium für Inneres, dem Bundesministerium für „Klimaschutz, Umwelt, Energie, Mobilität, Innovation und Technologie"**, dem Bundesministerium für Finanzen und den Finanzbehörden, den Landespolizeidirektionen, den Bezirksverwaltungsbehörden, den Magistraten der Städte mit eigenem Statut, den Dienststellen der Bundespolizei, den Grenzkontrolldienststellen, den militärischen Organen und Behörden zum Zwecke der Vollziehung des Militärbefugnisgesetzes, BGBl. I Nr. 86/2000, den Krankenversicherungsträgern, und – nach Maßgabe der technischen und organisatorischen Voraussetzungen und kostenneutral für den Bund – den Gemeindesicherheitswachen zu erteilen, soweit diese zur Wahrnehmung der ihnen übertragenen Aufgaben eine wesentliche Voraussetzung bilden. „Weiters können Auskünfte automationsunterstützt im Wege der Datenfernverarbeitung nach dem Prinzip der Gegenseitigkeit über nationale Kontaktstellen im Sinne der Richtlinie 2015/413/EU auch Behörden anderer Staaten erteilt werden, sofern sich eine Verpflichtung zur Beauskunftung aus Unionsrecht oder anderen zwischenstaatlichen Vereinbarungen ergibt."* Abs. 1 dritter Satz über die Löschung der Daten gilt sinngemäß. Protokolldaten über tatsächlich durchgeführte Verarbeitungsvorgänge, wie insbesondere Änderungen, Abfragen und Übermittlungen, sind drei Jahre lang aufzubewahren. *(BGBl I 2018/37; *BGBl I 2019/19; **BGBl I 2020/134)*

(4a) Die Gemeinschaftseinrichtung der zum Betrieb der Kraftfahrzeug-Haftpflichtversicherung berechtigten Versicherer hat die gemäß § 40b Abs. 6 Z 2 erfassten und übermittelten Daten in einer zentralen Zulassungsevidenz zu erfassen und zu speichern. Für die Durchführung von weiteren Tätigkeiten im Zusammenhang mit Zulassungsvorgängen können die jeweils zuständigen Behörden oder Zulassungsstellen auf die jeweils in Betracht kommenden Daten zugreifen und diese verarbeiten. Weiters können auch die Landeshauptmänner nach Maßgabe der technischen Möglichkeiten auf die fahrzeugspezifischen Daten dieser Evidenz zugreifen und in Verfahren zur Fahrzeuggenehmigung verarbeiten. *(BGBl I 2018/37)*

(4b) Die Gemeinschaftseinrichtung der zum Betrieb der Kraftfahrzeug-Haftpflichtversicherung berechtigten Versicherer führt eine zentrale Deckungsevidenz über alle ausgestellten Versicherungsbestätigungen (§ 61 Abs. 1) für zum Verkehr zugelassene Kraftfahrzeuge und Anhänger. In dieser Evidenz sind alle von Versicherungsunternehmen ausgestellten Versicherungsbestätigungen sowie Anzeigen gemäß § 61 Abs. 3 und 4 aufzunehmen. Die nach Einlangen und Gültigkeitsbeginn erstgereihte Versicherungsbestätigung ist in der von der Gemeinschaftseinrichtung geführten zentralen Zulassungsevidenz (Abs. 4a) zu erfassen und zu speichern. Versicherungsbestätigungen, bei denen bereits die Frist gemäß § 61 Abs. 1a abgelaufen ist, werden nicht in die zentrale Deckungsevidenz aufgenommen. § 20 Kraftfahrzeug-Haftpflichtversicherungsgesetz 1994 bleibt unberührt. Die Gemeinschaftseinrichtung hat sicherzustellen, dass der in dieser Weise festgestellte Versicherer der Behörde ebenso mitgeteilt wird wie eine Anzeige gemäß § 61 Abs. 3. Falls kein haftender Versicherer festgestellt werden kann, ist dieser Umstand der Behörde, in deren örtlichem Wirkungsbereich das Fahrzeug zugelassen ist, unter Angabe des Kennzeichens anzuzeigen (§ 61 Abs. 4). *(BGBl I 2016/40, gem. V BGBl II 2017/77 ab 1. 4. 2017)*

(4c) Auf die in der zentralen Zulassungsevidenz gemäß Abs. 4a gespeicherten fahrzeugspezifischen Daten können bundesweit organisierte Pannenhilfsdienste nach Maßgabe der technischen Möglichkeiten auf Veranlassung des Zulassungsbesitzers oder des Lenkers als Vertreter des Zulassungsbesitzers durch Abfragen über das Kennzeichen zugreifen und diese fahrzeugspezifischen Daten für die Durchführung der Pannenhilfe im konkreten Anlassfall verwenden. Der Zulassungsbesitzer oder der Lenker als Vertreter des Zulassungsbesitzers muss einer solchen Abfrage zustimmen. Die schriftliche Einwilligung, die gegebenenfalls erst im Zuge der Pannenhilfe erteilt wird, ist von den Pannenhilfsdiensten aufzubewahren und auf Verlangen der Behörde vorzulegen. Es ist mit geeigneten, dem Stand der Technik entsprechenden Mitteln dafür zu sorgen, dass kein unberechtigter Zugriff erfolgt und dass bei berechtigten Abfragen nur auf die fahrzeugspezifischen Daten zugegriffen werden kann. Die Zulassungsevidenz hat eine vollständige Protokollierung aller erfolgten und versuchten Datenabfragen vorzunehmen, aus der erkennbar ist, welcher Stelle welche Daten übermittelt wurden. Diese Protokolldaten sind zu speichern und drei Jahre nach ihrer Entstehung zu löschen. Die Pannenhilfsdienste haben der Gemeinschaftseinrichtung der zum Betrieb der Kraftfahrzeug-Haftpflichtversicherung berechtigten Versicherer die Kosten für die Einrichtung der Abfragemöglichkeit zu ersetzen. *(BGBl I 2018/37)*

(4d) Auf die in der zentralen Zulassungsevidenz gemäß Abs. 4a gespeicherten fahrzeugspezifischen Daten können im Falle eines Einsatzes die Feuerwehren nach Maßgabe der technischen Möglichkeiten durch Abfragen über das Kennzeichen zugreifen und diese fahrzeugspezifischen Daten im konkreten Einsatzfall verwenden. Es ist mit geeigneten, dem Stand der Technik entsprechenden Mitteln dafür zu sorgen, dass kein unberechtigter Zugriff erfolgt und dass bei berechtigten Abfragen nur auf die fahrzeugspezifischen Daten zugegriffen werden kann. Die Zulassungsevidenz hat eine vollständige Protokollierung aller erfolgten und versuchten Datenabfragen vorzunehmen, aus der erkennbar ist, welcher Stelle welche Daten übermittelt wurden. Diese Protokolldaten sind zu speichern und drei Jahre nach ihrer Entstehung zu löschen. *(BGBl I 2020/37)*

(5) Abs. 1 bis 4b gelten für die Bewilligung zur Durchführung von Probe- oder von Überstellungsfahrten (§§ 45 und 46) sinngemäß. *(BGBl I 2016/40, gem. V BGBl II 2017/77 ab 1. 4. 2017)*

(6) Andere Bestimmungen dieses Bundesgesetzes betreffend die Ermittlung, Verarbeitung und Übermittlung von Daten werden durch Abs. 1 bis 5 nicht berührt.

(BGBl 1988/375)

Nationale Kontaktstelle im Sinne der Richtlinie 2015/413/EU

§ 47a. (1) Nationale Kontaktstelle nach Art. 4 der Richtlinie 2015/413/EU zur Erleichterung des grenzüberschreitenden Austauschs von Informationen über die Straßenverkehrssicherheit gefährdende Verkehrsdelikte, ABl. Nr. L 68 vom 13.03.2015 S. 9, ist der Bundesminister für Inneres, welcher sich dabei der zentralen Zulassungsevidenz gemäß § 47 Abs. 4 bedient. Bei automationsunterstützten Abrufen österreichischer Behörden nach Art. 4 der Richtlinie 2015/413/EU aus Fahrzeugzulassungsregistern anderer EU-Mitgliedstaaten fungiert er als Auftragsverarbeiter im Sinne des Art. 4 Z 8 DSGVO für diese Behörden. *(BGBl I 2018/37)*

(2) Die nationale Kontaktstelle hat den nationalen Kontaktstellen der anderen EU-Mitgliedstaa-

ten den automationsunterstützen Abruf von Zulassungsdaten im Wege der Datenfernverarbeitung im Sinne des Art. 4 der Richtlinie „2015/413/EU"* bzw. des § 47 Abs. 4 vierter Satz und unter den Bedingungen des nachfolgenden Abs. 3 zu ermöglichen. Der automationsunterstützte Abruf erstreckt sich neben fahrzeugspezifischen Daten des Fahrzeuges auf Vorname, „Familienname"**, akademischen Grad, Geburtsdatum und Anschrift des Zulassungsbesitzers, im Fall von juristischen Personen oder Personengesellschaften des Unternehmensrechts auf die Firma und die Anschrift. *(*BGBl I 2016/40; **BGBl I 2016/120)*

(3) Automationsunterstützte Abrufe im Sinne des Abs. 2 dürfen nur unter Verwendung des vollständigen Kennzeichens eines bestimmten Fahrzeuges als Abfragekriterium und nur zum Zwecke der Führung eines Verwaltungsstrafverfahrens zur Ahndung einer der in Z 1 bis 8 genannten die Straßenverkehrssicherheit gefährdenden Verkehrsübertretungen vorgenommen werden:

1. Geschwindigkeitsüberschreitung,
2. Nichtbeachtung der Verpflichtung zum bestimmungsgemäßen Gebrauch des Sicherheitsgurtes oder der Bestimmungen über Kindersicherung,
3. Nichtbeachten des roten Lichtes einer Verkehrslichtsignalanlage oder eines sonstigen relevanten Stoppzeichens,
4. Inbetriebnehmen oder Lenken eines Kraftfahrzeuges in einem durch Alkohol beeinträchtigten Zustand,
5. Inbetriebnehmen oder Lenken eines Kraftfahrzeuges in einem durch Suchtgift beeinträchtigten Zustand,
6. Nichtbeachtung der Verpflichtung zum bestimmungsgemäßen Gebrauch des Sturzhelmes,
7. unbefugtes Befahren eines Fahrstreifens,
8. Telefonieren während des Fahrens ohne Benutzung einer Freisprecheinrichtung.

(4) Jeder betroffene Zulassungsbesitzer hat das Recht, von der nationalen Kontaktstelle nach Maßgabe der Bestimmungen des Kapitels III der Datenschutz-Grundverordnung Informationen darüber zu erhalten, welche in der zentralen Zulassungsevidenz gespeicherten personenbezogenen Daten dieser Person dem Deliktsmitgliedstaat übermittelt wurden, einschließlich des Datums des Abrufs und der Bezeichnung der nationalen Kontaktstelle des anfragenden Deliktsmitgliedstaats. *(BGBl I 2018/37)*

(5) Die nationale Kontaktstelle hat eine vollständige Protokollierung aller erfolgten und versuchten Abrufe vorzunehmen aus der feststellbar ist, welcher ausländischen nationalen Kontaktstelle bzw. welchem Organwalter welche Übermittlungen aus der zentralen Zulassungsevidenz oder aus den Fahrzeugzulassungsregistern der anderen EU-Mitgliedstaaten zuzuordnen sind. Diese Protokolldaten sind drei Jahre aufzubewahren und danach zu löschen.

(6) Die nationale Kontaktstelle übermittelt der Europäischen Kommission alle zwei Jahre einen Bericht im Sinne des Art. 6 der Richtlinie „2015/413/EU". Dieser Bericht enthält die Zahl der an die anderen Kontaktstellen der Mitgliedstaaten gerichteten automatisierten Suchanfragen zusammen mit der Art der Delikte und die Zahl der ergebnislosen Anfragen. Weiters enthält der Bericht auch Angaben über die eingeleiteten Folgemaßnahmen hinsichtlich der Delikte, bei denen ein Informationsschreiben versendet worden ist. *(BGBl I 2016/40)*

(7) Die nationale Kontaktstelle gemäß Abs. 1 fungiert auch als nationale Kontaktstelle im Verhältnis zu EU-Mitgliedstaaten oder anderen Staaten, wenn in zwischenstaatlichen Vereinbarungen mit diesen auf der Grundlage der Gegenseitigkeit automationsunterstützte Abrufe von Zulassungsdaten im Wege der jeweiligen nationalen Kontaktstellen zur Verfolgung von Verkehrsübertretungen vereinbart worden sind. In diesen Fällen sind die Bestimmungen der Abs. 1 bis 5 sinngemäß anzuwenden und die Behörden haben nach der in § 84 beschriebenen Vorgangsweise vorzugehen. In zwischenstaatlichen Vereinbarungen kann die Anwendung dieser Vorgangsweise auch auf andere als die in Abs. 3 Z 1 bis 8 genannten Verkehrsübertretungen sowie auch auf andere Verwaltungsübertretungen festgelegt werden. Alternativ zum vollständigen Kennzeichen kann auch die vollständige Fahrzeugidentifizierungsnummer (FIN) als Abfragekriterium vorgesehen werden. *(BGBl I 2016/40)*

(8) Fungiert die Nationale Kontaktstelle gemäß Abs. 1 aufgrund eines internationalen Übereinkommens zur grenzüberschreitenden Verfolgung von Verkehrsübertretungen auch im Verhältnis zu den Vertragsstaaten dieses Übereinkommens als Nationale Kontaktstelle, sind die zuständigen österreichischen Behörden verpflichtet, zur Erfüllung der im Übereinkommen genannten Aufgaben mit der Nationalen Kontaktstelle zusammenzuarbeiten. *(BGBl I 2016/40)*

(BGBl I 2013/43)

Abruf von Fahrzeug- und Halterdaten im automatisierten Verfahren im Ausland

§ 47b. (1) Die zur Durchführung grenzüberschreitender Verwaltungsverfahren und Verwaltungsstrafverfahren zuständigen österreichischen Behörden sind ermächtigt, Abrufe aus Zulassungsevidenzen anderer Staaten automationsunterstützt im Weg der Datenfernverarbeitung vorzunehmen, soweit dies

1. nach Unionsrecht,
2. nach zwischenstaatlichen Vereinbarungen oder

3. nach den Rechtsvorschriften des betreffenden Staates
zulässig ist.

(2) Der Abruf gemäß Abs. 1 Z 3 ist nur zulässig

1. gegenüber einem Mitgliedstaat der Europäischen Union oder einem anderen Vertragsstaat des Abkommens über den Europäischen Wirtschaftsraum und

2. wenn die Bedingungen für die Durchführung der automatisierten Suche betreffend Datenschutz und Datensicherheit nach Art. 4 und Art. 7 der Richtlinie 2015/413/EU zur Erleichterung des grenzüberschreitenden Austauschs von Informationen über die Straßenverkehrssicherheit gefährdende Verkehrsdelikte, ABl. Nr. L 68 S. 9 vom 13.3.2015 eingehalten werden.

(3) Der Abruf darf nur zum Zweck der Führung eines Verwaltungsverfahrens oder Verwaltungsstrafverfahrens vorgenommen werden und hat unter Verwendung der vollständigen Fahrzeugidentifizierungsnummer oder des vollständigen Kennzeichens zu erfolgen. Alle Abfragen sind zu protokollieren; aus der Protokollierung muss insbesondere ersichtlich sein, welche Behörde und welcher Organwalter die Anfrage veranlasst und durchgeführt haben. Die Protokolldaten sind drei Jahre aufzubewahren und danach zu löschen.

(BGBl I 2016/40)

Kennzeichen

§ 48. (1) Für jedes Kraftfahrzeug und jeden Anhänger ist, unbeschadet der Bestimmungen der Abs. 2 und 3, bei der Zulassung (§§ 37 bis 39) ein eigenes Kennzeichen, bei der Bewilligung von Überstellungsfahrten ein eigenes Überstellungskennzeichen (§ 46 Abs. 2) zuzuweisen. Außer dem zugewiesenen Kennzeichen darf jedoch auch ein zweites, noch nicht für ein anderes Fahrzeug zugewiesenes Kennzeichen, ein Deckkennzeichen, zugewiesen werden für Fahrzeuge,

1. die für Fahrten des Bundespräsidenten, des Präsidenten des Nationalrates, des Vorsitzenden des Bundesrates, der Mitglieder der Bundesregierung, der Staatssekretäre, der Mitglieder der Volksanwaltschaft, der Mitglieder der Landesregierungen, der Präsidenten der Landtage, der Mitglieder der Landesvolksanwaltschaften, der Präsidenten des Rechnungshofes oder der Präsidenten und Vizepräsidenten des Verfassungsgerichtshofes, des Verwaltungsgerichtshofes sowie des Obersten Gerichtshofes verwendet werden,

2. die zur Verwendung im Bereich des öffentlichen Sicherheitsdienstes, der Finanzverwaltung, der „Strafvollzugsverwaltung", des Bundesheeres oder der Finanzstrafbehörden bestimmt sind, *(BGBl I 2004/107; BGBl I 2015/73)*

3. die für Fahrten der Missionschefs ausländischer diplomatischer Vertretungsbehörden bestimmt sind.
(BGBl I 1997/103)

(1a) Auf Antrag des Bundesministeriums für Inneres dürfen Deckkennzeichen auch zur Verwendung für ausländische Polizeifahrzeuge, die nicht in Österreich zugelassen sind, zugewiesen werden. Von ausländischen Sicherheitsbehörden auf Grund von zwischenstaatlichen Vereinbarungen zur Verfügung gestellte Kennzeichen (Deckkennzeichen) dürfen vorübergehend von im Inland zugelassenen Fahrzeugen des öffentlichen Sicherheitsdienstes verwendet werden. „Sofern der Bundesminister für Inneres zum Abschluss von Übereinkommen gemäß Art. 66 Abs. 2 B-VG ermächtigt ist, kann er völkerrechtliche Vereinbarungen schließen, welche die wechselseitige vorübergehende Zurverfügungstellung von Deckkennzeichen zum Inhalt haben." *(BGBl I 2016/40; BGBl I 2020/134)*

(2) Bei der Zulassung von je zwei oder drei Fahrzeugen desselben Antragstellers ist auf Antrag für diese Fahrzeuge ein einziges Kennzeichen, ein Wechselkennzeichen, zuzuweisen, sofern die Fahrzeuge in dieselbe der im § 3 Abs. 1 Z 1, 2 oder 4 angeführten Obergruppen fallen und sofern Kennzeichentafeln desselben Formates „und derselben Ausgestaltung" auf allen in Betracht kommenden Fahrzeugen verwendet werden können. Das Wechselkennzeichen darf zur selben Zeit nur auf einem der Fahrzeuge geführt werden.
(BGBl I 1997/103; BGBl I 2017/9)

(3) Mit der Erteilung der Bewilligung zur Durchführung von Probefahrten sind auf Antrag ein oder mehrere Probefahrtkennzeichen für Probefahrten mit Kraftwagen, mit Krafträdern, mit Motorfahrrädern, mit Anhängern oder mit allen Arten von Fahrzeugen zuzuweisen (§ 45 Abs. 4). Ein mit einer Bewilligung zugewiesenes Probefahrtkennzeichen darf erst nach Erlöschen dieser Bewilligung mit einer anderen Bewilligung zugewiesen werden.

(4) Die Kennzeichen müssen aus lateinischen Buchstaben und arabischen Ziffern bestehen. Das Kennzeichen muss mit einem oder zwei Buchstaben als Bezeichnung der Behörde, in deren örtlichem Wirkungsbereich das Fahrzeug zugelassen ist, beginnen. Bei Kennzeichen für die im § 40 Abs. 1 angeführten Fahrzeuge kann die Bezeichnung der Behörde entfallen. Das Kennzeichen hat weiters, sofern es kein Deckkennzeichen gemäß Abs. 1 ist, bei Fahrzeugen, die zur Verwendung im Bereiche des öffentlichen Sicherheitsdienstes, der Finanzverwaltung, der Strafvollzugsverwaltung, der Post oder für die Feuerwehr bestimmt sind, sowie bei Heeresfahrzeugen und bei den im § 54 Abs. 3 und Abs. 3a lit. a und b angeführten Fahrzeugen an Stelle der Bezeichnung der Behörde die Bezeichnung des sachlichen Bereiches zu

enthalten. Der Bezeichnung der Behörde, oder, wenn diese entfällt, des sachlichen Bereiches, hat das Zeichen zu folgen, unter dem das Fahrzeug bei der Behörde vorgemerkt ist. *(BGBl I 2019/78)*

(5) Durch Verordnung sind die Bezeichnung der Behörde und die sachlichen Bereiche, das System der Zeichen, unter denen die Fahrzeuge bei der Behörde vorzumerken sind (Abs. 4), und, soweit dies erforderlich ist, der Zeitpunkt, bis zu dem die bisher geführten Kennzeichen gegen Kennzeichen eines neu festgesetzten Systems ausgetauscht sein müssen, festzusetzen. Der Bundesminister für „Klimaschutz, Umwelt, Energie, Mobilität, Innovation und Technologie" kann durch Verordnung bis zum 31. März 1989 Vormerkzeichen festsetzen, die für Fahrzeuge einer besonderen Verwendungsbestimmung vorbehalten sind; in diesem Fall muß ein derartiges Vormerkzeichen einem Fahrzeug mit einer solchen Verwendungsbestimmung zugewiesen werden; auf solche Fahrzeuge ist § 48a nicht anwendbar. Wenn der Bundesminister für „Klimaschutz, Umwelt, Energie, Mobilität, Innovation und Technologie" für Fahrzeuge einer besonderen Verwendungsbestimmung keine besondere Verordnung erlassen hat, steht dieses Recht der Behörde zu. Dieselben Kennzeichenserien dürfen nur je für Kraftwagen, für Krafträder außer Motorfahrrädern und für Motorfahrräder festgesetzt werden. Für zugelassene Fahrzeuge, für vorübergehend zugelassene Fahrzeuge, für Überstellungsfahrten und für Probefahrten dürfen nicht dieselben Kennzeichenserien festgesetzt werden. *(BGBl 1988/375; BGBl I 2020/134)*

Kennzeichen nach eigener Wahl

§ 48a. (1) Die nicht behördenbezogenen Teile eines Kennzeichens (Vormerkzeichen) können nach Maßgabe der folgenden Bestimmungen frei gewählt werden (Wunschkennzeichen).

(2) Auf schriftlichen Antrag ist ein Wunschkennzeichen zuzuweisen oder zu reservieren, wenn

a) es der durch Verordnung bestimmten Form entspricht,

b) es noch nicht einem anderen Fahrzeug zugewiesen oder für eine andere Person reserviert ist,

c) es nicht ein Vormerkzeichen ist, das für Fahrzeuge einer besonderen Verwendungsbestimmung vorbehalten ist und das Fahrzeug nicht dieser Bestimmung entspricht und

d) es nicht eine lächerliche oder anstößige Buchstabenkombination oder Buchstaben-Zifferkombination enthält oder in Kombination mit der Behördenbezeichnung eine lächerliche oder anstößige Buchstaben- oder Buchstaben-Ziffernkombination ergibt. *(BGBl I 2015/72)*

(3) Für die Zuweisung oder Reservierung eines Wunschkennzeichens ist eine Abgabe in der Höhe von „200 Euro" mittels eines zur postalischen Einzahlung geeigneten Beleges oder bar oder mittels Karte mit Bankomatfunktion oder Kreditkarte bei der Behörde zu entrichten. Die Behörde hat diese eingenommenen Beträge gesammelt zweimal monatlich an den Österreichischen Verkehrssicherheitsfonds zu überweisen. Bei Abweisung oder Zurückziehung des Antrages gemäß Abs. 2 ist diese Abgabe zurückzuzahlen. Im Falle der Zuweisung ist die erfolgte Einzahlung dieser Abgabe vor Aushändigung der Kennzeichentafeln nachzuweisen. Erfolgt die Einzahlung dieser Abgabe nicht binnen vier Wochen ab Bekanntgabe der Reservierung, gilt ein Antrag auf Reservierung als zurückgezogen. *(BGBl I 2003/60; BGBl I 2009/94)*

(4) Für die Administration eines Wunschkennzeichens ist überdies ein Kostenbeitrag in der Höhe von 14 Euro mittels eines von der Behörde ausgegebenen zur postalischen Einzahlung geeigneten Beleges oder bar oder mittels Karte mit Bankomatfunktion oder Kreditkarte bei der Behörde zu entrichten. Der Kostenbeitrag fließt bei Behörden, die sich einer Unterstützung gemäß § 131a Abs. 4 lit. d bedienen, dem Fonds, sonst der Gebietskörperschaft zu, die den Aufwand der Behörde zu tragen hat. *(BGBl I 2002/80)*

(5) Auf Antrag ist dem Zulassungsbesitzer ein Wunschkennzeichen oder ein anderes Wunschkennzeichen bei aufrechter Zulassung zuzuweisen (Abs. 1 bis 4); dies gilt jedoch nicht, wenn noch kein Kennzeichen gemäß § 48 Abs. 4 zugewiesen wurde.

(6) Die Behörden können sich bei der Administration der Kennzeichen (§ 48 sowie Abs. 2) aus Gründen der Zweckmäßigkeit, Wirtschaftlichkeit und Sparsamkeit auch einer Unterstützung durch Dritte bedienen. In diesem Fall ist eine vertragliche Vereinbarung erforderlich. Ein derartiger Vertrag hat jedenfalls die Verpflichtung des betreffenden Vertragspartners zu einer der Amtsverschwiegenheit vergleichbaren Geheimhaltungspflicht zu enthalten.

(7) Das Wunschkennzeichen ist ein höchstpersönliches Recht, das nicht auf andere Personen übertragbar ist. Das Wunschkennzeichen ist auf den Wirkungsbereich der Behörde beschränkt und ist bei einer Standortverlegung des Fahrzeuges (§ 43 Abs. 4 lit. b) nicht übertragbar. *(BGBl I 2009/94)*

(7a) Auf ein Wunschkennzeichen kann vorzeitig durch Erklärung und - im Falle einer aufrechten Zulassung - Rückgabe der Kennzeichentafeln in einer Zulassungsstelle verzichtet werden. Bleibt die Zulassung auch nach dem Verzicht aufrecht, hat die Zulassungsstelle ein Standardkennzeichen zuzuweisen. *(BGBl I 2009/94)*

(8) Das Recht zur Führung eines Wunschkennzeichens erlischt spätestens nach Ablauf von 15 Jahren ab dem Tag der ersten Zuweisung, im Fall

vorangegangener Reservierung ab Bekanntgabe der Reservierung. Dem Besitzer steht das Vorrecht auf eine neuerliche Zuweisung zu. Nicht in Anspruch genommene Reservierungen erlöschen nach fünf Jahren ab Bekanntgabe der Reservierung. In diesem Fall ist keine Abgabe zurückzuzahlen. Eine Abmeldung des Fahrzeuges mit dem Wunschkennzeichen oder eine Aufhebung der Zulassung innerhalb des 15-jährigen Zeitraumes lässt das Recht auf Führung des Wunschkennzeichens unberührt. Im Zuge der Abmeldung oder Aufhebung abgegebene oder eingezogene Kennzeichentafeln werden auf Antrag für eine Wiederausfolgung im Rahmen einer Zulassung für sechs Monate aufbewahrt. *(BGBl I 2009/94)*

(8a) Ein Antrag auf neuerliche Zuweisung des Wunschkennzeichens (Verlängerung) für weitere 15 Jahre bezogen auf den Jahrestag der ersten Zuweisung oder Reservierung ist vor Erlöschen des Rechtes, frühestens jedoch sechs Monate vor dem Tag des Erlöschens, bei einer Zulassungsstelle einzubringen. In diesem Fall ist die Abgabe in der Höhe von „200 Euro" (Verkehrssicherheitsbeitrag) bei der Zulassungsstelle zu entrichten. Die Zulassungsstelle hat die Verlängerung vorzunehmen. Der ermächtigte Versicherer hat die eingenommenen Beträge gesammelt zweimal monatlich an den Österreichischen Verkehrssicherheitsfonds zu überweisen. Für die Verlängerung des Wunschkennzeichens ist der Kostenbeitrag im Sinne des Abs. 4 in der Höhe von 14 Euro bei der Zulassungsstelle zu entrichten und fließt dieser zu. *(BGBl I 2004/29; BGBl I 2009/94)*

(8b) Kennzeichentafeln mit erloschenen Wunschkennzeichen dürfen nicht weiter am Fahrzeug geführt werden. Die Kennzeichentafeln mit dem erloschenen Wunschkennzeichen sind unverzüglich der Behörde oder Zulassungsstelle zurückzugeben und es ist von der Zulassungsstelle ein Standardkennzeichen zuzuweisen. *(BGBl I 2004/29)*

(9) Behördliche Erledigungen gemäß den vorstehenden Absätzen können im Wege der automationsunterstützten Datenverarbeitung ohne Unterschrift hergestellt und ausgefertigt werden.

(BGBl 1988/375)

Kennzeichentafeln

§ 49. (1) Die Behörde hat für ein von ihr zugewiesenes Kennzeichen, Überstellungskennzeichen oder Probefahrtkennzeichen die im Abs. 6 angeführten Kennzeichentafeln auszugeben. Diese sind öffentliche Urkunden. Kennzeichentafeln mit Kennzeichen oder mit Probefahrtkennzeichen sind nur gegen Ersatz der Gestehungskosten auszugeben. Kennzeichentafeln mit Überstellungskennzeichen sind nur gegen Erlag einer kostendeckenden Benützungsgebühr und einer angemessenen Sicherstellung auszugeben. Wird die Kennzeichentafel innerhalb eines Jahres nach der Ausfolgung bei der Stelle, die sie ausgegeben hat, abgeliefert, so ist diese Sicherstellung rückzuerstatten. Nach Ablauf dieser Frist fließt die Sicherstellung der Gebietskörperschaft zu, die den Aufwand der Behörde zu tragen hat. *(BGBl I 1997/103)*

(2) Kennzeichentafeln für Kennzeichen, Probefahrtkennzeichen oder Überstellungskennzeichen, die vom Landeshauptmann (§ 40 Abs. 3 und 4, § 45 Abs. 5, § 46 Abs. 3) zugewiesen wurden, sind von der Behörde auszugeben, die den Zulassungsschein, den Probefahrtschein oder den Überstellungsfahrtschein ausgestellt hat. *(BGBl 1988/375)*

(3) Auf Antrag des Zulassungsbesitzers eines in Z 1 bis 3 genannten Kraftfahrzeuges hat die Behörde Kennzeichentafeln mit dessen Kennzeichen auszugeben für

1. Anhänger mit ausländischem Kennzeichen, die mit einem Kraftfahrzeug mit österreichischem Kennzeichen gezogen werden sollen (§ 83), wenn der Antragsteller glaubhaft macht, dass er Beförderungen vom Ausland in das Inland durchzuführen hat;

2. nicht zum Verkehr zugelassene Anhänger, die mit einem Kraftfahrzeug mit österreichischem Kennzeichen gezogen werden sollen, wenn der Antragsteller glaubhaft macht, dass der Anhänger mit dem Kraftfahrzeug im Ausland gezogen werden soll;

3. auf der Anhängekupplung des Kraftfahrzeuges montierte Lastenträger, am Fahrzeugheck montierte abnehmbare Ladekräne oder auf der Rückseite von Omnibussen montierte Schikörbe. *(BGBl I 2013/43)*

„ " *(BGBl I 2007/57; BGBl I 2016/40)*

(4) Auf den Kennzeichentafeln muss das Kennzeichen eingepresst sein. Die Schriftzeichen müssen bei Tag und klarem Wetter auf mindestens 40 m, bei Motorfahrrädern und vierrädrigen Leichtkraftfahrzeugen auf mindestens 20 m lesbar sein. Die Farbe der Kennzeichentafeln muss sein: Bei Tafeln für

	a) Farbe des Grundes der Tafeln	b) Farbe der Schriftzeichen
1. Kraftwagen, Motorräder, Motorräder mit Beiwagen, Motordreiräder und Anhänger, vorbehaltlich der Z 3 und 4	weiß	schwarz
2. Motorfahrräder, vierrädri-	rot	weiß

ge Leichtkraftfahrzeuge sowie für Anhänger gemäß Abs. 3		
3. vorübergehend zugelassene Fahrzeuge sowie für Probefahrtkennzeichen	blau	weiß
4. Überstellungskennzeichen	grün	weiß
5. „Kraftfahrzeuge der Klasse L, „M1, M2, M3, N1, N2 und N3"** jeweils mit reinem Elektroantrieb oder mit Wasserstoff-Brennstoffzellenantrieb"* *(BGBl I 2017/9; **BGBl I 2017/102)*	„weiß"* *(BGBl I 2017/9)*	„grün"* *(BGBl I 2017/9)*

Der Grund der Kennzeichentafeln muss aus rückstrahlendem Material bestehen. „Bei weißen Kennzeichentafeln, ausgenommen solchen gemäß Z 5 für Motorfahrräder und vierrädrige Leichtkraftfahrzeuge, und bei roten Kennzeichentafeln gemäß Abs. 3 muss am linken Rand in einem blauen Feld mit zwölf gelben Sternen das internationale Unterscheidungszeichen in weißer Schrift angegeben sein."**** Zwischen der Bezeichnung der Behörde und dem Vormerkzeichen muss das Wappen des Bundeslandes angebracht sein, in dem die Behörde ihren Sitz hat; dies gilt nicht für Fahrzeuge gemäß § 54 Abs. 3 und Abs. 3a lit. a und b sowie für Motorfahrräder und vierrädrige Leichtkraftfahrzeuge. „Bei den in § 40 Abs. 1 lit. a angeführten Fahrzeugen tritt an die Stelle des Landeswappens das Bundeswappen, bei den zur Verwendung für die Feuerwehr bestimmten Fahrzeugen tritt an die Stelle des Landeswappens das Feuerwehr-Korpsabzeichen."*** „Weiße Kennzeichentafeln (Z 1 und Z 5, ausgenommen solche für Motorfahrräder und vierrädrige Leichtkraftfahrzeuge) müssen an ihrer oberen und unteren Kante rot-weiß-rot gerandet sein; Kennzeichentafeln für Motorfahrräder und vierrädrige Leichtkraftfahrzeuge müssen weiß, solche gemäß Z 5 grün umrandet sein."* Auf Kennzeichentafeln für vorübergehend zugelassene Fahrzeuge müssen auf einem roten Streifen am rechten Rand der Tafel in weißer Schrift die zwei letzten Ziffern der Jahreszahl des Kalenderjahres angegeben sein, in dem die Zulassung erlischt. Kennzeichentafeln müssen dauerhaft und widerstandsfähig ausgeführt und mit einer Hohlprägung versehen sein, die das „Bundeswappen"**** mit der Umschrift „Republik Österreich" und die dem Hersteller der Kennzeichentafeln (Abs. 5) vom Bundesminister für „Klimaschutz, Umwelt, Energie, Mobilität, Innovation und Technologie"**** zugewiesene Kontrollnummer zeigt.
(BGBl I 2002/80; *BGBl I 2017/9; **BGBl I 2017/102; ***BGBl I 2019/78; ****BGBl I 2020/134)

(4a) Der Zulassungsbesitzer eines Fahrzeuges, für das noch keine Kennzeichentafeln gemäß Abs. 4 (EU-Kennzeichentafel) ausgegeben worden sind, hat die Möglichkeit, die Ausfolgung solcher Kennzeichentafeln zu beantragen. Dabei ist grundsätzlich ein neues Kennzeichen zuzuweisen und es sind von Amts wegen alle entsprechenden Änderungen das neue Kennzeichen betreffend durchzuführen. Ist bereits ein Kennzeichen gemäß § 48 Abs. 4 oder ein Wunschkennzeichen vergeben, so kann die Ausfolgung von Kennzeichentafeln gemäß Abs. 4 mit dem bisherigen Kennzeichen beantragt werden. Der Betrag für den Ersatz der Gestehungskosten der neuen Kennzeichentafeln ist gleichzeitig mit dem Antrag zu erlegen. Die neuen Kennzeichentafeln sind nur gegen Ablieferung der bisherigen Kennzeichentafeln auszufolgen. Bei Zuweisung eines neuen Kennzeichens ist der bisherige Zulassungsschein abzuliefern. Der Anspruch auf Ausfolgung der Tafeln erlischt, wenn sie vom Antragsteller sechs Monate nach Einbringung des Antrages nicht abgeholt wurden. *(BGBl I 2002/80)*

(4b) Der Zulassungsbesitzer eines Kraftfahrzeuges gemäß Abs. 4 Z 5 hat die Möglichkeit, anstelle der Kennzeichentafel gemäß Abs. 4 Z 5 eine herkömmliche Kennzeichentafel gemäß Abs. 4 Z 1 oder 2 zu beantragen. Der Zulassungsbesitzer eines Kraftfahrzeuges gemäß Abs. Z 5, für das noch keine Kennzeichentafeln gemäß Abs. 4 Z 5 ausgegeben worden sind, hat die Möglichkeit, die Ausfolgung solcher Kennzeichentafeln zu beantragen. Dabei ist grundsätzlich ein neues Kennzeichen zuzuweisen und es sind von Amts wegen alle entsprechenden Änderungen das neue Kennzeichen betreffend durchzuführen. Es kann auch die Ausfolgung von Kennzeichentafeln gemäß Abs. 4 Z 5 mit dem bisherigen Kennzeichen beantragt werden. Der Betrag für den Ersatz der Gestehungskosten der neuen Kennzeichentafeln ist gleichzeitig mit dem Antrag zu erlegen. Die neuen Kennzeichentafeln sind nur gegen Ablieferung der bisherigen Kennzeichentafeln auszufolgen. Bei Zuweisung eines neuen Kennzeichens ist der bisherige Zulassungsschein abzuliefern. Der Anspruch auf Ausfolgung der Tafeln erlischt, wenn sie vom Antragsteller sechs Monate nach

§ 49

Einbringung des Antrages nicht abgeholt wurden. *(BGBl I 2017/9)*

(5) Zur Herstellung von Kennzeichentafeln ist eine Bewilligung des Bundesministers für „Klimaschutz, Umwelt, Energie, Mobilität, Innovation und Technologie" erforderlich. Eine solche Bewilligung ist zu erteilen, wenn der Antragsteller über eine durch Verordnung des Bundesministers für „Klimaschutz, Umwelt, Energie, Mobilität, Innovation und Technologie" festgesetzte Gewerbeberechtigung und über die ebenfalls durch Verordnung des Bundesministers für „Klimaschutz, Umwelt, Energie, Mobilität, Innovation und Technologie" zusätzlich festgelegten besonderen Kenntnisse und Fähigkeiten, die zur Erfüllung der mit dieser Bewilligung verbundenen Aufgaben erforderlich sind, verfügt und wenn aufgrund seines bisherigen Gesamtverhaltens zu erwarten ist, daß er die für die Ausübung der Berechtigung erforderliche Zuverlässigkeit besitzt. Bei der Festsetzung der notwendigen Gewerbeberechtigung ist insbesondere auf die bei der Fertigung von Kennzeichentafeln nötigen Kenntnisse und Erfahrungen Bedacht zu nehmen. *(BGBl 1994/654; BGBl I 2020/134)*

(5a) Wurde ein gewerberechtlicher Geschäftsführer bestellt und der Gewerbebehörde angezeigt (§ 39 GewO 1994), so ist dieser auch für die Ausübung der in Abs. 5 geregelten Bewilligung verantwortlich. Die Bestellung sowie jeder Wechsel in der Person des gewerberechtlichen Geschäftsführers sind dem Bundesminister für „Klimaschutz, Umwelt, Energie, Mobilität, Innovation und Technologie" anzuzeigen. *(BGBl 1994/654; BGBl I 2020/134)*

(5b) Eine Bewilligung nach Abs. 5 ist zu entziehen, wenn die Gewerbeberechtigung erloschen ist oder die erforderliche Zuverlässigkeit weggefallen ist; sie ist weiters zu entziehen, wenn der Bewilligungsinhaber trotz Aufforderung des Bundesministers für „Klimaschutz, Umwelt, Energie, Mobilität, Innovation und Technologie"** keinen gewerberechtlichen Geschäftsführer bestellt oder seine Meldepflicht gemäß „Abs. 5a"* wiederholt verletzt. Wurde die Bewilligung entzogen, so sind die Prägestempel mit dem „Bundeswappen"** unverzüglich dem Bundesminister für „Klimaschutz, Umwelt, Energie, Mobilität, Innovation und Technologie"** abzuliefern. Die Ablieferung begründet keinen Anspruch auf Entschädigung. *(BGBl 1994/654; *BGBl I 2016/40; **BGBl I 2020/134)*

(5c) Der Hersteller hat einen Anspruch auf ein Entgelt; dieses ist für jede Type von Kennzeichentafeln durch Verordnung des Bundesministers für „Klimaschutz, Umwelt, Energie, Mobilität, Innovation und Technologie" festzusetzen. Das Entgelt hat die Gestehungskosten in einem rationell geführten Betrieb zu decken und einen angemessenen Gewinn zu sichern. *(BGBl 1994/654; BGBl I 2020/134)*

(5d) Der Bundesminister für „Klimaschutz, Umwelt, Energie, Mobilität, Innovation und Technologie" hat die Abmessungen, die technische Beschaffenheit und die optische Gestaltung der Kennzeichentafeln durch Verordnung zu regeln; dabei ist darauf Bedacht zu nehmen, daß die Kennzeichen auch bei erhöhter Beanspruchung und bei schlechten Sichtverhältnissen leicht lesbar bleiben. Festzusetzen ist insbesondere *(BGBl I 2020/134)*

1. die Art der zu verwendenden Materialien und das anzuwendende Herstellungsverfahren;

2. die optische Gestaltung und die Wahrnehmungseigenschaften;

3. die Qualität hinsichtlich Temperaturbeständigkeit, Schlagfestigkeit, Biegefestigkeit, Wasserfestigkeit, Reinigungsfähigkeit, Rückstrahlwerte und die anzuwendenden Prüfmethoden.
(BGBl 1994/654)

(6) Die vorgesehene Kennzeichentafel mit dem für das Fahrzeug zugewiesenen Kennzeichen muss wie folgt am Fahrzeug angebracht sein:

1. an dreirädrigen Kraftfahrzeugen mit geschlossenem kabinenartigem Aufbau und an Kraftwagen vorne und hinten;

2. an Motorfahrrädern, Motorrädern, Motorrädern mit Beiwagen, dreirädrigen Kraftfahrzeugen ohne Aufbau, vierrädrigen Kraftfahrzeugen, die insbesondere durch Lenkstange, Bedienungs- und Anzeigeelemente sowie Sitzbank Charakterzüge eines Kraftrades aufweisen, vierrädrigen Leichtkraftfahrzeugen, selbstfahrenden Arbeitsmaschinen mit einer Bauartgeschwindigkeit von nicht mehr als 40 km/h, Zugmaschinen, Transportkarren, Motorkarren und an Anhängern hinten. *(BGBl I 2013/43)*

Bei anderen als in Z 2 genannten selbstfahrenden Arbeitsmaschinen kann die vordere Kennzeichentafel abgenommen werden, wenn vorne am Fahrzeug Geräte oder Aufbauten angebracht sind. Das Anbringen weiterer Kennzeichentafeln ist unzulässig; bei Probefahrten dürfen jedoch auch Kennzeichentafeln mit Probefahrtkennzeichen angebracht sein. Die Kennzeichentafeln müssen senkrecht zur Längsmittelebene des Fahrzeuges annähernd lotrecht und so am Fahrzeug angebracht sein, dass das Kennzeichen vollständig sichtbar ist und gut lesbar ist und durch die Kennzeichenleuchten ausreichend beleuchtet werden kann. Ist das Anbringen der Kennzeichentafeln hinten am Fahrzeug nicht möglich, wie bei Theaterkulissenwagen und dergleichen, so ist je eine Kennzeichentafel an jeder Seite des Fahrzeuges parallel zu seiner Längsmittelebene anzubringen. Es muss in jedem Fall auch die Umrandung der Kennzeichentafel vollständig sichtbar sein. Bei Befestigung der Kennzeichentafel mit einem serienmäßig hergestellten Kennzeichen-Halter darf der Rand der Kennzeichentafel jedoch geringfügig (bis zu einer Fläche von zirka 10 cm^2) verdeckt werden. Nicht mehr benötigte vordere Kennzeichentafeln für dreirädrigen Kraftfahrzeugen ohne Aufbau und vierrädrige Kraftfahrzeuge, die insbesondere durch Lenkstange, Bedienungs- und Anzeigeelemente sowie Sitzbank Charakterzüge eines Kraftrades aufweisen, sind bis spätestens 31. Dezember 2007 in einer Zulassungsstelle zurückzugeben. *(BGBl I 2007/57)*

(7) Die Kennzeichentafeln müssen mit dem Fahrzeug dauernd fest verbunden sein; bei Fahrzeugen, bei denen die Kennzeichenleuchte auf einem Leuchtenträger (§ 14 Abs. 9 lit. c) angebracht ist, ist die hintere Kennzeichentafel unbeschadet des Abs. 6 auf diesem anzubringen; Kennzeichentafeln mit Probefahrt- oder Überstellungskennzeichen und Kennzeichentafeln gemäß Abs. 3 dürfen jedoch, sofern sie in der im Abs. 6 angeführten Weise angebracht sind, auch behelfsmäßig mit dem Fahrzeug verbunden sein. *(BGBl 1977/615)*

(8) Wird die hintere Kennzeichentafel durch einen auf der Anhängekupplung montierten Fahrradträger oder durch die damit transportierten Fahrräder verdeckt, so hat der Lenker

1. die hintere Kennzeichentafel, oder
2. eine rote Kennzeichentafel mit dem Kennzeichen des Zugfahrzeuges (Abs. 3 Z 3)

auf dem Fahrradträger, der auch entsprechende Vorrichtungen zur Aufnahme und Beleuchtung der Kennzeichentafel aufweisen muss, anzubringen. *(BGBl I 2007/57)*

Zustand der Kennzeichentafeln

§ 50. (1) Das Ändern der Kennzeichentafeln und das Anbringen von Vorrichtungen, mit denen das Kennzeichen eines Fahrzeuges ganz oder teilweise verdeckt oder unlesbar gemacht werden kann, ist verboten.

(2) Ist das Kennzeichen auf einer Kennzeichentafel nicht mehr dauernd gut lesbar, so ist dem Zulassungsbesitzer auf Antrag eine neue Kennzeichentafel auszufolgen; dies gilt hinsichtlich des Wappens sinngemäß. Handelt es sich um eine weiße Kennzeichentafel ohne EU-Emblem, so sind neue Kennzeichentafeln mit EU-Emblem auszufolgen. Handelt es sich dabei aber um eine Tafel in einem Kennzeichen, das nicht dem § 48 Abs. 4 entspricht (alte schwarze Kennzeichentafel) so sind dem Zulassungsbesitzer bei aufrechter Zulassung ein neues Kennzeichen gemäß § 48 Abs. 4 zuzuweisen und Kennzeichentafeln gemäß § 49 Abs. 4 auszufolgen; bei dieser Gelegenheit sind von Amts wegen alle entsprechenden Änderungen, das neue Kennzeichen betreffend, durchzuführen. Der Betrag für den Ersatz der Gestehungskosten der neuen Kennzeichentafel(n) ist gleichzeitig mit dem Antrag zu erlegen. Die neue(n) Kennzeichentafel(n) sind nur gegen Ablieferung der alten Kennzeichentafel(n) auszufolgen. Der Anspruch auf Ausfolgung der Tafel(n) erlischt, wenn sie vom Antragsteller sechs Monate nach Einbringung des Antrages nicht abgeholt wurde(n). *(BGBl I 2002/80)*

Verlust von Kennzeichentafeln

§ 51. (1) Der Lenker hat den Verlust von Kennzeichentafeln eines von ihm gelenkten Kraftfahrzeuges oder eines mit diesem gezogenen Anhängers unverzüglich der Behörde, in deren örtlichem Wirkungsbereich er sich zur Zeit der Wahrnehmung des Verlustes aufhält, oder der nächsten Dienststelle des öffentlichen Sicherheitsdienstes anzuzeigen.

(2) Die Erstattung der Anzeige (Abs. 1) ist dem Lenker zu bestätigen. Die Zulassungsstelle hat für das Fahrzeug ein anderes Kennzeichen zuzuweisen. Kennzeichentafeln für dieses Kennzeichen sind nur gegen Ablieferung der über die Anzeige des Verlustes ausgestellten Bestätigung auszufolgen. Vorhandene Kennzeichentafeln für das bisherige Kennzeichen sind abzuliefern. Die Ablieferung begründet keinen Anspruch auf Entschädigung. *(BGBl I 2002/80)*

(3) Nach dem Verlust von Kennzeichentafeln darf das Fahrzeug auf Straßen mit öffentlichem Verkehr nur auf Grund einer Bewilligung zur Durchführung von Überstellungsfahrten (§ 46) oder eine Woche vom Tage des Verlustes an mit einer behelfsmäßigen Ersatztafel, die in ihrer Form den von der Behörde ausgegebenen Kennzeichentafeln möglichst gleicht, weiter verwendet werden.

(4) Ist die Kennzeichentafel für ein Kennzeichen in Verlust geraten, so darf dieses erst ein Jahr nach der Anzeige des Verlustes (Abs. 1), im Falle eines Diebstahles von Kennzeichentafeln frühestens jedoch nach Abschluss der polizeilichen Fahndungsmaßnahmen wieder zugewiesen werden. *(BGBl I 2007/57)*

(BGBl I 1997/103)

Hinterlegung des Zulassungsscheines und der Kennzeichentafeln

§ 52. (1) Der Zulassungsbesitzer kann den Zulassungsschein und die Kennzeichentafeln für sein Fahrzeug für eine bestimmte, ein Jahr nicht überschreitende Zeit bei der Behörde, in deren örtlichem Wirkungsbereich das Fahrzeug zugelassen ist, hinterlegen. Sollte bei einer Hinterlegung mit Chipkartenzulassungsbescheinigung diese noch nicht zugestellt worden sein, kann vorerst durch Abgabe der befristeten Papierausfertigung sowie der Kennzeichentafeln hinterlegt werden. Nach Erhalt der Chipkartenzulassungsbescheinigung hat der Zulassungsbesitzer diese jedoch unverzüglich ebenfalls zu hinterlegen. Durch die Hinterlegung wird die Zulassung des Fahrzeuges zum Verkehr (§ 36) nicht berührt; sie erlischt jedoch, wenn der Zulassungsbesitzer nicht vor Ablauf eines Jahres nach der Hinterlegung den Antrag auf Ausfolgung des Zulassungsscheines und der Kennzeichentafeln gestellt oder neuerlich ihre Hinterlegung verfügt hat. *(BGBl I 2009/94)*

(2) Der Zulassungsschein und die Kennzeichentafeln dürfen nach ihrer Hinterlegung (Abs. 1) wieder ausgefolgt werden, wenn zu der zuletzt in der zentralen Zulassungsevidenz (§ 47 Abs. 4a) erfassten Versicherungsbestätigung kein Widerruf erfolgt ist. In diesem Fall ist eine neue Versicherungsbestätigung vorzulegen. *(BGBl I 2016/40, gem. V BGBl II 2017/77 ab 1. 4. 2017)*

Kennzeichnung der Kraftwagen des Bundespräsidenten

§ 53. Bei Kraftwagen, die zur Verwendung für Fahrten des Bundespräsidenten bei feierlichen Anlässen bestimmt sind, dürfen die Kennzeichentafeln durch Tafeln mit dem „Bundeswappen" verdeckt oder ersetzt sein. Das gleiche gilt bei Besuchen ausländischer Staatsoberhäupter sinngemäß auch hinsichtlich der jeweiligen ausländischen Staatswappen für die bei solchen Anlässen verwendeten Kraftwagen. *(BGBl I 2020/134)*

Abzeichen an Kraftfahrzeugen und Anhängern

§ 54. (1) Standarten, Flaggen und Wimpel in den Farben der Republik Österreich mit dem „Bundeswappen" dürfen nur bei offiziellen Anlässen geführt werden und nur an Kraftwagen, die zur Verwendung für Fahrten des Bundespräsidenten, der Präsidenten des Nationalrates, des Vorsitzenden des Bundesrates, der übrigen Abgeordneten zum Nationalrat, der übrigen Mitglieder des Bundesrates, der Mitglieder der Bundesregierung, der Staatssekretäre, der Landeshauptmänner oder Präsidenten oder Vizepräsidenten des Rechnungshofes, des Verfassungsgerichtshofes, des Verwaltungsgerichtshofes oder des Obersten Gerichtshofes bestimmt sind. Das Führen dieser Standarten, Flaggen und Wimpel vorne am Fahrzeug in der Mitte ist nur bei Fahrten des Bundespräsidenten sowie bei Fahrten mit Kraftwagen des Bundespräsidenten bei feierlichen Anlässen zulässig. *(BGBl I 2020/134)*

(2) Das ausländischen Staatsoberhäuptern sowie den ausländischen diplomatischen Vertretungsbehörden und den Missionschefs auf Grund von Staatsverträgen oder allgemein anerkannten Regeln des Völkerrechtes zustehende Recht, ihre Hoheitszeichen zu führen, bleibt unberührt. Die Leiter konsularischer Vertretungen sind berechtigt, das Hoheitszeichen des Entsendestaates an Kraftfahrzeugen bei Dienstfahrten zu führen. *(BGBl 1971/285)*

(3) Das Zeichen „CD" (corps diplomatique) darf nur angebracht sein an Kraftfahrzeugen,

a) die bei den ausländischen diplomatischen Vertretungsbehörden oder den internationalen Organisationen oder den Ständigen Vertretungen fremder Staaten bei den internationalen Organisationen in Österreich als Dienstfahrzeuge in Verwendung stehen,

b) die zur Verwendung durch Mitglieder des diplomatischen Personals der ausländischen diplomatischen Vertretungsbehörden in Österreich bestimmt sind, sofern diese Personen nicht die österreichische Staatsbürgerschaft besitzen oder Ausländer oder Staatenlose sind, die in Österreich ständig ansässig sind, oder

c) die zur Verwendung durch Angestellte diplomatischen Ranges internationaler Organisationen oder durch Mitglieder diplomatischer Rechtsstellung der Ständigen Vertretungen fremder Staaten bei den internationalen Organisationen in Österreich oder durch Gouverneure bei der Internationalen Atomenergie-Organisation oder durch ihnen beigegebene Berater und Sachverständige bestimmt sind, sofern diese Personen nicht die österreichische Staatsbürgerschaft besitzen oder Staatenlose sind, die in Österreich ständig ansässig sind.
(BGBl 1971/285)

(3a) Das Zeichen „CC" (corps consulaire) darf nur angebracht werden an Kraftfahrzeugen,

a) die bei den ausländischen berufskonsularischen Vertretungsbehörden in Österreich als Dienstfahrzeuge in Verwendung stehen,

b) die zur Verwendung durch ausländische Berufskonsuln in Österreich bestimmt sind oder

c) die zur Verwendung durch Leiter honorarkonsularischer Vertretungsbehörden fremder Staaten in Österreich bestimmt sind. Diese Berechtigung gilt jedoch nur für jeweils ein Kraftfahrzeug eines Leiters einer honorarkonsularischen Vertretungsbehörde.
(BGBl 1971/285)

(3b) Die Bestimmungen des Abs. 3 lit. b und c und des Abs. 3a lit. b gelten sinngemäß auch für die Fahrzeuge, die zur Verwendung durch die mit den dort angeführten Personen in gleichem Haushalt lebenden und eine gleichartige Rechtsstellung genießenden Familienangehörigen bestimmt sind. *(BGBl 1971/285)*

(3c) Die Zeichen „CD" und „CC" müssen in der bei Kennzeichentafeln üblichen Art am Fahrzeug angebracht sein. Das Recht, diese Zeichen zu führen, ist in den Zulassungsschein einzutragen. *(BGBl 1971/285)*

(4) Das Anbringen anderer als der in den Abs. 1, 3 und 3a angeführten Zeichen, bildlichen Darstellungen, Aufschriften und Fahnen an Fahrzeugen kann aus sicherheitspolizeilichen Gründen oder zum Schutze der öffentlichen Ord-

nung und Sicherheit von der Behörde untersagt oder beschränkt werden. *(BGBl 1971/285)*

V. Abschnitt
Überprüfung und Begutachtung der Kraftfahrzeuge und Anhänger

Wiederkehrende Überprüfung

§ 55. *(aufgehoben, BGBl I 1997/103)*

Besondere Überprüfung

§ 56. (1) Kraftfahrzeuge und Anhänger, bei denen Bedenken bestehen,

1. ob sie sich in verkehrs- und betriebssicherem Zustand befinden, wie insbesondere dann, wenn aus einer Verkehrsunfallmeldung ersichtlich ist, dass das Fahrzeug schwere Beschädigungen, wie zB gravierende Verformungen des Fahrwerkes aufweist, oder *(BGBl I 2002/80)*

2. ob mit ihnen nicht mehr Lärm, Rauch, übler Geruch oder schädliche Luftverunreinigungen als bei ordnungsgemäßem Zustand und sachgemäßem Betrieb unvermeidlich ist, verursacht werden oder

3. ob sie sich in vorschriftsmäßigem Zustand befinden,

sind von der Behörde zu überprüfen, ob sie den Vorschriften dieses Bundesgesetzes und der auf Grund dieses Bundesgesetzes erlassenen Verordnungen entsprechen; dies gilt für vorübergehend zugelassene Fahrzeuge und Fahrzeuge mit ausländischem Kennzeichen sinngemäß. Die Behörde kann an Stelle des gemäß § 57 Abs. 1 einzuholenden Gutachtens auch die Beibringung eines Gutachtens gemäß § 57a Abs. 1 anordnen. Bei Unfallfahrzeugen im Sinne der Z 1 kann die besondere Überprüfung unterbleiben, wenn ein positives Gutachten gemäß § 57a oder die Rechnung über die ordnungsgemäße Instandsetzung durch einen befugten Betrieb vorgelegt wird. Eine besondere Überprüfung ist auch bei anderen Fahrzeugen vorzunehmen, wenn dies vom Zulassungsbesitzer des Fahrzeuges, bei nicht zugelassenen Fahrzeugen vom rechtmäßigen Besitzer, beantragt wird. *(BGBl I 2002/80)*

(1a) Die Behörde kann Fahrzeuge, deren erstmalige Zulassung länger als zwölf Jahre zurückliegt, überprüfen, ob sie den Vorschriften dieses Bundesgesetzes und den auf Grund dieses Bundesgesetzes erlassenen Verordnungen entsprechen. Wenn die Behörde das erforderliche Gutachten von der Landesprüfstelle einholt, so kann zur besseren Koordination und effizienten Auslastung auch die Auswahl der Fahrzeuge und die Vorladung der Zulassungsbesitzer im Einvernehmen mit dem Landeshauptmann diesem übertragen werden. In diesen Fällen gehen auch die Zuständigkeiten gemäß § 57 Abs. 6 und Abs. 7 auf den Landeshauptmann über. *(BGBl I 2016/40)*

(1b) Die Behörde hat eine besondere Überprüfung gemäß Abs. 1 hinsichtlich einzelner Fahrzeuge auch über Ersuchen einer ausländischen Behörde durchzuführen. Die ersuchende ausländische Behörde ist über das Ergebnis der besonderen Überprüfung zu informieren. *(BGBl I 2003/60)*

(1c) Die Behörde kann an Stelle des gemäß § 57 Abs. 1 einzuholenden Gutachtens auch die Beibringung einer bestimmten Bestätigung einer bestimmten, dafür geeigneten Stelle anordnen, in welcher bestätigt wird, dass das Fahrzeug in verkehrs- und betriebssicheren oder in vorschrifts- und genehmigungskonformen Zustand gebracht worden ist. Bei Nichtvorlage der aufgetragenen Bestätigung innerhalb der vorgegebenen Frist ist die Zulassung aufzuheben. *(BGBl I 2017/9)*

(2) Der Bundesminister für „Klimaschutz, Umwelt, Energie, Mobilität, Innovation und Technologie" kann jederzeit Fahrzeuge einer bestimmten Art gemäß Abs. 1 überprüfen, wenn diese Fahrzeuge Fehler oder Mängel aufweisen, durch die die Verkehrs- oder Betriebssicherheit beeinträchtigt wird, oder wenn mit diesen Fahrzeugen mehr Lärm, Rauch, übler Geruch oder schädliche Luftverunreinigungen verursacht werden können, als bei ordnungsgemäßem Zustand und sachgemäßem Betrieb unvermeidbar ist. *(BGBl I 2002/80; BGBl I 2020/134)*

(3) Die besondere Überprüfung von Fahrzeugen einer bestimmten Art kann auch durch Verordnung angeordnet werden; hiebei kann auch bestimmt werden, daß Fahrzeuge, bei denen die Überprüfung ergeben hat, daß sie den Vorschriften dieses Bundesgesetzes und der auf Grund dieses Bundesgesetzes erlassenen Verordnungen entsprechen, als solche erkennbar sein müssen und in welcher Weise sie erkennbar gemacht sein müssen.

(4) Wurden schwere Mängel (§ 57 Abs. 7) festgestellt, so ist für jede im Zuge der besonderen Überprüfung vorgenommene Prüfung des Fahrzeuges, wenn das Gutachten nicht von einem gemäß § 57 Abs. 4 Ermächtigten eingeholt worden ist, ein Kostenersatz zu entrichten. Der Kostenersatz ist auch für jede im Zuge einer besonderen Überprüfung gemäß Abs. 1 vierter Satz vorgenommene Prüfung des Fahrzeuges zu entrichten. Der Kostenersatz fließt der Gebietskörperschaft zu, die den Aufwand der für die Prüfung der Fahrzeuge erforderlichen Einrichtungen trägt. Die Höhe des Kostenersatzes ist durch Verordnung des Bundesministers für „Klimaschutz, Umwelt, Energie, Mobilität, Innovation und Technologie" festzusetzen. *(BGBl I 2005/117; BGBl I 2020/134)*

(5) Erfolgt die besondere Überprüfung innerhalb der Fristen des § 57a Abs. 3 noch vor der nächsten fälligen Begutachtung, so ersetzt diese

Überprüfung bei positivem Ergebnis die nächste Begutachtung des Fahrzeuges und es ist eine Begutachtungsplakette anzubringen. Der Zulassungsbesitzer hat daher den Kostenersatz für diese Überprüfung zu entrichten. *(BGBl I 2002/80)*

(6) Der Kostenersatz gemäß Abs. 4 ist auch dann zu entrichten, wenn ein vereinbarter Prüftermin nicht wahrgenommen wird und nicht spätestens drei Werktage vorher abgesagt wird. *(BGBl I 2016/40)*

Verfahren bei der Überprüfung

§ 57. (1) Bei der besonderen Überprüfung (§ 56) ist ein Gutachten darüber einzuholen, ob das Fahrzeug

1. den Erfordernissen der Verkehrs- und Betriebssicherheit und

2. soweit dies durch das prüfende Organ beurteilt werden kann, den Vorschriften dieses Bundesgesetzes und der auf Grund dieses Bundesgesetzes erlassenen Verordnungen entspricht und

3. bei Kraftfahrzeugen darüber hinaus, ob mit ihnen nicht übermäßig Lärm, Rauch, übler Geruch oder schädliche Luftverunreinigungen verursacht werden.

Dieses Gutachten ist auf Grund einer Prüfung des Fahrzeuges abzugeben. *(BGBl I 1997/103)*

(2) Das Gutachten (Abs. 1) ist bei einem gemäß § 125 bestellten Sachverständigen „ " oder bei einem vom Landeshauptmann gemäß Abs. 4 zur Abgabe von solchen Gutachten Ermächtigten einzuholen. *(BGBl I 2005/117; BGBl I 2016/40)*

(3) Der Landeshauptmann hat dem im Abs. 2 angeführten Sachverständigen die für die Prüfung des Fahrzeuges erforderlichen Einrichtungen zur Verfügung zu stellen. Der Sachverständige hat sich dieser Einrichtungen, soweit dies erforderlich ist, bei der Prüfung zu bedienen. *(BGBl I 1997/103)*

(4) Der Landeshauptmann kann für seinen örtlichen Wirkungsbereich auf Antrag Ziviltechniker oder technische Büros-Ingenieurbüros (§ 134 GewO) des einschlägigen Fachgebietes, Vereine oder zur Reparatur von Kraftfahrzeugen oder Anhängern berechtigte Gewerbetreibende, die hinreichend über hiezu geeignetes, die Voraussetzungen des § 125 Abs. 2 Z 2 erfüllendes Personal und die erforderlichen Einrichtungen verfügen, zur Abgabe von Gutachten für die besondere Überprüfung ermächtigen, wenn zu erwarten ist, dass die gemäß § 125 bestellten Sachverständigen (Landesprüfstelle) die erforderlichen Prüfungen nicht in ausreichendem Umfang abwickeln können werden. Die Ermächtigung darf nur vertrauenswürdigen Personen verliehen werden. Der Ermächtigte hat Veränderungen hinsichtlich seines Personals und seiner Einrichtungen, soweit diese Voraussetzungen für die Erteilung der Ermächtigung waren, unverzüglich dem Landeshauptmann anzuzeigen. Die Voraussetzungen des § 125 Abs. 2 Z 2 lit. b gelten auch dann als erfüllt, wenn in sinngemäßer Anwendung des § 125 Abs. 3 festgestellt wurde, dass eine gleichwertige Ausbildung vorliegt. Die Ermächtigung ist ganz oder nur hinsichtlich einzelner Arten von Fahrzeugen zu widerrufen, wenn der Ermächtigte nicht mehr vertrauenswürdig ist, nicht mehr über geeignetes Personal verfügt, seine Einrichtungen nicht den durch Verordnung festgesetzten Anforderungen entsprechen oder wenn eine der für die Erteilung der Ermächtigung erforderlichen Voraussetzungen nicht mehr gegeben ist. Erforderlichenfalls kann der Ausschluss bestimmter geeigneter Personen von dieser Tätigkeit angeordnet werden. *(BGBl I 2016/40)*

(4a) Der Landeshauptmann hat regelmäßig zu überprüfen, ob die Voraussetzungen für die Erteilung der Ermächtigung noch gegeben sind und ob die Fahrzeugprüfungen ordnungsgemäß durchgeführt werden. Insbesondere bei zur Reparatur von Fahrzeugen berechtigten Gewerbetreibenden hat er auf die Objektivität der Fahrzeugprüfung zu achten. Er kann Anordnungen zur Behebung von Mängeln treffen. Den Anordnungen des Landeshauptmannes ist unverzüglich zu entsprechen. *(BGBl I 1997/103)*

(5) Der Zulassungsbesitzer hat sein Fahrzeug zur Prüfung (Abs. 1) vorzuführen und das Fahrzeug-Genehmigungsdokument vorzulegen. Er hat dafür zu sorgen, dass das zur Prüfung vorgeführte Fahrzeug gereinigt ist. „Er erteilt seine Zustimmung zur allfällig notwendigen Auslese von Daten im Rahmen der Überprüfung des Fahrzeugs und ermöglicht erforderlichenfalls den technischen Zugang zu Schnittstellen." *(BGBl I 2005/117; BGBl I 2017/9)*

(6) Die Behörde hat jede Anordnung einer besonderen Überprüfung sowie das Ergebnis der Überprüfung beim Datensatz des jeweiligen Fahrzeuges in die Zulassungsevidenz einzutragen. Wurde eine Zulassungssperre für das Fahrzeug in die Genehmigungsdatenbank aus den Gründen des § 44 Abs. 1 oder Abs. 2 oder des § 57 Abs. 7 oder Abs. 8 eingetragen, ist die Zulassungssperre aufzuheben, wenn die Überprüfung ergibt, dass das Fahrzeug den Vorschriften dieses Bundesgesetzes und den auf Grund dieses Bundesgesetzes erlassenen Verordnungen entspricht. *(BGBl I 2005/117)*

(7) Entspricht das Fahrzeug nicht den Vorschriften (Abs. 6), so hat die Behörde auszusprechen, welche Mängel zu beheben sind und bei Fahrzeugen, die sich nicht in verkehrs- und betriebssicherem Zustand befinden oder bei denen übermäßig Lärm, Rauch, übler Geruch oder schädliche Luftverunreinigungen verursacht werden, wann das Fahrzeug zur neuerlichen Prüfung vorzuführen ist. Bei nicht zugelassenen Fahrzeugen ist in

die Genehmigungsdatenbank eine Zulassungssperre einzutragen. *(BGBl I 2005/117)*

(8) Wird die Verkehrssicherheit durch die weitere Verwendung des Fahrzeuges gefährdet, so sind bei Gefahr im Verzug, unbeschadet der Bestimmungen des § 44 Abs. 1 lit. a über die Aufhebung der Zulassung, der Zulassungsschein und die Kennzeichentafeln unverzüglich abzunehmen. In die Genehmigungsdatenbank ist eine Zulassungssperre für das Fahrzeug einzutragen. *(BGBl I 2005/117)*

(9) Durch Verordnung sind nach den Erfordernissen der Verkehrs- und Betriebssicherheit, dem jeweiligen Stand der Technik entsprechend, die näheren Bestimmungen über die Prüfung (Abs. 1) und über Unterlagen, die bei der Prüfung vorzulegen sind, festzusetzen. *(BGBl 1984/552)*

Wiederkehrende Begutachtung

§ 57a. (1) Der Zulassungsbesitzer eines Fahrzeuges, ausgenommen

1. Anhänger, mit denen eine Geschwindigkeit von 25 km/h nicht überschritten werden darf,
2. Zugmaschinen mit einer Bauartgeschwindigkeit von nicht mehr als 25 km/h,
3. selbstfahrende Arbeitsmaschinen und Transportkarren jeweils mit einer Bauartgeschwindigkeit von nicht mehr als 30 km/h,
4. Motorkarren mit einer Bauartgeschwindigkeit von nicht mehr als 25 km/h,

hat dieses zu den im Abs. 3 erster Satz festgesetzten Zeitpunkten von einer hiezu gemäß Abs. 2 Ermächtigten wiederkehrend begutachten zu lassen, ob es den Erfordernissen der Verkehrs- und Betriebssicherheit entspricht und, bei Kraftfahrzeugen, ob mit dem Fahrzeug nicht übermäßig Lärm, Rauch, übler Geruch oder schädliche Luftverunreinigungen verursacht werden können; hiebei braucht jedoch die Messung des Nahfeldpegels nicht zu erfolgen, wenn keine Bedenken hinsichtlich einer Abänderung der Auspuffanlage bestehen oder das Fahrzeug nicht als lärmarmes Fahrzeug gekennzeichnet ist. „Fahrzeuge mit einem höchsten zulässigen Gesamtgewicht von mehr als 3 500 kg sowie historische Fahrzeuge (§ 2 Abs. 1 Z 43) sind außerdem, soweit das durch das prüfende Organ beurteilt werden kann, zu begutachten, ob sie den Vorschriften dieses Bundesgesetzes und der auf Grund dieses Bundesgesetzes erlassenen Verordnungen entsprechen. Bei historischen Fahrzeugen ist zusätzlich die Einhaltung der zeitlichen Beschränkungen gemäß § 34 Abs. 4 anhand der vorgelegten fahrtenbuchartigen Aufzeichnungen zu kontrollieren." *(BGBl I 2005/117; BGBl I 2017/102)*

(1a) Der Zulassungsbesitzer hat das Fahrzeug dem Ermächtigten zur wiederkehrenden Begutachtung vorzuführen und dafür zu sorgen, dass dieses gereinigt ist, sowie den Zulassungsschein vorzulegen. „Er erteilt seine Zustimmung zur allfällig notwendigen Auslese von Daten im Rahmen der Begutachtung des Fahrzeugs und ermöglicht erforderlichenfalls den technischen Zugang zu Schnittstellen."* Bei Fahrzeugen mit einem höchsten zulässigen Gesamtgewicht von mehr als 3 500 kg „sowie bei historischen Fahrzeugen (§ 2 Abs. 1 Z 43)"** sind auch das Fahrzeug-Genehmigungsdokument sowie allfällige zusätzlich erforderliche Nachweise – allenfalls in Kopie – vorzulegen. Bei anderen Fahrzeugen kann die Vorlage des Fahrzeug-Genehmigungsdokumentes verlangt werden, wenn Zweifel über den genehmigten Zustand des Fahrzeuges auftreten. Der Zulassungsbesitzer kann das Fahrzeug auch bei einem gemäß § 125 bestellten Sachverständigen, dem der Landeshauptmann die hiefür erforderlichen Einrichtungen zur Verfügung gestellt hat (Landesprüfstelle) wiederkehrend begutachten lassen; hiebei kommen diesen Stellen die gleichen Rechte und Pflichten zu, wie für die ermächtigten Einrichtungen in den folgenden Absätzen vorgesehen. *(BGBl I 2005/117; *BGBl I 2017/9; **BGBl I 2017/102)*

(1b) Von der wiederkehrenden Begutachtung sind jedoch ausgenommen Fahrzeuge im Besitz des Bundes, der Länder, der Gemeindeverbände, der Ortsgemeinden mit mehr als 50 000 Einwohnern, der von diesen Gebietskörperschaften unter ihrer Haftung betriebenen Unternehmungen sowie Fahrzeuge von Verkehrsunternehmungen im ausschließlichen Eigentum des Bundes, sofern die Fahrzeuge von den Dienststellen dieser Gebietskörperschaften oder Unternehmungen durch hinreichend geeignetes, den Anforderungen des Abs. 2 entsprechendes Personal und mit Hilfe der erforderlichen Einrichtungen selbst im Sinne der für die wiederkehrende Begutachtung bestehenden Vorschriften begutachtet werden. „Die Bestimmungen der Abs. 4 und 5 sind anzuwenden und es ist ein Gutachten auszustellen und im positiven Fall eine Begutachtungsplakette am Fahrzeug anzubringen." *(BGBl I 2005/117; BGBl I 2017/9)*

(2) Der Landeshauptmann hat für seinen örtlichen Wirkungsbereich auf Antrag Ziviltechniker oder technische Büros-Ingenieurbüros (§ 134 GewO) des einschlägigen Fachgebietes, Vereine oder zur Reparatur von Kraftfahrzeugen oder Anhängern berechtigte Gewerbetreibende, die hinreichend über hiezu geeignetes Personal und die erforderlichen Einrichtungen verfügen, zur wiederkehrenden Begutachtung aller oder einzelner Arten von Fahrzeugen gemäß Abs. 1 zu ermächtigen. Die Ermächtigung darf nur vertrauenswürdigen Personen verliehen werden. Bei der Ermächtigung ist auch auszusprechen, in welcher Weise die Prüfstellen erkennbar gemacht sein müssen. Der Ermächtigte hat Veränderungen hinsichtlich seines Personals und seiner Einrichtungen, soweit diese Voraussetzung für die Erteilung der Ermächtigung waren, unverzüglich dem

§ 57a

Landeshauptmann anzuzeigen. „Die Ermächtigung ist ganz oder nur hinsichtlich einzelner Arten von Fahrzeugen zu widerrufen, wenn der Ermächtigte nicht mehr vertrauenswürdig ist, nicht mehr über geeignetes Personal verfügt, seine Einrichtungen nicht den durch Verordnung festgesetzten Anforderungen entsprechen oder wenn eine der für die Erteilung der Ermächtigung erforderlichen Voraussetzungen nicht mehr gegeben ist."* Erforderlichenfalls kann der Ausschluss bestimmter geeigneter Personen von dieser Tätigkeit angeordnet werden. Durch Verordnung des Bundesministers für „Klimaschutz, Umwelt, Energie, Mobilität, Innovation und Technologie"** ist festzusetzen, unter welchen Voraussetzungen eine Person als zur Durchführung der wiederkehrenden Begutachtung unter Berücksichtigung der Fahrzeugarten geeignet zu gelten hat und welche Einrichtungen nach dem jeweiligen Stand der Technik zur wiederkehrenden Begutachtung unter Berücksichtigung der Fahrzeugarten erforderlich sind. *(BGBl I 2005/117; *BGBl I 2016/40; **BGBl I 2020/134)*

(2a) Der Landeshauptmann hat regelmäßig zu überprüfen, ob die Voraussetzungen für die Erteilung der Ermächtigung noch gegeben sind und ob die Begutachtungen ordnungsgemäß durchgeführt werden. Insbesondere bei zur Reparatur von Fahrzeugen berechtigten Gewerbetreibenden hat er auf die Objektivität der Begutachtung zu achten. Er kann Anordnungen zur Behebung von Mängeln treffen. Den Anordnungen des Landeshauptmannes ist unverzüglich zu entsprechen. *(BGBl I 1997/103)*

(2b) Die Bundesinnung der Kfz-Techniker führt als Angelegenheit des übertragenen Wirkungsbereiches ein Verzeichnis des geeigneten Personals und stellt für jede geeignete Person einen § 57a-Bildungspass aus, aus dem die Eignung der Person und die Absolvierung der erforderlichen Schulungen hervorgeht. In diesen Angelegenheiten ist sie an Weisungen des Bundesministers für „Klimaschutz, Umwelt, Energie, Mobilität, Innovation und Technologie" gebunden. Das Verzeichnis des geeigneten Personals kann auch in elektronischer Form als Datenbank geführt werden. In dieser Datenbank dürfen zum Zwecke der Verwaltung der geeigneten Personen folgende personenbezogene Daten der geeigneten Personen verarbeitet werden: *(BGBl I 2020/134)*

1. Vorname, Familienname,
2. akademische Grade,
3. Geburtsdatum,
4. Geschlecht,
5. Hauptwohnsitz,
6. Beruf,
7. Vermerk der jeweiligen persönlichen Qualifikation,
8. Absolvierung der erforderlichen Schulungen unter Angabe der die Schulung durchführenden Stelle.

Die die Schulungen durchführenden Stellen haben die Bundesinnung der Kfz-Techniker von durchgeführten Schulungen zu verständigen. Die Bundesinnung der Kfz-Techniker kann die absolvierten Schulungen bei den jeweiligen Personen selbst eintragen oder die Eintragungen im Einvernehmen mit den durchführenden Stellen direkt diesen übertragen. Der Landeshauptmann kann in Verfahren gemäß Abs. 2 oder bei Überprüfungen gemäß Abs. 2a in die Datenbank Einsicht nehmen. Die unter Z 1 bis 8 genannten Daten können auf dem Bildungspass auch in elektronischer Form auf einem Chip gespeichert werden. Durch Verordnung des Bundesministers für „Klimaschutz, Umwelt, Energie, Mobilität, Innovation und Technologie" können die näheren Bestimmungen über Form und Inhalt des Bildungspasses und Eintragungsmodalitäten in die Datenbank festgelegt werden. Die Daten sind nach fünf Jahren ab dem Zeitpunkt, ab dem eine bestimmte Person nicht mehr als geeignete Person tätig sein darf, zu löschen. *(BGBl I 2018/37; BGBl I 2020/134)*

(3) Die wiederkehrende Begutachtung ist jeweils zum Jahrestag der ersten Zulassung, auch wenn diese im Ausland erfolgte, oder zum Jahrestag des von der Behörde festgelegten Zeitpunktes vorzunehmen:

1. bei Kraftfahrzeugen, ausgenommen solche nach Z 3 und historische Kraftfahrzeuge gemäß Z 4, jährlich,

2. bei Anhängern, ausgenommen solche nach Z 3, Z 5 und historische Fahrzeuge gemäß Z 4, jährlich,

3. bei

a) Kraftfahrzeugen

aa) der Klasse L und

bb) der Klasse M1, ausgenommen Taxis, Rettungs- und Krankentransportfahrzeuge,

b) Zugmaschinen und Motorkarren jeweils mit einer Bauartgeschwindigkeit von mehr als 25 km/h, aber nicht mehr als 40 km/h,

c) selbstfahrenden Arbeitsmaschinen und Transportkarren jeweils mit einer Bauartgeschwindigkeit von mehr als 30 km/h aber nicht mehr als 40 km/h und

d) Anhängern, mit denen eine Geschwindigkeit von 25 km/h überschritten werden darf und die ein höchstes zulässiges Gesamtgewicht von nicht mehr als 3.500 kg aufweisen sowie

e) landwirtschaftlichen Anhängern, mit denen eine Geschwindigkeit von 40 km/h überschritten werden darf,

drei Jahre nach der ersten Zulassung, zwei Jahre nach der ersten Begutachtung und ein Jahr nach der zweiten und nach jeder weiteren Begutachtung,

4. bei historischen Fahrzeugen alle zwei Jahre,

5. bei landwirtschaftlichen Anhängern, mit denen eine Geschwindigkeit von 25 km/h aber nicht 40 km/h überschritten werden darf, drei Jahre nach der ersten Zulassung, zwei Jahre nach der ersten Begutachtung und danach alle zwei Jahre.

Über Antrag des Zulassungsbesitzers kann die Zulassungsbehörde einen anderen Tag als den Jahrestag der ersten Zulassung als Zeitpunkt für die wiederkehrende Begutachtung festsetzen. Die Begutachtung kann – ohne Wirkung für den Zeitpunkt der nächsten Begutachtung – bei den in Z 1 und Z 2 genannten Fahrzeugen auch in einem Zeitraum von drei Monaten vor dem vorgesehenen Begutachtungsmonat und bei den in Z 3 bis Z 5 genannten Fahrzeugen auch in der Zeit vom Beginn des dem vorgesehenen Zeitpunkt vorausgehenden Kalendermonates bis zum Ablauf des vierten darauffolgenden Kalendermonates vorgenommen werden. Wurde der Nachweis über den Zeitpunkt der ersten Zulassung nicht erbracht, so hat die Behörde den Zeitpunkt der ersten Begutachtung festzusetzen. Als wiederkehrende Begutachtung gilt auch eine Einzelprüfung des Fahrzeuges gemäß § 31 Abs. 3 oder eine besondere Überprüfung gemäß § 56. *(BGBl I 2019/78)*

(4) Der Ermächtigte hat über den Zustand eines ihm gemäß Abs. 1 vorgeführten Fahrzeuges vor Behebung allenfalls festgestellter Mängel ein Gutachten auf einem Begutachtungsformblatt auszustellen; das Gutachten ist eine öffentliche Urkunde. Eine Ausfertigung ist dem das Fahrzeug Vorführenden zu übergeben, eine zweite Ausfertigung des Gutachtens ist fünf Jahre lang aufzubewahren und den mit Angelegenheiten des Kraftfahrwesens befassten Behörden auf Verlangen vorzulegen. *(BGBl I 2005/117)*

(4a) Der Ermächtigte kann zur Aufbewahrung der zweiten Ausfertigung des Gutachtens (Abs. 4) Datenträger benützen. Hiebei muss die inhaltsgleiche, vollständige, georcnete und urschriftgetreue Wiedergabe bis zum Ablauf der Aufbewahrungsfrist jederzeit gewährleistet sein. Der Ermächtigte hat, wenn die Behörde die Vorlage verlangt, auf seine Kosten innerhalb angemessener Frist diejenigen Hilfsmittel zur Verfügung zu stellen, die notwendig sind, um die Gutachten lesbar zu machen, und, soweit erforderlich, die benötigte Anzahl ohne Hilfsmittel lesbarer, dauerhafter Wiedergaben beizubringen. *(BGBl I 2005/117)*

(5) Entspricht das gemäß Abs. 1 vorgeführte Fahrzeug den Erfordernissen der Verkehrs- und Betriebssicherheit und können mit ihm nicht übermäßig Lärm, Rauch, übler Geruch oder schädliche Luftverunreinigungen verursacht werden, und entspricht das Fahrzeug mit einem höchsten zulässigen Gesamtgewicht von mehr als 3 500 kg „oder das historische Fahrzeug" – soweit dies beurteilt werden konnte – den Vorschriften dieses Bundesgesetzes und der auf Grund dieses Bundesgesetzes erlassenen Verordnungen, so hat der Ermächtigte eine von der Behörde ausgegebene Begutachtungsplakette, auf der das Kennzeichen des Fahrzeuges dauernd gut lesbar und unverwischbar angeschrieben ist, dem Zulassungsbesitzer auszufolgen oder am Fahrzeug anzubringen; die Begutachtungsplakette ist eine öffentliche Urkunde. Die Begutachtungsplakette ist so am Fahrzeug anzubringen, dass das Ende der gemäß Abs. 3 für die nächste wiederkehrende Begutachtung festgesetzten Frist außerhalb des Fahrzeuges stets leicht festgestellt werden kann. Die Ausfolgung oder Anbringung der Begutachtungsplakette ist in dem gemäß Abs. 4 ausgestellten Gutachten zu vermerken. Der Ermächtigte hat diese Begutachtungsplakette auf Verlangen des Zulassungsbesitzers auch ohne Begutachtung in gleicher Weise auszufolgen oder an Fahrzeugen anzubringen, an denen keine oder nur eine unlesbar gewordene Begutachtungsplakette angebracht ist, wenn der Zulassungsbesitzer nachweist, dass für das Fahrzeug gemäß Abs. 3 noch keine oder keine weitere wiederkehrende Begutachtung fällig geworden ist. *(BGBl I 2005/117; BGBl I 2019/19)*

(5a) Wird bei der Begutachtung festgestellt, dass das Fahrzeug einen oder mehrere schwere Mängel aufweist, so kann keine Begutachtungsplakette angebracht oder ausgefolgt werden. Ein solches Fahrzeug darf noch längstens zwei Monate nach dieser Begutachtung jedoch nicht über die auf der bisherigen Plakette angegebenen Frist hinausgehend, verwendet werden. Das Datum der zweimonatigen Frist ist auf dem Gutachtensausdruck anzugeben. *(BGBl I 2017/9)*

(6) Wurde für ein der wiederkehrenden Begutachtung unterliegendes Fahrzeug eine im § 57 Abs. 6 angeführte Bestätigung ausgestellt, so hat die Behörde dem Zulassungsbesitzer eine Begutachtungsplakette (Abs. 5) auszufolgen, auf der das Kennzeichen des Fahrzeuges dauernd gut lesbar und unverwischbar angeschrieben ist. Eine solche Begutachtungsplakette ist dem Zulassungsbesitzer bei Vorliegen der Voraussetzungen des § 37 Abs. 2 lit. h von Amts wegen anlässlich der Zulassung von der Behörde oder auf Verlangen von der Behörde oder einem gemäß Abs. 2 Ermächtigten auch ohne Überprüfung oder Begutachtung auszufolgen, wenn er nachweist, dass für das Fahrzeug gemäß Abs. 3 noch keine oder keine weitere Begutachtung fällig geworden ist. Die mit dem Kennzeichen versehene Begutachtungsplakette muss so am Fahrzeug angebracht sein, dass das Ende der gemäß Abs. 3 für die nächste wiederkehrende Begutachtung festgesetzten Frist außerhalb des Fahrzeuges stets leicht festgestellt werden kann. *(BGBl I 2005/117)*

(7) Zur Herstellung von Begutachtungsplaketten (Abs. 5) ist eine Bewilligung des Bundesmi-

nisters für „Klimaschutz, Umwelt, Energie, Mobilität, Innovation und Technologie" erforderlich. Eine solche Bewilligung ist zu erteilen, wenn der Antragsteller über eine durch Verordnung des Bundesministers für „Klimaschutz, Umwelt, Energie, Mobilität, Innovation und Technologie" festgesetzte Gewerbeberechtigung und über die ebenfalls durch Verordnung des Bundesministers für „Klimaschutz, Umwelt, Energie, Mobilität, Innovation und Technologie" zusätzlich festgelegten besonderen Kenntnisse und Fähigkeiten, die zur Erfüllung der mit dieser Bewilligung verbundenen Aufgaben erforderlich sind, verfügt und wenn aufgrund seines bisherigen Gesamtverhaltens zu erwarten ist, daß er die für die Ausübung der Berechtigung erforderliche Zuverlässigkeit besitzt. Bei der Festsetzung der notwendigen Gewerbeberechtigung ist insbesondere auf die bei der Fertigung von Begutachtungsplaketten nötigen Kenntnisse und Erfahrungen Bedacht zu nehmen. *(BGBl 1994/654; BGBl I 2020/134)*

(7a) Wurde ein gewerberechtlicher Geschäftsführer bestellt und der Gewerbebehörde angezeigt (§ 39 GewO 1994), so ist dieser auch für die Ausübung der in Abs. 7 geregelten Bewilligung verantwortlich. Die Bestellung sowie jeder Wechsel in der Person des gewerberechtlichen Geschäftsführers sind dem Bundesminister für „Klimaschutz, Umwelt, Energie, Mobilität, Innovation und Technologie" anzuzeigen. *(BGBl 1994/654; BGBl I 2020/134)*

(7b) Eine Bewilligung nach Abs. 7 ist zu entziehen, wenn die Gewerbeberechtigung erloschen ist oder die erforderliche Zuverlässigkeit weggefallen ist; sie ist weiters zu entziehen, wenn der Bewilligungsinhaber trotz Aufforderung des Bundesministers für „Klimaschutz, Umwelt, Energie, Mobilität, Innovation und Technologie" keinen gewerberechtlichen Geschäftsführer bestellt oder seine Meldepflicht gemäß Abs. 7a wiederholt verletzt. *(BGBl I 2005/117; BGBl I 2020/134)*

(7c) Der Hersteller hat einen Anspruch auf ein Entgelt; dieses ist für die Begutachtungsplaketten durch Verordnung des Bundesministers für „Klimaschutz, Umwelt, Energie, Mobilität, Innovation und Technologie" festzusetzen. Das Entgelt hat die Gestehungskosten in einem rationell geführten Betrieb zu decken und einen angemessenen Gewinn zu sichern. *(BGBl 1994/654; BGBl I 2020/134)*

(7d) „Begutachtungsplaketten dürfen nur von Behörden und Zulassungsstellen in Auftrag gegeben und nur an Behörden und Zulassungsstellen geliefert werden." Gegenstände, die nach ihrer Beschaffenheit und ihrem Aussehen leicht für eine Begutachtungsplakette gehalten werden können, dürfen an Fahrzeugen nicht angebracht sein. Die Begutachtungsplakette ist nur gegen Ersatz der Gestehungskosten am Fahrzeug anzubringen

(Abs. 5) oder dem Zulassungsbesitzer auszufolgen (Abs. 6). *(BGBl I 1997/103; BGBl I 2017/9)*

(8) Durch Verordnung sind nach den Erfordernissen der Verkehrs- und Betriebssicherheit, dem jeweiligen Stand der Technik entsprechend, die näheren Bestimmungen über die Durchführung der Begutachtung, über Unterlagen, die bei der Begutachtung vorzulegen sind, über das im Abs. 4 angeführte Begutachtungsformblatt sowie über die Beschaffenheit und das Aussehen der in Abs. 5 und 6 angeführten Begutachtungsplakette und ihre Anbringung am Fahrzeug festzusetzen. *(BGBl 1984/552)*

(9) Nicht zum Verkehr zugelassene Fahrzeuge gemäß Abs. 1 können einem gemäß Abs. 2 Ermächtigten zur wiederkehrenden Begutachtung vorgeführt werden, wenn zugleich mit der Vorführung des Fahrzeuges das Fahrzeug-Genehmigungsdokument vorgelegt wird. Entspricht ein solches Fahrzeug den Erfordernissen der Verkehrs- und Betriebssicherheit und können mit dem Fahrzeug nicht übermäßig Lärm, Rauch, übler Geruch oder schädliche Luftverunreinigungen verursacht werden, und entspricht das Fahrzeug mit einem höchsten zulässigen Gesamtgewicht von mehr als 3 500 kg – soweit dies beurteilt werden konnte – den Vorschriften dieses Bundesgesetzes und der auf Grund dieses Bundesgesetzes erlassenen Verordnungen, so hat der Ermächtigte hierüber ein Gutachten auf dem Begutachtungsformblatt (Abs. 4) auszustellen, auf welchem die Fahrgestellnummer, und falls vorhanden auch die Motornummer festzuhalten ist. Die Ausfolgung der Begutachtungsplakette auf Grund einer solchen Begutachtung darf jedoch nur nach der Zulassung des Fahrzeuges zum Verkehr auf Antrag des Zulassungsbesitzers durch die Behörde erfolgen, wobei Abs. 6 sinngemäß anzuwenden ist. *(BGBl I 2005/117)*

(10) *(entfällt, BGBl I 2013/43)*

(BGBl 1971/285)

Rückersatzansprüche

§ 57b. Wird durch ein rechtswidriges Verhalten eines gemäß § 57 Abs. 4 zur Abgabe von Gutachten für die besondere Überprüfung oder eines gemäß § 57a Abs. 2 zur wiederkehrenden Begutachtung Ermächtigten jemandem schuldhaft ein Schaden zugefügt, so finden die Bestimmungen des Amtshaftungsgesetzes, BGBl. Nr. 20/1949, mit der Maßgabe Anwendung, dass der Rückersatz des Rechtsträgers gegenüber dem Ermächtigten auch dann besteht, wenn es sich dabei nicht um eine natürliche Person handelt.

(BGBl I 2005/117)

Begutachtungsplakettendatenbank

§ 57c. (1) Verfahren und Amtshandlungen nach diesem Bundesgesetz betreffend Herstellung, Verteilung und Ausgabe der Begutachtungsplaketten sind mittels automationsunterstützter Datenverarbeitung in Form einer zentralen Datenbank (Begutachtungsplakettendatenbank) durchzuführen. Die ermächtigten Plakettenhersteller (§ 57a Abs. 7) haben eine zentrale Begutachtungsplakettendatenbank einzurichten und zu führen. Zu diesem Zweck können sich die ermächtigten Plakettenhersteller zu einer Vertriebsgesellschaft zusammenschließen. Die ermächtigten Plakettenhersteller haben diese Begutachtungsplakettendatenbank über den Preis der Begutachtungsplakette zu finanzieren.

(2) Über die Begutachtungsplakettendatenbank wird die Zuteilung der Nummernkreise und der Begutachtungsplaketten vorgenommen. Der Bundesminister für „Klimaschutz, Umwelt, Energie, Mobilität, Innovation und Technologie" vergibt eindeutige Nummernkreise an die ermächtigten Plakettenhersteller. Diese teilen Nummernkreise und Begutachtungsplaketten den Behörden und den Zulassungsstellen zu. Die Behörden ihrerseits verteilen die Nummernkreise und die Begutachtungsplaketten an die zur Ausgabe oder Anbringung der Begutachtungsplaketten berechtigten Stellen, das sind die Behörden, die Zulassungsstellen, sofern die Zuteilung nicht direkt durch die Plakettenhersteller erfolgt, die gemäß § 57a Abs. 2 ermächtigten Stellen und die Landesprüfstellen. Die zur Ausgabe oder Anbringung der Begutachtungsplaketten berechtigten Stellen haben in der Begutachtungsplakettendatenbank zu vermerken, welche Plakette (Nummer) für welches konkrete Fahrzeug (Fahrgestellnummer und Kennzeichen) ausgegeben oder am Fahrzeug angebracht worden ist. Diese Zuordnung kann auch automatisch über eine Schnittstelle in die Begutachtungsplakettendatenbank eingefügt werden. Weiters hat die jeweilige Stelle alle ihre verdruckten, beschädigten, gestohlenen oder verlorenen Begutachtungsplaketten in der Begutachtungsplakettendatenbank ersichtlich zu machen. *(BGBl I 2017/9; BGBl I 2020/134)*

(3) Im Rahmen der Begutachtungsplakettendatenbank dürfen von den jeweils zuständigen Stellen folgende personenbezogenen Daten der am Verfahren Beteiligten verarbeitet werden:

1. von den gemäß § 57a Abs. 7 ermächtigten Plakettenherstellern:

a) Inhaber der Ermächtigung, bei natürlichen Personen den Vornamen und „Familiennamen" und das Geburtsdatum, bei juristischen Personen und Personengesellschaften des Unternehmensrechts die Firma und den Vornamen und „Familiennamen" des Geschäftsführers, *(BGBl I 2016/120)*

b) Anschrift,

c) Datum des Beginnes der Ermächtigung, allfälliger Widerruf,

d) Vornamen und „Familiennamen" der Personen, die zur Dateneingabe berechtigt sind; *(BGBl I 2016/120)*

2. von den Landeshauptmännern über die gemäß § 57a Abs. 2 ermächtigten Stellen:

a) Inhaber der Ermächtigung, bei natürlichen Personen den Vornamen und „Familiennamen" und das Geburtsdatum, bei juristischen Personen und Personengesellschaften des Unternehmensrechts die Firma und den Vornamen und „Familiennamen" des Geschäftsführers, *(BGBl I 2016/120)*

b) Anschrift,

c) Begutachtungsstellennummer,

d) Daten zur Ermächtigung (Umfang der Ermächtigung, allfällige Auflagen oder Befristungen, allfälliger Widerruf),

e) die von der ermächtigten Stelle jeweils genannten geeigneten Personen mit Vornamen und „Familiennamen" und Geburtsdatum. *(BGBl I 2016/120)*

Sofern diese Daten im Zuge der behördlichen Ermächtigungsverfahren (§ 57a Abs. 2) bereits elektronisch erfasst worden sind, können sie auch über eine Schnittstelle in die Datenbank eingegeben werden.

(4) Zwischen der Begutachtungsplakettendatenbank und den bei der Begutachtung eingesetzten Programmen zur Erstellung des Begutachtungsformblattes ist eine kostenlose Schnittstelle zum Datenaustausch einzurichten. „Die jeweils erstellten Gutachten sind samt allen Daten, die zur Gutachtenserstellung und für die Nachvollziehbarkeit und Reproduzierbarkeit des Gutachtens erforderlich sind, automationsunterstützt online an die Begutachtungsplakettendatenbank zu übermitteln und werden in dieser gespeichert."** Für diesen Zweck dürfen auch die auf dem Gutachten enthaltenen personenbezogenen Daten wie Vorname und „Familiennamen"* und Anschrift des Zulassungsbesitzers, Name und Anschrift sowie Begutachtungsstellennummer der gemäß § 57a ermächtigten Stelle und Vorname und „Familiennamen"* der geeigneten Person verarbeitet und gespeichert werden. Wird festgestellt, dass ein Gutachten zu Unrecht ausgestellt worden ist, so kann dieses Gutachten vom Landeshauptmann mit einem Sperrvermerk versehen werden. *(*BGBl I 2016/120; **BGBl I 2017/9)*

(4a) Zwischen der Begutachtungsplakettendatenbank und der von der Gemeinschaftseinrichtung der zum Betrieb der Kraftfahrzeug-Haftpflichtversicherung berechtigten Versicherer betriebenen zentralen Evidenz gemäß § 47 Abs. 4a ist eine Schnittstelle einzurichten, damit die gemäß § 57a ermächtigten Stellen über das Kennzeichen oder die Fahrgestellnummer des Fahrzeugs

4/1. KFG
§ 57c

als Suchkriterien auf die fahrzeugspezifischen Daten eines bestimmten Fahrzeuges in dieser Evidenz zugreifen und diese Daten für die Erstellung des Gutachtens und für das Ausfüllen des Begutachtungsformblattes verwenden können. *(BGBl I 2016/40)*

(4b) Wird in der Begutachtungsplakettendatenbank ein Gutachten gemäß § 57a gespeichert, das einen Mangel mit Gefahr in Verzug enthält, so ist von der Begutachtungsplakettendatenbank „im Wege der Gemeinschaftseinrichtung der zum Betrieb der Kraftfahrzeug-Haftpflichtversicherung berechtigten Versicherer" unverzüglich die Behörde, in deren örtlichem Wirkungsbereich das Fahrzeug zugelassen ist, zu verständigen. *(BGBl I 2017/9; BGBl I 2020/134)*

(4c) Zwischen der Begutachtungsplakettendatenbank und den bei der Kontrolle an Ort und Stelle oder der technischen Unterwegskontrolle eingesetzten Programmen zur Erstellung des Gutachtens oder des Prüfberichtes ist eine kostenlose Schnittstelle zum Datenaustausch einzurichten. Die jeweils erstellten Gutachten und Prüfberichte sind automationsunterstützt online an die Begutachtungsplakettendatenbank zu übermitteln und werden in dieser für einen Zeitraum von 36 Monaten ab Eingang gespeichert. Für diesen Zweck dürfen auch die auf dem Gutachten oder Prüfbericht enthaltenen personenbezogenen Daten wie Vorname und „Familiennamen" und Anschrift des Zulassungsbesitzers oder Unternehmens das den Transport durchführt, Vorname und „Familiennamen" des Fahrers, Angabe der Behörde und Vorname und „Familiennamen" des Prüforgans, das die Kontrolle durchgeführt verarbeitet und gespeichert werden. *(BGBl I 2016/120; BGBl I 2017/9)*

(4d) Wird in der Begutachtungsplakettendatenbank ein Gutachten gemäß § 57a gespeichert, das eine Nichteinhaltung der zeitlichen Fahrbeschränkungen bei einem historischen Fahrzeug aufweist, so ist von der Begutachtungsplakettendatenbank „im Wege der Gemeinschaftseinrichtung der zum Betrieb der Kraftfahrzeug-Haftpflichtversicherung berechtigten Versicherer" unverzüglich die Behörde, in deren örtlichem Wirkungsbereich das Fahrzeug zugelassen ist, zu verständigen. *(BGBl I 2017/102; BGBl I 2020/134)*

(5) In die in der Begutachtungsplakettendatenbank gespeicherten Daten können Einsicht nehmen:

1. der Bundesminister für „Klimaschutz, Umwelt, Energie, Mobilität, Innovation und Technologie" für die Vergabe der Nummernkreise und in die anonymisierten fahrzeugspezifischen Daten sowie die anonymisierten Ergebnisse der Begutachtungen (festgestellte Mängel), *(BGBl I 2020/134)*

2. die Landeshauptmänner im Hinblick auf die Plakettenverteilung und in Verfahren gemäß § 57a Abs. 2 oder bei Überprüfungen der ermächtigten Stellen gemäß § 57a Abs. 2a und im Rahmen von besonderen Prüfungen gemäß § 56 oder Überprüfungen an Ort und Stelle gemäß § 58,

3. Behörden in die Plakettennummernkreise sowie in die Übersicht der verdruckten, beschädigten, gestohlenen oder verlorenen Begutachtungsplaketten und in die gespeicherten Gutachten zur Führung von Verwaltungsstrafverfahren oder für weitere Veranlassungen betreffend Begutachtung/Überprüfung von Fahrzeugen oder Aufhebung oder Aussetzung der Zulassung; *(BGBl I 2017/9)*

4. Organe der Bundespolizei zum Zwecke der Vollziehung dieses Bundesgesetzes oder in strafrechtlichen Ermittlungen,

5. *(aufgehoben, BGBl I 2016/40)*

6. Zulassungsstellen auf die von Ihnen verwalteten Plakettennummernkreise und auf die gespeicherten Gutachten im Zulassungsverfahren zur Überprüfung, ob für das Fahrzeug ein positives Gutachten vorliegt,

7. die gemäß § 57a ermächtigten Stellen auf die ihnen zugewiesenen Nummernkreise und Plaketten; diesen Stellen werden die zuletzt erfassten Kilometerstände der Fahrzeuge, die zur Begutachtung vorgeführt werden, angezeigt, *(BGBl I 2016/40)*

8. Abgabenbehörden des Bundes „und das Amt für Betrugsbekämpfung", soweit das zur Wahrnehmung der ihnen übertragenen Aufgaben notwendig ist. *(BGBl I 2016/40; BGBl I 2019/104)*

(6) Die gespeicherten Gutachten und die gespeicherten Begutachtungsplakettendaten werden nach sieben Jahren in der Datenbank gelöscht. *(BGBl I 2016/40)*

(7) Für die Richtigkeit der Eintragung der in Abs. 2 bis 4 genannten Daten ist die jeweils zur Eingabe verpflichtete Stelle verantwortlich. Die Vergabe der Berechtigung zur Einsichtnahme in die Datenbank und der Berechtigung zur Vornahme von Eintragungen hat seitens der Plakettenhersteller zu erfolgen, dass eine Nachvollziehbarkeit der Zugriffe auf die Daten der Datenbank gewährleistet ist. Die Begutachtungsplakettendatenbank hat eine vollständige Protokollierung aller erfolgter und versuchter Datenabfragen vorzunehmen aus der erkennbar ist, welcher Person welche Daten aus der Begutachtungsplakettendatenbank übermittelt wurden. Diese Protokolldaten sind zu speichern und drei Jahre nach der Entstehung dieser Daten zu löschen.

(8) Eine Suche von Daten durch die in Abs. 5 genannten beteiligten Stellen darf nur mit engen Suchkriterien erfolgen. Die Abfrage darf nur möglich sein für

1. die Landeshauptmänner, die Behörden und die Organe der Bundespolizei anhand vollständiger Namensdaten (Vorname und Familienname)

oder anhand Kennzeichen, Fahrgestellnummer oder Begutachtungsplakettennummer;

2. die Zulassungsstellen und die gemäß § 57a ermächtigten Stellen anhand Kennzeichen, Fahrgestellnummer oder Begutachtungsplakettennummer.

Die in Abs. 5 genannten beteiligten Stellen dürfen die ihnen zugänglichen oder von ihnen verarbeiteten personenbezogenen Daten nur für die Erfüllung der ihnen im Rahmen dieses Bundesgesetzes übertragenen Aufgaben verarbeiten. *(BGBl I 2018/37)*

(9) Die pseudonymisierten fahrzeugspezifischen Daten sowie die pseudonymisierten Inhalte der Gutachten, können für statistische Zwecke oder für wissenschaftliche Untersuchungen verarbeitet werden. *(BGBl I 2018/37)*

(10) Die Betreiber der Begutachtungsplakettendatenbank sind ermächtigt, eine Abfragemöglichkeit vorzusehen, bei der jede interessierte Person online über die Suchkriterien Erstzulassungsdatum und entweder Kennzeichen oder Fahrzeugidentifizierungsnummer (VIN) des Fahrzeuges die in der Datenbank enthaltenen pseudonymisierten Inhalte der Gutachten des jeweiligen Fahrzeuges einsehen und abrufen kann. Für jede Abfrage ist ein angemessener Kostenbeitrag zu entrichten. Die Höhe des Kostenbeitrages bedarf der Zustimmung des Bundesministers für „Klimaschutz, Umwelt, Energie, Mobilität, Innovation und Technologie". Zum Zwecke der Verrechnung kann eine Registrierung der Person mittels eines Registrierungsformulares vorgesehen werden und es dürfen Vorname, Nachname sowie Firma bei juristischen Personen und Adresse für längstens ein Jahr gespeichert werden. *(BGBl I 2019/19; BGBl I 2020/134)*

(BGBl I 2013/43)

Prüfung an Ort und Stelle

§ 58. (1) Die Behörde, in deren örtlichem Wirkungsbereich sich das Fahrzeug befindet, oder die ihr zur Verfügung stehenden Organe des öffentlichen Sicherheitsdienstes können jederzeit an Ort und Stelle den technischen Zustand und die Vorschriftsmäßigkeit eines Fahrzeuges oder seiner Teile und Ausrüstungsgegenstände überprüfen. Wird die Verkehrssicherheit durch die weitere Verwendung des Fahrzeuges gefährdet, so sind die Bestimmungen des § 57 Abs. 8 anzuwenden. Weist das Fahrzeug Beschädigungen auf, die gegenwärtig seine weitere Verwendung offensichtlich ausschließen, so ist dies der Behörde anzuzeigen. *(BGBl I 2009/94)*

(2) Die Behörde, in deren örtlichem Wirkungsbereich sich ein Fahrzeug befindet, oder die ihr zur Verfügung stehenden Organe des öffentlichen Sicherheitsdienstes können jederzeit an Ort und Stelle prüfen, ob mit dem Fahrzeug mehr Lärm, Rauch, üblen Geruch oder schädliche Luftverunreinigungen verursacht werden, als bei ordnungsgemäßem Zustand und sachgemäßem Betrieb unvermeidbar ist. „Das gilt insbesondere dann, wenn aus eigener Wahrnehmung festgestellt wird, dass mit dem Fahrzeug gesteuerte Fehlzündungen, Geräusche durch schlagartiges Abblasen von Überdruck im Ansaugsystem oder Flammen aus dem Endschalldämpfer erzeugt werden."** Wird dabei festgestellt, dass mit dem Fahrzeug auf Grund unzulässiger, nicht genehmigter Änderungen oder auf Grund von schadhaften Teilen oder Ausrüstungsgegenständen unzulässig starker Lärm, Rauch, übler Geruch oder schädliche Luftverunreinigungen verursacht werden, so sind bei Gefahr im Verzug, unbeschadet der Bestimmungen des § 44 Abs. 1 lit. a über die Aufhebung der Zulassung, der Zulassungsschein und die Kennzeichentafeln unverzüglich abzunehmen. Durch Verordnung des Bundesministers für „Klimaschutz, Umwelt, Energie, Mobilität, Innovation und Technologie"* können nähere Kriterien, wann Gefahr in Verzug anzunehmen ist und der Zulassungsschein und die Kennzeichentafeln abzunehmen sind, festgelegt werden. *(BGBl I 2002/80; *BGBl I 2020/134; **BGBl I 2022/62)*

(2a) und (2b) *(aufgehoben, BGBl I 2017/9, ab 20. 5. 2018)*

(3) Kraftfahrzeuglenker,

1. die mit ihrem Fahrzeug mehr Lärm, Rauch, üblen Geruch oder schädliche Luftverunreinigungen verursachen, als bei ordnungsgemäßem Zustand und sachgemäßem Betrieb unvermeidbar ist, oder

2. bei deren Fahrzeug die Wirksamkeit von Teilen und Ausrüstungsgegenständen, die für die Verkehrs- und Betriebssicherheit von Bedeutung sind, beeinträchtigt erscheint,

haben das Fahrzeug auf Verlangen der Organe des öffentlichen Sicherheitsdienstes an einem geeigneten, nicht mehr als 10 km von ihrem Weg zum Fahrziel entfernten Ort zur Prüfung gemäß Abs. 2 vorzuführen. *(BGBl I 1997/103)*

(4) Wurden im Zuge der Prüfung an Ort und Stelle (Abs. 1 bis 3) schwere Mängel (§ 57 Abs. 7) festgestellt, so ist für die Benützung der zur Verfügung gestellten Einrichtungen vom Zulassungsbesitzer unmittelbar ein Kostenersatz zu entrichten. Der Lenker des Kraftfahrzeuges gilt als Vertreter des Zulassungsbesitzers, falls dieser nicht selbst oder ein von ihm bestellter Vertreter bei der Überprüfung anwesend ist. Wird der Kostenersatz nicht ohne weiteres entrichtet, so ist der Kostenersatz von der Behörde vorzuschreiben. Der Kostenersatz fließt der Gebietskörperschaft zu, die den Aufwand für die zur Verfügung gestellten Einrichtungen zu tragen hat. Die Höhe dieses Kostenersatzes ist durch Verordnung des Bundesministers für „Klimaschutz, Umwelt,

Energie, Mobilität, Innovation und Technologie" festzusetzen. *(BGBl I 2002/80; BGBl I 2020/134)*

(5) Der Bundesminister für „Klimaschutz, Umwelt, Energie, Mobilität, Innovation und Technologie" kann durch Verordnung bestimmte nichtbehördliche Aufgaben im Zusammenhang mit der Erfüllung der Aufgaben einer Kontaktstelle gemäß Artikel 17 der Richtlinie 2014/47/EU, des Berichtswesens sowie der Qualitätssicherung im Bereich technischer Unterwegskontrollen und der Zusammenarbeit zwischen den Mitgliedstaaten, der Autobahnen- und Schnellstraßen-Finanzierungs-Aktiengesellschaft zur eigenverantwortlichen Besorgung übertragen. *(BGBl I 2017/102; BGBl I 2020/134)*

Technische Unterwegskontrolle

§ 58a. (1) Ergänzend zu den Bestimmungen des § 58 sind Fahrzeuge der Klassen M2, M3, N2, N3, O3, O4 und hauptsächlich im gewerblichen Kraftverkehr auf öffentlichen Straßen genutzte Zugmaschinen der Fahrzeugklasse T5 auf Rädern mit einer bauartbedingten Höchstgeschwindigkeit von mehr als 40 km/h unabhängig ihrer Herkunft von der Behörde, in deren örtlichem Wirkungsbereich sich das Fahrzeug befindet, oder von den ihr zur Verfügung stehenden Organen des öffentlichen Sicherheitsdienstes technischen Prüfungen an Ort und Stelle zuzuführen (technische Unterwegskontrollen im Sinne der Richtlinie 2014/47/EU über die technische Unterwegskontrolle der Verkehrs- und Betriebssicherheit von Nutzfahrzeugen, die in der Union am Straßenverkehr teilnehmen, und zur Aufhebung der Richtlinie 2000/30/EG, ABl. Nr. L 127 vom 29.04.2014, S 134).

(2) Es ist zwischen einer anfänglichen technischen Unterwegskontrolle und einer gründlicheren technischen Unterwegskontrolle zu unterscheiden. Bei den Fahrzeugen der Klassen M2, M3, N2, N3, O3 und O4 sind die Kontrollen in der Form durchzuführen, dass die Gesamtzahl der anfänglichen technischen Unterwegskontrollen in jedem Kalenderjahr bundesweit mindestens 5 % der Gesamtzahl dieser Fahrzeuge, die in Österreich zugelassen sind, entspricht. Bei der Ermittlung von Fahrzeugen, die einer anfänglichen technischen Unterwegskontrolle unterzogen werden sollen, können sich die Kontrollorgane in erster Linie auf Fahrzeuge konzentrieren, die von Unternehmen mit einer hohen Risikoeinstufung gemäß § 103c betrieben werden. Weiters können Fahrzeuge auch nach dem Zufallsprinzip für die Kontrolle ausgewählt werden, oder wenn der Verdacht besteht, dass sie eine Gefahr für die Straßenverkehrssicherheit oder die Umwelt darstellen.

(3) Zu Beginn einer technischen Unterwegskontrolle werden die ausgewählten Fahrzeuge einer anfänglichen technischen Unterwegskontrolle unterzogen. Bei jeder anfänglichen technischen Unterwegskontrolle eines Fahrzeugs hat das Organ des öffentlichen Sicherheitsdienstes (Prüfer) wie folgt vorzugehen:

1. es kontrolliert die letzte Prüfbescheinigung über die regelmäßige technische Überwachung (§ 57a-Gutachten) und, falls vorhanden, den letzten Bericht über eine technische Unterwegskontrolle; dies kann auch durch Einsicht in die in der Begutachtungsplakettendatenbank gespeicherten Gutachten erfolgen;

2. es nimmt eine Sichtprüfung des technischen Zustands des Fahrzeugs vor;

3. es kann eine Sichtprüfung der Sicherung der Ladung des Fahrzeugs gemäß § 101 Abs. 1 lit. e vornehmen;

4. es kann technische Prüfungen nach jeder für zweckmäßig erachteten Methode durchführen; derartige technische Prüfungen können durchgeführt werden, um eine Entscheidung, das Fahrzeug einer gründlicheren technischen Unterwegskontrolle zu unterziehen, zu begründen oder um zu verlangen, dass bereits festgestellte Mängel unverzüglich behoben werden;

5. es überprüft, ob Mängel, die im vorangegangenen Bericht über die technische Unterwegskontrolle festgestellt wurden, behoben worden sind, sofern ihm dies möglich ist.

Ausgehend vom Ergebnis der anfänglichen Unterwegskontrolle entscheidet es, ob das Fahrzeug oder sein Anhänger einer gründlicheren Unterwegskontrolle zu unterziehen ist.

(4) Über die anfänglichen technischen Unterwegskontrollen sind Aufzeichnungen zu führen und die für die Berichterstattung gemäß Artikel 20 der Richtlinie 2014/47/EU benötigte Daten zu erfassen. Diese Aufzeichnungen sind von den Organen des öffentlichen Sicherheitsdienstes zu sammeln und automationsunterstützt im Wege des Bundesministeriums für Inneres zumindest halbjährlich in anonymisierter Form an „den Bundesminister für „Klimaschutz, Umwelt, Energie, Mobilität, Innovation und Technologie"**" zu übermitteln. Die Kontrolldaten sind wie folgt aufzuschlüsseln: *(*BGBl I 2017/102; **BGBl I 2020/134)*

1. Anzahl der kontrollierten Fahrzeuge,

2. Anzahl der kontrollierten Fahrzeuge mit Mängel,

3. Fahrzeugklasse der kontrollierten Fahrzeuge,

4. Land der Zulassung der kontrollierten Fahrzeuge.

Das Bundesministerium für Inneres hat die Aufzeichnungen zusammenzufassen und halbjährlich jeweils bis zum 31. August und 28. Februar einen Bericht über das vorhergehende Halbjahr „dem Bundesminister für „Klimaschutz, Umwelt, Energie, Mobilität, Innovation und Technologie"***" zur jährlichen Berichterstattung an den

Nationalrat und zur Berichterstattung an die Europäische Kommission zu übermitteln. *(*BGBl I 2017/102; **BGBl I 2020/134)*

(5) Eine gründlichere technische Unterwegskontrolle wird von einem geeigneten Prüforgan unter Einsatz einer mobilen Kontrolleinheit, in einer speziellen Einrichtung für Unterwegskontrollen oder in einer gemäß § 57 oder § 57a ermächtigten Prüfstelle oder in einer Landesprüfstelle durchgeführt. Bei einer gründlicheren technischen Unterwegskontrolle werden diejenigen in Anhang II der Richtlinie 2014/47/EU aufgeführten Positionen geprüft, die als erforderlich betrachtet werden und relevant sind, wobei insbesondere die Sicherheit der Bremsanlage, die Reifen, die Räder, das Fahrgestell und die Umweltbelastung zu berücksichtigen sind. Weiters kann auch die Ladungssicherung im Zuge einer gründlicheren technischen Unterwegskontrolle überprüft werden. Durch Verordnung des Bundesministers für „Klimaschutz, Umwelt, Energie, Mobilität, Innovation und Technologie" sind die Anforderungen an das Prüforgan und die jeweiligen Prüfpositionen samt Mängelbeurteilungen festzusetzen. *(BGBl I 2020/134)*

(6) Wenn aus der Prüfbescheinigung (§ 57a Gutachten) oder einem Bericht über eine Unterwegskontrolle hervorgeht, dass eine der relevanten Positionen während der vorangegangenen drei Monate bereits Gegenstand einer Kontrolle war, so sieht der Prüfer bei dieser Position von einer erneuten Überprüfung ab, es sei denn, eine solche Überprüfung ist aufgrund eines offensichtlichen Mangels gerechtfertigt.

(7) Nach Abschluss einer gründlicheren Kontrolle erstellt der Prüfer einen Bericht, in welchem das Ergebnis der Prüfung festgehalten ist. Eine Durchschrift des Prüfberichtes ist dem Lenker auszuhändigen. Eine elektronische Version des Prüfberichtes ist an die Begutachtungsplakettendatenbank zu übermitteln und dort für einen Zeitraum von mindestens 36 Monaten ab Eingang zu speichern („§ 57c Abs. 4c"**) und den Behörden und „dem Bundesminister für „Klimaschutz, Umwelt, Energie, Mobilität, Innovation und Technologie"***" zugänglich zu machen. Nähere Vorschriften hinsichtlich der Inhalte und der Gestaltung der Prüfberichtes sind durch Verordnung des Bundesministers für „Klimaschutz, Umwelt, Energie, Mobilität, Innovation und Technologie"*** festzusetzen. *(*BGBl I 2017/102; **BGBl I 2019/19; ***BGBl I 2020/134)*

(8) Jeder bei einer anfänglichen oder gründlicheren technischen Unterwegskontrolle festgestellte erhebliche oder gefährliche Mangel muss behoben werden, bevor das Fahrzeug weiter auf öffentlichen Straßen benutzt wird. Im Fall von Mängeln, die zügig oder unverzüglich beseitigt werden müssen, weil sie eine direkte und unmittelbare Gefahr für die Straßenverkehrssicherheit darstellen, können der Zulassungsschein und die Kennzeichentafeln abgenommen werden, bis diese Mängel behoben worden sind. Die Nutzung eines solchen Fahrzeugs kann gestattet werden, um es in die Lage zu versetzen, eine der nächsten Werkstätten zu erreichen, wo diese Mängel behoben werden können, vorausgesetzt, die betreffenden gefährlichen Mängel sind so weit behoben worden, dass das Fahrzeug eine dieser Werkstätten erreichen kann und es keine unmittelbare Gefahr für die Sicherheit seiner Insassen oder anderer Verkehrsteilnehmer darstellt. Im Fall von Mängeln, die nicht unverzüglich beseitigt werden müssen, können von der zuständigen Behörde die Bedingungen und eine angemessene Frist für die Weiternutzung des Fahrzeugs bis zur Beseitigung der Mängel festgelegt werden. Kann das Fahrzeug nicht so weit instandgesetzt werden, dass es eine Werkstatt erreichen kann, so kann es an einen Ort gebracht werden, an dem es repariert werden kann. § 58 Abs. 4 betreffend Kostenersatz ist anzuwenden, wenn schwere Mängel oder Mängel mit Gefahr im Verzug festgestellt werden.

(9) Wurden bei einer anfänglichen oder gründlicheren technischen Unterwegskontrolle erhebliche oder gefährliche Mängel bei einem in Österreich zugelassenen Fahrzeug festgestellt, so kann der Prüfer die Zulassungsbehörde verständigen, damit diese die Durchführung einer besonderen Überprüfung gemäß § 56 anordnet. Ist das Fahrzeug in einem anderen Mitgliedstaat zugelassen, so kann die Behörde, in deren örtlichem Wirkungsbereich die Kontrolle erfolgt ist, auf der Grundlage des Musters des Prüfberichtes die zuständige Behörde dieses anderen Mitgliedstaats im Wege „des Bundesministers für „Klimaschutz, Umwelt, Energie, Mobilität, Innovation und Technologie"***" als Kontaktstelle im Sinne der Richtlinie 2014/47/EU ersuchen, eine neue Prüfung im Rahmen der technischen Überwachung des Fahrzeugs durchzuführen. Werden erhebliche oder gefährliche Mängel an einem außerhalb der Union zugelassenen Fahrzeug festgestellt, so ist die zuständige Behörde des Landes der Zulassung des Fahrzeugs zu unterrichten. *(*BGBl I 2017/102; **BGBl I 2020/134)*

(BGBl I 2017/9)

VI. Abschnitt

Haftpflichtversicherung für Kraftfahrzeuge und Anhänger

Versicherungspflicht für Kraftfahrzeuge und Anhänger mit inländischem Kennzeichen

§ 59. (1) Eine den Vorschriften des Kraftfahrzeug-Haftpflichtversicherungsgesetzes 1994, BGBl. Nr. 651/1994 (KHVG 1994), in der jeweils geltenden Fassung entsprechende Kraftfahrzeug-Haftpflichtversicherung, auf die österreichisches

Recht anzuwenden ist, muß bei einem zum Betrieb dieses Versicherungszweiges in Österreich berechtigten Versicherer bestehen

a) für Kraftfahrzeuge und Anhänger, die zum Verkehr zugelassen sind (§§ 37 bis 39),

b) für Probefahrten (§ 45),

c) für Überstellungsfahrten (§ 46).
(BGBl 1994/651)

(2) Fahrzeuge im Besitz des Bundes, der Länder, der Gemeindeverbände, der Ortsgemeinden mit mehr als 50 000 Einwohnern, der von diesen Gebietskörperschaften unter ihrer Haftung betriebenen Unternehmungen sowie Fahrzeuge von Verkehrsunternehmungen im ausschließlichen Eigentum des Bundes sind von der im Abs. 1 angeführten Versicherungspflicht ausgenommen. Diese Fahrzeugbesitzer haben bei Schäden, für die ohne die eingeräumte Ausnahme eine Kraftfahrzeug-Haftpflichtversicherung zu bestehen hätte, für Personen, die mit ihrem Willen beim Betriebe des Fahrzeuges tätig sind, in gleicher Weise und in gleichem Umfang einzutreten wie ein Haftpflichtversicherer bei Bestehen einer den Vorschriften des KHVG 1994 in der jeweils geltenden Fassung entsprechenden Kraftfahrzeug-Haftpflichtversicherung. Diese Verpflichtung entfällt, „wenn" die befreiten Fahrzeugbesitzer eine Kraftfahrzeug-Haftpflichtversicherung abgeschlossen haben. *(BGBl 1994/651; BGBl I 2007/37)*

(3) Der Bundesminister für „Klimaschutz, Umwelt, Energie, Mobilität, Innovation und Technologie" hat der Europäischen Kommission und den für das Kraftfahrwesen zuständigen obersten Behörden der anderen EWR-Vertragsstaaten mitzuteilen, *(BGBl I 2020/134)*

1. welche Arten von Fahrzeugen nicht der Versicherungspflicht gemäß Abs. 1 unterliegen,

2. welche Kategorien von Rechtsträgern gemäß Abs. 2 erster Satz von der Versicherungspflicht für die in ihrem Besitz befindlichen Fahrzeuge ausgenommen sind und welche Folgen sich daraus gemäß Abs. 2 zweiter und dritter Satz für den Ersatz von mit solchen Fahrzeugen verursachten Schäden ergeben.
(BGBl I 2007/37)

(4) *(aufgehoben, BGBl 1971/285)*

(5) *(aufgehoben, BGBl 1987/296, § 30 Z 4 KHVG 1987)*

Gegenstand und Umfang der Versicherung

§ 59a. *(aufgehoben, BGBl 1987/296, § 30 Z 5 KHVG 1987)*

Versicherungsbedingungen und Tarif

§ 60. *(aufgehoben, BGBl 1987/296)*

Überwachung der Versicherung

§ 61. (1) Der Versicherer hat dem Versicherungsnehmer auf Verlangen binnen fünf Tagen nach der Übernahme der Verpflichtung aus einer vorgeschriebenen Kraftfahrzeug-Haftpflichtversicherung (§ 59) eine Bestätigung über die Übernahme dieser Verpflichtungen, die Versicherungsbestätigung, kostenlos elektronisch oder in Papierform auszustellen. *(BGBl I 2016/40, gem. V BGBl II 2017/77 ab 1. 4. 2017)*

(1a) Die Versicherungsbestätigung hat folgende Mindestangaben zu enthalten:

1. Name des ausstellenden Versicherers,

2. Nummer der Versicherungsbestätigung,

3. Hinweis auf die Anwendung österreichischen Rechts

4. Gültigkeitsbeginn und

5. Ausstellungsdatum.

Eine in die zentrale Deckungsevidenz aufgenommene Versicherungsbestätigung ist nur zu berücksichtigen, sofern im Zeitpunkt der nach Einlangen und Gültigkeitsbeginn erfolgten Reihung nicht mehr als ein Jahr vergangen ist. Liegt der Gültigkeitsbeginn jedoch vor dem Ausstellungsdatum, so läuft diese Frist ab dem Ausstellungsdatum. § 20 Kraftfahrzeug-Haftpflichtversicherungsgesetz 1994 bleibt unberührt. *(BGBl I 2016/40, gem. V BGBl II 2017/77 ab 1. 4. 2017)*

(2) Die Behörde hat den Versicherer, dessen Versicherungsbestätigung (Abs. 1) ihr vorgelegt worden ist, unter Angabe des zugewiesenen Kennzeichens, zu verständigen von

a) der Zulassung des Fahrzeuges,

b) der Zuweisung eines anderen Kennzeichens,

c) der Abmeldung des Fahrzeuges oder der Aufhebung der Zulassung, sofern der Versicherer nicht eine Anzeige gemäß Abs. 4 erstattet hat. In der Verständigung sind die Merkmale der Versicherungsbestätigung sowie im Falle der lit. a die in ihr enthaltenen Daten mit dem in den Zulassungsschein eingetragenen Wortlaut anzuführen. Im Falle der Zulassung durch Zulassungsstellen (§§ 40a und 40b) trifft diese Verpflichtung die Zulassungsstellen, entfällt jedoch bei Tätigwerden für ihre eigenen Versicherungsnehmer.
(BGBl I 1997/103)

(3) Ist der Versicherer von der Verpflichtung zur Leistung frei, weil der Versicherungsnehmer die erste einmalige Prämie (§ 38 Abs. 1 des Versicherungsvertragsgesetzes), BGBl. Nr. 2/1959) nicht rechtzeitig gezahlt hat oder weil der Versicherungsnehmer nach Ablauf einer ihm gemäß § 39 Abs. 1 des Versicherungsvertragsgesetzes bestimmten Zahlungsfrist mit der Zahlung einer Folgeprämie für die für das Fahrzeug vorgeschriebene Kraftfahrzeug-Haftpflichtversicherung oder geschuldeter Zinsen oder Kosten im Verzug ist, so kann er dies der Gemeinschaftseinrichtung

unter Angabe des Kennzeichens anzeigen. Diese hat die Anzeige zu erfassen (§ 47 Abs. 4b) und im Namen der Behörde, in deren örtlichem Wirkungsbereich das Fahrzeug zugelassen ist, den Zulassungsbesitzer über die drohende Aufhebung der Zulassung zu informieren. *(BGBl I 2016/40, gem. V BGBl II 2017/77 ab 1. 4. 2017)*

(4) Der Versicherer hat jeden Umstand, der das Nichtbestehen oder die Beendigung der für ein Fahrzeug vorgeschriebenen Kraftfahrzeug-Haftpflichtversicherung zur Folge hat, der Gemeinschaftseinrichtung der zum Betrieb der Kraftfahrzeug-Haftpflichtversicherung berechtigten Versicherer mitzuteilen. Diese hat diesen Umstand, sofern nicht ein anderer haftender Versicherer in der zentralen Deckungsevidenz (§ 47 Abs. 4b) gespeichert ist, der Behörde, in deren örtlichem Wirkungsbereich das Fahrzeug zugelassen ist, unter Angabe des Kennzeichens anzuzeigen. Diese Anzeige löst die in § 24 Abs. 2 des Kraftfahrzeug-Haftpflichtversicherungsgesetzes 1994 angeführte Frist von drei Monaten aus. Das gleiche gilt, wenn die Versicherungssummen die vorgeschriebenen Mindestsummen nicht erreichen. Die Anzeige ist jedoch nicht erforderlich, wenn die Behörde den Versicherer von der Abmeldung des Fahrzeuges oder von der Aufhebung der Zulassung verständigt hat (Abs. 2). Die Verständigung des Versicherers durch die Behörde ersetzt die Anzeige des Versicherers hinsichtlich ihrer Wirkung auf den Beginn der im § 24 Abs. 2 des Kraftfahrzeug-Haftpflichtversicherungsgesetzes 1994 angeführten Frist von drei Monaten. *(BGBl I 2016/40, gem. V BGBl II 2017/77 ab 1. 4. 2017)*

(5) Ist zu erwarten, daß der Versicherer in Ansehung des Dritten von der Verpflichtung zur Leistung frei wird „(§ 24 Abs. 2 des Kraftfahrzeug-Haftpflichtversicherungsgesetzes 1994)", so sind bei Gefahr im Verzug, unbeschadet der Bestimmungen des § 44 Abs. 1 lit. c über die Aufhebung der Zulassung, der Zulassungsschein und die Kennzeichentafeln unverzüglich abzunehmen. *(BGBl 1995/258)*

(6) Die Bestimmungen der Abs. 2 bis 5 gelten für die Bewilligung zur Durchführung von Probe- oder Überstellungsfahrten (§§ 45 und 46) sinngemäß.

Haftung für Kraftfahrzeuge und Anhänger mit ausländischem Kennzeichen

§ 62. (1) Für Kraftfahrzeuge und Anhänger mit ausländischem Kennzeichen, die nicht auf Grund des Art. 4 lit. b der Richtlinie 72/166/EWG (ABl. Nr. L 103 vom 2.5.1972, S. 1, zuletzt geändert durch die Richtlinie 2005/14/EG, ABl. Nr. L 149 vom 11.6.2005, S. 14) von der Versicherungspflicht ausgenommen sind, muss, wenn sie im Inland auf Straßen mit öffentlichem Verkehr verwendet werden, die Haftung des Verbandes der Versicherungsunternehmen Österreichs auf der Grundlage einer Grünen Karte oder auf der Grundlage einer unterstellten Versicherungsdeckung im Sinn des Übereinkommens zwischen den nationalen Versicherungsbüros der Mitgliedstaaten des Europäischen Wirtschaftsraums und anderen assoziierten Staaten vom 30. Mai 2002 (ABl. Nr. L 192 vom 31.7.2003, S. 23) oder auf Grund eines beim Eintritt in das Bundesgebiet abgeschlossenen Versicherungsvertrages (Grenzversicherung) bestehen. Dies gilt auch für Motorfahrräder, die in ihrem Herkunftsstaat nicht als Kraftfahrzeuge gelten oder keine Kennzeichen führen müssen.

(2) Besteht die Haftung gemäß Abs. 1 auf der Grundlage einer Grünen Karte, so ist diese beim Eintritt in das Bundesgebiet oder sonst im Bundesgebiet auf Verlangen den Organen des öffentlichen Sicherheitsdienstes oder der Straßenaufsicht vorzuweisen; § 61 Abs. 5 gilt sinngemäß. Wird beim Eintritt in das Bundesgebiet für ein Fahrzeug, für das keine Haftung gemäß Abs. 1 auf der Grundlage einer unterstellten Versicherungsdeckung besteht, weder eine Grüne Karte vorgewiesen noch eine Grenzversicherung abgeschlossen, so ist die Einbringung des Fahrzeuges in das Bundesgebiet zu verhindern.

(3) Fahrzeuge, die aus einem anderen EWR-Vertragsstaat in das Bundesgebiet eingebracht werden, sind von der Verpflichtung zur Vorweisung einer Grünen Karte gemäß Abs. 2 ausgenommen. Abs. 2 zweiter Satz ist nicht anzuwenden. Diese Fahrzeuge können jedoch, wenn für sie keine Haftung gemäß Abs. 1 auf der Grundlage einer unterstellten Versicherungsdeckung besteht, einer nicht systematischen Überprüfung der Versicherung unter der Voraussetzung unterzogen werden, dass sie nicht diskriminierend ist und im Rahmen einer Kontrolle stattfindet, die sich nicht auf die Überprüfung der Versicherung beschränkt.

(4) Fahrzeuge mit ausländischem Kennzeichen sind von der im Abs. 1 angeführten Verpflichtung befreit, wenn sie einer natürlichen oder juristischen Person des öffentlichen oder privaten Rechts eines anderen EWR-Vertragsstaates gehören und von diesem Vertragsstaat gemäß Art. 4 lit. a der Richtlinie 72/166/EWG gemeldet wurden. Diese Fahrzeuge haben hierüber eine Bescheinigung der Regierung ihres Staates, bei Ländern von Bundesstaaten des Bundesregierung, mitzuführen, in der auch die Stelle angegeben ist, der es obliegt, in dem durchfahrenen Staat, nach dem Recht des durchfahrenen Staates Schadenersatz zu leisten, und gegen welche vor den nach diesem Recht zuständigen Gerichten Klage erhoben werden kann. Diese Bescheinigung ist den Organen des öffentlichen Sicherheitsdienstes oder der Straßenaufsicht auf Verlangen zur Überprüfung auszuhändigen. *(BGBl I 2009/94)*

(5) Im Hinblick auf die Haftung des Verbandes der Versicherungsunternehmen Österreichs haben die Poizeidienststellen nach Verkehrsunfällen, an denen im Ausland zugelassene Fahrzeuge beteiligt sind, Kopien der Anzeigen an die Gerichte oder die Bezirksverwaltungsbehörden oder die Meldungen gemäß § 4 Abs. 5 oder 5a StVO dem Verband der Versicherungsunternehmen Österreichs zu übermitteln. Diese Übermittlungen haben auch personenbezogene Daten der beteiligten Personen, wie Namen, Geburtsdatum und Adresse zu enthalten. *(BGBl I 2009/94)*

(BGBl I 2007/37)

Ansprüche geschädigter Dritter gegen den Versicherer

§ 63. *(aufgehoben, BGBl 1987/296, § 30 Z 10 KHVG 1987)*

VII. Abschnitt
Erteilung und Entziehung der Berechtigung zum Lenken von Kraftfahrzeugen

Zum Außer-Kraft-Treten siehe § 43 FSG

§ 78. *(entfällt samt Überschrift, BGBl I 2019/19)*

Zum Außer-Kraft-Treten siehe § 43 (5) FSG

VIII. Abschnitt
Internationaler Kraftfahrverkehr

Allgemeines

§ 79. Das Verwenden von Kraftfahrzeugen und Anhängern mit ausländischem Kennzeichen, die keinen dauernden Standort im Bundesgebiet haben, ist auf Straßen mit öffentlichem Verkehr unbeschadet zollrechtlicher und gewerberechtlicher Vorschriften nur zulässig, wenn die Fahrzeuge vor nicht länger als einem Jahr in das Bundesgebiet eingebracht wurden und wenn die Vorschriften der §§ 62, 82 und 86 eingehalten werden.

(BGBl I 1997/121)

Unterscheidungszeichen für Kraftfahrzeuge und Anhänger mit inländischem Kennzeichen

§ 80. Kraftfahrzeuge und Anhänger mit inländischem Kennzeichen, bei denen das internationale Unterscheidungszeichen nicht am linken Rand der Kennzeichentafel in einem blauen Feld angegeben ist, müssen beim Verlassen des österreichischen Bundesgebietes hinten außer dem Kennzeichen auf einer Tafel oder auf dem Fahrzeug selbst das Unterscheidungszeichen für Österreich führen. Dieses hat aus einem mindestens 80 mm hohen lateinischen Buchstaben „A" in dauernd gut lesbarer, unverwischbarer, schwarzer Schrift mit mindestens 10 mm Strichstärke auf einer mindestens 175 mm breiten und mindestens 115 mm hohen weißen, elliptischen Fläche zu bestehen. Unterscheidungszeichen müssen am Fahrzeug auf einer senkrecht zu dessen Längsmittelebene und annähernd lotrecht liegenden Fläche und vollständig sichtbar angebracht sein. Das Führen des Unterscheidungszeichens eines anderen Staates ist unzulässig.

(BGBl I 2002/80)

Ausstellung internationaler Zulassungsscheine

§ 81. (1) Dem Besitzer eines nationalen Zulassungsscheines ist auf Antrag ein internationaler Zulassungsschein gemäß Art. 4 des Pariser Übereinkommens über den Verkehr von Kraftfahrzeugen, BGBl. Nr. 304/1930, auszustellen.

(2) Die Gültigkeit des inernationalen Zulassungsscheines erlischt ein Jahr nach dem Tag der Ausstellung. Über seine Ausstellung sind entsprechende Aufzeichnungen zu führen.

(3) Für die Ausstellung der internationalen Zulassungsscheine ist die Behörde zuständig, in deren örtlichem Wirkungsbereich der Antragsteller seinen Hauptwohnsitz hat.

(4) Der Bundesminister für „Klimaschutz, Umwelt, Energie, Mobilität, Innovation und Technologie" kann Vereine von Kraftfahrzeugbesitzern zur Ausstellung der internationalen Zulassungsscheine ermächtigen. Diese Vereine unterliegen hinsichtlich der auf Grund dieser Ermächtigung zu erfüllenden Aufgaben der Aufsicht und den Weisungen des Bundesministers für „Klimaschutz, Umwelt, Energie, Mobilität, Innovation und Technologie". Die Aufsichtsbefugnisse der Vereinsbehörde werden hiedurch nicht berührt. Die Ermächtigung zur Ausstellung der internationalen Zulassungsscheine ist zu widerrufen, wenn es zur Wahrung öffentlicher Interessen notwendig ist. *(BGBl I 2020/134)*

(5) Wurde Vereinen die im Abs. 4 angeführte Ermächtigung erteilt, so dar der Antrag auf Ausstellung eines internationalen Zulassungsscheines nur bei solchen Vereinen eingebracht werden; stellt jedoch der ermächtigte Verein den internationalen Zulassungsschein nicht binnen einer Woche nach Einlangen des Antrages aus, so kann der Antrag auch bei der im Abs. 3 angeführten Behörde eingebracht werden.

(BGBl I 1997/121)

Verwendung von Kraftfahrzeugen und Anhängern mit ausländischem Kennzeichen

§ 82. (1) Kraftfahrzeuge und Anhänger mit ausländischem Kennzeichen (§ 79 Abs. 1) müssen von einem Mitgliedstaat des Pariser Übereinkommens über den Verkehr mit Kraftfahrzeugen, BGBl. Nr. 304/1930, des Genfer Abkommens über den Straßenverkehr, BGBl. Nr. 222/1955, oder des Wiener Übereinkommens über den Straßenverkehr, BGBl. Nr. 289/1982, zugelassen sein. Anhänger, die nach heimatlichem Recht nicht gesondert zugelassen werden, sondern das Kennzeichen des Zugfahrzeuges führen müssen, gelten als zugelassen; dies gilt auch für Fahrzeuge mit Zoll-, Überstellungs- oder Probefahrtkennzeichen für die Dauer der Gültigkeit dieser Kennzeichen. Fahrzeuge ohne dauernden Standort im Bundesgebiet dürfen nur verwendet werden, wenn sie das ihnen zugewiesene Kennzeichen führen. *(BGBl 1982/631)*

(1a) Sofern der Bundesminister für „Klimaschutz, Umwelt, Energie, Mobilität, Innovation und Technologie" zum Abschluss von Übereinkommen gemäß Art. 66 Abs. 2 B-VG ermächtigt ist, kann er völkerrechtliche Vereinbarungen schließen, welche die gegenseitige Anerkennung der Verwendung von Fahrzeugen mit Probefahrtkennzeichen auf Straßen mit öffentlichem Verkehr zum Inhalt haben. *(BGBl I 2017/102; BGBl I 2020/134)*

(2) Fahrzeuge mit ausländischem Kennzeichen, die von keinem der im Abs. 1 angeführten Staaten zugelassen sind, dürfen nur verwendet werden, wenn sie gemäß § 38 vorübergehend zugelassen sind; ihre Verwendung ist jedoch während der drei unmittelbar auf ihre Einbringung in das Bundesgebiet folgenden Tage zulässig. Den Lenkern solcher Fahrzeuge ist bei Eintritt in das Bundesgebiet eine Bestätigung über den Tag der Einbringung des Fahrzeuges in das Bundesgebiet auszustellen und eine Belehrung in deutscher, französischer und englischer Sprache auszufolgen, der zu entnehmen ist, daß die Verwendung des Fahrzeuges nur während der drei unmittelbar auf seine Einbringung in das Bundesgebiet folgenden Tage und nach Ablauf dieser Frist nur auf Grund einer vorübergehenden Zulassung gemäß § 38 zulässig ist. *(BGBl 1982/631)*

(3) Als Nachweis für die Zulassung im Sinne des Abs. 1 muß ein nationaler Zulassungsschein oder dessen von der Ausstellungsbehörde beglaubigte Photokopie vorliegen. Wenn der Zulassungsschein nicht in deutscher Sprache oder nicht auch in deutscher Sprache abgefaßt ist, nicht von einem Mitgliedstaat des Genfer Abkommens oder des Wiener Übereinkommens ausgestellt ist oder nicht zusammen mit einem im Pariser Übereinkommen vorgesehenen zwischenstaatlichen Zulassungsschein vorgewiesen werden kann, müssen dem Zulassungsschein wenigstens Name und Anschrift des Zulassungsbesitzers, Marke, Type und Fahrgestellnummer des Fahrzeuges, das Kennzeichen und der Tag der Zulassung leicht entnommen werden können. Wenn der Lenker eines Fahrzeuges mit ausländischem Kennzeichen keinen Zulassungsschein vorweisen kann und hiefür einen zureichenden Grund, wie etwa Verlust, glaubhaft macht, ist ihm auf Antrag, wenn keine Bedenken bestehen, ein zwischenstaatlicher Zulassungsschein unter sinngemäßer Anwendung des § 81 auszustellen; § 38 bleibt unberührt. *(BGBl 1982/631)*

(4) Fahrzeuge mit ausländischem Kennzeichen müssen hinten das heimatliche Kennzeichen und das Unterscheidungszeichen des Heimatstaates führen; für den ersten Anhänger eines Kraftwagenzuges mit zwei Anhängern ist jedoch kein Unterscheidungszeichen erforderlich. Besteht das Kennzeichen nicht aus arabischen Ziffern und lateinischen Buchstaben, so muß das Kennzeichen auch in diesen Ziffern und Buchstaben wiedergegeben sein. Das Führen des Unterscheidungszeichens eines anderen Staates ist unzulässig. Fahrzeuge, die in einem EU-Mitgliedstaat zugelassen sind und im Sinne der Verordnung des Rates Nr. 2411/1998 ihren Nationalitätsbuchstaben im Kennzeichen (auf der Kennzeichentafel) aufweisen, müssen nicht noch zusätzlich das internationale Unterscheidungszeichen führen. *(BGBl I 2002/80)*

(4a) Einer Kennzeichentafel gemäß § 49 Abs. 4 Z 5 gleichwertige, durch Gesetz oder behördlich festgelegte und klar erkennbare Kennzeichnungen wie insbesondere Kennzeichen oder Kennzeichnungsplaketten von nicht im Inland zugelassenen Kraftfahrzeugen mit reinem Elektroantrieb oder mit Wasserstoff-Brennstoffzellenantrieb gemäß den Vorschriften anderer Staaten gelten als Kennzeichnung gemäß § 49 Abs. 4 Z 5, wenn aus der jeweiligen Kennzeichnung oder aus beizubringenden Nachweisen hervorgeht, dass es sich um ein Kraftfahrzeug mit reinem Elektroantrieb oder mit Wasserstoff-Brennstoffzellenantrieb im Sinne des § 49 Abs. 4 Z 5 handelt. *(BGBl I 2020/134)*

(5) Abmessungen, Gesamtgewichte und Achslasten sowie die Ladung von Fahrzeugen oder von Kraftfahrzeugen mit Anhängern mit ausländischem Kennzeichen dürfen die im § 4 Abs. 6 bis 9, § 101 Abs. 1 und Abs. 5 festgesetzten Höchstgrenzen nicht überschreiten; das Verwenden von solchen Fahrzeugen oder Kraftfahrzeugen mit Anhängern mit größeren Abmessungen oder höheren Gesamtgewichten oder Achslasten oder größerer Ladung kann jedoch unter sinngemäßer Anwendung des § 36 lit. c, § 39 Abs. 3, § 40 Abs. 3 und 4, § 101 Abs. 5 und § 104 Abs. 9 bewilligt werden, wenn nach Art und Verwendung der Fahrzeuge vom Standpunkt der Verkehrs- und Betriebssicherheit keine Bedenken bestehen. Die Bestimmungen der §§ 4 Abs. 7a, § 101 Abs. 5 und 104 Abs. 9 für Fahrten im Vorlauf- und Nachlaufverkehr gelten auch für Kraftfahrzeuge und deren Anhänger mit ausländischen Kennzeichen. *(BGBl 1993/456)*

(6) Auf ausländische Motorfahrräder finden die besonderen Bestimmungen des § 85 Anwendung.

(7) Das Einbringen in das Bundesgebiet von Fahrzeugen mit ausländischem Kennzeichen, bei deren Verwendung im Inland die Verkehrssicherheit gefährdet oder die im Abs. 5 erster Halbsatz angeführten Höchstgrenzen überschritten werden, ist, unbeschadet des Abs. 5 zweiter Halbsatz, zu verhindern. *(BGBl 1982/362)*

(8) Fahrzeuge mit ausländischem Kennzeichen, die von Personen mit dem Hauptwohnsitz oder Sitz im Inland in das Bundesgebiet eingebracht oder in diesem verwendet werden, sind bis zum Gegenbeweis als Fahrzeug mit dem dauernden Standort im Inland anzusehen. Die Verwendung solcher Fahrzeuge ohne Zulassung gemäß § 37 ist nur während eines Monats ab der erstmaligen Einbringung in das Bundesgebiet zulässig. Eine vorübergehende Verbringung aus dem Bundesgebiet unterbricht diese Frist nicht. Nach Ablauf eines Monats ab der erstmaligen Einbringung in das Bundesgebiet sind der Zulassungsschein und die Kennzeichentafeln der Behörde, in deren örtlichem Wirkungsbereich sich das Fahrzeug befindet, abzuliefern. Wenn glaubhaft gemacht wird, dass innerhalb dieses Monats die inländische Zulassung nicht vorgenommen werden konnte, darf das Fahrzeug ein weiteres Monat verwendet werden. Danach sind der Zulassungsschein und die Kennzeichentafeln der Behörde, in deren örtlichem Wirkungsbereich sich das Fahrzeug befindet, abzuliefern. Die Ablieferung begründet keinen Anspruch auf Entschädigung. *(BGBl I 2014/26)*

(9) Wird von den Organen des öffentlichen Sicherheitsdienstes oder der Straßenaufsicht eine Übertretung des Abs. 8 festgestellt, so haben sie hievon das Daten-, Informations- und Aufbereitungscenter „des Amtes für Betrugsbekämpfung" zur abgabenrechtlichen Überprüfung zu verständigen. In der Verständigung sind der Name und die Adresse des Lenkers und des Zulassungsbesitzers, das Kennzeichen des Fahrzeuges sowie Zeit und Ort der Tatbegehung anzugeben. *(BGBl I 2009/94; BGBl I 2019/104)*

Ziehen ausländischer Anhänger mit inländischen Kraftfahrzeugen

§ 83. Anhänger mit ausländischem Kennzeichen dürfen mit Kraftfahrzeugen mit inländischem Kennzeichen nur gezogen werden, wenn an ihnen hinten eine Kennzeichentafel gemäß § 49 Abs. 3 angebracht und das ausländische Kennzeichen durch diese Kennzeichentafel verdeckt ist. Hiedurch werden die „zollrechtlichen Vorschriften" nicht berührt. *(BGBl I 2019/19)*

Grenzüberschreitende Verfolgung von Verkehrsübertretungen

§ 84. (1) Wenn bei den in § 47a Abs. 3 Z 1 bis 8 genannten die Straßenverkehrssicherheit gefährdenden Verkehrsübertretungen der Lenker eines Fahrzeuges mit ausländischem Kennzeichen nicht sofort festgestellt werden kann und das Kennzeichen des Fahrzeuges vorliegt, hat die Behörde im Wege eines automationsunterstützten Abrufs im Sinne des Art. 4 der Richtlinie „2015/413/EU" unter Angabe des vollständigen Kennzeichens im Wege der nationalen Kontaktstelle (§ 47a) den Fahrzeughalter (Zulassungsbesitzer) des Fahrzeuges zu ermitteln, mit dem die Verkehrsübertretung begangen worden ist. *(BGBl I 2016/40)*

(2) Wenn die Behörde die Daten des Fahrzeughalters (Zulassungsbesitzers) über die nationale Kontaktstelle in Erfahrung gebracht hat und beschließt Folgemaßnahmen einzuleiten, hat sie diesem ein Informationsschreiben zu übermitteln. Dieses Informationsschreiben hat jedenfalls zu enthalten

1. die Verkehrsübertretung,

2. den Ort, das Datum und die Uhrzeit der Verkehrsübertretung,

3. die Bezeichnung der Rechtsvorschrift, gegen die verstoßen wurde sowie die Sanktion,

4. gegebenenfalls Angaben zu dem zur Feststellung der Verkehrsübertretung verwendeten Gerät.

(3) Bei Verkehrsübertretungen für die die Behörde gemäß § 49a VStG eine Verordnung zur Ahndung im Wege von Anonymverfügungen erlassen hat, gilt das Informationsschreiben als Anonymverfügung, sofern die an die Anonymverfügung geknüpften Erfordernisse des § 49a VStG eingehalten werden.

(4) Die Behörde kann das Informationsschreiben gemäß Abs. 2 mit einer Lenkererhebung gemäß § 103 Abs. 2 verbinden. In diesem Fall hat das Schreiben Informationen über die Folgen der Nichtbekanntgabe oder einer unrichtigen oder unvollständigen Angabe über den Lenker zu enthalten.

(5) Das Informationsschreiben ist auch in der Sprache des Zulassungsdokuments – soweit verfügbar – oder in einer der Amtssprachen des Zulassungsmitgliedstaats zu verfassen.

(6) Durch Verordnung des Bundesministers für „Klimaschutz, Umwelt, Energie, Mobilität, Innovation und Technologie" kann für Informationsschreiben gemäß Absatz 2, 3 und 4 ein Formular festgesetzt werden. *(BGBl I 2020/134)*

(7) Die Behörden haben die nationale Kontaktstelle im Hinblick auf den zu erstellenden Bericht an die Europäische Kommission über die gesetzten Folgemaßnahmen zu informieren.

(8) Den Behörden der Vertragsstaaten des Wiener Übereinkommens über den Straßenver-

kehr, BGBl. Nr. 289/1982, des Genfer Abkommens über den Straßenverkehr, BGBl. Nr. 222/1955, und des Pariser Übereinkommens über den Verkehr von Kraftfahrzeugen, BGBl. Nr. 304/1930, sind auf Verlangen Auskünfte zur Ermittlung von Zulassungsbesitzern zu geben, wenn das Fahrzeug in einen Unfall verwickelt war oder der Lenker dieses Fahrzeuges sich wegen Übertretungen von Verkehrsvorschriften strafbar gemacht hat. Dies gilt nicht für die in Abs. 1 genannten Verkehrsübertretungen im Fall eines automatisierten Abrufs durch die nationale Kontaktstelle eines anderen EU-Mitgliedstaates.

(BGBl I 2013/43)

Verwenden von ausländischen Motorfahrrädern

§ 85. (1) Motorfahrräder ohne dauernden Standort im Bundesgebiet, welche im Heimatstaat nicht im Sinne des § 82 Abs. 1 zugelassen werden, dürfen nur verwendet werden, wenn ihr Hubraum 50 cm³ nicht übersteigt; § 82 Abs. 4 gilt sinngemäß. *(BGBl I 2009/94)*

(2) Die Bestimmungen des § 62 über die Haftung für ausländische Kraftfahrzeuge bleiben unberührt.

Aberkennung des Rechtes, Kraftfahrzeuge und Anhänger auf Grund ausländischer Zulassungsscheine zu verwenden

§ 86. (1) Das Recht, von einem ausländischen Zulassungsschein (§ 82) Gebrauch zu machen, kann aberkannt werden, wenn

a) die im § 44 Abs. 1 lit. a angeführten Gründe vorliegen oder

b) die im § 62 Abs. 1 angeführte Haftung nicht vorliegt. *(BGBl 1982/631)*

(1a) *(aufgehoben, BGBl I 1997/121)*

(2) Für die Aberkennung ist die Behörde zuständig, in deren örtlichem Wirkungsbereich der Besitzer des Zulassungsscheines seinen Aufenthalt hat. Sie hat den Zulassungsschein und die Kennzeichentafeln nach der Aberkennung abzunehmen und bis zum Ablauf der festgesetzten Frist oder bis zur Ausreise des Besitzers zurückzubehalten und die Aberkennung in den Zulassungsschein einzutragen. *(BGBl I 1997/121)*

(3) *(aufgehoben, BGBl I 2013/43)*

(4) *(aufgehoben, BGBl I 1997/121)*

IX. Abschnitt
Sondervorschriften für einzelne Arten von Kraftfahrzeugen und Anhängern

Omnibusse und Omnibusanhänger

§ 87. (1) Omnibusse müssen so gebaut, ausgerüstet und ausgestattet sein, daß ihre Verkehrs- und Betriebssicherheit in dem für die Anzahl der zu befördernden Personen erforderlichen Maß gewährleistet ist. Ihr Aufbau muß aus für Omnibusse geeigneten und widerstandsfähigen Baustoffen bestehen, die bei Unfällen keine schweren körperlichen Verletzungen erwarten lassen. Omnibusse müssen so beschaffen sein, daß die Abmessungen und die Anordnung der Türöffnungen, der Gänge und der Sitz- und Stehplätze sowie die Höhe des Innenraumes ein rasches Aussteigen der beförderten Personen ermöglichen. Das rasche Verlassen des Innenraumes muß auch durch entsprechende Notausstiege gewährleistet sein. Kraftstoffbehälter und Kraftstoffleitungen dürfen nicht im Innenraum liegen. Der Innenraum muß gut lüftbar und mit einem gleitsicheren Bodenbelag und ausreichenden Leuchten ausgerüstet sein. Der Innenraum muß gegen das Eindringen von Staub, Rauch und Dämpfen geschützt sein; dies gilt jedoch nicht für Mannschaftstransportfahrzeuge (§ 2 Z. 29), die zur Verwendung im Bereich des öffentlichen Sicherheitsdienstes und der Finanzverwaltung bestimmt sind, für Heeresmannschaftstransportfahrzeuge sowie für Mannschaftstransportfahrzeuge, die ausschließlich oder vorwiegend zur Verwendung für Feuerwehren bestimmt sind. *(BGBl I 2004/107)*

(2) Der Lenkerplatz von Omnibussen muß so angeordnet sein, daß der Lenker vor Behinderungen durch beförderte Personen geschützt ist. Eine Verständigungsmöglichkeit zwischen dem Lenker und den zu befördernden Personen muß gegeben sein. Der Lenker muß vor Blendung durch Sonnen- und Innenlicht und vor übermäßiger Wärme und Kälte geschützt sein. Die elektrische Batterie muß vom Lenkerplatz aus ausgeschaltet werden können. *(BGBl I 2005/117)*

(3) Auf Omnibusanhänger findet Abs. 1 sinngemäß Anwendung. Bei Omnibusanhängern muß eine Verständigungsmöglichkeit zwischen den mit ihnen zu befördernden Personen und dem Lenker des Zugfahrzeuges gegeben sein. Übergänge vom Omnibusanhänger zum Zugfahrzeug und bei Gelenkkraftfahrzeugen müssen bei jedem Einschlag der Lenkvorrichtung ohne Gefahr betreten werden können. *(BGBl 1977/615)*

(4) *(aufgehoben, BGBl 1977/615)*

(5) Durch Verordnung sind nach den Erfordernissen der Verkehrs- und Betriebssicherheit, dem jeweiligen Stand der Technik entsprechend, unter Bedachtnahme auf die Anzahl der zu befördernden Personen die näheren Bestimmungen über

die Beschaffenheit, Ausrüstung und Ausstattung der Omnibusse und Omnibusanhänger und über die Führung eines Wagenbuches oder gleichwertiger Evidenzbehelfe für diese Fahrzeuge festzusetzen. *(BGBl 1977/615)*

(6) Auf Omnibusse, die nach ihrer Bauart und Ausrüstung zur Verwendung als Arrestantenfahrzeug für den öffentlichen Sicherheitsdienst oder für die „Strafvollzugsverwaltung" bestimmt sind, finden die Bestimmungen der Abs. 1, 2 und 5 nur Anwendung, sofern es der Verwendungszweck des Fahrzeuges zuläßt. *(BGBl I 2015/73)*

Kombinationskraftwagen

§ 88. (1) Bei Kombinationskraftwagen (§ 2 Z. 6) muß in dem Raum zur wahlweisen Beförderung von Personen oder Gütern nach dem Umlegen oder Entfernen der Sitze eine feste, unbewegliche Ladefläche zur Aufnahme von Gütern zu bilden sein, auf der Güter sicher aufliegen können.

(2) Der Lenker und beförderte Personen müssen durch ausreichend hohe, widerstandsfähige Trenneinrichtungen vor Verschiebungen auf der Ladefläche beförderter Güter bei Verringerung der Fahrgeschwindigkeit bei der Vorwärtsbewegung des Fahrzeuges geschützt sein. *(BGBl 1977/615)*

(3) Bei geschlossenen Kombinationskraftwagen muß das Verladen von Gütern durch eine ausreichend große, sicher abschließbare Türe oder Ladeklappe in der Rückwand oder in einer Seitenwand möglich sein und der Aufbau bis nahezu an das hintere Ende eine annähernd gleiche Höhe aufweisen.

Kraftfahrzeuge mit Antrieb durch elektrische oder mechanisch gespeicherte Energie

§ 89. Für Kraftfahrzeuge mit Antrieb durch elektrische Energie, wie Akkumulatoren-Kraftfahrzeuge, Oberleitungskraftfahrzeuge oder solche mit Verbrennungsmotoren in Verbindung mit Übertragung elektrischer Energie, sowie für Kraftfahrzeuge mit mechanisch gespeicherter Energie, wie Gyrokraftfahrzeuge, können durch Verordnung nach den Erfordernissen der Verkehrs- und Betriebssicherheit, dem jeweiligen Stand der Technik entsprechend, unter Berücksichtigung ihrer Eigenart Bestimmungen über ihre Bauart, Ausrüstung und Betriebsart, insbesondere im Hinblick auf den Antrieb durch elektrische Energie, erlassen werden.

Kraftfahrzeuge mit Antrieb durch Kraftgas

§ 89a. Für Kraftfahrzeuge mit Antrieb durch Kraftgas können durch Verordnung nach den Erfordernissen der Verkehrs- und Betriebssicherheit, dem jeweiligen Stand der Technik entsprechend, unter Berücksichtigung ihrer Eigenart Bestimmungen erlassen werden über

a) die Bauart und Ausrüstung,

b) die technische Begutachtung,

c) die Kennzeichnung,

d) den Betrieb und die über diesen zu führenden Evidenzen und

e) die ausschließliche Zulässigkeit bestimmter Arten von Kraftgas, mit denen das Fahrzeug betrieben werden darf.

(BGBl 1971/285)

Zugmaschinen

§ 90. (1) bis (3) *(aufgehoben, BGBl 1977/615)*

(4) Durch Verordnung sind nach den Erfordernissen der Verkehrs- und Betriebssicherheit, dem jeweiligen Stand der Technik entsprechend, nähere Bestimmungen festzusetzen über

a) die Bauart, Ausrüstung und Ausstattung von Zugmaschinen,

b) Erleichterungen hinsichtlich der Bauart, Ausrüstung und Ausstattung von Zugmaschinen wegen ihrer Bauartgeschwindigkeit und der Art ihrer Verwendungsbestimmung, insbesondere im Rahmen eines land- und forstwirtschaftlichen Betriebes, und hiezu erforderliche Einschränkungen, *(BGBl 1977/615)*

c) die Voraussetzungen, unter denen Geräte, zusätzliche Aufbauten, Sitze und Vorrichtungen zur Beförderung von Gütern mit dem Fahrzeug auch so verbunden werden dürfen, daß sie die Fahreigenschaften des Fahrzeuges verändern.

Transportkarren und Motorkarren

§ 91. (1) Für Transportkarren (§ 2 Z. 19) können durch Verordnung unter Bedachtnahme auf die Erfordernisse der Verkehrs- und Betriebssicherheit und unter Berücksichtigung des Eigengewichtes, der Abmessungen und der Bauartgeschwindigkeit Erleichterungen, insbesondere für das Ziehen von Anhängern, und hiezu erforderliche Einschränkungen festgesetzt werden. *(BGBl 1977/615)*

(2) Für Motorkarren (§ 2 Z. 20) können durch Verordnung unter Bedachtnahme auf die Erfordernisse der Verkehrs- und Betriebssicherheit und unter Berücksichtigung des Eigengewichtes, der Abmessungen und der Bauartgeschwindigkeit Erleichterungen festgesetzt werden, insbesondere für das Ziehen von Anhängern sowie hinsichtlich der Voraussetzungen, unter denen Geräte, zusätzliche Aufbauten und Sitze mit dem Fahrzeug auch so verbunden werden dürfen, daß sie die Fahreigenschaften des Fahrzeuges verändern. *(BGBl 1977/615)*

Kraftwagen und Anhänger zum Transport von Tieren

§ 91a. (1) Kraftwagen und Anhänger, die ausschließlich oder vorwiegend zum Transport von Tieren im Sinne des Europäischen Übereinkommens über den Schutz von Tieren beim internationalen Transport, BGBl. Nr. 597/1973, bestimmt sind, müssen, abgesehen von den sonst für diese Fahrzeuge in Betracht kommenden Bestimmungen, der Art, der Anzahl und der Größe der zu befördernden Tiere entsprechend gebaut, ausgerüstet und ausgestattet sein. *(BGBl 1977/615)*

(2) Diese Fahrzeuge müssen entsprechend ausbruchsicher und so beschaffen sein, daß die Sicherheit der Tiere gewährleistet ist; sie müssen mit einem gleitsicheren Bodenbelag ausgerüstet sein und den Tieren einen wirksamen Schutz vor Witterungseinflüssen bieten. Bei Fahrzeugen mit geschlossenem Aufbau müssen Lüftungsöffnungen die notwendige Luftzufuhr ermöglichen. Trennwände müssen aus widerstandsfähigem Material bestehen. Werden vorwiegend oder ausschließlich Großtiere transportiert, die anzubinden sind, müssen Anbindevorrichtungen vorhanden sein; gleitsichere Rampen für das Verladen und Abladen der Tiere sind mitzuführen. *(BGBl 1982/362)*

(BGBl 1977/615)

Kraftwagen und Anhänger zur Beförderung gefährlicher Güter

§ 92. (1) Kraftfahrzeuge und Anhänger, die zur Beförderung gefährlicher Güter bestimmt sind oder mit denen solche Güter befördert werden, müssen, abgesehen von den sonst für diese Fahrzeuge in Betracht kommenden Bestimmungen, auch den gemäß § 2 Z 1 GGBG, BGBl. I Nr. 145/1998, in Betracht kommenden Vorschriften entsprechen. *(BGBl I 2005/117)*

(2) Bis zum Ablauf des 30. Juni 2007 ist bei Fahrzeugen, die auf Grund der in § 2 Z 1 GGBG, BGBl. I Nr. 145/1998 angeführten Vorschriften technischen Untersuchungen zu unterziehen und für die Zulassungsbescheinigungen auszustellen sind, wie folgt vorzugehen:

1. bei der Typengenehmigung hat der Bundesminister für „Klimaschutz, Umwelt, Energie, Mobilität, Innovation und Technologie", *(BGBl I 2020/134)*

2. bei der Einzelgenehmigung hat der Landeshauptmann das Gutachten von einem oder mehreren Sachverständigen gemäß § 26 GGBG einzuholen. Bei solchen Fahrzeugen hat der Spruch des Genehmigungsbescheides auch Angaben zu enthalten, soweit diese auf Grund des Ermittlungsverfahrens vorliegen, die in den auf Grund der in § 2 Z 1 GGBG, BGBl. I Nr. 145/1998 angeführten Vorschriften auszustellenden Zulassungsbescheinigungen enthalten sein müssen, insbesondere die Fahrzeugbezeichnung(en) und Tankcodierung und die Wirkung der Dauerbremsanlage.

3. Eintragungen oder Änderungen von Angaben, die in den auf Grund der in § 2 Z 1 GGBG, BGBl. I Nr. 145/1998 angeführten Vorschriften auszustellenden Bescheinigungen enthalten sein müssen, dürfen im Sinne des § 33 auch ohne das Vorliegen von Änderungen am Fahrzeug durchgeführt werden.

4. Auf Antrag ist vom Landeshauptmann, der die Einzelgenehmigung erteilt hat, oder vom Landeshauptmann, in dessen örtlichem Wirkungsbereich der Zulassungsschein ausgestellt werden soll oder ausgestellt worden ist, eine Zulassungsbescheinigung gemäß den in § 2 Z 1 GGBG, BGBl. I Nr. 145/1998 angeführten Vorschriften auszustellen. Für diese Ausstellung ist eine Verwaltungsabgabe in Höhe von 58 Euro zu entrichten.

5. Auf Antrag ist vom Landeshauptmann, in dessen örtlichem Wirkungsbereich die wiederkehrende Begutachtung durchgeführt worden ist, oder vom Landeshauptmann, in dessen örtlichem Wirkungsbereich der Zulassungsschein ausgestellt worden ist, die Zulassungsbescheinigung zu verlängern. Hierzu hat der Landeshauptmann das Gutachten eines Sachverständigen gemäß § 26 GGBG, BGBl. I Nr. 145/1998 einzuholen. Für diese Verlängerung ist eine Verwaltungsabgabe in Höhe von 29 Euro zu entrichten.
(BGBl I 2005/117)

Selbstfahrende Arbeitsmaschinen und Anhänger-Arbeitsmaschinen

§ 93. Für selbstfahrende Arbeitsmaschinen und Anhänger-Arbeitsmaschinen können durch Verordnung unter Bedachtnahme auf die Erfordernisse der Verkehrs- und Betriebssicherheit, dem jeweiligen Stand der Technik entsprechend, mit Rücksicht auf die Eigenart solcher Fahrzeuge zur zwingend notwendigen Anpassung an Bedürfnisse der Wirtschaft Erleichterungen hinsichtlich der Bauart, Ausrüstung und Ausstattung und hiezu erforderliche Einschränkungen festgesetzt werden.

(BGBl 1977/615)

Krafträder

§ 93a. Für einzelne Arten von Krafträdern (§ 2 Z. 4) sind durch Verordnung unter Bedachtnahme auf die Erfordernisse der Verkehrs- und Betriebssicherheit die im Hinblick auf ihre Bauart erforderlichen näheren Bestimmungen über die Beschaffenheit der Fahrzeuge dem jeweiligen Stand der Technik entsprechend festzusetzen.

(BGBl 1977/615)

4/1. KFG
§§ 94 – 96

Fahrzeuge zur Begleitung von Sondertransporten

§ 94. (1) Fahrzeuge, die von gemäß § 97 Abs. 2 StVO beeideten Straßenaufsichtsorganen zur Begleitung von Sondertransporten verwendet werden, müssen im Zulassungsschein die für diesen Verwendungszweck vorgesehene Verwendungsbestimmung eingetragen haben.

(2) Die technische Eignung eines Fahrzeuges zur Begleitung von Sondertransporten ist durch ein Gutachten einer Landesprüfstelle zu bestätigen. Ein solches Gutachten ist fünf Jahre ab seiner Erstellung gültig. Das gemäß § 97 Abs. 2 StVO beeidete Straßenaufsichtsorgan hat dieses Gutachten bei Sondertransportbegleitungen mitzuführen und den Organen des öffentlichen Sicherheitsdienstes auf Verlangen zur Überprüfung auszuhändigen. Durch Verordnung des Bundesministers für „Klimaschutz, Umwelt, Energie, Mobilität, Innovation und Technologie" sind die näheren Bestimmungen hinsichtlich der Bauart, Ausrüstung und Ausstattung dieser Fahrzeuge sowie hinsichtlich der Höhe des Kostenersatzes für das Gutachten der Landesprüfstelle festzulegen. *(BGBl I 2020/134)*

(BGBl I 2016/40)

Sonderkraftfahrzeuge und Sonderanhänger

§ 95. Für Sonderkraftfahrzeuge und Sonderanhänger (§ 2 Z. 23 und 27) können durch Verordnung nach den Erfordernissen der Verkehrs- und Betriebssicherheit, dem jeweiligen Stand der Technik entsprechend, nähere Bestimmungen über die Bauart, Ausrüstung und Ausstattung und wegen der Art ihrer Verwendungsbestimmung, insbesondere in land- und forstwirtschaftlichen Betrieben, auch Erleichterungen sowie hiezu erforderliche Einschränkungen festgesetzt werden.

Kraftfahrzeuge mit einer Bauartgeschwindigkeit von nicht mehr als 10 km/h

§ 96. (1) Kraftfahrzeuge mit einer Bauartgeschwindigkeit von nicht mehr als 10 km/h und mit solchen Kraftfahrzeugen gezogene Anhänger (§ 1 Abs. 2 lit. a) dürfen auf Straßen mit öffentlichem Verkehr nur verwendet werden, wenn durch ihre Bauart und Ausrüstung dauernd gewährleistet ist, daß durch ihr Betriebsgeräusch während ihrer Verwendung kein übermäßiger Lärm verursacht werden kann, und hinten am Fahrzeug eine weiße Tafel mit der dauernd gut lesbaren und unverwischbaren Aufschrift „10 km" in schwarzer Farbe vollständig sichtbar angebracht ist. „Solche Fahrzeuge können auch ohne Platz für einen Lenker ausgeführt sein. In diesen Fällen hat die Bedienung mittels Fernsteuerung durch eine Person zu erfolgen, die sich in der Nähe des Fahrzeuges aufhalten muss, um allfällige Gefahrensituationen rechtzeitig erkennen zu können. Diese Person gilt als Lenker des Fahrzeuges. Es muss jederzeit möglich sein, das Fahrzeug mittels eines Notschalters zum Stillstand zu bringen." *(BGBl 1977/615; BGBl I 2020/134)*

(2) Durch Verordnung sind nach den Erfordernissen der Verkehrs- und Betriebssicherheit, dem jeweiligen Stand der Technik entsprechend, die näheren Bestimmungen über die Bauart, Ausrüstung und Ausstattung der im Abs. 1 angeführten Fahrzeuge sowie die höchste zulässige Stärke des Betriebsgeräusches festzusetzen, das mit diesen Fahrzeugen verursacht werden darf.

(3) Der Landeshauptmann hat auf Antrag für Typen oder für einzelne der im Abs. 1 angeführten Fahrzeuge eine Bescheinigung darüber auszustellen, daß diese Fahrzeuge eine Bauartgeschwindigkeit von nicht mehr als 10 km/h aufweisen und daß sie den Bestimmungen des Abs. 1 und der auf Grund des Abs. 2 erlassenen Verordnungen entsprechen. Vor der Ausstellung dieser Bescheinigung ist ein Gutachten eines oder mehrerer technischer gemäß § 125 bestellter Sachverständiger einzuholen. *(BGBl 1977/615)*

(4) Bei Typen im Abs. 1 angeführter Fahrzeuge kann der Landeshauptmann für eines dieser Fahrzeuge eine Bescheinigung gemäß Abs. 3 ausstellen und den Erzeuger dieser Type, bei ausländischen Erzeugern Bevollmächtigte, die ihren Hauptwohnsitz oder ihren Sitz in seinem örtlichen Wirkungsbereich haben, ermächtigen, gleiche Bescheinigungen für alle übrigen Fahrzeuge dieser Type auszustellen. Jede dieser Bescheinigungen hat die Fahrgestell- und die Motornummer des Fahrzeuges, für das sie ausgestellt wurde, zu enthalten. Der Ermächtigte hat ein Verzeichnis über die Ausstellung dieser Bescheinigungen zu führen, das zehn Jahre, gerechnet vom Tage der Ausstellung der letzten darin angeführten Bescheinigung, aufzubewahren und den mit Angelegenheiten des Kraftfahrwesen befaßten Behörden auf Verlangen vorzuweisen ist.

(5) Die Lenker im Abs. 1 angeführter Fahrzeuge haben auf Fahrten die in den Abs. 3 oder 4 angeführte Bescheinigung mitzuführen und den Organen des öffentlichen Sicherheitsdienstes oder der Straßenaufsicht auf Verlangen zur Überprüfung auszuhändigen. *(BGBl 1977/615)*

(6) *(aufgehoben, BGBl I 1997/121)*

(7) Das Verwenden von im Abs. 1 angeführten Fahrzeugen, deren Abmessungen, Achslasten oder Gesamtgewicht die durch Verordnung (Abs. 2) festgesetzten Höchstgrenzen überschreiten, ist nur mit Bewilligung des Landeshauptmannes zulässig. Für die Erteilung der Bewilligung gilt § 104 Abs. 7 zweiter und dritter Satz sinngemäß. *(BGBl 1977/615)*

Heeresfahrzeuge

§ 97. (1) Für Heeresfahrzeuge, die wegen ihres militärischen Verwendungszweckes besonders gebaut und ausgerüstet sind, können nach den Erfordernissen der Verkehrs- und Betriebssicherheit, dem jeweiligen Stand der Technik entsprechend, Erleichterungen hinsichtlich der Beschaffenheit und Ausrüstung festgesetzt werden, die wegen der Art ihrer militärischen Verwendungsbestimmung notwendig sind.

(2) Für Heeresfahrzeuge, die durch Bewaffnung, Panzerung oder ihre sonstige Bauweise für die militärische Verwendung im Zusammenhang mit Kampfeinsätzen besonders gebaut oder ausgerüstet oder diesem Zweck gewidmet sind (§ 1 Abs. 2 lit. d), können durch Verordnung nach den Erfordernissen der Verkehrs- und Betriebssicherheit, dem jeweiligen Stand der Technik entsprechend, mit Rücksicht auf die Eigenart solcher Fahrzeuge die Bedingungen festgesetzt werden, unter denen sie auf Straßen mit öffentlichem Verkehr verwendet werden dürfen. *(BGBl 1977/615)*

(3) Heeresfahrzeuge sind von der Bewilligungspflicht gemäß §§ 39, 101 Abs. 5 und 104 Abs. 9 ausgenommen. Sondertransporte mit Heeresfahrzeugen werden unter Beachtung des § 40 Abs. 5 nach den vom Bundesminister für Landesverteidigung und Sport entwickelten Regeln für Transportabsicherung und Transportbegleitung durchgeführt. „Dabei sind zivile Fahrzeuge, welche Zwecken des Bundesheeres dienen, sowie ausländische Militärfahrzeuge, welche im Rahmen gemeinsam mit dem Bundesheer durchzuführender Einsätze, Übungen oder Ausbildungsmaßnahmen, in Durchführung von Maßnahmen der Friedenssicherung im Rahmen der Vereinten Nationen, der Organisation für Sicherheit und Zusammenarbeit in Europa oder der Europäischen Union auf Grund eines Beschlusses im Rahmen der gemeinsamen Außen- und Sicherheitspolitik oder auf Grundlage völkerrechtlicher Vereinbarungen eingesetzt werden, Heeresfahrzeugen gleichgestellt." *(BGBl I 2009/94; BGBl I 2020/134)*

X. Abschnitt
Verkehr mit Kraftfahrzeugen und Anhängern und Pflichten des Kraftfahrzeuglenkers und des Zulassungsbesitzers

Höchste zulässige Fahrgeschwindigkeit

§ 98. (1) Durch Verordnung sind nach den Erfordernissen der Verkehrs- und Betriebssicherheit, dem jeweiligen Stand der Technik entsprechend, ziffernmäßig die Geschwindigkeiten festzusetzen, die mit bestimmten Untergruppen von Kraftfahrzeugen (§ 3), beim Ziehen von Anhängern, bei Verwendung von bestimmten Arten von Reifen, bei der Beförderung von Personen oder von bestimmten Arten von Gütern sowie beim Abschleppen von Kraftfahrzeugen nicht überschritten werden dürfen. *(BGBl I 2002/80)*

(2) Der Landeshauptmann kann für einzelne Kraftfahrzeuge und für das Ziehen von Anhängern mit einem bestimmten Kraftfahrzeug zum Zwecke ihrer Erprobung das Überschreiten der für solche Fahrzeuge gemäß Abs. 1 allgemein festgesetzten höchsten zulässigen Geschwindigkeit auf Freilandstraßen (§ 2 Abs. 1 Z. 16 der StVO 1960) für eine bestimmte Zeit bewilligen, wenn dadurch die Verkehrssicherheit nicht gefährdet wird. Die höchste zulässige Geschwindigkeit, die für solche Fahrten bewilligt wurde, muß hinten am Fahrzeug vollständig sichtbar und dauernd gut lesbar und unverwischbar angeschrieben sein. *(BGBl 1971/285)*

Radar- oder Laserblocker

§ 98a. (1) Geräte oder Gegenstände, mit denen technische Einrichtungen zur Verkehrsüberwachung beeinflusst oder gestört werden können, dürfen weder an Kraftfahrzeugen angebracht noch in solchen mitgeführt werden.

(2) Verstöße gegen Abs. 1 sind sowohl dem Lenker als auch dem Zulassungsbesitzer des Fahrzeugs anzulasten, es sei denn der Lenker hat diese Geräte ohne Wissen des Zulassungsbesitzers im Fahrzeug mitgeführt oder in diesem angebracht.

(3) Werden die in Abs. 1 beschriebenen Geräte oder Gegenstände an oder in Fahrzeugen entdeckt, so sind die Organe des öffentlichen Sicherheitsdienstes oder der Straßenaufsicht berechtigt, Zwangsmaßnahmen zur Verhinderung der Weiterfahrt zu setzen, bis diese Geräte oder Gegenstände ausgebaut sind. „ " *(BGBl I 2020/134)*

(4) Abs. 1 bis 3 gelten auch für Gerätekomponenten der in Abs. 1 beschriebenen Geräte oder Gegenstände. *(BGBl I 2020/134)*

(BGBl I 2017/9)

Beleuchtung

§ 99. (1) Während der Dämmerung, bei Dunkelheit oder Nebel oder wenn es die Witterung sonst erfordert, sind unbeschadet der Bestimmungen der Abs. 3 bis 6 und des § 60 Abs. 3 letzter Satz der StVO 1960 die vorgeschriebenen Scheinwerfer und Leuchten (§§ 14 bis 17) einzuschalten, durch die anderen Straßenbenützern das Fahrzeug erkennbar gemacht, das richtige Abschätzen seiner Breite ermöglicht und die Straße, soweit erforderlich, insbesondere im Hinblick auf die Fahrgeschwindigkeit, ausreichend beleuchtet wird; dies gilt jedoch nicht bei Einsatzübungsfahrten von Heeresfahrzeugen, sofern auf andere Art, insbesondere durch das Zusammenwirken mit

4/1. KFG
§ 99

den Organen des öffentlichen Sicherheitsdienstes, den Erfordernissen der Verkehrssicherheit Rechnung getragen wird. An Schneeräumfahrzeugen gemäß § 17 Abs. 1 lit b zusätzlich angebrachte Scheinwerfer zur Beleuchtung der zu räumenden Fahrbahn dürfen nur bei Fahrten mit vorgebautem Schneeräumgerät eingeschaltet sein.

(1a) Beim Befahren eines Tunnels ist unbeschadet der Bestimmungen der Abs. 3 und 4 über das Verwenden des Fernlichtes und des Abs. 5 über das Verwenden des Nebellichtes stets Abblendlicht zu verwenden. *(BGBl I 2004/175)*

(2) Läßt sich wegen der Beschaffenheit des Gutes, das befördert werden soll, oder wegen der am Fahrzeug angebrachten Geräte, zusätzlichen Aufbauten und Vorrichtungen zur Beförderung von Gütern oder aus zwingenden anderen Gründen nicht vermeiden, daß die vorgeschriebenen Scheinwerfer, Leuchten und Rückstrahler des Fahrzeuges verdeckt weden, so muß eine entsprechend wirksame Ersatzvorrichtung angebracht sein. *(BGBl 1971/285)*

(3) Im Ortsgebiet (§ 2 Abs. 1 Z. 15 StVO 1960) darf außer in den im Abs. 5 angeführten Fällen Fernlicht nicht verwendet werden; das Verwenden des Fernlichtes während des Fahrens ist jedoch außer in den im Abs. 4 lit. c bis f angeführten Fällen zulässig beim Abgeben von optischen Warnzeichen oder, sofern eine Geschwindigkeit von 50 km/h überschritten werden darf, bei unzureichender Beleuchtung der Fahrbahn. Während der Dämmerung und bei Dunkelheit darf Begrenzungslicht nur zusammen mit Fernlicht, Abblendlicht oder von Nebelscheinwerfern ausgestrahltem Licht oder zur Beleuchtung abgestellter Kraftfahrzeuge verwendet werden. *(BGBl I 2002/80)*

(4) Auf Freilandstraßen (§ 2 Abs. 1 Z. 16 der StVO 1960) und auf Autobahnen oder Autostraßen, die nicht Freilandstraßen sind, darf während des Fahrens während der Dämmerung und bei Dunkelheit Begrenzungslicht nur zusammen mit Fernlicht, Abblendlicht oder von Nebelscheinwerfern ausgestrahltem Licht verwendet werden. Fernlicht darf auf Freilandstraßen bei Dunkelheit nicht verwendet werden

a) bei ausreichender Straßenbeleuchtung,

b) bei stillstehendem Fahrzeug,

c) vor entgegenkommenden Fahrzeugen, deren Lenker durch Fernlicht geblendet werden würde,

d) beim Fahren hinter Kraftfahrzeugen in geringem Abstand, ohne zu überholen,

e) vor Gruppen von Fußgängern und

f) beim Herannahen von Schienenfahrzeugen oder Schiffen, die sich unmittelbar neben der Fahrbahn bewegen.
(BGBl 1982/631)

(5) Bei Sichtbehinderung durch Regen, Schneefall, Nebel und dergleichen sind Abblendlicht, Nebellicht oder beide gemeinsam zu verwenden; Fernlicht darf außer während der Dämmerung, bei Dunkelheit oder bei Nebel an Stelle von Abblendlicht verwendet werden. Nebelschlussleuchten dürfen nur bei Sichtbehinderung durch Regen, Schneefall, Nebel und dergleichen verwendet werden. „Unbeschadet der Bestimmungen über die Verwendung von Fernlicht und von Nebelscheinwerfern ist bei einspurigen Krafträdern während des Fahrens stets Abblendlicht oder Tagfahrlicht zu verwenden." *(BGBl I 2005/117; BGBl I 2016/40)*

(5a) Wird Abblendlicht oder Nebellicht, das mit in die Fahrzeugfront integrierten Nebelscheinwerfern ausgestrahlt wird, tagsüber als Tagfahrlicht verwendet, so kann die Schaltung wie bei Tagfahrleuchten erfolgen und es gelten die Bestimmungen des § 14 Abs. 3 und Abs. 4 nicht. *(BGBl I 2008/6)*

(6) Suchscheinwerfer und Arbeitsscheinwerfer dürfen nur im Rahmen ihrer Zweckbestimmung verwendet werden und nur, wenn dadurch nicht andere Straßenbenützer geblendet werden. Mit Warnleuchten darf gelbrotes Licht nur ausgestrahlt werden bei Fahrzeugen

a) im Fernmeldebau- und Fernmeldeerhaltungsdienst sowie im Strom-, Gas- und Wasserdienst, *(BGBl I 2013/43)*

b) im Eisenbahndienst öffentlicher Schienenbahnen,

c) bei Heeresfahrzeugen im Fernsprechbaudienst,

d) bei Heeresfahrzeugen, mit denen Anhänger gezogen werden, deren größte Breite die im § 4 Abs. 6 Z. 2 angeführte Höchstgrenze oder deren höchstes zulässiges Gesamtgewicht die im § 4 Abs. 7 angeführten Höchstgrenzen wesentlich übersteigt,

e) mit denen Kraftfahrzeuge abgeschleppt werden,

f) die im Bereich des Straßendienstes (§ 27 Abs. 1 StVO 1960) oder der Müllabfuhr oder die für Kanalwartung und –revision (§ 27 Abs. 5 StVO 1960) verwendet werden, *(BGBl I 2009/94)*

g) wenn dies in einem Bescheid gemäß § 39, § 45 Abs. 5, § 46 Abs. 3, § 82 Abs. 5, § 101 Abs. 5, § 104 Abs. 7 oder 9 als Auflage vorgeschrieben wurde,

h) die zufolge einer Auflage eines in lit. g angeführten Bescheides zur Begleitung solcher Transporte verwendet werden,

i) die im § 20 Abs. 1 Z 4 und Abs. 5 angeführt sind, *(BGBl I 2013/43)*

j) die zur Pannenhilfe verwendet werden, jedoch nur während des Stillstehens des Fahrzeuges, *(BGBl I 2020/134)*

k) die für Schülertransporte verwendet werden, jedoch nur während das Fahrzeug zum Ein- und

Aussteigenlassen von Schülern stillsteht, *(BGBl I 2002/80)*

l) mit denen gefährliche Güter befördert werden, wenn dies in der StVO 1960 oder den auf Grund der StVO 1960 erlassenen Verordnungen vorgesehen ist; dasselbe gilt für Begleitfahrzeuge von Gefahrgutfahrzeugen, *(BGBl I 1998/145)*

m) während einer Ladetätigkeit unter Verwendung von Hubladebühnen oder Ladekränen mit Ladewarnleuchten, *(BGBl 1994/654)*

n) die im Bereich der Landwirtschaft eingesetzt werden und - allenfalls auch durch mitgeführte Maschinen oder angebrachte Geräte - eine Breite von 2,60 m überschreiten, oder an denen Maschinen oder Geräte angebracht sind, die mehr als 2,50 m nach vorne oder nach hinten hinausragen „". *(BGBl I 2009/94; BGBl I 2013/43)*

o) die zur Absicherung von Teilnehmern an behördlich bewilligten Sportveranstaltungen auf der Straße verwendet werden „und" *(BGBl I 2013/43; BGBl I 2020/134)*

p) die im Eich- und Vermessungswesen verwendet werden, sowohl während des Stillstehens des Fahrzeuges als auch während der Fahrt in Schrittgeschwindigkeit. *(BGBl I 2020/134)*

Das gleichzeitige Ausstrahlen von blauem Licht und von gelbrotem Licht mit Warnleuchten ist unzulässig. *(BGBl 1977/615)*

(7) Im Ortsgebiet dürfen bei Kraftwagen ohne Anhänger auch Parkleuchten allein dazu verwendet werden, anderen Straßenbenützern das Fahrzeug während des Haltens oder Parkens erkennbar zu machen.

(8) Mit Scheinwerfern oder Warnleuchten mit blauem Licht, deren Anbringung am Fahrzeug gemäß § 20 Abs. 5 lit. e, g, h oder lit. i bewilligt wurde, darf nur Licht ausgestrahlt werden, wenn das Fahrzeug anderen Straßenbenützern als Fahrzeug eines Arztes, eines Tierarztes oder einer Hebamme erkennbar gemacht ist. Durch Verordnung ist festzusetzen, wann das Fahrzeug als während der Einsatzfahrt anderen Straßenbenützern als Fahrzeug eines Arztes, eines Tierarztes oder einer Hebamme erkennbar gilt. *(BGBl I 2002/80)*

Warnzeichen

§ 100. Als optische Warnzeichen dürfen nur kurze Blinkzeichen mit der im § 22 Abs. 2 angeführten Vorrichtung abgegeben werden; die Bestimmungen des § 99 Abs. 3 bis 5 über die Verwendung von Fern- und Abblendlicht bleiben unberührt. Blinkzeichen dürfen außer mit Alarmblinkanlagen nicht durch längere Zeit abgegeben werden.

(BGBl 1971/285)

Beladung

§ 101. (1) Die Beladung von Kraftfahrzeugen und Anhängern ist unbeschadet der Bestimmungen der Abs. 2 und 5 nur zulässig, wenn

a) das höchste zulässige Gesamtgewicht, die höchsten zulässigen Achslasten und die größte Breite des Fahrzeuges sowie die Summe der höchsten zulässigen Gesamtgewichte eines Kraftfahrzeuges mit Anhänger, bei Starrdeichselanhängern abzüglich der größeren der höchsten zulässigen Stützlasten beider Fahrzeuge, wenn diese gleich sind, einer dieser Stützlasten, bei Sattelkraftfahrzeugen abzüglich der größeren der höchsten zulässigen Sattellasten beider Fahrzeuge, wenn diese gleich sind, einer dieser Sattellasten durch die Beladung nicht überschritten werden, *(BGBl I 2004/107)*

b) die im § 4 Abs. 6 Z. 1 festgesetzte Höchstgrenze für die größte Höhe von Fahrzeugen durch die Beladung nicht überschritten wird,

c) die größte Länge des Fahrzeuges durch die Beladung nicht mehr als ein Viertel der Länge des Fahrzeuges überschritten wird und

d) bei Bewilligungen gemäß Abs. 5 zweiter Satz erteilte Auflagen eingehalten werden, *(BGBl 1971/285)*

e) die Ladung und auch einzelne Teile dieser, auf dem Fahrzeug so verwahrt oder durch geeignete Mittel gesichert sind, dass sie den im normalen Fahrbetrieb auftretenden Kräften standhalten und der sichere Betrieb des Fahrzeuges nicht beeinträchtigt und niemand gefährdet wird. Die einzelnen Teile einer Ladung müssen so verstaut und durch geeignete Mittel so gesichert werden, dass sie ihre Lage zueinander sowie zu den Wänden des Fahrzeuges nur geringfügig verändern können; dies gilt jedoch nicht, wenn die Ladegüter den Laderaum nicht verlassen können und der sichere Betrieb des Fahrzeuges nicht beeinträchtigt und niemand gefährdet wird. Die Ladung oder einzelne Teile sind erforderlichenfalls z.B. durch Zurrgurte, Klemmbalken, Transportschutzkissen, rutschhemmende Unterlagen oder Kombinationen geeigneter Ladungssicherungsmittel zu sichern. Eine ausreichende Ladungssicherung liegt auch vor, wenn die gesamte Ladefläche in jeder Lage mit Ladegütern vollständig ausgefüllt ist, sofern ausreichend feste Abgrenzungen des Laderaumes ein Herabfallen des Ladegutes oder Durchdringen der Laderaumbegrenzung verhindern. Der Bundesminister für „Klimaschutz, Umwelt, Energie, Mobilität, Innovation und Technologie" kann durch Verordnung nähere Bestimmungen festsetzen, in welchen Fällen eine Ladung mangelhaft gesichert ist. Dabei können auch verschiedene Mängel in der Ladungssicherung zu Mängelgruppen zusammengefasst sowie ein Formblatt für die Befundaufnahme bei Kontrollen festgesetzt werden. *(BGBl I 2007/57; BGBl I 2020/134)*

4/1. KFG

§ 101

(BGBl 1982/362)

(1a) Sofern ein von der Person des Lenkers oder des Zulassungsbesitzers verschiedener für die Beladung eines Kraftfahrzeuges oder Anhängers Anordnungsbefugter vorhanden ist, hat dieser unbeschadet der § 102 Abs. 1 und § 103 Abs. 1 dafür zu sorgen, dass Abs. 1 lit. a bis c und e eingehalten wird. *(BGBl I 2003/60)*

(2) Bei Langgutfuhren, Wirtschaftsfuhren (§ 30 der StVO 1960), Großvieh-, Auto-, Boot- und Flugzeugtransporten oder bei der Beförderung von Geräten mit Zugmaschinen, Motorkarren oder Schneeräumfahrzeugen, dürfen die Abmessungen, bei anderen Transporten in Ausnahmefällen, wie bei unteilbaren Gütern, die Abmessungen, das höchste zulässige Gesamtgewicht und die höchsten zulässigen Achslasten durch die Beladung oder das Gerät überschritten werden, wenn die hiefür durch Verordnung (Abs. 6) festgesetzten Grenzen und Voraussetzungen eingehalten werden. *(BGBl I 2008/6)*

(3) *(aufgehoben, BGBl 1977/615)*

(4) Ragt die Ladung um mehr als 1 m über den vordersten oder hintersten Punkt des Kraftfahrzeuges, bei Kraftfahrzeugen mit Anhängern des letzten Anhängers, hinaus, so müssen die äußersten Punkte der hinausragenden Teile der Ladung anderen Straßenbenützern gut erkennbar gemacht sein.

(5) Transporte, bei denen die im Abs. 1 lit. a bis c angeführten oder die gemäß Abs. 6 festgesetzten Voraussetzungen nicht erfüllt werden, und Langgutfuhren, bei denen die Länge des Kraftfahrzeuges oder des letzten Anhängers samt der Ladung mehr als 16 m beträgt, sind nur mit Bewilligung des Landeshauptmannes, in dessen örtlichem Wirkungsbereich der Transport durchgeführt werden soll, zulässig. Diese Bewilligung darf höchstens für die Dauer eines Jahres und nur bei Vorliegen folgender Voraussetzungen erteilt werden:

1. Beförderung einer unteilbaren Ladung oder andere besondere Gegebenheiten, unter denen diese Fahrzeuge verwendet werden, und

2. wenn die Beförderung – ausgenommen Beförderungen bei denen die Be- und Entladestelle nicht mehr als 65 km Luftlinie voneinander entfernt sind – wenigstens zum größten Teil der Strecke mit einem anderen, umweltverträglicheren Verkehrsträger (insbesondere Bahn, Schiff) nicht oder nur mit unvertretbar hohem Aufwand durchgeführt werden kann.

In allen Fällen ist in der Bewilligung die höchste zulässige Fahrgeschwindigkeit vorzuschreiben. Soweit dies nach den Erfordernissen der Verkehrs- und Betriebssicherheit nötig ist, ist die Bewilligung nur unter den entsprechenden Auflagen oder zeitlichen, örtlichen oder sachlichen Einschränkungen der Gültigkeit zu erteilen. § 36 lit. c, § 39 Abs. 3 und § 40 Abs. 4 sind sinngemäß anzuwenden. Die Behörden sind verpflichtet über solche Anträge ohne unnötigen Aufschub, spätestens aber drei Monate nach deren Einlangen den Bescheid zu erlassen. *(BGBl I 2002/80)*

(6) Durch Verordnung ist unter Bedachtnahme auf die Erfordernisse des Verkehrs- und Betriebssicherheit festzusetzen, in welchem Ausmaß und unter welchen Voraussetzungen in den im Abs. 2 angeführten Fällen die Abmessungen oder höchst zulässige Gesamtgewichte oder Achslasten von Fahrzeugen durch die Beladung überschritten werden dürfen.

(7) Der Lenker eines Kraftfahrzeuges hat auf Verlangen der Organe des öffentlichen Sicherheitsdienstes oder der Straßenaufsicht an Ort und Stelle oder bei einer nicht mehr als 10 km, bei Fahrzeugen mit einer Bauartgeschwindigkeit von nicht mehr als 25 km/h 3 km von seinem Weg zum Fahrtziel entfernten Waage prüfen zu lassen, ob das höchste zulässige Gesamtgewicht oder die höchsten zulässigen Achslasten des von ihm gelenkten Kraftfahrzeuges oder eines mit diesem gezogenen Anhängers überschritten wurden. Wurde eine Überschreitung festgestellt, so hat der Zulassungsbesitzer des Fahrzeuges die Kosten des Wägens und bei einem angeordneten Ab- oder Umladen die Kosten der allfälligen Nachwägungen zu ersetzen; der Lenker des Kraftfahrzeuges gilt als Vertreter des Zulassungsbesitzers, falls dieser nicht selbst oder ein von ihm bestellter Vertreter anwesend ist. Weigert sich der Lenker, zu einer Waage zu fahren oder das Fahrzeug auf die Waage zu stellen, so ist die Annahme gerechtfertigt, dass die zulässigen Gewichtsgrenzen oder Achslasten überschritten werden und die Organe des öffentlichen Sicherheitsdienstes oder der Straßenaufsicht sind berechtigt, Zwangsmaßnahmen gemäß § 102 Abs. 12 zu setzen. Der Landeshauptmann hat den Organen des öffentlichen Sicherheitsdienstes oder der Straßenaufsicht die Prüfung des Gesamtgewichtes und der Achslasten an Ort und Stelle erforderlichen Einrichtungen zur Verfügung zu stellen. *(BGBl I 2009/94)*

(7a) Gewichtskontrollen sind in jedem Kalenderjahr bei einer geeigneten Anzahl von in Betrieb befindlichen Fahrzeugen oder Fahrzeugkombinationen durchzuführen, die in einem angemessenen Verhältnis zur Gesamtzahl der jedes Jahr kontrollierten Fahrzeuge steht. Über die durchgeführten Kontrollen sind Aufzeichnungen zu führen, in denen

1. die Anzahl der durchgeführten Kontrollen und

2. die Anzahl der festgestellten Fälle von Überladung bei Fahrzeugen und Fahrzeugkombinationen

festgehalten werden. Diese Aufzeichnungen sind in die gemäß § 102 Abs. 11c festgelegten Aufzeichnungen zu integrieren und auf dem dort festgelegten Weg „dem Bundesminister für „Klimaschutz, Umwelt, Energie, Mobilität, Innovation und Technologie"***" zu übermitteln. *(BGBl I 2017/9; *BGBl I 2017/102; **BGBl I 2020/134)*

(7b) Werden Gewichtsüberschreitungen von Lenkern von Fahrzeugen mit ausländischen Kennzeichen festgestellt, so hat die Behörde die in Artikel 18 der Verordnung (EG) Nr. 1071/2009 vorgesehene Kontaktstelle über die rechtskräftige Bestrafung zu informieren, damit diese das an die Kontaktstelle des jeweiligen Staates weitergeben kann. *(BGBl I 2017/9)*

(7c) Bis zum 27. Mai 2021 sind spezifische Maßnahmen zu ergreifen, um die in Betrieb befindlichen Fahrzeuge oder Fahrzeugkombinationen zu bestimmen, die mutmaßlich das höchstzulässige Gewicht überschritten haben und die daher von den zuständigen Behörden oder den Organen des öffentlichen Sicherheitsdienstes oder der Straßenaufsicht überprüft werden sollten, um die Einhaltung der jeweiligen Gewichtsgrenzen sicherzustellen. Diese Maßnahmen können mithilfe von an den Straßeninfrastrukturen platzierten automatischen Systemen oder mithilfe von bordeigenen Wiegesystemen, die in Fahrzeugen installiert sind und die genau und zuverlässig, uneingeschränkt interoperabel und mit allen Fahrzeugtypen kompatibel sein müssen, erfolgen. *(BGBl I 2017/9)*

(8) Die Bestimmungen der Abs. 1 und 2 finden auf Heeresfahrzeuge bei Einsatzübungsfahrten keine Anwendung.

Gewichtsangaben bei Containertransport

§ 101a. (1) Bei der Beförderung von Containern und Wechselaufbauten mit Kraftfahrzeugen auf der Straße hat der Spediteur dem Transportunternehmen, dem er die Beförderung eines Containers oder eines Wechselaufbaus anvertraut, eine Erklärung auszuhändigen, in der das Gewicht des transportierten Containers oder Wechselaufbaus angegeben ist. Als Spediteur gilt die rechtliche Einheit oder natürliche oder juristische Person, die auf dem Frachtbrief oder einem gleichwertigen Beförderungspapier als Spediteur angegeben ist und/oder in deren Namen oder auf deren Rechnung ein Beförderungsvertrag geschlossen wurde.

(2) Das Transportunternehmen gewährt Zugang zu allen vom Spediteur bereitgestellten einschlägigen Dokumenten. Der Lenker hat diese auf Fahrten mitzuführen und den Organen des öffentlichen Sicherheitsdienstes oder der Straßenaufsicht auf Verlangen zur Überprüfung auszuhändigen.

(3) Fehlen die in Abs. 1 genannten Informationen oder sind sie falsch und ist das Fahrzeug oder die Fahrzeugkombination überladen, so ist das als Verwaltungsübertretung sowohl dem Spediteur als auch dem Transportunternehmen zuzurechnen.

(BGBl I 2017/9)

Automationsunterstützte Überwachung der zulässigen Gesamtgewichte, Achslasten und Abmessungen

§ 101b. (1) Die Kontrolle der Einhaltung der Bestimmungen über die zulässigen Gesamtgewichte, Achslasten und Abmessungen der Fahrzeuge kann auch mithilfe von an den Straßeninfrastrukturen platzierten bildverarbeitenden technischen Einrichtungen erfolgen. Für Zwecke der automationsunterstützten Feststellung einer Überschreitung der jeweiligen Gesamtgewichte, Achslasten oder Abmessungen darf die Behörde jeweils räumlich begrenzt bildverarbeitende technische Einrichtungen verwenden. Diese technischen Einrichtungen umfassen jeweils alle Anlagenteile, die diesem Zweck dienen.

(2) Wird mittels einer technischen Einrichtung gemäß Abs. 1 eine Überschreitung des jeweiligen Gesamtgewichtes, der Achslasten oder der Abmessungen eines Fahrzeuges festgestellt, dürfen über den Zeitpunkt der Feststellung dieser Überschreitung hinaus ausschließlich die Daten verarbeitet werden, die zur Identifizierung dieses Fahrzeuges oder des betreffenden Fahrzeuglenkers und Zulassungsbesitzers erforderlich sind, und zwar ausschließlich für Zwecke eines Verwaltungsstrafverfahrens wegen einer vom System festgestellten Übertretung.

(3) Soweit die bildgebende Erfassung von Personen außer dem Fahrzeuglenker technisch nicht ausgeschlossen werden kann, sind diese Personen ohne unnötigen Verzug in nicht rückführbarer Weise unkenntlich zu machen. Dasselbe gilt für Kennzeichen von anderen Fahrzeugen als des kontrollierten Fahrzeuges.

(4) Pseudonymisierte Ergebnisse der automationsunterstützten Gewichts-, Achslast- und Abmessungskontrollen dürfen von den Behörden und dem Straßenerhalter für statistische Zwecke genutzt werden. Weiters dürfen die pseudonymisierten Ergebnisse der automationsunterstützten Gewichts- und Achslastkontrollen vom Bundesministerium für Inneres für die im § 101 Abs. 7a angeführte Berichtspflicht genutzt werden.

(BGBl I 2019/19)

Pflichten des Kraftfahrzeuglenkers

§ 102. (1) Der Kraftfahrzeuglenker darf ein Kraftfahrzeug erst in Betrieb nehmen, wenn er sich, soweit dies zumutbar ist, davon überzeugt hat, dass das von ihm zu lenkende Kraftfahrzeug und ein mit diesem zu ziehender Anhänger sowie deren Beladung den hiefür in Betracht kommenden Vorschriften entsprechen; die Überprüfung der Wirksamkeit der Vorrichtungen zum Abgeben von akustischen Warnzeichen darf jedoch nur erfolgen, sofern nicht ein Verbot gemäß § 43 Abs. 2 lit. a StVO 1960 besteht. Berufskraftfahrer haben

§ 102

bei Lastkraftwagen, Sattelzugfahrzeugen, Omnibussen oder Anhängern unverzüglich den Zulassungsbesitzer nachweisbar zu verständigen, wenn das Fahrzeug diesen Vorschriften nicht entspricht. *(BGBl I 2007/57)*

(1a) Lenker von Lastkraftwagen und Sattelzugfahrzeugen mit einem Eigengewicht von mehr als 3 500 kg oder von Omnibussen haben dafür zu sorgen, dass die Wegstreckenmesser und der Fahrtschreiber auf Fahrten in Betrieb sind und dass im Fahrtschreiber ein geeignetes, ordnungsgemäß ausgefülltes Schaublatt eingelegt ist. Es darf pro Person und pro Einsatzzeit im Sinne des § 16 Arbeitszeitgesetz, BGBl. Nr. 461/1969, nur ein Schaublatt im Fahrtschreiber eingelegt sein, in das der Name des Lenkers einzutragen ist. Die Schaublätter, handschriftlichen Aufzeichnungen und die in der „Verordnung (EU) Nr. 165/2014"* vorgesehenen Ausdrucke aus einem digitalen Kontrollgerät des laufenden Tages und der vorausgehenden 28 Tage sowie die Fahrerkarte sind mitzuführen. Fehlen auf der Fahrerkarte einzelne Arbeitstage oder werden für einzelne Arbeitstage keine Schaublätter mitgeführt, so sind für diese Tage entsprechende Bestätigungen des Arbeitgebers, die den Mindestanforderungen des von der Kommission gemäß Artikel 11 Abs. 3 der Richtlinie 2006/22/EG erstellten Formblattes entsprechen müssen, mitzuführen. Die Lenker haben auf Verlangen der Organe des öffentlichen Sicherheitsdienstes oder der Straßenaufsicht diesen das Schaublatt des Fahrtschreibers oder des Kontrollgerätes gemäß der „Verordnung (EU) Nr. 165/2014"* sowie die mitgeführten Schaublätter, handschriftlichen Aufzeichnungen, die in der „Verordnung (EU) Nr. 165/2014"* vorgesehenen Ausdrucke aus dem digitalen Kontrollgerät für Zeiträume, in denen ein Fahrzeug mit digitalem Kontrollgerät gelenkt worden ist, und die Fahrerkarte sowie allfällige Bestätigungen über lenkfreie Tage auszuhändigen. „Hierüber ist dem Lenker eine Bestätigung auszustellen; diese Bestätigung kann auch in elektronischer Form ausgestellt und übermittelt werden."** Ist das Fahrzeug mit einem digitalen Kontrollgerät ausgerüstet, so gelten die Bestimmungen des § 102a. *(BGBl I 2009/94; *BGBl I 2017/9; **BGBl I 2020/134)*

(1b) Die Bundespolizei kann Kontrolldaten (Datum, Uhrzeit und Behörde) und personenbezogene Daten (Name und Anschrift des Lenkers, Name und Anschrift des Zulassungsbesitzers/Unternehmens, Kennzeichen des Fahrzeuges, Fahrzeugklasse), die für die Bestätigung gemäß Abs. 1a erforderlich sind, verarbeiten. Wenn im Anschluss an eine gemäß § 102 Abs. 11b durchgeführte Kontrolle eine Kontrolle gemäß § 58a folgt, können die in ersten Satz angeführten Daten von den Prüforganen zur Erstellung des im § 58a Abs. 7 angeführten Prüfberichts verarbeitet werden. *(BGBl I 2019/19)*

(2) Der Lenker hat den Lenkerplatz in bestimmungsgemäßer Weise einzunehmen. Er hat dafür zu sorgen, daß die Sicht vom Lenkerplatz aus für das sichere Lenken des Fahrzeuges ausreicht und daß die Kennzeichen des von ihm gelenkten Kraftfahrzeuges und eines mit diesem gezogenen Anhängers vollständig sichtbar sind und nicht durch Verschmutzung, Schneebelag, Beschädigung oder Verformung der Kennzeichentafel unlesbar sind. Er hat dafür zu sorgen, daß während der Dämmerung, bei Dunkelheit oder wenn es die Witterung sonst erfordert, die hintere oder die gemäß § 49 Abs. 6 seitlich angebrachten Kennzeichentafeln beleuchtet sind; dies gilt jedoch nicht bei stillstehendem Fahrzeug, wenn die Straßenbeleuchtung zum Ablesen des Kennzeichens ausreicht, und bei Einsatzübungsfahrten mit Heeresfahrzeugen (§ 99 Abs. 1). Der Lenker darf Alarmblinkanlagen (§ 19 Abs. 1a) nur einschalten

1. bei stillstehenden Fahrzeugen zur Warnung bei Pannen, zum Schutz ein- oder aussteigender Schüler bei Schülertransporten oder zum Schutz auf- und absitzender Mannschaften bei Mannschaftstransporten,

2. zum Abgeben von optischen Notsignalen zum Schutz der persönlichen Sicherheit des Lenkers eines Platzkraftwagens (Taxi-Fahrzeuges),

3. ansonsten, wenn der Lenker andere durch sein Fahrzeug gefährdet oder andere vor Gefahren warnen will.
(BGBl 1994/654)

(3) Der Lenker muß die Handhabung und Wirksamkeit der Betätigungsvorrichtungen des von ihm gelenkten Kraftfahrzeuges kennen. Ist er mit ihrer Handhabung und Wirksamkeit noch nicht vertraut, so darf er das Fahrzeug nur mit besonderer Vorsicht lenken. „Er muss die Lenkvorrichtung während des Fahrens mit mindestens einer Hand festhalten."** Er hat sich im Verkehr der Eigenart des Kraftfahrzeuges entsprechend zu verhalten. „Während des Fahrens ist dem Lenker das Telefonieren ohne Benützung einer Freisprecheinrichtung sowie jegliche andere Verwendung des Mobiltelefons, ausgenommen als Navigationssystem, sofern es im Wageninneren befestigt ist, verboten."* Der Bundesminister für „Klimaschutz, Umwelt, Energie, Mobilität, Innovation und Technologie"** hat unter Bedachtnahme auf die Verkehrssicherheit und den Stand der Technik durch Verordnung die näheren Vorschriften bezüglich der Anforderungen für Freisprecheinrichtungen festzulegen. Freisprecheinrichtungen müssen den Anforderungen der Produktsicherheitsbestimmungen für Freisprecheinrichtungen entsprechen. *(BGBl I 1998/146; *BGBl I 2016/40; **BGBl I 2020/134)*

(3a) Sofern durch Verordnung vorgesehen, darf der Lenker bestimmte Fahraufgaben im Fahrzeug vorhandenen Assistenzsystemen oder automatisierten oder vernetzten Fahrsystemen übertragen, sofern

1. diese Systeme genehmigt sind oder

2. diese Systeme den in der Verordnung festgelegten Anforderungen für Testzwecke entsprechen. *(BGBl I 2016/67)*

(3b) In allen Fällen gemäß Abs. 3a kann von den Pflichten des Abs. 2 erster Satz und Abs. 3 dritter Satz, erster Fall, abgewichen werden. Der Lenker bleibt aber stets verantwortlich, seine Fahraufgaben wieder zu übernehmen. Durch Verordnung des Bundesministers für „Klimaschutz, Umwelt, Energie, Mobilität, Innovation und Technologie"** ist festzulegen, *(BGBl I 2020/134)*

1. in welchen Verkehrssituationen,
2. auf welchen Arten von Straßen,
3. bis zu welchen Geschwindigkeitsbereichen,
4. bei welchen Fahrzeugen,
5. welchen Assistenzsystemen oder automatisierten oder vernetzten Fahrsystemen

bestimmte Fahraufgaben übertragen werden können. „Im Falle von Testfahrten kann durch Verordnung auch die Ausstellung einer Testbescheinigung durch den Bundesminister für „Klimaschutz, Umwelt, Energie, Mobilität, Innovation und Technologie"** für die Testorganisation vorgesehen werden, wenn im Vorfeld bereits ausreichend Tests virtuell und real mit dem zu testenden System stattgefunden haben."* *(BGBl I 2016/67; *BGBl I 2019/19; **BGBl I 2020/134)*

(3c) Als nicht der Eigenart des Kraftfahrzeuges entsprechendes Verhalten (Abs. 3) gilt jedenfalls

1. die Durchführung einer nicht situationsbedingt ausgeführten Anfahrbeschleunigung, Abbremsung oder Schleuderbewegung mit nicht nur kurzfristig auftretendem übermäßigem Schlupf an einem oder mehreren Rädern, insbesondere mit daraus resultierender Geräuschentwicklung

2. die nicht situationsbedingte Verwendung des Kraftfahrzeuges, bei der nicht jederzeit Kontakt zwischen der Fahrbahnoberfläche und allen Rädern besteht,

3. Driften oder schnelles Kreisenlassen des Fahrzeugs um die eigene Achse am Stand oder

4. eine Fahrweise, bei der mit Hilfe elektrisch betriebener Hydraulik- oder Pneumatikpumpen die Karosserie an den Vorderrädern sowie jede Radaufhängung einzeln angehoben wird.

Wird ein derartiges Verhalten von Organen der öffentlichen Sicherheit wahrgenommen und kann aufgrund der Gesamtsituation vor Ort angenommen werden, dass dies wiederholt oder fortgesetzt stattfinden wird, sind die Organe der öffentlichen Sicherheit berechtigt, sofort die Unterbrechung der Fahrt anzuordnen und ihre Fortsetzung durch geeignete Vorkehrungen, wie etwa die Abnahme der Fahrzeugschlüssel und der Fahrzeugpapiere, Absperren oder Abstellung des Fahrzeuges, Anlegen von technischen Sperren, Abnahme der Kennzeichentafel und dergleichen, zu unterbinden. Solche Zwangsmaßnahmen sind spätestens nach 72 Stunden aufzuheben. *(BGBl I 2022/62)*

(4) Der Lenker darf mit dem von ihm gelenkten Kraftfahrzeug und einem mit diesem gezogenen Anhänger nicht ungebührlichen Lärm, ferner nicht mehr Rauch, üblen Geruch oder schädliche Luftverunreinigungen verursachen, als bei ordnungsgemäßem Zustand und sachgemäßem Betrieb des Fahrzeuges unvermeidbar ist. Beim Anhalten in einem Tunnel ist der Fahrzeugmotor, sofern mit diesem nicht auch andere Maschinen betrieben werden, unverzüglich abzustellen. „Warmlaufenlassen" des Motors stellt jedenfalls eine vermeidbare Luftverunreinigung dar. „Weiters stellt das Betreiben von Verbrennungsmotoren zur Ladegutkühlung von klimatisierten Fahrzeugen auf Raststationen und Rastplätzen eine vermeidbare Luftverunreinigung dar, sofern am jeweiligen Standort Strom-Terminals zur Versorgung der klimatisierten Fahrzeuge mit elektrischem Strom in ausreichender Zahl vorhanden und verfügbar sind und die Verwendung des Strom-Terminals fahrzeugseitig möglich ist." *(BGBl I 2002/80; BGBl I 2020/134)*

(5) Der Lenker hat auf Fahrten mitzuführen und den Organen des öffentlichen Sicherheitsdienstes oder der Straßenaufsicht auf Verlangen zur Überprüfung auszuhändigen

a) *(aufgehoben, BGBl I 1997/121)*

b) den Zulassungsschein oder Heereszulassungsschein für das von ihm gelenkte Kraftfahrzeug und einem mit diesem gezogenen Anhänger, sowie die bei der Genehmigung oder Zulassung vorgeschriebenen Beiblätter zum Zulassungsschein, *(BGBl I 2009/94)*

c) bei Probefahrten den Probefahrtschein (§ 45 Abs. 4) und auf Freilandstraßen (§ 2 Abs. 1 Z 16 der StVO 1960) und an Sonn- und Feiertagen die Bescheinigung über das Ziel und den Zweck der Probefahrt (§ 45 Abs. 6), bei Betrieben, die außerhalb des Ortsgebietes (§ 2 Abs. 1 Z 15 der StVO 1960) liegen, muss diese Bescheinigung nur an Sonn- und Feiertagen mitgeführt werden, bei Probefahrten gemäß § 45 Abs. 1 Z 4 die Bescheinigung über die Probefahrt, aus der der Zeitpunkt des Beginnes und des Endes der Probefahrt ersichtlich sind;

d) bei Überstellungsfahrten den Überstellungsfahrtschein gemäß § 46 Abs. 4,

e) Bescheide über kraftfahrrechtliche Bewilligungen, die zur Verwendung des Fahrzeuges auf Straßen mit öffentlichem Verkehr erforderlich sind (§ 101 Abs. 5, § 104 Abs. 5 lit. d, Abs. 7 und 9),

4/1. KFG
§ 102

f) das gemäß § 17 Arbeitszeitgesetz vorgeschriebene persönliche Fahrtenbuch, *(BGBl I 2004/175)*

g) auf Grund gewerberechtlicher Vorschriften für die Durchführung von Beförderungen oder von Leerfahrten erforderliche Dokumente;

h) bei Transporten im Vor- und Nachlaufverkehr Beförderungs- und Begleitpapiere, aus denen sich die zu wählende Route und die Eisenbahnbenutzung ergibt „;" *(BGBl I 2007/57; BGBl I 2017/9)*

i) bei Fahrzeugen der Klassen M2, M3, N2, N3, O3, O4 und hauptsächlich im gewerblichen Kraftverkehr auf öffentlichen Straßen genutzte Zugmaschinen der Fahrzeugklasse T5 auf Rädern mit einer bauartbedingten Höchstgeschwindigkeit von mehr als 40 km/h die letzte Prüfbescheinigung über die regelmäßige technische Überwachung (§ 57a-Gutachten) und, falls vorhanden, den letzten Bericht über eine technische Unterwegskontrolle. *(BGBl I 2017/9)*

Im Falle der Anzeige des Verlustes eines oder mehrerer der in den lit. b bis g angeführten Dokumente hat die Behörde oder die nächste Dienststelle des öffentlichen Sicherheitsdienstes, bei der der Besitzer des in Verlust geratenen Dokumentes dies beantragt, diesem eine Bestätigung über die Verlustanzeige auszustellen. Die Bestätigung über die Verlustanzeige ersetzt die in den lit. b bis e angeführten Dokumente bis zur Ausstellung des neuen Dokumentes, jedoch nicht länger als eine Woche, gerechnet vom Tage des Verlustes. Lenker von Zugmaschinen, Motorkarren oder selbstfahrenden Arbeitsmaschinen müssen die in den lit. b bis g angeführten Dokumente auf Fahrten im Umkreis von nicht mehr als 10 km vom dauernden Standort des Fahrzeuges nicht mitführen. *(BGBl I 1997/121)*

(6) Entfernt sich der Lenker so weit oder so lange von seinem Kraftfahrzeug, daß er es nicht mehr überwachen kann, so hat er den Fahrzeugmotor, sofern mit diesem nicht auch andere Maschinen betrieben werden, abzustellen und dafür zu sorgen, daß das Fahrzeug von Unbefugten nur durch Überwindung eines beträchtlichen Hindernisses in Betrieb genommen werden kann.

(7) Ein Lenker, der nicht selbst der Zulassungsbesitzer des von ihm gelenkten Kraftfahrzeuges oder eines mit diesem gezogenen Anhängers ist, hat Unfälle, die mit der Benützung dieser Fahrzeuge in ursächlichem Zusammenhang stehen, unverzüglich ihrem Zulassungsbesitzer bekanntzugeben.

(8) Der Lenker darf das Lenken eines ihm übergebenen Kraftfahrzeuges ohne Zustimmung des Zulassungsbesitzers nicht dritten Personen überlassen.

(8a) Der Lenker darf ein Kraftfahrzeug der Klassen

1. N2 und N3 sowie ein von solchen Fahrzeugen abgeleitetes Kraftfahrzeug während des Zeitraumes von jeweils 1. November bis 15. April oder

2. M2 und M3 sowie ein von solchen Fahrzeugen abgeleitetes Kraftfahrzeug von jeweils 1. November bis 15. März

nur verwenden, wenn zumindest an den Rädern einer Antriebsachse Winterreifen (für die Verwendung als Schnee- und Matschreifen bestimmte Reifen mit entsprechender Profiltiefe) angebracht sind. Dies gilt nicht für Fahrzeuge, bei denen bauartbedingt oder aufgrund ihres Verwendungszwecks Reifen mit der Verwendungsbestimmung „spezial" angebracht sind. „Fahrzeuge des öffentlichen Sicherheitsdienstes, Heeresfahrzeuge und Feuerwehrfahrzeuge, bei denen bauartbedingt oder wegen ihres überwiegenden Verwendungszwecks die Anbringung von Winterreifen nicht möglich oder nicht zweckmäßig ist und Fahrzeuge, mit denen Probe- oder Überstellungsfahrten durchgeführt werden sowie Fahrzeuge, die aufgrund ihrer Bauweise bestimmungsgemäß nur auf schneefreien Straßen eingesetzt werden, sind von dieser Verpflichtung ausgenommen."**

Weiters darf der Lenker eines Kraftfahrzeuges der Klasse M1 oder N1 „oder eines vierrädrigen Leichtkraftfahrzeuges mit geschlossenem, kabinenartigem Aufbau"* während des in Z 1 genannten Zeitraumes bei winterlichen Fahrbahnverhältnissen wie insbesondere Schneefahrbahn, Schneematsch oder Eis, dieses Fahrzeug nur in Betrieb nehmen, wenn an allen Rädern Winterreifen (für die Verwendung als Schnee- und Matschreifen oder als Schnee-, Matsch- und Eisreifen bestimmte Reifen mit entsprechender Profiltiefe) oder, wenn die Fahrbahn mit einer zusammenhängenden oder nicht nennenswert unterbrochenen Schnee- oder Eisschicht bedeckt ist, Schneeketten auf mindestens zwei Antriebsrädern angebracht sind.
*(BGBl I 2008/6; *BGBl I 2013/43; **BGBl I 2019/19)*

(9) Der Lenker darf Schneeketten und dergleichen (§ 7 Abs. 2) nur dann verwenden, wenn dies erforderlich ist, und nur, wenn sie so befestigt sind, dass sie die Oberfläche der Fahrbahn nicht beschädigen können. Der Lenker eines Kraftfahrzeuges der Klassen M2, M3, N2 und N3 sowie eines von solchen Fahrzeugen abgeleiteten Kraftfahrzeuges hat während des Zeitraumes von jeweils 1. November bis 15. April geeignete Schneeketten für mindestens zwei Antriebsräder mitzuführen. Dies gilt nicht für Fahrzeuge,

1. bei denen bauartbedingt eine Montage von Schneeketten nicht möglich ist,

2. die aufgrund ihrer Bauweise bestimmungsgemäß nur auf schneefreien Straßen eingesetzt werden,

3. der Klassen M2 und M3, die im Kraftfahrlinienverkehr eingesetzt werden „,"" *(BGBl I 2019/19)*

4. die zum Aufbauhersteller oder zum Kunden überstellt werden, sofern die Fahrt auf schneefreien Straßen durchgeführt wird. *(BGBl I 2019/19) (BGBl I 2008/6)*

(10) „Der Lenker hat auf Fahrten Verbandzeug, das zur Wundversorgung geeignet und in einem widerstandsfähigen Behälter staubdicht verpackt und gegen Verschmutzung geschützt ist, sowie bei mehrspurigen Kraftfahrzeugen eine geeignete Warneinrichtung und eine geeignete, der ÖNORM EN 471 oder der ÖNORM EN ISO 20471 entsprechende Warnkleidung mit weiß retroreflektierenden Streifen mitzuführen." Der Lenker hat diese Warnkleidung im Falle des § 89 Abs. 2 StVO 1960 beim Aufstellen der Warneinrichtung oder im Falle des § 46 Abs. 3 StVO 1960, wenn er sich auf einer Autobahn oder Autostraße außerhalb des Fahrzeuges aufhält, in bestimmungsgemäßer Weise zu tragen. Der Lenker hat bei Kraftfahrzeugen mit einem höchsten zulässigen Gesamtgewicht von mehr als 3 500 kg ausgenommen Fahrzeuge der Klasse M1 und bei anderen als leichten Anhängern pro Fahrzeug jeweils mindestens einen Unterlegkeil mitzuführen. *(BGBl I 2004/107; BGBl I 2016/40)*

(10a) Ab 1. Jänner 1996 hat der Lenker eines
1. Lastkraftwagens,
2. Sattelzugfahrzeuges,
3. Spezialkraftwagens, ausgenommen Wohnmobile,
4. Sonderkraftfahrzeuges, oder
5. einer selbstfahrenden Arbeitsmaschine mit einer Bauartgeschwindigkeit von mehr als 60 km/h, jeweils mit einem höchsten zulässigen Gesamtgewicht von mehr als 3500 kg dafür zu sorgen, daß an der Rückseite des Fahrzeuges eine von hinten sichtbare gelbe reflektierende Warntafel mit rotem, fluoreszierenden Rand annähernd lotrecht und senkrecht zur Längsmittelebene angebracht ist. Werden mit den genannten Fahrzeugen Anhänger gezogen, so hat der Lenker diese Warntafel an der Rückseite des Anhängers anzubringen. Durch Verordnung des Bundesministers für „Klimaschutz, Umwelt, Energie, Mobilität, Innovation und Technologie" sind die näheren Bestimmungen hinsichtlich der genannten reflektierenden Warntafel oder gleichwertiger Warneinrichtungen im Sinne des Abs. 10c, wie insbesondere die Abmessungen, Ausgestaltung, Rückstrahlwirkung festzulegen. *(BGBl I 2020/134) (BGBl 1995/162)*

(10b) Die Bestimmungen des Abs. 10a gelten nicht für:
1. Fahrzeuge, die zur Verwendung im Bereich des öffentlichen Sicherheitsdienstes bestimmt sind,
2. Heeresfahrzeuge,
3. Feuerwehrfahrzeuge,
4. Abschleppfahrzeuge,
5. Fahrzeuge, die zur Müllabfuhr verwendet werden,
6. Fahrzeuge, die Bootsanhänger ziehen. *(BGBl 1995/162)*

(10c) Die Anbringung der reflektierenden Warntafel gemäß Abs. 10a ist nicht erforderlich, wenn an der Rückseite des Fahrzeuges
1. die gelb-rote Warneinrichtung, die der ECE-Regelung Nr. 70 entspricht,
2. gelb-rote Folien, die hinsichtlich des Signalbildes und der Rückstrahlwirkung den Vorgaben der ECE-Regelung Nr. 70 gleichwertig sind, oder
3. eine auffällige Markierung, die der UN-Regelung Nr. 48 entspricht, *(BGBl I 2019/19)* *(BGBl I 2002/80)*

(11) Der Lenker hat auf Verlangen der Organe des öffentlichen Sicherheitsdienstes oder der Straßenaufsicht diesen, sofern dies zum Zweck der Überwachung der Einhaltung der kraftfahrrechtlichen Vorschriften auf Straßen mit öffentlichem Verkehr erforderlich ist, das Fahrzeug oder Teile, Ausrüstungs- und Ausstattungsgegenstände des von ihm gelenkten Fahrzeuges und des mit diesem gezogenen Anhängers auf dem einfachsten Weg und ohne eine oder dritte Personen zu gefährden, zugänglich zu machen, insoweit ihm dies ohne Verwendung von Werkzeugen und ohne besondere Fertigkeiten und Kenntnisse möglich und zumutbar ist. Verweigert der Lenker die ihm zumutbare Mitwirkung an technischen Fahrzeugkontrollen und verhindert so die Überprüfung des Fahrzeuges oder seiner Teile, Ausrüstungs- und Ausstattungsgegenstände, so ist die Annahme gerechtfertigt, dass das Fahrzeug nicht den kraftfahrrechtlichen Vorschriften entspricht und dass die Verkehrssicherheit durch die weitere Verwendung des Fahrzeuges gefährdet wird. In diesen Fällen sind die Bestimmungen des § 57 Abs. 8 anzuwenden. *(BGBl I 2009/94)*

(11a) Die Organe des öffentlichen Sicherheitsdienstes und der Straßenaufsicht haben die Einhaltung der Bestimmungen der Verordnung (EG) Nr. 561/2006 hinsichtlich des Mindestalters und der Lenk- und Ruhezeiten (Artikel 5 ff) sowie des Europäischen Übereinkommens über die Arbeit des im internationalen Straßenverkehr beschäftigten Fahrpersonals (AETR), BGBl. Nr. 518/1975, in der Fassung BGBl. Nr. 203/1993, zu kontrollieren. Zur Feststellung einer Überschreitung der höchstzulässigen Lenkzeit oder Unterschreitung der vorgeschriebenen Ruhezeit können auch Aufzeichnungen der Schaublätter vom Fahrtschreiber oder vom Kontrollgerät sowie Aufzeichnungen oder Ausdrucke von der Fahrerkarte oder des digitalen Kontrollgerätes herangezogen werden. Die Organe der Arbeitsinspektion

4/1. KFG
§ 102

haben die Organe des öffentlichen Sicherheitsdienstes und der Straßenaufsicht im Falle gemeinsamer Kontrollen nach Möglichkeit zu unterstützen. *(BGBl I 2007/57)*

(11b) Die Kontrollen sind regelmäßig und in der Weise durchzuführen, dass jedenfalls der Richtlinie 2006/22/EG des Europäischen Parlaments und des Rates über Mindestbedingungen für die Durchführung der Verordnungen (EWG) Nr. 3820/85 und (EWG) Nr. 3821/85, ABl. L Nr. 102 vom 11. April 2006, S 35, zuletzt geändert durch die Richtlinie 2009/5/EG, ABl. L Nr. 29, vom 31. Jänner 2009, S 45, entsprochen wird. *(BGBl I 2009/94)*

(11c) Über die durchgeführten Straßenkontrollen sind Aufzeichnungen zu führen und die für die Berichterstattung gemäß Art. 17 der Verordnung (EG) Nr. 561/2006 benötigten Daten zu erfassen. Diese Aufzeichnungen sind von den Organen des öffentlichen Sicherheitsdienstes zu sammeln und automationsunterstützt im Wege des Bundesministeriums für Inneres zumindest vierteljährlich in pseudonymisierter Form an den Bundesminister für „Klimaschutz, Umwelt, Energie, Mobilität, Innovation und Technologie" zum Zwecke der Erstellung des Berichtes zu übermitteln. Die Kontrolldaten sind wie folgt aufzuschlüsseln: *(BGBl I 2020/134)*

1. Kontrollörtlichkeit
   a) Autobahn/Schnellstraße
   b) Landesstraße
   c) Gemeindestraße
2. Anzahl der kontrollierten Fahrzeuge und die Anzahl der dabei festgestellten Verstöße – mit Unterscheidung Güterverkehr oder Personenverkehr – mit Angabe des Sitzes (internationales Unterscheidungszeichen) des Unternehmens
   a) Österreich
   b) EU/EWR/Schweiz
   c) Drittstaat
3. Anzahl der kontrollierten Kontrollgeräte/Fahrtschreiber nach Ausstattung zur Zeit der Kontrolle
   a) digital
   b) analog
4. Anzahl der kontrollierten Einsatztage innerhalb der bei Straßenkontrollen zulässigen Kalendertage.

Wurden bei einer Straßenkontrolle keine Übertretungen festgestellt, so ist auch das zu vermerken. Im Falle von Unternehmen mit Sitz in Österreich sind die Kontrolldaten (Datum, Uhrzeit und Behörde) sowie die Daten des Unternehmens (Name und Anschrift, bei natürlichen Personen auch das Geburtsdatum) zu erfassen und von den Organen des öffentlichen Sicherheitsdienstes diese Positivkontrolle innerhalb von drei Kalendertagen zur Berücksichtigung im Risikoeinstufungssystem direkt im Verkehrsunternehmensregister bei dem jeweiligen Unternehmen zu vermerken. Wenn die Daten des betreffenden Unternehmens im Verkehrsunternehmensregister nicht vorhanden sind, dann haben die Organe des öffentlichen Sicherheitsdienstes das Unternehmen durch Suche und Auswahl aus dem Unternehmensregister im Verkehrsunternehmensregister anzulegen und die Positivkontrolle zu vermerken. Sollte das Unternehmen auch im Unternehmensregister nicht auffindbar sein, so haben die Organe des öffentlichen Sicherheitsdienstes das innerhalb von sieben Kalendertagen im Wege des Bundesministeriums für Inneres der Behörde automationsunterstützt zu übermitteln. *(BGBl I 2018/37)*

(11d) Auf Fahrten, für die das Europäische Übereinkommen über die Arbeit des im internationalen Straßenverkehr beschäftigten Fahrpersonals (AETR), BGBl. Nr. 518/1975, in der Fassung BGBl. Nr. 203/1993, gilt, bestimmen sich das Mindestalter sowie die Lenk- und Ruhezeiten nach Maßgabe dieses Übereinkommens. *(BGBl I 2007/57)*

(12) Die Organe des öffentlichen Sicherheitsdienstes oder der Straßenaufsicht sind berechtigt, Personen am Lenken oder an der Inbetriebnahme eines Fahrzeuges zu hindern, wenn diese hiedurch begehen oder begehen würden eine Übertretung

a) des § 36 lit. a oder des § 82 Abs. 1 bis 3,

b) des § 36 lit. b oder des § 82 Abs. 4, unbeschadet des § 51 Abs. 3,

c) des § 36 lit. c, wenn durch die Übertretung die Verkehrssicherheit gefährdet wird,

d) des § 85, *(BGBl I 1997/121)*

e) *(entfällt, BGBl I 2020/134)*

f) des § 102 Abs. 8a oder des § 102 Abs. 9, wenn bei Nichtverwendung von Winterreifen oder Schneeketten aufgrund der Fahrbahnverhältnisse oder der beabsichtigten Fahrtstrecke eine Gefährdung der Verkehrssicherheit zu erwarten ist, *(BGBl I 2006/57)*

g) des § 4 Abs. 7a, des § 101, des § 104 oder des § 106, wenn durch die Übertretung die Verkehrssicherheit gefährdet wird, wobei die Verkehrssicherheit bei einer Überschreitung des jeweiligen höchsten zulässigen Gesamtgewichtes oder der Höchstgrenzen des § 4 Abs. 7a im Ausmaß von mehr als 2% oder der zulässigen Achslasten um mehr als 6% jedenfalls gefährdet wird, *(BGBl I 2002/80)*

h) des § 58 Abs. 1 StVO 1960, wenn im Hinblick auf die höchste zulässige Dauer des Lenkens und das Mindestausmaß der Ruhezeiten, gegebenenfalls auch nach ausländischen Maßstäben, eine offenbare Übermüdung des Lenkers zu besorgen ist, *(BGBl 1988/375)*

i) des § 102 Abs. 1a, wenn die erforderlichen Schaublätter, handschriftlichen Aufzeichnungen oder Ausdrucke nicht mitgeführt, nicht ordnungsgemäß ausgefüllt oder ausgehändigt werden oder des § 102a Abs. 3 bis 8, *(BGBl I 2007/57)*

j) der „Verordnung (EU) Nr. 165/2014" hinsichtlich der Vorschriften über die Benutzung des Kontrollgerätes, des Schaublattes oder der Fahrerkarte „(Kapitel VI)" oder des Artikels 10 des Europäischen Übereinkommens über die Arbeit des im internationalen Straßenverkehr beschäftigten Fahrpersonals (AETR) hinsichtlich der Vorschriften über die Benutzung des Kontrollgerätes, des Schaublattes oder der Fahrerkarte, *(BGBl I 2013/43; BGBl I 2017/9)*

k) der Artikel 5 bis 9 der Verordnung (EG) Nr. 561/2006 oder der Artikel 5 bis 8 des Europäischen Übereinkommens über die Arbeit des im internationalen Straßenverkehr beschäftigten Fahrpersonals (AETR) hinsichtlich der Vorschriften über die Mindestalter, die zulässige Lenkzeit, einzulegende Unterbrechung und Einhaltung der erforderlichen Ruhezeit. *(BGBl I 2007/57)*

Zu diesem Zweck sind, falls erforderlich, je nach Lage des Falles und Art des Fahrzeuges oder der Beladung „Zwangsmaßnahmen", wie etwa Abnahme der Fahrzeugschlüssel, Absperren oder Einstellen des Fahrzeuges, Anbringen von technischen Sperren und dergleichen, anzuwenden. Solche „Zwangsmaßnahmen" sind unverzüglich aufzuheben, wenn der Grund für ihre Anwendung weggefallen ist, im Falle der lit. d, h, i, j oder k auch, wenn eine andere Person, bei der keine Hinderungsgründe gegeben sind, beabsichtigt, das Fahrzeug in Betrieb zu nehmen und zu lenken. Im Falle der lit. g sind bei Gewichtsüberschreitungen oder Achslastüberschreitungen die „Zwangsmaßnahmen" aufzuheben, wenn die Überlast ab- oder auf ein anderes Fahrzeug umgeladen wird. Ist das Ab- oder Umladen an Ort und Stelle nicht möglich, so kann der Transport unter Begleitung durch die Organe des öffentlichen Sicherheitsdienstes oder der Straßenaufsicht mit geringer Geschwindigkeit bis zu einer nahe gelegenen geeigneten Stelle, wo ein sicheres Ab- oder Umladen möglich ist, weitergeführt werden. Die durch eine Begleitung anfallenden Kosten sind vom Zulassungsbesitzer zu ersetzen; der Lenker des Kraftfahrzeuges gilt als Vertreter des Zulassungsbesitzers, falls dieser nicht selbst oder ein von ihm bestellter Vertreter anwesend ist. *(BGBl I 2005/117; BGBl I 2019/19)*

(13) *(aufgehoben, BGBl I 2004/175)*

Fahrerkarte

§ 102a. (1) Jede Person mit Hauptwohnsitz im Bundesgebiet, die Inhaber einer Lenkberechtigung ist, die zum Lenken eines Kraftfahrzeuges berechtigt, das unter den Geltungsbereich der Verordnung (EWG) Nr. „561/2006" fällt, kann die Fahrerkarte bei einer gemäß § 102d Abs. 1 hierfür ermächtigten Einrichtung beantragen. Der Antrag darf auch während eines Entzuges der Lenkberechtigung gestellt werden. Ein Antrag, ausgenommen bei Ersatz oder Erneuerung der Karte, darf aber nicht gestellt werden, wenn der Betreffende bereits Inhaber einer Fahrerkarte ist. Dem Antrag sind die entsprechenden, anspruchsbegründenden Unterlagen beizufügen. Für die Ausstellung der Fahrerkarte ist ein Kostenersatz zu entrichten. Die für die Erlangung der Fahrerkarte erforderlichen schriftlichen Eingaben und die Ausstellung der Fahrerkarte sind von Stempelgebühren und Verwaltungsabgaben befreit. Personen ohne Hauptwohnsitz im Bundesgebiet, sondern in einem Nicht-EU/EWR Staat können unter den oben genannten Voraussetzungen die Ausstellung einer Fahrerkarte beantragen, wenn sie ein rechtmäßiges Beschäftigungsverhältnis in Österreich nachweisen. *(BGBl I 2007/57)*

(2) Aufgrund eines Antrages gemäß Abs. 1 hat die gemäß § 102d Abs. 1 ermächtigte Einrichtung die unter Randnummer 175 des Anhangs I B der „Verordnung (EU) Nr. 165/2014" vorgesehenen personenbezogenen Daten automationsunterstützt zu erfassen und über eine gesicherte Datenverbindung an das zentrale Register für Kontrollgerätekarten (§ 102b) weiterzuleiten. Die ermächtigte Einrichtung hat zu prüfen, ob alle Voraussetzungen zur Ausstellung der Fahrerkarte vorliegen, insbesondere, ob für die betreffende Person nicht bereits eine Fahrerkarte ausgestellt worden ist und ob die Daten im Antrag korrekt sind. Zu diesem Zweck kann eine Anfrage an das zentrale Register für Kontrollgerätekarten und über dieses an das von der Europäischen Kommission für Zwecke solcher Auskunftserteilungen eingerichtete Informationssystem, in dem die nationalen Register der einzelnen Mitgliedstaaten zusammengeschlossen sind, zu erfolgen. Die gemäß § 102d Abs. 1 ermächtigte Einrichtung ist zum Zweck der Prüfung eines Antrages und zum Zweck der Datenerfassung befugt, die im Zentralen Führerscheinregister gespeicherten Daten hinsichtlich Führerscheinnummer, Familiennamen, Vornamen, Geburtsdatum, Geburtsort und Geschlecht bezüglich des Antragstellers sowie im Zentralen Melderegister gespeicherten Daten bezüglich Hauptwohnsitz des Antragstellers einzusehen, und diese Daten für die Zwecke der Kartenausstellung zu verwenden. Sind alle Voraussetzungen zur Ausstellung der Fahrerkarte erfüllt und wurde der Kostenersatz für die Karte bezahlt, hat die gemäß § 102d Abs. 1 ermächtigte Einrichtung im Wege der Bundesrechenzentrum GmbH den Auftrag zur Ausstellung der Fahrerkarte zu erteilen. Wird dem Antrag auf Ausstellung einer Fahrerkarte nicht vollinhaltlich stattgegeben, ist § 102d Abs. 7 anzuwenden. *(BGBl I 2017/9)*

(3) Die Daten des Antrages auf Ausstellung einer Fahrerkarte sind auch dann an das zentrale Register für Kontrollgerätekarten weiterzuleiten, wenn dem Antrag auf Ausstellung einer Fahrer-

karte nicht vollinhaltlich stattgegeben, oder dieser zurückgezogen wird. In diesem Fall sind zusätzlich die Gründe dafür in Schlagworten festzuhalten und dem zentralen Register für Kontrollgerätekarten zu übermitteln. Fällt die Voraussetzung des Abs. 1 letzter Satz (rechtmäßiges Beschäftigungsverhältnis) nach Ausstellung der Fahrerkarte weg, so dürfen diese Personen ihre Fahrerkarte nicht mehr benutzen und müssen diese unverzüglich bei einer gemäß § 102d Abs. 1 ermächtigten Einrichtung abgeben. Die ermächtigte Einrichtung hat das im Register entsprechend zu vermerken und die Karte dem Bundesminister für „Klimaschutz, Umwelt, Energie, Mobilität, Innovation und Technologie" zu übermitteln. Ist die Ausstellung der Fahrerkarte erfolgt, ohne dass die Voraussetzungen für die Antragstellung vorliegen, ist eine andere als im dritten Satz genannte Voraussetzung nachträglich weggefallen, wird die Fahrerkarte missbräuchlich durch eine andere Person als die, für die sie ausgestellt worden ist, verwendet, oder wird sie entgegen der Verpflichtung im dritten Satz nicht zurückgegeben, ist die Fahrerkarte unverzüglich von der Behörde oder den ihr zur Verfügung stehenden Organen des öffentlichen Sicherheitsdienstes oder der Straßenaufsicht ohne Anspruch auf Entschädigung einzuziehen und dem Bundesminister für „Klimaschutz, Umwelt, Energie, Mobilität, Innovation und Technologie" abzuliefern. In diesem Fall hat der Bundesminister für „Klimaschutz, Umwelt, Energie, Mobilität, Innovation und Technologie" bei der betreffenden Person im zentralen Register für Kontrollgerätekarten einzutragen, welche Voraussetzungen nicht oder nicht mehr vorliegen und ob die Fahrerkarte bereits abgeliefert wurde. *(BGBl I 2020/134)*

(3a) Der Inhaber einer Fahrerkarte darf diese keiner anderen Person zur Verfügung stellen und hat sie so sorgfältig zu verwahren, dass sie von einer anderen Person nicht missbräuchlich verwendet werden kann. *(BGBl I 2009/94)*

(4) Lenker von Kraftfahrzeugen, die mit einem digitalen Kontrollgerät im Sinne der „Verordnung (EU) Nr. 165/2014"* ausgerüstet sind, haben sich bei der Bedienung des Kontrollgerätes an die Bedienungsanleitung des Kontrollgerätes zu halten. Sie haben dafür zu sorgen, dass das Kontrollgerät auf Fahrten in Betrieb ist und dass ihre Fahrerkarte im Kontrollgerät verwendet wird. Die Lenker haben auf Verlangen der Organe des öffentlichen Sicherheitsdienstes oder der Straßenaufsicht die in der „Verordnung (EU) Nr. 165/2014"* vorgesehenen Ausdrucke, die Fahrerkarte und die mitgeführten Schaublätter des laufenden Tages und der vorausgehenden 28 Tage, falls sie in dieser Zeit ein Fahrzeug gelenkt haben, das mit einem analogen Kontrollgerät ausgerüstet ist, auszuhändigen. „Hierüber ist dem Lenker eine Bestätigung auszustellen; diese Bestätigung kann auch in elektronischer Form ausgestellt und übermittelt werden."** Fehlen auf der Fahrerkarte einzelne Arbeitstage und werden dafür auch keine Schaublätter mitgeführt, so sind für diese Tage entsprechende Bestätigungen des Arbeitgebers, die den Mindestanforderungen des von der Kommission gemäß Artikel 11 Abs. 3 der Richtlinie 2006/22/EG erstellten Formblattes entsprechen müssen, mitzuführen und bei Kontrollen auszuhändigen. *(BGBl I 2009/94; *BGBl I 2017/9; **BGBl I 2020/134)*

(4a) Die Bundespolizei kann Kontrolldaten (Datum, Uhrzeit und Behörde) und personenbezogene Daten (Name und Anschrift des Lenkers, Name und Anschrift des Zulassungsbesitzers/Unternehmens, Kennzeichen des Fahrzeuges, Fahrzeugklasse), die für die Bestätigung gemäß Abs. 4 erforderlich sind, verarbeiten. Wenn im Anschluss an eine gemäß § 102 Abs. 11b durchgeführte Kontrolle eine Kontrolle gemäß § 58a folgt, können die im ersten Satz angeführten Daten von den Prüforganen zur Erstellung des im § 58a Abs. 7 angeführten Prüfberichts verarbeitet werden. *(BGBl I 2019/19)*

(5) und (6) *(aufgehoben, BGBl I 2017/9)*

(7) Der Lenker hat zu Kontrollzwecken die durch Zeitablauf ungültig gewordene Fahrerkarte mindestens 28 Tage nach Ablauf der Gültigkeit sowie die erforderlichen Schaublätter im Fahrzeug mitzuführen. *(BGBl I 2009/94)*

(8) Die Lenker haben vor Antritt der Fahrt mit in Österreich zugelassenen Fahrzeugen die Lenkeraktivitäten gemäß der „Verordnung (EU) Nr. 165/2014" , Anhang I B Kapitel III Punkt 6.2., manuell einzugeben. Die Lenker haben ausreichend geeignetes Papier zum Ausdruck der entsprechenden Daten mitzuführen. *(BGBl I 2017/9)*

(9) Durch Verordnung des Bundesministers für „Klimaschutz, Umwelt, Energie, Mobilität, Innovation und Technologie" sind die näheren Bestimmungen hinsichtlich der Antragstellung, insbesondere hinsichtlich der zum Nachweis der Richtigkeit der Angaben erforderlichen Unterlagen, der Anwendung eines vereinfachten Verfahrens bei der Erneuerung oder Ersetzung der Karte, wenn bereits alle erforderlichen Daten im zentralen Register für Kontrollgerätekarten vorhanden sind, der Verwendung eines Formblattes oder des Nachweises des rechtmäßigen Beschäftigungsverhältnisses sowie die Höhe des Kostenersatzes für die Ausstellung der Fahrerkarte festzusetzen. *(BGBl I 2020/134)*

(BGBl I 2004/175)

Zentrales Register für Kontrollgerätekarten

§ 102b. (1) Der Bundesminister für „Klimaschutz, Umwelt, Energie, Mobilität, Innovation und Technologie"** hat über die ausgestellten Kontrollgerätekarten bei der Bundesrechenzentrum GmbH ein automationsunterstütztes zentrales Register für Kontrollgerätekarten im Sinne „"* der „Verordnung (EU) Nr. 165/2014"* zu führen. Im Register werden die im Inland ausgestellten Werkstattkarten, Fahrerkarten, Unternehmenskarten und Kontrollkarten erfasst. Das Register wird zur Speicherung von Daten geführt, die erforderlich sind, um feststellen zu können, welche Karten einer Werkstätte (§ 24 Abs. 8), einem Lenker, einem Unternehmen oder einer Kontrollstelle (§ 123a) ausgestellt wurden und welche Karten abhanden gekommen (durch Verlust oder Diebstahl) oder beschädigt (durch körperliche Beschädigung oder Fehlfunktion) sind. Weiters ist in diesem Register auch zu erfassen, welche Kontrollgerätekarten aus welchen Gründen dem Bundesminister für „Klimaschutz, Umwelt, Energie, Mobilität, Innovation und Technologie"** abgeliefert wurden und aus welchen Gründen dem Antrag auf Ausstellung einer Kontrollgerätekarte nicht stattgegeben werden konnte oder warum der Antrag zurückgezogen wurde. *(* BGBl I 2017/9; ** BGBl I 2020/134)*

(2) Die gemäß § 102d Abs. 1 ermächtigten Einrichtungen und der Bundesminister für „Klimaschutz, Umwelt, Energie, Mobilität, Innovation und Technologie" haben die zur Ausstellung von Werkstattkarten, Fahrerkarten, Unternehmenskarten und Kontrollkarten erforderlichen Daten online über eine gesicherte Datenverbindung an die Bundesrechenzentrum GmbH zu übermitteln. *(BGBl I 2020/134)*

(3) In das Kartenregister sind einzutragen:

1. über Werkstattkarten:

a) Inhaber der Ermächtigung gemäß § 24 KFG 1967,

b) Familienname, Vorname und Geburtsdatum der Person auf welche die Karte ausgestellt wurde,

c) Plombierungszeichennummer,

d) Werkstattkartennummer,

e) Tag des Beginns und des Ablaufs der Gültigkeit der Werkstattkarte,

f) ausstellende Einrichtung,

g) bis zum Ablauf ihrer Gültigkeit die Werkstattkartennummern der gestohlenen, verlorenen, zurückgegebenen, entzogenen oder defekten Werkstattkarten,

h) der Grund für die Entziehung der Werkstattkarte oder der Ablehnung oder der Zurückziehung des Antrags auf Ausstellung einer Werkstattkarte (in Schlagworten);

2. über Fahrerkarten:

a) Familienname, Vorname, sonstige zur eindeutigen Identifikation notwendige Angaben wie Geburtsdatum, Geburtsort und Geschlecht und allfällige bereichsspezifische Personenkennzeichen gemäß § 9 EGovG,

b) Fahrerkartennummer,

c) Tag des Beginns und des Ablaufs der Gültigkeit der Fahrerkarte,

d) ausstellende Einrichtung,

e) Führerscheinnummer, inländische Ausstellungsbehörde, Ausgabestaat,

f) bis zum Ablauf ihrer Gültigkeit die Fahrerkartennummern der gestohlenen, verlorenen, zurückgegebenen, entzogenen oder defekten Fahrerkarten,

g) der Grund für die Entziehung der Fahrerkarte oder der Ablehnung oder der Zurückziehung des Antrags auf Ausstellung einer Fahrerkarte (in Schlagworten);

3. über Unternehmenskarten:

a) Name des Unternehmens sowie Anschrift,

b) Unternehmenskartennummer,

c) Tag des Beginns und des Ablaufs der Gültigkeit der Unternehmenskarte,

d) ausstellende Einrichtung,

e) bis zum Ablauf ihrer Gültigkeit die Unternehmenskartennummern der gestohlenen, verlorenen, zurückgegebenen, entzogenen oder defekten Unternehmenskarten,

f) der Grund für die Entziehung der Unternehmenskarte oder der Ablehnung oder der Zurückziehung des Antrags auf Ausstellung einer Unternehmenskarte (in Schlagworten);

4. über Kontrollkarten:

a) Name der Behörde sowie Anschrift,

b) Kontrollkartennummer,

c) Tag des Beginns und des Ablaufs der Gültigkeit der Kontrollkarte,

d) die Nummern der gestohlenen, verlorenen, zurückgegebenen und defekten Kontrollkarten.

(4) Die gemäß § 102d Abs. 1 ermächtigten Einrichtungen und der Bundesminister für „Klimaschutz, Umwelt, Energie, Mobilität, Innovation und Technologie" können auf die jeweils in Betracht kommenden Daten zugreifen und diese verarbeiten. *(BGBl I 2018/37; BGBl I 2020/134)*

(5) Alle Unterlagen über den Kartenbesitzer sind fünf Jahre nach Mitteilung über dessen Ableben, spätestens jedoch 60 Jahre nach Erteilung der ersten Karte zu vernichten und die Löschung der entsprechenden Daten im zentralen Register für Kontrollgerätekarten zu veranlassen.

(6) Auskünfte aus dem Register sind im Wege der Datenfernverarbeitung zu erteilen:

1. den Organen des Bundes, der Länder und der Gemeinden, soweit sie diese für die Wahrnehmung ihrer gesetzlichen Aufgaben benötigen und

2. den zuständigen Behörden anderer Staaten, sofern sich eine solche Verpflichtung aus diesem Bundesgesetz, aus unmittelbar anwendbarem Gemeinschaftsrecht oder anderen zwischenstaatlichen Abkommen ergibt.

§§ 102b – 102d

(6a) Weiters sind vom zentralen Register für Kontrollgerätekarten Auskünfte betreffend Fahrerkarten aus anderen Staaten im Wege der Datenfernverarbeitung über das von der Europäischen Kommission für Zwecke solcher Auskunftserteilungen eingerichtete Informationssystem, in dem die nationalen Register der einzelnen Mitgliedstaaten zusammengeschlossen sind, den Organen des Bundes, der Länder und der Gemeinden, soweit sie diese für die Wahrnehmung ihrer gesetzlichen Aufgaben benötigen, zu erteilen. *(BGBl I 2013/43)*

(7) Die gemäß § 102d Abs. 1 ermächtigten Einrichtungen und der Bundesminister für „Klimaschutz, Umwelt, Energie, Mobilität, Innovation und Technologie" sind ermächtigt, die personenbezogenen Daten, die zur Ausstellung der Kontrollgerätekarten benötigt werden, automationsunterstützt zu verarbeiten. Durch Verordnung des Bundesministers für „Klimaschutz, Umwelt, Energie, Mobilität, Innovation und Technologie" können die näheren Bestimmungen hinsichtlich der Speicherung der Verfahrensdaten festgelegt werden. *(BGBl I 2020/134)*

(BGBl I 2004/175)

Zertifizierungsstelle

§ 102c. Die Bundesrechenzentrum GmbH übernimmt die Aufgaben der österreichischen Zertifizierungsstelle gemäß „Verordnung (EU) Nr. 165/2014"* „"**. *(*BGBl I 2017/9; **BGBl I 2020/134)*

(BGBl I 2004/175)

Ausstellung von Kontrollgerätekarten durch ermächtigte Einrichtungen

§ 102d. (1) Der Bundesminister für „Klimaschutz, Umwelt, Energie, Mobilität, Innovation und Technologie" hat auf Antrag geeignete Einrichtungen, die die im Abs. 2 genannten Anforderungen erfüllen, zu ermächtigen, Anträge auf Ausstellung einer Fahrerkarte oder einer Unternehmenskarte entgegenzunehmen und zu prüfen, die erforderlichen Daten zu erfassen und an das zentrale Register für Kontrollgerätekarten weiterzuleiten, die Kostenersätze einzuheben und bei Vorliegen der Voraussetzungen den Produktionsauftrag zur Ausstellung der Karten zu erteilen. *(BGBl I 2020/134)*

(2) Eine Ermächtigung gemäß Abs. 1 ist auf Antrag zu erteilen, wenn der Antragsteller:

1. bereits im Verkehrsbereich tätig ist,

2. über Erfahrung mit der Prüfung und Ausstellung kraftfahrrechtlicher Dokumente verfügt,

3. hinreichend über vertrauenswürdiges, besonders geschultes Personal verfügt,

4. über die erforderlichen apparativen Einrichtungen und Datenleitungen verfügt,

5. bundesweit über ein entsprechendes Netz an Niederlassungen verfügt und

6. die dauerhafte Erfüllung dieser Aufgabe sicherstellen kann.

Für die Ermächtigung ist eine Abgabe in der Höhe von 500 Euro zu entrichten. Die ermächtigte Einrichtung hat Veränderungen hinsichtlich ihres Personals, ihrer Geschäftsstellen und ihrer Einrichtungen, soweit sie Voraussetzungen für die Erteilung der Ermächtigung waren, unverzüglich dem Bundesminister für „Klimaschutz, Umwelt, Energie, Mobilität, Innovation und Technologie" anzuzeigen. *(BGBl I 2020/134)*

(3) Die ermächtigte Einrichtung hat sicherzustellen, dass durch das eingesetzte Personal

1. die übertragenen Aufgaben ordnungsgemäß besorgt werden,

2. die eingebrachten Anträge ohne unnötigen Aufschub bearbeitet werden und

3. eine der Amtsverschwiegenheit vergleichbare Geheimhaltung über alle ausschließlich aus der Besorgung der übertragenen Aufgaben bekannt gewordenen Tatsachen gewahrt wird.

(4) Der Bundesminister für „Klimaschutz, Umwelt, Energie, Mobilität, Innovation und Technologie" hat regelmäßig zu überprüfen und kann jederzeit überprüfen, ob die Voraussetzungen für die Erteilung der Ermächtigung noch gegeben sind, ob die Verpflichtungen gemäß Abs. 3 eingehalten werden und ob die Ausstellung der Kontrollgerätekarten ordnungsgemäß durchgeführt wird. Der Bundesminister für „Klimaschutz, Umwelt, Energie, Mobilität, Innovation und Technologie" kann Anordnungen zur Behebung von Mängeln treffen. Diesen Anordnungen ist unverzüglich zu entsprechen. Werden die Aufgaben nicht ordnungsgemäß besorgt oder wird gegen die Verpflichtungen gemäß Abs. 3 verstoßen, kann der Bundesminister für „Klimaschutz, Umwelt, Energie, Mobilität, Innovation und Technologie" auch den Ausschluss bestimmter Personen von dieser Tätigkeit anordnen oder, wenn in einer Geschäftsstelle nach erfolgloser Anordnung zur Behebung von Mängeln wiederholt schwere Mängel festgestellt werden, die weitere Durchführung dieser Tätigkeiten in dieser Geschäftsstelle untersagen. *(BGBl I 2020/134)*

(5) Die Ermächtigung ist zu widerrufen, wenn die für die Ermächtigung vorgeschriebenen Voraussetzungen nicht mehr gegeben sind oder wiederholt schwere Mängel bei der Aufgabenerfüllung festgestellt worden sind und die Maßnahmen nach Abs. 4 erfolglos geblieben sind.

(6) Die Ermächtigung kann von der ermächtigten Einrichtung zurückgelegt werden. Die Zurücklegung wird nach Ablauf von drei Monaten ab dem Tag wirksam, an dem die Anzeige über die

Zurücklegung beim Bundesminister für „Klimaschutz, Umwelt, Energie, Mobilität, Innovation und Technologie" einlangt, sofern nicht die Zurücklegung für einen späteren Tag angezeigt oder an den späteren Eintritt einer Bedingung gebunden wird. *(BGBl I 2020/134)*

(7) Wird einem Antrag auf Ausstellung einer Fahrerkarte oder Unternehmenskarte nicht vollinhaltlich stattgegeben, hat sich der gemäß Abs. 1 Ermächtigte jeder weiteren Tätigkeit zu enthalten und den Antrag samt Beilagen dem Bundesminister für „Klimaschutz, Umwelt, Energie, Mobilität, Innovation und Technologie" vorzulegen. Ergibt die Prüfung, dass dem Antrag stattzugeben ist, so hat der Bundesminister für „Klimaschutz, Umwelt, Energie, Mobilität, Innovation und Technologie" den Auftrag zur Ausstellung der Fahrerkarte oder Unternehmenskarte zu erteilen. Ergibt die Prüfung, dass dem Antrag nicht stattgegeben werden kann, hat der Bundesminister für „Klimaschutz, Umwelt, Energie, Mobilität, Innovation und Technologie" über den Antrag abzusprechen. *(BGBl I 2020/134)*

(8) *(entfällt, BGBl I 2017/102)*

(9) Die Kostensätze für die Ausstellung der Fahrerkarten und Unternehmenskarten, die von den gemäß Abs. 1 Ermächtigten eingehoben wurden, sind gesammelt alle drei Monate, abzüglich des Anteils, der den gemäß Abs. 1 Ermächtigten vereinbarungsgemäß zufällt, an eine vom Bundesminister für „Klimaschutz, Umwelt, Energie, Mobilität, Innovation und Technologie" beauftragte Stelle zu überweisen, die daraus nach einem vereinbarten Schlüssel die Anteile des Kartenpersonalisierers und des Bundesrechenzentrum GmbH zu bestreiten und den Restbetrag dem Bundesminister für „Klimaschutz, Umwelt, Energie, Mobilität, Innovation und Technologie" zu überweisen hat. *(BGBl I 2008/6; BGBl I 2020/134)*

(BGBl I 2004/175)

Digitaler Dokumentennachweis

§ 102e. (1) Der Inhaber eines E-ID (§§ 4 ff E-GovG), der die für den digitalen Dokumentennachweis zur Verfügung gestellte Applikation nutzt und damit den Organen des öffentlichen Sicherheitsdienstes oder der Straßenaufsicht eine Kontrolle des Zulassungsscheines über Dateneinsicht in die zentrale Zulassungsevidenz gemäß § 47 Abs. 4 ermöglicht, ist von der Verpflichtung gemäß § 102 Abs. 5 lit. a, den Zulassungsschein mitzuführen, auf Fahrten im Bundesgebiet befreit. Ist die Dateneinsicht aufgrund von Problemen des mobilen Gerätes der kontrollierten Person nicht möglich, so ist das wie ein Nichtmitführen des Zulassungsscheines zu behandeln.

(2) Der in Abs. 1 genannte Inhaber eines E-ID (§§ 4 ff E-GovG) kann über die dafür zur Verfügung gestellte Applikation in der zentralen Zulassungsevidenz gemäß § 47 Abs. 4 die Daten des Zulassungsscheines oder der Zulassungsscheine der auf seinen Namen zugelassenen Fahrzeuge einsehen.

(3) Der in Abs. 1 genannte Inhaber eines E-ID ist berechtigt, über die dafür zur Verfügung gestellte Applikation die Nutzung der Zulassungsscheindaten auch Dritten zur Verfügung zu stellen, gleich wie wenn das physische Dokument weitergegeben wird.

(4) Muss im Zuge einer Kontrolle der Zulassungsschein abgenommen werden, so ist das im Falle von Abs. 1 vom Organ des öffentlichen Sicherheitsdienstes oder der Straßenaufsicht der betroffenen Person zu bestätigen.

(5) Für den Nachweis in vereinfachter Form gemäß § 4 Abs. 6 E-GovG können die Daten gemäß Abs. 1 für die Dauer von höchstens drei Monaten zum E-ID dieser Person gespeichert werden. Es ist in der Applikation ersichtlich zu machen, wann die Daten zuletzt aktualisiert wurden.

(6) Zum Zweck der Eintragung der in Abs. 1 genannten Daten in die Personenbindung gemäß § 4 Abs. 5 E-GovG sowie zum Zweck des Nachweises deren Bestands in vereinfachter Form gemäß § 4 Abs. 6 E-GovG sind diese der Stammzahlenregisterbehörde zugänglich zu machen.

(BGBl I 2020/169)

Pflichten des Zulassungsbesitzers eines Kraftfahrzeuges oder Anhängers

§ 103. (1) Der Zulassungsbesitzer

1. hat dafür zu sorgen, daß das Fahrzeug (der Kraftwagen mit Anhänger) und seine Beladung – unbeschadet allfälliger Ausnahmegenehmigungen oder -bewilligungen – den Vorschriften dieses Bundesgesetzes und der auf Grund dieses Bundesgesetzes erlassenen Verordnungen entspricht; *(BGBl 1990/458)*

2. hat bei Kraftfahrzeugen dafür zu sorgen, dass für Fahrten

a) das im § 102 Abs. 10 angeführte Verbandzeug,

b) bei mehrspurigen Kraftfahrzeugen eine Warneinrichtung,

c) bei den in § 102 Abs. 10a genannten Fahrzeugen außer in den Fällen des § 102 Abs. 10b und Abs. 10c die erforderliche reflektierende Warntafel im Sinne des § 102 Abs. 10a,

d) bei Kraftfahrzeugen mit einem höchsten zulässigen Gesamtgewicht von mehr als 3 500 kg ausgenommen Fahrzeuge der Klasse M1 und bei anderen als leichten Anhängern pro Fahrzeug jeweils mindestens ein Unterlegkeil sowie

§ 103

e) bei den von der Verpflichtung des § 102 Abs. 8a erster Satz und § 102 Abs. 9 erfassten Fahrzeugen während des Zeitraumes von jeweils 1. November bis 15. April die erforderlichen Winterreifen und Schneeketten. *(BGBl I 2008/6)* bereitgestellt sind; *(BGBl I 2006/57)*

3. darf das Lenken seines Kraftfahrzeuges oder die Verwendung seines Anhängers nur Personen überlassen, die

a) die erforderliche Lenkberechtigung und das erforderliche Mindestalter oder das erforderliche Prüfungszeugnis über den erfolgreichen Abschluss der Lehrabschlussprüfung des Lehrberufes Berufskraftfahrer oder den erforderlichen Fahrerqualifizierungsnachweis (Code 95) besitzen; *(BGBl I 2013/43)*

b) bei Kraftfahrzeugen für deren Lenken keine „Lenkberechtigung" vorgeschrieben ist *(BGBl I 2019/19)*

aa) den erforderlichen Mopedausweis oder

bb) das erforderliche Mindestalter besitzen und

cc) denen das Lenken solcher Fahrzeuge von der Behörde nicht ausdrücklich verboten wurde;

c) bei Feuerwehrfahrzeugen, die unter § 1 Abs. 3 zweiter und dritter Satz FSG fallen,

aa) die erforderliche Lenkberechtigung und

bb) den erforderlichen Feuerwehrführerschein besitzen;
(BGBl I 1998/93)

4. darf Omnibusse ohne Bereitstellung eines Lenkers nur an Personen vermieten, die

a) nachweisen, daß sie Inhaber einer von einer österreichischen oder ausländischen Behörde ausgestellten Omnibus-Personenkraftverkehrskonzession sind und entweder

aa) eine Bestätigung der Gewerbebehörde vorlegen, wonach durch die Anmietung die in der Konzession festgelegte Anzahl der Kraftfahrzeuge nicht überschritten wird oder

bb) nachweisen, daß die Anmietung dem vorübergehenden Ersatz für ein gleichartiges ausgefallenes Fahrzeug dient, oder

b) anhand ihrer Gewerbeberechtigung nachweisen, daß sie zum Personenwerkverkehr (§ 32 Abs. 4 GewO 1994) berechtigt sind, oder

c) glaubhaft nachweisen, daß der Omnibus für eine unentgeltliche private Personenbeförderung benötigt wird; hierbei sind der Zweck, die Dauer und der Abfahrts- und Zielort dieser Personenbeförderung im Mietvertrag genau zu bezeichnen; „oder" *(BGBl I 2016/40)*

d) nachweisen, dass sie Fahrschulbesitzer sind und den Omnibus für Schul- oder Prüfungsfahrten zum Erwerb einer Lenkberechtigung benötigen; *(BGBl I 2016/40)*
(BGBl I 1997/103)

5. darf Lastkraftwagen und Sattelzugfahrzeuge nur an Personen vermieten, die

a) nachweisen, dass sie Inhaber einer von einer österreichischen oder ausländischen Behörde ausgestellten Güterbeförderungskonzession sind und entweder

aa) eine Bestätigung der Gewerbebehörde vorlegen, wonach durch die Anmietung die in der Konzession festgelegte Anzahl der Kraftfahrzeuge nicht überschritten wird oder

bb) nachweisen, dass die Anmietung dem vorübergehenden Ersatz für ein gleichartiges ausgefallenes Fahrzeug dient, oder

b) anhand ihrer Gewerbeberechtigung nachweisen, dass sie zum Werkverkehr mit Gütern (§ 32 Abs. 3 GewO 1994) berechtigt sind, oder

c) nachweisen, dass sie das Fahrzeug für eine Güterbeförderung im Rahmen ihres land- oder forstwirtschaftlichen Betriebes benötigen, oder

d) glaubhaft nachweisen, dass das Kraftfahrzeug für eine unentgeltliche private Güterbeförderung benötigt wird; hierbei sind der Zweck, die Dauer und der Abfahrts- und Zielort dieser Güterbeförderung im Mietvertrag genau zu bezeichnen, oder

e) anhand ihrer Gewerbeberechtigung nachweisen, dass sie zur Ausübung des Güterbeförderungsgewerbes mit Kraftfahrzeugen des Straßenverkehrs oder solchen mit Anhängern, bei denen die Summe der höchstzulässigen Gesamtgewichte insgesamt 3 500 kg nicht übersteigt, berechtigt sind „," oder" *(BGBl I 2016/40)*

f) nachweisen, dass sie Fahrschulbesitzer sind und den Lastkraftwagen oder das Sattelzugfahrzeug für Schul- oder Prüfungsfahrten zum Erwerb einer Lenkberechtigung benötigen. *(BGBl I 2016/40)*
(BGBl I 2007/57)

(2) Die Behörde kann Auskünfte darüber verlangen, wer zu einem bestimmten Zeitpunkt ein nach dem Kennzeichen bestimmtes Kraftfahrzeug gelenkt oder einen nach dem Kennzeichen bestimmten Anhänger verwendet hat bzw. zuletzt vor einem bestimmten Zeitpunkt an einem bestimmten Ort abgestellt hat. Diese Auskünfte, welche den Namen und die Anschrift der betreffenden Person enthalten müssen, hat der Zulassungsbesitzer – im Falle von Probe- oder von Überstellungsfahrten der Besitzer der Bewilligung – zu erteilen; kann er diese Auskunft nicht erteilen, so hat er die Person zu benennen, die die Auskunft erteilen kann, diese trifft dann die Auskunftspflicht; die Angaben des Auskunftspflichtigen entbinden die Behörde nicht, diese Angaben zu überprüfen, wenn dies nach den Umständen des Falles geboten erscheint. Die Auskunft ist unverzüglich, im Falle einer schriftlichen Aufforderung binnen zwei Wochen nach Zustellung zu erteilen; wenn eine solche Auskunft ohne entspre-

chende Aufzeichnungen nicht gegeben werden könnte, sind diese Aufzeichnungen zu führen. **(Verfassungsbestimmung)** Gegenüber der Befugnis der Behörde, derartige Auskünfte zu verlangen, treten Rechte auf Auskunftsverweigerung zurück. *(BGBl 1986/106)*

(2a) *(aufgehoben, BGBl 1986/106)*

(3) Der Zulassungsbesitzer eines Fahrzeuges hat, sofern er der Dienstgeber des Lenkers ist, dafür zu sorgen, dass eine Gefährdung des Lebens oder der Gesundheit des Lenkers oder der beim Betrieb des Fahrzeuges sonst beschäftigten und bei ihm angestellten Personen nach Möglichkeit vermieden wird. Er hat dem Lenker die erforderliche Kälte- und Regenschutzkleidung sowie für Lenker eines Lastkraftwagens, eines Sattelzugfahrzeuges oder eines Omnibusses jeweils mit einem höchsten zulässigen Gesamtgewicht von mehr als 3 500 kg, ausgenommen Fahrzeuge im innerstädtischen Linienverkehr, auch eine geeignete Warnkleidung (wie zB reflektierende Warnweste) und im Falle eines Fahrzeuges, das unter die Sturzhelmpflicht fällt, dem Lenker und einer im Interesse des Zulassungsbesitzers beförderten Person einen geeigneten Sturzhelm beizustellen. Er darf den Lenker nicht in einem Ausmaß beanspruchen, dass diesem das sichere Lenken des Fahrzeuges nicht mehr möglich ist. *(BGBl I 2005/117)*

(3a) und (3b) *(entfallen, BGBl I 2019/19)*

(4) Der Zulassungsbesitzer eines Lastkraftwagens oder Sattelzugfahrzeuges mit einem Eigengewicht von mehr als 3 500 kg oder eines Omnibusses hat dafür zu sorgen, dass der Fahrtschreiber und der Wegstreckenmesser für Fahrten betriebsbereit sind. Die Zulassungsbesitzer von Lastkraftwagen oder Sattelzugfahrzeugen mit einem Eigengewicht von mehr als 3 500 kg oder von Omnibussen haben dafür zu sorgen, dass vor Fahrten die Namen der Lenker, der Tag und der Ausgangspunkt oder die Kursnummern der Fahrten sowie am Beginn und am Ende der Fahrten der Stand des Wegstreckenmessers in entsprechender Weise in die Schaublätter des Fahrtschreibers eingetragen werden. Sie haben die Schaublätter zwei Jahre gerechnet vom Tag der letzten Eintragung, aufzubewahren und der Behörde auf Verlangen zur Einsichtnahme vorzulegen. Bei Fahrzeugen, die mit einem digitalen Kontrollgerät ausgerüstet sind, hat sich der Zulassungsbesitzer davon zu überzeugen, dass die Lenker im Besitz einer Fahrerkarte sind. Zur Gewährleistung der ordnungsgemäßen Verwendung des digitalen Kontrollgerätes hat der Zulassungsbesitzer den Lenker in der vorgeschriebenen Handhabung zu unterweisen, dem Lenker die Bedienungsanleitung des digitalen Kontrollgerätes und ausreichend geeignetes Papier für den Drucker zur Verfügung zu stellen. Sowohl die von den Kontrollgeräten als auch von den Fahrerkarten übertragenen oder ausgedruckten Daten sind nach ihrer Aufzeichnung zwei Jahre lang geordnet nach Lenkern und Datum aufzubewahren und auf Verlangen der Behörde zur Verfügung zu stellen. *(BGBl I 2004/175)*

(5) *(aufgehoben, BGBl I 2002/80)*

(5a) Der Zulassungsbesitzer eines Omnibusses hat unbeschadet der Bestimmungen des Kraftfahrlinienrechtes dafür zu sorgen, daß der Zustand und die Wirksamkeit der Bremsanlagen und der Lenkung sowie der Zustand der Bereifung des Fahrzeuges von geeigneten Fachkräften halbjährlich geprüft werden. Die erste Halbjahresfrist läuft ab der erstmaligen Zulassung. Der so bestimmte Zeitpunkt für die Prüfung darf jeweils um einen Monat unter- oder überschritten werden. Die Prüfung kann unterlassen werden, wenn zu dem betreffenden Zeitpunkt eine wiederkehrende Begutachtung, eine besondere Überprüfung oder eine Zwischenüberprüfung auf Grund des Kraftfahrlinienrechtes stattfindet. *(BGBl I 1997/103)*

(6) *(entfällt, BGBl I 2019/19)*

(7) Der Zulassungsbesitzer eines Fahrzeuges hat der Behörde auf Verlangen die für einschlägige Statistiken und Evidenzen erforderlichen Unterlagen in mehrfacher Ausfertigung zur Verfügung zu stellen.

(8) *(aufgehoben, BGBl 1977/615)*

(9) Die in diesem Bundesgesetz und in den auf Grund dieses Bundesgesetzes erlassenen Verordnungen dem Zulassungsbesitzer auferlegten Pflichten haben zu erfüllen, wenn

a) der Zulassungsbesitzer geschäftsunfähig oder beschränkt geschäftsfähig ist, sein gesetzlicher Vertreter; dies gilt jedoch nicht hinsichtlich von Fahrzeugen, zu deren Lenken der Zulassungsbesitzer das vorgeschriebene Mindestalter erreicht hat, sofern seine Geschäftsfähigkeit nicht auch aus anderen Gründen beschränkt ist;

b) der Zulassungsbesitzer gestorben ist, der zur Vertretung des Nachlasses Berufene;

c) der Zulassungsbesitzer eine juristische Person, eine Personengesellschaft des Handelsrechtes oder eine Genossenschaft ist, die aufgelöst oder beendigt worden ist, die Abwickler.
(BGBl 1986/106)

Mieter von Kraftfahrzeugen oder Anhängern

§ 103a. (1) Bei der Vermietung eines Fahrzeuges ohne Beistellung eines Lenkers

1. ist der Mieter hinsichtlich des § 45 Abs. 2, des § 56 Abs. 1 und des § 57a Abs. 5 dem Zulassungsbesitzer gleichgestellt, hinsichtlich des § 33 Abs. 2 FSG und des § 102 Abs. 1 zweiter Satz, Abs. 7 und 8 tritt er an dessen Stelle; *(BGBl I 1997/121)*

2. hat der Mieter die im § 57a Abs. 1 und im § 103 Abs. 1 Z 1 hinsichtlich des Zustandes des

Fahrzeuges angeführten Pflichten neben dem Zulassungsbesitzer zu erfüllen; die Erfüllung der Pflichten durch einen Verpflichteten befreit den anderen; *(BGBl 1986/106)*

3. hat der Mieter die im § 103 Abs. 1 Z 1 hinsichtlich des Zustandes der Ladung und der zu erfüllenden Auflagen, Z 2 und 3, Abs. 2, 3, 4, 5a und 6 und § 104 Abs. 3 angeführten Pflichten anstelle des Zulassungsbesitzers zu erfüllen. *(BGBl 1986/106)*

(2) § 103 Abs. 2 gilt sinngemäß für die Erteilung der Auskunft hinsichtlich der Person eines Mieters gemäß Abs. 1. Im Falle der Miete aus einem anderen EU-Mitgliedstaat ist eine Anfrage gemäß § 103 Abs. 2 direkt an den Mieter zu richten. *(BGBl I 2002/132)*

(3) § 103 Abs. 9 gilt hinsichtlich eines Mieters gemäß Abs. 1 sinngemäß.

(4) Die Abs. 1 bis 3 kommen nicht zur Anwendung bei Mietverträgen nach § 103 Abs. 1 Z 4 lit. c. *(BGBl I 1997/103)*

(BGBl 1982/631)

Unternehmenskarte

§ 103b. (1) Jedes Unternehmen, das Fahrzeuge mit inländischem Kennzeichen einsetzt, die unter die Verordnung (EWG) Nr. „561/2006" fallen, kann eine Unternehmenskarte bei einer gemäß § 102d Abs. 1 hierfür ermächtigten Einrichtung beantragen. Werden für ein Unternehmen mehrere Unternehmenskarten beantragt, ist im Antrag glaubhaft zu machen, aus welchen Gründen diese benötigt werden. Dem Antrag sind die jeweils erforderlichen Unterlagen beizufügen. Für die Ausstellung der Unternehmenskarte ist ein Kostenersatz zu entrichten. Die zur Erlangung der Unternehmenskarte erforderlichen schriftlichen Eingaben und die Ausstellung der Unternehmenskarte sind von Stempelgebühren und Verwaltungsabgaben befreit. Personen, deren Fahrzeuge mit inländischem Kennzeichen zwar nicht unter den Geltungsbereich der Verordnung (EWG) Nr. „561/2006" fallen, aber mit einem digitalen Kontrollgerät ausgerüstet sind, können Anträge auf Ausstellung von Unternehmenskarten stellen, wenn sie das Erfordernis des Besitzes von Unternehmenskarten glaubhaft machen. *(BGBl I 2007/57)*

(2) Auf Grund des Antrages gemäß Abs. 1 hat die gemäß § 102d Abs. 1 ermächtigte Einrichtung die unter Randnummer 175 des Anhangs I B der „Verordnung (EU) Nr. 165/2014" vorgesehenen personenbezogenen Daten automationsunterstützt zu erfassen und über eine gesicherte Datenverbindung an das zentrale Register für Kontrollgerätekarten (§ 102b) weiterzuleiten. Die gemäß § 102d Abs. 1 ermächtigte Einrichtung hat zu prüfen, ob alle Voraussetzungen zur Ausstellung der Unternehmenskarte vorliegen und ob die Daten im Antrag korrekt sind. Dies hat durch eine Anfrage an das Register für Kontrollgerätekarten zu erfolgen. Sind alle Voraussetzungen zur Ausstellung der Unternehmenskarte erfüllt und wurde der Kostenersatz für die Karte bezahlt, hat die gemäß § 102d Abs. 1 ermächtigte Einrichtung im Wege der Bundesrechenzentrum GmbH den Auftrag zur Ausstellung der Unternehmenskarte zu erteilen. Wird dem Antrag auf Ausstellung einer Unternehmenskarte nicht vollinhaltlich stattgegeben ist § 102d Abs. 7 anzuwenden. *(BGBl I 2017/9)*

(3) Die Daten des Antrags sind auch dann an das zentrale Register für Kontrollgerätekarten weiterzuleiten, wenn dem Antrag auf Ausstellung einer Unternehmenskarte nicht vollinhaltlich stattgegeben, oder dieser zurückgezogen wird. In diesem Fall sind zusätzlich die Gründe dafür in Schlagworten festzuhalten und dem zentralen Register für Kontrollgerätekarten zu übermitteln. Ist die Ausstellung der Unternehmenskarte erfolgt, ohne dass die Voraussetzungen für die Antragstellung vorliegen oder ist eine der Voraussetzungen nachträglich weggefallen, ist die Unternehmenskarte unverzüglich von der Behörde oder den ihr zur Verfügung stehenden Organen des öffentlichen Sicherheitsdienstes oder der Straßenaufsicht ohne Anspruch auf Entschädigung einzuziehen und dem Bundesminister für „Klimaschutz, Umwelt, Energie, Mobilität, Innovation und Technologie" abzuliefern. In diesem Fall hat der Bundesminister für „Klimaschutz, Umwelt, Energie, Mobilität, Innovation und Technologie" bei dem betreffenden Unternehmen im zentralen Register für Kontrollgerätekarten einzutragen, welche Voraussetzungen nicht oder nicht mehr vorliegen und ob die Unternehmenskarte bereits abgeliefert wurde. Der Verlust oder Diebstahl der Unternehmenskarte ist vom Inhaber der Karte unverzüglich einschließlich der Kartennummer dem Bundesminister für „Klimaschutz, Umwelt, Energie, Mobilität, Innovation und Technologie" anzuzeigen. Der Bundesminister für „Klimaschutz, Umwelt, Energie, Mobilität, Innovation und Technologie" hat diesen Sachverhalt unverzüglich an das zentrale Register für Kontrollgerätekarten zu übermitteln. *(BGBl I 2020/134)*

(4) Der Inhaber der Unternehmenskarte hat Handlungen, die dem ordnungsgemäßen Gebrauch der Karte nicht entsprechen, zu unterlassen. Er hat auch entsprechend dafür Vorsorge zu treffen, dass Mitarbeiter Handlungen, die dem ordnungsgemäßen Gebrauch der Karte nicht entsprechen, unterlassen. Unberechtigtes Sperren der Daten des Kontrollgerätes ist nicht zulässig.

(5) Durch Verordnung des Bundesministers für „Klimaschutz, Umwelt, Energie, Mobilität, Innovation und Technologie" sind die näheren Bestimmungen hinsichtlich der Antragstellung, der erforderlichen Unterlagen, der Verwendung eines Formblattes sowie die Höhe des Kostener-

satzes für die Ausstellung der Unternehmenskarte festzusetzen. *(BGBl I 2020/134)*

(BGBl I 2004/175)

Risikoeinstufungssystem

§ 103c. (1) Alle Unternehmen, die Fahrzeuge einsetzen, die unter den Geltungsbereich der Verordnung (EG) Nr. 561/2006 fallen, unterliegen einem Risikoeinstufungssystem im Sinne des Artikels 9 der Richtlinie 2006/22/EG. Die Einstufung erfolgt nach Maßgabe der relativen Anzahl und Schwere der von den einzelnen Unternehmen

1. begangenen Verstöße gegen die Verordnungen (EG) Nr. 561/2006 und (EU) Nr. 165/2014 oder gegen das AETR,

2. begangenen Verstöße, die in Anhang I der Verordnung (EU) 2016/403 zur Ergänzung der Verordnung (EG) Nr. 1071/2009 des Europäischen Parlaments und des Rates in Bezug auf die Einstufung schwerwiegender Verstöße gegen die Unionsvorschriften, die zur Aberkennung der Zuverlässigkeit der Kraftverkehrsunternehmer führen können, sowie zur Änderung von Anhang III der Richtlinie 2006/22/EG des Europäischen Parlaments und des Rates, ABl. Nr. L vom 19.3.2016, S. 8, aufgelistet sind, sofern sie nicht bereits aufgrund der Z 1 oder 3 erfasst werden, *(BGBl I 2017/9)*

3. bei Fahrzeugen der Klassen M2, M3, N2, N3, O3 oder O4 im Zuge von technischen Unterwegskontrollen festgestellten Mängeln an den Fahrzeugen oder Verstößen gegen die Ladungssicherungsbestimmungen. *(BGBl I 2017/9, ab 14. 1. 2017, hinsichtlich der Berücksichtigung von technischen Mängeln und Ladungssicherungsmängeln ab 20. 5. 2019, siehe § 135 Abs. 31 Z 7)* *(BGBl I 2017/9)*

(2) Unternehmen mit einer hohen Risikoeinstufung werden strenger und häufiger geprüft.

(3) Für die Administration des Risikoeinstufungssystems bedienen sich die Behörden der dafür vorgesehenen Applikation im Verkehrsunternehmensregister gemäß § 18a Güterbeförderungsgesetz, § 18a Gelegenheitsverkehrsgesetz und § 4a Kraftfahrliniengesetz.

(4) Die Risikoeinstufung erfolgt automatisch nach einem vorgegebenen Berechnungsalgorithmus auf Basis der rechtskräftigen Bestrafungen und eingegangenen Meldungen über Kontrollen, die zu keiner Beanstandung geführt haben. Für die Risikoeinstufung sind folgende Kriterien relevant:

1. Anzahl der Verstöße
2. Schwere der Verstöße
3. Anzahl der Kontrollen
4. Zeitfaktor,

wobei sich die Betrachtung auf die letzten drei Jahre bezieht. Änderungen und Behebungen von Strafbescheiden innerhalb von drei Jahren sind im Risikoeinstufungssystem zu berücksichtigen. Für die Schwere der Verstöße ist § 134 Abs. 1b maßgebend (Anhang III der Richtlinie 2006/22/EG). Bei technischen Mängeln oder Ladungssicherungsmängeln ergibt sich die Mängeleinstufung aus dem Gutachten bzw. Prüfbericht über die technische Unterwegskontrolle. Bei den sonstigen Verstößen ergibt sich die Einstufung aus Anhang I der Verordnung (EU) 2016/403. Durch Verordnung des Bundesministers für „Klimaschutz, Umwelt, Energie, Mobilität, Innovation und Technologie" können die näheren Details hinsichtlich des Berechnungsalgorithmus und hinsichtlich der Einstufung, wann eine geringe und wann eine hohe Risikoeinstufung vorliegt, festgelegt werden. *(BGBl I 2017/9, ab 1. 7. 2017, hinsichtlich der Berücksichtigung von technischen Mängeln und Ladungssicherungsmängeln ab 20. 5. 2019, siehe § 135 Abs. 31 Z 4 und 7; BGBl I 2020/134)*

(5) Zum Zwecke der Risikoeinstufung hat die Behörde, die einen Strafbescheid wegen eines Verstoßes gegen die Verordnungen (EG) Nr. 561/2006 oder (EU) Nr. 165/2014 oder gegen das AETR oder wegen eines in Anhang I Z 3 bis 12 der Verordnung (EU) 2016/403 genannten Verstoßes oder wegen im Zuge von technischen Unterwegskontrollen bei Fahrzeugen der Klassen M2, M3, N2, N3, O3 oder O4 festgestellten Mängeln an den Fahrzeugen oder von Verstößen gegen die Ladungssicherungsbestimmungen, erlässt, nach Rechtskraft des Bescheides diesen Verstoß im Verkehrsunternehmensregister bei den Daten dieses Unternehmens zu vermerken. Dabei sind auch der Vorname und der Familienname und das Geburtsdatum des Lenkers, der den Verstoß begangen hat, zu erfassen. Unternehmen, die nicht im Verkehrsunternehmensregister enthalten sind, sind in dem dafür vorgesehenen Teil des Verkehrsunternehmensregisters neu anzulegen. Es sind

1. bei natürlichen Personen der Vorname und der Familienname und das Geburtsdatum, bei juristischen Personen und Personengesellschaften des Unternehmensrechts die Firma sowie jeweils die Anschrift des Unternehmens und

2. die Firmenbuchnummer, soweit vorhanden,

zu erfassen. Für die Erfassung dieser Daten kann die Behörde auf die im Unternehmensregister gespeicherten Daten zugreifen und diese verarbeiten. Können Meldungen der Organe des öffentlichen Sicherheitsdienstes über Kontrollen, die zu keiner Beanstandung geführt haben (§ 102 Abs. 11c letzter Satz), nicht automatisch einem Unternehmen zugeordnet werden, so ist die Zuordnung von der Behörde, in deren Sprengel die Kontrolle stattgefunden hat, vorzunehmen. *(BGBl I 2018/37)*

(6) Die Arbeitsinspektion kann in die gemäß Abs. 5 gespeicherten Daten zum Zwecke der Verfolgung von Verstößen im Sinne der Strafbestimmungen des Arbeitszeitgesetzes (AZG) oder des Arbeitsruhegesetzes (ARG) Einsicht nehmen.

(7) Die Risikoeinstufung eines Unternehmens kann von den Behörden zum Zwecke des Vollzugs des Risikoeinstufungssystems und zur Auswahl von Fahrzeugen zu technischen Unterwegskontrollen sowie von der Arbeitsinspektion direkt im Risikoeinstufungssystem des Verkehrsunternehmensregisters anhand von Namen und Anschrift des Unternehmens abgefragt werden. Weiters erhalten Unternehmen auf Anfrage Auskunft über ihre jeweilige Risikoeinstufung. *(BGBl I 2017/9)*

(BGBl I 2013/43)

Ziehen von Anhängern

§ 104. (1) Mit Kraftfahrzeugen außer Motorfahrrädern dürfen, unbeschadet der Bestimmungen des Abs. 7, nur gezogen werden

a) zum Verkehr zugelassene Anhänger,

b) Anhänger, mit denen behördlich bewilligte Probe- oder Überstellungsfahrten durchgeführt werden (§§ 45 und 46), und

c) ausländische Anhänger, die das Kennzeichen ihres inländischen Zugfahrzeuges führen (§ 83).

Mit Sattelkraftfahrzeugen und Gelenkkraftfahrzeugen dürfen Anhänger nicht gezogen werden. Mit Lastkraftwagen und Zugmaschinen dürfen besetzte Omnibusanhänger nicht gezogen werden. *(BGBl 1971/285)*

(2) Anhänger dürfen mit Kraftwagen nur gezogen werden

a) wenn sie durch die im § 13 angeführten Vorrichtungen mit dem Zugfahrzeug sicher verbunden sind und die Radspur des Anhängers, außer bei unabhängig vom Zugfahrzeug zu lenkenden Anhängern, auf gerader, waagrechter Fahrbahn von der Richtung der Spur des Zugfahrzeuges nur geringfügig abweichen kann; jedoch dürfen landwirtschaftliche Anhänger, mit denen eine Geschwindigkeit von 25 km/h nicht überschritten werden darf, wenn sie mit Zugmaschinen gezogen werden, auch nur durch die Anhängerdeichsel mit dem Zugfahrzeug verbunden sein. Bei Langgutfuhren darf ferner der Anhänger auch nur durch das Ladegut des Zugfahrzeuges gezogen werden, wenn er mit dessen Ladegut sicher verbunden ist;

b) wenn die Anhängerdeichsel, sofern sie sich ohne den Willen des Lenkers von der Anhängevorrichtung loslöst, nur geringfügig abfallen kann (§ 13 Abs. 2); dies gilt jedoch nicht für Anhänger, die selbsttätig zum Stehen gebracht werden, wenn sie ohne den Willen des Lenkers nicht mehr durch die Anhängevorrichtung mit dem Zugfahrzeug verbunden sind, sowie für landwirtschaftliche Anhänger, mit denen eine Geschwindigkeit von 25 km/h nicht überschritten werden darf;

c) bei leichten Anhängern ohne Bremsanlage, wenn das um 75 kg erhöhte Eigengewicht des Zugfahrzeuges das Doppelte des Gesamtgewichtes des Anhängers überschreitet; *(BGBl 1994/743)*

d) bei landwirtschaftlichen Anhängern mit einem höchsten zulässigen Gesamtgewicht von nicht mehr als 1 500 kg, mit denen eine Geschwindigkeit von 25 km/h nicht überschritten werden darf und die keine Bremsanlage haben, wenn das Eigengewicht des Zugfahrzeuges nicht geringer ist als das höchste zulässige Gesamtgewicht des Anhängers;

e) bei Anhängern, die breiter sind als das Zugfahrzeug, wenn der Anhänger vorne auf beiden Seiten mit je einer Begrenzungsleuchte ausgerüstet ist, die so am äußersten Rand des Fahrzeuges angebracht ist, daß anderen Straßenbenützern dessen größte Breite erkennbar gemacht werden kann. Dies gilt jedoch nicht für landwirtschaftliche Anhänger, mit denen eine Geschwindigkeit von 25 km/h nicht überschritten werden darf, wenn die äußersten Punkte des Anhängers nicht mehr als 40 cm über die äußersten Punkte der Leuchtflächen der Begrenzungsleuchten des Zugfahrzeuges hinausragen;

f) wenn bei Bewilligungen gemäß Abs. 9 vierter Satz[1)] erteilte Auflagen erfüllt werden.

g) *(aufgehoben, BGBl I 2007/57)*
(BGBl 1982/631)

(3) Kann der Lenker eines Kraftfahrzeuges die Bremsanlage eines mit diesem gezogenen Anhängers nicht oder nur unter Gefährdung der Verkehrs- oder Betriebssicherheit unmittelbar oder mittelbar betätigen, so hat der Zulassungsbesitzer dieses Kraftfahrzeuges dafür zu sorgen, daß auf dem Bremsersitz des Anhängers (§ 26 Abs. 7) ein geeigneter Bremser mitgeführt wird. Dieser muß bei unabhängig vom Zugfahrzeug zu lenkenden Anhängern mit dem Lenken und der Betätigung der in Betracht kommenden Einrichtungen (§§ 16 und 22 Abs. 1) vertraut sein. Der Bremser hat bei Bedarf die Bremsanlage des Anhängers zu betätigen. *(BGBl 1982/631)*

(4) Die Behörde hat auf Antrag von der Verpflichtung, einen Bremser mitzuführen, zu entheben, wenn es die wirtschaftlichen Verhältnisse und die örtlichen Gegebenheiten rechtfertigen und die Verkehrssicherheit hiedurch nicht gefährdet wird.

(5) Mit Krafträdern dürfen nur Einachsanhänger gezogen werden; hiebei gelten Abs. 2 lit. a erster Halbsatz, sowie lit. c „ " sinngemäß. Mit Motorrädern und mehrspurigen Kraftfahrrädern dürfen nur Anhänger gezogen werden, die nicht breiter sind als das Zugfahrzeug. Mit Motorfahrrädern dürfen auch nicht zum Verkehr zugelassene Anhänger gezogen werden. Anhänger dürfen

jedoch mit Motorfahrrädern nur unter folgenden Voraussetzungen gezogen werden:

a) der Anhänger muß mit dem Zugfahrzeug gelenkig und verkehrs- und betriebssicher verbunden sein;

b) der Anhänger muß vorne mit zwei Rückstrahlern, mit denen im Licht eines Scheinwerfers weißes oder gelbes Licht rückgestrahlt werden kann, und hinten mit zwei Rückstrahlern, mit denen im Licht eines Scheinwerfers rotes Licht rückgestrahlt werden kann, ausgerüstet sein, die so am äußersten Rand des Fahrzeuges angebracht sind, daß dadurch seine größte Breite anderen Straßenbenützern erkennbar gemacht werden kann;

c) wird durch den Anhänger oder dessen Ladung die Schlußleuchte des Zugfahrzeuges verdeckt, so muß am Anhänger eine entsprechende Schlußleuchte angebracht sein;

d) das Gesamtgewicht des Anhängers darf bei einspurigen Motorfahrrädern 50 kg, bei mehrspurigen 100 kg nicht überschreiten. Das Ziehen von Anhängern mit höherem Gesamtgewicht ist nur mit Bewilligung der Behörde zulässig, in deren örtlichem Wirkungsbereich die Anhänger gezogen werden sollen; die Bewilligung ist zu erteilen, wenn keine Bedenken hinsichtlich der Gefährdung der Verkehrs- und Betriebssicherheit bestehen, und darf, soweit dies nach den Erfordernissen der Verkehrs- und Betriebssicherheit nötig ist, nur unter entsprechenden Auflagen oder zeitlichen, örtlichen oder sachlichen Einschränkungen der Gültigkeit erteilt werden;

e) bei einspurigen Motorfahrrädern darf der gezogene Anhänger nicht breiter sein als 80 cm; für das Ziehen von weiteren Anhängern gilt lit. d sinngemäß; *(BGBl 1977/615)*

f) bei einspurigen Motorfahrrädern muß der Anhänger eine feststellbare Bremsanlage aufweisen.
(BGBl 1994/654; BGBl I 2007/57)

(6) Anhängeschlitten dürfen mit Kraftfahrzeugen nur gezogen werden, wenn die Straße mit einer zusammenhängenden oder nicht nennenswert unterbrochenen Schnee- oder Eisschichte bedeckt ist.

(7) Nicht zum Verkehr zugelassene Anhänger, wie insbesondere Fuhrwerke und Geräte, dürfen mit Kraftfahrzeugen außer Motorfahrrädern nur gezogen werden, wenn die durch Verordnung (Abs. 8 lit. b) hiefür festgesetzten Voraussetzungen vorliegen. Liegen diese Voraussetzungen nicht vor, so dürfen nicht zum Verkehr zugelassene Anhänger nur mit Bewilligung des Landeshauptmannes gezogen werden, in dessen örtlichem Wirkungsbereich sie gezogen werden sollen. Die Bewilligung darf nur unter Vorschreibung einer höchsten zulässigen Fahrgeschwindigkeit und, soweit dies nach den Erfordernissen der Verkehrs- und Betriebssicherheit nötig ist, unter den entsprechenden Auflagen oder zeitlichen, örtlichen oder sachlichen Einschränkungen der Gültigkeit erteilt werden.

(8) Durch Verordnung sind nach den Erfordernissen der Verkehrs- und Betriebssicherheit, dem jeweiligen Stand der Technik entsprechend, festzusetzen:

a) die näheren Bestimmungen für Kraftfahrzeuge mit Anhängern über die Art ihrer Bremsung, das Verhältnis der Breite und des höchsten zulässigen Gesamtgewichtes des Zugfahrzeuges zu den entsprechenden Abmessungen und höchsten zulässigen Gesamtgewichten der Anhänger, das Verhältnis der Motorleistung zur Summe ihrer höchsten zulässigen Gesamtgewichte, die Voraussetzungen, unter denen Anhänger gezogen werden dürfen, sowie die Voraussetzungen, unter denen der Landeshauptmann Ausnahmen hievon bewilligen darf;

b) unter welchen Voraussetzungen nicht zum Verkehr zugelassene Anhänger (Abs. 7) mit Kraftfahrzeugen gezogen werden dürfen, insbesondere hinsichtlich ihrer höchsten zulässigen Fahrgeschwindigkeit, ihrer Bremsanlagen und ihrer Erkennbarkeit für andere Straßenbenützer. *(BGBl 1982/631)*

(9) Das Ziehen von Anhängern oder das Verwenden von Sattelkraftfahrzeugen ist, wenn die für die Summe der Gesamtgewichte oder die für die größte Länge oder die für die Summe der Gesamtgewichte und für die größte Länge festgesetzten Höchstgrenzen überschritten werden, nur mit Bewilligung des Landeshauptmannes zulässig, in dessen örtlichem Wirkungsbereich die Anhänger gezogen oder die Sattelkraftfahrzeuge verwendet werden sollen. Diese Bewilligung darf höchstens für die Dauer eines Jahres und nur zum Zwecke der Erprobung oder nur bei Vorliegen folgender Voraussetzungen erteilt werden:

1. Beförderung unteilbarer Güter oder andere besondere Gegebenheiten, unter denen diese Fahrzeuge verwendet werden, und

2. wenn die Beförderung – ausgenommen Beförderungen, bei denen die Be- und Entladestelle nicht mehr als 65 km Luftlinie voneinander entfernt sind – wenigstens zum größten Teil der Strecke mit einem anderen, umweltverträglicheren Verkehrsträger (insbesondere Bahn, Schiff) nicht oder nur mit unvertretbar hohem Aufwand durchgeführt werden kann.

In allen Fällen ist in der Bewilligung die höchste zulässige Fahrgeschwindigkeit vorzuschreiben. Soweit dies nach den Erfordernissen der Verkehrs- und Betriebssicherheit nötig ist, ist die Bewilligung nur unter den entsprechenden Auflagen oder zeitlichen, örtlichen oder sachlichen Einschränkungen der Gültigkeit zu erteilen. § 36 lit. c, § 39 Abs. 3 und § 40 Abs. 4 sind sinngemäß anzuwenden. Die Behörden sind verpflichtet über solche Anträge ohne unnötigen Aufschub spätes-

4/1. KFG
§§ 104 – 106

tens aber drei Monate nach deren Einlangen den Bescheid zu erlassen. *(BGBl 1995/162)*

[1)] *Richtig: „Abs. 9 zweiter Satz", da mit BGBl 1990/458 die ersten beiden Sätze des § 104 Abs. 9 gestrichen und in § 4 Abs. 7a übernommen wurden.*

Abschleppen und Schieben von Kraftfahrzeugen

§ 105. (1) Das Abschleppen von Kraftfahrzeugen, auch wenn diese nicht zugelassen sind, ist, wenn die Fahrzeuge nicht teilweise hochgehoben sind, nur zulässig, wenn

a) ihre Lenkvorrichtung ausreichend wirksam ist,

b) mindestens eine Bremsanlage ausreichend wirksam ist,

c) sie gelenkt werden und

d) ihre Verbindung mit dem Zugfahrzeug nicht länger als 8 m und anderen Straßenbenützern durch Lappen oder dergleichen gut erkennbar gemacht ist.

Als teilweise hochgehoben gilt ein abzuschleppendes Fahrzeug auch, wenn es auf eine Abschleppachse aufgesetzt ist. *(BGBl 1982/631)*

(2) Das Abschleppen eines Fahrzeuges mit einer starren Verbindung ist auch zulässig, wenn nicht mindestens eine Bremsanlage ausreichend wirksam ist (Abs. 1 lit. b), sofern das Gesamtgewicht des Zugfahrzeuges wesentlich höher ist als das des abzuschleppenden. *(BGBl 1982/631)*

(3) Der Lenker des Zugfahrzeuges muss die zum Lenken dieses Fahrzeuges erforderliche Lenkberechtigung besitzen. Bei abzuschleppenden Kraftfahrzeugen, die gelenkt werden, muss deren Lenker eine Lenkberechtigung für die Klasse, in die das Fahrzeug fällt, oder bei Kraftwagen für die Klasse B, besitzen. *(BGBl I 2016/40)*

(4) Das abzuschleppende Fahrzeug muß, soweit dies erforderlich ist, mit einer entsprechenden Notbeleuchtung ausgerüstet oder durch Beleuchtung vom Zugfahrzeug aus anderen Straßenbenützern erkennbar gemacht sein. Wenn beim Abschleppen eines teilweise hochgehobenen Fahrzeuges dessen hintere Leuchten nicht wirksam oder nicht sichtbar sind und die hinteren Leuchten des Zugfahrzeuges für nachfolgende Lenker nicht sichtbar bleiben, müssen am abgeschleppten Fahrzeug für nachfolgende Lenker sichtbare Ersatzvorrichtungen (§ 99 Abs. 2) angebracht sein; für diese Ersatzvorrichtungen gelten die Bestimmungen für die hinteren Leuchten von Anhängern sinngemäß. *(BGBl 1977/615)*

(5) Das gleichzeitige Abschleppen mehrerer Kraftfahrzeuge ist unzulässig.

(6) Fahrzeuge, die nur für bestimmte Straßenzüge zugelassen sind, dürfen nur auf diesen Straßenzügen abgeschleppt werden; für das Abschleppen solcher Fahrzeuge auf anderen Straßenzügen und für das Abschleppen von nicht zugelassenen Fahrzeugen, deren Abmessungen oder Gesamtgewichte oder Achslasten die im § 4 Abs. 6 bis 9 festgesetzten Höchstgrenzen überschreiten, gelten die Bestimmungen des § 46 Abs. 3 sinngemäß. *(BGBl I 2009/94)*

(7) Kraftfahrzeuge dürfen mit Kraftfahrzeugen nur geschoben werden

a) auf ganz kurze Strecken,

b) in Schrittgeschwindigkeit,

c) wenn zwingende Gründe vorliegen,

d) wenn andere Straßenbenützer dadurch nicht gefährdet werden und

e) wenn die Lenker beider Fahrzeuge die erforderliche „Lenkberechtigung" besitzen. *(BGBl I 2019/19)*

(8) Beim Abschleppen von Kraftfahrzeugen muß der Lenker des Zugfahrzeuges unbeschadet der Bestimmungen des § 99 Abs. 5 Abblendlicht verwenden.

Personenbeförderung

§ 106. (1) Mit Kraftfahrzeugen und Anhängern dürfen Personen nur befördert werden, wenn deren Sicherheit gewährleistet ist. Sie dürfen, unbeschadet der Bestimmungen des Abs. 11, und, sofern bei der Genehmigung nichts anderes festgelegt worden ist, nur auf den dafür vorgesehenen Sitz- oder Stehplätzen und nur so befördert werden, dass dadurch nicht die Aufmerksamkeit oder die Bewegungsfreiheit des Lenkers beeinträchtigt, seine freie Sicht behindert oder der Lenker oder beförderte Personen sonst gefährdet werden. Personen dürfen in Fahrzeugen der Klassen M2 und M3 nur dann liegend befördert werden, wenn dies im Genehmigungsdokument oder im Zulassungsschein angeführt ist. Bei der Beförderung von Personen mit Kraftfahrzeugen und Anhängern darf, unbeschadet der Bestimmungen des Abs. 11, die bei der Genehmigung festgesetzte größte zulässige Anzahl der Personen, die mit dem Fahrzeug befördert werden dürfen, nicht überschritten werden. Außer bei Omnibussen und Omnibusanhängern dürfen abgesehen vom Lenker nicht mehr als acht Personen, gleichgültig ob Erwachsene oder Kinder, befördert werden. „Bei der Berechnung der Anzahl der Personen, die mit einem Omnibus oder Omnibusanhänger im Kraftfahrlinienverkehr befördert werden, sind drei Kinder unter 14 Jahren als zwei Personen und Kinder unter sechs Jahren nicht zu zählen." *(BGBl I 2008/6)*

(2) Ist ein Sitzplatz eines Kraftfahrzeuges mit einem Sicherheitsgurt ausgerüstet, so sind Lenker und beförderte Personen, die einen solchen Sitzplatz benützen, je für sich zum bestimmungsgemäßen Gebrauch des Sicherheitsgurtes verpflich-

tet, sofern nicht Abs. 5 Anwendung findet. Die Verletzung dieser Pflicht begründet, jedoch nur soweit es sich um einen allfälligen Schmerzengeldanspruch handelt, im Fall der Tötung oder Verletzung des Benützers durch einen Unfall ein Mitverschulden an diesen Folgen im Sinn des § 1304 ABGB. Das Mitverschulden ist so weit nicht gegeben, als der Geschädigte (sein Rechtsnachfolger) beweist, dass die Folge in dieser Schwere auch beim Gebrauch des Sicherheitsgurts eingetreten wäre.

(3) Der Abs. 2 gilt nicht

1. bei ganz geringer Gefahr, wie etwa beim Einparken oder langsamen Rückwärtsfahren, oder bei besonderer Verkehrslage, die den Nichtgebrauch des Sicherheitsgurts rechtfertigt,

2. bei Unmöglichkeit des bestimmungsgemäßen Gebrauches des Sicherheitsgurts wegen der Körpergröße oder schwerster körperlicher Beeinträchtigung des Benützers,

3. bei Einsatzfahrzeugen (§ 107) und bei Fahrzeugen des öffentlichen Sicherheitsdienstes, die keine Einsatzfahrzeuge sind, wenn der Gebrauch des Sicherheitsgurts mit dem Zweck der Fahrt unvereinbar ist, und bei bescheidmäßig vorgeschriebenen Transportbegleitfahrzeugen von beeideten Straßenaufsichtsorganen bei der Absicherung von Sondertransporten, wenn durch den Gebrauch des Sicherheitsgurtes die Vornahme von notwendigen Regelungen des Verkehrs erschwert würde,

4. für den Lenker eines Kraftfahrzeugs in Ausübung des Taxi-Gewerbes bei der gewerbsmäßigen Beförderung eines Fahrgastes, ausgenommen bei Schülertransporten, *(BGBl I 2016/40)*

5. für Fahrten im Kraftfahrlinienverkehr mit einer Streckenlänge von nicht mehr als 100 km "," *(BGBl I 2019/19)*

6. für Fahrgäste in Omnibussen beim kurzzeitigen Verlassen des Sitzplatzes. *(BGBl I 2019/19)*

(4) Die Fahrgäste von Fahrzeugen der Klassen M2 und M3, die nicht im Kraftfahrlinienverkehr eingesetzt werden, sind auf die Pflicht hinzuweisen, einen Sicherheitsgurt während der Fahrt dann anzulegen, wenn sie sich auf ihren Sitzen befinden. Der Hinweis hat mindestens auf eine der folgenden Arten zu erfolgen:

1. durch den Lenker,

2. durch den Busbegleiter oder die als Leiter der Gruppe benannte Person,

3. durch audiovisuelle Mittel (zB Videoaufzeichnung),

4. durch Schilder oder ein Piktogramm nach dem Muster des Anhanges der Richtlinie 2003/20/EG, ABl. Nr. L 115, vom 9. Mai 2003, S 63, die an jedem Sitzplatz deutlich sichtbar anzubringen sind. *(BGBl I 2007/57)*

(5) Der Lenker hat dafür zu sorgen, dass Kinder bis zur Vollendung des 14. Lebensjahres, die

1. „135 cm" und größer sind, auf einem Sitzplatz eines Kraftfahrzeuges, der mit einem Sicherheitsgurt ausgerüstet ist, nur befördert werden, wenn sie den Sicherheitsgurt bestimmungsgemäß gebrauchen, *(BGBl I 2019/19)*

2. kleiner als „135 cm" sind, in Kraftwagen, ausgenommen Fahrzeuge der Klassen M2 und M3, nur befördert werden, wenn dabei geeignete, der Größe und dem Gewicht der Kinder entsprechende Rückhalteeinrichtungen verwendet werden, welche die Gefahr von Körperverletzungen bei einem Unfall verringern, *(BGBl I 2019/19)*

3. das dritte Lebensjahr vollendet haben, in Fahrzeugen der Klassen M2 und M3, die nicht im Kraftfahrlinienverkehr eingesetzt werden, die vorhandenen Sicherheitssysteme (Sicherheitsgurten oder Rückhalteeinrichtung) benutzen, wenn sie sich auf ihrem Sitz befinden. Falls eine erwachsene Begleitperson im Omnibus mitfährt, so geht diese Verpflichtung auf diese Person über. *(BGBl I 2008/6)*

Ist das Fahrzeug, ausgenommen Beförderung in Fahrzeugen der Klassen M2 und M3, nicht mit Sicherheitssystemen (Sicherheitsgurten oder Rückhalteeinrichtung) ausgerüstet, so dürfen Kinder, die das dritte Lebensjahr noch nicht vollendet haben, nicht befördert werden und müssen Kinder ab vollendetem dritten Lebensjahr auf anderen als den Vordersitzen befördert werden. Kinder dürfen auf einem mit einem Front-Airbag geschützten Sitz nicht in einem nach hinten gerichteten Rückhaltesystem befördert werden, es sei denn, der Airbag wurde außer Betrieb gesetzt oder schaltet sich in solchen Fällen automatisch selbst ab.

(6) Abs. 5 gilt nicht

1. bei besonderer Verkehrslage, die den Nichtgebrauch der Rückhalteeinrichtung rechtfertigt,

2. bei Unmöglichkeit des bestimmungsgemäßen Gebrauches wegen schwerster körperlicher Beeinträchtigung des Kindes,

3. bei der Beförderung in Einsatzfahrzeugen, oder in Fahrzeugen des öffentlichen Sicherheitsdienstes, die keine Einsatzfahrzeuge sind,

4. bei der Beförderung in Taxi-Fahrzeugen, es sei denn, es handelt sich um Schülertransporte gemäß Abs. 10, *(BGBl I 2008/6, seit 1. 3. 2008)*

5. bei der Beförderung in Rettungs- und Krankentransportfahrzeugen anerkannter Rettungsgesellschaften,

6. für Zugmaschinen, Motorkarren und selbstfahrende Arbeitsmaschinen.

In den Fällen der Z 2 bis Z 5 dürfen die Kinder aber nicht auf den Vordersitzen befördert werden, wenn keine geeigneten Rückhalteeinrichtungen verwendet werden.

4/1. KFG
§ 106

(7) Der Lenker eines
1. Kraftrades oder
2. eines als Kraftwagen genehmigten Fahrzeuges mit drei Rädern und einem Eigengewicht von mehr als 400 kg, oder
3. eines vierrädrigen Kraftfahrzeuges mit einer Bauartgeschwindigkeit von mehr als 25 km/h, das insbesondere durch Lenkstange, Bedienungs- und Anzeigeelemente sowie Sitzbank Charakterzüge eines Kraftrades aufweist,

ausgenommen jeweils Fahrzeuge mit geschlossenem, kabinenartigen Aufbau, sofern durch ein geeignetes, technisch gleichwertiges Sicherungssystem (zB spezielles Gurtsystem) ausreichender Schutz geboten ist, und eine mit einem solchen Fahrzeug beförderte Person sind je für sich zum bestimmungsgemäßen Gebrauch eines Sturzhelmes verpflichtet. Die Verletzung dieser Pflicht begründet, jedoch nur soweit es sich um einen allfälligen Schmerzengeldanspruch handelt, im Fall der Tötung oder Verletzung des Benützers durch einen Unfall ein Mitverschulden an diesen Folgen im Sinne des § 1304 ABGB. Das Mitverschulden ist so weit nicht gegeben, als der Geschädigte (sein Rechtsnachfolger) beweist, dass die Folge in dieser Schwere auch beim Gebrauch des Sturzhelmes eingetreten wäre.

(8) Abs. 7 gilt nicht
1. bei ganz geringer Gefahr, wie etwa beim Einparken oder bei besonderer Verkehrslage, die den Nichtgebrauch des Sturzhelmes rechtfertigt,
2. bei Unmöglichkeit des bestimmungsgemäßen Gebrauches des Sturzhelmes wegen der körperlichen Beschaffenheit des Benützers.

(9) Die Behörde hat auf Antrag festzustellen, dass die im Abs. 3 Z 2 oder im Abs. 6 Z 2 angeführte schwerste körperliche Beeinträchtigung oder die im Abs. 8 Z 2 angeführte körperliche Beschaffenheit vorliegt. Die Feststellung hat sich je nach den Ergebnissen des Ermittlungsverfahrens auf das Vorliegen
1. einer allgemeinen Unmöglichkeit des bestimmungsgemäßen Gebrauches
   a) eines Sicherheitsgurtes oder
   b) einer Rückhalteeinrichtung oder
   c) eines Sturzhelmes oder
2. der Unmöglichkeit des bestimmungsgemäßen Gebrauches
   a) eines Sicherheitsgurtes bei Benützung bestimmter Sitze, bestimmter Fahrzeuge oder Fahrzeuge bestimmter Typen oder
   b) bestimmter Typen von Rückhalteeinrichtungen zu beziehen.

Die Feststellung ist zu befristen, wenn angenommen werden kann, dass die körperliche Beeinträchtigung oder Beschaffenheit nicht dauernd in vollem Umfang gegeben sein wird. Über die Feststellung ist eine Bestätigung auszustellen. Diese Bestätigung ist auf Fahrten mitzuführen und den Organen des öffentlichen Sicherheitsdienstes oder der Straßenaufsicht auf Verlangen zur Überprüfung auszuhändigen.

(10) Bei Schülertransporten mit Omnibussen müssen zwei von hinten sichtbare Warnleuchten mit gelbrotem Licht (§ 20 Abs. 1 Z 6) angebracht sein. Als Schülertransporte, ausgenommen rein private Beförderungen, gelten Beförderungen von
1. Schülern, die ihre allgemeine Schulpflicht durch den Besuch einer der im § 5 des Schulpflichtgesetzes 1985, BGBl. Nr. 76/1985, angeführten Schule erfüllen, von und zu dieser Schule und zu ihren Schulveranstaltungen sowie von und zu Schülerhorten,
2. schulpflichtigen Zöglingen von Jugendwohlfahrtanstalten, die ihre Schulpflicht nicht erfüllen, von und zu Veranstaltungen dieser Anstalten oder
3. Kindern, die einen Kindergarten besuchen, von und zu diesem Kindergarten und seinen Kindergartenveranstaltungen.

Beim Lenker eines Schülertransports, der nicht unter die Bestimmungen des Gelegenheitsverkehrsgesetzes, BGBl. Nr. 112/1996, fällt, darf der Alkoholgehalt des Blutes nicht mehr als 0,1 g/l (0,1 Promille) oder der Alkoholgehalt der Atemluft nicht mehr als 0,05 mg/l betragen. *(BGBl I 2016/40)*

(10a) Mit Doppelstock-Omnibussen und Doppelstock-Omnibus-Anhängern ohne gänzlich geschlossenem Dach dürfen Personen auf dem oberen Fahrgast-Deck nur dann befördert werden, wenn der örtlich zuständige Landeshauptmann auf Antrag eine Bewilligung dazu erteilt hat. In dieser Bewilligung ist festzulegen, auf welchen Straßenzügen und unter welchen zusätzlichen Auflagen, wie insbesondere der Anwesenheit von geeigneten Aufsichtspersonen eine Personenbeförderung durchgeführt werden darf. *(BGBl I 2013/43)*

(11) Die Beförderung von Personen auf einer Ladefläche oder Ladung ist nur zulässig mit
1. Kraftfahrzeugen mit einer Bauartgeschwindigkeit von nicht mehr als 40 km/h oder Anhängern, die mit solchen Kraftfahrzeugen gezogen werden, oder
2. mit Kraftfahrzeugen auf speziell dafür vorgesehenen Standflächen, oder
3. mit Kraftfahrzeugen oder Anhängern, die im Bereich des Straßendienstes eingesetzt werden auf der Ladefläche oder auf speziell dafür vorgesehenen Arbeitsplattformen,

sofern eine Geschwindigkeit von 40 km/h nicht überschritten wird, und wenn sich die beförderten Personen am Fahrzeug oder an der Ladung sicher anhalten können, nicht über die größte Länge und Breite und die im § 4 Abs. 6 Z 1 festgesetzte Höchstgrenze für die größte Höhe von Fahrzeugen hinausragen und durch die Ladung nicht gefährdet werden, und wenn die Ladung am Fahrzeug entsprechend befestigt ist. Mit Zugmaschinen dürfen Kinder unter zwölf Jahren auf den Sitzen für Mitfahrer (§ 26 Abs. 3) nur befördert werden, wenn sie das fünfte Lebensjahr vollendet haben und wenn sich diese Sitze innerhalb einer geschlossenen Fahrerkabine befinden. *(BGBl I 2013/43)*

(12) Mit Motorrädern und Motorfahrrädern darf außer dem Lenker nur eine weitere Person befördert werden. Mit Motorrädern, dreirädrigen Kraftfahrzeugen ohne geschlossenen kabinenartigen Aufbau sowie vierrädrigen Kraftfahrzeugen, die insbesondere durch Lenkstange, Bedienungs- und Anzeigeelemente sowie Sitzbank Charakterzüge eines Kraftrades aufweisen, dürfen nur Personen befördert werden, die das zwölfte Lebensjahr vollendet haben und die für Beifahrer vorgesehenen Fußrasten erreichen können. Mit Motorrädern mit Beiwagen dürfen Kinder, die das zwölfte Lebensjahr noch nicht vollendet haben, nur befördert werden, wenn sie mittels geeigneter Kinderrückhalteeinrichtungen, die sicher im Beiwagen befestigt sind, oder mittels Sicherheitsgurt entsprechend gesichert befördert werden und wenn die seitlichen Ränder des Beiwagens mindestens bis zur Brusthöhe der Kinder reichen und der Beiwagen einen Überrollbügel aufweist, oder es sich um einen geschlossenen kabinenartigen Beiwagen handelt. Mit Motorfahrrädern dürfen Kinder, die das achte Lebensjahr noch nicht vollendet haben, nur auf Kindersitzen gemäß § 26 Abs. 5 befördert werden, die der Größe des Kindes entsprechen.

(13) Mit Anhängern außer Omnibusanhängern dürfen Personen nur befördert werden, wenn die durch Verordnung hiefür festgesetzten Voraussetzungen vorliegen. Durch Verordnung sind nach den Erfordernissen der Verkehrs- und Betriebssicherheit, dem jeweiligen Stand der Technik entsprechend, unter Berücksichtigung der wirtschaftlichen Erfordernisse die Voraussetzungen festzusetzen, unter denen Personen mit Kraftfahrzeugen, mit Anhängern, insbesondere mit landwirtschaftlichen Anhängern, oder mit Anhängern, die für Möbeltransporte bestimmt sind, oder bei Schülertransporten befördert werden dürfen. Zur Gewährleistung der Verkehrssicherheit können als Voraussetzungen insbesondere eine höchste zulässige Fahrgeschwindigkeit und bestimmte Bremsanlagen oder eine entsprechende Wirksamkeit der Bremsanlagen vorgeschrieben werden. Mit nicht zum Verkehr zugelassenen Anhängern dürfen Personen nur befördert werden, wenn eine Geschwindigkeit von 10 km/h nicht überschritten wird.

(14) Der Landeshauptmann kann auf Antrag Ausnahmen hinsichtlich der Beförderung von Personen auf Anhängern, die mit Zugmaschinen im Rahmen von Fremdenverkehrsveranstaltungen gezogen werden, erteilen, wenn die Sicherheit der beförderten Personen oder anderer Verkehrsteilnehmer nicht gefährdet ist. Eine solche Ausnahmebewilligung ist unter Vorschreibung entsprechender Auflagen, wie insbesondere einer zulässigen Fahrgeschwindigkeit oder zeitlichen, örtlichen oder sachlichen Einschränkungen der Gültigkeit zu erteilen.

(15) Heeresfahrzeuge und die Lenker solcher Fahrzeuge sind von den Bestimmungen der Abs. 1 Sätze 3 bis 5 und Abs. 11 bis 13 ausgenommen. *(BGBl I 2005/117)*

Fahrzeuge zur Verwendung für dringende Einsätze

§ 107. (1) Auf Fahrten zu Orten eines dringenden Einsatzes „ " mit im § 20 Abs. 1 Z 4 oder Abs. 5 angeführten Fahrzeugen finden die Bestimmungen über die höchste zulässige Fahrgeschwindigkeit (§ 98) keine Anwendung, wenn mit den im § 20 Abs. 1 Z 4 und Abs. 5 angeführten Scheinwerfern oder Warnleuchten blaues Licht ausgestrahlt wird. *(BGBl I 2013/43; BGBl I 2015/73)*

(2) Die Bestimmungen des Abs. 1 gelten auch für Einsatzübungsfahrten, insoweit es der Zweck der Einsatzübungsfahrten erfordert und sonst in geeigneter Weise für die Verkehrssicherheit vorgesorgt ist.

(3) Die Bestimmungen des § 106 Abs. 1 über die zulässige Personenanzahl finden auf Fahrten zu Orten eines dringenden Einsatzes und auf Rückfahrten von solchen Orten mit Fahrzeugen, die zur Verwendung im Bereich des öffentlichen Sicherheitsdienstes bestimmt sind, und mit Fahrzeugen, die ausschließlich oder vorwiegend zur Verwendung für Feuerwehren, für den Rettungsdienst, die Bergrettung oder die Wasserrettung bestimmt sind, keine Anwendung. *(BGBl I 2005/117)*

(4) Heeresfahrzeuge und der Verkehr mit solchen Fahrzeugen unterliegen beim Einsatz gemäß § 2 Abs. 1 Wehrgesetz 1978, BGBl. Nr. 150, nicht den Bestimmungen des II., IV., V., VII. und IX. Abschnittes und der §§ 98 bis 106. Diese Fahrzeuge unterliegen auf Einsatzübungsfahrten nicht den Bestimmungen über die höchste zulässige Fahrgeschwindigkeit und die Personenbeförderung (§§ 98 und 106), wenn es der Zweck dieser Fahrten erfordert und sonst in geeigneter Weise für die Verkehrssicherheit vorgesorgt ist. *(BGBl 1982/362)*

XI. Abschnitt
Ausbildung von Kraftfahrzeuglenkern

Ausbildung in Fahrschulen

§ 108. (1) Das Ausbilden von Bewerbern um eine Lenkberechtigung und das entgeltliche Weiterbilden von Besitzern einer Lenkberechtigung durch Vertiefung bereits erworbener Kenntnisse ist unbeschadet der §§ 2 Abs. 1 Z 5 lit. c, 4 Abs. 9 erster Satz und 18 FSG und der §§ 119 bis 122a nur im Rahmen des Betriebes einer Fahrschule zulässig. *(BGBl I 2013/43)*

(2) Bewerber um eine Lenkerberechtigung und Besitzer einer Lenkerberechtigung dürfen im Rahmen des Betriebes einer Fahrschule nur durch deren Besitzer, sofern er die Voraussetzungen des § 109 erfüllt, durch einen Leiter (§ 113 Abs. 2 bis 4), durch Fahrschullehrer (§ 116) und durch Fahrlehrer (§ 117) ausgebildet oder weitergebildet werden. Die Bewerber müssen das für die angestrebte Lenkberechtigung erforderliche Mindestalter erreicht haben oder in spätestens sechs Monaten erreichen. Wurde einem Fahrschulbesitzer, einem Leiter oder einem Fahrschullehrer die Lenkerberechtigung wegen „mangelnder gesundheitlicher" Eignung entzogen, so dürfen sie, solange die Lenkerberechtigung entzogen ist, nicht praktischen Fahrunterricht erteilen. *(BGBl 1990/458; BGBl I 2019/19)*

(3) Die Errichtung einer Fahrschule und die Verlegung ihres Standortes bedürfen der Bewilligung der Bezirksverwaltungsbehörde; die Verlegung des Standortes ist nur innerhalb desselben Bundeslandes zulässig. Der Betrieb der Fahrschule darf erst aufgenommen werden, wenn die Bezirksverwaltungsbehörde die Genehmigung hiezu erteilt hat (§ 112 Abs. 1). In der Bewilligung zur Errichtung einer Fahrschule ist anzuführen, für welche Klassen „ " von Kraftfahrzeugen gemäß § 2 Abs. 1 und 2 FSG Lenker ausgebildet werden dürfen. Die Fahrschulbewilligung und die Betriebsgenehmigung (§ 112 Abs. 1) gelten nach dem Tod ihres Besitzers auch für einen hinterbliebenen Ehegatten und für Nachkommen ersten Grades bis zur Vollendung ihres 30. Lebensjahres. Der Ehegatte oder der Nachkomme hat den Tod des Fahrschulbesitzers unverzüglich der Bezirksverwaltungsbehörde bekannt zu geben. § 41 Abs. 1 bis 3, Abs. 4 erster Satz GewO 1994 und §§ 42 bis 45 GewO 1994 gelten sinngemäß. *(BGBl I 2002/65; BGBl I 2013/43)*

(4) Durch Verordnung können nach den Erfordernissen des Verkehrs- und Betriebssicherheit, dem jeweiligen Stand der Technik entsprechend, die näheren Bestimmungen über das im Abs. 1 angeführte Ausbilden von Lenkern in Fahrschulen festgesetzt werden. *(BGBl 1988/375)*

Unterweisen von Besitzern einer Lenkberechtigung

§ 108a. (1) Das entgeltliche Unterweisen von Besitzern einer „Lenkberechtigung" in besonderen Fahrfertigkeiten darf nur auf Grund einer Ermächtigung des Landeshauptmannes durchgeführt werden. Diese ist auf Antrag zu erteilen, wenn der Antragsteller für die Vermittlung der Fachkenntnisse über das erforderliche Personal und die erforderlichen Anlagen und Einrichtungen verfügt. Die Ermächtigung ist zu widerrufen, wenn die Voraussetzungen für die Erteilung nicht mehr gegeben sind. *(BGBl I 2019/19)*

(2) Durch Verordnung können nach den Erfordernissen der Verkehrssicherheit, dem jeweiligen Stand der Wissenschaft und Technik entsprechend, nähere Bestimmungen über die Gegenstände, den Umfang und die Art der im Abs. 1 angeführten Unterweisung sowie über die Voraussetzungen, unter denen eine Ermächtigung gemäß Abs. 1 zu erteilen ist, festgesetzt werden.

(BGBl 1988/375)

Persönliche Voraussetzungen für die Erteilung einer Fahrschulbewilligung

§ 109. (1) Eine Fahrschulbewilligung (§ 108 Abs. 3) darf nur natürlichen Personen und nur Personen erteilt werden, die

a) österreichische Staatsbürger sind und das 27. Lebensjahr vollendet haben, wobei Angehörige einer Vertragspartei des Europäischen Wirtschaftsraumes österreichischen Staatsbürgern gleichgestellt sind, *(BGBl 1993/456)*

b) vertrauenswürdig sind,

c) die Leistungsfähigkeit der Fahrschule gewährleisten können,

d) auch im Hinblick auf die Lage ihres Hauptwohnsitzes die unmittelbare persönliche Leitung der Fahrschule erwarten lassen, sofern nicht für weitere Standorte (§ 111 Abs. 1) ein Fahrschulleiter bestellt wird, *(BGBl I 2019/19)*

e) den Abschluss eines Diplom- oder Masterstudiums im Bereich Maschinenbau oder Elektrotechnik an einer österreichischen Technischen Universität, oder den Abschluss eines Bachelorstudiums im Bereich Maschinenbau oder Elektrotechnik haben oder das Diplom einer Fachhochschule für Maschinenbau oder für Elektrotechnik besitzen oder die Reife- oder Diplomprüfung an einer österreichischen Höheren technischen und gewerblichen Lehranstalt mit einem maschinenbaulichen, mechatronischen, elektrotechnischen oder elektronischen Ausbildungsschwerpunkt erfolgreich bestanden haben, unbeschadet zwischenstaatlicher Vereinbarungen über die gegenseitige Anerkennung akademischer Grade, *(BGBl I 2007/57)*

f) eine Fahrschullehrerberechtigung (§ 116) für die in Betracht kommenden Klassen „ " von Kraftfahrzeugen besitzen, *(BGBl I 1997/121; BGBl I 2013/43)*

g) seit mindestens drei Jahren eine Lenkberechtigung für die Klassen ., „* von Kraftfahrzeugen besitzen für die Lenker ausgebildet werden sollen und glaubhaft machen, dass sie mindestens ein Jahr lang Fahrzeuge dieser Klassen tatsächlich gelenkt haben und je ein Lehrplanseminar pro Klasse bei den zur Ausbildung von Fahrschullehrern ermächtigten Einrichtungen absolviert haben. Dieses Lehrplanseminar ist nicht erforderlich für die Klasse F und bei Personen, die bereits über eine Fahrpraxis von mindestens drei Jahren mit den jeweils in Frage kommenden Fahrzeugen verfügen. Sie dürfen nicht wegen schwerer Verstöße gegen kraftfahrrechtliche oder straßenpolizeiliche Vorschriften bestraft worden sein. Bei Bewerbern um eine Fahrschulbewilligung für die Klasse D ist jedoch nur eine Lenkpraxis mit Fahrzeugen der Klasse C, sofern sie nicht auch in eine andere Klasse „ " fallen, erforderlich, „und umgekehrt ersetzt eine Lenkpraxis auf Fahrzeugen der Klasse D eine solche auf Fahrzeugen der Klasse C für Bewerber um eine Fahrschulbewilligung der Klasse C „und"***** *(BGBl I 2005/117; *BGBl I 2013/43; **BGBl I 2019/19; ***BGBl I 2020/134)*

h) glaubhaft machen, daß sie innerhalb der letzten zehn Jahre mindestens fünf Jahre, für Besitzer eines in der lit. e angeführten Diplome drei Jahre lang als Fahrschullehrer die für das Ausbilden von Lenkern erforderlichen Erfahrungen auf dem Gebiete des Kraftfahrwesens erworben haben „." *(BGBl 1988/375; BGBl I 2020/134)*

i) *(aufgehoben, BGBl I 2005/117)*

j) *(entfällt, BGBl I 2019/19)*
(BGBl I 2002/80)

(2) Die Bezirksverwaltungsbehörde kann vom Erfordernis der Erbringung des Nachweises über die erfolgreiche Absolvierung der im Abs. 1 lit. e angeführten Schulen befreien, wenn der Antragsteller eine gleichwertige andere Schulausbildung genossen hat. Eine solche Befreiung gilt für das gesamte Bundesgebiet. *(BGBl I 2002/65)*

(3) *(aufgehoben, BGBl I 2002/80)*

(4) Die für das Ausbilden von Lenkern erforderlichen Erfahrungen auf dem Gebiete des Kraftfahrwesens (Abs. 1 lit. h) können auch durch eine Tätigkeit erworben sein als Ausbilder von

a) Lenkern an einer land- und forstwirtschaftlichen Lehr- oder Versuchsanstalt (§ 119 Abs. 1), einer Höheren technischen Lehranstalt maschinen- oder elektrotechnischer Richtung oder einer Fachschule maschinen- oder elektrotechnischer Richtung (§ 119 Abs. 3),

b) Bediensteten der Dienststellen des Bundes, der Länder, der Gemeindeverbände oder Ortsgemeinden mit mehr als 50.000 Einwohnern und der von diesen Gebietskörperschaften unter ihrer Haftung betriebenen Unternehmungen zu Lenkern (§ 120 Abs. 2) oder

c) Lenkern von Heereskraftfahrzeugen (§ 121). *(BGBl 1988/375)*

(5) Die Bezirksverwaltungsbehörde hat bei Prüfung der persönlichen Voraussetzungen gemäß Abs. 1 lit. e bis h auch die in einem anderen Mitgliedstaat oder in einem anderen EWR-Vertragsstaat erworbenen Qualifikationen im Sinne der Richtlinie 2005/36/EG über die Anerkennung von Berufsqualifikationen, ABl. Nr. L 255 vom 30.9.2005, S 22, zuletzt geändert durch die Verordnung (EU) Nr. 213/2011, ABl. Nr. L 59 vom 4.3.2011, S 4, entsprechend zu berücksichtigen und zu beurteilen, ob und inwieweit diese den nationalen Erfordernissen entsprechen. Sie hat hierüber binnen vier Monaten zu entscheiden. *(BGBl I 2013/43)*

(6) Ist auf Grund der gemäß Abs. 1 und Abs. 5 vorgelegten Zeugnisse und Befähigungsnachweise die von einem Antragsteller in einem EWR-Vertragsstaat erworbene Ausbildung oder Befähigung im Hinblick auf die durch diese vermittelten Fähigkeiten und Kenntnisse nicht als dem entsprechenden inländischen Nachweis gleichwertig anzusehen, ist die Gleichstellung gemäß Abs. 1 in Verbindung mit Abs. 5 nach Maßgabe der folgenden Abs unter der Bedingung auszusprechen, daß die fehlende Qualifikation vom Antragsteller durch die Absolvierung einer ergänzenden inländischen fachlichen Tätigkeit von bestimmter Dauer oder eines Anpassungslehrganges oder die Ablegung einer Eignungsprüfung nachzuweisen ist. *(BGBl I 2002/65)*

(7) Die Absolvierung einer ergänzenden inländischen fachlichen Tätigkeit kann als Bedingung gemäß Abs. 6 vorgeschrieben werden, wenn die vom Antragsteller gemäß Abs. 1 in Verbindung mit Abs. 5 nachgewiesene Ausbildungsdauer geringer ist, als die für die beabsichtigte Tätigkeit im Inland geforderte Ausbildungsdauer. Die Dauer der zu absolvierenden ergänzenden inländischen fachlichen Tätigkeit ist im Ausmaß der Differenz zwischen der vom Antragsteller nachgewiesenen und der im Inland geforderten Ausbildungsdauer vorzuschreiben. *(BGBl I 1997/103)*

(8) Unter Anpassungslehrgängen sind Anpassungslehrgänge im Sinne der Richtlinie „2005/36/EG, zuletzt geändert durch die Verordnung (EU) Nr. 213/2011," zu verstehen. Unter Eignungsprüfungen sind Eignungsprüfungen im Sinne der genannten Richtlinie zu verstehen. Die Absolvierung eines Anpassungslehrganges oder die Ablegung einer Eignungsprüfung kann als Bedingung gemäß Abs. 6 vorgeschrieben werden, wenn die vom Antragsteller gemäß Abs. 1 in Verbindung mit Abs. 5 nachgewiesene Ausbildung inhaltlich von der für die Erlangung des

entsprechenden inländischen Befähigungsnachweises vorgeschriebenen Ausbildung abweicht. Im Rahmen des vorgeschriebenen Anpassungslehrganges oder der vorgeschriebenen Eignungsprüfung hat der Antragsteller die fehlende Qualifikation gemäß Abs. 5 nachzuweisen. Als Inhalt der vorzuschreibenden Eignungsprüfung kann auch die Ablegung bestimmter in Verordnungen auf Grund dieses Bundesgesetzes geregelter Befähigungsprüfungen (Lehrbefähigungsprüfung § 118) oder von Teilen von diesen vorgesehen werden. *(BGBl I 1997/103; BGBl I 2013/43)*

(9) Der Bundesminister für „Klimaschutz, Umwelt, Energie, Mobilität, Innovation und Technologie" hat die Inhalte und den Umfang der Lehrplanseminare gemäß Abs. 1 lit. g durch Verordnung festzulegen. Weiters kann er durch Verordnung den Inhalt von zu absolvierenden Anpassungslehrgängen und von abzulegenden Eignungsprüfungen festlegen. *(BGBl I 2002/80; BGBl I 2020/134)*

Sachliche Voraussetzungen für die Erteilung einer Fahrschulbewilligung

§ 110. (1) Die Fahrschulbewilligung (§ 108 Abs. 3) darf nur erteilt werden, wenn die für die theoretische und praktische Ausbildung von Fahrschülern erforderlichen Räume, ein geeigneter Übungsplatz und die Mittel für Lehrpersonen, Lehrbehelfe und Schulfahrzeuge sichergestellt sind.

(2) Durch Verordnung können nach den Erfordernissen der Verkehrs- und Betriebssicherheit und der Ausbildung von Kraftfahrzeuglenkern, dem jeweiligen Stand der Technik entsprechend, die näheren Bestimmungen über die Anzahl der erforderlichen Lehrpersonen und über die Art, die Anzahl, den Umfang, die Beschaffenheit und die Ausstattung der erforderlichen Räume, des Übungsplatzes, der Lehrbehelfe und Schulfahrzeuge festgesetzt werden.

(BGBl I 2013/43)

Verfahren bei der Erteilung einer Fahrschulbewilligung und bei der Bewilligung einer Standortverlegung

§ 111. (1) Für jeden Fahrschulstandort ist eine Fahrschulbewilligung (§ 110) erforderlich. Ein Bewilligungsinhaber kann zwei Fahrschulstandorte leiten, sofern diese nicht mehr als 50 km Luftlinie voneinander entfernt sind. Ein Fahrschulinhaber, außer im Falle eines Fortbetriebes gemäß § 108 Abs. 3 vierter Satz, kann auch für weitere Fahrschulstandorte eine Fahrschulbewilligung erhalten, wenn er sich eines entsprechend qualifizierten Fahrschulleiters (§ 113) bedient. Ein Fahrschulleiter kann bis zu zwei Fahrschulstandorte leiten, sofern diese nicht mehr als 50 km Luftlinie voneinander entfernt sind. *(BGBl I 2019/19)*

(2) Im Bescheid über die Fahrschulbewilligung ist anzuführen, an welchem Standort die Fahrschule errichtet werden darf.

(3) Für die Bewilligung der Verlegung des Standortes einer Fahrschule gelten Abs. 2 sowie § 110 sinngemäß. *(BGBl 1988/375)*

Genehmigung des Betriebes einer Fahrschule

§ 112. (1) Die Bezirksverwaltungsbehörde hat die Genehmigung für den Betrieb einer Fahrschule zu erteilen, wenn die erforderlichen Räume, Lehrbehelfe und Schulfahrzeuge vorhanden sind und diese den Bestimmungen des Abs. 3 entsprechen. Vor der Erteilung dieser Betriebsgenehmigung sind die Schulräume, Schulfahrzeuge und Lehrbehelfe zu überprüfen. In der Bezeichnung der Fahrschule ist jedenfalls der Familienname des Fahrschulbesitzers anzuführen. Diese Bezeichnung der Fahrschule ist jedenfalls im Geschäftsverkehr zu verwenden. Bei Aufschriften an Schulfahrzeugen oder bei Werbeauftritten kann der Name des Fahrschulbesitzers auch weggelassen werden. *(BGBl I 2020/134)*

(2) Der vollständige Fahrschultarif ist von außen lesbar neben oder in der Nähe der Eingangstür anzubringen. In die Preise sind alle Zuschläge einzubeziehen („Inklusivpreise"). Der Bundesminister für „Klimaschutz, Umwelt, Energie, Mobilität, Innovation und Technologie" kann durch Verordnung nähere Details hinsichtlich eines vergleichbaren Tarifaushanges, wie insbesondere die zwingenden Inhalte oder ein einheitliches Tarifformblatt festlegen. *(BGBl I 2002/80; BGBl I 2020/134)*

(3) Schulfahrzeuge müssen hinsichtlich ihrer Bauart, ihrer Abmessungen, ihrer höchsten zulässigen Gesamtgewichte und Achslasten und ihrer Ausrüstung den allgemein im Verkehr verwendeten Fahrzeugen der in Betracht kommenden Klasse „*(§ 2 FSG) entsprechen; dies gilt nicht für Fahrzeuge zur Ausbildung von körperbehinderten Fahrschülern. Bei Schulkraftwagen muss es vom Platz neben dem Lenkerplatz aus möglich sein, auf die Fahrweise des Fahrschülers hinreichend Einfluss zu nehmen und die Betriebsbremsanlage zu betätigen. „** *(BGBl I 2008/6; *BGBl I 2019/19; **BGBl I 2020/134)*

(4) Änderungen hinsichtlich der Schulräume oder des Übungsplatzes eines genehmigten Fahrschulbetriebes sind nur mit Zustimmung der Bezirksverwaltungsbehörde zulässig; wird über das Ansuchen um Zustimmung nicht binnen drei Wochen nach dessen Einbringung entschieden, so darf der Fahrschulbesitzer die beabsichtigte Änderung vorläufig vornehmen. Änderungen hinsichtlich der Schulfahrzeuge sind der Bezirksverwaltungsbehörde unter Anschluss einer Kopie

des Zulassungsscheines anzuzeigen. Derartige Anzeigen unterliegen keiner Stempelgebühr. *(BGBl I 2013/43)*

(5) *(aufgehoben, BGBl I 2013/43)*

Leitung der Fahrschule

§ 113. (1) Der Fahrschulbesitzer hat den Betrieb seiner Fahrschule außer in den im Abs. 2 und hinsichtlich weiterer Standorte in § 111 Abs. 1 angeführten Fällen selbst zu leiten; dies erfordert für die sich aus diesem Bundesgesetz und aus den auf Grund dieses Bundesgesetzes erlassenen Verordnungen ergebenden Pflichten, wie insbesondere die Aufsicht über die Lehrtätigkeit und die wirtschaftliche Gebarung, die hiefür notwendige Anwesenheitsdauer in der Fahrschule. Der Fahrschulbesitzer darf sich zur Erfüllung dieser Pflichten nur in den Fällen des Abs. 2 und hinsichtlich weiterer Standorte des § 111 Abs. 1 durch einen verantwortlichen Leiter, den Fahrschulleiter, vertreten lassen. Wird ein Fahrschulleiter bestellt, so kommt diesem dieselbe verwaltungsstrafrechtliche Verantwortung zu, wie dem Fahrschulbesitzer. *(BGBl I 2019/19)*

(2) Ein Fahrschulleiter ist erforderlich, wenn

a) der Fahrschulbesitzer durch eine länger als sechs Wochen dauernde Abwesenheit daran gehindert ist, den Betrieb seiner Fahrschule selbst zu leiten, oder wenn ihm dies von der Bezirksverwaltungsbehörde untersagt wurde (§ 115 Abs. 3) oder

b) eine Fahrschule nach dem Tod ihres Besitzers vom hinterbliebenen Ehegatten oder von Nachkommen ersten Grades weitergeführt wird (§ 108 Abs. 3), die die Voraussetzungen des § 109 Abs. 1 nicht erfüllen. *(BGBl I 2002/65)*

(3) Als Fahrschulleiter (Abs. 1) darf nur eine Person verwendet werden, die

1. die im § 109 Abs. 1 angeführten Voraussetzungen erfüllt oder die bereits berechtigt ist, eine Fahrschule zu leiten, und die nicht bereits Besitzer oder Leiter von zwei anderen Fahrschulen ist; *(BGBl I 2019/19)*

2. in einem Ausmaß von mindestens einer Halbtagsbeschäftigung (mindestens 20 Stunden pro Woche) in der Fahrschule anwesend ist. *(BGBl I 2002/80)*

(4) Die Verwendung als Fahrschulleiter bedarf der Bewilligung der Bezirksverwaltungsbehörde; diese ist zu erteilen, wenn die in den Abs. 2 und 3 angeführten Voraussetzungen hiefür gegeben sind. Die Bewilligung ist zu entziehen, wenn diese Voraussetzungen nicht mehr vorliegen. *(BGBl I 2002/65)*

(BGBl 1988/375)

Betrieb der Fahrschule[1]
[1] *ab 1. Juli 2019 (BGBl I 2019/19)*

§ 114. (1) Der Fahrschulbesitzer hat der Bezirksverwaltungsbehörde die in seiner Fahrschule verwendeten Lehrpersonen und Änderungen im Stande seines Lehrpersonals anzuzeigen und um Ausstellung eines Fahrlehrerausweises für sich, sofern er selbst praktischen Fahrunterricht erteilt, und für jede zum praktischen Fahrunterricht verwendete Lehrperson anzusuchen. Die Bezirksverwaltungsbehörde hat dem Fahrschulbesitzer die beantragten Ausweise auszustellen, wenn die betreffenden Lehrpersonen den in den §§ 116 und 117 angeführten Voraussetzungen entsprechen. Dem Fahrlehrerausweis muß zu entnehmen sein, für welche „Klassen" von Fahrzeugen sein Besitzer Unterricht erteilen darf. *(BGBl I 2002/65; BGBl I 2019/19)*

(1a) Wenn eine Lehrperson in mehreren Fahrschulen desselben Inhabers innerhalb eines Behördensprengels tätig ist, so muss nicht für jeden Fahrschulstandort ein eigener Fahrlehrerausweis ausgestellt werden, sondern es reicht ein Ausweis, in den alle in Betracht kommenden Fahrschulen eingetragen werden. *(BGBl I 2020/134)*

(2) Die Lehrpersonen haben ihren Fahrlehrerausweis beim Erteilen des praktischen Unterrichtes auf Schulfahrten mitzuführen und den Organen des öffentlichen Sicherheitsdienstes oder der Straßenaufsicht auf Verlangen zur Überprüfung auszuhändigen. Der Besitzer eines Fahrlehrerausweises hat diesen unverzüglich der Bezirksverwaltungsbehörde abzuliefern, wenn er nicht mehr in der betreffenden Fahrschule tätig ist, wenn er die Berechtigung zum Erteilen von praktischem Unterricht verliert oder wenn der Fahrschulbetrieb eingestellt wird. Wenn die Tätigkeit in der betreffenden Fahrschule nur vorübergehend unterbrochen wird, kann auch der Fahrschulbesitzer oder Fahrschulleiter den Fahrlehrerausweis in Verwahrung nehmen. Dies gilt sinngemäß auch für Fahrschullehrerausweise. *(BGBl I 2002/65)*

(3) Für Schulfahrten verwendete Fahrzeuge müssen durch am Fahrzeug angebrachte Tafeln mit dem Buchstaben „L" in vollständig sichtbarer und dauernd gut lesbarer und unverwischbarer weißer Schrift auf „blauem"* Grund sowie durch am Fahrzeug angebrachte Tafeln mit der vollständig sichtbaren und dauernd gut lesbaren und unverwischbaren Aufschrift „Fahrschule" in schwarzer Schrift auf gelbem Grund aus beiden Fahrtrichtungen anderen Straßenbenützern als für Schulfahrten verwendete Fahrzeuge erkennbar sein; die Aufschrift „Fahrschule" darf durch zusätzliche Angaben über die Fahrschule ergänzt sein. Bei Motorrädern können die vorgeschriebenen Aufschriften statt auf dem Fahrzeug auch über der Kleidung des Fahrschülers und des Lehrenden angebracht sein. „Die Bezeichnung der Fahrschule muss dem gemäß § 112 Abs. 1

KFG
KDV
PBStV
Kraftstoff-VO
FSG + VO

4/1. KFG
§§ 114 – 114a

genehmigten Wortlaut entsprechen, wobei der Name des Fahrschulbesitzers weggelassen werden kann."** *(BGBl 1977/615; *BGBl I 2016/40; **BGBl I 2020/134)*

(4) Der Lehrende

1. darf Schulfahrten nur durchführen, wenn er sich in einer hiefür geeigneten körperlichen und geistigen Verfassung befindet und der Alkoholgehalt des Blutes nicht mehr als 0,1 g/l (0,1 Promille) oder der Alkoholgehalt der Atemluft nicht mehr als 0,05 mg/l betragen; *(BGBl I 2002/80)*

2. hat dafür zu sorgen, daß der Fahrschüler die Verkehrsvorschriften genau beachtet;

3. darf den Fahrschüler nicht in Verkehrsverhältnisse bringen, denen dieser nicht gewachsen ist;

4. hat, wenn nötig, durch rechtzeitige Einflußnahme auf die Fahrweise des Fahrschülers Unfällen vorzubeugen;

5. muß auf Schulfahrten, außer bei Fahrübungen gemäß 11 Abs. 4 Z 2 FSG mit

a) Kraftwagen neben dem Fahrschüler sitzen; *(BGBl 1988/375)*

b) Motorrädern auf dem Motorrad des Fahrschülers mitfahren oder diesen auf einem Motorrad begleiten; *(BGBl I 1997/121)*

6. hat dafür zu sorgen, daß der Fahrschüler auf Schulfahrten die Bestimmungen über den Gebrauch von Sicherheitsgurten, bei Schulfahrten mit Motorrädern des Sturzhelmes, einhält; aus der Verletzung dieser Verpflichtung können keine Ersatzansprüche nach dem bürgerlichen Recht abgeleitet werden. *(BGBl 1982/631)*

(4a) Gemäß Artikel 13 Abs. 1 lit. g der Verordnung (EG) Nr. 561/2006 finden die Bestimmungen der Verordnung (EG) Nr. 561/2006 auf Schulfahrten und Prüfungsfahrten mit Schulfahrzeugen (§ 112 Abs. 3) sowie auf Fahrten im Rahmen der Aus- und Weiterbildung von Berufskraftfahrern keine Anwendung. Dies gilt auch für Fahrten zur Verbringung des Schulfahrzeuges zum Ort des Beginnes der Schul oder der Prüfungsfahrt und vom Ort der Beendigung dieser Fahrt zurück, sofern mit dem Fahrzeug nicht gewerbliche Personen- oder Güterbeförderungen durchgeführt werden. Ebenso sind gemäß Artikel 3 der Verordnung (EU) Nr. 165/2014 Schulfahrzeuge von der Anwendung der Verordnung (EU) Nr. 165/2014 ausgenommen. Der Einbau eines Kontrollgerätes für Schulungszwecke ist jedoch erforderlich. *(BGBl I 2019/19)*

(4b) Die in Abs. 4 erwähnten Fahrübungen gemäß § 11 Abs. 4 Z 2 FSG sind auf dem Übungsplatz der Fahrschule durchzuführen. *(BGBl I 2002/80)*

(5) *(entfällt, BGBl I 2019/19)*

(6) *(aufgehoben, BGBl 1988/375)*

(6a) Die im Hinblick auf die Bewilligung von Übungsfahrten erforderliche Schulung (§ 122 Abs. 2) muss in regelmäßigen Zeitabständen, mindestens einmal in jedem Vierteljahr, in sonst üblicher Weise angekündigt und für allfällige Bewerber durchgeführt werden. *(BGBl I 2013/43)*

(7) Die Bezirksverwaltungsbehörde hat die Leistung der Fahrschule und den ordnungsgemäßen Zustand ihrer Räume, Lehrbehelfe, Übungsplatzes und Schulfahrzeuge zu überwachen und kann jederzeit überprüfen, ob beim Fahrschulbesitzer oder Fahrschulleiter die Voraussetzungen für die Erteilung der Fahrschulbewilligung und bei den Fahrschullehrern und Fahrlehrern die Voraussetzungen für die Erteilung der Fahrschullehrer- oder Fahrlehrerberechtigung noch gegeben sind. Der Fahrschulbesitzer oder der Fahrschulleiter haben dafür zu sorgen, dass bei ihrer Abwesenheit eine in der Fahrschule anwesende Person den Organen der Bezirksverwaltungsbehörde, die mit der Fahrschulinspektion betraut sind, die Besichtigung ermöglicht, sie auf deren Verlangen begleitet, die erforderlichen Auskünfte erteilt sowie Einsicht in Unterlagen gewährt. Die Bezirksverwaltungsbehörde ist befugt, Ablichtungen, Abschriften oder Auszüge von Unterlagen, die im Rahmen der Fahrschulinspektion zu überprüfen sind, anzufertigen oder sich vom Fahrschulbesitzer oder Fahrschulleiter übermitteln zu lassen. Sie kann anordnen, dass in den Schulräumen bestimmte Bekanntmachungen anzuschlagen sind. Sie kann ferner Anordnungen zur Behebung von Mängeln treffen. Den Anordnungen der Bezirksverwaltungsbehörde ist unverzüglich zu entsprechen. „Fahrschulinspektionen sind regelmäßig und in jeder Fahrschule zumindest einmal alle drei Jahre durchzuführen. Durch Verordnung des Bundesministers für „Klimaschutz, Umwelt, Energie, Mobilität, Innovation und Technologie"** kann die Verwendung einheitlicher Arbeitshilfsmittel wie Unterlagen, Checklisten, Berichtsmuster oder Datenbank, die vom Bundesminister für „Klimaschutz, Umwelt, Energie, Mobilität, Innovation und Technologie"** zur Verfügung gestellt werden, angeordnet werden."* *(BGBl I 2013/43; *BGBl I 2016/40; **BGBl I 2020/134)*

Fahrschuldatenbank – Allgemeines

§ 114a. (1) Verfahren und Amtshandlungen nach diesem Bundesgesetz betreffend Erteilung, Ausdehnung oder Entziehung einer Fahrschulbewilligung, Bestellung eines Fahrschulleiters, Bewilligung einer Standortverlegung, Erteilung, Ausdehnung oder Entziehung einer Fahrschullehrer- oder Fahrlehrerberechtigung sowie Erfassung der Weiterbildung des Lehrpersonals sind unter besonderer Berücksichtigung automationsunterstützter Datenverarbeitung in Form einer Datenbank durchzuführen. Diese Datenbank dient der

Durchführung einer Fahrschulinspektion und Überprüfung der Stellen, die zur Ausbildung für die Lenkberechtigung der Klasse AM oder zur Durchführung der Mehrphasenausbildung berechtigt sind und sie soll Grundlagen für einen Preisvergleich der Fahrschulen enthalten.

(2) Der Bundesminister für „Klimaschutz, Umwelt, Energie, Mobilität, Innovation und Technologie" hat die Fahrschuldatenbank bei der Bundesrechenzentrum GmbH zu führen. Verantwortliche im Sinne des Art. 4 Z 7 DSGVO sind die Behörden, im Hinblick auf die gemäß § 114b Abs. 1 Z 5 erfassten Daten jedoch die Kommission gemäß § 4a Abs. 6 FSG. *(BGBl I 2018/37; BGBl I 2020/134)*

(3) Der Bundesminister für „Klimaschutz, Umwelt, Energie, Mobilität, Innovation und Technologie" ist als Betreiber der Fahrschuldatenbank berechtigt, die bereits im Führerscheinregister gemäß § 16a Abs. 1 Z 13 und Z 13a FSG erfassten Daten über Fahrschulen und Vereine über eine elektronische Schnittstelle zu beziehen und diese in der Fahrschuldatenbank elektronisch weiter zu verarbeiten. *(BGBl I 2020/134)*

(4) Zur Vorbereitung und Durchführung der Fahrschulinspektion sind die in § 114b angeführten Daten aufzunehmen, fehlende allenfalls zu ergänzen und gegen die am Fahrschulstandort dokumentierten oder tatsächlich vorliegenden Daten und Gegebenheiten zu prüfen.

(BGBl I 2017/9)

Fahrschuldatenbank – gespeicherte Daten

§ 114b. (1) Es sind folgende Daten von den Behörden zu verarbeiten und zu speichern:

1. Daten der Fahrschulen, die im örtlichen Wirkungsbereich der Behörde ihren Sitz haben:

a) Bezeichnung der Fahrschule, Namen, Vornamen und Geburtsdatum des Inhabers, im Falle einer Leiterbestellung auch des Leiters der Fahrschule,

b) die Adresse des Standortes,

c) die zeitlichen Daten und behördliche Geschäftszahl der Fahrschul-/Betriebsbewilligung,

d) den Umfang der Fahrschulbewilligung, Ermächtigung zur Computerprüfung,

e) Namen und Vornamen der Bediensteten der Fahrschule, die berechtigt sind, auf die Daten des Führerscheinregisters zuzugreifen,

f) Namen, Vornamen und Geburtsdatum der in der Fahrschule beschäftigten Fahrlehrer und Fahrschullehrer; die Fahrzeugklassen für die sie berechtigt sind die Ausbildung vorzunehmen und Zusatzqualifikationen, sowie die Gültigkeitsdauer dieser Berechtigungen,

g) Daten bezüglich Preisvergleich von Fahrschulen und

h) Ergebnisse von Fahrschulinspektionen (Datum, festgestellte Mängel, getroffene Veranlassungen und Behebungsfristen) und Anmerkungen zu festgestellten Abweichungen der erfassten Daten.

2. Daten der Fahrschullehrer (§ 116): Namen, Vornamen und Geburtsdatum, die Fahrzeugklassen für die sie berechtigt sind die Ausbildung vorzunehmen und Zusatzqualifikationen, sowie die Gültigkeitsdauer dieser Berechtigungen; Datum des Ausbildungsbeginns, Datum der abgelegten Prüfungen, Datum der erstmaligen Berechtigungen, allfälliger Widerruf der Berechtigungen.

3. Daten der Fahrlehrer (§ 117): Namen, Vornamen und Geburtsdatum, die Fahrzeugklassen für die sie berechtigt sind die Ausbildung vorzunehmen und Zusatzqualifikationen, sowie die Gültigkeitsdauer dieser Berechtigungen; Datum des Ausbildungsbeginns, Datum der abgelegten Prüfungen, Datum der erstmaligen Berechtigungen, allfälliger Widerruf der Berechtigungen.

4. Daten der Vereine von Kraftfahrzeugbesitzern, die im Kraftfahrbeirat vertreten sind und die im örtlichen Wirkungsbereich der Behörde ihren Sitz haben:

a) Namen der einzelnen Ausbildungsstellen sowie die Namen des jeweiligen Leiters,

b) die Adresse der Ausbildungsstellen,

c) Namen und Vornamen der Bediensteten des Vereines, die berechtigt sind, auf die Daten des Führerscheinregisters zuzugreifen,

d) Namen, Vornamen und Geburtsdatum der Instruktoren, Datum der Anerkennung der Instruktorenqualifikation und absolvierte Weiterbildungen.

5. Daten der Betreiber von Mehrphasenausbildungsplätzen (diese Daten sind von der Kommission gemäß § 4a Abs. 6 FSG, der Mehrphasenkommission, zu erfassen):

a) Namen und Vornamen des Betreibers,

b) die Adresse des Standortes des Platzes,

c) Datum der Anerkennung durch die Mehrphasenkommission,

d) Namen und Vornamen der Bediensteten, die berechtigt sind, auf die Daten des Führerscheinregisters zuzugreifen,

e) Namen, Vornamen und Geburtsdatum der Fahrlehrer und der Instruktoren, die die Fahrsicherheitstrainings durchführen, Datum der Anerkennung der Instruktorenqualifikation und absolvierte Weiterbildungen,

f) Ergebnisse von Überprüfungen durch die Mehrphasenkommission gemäß § 4a Abs. 6a FSG, (Datum, festgestellte Mängel, getroffene Veranlassungen und Behebungsfristen).

(2) Im Zuge einer Fahrschulinspektion gemäß § 114 Abs. 7 sind folgende Daten zu erfassen:

1. Infrastrukturdaten bezüglich der Fahrschule, insbesondere:

a) Vorschriftsmäßigkeit hinsichtlich Fahrschultarifaushang und Teilobligatorium,

b) bescheidmäßiger Zustand der Räumlichkeiten der Fahrschule,

c) bescheidmäßiger Zustand des Übungsplatzes,

d) Ausstattung der Fahrschule (Lehrmittel, Lehrmodelle, PC-Prüfplätze),

e) Anmerkungen zu festgestellten Abweichungen,

2. Daten des Lehrpersonals:

a) Name und Vorname der Person,

b) Ausbildungsstand und Berechtigungen (Fahrlehrerausweise, Fahrlehrer/Fahrschullehrer, Zusatzqualifikationen),

c) ausstellende Behörde,

d) Daten zur theoretischen und praktischen Weiterbildung,

e) Art und Zeiträume der Anstellung,

f) Anmerkungen zu festgestellten Abweichungen.

3. Daten des Fahrzeugbestandes der Fahrschule:

a) Kennzeichen und Fahrzeugklasse des Fahrzeuges,

b) Anmerkung zu festgestellten Abweichungen.

4. Informationen über festgestellte Ordnungswidrigkeiten bei:

a) Überprüfung von Ausbildungen,

b) Überprüfung von Schulfahrzeugen.

(3) In die in der Fahrschuldatenbank gespeicherten Daten können Einsicht nehmen:

1. die jeweils zuständigen Behörden in Daten gemäß Abs. 1 zum Zwecke der Vollziehung dieses Bundesgesetzes, hinsichtlich der Daten gemäß Abs. 1 Z 1 lit. h und Abs. 2 jedoch nur zur Durchführung einer Fahrschulinspektion oder zur Setzung von Maßnahmen aufgrund der Ergebnisse einer Fahrschulinspektion,

2. die jeweils zuständigen Organe der Bezirksverwaltungsbehörde, die mit der Fahrschulinspektion betraut sind, in die Daten gemäß Abs. 1 Z 1, 2 und 3 und Abs. 2 zur Durchführung der Fahrschulinspektion,

3. die Kommission gemäß § 4a Abs. 6 FSG in die Daten gemäß Abs. 1 Z 5 im Hinblick auf die Vollziehung des § 4a Abs. 6 und 6a FSG,

4. der Landeshauptmann in die Daten seines Bundeslandes gemäß Abs. 2 zur Qualitätssicherung der Fahrschulinspektion; er darf diese Daten für Zwecke statistischer Untersuchungen, die keine personenbezogenen Ergebnisse zum Ziel haben, weiterverarbeiten,

5. der Bundesminister für „Klimaschutz, Umwelt, Energie, Mobilität, Innovation und Technologie" in die Daten gemäß Abs. 2 zur Qualitätssicherung der Fahrschulinspektion; er darf diese Daten für Zwecke statistischer Untersuchungen, die keine personenbezogenen Ergebnisse zum Ziel haben, weiterverarbeiten. *(BGBl I 2020/134)*

(4) Für die Richtigkeit der Eintragung der in Abs. 1 und 2 genannten Daten ist die jeweils zur Eingabe verpflichtete Stelle verantwortlich. Die Vergabe der Berechtigung zur Einsichtnahme in die Fahrschuldatenbank und der Berechtigung zur Vornahme von Eintragungen hat seitens der Bundesrechenzentrum GmbH so zu erfolgen, dass eine Nachvollziehbarkeit der Zugriffe auf die Daten der Datenbank gewährleistet ist. Die Fahrschuldatenbank hat eine vollständige Protokollierung aller erfolgter und versuchter Datenabfragen vorzunehmen, aus der erkennbar ist, welcher Person welche Daten aus der Fahrschuldatenbank übermittelt wurden. Die Verwendung dieser Protokolldaten ist auf die Zwecke der Datensicherheit und der Kontrolle der Rechtmäßigkeit von Zugriffen beschränkt. Diese Protokolldaten sind zu speichern und drei Jahre nach der Entstehung dieser Daten zu löschen.

(5) Eine Suche durch die in Abs. 1 und 2 genannten Daten darf nur entweder

1. zumindest über die Eingabe des Vor- und Zunamens sowie gegebenenfalls des Geburtsdatums der jeweiligen Personen oder der Bezeichnung der Fahrschule,

2. über die behördliche Geschäftszahl oder

3. über die vollständige Adresse der Fahrschule oder der Ausbildungsstätte

möglich sein. Die in Abs. 3 genannten beteiligten Stellen dürfen die ihnen zugänglichen oder von ihnen verarbeiteten personenbezogenen Daten nur für die Erfüllung der ihnen im Rahmen dieses Bundesgesetzes übertragenen Aufgaben verarbeiten. *(BGBl I 2018/37)*

(6) Die gespeicherten Daten sind nach fünf Jahren

1. nach dem Tod der jeweiligen Person (Fahrschulinhaber, Fahrschulleiter, Fahrschullehrer, Fahrlehrer, Instruktor),

2. nach Widerruf oder Zurücklegung einer Fahrschulbewilligung,

3. nach Schließung einer Mehrphasenausbildungsstätte und

4. nach der jeweiligen Fahrschulinspektion im Hinblick auf die Ergebnisse dieser Fahrschulinspektion

zu löschen.

(BGBl I 2017/9)

Entziehung der Fahrschulbewilligung und Verbot des Fahrschulbetriebes

§ 115. (1) Die Fahrschulbewilligung (§ 108 Abs. 3) ist zu entziehen, wenn der Fahrschulbetrieb mehr als ein Jahr nach der Erteilung der Fahrschulbewilligung nicht begonnen oder mehr als sechs Monate ununterbrochen geruht hat.

(2) Die Fahrschulbewilligung ist ganz oder nur hinsichtlich bestimmter Klassen „ " zu entziehen, wenn

a) ihr Besitzer die im § 109 angeführten persönlichen Voraussetzungen für die Erteilung der Fahrschulbewilligung nicht mehr erfüllt; die Entziehung seiner Lenkberechtigung wegen mangelnder gesundheitlicher Eignung ist jedoch nicht allein als Grund für die Entziehung der Fahrschulbewilligung ausreichend, *(BGBl I 1997/121)*

b) die im § 110 Abs. 1 lit. a angeführten sachlichen Voraussetzungen nicht mehr gegeben sind,

c) die Fahrschule seit mehr als sechs Wochen ohne verantwortliche Leitung (§ 113 Abs. 1 und 2) ist oder

d) die Verpflichtungen gemäß § 114 Abs. 6a nicht eingehalten werden.
(BGBl I 2013/43)

(3) Die Bezirksverwaltungsbehörde kann dem Fahrschulbesitzer in den im Abs. 2 angeführten Fällen auch nur untersagen, den Fahrschulbetrieb während einer bestimmten Zeit selbst zu führen, wenn zu erwarten ist, daß die fehlenden Voraussetzungen innerhalb einer absehbaren Zeit wieder gegeben sein werden. *(BGBl I 2002/65)*

(BGBl 1988/375)

Fahrschullehrer

§ 116. (1) Die Berechtigung, als Fahrschullehrer an einer Fahrschule theoretischen und praktischen Unterricht zu erteilen, darf nur Personen erteilt werden, bei denen die im § 109 Abs. 1 lit. b und g angeführten Voraussetzungen vorliegen und die ein in Österreich gültiges Reifeprüfungszeugnis besitzen oder jedenfalls während des letzten Jahres und insgesamt mindestens fünf Jahre lang während der letzten acht Jahre vor der Einbringung des Antrages als Fahrlehrer tätig waren. § 2 Abs. 1 bis 3 FSG gilt mit der Maßgabe, dass die Fahrschullehrerberechtigung für die Klasse C oder D „ " nicht auch die Fahrschullehrerberechtigung für die Klassen B und F umfasst. Bei der Erteilung der Fahrschullehrerberechtigung sind die Bestimmungen des § 109 über die Gleichwertigkeit der Ausbildung und die Ausdehnung auf weitere Klassen „ " von Fahrzeugen sowie die Berücksichtigung von in anderen EWR-Vertragsstaaten erworbenen Ausbildungen und Befähigungen sinngemäß anzuwenden. *(BGBl I 2003/60; BGBl I 2013/43)*

(2) Bei Ausdehnung einer Fahrschullehrerberechtigung auf weitere Klassen ist die Bestimmung des § 109 Abs. 1 lit. g hinsichtlich der erforderlichen Fahrpraxis mit der Maßgabe anzuwenden, dass entweder

1. glaubhaft gemacht wird, dass mindestens ein Jahr lang Fahrzeuge dieser Klassen tatsächlich gelenkt worden sind oder

2. ein Lehrplanseminar für die in Frage kommende Klasse bei den zur Ausbildung von Fahrschullehrern ermächtigten Einrichtungen absolviert worden ist.
(BGBl I 2019/19)

(2a) Über einen Antrag auf Erteilung der Fahrschullehrerberechtigung entscheidet die Bezirksverwaltungsbehörde. Auf Antrag hat die Bezirksverwaltungsbehörde, in deren örtlichem Wirkungsbereich der Antragsteller seinen Hauptwohnsitz hat, die Durch- oder Weiterführung des Verfahrens auf die Bezirksverwaltungsbehörde zu übertragen, in deren örtlichem Wirkungsbereich der Ort der Ausbildung des Antragstellers liegt, wenn dadurch eine wesentliche Vereinfachung des Verfahrens oder eine erhebliche Erleichterung für den Antragsteller erzielt wird. *(BGBl I 2002/65)*

(3) Vor der Erteilung der Fahrschullehrerberechtigung (Abs. 1) hat die Bezirksverwaltungsbehörde ein Gutachten eines rechtskundigen und eines technischen gemäß § 127 Abs. 2 und 3 bestellten Sachverständigen darüber einzuholen, ob der Antragsteller die Lehrbefähigung für die in Betracht kommenden Klassen von Fahrzeugen besitzt. Dieses Gutachten ist auf Grund der Lehrbefähigungsprüfung (§ 118) zu erstatten. Es hat nur auszusprechen, ob der Begutachtete die Lehrbefähigung für Fahrschullehrer für die in Betracht kommenden Klassen von Fahrzeugen besitzt oder nicht. Wurde die Prüfung nicht bestanden, so darf sie nach einem Monat wiederholt werden. Im Zuge desselben Verfahrens darf die Prüfung nicht mehr als viermal wiederholt werden. Das Gutachten ist von beiden Sachverständigen gemeinsam zu erstatten und darf nur „fachlich befähigt" lauten, wenn beide Sachverständigen dieser Ansicht sind. Bei Ablehnung oder Zurückziehung des Antrages auf Erteilung der Fahrschullehrerberechtigung wegen mangelnder Lehrbefähigung darf ein neuerlicher Antrag nicht vor Ablauf von zwei Jahren gestellt werden. *(BGBl I 2013/43)*

(4) Vor der Ausdehnung einer Fahrschullehrerberechtigung auf weitere Klassen „ " von Fahrzeugen hat die Bezirksverwaltungsbehörde nur ein Ergänzungsgutachten im Sinne des Abs. 3 über das Vorliegen der für die angestrebte Ausdehnung erforderlichen Voraussetzungen einzuholen. *(BGBl I 2002/65; BGBl I 2013/43)*

(5) Die Fahrschullehrerberechtigung ist zu entziehen, wenn die Voraussetzungen für ihre Erteilung nicht mehr gegeben sind; dies gilt jedoch nicht bei der Entziehung der Lenkberechti-

gung wegen „mangelnder gesundheitlicher Eignung". *(BGBl I 2002/65; BGBl I 2020/134)*

(6) Die Bezirksverwaltungsbehörde hat auf Antrag unter Beachtung der Bestimmungen des Abs. 1 erster Satz Inhabern einer Lehrberechtigung als Heeresfahrschullehrer eine Fahrschullehrerberechtigung für die jeweils in Betracht kommenden Klassen zu erteilen, wenn ein solcher Antrag bis zum Ablauf eines Jahres nach dem Ausscheiden aus der Fachverwendung beim Bundesministerium für Landesverteidigung und Sport unter Vorlage einer Dienstbestätigung des Bundesministeriums für Landesverteidigung und Sport gestellt wird. *(BGBl I 2017/102)*

(6a) Die „ " Ausbildung von Fahrschullehrern darf nur durch Ausbildungsstätten erfolgen, die hiezu vom Landeshauptmann ermächtigt worden sind. Vor der Entscheidung sind die zuständigen gesetzlichen Interessenvertretungen der Arbeitgeber und Arbeitnehmer zu hören. *(BGBl 1988/375; BGBl I 2013/43)*

(7) Durch Verordnung sind nach den Erfordernissen der Verkehrssicherheit, dem jeweiligen Stand der Wissenschaft und Technik entsprechend, die näheren Bestimmungen über die im Abs. 6a angeführten Ausbildungsstätten hinsichtlich

a) ihrer Ausstattung,

b) ihres Lehrpersonals und

c) ihres Lehrplanes

festzusetzen. Ferner kann auch eine in periodischen Zeitabständen durchzuführende Weiterbildung von Fahrschullehrern angeordnet werden, wobei in sinngemäßer Anwendung des ersten Satzes die näheren Bestimmungen über die Weiterbildungsstätten festzusetzen sind. Der Bundesminister für „Klimaschutz, Umwelt, Energie, Mobilität, Innovation und Technologie" kann auch nach Herstellung des Einvernehmens mit dem Bundesminister für Finanzen eine zentrale Ausbildungsstätte zur Vereinheitlichung der theoretischen und praktischen Ausbildung und zur Weiterbildung einrichten. In diesem Fall kann der Besuch dieser Ausbildungsstätte für Bewerber um eine Fahrschullehrerberechtigung ganz oder teilweise für verbindlich erklärt werden. *(BGBl 1988/375; BGBl I 2020/134)*

Fahrlehrer

§ 117. (1) Die Berechtigung, als Fahrlehrer an einer Fahrschule praktischen Fahrunterricht zu erteilen, darf nur Personen erteilt werden, die die im § 109 Abs. 1 lit. b und g angeführten Voraussetzungen erfüllen; § 2 Abs. 1 bis 3 FSG gilt mit der Maßgabe, dass die Fahrlehrerberechtigung für die Klasse C oder D „ " nicht auch die Fahrlehrerberechtigung für die Klassen B und F umfasst. Die Bestimmungen des § 109 Abs. 5 bis 9 und § 116 Abs. 2a, 3 und 4 sind auf Fahrlehrer sinngemäß anzuwenden. Die Fahrlehrerberechtigung ist zu entziehen, wenn die Voraussetzungen für ihre Erteilung nicht mehr gegeben sind. *(BGBl I 2009/94; BGBl I 2013/43)*

(2) § 116 Abs. 2, 6, 6a und 7 gelten sinngemäß. *(BGBl I 2019/19)*

Lehrbefähigungsprüfung für Fahrschullehrer und Fahrlehrer

§ 118. (1) Die Lehrbefähigungsprüfung für Fahrschullehrer und Fahrlehrer hat aus einer theoretischen und einer praktischen Prüfung zu bestehen. Sie kann für ein Ergänzungsgutachten den Ergebnissen bereits bestandener Lehrbefähigungsprüfungen entsprechend abgekürzt werden.

(2) Die theoretische Prüfung ist bei Bewerbern um eine Fahrschullehrerberechtigung schriftlich und mündlich, bei Bewerbern um eine Fahrlehrerberechtigung nur mündlich abzunehmen. Der Prüfungswerber hat im Zuge der mündlichen Prüfung auch seine Fähigkeit zu erweisen, die zum Lenken von Fahrzeugen der in Betracht kommenden Klassen „ " notwendigen Kenntnisse in geeigneter Weise zu vermitteln. Bei Bewerbern um eine Fahrschullehrerberechtigung ist hiezu auch ein Vortrag über ein im Fahrschulunterricht in Betracht kommendes Thema erforderlich. *(BGBl I 1997/121; BGBl I 2013/43)*

(3) Die praktische Prüfung darf erst abgenommen werden, wenn die theoretische Prüfung mit Erfolg abgelegt worden ist. Bei der praktischen Prüfung ist eine Prüfungsfahrt vorzunehmen, bei der der Prüfungswerber auch in den schwierigsten Verkehrslagen seine Fahrsicherheit und seine Fähigkeit zu erweisen hat, Fahrschülern in geeigneter Weise die Fertigkeit zu vermitteln, ein Kraftfahrzeug sachgemäß und vorschriftsmäßig zu lenken, und bei Gefahren und Fehlern des Fahrschülers rechtzeitig auf dessen Fahrweise entsprechend Einfluß zu nehmen.

(4) Nach der Prüfung haben die Prüfer dem Prüfungswerber bekanntzugeben, ob er die Prüfung bestanden hat. Wenn er die Prüfung nicht bestanden hat, haben ihm die Prüfer die Begründung hiefür bekanntzugeben. Wurde die theoretische Prüfung oder ihr schriftlicher oder mündlicher Teil bestanden, so darf die theoretische Prüfung oder der bereits bestandene Teil bei Wiederholungen innerhalb von sechs Monaten nicht mehr abgenommen werden. *(BGBl I 2013/43)*

(5) Durch Verordnung sind nach den Erfordernissen der Verkehrs- und Betriebssicherheit und der Ausbildung von Kraftfahrzeuglenkern, dem jeweiligen Stand der Technik entsprechend, die näheren Bestimmungen über die Lehrbefähigungsprüfung für Fahrschullehrer und Fahrlehrer festzusetzen.

Lenkerausbildung in land- und forstwirtschaftlichen Lehranstalten und in berufsbildenden höheren und mittleren Schulen

§ 119. (1) Land- und forstwirtschaftliche Lehr- oder Versuchsanstalten sind befugt, ihre Schüler im Lenken von Zugmaschinen, Motorkarren und selbstfahrenden Arbeitsmaschinen auszubilden, wenn diese Ausbildung erforderlich ist, um das durch den Lehrplan vorgeschriebene Lehrziel zu erreichen.

(2) Das Abhalten von Fahrkursen außerhalb des Sitzes der Anstalt ist nur in einer anderen land- und forstwirtschaftlichen Lehr- oder Versuchsanstalt und nur für die Schüler dieser Anstalt zulässig. Hiefür ist die Bewilligung der Bezirksverwaltungsbehörde erforderlich, in deren örtlichem Wirkungsbereich der Fahrkurs abgehalten werden soll; diese Bewilligung gilt jeweils nur für einen Fahrkurs. *(BGBl I 2002/65)*

(3) Höhere technische Lehranstalten maschinen- oder elektrotechnischer Richtung, höhere Lehranstalten für Landtechnik im Sinne des § 11 Abs. 1 lit. e des Land- und forstwirtschaftlichen Bundesschulgesetzes, BGBl. Nr. 175/1966, und Fachschulen maschinen- oder elektrotechnischer Richtung sind befugt, ihre Schüler im Lenken von Kraftfahrzeugen auszubilden, wenn diese Ausbildung erforderlich ist, um das durch den Lehrplan vorgeschriebene Lehrziel zu erreichen; dies gilt jedoch bei einer höheren Lehranstalt nur für die Schüler des vierten und fünften Jahrganges und bei einer Fachschule nur für die Schüler der dritten und vierten Klasse.

(4) Die in den Abs. 1 und 3 angeführten Anstalten haben für die Ausbildung von Fahrschülern einen Leiter, bei dem die Voraussetzungen des § 109 Abs. 1 lit. a, b und d bis g gegeben sind, und die erforderlichen Ausbilder zu bestellen.

(5) Für die in den Abs. 1, 3 und 4 angeführten Anstalten, Leiter und Ausbilder gelten die Bestimmungen der §§ 112 bis 114 und der §§ 116 und 117 sinngemäß.

Ausbildung von Kraftfahrern öffentlicher Dienststellen

§ 120. (1) Die Dienststellen des Bundes, der Länder, der Gemeindeverbände oder der Ortsgemeinden mit mehr als 50.000 Einwohnern und der von diesen Gebietskörperschaften unter ihrer Haftung betriebenen Unternehmungen dürfen für öffentlich Bedienstete, für die zur Erfüllung ihrer dienstlichen Aufgaben der Besitz einer „Lenkberechtigung" von Bedeutung ist und die für die angestrebte „Lenkberechtigung" erforderliche Mindestalter erreicht haben oder in spätestens drei Monaten erreichen, Lehrgänge zur Ausbildung im Lenken von Kraftfahrzeugen abhalten. Die Lehrgänge dürfen nur von Ausbildnern abgehalten werden, die dem Personalstand dieser Dienststellen angehören und die auf Grund ihrer Erfahrungen und Kenntnisse zur Verwendung als Ausbildner geeignet sind. *(BGBl I 2019/19)*

(2) Für Schulfahrten mit Kraftwagen dürfen, soweit nicht besondere Umstände vorliegen, nur Fahrzeuge verwendet werden, bei denen es möglich ist, vom Platz neben dem Lenkerplatz aus auf die Fahrweise des Fahrschülers hinreichend Einfluß zu nehmen. Diese Fahrzeuge müssen durch am Fahrzeug angebrachte Tafeln mit dem Buchstaben „L" in vollständig sichtbarer und dauernd gut lesbarer und unverwischbarer weißer Schrift auf hellblauem Grund sowie durch am Fahrzeug angebrachte Tafeln mit einer vollständig sichtbaren und dauernd gut lesbaren und unverwischbaren Aufschrift aus beiden Fahrtrichtungen anderen Straßenbenützern als Fahrzeuge für Schulfahrten erkennbar sein. Eine solche Kenntlichmachung von Fahrzeugen, die nicht zur Ausbildung von Lenkern verwendet werden, ist unzulässig.

(3) Der Ausbildner hat auf Schulfahrten eine Bescheinigung seiner Dienststelle über seine Bestellung zum Ausbildner mitzuführen und den Organen des öffentlichen Sicherheitsdienstes oder der Straßenaufsicht auf Verlangen zur Überprüfung auszuhändigen. Die Bestimmungen des § 114 Abs. 4 über die Erteilung des praktischen Unterrichtes gelten sinngemäß. *(BGBl 1976/352)*

(4) Durch Verordnung sind nach den Erfordernissen der Verkehrs- und Betriebssicherheit, dem jeweiligen Stand der Technik entsprechend, die näheren Bestimmungen über die im Abs. 1 angeführte Ausbildung, insbesondere hinsichtlich der Omnibuslenker für den Stadtverkehr, festzusetzen.

(5) Die Bestimmungen der Abs. 1 bis 4 gelten sinngemäß für die Zusatzausbildung von Kraftfahrzeuglenkern

1. der Feuerwehr in Landesfeuerwehrschulen, wobei die Ausbildung für Feuerwehrfahrzeuge mit einer höchsten zulässigen Gesamtmasse bis 5 500 kg auch außerhalb der Landesfeuerwehrschulen direkt durch die Feuerwehren erfolgen kann, *(BGBl I 2013/43)*

2. der Kraftfahrlinien-Unternehmungen, die mit durchschnittlich mehr als 50 Omnibussen Ortslinienverkehr oder Stadtrundfahrten betreiben,

3. der gesetzlich anerkannten Rettungsorganisationen für Rettungs- und Krankentransportfahrzeuge mit einer höchsten zulässigen Gesamtmasse bis 5 500 kg.

(BGBl I 2010/116)

Ausbildung von Lenkern von Heereskraftfahrzeugen

§ 121. (1) Das Ausbilden von Lenkern von Heereskraftfahrzeugen obliegt dem Bundesministerium für Landesverteidigung. Als Heeresfahrschullehrer und Heeresfahrlehrer dürfen nur Personen verwendet werden, die hiezu auf Grund ihrer Erfahrungen und Kenntnisse geeignet sind. Hierüber ist den Heeresfahrschullehrern und Heeresfahrlehrern ein Heeresfahrlehrerausweis auszustellen, aus dem zu entnehmen ist, für welche Klassen „ " von Fahrzeugen sie Unterricht erteilen dürfen. *(BGBl I 1997/121; BGBl I 2019/19)*

(2) Für Schulfahrten mit Kraftwagen dürfen, soweit nicht besondere Umstände vorliegen, nur Fahrzeuge verwendet werden, bei denen es möglich ist, vom Platz neben dem Lenkerplatz aus auf die Fahrweise des Fahrschülers hinreichend Einfluß zu nehmen. Die Bestimmungen des § 120 Abs. 2 über die Kenntlichmachung der Schulfahrzeuge gelten sinngemäß. Eine solche Kenntlichmachung von Fahrzeugen, die nicht zur Ausbildung von Lenkern verwendet werden, ist unzulässig.

(3) Die Heeresfahrschullehrer und Heeresfahrlehrer haben auf Schulfahrten den Heeresfahrlehrerausweis (Abs. 1) mitzuführen und den Organen des öffentlichen Sicherheitsdienstes oder der Straßenaufsicht auf Verlangen zur Überprüfung auszuhändigen. Die Bestimmungen des § 114 Abs. 4 über die Erteilung des praktischen Unterrichtes gelten sinngemäß. *(BGBl 1976/352)*

Übungsfahrten

§ 122. (1) Ein Bewerber um eine Lenkberechtigung für Kraftwagen darf Übungsfahrten auf Straßen mit öffentlichem Verkehr nur in Begleitung eines Besitzers einer Lenkberechtigung für die betreffende Klasse durchführen, wenn er hiefür eine Bewilligung der Behörde besitzt. Der Antrag auf Bewilligung von Übungsfahrten ist bei der vom Bewerber um eine Lenkberechtigung besuchten Fahrschule einzubringen und von dieser im Führerscheinregister zu erfassen. Über den Antrag hat die Behörde zu entscheiden, in deren Sprengel die vom Antragsteller besuchte Fahrschule ihren Sitz hat. Im Antrag sind eine oder zwei Begleitpersonen anzugeben. Diese dürfen für ihre Tätigkeit kein Entgelt annehmen.

(2) Die im Abs. 1 angeführte Bewilligung ist zu erteilen, wenn folgende Voraussetzungen erfüllt sind:

1. der Bewerber um eine Lenkberechtigung muss

a) das erforderliche Mindestalter (§ 6 FSG) erreicht haben oder in spätestens sechs Monaten erreichen,

b) verkehrszuverlässig (§ 7 FSG) sein,

c) zum Lenken von Kraftfahrzeugen der betreffenden Klasse gesundheitlich geeignet (§ 8 FSG) sein und

d) nachweisen, dass er im Rahmen des Betriebes einer Fahrschule die theoretische Schulung, die theoretische Einweisung gemeinsam mit einem Begleiter und die praktische Vorschulung und Grundschulung absolviert hat;

2. der Begleiter

a) muss seit mindestens sieben Jahren eine Lenkberechtigung für die betreffende Klasse besitzen,

b) muss während der der Einbringung des Antrages um die Bewilligung unmittelbar vorangehenden drei Jahre Kraftfahrzeuge der betreffenden Klasse gelenkt haben,

c) muss in einem besonderen Naheverhältnis zum Bewerber stehen und

d) darf innerhalb der in lit. b angeführten Zeit nicht wegen eines der § 7 Abs. 3 FSG genannten Delikte bestraft worden sein und darf nicht zwei zu berücksichtigende Vormerkungen im Sinne von § 30a Abs. 2 FSG aufweisen.

(3) Die Bewilligung darf einem Bewerber um eine Lenkberechtigung nur einmal und für nicht länger als 18 Monate erteilt werden. Der oder die Begleiter sind im Bewilligungsbescheid namentlich anzuführen. Die Bewilligung ist, soweit dies auf Grund der Erhebungen oder wegen der Art der angestrebten Lenkberechtigung nach den Erfordernissen der Verkehrssicherheit nötig ist, unter den entsprechenden Auflagen oder zeitlichen, örtlichen oder sachlichen Beschränkungen der Gültigkeit zu erteilen. Die Erteilung der Bewilligung zur Durchführung von Übungsfahrten an Bewerber, denen die Lenkberechtigung entzogen wurde, ist während der Entziehungsdauer unzulässig.

(4) Besitzern einer in einem Nicht-EWR-Staat erteilten Lenkberechtigung, die von dieser in Österreich nicht mehr Gebrauch machen dürfen und dem Verfahren gemäß § 23 Abs. 3 FSG unterliegen, ist auf Antrag eine Bewilligung zur Durchführung von Übungsfahrten zur Vorbereitung auf die praktische Fahrprüfung für nicht länger als sechs Monate zu erteilen. Der Antrag kann bei jeder Behörde eingebracht werden. Für solche Bewilligungen findet Abs. 5 keine Anwendung und Abs. 2 Z 1 lit. d ist mit der Maßgabe anzuwenden, dass lediglich die theoretische Einweisung gemeinsam mit dem Begleiter nachzuweisen ist.

(5) Nach der Erteilung der Bewilligung hat der Bewerber um eine Lenkberechtigung die praktische Hauptschulung in Form von Übungsfahrten mit dem Begleiter durchzuführen. Über diese Übungsfahrten ist ein Fahrtenprotokoll zu führen. Nach mindestens 1 000 gefahrenen Kilometern ist gemeinsam mit dem Begleiter eine Beobachtungsfahrt im Rahmen einer Fahrschule durchzuführen und es ist die Perfektionsschulung in einer Fahrschule zu absolvieren. Durch Verordnung sind der Umfang und die Inhalte der in der Fahr-

schule zu absolvierenden Ausbildungsteile festzusetzen. Das Fahrtenprotokoll ist gemeinsam mit dem Nachweis der Absolvierung der jeweils erforderlichen Ausbildung gemäß § 10 Abs. 2 FSG der Behörde vorzulegen.

(6) Der Bewerber um eine Lenkberechtigung hat im Bewilligungsbescheid erteilte Auflagen oder Beschränkungen einzuhalten und hat auf Übungsfahrten den Bewilligungsbescheid und einen amtlichen Lichtbildausweis, der Begleiter seinen Führerschein mitzuführen und den Organen des öffentlichen Sicherheitsdienstes und der Straßenaufsicht auf Verlangen zur Überprüfung auszuhändigen. Der Begleiter hat die im § 114 Abs. 4 Z 1 bis 5 lit. a angeführten Pflichten zu erfüllen. Bei der Durchführung von Übungsfahrten darf sowohl beim Bewerber um eine Lenkberechtigung als auch beim Begleiter der Alkoholgehalt des Blutes nicht mehr als 0,1 g/l (0,1 Promille) oder der Alkoholgehalt der Atemluft nicht mehr als 0,05 mg/l betragen.

(7) Der Begleiter hat dafür zu sorgen, dass bei Übungsfahrten vorne und hinten am Fahrzeug eine Tafel mit dem Buchstaben „L" in vollständig sichtbarer und gut lesbarer und unverwischbarer weißer Schrift auf „blauem"* Grund sowie eine Tafel mit der vollständig sichtbaren und dauernd gut lesbaren und unverwischbaren Aufschrift „Übungsfahrt" angebracht ist. „Wahlweise ist es auch zulässig, das bei Übungsfahrten verwendete Kraftfahrzeug mit einer Tafel für Ausbildungsfahrten gemäß § 19 Abs. 2 FSG zu kennzeichnen."** *(* BGBl I 2016/40; ** BGBl I 2020/134)*

(8) Die im Abs. 1 angeführte Bewilligung erlischt durch Zeitablauf. Die Bewilligung ist zu entziehen, wenn

1. die Voraussetzungen zu ihrer Erteilung nicht mehr gegeben sind,

2. die bei ihrer Erteilung vorgeschriebenen Beschränkungen oder Auflagen nicht eingehalten werden,

3. das für die Übungsfahrten verwendete Fahrzeug nicht verkehrs- und betriebssicher oder wiederholt nicht gemäß Abs. 7 gekennzeichnet ist,

4. bei der Durchführung von Übungsfahrten der Bewerber um eine Lenkberechtigung den Bewilligungsbescheid oder den amtlichen Lichtbildausweis oder der Begleiter seinen Führerschein wiederholt nicht mitführt,

5. bei der Durchführung von Übungsfahrten beim Bewerber um eine Lenkberechtigung oder beim Begleiter der Alkoholgehalt des Blutes mehr als 0,1 g/l (0,1 Promille) oder der Alkoholgehalt der Atemluft mehr als 0,05 mg/l beträgt.

Im Falle der Entziehung der Bewilligung ist der Bewilligungsbescheid unverzüglich der Behörde abzuliefern.

(BGBl I 2013/43)

Lehrfahrten

§ 122a. (1) Personen, die in einem Lehrverhältnis zur Ausbildung als Berufskraftfahrer stehen, ist auf Antrag die Durchführung von Lehrfahrten zu bewilligen, wenn sie

1. das 17. Lebensjahr vollendet haben,

2. zum Lenken von Fahrzeugen der Klassen „ ", für die eine Lenkberechtigung angestrebt wird, *(BGBl I 2019/19)*

a) die erforderliche geistige und körperliche Reife sowie

b) die erforderliche gesundheitliche Eignung (§ 8 FSG) besitzen, und

c) die theoretische Fahrprüfung (§ 11 Abs. 2 FSG) bestanden haben.

Die Bewilligung ist unter Berücksichtigung des § 5 Abs. 5 FSG zu erteilen. Über die erteilte Bewilligung ist dem Antragsteller ein Ausweis (Lernfahrausweis) auszustellen; der Lernfahrausweis ist bei Lehrfahrten mitzuführen und den Organen des öffentlichen Sicherheitsdienstes und der Straßenaufsicht auf Verlangen zur Überprüfung auszuhändigen. Die Bewilligung ist zu entziehen oder einzuschränken, wenn ihre Voraussetzungen nicht oder nicht mehr gegeben sind oder die Voraussetzungen des § 24 FSG vorliegen. *(BGBl I 2002/80)*

(2) Der Lehrberechtigte im Sinne des Berufsausbildungsgesetzes, BGBl. Nr. 142/1969, hat dafür zu sorgen, daß der Besitzer einer Bewilligung gemäß Abs. 1 Kraftfahrzeuge nur lenkt, wenn er von einem Ausbildner begleitet wird. Der Ausbildner muß entweder im Besitz einer entsprechenden Fahrlehrerberechtigung (§ 117) oder einer behördlichen Bewilligung sein. Diese Bewilligung darf nur besonders geeigneten Berufskraftfahrern erteilt werden. *(BGBl 1987/318)*

(3) Die Bewilligung für den Ausbildner ist schriftlich zu erteilen. Sie ist bei Lehrfahrten mitzuführen und den Organen des öffentlichen Sicherheitsdienstes und der Straßenaufsicht auf Verlangen zur Überprüfung auszuhändigen. Sie ist zu entziehen oder einzuschränken, wenn ihre Voraussetzungen nicht oder nicht mehr gegeben sind oder wenn der Ausbildner wegen eines der in § 7 Abs. 3 FSG genannten Delikte rechtskräftig bestraft wurde. Sie erlischt, wenn ihrem Besitzer die Lenkberechtigung entzogen wurde. *(BGBl I 2016/40)*

(4) Die theoretische Ausbildung und die praktische Grundausbildung haben in einer Fahrschule zu erfolgen; die Bezirksverwaltungsbehörde kann jedoch Betriebe zu dieser Ausbildung auf Antrag ermächtigen, die über die im § 110 Abs. 1 lit. a angeführten sachlichen Voraussetzungen sowie über ein dem § 116 bzw. § 117 entsprechendes Lehrpersonal verfügen. Diese Bewilligung erstreckt sich nur auf die Ausbildung von Lehrlin-

gen gem. Abs. 1 des eigenen Betriebes. *(BGBl I 2002/65)*

(5) Für Lehrfahrten dürfen während der Grundausbildung nur Fahrzeuge verwendet werden, die den Vorschriften über Schulfahrzeuge (§ 112 Abs. 3) entsprechen. Auf anderen Fahrzeugen dürfen Lehrfahrten erst durchgeführt werden, wenn der Lehrling die Grundausbildung absolviert hat und die Ausbildungseinrichtung bestätigt, dass die Vermittlung über die Grundkenntnisse der Fahrzeugbeherrschung (§ 11 Abs. 4 Z 2 FSG) erfolgt ist. Bei Lehrfahrten sind die Fahrzeuge in sinngemäßer Anwendung des § 122 Abs. 7 zu kennzeichnen, wobei anstelle des Wortes „Übungsfahrt" das Wort „Lehrfahrt" zu verwenden ist. § 122 Abs. 6 letzter Satz gilt auch für den Ausbildner bei Lehrfahrten. *(BGBl I 2016/40)*

(6) Für die Durchführung von Lehrfahrten gilt § 114 Abs. 4 sinngemäß. Bei Lehrfahrten mit anderen Fahrzeugen als Schulfahrzeugen gilt § 114 Abs. 4 Z 4 mit der Maßgabe, daß der Ausbildner nach den gebotenen Möglichkeiten durch Einflußnahme Unfällen vorzubeugen hat. *(BGBl 1987/318)*

(7) Die theoretische Ausbildung darf erst begonnen werden, wenn der Bewerber das 16. Lebensjahr, die praktische Ausbildung erst, wenn er das 17. Lebensjahr vollendet hat; § 108 Abs. 2 zweiter Satz ist nicht anzuwenden. *(BGBl I 1997/121)*

(8) Abs. 1 bis 3, 5 bis 7 gelten sinngemäß für die im § 120 angeführte Ausbildung. *(BGBl 1987/318)*

(9) Durch Verordnung können nach den Erfordernissen der Verkehrs- und Betriebssicherheit, dem jeweiligen Stand der Technik entsprechend, die näheren Bestimmungen über

a) die Voraussetzungen für die Erteilung der im Abs. 2 angeführten Bewilligung,

b) die Beschaffenheit der für die Lehrfahrten zu verwendenden Kraftfahrzeuge und Anhänger und

c) die Grundausbildung

festgesetzt werden.

(BGBl 1987/318)

§ 122b. *aufgehoben. Siehe § 43 (4) FSG.*

XII. Abschnitt
Zuständigkeit, Sachverständige, Vergütungen

Zuständigkeit

§ 123. (1) Für die in diesem Bundesgesetz vorgesehenen Amtshandlungen ist, sofern darin nichts anderes bestimmt ist, die Bezirksverwaltungsbehörde, im Gebiet einer Gemeinde, für das die Landespolizeidirektion zugleich Sicherheitsbehörde ist, die Landespolizeidirektion zuständig. *(BGBl I 2013/90)*

(1a) *(entfallen, BGBl I 2013/90)*

(1b) *(entfallen, BGBl I 2013/90)*

(2) An der Vollziehung dieses Bundesgesetzes durch die Bezirksverwaltungsbehörden, die „Landespolizeidirektionen" und den Landeshauptmann hat die Bundespolizei mitzuwirken. Die Bundespolizei hat

1. die Einhaltung der kraftfahrrechtlichen Vorschriften auf den Straßen mit öffentlichem Verkehr zu überwachen,

2. Maßnahmen, die für die Einleitung oder Durchführung von Verwaltungsstrafverfahren erforderlich sind, zu treffen und

3. in den in diesem Bundesgesetz ausdrücklich vorgesehenen Fällen einzuschreiten.
(BGBl I 2005/117; BGBl I 2012/50)

(2a) *(aufgehoben, BGBl I 2004/107)*

(3) Der Landeshauptmann hat, wenn dies im Interesse der Zweckmäßigkeit, Raschheit und Einfachheit der Vollziehung gelegen ist, Gemeinden, denen gemäß § 94c der StVO 1960 die Handhabung der Verkehrspolizei durch deren Gemeindewachkörper übertragen ist, durch Verordnung für dieselben Straßen die Mitwirkung an der Vollziehung dieses Bundesgesetzes durch den Gemeindewachkörper im Umfang des Abs. 2 Z 1 bis 3 zu übertragen. Die Übertragung ist durch Verordnung zu widerrufen oder einzuschränken, wenn die Voraussetzungen, unter denen sie erfolgt ist, überhaupt weggefallen oder nicht mehr im bisherigen Umfang gegeben sind. Die Ermächtigung der übrigen Organe der Straßenaufsicht, an der Vollziehung dieses Bundesgesetzes mitzuwirken, bleibt unberührt. *(BGBl I 2009/94)*

(3a) Die Bestätigung, aus der die Anzahl der für ein Fahrzeug zu verwendenden Ökopunkte hervorgeht (COP-Dokument), ist von dem Landeshauptmann auszustellen, der das Fahrzeug gemäß § 31 genehmigt hat. Das COP-Dokument ist von der Entrichtung von Stempelgebühren und Bundesverwaltungsabgaben befreit; das gilt auch für im Ausland ausgestellte COP-Dokumente. *(BGBl 1993/456)*

(4) Die im § 103 Abs. 2 und § 103a Abs. 2 angeführten Erhebungen sind im Sinne des § 39 Abs. 2 letzter Satz AVG, außer bei Gefahr in Verzug, schriftlich oder telefonisch durchzuführen. Liegt einer Erhebung gemäß § 103 Abs. 2 die Begehung einer Verwaltungsübertretung zugrunde, ist die Erhebung von der für die Ausübung des Verwaltungsstrafrechtes zuständigen Behörde, sofern diese eine „Bezirksverwaltungsbehörde oder Landespolizeidirektion" ist, zu führen. In diesen Fällen ist diese Behörde auch sachlich und örtlich für die Durchführung eines Strafverfahrens wegen Übertretung des § 103

Abs. 2 zuständig. *(BGBl I 2002/80; BGBl I 2012/50)*

(5) Die Behörden des Bundes, der Länder und Gemeinden, die Geschäftsstellen des Arbeitsmarktservice sowie die Träger der Sozialversicherung sind ermächtigt und auf Anfrage verpflichtet, der Behörde personenbezogene Daten von Personen zu übermitteln, die für Maßnahmen nach diesem Bundesgesetz von Bedeutung sein können. Eine Verweigerung der Auskunft ist nicht zulässig. *(BGBl I 2002/80)*

Kontrollkarte

§ 123a. (1) Jede zuständige Stelle gemäß Abs. 2 kann Kontrollkarten beim Bundesminister für „Klimaschutz, Umwelt, Energie, Mobilität, Innovation und Technologie" bestellen. Aufgrund der Bestellung hat der Bundesminister für „Klimaschutz, Umwelt, Energie, Mobilität, Innovation und Technologie" die unter Randnummer 175 des Anhangs I B der Verordnung (EWG) Nr. 3821/85 vorgesehenen personenbezogenen Daten automationsunterstützt zu erfassen und über eine gesicherte Datenverbindung an das zentrale Register für Kontrollgerätekarten (§ 102b) weiterzuleiten. Als Name der Kontrollstelle im Sinne der Randnummer 175 des Anhangs I B der Verordnung (EWG) Nr. 3821/85 ist auf der Karte und im zentralen Register für Kontrollgerätekarten die Organisationseinheit innerhalb der zuständigen Stelle anzugeben, der diese Kontrollkarte zugeordnet ist. Der Bundesminister für „Klimaschutz, Umwelt, Energie, Mobilität, Innovation und Technologie" hat zu prüfen, ob alle Voraussetzungen zur Ausstellung der Kontrollkarte vorliegen. Sind die Voraussetzungen erfüllt, hat der Bundesminister für „Klimaschutz, Umwelt, Energie, Mobilität, Innovation und Technologie" im Wege der Bundesrechenzentrum GmbH den Auftrag zur Ausstellung der Kontrollkarte zu erteilen. Für die Ausstellung der Kontrollkarte ist ein Kostenersatz an den Bundesminister für „Klimaschutz, Umwelt, Energie, Mobilität, Innovation und Technologie" zu entrichten. Die Höhe des Kostensatzes ist durch Verordnung des Bundesministers für „Klimaschutz, Umwelt, Energie, Mobilität, Innovation und Technologie" festzulegen. *(BGBl I 2020/134)*

(2) Zuständige Stellen im Sinne des Abs. 1 sind:

1. der Bundesminister für Inneres für die Organe des öffentlichen Sicherheitsdienstes,

2. der Bundesminister für Finanzen für die Organe der Finanzverwaltung,

3. der Bundesminister für „Klimaschutz, Umwelt, Energie, Mobilität, Innovation und Technologie"** „ "*, *(BGBl I 2012/35; *BGBl I 2017/102; **BGBl I 2020/134)*

4. der Bundesminister für Arbeit, Soziales und Konsumentenschutz für die Organe der Arbeitsinspektorate, *(BGBl I 2012/35)*

5. der Landeshauptmann für die Sachverständigen gemäß § 125 und für sonstige Organe der Straßenaufsicht, für Organe, die Tiertransportkontrollen durchführen sowie Organe der Gemeindesicherheitswache, sofern diese Kontrollen der Lenk- und Ruhezeiten durchführen, *(BGBl I 2008/6)*

6. der Hauptverband der Sozialversicherungsträger für die Organe der Krankenversicherungsträger.

(3) Bei Verlust oder Diebstahl einer Kontrollkarte ist dies von der Kontrollstelle unverzüglich unter Angabe der Kartennummer dem Bundesminister für „Klimaschutz, Umwelt, Energie, Mobilität, Innovation und Technologie" zu melden. Der Bundesminister für „Klimaschutz, Umwelt, Energie, Mobilität, Innovation und Technologie" hat diesen Sachverhalt unverzüglich an das zentrale Register für Kontrollgerätekarten weiterzuleiten. *(BGBl I 2020/134)*

(BGBl I 2004/175)

Sachverständige für die Typenprüfung

§ 124. (1) Der Bundesminister für „Klimaschutz, Umwelt, Energie, Mobilität, Innovation und Technologie"** hat zur Begutachtung von Typen von Kraftfahrzeugen oder Anhängern, von Fahrgestellen solcher Fahrzeuge oder Teilen oder Ausrüstungsgegenständen solcher Fahrzeuge (§ 29 Abs. 4) technische Sachverständige zu bestellen. Die Sachverständigen müssen für diese Begutachtung besonders geeignet sein. Ein Verzeichnis der bestellten Sachverständigen ist im „Bundesministerium für „Klimaschutz, Umwelt, Energie, Mobilität, Innovation und Technologie"*** zur allgemeinen Einsicht aufzulegen. Dieses Verzeichnis muß mindestens je einen Sachverständigen aus dem Personalstand des Bundesministeriums für Land- und Forstwirtschaft und des Bundesministeriums für Landesverteidigung sowie mindestens zwei aus dem Personalstand eines jeden Bundeslandes enthalten, sofern ein Vorschlag des jeweiligen Landeshauptmannes vorliegt. *(BGBl I 2002/80; *BGBl I 2019/19; **BGBl I 2020/134)*

(2) Zu Sachverständigen gemäß Abs. 1 dürfen nur bestellt werden:

1. mit Angelegenheiten des Kraftfahrwesens befaßte Bedienstete aus dem Personalstand einer Gebietskörperschaft, bei denen folgende Voraussetzungen gegeben sind:

a) Abschluss eines Diplom- oder Masterstudiums im Bereich Maschinenbau oder Elektrotechnik an einer österreichischen Technischen Universität, oder wenn für die vor der Genehmigung gemäß § 35 einzuholenden Gutachten die Anzahl der Personen, bei denen diese Voraussetzungen gegeben sind, nicht ausreicht, Abschluss eines Bachelorstudiums im Bereich Maschinenbau oder Elektrotechnik oder erfolgreich bestandene Reife- oder Diplomprüfung an einer österreichischen Höheren technischen und gewerblichen Lehranstalt mit einem maschinenbaulichen, mechatronischen, elektrotechnischen oder elektronischen Ausbildungsschwerpunkt, unbeschadet zwischenstaatlicher Vereinbarungen über die gegenseitige Anerkennung akademischer Grade, *(BGBl I 2007/57)*

b) Besitz einer Lenkberechtigung für die Klasse B seit mindestens drei Jahren sowie einer Lenkberechtigung für die Klasse C und *(BGBl I 1997/121)*

c) Zustimmung der Dienstbehörde des Bediensteten zu seiner Heranziehung als Sachverständiger, auch hinsichtlich des Ausmaßes und der Zeiten. Durch diese Zustimmung werden die Verpflichtungen des Bediensteten gegenüber seiner Dienstbehörde nicht berührt;

2. nicht dem Personalstand einer Gebietskörperschaft angehörende Personen, bei denen folgende Voraussetzungen gegeben sind:

a) österreichische Staatsbürgerschaft, wobei Angehörige einer Vertragspartei des Europäischen Wirtschaftsraumes österreichischen Staatsbürgern gleichgestellt sind. *(BGBl 1993/456)*

b) Abschluss eines Diplom- oder Masterstudiums im Bereich Maschinenbau oder Elektrotechnik an einer österreichischen Technischen Universität, unbeschadet zwischenstaatlicher Vereinbarungen über die gegenseitige Anerkennung akademischer Grade, *(BGBl I 2007/57)*

c) eine mindestens dreijährige Tätigkeit im Kraftfahrwesen und

d) Besitz einer Lenkberechtigung für die Klasse B seit mindestens drei Jahren sowie einer Lenkberechtigung für die Klasse C. *(BGBl I 1997/121)*
(BGBl 1977/615)

(3) Der Bundesminister für „Klimaschutz, Umwelt, Energie, Mobilität, Innovation und Technologie" kann auch Besitzer anderer als der im Abs. 2 Z. 1 lit. a und Z. 2 angeführten Diplome zu Sachverständigen gemäß Abs. 1 bestellen, wenn sie eine der im Abs. 2 Z. 1 lit. a und Z. 2 lit. b angeführten Ausbildung gleichwertige Ausbildung genossen haben und bei ihnen die übrigen im Abs. 2 angeführten Voraussetzungen vorliegen. *(BGBl 1986/106; BGBl I 2020/134)*

Sachverständige für die Einzelprüfung

§ 125. (1) Der Landeshauptmann hat zur Begutachtung einzelner Kraftfahrzeuge oder Anhänger oder Fahrgestelle solcher Fahrzeuge (§ 31 Abs. 2) technische Sachverständige zu bestellen. Die Sachverständigen müssen für diese Begutachtung besonders geeignet sein. Ein Verzeichnis der für das Bundesland bestellten Sachverständigen ist beim Landeshauptmann zur allgemeinen Einsicht aufzulegen.

(2) Zu Sachverständigen gemäß Abs. 1 dürfen nur bestellt werden:

1. mit Angelegenheiten des Kraftfahrwesens befaßte Bedienstete aus dem Personalstand einer Gebietskörperschaft, bei denen folgende Voraussetzungen gegeben sind:

a) Abschluss eines Diplom- oder Masterstudiums im Bereich Maschinenbau oder Elektrotechnik an einer österreichischen Technischen Universität, oder wenn die Anzahl der Personen, bei denen diese Voraussetzungen gegeben sind, nicht ausreicht, Abschluss eines Bachelorstudiums im Bereich Maschinenbau oder Elektrotechnik oder erfolgreich bestandene Reife- oder Diplomprüfung an einer österreichischen Höheren technischen und gewerblichen Lehranstalt mit einem maschinenbaulichen, mechatronischen, elektrotechnischen oder elektronischen Ausbildungsschwerpunkt, unbeschadet zwischenstaatlicher Vereinbarungen über die gegenseitige Anerkennung akademischer Grade, *(BGBl I 2007/57)*

b) Besitz einer Lenkberechtigung für die Klasse B seit mindestens drei Jahren sowie einer Lenkberechtigung für die Klasse C und *(BGBl I 1997/121)*

c) Zustimmung der Dienstbehörde des Bediensteten zu seiner Heranziehung als Sachverständiger, auch hinsichtlich des Ausmaßes und der Zeiten. Durch diese Zustimmung werden die Verpflichtungen des Bediensteten gegenüber seiner Dienstbehörde nicht berührt;

2. nicht dem Personalstand einer Gebietskörperschaft angehörende Personen, bei denen folgende Voraussetzungen gegeben sind:

a) österreichische Staatsbürgerschaft, wobei Angehörige einer Vertragspartei des Europäischen Wirtschaftsraumes österreichischen Staatsbürgern gleichgestellt sind. *(BGBl 1993/456)*

b) Abschluss eines Diplom- oder Masterstudiums im Bereich Maschinenbau oder Elektrotechnik an einer österreichischen Technischen Universität, oder wenn die Anzahl der Personen, bei denen diese Voraussetzungen gegeben sind, nicht ausreicht, Abschluss eines Bachelorstudiums im Bereich Maschinenbau oder Elektrotechnik oder erfolgreich bestandene Reife- oder Diplomprüfung an einer österreichischen Höheren technischen und gewerblichen Lehranstalt mit einem maschinenbaulichen, mechatronischen, elektrotechnischen oder elektronischen Ausbildungsschwerpunkt, unbeschadet zwischenstaatlicher Vereinbarungen über die gegenseitige Anerkennung akademischer Grade, *(BGBl I 2007/57)*

c) eine mindestens dreijährige Tätigkeit im Kraftfahrwesen und

d) Besitz einer Lenkberechtigung für die Klasse B seit mindestens drei Jahren sowie einer Lenkberechtigung für die Klasse C. *(BGBl I 1997/121)*
(BGBl 1977/615)

(3) Der Landeshauptmann kann auch Besitzer anderer als der im Abs 2 Z 1 lit. a und Z 2 lit. b angeführten Diplome und Reifezeugnisse zu Sachverständigen gemäß Abs. 1 bestellen, wenn er festgestellt hat, daß sie eine der im Abs. 2 Z 1 lit. a und Z 2 lit. b angeführten Ausbildung gleichwertige Ausbildung genossen haben und bei ihnen die übrigen in Abs. 2 angeführten Voraussetzungen vorliegen. Eine solche Feststellung gilt für das gesamte Bundesgebiet. *(BGBl 1992/452, KompetenzänderungsG 1992)*

§ 126. *(aufgehoben, BGBl I 1997/121)*

Sachverständige für die Lehrbefähigungsprüfung für Fahrschullehrer und Fahrlehrer

§ 127. (1) Der Landeshauptmann hat zur Begutachtung der Lehrbefähigung von Fahrschullehrern und Fahrlehrern rechtskundige und technische Sachverständige zu bestellen. Die Sachverständigen müssen für diese Begutachtung besonders geeignet sein. Ein Verzeichnis der für das Bundesland bestellten Sachverständigen ist beim Landeshauptmann zur allgemeinen Einsicht aufzulegen.

(2) Zu rechtskundigen Sachverständigen dürfen nur rechtskundige Bedienstete aus dem Personalstand einer Gebietskörperschaft bestellt werden, bei denen folgende Voraussetzungen gegeben sind:

a) Besitz einer Lenkberechtigung für die Klasse B seit mindestens drei Jahren, *(BGBl I 1997/121)*

b) Zustimmung der Dienstbehörde des Bediensteten zu seiner Heranziehung als Sachverständiger, auch hinsichtlich des Ausmaßes und der Zeiten. Durch diese Zustimmung werden die Verpflichtungen des Bediensteten gegenüber seiner Dienstbehörde nicht berührt.

(3) Zu technischen Sachverständigen dürfen nur mit Angelegenheiten des Kraftfahrwesens befasste Bedienstete aus dem Personalstand einer Gebietskörperschaft bestellt werden, bei denen folgende Voraussetzungen gegeben sind:

a) Abschluss eines Diplom- oder Masterstudiums im Bereich Maschinenbau oder Elektrotechnik an einer österreichischen Technischen Universität, oder wenn die Anzahl der Personen, bei denen diese Voraussetzungen gegeben sind, nicht ausreicht, Abschluss eines Bachelorstudiums im Bereich Maschinenbau oder Elektrotechnik oder erfolgreich bestandene Reife- oder Diplomprüfung an einer österreichischen Höheren technischen und gewerblichen Lehranstalt mit einem maschinenbaulichen, mechatronischen, elektrotechnischen oder elektronischen Ausbildungsschwerpunkt, unbeschadet zwischenstaatlicher Vereinbarungen über die gegenseitige Anerkennung akademischer Grade sowie mindestens dreijährige Erfahrung als Fahrprüfer,

b) Besitz einer Lenkberechtigung für die Klasse B seit mindestens drei Jahren sowie einer Lenkberechtigung für die Klasse C und

c) Zustimmung der Dienstbehörde des Bediensteten zu seiner Heranziehung als Sachverständiger, auch hinsichtlich des Ausmaßes und der Zeiten. Durch diese Zustimmung werden die Verpflichtungen des Bediensteten gegenüber seiner Dienstbehörde nicht berührt.
(BGBl I 2007/57)

(4) Der Landeshauptmann kann auch Besitzer anderer als der im Abs. 3 lit. a angeführten Diplome zu technischen Sachverständigen gemäß Abs. 1 bestellen, wenn er festgestellt hat, daß sie eine der im Abs. 3 lit. a angeführten Ausbildung gleichwertige Ausbildung genossen haben und bei ihnen die übrigen im Abs. 3 angeführten Voraussetzungen vorliegen. Eine solche Feststellung gilt für das gesamte Bundesgebiet. *(BGBl 1986/106)*

Allgemeine Bestimmungen über die Sachverständigen

§ 128. (1) Die in den §§ 124 bis 127 angeführten Sachverständigen sind auf die Dauer von höchstens fünf Jahren zu bestellen. Sie sind verpflichtet, die auf Grund dieses Bundesgesetzes von ihnen verlangten Gutachten zu dem von der Behörde bestimmten Zeitpunkt zu erstatten. Sie sind hinsichtlich der zur Erstattung des Gutachtens vorzunehmenden Prüfung bezüglich der dabei anzuwendenden Hilfsmittel und Methoden, insbesondere hinsichtlich von Verzeichnissen der zu erhebenden Umstände und zu stellenden Fragen, sowie hinsichtlich des Inhaltes und des Umfanges der Prüfung an die Weisungen der Behörde gebunden, von der sie bestellt wurden.

(2) Die Sachverständigen sind von ihrer Funktion zu entheben, wenn sie ihre Enthebung selbst beantragt haben, ihre besondere Eignung nicht mehr gegeben ist, sie Weisungen nach Abs. 1 nicht befolgen oder ihre Dienstbehörde die Zustimmung zu ihrer Heranziehung als Sachverständige widerruft. Sie können enthoben werden, wenn sie ohne berücksichtigungswürdige Gründe die Erstattung eines Gutachtens abgelehnt haben.

(BGBl 1977/615)

Vergütung für Gutachten

§ 129. (1) Für die Gutachtertätigkeit zur Erstattung der von der Behörde nach dem III., V., IX. und XI. Abschnitt eingeholten Gutachten gebührt eine Vergütung für die Zeitversäumnis, die Mühewaltung und den Aufwand (Abs. 4):

1. den gemäß §§ 124, 125 und 127 bestellten Sachverständigen,

2. den vom Landeshauptmann gemäß § 57 Abs. 4 zur Abgabe von Gutachten für die Überprüfung von Kraftfahrzeugen und Anhängern ermächtigten Vereinen oder Gewerbetreibenden. *(BGBl I 1997/121)*

Sachverständigen, die dem Personalstand einer Gebietskörperschaft angehören, gebührt jedoch, sofern sie sich nicht bereits im Ruhestand befinden, keine Vergütung für Zeitversäumnis. Der Gesamtbetrag der Vergütungen für alle abgegebenen Gutachten darf in einem Kalenderjahr für den Personalstand einer Gebietskörperschaft angehörende, sich nicht im Ruhestand befindende Sachverständige oder Ärzte 2 725 Euro nicht überschreiten, sofern die Gutachtertätigkeit während der Dienstzeit ausgeübt wird. *(BGBl I 2002/32)*

(2) Die im Abs. 1 angeführte Vergütung ist von der Gebietskörperschaft zu leisten, die den Amtsaufwand der das Gutachten einholenden Behörde zu tragen hat. *(BGBl 1971/285)*

(3) Die im Abs. 2 angeführte Gebietskörperschaft hat bei Sachverständigen, die dem Personalstand einer anderen Gebietskörperschaft angehören, dieser für den Ausfall an Dienstleistungen des Sachverständigen während seiner Gutachtertätigkeit eine Entschädigung in der Höhe von 50 v. H. der gemäß Abs. 4 festgesetzten Vergütung zu leisten. *(BGBl 1971/285)*

(4) Durch Verordnung sind unter Berücksichtigung der Art der Typen, Fahrzeuge, Teile oder Ausrüstungsgegenstände, der Art der für die Begutachtung erforderlichen Prüfungen und Untersuchungen und der Angemessenheit im Hinblick auf die Leistungen und die jeweils bestehenden wirtschaftlichen Verhältnisse die näheren Bestimmungen über das Ausmaß der in den Abs. 1 und 3 angeführten Vergütungen festzusetzen.

Kraftfahrbeirat

§ 130. (1) Der Bundesminister für „Klimaschutz, Umwelt, Energie, Mobilität, Innovation und Technologie" hat zur sachverständigen Beratung in Kraftfahrangelegenheiten und insbesondere zur Begutachtung der Entwürfe von Gesetzen und Verordnungen, die das Kraftfahrwesen betreffen, den Kraftfahrbeirat zu bestellen. Für jedes Mitglied ist ein Ersatzmitglied zu bestellen. *(BGBl 1994/654; BGBl I 2020/134)*

(2) Der Kraftfahrbeirat muß zusammengesetzt sein

I. aus je einem Vertreter des Interessenkreises
1. Kraftfahrzeugbauindustrie,
2. Kraftfahrzeughilfsindustrie,
3. Karosseriebauindustrie,
4. Kraftfahrzeugmechanikergewerbe,
5. Kraftfahrzeughandel,
6. Versicherungsunternehmungen,
7. Güterbeförderungsgewerbe,
8. Personenbeförderungsgewerbe mit Personenkraftwagen,
9. Autobusunternehmungen,
10. Berufskraftfahrer des Güterbeförderungsgewerbes,
11. Berufskraftfahrer der Personenbeförderungsgewerbe mit Personenkraftwagen,
12. Berufskraftfahrer im Privatdienstverhältnis,
13. Werkverkehr,
14. Privatunternehmungen des öffentlichen Eisenbahnverkehrs,
15. Fahrschulen,
16. Fahrschullehrer und Fahrlehrer,
17. Mineralölwirtschaft,
18. Feuerwehren,
19. Ziviltechniker.

II. aus bis zu zwei Vertretern des Interessenkreises
1. gewerbliche Wirtschaft,
2. Land- und Forstwirtschaft,
3. unselbständig Erwerbstätige,
4. Sozialversicherung,
5. Vereine von Kraftfahrzeugbesitzern,
6. „Einrichtungen zur Förderung der Verkehrssicherheit,"
7. Vereine, die Verkehrsteilnehmer vertreten.
(BGBl 1994/654; BGBl I 2017/9)

(3) Die Bundeskammer der gewerblichen Wirtschaft hat für die Bestellung der Vertreter der im Abs. 2 Z I 1 bis 9, 13 bis 15 und 17 und Z II Z 1 angeführten Interessenkreise, der Österreichische Arbeiterkammertag für die Bestellung der Vertreter der im Abs. 2 Z I 10 bis 12 und 16 und Z II Z 3 angeführten Interessenkreise, die Präsidenten-Konferenz der Landwirtschaftskammern Österreichs für die Bestellung der Vertreter des im Abs. 2 Z II Z 2 angeführten Interessenkreises, der Hauptverband der Österreichischen Sozialversicherungsträger für die Bestellung der Vertreter des im Abs. 2 Z II Z 4 angeführten Interessenkreises, der Bundesfeuerwehrverband für die Bestellung des Vertreters des im Abs. 2 Z I Z 18 angeführten Interessenkreises und die Bundes-Ingenieurkammer für die Bestellung des Vertreters des im Abs. 2 Z I Z 19 angeführten Interessenkreises Vorschläge zu erstatten. Der Bundesminister für „Klimaschutz, Umwelt, Energie, Mobilität, Innovation und Technologie" hat, sofern eine vorgeschlagene Person wegen des Fehlens einer der im Abs. 4 erster Satz angeführten Voraussetzungen nicht bestellt werden kann, für die Erstattung eines neuerlichen Vorschlages eine bestimmte Frist festzusetzen. Wird bis zum Ablauf dieser Frist kein neuerlicher Vorschlag erstattet, so ist für die in Betracht kommende Interessenvertretung ohne Vorschlag ein Vertreter zu bestellen. *(BGBl 1988/375; BGBl I 2020/134)*

(4) Zu Mitgliedern und Ersatzmitgliedern des Kraftfahrbeirates dürfen nur österreichische Staatsbürger bestellt werden, die vertrauenswürdig und für die im Abs. 1 angeführte Begutachtung besonders geeignet sind. Die Bestellung ist auf die Dauer von fünf Jahren zu beschränken und kann jederzeit widerrufen werden. Sie ist zu widerrufen, wenn es die Interessenvertretung, von der der Bestellte vorgeschlagen wurde (Abs. 3), beantragt oder wenn

a) der Bestellte wegen einer oder mehrerer gerichtlich strafbarer Handlungen zu einer Strafe von mehr als sechs Monaten oder wegen einer mit Bereicherungsvorsatz begangenen gerichtlich strafbaren Handlung rechtskräftig verurteilt wurde, *(BGBl 1977/615)*

b) der Bestellte voll oder beschränkt entmündigt wurde,

c) über das Vermögen des Bestellten der Konkurs oder ein Ausgleichsverfahren eröffnet oder ein Konkurs mangels hinreichenden Vermögens nicht eröffnet wurde.

(5) Die Mitglieder des Beirates und ihre Ersatzmitglieder sind mit Handschlag zu verpflichten, ihre Gutachten nach bestem Wissen und Gewissen abzugeben und über alle ihnen ausschließlich aus ihrer Tätigkeit als Mitglied des Beirates bekannt gewordenen Tatsachen Verschwiegenheit zu bewahren. Diese Verschwiegenheitspflicht gilt jedoch nicht für die Berichterstattung eines öffentlich Bediensteten an seine Dienststelle. Das Amt eines Mitgliedes des Beirates ist ein unentgeltliches Ehrenamt; seine Ausübung begründet keinen Anspruch auf Entschädigung für Reisekosten oder Zeitversäumnis.

(6) Der Vorsitzende des Kraftfahrbeirates ist der Bundesminister für „Klimaschutz, Umwelt, Energie, Mobilität, Innovation und Technologie". Er kann einen Beamten mit seiner Vertretung als Vorsitzenden betrauen und fallweise auch Sachverständige, die nicht Mitglieder des Beirates sind, zur Mitarbeit heranziehen oder besondere Arbeitsausschüsse bilden. Er hat bei der Abstimmung über Beratungsbeschlüsse dafür zu sorgen, daß die Meinung jedes Mitgliedes, das sich nicht der Meinung der Mehrheit angeschlossen hat, in der Niederschrift über die Sitzung festgehalten wird. Die Sitzungen des Beirates sind nicht öffentlich. Durch Verordnung kann eine Geschäftsordnung erlassen werden, die nähere Bestimmungen, insbesondere über die Einberufung des Kraftfahrbeirates und über die Bildung von Arbeitsausschüssen, enthält. *(BGBl 1986/106; BGBl I 2020/134)*

(7) Die Bundesministerien und die Ämter der Landesregierungen sind von den Sitzungen des Kraftfahrbeirates samt deren Tagesordnung rechtzeitig zu verständigen; sie sind berechtigt, zu diesen Sitzungen Vertreter zu entsenden. Diese dürfen in der Sitzung das Wort ergreifen, aber an Abstimmungen nicht teilnehmen.

Bundesanstalt für Verkehr

§ 131. *(entfällt, BGBl I 2017/102)*

Österreichischer Verkehrssicherheitsfonds

§ 131a. (1) Zur Förderung der Verkehrssicherheit in Österreich wird der „Österreichische Verkehrssicherheitsfonds" als Verwaltungsfonds geschaffen.

(2) Der Fonds (Abs. 1) wird beim Bundesminister für „Klimaschutz, Umwelt, Energie, Mobilität, Innovation und Technologie" eingerichtet und von ihm verwaltet. *(BGBl I 2020/134)*

(3) Die Mittel des Fonds werden aufgebracht durch

a) Einnahmen aus den Abgaben und Kostenbeiträgen gemäß § 48a Abs. 3 und 4 für die Zuweisung eines Wunschkennzeichens,

b) sonstige Zuwendungen,

c) Erträgnisse aus Veranlagungen.

(4) Die Mittel des Fonds sind zweckgebunden zu verwenden für

a) die Förderung von allgemeinen Maßnahmen und konkreten Projekten zur Verbesserung der Sicherheit im Straßenverkehr, insbesondere die Förderung der Verkehrserziehung;

b) die Durchführung von Studien und Forschungen sowie für Informationen über Forschungen auf dem Gebiet der Straßenverkehrssicherheit;

c) vorbereitende Maßnahmen der Planung und Erarbeitung von Orientierungshilfen für Planungen auf dem Gebiet der Straßenverkehrssicherheit;

d) die Unterstützung der Behörden bei der Administration der Kennzeichen im Sinne des § 48a Abs. 6 sowie für Maßnahmen zu deren Verbreitung;

e) die Verwaltung und Aufteilung der dem Fonds zufließenden Einnahmen.

(5) Die Einnahmen des Fonds sind auf Bund und Länder im Verhältnis 40 zu 60 vH aufzuteilen, wobei die Aufteilung der Länderquote auf die einzelnen Länder nach Maßgabe der jeweils im Land zugewiesenen oder reservierten Wunschkennzeichen auf ein vom Land bekanntzugebendes Konto zu erfolgen hat. Die Mittel des Fonds sind nutzbringend so anzulegen, daß über sie bei Bedarf verfügt werden kann. Im übrigen besteht auf die Leistungen des Fonds kein Anspruch.

(6) Die den Ländern zufließenden Mittel stellen Zweckzuschüsse im Sinne des § 12 F-VG 1948, BGBl. Nr. 45, dar und sind für die im Abs. 4 lit. a bis c angeführten Aufgaben zu verwenden. Über

§§ 131a – 132

die Verwendung der Mittel ist jährlich bis spätestens 30. Juni des folgendes Jahres dem Bundesminister für „Klimaschutz, Umwelt, Energie, Mobilität, Innovation und Technologie" zu berichten. Dem Bund ist es vorbehalten, die widmungsgemäße Verwendung der Mittel zu überprüfen. Über die Verwendung der Mittel hat mindestens einmal jährlich im vorhinein eine koordinierende Besprechung zwischen dem Bundesminister für „Klimaschutz, Umwelt, Energie, Mobilität, Innovation und Technologie" und Vertretern der Länder unter Beiziehung des Beirates zur inhaltlichen Schwerpunktsetzung des jeweiligen Arbeitsprogramms zu erfolgen. *(BGBl I 2020/134)*

(7) Der Bundesminister für „Klimaschutz, Umwelt, Energie, Mobilität, Innovation und Technologie" kann sich erforderlichenfalls hinsichtlich der im Abs. 4 lit. a bis c angeführten Maßnahmen der sachverständigen Beratung eines Beirates bedienen, in welchen zu berufen sind: *(BGBl I 2020/134)*

1. je ein Vertreter der in § 130 Abs. 2 Z II Z 1, 3 und 6 angeführten Interessenkreise,

2. bis zu vier Vertreter der im § 130 Abs. 2 Z II Z 5 und 7 angeführten Interessenkreise,

3. ein Vertreter der Länder,

4. Vertreter allenfalls für die Durchführung der Maßnahmen sachlich zuständiger Bundesministerien,

5. ein Vertreter der Asfinag.
(BGBl I 2007/57)

(BGBl 1988/375)

Beirat für historische Fahrzeuge

§ 131b. (1) Der Bundesminister für „Klimaschutz, Umwelt, Energie, Mobilität, Innovation und Technologie" bedient sich zur Führung der Liste der historischen Fahrzeuge der sachverständigen Beratung eines Beirates (Beirat für historische Fahrzeuge). Hinsichtlich Fahrzeugen, die nicht in die Liste eingetragen sind, kann der Beirat Empfehlungen betreffend die Erhaltungswürdigkeit und den Erhaltungszustand dieser Fahrzeuge abgeben (§ 34 Abs. 4) und die Liste ergänzen, wobei jedoch bei der Beurteilung der Erhaltungswürdigkeit insbesondere auch auf die eventuellen negativen Umweltauswirkungen bestimmter Kraftfahrzeugbauarten Bedacht zu nehmen ist. *(BGBl I 2005/117; BGBl I 2020/134)*

(2) Der Beirat tagt bei Bedarf. Anträge auf Aufnahme in die Liste oder auf Abgabe einer Empfehlung können direkt beim Beirat eingebracht werden. Erforderlichenfalls kann der Beirat von den Antragstellern vor Abgabe einer Empfehlung oder der Aufnahme in die Liste die Vorlage von Gutachten verlangen.

(3) Der Beirat setzt sich zusammen aus:

1. drei Vertretern des Bundesministeriums für „Klimaschutz, Umwelt, Energie, Mobilität, Innovation und Technologie" und *(BGBl I 2020/134)*

2. je einem Vertreter
des Bundesministeriums für Umwelt, Jugend und Familie,
der Bundesarbeitskammer,
der Wirtschaftskammer Österreich,
der Vereine von Fahrzeugbesitzern, die im Kraftfahrbeirat vertreten sind,
der Interessenkreise Versicherungsunternehmungen und Fahrzeugindustrie,
von Vereinigungen, die sich mit der Erhaltung und Förderung historischer Fahrzeuge befassen,
der Sachverständigen gemäß § 125 bei den Ämtern der Landesregierungen.
(BGBl I 2005/117)

(4) Die Tätigkeit im Beirat ist unentgeltlich, sie begründet keinen Anspruch auf Entschädigung für Reisekosten oder Zeitversäumnis.

(5) Der Beirat kann fallweise auch Sachverständige, die nicht Mitglieder des Beirates sind, zur Mitarbeit heranziehen. Die Sitzungen des Beirates sind nicht öffentlich. Durch Verordnung kann eine Geschäftsordnung erlassen werden, die nähere Bestimmungen, insbesondere über die Einberufung des Beirates, die Führung der Liste und über das Zustandekommen von Empfehlungen enthällt.

(BGBl I 1997/103)

XIII. Abschnitt
Übergangs-, Straf- und Vollzugsbestimmungen

Übergangsbestimmungen

§ 132. (1) Kraftfahrzeuge und Anhänger, die vor dem Inkrafttreten dieses Bundesgesetzes zum Verkehr zugelassen worden sind und die zwar den bisherigen Vorschriften, aber nicht den Bestimmungen dieses Bundesgesetzes entsprechen, dürfen, soweit in den Abs. 2 bis 4 nichts anderes bestimmt ist, bis 31. Dezember 1971 in diesem Zustand auf Straßen mit öffentlichem Verkehr verwendet werden; sie müssen jedoch ab 1. Jänner 1969 den Bestimmungen des § 4 Abs. 2 dritter Satz über das Verbot vorspringender Teile, Kanten oder Vorrichtungen, sofern sich diese vorne am Fahrzeug befinden, und den Bestimmungen des § 14 Abs. 5 und des § 16 Abs. 2 über die seitlichen Rückstrahler, ab 1. Jänner 1970 den Bestimmungen des § 4 Abs. 3 über die Funkentstörung entsprechen. Fahrzeuge, die vor dem Inkrafttreten dieses Bundesgesetzes zum Verkehr zugelassen worden sind, dürfen auch dann bis 31. Dezember 1972 verwendet werden, wenn bei ihnen Bremslicht (§ 18 Abs. 1) und Blinklicht (§ 19 Abs. 2) mit derselben Leuchte ausgestrahlt werden kann und beim gleichzeitigen Betätigen der Betriebsbremse und des Fahrtrichtungsanzeigers nur die Leuchte auf der Seite des Fahrzeuges

§ 132

Bremslicht ausstrahlt, auf der nicht geblinkt wird. *(BGBl 1971/285)*

(2) Fahrzeuge, die vor dem Inkrafttreten dieses Bundesgesetzes zum Verkehr zugelassen worden sind, sind von den Bestimmungen ausgenommen

a) des § 4 Abs. 5 über Sicherheitsgurte,

b) des § 8 Abs. 2 über die Lenkhilfe,

c) des § 10 Abs. 1 über die Sicht bei Bruch von Windschutz- und Klarsichtscheiben,

d) des § 13 Abs. 3 über die selbsttätig schließende Anhängevorrichtung,

e) bei landwirtschaftlichen Zugmaschinen des § 18 Abs. 1 über die Ausrüstung mit einer zweiten Bremsleuchte,

f) bei landwirtschaftlichen Zugmaschinen und Anhängern des § 19 Abs. 1 und 3 über die Ausrüstung mit Fahrtrichtungsanzeigern,

g) des § 21 über Scheibenwaschvorrichtungen und Vorrichtungen gegen das Beschlagen und Vereisen,

h) bei landwirtschaftlichen Zugmaschinen mit einer Bauartgeschwindigkeit von nicht mehr als 25 km/h des § 22 Abs. 2 über die Betätigung der Vorrichtung zum Abgeben von optischen Warnzeichen, wenn der Lenker die Lenkvorrichtung mit beiden Händen festhält, und

i) des § 24 über die Geschwindigkeitsmesser, Fahrtschreiber und Wegstreckenmesser bei Kraftfahrzeugen außer Omnibussen. *(BGBl 1977/615)*

(3) Motorfahrräder, die vor dem Tag des Inkrafttretens dieses Bundesgesetzes bei der Behörde gemäß § 79 Abs. 3 des Kraftfahrgesetzes 1955 angemeldet worden sind, gelten als von diesem Tage an zum Verkehr zugelassen im Sinne der Bestimmungen des IV. Abschnittes. Sie dürfen bis 30. Juni 1973 auf Straßen mit öffentlichem Verkehr verwendet werden, wenn sie den bisherigen Vorschriften entsprechen. *(BGBl 1971/285)*

(4) Der Bundesminister für „Klimaschutz, Umwelt, Energie, Mobilität, Innovation und Technologie" kann die Bewilligung erteilen, daß im Abs. 1 angeführte Fahrzeuge sowie Fahrzeuge, die kraftfahrrechtlichen Vorschriften, die nach der Genehmigung ihrer Type oder nach ihrer erstmaligen Zulassung in Kraft treten, nicht entsprechen, auch weiterhin oder innerhalb bestimmter Fristen in ihrem bisherigen Zustand auf Straßen mit öffentlichem Verkehr verwendet werden, wenn sie nur unter Aufwendung wirtschaftlich nicht vertretbar hoher Kosten in einem den Vorschriften entsprechenden Zustand gebracht werden können und wenn die Verkehrs- und Betriebssicherheit hiedurch nicht gefährdet wird. Diese Bewilligung gilt ohne Rücksicht darauf, wer der Besitzer des Fahrzeuges ist; sie ist in den Typenschein oder Bescheid über die Einzelgenehmigung einzutragen. *(BGBl 1986/106; BGBl I 2020/134)*

(5) Der Bundesminister für „Klimaschutz, Umwelt, Energie, Mobilität, Innovation und Technologie" kann den Landeshauptmann, in dessen örtlichem Wirkungsbereich der Antragsteller seinen ordentlichen Wohnsitz, seine Hauptniederlassung oder seinen Sitz hat, mit der Durchführung des im Abs. 4 angeführten Verfahrens betrauen und ihn ermächtigen, in seinem Namen zu entscheiden. *(BGBl 1986/106; BGBl I 2020/134)*

(6) Zulassungsbesitzer von Motorrädern und Motorrädern mit Beiwagen haben die vorderen Kennzeichentafeln der Behörde, die den Zulassungsschein ausgestellt hat, oder der Behörde, in deren örtlichem Wirkungsbereich sie ihren Aufenthalt haben, abzuliefern. Kommen sie dieser Verpflichtung trotz Aufforderung nicht nach, so sind die Tafeln abzunehmen. Die Ablieferung und die Abnahme der Kennzeichentafeln begründet keinen Anspruch auf Entschädigung.

(7) Bei der Erlassung von Verordnungen auf Grund dieses Bundesgesetzes können, dem jeweiligen Stand der Technik entsprechend und sofern keine Bedenken vom Standpunkt der Verkehrs- und Betriebssicherheit bestehen, Fahrzeuge oder Fahrgestelle von Fahrzeugen, die vor dem Inkrafttreten der Verordnung

a) als Type oder einzeln genehmigt worden sind,

b) erstmals zugelassen worden sind, erforderlichenfalls auch wenn die erste Zulassung im Ausland erfolgte,

c) in das Bundesgebiet eingebracht worden sind oder

d) im Zollgebiet aus Bestandteilen hergestellt wurden, die in das Bundesgebiet eingebracht worden sind,

von Bestimmungen der Verordnung überhaupt oder nur für bestimmte Übergangsfristen ausgenommen werden, wenn die Erfüllung dieser Bestimmungen mit einer beträchtlichen wirtschaftlichen Belastung verbunden wäre; das gleiche gilt sinngemäß auch für Typen von Teilen, Ausrüstungsgegenständen, Sturzhelmen für Kraftfahrer oder Warneinrichtungen, auch wenn sie vor dem Inkrafttreten der Verordnung nicht genehmigungspflichtig waren. *(BGBl 1976/352)*

(8) Bei der Anwendung von Ausnahmebestimmungen, für die der Zeitpunkt der Genehmigung des Fahrzeuges oder seiner Type maßgebend ist, gelten Fahrzeuge, die nach der erstmaligen Genehmigung ein weiteres Mal oder weitere Male gemäß § 33 Abs. 2 oder 5 genehmigt worden sind, als zum Zeitpunkt der erstmaligen Genehmigung genehmigt; dies gilt jedoch nicht hinsichtlich der Ausnahmebestimmung für ein technisches Merkmal, dessen wesentliche Änderung Anlaß für eine weitere Genehmigung gemäß § 33 Abs. 2 oder 5 war. *(BGBl 1976/352)*

4/1. KFG
§ 132

(9) Bestimmungen dieses Bundesgesetzes, die sich auf die Lenkerberechtigung beziehen, gelten auch für die Lenkberechtigung nach dem Führerscheingesetz – FSG, BGBl. I Nr. 120/1997. *(BGBl I 1998/93)*

(10) Die Begutachtungsfristen gemäß § 57a Abs. 3 in der Fassung des Bundesgesetzes BGBl. I Nr. 60/2003, gelten auch für bereits vor dem 1. Oktober 2003 zugelassene Fahrzeuge. Der Zulassungsbesitzer eines Fahrzeuges, für das nunmehr eine längere Frist gilt, als auf der Lochmarkierung der Begutachtungsplakette ersichtlich ist, hat die Möglichkeit, bei einer zur Ausfolgung oder Anbringung einer Begutachtungsplakette berechtigten Stelle die Ausfolgung oder Anbringung einer gemäß § 57a Abs. 3 in der Fassung des Bundesgesetzes BGBl. I Nr. 60/2003 gelochten Begutachtungsplakette zu verlangen. *(BGBl I 2003/60)*

(11) Fahrzeuge der Klasse N2, mehrspurige Kleinkrafträder (Klasse L2), vierrädrige Leichtkraftfahrzeuge (Klasse L6), dreirädrige Kraftfahrzeuge (Klasse L5) und vierrädrige Kraftfahrzeuge im Sinne der Richtlinie 92/61/EWG (Klasse L5), die bereits vor dem In-Kraft-Treten des § 4 Abs. 5 in der Fassung des Bundesgesetzes BGBl. I Nr. 80/2002 genehmigt worden sind, sind von der Bestimmung des § 4 Abs. 5 ausgenommen. Diese müssen aber den bisherigen Bestimmungen entsprechen. *(BGBl I 2002/80)*

(12) Kraftwagen der Klassen M2, M3, N2 und N3 mit einer Bauartgeschwindigkeit von mehr als 25 km/h und mit nicht mehr als vier Achsen sowie von solchen Fahrzeugen abgeleitete Gelenkkraftfahrzeuge, Spezialkraftfahrzeuge oder selbstfahrende Arbeitsmaschinen und Anhänger der Klassen O3 und O4, die mit solchen Kraftwagen gezogen werden, die bereits vor In-Kraft-Treten des § 6 Abs. 7a in der Fassung des Bundesgesetzes BGBl. I Nr. 80/2002 genehmigt worden sind, sind von der Bestimmung des § 6 Abs. 7a ausgenommen; diese müssen aber den bisherigen Bestimmungen entsprechen. Solche Fahrzeuge dürfen als ein Monat nach In-Kraft-Treten des § 6 Abs. 7a in der Fassung des Bundesgesetzes BGBl. I Nr. 80/2002 nicht mehr erstmals zum Verkehr zugelassen werden. *(BGBl I 2002/80)*

(13) Kraftwagen der Klassen M, N und O, die bereits vor In-Kraft-Treten des § 14 Abs. 4a genehmigt worden sind, sind von den Bestimmungen des § 14 Abs. 4a ausgenommen. *(BGBl I 2002/80)*

(14) Fahrzeuge, die zur Verwendung im Bereich der Österreichischen Bundesbahnen oder der Post- und Telegrafenverwaltung bestimmt sind und die auf Grund der bisher geltenden Bestimmungen mit dem dauernden Standort in Wien und mit der Bezeichnung des sachlichen Bereiches an Stelle der Bezeichnung der Behörde im Kennzeichen zugelassen worden sind oder denen ein Deckkennzeichen zugewiesen worden ist, dürfen diese Kennzeichen bis zu einer allfälligen Abmeldung weiterhin führen. *(BGBl I 2002/80)*

(15) Bereits vor In-Kraft-Treten des § 49 Abs. 4 in der Fassung des Bundesgesetzes BGBl. I Nr. 80/2002 ausgegebene Kennzeichentafeln bleiben weiter gültig. Weiße Kennzeichentafeln, die für vierrädrige Leichtkraftfahrzeuge ausgegeben worden sind, bleiben noch bis längstens 31. Dezember 2002 gültig. Der Zulassungsbesitzer eines solchen Fahrzeuges hat innerhalb dieser Frist die weiße Kennzeichentafel gegen eine rote auszutauschen. Weiße Kennzeichentafeln ohne EU-Emblem dürfen ab 1. Oktober 2002 nicht mehr bestellt werden. Anträge auf Ausfolgung von Kennzeichentafeln mit EU-Emblem mit dem bisherigen Kennzeichen (§ 49 Abs. 4a 3. Satz) können bereits ab 1. Oktober 2002 gestellt werden. *(BGBl I 2002/80)*

(16) Fahrschulbewilligungen, die vor dem 1. Jänner 2003 erteilt worden sind, sind von den Bestimmungen des § 109 Abs. 1 in der Fassung des Bundesgesetzes BGBl. I Nr. 80/2002 ausgenommen. Fahrschulbesitzer, denen der Betrieb einer Fahrschule vor dem 1. Juli 2002 genehmigt worden ist, müssen der Verpflichtung des § 112 Abs. 3 letzter Satz in der Fassung des Bundesgesetzes BGBl. I Nr. 80/2002 bis spätestens 31. Dezember 2003 nachkommen. *(BGBl I 2002/80)*

(17) Fahrzeuge der Klasse M1, die bereits vor In-Kraft-Treten des § 18 Abs. 1 in der Fassung des Bundesgesetzes BGBl. I Nr. 60/2003 genehmigt worden sind, sind von den Bestimmungen des § 18 Abs. 1 ausgenommen. Diese müssen aber den bisherigen Bestimmungen entsprechen. *(BGBl I 2003/60)*

(18) Fahrzeuge, die bereits vor dem 1. Jänner 2005 zugelassen worden sind, sind von den Bestimmungen des § 24a Abs. 1 in der Fassung des Bundesgesetzes BGBl. I Nr. 107/2004, ausgenommen. Diese müssen aber den bisherigen Bestimmungen entsprechen. Fahrzeuge der Klasse M2 und M3 mit einem höchsten zulässigen Gesamtgewicht von mehr als 5 000 kg, jedoch nicht mehr als 10 000 kg sowie Fahrzeuge der Klasse N2, die zwischen dem 1. Oktober 2001 und dem 1. Jänner 2005 erstmals zum Verkehr zugelassen worden sind, müssen dem § 24a Abs. 1 in der Fassung des Bundesgesetzes BGBl. I Nr. 107/2004 ab 1. Jänner 2006, wenn die Fahrzeuge sowohl im innerstaatlichen als auch im grenzüberschreitenden Verkehr eingesetzt werden und ab 1. Jänner 2007, wenn die Fahrzeuge ausschließlich im innerstaatlichen Verkehr eingesetzt werden, entsprechen. *(BGBl I 2004/107)*

(19) § 6 Abs. 6 in der Fassung des Bundesgesetzes BGBl. I Nr. 175/2004 gilt nicht für von Kraftwagen der Klasse N3 abgeleitete selbstfahrende Arbeitsmaschinen, die vor In-Kraft-Treten

des § 6 Abs. 6 in der Fassung des Bundesgesetzes BGBl. I Nr. 175/2004 bereits genehmigt worden sind. *(BGBl I 2004/175)*

(20) Fahrzeuge, die unter den Geltungsbereich der Verordnung (EWG) Nr. 3820/85 fallen, dürfen erstmals zum Verkehr zugelassen werden

1. nach dem 4. August 2005 nur mehr, wenn sie mit einem digitalen Kontrollgerät im Sinne der Verordnung (EWG) Nr. 3821/85 ausgerüstet sind,

2. bis zum 4. August 2005, wenn sie mit einem analogen Kontrollgerät oder einem digitalen Kontrollgerät im Sinne der genannten Verordnung ausgerüstet sind,

3. vor dem 5. Mai 2005, wenn sie mit einem analogen Kontrollgerät im Sinne der genannten Verordnung ausgerüstet sind.
(BGBl I 2004/175)

(21) § 4 Abs. 5 und § 6 Abs. 11 in der Fassung des Bundesgesetzes BGBl. I Nr. 117/2005 gelten nicht für Fahrzeuge, die vor dem 1. Jänner 2006 bereits genehmigt worden sind. Solche Fahrzeuge müssen den bisherigen Vorschriften entsprechen. Solche Fahrzeuge dürfen nach dem 30. September 2006 nicht mehr erstmals zum Verkehr zugelassen werden. *(BGBl I 2005/117)*

(22) § 16 Abs. 1 in der Fassung des Bundesgesetzes BGBl. I Nr. 117/2005 gilt nicht für Fahrzeuge, die vor dem 25. Mai 2002 bereits genehmigt worden sind. Solche Fahrzeuge müssen den bisherigen Vorschriften entsprechen. Solche Fahrzeuge dürfen nach dem 30. September 2006 nicht mehr erstmals zum Verkehr zugelassen werden. *(BGBl I 2005/117)*

(23) § 28 Abs. 3b in der Fassung des Bundesgesetzes BGBl. I Nr. 117/2005 gilt nicht für Fahrzeuge der Klasse N1, die vor In Kraft Treten des § 28 Abs. 3b in der Fassung des Bundesgesetzes BGBl. I Nr. 117/2005 bereits genehmigt worden sind. Solche Fahrzeuge der Gruppe I dürfen aber nach dem 31. Dezember 2005 und solche Fahrzeuge der Gruppen II und III dürfen aber nach dem 31. Dezember 2007 nicht mehr erstmals zum Verkehr zugelassen werden, wenn der Kraftstoffverbrauch und die CO_2-Emissionen nicht nach der Richtlinie 80/1268/EWG in der Fassung der Richtlinie 2004/3/EG ermittelt worden sind. *(BGBl I 2005/117)*

(24) Kennzeichnungen im Sinne der §§ 39a und 39b können nach Außer-Kraft-Treten der §§ 39a und 39b von Fahrzeugen entfernt werden, auch wenn diese Kennzeichnung als Auflage bei der Zulassung vorgeschrieben worden ist und im Zulassungsschein eingetragen ist. *(BGBl I 2005/117)*

(25) Bis zum 31. Dezember 2007 dürfen Fahrzeuge, für die keine Genehmigungsdaten in die Genehmigungsdatenbank eingegeben wurden, erstmalig zugelassen werden, wenn der Typenschein vor dem 1. Juli 2007 ausgestellt wurde, der Typenschein dem Aussteller des Typenscheins nicht mehr zugänglich ist und die Eingabe der Genehmigungsdaten des Fahrzeuges mit übermäßigem Aufwand verbunden wäre. In diesen Fällen ist jedoch die Vorlage der in § 37 Abs. 2 lit. d und e in der Fassung BGBl. I Nr. 132/2002 genannten Bestätigungen erforderlich. *(BGBl I 2007/57)*

(26) Fahrzeuge, die für die Entstörung von Richtfunk- und Koaxialkabelanlagen der BOS-Netze (Behörden und Organisationen mit Sicherheitsfunktionen) bestimmt sind und an denen aufgrund der bisherigen Bestimmung des § 20 Abs. 1 lit. d Scheinwerfer und Warnleuchten mit blauem Licht angebracht sind, dürfen noch bis 30. Juni 2008 ohne Bewilligung gemäß § 20 Abs. 5 lit. j verwendet werden. *(BGBl I 2008/6)*

(27) § 27a in der Fassung des Bundesgesetzes BGBl. I Nr. 94/2009 gilt nicht für Fahrzeuge, die vor Inkrafttreten dieser Bestimmung bereits genehmigt worden sind; diese müssen aber den bisherigen Vorschriften entsprechen. *(BGBl I 2009/94)*

(28) Fahrzeuge, die vor dem 1. Jänner 2010 unter einen der bis dahin geltenden Ausnahmetatbestände des § 24 Abs. 2a gefallen sind und mit einem analogen Kontrollgerät ausgerüstet sind, müssen nicht auf ein digitales Kontrollgerät umgerüstet werden. *(BGBl I 2009/149)*

(29) Im Hinblick auf die Änderungen durch das Bundesgesetz BGBl. I Nr. 43/2013 gelten folgende Übergangsregelungen:

1. *(aufgehoben, BGBl I 2016/40)*

2. bereits genehmigte oder zugelassene Invalidenkraftfahrzeuge dürfen weiterhin verwendet werden und unterliegen den bisher für sie geltenden Bestimmungen; solche Fahrzeuge müssen nicht neu genehmigt oder zugelassen werden;

3. § 14 Ab. 6c und § 16 Abs. 6 gelten nicht für Fahrzeuge, die vor Inkrafttreten dieser Bestimmungen bereits genehmigt worden sind; diese müssen aber den bisherigen Vorschriften entsprechen;

4. § 16 Abs. 5 in der Fassung des Bundesgesetzes BGBl. I Nr. 43/2013 gilt nicht für Fahrzeuge, die vor dem 1. März 2013 bereits genehmigt worden sind; diese müssen aber den bisherigen Vorschriften entsprechen;

5. in den zur Ausgabe oder Anbringung der Begutachtungsplaketten berechtigten Stellen vorhandene Begutachtungsplaketten, die noch nicht über die Datenbank verteilt und in dieser erfasst sind, dürfen noch bis 31. Dezember 2014 ausgegeben werden; ab 1. Jänner 2015 sind jedenfalls die Gutachten gemäß § 57a an die Begutachtungsplakettendatenbank zu übermitteln;

6. § 116 Abs. 3 in der Fassung des Bundesgesetzes BGBl. I Nr. 43/2013 ist auch auf anhängige

§§ 132 – 132a

Verfahren, die noch nicht durch Bescheid abgeschlossen worden sind, anzuwenden;

7. § 116 Abs. 6a in der Fassung des Bundesgesetzes BGBl. I Nr. 43/2013 gilt nicht für unentgeltliche Ausbildungen, die vor dem 1. März 2013 begonnen worden sind; Personen, die eine solche Ausbildung absolviert haben, dürfen noch bis 30. September 2013 zur Lehrbefähigungsprüfung antreten;

8. vor dem 1. März 2013 erteilte Übungsfahrtbewilligungen gemäß § 122 bleiben weiter gültig; auf Antrag ist die Gültigkeitsdauer auf 18 Monate zu verlängern; Anträge auf Erteilung einer Bewilligung zur Durchführung von Übungsfahrten gemäß § 122, die vor dem 1. März 2013 eingebracht wurden, sind nach der bis zu diesem Zeitpunkt geltenden Rechtslage zu Ende zu führen;

9. § 123 Abs. 1b in der Fassung des Bundesgesetzes BGBl. I Nr. 43/2013 gilt nicht für Verfahren, in denen die Entscheidung des unabhängigen Verwaltungssenates vor dem 1. März 2013 ergangen ist.
(BGBl I 2013/43)

(30) Bereits vor Inkrafttreten des § 48a Abs. 2 lit. d idF des Bundesgesetzes BGBl. I Nr. 72/2015 reservierte oder zugewiesene Wunschkennzeichen, die nicht dem § 48a Abs. 2 lit. d idF des Bundesgesetzes BGBl. I Nr. 72/2015 entsprechen, dürfen während des in § 48a Abs. 8 genannten Zeitraums weiterhin zugewiesen und an Fahrzeugen geführt werden. Solche Wunschkennzeichen dürfen aber nicht verlängert werden. Ein Antrag gemäß § 48a Abs. 8a auf neuerliche Zuweisung eines solchen Wunschkennzeichens ist von der Zulassungsstelle der Behörde zur Entscheidung vorzulegen. *(BGBl I 2015/72)*

(31) Im Hinblick auf die Änderungen durch das Bundesgesetz BGBl. I Nr. 40/2016 gelten folgende Übergangsregelungen:

1. bereits genehmigte oder zugelassene Leichtkrafträder werden nach den Maßgaben des Artikels 4 und des Anhangs I der Verordnung (EU) Nr. 168/2013, ABl L 60 vom 02.03.2013, S 52 eingestuft; wobei das Fahrzeug im Zweifelsfall in die nächste Klasse einzustufen ist. Diese müssen jedoch weiterhin den bisherigen Vorschriften entsprechen;

2. § 15 in der Fassung des Bundesgesetzes BGBl. I Nr. 40/2016 gilt nicht für Fahrzeuge der Klasse L, die vor Inkrafttreten dieser Bestimmung bereits genehmigt worden sind; diese müssen aber den bisherigen Vorschriften entsprechen.
(BGBl I 2016/40)

(32) Im Hinblick auf die Änderungen durch das Bundesgesetz BGBl. I Nr. 9/2017 gelten folgende Übergangsregelungen:

1. § 2 Abs. 1 Z 4b und 4c in der Fassung des Bundesgesetzes BGBl. I Nr. 9/2017 gilt nicht für Fahrzeuge, die vor Inkrafttreten dieser Bestimmung bereits genehmigt worden sind; diese müssen aber den bisherigen Vorschriften entsprechen;

2. § 3 in der Fassung des Bundesgesetzes BGBl. I Nr. 9/2017 gilt nicht für Fahrzeuge, die vor dem Inkrafttreten dieser Bestimmung bereits genehmigt worden sind; für diese gilt die bisherige Einteilung der Fahrzeuge;

3. bei Fahrzeugen, bei denen der Zeitpunkt für die nächste Begutachtung im Zeitraum Jänner bis Mai 2018 liegt, darf die Begutachtung – ohne Wirkung auf den Zeitpunkt der nächsten Begutachtung – auch in der Zeit bis zum Ablauf des vierten dem vorgesehenen Zeitpunkt folgenden Kalendermonates vorgenommen werden.
(BGBl I 2017/9)

(33) Fahrschulkurse außerhalb des Standortes, die vor dem 1. Juli 2019 genehmigt worden sind, dürfen noch bis längstens 30. September 2019 durchgeführt werden. *(BGBl I 2019/19)*

(34) Im Hinblick auf die Änderungen durch das Bundesgesetz BGBl. I Nr. 78/2019 gelten folgende Übergangsregelungen:

1. Bereits zugelassene Fahrzeuge, die zur Verwendung für die Feuerwehr bestimmt sind, dürfen weiterhin das zugewiesene Kennzeichen führen und müssen nicht umgemeldet werden; der Umstieg auf das neue Sachbereichskennzeichen ist bei aufrechter Zulassung aber jederzeit möglich.

2. Die Begutachtungsfristen gemäß § 57a Abs. 3 in der Fassung des Bundesgesetzes BGBl. I Nr. 78/2019, gelten auch für bereits vor dem 1. März 2020 zugelassene Fahrzeuge. Der Zulassungsbesitzer eines Fahrzeuges, für das nunmehr eine längere Frist gilt, als auf der Lochmarkierung der Begutachtungsplakette ersichtlich ist, hat die Möglichkeit, bei einer Zulassungsstelle die Ausfolgung einer gemäß § 57a Abs. 3 in der Fassung des Bundesgesetzes BGBl. I Nr. 78/2019 gelochten Begutachtungsplakette zu verlangen.
(BGBl I 2019/78)

Bestimmungen in Zusammenhang mit COVID-19

§ 132a. (1) Die in diesem Bundesgesetz und in den aufgrund dieses Bundesgesetzes erlassenen Verordnungen geregelte Dokumente, Urkunden, Nachweise und dergleichen mit zeitlich begrenzter Gültigkeit, die nach dem 13. März 2020 enden würde und die aufgrund der zur Verhinderung der Verbreitung von COVID-19 erlassenen beschränkenden Maßnahmen nicht verlängert werden kann, behalten bis längstens 31. Mai 2020 im Bundesgebiet ihre Gültigkeit. Materiellrechtliche Fristen nach diesem Bundesgesetz und den aufgrund dieses Bundesgesetzes erlassenen Verordnungen, die nach dem 13. März 2020 ablaufen würden und die aufgrund der zur Verhinderung der Verbreitung von COVID-19 erlassenen beschränkenden Maßnahmen nicht verlängert werden können, werden bis zum Ablauf des 31. Mai 2020 gehemmt.

(2) Die Bundesministerin für Klimaschutz, Umwelt, Energie, Mobilität, Innovation und Technologie wird ermächtigt, durch Verordnung den in Abs. 1 genannten Zeitpunkt bis längstens 31. Dezember 2020 zu verlängern, soweit dies aufgrund von Maßnahmen zur Verhinderung der Verbreitung von COVID-19 erforderlich ist. Sie kann dabei auch Ausnahmen von der Verlängerung bzw. Fristenhemmung für bestimmte Fälle vorsehen, soweit dies im Hinblick auf die Verkehrssicherheit oder Umwelt erforderlich ist.

(BGBl I 2020/24, tritt rückwirkend am 14. März 2020 in Kraft und mit 31. Dezember 2020 außer Kraft)

Bestimmungen in Zusammenhang mit COVID-19; zweite Phase

§ 132a. Die Gültigkeit der Bewilligungen für Übungsfahrten gemäß § 122, die nach dem 31. Mai 2020 abgelaufen sind oder ablaufen würden, gilt als verlängert und endet erst mit 30. September 2021.

(BGBl I 2021/48, außer Kraft mit 1.10.2021)

Bisher erworbene Rechte und Führerscheinaustausch

§ 133. (1) Berechtigungen, die auf Grund der vor dem Inkrafttreten dieses Bundesgesetzes in Geltung gewesenen Bestimmungen erteilt worden sind, und die hierüber ausgestellten Bescheinigungen sowie Ermächtigungen bleiben, sofern nichts anderes bestimmt ist, unberührt; wurde jedoch ein Führerschein gemäß Abs. 2 ausgetauscht, so gilt die mit dem neuen Führerschein bezeichnete Lenkerberechtigung als erteilt. Lenkerberechtigungen, die gemäß § 61 Abs. 1 oder § 110 Abs. 3 des Kraftfahrgesetzes 1955 für die Gruppen C, F oder G erteilt oder ausgetauscht wurden, gelten jeweils für die im § 65 Abs. 1 angeführten Gruppen C, F oder G. Die Mitglieder der im § 103 bis 106 des Kraftfahrgesetzes 1955 angeführten Kommissionen gelten als entsprechende Sachverständige gemäß §§ 124 bis 127.

(2) Dem Besitzer eines gültigen, auf Grund des § 65 Abs. 2 der Kraftfahrverordnung 1947 ausgestellten Führerscheines hat die Behörde, in deren örtlichem Wirkungsbereich er seinen ordentlichen Wohnsitz hat, auf Antrag auszutauschen:
einen Führerschein für die Gruppe a gegen einen Führerschein jeweils mit dem entsprechenden Vermerk „berechtigt, Motorräder mit einem Hubraum von nicht mehr als 125 cm³ zu lenken" oder „berechtigt, Motorräder mit einem Hubraum von nicht mehr als 250 cm³ zu lenken",
einen Führerschein für die Gruppe b gegen einen Führerschein für die Gruppe A,
einen Führerschein für die Gruppe c 1 gegen einen Führerschein für die Gruppe B,
einen Führerschein für die Gruppen c 2, d oder d 1 gegen einen Führerschein für die Gruppe C,
einen Führerschein für die Gruppe d 2 gegen einen Führerschein für die Gruppe D,
einen Führerschein für die Gruppe e gegen einen Führerschein für die Gruppen A, B, C, D oder F, eingeschränkt auf ein bestimmtes Fahrzeug (§ 65 Abs. 3),
einen Führerschein für die Gruppen f 1 oder f 2 gegen einen Führerschein für die Gruppe F.

(3) Macht der Antragsteller glaubhaft, daß er mit Kraftwagen andere als leichte Anhänger gezogen hat, so hat die Behörde auszutauschen einen Führerschein
für die Gruppe c 1 gegen einen Führerschein für die Gruppen B und E,
einen Führerschein für die Gruppen c 2, d oder d 1 gegen einen Führerschein für die Gruppen C und E,
einen Führerschein für die Gruppe d 2 gegen einen Führerschein für die Gruppen D und E.

(4) *(aufgehoben, BGBl 1971/285)*

(5) Beim Austausch (Abs. 2 und 3) sind der Tag und die Geschäftszahl der Ausstellung des alten Führerscheines, sein Berechtigungsumfang und die Behörde, die ihn ausgestellt hat, in den neuen Führerschein einzutragen. Diese Angaben sind auf Antrag auch hinsichtlich weiterer vorher ausgestellter Führerscheine einzutragen.

(6) Zulassungsbesitzer von Fahrzeugen, bei denen dem Kennzeichen gemäß § 48 Abs. 4 der sachliche Bereich, für den das Fahrzeug zur Verwendung gelangt ist, zu entnehmen sein muß, müssen bis 31. Dezember 1968 bei der Behörde, die den Zulassungsschein für das Fahrzeug ausgestellt hat, um Zuweisung eines neuen Kennzeichens ansuchen.

(7) Für Besitzer einer Heereslenkerberechtigung gemäß § 6 des Heereskraftfahrgesetztes 1958, BGBl. Nr. 52, die vor dem Inkrafttreten dieses Bundesgesetzes aus dem Bundesheeer oder der Heeresverwaltung ausgeschieden sind, beginnt die im § 64 Abs. 7 angeführte Frist zur Antragstellung mit dem Inkrafttreten dieses Bundesgesetzes zu laufen.

(8) Für die Erweiterung des im Abs. 2 angeführten Vermerkes über das Lenken von Motorrädern mit einem Hubraum von nicht mehr als 125 cm³ oder von nicht mehr als 250 cm³ auf eine Lenkerberechtigung für die Gruppe A gilt § 67 Abs. 6 sinngemäß. *(BGBl 1977/615)*

(9) Vor dem 1. Oktober 1994 erteilte Berechtigungen zur Herstellung von Kennzeichentafeln sowie von Begutachtungsplaketten gelten als Bewilligungen nach diesem Gesetz. *(BGBl 1994/654)*

(10) Vor dem 1. Juli 2002, jedoch nicht vor dem vierten der Kundmachung des Verwaltungs-

§§ 133 – 134

reformgesetzes 2001 folgenden Monatsersten, vom Landeshauptmann erteilte Genehmigungen, Bewilligungen und Berechtigungen in Angelegenheiten des XI. Abschnittes sowie ausgestellte Fahrlehrer- und Fahrschullehrerausweise bleiben, sofern nichts anderes bestimmt ist, weiter gültig. Vor Kundmachung des Verwaltungsreformgesetzes 2001, BGBl. I Nr. 65/2002, erteilte Probefahrlehrer- und Probefahrschullehrerberechtigungen gelten für die Dauer ihrer Befristung weiter. *(BGBl I 2002/65)*

Strafbestimmungen

§ 134. (1) Wer diesem Bundesgesetz, den auf Grund dieses Bundesgesetzes erlassenen Verordnungen, Bescheiden oder sonstigen Anordnungen, den Artikeln 5 bis 9 und 10 Abs. 4 und 5 der Verordnung (EG) Nr. 561/2006, der „Verordnung (EU) Nr. 165/2014"* oder den Artikeln 5 bis 8 und 10 des Europäischen Übereinkommens über die Arbeit des im internationalen Straßenverkehr beschäftigten Fahrpersonals (AETR), BGBl. Nr. 518/1975 in der Fassung BGBl. Nr. 203/1993, zuwiderhandelt, begeht eine Verwaltungsübertretung und ist mit einer „Geldstrafe bis zu 10 000 Euro"**, im Falle ihrer Uneinbringlichkeit mit Freiheitsstrafe bis zu sechs Wochen zu bestrafen. Bei der Einbringung von Fahrzeugen in das Bundesgebiet sind solche Zuwiderhandlungen auch strafbar, wenn sie auf dem Wege von einer österreichischen Grenzabfertigungsstelle, die auf ausländischem Gebiet liegt, zur Staatsgrenze begangen werden. Wurde der Täter wegen der gleichen Zuwiderhandlung bereits einmal bestraft, so kann an Stelle der Geldstrafe „eine Freiheitsstrafe"* bis zu sechs Wochen verhängt werden. Wurde der Täter wegen der gleichen Zuwiderhandlung bereits zweimal bestraft, so können „die Geldstrafe und die Freiheitsstrafe"* auch nebeneinander verhängt werden. Die Verhängung einer „Freiheitsstrafe"* ist in diesen Fällen aber nur zulässig, wenn es ihrer bedarf, um den Täter von weiteren Verwaltungsübertretungen der gleichen Art abzuhalten. Auch der Versuch einer solchen Zuwiderhandlung ist strafbar. *(BGBl I 2007/57; *BGBl I 2017/9; **BGBl I 2022/62)*

(1a) Übertretungen der Artikel 5 bis 9 und 10 Abs. 4 der Verordnung (EG) Nr. 561/2006, der „Verordnung (EU) Nr. 165/2014" sowie der Artikel 5 bis 8 und 10 des Europäischen Übereinkommens über die Arbeit des im internationalen Straßenverkehr beschäftigten Fahrpersonals (AETR), BGBl. Nr. 518/1975 in der Fassung BGBl. Nr. 203/1993, sind auch dann als Verwaltungsübertretung strafbar, wenn die Übertretung nicht im Inland, sondern auf einer Fahrtstrecke innerhalb des Geltungsbereiches dieser Bestimmungen begangen worden ist (Art. 2 Abs. 2 und 3 der Verordnung (EG) Nr. 561/2006). Als Ort der Übertretung gilt in diesem Falle der Ort der Betretung im Inland, bei der die Übertretung festgestellt worden ist. Von einer Bestrafung ist jedoch abzusehen, wenn die Übertretung im Bundesgebiet nicht mehr andauert und der Lenker nachweist, dass er wegen dieses Deliktes bereits im Ausland bestraft worden ist. *(BGBl I 2007/57; BGBl I 2017/9)*

(1b) Die Verstöße gegen die Verordnungen (EG) Nr. 561/2006 und (EG) Nr. 165/2014 werden anhand des Anhanges III der Richtlinie 2006/22/EG, in der Fassung der Verordnung (EU) 2016/403, ABl. Nr. L 74 vom 19. März 2016, S 8, nach ihrer Schwere in vier Kategorien (schwerste Verstöße – sehr schwere Verstöße – schwere Verstöße – geringfügige Verstöße) aufgeteilt. Die Höhe der Geldstrafe ist nach der Schwere des Verstoßes zu bemessen und hat im Falle eines schweren Verstoßes nicht weniger als 200 Euro, im Falle eines sehr schweren Verstoßes nicht weniger als 300 Euro und im Falle eines schwersten Verstoßes nicht weniger als 400 Euro zu betragen. Dies gilt auch für Verstöße gegen die Artikel 5 bis 8 und 10 des Europäischen Übereinkommens über die Arbeit des im internationalen Straßenverkehr beschäftigten Fahrpersonals (AETR), die ebenso nach Maßgabe des Anhanges III der Richtlinie 2006/22/EG einzuteilen sind. *(BGBl I 2017/9)*

(1c) Wer als Hersteller oder als gemäß § 29 Abs. 2 in Österreich Bevollmächtigter des Herstellers die „in"** unmittelbar anwendbaren Vorschriften der Europäischen Union betreffend Betriebserlaubnis von Fahrzeugen genannten Verstöße begangen hat, ist mit einer Geldstrafe bis zu 5 000 Euro zu bestrafen. Auch der Versuch der Begehung eines solchen Verstoßes ist strafbar. „Betreffen die Verstöße mehrere Fahrzeuge, so bezieht sich die Strafdrohung auf jedes einzelne Fahrzeug."* *(BGBl I 2009/94; *BGBl I 2017/9; **BGBl I 2019/19)*

(1d) Wer als Hersteller oder als gemäß § 29 Abs. 2 in Österreich Bevollmächtigter des Herstellers, als Lieferant oder Händler von Reifen gegen die in der Verordnung Nr. 1222/2009 über die Kennzeichnung von Reifen in Bezug auf die Kraftstoffeffizienz und andere wesentliche Parameter, ABl. L Nr. 342 vom 22.12.2009, vorgesehenen Verpflichtungen verstößt, ist mit einer Geldstrafe bis zu 5 000 Euro zu bestrafen. Auch der Versuch der Begehung eines solchen Verstoßes ist strafbar. *(BGBl I 2016/40)*

(2) Eine Zuwiderhandlung gegen die im Abs. 1 angeführten Vorschriften gilt nicht als Verwaltungsübertretung, wenn

1. bei einem Verkehrsunfall durch die Tat nur Sachschaden entstanden ist und

a) die nächste Polizeiinspektion ohne Aufschub von Personen, deren Verhalten am Unfallort mit dem Verkehrsunfall in ursächlichem Zusammenhang steht, vom Verkehrsunfall verständigt wurde oder

b) die in lit. a genannten Personen und jene, in deren Vermögen der Schaden eingetreten ist, einander ihre Identität nachgewiesen haben, oder

2. die Tat den Tatbestand einer in die Zuständigkeit der Gerichte fallenden strafbaren Handlung bildet.
(BGBl I 2007/57)

(2a) *(aufgehoben, BGBl I 1997/103)*

(3) „ "* Bei Übertretungen des § 4 Abs. 7a und § 101 Abs. 1 lit. a kann § 50 VStG „ "** mit der Maßgabe angewendet werden, dass Geldstrafen bis 210 Euro sofort eingehoben werden. „Wer Verwaltungsübertretungen nach § 102 Abs. 3 vierter Satz in Verbindung mit § 102 Abs. 3c oder § 102 Abs. 4 im Hinblick auf ungebührliche Lärmerregung durch gesteuerte Fehlzündungen oder Geräusche durch schlagartiges Abblasen von Überdruck im Ansaugsystem begeht, ist mit einer Geldstrafe von 300 bis 10 000 Euro, im Fall ihrer Uneinbringlichkeit mit Freiheitsstrafe von 24 Stunden bis zu sechs Wochen, zu bestrafen. Weiters kann bei den genannten Übertretungen § 50 des Verwaltungsstrafgesetzes 1991 – VStG, BGBl. Nr. 52/1991, mit der Maßgabe angewendet werden, dass Geldstrafen von 300 Euro sofort eingehoben werden."*** *(BGBl I 2009/94; *BGBl I 2013/33; **BGBl I 2017/9; ***BGBl I 2022/62)*

(3a) Zur Feststellung einer Überschreitung einer ziffernmäßig festgesetzten Höchstgeschwindigkeit können auch Aufzeichnungen der Schaublätter der Fahrtschreibers oder Kontrollgerätes oder Ausdrucke sowie Aufzeichnungen des digitalen Kontrollgerätes herangezogen werden. Dabei gilt der Ort der Aushändigung des im Fahrtschreiber oder im Kontrollgerät eingelegten Schaublattes gemäß § 102 Abs. 1a oder der Aushändigung des Ausdruckes gemäß § 102a oder der Kontrolle der Aufzeichnungen des digitalen Kontrollgerätes als Ort der Begehung der Übertretung, wenn

1. die Übertretung mit dem Fahrtschreiber oder mit dem Kontrollgerät festgestellt wurde und

2. aus dem Schaublatt oder aus dem Ausdruck oder der Aufzeichnung des digitalen Kontrollgerätes ersichtlich ist, dass sie nicht früher als zwei Stunden vor seiner Aushändigung oder Kontrolle begangen wurde; wurden in dieser Zeit mehrere derartige Übertretungen begangen, so sind sie als eine Übertretung zu ahnden. § 2 Abs. 1 VStG bleibt unberührt.
(BGBl I 2007/57)

(3b) Die aufgrund der §§ 98a, 98b und 98e StVO mit den dort genannten technischen Einrichtungen automationsunterstützt ermittelten Geschwindigkeiten bestimmter Fahrzeuge und die dabei gewonnenen Daten können auch zur Feststellung einer Überschreitung einer gemäß § 98 ziffernmäßig festgesetzten Höchstgeschwindigkeit verarbeitet werden. Im Falle einer abschnittsbezogenen Geschwindigkeitsüberwachung gemäß § 98a StVO gilt die Messstrecke als Ort der Begehung der Übertretung. Wurden dabei auf der Messstrecke im Messzeitraum mehrere Geschwindigkeitsübertretungen begangen, so gelten diese als eine Übertretung. Erstreckt sich die Messstrecke auf den Sprengel mehrerer Behörden, so ist die Behörde zuständig, in deren Sprengel das Ende der Messstrecke fällt. *(BGBl I 2018/37)*

(3c) Wer als Lenker eines Kraftfahrzeuges die in § 102 Abs. 3 fünfter Satz angeführte Verpflichtung nicht erfüllt, begeht, wenn dies bei einer Anhaltung gemäß § 97 Abs. 5 StVO 1960 festgestellt wird oder aus Beweismaterial aus bildgebender Verkehrsüberwachung gemäß §§ 98a, 98b, 98c, 98d oder 98e StVO 1960 einwandfrei erkennbar ist, eine Verwaltungsübertretung, welche im Falle einer Anhaltung mit einer Organstrafverfügung gemäß § 50 VStG mit einer Geldstrafe von 50 Euro zu ahnden ist. Wenn die Zahlung des Strafbetrages verweigert wird, oder wenn die Übertretung anhand von Beweismaterial aus bildgebender Verkehrsüberwachung festgestellt wird, ist von der Behörde eine Geldstrafe bis zu 72 Euro, im Falle der Uneinbringlichkeit eine Freiheitsstrafe bis zu 24 Stunden, zu verhängen. „Erfolgt die Übertretung durch eine Person, die sich noch in der Probezeit befindet, so sind auch im Falle einer Anhaltung die Daten der Person (Name, Geburtsdatum) sowie Zeit und Ort der Übertretung zu erfassen und es ist die Führerscheinbehörde davon zu verständigen." *(BGBl I 2017/9)*

(3d) Wer als Lenker eines Kraftfahrzeuges oder als mit einem Kraftfahrzeug beförderte Person

1. die im § 106 Abs. 2 angeführte Verpflichtung, oder

2. die im § 106 Abs. 7 angeführte Verpflichtung

nicht erfüllt, begeht, wenn dies bei einer Anhaltung gemäß § 97 Abs. 5 StVO 1960 festgestellt wird, oder aus Beweismaterial aus bildgebender Verkehrsüberwachung gemäß §§ 98a, 98b, 98c, 98d oder 98e StVO 1960 einwandfrei erkennbar ist, eine Verwaltungsübertretung, welche im Falle einer Anhaltung mit einer Organstrafverfügung gemäß § 50 VStG mit einer Geldstrafe von 35 Euro zu ahnden ist. Wenn die Zahlung des Strafbetrages verweigert wird, oder wenn die Übertretung anhand von Beweismaterial aus bildgebender Verkehrsüberwachung festgestellt wird, ist von der Behörde eine Geldstrafe bis zu 72 Euro, im Falle der Uneinbringlichkeit eine Freiheitsstrafe bis zu 24 Stunden, zu verhängen. *(BGBl I 2017/9)*

(4) Beim Verdacht einer Übertretung der Vorschriften dieses Bundesgesetzes oder der auf Grund dieses Bundesgesetzes erlassenen Verordnungen kann im Sinne des § 37a VStG „ " als vorläufige Sicherheit ein Betrag bis 2 180 Euro

festgesetzt werden. Diese Wertgrenze ist auch für die Beschlagnahme gemäß § 37a Abs. 3 VStG maßgebend. Bei Verdacht einer Übertretung durch den Zulassungsbesitzer gilt dabei der Lenker als Vertreter des Zulassungsbesitzers, falls nicht dieser selbst oder ein von ihm bestellter Vertreter bei den Amtshandlungen anwesend ist, sofern der Lenker Dienstnehmer des Zulassungsbesitzers ist, oder mit diesem in einem sonstigen Arbeitsverhältnis steht oder die Fahrt im Auftrag des Zulassungsbesitzers oder in dessen Interesse durchführt. *(BGBl I 2005/117; BGBl I 2017/9)*

(4a) Die Organe der öffentlichen Sicherheit oder der Straßenaufsicht können die Unterbrechung der Fahrt anordnen und ihre Fortsetzung durch geeignete Vorkehrungen (Abnahme der Fahrzeugschlüssel und der Fahrzeugpapiere, Anbringung technischer Sperren am Fahrzeug, Abstellung an geeignetem Ort u. dgl.) verhindern, solange die gemäß Abs. 4 festgesetzte vorläufige Sicherheit oder ein Kostenersatz gemäß §§ 58 Abs. 4, 101 Abs. 7 oder 102 Abs. 12 nicht geleistet wird. Hierbei ist mit möglichster Schonung der Person vorzugehen und der Grundsatz der Verhältnismäßigkeit zu wahren. *(BGBl I 2005/117)*

(4b) Wird die Unterbrechung der Fahrt gemäß Abs. 4a nicht innerhalb von 72 Stunden aufgehoben, so kann die Behörde das Kraftfahrzeug als Sicherheit beschlagnahmen. § 37 Abs. 3 bis 6 VStG ist sinngemäß anzuwenden. *(BGBl I 2005/117)*

(5) Wurde mit einem Kraftfahrzeug oder Anhänger eine unter § 50 Abs. 1 VStG „ " fallende Übertretung dieses Bundesgesetzes, der Straßenverkehrsordnung 1960, des Eisenbahngesetzes 1957 oder von auf Grund dieser Bundesgesetze erlassenen Verordnungen von einem dem anzeigenden Organ unbekannten Lenker begangen und ist die Übergabe eines Beleges gemäß § 50 Abs. 2 VStG „ " an den Täter oder die Hinterlassung am Tatort nicht möglich, so kann der Beleg auch dem Zulassungsbesitzer zugestellt werden. *(BGBl 1977/615; BGBl I 2017/9)*

(6) Kraftstoffe im Sinne des § 11 Abs. 3, die einer Verordnung gemäß § 26a Abs. 2 lit. c nicht entsprechen, sind für verfallen zu erklären, wenn nicht auf andere Weise sichergestellt werden kann, daß diese Kraftstoffe in ihrer nicht gesetzlichen Beschaffenheit nicht zum Verbraucher gelangen. *(BGBl 1986/106)*

(7) Wird eine Manipulation an einem Kontrollgerät festgestellt, so sind die Manipulationseinrichtungen für verfallen zu erklären. *(BGBl I 2013/43)*

(8) In § 98a angeführte Radar- oder Laserblocker oder deren Gerätekomponenten, die an oder in Fahrzeugen entdeckt werden, sind für verfallen zu erklären. *(BGBl I 2020/134)*

Verweise

§ 134a. (1) Soweit in diesem Bundesgesetz auf Bestimmungen anderer Bundesgesetze verwiesen wird, sind diese, sofern nichts anderes ausdrücklich angeordnet wird, in ihrer jeweils geltenden Fassung anzuwenden. *(BGBl 1994/654)*

(2) Soweit in diesem Bundesgesetz auf die Verordnung (EG) Nr. 561/2006 verwiesen wird, ist dies ein Verweis auf die Verordnung (EG) Nr. 561/2006 zur Harmonisierung bestimmter Sozialvorschriften im Straßenverkehr und zur Änderung der Verordnung (EWG) Nr. 3821/85 und (EG) Nr. 2135/98 des Rates sowie zur Aufhebung der Verordnung (EWG) Nr. 3820/85 des Rates, ABl. Nr. L 102 vom 11. April 2006, S 1 „ in ihrer jeweils geltenden Fassung." *(BGBl I 2007/57; BGBl I 2020/134)*

(3) Soweit in diesem Bundesgesetz auf die Verordnung (EU) Nr. 165/2014 verwiesen wird, ist dies ein Verweis auf die Verordnung (EU) Nr. 165/2014 über Fahrtenschreiber im Straßenverkehr, ABl. Nr. L 60 vom 28. Februar 2014, S 1 „ in ihrer jeweils geltenden Fassung." Im Hinblick auf die Übergangsmaßnahmen des Art. 46 der Verordnung (EU) Nr. 165/2014 und die Aufhebung der Verordnung (EWG) Nr. 3821/85 gilt Anhang IB der Verordnung (EWG) Nr. 3821/85 als Anhang IB der Verordnung (EU) Nr. 165/2014. *(BGBl I 2017/9; BGBl I 2020/134)*

Geschlechtsneutrale Bezeichnungen

§ 134b. Die in diesem Bundesgesetz verwendeten Funktions- und Personenbezeichnungen sind geschlechtsneutral zu verstehen.

(BGBl I 2019/19)

Inkrafttreten und Aufhebung

§ 135. (1) Dieses Bundesgesetz tritt mit Ausnahme der im Abs. 2 angeführten Bestimmungen mit 1. Jänner 1968 in Kraft.

(2) In Kraft treten die Bestimmungen über

a) das Verbot vermeidbarer vorspringender Teile, Kanten oder zusätzlicher Vorrichtungen, die bei Verkehrsunfällen schwere Verletzungen erwarten lassen (§ 4 Abs. 2 zweiter Satz), am 1. Juli 1968,

b) die Pflicht zur Ausstattung mit einer dritten Bremsanlage (§ 6 Abs. 6) am 1. Jänner 1970,

c) die Pflicht zur Ausstattung mit einer Zweikreisbremse (§ 6 Abs. 7), außer für Omnibusse, am 1. Jänner 1970,

d) die Sicht bei Bruch von Windschutzscheiben und Klarsichtscheiben (§ 10 Abs. 1) am 1. Jänner 1970,

e) die seitlichen Rückstrahler (§ 14 Abs. 5 und § 16 Abs. 2) am 1. Jänner 1969,

f) die ausschließliche Zulässigkeit von rotem Bremslicht (§ 18 Abs. 1) am 1. Jänner 1973,

g) die ausschließliche Zulässigkeit von Blinkleuchten für Fahrtrichtungsanzeiger (§ 19 Abs. 2) am 1. Jänner 1970,

h) die ausschließliche Zulässigkeit von gelbrotem Blinklicht für Fahrtrichtungsanzeiger (§ 19 Abs. 2) am 1. Jänner 1973,

i) die Anbringung von Nebelscheinwerfern (§ 20 Abs. 2 erster Satz) am 1. Jänner 1969,

j) Geschwindigkeitsmesser, Fahrtschreiber und Wegstreckenmesser (§ 24), außer für Omnibusse und Kraftwagen zur Beförderung gefährlicher Güter, am 1. Jänner 1969,

k) die höchstzulässige Stärke des Betriebsgeräusches von Kraftfahrzeugen, mit einer Bauartgeschwindigkeit von nicht mehr als 10 km/h (§ 96), am 1. Jänner 1969,

l) die Schülertransporte mit geschlossenen Personenkraftwagen oder Kombinationskraftwagen (§ 106 Abs. 6) am 1. September 1967.

(3) Das Kraftfahrgesetz 1955, BGBl. Nr. 223, tritt mit dem Ablauf des 31. Dezember 1967 außer Kraft. Die Bestimmungen des § 20 Abs. 1 zweiter Satz und Abs. 2 lit. a über die Zulässigkeit von Zeigern für Fahrtrichtungsanzeiger treten jedoch mit dem Ablauf des 31. Dezember 1969, die Bestimmung des § 19 erster Satz über die Zulässigkeit von orangefarbenem Bremslicht und die Bestimmungen des § 20 Abs. 2 lit. b über die Zulässigkeit von weißem und rotem Blinklicht für Fahrtrichtungsanzeiger mit dem Ablauf des 31. Dezember 1972 außer Kraft.

(4) Artikel I des Heereskraftfahrgesetzes 1958, BGBl. Nr. 52, tritt mit dem Ablauf des 31. Dezember 1967 außer Kraft.

(5) Dieses Bundesgesetz in der Fassung BGBl. I Nr. 121/1997 tritt mit 1. November 1997 in Kraft. *(BGBl I 1997/121)*

(6) Mit Ablauf des 31. Oktober 1997 treten die §§ 84 und 126 des Kraftfahrgesetzes, BGBl. Nr. 267/1967, in der Fassung BGBl. Nr. 121/1997 außer Kraft. *(BGBl I 1997/121)*

(7) § 102 Abs. 3 Sätze 5 bis 7 und § 134 Abs. 3b, in der Fassung des Bundesgesetzes BGBl. I Nr. 146/1998, treten mit 1. Juli 1999 in Kraft. *(BGBl I 1998/146)*

(8) § 47 Abs. 2a und § 62 Abs. 3 in der Fassung von Art. IV des Bundesgesetzes BGBl. I Nr. 11/2002 treten mit 19. Jänner 2003 in Kraft. Verordnungen auf Grund dieser Bestimmungen dürfen bereits vom Tag der Kundmachung des Bundesgesetzes BGBl. I Nr. 11/2002 an erlassen werden, jedoch frühestens mit 19. Jänner 2003 in Kraft treten. *(BGBl I 2002/11)*

(8a) § 40a Abs. 4, § 40b Abs. 7 und 8, § 41 Abs. 3a, § 48a Abs. 3 und 4, § 57a Abs. 1, § 129 Abs. 1, § 134 Abs. 1, 3, 3b und 4, jeweils in der Fassung BGBl. I Nr. 32/2002, treten mit 1. Jänner 2002 in Kraft. *(BGBl I 2002/32)*

(9) Für den Übergang zu der durch das Verwaltungsreformgesetz 2001, BGBl. I Nr. 65/2002, geschaffenen Rechtslage gilt:

1. § 57a Abs. 3 in der Fassung des genannten Bundesgesetzes tritt mit 1. Jänner 2002, jedoch nicht vor dem der Kundmachung des genannten Bundesgesetzes folgenden Tag, in Kraft.

2. § 108 Abs. 2 und 3, § 109 Abs. 2, 3, 5 und 6, § 112 Abs. 1 und 4, § 113 Abs. 2 und 4, § 114 Abs. 1, 2, 5 und 7, § 115 Abs. 3, § 116 Abs. 2a, 3 und 4, § 119 Abs. 2, § 122a Abs. 4 und § 123 Abs. 1a in der Fassung des Verwaltungsreformgesetzes 2001 treten mit 1. Juli 2002, jedoch nicht vor dem vierten der Kundmachung des genannten Bundesgesetzes folgenden Monatsersten in Kraft. In diesem Zeitpunkt anhängige Verwaltungsverfahren sind nach den bisherigen Bestimmungen weiterzuführen.
(BGBl I 2002/65)

(10) § 112 Abs. 3 in der Fassung des Bundesgesetzes BGBl. I Nr. 80/2002 tritt mit 1. Juli 2002 in Kraft. § 49 Abs. 4, § 49 Abs. 4a und § 80 in der Fassung des Bundesgesetzes BGBl. I Nr. 80/2002 treten mit 1. November 2002 in Kraft. § 109 Abs. 1 lit. g und i in der Fassung des Bundesgesetzes BGBl. I Nr. 80/2002 tritt mit 1. Jänner 2003 in Kraft. *(BGBl I 2002/80)*

(11) § 43 Abs. 1a und 1b treten mit 1. Juli 2002, jedoch nicht vor dem vierten der Kundmachung folgenden Monatszweiten in Kraft. *(BGBl I 2002/102)*

(12) § 57a Abs. 3 in der Fassung des Bundesgesetzes BGBl. I Nr. 60/2003 tritt mit 1. Oktober 2003 in Kraft. *(BGBl I 2003/60)*

(13) § 48a Abs. 8a und 8b in der Fassung des Bundesgesetzes BGBl. I Nr. 29/2004 treten mit 1. Juli 2004 in Kraft. *(BGBl I 2004/29)*

(14) § 24a Abs. 1 und § 24a Abs. 2 lit. g in der Fassung des Bundesgesetzes BGBl. I Nr. 107/2004 tritt mit 1. Jänner 2005 in Kraft. § 102 Abs. 10 in der Fassung des Bundesgesetzes BGBl. I Nr. 107/2004 tritt mit 1. Mai 2005 in Kraft. *(BGBl I 2004/107)*

(15) § 102 Abs. 1, § 102 Abs. 11a, § 102 Abs. 11c und 11d, § 102 Abs. 12 lit. i bis k, § 102a, § 103 Abs. 4, § 103b, § 114 Abs. 4a und § 123a jeweils in der Fassung des Bundesgesetzes BGBl. I Nr. 175/2004 treten mit 5. Mai 2005 in Kraft. Verordnungen auf Grund dieses Bundesgesetzes können bereits vom dem seiner Kundmachung folgenden Tag an erlassen werden. Sie dürfen jedoch frühestens mit dem In-Kraft-Treten dieses Bundesgesetzes in Kraft treten. Anträge auf Ausstellung einer Fahrerkarte oder einer Un-

4/1. KFG
§ 135

ternehmenskarte können ab dem 5. Februar 2005 gestellt werden. Die Ausstellung dieser Karten erfolgt jedoch erst ab 5. Mai 2005. *(BGBl I 2004/175)*

(16) Es treten in Kraft

1. § 99 Abs. 5a in der Fassung des Bundesgesetzes BGBl. I Nr. 117/2005 mit 15. November 2005.

2. § 2 Abs. 1 Z 31, § 4 Abs. 5, § 6 Abs. 11, § 103 Abs. 3, § 106, § 107 Abs. 3, § 122 Abs. 2 Z 2 lit. d, § 122 Abs. 4, § 134 Abs. 3, § 134 Abs. 3d und § 136 Abs. 3 jeweils in der Fassung des Bundesgesetzes BGBl. I Nr. 117/2005 mit 1. Jänner 2006.

3. § 28 Abs. 3b für Fahrzeuge der Klasse N1, Gruppen II und III, § 28a Abs. 6, § 28b Abs. 1, Abs. 2, Abs. 5 und Abs. 6, § 29 Abs. 1, § 30 Abs. 1, Abs. 2, Abs. 3 und Abs. 5 letzter Satz, § 30a, § 31 Abs. 4 letzter Satz und Abs. 5, § 32 Abs. 4, § 33 Abs. 3, Abs. 3a, Abs. 5 und Abs. 8, § 34 Abs. 7, § 37 Abs. 2, Abs. 2a, Abs. 2b und Abs. 4, § 44 Abs. 3a, § 47 Abs. 4b und § 57 Abs. 6, Abs. 7 und Abs. 8 jeweils in der Fassung des Bundesgesetzes BGBl. I Nr. 117/2005 mit 1. Juli 2007. Ermächtigungen gemäß § 30a Abs. 8 von Erzeugern oder deren Bevollmächtigten können bereits ab 1. März 2007 vorgenommen werden.
Verordnungen auf Grund dieses Bundesgesetzes können bereits von dem seiner Kundmachung folgenden Tag an erlassen werden. Sie dürfen jedoch frühestens mit dem In-Kraft-Treten dieses Bundesgesetzes in Kraft treten. *(BGBl I 2005/117)*

(17) § 102 Abs. 8a, § 102 Abs. 9, § 102 Abs. 12 lit. f und § 103 Abs. 1 Z 2 jeweils in der Fassung des Bundesgesetzes BGBl. I Nr. 57/2006 treten mit 15. November 2006 in Kraft. *(BGBl I 2006/57)*

(18) § 59 Abs. 2 und 3 und § 62 in der Fassung des Bundesgesetzes BGBl. I Nr. 37/2007 treten mit 1. Juli 2007 in Kraft. *(BGBl I 2007/37)*

(19) Die Änderungen durch das Bundesgesetz BGBl. I Nr. 6/2008 treten wie folgt in Kraft:

1. § 20 Abs. 1 lit. d, § 20 Abs. 5 lit. j, § 27 Abs. 2, § 30 Abs. 5, § 30a Abs. 4a, § 37 Abs. 2 lit. h, § 37 Abs. 2a, § 40a Abs. 3, § 57a Abs. 5 Z 3, § 99 Abs. 5a, § 101 Abs. 2, § 102 Abs. 8a und Abs. 9, § 102d Abs. 9, § 103 Abs. 1 Z 2 lit. e, § 112 Abs. 3, § 123a Abs. 2 Z 5 und § 134 Abs. 3c jeweils in der Fassung des Bundesgesetzes BGBl. I Nr. 6/2008 mit 1. Jänner 2008;

2. § 106 Abs. 6 Z 4 in der Fassung des Bundesgesetzes BGBl. I Nr. 6/2008 mit 1. März 2008;

3. § 102 Abs. 1 und Abs. 5 Z 3 in der Fassung des Bundesgesetzes BGBl. I Nr. 6/2008 mit 1. September 2008;

4. § 2 Abs. 1 Z 43 lit. b in der Fassung des Bundesgesetzes BGBl. I Nr. 6/2008 mit 1. Jänner 2010.

(BGBl I 2008/6)

(20) Die Änderungen durch das Bundesgesetz BGBl. I Nr. 94/2009 treten wie folgt in Kraft:

1. § 30a Abs. 8a in der Fassung des Bundesgesetzes BGBl. I Nr. 94/2009 mit 1. Jänner 2010,

2. § 48a Abs. 3 und 8a jeweils in der Fassung des Bundesgesetzes BGBl. I Nr. 94/2009 mit 1. September 2009,

3. § 48a Abs. 7 bis 8 jeweils in der Fassung des Bundesgesetzes BGBl. I Nr. 94/2009 mit 1. Oktober 2009,

4. § 134 Abs. 1b in der Fassung des Bundesgesetzes BGBl. I Nr. 94/2009 mit 1. Jänner 2010.
(BGBl I 2009/94)

(21) § 24 Abs. 2 bis 3 und § 132 Abs. 28 jeweils in der Fassung des Bundesgesetzes BGBl. I Nr. 149/2009 treten mit 1. Jänner 2010 in Kraft. *(BGBl I 2009/149)*

(22) § 120 Abs. 5 in der Fassung des Bundesgesetzes BGBl. I Nr. 116/2010 tritt mit 1. Jänner 2011 in Kraft. *(BGBl I 2010/116)*

(23) § 123a Abs. 2 Z 3 und 4 in der Fassung des 2. Stabilitätsgesetzes 2012, BGBl. I Nr. 35/2012, tritt mit 1. Juli 2012 in Kraft. *(BGBl I 2012/35)*

(24) § 40a Abs. 1 und 6, § 47 Abs. 4, § 78 Abs. 1 und 2 sowie § 123 Abs. 1, 2 und 4 in der Fassung des Bundesgesetzes BGBl. I Nr. 50/2012 treten mit 1. September 2012 in Kraft. *(BGBl I 2012/50)*

(25) Die Änderungen durch das Bundesgesetz BGBl. I Nr. 43/2013 treten wie folgt in Kraft:

1. § 16 Abs. 5, § 41 Abs. 3, § 102b Abs. 6a, § 116 Abs. 6a, § 122 und § 123 Abs. 1b jeweils in der Fassung des Bundesgesetzes BGBl. I Nr. 43/2013 mit 1. März 2013,

2. § 37 Abs. 2 lit. h und § 57c jeweils in der Fassung des Bundesgesetzes BGBl. I Nr. 43/2013 mit 1. Oktober 2014,

3. § 102 Abs. 11c und § 103c jeweils in der Fassung des Bundesgesetzes BGBl. I Nr. 43/2013 zeitgleich mit § 24a Güterbeförderungsgesetz, § 18a Gelegenheitsverkehrsgesetz und § 4a Kraftfahrlinengesetz,

4. § 47a, § 84 und § 136 Abs. 3b jeweils in der Fassung des Bundesgesetzes BGBl. I Nr. 43/2013 mit 7. November 2013; gleichzeitig tritt § 86 Abs. 3 außer Kraft.
Verordnungen auf Grund dieses Bundesgesetzes (BGBl. I Nr. 43/2013) können bereits von dem seiner Kundmachung folgenden Tag an erlassen werden. Sie dürfen jedoch frühestens mit dem In-Kraft-Treten dieses Bundesgesetzes in Kraft treten. *(BGBl I 2013/43)*

(26) § 123 Abs. 1 in der Fassung des Bundesgesetzes BGBl. I Nr. 90/2013 tritt mit 1. Jänner 2014 in Kraft; gleichzeitig treten § 123 Abs. 1a und 1b außer Kraft. *(BGBl I 2013/90)*

(27) *(aufgehoben, BGBl I 2015/26, VfGH)*

(28) Die Änderungen durch das Bundesgesetz BGBl. I Nr. 87/2014 treten wie folgt in Kraft:

1. § 24 Abs. 2a in der Fassung des Bundesgesetzes BGBl. I Nr. 87/2014 mit 1. Jänner 2015,

2. § 24 Abs. 2b Z 1 lit. h und Z 2 jeweils in der Fassung des Bundesgesetzes BGBl. I Nr. 87/2014 mit 2. März 2015.
(BGBl I 2014/87)

(29) Die Änderungen durch das Bundesgesetz BGBl. I Nr. 40/2016 treten wie folgt in Kraft:

1. § 2 Abs. 1 Z 15, 22a und 23, § 3 Abs. 1, § 15, § 20 Abs. 1 Z 4 lit. j und Abs. 7, § 22 Abs. 2, § 24 Abs. 2, 4 und 11, § 31 Abs. 2, § 31a Abs. 3, § 34 Abs. 6, § 37 Abs. 2, § 40 Abs. 4 und 5, § 40a Abs. 3, § 42 Abs. 1, § 44 Abs. 2 und 3, § 45 Abs. 1 und 3, § 47 Abs. 4, § 47a Abs. 1, 2 und 6, § 48 Abs. 1a, § 49 Abs. 5b, § 56 Abs. 1a, § 57 Abs. 2 und 4, § 57a Abs. 2, § 57c Abs. 2, 4a, 5 Z 5, Abs. 6 und Abs. 8 Z 2, § 84 Abs. 1, § 99 Abs. 5, § 102 Abs. 3 und 10, § 103 Abs. 1 Z 4 und 5, § 105 Abs. 3, § 114 Abs. 4 und 7, § 122 Abs. 7, § 122a Abs. 3 und 5, § 131 Abs. 1, 2 und 3, § 132 Abs. 29 Z 1, § 132 Abs. 31 und § 134 Abs. 1c jeweils in der Fassung des Bundesgesetzes BGBl. I Nr. 40/2016 mit Ablauf des Tages der Kundmachung dieses Bundesgesetzes;

2. § 47a Abs. 7 und 8 und § 47b samt Überschrift jeweils in der Fassung des Bundesgesetzes BGBl. I Nr. 40/2016 mit Ablauf des Monats der Kundmachung dieses Bundesgesetzes;

3. § 57c Abs. 5 Z 7 in der Fassung des Bundesgesetzes BGBl. I Nr. 40/2016 mit 1. September 2016;

4. § 40 Abs. 5a, § 56 Abs. 6, § 57a Abs. 3, § 94 samt Überschrift, § 106 Abs. 3 Z 4 und Abs. 10 und § 136 Abs. 3b jeweils in der Fassung des Bundesgesetzes BGBl. I Nr. 40/2016 mit 1. Oktober 2016;

5. § 41 Abs. 7, § 47 Abs. 1 und 4c, § 49 Abs. 3 und § 57c Abs. 5 Z 8 jeweils in der Fassung des Bundesgesetzes BGBl. I Nr. 40/2016 mit 1. Jänner 2017;

6. der Bundesminister für Verkehr und Innovation ist im Hinblick auf die erforderlichen Vorarbeiten an der Deckungsevidenz ermächtigt, den Zeitpunkt des Inkrafttretens des § 40a Abs. 5, § 44 Abs. 1, § 47 Abs. 4a, 4b und 5, § 52 Abs. 2 und § 61 Abs. 1, 1a, 3 und 4 jeweils in der Fassung des Bundesgesetzes BGBl. I Nr. 40/2016 durch Verordnung festzulegen.
(BGBl I 2016/40)

(30) § 102 Abs. 3a und 3b in der Fassung des Bundesgesetzes BGBl. I Nr. 67/2016 treten mit Ablauf der Kundmachung dieses Bundesgesetzes in Kraft. *(BGBl I 2016/67)*

(31) Die Änderungen durch das Bundesgesetz BGBl. I Nr. 9/2017 treten wie folgt in Kraft:

1. § 2 Z 4b und 4c, 14, 15, 26e und 30a, § 3, § 4 Abs. 5, § 24 Abs. 2, 2a, 2b, 2b Z 1 lit. j, 2b Z 3 lit. d, 3, 4, 7 und 8, § 27a Abs. 1, 3 und 4, § 28a Abs. 1, § 28d Abs. 1, § 29 Abs. 2, § 56 Abs. 1c, § 98a samt Überschrift, § 102 Abs. 1a und Abs. 12 lit. j, § 102 Abs. 2, 4, und 8, § 102b Abs. 1, § 102c, § 103b Abs. 2, § 103c Abs. 1 Z 1 und Abs. 5 hinsichtlich der Anpassung des Verweises an die Verordnung (EU) Nr. 165/2014, § 114 Abs. 4a, § 130 Abs. 2 Z II Z 6, § 132 Abs. 32, § 134 Abs. 1, 1a, 1b, 1c, 3, 3c (ausgenommen letzter Satz), 3d, 4 und 5, § 134a Abs. 3 und § 136 Abs. 5 jeweils in der Fassung des Bundesgesetzes BGBl. I Nr. 9/2017 mit Ablauf des Tages der Kundmachung dieses Bundesgesetzes; zugleich treten § 2 Z 31a und Abs. 2 und § 102a Abs. 5 und 6 außer Kraft;

2. § 48 Abs. 2, § 49 Abs. 4 und Abs. 4b jeweils in der Fassung des Bundesgesetzes BGBl. I Nr. 9/2017 mit 1. April 2017;

3. § 2 Z 40 und 47, § 4 Abs. 6, 6a Z 1 und Abs. 7, § 101 Abs. 7a bis 7c und § 101a samt Überschrift jeweils in der Fassung des Bundesgesetzes BGBl. I Nr. 9/2017 mit 7. Mai 2017;

4. § 40b Abs. 5, § 57a Abs. 7d und § 57c Abs. 2 und 4, § 103c Abs. 1 Z 2, Abs. 4 und 5 hinsichtlich der Berücksichtigung der in Anhang I der Verordnung (EU) 403/2016 genannten Verstöße, § 131 Abs. 3 und § 134 Abs. 3c letzter Satz jeweils in der Fassung des Bundesgesetzes BGBl. I Nr. 9/2017 mit 1. Juli 2017;

5. § 114a und § 114b samt Überschriften jeweils in der Fassung des Bundesgesetzes BGBl. I Nr. 9/2017 mit 1. Jänner 2018;

6. § 28a Abs. 6, § 28b Abs. 1 und 5, § 30a Abs. 3 Z 5 und Abs. 6 Z 6, § 37 Abs. 2 lit. h, § 44a samt Überschrift, § 57 Abs. 5, § 57a Abs. 1a, 1b, 3 und 5a, § 57c Abs. 4b, 4c und Abs. 5 Z 3, § 58a samt Überschrift, § 102 Abs. 5 lit. i und § 136 Abs. 1 lit. h jeweils in der Fassung des Bundesgesetzes BGBl. I Nr. 9/2017 mit 20. Mai 2018; zugleich treten § 58 Abs. 2a und 2b außer Kraft;

7. § 103c Abs. 1 Z 3, Abs. 4 und 5 jeweils hinsichtlich der Berücksichtigung von technischen Mängeln und Ladungssicherungsmängeln und Abs. 7 jeweils in der Fassung des Bundesgesetzes BGBl. I Nr. 9/2017 mit 20. Mai 2019;

8. § 4 Abs. 6a Z 2 in der Fassung des Bundesgesetzes BGBl. I Nr. 9/2017 an dem durch Verordnung des Bundesministers für „Klimaschutz, Umwelt, Energie, Mobilität, Innovation und Technologie" im Hinblick auf die erforderlichen Anpassungen der einschlägigen EU-Vorschriften festgelegten Zeitpunkt, wie in Artikel 9a Abs. 3 der Richtlinie 96/53/EG in der Fassung der Richtlinie (EU) 2015/719 beschrieben. *(BGBl I 2020/134)*
(BGBl I 2017/9)

4/1. KFG
§ 135

(32) § 42 Abs. 1a in der Fassung des Deregulierungsgesetzes 2017, BGBl. I Nr. 40/2017, tritt mit 1. Oktober 2017 in Kraft. *(BGBl I 2017/40)*

(33) Die Änderungen durch das Bundesgesetz BGBl. I Nr. 102/2017 treten wie folgt in Kraft:

1. § 20 Abs. 1 Z 9, § 49 Abs. 4 Z 5, § 82 Abs. 1a, § 116 Abs. 6 und § 117 Abs. 2 jeweils in der Fassung des Bundesgesetzes BGBl. I Nr. 102/2017 mit Ablauf des Tages der Kundmachung dieses Bundesgesetzes;

2. § 24 Abs. 8, § 28b Abs. 2 Z 2, Abs. 5 und 5b, § 28d Abs. 6, § 29 Abs. 4, § 30a Abs. 4a, 5, 7, 8a und 11, § 31a Abs. 8, § 33 Abs. 3a, § 34a Abs. 5, § 58 Abs. 2b und 5, § 101 Abs. 7a, § 102 Abs. 11c zweiter Satz, § 123a Abs. 2 Z 3 jeweils in der Fassung des Bundesgesetzes BGBl. I Nr. 102/2017 mit 1. August 2017; zugleich treten § 102d Abs. 8 und § 131 außer Kraft;

3. § 102 Abs. 11c letzte vier Sätze in der Fassung des Bundesgesetzes BGBl. I Nr. 102/2017 mit 1. Oktober 2017;

4. § 34 Abs. 4, § 57a Abs. 1 und 1a und § 57c Abs. 4d jeweils in der Fassung des Bundesgesetzes BGBl. I Nr. 102/2017 mit 1. Jänner 2018;

5. § 58a Abs. 4, 7 und 9 jeweils in der Fassung des Bundesgesetzes BGBl. I Nr. 102/2017 mit 20. Mai 2018.

Verordnungen auf Grund dieses Bundesgesetzes (BGBl. I Nr. 102/2017) können bereits von dem seiner Kundmachung folgenden Tag an erlassen werden. Sie dürfen jedoch frühestens mit dem Inkrafttreten dieses Bundesgesetzes in Kraft treten. *(BGBl I 2017/102)*

(34) § 28b Abs. 5b, § 28d Abs 5, § 34a Abs. 7, § 41a Abs. 2 bis 4, § 47 Abs. 1, 4, 4a und 4c, § 47a Abs. 1 und 4, § 57a Abs. 2b, § 57c Abs. 8 und 9, § 102 Abs. 11c, § 102b Abs. 4, § 103c Abs. 5, § 114a Abs. 2, § 114b Abs. 5 und § 134 Abs. 3b in der Fassung des 2. Materien-Datenschutz-Anpassungsgesetzes, BGBl. I Nr. 37/2018, treten mit 25. Mai 2018 in Kraft. *(BGBl I 2018/37)*

(35) Die Änderungen durch das Bundesgesetz BGBl. I Nr. 19/2019 treten wie folgt in Kraft:

1. § 2 Z 32, Z 34 und Z 35, § 4 Abs. 7c, § 11 Abs. 6, § 20 Abs. 1 Z 4 und Z 8, Abs. 5 lit. c und lit. i, § 24 Abs. 2a, § 26a Abs. 4, § 29 Abs. 8, § 30a Abs. 5 und Abs. 8, 33 Abs. 1, Abs. 3, Abs. 4, Abs. 6a und Abs. 7, § 34 Abs. 2, § 44 Abs. 1 lit. a, § 44a Abs. 1, § 45 Abs. 3 Z 1, § 47 Abs. 4, § 57a Abs. 5, § 58a Abs. 7, § 83, § 102 Abs. 3, Abs. 3b, Abs. 8a, Abs. 9 Z 4, Abs. 10c Z 3 und Abs. 12, § 103 Abs. 1 Z 3 lit. b, § 105 Abs. 7 lit. e, § 106 Abs. 3 und Abs. 5, § 108 Abs. 2, die Überschrift zu § 108a, § 108a Abs. 1, § 109 Abs. 1 lit. g, § 112 Abs. 1, § 114 Abs. 1 und 4a, § 120 Abs. 1, § 121 Abs. 1, § 122a Abs. 1 Z 2, § 124 Abs. 1, § 132 Abs. 33, § 134 Abs. 1c und § 134b samt Überschrift jeweils in der Fassung des Bundesgesetzes BGBl. I Nr. 19/2019 mit Ablauf des Tages der Kundmachung dieses Bundesgesetzes; zugleich treten § 78 samt Überschrift und § 103 Abs. 3a, Abs. 3b und Abs. 6 außer Kraft;

2. § 101b, § 102 Abs. 1b, § 102a Abs. 4a, § 116 Abs. 2 und § 117 Abs. 2 jeweils in der Fassung des Bundesgesetzes BGBl. I Nr. 19/2019 mit 1. April 2019;

3. § 57c Abs. 10, § 109 Abs. 1 lit. d und j, § 111 Abs. 1 und § 113 Abs. 1 und Abs. 3 und die Überschrift des § 114 jeweils in der Fassung des Bundesgesetzes BGBl. I Nr. 19/2019 mit 1. Juli 2019; zugleich tritt § 114 Abs. 5 außer Kraft;

4. § 30 Abs. 5, § 30a Abs. 4b, § 31 Abs. 8, § 31a Abs. 9 und § 37 Abs. 2c jeweils in der Fassung des Bundesgesetzes BGBl. I Nr. 19/2019 mit 1. Oktober 2019.
(BGBl I 2019/19)

(36) Die Änderungen durch das Bundesgesetz BGBl. I Nr. 78/2019 treten wie folgt in Kraft:

1. § 4 Abs. 7a und § 47 Abs. 1 mit Ablauf des Tages der Kundmachung des genannten Bundesgesetzes;

2. § 40 Abs. 1 lit. b, § 48 Abs. 4 und § 49 Abs. 4 mit 1. Jänner 2020;

3. § 57a Abs. 3 mit 1. März 2020.
(BGBl I 2019/78)

(37) § 11 Abs. 6, § 20 Abs. 1 Z 4 lit. c, § 42 Abs. 2, § 57c Abs. 5 Z 8 und § 82 Abs. 9, jeweils in der Fassung des Bundesgesetzes BGBl. I Nr. 104/2019, treten mit 1. Juli 2020 in Kraft. *(BGBl I 2019/104)*

(37a) § 132a samt Überschrift in der Fassung des Bundesgesetzes BGBl. I Nr. 24/2020, tritt rückwirkend am 14. März 2020 in Kraft und mit 31. Dezember 2020 außer Kraft. *(BGBl I 2020/24)*

(38) § 47 Abs. 4d in der Fassung des Bundesgesetzes I Nr. 37/2020 tritt mit 1. Oktober 2020 in Kraft. *(BGBl I 2020/37)*

(39) Für das In- und Außerkrafttreten des Bundesgesetzes BGBl. I Nr. 134/2020 gilt Folgendes:

1. § 2 Z 45 lit. b, § 4 Abs. 7a, § 6 Abs. 5, § 11 Abs. 6 und 9, § 20 Abs. 1 Z 4 lit. d und k, § 24 Abs. 2a Z 1 und 3, Abs. 2b Z 3 und Abs. 4, § 27 Abs. 2, § 30 Abs. 5, § 31 Abs. 8, § 40 Abs. 1, § 48 Abs. 1a, § 49 Abs. 4 letzter Satz, § 49 Abs. 5b, § 53, § 54 Abs. 1, § 82 Abs. 4a, § 96 Abs. 1, § 97 Abs. 3, § 98a Abs. 3 und 4, § 99 Abs. 6, § 102 Abs. 3 und 4, § 102c, § 109 Abs. 1 lit. g und h, § 112 Abs. 1 und 3, § 114 Abs. 1a und 3, § 116 Abs. 5, § 122 Abs. 7, § 134 Abs. 8, § 134a Abs. 2 und 3 und § 136 Abs. 3b jeweils in der Fassung des Bundesgesetzes BGBl. I Nr. 134/2020 treten mit Ablauf des Tages der Kundmachung des genannten Bundesgesetzes in Kraft; zugleich treten

§ 102 Abs. 12 lit. e und § 136 Abs. 3a außer Kraft;

2. § 102 Abs. 1a und § 102a Abs. 4 jeweils in der Fassung des Bundesgesetzes BGBl. I Nr. 134/2020 treten mit 1. Jänner 2021 in Kraft; zugleich tritt § 24 Abs. 2a Z 2 außer Kraft;

3. § 49 Abs. 4 fünfter Satz, § 57c Abs. 4b und 4d jeweils in der Fassung des Bundesgesetzes BGBl. I Nr. 134/2020 treten mit 12. April 2021 in Kraft.
(BGBl I 2020/134)

(39a) § 102e tritt mit Ablauf des Tages der Kundmachung in Kraft und findet erst Anwendung wenn die technischen und organisatorischen Voraussetzungen für den Echtbetrieb des digitalen Dokumentennachweises in der zentralen Zulassungsevidenz vorliegen. Dieser Zeitpunkt ist von der Bundesministerin für Digitalisierung und Wirtschaftsstandort im Bundesgesetzblatt kundzumachen. *(BGBl I 2020/169)*

(40) § 132a samt Überschrift in der Fassung des Bundesgesetzes BGBl. I Nr. 48/2021 tritt mit Ablauf des Tages der Kundmachung des genannten Bundesgesetzes in Kraft und am 1. Oktober 2021 außer Kraft. *(BGBl I 2021/48)*

(41) § 20 Abs. 1 Z 4 lit. k in der Fassung des Bundesgesetzes BGBl. I Nr. 190/2021 tritt mit dem auf den Tag der Kundmachung folgenden Monatsersten in Kraft. *(BGBl I 2021/190)*

(42) § 58 Abs. 2, § 102 Abs. 3c, § 134 Abs. 1 und 3 jeweils in der Fassung des Bundesgesetzes BGBl. I Nr. 62/2022 treten mit Ablauf des Tages der Kundmachung des genannten Bundesgesetzes in Kraft. *(BGBl I 2022/62)*

Vollzugsbestimmungen

§ 136. (1) Mit der Vollziehung dieses Bundesgesetzes ist, unbeschadet der Abs. 2 und 3, der Bundesminister für „Klimaschutz, Umwelt, Energie, Mobilität, Innovation und Technologie" betraut; er hat das Einvernehmen zu pflegen bei der Vollziehung *(BGBl I 2020/134)*

a) des § 1 Abs. 2 lit. d, des § 24 Abs. 2, des § 29 Abs. 6, des § 30 Abs. 7, des § 31 Abs. 6, des § 40 Abs. 1 und 5, des § 41 Abs. 6, des § 45 Abs. 8, des § 46 Abs. 6, des § 47 Abs. 3, des § 87 Abs. 1, des § 97, des § 99 Abs. 1, des § 101 Abs. 8, des § 102 Abs. 2 und 5, des § 104 Abs. 8, des § 106 Abs. 15, des § 107 Abs. 4, des § 121 und des § 124 Abs. 1 bezüglich der Angelegenheiten des Bundesheeres und der Heeresverwaltung mit dem Bundesminister für Landesverteidigung; *(BGBl I 2007/57)*

b) *(aufgehoben, BGBl 1992/452, KompetenzänderungsG 1992)*

c) des § 59 und des § 62 Abs. 1 mit den Bundesministern für Justiz und für Finanzen; *(BGBl I 2007/37)*

d) des § 56 Abs. 4, des § 61, des § 129 und des § 131 Abs. 5 und 6 mit dem Bundesminister für Finanzen; *(BGBl I 2002/80)*

e) des § 91a mit dem Bundesminister für Gesundheit, Familie und Jugend; *(BGBl I 2007/57)*

f) des § 102 Abs. 5 lit. f mit dem Bundesminister für Wirtschaft und Arbeit; *(BGBl I 2002/80)*

g) des § 109 Abs. 2, des § 124 Abs. 3, des § 125 Abs. 3 und des § 127 Abs. 4 bezüglich der Frage der Gleichwertigkeit der Ausbildung an einer Höheren Lehranstalt mit dem Bundesminister für Unterricht, Kunst und Kultur oder an einer Universität mit dem Bundesminister für Wissenschaft und Forschung; *(BGBl I 2007/57)*

h) des § 48 Abs. 1 zweiter Satz, des § 54 Abs. 4, des § 58a Abs. 4 und des § 102 Abs. 11c mit dem Bundesminister für Inneres; *(BGBl I 2017/9)*

i) des § 26a Abs. 1 lit. a bezüglich der Anbringung der Sitze und zusätzlicher Schutzvorrichtungen an Zugmaschinen und des § 124 Abs. 1 mit dem Bundesminister für Land- und Forstwirtschaft, Umwelt und Wasserwirtschaft; *(BGBl I 2002/80)*

j) *(aufgehoben, BGBl 1977/615)*

k) des § 54 Abs. 2, 3, 3a, 3b, und 3c mit dem Bundesminister für europäische und internationale Angelegenheiten; *(BGBl I 2007/57)*

l) *(aufgehoben, BGBl 1997/103)*

m) *(aufgehoben, BGBl 1984/449)*

n) *(aufgehoben, BGBl I 2002/80)*
(BGBl 1986/106)

(1a) Mit der Vollziehung des § 131a ist der Bundesminister für „Klimaschutz, Umwelt, Energie, Mobilität, Innovation und Technologie" betraut; er hat hinsichtlich des Abs. 5 zweiter Satz das Einvernehmen mit dem Bundesminister für Finanzen herzustellen. *(BGBl 1988/375; BGBl I 2020/134)*

(2) Mit der Vollziehung des § 45 Abs. 6 dritter Satz zweiter Halbsatz und des § 57 Abs. 6 zweiter Satz ist der Bundesminister für Finanzen betraut. *(BGBl I 2007/37)*

(3) Mit der Vollziehung des § 106 Abs. 2, 3, 7 und 8 ist der Bundesminister für Justiz betraut. *(BGBl I 2005/117)*

(3a) *(entfällt, BGBl I 2020/134)*

(3b) Mit der Vollziehung des § 40 Abs. 5a, § 47 Abs. 4 „‚‚" § 47a „und § 48 Abs. 1a" ist der Bundesminister für Inneres betraut; er hat hiebei das Einvernehmen mit dem Bundesminister für „Klimaschutz, Umwelt, Energie, Mobilität, Innovation und Technologie" herzustellen. *(BGBl I 2016/40; BGBl I 2020/134)*

(4) Verordnungen auf Grund der Bestimmungen dieses Bundesgesetzes können von dem der Kundmachung dieses Bundesgesetzes folgenden

4/1. KFG
§ 136

Tag an erlassen werden; sie treten frühstens mit den betreffenden Bestimmungen in Kraft.

(5) Mit der Vollziehung der „Verordnung (EU) Nr. 165/2014"* ist der Bundesminister für „Klimaschutz, Umwelt, Energie, Mobilität, Innovation und Technologie"*** betraut. *(BGBl I 2004/175; *BGBl I 2017/9; **BGBl I 2020/134)*

(6) Mit der Vollziehung der Artikel 2, 3, 5 bis 9, 10 Abs. 4 und 5 und 11 bis 13 sowie 17 und 22 der Verordnung (EG) Nr. 561/2006 ist der Bundesminister für „Klimaschutz, Umwelt, Energie, Mobilität, Innovation und Technologie" betraut. *(BGBl I 2007/57; BGBl I 2020/134)*

(7) Mit der Vollziehung des § 102e und des § 135 Abs. 39a ist die Bundesministerin für Digitalisierung und Wirtschaftsstandort betraut. *(BGBl I 2020/169)*

Kraftfahrgesetz-Durchführungsverordnung 1967

BGBl 1967/399 idF

1 BGBl 1968/77
2 BGBl 1968/204
3 BGBl 1970/256 (VfGH)
4 BGBl 1970/257 (VfGH)
5 BGBl 1971/201 (VfGH)
6 BGBl 1971/376
7 BGBl 1971/476
8 BGBl 1972/177
9 BGBl 1972/356
10 BGBl 1975/450
11 BGBl 1977/396
12 BGBl 1978/279
13 BGBl 1980/215
14 BGBl 1981/16
15 BGBl 1981/380
16 BGBl 1982/36
17 BGBl 1983/485
18 BGBl 1985/69
19 BGBl 1985/101
20 BGBl 1985/161
21 BGBl 1985/395
22 BGBl 1985/433
23 BGBl 1986/279
24 BGBl 1986/612 (DFB)
25 BGBl 1986/711
26 BGBl 1987/362
27 BGBl 1988/173
28 BGBl 1988/455
29 BGBl 1988/643
30 BGBl 1988/683
31 BGBl 1989/33
32 BGBl 1989/451
33 BGBl 1989/520
34 BGBl 1990/484
35 BGBl 1990/684
36 BGBl 1991/72
37 BGBl 1991/260
38 BGBl 1991/579
39 BGBl 1992/665
40 BGBl 1993/351
41 BGBl 1993/950
42 BGBl 1994/392
43 BGBl 1994/797
44 BGBl 1995/214
45 BGBl 1995/746
46 BGBl II 1997/80
47 BGBl II 1997/320
48 BGBl II 1997/321
49 BGBl II 1997/322
50 BGBl II 1997/427
51 BGBl II 1998/16
52 BGBl II 1998/78
53 BGBl II 1998/136
54 BGBl II 1999/224
55 BGBl II 1999/308
56 BGBl II 2001/414
57 BGBl II 2002/357
58 BGBl II 2002/376
59 BGBl II 2004/129
60 BGBl II 2004/535
61 BGBl II 2005/412
62 BGBl II 2006/334
63 BGBl II 2007/275
64 BGBl II 2008/220
65 BGBl II 2009/258
66 BGBl II 2010/124
67 BGBl II 2010/458 (56. Novelle zur KDV 1967)
68 BGBl II 2011/432 (57. Novelle zur KDV 1967)
69 BGBl II 2012/278 (58. Novelle zur KDV 1967)
70 BGBl II 2012/471 (59. Novelle zur KDV 1967)
71 BGBl II 2014/290 (60. Novelle zur KDV 1967)
72 BGBl II 2015/40 (61. Novelle zur KDV 1967)
73 BGBl II 2016/287 (62. Novelle zur KDV 1967)
74 BGBl II 2017/221 (63. Novelle zur KDV 1967)
75 BGBl II 2017/298 (64. Novelle zur KDV 1967)
76 BGBl II 2019/172 (65. Novelle zur KDV 1967)
77 BGBl II 2019/350 (66. Novelle zur KDV 1967)
78 BGBl II 2019/394 (67. Novelle zur KDV 1967)
79 BGBl II 2021/161 (68. Novelle zur KDV 1967)

GLIEDERUNG

§ 1 Massen und Abmessungen von Fahrzeugen
§ 1a Vorspringende Teile, Kanten und zusätzliche Vorrichtungen
§ 1b Motorleistung
§ 1c Sicherheitsgurte und andere Rückhalteeinrichtungen
§ 1d Auspuffgase
§ 1e Sturzhelme und Visiere für Kraftfahrer

4/2. KDV

Gliederung

§ 1f	Vorrichtungen zur Verhinderung des Unterfahrens des Fahrzeuges durch andere Kraftfahrzeuge	§ 15a	Warnleuchten
§ 1g	Federungssysteme	§ 16	Rückstrahler
§ 1h	Aufprallschutz für Fahrzeuginsassen	§ 17	Scheibenwischer
§ 1i	*entfällt (60. Novelle)*	§ 17a	Kennzeichnung der Betätigungseinrichtungen, Kontrollleuchten und Anzeiger
§ 1j	Abschleppeinrichtungen	§ 17b	Elektromagnetische Verträglichkeit
§ 1k	Festsetzung des Eigengewichtes	§ 17c	Sicherungseinrichtung gegen unbefugte Inbetriebnahme
§ 2	Genehmigungspflichtige Teile, Ausrüstungs- und Ausstattungsgegenstände	§ 17d	Anhängevorrichtung
§ 2a	Warneinrichtungen	§ 17e	Sichtfeld
§ 2b	Gelb-rot reflektierende Warntafeln	§ 17f	Entfrostungs- und Trocknungsanlagen für die verglasten Flächen von Kraftfahrzeugen
§ 2c	Rote reflektierende Warntafeln		
§ 2d	Reflektierende Warnmarkierungen	§ 17g	Innenausstattung bestimmter Kraftfahrzeuge
§ 3	Bremsanlagen		
§ 4	Reifen und Schneeketten	§ 17h	Türen von Kraftfahrzeugen
§ 4a	Radabdeckungen und Spritzschutzsysteme	§ 17i	Heizanlagen
		§ 17j	Klimaanlagen
§ 5	Gleisketten	§ 18	Warnvorrichtungen
§ 6	Lenkvorrichtung	§ 18a	Rückblickspiegel und Einrichtungen für die indirekte Sicht
§ 7	Windschutzscheiben und Verglasungen		
§ 7a	Anbringung von Folien auf Scheiben von Kraftfahrzeugen	§ 18b	Sitze, Sitzverankerung und Kopfstützen
		§ 18c	Rückwärtsgang und Geschwindigkeitsmeßgerät
§ 7b	Allgemeine Vorschriften für Kraftfahrzeuge mit Antrieb durch Flüssiggas		
		§ 18d	Wiederverwendbarkeit, Recyclingfähigkeit und Verwertbarkeit
§ 7c	Betriebsvorschrift und Betriebsbuch für Kraftfahrzeuge mit Antrieb durch Flüssiggas	§ 19	Fahrtschreiber und Wegstreckenmesser
		§ 19a	Sitze an Zugmaschinen und Motorkarren
§ 7d	Kraftfahrzeuge mit Antrieb durch Erdgas (CNG)	§ 19b	Umsturzschutzvorrichtungen
		§ 19c	*entfällt*
§ 7e	Betriebsvorschrift und Betriebsbuch für Kraftfahrzeuge mit Antrieb durch Erdgas (CNG)	§ 19d	Geschwindigkeitsbegrenzer
		§ 19e	*entfällt*
§ 7f	Nachrüstung von Fahrzeugen mit Gasanlagen	§ 20	Antrag auf nationale Genehmigung einer Type von Fahrzeugen oder Fahrgestellen
§ 8	Lärmverhütung und Auspuffanlagen	§ 20a	Umsetzung von EWR-Bestimmungen
§ 8a	Kraftstoffanlage	§ 20b	*entfällt*
§ 8b	Lärmarme Kraftfahrzeuge	§ 21	Typenprüfung
§ 9	Lichtfarben	§ 21a	Typenschein
§ 10	Allgemeine Bestimmungen für Scheinwerfer und Leuchten	§ 21b	Erteilung einer EG-Betriebserlaubnis
		§ 21c	Anforderungen an das System für die Eingabe von Genehmigungsdaten oder Typendaten
§ 11	Scheinwerfer		
§ 12	Begrenzungsleuchten		
§ 12a	Umrißleuchten	§ 21d	*entfällt*
§ 12b	Seitenmarkierungsleuchten	§ 21e	Erteilung einer EG-Betriebserlaubnis nach einer Einzelrichtlinie
§ 12c	Parkleuchten		
§ 13	Schlußleuchten	§ 22	Genehmigung eines einzelnen Fahrzeuges oder Fahrgestelles gemäß § 31 KFG 1967
§ 13a	Nebelschlußleuchten		
§ 13b	Kennzeichenleuchten		
§ 13c	Rückfahrscheinwerfer	§ 22a	Änderungen an einzelnen Fahrzeugen
§ 14	Bremsleuchten	§ 22b	Ausnahmegenehmigung
§ 15	Fahrtrichtungsanzeiger	§ 22c	Ausnahmeverordnung

4/2. KDV
Gliederung

§ 22d	Genehmigung eines einzelnen Fahrzeuges oder Fahrgestelles gemäß § 31a KFG 1967
§ 23	Genehmigung einer Type von Teilen, Ausrüstungs- oder Ausstattungsgegenständen, die nicht nach den internationalen Regelungen für die einheitliche Genehmigung zu genehmigen ist
§ 24	*entfällt*
§ 24a	*entfällt*
§ 25	Tafeln für eingeschränkt zugelassene Fahrzeuge
§ 25a	*entfällt*
§ 25b	*entfällt*
§ 25c	Ermächtigung zur Herstellung von Kennzeichentafeln
§ 25d	Kennzeichentafeln
§ 26	Kennzeichen für Kraftfahrzeuge und Anhänger
§ 26a	Zeichen, bildliche Darstellungen, Aufschriften, Tafeln und Fahnen an Fahrzeugen
§ 26b	Abdecken von Kennzeichentafeln
§ 26c	Anbringung der hinteren Kennzeichentafel
§ 27	*entfällt (6. Novelle)*
§ 27a	Haftungsnachweis für ausländische Fahrzeuge
§ 28	Informationsschreiben gemäß § 84 KFG 1967
§ 28a	*entfällt*
§§ 28b–29	*entfallen (FSG-DV)*
§§ 29a–29c	*entfallen (FSG-NV)*
§§ 30–38	*entfallen (FSG-DV)*
§ 39	Allgemeine Bestimmungen für Omnibusse
§ 40	Aufbauten von Omnibussen
§ 41	Ausstiege, Innenausstattung und Sitze für beförderte Personen in Omnibussen
§ 42 bis § 44	*entfallen*
§ 45	Kraftstoffbehälter und Kraftstoffförderung von Omnibussen
§ 46	*entfällt*
§ 47	Ausstattung der Omnibusse
§ 48	Wagenbuch für Omnibusse
§ 49	Omnibusanhänger
§ 50	*entfällt*
§ 51	Oberleitungskraftfahrzeuge
§ 52	Zugmaschinen
§ 53	Transportkarren und Motorkarren
§ 53a	Schneeräumfahrzeuge
§ 54	Selbstfahrende Arbeitsmaschinen und Anhänger-Arbeitsmaschinen
§ 54a	Krafträder
§ 55	*entfällt*
§ 56	Einachszugmaschinen
§ 57	Kraftfahrzeuge mit einer Bauartgeschwindigkeit von nicht mehr als 10 km/h
§ 58	Höchste zulässige Fahrgeschwindigkeit
§ 58a	Verwendung von Ersatzvorrichtungen für Scheinwerfer, Leuchten und Rückstrahler
§ 58b	Kennzeichnung als Fahrzeug eines Arztes
§ 59	Beladung
§ 60	Aufschrift „Dienstkraftwagen"
§ 60a	Berechnung der Risikoeinstufung (§ 103c KFG 1967)
§ 61	Ziehen von zum Verkehr zugelassenen Anhängern
§ 62	Ziehen von nicht zum Verkehr zugelassenen Anhängern
§ 63	Personenbeförderung
§ 63a	Beschaffenheit der Schulfahrzeuge
§ 63b	Schulfahrten zum Ausbilden von Bewerbern um eine Lenkberechtigung für die Klasse A1, A2 oder A
§ 63c	Tarifaushang
§ 64	Tafeln für Schulfahrzeuge
§ 64a	Ausstattung einer Fahrschule
§ 64b	Fahrschulausbildung
§ 64c	Ausbildung von Fahrschullehrern
§ 64d	Ausbildung von Fahrlehrern
§ 64e	Lehrplanseminar
§ 64f	Zusatzausbildung zur Vermittlung von Risikoakzeptanz
§ 65	Lehrbefähigungsprüfung für Fahrschullehrer und Fahrlehrer
§ 65a	Lenkerausbildung in Lehranstalten und bei öffentlichen Dienststellen
§ 65b	Mindestschulung
§ 65c	Lehrfahrten
§ 66	Vergütungen für Gutachten
§ 67	Tarif der Bundesanstalt für Verkehr für nicht dem Bund erbrachte Leistungen
§ 67a	Ausnahmebewilligung
§ 68	Zulassungsstichtag
§ 69	Übergangsbestimmungen
§ 70	Inkrafttreten

KFG
KDV
PBStV
Kraftstoff-VO
FSG + VO

4/2. KDV
Stichwortverzeichnis

STICHWORTVERZEICHNIS

Abdecken von Kennzeichentafeln 26b
Änderungen an einzelnen Fahrzeugen 22a
– anzeigefrei 22a (1)
– Flüssiggasfahrzeuge 22a (3)
– Gutachtenbeibringung 22a (3)
Anhänger, nicht zugelassene 62
– Beleuchtung 62 (2)
– bewilligungsfrei 62 (1)
– Einachsanhänger 62 (3)
Anhänger, zugelassene 61
– Abstand 61 (11) und (12)
– Bremswirkung 61 (1)
– gelenkte 61 (5)
– Landwirtschaft 61 (4)
– Motorleistung 61 (8)
– Omnibusanhänger 61 (7)
– Sattelanhänger 61 (10)
– Spikesreifen 61 (9)
– Ziehen von zwei Anhängern 61 (2)
– Zugfahrzeug 61 (3)
– Zugmaschinen 61 (6)
Anhänger
– Arbeitsmaschine 54
Anlagen
– siehe Anlagenübersicht nach dem Verordnungstext
Antiblockiereinrichtung 3g (2)
Antriebsmotoren 1d (3)
Arbeitsmaschine, selbstfahrende 54
Arztfahrzeug, Kennzeichnung 58b
Aufschriften an Fahrzeugen 26a
Ausnahmebewilligungen 67a
Ausnahmegenehmigungen 22b
– Konsistenz 67a
Auspuffrohr 8 (2)
Austauschschalldämpfer 8 (3a)
Austauschkatalysatoren 1d (5)
Austauschmotoren 1d (3)

Beckengurte 1c (9) und (10)
Beladung 59
– Ausnahmebewilligung 59 (2)
– Großviehtransporte 59 (4)
– Kennzeichnung 59 (1)
– Überschreitung der Breite 59 (5)
– Wirtschaftsfuhren 59 (3)
Betriebserlaubnis 21b
Betriebsgeräusch 57 (7)
Breite von Fahrzeugen 1
Bremsanlagen 3, 3a bis 3q
– Asbest 3 (2)
– Auflauf 3k
– Druckluft 3p
– Federspeicher 3q
– Fremdkraft 3n, 3o
– hydraulische 3o (5)
– Nachstelleinrichtungen 3 (1)
– Zweikreis 3f
– Zweileitungsdruckluft 3h (3)
Bremsleuchten 14

– Krafträder 14 (3)
– Sicherheitsbremsleuchten 14 (4)
– Sichtbarkeit 14 (1)

Darstellungen, bildliche an Fahrzeugen 26a
Dienstkraftwagen, Aufschrift 60
Dreipunktgurte 1c (8b), (9) und (19)

EG-Bestimmungen
– Betriebserlaubnis 21b
– Einzelrichtlinie 21e
Einachszugmaschinen 56
– Beleuchtungseinrichtungen, Anbringung 56 (5)
– Fahrtrichtungsanzeiger 56 (6)
– Fahrzeuge bis 10 km/h 56 (1)
– Fahrzeuge über 10 km/h 56 (3)
– Leuchten 56 (4)
– Rückstrahler 56 (4)
– Scheinwerfer 56 (4)
– verbundene Fahrzeuge 56 (2)
Einrichtungen für die indirekte Sicht 18a
Einzelrichtlinie 21e
Entfrostungsanlagen 17f
Erdgasantrieb 7j
Ersatzvorrichtungen für Scheinwerfer, Leuchten und Rückstrahler 58a
EWR-Bestimmungen
– Einzelrichtlinien 20a (1) bis (3)
– Umsetzung 20a

Fahnen an Fahrzeugen 26a
Fahrgeschwindigkeit, höchste zulässige 58
Fahrlehrerausbildung 64d
– Lehrbefähigungsprüfung 65
Fahrschulausbildung 64b
– praktische 64b (5) u (6)
– theoretische 64b (3) u (4)
Fahrschulausstattung 64a
– Kurse außerhalb des Standortes 64a (4)
– Lehrmittel 64a (3)
– Übungsplatz 64a (2)
– Vortragssaal 64a (1)
Fahrschullehrerausbildung 64c
– Akademie 64c (8)
– Ausbildungsleiter 64c (4)
– Ausbildungsstätten 64c (2)
– Dauer 64c (7)
– Ermächtigung 64c (3) und (6)
– Lehrbefähigungsprüfung 65
– Lehrkräfte 64c (5)
– Lehrplan 64c (9)
– praktische Ausbildung 64c (10)
– Zeugnis 64c (11)
– Zweck 64c (1)
Fahrtrichtungsanzeiger 15
– Anbringung 15 (2)
– Anhänger 15 (5)
– Frequenz 15 (6)
– Krafträder 15 (8)
– Sichtbarkeit 15 (1)
Fahrtschreiber 19

Kodex Verkehrsrecht 1. 11. 2022

Stichwortverzeichnis

Federungssystem 1g
Flächen verglaste 17f
Flexibilitätssystem 1d (2)
Flüssiggasantrieb 7b, 7i
– Betriebsbuch 7i (2)
– Betriebsvorschrift 7i (1)
Folien 7a
Frontschutzsystem 1a (8)

Gelenkbus 58 (1)
Genehmigung
– außerhalb der internationalen einheitlichen Genehmigung 23
– eines einzelnen Fahrzeuges oder Fahrgestells gemäß § 31 KFG 22
– eines einzelnen Fahrzeuges oder Fahrgestelles gemäß § 31a KFG 22d
– nationale 20
Genehmigungsdaten 21c
– Genehmigungsdatenbank 21c (1)
Genehmigungspflicht 2
Geschwindigkeitsbegrenzer 19d
– Ausrüstung 19e
– Personal 19e (2)
– Prüfstellen 19e
Gleisketten 5
Gurte siehe Sicherheitsgurte Gutachtensvergütung 66

Haftungsnachweis für ausländische Fahrzeuge 27a
Heizanlagen 17i
Höchstgeschwindigkeiten, vorgeschriebene 58

Informationsschreiben gem § 84 KFG 1967 28
Inkrafttreten 70
Innenausstattung 17g
Invalidenkraftfahrzeuge 55

Kanten 1a
Katalysator 8 (4)
Kennzeichen 26
– Anschreiben 26 (7)
– Bezeichnung der Behörde 26 (1)
– Diplomaten 26 (5)
– Fahrzeuge des Bundes 26 (2)
– Fahrzeuge der Länder 26 (3)
– Konsuln 26 (5)
– sachlicher Bereich 26 (4)
– Tafeln 25d, 26c
– Vormerkzeichen 26 (5)
– Wunschkennzeichen 26 (6)
Klimaanlagen 17j
Kraftfahrzeuge mit Antrieb durch Erdgas 7d ff
Kraftfahrzeuge mit einer Bauartgeschwindigkeit von nicht mehr als 10 km/h 58
– Abmessungen 57 (1)
– Beleuchtung 57 (3)
– Bremsanlage 57 (2)
– einspurige Fahrzeuge 57 (5)
– Rückstrahler 57 (4)
– Tafel 57 (6)
Krafträder 54a

– Antimanipulationskatalog 54a (5a)
– Aufschriften 54a (5d)
– Bauweise 54a (1)
– Getriebe 54a (4)
– Kleinmotoräder 54a (5)
– Motor 54a (3)
– Nummernidentifikation 54a (5b) und (5c)
– Seitenständer 54a (6)
Kühlaggregat 8 (5)
Lärmarme Kraftfahrzeuge 8b
– Bestätigung 8b (2)
– Gültigkeit der Bestätigung 8b (3)
– Kennzeichnung 8b (5)
– Mitführen der Bestätigung 8b (4)
Lärmverhütung 8
Lehrfahrten 65c
Lehrplanseminar 64e
Lenkvorrichtung 6
– Fremdkraft 6 (5)
– Lenkhilfe 6 (3) und (4)
– Wendekreis 6 (2)
Leuchten
– Begrenzungsleuchten 12
– Ersatzvorrichtungen 58a
– Kennzeichenleuchten 13b
– Nebelschlußleuchten 13a
– Schlußleuchten 13

Mindestschulung 65b
Motorleistung 1b
Motorkarren 53

Nahfeldpegel 8 (1a)
Nebelscheinwerfer 11 (7)
– Abblendlicht 11 (4)
– Allgemeines 11 (1)
– bei Krafträdern 10 (8)
– Beleuchtungsstärke 11 (6)
– Ersatzvorrichtungen 58a
– Fernlicht 11 (5)
– Rückfahrscheinwerfer 13c
Nebenaggregat 8 (5)

Oberleitungskraftfahrzeuge 51
Omnibusse
– allgemeine Bestimmungen 39
– Anhänger 49
– Aufbauten 40
– Ausstattung 47
– Ausstiege 41
– Innenausstattung 41
– Kraftstoffbehälter 45 (1)
– Kraftstofförderung 45 (2)
– Sitze 41
– Wagenbuch 48

Parkleuchten 12c
Personenbeförderung 63
– Allgemeines 63 (1)
– Bewilligung 63 (2)
– Möbeltransporte 63 (3)
– Schülertransporte 63 (4)
Probefahrten 22 (5)

KFG
KDV
PBStV
Kraftstoff-VO
FSG + VO

4/2. KDV

Stichwortverzeichnis

Prüfungsfahrzeuge siehe Schulfahrzeuge
Reifen 4
– Bauart 4 (4b)
– Mischbereifung 4 (4c)
– Nachschneiden 4 (6)
– Profil 4 (4)
– Runderneuerung 4 (4a)
– Spikes 4 (5)
– Winterreifen 4 (4d)
Rückblickspiegel 18a
Rückfahrwarner 18(8)
Rückhalteinrichtungen 16
Rückstrahler 16

Schalldämpfer 8 (3)
– Austausch 8 (3a)
Scheibenwischer 17
Scheinwerfer 10
– Anbringung 10 (2)
– Bauweise 10 (1)
– Notzeichen 10 (5)
Schneeketten 4 (7)
Schneeräumfahrzeuge 53a
Schülertransporte 63 (4)
Schulfahrten für die Klasse A-Lenkberechtigung 63b
Schulfahrzeuge 63a
– Allgemeines 63a (1)
– Klasse C 63a (2)
– Klasse E 63a (5)
– Klasse F 63a (4)
– Motorräder 63a (2a)
– Motorräder mit Beiwagen 63a (3)
– Tafeln 64
Schultergurte 1a (3)
– an Zugmaschinen von Motorkarren 19b
Seitenschutz 1f (2)
Sicherheitsgurte 1c
– Benützungsanleitung 1c (8)
– Gurtbänder 1c (6)
– nicht aufrollbare 1c (3)
– starre Teile 1c (2)
– Verankerungen 1c (9)
– Verschluß 1c (4)
Sichtfeld 17e
Sitze an Zugmaschinen und Motorkarren 19a
– Allgemeines 19a (1)
– Anbringung 19a (3)
– auf Radabdeckungen 19a (4)
– Qualifikationen 19a (2)
Sondertransport 50 (1)
Splitterschutzfolien 7a
Sturzhelme 1e

Tafeln
– an Fahrzeugen 26a
– für eingeschränkt zugelassene Fahrzeuge 25
– retroreflektierende 26a (3)
Tankeinfüllöffnungen 8a (2)
Tarif
– für Gutachten 66 (1)
Tarifaushang 63c
Teile; vorspringende 1a
Tönungsfolien 7a
Transportkarren 53
Trocknungsanlagen 17f
Türen 17h
Typendaten 21c
Typengenehmigung
– von Fahrzeugen oder Fahrgestellen 20
Typenprüfung 21
– Allgemeines 21 (1)
– Fahrzeugteile 21 (2)
– Nachweise 21 (4)
– Probefahrt 21 (3)
Typenschein 21a
– Format 21a (1)

Überstellungsfahrten
– Antrag auf Zulassung und auf Erteilung der Bewilligung zur Durchführung von 24
Unterfahrschutz 1b (1)

Verdunstungsemission 8a (1)
Verglasungen 7, 17f
Verlangsameranlage 3e
Visier 1c
Vorrichtungen
– zusätzliche 1a

Warneinrichtungen 2a
Warnleuchten 15a
Warnmarkierungen 2d
Warntafeln 2b
Warnvorrichtungen 18
– Anbringung 18 (6)
– Wechselstromhörner 18 (7)
Wegstreckenmesser 19
Windschutzscheiben 7

Ziehen von Anhängern siehe Anhänger Ziehen von Fahrzeugen 26a
Zugmaschinen 52
– Anbringung von Geräten 52 (4)
– Anhängervorrichtungen 52 (8)
– Aufschrift 52 (2) und (5b)
– bewegliche Teile 52 (1)
– Breite, größte 52 (5a)
– Bremsanlage, eine 52 (3)
– Landwirtschaft 52 (5) und (10)
– Leuchten 52 (6)
– Radabdeckungen 52 (7)
– Rückstrahler 52 (6)
– Scheinwerfer 52 (6)
– Zapfwellenbetrieb 52 (9)

Verordnung des Bundesministeriums für Handel, Gewerbe und Industrie vom 30. November 1967 über die Durchführung des Kraftfahrgesetzes 1967 (Kraftfahrgesetz-Durchführungsverordnung 1967 – KDV. 1967)

Aufgrund des Kraftfahrgesetzes 1967, BGBl.Nr. 267, wird hinsichtlich der §§ 9 lit. a bis c und e, 10 bis 13, 16, 61 und 62 bezüglich der Angelegenheiten des Bundesheeres und der Heeresverwaltung im Einvernehmen mit dem Bundesministerium für Landesverteidigung, hinsichtlich des § 28 im Einvernehmen mit dem Bundesministerium für Justiz, hinsichtlich der §§ 27, 28, 66 und 67 im Einvernehmen mit dem Bundesministerium für Finanzen, hinsichtlich der §§ 30 bis 35 im Einvernehmen mit dem Bundesministerium für soziale Verwaltung und hinsichtlich der §§ 39 bis 51 im Einvernehmen mit dem Bundesministerium für Verkehr und verstaatlichte Unternehmungen verordnet:

Massen und Abmessungen von Fahrzeugen

§ 1. (1) Die Festsetzung und Überprüfung der Massen und Abmessungen von Fahrzeugen der Klassen M, N und O hat nach den Vorschriften der Verordnung (EU) Nr. 1230/2012, ABl. Nr. L 353 vom 21.12.2012 S. 31 zu erfolgen.

(2) Die Festsetzung und Überprüfung der Massen und Abmessungen von Kraftfahrzeugen der Klassen L hat nach den Anhängen der Richtlinie 93/93/EWG, ABl. Nr. L 311 vom 14.12.1993, in der Fassung der Richtlinie 2004/86/EG, ABl. Nr. L 236 vom 07.07.2004, ab dem 1.1.2016 nach der Anlage 1 zum Anhang XI der Verordnung (EU) Nr. 44/2014, ABl. L 25 vom 28.01.2014 S 1, zu erfolgen.

(3) Bei der Anwendung der Bestimmungen über die im § 4 Abs. 6 Z 2 des Kraftfahrgesetzes 1967 festgesetzte zulässige Breite von Fahrzeugen haben bei der Überprüfung von im Verkehr verwendeten Fahrzeugen zusätzlich zu den aufgrund der in den Absätzen 1 und 2 sowie in § 52 Abs. 10 Z 3 angeführten Rechtsvorschriften genannten Vorrichtungen oder Ausrüstungsteilen, die für die Bestimmung der größten Abmessungen nicht maßgebend sind, außer Betracht zu bleiben:

1. seitliche Auswölbungen der Reifen im Bereich ihrer Berührungsflächen mit der Fahrbahn, Verbindungsleitungen zu Vorrichtungen, mit denen dem Lenker angezeigt werden kann, dass der Reifendruck absinkt sowie Reifenschadenanzeiger,

2. an den Rädern angebrachte Gleitschutzvorrichtungen,

3. Rückblickspiegel, die nach vorne und nach hinten unter mäßigem Druck so nachgeben können, dass sie dann nicht mehr über die höchste zulässige Breite von Fahrzeugen hinausragen, oder wenn deren Anbau an die Fahrzeuge der Klassen M und N den Bestimmungen der ECE-Regelung Nr. 46 entspricht,

4. Blinkleuchten, Begrenzungsleuchten, Parkleuchten,

5. aus elastischem Material bestehende Radabdeckungen, wenn sie nicht mehr als 5 cm über den äußersten Rand des Fahrzeuges hinausragen, oder vorstehende flexible Teile eines Spritzschutzsystems,

6. Befestigungs- und Schutzeinrichtungen für Zollplomben,

7. Einrichtungen zur Sicherung der Plane und Schutzvorrichtungen hiefür,

8. bei Fahrzeugen der Klassen M2 und M3 Ladebrücken in betriebsbereitem Zustand, Hubladebühnen und vergleichbare Einrichtungen in betriebsbereitem Zustand, sofern deren Abmessung 10 mm seitlich des Fahrzeuges nicht übersteigt und die nach vorn oder nach hinten liegenden Ecken der Ladebrücken mit einem Radius von mindestens 5 mm abgerundet sind; die Kanten sind mit einem Radius von mindestens 2,5 mm abzurunden,

9. einziehbare Stufen,

10. Zurrmittel zur Ladungssicherung, die höchstens 50 mm vorragen dürfen; bis zu einer Höhe von höchstens 2,00 m über dem Boden müssen alle Teile der Zurrmittel, die mit einer Kugel von 100 mm Durchmesser berührt werden können, mit einem Radius von mindestens 2,5 mm abgerundet sein.

(BGBl II 2014/290)

Vorspringende Teile, Kanten und zusätzliche Vorrichtungen

§ 1a. (1) Als vorspringende Teile, Kanten und zusätzliche Vorrichtungen, die bei Verkehrsunfällen schwere körperliche Verletzungen erwarten lassen (§ 4 Abs. 2 dritter und vierter Satz des Kraftfahrgesetzes 1967), gelten solche, durch die die Gefahr schwerer Verletzungen oder der Grad von schweren Verletzungen erhöht wird. Die vorstehenden Außenkanten bei Fahrzeugen der Klasse M1 müssen den Anforderungen der Anhänge der Richtlinie 74/483/EWG, ABl. Nr. L 266 vom 2. Oktober 1974, S 4, in der Fassung der Richtlinie 2007/15/EG, ABl. Nr. L 75 vom 15. März 2007, S 21, entsprechen. *(BGBl II 2007/275)*

(1a) Die vorstehenden Außenkanten von zweirädrigen oder dreirädrigen Kraftfahrzeugen müssen den Anforderungen des Kapitels 3 der Richtlinie 97/24/EWG, ABl. Nr. L 226 vom 18. August 1997, in der Fassung der Richtlinie 2006/27/EG, ABl. Nr. L 66 vom 8. März 2006, S 7, entsprechen. Bei dreirädrigen Kraftfahrzeugen mit Aufbau, die zur Personenbeförderung bestimmt sind, müssen die vorstehenden Außenkanten den Anhängen der Richtlinie 74/483/EWG über die vorstehenden Außenkanten bei Kraftfahrzeugen der Klasse M1 entsprechen. *(BGBl II 2006/334)*

(2) Teile, Kanten und zusätzliche Vorrichtungen gelten als vermeidbar, wenn sie ohne Beeinträchtigung der im Rahmen der Zweckbestimmung des Fahrzeuges liegenden Verwendbarkeit entfallen können.

(3) Die im § 4 Abs. 2 vierter Satz des Kraftfahrgesetzes 1967 angeführten Schutzvorrichtungen müssen widerstandsfähig und so ausgebildet und angebracht sein, daß sie, gegebenenfalls zusammen mit den durch sie abzudeckenden Teilen, so abgerundet sind, daß der Radius der Abrundung wenigstens 10 v. H. des Maßes, um das sie vorspringen, mindestens jedoch 2,5 mm beträgt. Unvermeidbare Teile und zusätzliche Vorrichtungen, deren Kanten oder Spitzen so abgerundet sind, daß der Radius der Abrundung wenigstens 10 v. H. des Maßes, um das sie vorspringen, mindestens jedoch 2,5 mm beträgt, müssen nicht abgedeckt sein.

(4) Vorspringende Teile, Kanten und zusätzliche Vorrichtungen außen am Fahrzeug, die bei Verkehrsunfällen schwere körperliche Verletzungen erwarten lassen und die nur unter schwerer Beeinträchtigung der Verwendbarkeit des Fahrzeuges im Rahmen seiner Zweckbestimmung abgedeckt (Abs. 3 erster Satz) werden können, müssen, wenn dies zur Ermöglichung des richtigen Abschätzens der Breite oder Länge des Fahrzeuges durch andere Straßenbenützer erforderlich ist, durch auffällige Farbe gekennzeichnet sein und an ihren äußeren Punkten je eine Leuchte aufweisen, mit der diese Punkte anderen Straßenbenützern nach vorne durch weißes oder gelbes und nach hinten durch rotes Licht erkennbar gemacht werden können. Landwirtschaftliche Fahrzeuge mit einer Bauartgeschwindigkeit von nicht mehr als 30 km/h dürfen jedoch an Stelle dieser Leuchten Rückstrahler aufweisen, die dem § 16 Abs. 1 und 2 entsprechen. *(BGBl II 1997/427)*

(4a) Die vorstehenden Außenkanten vor der Führerhausrückwand von Kraftfahrzeugen der Klasse N müssen den Anhängen zur Richtlinie 92/114/EWG, ABl. Nr. L 409 vom 31. 12. 1992, S 154, entsprechen.

(5) Teile und Vorrichtungen, die den übrigen äußersten Rand des Fahrzeuges nach vorne oder nach hinten um mehr als 1 m überragen, müssen gemäß § 59 Abs. 1 gekennzeichnet sein.

(6) Die Bestimmungen der Abs. 1 bis 4 gelten nicht für Teile, Kanten, Spitzen und zusätzliche Vorrichtungen, die

a) außen am Fahrzeug angebracht sind und mindestens 190 cm über der Fahrbahn liegen oder

b) innen am Fahrzeug in Räumen angebracht sind, die nicht für den Lenker oder zur Beförderung von Personen bestimmt sind.

(7) Die Frontpartie von Fahrzeugen der Klasse M1 mit einer zulässigen Gesamtmasse von nicht mehr als 2 500 kg und von Fahrzeugen der Klasse M1 abgeleiteten Fahrzeugen der Klasse N1 mit einer zulässigen Gesamtmasse von nicht mehr als 2 500 kg muss so gestaltet sein, dass sie den Anforderungen des Anhangs I der Richtlinie 2003/102/EG zum Schutz von Fußgängern und anderen ungeschützten Verkehrsteilnehmern vor und bei Kollisionen mit Kraftfahrzeugen und zur Änderung der Richtlinie 70/156/EWG, ABl. Nr. L 321 vom 6. Dezember 2003, S 15 entspricht. *(BGBl II 2004/129)*

(8) Frontschutzsysteme sind selbstständige Strukturen, wie zB Rammschutzbügel, oder zusätzliche Stoßfänger, die die Außenfläche des Fahrzeuges über und/oder unter dem als Originalteil angebrachten Stoßfänger bei einem Zusammenstoß mit einem Gegenstand vor Beschädigungen schützen sollen. Strukturen mit einer Höchstmasse von weniger als 0,5 kg, die nur zum Schutz der Scheinwerfer bestimmt sind, fallen nicht unter diese Begriffsbestimmung. Frontschutzsysteme von Fahrzeugen der Klasse M1 mit einer zulässigen Gesamtmasse von nicht mehr als 3 500 kg und N1 müssen der Richtlinie 2005/66/EG über die Verwendung von Frontschutzsystemen, ABl. Nr. L 309 vom 25. November 2005, S 37, entsprechen. *(BGBl II 2006/334)*

Motorleistung

§ 1b. (1) Omnibusse, Lastkraftwagen, Sattelzugfahrzeuge und Spezialkraftwagen müssen eine Motorleistung von mindestens 5 kW für je 1 000 kg ihres höchsten zulässigen Gesamtgewichtes und des höchsten zulässigen Gesamtgewichtes der Anhänger, die mit ihnen gezogen werden dürfen, erreichen; bei Sattelkraftfahrzeugen jedoch abzüglich der größeren der höchsten zulässigen Sattellasten der beiden Fahrzeuge, wenn diese gleich sind, einer der Sattellasten. Dies gilt jedoch nicht für Heeresfahrzeuge und Fahrzeuge mit einer Bauartgeschwindigkeit von nicht mehr als 30 km/h. *(BGBl II 2014/290)*

(2) Die Motorleistung von Fahrzeugen der Klassen M und N sind nach den Vorschriften der jeweils zutreffenden Verordnung (EG) Nr. 692/2008, ABl. Nr. L 199 vom 28.07.2008 S 1 oder (EG) Nr. 595/2009, ABl. Nr. L 188 vom 18.07.2009 S. 1, zu bestimmen. Für Fahrzeuge, die oder deren Motoren den Bestimmungen der Richtlinien 97/68/EG oder 2000/25/EG unterliegen, ist die Motorleistung nach der Richtlinie 97/68/EG in der Fassung der Richtlinie 2012/46/EU zu bestimmen. Für Fahrzeuge der Klasse L ist die Motorleistung nach den Vorschriften der Richtlinie 95/1/EG, Anhang II, in der

Fassung der Richtlinie 2006/27/EG, ABl. Nr. L 66 vom 08.03.2006 S 7 oder nach den Vorschriften der Verordnung (EU) Nr. 134/2014, ABl. Nr. L 53 vom 21.02.2014 S. 1, zu bestimmen. *(BGBl II 2014/290)*

Sicherheitsgurte und andere Rückhalteeinrichtungen

§ 1c. (1) Sicherheitsgurte für erwachsene Personen müssen den Anhängen der Richtlinie 77/541/EWG in der Fassung der Richtlinie 2005/40/EG, ABl. Nr. L 255 vom 30. September 2005, S 146, oder der ECE-Regelung Nr. 16 entsprechen. *(BGBl II 2006/334)*

(2) „Rückhalteeinrichtungen für Kinder müssen der ECE-Regelung Nr. 44, BGBl. Nr. 267/1990, oder der ECE-Regelung Nr. 129 entsprechen." Als Rückhalteeinrichtungen für Kinder im Sinne des § 106 Abs. 5 KFG 1967 gelten für Kinder

1. *(entfällt, BGBl II 2019/172)*

2. ab einem Gewicht von 18 kg ein Beckengurt ohne zusätzliche Rückhalteeinrichtung, wenn der Sitzplatz lediglich mit einem Beckengurt ausgerüstet ist und wenn die anderen Sitzplätze besetzt sind,

3. ab vollendetem 3. Lebensjahr auch ein Beckengurt oder Dreipunktgurt ohne zusätzliche Rückhalteeinrichtung, wenn durch zwei auf den äußersten Sitzplätzen befestigte Rückhalteeinrichtungen auf dem mittleren Sitzplatz eine Rückhalteeinrichtung nicht befestigt werden kann.

Rückhalteeinrichtungen für Kinder,
– die nicht mindestens der ECE-Regelung 44.04 entsprechen, dürfen ab dem 1. Mai 2010 nicht mehr feilgeboten werden,
– die nicht mindestens der ECE-Regelung 44.03 entsprechen, dürfen nicht mehr verwendet werden,
– der Klassen 0, 0+ (ausgenommen Babytragetaschen) und 1, die zwar den ECE-Regelungen 44.03 oder 44.04 entsprechen, die aber für die Rückhaltung des Kindes im Rückhaltesystem ausschließlich den Sicherheitsgurt des Fahrzeuges verwenden, dürfen ab 1. Mai 2010 nicht mehr verwendet werden.

(BGBl II 2010/124; BGBl II 2014/290)

(2a) Die Rückhalteeinrichtung für Kinder ist entsprechend der Anleitung des Herstellers der Kinderrückhalteeinrichtung (Handbuch, Broschüre oder elektronische Veröffentlichung) einzubauen, aus der hervorgeht, auf welche Art und Weise und in welchem Fahrzeugtyp das System sicher verwendet werden kann. *(BGBl II 2014/290)*

(3) Die Verankerungen von Sicherheitsgurten müssen der Richtlinie 76/115/EWG, ABl. Nr. L 24 vom 30.1.1976, S 6, in der Fassung der Richtlinie 2005/41/EG, ABl. Nr. L 255 vom 30. September 2005, S 149 entsprechen. *(BGBl II 2006/334)*

(3a) Die Verankerungen der Sicherheitsgurte und die Sicherheitsgurte von dreirädrigen Kleinkrafträdern, Dreirad- und Vierradfahrzeugen (Klasse L) müssen dem Kapitel 11 der Richtlinie 97/24/EG in der Fassung der Richtlinie 2006/27/EG, ABl. Nr. L 66 vom 8. März 2006, S 7, entsprechen. *(BGBl II 2006/334)*

(4) Als der Bauart des Fahrzeuges entsprechende Sicherheitsgurte im Sinne des § 4 Abs. 5 KFG 1967 gelten

1. bei Sitzen mit ihnen zugeordneten geeigneten oberen Verankerungen für Schultergurte Beckengurte in Verbindung mit Schultergurten (Dreipunktgurte) oder diesen in ihrer Schutzwirkung für den Benutzer von im Hinblick auf die Bauart des Fahrzeuges gleichartige Gurte,

2. bei nicht unter Z 1 fallenden Sitzen Beckengurte.

(5) Alle Beifahrersitze, in die ein Airbag eingebaut ist, müssen im Sinne der Richtlinie 96/36/EG mit einer Warnung vor der Verwendung einer nach hinten gerichteten Kinderrückhalteeinrichtung auf diesem Sitz versehen sein. Dies gilt jedoch nicht, wenn das Fahrzeug mit einem Mechanismus ausgestattet ist, der das Vorhandensein einer nach hinten gerichteten Kinderrückhalteeinrichtung automatisch erkennt und sicherstellt, daß sich der Airbag nicht entfaltet, wenn eine solche Kinderrückhalteeinrichtung befestigt ist. *(BGBl II 1997/80)*

Emissionen von gasförmigen Schadstoffen, luftverunreinigenden Partikeln, CO_2, Kraftstoffverbrauch, Energieverbrauch sowie Zugang zu Reparatur- und Wartungsinformationen

§ 1d. (1) Kraftfahrzeuge, beziehungsweise ihre Motoren, müssen hinsichtlich der Emissionen von gasförmigen Schadstoffen, luftverunreinigenden Partikeln, CO_2 sowie ihres Kraftstoffverbrauchs und ihrem Verbrauch von elektrischer Energie den jeweils anzuwendenden Rechtsakten der EU

1. Verordnung (EG) Nr. 715/2007, ABl. L 171 vom 29.6.2007, S. 1 in Verbindung mit der Verordnung (EG) Nr. 692/2008, ABl. L 199 vom 28.7.2008, S. 1;

2. Verordnung (EG) Nr. 595/2009, ABl. L 188 vom 18.7.2009, S. 1 in Verbindung mit der Verordnung (EU) Nr. 582/2011, ABl. L 167 vom 25.6.2011, S. 1;

3. Kapitel 5 der Richtlinie 97/24/EG, ABl. L 226 vom 18.8.1997, S. 1;

4. Verordnung (EU) Nr. 168/2013, ABl. L 60 vom 2.3.2013, S. 52 in Verbindung mit Verordnung (EU) Nr. 134/2014, ABl. L 53 vom

21.2.2014, S. 1 und Verordnung (EU) Nr. 901/2014, ABl. L 249 vom 22.8.2014, S. 1;

5. Richtlinie 2000/25/EG, ABl. L 173 vom 12.7.2000, S. 1;

6. Verordnung (EU) Nr. 167/2013, ABl. L 60 vom 2.3.2013, S. 1 in Verbindung mit Verordnung (EU) Nr. 2015/96, ABl. L 16 vom 23.1.2015, S. 1 und Verordnung (EU) Nr. 2015/504, ABl. L 85 vom 28.3.2015, S. 1;

7. Richtlinie 1997/68/EG, ABl. L 59 vom 27.2.1998, S. 1, oder

8. Verordnung (EU) 2016/1628, ABl L 252 vom 16.9.2016, S. 53

entsprechen. Der genaue Geltungsbereich ist, sofern in dieser Verordnung nicht anderes festgelegt wird, den jeweils zutreffenden Rechtsakten der EU zu entnehmen. Für die Erteilung von Typengenehmigungen sind die in den Rechtsakten der EU festgelegten Termine für die Typengenehmigung gültig. Für Fahrzeuge, die einzeln genehmigt werden, sind die in den Rechtsakten der EU festgelegten Termine für die Zulassung, den Verkauf, die Inbetriebnahme oder die Benutzung neuer Fahrzeuge bzw. Motoren gültig. Die jeweils anzuwendenden Fassungen der Rechtsakte der EU sind der Anlage 3e zu entnehmen.

(2) Anträge auf Genehmigungen von Flexibilitätssystemen gemäß der Richtlinie 2000/25/EG, der Verordnung (EU) Nr. 167/2013 oder der Verordnung (EU) Nr. 2015/504 für land- oder forstwirtschaftliche Zugmaschinen sind beim Bundesminister für „Klimaschutz, Umwelt, Energie, Mobilität, Innovation und Technologie" zu stellen. *(BGBl II 2021/161)*

(3) Antriebsmotoren für Kraftfahrzeuge, die nicht den Richtlinien 2007/46/EG, 2002/24/EG oder 2003/37/EG oder den Verordnungen (EU) Nr. 167/2013 oder 168/2013 unterliegen, sowie Austauschmotoren für solche Fahrzeuge, müssen der Richtlinie 97/68/EG bzw. der Verordnung (EU) 2016/1628, in der in der Anlage 3e angeführten Fassung entsprechen.

(4) Einrichtungen, die zu einem Anstieg der Emissionen von gasförmigen Schadstoffen, luftverunreinigenden Partikeln, CO_2 oder des Kraftstoffverbrauches führen könnten, sind verboten.

(5) Austauschkatalysatoren und andere emissionsmindernde Einrichtungen für den Austausch müssen eine Genehmigung nach den jeweils zutreffenden, in Abs. 1 genannten EU-Rechtsakten, der ECE-Regelung Nr. 103 oder der ECE-Regelungen Nr. 132 aufweisen. Sie dürfen nur in die Fahrzeuge eingebaut bzw. an die Motoren angebaut werden, die in der jeweiligen Typengenehmigung angeführt sind. Die in der jeweiligen Typengenehmigung gegebenenfalls angeführten besonderen Einbaubedingungen sind einzuhalten. Die der jeweiligen Einrichtung vom Hersteller beigelegten Einbau- und Betriebsanweisungen sind einzuhalten.

(BGBl II 2017/221)

Sturzhelme und Visiere für Kraftfahrer

§ 1e. Sturzhelme und Visiere für Kraftfahrer müssen der ECE-Regelung Nr. 22 entsprechen und dürfen nach dem 30. Juni 2006 nur feilgeboten werden, wenn sie der ECE-Regelung Nr. 22 in der Fassung Nr. 22.05 entsprechen. Sturzhelme für Kopfumfänge, die von den Bestimmungen der ECE-Regelung Nr. 22 in der Fassung Nr. 22.05 nicht erfasst sind, müssen so ausgeführt sein, dass sie in ihrer Schutzwirkung einem, den Bestimmungen der ECE-Regelung Nr. 22.05 entsprechenden Sturzhelm, gleichwertig sind.

(BGBl II 2005/412)

Vorrichtungen zur Verhinderung des Unterfahrens des Fahrzeuges durch andere Kraftfahrzeuge

§ 1f. (1) Die unteren Kanten von Aufbau- oder Rahmenteilen oder von Stoßstangen dürfen bei im § 4 Abs. 2a des Kraftfahrgesetzes 1967 angeführten Fahrzeugen – außer Fahrzeugen, bei denen ein Unterfahrschutz mit dem Verwendungszweck des Fahrzeuges unvereinbar ist, wie bei „ " Feuerwehrfahrzeugen (§ 2 Z. 28 des Kraftfahrgesetzes 1967) –, bei unbeladenem oder unbesetztem Fahrzeug nicht mehr als 55 cm über der Fahrbahn und nicht mehr als 45 cm innerhalb der Fahrzeuglänge vom hintersten Punkt des Fahrzeuges entfernt sein. Diese Aufbau- oder Rahmenteile oder Stoßstangen dürfen, senkrecht zur Längsmittelebene des Fahrzeuges gemessen, die größte Breite der breitesten Fahrzeughinterachse nicht überragen und nicht mehr als 10 cm vom äußersten Rand dieser Achse entfernt sein; bei Fahrzeugen mit seitlich kippbarer Ladefläche darf jedoch der Abstand dieser Aufbau- oder Rahmenteile oder Stoßstangen von der größten Breite der breitesten Fahrzeughinterachse des Fahrzeuges in dem durch das Kippen der Ladefläche erforderlichen Ausmaß 10 cm übersteigen. Stoßstangen, Aufbau- oder Rahmenteile, ihre Befestigung am Fahrzeug und die Teile des Fahrzeuges, an denen sie befestigt sind, müssen eine ausreichende Festigkeit gegen in der Fahrzeuglängsrichtung wirkende Kräfte haben. *(BGBl II 2019/172)*

(1a) Der hintere Unterfahrschutz von Fahrzeugen der Klasse M, N und O muss den Anforderungen des Anhanges II der Richtlinie 70/221/EWG, ABl. Nr. L 076 vom 6. April 1970, in der Fassung der Richtlinie 2006/20/EG, ABl. Nr. L 48 vom 18. Feber 2006, S 16, entsprechen. *(BGBl II 2006/334)*

(1b) Fahrzeuge der Klassen N2 und N3 ausgenommen geländegängige Fahrzeuge und Fahrzeuge deren Verwendungszweck mit den Bestimmungen für den vorderen Unterfahrschutz nicht vereinbar ist, müssen mit einem vorderen Unterfahrschutz ausgerüstet sein. Der vordere Unterfahrschutz kann entweder durch eine besondere Einrichtung oder durch Karosserieteile, Fahrgestellteile oder andere Bauteile, bei denen auf Grund ihrer Form und ihrer Eigenschaften davon ausgegangen werden kann, dass sie die Funktion der Einrichtung für den vorderen Unterfahrschutz erfüllen, gebildet werden und muss der Richtlinie 2000/40/EG, ABl. Nr. L 203 vom 10. August 2000, S 9 oder der ECE-Regelung Nr. 93, entsprechen. *(BGBl II 2001/414)*.

(2) Kraftwagen und Anhänger, einschließlich Sattelanhänger, mit einem Höchstgewicht von mehr als 3 500 kg müssen mit einem seitlichen Unterfahrschutz (Seitenschutz) ausgerüstet sein. Der Seitenschutz muss dem Anhang zur Richtlinie 89/297/EWG entsprechen. Die Ausrüstungsverpflichtung gilt nicht für:

1. Fahrgestelle von Fahrzeugen bei Überstellungsfahrten „ "; *(BGBl II 2016/287)*

2. Kraftwagen mit einer Bauartgeschwindigkeit von nicht mehr als 25 km/h;

3. Anhänger, mit denen eine Geschwindigkeit von 25 km/h nicht überschritten werden darf;

4. Sattelzugfahrzeuge, Zugmaschinen, Motorkarren und selbstfahrende Arbeitsmaschinen;

5. Anhängerarbeitsmaschinen und Anhänger für die Beförderung langer unteilbarer Güter;

6. Kraftfahrzeuge und Anhänger, bei denen ein Seitenschutz mit dem Verwendungszweck des Fahrzeuges unvereinbar ist, wie bei „ " Feuerwehrfahrzeugen und *(BGBl II 2019/172)*

7. Omnibusse und Omnibusanhänger.
(BGBl II 2001/414)

Federungssysteme

§ 1g. Ein Federungssystem an der Antriebsachse oder den Antriebsachsen eines Kraftfahrzeuges wird als Luftfederung (§ 2 Z 41 KFG 1967) gleichwertig anerkannt, wenn die Voraussetzungen der Anlage 1k erfüllt werden.

Aufprallschutz für Fahrzeuginsassen

§ 1h. (1) Kraftfahrzeuge der Klassen M1 und N1, bei denen der Sitzbezugspunkt („R-Punkt") des niedrigsten Sitzes nicht mehr als 700 mm über dem Boden liegt, müssen zum Schutz der Fahrzeuginsassen eine angemessene Widerstandsfähigkeit bei einem Seitenaufprall gewährleisten. Das Seitenaufprallverhalten der Struktur des Innenraumes muß dem Anhang II der Richtlinie 96/27/EG, ABl. Nr. L 169 vom 8. Juli 1996, über den Schutz der Kraftfahrzeuginsassen beim Seitenaufprall entsprechen *(BGBl II 1997/80)*

(2) Fahrzeuge der Klasse M1 mit einer zulässigen Gesamtmasse von nicht mehr als 2 500 kg müssen hinsichtlich des Schutzes der Kraftfahrzeuginsassen beim Frontalaufprall den Anforderungen des Anhanges II der Richtlinie 96/79/EG über den Schutz der Kraftfahrzeuginsassen beim Frontalaufprall und zur Änderung der Richtlinie 70/156/EWG in der Fassung 1999/98/EG, ABl. Nr. L 9 vom 13. Jänner 2000, S 14, entsprechen. *(BGBl II 2001/414)*

Massen und Abmessungen von Kraftfahrzeugen der Klassen M, N, O und L

§ 1i. *(entfällt, BGBl II 2014/290)*

Abschleppeinrichtungen

§ 1j. Abschleppeinrichtungen von Kraftfahrzeugen der Klassen M und N müssen dem Anhang II der Richtlinie 77/389/EWG, ABl. Nr. L 145 vom 13. Juni 1977, S 41, idF der Richtlinie 96/64/EG, ABl. Nr. L 258 vom 11. Oktober 1996, S 26, entsprechen.

(BGBl II 1997/80)

Festsetzung des Eigengewichtes

§ 1k. Für Fahrzeuge, die den in den Betriebserlaubnis-Richtlinien 2007/46/EG, 2002/24/EG, 2003/37/EG oder den Verordnungen (EU) Nr. 167/2013 oder 168/2013 definierten Klassen angehören und für die ein Rechtsakt der EU zur Ermittlung der Massen anwendbar ist, ist das Eigengewicht nach den folgenden Vorschriften festzusetzen:

1. für Fahrzeuge der Klassen M1, M2, M3, N1, N2 und N3: das Eigengewicht ist die tatsächliche Fahrzeugmasse gemäß der Begriffsbestimmung in Artikel 2 Ziffer 6 der Verordnung (EU) Nr. 1230/2012, ABl L 353 vom 21.12.2012, S. 31 bzw. wie in der EG-Übereinstimmungsbescheinigung angegeben, abzüglich 75 kg;

2. für Fahrzeuge der Klassen O1, O2, O3 und O4: das Eigengewicht ist die tatsächliche Fahrzeugmasse gemäß der Begriffsbestimmung in Artikel 2 Ziffer 6 der Verordnung (EU) Nr. 1230/2012, ABl L 353 vom 21.12.2012, S. 31 bzw. wie in der EG-Übereinstimmungsbescheinigung angegeben;

3. für Fahrzeuge der Klasse L, genehmigt nach den Vorschriften der Richtlinie 2002/24/EG: das Eigengewicht ist die Masse des Fahrzeugs in fahrbereitem Zustand gemäß Punkt 2.1 des Anhanges II der Richtlinie 2002/24/EG;

4. für Fahrzeuge der Klasse L, genehmigt nach den Vorschriften der Verordnung (EU) Nr. 168/2013: das Eigengewicht ist die tatsächliche Fahrzeugmasse gemäß der Begriffsbestimmung in Artikel 2 Ziffer 29 der Verordnung (EU)

Nr. 44/2014, ABl L 25 vom 28.1.2014, S. 1 bzw. wie in der EG-Übereinstimmungsbescheinigung angegeben, abzüglich 75 kg;

5. für Fahrzeuge der Klassen T und C: das Eigengewicht ist die Leermasse in fahrbereitem Zustand gemäß Punkt 2.1.1 des Anhanges I der Richtlinie 2001/3/EG, der Richtlinie 2003/37/EG bzw. gemäß Punkt 4.1.1.1. des Anhangs I Nummer 5 bzw. des Anhangs III Abschnitt 2 Muster 1 der Verordnung (EU) 2015/504 abzüglich 75 kg;

6. für Fahrzeuge der Klassen R und S: das Eigengewicht ist die Leermasse in fahrbereitem Zustand gemäß Punkt 2.1.1 des Anhanges I der Richtlinie 2003/37/EG bzw. gemäß Punkt 4.1.1.1. des Anhangs I Nummer 5 bzw. des Anhangs III Abschnitt 2 Muster 2 der Verordnung (EU) 2015/504.

Ist in der Übereinstimmungsbescheinigung des Fahrzeuges oder im Beschreibungsbogen für die betroffene Variante/Version oder Ausführung des Fahrzeuges ein Massebereich angegeben, ist jeweils der Höchstwert für die Festsetzung des Eigengewichtes heranzuziehen; ist in der Übereinstimmungsbescheinigung des Fahrzeuges die tatsächliche Fahrzeugmasse angegeben, ist für die Festsetzungen des Eigengewichts die angegebene tatsächliche Fahrzeugmasse heranzuziehen. Ein tatsächlicher Wert innerhalb der Grenzen des angegebenen Massebereiches darf für die Festsetzung des Eigengewichts dann zugrunde gelegt werden, wenn dieser durch Abwiegen auf einer geeichten Waage oder durch Berechnung festgestellt wurde.

(BGBl II 2016/287)

Genehmigungspflichtige Teile, Ausrüstungs- und Ausstattungsgegenstände

§ 2. (1) Für die Verkehrs- und Betriebssicherheit eines Kraftfahrzeuges oder Anhängers sind gemäß § 5 Abs. 1 des Kraftfahrgesetzes 1967 von besonderer Bedeutung und daher genehmigungspflichtig

a) Sicherheitsgurte und andere Rückhalteeinrichtungen für Kinder und erwachsene Personen (§ 1 c),

b) entfällt,

c) Sicherheitsglas (§ 10 Abs. 2 KFG 1967, § 7),

d) die in den §§ 14 bis 19 und 20 Abs. 1 lit. c, d und f KFG 1967 angeführten Scheinwerfer, Leuchten und Rückstrahler und die Glühlampen nach der Regelung Nr. 37 BGBl. Nr. 616/81; hievon sind jedoch Suchscheinwerfer und Arbeitsscheinwerfer ausgenommen,

e) Sturzhelme (§ 1 e),

f) Vorrichtungen zum Abgeben von akustischen Warnzeichen außer Glocken für Motorfahrräder sowie ihre Anbringung am Fahrzeug (§ 18),

g) Heizvorrichtungen, deren Wirksamkeit unabhängig vom Fahrzeug beurteilt werden kann,

h) runderneuerte Reifen (§ 4 Abs. 4a),

i) Warneinrichtungen (§ 5 Abs. 1 KFG 1967, § 2 a),

j) fabriksneue, unter § 4 Abs. 3a, 3b, 3c oder 3d fallende Reifen, *(BGBl II 2005/412)*

k) Sicherheitsbremsleuchten (§ 14 Abs. 4),

l) Austauschschalldämpferanlagen (§ 8 Abs. 3a),

m) Schneeketten (§ 4 Abs. 7),

n) Folien, die auf Scheiben von Kraftfahrzeugen angebracht werden,

o) gelb-rot reflektierende Warntafeln zur hinteren Kennzeichnung langer oder schwerer Fahrzeuge (§ 2b Abs. 2 Z 1, Warntafel-Kategorie I)

p) rote reflektierende Warntafeln zur hinteren Kennzeichnung von bauartbedingt langsam fahrenden Fahrzeugen (§ 2c, Warntafel-Kategorie IV).

(2) Genehmigungspflichtig sind auch solche Teile, Ausrüstungsgegenstände und Ausstattungsgegenstände gemäß Anlage 3e bis 3i, die auch unabhängig von der Prüfung des Fahrzeuges im Rahmen des Genehmigungsverfahrens geprüft werden können.

(2a) *(entfällt, BGBl II 2004/535)*

(3) Genehmigungen von Teilen und Ausrüstungsgegenständen nach Abs. 1 und Abs. 2 haben deren Verwendungsbereich zu enthalten.

Warneinrichtungen

§ 2a. Warneinrichtungen (§ 5 Abs. 1 vorletzter Satz KFG 1967) müssen der Regelung Nr. 27, BGBl. Nr. 556/1978, entsprechen.

Gelb-rot reflektierende Warntafeln

§ 2b. (1) Als gelb-rot reflektierende Warntafel im Sinne des § 102 Abs. 10a KFG 1967 zur hinteren Kennzeichnung bestimmter Fahrzeuge gilt eine gelbe, reflektierende Tafel mit rotem, 4 cm breiten, fluoreszierenden Rand mit den Mindestabmessungen 55 × 19,5 cm, die hinsichtlich der Rückstrahlwirkung und der Leuchtdichtefaktoren den Maßgaben der ECE-Regelung Nr. 70 gleichwertig ist (Warntafel-Kategorie III). Diese Tafel muß annähernd waagrecht und so am Fahrzeug angebracht werden, daß die Entfernung des höchsten Punktes von der Fahrbahn nicht mehr als 150 cm beträgt.

(2) Als gelb-rot reflektierende Warntafeln im Sinne des § 102 Abs. 10c KFG 1967 kommen in Betracht:

1. gelb-rot reflektierende Warntafeln zur hinteren Kennzeichnung bestimmter Fahrzeuge, die der ECE-Regelung Nr. 70 entsprechen (Warntafel-Kategorie I), wobei

a) für Kraftfahrzeuge die gelben reflektierenden und roten fluoreszierenden Flächen streifenförmig unter einem Winkel von 45° nach außen und unten verlaufen und

b) für Anhänger die gelbe reflektierende Tafel mit rotem, 4 cm breiten, fluoreszierenden Rand umgeben ist;

2. gelb-rot reflektierende Folien, die hinsichtlich des Signalbildes und der Rückstrahlwirkung den Maßgaben der ECE-Regelung Nr. 70 gleichwertig sind (Warntafel-Kategorie II).

Rote reflektierende Warntafeln

§ 2c. Dreieckige Warntafeln aus rotem fluoreszierendem Material mit rotem reflektierendem Rand zur hinteren Kennzeichnung von bauartbedingt langsam fahrenden Fahrzeugen müssen der ECE-Regelung Nr. 69 entsprechen (Warntafel-Kategorie IV).

Reflektierende Warnmarkierungen

§ 2d. (1) Reflektierende Warnmarkierungen zur hinteren Kennzeichnung von Hubladebühnen müssen aus rot-weiß rückstrahlenden Flächen mit unter 45° nach außen und unten verlaufenden roten und weißen Streifen bestehen und auf flexiblem oder klappbarem rechteckigen Trägermaterial aufgebracht sein. Solche Warnmarkierungen dürfen nur paarweise angebracht werden. Die Gesamtfläche beider Rechtecke hat mindestens 0,2 m^2 zu betragen. Die Breite der roten und weißen Streifen hat jeweils mindestens 100 mm zu betragen. Die Rückstrahlwirkung und die Leuchtdichtefaktoren haben den Bestimmungen der Straßenverkehrszeichenverordnung 1998, BGBl. Nr. 238/1998 zu entsprechen.

(2) Reflektierende Warnmarkierungen zur vorderen und hinteren Kennzeichnung von Anbaugeräten müssen aus rot-weiß rückstrahlenden Flächen mit unter 45° nach außen und unten verlaufenden roten und weißen Streifen, die jeweils eine Breite von mindestens 100 mm haben müssen, bestehen. Solche Warnmarkierungen dürfen nur paarweise angebracht werden. Die Abmessungen müssen mindestens 280 x 280 mm betragen. Hinsichtlich der Rückstrahlwirkung und der Leuchtdichtefaktoren gelten die Anforderungen des Abs. 1. Signaltafeln und Signalfolien gemäß Anhang XII Z 6.26 der delegierten Verordnung 2015/208, ABl. L 42, S 1 vom 17.02.2015 gelten jedenfalls als reflektierende Warnmarkierungen, auch wenn sie andere Abmessungen aufweisen.

(BGBl II 2016/287)

Bremsanlagen

Zu § 6 Abs. 1 KFG 1967

§ 3. (1) Die Abnützung der Bremsen muß durch eine erforderlichenfalls mit einfachen Werkzeugen betätigbare oder durch eine selbsttätige Nachstelleinrichtung leicht ausgeglichen werden können. Die Bremsanlagen müssen eine Wegreserve besitzen, die nach Erwärmung der Bremsen und nach durchschnittlicher Abnützung der Bremsanlage die Bremsung ohne sofortiges Nachstellen sicherstellt.

(2) Bremsbeläge dürfen nicht Asbest enthalten.

(3) Fahrzeuge, die unter den Geltungsbereich der EG-Richtlinien

– 71/320/EWG, ABl. Nr. L 202 vom 6. September 1971, S 37 in der Fassung der Richtlinie 2002/78/EG, ABl. Nr. L 267 vom 4. Oktober 2002, oder

– 93/14/EWG, ABl. Nr. L 121 vom 12. Mai 1976, S 1, in der Fassung der Richtlinie 2006/27/EG, ABl. Nr. L 66 vom 8. März 2006, S 7,

fallen, müssen den Bestimmungen dieser Richtlinien entsprechen. Land- und forstwirtschaftliche Zugmaschinen (Klasse T) mit einer bauartbedingten Höchstgeschwindigkeit von nicht mehr als 40 km/h, müssen hinsichtlich ihrer Bremsanlagen den Anhängen der Richtlinie 76/432/EWG, ABl. Nr. L 122 vom 8. Mai 1976, S 1 in der Fassung der Richtlinie 97/54/EG, ABl. Nr. L 277 vom 10. Oktober 1997 entsprechen.
(BGBl II 2006/334)

(4) Austauschbremsbelag-Baugruppen müssen den Anhängen der Richtlinie 71/320/EWG in der Fassung 2002/78/EG, ABl. Nr. L 267 vom 4. Oktober 2002, S 23 entsprechen. Austauschbremsbelag-Baugruppen, die nicht den Anhängen der Richtlinie 71/320/EWG in der Fassung 2002/78/EG entsprechen, dürfen nach dem 31. Mai 2003 nicht mehr feilgeboten werden. Dies gilt jedoch nicht für als Ersatzteile bestimmte Austauschbremsbeläge, die zum Einbau in Fahrzeugtypen bestimmt sind, für die die Genehmigung vor dem In-Kraft-Treten der Richtlinie 71/320/EWG in der Fassung 98/12/EG erteilt wurde (7. April 1998). Solche Austauschbremsbeläge dürfen jedoch nicht gegen die Bestimmungen der Fassung der Richtlinie 71/320/EWG verstoßen, die zum Zeitpunkt der Inbetriebnahme dieser Fahrzeuge galt. *(BGBl II 2004/129)*

Zu § 6 Abs. 2 KFG 1967

§ 3a. (1) Bei im § 6 Abs. 2 KFG 1967 angeführten Fahrzeugen mit nur einer Bremsanlage darf zwischen den Bremsen und den Rädern, auf die sie wirken, kein Ausgleichsgetriebe liegen; dies gilt jedoch nicht für die zu Antriebsrädern zuschaltbaren Räder von Kraftwagen mit einer Bauartgeschwindigkeit von nicht mehr als 40 km/h.

(2) Bei den im § 6 Abs. 2 KFG 1967 angeführten Fahrzeugen muß mit der Bremsanlage auf gerader, waagrechter und trockener Fahrbahn eine mittlere Verzögerung von mindestens 2 m/s², bei Fahrzeugen mit hydraulisch abschaltbarem Allradantrieb eine mittlere Verzögerung von mindestens 3,5 m/s², bei den anderen im § 6 Abs. 2 lit. a KFG 1967 angeführten Zugmaschinen jedoch eine Verzögerung von mindestens 2 m/s², erreicht werden können.

Zu § 6 Abs. 3 KFG 1967

§ 3b. (1) Die Wirkung der Betriebsbremsanlage muß auf die Räder in dem für die Fahrstabilität notwendigen Ausmaß symmetrisch zur Längsmittelebene des Fahrzeuges verteilt sein.

(2) Bei Bremsanlagen mit hydraulischer Übertragungseinrichtung müssen die Einfüllöffnungen der Flüssigkeitsbehälter leicht zugänglich sein. Die Flüssigkeitsbehälter müssen so beschaffen sein, daß eine Feststellung des Flüssigkeitsstandes in den Behältern leicht möglich ist, ohne daß diese geöffnet zu werden brauchen, oder es muß eine Warneinrichtung vorhanden sein, die dem Lenker einen abgesunkenen Flüssigkeitsstand anzeigt, der ein Versagen der Bremsanlage zur Folge haben könnte. Die einwandfreie Funktion dieser Warneinrichtung muß vom Lenker leicht kontrolliert werden können. Der Ausfall eines Teiles einer hydraulischen Übertragungseinrichtung einer Zweikreisbremsanlage ist dem Lenker durch eine rote Kontrollampe anzuzeigen, die spätestens bei Betätigung der Bremsanlage aufleuchtet. Diese Kontrollampe kann der angeführten Warneinrichtung angehören. Die Anzeige muß auch bei Tageslicht sichtbar sein, und der einwandfreie Zustand der Lampe muß vom Lenker leicht geprüft werden können.

(3) Bei einer Ausgangsgeschwindigkeit von 50 km/h, bei Fahrzeugen mit einer geringeren Bauartgeschwindigkeit bei dieser, muß mit der Betriebsbremsanlage

	eine mittlere Verzögerung erreicht werden können von mindestens m/s²	eine Verzögerung
a) eines Fahrzeuges der Klassen M1 und N1 gemäß Anlage 1f sowie eines Motordreirades	4,4	5,0
b) eines anderen Kraftwagens	4,0	4,8

unbeschadet des § 3 a Abs. 2

Mit der Hilfsbremsanlage muß wenigstens die halbe in lit. a oder b angeführte mittlere Verzögerung erreicht werden können. Der zur Erzielung der vorgeschriebenen Wirksamkeit der Bremsanlagen erforderliche Kraftaufwand darf bei mit dem Fuß zu betätigenden Vorrichtungen bei den in lit. a angeführten Fahrzeugen 50 daN, sonst 70 daN, bei mit der Hand zu betätigenden Vorrichtungen bei den in lit. a angeführten Fahrzeugen 40 daN, sonst 60 daN, nicht übersteigen.

(4) Die Wirksamkeit der Bremsanlagen ist nach Anlage 1f Anhang 4 zu prüfen. Sind für die Prüfung der Wirksamkeit einer Bremsanlage nur Bremsprüfstände verfügbar, so ist die Einhaltung der vorgeschriebenen Verzögerung durch das Verhältnis der am Umfang der Räder wirkenden Bremskräfte zum Gesamtgewicht des Fahrzeuges zu prüfen. Sattelzugfahrzeuge sind bei Prüfungen gemäß § 57a oder § 56 KFG 1967 erforderlichenfalls mit entsprechend erhöhter Hinterachslast (Ballast oder Niederspannen) zu prüfen. Dies gilt nur, wenn die Feststellbremsanlage die Hilfsbremsanlage ist, die Feststellbremsanlage nur auf die Räder der Hinterachse wirkt und das Fahrzeug im Leerzustand geprüft wird. Durch die Ballastierung darf höchstens eine Hinterachslast von 40 % des Eigengewichts des Fahrzeuges erreicht werden. *(BGBl II 2004/535)*

(5) Mit der Feststellbremsanlage muß das Abrollen des das Höchstgewicht aufweisenden Fahrzeuges auf einer Steigung oder einem Gefälle von mindestens 18 vH dauernd verhindert werden können.

Zu § 6 Abs. 4 KFG 1967

§ 3c. (1) Als Teile der Betriebsbremsanlage, deren Ausfallen ausgeschlossen werden kann, gelten: das Pedal, die Pedallagerung, mechanische Teile der Übertragungseinrichtung, bei Bremsanlagen mit hydraulischer Übertragungseinrichtung und bei Druckluftbremsanlagen das Bremsventil, die Verbindung zwischen Pedal und Hauptzylinder oder Bremsventil, die Bremszylinder und ihre Kolben sowie die Bremswellen der Bremsen, sofern diese Teile ausreichend bemessen, für die Wartung leicht zugänglich sind und Sicherheitsmerkmale aufweisen, die mindestens denen für die übrigen wichtigen Fahrzeugteile (wie zB für das Lenkgestänge) geforderten entsprechen.

(2) Bei getrennten Betätigungseinrichtungen für Betriebsbremsanlage und Hilfsbremsanlage darf deren gleichzeitige Betätigung nicht zur Folge haben, daß beide Bremsanlagen unwirksam werden; dies gilt sowohl für den Fall, daß beide Bremsanlagen einwandfrei arbeiten, als auch für

den Fall, daß bei einer von ihnen eine Störung eintritt.

(3) Bremsen, die mittelbar auf die Räder wirken, müssen mit den Rädern, auf die sie wirken, durch Teile ständig verbunden sein, deren Ausfall nicht zu erwarten ist. Haben zwei Bremsanlagen gemeinsame Bremsen, so müssen beim Ausfallen der Betätigungs- oder der Übertragungseinrichtung einer der beiden Bremsanlagen mit der anderen noch mindestens zwei auf verschiedenen Seiten der Längsmittelebene des Fahrzeuges liegende Räder gebremst werden können.

Zu § 6 Abs. 5 KFG 1967

§ 3d. Bei einer Ausgangsgeschwindigkeit von 50 km/h, bei Fahrzeugen mit einer geringeren Bauartgeschwindigkeit bei dieser, muß mit den beiden Bremsanlagen eines

	eine mittlere Verzögerung erreicht werden können von mindestens	wenn das Fahrzeug mit einem Beiwagen verbunden ist, jedoch von mindestens
a) Motorfahrrades oder Kleinmotorrades	4,2 m/s²	4,0 m/s²
b) eines nicht unter lit. a fallenden Motorrades	5,0 m/s²	4,6 m/s²

Mit der auf das Hinterrad wirkenden Bremsanlage muß bei der angeführten Ausgangsgeschwindigkeit eine mittlere Verzögerung von wenigstens 2,5 m/s² erreicht werden können. Der zur Erzielung der vorgeschriebenen Wirksamkeit der Bremsanlagen erforderliche Kraftaufwand darf bei mit der Hand zu betätigenden Vorrichtungen 20 daN, bei mit dem Fuß zu betätigenden Vorrichtungen 50 daN nicht übersteigen. Die Wirksamkeit der Bremsanlagen ist nach Anlage 1f Anhang 4 zu prüfen.

Zu § 6 Abs. 6 KFG 1967

§ 3e. Eine gemäß § 6 Abs. 6 KFG 1967 vorgeschriebene Verlangsameranlage muß das Befahren eines Gefälles von 7 vH und einer Länge von 6 km ermöglichen, ohne daß die mittlere Geschwindigkeit des Fahrzeuges 30 km/h übersteigt; hiebei muß das Fahrzeug das Höchstgewicht aufweisen und in der Getriebestufe eingeschaltet sein, bei der die Motordrehzahl den vom Hersteller vorgeschriebenen Höchstwert nicht übersteigt. Wird die Wirkung der Verlangsameranlage allein durch die Messung der Verzögerung festgestellt, so muß die durchschnittliche Verzögerung bei einer möglichst nahe bei 30 km/h liegenden, 25 km/h nicht unterschreitenden und 35 km/h nicht übersteigenden Fahrzeuggeschwindigkeit mindestens 0,6 m/s² betragen. Übersteigt die mit der Verlangsameranlage erreichbare Verzögerung 1 m/s², so muß die Wirkung der Verlangsameranlage abstufbar sein.

Zu § 6 Abs. 7 KFG 1967

§ 3f. (1) Mit einer Zweikreis-Bremsanlage muß bei Ausfall eines Teiles der Übertragungseinrichtung eine Restbremswirkung von mindestens 30 vH der für die Betriebsbremsanlage vorgeschriebenen Bremswirkung erreicht werden können; bei unbeladenen Kraftfahrzeugen mit einem Höchstgewicht von nicht mehr als 12 000 kg muß die Restbremswirkung jedoch mindestens 25 vH betragen.

(2) Die im Abs. 1 angeführten Bremswirkungen müssen durch die auf die Betätigungseinrichtung ausgeübte Kraft erzielt werden können, die 70 daN nicht übersteigt.

Zu § 6 Abs. 7a und Abs. 10 zweiter Satz zweiter Halbsatz KFG 1967

§ 3g. (1) Für die Aufteilung der Bremskräfte auf die einzelnen Achsen des Fahrzeuges oder eines Zugfahrzeuges und eines Anhängers gilt, außer bei ungefederten Fahrzeugen, Anlage 1f Anhang 10.

(2) Eine Antiblockiereinrichtung ist der Teil einer Betriebsbremsanlage, der selbsttätig das Blockieren von Rädern während des Bremsvorganges dadurch verhindert, daß er den Schlupf in der Drehrichtung des Rades an einem oder mehreren Rädern des Fahrzeuges während des Bremsens regelt; sie besteht aus Gebern, Auswerte- und Stellgliedern.

(3) Antiblockiereinrichtungen müssen in ihrer Bauweise und Wirkung der Anlage 1f Anhang 13 entsprechen.

Zu § 6 Abs. 7b KFG 1967

§ 3h. (1) Bei Kraftwagen gemäß § 6 Abs. 7b lit. a KFG 1967, ausgenommen land- und forstwirtschaftliche Zugmaschinen mit einer Bauartgeschwindigkeit von nicht mehr als 40 km/h, muß vom Lenkerplatz aus überprüfbar sein, ob durch die Feststellbremsanlage allein ein Abrollen des Kraftwagens mit dem Anhänger auch bei Abwesenheit des Lenkers dauernd verhindert werden kann. *(BGBl II 1999/308)*

(2) Wird die im § 6 Abs. 7b lit. c KFG 1967 angeführte selbsttätige Bremsung des Anhängers durch ein Ventil erzielt, das erst bei einer Störung

der Bremsanlage wirksam wird, so muß dessen einwandfreie Funktion entweder im Führerhaus oder von außerhalb des Fahrzeuges leicht und ohne Zuhilfenahme von Werkzeug überprüfbar sein.

(3) Bei Zweileitungsdruckluft-Bremsanlagen muß beim Abreißen oder bei Undichtheit einer der Verbindungsleitungen zwischen Kraftwagen und Anhänger nach voller Betätigung der Betriebsbremsanlage des Zugfahrzeuges der Druck in der Vorratsleitung spätestens nach zwei Sekunden auf einen Wert von 1,5 bar Überdruck gefallen sein. Beim Absinken des Druckes in der Vorratsleitung um mindestens 1 bar pro Sekunde muß das Anhängerbremsventil spätestens dann ansprechen, wenn der Druck in der Vorratsleitung auf 2 bar Überdruck abgefallen ist.

(4) Kraftfahrzeuge, die zum Ziehen eines Anhängers mit einer elektrischen im § 6 Abs. 10 erster Satz KFG 1967 angeführten Bremsanlage bestimmt sind, müssen folgenden Bedingungen entsprechen:

1. Die Stromversorgungsanlage (Lichtmaschine und Batterie) des Kraftfahrzeuges muß eine ausreichende Kapazität haben, um den Strom für eine elektrische Bremsanlage zu erzeugen. Läuft der Motor in der vom Hersteller empfohlenen Leerlaufdrehzahl und sind alle vom Hersteller als Serienausrüstung eingebauten elektrischen Anlagen eingeschaltet, so darf die Spannung in den elektrischen Leitungen bei maximalem Stromverbrauch der elektrischen Bremsanlage (15 A) nicht weniger als 9,6 V betragen, gemessen an der Anschlußstelle. In den elektrischen Leitungen darf auch bei Überlastung kein Kurzschluß entstehen.

2. Versagt die Betriebsbremsanlage des Zugfahrzeuges, sofern diese Anlage aus mindestens zwei voneinander unabhängigen Bremskreisen besteht, so müssen mit dem (den) noch betriebsbereiten Bremskreis(en) die Bremsen des Anhängers teilweise oder voll betätigt werden können.

3. Die Verwendung des Bremslichtschalters und -stromkreises für die Betätigung der elektrischen Bremsanlage ist nur zulässig, wenn die elektrische Bremsleitung mit dem Bremslicht parallel geschaltet ist und Bremslichtschalter und Bremslichtstromkreis für die zusätzliche Belastung ausgelegt sind.

Zu § 6 Abs. 10 KFG 1967

§ 3i. (1) Die im § 6 Abs. 10 erster Satz KFG 1967 angeführte Bremsanlage muß unabhängig von der Stellung der Anhängerdeichsel wirken können.

(2) Bei Anhängern, die eine Einrichtung haben, die ihre Bremsanlage mittels Druckluft auszuschalten gestattet, muß diese Einrichtung spätestens dann selbsttätig ausgeschaltet werden, wenn die Anhängerbremsanlage erneut mit Druckluft versorgt wird.

(3) Die feststellbare Bremsanlage eines Anhängers muß von außerhalb, bei Omnibusanhängern vom Innenraum des Anhängers betätigt und gelöst werden können. Mit dieser Bremsanlage muß das Abrollen des das Höchstgewicht aufweisenden Anhängers auf einer Steigung oder einem Gefälle von mindestens 18 vH dauernd verhindert werden können.

(4) Mit der Bremsanlage eines Anhängers, mit dem eine Geschwindigkeit von 25 km/h nicht überschritten werden darf, muß auf gerader, waagrechter und trockener Fahrbahn eine Verzögerung von mindestens 2 m/s^2 erreicht werden können.

(5) Bremsanlagen müssen der Anlage 1f entsprechen.

Zu § 6 Abs. 10a KFG 1967

§ 3j. Bei der auf alle Räder eines Anhängers, mit dem eine Geschwindigkeit von 25 km/h überschritten werden darf, wirkenden Bremsanlage muß eine Summe der am Umfang der gebremsten Räder ausgeübten Bremskräfte von mindestens 45 vH der sich beim Höchstgewicht ergebenden Radlasten erreicht werden können. Bei Anhängern mit einem Höchstgewicht von mehr als 10 000 kg muß überdies nach einer Energieaufnahme durch die Bremsen, die dem Befahren eines 6 km langen Straßenstücks mit einem Gefälle von 6 vH mit einer Geschwindigkeit von 30 km/h entspricht, eine Summe der am Umfang der gebremsten Räder ausgeübten Bremskräfte von mindestens 33 vH der sich beim Höchstgewicht ergebenden Radlasten erreicht werden können.

Zu § 6 Abs. 11 KFG 1967

§ 3k. (1) Auflaufbremsanlagen müssen so eingerichtet sein, daß auch nach Ausnützung des gesamten Auflaufweges Beschädigungen, wie insbesondere unzulässige Verformungen durch übermäßige Kräfte in der Übertragungseinrichtung und in den Bremsen, vermieden werden. Hiezu verwendete Einrichtungen (Bremskraftbegrenzer) dürfen die Bremskräfte nur so weit verringern, daß die vorgeschriebene Bremswirkung erhalten bleibt. Enthält eine mechanische Übertragungseinrichtung einen Seilzug, so muß dieser so kurz wie möglich sein. Bolzen von Gelenken müssen ausreichend gesichert sein. Diese Gelenkstellen müssen selbstschmierend ausgeführt oder für die Schmierung leicht zugänglich sein.

(2) Rückfahrsperren müssen so ausgebildet sein, daß sie durch Anwendung einer Zugkraft in der Zugrichtung selbsttätig ausgeschaltet werden.

(3) Die aufeinander gleitenden Teile von Auflaufeinrichtungen müssen durch einen Faltenbalg

oder andere gleichwertige Einrichtungen geschützt sein. Sie müssen selbstschmierend ausgeführt oder für die Schmierung leicht zugänglich sein. Die Gleitflächen müssen aus Werkstoffen bestehen, durch die Kontaktkorrosion, Klemmen oder Pressen der gleitenden Teile ausgeschlossen ist.

(4) Die in den Abs. 5 und 6 verwendeten Abkürzungen bedeuten: GA das Höchstgewicht des Anhängers, GB die Summe der dem Höchstgewicht des Anhängers entsprechenden Radlasten der Räder des Anhängers, auf die die Bremsen wirken, D1 die Druckkraft im Sinne der Verminderung des Abstandes der Zugvorrichtung von der ersten Anhängerachse (Deichselkraft), D2 die Zugkraft (umgekehrte Richtung von D1).

(5) Bremskraftbegrenzer (Abs. 1) dürfen erst ansprechen, wenn die Deichselkraft bei Anhängern mit nur einer Achse den Wert 0,12 GA, bei Anhängern mit mehr als einer Achse den Wert 0,08 GA erreicht hat. Sie müssen verhindern, daß die Bremskraft an den Bremsen einen Wert übersteigt, der bei Anhängern mit nur einer Achse einer Deichselkraft von 0,18 GB, bei Anhängern mit mehr als einer Achse von 0,12 GB entspricht.

(6) Der größte, kurzzeitig wirkende Wert für D1, der die Verschiebung der Zugvorrichtung hervorruft (Ansprechschwelle), darf nicht kleiner als 0,02 GA und nicht größer als 0,04 GA sein. D1 darf im Bewegungsbereich der Auflaufeinrichtung bei Anhängern mit nur einer Achse 0,09 GA, bei Anhängern mit mehr als einer Achse 0,06 GA nicht übersteigen. Der Wert von D2 für die Rückführung der Zugvorrichtung aus der am weitesten eingeschobenen Stellung muß zwischen 0,1 GA und 0,5 GA liegen.

(7) Der nutzbare Auflaufweg muß in jeder Stellung der Zugvorrichtung auch nach Erwärmung der Bremsen oder nach durchschnittlicher Abnützung der Bremsbeläge ohne sofortiges Nachstellen größer sein als der für die Zuspannung der Bremsen erforderliche Zuspannweg.

Zu § 6 Abs. 12 KFG 1967

§ 3l. Bei Bremsanlagen, bei denen die Bremsung des Anhängers durch das Abreißen selbsttätig erfolgt, muß dabei die für die Hilfsbremsanlage vorgeschriebene Bremswirkung für das Zugfahrzeug, beim Ziehen von zwei Anhängern für das Zugfahrzeug und den mit diesem verbunden bleibenden Anhänger erhalten bleiben; dies gilt sinngemäß für Vorrichtungen, bei denen ein Anhänger bei Undichtwerden einer Übertragungseinrichtung selbsttätig gebremst wird.

Zu § 6 Abs. 12a KFG 1967

§ 3m. *(entfällt, BGBl II 2006/334)*

Zu § 6 Abs. 12b KFG 1967

§ 3n. (1) Der Energievorrat einer Fremdkraftbremsanlage muß so bemessen sein, daß bei Stillstand des Motors die Bremswirkung ausreichend bleibt, um das Fahrzeug unter den vorgeschriebenen Bedingungen anzuhalten; ist die Feststellbremsanlage eine Hilfskraftbremsanlage, so kann deren Wirkung bei Ausfall der Hilfskraft auch dadurch sichergestellt sein, daß ein vom Energievorrat der Hilfskraftbremsanlage unabhängiger Vorrat, wie der für die Betriebsbremsanlage, in Anspruch genommen wird.

(2) Hilfseinrichtungen dürfen die für sie erforderliche Energie nur unter der Bedingung aus dem Energievorrat für die Bremsanlagen entnehmen, daß durch ihren Betrieb, selbst bei einem Versagen der Energiequelle, der Energievorrat für die Bremsanlagen nicht unter den im § 3 o Abs. 4 festgelegten Wert absinken kann.

§ 3o. (1) Bei Fremdkraftbremsanlagen darf jeder Energiespeicher nur auf die Bremsen von zwei oder mehr Rädern wirken, die so gewählt sind, daß sie allein bei Fahrzeugen mit zwei Achsen die für die Hilfsbremsanlage vorgeschriebene Bremswirkung, bei Fahrzeugen mit mehr als zwei Achsen mindestens 30 vH der für die Betriebsbremsanlage vorgeschriebenen Wirkung unter den vor geschriebenen Bedingungen gewährleisten, ohne die Stabilität des Fahrzeuges während des Bremsens zu beeinträchtigen; jeder Energievorrat muß außerdem mit einer Warneinrichtung nach Abs. 4 ausgerüstet sein.

(2) Bei Fremdkraftbremsanlagen muß die Art des Antriebes ihrer Energiequelle einen sicheren Betrieb gewährleisten. Bei Ausfall eines Teiles der Übertragungseinrichtung der gesamten Bremsanlage muß die Speisung des von der Störung nicht betroffenen Teiles weiterhin gesichert sein, wenn dies zum Abbremsen des Fahrzeuges mit der für die Hilfsbremsanlage vorgeschriebenen Wirkung erforderlich ist; dies muß mit Hilfe von Einrichtungen, die bei Stillstand des Fahrzeuges leicht in Gang zu setzen sind, oder durch eine automatische Einrichtung erreicht werden. Außerdem müssen die nach dieser Einrichtung angeordneten Behälter so beschaffen sein, daß es nach viermaliger Betätigung der Betriebsbremsanlage gemäß den Vorschriften nach Anlage 1f Anhang 7 Abschnitt A Z 1.2. noch möglich ist, das Fahrzeug mit der für die Hilfsbremsanlage vorgeschriebenen Wirkung zum Stillstand zu bringen.

(3) Weisen die Betriebsbremsanlage, die Hilfsbremsanlage und die Feststellbremsanlage gemeinsame Teile auf und ist die Betriebsbremsanlage eine Fremdkraftbremsanlage, so darf ebenso wie für die Erfüllung der Bestimmungen der §§ 3 f und 3 m keine automatische Einrichtung verwendet sein, deren in Ruhe befindliche

Teile erst bei einer Störung der Bremsanlage wirksam werden.

(4) Kraftfahrzeuge, die eine mit einem Energiespeicher betriebene Betriebsbremsanlage aufweisen, müssen – falls eine Bremsung mit der für die Hilfsbremsanlage vorgeschriebenen Wirkung nicht ohne Mitwirkung der Speicherenergie möglich ist – außer mit einem etwa vorhandenen Manometer mit einer optisch oder akustisch wirkenden Warneinrichtung versehen sein, die anzeigt, daß die gespeicherte Energie in irgendeinem Teil der Anlage vor dem Bremsventil auf einen Wert abgesunken ist, der ohne Speisung des Energiespeichers sicherstellt, daß bei jedem Beladungszustand des Fahrzeuges nach vier vollen Betätigungen der Betätigungseinrichtung der Betriebsbremsanlage nur noch eine fünfte Bremsung mit der für die Hilfsbremsanlage vorgeschriebenen Wirkung möglich ist. Diese Warneinrichtung muß unmittelbar und ständig an die Übertragungseinrichtung angeschlossen sein. Die Warneinrichtungen dürfen bei laufendem Motor und ohne Fehler in der Bremsanlage bei normalen Betriebsbedingungen des Fahrzeuges kein Signal geben, außer während der für das Auffüllen der Energiespeicher erforderlichen Zeit nach dem Anlassen des Motors.

(5) Bei hydraulischen Fremdkraftbremsanlagen muß nach acht Vollbremsungen für eine neunte Bremsung mindestens die für die Hilfsbremsanlage vorgeschriebene Bremswirkung oder, wenn dies bei Vorhandensein einer getrennten Betätigungsvorrichtung unter Verwendung von Speicherenergie erreicht wird, mindestens 30 vH der für die Betriebsbremsanlage vorgeschriebenen Bremswirkung erzielt werden können. Solche Bremsanlagen sind nach Anlage 1f Anhang 7 Abschnitt C zu prüfen.

§ 3p. Druckluftbremsanlagen müssen der Anlage 1f Anhänge 6, 7 Abschnitt A und 9 entsprechen.

§ 3q. (1) Federspeicherbremsanlagen sind Einrichtungen, bei denen die zur Bremsung erforderliche Energie von einer oder mehreren Federn geliefert wird, die als Energiespeicher wirken und bei denen die für das Zusammendrücken der Feder zum Lösen der Bremse erforderliche Energie vom Lenker mittels der Betätigungseinrichtung geliefert oder gesteuert wird.

(2) Bei allen Drücken, die in der Vorratsleitung zum Druckraum der Federspeicher auftreten können, dürfen betriebsübliche geringe Druckschwankungen keine erheblichen Schwankungen der Bremskraft hervorrufen. Der Druckraum der Federspeicher muß, wenn die Federn nicht durch mindestens zwei voneinander unabhängige Einrichtungen zusammengedrückt gehalten werden können, durch eine Energiereserve beaufschlagt werden können, an die keine andere Einrichtung oder Ausrüstung angeschlossen ist; dies gilt jedoch nicht für Anhänger. Bei Kraftfahrzeugen muß die Anlage so beschaffen sein, daß die Bremsen ohne Nachspeisung mindestens dreimal betätigt und gelöst werden können, wenn der Anfangsdruck im Druckraum gleich dem vorgesehenen Höchstdruck ist. Bei Anhängern muß es möglich sein, die Bremsen des abgekuppelten Anhängers mindestens dreimal zu lösen, wobei der Überdruck in der Vorratsleitung vor dem Abkuppeln des Anhängers mindestens 6,5 bar beträgt. Diese Vorschriften müssen eingehalten werden können, wenn die Bremsen eng eingestellt sind. Zusätzlich muß das Betätigen und Lösen der Feststellbremsanlage möglich sein, wenn der Anhänger mit dem Zugfahrzeug verbunden ist. Der Druck im Druckraum, bei dem eine Betätigung der Bremsanlage durch die Federn einsetzt, wenn die Bremsen eng eingestellt sind, darf nicht größer sein als 80 vH des für eine normale Betätigung verfügbaren Mindestdruckes. Für Anhänger ist dieser Mindestdruck derjenige, der sich nach vier vollen Betätigungen der Betriebsbremsanlage gemäß Anlage 1f Anhang 7 Abschnitt A Z 1.3. einstellt, wenn der Ausgangsdruck 6,5 bar Überdruck betragen hat. Sinkt der Druck im Druckraum unter den Wert, bei dem die Bewegung der Teile der Bremsen einsetzt, so muß eine Warneinrichtung wirksam werden. Diese Warneinrichtung kann ganz oder teilweise die Warneinrichtung nach § 3 o Abs. 4 sein; dies gilt jedoch nicht für Anhänger. Ist ein Fahrzeug, das zum Ziehen von Anhängern mit einer Bremsanlage gemäß § 6 Abs. 10 erster Satz KFG 1967 bestimmt ist, mit Federspeicherbremsanlagen ausgerüstet, so muß das Wirksamwerden der Federspeicherbremsanlagen eine Betätigung der Bremsen des Anhängers auslösen.

(3) Federspeicherbremsanlagen müssen so gebaut sein, daß bei einer Störung von Teilen der Bremsanlage, deren Ausfall nicht ausgeschlossen werden kann (§ 3 c Abs. 1), die Bremsen ohne Benützung der normalen Betätigungseinrichtung durch eine Hilfseinrichtung gelöst werden können. Ist zur Betätigung der Hilfseinrichtung ein Werkzeug oder ein Schlüssel erforderlich, so sind diese im Fahrzeug mitzuführen.

Reifen und Schneeketten

§ 4. (1) Auf Rädern laufende Kraftfahrzeuge mit einer Bauartgeschwindigkeit von mehr als 25 km/h und Anhänger, mit denen eine Geschwindigkeit von 25 km/h überschritten werden darf, müssen mit Luftreifen oder mit diesen hinsichtlich der Elastizität gleichwertigen Reifen versehen sein.

(2) Ein Reifen gilt als einem Luftreifen gleichwertig, wenn sich seine lineare Eindrückung in radialer Richtung durch einen parallel zur

Reifenachse eingestellten zylindrischen festen Körper von 100 mm Durchmesser bei der Verdopplung einer radial wirkenden Anpressungskraft von 1 000 N je 1 cm Reifenbreite, gemessen an der Auflagefläche des Reifens auf der Felge, ändert:
bei einem Außendurchmesser des Reifens
von 590 mm bis 650 mm um 13,4 mm,
von 651 mm bis 720 mm um 13,3 mm,
von 721 mm bis 800 mm um 13,2 mm,
von 801 mm bis 930 mm um 13,1 mm,
von 931 mm bis 1090 mm um 13 mm,
von 1091 mm bis 1320 mm um 12,9 mm,
von 1321 mm bis 1640 mm um 12,8 mm.

(3) Gefederte Kraftfahrzeuge mit einer Bauartgeschwindigkeit von nicht mehr als 25 km/h und gefederte Anhänger, mit denen eine Geschwindigkeit von 25 km/h nicht überschritten werden darf, sowie ungefederte Kraftfahrzeuge mit einer Bauartgeschwindigkeit von nicht mehr als 16 km/h und ungefederte Anhänger, mit denen eine Geschwindigkeit von 16 km/h nicht überschritten werden darf, dürfen mit Reifen versehen sein, deren Flächenpressung 80 N/cm^2 nicht übersteigt. Die höchste zulässige Radlast darf bei diesen Fahrzeugen 1 000 N je 1 cm Grundflächenbreite des Reifens nicht überschreiten.

(3a) Nach ihrer Bauart den Bestimmungen der Richtlinie 92/23/EWG in der Fassung der Richtlinie 2005/11/EG, ABl. Nr. L 46 vom 17. Februar 2005, oder der ECE-Regelung Nr. 30, BGBl. Nr. 540/1979, unterliegende Reifen müssen, den jeweiligen Bestimmungen entsprechen. *(BGBl II 2005/412)*

(3b) Nach ihrer Bauart den Bestimmungen der Richtlinie 92/23/EWG in der Fassung der Richtlinie 2005/11/EG, ABl. Nr. L 46 vom 17. Februar 2005, oder der ECE-Regelung Nr. 54, BGBl. Nr. 457/1983, unterliegende Reifen, müssen den jeweiligen Bestimmungen entsprechen. *(BGBl II 2005/412)*

(3c) Nach ihrer Bauart den Bestimmungen der Richtlinie 92/23/EWG in der Fassung der Richtlinie 2005/11/EG, ABl. Nr. L 46 vom 17. Februar 2005, oder der ECE-Regelung Nr. 64 unterliegende Notradreifen, müssen den jeweiligen Bestimmungen entsprechen. *(BGBl II 2005/412)*

(3d) Reifen von zweirädrigen oder dreirädrigen Fahrzeugen (Klasse L) müssen Kapitel 1 der Richtlinie 97/24/EG in der Fassung der Richtlinie 2006/27/EG, ABl. Nr. L 66 vom 8. März 2006, S 7, entsprechen. Reifen mit einer Bauartgenehmigung nach der Richtlinie 92/23/EWG dürfen auch an Motorrädern mit Beiwagen, dreirädrigen Kleinkrafträdern, Dreiradfahrzeugen und Vierradfahrzeugen montiert werden. *(BGBl II 2006/334)*

(4) Die Tiefe der für die Ableitung des Wassers von der Lauffläche des Reifens erforderlichen Vertiefungen des Laufstreifens (Profiltiefe) muss im mittleren Bereich der Lauffläche, der etwa drei Viertel der Laufflächenbreite einnimmt,

1. bei Kraftfahrzeugen mit einer Bauartgeschwindigkeit von mehr als 25 km/h, ausgenommen Motorfahrräder, und bei Anhängern, mit denen eine Geschwindigkeit von 25 km/h überschritten werden darf, am gesamten Umfang mindestens 1,6 mm,

2. bei Kraftfahrzeugen mit einer Bauartgeschwindigkeit von mehr als 25 km/h und Anhängern, mit denen eine Geschwindigkeit von 25 km/h überschritten werden darf, jeweils mit einem höchsten zulässigen Gesamtgewicht von mehr als 3 500 kg mindestens 2 mm, *(BGBl II 2007/275)*

3. bei Motorfahrrädern mindestens 1 mm,

4. bei Reifen, die für die Verwendung als Schnee- und Matschreifen oder als Schnee-, Matsch- und Eisreifen bestimmt sind, sofern sie gemäß einer straßenpolizeilichen Anordnung oder gemäß § 102 Abs. 8a KFG 1967 verwendet werden, mindestens 5 mm bei Reifen in Diagonalbauart oder mindestens 4 mm bei Reifen in Radialbauart und *(BGBl II 2008/220)*

5. bei Reifen, die für die Verwendung als Schnee- und Matschreifen oder als Schnee-, Matsch- und Eisreifen bestimmt sind, bei Kraftfahrzeugen und Anhängern mit einem höchsten zulässigen Gesamtgewicht von mehr als 3 500 kg, sofern sie gemäß einer straßenpolizeilichen Anordnung oder gemäß § 102 Abs. 8a KFG 1967 verwendet werden, mindestens 6 mm bei Reifen in Diagonalbauart oder mindestens 5 mm bei Reifen in Radialbauart betragen.

Reifen von Personenkraftwagen und Kombinationskraftwagen müssen mit Indikatoren versehen sein. Diese müssen an mindestens vier gleichmäßig über den Umfang des Reifens verteilten Stellen so angeordnet sein, dass sie dauerhaft und deutlich erkennbar machen, ob die Mindesttiefe der Hauptprofilrillen von 1,6 mm erreicht oder unterschritten ist. Die Reifen dürfen keine mit freiem Auge sichtbaren bis zum Unterbau des Reifens reichenden Risse oder Ablösungen der Lauffläche oder der Seitenwände aufweisen. *(BGBl II 2006/334)*

(4a) Runderneuerte Reifen, die den Geltungsbereichen der ECE-Regelungen Nr. 108 oder Nr. 109 unterliegen, müssen diesen Regelungen entsprechen. *(BGBl II 2006/334)*

(4b) Kraftwagen mit einem höchsten zulässigen Gesamtgewicht von nicht mehr als 3 500 kg und einer Bauartgeschwindigkeit von mehr als 40 km/h und Anhänger, die mit solchen Kraftwagen gezogen werden dürfen, müssen mit Reifen gleicher Bauart (Diagonal, Gürtelreifen mit Diagonalkarkasse, Radial, verstärkte Reifen) und Größe ausgerüstet sein; dies gilt bei Kraftwagen, bei denen bei der Genehmigung anderes festgelegt wurde und bei solchen mit einem höchsten zuläs-

4/2. KDV

§ 4

sigen Gesamtgewicht von mehr als 3 500 kg nur für die Räder einer Achse (§ 2 Z 34 KFG 1967). Als Reifen ungleicher Bauart gelten Reifen, die sich voneinander durch Diagonal-, Radial-, gemischte (Gürtelreifen mit Diagonalkarkasse) oder verstärkte Bauart unterscheiden. *(BGBl II 1997/80)*

(4c) Ein zur Verwendung als Schnee- und Matschreifen bestimmter Reifen darf nicht zusammen mit einem nicht diesen Eigenschaften entsprechenden Reifen an den Rädern einer Achse angebracht sein. Zur Verwendung als Schnee- und Matschreifen oder als Schnee-, Matsch- und Eisreifen bestimmte Reifen, die dem Abs. 3a unterliegen, müssen unbeschadet ihrer Profiltiefe der Bauartgeschwindigkeit des Fahrzeuges entsprechen; beträgt diese mehr als 160 km/h, so müssen sie mindestens dieser Geschwindigkeit entsprechen. *(BGBl II 2010/124)*

(4d) Als Schnee- und Matschreifen oder als Schnee-, Matsch- und Eisreifen bestimmte Reifen dürfen, wenn ihre Profiltiefe geringer ist als die für ihre Bestimmung festgelegte Mindestprofiltiefe (Abs. 4 Z 4) auch an Fahrzeugen verwendet werden, deren Bauartgeschwindigkeit höher ist als die Geschwindigkeit, die mit dem Reifen nicht überschritten werden darf. Bei Schnee-, Matsch- und Eisreifen (Spikesreifen) müssen in diesem Fall die Spikes entfernt werden. Die im Abs. 4 Z 1 und 2 angeführten allgemeinen Grenzwerte für die Mindestprofiltiefe bleiben unberührt. *(BGBl II 2007/275)*

(4e) Wenn die Geschwindigkeit, die mit den Reifen nicht überschritten werden darf, geringer ist als die Bauartgeschwindigkeit des Fahrzeuges, muß im Bereich des Lenkerplatzes die höchste Geschwindigkeit, die mit dem Fahrzeug wegen der Beschaffenheit der Reifen nicht überschritten werden darf, vom Lenkerplatz aus vollständig sichtbar und dauernd gut lesbar und unverwischbar angeschrieben sein.

(5) Reifen, die mit über die Reifenlauffläche hinausragenden Stiften aus Metall oder dem hinsichtlich der Festigkeit und Dauerhaftigkeit gleichartigen Material (Spikes) versehen sind (Spikesreifen), müssen folgende Bestimmungen entsprechen hinsichtlich ihrer

1. Bauart und Beschaffenheit:

a) Die Reifen müssen in Radialbauweise mit Stahlgürtel ausgebildet sein.

b) Spikes dürfen nur in fabriksneue oder nach einer Runderneuerung ungebrauchte Reifen und nur nach den Richtlinien des Reifenerzeugers (Runderneuerers) in die von diesem hiefür bestimmten Löcher eingesetzt sein.

c) Spikes müssen im Reifen so angebracht sein, daß der Abstand der Spikes von der Karkasse des Reifens mindestens 1 mm beträgt und daß das Verbleiben des Spikes in der richtigen Lage im Reifen bei dessen üblicher Verwendung zu erwarten ist.

d) Spikes müssen hinsichtlich ihrer Beschaffenheit den Richtlinien des Reifenerzeugers entsprechen.

e) Die Zahl der in einem Reifen angebrachten Spikes darf bei Reifen, die für Felgen mit einem Durchmesser von nicht mehr als 33 cm (13 Zoll) bestimmt sind, 110, bei anderen Reifen 130 nicht überschreiten.

f) Das Gewicht eines Spikes darf 2 g nicht überschreiten.

g) Der Flanschdurchmesser eines Spikes darf 6,5 mm, bei Spikes aus Verbundmaterial Alu/Stahl und Kunststoff/Stahl jedoch 8,3 mm nicht überschreiten. *(BGBl II 2001/414)*

h) Spikes dürfen bei neuen Reifen über die Lauffläche des Reifens nicht weniger als 1mm und nicht mehr als 1,5 mm hinausragen.

i) Der Querschnitt des über die Lauffläche hinausragenden wirksamen Teiles des Spikes darf bei rundem Querschnitt dieses Teiles einen Durchmesser und bei eckigem Querschnitt dieses Teiles eine in der Diagonalrichtung gemessene größte Breite von 1,2 mm nicht unterschreiten und von 3 mm nicht überschreiten.

2. Verwendung:

a) Spikesreifen dürfen nur bei Kraftwagen mit einem höchsten zulässigen Gesamtgewicht von nicht mehr als 3500 kg und bei mit solchen Kraftwagen gezogenen Anhängern verwendet werden, deren höchste zulässige Achslasten je 1 800 kg nicht übersteigen.

b) Fahrzeuge dürfen nur dann mit Spikesreifen versehen sein, wenn alle Räder, die Kräfte auf die Fahrbahn übertragen, Spikesreifen aufweisen.

c) Spikesreifen dürfen in den Sommermonaten (Juni, Juli, August und September) nicht verwendet werden. *(BGBl II 2004/129)*

d) Die Verwendung von Reifen, bei denen Spikes mehr als 2 mm über die Lauffläche hinausragen, ist unzulässig.

e) An Fahrzeugen, die mit Spikesreifen versehen sind, muß hinten auf einer Tafel oder auf dem Fahrzeug selbst ein nach dem Muster der Anlage 1 e ausgeführtes Zeichen senkrecht zur Längsmittelebene des Fahrzeuges, annähernd lotrecht und vollständig sichtbar angebracht sein; wenn das Fahrzeug nicht mehr mit Spikesreifen versehen ist, ist das Zeichen ganz oder teilweise abzudecken oder zu entfernen.

(5a) Das Einsetzen der Spikes (Abs. 5) darf nur nach den Richtlinien des Reifenerzeugers unter Einhaltung der Bestimmungen des Abs. 5 Z 1 von einem hiezu berechtigten Gewerbetreibenden durchgeführt werden. Der Gewerbetreibende hat für jeden von ihm mit Spikes versehenen Reifen eine schriftliche Bestätigung darüber auszustellen und dem Käufer auszuhändigen.

(5b) Abs. 4 Z 4 und 5, Abs. 4b erster Satz erster Halbsatz und Abs. 5 Z 2 lit. b gelten nicht für die Antriebsräder, solange auf diesen Schneeketten angebracht sind. Abs. 4 Z 4 und 5, Abs. 4b, 4c, 4d, 4e und 5 und § 61 Abs. 9 gelten nicht für ein Ersatzrad, wenn dieses nur für kurze Strecken, wie insbesondere für den Weg bis zur nächsten in Betracht kommenden Reparaturwerkstätte, verwendet wird. *(BGBl II 2008/220)*

(6) Die Vertiefungen für die Ableitung des Wassers von der Reifenlauffläche dürfen bei Reifen, die nach ihrer Bauart für Krafträder oder für Personenkraftwagen bestimmt sind, nicht nachträglich vertieft (nachgeschnitten) worden sein; Reifen für andere Fahrzeuge dürfen nur nachgeschnitten worden sein, wenn sie vom Erzeuger als für ein Nachschneiden geeignet gekennzeichnet sind. Die Kennzeichnung muß aus einer Aufschrift oder einem Symbol bestehen, das dauernd deutlich erkennbar und unverwischbar an den Reifenflanken angebracht ist. Das bloße Entfernen von Versteifungsstegen gilt nicht als Nachschneiden. Reifen dürfen nur nach den Richtlinien des Erzeugers und nur von einem hiezu berechtigten Gewerbetreibenden nachgeschnitten werden. Nach dem Nachschneiden muß eine ausreichend dicke Gummischicht zwischen den Vertiefungen und dem Unterbau des Reifens vorhanden sein. Auf jedem 10 cm langen Stück des Umfanges des Laufstreifens muß die gesamte Länge der Ränder der Vertiefungen für die Ableitung des Wassers von der Reifenlauffläche mindestens gleich dem entsprechenden Wert der ursprünglich vorhanden gewesenen Vertiefungen sein oder, wenn dieser Wert größer ist als 70 cm, mindestens 70 cm betragen. Die Breite der durch das Nachschneiden entstandenen Vertiefungen darf die der ursprünglich vorhanden gewesenen Vertiefungen nicht wesentlich unterschreiten. In den Vertiefungen dürfen keine die Ableitung des Wassers in den Vertiefungen beeinträchtigenden Vorsprünge vorhanden sein. Der Gewerbetreibende hat für jeden von ihm nachgeschnittenen Reifen eine schriftliche Bestätigung darüber auszustellen, daß das Nachschneiden den Vorschriften entsprechend durchgeführt wurde. „An lenkbaren Rädern an der Hauptlenkachse von Kraftfahrzeugen dürfen nachgeschnittene Reifen nicht verwendet werden." Reifen dürfen nur nach den Richtlinien des Erzeugers und nur von einem hiezu berechtigten Gewerbetreibenden repariert werden. Der Gewerbetreibende hat für jeden von ihm reparierten Reifen eine schriftliche Bestätigung darüber auszustellen. *(BGBl II 2012/471)*

(7) In den Geltungsbereich der ÖNORM V 5117 September 2007 oder der ÖNORM V 5119 Mai 2008 fallende Schneeketten müssen diesen ÖNORMEN entsprechen, sofern es sich nicht um gleichwertige Produkte aus anderen EU-Mitgliedstaaten handelt. Schneeketten, die der ÖNORM V 5117 September 2007 oder ÖNORM V 5119 Mai 2008 in einer früheren Fassung entsprechen, dürfen weiterhin feilgeboten werden. „ " *(BGBl II 2014/290; BGBl II 2019/172)*

Radabdeckungen und Spritzschutzsysteme

§ 4a. (1) Die Radabdeckungen von Fahrzeugen der Klasse M1 müssen den Anforderungen der Richtlinie 78/549/EWG, ABl. Nr. L 168 vom 26.6.1978, idF der Richtlinie 94/78/EG, ABl. Nr. L 354 vom 31. 12. 1994, berichtigt durch ABl. Nr. L 153 vom 4. Juli 1995, S 35, entsprechen. *(BGBl II 1997/427)*

(2) Fahrzeuge der Klassen N und O, ausgenommen Geländefahrzeuge gemäß Anhang II der Richtlinie 2007/46/EG, müssen so gebaut und/oder mit Spritzschutzvorrichtungen ausgestattet werden, dass sie den Bestimmungen des Anhanges III der Richtlinie 91/226/EWG, in der Fassung der Richtlinie 2010/19/EG, ABl. Nr. L 72 vom 20. März 2010, S 17, entsprechen. Dies gilt nicht für Fahrzeuge der Klassen N, O1 oder O2 mit einer zulässigen Gesamtmasse von höchstens 7,5 Tonnen, Fahrzeuge mit Fahrgestell und Führerhaus, Fahrzeuge ohne Aufbau oder Fahrzeuge, bei denen das Vorhandensein von Spritzschutzvorrichtungen mit ihrem Verwendungszweck unvereinbar wäre. Sind jedoch Spritzschutzvorrichtungen an diesen Fahrzeugen angebracht, so müssen sie den Anforderungen der Richtlinie 91/226/EWG in der Fassung der Richtlinie 2010/19/EG, entsprechen. *(BGBl II 2010/124)*

Gleisketten

§ 5. Bei Fahrzeugen mit metallenen Gleisketten müssen die mit der Fahrbahn in Berührung kommenden Kanten und Rippen der Kettenglieder so abgerundet sein, daß der Halbmesser der Abrundungen an den Längsseiten der Bodenplatten und Rippen mindestens 6 cm beträgt. Der Druck, der durch eine metallene Laufrolle belasteten, auf waagrechter, ebener Fahrbahn gleichmäßig aufliegenden Flächenteile einer Kette darf 150 N/cm^2 nicht übersteigen. Bei Gleiskettenfahrzeugen mit einer Bauartgeschwindigkeit von mehr als 16 km/h müssen die Laufrollen mit mindestens 4 cm hohen Gummireifen oder deren Kettenglieder mit einer Gummiauflagefläche versehen sein, deren zulässige Abnützungsgrenze deutlich erkennbar gemacht sein muß.

Lenkvorrichtung

§ 6. (1) Die Lenkvorrichtung darf Stöße, die durch leicht überfahrbare Hindernisse auf der Fahrbahn verursacht werden, nicht in einer die Verkehrssicherheit beeinträchtigenden Weise auf die Betätigungsvorrichtung der Lenkvorrichtung übertragen. Teile der Lenkvorrichtung müssen allen bei der Benützung des Fahrzeuges zu erwartenden Beanspruchungen standhalten können und, soweit dies zu ihrer Wartung und Überprüfung erforderlich ist, leicht und gut zugänglich sein. Die Teile der Lenkvorrichtung müssen so miteinander verbunden sein, daß sie sich auch bei höherem Abnützungsgrad nicht lösen können. Schlauch- und Rohranschlüsse von hydraulischen Lenkvorrichtungen müssen auch beim höchsten Betriebsdruck der hydraulischen Vorrichtung dicht sein. Schlauch- und Rohrleitungen von solchen Vorrichtungen müssen den vierfachen Wert des höchsten Betriebsdruckes aufnehmen können. In den zwischen Pumpe und Steuerventil liegenden Druckleitungen von hydraulischen Lenkvorrichtungen muß je ein Druckbegrenzungsventil oder eine in ihrer Wirkung gleichartige Einrichtung angebracht sein, durch die vermieden wird, daß der Druck in der Leitung einen Wert erreicht, bei dem die Leitung zerstört wird. Hydrostatische Lenkvorrichtungen dürfen nur in Kraftfahrzeugen mit einer Bauartgeschwindigkeit von nicht mehr als 50 km/h verwendet werden; bei solchen Lenkvorrichtungen muß in jeder Leitung zwischen Steuerventil und Arbeitszylinder ein Druckbegrenzungsventil oder eine in ihrer Wirkung gleichartige Einrichtung vorhanden sein.

(1a) Bei Fahrzeugen der Klasse M1 und Fahrzeugen der Klasse N1 mit einem höchsten zulässigen Gesamtgewicht von nicht mehr als 1.500 kg muß das Verhalten der Lenkanlage bei Unfallstößen den Anhängen der Richtlinie 74/297/EWG, ABl. Nr. L 165 vom 20. Juni 1974, idF 91/662/EWG, ABl. Nr. L 366 vom 31. Dezember 1991, berichtigt durch ABl. Nr. L 172 vom 27. Juni 1992, S 86, und durch ABl. Nr. L 256 vom 2. September 1992, S 15, entsprechen. *(BGBl II 1997/427)*

(1b) Die Lenkanlagen von Fahrzeugen der Klassen M, N und O müssen den Anforderungen der Anhänge der Richtlinie 70/311/EWG in der Fassung 1999/7/EG entsprechen. Dies gilt nicht für Lenkanlagen mit rein pneumatischer, rein elektrischer oder rein hydraulischer Übertragungseinrichtung, sehr wohl jedoch für Hilfslenkanlagen mit rein elektrischer oder rein hydraulischer Übertragungseinrichtung für Fahrzeuge der Klassen M und N sowie von Lenkanlagen mit rein hydraulischer Übertragungseinrichtung für Fahrzeuge der Klasse O. *(BGBl II 1999/308)*

(2) Jedes Kraftfahrzeug und jedes Kraftfahrzeug mit Anhänger müssen sich in einer Kreisringfläche mit einem Außenradius von 12,50 m (Wendekreis im Sinne des § 2 Z 37c KFG 1967) und einem Innenradius von 5,30 m bewegen können. Bei Omnibussen ist zusätzlich bei stehendem Fahrzeug auf dem Boden eine Linie entlang der senkrechten Ebene zu ziehen, die die zur Außenseite des Kreises gerichtete Fahrzeugseite tangiert. Bei Gelenkbussen müssen die zwei starren Teile parallel zu dieser Ebene ausgerichtet sein. Fährt das Fahrzeug aus einer Geradeausbewegung in die oben beschriebene Kreisringfläche ein, so darf kein Teil mehr als 0,60 m über die senkrechte Ebene hinausragen. *(BGBl II 2002/376)*

(3) Mit einer Lenkvorrichtung mit Lenkhilfe (Abs. 4) müssen ausgerüstet sein

a) Omnibusse, bei denen die höchste zulässige Achslast einer Achse mit lenkbaren Rädern 4 500 kg oder die Summe der höchsten zulässigen Achslasten mehrerer Achsen mit lenkbaren Rädern 5 000 kg überschreitet;

b) nicht unter lit. a fallende Fahrzeuge, bei denen die höchste zulässige Achslast einer Achse mit lenkbaren Rädern 5 000 kg oder die Summe der höchsten zulässigen Achslasten mehrerer Achsen mit lenkbaren Rädern 6 000 kg überschreitet.

(4) Wenn die zur Betätigung der Lenkvorrichtung erforderliche Muskelkraft teilweise durch andere Kräfte ersetzt wird (Lenkhilfe), muß beim Ausfallen dieser Kräfte das Fahrzeug unter Aufwendung von Muskelkraft noch sicher gelenkt werden können. Besitzt die Lenkhilfe keine eigene Energieerzeugungsvorrichtung, so muß die Lenkhilfe einen Energiespeicher umfassen. Der Innenraum dieses Energiespeichers muß bei durch Druckluft betriebener Lenkhilfe durch ein Rückschlagventil gegenüber der Zuströmleitung zum Energiespeicher abgesichert sein.

(5) Lenkvorrichtungen, bei denen die zu ihrer Betätigung aufgewendete Muskelkraft nicht unmittelbar auf die lenkbaren Räder wirkt (Fremdkraftlenkvorrichtung), sind nur bei Fahrzeugen mit einer Bauartgeschwindigkeit von nicht mehr als 25 km/h zulässig; bei Fahrzeugen mit einer Bauartgeschwindigkeit von nicht mehr als 50 km/h sind jedoch Fremdkraftlenkvorrichtungen zulässig, wenn zur Erzeugung der Fremdkraft zwei voneinander unabhängige Anlagen vorhanden sind, von denen eine mit Rädern des Fahrzeuges ständig verbunden ist und nicht ausgekuppelt werden kann. Im Führerhaus von Fahrzeugen mit einer Fremdkraftlenkvorrichtung muß vollständig sichtbar und dauernd gut lesbar und unverwischbar ein Hinweis darauf angebracht sein, daß die Lenkvorrichtung nur bei laufendem Fahrzeugmotor wirksam betätigt werden kann.

Windschutzscheiben und Verglasungen

§ 7. (1) Die Oberfläche von Windschutzscheiben, Klarsichtscheiben, Seiten- und Heckfenstern muß so beschaffen sein, daß sie weder durch die Einwirkung von Staub noch durch dessen Entfernung zerkratzt werden kann. Das für die Verglasungen verwendete Material darf nicht dazu neigen, durch elektrostatische Aufladung und Anziehung von Staubteilchen in kurzer Zeit undurchsichtig zu werden; es darf die vorgeschriebenen Eigenschaften bei natürlicher Hitze- und Kälteeinwirkung nicht verlieren.

(2) Windschutzscheiben und Verglasungen für Fahrzeuge der Klassen M, N und O müssen den Anforderungen der Anhänge der Richtlinie 92/22/EWG in der Fassung der Richtlinie 2001/92/EG, ABl. Nr. L 291 vom 30. Oktober 2001, S 24, oder der ECE-Regelung Nr. 43, BGBl. Nr. 200/1984 entsprechen. Für andere Kraftfahrzeuge mit einer Bauartgeschwindigkeit von mehr als 40 km/h bestimmtes Sicherheitsglas und für solche Fahrzeuge bestimmte Verglasungswerkstoffe müssen der Regelung Nr. 43 entsprechen. *(BGBl II 2002/376)*

(2a) Windschutzscheiben und Verglasungen für zwei- und dreirädrige Kraftfahrzeuge mit Aufbau (Richtlinie 92/61/EWG) müssen bei Fahrzeugen mit einer Bauartgeschwindigkeit von

1. nicht mehr als 45 km/h den Anforderungen des Anhanges III der Richtlinie 89/173/EWG,

2. mehr als 45 km/h den Anforderungen der Anhänge der Richtlinie 92/22/EWG entsprechen. *(BGBl II 1999/308)*

(3) Windschutzscheiben und Verglasung für landwirtschaftliche Zugmaschinen müssen den Bestimmungen der Richtlinie 2009/144/EG, ABl. Nr. L 27 vom 30. Jänner 2010, S 33, oder der ECE-Regelung Nr. 43, BGBl. Nr. 200/1984, entsprechen. *(BGBl II 2010/458)*

Anbringung von Folien auf Scheiben von Kraftfahrzeugen

§ 7a. (1) Folien werden in Splitterschutzfolien, Tönungsfolien und Lochfolien unterteilt. Bei angebrachten Folien muss das Genehmigungszeichen sichtbar sein. Splitterschutzfolien sind klar und weisen eine Lichttransmission von nicht weniger als 85% auf.

(2) Splitterschutzfolien und Tönungsfolien dürfen nur auf der Innenseite der Scheiben angebracht werden. Lochfolien dürfen entweder auf der Außenseite oder auf der Innenseite der Scheiben angebracht werden. Weder das Anbringen mehrerer Folien auf ein und derselben Scheibe noch das nachträgliche Anbringen von Folien auf der Windschutzscheibe von Kraftfahrzeugen ist zulässig.

(3) Das Anbringen von Splitterschutzfolien ist auf allen Seitenscheiben, auf der Heckscheibe und auf Dachfenstern zulässig. Lediglich bei Heeresfahrzeugen, die auch bei Auslandseinsätzen verwendet werden, darf eine Splitterschutzfolie auf der Windschutzscheibe angebracht werden. Das Anbringen von Tönungsfolien und Lochfolien ist auf Seitenscheiben ab der zweiten Sitzreihe nach hinten, auf der Heckscheibe und auf Dachfenstern zulässig. Das Glas darf mit der Folie nur bis zur Scheibenhalterung beschichtet werden, ein Verklemmen mit dem Rahmen oder der Dichtung ist auszuschließen. Durch das Anbringen der Folie darf keine Erhöhung des Verletzungsrisikos durch Glassplitter eintreten.

(4) Wird auf der Heckscheibe oder auf den Seitenscheiben ab der zweiten Sitzreihe des Fahrzeuges eine Tönungsfolie oder eine Lochfolie angebracht, muss das Fahrzeug über zwei Hauptrückspiegel der Klasse III oder II gemäß Richtlinie 2003/97/EG verfügen.

(BGBl II 2010/458)

Allgemeine Vorschriften für Kraftfahrzeuge mit Antrieb durch Flüssiggas

§ 7b. Kraftfahrzeuge mit Antrieb durch Flüssiggas, und deren spezielle Ausrüstung für den Antrieb durch Flüssiggas, müssen der ECE-Regelung Nr. 67 entsprechen.

(BGBl II 2005/412)

Betriebsvorschrift und Betriebsbuch für Kraftfahrzeuge mit Antrieb durch Flüssiggas

„§ 7c." (1) Für jedes im § 7 b angeführte Fahrzeug muß eine Betriebsvorschrift vorhanden sein. Die Betriebsvorschrift ist auf Fahrten mitzuführen. Sie hat die allgemein für die Handhabung von Flüssiggas als Kraftstoff geltenden Regeln sowie die im Hinblick auf den Bau und die Ausrüstung des Fahrzeuges einzuhaltenden Bedienungsanweisungen zu enthalten. Die Betriebsvorschrift muß insbesondere folgende Bestimmungen enthalten:

a) Vor der Inbetriebnahme des Fahrzeuges und nach dessen Außerbetriebsetzung ist der Flüssigkeitsstand im Flüssiggasbehälter zu überprüfen.

b) Das Füllen der Flüssiggasbehälter ist nur zulässig

aa) an den behördlich hiefür genehmigten Tankstellen,

bb) durch hiezu befugtes Personal,

cc) nach Kontrolle der Signalscheibe oder Signalkappe des Sicherheitsventils,

dd) bei genauer Einhaltung der höchsten zulässigen Füllmenge (lit. c),

ee) bei abgestelltem Fahrzeugmotor,

ff) unter ständiger Beachtung des Flüssigkeitsstand anzeigers und

gg) wenn sich keine Personen im Fahrzeug befinden.

c) Der Behälter darf nur soweit mit Flüssiggas gefüllt sein, daß das in ihm befindliche verflüssigte Flüssiggas nicht mehr als 80 v. H. seines Fassungsraumes einnimmt.

d) Nach dem Füllen ist der Flüssiggasbehälter mit der Abdeckkappe dicht zu verschließen.

e) Das Lüften des Sicherheitsventiles ist nur zur Herstellung der größten zulässigen Füllung (lit. c), nach Überschreitung derselben nur durch hiezu befugtes Personal, nur in der Schutzzone der Tankstelle und nur unter Anwendung entsprechender Vorsichtsmaßnahmen zulässig.

f) Anweisungen über die beim Abstellen des Fahrzeuges zu beachtenden Umstände, wie Vermeidung des Einstellens von Fahrzeugen mit gefüllter Kraftstoffanlage in Räumen ohne wirksame Ventilationsvorrichtungen und Vermeidung des Hantierens mit offenem Feuer und anderen Zündquellen beim Betreten des Abstellraumes.

g) Anweisungen für die bei Reparaturen am Fahrzeug anzuwendenden Maßnahmen, wie Vermeidung von Zündquellen (offenes Feuer und offenes Licht) bei Arbeiten im Bereich der Kraftstoffanlage und Belüftung von geschlossenen Werkstatträumen.

h) Anweisungen über die Führung des Betriebsbuches (Abs. 2).

(2) Für jedes im § 7 b angeführte Fahrzeug muß ein Betriebsbuch oder ein gleichwertiger Evidenzbehelf geführt werden; in dieses Dokument sind einzutragen:

a) der Zeitpunkt und der Umfang von Reparaturen an der Kraftstoffanlage des Fahrzeuges sowie das die Reparaturen ausführende Unternehmen,

b) der Zeitpunkt und das Ergebnis der behördlichen Überprüfung oder der wiederkehrenden Begutachtung des Fahrzeuges und

c) das Ergebnis der auf Grund des Kesselgesetzes, BGBl. Nr. 211/1992 durchgeführten Erprobung des aus dem Fahrzeug ausgebauten Flüssiggasbehälters.

(3) Das Betriebsbuch oder der Evidenzbehelf ist mindestens zwei Jahre lang gerechnet von der letzten Eintragung aufzubewahren und der Behörde auf Verlangen vorzulegen. Bei der behördlichen Überprüfung des Fahrzeuges gemäß § 57 des Kraftfahrgesetzes 1967 oder bei seiner wiederkehrenden Begutachtung gemäß § 57 a des Kraftfahrgesetzes 1967 ist der Nachweis über das Ergebnis der letzten Erprobung des Flüssiggasbehälters (Abs. 2 lit. c) vorzulegen.

(BGBl II 2006/334)

Kraftfahrzeuge mit Antrieb durch Erdgas (CNG)

§ 7d. Kraftfahrzeuge mit Antrieb durch Erdgas (CNG) und deren spezielle Ausrüstung für den Antrieb durch Erdgas (CNG) müssen der ECE-Regelung Nr. 110 entsprechen.

(BGBl II 2006/334)

Betriebsvorschrift und Betriebsbuch für Kraftfahrzeuge mit Antrieb durch Erdgas (CNG)

§ 7e. (1) Für jedes im § 7d angeführte Fahrzeug mit Antrieb durch Erdgas (CNG) muss eine Betriebsvorschrift vorhanden sein. Die Betriebsvorschrift ist auf Fahrten mitzuführen. Sie hat die allgemein für die Handhabung von Erdgas (CNG) als Kraftstoff geltenden Regeln sowie die im Hinblick auf den Bau und die Ausrüstung des Fahrzeuges einzuhaltenden Bedienungsanweisungen zu enthalten. Die Betriebsvorschrift muss insbesondere folgende Bestimmungen enthalten:

1. Funktionsbeschreibung und technische Daten der CNG-Kraftstoffanlage,

2. Anleitung für die ordnungsgemäße Bedienung der CNG-Kraftstoffanlage,

3. Hinweise bezüglich der Wartungserfordernisse betreffend die CNG-Kraftstoffanlage,

4. Hinweis auf die erforderliche Durchführung von wiederkehrenden Überprüfungen der CNG-Kraftstoffanlage,

5. Anleitung hinsichtlich des Verhaltens bei auftretendem Gasgeruch,

6. Beschreibung der Vorgangsweise bei vorübergehender und dauernder Außerbetriebnahme der CNG-Kraftstoffanlage,

7. Hinweis auf die Zuständigkeit betreffend die Durchführung von Reparaturen und baulicher Änderungen an der CNG-Kraftstoffanlage,

8. Hinweis auf die Verpflichtung zur Führung eines Betriebsbuches.

(2) Für jedes im § 7d angeführte Fahrzeug muss ein Betriebsbuch vorhanden sein, welches entweder vom Fahrzeughersteller, dem Hersteller der CNG-Kraftstoffanlage oder von dem Unternehmen, das den Einbau der CNG-Kraftstoffanlage durchgeführt hat, ausgestellt, ist. In dieses Dokument sind einzutragen:

1. Herstellernummern des(r) Kraftgastanks,

2. der Zeitpunkt und das Ergebnis der durchgeführten wiederkehrenden Überprüfungen,

3. der Zeitpunkt und der Umfang durchgeführter Reparaturen und baulicher Änderungen an der CNG-Kraftstoffanlage,

4. der Zeitpunkt und das Ergebnis der im Zusammenhang mit der Ausführung von Reparaturen und baulichen Änderungen durchgeführten Dichtheitsprüfungen sowie

5. das im Hinblick auf die Z 2 bis 4 jeweils ausführende Unternehmen.

(3) Das Betriebsbuch ist mindestens zwei Jahre lang gerechnet von der letzten Eintragung aufzubewahren und der Behörde auf Verlangen sowie im Rahmen der behördlichen Überprüfung des Fahrzeuges gemäß § 57 des Kraftfahrgesetzes 1967 oder der wiederkehrenden Begutachtung

gemäß § 57a des Kraftfahrgesetzes 1967 vorzulegen.

(BGBl II 2006/334)

Nachrüstung von Fahrzeugen mit Gasanlagen

§ 7f. Die Nachrüstung oder Umrüstung von Fahrzeugen auf Antrieb durch Flüssiggas (LPG) oder Erdgas (CNG) hat den Vorgaben der ECE Regelung Nr. 115 zu entsprechen und darf nur mit speziellen, nach der ECE-Regelung Nr. 115 genehmigten Nachrüstsystemen für Flüssiggas (LPG) oder für Erdgas (CNG) erfolgen. Nach der Umrüstung muss in sinngemäßer Anwendung der Bestimmungen der §§ 7c und 7e für diese Fahrzeuge eine Betriebsvorschrift vorhanden sein und es ist ein Betriebsbuch zu führen.

(BGBl II 2006/334)

Lärmverhütung und Auspuffanlagen

§ 8. (1) Der A-bewertete Schallpegel des Betriebsgeräusches eines Kraftfahrzeuges oder Anhängers darf die folgend angeführten Grenzwerte, bei Fahrzeugen, die der Fahrzeugklasseneinteilung der Europäischen Union entsprechen, die in den nachstehenden Richtlinien angeführten Grenzwerte, nicht übersteigen:

1. bei Motorfahrrädern und Kleinkrafträdern gemessen nach der Richtlinie 97/24/EG, Kapitel 9, in der Fassung der Richtlinie 2009/108/EG, ABl. Nr. L 213 vom 18. August 2009, S 10,

    1.1. zweirädrige Kleinkrafträder (L1e) .... 71 dB(A)

    1.2. mehrspurige Motorfahrräder (L2e und L6e) .... 76 dB(A),
(BGBl II 2010/124)

2. für Krafträder der Klassen L3e bis L5e und L7e gemäß Richtlinie 2002/24/EG gelten die nachstehenden Grenzwerte und die Prüfbestimmungen der Richtlinie 97/24/EG, Kapitel 9, in der Fassung der Richtlinie 2009/108/EG, ABl. Nr. L 213 vom 18. August 2009, S 10,

    2.1. bei einspurigen Krafträdern sowie Motorrädern mit Beiwagen bei einem Hubraum

        2.1.1 von nicht mehr als 80 cm³. .... 75 dB(A)

        2.1.2 mehr als 80 und nicht mehr als 175 cm³. .... 77 dB(A),

        2.1.3 mehr als 175 cm³. .... 80 dB(A),

    2.2. bei mehrspurigen Fahrzeugen (L5e, L7e) .... 80 dB(A),
(BGBl II 2010/124)

3. für Fahrzeuge der Kategorien M und N gelten die nachstehenden Grenzwerte und Prüfbestimmungen der Richtlinie 70/157/EWG in der Fassung der Richtlinie 2007/34/EG, ABl. Nr. L 155 vom 15. Juni 2007, S 49:

Fahrzeugklasse	Wert in dB(A) (Dezibel (A))
3.1. Fahrzeuge für die Personenbeförderung mit höchstens neun Sitzplätzen einschließlich Fahrersitz	74
3.2. Fahrzeuge für die Personenbeförderung mit mehr als neun Sitzplätzen einschließlich Fahrersitz und einer zulässigen Gesamtmasse von mehr als 3,5 t	
3.2.1. mit einer Motorleistung von weniger als 150 kW	78
3.2.2. mit einer Motorleistung von 150 kW oder mehr	80
3.3. Fahrzeuge für die Personenbeförderung mit mehr als neun Sitzplätzen einschließlich Fahrersitz sowie Fahrzeuge für die Güterbeförderung	
3.3.1. mit einer zulässigen Gesamtmasse von nicht mehr als 2 t	76
3.3.2. mit einer zulässigen Gesamtmasse von über 2 t, jedoch nicht mehr als 3,5 t	77
3.4. Fahrzeuge für die Güterbeförderung mit einer zulässigen Gesamtmasse von mehr als 3,5 t	
3.4.1. mit einer Motorleistung von weniger als 75 kW	77
3.4.2. mit einer Motorleistung von 75 kW oder mehr, jedoch weniger als 150 kW	78
3.4.3. mit einer Motorleistung von 150 kW oder mehr	80

jedoch werden

– für Fahrzeuge der Klassen gemäß 3.1. und 3.3., die mit einem Dieselmotor mit Direkteinspritzung ausgerüstet sind, die Grenzwerte um 1 dB(A) erhöht;

– für Fahrzeuge mit einer zulässigen Gesamtmasse von mehr als 2t, die für den Einsatz abseits der Straße konstruiert sind, die Grenzwerte um 1 dB(A) erhöht, wenn ihr Motor eine Leistung von weniger als 150 kW hat, oder um 2 dB(A), wenn ihr Motor eine Leistung von mindestens 150 kW hat;

– bei Fahrzeugen der Klasse gemäß 3.1, die mit einem handgeschalteten Getriebe mit mehr als vier Vorwärtsgängen und einem Motor mit einer Nennleistung von mehr als 140 kW ausgerüstet sind und deren Verhält-

nis Nennleistung/höchstzulässige Masse mehr als 75 kW/t beträgt, die Grenzwerte um 1 dB(A) heraufgesetzt, wenn die Geschwindigkeit, mit der die hintere Fahrzeugbegrenzung die Linie BB´ im dritten Gang durchfährt, mehr als 61 km/h beträgt.
(BGBl II 2007/275)

4. bei Zugmaschinen, Transportkarren, Motorkarren, selbstfahrenden Arbeitsmaschinen und Sonderkraftfahrzeugen gemessen nach Anlage 1c mit einer Bauartgeschwindigkeit

4.1. von nicht mehr als 25 km/h und einer Motorleistung von

4.1.1. nicht mehr als 150 kW .... 84 dB(A),

4.1.2. mehr als 150 kW .... 85 dB(A),

4.2. von mehr als 25 km/h und einer Motorleistung von

4.2.1. nicht mehr als 150 kW .... 85 dB(A),

4.2.2. mehr als 150 kW .... 86 dB(A),

4.3. für Zugmaschinen der Klasse Lof, die dem allgemeinen Betriebserlaubnisverfahren nach der Richtlinie 74/150/EWG unterliegen, gelten die in der Richtlinie 74/151/EWG, ABl. Nr. L 84 vom 28. 3. 1974, S 25, idF 88/410/EWG, ABl. Nr. L 200 vom 26. 7. 1988, S 27, angegebenen Meßverfahren und Grenzwerte,

bis 1 500 kg Eigengewicht .... 85 dB(A),

mehr als 1 500 kg Eigengewicht .... 89 dB(A),

5. bei anderen als unter Z 4 fallenden Kraftwagen mit einer Bauartgeschwindigkeit von nicht mehr als 10 km/h sowie bei Anhängern, gemessen nach Anlage 1c .... 75 dB(A),

6. bei Fahrzeugen, die gemäß § 34 KFG 1967 als historische Fahrzeuge genehmigt werden .... 89 dBA),

(BGBl II 1997/80)

7. bei anderen als unter Z 3 fallenden Fahrzeugen, die von Fahrzeugen der Klassen M oder N abgeleitet sind, gelten die für die ursprüngliche Ausgangsfahrzeug der Klasse M oder N maßgebenden Meßverfahren und Grenzwerte gemäß Z 3. *(BGBl II 1997/80)*

(1a) Der A-bewertete Schallpegel des Betriebsgeräusches eines stehenden Kraftfahrzeuges im Nahfeld (Nahfeldpegel) darf, gemessen nach den in Abs. 1 genannten Prüfbestimmungen, den bei der Genehmigung des Fahrzeuges oder seiner Type hiefür bestimmten Wert um nicht mehr als 3 dB(A) übersteigen.

(1b) bis (2) *entfallen.*

(3) Vorrichtungen zur Dämpfung des Auspuffgeräusches (Auspuffschalldämpfer) müssen, abgesehen von den durch ihre Bauart bedingten Aus- und Eintrittsöffnungen für die Auspuffgase, dicht sein. Auspuffschalldämpfer müssen bei betriebsüblicher Beanspruchung in ausreichendem Maß widerstandsfähig gegen Korrosion sein. Absorbierende Faserstoffe dürfen in Auspuffschalldämpfern nicht in von Auspuffgasen durchflossenen Räumen angeordnet sein. Sie müssen im Auspuffschalldämpfer so angebracht sein, daß sich ihre Lage nicht verändern kann. Faserstoffe müssen so beschaffen sein, daß sie ohne Veränderung ihrer Wirksamkeit einer Temperatur standhalten können, die mindestens 20 vH über der höchsten Betriebstemperatur liegt, der sie ausgesetzt sein können.

(3a) Austauschschalldämpferanlagen (§ 2 Abs. 1 lit. l) sind Auspuffschalldämpferanlagen, die dazu bestimmt sind, in Kraftfahrzeugen anstelle der mit dem Fahrzeug genehmigten verwendet zu werden.

Austauschschalldämpferanlagen müssen zusätzlich zu den in den Abs. 1 bis 4 festgelegten Anforderungen der Anlage 1j entsprechen.

(4) Die Einrichtungen, die die in der Anlage 1 Z 3 lit. a bis d vorgeschriebenen Eigenschaften gewährleisten, müssen einer betriebsüblichen Beanspruchung unter Berücksichtigung der Bauartgeschwindigkeit des Fahrzeugs auf einer Fahrtstrecke von mindestens 80 000 km standhalten. Bei Fahrzeugen der Klassen L1 bis L5 muss die Funktionstüchtigkeit der emissionsrelevanten Einrichtungen während der normalen Lebensdauer eines Kraftfahrzeuges unter normalen Betriebsbedingungen (30 000 km) bestätigt werden. *(BGBl II 2004/129)*

(5) Fahrzeuge mit Nebenaggregaten, die unter den Anwendungsbereich der Richtlinie 2000/14/EG über umweltbelastende Geräuschemissionen von zur Verwendung im Freien vorgesehenen Geräten und Maschinen fallen, müssen dieser Richtlinie entsprechen. *(BGBl II 2019/172)*

Kraftstoffanlage

§ 8a. (1) Bei den im § 1d Abs. 1 Z 3 angeführten Fahrzeugen mit Fremdzündungsmotor darf die Menge der nicht durch Auspuffgase an die Atmosphäre abgegebenen Kohlenwasserstoffverbindungen (Verdunstungsemissionen) gemessen nach der Richtlinie 70/220/EWG idF 93/59/EWG, Anhang VI, 2 g je Prüfung nicht übersteigen.

(2) Bei den im § 1 d Abs. 1 Z 3 angeführten Fahrzeugen mit Fremdzündungsmotor muß die Einfüllöffnung des Kraftstoffbehälters so ausgestaltet sein, daß das Fahrzeug nur mit einem Zapfhahn mit einem äußeren Durchmesser der Endöffnung von nicht mehr als 21,34 mm und

einem geraden Mundstück von mindestens 63,4 mm betankt werden kann.

(3) Die Behälter für flüssigen Kraftstoff von Kraftfahrzeugen der Klasse M und N müssen den Anforderungen des Anhanges I der Richtlinie 70/221/EWG in der Fassung 2000/8/EG, ABl. Nr. L 106 vom 3. Mai 2000, S 7, entsprechen. Die Kraftstoffbehälter von zweirädrigen oder dreirädrigen Kraftfahrzeugen (Richtlinie 92/61/EWG) müssen dem Kapitel 6 der Richtlinie 97/24/EG, ABl. Nr. L 226 vom 18. 8. 1997, entsprechen. *(BGBl II 2001/414)*

Lärmarme Kraftfahrzeuge

§ 8b. (1) Als lärmarmes Kraftfahrzeug gilt ein Kraftwagen mit einer Bauartgeschwindigkeit von mehr als 50 km/h und einem höchsten zulässigen Gesamtgewicht von mehr als 3 500 kg, bei dem

1. der A-bewertete Schallpegel des Fahrgeräusches und des Motorbremsgeräusches, gemessen nach der Anlage 1g, nicht übersteigt:
a) bei einer Motorleistung, die 150 kW nicht überschreitet .... 78 dB(A)
b) bei einer Motorleistung, die 150 kW überschreitet .... 80 dB(A);
2. der höchste Wert des Schallpegels des Druckluftgeräusches, gemessen nach der Anlage 1g, 72 dB(A) nicht überschreitet.

(2) Die Erfüllung der Voraussetzungen gemäß Abs. 1 ist durch ein Gutachten eines Sachverständigen gemäß § 125 KFG 1967, eines Ziviltechnikers, eines technischen Büros-Ingenieurbüros, eines technischen Dienstes oder der Zulassungsbehörde des jeweiligen Zulassungsstaates auf einem Formblatt gemäß Anlage 1h nachzuweisen. Für Fahrzeuge, die hinsichtlich der lärmrelevanten Teile in dem gemessenen Fahrzeug übereinstimmen, ist diese Übereinstimmung vom Hersteller oder dessen Bevollmächtigten im Zulassungsstaat in einem Formblatt gemäß Anlage 1h zu bestätigen. Dieses Formblatt wird vom Bundesministerium für „Klimaschutz, Umwelt, Energie, Mobilität, Innovation und Technologie" nur an Personen ausgegeben, die zur Ausstellung befugt sind. Sind im Formblatt Angaben nicht in deutscher Sprache enthalten, so ist eine beglaubigte Übersetzung dieser Angaben in die deutsche Sprache mitzuführen. *(BGBl II 2006/334; BGBl II 2021/161)*

(3) Die Bestätigung des Herstellers oder seines Bevollmächtigten im Zulassungsstaat gemäß Abs. 2 gilt zwei Jahre ab dem Zeitpunkt der Ausstellung. Nach Ablauf dieser Zeit ist eine neue Bestätigung auf Grund einer neuerlichen Prüfung des Fahrzeuges hinsichtlich der Übereinstimmung seiner lärmrelevanten Teile und ihrer Wirkungen mit dem ursprünglichen, für die erstmalige Ausstellung der Bestätigung maßgebenden Zustand auszustellen. Werden dabei Werte gemessen, so dürfen sie die ursprünglich gemessenen Werte um nicht mehr als 2 dB(A) übersteigen. Diese Bestätigung gilt zwei Jahre ab dem Datum der Prüfung. *(BGBl II 2011/432)*

(4) Zum Nachweis der Voraussetzungen gemäß Abs. 1 ist die Bestätigung des Herstellers oder seines Bevollmächtigten im Zulassungsstaat gemäß Abs. 2 auf Fahrten mitzuführen und den Organen des öffentlichen Sicherheitsdienstes oder der Straßenaufsicht auf Verlangen zur Überprüfung auszuhändigen. Die Behörde und die ihr zur Verfügung stehenden Organe des öffentlichen Sicherheitsdienstes können gemäß § 58 Abs. 2 und 3 KFG 1967 jederzeit überprüfen, ob die Voraussetzungen gemäß Abs. 1 erfüllt sind.

(4a) Der A-bewertete Schallpegel des Rundumgeräusches, gemessen nach der Anlage 1g, darf den jeweiligen im Formblatt gemäß Anlage 1h angegebenen Wert um nicht mehr als 2 dB(A) übersteigen. Übersteigt der gemessene Wert den angegebenen Wert um mehr als 2 dB(A), so handelt es sich nicht mehr um ein lärmarmes Kraftfahrzeug.

(5) Kraftfahrzeuge, welche die Voraussetzungen gemäß Abs. 1 erfüllen, sind nach dem vorderen Kennzeichentafel mit einer kreisrunden grünen Tafel mit mindestens 20 cm Durchmesser, weißem Rand und dem lateinischen Buchstaben L in dauernd gut lesbarer und unverwischbarer weißer Schrift zu kennzeichnen. Die Tafel muss nach dem Muster der Anlage 5c ausgeführt sein. Es sind auch Ausführungen der Tafel mit einem Durchmesser von 15 cm zulässig. Bei diesen Versionen betragen die Abmessungen des Buchstaben L in Abweichung zur Anlage 5c 85 mm Höhe, 55 mm Breite und 12 mm Strichstärke. Bei unbefugtem Führen einer dieser Tafeln ist § 26a anzuwenden. *(BGBl II 2010/124)*

Lichtfarben

§ 9. Bei der Verwendung einer Lichtquelle mit einer Farbtemperatur von 2854° K entsprechend der Normlichtart A im Normalvalenz-System CIE 1931 der Internationalen Beleuchtungskommission müssen die Farbwertanteile x, y und z des aus- oder rückgestrahlten Lichtes innerhalb der folgenden Grenzen liegen:

a) für rotes Licht im Bereich zwischen der

Grenze gegen gelb: $y \leq 0{,}335$ und der

Grenze gegen purpur: $y \geq 0{,}980 - x$;

b) für weißes Licht im Bereich zwischen der

Grenze gegen blau: $x \geq 0{,}310$, der

Grenze gegen gelb: $x \leq 0{,}500$, der

Grenze gegen grün: $y \leq 0{,}150 + 0{,}640\ x$, der
Grenze gegen grün: $y \leq 0{,}440$, der
Grenze gegen purpur: $y \geq 0{,}050 + 0{,}750\ x$ und der
Grenze gegen rot: $y \geq 0{,}382$;

c) für gelbrotes Licht im Bereich zwischen der

Grenze gegen grün: $y \leq x - 0{,}120$, der
Grenze gegen rot: $y \geq 0{,}390$ und der
Grenze gegen weiß: $y \geq 0{,}790 - 0{,}670\ x$;

d) für gelbes Licht im Bereich zwischen der

Grenze gegen rot: $y \geq 0{,}138 + 0{,}580\ x$, der
Grenze gegen grün: $y \leq 1{,}29\ x - 0{,}100$, der
Grenze gegen weiß: $y \geq 0{,}966 - x$,
bei Nebelscheinwerfern jedoch: $y \geq 0{,}940 - x$ und $y \geq 0{,}440$, der
Grenze gegen den Spektralfarbenzug: $y \leq 0{,}992 - x$;

e) für blaues Licht im Bereich zwischen

Grenze gegen grün: $y \leq 0{,}065 + 0{,}805\ x$, der
Grenze gegen weiß: $x \leq 0{,}400 - y$ und der
Grenze gegen purpur: $x \leq 0{,}133 + 0{,}600\ y$.

(BGBl II 2005/412)

Allgemeine Bestimmungen für Scheinwerfer und Leuchten

§ 10. (1) Scheinwerfer und Leuchten für Kraftfahrzeuge und Anhänger müssen so gebaut sein, daß ihre Wirksamkeit auch bei den beim Betrieb des Fahrzeuges zu erwartenden Erschütterungen nicht beeinträchtigt wird.

(2) Das Anbringen eines Scheinwerfers oder einer Leuchte vorne am Fahrzeug in der Mitte so, daß dieser Scheinwerfer oder diese Leuchte mit zwei vorne angebrachten Scheinwerfern oder Leuchten ein Dreieck mit einer Spitze nach oben bildet, ist unzulässig, wenn mit diesen Scheinwerfern oder Leuchten gleichzeitig gleichartiges Licht ausgestrahlt werden kann.

(3) und (4) *(entfallen, BGBl II 2005/412)*

(5) Eine zusätzliche Schaltung, durch die mit Scheinwerfern und anderen Leuchten als Blinkleuchten Blinklicht ausgestrahlt werden kann, ist als Vorrichtung zum Abgeben von optischen Notzeichen zum Schutz der persönlichen Sicherheit des Lenkers von Platzkraftwagen (Taxi-Fahrzeugen) zulässig, sofern hiebei nicht Fernlicht ausgestrahlt werden kann.

(6) Scheinwerfer und Leuchten (Abs. 1, 2 und 5), die den Bestimmungen der ECE-Regelungen Nr. 1, 4 bis 8, 19, 20, 23, 38, 50, 56, 57, 72, 77, 82, 87, 91, 98, 112, 113 und 119 nicht entsprechen, müssen folgende Voraussetzungen erfüllen:

a) Die Fassungen für die Glühlampen dürfen sich zum Spiegel nicht unbeabsichtigt verstellen können.

b) Die Streu- und Abschlußscheiben müssen so befestigt sein, daß sie sich nicht verdrehen können.

c) Die Spiegel müssen gegen atmosphärische Einflüsse und solche der Auspuffgase von Kraftfahrzeugen möglichst unempfindlich sein.

d) Scheinwerfer und Leuchten müssen mit Glühlampen der vom Erzeuger des Scheinwerfers oder der Leuchte angegebenen Art versehen sein. *(BGBl II 2005/412)*

(7) Die in den §§ 14 bis 20 KFG 1967 angeführten Beleuchtungseinrichtungen müssen bei Kraftwagen und Anhängern so am Fahrzeug angebracht sein, dass sie den Bestimmungen der Anhänge der jeweils zutreffenden Richtlinien

1. 76/756/EWG in der Fassung der Richtlinie 2008/89/EG, ABl. Nr. 257 vom 25. September 2008, S 14, *(BGBl II 2010/124)*

2. 78/933/EWG in der Fassung der Richtlinie 2006/26/EG, ABl. Nr. L 65 vom 7. März 2006, S 22, oder

3. 79/532/EWG in der Fassung der Richtlinie 97/54/EG

entsprechen. Nachträglich angebrachte Nebelscheinwerfer, deren äußerster Punkt ihrer Lichtaustrittsfläche mehr als 40 cm vom äußersten Rand des Fahrzeuges entfernt ist, müssen so geschaltet werden, dass sie nur zusammen mit dem Abblendlicht leuchten können. Bei nachträglichem Anbau von Nebelscheinwerfern darf der zulässige Abstand für den tiefsten Punkt der Lichtaustrittsfläche von 25 cm von der Fahrbahn auch geringfügig unterschritten werden, sofern die Wirkung des Nebelscheinwerfers erhalten bleibt und eine übermäßige Blendung des entgegenkommenden Verkehrs nicht eintreten kann. *(BGBl II 2007/275)*

(8) Der Anbau der Beleuchtungseinrichtungen bei Fahrzeugen der Klasse L muss den Bestimmungen der Richtlinie 2009/67/EG in der Fassung der Richtlinie 2013/60/EU entsprechen. *(BGBl II 2014/290)*

Scheinwerfer

§ 11. (1) Scheinwerfer für Kraftfahrzeuge und Anhänger müssen so am Fahrzeug angebracht sein, daß sie leicht richtig eingestellt werden können und ihre Lage zum Fahrzeug nicht unbeabsichtigt verändert werden kann. Die Summe der größten Werte der Lichtstärke aller an einem Kraftwagen angebrachten Scheinwerfer, mit denen gleichzeitig Fernlicht ausgestrahlt werden kann, darf „300 000 cd" nicht übersteigen. Diese Bestimmung gilt als erfüllt, wenn die Summe der Kennzahlen im Sinne der Regelung Nr. 20 aller an einem Kraftwagen angebrachten Scheinwerfer die Zahl „100" nicht übersteigt; hiebei ist für jeden nicht mit einer Kennzahl versehenen, am Fahrzeug angebrachten Scheinwerfer für Fernlicht

1. mit anderen als H-Lampen eine Kennzahl 10,

2. mit H-Lampen eine Kennzahl 20

zugrunde zu legen. Vorrichtungen zum Ausfahren oder Abdecken von Scheinwerfern müssen betriebssicher und so ausgebildet sein, daß das Ausfahren oder Abdecken und das Einschalten der Scheinwerfer nur mit derselben Betätigungsvorrichtung erfolgen kann. Die Scheinwerfer müssen in ihrer Verwendungslage festgehalten sein, auch wenn nach dem Ausfahren oder Abdecken die Betätigungskraft zu wirken aufgehört hat oder bei nicht ausschließlich mechanisch wirkenden Verstelleinrichtungen Störungen in der Energiezufuhr zur Verstelleinrichtung auftreten. Bei Störungen dieser Vorrichtung müssen die Scheinwerfer ohne Zuhilfenahme von Werkzeug in die Verwendungslage gebracht und Abdeckungen beseitigt werden können. Das Ausfahren oder Abdecken der Scheinwerfer muß rasch erfolgen können. Das Verbleiben in Zwischenstellungen zwischen der Verwendungslage der Scheinwerfer und deren eingefahrener oder abgedeckter Stellung muß ausgeschlossen sein. *(BGBl II 1997/80; BGBl II 2010/458)*

(1a) Scheinwerfer für zweirädrige oder dreirädrige Kraftfahrzeuge (Richtlinie 92/61/EWG) müssen dem Kapitel 2 der Richtlinie 97/24/EG, ABl. Nr. L 226 vom 18. August 1997, entsprechen. *(BGBl II 1997/427)*

(1b) Scheinwerfer für Fernlicht und für Abblendlicht sowie die Glühlampen für diese Scheinwerfer von Fahrzeugen der Klassen M und N müssen den Anhängen der Richtlinie 76/761/EWG in der Fassung 1999/17/EG entsprechen. *(BGBl II 1999/308)*

(2) Scheinwerfer (Abs. 1) und Glühlampen für Scheinwerfer müssen, unbeschadet des Abs. 3, den für sie in Betracht kommenden Bestimmungen der ECE-Regelungen Nr. 1, 2, 5, 8, 19, 20, 37, 56, 57, 72, 82, 98, 99, 112, 113 und 119 entsprechen. Das mit ihnen entsprechend den Bestimmungen der jeweils in Betracht kommenden ECE-Regelung ausgestrahlte Licht muss diesen Bestimmungen auch dann entsprechen, wenn sie am Fahrzeug angebracht sind. *(BGBl II 2005/412)*

(3) Scheinwerfer (Abs. 1), die nicht dem Abs. 2 entsprechen, müssen den Abs. 4 bis 9 entsprechen. Solche Scheinwerfer dürfen nur mit Glühlampen ausgerüstet sein, die den im letzten Satz dieses Absatzes angeführten ÖNORMEN entsprechen. Diese Glühlampen müssen nicht den Regelungen Nr. 2, 8, 20 oder 37 entsprechen. Das mit den im ersten Satz dieses Absatzes angeführten Scheinwerfern ausgestrahlte Licht muß den Abs. 4 bis 7 auch dann entsprechen, wenn sie am Fahrzeug angebracht sind. Die Befestigung der Glühlampen im Scheinwerfer darf auch bei Dunkelheit nur in der bei der Genehmigung vorgeschriebenen Lage möglich sein. Glühlampen, die nicht dem Abs. 2 entsprechen, müssen der ÖNORM V 5431, Ausgabe März 1966, der ÖNORM V 5432, Ausgabe Juli 1966, oder der ÖNORM V 5433, Ausgabe März 1966, entsprechen.

(4) Das Abblendlicht eines Scheinwerfers gemäß Abs. 3 muß auf einem 25 m vor dem Scheinwerfer lotrecht stehenden Meßschirm (Anlage 2) eine so deutlich wahrnehmbare Hell-Dunkel-Grenze ergeben, daß danach die Einstellung des Scheinwerfers möglich ist. Die Hell-Dunkel-Grenze muß auf dem Meßschirm wenigstens annähernd waagrecht und symmetrisch zur Mittellotrechten (Anlage 2 Abs. 1 lit. a) und unterhalb der in der Anlage 2 Abs. 1 lit. e angeführten Linie verlaufen.

(5) Bei Scheinwerfern gemäß Abs. 3 nur für Fernlicht muß der Mittelpunkt („H") nach der Anlage 2 Abs. 1 lit. b innerhalb des Bereiches der größten Beleuchtungsstärke liegen. Bei Scheinwerfern für Abblendlicht und Fernlicht darf zur Einhaltung der Bestimmungen des Abs. 4 Z. 2 der Schnittpunkt der Achse des Abblendlichtbündels mit dem Meßschirm um höchstens 44 cm nach rechts oder links verschoben werden. Beim Ausstrahlen von Abblendlicht dürfen in den Zonen I bis IV gegen ihre Seitenränder zu keine die Sicht beeinträchtigenden Beleuchtungsunterschiede bestehen.

(6) Die Beleuchtungsstärke, die sich durch das Licht eines Scheinwerfers gemäß Abs. 3 bei den in der Anlage 2 Abs. 2 angeführten Lichtströmen auf dem Meßschirm (Anlage 2 Abs. 1) ergibt, muß betragen:

I. hinsichtlich des Abblendlichtes bei Scheinwerfern für Abblendlicht oder für Fernlicht und Abblendlicht bei Kraftfahrzeugen mit einer Bauartgeschwindigkeit von

		nicht mehr als 20 km/h	80 km/h	mehr als 80 km/h
1.	unterhalb der in der Anlage 2 Abs. 1 lit. f angeführten Linie f mindestens	0,5 lx	1 lx	2 lx
2.	oberhalb der in der Anlage 2 Abs. 1 lit. e angeführten Linie e höchstens	1 lx	1 lx	1 lx

II. hinsichtlich des Fernlichtes bei Scheinwerfern für Fernlicht oder für Fernlicht und Abblendlicht bei Kraftfahrzeugen mit einer Bauartgeschwindigkeit von

		nicht mehr als 40 km/h	mehr als 40 km/h
1.	im in der Anlage 2 Abs. 1 lit. b angeführten Mittelpunkt H mindestens	8 lx	16 lx
2.	auf der in der Anlage 2 Abs. 1 lit. a angeführten Mittellinie hh zwischen den in der Anlage 2 Abs. 1 lit. d angeführten Punkten H_1 mindestens	6 lx	12 lx
3.	auf der in der Anlage 2 Abs. 1 lit. a angeführten Mittellinie hh zwischen benachbarten Punkten H_1 und H_2 (Anlage 2 Abs. 1 lit. c und d) mindestens	1,5 lx	3 lx

Beim Ausstrahlen von Abblendlicht dürfen in den Zonen I bis IV gegen ihre Seitenränder zu keine die Sicht beeinträchtigenden Beleuchtungsunterschiede bestehen.

(7) Nebelscheinwerfer müssen der Richtlinie 76/762/EWG ABl. Nr. L 262 vom 27. 9. 1976, idF 1999/18/EG oder der Regelung Nr. 19, BGBl. Nr. 176/1972, entsprechen. Nebelscheinwerfer müssen so am Fahrzeug angebracht sein, daß die Hell-Dunkel-Grenze in einer Entfernung von 10 m von der Lichtaustrittsfläche um mindestens 20 cm tiefer liegt als die Mitte der Lichtaustrittsfläche. *(BGBl II 1999/308)*

(8) Leuchten für Tagfahrlicht müssen den Anhängen der Richtlinie 76/758/EWG, ABl. Nr. L 262 vom 27. September 1976 in der Fassung 97/30/EG, ABl. Nr. L 171 vom 30. Juni 1997, S 25, oder der ECE-Regelung Nr. 87 entsprechen. Leuchten für Tagfahrlicht müssen automatisch eingeschaltet werden, wenn die Einrichtung, die den Motor startet oder ausschaltet, in einer Stellung ist, die es ermöglicht, dass der Motor in Betrieb ist. „ " „Die Tagfahrleuchten müssen sich automatisch ausschalten, wenn die Scheinwerfer oder Nebelscheinwerfer eingeschaltet werden." Dies gilt nicht, wenn mit den Scheinwerfern kurze Warnsignale abgegeben werden. *(BGBl II 2005/412; BGBl II 2011/432; BGBl II 2012/471)*

(9) Abbiegescheinwerfer müssen der ECE-Regelung Nr. 119 entsprechen. *(BGBl II 2005/412)*

Begrenzungsleuchten

§ 12. (1) Einachszugmaschinen, die mit einem anderen Fahrzeug oder Gerät so verbunden sind, daß sie mit diesem ein einziges Kraftfahrzeug bilden, sind von § 10 Abs. 7 hinsichtlich der Entfernung des tiefsten Punktes der Lichtaustrittsfläche der Begrenzungsleuchten von der Fahrbahn ausgenommen. Die Bezugsachsen der Begrenzungsleuchten müssen zur Längsmittelebene des Fahrzeuges und bei auf einer ebenen Fahrbahn befindlichem Fahrzeug parallel zur Fahrbahn liegen. Die Sichtbarkeit des mit Begrenzungsleuchten ausgestrahlten Lichtes muß gewährleistet sein

a) in einem Vertikalwinkelbereich von ± 15° zu einer durch die Bezugsachse der Leuchte parallel zur Fahrbahn verlaufenden Ebene,

b) in einem Horizontalwinkelbereich von 45° zur Fahrzeugmitte und von 80° zum äußersten Rand des Fahrzeuges zu einer durch die Bezugsachse der Leuchte parallel zur Längsmittelebene des Fahrzeuges und senkrecht zur Fahrbahn verlaufenden Ebene.

(2) Begrenzungsleuchten müssen, unbeschadet der Bestimmungen des Abs. 3, den Anhängen der Richtlinie 76/758/EWG, ABl. Nr. L 262 vom 27. 9. 1976 idF 97/30/EG, ABl. Nr. L 171 vom 30. 6. 1997, S 25, oder den für sie in Betracht kommenden Bestimmungen der Regelung Nr. 7, BGBl. Nr. 176/1972, entsprechen.

(3) Begrenzungsleuchten für zweirädrige oder dreirädrige Fahrzeuge der Klassen L müssen dem Kapitel 2 der Richtlinie 97/24/EG, ABl. Nr. L 226 vom 18. August 1997, oder den für sie in Betracht kommenden Bestimmungen der ECE-Regelung Nr. 50 entsprechen. *(BGBl II 2005/412)*

Umrißleuchten

§ 12a. Umrissleuchten für Kraftwagen und Anhänger (§§ 14 Abs. 6a und 16 Abs. 4 KFG 1967) müssen den Anhängen der Richtlinie 76/758/EWG, ABl. Nr. L 262 vom 27. September 1976 in der Fassung 97/30/EG, ABl. Nr. L 171 vom 30. Juni 1997, S 25, oder den für sie in Betracht kommenden Bestimmungen der ECE-Regelung Nr. 7 entsprechen.

(BGBl II 2005/412)

Seitenmarkierungsleuchten

§ 12b. Seitenmarkierungsleuchten für Kraftwagen und Anhänger (§§ 14 Abs. 6b, 16 Abs. 3 KFG 1967) müssen den Anhängen der Richtlinie 76/758/EWG, ABl. Nr. L 262 vom 27. September 1976 in der Fassung 97/30/EG, ABl. Nr. L 171 vom 30. Juni 1997, S 25, oder den Bestimmungen der ECE-Regelung Nr. 91 entsprechen.

(BGBl II 2005/412)

Parkleuchten

§ 12c. Parkleuchten von Fahrzeugen der Klassen M und N müssen den Anhängen der Richtlinie 77/540/EWG in der Fassung 1999/16/EG oder den Bestimmungen der ECE-Regelung Nr. 77 entsprechen.

(BGBl II 2005/412)

Schlußleuchten

§ 13. (1) Für Schlußleuchten für Kraftfahrzeuge und Anhänger gelten die Bestimmungen des § 12 Abs. 1 letzter Satz über die Sichtbarkeit des ausgestrahlten Lichtes sinngemäß.

(2) Schlußleuchten (Abs. 1) müssen, unbeschadet der Bestimmungen des Abs. 3, den Anhängen der Richtlinie 76/758/EWG, ABl. Nr. L 262 vom 27. 9. 1976 idF 97/30/EG, ABl. Nr. L 171 vom 30. 6. 1997, S 25, oder den für sie in Betracht kommenden Bestimmungen der Regelung Nr. 7, BGBl. Nr. 176/1972, entsprechen.

(3) Schlussleuchten für zweirädrige oder dreirädrige Fahrzeuge der Klassen L müssen dem Kapitel 2 der Richtlinie 97/24/EG, ABl. Nr. L 226 vom 18. August 1997, oder den für sie in

Betracht kommenden Bestimmungen der ECE-Regelung Nr. 50 entsprechen. *(BGBl II 2005/412)*

Nebelschlußleuchten

§ 13a. Nebelschlußleuchten müssen der Richtlinie 77/538/EWG, ABl. Nr. L 220 vom 29. 8. 1977, idF 1999/14/EG oder der Regelung Nr. 38, BGBl. Nr. 411/1980, entsprechen. Nebelschlußleuchten dürfen nur so an Fahrzeugen angebracht sein, daß das mit ihnen ausgestrahlte Licht in einem Vertikalwinkelbereich von ± 15° und in einem Horizontalwinkelbereich von ± 25°, jeweils bezogen auf die Bezugsachse der Nebelschlußleuchte, sichtbar ist. Die Einschaltung der Nebelschlußleuchte muß durch eine vom Lenkerplatz deutlich sichtbare Kontrollampe erkennbar sein.

(BGBl II 1999/308)

Kennzeichenleuchten

§ 13b. (1) Kennzeichenleuchten für Fahrzeuge der Klassen M, N und O müssen den Anhängen der Richtlinie 76/760/EWG, ABl. Nr. L 262 vom 27. 9. 1976, idF 97/31/EG, ABl. Nr. L 171 vom 30. 6. 1997, S 49, oder der Regelung Nr. 4, BGBl. Nr. 176/1972, entsprechen.

(2) Kennzeichenleuchten für zweirädrige oder dreirädrige Kraftfahrzeuge der Klassen L müssen dem Kapitel 2 der Richtlinie 97/24/EG, ABl. Nr. L 226 vom 18. August 1997, oder den für sie in Betracht kommenden Bestimmungen der ECE-Regelung Nr. 50 entsprechen. *(BGBl II 2005/412)*

(3) Kennzeichenleuchten für andere Kraftwagen und Anhänger als in Abs. 1 genannt müssen der Regelung Nr. 4, BGBl. Nr. 176/1972, entsprechen.

Rückfahrscheinwerfer

§ 13c. (1) Rückfahrscheinwerfer für Fahrzeuge der Klassen M, N, und O sowie für zweirädrige oder dreirädrige Fahrzeuge (Richtlinie 92/61/EWG) müssen den Anhängen der Richtlinie 77/539/EWG, ABl. Nr. L 220 vom 29. 8. 1977 idF 97/32/EG, ABl. Nr. L 171 vom 30. 6. 1997, oder der Regelung Nr. 23, BGBl. Nr. 485/1991, entsprechen.

(2) Rückfahrscheinwerfer für andere Kraftwagen und Anhänger als in Abs. 1 genannt müssen der Regelung Nr. 23, BGBl. Nr. 485/1991, entsprechen. *(BGBl II 1997/427)*

Bremsleuchten

§ 14. (1) Die Sichtbarkeit des mit Bremsleuchten ausgestrahlten Lichtes muß gewährleistet sein

a) in einem Vertikalwinkelbereich von ± 15° zu einer durch die Bezugsachse der Leuchte parallel zur Fahrbahn verlaufenden Ebene,

b) in einem Horizontalwinkelbereich von ± 45° zu einer durch die Bezugsachse der Leuchte parallel zur Längsmittelebene des Fahrzeuges und senkrecht zur Fahrbahn verlaufenden Ebene.

(2) Bremsleuchten (Abs. 1) müssen, unbeschadet der Bestimmungen des Abs. 3, den Anhängen der Richtlinie 76/758/EWG, ABl. Nr. L 262 vom 27. 9. 1976 idF 97/30/EG, ABl. Nr. L 171 vom 30. 6. 1997, S 25, oder den für sie in Betracht kommenden Bestimmungen der Regelung Nr. 7, BGBl. Nr. 176/1972, entsprechen.

(3) Bremsleuchten für zweirädrige oder dreirädrige Fahrzeuge der Klassen L müssen dem Kapitel 2 der Richtlinie 97/24/EG, ABl. Nr. L 226 vom 18. August 1997, oder den für sie in Betracht kommenden Bestimmungen der ECE-Regelung Nr. 50 entsprechen. *(BGBl II 2005/412)*

(4) Sicherheitsbremsleuchten sind Leuchten, die symmetrisch zur Fahrzeuglängsmittelebene am Fahrzeug montiert sind und deren untere Begrenzung der leuchtenden Fläche über den vorgeschriebenen Bremsleuchten liegt. Sicherheitsbremsleuchten dienen zur Verstärkung der paarweise ausgestrahlten Lichtwirkung der Bremsleuchte. Sicherheitsbremsleuchten müssen der Regelung Nr. 7 (Kategorie S3) oder der Anlage 3l entsprechen. Es darf nur eine Sicherheitsbremsleuchte angebracht sein. Sicherheitsbremsleuchten dürfen nur gemeinsam mit den Bremsleuchten Licht ausstrahlen und sind nicht zulässig, wenn bereits zusätzliche paarweise Bremsleuchten angebracht sind. *(BGBl II 2010/124)*

Fahrtrichtungsanzeiger

§ 15. (1) Die Sichtbarkeit des mit Blinkleuchten von Fahrtrichtungsanzeigern ausgestrahlten Blinklichtes und der Leuchtflächen dieser Blinkleuchten muß gewährleistet sein

1. in einem Vertikalwinkelbereich von ± 15° zu einer durch die Bezugsachse der Leuchte parallel zur Fahrbahn verlaufenden Ebene;

2. in einem Horizontalwinkelbereich zu einer durch die Bezugsachse der Leuchte parallel zur Längsmittelebene des Fahrzeuges und senkrecht zur Fahrbahn verlaufenden Ebene

a) bei vorne oder hinten am Fahrzeug angebrachten Blinkleuchten: von 45° zur Fahrzeugmitte und von 80° zum äußersten Rand des Fahrzeuges,

b) bei an den Längsseiten des Fahrzeuges angebrachten Blinkleuchten: von 5° zur Fahrzeugmitte und

aa) für nach vorne ausgestrahltes Blinklicht: von 45° nach außen, bb) für nach hinten ausgestrahltes Blinklicht: von 60° nach außen,

c) bei an den Längsseiten des Fahrzeuges angebrachten Blinkleuchten, wenn das Fahrzeug überdies hinten mit Blinkleuchten ausgerüstet ist,

aa) für nach vorne ausgestrahltes Blinklicht: von 45° nach außen und von 10° zur Fahrzeugmitte,

bb) für nach hinten ausgestrahltes Blinklicht: zwischen 55° und 5° nach außen.

(2) An den im § 19 Abs. 1 des Kraftfahrgesetzes 1967 angeführten Fahrzeugen müssen Blinkleuchten an den Längsseiten und vorne und hinten angebracht sein. Bei Fahrzeugen, bei denen die an den Längsseiten angebrachten Blinkleuchten von vorne wenigstens unter einem Vertikalwinkel von „±" 15° und unter einem Winkel von 10° zu der durch die Mitte der Blinkleuchte führenden Parallelebene zur Längsmittelebene des Fahrzeuges zur Fahrzeugmitte und unter einem Winkel von 45° zu dieser Parallelebene nach außen sichtbar sind, sind Blinkleuchten vorne nicht erforderlich. *(BGBl II 2019/172)*

(3) Fahrtrichtungsanzeiger von Fahrzeugen der Klassen M und N müssen an den Anhängen der Richtlinie 76/759/EWG in der Fassung 1999/15/EG entsprechen. *(BGBl II 1999/308)*

(4) *entfällt.*

(5) Für die an Anhängern angebrachten Blinkleuchten gelten Abs. 1 Z 2 lit. a und § 10 Abs. 7 sinngemäß. *(BGBl II 1997/427)*

(6) Blinkleuchten von Fahrtrichtungsanzeigern müssen 60 bis 120 mal in der Minute aufleuchten; die erste Lichtausstrahlung darf nicht später als eine Sekunde nach dem Einschalten erfolgen.

(7) Blinkleuchten von Fahrtrichtungsanzeigern (Abs. 1 bis 6) müssen, unbeschadet der Bestimmungen des Abs. 8, den Bestimmungen der Regelung Nr. 6, BGBl. Nr. 176/1972, entsprechen.

(8) Fahrtrichtungsanzeiger für zweirädrige oder dreirädrige Fahrzeuge der Klassen L müssen dem Kapitel 2 der Richtlinie 97/24/EG, ABl. Nr. L 226 vom 18. August 1997, oder den für sie in Betracht kommenden Bestimmungen der ECE-Regelung Nr. 50 entsprechen. *(BGBl II 2005/412)*

Warnleuchten

§ 15a. (1) Warnleuchten sind Leuchten, die blaues oder gelbrotes Blink- oder Drehlicht (§ 20 Abs. 7 KFG 1967) als Rundumlicht oder richtungsgebundenes Blinklicht ausstrahlen. Warnleuchten werden in folgende Kategorien eingeteilt:

1. Kategorie I - Leuchten mit Rundumlicht

2. Kategorie II - Richtungsgebundene Blinkleuchten

3. Kategorie III - Warnleuchten mit gelbrotem Blinklicht für Schülertransporte gemäß § 106 Abs. 10 KFG 1967

4. Kategorie IV - Warnleuchten zur ausschließlichen Verwendung als Ladewarnleuchten zur Kenntlichmachung von Anbaugeräten oder Hubladebühnen gemäß § 20 Abs. 1 lit. g KFG 1967.

(2) Warnleuchten der Kategorien I bis IV haben den allgemeinen bautechnischen Anforderungen hinsichtlich der Beständigkeit gegen Erschütterungen, Korrosionserscheinungen, Temperatureinflüssen, Feuchtigkeit und Materialveränderungen durch Alterung zu entsprechen.

(3) Warnleuchten der Kategorien I und II müssen den jeweiligen Bestimmungen der ECE-Regelung Nr. 65 entsprechen. Warnleuchten der Kategorie III müssen der Anlage 2b entsprechen. Warnleuchten der Kategorie IV (Ladewarnleuchten) müssen den lichttechnischen Bestimmungen für Fahrtrichtungsanzeiger für den hinteren Anbau gemäß ECE-Regelung Nr. 6.01 entsprechen.

(4) Als Warnleuchten für Omnibusse, die für Schülerbeförderungen im Sinne des § 106 Abs. 10 KFG 1967 eingesetzt werden, dürfen die folgenden Warnleuchten verwendet werden:

1. gelbrote Warnleuchten der Kategorie I mit Rundumlicht (Drehlicht)

2. gelbrote Warnleuchten der Kategorie II mit richtungsgebundenem Blinklicht

3. Warnleuchten der Kategorie III mit gelbrotem Blinklicht speziell für Schülertransporte mit Omnibussen; diese müssen links und rechts abwechselnd blinkend gelbrotes Licht mit einer Lichtstärke von mindestens 700 cd ausstrahlen.

Die paarweise Anbringung dieser Warnleuchten muss an der hinteren oberen Kante des Fahrzeuges oder dort, wo der Dachaufsatz beginnt oder auf dem Dach erfolgen. Sie können außen am Fahrzeug angebracht oder in die Karosserie integriert sein. Eine Anbringung im Inneren des Fahrzeuges im oberen Bereich hinter der Heckscheibe ist zulässig, vorausgesetzt die außen gemessene Lichtstärke beträgt mindestens 700 cd. Die Warnleuchten müssen unabhängig von anderen Scheinwerfern und Leuchten und zusätzlich zur Alarmblinkanlage eingeschaltet werden können.

(BGBl II 2006/334)

Rückstrahler

§ 16. (1) Die Sichtbarkeit der Rückstrahler muß in einem Horizontalwinkelbereich von ± 45°, um die Bezugsachse bis zu einem Vertikalwinkel von ± 15° gewährleistet sein; bei Anhängern darf der Horizontalwinkelbereich auf nicht weniger als 10° zur Fahrzeugmitte herabgesetzt sein, wenn zusätzliche Rückstrahler die Sichtbarkeit in einem Horizontalwinkelbereich von ± 45° gewährleisten.

Die Bezugsachse des Rückstrahlers muß bei seitlichen Rückstrahlern gemäß § 14 Abs. 5 und § 16 Abs. 2 KFG 1967 senkrecht zur Längsmittelebene des Fahrzeuges, bei allen anderen Rückstrahlern parallel zur Längsmittelebene des Fahrzeuges verlaufen.

(2) Rückstrahler müssen den Anhängen der Richtlinie 76/757/EWG, ABl. Nr. L 262 vom 27. 9. 1976, idF 97/29/EG, ABl. Nr. L 171 vom 30. 6. 1997, S 11 oder der Regelung Nr. 3, BGBl. Nr. 176/1972, entsprechen. *(BGBl II 1997/427)*

Scheibenwischer

§ 17. (1) Die elektromagnetische Verträglichkeit von Fahrzeugen der Klassen M, N und O muss den Anforderungen der Anhänge der Richtlinie 72/245/EWG, ABl. Nr. L 152 vom 6. Juli 1972 in der Fassung der Richtlinie 2009/19/EG, ABl. Nr. L 70 vom 14. März 2009, S 17, entsprechen. Fahrzeuge, die mit 24-GHz-Kurzstreckenradargeräten ausgestattet sind, dürfen nach dem 30. Juni 2013 nicht mehr verkauft oder erstmalig zugelassen werden. *(BGBl II 2010/124)*

(2) *(entfällt, BGBl II 2008/220)*

(3) Scheibenwischer und Scheibenwascher für Kraftfahrzeuge der Klasse M1 müssen den Anhängen der Richtlinie 78/318/EWG, ABl. Nr. L 081 vom 28. März 1978, idF der Richtlinie 94/68/EG, Abl. Nr. L 354 vom 31. Dezember 1994, entsprechen. *(BGBl II 1997/80)*

(4) Elektrische/elektronische Unterbaugruppen, Teile und Ausrüstungsgegenstände, die an das elektrische Bordnetz des Fahrzeuges angeschlossen und üblicherweise während der Fahrt verwendet werden, die elektromagnetische Störungen im Sinne der Richtlinie 72/245/EWG in der Fassung der Richtlinie 2009/19/EG, verursachen können und im Zusammenhang mit Funktionen der Störfestigkeit stehen (Anhang I, 2.1.12 der Richtlinie 72/245/EWG), müssen den Anforderungen der Anhänge der Richtlinie 72/245/EWG in der Fassung der Richtlinie 2009/19/EG entsprechen. Elektrische/elektronische Unterbaugruppen, Teile und Ausrüstungsgegenstände, die an das elektrische Bordnetz des Fahrzeuges angeschlossen und üblicherweise während der Fahrt verwendet werden, die elektromagnetische Störungen im Sinne der genannten Richtlinien verursachen können, im Zusammenhang mit Funktionen der Störfestigkeit stehen (Anhang I, 2.1.12 der Richtlinie 72/245/EWG) und nicht diesen Richtlinien, aber der Richtlinie 89/336/EWG oder der Richtlinie 2004/108/EG, entsprechen, dürfen nicht mehr feilgeboten werden. Funksendeanlagen, die der Richtlinie 89/336/EWG oder der Richtlinie 2004/108/EG entsprechen und die im Fahrzeug eingebaut werden, dürfen nur verwendet werden, wenn eine Unbedenklichkeitsbescheinigung des Fahrzeugherstellers vorliegt und mitgeführt wird. *(BGBl II 2010/124)*

Kennzeichnung der Betätigungseinrichtungen, Kontrolleuchten und Anzeiger

§ 17a. (1) Die Kennzeichnung der handbetätigten Einrichtungen, der Kontrolleuchten und der Anzeiger von Kraftfahrzeugen der Klassen M und N muß den Anhängen der Richtlinie 78/316/EWG, ABl. Nr. L 081 vom 28. März 1978, idF der Richtlinie 94/53/EG, ABl. Nr. L 299 vom 22. November 1994, entsprechen.

(2) Die Kennzeichnung der direkt vom Lenker betätigten Einrichtungen, der Kontrolleuchten und der Anzeiger von zweirädrigen oder dreirädrigen Kraftfahrzeugen muss den Anhängen der Richtlinie 2009/80/EG, ABl.Nr. L 202 vom 4. August 2009, S 16, entsprechen. *(BGBl II 2011/432)*

Elektromagnetische Verträglichkeit

§ 17b. (1) Die elektromagnetische Verträglichkeit von Fahrzeugen der Klassen M, N und O muss den Anforderungen der Anhänge der Richtlinie 72/245/EWG, ABl. Nr. L 152 vom 6. Juli 1972 in der Fassung der Richtlinie 2009/19/EG, ABl. Nr. L 70 vom 14. März 2009, S 17, entsprechen. Fahrzeuge, die mit 24-GHz-Kurzstreckenradargeräten ausgestattet sind, dürfen nach dem 30. Juni 2013 nicht mehr verkauft oder erstmalig zugelassen werden. *(BGBl II 2010/124)*

(2) Die elektromagnetische Verträglichkeit von land- und forstwirtschaftlichen Zugmaschinen der Klasse Iof mit Fremdzündungsmotoren muss den Anforderungen der Anhänge der Richtlinie 75/322/EWG in der Fassung 2000/2/EG und 2001/3/EG entsprechen. Die elektromagnetische Verträglichkeit von anderen land- und forstwirtschaftlichen Zugmaschinen der Klasse Iof muß den Anforderungen der Anhänge der Richtlinie 89/336/EWG in der Fassung der Richtlinie 93/68/EWG entsprechen. *(BGBl II 2001/414)*

(3) Die elektromagnetische Verträglichkeit von zweirädrigen oder dreirädrigen Kraftfahrzeugen (Richtlinie 92/61/EWG) muß dem Kapitel 8 der Richtlinie 97/24/EG entsprechen. *(BGBl II 1999/308)*

(4) Elektrische/elektronische Unterbaugruppen, Teile und Ausrüstungsgegenstände, die an das elektrische Bordnetz des Fahrzeuges angeschlossen und üblicherweise während der Fahrt verwendet werden, die elektromagnetische Störungen im Sinne der Richtlinie 72/245/EWG in der Fassung der Richtlinie 2009/19/EG, verursachen können und im Zusammenhang mit Funktionen der Störfestigkeit stehen (Anhang I, 2.1.12 der Richtlinie 72/245/EWG), müssen den Anforderungen der Anhänge der Richtlinie 72/245/EWG in der Fas-

sung der Richtlinie 2009/19/EG entsprechen. Elektrische/elektronische Unterbaugruppen, Teile und Ausrüstungsgegenstände, die an das elektrische Bordnetz des Fahrzeuges angeschlossen und üblicherweise während der Fahrt verwendet werden, die elektromagnetische Störungen im Sinne der genannten Richtlinien verursachen können, im Zusammenhang mit Funktionen der Störfestigkeit stehen (Anhang I, 2.1.12 der Richtlinie 72/245/EWG) und nicht diesen Richtlinien, aber der Richtlinie 89/336/EWG oder der Richtlinie 2004/108/EG, entsprechen, dürfen nicht mehr feilgeboten werden. Funksendeanlagen, die der Richtlinie 89/336/EWG oder der Richtlinie 2004/108/EG entsprechen und die im Fahrzeug eingebaut werden, dürfen nur verwendet werden, wenn eine Unbedenklichkeitsbescheinigung des Fahrzeugherstellers vorliegt und mitgeführt wird. *(BGBl II 2010/124)*

Sicherungseinrichtungen gegen unbefugte Inbetriebnahme

§ 17c. (1) Sicherungseinrichtungen gegen unbefugte Inbetriebnahme von Kraftfahrzeugen der Klassen M1 und N1 müssen den Anforderungen der Anhänge der Richtlinie 74/61/EWG, ABl. Nr. L 038 vom 11. Februar 1974 idF der Richtlinie 95/56/EG, ABl. Nr. L 286 vom 29. November 1995, entsprechen.

(2) Sicherungseinrichtungen gegen unbefugte Benutzung von zweirädrigen oder dreirädrigen Kraftfahrzeugen (Richtlinie 92/61/EWG) müssen den Anforderungen der Anhänge der Richtlinie 93/33/EWG in der Fassung 1999/23/EG entsprechen. *(BGBl II 1999/308)*

Anhängevorrichtung

§ 17d. (1) Die Anhängevorrichtung (Verbindungseinrichtung) von Fahrzeugen der Klassen M, N und O muß den Anhängen zur Richtlinie 94/20/EG über mechanische Verbindungseinrichtungen von Kraftfahrzeugen und Kraftfahrzeuganhängern sowie ihre Anbringung an diesen Fahrzeugen entsprechen. *(BGBl II 1999/308)*

(2) Die Anhängevorrichtung von zweirädrigen oder dreirädrigen Kraftfahrzeugen (Richtlinie 92/61/EWG) muß dem Kapitel 10 der Richtlinie 97/24/EG, ABl. Nr. L 226 vom 18. August 1997 entsprechen. *(BGBl II 1997/427)*

Sichtfeld

§ 17e. (1) Fahrzeuge der Klasse M1 müssen so konstruiert sein, daß das Sichtfeld für den Lenker den Anforderungen der Anhänge der Richtlinie 77/649/EWG in der Fassung 90/630/EWG entspricht.

(2) Zweirädrige oder dreirädrige Fahrzeuge mit Aufbau (Richtlinie 92/61/EWG) müssen so konstruiert sein, daß das Sichtfeld auf der Windschutzscheibe für den Lenker dem Kapitel 12 Anhang II Anlage 1 der Richtlinie 97/24/EG entspricht. *(BGBl II 1999/308)*

Entfrostungs- und Trocknungsanlagen für die verglasten Flächen von Kraftfahrzeugen

§ 17f. (1) Jedes Kraftfahrzeug mit einer Bauartgeschwindigkeit von mehr als 25 km/h muß mit einer Anlage zur Entfernung von Reif und Eis von der verglasten Fläche der Windschutzscheibe ausgestattet sein. Die Entfrostungsanlage muß genügend wirksam sein, um bei kaltem Wetter eine ausreichende Sicht durch die Windschutzscheibe sicherzustellen. Bei Fahrzeugen der Klasse M1 muß die Entfrostungsanlage den Anhängen der Richtlinie 78/317/EWG entsprechen.

(2) Jedes Kraftfahrzeug mit einer Bauartgeschwindigkeit von mehr als 25 km/h muß mit einer Anlage zur Entfernung des Feuchtigkeitsbeschlages auf der Innenseite der Windschutzscheibe ausgestattet sein. Die Windschutzscheibentrocknungsanlage muß genügend wirksam sein, um bei feuchtem Wetter die Sicht durch die Windschutzscheibe wiederherzustellen. Bei Fahrzeugen der Klasse M1 muß die Windschutzscheibentrocknungsanlage den Anhängen der Richtlinie 78/317/EWG entsprechen.

(3) Bei zweirädrigen oder dreirädrigen Kraftfahrzeugen mit Aufbau (Klasse L) müssen die Entfrostungsanlage und die Windschutzscheibentrocknungsanlage dem Kapitel 12, Anhang II der Richtlinie 97/24/EG in der Fassung der Richtlinie 2006/27/EG, ABl. Nr. L 66 vom 8. März 2006, S 7 entsprechen. *(BGBl II 2006/334)*

Innenausstattung bestimmter Kraftfahrzeuge

§ 17g. Die Innenausstattung (Teile im Insassenraum – ausgenommen Innenrückblickspiegel –, Anordnung von Betätigungseinrichtungen, Dach und Schiebedach, Rücklehne und hinterer Teil der Sitze) von Fahrzeugen der Klasse M1 muss den Anhängen der Richtlinie 74/60/EWG in der Fassung 2000/4/EG, ABl. Nr. L 87 vom 8. April 2000, S 22, entsprechen.

(BGBl II 2001/414)

Türen von Kraftfahrzeugen

§ 17h. Türen von Kraftfahrzeugen der Klassen M1 und N müssen den Anhängen der Richtlinie 70/387/EWG in der Fassung 2001/31/EG, ABl. Nr. L 130 vom 8. Mai 2001, S 33, entsprechen.

(BGBl II 2001/414)

Heizanlagen

§ 17i. Die Heizanlagen von Fahrzeugen der Klassen M, N und O müssen den Anhängen der Richtlinie 2001/56/EG, ABl. Nr. L 292 vom 9. November 2001, S 21 in der Fassung der Richtlinie 2006/119/EG, ABl. Nr. L 330 vom 28. November 2006, S 12, entsprechen.

(BGBl II 2007/275)

Klimaanlagen

§ 17j. (1) In Fahrzeuge der Klasse M1 und N1, Gruppe I (Bezugsmasse bis zu 1 305 kg), eingebaute Klimaanlagen müssen im Hinblick auf ihre Emissionen und ihr sicheres Funktionieren den Vorgaben der Richtlinie 2006/40/EG, ABl. Nr. L 161, vom 14. Juni 2006, S 12, entsprechen. Bei Klimaanlagen, die darauf ausgelegt sind, ein fluoriertes Treibhausgas mit einem GWP-Wert über 150 zu enthalten, darf die Leckage-Rate dieses Gases die zulässigen Höchstgrenzen gemäß Artikel 5 der Richtlinie nicht überschreiten. Vor Erteilung einer EG-Betriebserlaubnis haben die Fahrzeughersteller Informationen über den Kältemitteltyp der in den Klimaanlagen verwendet wird, bereitzustellen.

(2) Klimaanlagen, die darauf ausgelegt sind, fluorierte Treibhausgase mit einem GWP-Wert über 150 zu enthalten, dürfen ab dem 1. Jänner 2011 nicht mehr nachträglich in Fahrzeuge eingebaut werden, die nach diesem Termin genehmigt worden sind. Ab dem 1. Jänner 2017 dürfen solche Klimaanlagen generell nicht mehr nachträglich in Fahrzeuge eingebaut werden.

(3) Klimaanlagen, die in Fahrzeuge eingebaut werden, für die nach dem 31. Dezember 2010 eine Typengenehmigung erteilt worden ist, dürfen nicht mit fluorierten Treibhausgasen mit einem GWP-Wert über 150 befüllt werden. Ab dem 1. Jänner 2017 dürfen Klimaanlagen in sämtlichen Fahrzeugen nicht mehr mit fluorierten Treibhausgasen mit einem GWP-Wert von über 150 befüllt werden; das gilt aber nicht für das Nachfüllen von diese Gase enthaltenden Klimaanlagen, die vor diesem Zeitpunkt in Fahrzeuge eingebaut worden sind.

(BGBl II 2007/275)

Warnvorrichtungen

§ 18. (1) und (2) *entfallen.*

(3) Die Vorrichtung zum Abgeben von akustischen Warnzeichen und die Vorrichtung zum Abgeben von optischen Warnzeichen müssen unabhängig voneinander betätigt werden können.

(4) Bei Zugmaschinen mit einer Bauartgeschwindigkeit von nicht mehr als 25 km/h, bei Motorkarren sowie bei selbstfahrenden Arbeitsmaschinen dürfen die Vorrichtungen zum Abgeben von akustischen und von optischen Warnzeichen auch nur so betätigt werden können, daß der Lenker hiebei die Lenkvorrichtung mit nur einer Hand festhält; dies gilt jedoch nicht für Fahrzeuge, bei denen die Betriebsbremsanlage für eine Betätigung nur mit der Hand eingerichtet ist.

(5) Vorrichtungen zum Abgeben akustischer Warnzeichen, außer Glocken für Motorfahrräder und mit Wechselstrom betriebene Vorrichtungen, müssen der Regelung Nr. 28, BGBl. Nr. 617/1981, entsprechen.

(6) Die Anbringung von Vorrichtungen zum Abgeben akustischer Warnzeichen, außer Glocken für Motorfahrräder und mit Wechselstrom betriebene Vorrichtungen, muß der Regelung Nr. 28 entsprechen.

(7) Der A-bewertete Schallpegel der im § 22 Abs. 1 KFG 1967 angeführten akustischen Warnzeichen, die durch Wechselstrom betriebene Vorrichtungen erzeugt werden, muß mindestens betragen:

a) nach der Anlage 3a Abs. 1 bei Nennspannung gemessen: 82 dB(A),

b) bei einer in einem Kraftrad eingebauten Vorrichtung nach der Anlage 3a Abs. 3 als Höchstwert, bei der Hälfte der Motorhöchstleistung zugehörigen Drehzahl gemessen: 76 dB(A).

(8) „Weist dieses Videosystem keine Genehmigung nach der UN-Regelung Nr. 46.04 auf, muss das Videosystem folgenden Bestimmungen genügen:" *(BGBl II 2019/172)*

1. der für das Videosystem erforderliche Monitor muss über ein Ausmaß von mindestens 6′′ in der sichtbaren Diagonale verfügen, ein Kontrastverhältnis von mindestens 600:1 und eine aktive Helligkeitsregelung aufweisen,

2. die Rückfahrkamera bedarf einer Auflösung von mindestens 330 (H) x 350 (V) TV-Linien und einer Lichtempfindlichkeit, die für den Betrieb mit dem eingesetzten Rückfahrscheinwerfer ausreicht.

(BGBl II 2010/124)

Rückblickspiegel und Einrichtungen für die indirekte Sicht

§ 18a. (1) Einspurige Kraftfahrzeuge mit einer Bauartgeschwindigkeit von

1. nicht mehr als 45 km/h müssen mit mindestens einem geeigneten, entsprechend großen Rückblickspiegel

2. mehr als 45 km/h müssen mit je einem Rückblickspiegel auf der rechten und linken Fahrzeugseite

ausgerüstet sein. Diese müssen dem Kapitel 4 der Richtlinie 97/24/EG in der Fassung der Richtlinie 2006/27/EG, ABl. Nr. L 66 vom 8. März 2006, S 7, entsprechen. *(BGBl II 2006/334)*

(2) Mehrspurige Kraftfahrzeuge müssen mit mindestens zwei geeigneten, entsprechend großen Rückblickspiegeln ausgerüstet sein. Diese müssen

1. Fahrzeugen der Klassen M und N dem Anhang III der Richtlinie 2003/97/EG, ABl. Nr. L 25 vom 29. Jänner 2004, S 1, in der Fassung der Richtlinie 2005/27/EG, ABl. Nr. L 81 vom 30. März 2005, S 44,

2. dreirädrigen Motorfahrrädern, vierrädrigen Leichtkraftfahrzeugen und dreirädrigen Kraftfahrzeugen dem Kapitel 4 der Richtlinie 97/24/EG in der Fassung der Richtlinie 2006/27/EG, ABl. Nr. L 66 vom 8. März 2006, S 7,

entsprechen. Fahrzeuge der Klassen M2 und M3 müssen mit zwei großen Hauptrückspiegeln (Gruppe II) ausgerüstet sein. Fahrzeuge der Klassen N2 mit einem höchsten zulässigen Gesamtgewicht von mehr als 7 500 kg und N3 müssen mit zwei großen Hauptrückspiegeln (Gruppe II) und mit zwei Weitwinkelspiegeln (Gruppe IV), jeweils einer auf der Fahrer und einer auf der Beifahrerseite ausgerüstet sein. Überdies sind Fahrzeuge der Klassen N2 mit einem höchsten zulässigen Gesamtgewicht von mehr als 7 500 kg und N3 auf der Beifahrerseite mit einem Anfahrspiegel (Gruppe V) und einem Frontspiegel (Gruppe VI) auszurüsten. Fahrzeuge der Klasse N2 mit einem höchsten zulässigen Gesamtgewicht von nicht mehr als 7 500 kg müssen mit zwei großen Hauptrückspiegeln (Gruppe II) ausgerüstet sein. Überdies sind diese Fahrzeuge mit zwei Weitwinkelspiegeln (Gruppe IV), jeweils einer auf der Fahrer und einer auf der Beifahrerseite und einem Anfahrspiegel (Gruppe V) auf der Beifahrerseite auszurüsten, sofern eine Anbringung derselben mindestens zwei Meter über dem Boden möglich ist. Wird das in der Richtlinie geforderte Sichtfeld für Anfahrspiegel der Gruppe V auch durch Kombination der Sichtfelder eines Weitwinkelspiegels der Gruppe IV und eines Frontspiegels der Gruppe VI vermittelt, so ist ein Anfahrspiegel der Gruppe V nicht erforderlich. Die Ausrüstung mit Weitwinkel-, Anfahr- und Frontspiegeln gilt nicht für Heeresfahrzeuge. Muss ein Spiegel ausgetauscht oder ersetzt werden, so dürfen nur Spiegel angebracht werden, die der Richtlinie 2007/38/EG, ABl. Nr. L 184, vom 14. Juli 2007, S 25, entsprechen. *(BGBl II 2010/458)*

(3) Rückblickspiegel für landwirtschaftliche Zugmaschinen müssen den Bestimmungen des Anhanges der Richtlinie 74/346/EWG in der Fassung 98/40/EG entsprechen. *(BGBl II 1999/308)*

Sitze, Sitzverankerung und Kopfstützen

§ 18b. Sitze, deren Verankerung und Kopfstützen müssen bei Fahrzeugen der Klassen M und N den Anhängen der Richtlinie 74/408/EWG, ABl. Nr. L 221 vom 12. August 1974, S 1, in der Fassung der Richtlinie 2005/39/EG, ABl. Nr. L 255 vom 30. September 2005, entsprechen.

(BGBl II 2006/334)

Rückwärtsgang und Geschwindigkeitsmeßgerät

§ 18c. Der Rückwärtsgang und das Geschwindigkeitsmeßgerät müssen bei Fahrzeugen der Klassen M und N den Anhängen der Richtlinie 75/443/EWG, ABl. Nr. L 196 vom 26. 7. 1995 idF 97/39/EG, ABl. Nr. L 177 vom 5. 7. 1997, entsprechen.

(BGBl II 1997/427)

Wiederverwendbarkeit, Recyclingfähigkeit und Verwertbarkeit

§ 18d. Fahrzeuge der Klassen M1 und N1 müssen hinsichtlich ihrer Wiederverwendbarkeit, Recyclingfähigkeit und Verwertbarkeit den Vorgaben der Anhänge der Richtlinie 2005/64/EG, ABl. Nr. L 310 vom 25. November 2005, S 10, in der Fassung der Richtlinie 2009/1/EG, ABl. Nr. L 9 vom 14. Jänner 2009, S 31, entsprechen. Dies gilt jedoch nicht für

1. Fahrzeuge mit besonderer Zweckbestimmung im Sinne von Anhang II A Nummer 5 der Richtlinie 70/156/EWG;

2. in mehreren Stufen gefertigte Fahrzeuge der Klasse N1, vorausgesetzt das Basisfahrzeug entspricht der Richtlinie;

3. in Kleinserien gefertigte Fahrzeuge.

(BGBl II 2010/124)

Fahrtschreiber und Wegstreckenmesser

§ 19. Die im § 24 Abs. 2 des Kraftfahrgesetzes 1967 angeführten Fahrtschreiber und mit diesen vereinigte Wegstreckenmesser müssen einer vom Bundesamt für Eich- und Vermessungswesen zur Eichung zugelassenen Bauart angehören.

Sitze an Zugmaschinen und Motorkarren

§ 19a. (1) Die Lenkersitze von Fahrzeugen der Klassen T und C müssen den Bestimmungen des Anhangs XIV der Verordnung (EU) Nr. 1322/2014 entsprechen.

(2) Die Beifahrersitze von Fahrzeugen der Klassen T und C müssen den Bestimmungen des Anhangs XIV der Verordnung (EU) Nr. 1322/2014 entsprechen.

(BGBl II 2019/172)

Umsturzschutzvorrichtungen

§ 19b. (1) Fahrzeuge der Klassen T und C müssen mit Umsturzschutzvorrichtungen ausgerüstet sein, die den Bestimmungen der jeweils zutreffenden Anhänge der Verordnung (EU) Nr. 1322/2014 entsprechen.

(2) Der in Ohrenhöhe der Lenker von landwirtschaftlichen Zugmaschinen messbare Geräuschpegel muss den Bestimmungen des Anhangs XIII der Verordnung (EU) Nr. 1322/2014, ABl L 364 vom 18.12.2014, S 1, entsprechen.

(BGBl II 2019/172)

Prüfung von Fahrtschreibern

§ 19c. *(entfällt, BGBl II 1998/78)*

Geschwindigkeitsbegrenzer

§ 19d. Geschwindigkeitsbegrenzer gemäß § 24a KFG 1967 müssen der Richtlinie 92/24/EWG, ABl. Nr. L 129 vom 14. Mai 1992, S 154, in der Fassung 2004/11/EG, ABl. Nr. L 44 vom 14. Februar 2004, S 19, entsprechen.

(BGBl II 2004/535)

Prüfstellen, Ausrüstung und Personal

§ 19e. *(entfällt, BGBl II 1998/78)*

Antrag auf nationale Genehmigung einer Type von Fahrzeugen oder Fahrgestellen

§ 20. (1) Der Antrag auf Genehmigung einer Type von Fahrzeugen oder Fahrgestellen muss enthalten:

1. Name, ordentlichen Wohnsitz oder Sitz des Erzeugers des Fahrzeuges oder Fahrgestelles, bei ausländischen Erzeugern auch des Bevollmächtigten in Österreich; bei Fahrzeugen, die in mehreren Stufen gefertigt werden, Name, ordentlicher Wohnsitz oder Sitz der Erzeuger des Fahrzeuges oder Fahrgestells für alle Fertigungsstufen;

2. die Art und Klasse des Fahrzeuges (§§ 2 und 3 des Kraftfahrgesetzes 1967) und seine vom Erzeuger festgesetzte Typenbezeichnung, bei Ansuchen um Genehmigung einer Type von Fahrgestellen die Art und Klasse des Fahrzeuges, für die das Fahrgestell bestimmt ist;

3. die Marken- und Typenbezeichnung des Fahrzeuges;

4. die mögliche Verwendungsbestimmung des Fahrzeuges;

5. bei Fahrzeugen, die in einer weiteren Fertigungsstufe von einer Type mit einer EU-Betriebserlaubnis abgeleitet sind, die Nummer dieser Betriebserlaubnis;

6. die Identifikation der dem Antrag zugehörigen Typenbeschreibung (Abs. 3 Z 1).

Als Fahrzeuge oder Fahrgestelle mit mehreren Fertigungsstufen im Sinne der Z 1 gelten auch Fahrzeuge oder Fahrgestelle, die unvollständig vom Erzeuger der vorletzten Fertigungsstufe ausgeliefert werden und im Verantwortungsbereich des Antragstellers, auch wenn dieser der gemäß § 29 Abs. 2 Bevollmächtigte ist, durch Einbau von weiteren für die Einhaltung der Bestimmungen des KFG 1967 erforderlichen Teilen wie zum Beispiel einer Trennwand fertiggestellt werden. Bei Fahrzeugen, die von einem Typ mit EU-Betriebserlaubnis abgeleitet sind, ist es nicht zulässig, mehrere Typen mit jeweils einer Betriebserlaubnisnummer, ausgenommen Erweiterungen einer Betriebserlaubnis, innerhalb einer Type zusammenzufassen. *(BGBl II 2005/412)*

(2) Dem Antrag auf Genehmigung einer Type von Kraftfahrzeugen oder Fahrgestellen solcher Fahrzeuge sind als Beilagen anzuschließen:

1. Eine Typenbeschreibung nach der für die Type zutreffenden Anlage 4c bis 4e nach einem vom Bundesminister für „Klimaschutz, Umwelt, Energie, Mobilität, Innovation und Technologie" genehmigten Muster. In der Typenbeschreibung dürfen mehrere Varianten/Versionen in den Betriebserlaubnissen nicht in eine Ausführung gemäß Typenbeschreibung zusammengefasst werden; bei Abänderungen der Typenbeschreibung aufgrund der Änderungen an einer genehmigten Type sind die Änderungen gegenüber der vorhergegangenen Typenbeschreibung deutlich zu kennzeichnen. Ein Verweis auf frühere Typenbeschreibungen ist unzulässig. Bei jeder Änderung an einer genehmigten Type ist dem Antrag eine gesamte, konsolidierte Fassung der Typenbeschreibung mit Ausnahme unveränderter Anlagen anzuschließen. *(BGBl II 2021/161)*

2. Nachweise laut der zutreffenden Anlage 3e bis 3i. Soll die Prüfung eines der in diesen Anlagen genannten Themenbereichs im Zuge der Typenprüfung vom/von den Sachverständigen für die Typenprüfung geprüft werden, so ist die Typenbeschreibung gemäß Z 1 so weit zu ergänzen, dass die Prüfung durch den/die Sachverständigen durchgeführt werden kann. Werden als Nachweise eine EU-Betriebserlaubnis oder eine Genehmigung nach ECE vorgelegt, müssen diese die vollständigen nach der jeweiligen Richtlinie oder ECE-Regelung vorgesehenen Beschreibungsbogen enthalten. Liegt von einer EU-Betriebserlaubnis oder einer Genehmigung nach einer ECE-Regelung bereits eine Erweiterung vor und enthält diese nicht den gesamten Beschreibungsbogen, sind die vorhergehenden Genehmigungen so weit beizulegen, dass sich ein vollständiger Beschreibungsbogen ergibt.

3. Vollständig und fehlerfrei ausgefüllte Muster von Typenscheinen für jede Ausführung gemäß

Anlage 4. Diese Typenscheinmuster können in elektronischer Form als pdf-Dokumente beigebracht werden. „Ist der Antragsteller gemäß § 30a Abs. 8 KFG 1967 dazu ermächtigt, Genehmigungsdaten in die Genehmigungsdatenbank einzugeben, müssen diese Typenscheinmuster mit dem System erstellt werden, mit dem die Genehmigungsdaten in die Genehmigungsdatenbank eingegeben werden." Ist der Antragsteller gemäß § 30a Abs. 7 KFG 1967 dazu ermächtigt, Genehmigungsdaten in die Datenbank einzugeben und die Anzahl der Ausführungen gemäß Typenbeschreibung ist größer als 20, kann die Anzahl der Ausführungen, für die Typenscheinmuster anzuschließen sind, so bemessen werden, dass alle in der Typenbeschreibung enthaltenen und in der Anlage 4 mit der Anmerkung „TB" versehenen Angaben mindestens einmal in den Typenscheinmustern enthalten sind. Lässt der Antragsteller Typendaten „vom Bundesminister für „Klimaschutz, Umwelt, Energie, Mobilität, Innovation und Technologie"" im Sinne des § 30a Abs. 5 in die Genehmigungsdatenbank eingeben, müssen dem Antrag keine Typenscheinmuster angeschlossen werden. *(BGBl II 2012/278; BGBl II 2017/221; BGBl II 2021/161)*
(BGBl II 2010/124)

(3) Wenn im Zuge der Typenprüfung Sachverhalte festgestellt werden, die in direktem Zusammenhang mit der Verkehrs- und Betriebssicherheit oder den Auswirkungen auf die Umwelt stehen, oder wenn sonstige Bedenken bestehen, hat der Antragsteller über Aufforderung des Bundesministers für „Klimaschutz, Umwelt, Energie, Mobilität, Innovation und Technologie" besondere Nachweise oder Befunde beizubringen. *(BGBl II 2005/412; BGBl II 2021/161)*

(4) Der Antrag soll einschließlich der in den Abs. 2 und gegebenenfalls Abs. 3 anzuschließenden Unterlagen in elektronischer, vom Bundesminister für „Klimaschutz, Umwelt, Energie, Mobilität, Innovation und Technologie" genehmigter Form eingebracht werden. Enthält eine Datei eine Betriebserlaubnis oder eine Genehmigung nach einer ECE-Regelung, muss der Dateinamen einen eindeutigen Bezug zur Genehmigungsnummer beinhalten. Die Typenbeschreibung ist spätestens zu Beginn der Typenprüfung, die Typenscheinmuster sind spätestens vor der Genehmigung in Papierform beizubringen. Die Beilagen gemäß Abs. 2 und gegebenenfalls Abs. 3 sind im Zuge der Typenprüfung nach Aufforderung umgehend in Papierform zur Verfügung zu stellen. *(BGBl II 2010/124; BGBl II 2021/161)*

Umsetzung von EWR-Bestimmungen

§ 20a. (1) Die jeweiligen Vorschriften dieser Verordnung gelten als erfüllt, wenn das Fahrzeug anstelle der Vorschriften dieser Verordnung die entsprechenden harmonisierten Vorschriften der Einzelrichtlinien erfüllt, die im

1. Anhang IV der Richtlinie 2007/46/EG, in der Fassung der Verordnung (EG) Nr. 661/2009, ABl. Nr. L 200 vom 31. Juli 2009, S 1 oder im *(BGBl II 2010/124)*

2. Anhang II der Richtlinie 2003/37/EG, in der Fassung der Richtlinie 2010/62/EU, ABl. Nr. L 238 vom 9. September 2010, S 7, oder im *(BGBl II 2011/432)*

3. Anhang II, Teil 2 der Richtlinie 2002/24/EG in der Fassung der Richtlinie 2005/30, ABl. Nr. L 106 vom 27. April 2005, S 17 genannt werden. *(BGBl II 2006/334)*

(2) Wird auf eine Einzelrichtlinie Bezug genommen, so gelten hinsichtlich einzelner Genehmigungsgegenstände Genehmigungen nach den einschlägigen ECE-Regelungen in der von der Richtlinie geforderten Fassung als gleichwertig mit einer Genehmigung nach der Einzelrichtlinie. *(BGBl II 2005/412)*

(3) Wird auf eine Einzelrichtlinie Bezug genommen, so gelten hinsichtlich einzelner Genehmigungsgegenstände Genehmigungen nach den einschlägigen ECE-Regelungen als gleichwertig mit einer Genehmigung nach der Einzelrichtlinie, sofern in der Anlage 3e bis 3i diese Gleichwertigkeit angegeben ist.

§ 20b. *(entfällt, BGBl II 2005/412)*

Typenprüfung

§ 21. (1) Bei der Typenprüfung ist eine Prüfung des stillstehenden Fahrzeuges bezüglich seiner Einrichtungen vorzunehmen. Hiebei ist festzustellen, ob das Fahrzeug oder Fahrgestell, das zur Prüfung vorgeführt wird, mit der im Antrag dargestellten Type in allen kennzeichnenden Einzelheiten übereinstimmt.

(2) Für die Beurteilung der Verkehrs- und Betriebssicherheit (§ 4 Abs. 1 des Kraftfahrgesetzes 1967) eines Fahrzeuges ist insbesondere die Beschaffenheit der Teile maßgebend, deren Versagen eine Gefahr für die Verkehrssicherheit darstellt, wie insbesondere die Lenkvorrichtung und die Bremsanlagen. Eine Prüfung der für diese Teile verwendeten Werkstoffe und der Festigkeit der einzelnen Bestandteile muß jedoch nicht vorgenommen werden.

(3) Die die Prüfung vornehmenden Sachverständigen haben mit dem Fahrzeug eine Probefahrt durchzuführen. Bei dieser Probefahrt ist die ordnungsgemäße Wirksamkeit der für die Verkehrssicherheit maßgebenden Teile und Ausrüstungsgegenstände zu prüfen.

(4) Im Genehmigungsverfahren sind auch im § 20 Abs. 3 angeführte Nachweise ausländischen Ursprungs zu berücksichtigen, wenn sie geeignet

§§ 21 – 21b

sind, die Vorschriftsmäßigkeit des Fahrzeuges oder seiner Teile oder Ausrüstungsgegenstände im Sinne der Bestimmungen des Kraftfahrgesetzes 1967 und der auf Grund dieses Bundesgesetzes erlassenen Verordnungen darzutun.

Typenschein

§ 21a. (1) Der Typenschein muß mindestens im Format DIN A5 ausgeführt sein. *(BGBl II 1999/308)*

(2) Der Typenschein muss mindestens folgende Inhalte in deutscher Sprache aufweisen:

1. die Seite 1 gemäß der auf das Fahrzeug zutreffenden Anlage 4a oder 4b,

2. die für das Fahrzeug zutreffenden zulassungsrelevanten Daten nach Anlage 4; die Daten der „Übereinstimmungsbescheinigung, Seite 1" gemäß Anlage 4 müssen nicht wiederholt werden, wenn diese bereits auf Seite 1 angegeben wurden, und

3. zusätzliche fahrzeugspezifische Angaben, sofern diese bescheidmäßig vorgeschrieben wurden. *(BGBl II 2005/412)*

(3) Handschriftliche Eintragungen auf dem Typenschein, die nicht von Behörden vorgenommen werden, sind nur vor der erstmaligen Zulassung des Fahrzeuges, wenn vorgedruckte Typenscheine verwendet werden, für folgende Eintragungen zulässig: Daten des Käufers, Datum der Ausstellung des Typenscheins, Nummer des Typenscheins, Fertigung durch den Aussteller des Typenscheins, Fahrgestellnummer und gegebenenfalls der Motornummer. Eine Eintragung dieser Daten durch andere Personen als den Aussteller des Typenscheins selbst ist mit Ausnahme der Daten des Käufers unzulässig. Als Datum der Ausstellung des Typenscheins ist der Tag anzusehen, an dem vom Aussteller des Typenscheins die Fahrgestellnummer in den Typenschein eingetragen wird. Bei individuell für jedes Fahrzeug angefertigten Typenscheinen ist das Druckdatum des Typenscheins als Datum der Ausstellung einzutragen. *(BGBl II 2005/412)*

(4) Bei individuell für jedes Fahrzeug mit einem EDV-System angefertigten Typenscheinen sind die Bestimmungen des § 21c Abs. 2 bis 7 sinngemäß anzuwenden. *(BGBl II 2005/412)*

Erteilung einer EG-Betriebserlaubnis

§ 21b. (1) Der Antrag auf Erteilung einer EG-Betriebserlaubnis ist vom Hersteller an den Bundesminister für „Klimaschutz, Umwelt, Energie, Mobilität, Innovation und Technologie" zu richten. Dem Antrag ist eine Bestätigung anzuschließen, dass in keinem anderen Land ein Antrag auf Erteilung einer EG-Betriebserlaubnis gestellt worden ist. Weiters sind dem Antrag eine Beschreibungsmappe und die Genehmigungsbögen zu allen anzuwendenden Einzelrichtlinien gemäß den Betriebserlaubnisrichtlinien 2007/46/EG, 2003/37/EG und 2002/24/EG anzuschließen. Darüber hinaus sind die Beschreibungsunterlagen zu jeder Einzelrichtlinie bis zum Zeitpunkt der Erteilung oder Verweigerung der Genehmigung für den Bundesminister für „Klimaschutz, Umwelt, Energie, Mobilität, Innovation und Technologie" bereitzustellen. *(BGBl II 2010/124; BGBl II 2021/161)*

(1a) Die Betriebserlaubnisrichtlinien 2007/46/EG, 2003/37/EG und 2002/24/EG sind jeweils in der sich aus der Anlage 3e ergebenden Fassung anzuwenden. *(BGBl II 2010/124)*

(2) Können keine Genehmigungsbögen zu den Einzelrichtlinien beigebracht werden, so ist dem Antrag eine Beschreibungsmappe mit den für die jeweiligen Einzelrichtlinien maßgeblichen Angaben anzuschließen. Der Antragsteller hat Gutachten über alle in den jeweils vorgeschriebenen Einzelrichtlinien erforderlichen Versuche und Prüfungen auf eigene Kosten beizubringen.

(3) Nach Einlangen eines Antrages hat der Bundesminister für „Klimaschutz, Umwelt, Energie, Mobilität, Innovation und Technologie" *(BGBl II 2021/161)*

1. zu überprüfen, ob alle Genehmigungen nach Einzelrichtlinien sich auf die jeweils gültigen Anforderungen in den Einzelrichtlinien beziehen,

2. hinsichtlich der eingereichten Unterlagen sich zu vergewissern, daß die Fahrzeugmerkmale und -daten des Fahrzeugbeschreibungsbogens ebenfalls in den Beschreibungsunterlagen oder Genehmigungsbögen der einschlägigen Einzelrichtlinien enthalten sind,

3. an einer ausgewählten Stichprobe von Fahrzeugen des zu genehmigenden Typs Kontrollen von Fahrzeugteilen und -systemen durchzuführen oder durchführen zu lassen, um die Übereinstimmung des Fahrzeuges (der Fahrzeuge) mit den maßgeblichen Angaben in den Beschreibungsunterlagen zu den Genehmigungen aller Einzelrichtlinien festzustellen,

4. falls erforderlich, Überprüfungen des Anbaus selbständiger technischer Einheiten durchzuführen oder durchführen zu lassen.

(4) Der Bundesminister für „Klimaschutz, Umwelt, Energie, Mobilität, Innovation und Technologie" kann zur Durchführung der in Abs. 3 genannten Aufgaben ein Gutachten eines oder mehrerer gemäß § 124 KFG 1967 bestellter Sachverständiger " einholen. *(BGBl II 2010/124; BGBl II 2017/221; BGBl II 2021/161)*

(5) Die Anzahl der zu überprüfenden Fahrzeuge ist so zu bemessen, daß eine angemessene Begutachtung der verschiedenen zu genehmigenden Kombinationen hinsichtlich der nachfolgenden Merkmale ermöglicht wird:

– Motor,

- Getriebe,
- Antriebsachsen (Anzahl, Lage, Verbindung untereinander),
- gelenkte Achsen (Anzahl und Lage),
- Art des Aufbaus,
- Anzahl der Türen,
- Links-/Rechtslenker,
- Anzahl der Sitze,
- Ausstattungsvarianten.

(6) Die EG-Betriebserlaubnis wird erteilt, wenn nachgewiesen wird, dass die unter den Anwendungsbereich der jeweiligen Betriebserlaubnisrichtlinien 2007/46/EG, 2003/37/EG sowie 2002/24/EG fallenden Fahrzeuge, Systeme, Bauteile oder selbständige technische Einheiten, mit den Angaben in der Beschreibungsmappe übereinstimmen und die technischen Anforderungen aller in Betracht kommenden Einzelrichtlinien erfüllen und die Sicherheit des Straßenverkehrs nicht gefährdet wird. Unbeschadet des Vorliegens dieser Voraussetzungen darf die Genehmigung nur erteilt werden, wenn durch ein Qualitätssicherungssystem gewährleistet ist, dass die herzustellenden Fahrzeuge, Systeme, Bauteile oder selbständige technische Einheiten jeweils mit dem genehmigten Typ übereinstimmen. *(BGBl II 2010/124)*

(7) Für die Erteilung der EG-Betriebserlaubnis ist eine Abgabe in doppelter Höhe der für die Erteilung einer nationalen Typengenehmigung vorgesehenen Abgabe zu entrichten.

(8) Der Bundesminister für „Klimaschutz, Umwelt, Energie, Mobilität, Innovation und Technologie" hat für jede erteilte Genehmigung die zutreffenden Abschnitte des Genehmigungsbogens auszufüllen. Weiters sind den Genehmigungsbehörden der Vertragsparteien des EWR-Abkommens Listen der Genehmigungen, die erteilt, verweigert oder entzogen wurden, zu übermitteln. *(BGBl II 2021/161)*

(9) Auf Antrag des Herstellers können Ausnahmen von einer oder mehreren Bestimmungen einer oder mehrerer Einzelrichtlinien erteilt werden für

1. Fahrzeuge, die in Kleinserien hergestellt werden,
2. Fahrzeuge auslaufender Serien,
3. Fahrzeuge, Bauteile oder selbständige technische Einheiten, die auf Grund bestimmter angewandter Technologien oder Merkmale, eine oder mehrere Anforderungen einer oder mehrerer Einzelrichtlinien, nicht erfüllen können.

Die Ausnahme ist nur zu erteilen, wenn es wegen der beabsichtigten, besonderen Verwendung des Fahrzeuges oder infolge der Anwendung neuer Technologien angezeigt ist und wenn sichergestellt ist, daß die geltenden Anforderungen hinsichtlich der Verkehrs- und Betriebssicherheit des Fahrzeuges und der Vermeidung von Umweltbeeinträchtigungen durch das Fahrzeug (nicht übermäßig Lärm, Rauch, übler Geruch oder schädliche Luftverunreinigungen verursacht) gleichwertig aufrechterhalten werden.

(10) *(entfällt, BGBl II 2010/124)*

„(10)" Die Bestimmungen der Absätze 1 bis 9 finden auf das Verfahren zur Erteilung einer Mehrstufen-Typengenehmigung für unvollständige und vervollständigte Fahrzeuge sinngemäße Anwendung. *(BGBl II 2010/124)*

Anforderungen an das System für die Eingabe von Genehmigungsdaten oder Typendaten

§ 21c. (1) Das System zur Eingabe und Übermittlung der Genehmigungsdaten oder Typendaten in die Genehmigungsdatenbank muss bei den entsprechend ermächtigten Herstellern, bzw. deren gemäß § 29 Abs. 2 KFG 1967 Bevollmächtigten, zumindest folgenden Anforderungen genügen:

1. das EDV-System muss bezüglich Datensicherheit (Datensicherung, Zugriffsicherheit, Virenschutz) dem Stand der Technik entsprechen und vom Bundesminister für „Klimaschutz, Umwelt, Energie, Mobilität, Innovation und Technologie" genehmigt sein. Voraussetzung für diese Genehmigung ist auch die Zustimmung des Betreibers der Typendatenbank; *(BGBl II 2021/161)*

2. Die Person, die gegenüber dem Bundesminister für „Klimaschutz, Umwelt, Energie, Mobilität, Innovation und Technologie" als für die Übermittlung der Genehmigungsdaten oder Typendaten verantwortlich genannt ist, muss hinsichtlich der eingegebenen Daten innerhalb der Organisation des Herstellers, bzw. dessen gemäß § 29 Abs. 2 KFG 1967 Bevollmächtigten, hinsichtlich der einzugebenden Daten weisungsfrei gestellt sein. *(BGBl II 2005/412; BGBl II 2021/161)*

(2) Die Schnittstelle für die manuelle Erfassung der Daten muss in der Lage sein, alle durch Berechnung erkennbaren Eingabefehler anzuzeigen, die Anlage von Typendatensätzen oder Musterdatensätzen für Genehmigungsdaten durch Kopieren gesamter Datensätze mit Ausnahme der Übernahme von ungeänderten Datensätzen für Fahrzeuge gleicher Type/Variante/Version, bei denen sich lediglich die Nummer der Erweiterung einer Betriebserlaubnis oder Typengenehmigung ändert, zu verhindern. Die Genehmigungsdaten oder Typendaten sind bei manueller Eingabe durch den Hersteller, bzw. dessen gemäß § 29 Abs. 2 KFG 1967 Bevollmächtigten von der gegenüber der Typengenehmigungsbehörde genannten Person in das Datensystem einzugeben und anschließend von mindestens einer zweiten fachkundigen Person zu verifizieren und zu bestätigen. *(BGBl II 2005/412)*

(3) Der Teil der Genehmigungsdaten oder Typendaten, der bereits in deutscher Sprache in den Übereinstimmungsbescheinigungen enthalten ist oder mit länderübergreifenden Codierungen in deutschem Klartext übersetzt wird, darf ohne weitere Eingriffe seitens des Bevollmächtigten automatisationsgestützt vom Fahrzeughersteller übernommen werden, wenn

1. diese Daten unter Anwendung eines geeigneten Qualitätssicherungssystems erstellt wurden, oder
2. diese Daten bereits von einer Typgenehmigungsbehörde eines anderen Mitgliedsstaates kontrolliert wurden und sichergestellt ist, dass Übertragungsfehler aufgrund unterschiedlicher Datenformate ausgeschlossen sind. *(BGBl II 2005/412)*

(4) Als Datenquelle für die Datensätze ist der Beschreibungsbogen, bei Fahrzeugen mit nationaler österreichischer Typengenehmigung die Typenbeschreibung heranzuziehen. *(BGBl II 2005/412)*

(5) Sind im Beschreibungsbogen/Typenbeschreibung für bestimmte Merkmale Wertebereiche und kein konkreter Wert angegeben, in der für das Fahrzeug zutreffenden Übereinstimmungsbescheinigung jedoch ein konkreter Wert, kann dieser in die Genehmigungsdaten eines einzelnen Fahrzeuges übernommen werden. Für Typendaten ist dies unzulässig. *(BGBl II 2005/412)*

(6) Das System zur Eingabe oder das System zur Übermittlung von Genehmigungsdaten oder Typendaten muss in der Lage sein, die von der Genehmigungsdatenbank zur Kontrolle rückübermittelten Datensätze (Abs. 7) einzusehen und die Datensätze gegebenenfalls korrigiert wieder an die Genehmigungsdatenbank zu übermitteln. In jedem Stadium der Dateneingabe, Datenübermittlung und Kontrolle muss es möglich sein, als Muster gekennzeichnete Ausdrucke des Datensatzes anzufertigen. *(BGBl II 2005/412)*

(7) Es sind mindestens folgende Kontrollen durchzuführen und zu dokumentieren:

1. der erste übertragene Genehmigungsdatensatz oder Typendatensatz jeder Type;
2. die Prüfungen nach Z 1 sind nach jeder Änderung der Daten oder der Datenquelle zu wiederholen;
3. zusätzlich für jede Type eines Fahrzeuges mindestens folgende Anzahl an zufällig ausgewählten übertragenen Genehmigungsdatensätzen bzw. Typendatensätzen:

– bis 32 Datensätze jährlich: alle
– 33 bis 500 Datensätze jährlich: 32 jährlich
– 501 bis 3200 Datensätze jährlich: 125 jährlich
– 3201 bis 10000 Datensätze jährlich: 200 jährlich
– 10001 bis 35000 Datensätze jährlich: 315 jährlich
– 35001 bis 150000 Datensätze jährlich: 500 jährlich.

Die Prüfungen der Datensätze gemäß Z 1 bis Z 3 sind von gegenüber der Typengenehmigungsbehörde genannten Personen durchzuführen. Werden Fehler in einem der kontrollierten Datensätze festgestellt, ist die Übertragung von Datensätzen umgehend einzustellen und darf erst dann wieder aufgenommen werden, wenn sichergestellt ist, dass die Datensätze wieder fehlerfrei übertragen werden. Es ist festzustellen, welche bereits übertragenen Datensätze fehlerhaft sind. Diese Datensätze sind vom Hersteller bzw. dessen Bevollmächtigtem sofort zu sperren. Sind bereits Fahrzeuge mit fehlerhaften Daten zugelassen, ist vom Hersteller, bzw. dessen gemäß § 29 Abs. 2 KFG 1967 Bevollmächtigtem, sicher zu stellen, dass die Daten in der Datenbank und in allen bereits ausgestellten Dokumenten (Typenschein, Zulassungsbescheinigung Teil I und Teil II) richtiggestellt werden. Die Art und Anzahl der Fehler und die davon betroffenen Datensätze sind einschließlich der Fehlerursache und der getroffenen Maßnahmen zur Fehlerbehebung und zur Vermeidung zukünftiger Fehler dem Bundesminister für „Klimaschutz, Umwelt, Energie, Mobilität, Innovation und Technologie" zu melden. Werden Fehler in einem Datensatz festgestellt, ist die Anzahl der gemäß Z 3 zu kontrollierenden Datensätze jeweils zu verdoppeln. Werden 24 Monate lang keine Fehler festgestellt, kann die Anzahl der zu kontrollierenden Datensätze jeweils halbiert werden. Die Anzahl der zu kontrollierenden Datensätze darf jedoch die Hälfte der in Z 4 angeführten Werte nicht unterschreiten. *(BGBl II 2005/412; BGBl II 2021/161)*

Tarif für die Durchführung von Prüfungen und Eingabe von Daten in die Genehmigungsdatenbank durch den Bundesminister für Klimaschutz, Umwelt, Energie, Mobilität, Innovation und Technologie oder den Landeshauptmann

§ 21d. Für die Durchführung von Prüfungen und Eingabe von Daten in die Genehmigungsdatenbank durch den Bundesminister für „Klimaschutz, Umwelt, Energie, Mobilität, Innovation und Technologie" oder den Landeshauptmann gebühren diesen eine Vergütung für den Sachaufwand und eine Vergütung in der Höhe eines Bauschbetrages. Der Sachaufwand ist auf Grund einer betriebswirtschaftlichen Kalkulation für die bei der Prüfung verwendeten Einrichtungen zu ermitteln. Der Bauschbetrag beträgt für je ein zur Durchführung der Prüfung notwendiges fachlich geschultes Organ für jede angefangene halbe Stunde 30 Euro. *(BGBl II 2021/161)*

(BGBl II 2017/221)

Erteilung einer EG-Betriebserlaubnis nach einer Einzelrichtlinie

§ 21e. (1) Auf das Verfahren zur Erteilung einer EG-Betriebserlaubnis nach einer Einzelrichtlinie sind die Bestimmungen des § 21b sinngemäß anzuwenden. Dem Antrag sind die in der jeweiligen Richtlinie angeführten Unterlagen, Angaben, Muster und Prüfberichte eines technischen Dienstes anzuschließen.

(2) Das Genehmigungsverfahren ist gemäß den Bestimmungen der jeweiligen Einzelrichtlinie vom Bundesminister für „Klimaschutz, Umwelt, Energie, Mobilität, Innovation und Technologie" durchzuführen. *(BGBl II 2021/161)*

(3) Die Genehmigung wird erteilt, wenn alle in der Einzelrichtlinie enthaltenen Vorschriften erfüllt werden und die Verkehrs- und Betriebssicherheit durch diese technische Einheit nicht beeinträchtigt wird.

Genehmigung eines einzelnen Fahrzeuges oder Fahrgestelles gemäß § 31 KFG 1967

§ 22. (1) Ein Antrag auf Genehmigung eines einzelnen Kraftfahrzeuges oder Anhängers oder eines Fahrgestelles solcher Fahrzeuge gemäß § 31 des Kraftfahrgesetzes 1967 hat folgende Angaben und Nachweise zu enthalten:

1. Name, Wohnsitz/Hauptwohnsitz oder Sitz des Erzeugers des Fahrzeuges und des Fahrgestelles;
2. Name des Herstellers und Type der Antriebsmaschine;
3. Klasse und Art des Fahrzeuges und seine vom Erzeuger festgesetzte Typenbezeichnung, bei Ansuchen um die Genehmigung von Fahrgestellen, die Art des Fahrzeuges, für die das Fahrgestell bestimmt ist sowie die Klasse des Fahrgestells;
4. die Fahrgestellnummer (sofern vorhanden);
5. die zulassungsrelevanten Daten im Sinne der Anlage 4;
6. die erforderlichen Nachweise laut Anlage 3e bis 3i; diese Nachweise können auch in Form einer Bestätigung des Herstellers oder des Bevollmächtigten im Inland „oder eines benannten oder akkreditierten technischen Dienstes" beigebracht werden, sofern daraus eindeutig der jeweils zugrundeliegende Rechtsakt und die jeweilige Genehmigungsnummer hervorgehen; bei Fahrzeugen, die in einem anderen Mitgliedstaat nach einem Einzelgenehmigungsverfahren oder nationalen Typengenehmigungsverfahren bereits zugelassen waren, können diese Nachweise entfallen, wenn von dem (den) gemäß § 125 KFG bestellten Sachverständigen im Zuge der Prüfung des Fahrzeugs festgestellt werden kann, dass das Fahrzeug den zum Zeitpunkt der erstmaligen Zulassung in einem Mitgliedstaat in Österreich oder in der Europäischen Union geltenden oder diesen gleichwertigen Bestimmungen entsprochen hat; *(BGBl II 2021/161)*

7. je zwei gleiche Lichtbilder des Fahrzeuges oder Fahrgestelles mit einer Bildfläche in der Größe von mindestens 7 x 7 cm, von denen eine das Fahrzeug von links vorne, das andere von rechts hinten zeigt, wobei die Darstellung des Fahrzeuges mindestens die Hälfte der Länge oder der Breite der Bildfläche ausfüllen muss und nicht durch nicht zum Fahrzeug gehörende Gegenstände beeinträchtigt werden darf; bei Personenkraftwagen oder Kombinationskraftwagen können auch zwei gleiche bildliche Darstellungen verwendet werden, die ein Fahrzeug derselben Type von links vorne zeigen, sofern wenn das Fahrzeug mit dieser Type äußerlich übereinstimmt;

8. bei anderen Motorbauarten als Hubkolbenmotoren die entsprechenden maßgebenden Merkmale;

9. bei Fahrzeugen der Klassen L1e, L2e und L6e die für die Beschränkung der Motorleistung und der Bauartgeschwindigkeit relevanten Angaben gemäß Anhang I, Anlage der Verordnung (EU) Nr. 901/2014, ABl L 249 vom 22.8.2014, S 1;

10. Angaben über die spezielle Ausrüstung zum Antrieb durch Flüssiggas, Erdgas und Wasserstoff;

11. die Art der Kraftübertragung;

12. die Anzahl und die Art der Bremsanlagen;

13. die Bauart, die Maße, die Tragfähigkeit der Bereifung sowie die Angabe, bis zu welcher Geschwindigkeit die Reifen verwendet werden dürfen sowie die Dimension, Einpreßtiefe (nur für Fahrzeuge der Klassen M1, N1), Art, Hersteller und Material der Räder;

14. Nachweis über die Bauartgeschwindigkeit bei Fahrzeugen der Klassen L1e, L2e, L6e sowie Zugmaschinen, Transportkarren, selbstfahrenden Arbeitsmaschinen und Sonderkraftfahrzeugen;

15. Nachweis über die Beschaffenheit und Wirkung der Lenkersitze und Umsturzschutzvorrichtungen von Fahrzeugen der Klassen T und C;

16. wesentliche Abweichungen von den üblichen Bauarten und besondere Merkmale;

17. die Verwendungsbestimmung des Fahrzeuges;

18. bei Fahrzeugen, die der Überwachung der CO_2-Emissionen gemäß der Verordnung (EG) Nr. 442/2009, ABl L 140 vom 5.6.2009, S 1, der Verordnung (EU) Nr. 510/2011, ABl L 145 vom 31.5.2011, S 1 bzw. der Verordnung (EU) 2018/956, ABl L 173 vom 9.7.2018, S 1 unterlie-

§§ 22 – 22a

gen, die für diese Überwachung erforderlichen Daten.
(BGBl II 2019/172)

(2) Ein Antrag auf Genehmigung eines einzelnen Anhängers hat die im Abs. 1 angeführten Angaben und Nachweise mit Ausnahme der sich auf die Antriebsmaschine und die Kraftübertragung beziehenden zu enthalten. Ein Antrag auf Genehmigung eines einzelnen Anhängers mit angetriebenen Achsen (Triebachsen) hat Angaben über die Kraftübertragung zu enthalten.

(3) Einem Antrag auf Genehmigung eines im § 7 b angeführten Kraftfahrzeuges sind außer den im Abs. 1 angeführten Nachweisen anzuschließen:

a) eine Druckbehälterbescheinigung gemäß § 18 Abs. 1 des Kesselgesetzes, BGBl. Nr. 211/1992;

b) ein Befund eines Ziviltechnikers für Maschinenbau oder für Gas- und Feuerungstechnik oder einer hiezu staatlich autorisierten Versuchsanstalt über die Erprobung der Bauart und Wirksamkeit des Absperrventiles, der Erwärmungsvorrichtung und der Druckminderungsvorrichtung (§ 7 h), oder ein Nachweis, daß diese Vorrichtungen hinsichtlich ihrer Bauart und Wirksamkeit Vorrichtungen gleichen, die bereits auf Grund eines derartigen Befundes Gegenstand eines rechtskräftigen Bescheides über die Genehmigung eines im § 7 b angeführten Fahrzeuges sind;

c) ein Nachweis über die Dichtheit der Kraftstoffanlage durch ein Gutachten eines Ziviltechnikers für Maschinenbau oder einer hiezu staatlich autorisierten Versuchsanstalt.

(4) Wenn im Zuge der Einzelprüfung Sachverhalte festgestellt werden, die in direktem Zusammenhang mit der Verkehrs- und Betriebssicherheit oder den Auswirkungen auf die Umwelt stehen, oder sonstige Bedenken bestehen, hat der Antragsteller über Aufforderung des Landeshauptmannes besondere Nachweise oder Befunde beizubringen.

(5) Für die Einzelprüfung gelten die Bestimmungen des § 21 sinngemäß; jedoch genügt, wenn dagegen keine Bedenken bestehen, eine kurze Probefahrt mit dem unbelasteten Fahrzeug. Von einer Probefahrt kann Abstand genommen werden, wenn alle erforderlichen Nachweise erbracht werden und keine Bedenken bestehen. Der Sachverständige hat dies in seinem Gutachten zu begründen. Prüfungen eines keiner genehmigten und gemäß § 35 Abs. 4 des Kraftfahrgesetzes 1967 anerkannten Type angehörenden Teiles oder Ausrüstungsgegenstandes des Fahrzeuges, bei denen zu erwarten ist, daß der Nachweis der vorgeschriebenen Wirkungsweise mit einer solchen Veränderung verbunden wäre, daß die bestimmungsgemäße Weiterverwendung ausgeschlossen oder wesentlich beeinträchtigt wäre, sind unzulässig. *(BGBl II 2001/414)*

Änderungen an einzelnen Fahrzeugen

§ 22a. (1) Als Änderung, die nicht angezeigt werden muß (§ 33 Abs. 1 des Kraftfahrgesetzes 1967), gilt

1. das Austauschen von

a) im § 2 angeführten Teilen und Ausrüstungsgegenständen gegen solche einer anderen genehmigten oder gemäß § 35 Abs. 4 KFG 1967 anerkannten Type, die hinsichtlich ihrer Wirkung mindestens gleichwertig sind und die Fahreigenschaften oder andere Betriebseigenschaften des Fahrzeuges nicht verschlechtern,

b) von Rädern und Reifen gegen eine andere als im Typenschein oder im Bescheid über die Einzelgenehmigung angegebene Dimension oder Art, wenn der Zulassungsbesitzer über den Nachweis verfügt, dass diese Dimension oder Art von Rädern oder Reifen bereits in einem Verfahren nach § 32 oder § 33 KFG 1967 als für die Type und Ausführung des Fahrzeuges geeignet erklärt wurde, sofern die in diesem Verfahren vorgeschriebenen Auflagen beim Anbringen dieser Räder oder Reifen eingehalten wurden und dabei keine Änderungen am Fahrzeug beim Anbringen der Räder und Reifen erforderlich sind und die fachgerechte Anbringung und die Einhaltung allfälliger Auflagen durch einen gemäß § 57a Abs. 2 KFG 1967 Ermächtigten bestätigt wird; der Nachweis und die Bestätigung sind vom Lenker des Fahrzeuges auf Fahrten mitzuführen; *(BGBl II 2007/275)*

2. wenn, sofern für sie eine Typengenehmigung vorgesehen ist, sie gemäß § 35 KFG 1967 typengenehmigt sind und wenn sie hinsichtlich ihrer Beschaffenheit und Anbringung den Vorschriften entsprechen, das Anbringen von

a) Scheinwerfern, Leuchten und Rückstrahlern, gemäß § 17 Abs. 1 oder 20 Abs. 1 KFG 1967 oder auf Grund einer Bewilligung gemäß § 20 Abs. 4 und 5 KFG 1967,

b) zusätzlichen Scheinwerferpaaren oder bei einspurigen Krafträdern von einzelnen zusätzlichen Scheinwerfern für Fernlicht, wenn die im § 11 Abs. 1 festgesetzte Lichtstärke nicht überschritten wird,

c) Sicherheitsgurten und andere Rückhalteeinrichtungen für Kinder und erwachsene Personen,

d) einem Paar Tagfahrleuchten an Kraftwagen gemäß § 14 Abs. 2 KFG 1967, *(BGBl II 2005/412)*

e) je einem gelbroten Rückstrahler gemäß §§ 14 Abs. 5 oder 16 Abs. 2 KFG 1967 an den Längsseiten von Fahrzeugen, für die diese Rückstrahler nicht vorgeschrieben sind,

f) je einem weißen Rückstrahler gemäß § 16 Abs. 2 KFG 1967 vorne am äußersten Rand des Fahrzeuges an Fahrzeugen, für die diese Rückstrahler nicht vor geschrieben sind,

g) zwei Begrenzungsleuchten gemäß § 16 Abs. 2 KFG 1967 vorne an Anhängern, für die sie nicht vorgeschrieben sind, und hinten seitlich an Anhängern, deren Länge 8 m übersteigt,

h) je zwei Begrenzungsleuchten und Schlußleuchten gemäß § 14 Abs. 7 KFG 1967 am äußersten Rand des Fahrzeuges, mit denen anderen Straßenbenützern dessen größte Breite und Höhe erkennbar gemacht werden kann, an Fahrzeugen, deren größte Breite 2,3 m übersteigt, auch wenn diese Leuchten höher als allgemein vorgeschrieben angebracht sind,

i) zwei zusätzlichen für das Fahrzeug geeigneten Bremsleuchten an den im § 18 Abs. 1 KFG 1967 angeführten Fahrzeugen oder von Bremsleuchten an den im § 18 Abs. 2 zweiter Satz KFG 1967 angeführten Fahrzeugen oder einer Sicherheitsbremsleuchte nach § 14 Abs. 4,

j) Fahrtrichtungsanzeigern oder Blinkleuchten gemäß § 19 Abs. 1 KFG 1967 an Fahrzeugen, für die sie nicht vorgeschrieben sind, sowie von Alarmblinkanlagen,

k) gemäß § 22 Abs. 4 KFG 1967 bewilligten oder im § 22 Abs. 5 und 6 KFG 1967 angeführten Warnvorrichtungen,

l) *(entfällt, BGBl II 2011/432)*

m) Anhängekupplungen, wenn der Zulassungsbesitzer über den Nachweis verfügt, dass für diese Type einer Anhängekupplung eine Genehmigung nach der Richtlinie 94/20/EG, ABl. Nr. L 195, vom 29. 7. 1994, S 1, oder nach der UN-Regelung Nr. 55 vorliegt, aus der hervorgeht, dass diese Anhängekupplung für das in Frage kommende Fahrzeug geeignet erklärt wurde und dieser Nachweis vom Lenker des Fahrzeuges mitgeführt wird, *(BGBl II 2019/172)*

n) Austauschkatalysatoren, wenn diese dem Anhang XIII der Richtlinie 70/220/EWG, den Artikeln 12 und 13 sowie dem Anhang XIII der Verordnung (EG) Nr. 695/2008, ABl L 199 vom 28.7.2008, S 1) bzw. den Artikeln 12 und 13 sowie dem Anhang XIII der Verordnung (EU) 2018/1151, ABl L 175 vom 7.7.2017, S 1), oder der UN-Regelung Nr. 103, oder hinsichtlich der Fahrzeuge der Klasse L dem Kapitel 5 der Richtlinie 97/24/EG in der Fassung 2005/30/EG entsprechen bzw. eine Typengenehmigung nach der Verordnung (EU) Nr. 134/2014 aufweisen und jeweils für das Fahrzeug geeignet sind, *(BGBl II 2019/172)*

o) einer Vorrichtung, die bei Krafträdern außer Motordreirädern bewirkt, daß auch beim Betätigen der auf das Vorderrad wirkenden Bremsanlage mit der Bremsleuchte rotes Licht ausgestrahlt wird,

p) Auspuffschalldämpfer einer anderen als im Typenschein oder im Bescheid über die Einzelgenehmigung angegebenen Type, wenn der Zulassungsbesitzer über den Nachweis verfügt, daß diese bereits in einem Verfahren nach § 32, § 33 oder § 35 Abs. 5 KFG 1967 als für die Type des Fahrzeuges, unter Einhaltung der Bestimmungen des § 8, geeignet erklärt wurde „..." *(BGBl II 2006/334)*

q) Frontschutzsysteme, die der „Verordnung (EG) Nr. 78/2009" entsprechen; der Typgenehmigungsbogen samt Nachtrag ist vom Lenker des Fahrzeuges mitzuführen. *(BGBl II 2006/334; BGBl II 2012/471)*

3. das Anbringen von Anhängevorrichtungen an Personenkraftwagen und Kombinationskraftwagen, wenn bei der Genehmigung der Type des Fahrzeuges eine Ausführung dieser Type, an der eine solche Anhängevorrichtung angebracht ist, genehmigt wurde und wenn deren Anbringung der Ausführung entspricht; *(BGBl II 2007/275)*

4. die Nachrüstung mit einem Partikelfilter „..." *(BGBl II 2007/275; BGBl II 2010/124)*

5. bei Zugmaschinen, Motorkarren und selbstfahrenden Arbeitsmaschinen der Anbau von fest mit dem Fahrzeug verbundenen Konsolen und Einrichtungen für den Transport und Betrieb von Geräten und zum Anbau von Arbeitsgeräten, die dem Verwendungszweck des Fahrzeuges dienen, z.B. Frontkraftheber, Frontladerkonsolen, Frontzapfwelle, Frontgewichtsträger, Anbauplatten für Geräte, wenn durch den Anbau die Verkehrs- und Betriebssicherheit des Fahrzeuges gewährleistet ist und wenn hierfür der Zulassungsbesitzer über einen Nachweis des Herstellers bzw. bevollmächtigten Importeurs des Anbauteiles über die Eignung zum Anbau an das Fahrzeug, sowie über den Nachweis über die fachgerechte Montage durch eine Fachwerkstätte verfügt; *(BGBl II 2010/124)*

6. eine Änderung in der Einspritzelektronik in Form der Zwischenschaltung eines elektronischen Bauteiles, damit die Eignung zur Verwendung von Ethanol als Kraftstoff hergestellt wird, wenn ein Nachweis, dass dieses Bauteil für das Fahrzeug geeignet ist und durch dieses Bauteil eine Verbesserung des Abgasverhaltens für diese Motorkategorie bewirkt wird sowie eine Bestätigung einer gemäß § 57a KFG ermächtigten Stelle über den fachgerechten Einbau, mitgeführt wird „..." *(BGBl II 2010/124; BGBl II 2010/458)*

7. eine Änderung im

a) Kraftstoffsystem in Form der Zwischenschaltung eines filterähnlichen Bauteils in der Kraftstoffleitung sowie eine Änderung in der Einspritzelektronik in Form der Zwischenschaltung eines elektronischen Bauteils mit dem Zweck der Erhöhung der Brennfreudigkeit bei flüssigen Kraftstoffen, oder

b) Abgassystem in der Form eines Austauschschalldämpfers, sowohl ein Katalysator- als auch ein Partikelfiltermodul beinhaltend, sowie einem Dieselnacheinspritzsystem und einer elektroni-

4/2. KDV
§§ 22a – 22b

schen Steuerungs- und Überwachungseinheit mit dem Zweck der Abgasnachbehandlung,

sofern für jede Motorenfamilie ein Nachweis eines gegenüber der Europäischen Kommission genannten technischen Dienstes vorliegt, dass durch diese Bauteile eine Verbesserung des Abgasverhaltens bewirkt wird und sofern unter Vorlage des jeweiligen Bescheides der Bundesministerin für „Klimaschutz, Umwelt, Energie, Mobilität, Innovation und Technologie" , mit dem diese Systeme für zulässig erklärt werden, eine Bestätigung einer für solche Fahrzeuge gemäß § 57a KFG ermächtigten Stelle über den fachgerechten Einbau ausgestellt wurde, welche – wie auch eine Abschrift des Bescheides – mitgeführt wird. Die Einstufung des Abgasverhaltens des Fahrzeuges ist dem jeweiligen Bescheid der Bundesministerin für „Klimaschutz, Umwelt, Energie, Mobilität, Innovation und Technologie" zu entnehmen „;" *(BGBl II 2010/458; BGBl II 2011/432; BGBl II 2021/161)*

8. das Anbringen von typengenehmigten Scheibenfolien „;" *(BGBl II 2011/432; BGBl II 2012/471)*

9. das Anbringen von Nachrüsträdern, die nach der ECE-Regelung Nr. 124 genehmigt worden sind und für das Fahrzeug geeignet sind, in derselben Dimension, die im Genehmigungsdokument angegeben ist, an Fahrzeugen der Klasse M1, N1, O1 und O2 „;" *(BGBl II 2012/471; BGBl II 2019/172)*

10. das vorübergehende Anbringen eines Rahmens oder Gestells mit Sensoren für Testfahrzeuge zur Durchführung von Tests auf der Straße, wenn der Zulassungsbesitzer über den Nachweis verfügt, dass diese Vorrichtung bereits in einem Verfahren nach § 33 KFG 1967 als für die Anbringung an einem Fahrzeug geeignet erklärt wurde und dieser Nachweis vom Lenker des Fahrzeuges mitgeführt wird; *(BGBl II 2019/172)*

11. Einbau von Doppelpedalen bei Schulfahrzeugen. *(BGBl II 2019/172)*

(2) Bei der Nach- oder Umrüstung eines zum Verkehr zugelassenen Fahrzeuges mit Vorrichtungen zum Antrieb durch Flüssiggas (§ 7b) oder Erdgas (CNG) (§ 7d), die nach den Vorgaben der ECE-Regelung Nr. 115 erfolgt ist, handelt es sich um eine anzeigepflichtige Änderung und nicht um eine Änderung, die wesentliche technische Merkmale des Fahrzeuges betrifft (§ 33 Abs. 2 des Kraftfahrgesetzes 1967. *(BGBl II 2010/124)*

(2a) Bei Fahrzeugen, die eine Genehmigung nach der Verordnung (EU) 2017/1151 aufweisen und der Überwachung der CO_2-Emissionen gemäß der Verordnung (EG) Nr. 442/2009, ABl L 140 vom 5.6.2009, S 1 bzw. der Verordnung (EU) Nr. 510/2011, ABl L 145 vom 31.5.2011, S 1 unterliegen, bei denen für die erste Genehmigungsstufe eine EG-Übereinstimmungsbescheinigung für ein unvollständiges Fahrzeug vorliegt und die vor der erstmaligen Zulassung so geändert werden, dass sich diese Änderung auf die CO_2-Emissionen des Fahrzeugs auswirken, handelt es sich bei dieser Änderung um eine Änderung, die wesentliche technische Merkmale des Fahrzeugs betrifft (§ 33 Abs. 2 KFG 1967). *(BGBl II 2019/172)*

(3) Wenn wegen Änderungen am Fahrgestell oder am Aufbau ein Gutachten gemäß § 33 Abs. 4 KFG 1967 eingeholt wird, kann die Beibringung eines Befundes im Sinne des § 20 Abs. 5 angeordnet werden.

(4) Auf Antrag des Herstellers einer Type eines Fahrzeuges oder des Herstellers von Luftleiteinrichtungen (Spoilern) oder dessen gemäß § 29 Abs. 2 KFG 1967 Bevollmächtigten kann der Bundesminister für „Klimaschutz, Umwelt, Energie, Mobilität, Innovation und Technologie" einen Bescheid gemäß § 33 Abs. 1 Z 3 KFG 1967 erlassen; vor der Entscheidung über diesen Antrag hat der Bundesminister für „Klimaschutz, Umwelt, Energie, Mobilität, Innovation und Technologie" ein Gutachten eines gemäß § 124 KFG 1967 bestellten Sachverständigen über die Eignung solcher Teile, Ausrüstungsgegenstände oder Vorrichtungen darüber einzuholen, ob diese für die Type und Ausführung des Fahrzeuges geeignet sind. Der Bescheid hat gegebenenfalls Auflagen und Bedingungen zur Sicherstellung des Verkehrs- und Betriebssicherheit sowie der Vorschriftsmäßigkeit der abgeänderten Fahrzeuge zu enthalten. *(BGBl II 2006/334; BGBl II 2021/161)*

Ausnahmegenehmigung

§ 22b. (1) Eine erteilte Ausnahmegenehmigung gemäß § 34 KFG 1967 ist unter Angabe des Umstandes, der die Ausnahme erforderlich gemacht hat, im Genehmigungsdokument zu vermerken und die Ersichtlichmachung in der Zulassungsbescheinigung bei der Zulassung zum Verkehr vorzuschreiben.

(2) Eine Ausnahmegenehmigung gemäß § 34 Abs. 2 KFG 1967 wegen anderer besonderer Gegebenheiten, unter denen diese Fahrzeuge verwendet werden, kann vom Landeshauptmann insbesondere dann erteilt werden, wenn hinsichtlich des Fahrzeuges folgende Voraussetzungen erfüllt sind:

1. Übersiedlungsgut des Antragstellers, wenn das Fahrzeug,

a) im Ausland mindestens bereits sechs Monate auf den Antragsteller zugelassen war,

b) in ständiger Verwendung gestanden ist und

c) zur ständigen Verwendung im Inland gedacht ist, oder

2. a) Schenkung, wenn das Fahrzeug

aa) auf den Vorbesitzer bereits mindestens sechs Monate zugelassen war, ab) in ständiger Verwendung gestanden ist und

ac) dessen Vorbesitzer in direkter verwandtschaftlicher Linie mit dem Antragsteller steht,

b) Erbschaft, wenn das Fahrzeug

ba) auf den Erblasser zugelassen war und

bb) in ständiger Verwendung gestanden ist.

In den Fällen der Z 1 und Z 2 dürfen diese Fahrzeuge für einen Zeitraum von mindestens einem Jahr nicht weiterveräußert werden. Dieses Veräußerungsverbot ist als auflösende Bedingung für die Gültigkeit der Genehmigung bei der Zulassung zum Verkehr vorzuschreiben.

3. Technische Gleichwertigkeit durch

a) Gutachten eines Sachverständigen nach § 124 oder § 125 KFG 1967 oder

b) vorgelegte gleichwertige Gutachten technischer Dienste aus anderen Staaten gegeben ist. *(BGBl II 2004/129)*

Ausnahmeverordnung

§ 22c. „(1)" Im Sinne des § 34 Abs. 6 KFG 1967 wird abweichend von § 4 Abs. 7a KFG 1967 für Omnibusse mit Omnibusanhängern, die im Linienverkehr eingesetzt werden, „ " auf bestimmten Strecken als größte Länge 24 m festgelegt, sofern sich die dafür geeignete Strecke (Straßeneignung im Sinne des § 13 KflG) aus der Kraftfahrlinien-Konzession ergibt oder vom Landeshauptmann unter sinngemäßer Anwendung der Bestimmungen des § 104 Abs. 9 KFG 1967 festgelegt worden ist. Beim Betrieb eines solchen Kraftwagenzuges sind folgende Auflagen zu beachten: *(BGBl II 2010/458; BGBl II 2016/287)*

1. der Fahrgastraum des Omnibusanhängers muss mittels Kamera vollständig überblickt werden können. Die Übertragung muss auf einem Monitor am Armaturenbrett im Bus dauernd überwacht werden können;

2. die rechte Seite und die rechte hintere Ecke des Anhängers muss mit Kameras dauernd überblickt werden können und bei Dunkelheit gut ausgeleuchtet sein;

3. am Heck des Anhängers muss die Gesamtlänge des Kraftwagenzuges mit einer Schriftgröße von mindestens 12 cm angegeben sein.

„Unternehmen, die derartige Fahrzeugkombinationen einsetzen, haben ein begleitendes Monitoring hinsichtlich der Verkehrssicherheitsaspekte und des tatsächlichen Bedarfs (Personenfrequenz) des Einsatzes derartiger Fahrzeugkombinationen durch eine unabhängige Stelle durchzuführen." *(BGBl II 2005/412; BGBl II 2010/458) (BGBl II 2017/221)*

(2) Im Sinne des § 34 Abs. 6 KFG 1967 wird abweichend von § 4 Abs. 6 Z 3 lit. c KFG 1967 für Gelenkomnibusse der Klasse M3, die ausschließlich im städtischen Kraftfahrlinienverkehr eingesetzt werden, auf bestimmten Strecken als größte Länge 20 m „", für Doppelgelenk-Oberleitungsbusse jedoch 25 m," festgelegt, sofern sich die dafür geeignete Strecke (Straßeneignung im Sinne des § 13 KflG) aus der Kraftfahrlinien-Konzession ergibt oder vom Landeshauptmann vorweg geprüft worden ist. Zum städtischen Kraftfahrlinienverkehr im Sinne dieser Regelung gehören auch betriebsnotwendige Fahrten außerhalb der betreffenden Stadtgebietes, wie Einschub- und Schlussfahrten, Fahrten von und zu Werkstätten oder in das benachbarte Umland abgehende Kraftfahrlinien (Stichlinien). Auch für diese Strecken ist die Eignung vorweg vom Landeshauptmann zu überprüfen. „Weiters wird abweichend von § 4 Abs. 7 KFG 1967 das zulässige Gesamtgewicht für emissionsfreie überlange Gelenkomnibusse mit vier Achsen mit 33 500 kg und für Doppelgelenk-Oberleitungsbusse mit vier Achsen mit 39 000 kg festgelegt." *(BGBl II 2017/221; BGBl II 2019/172; BGBl II 2021/161)*

Genehmigung eines einzelnen Fahrzeuges oder Fahrgestelles gemäß § 31a KFG 1967

§ 22d. (1) Ein Antrag auf Genehmigung eines einzelnen Fahrzeugs gemäß § 31a KFG 1967 muss folgende Angaben enthalten:

1. Fabrikmarke (Firmenname des Herstellers);

2. gegebenenfalls Type, Variante und Version des Fahrzeugs;

3. gegebenenfalls den Handelsnamen des Fahrzeugs;

4. Fahrzeugklasse;

5. Name und Adresse des Herstellers;

6. Anbringungsstelle und Anbringungsart der gesetzlich vorgeschriebenen Schilder;

7. Anbringungsstelle der Fahrzeug-Identifizierungsnummer;

8. gegebenenfalls Name und Adresse des Bevollmächtigten des Herstellers;

9. Fahrzeug-Identifizierungsnummer;

10. die für das Fahrzeug zutreffenden zulassungsrelevanten Daten gemäß Anlage 4;

11. eine Aufstellung der dem Antrag beigeschlossenen EG-Typengenehmigungen, ECE-Genehmigungen und Prüfberichte nach dem Muster der Anlage zu Muster A in Anhang VI der Richtlinie 2007/46/EG, wobei die Spaltenbezeichnung „Geändert durch" durch die Spaltenbezeichnung „Nachgewiesen durch" ersetzt wird und die Spalte „Gültig für die Varianten" entfällt; bei Nachweis durch eine EG-Typengenehmigung oder durch eine ECE-Genehmigung ist in die Spalte „Nachgewiesen durch" die jeweils zutreffende Typengenehmigungsnummer anzugeben; bei Nachweis durch einen Prüfbericht eines technischen Dienstes ist in dieser Spalte der Name des Technischen Dienstes und die Nummer des Prüfberichts anzugeben; wenn die Prüfung durch einen

gemäß § 125 KFG 1967 bestellten Sachverständigen erfolgen soll, ist in dieser Spalte die Eintragung „SV" zu machen; bei Genehmigungsgegenständen, die auf das gegenständliche Fahrzeug nicht zutreffen, ist in der Spalte „Nachweis durch" „n. a." oder „nicht zutreffend" einzutragen;

12. bei Fahrzeugen, bei denen die gegenständliche Einzelgenehmigung die letzte Stufe eines Mehrstufen-Genehmigungsverfahrens ist, die Nummer der EG-Typgenehmigung oder die Genehmigungsnummer für alle vorhergehenden Genehmigungsstufen;

13. zwei Photos des Fahrzeugs (eines von links vorne, eines von rechts hinten), Auflösung mindestens 640 x 480 Bildpunkte oder Mindestgröße 7x10 cm;

14. wenn der Antrag von einer im Auftrag des Herstellers oder des Besitzers handelnden Person eingebracht wird, eine entsprechende Bevollmächtigung.

Die in Z 1 bis 13 angeführten Angaben können auch in vom zuständigen Landeshauptmann genehmigter elektronischer Form beigebracht werden. Das Antragsschreiben selbst und die Bevollmächtigung (Z 14) sind in Papierform beizubringen.

(2) Dem Antrag auf Genehmigung gemäß Abs. 1 sind anzuschließen:

1. die in der Aufstellung gemäß Abs. 1 Z 11 angeführten Prüfberichte;

2. die für die vorhergehenden Genehmigungsstufen ausgestellten EG-Übereinstimmungsbescheinigungen und/oder Typenscheine;

3. wurde für das Fahrzeug eine Ursprungsbescheinigung gemäß Anhang XVIII der Richtlinie 2007/46/EG ausgestellt, diese Ursprungsbescheinigung.

(3) Können die in Abs. 1 Z 10 angeführten zulassungsrelevanten Daten nicht vom Antragsteller beigebracht werden, kann er den Antrag stellen, dass der Landeshauptmann diese Daten im Zuge der Prüfung des Fahrzeugs ermittelt, sofern dieser aufgrund seiner fachlichen, sachlichen und personellen Voraussetzungen dazu in der Lage ist. Für die Ermittlung dieser Daten ist dem Landeshauptmann der dafür anfallende Aufwand nach Maßgabe des in § 67 genannten Tarifes vom Antragsteller zu ersetzen.

(4) Wurde in der Auflistung gemäß Abs. 1 Z 11 eine EG-Typgenehmigungsnummer oder eine ECE-Genehmigungsnummer angegeben, hat der Antragsteller über Aufforderung des Landeshauptmannes die gegenständliche EG-Typgenehmigung oder ECE-Genehmigung beizubringen. Mit vorheriger Zustimmung des Landeshauptmannes können diese in elektronischer Form als pdf-Dateien beigebracht werden.

(5) Der gemäß § 125 KFG 1967 bestellte Sachverständige hat die Prüfung persönlich durchzuführen. Die Prüfung hat jedenfalls eine Prüfung des Fahrzeugs auf die Übereinstimmung mit den vorgelegten Unterlagen zu umfassen. Gegebenenfalls kann der gemäß § 125 KFG 1967 bestellte Sachverständige eine Probefahrt durchführen. Die Prüfergebnisse sind in einem Prüfbericht festzuhalten.

(6) Ergibt die Prüfung durch den gemäß § 125 KFG 1967 bestellten Sachverständigen, dass die Bestimmungen aller für das Fahrzeug zutreffenden Rechtsakte gemäß der Anlage 3j eingehalten sind, das Fahrzeug mit allen Prüfberichten und/oder EG- bzw. ECE-Typgenehmigungen übereinstimmt und bestehen keine Bedenken, dass durch die Verwendung des Fahrzeugs die Verkehrssicherheit oder die Umwelt gefährdet wird, hat der Landeshauptmann die Einzelgenehmigung zu erteilen. „Für Fahrzeuge, die der Verordnung (EU) Nr. 183/2011 zur Änderung der Anhänge IV und VI der Richtlinie 2007/46/EG des Europäischen Parlaments und des Rates zur Schaffung eines Rahmens für die Genehmigung von Kraftfahrzeugen und Kraftfahrzeuganhängern sowie von Systemen, Bauteilen und selbst-ständigen technischen Einheiten für diese Fahrzeuge (Rahmenrichtlinie) (ABl. L 53 vom 26. Februar 2011, S 4) unterliegen, gelten die Vorschriften der Verordnung (EU) Nr. 183/2011." *(BGBl II 2012/278)*

(7) Der Einzelgenehmigungsbogen muss durch geeignete Maßnahmen gegen Fälschung gesichert sein.

(BGBl II 2010/124)

Genehmigung einer Type von Teilen, Ausrüstungs- oder Ausstattungsgegenständen, die nicht nach den internationalen Regelungen für die einheitliche Genehmigung zu genehmigen ist

§ 23. (1) Im Antrag auf Genehmigung einer nicht nach Regelungen auf Grund des Übereinkommens über die Annahme einheitlicher Bedingungen für die Genehmigung der Ausrüstungsgegenstände und Teile von Kraftfahrzeugen und über die gegenseitige Anerkennung der Genehmigung, BGBl. Nr. 177/1971, zu genehmigenden Type von Teilen, Ausrüstungs- oder Ausstattungsgegenständen von Kraftfahrzeugen oder Anhängern gemäß § 35 des Kraftfahrgesetzes 1967 sind anzugeben:

1. Name, Hauptwohnsitz oder Sitz des Erzeugers, bei ausländischen Erzeugern auch des Bevollmächtigten in Österreich und die vom Erzeuger festgesetzte Typenbezeichnung,

2. die Ausgestaltung des Teiles, Ausrüstungs- oder Ausstattungsgegenstandes durch eine Beschreibung. Bei Rückstrahlern hat diese Beschreibung die Angabe der Werkstoffe zu enthalten, aus denen die Rückstrahloptik hergestellt ist.

Dem Antrag ist eine mit Maßen zu versehende Zeichnung des Teiles, Ausrüstungs- oder Ausstattungsgegenstandes in zweifacher Ausfertigung anzuschließen. Für die Prüfung sind Muster der Teile, Ausrüstungs und Ausstattungsgegenstände vorzulegen.

(2) Für die Typenprüfung von Teilen, Ausrüstungs- oder Ausstattungsgegenständen gelten die Bestimmungen des § 20 Abs. 5 und des § 21 sinngemäß.

(3) Für Anträge gemäß § 35 Abs. 4 des Kraftfahrgesetzes 1967 gilt Abs. 1 sinngemäß.

(4) Dem Antrag auf Genehmigung einer Type von Teilen, Ausrüstungs- oder Ausstattungsgegenständen von Kraftfahrzeugen oder Anhängern ist ein Nachweis über die Wirkung und Beschaffenheit der zu genehmigenden Gegenstände nach den für sie maßgebenden Vorschriften des KFG 1967 und dieser Verordnung anzuschließen.

§§ 24 bis 24a. *(entfallen, BGBl II 2001/414)*

Tafeln für eingeschränkt zugelassene Fahrzeuge

§ 25. Tafeln für eingeschränkt zugelassene Fahrzeuge gemäß § 39 Abs. 2 des Kraftfahrgesetzes 1967 müssen nach dem Muster der Anlage 5 ausgeführt sein.

§§ 25a und 25b. *(entfallen, BGBl II 2005/412)*

Ermächtigung zur Herstellung von Kennzeichentafeln

§ 25c. (1) Die Ermächtigung zur Herstellung von Kennzeichentafeln (§ 49 Abs. 5 KFG 1967) kann nur erteilt werden, wenn der Antragsteller die Gewerbeberechtigungen zur Ausübung des Gewerbes der Schilderhersteller und des Gewerbes der Kunststoffbearbeiter besitzt. Bei juristischen Personen muß der gewerberechtliche Geschäftsführer diese Voraussetzungen erfüllen.

(2) Weiters muß der Antragsteller, bei juristischen Personen der gewerberechtliche Geschäftsführer, über folgende zusätzliche Kenntnisse und Fähigkeiten, die zur Erfüllung der mit dieser Bewilligung verbundenen Aufgaben erforderlich sind, verfügen:

1. Herstellen von Metall- und Kunststoffverbund-Platinen
2. Prägen von speziellen reflektierenden Metall- und Kunststoffverbund-Platinen mit Ziffern und Buchstaben durch Prägewerkzeuge, wie für die Kennzeichentafelherstellung erforderlich
3. Mehrfarbensiebdruck auf Metall- und Kunststoffverbundplatinen
4. Heißprägetechnik und thermische Einfärbung auf Metall- und Kunststoffverbund-Platinen mit den für die Kennzeichentafelherstellung erforderlichen Farben
5. Besondere Fähigkeiten und Kenntnisse in der Leitung von Produktionsbetrieben, wobei vor allem auf folgende Schwerpunkte zu achten ist:
5.1. Integrierte Serien- und Einzelproduktion
5.2. Organisation und Leitung von Produktionen, die hohen Sicherheitsanforderungen unterliegen
5.3. Geordnete und kontrollierte Bestell- und Lieferorganisation.

(3) Der Antragsteller, bei juristischen Personen der gewerberechtliche Geschäftsführer, muß die Befähigung zur Durchführung der mit dieser Bewilligung verbundenen Tätigkeiten durch den Nachweis einer mindestens fünfjährigen Tätigkeit innerhalb der letzten sieben Jahre vor Antragstellung nachweisen. Diese Tätigkeit muß alle in Abs. 1 und Abs. 2 angeführten Bereiche beinhalten und in verantwortlicher Leitungsposition in einem Unternehmen ausgeübt worden sein. *Gemäß BGBl II 1998/16 aufgehoben. (Erkenntnis des VfGH vom 5. 12. 1997)*

Kennzeichentafeln

§ 25d. (1) Die Abmessungen, die technische Beschaffenheit, die optische Gestaltung, die Rückstrahlwerte und die anzuwendenden Prüfmethoden sowie das Entgelt für die einzelnen Typen von Kennzeichentafeln bestimmen sich nach Anlage 5e. *(BGBl II 2002/376)*

(2) Als mit dem Fahrzeug dauernd fest verbunden im Sinne des § 49 Abs. 7 KFG 1967 gilt auch eine Befestigung der Kennzeichentafel mit einem serienmäßig hergestellten Kennzeichen-Halter, mit dem jedenfalls der Beanspruchung im normalen Fahrbetrieb entsprochen wird. *(BGBl II 2002/376)*

(3) „Kennzeichentafeln für Motorräder werden nach dem Muster VIII der Anlage 5e ausgegeben; einzeilige Kennzeichentafeln nach dem Muster I der Anlage 5e dürfen für Motorräder ausgegeben werden, wenn die Anbringung einer einzeiligen Kennzeichentafel für das jeweilige Fahrzeug genehmigt worden ist." Neben den in § 49 Abs. 4a KFG 1967 geregelten Fällen hat der Zulassungsbesitzer eines Motorrades, für das eine EU-Kennzeichentafel nach dem bisherigen Muster VII der Anlage 5e ausgegeben worden ist, die Möglichkeit, die Ausfolgung einer Kennzeichentafel nach dem Muster VIII der Anlage 5e zu beantragen. Dabei kann auch die Ausfolgung einer Kennzeichentafel nach Muster VIII mit dem bisherigen Kennzeichen beantragt werden. Der Betrag für den Ersatz der Gestehungskosten der neuen Kennzeichentafel ist gleichzeitig mit dem Antrag zu erlegen. Die neue Kennzeichentafel ist nur gegen Ablieferung der bisherigen Kennzeichentafel auszufolgen. Bei Zuweisung eines neuen

Kennzeichens ist der bisherige Zulassungsschein/Zulassungsbescheinigung abzuliefern. Der Anspruch auf Ausfolgung der Tafel erlischt, wenn sie vom Antragsteller sechs Monate nach Einbringung des Antrages nicht abgeholt wurde. *(BGBl II 2004/535; BGBl II 2019/172)*

(3a) Kennzeichentafeln mit Probefahrtkennzeichen für Motorräder können nach dem Muster IIIa oder nach Maßgabe des Musters VIII der Anlage 5e ohne EU-Emblem ausgestaltet sein. *(BGBl II 2010/458)*

(4) Kennzeichentafeln für dreirädrige Kraftfahrzeuge ohne Aufbau sind nach dem Muster VIII der Anlage 5e zu gestalten. Kennzeichentafeln für vierrädrige Kraftfahrzeuge, die insbesondere durch Lenkstange, Bedienungs- und Anzeigeelemente sowie Sitzbank Charakterzüge eines Kraftrades aufweisen sind nach dem Muster I oder III der Anlage 5e zu gestalten. *(BGBl II 2007/275)*

(5) Kennzeichentafeln für historische Fahrzeuge (Kraftwagen und Anhänger) sind nach dem Muster IX (einzeilige Kennzeichentafel) oder nach dem Muster VII (zweizeilige Kennzeichentafel) der Anlage 5e zu gestalten. Der Zulassungsbesitzer eines historischen Fahrzeuges hat die Möglichkeit, anstelle der Kennzeichentafel nach dem Muster IX oder VII eine Kennzeichentafel nach dem in der Anlage 5e für die jeweilige Fahrzeugart vorgesehenen Muster zu beantragen. *(BGBl II 2017/298)*

(6) Bei kurzen Wunschkennzeichen mit bis zu drei, in den Landeshauptstädten und Wien zugewiesenen Kennzeichen mit bis zu vier Vormerkzeichen können auf Antrag auch vordere Kennzeichentafeln nach dem Muster IX (Format 460 x 120 mm) ausgegeben werden. *(BGBl II 2019/172)*

Kennzeichen für Kraftfahrzeuge und Anhänger

§ 26. (1) Die Bezeichnung der den Zulassungsschein austellenden Behörde im Kennzeichen bestimmt sich nach Anlage 5d.

(2) An die Stelle der Bezeichnung der Behörde (Abs. 1) tritt bei Fahrzeugen, die zur Verwendung für den Bundespräsidenten, die Präsidenten des Nationalrates, die Präsidenten des Bundesrates, die Mitglieder der Bundesregierung, die Staatssekretäre, die Mitglieder der Volksanwaltschaft, den Präsidenten oder Vizepräsidenten des Rechnungshofes, des Verfassungsgerichtshofes und Verwaltungsgerichtshofes oder des Obersten Gerichtshofes bestimmt sind, der Buchstabe A.

(3) An Stelle der Bezeichnung der Behörde (Abs. 1) sind bei Fahrzeugen, die zur Verwendung für die Präsidenten der Landtage sowie für die Mitglieder der Landesregierungen sowie für die Mitglieder der Landesvolksanwaltschaften bestimmt sind, folgende Buchstaben zu verwenden:

für das Burgenland....................B,
für Kärnten.................K,
für Niederösereich.................N,
für Oberösterreich.................O,
für Salzburg.................S,
für die Steiermark.................ST,
für Tirol.................T,
für Vorarlberg.................V,
für Wien.................W.

(4) Die Bezeichnung des sachlichen Bereiches an Stelle der Bezeichnung der Behörde im Kennzeichen hat zu lauten:

a) für Fahrzeuge, die zur Verwendung im Bereich der Bundespolizei bestimmt sind, ... BP,

b) *(entfällt, BGBl II 2007/275)*

c) für Fahrzeuge, die zur Verwendung im Bereich der Finanzverwaltung bestimmt sind, ... FV, *(BGBl II 2004/535)*

d) *(entfällt, BGBl II 2002/376)*

e) für Fahrzeuge, die zur Verwendung im Bereich der Post bestimmt sind, ... PT, *(BGBl II 2002/376)*

f) für Omnibusse, die zur Verwendung im Kraftfahrlinienverkehr der Österreichischen Bundesbahnen und der Post- und Telegraphenverwaltung (Bundesbusdienst) bestimmt sind, ... BD,

g) für Heeresfahrzeuge .... BH,

h) für Fahrzeuge, die zur Verwendung im Bereich der Justizwache bestimmt sind, ... JW;

i) für Fahrzeuge, die zur Verwendung für die Feuerwehr bestimmt sind, ... FW. *(BGBl II 2019/350)*

(5) Für die Bezeichnung des sachlichen Bereiches an Stelle der Bezeichnung der Behörde (Abs.1) sind bei den im § 54 Abs. 3 und 3a lit. a und b KFG 1967 angeführten Fahrzeugen die Buchstaben gemäß Abs. 3 zu verwenden; bei Fahrzeugen mit dem Standort in Graz ist an Stelle der Buchstaben gemäß Abs. 3 die Bezeichnung der Behörde gemäß Anlage 5d zu verwenden. Diesem folgt

a) bei Fahrzeugen, die ausschließlich oder vorwiegend zur Verwendung für Personen bestimmt sind, die eine vom Bundesministerium für auswärtige Angelegenheiten ausgestellte gültige Legitimationskarte für Mitglieder des diplomatischen Korps in Wien, für Beamte internationaler Organisationen in Österreich mit gleichartiger Rechtsstellung oder für Mitglieder diplomatischen Ranges der ständigen Vertretungen bei internationalen Organisationen in Österreich besitzen, sofern diese Personen nicht österreichischen Staatsbürger oder Staatenlose sind, die vor ihrer Anstellung bei der ausländischen Vertretungsbehörde oder bei der internationalen Organisation ihren ordentlichen Wohnsitz in Österreich gehabt haben, der Buchstabe, sofern nicht aus Sicherheitsgründen die Zuweisung eines Kennzeichens gemäß Abs. 6 (Vormerkzeichen) erforderlich ist D,

b) bei Fahrzeugen, die ausschließlich oder vorwiegend für Personen bestimmt sind, die eine vom Bundesministerium für auswärtige Angelegenheiten ausgestellte gültige Legitimationskarte für Mitglieder des Konsularkorps in Österreich besitzen, sofern diese Personen nicht österreichische Staatsbürger oder Staatenlose sind, die vor ihrer Anstellung bei der ausländischen konsularischen Vertretungsbehörde ihren ordentlichen Wohnsitz in Österreich gehabt haben, der Buchstabe K.

(6) Die Vormerkzeichen, das sind die Zeichen, unter denen die Fahrzeuge bei der Behörde vorgemerkt sind, müssen folgender Form entsprechen:

1. Die Vormerkzeichen der unter

a) Abs. 2 bis 4, ausgenommen Abs. 4 lit. i, fallenden Fahrzeuge, dürfen nur Ziffern enthalten;

b) Abs. 4 lit. i fallenden Fahrzeuge müssen mit zwei oder drei Ziffern beginnen und es folgen ein oder zwei Buchstaben, die der Bezeichnung der Behörde im Sinne der Anlage 5d entsprechen müssen, in deren Sprengel das Fahrzeug zugelassen ist;

c) Abs. 5 fallenden Fahrzeuge dürfen außer Ziffern auch Buchstaben enthalten. Sie müssen aber jedenfalls mit einer Ziffer beginnen und dürfen alle Ziffern und alle Buchstaben nur in geschlossenen Blöcken enthalten; das Verwenden von Buchstaben abwechselnd mit Ziffern ist unzulässig.

(BGBl II 2019/350)

2. Die Vormerkzeichen der nicht unter Abs. 2 bis 5 fallenden Fahrzeuge müssen

a) vier oder fünf Zeichen, bei den in den Landeshauptstädten und im Land Wien zugewiesenen Kennzeichen fünf oder sechs Zeichen enthalten, sofern lit. b und c nicht anderes bestimmen;

b) bei

– zweizeiligen Kennzeichentafeln sowie bei Probefahrtkennzeichen vier oder fünf Zeichen, bei den in den Landeshauptstädten und im Land Wien zugewiesenen Kennzeichen vier bis sechs Zeichen,

– Überstellungskennzeichen vier Zeichen, bei den in den Landeshauptstädten und im Land Wien zugewiesenen Kennzeichen vier oder fünf Zeichen,

– Kennzeichen für vorübergehend zugelassene Fahrzeuge vier Zeichen enthalten;

– „bei einzeiligen Kennzeichentafeln für historische Fahrzeuge nach dem Muster IX der Anlage 5e drei Zeichen, bei den in den Landeshauptstädten oder im Land Wien zugewiesenen Kennzeichen drei oder vier Zeichen;" *(BGBl II 2017/298)*

(BGBl II 2001/414; BGBl II 2017/298)

c) bei Kennzeichen für Motorfahrräder drei bis vier Zeichen, bei den in den Landeshauptstädten und im Land Wien zugewiesenen Kennzeichen drei bis fünf Zeichen enthalten;

d) mindestens eine Ziffer und einen bis drei Buchstaben enthalten;

e) mit einer Ziffer beginnen und mit einem Buchstaben enden;

f) alle Buchstaben und alle Ziffern nur je in geschlossenen Blöcken enthalten; das Verwenden von Buchstaben abwechselnd mit Ziffern ist unzulässig.

3. Wunschkennzeichen müssen

a) mindestens drei und können bis zu fünf Zeichen, bei den in den Landeshauptstädten und im Land Wien zugewiesenen Kennzeichen mindestens drei und können bis zu sechs Zeichen enthalten, sofern lit. b und c nicht anderes bestimmen;

b) nach Maßgabe der lit. a bei

– zweizeiligen Kennzeichentafeln sowie bei Probefahrtkennzeichen drei, vier oder fünf Zeichen, bei den in den Landeshauptstädten und im Land Wien zugewiesenen Kennzeichen drei bis sechs Zeichen,

– Überstellungskennzeichen drei oder vier, bei den in den Landeshauptstädten und im Land Wien zugewiesenen Kennzeichen drei bis fünf Zeichen,

– Kennzeichen für vorübergehend zugelassene Fahrzeuge vier Zeichen

enthalten;

(BGBl II 2004/129)

c) bei Kennzeichen für Motorfahrräder drei bis vier Zeichen, bei den in den Landeshauptstädten und im Land Wien zugewiesenen Kennzeichen drei bis fünf Zeichen enthalten;

d) mindestens einen Buchstaben und mindestens eine Ziffer enthalten;

e) mit einem Buchstaben beginnen und mit einer Ziffer enden;

f) alle Buchstaben und alle Ziffern nur je in geschlossenen Blöcken enthalten; das Verwenden von Buchstaben abwechselnd mit Ziffern ist unzulässig.

4. Es dürfen nur Großbuchstaben verwendet werden; die Verwendung der Buchstaben Q, Ä, Ö und Ü ist unzulässig.

5. Die Ziffer 0 an der ersten Stelle im Ziffernblock ist unzulässig. Bei Vormerkzeichen gemäß

Z 2 ist der Buchstabe an der ersten Stelle im Buchstabenblock unzulässig.

(7) In einer schriftlichen Mitteilung des Kennzeichens ist anstelle des Landeswappens ein Bindestrich zu setzen. Beim Ausschreiben des Kennzeichens auf der Begutachtungsplakette (§ 57 a Abs. 5 KFG 1967) kann der Bindestrich entfallen.

Zeichen, bildliche Darstellungen, Aufschriften, Tafeln und Fahnen an Fahrzeugen

§ 26a. (1) Das Führen von Zeichen, bildlichen Darstellungen, Aufschriften, Tafeln oder Fahnen an anderen als den Kraftfahrzeugen und Anhängern, an denen sie auf Grund des KFG 1967, der auf Grund dieses Bundesgesetzes erlassenen Verordnungen oder des Europäischen Übereinkommens über die internationale Beförderung gefährlicher Güter auf der Straße (ADR), BGBl. Nr. 522/1973, angebracht sein müssen oder gemäß § 54 KFG 1967 geführt werden dürfen, ist unzulässig; Gegenstände, die nach ihrer Beschaffenheit und ihrem Aussehen leicht für solche Zeichen, bildliche Darstellungen, Aufschriften, Tafeln oder Fahnen gehalten werden können, dürfen an Fahrzeugen nicht angebracht sein.

(2) An Omnibussen, Lastkraftwagen, Sattelzugfahrzeugen und Anhängern, jeweils mit einem höchsten zulässigen Gesamtgewicht von mehr als 3500 kg, müssen auch Angaben zur Messung der Länge von Fahrzeugkombinationen (§ 27 Abs. 3 KFG 1967) angeschrieben sein.

1. Abstand (a) zwischen der vorderen Kraftfahrzeugbegrenzung und dem Mittelpunkt der Zugvorrichtung des Zugfahrzeuges (Zughaken oder Sattelkupplung); bei einer Sattelkupplung mit mehreren Zugpunkten sind die Mindest- und Höchstwerte (a min und a max) anzugeben.

2. Abstand (b) zwischen dem Mittelpunkt der Zugvorrichtung des Anhängers (Zugöse) oder Sattelanhängers (Sattelzapfen) und der hinteren Begrenzung des Anhängers oder Sattelanhängers; bei einer Vorrichtung mit mehreren Zugpunkten sind die Mindest- und Höchstwerte (b min und b max) anzugeben.

(3) An vierrädrigen Leichtkraftfahrzeugen muss hinten annähernd lotrecht und senkrecht zur Längsmittelebene des Fahrzeuges in einem Abstand von mindestens 40 cm zur Fahrbahnoberfläche eine kreisrunde weiße, retroreflektierende Tafel (oder ein Aufkleber) mit schwarzer Aufschrift „45" angebracht sein. Der Durchmesser muss mindestens 15 cm betragen. Die Rückstrahlwirkung der weißen Teile der Tafel (des Aufklebers) muss mindestens in der Anlage 5e Kapitel B.2.5.1. für die Farbe Weiß angegebenen Werten entsprechen. Die Aufschrift muss in einer Strichstärke von mindestens 10 mm und einer Höhe von mindestens 110 mm oder in verbreiteter Strichbreite von durchschnittlich 13 mm und einer Höhe von mindestens 75 mm ausgeführt sein. *(BGBl II 2002/376)*

Abdecken von Kennzeichentafeln

§ 26b. Kennzeichentafeln müssen so am Fahrzeug angebracht sein, daß sie weder ganz noch teilweise, auch nicht mit durchsichtigem Material, abgedeckt sind.

Anbringung der hinteren Kennzeichentafel

§ 26c. (1) Die Anbringungsstelle des amtlichen Kennzeichens an der Rückseite von Fahrzeugen der Klassen M, N oder O muss dem Anhang der Richtlinie 70/222/EWG, ABl. Nr. L 076 vom 6. April 1970, entsprechen.

(2) Die Anbringungsstelle des amtlichen Kennzeichens an der Rückseite von zweirädrigen oder dreirädrigen Kraftfahrzeugen (Richtlinie 92/61/EG) muss dem Anhang der Richtlinie 93/94/EWG in der Fassung 1999/26/EG, ABl. Nr. L 118 vom 6. Mai 1999, S 32, entsprechen.

(BGBl II 2001/414)

Kostenbeiträge für die Überprüfung von Kraftfahrzeugen und Anhängern

§ 27. *entfällt.*

Haftungsnachweis für ausländische Fahrzeuge

§ 27a. (1) Der gemäß § 62 Abs. 2 KFG 1967 erforderliche Nachweis der in § 62 Abs. 1 KFG 1967 angeführten Haftung ist für Fahrzeuge mit einem amtlichen Kennzeichen folgender Staaten erbracht:

1. EU-Mitgliedstaaten,

2. Andorra,

3. Island,

4. Kroatien,

5. Monaco, ausgenommen Militärfahrzeuge, die internationalen Vereinbarungen unterliegen,

6. Norwegen,

7. San Marino,

8. Schweiz, ausgenommen

a) Fahrzeuge mit Zollkennzeichen nach Ablauf des auf dem Kennzeichen angegebenen Zeitraumes,

b) Motorfahrräder und Invalidenfahrstühle „" *(BGBl II 2011/432)*

9. Serbien „" *(BGBl II 2011/432; BGBl II 2021/161)*

10. Bosnien und Herzegowina, *(BGBl II 2021/161)*

11. Vereinigtes Königreich Großbritannien und Nordirland. *(BGBl II 2021/161)*

(BGBl II 2010/124)

(2) Abs. 1 ist auch auf Motorfahrräder mit dem dauernden Standort in Monaco anzuwenden, auch wenn diese nach den dortigen Vorschriften kein Kennzeichen oder nur ein Versicherungskennzeichen führen müssen. *(BGBl II 2011/432)*

(BGBl II 1998/136)

Informationsschreiben gemäß § 84 KFG 1967

§ 28. Das Informationsschreiben gemäß § 84 KFG 1967 ist nach dem Muster der Anlage 7 zu gestalten.

(BGBl II 2014/290)

Wiederkehrende Begutachtung

§ 28a. *(entfällt, BGBl II 1998/78)*

§§ 28b bis 29. *(entfällt, gem FSG-DV)*

Nachschulung (Allgemeines Einstellungsund Verhaltenstraining)

§ 29a. *(entfällt, gem FSG-NV)*

Besondere Nachschulung (Einstellungsund Verhaltenstraining für alkoholauffällige Lenker)

§ 29b. *(entfällt, gem FSG-NV)*

Ermächtigung zur Nachschulung

§ 29c. *(entfällt, gem FSG-NV)*

§§ 30 bis 38. *(entfällt, gem FSG-DV)*

Allgemeine Bestimmungen für Omnibusse

§ 39. (1) Omnibusse, die ausschließlich auf Rädern laufen, müssen wenigstens zwei Achsen und vier Räder haben.

(2) Das Getriebe von Omnibussen muß leicht schaltbar sein. Omnibusse dürfen keinen Freilauf und keine freilaufähnlichen Vorrichtungen haben, die die Bremswirkung des Fahrzeugmotors vermindern können.

(3) Auf Rädern der lenkbaren Vorderachse(n) von Omnibussen dürfen nicht runderneuerte Reifen, Reifen mit Einlagen oder Reifen, die kein gleichmäßiges Abrollen gewährleisten, verwendet werden. An den angetriebenen Rädern müssen Gleitschutzvorrichtungen angebracht werden können. *(BGBl II 2001/414)*

(4) Omnibusse müssen an beiden Seiten des Fahrzeuges außen einer Rückblickspiegel aufweisen.

Aufbauten von Omnibussen

§ 40. (1) Aufbauten von Omnibussen dürfen nur aus nicht brennbaren und nicht gefährliche Splitter bildenden Baustoffen bestehen. Die Festigkeit der Aufbaustruktur muss dem Anhang IV der Richtlinie 2001/85/EG über besondere Vorschriften zur Personenbeförderung mit mehr als acht Sitzplätzen außer dem Fahrersitz, ABl. Nr. L 42 vom 13. Februar 2002, S 1, entsprechen. *(BGBl II 2002/376)*

(2) Fensterscheiben müssen leicht entfernt werden können. Kann dies nicht durch Ausschwenken oder Auswerfen von in Rahmen gefaßten Scheiben erfolgen, so ist im Innenraum des Fahrzeuges an jeder Seitenwand eine hinreichende Anzahl geeigneter Geräte zum Zertrümmern der Scheiben gut sichtbar und leicht zugänglich untergebracht mitzuführen.

Ausstiege, Innenausstattung und Sitze für beförderte Personen in Omnibussen

§ 41. (1) Einstiegstufen an Türöffnungen von Omnibussen müssen gleitsicher sein. Griffstangen müssen so angeordnet sein, dass sie beim Ein- und Aussteigen schon vor dem Betreten der Stufen sicher und bequem erreicht werden können. Ausstiege von Omnibussen müssen hinsichtlich Anzahl, Anordnung, Mindestabmessungen und der technischen Anforderungen den Vorschriften des Anhangs I Z 7.6. der Richtlinie 2001/85/EG entsprechen.

(2) Sitze in Omnibussen müssen so angeordnet sein, dass ein durchlaufender Gang in der Längsrichtung des Fahrzeuges frei bleibt. Die Türen müssen von diesem Gang aus unbehindert zugänglich sein. Sitze von Omnibussen müssen so befestigt sein, dass sie allen im Betrieb auftretenden Beanspruchungen gewachsen sind. Die Innenausstattung, insbesondere der Zugang zu den Ausstiegen, und die Gänge sowie die Anordnung der Sitze für beförderte Personen in Omnibussen müssen den Vorschriften des Anhangs I der Richtlinie 2001/85/EG entsprechen.

(3) Bei Kraftfahrzeugen der Klasse M3 mit mehr als 22 Sitzplätzen für beförderte Personen, die weder für Stehplätze ausgelegt sind, noch für die Benutzung im städtischen Verkehr (Stadtbusse) bestimmt sind, müssen die für die Innenausstattung verwendeten Werkstoffe dem Anhängen der Richtlinie 95/28/EG, ABl. Nr. L 281 vom 23. November 1995, über das Brennverhalten von Werkstoffen der Innenausstattung bestimmter Kraftfahrzeugklassen entsprechen. *(BGBl II 2002/376)*

(4) Kraftfahrzeuge der Klasse M3 mit mehr als 22 Sitzplätzen für beförderte Personen, die für die Benutzung im städtischen Verkehr (Stadtbusse) bestimmt sind, müssen für Personen mit eingeschränkter Mobilität, einschließlich Rollstuhl-

fahrer, gemäß den technischen Vorschriften des Anhangs VII der Richtlinie 2001/85/EG zugänglich sein. *(BGBl II 2005/412)*

§§ 42 bis 44. *(entfallen, BGBl II 2002/376)*

Kraftstoffbehälter und Kraftstofförderung von Omnibussen

§ 45. (1) Kraftstoffbehälter von Omnibussen dürfen nur im hinteren Teil des Fahrzeuges oder unterhalb des Fußbodens untergebracht sein. Wenn sie nicht mindestens 50 cm von den Türöffnungen entfernt sind, muß der weniger als 50 cm von einer Türöffnung entfernte Teil des Behälters durch eine Blechwand abgeschirmt sein; dies gilt jedoch nicht für die Unterseite des Behälters. Behälter für Vergaserkraftstoff dürfen nicht in der Nähe des Motors liegen. Die Füllöffnung von Kraftstoffbehältern muß so angeordnet sein, daß beim Füllen überfließender Kraftstoff nach außen abgeleitet wird.

(2) Die Förderung des Kraftstoffes darf außer bei Omnibussen mit Antrieb durch Flüssiggas (§ 7 b) nicht durch Überdruck im Kraftstoffbehälter, bei Vergaserkraftstoff auch nicht durch die Schwerkraft erfolgen.

§ 46. *(entfällt, BGBl II 2002/376)*

Ausstattung der Omnibusse

§ 47. (1) Omnibusse müssen ausgestattet sein mit

a) je einer Ersatzsicherung für jede Art von eingebauten elektrischen Sicherungen,

b) den erforderlichen Ersatzleuchtmitteln zur Behebung von Störungen von Scheinwerfern und Leuchten mit Ausnahme von Leuchtdioden, *(BGBl II 2007/275)*

c) einer Lampe mit weißem oder gelbem Licht, die unabhängig von Stromquellen des Fahrzeuges leuchten kann,

d) einem bereiften Ersatzrad samt den zum Radwechsel erforderlichen Geräten,

e) einem Verbandkasten, der mindestens je ein staubdicht verpacktes und gegen Verschmutzung geschütztes Verbandpäckchen von mindestens 8 cm Breite für jeden bei der Genehmigung festgesetzten Platz des Fahrzeuges, je ein Dreiecktuch mit den Ausmaßen von annähernd 90 cm × 90 cm × 127 cm für je drei festgesetzte Plätze des Fahrzeuges, eine Schere sowie 20 Sicherheitsnadeln enthalten muß. Der Verbandkasten muß an einer deutlich bezeichneten Stelle des Fahrzeuges dauernd leicht zugänglich sein,

f) einem zum Löschen von Bränden am Fahrzeug geeigneten betriebsbereiten Handfeuerlöscher, dessen Bauart und Wirksamkeit von einer zur Prüfung von Feuerlöschgeräten staatlich anerkannten Stelle als für diesen Zweck geeignet erklärt wurde. Als geeignet und betriebsbereit gelten nur plombierte Handfeuerlöscher, bei denen seit dem Zeitpunkt ihrer letzten Überprüfung nicht mehr als zwei Jahre verstrichen sind. Der Feuerlöscher muß dauernd leicht zugänglich und sein Aufbewahrungsort am Fahrzeug leicht erkennbar sein.

(2) Der Landeshauptmann hat auf Antrag eine Befreiung von Abs. 1 lit. b, c, d und e oder von § 3 q Abs. 3 letzter Satz, insbesondere für den Ortslinienverkehr, zu erteilen, wenn dagegen vom Standpunkt der Verkehrssicherheit keine Bedenken bestehen.

Wagenbuch für Omnibusse

§ 48. (1) Für jeden Omnibus hat dessen Zulassungsbesitzer ein eigenes Wagenbuch oder einen gleichwertigen Evidenzbehelf zu führen. Der Zulassungsbesitzer hat das Wagenbuch mindestens zwei Jahre, gerechnet vom Tag der letzten Eintragung, aufzubewahren und der Behörde auf Verlangen vorzulegen.

(2) Der Zulassungsbesitzer hat dafür zu sorgen, daß in das Wagenbuch eingetragen werden

a) die Ergebnisse vorgeschriebener Prüfungen des Fahrzeuges unter Angabe des Zustandes der Lenkvorrichtung, der Reifen, der Bremsanlagen und der Ergebnisse der Bremsproben,

b) Reparaturen, Austausch von Bestandteilen und Reifen,

c) für die Verkehrs- und Betriebssicherheit wichtige Umstände sowie längere Außerbetriebsetzungen.

Omnibusanhänger

§ 49. (1) Für Omnibusanhänger gelten die Bestimmungen des § 39 Abs. 3, der §§ 40, 41, 47 und 48. *(BGBl II 2002/376)*

(2) Omnibusanhänger müssen mit einer auf alle Räder wirkenden Druckluft- oder hydraulischen Bremsanlage versehen sein.

(3) Omnibusanhänger müssen mit einer Vorrichtung versehen sein, die dem Lenker des Zugfahrzeuges anzeigt, daß der Reifendruck beim Anhänger in einem die Verkehrssicherheit gefährdenden Ausmaß absinkt.

Fahrzeuge zur Begleitung von Sondertransporten

§ 50. (1) Fahrzeuge, die von gemäß § 97 Abs. 2 StVO beeideten Straßenaufsichtsorganen zur Begleitung von Sondertransporten verwendet werden, müssen hinsichtlich ihrer Bauart, Ausrüstung und Ausstattung folgenden Anforderungen entsprechen:

1. weißer Personenkraftwagen (Klasse M1),

2. durchgehender, rückstrahlender roter Streifen mit einer Breite von mindestens 6 cm und maximal 10 cm an den Seitenwänden des Fahrzeuges, etwa auf der Höhe der Scheinwerfer bzw. Rückleuchten, Mindestrückstrahlwert wie für Reflexstoffe Typ 1 gemäß § 4 der Straßenverkehrszeichenverordnung 1998,

3. die freie Sicht in alle Richtungen muss möglich sein (Rundumsicht mit Ausnahme der unvermeidbaren Säulen), die Sicht darf nicht durch an den Fensteröffnungen des Fahrzeugs angebrachte undurchsichtige Materialien eingeschränkt werden,

4. Firmenaufschriften sind ausschließlich an den Seitenwänden in den unteren Türbereichen mit einer Höhe von maximal 20 cm zulässig,

5. Aufschrift „SONDERTRANSPORT" in Blockbuchstaben, Mindesthöhe von 10 cm in schwarzer Schrift auf gelbem Hintergrund; die Aufschrift muss von vorne und hinten ersichtlich sein und ist zu entfernen, wenn keine Begleitung von Sondertransporten durchgeführt wird,

6. elektrische Warnleiteinrichtungen am Fahrzeugdach,

   a) Abmessungen: mindestens 100 cm x 70 cm,

   b) Ausführung: Glasfaseroptik oder LED Technik,

7. die elektrische Warnleiteinrichtung muss über folgende Leuchtsymbole verfügen:

   a) nach vorne:

   aa) mindestens drei Pfeile in die Vorbeifahrtrichtung (Darstellung eines Pfeilsymboles) aufbauend oder blinkend,

   ab) Darstellung des Verkehrszeichens gemäß § 50 Z 16 StVO 1960 („Andere Gefahren"), Seitenlänge mindestens 60 cm, blinkend,

   b) nach hinten:

   ba) mindestens drei Pfeile nach links weisend (Darstellung eines Pfeilsymboles, Seitenlänge mindestens 29 cm), aufbauend oder blinkend,

   bb) mindestens drei Pfeile nach rechts weisend (Darstellung eines Pfeilsymbols, Seitenlänge mindestens 29 cm), aufbauend oder blinkend,

   bc) Darstellung des Verkehrszeichens gemäß § 50 Z 16 StVO 1960 („Andere Gefahren"), Seitenlänge mindestens 60 cm, blinkend,

   bd) Darstellung des Verkehrszeichens gemäß § 52 Z 4a StVO 1960 („Überholen verboten") und des Verkehrszeichens gemäß § 52 Z 4c StVO 1960 („Überholen für Lastkraftfahrzeuge verboten"), Außendurchmesser mindestens 53 cm, blinkend oder konstant,

8. die Kontrollanzeige (Display) ist im Fahrzeug so anzubringen, dass der Lenker die tatsächlich geschalteten Signale der elektrischen Warnleiteinrichtung überwachen kann,

9. die elektrische Warnleiteinrichtung ist mit einem Dimmer (Nachtabsenkung) auszustatten, damit andere Verkehrsteilnehmer bei Dunkelheit nicht geblendet werden,

10. zwei Warnleuchten mit gelbrotem Licht (§ 20 Abs. 1 Z 6 KFG 1967),

11. zweiter Stromkreis für zwei weitere Dreh- oder Blitzleuchten,

    a) auf die bei einem Defekt umgeschaltet werden kann, oder

    b) die, falls gemäß Sondertransportbewilligung Blaulicht vorgeschrieben ist, in Verwendung kommen,

12. Mobiltelefon mit Freisprecheinrichtung oder Freisprechfunktion,

13. fest eingebautes Funkgerät,

14. mobiles Funkgerät (Handfunkgerät),

15. Maßband mit einer Länge von mindestens 35 m,

16. Messlatte mit einer Länge von mindestens 5 m (Teleskopmeter),

17. Absicherungsmaterial

    a) zwei Verkehrszeichen gemäß § 50 Z 16 StVO 1960 („Andere Gefahren") als Dreifuß ausgebildet, Seitenlänge des Gefahrenzeichens mindestens 70 cm,

    b) mindestens vier Leitkegel, Höhe mindestens 50 cm,

    c) vier weiß/rot schraffierte rückstrahlende Tafeln, Abmessungen ca. 30 x 50 cm oder 40 x 40 cm.

(2) Der Kostenersatz für das Gutachten der Landesprüfstelle gem. § 94 Abs. 2 KFG beträgt 45 Euro.

(BGBl II 2017/221)

Oberleitungskraftfahrzeuge

§ 51. Bei Oberleitungskraftfahrzeugen muß dauernd gewährleistet sein, daß im Falle eines Isolationsdefektes Personen, die in elektrisch leitender Verbindung mit dem Erdboden stehen, beim Berühren des Fahrzeuges nicht an eine Berührungsspannung von mehr als 65 V geraten können.

Zugmaschinen

§ 52. (1) Bei Zugmaschinen und mit diesen verbundenen Geräten müssen gefährlich bewegliche Teile, wie Zapfwellen, Gelenkwellen, Riemen- oder Kettentriebe und dergleichen, die im Arbeits- oder Aufenthaltsbereich des Lenkers oder anderer Personen liegen, in ihrer ganzen Ausdehnung so verkleidet oder verdeckt sein, daß ein unbeabsichtigtes Berühren mit einem Körperteil oder mit Kleidungsstücken, auch von unten her nicht zu erwarten ist. Bewegliche Maschinen-

§ 52

teile wie Gestänge von Hebeeinrichtungen dürfen in den angeführten Bereichen keine Quetsch- oder Scherstellen ergeben, die Unfälle verursachen können. Verkleidungen, Verdeckungen und andere Teile wie Anhängevorrichtungen oder Fußrasten, bei denen zu erwarten ist, daß sie als Auftritt oder Standfläche verwendet werden, müssen einer Belastung mit einer lotrechten Kraft von mindestens 1 500 N ohne wesentliche bleibende Veränderung ihrer Form oder Stellung standhalten können. Verkleidungen von Wellen dürfen sich nicht mitdrehen können.

(2) An Zugmaschinen mit einer Bauartgeschwindigkeit von nicht mehr als 25 km/h muß hinten am Fahrzeug die Aufschrift „25 km" vollständig sichtbar angebracht sein. Für diese Aufschrift gilt § 57 Abs. 6 sinngemäß. *(BGBl II 1997/80)*

(3) Bei Zugmaschinen mit nur einer Bremsanlage (§ 6 Abs. 2 KFG 1967) muß im Falle des Bruches eines Teiles der Bremsanlage, dessen Ausfallen nicht ausgeschlossen werden kann, noch mindestens ein Rad gebremst werden können. Bei Zugmaschinen sind Bremsanlagen zulässig, mit denen jeweils auch nur auf einer Seite des Fahrzeuges liegende Räder gebremst werden können, wenn durch eine Vorrichtung bewirkt werden kann, daß mit jeder solchen Bremsanlage auch Räder auf verschiedenen Seiten des Fahrzeuges zugleich gebremst werden können.

(4) Geräte, zusätzliche Aufbauten, zusätzliche Sitze und zusätzliche Vorrichtungen zur Beförderung von Gütern dürfen, wenn sich dadurch die Fahreigenschaften des Fahrzeuges verändern, unbeschadet der Bestimmungen des Abs. 5, mit Zugmaschinen nur dann verbunden sein, wenn die Summe der beim stehenden Fahrzeug durch die lenkbaren Räder auf eine waagrechte ebene Fahrbahn wirkenden Radlasten mindestens ein Fünftel des Eigengewichtes des Fahrzeuges beträgt. Auch beim Ziehen von Starrdeichselanhängern muss die Summe der beim stehenden Fahrzeug durch die lenkbaren Räder auf eine waagrechte ebene Fahrbahn wirkenden Radlasten mindestens ein Fünftel des Eigengewichtes des Zugfahrzeuges betragen. Für Ladeflächen an anderen als landwirtschaftlichen Zugmaschinen finden die Bestimmungen des Abs. 10 Z 2 sinngemäße Anwendung. *(BGBl II 2005/412)*

(5) Mit landwirtschaftlichen Zugmaschinen dürfen Geräte, zusätzliche Aufbauten, zusätzliche Sitze, zusätzliche Räder oder Einrichtungen an Rädern zur Verminderung ihrer Flächenpressung und zusätzliche Vorrichtungen zur Beförderung von Gütern nur verbunden sein, wenn außer dem Abs. 4 erster Satz noch folgende Voraussetzungen erfüllt sind:

a) diese Gegenstände dürfen zusammen mit dem Fahrzeug eine Breite von 3 m nicht überschreiten, wobei bei Anbaugeräten mit einer Arbeitsbreite ab 3 m die Transportbreite auch bis zu 3,30 m betragen darf, wenn die Fahrten bei Tageslicht und ausreichender Sicht durchgeführt werden und auf engen und kurvenreichen Straßen ein Begleitfahrzeug zur Absicherung vorausfährt (als enge Straße gilt eine Straße mit einer Fahrbahnbreite bis zu 5 m, als kurvenreich gilt eine Straße, wenn sie mit einem Verkehrszeichen gemäß § 50 Z 2 lit. c oder d StVO und einer Zusatztafel gemäß § 54 Abs. 5 lit. b StVO betreffend die Länge gekennzeichnet ist); *(BGBl II 2010/124)*

b) Sitze dürfen nicht über die äußersten Punkte des Fahrzeuges hinausragen;

c) die äußersten Punkte über das Fahrzeug seitlich hinausragender Gegenstände müssen mit reflektierenden Warnmarkierungen gekennzeichnet sein; dies gilt jedoch nicht bei Rädern. Ragen diese Gegenstände seitlich um mehr als 40 cm über die äußersten Punkte der Leuchtflächen der Begrenzungsleuchten oder der Schlussleuchten hinaus, so müssen, unbeschadet des § 14 Abs. 7 KFG 1967, während der Dämmerung, bei Dunkelheit oder Nebel oder wenn es die Witterung sonst erfordert, zusätzliche Begrenzungsleuchten oder Schlussleuchten angebracht sein, deren äußerste Punkte der Leuchtflächen nicht mehr als 40 cm vom äußersten Rand des Fahrzeuges samt den angebrachten Gegenständen entfernt sind, deren oberste Punkte der Leuchtflächen nicht mehr als 190 cm und deren unterste Punkte der Leuchtflächen nicht weniger als 50 cm über der Fahrbahn liegen. Ragen diese Gegenstände um mehr als 150 cm über die vordersten oder hintersten Punkte des Fahrzeuges hinaus, so müssen sie gemäß § 59 Abs. 1 gekennzeichnet sein. *(BGBl II 2021/161)*

(5a) Die größte Breite von landwirtschaftlichen Zugmaschinen darf die im § 4 Abs. 6 Z. 2 KFG 1967 festgesetzte Höchstgrenze überschreiten, wenn

a) diese Höchstgrenze nur durch Räder des Fahrzeuges überschritten wird,

b) eine größte Breite von 3 m nicht überschritten wird. *(BGBl II 2004/129)*

(5b) *(entfällt, BGBl II 2004/129)*

(6) Für Zugmaschinen mit einer Bauartgeschwindigkeit von nicht mehr als 25 km/h gelten, wenn die Einhaltung der Vorschriften über die Anbringung von Scheinwerfern, Leuchten und Rückstrahlern nur unter wesentlicher Beeinträchtigung der Verwendbarkeit des Fahrzeuges im Rahmen seiner Zweckbestimmung möglich ist, folgende Erleichterungen:

1. hinsichtlich der Scheinwerfer, Leuchten und Rückstrahler: sie dürfen auch so am Fahrzeug angebracht sein, daß sie leicht abnehmbar sind;

2. hinsichtlich der Scheinwerfer:

a) der Abstand der obersten Punkte der Lichtaustrittsfläche von der Fahrbahn darf nicht mehr als 135 cm betragen; *(BGBl II 1997/427)*

b) der Abstand der vordersten Punkte der im § 14 Abs. 1 des Kraftfahrgesetzes 1967 angeführten Scheinwerfer für Abblendlicht von den vordersten Punkten des Fahrzeuges darf 50 cm nur überschreiten, wenn die Sicht vom Lenkerplatz aus weder durch Schattenwirkung noch durch die Lichtbündel der Scheinwerfer selbst beeinträchtigt ist und wenn die Lichtaustrittsöffnungen, bezogen auf die parallel zur Längsmittelebene des Fahrzeuges und zur Fahrbahn verlaufende Leuchtrichtung in einem Vertikalwinkelbereich von mindestens ± 15° und in einem Horizontalwinkelbereich von mindestens 10° gegen die Längsmittelebene und von mindestens 45° nach außen von vorne sichtbar sind; die vordersten Punkte der Scheinwerfer dürfen nicht hinter der durch die Mitte des Lenkrades gehenden, zur Längsmittelebene des Fahrzeuges und zur Fahrbahn senkrechten Ebene liegen;

c) der Abstand der äußersten Punkte der Lichtaustrittsfläche der Scheinwerfer für Abblendlicht vom äußersten Rand des Fahrzeuges darf 40 cm überschreiten; *(BGBl II 1997/427)*

3. hinsichtlich der Begrenzungsleuchten:

a) der Abstand der obersten Punkte der Leuchtflächen von der Fahrbahn darf nicht mehr als 190 cm betragen; *(BGBl II 1997/427)*

b) die Sichtbarkeit des ausgestrahlten Lichtes (§ 12 Abs. 1 lit. b) muß in einem Horizontalwinkelbereich von 10° zur Fahrzeugmitte gewährleistet sein;

4. hinsichtlich der Schlußleuchten:

a) der Abstand der obersten Punkte der Leuchtflächen von der Fahrbahn darf nicht mehr als 190 cm betragen; *(BGBl II 1997/427)*

b) der Abstand der innersten Punkte der Leuchtflächen von der Längsmittelebene des Fahrzeuges darf nicht weniger als 25 cm betragen; *(BGBl II 1997/427)*

c) die Lichtaustrittsöffnungen müssen bezogen auf die parallel zur Längsmittelebene des Fahrzeuges und zur Fahrbahn verlaufende Leuchtrichtung in einem Vertikalwinkelbereich von mindestens ± 15° und in einem Horizontalwinkelbereich von mindestens 10° gegen die Längsmittelebene und von mindestens 45° nach außen von hinten sichtbar sein;

5. hinsichtlich der Rückstrahler:

a) der Abstand der obersten Punkte der Lichtaustrittsfläche von der Fahrbahn darf nicht mehr als 150 cm betragen; *(BGBl II 1997/427)*

b) der Abstand der innersten Punkte der Lichtaustrittsflächen von der Längsmittelebene des Fahrzeuges darf nicht weniger als 25 cm betragen; *(BGBl II 1997/427)*

6. hinsichtlich der Bremsleuchten:

a) die innersten Punkte der Lichtaustrittsöffnungen der Bremsleuchten müssen mindestens 25 cm von der Längsmittelebene des Fahrzeuges entfernt sein; *(BGBl II 1997/427)*

b) die Lichtaustrittsöffnungen müssen bezogen auf die parallel zur Längsmittelebene des Fahrzeuges und zur Fahrbahn verlaufende Leuchtrichtung in einem Vertikalwinkelbereich von mindestens ± 15° und in einem Horizontalwinkelbereich von mindestens 10° gegen die Längsmittelebene und von mindestens 45° nach außen von hinten sichtbar sein;

7. hinsichtlich der Blinkleuchten:

a) der Abstand der obersten Punkte der Leuchtflächen der Blinkleuchten, die vorne oder hinten am Fahrzeug angebracht sind, von der Fahrbahn darf nicht mehr als 210 cm betragen; *(BGBl II 1997/427)*

b) der Abstand der obersten Punkte der Leuchtflächen der an den Längsseiten des Fahrzeuges angebrachten Blinkleuchten von der Fahrbahn darf nicht mehr als 230 cm betragen; *(BGBl II 1997/427)*

c) Blinkleuchten, mit denen nur nach vorne Licht ausgestrahlt werden kann, dürfen seitlich am Fahrzeug angebracht sein, wenn die Leuchtflächen, bezogen auf die parallel zur Längsmittelebene des Fahrzeuges und zur Fahrbahn verlaufende Leuchtrichtung, in einem Vertikalwinkelbereich von mindestens ± 15° bis zu einem Horizontalwinkel von mindestens 10° zur Längsmittelebene und von mindestens 80° nach außen von vorne sichtbar sind;

d) das mit vorne oder hinten am Fahrzeug angebrachten Blinkleuchten ausgestrahlte Blinklicht muß in einem Horizontalwinkelbereich von wenigstens 10° zur Längsmittelebene und mindestens 80° nach außen sichtbar sein;

8. hinsichtlich der Nebelscheinwerfer: die innersten Punkte ihrer Lichtaustrittsflächen müssen mindestens 25 cm von der Längsmittelebene des Fahrzeuges entfernt sein. *(BGBl II 1997/427)*

Die Erleichterung gemäß Z. 5 lit. a gilt nur, wenn am Fahrzeug ein zusätzliches Paar Rückstrahler in der vorgeschriebenen Höhe angebracht ist; der Abstand der äußersten Punkte der Leuchtflächen dieser Rückstrahler vom äußersten Rand des Fahrzeuges darf jedoch das vorgeschriebene Höchstmaß überschreiten.

(7) Landwirtschaftliche Zugmaschinen mit einer Bauartgeschwindigkeit von nicht mehr als 40 km/h müssen nicht mit Radabdeckungen (§ 7 Abs. 1 KFG 1967) versehen sein, wenn die Einhaltung der Vorschriften über die Anbringung von Radabdeckungen nur unter wesentlicher Beeinträchtigung der Verwendbarkeit des Fahrzeuges im Rahmen seiner Zweckbestimmung möglich ist. *(BGBl II 2010/124)*

(8) Zugmaschinen müssen nicht mit einer selbsttätig schließenden Anhängevorrichtung ausgerüstet sein. *(BGBl II 2006/334)*

(9) Bei Zugmaschinen mit Zapfwellen darf das Anlassen des Antriebsmotors des Fahrzeuges nur bei ausgeschalteter Kraftübertragung zwischen Antriebsmotor und Fahrzeugrädern erfolgen können.

(10) Landwirtschaftliche Zugmaschinen müssen entsprechen hinsichtlich ihrer/ihren/ihres

1. Lenkanlage den Bestimmungen der Richtlinie 2009/66/EG, ABl. Nr. L 201 vom 1. August 2009, *(BGBl II 2011/432)*

2. Ladepritsche den Bestimmungen des Anhangs I der Richtlinie 2009/60/EG, ABl. Nr. L 198 vom 30. Juli 2009, S 15, in der Fassung der Richtlinie 2010/62/EU, *(BGBl II 2011/432)*

3. Massen und Abmessungen den Bestimmungen der Richtlinien 2009/144/EG, ABl. Nr. L 27 vom 30. Jänner 2010, S 33, in der Fassung der Richtlinie 2010/62/EU, und 2009/63/EG, *(BGBl II 2011/432)*

4. Verbindungseinrichtungen den Bestimmungen der Richtlinie 2009/144/EG in der Fassung der Richtlinie 2013/8/EU, *(BGBl II 2014/290)*

5. Freiraumes zur Radabdeckung den Bestimmungen der Richtlinie 2009/144/EG in der Fassung der Richtlinie 2010/62/EU, *(BGBl II 2011/432)*

6. Zapfwellen und deren Schutzabdeckung den Bestimmungen der Richtlinie 86/297/EWG, ABl. Nr. L 186 vom 8. Juli 1986, S 19, in der Fassung der Richtlinie 2012/24/EU, ABl. Nr. L 274 vom 9. Oktober 2012, S 24, *(BGBl II 2012/471)*

7. Drehzahlreglers, den Bestimmungen der Richtlinie 2009/144/EG in der Fassung der Richtlinie 2010/62/EU, *(BGBl II 2011/432)*

8. Schutzes von Antriebselementen, vorstehenden Teilen und Rädern, zusätzlichen Sicherheitsanforderungen für besondere Anwendungen und Betriebsanleitung den Bestimmungen der Richtlinie 2009/144/EG in der Fassung der Richtlinie 2010/62/EU, *(BGBl II 2011/432)*

9. Betätigung der Anhängerbremsen den Bestimmungen der Richtlinie 2009/144/EG in der Fassung der Richtlinie 2010/62/EU, *(BGBl II 2011/432)*

10. Bauartgeschwindigkeit den Bestimmungen des Anhangs I der Richtlinie 2009/60/EG in der Fassung der Richtlinie 2010/62/EU, *(BGBl II 2011/432)*

11. Abschleppeinrichtungen und Rückwärtsgang den Anhängen der Richtlinie 79/533/EWG in der Fassung 1999/58/EG „," *(BGBl II 1999/308; BGBl II 2008/220)*

12. Sichtfeldes und Scheibenwischer dem Anhang I der Richtlinie 2008/2/EG, ABl. Nr. L 24 vom 29. Jänner 2008, S 30 „," *(BGBl II 2008/220; BGBl II 2011/432)*

13. Betätigungsraumes, Zugänge zum Fahrersitz sowie zu Türen und Fenster den Bestimmungen der Anhänge der Richtlinie 80/720/EWG, ABl. Nr. L 194 vom 28. Juli 1980, S 1, in der Fassung der Richtlinie 2010/62/EU, *(BGBl II 2011/432)*

14. Einbau, Position, Funktionsweise und Kennzeichnung der Betätigungseinrichtungen den Anhängen der Richtlinie 86/415/EWG, ABl. Nr. L 240 vom 26. August 1986, S 1, in der Fassung der Richtlinie 2010/22/EU. *(BGBl II 2011/432)*

Transportkarren und Motorkarren

§ 53. (1) An Transportkarren mit einer Bauartgeschwindigkeit von nicht mehr als 30 km/h muß hinten am Fahrzeug die Aufschrift „30 km" vollständig sichtbar angebracht sein. Für diese Aufschrift gilt § 57 Abs. 6 sinngemäß.

(2) Für andere als die im Abs. 1 angeführten Transportkarren gelten die für Lastkraftwagen festgesetzten Bestimmungen.

(3) Für Motorkarren gilt § 52 Abs. 2, Abs. 4 erster Satz, Abs. 5 und 6 sinngemäß. *(BGBl II 2010/124)*

Schneeräumfahrzeuge

§ 53a. Bei Schneeräumfahrzeugen darf die Breite des Fahrzeuges durch das angebaute Schneeräumgerät überschritten werden. Bei solchen Fahrzeugen darf die Transportbreite bis zu 3,50 m, auf Autobahnen bis zu 4 m, betragen. Es sind dabei folgende Vorschriften zu beachten:

1. sofern die Breite des Schneeräumgerätes 2,60m übersteigt, ist mit zwei Warnleuchten von allen Seiten sichtbares gelbrotes Warnlicht auszustrahlen,

2. die äußersten Enden des Schneeräumgerätes sind deutlich zu kennzeichnen, und während der Dämmerung, bei Dunkelheit oder Nebel oder wenn es die Witterung sonst erfordert durch zusätzliche Begrenzungsleuchten und Schlussleuchten deutlich erkennbar zu machen,

3. die gemäß § 17 KFG 1967 vorgeschriebenen Scheinwerfer und Leuchten dürfen bei Fahrten auf Straßen mit öffentlichem Verkehr nur bei der Verwendung mit Anbaugerät und wenn dies gemäß § 99 Abs. 2 KFG 1967 erforderlich ist, eingeschaltet sein,

4. wird die Breite des Fahrzeuges durch das Schneeräumgerät um mehr als 20 cm überschritten, sind an der Rückseite des Schneeräumgerätes am äußeren Rand reflektierende Warnmarkierungen gemäß § 2d anzubringen,

5. wenn sich das Fahrzeug nicht im Arbeitseinsatz befindet, sind die Anbaugeräte in

Fahrtstellung zu bringen und mit geeigneten Mitteln entsprechend zu sichern,

6. mit Anbaugerät dürfen nur Fahrten im Zusammenhang mit Arbeitseinsätzen oder zum Zweck der Wartung oder Reparatur erfolgen,

7. bei der Anbringung des Anbaugerätes sind die sicherheitsrelevanten Herstellerangaben zu beachten.

(BGBl II 2008/220)

Selbstfahrende Arbeitsmaschinen und Anhänger-Arbeitsmaschinen

§ 54. (1) An selbstfahrenden Arbeitsmaschinen mit mehr als einer Achse und einer Bauartgeschwindigkeit von nicht mehr als 30 km/h muß hinten am Fahrzeug die Aufschrift „30 km" vollständig sichtbar angebracht sein. Für diese Aufschrift gilt § 57 Abs. 6 sinngemäß.

(2) Auf selbstfahrende Arbeitsmaschinen und Anhänger-Arbeitsmaschinen sind die Bestimmungen des § 52 Abs. 1, 3, 4 erster Satz, 5, 5a und 6 sinngemäß anzuwenden, wobei nur bei landwirtschaftlichen selbstfahrenden Arbeitsmaschinen und landwirtschaftlichen Anhänger-Arbeitsmaschinen unter Anwendung der Regelung des § 52 Abs. 5 lit. a auch eine Breite von 3,30 m zulässig ist. Bei selbstfahrenden Arbeitsmaschinen darf jedoch, wenn die sinngemäße Anwendung dieser Bestimmungen mit einer wesentlichen Verminderung der Wirksamkeit der im § 14 Abs. 1 des Kraftfahrgesetzes 1967 angeführten Scheinwerfer verbunden wäre,

1. der Abstand der obersten Punkte der Lichtaustrittsflächen der Scheinwerfer von der Fahrbahn bis zu 220 cm betragen; wenn dieser Abstand jedoch 135 cm übersteigt, müssen die Scheinwerfer so gegen die Fahrbahn geneigt sein, dass die Hell-Dunkel-Grenze des mit ihnen ausgestrahlten Abblendlichtes 30 m vor dem Scheinwerfer auf der Fahrbahn auftrifft;

2. der Abstand der vordersten Punkte der Scheinwerfer von den vordersten Punkten des Fahrzeuges 50 cm überschreiten, wenn die im § 52 Abs. 6 Z 1 lit. b angeführten Winkelangaben eingehalten sind. *(BGBl II 2002/376)*

(3) Für selbstfahrende Arbeitsmaschinen mit nur einer Achse gelten die Vorschriften des § 56 über Einachszugmaschinen.

(4) Transporte von abgebauten Schneidwerken durch Mähdrescher oder Zugmaschinen mit dafür vorgesehenen gezogenen Geräten benötigen bis zu einer Breite von 3,30 m und einer Länge von 24 m keine Ausnahmebewilligung des Landeshauptmannes. Ab einer Breite von 3 m ist § 52 Abs. 5 lit. a sinngemäß anzuwenden. *(BGBl II 2016/287)*

Krafträder

§ 54a. (1) Bei einspurigen Motorfahrrädern muß der Austausch von Teilen der Antriebsübersetzung des Motors gegen solche, die eine Änderung der Übersetzung bewirken, durch die Bauart des Motors ausgeschlossen sein. Auf dem Ritzel und dem Antriebskettenrad müssen die Anzahl der Zähne, bei anderen die Übersetzung bestimmenden Teilen eine Herstellerkennzeichnung dauernd gut lesbar und unverwischbar angeschrieben sein. Das Antriebskettenrad an einem angetriebenen Rad muß mit der Nabe dieses Rades so verbunden sein, daß eine Trennung dieser Verbindung nur unter deutlich erkennbarer Verletzung einer Kontrolleinrichtung erfolgen kann. *(BGBl II 1999/308)*

(2) Bei Motorrädern mit Motoren gleicher Type oder von einer Type abgeleiteten Ausführungen und verschiedener Nennleistung darf die Nennleistung von der Ausführung mit der höchsten Nennleistung nicht um mehr als 50 vH abweichen, auch wenn die Ausführung mit der höchsten Nennleistung im Ausland genehmigt worden ist. Dies gilt jedoch nicht, wenn die Ausführungen im Rahmen einer EU-Betriebserlaubnis nach der Richtlinie 92/61/EWG oder nach der Richtlinie 2002/24/EG genehmigt worden sind. Bei Krafträdern dürfen in den Ansaugkanälen keine entfernbaren Drosseleinrichtungen wie Blenden oder Büchsen liegen. Der engste Vergaserquerschnitt darf nicht durch eingepreßte oder leicht entfernbare Büchsen gegeben sein. *(BGBl II 2005/412)*

(3) Bei Kleinkrafträdern sowie Krafträdern mit einem Hubraum von nicht mehr als 125 cm³ und einer höchsten Motorleistung von nicht mehr als 11 kW muss durch technische Maßnahmen gewährleistet sein, dass unzulässige Veränderungen soweit wie möglich verhindert werden. Diese Maßnahmen gegen unbefugte Eingriffe und unzulässige Veränderungen müssen dem Anhang des Kapitels 7 der Richtlinie 97/24/EG in der Fassung der Richtlinie 2006/27/EG, ABl. Nr. L 66 vom 8. März 2006, S 7 entsprechen. *(BGBl II 2006/334)*

(4) Bei Motorfahrrädern (Kleinkrafträdern), Kleinmotorrädern und Krafträdern mit einem Hubraum von nicht mehr als 125 cm³ und einer höchsten Motorleistung von nicht mehr als 11 kW müssen folgende Fahrzeugteile und Baugruppen durch Buchstaben, Ziffern oder Symbole identifizierbar sein:

1. Ansauggeräuschdämpfer (Luftfilter),

2. Vergaser oder entsprechende Vorrichtung,

3. Ansaugstutzen (sofern nicht mit Vergaser oder Zylinder oder Kurbelgehäuse in einem Stück),

4. Zylinder,

5. Zylinderkopf,

4/2. KDV
§§ 54a – 56

6. Kurbelgehäuse,

7. Auspuffrohr (sofern nicht mit dem Schalldämpfer in einem Stück),

8. Schalldämpfer,

9. Getriebeabtrieb (Antriebsritzel oder Riemenscheibe vorne),

10. Radantrieb (Antriebskettenrad oder Riemenscheibe hinten),

11. elektrische/elektronische Einrichtungen zur Motorsteuerung (Zündung, Einspritzung usw.) und im Fall einer Einrichtung, die geöffnet werden kann, alle verschiedenen elektronischen Datenträger,

12. Querschnittverengung (Buchse oder sonstige).

Wenn diese Nummern nicht durch den Hersteller vergeben werden, sind sie von der Genehmigungsbehörde zuzuweisen. Sie müssen an den zu kennzeichnenden Teilen zuverlässig und dauerhaft angebracht sein. Die Buchstaben, Ziffern und Symbole müssen eine Höhe von mindestens 2,5 mm aufweisen und leicht lesbar sein. *(BGBl II 1999/308)*

(5) An jedem Motorfahrrad (Kleinkraftrad), Kleinmotorrad und Kraftrad mit einem Hubraum von nicht mehr als 125 cm³ und einer höchsten Motorleistung von nicht mehr als 11 kW muß an einer leicht zugänglichen Stelle ein dauerhaftes Schild von mindestens 60 mm × 40 mm angebracht sein. Es kann sich hierbei um ein Klebeschild handeln, das sich jedoch nicht ohne Beschädigung entfernen läßt. Auf diesem Schild muß der Hersteller angeben:

1. Name oder Fabrikname des Herstellers,

2. Kennbuchstabe für die Fahrzeugklasse,

3. für Getriebeabtrieb und Radantrieb die Zahl der Zähne (im Fall eines Kettenrads) bzw. den Durchmesser der Riemenscheibe (in mm),

4. Kennzahl(en) oder Symbol(e) der gemäß Abs. 4 gekennzeichneten Teile oder Baugruppen.

Die Buchstaben, Ziffern und Symbole müssen mindestens 2,5 mm hoch und leicht lesbar sein. „Dieses Schild ist nicht erforderlich für Fahrzeuge, die nach der Verordnung (EU) Nr. 168/2013 genehmigt worden sind." *(BGBl II 1999/308; BGBl II 2019/172)*

(5a) Die Identifikationsnummern gemäß Abs. 4 Z 2 und Z 8 müssen auch mehrspurige Motorfahrräder, Motorräder sowie Motorräder mit Beiwagen aufweisen. *(BGBl II 2001/414)*

(5b) Am Fahrzeug müssen vollständig sichtbar und dauernd gut lesbar und unverwischbar angeschrieben oder zuverlässig angebracht sein:

1. die im § 27 Abs. 1 erster Satz KFG 1967 angeführten Angaben und

2. die in Abs. 4 und Abs. 5 angeführten Teilbezeichnungen und Nummern. *(BGBl II 2001/414)*

(6) Ständer von zweirädrigen Kraftfahrzeugen müssen den Anforderungen des Anhanges der Richtlinie 93/31/EWG in der Fassung 2000/72/EG entsprechen. *(BGBl II 2001/414)*

(7) Die Ermittlung der bauartbedingten Höchstgeschwindigkeit von Kraftfahrzeugen der Klassen L hat nach Anhang I der Richtlinie 95/1/EG, in der Fassung der Richtlinie 2006/27/EG, ABl. Nr. L 66 vom 8. März 2006, S 7, zu erfolgen. *(BGBl II 2006/334)*

(8) Kraftfahrzeuge der Klassen L, die für die Beförderung von Beifahrern ausgelegt sind, müssen mit einem geeigneten Haltesystem für die Beifahrer versehen sein. Das Haltesystem für zweirädrige Kraftfahrzeuge muß aus einem Haltegurt oder einem oder mehreren Haltegriffen bestehen und dem Anhang der Richtlinie 93/32/EWG, ABl. Nr. L 188 vom 29. Juli 1993 in der Fassung 1999/24/EG, entsprechen. *(BGBl II 1999/308)*

(9) Kraftfahrzeuge der Klasse L müssen an einer leicht zugänglichen Stelle mit einem fest angebrachten Fabrikschild versehen sein. Das Schild muss gut lesbar sein und dauerhaft mit folgenden Angaben im Sinne der Richtlinie 2009/139/EG, ABl. Nr. L 322 vom 9. Dezember 2009, S 3 versehen sein:

1. Name des Herstellers

2. Betriebserlaubniszeichen

3. Fahrzeug-Identifizierungsnummer

4. Standgeräusch.

(BGBl II 2010/124)

(10) Kraftfahrzeuge der Klasse L müssen mit einem Geschwindigkeitsmesser ausgerüstet sein. Dieser Geschwindigkeitsmesser muss dem Anhang der Richtlinie 2000/7/EG über den Geschwindigkeitsmesser von zweirädrigen oder dreirädrigen Kraftfahrzeugen, ABl. Nr. L 106 vom 3. Mai 2000, S 1, entsprechen. *(BGBl II 2005/412)*

Invalidenkraftfahrzeuge

§ 55. *(entfällt, BGBl II 2016/287)*

Einachszugmaschinen

§ 56. (1) Für Einachszugmaschinen mit einer Bauartgeschwindigkeit von nicht mehr als 10 km/h, die nur von einem Fußgänger gelenkt werden können, gilt § 57 Abs. 3. Übersteigt das höchste zulässige Gesamtgewicht dieser Einachszugmaschine 250 kg, so müssen sie, unbeschadet der Bestimmungen des Abs. 3, eine Betriebsbremsanlage und eine durch rein mechanische Teile feststellbare Bremsanlage, durch die das Abrollen des Fahrzeuges auch bei Abwesenheit des Lenkers verhindert werden kann, aufweisen. Diese Bremsanlagen dürfen gemeinsame Teile haben. Die Bremsflächen müssen mit mindestens einem

Rad starr oder unter Zwischenschaltung von Teilen, deren Versagen nicht zu erwarten ist, verbunden sein. Mit der Betriebsbremsanlage muß bei höchstem zulässigen Gesamtgewicht der Einachszugmaschine eine Verzögerung von mindestens 2 m/s² erreicht werden können.

(2) Für Einachszugmaschinen, die mit einem anderen Fahrzeug oder Gerät so verbunden sind, daß sie mit diesem ein einziges Kraftfahrzeug bilden und die nur von einem Fußgänger gelenkt werden können, gilt, wenn sie eine Bauartgeschwindigkeit von nicht mehr als 10 km/h aufweisen, § 57 Abs. 3.

(3) Für Einachszugmaschinen, die mit einem anderen Fahrzeug oder Gerät so verbunden sind, daß sie mit diesem ein einziges Kraftfahrzeug bilden und eine Bauartgeschwindigkeit von mehr als 10 km/h und nicht mehr als 25 km/h aufweisen, gelten die für Zugmaschinen mit einer Bauartgeschwindigkeit von nicht mehr als 25 km/h festgesetzten Vorschriften sinngemäß. Solche Einachszugmaschinen müssen nicht mit Rückblickspiegeln ausgerüstet sein. Sie müssen eine Betriebsbremsanlage und eine durch rein mechanische Teile feststellbare Bremsanlage, durch die das Abrollen des Fahrzeuges auch bei Abwesenheit des Lenkers verhindert werden kann, aufweisen. Diese Bremsanlagen dürfen miteinander gemeinsame Teile haben. Die Bremsflächen müssen mit mindestens einem Rad starr oder unter Zwischenschaltung von Teilen, deren Versagen nicht zu erwarten ist, verbunden sein. Mit der Betriebsbremsanlage muß bei höchstem zulässigen Gesamtgewicht der Einachszugmaschine eine Verzögerung von 2 m/s² erreicht werden können. Die Bremsanlagen müssen vom Lenkersitz aus betätigt werden können; sie dürfen an der Einachszugmaschine oder an dem mit ihr verbundenen anderen Fahrzeug oder Gerät angebracht sein.

(4) Im Abs. 3 angeführte Fahrzeuge, deren größte Breite 130 cm nicht überschreitet und die vorne ein Rad aufweisen oder nur zwei Räder, die miteinander starr und drehfest verbunden sind, müssen mit den im § 15 Abs. 3 des Kraftfahrgesetzes 1967 angeführten Scheinwerfern, Leuchten und Rückstrahlern ausgerüstet sein. *(BGBl II 2006/334)*

(5) Bei im Abs. 3 angeführten Fahrzeugen, die nicht unter Abs. 4 fallen, dürfen die an Kraftfahrzeugen vorne anzubringenden Scheinwerfer, Leuchten und Rückstrahler auch an den mit der Einachszugmaschine verbundenen anderen Fahrzeugen oder Geräten angebracht sein, wenn ihre Sichtbarkeit von vorne bei üblicher Haltung des Lenkers gewährleistet ist. Anstelle von Begrenzungsleuchten dürfen im Abs. 3 angeführte Fahrzeuge auch nur mit im § 16 Abs. 2 1. Satz des Kraftfahrgesetzes 1967 angeführten Rückstrahlern versehen sein. Die am Fahrzeug hinten angebrachten Rückstrahler dürfen nicht die Form eines Dreiecks haben.

(6) Im Abs. 3 angeführte Fahrzeuge, bei denen das Anzeigen der bevorstehenden Änderung der Fahrtrichtung oder des bevorstehenden Wechsels des Fahrstreifens durch deutlich erkennbare Armzeichen möglich ist, müssen nicht mit Fahrtrichtungsanzeigern ausgerüstet sein.

Kraftfahrzeuge mit einer Bauartgeschwindigkeit von nicht mehr als 10 km/h

§ 57. (1) Die Abmessungen von Kraftfahrzeugen mit einer Bauartgeschwindigkeit von nicht mehr als 10 km/h dürfen nicht überschreiten:
1. eine größte Höhe von .... 3,8 m,
2. eine größte Breite von .... 2,2 m,
3. eine größte Länge von .... 10,0 m.

(2) Die im Abs. 1 angeführten Fahrzeuge müssen mindestens eine Bremsanlage aufweisen, mit der es dem Lenker möglich ist, auch bei höchster zulässiger Belastung des Fahrzeuges, auf allen in Betracht kommenden Steigungen und Gefällen und auch beim Ziehen von Anhängern bei jeder Fahrgeschwindigkeit diese, der jeweiligen Verkehrslage entsprechend, sicher, schnell und auf eine möglichst geringe Entfernung bis zum Stillstand des Fahrzeuges zu verringern und das unbeabsichtigte Abrollen des Fahrzeuges auszuschließen.

(3) Die im Abs. 1 angeführten Fahrzeuge und ihre Breite müssen während der Dämmerung, bei Dunkelheit oder Nebel oder dann, wenn es die Witterung sonst erfordert, unbeschadet der Bestimmungen des § 60 Abs. 3 letzter Satz der StVO. 1960, durch zwei Leuchten anderen Straßenbenützern deutlich erkennbar gemacht sein, mit denen nach vorne weißes und nach hinten rotes Licht ausgestrahlt wird. Wenn diese Leuchten mit dem Fahrzeug dauernd fest verbunden sind, müssen sie symmetrisch zur Längsmittelebene des Fahrzeuges und so angebracht sein, daß die äußersten Punkte ihrer Leuchtflächen nicht mehr als 40 cm vom äußersten Rand des Fahrzeuges entfernt sind und die obersten Punkte ihrer Leuchtflächen nicht mehr als 120 cm über der Fahrbahn liegen.

(4) Die im Abs. 1 angeführten Fahrzeuge müssen hinten mit mindestens zwei roten Rückstrahlern ausgerüstet sein, mit denen anderen Straßenbenützern das Fahrzeug erkennbar gemacht und das richtige Abschätzen seiner Breite ermöglicht werden kann. Die Rückstrahler dürfen nicht die Form eines Dreiecks haben und müssen symmetrisch zur Längsmittelebene des Fahrzeuges und so angebracht sein, daß die innersten Punkte ihrer Lichteintrittsflächen mindestens 30 cm von der Längsmittelebene des Fahrzeuges und die äußersten Punkte ihrer Lichteintrittsflächen höchstens 40 cm vom äußersten Rand des Fahr-

4/2. KDV
§§ 57 – 58

zeuges entfernt sind und daß die obersten Punkte ihrer Lichteintrittsflächen nicht mehr als 90 cm über der Fahrbahn liegen. Für diese Rückstrahler gelten die Bestimmungen des § 16 Abs. 1 und 2.

(5) Einspurige Fahrzeuge müssen nur mit je einer im Abs. 3 angeführten Beleuchtungseinrichtung und einem im Abs. 4 angeführten Rückstrahler ausgerüstet sein.

(6) Die im § 96 Abs. 1 KFG 1967 angeführte Tafel muß nach dem Muster der Anlage 8 ausgeführt sein. Die Aufschrift nach dem Muster der Anlage 8 kann auch in anderer Weise als auf einer Tafel am Fahrzeug angeführt werden, wenn die Aufschrift sonst dem § 96 Abs. 1 KFG 1967 entspricht.

(7) Der mit A-bewertete Schallpegel des Betriebsgeräusches eines Kraftfahrzeuges mit einer Bauartgeschwindigkeit von nicht mehr als 10 km/h darf 75 dB(A), gemessen nach Anlage 1c, nicht überschreiten. *(BGBl II 2001/414)*

Höchste zulässige Fahrgeschwindigkeit

§ 58. (1) Beim Verwenden von Kraftfahrzeugen auf Straßen mit öffentlichem Verkehr dürfen folgende Geschwindigkeiten nicht überschritten werden:

1. Im Hinblick auf das Fahrzeug

a) mit Kraftwagen einschließlich Gelenkbussen und Sattelkraftfahrzeugen, jeweils mit einem höchsten zulässigen Gesamtgewicht von mehr als 3 500 kg, ausgenommen Omnibusse „und ausgenommen Feuerwehrfahrzeuge, Rettungs- und Krankentransportfahrzeuge und Fahrzeuge des öffentlichen Sicherheitsdienstes, jeweils mit einer zulässigen Gesamtmasse von nicht mehr als 5 500 kg"... 70 km/h, auf Autobahnen „und Autostraßen".... 80 km/h,

(BGBl II 2007/275; BGBl II 2014/290)

b) mit Omnibussen, ausgenommen Gelenkbusse .... 80 km/h, auf Autobahnen „und Autostraßen"... 100 km/h,

(BGBl II 2001/414; BGBl II 2007/275)

c) mit Kraftfahrzeugen und Anhängern, die mit Spikesreifen (§ 4 Abs. 5) versehen sind .... 80 km/h, auf Autobahnen und Autostraßen ...... 100 km/h,

(BGBl II 2016/287)

d) mit Zugmaschinen mit einer Bauartgeschwindigkeit von mehr als 50 km/h, wenn die größte Breite von 2,55 m überschritten wird .... 50 km/h;

(BGBl II 2021/161)

2. im Hinblick auf das Ziehen von Anhängern und das Abschleppen von Kraftfahrzeugen

a) beim Ziehen von nicht zum Verkehr zugelassenen

aa) Anhängern .... 10 km/h,

bb) Anhängern im Rahmen eines land- oder forstwirtschaftlichen Betriebes gemäß § 62 Abs. 4... 25 km/h,

cc) land- oder forstwirtschaftlichen (lof) Anhänger-Arbeitsmaschinen .... 25 km/h, *(BGBl II 2011/432)*

b) beim Ziehen von Anhängern, mit denen Wirtschaftsfuhren mit über die äußersten Punkte des Fahrzeuges hinausragender Ladung (§ 59 Abs. 3) durchgeführt werden, ... 25 km/h, *(BGBl II 2007/275)*

c) beim Abschleppen von Kraftfahrzeugen, außer in den in der lit. d angeführten Fällen .... 40 km/h,

d) beim Abschleppen von Kraftfahrzeugen durch Spezialkraftwagen für den Pannendienst oder durch Kraftfahrzeuge für den Abschleppdienst mit einer in das Zugfahrzeug dauerhaft integrierten Abschleppeinrichtung (Hubbrille), wobei das abgeschleppte Kraftfahrzeug teilweise hochgehoben ist und die nicht hochgehobenen Räder auf der Fahrbahn laufen .... 60 km/h, auf Autobahnen und Autostraßen ...... 70 km/h,

e) bei anderen als in der lit. a, b oder f angeführten Kraftwagenzügen .... 70 km/h, auf Autobahnen „und Autostraßen"...... 80 km/h,

(BGBl II 2004/129; BGBl II 2007/275)

f) beim Ziehen eines anderen als leichten Anhängers, wenn die Summe der höchsten zulässigen Gesamtgewichte beider Fahrzeuge 3 500 kg nicht übersteigt .... 80 km/h, auf Autobahnen und Autostraßen ...... 100 km/h,

(BGBl II 2014/290)

g) beim Ziehen eines leichten Anhängers .... 100 km/h,

h) beim Ziehen von Anhängern mit Zugmaschinen mit einer Bauartgeschwindigkeit von mehr als 30 km/h, für die eine Ausnahmegenehmigung wegen der Bremsverzögerung vorliegt .... 25 km/h;

(BGBl II 2004/129)

3. im Hinblick auf die Beförderung von bestimmten Arten von Gütern oder die Verwendung besonderer Fahrzeuge

a) bei Wirtschaftsfuhren mit über die äußersten Punkte des Fahrzeuges hinausragender Ladung (§ 59 Abs. 3) .... 25 km/h,

(BGBl II 1997/80)

b) bei Langgutfuhren .... 50 km/h, auf Autobahnen und Autostraßen .... „80 km/h",

(BGBl II 2006/334; BGBl II 2019/172)

c) bei Großviehtransporten .... 70 km/h,

auf Autobahnen und Autostraßen .... 80 km/h,
(BGBl II 2010/124)

d) bei Transporten von abgebauten Schneidwerken durch Mähdrescher mit vom Fahrzeughersteller dafür vorgesehenen gezogenen Geräten .... 25 km/h,
(BGBl II 2004/129)

e) bei Fahrten gemäß
- § 52 Abs. 5, sofern durch die Geräte, zusätzlichen Aufbauten, usw. die Breite der Zugmaschine seitlich jeweils um mehr als 20 cm überschritten wird, oder das Gerät, der Aufbau, usw. breiter als 2,55 m ist,
- „§ 52 Abs. 5a, sofern die Fahrt im Ortsgebiet, bei Dunkelheit oder schlechter Sicht oder auf engen und kurvenreichen Strecken (§ 52 Abs. 5 lit. a) durchgeführt wird," *(BGBl II 2016/287)*
- § 54 Abs. 2 sowie
- beim Ziehen von gezogenen auswechselbaren Maschinen, sofern für diese bei der Genehmigung und Zulassung nicht ein höherer Wert festgesetzt worden ist............25 km/h.

(BGBl II 2010/458; BGBl II 2016/287)
(BGBl II 2004/535)

(2) Mit Kraftfahrzeugen, für die besondere Bestimmungen des Kraftfahrgesetzes 1967 und der auf Grund dieses Bundesgesetzes erlassenen Verordnungen nur gelten, wenn nach ihrer Bauart und Ausrüstung dauernd gewährleistet ist, daß mit ihnen auf gerader, waagrechter Fahrbahn bei Windstille eine bestimmte Geschwindigkeit nicht überschritten werden kann, dürfen diese Geschwindigkeiten nicht überschritten werden.

Verwendung von Ersatzvorrichtungen für Scheinwerfer, Leuchten und Rückstrahler

§ 58a. Die im § 99 Abs. 2 des Kraftfahrgesetzes 1967 angeführten Ersatzvorrichtungen für vorgeschriebene Scheinwerfer, Leuchten und Rückstrahler müssen hinsichtlich der Wirksamkeit und der Anbringung den Bestimmungen für die durch sie ersetzten Ausrüstungsgegenstände entsprechen.

Kennzeichnung als Fahrzeug eines Arztes

§ 58b. Ein Fahrzeug gilt als während der Einsatzfahrt anderen Straßenbenützern als Fahrzeug eines Arztes erkennbar (§ 99 Abs. 8 des Kraftfahrgesetzes 1967), wenn folgende Voraussetzungen erfüllt sind:
1. das Fahrzeug muß aufweisen:
   a) ein von innen beleuchtetes, mindestens 18 cm langes und mindestens 10 cm hohes Schild mit der aus durchscheinendem Material bestehenden Aufschrift „Arzt" aufeinander gegenüberliegenden Seiten oder
   b) vorne und hinten je ein Schild nach lit. a mit der Aufschrift „Arzt" nur auf einer Seite,
2. das in der Z. 1 lit. a angeführte Schild muß auf der vorderen Hälfte des Daches angebracht sein,
3. die in der Z. 1 angeführten Schilder müssen gut sichtbar, senkrecht zur Längsmittelebene des Fahrzeuges und annähernd lotrecht und so angebracht sein, daß bei der Annäherung an das Fahrzeug von vorne oder von hinten die Aufschrift „Arzt" jeweils deutlich wahrnehmbar ist,
4. das aus dem Schild (Z. 1 lit. a) oder aus den beiden Schildern (Z. 1 lit. b) austretende Licht muß gelbrot (§ 9 lit. c) sein und darf nicht blenden.

Beladung

§ 59. (1) Der äußerste Punkt eines über den vordersten oder den hintersten Punkt des Fahrzeuges hinausragenden Teiles der Ladung (§ 101 Abs. 4 des Kraftfahrgesetzes 1967) muß durch eine 25 cm x 40 cm große, weiße Tafel mit einem roten, 5 cm breiten Rand erkennbar gemacht sein. Die hinten an der Beladung angebrachte Tafel muss annähernd lotrecht und senkrecht zur Längsmittelebene des Fahrzeuges eingestellt sein und darf nicht mehr als 90 cm über der Fahrbahn liegen. Ihr roter Rand muss rückstrahlend sein. Die Anbringung dieser Tafel ist jedoch nicht erforderlich, wenn reflektierende Warnmarkierungen gemäß § 52 Abs. 5 lit. c angebracht sind. Während der Dämmerung, bei Dunkelheit oder Nebel oder dann, wenn es die Witterung sonst erfordert, müssen die äußersten Punkte der Ladung mit je einer Leuchte und einem Rückstrahler versehen sein; mit der vorne angebrachten Leuchte muss nach vorne weißes, mit der hinten angebrachten nach hinten rotes Licht ausgestrahlt werden; mit dem vorne angebrachten Rückstrahler muss im Licht eines Scheinwerfers nach vorne weißes oder gelbes, mit dem hinten angebrachten nach hinten rotes Licht rückgestrahlt werden können. *(BGBl II 2006/334)*

(2) Im Antrag auf Erteilung der im § 101 Abs. 5 des Kraftfahrgesetzes 1967 angeführten Bewilligung ist anzugeben, in welcher Weise der beabsichtigte Transport die höchsten zulässigen Abmessungen, Gesamtgewichte oder Achslasten überschreitet und auf welchen Straßenzügen und aus welchem Grund er durchgeführt werden soll.

(3) Bei Wirtschaftsfuhren (§ 30 der Straßenverkehrsordnung 1960) darf die Ladung über die äußersten Punkte des Fahrzeuges hinausragen, wenn die Breite des Fahrzeuges samt der Ladung 3,5 m und die Länge des Fahrzeuges samt der Ladung 12 m nicht überschreitet. Über den seitlichen Rand des Fahrzeuges darf nur eine nicht

starre Ladung, wie Heu, Stroh, Schilf im ungepreßten Zustand und dergleichen, hinausragen.

(4) Bei Großviehtransporten dürfen bei Querverladung der Tiere deren Köpfe über den äußersten Rand des Fahrzeuges hinausragen, wenn eine Beschmutzung anderer Straßenbenützer und eine Verletzung der beförderten Tiere vermieden wird.

(5) Wenn bei den im § 101 Abs. 2 des Kraftfahrgesetzes 1967 angeführten Transporten die Ladung die größte Breite des Fahrzeuges überragt, muß während der Dämmerung, bei Dunkelheit oder Nebel oder dann, wenn es die Witterung sonst erfordert, der äußerste Rand des Teiles der Ladung, der den äußersten Punkt der Leuchtfläche einer Begrenzungsleuchte oder einer Schlußleuchte seitlich um mehr als 40 cm überragt, für jede dieser Leuchten mit einer weiteren Begrenzungsleuchte oder Schlußleuchte sowie mit einem Rückstrahler versehen sein; mit diesem Rückstrahler muß, wenn er nach vorne gerichtet ist, im Licht eines Scheinwerfers weißes, wenn er nach hinten gerichtet ist, rotes Licht rückgestrahlt werden können. Bei Boot- und Flugzeugtransporten (§ 101 Abs. 2 KFG 1967) darf die Ladung über die größte Breite des Fahrzeuges hinausragen, wenn die größte Breite des Fahrzeuges samt der Ladung 2,55 m nicht überschreitet und die Entfernung des äußersten Punktes der Lichtaustritts- oder Leuchtfläche der Beleuchtungseinrichtungen von dem äußersten Rand der Ladung nicht mehr als 40 cm beträgt (§ 14 Abs. 9 lit. b oder c KFG 1967). Bei anderen Transporten darf die Ladung über die größte Breite des Fahrzeuges seitlich jeweils um nicht mehr als 20 cm hinausragen, wenn die größte Breite des Fahrzeuges samt der Ladung 2,55 m nicht überschreitet und die über das Fahrzeug hinausragenden Ladungsteile deutlich gekennzeichnet sind. *(BGBl II 1997/427)*

Aufschrift „Dienstkraftwagen"

§ 60. (1) Die im § 103 Abs. 6 des Kraftfahrgesetzes 1967 angeführten Personenkraftwagen müssen die Aufschrift „Dienstkraftwagen" nach dem in der Anlage 9 festgesetzten Muster führen.

(2) *entfällt.*

Berechnung der Risikoeinstufung (§ 103c KFG 1967)

§ 60a. (1) „Für die Berechnung der Risikoeinstufung werden die Verstöße gegen die Verordnungen (EG) Nr. 561/2006 und (EU) Nr. 165/2014 oder gegen das AETR der letzten drei Jahre berücksichtigt. Die Verstöße werden nach Maßgabe des § 134 Abs. 1b KFG (Anhang III der Richtlinie 2006/22/EG) und der Verordnung (EU) 2016/403 nach ihrer Schwere gewichtet. Schwerste (MSI) und sehr schwere Verstöße (VSI) werden mit dem Faktor 40, schwere Verstöße (SI) werden mit dem Faktor 10 und leichte Verstöße (MI) werden mit dem Faktor 1 gewichtet." Zusätzlich werden die Verstöße im letzten Jahr mit Faktor 3, im vorletzten Jahr mit Faktor 2 und im vorvorletzten Jahr mit Faktor 1 gewichtet. Die sich daraus ergebende Summe wird durch die Anzahl der Kontrollen in den einzelnen Jahren dividiert. Das Ergebnis bildet den Wert für die Risikoeinstufung. *(BGBl II 2019/172)*

(2) Liegt der ermittelte Wert für die Risikoeinstufung eines Unternehmens im Bereich der unteren 30 % in Relation zu allen im Risikoeinstufungssystem erfassten Unternehmen, so liegt eine geringe Risikoeinstufung vor. Liegt der Wert für die Risikoeinstufung im Bereich der oberen 20 % in Relation zu allen im Risikoeinstufungssystem erfassten Unternehmen, so liegt eine hohe Risikoeinstufung vor.

(BGBl II 2014/290)

Ziehen von zum Verkehr zugelassenen Anhängern

§ 61. (1) Beim Ziehen von Anhängern mit Kraftfahrzeugen mit einer Bauartgeschwindigkeit von mehr als 25 km/h muß bei der Betätigung der Betriebsbremsanlage eine mittlere Verzögerung von mindestens 3,5 m/s^2 erreicht werden können. Beim Ziehen von Anhängern mit einem Kraftfahrzeugen mit einer Bauartgeschwindigkeit von mehr als 25 km/h muß mit der Feststellbremsanlage des Zugfahrzeuges allein das Abrollen des Kraftwagenzuges oder Sattelkraftfahrzeuges auf einer Steigung oder einem Gefälle von mindestens 12 vH dauernd verhindert werden können. Anhänger, die gemäß § 6 Abs. 10 KFG 1967 eine Bremsanlage haben müssen, dürfen nur gezogen werden, wenn deren Wirksamkeit dem Gesamtgewicht des Anhängers entsprechend eingestellt worden ist, sofern dies nicht selbsttätig erfolgt. Das Ziehen von Anhängern, die als einzige Bremsanlage eine Auflaufbremsanlage haben, ist nur zulässig, wenn das Gesamtgewicht des Anhängers weder das höchste zulässige Gesamtgewicht des Zugfahrzeuges – bei geländegängigen Fahrzeugen der Klasse M1 oder N1 das 1,5 fache dieses Wertes maßgebend – noch den bei der Genehmigung festgesetzten Wert, bei Fahrzeugen mit ausländischen Kennzeichen den im Zulassungsschein oder dem Zulassungsschein gleichwertigen ausländischen Fahrzeugdokument eingetragenen Wert, übersteigt. *(BGBl II 2004/129)*

(2) Zwei Anhänger dürfen, unbeschadet der Abs. 3 und 4, nur gezogen werden, wenn die Betriebsbremsanlage des Zugfahrzeuges und die im § 6 Abs. 10 KFG 1967 angeführte Anhängerbremsanlage eine Druckluftbremsanlage oder eine dieser gleichwertigen Bremsanlage ist und wenn der

erste Anhänger nicht mehr als zwei Achsen aufweist.

(3) Zwei Anhänger dürfen nur gezogen werden mit

a) Kraftwagen, ausgenommen Omnibusse, mit einem Eigengewicht von mehr als 4 500 kg,

b) Zugmaschinen mit einer Bauartgeschwindigkeit von nicht mehr als 25 km/h, wenn die Summe der höchsten zulässigen Gesamtgewichte der Anhänger 7000 kg nicht überschreitet, oder *(BGBl II 2001/414)*

c) Zugmaschinen im Rahmen eines land- und forstwirtschaftlichen Betriebes.

(4) Mit Zugmaschinen dürfen im Rahmen eines land- und forstwirtschaftlichen Betriebes zwei Anhänger auch gezogen werden, ohne dass die Betriebsbremsanlagen der Zugfahrzeuges und der im § 6 Abs. 10 KFG 1967 angeführten Bremsanlagen der Anhänger Druckluftbremsanlagen oder diesen gleichwertige Bremsanlagen sind, wenn die Bremsanlage des ersten Anhängers vom Lenker des Zugfahrzeuges ohne Gefährdung der Verkehrs- und Betriebssicherheit betätigt werden kann und der zweite Anhänger zumindest durch eine Auflaufbremsanlage gebremst werden kann. *(BGBl II 2007/275)*

(5) Unabhängig vom Zugfahrzeug zu lenkende Anhänger dürfen nur von Personen gelenkt werden, die mit der Lenkung und der Handhabung der sonstigen Betätigungsvorrichtungen des Anhängers vertraut sind.

(6) Mit Zugmaschinen, an denen hinten zusätzliche Sitze angebracht sind, dürfen Anhänger nur gezogen werden, wenn zwischen den hintersten Punkten der Sitze, auf denen Personen befördert werden, oder den zu diesen Sitzen gehörigen Anhaltevorrichtungen oder Fußstützen und dem vordersten Punkt des Anhängers, die Anhängerdeichsel nicht mitgerechnet, oder der über den Anhänger hinausragenden Ladung, parallel zur Längsmittelebene des Fahrzeuges gemessen, ein Abstand von mindestens 170 cm besteht. Mit Zugmaschinen dürfen Einachsanhänger nur gezogen werden, wenn dabei die Summe der Radlasten der lenkbaren Räder der Zugmaschine ein Fünftel ihres Eigengewichtes nicht unterschreitet.

(7) Omnibusanhänger dürfen nur mit Zugfahrzeugen gezogen werden, deren höchstes zulässiges Gesamtgewicht um mindestens ein Viertel höher ist als das des Anhängers oder deren Bauartgeschwindigkeit nicht mehr als 25 km/h beträgt. *(BGBl II 2007/275)*

(8) Beim Ziehen von Anhängern, mit denen eine Geschwindigkeit von 30 km/h überschritten werden darf, mit Omnibussen, Lastkraftwagen, Sattelzugfahrzeugen und Spezialkraftwagen muss der Motor des Zugfahrzeuges für je 1 000 kg der Summe der höchsten zulässigen Gesamtgewichte des Zugfahrzeuges und der Anhänger eine Motorleistung von mindestens 5 kW erreichen. Dies gilt jedoch nicht bei Transporten, die die Grenzwerte des § 4 KFG überschreiten und aufgrund einer Ausnahmebewilligung des Landeshauptmannes im Sinne der §§ 39, 101 Abs. 5 oder 104 Abs. 9 durchgeführt werden dürfen. Beim Ziehen von Anhängern, mit denen eine Geschwindigkeit von 30 km/h überschritten werden darf, außer solchen unbeladenen Anhängern, die zur Verwendung im Bereich des Bundesheeres oder der Heeresverwaltung bestimmt sind, mit Lastkraftwagen mit einer beschränkten Ladefläche, die ausschließlich oder vorwiegend zum Ziehen von Anhängern auf für den Fahrzeugverkehr bestimmten Landflächen bestimmt sind, muss der Motor des Zugfahrzeuges für je 1 000 kg der Summe der höchsten zulässigen Gesamtgewichte des Zugfahrzeuges und der Anhänger eine Leistung von mindestens 2 kW erreichen. *(BGBl II 2004/129)*

(9) Das Ziehen von Anhängern mit Kraftwagen, die mit Spikes reifen (§ 4 Abs. 5) versehen sind, ist nur zulässig, wenn auch die Anhänger mit Spikesreifen versehen sind.

(10) *(entfällt, BGBl II 2001/414)*

(11) Der parallel zur Längsachse eines Kraftwagenzuges gemessene größte Abstand zwischen dem vordersten äußeren Punkt der Ladefläche hinter dem Führerhaus und dem hintersten äußeren Punkt des Anhängers, abzüglich des Abstandes zwischen der hinteren Begrenzung des Kraftfahrzeuges und der vorderen Begrenzung des Anhängers darf 15,65 m nicht übersteigen.

(12) Der parallel zur Längsachse eines Kraftwagenzuges gemessene größte Abstand zwischen dem vordersten äußeren Punkt der Ladefläche hinter dem Führerhaus und dem hintersten äußeren Punkt des Anhängers darf 16,40 m nicht übersteigen. *(BGBl II 1997/427)*

Ziehen von nicht zum Verkehr zugelassenen Anhängern

§ 62. (1) Nicht zum Verkehr zugelassene Anhänger dürfen mit einem Kraftfahrzeug ohne Bewilligung des Landeshauptmannes (§ 104 Abs. 7 des Kraftfahrgesetzes 1967) nur gezogen werden, wenn ihre Abmessungen, Gesamtgewichte und Achslasten die im § 4 Abs. 6 bis 8 und im § 104 Abs. 9 des Kraftfahrgesetzes 1967 angeführten Werte nicht überschreiten und wenn

1. hinten am Anhänger die Aufschrift „10 km" vollständig sichtbar angebracht ist; für diese Aufschrift gilt § 57 Abs. 6 sinngemäß,

2. der Anhänger hinten mit zwei nicht mehr als 90 cm über der Fahrbahn liegenden Rückstrahlern gemäß § 16 Abs. 1 KFG 1967 und, bei Anhängern, die breiter sind als das Zugfahrzeug, vorne mit zwei weißen Rückstrahlern ausgerüstet ist; diese Rückstrahler müssen so am äußersten

4/2. KDV
§§ 62 – 63

Rand des Fahrzeuges angebracht sein, daß dadurch dessen größte Breite anderen Straßenbenützern erkennbar gemacht ist,

3. ihr Gesamtgewicht nicht übersteigt

a) bei Anhängern ohne Bremsanlage bei Zugfahrzeugen mit auf alle Räder wirkender Betriebsbremsanlage das Dreifache, bei anderen Zugfahrzeugen das Doppelte des Eigengewichtes des Zugfahrzeuges, höchstens jedoch 6 000 kg,

b) bei Anhängern mit einer Bremsanlage, unbeschadet der lit. c, das Vierfache des Eigengewichtes des Zugfahrzeuges,

c) bei Anhängern mit einer Auflaufbremsanlage und einem Gesamtgewicht von mehr als 3 000 kg das Doppelte des Eigengewichtes des Zugfahrzeuges,

4. bei Anhängern, deren Länge einschließlich einer Deichsel 6 m übersteigt, und bei Nachläufern an beiden Längsseiten je ein nicht mehr als 90 cm über der Fahrbahn liegender gelbroter Rückstrahler angebracht ist,

5. beim Ziehen von zwei Anhängern beide gebremst sind *(BGBl II 1997/80)*

6. beim Ziehen eines zugelassenen oder eines nicht zugelassenen Anhängers gemäß Abs. 4 und eines nicht zugelassenen Anhängers gemäß Abs. 1 das Gesamtgewicht des letzten Anhängers das Gesamtgewicht des vorderen Anhängers nicht übersteigt. *(BGBl II 1997/80)*

(1a) Beim Ziehen von nicht zum Verkehr zugelassenen landwirtschaftlichen Anhänger-Arbeitsmaschinen, gezogenen auswechselbaren Maschinen oder gezogenen Geräten sind hinsichtlich der zulässigen Breite die Werte des § 54 Abs. 1 (3,30 m) maßgebend. Bei einer Breite von mehr als 2,55 m sind die Bestimmungen des § 54 Abs. 2 erster Satz anzuwenden. *(BGBl II 2011/432)*

(2) Für die im Abs. 1 angeführten Anhänger gilt § 57 Abs.3 sinngemäß.

(3) Beim Ziehen von im Abs. 1 angeführten Anhängern gilt § 61 Abs. 6 zweiter Satz sinngemäß.

(4) Unbeschadet des Abs. 1 dürfen nicht zum Verkehr zugelassene Anhänger mit einem Gesamtgewicht von nicht mehr als 18 000 kg mit einer Zugmaschine im Rahmen eines land- und forstwirtschaftlichen Betriebes ohne Bewilligung des Landeshauptmannes (§ 104 Abs. 7 des Kraftfahrgesetzes 1967) mit einer Geschwindigkeit bis zu 25 km/h gezogen werden, wenn ihre Abmessungen und Achslasten die im § 4 Abs. 6 bis 8 und im § 104 Abs. 9 des Kraftfahrgesetzes 1967 angeführten Werte nicht überschreiten und wenn die folgenden Voraussetzungen erfüllt sind.

1. Der Anhänger muß eine Bremsanlage haben, die auf alle Räder wirkt, wenn die Betriebsbremsanlage des Zugfahrzeuges betätigt wird; diese muß auch bei Stillstand des Motors des Zugfahrzeuges wirksam sein. Die Wirksamkeit dieser Bremsanlage muß mindestens den Anforderungen des § 3i Abs. 4 entsprechen und dem Gesamtgewicht des Anhängers ensprechend eingestellt sein, sofern dies nicht selbsttätig erfolgt. Bei Anhängern bis zu einem Höchstgewicht von 3 500 kg kann diese Bremsanlage auch eine Auflaufbremse sein.

2. Weiters muß die Bremsanlage des Anhängers so feststellbar sein, daß das Abrollen des Anhängers mit ihr, auch wenn er nicht mit dem Zugfahrzeug verbunden ist, durch eine ausschließlich mechanische Vorrichtung dauernd verhindert werden kann.

3. Der Anhänger muß über ein Herstellerschild verfügen, aus dem wenigstens

– die Fahrgestellnummer,

– das Baujahr,

– das Höchstgewicht des Anhängers und

– die Angabe des Anhängerherstellers über die Wirksamkeit der Bremsanlage (§ 3i Abs. 4 und § 3k) ersichtlich sind.

4. Der Anhänger muß hinten mit einer geraden Anzahl von Schlußleuchten und Rückstrahlern gemäß § 16 Abs. 1 KFG 1967 und Fahrtrichtungsanzeigern gemäß § 19 Abs. 1 KFG 1967 ausgerüstet sein. Bei Anhängern, deren Abmessungen so gering sind, daß die Blinkleuchten des Zugfahrzeuges für Lenker nachfolgender Fahrzeuge sichtbar bleiben, sind Fahrtrichtungsanzeiger jedoch nicht erforderlich. Bei Anhängern, deren Länge einschließlich einer Deichsel 6 m übersteigt, und bei Nachläufern muß an beiden Längsseiten je ein nicht mehr als 90 cm über der Fahrbahn liegender gelbroter Rückstrahler angebracht sein.

5. Am Anhänger muß hinten vollständig sichtbar die Aufschrift „25 km" angebracht sein; für diese Aufschrift gilt § 57 Abs. 6 sinngemäß. *(BGBl II 1997/80)*
(BGBl II 2002/376)

Personenbeförderung

§ 63. (1) Mit Anhängewagen, die mit Zugmaschinen oder Motorkarren gezogen werden, und mit Einachszugmaschinen, die mit einem Anhänger so verbunden sind, dass sie mit diesem ein einziges Kraftfahrzeug bilden, dürfen im Rahmen eines land- und forstwirtschaftlichen Betriebes von und zu der Arbeitsstätte höchstens acht Personen befördert werden. Dabei darf eine Geschwindigkeit von 40 km/h nicht überschritten werden. *(BGBl II 2007/275)*

(2) Motorräder, die dazu bestimmt sind, dass auf ihnen ein Lehrender einen Fahrschüler im Sinne des § 114 Abs. 4 Z 5 lit. b KFG 1967 begleitet, sind im Sinne des § 114 Abs. 3 KFG 1967 mit der Maßgabe zu kennzeichnen, dass an Stelle

des Buchstabens „L" die Aufschrift „Fahrlehrer" angebracht sein muss. *(BGBl II 2010/124)*

(3) Die Beförderung von Personen mit zum Verkehr zugelassenen Anhängern, die zur Verwendung für Möbeltransporte bestimmt sind, ist nur zulässig, wenn

a) der Anhänger ein Anhängewagen oder ein Sattelanhänger ist,

b) die Personen auf Sitzen befördert werden, die mit dem Fahrzeug fest verbunden sind und die dem § 26 Abs. 2 des Kraftfahrgesetzes 1967 entsprechen,

c) der Anhänger eine Bremsanlage aufweist, die vom Lenker des Zugfahrzeuges ohne Gefährdung der Verkehrs- oder Betriebssicherheit unmittelbar betätigt werden kann,

d) zwischen den beförderten Personen und dem Lenker des Zugfahrzeuges eine Verständigungsmöglichkeit gegeben ist und

e) bei geschlossenen Anhängern, der für die Beförderung von Personen bestimmte Raum gut lüftbar und gegen das Eindringen von Staub, Rauch und Dämpfen geschützt ist.

(4) Schülertransporte (§ 106 Abs. 10 zweiter Satz KFG 1967) mit geschlossenen Personenkraftwagen oder Kombinationskraftwagen, bei denen bei der Genehmigung als größte zulässige Anzahl der beförderten Personen außer dem Lenker acht Personen festgesetzt wurde, sind nur zulässig, wenn

1. die Schüler auf mit dem Fahrzeug fest verbundenen Sitzen befördert werden und jeder Sitzplatz mit einem Sicherheitsgurt ausgerüstet ist,

2. der Lenker von seinem Platz aus anhand einer Leuchte erkennen kann, dass alle Türen ordnungsgemäß geschlossen sind,

3. das Fahrzeug mit zwei Hauptaußenspiegeln gemäß Anhang III der Richtlinie 2003/97/EG über Rückspiegel an Kraftfahrzeugen ausgerüstet ist, die dem Lenker ein einwandfreies Einsehen des Sichtfeldes nach hinten und der hinteren Einstiegsbereiche einschließlich des sich darunter befindlichen Fahrbahnteiles ermöglichen; ist dies mit den herkömmlichen zwei Hauptaußenspiegeln nicht möglich, so muss das Fahrzeug mit zusätzlichen Rückblickspiegeln (Anfahrspiegeln im Sinne des Anhanges III der Richtlinie 2003/97/EG) mit einer Mindestgröße von 200 cm² ausgerüstet sein, die ein einwandfreies Einsehen der hinteren Einstiegsbereiche einschließlich des sich darunter befindlichen Fahrbahnteiles ermöglichen. *(BGBl II 2007/275)*

(5) Zum Ausbilden von Bewerbern um eine Lenkberechtigung für Fahrzeuge der Klassen B+E, C+E, C1+E und D+E dürfen nur solche Fahrzeugkombinationen verwendet werden, die den Anforderungen der Fahrprüfungsverordnung, BGBl. II Nr. 321/1997, idF BGBl. II Nr. 307/2009, für Prüfungsfahrzeuge für die jeweilige Lenkberechtigungsklasse entsprechen (§ 7 und § 17 Abs. 3), wobei als Zugfahrzeug für die Klassen C+E und D+E jedenfalls auch ein Fahrzeug verwendet werden darf, das die Anforderungen der Abs. 2 oder 2a erfüllt. *(BGBl II 2010/124)*

Beschaffenheit der Schulfahrzeuge

§ 63a. (1) Kraftwagen, die zur Verwendung als Schulfahrzeuge im Sinne des § 112 Abs. 3 KFG 1967 bestimmt sind, müssen mit Vorrichtungen ausgerüstet sein, mit denen der neben dem Lenker Sitzende während der Fahrt die Kupplung, die Betriebsbremsanlage und die Hilfsbremsanlage betätigen kann; die Lenkvorrichtung muss sich in seiner Reichweite befinden. Bei Omnibussen ist es ausreichend, wenn die Betriebsbremsanlage von dem neben dem Lenker Sitzenden betätigt werden kann. Sie müssen, unbeschadet der Bestimmung des Abs. 4 letzter Satz, mit mindestens einem Rückfahrscheinwerfer und mit Rückblickspiegeln ausgerüstet sein, die es dem neben dem Lenker Sitzenden ermöglichen, von seinem Platz aus den Straßenbereich neben und hinter dem Fahrzeug, auch wenn dieses voll besetzt oder beladen ist, ausreichend zu überblicken. Bei anderen als im Abs. 4 angeführten Kraftwagen müssen der Lenkersitz und der Sitz neben dem Lenkersitz unabhängig voneinander verstellbar sein. *(BGBl II 2008/220)*

(2) Schulfahrzeuge, die zum Ausbilden von Bewerbern um eine Lenkberechtigung für Kraftfahrzeuge der Klasse C bestimmt sind, müssen mindestens aufweisen:

1. ein höchstes zulässiges Gesamtgewicht von 10 000 kg,

2. eine Länge von 7 m,

3. eine Breite von 2,4 m,

4. einen Radstand von 3,5 m,

5. ein mehrstufiges Gruppengetriebe und

6. zwei Plätze für zu befördernde Personen.

Zum Ausbilden von Bewerbern um eine Lenkberechtigung für die Klasse C dürfen nur Lastkraftwagen verwendet werden. Zum Ausbilden von Bewerbern um eine Lenkberechtigung der Klassen C und E dürfen nur verwendet werden:

1. Lastkraftwagen mit Anhängern mit einer Gesamtlänge von mindestens 12 m, wenn die Summe der höchsten zulässigen Gesamtgewichte mindestens 18 000 kg beträgt oder

2. Sattelkraftfahrzeuge mit einer Gesamtlänge von mindestens 12 m, wenn die Summe der höchsten zulässigen Gesamtgewichte abzüglich der größeren der höchsten zulässigen Sattellasten beider Fahrzeuge, wenn diese gleich sind einer dieser Sattellasten mindestens 18 000 kg beträgt.

(2a) Als Schulfahrzeuge, die zum Ausbilden von Bewerbern um eine Lenkberechtigung für Kraftfahrzeuge der Klasse D bestimmt sind, dürfen nur Omnibusse mit einer Länge von mindestens 9 m verwendet werden. „Als Schulfahrzeuge für die Klasse D1 dürfen Schulfahrzeuge für die Klasse D oder Omnibusse eingesetzt werden, die als Prüfungsfahrzeuge für die Klasse D1 verwendet werden dürfen (§ 7 Abs. 2 Z 4.2 FSG-PV)." *(BGBl II 1997/427; BGBl II 2019/172)*

(3) Bei Motorrädern mit Beiwagen muß der Beiwagen mit Vorrichtungen ausgerüstet sein, mit denen der im Beiwagen Sitzende die Kupplung und die auf das Hinterrad wirkende Bremse betätigen kann. Abs. 1 dritter Satz gilt sinngemäß.

(4) Zum Ausbilden von Bewerbern um eine Lenkberechtigung für die Klasse F dürfen nur Zugmaschinen oder Motorkarren jeweils mit einer Bauartgeschwindigkeit von mindestens 30 km/h sowie zugelassene Anhänger verwendet werden, deren Gesamtmasse mindestens 1 000 kg beträgt und die eine Bremsanlage gemäß § 6 Abs. 10 erster Satz KFG 1967 aufweisen. Die Zugmaschinen müssen nicht mit Rückfahrscheinwerfern ausgerüstet sein. *(BGBl II 2012/471)*

(5) Zum Ausbilden von Bewerbern um eine Lenkberechtigung für Fahrzeuge der Klassen BE, CE, C1E, DE und D1E dürfen nur solche Fahrzeugkombinationen verwendet werden, die den Anforderungen der Fahrprüfungsverordnung, BGBl. II Nr. 321/1997, idF BGBl. II Nr. 244/2012, für Prüfungsfahrzeuge für die jeweilige Lenkberechtigungsklasse entsprechen (§ 7 „ " FSG-PV), wobei als Zugfahrzeug für die Klassen CE und DE jedenfalls auch ein Fahrzeug verwendet werden darf, das die Anforderungen der Abs. 2 oder 2a erfüllt. *(BGBl II 2012/471; BGBl II 2016/287)*

(6) Für die Ausbildung zur Erlangung der Berechtigung mit Klasse B andere als leichte Anhänger zu ziehen, wobei die höchste zulässige Gesamtmasse der Fahrzeugkombination mehr als 3 500 kg aber nicht mehr als 4 250 kg beträgt (Code 96), ist ein Schulfahrzeug der Klasse B mit einem Anhänger zu verwenden. Die höchste zulässige Gesamtmasse der Fahrzeugkombination muss mehr als 3 500 kg betragen. Die höchste zulässige Gesamtmasse des Anhängers muss mindestens 1 000 kg betragen und die tatsächliche Gesamtmasse des Anhängers muss mindestens 800 kg betragen. *(BGBl II 2012/471)*

Schulfahrten zum Ausbilden von Bewerbern um eine Lenkberechtigung für die Klasse A1, A2 oder A

§ 63b. (1) Schulfahrten zum Ausbilden von Bewerbern um eine Lenkberechtigung für die Klasse A1, A2 oder A sind auf Motorrädern durchzuführen. *(BGBl II 2011/432, ab 19. 1. 2013)*

(2) Motorräder, die dazu bestimmt sind, dass auf ihnen ein Lehrender einen Fahrschüler im Sinne des § 114 Abs. 4 Z 5 lit. b KFG 1967 begleitet, sind im Sinne des § 114 Abs. 3 KFG 1967 mit der Maßgabe zu kennzeichnen, dass an Stelle des Buchstaben „L" die Aufschrift „Fahrlehrer" angebracht sein muss. *(BGBl II 2010/124)*

(3) Bei Schulfahrten im Sinne des Abs. 2 darf der Lehrende gleichzeitig nur einen Fahrschüler begleiten.

(4) Bei der Ausbildung für die Klasse A am Übungsplatz darf ein Fahrlehrer höchstes acht Kandidaten mit acht Fahrzeugen gleichzeitig ausbilden. Es dürfen Kandidaten für die Ersterteilung Klasse A1, A2 oder A sowie Klasse AM und Code 111 gleichzeitig in einer Gruppe ausgebildet werden. *(BGBl II 2019/172)*

Tarifaushang

§ 63c. (1) Der vollständige Fahrschultarif gemäß § 112 Abs. 2 KFG 1967 ist mit einem Tarifblatt, welches dem Muster der Anlage 9a entsprechen muß, anzubringen.

(2) Die im Paketpreis enthaltenen Leistungen müssen von der Fahrschule so angeboten werden, daß sie ein Fahrschüler innerhalb eines Zeitraums von mindestens drei Monaten konsumieren kann, sofern er von der Fahrschule vorgeschlagenen Termine akzeptiert.

(3) Die Preisauszeichnungspflicht erstreckt sich nur auf die Klassen und Klassenkombinationen, auf die sich auch die Fahrschulbewilligung erstreckt.

(BGBl II 1999/308)

Tafeln für Schulfahrzeuge

§ 64. Tafeln für Schulfahrzeuge (§ 114 Abs. 3 des Kraftfahrgesetzes 1967) sowie für Fahrzeuge, die für Schulfahrten (§ 20 Abs. 2 des Kraftfahrgesetzes 1967) oder für Übungsfahrten („§ 122 Abs. 7" des Kraftfahrgesetzes 1967) verwendet werden, müssen nach dem Muster der Anlage 10 ausgeführt sein. *(BGBl II 2016/287)*

Ausstattung einer Fahrschule

§ 64a. (1) Der theoretische Fahrschulunterricht darf, sofern er nicht in Demonstrationen am Fahrzeug besteht, nur in geschlossenen Räumen erteilt werden. Hiefür müssen im Sinne des § 110 Abs. 1 lit. a KFG 1967 mindestens ein Vortragssaal und ein kleinerer Unterrichtsraum für die Abhaltung von Unterricht für kleine Gruppen vorhanden sein. Vortragssaal und Unterrichtsräume müssen nach Größe, Beschaffenheit und Einrichtung einen sachgerechten Unterrichtsbetrieb zulassen. „Weiters muss ein ausreichend großer und von den Unterrichtsräumen getrennter Empfangs- und Büroraum sowie für das Personal zumindest ein Sozialraum vorhanden sein und es müssen ausreichend geschlechterspezifisch getrennte sanitäre Anlagen vorhanden sein. Fahrschulen die eine behindertengerechte Ausbildung anbieten, müssen zusätzlich über ein behindertengerechtes WC verfügen und müssen durchgehend barrierefrei gestaltet sein." *(BGBl II 2019/172)*

(2) Für die Durchführung von Fahrübungen, wie Rückwärtsfahren, Umkehren, Einfahren in Parklücken sowie für die Motorradfahrtechnikübungen, muss ein geeigneter und vom öffentlichen Verkehr getrennter Übungsplatz im Ausmaß von mindestens 2 000 m² während der Betriebszeiten der Fahrschule ständig verfügbar sein, der innerhalb einer Unterrichtseinheit praktischer Ausbildung vom Standort der Fahrschule aus erreichbar ist. Der Übungsplatz muss asphaltiert sein oder einen Belag mit gleichwertiger Festigkeit aufweisen und so gestaltet sein, dass jedenfalls die gemäß § 11 Abs. 4 Z 2 FSG erforderlichen Motorradübungen problemlos durchgeführt werden können. Ein Übungsplatz im Ausmaß von 2 000 m² kann von höchstens zwei Fahrschulen (zwei Fahrschulstandorten) genutzt werden. Ist der Übungsplatz größer, so kann er auch von mehreren Fahrschulen genutzt werden, sofern für jeweils zwei Fahrschulstandorte je 2 000 m² zur Verfügung stehen. *(BGBl II 2019/172)*

(3) „Für den theoretischen Unterricht müssen mindestens folgende Lehrmittel, oder computerunterstützte Animationen, welche via Datenprojektion vorgeführt werden können, ständig zur Verfügung stehen:" *(BGBl II 2019/172)*

1. für den Unterricht im Sinne des § 11 Abs. 2 Z 1 und Z 2 FSG: Anschauungsmaterial über Verkehrsvorschriften, wie Verkehrszeichen, Fahrregeln, über Unfallkunde, sowie zur statischen und dynamischen Darstellung von Verkehrsvorgängen und Verkehrsabläufen, einschließlich der für die Präsentation erforderlichen Geräte. *(BGBl II 1999/308)*

2. für den Unterricht im Sinne des § 11 Abs. 2 Z 3 FSG: *(BGBl II 1999/308)*

2.1. „Lehrmodelle und Anschauungsmaterial oder PC-Animationen der wichtigsten Fahrzeugbauteile, je nach der Klasse der Lenkberechtigung:" *(BGBl II 2019/172)*

2.1.1. „Klassen A1, A2 und A": dem Stand der Technik entsprechendes Anschauungsmaterial über den Aufbau eines Kraftrades und über die Funktion von Zwei- und Viertaktmotoren, ferner ein Reifenschnittmodell, ein Muster der geeigneten Bekleidung sowie ein Sturzhelm; *(BGBl II 2011/432, ab 19. 1. 2013)*

2.1.2. „Klasse B und BE": dem Stand der Technik entsprechendes Anschauungsmaterial zur Demonstration der Beschaffenheit und Funktion einer hydraulischen Zweikreisbremsanlage (Scheiben- und Trommelbremse), der Fahrzeugbeleuchtung einschließlich der elektrischen Anlage, der Lenkung, der Stoßdämpfer, der Kraftübertragung, der Wirkungsweise eines Benzin- und eines Dieselmotors sowie eines Katalysators und ein Reifenschnittmodell; „sowie über den Aufbau eines Anhängers der Klasse O1 oder O2 und über die Funktionsweise einer Auflaufbremsanlage; ferner muss ein Modell einer Anhängevorrichtung vorhanden sein, sofern die Fahrschule nicht über ein Schulfahrzeug verfügt, mit dem die Wirkungsweise dieser Kupplung demonstriert werden kann;" *(BGBl II 2019/172)*

2.1.3. „Klasse C, CE, D und DE": dem Stand der Technik entsprechen des Anschauungsmaterial über den Aufbau eines Lastkraftwagens, eines Sattelzugfahrzeuges, eines Anhängers und eines Sattelanhängers bzw. eines Omnibusses, mit dem die Beschaffenheit und Funktion aller für die Verkehrs- und Betriebssicherheit wesentlichen Teile demonstriert werden können, insbesondere eines Dieselmotors, einer Einspritzpumpe, eines Turboladers und einer Ladeluftkühlung. Ferner muß ein Modell einer Anhängevorrichtung, einer Sattelkupplung und einer Zweileitungs-Zweikreis-Druckluftbremsanlage, sowie ein Reifenschnittmodell und Anschauungsmaterial über Ladehilfen vorhanden sein; das Modell einer Anhängevorrichtung oder einer Sattelkupplung kann entfallen, wenn die Fahrschule über ein Schulfahrzeug verfügt, mit dem die Wirkungsweise dieser Kupplung demonstriert werden kann; *(BGBl II 2019/172)*

2.1.4. Klasse F: dem Stand der Technik entsprechendes Anschauungsmaterial über den Aufbau eines Traktors unter sinngemäßer Anwendung der Anforderungen gemäß Punkt 2.1.3;

2.2. Animationen über Fahrerassistenzsysteme, aktive – und passive Fahrsicherheit, Kraftfahrzeugzubehör, wie Schneeketten, Wagenheber und *(BGBl II 2019/172)*

2.3. Anschauungsmaterial für den Unterricht über das richtige Verhalten bei den im Straßenverkehr zu erwartenden besonderen Umständen und Gefahren, insbesondere über den Anhalteweg, das Fahren auf Sicht, halbe Sicht und Gefahrensicht, den Überholweg, die Partnerkunde (Blicktraining), die Tages-, Straßen- und Wetterkunde, die Gefahren und Auswirkungen einer Beeinträchtigung durch Alkohol und Suchtgift, die Fahrphysik und physikalische Gesetzmäßigkeiten und das richtige Bremsen.

2.4. Anschauungsmaterial über typische Verkehrssituationen, in denen Krafträder von Lenkern von Kraftwagen übersehen werden können, insbesondere Kreuzungssituationen, in denen das Kraftrad von einem entgegenkommenden Linksabbieger übersehen werden kann, und Beispiele mit Blickabschattungen wie toter Winkel beim Außenspiegel eines Kraftwagens sowie Verdeckung durch A- B- und C- Säulen von Kraftwagen. Weiters Anschauungsmaterialien zur Illustration des Unterschiedes von dunkler zu heller Motorradbekleidung und Motorradfarben samt Erläuterung, wonach Farben mit hoher Lichtreflexion und hohem Kontrast zur Umgebung besser sichtbar sind. *(BGBl II 2010/124)*

3. Als Anschauungsmaterial können wahlweise Wandtafeln, PC – Präsentationen oder Filme benützt werden. *(BGBl II 2019/172)*

(4) *(entfällt, BGBl II 2019/172)*

Fahrschulausbildung

§ 64b. (1) Dem Fahrschüler sind durch die theoretische und die praktische Ausbildung in der Fahrschule jene Kenntnisse und Fertigkeiten zu vermitteln, die es ihm ermöglichen, sich mit einem Kraftfahrzeug im Straßenverkehr vorschriftsgemäß, sicher und umweltbewusst zu verhalten und die ihn in die Lage versetzen, die angestrebte Lenkberechtigung zu erwerben.

(2) Die Fahrschulausbildung besteht, sofern im Folgenden nichts Abweichendes festgelegt ist, aus einem theoretischen und einem praktischen Teil, in welchem die Inhalte der jeweiligen Lehrpläne zu vermitteln sind. Der Lehrstoff ist auf Unterrichtseinheiten aufzuteilen. Eine Unterrichtseinheit beträgt 50 Minuten. „ " Unterrichtseinheiten können aus pädagogischen Gründen ohne Auswirkung auf die Gesamtdauer auch geteilt oder verkürzt werden. „Höchstens zwei Unterrichtseinheiten können zusammengefasst werden." *(BGBl II 2021/161)*

(3) „Die theoretische Ausbildung für alle Klassen von Lenkberechtigungen hat in Form der Präsenzlehre nach dem in der Anlage 10a enthaltenen Lehrplan zu erfolgen." Lehrvorträge sind durch Vorführungen und Übungen, insbesondere auch anhand geeigneten Anschauungsmaterials und geeigneter Modelle (§ 64a Abs. 3) zu ergänzen. Zu verschiedenen Themen wie z.B. Geschwindigkeit, Abstand, Verwendung der Sicherheitsgurte, Beeinträchtigung der Fahrtüchtigkeit oder Risikokompetenz sind geeignete, bewusstseinsbildende Filme vorzuführen und deren Inhalte mit den Fahrschülern zu diskutieren und aufzuarbeiten. „Pro Tag dürfen nicht mehr als vier Unterrichtseinheiten zu je 50 Minuten vermittelt werden; dies gilt nicht für die klassenspezifischen Unterrichtseinheiten der Klassen A1, A2 und A." „Die Fahrprüfung darf frühestens erst nach 14 Kalendertagen ab dem Beginn der Ausbildung abgelegt werden; das gilt nicht im Falle von Ausdehnungen einer Lenkberechtigung, außer bei Ausdehnung der Klasse AM auf eine andere Klasse." Versäumt ein Fahrschüler einzelne Unterrichtseinheiten aus entschuldbaren Gründen, so können ihm die versäumten Lehrinhalte auch in Form von Einzelunterricht vermittelt werden.

Dies kann allenfalls auch in kürzerer Zeit (weniger Unterrichtseinheiten) erfolgen, ist aber jedenfalls in den zu führenden Aufzeichnungen festzuhalten und zu begründen. *(BGBl II 2011/432, ab 19. 1. 2013; BGBl II 2015/40; BGBl II 2019/172; BGBl II 2021/161)*

(3a) Sollte es aufgrund von zur Verhinderung der Verbreitung von COVID-19 erlassenen beschränkenden Maßnahmen nicht oder nur sehr eingeschränkt möglich sein, Präsenzunterricht in den Räumlichkeiten der Fahrschule durchzuführen, so kann ausnahmsweise die theoretische Ausbildung auch als „e-Learning" ohne physische Anwesenheit der Kandidatinnen und Kandidaten in der Fahrschule von der Bundesministerin für Klimaschutz, Umwelt, Energie, Mobilität, Innovation und Technologie vorübergehend für zulässig erklärt werden. Das Vorliegen der Voraussetzungen für die vorübergehende Ausnahme vom Präsenzunterricht ist von der Bundesministerin für Klimaschutz, Umwelt, Energie, Mobilität, Innovation und Technologie unter Angabe des Zeitraumes, für den diese Ausnahme gilt, im Bundesgesetzblatt kundzumachen. Für diese theoretische Ausbildung in Form von „e-Learning" ist zu beachten:

1. eine Fahrschule darf einen derartigen Unterricht ohne physische Anwesenheit in der Fahrschule nur für solche Kandidatinnen und Kandidaten durchführen, die auch tatsächlich in dieser Fahrschule zur Ausbildung angemeldet sind;

2. eine Fahrschule darf einen derartigen Gruppenkurs gleichzeitig nur für eine solche Anzahl von Kandidatinnen und Kandidaten durchführen, die ansonsten bei einem Präsenzunterricht ohne Einschränkungen im Lehrsaal der Fahrschule Platz finden würden;

3. der jeweilige Ausbildungsgang ist von der Fahrschule auch elektronisch zu kontrollieren und zu dokumentieren;

4. es ist auch bei dieser Form der Ausbildung darauf zu achten, dass

4.1. die Ausbildung inhaltlich und in zeitlichem Umfang den Vorgaben des § 64b sowie der Anlage 10a und im Hinblick auf die Mindestschulung dem § 65b entspricht (bzw. § 18 Abs. 1 Z 2 FSG im Hinblick auf die Lenkberechtigung der Klasse AM);

4.2. eine entsprechende Interaktionsmöglichkeit zwischen der Lehrperson und den Kandidatinnen und Kandidaten gegeben ist und eine aufmerksame Teilnahme zumindest stichprobenartig überprüft werden kann, und

4.3. die Kandidatinnen und Kandidaten die Möglichkeit haben, der Fahrschullehrerin/dem Fahrschullehrer verbal (etwa mittels Videokonferenz, telefonisch oder unter Einhaltung der Auflagen in der Fahrschule, nicht bloß schriftlich) Fragen zu stellen und direkt beantwortet zu bekommen.

(BGBl II 2021/161)
(4) Die theoretische Ausbildung besteht aus einem Basisunterricht für alle Klassen von Lenkberechtigungen und einem klassenspezifischen Teil je angestrebter Klasse. Die Lehrinhalte des Basisunterrichtes sind bei Ersterteilungen entsprechend der Anlage 10a auf mindestens 20 Unterrichtseinheiten (UE) aufzuteilen, bei Ausdehnungen kann der Basisunterricht entfallen und es ist nur der jeweilige klassenspezifische Teil zu absolvieren. Die Lehrinhalte der klassenspezifischen Teile sind entsprechend der Anlage 10a mindestens auf folgende Unterrichtseinheiten (UE) aufzuteilen

1. Klasse A1 sowie Klassen A2 und A, jeweils bei Direkteinstieg — 8 UE,
2. Klasse B — 12 UE,
3. Klasse BE — 3 UE,
4. Klasse C/C1 (Ausdehnung von B) — 10 UE,
5. Klasse C/C1 (Ausdehnung von D/D1) — 4 UE,
6. Klasse CE/C1E, DE/D1E — 6 UE,
7. Klasse D/D1 (Ausdehnung von B) — 12 UE,
8. Klasse D/D1 (Ausdehnung von C/C1) — 4 UE,
9. Klasse F — 4 UE

Im Falle der Ausdehnung der Lenkberechtigung der Klasse C1 auf die Klasse C oder der Klasse D1 auf D ist keine theoretische Ausbildung zu absolvieren.
(BGBl II 2019/350)

(5) Die praktische Ausbildung hat durch Lenken eines Kraftfahrzeuges unter Aufsicht eines Besitzers eines Fahrlehrerausweises zu erfolgen. „Für die Ausbildung von Bewerbern um die Klassen A1, A2 oder A muss ergänzend zum Fahrlehrerausweis eine Zusatzausbildung zur Vermittlung von Risikokompetenz (§ 64f) absolviert worden sein." Die Ausbildung hat zu erfolgen

1. für die Klasse A1 sowie die Klassen A2 und A, jeweils bei Direkteinstieg auf einem Motorrad nach dem in der Anlage 10b enthaltenen Lehrplan, wobei nicht alle Unterrichtseinheiten auf einem Motorrad der jeweiligen Klasse absolviert werden müssen, *(BGBl II 2012/471)*

2. für die Klasse B nach dem in der Anlage 10c enthaltenen Lehrplan und

3. für die Klassen C1, C, C1E sowie CE nach dem in der Anlage 10g enthaltenen Lehrplan.

Sie hat jedenfalls Fahrten im Ortsgebiet mit starkem Verkehr (städtisches Gebiet), Fahrten im Schnellverkehr (wie Autobahn, Autostraße) und bei der Klasse B auch Nachtfahrten zu umfassen. Erfolgt die Ausbildung für mehrere Klassen gleichzeitig, so kann die Nachtfahrt auch im Rahmen der Ausbildung für eine andere Klasse durchgeführt werden. „Bei Nachtfahrten handelt es sich um Fahrten bei Dämmerung oder Dunkelheit, die zwischen dem astronomischen Sonnenuntergang (Beginn der zivilen Abenddämmerung) und Sonnenaufgang durchgeführt werden. Wenn Übungsfahrten gemäß § 122 KFG absolviert werden, so muss keine Nachtfahrt im Rahmen der Fahrschulausbildung durchgeführt werden; das gilt auch dann, wenn Übungsfahrten zusätzlich zu einer Vollausbildung in der Fahrschule absolviert werden." Bei der Ausbildung mit Kraftwagen darf ein Fahrlehrer gleichzeitig immer nur einen Fahrschüler ausbilden. Pro Tag dürfen Fahrschülern beim Lenken eines Kraftfahrzeuges nicht mehr als vier Unterrichtseinheiten vermittelt werden. *(BGBl II 2011/432, ab 19. 1. 2013; BGBl II 2015/40; BGBl II 2016/287)*

(6) Die Mindestdauer der praktischen Ausbildung beträgt für:

1. „Klasse A1 sowie Klassen A2 und A, jeweils bei Direkteinstieg auf einem Motorrad 14 Unterrichtseinheiten (UE), wobei mindestens 10 UE davon auf Straßen mit öffentlichem Verkehr durchzuführen sind; Personen, die bei Antragstellung auf Erteilung der Lenkberechtigung der Klasse A das 39. Lebensjahr bereits vollendet haben, haben zusätzlich 2 UE auf Straßen mit öffentlichem Verkehr zu absolvieren, wobei speziell der Umgang mit schweren Motorrädern der Klasse A trainiert und Risikokompetenz mit diesen Fahrzeugen vermittelt wird; „bei dieser Personengruppe sind die letzten 4 UE im öffentlichen Verkehr überwiegend auf Freilandstraßen durchzuführen,"" *(BGBl II 2015/40; BGBl II 2021/161)*

2. Klasse B
   a. Vorschulung 3 UE,
   b. Grundschulung 3 UE,
   c. „Hauptschulung 6 UE," *(BGBl II 2016/287)*
   d. „Perfektionsschulung 5 UE, einschließlich Sonderfahrten im Ausmaß von 3 UE (die Sonderfahrten umfassen jeweils 1 UE Nachtfahrt, 1 UE Autobahnfahrt und 1 UE Überlandfahrt, wobei die Nachtfahrt auch bereits im Rahmen der Hauptschulung absolviert werden kann); die Perfektionsschulung kann um bis zu 2 UE zugunsten der

4/2. KDV
§ 64b

in lit. a, b und c genannten Schulungen verkürzt werden, sofern die Dauer der gesamten praktischen Schulung gemäß lit. a bis d nicht weniger als 17 Unterrichtseinheiten beträgt," *(BGBl II 2021/161)*

   e. Prüfungsvorbereitung 1 UE,

3. Klassen B und BE zusätzlich zur Klasse B 4 UE BE
4. Klassen B und C/C1 20 UE, davon 8 B, 12 C/C1
5. Klassen B und C/C1 und CE/C1E 22 UE, davon 8 B, 10 C, 4 CE/C1E
6. Klassen B und D/D1 20 UE, davon 8 B, 12 D/D1
7. Klassen B und C/C1 und D/D1 26 UE, davon 8 B, 10 C/C1, 8 D/D1
8. Klassen B und C/C1 und CE/C1E und D/D1 28 UE, davon 8 B, 8 C/C1, 8 D/D1, 4 C1E/CE
9. Klasse F 4 UE.

Mit der praktischen Ausbildung für die Klassen C, C1, D oder D1 darf erst nach Abschluss der Vorschulung (3 UE) und der Grundschulung (3 UE) für die Klasse B begonnen werden. Dabei ist jedenfalls auch eine Sonderfahrt durchzuführen. Die Abschlussausbildung für die Klasse B im Ausmaß von 2 Unterrichtseinheiten, die jeweils 1 UE Nachtfahrt und 1 UE Autobahnfahrt zu umfassen hat, hat nach Beendigung der praktischen Ausbildung für die Klassen C, C1, D oder D1 zu erfolgen. Anstelle der Hauptschulung für die Klasse B in der Fahrschule können auch Übungsfahrten gemäß § 122 KFG 1967 absolviert werden.
(BGBl II 2012/471; BGBl II 2015/40; BGBl II 2016/287; BGBl II 2021/161)

(7) Bei der Ausdehnung einer Lenkberechtigung der Klassen B, C/C1 oder D/D1 auf bestimmte andere Klassen beträgt die Mindestdauer der praktischen Ausbildung:

Ausdehnung von der

1. Klasse B auf die Klasse BE 4 Unterrichtseinheiten (UE)
2. Klasse B auf die Klasse C/C1 8 UE
3. Klasse B auf die Klassen C/C1 und CE/C1E 10 UE, davon 6 C/C1, 4 CE/C1E
4. Klasse B auf die Klasse D/D1 8 UE
5. Klasse B auf die Klasse D/D1 und DE/D1E 10 UE, davon 6 D/D1, 4 DE/D1E
6. Klasse B auf die Klassen C/C1 und D 16 UE, davon 8 C/C1, 8 D/D1
7. Klasse B auf die Klassen C/C1 und CE/C1E und D/D1 18 UE, davon 6 C/C1, 8 D/D1, 4 CE/C1E
8. Klasse B auf die Klasse F 4 UE
9. Klasse C1 auf die Klasse C 4 UE
10. Klasse C1 auf die Klasse C1E 3 UE
11. Klasse C1E auf die Klasse CE 6 UE, davon 3 C, 3 CE
12. Klasse C1 auf die Klasse D1 4 UE
13. Klasse C1 auf die Klassen D1 und D1E 8 UE, davon 4 D1, 4 D1E
14. Klasse C1 auf die Klasse D 4 UE
15. Klasse C1 auf die Klassen D und DE 8 UE, davon 4 D, 4 DE
16. Klasse C auf die Klasse CE 4 UE
17. Klasse C auf die Klasse D 4 UE
18. Klasse C auf die Klassen D und DE 8 UE, davon 4 D, 4 DE
19. Klasse D1 auf die Klasse D 4 UE
20. Klasse D auf die Klasse DE 4 UE
17. Klasse D1 auf die Klasse D1E 3 UE.

(BGBl II 2012/471)

(7a) Liegen zwischen einzelnen Ausbildungsteilen mehr als 18 Monate, ohne dass weitere Unterrichtseinheiten theoretische oder praktische Ausbildung absolviert worden sind, so können die davor absolvierten Teile nicht mehr angerechnet werden. *(BGBl II 2011/432)*

(7b) Die Ausbildung zur Erlangung der Berechtigung mit Klasse B andere als leichte Anhänger zu ziehen, wobei die höchste zulässige Gesamtmasse der Fahrzeugkombination mehr als 3 500 kg aber nicht mehr als 4 250 kg beträgt (Code 96) umfasst drei Unterrichtseinheiten theoretische Ausbildung und vier Unterrichtseinheiten praktische Ausbildung. Es sind die Inhalte wie für die Klasse BE zu vermitteln. „Der theoretische Teil dieser Ausbildung darf nur von Fahrschullehrern für die Klasse BE durchgeführt werden. Der praktische Teil dieser Ausbildung darf nur von Fahrlehrern für die Klasse BE durchgeführt werden." *(BGBl II 2012/471; BGBl II 2014/290)*

(8) Der Ausbildungsgang ist für jeden Fahrschüler in besonderen Aufzeichnungen festzuhalten. Diese Aufzeichnungen haben den in der Anlage 10h angeführten Inhalt sowie zumindest die Darstellung des jeweiligen praktischen Lehrplanes und die Nennung der Führerscheinklasse(n) und die Art der Ausbildung zu enthalten. Sie sind drei Jahre lang nach Absolvierung der letzten praktischen Unterrichtseinheit des Fahrschülers aufzubewahren und der Behörde auf Verlangen zur Einsichtnahme vorzulegen. Auf Wunsch des Fahrschülers ist diesem ein Duplikat des Ausbildungsnachweises auszuhändigen. *(BGBl II 2010/124)*

(8a) Parallel zu den besonderen Aufzeichnungen nach Abs. 8 über den Ausbildungsgang der Fahrschüler sind täglich Nachweise über den erteilten praktischen Fahrunterricht der Fahrlehrer zu führen, die zumindest den in der Anlage 10i angeführten Inhalt aufzuweisen haben. Jeder Fahrlehrer ist verpflichtet, an der ordnungsgemäßen Durchführung mitzuwirken. Diese Aufzeichnungen sind drei Jahre lang aufzubewahren und der Behörde auf Verlangen zur Einsichtnahme vorzulegen. *(BGBl II 2010/124)*

(8b) Es ist sicherzustellen, dass Fahrschüler und Fahrlehrer die in den Abs. 8 und 8a genannten Aufzeichnungen am Tag der absolvierten Fahrlektion unterfertigen. Ist im Falle von elektronischer Führung der Aufzeichnungen eine Unterfertigung mangels Internetverbindung nicht möglich, so ist diese längstens innerhalb von fünf Werktagen nachzuholen. *(BGBl II 2021/161)*

(9) Bei einer Übertretung der Abs. 1 bis 8b ist auch ein Verfahren zur Prüfung der Vertrauenswürdigkeit gemäß § 109 Abs. 1 lit. b KFG 1967 einzuleiten. *(BGBl II 2010/124)*

(BGBl II 2002/376)

Ausbildung von Fahrschullehrern

§ 64c. (1) Zweck der Ausbildung ist es, dem Fahrschullehrer jene Kenntnisse zu vermitteln, die für ihn zum Ausbilden von Bewerbern um eine Lenkberechtigung notwendig sind.

(2) Die Ausbildung von Fahrschullehrern darf nur in Ausbildungsstätten erfolgen, die hiezu vom Landeshauptmann ermächtigt worden sind. Vor der Entscheidung sind die zuständigen gesetzlichen Interessenvertretungen der Arbeitgeber und Arbeitnehmer zu hören.

(3) Die Ermächtigung gemäß Abs. 2 ist auf Antrag zu erteilen, wenn der Bewerber über

1. geeignetes Fachpersonal,
2. geeignete Räumlichkeiten im Sinne des § 64 a Abs. 1,
3. Lehrmittel im Sinne des § 64 a Abs. 3 und
4. Schulfahrzeuge im Sinne des § 63 a und des § 63 b Abs. 2

verfügt.

(4) Die Ausbildung hat unter der Aufsicht und Verantwortung eines Ausbildungsleiters zu erfolgen. Der Ausbildungsleiter hat die organisatorische und fachlich qualifizierte Abwicklung der Ausbildung sicherzustellen.

(5) Für Fachvorträge müssen folgende Lehrkräfte zur Verfügung stehen:

1. je ein Vertreter der kollektivvertragsfähigen Berufsvereinigungen der Arbeitgeber und der Arbeitnehmer,
2. eine rechtskundige Person,
3. eine Person, welche das Diplom der Fakultät für Maschinenbau oder für Elektrotechnik einer österreichischen Technischen Universität besitzt oder die Reifeprüfung an einer österreichischen Höheren Technischen Lehranstalt maschinen- oder elektrotechnischer Richtung erfolgreich bestanden hat,
4. eine Person, die über besondere pädagogische Kenntnisse in der Erwachsenenbildung verfügt,
5. ein Absolvent der Fachrichtung Psychologie einer Universität mit verkehrspsychologischen Kenntnissen und Erfahrungen, und
6. ein Besitzer einer Fahrschullehrerberechtigung, der während der Einbringung des Antrages gemäß Abs. 3 unmittelbar vorangehenden fünf Jahre hauptberuflich in einer Fahrschule unterrichtet hat.

Die in Z 1 bis 6 genannten Personen müssen im Besitz einer Lenkberechtigung für die Klasse B sein. Wenn eine Lehrkraft mehrere der in Z 1 bis 6 angeführten Anforderungen erfüllt, kann sie für die betreffenden Fachvorträge allein zur Verfügung stehen.

(6) Die Ermächtigung ist jeweils auf die Dauer von längstens fünf Jahren zu erteilen. Sie ist zu verlängern, wenn die Voraussetzungen für ihre Erteilung noch vorliegen. Sie ist zu widerrufen, wenn mindestens eine der Voraussetzungen für die Erteilung vor dem Ablauf der Frist weggefallen ist.

(7) Die Ausbildung darf nur durch das Fachpersonal erfolgen. Sie hat aus einem theoretischen und einem praktischen Teil zu bestehen und nach Maßgabe der Lehrinhalte und Anzahl der Unterrichtseinheiten mindestens 330 Unterrichtseinheiten sowie mindestens 60 Unterrichtseinheiten praktische Ausbildung II zu dauern. Eine Unterrichtseinheit umfaßt 50 Minuten Unterricht. Zwischen den Unterrichtseinheiten ist eine Pause von zehn Minuten zu halten. Unterrichtseinheiten können aus pädagogischen Gründen ohne Auswirkung auf die Gesamtdauer auch geteilt oder verkürzt werden. Höchstens zwei Unterrichtseinheiten können zu einer Einheit zusammengefaßt werden, wobei zwischen solchen Unterrichtseinheiten dann eine Pause von 20 Minuten ein-

zuhalten ist. Das Erreichen der einzelnen Lehrziele ist durch ausbildungsbegleitende Lernkontrollen festzustellen.

(8) Wenn eine zentrale Ausbildungsstätte zur Vereinheitlichung der theoretischen und praktischen Ausbildung eingerichtet ist, hat der Abschluß der Ausbildung im Ausmaß von mindestens 40 Unterrichtseinheiten an dieser Ausbildungsstätte zu erfolgen.

(9) Die theoretische Ausbildung hat entsprechend der angestrebten Klasse nach dem Lehrplan gemäß Anlage 10d im Ausmaß der dort angeführten Stundenanzahl zu erfolgen. Lehrvorträge sind durch Vorführungen und Übungen, insbesondere auch an Hand geeigneten Anschauungsmaterials und geeigneter Modelle, zu ergänzen.

(10) Die praktische Ausbildung hat entsprechend der angestrebten Klasse nach dem Lehrplan gemäß Anlage 10d im Ausmaß der dort angeführten Stundenanzahl zu erfolgen. Sie hat durch Lenken eines Kraftfahrzeuges unter Aufsicht eines Besitzers einer Fahrlehrerberechtigung, durch Mitfahren bei Schulfahrten und durch probeweises Erteilen von praktischem Unterricht unter Aufsicht eines Besitzers einer Fahrlehrerberechtigung zu erfolgen

(11) Über die regelmäßige Teilnahme an der Ausbildung zum Fahrschullehrer und über den positiven Abschluß in den Unterrichtsgegenständen Berufsrecht sowie Pädagogik I und II (Abschnitte 9, 12 und 13 des Lehrplanes gemäß Anlage 10d) ist eine Bestätigung auszustellen. Die Lehrbefähigungsprüfung (§ 118 KFG 1967) darf nur abgenommen werden, wenn diese Bestätigung vorgelegt wird.

Ausbildung von Fahrlehrern

§ 64d. § 64 c über die Ausbildung von Fahrschullehrern ist auf die Ausbildung von Fahrlehrern sinngemäß anzuwenden, ausgenommen die Abschnitte 13 und 14 (Pädagogik II und Unterrichtsübungen) gemäß Anlage 10d.

Lehrplanseminar

§ 64e. (1) Im Lehrplanseminar gemäß § 109 Abs. 1 lit. g KFG 1967 sind nach einer theoretischen Einführung die Fähigkeiten der angehenden Fahrlehrer und Fahrschullehrer im Umgang mit den Fahrzeugen der jeweiligen Klassen durch eine praktische Ausbildung unter Zugrundelegung des jeweiligen Praxislehrplanes zu verbessern. Über die erfolgreiche Teilnahme an einem Lehrplanseminar ist von der zur Ausbildung von Fahrlehrern/Fahrschullehrern ermächtigten Stelle eine Bestätigung auszustellen. Vor In-Kraft-Treten dieser Verordnung ausgestellte Bestätigungen über die Absolvierung eines sogenannten Praxisersatzseminares bleiben weiter gültig.

(2) Lehrplanseminare für die Klassen A und B umfassen jeweils zwei Tage (16 Unterrichtseinheiten). Am ersten Tag ist jedenfalls auch ein Fahrsicherheitstraining durchzuführen, am zweiten Tag sind jedenfalls die bei der praktischen Fahrprüfung vorgesehenen Fahrübungen und Überlandfahrten durchzuführen.

(3) Das Lehrplanseminar für die Klasse BE umfasst acht Unterrichtseinheiten. Dabei sind anhand des Praxislehrplanes Fahrübungen und Überlandfahrten durchzuführen. *(BGBl II 2012/471)*

(4) Lehrplanseminare für die Klassen C, D, CE, und DE haben jeweils drei Tage (24 Unterrichtseinheiten) zu umfassen. Dabei sind anhand des Praxislehrplanes Fahrübungen und Überlandfahrten durchzuführen. *(BGBl II 2014/290)*

Zusatzausbildung zur Vermittlung von Risikokompetenz

§ 64f. (1) Die Zusatzausbildung zur Vermittlung von Risikokompetenz gemäß § 64b Abs. 5 umfasst acht Unterrichtseinheiten im Umfang von 50 Minuten, in denen folgende Inhalte zu vermitteln sind:

1. Konzepte zu Risikoverhalten und Kompetenzentwicklung von Jugendlichen aus Pädagogik, Jugendsoziologie und Entwicklungspsychologie,

2. das Risikokompetenzmodell (Wahrnehmen – Beurteilen – Entscheiden),

3. die Bedeutung von Risikokompetenzentwicklung bei Jugendlichen zur Unfallprävention, insbesondere im Hinblick auf das Fahren mit Motorrädern,

4. Methoden und Hilfsmittel zur Arbeit mit Jugendlichen in Bezug auf die Entwicklung von Risikokompetenz,

5. die Umsetzung der erworbenen Kenntnisse in der Fahrschulausbildung und Verknüpfung mit anderen Methoden,

6. gemeinsame Auseinandersetzung mit Positionen zum Risikoverhalten von Jugendlichen.

Diese Inhalte sind durch Vorstellung der Theorie, Diskussionen und praktische Übungen zu Risikowahrnehmung und zur Umsetzung im Unterricht zu vermitteln.

(2) Die Zusatzausbildung zur Vermittlung von Risikokompetenz darf nur in ermächtigten Fahrlehrerausbildungsstätten (§ 64c) erfolgen. Für den Fachvortrag zur Vermittlung von Risikokompetenz müssen Personen zur Verfügung stehen, die über besondere Kenntnisse von risikopädagogischen Methoden zur Unfallprävention verfügen. Diese Personen sind dem Landeshauptmann bekanntzugeben. Die Absolvierung der Zusatzausbildung qualifiziert auch in Verbindung mit dem Einsatz risikopädagogischer Methoden im Rah-

men der Fahrausbildung nicht zu deren Durchführung als Fachvortragender.
(BGBl II 2011/432)

Lehrbefähigungsprüfung für Fahrschullehrer und Fahrlehrer

§ 65. (1) Die im § 118 Abs. 2 des Kraftfahrgesetzes 1967 angeführte schriftliche theoretische Prüfung hat sich über wenigstens ein Thema aus dem im Abs. 2 angeführten Prüfungsstoff zu erstrecken. Während der Ablegung der schriftlichen Prüfung müssen die Prüfer nicht anwesend sein, wenn dafür gesorgt ist, daß der Prüfungswerber die Prüfung ohne fremde Hilfe ablegt.

(2) Bei der mündlichen Prüfung müssen beide Prüfer anwesend sein. Der jeweils in Betracht kommende Prüfer hat sich durch eingehende Fragen zunächst davon zu überzeugen, ob der Prüfungswerber entsprechende Kenntnisse über die für das Lenken von Kraftfahrzeugen der in Betracht kommenden Klasse maßgebenden Vorschriften und über das richtige Verhalten bei besonderen, mit der Eigenart und Bauart der Kraftfahrzeuge, mit der Beschaffenheit der Fahrbahn und mit den Sichtverhältnissen zusammenhängenden Umständen und Gefahren und über die Vermeidung der Beeinträchtigung anderer Straßenbenützer besitzt. Er hat ferner festzustellen, ob der Prüfungswerber die erforderlichen Kenntnisse über die Beschaffenheit der Kraftfahrzeuge besitzt und in der Lage ist, entsprechende Fragen hinsichtlich der Behandlung der Fahrzeuge während des Betriebes und ihrer Wartung und Instandhaltung zur Gewährleistung ihrer Betriebssicherheit zu beantworten. Der Prüfungswerber muß seine Fähigkeit durch klare Beantwortung und Erklärung der ihm gestellten Fragen in einer auch für den Laien leicht faßbaren Art erweisen.

(3) Bei der praktischen Prüfung sind dem Prüfungswerber besondere Aufgaben zu stellen, die eine richtige Beurteilung seiner Fähigkeiten erlauben, dem Lernenden mit der nötigen Eindringlichkeit auch während des Verkehrs die erforderlichen Anweisungen zu geben. Hiebei ist auch seine Vertrautheit mit den örtlichen Verhältnissen festzustellen. Bei der praktischen Prüfung haben beide Prüfer auf dem Prüfungsfahrzeug oder auf einem Begleitfahrzeug Platz zu nehmen.

(4) Bei der Lehrbefähigungsprüfung hat auf Verlangen der Behörde der Besitzer oder eine Lehrperson der Fahrschule, an der der Prüfungswerber ausgebildet worden ist, anwesend zu sein. Sind die Prüfer hinsichtlich der Wiederholungsfrist für eine nicht bestandene Prüfung verschiedener Ansicht, so ist die eine längere Frist vertretende Ansicht maßgebend. Bei einem Ergänzungsgutachten im Verfahren über die Ausdehnung einer Fahrlehrer- oder Fahrschullehrerberechtigung ist eine neuerliche eingehende Prüfung über die Kenntnis der für das Lenken eines Kraftfahrzeuges maßgebenden Verkehrsvorschriften insbesondere dann vorzunehmen, wenn die bisherige Berechtigung vor dem Inkrafttreten der jeweils geltenden Verkehrsvorschriften erteilt worden war. *(BGBl II 1999/308)*

(5) Der Prüfungsstoff hat die im Lehrplan gemäß Anlage 10d angeführten Unterrichtsgegenstände, ausgenommen die Abschnitte 9, 12 und 13, zu umfassen.

Lenkerausbildung in Lehranstalten und bei öffentlichen Dienststellen

§ 65a. Für die Lenkerausbildung gemäß §§ 119 und 120 KFG 1967 gilt § 64 b sinngemäß.

Mindestschulung

§ 65b. (1) Im Rahmen der Mindestschulung in einer Fahrschule in Verbindung mit Übungsfahrten mit einem privaten Begleiter sind
1. eine theoretische Schulung im Ausmaß von mindestens 8 Unterrichtseinheiten (UE),
2. eine theoretische Einweisung gemeinsam mit dem Begleiter im Ausmaß von 1 UE und
3. eine praktische Ausbildung im Ausmaß von mindestens 12 Unterrichtseinheiten

zu absolvieren. § 64b Abs. 3 und 5 gelten sinngemäß. *(BGBl II 2005/412)*

(2) In der theoretischen Schulung sind die theoretischen Grundlagen zum Praktikum und für das Verhalten im Verkehr zu vermitteln, insbesondere
1. Wahl der Fahrgeschwindigkeit, wie Sicherheitsabstand, Annäherung an Kreuzungen, Kurvenfahren
2. Fahren auf Gefahrensicht, wie Reaktionszeit, Reaktionsweg, Gefahrenstellen, Entfernungsschätzungen
3. Überholen, wie Faktoren für Überholmanöver, Einflüsse von Beladung und Anhängern
4. Partnerkunde, wie Partner im Verkehr, wahrnehmbare und hinweisende Signale von Partnern
5. Beeinträchtigung der Fahrtüchtigkeit des Lenkers, wie Alkohol, Drogen, Medikamente, Erregung, Ermüdung, Auswirkungen
6. Erarbeiten von Entscheidungen zu verschiedenen Verkehrssituationen
7. Gefahrenlehre
8. Verhalten auf Straßen im Ortsgebiet, auf Freilandstraßen und auf Autobahnen. *(BGBl II 2005/412)*

„Personen, die bereits im Besitz einer Lenkberechtigung, ausgenommen Klasse AM, sind, sind anstelle der unter Z 1 bis Z 8 genannten Inhalte jedoch Lehrinhalte aus dem Lehrplan für die angestrebte Klasse im Ausmaß von 8 UE zu vermitteln." *(BGBl II 2016/287)*

(3) Die praktische Ausbildung besteht aus folgenden Teilen jeweils mindestens im Ausmaß der angegebenen Unterrichtseinheiten (UE):

1. Vorschulung 3 UE

2. Grundschulung 3 UE

3. Beobachtungsfahrt gemeinsam mit dem Begleiter nach mindestens 1 000 gefahrenen km 1 UE

4. Perfektionsschulung 4 UE, davon 1 UE Autobahnfahrt *(BGBl II 2016/287)*

5. Prüfungsvorbereitung 1 UE

„Die Perfektionsschulung gemäß Z 4 kann um bis zu zwei 2 UE zugunsten der in Z 1 und 2 genannten Schulungen verkürzt werden, sofern die Dauer der gesamten Schulung gemäß Z 1, 2 und 4 nicht weniger als zehn Unterrichtseinheiten beträgt."Die Beobachtungsfahrt dürfen nur Fahrschullehrer oder Fahrlehrer durchführen, die die besondere Qualifikation gemäß § 7 der Verordnung über die vorgezogene Lenkberechtigung für die Klasse B (FSG-VBV), BGBl. II Nr. 54/1999, in der Fassung BGBl. II Nr. 496/2002, aufweisen. *(BGBl II 2005/412; BGBl II 2019/350)*

Lehrfahrten

§ 65c. (1) Die im § 122 a Abs. 2 KFG 1967 angeführte Bewilligung darf nur Personen erteilt werden, die

a) das 24. Lebensjahr, bei Bewilligung um die Klasse D das 27. Lebensjahr vollendet haben,

b) nachweisen, daß sie über die Lehrinhalte der Abschnitte 3, 6 und 8 der Anlage 10d und daß sie in den Verhaltensweisen gegenüber dem Lehrling im Sinne des § 29 a Abs. 2 lit. d und e Berufsausbildungsgesetz in der Fassung BGBl. Nr. 232/1978 unterwiesen wurden,

c) seit mindestens drei Jahren eine Lenkberechtigung für die Klassen C und E oder D besitzen,

d) glaubhaft machen, daß sie während der Einbringung des Antrages um diese Bewilligung unmittelbar vorangehenden drei Jahre Kraftfahrzeuge der Klassen C und E oder D als Berufskraftfahrer gelenkt haben und

e) in der in lit. d angeführten Zeit nicht wegen schwerer Verstöße gegen kraftfahrrechtliche oder straßenpolizeiliche Vorschriften bestraft worden sind.

(2) Die für Lehrfahrten im Rahmen der praktischen Grundausbildung gemäß § 122a Abs. 4 KFG 1967 verwendeten Kraftwagen und Kraftwagen mit Anhängern müssen die Anforderungen des § 63a Abs. 2 für Schulfahrzeuge erfüllen.

(3) Für Lehrfahrten während der weiteren praktischen Ausbildung sind überwiegend zu verwenden

1. Kraftwagen mit

a) einem mehrstufigen Gruppengetriebe

b) ausgenommen Sattelzugfahrzeuge einer Länge von mindestens 8 m

c) einer Breite von mindestens 2,3 m und

d) ausgenommen Sattelzugfahrzeuge einem höchsten zulässigen Gesamtgewicht von mindestens 16.000 kg,

2. Kraftwagen mit Anhängern

a) mit einer Länge von mindestens 14 m bei Sattelkraftfahrzeugen und von mindestens 16 m bei Kraftwagenzügen

b) wenn die Summe der höchsten zulässigen Gesamtgewichte, bei Sattelkraftfahrzeugen abzüglich der größeren der höchsten zulässigen Sattellasten beider Fahrzeuge, wenn diese gleich sind, einer dieser Sattellasten mindestens 32.000 kg beträgt. *(BGBl II 1997/427)*

Vergütungen für Gutachten

§ 66. (1) Für die Gutachtertätigkeit zur Erstattung der von der Behörde eingeholten Gutachten gebühren den gemäß den §§ 124 bis 127 des Kraftfahrgesetzes 1967 bestellten Sachverständigen folgende Vergütungen im Sinne des § 129 Abs. 1 des Kraftfahrgesetzes 1967:

1. für ein gemäß § 29 Abs. 3 oder § 96 Abs. 3 KFG 1967 erstattetes Gutachten über eine Type von

a) Omnibussen 64

b) nicht unter lit. a fallenden Kraftwagen 32

c) Krafträdern oder Anhängern 16

2. bei Gutachten nach Z 1, die sich auf mehrere Ausführungsformen einer Type beziehen, für jede weitere Ausführungsform eines

a) Omnibusses 32

b) nicht unter lit. a fallenden Kraftwagen 6

c) Kraftrades oder Anhängers 4

3. für ein gemäß § 31 Abs. 2 und 5, § 32 Abs. 3, § 33 Abs. 4 oder § 96 Abs. 3 KFG 1967 erstattetes Gutachten über

a) einen Omnibus 26

b) einen nicht unter lit. a fallenden Kraftwagen 10

c) ein Kraftrad oder einen Anhänger 10

4. für ein gemäß § 28a KFG 1967 iV mit § 21b erstattetes Gutachten für die Erteilung einer EG-Betriebserlaubnis für eine Fahrzeugtype nach

a) den Richtlinien 70/156/EWG oder 74/150/EWG 64

bei Gutachten, die sich auf mehrere Ausführungsformen einer Type beziehen, für jede weitere Ausführungsform 12

b) der Richtlinie 92/61/EWG.................. 32

bei Gutachten, die sich auf mehrere Ausführungsformen einer Type beziehen, für jede weitere Ausführungsform 8

4a. *(entfällt, BGBl II 2012/278)*

5. für ein gemäß § 35 KFG 1967 erstattetes Gutachten über eine Type von Teilen, Ausrüstungsgegenständen, Sturzhelmen und Warneinrichtungen, bei Scheinwerfern, Leuchten und Rückstrahlern für jede Lichtart,

a) wenn das Gutachten auf der Grundlage einer Regelung zum Übereinkommen über die Annahme einheitlicher Bedingungen für die Genehmigung der Ausrüstungsgegenstände und Teile von Kraftfahrzeugen und über die gegenseitige Anerkennung der Genehmigung, BGBl. Nr. 177/1971, erstellt wurde 64

b) wenn das Gutachten für die Entscheidung über Anträge auf Anerkennung ausländischer Genehmigungen bestimmt ist oder wenn das Gutachten auf anderer als in lit. a angeführter Grundlage erstellt wurde 12

6. für ein gemäß § 35 KFG 1967 in Verbindung mit § 21e erstattetes Gutachten über eine Type von Teilen oder Ausrüstungsgegenständen oder selbständigen technischen Einheiten nach einer Einzelrichtlinie 64

7. für ein gemäß § 115 Abs. 3 KFG 1967 erstattetes Gutachten darüber, ob eine Person die Lehrbefähigung für die in Betracht kommende Klasse oder Unterklasse von Fahrzeugen besitzt

a) als Fahrschullehrer je Klasse 100

b) als Fahrlehrer je Klasse 79

8. für ein gemäß § 116 Abs. 4 KFG 1967 erstattetes Ergänzungsgutachten über die Lehrbefähigung einer Person hinsichtlich einer weiteren Klasse oder Unterklasse von Fahrzeugen ... 50 .

Wird das Gutachten gemäß Z 7 oder Z 8 von mehreren Sachverständigen gemeinsam erstattet, so ist die Vergütung auf diese aufzuteilen. *(BGBl II 2004/129)*

(1a) Sagt in den Fällen des Abs. 1 Z 7 oder 8 eine Person ihr Antreten zur Lehrbefähigungsprüfung nicht spätestens 72 Stunden vor der anberaumten Prüfung bei der Behörde ab, so sind 50 vH der in Abs. 1 Z 7 und 8 genannten Vergütung einzuheben oder einzubehalten, außer es liegen berücksichtigungswürdige Gründe (wie zB Erkrankung oder andere wichtige persönliche Gründe) vor. *(BGBl II 2019/172)*

(2) Sachverständigen, die dem Personalstand einer Gebietskörperschaft angehören und sich nicht bereits im Ruhestand befinden, gebühren im Sinne des § 129 Abs. 1 zweiter Satz des Kraftfahrgesetzes 1967 nur 75 vH der im Abs. 1 angeführten Beträge.

(BGBl II 2001/414)

Tarif der Bundesanstalt für Verkehr für nicht dem Bund erbrachte Leistungen

§ 67. *(entfällt, BGBl II 2017/221)*

Ausnahmebewilligung

§ 67a. Der Landeshauptmann, in dessen örtlichem Wirkungsbereich der Antragsteller seinen ordentlichen Wohnsitz, seine Hauptniederlassung oder seinen Sitz hat, wird bei Anträgen auf Bewilligungen gemäß § 132 Abs. 4 KFG 1967 mit der Durchführung des Verfahrens betraut und ermächtigt, im Namen des Bundesministers für „Klimaschutz, Umwelt, Energie, Mobilität, Innovation und Technologie" zu entscheiden, wenn lediglich *(BGBl II 2021/161)*

a) bei Lastkraftwagen mit einem höchsten zulässigen Gesamtgewicht von mehr als 12.000 kg die Betriebsbremsanlage nicht eine Zweikreisbremsanlage ist (§ 6 Abs. 7 KFG 1967),

b) bei einem Fahrzeug Bremslicht und Blinklicht mit derselben Leuchte ausgestrahlt werden kann und beim gleichzeitigen Betätigen der Betriebsbremsanlage und des Fahrtrichtungsanzeigers nur die Leuchte auf der Seite des Fahrzeuges Bremslicht ausstrahlt, auf der nicht geblinkt wird,

d) ein dem § 4 Abs. 5 KFG 1967 unterliegender Kraftwagen nicht mit Sicherheitsgurten ausgerüstet ist,

e) eine Zugmaschine keine Schutzvorrichtung gemäß § 19 Abs. 1 oder 3 aufweist und sie zu der im § 22 b Z 6 lit. a lit. dd angeführten Verwendung bestimmt ist.

Zulassungsstichtag

§ 68. Sofern bei den jeweils angeführten Stichtagen für Genehmigung und erstmalige Zulassung nicht ausdrücklich anders geregelt, gilt der für die Genehmigung angeführte Stichtag für die Typengenehmigung und der für die erstmalige Zulassung angeführte Stichtag auch für die Einzelgenehmigung.

(BGBl II 2010/124)

Übergangsbestimmungen

§ 69. (1) § 1b Abs. 2 und § 54a Abs. 7 in der Fassung BGBl. II Nr. 376/2002 gelten nicht für Fahrzeuge, die vor dem 1. Juli 2003 bereits genehmigt worden sind; diese müssen aber den bisherigen Vorschriften entsprechen.

4/2. KDV
§ 69

(2) § 1d Abs. 1a in der Fassung BGBl. II Nr. 376/2002 gilt nicht für Fahrzeuge, die bereits vor dem 16. Oktober 2002 genehmigt worden sind; diese müssen aber den bisherigen Vorschriften entsprechen. Weiters gilt § 1d Abs. 1a in der Fassung BGBl. II Nr. 376/2002 nicht für Fahrzeuge der Klasse M1 mit mehr als sechs Sitzplätzen oder einer Gesamtmasse von mehr als 2 500 kg und nicht mehr als 3 500 kg und N1 Gruppen II und III, die vor dem 1. Jänner 2003 bereits genehmigt worden sind; diese müssen aber den bisherigen Vorschriften entsprechen. *(BGBl II 2004/129)*

(2a) § 1d Abs. 1 (Tabelle) in der Fassung der Verordnung BGBl. II Nr. 414/2001
 Z 4.1.1. und 4.2.1. gilt nicht für Fahrzeuge, die vor In-Kraft-Treten der Verordnung BGBl. II Nr. 414/2001 bereits genehmigt worden sind; diese müssen aber den bisherigen Vorschriften entsprechen. Solche Fahrzeuge dürfen nach dem 31. Dezember 2001 aber nicht mehr erstmals zum Verkehr zugelassen werden;
 Z 4.1.4. und 4.2.4. gilt nicht für Fahrzeuge, die vor In-Kraft-Treten der Verordnung BGBl. II Nr. 414/2001 bereits genehmigt worden sind; diese müssen aber den bisherigen Vorschriften entsprechen. Solche Fahrzeuge dürfen nach dem 30. Juni 2002 aber nicht mehr erstmals zum Verkehr zugelassen werden;
 Z 4.1.3. und 4.2.3. gilt nicht für Fahrzeuge, die vor dem 1. Jänner 2002 genehmigt worden sind; diese müssen aber den bisherigen Vorschriften entsprechen. Solche Fahrzeuge dürfen nach dem 30. Juni 2003 aber nicht mehr erstmals zum Verkehr zugelassen werden;
 Z 4.1.2. und 4.2.2. gilt nicht für Fahrzeuge, die vor dem 1. Jänner 2003 genehmigt worden sind; diese müssen aber den bisherigen Vorschriften entsprechen. Solche Fahrzeuge dürfen nach dem 31. Dezember 2003 aber nicht mehr erstmals zum Verkehr zugelassen werden.
Dies gilt jedoch nicht für Fahrzeuge, deren Motoren bereits vor diesen Terminen hergestellt worden sind. Solche Fahrzeuge dürfen jeweils noch zwei Jahre nach den genannten Terminen erstmals zum Verkehr zugelassen werden. *(BGBl II 2004/129)*

(3) § 4 Abs. 3a und 3b in der Fassung BGBl. II Nr. 376/2002 gelten nicht für Fahrzeuge, die vor dem 4. Februar 2004 bereits genehmigt worden sind; diese müssen aber den bisherigen Bestimmungen entsprechen. Solche Fahrzeuge dürfen nach dem 3. Februar 2005 nicht mehr erstmals zum Verkehr zugelassen werden. Reifen, die nicht dem § 4 Abs. 3a und 3b in der Fassung BGBl. II Nr. 376/2002 entsprechen, dürfen nach dem 30. September 2009 nicht mehr feilgeboten werden, wobei dies für Reifen für Fahrzeuge der Klasse M1 mit einer Nennbreite von
 1. mehr als 185 mm und nicht mehr als 215 mm erst ab 30. September 2010 und
 2. mehr als 215 mm erst ab 30. September 2011 gilt.

(4) § 6 Abs. 2 in der Fassung BGBl. II Nr. 376/2002 gilt nicht für Fahrzeuge, die bereits vor In-Kraft-Treten dieser Bestimmung genehmigt worden sind; diese müssen aber den bisherigen Vorschriften entsprechen.

(5) § 7 Abs. 2 in der Fassung BGBl. II Nr. 376/2002 gilt nicht für Fahrzeuge, die bereits vor In-Kraft-Treten dieser Bestimmung genehmigt worden sind; diese müssen aber den bisherigen Vorschriften entsprechen.

(6) § 40 Abs. 1, § 41 und § 49 Abs. 1 in der Fassung BGBl. II Nr. 376/2002 gelten nicht für Fahrzeuge, deren Type vor dem 13. Februar 2004 bereits genehmigt worden ist; diese müssen aber den bisherigen Vorschriften entsprechen. Solche Fahrzeuge dürfen nach dem 12. Februar 2005 nicht mehr erstmals zum Verkehr zugelassen werden. Fahrzeuge, die § 40 Abs. 1, § 41 und § 49 Abs. 1 in der Fassung BGBl. II Nr. 376/2002 nicht entsprechen, dürfen noch bis 12. Februar 2005 einzeln genehmigt und erstmals zum Verkehr zugelassen werden.

(7) Ausgegebene Kennzeichentafeln, die nicht der Anlage 5e in der Fassung BGBl. II Nr. 376/2002 entsprechen, sind weiterhin gültig. Vor dem 1. November 2002 vergebene Wechselkennzeichen für ein Motorrad und ein dreirädriges Kraftfahrzeug bleiben bis zu einem allfälligen Fahrzeugwechsel weiter aufrecht.

(8) Für freigehaltene Kennzeichen dürfen bei einer Zulassung nach dem 1. November 2002 Kennzeichentafeln, die nicht der Anlage 5e in der Fassung BGBl. II Nr. 376/2002 entsprechen, nicht mehr ausgefolgt werden. Hat der Zulassungsbesitzer nicht rechtzeitig neue EU-Tafeln bestellt, wird ihm bei der Zulassung ein neues Kennzeichen zugewiesen und es werden neue EU Tafeln ausgefolgt. Wenn er innerhalb der Freihaltungsfrist neue EU-Tafeln mit dem bisherigen Kennzeichen bestellt, kann er das bisherige Kennzeichen nachträglich wieder zugewiesen und die Kennzeichentafeln mit EU-Emblem ausgefolgt bekommen. *(BGBl II 2002/376)*

(9) § 1a Abs. 7 in der Fassung BGBl. II Nr. 129/2004 gilt nicht für Fahrzeuge, die bereits vor dem 1. Oktober 2005 genehmigt worden sind; diese müssen aber den bisherigen Vorschriften entsprechen. Solche Fahrzeuge dürfen nach dem 31. Dezember 2012 aber nicht mehr erstmals zum Verkehr zugelassen werden. *(BGBl II 2004/129)*

(10) § 1d Abs. 2 in der Fassung BGBl. II Nr. 129/2004 gilt nicht für Fahrzeuge, die bereits vor In-Kraft-Treten dieser Bestimmung genehmigt worden sind; diese müssen aber den bisherigen Vorschriften entsprechen. Solche Fahrzeuge der Klasse M, ausgenommen Fahrzeuge mit einer Höchstmasse von mehr als 2 500 kg, und der Klasse N1, Gruppe I dürfen nach dem 31. Dezem-

ber 2005 und solche Fahrzeuge der Klasse N1, Gruppen II und III und der Klasse M mit einer Höchstmasse von mehr als 2 500 kg dürfen nach dem 31. Dezember 2006 aber nicht mehr erstmals zum Verkehr zugelassen werden. *(BGBl II 2004/129)*

(11) § 1i Abs. 3 in der Fassung BGBl. II Nr. 129/2004 gilt nicht für Fahrzeuge, die bereits vor dem 1. Oktober 2004 genehmigt worden sind; diese müssen aber den bisherigen Vorschriften entsprechen. *(BGBl II 2004/129)*

(12) § 8 Abs. 4 in der Fassung BGBl. II Nr. 129/2004 gilt nicht für Fahrzeuge, die bereits vor dem 1. Jänner 2006 genehmigt worden sind. Solche Fahrzeuge dürfen nach dem 31. Dezember 2007 aber nicht mehr erstmals zum Verkehr zugelassen werden. *(BGBl II 2004/129)*

(13) § 17i in der Fassung BGBl. II Nr. 129/2004 gilt nicht für Fahrzeuge, die bereits vor dem 9. Mai 2004 genehmigt worden sind. Solche Fahrzeuge dürfen nach dem 8. Mai 2005 aber nicht mehr erstmals zum Verkehr zugelassen werden. *(BGBl II 2004/129)*

(14) Anlage 1 in der Fassung BGBl. II Nr. 129/2004
Z 1.1. und Z 1.2. gilt nicht für Fahrzeuge, die vor dem 17. Juni 2002 bereits genehmigt worden sind; diese müssen aber den bisherigen Vorschriften entsprechen. Solche Fahrzeuge dürfen nach dem 30. Juni 2004 aber nicht mehr erstmals zum Verkehr zugelassen werden;
Z 2.1.1., Z 2.1.3. und Z 2.2. gilt nicht für Fahrzeuge, die vor dem 1. April 2003 bereits genehmigt worden (für spezielle Fahrzeuge wie zweirädrige Trial- oder Endurokrafträder gilt hierfür der 1. Jänner 2004); diese müssen aber den bisherigen Vorschriften entsprechen. Solche Fahrzeuge dürfen nach dem 30. Juni 2004 aber nicht mehr erstmals zum Verkehr zugelassen werden (für spezielle Fahrzeuge wie zweirädrige Trial- oder Endurokrafträder gilt hierfür der 30. Juni 2005);
Z 2.1.2. und Z 2.1.4. gilt nicht für Fahrzeuge, die vor dem 1. Jänner 2006 bereits genehmigt worden sind; diese müssen aber den bisherigen Vorschriften entsprechen. Solche Fahrzeuge dürfen nach dem 31. Dezember 2006 aber nicht mehr erstmals zum Verkehr zugelassen werden; für Fahrzeugtypen einer Kleinserie (d. h. nicht mehr als 5000 verkaufte Einheiten innerhalb der EU pro Jahr) gilt hierfür der 31. Dezember 2007. *(BGBl II 2004/129)*

(15) § 19d in der Fassung BGBl. II Nr. 535/2004 gilt nicht für Fahrzeuge, die vor dem 1. Jänner 2005 bereits zugelassen worden sind. Diese müssen aber den bisherigen Vorschriften entsprechen. *(BGBl II 2004/535)*

(16) Bereits ausgegebene Kennzeichentafeln für Fahrzeuge der Finanzverwaltung mit der Bezeichnung des sachlichen Bereiches „ZW" dürfen weiterhin geführt werden. Bereits ausgegebene Kennzeichentafeln für Motorräder, die nicht der Anlage 5e in der Fassung BGBL II Nr. 535/2004 entsprechen, sind weiterhin gültig. *(BGBl II 2004/535)*

(17) § 1d Abs. 9 in der Fassung „BGBl. II Nr. 412/2005" gilt nicht für Austauschkatalysatoren, die bereits vor dem 18. Mai 2006 genehmigt worden sind; diese müssen aber den bisherigen Vorschriften entsprechen. *(BGBl II 2005/412; BGBl II 2006/334)*

(18) § 1i Abs. 2, § 3 Abs. 3, § 7b, § 41 Abs. 4 und § 52 Abs. 4, jeweils in der Fassung BGBl. II Nr. 412/2005 gelten nicht für Fahrzeuge, die bereits vor In-Kraft-Treten dieser Bestimmung genehmigt worden sind; diese müssen aber den bisherigen Vorschriften entsprechen. § 4 Abs. 3a, 3b und 3c in der Fassung BGBl. II Nr. 412/2005 gelten nicht für Reifen, die bereits vor In-Kraft-Treten dieser Bestimmung genehmigt worden sind; diese müssen aber den bisherigen Vorschriften entsprechen. *(BGBl II 2005/412)*

(19) § 17b Abs. 1 in der Fassung BGBl. II Nr. 412/2005 gilt nicht für Fahrzeuge, die vor dem 1. Juli 2006 bereits genehmigt worden sind; diese müssen aber den bisherigen Vorschriften entsprechen. Solche Fahrzeuge dürfen nach dem 31. Dezember 2008 aber nicht mehr erstmals zum Verkehr zugelassen werden. Elektrische/elektronische Unterbaugruppen, Teile und Ausrüstungsgegenstände, die unter die Bestimmungen des § 17b Abs. 4 in der Fassung BGBl. II Nr. 412/2005 fallen, dürfen nach dem 31. Dezember 2007 nicht mehr feilgeboten werden, wenn sie nicht den Bestimmungen der Richtlinie 72/245/EWG in der Fassung 2004/104/EG entsprechen. *(BGBl II 2005/412)*

(20) § 17i in der Fassung BGBl. II Nr. 412/2005 gilt nicht für Fahrzeuge, die vor dem 1. Jänner 2006 bereits genehmigt worden sind; diese müssen aber den bisherigen Vorschriften entsprechen. Solche Fahrzeuge dürfen nach dem 31. Dezember 2006 aber nicht mehr erstmals zum Verkehr zugelassen werden. *(BGBl II 2005/412)*

(21) § 18a in der Fassung der Verordnung BGBl. II Nr. 412/2005 gilt nicht für Fahrzeuge, die vor dem In-Kraft-Treten dieser Bestimmung bereits genehmigt worden sind; diese müssen aber den bisherigen Vorschriften entsprechen. Solche Fahrzeuge dürfen aber nach dem 31. Oktober 2007, im Fall von Fahrzeugen der Klasse M1 und N1 nach dem 25. Jänner 2010 nicht mehr erstmals zum Verkehr zugelassen werden. *(BGBl II 2007/275)*

(22) § 64b Abs. 6 und § 65b, jeweils in der Fassung BGBl. II Nr. 412/2005, sind auf die Ausbildung von Fahrschülern anzuwenden, die den Antrag auf Erteilung einer Lenkberechtigung nach dem 31. Dezember 2005 bei der Behörde

4/2. KDV
§ 69

eingebracht haben. Für Fahrschüler, die den Antrag auf Erteilung einer Lenkberechtigung vor dem 1. Jänner 2006 bei der Behörde eingebracht haben, gelten die bisherigen Vorschriften. *(BGBl II 2005/412)*

(23) Anlage 1 Tabelle III Z 4 in der Fassung BGBl. II Nr. 412/2005 gilt nicht für Motoren, die vor dem 31. Dezember 2005 bereits genehmigt worden sind; diese müssen aber den bisherigen Vorschriften entsprechen. *(BGBl II 2005/412)*

(24) Anlage 1 Tabelle III Z 5 in der Fassung BGBl. II Nr. 412/2005 gilt nicht für Fahrzeuge, die vor dem 9. März 2006 bereits genehmigt worden sind; diese müssen aber den bisherigen Vorschriften entsprechen. *(BGBl II 2005/412)*

(25) Im Hinblick auf die Änderungen durch die Verordnung BGBl. II Nr. 334/2006 gelten folgende Übergangsregelungen:

1. § 1a Abs. 1a, § 1b Abs. 2, § 1c Abs. 3a, § 1d Abs. 9, § 3 Abs. 3, § 17f Abs. 3, § 18a Abs. 1 und 2 und § 54a Abs. 3, 7 und 9 jeweils in der Fassung BGBl. II Nr. 334/2006 gelten nicht für Fahrzeuge, die vor dem 1. Juli 2007 bereits genehmigt worden sind; diese müssen aber den bisherigen Vorschriften entsprechen.

2. § 1a Abs. 8 in der Fassung BGBl. II Nr. 334/2006 gilt nicht für Fahrzeuge, die bereits vor In-Kraft-Treten dieser Bestimmung genehmigt worden sind; diese müssen aber den bisherigen Vorschriften entsprechen. Solche Fahrzeuge dürfen nach dem 24. Mai 2007 aber nicht mehr erstmals zum Verkehr zugelassen werden.

3. § 1c Abs. 1 und 3 und § 18b jeweils in der Fassung BGBl. II Nr. 334/2006 gelten nicht für Fahrzeuge, die bereits vor dem 20. Oktober 2006 genehmigt worden sind; diese müssen aber den bisherigen Vorschriften entsprechen. Solche Fahrzeuge dürfen nach dem 19. Oktober 2007 aber nicht mehr erstmals zum Verkehr zugelassen werden.

4. § 1d Abs. 1a und § 19b Abs. 5 jeweils in der Fassung BGBl. II Nr. 334/2006 gelten nicht für Fahrzeuge, die bereits vor In-Kraft-Treten dieser Bestimmung genehmigt worden sind; diese müssen aber den bisherigen Vorschriften entsprechen.

5. § 1d Abs. 2 und Abs. 3 in der Fassung BGBl. II Nr. 334/2006 gelten nicht für Fahrzeuge, die bereits vor dem 1. Oktober 2006 genehmigt worden sind; diese müssen aber den bisherigen Vorschriften entsprechen. § 1d Abs. 2 gilt hinsichtlich Fahrzeugen der Klassen M2, M3, N2 und N3 mit Selbstzündungsmotoren oder mit Gasmotoren, die mit den strengeren Emissionsgrenzwerten für 2008 genehmigt werden, nicht für Fahrzeuge, die vor dem 1. Oktober 2009 genehmigt worden sind; diese müssen aber den bisherigen Vorschriften entsprechen.

6. § 1f Abs. 1a in der Fassung BGBl. II Nr. 334/2006 gilt nicht für Fahrzeuge, die bereits vor dem 11. September 2007 genehmigt worden sind; diese müssen aber den bisherigen Vorschriften entsprechen. Solche Fahrzeuge dürfen nach dem 10. März 2010 aber nicht mehr erstmals zum Verkehr zugelassen werden.

7. § 4 Abs. 3d in der Fassung BGBl. II Nr. 334/2006 gilt nicht für Reifen, die vor dem 1. Juli 2007 bereits genehmigt worden sind; diese müssen aber den bisherigen Vorschriften entsprechen.

8. § 4 Abs. 4a in der Fassung BGBl. II Nr. 334/2006, gilt nicht für Reifen, die vor dem 1. Oktober 2006 runderneuert worden sind; diese müssen aber den bisherigen Bestimmungen entsprechen.

9. § 10 Abs. 7, § 19b Abs. 6 und § 52 Abs. 10 Z 3 bis 9 jeweils in der Fassung BGBl. II Nr. 334/2006 gelten nicht für Fahrzeuge, die vor dem 1. Juli 2007 bereits genehmigt worden sind; diese müssen aber den bisherigen Vorschriften entsprechen. Solche Fahrzeuge dürfen nach dem 30. Juni 2009 aber nicht mehr erstmals zum Verkehr zugelassen werden.

10. § 17b Abs. 1 in der Fassung BGBl. II Nr. 334/2006 gilt nicht für die

a) bereits vor In-Kraft-Treten dieser Bestimmung genehmigt worden sind;

b) im Hinblick auf die Richtlinie 2005/83/EG vor dem 1. Oktober 2006 bereits genehmigt worden sind;

diese müssen aber jeweils den bisherigen Vorschriften entsprechen.
(BGBl II 2006/334)

(26) Im Hinblick auf die Änderungen durch die Verordnung BGBl. II Nr. 275/2007 gelten folgende Übergangsregelungen:

1. § 1a Abs. 1 in der Fassung BGBl. II Nr. 275/2007 gilt nicht für Fahrzeuge, die vor dem 5. April 2008 bereits genehmigt worden sind; diese müssen aber den bisherigen Vorschriften entsprechen.

2. § 1d Abs. 1a, 2 und 3 und Anlage I, Tabelle III in der Fassung BGBl. II Nr. 275/2007 gelten nicht für Fahrzeuge, die vor In-Kraft-Treten dieser Bestimmungen bereits genehmigt worden sind; diese müssen aber den bisherigen Vorschriften entsprechen;

3. § 8 Abs. 1 Z 3 in der Fassung BGBl. II Nr. 275/2007 gilt nicht für Fahrzeuge, die vor dem 6. Juli 2008 bereits genehmigt worden sind; diese müssen aber den bisherigen Vorschriften entsprechen;

4. § 10 Abs. 7 in der Fassung BGBl. II Nr. 275/2007 gilt nicht für Fahrzeuge, die vor dem 10. Juli 2008 bereits genehmigt worden sind; diese müssen aber den bisherigen Vorschriften entsprechen; solche Fahrzeuge dürfen nach dem 10. Juli 2011 aber nicht mehr erstmals zum Verkehr zugelassen werden;

5. § 17i in der Fassung BGBl. II Nr. 275/2007 gilt nicht für Fahrzeuge, die vor dem 1. November 2007 bereits genehmigt worden sind; diese müssen aber den bisherigen Vorschriften entsprechen;

6. § 17j in der Fassung BGBl. II Nr. 275/2007 gilt nicht für Fahrzeuge, die vor dem 4. Jänner 2008 bereits genehmigt worden sind. Nach dem 1. Juli 2008 darf eine EG-Typgenehmigung oder eine Betriebserlaubnis mit einzelstaatlicher Geltung für Fahrzeuge, deren Klimaanlage darauf ausgelegt ist, fluorierte Treibhausgase mit einem GWP-Wert über 150 zu enthalten, nur erteilt werden, wenn die Leckage-Rate dieses Systems nicht mehr als 40 Gramm fluorierter Treibhausgase pro Jahr bei Systemen mit einem Verdampfer bzw. 60 Gramm fluorierter Treibhausgase pro Jahr bei Systemen mit zwei Verdampfern beträgt. Nach dem 1. Juli 2009 dürfen Fahrzeuge, deren Klimaanlage darauf ausgelegt ist, fluorierte Treibhausgase mit einem GWP-Wert über 150 zu enthalten, nur mehr erstmals zum Verkehr zugelassen werden, wenn die Leckage-Rate dieses Systems nicht mehr als 40 Gramm fluorierter Treibhausgase pro Jahr bei Systemen mit einem Verdampfer bzw. 60 Gramm fluorierter Treibhausgase pro Jahr bei Systemen mit zwei Verdampfern beträgt. Ab dem 1. Jänner 2011 darf keine EG-Typgenehmigung und keine Betriebserlaubnis mit einzelstaatlicher Geltung mehr für einen Fahrzeugtyp, dessen Klimaanlage darauf ausgelegt ist, fluorierte Treibhausgase mit einem GWP-Wert über 150 zu enthalten, erteilt werden. Ab dem 1. Jänner 2017 dürfen Fahrzeuge, deren Klimaanlage darauf ausgelegt ist, fluorierte Treibhausgase mit einem GWP-Wert über 150 zu enthalten, nicht mehr erstmals zum Verkehr zugelassen werden;

7. § 18d in der Fassung BGBl. II Nr. 275/2007 gilt nicht für Fahrzeuge, die vor dem 15. Dezember 2008 bereits genehmigt worden sind. Solche Fahrzeuge dürfen nach dem 14. Juli 2010 aber nicht mehr erstmals zum Verkehr zugelassen werden;

8. § 22a Abs. 1 Z 1 lit. b in der Fassung BGBl. II Nr. 275/2007 gilt nicht für Änderungen, die vor dem 1. November 2007 vorgenommen worden sind „." *(BGBl II 2014/290)*

9. *(entfällt, BGBl II 2014/290)*
(BGBl II 2007/275)

(27) § 52 Abs. 10 Z 12 in der Fassung BGBl. II Nr. 220/2008 gilt nicht für Fahrzeuge, die vor Inkrafttreten dieser Bestimmung bereits genehmigt worden sind; diese müssen aber den bisherigen Vorschriften entsprechen. *(BGBl II 2008/220)*

(28) Im Hinblick auf die Änderungen durch die Verordnung BGBl. II Nr. 124/2010 gelten folgende Übergangsregelungen:

1. § 1d Abs. 1a, 2 und 3, § 14 Abs. 4, § 18a Abs. 2 und Anlage I, Tabelle III jeweils in der Fassung BGBl. II Nr. 124/2010 gelten nicht für Fahrzeuge, die vor in Kraft treten dieser Bestimmungen bereits genehmigt worden sind; diese müssen aber den bisherigen Vorschriften entsprechen;

2. § 4a Abs. 2 in der Fassung BGBl. II Nr. 124/2010 gilt nicht für Fahrzeuge, die vor dem 9. April 2011 bereits genehmigt worden sind; diese müssen aber den bisherigen Vorschriften entsprechen;

3. § 8 Abs. 1 Z 1 und 2 und Anlage 1, Tabelle I jeweils in der Fassung BGBl. II Nr. 124/2010 gelten nicht für Fahrzeuge, die vor dem 1. Mai 2010 bereits genehmigt worden sind; diese müssen aber den bisherigen Vorschriften entsprechen;

4. § 10 Abs. 7 in der Fassung BGBl. II Nr. 124/2010, gilt nicht für Fahrzeuge der Klassen M1 und N1, die vor dem 7. Februar 2011 und nicht für Fahrzeuge der übrigen Fahrzeugklassen, die vor dem 7. August 2012 bereits genehmigt worden sind; diese müssen aber den bisherigen Vorschriften entsprechen;

5. § 18 Abs. 8 in der Fassung BGBl. II Nr. 24/2010, gilt hinsichtlich der Anforderungen an das Videosystem nicht für Fahrzeuge, die vor dem 1. Mai 2010 bereits mit einem Videosystem genehmigt worden sind; diese müssen aber den bisherigen Vorschriften entsprechen;

6. § 18d in der Fassung BGBl. II Nr. 124/2010 gilt nicht für Fahrzeuge, die vor dem 1. Jänner 2012 bereits genehmigt worden sind; diese müssen aber den bisherigen Vorschriften entsprechen;

7. § 54a Abs. 9 der Fassung BGBl. II Nr. 24/2010 gilt nicht für Fahrzeuge, die vor dem 1. Juni 2010 bereits genehmigt worden sind; diese müssen aber den bisherigen Vorschriften entsprechen.
(BGBl II 2010/124)

(29) Im Hinblick auf die Änderungen durch die Verordnung BGBl. II Nr. 458/2010 gelten folgende Übergangsregelungen:

1. § 7 Abs. 3, § 18a Abs. 2, § 52 Abs. 10 Z 3 bis 5 und 9 jeweils in der Fassung BGBl. II Nr. 458/2010 gelten nicht für Fahrzeuge, die vor in Kraft treten dieser Bestimmungen bereits genehmigt worden sind; diese müssen aber den bisherigen Vorschriften entsprechen;

2. § 19a Abs. 6 und § 52 Abs. 10 Z 7 und 8 jeweils in der Fassung BGBl. II Nr. 458/2010 gelten nicht für Fahrzeuge, die vor dem 2. März 2011 bereits genehmigt worden sind; diese müssen aber den bisherigen Vorschriften entsprechen; solche Fahrzeuge dürfen nach dem 2. September 2012 nicht mehr erstmals zum Verkehr zugelassen werden.
(BGBl II 2010/458)

(30) Im Hinblick auf die Änderungen durch die Verordnung BGBl. II Nr. 432/2011 gelten folgende Übergangsregelungen:

§ 69

1. § 11 Abs. 8, § 17a Abs. 2, § 19b Abs. 5, § 52 Abs. 10 Z 1 und Z 14 und Anlage 1 Tabelle III Z 4 jeweils in der Fassung BGBl. II Nr. 432/2011 gelten nicht für Fahrzeuge, die vor in Kraft treten dieser Bestimmungen bereits genehmigt worden sind; diese müssen aber den bisherigen Vorschriften entsprechen;

2. § 52 Abs. 10 Z 2 bis 10 und 13 jeweils in der Fassung BGBl. II Nr. 432/2011 gelten hinsichtlich

a) Fahrzeugen der Klassen T1, T2 und T3 nicht für Fahrzeuge, die vor in Kraft treten dieser Bestimmungen bereits genehmigt worden sind; diese müssen aber den bisherigen Vorschriften entsprechen; solche Fahrzeuge dürfen nach dem 29. September 2012 nicht mehr erstmals zum Verkehr zugelassen werden.

b) Fahrzeugen der Klasse T4.3 nicht für Fahrzeuge, die vor dem 29. September 2013 bereits genehmigt worden sind; diese müssen aber den bisherigen Vorschriften entsprechen; solche Fahrzeuge dürfen nach dem 29. September 2016 nicht mehr erstmals zum Verkehr zugelassen werden;

c) Fahrzeugen der Klassen T4.1, T4.2, T5, C, R und S nicht für Fahrzeuge, die drei Jahre nach Inkrafttreten der letzten noch zu verabschiedenden Einzelrichtlinie bereits genehmigt worden sind; diese müssen aber den bisherigen Vorschriften entsprechen; solche Fahrzeuge dürfen nach sechs Jahren nach Inkrafttreten der letzten noch zu verabschiedenden Einzelrichtlinie bereits nicht mehr erstmals zum Verkehr zugelassen werden.

3. Anlage 5d in der Fassung BGBl. II Nr. 432/2011 gilt nicht für bereits zugewiesene Kennzeichen;

a) bis 30. Juni 2012 sind noch Kennzeichen mit den bisherigen Behördenbezeichnungen „BA", „JU" oder „KF" zuzuweisen; ab 1. Juli 2012 hat der Zulassungsbesitzer eines Fahrzeugs, für das noch ein Kennzeichen mit den Behördenbezeichnungen „BA", „JU" oder „KF" zugewiesen ist, die Möglichkeit, die Zuweisung eines Kennzeichens gemäß Anlage 5d in der Fassung BGBl. II Nr. 432/2011 zu beantragen;

b) bereits zugewiesene Kennzeichen mit den Behördenbezeichnungen „BA", „JU" oder „KF" bleiben während aufrechter Zulassung des Fahrzeuges weiter gültig; im Falle einer Anmeldung oder der Zuweisung eines anderen Kennzeichens während aufrechter Zulassung sind aber die Behördenbezeichnungen gemäß Anlage 5d in der Fassung BGBl. II Nr. 432/2011 zu verwenden; Freihaltungen von Kennzeichen mit den Behördenbezeichnungen „BA", „JU" oder „KF" sind nur bis 30. Juni 2012 möglich und längstens bis zu diesem Zeitpunkt gültig;

c) Wunschkennzeichen mit den Behördenbezeichnungen „BA", „JU" oder „KF" dürfen auch im Falle einer Anmeldung oder der Zuweisung eines Kennzeichens während aufrechter Zulassung weiterhin bis zur Beendigung des Rechts zur Führung dieser Wunschkennzeichen verwendet werden, sofern sie bis 30. Juni 2012 reserviert werden; eine Verlängerung des Rechts zur Führung dieser Wunschkennzeichen ist nur möglich, sofern der Zeitraum für die Einbringung des jeweiligen Verlängerungsantrages gemäß § 48a Abs. 8a KFG noch bis 30. Juni 2012 zu laufen beginnt; dieser Zeitraum endet aber in diesen Fällen jedenfalls mit 30. Juni 2012;

4. bei den Behörden oder den Zulassungsstellen vorrätige, zur Deckung des laufenden Bedarfes erforderliche Kennzeichentafeln mit den Behördenbezeichnungen „BA", „JU" oder „KF" dürfen noch für einen Zeitraum von drei Monaten nach dem 30. Juni 2012 aufgebraucht und deren Kennzeichen zugewiesen werden;

5. eine Umstellung der Kennzeichnung (§ 5 ZustV) der betroffenen Zulassungsstellen und der betroffenen Zulassungsstellenstempel (§ 10 ZustV) muss bis spätestens 01. Juli 2012 erfolgen. *(BGBl II 2011/432)*

(31) Im Hinblick auf die Änderungen durch die Verordnung BGBl. II Nr. 471/2012 gelten folgende Übergangsregelungen:

1. § 11 Abs. 8 in der Fassung BGBl. II Nr. 471/2012 gilt nicht für Fahrzeuge, die vor in Kraft treten dieser Bestimmungen bereits genehmigt worden sind; diese müssen aber den bisherigen Vorschriften entsprechen;

2. § 52 Abs. 10 Z 6 in der Fassung BGBl. II Nr. 471/2012 gilt nicht für Fahrzeuge, die vor dem 1. November 2013 bereits genehmigt worden sind; diese müssen aber den bisherigen Vorschriften entsprechen;

3. vor dem 19. Jänner 2013 bereits als Schulfahrzeuge für die Klasse F verwendete Fahrzeuge, die nicht den Bestimmungen des § 63a Abs. 4 in der Fassung BGBl. II Nr. 471/2012 entsprechen, dürfen noch bis längstens 31. Dezember 2017 als Schulfahrzeuge für die Klasse F verwendet werden;

4. für Anträge auf Erteilung der Lenkberechtigung der Klasse BE, die vor dem 19. Jänner 2013 eingebracht wurden, gelten § 64b Abs. 6 und 7 mit der Maßgabe, dass bis 31. Mai 2013 die bisherigen Ausbildungsbestimmungen anzuwenden sind;

5. Anlage 5d Kapitel VI in der Fassung BGBl. II Nr. 471/2012 gilt nicht für bereits zugewiesene Kennzeichen;

a) bis 30. Juni 2013 sind noch Kennzeichen mit den bisherigen Behördenbezeichnungen „BM", „FB", „FF", „HB", „MZ" oder „RA" zuzuweisen; ab 1. Juli 2013 hat der Zulassungsbesitzer eines Fahrzeugs, für das noch ein Kennzeichen mit den Behördenbezeichnungen „FB", „FF", „HB", „MZ" oder „RA" zugewiesen ist, die Möglichkeit, die Zuweisung eines Kennzeichens gemäß Anlage 5d in der Fassung BGBl. II Nr. 471/2012 zu beantragen;

b) bereits zugewiesene Kennzeichen mit den Behördenbezeichnungen „FB", „FF", „HB", „MZ" oder „RA" bleiben während aufrechter Zulassung des Fahrzeuges weiter gültig; im Falle einer Anmeldung oder der Zuweisung eines anderen Kennzeichens während aufrechter Zulassung sind aber die Behördenbezeichnungen gemäß Anlage 5d in der Fassung BGBl. II Nr. 471/2012 zu verwenden; Freihaltungen von Kennzeichen mit den Behördenbezeichnungen „FB", „FF", „HB", „MZ" oder „RA" sind nur bis 30. Juni 2013 möglich und längstens bis zu diesem Zeitpunkt gültig;

c) Wunschkennzeichen mit den Behördenbezeichnungen „FB", „FF", „HB", „MZ" oder „RA" dürfen auch im Falle einer Anmeldung oder der Zuweisung eines Kennzeichens während aufrechter Zulassung weiterhin bis zur Beendigung des Rechts zur Führung dieser Wunschkennzeichen verwendet werden, sofern sie bis 30. Juni 2013 reserviert werden; eine Verlängerung des Rechts zur Führung dieser Wunschkennzeichen ist nur möglich, sofern der Zeitraum für die Einbringung des jeweiligen Verlängerungsantrages gemäß § 48a Abs. 8a KFG 1967 noch bis 30. Juni 2013 zu laufen beginnt; dieser Zeitraum endet aber in diesen Fällen jedenfalls mit 30. Juni 2013;

6. bei den Behörden oder den Zulassungsstellen vorrätige, zur Deckung des laufenden Bedarfes erforderliche Kennzeichentafeln mit den Behördenbezeichnungen „FB", „FF", „HB", „MZ" oder „RA" dürfen noch für einen Zeitraum von drei Monaten nach dem 30. Juni 2013 aufgebraucht und deren Kennzeichen zugewiesen werden;

7. eine Umstellung der Kennzeichnung (§ 5 Zulassungsstellenverordnung, ZustV) der betroffenen Zulassungsstellen und der betroffenen Zulassungsstellenstempel (§ 10 ZustV) muss bis spätestens 1. Juli 2013 erfolgen.
(BGBl II 2012/471)

(32) Im Hinblick auf die Änderungen durch die Verordnung BGBl. II Nr. 290/2014 gelten folgende Übergangsregelungen:

1. § 1, § 1b Abs. 2 erster Satz, § 1k, § 10 Abs. 8, § 19b Abs. 6, § 52 Abs. 10 Z 4 und Anlage 1 jeweils in der Fassung BGBl. II Nr. 290/2014 gelten nicht für Fahrzeuge, die vor in Kraft treten dieser Bestimmungen bereits genehmigt worden sind; diese müssen aber den bisherigen Vorschriften entsprechen;

2. für Fahrzeuge, deren EG-Übereinstimmungsbescheinigung die Daten gemäß der Anlage 4, Zeilen 14 bis 16, 34 und 262 bis 269 in Übereinstimmung mit dem geltenden Recht der EU nicht enthalten, müssen diese Daten nicht in die Genehmigungsdatenbank eingegeben werden.
(BGBl II 2014/290)

(33) § 64b Abs. 6 Z 1 in der Fassung BGBl. II „Nr. 40/2015" gilt nicht für Personen, die den Antrag auf Erteilung der Lenkberechtigung der Klasse A (A1, A2) vor dem 16. März 2015 eingebracht haben; für diese gelten die bisherigen Vorschriften. *(BGBl II 2015/40; BGBl II 2016/287)*

(34) Im Hinblick auf die Änderungen durch die Verordnung BGBl. II Nr. 287/2016 gelten folgende Übergangsregelungen:

1. § 1k in der Fassung BGBl. II Nr. 287/2016 gilt nicht für Fahrzeuge, die vor in Kraft treten dieser Bestimmungen bereits genehmigt worden sind; diese müssen aber den bisherigen Vorschriften entsprechen;

2. an Anbaugeräten angebrachte reflektierende Warnmarkierungen, die dem § 2d in der Fassung vor der Änderung durch die Verordnung BGBl. II Nr. 287/2016 entsprechen, dürfen weiterhin verwendet werden;

3. § 64b Abs. 6 Z 2 lit. c in der Fassung BGBl. II Nr. 287/2016 gilt nicht für Personen, die den Antrag auf Erteilung der Lenkberechtigung der Klasse B vor dem 1. Dezember 2016 eingebracht haben; für diese gelten die bisherigen Vorschriften;

4. § 65b Abs. 2 in der Fassung BGBl. II Nr. 287/2016 gilt nicht für Personen, die den Antrag auf Erteilung der Lenkberechtigung bereits vor in Kraft Treten dieser Bestimmung eingebracht haben; für diese gelten die bisherigen Vorschriften;

5. Anlage 5d Kapitel III in der Fassung BGBl. II Nr. 287/2016 gilt nicht für bereits zugewiesene Kennzeichen:

a) bis 31. Dezember 2016 sind noch Kennzeichen mit der bisherigen Behördenbezeichnung „WU" zuzuweisen; ab 1. Jänner 2017 hat der Zulassungsbesitzer eines Fahrzeugs, für das noch ein Kennzeichen mit der Behördenbezeichnung „WU" zugewiesen ist, die Möglichkeit, die Zuweisung eines Kennzeichens gemäß Anlage 5d in der Fassung BGBl. II Nr. 287/2016 zu beantragen;

b) bereits zugewiesene Kennzeichen mit der Behördenbezeichnung „WU" bleiben während aufrechter Zulassung des Fahrzeuges weiter gültig; im Falle einer Anmeldung oder der Zuweisung eines anderen Kennzeichens während aufrechter Zulassung ist aber die Behördenbezeichnung gemäß Anlage 5d in der Fassung BGBl. II Nr. 287/2016 zu verwenden; Freihaltungen von Kennzeichen mit der Behördenbezeichnung „WU" sind nur bis 31. Dezember 2016 möglich und längstens bis zu diesem Zeitpunkt gültig;

c) Wunschkennzeichen mit der Behördenbezeichnung „WU" dürfen auch im Falle einer Anmeldung oder der Zuweisung eines Kennzeichens während aufrechter Zulassung weiterhin bis zur

Beendigung des Rechts zur Führung dieser Wunschkennzeichen verwendet werden, sofern sie bis 31. Dezember 2016 reserviert werden; eine Verlängerung des Rechts zur Führung dieser Wunschkennzeichen ist nur möglich, sofern der Zeitraum für die Einbringung des jeweiligen Verlängerungsantrages gemäß § 48a Abs. 8a KFG 1967 noch bis 31. Dezember 2016 zu laufen beginnt; dieser Zeitraum endet aber in diesen Fällen jedenfalls mit 31. Dezember 2016;

6. eine Umstellung der Kennzeichnung (§ 5 Zulassungsstellenverordnung, ZustV) der betroffenen Zulassungsstellen und der betroffenen Zulassungsstellenstempel (§ 10 ZustV) muss bis spätestens 1. Jänner 2017 erfolgen. *(BGBl II 2016/287)*

(35) § 1d in der Fassung BGBl. II Nr. 221/2017 gilt nicht für Fahrzeuge, die vor in Kraft treten dieser Bestimmung bereits genehmigt worden sind; diese müssen aber den bisherigen Vorschriften entsprechen. *(BGBl II 2017/221)*

(36) Bereits ausgegebene Kennzeichentafeln für historische Fahrzeuge, die nicht den Mustern IX bzw. VII der Anlage 5e entsprechen, bleiben weiter gültig. Zulassungsbesitzer haben aber die Möglichkeit diese gegen Kennzeichentafeln nach dem Muster IX oder VII auszutauschen. *(BGBl II 2017/298)*

(37) Im Hinblick auf die Änderungen durch die Verordnung BGBl. II Nr. 172/2019 gelten folgende Übergangsregelungen:

1. § 1f Abs. 1 und Abs. 2 Z 6, § 8 Abs. 5 und § 15 Abs. 2 jeweils in der Fassung BGBl. II Nr. 172/2019 gilt nicht für Fahrzeuge, die vor in Kraft treten dieser Bestimmungen bereits genehmigt worden sind; diese müssen aber den bisherigen Vorschriften entsprechen;

2. § 64a Abs. 1 und Abs. 2 in der Fassung BGBl. II Nr. 172/2019 gilt nicht für Fahrschulbewilligungen, die bereits vor dem 1. Juli 2019 erteilt worden sind; für diese gelten die bisherigen Vorschriften; weiters gilt § 64a Abs. 1 und Abs. 2 in der Fassung BGBl. II Nr. 172/2019 vorerst nicht, wenn bis längstens 31.12.2020 eine neue Fahrschulbewilligung für einen bestehenden Fahrschulstandort erteilt wird; in diesen Fällen müssen die neuen Anforderungen gemäß § 64a Abs. 1 und Abs. 2 in der Fassung BGBl. II Nr. 172/2019 spätestens nach drei Jahren ab der Fahrschulbewilligung an diesem Standort erfüllt werden;

3. mit Ablauf des 31.12.2019 wird in der Anlage 4 in der Fassung BGBl. II Nr. 172/2019

a) die Eintragung „V7" in der Zeile 186, Spalte „Feld ZS" der Zeile 278, Spalte „Feld ZS" zugeordnet, und

b) die Eintragung „V8" in der Zeile 190, Spalte „Feld ZS" der Zeile 279, Spalte „Feld ZS" zugeordnet.

(BGBl II 2019/172)

(38) Zum Zeitpunkt des Inkrafttretens der Verordnung BGBl. II Nr. 350/2019 bereits zugelassene Fahrzeuge, die zur Verwendung für die Feuerwehr bestimmt sind, dürfen weiterhin das zugewiesene Kennzeichen führen und müssen nicht umgemeldet werden; der Umstieg auf das Sachbereichskennzeichen ist bei aufrechter Zulassung aber jederzeit möglich. *(BGBl II 2019/350)*

(39) Bereits zugewiesene Kennzeichen mit der Behördenbezeichnung „WU" oder „TU" bleiben während aufrechter Zulassung des Fahrzeuges weiter gültig; der Zulassungsbesitzer eines Fahrzeuges, für das ein Kennzeichen mit den Behördenbezeichnungen „WU" oder „TU" zugewiesen ist, hat die Möglichkeit, bei aufrechter Zulassung die Zuweisung eines Kennzeichens gemäß Anlage 5d in der Fassung BGBl. II Nr. 394/2019 zu beantragen. *(BGBl II 2019/394)*

(40) Weiße Kennzeichentafeln, die nicht der Anlage 5e in der Fassung der Verordnung BGBl. II Nr. 161/2021 entsprechen, dürfen weiterhin ausgegeben und verwendet werden. Bereits ausgegebene rote Kennzeichentafeln, die nicht der Anlage 5e in der Fassung der Verordnung BGBl. II Nr. 161/2021 entsprechen, dürfen weiterhin verwendet werden. *(BGBl II 2021/161)*

Inkrafttreten

§ 70. (1) Diese Verordnung tritt mit Ausnahme der im Abs. 2 angeführten Bestimmungen mit 1. Jänner 1968 in Kraft.

(2) Die Bestimmungen des § 8 Abs. 1 lit. c hinsichtlich der Kraftfahrzeuge, bei denen nach ihrer Bauart und Ausrüstung dauernd gewährleistet ist, daß mit ihnen auf gerader, waagrechter Fahrbahn bei Windstille eine Geschwindigkeit von 10 km/h nicht überschritten werden kann, treten mit 1. Jänner 1969 in Kraft.

(3) § 69 tritt mit 31. Dezember 1969 außer Kraft.

(4) Das Entgelt für Kennzeichentafeln (Anlage 5e) in der Fassung der Verordnung BGBl. II Nr. 136/1998 tritt mit 1. Juni 1998 in Kraft. § 63 Abs. 4 in der Fassung der Verordnung BGBl. II Nr. 136/1998 tritt mit 1. September 1998 in Kraft. (idF BGBl II 1998/36).

(5) § 7 Abs. 2 in der Fassung BGBl. II Nr. 376/2002 tritt mit 1. Oktober 2002, jedoch nicht vor dem der Kundmachung des genannten Bundesgesetzblattes folgenden Tag in Kraft. Anlage 5e in der Fassung BGBl. II Nr. 376/2002 tritt mit 1. November 2002 in Kraft. § 1d Abs. 1a in der Fassung BGBl. II Nr. 376/2002 tritt hinsichtlich der Fahrzeugen der Klasse M1 mit mehr als sechs Sitzplätzen oder einer Gesamtmasse von mehr als 2 500 kg und N1 Gruppen II und III mit 1. Jänner 2003 in Kraft. § 64b und Anlage 10a in der Fassung BGBl. II Nr. 376/2002 treten mit

1. Jänner 2003 in Kraft und sind auf die Ausbildung von Kandidaten anzuwenden, die den Antrag auf Erteilung einer Lenkberechtigung nach dem 1. Jänner 2003 bei der Behörde eingebracht haben. Anlage 9a in der Fassung BGBl. II Nr. 376/2002 tritt mit 1. Jänner 2003 in Kraft. § 1b Abs. 2 und § 54a Abs. 7 in der Fassung BGBl. II Nr. 376/2002 treten mit 1. Juli 2003 in Kraft. § 4 Abs. 3a und 3b in der Fassung BGBl. II Nr. 376/2002 treten hinsichtlich der Genehmigung von Reifentypen mit 4. August 2003 und hinsichtlich der Genehmigung von Fahrzeugtypen mit 4. Februar 2004 in Kraft. § 40 Abs. 1, § 41 und § 49 Abs. 1 in der Fassung BGBl. II Nr. 376/2002 treten mit 4. Februar 2004 in Kraft. §§ 42, 43, 44, 46 und Anlage 7 treten mit 13. Februar 2004 außer Kraft. *(BGBl II 2002/376)*

(6) § 17i in der Fassung BGBl. II Nr. 129/2004 tritt mit 9. Mai 2004 in Kraft. § 1i Abs. 3 in der Fassung BGBl. II Nr. 129/2004 tritt mit 1. Oktober 2004 in Kraft. § 1a Abs. 7 in der Fassung BGBl. II Nr. 129/2004 tritt mit 1. Oktober 2005 in Kraft. § 8 Abs. 4 und Anlage 1 Z 2.1.2. und Z 2.1.4. in der Fassung BGBl. II Nr. 129/2004 treten mit 1. Jänner 2006 in Kraft. *(BGBl II 2004/129)*

(7) § 19d in der Fassung BGBl. II Nr. 535/2004 tritt mit 1. Jänner 2005 in Kraft. § 1c Abs. 2, § 25d Abs. 3 und Anlage 5e jeweils in der Fassung BGBl. II Nr. 535/2004 treten mit 1. April 2005 in Kraft. *(BGBl II 2004/535)*

(8) Es treten in Kraft:
1. Anlage 1 Tabelle III Z 4 in der Fassung BGBl. II Nr. 412/2005 mit 31. Dezember 2005.
2. § 1k, § 17i, § 20, § 64b Abs. 6, § 65b, Anlagen 4c, 4d und 4e, jeweils in der Fassung BGBl. II Nr. 412/2005 mit 1. Jänner 2006. Anlage 10f tritt mit Ablauf des 31. Dezember 2005 außer Kraft.
3. § 52 Abs. 5 lit. c in der Fassung BGBl. II Nr. 412/2005 mit 1. März 2006.
4. Anlage 1 Tabelle III Z 5 und Fußnote 6 der Anlage 1 Tabelle III, jeweils in der Fassung BGBl. II Nr. 412/2005 mit 9. März 2006.
5. § 1d Abs. 9 in der Fassung BGBl. II Nr. 412/2005 mit 18. Mai 2006.
6. § 17b Abs. 1 und Abs. 4, jeweils in der Fassung BGBl. II Nr. 412/2005 mit 1. Juli 2006.
7. § 21a Abs. 2 bis Abs. 4, § 21c sowie Anlagen 4, 4a und 4b, jeweils in der Fassung BGBl. II Nr. 412/2005 mit 1. Juli 2007. Anstelle der für das Fahrzeug zutreffenden technischen Daten gemäß Anlage 3d/1 (§ 21a Abs. 3 Z 2) in der Fassung des BGBl. II Nr. 308/1999, können ab dem 1. Jänner 2006 die für das Fahrzeug zutreffenden Inhalte der Anlage 4 verwendet werden. § 21d sowie die Anlagen 3d, 3d/1 und 3d/2 treten mit Ablauf des 30. Juni 2007 außer Kraft. *(BGBl II 2005/412)*

(9) Es treten in Kraft

1. § 1d Abs. 2 (hinsichtlich Fahrzeugen der Klassen M2, M3, N2 und N3 mit Selbstzündungsmotoren) und Abs. 3, § 4 Abs. 4a, § 7c, § 7d, § 7e, § 7f, und § 17b Abs. 1 und Abs. 4 (hinsichtlich der Richtlinie 2005/83/EG) jeweils in der Fassung BGBl. II Nr. 334/2006 mit 1. Oktober 2006.
2. § 1c Abs. 1 und Abs. 3 und § 18b jeweils in der Fassung BGBl. II Nr. 334/2006 mit 20. Oktober 2006.
3. § 4 Abs. 4 in der Fassung BGBl. II Nr. 334/2006 mit 15. November 2006.
4. § 1a Abs. 1a, § 1b Abs. 2, § 1c Abs. 3a, § 1d Abs. 9, § 3 Abs. 3, § 4 Abs. 3d, § 16 Abs. 7, § 17f Abs. 3, § 18a Abs. 1 und 2, § 19b Abs. 6, § 52 Abs. 10 Z 3 bis 9 und § 54a Abs. 3, 7 und 9 und Anlage 4 jeweils in der Fassung BGBl. II Nr. 334/2006 mit 1. Juli 2007.
5. § 1f Abs. 1a in der Fassung BGBl. II Nr. 334/2006 mit 11. September 2007.
6. § 1d Abs. 2 hinsichtlich Fahrzeugen der Klassen M2, M3, N2 und N3 mit Selbstzündungsmotoren oder mit Gasmotoren, die mit den strengeren Emissionsgrenzwerten für 2008 genehmigt werden, mit 1. Oktober 2009.
(BGBl II 2006/334)

(10) Die Änderungen durch die Verordnung BGBl. II Nr. 275/2007 treten wie folgt in Kraft:
1. § 17i, § 22a Abs. 1 Z 1 lit. b und § 25d Abs. 4 jeweils in der Fassung BGBl. II Nr. 275/2007 mit 1. November 2007,
2. § 17j in der Fassung BGBl. II Nr. 275/2007 mit 4. Jänner 2008,
3. § 63 Abs. 4 in der Fassung BGBl. II Nr. 275/2007 mit 1. März 2008,
4. § 1a Abs. 1 in der Fassung BGBl. II Nr. 275/2007 mit 5. April 2008,
5. § 8 Abs. 1 Z 3 in der Fassung BGBl. II Nr. 275/2007 mit 6. Juli 2008,
6. § 10 Abs. 7 in der Fassung BGBl. II Nr. 275/2007 mit 10. Juli 2008,
7. § 18d in der Fassung BGBl. II Nr. 275/2007 mit 15. Dezember 2008.
(BGBl II 2007/275)

(11) Die Änderungen durch die Verordnung, BGBl. II Nr. 124/2010 treten wie folgt in Kraft:
1. § 22a und Anlage 4 jeweils in der Fassung BGBl. II Nr. 124/2010 mit 29. April 2010, wobei die Anlage 4 in der Fassung BGBl. II Nr. 124/2010 für die Eingabe in die Genehmigungsdatenbank und die Ausstellung von Typenscheinen bereits vor diesem Termin verwendet werden kann,
2. § 8 Abs. 1 Z 1 und 2, § 18 Abs. 8 und Anlage 1, Tabelle I jeweils in der Fassung BGBl. II Nr. 124/2010 mit 1. Mai 2010,
3. § 54a Abs. 9, § 64a Abs. 3 und § 64b Abs. 8, 8a, 8b und 9 jeweils in der Fassung BGBl. II Nr. 124/2010 mit 1. Juni 2010,

§ 70

4. § 10 Abs. 7 in der Fassung BGBl. II Nr. 124/2010 mit 7. Februar 2011 für Fahrzeuge der Klassen M1 und N1 und mit 7. August 2012 für die übrigen Fahrzeugklassen,

5. § 4a Abs. 2 in der Fassung BGBl. II Nr. 124/2010 mit 9. April 2011,

6. § 18d in der Fassung BGBl. II Nr. 124/2010 mit 1. Jänner 2012.
(BGBl II 2010/124)

(12) Die Änderungen durch die Verordnung, BGBl. II Nr. 458/2010 treten wie folgt in Kraft:

1. § 22c in der Fassung BGBl. II Nr. 458/2010 mit 1. Jänner 2011;

2. § 19a Abs. 6 und § 52 Abs. 10 Z 7 und 8 jeweils in der Fassung BGBl. II Nr. 458/2010 mit 2. März 2011;

2.[1)] § 25d Abs. 3a und Anlage 5e jeweils in der Fassung BGBl. II Nr. 458/2010 mit 1. April 2011.
(BGBl II 2010/458)

(13) Die Änderungen durch die Verordnung, BGBl. II Nr. 432/2011 treten wie folgt in Kraft:

1. § 52 Abs. 10 Z 2 bis 10 und 13 jeweils in der Fassung BGBl. II Nr. 432/2011 hinsichtlich

a) Fahrzeugen der Klassen T1, T2 und T3 mit Ablauf des Tages der Kundmachung,

b) Fahrzeugen der Klasse T4.3 mit 29. September 2013 und

c) Fahrzeugen der Klassen T4.1, T4.2, T5, C, R und S drei Jahre nach Inkrafttreten der letzten noch zu verabschiedenden Einzelrichtlinie;

2. die Überschrift zu § 63b, § 63b Abs. 1, § 64a Abs. 3 Z 2.1.1, § 64b Abs. 3, § 64b Abs. 4 Z 1, § 64b Abs. 5, § 64b Abs. 6 Z 1, Anlage 10a und Anlage 10b jeweils in der Fassung BGBl. II Nr. 432/2011 mit 19. Jänner 2013.

3. § 27a Abs. 1 und Anlage 5d in der Fassung BGBl. II Nr. 432/2011 mit 1. Jänner 2012.
(BGBl II 2011/432)

(14) Die Änderungen durch die Verordnung, BGBl. II Nr. 278/2012 treten wie folgt in Kraft:

1. Anlage 5d in der Fassung BGBl. II Nr. 278/2012 mit 1. September 2012;

2. Anlage 4, Anmerkung 20 in der Fassung BGBl. II Nr. 278/2012 mit 1. Jänner 2013;

3. Anlage 4, Zeile 252 „ " in der Fassung BGBl. II Nr. 278/2012 mit 1. Februar 2013 „,".
(BGBl II 2012/471)

4. Anlage 4 Tabelle für die Aufbauarten, in der Fassung BGBl. II Nr. 278/2012, mit 7. Juli 2013. Am 6. Juli 2013 werden die in der Genehmigungsdatenbank gemäß § 30a KFG 1967 in den entsprechenden Feldern gespeicherten Daten hinsichtlich der Aufbauart nach der folgenden Tabelle umcodiert:

Bestehende Codierung in der Genehmigungsdatenbank	Umcodierung auf:
CA	GA
CB	GB
CC	GC
CD	GD
CE	GE
CF	GF
CG	GG
CH	GH
CI	GI
CJ	GJ
CK	GK
CL	GL
CM	GM
CN	GN
CO	GO
CP	GP
CQ	GQ
CR	GR
CS	GS
CT	GT
CU	GU
CV	GV
CW	GW

Ab dem 7. Juli 2013 dürfen ausschließlich die Codierungen in der Bedeutung der Anlage 4, Tabelle für die Aufbauarten in der Fassung BGBl. II Nr. 278/2012 verwendet werden; die Angabe der auf das jeweilige Fahrzeug zutreffenden Klasse(n) I, II, III, A und/oder B ist in der Zeile 11 einzutragen.
(BGBl II 2012/471)
(BGBl II 2012/278)

(15) Die Änderungen durch die Verordnung, BGBl. II Nr. 471/2012 treten wie folgt in Kraft:

1. Anlage 5d Kapitel VI in der Fassung BGBl. II Nr. 471/2012 mit 1. Jänner 2013;

2. § 63a Abs. 4 bis 6, § 64b Abs. 4 bis 7 und 7b, § 64e Abs. 3 und 4, Anlage 9a und Anlage 10a jeweils in der Fassung BGBl. II Nr. 471/2012 mit 19. Jänner 2013;

3. § 52 Abs. 10 Z 6 in der Fassung BGBl. II Nr. 471/2012 mit 1. November 2013.
(BGBl II 2012/471)

(16) Die Änderungen durch die Verordnung, BGBl. II Nr. 290/2014 treten wie folgt in Kraft:

1. § 1, § 1b Abs. 1 und 2, § 1c Abs. 2 und 2a, § 1k, § 4 Abs. 7, § 10 Abs. 8, § 19b Abs. 6, § 28, § 52 Abs. 10 Z 4, § 58 Abs. 1 Z 1 und 2, § 60a, § 64e Abs. 4 und Anlage 1, Anlage 3e, Anlage 4 und Anlage 7 jeweils in der Fassung BGBl. II Nr.

Zu § 70:
[1)] *Gemeint wohl: 3.*

290/2014 mit Ablauf des Tages der Kundmachung der genannten Verordnung;

2. § 64b Abs. 7b in der Fassung BGBl. II Nr. 290/2014 mit 1. Dezember 2014.
(BGBl II 2014/290)

(17) § 64b Abs. 3, Abs. 4 Z 1, Abs. 5, Abs. 6 Z 1 und Anlage 10a jeweils in der Fassung BGBl. II Nr. 40/1915 treten mit 16. März 2015 in Kraft. „ " *(BGBl II 2015/40; BGBl II 2019/350)*

(18) Die Änderungen durch die Verordnung, BGBl. II Nr. 287/2016 treten wie folgt in Kraft:

1. § 1f Abs. 2, § 1k, § 2d, § 22 Abs. 1 lit. q, § 22c, § 54 Abs. 4, § 58 Abs. 1 Z 1 lit. c und Z 3 lit. e, § 63a Abs. 5, § 64, § 64b Abs. 5 und 6 Z 2 lit. d, § 65b Abs. 2 und 3 Z 4, § 69 Abs. 33, Anlage 4, Anlage 7, Anlage 8 und Anlage 10a jeweils in der Fassung BGBl. II Nr. 287/2016 mit Ablauf des Tages der Kundmachung der genannten Verordnung; gleichzeitig tritt § 55 außer Kraft;

2. § 64b Abs. 6 Z 2 lit. c und Anlage 5e jeweils in der Fassung BGBl. II Nr. 287/2016 mit 1. Dezember 2016;

3. Anlage 5d Kapitel III in der Fassung BGBl. II Nr. 287/2016 mit 1. Jänner 2017.
(BGBl II 2016/287)

(19) § 1d samt Überschrift, § 22c, § 50 samt Überschrift und § 69 Abs. 35 jeweils in der Fassung BGBl. II Nr. 221/2017 treten mit Ablauf des Tages der Kundmachung dieser Verordnung in Kraft; gleichzeitig tritt Anlage 1 außer Kraft. § 20 Abs. 2 Z 3, § 21b Abs. 4 und § 21d samt Überschrift jeweils in der Fassung BGBl. II Nr. 221/2017 treten mit 1. August 2017 in Kraft; zugleich tritt § 67 außer Kraft. *(BGBl II 2017/221)*

(20) § 25d Abs. 5, § 26 Abs. 6 Z 2 und Anlage 5e in der Fassung des Bundesgesetzblattes BGBl. II Nr. 298/2017 treten mit 1. April 2018 in Kraft. *(BGBl II 2017/298)*

(21) Die Änderungen durch die Verordnung, BGBl. II Nr. 172/2019 treten wie folgt in Kraft:

1. § 1f Abs. 1 und Abs. 2 Z 6, § 4 Abs. 7, § 8 Abs. 5, § 15 Abs. 2, § 18 Abs. 8, § 19a, § 19b samt Überschrift, § 22 Abs. 1, § 22a Abs. 1 Z 2 lit. m und n, Z 10 und 11 und Abs. 2a, § 22c Abs. 2, § 25d Abs. 3, § 54a Abs. 3, § 58 Abs. 1 Z 3 lit. b, § 60a Abs. 1, § 63a Abs. 2a, § 63b Abs. 4, § 64a Abs. 3, § 64b Abs. 3 und § 69 Abs. 37, Anlage 3e, Anlage 3j, Anlage 4 mit Ausnahme der Änderungen in der Spalte „ZS" und Anlage 10c jeweils in der Fassung des Bundesgesetzblattes BGBl. II Nr. 172/2019 mit Ablauf des Tages der Kundmachung dieser Verordnung; gleichzeitig treten § 1c Abs. 2 Z 1, Anlage 3b und Anlage 3c außer Kraft;

2. § 64a Abs. 1 und Abs. 2 und § 66 Abs. 1a jeweils in der Fassung BGBl. II Nr. 172/2019 mit 1. Juli 2019;

3. § 25d Abs. 6 in der Fassung BGBl. II Nr. 172/2019 mit 1. März 2020;

4. Anlage 4, Änderungen in der Spalte „ZS" mit 1. April 2020;

5. § 64a Abs. 4 tritt mit Ablauf des 30. September 2019 außer Kraft.
(BGBl II 2019/172)

(22) Die Änderungen durch die Verordnung, BGBl. II Nr. 350/2019 treten wie folgt in Kraft:

1. § 65b Abs. 3 und Anlage 5e jeweils in der Fassung des Bundesgesetzblattes BGBl. II Nr. 350/2019 mit Ablauf des Tages der Kundmachung der genannten Verordnung;

2. § 64b Abs. 4 und Anlage 10a jeweils in der Fassung der Verordnung BGBl. II Nr. 350/2019 mit 1. Dezember 2019 und sind auf die Ausbildung von Personen anzuwenden, die den Antrag auf Erteilung der Lenkberechtigung ab 1. Dezember 2019 eingebracht haben;

3. § 26 Abs. 4 lit. i und § 26 Abs. 6 Z 1 jeweils in der Fassung BGBl. II Nr. 350/2019 mit 1. Februar 2020.
(BGBl II 2019/350)

(23) Anlage 5d in der Fassung BGBl. II Nr. 394/2019 tritt mit 1. April 2020 in Kraft. *(BGBl II 2019/394)*

(24) Die Änderungen durch die Verordnung, BGBl. II Nr. 161/2021 treten wie folgt in Kraft:

1. § 22 Abs. 1 Z 6, § 22c Abs. 2, § 27a Abs. 1, § 52 Abs. 5 lit. c, § 58 Abs. 1 Z 1 lit. d, § 64b Abs. 2, Abs. 3 erster Satz, Abs. 3a, Abs. 6 Z 1 und Z 2 lit. d und Abs. 8b, § 69 Abs. 40 und Anlage 5e, Punkt A, Tabelle der Kennzeichenarten, letzte Zeile und Fußnote jeweils in der Fassung der Verordnung BGBl. II Nr. 161/2021 mit Ablauf des Tages der Kundmachung der genannten Verordnung;

2. Anlage 5e, Punkt A, Tabelle der Kennzeichenarten, Zeile betreffend ausländische Anhänger in der Fassung der Verordnung BGBl. II Nr. 161/2021 am 12. April 2021;

3. Anlage 5e, Punkt C in der Fassung der Verordnung BGBl. II Nr. 161/2021 am 19. April 2021;

4. Anlage 5e, Punkt B 2.1., B 2.5.1. und B 2.5.2. jeweils in der Fassung der Verordnung BGBl. II Nr. 161/2021 am 1. November 2021.
(BGBl II 2021/161)

4/2/1. KDV
Anlagen

Anlagennummer	zu §	Gegenstand	in der Fassung (Novellen)
4		Zulassungsrelevante Daten	51, 52, 55, 58, 59, 60, 62, 65
4 a		Typenschein für vollständige/vervollständigte Fahrzeuge	51
4 b		Typenschein für unvollständige Fahrzeuge (Fahrgestelle)	51
4 c		Typenbeschreibung für Fahrzeuge der Klassen M2, M3, N1, N2 und N3 sowie andere Kraftwagen mit einer Bauartgeschwindigkeit mit mehr als 40 km/h	51
4 d		Typenbeschreibung für Fahrzeuge der Klassen 01, 02, 03 und 04	51
4 e		Typenbeschreibung für Fahrzeuge der Klassen T4, T5 und C sowie andere Kraftwagen mit einer Bauartgeschwindigkeit bis 40 km/h	51, 52
5	25	Tafel für eingeschränkt zugelassene Fahrzeuge	42
5 a	25 a	*entfallen (BGBl II 2005/412)*	
5 b	25 b	*entfallen (BGBl II 2005/412)*	
5 c	8 b Abs. 4	Tafeln für lärmarme Kraftwagen	28
5 d	26 Abs. 1	Bezeichnung der Behörde im Kennzeichen	25, 36, 57, 58, 59, 62, 67
5 e	25 d	Kennzeichentafeln	40, 41, 44, 46, 47, 48, 50, 56, 62, 64, 66, 68
7	28	Begehung eines Verkehrsdeliktes in Österreich	60, 62
8	57	Tafel für Kraftfahrzeuge mit 10 km/h Höchstgeschwindigkeit	62
8 a		*entfallen (BGBl II 2004/129)*	
9	60	Aufschrift „Dienstkraftwagen"	Stammfassung
9 a	63c	Tarife-Ersterteilung	46, 48, 59
10	64	Tafeln für Schulfahrzeuge	Stammfassung
10 a	64 b Abs. 3 + 4	Lehrinhalte für die theoretische Ausbildung	26, 36, 48, 49, 57, 59, 61, 62, 66
10 b	64 b Abs. 5	Lehrplan für die praktische Ausbildung für die A-Klassen	26, 55, 57
10 c	64 b Abs. 2 Z. 2	Lehrplan für die praktische Ausbildung für die Klasse B	26, 65
10 d	64 c Abs. 11	Lehrplan für die Fahrschullehrerausbildung	26, 36, 43
10 e	65 b	*entfallen (BGBl II 2001/414)*	26, 36
10 f	65 b	*entfallen (BGBl II 2005/412)*	
10 g	64 b Abs. 4 Z. 3	Lehrplan für die praktische Ausbildung für die Klassen C sowie C und E	36
10 h	§ 64b Abs. 8	Ausbildungsnachweis	55
10 i	§ 64b Abs. 8a	Tagesnachweis FahrlehrerIn gem. § 64b Abs. 8a KDV	55
11	68	*entfallen (BGBl II 2008/220)*	

4/3. PBStV

Inhaltsverzeichnis

Prüf- und Begutachtungsstellenverordnung – PBStV

BGBl II 1998/78 idF

1 BGBl II 2001/165
2 BGBl II 2004/101
3 BGBl II 2008/240
4 BGBl II 2010/33
5 BGBl II 2010/447 (5. Novelle zur PBStV)
6 BGBl II 2011/207 (6. Novelle zur PBStV)
7 BGBl II 2013/70 (7. Novelle zur PBStV)
8 BGBl II 2015/200 (8. Novelle zur PBStV)
9 BGBl II 2018/65 (9. Novelle zur PBStV)
10 BGBl II 2022/258 (10. Novelle zur PBStV)

Verordnung des Bundesministers für Verkehr, Innovation und Technologie, mit der Bestimmungen über die Durchführung der besonderen Überprüfung und wiederkehrenden Begutachtung von Fahrzeugen sowie über die Prüfung von Fahrtschreibern, Kontrollgeräten und Geschwindigkeitsbegrenzern festgelegt werden (Prüf- und Begutachtungsstellenverordnung – PBStV)

Auf Grund der §§ 24 Abs. 5, 24a Abs. 7, 56 Abs. 4, 57 Abs. 9, 57a Abs. 2, Abs. 7, Abs. 7c und Abs. 8 und § 58 Abs. 4 KFG 1967, BGBl. Nr. 267/1967, zuletzt geändert durch das Bundesgesetz BGBl. I Nr. 103/1997, wird verordnet:

Inhaltsverzeichnis

1. Abschnitt
Besondere Überprüfung, Kostenersatz

§ 1 Einrichtung für die Überprüfung
§ 2 Kostenersatz für die besondere Überprüfung und die Prüfung an Ort und Stelle

2. Abschnitt
Wiederkehrende Begutachtung

§ 3 Persönliche Qualifikation und geeignetes Personal
§ 4 Einrichtungen für die Begutachtung
§ 5 Begutachtungsformblatt
§ 6 Begutachtungsplakette
§ 7 Beschaffenheit der Begutachtungsplakette
§ 8 Ermächtigung zur Herstellung von Begutachtungsplaketten
§ 9 Anbringung der Begutachtungsplakette

3. Abschnitt
Durchführung der Überprüfung und Begutachtung von Fahrzeugen

§ 10 Mängelgruppen
§ 10a Technische Unterwegskontrollen

4. Abschnitt
„Prüfung von Fahrtschreibern oder Kontrollgeräten und Geschwindigkeitsbegrenzern" *(BGBl II 2018/65)*

§ 11 „Prüfung von Fahrtschreibern oder Kontrollgeräten" *(BGBl II 2018/65)*
§ 12 Ausrüstung und Personal der Prüfstellen für Geschwindigkeitsbegrenzer
§ 13 Prüfung von Geschwindigkeitsbegrenzern

5. Abschnitt
Qualitätssicherung

§ 14 System
§ 15 Revision

6. Abschnitt
Schlußbestimmungen

§ 16 Übergangsbestimmungen
§ 17 Inkrafttreten

Verzeichnis der Anlagen

Anlage 1: § 5 Abs. 1 Begutachtungsformblatt
Anlage 2: *(BGBl II 2008/240, entfällt)*
Anlage 2a: § 1 Abs. 1, § 4 Einrichtungen für die besondere Überprüfung/wiederkehrende Begutachtung
Anlage 3: *(BGBl II 2018/65, entfällt)*
Anlage 4: § 6 Abs. 1 Begutachtungsplakette
Anlage 4a: „§ 6 Abs. 1 Begutachtungsplakette" *(BGBl II 2018/65)*
Anlage 5: § 7 Abs. 2 Z 7 Prüfvorschrift für Plakettenfolie
Anlage 6: § 10 Katalog der Prüfpositionen
Anlage 6a: „Muster für einen Bericht über eine technische Unterwegskontrolle mit einer Checkliste der Prüfpunkte" *(BGBl II 2013/70)*
Anlage 7: § 11 Abs. 4: Prüfnachweis
§ 13 Abs. 3: Prüfnachweis
Anlage 8: § 11 Abs. 4: Downloadzertifikat *(BGBl II 2008/240)*

KFG
KDV
PBStV
Kraftstoff-VO
FSG + VO

1. Abschnitt
Besondere Überprüfung, Kostenersatz

Einrichtungen für die Überprüfung

§ 1. (1) Sachverständige gemäß § 125 des Kraftfahrgesetzes 1967 (KFG 1967), bei denen ein Gutachten gemäß § 57 Abs. 2 KFG 1967 eingeholt wird, und gemäß § 57 Abs. 4 KFG 1967 ermächtigte Stellen müssen über die in **Anlage 2a** für die jeweiligen Fahrzeugkategorien vorgesehenen Einrichtungen verfügen. Diese sind bei besonderen Überprüfungen zu verwenden.

(2) Das gemäß § 57 Abs. 1 KFG 1967 abzugebende Gutachten ist automatisationsunterstützt zu erstellen. Die Inhalte der Prüfpositionen müssen zumindest dem Muster der **Anlage 1** entsprechen. Solcherart erstellte Gutachten müssen EDV-mäßig verarbeitbar sein. Das Programm zur Erstellung des Gutachtens und die Form des Datensatzes bedürfen der Genehmigung durch den „Bundesminister oder die Bundesministerin für Klimaschutz, Umwelt, Energie, Mobilität, Innovation und Technologie". *(BGBl II 2008/240; BGBl II 2022/258)*

Kostenersatz für die besondere Überprüfung und die Prüfung an Ort und Stelle

§ 2. (1) Der Kostenersatz gemäß § 56 Abs. 4 KFG 1967 beträgt für die Prüfung

1. eines nicht unter Z 2 bis 8 fallenden Kraftfahrzeuges oder Anhängers .... 60 Euro,

2. a) eines Taxis,

b) eines Mietwagens, sofern er nicht unter Z 5 fällt,

c) eines Lastkraftwagens mit einer höchsten zulässigen Gesamtmasse von nicht mehr als 3 500 kg,

d) eines Sattelzugfahrzeuges mit einer höchsten zulässigen Gesamtmasse von nicht mehr als 3 500 kg,

e) eines Spezialkraftwagens mit einer höchsten zulässigen Gesamtmasse von nicht mehr als 3 500 kg,

f) eines Sonderkraftfahrzeuges mit einer höchsten zulässigen Gesamtmasse von nicht mehr als 3 500 kg oder

g) einer Zugmaschine mit einer Bauartgeschwindigkeit von mehr als 40 km/h .....65 Euro,

3. eines

a) Lastkraftwagens mit einer höchsten zulässigen Gesamtmasse von mehr als 3 500 kg, jedoch nicht mehr als 18 000 kg,

b) Sattelzugfahrzeuges mit einer höchsten zulässigen Gesamtmasse von mehr als 3 500 kg, jedoch nicht mehr als 18 000 kg,

c) Spezialkraftwagens mit einer höchsten zulässigen Gesamtmasse von mehr als 3 500 kg, jedoch nicht mehr als 18 000 kg, oder

d) Sonderkraftfahrzeuges mit einer höchsten zulässigen Gesamtmasse von mehr als 3 500 kg, jedoch nicht mehr als 18 000 kg ....95 Euro,

4. eines

a) Lastkraftwagens mit einer höchsten zulässigen Gesamtmasse von mehr als 18 000 kg, jedoch nicht mehr als 26 000 kg,

b) Sattelzugfahrzeuges mit einer höchsten zulässigen Gesamtmasse von mehr als 18 000 kg, jedoch nicht mehr als 26 000 kg,

c) Spezialkraftwagens mit einer höchsten zulässigen Gesamtmasse von mehr als 18 000 kg, jedoch nicht mehr als 26 000 kg,

d) Sonderkraftfahrzeuges mit einer höchsten zulässigen Gesamtmasse von mehr als 18 000 kg, jedoch nicht mehr als 26 000 kg, oder

e) Gelenkkraftfahrzeuges ....105 Euro,

5. eines

a) Lastkraftwagens mit einer höchsten zulässigen Gesamtmasse von mehr als 26 000 kg,

b) Sattelzugfahrzeuges mit einer höchsten zulässigen Gesamtmasse von mehr als 26 000 kg,

c) Spezialkraftwagens mit einer höchsten zulässigen Gesamtmasse von mehr als 26 000 kg

d) Sonderkraftfahrzeuges mit einer höchsten zulässigen Gesamtmasse von mehr als 26 000 kg ....121 Euro,

6. eines Omnibusses ....105 Euro,

7. eines

a) Anhängers mit einer höchsten zulässigen Gesamtmasse von nicht mehr als 3 500 kg oder

b) Kraftrades ....20 Euro,

8. a) eines Anhängers mit einer höchsten zulässigen Gesamtmasse von mehr als 3 500 kg,

b) eines Sonderanhängers oder

c) einer Zugmaschine mit einer Bauartgeschwindigkeit von nicht mehr als 40 km/h ......40 Euro,

9. eines Invalidenfahrzeuges ....3 Euro.

Bei den in Z 3, 4, 5, 6 und 8 angeführten Fahrzeugen erhöht sich der angeführte Betrag jeweils um 18 Euro, wenn das Fahrzeug eine Fremdkraftbremsanlage aufweist.

(2) Der Kostenersatz gemäß § 58 Abs. 4 KFG 1967 für die Benützung der technischen Einrichtungen beträgt, sofern über den Fahrzeugzustand ein Gutachten ausgestellt wird, für die Prüfung

1. ob mit dem Fahrzeug mehr Lärm, Rauch, übler Geruch oder schädliche Luftverunreinigungen verursacht werden, als bei ordnungsgemäßem Zustand und sachgemäßem Betrieb unvermeidbar ist ....10 Euro,

2. des Fahrzeuges oder der Wirksamkeit der Teile und Ausrüstungsgegenstände eines Fahrzeu-

ges, die für seinen Betrieb und die Verkehrs- oder Betriebssicherheit von Bedeutung sind
   a) Krafträdern ....10 Euro,
   b) Fahrzeugen mit einem höchsten zulässigen Gesamtgewicht von nicht mehr als 3 500 kg ....40 Euro,
   c) Fahrzeugen mit einem höchsten zulässigen Gesamtgewicht von mehr als 3 500 kg ....25 Euro pro Achse, höchstens jedoch ....120 Euro pro Fahrzeugkombination.

Dieser Kostenersatz ist von einem von der Behörde bestimmten Organ oder von einem Zollorgan einzuheben. Wird der Kostenersatz nicht ohne weiteres vom Lenker entrichtet, so ist der Kostenersatz von der Behörde vorzuschreiben.

(BGBl II 2010/83)

2. Abschnitt

Wiederkehrende Begutachtung

Persönliche Qualifikation und geeignetes Personal

§ 3. (1) Ziviltechniker oder Ingenieurbüros des einschlägigen Fachgebietes, Vereine oder zur Reparatur von Kraftfahrzeugen oder Anhängern berechtigte Gewerbetreibende dürfen nur dann gemäß § 57a Abs. 2 KFG 1967 zur wiederkehrenden Begutachtung von Kraftfahrzeugen oder Anhängern ermächtigt werden, wenn sie für jede oder für mehrere Begutachtungsstellen über mindestens eine zur Durchführung der wiederkehrenden Begutachtung geeignete Person verfügen, die bei jeder wiederkehrenden Begutachtung anwesend sein muss. *(BGBl II 2008/240)*

(1a) Die Begutachtungsstelle muss über eine geeignete Person verfügen, die berechtigt ist, das zu begutachtende Fahrzeug zu lenken.

(2) Als geeignete Person im Sinne des Abs. 1 gilt eine Person, die den erfolgreichen Besuch der erforderlichen Schulungen gemäß Abs. 3 Z 1 bis 3 nachweist und bei der mindestens eine der folgenden Voraussetzungen gegeben ist:
   1. Diplom der Fakultät für Maschinenbau oder Elektrotechnik einer österreichischen Technischen Universität oder der Studienrichtung Montanmaschinenwesen der Montanuniversität, unbeschadet zwischenstaatlicher Vereinbarungen über die gegenseitige Anerkennung akademischer Grade, und mindestens einjährige fachliche Tätigkeit im Bereich der Fahrzeugtechnik;
   2. erfolgreicher Abschluss des Fachhochschul-Studienganges Fahrzeugtechnik und mindestens zweijährige fachliche Tätigkeit im Bereich der Fahrzeugtechnik;
   3. erfolgreich bestandene Reifeprüfung an einer österreichischen Höheren technischen und gewerblichen Lehranstalt mit schwerpunktmäßiger Ausbildung in dem Bereich Maschinenbau, Maschineningenieurwesen, Elektrotechnik oder Mechatronik oder im Ausland erfolgreich bestandene Prüfung, die diesen Abschlüssen auf Grund einer völkerrechtlichen Vereinbarung oder auf Grund einer Nostrifikation gleichwertig ist und jeweils mindestens zweijährige fachliche Tätigkeit im Bereich der Fahrzeugtechnik;
   4. erfolgreich abgelegte Meisterprüfung im Kraftfahrzeugtechniker- oder Kraftfahrzeugmechanikerhandwerk oder erfolgreiche Absolvierung der Fachschule für Maschinenbau – Kraftfahrzeugbau oder der Fachschule für Maschinen- und Kraftfahrzeugtechnik oder der Werkmeisterschule für Berufstätige für Maschinenbau-Kraftfahrzeugtechnik oder für die Begutachtung von
   a) Krafträdern,
   b) Anhängern,
   c) Zugmaschinen mit einer Bauartgeschwindigkeit von mehr als 25 km/h aber nicht mehr als 50 km/h,
   d) landwirtschaftlichen selbstfahrenden Arbeitsmaschinen mit einer Bauartgeschwindigkeit von mehr als 30 km/h oder
   e) Motorkarren mit einer Bauartgeschwindigkeit von mehr als 25 km/h
die erfolgreich abgelegte Meisterprüfung in einem Gewerbe, das zur Reparatur dieser Fahrzeuge berechtigt, wie insbesondere das Gewerbe der Mechatroniker für Maschinen- und Fertigungstechnik und das Gewerbe Metalltechnik für Metall- und Maschinenbau hinsichtlich lit. a, das Gewerbe Metalltechnik für Land- und Baumaschinen oder das Landmaschinenmechanikergewerbe hinsichtlich lit. b bis e, oder das Gewerbe Metalltechnik für Schmiede und Fahrzeugbau und das Gewerbe Karosseriebau- und Karosserielackiertechniker hinsichtlich der lit. b; *(BGBl II 2015/200)*
   5. erfolgreich abgelegte Lehrabschlussprüfung im Lehrberuf
   a) Kraftfahrzeugtechniker oder Kraftfahrzeugmechaniker und eine mindestens zweijährige fachliche Tätigkeit als Kraftfahrzeugtechniker oder Kraftfahrzeugmechaniker in einem zur wiederkehrenden Begutachtung ermächtigten Unternehmen oder
   b) Landmaschinentechniker oder Landmaschinenmechaniker für die Begutachtung von den in Z 4 lit. b bis e angeführten Fahrzeugen und mindestens zweijährige fachliche Tätigkeit als Landmaschinentechniker oder Landmaschinenmechaniker in einem zur wiederkehrenden Begutachtung ermächtigten Unternehmen oder
   c) Karosseriebau- und Karosserielackiertechniker für die Begutachtung von Anhängern und mindestens zweijährige fachliche Tätigkeit als Karosseriebau- und Karosserielackiertechniker

in einem zur wiederkehrenden Begutachtung ermächtigten Unternehmen oder *(BGBl II 2015/200)*

d) Metalltechniker für Schmiede und Fahrzeugbau für die Begutachtung von Anhängern und mindestens zweijährige fachliche Tätigkeit als Metalltechniker für Schmiede und Fahrzeugbau in einem zur wiederkehrenden Begutachtung ermächtigten Unternehmen; *(BGBl II 2015/200)*

6. Eintragung in eine Liste allgemein beeideter und gerichtlich zertifizierter Sachverständiger für das Kraftfahrwesen, und zwar für kraftfahrtechnische Angelegenheiten;

7. Die Voraussetzungen der Z 4 und 5 gelten auch dann als erfüllt, wenn den darin geforderten Abschlüssen entsprechende Qualifikationen im Ausland erworben wurden, die gemäß §§ 373c oder 373d der Gewerbeordnung 1994 anerkannt bzw. gleichgehalten oder gemäß § 27a Abs. 1 oder 2 des Berufsausbildungsgesetzes gleichgehalten wurden.

(3) Die zur Durchführung der wiederkehrenden Begutachtung geeigneten Personen müssen die dem jeweiligen Stand der Technik entsprechenden Sachkenntnisse sowie ein ausreichendes Wissen über die rechtlichen Grundlagen im Zusammenhang mit der Durchführung der wiederkehrenden Begutachtung besitzen. Darüber sind folgende Nachweise zu erbringen:

1. über den erfolgreichen Besuch einer theoretischen und praktischen Grundausbildung im Ausmaß von mindestens 24 Stunden;

2. über den erfolgreichen Besuch einer Schulung im Ausmaß von mindestens zwölf Stunden über

a) den Inhalt des Mängelkataloges für Fahrzeuge mit einem höchsten zulässigen Gesamtgewicht von nicht mehr als 3 500 kg,

b) die Handhabung des Begutachtungsformblattes (Anlage 1 „ "*), „einschließlich der elektronischen Begutachtungsprogramme und Funktion und Aufgaben der zentralen Begutachtungsplakettendatenbank sowie Interaktion der Begutachtungsprogramme mit der zentralen Begutachtungsplakettendatenbank,"** *(*BGBl II 2008/240; **BGBl II 2022/258)*

c) die rechtlichen Anforderungen und

d) praktische Übungen;

3. bei Begutachtungen von Fahrzeugen mit einem höchsten zulässigen Gesamtgewicht von mehr als 3 500 kg „und einer Bauartgeschwindigkeit von mehr als 50 km/h" zusätzlich über den erfolgreichen Besuch einer Erweiterungsschulung im Ausmaß von mindestens vier Stunden über

a) Ergänzungen zum Mängelkatalog und

b) praktische Übungen,

sowie über den erfolgreichen Besuch eines Spezialkurses über Bremsanlagen von Schwerfahrzeugen durch einen Fahrzeug- oder Bremsenhersteller im Ausmaß von mindestens zwölf Stunden. *(BGBl II 2008/240)*

Die Grundausbildung gemäß Z 1, die Schulung gemäß Z 2 sowie die Erweiterungsschulung gemäß Z 3 werden von der Bundeskammer der Architekten und Ingenieurkonsulenten, den gemäß § 57a Abs. 2 KFG 1967 ermächtigten Vereinen „" die im Kraftfahrbeirat vertreten sind und über ein bundesweites Netz an ermächtigten Stellen verfügen" und den einschlägigen Fachorganisationen der Wirtschaftskammer Österreich in Abstimmung mit dem zuständigen Landeshauptmann durchgeführt. Die Kursunterlagen zu den in Z 1 bis 3 genannten Schulungen – mit Ausnahme jener der Fahrzeug- und Bremsenhersteller – sind vom „Bundesminister oder die Bundesministerin für Klimaschutz, Umwelt, Energie, Mobilität, Innovation und Technologie" zu approbieren. Der Landeshauptmann kann die ordnungsgemäße Durchführung der Schulungen stichprobenartig überwachen. Zu diesem Zweck sind ihm erforderlichenfalls die nötigen Auskünfte zu erteilen und Einblick in Unterlagen zu gewähren. *(BGBl II 2022/258)*

(4) Zur Sicherstellung der periodischen Weiterbildung müssen die zur Durchführung der wiederkehrenden Begutachtung geeigneten Personen nach Absolvierung der jeweiligen Schulungen gemäß Abs. 3 mindestens alle drei Jahre an folgenden Kursen mit Erfolg teilnehmen:

1. an einem Weiterbildungskurs über Neuerungen auf rechtlichem und technischem Gebiet der Fahrzeugkategorien, die begutachtet werden, im Ausmaß von acht Stunden, davon drei Stunden Recht, vier Stunden Technik einschließlich Mängelkatalog und eine Stunde elektronische „Begutachtungsprogramme einschließlich Interaktion der Begutachtungsprogramme mit der zentralen Begutachtungsplakettendatenbank", und *(BGBl II 2022/258)*

2. bei Begutachtungen von Fahrzeugen mit einem höchsten zulässigen Gesamtgewicht von mehr als 3 500 kg und einer Bauartgeschwindigkeit von mehr als 50 km/h zusätzlich an einem Spezialkurs über Bremsanlagen gemäß Abs. 3 Z 3 im Ausmaß von acht Stunden.

Die Weiterbildung gemäß Z 1 wird von der Bundeskammer der Architekten und Ingenieurkonsulenten, den gemäß § 57a Abs. 2 KFG 1967 ermächtigten Vereinen „" die im Kraftfahrbeirat vertreten sind und über ein bundesweites Netz an ermächtigten Stellen verfügen" und den einschlägigen Fachorganisationen der Wirtschaftskammer Österreich in Abstimmung mit dem zuständigen Landeshauptmann durchgeführt. Über den erfolgreichen Besuch der in Z 1 und 2 genannten Kurse ist der Behörde im Zuge der Revisionen gemäß § 15, sonst auf Verlangen ein Nachweis vorzulegen. Als Stichtag für die Weiterbildung gilt das Datum der Absolvierung der Grundschulung bzw.

der letzten absolvierten Weiterbildung. Wird bis zum Ablauf der Frist für die nächste fällige Weiterbildung diese nicht absolviert, so darf diese Person bis zur Nachholung der Weiterbildung noch für einen Zeitraum von vier Monaten als geeignete Person zur Durchführung von Begutachtungen eingesetzt werden. Wird die erforderliche Weiterbildung nicht innerhalb von weiteren drei Jahren ab dem Zeitpunkt durchgeführt, bis zu dem die Person noch als geeignete Person tätig sein durfte, so ist die Grundschulung gemäß Abs. 3 Z 1 bis 3 (Grundausbildung gemäß Z 1, Schulung gemäß Z 2, Erweiterungsschulung gemäß Z 3) zu absolvieren. „Der Landeshauptmann kann die ordnungsgemäße Durchführung der Schulungen stichprobenartig überwachen. Zu diesem Zweck sind ihm erforderlichenfalls die nötigen Auskünfte zu erteilen und Einblick in Unterlagen zu gewähren." *(BGBl II 2022/258)*
(BGBl II 2008/240)

Einrichtungen für die Begutachtung

§ 4. (1) Ziviltechniker oder Ingenieurbüros des einschlägigen Fachgebietes, Vereine oder zur Reparatur von Kraftfahrzeugen oder Anhängern berechtigte Gewerbetreibende müssen für jede Begutachtungsstelle wenigstens über die in **Anlage 2a** für die Begutachtung der jeweiligen Fahrzeugkategorien vorgesehenen Einrichtungen verfügen. Diese sind bei der Durchführung von wiederkehrenden Begutachtungen zu verwenden. „Die jeweils technisch niederwertige Einrichtung kann bei Vorhandensein einer technisch höherwertigen Einrichtung durch diese ersetzt werden (etwa Bremsverzögerungsmessgerät durch geeigneten Rollenbremsprüfstand)." *(BGBl II 2018/65)*

(2) Bei Verwendung von Geräten, bei denen ein Ausdruck von Messergebnissen vorgeschrieben ist, ist der Messschrieb mit den Ergebnissen dem Prüfgutachten zuordenbar aufzubewahren. Die Aufbewahrung kann auch in elektronischer Form erfolgen.

(BGBl II 2008/240)

Begutachtungsformblatt

§ 5. (1) Das auf Grund der wiederkehrenden Begutachtung gemäß § 57a Abs. 4 KFG 1967 auszustellende Gutachten ist auf einem Begutachtungsformblatt auszustellen. „Die Ausgabe einer Begutachtungsplakette oder die Anbringung einer Begutachtungsplakette an einem Fahrzeug darf erst nach vollständiger Speicherung des Gutachtens in der zentralen Begutachtungsplakettendatenbank erfolgen. Die Erstellung des Gutachtens als eine auf Papier ausdruckbare Datei hat über die zentrale Begutachtungsplakettendatenbank zu erfolgen. Das Gutachten hat mittels eines QR-Codes für die Dauer der Gültigkeit des Gutachtens kostenfrei einen Link auf die digitale Version des Gutachtens zu enthalten."** Die Inhalte der Prüfpositionen müssen zumindest dem Muster der Anlage 1 entsprechen, wobei nur die jeweils festgestellten Mängel aufgedruckt werden müssen. Die komplette Liste der möglichen Mängel ist in der ermächtigten Stelle an gut einsehbarer Stelle auszuhängen oder als Info-Blatt aufzulegen. Auf dem Begutachtungsformblatt muss die ermächtigte Stelle nachvollziehbar erkennbar sein. „ "* Das Layout der Begutachtungsformblätter bedarf der Genehmigung durch „den Bundesminister"* „oder die Bundesministerin für Klimaschutz, Umwelt, Energie, Mobilität, Innovation und Technologie"**. *(BGBl II 2013/70; *BGBl II 2018/65; **BGBl II 2022/258, hinsichtlich des dritten und des vierten Satzes ab 2. 2. 2023 und sonst ab 1. 7. 2022, siehe § 17 Abs. 10)*

(2) Zur Begutachtung von Fahrzeugen ermächtigte Stellen müssen sicherstellen, dass die Erstellung des Begutachtungsformblattes automationsunterstützt erfolgt und dass die solcherart erstellten und ausgefüllten Formblätter EDV-mäßig verarbeitbar sind. Der Begutachtungsdatensatz ist von den ermächtigten Stellen regelmäßig zu sichern und den Organen des Landeshauptmannes bei Revisionen zugänglich zu machen. Das Programm zur Erstellung des Begutachtungsformblattes und die Form des Datensatzes bedürfen der Genehmigung durch den „Bundesminister oder die Bundesministerin für Klimaschutz, Umwelt, Energie, Mobilität, Innovation und Technologie". Die ermächtigten Stellen haben stets eine solche Programmversion zu verwenden, mit der alle relevanten Daten erfasst und übergeben werden können. Im Falle von up-date-Versionen muss diese spätestens ein Jahr nach Genehmigung dieser Version durch den „Bundesminister oder die Bundesministerin für Klimaschutz, Umwelt, Energie, Mobilität, Innovation und Technologie" verwendet werden. *(BGBl II 2022/258)*

(2a) Die Felddefinitionen der eingesetzten Begutachtungsprogramme müssen für die Übermittlung der Dateneinlieferung in die Begutachtungsplakettendatenbank (ZBD) den vom „Bundesminister oder die Bundesministerin für Klimaschutz, Umwelt, Energie, Mobilität, Innovation und Technologie" für die ZBD erstellten Vorgaben entsprechen und diese Kompatibilität muss im Vorfeld der Genehmigung des Programmes geprüft werden. *(BGBl II 2018/65; BGBl II 2022/258)*

(3) Der Landeshauptmann hat den zur wiederkehrenden Begutachtung ermächtigten Stellen eine Begutachtungsstellennummer zuzuweisen. Auf Antrag hat der Landeshauptmann auch den in § 57a Abs. 1b KFG 1967 genannten Stellen eine Begutachtungsstellennummer zuzuweisen. *(BGBl II 2018/65)*

(BGBl II 2008/240)

Begutachtungsplakette

§ 6. (1) Die Begutachtungsplaketten gemäß § 57a Abs. 5 KFG 1967 müssen nach dem Muster der Anlage 4 (weiß) ausgeführt sein. Begutachtungsplaketten für historische Fahrzeuge müssen nach dem Muster der Anlage 4a (rot) ausgeführt sein. *(BGBl II 2018/65)*

(2) *(entfällt, BGBl II 2018/65)*

(3) Auf den Begutachtungsplaketten ist das Kennzeichen des Fahrzeuges in dem am Kopf der Plakette befindlichen weißen Feld durch Lochmarkierung anzubringen.

(4) Wurde die an einem Fahrzeug angebrachte Begutachtungsplakette zerstört oder unlesbar, so ist dem Zulassungsbesitzer auf Verlangen von einer ermächtigten Stelle eine Ersatzplakette auszufolgen oder am Fahrzeug anzubringen. Allfällige Einschränkungen des Ermächtigungsumfanges sind dabei unbeachtlich. „ " *(BGBl II 2008/240; BGBl II 2022/258)*

Beschaffenheit der Begutachtungsplakette

§ 7. (1) Begutachtungsplaketten müssen aus einer lichtechten, wetterfesten, schlagfesten, widerstandsfähigen und PVC-freien Folie bestehen und der innerste Kreis muß als Chromhologramm ausgeführt sein, das dauernd fest mit der Folie verbunden ist und das Bundeswappen mit der Umschrift „Republik Österreich" zu enthalten hat.

(2) Die Folie muß folgende Voraussetzungen erfüllen:

1. sie muß aus einem im Licht eines Scheinwerfers weiß oder gelb rückstrahlenden Stoff bestehen,

2. ihre rückstrahlenden Teile müssen vollständig unter einer glatten Oberfläche liegen und hinsichtlich ihrer Rückstrahlwirkung den Anforderungen der Anlage 5 entsprechen,

3. sie muss ein zusätzliches Schutzzeichen (gelasertes Sicherheitsbild) aufweisen, das unter der Außenschicht der Folie angebracht ist und einen integralen Bestandteil der retro-reflektierenden Folie bildet und das weder durch chemische noch durch mechanische Einwirkung geändert oder eliminiert werden kann; dieses Schutzzeichen ist nicht offensichtlich, sondern erst bei einem Winkel von 18° +/- 3° bezogen auf die Senkrechte gut sichtbar, *(BGBl II 2015/200)*

4. sie muß auf der Rückseite mit einer bis zur Anbringung am Fahrzeug geschützten, vorbeschichteten, druckempfindlichen, zur Anbringung an starren Teilen des Fahrzeuges bei Temperaturen von nicht weniger als −5° C geeigneten Klebeschicht versehen sein, die Haftung am Fahrzeug muß innerhalb eines Temperaturbereiches von −35° C bis +70° C gewährleistet sein,

5. sie muß mit einem vom „Bundesminister oder die Bundesministerin für Klimaschutz, Umwelt, Energie, Mobilität, Innovation und Technologie" festgesetzten Wasserzeichen versehen sein, das unter den Außenschichten der Folie angebracht ist und ohne Zerstörung der Folie weder durch chemische noch durch mechanische Einwirkungen entfernt werden kann, *(BGBl II 2022/258)*

6. sie muß auf dem an ihrem Kopf befindlichen weißen Feld eine aus lateinischen Großbuchstaben und arabischen Ziffern bestehende fortlaufende Numerierung tragen, die zur nachträglichen Ermittlung des Erzeugers der Plakette geeignet ist,

7. sie muß die Prüfvorschrift nach **Anlage 5** erfüllen.

Ermächtigung zur Herstellung von Begutachtungsplaketten

§ 8. (1) Die Ermächtigung zur Herstellung von Begutachtungsplaketten (§ 57a Abs. 7 KFG 1967) kann nur erteilt werden, wenn der Antragsteller die Gewerbeberechtigung zur Ausübung des Gewerbes der Schilderhersteller und des Gewerbes der Kunststoffverarbeiter besitzt. Bei juristischen Personen muß der gewerberechtliche Geschäftsführer diese Voraussetzungen erfüllen.

(2) Weiters muß der Antragsteller, bei juristischen Personen der gewerberechtliche Geschäftsführer, über folgende zusätzliche Kenntnisse und Fähigkeiten, die zur Erfüllung der mit dieser Bewilligung verbundenen Aufgaben erforderlich sind, verfügen:

1. Beschneiden, Stanzen und Perforieren von Metall- und Kunststoffverbundfolien,

2. Siebdruck auf Metall- und Kunststoffverbundfolien,

3. Heißprägetechnik und thermische Einfärbung auf Metall- und Kunststoffverbundfolien mit den für die Begutachtungsplakettenherstellung erforderlichen Farben,

4. besondere Fähigkeiten und Kenntnisse in der Leitung von Produktionsbetrieben, wobei vor allem auf folgende Schwerpunkte zu achten ist:

4.1. integrierte Serien- und Einzelproduktion,

4.2. Organisation und Leitung von Produktionen, die hohen Sicherheitsanforderungen unterliegen,

4.3. geordnete und kontrollierte Bestell- und Lieferorganisation.

(3) Der Hersteller der Begutachtungsplakette hat in diese über Anordnung der bestellenden Behörde das Kennzeichen der mit der Begutachtungsplakette gemeinsam zu liefernden Kennzeichentafel in die Begutachtungsplakette einzuperforieren und der Kennzeichentafel beizupacken. Der Hersteller der Begutachtungsplakette hat den von ihm belieferten Behörden kostenlos eine Maschine zum Anbringen der Kennzeichenperfo-

ration beizustellen und diese kostenlos zu warten und betriebsfähig zu halten sowie für die Dauer dieser Arbeiten unentgeltlich eine Ersatzmaschine zur Verfügung zu stellen. Der Hersteller der Begutachtungsplakette hat weiters in angemessenem Zeitraum den ermächtigten Stellen kostenlos eine Software zur Erfassung der Daten des Begutachtungsformblattes zur Verfügung zu stellen und für erforderliche Anpassungen und Aktualisierungen dieser Software zu sorgen. Diese Software muss auch die erforderlichen Applikationen für die im Rahmen der Qualitätssicherung durchzuführenden Revisionen des Landeshauptmannes aufweisen. Diese Leistungen sind Bestandteil der Herstellungskosten. *(BGBl II 2008/240)*

(4) Das Entgelt für den Hersteller wird mit „2,30 Euro"** pro Begutachtungsplakette festgesetzt. „Werden ausschließlich rote Begutachtungsplaketten bestellt, so können bei einer Bestellmenge von bis zu 100 Stück auch angemessene Versandkosten verrechnet werden."* *(BGBl II 2015/200; *BGBl II 2018/65; **BGBl II 2022/258)*

Anbringung der Begutachtungsplakette

§ 9. (1) Die Begutachtungsplakette muß so am Fahrzeug angebracht sein, daß das Jahr und der Monat der vorgeschriebenen nächsten wiederkehrenden Begutachtung des Fahrzeuges durch je eine in den zugehörigen Feldern der Plakette angebrachte Lochmarkierung nach dem Anbringen der Begutachtungsplakette auf dem Fahrzeug deutlich sichtbar ist.

(2) Die Begutachtungsplakette muss außen am Fahrzeug und so angebracht sein, dass ihr unterster Punkt nicht weniger als 40 cm und ihr oberster Punkt nicht mehr als 190 cm über der Fahrbahn liegt. Die Begutachtungsplakette darf nur angebracht sein

a) bei Kraftwagen und mehrspurigen Krafträdern mit karosserieartigem Aufbau im rechten Seitenbereich der Windschutzscheibe; bei klappbaren Windschutzscheiben sowie bei Fahrzeugen mit Windschutzscheiben, die ein Anbringung der Begutachtungsplakette innerhalb der oben angeführten Maße nicht gestatten, an der rechten Seite vor der vordersten Türöffnung,

b) bei anderen als in der lit. a angeführten Krafträdern an der rechten Seite des Scheinwerfers oder in der Nähe des Scheinwerfers oder auf einem am rechten Gabelholm fest mit dem Fahrzeug verbundenen Plakettenhalter, *(BGBl II 2011/207)*

c) bei Anhängern an der Deichsel oder neben der Deichsel rechts von der Längsmittelebene des Fahrzeuges, bei Sattelanhängern an der Vorderseite rechts von der Längsmittelebene des Fahrzeuges.

(3) Das Anbringen mehrerer Begutachtungsplaketten an einem Fahrzeug nebeneinander oder aufeinander ist unzulässig.

3. Abschnitt
Durchführung der Überprüfung und Begutachtung von Fahrzeugen

Mängelgruppen

§ 10. (1) Für die Überprüfung gemäß §§ 56 und 57 KFG 1967 und Begutachtung gemäß § 57a KFG 1967 von Fahrzeugen sind die zutreffenden Positionen des Kataloges der Prüfpositionen gemäß Anlage 6 zu prüfen.

(2) Es sind folgende Mängelgruppen zu unterscheiden, wobei Vorschriftsmängel nur bei Fahrzeugprüfungen gemäß § 56 KFG 1967 oder bei Fahrzeugen mit einem höchsten zulässigen Gesamtgewicht von mehr als 3 500 kg in Betracht zu ziehen sind:

1. Ohne Mängel:
Fahrzeuge, die keine Mängel aufweisen, die nicht übermäßigen Lärm, Rauch, üblen Geruch oder schädliche Luftverunreinigungen verursachen und die den gesetzlichen Vorschriften entsprechen.

2. Leichte Mängel (LM):
Fahrzeuge mit Mängeln, die keinen nennenswerten Einfluß auf die Verkehrs- und Betriebssicherheit des Fahrzeuges haben, nicht übermäßigen Lärm, Rauch, üblen Geruch oder schädliche Luftverunreinigungen verursachen und bei denen eine kurzzeitige Abweichung von den gesetzlichen Vorschriften hingenommen werden kann. Diese Fahrzeuge weisen dann die Voraussetzung zur Erlangung einer Begutachtungsplakette gemäß § 57a Abs. 5 KFG 1967 bzw. der Bestätigung gemäß § 57 Abs. 6 KFG 1967 auf. Bei Fahrzeugen mit leichten Mängeln ist der Fahrzeuglenker oder Zulassungsbesitzer darauf hinzuweisen, daß diese Mängel behoben werden „sollten". *(BGBl II 2018/65)*

3. Schwere Mängel (SM):
Fahrzeuge mit Mängeln, die die Verkehrs- und Betriebssicherheit des Fahrzeuges beeinträchtigen oder Fahrzeuge, die übermäßigen Lärm, Rauch, üblen Geruch oder schädliche Luftverunreinigungen verursachen. Diese Fahrzeuge weisen nicht die Voraussetzung zur Erlangung einer Begutachtungsplakette gemäß § 57a Abs. 5 KFG 1967 bzw. der Bestätigung gemäß § 57 Abs. 6 KFG 1967 auf. Bei Fahrzeugen mit schweren Mängeln ist der Fahrzeuglenker oder Zulassungsbesitzer darauf hinzuweisen, dass das Fahrzeug auf Grund des festgestellten Mangels nicht verkehrs- und betriebssicher ist und diese Mängel bei der nächsten in Betracht kommenden Werkstätte behoben werden müssen. „Weiters ist er darauf hinzuweisen, dass das Fahrzeug noch längstens

zwei Monate nach dieser Begutachtung jedoch nicht über die auf der bisherigen Plakette angegebenen Frist hinausgehend, verwendet werden darf."
(BGBl II 2008/240; BGBl II 2018/65)

4. Mängel mit Gefahr im Verzug (GV): Fahrzeuge mit Mängeln, die zu einer direkten und unmittelbaren Gefährdung der Verkehrssicherheit führen oder mit denen eine unzumutbare Belästigung durch Lärm, Rauch, üblem Geruch oder schädliche Luftverunreinigungen verursacht werden. Der Lenker des Fahrzeuges ist darauf hinzuweisen, dass das Fahrzeug auf Grund des festgestellten Mangels nicht verkehrs- und betriebssicher ist und eine weitere Verwendung des Fahrzeuges eine direkte und unmittelbare Gefährdung der Verkehrssicherheit darstellt. Solche Mängel sind umgehend zu beheben. „Wird ein solcher Mangel im Zuge einer Prüfung an Ort und Stelle gemäß § 58 KFG 1967 oder einer technischen Unterwegskontrolle gemäß § 58a KFG 1967 festgestellt, so sind im Sinne des § 58 Abs. 2 letzter Satz KFG 1967 Zulassungsschein und Kennzeichentafeln abzunehmen."
(BGBl II 2008/240; BGBl II 2018/65)

5. Vorschriftsmangel (VM):
Diese Position ist nicht vorschriftsmäßig bzw. entspricht nicht dem genehmigten Zustand. Diese Fahrzeuge weisen die Voraussetzungen zur Erlangung einer Begutachtungsplakette gemäß § 57a KFG 1967 oder der Bestätigung gemäß § 57 Abs. 6 KFG 1967 auf. Bei Fahrzeugen mit Vorschriftsmängeln ist der Fahrzeuglenker bzw. Zulassungsbesitzer darauf hinzuweisen, daß das Fahrzeug umgehend in einen vorschriftskonformen Zustand zu versetzen ist. Gegebenenfalls hat der Zulassungsbesitzer die Änderung am Fahrzeug dem zuständigen Landeshauptmann gemäß § 33 KFG 1967 anzuzeigen.

(3) „Die Überprüfung oder Begutachtung des Fahrzeuges und die Zuordnung der festgestellten Mängel in die einzelnen Mängelgruppen haben nach Anlage 6 mit den aktuell verfügbaren Methoden und Geräten und ohne Zuhilfenahme von Werkzeugen zur Demontage oder Entfernung irgendwelcher Fahrzeugteile zu erfolgen, ausgenommen solcher Zerlegungsarbeiten, die für den Zugang zu Prüfanschluss- oder Entnahmepunkten notwendig sind." Der in der **Anlage 6** enthaltene Katalog der Prüfpositionen beinhaltet die häufigsten Mängel und ihre Zuordnung in eine der Mängelgruppen. Abweichungen hinsichtlich der Mängelbeurteilung sind, wenn es die Bauvorschriften zum Zeitpunkt der erstmaligen Zulassung und unter Berücksichtigung allfälliger gesetzlicher Nachrüstpflichten erfordern, zulässig. Nicht in der **Anlage 6** explizit aufgelistete Mängel sind nach dem Stand der Technik zu beurteilen. Fahrzeuge, die aufgrund ihrer Bauart vom technischen Standard abweichen und auf die daher einige Prüfverfahren möglicherweise nicht anwendbar sind, sind nach Herstellerangaben zu beurteilen. Werden mehrere Mängel festgestellt, richtet sich die Einstufung des Fahrzeuges in eine der Mängelgruppen nach dem schwersten Mangel. Bei mehreren Mängeln derselben Mängelgruppe kann das Fahrzeug in die nächst höhere Mängelgruppe eingestuft werden, wenn die zu erwartenden Auswirkungen auf Grund des Zusammenwirkens dieser Mängel sich verstärken. Die Einstufung des Fahrzeuges in eine der Mängelgruppen liegt in der pflichtgemäßen Entscheidung des für die Prüfung oder Begutachtung verantwortlichen Organs. *(BGBl II 2008/240; BGBl II 2018/65)*

(3a) Werden im Zuge der Überprüfung oder Begutachtung eines Fahrzeuges Mängel festgestellt, die ein positives Gutachten und die Ausfolgung einer Begutachtungsplakette verhindern, so ist ein negatives Gutachten auszustellen. „Im Falle einer Wiedervorführung des Fahrzeugs in derselben Prüf- oder Begutachtungsstelle innerhalb eines Zeitraumes von vier Wochen gerechnet ab dem Tag nach der seinerzeitigen Begutachtung müssen nur die Prüfpositionen neuerlich geprüft werden, bei denen diese Mängel festgestellt worden sind, sofern seither nicht mehr als 1 000 km zurückgelegt worden sind und das Fahrzeug keine offensichtlichen neuen Mängel, die ein positives Gutachten verhindern, aufweist (Nachprüfung)." Für das positive Gutachten ist das Datum der Nachprüfung maßgeblich. *(BGBl II 2015/200; BGBl II 2018/65)*

(4) Die Fahrzeugbegutachtung hat entsprechend einem vom „Bundesminister oder die Bundesministerin für Klimaschutz, Umwelt, Energie, Mobilität, Innovation und Technologie" genehmigten Mängelkatalog zu erfolgen. Dieser Mängelkatalog ist entsprechend dem jeweiligen Stand der Technik zu ergänzen. Die Beurteilung der festgestellten Mängel hat jedoch nach Anlage 6 zu erfolgen. *(BGBl II 2022/258)*

(5) Bei Prüfungen an Ort und Stelle gemäß § 58 KFG 1967 ist bezüglich der Mängelbeurteilung nach Abs. 2 und 3 sowie **Anlage 6** vorzugehen. Im darüber ausgestellten Gutachten ist bei den festgestellten Mängeln jeweils anzugeben, ob der Mangel für den Lenker vor Antritt bzw. während der Fahrt erkennbar war und ob der Mangel in die Verantwortung des Zulassungsbesitzers fällt. *(BGBl II 2008/240)*

Technische Unterwegskontrollen

§ 10a. „(1)" Bei technischen Unterwegskontrollen gemäß „§ 58a KFG 1967" sind einer, mehrere oder alle der im Prüfbericht gemäß Anlage 6a vorgesehenen Prüfpunkte zu überprüfen. Die Zuordnung und Beurteilung festgestellter Mängel richtet sich nach § 10. Das Ergebnis der Prüfung ist im Prüfbericht festzuhalten. Die Inhalte des Prüfberichtes müssen dem Muster der Anlage 6a entsprechen. Werden bei der Überprüfung der

Abgasemissionen oder der Bremsanlage auch Messungen durchgeführt, so sind auch die Messergebnisse im Prüfbericht festzuhalten. Die für die technischen Unterwegskontrollen eingesetzten Prüforgane müssen mindestens die persönlichen Voraussetzungen des § 3 für die geeigneten Personen erfüllen. *(BGBl II 2018/65)*

(2) Wird im Zuge einer technischen Unterwegskontrolle auch eine Kontrolle der Ladungssicherung vorgenommen, so ist diese von besonders geschulten Organen des öffentlichen Sicherheitsdienstes oder besonders geschulten Prüforganen unter Beachtung der Vorgaben des § 101 Abs. 1 lit. e KFG 1967 durchzuführen. Das Kontrollverfahren besteht aus einer Sichtprüfung der ordnungsgemäßen Anwendung geeigneter Maßnahmen in dem Umfang, der zur Sicherung der Ladung erforderlich ist; zusätzlich oder alternativ kann eine Messung der Zugkräfte, eine Berechnung der Wirksamkeit der Sicherung und, falls zutreffend, eine Prüfung der Bescheinigungen erfolgen. *(BGBl II 2018/65)*

(3) Grundsätzlich ist bei der Ladungssicherung zu beachten, dass die Ladungssicherung folgenden, beim Beschleunigen bzw. Abbremsen des Fahrzeugs auftretenden Kräften standhält:

1. in Fahrtrichtung dem 0,8-Fachen des Gewichts der Ladung,
2. in seitlicher Richtung dem 0,5-Fachen des Gewichts der Ladung,
3. entgegen der Fahrtrichtung dem 0,5-Fachen des Gewichts der Ladung,

und dass sie generell das Kippen oder Umstürzen der Ladung verhindert. *(BGBl II 2018/65)*

(4) Festgestellte Mängel bei der Ladungssicherung sind in eine der folgenden Mängelgruppen einzustufen:

1. Geringer Mangel: ein geringer Mangel liegt vor, wenn die Ladung zwar sachgerecht gesichert ist, aber möglicherweise ein Sicherheitshinweis angezeigt ist.
2. Erheblicher Mangel: ein erheblicher Mangel liegt vor, wenn die Ladung nur unzureichend gesichert ist und eine erhebliche Verlagerung oder ein Umkippen der Ladung oder von Ladungsteilen möglich ist.
3. Gefährlicher Mangel: Ein gefährlicher Mangel liegt vor, wenn die Verkehrssicherheit aufgrund der Gefahr des Verlusts der Ladung oder von Ladungsteilen oder aufgrund einer von der Ladung unmittelbar ausgehenden Gefahr unmittelbar beeinträchtigt ist oder wenn Menschen unmittelbar gefährdet werden.

Treten mehrere Mängel gleichzeitig auf, wird die Beförderung in die jeweils höchste Mängelgruppe eingestuft. Falls sich bei mehreren gleichzeitig auftretenden Mängeln die Wirkungen aufgrund des Zusammenwirkens dieser Mängel voraussichtlich gegenseitig verstärken, ist die Beförderung in die nächsthöhere Mängelgruppe einzustufen. *(BGBl II 2018/65)*

(5) Bei der Bewertung der Mängel kann nach den Vorgaben der Tabelle 1 des Anhang III zur Richtlinie 2014/47/EU über die technische Unterwegskontrolle der Verkehrs- und Betriebssicherheit von Nutzfahrzeugen, die in der Union am Straßenverkehr teilnehmen, und zur Aufhebung der Richtlinie 2000/30/EG, ABl. Nr. L 127 vom 29.04.2014 S. 134 (auf Seite 201 bis 206 wiedergegeben) vorgegangen werden, wobei die in dieser Tabelle 1 aufgeführten Werte lediglich Richtwerte darstellen und im Rahmen einer Einzelfallbeurteilung als Richtschnur zur Einstufung des gegebenen Mangels unter Berücksichtigung der besonderen Umstände – abhängig insbesondere von der Art der Ladung und vom Ermessen des Prüfers/des Prüforgans – dienen sollten. *(BGBl II 2018/65)*

4. Abschnitt
Prüfung von Fahrtschreibern oder Kontrollgeräten und Geschwindigkeitsbegrenzern

Prüfung von Fahrtschreibern oder Kontrollgeräten

§ 11. (1) Die Ermächtigung zur Prüfung von Fahrtschreibern gem. § 24 Abs. 5 KFG 1967 oder von Kontrollgeräten gemäß § 24 Abs. 7 KFG 1967 darf nur erteilt werden, wenn die Prüfstelle wenigstens über folgende Einrichtungen verfügt:

1. geeigneter und in einem Mitgliedstaat der EU zur Eichung zugelassener Rollenprüfstand mit Anzeige der abgerollten Wegstrecke oder eine mindestens 20 m lange gerade und ebene Meßstrecke; der Rollenprüfstand muß „ " durch einen befugten Ziviltechniker oder eine staatlich autorisierte Prüf- oder Kalibrierstelle überprüft sein; die Überprüfung darf nicht mehr als zwei Jahre zurückliegen; die Aufzeichnungen über die Kalibrierungen sind aufzubewahren und auf Verlangen der Ermächtigungsbehörde dieser vorzulegen, *(BGBl II 2015/200)*

2. geeichte oder kalibrierte Prüfgeräte für den Fahrtschreiber/Kontrollgerät für die Geschwindigkeits- und Wegstreckenmessung sowie für den entsprechenden Aufschrieb, *(BGBl II 2008/240)*

3. kalibriertes Messgerät für die Wegdrehzahl „w" (Anzahl der Umdrehungen oder Impulse am Eingang der Fahrtschreiberanlage/Kontrollgeräteanlage auf einer Wegstrecke von 1 km), *(BGBl II 2008/240)*

4. Auswertgerät mit Lupe für Schaublattprüfungen,

5. Uhrenprüfgerät (kann auch in Meßgeräten integriert sein),

§ 11

6. Prüfschablonen zur Feststellung von Schreibstiftverbiegungen,

7. Plombiereinrichtungen mit dem Plombierungszeichen (Zange und Schlagwerkzeug),

8. Reifenfüllanlage und geeichtes Reifenluftdruckmeßgerät und

9. Werkzeuge und weitere Meßgeräte nach Angabe der Hersteller der zu prüfenden Fahrtschreibermarken,

10. für die Prüfung von digitalen Kontrollgeräten gemäß Verordnung (EWG) Nr. 3821/85 und Verordnung (EU) Nr. 165/2014 über Fahrtenschreiber im Straßenverkehr, zur Aufhebung der Verordnung (EWG) Nr. 3821/85 über das Kontrollgerät im Straßenverkehr und zur Änderung der Verordnung (EG) Nr. 561/2006 zur Harmonisierung bestimmter Sozialvorschriften im Straßenverkehr, ABl. Nr. L 60 vom 28.02.2014 S. 1, in der Fassung der Verordnung (EU) Nr. 1054/2020, ABl. Nr. 249 vom 31.07.2020 S. 1, in der Fassung der Berichtigung ABl. Nr. L 246 vom 23.09.2015 S. 11 zusätzlich über geeignete, vom Kontrollgerätehersteller oder Hersteller von Prüfgeräten für Fahrtschreiber oder Kontrollgeräte freigegebene Hard- und Software zum Kalibrieren der jeweiligen digitalen Kontrollgeräte und zum Herunterladen und Speichern der erforderlichen Daten sowie über die dafür notwendigen adäquaten Schnittstellen. *(BGBl II 2022/258)*

(2) Die für die ordnungsgemäße Durchführung der Prüfung geeigneten Personen müssen die hiefür erforderlichen Erfahrungen auf den Gebieten der Kraftfahrzeugtechnik, Elektronik und der Feinmechanik besitzen. Sie müssen nachweislich an einem mindestens „16-stündigen" Lehrgang (Aufbaulehrgang) eines Fahrtschreiber- oder Kontrollgeräteherstellers oder eines Herstellers von Prüfgeräten für Fahrtschreiber oder Kontrollgeräte mit Erfolg teilgenommen haben. „Die für die ordnungsgemäße Durchführung der Prüfungen geeigneten Personen müssen nach dem Aufbaulehrgang mindestens alle zwei Jahre an einem mindestens 8-stündigen Lehrgang über gesetzliche Grundlagen, Erkennung von unerlaubten Eingriffen (Manipulationen), Aufbau, Funktion und Prüfung von Fahrtschreibern/Kontrollgeräten (Fortbildungslehrgang) eines Fahrtschreiber- oder Kontrollgeräteherstellers oder eines Herstellers von Prüfgeräten für Fahrtschreiber oder Kontrollgeräte mit Erfolg teilnehmen." Darüber ist der Behörde auf Verlangen ein Nachweis vorzulegen. Als Stichtag für die Fortbildung gilt das Datum der Absolvierung des Aufbaulehrganges bzw. der letzten absolvierten Fortbildung. Wird bis zum Ablauf der Frist für die nächste fällige Fortbildung diese nicht absolviert, so darf diese Person bis zur Nachholung der Fortbildung noch für einen Zeitraum von vier Monaten als geeignete Person eingesetzt werden. Wird die erforderliche Fortbildung nicht innerhalb von weiteren zwei Jahren ab dem Zeitpunkt durchgeführt, bis zu dem die Person noch als geeignete Person tätig sein durfte, so ist neuerlich der Aufbaulehrgang zu absolvieren. *(BGBl II 2008/240; BGBl II 2022/258)*

(2a) Die für die ordnungsgemäße Durchführung der Prüfung von digitalen Kontrollgeräten gemäß Verordnung (EWG) Nr. 3821/85 und Verordnung (EU) Nr. 165/2014 geeigneten Personen müssen zusätzlich zu den Anforderungen des Abs. 2 nachweislich an einem mindestens 24-stündigen Lehrgang (Aufbaulehrgang) eines Herstellers von digitalen Kontrollgeräten oder eines Herstellers von Prüfgeräten für Fahrtschreiber oder Kontrollgeräte mit Erfolg teilgenommen haben. Nach dem Aufbaulehrgang müssen sie mindestens alle zwei Jahre an einem mindestens 8-stündigen Lehrgang über gesetzliche Grundlagen, Erkennung von unerlaubten Eingriffen (Manipulationen), Aufbau, Funktion und Prüfung von digitalen Kontrollgeräten (Fortbildungslehrgang) eines Herstellers von digitalen Kontrollgeräten oder eines Herstellers von Prüfgeräten für Fahrtschreiber oder Kontrollgeräte mit Erfolg teilnehmen. Dieser Fortbildungslehrgang kann mit dem Fortbildungslehrgang gemäß Abs. 2 zu einem Kontrollgerät-Fortbildungslehrgang zusammengezogen werden. Über die Teilnahme an den Fortbildungslehrgängen ist der Behörde auf Verlangen ein Nachweis vorzulegen. Die Regelungen des Abs. 2 hinsichtlich des Stichtages für die Fortbildungen, der Überziehungsmöglichkeit und der neuerlichen Absolvierung des Aufbaulehrganges sind anzuwenden. *(BGBl II 2022/258)*

(2b) Für die ordnungsgemäße Durchführung von Prüfungen von Kontrollgeräten gemäß Verordnung (EU) Nr. 165/2014 ist eine Bescheinigung über die zusätzliche Ausbildung eines Herstellers von digitalen Kontrollgeräten oder eines Herstellers von Prüfgeräten für Fahrtschreiber oder Kontrollgeräte für die geeignete Person erforderlich. *(BGBl II 2022/258)*

(3) Die Prüfung der Fahrtschreiberanlage gemäß § 24 Abs. 4 KFG 1967 bzw. des Kontrollgerätes gemäß § 24 Abs. 7 KFG 1967 hat jedenfalls zu umfassen:

1. Prüfung des Fahrtschreibers/Kontrollgerätes:
Der Fahrtschreiber muss einer als eichfähig anerkannten Type angehören.

Das Kontrollgerät muss einer Type mit EWG-Bauartgenehmigung angehören.

Das Vorhandensein „der Einbauplakette" und die Unversehrtheit der Plomben des Fahrtschreibers/Kontrollgerätes und der anderen Einbauteile sind zu überprüfen. *(BGBl II 2022/258)*

2. Prüfung der Angleichung an das Kraftfahrzeug:

2.1. mechanisch anzugleichende Fahrtschreiber/Kontrollgeräte:

2.1.1. Gerätekonstante „k" (Anzahl der Umdrehungen oder Impulse am Eingang des Fahrtschreibers/Kontrollgerätes auf einer Wegstrecke von 1 km) des Fahrtschreibers/Kontrollgerätes feststellen,

2.1.2. Bestimmung der Wegdrehzahl „w",

2.1.3. Kontrolle der Übersetzung der Angleichgetriebe:
Die Wegdrehzahl „w" muss an die Gerätekonstante „k" mit einer Abweichung von höchstens ±2 vH angeglichen sein.

2.2. elektronisch anzugleichende Fahrtschreiber/Kontrollgeräte:

2.2.1. Bestimmung der Wegdrehzahl „w",

2.2.2. Die Gerätekonstante „k" muss an die Wegdrehzahl „w" mit einer Abweichung von höchstens ±2 vH angeglichen sein.

3. Bei der Prüfung nach Z 2 ist die Messung des Fahrzeuges wie folgt vorzunehmen:

3.1. mit unbeladenem Fahrzeug in fahrbereitem Zustand nur mit einem Fahrer besetzt,

3.2. verkehrssichere Fahrzeugreifen mit dem vom Fahrzeughersteller empfohlenen Innendruck,

3.3. geradlinige Bewegung des Fahrzeuges auf ebener Straße mit einer Geschwindigkeit von mindestens 3 km/h und nicht mehr als 15 km/h oder auf einem Rollenprüfstand gemäß Abs. 1 Z 1.

4. Die Antriebsteile und elektrischen Verbindungen sind auf betriebssichere Montage, einwandfreie Funktion und, soweit dies durch das prüfende Organ beurteilt werden kann, auf Eingriffssicherheit zu prüfen.

5. Untersuchung des Fahrtschreibers/Kontrollgerätes auf Eigenfehler:

5.1. Schaublatt mit Fahrzeugdaten, Datum und Namen des Prüfers ausfüllen und in den Fahrtschreiber/das Kontrollgerät einlegen,

5.2. Fahrtschreiber/Kontrollgerät mit kalibriertem Prüfgerät kontrollieren, ob die zulässigen Fehlergrenzen entsprechend Anhang I Kap. III lit. f der Verordnung (EWG) Nr. 3821/85, ABl. Nr. L 370 vom 31. Dezember 1985, S 8, eingehalten werden.

6. Schreiben eines Prüfdiagramms:

6.1. drei Geschwindigkeitsmesswerte je nach höchstem Messbereich des Fahrtschreibers/Kontrollgerätes anfahren (40 km/h, 80 km/h, 120 km/h für einen Messbereich von 125 km/h, bei anderen Messbereichen drei Geschwindigkeiten nach den Angaben des Herstellers des Fahrtschreibers/Kontrollgerätes),

6.2. Leitliniendiagramm aufzeichnen: kurzzeitiges Hochfahren bis zum Messbereichsendwert, nach etwa 60 Sekunden möglichst schneller Abfall der Geschwindigkeit bis zum Stillstand, wieder Hochfahren bis zum Messbereichsendwert, anschließend auf drei Geschwindigkeiten absenken, wobei auf jeder etwa 60 Sekunden zu verharren ist. Sofern der Fernschreiber/das Kontrollgerät mit einer Selbstdiagnose ausgerüstet ist, ist diese nach den Angaben des Herstellers zu überprüfen.

6.3. Prüfschaublatt durch Auswertgerät mit Lupe kontrollieren, ob die Aufschriebe auf dem Schaublatt innerhalb der vom Hersteller des Fahrtschreibers/Kontrollgerätes festgelegten Grenzen liegen.

(3a) „Die Prüfung gemäß § 24 Abs. 7 KFG 1967 des digitalen Kontrollgerätes gemäß Verordnung (EWG) Nr. 3821/85 hat jedenfalls zu umfassen:"** *(BGBl II 2022/258)*

– Einhaltung und Überprüfung der Ausrüstungsbestimmungen,

– ordnungsgemäße Arbeitsweise des Kontrollgerätes mit Download oder Ausdruck von Störungen und Ereignissen aus dem Massenspeicher einschließlich der Funktion Datenspeicherung auf Kontrollgerätkarten.

– die Werkstätten halten etwaige Erkenntnisse in Bezug auf aufgebrochene Plombierungen oder Manipulationsgeräte in ihren Nachprüfungsberichten fest,

– Feststellung von Ereignissen und Störungen, Vergleich zwischen den Kenndaten des an das Getriebe angeschlossenen Bewegungssensors und jenen des gekoppelten und in der Fahrzeugeinheit registrierten Bewegungssensors,

– Vergleich der Seriennummer und der Genehmigungsnummer des Bewegungssensors auf Übereinstimmung mit den im Massenspeicher des Kontrollgerätes gespeicherten Informationen,

– die Einhaltung der Bestimmungen gemäß Verordnung (EWG) Nr. 3821/85 Anhang I B Kapitel III.2.1 und III.2.2 über die zulässigen Fehlergrenzen des Gerätes in eingebautem Zustand,

– die Unversehrtheit der Plombierung des Gerätes und der anderen Einbauteile,

– das Vorhandensein der Einbauplakette,

– das Vorhandensein des Prüfzeichens auf dem Kontrollgerät,

– die Reifengröße und der tatsächliche Reifenumfang, ermittelt aus mindestens fünf Radumdrehungen oder mit einem gleichwertigen Messgerät,

– das keine Manipulationsgeräte am Kontrollgerät/an der Anlage angebracht sind,

– Prüfausdruck mittels des im Kontrollgerät eingebauten Druckers.

(BGBl II 2022/258)
Bestandteil dieser Überprüfungen muss eine Kalibrierung sein.

1. Messung der Anzeigefehler:

4/3. PBStV
§ 11

1.1. mit unbeladenem Fahrzeug im fahrbereiten Zustand nur mit einem Fahrer besetzt,

1.2. verkehrssichere Fahrzeugreifen mit dem vom Fahrzeughersteller empfohlenen Innendruck,

1.3. geradlinige Bewegung des Fahrzeuges auf ebener Straße mit einer Geschwindigkeit von mindestens 3 km/h und nicht mehr als 15 km/h oder auf einem kalibrierten Rollenprüfstand mit einer Geschwindigkeit von mindestens 2,5 km/h und nicht mehr als 50 km/h.

2. Messung der zurückgelegten Wegstrecke:

2.1. die Messung kann entweder nur bei Vorwärtsfahrten oder als Kumulierung der Vorwärts- und der Rückwärtsfahrt erfolgen,

2.2. das Kontrollgerät muss Wegstrecken von 0 bis 9 999 999,9 km messen können,

2.3. die simuliert gemessene Wegstrecke muss innerhalb folgender Fehlergrenzen liegen:

2.3.1. +/- 1% vor dem Einbau,

2.3.2. +/- 2% beim Einbau und den regelmäßigen Nachprüfungen,

2.3.3. +/- 4% während des Betriebes.

Die Wegstreckenmessung hat auf mindestens 0,1 km genau zu erfolgen.

3. Geschwindigkeitsmessung:

3.1. das Kontrollgerät muss eine Geschwindigkeit von 0 bis 220 km/h messen können,

3.2. zur Gewährleistung einer zulässigen Fehlergrenze der angezeigten Geschwindigkeit im Betrieb von +/- 6 km/h und unter Berücksichtigung, einer Fehlergrenze von +/- 2 km/h für Inputabweichungen (Reifenabweichungen, .), einer Fehlergrenze von +/-1 km/h bei Messungen beim Einbau oder bei den regelmäßigen Nachprüfungen, darf das Kontrollgerät bei Geschwindigkeiten zwischen 20 und 180 km/h und bei Wegdrehzahlen des Fahrzeugs zwischen 4 000 und 25 000 Imp/km die Geschwindigkeit innerhalb einer Fehlergrenze von +/- 1 km/h (bei konstanter Geschwindigkeit) messen,

3.3. aufgrund der Auflösung der Datenspeicherung ergibt sich eine weitere zulässige Fehlergrenze von +/-0,5 km/h für die vom Kontrollgerät gespeicherte Geschwindigkeit. Die Geschwindigkeitsmessung muss auf mindestens 1 km/h genau erfolgen.

4. Die Prüfabläufe „ " müssen nach den Vorgaben des Herstellers des digitalen Kontrollgerätes erfolgen. *(BGBl II 2022/258)*

5. Kalibrierung:
Bei der Kalibrierung müssen folgende Vorgänge ausgeführt werden:

5.1. Koppelung des Weg- und/oder Geschwindigkeitsgebers mit der Fahrzeugeinheit,

5.2. digitale Angleichung der Konstante des Kontrollgerätes (k) an die Wegimpulszahl (w) des Fahrzeuges erfolgt ohne Toleranz (Kraftfahrzeuge mit mehreren Hinterachsübersetzungen müssen mit einer Umschalteinrichtung ausgerüstet sein, durch die die verschiedenen Untersetzungsverhältnisse automatisch auf die Wegimpulszahl angebracht werden, für die das Gerät abgestimmt wurde), *(BGBl II 2015/200)*

5.3. Kontrolle und gegebenenfalls Einstellung der aktuellen Uhrzeit (UTC - Zeit), gegebenenfalls die Einstellung des aktuellen Kilometerstandes (Gerätetausch),

5.4. Aktualisierung der im Massenspeicher gespeicherten Kenndaten des Weg-, und/oder Geschwindigkeitsgebers,

5.5. Kontrolle der Geschwindigkeitsgrenze

„Bei Verwendung eines Adapters gemäß Verordnung (EWG) Nr. 3821/85 in der Fassung der Verordnung (EG) Nr. 68/2009, ABl. Nr. L 21 vom 14. Jänner 2009, S 3, sind zusätzlich die in Anlage 12 der Verordnung (EWG) Nr. 3821/85 in der Fassung der Verordnung (EG) Nr. 68/2009 vorgesehenen Prüfungen durchzuführen." *(BGBl II 2010/83)*
(BGBl II 2008/240; *BGBl II 2015/200)

(3b) Die Prüfung gemäß § 24 Abs. 7 KFG 1967 des digitalen Kontrollgerätes gemäß Verordnung (EU) Nr. 165/2014 hat jedenfalls zu umfassen:

— Einhaltung und Überprüfung der Ausrüstungsbestimmungen,

— die ordnungsgemäße Arbeitsweise des Kontrollgerätes, einschließlich der Funktion Datenspeicherung auf Fahrtenschreiberkarten und der Kommunikation mit Fernabfragegeräten,

— die Werkstätten halten etwaige Erkenntnisse in Bezug auf aufgebrochene Plombierungen oder Manipulationsgeräte in ihren Nachprüfungsberichten fest,

— Feststellung von Ereignissen und Störungen, Vergleich zwischen den Kenndaten des an das Getriebe angeschlossenen Bewegungssensors und jenen des gekoppelten und in der Fahrzeugeinheit registrierten Bewegungssensors,

— Vergleich der Seriennummer und der Genehmigungsnummer des Bewegungssensors auf Übereinstimmung mit den im Massenspeicher des Kontrollgerätes gespeicherten Informationen,

— die Einhaltung der Bestimmungen gemäß Verordnung (EU) Nr. 165/2014 Anhang I C Kapitel 3.2.1 und 3.2.2 über die zulässigen Fehlergrenzen des Gerätes im eingebauten Zustand,

— Vorhandensein des Typengenehmigungszeichens auf dem Kontrollgerät,

— Überprüfung der Übereinstimmung der Informationen auf der Einbauplakette mit den

in den Aufzeichnungen der Fahrzeugeinheit enthaltenen Informationen,
- Vorhandensein der Einbauplakette gemäß Verordnung (EU) Nr. 165/2014 Anhang I C Randnummer 396 sowie des Typenschildes gemäß Randnummer 225,
- Vergleich der Kenndaten auf dem Typenschild der externen GNSS-Ausrüstung, falls vorhanden, mit den im Massenspeicher der Fahrzeugeinheit gespeicherten Daten,
- das keine Manipulationsgeräte am Kontrollgerät/an der Anlage angebracht sind,
- das die Plomben zugelassen sind, die Plombierungen ordnungsgemäß angebracht werden, sich in einem guten Zustand befinden, ihre Kennnummern gültig sind (Hersteller der Plombierungen in der Datenbank der Europäischen Kommission verzeichnet) und ihre Kennnummern den Angaben auf der Einbauplakette entsprechen,
- die Reifengröße und der tatsächliche Umfang der Radreifen, ermittelt aus mindestens fünf Radumdrehungen oder mit einem gleichwertigen Messgerät,
- Überprüfung der Bestimmungen gemäß Verordnung (EU) Nr. 165/2014 Anhang I C Kapitel 3.2.3 über die Messung der Position und 3.3 über die Zeit,
- Datenabfrage/DSRC-Modul Prüfung durchführen,
- Prüfausdruck mittels des im Kontrollgerät eingebauten Druckers.

Bestandteil dieser Überprüfungen muss eine Kalibrierung sein,

1. Messung der Anzeigefehler:

1.1 mit unbeladenem Fahrzeug im fahrbereiten Zustand nur mit einem Fahrer besetzt,

1.2 verkehrssichere Fahrzeugreifen mit dem vom Fahrzeughersteller empfohlenen Innendruck,

1.3 geradlinige Bewegung des Fahrzeuges auf ebener Straße mit einer Geschwindigkeit von mindestens 3 km/h und nicht mehr als 15 km/h oder auf einem kalibrierten Rollenprüfstand mit einer Geschwindigkeit von mindestens 2,5 km/h und nicht mehr als 50 km/h.

2. Messung der zurückgelegten Wegstrecke:

2.1 die Messung kann erfolgen entweder bei
 - Vorwärtsfahrten oder als Kumulierung der Vorwärts- und Rückwärtsfahrt
 - nur bei Vorwärtsfahrten

2.2 das Kontrollgerät muss Wegstrecken von 0 bis 9 999 999,9 km messen können,

2.3 die simuliert gemessene Wegstrecke muss innerhalb folgender Fehlergrenzen liegen:

2.3.1 +/- 1 % vor dem Einbau,

2.3.2 +/- 2 % beim Einbau und den regelmäßigen Nachprüfungen,

2.3.3 +/- 4 % während des Betriebes.

Die Wegstreckenmessung hat auf mindestens 0,1 km genau zu erfolgen.

3. Geschwindigkeitsmessung:

3.1 das Kontrollgerät muss eine Geschwindigkeit von 0 bis 220 km/h messen können,

3.2 zur Gewährleistung einer zulässigen Fehlergrenze der angezeigten Geschwindigkeit im Betrieb von +/- 6 km/h und unter Berücksichtigung einer Fehlergrenze von +/- 2 km/h für Inputabweichungen (Reifenabweichungen), einer Fehlergrenze von +/- 1 km/h bei Messungen beim Einbau oder bei den regelmäßigen Nachprüfungen darf das Kontrollgerät bei Geschwindigkeiten zwischen 20 und 180 km/h und bei Wegdrehzahlen des Fahrzeuges zwischen 4 000 und 25 000 Imp/km die Geschwindigkeit innerhalb einer Fehlergrenze von +/- 1 km/h (bei konstanter Geschwindigkeit) messen,

3.3 Aufgrund der Auflösung der Datenspeicherung ergibt sich eine weitere zulässige Fehlergrenze von +/- 0,5 km/h für die vom Kontrollgerät gespeicherte Geschwindigkeit. Die Geschwindigkeitsmessung muss auf mindestens 1 km/h genau erfolgen,

3.4 Die Geschwindigkeit muss innerhalb der zulässigen Fehlergrenze innerhalb von 2 Sekunden nach Abschluss einer Geschwindigkeitsänderung korrekt gemessen werden, wenn sich die Geschwindigkeit mit bis zu 2 m/s^2 geändert hat.

4. Die Prüfabläufe müssen nach den Vorgaben des Herstellers des digitalen Kontrollgerätes erfolgen.

5. Kalibrierung:

Bei der Kalibrierung müssen folgende Vorgänge ausgeführt werden:

5.1 Koppelung des Weg- und/oder Geschwindigkeitsgebers mit der Fahrzeugeinheit,

5.2 digitale Angleichung der Konstante des Kontrollgerätes (k) an die Wegimpulszahl (w) des Fahrzeuges erfolgt ohne Toleranz (Kraftfahrzeuge mit mehreren Hinterachsübersetzungen müssen mit einer Umschalteinrichtung ausgerüstet sein, durch die die verschiedenen Untersetzungsverhältnisse automatisch auf die Wegimpulszahl angebracht werden, für die das Gerät abgestimmt wurde),

5.3 Kontrolle und gegebenenfalls Einstellung der aktuellen Uhrzeit (UTC Zeit), gegebenenfalls die Einstellung des aktuellen Kilometerstandes (Gerätetausch),

5.4 Aktualisierung der im Massenspeicher gespeicherten Kenndaten des Weg-, und/oder Geschwindigkeitsgebers,

5.5 Kontrolle der Geschwindigkeitsgrenze.

6. Positionsmessung:

6.1 Das Kontrollgerät misst die absolute Position des Fahrzeuges unter Verwendung des GNSS-Empfängers.

6.2 Die absolute Position wird in geografischen Koordinaten der Breite und Länge in Grad und Minuten mit einer Auflösung von 1/10 Minuten gemessen.

6.3 Vergleich der gemessenen Positionsdaten mit dem aktuellen Standort.

7. Zeitmessung:
Die Zeitmessfunktion läuft ständig und stellt Datum und Uhrzeit digital in UTC bereit.

7.1 Die Zeitabweichung darf bei fehlender Zeiteinstellung +/- 2 Sekunden/Tag unter Typengenehmigungsbedingungen betragen.

8. Datenabfrage:

8.1 Die Funktion und Validierung der Datenfernabfrage sind gemäß Anlage 14 Kapitel 6 zu überprüfen.

Bei Verwendung eines Adapters gemäß Verordnung (EWG) Nr. 3821/85 in der Fassung der Verordnung (EG) Nr. 68/2009 ABl. Nr. L 21 vom 14.01.2009 S 3, bei Fahrzeugen der Klassen M1 und N1, die gemäß der Verordnung (EG) Nr. 68/2009 mit einem Adapter ausgestattet sind, sind zusätzlich die gemäß Verordnung (EU) Nr. 165/2014 Anhang I C, Anlage 16, Kapitel 6.1 vorgesehenen Prüfungen durchzuführen. *(BGBl II 2022/258)*

(4) Nach jeder Prüfung des Fahrtschreibers oder des analogen/digitalen Kontrollgerätes ist ein Prüfnachweis gemäß Anlage 7 oder ein elektronischer Ausdruck, sofern dieser inhaltlich der Anlage 7 entspricht, auszustellen. Maßnahmen zur Verhinderung unerlaubter Eingriffe sind darin festzuhalten. Vor und nach jeder Prüfung/Kalibrierung des digitalen Kontrollgeräts muss ein Ausdruck der technischen Daten mittels des Druckers am Kontrollgerät sowie nach der Prüfung/Kalibrierung ein Download der Werkstattkartendaten erstellt werden. Die Prüfung/Kalibrierung beinhaltet eine Probefahrt oder eine Fahrt mittels Rollenprüfstand; diese muss mittels Prüfdiagramm oder Tagesausdruck der Werkstattkarte dokumentiert werden. Beim Austausch oder bei der Reparatur eines digitalen Kontrollgerätes, jedem möglichen und nicht möglichen Datendownload durch einen gemäß § 24 Abs. 5 KFG Ermächtigten, ist ein Downloadzertifikat gemäß Anlage 8 auszustellen. Die gespeicherten Daten sind den Organen des Landeshauptmannes bei Revisionen zugänglich zu machen. *(BGBl II 2015/200)*

(5) Fahrtschreiber/Kontrollgeräte sind nach jeder Prüfung mit einer leicht zugänglichen und gegen nachträgliche Abänderung gesicherten Einbauplakette zu versehen, welche gleichzeitig die Bescheinigung der Überprüfung darstellt. Die Einbauplakette ist an gut sichtbarer Stelle an der B-Säule des Fahrzeuges oder in der Nähe des Fahrtschreibers/Kontrollgerätes anzubringen und gegen nachträgliche Abänderung zu sichern:

1. Die Einbauplakette muss bei Fahrtschreibern und analogen Kontrollgeräten mindestens folgende Angaben aufweisen:

a) Name, Anschrift oder Firmenzeichen des Ermächtigten mit Angabe des Plombierungszeichens,

b) Wegimpulszahl des Kraftfahrzeuges in der Form „W=…Imp/km" oder „W=…U/km",

c) wirksamer Reifenumfang in der Form „I=…mm",

d) Datum der Prüfung,

e) mindestens die letzten acht Zeichen der Fahrzeugidentifizierungsnummer,

f) Gerätenummer des Fahrtschreibers/Kontrollgerätes.

2. Die Einbauplakette muss bei digitalen Kontrollgeräten gemäß Verordnung (EWG) Nr. 3821/85 mindestens folgende Angaben aufweisen:

a) Name, Anschrift oder Firmenzeichen des zugelassenen Installateurs oder der zugelassenen Werkstatt,

b) Wegdrehzahl des Kraftfahrzeuges in der Form „w=…Imp/km",

c) Konstante des Kontrollgerätes in der Form „k=…Imp/km",

d) tatsächlicher Reifenumfang in der Form „I=…mm",

e) Reifengröße,

f) Datum der Bestimmung der Wegdrehzahl des Kraftfahrzeuges und der Messung des tatsächlichen Reifenumfanges,

g) Fahrzeugidentifizierungsnummer.

3. Die Einbauplakette muss bei digitalen Kontrollgeräten gemäß Verordnung (EU) Nr. 165/2014 mindestens folgende Angaben aufweisen:

a) Name, Anschrift oder Firmenzeichen des zugelassenen Einbaubetriebes oder der zugelassenen Werkstatt,

b) Wegdrehzahl des Kraftfahrzeuges in der Form „w=…Imp/km",

c) Konstante des Kontrollgerätes in der Form „k=…Imp/km",

d) tatsächlicher Reifenumfang in der Form „l=…mm",

e) Reifengröße,

f) Datum der Messung der Wegdrehzahl des Kraftfahrzeuges und des tatsächlichen Reifenumfanges,

g) Fahrzeugidentifizierungsnummer,

h) Vorhandensein oder Nichtvorhandensein einer externen GNSS-Ausrüstung,

i) Seriennummer der externen GNSS-Ausrüstung,

j) Seriennummer der Fernkommunikationsausrüstung,

k) Seriennummer aller vorhandenen Plombierungen.

4. Nur bei Fahrzeugen der Klassen M1 und N1, die gemäß Verordnung (EG) Nr. 68/2009 mit einem Adapter ausgestattet sind und bei denen nicht alle nötigen Informationen nach Randnummer 396 Anhang I C der Verordnung (EU) Nr. 165/2014 aufgenommen werden können, kann eine zweite, zusätzliche Einbauplakette verwendet werden.

In diesen Fällen muss die zusätzliche Plakette mindestens folgendes enthalten:

a) Fahrzeugteil, in dem der Adapter gegebenenfalls eingebaut wird,

b) Fahrzeugteil, in dem der Bewegungssensor eingebaut wird, wenn er nicht an das Getriebe angeschlossen ist oder kein Adapter verwendet wird,

c) Farbe des Kabels zwischen dem Adapter und diesem Fahrzeugteil, das seine Eingangsimpulse bereitstellt,

d) Seriennummer des eingebetteten Bewegungssensors des Adapters.

Falls diese zweite, zusätzliche Plakette verwendet wird, ist sie neben der Hauptplakette anzubringen; sie muss das gleiche Schutzniveau haben. Daneben muss die zweite Plakette ebenfalls Name, Anschrift oder Firmenzeichen des zugelassenen Einbaubetriebes oder der zugelassenen Werkstatt, der bzw. die den Einbau vorgenommen hat, sowie das Datum des Einbaus tragen.

(BGBl II 2022/258)

(6) Die überprüfende Stelle hat ein Verzeichnis zu führen, in das jede durchgeführte Prüfung einzutragen ist und das jeweils mindestens folgende Angaben zu enthalten hat:

– Zulassungsbesitzer

– Hersteller des Kraftfahrzeuges

– „Fahrzeugidentifizierungsnummer" *(BGBl II 2022/258)*

– Wegdrehzahl/Wegimpulszahl des Kraftfahrzeuges

– wirksamer Reifenumfang

– Datum der Prüfung

– Datum der Anbringung „der Einbauplakette", sofern das Schild erneuert wird „ " *(BGBl II 2022/258)*

– „Marke/Type/Kontrollgerät." *(BGBl II 2022/258)*

„Dieses Verzeichnis kann auch in elektronischer Form geführt werden. Das Verzeichnis, der Prüfnachweis gemäß Anlage 7, die schriftliche Begründung bei Verletzung der Plombierung gemäß Verordnung (EG) Nr. 1360/2002 Rn. 253 und Verordnung (EU) 2016/799 Rn. 400, die Prüfdiagramme, die erstellten Ausdrucke der technischen Daten und des Tagesausdruckes der Werkstattkarte nach der Probefahrt mittels des im digitalen Kontrollgerät eingebauten Druckers, das Downloadzertifikat, der Inspektionsbericht der Manipulationsprüfung, das Prüfergebnis der Datenfernabfrage und die Audit/Revisionsberichte sind fünf Jahre ab der letzten Eintragung aufzubewahren und den zuständigen Organen auf Verlangen vorzulegen. Unbrauchbare oder beschädigte Plomben gemäß Verordnung (EU) Nr. 165/2014 sind sicher aufzubewahren und den zuständigen Organen auf Verlangen vorzulegen. Die unbrauchbaren oder beschädigten Plomben werden im Zuge der Revision vernichtet und sind im Revisionsbericht zu vermerken."

(BGBl II 2022/258)

(7) Werden bei technischen Unterwegskontrollen Verstöße gegen die Bestimmungen betreffend das Kontrollgerät festgestellt, so sind diese nach Maßgabe des Anhangs III der Richtlinie 2006/22/EG über Mindestbedingungen für die Durchführung der Verordnungen (EWG) Nr. 3820/85 und (EWG) Nr. 3821/85 über Sozialvorschriften für Tätigkeiten im Kraftverkehr sowie zur Aufhebung der Richtlinie 88/599/EWG, ABl. Nr. L 102 vom 11.04.2006 S. 35, zuletzt geändert durch die Richtlinie (EU) 2020/1057 des Europäischen Parlaments und des Rates vom 15. Juli 2020 zur Festlegung besonderer Regeln im Zusammenhang mit den Richtlinien 96/71/EG und der Richtlinie 2014/67/EU für die Entsendung von Kraftfahrern im Straßenverkehrssektor und zur Änderung der Richtlinie 2006/22/EG bezüglich der Durchsetzungsanforderungen und der Verordnung (EU) Nr. 1024/2012, ABl. Nr. L 249 vom 31.07.2020 S. 49 zu beurteilen. *(BGBl II 2022/258)*

Ausrüstung und Personal der Prüfstellen für Geschwindigkeitsbegrenzer

§ 12. (1) Die Ermächtigung zum nachträglichen Einbau (§ 24a Abs. 6 KFG 1967) und zur Prüfung (§ 24a Abs. 5 KFG 1967) von Geschwindigkeitsbegrenzern darf nur erteilt werden, wenn die Prüfstelle neben der bestehenden Ermächtigung

4/3. PBStV
§§ 12 – 15

zum Einbau und zur Prüfung von Fahrtschreiberanlagen und Kontrollgeräten auch über geeignetes Personal (Abs. 2) und die erforderlichen Einrichtungen (Abs. 4) verfügt.

(2) Die für die ordnungsgemäße Durchführung der Einbauten oder Prüfung geeigneten Personen müssen die hiefür erforderlichen Erfahrungen auf den Gebieten der Kraftfahrzeugtechnik, Elektronik und der Feinmechanik besitzen. Sie müssen nachweislich an einem mindestens „8-stündigen"** Lehrgang (Aufbaulehrgang) des Geschwindigkeitsbegrenzerherstellers oder des Kontrollgeräteherstellers mit nachstehenden Lehrinhalten mit Erfolg teilgenommen haben: *(BGBl II 2022/258)*
- Gesetzliche Bestimmungen
- Aufbau, Funktion, Einbau und Prüfung von Geschwindigkeitsbegrenzern im Zusammenwirken mit spezifischen Fahrzeugteilen einzelner Fahrzeugmarken und Fahrzeugtypen
- Auswirkungen des Geschwindigkeitsbegrenzers auf die Umwelt und eventuell entstehende Sicherheitsrisiken.

Die für die ordnungsgemäße Durchführung der Prüfungen geeigneten Personen müssen nach dem Aufbaulehrgang mindestens alle zwei Jahre an einem „ "*** Lehrgang über Aufbau, Funktion, Einbau und Prüfung von Geschwindigkeitsbegrenzern (Fortbildungslehrgang) mit Erfolg teilnehmen. „Dieser Fortbildungslehrgang kann mit dem Fortbildungslehrgang für Kontrollgeräte gemäß § 11 Abs. 2 zu einem Kontrollgerät-Fortbildungslehrgang zusammengezogen werden. Kann der Fortbildungslehrgang für den Geschwindigkeitsbegrenzer nicht gemeinsam mit dem Fortbildungslehrgang für das Kontrollgerät gemäß § 11 Abs. 2 durchgeführt werden, so beträgt die Dauer des Fortbildungslehrganges für den Geschwindigkeitsbegrenzer mindestens 8 Stunden."** Darüber ist der Behörde auf Verlangen ein Nachweis vorzulegen. „Die Regelungen des § 11 Abs. 2 hinsichtlich des Stichtages für die Fortbildungen, die Überziehungsmöglichkeit und die neuerliche Absolvierung des Aufbaulehrganges sind anzuwenden."*

(* BGBl II 2008/240; ** BGBl II 2022/258)

(3) Die Prüfung darf nur hinsichtlich solcher Geschwindigkeitsbegrenzer und Fahrzeuge vorgenommen werden, für die das Personal entsprechend geschult ist (Abs. 2).

(4) Folgende Prüfgeräte, Einrichtungen und Ausstattungen müssen neben der Ausrüstung nach § 11 zur Verfügung stehen:
- Prüfmittel für die Überprüfung der elektronischen und mechanischen Teile des zu prüfenden Geschwindigkeitsbegrenzers nach Angabe des jeweiligen Geschwindigkeitsbegrenzerherstellers, Kontrollgeräteherstellers oder des Fahrzeugherstellers
- Werkzeuge und weitere Meßgeräte nach Angabe des Geschwindigkeitsbegrenzerherstellers, Kontrollgeräteherstellers oder des Fahrzeugherstellers.

Prüfung von Geschwindigkeitsbegrenzern

§ 13. (1) Jede Prüfung des Geschwindigkeitsbegrenzers im Sinne des § 24a Abs. 4 KFG 1967 hat sich darauf zu erstrecken, ob Einbau, Zustand, Meßgenauigkeit und Arbeitsweise des Geschwindigkeitsbegrenzers die richtige Wirkung ergeben.

(2) Die Prüfung ist nach Vorgaben und unter Zuhilfenahme der Prüfgeräte des Geschwindigkeitsbegrenzerherstellers, Kontrollgeräteherstellers oder des Fahrzeugherstellers durchzuführen.

(3) Nach jeder Prüfung des Geschwindigkeitsbegrenzers ist ein Prüfnachweis auszustellen. Die Inhalte des Prüfnachweises müssen dem Muster der Anlage 7 entsprechen. Maßnahmen zur Verhinderung unerlaubter Eingriffe sind darin festzuhalten.

(4) Die Bescheinigung über die Überprüfung des Geschwindigkeitsbegrenzers hat durch „die" am Fahrtschreiber/Kontrollgerät oder in dessen Nähe angebrachte, leicht zugängliche „Einbauplakette" zu erfolgen. „Diese Einbauplakette" ist um die Angabe der eingestellten Geschwindigkeit v_{set} zu ergänzen. *(BGBl II 2022/258)*

(5) Bei Geschwindigkeitsbegrenzern, deren eingestellte Geschwindigkeit v set niedriger ist als die nach § 24a KFG 1967 zulässige, ist im Fahrerhaus an gut sichtbarer Stelle ein Schild mit der eingestellten Geschwindigkeit v_{set} anzubringen.

(6) Die überprüfende Stelle hat das Verzeichnis gemäß § 11 Abs. 5 mit der Angabe der eingestellten Geschwindigkeit v_{set} zu ergänzen.

5. Abschnitt
Qualitätssicherung

System

§ 14. Die Prüfung und Begutachtung von Fahrzeugen hat unter den Kriterien der Objektivität und auf hohem Niveau der Qualität zu erfolgen.

Revision

§ 15. (1) Der Landeshauptmann hat die gemäß § 57a Abs. 2 KFG 1967 sowie § 24 und § 24a KFG 1967 ermächtigten Stellen unangekündigt Revisionen (Audits) im Sinne des § 57a Abs. 2a KFG 1967 sowie § 24 und § 24a KFG 1967 zu unterziehen. Die Revisionen sind insbesondere durchzuführen bei Verdacht, dass

1. die Voraussetzungen für die Ermächtigung nicht mehr gegeben sind,

2. die Vertrauenswürdigkeit nicht mehr gegeben ist oder

3. Begutachtungen und Prüfungen nicht ordnungsgemäß erfolgten. *(BGBl II 2008/240)*

(2) Als Anlass für stichprobenartige Revisionen können auch negative Ergebnisse der Überprüfungen gemäß § 56 Abs. 1a KFG 1967 und der auf Grund der „Richtlinie 2014/47/EU über die technische Unterwegskontrolle der Verkehrs- und Betriebssicherheit von Nutzfahrzeugen, die in der Union am Straßenverkehr teilnehmen, und zur Aufhebung der Richtlinie 2000/30/EG, ABl. Nr. L 127 vom 29.04.2014 S. 134, zuletzt geändert durch die delegierte Richtlinie (EU) 2021/1716 der Kommission vom 29. Juni 2021 zur Änderung der Richtlinie 2014/47/EU des Europäischen Parlaments und des Rates hinsichtlich Änderungen der Bezeichnungen von Fahrzeugklassen aufgrund von Änderungen der Typengenehmigungsvorschriften, ABl. Nr. L 342 vom 27.09.2021 S. 45", durchgeführten Überprüfungen herangezogen werden, wenn der Verdacht besteht, dass die letzte Begutachtung gemäß § 57a KFG 1967 nicht ordnungsgemäß durchgeführt worden ist. *(BGBl II 2022/258)*

(3) Der Landeshauptmann hat über alle Revisionen Aufzeichnungen zu führen.

6. Abschnitt

Schlußbestimmungen

Übergangsbestimmungen

§ 16. (1) Wurden bei Fahrzeugprüfungen vor dem 1. März 1998 Mängel festgestellt, die eine Nachprüfung des Fahrzeuges notwendig machen, so ist für diese Nachprüfung auch nach dem 1. März 1998 ein Kostenbeitrag gemäß § 55 Abs. 4 KFG 1967 idF vor der 19. KFG-Novelle zu entrichten.

(2) Für Fahrzeuge mit einem höchsten zulässigen Gesamtgewicht von nicht mehr als 3 500 kg, die bisher gemäß § 57a KFG 1967 idF vor der 19. KFG-Novelle wiederkehrend zu begutachten waren, kann das bisherige Begutachtungsformblatt gemäß Anlage 4b zur KDV 1967 noch bis längstens 28. Februar 1999 verwendet werden.

(3) Für Fahrzeuge mit einem höchsten zulässigen Gesamtgewicht von mehr als 3 500 kg, kann das bisher verwendete Formblatt für Gutachten noch bis längstens 28. Februar 1999 verwendet werden.

(4) Begutachtungsformblätter ohne Begutachtungsstellennummer und ohne Begutachtungsstellenstempel dürfen noch bis 31. August 1998 ausgestellt werden.

(5) Fahrzeuge, deren in den Monaten Jänner oder Februar 1998 gemäß § 55 KFG 1967 idF vor der 19. KFG-Novelle fällig gewordene behördliche Prüfung unterblieben ist, sind ab 1. März 1998 zu begutachten. Solche Fahrzeuge dürfen noch bis längstens 30. Juni 1998 ohne Begutachtungsplakette verwendet werden.

(6) Vorhandene grüne Begutachtungsplaketten dürfen noch bis 31. August 1998 an Anhängern angebracht werden. Anhänger mit grünen Begutachtungsplaketten dürfen noch bis längstens 31. Dezember 2001 verwendet werden.

(7) Personen, die vor Inkrafttreten des § 3 Abs. 2 bereits als geeignete Person im Sinne des § 3 Abs. 1 in der Fassung der Verordnung BGBl. II Nr. 78/1998 zur Durchführung der wiederkehrenden Begutachtung eingesetzt wurden, müssen die Voraussetzungen des § 3 Abs. 2 und die Nachweise gemäß § 3 Abs. 3 nicht erbringen. Sie müssen jedoch an den Kursen gemäß § 3 Abs. 4 erstmals innerhalb von drei Jahren nach Inkrafttreten des § 3 Abs. 4 in der Fassung dieser Verordnung mit Erfolg teilnehmen.

(8) Zum Zeitpunkt des Inkrafttretens dieser Verordnung bereits gemäß § 57 Abs. 4 KFG 1967 oder gemäß § 57a Abs. 2 KFG 1967 ermächtigte Ziviltechniker, Vereine oder Gewerbetreibende müssen erst am 1. April 2002 über alle jeweils erforderlichen Einrichtungen gemäß Anlage 2a verfügen.

(9) Bereits vor dem 1. Jänner 2009 ermächtigte Stellen dürfen noch bis 31. Dezember 2010 Geräte verwenden, die der Anlage 2a in der Fassung der Verordnung BGBl. II Nr. 101/2004 entsprechen. Bereits vorhandene Geräte gemäß Anlage 2a Z 9 (Spieldetektoren), die folgende Anforderungen erfüllen, dürfen noch bis 31. Dezember 2019 verwendet werden:

1. für Fahrzeuge bis 3,5 t:

a) mindestens eine fremdkraftbetätigte Platte, die entweder getrennt in Längs- und Querrichtung oder diagonal oder elliptisch bewegbar ist; Steuerung der Bewegung über ein Handsteuergerät (mit integrierter Handlampe empfohlen) mit ausreichendem Bewegungsfreiraum;

b) technische Daten:

aa) Achslast $\geq$ 2,0 t,

bb) Radlast $\geq$ 1,0 t,

cc) Schubkraft je Seite $\geq$ 3 kN,

dd) unabhängig von der Anzahl der fremdkraftbetätigten Platten muss ein Gesamtbewegungsweg von $\geq$ 70 mm erreicht werden können;

2. für Fahrzeuge über 3,5 t:

a) zwei fremdkraftbetätigte Platten, die entweder getrennt in Längs- und Querrichtung oder diagonal oder elliptisch bewegbar sind; Steuerung der Bewegung über ein Handsteuergerät (mit integrierter Handlampe empfohlen) mit ausreichendem Bewegungsfreiraum;

b) technische Daten:

aa) Achslast ≥ 12 t,

bb) Radlast ≥ 9 t,

cc) Schubkraft je Seite ≥ 30 kN,

dd) Gesamtbewegungsweg mit beiden Platten von Anschlag zu Anschlag ≥ 100 mm.

Ab 1. Jänner 2010 ermächtigte Stellen dürfen Geräte gemäß Anlage 2a Z 5 nicht mehr verwenden. Ab 1. Jänner 2020 ist die Verwendung solcher Geräte gemäß Anlage 2a Z 5 generell nicht mehr zulässig. *(BGBl II 2010/447)*

(10) § 11 Abs. 5 in der Fassung der Verordnung BGBl. II Nr. 83/2010 gilt nicht für Einbauschilder, die bereits vor Inkrafttreten dieser Bestimmung am Fahrzeug angebracht worden sind. *(BGBl II 2010/83)*

(11) Bis 30. September 2013 dürfen noch Begutachtungsformblätter ausgestellt werden, in denen die Reihenfolge und Bezeichnung der Prüfpositionen der Anlage 6 in der Fassung BGBl. II Nr. 207/2011 entspricht. *(BGBl II 2013/70)*

(12) Bei den Plakettenherstellern am 20. Juli 2015 vorhandene Folien, die nicht § 7 Abs. 2 Z 3 in der Fassung der Verordnung BGBl. II Nr. 200/2015 entsprechen, dürfen noch bis spätestens 1. Jänner 2016 zur Herstellung von Begutachtungsplaketten verwendet werden. Diese Begutachtungsplaketten dürfen „auch weiterhin" vertrieben, ausgefolgt und an Fahrzeugen angebracht werden. *(BGBl II 2015/200; BGBl II 2018/65)*

(13) Die ermächtigten Stellen müssen bis spätestens 1. August 2016 eine solche Programmversion im Sinne des § 5 Abs. 2 verwenden, die einen Zugriff auf das letzte abgeschlossene Gutachten im Zuge einer Nachprüfung gem. § 10 Abs. 3a ermöglicht. *(BGBl II 2015/200)*

(14) An Fahrzeugen angebrachte grüne Begutachtungsplaketten bleiben weiter gültig. Vor dem 20. Mai 2018 bereits hergestellte grüne Begutachtungsplaketten dürfen weiterhin vertrieben und nach den Vorschriften dieser Verordnung in der Fassung BGBl. II Nr. 200/2015 ausgefolgt und an Fahrzeugen angebracht werden. *(BGBl II 2018/65)*

(15) Bereits vor dem 20. Mai 2018 ermächtigte Stellen müssen bis 31. Dezember 2018 alle Geräte im Sinne der Anlage 2a aufweisen. Die Kalibrierfristen für die Messgeräte gemäß Z 3, Z 4, Z 5 und Z 18 entsprechend Anlage 2a sind ab diesem Zeitpunkt einzuhalten. *(BGBl II 2018/65)*

(16) Vorhandene Prüfnachweise gemäß Anlage 7 in der Fassung BGBl. II Nr. 65/2018 können für analoge und digitale Kontrollgeräte gemäß Verordnung (EWG) Nr. 3821/85 weiterhin bis 31. Dezember 2022 verwendet werden. *(BGBl II 2022/258)*

Inkrafttreten

§ 17. (1) Diese Verordnung tritt mit Ablauf des Tages der Kundmachung, frühestens jedoch mit 1. März 1998 in Kraft.

(2) Mit Inkrafttreten dieser Verordnung treten § 1d Abs. 2, 3 und 4, § 19c, § 19d Abs. 2 bis 7, § 19e sowie die §§ 26c und 28a einschließlich der Anlagen 3m, 4b, 4c, 4d und 4e der Kraftfahrgesetz-Durchführungsverordnung 1967, BGBl. Nr. 399, idF BGBl. II Nr. 427/1997 außer Kraft und in § 67 Abs. 1 Z 1.11.1 und Z 1.11.2 der Kraftfahrgesetz-Durchführungsverordnung 1967, BGBl. Nr. 399, idF BGBl. II Nr. 427/ 1997 entfällt jeweils die Wortfolge „gemäß § 19c Abs. 2".

(3) § 3 Abs. 2 und Abs. 3, jeweils in der Fassung BGBl. II Nr. 165/2001, treten mit 1. Juli 2001 in Kraft.

(4) § 2 Abs. 1 und § 2 Abs. 2 erster Satz, jeweils in der Fassung BGBl. II Nr. 165/ 2001, treten mit 1. Jänner 2002 in Kraft. § 8 Abs. 4, in der Fassung BGBl. II Nr. 165/ 2001, tritt hinsichtlich der Anhebung auf 20 S mit 1. Mai 2001 und hinsichtlich der Umstellung auf Euro mit 1. Jänner 2002 in Kraft.

(5) Anlage 6 in der Fassung BGBl. II Nr. 101/2004 tritt mit 1. März 2004 in Kraft. § 3 Abs. 1a in der Fassung BGBl. II Nr. 101/2004 tritt mit 1. Juli 2004 in Kraft.

(6) Die Änderungen durch die Verordnung BGBl. II Nr. 240/2008 treten wie folgt in Kraft:

1. Inhaltsverzeichnis hinsichtlich Anlage 2, § 1 Abs. 2, § 3 Abs. 1 bis 4, § 4, § 5, § 6 Abs. 2 und 4, § 8 Abs. 3, § 10 Abs. 2, 3 und 5, § 11 Abs. 1, 2, und 2a, § 12 Abs. 2, § 15 Abs. 1, § 16 Abs. 9 und Anlage 2 jeweils in der Fassung der Verordnung BGBl. II Nr. 240/2008 mit Ablauf des Tages der Kundmachung;

2. Inhaltsverzeichnis hinsichtlich Anlage 8, § 11 Abs. 3a, 4 und 6, Anlage 1, Anlage 6 und Anlage 8 jeweils in der Fassung der Verordnung BGBl. II Nr. 240/2008 mit 1. Oktober 2008;

3. Anlage 2a in der Fassung der Verordnung BGBl. II Nr. 240/2008 mit 1. Jänner 2009;

4. Anlage 6 Prüfnummer 8.2.2. Position c.5 tritt mit 31. Dezember 2008 außer Kraft. *(BGBl II 2008/240)*

(7) § 2 in der Fassung der Verordnung BGBl. II Nr. 83/2010 tritt mit 1. April 2010 in Kraft. *(BGBl II 2010/83)*

(8) Die Änderungen durch die Verordnung, BGBl. II Nr. 200/2015 treten wie folgt in Kraft:

1. § 3 Abs. 2 Z 4 und Z 5 lit. c und d, § 11 Abs. 1 Z 1, 2a, 3a, 3a Z 5.2, 4, 6 und 7 und Anlage 7 jeweils in der Fassung der Verordnung BGBl. II Nr. 200/2015 mit Ablauf des Tages der Kundmachung;

2. § 7 Abs. 2 Z 3, § 8 Abs. 4 und Anlage 6 jeweils in der Fassung der Verordnung BGBl. II Nr. 200/2015 mit 20. Juli 2015;

3. § 10 Abs. 3a in der Fassung der Verordnung BGBl. II Nr. 200/2015 mit 1. Februar 2016.
(BGBl II 2015/200)

(9) Die Änderungen durch die Verordnung, BGBl. II Nr. 65/2018 treten wie folgt in Kraft:

1. § 4 Abs. 1, § 5 Abs. 1, 2a und 3, § 10 Abs. 3 und § 16 Abs. 12 jeweils in der Fassung der Verordnung BGBl. II Nr. 65/2018 mit Ablauf des Tages der Kundmachung dieser Verordnung; gleichzeitig entfällt die Anlage 3;

2. § 6 Abs. 1, § 8 Abs. 4, § 10 Abs. 2 Z 3 und Z 4, § 10a, § 16 Abs. 14 und 15, Anlage 2a, Anlage 4, Anlage 4a und Anlage 6 jeweils in der Fassung der Verordnung BGBl. II Nr. 65/2018 mit 20. Mai 2018; gleichzeitig tritt § 6 Abs. 2 außer Kraft;

3. die elektronische Umsetzung der Prüfpositionen der Anlage 6 in der Fassung der Verordnung BGBl. II Nr. 65/2018 in der Begutachtungsplakettendatenbank hat bis 1. Juni 2018 zu erfolgen, die elektronische Umsetzung der Anlage 6 in der Fassung der Verordnung BGBl. II Nr. 65/2018 in den Begutachtungsprogrammen bis 1. Oktober 2018.
(BGBl II 2018/65)

(10) Die Änderungen durch die Verordnung, BGBl. II Nr. 258/2022 treten wie folgt in Kraft:

1. § 1 Abs. 2, § 3 Abs. 3 und 4, § 5 Abs. 1 hinsichtlich des zweiten und des letzten Satzes, 2 und 2a, § 6 Abs. 4, § 7 Abs. 2 Z 5, § 10 Abs. 4, § 11 Abs. 1, 2, 2a, 2b, 3, 3a, 3b, 5, 6 und 7, § 12 Abs. 2, § 15 Abs. 2, § 16 Abs. 16, Anlage 2a, Anlage 5, Anlage 6a und Anlage 7 jeweils in der Fassung der Verordnung BGBl. II Nr. 258/2022 mit Ablauf des Tages der Kundmachung der genannten Verordnung;

2. § 5 Abs. 1 hinsichtlich des dritten und des vierten Satzes und Anlage 6 in der Fassung der Verordnung BGBl. II Nr. 258/2022 am 2. Februar 2023;

3. § 8 Abs. 4 in der Fassung der Verordnung BGBl. II Nr. 258/2022 am 1. Jänner 2023.
(BGBl II 2022/258)

Anlagen nicht abgedruckt

Kraftstoffverordnung 2012

BGBl II 2012/398 idF

1 BGBl II 2014/259
2 BGBl II 2017/196
3 BGBl II 2018/86
4 BGBl II 2020/630

Verordnung des Bundesministers für Land- und Forstwirtschaft, Umwelt und Wasserwirtschaft über die Qualität von Kraftstoffen und die nachhaltige Verwendung von Biokraftstoffen (Kraftstoffverordnung 2012)

Auf Grund der §§ 11 Abs. 3 und 26a Abs. 2 lit. c und Abs. 3a des Kraftfahrgesetzes 1967, BGBl. Nr. 267, zuletzt geändert durch das Bundesgesetz BGBl. I Nr. 116/2010, wird im Einvernehmen mit dem Bundesminister für Wirtschaft, Familie und Jugend, dem Bundesminister für Gesundheit sowie der Bundesministerin für Verkehr, Innovation und Technologie verordnet:

Geltungsbereich

§ 1. (1) In dieser Verordnung werden auf Gesundheits- und Umweltaspekten beruhende technische Spezifikationen für Kraftstoffe für Kraftfahrzeuge gemäß § 2 Abs. 1 Z 1, KFG 1967, BGBl. I Nr. 267/1967, sowie Substitutionsregelungen und Nachhaltigkeitskriterien für Biokraftstoffe festgelegt und ein Ziel für die Minderung der Lebenszyklustreibhausgasemissionen gesetzt.

(2) Die Spezifikationen und Prüfverfahren für Otto- und Dieselkraftstoffe werden gemäß den Anhängen I bis IV der Richtlinie 98/70/EG über die Qualität von Otto- und Dieselkraftstoffen und zur Änderung der Richtlinie 93/12/EWG, ABl. Nr. L 350 vom 28.12.1998, S. 58, zuletzt geändert durch die Richtlinie (EU) 2015/1513 ABl. Nr. L 239 vom 15.09.2015 S. 1, festgelegt.

(BGBl II 2018/86)

Begriffsbestimmungen

§ 2. Für diese Verordnung gelten die folgenden Begriffsbestimmungen:

1. „Konventionelles Rohöl" ist jeder Raffinerierohstoff, der in einer Lagerstättenformation am Ursprungsort einen API-Grad von mehr als 10, gemessen mit dem ASTM-Testverfahren D287, aufweist und nicht unter die Definition des KN-Codes 2714 gemäß der Verordnung (EWG) Nr. 2658/87 vom 23. Juli 1987 über die zolltarifliche und statistische Nomenklatur sowie über den Gemeinsamen Zolltarif, ABl. Nr. L 256 vom 07.09.1987 S. 1, zuletzt geändert durch die Durchführungsverordnung (EU) 2017/1925, ABl. Nr. L 282 vom 31.10.2017 S. 1, fällt;

2. „Naturbitumen" ist jede Quelle für Raffinerierohstoffe,

a) die in einer Lagerstättenformation am Förderort einen API-Grad (Grad nach dem American Petroleum Institute (API)) von höchstens 10, gemessen mit dem Testverfahren D287 der „American Society for Testing and Materials" (ASTM), aufweisen;

b) die eine jährliche Durchschnittsviskosität bei Lagerstättentemperatur haben, die höher ist als die durch die Gleichung Viskosität (in Centipoise) = $518,98 \, e^{-0,038T}$ berechnete Viskosität; dabei ist T die Temperatur in Grad Celsius;

c) die unter die Definition für bituminöse Sande des KN-Codes 2714 gemäß der Verordnung (EWG) Nr. 2658/87 fallen und

d) deren Rohstoffquelle durch Bergbau oder thermisch unterstützte Schwerkraftdrainage erschlossen wird, wobei die Wärmeenergie hauptsächlich aus anderen Quellen als der Rohstoffquelle selbst gewonnen wird;

3. „Ölschiefer" ist jede Quelle für Raffinerierohstoffe innerhalb einer Felsformation, die festes Kerogen enthält und die unter die Definition für ölhaltigen Schiefer des KN-Codes 2714 gemäß der Verordnung (EWG) Nr. 2658/87 fällt. Die Rohstoffquelle wird durch Bergbau oder thermisch unterstützte Schwerkraftdrainage erschlossen;

4. „Ottokraftstoff" ist jedes flüchtige Mineralöl, das zum Betrieb von Fahrzeugverbrennungsmotoren mit Fremdzündung bestimmt ist und unter die KN-Codes 2710 12 41, 2710 12 45, 2710 12 49, 2710 12 51 und 2710 12 59 fällt;

5. „Dieselkraftstoffe" sind Gasöle, die zum Betrieb von Fahrzeugverbrennungsmotoren mit Selbstzündung bestimmt sind und unter den KN-Code 2710 19 43 „oder KN-Code 2710 20 11" fallen und zum Antrieb von Kraftfahrzeugen im Sinn des Kraftfahrgesetzes 1967 verwendet werden; *(BGBl II 2020/630)*

6. „Flüssiggas" (LPG, Liquefied Petroleum Gas) ist ein mineralölstämmiges Gas, das bei Raumtemperatur bei geringem Druck in flüssiger Form gelagert und gehandhabt werden kann, als Kraftstoff zum Betrieb von Fahrzeugverbrennungsmotoren mit Fremdzündung oder Selbstzündung bestimmt ist und unter die Unterpositionen 2711 12 oder 2711 13 der Kombinierten Nomenklatur fällt.

§ 2

7. „Erdgas" ist ein Gasgemisch, das zum überwiegenden Teil aus Methan besteht, als Kraftstoff zum Betrieb von Fahrzeugverbrennungsmotoren mit Fremdzündung oder Kompressionszündung entweder in verdichteter Form (CNG, Compressed Natural Gas) eingesetzt wird und unter die Unterposition 2711 21 00 der Kombinierten Nomenklatur fällt oder bei geringem Druck, tiefkalt, in verflüssigter Form (LNG Liquified Natural Gas) eingesetzt wird;

8. „Energie aus erneuerbaren Quellen" ist Energie aus erneuerbaren, nichtfossilen Energiequellen, das heißt Wind, Sonne, aerothermische, geothermische, hydrothermische Energie, Meeresenergie, Wasserkraft, Biomasse, Deponiegas, Klärgas und Biogas;

9. „Biomasse" ist der biologisch abbaubare Teil von Erzeugnissen, Abfällen und Reststoffen der Landwirtschaft mit biologischem Ursprung (einschließlich pflanzlicher und tierischer Stoffe), der Forstwirtschaft und damit verbundener Wirtschaftszweige einschließlich der Fischerei und der Aquakultur sowie der biologisch abbaubare Teil von Abfällen aus Industrie und Haushalten;

10. „Kulturpflanzen mit hohem Stärkegehalt" sind Pflanzen, unter die überwiegend Getreide (ungeachtet dessen, ob nur die Körner verwendet werden oder die gesamte Pflanze verwendet wird, wie bei Grünmais), Knollen- und Wurzelfrüchte (wie Kartoffeln, Topinambur, Süßkartoffeln, Maniok und Yamswurzeln) sowie Knollenfrüchte (wie Taro und Cocoyam) fallen;

11. „lignozellulosehaltiges Material" ist Material, das aus Lignin, Zellulose und Hemizellulose besteht, wie Biomasse aus Wäldern, holzartige Energiepflanzen sowie Reststoffe und Abfälle aus der Holz- und Forstwirtschaft;

12. „zellulosehaltiges Non-Food-Material" sind Rohstoffe, die überwiegend aus Zellulose und Hemizellulose bestehen und einen niedrigeren Lignin-Gehalt als lignozellulosehaltiges Material haben; es umfasst Reststoffe von Nahrungs- und Futtermittelpflanzen (z. B. Stroh, Spelzen, Hülsen und Schalen), grasartige Energiepflanzen mit niedrigem Stärkegehalt (z. B. Weidelgras, Rutenhirse, Miscanthus, Pfahlrohr und Zwischenfrüchte vor und nach Hauptkulturen), industrielle Reststoffe (einschließlich Nahrungs- und Futtermittelpflanzen nach Extraktion von Pflanzenölen, Zucker, Stärken und Protein) sowie Material aus Bioabfall;

13. „Biokraftstoffe" sind flüssige oder gasförmige Kraftstoffe für den Verkehr, die aus Biomasse hergestellt werden. Unter den Begriff „Biokraftstoffe" fallen insbesondere nachfolgende Erzeugnisse, sofern diese als Kraftstoff oder Kraftstoffbestandteil zum Betrieb von Fahrzeugverbrennungsmotoren verwendet werden:

a) „Bioethanol" ist ein aus Biomasse hergestellter unvergällter Ethanol mit einem Alkoholanteil von mindestens 99% v/v.

b) „Fettsäuremethylester" (FAME, Biodiesel) ist ein aus pflanzlichen oder tierischen Ölen oder Fetten hergestellter Methylester.

c) „Biomethan" ist ein aus Biomasse mittels Pyrolyse oder Gärung hergestelltes aufgereinigtes Biogas, das in Fahrzeugverbrennungsmotoren als CNG in unvermischter Form oder in vermischter Form mit Erdgas eingesetzt werden kann.

d) „Biomethanol" ist ein aus Biomasse hergestellter Methanol.

e) „Biodimethylether" ist ein aus Biomasse hergestellter Dimethylether.

f) „Bio-ETBE" (Ethyl-Tertiär-Butylether) ist ein auf der Grundlage von Bioethanol hergestellter ETBE mit einem auf den Energiegehalt bezogenen anrechenbaren Anteil aus erneuerbarer Energie von 37%.

g) „Bio-MTBE" (Methyl-Tertiär-Butylether) ist ein auf der Grundlage von Biomethanol hergestellter MTBE mit einem auf den Energiegehalt bezogenen anrechenbaren Anteil aus erneuerbarer Energie von 22%.

h) „Synthetische Biokraftstoffe" sind aus Biomasse in industriellen Verfahren gewonnene Kohlenwasserstoffe oder Kohlenwasserstoffgemische.

i) „Biowasserstoff" ist ein aus Biomasse hergestellter Wasserstoff.

j) „Reines Pflanzenöl" ist ein durch Auspressen, Extraktion oder vergleichbare Verfahren aus Ölsaaten gewonnenes, chemisch unverändertes Öl in roher oder raffinierter Form.

k) „Superethanol E 85" sind in einem Steuerlager gemäß § 25 Abs. 2 des Mineralölsteuergesetzes 1995, BGBl. Nr. 630/1994, zuletzt geändert durch das Bundesgesetz BGBl. I Nr. 117/2016, hergestellte Gemische, die einen Gehalt an Bioethanol von mindestens 70 % und höchstens 85 % v/v aufweisen.

l) „Hydrierte pflanzliche oder tierische Öle" (Hydrotreated Vegetable Oil – HVO) sind in Hydrieranlagen bzw. in CO-Hydrieranlagen aus pflanzlichen oder tierischen Ölen oder Fetten hergestellte Kohlenwasserstoffe.

m) „Biokraftstoffe, bei denen ein niedriges Risiko indirekter Landnutzungsänderungen besteht," sind Biokraftstoffe, deren Rohstoffe im Rahmen von Systemen hergestellt werden, die die Verdrängung der Herstellung für andere Zwecke als zur Herstellung von Biokraftstoffen reduzieren, und mit den in § 12 aufgeführten Nachhaltigkeitskriterien für Biokraftstoffe im Einklang stehen;

4/4. Kraftstoff-VO 2012
§ 2

n) „Fortschrittliche Biokraftstoffe" sind Biokraftstoffe hergestellt aus Rohstoffen bzw. Kraftstoffe gemäß **Anhang XIII** Teil A;

14. „Flüssige oder gasförmige erneuerbare Kraftstoffe nicht biogenen Ursprungs" sind flüssige oder gasförmige Kraftstoffe mit Ausnahme von Biokraftstoffen, deren Energiegehalt aus erneuerbaren Energiequellen mit Ausnahme von Biomasse stammt und die im Verkehrssektor verwendet werden;

15. „Erneuerbare Kraftstoffe" sind alle Formen an erneuerbarer Energie, die zum Antrieb von Kraftfahrzeugen eingesetzt wird;

16. „Energiegehalt" bezeichnet den unteren Heizwert eines Kraftstoffs, der für den Wirkungsbereich dieser Verordnung in **Anhang IX** angegeben ist;

17. „Kraftstoffbasiswert" ist jener Wert, der auf der Grundlage der Lebenszyklustreibhausgasemissionen pro Energieeinheit aus fossilen Kraftstoffen im Jahr 2010 berechnet wurde;

18. „Lebenszyklustreibhausgasemissionen" sind sämtliche CO_2-, CH_4- und N_2O-Nettoemissionen, die dem Kraftstoff (einschließlich aller beigemischten Bestandteile) oder dem Energieträger zugeordnet werden können. Dies umfasst alle relevanten Phasen von der Gewinnung, dem Anbau, einschließlich Landnutzungsänderungen, dem Transport und dem Vertrieb bis zur Verarbeitung und Verbrennung, unabhängig vom Ort, an dem die Emissionen auftreten;

19. „Treibhausgasemissionen pro Energieeinheit" sind die Gesamtmasse der kraftstoff- oder energieträgerbedingten Treibhausgasemissionen in CO_2-Äquivalent, geteilt durch den Gesamtenergiegehalt des Kraftstoffs oder des Energieträgers (für Kraftstoffe ausgedrückt als „unterer Heizwert");

20. „Upstream-Emissionen" sind sämtliche Treibhausgasemissionen, die entstanden sind, bevor ein Rohstoff in eine Raffinerie oder Verarbeitungsanlage gelangte, in der der in **Anhang Xa** D genannte Kraftstoff hergestellt wurde;

21. „Substitutionsverpflichtete oder Substitutionsverpflichteter" ist die jeweilige Steuerschuldnerin oder der jeweilige Steuerschuldner nach dem Mineralölsteuergesetz 1995, BGBl. I Nr. 630/1994, zuletzt geändert durch BGBl. I Nr. 117/2016, der Otto- oder Dieselkraftstoffe erstmals im Bundesgebiet in den verbrauchsteuerrechtlichen freien Verkehr bringt oder in das Bundesgebiet in den verbrauchsteuerrechtlichen freien Verkehr verbringt oder verwendet, außer im Kraftstoffbehälter des Fahrzeugs;

22. „Abfälle" sind nach Definition gemäß § 2 Abfallwirtschaftsgesetz 2002, BGBl. I Nr. 102/2002, zuletzt geändert durch das BGBl. I Nr. 163/2015. Stoffe, die absichtlich verändert oder kontaminiert wurden, um dieser Definition zu entsprechen, fallen nicht unter diese Begriffsbestimmung;

23. „Reststoff aus der Verarbeitung" bezeichnet einen Stoff, der kein Endprodukt ist und dessen Herstellung durch den Produktionsprozess unmittelbar angestrebt wird; er stellt nicht das primäre Ziel des Produktionsprozesses dar, und der Prozess wurde nicht absichtlich geändert, um ihn zu produzieren;

24. „Reststoffe aus Landwirtschaft, Aquakultur, Fischerei und Forstwirtschaft" sind Reststoffe, die unmittelbar in der Landwirtschaft, Aquakultur, Fischerei und Forstwirtschaft entstanden sind; sie umfassen keine Reststoffe aus damit verbundenen Wirtschaftszweigen oder aus der Verarbeitung;

25. „Tatsächlicher Wert" ist die Einsparung an Treibhausgasemissionen bei einigen oder allen Schritten eines speziellen Biokraftstoff-Herstellungsverfahrens, berechnet gemäß der im **Anhang X** Teil C dargestellten Methode;

26. „Typischer Wert" ist der Schätzwert der repräsentativen Einsparung an Treibhausgasemissionen bei einem bestimmten Biokraftstoff-Herstellungsweg;

27. „Standardwert" ist der von einem typischen Wert durch Anwendung vorab festgelegter Faktoren abgeleitete Wert, der unter den in § 19 festgelegten Bedingungen anstelle eines tatsächlichen Werts verwendet werden kann;

28. CDM-Register ist das Clean Development Mechanism Register gemäß Artikel 12 des Kyoto-Protokolls, BGBl. III Nr. 89/2005, zur Erzeugung von Zertifikaten als Klimaschutzprojekten des Clean Developement Mechanism (CDM); *(BGBl II 2020/630)*

29. und 30. *(entfallen, BGBl II 2020/630)*

31. „Betriebszustand" ist ein von den Betrieben im Rahmen der Registrierung eingebrachter definierter Satz an Variablen für einen Produktionsprozess von Biokraftstoffen, der insbesondere auch die Art der Energieversorgung der Produktionsanlage, den eingesetzten Rohstoff sowie anlagen- und prozessspezifische Parameter wie Energieverbrauch und Energie- und Stoffströme umfasst. Ein Betrieb kann im Rahmen der Registrierung mehrere Betriebszustände definieren;

32. „Anbieterin oder Anbieter" ist, wer Kraftstoff oder Energie an eine Verbraucherin oder einen Verbraucher abgibt;

33. „Stromanbieter" sind Unternehmen, die elektrischen Strom an Letztverbraucher abgeben;

34. „Meldepflichtige oder Meldepflichtiger" ist die Substitutionsverpflichtete oder der Substitutionsverpflichteten bzw. wer Kraftstoffe gemäß § 3 Abs. 1 oder andere Energieträger im Einsatz im Verkehrsbereich erstmals im Bundesgebiet in den verbrauchsteuerrechtlichen freien Verkehr bringt oder in das Bundesgebiet in den verbrauchsteuerrechtlichen freien Verkehr ver-

bringt oder verwendet, außer im Kraftstoffbehälter des Fahrzeuges. Ausgenommen davon sind Hersteller von Biokraftstoffen in Anlagen, die der Selbstversorgung landwirtschaftlicher Betriebe dienen, soweit diese Kraftstoffe ausschließlich in landwirtschaftlichen Betrieben im Steuergebiet verwendet werden. Die Meldepflichtige oder der Meldepflichtige ist nur unter den in Z 21 genannten Voraussetzungen Substitutionsverpflichtete oder Substitutionsverpflichteter im Sinne des § 5;

35. „elNa" – elektronischer Nachhaltigkeitsnachweis – bezeichnet das elektronische nationale Biokraftstoffregister, welches von der Umweltbundesamt GmbH für alle Zwecke des Monitorings von in Österreich im Straßenverkehr eingesetzter Energie und insbesondere auch zur lückenlosen Erfassung der Nachhaltigkeitskiterien von Biokraftstoffen dient;

36. „Kombinierte Nomenklatur" (KN) ist die Warennomenklatur gemäß der Verordnung (EWG) Nr. 2658/87, in der Fassung der Verordnung (EG) Nr. 2031/2001 zur Änderung des Anhangs I der Verordnung (EWG) Nr. 2658/87 über die zolltarifliche und statistische Nomenklatur sowie den Gemeinsamen Zolltarif, ABl. Nr. L 279 vom 23.10.2001 S. 1, Unterpositionen der Kombinierten Nomenklatur sind die gemeinschaftlichen Unterteilungen der Positionen dieser Nomenklatur.

(BGBl II 2018/86)

Kraftstoffspezifikationen

§ 3. (1) Die im Großhandel oder Kleinverkauf feilgebotenen Kraftstoffe haben folgenden Spezifikationen zu entsprechen:

1. Ottokraftstoffe mit einem Bioethanolgehalt von maximal 5% v/v den Spezifikationen gemäß **Anhang I** sowie ÖNORM EN 228 „Kraftstoffe für Kraftfahrzeuge – Unverbleite Ottokraftstoffe – Anforderungen und Prüfverfahren" vom „15. Juli 2017"; *(BGBl II 2018/86)*

2. Ottokraftstoffe mit einem Bioethanolgehalt von maximal 10 % v/v den Spezifikationen gemäß **Anhang II** sowie ÖNORM EN 228 „Kraftstoffe für Kraftfahrzeuge – Unverbleite Ottokraftstoffe – Anforderungen und Prüfverfahren" vom „15. Juli 2017"; *(BGBl II 2014/259; BGBl II 2018/86)*

3. Dieselkraftstoffe den Spezifikationen gemäß **Anhang III** sowie ÖNORM EN 590 „Kraftstoffe für Kraftfahrzeuge – Dieselkraftstoff – Anforderungen und Prüfverfahren" vom 1. August 2019; *(BGBl II 2020/630)*

4. Flüssiggas den Spezifikationen gemäß **Anhang IV** sowie ÖNORM EN 589 „Kraftstoffe für Kraftfahrzeuge – Flüssiggas – Anforderungen und Prüfverfahren" vom 1. April 2019; *(BGBl II 2020/630)*

5. Erdgas und Biomethan „(CNG und LNG)" und Mischprodukte aus Erdgas und Biomethan den Spezifikationen gemäß **Anhang V**; *(BGBl II 2018/86)*

6. Fettsäuremethylester den Spezifikationen gemäß **Anhang VI** sowie ÖNORM EN 14214 „Kraftstoffe für Kraftfahrzeuge – Fettsäure-Methylester (FAME) für Dieselmotoren – Anforderungen und Prüfverfahren" vom 15. Juli 2019; *(BGBl II 2020/630)*

7. Reines Pflanzenöl den Spezifikationen gemäß **Anhang VII**;

8. Superethanol E 85 Kraftstoff den Spezifikationen gemäß **Anhang VIII** sowie ÖNORM EN 15293 „Kraftstoffe – Ethanolkraftstoff (E 85) – Anforderungen und Prüfverfahren" vom 1. Dezember 2018; *(BGBl II 2020/630)*

9. Die Reinheit des an Wasserstofftankstellen angebotenen Wasserstoffs muss den technischen Spezifikationen der Norm ISO 14687-2, Hydrogen fuel – Product specification – Part 2: Proton exchange membrane (PEM) fuel cell applications for road vehicles (Wasserstoff als Kraftstoff – Produktfestlegung – Teil 2: Protonenaustauschmembran (PEM) Brennstoffzellenanwendungen für Straßenfahrzeuge), ausgegeben am 1. Dezember 2012, entsprechen. Das gilt für alle Wasserstofftankstellen, die ab dem 18. November 2017 errichtet oder erneuert werden. Die Norm ISO 14687-2 ist beim Austrian Standards Institute, Heinestraße 38, A-1021 Wien, Telefon: (01) 213 00-0, www.austrian-standards.at, zu beziehen „"; *(BGBl II 2017/196; BGBl II 2018/86)*

10. Paraffinischer Dieselkraftstoff aus Synthese oder Hydrierungsverfahren gemäß **Anhang VIIIa** sowie ÖNORM EN 15940 „Kraftstoffe für Kraftfahrzeuge – Paraffinischer Dieselkraftstoff aus Synthese oder Hydrierungsverfahren – Anforderungen und Prüfverfahren" vom 15. Oktober 2019; *(BGBl II 2020/630)*

11. B 10 Dieselkraftstoff gemäß **Anhang VIIIb** sowie ÖNORM EN 16734 „Kraftstoffe für Kraftfahrzeuge – Anforderungen und Prüfverfahren" vom 15. Mai 2019; *(BGBl II 2020/630)*

12. Dieselkraftstoffmischungen mit hohem FAME-Anteil (B 20 und B 30) gemäß **Anhang VIIIc** sowie ÖNORM EN 16709 „Kraftstoffe für Kraftfahrzeuge – Dieselkraftstoffmischungen mit hohem FAME-Anteil (B 20 und B 30) – Anforderungen und Prüfverfahren" vom 15. Mai 2019. *(BGBl II 2020/630)*

„ " *(BGBl II 2018/86)*

(2) An allen Tankstellen, Versorgungsanlagen und Tankautomaten an denen Ottokraftstoffe gemäß Abs. 1 Z 2 in Verkehr gebracht werden, haben die Anbieter jedenfalls bis zum 31. Dezember 2020 sicherzustellen, dass zumindest eine Sorte Ottokraftstoff gemäß Abs. 1 Z 1 mit einem maximalen Sauerstoffgehalt von 2,7% m/m und einem

maximalen Bioethanolgehalt von 5% v/v angeboten wird.

1. Für Abgabestellen, an denen im Durchschnitt der zwei jeweils vorangegangenen Kalenderjahre weniger als 500 Kubikmeter Ottokraftstoffe in Verkehr gebracht wurden, endet diese Verpflichtung mit 31. Dezember 2015.

2. Wird die Ausnahmebestimmung gemäß Z 1 in Anspruch genommen, so sind die Voraussetzungen dafür zu dokumentieren und durch geeignete Belege gegenüber der zuständigen Behörde auf Verlangen nachzuweisen.

(3) Die in dieser Verordnung genannten Normen sind beim Austrian Standards Institute, Heinestraße 38, A-1021 Wien, Telefon: (01) 213 00-0, www.austrian-standards.at, zu beziehen. *(BGBl II 2017/196)*

(4) Ottokraftstoff darf für die Verwendung in älteren, besonders beschaffenen Fahrzeugen (Oldtimer) mit einem Additiv, welches die verschleißmindernde Wirkung von Bleiverbindungen ersetzt und weder eine erhöhte Gefährlichkeit des Kraftstoffs noch eine schädliche Luftverunreinigung bei der Verbrennung zur Folge haben darf, feilgeboten werden. Die Beimischung des Additivs kann in Form einer Individualdosierung bei der Betankung (Fläschchenform) erfolgen. „Die Erhältlichkeit von Additiven (Bleiersatz-Additive) für Ottokraftstoffe und eine entsprechende Kennzeichnung sind sicherzustellen." *(BGBl II 2018/86)*

(5) Der Gehalt an dem metallischen Zusatz Methylcyclopentadienyl-Mangan-Tricarbonyl (MMT) in Kraftstoffen ist ab 1. Jänner 2011 auf 6 mg Mangan pro Liter begrenzt. Ab 1. Jänner 2014 ist dieser Gehalt auf 2 mg Mangan pro Liter begrenzt.

Prüfverfahren für Kraftstoffspezifikationen

§ 4. Die Prüfung von Kraftstoffen darauf, ob sie den in § 3 Abs. 1 festgelegten Spezifikationen entsprechen, hat auf Basis der in den Anhängen genannten Vorschriften zu erfolgen.

Substitutionsziel

§ 5. Ab 1. Jänner 2009 beträgt das Substitutionsziel, bezogen auf den Energiegehalt, 5,75%, gemessen am gesamten erstmals im Bundesgebiet in den verbrauchsteuerrechtlichen freien Verkehr gebrachten oder in das Bundesgebiet verbrachten oder verwendeten fossilen Otto- und Dieselkraftstoff. Zur Erreichung des Gesamtziels ist von der Substitutionsverpflichteten oder vom Substitutionsverpflichteten, bezogen auf den Energiegehalt, zumindest ein Anteil von 3,4% Biokraftstoff oder anderer erneuerbarer Kraftstoffe, gemessen am gesamten von der Substitutionsverpflichteten oder vom Substitutionsverpflichteten im Bundesgebiet in den verbrauchsteuerrechtlichen freien Verkehr gebrachten oder verwendeten fossilen Ottokraftstoff pro Jahr, und ein Anteil von zumindest 6,3% Biokraftstoff oder anderer erneuerbarer Kraftstoffe, gemessen am gesamten von der Substitutionsverpflichteten oder vom Substitutionsverpflichteten im Bundesgebiet in den verbrauchsteuerrechtlichen freien Verkehr gebrachten oder verwendeten fossilen Dieselkraftstoff pro Jahr, im Bundesgebiet in den verbrauchsteuerrechtlichen freien Verkehr zu bringen oder zu verwenden.

(BGBl II 2018/86)

Einsatz von fortschrittlichen erneuerbaren Kraftstoffen

§ 6. (1) Ab dem 1. Jänner 2020 haben die Substitutionsverpflichteten zumindest 0,5% der Energiemenge des gesamten von der Substitutionsverpflichteten oder vom Substitutionsverpflichteten im Bundesgebiet in den verbrauchsteuerrechtlichen freien Verkehr gebrachten oder verwendeten fossilen Kraftstoffs pro Jahr durch Kraftstoffe aus Rohstoffen gemäß **Anhang XIII** Teil A zu substituieren.

(2) Die Verpflichtung nach Abs. 1 kann auf Antrag der Substitutionsverpflichteten oder des Substitutionsverpflichteten durch einen ausreichend nachvollziehbaren und objektiven Nachweis für die Dauer eines Kalenderjahres durch die Bundesministerin für „Klimaschutz, Umwelt, Energie, Mobilität, Innovation und Technologie" reduziert werden. Der Antrag ist jeweils bis spätestens 30. Oktober des dem Verpflichtungsjahr vorangehenden Kalenderjahres schriftlich einzubringen und in elektronischer Form an die Umweltbundesamt GmbH zu übermitteln. Für Substitutionsverpflichtete, die zur Erreichung des in Abs. 1 genannten Ziels in Bezug auf die im Jahr 2019 im Bundesgebiet in den verbrauchsteuerrechtlichen freien Verkehr gebrachten oder verwendeten fossilen Kraftstoffs, weniger als 10.000 GJ benötigen, genügt ein vereinfachter Antrag. Die Umweltbundesamt GmbH hat die entsprechenden Muster der zu verwendenden Anträge zu veröffentlichen. *(BGBl II 2020/630)*

(3) Der Nachweis kann auf Basis einer oder mehrerer der folgenden Gründe geführt werden:

1. das begrenzte Potenzial für die nachhaltige Erzeugung von fortschrittlichen Kraftstoffen,

2. die begrenzte Verfügbarkeit dieser fortschrittlichen Kraftstoffe zu kosteneffizienten Preisen auf dem Markt oder

3. die spezifischen technischen oder klimatischen Gegebenheiten des nationalen Marktes für im Verkehrssektor eingesetzte Kraftstoffe wie die Zusammensetzung und der Zustand der Kraftfahrzeugflotte.

(4) Die Bundesministerin für „Klimaschutz, Umwelt, Energie, Mobilität, Innovation und

Technologie" kann nach positiver Prüfung des Antrags durch die Umweltbundesamt GmbH die schriftliche Zustimmung zur Reduktion der Verpflichtung gemäß Abs. 1 erteilen. Werden die Voraussetzungen für die Reduktion der Verpflichtung gemäß Abs. 3 nach Prüfung durch die Umweltbundesamt GmbH nicht erfüllt, ist der Antrag per Bescheid durch die Bundesministerin für „Klimaschutz, Umwelt, Energie, Mobilität, Innovation und Technologie" abzulehnen. *(BGBl II 2020/630)*

(BGBl II 2018/86)

Kennzeichnung

§ 6a. (1) Die Anbieter von Kraftstoffen haben sicherzustellen, dass die Verbraucher und Verbraucherinnen über den Biokraftstoffanteil der angebotenen Kraftstoffe und über den geeigneten Einsatz der verschiedenen Kraftstoffmischungen mit Biokraftstoffanteil angemessen unterrichtet werden. Dies hat insbesondere durch die angemessene Kennzeichnung der Kraftstoffentnahmestellen zu erfolgen.

(2) Die Betreiberinnen und Betreiber von Tankstellen, Versorgungsanlagen und Tankautomaten haben jede Kraftstoffentnahmestelle, an der Ottokraftstoff gemäß § 3 Abs. 1 Z 2 mit einem Bioethanolgehalt von maximal 10% angeboten wird, mit dem deutlich sichtbar angebrachten Hinweis „E 10" zu versehen.

(3) Die Betreiberinnen und Betreiber von Tankstellen, Versorgungsanlagen und Tankautomaten haben jede Kraftstoffentnahmestelle für Otto- und Dieselkraftstoffe, die bezüglich ihres höheren Anteils an Biokraftstoffen den in § 3 Abs. 1 Z 1 und 3 zitierten ÖNORMEN und Anhängen genügen, mit einer die Höhe des Biokraftstoffanteils wiedergebenden Kennzeichnung und dem Hinweis „Achtung! Nur für Fahrzeuge mit Herstellerfreigabe" zu versehen.

(4) Werden Kraftstoffe mit metallischen Zusätzen an die Verbraucherin oder den Verbraucher abgegeben, so sind die entsprechenden Entnahmestellen mit dem Text „Enthält metallische Zusätze" in einer angemessenen Größe in gut lesbarer Schriftart an einer deutlich sichtbaren Stelle zu kennzeichnen, wo auch die Informationen zum Kraftstofftyp angezeigt werden.

(5) Die Erhältlichkeit von Additiven (Bleiersatz-Additive) für Ottokraftstoffe zur Verwendung gemäß § 3 Abs. 4 und eine entsprechende Kennzeichnung sind sicherzustellen.

(BGBl II 2018/86)

Minderung der Treibhausgasemissionen

§ 7. (1) Die Meldeverpflichteten haben die Lebenszyklustreibhausgasemissionen pro Energieeinheit ihrer erstmals im Verpflichtungsjahr im Bundesgebiet in den verbrauchsteuerrechtlich freien Verkehr gebrachten oder in das Bundesgebiet verbrachten oder verwendeten Kraftstoffe oder des Energieträgers für den Einsatz im Verkehrsbereich gegenüber dem Kraftstoffbasiswert von 94,1 CO_2-Äquivalent in g/MJ stufenweise um 6,0% zu senken. *(BGBl II 2020/630)*

(2) Die Berechnung der Treibhausgasintensität einer Meldeverpflichteten oder eines Meldeverpflichteten nach Abs. 1 hat gemäß § 19a zu erfolgen. *(BGBl II 2018/86)*

(3) Die Minderungsverpflichtung gemäß Abs. 1 kann auch durch eine Gruppe von Meldeverpflichteten, welche zu diesem Zweck einen schriftlichen Vertrag abzuschließen haben, erfüllt werden. In diesem Falle gelten die der Gruppe angehörenden Meldeverpflichteten im Rahmen des Ausmaßes der im Vertrag genannten Kraftstoffmenge für die Zwecke des Abs. 1 als ein einzelner Verpflichteter.

Übertragung der Erfüllung von Verpflichtungen auf Dritte

§ 7a. (1) Die Erfüllung der Verpflichtungen nach §§ 5, 6 und 7 kann ganz oder teilweise per Vertrag auf Dritte übertragen werden, wobei die Ziele gemäß § 5 vorwiegend durch den Substitutionspflichteten oder die Substitutionsverpflichtete selbst zu erfüllen sind. Die durch Dritte zu diesem Zweck eingesetzten erneuerbaren Kraftstoffe müssen dabei im Verpflichtungsjahr im Bundesgebiet in den verbrauchsteuerrechtlichen freien Verkehr gebracht werden und den Bestimmungen der §§ 8, 9, 12 und 13 entsprechen.

(2) Die von einem Dritten zur Erfüllung einer übertragenen Verpflichtung eingesetzten Mengen an erneuerbaren Kraftstoffen und/oder Mengen an verminderten Treibhausgasemissionen können nicht zur Erfüllung der eigenen Verpflichtung des Dritten oder der Verpflichtung eines weiteren Verpflichteten eingesetzt werden.

(3) Für eine Übertragung der Erfüllung von Verpflichtungen nach §§ 5, 6 und 7 bedarf es eines schriftlichen Vertrags mit Angaben darüber, für welche erneuerbaren Kraftstoffe und/oder Mengen an verminderten Treibhausgasemissionen, in welchem mengenmäßigen Umfang und für welchen Verpflichtungszeitraum die Übertragung der Erfüllung der Verpflichtungen durch einen Dritten gilt.

(4) Soweit ein Dritter die nach § 5, 6 und 7 erforderlichen Angaben nicht ordnungsgemäß mitgeteilt hat, wird davon ausgegangen, dass der Dritte die auf ihn übertragene Erfüllung der Verpflichtung nicht erfüllt hat und somit für die Verpflichtete oder den Verpflichteten nicht anrechenbar ist.

(5) Dritte können die Erfüllung von Verpflichtungen übernehmen, wenn sie

1. selbst keinen Verpflichtungen gemäß § 5, 6 und 7 unterliegen oder

2. Verpflichtungen gemäß § 5 und/oder 6 und/oder 7 unterliegen und eine Bestätigung der Umweltbundesamt GmbH in Bezug auf die Erfüllung ihrer Berichtspflicht gemäß § 20 in elNa vorliegt, dass ihre Verpflichtung, für das Verpflichtungsjahr bereits erfüllt wurde.

(6) Sofern eine Bestätigung der Umweltbundesamt GmbH bezüglich der Höhe der übertragbaren Mengen an Biokraftstoffen und/oder Mengen an verminderten Treibhausgasemissionen vorliegt, können diese Mengen in elNa im Falle von Biokraftstoffen bis zum 30. Juni und im Fall von verminderten Treibhausgasemissionen bis zum 30. November des dem Berichtsjahr folgenden Jahres auf Dritte übertragen werden. *(BGBl II 2020/630)*

(7) Für die Übertragung der Erfüllung von Verpflichtungen auf Dritte ist ein Antrag in elNa zu stellen, wobei das zu verwendende Muster von der Umweltbundesamt GmbH zu veröffentlichen ist. Werden die Voraussetzungen für die Verpflichtungsübertragung auf Dritte gemäß Abs. 5 nach Prüfung durch die Umweltbundesamt GmbH nicht erfüllt, ist der Antrag per Bescheid durch die Bundesministerin für „Klimaschutz, Umwelt, Energie, Mobilität, Innovation und Technologie" abzulehnen. *(BGBl II 2020/630)*

(BGBl II 2018/86)

Anrechenbarkeit von Biokraftstoffen und anderen erneuerbaren Kraftstoffen

§ 8. (1) Biokraftstoffe, unabhängig davon, ob die Ausgangsstoffe innerhalb oder außerhalb der Europäischen Union erzeugt wurden, werden auf die Erfüllung von Verpflichtungen gemäß §§ 5, 6 und 7 angerechnet, wenn die Anforderungen gemäß § 12 zum Zeitpunkt des Inverkehrbringens durch die Substitutionsverpflichtete oder den Substitutionsverpflichteten erfüllt worden sind und diesbezüglich ein Nachhaltigkeitsnachweis gemäß § 13 oder § 17 vorliegt.

(2) Für Biokraftstoffe, hergestellt aus Abfällen, Reststoffen aus land- oder forstwirtschaftlicher Produktion einschließlich der Fischerei oder von Aquakulturen, aus Reststoffen aus der Verarbeitung, aus zellulosehaltigem Non-Food-Material oder lignozellulosehaltigem Material, gilt Folgendes:

1. Biokraftstoffe aus Reststoffen können als solche angerechnet werden, sofern die gemäß § 2 Z 23 und 24 definierten Bedingungen erfüllt sind.

2. Biokraftstoffe aus Abfällen können auf die Verpflichtungen angerechnet werden, sofern die gemäß § 2 Z 22 definierten Bedingungen erfüllt sind und sie den Bestimmungen bezüglich Abfallhierarchie und ihrer Bestimmungen zum Lebenszykluskonzept hinsichtlich der allgemeinen Auswirkungen der Erzeugung und Bewirtschaftung der verschiedenen Abfallströme gemäß Abfallwirtschaftsgesetz 2002, BGBl. I Nr. 102/2002, zuletzt geändert durch das Bundesgesetz BGBl. I Nr. 70/2017, entsprechen.

(3) Zur Anrechnung von Biokraftstoffen gemäß Abs. 2 sowie Kraftstoffen aus Rohstoffen gemäß **Anhang XIII** Teil A auf die Verpflichtungen nach §§ 5, 6 und 7 bedarf es für jeden spezifischen Ausgangsstoff oder im Fall von Kraftstoffen gemäß § 2 Z 14, für jeden dieser Kraftstoffe eines entsprechenden Nachweises über die Beschaffenheit, über die Herkunft, über die Verarbeitung des Ausgangsstoffs und über den Herstellungsweg des Kraftstoffs, der mittels Antrag an die Umweltbundesamt GmbH zu übermitteln ist. Nach positiver Prüfung des Nachweises können derartige Kraftstoffe auf die entsprechenden Ziele angerechnet werden. Die Anrechenbarkeit kann eine zeitliche, regionale und mengenmäßige Beschränkung für den jeweiligen Ausgangsstoff oder Kraftstoff enthalten. Die Umweltbundesamt GmbH hat das zu verwendende Muster für einen derartigen Antrag zu veröffentlichen. Werden die Voraussetzungen für die Anrechenbarkeit von Biokraftstoffen und anderen erneuerbaren Kraftstoffen gemäß Abs. 1 bis 3 nach Prüfung durch die Umweltbundesamt GmbH nicht erfüllt, ist der Antrag per Bescheid durch die Bundesministerin für „Klimaschutz, Umwelt, Energie, Mobilität, Innovation und Technologie" abzulehnen. *(BGBl II 2020/630)*

(4) Der Beitrag von Biokraftstoffen, die aus Getreide und sonstigen Kulturpflanzen mit hohem Stärkegehalt, Zuckerpflanzen, Ölpflanzen und aus als Hauptkulturen vorrangig für die Energiegewinnung auf landwirtschaftlichen Flächen angebauten Pflanzen hergestellt werden, wird gemäß § 7 mit maximal 7% des Endenergieverbrauchs im Verkehrssektor berücksichtigt. Das gilt nicht für Biokraftstoffe, die aus den in **Anhang XIII** aufgeführten Rohstoffen hergestellt werden. *(BGBl II 2020/630)*

(5) Für Biokraftstoffe, hergestellt aus Rohstoffen, die ein hohes Risiko indirekter Landnutzungsänderungen aufweisen und die gemäß Artikel 3 der delegierten Verordnung (EU) 2019/807 zur Ergänzung der Richtlinie (EU) 2018/2001 im Hinblick auf die Bestimmung der Rohstoffe mit hohem Risiko indirekter Landnutzungsänderungen, in deren Fall eine wesentliche Ausdehnung der Produktionsflächen auf Flächen mit hohem Kohlenstoffbestand zu beobachten ist, und die Zertifizierung von Biokraftstoffen, flüssigen Biobrennstoffen und Biomasse-Brennstoffen mit geringem Risiko indirekter Landnutzungsänderungen, ABl. Nr. L 133 vom 21.05.2019, S. 1, als derartige Rohstoffe eingestuft werden, gilt:

1. Ab dem 1. Jänner 2021 ist die maximal anrechenbare Menge für die Erfüllung von Verpflich-

tungen gemäß §§ 5, 6 und 7 eines Meldeverpflichteten auf jene Mengen beschränkt, die vom jeweiligen Meldeverpflichteten im Vergleichszeitraum 2019 in Österreich zum Zweck der Anrechnung auf die Erfüllung von Verpflichtungen gemäß §§ 5, 6 und 7 in den steuerrechtlich freien Verkehr gebracht wurden.

2. Ab dem 1. Juli 2021 kann kein Beitrag derartiger Biokraftstoffe mehr auf die Erfüllung von Verpflichtungen gemäß §§ 5, 6 und 7 angerechnet werden. *(BGBl II 2020/630)*

(6) Biokraftstoffe, die in der Luftfahrt eingesetzt werden und die Bedingungen gemäß Abs. 1 erfüllen, können auf die Verpflichtungen nach § 7 entsprechend den Bedingungen in § 7a angerechnet werden. *(BGBl II 2020/630)*

(7) Energieerzeugnisse mit einem Bioethanolanteil von weniger als 65 % v/v, denen Bioethanol enthaltende Waren der Unterposition 3824 90 97 der Kombinierten Nomenklatur zugesetzt werden, dürfen nicht auf die Erfüllung der Verpflichtungen nach §§ 5, 6 und 7 angerechnet werden. *(BGBl II 2020/630)*

(BGBl II 2018/86)

Vermischen von Biokraftstoffen

§ 9. (1) Biokraftstoffe, die die Anforderungen gemäß § 12 erfüllen und auf die Ziele gemäß §§ 5, 6 und 7 angerechnet werden sollen, dürfen nur dann mit Biokraftstoffen, welche die Bestimmungen gemäß § 12 nicht erfüllen, vermischt werden, wenn durch die Aufzeichnungen mittels Massenbilanzsystems gemäß § 10 eine eindeutige Zuordnung und Verfolgung der Mengen nachhaltiger und nicht nachhaltige Biokraftstoffe sichergestellt ist. *(BGBl II 2018/86)*

(2) Biokraftstoffe, die mit unterschiedlichen Nachhaltigkeitseigenschaften gemäß § 12 produziert wurden und die auf die Zielvorgaben nach §§ 5, 6 und 7 angerechnet werden sollen, dürfen nur dann vermischt werden, wenn durch die Aufzeichnungen mittels Massenbilanzsystems gemäß § 10 nachvollziehbar sichergestellt ist, dass die Summe sämtlicher Biokraftstoffe, die dem Gemisch entnommen werden, dieselben Nachhaltigkeitseigenschaften in denselben Mengen hat wie die Summe sämtlicher Biokraftstoffe, die dem Gemisch zugefügt wurden. *(BGBl II 2018/86)*

(3) Die Treibhausgas-Minderungsquote eines Gemisches von Biokraftstoffen ist als gewichteter Mittelwert der jeweiligen Treibhausgas-Minderungsquoten der einzelnen Biokraftstoffe zu berechnen. Die Treibhausgas-Minderungsquoten dürfen nur dann saldiert werden, wenn alle Mengen an Biokraftstoffen, die dem Gemisch beigefügt wurden, vor der Vermischung die Erfordernisse nach § 12 erfüllt haben.

Verwendung eines Massenbilanzsystems

§ 10. „Betriebe, die Biokraftstoffe herstellen, die auf die Ziele gemäß „§§ 5,6, und 7"** angerechnet werden sollen, oder mit solchen handeln, sind verpflichtet, den lückenlosen Nachweis der Einhaltung der Nachhaltigkeitskriterien durch die Verwendung eines Massenbilanzsystems zu gewährleisten."* Das Massenbilanzsystem hat insbesondere folgende Angaben zu enthalten:
(BGBl II 2014/259; ** BGBl II 2018/86)*

1. eindeutige Angaben zur Zuordnung von eingekauften Ausgangsstoffen bzw. gehandelten und verkauften Biokraftstoffen zu Verkäufer bzw. Käufer, die eine eindeutige Identifizierung von Käufern und Verkäufern ermöglichen;

2. Datum des Ankaufs und des Verkaufs von Biokraftstoffen bzw. Ausgangsstoffen zur Biokraftstoffherstellung;

3. Daten zur Art und Menge, zum Erntejahr und zu den Anbauländern der Ausgangsstoffe;

4. Angaben zur Nachhaltigkeit der verwendeten Biomasse gemäß § 12;

5. gemäß den Bestimmungen des § 12 Abs. 3 einen Wert für das Treibhausgas-Minderungspotenzial des produzierten, gehandelten oder verwendeten Biokraftstoffs;

6. im Fall der Verwendung von Standardwerten „" eine eindeutige Beschreibung des verwendeten Ausgangsstoffs. *(BGBl II 2018/86)*

Anrechenbarkeit des Beitrags von Elektrizität aus erneuerbaren Energiequellen

§ 11. (1) Elektrischer Strom aus erneuerbarer Energie, der durch Letztverbraucherinnen oder Letztverbraucher nachweislich im Verpflichtungsjahr als Antrieb für elektrisch betriebene Kraftfahrzeuge im Bundesgebiet eingesetzt wird und von gemäß § 14 Abs. 6a registrierten Stromanbietern stammt, kann auf die Verpflichtungen nach §§ 5 und/oder 7 angerechnet werden.

(2) Die gemäß Abs. 1 verbrauchte Menge an Strom und die damit verbundenen Lebenszyklustreibhausgasemissionen können von einem Stromanbieter, der keinen Verpflichtungen gemäß §§ 5 und 7 unterliegt, für die Anrechung auf die Verpflichtungen gemäß §§ 5 und/oder 7 auf eine Verpflichtete oder einen Verpflichteten übertragen werden. Für die Übertragung bedarf es eines schriftlichen Vertrages der oder des nach §§ 5 und 7 Verpflichteten und des Stromanbieters mit Angaben darüber, für welche Strommenge und für welchen Verpflichtungszeitraum die Übertragung der vom Stromananbieter übertragenen Strommenge aus erneuerbarer Energie und der entsprechenden Lebenszyklustreibhausgasemissionen an die Verpflichtete oder den Verpflichteten gilt.

(3) Sollen Strommengen und/oder die Lebenszyklustreibhausgasemissionen auf die Verpflichtungen nach §§ 5 und 7 angerechnet werden, so sind bis zum 1. März des dem Verpflichtungsjahr folgenden Kalenderjahres vom Stromanbieter die Daten gemäß Z 1 und/oder Z 2 für beide Ziffern getrennt in elektronischer Form an die Umweltbundesamt GmbH zu übermitteln:

1. Betreffend die Menge an elektrischem Strom, der nachweislich im Verpflichtungsjahr an Ladestellen abgegeben wurde, an denen die abgegebene Strommenge eindeutig der Ladung von elektrisch betriebenen Kraftfahrzeugen zurechenbar ist, sind Angaben

a) zur eindeutigen Identifizierung des Ladepunktes und

b) die durch nachvollziehbare Aufzeichnungen dokumentierte energetische Menge an elektrischem Strom zu übermitteln.

2. Betreffend die Menge an elektrischem Strom, der im Verpflichtungsjahr vom Stromanbieter hauptsächlich an Ladepunkten abgegeben wurde, an denen die abgegebene Strommenge nicht eindeutig auf einzelne Verwendungsarten zurechenbar ist, sind vom Stromanbieter überprüfbare, nachvollziehbare Aufzeichnungen über jene Stromkundinnen oder Stromkunden zu führen, die im Verpflichtungsjahr nachweislich ein rein elektrisch betriebenes Fahrzeug betrieben haben. Für diese Strommenge sind vom Stromanbieter Angaben über

a) die Anzahl der von seinen Stromkundinnen oder Stromkunden nachweislich betriebenen Kraftfahrzeugen mit reinem Elektroantrieb sowie

b) die nach **Anhang Xa** Teil C abgeschätzte Strommenge zu übermitteln.

Für die Abschätzung der jährlichen zurückgelegten Strecke der Elektrofahrzeuge ist der jährlich durch die Umweltbundesamt GmbH veröffentlichte Wert heranzuziehen.

(4) Die Umweltbundesamt GmbH stellt nach positiver Prüfung der übermittelten Unterlagen für die nachvollziehbar abgegebene Menge an aus erneuerbarer Energie erzeugtem elektrischen Strom und die damit verbundenen Lebenszyklustreibhausgasemissionen eine Bescheinigung aus, die in Summe oder in Teilen von nach §§ 5 und 7 Verpflichteten auf die entsprechenden Ziele angerechnet werden kann. Werden die Voraussetzungen für die Anrechenbarkeit von elektrischem Strom nach Prüfung durch die Umweltbundesamt GmbH nicht erfüllt, ist der Antrag per Bescheid durch die Bundesministerin für „Klimaschutz, Umwelt, Energie, Mobilität, Innovation und Technologie" abzulehnen. *(BGBl II 2020/630)*

(BGBl II 2018/86)

Nachhaltigkeitskriterien

§ 12. (1) Für Ausgangsstoffe von Biokraftstoffen, die auf die Erfüllung der Verpflichtungen nach §§ 5, 6 und 7 angerechnet werden sollen, sind die in **Anhang XI** angeführten Nachhaltigkeitskriterien einzuhalten.

(2) Bei Verwendung landwirtschaftlicher Ausgangsstoffe für nachhaltige Biokraftstoffe gelten die Anforderungen der Verordnung des Bundesministers für Land- und Forstwirtschaft, Umwelt und Wasserwirtschaft über landwirtschaftliche Ausgangsstoffe für Biokraftstoffe und flüssige Biobrennstoffe, BGBl. II Nr. 250/2010. Bei Verwendung forstwirtschaftlicher Ausgangsstoffe für die Produktion nachhaltiger Biokraftstoffe ist die Erfüllung der Rechtsvorschriften über forstwirtschaftliche Ausgangsstoffe Voraussetzung.

(3) Für Biokraftstoffe, die auf die Ziele gemäß §§ 5, 6 und 7 angerechnet werden sollen, gilt Folgendes:

1. Für Biokraftstoffe, die in Anlagen erzeugt werden, die nach dem 5. Oktober 2015 in Betrieb gegangen sind, gilt eine Minderungsquote an Lebenszyklustreibhausgasemissionen von mindestens 60% gegenüber dem Referenzwert gemäß § 19 Abs. 4.

2. Für Biokraftstoffe, die in Anlagen erzeugt werden, die am 5. Oktober 2015 oder davor in Betrieb waren, ist eine Minderungsquote an Lebenszyklustreibhausgasemissionen von mindestens 50 % zu erfüllen gegenüber dem Referenzwert gemäß § 19 Abs. 4.

3. Die Berechnung der durch die Verwendung von Biokraftstoffen erzielten Einsparung bei den Lebenszyklustreibhausgasemissionen erfolgt gemäß § 19.

(4) Biokraftstoffe gelten nur dann als nachhaltig, wenn diese Biokraftstoffe oder der entsprechende Nachweis ihrer Nachhaltigkeit gemäß § 13 noch nicht in einem anderen Mitgliedstaat auf die Verpflichtung gemäß Art. 3 Abs. 4 der Richtlinie 2009/28/EG zur Förderung der Nutzung von Energie aus erneuerbaren Quellen und zur Änderung und anschließenden Aufhebung der Richtlinien 2001/77/EG und 2003/30/EG, ABl. Nr. L 140 vom 05.06.2009 S. 16, zuletzt geändert durch die Richtlinie (EU) 2015/1513 und Art. 7a der Richtlinie 98/70/EG, angerechnet wurden.

(BGBl II 2018/86)

Nachhaltigkeitsnachweis

§ 13. (1) Die Nachhaltigkeit von Biokraftstoffen ist mittels Nachhaltigkeitsnachweis nachzuweisen und zu dokumentieren.

(2) Betriebe, die in Österreich Biokraftstoffe herstellen und denen keine weiteren Betriebe zur Biokraftstoffherstellung nachgelagert sind und die die Nachhaltigkeit ihrer produzierten Biokraft-

4/4. Kraftstoff-VO 2012
§ 13

stoffe nicht ausschließlich mit einem Nachhaltigkeitssystem gemäß „§ 17 Abs. 3" nachweisen, dürfen für die hergestellten Biokraftstoffe Nachhaltigkeitsnachweise ausstellen, sofern *(BGBl II 2018/86)*

1. sich diese Betriebe bei der Umweltbundesamt GmbH gemäß § 14 registriert haben und

2. in Hinblick auf die verwendeten Ausgangsstoffe folgende Voraussetzungen vorliegen:

a) Für landwirtschaftliche Ausgangsstoffe sind die Anforderungen der Verordnung des Bundesministers für Land- und Forstwirtschaft, Umwelt und Wasserwirtschaft über landwirtschaftliche Ausgangsstoffe für Biokraftstoffe und flüssige Biobrennstoffe, BGBl. II Nr. 250/2010, insbesondere hinsichtlich der Nachhaltigkeit, zu erfüllen.

b) Bei Verwendung forstwirtschaftlicher Ausgangsstoffe für die Produktion nachhaltiger Biokraftstoffe ist die Erfüllung der Rechtsvorschriften über forstwirtschaftliche Ausgangsstoffe Voraussetzung.

c) Für nicht land- oder forstwirtschaftliche Ausgangsstoffe muss ein durch die Umweltbundesamt GmbH anerkannter gleichwertiger Nachweis über die Einhaltung der Nachhaltigkeitskriterien gemäß Art. 17 der Richtlinie 2009/28/EG und Art. 7b der Richtlinie 98/70/EG erbracht werden. Dieser Nachweis hat jedenfalls eine eindeutige Identifikation des eingesetzten Ausgangsstoffs zu ermöglichen sowie gegebenenfalls im Einzelfall durch die Umweltbundesamt GmbH festzulegende weitere Angaben zu enthalten, die für eine Beurteilung der Einhaltung der Nachhaltigkeitskriterien gemäß Art. 17 der Richtlinie 2009/28/EG und Art. 7b der Richtlinie 98/70/EG notwendig sind. *(BGBl II 2018/86)*

(3) Die Ausstellung von Nachhaltigkeitsnachweisen hat spätestens bei Eigentumsübergang der Ware zu erfolgen. Die Nachhaltigkeitsnachweise sind unverzüglich nach der Ausstellung in elektronischer Form in elNa an die Umweltbundesamt GmbH zu übermitteln. *(BGBl II 2018/86)*

(4) Für Biokraftstoffe, die in Betrieben in anderen Mitgliedstaaten oder Drittstaaten hergestellt werden, und die auf die Ziele gemäß §§ 5, 6 und 7 angerechnet werden sollen, ist der Nachweis der Nachhaltigkeit gemäß § 17 zu erbringen. *(BGBl II 2018/86)*

(5) Für Biokraftstoffe, die aus Abfall oder Reststoffen, mit Ausnahme von land- oder forstwirtschaftlichen Reststoffen und Reststoffen aus Fischerei und Aquakulturen, hergestellt worden sind und den in § 8 Abs. 2 Z 1 und 2 genannten Bedingungen entsprechen, entfällt der Nachweis über die Einhaltung der Nachhaltigkeitskriterien für die Ausgangsstoffe. *(BGBl II 2018/86)*

(6) Nachhaltigkeitsnachweise haben mindestens folgende Angaben zu enthalten:

1. den Namen und die Anschrift des ausstellenden Betriebs, der Biokraftstoffe herstellt,

2. die Angabe, ob die betreffende Anlage bis inklusive 5. Oktober 2015 oder danach in Betrieb genommen wurde, *(BGBl II 2018/86)*

3. das Datum der Ausstellung,

4. eine den Nachweis eindeutig kennzeichnende Nummer,

5. die durch die Umweltbundesamt GmbH vergebene Registrierungsnummer oder Angaben zur Kontrollstelle, die den Nachhaltigkeitsnachweis bestätigt hat und/oder die Angabe zu einem freiwilligen System gemäß Art. 18 Abs. 4 und 6 der Richtlinie 2009/28/EG und Art. 7c Abs. 4 und 6 der Richtlinie 98/70/EG und/oder Angaben über die Berücksichtigung der in Art. 17 Abs. 7 der Richtlinie 2009/28/EG und Art. 7b Abs. 7 der Richtlinie 98/70/EG genannten Aspekte, *(BGBl II 2018/86)*

6. die Menge und die Art der Biokraftstoffe, auf die sich der Nachhaltigkeitsnachweis bezieht,

7. eine Bestätigung über die Einhaltung der Bestimmungen dieser Verordnung und

8. Angaben über

a) Art, Menge, Erntejahr und Anbauländer bzw. Herkunftsländer der eingesetzten Ausgangsstoffe,

b) die Lebenszyklustreibhausgasemissionen in Gramm CO_2-Äquivalent pro Megajoule Biokraftstoff (g CO_2eq/MJ) in Form eines Standardwerts oder eines tatsächlichen Werts,

c) für Biokraftstoffe, die nicht in Anhang IX angeführt sind, den Energiegehalt in Megajoule,

d) den Namen und die Anschrift des Käufers der Biokraftstoffe,

e) Emissionen aus Kohlenstoffbestandsänderungen in Folge geänderter Landnutzung gemäß Anhang X Teil C Z 7: e_l kleiner oder gleich null,

f) Angaben dazu, ob der Bonus gemäß Anhang X Teil C Z 7 und 8 bei der Berechnung der Treibhausgasemissionen nach Anhang X Teil C Z 1 geltend gemacht wurde,

g) Angaben dazu, ob der in Anhang X Teil C Z 1 genannte Faktor für Emissionseinsparungen durch Akkumulierung von Kohlenstoff im Boden infolge besserer landwirtschaftlicher Bewirtschaftungspraktiken geltend gemacht wurde,

sowie *(BGBl II 2014/259)*

9. im Fall einer „ " Anrechenbarkeit von Biokraftstoffen gemäß § 8 Abs. 2 *(BGBl II 2018/86)*

a) Angaben über Art, Menge und Herkunftsländer der eingesetzten Ausgangsstoffe und

b) die Bestätigung der Registrierung bei dem Umweltbundesamt GmbH gemäß § 8 Abs. 2.

(7) Nachhaltigkeitsnachweise sind nach dem von der Umweltbundesamt GmbH veröffentlichten Muster in elNa auszustellen. *(BGBl II 2018/86)*

(8) Für Nachhaltigkeits-Teilnachweise gilt Folgendes:

1. „Die Umweltbundesamt GmbH stellt für Teilmengen von in Österreich produzierten oder nach Österreich importierten Biokraftstoffen, für die bereits ein Nachhaltigkeitsnachweis ausgestellt worden ist, auf Antrag des Inhabers des Nachhaltigkeitsnachweises Nachhaltigkeits-Teilnachweise in elNa aus." Der Antragsteller hat sich vorab gemäß § 14 Abs. 6 einer vereinfachten Registrierung zu unterziehen. Die Nachhaltigkeits-Teilnachweise werden nach Vorlage des Nachhaltigkeitsnachweises, der in Teilnachweise aufgeteilt werden soll, ausgestellt. Die Nummer des ursprünglichen Nachhaltigkeitsnachweises ist zu stornieren, die Nachhaltigkeits-Teilnachweise haben neue Nummern zu erhalten, die mit der ursprünglichen Nachhaltigkeitsnummer auf den neuen Nachhaltigkeits-Teilnachweisen aufzuscheinen haben. *(BGBl II 2018/86)*

2. Der Inhalt der Nachhaltigkeits-Teilnachweise hat Abs. 6 zu entsprechen. „Nachhaltigkeits-Teilnachweise sind nach dem von der Umweltbundesamt GmbH veröffentlichten Muster in elNa auszustellen." *(BGBl II 2018/86)*

Registrierung

§ 14. (1) Betriebe, die Biokraftstoffe produzieren und die in Österreich Nachhaltigkeitsnachweise ausstellen, können sich bei der Umweltbundesamt GmbH registrieren zu lassen. „Die Registrierung erfolgt elektronisch über elNa." Im Rahmen der Registrierung prüft die Umweltbundesamt GmbH für die vom Betrieb eingebrachten definierten Betriebszustände die Erfüllung der Anforderungen des Betriebs zur Ausstellung von Nachhaltigkeitsnachweisen. *(BGBl II 2018/86)*

(2) Teil der Registrierung ist eine von der Umweltbundesamt GmbH durchzuführende Schulung der Betriebe „, insbesondere bezüglich der Verwendung von elNa". *(BGBl II 2018/86)*

(3) Mit der Registrierung erhält jeder Betrieb für die vom Betrieb eingebrachten und von der Umweltbundesamt GmbH geprüften Betriebszustände eine eindeutige Registrierungsnummer, die auf den ausgestellten Nachhaltigkeitsnachweisen anzuführen ist. „Ab Erhalt einer Registrierungsnummer ist dieser Betrieb befähigt, für die im Rahmen der Registrierung geprüften definierten Herstellungsprozesse Nachhaltigkeitsnachweise in elNa auszustellen." *(BGBl II 2018/86)*

(4) Betriebe haben die Registrierung umgehend zu erneuern, wenn einer der folgenden Umstände eintritt:

1. Es soll eine Registrierung für weitere Betriebszustände erfolgen.

2. Für die Erfüllung der Verpflichtung gemäß § 12 Abs. 3 wird eine der folgenden Änderungen vorgenommen:

a) Der verwendete Standardwert wird auf Grund einer Änderung im Herstellungsprozess gegenüber der erstmaligen Registrierung verändert.

b) Von der Verwendung eines Standardwerts wird auf die Berechnung eines tatsächlichen Werts umgestellt.

c) Der verwendete tatsächliche Wert wird auf Grund einer Änderung im Herstellungsprozess gegenüber der erstmaligen Registrierung verändert.

3. Es treten sonstige wesentliche Änderungen im Herstellungsprozess in Bezug auf die Einhaltung der Nachhaltigkeitskriterien gegenüber der erstmaligen Registrierung auf.

(5) Änderungen gemäß Abs. 4 und Änderungen, die Firmendaten betreffen, sind der Umweltbundesamt GmbH in ausreichend dokumentierter Form unverzüglich schriftlich zur Kenntnis zu bringen. Die Umweltbundesamt GmbH hat auf Basis der eingebrachten Unterlagen die Änderungen gegenüber der Erstregistrierung zu prüfen und bei Vorliegen der Voraussetzungen des Betriebs zur Ausstellung von Nachhaltigkeitsnachweisen die Registrierung des Betriebs zu bestätigen. Bei Nichtvorliegen der Voraussetzungen erlischt die Registrierung.

(6) Betriebe, die nach § 2 Z 34 meldeverpflichtet sind oder die Biokraftstoffe in Österreich produzieren und die Nachhaltigkeit ihrer gesamten produzierten Biokraftstoffe ausschließlich mit einem Nachhaltigkeitssystem gemäß § 17 Abs. 3 nachweisen sowie Betriebe, die Kraftstoffe handeln, die im Bundesgebiet in den verbrauchsteuerrechtlichen freien Verkehr gebracht werden, haben sich bei der Umweltbundesamt GmbH einer vereinfachten Registrierung zu unterziehen. Teil der vereinfachten Registrierung ist eine von der Umweltbundesamt GmbH durchzuführende Schulung der Betriebe, insbesondere bezüglich der Verwendung von elNa. Mit der vereinfachten Registrierung erhält jeder Betrieb eine eindeutige Registrierungsnummer. Änderungen, die Firmendaten betreffen, sind der Umweltbundesamt GmbH in ausreichend dokumentierter Form unverzüglich schriftlich zur Kenntnis zu bringen. *(BGBl II 2018/86)*

(6a) Stromanbieter, die den Beitrag von Elektrizität aus erneuerbaren Energiequellen gemäß § 11 auf die Ziele gemäß §§ 5 und 7 anrechnen lassen wollen, müssen sich bei der Umweltbundesamt GmbH registrieren. *(BGBl II 2018/86)*

(7) Die Umweltbundesamt GmbH hat ein Verzeichnis der registrierten Betriebe zu führen und zu veröffentlichen.

§ 15. *(entfällt samt Überschrift, BGBl II 2018/86)*

§ 16. *(entfällt samt Überschrift, BGBl II 2018/86)*

Anerkennung von Nachhaltigkeitsnachweisen von anderen Mitgliedstaaten und Drittstaaten

§ 17. (1) Nachhaltigkeitsnachweise, die aus anderen Mitgliedstaaten der Europäischen Union stammen, sind nach Prüfung durch die Umweltbundesamt GmbH von dieser anzuerkennen, wenn sie durch die von der Behörde benannten Stelle, die in diesem Mitgliedstaat für die Nachweisführung zuständig ist, anerkannt sind.

(2) Nachhaltigkeitsnachweise, die aus Drittstaaten stammen und die gemäß einem Beschluss der Europäischen Kommission nach Art. 18 Abs. 4 und 6 der Richtlinie 2009/28/EG und Art. 7c Abs. 4 und 6 der Richtlinie 98/70/EG auf Basis eines Vertrags, den die Europäische Union mit einem Drittstaat geschlossen hat, den Nachhaltigkeitskriterien gemäß Art. 17 der Richtlinie 2009/28/EG und Art. 7b der Richtlinie 98/70/EG entsprechen, sind nach Prüfung durch die Umweltbundesamt GmbH von dieser anzuerkennen. *(BGBl II 2018/86)*

(3) Nachhaltigkeitsnachweise, die gemäß einem Beschluss der Europäischen Kommission nach Art. 18 Abs. 4 und 6 der Richtlinie 2009/28/EG und Art. 7c Abs. 4 und 6 der Richtlinie 98/70/EG auf Basis freiwilliger nationaler oder internationaler Regelungen die Nachhaltigkeitskriterien gemäß Art. 17 der Richtlinie 2009/28/EG und Art. 7b der Richtlinie 98/70/EG erfüllen, sind nach Prüfung durch die Umweltbundesamt GmbH von dieser anzuerkennen. *(BGBl II 2018/86)*

„(4)" Die Umweltbundesamt GmbH hat die in Österreich anerkannten Nachhaltigkeitsnachweise zu veröffentlichen. *(BGBl II 2018/86)*

Überprüfung und Kontrolle

§ 18. (1) Die Bundesministerin für Klimaschutz, Umwelt, Energie, Mobilität, Innovation und Technologie ist berechtigt, die Einhaltung der Bestimmungen dieser Verordnung zu kontrollieren. Die Bundesministerin für Klimaschutz, Umwelt, Energie, Mobilität, Innovation und Technologie kann sich dabei unter Bedachtnahme auf die Grundsätze der Sparsamkeit, Wirtschaftlichkeit und Zweckmäßigkeit der Umweltbundesamt GmbH bedienen, die im Rahmen ihrer gemäß § 6 des Umweltkontrollgesetzes, BGBl. I Nr. 152/1998, in der Fassung des Bundesgesetzes BGBl. I Nr. 40/2014, übertragenen Aufgaben tätig wird. In diesem Fall ist das Ergebnis der Prüfung in Form eines Kurzberichts an die Bundesministerin für Klimaschutz, Umwelt, Energie, Mobilität, Innovation und Technologie zu übermitteln. Die Weisungsbefugnis der Bundesministerin für Klimaschutz, Umwelt, Energie, Mobilität, Innovation und Technologie bleibt unberührt. *(BGBl II 2020/630)*

(2) Kontrollen hinsichtlich der Einhaltung der Bestimmungen gemäß § 3 sind gemäß Art. 8 der Richtlinie 98/70/EG, zuletzt geändert durch die Richtlinie „(EU) 2015/1513", stichprobenartig durchzuführen. *(BGBl II 2018/86)*

(3) Für die folgenden risikobasierten und stichprobenartig durchgeführten spezifischen Kontrollen gilt Folgendes:

1. Kontrollen hinsichtlich der Einhaltung der Bestimmungen gemäß „§§ 5, 6, 7 und 7a" sind insbesondere auf Basis der Berichte gemäß § 20 durchzuführen. Kontrollen hinsichtlich der Einhaltung der Verpflichtungen, die Substitutions- und Meldeverpflichtete treffen, können auch in deren Betrieben vor Ort durchgeführt werden. „Im Rahmen der vor Ort Kontrollen sind auf Verlangen die entsprechenden Verträge gemäß §§ 7, 7a und 11 vorzulegen." *(BGBl II 2018/86)*

2. Kontrollen hinsichtlich der Einhaltung der Bestimmungen gemäß §§ 9, 10 und 12 werden bei den Betrieben vor Ort durchgeführt. Werden im Rahmen der Überprüfung Mängel bei der Überwachung bezüglich der Einhaltung der Bestimmungen festgestellt, so ist der entsprechende Betrieb aufzufordern, diese in angemessener Frist zu beheben und die Behebung der Mängel nach einer neuerlichen Kontrolle vorzuweisen. Bei einem schweren Mangel durch die Einhaltung der Nachhaltigkeitskriterien nicht mehr sichergestellt ist, dürfen bis zum Zeitpunkt der Mängelbehebung keine Nachhaltigkeitsnachweise mehr ausgestellt werden. Die Nichtbehebung von festgestellten Mängeln kann einen befristeten oder dauerhaften Entzug der Registrierung nach sich ziehen.

3. Die Kontrolle der gemäß § 20 übermittelten Daten erfolgt bei den Berichtspflichtigen vor Ort.

4. Für die Prüfung der Anrechnungsvoraussetzungen gemäß § 11 sind vom Stromanbieter innerhalb einer angemessenen Frist entsprechende Unterlagen zur Prüfung vorzulegen. *(BGBl II 2018/86)*

„(4)" Die zu kontrollierenden Substitutions- und Berichtspflichtigen haben die für die Kontrolltätigkeit notwendigen Auskünfte zu erteilen, Einsichtnahme in die Aufzeichnungen zu gewähren, auf Verlangen unentgeltlich Ausdrucke, Kopien oder Datensätze zur Verfügung zu stellen sowie Zutritt zu den Betriebsstätten zu gestatten. Die Überwachungstätigkeit ist während der Betriebszeiten in angemessener Weise durchzuführen. *(BGBl II 2018/86)*

4/4. Kraftstoff-VO 2012
§§ 19 – 19a

Berechnung der Lebenszyklustreibhausgasemissionen von Biokraftstoffen

§ 19. (1) Die durch die Verwendung von Biokraftstoffen erzielte Einsparung bei den Lebenszyklustreibhausgasemissionen wird berechnet

1. unter Verwendung eines Standardwerts sofern

a) ein solcher Wert gemäß Anhang X Teil A oder Teil B für die Treibhausgasemissionseinsparung für den Herstellungsweg festgelegt ist und

b) der gemäß Anhang X „Z 7" errechnete Wert für diese Biokraftstoffe kleiner oder gleich null ist, *(BGBl II 2018/86)*

2. unter Verwendung eines gemäß der in Anhang X Teil C festgelegten Methodologie errechneten tatsächlichen Wertes oder

3. unter Verwendung eines als Summe der in der Formel in Anhang X Teil C „Z 1" genannten Faktoren berechneten Wertes, wobei zum Teil die disaggregierten Standardwerte gemäß Anhang X Teil D und E, zum Teil die nach der Methodologie in Anhang X Teil C errechneten tatsächlichen Werte verwendet werden können. *(BGBl II 2018/86)*
(BGBl II 2014/259)

(2) Für die zur Berechnung von tatsächlichen Werten von Lebenszyklustreibhausgasemissionen notwendigen grundlegenden spezifischen Annahmen und Faktoren sind die von der Umweltbundesamt GmbH veröffentlichten Werte zu verwenden.

(3) Für in Österreich hergestellte Biokraftstoffe, für die keine Standardwerte gemäß **Anhang X** vorliegen, sind für die Emissionsberechnungen tatsächlichen Werte oder die im Verlautbarungsblatt der Agrarmarkt Austria oder die durch die Umweltbundesamt GmbH veröffentlichten Werte heranzuziehen. *(BGBl II 2018/86)*

(4) Für die Einhaltung der Bestimmungen gemäß § 12 Abs. 3 ist der Referenzwert von 83,8 CO_2-Äquivalent in g/MJ zu verwenden. *(BGBl II 2018/86)*

(5) *(entfällt, BGBl II 2014/259)*

Berechnung der Treibhausgasintensität der Kraftstoffe und Energieträger eines Meldeverpflichteten

§ 19a. (1) Die Berechnung der Treibhausgasintensität einer Meldeverpflichteten oder eines Meldeverpflichteten gemäß § 7 erfolgt entsprechend **Anhang Xa** Teil A.

(2) Die für die Berechnung gemäß Abs. 1 benötigten Mengen der einzelnen Kraftstoffarten ergeben sich aus den übermittelten Daten gemäß **Anhang I** Tabelle 1 Z 17 „POSITIONSDATEN e-VD" Buchstabe d „Menge", Buchstabe f „Nettogewicht" und Buchstabe o „Dichte" der Verordnung 684/2009/EG zur Durchführung der Richtlinie 2008/118/EG in Bezug auf die EDV-gestützten Verfahren für die Beförderung verbrauchsteuerpflichtiger Waren unter Steueraussetzung, ABl. Nr. L 194 vom 29.07.2009 S. 24, zuletzt geändert durch die Durchführungsverordnung (EU) 2016/379, ABl. Nr. L 72 vom 17.03.2016 S. 13.

(3) Die Umrechnung der Kraftstoffmengen in die unteren Heizwerte erfolgt für Biokraftstoffmengen anhand der in **Anhang IX** aufgeführten Energiedichten und für Mengen von Kraftstoffen nicht-biogenen Ursprungs anhand der im **Anhang Xa** Teil B angeführten Werte.

(4) Für die Berechnung der Energiemengen gemeinsam verarbeiteter Ausgangsstoffe oder Kraftstoffmengen gilt Folgendes:

a) Die Verarbeitung umfasst jede Veränderung während des Lebenszyklusses eines gelieferten Kraftstoffs oder Energieträgers, die zu einer Veränderung der Molekularstruktur dieses Erzeugnisses führt. Die Zugabe eines Denaturierungsmittels fällt nicht unter diese Verarbeitung.

b) Die Menge Biokraftstoffe, die zusammen mit Kraftstoffen nicht-biogenen Ursprungs verarbeitet wird, gibt den Zustand des Biokraftstoffs nach der Verarbeitung wieder. Die Menge des mitverarbeiteten Biokraftstoffs wird gemäß **Anhang X** Teil C Z 17 des anhand der Energiebilanz und der Effizienz des Mitverarbeitungsprozesses bestimmt.

c) Werden unterschiedliche Biokraftstoffe mit fossilen Kraftstoffen vermischt, so berücksichtigen die Meldeverpflichteten Menge und Art der einzelnen Biokraftstoffe in der Berechnung und teilen sie im Rahmen der Berichtspflicht gemäß § 20 mit.

d) Die Menge des gelieferten Biokraftstoffs, die nicht die Nachhaltigkeitskriterien nach § 12 erfüllt, wird als fossiler Kraftstoff gezählt.

e) Für die Zwecke von Artikel 6 der Verordnung (EG) Nr. 443/2009 zur Festsetzung von Emissionsnormen für neue Personenkraftwagen im Rahmen des Gesamtkonzepts der Gemeinschaft zur Verringerung der CO_2-Emissionen von Personenkraftwagen und leichten Nutzfahrzeugen, ABl. Nr. L 140 vom 05.06.2009 S. 1, zuletzt geändert durch die Berichtigung ABl. Nr. L 105 vom 21.04.2016 S. 24, wird ein E85-Benzin-Ethanol-Gemisch als separater Kraftstoff berechnet.

(5) Die Upstream-Emissions-Reduktionen (UER) werden entsprechend den Anforderungen des § 19b ermittelt.

(6) Die Treibhausgasintensität jedes Kraftstoffs oder Energieträgers ist wie folgt zu berechnen:

a) Die Treibhausgasintensität von fossilen Kraftstoffen und erneuerbaren Kraftstoffen nicht-biogenen Ursprungs ist die in Spalte 4 der Tabelle in **Anhang Xa** Teil D aufgelistete gewichtete Lebenszyklustreibhausgasintensität je Kraftstoffart.

b) Die Treibhausgasintensität von Biokraftstoffen, die die Nachhaltigkeitskriterien gemäß § 12 erfüllen, wird gemäß § 19 berechnet. Wurden die Daten zu den Lebenszyklustreibhausgasemissionen entsprechend einer Übereinkunft oder einem System gemäß § 17 Abs. 3 gewonnen, so werden diese Daten auch zur Bestimmung der Treibhausgasintensität dieser Biokraftstoffe herangezogen.

c) Die Treibhausgasintensität von Biokraftstoffen, die die Nachhaltigkeitskriterien nach § 12 nicht erfüllen, entspricht der Treibhausgasintensität des entsprechenden fossilen, aus konventionellem Rohöl oder -gas gewonnenen Kraftstoffs.

d) Die Treibhausgasintensität von elektrischem Strom wird für Österreich nach den geeigneten internationalen Normen durch die Umweltbundesamt GmbH berechnet und jährlich veröffentlicht.

e) Bei der Berechnung der Treibhausgasintensität gemeinsam verarbeiteter Kraftstoffe nichtbiogenen Ursprungs und von Biokraftstoffen gilt, dass die Treibhausgasintensität von Biokraftstoffen, die zusammen mit fossilen Kraftstoffen verarbeitet werden, den Zustand des Biokraftstoffs nach der Verarbeitung wieder gibt.

(BGBl II 2018/86)

Upstream Emissions-Reduktionen

§ 19b. (1) „Upstream Emissions-Reduktionen aus Projekten gemäß § 2 Z 20, die in einem beliebigen Land bei Förderstellen von fossilen Rohstoffen bzw. im Upstream Bereich generiert wurden, können von einem nach § 7 Verpflichteten auf die Treibhausgasintensität eines beliebigen Kraftstoffes angerechnet werden. Die Anrechnung von Upstream Emissions-Reduktionen auf die Ziele gemäß § 7 kann erfolgen, wenn" *(BGBl II 2020/630)*

1. die Upstream Emissions-Reduktionen nur auf den die Upstream-Emissionen betreffenden Teil der durchschnittlichen Standardwerte für Ottokraftstoff, Diesel, komprimiertes Erdgas (CNG, LNG) oder Flüssiggas (LPG) angewendet werden. Die Obergrenzen für die Anrechnung sind gemäß „**Anhang Xa**" Teil E zu berechnen und einzuhalten; *(BGBl II 2020/630)*

2. sie mit Projekten in Verbindung stehen, aus denen die ersten Emissions-Reduktionen nachweislich nach dem 1. Januar 2011 generiert wurden und nachweislich im jeweiligen Verpflichtungsjahr erbracht wurden. *(BGBl II 2020/630)*

3. a) ein in Österreich positiv beurteilter Projektantrag entsprechend Abs. 2 vorliegt, die Abschätzung und Validierung der Upstream Emissions-Reduktionen im Rahmen dieses Projekts gemäß Abs. 3 durchgeführt wurden und ein positiv beurteilter Anrechnungsantrag gemäß Abs. 5 vorliegt oder

b) ein Nachweis für Reduktionen aus Upstream Emissionen für das jeweilige Verpflichtungsjahr aus Systemen anderer Mitgliedstaaten der Europäischen Union vorliegt. Dieser Nachweis ist nach Prüfung durch die Umweltbundesamt GmbH von dieser anzuerkennen, wenn dieser Nachweis durch die von der Behörde benannten Stelle, die in diesem Mitgliedstaat für die Nachweisführung zuständig ist, anerkannt ist oder *(BGBl II 2020/630)*

c) wenn Upstream Emissions-Reduktionen aus Projekten stammen, deren zertifizierte Emissionsreduktionen in einem Register entsprechend § 43 des Emissionszertifikategesetzes 2011 – EZG 2011, BGBl. I Nr. 118/2011, in der Fassung des Bundesgesetzes BGBl. I Nr. 128/2015, registriert sind; oder gemäß § 47 Umweltförderungsgesetz – UFG, BGBl. I Nr. 185/1993, in der Fassung des Bundesgesetzes BGBl. I Nr. 114/2020, registriert sind oder deren Löschung im CDM-Register in Form einer vom CDM-Register ausgestellten Löschungsurkunde nachgewiesen wurde. Die Löschungsurkunde muss zumindest folgende Informationen enthalten:

-aa) Name der betroffenen Minderungsverpflichteten oder des betroffenen Minderungsverpflichteten gemäß § 2 Z 34 iVm § 7

bb) Angabe, dass der Grund für die Löschung die Erzeugung von Upstream Emissions-Reduktionen in Österreich ist; *(BGBl II 2020/630)*

4. im Land, in dem die entsprechenden Projekte zur Reduktion von Upstream Emissionen durchgeführt werden, diese nicht in Folge von rechtlich bindenden Vorschriften des jeweiligen Landes durchgeführt werden oder wenn Vorschriften, die die Umsetzung betreffen, im betreffenden Land nicht durchgesetzt werden können;

5. für die Anrechnung von Upstream Emissions-Reduktionen ein Anrechnungsantrag gemäß Abs. 5 an die Umweltbundesamt GmbH gerichtet wurde.

6. Die Umweltbundesamt GmbH hat eine Liste der in Österreich anerkannten Systeme und Nachweise für Reduktionen aus Upstream Emissionen aus anderen Mitgliedstaaten zu veröffentlichen.

(2) Der Antrag für ein in Österreich anzuerkennendes Projekt zur Reduktion von Upstream Emissionen muss den folgenden Bedingungen entsprechen:

1. Der Antrag ist ab 1. Jänner 2019 und danach jeweils bis spätestens 1. April des dem Verpflichtungsjahres folgenden Jahres in elektronischer Form an die Umweltbundesamt GmbH zu richten, die zu verwendenden Muster sind von der Umweltbundesamt GmbH zu veröffentlichen. *(BGBl II 2020/630)*

4/4. Kraftstoff-VO 2012
§ 19b

2. Der Antrag hat folgende Angaben zu enthalten:

a) Namen und die Anschrift des Projektträgers;

b) Namen und die Anschrift der vom Projektträger beauftragten Validierungsstelle und die Kopie der entsprechende Akkreditierungsurkunde gemäß Abs. 3 Z 4;

c) Optional Namen und die Anschrift der vom Projektträger beauftragten Verifizierungsstelle und die Kopie der entsprechende Akkreditierungsurkunde gemäß Abs. 3 Z 4;

d) das Startdatum des Projekts, jenes Datum, an dem die ersten Reduktionen von Emissionen aus dem Projekt generiert wurden;

e) die geschätzten erwarteten jährlichen Upstream- Emissionsreduktionen in gCO_2-Äq;

f) den Zeitraum im Verpflichtungsjahr, in dem die angegebenen Reduktionen erzielt werden; *(BGBl II 2020/630)*

g) das Datum, ab dem die ersten Reduktionen von Emissionen aus dem Projekt erreicht werden sollen;

h) den der Emissionsquelle am nächsten gelegene Projektort unter Angabe der Koordinaten in Längen- und Breitengraden bis zur vierten Dezimalstelle. Im Falle von Projekten mit räumlich verteilten Standorten der Emissionsreduktionen ist der geographische Mittelpunkt des Projekts zu wählen;

i) die jährlichen Baseline-Emissionen vor der Installation von Reduzierungsmaßnahmen und die jährlichen Emissionen nach der Umsetzung der Reduzierungsmaßnahmen in CO_2-Äquivalent in g/MJ des produzierten Rohstoffs, sowie eine Beschreibung, wie die Baseline-Emissionen geschätzt wurden;

j) die verwendeten Berechnungsverfahren gemäß Abs. 3;

k) *(entfällt, BGBl II 2020/630)*

l) eine Projektdokumentation, die eine technische Beschreibung der Projekttätigkeit, des Projektziels, der Systemgrenzen und der Berechnungsverfahren gemäß Abs. 3 umfasst;

m) Die Dokumentation aller relevanten Quellen, Senken und Reservoire für Treibhausgasemissionen, die mit dem Projekt in Zusammenhang stehen;

n) Die Dokumentation darüber, dass durch die Durchführung des Projekts zusätzliche Einsparungen von Upstream Emissionen möglich sind, die im Vergleich zum wahrscheinlichsten Referenzfall ohne die Durchführung eines derartigen Projektes nicht generiert werden können;

o) Eine Darstellung der geplanten Überwachungstätigkeit und die Dokumentation der Überwachungstätigkeit der Treibhausgasemissionen im Rahmen der Projekttätigkeit durch den Projektträger entsprechend den Bestimmungen der ÖNORM ISO 14064, „Treibhausgase", ausgegeben am 1. April 2012. Die Ergebnisse der Überwachung müssen dabei eine gleichwertige Zuverlässigkeit aufweisen wie diejenige gemäß der Verordnung (EU) Nr. 600/2012 über die Prüfung von Treibhausgasemissionsberichten und Tonnenkilometerberichten sowie die Akkreditierung von Prüfstellen gemäß der Richtlinie 2003/87/EG über ein System für den Handel mit Treibhausgasemissionszertifikaten in der Gemeinschaft und zur Änderung der Richtlinie 96/91/EG, ABl. Nr. L 275 vom 25.10.2003 S. 32, zuletzt geändert mit Beschluss (EU) 2015/1814 ABl. Nr. L 264 vom 09.10.2015 S. 1, und der Verordnung (EU) Nr. 601/2012 über die Überwachung von und die Berichterstattung über Treibhausgasemissionen gemäß der Richtlinie 2003/87/EG, ABl. Nr. L 181 vom 12.07.2012 S. 30;

p) Angaben darüber, ob eine Antragstellung im Zusammenhang mit erwarteten Upstream Emissions-Reduktionen aus diesem bereits in einem anderen Mitgliedstaat erfolgt oder geplant ist;

q) Ein Nachweis, dass in den Ländern, in denen die Projekte zur Reduktion von Upstream Emissionen durchgeführt werden, diese nicht in Folge von rechtlich bindenden Vorschriften des jeweiligen Landes durchgeführt werden, oder wenn Vorschriften, die die Umsetzung betreffen, im betreffenden Land nicht durchgesetzt werden können;

r) Einen Validierungsbericht gemäß Abs. 3 Z 4, der eine zusätzliche Emissionsminderung durch die Projekttätigkeit erwarten lässt;

s) Optional einen oder mehrere Verifizierungsberichte gemäß Abs. 3 Z 4.

3. Die Bundesministerin für „Klimaschutz, Umwelt, Energie, Mobilität, Innovation und Technologie" erteilt nach positiver Prüfung des Antrags durch die Umweltbundesamt GmbH eine schriftliche Zustimmung über die grundsätzliche Anerkennung des beantragten Projekts hinsichtlich der Anrechenbarkeit von Upstream Emissions-Reduktionen auf die Verpflichtungen gemäß § 7 und teilt dabei eine eindeutige nicht wiederverwendbare Nummer für das Projekt mit, mit der das Projekt, das Berechnungsverfahren und die geltend gemachten Treibhausgasreduktionen eindeutig identifiziert werden können. Werden die Voraussetzungen für die grundsätzliche Anerkennung des Projekts gemäß Abs. 1 bis 2 nach Prüfung durch die Umweltbundesamt GmbH nicht erfüllt, ist der Antrag per Bescheid abzulehnen. *(BGBl II 2020/630)*

(3) Upstream Emissions-Reduktionen (UER) im Rahmen eines Projekts, das in Österreich entsprechend eines Antrags gemäß Abs. 2 anerkannt werden soll, müssen nach den folgenden Bestimmungen abgeschätzt, validiert und verifiziert werden:

1. Upstream Emissions-Reduktionen haben nach Grundsätzen und Normen geschätzt zu werden, die in ÖNORM EN ISO 14064, „Treibhausgase", ÖNORM EN ISO 14065 „Treibhausgase – Anforderungen an Validierungs- und Verifizierungsstellen für Treibhausgase zur Anwendung bei der Akkreditierung oder anderen Formen der Anerkennung", ausgegeben am 15. Juli 2013 und ISO 14066, „Greenhouse gases – Competence requirements for greenhouse gas validation teams and verification teams", ausgegeben am 15. April 2011, festgelegt sind.

2. Die Berechnung der Emissionen hat gemäß dem Prinzip der Konservativität zu erfolgen und alle relevanten Quellen, Senken und Reservoire für Treibhausgasemissionen zu berücksichtigen. Die Prüfung der Zusätzlichkeit der Einsparungen von Upstream Emissionen hat gemäß der ÖNORM EN ISO 14064 zu erfolgen.

3. Projekte gemäß Abs. 2 müssen validiert und verifiziert werden, wobei Validierungs- und Verifizierungsstellen grundsätzlich zwei verschiedene Stellen sein müssen. Auf Antrag durch den Projektträger beim BMNT können in begründeten Fällen diesbezügliche Ausnahmen gewährt werden.

4. Die Validierung des Projekts hat vor Ort und anhand von Unterlagen entsprechend den in den ÖNORM EN ISO 14064, ÖNORM EN ISO 14065, und ISO 14066 festgelegten Grundsätzen durch eine gemäß ÖNORM EN ISO 14065 akkreditierte Validierungsstelle zu erfolgen. Die Überprüfung der Methoden für die Berechnung von Upstream Emissions-Reduktionen muss dabei mit ÖNORM ISO 14064-3 „Treibhausgase – Teil 3: Spezifikation mit Anleitung zur Validierung und Verifizierung von Erklärungen über Treibhausgase", ausgegeben am 1. April 2012, im Einklang stehen.

5. Die Verifizierung, Berichterstattung und Überprüfung der Upstream Emissions-Reduktionen und der Baseline-Emissionen muss in Einklang mit ÖNORM EN ISO 14064 durch eine gemäß ÖNORM EN ISO 14065 akkreditierte Verifizierungsstelle erfolgen. Die Ergebnisse der Verifizierung müssen eine gleichwertige Zuverlässigkeit aufweisen wie diejenige gemäß der Verordnung (EU) Nr. 600/2012 und der Verordnung (EU) Nr. 601/2012. Die Verifizierung muss anhand der Überwachungsberichte sowie anderer Unterlagen und vor Ort durchgeführt werden.

(4) Die Anrechnung von zertifizierten Emissionsreduktionen gemäß Abs. 1 Z 3c als Upstream Emissions-Reduktionen ist möglich, sofern eine Bestätigung der Umweltbundesamt GmbH vorliegt, dass

1. die zertifizierten Emissionsreduktionen aus Projekten oder Projektteilen im Sinn des § 2 Z 20 stammen und der als Nachweis notwendige Monitoring-Report sich auf das Jahr 2020 bezieht;

2. die erforderlichen Daten an die Umweltbundesamt GmbH übermittelt wurden, die eine eindeutige Identifikation des Projekts und der daraus resultierenden Emissionsreduktionen im Sinn des § 2 Z 20 ermöglichen;

3. die zertifizierten Emissionsreduktionen in den Registern gemäß § 43 EZG 2011 oder § 47 UFG durch die Umweltbundesamt GmbH gelöscht wurden oder die im CDM-Register gelöschten zertifizierten Emissions-Reduktionen (CER) in Form einer vom CDM-Register ausgestellten Löschungsurkunde nachgewiesen wurden. Die Löschungsurkunde muss zumindest folgende Informationen enthalten:

a) Name der betroffenen Minderungsverpflichteten oder des betroffenen Minderungsverpflichteten gemäß § 2 Z 34 iVm § 7

b) Angabe, dass der Grund für die Löschung die Erzeugung von Upstream Emissions-Reduktionen in Österreich ist;
(BGBl II 2020/630)

4. die zertifizierten Emissionsreduktionen aus Projekttätigkeiten nicht durch eine Maßnahme nach Artikel 11a Abs. 9 der Richtlinie 2003/87/EG von der Anrechnung auf einen europäischen Emissionshandel ausgeschlossen sind.

(5) Ein Antrag hinsichtlich der Anrechnung von Upstream Emissions-Reduktionen auf das Ziel gemäß § 7 muss unter Einhaltung der folgenden Bedingungen durch einen Verpflichteten bzw. durch eine Gruppe von Verpflichteten gemäß § 7 oder im Falle der Übertragung der Erfüllung von Verpflichtungen des § 7 auf Dritte gemäß § 7a durch Dritte gestellt werden. Die zu verwendenden Muster sind von der Umweltbundesamt GmbH zu veröffentlichen. Der Antrag ist ab 1. Jänner 2020 bis spätestens 15. Oktober des dem Verpflichtungsjahr folgenden Jahres in elektronischer Form an die Umweltbundesamt GmbH zu richten und hat folgende Angaben zu enthalten:

1. Name und Anschrift des Antragstellers;

2. Name und Anschrift der vom Projektträger beauftragten Verifizierungsstelle und die Kopie der entsprechenden Akkreditierungsurkunde gemäß § 19b Abs. 3 Z 4;

3. die Menge der Upstream Emissions-Reduktionen, die auf die Ziele gemäß § 7 angerechnet werden sollen;

4. im Falle eines in Österreich anerkannten Projekts zur Reduktion der Upstream Emissionen die Projektnummer des zugrunde liegenden Projekts gemäß Abs. 2 Z 3 und die entsprechenden Verifizierungsberichte;

5. im Falle eines Nachweises gemäß Abs. 1 Z 3b und c die entsprechenden Unterlagen, die eine nachvollziehbare überprüfbare Dokumentation der Nachweise ermöglichen;

6. eine Erklärung des Antragstellers, dass die anrechenbaren Upstream Emissions-Reduktionen

nicht bereits in einem anderen Mitgliedstaat der Europäischen Union geltend gemacht wurde oder eine Geltendmachung beabsichtigt wird. *(BGBl II 2020/630)*

(6) Die Anträge sind durch die Umweltbundesamt GmbH zu prüfen, wobei im Falle von Unklarheiten und unzureichenden Angaben entsprechende Nachforderungen an die Antragsteller durch die Umweltbundesamt GmbH gestellt werden können. Im Falle eines positiv beurteilten Antrages hat die Umweltbundesamt GmbH die entsprechenden Upstream Emissions-Reduktionen auf die Ziele nach § 7 anzurechnen, den mit einer eindeutigen Nummer versehenen Antrag zu veröffentlichen und die zur Identifikation der angerechneten Upstream Emissions-Reduktionen notwendigen Daten unverzüglich an die für die Anrechnung von Upstream Emissions-Reduktionen zuständige Behörde der anderen Mitgliedstaaten zu senden. Werden die Voraussetzungen für den Antrag nach Prüfung durch die Umweltbundesamt GmbH nicht erfüllt, so ist der Antrag per Bescheid durch die Bundesministerin für „Klimaschutz, Umwelt, Energie, Mobilität, Innovation und Technologie" abzulehnen. *(BGBl II 2020/630)*

(BGBl II 2018/86)

Berichtspflicht

§ 20. (1) Berichtspflichtiger ist

1. der Meldepflichtige,

2. der Betrieb, der im laufenden Kalenderjahr Nachhaltigkeitsnachweise ausgestellt oder weitergegeben hat.

(2) Berichtspflichtige gemäß Abs. 1 Z 1 haben der Bundesministerin für „Klimaschutz, Umwelt, Energie, Mobilität, Innovation und Technologie" jährlich einen Bericht vorzulegen, der insbesondere folgende Angaben zu enthalten hat: *(BGBl II 2020/630)*

1. einen Nachweis über die von ihm erstmals im Bundesgebiet in den verbrauchsteuerrechtlichen freien Verkehr gebrachten, verwendeten oder gehandelten Mengen aller flüssigen und gasförmigen fossilen Kraftstoffe und Energieträger für den Einsatz im Verkehrsbereich unter Angabe des Ursprungs und des Erwerbsorts „ "; *(BGBl II 2020/630)*

a) bis c) *(entfallen, BGBl II 2020/630)*

2. einen Nachweis über die von ihm erstmals im Bundesgebiet in den verbrauchsteuerrechtlichen freien Verkehr gebrachten oder verwendeten Mengen aller flüssigen und gasförmigen Biokraftstoffe unter Angabe des Ursprungs und des Erwerbsorts, untergliedert nach:

a) den Mengen, welche den Anforderungen gemäß § 12 genügen sowie den Mengen, welche den Anforderungen gemäß § 12 nicht genügen

b) den Mengen, die aus den Ausgangsstoffen in **Anhang XII Teil B** und **Anhang XIII** angeführten Rohstoffen hergestellt wurden. Werden unterschiedliche Rohstoffe verwendet, so gebe die Meldepflichtigen die Menge des Endprodukts für jeden Einsatzstoff an, die im Berichtsjahr in den entsprechenden Verarbeitungsanlagen produziert wurde.

3. einen Nachweis über die in den verbrauchsteuerrechtlichen freien Verkehr gebrachten oder verwendeten Mengen aller sonstiger erneuerbarer Kraftstoffe für den Einsatz in Kraftfahrzeugen, mit Angaben zur Art und Menge der Kraftstoffe;

4. einen Nachweis über alle gemäß § 19a Abs. 4 gemeinsam verarbeiteter Kraftstoffmengen mit Angaben zur Art und Menge der einzelnen Ausgangsstoffe sowie Ort und Zeitpunkt der Herstellung des Endprodukts;

5. einen Nachweis, dass die zur Zielerreichung gemäß §§ 5, 6 und 7 anzurechnende erneuerbare Energie den Kriterien nach § 12 entspricht, sowie eine tabellarische Auflistung der einzelnen Nachhaltigkeitsnachweise und der darin enthaltenen Daten für die erstmals im Bundesgebiet in den verbrauchsteuerrechtlichen freien Verkehr gebrachten oder in das Bundesgebiet in den verbrauchsteuerrechtlichen freien Verkehr verbrachten oder verwendeten Biokraftstoffe und

6. die Höhe der nach § 19 berechneten Lebenszyklustreibhausgasemissionen von Biokraftstoffen und nach § 19a der Treibhausgasintensität jedes einzelnen in den verbrauchsteuerrechtlichen freien Verkehr gebrachten oder verwendeten Kraftstoffs und Energieträgers für den Einsatz im Verkehrsbereich pro Energieeinheit und den spezifischen Summenwert, gemäß den jeweiligen Anteilen an der Gesamtmenge im jeweiligen Berichtsjahr. Die Berechnungsergebnisse nach § 19 sind einschließlich der vorläufigen Mittelwerte der geschätzten Emissionen infolge indirekter Landnutzungsänderungen durch Biokraftstoffe gemäß **Anhang XII** anzugeben.

7. Bei den entsprechend §19b Abs. 1 Z 5 anzurechnende UERs sind für jedes einzelne anzurechnende UER Projekt folgende Angaben zu berichten:

a) das Startdatum des Projekts;

b) die jährlichen Emissionsreduktionen in CO_2-Äquivalent in g/MJ;

c) den Zeitraum, in dem die angegebenen Reduktionen erzielt wurden;

d) der Emissionsquelle am nächsten gelegene Projektort unter Angabe der Koordinaten in Längen- und Breitengraden bis zur vierten Dezimalstelle;

e) die jährlichen Baseline-Emissionen vor der Installation von Reduzierungsmaßnahmen und die jährlichen Emissionen nach der Umsetzung der Reduzierungsmaßnahmen in CO_2-Äquivalent in g/MJ des produzierten Rohstoffs;

f) die nicht wiederverwendbare Nummer des Zertifikats, mit der das System und die geltend gemachten Treibhausgasreduktionen eindeutig identifiziert werden;

g) die nicht wiederverwendbare Nummer, mit der das Berechnungsverfahren und das entsprechende System eindeutig identifiziert werden;

h) *(entfallen, BGBl II 2020/630)*
(BGBl II 2018/86)

(3) Wird die Erfüllung einer Verpflichtung gemäß § 7a auf Dritte übertragen, so haben

1. die Dritten auf Grund ihrer vertraglichen Verpflichtung die erforderlichen Nachweise gemäß Abs. 2 zu den von ihnen in Verkehr gebrachte Menge der unterschiedlichen Kraftstoffe und Energieträger zu übermitteln;

2. die Verpflichteten Angaben über die vertraglich übernommene Erfüllung der Verpflichtungen durch Dritte mitzuteilen;
(BGBl II 2018/86)

(4) Die jeweiligen Nachweise gemäß Abs. 2 mit Ausnahme der Nachweise betreffend die Zielerreichung gemäß § 7 haben für den Zeitraum eines Kalenderjahres beginnend mit 1. Jänner 2013 spätestens am 1. Mai des darauf folgenden Jahres bei der Bundesministerin für Klimaschutz, Umwelt, Energie, Mobilität, Innovation und Technologie in elektronischer Form einzulangen. Die jeweiligen Nachweise gemäß Abs. 2 betreffend die Zielerreichung gemäß § 7 haben bis spätestens 15. November dem dem Zieljahr folgenden Jahres bei der Bundesministerin für Klimaschutz, Umwelt, Energie, Mobilität, Innovation und Technologie in elektronischer Form einzulangen. *(BGBl II 2020/630)*

(5) Berichtspflichtige gemäß Abs. 1 haben der Bundesministerin für „Klimaschutz, Umwelt, Energie, Mobilität, Innovation und Technologie" für den Zeitraum eines Quartals spätestens am Monatsletzten des darauf folgenden Monats eine tabellarische Auflistung der einzelnen ausgestellten, in Verkehr gebrachten oder gehandelten Nachhaltigkeitsnachweise und der darin enthaltenen Daten in elNa zu übermitteln. *(BGBl II 2018/86; BGBl II 2020/630)*

(6) Die Daten für alle Berichtspflichten sind in elNa oder durch vor der Umweltbundesamt GmbH veröffentlichte Muster in elektronischer Form an die Umweltbundesamt GmbH zu übermitteln. *(BGBl II 2018/86)*

Kostenersatz

§ 21. Die Umweltbundesamt GmbH kann für folgende Tätigkeiten einen angemessenen Kostenersatz von den Betrieben einheben:

1. Registrierung bzw. Änderung der Registrierung der Betriebe, die Biokraftstoffe herstellen oder die Biokraftstoffe zum Zweck des Weiterhandelns aufnehmen in elNa (§ 14);

2. Überprüfung und Kontrolle (§§ 13, 17, 18);

3. Registrierung und Zulassung von Biokraftstoffen aus Abfällen und Reststoffen, die auf das Substitutionsziel nach §§ 5, 6 und 7 angerechnet werden sollen;

4. Ausstellung von Nachweisen zur Anrechenbarkeit des Beitrags von Elektrizität aus erneuerbaren Energiequellen (§ 11);

5. Antragsprüfung für UER-Projekte und Antragsprüfung für die Anrechnung von UER-Emissionen (§ 19b); Antragsprüfung und Umwandlung von zertifizierten Emissionsreduktionen in Upstream Emissions-Reduktionen (§ 19b Abs. 4);

6. Prüfung des Antrags zur Übertragung der Erfüllung von Verpflichtungen auf Dritte (§ 7a);

7. Prüfung des Antrags auf Reduktion der Verpflichtung nach § 6.
(BGBl II 2018/86)

Ausgleichsbetrag

§ 22. (1) Kommt ein Verpflichteter seinen Verpflichtungen nach §§ 5, 6 oder 7 nicht nach, wird für die nach dem Energiegehalt und/oder der Treibhausgasintensität der Kraftstoffe oder Energieträger berechnete Fehlmenge ein Ausgleichsbetrag per Bescheid durch die Bundesministerin für Klimaschutz, Umwelt, Energie, Mobilität, Innovation und Technologie festgesetzt. *(BGBl II 2020/630)*

(2) Soweit im Falle der Verpflichtungen gemäß §§ 5, 6 und 7 Dritte ihre vertraglich übernommene Erfüllung von Verpflichtungen nicht leisten, wird der Ausgleichsbetrag gegenüber dem Verpflichteten mit Bescheid festgelegt.

(3) Soweit der Verpflichtete oder die Verpflichtete die nach § 20 erforderlichen Angaben nicht oder nicht ordnungsgemäß mitgeteilt hat, wird entsprechend der vom Verpflichteten oder der Verpflichteten im vorangegangenen Kalenderjahr in Verkehr gebrachten Mengen an Kraftstoffen die für die Zielsetzungen im Verpflichtungsjahr ausschlaggebende Menge geschätzt und als Basis für die Berechnung der Höhe des Ausgleichsbetrages per Bescheid festgelegt. Die Schätzung unterbleibt, soweit der Verpflichtete im Rahmen der Anhörung zum Festsetzungsbescheid die Mitteilung nachholt. *(BGBl II 2020/630)*

(BGBl II 2018/86)

Inkrafttreten und Außerkrafttreten

§ 23. „(1)" Diese Verordnung tritt mit Ablauf des Tages ihrer Kundmachung in Kraft; gleichzei-

4/4. Kraftstoff-VO 2012
§§ 23 – 25, Anhang

tig tritt die Kraftstoffverordnung 1999, BGBl. II Nr. 418, in der Fassung der Verordnung BGBl. II Nr. 168/2009, außer Kraft. Ausgenommen davon ist § 6a Abs. 5, Z 1 und 2, welcher bis 31. Dezember 2012 in Kraft bleibt. *(BGBl II 2014/259)*

(2) § 2 Z 9, § 2 Z 17-22, § 3 Abs. 1 Z 1, 2, 3, 6, 8, § 10 Satz 1, § 11 Z 2, § 12 Abs. 1, § 13 Abs. 6 Z 8, § 19 Abs. 1 und Abs. 3, Anhang I (1), (2), (3), (5), Anhang II (1), (2), (3), (5), Anhang III (1), (2) (3), Anhang IV, Anhang VIII, Anhang X und Anhang XI in der Fassung des BGBl. II Nr. 259/2014 treten mit Ablauf des Tages der Kundmachung im Bundesgesetzblatt in Kraft. *(BGBl II 2014/259)*

(3) § 3 Abs. 1 Z 8 und 9, sowie § 24 Z 1, 3 und 4 in der Fassung der Verordnung BGBl. II Nr. 196/2017, treten mit Ablauf des Tages der Kundmachung in Kraft. *(BGBl II 2017/196)*

(4) § 1 Abs. 1 und 2, § 2 Z 1-36, § 3 Abs. 1 Z 1, 2, 3, 5, 8, 9, 10 bis 12 und Abs. 4, §§ 5, 6 und 6a, § 7 Abs. 1 und 2, § 7a, § 8, § 9 Abs. 1 und 2, § 10 1. Satz und Z 6, § 11, § 12, § 13 Abs. 2 und Abs. 2 Z 2 lit. c, § 13 Abs. 3 bis 5, Abs. 6 Z 2, Z 5, Z 9, § 13 Abs. 7 1. Satz und Abs. 8 Z 1 1. Satz und Z 2, § 14 Abs. 1 und 2, Abs. 3 2. Satz, Abs. 6 und 6a, § 17 Abs. 2, 3 und 4, § 18 Abs. 1 bis 4, § 19 Abs. 1 Z 1 lit. b und Z 3, Abs. 3 und 4, §§ 19a und 19b, § 20 Abs. 2 bis 6, §§ 21 und 22, § 23 Abs. 4 und 5, § 24 Z 3, 5 und 6, § 25, Anhänge I bis XIV in der Fassung des BGBl. II Nr. 86/2018 treten mit Ablauf des Tages der Kundmachung im Bundesgesetzblatt in Kraft. *(BGBl II 2018/86)*

(5) § 2 Z 5 und 28, § 3 Abs. 1 Z 3, 4, 6, 8, 10 bis 12, § 6 Abs. 2 und 4, § 7 Abs. 1, § 7a Abs. 6 und 7, § 8 Abs. 3 bis 7, § 11 Abs. 4, § 18 Abs. 4, § 19b Abs. 1 Einleitungsteil und Z 1 und 2, Z 3 lit. b) und lit. c), Abs. 2 Z 1, Abs. 2 Z 2 lit. f, Abs. 2 Z 3, Abs. 4 Z 3, Abs. 5 und 6, § 20 Abs. 2 Einleitungsteil, Abs. 2 Z 1, Abs. 4 und 5, § 22 Abs. 1 und 3, und § 24 Z 7 Anhang II Abs. 3, Anhang III Abs. 1 bis 3, Anhang IV samt Überschrift, Tabelle und Abs. 1, Anhang VI inkl. Überschrift, Tabelle, Abs. 1 lit. a bis c, Anhang VIII inkl. Überschrift und Tabelle und Fußnoten 1-2, Anhang VIIIa inkl. Überschrift, Tabelle, Fußnote 1 bis 2, Anhang VIIIb inkl. Überschrift, Tabelle, Fußnote 11, Anhang VIIIc inkl. Überschriften und Unterüberschriften, Fußnote 12 bis 21, Anhang IX Tabelle, Anhang X, C. Methodologie Z 1 und Z 14 jeweils in der Fassung der Verordnung BGBl. II Nr. 630/2020 treten mit 1. Jänner 2021 in Kraft; zugleich treten § 2 Z 29 und 30, § 19b Abs. 2 Z 2 lit. k, § 20 Abs. 2 Z 1 lit. a bis c und Z 7 lit. h und Anhang XIV außer Kraft. *(BGBl II 2020/630)*

Umsetzung von Unionsrecht

§ 24. Mit dieser Verordnung werden

1. die Richtlinie 2009/28/EG zur Förderung der Nutzung von Energie aus erneuerbaren Quellen und zur Änderung und anschließenden Aufhebung der Richtlinie 2001/77/EG und 2003/30/EG, ABl. Nr. L 140 vom 05.06.2009 S. 16, „ " *(BGBl II 2017/196)*

2. die Richtlinie 98/70/EG über die Qualität von Otto- und Dieselkraftstoffen und zur Änderung der Richtlinie 93/12/EWG des Rates, ABl. Nr. L 350 vom 28.12.1998 S. 58, geändert durch die Richtlinie 2009/30/EG, ABl. Nr. L 140 vom 05.06.2009 S. 88,

3. die Richtlinie 2011/63/EU zur Änderung der Richtlinie 98/70/EG des Europäischen Parlaments und des Rates über die Qualität von Otto- und Dieselkraftstoffen zwecks Anpassung an den technischen Fortschritt, ABl. Nr. L 147 vom 02.06.2011 S. 15 „," *(BGBl II 2018/86)*

4. Richtlinie 2014/94/EU über den Aufbau der Infrastruktur für alternative Kraftstoffe, ABl. Nr. L 307 vom 28.10.2014 S. 1, *(BGBl II 2017/196)*

5. die Richtlinie (EU) 2015/1513 zur Änderung der Richtlinie 98/70/EG über die Qualität von Otto- und Dieselkraftstoffen und zur Änderung der Richtlinie 2009/28/EG zur Förderung der Nutzung von Energie aus erneuerbaren Quellen, ABl. Nr. L 239 vom 15.09.2015 S. 1, *(BGBl II 2018/86)*

6. die Richtlinie (EU) 2015/652 zur Festlegung von Berechnungsverfahren und Berichterstattungspflichten gemäß der Richtlinie 98/70 über die Qualität von Otto- und Dieselkraftstoffen, ABl. Nr. L 107 vom 25.04.2015 S. 26, *(BGBl II 2018/86)*

7. die Richtlinie (EU) 2018/2001, Artikel 26, zur Förderung der Nutzung von Energie aus erneuerbaren Quellen, ABl. Nr. L 328 vom 21.12.2018 S. 82, *(BGBl II 2020/630)* umgesetzt.

Sprachliche Gleichbehandlung

§ 25. Die in dieser Verordnung verwendeten geschlechtsspezifischen Begriffe und Bezeichnungen schließen jeweils die männliche und weibliche Form gleichermaßen ein.

(BGBl II 2018/86)

(Die Anhänge I bis XIII – zuletzt geändert durch BGBl II 2020/630 – sind nicht abgedruckt)

Bundesgesetz über den Führerschein (Führerscheingesetz – FSG)

BGBl I 1997/120 idF

1 BGBl I 1998/2
2 BGBl I 1998/94
3 BGBl I 1999/134
4 BGBl I 2001/25
5 BGBl I 2001/112 (VfGH)
6 BGBl I 2002/32
7 BGBl I 2002/65
8 BGBl I 2002/81
9 BGBl I 2002/129
10 BGBl I 2004/151
11 BGBl I 2005/15
12 BGBl I 2005/152
13 BGBl I 2006/32
14 BGBl I 2006/153
15 BGBl I 2008/31
16 BGBl I 2009/93
17 BGBl I 2010/117 (13. FSG-Novelle)
18 BGBl I 2011/61 (14. FSG-Novelle)
19 BGBl I 2012/50 (SNG)
20 BGBl I 2013/43 (15. FSG-Novelle)
21 BGBl I 2013/96
22 BGBl I 2014/52
23 BGBl I 2015/74 (16. FSG-Novelle)
24 BGBl I 2016/68 (17. FSG-Novelle)
25 BGBl I 2017/15 (18. FSG-Novelle)
26 BGBl I 2018/37
27 BGBl I 2019/76 (19. FSG-Novelle)
28 BGBl I 2020/24 (4. COVID-19-Gesetz)
29 BGBl I 2020/169
30 BGBl I 2021/48
31 BGBl I 2021/153 (20. FSG-Novelle)
32 BGBl I 2021/154 (21. FSG-Novelle)
33 BGBl I 2022/121 (22. FSG-Novelle)

Bundesgesetz über den Führerschein (Führerscheingesetz – FSG)

Inhalt[*)]

[*)] *Inhaltsverzeichnis von BGBl I 2011/61 nicht angepasst*

1. Abschnitt:
Allgemeiner Teil

§ 1 Geltungsbereich
§ 2 Umfang der Lenkberechtigung
§ 3 Allgemeine Voraussetzungen für die Erteilung einer Lenkberechtigung
§ 4 Lenkberechtigung für Anfänger (Probeführerschein)
§ 4a Zweite Ausbildungsphase – Allgemeines
§ 4b Zweite Ausbildungsphase – Konkrete Inhalte
§ 4c Zweite Ausbildungsphase – Verfahren
§ 5 Verfahren bei der Erteilung einer Lenkberechtigung

2. Abschnitt:
Voraussetzungen für die Erteilung einer Lenkberechtigung

§ 6 Mindestalter
§ 7 Verkehrszuverlässigkeit
§ 8 Gesundheitliche Eignung
§ 9 Technisches Gutachten und Beobachtungsfahrt
§ 10 Fachliche Befähigung
§ 11 Fahrprüfung
§ 12 Prüfungsfahrzeuge

3. Abschnitt:
Führerscheine

§ 13 Ausstellung des vorläufigen Führerscheines sowie des Führerscheines
§ 14 Pflichten des Kraftfahrzeuglenkers
§ 15 Ausstellung eines neuen Führerscheines (Duplikat)
§ 15a Digitaler Dokumentennachweis
§ 16 Führerscheinregister - Allgemeines
§ 16a Führerscheinregister – Gespeicherte Daten
§ 16b Verarbeitung der Daten des Führerscheinregisters
§ 17 Führerscheinregister – Löschung der Daten

4. Abschnitt:
Besondere Bestimmungen für einzelne Lenkberechtigungen

§ 18 Lenkberechtigung für die Klasse A
§ 19 Vorgezogene Lenkberechtigung für die Klasse B
§ 20 Lenkberechtigung für die Klasse C und die Unterklasse C1
§ 21 Lenkberechtigung für die Klasse D
§ 22 Heereslenkberechtigung
§ 23 Ausländische Lenkberechtigungen

5. Abschnitt:
Entziehung, Einschränkung und Erlöschen der Lenkberechtigung

§ 24 Allgemeines
§ 25 Dauer der Entziehung
§ 26 Sonderfälle der Entziehung

Inhaltsverzeichnis, § 1

§ 27 Erlöschen der Lenkberechtigung
§ 28 Ablauf der Entziehungsdauer
§ 29 Besondere Verfahrensbestimmungen für die Entziehung
§ 30 Folgen des Entziehungsverfahrens für Besitzer ausländischer Lenkberechtigungen

6. Abschnitt:
Vormerksystem – Maßnahmen gegen Risikolenker
§ 30a „Vormerksystem" *(BGBl I 2005/15)*
§ 30b „Besondere Maßnahmen" *(BGBl I 2005/15)*

„7. Abschnitt:" *(BGBl I 2005/15)*
Andere Dokumente
§ 31 Mopedausweis
§ 32 Verbot des Lenkens von Motorfahrrädern, vierrädrigen Leichtkraftfahrzeugen oder Invalidenkraftfahrzeugen
§ 32a Feuerwehrführerschein
§ 32b „Sonderregelungen für Feuerwehrfahrzeuge und Rettungs- und Krankentransportfahrzeuge" *(BGBl I 2010/117)*
§ 33 Internationale Führerscheine

„8. Abschnitt:" *(BGBl I 2005/15)*
Sachverständige und Behörden
§ 34 Sachverständige
§ 35 Behörden und Organe
§ 36 Sonstige Zuständigkeiten

„9. Abschnitt:" *(BGBl I 2005/15)*
Strafbestimmungen
§ 37 Strafausmaß
§ 37a (Ohne Überschrift)
§ 38 Zwangsmaßnahmen
§ 39 Vorläufige Abnahme des Führerscheines

„10. Abschnitt:" *(BGBl I 2005/15)*
Übergangs- und Schlußbestimmungen
§ 40 Bisher erworbene Rechte und Umtausch von Führerscheinen in Führerscheine nach diesem Bundesgesetz
§ 41 Übergangsbestimmungen
§ 42 Verweisungen
§ 43 Inkrafttreten und Aufhebung
§ 44 Vollzugsbestimmungen

1. Abschnitt
Allgemeiner Teil

Geltungsbereich

§ 1. (1) Dieses Bundesgesetz gilt für das Lenken von Kraftfahrzeugen und das Ziehen von Anhängern entsprechend den Begriffsbestimmungen des Kraftfahrgesetzes 1967, BGBl. Nr. 267, auf Straßen mit öffentlichem Verkehr.

(1a) Von der Anwendung der Bestimmungen dieses Bundesgesetzes sind ausgenommen:

1. Kraftfahrzeuge mit einer Bauartgeschwindigkeit von nicht mehr als 10 km/h und mit solchen Kraftfahrzeugen gezogene Anhänger; diese Fahrzeuge unterliegen jedoch den Bestimmungen „des Abs. 5" sowie § 37 Abs. 1 und § 37a; *(BGBl I 2011/61)*

2. Transportkarren (§ 2 Abs. 1 Z 19 KFG 1967), selbstfahrende Arbeitsmaschinen (§ 2 Abs. 1 Z 21 KFG 1967), Anhänger-Arbeitsmaschinen (§ 2 Abs. 1 Z 22 KFG 1967) und Sonderkraftfahrzeuge (§ 2 Abs. 1 Z 23 KFG 1967), mit denen im Rahmen ihrer bestimmungsgemäßen Verwendung Straßen mit öffentlichem Verkehr nur überquert oder auf ganz kurzen Strecken oder gemäß § 50 Z 9 Straßenverkehrsordnung 1960 – StVO 1960, BGBl. Nr. 159, als Baustelle gekennzeichnete Strecken befahren werden, und mit Transportkarren, selbstfahrenden Arbeitsmaschinen oder Sonderkraftfahrzeugen auf solchen Fahrten gezogene Anhänger;

3. Kraftfahrzeuge, die bei einer kraftfahrsportlichen Veranstaltung und ihren Trainingsfahrten auf einer für den übrigen Verkehr gesperrten Straße verwendet werden, für die Dauer einer solchen Veranstaltung;

4. nicht zum Verkehr zugelassene Anhänger (§ 104 Abs. 5 dritter und vierter Satz sowie Abs. 7 KFG 1967);

5. elektrisch angetriebene Fahrräder gemäß § 1 Abs. 2a KFG 1967;

6. Heeresfahrzeuge (§ 2 Z 38 KFG 1967), diese Fahrzeuge unterliegen jedoch den Bestimmungen der §§ 22, 37 und 38. *(BGBl I 2002/81)*

(2) Alle personenbezogenen Bezeichnungen gelten gleichermaßen für Personen sowohl weiblichen als auch männlichen Geschlechts.

(3) Das Lenken eines Kraftfahrzeuges und das Ziehen eines Anhängers ist, ausgenommen in den Fällen des Abs. 5, nur zulässig mit einer von der Behörde erteilten gültigen Lenkberechtigung für die Klasse „ "*** (§ 2), in die das Kraftfahrzeug fällt. Das Lenken von Feuerwehrfahrzeugen gemäß § 2 Abs. 1 Z 28 KFG 1967 ist jedoch außerdem mit einer Lenkberechtigung für die Klasse B in Verbindung mit einem Feuerwehrführerschein (§ 32a) zulässig. Weiters ist das Ziehen von anderen als leichten Anhängern, die gemäß § 2 Abs. 1 Z 28 KFG 1967 Feuerwehrfahrzeuge sind, mit Zugfahrzeugen für die „Klassen C(C1) oder D(D1)"*** zulässig, wenn der Besitzer einer Lenkberechtigung für die Klasse „BE"** einen Feuerwehrführerschein (§ 32a) besitzt. „Feuerwehrfahrzeuge sowie Rettungs- und Krankentransportfahrzeuge gesetzlich anerkannter Rettungsorganisationen mit einer höchstzulässigen Gesamt-

masse bis 5 500 kg dürfen überdies mit einer Lenkberechtigung für die Klasse B gelenkt werden, wenn der Lenker*

1. nicht mehr in der Probezeit ist,
2. eine interne theoretische und praktische Ausbildung sowie eine interne theoretische und praktische Fahrprüfung erfolgreich abgelegt hat und
3. im Besitz einer Bestätigung des Landesfeuerwehrkommandanten oder der Rettungsorganisation ist, dass er zum Lenken dieser Fahrzeuge besonders geeignet ist.

„In diesem Fall darf jedenfalls ein leichter Anhänger gezogen werden. Ein anderer als leichter Anhänger darf gezogen werden, sofern die höchste zulässige Gesamtmasse der Fahrzeugkombination 5 500 kg nicht übersteigt. Besitzt der Inhaber der Bestätigung nach Z 3 auch die Klasse BE, darf mit einem Zugfahrzeug mit einer höchstzulässigen Gesamtmasse von nicht mehr als 5 500 kg ein Anhänger mit einer höchstzulässigen Gesamtmasse von nicht mehr als 3 500 kg gezogen werden."***„Fahrzeuge des öffentlichen Sicherheitsdienstes mit einer höchstzulässigen Gesamtmasse bis 5 500 kg dürfen überdies mit einer Lenkberechtigung für die Klasse B gelenkt werden, wenn dies in der besonderen Art und Aufgabenstellung der zu lenkenden Fahrzeuge begründet ist und wenn der Lenker zusätzlich im Besitz einer Bestätigung des Bundesministeriums für Inneres ist, dass er zum Lenken dieser Fahrzeuge besonders geeignet ist." *(BGBl I 2002/81; *BGBl I 2010/117; **BGBl I 2011/61; ***BGBl I 2015/74)*

(4) „Eine von einer zuständigen Behörde eines EWR-Staates erteilte Lenkberechtigung ist einer Lenkberechtigung gemäß Abs. 3 gleichgestellt."** „Das Lenken von Kraftfahrzeugen mit einer solchen Lenkberechtigung ist jedoch nur zulässig, wenn der Lenker das in § 6 Abs. 1 genannte Mindestalter erreicht hat."* „Für die Anerkennung der Klasse B ist die Vollendung des 17. Lebensjahres ausreichend. Eine von einem EWR-Staat erteilte Lenkberechtigung gilt als österreichische Lenkberechtigung, wenn der Besitzer dieser Lenkberechtigung seinen Wohnsitz (§ 5 Abs. 1 Z 1) nach Österreich verlegt oder solange er seinen Wohnsitz (§ 5 Abs. 1 Z 1) in Österreich hat."** Das Lenken eines Kraftfahrzeuges mit einer in einem Nicht-EWR-Staat erteilten Lenkberechtigung ist nur im Rahmen der Bestimmungen des § 23 zulässig. *(*BGBl I 2002/81; **BGBl I 2011/61)*

(5) Für das Lenken von Kraftfahrzeugen mit einer Bauartgeschwindigkeit von nicht mehr als 10 km/h ist eine Lenkberechtigung nicht erforderlich. Der Lenker dieser Fahrzeuge muss allerdings das 16. Lebensjahr vollendet haben. *(BGBl I 2011/61)*

(6) *(aufgehoben, BGBl I 2011/61)*

Umfang der Lenkberechtigung

§ 2. (1) Die Lenkberechtigung darf nur für folgende Klassen von Kraftfahrzeugen gemäß § 2 KFG 1967 erteilt werden:

1. Klasse AM:
a) Motorfahrräder,
b) vierrädrige Leichtkraftfahrzeuge;

2. Klasse A1:
a) Motorräder mit oder ohne Beiwagen mit einem Hubraum von bis zu 125 ccm, mit einer Motorleistung von nicht mehr als 11 kW und einem Verhältnis von Leistung/Eigengewicht von nicht mehr als 0,1 kW/kg,
b) dreirädrige Kraftfahrzeuge mit einer Leistung von nicht mehr als 15 kW;

3. Klasse A2: Motorräder mit oder ohne Beiwagen mit einer Motorleistung von bis zu 35 kW und einem Verhältnis von Leistung/Eigengewicht von nicht mehr als 0,2 kW/kg, die nicht von einem Fahrzeug mit mehr als der doppelten Motorleistung abgeleitet sind;

4. Klasse A:
a) Motorräder mit oder ohne Beiwagen,
b) dreirädrige Kraftfahrzeuge „ "; *(BGBl I 2013/43)*

5. Klasse B:
a) Kraftwagen mit nicht mehr als acht Plätzen für beförderte Personen außer dem Lenkerplatz und mit einer höchsten zulässigen Gesamtmasse von nicht mehr als 3500 kg,
b) dreirädrige Kraftfahrzeuge „ ", sofern der Lenker das 21. Lebensjahr vollendet hat, *(BGBl I 2013/43)*
c) Krafträder der Klasse A1, wenn der Besitzer der Lenkberechtigung für die Klasse B
aa) seit mindestens fünf Jahren ununterbrochen im Besitz einer gültigen Lenkberechtigung für die Klasse B ist,
bb) sich nicht mehr in der Probezeit gemäß § 4 befindet,
cc) nachweist, eine praktische Ausbildung im Lenken von derartigen Krafträdern absolviert zu haben und
dd) der Code 111 in den Führerschein eingetragen ist;

6. Klasse BE: falls bei der Genehmigung der Fahrzeuge nichts anderes festgelegt worden ist, ein Zugfahrzeug der Klasse B und einen Anhänger oder Sattelanhänger mit einer höchsten zulässigen Gesamtmasse von nicht mehr als 3500 kg;

7. Klasse C1: Kraftwagen, bei denen die höchstzulässige Gesamtmasse mehr als 3500 kg aber nicht mehr als 7500 kg beträgt und die nicht unter die Klasse D1 oder D fallen;

8. Klasse C1E: falls bei der Genehmigung der Fahrzeuge nichts anderes festgelegt worden ist:

§ 2

a) ein Zugfahrzeug der Klasse C1 und einen Anhänger oder Sattelanhänger mit einer höchsten zulässigen Gesamtmasse von mehr als 750 kg, sofern die höchste zulässige Gesamtmasse der Fahrzeugkombination 12000 kg nicht übersteigt,

b) ein Zugfahrzeug der Klasse B und einen Anhänger oder Sattelanhänger mit einer höchsten zulässigen Gesamtmasse von mehr als 3500 kg, sofern die höchste zulässige Gesamtmasse der Fahrzeugkombination 12000 kg nicht übersteigt;

9. Klasse C:

a) Kraftwagen, bei denen die höchstzulässige Gesamtmasse mehr als 3500 kg beträgt und die nicht unter die Klasse D1 oder D fallen,

b) Sonderkraftfahrzeuge,

c) *(aufgehoben, BGBl I 2016/68)*

10. Klasse CE: falls bei der Genehmigung der Fahrzeuge nichts anderes festgelegt worden ist, ein Zugfahrzeug der Klasse C und einen Anhänger oder Sattelanhänger mit einer höchsten zulässigen Gesamtmasse von mehr als 750 kg;

11. Klasse D1: Kraftwagen mit nicht mehr als 16 Plätzen für beförderte Personen außer dem Lenkerplatz mit einer höchsten Gesamtlänge von acht Metern und die zur Personenbeförderung ausgelegt und gebaut sind; *(BGBl I 2015/74)*

12. Klasse D1E: falls bei der Genehmigung der Fahrzeuge nichts anderes festgelegt worden ist, ein Zugfahrzeug der Klasse D1 und einen Anhänger mit einer höchsten zulässigen Gesamtmasse von mehr als 750 kg;

13. Klasse D:

a) Kraftwagen mit mehr als acht Plätzen für beförderte Personen außer dem Lenkerplatz,

b) Sonderkraftfahrzeuge;

14. Klasse DE: falls bei der Genehmigung der Fahrzeuge nichts anderes festgelegt worden ist, ein Zugfahrzeug der Klasse D und einen Anhänger mit einer höchsten zulässigen Gesamtmasse von mehr als 750 kg;

15. Klasse F:

a) Zugmaschinen,

b) Motorkarren,

c) selbstfahrende Arbeitsmaschinen,

d) landwirtschaftliche selbstfahrende Arbeitsmaschinen,

e) Transportkarren,
jeweils mit einer Bauartgeschwindigkeit von nicht mehr als 50 km/h sowie

f) Einachszugmaschinen, die mit einem anderen Fahrzeug oder Gerät so verbunden sind, dass sie mit diesem ein einziges Kraftfahrzeug bilden, das nach seiner Eigenmasse und seiner Bauartgeschwindigkeit einer Zugmaschine mit einer Bauartgeschwindigkeit von nicht mehr als 25 km/h entspricht und

g) Sonderkraftfahrzeuge.

(1a) Abweichend von Abs. 1 Z 5 lit. a umfasst die Klasse B auch Kraftwagen, deren höchstzulässige Gesamtmasse mehr als 3 500 kg, aber nicht mehr als 4 250 kg beträgt, sofern

1. es sich um Fahrzeuge mit alternativem Antrieb gemäß § 2 Abs. 1 Z 47 KFG 1967 handelt,

2. sie für den Gütertransport eingesetzt werden,

3. mit diesen Kraftwagen keine Anhänger gezogen werden,

4. die 3 500 kg übersteigende Masse ausschließlich auf das zusätzliche Gewicht des Antriebssystems gegenüber dem Antriebssystem von Fahrzeugen mit denselben Abmessungen, die mit herkömmlichen Verbrennungsmotoren mit Fremd- oder Selbstzündung ausgestattet sind, zurückzuführen sind und

5. die Ladekapazität gegenüber diesen Fahrzeugen nicht erhöht ist.

Der Lenker muss zumindest zwei Jahre ununterbrochen im Besitz der Klasse B sein. Diese Berechtigung gilt nur für den Verkehr in Österreich. *(BGBl I 2021/154)*

(2) Das Ziehen eines Anhängers mit Kraftfahrzeugen der nachfolgend genannten Klassen ist in folgendem Umfang gestattet:

1. Klassen AM, A1, A2, A: ein Anhänger gemäß § 104 Abs. 5 KFG 1967; *(BGBl I 2015/74)*

2. mit einem Zugfahrzeug der Klasse B:

a) einen leichten Anhänger,

b) falls bei der Genehmigung der Fahrzeuge nichts anderes festgelegt worden ist einen anderen als leichten Anhänger, sofern die höchste zulässige Gesamtmasse der Fahrzeugkombination 3500 kg nicht übersteigt,

c) falls bei der Genehmigung der Fahrzeuge nichts anderes festgelegt worden ist einen anderen als leichten Anhänger, sofern die höchste zulässige Gesamtmasse der Fahrzeugkombination mehr als 3500 kg aber nicht mehr als 4250 kg beträgt; zum Ziehen solcher Anhänger ist die Absolvierung einer theoretischen und praktischen Ausbildung im Ausmaß von insgesamt sieben Unterrichtseinheiten erforderlich;

3. Klassen C1, C, D1 und D: leichte Anhänger;

4. Klasse F: in Verbindung mit einem in Abs. 1 Z 15 lit. a, b oder d genannten Zugfahrzeug: alle Anhänger; in Verbindung mit einem in Abs. 1 Z 15 lit. c und g genannten Zugfahrzeug: Anhänger mit einer höchst zulässigen Gesamtmasse von nicht mehr als 3 500 kg.

(3) Für die in Abs. 1 genannten Klassen von Lenkberechtigungen werden folgende Äquivalenzen festgelegt:

1. die Lenkberechtigung für die Klasse A2 umfasst auch die Lenkberechtigung für die Klasse A1,

2. die Lenkberechtigung für die Klasse A umfasst auch die Lenkberechtigung für die Klasse A1 und A2,

3. die Lenkberechtigung für die Klasse C umfasst auch die Klasse C1, die Klasse CE die Klasse C1E, die Klasse D die Klasse D1 und die Klasse DE die Klasse D1E,

4. die Lenkberechtigungen für die Klassen C1 und C umfassen jeweils auch die Lenkberechtigung für die Klasse F,

5. die Lenkberechtigungen für die Klassen C1E, CE, D1E und DE umfassen jeweils auch die Lenkberechtigung für die Klasse BE,

6. die Lenkberechtigung für die Klasse CE umfasst auch die Lenkberechtigung für die Klasse DE „ ", wenn der Lenker die Lenkberechtigung für die Klasse D „ " besitzt, *(BGBl I 2015/74)*

7. die Lenkberechtigung jeder der in Abs. 1 Z 2 bis 15 genannten Klassen umfassen die Lenkberechtigung für die Klasse AM,

8. für die Anwendung des Abs. 1 gilt ein Gelenkkraftfahrzeug als Kraftwagen,

9. Personen, die seit mindestens drei Jahren im Besitz einer gültigen Lenkberechtigung für die Klassen B und F sind, darf eine Lenkberechtigung für die Klasse BE erteilt werden, wenn

a) der Antragsteller glaubhaft macht, dass er in dieser Zeit auch andere als leichte Anhänger gezogen hat,

b) keine Bedenken hinsichtlich der gesundheitlichen Eignung bestehen und

c) der Antragsteller die praktische Fahrprüfung erfolgreich abgelegt hat; § 10 Abs. 2 ist nicht anzuwenden.

10. Personen, die im Besitz einer Lenkberechtigung für die Klasse B sind und den Code 96 im Führerschein eingetragen haben, darf eine Lenkberechtigung für die Klasse BE ohne theoretische und praktische Ausbildung in der Fahrschule erteilt werden.

(4) Folgende (Lenk-)Berechtigungen gelten nur für den Verkehr in Österreich und in jenen Staaten, die diese (Lenk-)Berechtigungen anerkannt haben:

1. die Berechtigung, dreirädrige Kraftfahrzeuge „ " mit einer Lenkberechtigung für die Klasse B zu lenken (Abs. 1 Z 5 lit. b), *(BGBl I 2015/74)*

2. die vorgezogene Lenkberechtigung für die Klasse B (§ 19) bis zur Vollendung des 18. Lebensjahres,

3. die Klasse F sowie

4. die Berechtigung, „Krafträder" der Klasse A1 mit einer Lenkberechtigung für die Klasse B zu lenken (Abs. 1 Z 5 lit. c). *(BGBl I 2013/43)*

(5) Der Bundesminister für Verkehr, Innovation und Technologie hat durch Verordnung die näheren Bestimmungen über den Inhalt der Ausbildung gemäß Abs. 1 Z 5 lit. c und Abs. 2 Z 2 lit. c festzusetzen.

(BGBl I 2011/61)

Allgemeine Voraussetzungen für die Erteilung einer Lenkberechtigung

§ 3. (1) Eine Lenkberechtigung darf nur Personen erteilt werden, die:

1. das für die angestrebte Klasse erforderliche Mindestalter erreicht haben (§ 6),

2. verkehrszuverlässig sind (§ 7),

3. gesundheitlich geeignet sind, ein Kraftfahrzeug zu lenken (§§ 8 und 9),

4. fachlich zum Lenken eines Kraftfahrzeuges befähigt sind (§§ 10 und 11) und

5. den Nachweis erbracht haben, in lebensrettenden Sofortmaßnahmen bei einem Verkehrsunfall oder, für die Lenkberechtigung für die Klasse D, in Erster Hilfe unterwiesen worden zu sein.

(1a) Eine Lenkberechtigung für die Klassen C1, C, D1 und/oder D darf nur erteilt werden, wenn der Antragsteller im Besitz der Lenkberechtigung für die Klasse B ist. Eine Lenkberechtigung für die Klassen BE, C1E, CE, D1E und/oder DE darf nur erteilt werden, wenn der Führerscheinwerber bereits im Besitz der Klassen B, C1, C, D1 und/oder D ist. *(BGBl I 2011/61)*

(2) Personen, denen eine Lenkberechtigung mangels Verkehrszuverlässigkeit entzogen wurde, darf vor Ablauf der Entziehungsdauer keine Lenkberechtigung erteilt werden.

(3) Der Bundesminister für Verkehr, Innovation und Technologie hat im Einvernehmen mit „dem Bundesminister/der Bundesministerin für Gesundheit" dem jeweiligen Stand der medizinischen Wissenschaft entsprechend durch Verordnung jene Institutionen zu benennen, die befugt sind, die Unterweisung in lebensrettenden Sofortmaßnahmen abzuhalten, sowie die näheren Bestimmungen festzusetzen über:

1. den Inhalt und den zeitlichen Umfang der Unterweisung in lebensrettenden Sofortmaßnahmen gemäß Abs. 1 Z 5 und

2. den Nachweis darüber.

(BGBl I 2002/81; BGBl I 2015/74)

Lenkberechtigung für Anfänger (Probeführerschein)

§ 4. (1) „Lenkberechtigungen für alle Klassen mit Ausnahme der Klassen AM und F"*, die Personen erteilt werden, die vorher keine in- oder ausländische Lenkberechtigung für eine dieser Klassen besessen haben, unterliegen einer Probezeit von „drei"** Jahren. Diese Probezeit ist in den Führerschein nicht einzutragen. *(BGBl I 2002/81; *BGBl I 2011/61; **BGBl I 2017/15)*

§§ 4 – 4a

(2) Die Bestimmungen über den Probeführerschein gelten auch für Lenkberechtigungen von Personen, die ihren „Wohnsitz (§ 5 Abs. 1 Z 1)"* innerhalb von „drei"** Jahren nach Erteilung ihrer ausländischen Lenkberechtigung nach Österreich verlegen; die Probezeit gilt für „drei"** Jahre ab Erteilung der ausländischen Lenkberechtigung. *(BGBl I 2002/81; *BGBl I 2005/152; **BGBl I 2017/15)*

(3) Begeht der Besitzer der Lenkberechtigung innerhalb der Probezeit einen schweren Verstoß (Abs. 6) oder verstößt er gegen die Bestimmung des Abs. 7, so ist von der Behörde unverzüglich eine Nachschulung anzuordnen, wobei die Rechtskraft der Bestrafung wegen eines schweren Verstoßes abzuwarten ist. „Im Fall eines schweren Verstoßes gemäß Abs. 6 Z 2a kann auch nach der Ausstellung eines Organmandates eine Nachschulung angeordnet werden." „Rechtsmittel" gegen die Anordnung der Nachschulung haben keine aufschiebende Wirkung. Mit der Anordnung einer Nachschulung verlängert sich die Probezeit jeweils um ein weiteres Jahr oder es beginnt eine neuerliche Probezeit von einem Jahr, wenn die Probezeit in der Zeit zwischen der Deliktsetzung und der Anordnung der Nachschulung abgelaufen ist; die Verlängerung oder der Neubeginn der Probezeit ist von der Wohnsitzbehörde dem Führerscheinregister zu melden und in den Führerschein einzutragen. Der Besitzer des Probeführerscheines hat diesen bei der Behörde abzuliefern, die Behörde hat die Herstellung eines neuen Führerscheines gemäß § 13 Abs. 6 in die Wege zu leiten. *(BGBl I 2005/152; BGBl I 2017/15)*

(4) *(aufgehoben, BGBl I 2002/81)*

(5) Begeht der Besitzer der Lenkberechtigung innerhalb der dritten Verlängerung der Probezeit einen neuerlichen Verstoß gemäß Abs. 6 oder 7, so hat die Behörde das Vorliegen der gesundheitlichen Eignung mittels eines amtsärztlichen Gutachtens abzuklären und dafür eine verkehrspsychologische Untersuchung anzuordnen und gegebenenfalls die Lenkberechtigung zu entziehen. *(BGBl I 2009/93)*

(6) Als schwerer Verstoß gemäß Abs. 3 gelten
1. Übertretungen folgender Bestimmungen der Straßenverkehrsordnung 1960 – StVO 1960, BGBl. Nr. 159:

a) § 4 Abs. 1 lit. a (Fahrerflucht),

b) § 7 Abs. 5 (Fahren gegen die zulässige Fahrtrichtung),

c) § 16 Abs. 1 (Überholen unter gefährlichen Umständen),

d) § 16 Abs. 2 lit. a (Nichtbefolgen von gemäß § 52 lit. a Z 4a und Z 4c kundgemachten Überholverboten),

e) § 19 Abs. 7 (Vorrangverletzung),

f) §§ 37 Abs. 3, 38 Abs. 2a, 38 Abs. 5 (Überfahren von „Halt"-Zeichen „"), *(BGBl I 2019/76)*

g) § 46 Abs. 4 lit. a und b (Fahren auf der falschen Richtungsfahrbahn auf Autobahnen);

2. mit technischen Hilfsmitteln festgestellte Überschreitungen einer ziffernmäßig festgesetzten erlaubten Höchstgeschwindigkeit im Ausmaß von

a) mehr als 20 km/h im Ortsgebiet oder

b) mehr als 40 km/h auf Freilandstraßen;

2a. Übertretungen des § 102 Abs. 3 fünfter Satz KFG 1967. *(BGBl I 2017/15)*

3. strafbare Handlungen gemäß den §§ 80, 81 oder 88 Strafgesetzbuch – StGB, BGBl. Nr. 60/1974, die beim Lenken eines Kraftfahrzeuges begangen wurden.

(7) Während der Probezeit darf der Lenker ein Kraftfahrzeug nur in Betrieb nehmen und lenken, wenn der Alkoholgehalt des Blutes nicht mehr als 0,1 g/l (0,1 Promille) oder der Alkoholgehalt der Atemluft nicht mehr als 0,05 mg/l beträgt. Er darf während der Fahrt – einschließlich der Fahrtunterbrechungen – keinen Alkohol zu sich nehmen. Verstöße gegen diese Bestimmungen sind nur mit der Anordnung einer Nachschulung (Abs. 3) zu ahnden, sofern nicht auch ein Verstoß gegen die StVO 1960 oder § 14 Abs. 8 vorliegt. *(BGBl I 2002/81)*

(8) Die Kosten der Nachschulung sind vom Nachzuschulenden zu tragen. Kommt der Besitzer der Lenkberechtigung der Anordnung zur Nachschulung nicht innerhalb von vier Monaten nach, so ist gemäß § 24 Abs. 3 „siebenter" Satz vorzugehen. *(BGBl I 2002/81; BGBl I 2009/93)*

(9) Die Nachschulung darf nur von gemäß § 36 hiezu ermächtigten Einrichtungen durchgeführt werden. Der Bundesminister für Verkehr, Innovation und Technologie hat, dem jeweiligen Stand der Wissenschaft und Technik entsprechend, durch Verordnung die näheren Bestimmungen festzusetzen über

1. die Voraussetzungen räumlicher und personeller Art für die Ermächtigung zur Nachschulung,

2. die fachlichen Voraussetzungen für die zur Nachschulung Berechtigten.

3. den Inhalt und zeitlichen Umfang der Nachschulung,

4. die Meldepflichten an die Behörde und

5. die Kosten der Nachschulung.

Zweite Ausbildungsphase – Allgemeines

§ 4a. (1) Anlässlich des erstmaligen Erwerbs einer Lenkberechtigung der Klassen A1, A2 oder A sowie anlässlich des erstmaligen Erwerbs einer Lenkberechtigung der Klasse B haben deren Besitzer unbeschadet der Bestimmungen des § 4c Abs. 3 innerhalb des in § 4b Abs. 1 bis 3 vorgesehenen Zeitraumes eine zweite Ausbildungsphase zu durchlaufen. Bei den Klassen A1, A2 und A ist die zweite Ausbildungsphase nur einmal und zwar anlässlich des erstmaligen Erwerbes einer der genannten Klassen zu durchlaufen. Jene Personen, die gleichzeitig eine Lenkberechtigung für die Klassen A1, A2 oder A und für die Klasse B erstmalig erworben haben, haben die zweite Ausbildungsphase für beide Klassen (A(A1, A2) und B) zu durchlaufen. *(BGBl I 2011/61)*

(2) Ausgenommen von den Bestimmungen über die zweite Ausbildungsphase sind Besitzer von ausländischen EWR- oder Nicht-EWR-Lenkberechtigungen, die ihren Wohnsitz (§ 5 Abs. 1 Z 1) nach dem Erwerb ihrer Lenkberechtigung im Ausland nach Österreich verlegen, selbst wenn eine österreichische Lenkberechtigung gemäß § 23 Abs. 3 erteilt wurde. *(BGBl I 2008/31)*

(3) Der Besitzer einer Lenkberechtigung der in Abs. 1 genannten Klassen ist zur Absolvierung der zweiten Ausbildungsphase nicht verpflichtet, wenn er

1. seinen Wohnsitz (§ 5 Abs. 1 Z 1) ins Ausland verlegt hat oder

2. innerhalb eines Jahres nach Erteilung der Lenkberechtigung sich nachweislich für mindestens sechs Monate zum Zwecke des Besuches einer Schule oder Universität im Ausland aufhält und zum Zeitpunkt einer etwaigen Wiederbegründung des Wohnsitzes (§ 5 Abs. 1 Z 1) oder des Aufenthaltes in Österreich der Erwerb der Lenkberechtigung länger als zwölf Monate zurückliegt. *(BGBl I 2016/68)*

(4) Im Rahmen der zweiten Ausbildungsphase sind

1. Perfektionsfahrten auf Straßen mit öffentlichem Verkehr und

2. ein Fahrsicherheitstraining, das

a) ein verkehrspsychologisches Gruppengespräch und

b) bei den Klassen A1, A2 oder A zusätzlich ein Gefahrenwahrnehmungstraining beinhaltet,

gemäß den Bestimmungen des § 4b zu absolvieren. *(BGBl I 2011/61)*

(5) Perfektionsfahrten sind von Fahrschulen unter Anleitung eines geeigneten Ausbilders abzuhalten. „Perfektionsfahrten für die Klassen A1, A2 und A dürfen auch von Vereinen von Kraftfahrzeugbesitzern sofern sie im Kraftfahrbeirat vertreten sind, abgehalten werden. Perfektionsfahrten dürfen von Fahrlehrern für die Klasse A oder von Instruktoren, die zur Durchführung des Fahrsicherheitstrainings befugt sind, durchgeführt werden. Über die Perfektionsfahrten sind von der durchführenden Stelle entsprechende Aufzeichnungen zu führen und auf Verlangen der Behörde vorzulegen." Die Perfektionsfahrt umfasst *(BGBl I 2016/68)*

1. eine Fahrt im Beisein des Ausbilders und

2. ein Gespräch mit dem Ausbilder.

Die Perfektionsfahrt gilt als Ausbildungsfahrt. Eine Durchführung der Perfektionsfahrt ist zulässig, auch wenn der Betreffende nicht im Besitz einer gültigen Lenkberechtigung ist.

(6) Das Fahrsicherheitstraining ist unter der Leitung eines besonders geeigneten Instruktors durchzuführen. Zur Durchführung des Fahrsicherheitstrainings sind befugt:

1. Vereine von Kraftfahrzeugbesitzern sofern sie im Kraftfahrbeirat vertreten sind und

2. Fahrschulen,

die über die erforderlichen Voraussetzungen verfügen.

Das Fahrsicherheitstraining hat auf einem geeigneten Übungsgelände stattzufinden. Die besondere Eignung der durchführenden Stellen sowie der durchführenden Instruktoren wird durch eine Kommission, bestehend aus je einem Vertreter der in Z 1 und 2 genannten Stellen sowie einem Vertreter einer für Verkehrssicherheitsfragen zuständigen Institution sowie allenfalls zwei vom Bundesministerium für Verkehr, Innovation und Technologie zu entsendenden Vertretern festgestellt. Die Kommission wird vom Bundesminister für Verkehr, Innovation und Technologie für die Dauer von fünf Jahren bestellt. Die Entscheidungen der Kommission sind zu dokumentieren und auf Verlangen der Behörde sind die entsprechenden Unterlagen der Behörde zur Verfügung zu stellen. Entscheidet die Kommission, dass bei einer durchführenden Stelle oder bei einem Instruktor die Voraussetzungen für die Zulassung zur Durchführung von Fahrsicherheitstrainings nicht gegeben sind oder entscheidet die Kommission nicht innerhalb von sechs Monaten nach Einbringen des Ansuchens, so kann der Betreffende von der Behörde eine Entscheidung über sein Ansuchen verlangen. Ergibt die Prüfung durch die Behörde, dass dem Antrag stattzugeben ist, hat die Behörde die Zuständigkeit der Kommission zur Entscheidung festzustellen. Diese hat unverzüglich zu entscheiden. Ergibt die Prüfung der Behörde, dass dem Antrag nicht stattzugeben ist, hat die Behörde über den Antrag mit Bescheid abzusprechen. Für diese Erledigung ist ein Aufwandersatz zu entrichten, der der Gebietskörperschaft gebührt, die den Aufwand für die Behörde zu tragen hat, die das Ansuchen der durchführenden Stelle oder des Instruktors inhaltlich prüft.

(6a) Die in Abs. 6 genannte Kommission kann zwecks Überprüfung der Einhaltung der Vorschriften über die Qualifikation der Instruktoren und Übungsplätze beschließen, dass Kontrollen bei der das Fahrsicherheitstraining durchführenden Stelle notwendig sind und diese durchführen. Die durchführende Stelle hat den von der Kommission entsendeten Kommissionsmitgliedern Zutritt zu ihren Räumlichkeiten bzw. dem Übungsplatz zu gewähren und bei den Kontrollen entsprechend mitzuwirken. Wird der Zutritt verweigert oder die Kontrolltätigkeit beharrlich behindert, so ist die Behörde davon in Kenntnis zu setzen, die die Berechtigung der durchführenden Stelle zu widerrufen hat. *(BGBl I 2015/74)*

(7) Das verkehrspsychologische Gruppengespräch „und das Gefahrenwahrnehmungstraining sind" unter der Leitung eines besonders ausgebildeten Psychologen durchzuführen. *(BGBl I 2011/61)*

(BGBl I 2002/129)

Zweite Ausbildungsphase – Konkrete Inhalte

§ 4b. (1) Die zweite Ausbildungsphase für einen Besitzer der Lenkberechtigung für die Klasse B hat – unbeschadet des Abs. 2 – folgende Inhalte in der genannten Reihenfolge zu umfassen:

1. eine Perfektionsfahrt im Zeitraum von zwei bis vier Monaten nach dem Erwerb der Lenkberechtigung;

2. ein Fahrsicherheitstraining und ein verkehrspsychologisches Gruppengespräch, das beides an einem Tag abzuhalten ist, im Zeitraum von drei bis neun Monaten nach dem Erwerb der Lenkberechtigung sowie

3. eine weitere Perfektionsfahrt im Zeitraum von sechs bis zwölf Monaten nach dem Erwerb der Lenkberechtigung.

Diese Bestimmungen gelten auch für den Fall, dass der Betreffende bei Erwerb der Lenkberechtigung für die Klasse B bereits im Besitz der Lenkberechtigung für die „Klassen A1, A2 oder A" ist. Zwischen der Perfektionsfahrt gemäß Z 1 und der Perfektionsfahrt gemäß Z 3 hat ein Zeitraum von mindestens drei Monaten zu liegen. *(BGBl I 2011/61)*

(2) Die zweite Ausbildungsphase für einen Besitzer einer vorgezogenen Lenkberechtigung für die Klasse B hat folgende Inhalte in der genannten Reihenfolge zu umfassen:

1. ein Fahrsicherheitstraining und ein verkehrspsychologisches Gruppengespräch, das beides an einem Tag abzuhalten ist, im Zeitraum von drei bis neun Monaten nach dem Erwerb der Lenkberechtigung sowie

2. eine Perfektionsfahrt im Zeitraum von sechs bis zwölf Monaten nach dem Erwerb der Lenkberechtigung.

Diese Bestimmungen gelten auch für den Fall, dass der Betreffende bei Erwerb der Lenkberechtigung für die Klasse B bereits im Besitz der Lenkberechtigung für die „Klassen A1, A2 oder A" ist. *(BGBl I 2011/61)*

(3) Die zweite Ausbildungsphase für einen Besitzer einer Lenkberechtigung der Klassen A1, A2 oder A hat folgende Inhalte in der genannten Reihenfolge zu umfassen:

1. ein Fahrsicherheitstraining, ein verkehrspsychologisches Gruppengespräch und ein Gefahrenwahrnehmungstraining, die alle an einem Tag abzuhalten sind, im Zeitraum von zwei bis zwölf Monaten nach dem Erwerb der Lenkberechtigung sowie

2. eine Perfektionsfahrt im Zeitraum von vier bis 14 Monaten nach Erwerb der Lenkberechtigung.

Diese Bestimmungen gelten auch für den Fall, dass der Betreffende bei Erwerb der Lenkberechtigung für die Klassen A1, A2 oder A bereits im Besitz der Lenkberechtigung für die Klasse B ist. Zwischen der Absolvierung der in Z 1 und 2 genannten Inhalte hat ein Zeitraum von mindestens zwei Monaten zu liegen. *(BGBl I 2011/61)*

(4) Der Bundesminister für Verkehr, Innovation und Technologie hat durch Verordnung die näheren Bestimmungen festzusetzen über:

1. den Inhalt, den Umfang und den Ablauf der Perfektionsfahrten;

2. den Inhalt, den Umfang und Ablauf des Fahrsicherheitstrainings sowie die sachlichen und persönlichen Voraussetzungen zur Durchführung des Fahrsicherheitstrainings;

3. die Zusammensetzung und die Entscheidungsfindung der in § 4a Abs. 6 genannten Kommission;

4. den Inhalt und den Umfang des verkehrspsychologischen Gruppengesprächs und des Gefahrenwahrnehmungstrainings sowie die persönlichen Voraussetzungen zu deren Durchführung und *(BGBl I 2011/61)*

5. die Höhe des in § 4a Abs. 6 genannten Aufwandersatzes.

(BGBl I 2002/129)

Zweite Ausbildungsphase – Verfahren

§ 4c. (1) Die jeweils durchführende Stelle hat die Absolvierung der einzelnen in § 4b genannten Stufen der zweiten Ausbildungsphase im „*" Führerscheinregister einzutragen und dem Teilnehmer eine Bestätigung über die Absolvierung der jeweiligen Stufe auszustellen, wobei das Fahrsicherheitstraining und das verkehrspsychologische Gruppengespräch „" bei den Klassen A1, A2 und A auch das Gefahrenwahrnehmungstraining,"** als Einheit anzusehen und von der das Fahrsicherheitstraining durchführenden Stelle einzutragen und zu bestätigen sind. Zu diesem Zweck ist von der Bundesrechenzentrum GmbH die Anbindung der Fahrschulen und der in § 4a Abs. 6 Z 1 genannten Vereine an das „*" Führerscheinregister zu ermöglichen. *(*BGBl I 2005/152; **BGBl I 2011/61)*

(2) Werden eine oder mehrere der in § 4b genannten Stufen unbeschadet der Bestimmungen des Abs. 3 nicht innerhalb von zwölf Monaten

("14"** Monaten im Fall der „Klassen A1, A2 oder A"**) nach Erteilung der Lenkberechtigung absolviert, ist der Führerscheinbesitzer zwölf Monate („14"** Monate im Fall der „Klassen A1, A2 oder A"**) nach Erteilung der Lenkberechtigung darüber zu verständigen. In diesem Schreiben ist auf die Verlängerung der Probezeit hinzuweisen, wenn die Absolvierung der fehlenden Stufe(n) nicht innerhalb von vier Monaten nachgewiesen wird, sowie auf die Entziehung der Lenkberechtigung, wenn die Absolvierung der fehlenden Stufe(n) nicht innerhalb einer weiteren Frist von vier Monaten nachgewiesen wird. Werden die fehlenden Stufe(n) nicht innerhalb von vier Monaten nach Ablauf der im ersten Satz genannten Fristen absolviert, hat die Behörde dem Betreffenden ausschließlich die Absolvierung dieser Stufe(n) anzuordnen. Mit der Anordnung der Absolvierung der fehlenden Stufe(n) verlängert sich die Probezeit unter sinngemäßer Anwendung der Bestimmungen des § 4 Abs. 3 zweiter bis vierter Satz. Kommt der Besitzer der Lenkberechtigung der Anordnung der Absolvierung der fehlenden Stufe(n) nicht innerhalb von weiteren vier Monaten nach, ist gemäß § 24 Abs. 3 „achter"* Satz vorzugehen. Die Behörde kann auf Antrag für eine angemessene Zeit von der Entziehung der Lenkberechtigung absehen, wenn die betreffende Person besonders berücksichtigungswürdige Gründe nachweist aus denen hervorgeht, dass sie innerhalb der festgesetzten Frist den oder die fehlenden Teil(e) nicht absolvieren konnte. Hat der Betreffende in der Zwischenzeit seinen Hauptwohnsitz verlegt, hat die Behörde gegebenenfalls das Verfahren an die nunmehr zuständige Behörde abzutreten. *(BGBl I 2005/15; *BGBl I 2009/93; **BGBl I 2011/61)*

(3) Wurde die Lenkberechtigung auf mehr als 18 Monate entzogen, so ist die zweite Ausbildungsphase nach einer eventuellen Wiedererteilung der Lenkberechtigung zu durchlaufen, sofern sie nicht bereits im Rahmen der Ersterteilung der Lenkberechtigung absolviert wurde.

(BGBl I 2002/129)

Verfahren bei der Erteilung einer Lenkberechtigung

§ 5. (1) Ein Antrag auf Erteilung einer Lenkberechtigung darf „unbeschadet des Abs. 1a"*** nur gestellt werden, wenn der Antragsteller *(BGBl I 2016/68)*

1. seinen Wohnsitz im Sinne des „Art. 12 der „Richtlinie 2006/126/EG über den Führerschein, ABl. Nr. L 403 vom 30.12.2006, S.18"**** in Österreich hat (Abs. 2), *(*BGBl I 2011/61; **BGBl I 2019/76)*

2. das für die Absolvierung der Fahrausbildung erforderliche Mindestalter (§ 6 Abs. 2) erreicht hat und

3. noch keine Lenkberechtigung für die angestrebte Klasse „ " besitzt. *(BGBl I 2011/61)*

Der Bewerber um eine Lenkberechtigung hat den Antrag auf Erteilung einer Lenkberechtigung und Ausdehnung einer Lenkberechtigung auf andere Klassen „ "* bei der von ihm besuchten Fahrschule seiner Wahl mit Sitz im Bundesgebiet einzubringen. Die Fahrschule hat den Antrag unverzüglich, spätestens am nächsten Arbeitstag im Führerscheinregister zu erfassen. Mit Erfassen des Antrages im Führerscheinregister durch die Fahrschule gilt der Antrag als eingelangt. Über diesen Antrag hat die Behörde zu entscheiden, in deren Sprengel die vom Antragsteller besuchte Fahrschule ihren Sitz hat. In den Fällen, in denen für die Erteilung einer Lenkberechtigung eine Ausbildung in der Fahrschule nicht zwingend vorgeschrieben ist „oder bei Anträgen auf Eintragung eines Zahlencodes wegen des Erwerbs einer Zusatzberechtigung."*** hat der Antragsteller den Antrag bei einer Führerscheinbehörde seiner Wahl einzubringen. *(*BGBl I 2011/61; ***BGBl I 2019/76)*

(1a) Ein Antrag auf Erteilung und Verlängerung einer Lenkberechtigung darf jedenfalls gestellt werden, wenn der Antragsteller nachweist, dass er für mindestens 185 Tage in Österreich eine Schule oder Universität besucht oder besucht hat. *(BGBl I 2016/68)*

(2) Ein Wohnsitz in Österreich gemäß Abs. 1 Z 1 liegt vor, wenn sich die betreffende Person aufgrund ihrer persönlichen und – sofern vorhanden – beruflichen Bindungen innerhalb der letzten zwölf Monate nachweislich während mindestens 185 Tagen in Österreich aufgehalten hat oder glaubhaft macht, dass sie beabsichtigt, sich für mindestens 185 Tage in Österreich aufzuhalten. Als Wohnsitz eines Führerscheinwerbers oder -besitzers, dessen berufliche Bindungen in einem anderen Staat als seine persönlichen Bindungen liegen, gilt unabhängig von der 185-tägigen Frist der Ort der persönlichen Bindungen, sofern er regelmäßig dorthin zurückkehrt. „Auch wenn die Person nicht regelmäßig an den Ort der persönlichen Bindungen zurückkehrt, gilt der Ort der persönlichen Bindungen als Wohnsitz, wenn sich die Person in dem anderen Staat nur zur Ausführung eines Auftrages von bestimmter Dauer aufhält. Der Besuch einer Universität oder einer Schule hat keine Verlegung des Wohnsitzes zur Folge." *(BGBl I 2011/61; BGBl I 2015/74)*

(3) Die Behörde kann bei festgestellten Mängeln gegenüber der Fahrschule Anordnungen hinsichtlich der Entgegennahme der Anträge, Eintragungen der Daten im Führerscheinregister und anderer mit der Abwicklung des Erteilungsverfahrens in Zusammenhang stehender Angelegenheiten treffen. Die Fahrschule hat den Anordnungen der Behörde unverzüglich zu entsprechen.

(4) Die Lenkberechtigung ist zu erteilen, wenn das in den §§ 6 bis 11 angeführte Verfahren ergibt, dass die Voraussetzungen für die Erteilung vorliegen. Sind seit der Einbringung des Antrages auf Erteilung der angestrebten Lenkberechtigung mehr als 18 Monate verstrichen, so hat die Behörde neuerlich zu prüfen, ob der Antragsteller verkehrszuverlässig ist.

(5) Die Lenkberechtigung ist, soweit dies auf Grund des ärztlichen Gutachtens oder wegen der Art der Lenkberechtigung nach den Erfordernissen der Verkehrssicherheit nötig ist, unter den entsprechenden Befristungen, Auflagen oder zeitlichen, örtlichen oder sachlichen Beschränkungen der Gültigkeit zu erteilen (§ 8 Abs. 3 Z 2). Personen, die nach dem ärztlichen Gutachten „beschränkt geeignet" sind, darf nur eine eingeschränkte Lenkberechtigung erteilt werden, die ausschließlich zum Lenken eines oder mehrerer, auf Grund der Beobachtungsfahrt bestimmter Ausgleichkraftfahrzeuge berechtigt (§ 9 Abs. 5). Die aufgrund des ärztlichen Gutachtens erforderlichen Befristungen, Beschränkungen oder Auflagen sind dem Antragsteller von der Behörde zur Kenntnis zu bringen.

(6) Im Fall der Ausdehnung einer Lenkberechtigung auf weitere im § 2 Abs. 1 angeführte Klassen ist ein neuerliches ärztliches Gutachten vom Antragsteller nur dann vorzulegen, wenn das letzte ärztliche Gutachten im Zeitpunkt der Entscheidung älter als 18 Monate ist oder die Ausdehnung der Lenkberechtigung für die Klasse B auf die Klassen C(C1) oder D(D1) beantragt wurde. „Die Bestimmungen des § 18a Abs. 1 bis 3 jeweils letzter Satz bleiben unberührt." *(BGBl I 2011/61; BGBl I 2013/43)*

(7) Vor der Erteilung einer Lenkberechtigung an einen Antragsteller aus einem anderen EWR-Staat, der seinen Wohnsitz (Abs. 1 Z 1) nach Österreich verlegt hat, hat sich die Behörde durch Anfrage bei der zuständigen Behörde des Herkunftsstaates des Antragstellers zu vergewissern, dass dieser keine Lenkberechtigung für die betreffende Klasse „ " besitzt. *(BGBl I 2011/61)*

(BGBl I 2005/152)

2. Abschnitt

Voraussetzungen für die Erteilung einer Lenkberechtigung

Mindestalter

§ 6. (1) Für die Erteilung einer Lenkberechtigung gelten folgende Anforderungen an das Mindestalter:

1. Klasse AM: vollendetes 15. Lebensjahr,
2. Klasse A1: vollendetes 16. Lebensjahr,
3. Klasse A2: vollendetes 18. Lebensjahr,
4. Klasse A: vollendetes 20. Lebensjahr bei vorangegangenem zweijährigem Besitz der Klasse A2 – ausgenommen dreirädrige Kraftfahrzeuge mit einer Leistung von mehr als 15 kW, *(BGBl I 2015/74)*
4a. Klasse A: vollendetes 21. Lebensjahr für dreirädrige Kraftfahrzeuge mit einer Leistung von mehr als 15 kW – ein Verstoß gegen diese Bestimmung stellt keine Übertretung nach § 1 Abs. 3 dar, *(BGBl I 2015/74)*
5. Klasse A: vollendetes 24. Lebensjahr ohne vorangegangenem zweijährigem Besitz der Klasse A2,
6. Klasse B: vollendetes 18. Lebensjahr, ausgenommen im Fall des § 19,
7. Klassen BE, C1 und C1E: vollendetes 18. Lebensjahr,
8. Klassen C und CE: vollendetes 21. Lebensjahr, ausgenommen in den Fällen des § 20 Abs. 2,
9. Klassen D1 und D1E: vollendetes 21. Lebensjahr,
10. Klassen D und DE: vollendetes 24. Lebensjahr, ausgenommen in den Fällen des § 20 Abs. 3,
11. Klasse F:
   a) vollendetes 16. Lebensjahr, beschränkt auf landwirtschaftliche Fahrzeuge unter Nachweis der erforderlichen geistigen und körperlichen Reife und unter Vorschreibung von nach den Erfordernissen der Verkehrs- und Betriebssicherheit nötigen Auflagen oder zeitlichen, örtlichen oder sachlichen Beschränkungen der Gültigkeit dieser Lenkberechtigung,
   b) vollendetes 18. Lebensjahr.
(BGBl I 2011/61)

(2) Bewerber um eine Lenkberechtigung dürfen unbeschadet der Bestimmungen des Abs. 5, „des § 18 Abs. 1,"** des „§ 18a Abs. 4"* und des § 19 Abs. 1 frühestens sechs Monate vor Vollendung des für die angestrebte Lenkberechtigung erforderlichen Mindestalters mit der theoretischen und praktischen Ausbildung in Fahrschulen beginnen. *(BGBl I 2005/152; *BGBl I 2011/61; **BGBl I 2017/15)*

(3) Bewerber um eine Lenkberechtigung dürfen bei Fahrten, die sie im Zuge ihrer Ausbildung durchführen, ein Kraftfahrzeug nur in Betrieb nehmen und lenken, wenn der Alkoholgehalt des Blutes nicht mehr als 0,1 g/l (0,1 Promille) oder der Alkoholgehalt der Atemluft nicht mehr als 0,05 mg/l beträgt. Diese Bestimmung gilt ebenfalls für Besitzer einer Lenkberechtigung für die Klasse F bis zur Vollendung des 20. Lebensjahres.

(4) *(aufgehoben, BGBl I 2005/152)*

(5) Für Lehrlinge für den Beruf „Berufskraftfahrer" gemäß der Verordnung des Bundesministers für wirtschaftliche Angelegenheiten, „BGBl. II Nr. 190/2007", gilt abweichend von den Abs. 2 und 4:

1. die Ausbildung gemäß Abs. 2 für die Lenkberechtigung für die Klassen B und C darf frühestens sechs Monate vor Vollendung des 17. Lebensjahres begonnen werden;

2. mit Vollendung des 17. Lebensjahres dürfen die Lehrfahrten gemäß § 122a KFG 1967 auf Straßen mit öffentlichem Verkehr durchgeführt werden;

3. die theoretische Fahrprüfung darf frühestens mit Vollendung des 17. Lebensjahres, die praktische Fahrprüfung frühestens vier Monate vor Vollendung des 18. Lebensjahres abgelegt werden.
(BGBl I 2011/61)

Verkehrszuverlässigkeit

§ 7. (1) Als verkehrszuverlässig gilt eine Person, wenn nicht auf Grund erwiesener bestimmter Tatsachen (Abs. 3) und ihrer Wertung (Abs. 4) angenommen werden muss, dass sie wegen ihrer Sinnesart beim Lenken von Kraftfahrzeugen

1. die Verkehrssicherheit insbesondere durch rücksichtsloses Verhalten im Straßenverkehr oder durch Trunkenheit oder einen durch Suchtmittel oder durch Medikamente beeinträchtigten Zustand gefährden wird, oder

2. sich wegen der erleichternden Umstände, die beim Lenken von Kraftfahrzeugen gegeben sind, sonstiger schwerer strafbarer Handlungen schuldig machen wird.

(2) Handelt es sich bei den in Abs. 3 angeführten Tatbeständen um Verkehrsverstöße oder strafbare Handlungen, die im Ausland begangen wurden, so sind diese nach Maßgabe der inländischen Rechtsvorschriften zu beurteilen. *(BGBl I 2005/15)*

(3) Als bestimmte Tatsache im Sinn des Abs. 1 hat insbesondere zu gelten, wenn jemand:

1. ein Kraftfahrzeug gelenkt oder in Betrieb genommen und hiebei eine Übertretung gemäß § 99 Abs. 1 bis 1b StVO 1960 begangen hat, auch wenn die Tat nach § 83 Sicherheitspolizeigesetz SPG, BGBl. Nr. 566/1991, zu beurteilen ist;

2. beim Lenken eines Kraftfahrzeuges in einem durch Alkohol oder Suchtmittel beeinträchtigten Zustand auch einen Tatbestand in die Zuständigkeit der Gerichte fallenden strafbaren Handlung verwirklicht hat und diese Tat daher auf Grund des § 99 Abs 6 lit. c StVO 1960 nicht als Verwaltungsübertretung zu ahnden ist;

3. als Lenker eines Kraftfahrzeuges durch Übertretung von Verkehrsvorschriften ein Verhalten setzt, das an sich geeignet ist, besonders gefährliche Verhältnisse herbeizuführen, oder mit besonderer Rücksichtslosigkeit gegen die für das Lenken eines Kraftfahrzeuges maßgebenden Verkehrsvorschriften verstoßen hat; als Verhalten, das geeignet ist, besonders gefährliche Verhältnisse herbeizuführen, gelten insbesondere

a) erhebliche Überschreitungen der jeweils zulässigen Höchstgeschwindigkeit vor Schulen, Kindergärten und vergleichbaren Einrichtungen sowie auf Schutzwegen oder Radfahrerüberfahrten, sowie jedenfalls Überschreitungen der jeweils zulässigen Höchstgeschwindigkeit im Ortsgebiet um mehr als 80 km/h oder außerhalb des Ortsgebiets um mehr als 90 km/h,

b) das Nichteinhalten des zeitlichen Sicherheitsabstandes beim Hintereinanderfahren, sofern der zeitliche Sicherheitsabstand eine Zeitdauer von 0,2 Sekunden unterschritten hat und diese Übertretungen mit technischen Messgeräten festgestellt wurden,

c) das Übertreten von Überholverboten bei besonders schlechten oder bei weitem nicht ausreichenden Sichtverhältnissen

d) die Beteiligung an unerlaubten Straßenrennen oder

e) das Fahren gegen die Fahrtrichtung auf Autobahnen;
(BGBl I 2021/154)

4. die jeweils zulässige Höchstgeschwindigkeit im Ortsgebiet um mehr als 40 km/h oder außerhalb des Ortsgebiets um mehr als 50 km/h überschritten hat und diese Überschreitung mit einem technischen Hilfsmittel festgestellt wurde; *(BGBl I 2010/117)*

5. es unterlassen hat, nach einem durch das Lenken eines Kraftfahrzeuges selbst verursachten Verkehrsunfall, bei dem eine Person verletzt wurde, sofort anzuhalten oder erforderliche Hilfe zu leisten oder herbeizuholen;

6. ein Kraftfahrzeug lenkt;

a) trotz entzogener Lenkberechtigung oder Lenkverbotes oder trotz vorläufig abgenommenen Führerscheines oder

b) wiederholt ohne entsprechende Lenkberechtigung für die betreffende Klasse;

7. wiederholt in einem die Zurechnungsfähigkeit ausschließenden Rauschzustand eine strafbare Handlung begangen hat (§ 287 StGB und § 83 SPG), unbeschadet der Z 1;

8. eine strafbare Handlung gegen die sexuelle Integrität und Selbstbestimmung gemäß den §§ 201 bis 207 oder 217 StGB begangen hat;

9. eine strafbare Handlung gegen Leib und Leben gemäß den §§ 75, 76, 84 bis 87 StGB oder wiederholt gemäß dem § 83 StGB begangen hat;

10. eine strafbare Handlung gemäß § 102, § 131, § 142, § 143 oder den §§ 278b bis 278g StGB begangen hat; *(BGBl I 2021/153)*

11. eine strafbare Handlung gemäß § 28a oder § 31a Abs. 2 bis 4 Suchtmittelgesetz – SMG, BGBl. I Nr. 112/1997 in Fassung BGBl. I Nr. 111/2010 begangen hat; *(BGBl I 2011/61)*

12. die Auflage ärztlicher Kontrolluntersuchungen als Lenker eines Kraftfahrzeuges nicht eingehalten hat;

13. sonstige vorgeschriebene Auflagen als Lenker eines Kraftfahrzeuges wiederholt nicht eingehalten hat;

14. wegen eines Deliktes gemäß § 30a Abs. 2 rechtskräftig bestraft wird und bereits zwei oder mehrere zu berücksichtigende Eintragungen (§ 30a Abs. 4) vorgemerkt sind oder *(BGBl I 2005/152)*

15. wegen eines Deliktes gemäß § 30a Abs. 2 rechtskräftig bestraft wird, obwohl gegenüber ihm zuvor bereits einmal aufgrund eines zu berücksichtigenden Deliktes eine besondere Maßnahme gemäß § 30b Abs. 1 angeordnet worden ist „ oder gemäß § 30b Abs. 2 von der Anordnung einer besonderen Maßnahme Abstand genommen wurde." *(BGBl I 2005/152)*

(4) Für die Wertung der in Abs. 1 genannten und in Abs. 3 beispielsweise angeführten Tatsachen sind deren Verwerflichkeit, die Gefährlichkeit der Verhältnisse, unter denen sie begangen wurden, die seither verstrichene Zeit und das Verhalten während dieser Zeit maßgebend, wobei bei den in Abs. 3 Z 14 und 15 genannten bestimmten Tatsachen die seither verstrichene Zeit und das Verhalten während dieser Zeit nicht zu berücksichtigen ist. *(BGBl I 2005/15)*

(5) Strafbare Handlungen gelten jedoch dann nicht als bestimmte Tatsachen im Sinne des Abs. 1, wenn die strafbare Handlung vor mehr als fünf Jahren begangen wurde. Für die Frage der Wertung bestimmter Tatsachen gemäß Abs. 3 sind jedoch strafbare Handlungen auch dann heranzuziehen, wenn sie vor mehr als fünf Jahren begangen wurden. *(BGBl I 2015/74)*

(6) Für die Beurteilung, ob eine strafbare Handlung gemäß Abs. 3 Z 6 lit. b, 7, 9 letzter Fall oder 13 wiederholt begangen wurde, sind vorher begangene Handlungen der gleichen Art selbst dann heranzuziehen, wenn sie bereits einmal zur Begründung des Mangels der Verkehrszuverlässigkeit herangezogen worden sind, es sei denn, die zuletzt begangene Tat liegt länger als zehn Jahre zurück. Die Auflage der ärztlichen Kontrolluntersuchungen gemäß Abs. 3 Z 12 gilt als nicht eingehalten, wenn der Befund oder das ärztliche Gutachten nicht innerhalb einer Woche nach Ablauf der festgesetzten Frist der Behörde vorgelegt wird. *(BGBl I 2005/15)*

(7) Im Fall des Vorliegens einer oder mehrerer der in Abs. 3 Z 1 bis 13 genannten Übertretungen oder Verstöße hat die Behörde, in deren Sprengel die Übertretung oder der Verstoß begangen wurde, die Wohnsitzbehörde unverzüglich von diesem Umstand zu verständigen. Die Wohnsitzbehörde hat eine Eintragung im Führerscheinregister vorzunehmen. Wenn sich ergibt, dass eine solche Eintragung zu Unrecht erfolgte, so ist diese Eintragung unverzüglich zu löschen. Bei den in Abs. 3 Z 6 lit. b, 7, 9 (im Hinblick auf § 83 StGB) und 13 genannten bestimmten Tatsachen hat die Verständigung für jede einzelne angezeigte Tat zu erfolgen. *(BGBl I 2019/76)*

(8) Die Verkehrszuverlässigkeit ist von der das Verfahren führenden Behörde zu beurteilen. „ " *(BGBl I 2005/152; BGBl I 2019/76)*

(BGBl I 2002/81)

Gesundheitliche Eignung

§ 8. (1) Vor der Erteilung einer Lenkberechtigung hat der Antragsteller der Behörde ein ärztliches Gutachten vorzulegen, daß er zum Lenken von Kraftfahrzeugen gesundheitlich geeignet ist. „Das ärztliche Gutachten hat auszusprechen, für welche „Gruppe(n)"* von Lenkberechtigungen der Antragsteller gesundheitlich geeignet ist, darf im Zeitpunkt der Entscheidung nicht älter als 18 Monate sein und ist von einem in die Ärzteliste eingetragenen sachverständigen Arzt gemäß § 34 zu erstellen. „Die militärärztliche Feststellung der gesundheitlichen Eignung zum Lenken eines Kraftfahrzeuges einer oder mehrerer Gruppe(n) gilt für die Dauer von 18 Monaten ab ihrer Ausstellung auch als solches ärztliches Gutachten."*** *(BGBl I 2002/81; *BGBl I 2008/31; **BGBl I 2011/61; ***BGBl I 2014/52)*

(2) Sind zur Erstattung des ärztlichen Gutachtens besondere Befunde oder im Hinblick auf ein verkehrspsychologisch auffälliges Verhalten eine Stellungnahme einer verkehrspsychologischen Untersuchungsstelle erforderlich, so ist das ärztliche Gutachten von einem Amtsarzt zu erstellen; der Antragsteller hat diese Befunde oder Stellungnahmen zu erbringen. Wenn im Rahmen der amtsärztlichen Untersuchung eine sichere Entscheidung im Hinblick auf die gesundheitliche Eignung nicht getroffen werden kann, so ist erforderlichenfalls eine Beobachtungsfahrt anzuordnen.

(2a) Personen, die aufgrund einer gesundheitlichen Beeinträchtigung eine befristete Lenkberechtigung erhalten und zu deren Verlängerung ein ärztliches Gutachten erbringen müssen, sind hinsichtlich der zur Erlangung des ärztlichen Gutachtens erforderlichen Schriften und der Ausstellung des neuen Führerscheines im Zuge dieser Verlängerung von Stempelgebühren und Verwaltungsabgaben befreit. Für die Ausstellung des Führerscheines ist jedoch ein Kostenersatz zu leisten, der jener Gebietskörperschaft zukommt, die den Aufwand für die Behörde zu tragen hat, die die Herstellung des Führerscheines in Auftrag gegeben hat. Die Höhe dieses Kostenersatzes ist durch Verordnung der Bundesministerin für Klimaschutz, Umwelt, Energie, Mobilität, Innovation und Technologie festzusetzen. *(BGBl I 2022/121)*

(3) Das ärztliche Gutachten hat abschließend auszusprechen: „geeignet", „bedingt geeignet", „beschränkt geeignet" oder „nicht geeignet". Ist der Begutachtete nach dem ärztlichen Befund

1. gesundheitlich zum Lenken von Kraftfahrzeugen einer oder mehrerer Klassen ohne Einschränkung geeignet, so hat das Gutachten „geeignet" für diese Klassen zu lauten;

2. zum Lenken von Kraftfahrzeugen einer oder mehrerer Klassen nur unter der Voraussetzung geeignet, dass er Körperersatzstücke oder Behelfe oder daß er nur Fahrzeuge mit bestimmten Merkmalen verwendet oder dass er sich ärztlichen Kontrolluntersuchungen unterzieht, so hat das Gutachten „bedingt geeignet" für die entsprechenden Klassen zu lauten und Befristungen, Auflagen oder zeitliche, örtliche oder sachliche Beschränkungen der Gültigkeit anzuführen, unter denen eine Lenkberechtigung ohne Gefährdung der Verkehrssicherheit erteilt werden kann; dies gilt auch für Personen, deren Eignung nur für eine bestimmte Zeit angenommen werden kann und bei denen amtsärztliche Nachuntersuchungen erforderlich sind; *(BGBl I 2002/81)*

3. zum Lenken nur eines bestimmten Fahrzeuges nach § 2 Z 24 KFG 1967 geeignet, so hat das Gutachten „beschränkt geeignet" zu lauten und anzugeben, durch welche körperlichen „Beeinträchtigungen" die Eignung beschränkt ist und in welcher Form diese körperlichen „Beeinträchtigungen" ausgeglichen werden können: *(BGBl I 2008/31)*

4. zum Lenken von Kraftfahrzeugen einer oder mehrerer Klassen nicht geeignet, so hat das Gutachten „nicht geeignet" für die entsprechenden Klassen zu lauten.

(3a) Die Dauer der Befristung ist vom Zeitpunkt der Ausfertigung des amtsärztlichen Gutachtens zu berechnen. „Einen Antrag auf Verlängerung einer Lenkberechtigung kann die antragstellende Person bei der Behörde ihrer Wahl innerhalb des Bundesgebietes einbringen; diese Behörde hat darüber zu entscheiden." *(BGBl I 2011/61; BGBl I 2022/121)*

(4) Wenn das ärztliche Gutachten die Eignung zum Lenken von Kraftfahrzeugen von der Erfüllung bestimmter Auflagen, wie insbesondere die Verwendung von bestimmten Behelfen oder die regelmäßige Beibringung einer fachärztlichen Stellungnahme abhängig macht, so sind diese Auflagen beim Lenken von Kraftfahrzeugen zu befolgen. *(BGBl I 2002/81)*

(5) Eine Person, deren Lenkberechtigung durch den Ablauf einer Befristung erloschen ist und die den Antrag auf Verlängerung der Lenkberechtigung vor Ablauf der Befristung gestellt hat, ist berechtigt, für längstens drei weitere Monate nach Ablauf der Befristung im Bundesgebiet Kraftfahrzeuge der entsprechenden Klasse „ " zu lenken, wenn die rechtzeitige Verlängerung der Lenkberechtigung ohne Verschulden der betreffenden Person nicht möglich war. Über die rechtzeitige Einbringung des Antrages ist von der Behörde eine Bestätigung auszustellen, die der Lenker gemäß § 14 Abs. 1 mit sich zu führen hat. Auf die im ersten Satz genannte Berechtigung sind die Bestimmungen gemäß §§ 24 ff über die Entziehung der Lenkberechtigung sinngemäß anzuwenden. Die Berechtigung erlischt jedenfalls mit Erlassung eines abweisenden Bescheides über den Antrag auf Verlängerung der Lenkberechtigung. *(BGBl I 2002/81; BGBl I 2011/61)*

(6) Der Bundesminister für Verkehr, Innovation und Technologie hat nach den Erfordernissen der Verkehrs- und Betriebssicherheit, dem jeweiligen Stand der medizinischen und psychologischen Wissenschaft und der Technik entsprechend, durch Verordnung die näheren Bestimmungen festzusetzen über:

1. die ärztliche Untersuchung und die Erstellung des ärztlichen Gutachtens (Abs. 1 und 2); hiebei ist auch festzusetzen, unter welchen Auflagen oder Beschränkungen Personen, bei denen bestimmte „gesundheitliche Beeinträchtigungen" vorliegen, als zum Lenken von Kraftfahrzeugen geeignet zu gelten haben (Abs. 3 Z 2 und 3); *(BGBl I 2008/31)*

2. die verkehrspsychologische Untersuchung (Abs. 2) und die zu erfüllenden Mindestfordernisse für den Nachweis der verkehrspsychologischen Eignung;

3. die personellen und sachlichen Voraussetzungen für die Ermächtigung als verkehrspsychologische Untersuchungsstelle sowie die Voraussetzungen betreffend Zeugnisse und berufliche Erfahrung für die Tätigkeit als Verkehrspsychologe im Rahmen einer verkehrspsychologischen Untersuchungsstelle;

4. die Voraussetzungen betreffend Zeugnisse und berufliche Erfahrung für die Bestellung als sachverständiger Arzt für die Erstellung von ärztlichen Gutachten gemäß Abs. 1;

5. die Meldepflichten des sachverständigen Arztes.

Die näheren Bestimmungen gemäß Z 1, 4 und 5 sind im Einvernehmen mit „dem Bundesminister/der Bundesministerin für Gesundheit" festzusetzen. *(BGBl I 2002/81; BGBl I 2015/74)*

Technisches Gutachten und Beobachtungsfahrt

§ 9. (1) Wenn das ärztliche Gutachten eine Beurteilung technischer Fragen voraussetzt, insbesondere hinsichtlich der Feststellung, ob die Bauart und Ausrüstung eines bestimmten Fahrzeuges die in einem auf „beschränkt geeignet" lautenden Gutachten angeführten körperlichen Mängel ausgleicht (§ 8 Abs. 3 Z 3), ist ein Gutachten eines „von der Behörde" bestellten technischen Sachverständigen hierüber einzuholen. *(BGBl I 2011/61)*

(2) Wenn das ärztliche Gutachten eine Beobachtung des zu Begutachtenden beim Handhaben von Betätigungsvorrichtungen eines bestimmten, für den Ausgleich einer Körperbehinderung umgebauten Kraftfahrzeuges erfordert, ist vor Erstellung des ärztlichen Gutachtens eine Beobachtungsfahrt anzuordnen; die erforderlichen entsprechenden technischen Umbauten sind bei der Erteilung der Lenkberechtigung vorzuschreiben.

(3) Die Beobachtungsfahrt darf nur mit einem Schulfahrzeug (§ 112 Abs. 3 KFG 1967) der in Betracht kommenden Klasse von Kraftfahrzeugen (§ 2 Abs. 1) vorgenommen werden; ist jedoch angesichts besonderer Umstände eine Gefährdung der Verkehrs- und Betriebssicherheit nicht zu befürchten, so kann die Beobachtungsfahrt, insbesondere bei Besitzern einer Lenkberechtigung, auch mit einem anderen geeigneten Kraftfahrzeug der in Betracht kommenden Klasse vorgenommen werden. Personen, die nach dem ärztlichen Gutachten „beschränkt geeignet" sind, haben das entsprechende Ausgleichkraftfahrzeug bereitzustellen.

(4) Während der Beobachtungsfahrt muß, wenn möglich, neben dem zu beobachtenden Lenker ein Besitzer eines Fahrlehrer- oder Fahrschullehrerausweises gemäß § 114 Abs. 1 KFG 1967, ein im § 120 Abs. 1 KFG 1967 angeführter Ausbildner, ein Besitzer einer im § 122 Abs. 1 KFG 1967 angeführten Bewilligung zur Durchführung von Übungsfahrten oder ein „von der Behörde" bestellter technischer Sachverständiger sitzen, der gegebenenfalls durch entsprechendes Eingreifen einem Unfall vorbeugen muß. Ist die Beobachtungsfahrt auch zur Beurteilung technischer Fragen erforderlich, so hat der im Abs. 1 angeführte technische Sachverständige daran teilzunehmen. *(BGBl I 2011/61)*

(5) Wenn die Beobachtungsfahrt ergibt, daß die körperlichen Mängel mit einem oder mehreren bestimmten, für den Begutachteten umgebauten Kraftfahrzeugen hinlänglich ausgeglichen werden, so sind Kennzeichen und Fahrgestellnummer dieser Fahrzeuge im ärztlichen Gutachten nachzutragen und im Führerschein zu vermerken. Bei einem Wechsel der Kraftfahrzeuge hat die Behörde diese Angaben im Führerschein zu berichtigen, wenn ein „von der Behörde" bestellter Sachverständiger bestätigt, daß die technischen Umbauten des neuen Kraftfahrzeuges denen der im ärztlichen Gutachten bezeichneten Kraftfahrzeuge entsprechen. *(BGBl I 2011/61)*

Fachliche Befähigung

§ 10. (1) Vor der Erteilung der Lenkberechtigung ist die fachliche Befähigung des Antragstellers durch eine Fahrprüfung nachzuweisen. Das Gutachten hat nur auszusprechen, ob der Begutachtete zum Lenken von Fahrzeugen der in Betracht kommenden Klasse „ " fachlich befähigt ist oder nicht. Die Namen der Sachverständigen dürfen erst am Tag der Prüfung bekanntgegeben werden. *(BGBl I 2005/152; BGBl I 2011/61)*

(2) Kandidaten sind zur theoretischen Fahrprüfung gemäß § 11 Abs. 2 nur zuzulassen, wenn sie

1. verkehrszuverlässig sind,
2. gesundheitlich geeignet sind und
3. die theoretische Ausbildung im Rahmen einer Fahrschule absolviert haben.

Ein gesonderter physischer Nachweis über die Absolvierung der theoretischen Ausbildung ist nicht erforderlich. Zur praktischen Fahrprüfung sind Kandidaten nur zuzulassen, wenn sie den Nachweis gemäß § 3 Abs. 1 Z 5 und den Nachweis über die Absolvierung der gesamten jeweils erforderlichen Ausbildung in der Fahrschule erbracht haben, wobei diese Ausbildung vor nicht länger als 18 Monaten abgeschlossen worden sein darf. *(BGBl I 2008/31)*

(3) Der Nachweis der in Abs. 2 genannten Schulung entfällt für Bewerber,

1. die gemäß § 119 (in Landwirtschaftsschulen), § 120 (bei öffentlichen Dienststellen) oder § 122a KFG 1967 (als Lehrling zum Berufskraftfahrer) ausgebildet wurden oder
2. die eine in einem Nicht-EWR-Staat erteilte gültige Lenkberechtigung für die betreffende Klasse besitzen oder besessen haben. *(BGBl I 2015/74)*

(4) Der Nachweis der in Abs. 2 genannten Schulung entfällt ferner für Personen, deren Lenkberechtigung erloschen ist. Die Behörde hat außerdem bei Personen, deren Lenkberechtigung durch Fristablauf oder Verzicht erloschen ist, von der Einholung eines Gutachtens über die fachliche Befähigung abzusehen, wenn

1. der Antrag auf Erteilung einer neuen Lenkberechtigung innerhalb von 18 Monaten seit dem Erlöschen der Lenkberechtigung gestellt wurde,
2. die Lenkberechtigung für die gleiche Klasse „ " von Kraftfahrzeugen beantragt wurde und *(BGBl I 2011/61)*
3. anzunehmen ist, dass der Antragsteller die fachliche Befähigung zum Lenken von Kraftfahrzeugen noch besitzt.

Ist die Lenkberechtigung durch eine Entziehungsdauer von mehr als 18 Monaten erloschen oder sind seit dem Erlöschen der Lenkberechtigung durch Fristablauf oder Verzicht mehr als 18 Monate vergangen und wird die Wiedererteilung der Lenkberechtigung für die gleiche Klasse „ " beantragt, so hat die Behörde von einer theoretischen Prüfung abzusehen, wenn nicht auf Grund konkreter Bedenken anzunehmen ist, dass der Antragsteller nicht mehr ausreichende theoretische Kenntnisse besitzt. *(BGBl I 2002/81; BGBl I 2011/61)*

Fahrprüfung

§ 11. (1) Die Fahrprüfung hat aus einer automationsunterstützten theoretischen und einer praktischen Prüfung zu bestehen. *(BGBl I 2002/81)*

(2) Die theoretische Prüfung ist unter Bedachtnahme auf die angestrebte Klasse „ " (§ 2 Abs. 1) abzunehmen und hat sich zu erstrecken

1. auf die Kenntnis der für das Lenken eines Kraftfahrzeuges maßgebende Verkehrsvorschriften, insbesondere solche, die Straßenverkehrsunfälle verhüten und Verkehrsbehinderungen vermeiden sollen,

2. auf die notwendigen Kenntnisse für eine umweltfreundliche und wirtschaftliche Benützung des Kraftfahrzeuges und

3. auf die für das sichere Lenken von Kraftfahrzeugen und das richtige Verhalten bei den im Straßenverkehr zu erwartenden besonderen Umstände und Gefahren notwendigen Kenntnisse wie insbesondere:

a) die Gefahren des Straßenverkehrs zu erkennen und deren Ausmaß abzuschätzen, zum Beispiel im Hinblick auf die Fahrbahnbeschaffenheit, die Sichtverhältnisse und auf die Beeinträchtigung anderer Straßenbenützer;

b) das Fahrzeug zu beherrschen, um keine gefährlichen Verkehrssituationen zu verursachen und sich richtig zu verhalten, wenn solche Situationen eintreten;

c) die wichtigsten technischen Mängel am Fahrzeug zu erkennen, vor allem solche, die die Sicherheit beeinträchtigen, und sie in geeigneter Weise beheben zu lassen;

d) alle Umstände zu berücksichtigen, die das Verhalten der Lenker beeinträchtigen (Alkohol, Ermüdung, Mängel des Sehvermögens usw.);

e) durch ein rücksichtsvolles Verhalten gegenüber den anderen zur Sicherheit aller, vor allem der schwächsten und am meisten gefährdeten Verkehrsteilnehmer beizutragen;

f) bei Bewerbern um eine Lenkberechtigung für die „Klassen BE, C(C1), CE(C1E), D(D1), DE(D1E) und F" auch auf die hiefür in technischer Hinsicht und im Hinblick auf die Eigenart und Bauart der Kraftfahrzeuge und Anhänger notwendigen Kenntnisse. *(BGBl I 2002/81; BGBl I 2011/61)*
(BGBl I 2011/61)

(3) Die praktische Prüfung darf erst abgenommen werden, wenn die theoretische Prüfung mit Erfolg abgelegt worden ist. Sie ist auf einem zum Verkehr zugelassenen Kraftfahrzeug der Klasse abzunehmen, für der Kandidat eine Lenkberechtigung beantragt hat, unter Berücksichtigung einer beantragten Beschränkung. Dieses Kraftfahrzeug muß eine richtige Beurteilung der praktischen Kenntnisse des Kandidaten ermöglichen und den Anforderungen des § 12 entsprechen. Der während der Fahrprüfung neben dem Kandidaten Sitzende, hat, soweit es ihm möglich ist, Unfällen durch entsprechendes Eingreifen in die Fahrweise des Kandidaten vorzubeugen.

(4) Die praktische Prüfung hat zu umfassen:

1. die Vorgangsweise, bei den für die Fahrt notwendigen und möglichen Überprüfungen des Zustandes des Fahrzeuges,

2. Fahrübungen, wie insbesondere Umkehren, Rückwärtsfahren, Anfahren auf Steigungen, Einfahren in Parklücken und Ausfahren aus diesen, und Bremsübungen, wie insbesondere Gefahrenbremsungen und

3. eine Prüfungsfahrt auch auf Straßen mit starkem Verkehr von mindestens 25 Minuten für die „Klassen A1, A2, A, B und BE und von mindestens 45 Minuten für die Klassen C(C1), CE(C1E), D(D1), DE(D1E)". *(BGBl I 2011/61)*

(4a) Kandidaten für die Fahrprüfung für die „Klasse C(C1) und/oder D(D1)", die die Grundqualifikation gemäß § 19a Abs. 1 Güterbeförderungsgesetz 1995 – GütbefG, BGBl. I Nr. 593/1995 idF BGBl. I Nr. 153/2006, § 14b Abs. 1 Gelegenheitsverkehrs-Gesetz 1996 – GelverkG, BGBl. I Nr. 112/1996 idF BGBl. I Nr. 153/2006 oder § 44b Abs. 1 Kraftfahrlininegesetz - KflG, BGBl. I Nr. 203/1999 idF BGBl. I Nr. 153/2006 erwerben wollen, können beantragen, dass die in Abs. 4 Z 3 genannte Prüfungsfahrt um 45 Minuten auf insgesamt mindestens 90 Minuten ausgedehnt wird. Bei dieser Prüfungsfahrt ist das rationelle Fahrverhalten und die Einhaltung der Verkehrssicherheit zu bewerten und hat das Fahren auf Straßen sowohl innerhalb als auch außerhalb des Ortsgebietes zu umfassen und soll nach Möglichkeit in Situationen mit unterschiedlicher Verkehrsdichte erfolgen. Dabei gelten die ersten 45 Minuten dieser Prüfungsfahrt als die in Abs. 4 Z 3 genannte Prüfungsfahrt für die Erteilung der Lenkberechtigung der jeweiligen Klasse und ist auch gesondert zu beurteilen. Über das Bestehen der gesamten 90 minütigen Fahrprüfung hat der Fahrprüfer dem Kandidaten eine Bestätigung auszustellen sowie die Eintragung im Führerscheinregister vorzunehmen. *(BGBl I 2008/31; BGBl I 2011/61)*

(5) Nach der Prüfung ist dem Kandidaten bekanntzugeben, ob er die Prüfung bestanden hat. „ " „Wenn er die Prüfung nicht bestanden hat, ist ihm die Begründung hiefür bekanntzugeben und, bei Nichtbestehen der praktischen Prüfung, der Durchschlag des Prüfungsprotokolls zu übergeben." *(BGBl I 2009/93)*

(6) Wurde einer der beiden Prüfungsteile nicht bestanden, so darf dieser nicht vor Ablauf von zwei Wochen wiederholt werden. Die theoretische Prüfung ist jedenfalls neuerlich abzulegen, wenn

die praktische Prüfung nicht innerhalb von „18"*
Monaten nach Bestehen der theoretischen Prüfung
bestanden wurde. „Kandidaten, die im Rahmen
der theoretischen Fahrprüfung**

1. unerlaubte technische Hilfsmittel verwenden oder verwendet haben und

2. sich dabei der Unterstützung durch andere nicht im Prüfungsraum befindlicher Personen bedienen und

3. deren theoretische Fahrprüfung aus diesem Grund abgebrochen und/oder negativ bewertet wurde,

dürfen diese Prüfung nicht vor Ablauf von neun Monaten wiederholen."** *(BGBl I 2002/81; *BGBl I 2005/152; **BGBl I 2019/76)*

(6a) Der Kandidat hat für die Abnahme der Fahrprüfung eine Prüfungsgebühr zu entrichten. Diese Gebühr fließt der Gebietskörperschaft zu, die den Aufwand der Behörde oder der vom Landeshauptmann bestellten Stelle, der die Prüfungseinteilung obliegt, zu tragen hat. Für Amtshandlungen außerhalb des Amtes im Zuge der Abnahme der Fahrprüfung sind keine Kommissionsgebühren zu entrichten. *(BGBl I 2002/81)*

(6b) Die im Zuge des Verfahrens über die Erteilung oder Ausdehnung der Lenkberechtigung angefallenen Kosten inklusive der Prüfungsgebühr für alle beantragten Klassen sind für den Kandidaten auf dem Kostenblatt in übersichtlicher Form darzustellen. Ausgenommen davon sind die Kosten der amtsärztlichen Untersuchung, die direkt anlässlich dieser Untersuchung zu begleichen sind. *(BGBl I 2005/152)*

(7) Der Bundesminister für Verkehr, Innovation und Technologie hat nach den Erfordernissen der Verkehrs- und Betriebssicherheit, dem jeweiligen Stand der Technik entsprechend, durch Verordnung die näheren Bestimmungen festzusetzen über:

1. den Vorgang und den Umfang der theoretischen Prüfung,

2. die Mindestanforderungen an die räumliche und technische Ausstattung jener Fahrschulen, die eine Ermächtigung als Prüfungsstellen für die theoretische Fahrprüfung beantragen,

3. den Vorgang und den Umfang der praktischen Prüfung und das Prüfungsprotokoll,

4. die Prüfungsgebühr für die Ablegung der Fahrprüfung sowie die Vergütung der im Rahmen der Fahrprüfung anfallenden behördlichen Aufwendungen,

5. die Form und den Inhalt des Kostenblattes, *(BGBl I 2005/152)*

6. die Vorgangsweise bei der Ausstellung des Kostenblattes. *(BGBl I 2005/152)*

Fahrprüfungsverwaltung

§ 11a. (1) Die Organisation und Abwicklung der theoretischen Fahrprüfung, das Erstellen von Prüflisten und die automatisierte Zuweisung von Prüfungsfragen an die Kandidaten ist mittels automationsunterstützter Datenverarbeitung in Form einer zentralen Anwendung, für die der Verantwortliche gemäß § 16 Abs. 1 Z 1 zuständig ist, von einem von diesem bestellten Auftragsverarbeiter durchzuführen.

(2) Die Daten der Kandidaten, die für die Abwicklung der theoretischen Fahrprüfung erforderlich sind, sind direkt von den Fahrschulen in ihrer Funktion gemäß § 16 Abs. 1 letzter Satz festzustellen. Die folgenden Daten sind von der Fahrschule zum Zweck der Prüfungsabwicklung aus dem Führerscheinregister zu erheben:

1. § 16a Abs. 1 Z 1 lit. a bis i, und l,

2. § 16a Abs. 1 Z 2 lit. c, d, h, j und k,

3. § 16a Abs. 1 Z 3 lit. b und e,

4. § 16b Abs. 3 Z 5 und 6.

(3) Das Anlegen der Kandidaten hat in der zentralen Anwendung durch die Fahrschule und die Überprüfung des Vorliegens der Voraussetzungen bei den Kandidaten hat durch die in Abs. 1 genannte Behörde stattzufinden.

(4) Die Zuweisung der Prüfungsfragen an den Kandidaten hat in der zentralen Anwendung mittels Zufallsprinzip aus der vorhandenen Datenbank der Prüfungsfragen zu erfolgen, die Auswertung der theoretischen Fahrprüfung hat automatisiert in der zentralen Anwendung durch die in Abs. 1 genannte Behörde zu erfolgen.

(5) Die folgenden Daten sind im Zuge der Prüfungsabwicklung automatisiert oder durch die Aufsichtsperson der in Abs. 1 genannten Behörde zu erheben:

1. Kennnummer der Aufsichtsperson,

2. Datum der Prüfung,

3. Sprache in der die Prüfung abgelegt wurde,

4. Identifikationsnummer des Kandidaten,

5. Identifikationsnummer der Klasse,

6. Identifikationsnummer der Prüfungsfragen,

7. Version der Prüfungsfragen,

8. Prüfungsfragennummer und die dazugehörige(n) Antwort(en),

9. erreichte Punkteanzahl,

10. Dauer der Prüfung,

11. für die Nachvollziehbarkeit des Prüfungsablaufs notwendigen Verbindungsdaten.

(6) „Zum Zweck der Übertragung der Prüfungsdaten ins Führerscheinregister und zur weiteren Administration des Führerscheinverfahrens sind die Daten gemäß Abs. 2 und 5 bei den Fahrschulen in ihrer Funktion als Auftragsverarbeiter bis 18 Monate nach Ablegung der theoretischen

Fahrprüfung aufzubewahren und sind sodann automationsunterstützt zu löschen." Die Daten gemäß Abs. 2 und 5 sind drei Jahre nach Ablegung der theoretischen Fahrprüfung durch die in Abs. 1 genannte Behörde zu anonymisieren. Die anonymisierten Daten dürfen für statistische Auswertungen im Zusammenhang mit der theoretischen Fahrprüfung herangezogen werden. *(BGBl I 2022/121)*

(BGBl I 2019/76)

Prüfungsfahrzeuge

§ 12. (1) Das für die Prüfung erforderliche Fahrzeug hat der Kandidat beizustellen und bei Fahrzeugen, die nicht ihm oder einer Fahrschule gehören, eine schriftliche Erklärung des Zulassungsbesitzers darüber vorzulegen, daß dieser der Verwendung des Fahrzeuges für die Prüfungsfahrt zustimmt. Kandidaten, die nach dem ärztlichen Gutachten „beschränkt geeignet" sind, haben das entsprechende Ausgleichkraftfahrzeug beizustellen.

(2) Die Prüfung von Bewerbern um eine Lenkberechtigung, ausgenommen für die Klassen A1, A2, A und F, ist auf Fahrzeugen der angestrebten Klasse abzunehmen, die

1. den Bestimmungen des § 112 Abs. 3 KFG 1967 über Schulfahrzeuge entsprechen und nicht auch in eine andere Klasse fallen,

2. zur Verwendung im Rahmen von Übungsfahrten (§ 122 KFG 1967) oder Ausbildungsfahrten „(§ 19 FSG)" bestimmt waren. *(BGBl I 2013/43)*

„Die Prüfung für die Klasse C1 kann auch auf einem Kraftfahrzeug der Klasse C und die Prüfung für die Klasse D1 kann auch auf einem Kraftfahrzeug der Klasse D abgelegt werden." *(BGBl I 2011/61; BGBl I 2015/74)*

(3) *(aufgehoben, BGBl I 2015/74)*

(4) Der Bundesminister für Verkehr, Innovation und Technologie hat durch Verordnung die zusätzlichen Anforderungen an die für die jeweilige Klasse „ " zur Abnahme der praktischen Prüfung zugelassenen Prüfungsfahrzeuge festzusetzen hinsichtlich:

1. der erforderlichen Bauartgeschwindigkeit,

2. der notwendigen technischen Ausstattung,

3. der Bedienungselemente und

4. der Mindestmaße und der zulässigen Gesamtmasse.

(BGBl I 2011/61)

3. Abschnitt

Führerscheine

Ausstellung des vorläufigen Führerscheines sowie des Führerscheines

§ 13. (1) „Mit der erfolgreichen Absolvierung der praktischen Fahrprüfung gilt die Lenkberechtigung unbeschadet der Bestimmungen des Abs. 7, des § 18 Abs. 2 fünfter Satz, der „§ 18a Abs. 1 und 2 jeweils vorletzter Satz"**** und des § 20 Abs. 1 letzter Satz unter den gemäß § 5 Abs. 5 jeweils festgesetzten Befristungen, Beschränkungen oder Auflagen als erteilt."*** Nach der Fahrprüfung hat der Fahrprüfer dem Kandidaten den vorläufigen Führerschein für die Klasse(n) „ "** auszuhändigen, für die er die praktische Fahrprüfung bestanden hat oder die er bereits besitzt. Für den Fall, dass der Kandidat zur praktischen Fahrprüfung für die Klasse B mit einem Fahrzeug mit automatischer Kraftübertragung antritt ohne dass dies der Behörde vorher mitgeteilt wurde, ist der vorläufige Führerschein nicht vom Fahrprüfer sondern von der Behörde auszuhändigen. „Wurde die Lenkberechtigung unter einer Befristung, Beschränkung oder Auflage erteilt, kann der Kandidat binnen zwei Wochen nach Ablegung der praktischen Fahrprüfung beantragen, dass ein Feststellungsbescheid über die Erteilung der Lenkberechtigung erlassen wird. Dieser Antrag sowie die Erlassung des Feststellungsbescheides sind von Gebühren und Abgaben befreit."* *(BGBl I 2005/152; *BGBl I 2008/31; **BGBl I 2011/61; ***BGBl I 2013/43; ****BGBl I 2015/74)*

(2) Der vorläufige Führerschein gilt bis zur Zustellung des Führerscheines, unbeschadet der Bestimmung des § 15 Abs. 1 jedoch längstens für die Dauer von vier Wochen ab Aushändigung und berechtigt zum Lenken von Kraftfahrzeugen für die jeweilige Klasse „ " innerhalb Österreichs. Die vierwöchige Frist kann nicht verlängert werden. Der vorläufige Führerschein ist nur in Verbindung mit einem gültigen, amtlichen Lichtbildausweis gültig. *(BGBl I 2011/61)*

(3) Der Fahrprüfer hat die Prüfungsergebnisse unverzüglich nach der Beendigung seiner täglichen Prüfertätigkeit, spätestens aber am nächsten Arbeitstag im Führerscheinregister einzutragen.

(4) Sobald der Führerscheinwerber sämtliche auf dem Kostenblatt angeführten Gebühren ordnungsgemäß entrichtet hat, hat die Behörde die Herstellung eines Führerscheines zu veranlassen. Gegen Bezahlung der zusätzlichen Kosten kann eine bevorzugte Produktion des Führerscheines veranlasst werden. In den Führerschein sind die Daten zur Person des Führerscheinbesitzers, die erteilten Lenkberechtigungsklassen „ " oder sonstige Berechtigungen, etwaige Befristungen, Einschränkungen der Lenkberechtigung, Auflagen

sowie sonstige administrative Angaben einzutragen. Der Produzent des Führerscheines hat diesen an die vom Antragsteller angegebene Adresse zu senden. Im Fall der Ausdehnung auf andere Klassen „ " und der Erteilung der Lenkberechtigung gemäß § 23 Abs. 3 ist der Führerschein an die die Lenkberechtigung erteilende Behörde zu senden, es sei denn, der bisherige Führerschein wurde bis zum Zeitpunkt der Erteilung des Produktionsauftrages bei der Behörde abgeliefert. Erfolgt die Zustellung an die Behörde, ist der Führerschein gegen die Ablieferung des bisherigen Führerscheines auszuhändigen. Weitere Führerscheine für die gemäß Abs. 1 zweiter Satz erteilte Lenkberechtigung dürfen nur in den in § 15 genannten Fällen ausgestellt werden. *(BGBl I 2011/61)*

(5) In den vorläufigen Führerschein ist jede gemäß § 8 Abs. 3 Z 2 oder 3 oder aus anderen Gründen ausgesprochene Befristung, Beschränkung der Lenkberechtigung sowie die Vorschreibung etwaiger Auflagen einzutragen. Bei Erteilung der Lenkberechtigung für eine weitere Fahrzeugklasse „ " (Ausdehnung der Lenkberechtigung) oder bei Eintragung nachträglich ausgesprochener Befristungen, Beschränkungen oder Auflagen ist der Führerschein der Behörde zwecks Neuausstellung abzuliefern. Für die Durchführung weiterer Ergänzungen, wie etwa Änderung des Namens oder des Wohnsitzes, ist von der Behörde auf Antrag unter Vorlage der erforderlichen Dokumente die Herstellung eines neuen Führerscheines zu veranlassen. *(BGBl I 2011/61)*

(6) Anlässlich jeder erforderlichen Änderung der Eintragungen des Führerscheines ist ein neuer Führerschein auszustellen. Der Führerscheinbesitzer hat zu erklären:

1. dass er den bisherigen Führerschein vorerst behalten möchte; diesfalls ist ein vorläufiger Führerschein nicht auszustellen, der neue Führerschein ist an die Behörde zuzustellen und gegen Ablieferung des bisherigen Führerscheines auszufolgen oder

2. dass er die Zustellung des Führerscheines an die von ihm angegebene Adresse wünscht; diesfalls ist dem Führerscheinbesitzer ein vorläufiger Führerschein auszustellen und er hat spätestens bis zur Erteilung des Produktionsauftrages des neuen Führerscheines seinen bisherigen Führerschein bei der Behörde abzuliefern.

Liegt die vom Führerscheinbesitzer angegebene Adresse „nicht in Österreich", so ist der Führerschein der Behörde zuzusenden. Diese hat auf geeignete Art und Weise, etwa im Wege der ausländischen Vertretung des jeweiligen Staates, dafür zu sorgen, dass der Antragsteller in den Besitz des Führerscheines kommt. *(BGBl I 2013/43)*

(7) Bei Lehrlingen für den Beruf „Berufskraftfahrer", die gemäß § 6 Abs. 5 Z 3 die praktische Fahrprüfung für die Klasse C vor dem vollendeten 18. Lebensjahr ablegen, gilt die Lenkberechtigung nicht mit bestandener Fahrprüfung als erteilt, sondern darf erst nach Vollendung des 18. Lebensjahres erteilt werden. Diesfalls hat der Führerscheinwerber den Führerschein bei der Behörde abzuholen.

(8) Der Bundesminister für Verkehr, Innovation und Technologie hat durch Verordnung festzusetzen:

1. die Form und den Inhalt des Führerscheines und des vorläufigen Führerscheines,

2. die Zahlencodes für Eintragungen betreffend den Umfang und die Gültigkeit der Lenkberechtigung,

3. allenfalls in den Führerschein und den vorläufigen Führerschein einzutragende zusätzliche Angaben,

4. die Fälschungssicherheitsmerkmale des Führerscheines und

5. die Vorgangsweise bei der Ausstellung des Führerscheines und des vorläufigen Führerscheines.

(BGBl I 2005/152)

Pflichten des Kraftfahrzeuglenkers

§ 14. (1) Jeder Lenker eines Kraftfahrzeuges hat unbeschadet der Bestimmungen des „§ 15a und des" § 102 Abs. 5 KFG 1967 auf Fahrten mitzuführen *(BGBl I 2020/169)*

1. den für das von ihm gelenkte Kraftfahrzeug vorgeschriebenen Führerschein, Heeresführerschein oder Heeresmopedausweis, *(BGBl I 2011/61)*

2. bis zum Erhalt des Führerscheines (§ 13 Abs. 4) den vorläufigen Führerschein und einen amtlichen Lichtbildausweis, *(BGBl I 2005/152)*

3. *(aufgehoben, BGBl I 2011/61)*

4. beim Lenken eines Feuerwehrfahrzeuges der Klassen C(C1), D(D1), CE(C1E) oder DE(D1E) mit einer Lenkberechtigung für die Klassen B oder BE (§ 1 Abs. 3 zweiter und dritter Satz) den Führerschein und den Feuerwehrführerschein, *(BGBl I 2011/61)*

5. beim Lenken eines Feuerwehrfahrzeuges oder Rettungs- und Krankentransportfahrzeuges einer gesetzlich anerkannten Rettungsorganisation mit einer höchstzulässigen Gesamtmasse bis 5 500 kg den Führerschein und die Bestätigung gemäß § 1 Abs. 3 Z 3. *(BGBl I 2010/117)*

und auf Verlangen die entsprechenden Dokumente den gemäß § 35 Abs. 2 zuständigen Organen zur Überprüfung auszuhändigen. *(BGBl I 1998/94)*

(1a) Der Lenker muss beim Lenken Auflagen, unter denen ihm die Lenkberechtigung erteilt wurde, erfüllen. *(BGBl I 2019/76)*

(2) Ausgenommen von den Bestimmungen des Abs. 1 sind Lenker von Zugmaschinen, Motorkarren und selbstfahrenden Arbeitsmaschinen auf Fahrten im Umkreis von nicht mehr als 10 km vom dauernden Standort des Fahrzeuges. *(BGBl I 2013/43)*

(3) Im Falle des Abhandenkommens der in Abs. 1 genannten Dokumente hat der Besitzer des abhandengekommenen Dokumentes bei der Behörde oder der nächsten Dienststelle des öffentlichen Sicherheitsdienstes unverzüglich Anzeige zu erstatten. Die Bestätigung über diese Anzeige berechtigt zum Lenken von Kraftfahrzeugen bis zur Ausstellung des neuen Dokumentes, jedoch nicht länger als vier Wochen, gerechnet vom Tage des Abhandenkommens. Wird einem Lenker der Führerschein im Ausland wegen einer der in § 7 Abs. 3 genannten bestimmten Tatsachen abgenommen, so gilt diese Abnahme nicht als Abhandenkommen. *(BGBl I 1998/94)*

(4) Wenn ein Führerschein ungültig geworden ist, hat dessen Besitzer ohne unnötigen Aufschub den Führerschein bei der Behörde abzuliefern und gegebenenfalls die Ausstellung eines neuen Führerscheines zu beantragen (§ 15). Ein Führerschein ist ungültig, wenn die behördlichen Eintragungen, Unterschriften oder Stempel unkenntlich geworden sind, das Lichtbild fehlt oder den Besitzer nicht mehr einwandfrei erkennen läßt, oder Beschädigungen oder Merkmale seine Vollständigkeit, Einheit oder Echtheit in Frage stellen.

(5) *(aufgehoben, BGBl I 2008/31)*

(6) *(aufgehoben, BGBl I 1999/134)*

(7) Eine Person, die im Besitz mehrerer in einem EWR-Staat ausgestellter Führerscheine ist, hat alle bis auf den zuletzt ausgestellten Führerschein bei „der Behörde"* „unverzüglich"** abzuliefern. Die abgelieferten Führerscheine sind der jeweiligen Ausstellungsbehörde zurückzustellen. (*BGBl I 2005/152; **BGBl I 2019/76)

(8) Ein Kraftfahrzeug darf nur in Betrieb genommen oder gelenkt werden, wenn beim Lenker der Alkoholgehalt des Blutes weniger als 0,5 g/l (0,5 Promille) oder der Alkoholgehalt der Atemluft weniger als 0,25 mg/l beträgt. Bestimmungen, die für den betreffenden Lenker geringere Alkoholgrenzwerte festsetzen, bleiben unberührt. *(BGBl I 1998/2)*

Ausstellung eines neuen Führerscheines (Duplikat)

§ 15. (1) Ein neuer Führerschein darf „ " unabhängig vom Wohnsitz des Antragstellers auf Antrag von jeder Führerscheinbehörde im Bundesgebiet ausgestellt werden. Hat ein Besitzer eines österreichischen Führerscheines seinen Wohnsitz (§ 5 Abs. 1 Z 1) in einen Nicht-EWR-Staat verlegt, so ist ein neuer Führerschein von der letzten Ausstellungsbehörde auszustellen. Ein neuer vorläufiger Führerschein darf formlos, kostenfrei und ohne Antrag unabhängig vom Wohnsitz der betreffenden Person von jeder Führerscheinbehörde im Bundesgebiet in den im Abs. 2 genannten Fällen ausgestellt werden. Die Gültigkeitsdauer des neuen vorläufigen Führerscheines darf jedoch nicht länger als die des zuvor ausgestellten vorläufigen Führerscheines sein. *(BGBl I 2005/152; BGBl I 2022/121)*

(2) Ein neuer Führerschein oder vorläufiger Führerschein ist auszustellen, wenn:

1. das Abhandenkommen des Führerscheines glaubhaft gemacht wurde oder
2. der Führerschein oder vorläufige Führerschein ungültig ist (§ 14 Abs. 4).

(BGBl I 2005/152)

(3) Der Besitzer einer in einem EWR-Staat erteilten Lenkberechtigung kann „unbeschadet des § 23 Abs. 3a"** die Ausstellung eines neuen Führerscheines beantragen, wenn er seinen „Wohnsitz (§ 5 Abs. 1 Z 1)"* nach Österreich verlegt hat. „Anlässlich dieser Neuausstellung ist jedenfalls die Frist gemäß § 17a Abs. 1 vom Zeitpunkt der behördlichen Entscheidung zu berechnen und in den Führerschein „ *** einzutragen, die in § 17a Abs. 2 genannten Klassen dürfen nach Wunsch des Antragstellers entweder bis zu dem im ausländischen Führerschein eingetragenen Zeitpunkt befristet werden (§ 20 Abs. 5) oder gemäß § 17a Abs. 2 aufgrund einer Wiederholungsuntersuchung neu berechnet und eingetragen werden."** Vor Ausstellung des neuen Führerscheines hat die Behörde im Ausstellungsstaat und in dem Staat, in dem der Antragsteller zuletzt wohnhaft war (Herkunftsstaat), anzufragen, ob dort Gründe gegen die Ausstellung vorliegen und allenfalls die Ausstellung zu verweigern, insbesondere dann, wenn keine gültige Lenkberechtigung vorliegt. Wurde der EWR-Führerschein auf Grund einer in einem Nicht-EWR-Staat erteilten Lenkberechtigung ausgestellt, so ist eine Lenkberechtigung nach Maßgabe des § 23 zu erteilen. *(*BGBl I 2005/152; **BGBl I 2011/61; ***BGBl I 2013/43)*

(4) Mit der Zustellung oder Ausfolgung des neuen Führerscheines verliert der alte Führerschein seine Gültigkeit und ist, falls dies möglich ist, der Behörde abzuliefern oder von der Behörde einzuziehen. Führerscheine, die in einem EWR-Staat ausgestellt wurden, sind von der Behörde an die Ausstellungsbehörde zurückzustellen. Die Ablieferung oder das Einziehen eines ungültig gewordenen vorläufigen Führerscheines bei oder durch die Behörde ist nicht erforderlich. *(BGBl I 2005/152)*

(5) Der Bundesminister für Verkehr, Innovation und Technologie hat durch Verordnung für die Ausstellung eines Führerscheines gemäß Abs. 3 festzusetzen, in welchem Berechtigungsumfang jene ausländischen Führerscheine umzuschreiben sind, die nicht der Richtlinie „2006/126/EG des Europäischen Parlaments und des Rates" entsprechen. *(BGBl I 2017/15)*

§§ 15 – 16

Digitaler Dokumentennachweis[1]

[1] *Die Kundmachung über das Vorliegen der technischen und organisatorischen Voraussetzungen für den Echtbetrieb des digitalen Dokumentennachweises im Führerscheinregister ist gemäß § 43 Abs. 29 durch den Bundesminister für Finanzen mit BGBl. II 2022/383 vom 18. Oktober 2022 erfolgt.*

§ 15a. (1) Der Inhaber eines E-ID (§§ 4 ff E-GovG), der über einen Scheckkartenführerschein verfügt und die für den digitalen Dokumentennachweis zur Verfügung gestellte Applikation nutzt und damit den Organen des öffentlichen Sicherheitsdienstes oder der Straßenaufsicht eine Kontrolle des Führerscheines über Dateneinsicht in das Führerscheinregister ermöglicht, ist von der Verpflichtung gemäß § 14 Abs. 1, den Führerschein mitzuführen auf Fahrten im Bundesgebiet befreit. Ist die Dateneinsicht aufgrund von Problemen des mobilen Gerätes der kontrollierten Person nicht möglich, so ist das wie ein Nichtmitführen des Führerscheines zu behandeln.

(2) Der in Abs. 1 genannte Inhaber eines E-ID ist berechtigt, im Führerscheinregister in folgende Daten seines aktuellen Führerscheines Einsicht zu nehmen:

1. § 16a Abs. 1 Z 1 lit. a bis c und f und
2. § 16a Abs. 1 Z 3 lit. a bis g.

(3) Der in Abs. 1 genannte Inhaber eines E-ID ist berechtigt, folgende Daten seines aktuellen Führerscheines aus dem Führerscheinregister einem Dritten, der die ebenfalls die genannte Funktion nutzt, zur Verfügung zu stellen:

1. § 16a Abs. 1 Z 1 lit. a bis c und f und
2. § 16a Abs. 1 Z 3 lit. a bis f sowie lit. g soweit es die Befristung betrifft.

(4) Für den Nachweis in vereinfachter Form gemäß § 4 Abs. 6 E-GovG für andere Zwecke als zum Nachweis der Lenkberechtigung können die Daten gemäß Abs. 3 für die Dauer von höchstens drei Monaten zum E-ID dieser Person gespeichert werden. Es ist in der Applikation ersichtlich zu machen, wann die Daten zuletzt aktualisiert wurden sowie klarzustellen, dass es sich nicht um einen Nachweis der Lenkberechtigung handelt.

(5) Zum Zweck der Eintragung der in Abs. 2 genannten Daten in die Personenbindung gemäß § 4 Abs. 5 E-GovG sowie zum Zweck des Nachweises deren Bestands in vereinfachter Form gemäß § 4 Abs. 6 E-GovG sind diese der Stammzahlenregisterbehörde zugänglich zu machen.

(BGBl I 2020/169)

Führerscheinregister – Allgemeines

§ 16. (1) Verfahren und Amtshandlungen nach diesem Bundesgesetz, die Administration des Sachverständigenwesens, zu leistende Vergütungen für die Fahrprüfung sowie die Erfassung der Fahrschulen, sachverständigen Ärzte und verkehrspsychologischen Untersuchungsstellen sind mittels automationsunterstützter Datenverarbeitung in Form des Führerscheinregisters durchzuführen. Das Führerscheinregister ist entsprechend den Vorschriften der Verordnung (EU) Nr. 2016/679 zum Schutz natürlicher Personen bei der Verarbeitung personenbezogener Daten, zum freien Datenverkehr und zur Aufhebung der Richtlinie 95/45/EG (Datenschutz-Grundverordnung), ABl. Nr. L 119 vom 04.05.2016 S. 1, (im Folgenden: DSGVO) und des Datenschutzgesetzes – DSG, BGBl. I Nr. 165/1999, durch das Bundesministerium für Verkehr, Innovation und Technologie bei der Bundesrechenzentrum GmbH zu führen. Verantwortlicher im Sinne des Art. 4 Z 7 DSGVO ist aufgrund Art. 10 Abs. 1 Z 9 B-VG das Bundesministerium für Verkehr, Innovation und Technologie, welches auch das Verfahrensverzeichnis gemäß Art. 30 DSGVO führt. Weiters

1. ermitteln und verarbeiten die in § 16b Abs. 2 und 3 genannten Behörden in mittelbarer Bundesverwaltung die personenbezogenen Daten im Führerscheinregister im gesetzlichen Auftrag eigenverantwortlich und werden insoweit als Verantwortliche gemäß Art. 4 Z 7 DSGVO tätig;

2. ist der Landeshauptmann für die in § 16b Abs. 3a und 4b genannten Verarbeitungsvorgänge als Verantwortlicher gemäß Art. 4 Z 7 DSGVO tätig.

Die in § 16b Abs. 1, 1a und 4 genannten sonstigen Stellen ermitteln und verarbeiten die personenbezogenen Daten im Führerscheinregister als Auftragsverarbeiter für die in Z 1 genannten Behörden gemäß Art. 28 DSGVO. *(BGBl I 2018/37)*

(2) Im Rahmen des Führerscheinregisters dürfen von den Behörden die in § 16a genannten personenbezogenen Daten der Parteien, Sachverständigen, Fahrschulen, „Vereine von Kraftfahrzeugbesitzern, sofern sie im Kraftfahrbeirat vertreten sind,"* „Schulen, die die theoretische Fahrprüfung für die Klasse AM abnehmen,"** sachverständigen Ärzte, Amtsärzte und verkehrspsychologischen Untersuchungsstellen verarbeitet werden. Fahrschulen, „Vereine von Kraftfahrzeugbesitzern, sofern sie im Kraftfahrbeirat vertreten sind,"* „Schulen, die die theoretische Fahrprüfung für die Klasse AM abnehmen,"** Aufsichtspersonen, Fahrprüfer und das den Führerschein herstellende Unternehmen haben die in § 16b ihnen zugewiesenen Daten auf elektronischem Weg in die für ihre Anforderungen eingeschränkten Bereiche des Führerscheinregisters einzutragen. Zu diesem Zweck ist von der Bundesrechenzentrum GmbH die Einrichtung dieser eingeschränkten Bereiche des Führerscheinregisters zur Verfügung zu stellen. Personenbezogene Daten der in § 16a „Abs. 1"* Z 10 bis 14 genannten Dritten dürfen nur verarbeitet werden, wenn deren Auswählbarkeit aus der Gesamtheit der gespeicherten Daten nicht vorgesehen ist. *(*BGBl I 2013/43; **BGBl I 2022/121)*

(3) Die Behörde hat Daten gemäß § 16a möglichst im Wege der Datenfernübertragung zu übermitteln an:

1. Organe des Bundes (insbesondere das Bundesministerium für Verkehr, Innovation und Technologie „ "), der Länder und der Gemeinden, soweit diese sie für die Wahrnehmung der ihnen gesetzlich übertragenen Aufgaben benötigen; *(BGBl I 2011/61; BGBl I 2015/74)*

2. Behörden anderer Staaten, sofern sich eine solche Verpflichtung aus diesem Bundesgesetz, aus unmittelbar anwendbarem Gemeinschaftsrecht oder anderen zwischenstaatlichen Abkommen ergibt.

(3a) Die Einholung von Auskünften über in Führerscheinregistern anderer EWR-Staaten gespeicherte Personen sowie die Beauskunftung von Daten nach § 16a gegenüber den zuständigen Behörden anderer EWR-Staaten sind im Wege der Datenfernverarbeitung über das von der Europäischen Kommission für Zwecke solcher Auskunftserteilungen eingerichtete Informationssystem gemäß Art. 15 der Richtlinie 2006/126/EG, in dem die nationalen Register der einzelnen Mitgliedstaaten zusammengeschlossen sind, durchzuführen. Die Suche nach Daten in Führerscheinregistern anderer EWR-Staaten darf nur aufgrund der vollständigen Eingabe von Vor- und Zunamen sowie des Geburtsdatums erfolgen. *(BGBl I 2015/74)*

(4) Ändert sich die behördliche Zuständigkeit zur Entscheidung über einen Antrag auf Erteilung oder Ausdehnung der Lenkberechtigung, so hat die nunmehr zuständige Behörde die bereits vorhandenen Registerdaten zu verarbeiten und weiterzuführen. *(BGBl I 2018/37)*

(5) Hat eine Person, die gemäß § 37 Abs. 3 Z 1 und 2, Abs. 4 Z 2 oder gemäß § 99 Abs. 1 bis 1b, Abs. 2 lit. a, c und d StVO 1960 bestraft wurde, ihren Wohnsitz nicht innerhalb des örtlichen Wirkungsbereiches der Behörde, die das Verwaltungsstrafverfahren durchgeführt hat, so hat die Strafbehörde erster Instanz die Wohnsitzbehörde von der rechtskräftigen Bestrafung zu verständigen.

(BGBl I 2005/152)

Führerscheinregister – Gespeicherte Daten

§ 16a. „(1)" Zum Zwecke der Erteilung oder Ausdehnung der Lenkberechtigung oder zur Durchführung sonstiger behördlicher Verfahren sind folgende Daten zu verarbeiten: *(BGBl I 2011/61)*

1. Die Datensätze von Personen auf die sich die Eintragungen gemäß Z 2 und 3 beziehen, bestehend aus:

a) Familienname,

b) Vorname(n),

c) Geburtsdatum und Geburtsort,

d) Familienname laut Geburtsurkunde,

e) frühere Familiennamen,

f) akademische Grade,

g) Geschlecht,

h) Staatsbürgerschaft,

i) Wohnsitz,

j) das bereichsspezifische Personenkennzeichen „Verkehr und Technik",

k) dem letzten ausländischen Wohnsitz,

l) Angaben über den erfolgten Identitätsnachweis,

m) gegebenenfalls die Angaben über eine erfolgte Namensänderung,

n) das Datum des Todes;

2. die maßgeblichen Angaben über das beantragte Verfahren und die erfolgten Nachweise, bestehend aus:

a) Eingangsdatum,

b) jeden Antrag auf Erteilung oder Ausdehnung einer Lenkberechtigung,

c) die maßgeblichen Nachweise über die Verkehrszuverlässigkeit,

d) Nachweis der Unterweisung in lebensrettenden Sofortmaßnahmen oder Erster Hilfe,

e) die maßgeblichen Daten über die gesundheitliche Eignung des Antragstellers,

f) allfällige Befristungen, Beschränkungen oder Auflagen und der Grund dafür sowie die dafür vorgesehenen Zahlencodes,

g) die Zuweisung zum Amtsarzt,

h) Nachweis der Absolvierung der erforderlichen Fahrausbildung,

i) die Daten betreffend die Einteilung der theoretischen und praktischen Fahrprüfung;

j) die Angabe, ob der Antragsteller zur theoretischen und praktischen Fahrprüfung für die betreffende Klasse(n) „ "** angetreten ist und diese bestanden hat oder nicht „"* *(*BGBl I 2008/31; **BGBl I 2011/61)*

k) die Angabe, ob der Antragsteller die Grundqualifikation gemäß § 19a Abs. 1 GütbefG, § 14b Abs. 1 GelverkG oder § 44b Abs. 1 KflG erwerben will sowie die Tatsache, ob die praktische Fahrprüfung gemäß § 11 Abs. 4a bestanden wurde oder nicht; *(BGBl I 2008/31)*

3. folgende Angaben im Zusammenhang mit der Ausstellung von Führerscheinen:

a) die Ausstellungsbehörde,

b) Klasse, „ " Berechtigung oder Gruppe, für die der Führerschein ausgestellt werden soll, *(BGBl I 2011/61)*

c) das Datum der erstmaligen Erteilung der Lenkberechtigung, im Fall der Wiedererteilung auch dieses Datum,

§ 16a

d) das Datum der Ausstellung des Führerscheines,

e) die Antragsnummer,

f) das Lichtbild und die Unterschrift des Antragstellers in gescannter Form,

g) allfällige Befristungen, Beschränkungen oder Auflagen und der Grund dafür,

h) bei umgeschriebenen, umgetauschten, verlängerten oder ersetzten „(§ 15 und § 23 Abs. 3)" Führerscheinen die Daten des Führerscheines (lit. a bis f), auf Grund dessen die Ausstellung erfolgte, *(BGBl I 2011/61)*

i) das Erlöschen einer Lenkberechtigung und der Grund dafür,

j) Angaben über das Abhandenkommen des Dokumentes;

k) die Angaben gemäß lit. a bis j über im Ausland ausgestellte Führerscheine, wenn der Besitzer einer im Ausland erteilten Lenkberechtigung Partei eines Administrativverfahrens nach diesem Bundesgesetz ist;

l) Inhalte des vorläufigen Führerscheines und des Kostenblattes,

m) die Adresse, an die der Führerschein zu senden ist,

n) den Wunsch des Antragstellers auf bevorzugte Produktion des Führerscheines gemäß § 13 Abs. 4 zweiter Satz

4. die maßgeblichen Angaben über folgende Amtshandlungen und Tatsachen nach diesem Bundesgesetz:

a) jede Anordnung einer Nachschulung gemäß § 4 Abs. 3 sowie die Institution, bei der die Nachschulung absolviert wurde,

b) die Daten über die Probezeit, insbesondere deren Verlängerung oder Neubeginn,

c) Entziehung einer Lenkberechtigung oder Ausspruch eines Lenkverbotes, Befristungen, Einschränkungen und Auflagen und Anordnung einer begleitenden Maßnahme gemäß § 24 Abs. 3 sowie die Institution, bei der im Fall einer Nachschulung diese absolviert wurde,

d) Wiederausfolgung des Führerscheines nach Ablauf der Entziehungsdauer einer noch nicht erloschenen Lenkberechtigung oder Aufhebung eines Lenkverbotes oder Wiedererteilung einer erloschenen Lenkberechtigung,

e) vorläufige Abnahme eines Führerscheines gemäß § 39 Abs. 1,

f) Abweisung eines Antrages auf Erteilung einer Lenkberechtigung sowie der dafür maßgebliche Grund,

g) jeder Verzicht auf eine Lenkberechtigung,

h) Vormerkungen und die Anordnung besonderer Maßnahmen gemäß §§ 30a und 30b;

5. die maßgeblichen Angaben über folgende rechtskräftige Bestrafungen:

a) Bestrafungen, die zur Erlassung eines Lenkverbotes führen,

b) Bestrafungen, die zur Entziehung der Lenkberechtigung oder Ausspruch eines Lenkverbotes oder zur Abweisung eines Antrages auf Wiederausfolgung eines Führerscheines nach Entziehung der Lenkberechtigung oder Wiedererteilung der entzogenen Lenkberechtigung oder auf Aufhebung eines Lenkverbotes führen,

c) Bestrafungen von Personen, die nicht Besitzer einer Lenkberechtigung sind, wenn die Bestrafung aus Gründen erfolgt ist, die die Entziehung der Lenkberechtigung zur Folge gehabt hätten,

d) Übertretungen wegen schwerer Verstöße gemäß § 4 Abs. 6 und 7 innerhalb der Probezeit,

e) Bestrafungen gemäß § 99 Abs. 1, 1a, 1b und Abs. 2 lit. a, c und d StVO 1960 und gemäß § 37 Abs. 3 Z 1 und 2, Abs. 4 „", *(BGBl I 2008/31)*

f) Bestrafungen wegen Delikten gemäß § 30a Abs. 2;

6. die maßgeblichen Angaben über eine Bewilligung zur Durchführung von Ausbildungsfahrten (§ 19) und zur Durchführung von Übungsfahrten (§ 122 Abs. 2 KFG 1967) und der Zeitpunkt der Beendigung dieser Tätigkeit; *(BGBl I 2013/43)*

7. *(aufgehoben, BGBl I 2011/61)*

8. folgende Daten über Taxi- und Schulbusausweise:

a) Ausstellungsdatum,

b) Ausweisnummer,

c) Ende der Bewilligung.

9. im Zuge der Herstellung des Führerscheines den aktuellen Verfahrensstatus „Daten eingelangt/Führerschein produziert/Führerschein versendet".

10. Daten der im örtlichen Wirkungsbereich der Behörde tätigen sachverständigen Ärzte:

a) Familiennamen und Vornamen,

b) Adresse,

c) den Zeitraum, für den der sachverständige Arzt bestellt ist;

11. Daten der bei der jeweiligen Behörde und dem jeweiligen Landeshauptmann tätigen Sachverständigen:

a) Daten der Person gemäß Z 1,

b) den Zeitraum für den der Fahrprüfer bestellt ist,

c) die Klassen, für die der Fahrprüfer bestellt ist,

d) Daten zum Widerruf der Bestellung,

e) Daten einer Aussetzung der Bestellung, insbesondere wenn der Fahrprüfer wieder von seiner Fahrschullehrerberechtigung Gebrauch machen will oder wenn im Rahmen der Qualitätssicherung eine Aussetzung ausgesprochen wurde,

f) Daten zur theoretischen Weiterbildung gemäß § 34b Abs. 6 und 7 beinhaltend
aa) Datum der Absolvierung
bb) Inhalt der Weiterbildung
cc) Name der Weiterbildungsstelle,
g) Daten zur praktischen Weiterbildung gemäß § 34b Abs. 6 und 7 beinhaltend
aa) Datum der Absolvierung
bb) Inhalt der Weiterbildung
cc) Name der Weiterbildungsstelle,
h) Daten einer zusätzlich angeordneten Weiterbildung (gemäß § 34b Abs. 6 letzter Satz) beinhaltend
aa) Datum der Absolvierung
bb) Inhalt der Weiterbildung
cc) Name der Weiterbildungsstelle,
i) Daten zum durchgeführten Audit beinhaltend
aa) Datum der Durchführung und das Ergebnis
bb) Auftraggeber des Audits (Landeshauptmann oder „Bundesministerium für Verkehr, Innovation und Technologie") *(BGBl I 2015/74)*
cc) Name des beauftragten Auditors,
j) Daten der Heranziehung als Auditor,
k) Daten der Heranziehung als Fahrprüferprüfer;
(BGBl I 2011/61)
12. Daten der bei der jeweiligen Behörde tätigen Aufsichtsperson;
a) Familiennamen und Vornamen,
b) Adresse,
c) den Zeitraum für den die Aufsichtsperson bestellt ist,
13. Daten der Fahrschulen, die im örtlichen Wirkungsbereich der Behörde ihren Sitz haben:
a) Namen und Vornamen des Inhabers,
b) die Adresse des Standortes,
c) die zeitlichen Daten der Fahrschulbewilligung,
d) den Umfang der Fahrschulbewilligung;
e) Namen und Vornamen der Bediensteten der Fahrschule, die berechtigt sind, auf die Daten des Führerscheinregisters zuzugreifen
f) Namen, Vornamen und Geburtsdatum der Fahrlehrer und Fahrschullehrer, die Fahrzeugklassen „ " für die sie berechtigt sind die Ausbildung vorzunehmen sowie „Gültigkeitsdauer dieser Berechtigung; *(BGBl I 2008/31; BGBl I 2011/61)*
13a. Daten der in § 16 Abs. 2 genannten Vereine von Kraftfahrzeugbesitzern „und Schulen", die im örtlichen Wirkungsbereich der Behörde ihren Sitz haben:
a) Namen der einzelnen Ausbildungsstellen sowie die Namen des jeweiligen Leiters,
b) die Adresse der Ausbildungsstellen,
c) Namen und Vornamen der Bediensteten des Vereines „oder der Schule", die berechtigt sind, auf die Daten des Führerscheinregisters zuzugreifen, *(BGBl I 2022/121)*
(BGBl I 2013/43; BGBl I 2022/121)
14. Namen der für Nachschulungen ermächtigten Einrichtungen. *(BGBl I 2015/74)*
(BGBl I 2011/61)

(2) Daten über Mopedausweise sind bis zur Mitteilung über das Ableben des Besitzers des Mopedausweises längstens aber 100 Jahre nach der erstmaligen Ausstellung des Mopedausweises aufzubewahren. *(BGBl I 2011/61)*

(BGBl I 2011/61)

Verarbeitung der Daten des Führerscheinregisters

§ 16b. (1) Die Fahrschule darf in die in § 16a „Abs. 1" Z 1 lit. a bis i, l, m und Z 2 lit. a, b, c (soweit es das Ergebnis der Verkehrszuverlässigkeitsprüfung betrifft), d, e (soweit es das Ergebnis der Untersuchung betrifft), f (jedoch nicht den Grund für die Befristung, Beschränkung oder Auflage), „ " g bis k und Z 3 lit. a bis e und l bis n" genannten Daten Einsicht nehmen. Sofern die Lenkberechtigung aufgrund des ärztlichen Gutachtens durch Zahlencodes einzuschränken ist, dürfen diese Zahlencodes ausschließlich für die Erstellung des vorläufigen Führerscheines in nicht verbalisierter Form abgerufen werden. Die Fahrschule hat folgende Daten elektronisch zu erfassen und im Wege der Datenfernübertragung dem Führerscheinregister zu übermitteln:

1. § 16a „Abs. 1" Z 1 lit. a bis i, l und m, *(BGBl I 2013/43)*
2. § 16a „Abs. 1" Z 2 lit. a, b, d, h und i, *(BGBl I 2013/43)*
3. § 16a „Abs. 1"** Z 3 lit. m und n „ "* (**BGBl I 2011/61;* **BGBl I 2013/43*)
4. § 16a Abs. 1 Z 6, soweit es den Antrag auf Erteilung der Bewilligung von Übungsfahrten (§ 122 KFG 1967) und Ausbildungsfahrten (§ 19) betrifft. *(BGBl I 2013/43)*

Bei den in § 16a erster Satz genannten Verfahren hat die Fahrschule eine Anfrage an das Zentrale Melderegister durchzuführen. Diese ist von Gebühren befreit.
(BGBl I 2013/43)

(1a) „Der Verein von Kraftfahrzeugbesitzern, sofern er im Kraftfahrbeirat vertreten ist sowie die Schule," dürfen" – soweit es für die Erteilung der Lenkberechtigung für die Klasse AM erforderlich ist – in die in § 16a Abs. 1 Z 1 lit. a bis i, l, m und Z 2 lit. a, b, c (soweit es das Ergebnis der Verkehrszuverlässigkeitsprüfung betrifft), e (soweit es das Ergebnis der Untersuchung betrifft), f (jedoch nicht den Grund für die Befristung, Beschränkung oder Auflage), g, h und Z 3 lit. a bis

§ 16b

e und l bis n genannten Daten Einsicht nehmen. Der Verein hat folgende Daten elektronisch zu erfassen und im Wege der Datenfernübertragung dem Führerscheinregister zu übermitteln:

1. § 16a Abs. 1 Z 1 lit. a bis i, l und m,
2. § 16a Abs. 1 Z 2 lit. a, b und h soweit es die Lenkberechtigung für die Klasse AM betrifft,
3. § 16a Abs. 1 Z 3 lit. m und n.

Der Verein hat eine Anfrage an das Zentrale Melderegister durchzuführen. Diese ist von Gebühren befreit. *(BGBl I 2013/43; BGBl I 2022/121)*

(2) Die Wohnsitzbehörde des Antragstellers hat folgende Daten einzutragen:

1. § 16a „Abs. 1" Z 1 lit. n, *(BGBl I 2013/43)*
2. § 16a „Abs. 1" Z 4 lit. a und c bis e, *(BGBl I 2013/43)*
3. § 16a „Abs. 1" Z 4 lit. b soweit es die Verlängerung und den Neubeginn der Probezeit betrifft, *(BGBl I 2013/43)*
3a. § 16a Abs. 1 Z 4 lit. h soweit es die Anordnung der besonderen Maßnahmen gemäß § 30b betrifft, *(BGBl I 2013/43)*
4. § 16a „Abs. 1" Z 5 lit. a bis e, *(BGBl I 2013/43)*
5. § 16a Abs. 1 Z 8. *(BGBl I 2013/43)*
6. *(aufgehoben, BGBl I 2013/43)*

(3) Die das jeweilige Verfahren führende Behörde kann auch die in § 16a „Abs. 1" Z 1 bis 3 genannten Daten in das Führerscheinregister eintragen. Weiters hat sie folgende Daten einzutragen:

1. § 16a „Abs. 1" Z 3 lit. a bis n, *(BGBl I 2013/43)*
2. § 16a „Abs. 1"** Z 4 lit. b mit Ausnahme der Daten über die Verlängerung und den Neubeginn der Probezeit „"* *(*BGBl I 2011/61; **BGBl I 2013/43)*
3. § 16a „Abs. 1"** Z 4 lit. f und g „"* *(*BGBl I 2011/61; **BGBl I 2013/43)*
3a. § 16a Abs. 1 Z 6, soweit es die Antragsvoraussetzungen und das Ergebnis des Verfahrens auf Erteilung einer Bewilligung von Übungsfahrten (§ 122 KFG 1967) und Ausbildungsfahrten (§ 119) betrifft; die gemäß Abs. 1 Z 4 von der Fahrschule einzutragenden Daten können auch von der Behörde eingetragen werden, *(BGBl I 2013/43)*
4. die in Abs. 1 Z 1 bis 3 genannten Daten bei der Erteilung einer Lenkberechtigung für die Klasse AM, wenn das Verfahren nicht bei einer Fahrschule abgewickelt wird, *(BGBl I 2011/61)*
5. Art der Ausbildung des Bewerbers um eine Lenkberechtigung, *(BGBl I 2011/61)*
6. Anzahl der theoretischen Prüfungsantritte des Bewerbers um eine Lenkberechtigung, *(BGBl I 2011/61)*
7. Anzahl der praktischen Prüfungsantritte des Bewerbers um eine Lenkberechtigung. *(BGBl I 2011/61)*
(BGBl I 2013/43)

(3a) Der Landeshauptmann der den Fahrprüfer bestellt hat, hat die in § 16a Abs. 1 Z 11 lit. b bis k genannten Daten in das Führerscheinregister einzutragen. Wenn ein Audit „vom Bundesministerium für Verkehr, Innovation und Technologie"* durchgeführt wird, hat „dieses"** die in § 16a Abs. 1 Z 11 lit. i genannten Daten in das Führerscheinregister einzutragen. *(BGBl I 2011/61; *BGBl I 2015/74; **BGBl I 2017/15)*

(4) Die übrigen am Verfahren Beteiligten (Aufsichtsperson, Fahrprüfer, Hersteller des Führerscheines) können in die § 16a „Abs. 1" Z 1 lit. a bis i und Z 2 lit. a und b genannten Daten Einsicht nehmen und haben folgende Daten zu erfassen und dem Führerscheinregister im Wege der Datenfernübertragung zu übermitteln:

1. die Aufsichtsperson die in § 16a „Abs. 1" Z 2 lit. j genannten Daten (soweit es die theoretische Fahrprüfung betrifft), *(BGBl I 2013/43)*
2. der Fahrprüfer die in § 16a „Abs. 1"** Z 2 lit. j „und k"* genannten Daten (soweit es die praktische Fahrprüfung betrifft), *(*BGBl I 2009/93; **BGBl I 2013/43)*
3. der Hersteller des Führerscheines die in § 16a „Abs. 1" Z 9 genannten Daten. *(BGBl I 2013/43)*
(BGBl I 2013/43)

(4a) Das Bundesministerium für Verkehr, Innovation und Technologie ist zwecks Qualitätssicherung der Fahrprüfung berechtigt, in die in § 16a Abs. 1 Z 1 und 11 genannten Daten Einsicht zu nehmen und darf insbesondere diese Daten verarbeiten und in pseudonymisierter Form für Statistiken verwenden. Weiters darf es zur Qualitätssicherung der Fahrprüfung die § 16a Abs. 1 Z 11 genannten Daten mit den in § 16a Abs. 1 Z 1 sowie in § 16b Abs. 3 Z 5 bis 7 genannten Daten (in pseudonymisierter Form) wie insbesondere Geschlecht und Alter des Bewerbers um eine Lenkberechtigung, die geprüfte Klasse und das Ergebnis der Prüfung sowie den Namen der Fahrschule, in der der Bewerber um eine Lenkberechtigung ausgebildet wurde, auswerten. *(BGBl I 2018/37)*

(4b) Der Landeshauptmann ist zur Qualitätssicherung der Fahrprüfung berechtigt, in die in § 16a Abs. 1 Z 1 und 11 genannten Daten der im jeweiligen Bundesland bestellten Fahrprüfer Einsicht zu nehmen und darf insbesondere diese Daten verarbeiten und in pseudonymisierter Form für Statistiken verwenden. Weiters darf er zur Qualitätssicherung der Fahrprüfung die in § 16a Abs. 1 Z 11 genannten Daten mit den in § 16a Abs. 1 Z 1 sowie in § 16b Abs. 3 Z 5 bis 7 genannten Daten (jeweils das Bundesland betreffend und in pseudonymisierter Form) wie insbesondere

Geschlecht und Alter des Bewerbers um eine Lenkberechtigung, die geprüfte Klasse und das Ergebnis der Prüfung sowie den Namen der Fahrschule, in der der Bewerber um eine Lenkberechtigung ausgebildet wurde, auswerten. *(BGBl I 2018/37)*

(5) Die in § 16a Abs 1 Z 10 und Z 12 bis 14 genannten Daten sind jeweils von der Behörde einzutragen, in deren Sprengel die jeweilige Stelle ihren Sitz hat. *(BGBl I 2011/61)*

(6) Für die Richtigkeit der Eintragung der in § 16a genannten Daten ist die jeweils zur Eintragung gemäß Abs. 1 bis 5 verpflichtete Stelle verantwortlich. Die Berechtigung zur Einsichtnahme in das Führerscheinregister und die Berechtigung zur Vornahme von Eintragungen hat seitens der Bundesrechenzentrum GmbH so zu erfolgen, dass eine Nachvollziehbarkeit der Zugriffe auf die Daten des Führerscheinregisters gewährleistet ist. Eine Suche von Daten einzelner Antragsteller durch die in „Abs. 1, 1a und 4" genannten beteiligten Stellen darf nur mit engen Suchkriterien erfolgen und nur entweder

1. zumindest über die Eingabe des Vor- und Zunamens sowie des Geburtsdatums oder

2. die Antragsnummer

möglich sein. Die in „Abs. 1, 1a und 4" genannten beteiligten Stellen dürfen die ihnen zugänglichen oder von ihnen verarbeiteten personenbezogenen Daten der Führerscheinbesitzer nur für die Erfüllung der ihnen im Rahmen dieses Bundesgesetzes übertragenen Aufgaben verarbeiten. *(BGBl I 2018/37; BGBl I 2019/76)*

(7) Das Führerscheinregister hat eine vollständige Protokollierung aller erfolgter und versuchter Datenabfragen vorzunehmen, aus der erkennbar ist, welcher Person welche Daten aus dem Führerscheinregister übermittelt wurde. Diese Protokolldaten sind zu speichern und drei Jahre nach der Entstehung dieser Daten zu löschen.

(8) Die gemäß § 16a in das Führerscheinregister aufgenommenen pseudonymisierten Antragsdaten und Daten über ausgestellte Führerscheine aller Führerscheinbehörden sind im Wege der Datenfernübertragung zwecks Erstellung einer bundeseinheitlichen Statistik der Führerscheinangelegenheiten kostenlos der Bundesanstalt Statistik Österreich zu übermitteln. *(BGBl I 2018/37)*

(BGBl I 2005/152)

Führerscheinregister – Löschung der Daten

§ 17. (1) Verfahrensdaten sind nach folgenden Kriterien logisch zu löschen:

1. bei Verfahren, die zur Erteilung einer Lenkberechtigung führten, nach der Mitteilung über das Ableben des Besitzers, spätestens aber 100 Jahre nach der erstmaligen Erteilung;

2. bei sonstigen Verfahren nach diesem Bundesgesetz spätestens zehn Jahre nach Eintragung oder letzten Änderung des jeweiligen Datensatzes, wenn die aus dem jeweiligen Verfahren resultierenden Registerdaten jedoch erst später zu löschen sind (Abs. 2), mit Löschung der Registerdaten. Spätestens mit Ablauf des Kalenderjahres, in dem die logische Löschung erfolgte, sind die Verfahrensdaten auch physisch zu löschen.

(2) Registerdaten gemäß § 16a sind nach folgenden Kriterien logisch zu löschen:

1. Daten über ausgestellte Führerscheine sowie sämtliche Verfahrensdaten nach der Mitteilung über das Ableben des Besitzers, spätestens aber 100 Jahre nach der erstmaligen Erteilung einer Lenkberechtigung;

2. Daten gemäß § 16a „Abs. 1" Z 4 lit. a und b fünf Jahre nach Zustellung des Bescheides über die Anordnung der Nachschulung oder Verlängerung der Probezeit; *(BGBl I 2013/43)*

3. „Daten gemäß § 16a Abs. 1 Z 4 lit. c bis e und § 16a. Abs. 1 Z 5 lit. a bis e fünf Jahre nach Begehung der dem Verfahren zugrundeliegenden strafbaren Handlung oder fünf Jahre nach Zustellung des Entziehungsbescheides oder Bescheides mit dem ein Lenkverbot ausgesprochen wurde;" eine Löschung hat jedoch nicht zu erfolgen, wenn die Entziehung einer Lenkberechtigung oder der Ausspruch eines Lenkverbotes für die Dauer von mehr als 18 Monaten erfolgt ist; *(BGBl I 2015/74)*

4. Daten gemäß § 16a „Abs. 1" Z 6 ein Jahr nach der Beendigung der Tätigkeit als Begleiter, spätestens jedoch fünf Jahre nach Antragstellung; *(BGBl I 2013/43)*

5. Daten gemäß § 16a „Abs. 1"** Z 4 lit. h und § 16a „Abs. 1"** Z 5 lit. f mit Tilgung der Strafe ."* *(*BGBl I 2011/61; **BGBl I 2013/43)*

6. Daten gemäß § 16a Abs. 1 Z 11 lit. e bis i zehn Jahre nach deren Eintragung oder der letzten Änderung des jeweiligen Datensatzes. *(BGBl I 2011/61)*

„Spätestens ein Jahr nach der logischen Löschung sind die Registerdaten auch physisch zu löschen."** Wenn alle zu einer Person gehörigen Daten gemäß § 16a „Abs. 1"* Z 2 bis 8 gelöscht wurden, so ist auch der betreffende Personendatensatz (§ 16a „Abs. 1"* Z 1) zu löschen. *(*BGBl I 2013/43; **BGBl I 2022/121)*

(BGBl I 2005/152)

4. Abschnitt
Besondere Bestimmungen für einzelne Lenkberechtigungen

Gültigkeitsdauer von Führerscheinen und Lenkberechtigungen

§ 17a. (1) Ein Führerschein, der für eine Lenkberechtigung für die Klasse AM, A1, A2, A, „B und/oder BE" ausgestellt wurde, darf nur für eine Dauer von 15 Jahren ausgestellt werden. Sofern diese Lenkberechtigungen keinen sonstigen auf Abs. 2 oder § 8 Abs. 3 beruhenden Fristen unterliegen, erlischt durch den Ablauf dieser Frist die Berechtigung zum Lenken von Kraftfahrzeugen nicht. Das Lenken von Kraftfahrzeugen nach Ablauf der Gültigkeit des Führerscheines stellt keine Übertretung nach § 1 Abs. 3 dar. *(BGBl I 2015/74)*

(2) Die Lenkberechtigung für die Klassen C(C1), CE(C1E), D(D1) und DE(D1E) darf nur für fünf Jahre, ab dem vollendeten 60. Lebensjahr nur mehr für zwei Jahre erteilt werden. Für jede Verlängerung dieser Lenkberechtigungsklassen ist ein ärztliches Gutachten gemäß § 8 erforderlich. Die zur Erlangung des ärztlichen Gutachtens erforderlichen Schriften und die Ausstellung des neuen Führerscheines im Zuge dieser Verlängerung sind von Stempelgebühren und Verwaltungsabgaben befreit. Für die Ausstellung des Führerscheines ist jedoch ein Kostenersatz zu leisten, der jener Gebietskörperschaft zukommt, die den Aufwand für die Behörde zu tragen hat, die die Herstellung des Führerscheines in Auftrag gegeben hat. Ebenso ist lediglich ein Kostenersatz für die Ausstellung des Führerscheines zu leisten, wenn die Neuausstellung des Führerscheines zwecks Eintragung der absolvierten Weiterbildung gemäß § 19b GütbefG, § 14c GelverkG und § 44c KflG erforderlich ist. Die Höhe dieses Kostenersatzes ist durch Verordnung des Bundesministers für Verkehr, Innovation und Technologie festzusetzen.

(3) Die in Abs. 1 und 2 genannten Fristen sind vom Zeitpunkt der behördlichen Entscheidung der Verlängerung des Führerscheines oder der Lenkberechtigung zu berechnen. Im Fall der Ausdehnung der Klasse B auf eine der in Abs. 2 genannten Klassen sind stets auch die Fristen der in Abs. 1 genannten Lenkberechtigungsklassen ausgehend vom Erteilungsdatum der neu erteilten Klassen neu zu berechnen. Dies gilt auch für den Fall der Verlängerung oder der Wiedererteilung der Lenkberechtigung für die Klassen C(C1), CE (C1E), D(D1) und DE(D1E).

(BGBl I 2011/61)

Lenkberechtigung für die Klasse AM

§ 18. (1) Eine Lenkberechtigung für die Klasse AM darf nur erteilt werden, wenn der Antragsteller

1. das 15. Lebensjahr vollendet hat,

2. sechs Unterrichtseinheiten theoretische Schulung in einer Fahrschule, einem Verein von Kraftfahrzeugbesitzern sofern dieser im Kraftfahrbeirat vertreten ist oder einer Schule absolviert hat,

3. eine theoretische Prüfung, die nicht den Anforderungen des § 11 Abs. 2 entsprechen muss, erfolgreich abgelegt hat,

4. sechs Unterrichtseinheiten praktische Schulung am Übungsplatz sowie

5. zwei Unterrichtseinheiten praktische Schulung im öffentlichen Verkehr als Lenker absolviert hat,

6. die ausreichende Fahrzeugbeherrschung gegenüber dem Instruktor oder dem Fahrlehrer nachgewiesen hat,

7. verkehrszuverlässig ist,

8. eine Einwilligungserklärung eines Erziehungsberechtigten vorlegt, sofern er das 16. Lebensjahr noch nicht vollendet hat und

9. ein ärztliches Gutachten gemäß § 8 Abs. 1 beibringt, sofern der Antrag auf Erteilung einer Lenkberechtigung für die Klasse AM nach der Vollendung des 20. Lebensjahres gestellt wird. „Im Rahmen der in Z 2, 4 und 5 genannten Ausbildung ist auch der Abschnitt „Risikokompetenz" gemäß Anlage 10a Kapitel 2 Punkt 1.15 der Kraftfahrgesetz-Durchführungsverordnung 1967 – KDV 1967, BGBl. Nr. 399/1967 in der jeweils geltenden Fassung zu vermitteln. Mit der in den Z 2 bis 5 genannten Ausbildung und Prüfung darf frühestens zwei Monate vor Vollendung des 15. Lebensjahres begonnen werden. Die theoretische Prüfung gemäß Z 3 darf nicht im Rahmen der theoretischen Ausbildung gemäß Z 2 abgehalten werden."** § 3 Abs. 1 ist nicht anzuwenden. Eine Unterrichtseinheit hat 50 Minuten zu betragen. Die in Z 4 genannte praktische Schulung kann zugunsten der in Z 5 genannten Schulung verkürzt werden, sofern die Dauer der gesamten praktischen Schulung pro Kandidat nicht weniger als acht Unterrichtseinheiten beträgt. Pro Tag dürfen nicht mehr als insgesamt acht Unterrichtseinheiten vermittelt werden. „* *(*BGBl I 2013/43; **BGBl I 2017/15)*

(2) Das Vorliegen der Voraussetzungen zur Erteilung einer Lenkberechtigung für die Klasse AM ist von den Fahrschulen oder Vereinen von Kraftfahrzeugbesitzern, sofern sie im Kraftfahrbeirat vertreten sind, zu überprüfen und im Führerscheinregister einzutragen. Dabei ist auch die Identität des Kandidaten anhand eines Reisepasses oder Personalausweises festzustellen und die

Reisepass- oder Personalausweisnummer im Führerscheinregister einzutragen. Der Nachweis der Identität anhand anderer Dokumente kann nur bei der Behörde erfolgen. Sobald die Voraussetzungen gemäß Abs. 1 vorliegen, ist von der Fahrschule oder dem Verein ein vorläufiger Führerschein auszustellen. Abweichend von § 13 Abs. 1 erster Satz gilt mit der Ausstellung dieses vorläufigen Führerscheines die Lenkberechtigung für die Klasse AM als erteilt. Für das Verfahren zur Erteilung der Lenkberechtigung für die Klasse AM bei den Vereinen von Kraftfahrzeugbesitzern gilt § 5 Abs. 1 und 3 sinngemäß. Liegen die Voraussetzungen des § 15 Abs. 2 vor oder wird der freiwillige Umtausch eines Mopedausweises in einen Führerschein der Klasse AM beantragt (Duplikat), so ist der diesbezügliche Antrag bei der Behörde zu stellen. Der Führerschein für die Klasse AM hat den gleichen Berechtigungsumfang wie der Mopedausweis zu umfassen. Mit der Ausstellung des Führerscheines für die Klasse AM verliert der Mopedausweis seine Gültigkeit und ist, sofern dies möglich ist, der Behörde abzuliefern. *(BGBl I 2013/43)*

(3) Die in Abs. 1 Z 4 und 5 genannte praktische Schulung darf der Antragsteller auf einem Fahrzeug der Fahrzeugkategorie (Motorfahrrad oder vierrädriges Leichtkraftfahrzeug) seiner Wahl absolvieren. Der Berechtigungsumfang der Klasse AM ist dementsprechend auf das Lenken von Fahrzeugen dieser Fahrzeugkategorie einzuschränken. Wird die Berechtigung für beide Fahrzeugkategorien beantragt, so ist die in Abs. 1 Z 4 genannte praktische Ausbildungen auf Fahrzeugen der jeweiligen Kategorie zu absolvieren. Das gilt auch, wenn nach Erwerb der Lenkberechtigung für die Klasse AM eine Ausdehnung auf die andere Fahrzeugkategorie beantragt wird. Für den Erwerb der Berechtigung zum Lenken eines einspurigen Kraftfahrzeuges ist jedenfalls eine Schulung nach Abs. 1 Z 5 zu absolvieren. Wird die Lenkberechtigung nur für eine Fahrzeugkategorie erworben, ist dies am Führerschein mittels „ " Zahlencode zu vermerken. *(BGBl I 2017/15)*

(4) Zur Durchführung der praktischen Schulung gemäß Abs. 1 Z 4 und 5 sind Fahrschulen und Vereine von Kraftfahrzeugbesitzern, sofern sie im Kraftfahrbeirat vertreten sind, berechtigt. „Die praktische Schulung ist unter der Leitung eines Fahrlehrers für die Klassen A oder B, der eine Zusatzausbildung zur Vermittlung von Risikokompetenz gemäß § 64f KDV 1967 absolviert haben muss, oder eines besonders geeigneten Instruktors für die Klasse A gemäß § 4a Abs. 6 durchzuführen." Die Instruktoren müssen zur Durchführung der praktischen Schulung gemäß Abs. 1 Z 5 entsprechende Kenntnisse für Schulfahrten im öffentlichen Verkehr haben und eine diesbezügliche Ergänzungsausbildung in einer berechtigten Ausbildungsstätte gemäß § 116 Abs. 6a KFG oder beim Fachverband der Fahrschulen nachweisen.

Bei der praktischen Schulung gemäß Abs. 1 Z 5 für Motorfahrräder hat der Fahrlehrer oder Instruktor die Kandidaten auf einem einspurigen Kraftfahrzeug zu begleiten und darf höchstens zwei Kandidaten gleichzeitig begleiten. *(BGBl I 2017/15)*

(5) Vor Vollendung des 20. Lebensjahres darf ein Motorfahrrad und ein vierrädriges Leichtkraftfahrzeug nur in Betrieb genommen und gelenkt werden, wenn der Alkoholgehalt des Blutes nicht mehr als 0,1 g/l (0,1 Promille) oder der Alkoholgehalt der Atemluft nicht mehr als 0,05 mg/l beträgt.

(6) Der Bundesminister für Verkehr, Innovation und Technologie hat nach den Erfordernissen der Verkehrssicherheit, dem jeweiligen Stand der Wissenschaft und Technik entsprechend, durch Verordnung die näheren Bestimmungen festzusetzen über „den Inhalt, den Umfang, die Art und den Ablauf der Ausbildung und Prüfung gemäß Abs. 1 Z 2 bis 6." *(BGBl I 2017/15)*

(BGBl I 2011/61)

Lenkberechtigung für die Klassen A1, A2 und A

§ 18a. (1) Eine Lenkberechtigung für die Klasse A2 darf neben der in § 3 Abs. 1 genannten Vorgangsweise auch einer Person erteilt werden, die seit mindestens zwei Jahren im Besitz der Lenkberechtigung für die Klasse A1 ist, die zweite Ausbildungsphase gemäß § 4b Abs. 3 absolviert hat und entweder

1. eine praktische Fahrprüfung auf einem Motorrad der Klasse A2 erfolgreich abgelegt hat oder

2. eine praktische Ausbildung auf einem Motorrad der Klasse A2 im Ausmaß von sieben Unterrichtseinheiten absolviert hat.

„Wird die praktische Ausbildung gemäß Z 2 absolviert, so ist der vorläufige Führerschein von der Behörde auszustellen. Abweichend von § 13 Abs. 1 erster Satz gilt mit der Ausstellung dieses vorläufigen Führerscheines die Lenkberechtigung für die Klasse A2 als erteilt. Für den Erwerb einer Lenkberechtigung für die Klasse A2 nach den Bestimmungen dieses Absatzes ist ein ärztliches Gutachten unbeschadet der Bestimmungen des § 24 Abs. 4 nur dann erforderlich, wenn der Antrag nach Vollendung des 30. Lebensjahres gestellt wird und das letzte ärztliche Gutachten im Zeitpunkt der Entscheidung älter als 18 Monate ist." *(BGBl I 2013/43)*

(2) Eine Lenkberechtigung für die Klasse A darf neben der in § 3 Abs. 1 genannten Vorgangsweise auch einer Person erteilt werden, die seit mindestens zwei Jahren im Besitz der Lenkberechtigung für die Klasse A2 ist, die zweite Ausbildungsphase gemäß § 4b Abs. 3 absolviert hat und entweder

1. eine praktische Fahrprüfung auf einem Motorrad der Klasse A erfolgreich abgelegt hat oder

2. eine praktische Ausbildung auf einem Motorrad der Klasse A im Ausmaß von sieben Unterrichtseinheiten absolviert hat.

„Wird die praktische Ausbildung gemäß Z 2 absolviert, so ist die vorläufige Führerschein von der Behörde auszustellen. Abweichend von § 13 Abs. 1 erster Satz gilt mit der Ausstellung dieses vorläufigen Führerscheines die Lenkberechtigung für die Klasse A als erteilt. Für den Erwerb einer Lenkberechtigung für die Klasse A nach den Bestimmungen dieses Absatzes ist ein ärztliches Gutachten unbeschadet der Bestimmungen des § 24 Abs. 4 nur dann erforderlich, wenn der Antrag nach Vollendung des 30. Lebensjahres gestellt wird und das letzte ärztliche Gutachten im Zeitpunkt der Entscheidung älter als 18 Monate ist." *(BGBl I 2013/43)*

(3) Eine Lenkberechtigung für die Klasse A darf auch ohne vorangegangenem Besitz einer Lenkberechtigung für die Klasse A2 erteilt werden, wenn der Führerscheinwerber das 24. Lebensjahr vollendet hat. Weiters darf eine Lenkberechtigung für die Klasse A einem Führerscheinwerber, der das 24. Lebensjahr vollendet hat, erteilt werden, wenn er seit mindestens vier Jahren im Besitz der Klasse A1 ist, die zweite Ausbildungsphase gemäß § 4b Abs. 3 absolviert und eine praktische Fahrprüfung auf einem Motorrad der Klasse A erfolgreich abgelegt hat. „Ein ärztliches Gutachten ist in diesem Fall unbeschadet der Bestimmungen des § 24 Abs. 4 nur dann erforderlich, wenn der Antrag nach Vollendung des 30. Lebensjahres gestellt wird und das letzte ärztliche Gutachten im Zeitpunkt der Entscheidung älter als 18 Monate ist." *(BGBl I 2013/43)*

(4) Ein Bewerber um eine vorgezogene Lenkberechtigung für die Klasse B darf die theoretische und praktische Ausbildung für die Klasse A2 in einer Fahrschule mit dem vollendeten 16. Lebensjahr beginnen. Die praktische Fahrprüfung für die Klasse A2 darf erst mit Vollendung des 18. Lebensjahres abgelegt werden.

(5) Beim Erwerb der Klasse A1 gelten die Bestimmungen über den Probeführerschein (§ 4) jedenfalls bis zum „vollendeten"** „21."* Lebensjahr. Die Probezeit gilt im Rahmen des Stufenzuganges nur beim jeweils ersten Erwerb einer der Klassen A1 oder A2. *(* BGBl I 2017/15; ** BGBl I 2019/76)*

(6) Einem Bewerber um eine Lenkberechtigung der Klasse A1, der seit mindestens zwei Jahren ununterbrochen im Besitz der Berechtigung gemäß § 2 Abs. 1 Z 5 lit. c ist, ist die im Rahmen des Erwerbs der Berechtigung gemäß § 2 Abs. 1 Z 5 lit. c absolvierte praktische Ausbildung anzurechnen.

(7) Die in Abs. 1 Z 2 und in Abs. 2 Z 2 genannte praktische Ausbildung darf außer von Fahrschulen auch von Vereinen von Kraftfahrzeugbesitzern sofern sie im Kraftfahrbeirat vertreten sind, abgehalten werden. Diese Ausbildungen dürfen von Fahrlehrern für die Klasse A oder von Instruktoren, die zur Durchführung des Fahrsicherheitstrainings befugt sind, durchgeführt werden. Über diese Ausbildungen sind von der durchführenden Stelle entsprechende Aufzeichnungen zu führen und auf Verlangen der Behörde vorzulegen. *(BGBl I 2016/68)*

(BGBl I 2011/61)

Vorgezogene Lenkberechtigung für die Klasse B

§ 19. (1) Beantragt ein Bewerber um eine Lenkberechtigung für die Klasse B die Ausbildungsvariante der vorgezogenen Lenkberechtigung für die Klasse B, so kann er die Fahrschulausbildung mit Ausbildungsfahrten frühestens sechs Monate nach Vollendung des 15. Lebensjahres beginnen.

(2) Für die Erteilung der Bewilligung von Ausbildungsfahrten und die Durchführung der Ausbildungsfahrten gelten § 122 Abs. 1 bis 3, 6 und 8 KFG 1967, wobei § 122 Abs. 2 Z 1 lit. d KFG 1967 mit der Maßgabe anzuwenden ist, dass der gemäß Abs. 4 Z 2 im Verordnungsweg vorgeschriebene Inhalt und Umfang der theoretischen und praktischen Ausbildung zu absolvieren ist. Ist der Bewerber noch minderjährig und ist nicht wenigstens einer der Begleiter auch der Erziehungsberechtigte des Bewerbers, so ist der Fahrschule eine Zustimmungserklärung des Erziehungsberechtigten vorzulegen. Ausbildungsfahrten dürfen nur unter Aufsicht eines Begleiters durchgeführt werden. Bei der Durchführung der Ausbildungsfahrten ist ein Fahrtenprotokoll zu führen. Der Begleiter hat dafür zu sorgen, dass bei der Durchführung von Ausbildungsfahrten das Fahrzeug entsprechend gekennzeichnet ist. Sofern die Lenkberechtigung für die Klasse B vor Vollendung des 18. Lebensjahres erteilt wird, dauert die Probezeit (§ 4) jedenfalls bis zur Vollendung des „21." Lebensjahres. *(BGBl I 2017/15)*

(3) Im Zuge der Ausbildung zur vorgezogenen Lenkberechtigung für die Klasse B sind Ausbildungsfahrten im Ausmaß von mindestens 3 000 Kilometern zu absolvieren. Nach jeweils 1 000 gefahrenen Kilometern haben der Bewerber und der oder ein Begleiter eine begleitende Schulung, die eine Ausbildungsfahrt beinhaltet, in der Fahrschule zu besuchen. Nach 3 000 gefahrenen Kilometern hat der Bewerber eine Perfektionsschulung in der Fahrschule zu besuchen. Die Ausbildungsfahrten von jeweils 1 000 Kilometern sind möglichst gleichmäßig verteilt jeweils in einem Zeitraum von mindestens zwei Wochen zu absolvieren. „" Nach Absolvierung der gesamten

vorgeschriebenen Ausbildung, frühestens aber mit Vollendung des 17. Lebensjahres, ist der Bewerber zur praktischen Fahrprüfung zuzulassen, wenn die Fahrschule die Absolvierung der vorgeschriebenen Ausbildung bestätigt. *(BGBl I 2017/15)*

(4) Der Bundesminister für Verkehr, Innovation und Technologie hat durch Verordnung nähere Bestimmungen festzusetzen über:

1. die Form der Antragstellung für die vorgezogene Lenkberechtigung der Klasse B und die Ausbildungsfahrten sowie die hierfür erforderlichen Nachweise,

2. die theoretischen und praktischen Ausbildungserfordernisse für die Bewilligung von Ausbildungsfahrten,

3. die Form der Kennzeichnung der Fahrzeuge für die Ausbildungsfahrten,

4. das Fahrtenprotokoll und die Ausbildungsfahrtenbestätigung,

5. den Inhalt und Umfang der begleitenden Schulungen und der Perfektionsschulung gemäß Abs. 3 sowie die besonderen Ausbildungserfordernisse für Fahrlehrer, die eine begleitende Schulung durchführen.

(BGBl I 2013/43)

Lenkberechtigung für die Klassen C(C1), D(D1), CE(C1E) und DE(D1E)

§ 20. (1) Eine Lenkberechtigung für die Klasse C(C1) oder D(D1) darf nur erteilt werden, wenn der Antragsteller im Besitz einer Lenkberechtigung für die Klasse B ist. Eine Lenkberechtigung für die Klasse CE(C1E) oder DE(D1E) darf nur erteilt werden, wenn der Antragsteller im Besitz der Lenkberechtigung für die Klasse C(C1) oder D(D1) ist. Werden gleichzeitig mehrere Lenkberechtigungsklassen beantragt, wobei der Besitz einer Lenkberechtigungsklasse die Voraussetzung für den Erwerb der anderen Klasse(n) darstellt, so muss der Antragsteller die theoretische und praktische Fahrprüfung für diese erstgenannte Klasse bestanden haben, bevor er zur praktischen Fahrprüfung für die andere(n) Klasse(n) zugelassen wird. Die praktische Fahrprüfung für die Klasse C(CE) und/oder D(DE) darf bereits mit dem Erreichen des für die Klasse C1(C1E) bzw. D1(D1E) vorgesehenen Mindestalters abgelegt werden, die Erteilung der jeweiligen Lenkberechtigung darf aber erst mit Erreichen des in § 6 Abs. 1 vorgesehenen Mindestalters erfolgen.

(2) Eine Lenkberechtigung für die Klasse C oder CE darf außerdem nur erteilt werden, wenn der Antragsteller

1. das 21. Lebensjahr vollendet hat,

2. das 18. Lebensjahr vollendet hat und Inhaber eines Fahrerqualifizierungsnachweises gemäß § 19 GütbefG ist,

3. das 18. Lebensjahr vollendet und den Lehrberuf „Berufskraftfahrer" gemäß der Verordnung des Bundesministers für Wirtschaft und Arbeit, BGBl. II Nr. 190/2007, (Berufskraftfahrer/Berufskraftfahrerin-Ausbildungsordnung) erfolgreich abgeschlossen hat oder

4. das 18. Lebensjahr vollendet hat ausschließlich zum Zweck des Lenkens folgender Fahrzeuge:

a) die von den Streitkräften, dem Zivilschutz, der Feuerwehr und den für die Aufrechterhaltung der öffentlichen Ordnung zuständigen Kräften selbst oder unter deren Aufsicht verwendet werden;

b) mit denen bei Reparatur- oder Wartungsarbeiten Probefahrten auf der Straße gemacht werden. *(BGBl I 2015/74)*

(3) Eine Lenkberechtigung für die Klasse „D und DE" darf nur erteilt werden, wenn der Antragsteller für die Leistung Erster Hilfe entsprechend ausgebildet ist. Weiters darf eine Lenkberechtigung für die Klassen D oder DE bereits mit Vollendung des 21. Lebensjahres erteilt werden, wenn

1. die Voraussetzungen gemäß Abs. 2 Z 4 lit. „a oder b" vorliegen oder *(BGBl I 2015/74)*

2. der Antragsteller Inhaber eines Fahrerqualifizierungsnachweises gemäß § 14b Abs. 1 des GelverkG oder § 44b Abs. 1 des KflG ist. *(BGBl I 2015/74)*

(4) Fahrzeuge der Klasse C und D dürfen nur von einem Lenker in Betrieb genommen und gelenkt werden, bei dem der Alkoholgehalt des Blutes nicht mehr als 0,1 g/l (0,1 Promille) oder der Alkoholgehalt der Atemluft nicht mehr als 0,05 mg/l beträgt.

(5) Die Gültigkeit einer in einem anderen EWR-Staat erteilten Lenkberechtigung für die Klasse C(C1) oder D(D1) endet im Fall einer Verlegung des Wohnsitzes (§ 5 Abs. 1 Z 1) nach Österreich zu dem im Ausstellungsstaat vorgesehenen Zeitpunkt, jedoch spätestens fünf Jahre nach Verlegung des Wohnsitzes (§ 5 Abs. 1 Z 1) nach Österreich.

(BGBl I 2011/61)

Lenkberechtigung für die Klasse D

§ 21. *(aufgehoben, BGBl I 2011/61)*

Heereslenkberechtigung

§ 22. (1) Das Heerespersonalamt „ "** kann die Berechtigung zum Lenken von Heeresfahrzeugen erteilen und hierüber einen Heeresführerschein oder einen Heeresmopedausweis ausstellen, die als solche zu bezeichnen sind. „ "* Für die Erlangung eines Heeresführerscheines oder eines Heeresmopedausweises sind keine Stempelgebühren zu entrichten. *(BGBl I 2005/15; *BGBl I 2013/96; **BGBl I 2015/74)*

(2) Der Besitzer einer Heereslenkberechtigung darf auch andere Kraftfahrzeuge als die im Abs. 1 angeführten lenken, wenn es zur Erfüllung der dem Bundesheer gemäß § 2 Wehrgesetz 2001, BGBl. I Nr. 146, obliegenden Aufgaben im Einzelfall erforderlich ist, wenn er eine von der hiefür in Betracht kommenden militärischen Dienststelle ausgestellte Bescheinigung über das Vorliegen eines derartigen Erfordernisses mitführt und wenn seine Heereslenkberechtigung für die Klasse gilt, in die das zu lenkende Fahrzeug fällt. *(BGBl I 2005/15)*

(3) Vor der Erteilung der Heereslenkberechtigung (Abs. 1) hat das Heerespersonalamt zu prüfen, ob die Voraussetzungen für die Erteilung einer Lenkberechtigung gemäß §§ 6 bis 8 vorliegen, sowie ein Gutachten eines oder mehrerer Sachverständiger gemäß § 52 AVG 1991 über die fachliche Befähigung gemäß § 10 einzuholen. Die Heereslenkberechtigung ist, soweit dies aufgrund des ärztlichen Gutachtens oder wegen der erteilten Klasse der Lenkberechtigung nach den Erfordernissen der Verkehrssicherheit nötig ist, unter den entsprechenden Beschränkungen, Befristungen oder Auflagen und unter sinngemäßer Anwendung der §§ 8 und 9 zu erteilen. Abweichende Regelungen, die aufgrund der Eigenart bestimmter Heeresfahrzeuge erforderlich sind, sind zulässig. Die Eintragung der Beschränkungen, Befristungen oder Auflagen hat mit den in § 2 der Führerscheingesetz-Durchführungsverordnung genannten Zahlencodes zu erfolgen. Zusätzlich zu diesen Zahlencodes ist es jedoch zulässig, für das österreichische Bundesgebiet geltende dreistellige Zahlencodes, die ausschließlich für Besonderheiten von Heeresfahrzeugen zu verwenden sind, einzutragen. Eine Heereslenkberechtigung für die Klasse D darf auch Personen erteilt werden, die das 20. Lebensjahr vollendet haben. *(BGBl I 2005/15)*

(4) Bestehen begründete Bedenken, ob die Voraussetzungen für die Erteilung der Heereslenkberechtigung noch gegeben sind, so hat das Heerespersonalamt „**" unverzüglich unter Anwendung der Bestimmungen der §§ 24 bis 26 und 29 ein Verfahren zur Entziehung oder Einschränkung der Heereslenkberechtigung einzuleiten und diese gegebenenfalls zu entziehen oder einzuschränken. „* *(BGBl I 2005/15; *BGBl I 2013/96; **BGBl I 2015/74)*

(5) Die Bestimmungen des § 39 über die vorläufige Abnahme des Führerscheines sowie „der § 16 bis 17 über das Führerscheinregister"* gelten auch für Heereslenkberechtigungen. Der Bundesminister für Landesverteidigung „und Sport"** ist ermächtigt, hiefür besonders geschulte militärische Organe mit der vorläufigen Abnahme von Heeresführerscheinen oder Heeresmopedausweisen zu betrauen. *(BGBl I 2005/15; *BGBl I 2005/152; **BGBl I 2015/74)*

(6) Erlangt die Behörde von Umständen Kenntnis, die zu Bedenken im Sinne des Abs. 4 Anlaß geben, so hat sie hievon unverzüglich das „Heerespersonalamt" zu verständigen und gemäß § 39 vorläufig abgenommene Heeresführerscheine an dieses weiterzuleiten. *(BGBl I 2011/61)*

(7) Der Besitzer einer Heereslenkberechtigung kann bis zum Ablauf eines Jahres nach seinem Ausscheiden aus dem Präsenzstand des Bundesheeres oder aus der Heeresverwaltung beantragen, eine Lenkberechtigung gemäß diesem Bundesgesetz erteilt zu bekommen. Diese Lenkberechtigung gilt als Ersterteilung und unterliegt den Bestimmungen des § 4 über den Probeführerschein sowie den Bestimmungen der §§ 4a bis 4c über die zweite Ausbildungsphase. *(BGBl I 2002/129)*

(7a) Eine Heereslenkberechtigung erlischt:
1. nach Ablauf einer Entziehungsdauer von mehr als 18 Monaten;
2. durch Zeitablauf;
3. durch Tod des Berechtigten. *(BGBl I 2005/15)*

(8) Der Bundesminister für Landesverteidigung „und Sport" hat im Einvernehmen mit dem Bundesminister für Verkehr, Innovation und Technologie durch Verordnung festzusetzen:
1. die Ausbildungsvorschriften für die Erlangung der Heereslenkberechtigung,
2. die Prüfungsvorschriften für die Fahrprüfung sowie
3. die Beschaffenheit, Maße und Masse der Fahrzeuge, die mit einer Heereslenkberechtigung gelenkt werden dürfen.
(BGBl I 2015/74)

Ausländische Lenkberechtigungen

§ 23. (1) Das Lenken eines Kraftfahrzeuges und das Ziehen von Anhängern auf Grund einer von einer Vertragspartei des Pariser Übereinkommens über den Verkehr von Kraftfahrzeugen, BGBl. Nr. 304/1930, des Genfer Abkommens über den Straßenverkehr, BGBl. Nr. 222/1955, oder des Wiener Übereinkommens über den Straßenverkehr, BGBl. Nr. 289/1982, in einem Nicht-EWR-Staat erteilten Lenkberechtigung durch Personen mit „Wohnsitz (§ 5 Abs. 1 Z 1)"* im Bundesgebiet ist zulässig, wenn seit dessen Begründung nicht mehr als sechs Monate verstrichen sind und der Besitzer der Lenkberechtigung das 18. Lebensjahr „(16. Lebensjahr im Fall der Klasse A1)"** vollendet hat. Die Behörde hat auf Antrag diese Frist um weitere sechs Monate zu verlängern, wenn sich der Antragsteller nachweislich aus beruflichen Gründen oder zum Zwecke der Ausbildung nicht länger als ein Jahr in Österreich aufhalten wird. Diese Verlängerung ist zu widerrufen, wenn Gründe für eine Entziehung der Lenkberechtigung vorliegen. Das Lenken von Kraftfahrzeugen nach Verstreichen der genannten Fristen stellt eine Übertretung nach § 37 Abs. 1 dar. *(BGBl I 2002/81; *BGBl I 2005/152; **BGBl I 2016/68)*

(2) Mitglieder des Diplomatischen Korps in Wien, Mitglieder des Konsularkorps in Österreich, Mitglieder des Verwaltungs- und technischen Personals ausländischer diplomatischer oder konsularischer Vertretungsbehörden oder Angestellte internationaler Organisationen in Österreich sind berechtigt, während der gesamten Dauer ihres Aufenthaltes in Österreich auf Grund ihrer Lenkberechtigung Kraftfahrzeuge zu lenken, wenn sie eine vom Bundesministerium für Auswärtige Angelegenheiten ausgestellte gültige Legitimationskarte besitzen.

(3) Dem Besitzer einer in einem Nicht-EWR-Staat „oder sonstigem Gebiet" erteilten Lenkberechtigung ist ab Vollendung des 18. Lebensjahres auf Antrag eine Lenkberechtigung im gleichen Berechtigungsumfang zu erteilen, wenn:

1. der Antragsteller nachweist, dass er sich zum Zeitpunkt der Erteilung der ausländischen Lenkberechtigung in dem betreffenden Staat während mindestens sechs Monaten aufhielt oder dort seinen „Wohnsitz (§ 5 Abs. 1 Z 1)" hatte; dieser Nachweis entfällt, wenn der Antragsteller die Staatsbürgerschaft des Ausstellungsstaates des Führerscheines besitzt und bei Begründung des „Wohnsitzes (§ 5 Abs. 1 Z 1)" in Österreich die ausländische Lenkberechtigung bereits besessen hat und die Behörde keine Zweifel am tatsächlichen Vorliegen des „Wohnsitzes (§ 5 Abs. 1 Z 1)" oder sechsmonatigem Aufenthaltes in dem betreffenden Staat zum Zeitpunkt des Erwerbes der Lenkberechtigung hat. *(BGBl I 2002/81; BGBl I 2005/152)*

2. der Antragsteller seinen „Wohnsitz (§ 5 Abs. 1 Z 1)" nach Österreich verlegt hat oder während seines Auslandsaufenthaltes behalten hat, *(BGBl I 2005/152)*

3. keine Bedenken hinsichtlich der Verkehrszuverlässigkeit bestehen sowie die gesundheitliche Eignung gemäß § 8 nachgewiesen ist und

4. entweder die fachliche Befähigung durch eine praktische Fahrprüfung gemäß § 11 Abs. 4 nachgewiesen wird oder

5. angenommen werden kann, daß die Erteilung seiner Lenkberechtigung unter den gleichen Voraussetzungen erfolgt ist, unter denen sie in Österreich erteilt wird. Der Bundesminister für Verkehr, Innovation und Technologie hat mit Verordnung festzulegen, in welchen Staaten für welche Lenkberechtigungen eine derartige Gleichartigkeit besteht.
(BGBl I 1998/94; BGBl I 2008/31)

(3a) Wird in einem Verfahren gemäß Abs. 3 ein Nicht-EWR-Führerschein vorgelegt, dessen Frist bereits abgelaufen ist, so hat der Antragsteller eine praktische Fahrprüfung abzulegen, es sei denn, der Antragsteller kann nachweisen, dass die Lenkberechtigung trotz Ablauf der Frist im Führerschein nach wie vor gültig ist. Gelingt der Nachweis der Gültigkeit der Lenkberechtigung, so ist eine praktische Fahrprüfung nur in jenen Fällen abzulegen, in denen keine Gleichwertigkeit gemäß Abs. 3 Z 5 besteht. *(BGBl I 2015/74)*

(3b) Einen Antrag auf Erteilung einer Lenkberechtigung gemäß Abs. 3 kann die antragstellende Person bei der Behörde ihrer Wahl innerhalb des Bundesgebietes einbringen; diese Behörde hat darüber zu entscheiden. Dies gilt auch in den in Abs. 3a genannten Fällen. *(BGBl I 2022/121)*

(4) In einem gemäß Abs. 3 ausgestellten Führerschein ist einzutragen, auf Grund welcher Lenkberechtigung die Umschreibung des Führerscheines erfolgte. Der Antragsteller hat bei Ausfolgung des österreichischen Führerscheines seinen bisherigen Führerschein der Behörde abzuliefern.

(5) Das Lenken von Kraftfahrzeugen und das Ziehen von Anhängern auf Straßen mit öffentlichem Verkehr durch Personen ohne „Wohnsitz (§ 5 Abs. 1 Z 1)"* im Bundesgebiet ist auf Grund einer von einer Vertragspartei des Pariser Übereinkommens über den Verkehr von Kraftfahrzeugen, BGBl. Nr. 304/1930, des Genfer Abkommens über den Straßenverkehr, BGBl. Nr. 222/1955, oder des Wiener Übereinkommens über den Straßenverkehr, BGBl. Nr. 289/1982, erteilten Lenkberechtigung bis zu einer Dauer von zwölf Monaten ab Eintritt in das Bundesgebiet unbeschadet gewerberechtlicher und arbeitsrechtlicher Vorschriften zulässig, wenn der Besitzer der Lenkberechtigung das 18. Lebensjahr „(16. Lebensjahr im Fall der Klasse A1)"*** vollendet hat. „Das Lenken von Motorfahrrädern und vierrädrigen Leichtkraftfahrzeugen durch Personen ohne Wohnsitz im Bundesgebiet (§ 5 Abs. 1 Z 1) ist nur zulässig, wenn der Lenker zumindest im Besitz der Lenkberechtigung der Klasse AM ist und das 15. Lebensjahr vollendet hat."** *(BGBl I 2002/81; *BGBl I 2005/152; **BGBl I 2011/61; ***BGBl I 2016/68)*

(6) Als Nachweis für die Lenkberechtigung muss der entsprechende nationale Führerschein vorliegen. Wenn dieser nicht auch in deutscher Sprache abgefasst ist und auch nicht dem Muster des Anhangs 9 zum Genfer Abkommen oder den Inhalten des Anhangs 1 oder 1a der Richtlinie 91/439/EWG, ABl. Nr. 237 vom 24. August 1991 in der Fassung 97/26/EWG, entspricht und auch nicht die Anforderungen des Anhangs 6 zum Wiener Übereinkommen erfüllt, muss der Führerschein zugleich mit einem internationalen Führerschein nach einer der in Abs. 5 angeführten Vereinbarungen oder mit einer von einem gemäß § 36 Abs. 2 Z 3 ermächtigten Verein oder einer auslän-

dischen Vertretungsbehörde des Ausstellungsstaates verfassten Übersetzung vorgewiesen werden können. *(BGBl I 2002/81)*

5. Abschnitt
Entziehung, Einschränkung und Erlöschen der Lenkberechtigung

Allgemeines

§ 24. (1) Besitzern einer Lenkberechtigung, bei denen die Voraussetzungen für die Erteilung der Lenkberechtigung (§ 3 Abs. 1 Z 2 bis 4) nicht mehr gegeben sind, ist von der Behörde entsprechend den Erfordernissen der Verkehrssicherheit

1. die Lenkberechtigung zu entziehen oder

2. die Gültigkeit der Lenkberechtigung durch Auflagen, Befristungen oder zeitliche, örtliche oder sachliche Beschränkungen einzuschränken. „Diesfalls ist gemäß § 13 Abs. 5 ein neuer Führerschein auszustellen."*
„Für den Zeitraum einer Entziehung der Lenkberechtigung für die Klassen „A1, A2, A, B oder F"*** ist auch das Lenken von vierrädrigen Leichtkraftfahrzeugen unzulässig, es sei denn es handelt sich**

1. um eine Entziehung gemäß § 24 Abs. 3 achter Satz oder

2. um eine Entziehung der Klasse A mangels gesundheitlicher Eignung, die ausschließlich mit dem Lenken von einspurigen Kraftfahrzeugen zusammenhängt. „Bei besonders berücksichtigungswürdigen Gründen kann von der Entziehung der Klasse AM hinsichtlich der Berechtigung zum Lenken von Motorfahrrädern abgesehen werden. Dies ist auch dann möglich, wenn der Betreffende die Lenkberechtigung für die Klasse AM nur im Wege des § 2 Abs. 3 Z 7 besitzt."" *(BGBl I 2009/93; BGBl I 2011/61)*
*(BGBl I 2002/81; *BGBl I 2005/152; **BGBl I 2009/93; ***BGBl I 2011/61)*

(2) Die Entziehung oder Einschränkung der Lenkberechtigung kann auch nur hinsichtlich bestimmter Klassen ausgesprochen werden, wenn der Grund für die Entziehung oder Einschränkung nur mit der Eigenart des Lenkens dieser bestimmten Klasse zusammenhängt. Die Entziehung bestimmter Klassen ist, wenn zumindest noch eine weitere Lenkberechtigung aufrecht bleibt, in den Führerschein einzutragen. Eine Entziehung der Lenkberechtigung für die Klasse B zieht jedenfalls eine Entziehung für die Klassen C (C1) „CE(C1E), D(D1) und DE(D1E)" nach sich, eine Entziehung einer der Klassen C (C1) „CE(C1E), D(D1) oder DE(D1E)" zieht die Entziehung der jeweils anderen Klasse nach sich. *(BGBl I 2011/61)*

(3) Bei der Entziehung oder Einschränkung der Lenkberechtigung kann die Behörde begleitende Maßnahmen (Nachschulung und dgl.) oder die Beibringung eines amtsärztlichen Gutachtens über die gesundheitliche Eignung anordnen. Die Behörde hat unbeschadet der Bestimmungen des Abs. 3a eine Nachschulung anzuordnen:

1. wenn die Entziehung in der Probezeit (§ 4) erfolgt,

1a. wegen einer in § 7 Abs. 3 Z 3 genannten Übertretung, *(BGBl I 2021/154)*

2. wegen einer zweiten in § 7 Abs. 3 Z 4 genannten Übertretung innerhalb von „vier" Jahren oder *(BGBl I 2021/154)*

3. wegen einer Übertretung gemäß § 99 Abs. 1 oder 1a StVO 1960.

„Die Behörde hat unbeschadet der Bestimmungen des Abs. 3a und sofern es sich nicht um einen Probeführerscheinbesitzer handelt, bei der erstmaligen Übertretung gemäß § 99 Abs. 1b StVO 1960 ein Verkehrscoaching zur Bewusstmachung der besonderen Gefahren des Lenkens von Kraftfahrzeugen unter Alkoholeinfluss „oder Suchtgiftbeeinträchtigung"*** und dessen Folgen, bei Begehung einer Übertretung gemäß § 99 Abs. 1b StVO 1960 innerhalb von fünf Jahren ab der Begehung einer Übertretung gemäß § 99 Abs. 1 bis 1b StVO 1960 jedoch eine Nachschulung anzuordnen."*** Im Rahmen des amtsärztlichen Gutachtens kann die Beibringung der erforderlichen fachärztlichen oder einer verkehrspsychologischen Stellungnahme aufgetragen werden. „Bei einer zweiten oder weiteren innerhalb von vier Jahren begangenen Übertretung gemäß § 7 Abs. 3 Z 3 oder einer (auch erstmaligen) Übertretung gemäß § 99 Abs. 1 StVO 1960 ist unbeschadet der Bestimmungen des Abs. 3a zusätzlich die Beibringung eines von einem Amtsarzt erstellten Gutachtens über die gesundheitliche Eignung gemäß § 8 sowie die Beibringung einer verkehrspsychologischen Stellungnahme anzuordnen; im Fall einer Übertretung gemäß § 7 Abs. 3 Z 3 kann sich die verkehrspsychologische Untersuchung auf die Feststellung der Bereitschaft zur Verkehrsanpassung beschränken."**** Wurde eine dieser Anordnungen innerhalb der festgesetzten Frist nicht befolgt oder wurden die zur Erstellung des ärztlichen Gutachtens erforderlichen Befunde nicht beigebracht oder wurde die Mitarbeit bei Absolvierung der begleitenden Maßnahme unterlassen, so endet die Entziehungsdauer nicht vor Befolgung der Anordnung. „Wurde von einem Probeführerscheinbesitzer die Anordnung der Nachschulung nicht befolgt oder die Mitarbeit bei dieser unterlassen, so ist die Lenkberechtigung bis zur Befolgung der Anordnung zu entziehen. Wurde die Anordnung der Absolvierung der fehlenden Stufe(n) gemäß § 4c Abs. 2 nicht befolgt oder wurde dabei die Mitarbeit unterlassen, so ist die Lenkberechtigung jener Klasse, für die die angeordnete(n) Stufe(n) nicht absolviert wurde(n), bis zur Befolgung der Anordnung zu entziehen. „Eine diesbezügliche Entziehung der Klasse B zieht jedenfalls eine Entziehung der Klassen C(C1), CE(C1E), D(D1) und DE(D1E) nach sich."**** Die Anordnung der begleitenden Maßnahme oder des ärztlichen Gutachtens hat entweder im Bescheid, mit dem die Entziehung oder Einschränkung ausgesprochen wird, oder in einem gesonderten Bescheid zugleich mit dem Entziehungsbescheid zu erfolgen. „Die Behörde hat eine angemessene Frist zu setzen, innerhalb derer das Verkehrscoaching zu absolvieren ist. Wird das Verkehrscoaching nicht innerhalb dieser Frist absolviert, hat die Behörde die Lenkberechtigung bis zur Befolgung der Anordnung zu entziehen."** *(*BGBl I 2005/152; **BGBl I 2009/93; ***BGBl I 2011/61; ****BGBl I 2021/154)*

(3a) Stellt sich im Laufe des gemäß Abs. 3 „ " durchgeführten Entziehungsverfahrens heraus, dass der Betreffende von Alkohol abhängig ist, ist von einer Anordnung oder Absolvierung der noch nicht durchgeführten Untersuchungen oder Maßnahmen abzusehen. „Vor der Wiederausfolgung des Führerscheines oder der Wiedererteilung der Lenkberechtigung nach einer solchen Entziehung hat der Betreffende jedoch alle bereits angeordneten Maßnahmen und Untersuchungen zu absolvieren. Maßnahmen oder Untersuchungen, die anzuordnen gewesen wären, von denen gemäß Satz 1 aber abgesehen wurde, sind von der Behörde anzuordnen und ebenfalls zu absolvieren." *(BGBl I 2002/81; BGBl I 2011/61)*

(4) Bestehen Bedenken, ob die Voraussetzungen der gesundheitlichen Eignung noch gegeben sind, ist ein von einem Amtsarzt erstelltes Gutachten gemäß § 8 einzuholen und gegebenenfalls die Lenkberechtigung einzuschränken oder zu entziehen. Bei Bedenken hinsichtlich der fachlichen Befähigung ist ein Gutachten gemäß § 10 einzuholen und gegebenenfalls die Lenkberechtigung zu entziehen. Leistet der Besitzer der Lenkberechtigung innerhalb der festgesetzten Frist einem rechtskräftigen Bescheid, mit der Aufforderung, sich „amtsärztlich" untersuchen zu lassen, der Erstattung des „amtsärztlichen" Gutachtens erforderlichen Befunde zu erbringen oder die Fahrprüfung neuerlich abzulegen, keine Folge, ist ihm die Lenkberechtigung bis zur Befolgung der Anordnung zu entziehen. *(BGBl I 2002/81; BGBl I 2008/31)*

(5) Die Nachschulungen dürfen nur von gemäß § 36 hiezu ermächtigten Einrichtungen durchgeführt werden. Der Bundesminister für Verkehr, Innovation und Technologie hat, dem Stand der Wissenschaft und Technik entsprechend, durch Verordnung die näheren Bestimmungen festzusetzen über

1. die Voraussetzungen räumlicher und personeller Art für die Ermächtigung zur Durchführung von Nachschulungen,

2. die fachlichen Voraussetzungen für die zur Durchführung von Nachschulungen Berechtigten,

3. den Inhalt und zeitlichen Umfang der Nachschulungen,

4. die Meldepflichten an die Behörde,

5. Maßnahmen zur Qualitätssicherung der Nachschulungen und

6. die Zusammensetzung und Aufgaben des verkehrspsychologischen Koordinationsausschusses,

7. die Kosten der Nachschulung.
(BGBl I 2002/81)

(5a) Die ermächtigten Einrichtungen haben einen Teilbetrag von jeder vollen verkehrspsychologischen Untersuchung und von jeder Nachschulung an den Österreichischen Verkehrssicherheitsfonds abzuführen. Dieser Betrag ist für die Verkehrssicherheitsarbeit im Sinne des § 131a Abs. 4 KFG 1967 und für die Erstellung der Verkehrsunfallstatistik zu verwenden. Die Höhe dieses Betrages sowie die näheren Bestimmungen über die Art und Weise der Ablieferung der Beträge sind durch Verordnung des Bundesministers für Verkehr, Innovation und Technologie festzusetzen. *(BGBl I 2015/74)*

(6) Wird das Verkehrscoaching nicht vorschriftsgemäß durchgeführt oder sind dabei Missstände aufgetreten, so hat die Behörde der in ihrem Sprengel tätigen Stelle - nachdem eine Aufforderung zur Behebung dieser Unzulänglichkeiten erfolglos geblieben ist - die Durchführung des Verkehrscoachings bis zur Behebung dieser Unzulänglichkeiten, mindestens aber ein Monat, zu untersagen. Der Bundesminister für Verkehr, Innovation und Technologie hat durch Verordnung die näheren Bestimmungen festzusetzen über

1. den Inhalt und zeitlichen Umfang des Verkehrscoachings

2. den Kreis der zur Durchführung des Verkehrscoachings Berechtigten und

3. die Kosten des Verkehrscoachings.
(BGBl I 2009/93)

Dauer der Entziehung

§ 25. (1) Bei der Entziehung ist auch auszusprechen, für welchen Zeitraum die Lenkberechtigung entzogen wird. Dieser ist auf Grund des Ergebnisses des Ermittlungsverfahrens festzusetzen. Endet die Gültigkeit der Lenkberechtigung vor dem Ende der von der Behörde prognostizierten Entziehungsdauer, so hat die Behörde auch auszusprechen, für welche Zeit nach Ablauf der Gültigkeit der Lenkberechtigung keine neue Lenkberechtigung erteilt werden darf. *(BGBl I 2002/81)*

(2) Bei einer Entziehung wegen mangelnder gesundheitlicher Eignung ist die Dauer der Entziehung auf Grund des gemäß § 24 Abs. 4 einge-

holten Gutachtens für die Dauer der Nichteignung festzusetzen.

(3) Bei einer Entziehung wegen mangelnder Verkehrszuverlässigkeit (§ 7) ist eine Entziehungsdauer von mindestens 3 Monaten festzusetzen. Sind für die Person, der die Lenkberechtigung wegen mangelnder Verkehrszuverlässigkeit zu entziehen ist, zum Zeitpunkt der Entziehung im Vormerksystem (§ 30a) Delikte vorgemerkt, so ist für jede dieser im Zeitpunkt der Entziehung bereits eingetragenen Vormerkungen die Entziehungsdauer um zwei Wochen zu verlängern; davon ausgenommen sind Entziehungen auf Grund des § 7 Abs. 3 Z 14 und 15. *(BGBl I 2005/15)*

Sonderfälle der Entziehung

§ 26. (1) Wird beim Lenken oder Inbetriebnehmen eines Kraftfahrzeuges erstmalig eine Übertretung gemäß § 99 Abs. 1b StVO 1960 begangen, so ist, wenn es sich nicht um einen Lenker eines Kraftfahrzeuges der Klasse C oder D handelt und zuvor keine andere der in § 7 Abs. 3 Z 1 und 2 genannten Übertretungen begangen wurde, die Lenkberechtigung für die Dauer von einem Monat zu entziehen. Wenn jedoch

1. auch eine der in § 7 Abs. 3 Z 4 bis 6 genannten Übertretungen vorliegt, oder

2. der Lenker bei Begehung dieser Übertretung einen Verkehrsunfall verschuldet hat,

so hat die Entziehungsdauer mindestens drei Monate zu betragen.
Wenn jedoch eine der in § 7 Abs. 3 Z 3 genannten Übertretungen vorliegt, hat die Entziehungsdauer mindestens sechs Monate zu betragen. § 25 Abs. 3 zweiter Satz ist in allen Fällen sinngemäß anzuwenden.
(BGBl I 2010/117)

(2) Wird beim Lenken oder Inbetriebnehmen eines Kraftfahrzeuges

1. erstmalig ein Delikt gemäß § 99 Abs. 1 StVO 1960 begangen, so ist die Lenkberechtigung auf die Dauer von mindestens sechs Monaten zu entziehen,

2. ein Delikt gemäß § 99 Abs. 1 StVO 1960 innerhalb von fünf Jahren ab der Begehung eines Deliktes gemäß § 99 Abs. 1 StVO 1960 begangen, ist die Lenkberechtigung auf mindestens zwölf Monate zu entziehen,

3. ein Delikt gemäß § 99 Abs. 1a oder 1b StVO 1960 innerhalb von fünf Jahren ab der Begehung eines Deliktes gemäß § 99 Abs. 1 StVO 1960 begangen, ist die Lenkberechtigung auf mindestens acht Monate zu entziehen,

4. erstmalig ein Delikt gemäß § 99 Abs. 1a StVO 1960 begangen, so ist die Lenkberechtigung auf die Dauer von mindestens vier Monaten zu entziehen,

5. ein Delikt gemäß § 99 Abs. 1 StVO 1960 innerhalb von fünf Jahren ab der Begehung eines Deliktes gemäß § 99 Abs. 1a StVO 1960 begangen, ist die Lenkberechtigung auf mindestens zehn Monate zu entziehen,

6. ein Delikt gemäß § 99 Abs. 1a StVO 1960 innerhalb von fünf Jahren ab der Begehung eines Deliktes gemäß § 99 Abs. 1a StVO 1960 begangen, ist die Lenkberechtigung auf mindestens acht Monate zu entziehen,

7. ein Delikt gemäß § 99 Abs. 1b StVO 1960 innerhalb von fünf Jahren ab der Begehung eines Deliktes gemäß § 99 Abs. 1a StVO 1960 begangen, ist die Lenkberechtigung auf mindestens sechs Monate zu entziehen. § 25 Abs. 3 zweiter Satz ist sinngemäß anzuwenden.
(BGBl I 2009/93)

(2a) Im Falle der erstmaligen Begehung einer in § 7 Abs. 3 Z 3 genannten Übertretung hat die Entziehungsdauer mindestens sechs Monate zu betragen, sofern nicht gemäß Abs. 2 eine längere Entziehungsdauer auszusprechen ist. Eine nach Ablauf von „vier" Jahren seit der letzten Übertretung begangene derartige Übertretung gilt als erstmalig begangen. *(BGBl I 2010/117; BGBl I 2021/154)*

(3) Im Falle der erstmaligen Begehung einer in § 7 Abs. 3 Z 4 genannten Übertretung – sofern die Übertretung nicht geeignet war, besonders gefährliche Verhältnisse herbeizuführen oder nicht mit besonderer Rücksichtslosigkeit gegenüber anderen Straßenbenützern begangen wurde (§ 7 Abs. 3 Z 3) oder auch eine Übertretung gemäß Abs. 1 oder 2 vorliegt – hat die Entziehungsdauer

1. ein Monat, *(BGBl I 2021/154)*

2. wenn die jeweils zulässige Höchstgeschwindigkeit im Ortsgebiet um mehr als 60 km/h oder außerhalb des Ortsgebiets um mehr als 70 km/h überschritten worden ist, mindestens drei Monate *(BGBl I 2021/154)*

3. *(entfallen, BGBl I 2021/154)*

zu betragen. Bei wiederholter Begehung einer derartigen Übertretung innerhalb von „vier" Jahren hat die Entziehungsdauer, sofern in keinem Fall eine Qualifizierung im Sinne der Z 2 „ " gegeben ist „mindestens drei Monate", sonst mindestens sechs Monate zu betragen. Eine nach Ablauf von „vier" Jahren seit der letzten Übertretung begangene derartige Übertretung gilt als erstmalig begangen. *(BGBl I 2010/117; BGBl I 2021/154)*

(4) Eine Entziehung gemäß Abs. 3 darf erst ausgesprochen werden, wenn das Strafverfahren in erster Instanz durch Strafbescheid abgeschlossen ist. Bei erstmaligen Entziehungen gemäß Abs. 3 darf die Behörde keine begleitenden Maßnahmen anordnen, es sei denn, die Übertre-

tung erfolgte durch einen Probeführerscheinbesitzer. *(BGBl I 2005/15)*

(5) Eine Übertretung gemäß Abs. 1 oder 2 gilt als erstmalig, wenn eine vorher begangene Übertretung der gleichen Art zum Zeitpunkt der Begehung bereits länger als fünf Jahre zurückliegt. *(BGBl I 2015/74)*

(6) Zum Zwecke der Durchführung von wissenschaftlichen Untersuchungen kann der Bundesminister für Verkehr, Innovation und Technologie durch Verordnung für eine bestimmte Zeit von den Bestimmungen dieses Gesetzes abweichende Regelungen für die Entziehungen der Lenkberechtigung aufgrund von Alkoholdelikten festlegen, wenn eine solche Untersuchung im überwiegenden Interesse der Verkehrssicherheit gelegen ist. In dieser Verordnung sind die näheren Bestimmungen festzusetzen über

1. die Voraussetzungen sowie die Unmöglichkeit für die Teilnahme an dieser Untersuchung,

2. die Inhalte und den Ablauf des Verfahrens,

3. die Beendigung des Verfahrens und den Ausschluss aus dem Verfahren,

4. die vorläufige Teilnahme an dem Verfahren,

5. die durchführende Institution, Personen und Geräte sowie

6. die Meldepflichten.

Der Zeitraum der Erprobung darf fünf Jahre ab dem Inkrafttreten der Verordnung nicht überschreiten. *(BGBl I 2017/15)*

Erlöschen der Lenkberechtigung

§ 27. (1) Eine Lenkberechtigung erlischt:

1. nach Ablauf einer Entziehungsdauer von mehr als 18 Monaten; *(BGBl I 2002/81)*

2. durch Zeitablauf;

3. durch Verzicht;

4. 100 Jahre nach Erteilung;

5. durch Tod des Berechtigten.

(2) Die Personenstandsbehörden haben Todesfälle von Personen über „15" Jahre dem örtlichen Führerscheinregister gemäß § 38 Abs. 1 Personenstandsgesetz, BGBl. Nr. 60/1983, zu melden. *(BGBl I 2011/61)*

Ablauf der Entziehungsdauer

§ 28. (1) Der Führerschein ist nach Ablauf der Entziehungsdauer auf Antrag wieder auszufolgen, wenn

1. die Entziehungsdauer nicht länger als 18 Monate war und

2. keine weitere Entziehung der Lenkberechtigung angeordnet wird.

(2) Vor Wiederausfolgung des Führerscheines ist das Lenken von Kraftfahrzeugen unzulässig. *(BGBl I 2002/81)*

Besondere Verfahrensbestimmungen für die Entziehung

§ 29. (1) „Im Verfahren zur Entziehung der Lenkberechtigung sind die Behörden und Verwaltungsgerichte verpflichtet, über Anträge von Parteien und Beschwerden ohne unnötigen Aufschub, spätestens aber drei Monate nach deren Einlangen einen Bescheid zu erlassen oder zu entscheiden." Im Verfahren zur Entziehung der Lenkberechtigung kann ein Rechtsmittelverzicht nicht wirksam abgegeben werden. *(BGBl I 2016/68)*

(2) Von der vollstreckbaren Entziehung der Lenkberechtigung hat die Behörde zu verständigen:

1. den Zulassungsbesitzer des Fahrzeuges, mit dem das Delikt begangen wurde, wenn er nicht selbst der betroffene Lenker war, und

2. bei Berufslenkern den Dienstgeber, wenn dieser nicht Zulassungsbesitzer des Kraftfahrzeuges war.

(3) Nach Eintritt der Vollstreckbarkeit des Entziehungsbescheides ist der über die entzogene Lenkberechtigung ausgestellte Führerschein, sofern er nicht bereits abgenommen wurde, unverzüglich der Behörde abzuliefern. Dies gilt auch für die Fälle des § 30, sofern sich der Lenker noch in Österreich aufhält.

(4) Wurde der Führerschein gemäß § 39 vorläufig abgenommen und nicht wieder ausgefolgt, so ist die Entziehungsdauer ab dem Tag der vorläufigen Abnahme zu berechnen.

Folgen des Entziehungsverfahrens für Besitzer von ausländischen Lenkberechtigungen und Führerscheinen

§ 30. (1) Dem Besitzer einer ausländischen EWR- oder Nicht-EWR-Lenkberechtigung, der keinen Wohnsitz (§ 5 Abs. 1 Z 1) in Österreich hat, ist das Recht, von seiner Lenkberechtigung Gebrauch zu machen, abzuerkennen, wenn Gründe für die Entziehung der Lenkberechtigung vorliegen. Die Aberkennung des Rechts, von der Lenkberechtigung Gebrauch zu machen, ist durch ein Lenkverbot unter Anwendung der §§ 24 Abs. 1, 25, 26 und 29 auszusprechen. Für die Aberkennung ist die Behörde zuständig, in deren örtlichem Wirkungsbereich der Führerscheinbesitzer seinen Aufenthalt hat; sie hat den Führerschein abzunehmen und bis zum Ablauf der festgesetzten Frist oder bis zur Ausreise des Besitzers zurückzubehalten. Sofern dies möglich ist, hat die Behörde der Ausstellungsbehörde des Führerscheines die Tatsache der Aberkennung des genannten Rechtes mitzuteilen.

(2) Einem Besitzer einer ausländischen „EWR- oder Nicht-EWR-Lenkberechtigung"*, der einen Wohnsitz (§ 5 Abs. 1 Z 1) in Österreich hat, hat die Behörde die Lenkberechtigung unter Anwendung der §§ 24 bis 29 zu entziehen. Der eingezogene Führerschein ist der Ausstellungsbehörde zusammen mit einer Sachverhaltsdarstellung zu übermitteln. „Nach Ablauf der Entziehungsdauer hat der Betroffene gegebenenfalls im Fall einer EWR-Lenkberechtigung einen Antrag auf Erteilung einer österreichischen Lenkberechtigung zu stellen. Im Fall einer Nicht-EWR-Lenkberechtigung ist auf Antrag eine österreichische Lenkberechtigung gemäß § 23 zu erteilen; wenn die Entziehungsdauer mehr als 18 Monate war, ist in beiden Fällen eine österreichische Lenkberechtigung nach Ablegung einer praktischen Fahrprüfung zu erteilen."* „Nach Ausstellung des österreichischen Führerscheines ist der ausländische EWR- oder Nicht-EWR-Führerschein an die Ausstellungsbehörde zu übermitteln."** Die Behörde hat auch die Entziehung der Lenkberechtigung eines anderen EWR- oder eines Nicht-EWR-Staates anzuordnen, wenn eine Person mit Wohnsitz in Österreich eine solche Lenkberechtigung zu einem Zeitpunkt erlangt hat, zu dem in Österreich bereits die Lenkberechtigung wegen mangelnder Verkehrszuverlässigkeit entzogen war. In diesem Fall ist die Lenkberechtigung bis zu jenem Zeitpunkt zu entziehen, zu dem die bereits angeordnete Entziehungsdauer enden wird. Eine Entziehung der Lenkberechtigung eines anderen EWR-Staates oder eines Nicht-EWR-Staates ist auszusprechen, wenn eine Person eine Lenkberechtigung in diesem Staat zu einem Zeitpunkt erworben hat, zu dem die Person ihren Wohnsitz (§ 5 Abs. 1 Z 1) in Österreich und nicht im Ausstellungsstaat des Führerscheines hatte. *(*BGBl I 2015/74; **BGBl I 2019/76)*

(BGBl I 2011/61)

6. Abschnitt

Vormerksystem – Maßnahmen gegen Risikolenker

Vormerksystem

§ 30a. (1) Hat ein Kraftfahrzeuglenker eines der in Abs. 2 angeführten Delikte begangen, so ist unabhängig von einer verhängten Verwaltungsstrafe, einer etwaigen Entziehung der Lenkberechtigung oder sonstiger angeordneter Maßnahmen eine Vormerkung im Örtlichen Führerscheinregister einzutragen. Die Vormerkung ist auch dann einzutragen, wenn das in Abs. 2 genannte Delikt den Tatbestand einer in die Zuständigkeit der Gerichte fallenden strafbaren Handlung verwirklicht. Für die Vornahme der Eintragung ist die Rechtskraft des gerichtlichen oder des Verwaltungsstrafverfahrens abzuwarten. Die Eintragung der Vormerkung ist von der das Verwaltungsstrafverfahren führenden Behörde, im Fall einer gerichtlichen Verurteilung von der Behörde des Hauptwohnsitzes vorzunehmen und gilt ab dem Zeitpunkt der Deliktsetzung. Der Lenker ist über die Eintragung und den sich daraus möglicherweise ergebenden Folgen durch einen Hinweis im erstinstanzlichen Strafbescheid zu informieren.

(2) Folgende Delikte sind gemäß Abs. 1 vorzumerken:

1. Übertretungen des § 14 Abs. 8;

2. Übertretungen des § 20 Abs. 4; *(BGBl I 2013/43)*

3. *(aufgehoben, BGBl I 2013/43)*

4. Übertretungen des § 9 Abs. 2 oder § 38 Abs. 4 dritter Satz StVO, wenn Fußgänger, die Schutzwege vorschriftsmäßig benützen, gefährdet werden;

5. Übertretungen des § 18 Abs. 1 StVO, sofern die Übertretung mit technischen Messgeräten festgestellt wurde und der zeitliche Sicherheitsabstand 0,2 Sekunden oder mehr aber weniger als 0,4 Sekunden betragen hat;

6. Übertretungen des § 19 Abs. 7 i. V. m. Abs. 4 StVO, wenn der Vorrangverletzung die Nichtbeachtung eines Vorschriftszeichens gem. § 52 lit. c Z 24 StVO zu Grunde liegt und dadurch die Lenker anderer Fahrzeuge zu unvermitteltem Bremsen oder zum Ablenken ihrer Fahrzeuge genötigt werden;

7. Übertretungen des § 38 Abs. 5 StVO, wenn dadurch Lenker von Fahrzeugen, für die gem. § 38 Abs. 4 StVO auf Grund grünen Lichts „freie Fahrt" gilt, zu unvermitteltem Bremsen oder zum Ablenken ihrer Fahrzeuge genötigt werden;

8. Übertretungen des § 46 Abs. 4 lit. d StVO unter Verwendung mehrspuriger Kraftfahrzeuge, wenn damit eine Behinderung von Einsatzfahrzeugen, Fahrzeugen des Straßendienstes, der Straßenaufsicht oder des Pannendienstes verbunden ist;

8a. Übertretungen des § 46 Abs. 6 letzter Halbsatz StVO 1960 unter Verwendung von mehrspurigen Kraftfahrzeugen; wenn jedoch damit eine Behinderung von Einsatzfahrzeugen, Fahrzeugen des Straßendienstes, der Straßenaufsicht oder des Pannendienstes verbunden ist, dann auch unter Verwendung von einspurigen Kraftfahrzeugen; *(BGBl I 2019/76)*

9. Übertretungen des § 52 lit. a Z 7e StVO in Tunnelanlagen;

10. Übertretungen der Verordnung der Bundesministerin für Verkehr, Innovation und Technologie über Beschränkungen für Beförderungseinheiten mit gefährlichen Gütern beim Befahren von Autobahntunnels, BGBl. II Nr. 395/2001;

11. Übertretungen des „§" 96 Abs. 1 Z 5 und 6 und des § 99 Abs. 1 Z 1 bis 5 der Eisenbahnkreu-

zungsverordnung 2012, BGBl. II Nr. 216/2012; *(BGBl I 2013/43; BGBl I 2015/74)*

12. Übertretungen des § 102 Abs. 1 KFG 1967 „oder des § 13 Abs. 2 Z 3 Gefahrgutbeförderungsgesetz, BGBl. I Nr. 145/1998 idF BGBl. I Nr. 63/2007"*, wenn ein Fahrzeug gelenkt „oder ein Anhänger gezogen"** wird, dessen technischer Zustand oder dessen nicht entsprechend gesicherte Beladung eine Gefährdung der Verkehrssicherheit darstellt, sofern die technischen Mängel oder die nicht entsprechend gesicherte Beladung dem Lenker vor Fahrtantritt auffallen hätten müssen; *(*BGBl I 2008/31; **BGBl I 2011/61)*

13. Übertretungen des § 106 Abs. 5 Z 1 und 2, § 106 Abs. 5 dritter Satz und § 106 Abs. 6 letzter Satz KFG 1967. *(BGBl I 2005/152)*

(3) Werden zwei oder mehrere der in Abs. 2 angeführten Delikte in Tateinheit begangen, so zählt die Eintragung in das Örtliche Führerscheinregister als eine Vormerkung.

(4) Die in § 7 Abs. 3 Z 14 oder 15, § 25 Abs. 3 zweiter Satz oder § 30b genannten Rechtsfolgen treten nur dann ein, wenn die die jeweiligen Rechtsfolgen auslösenden Delikte innerhalb von zwei Jahren begangen wurden. „Wurde innerhalb dieses zweijährigen Zeitraumes ein zweites Vormerkdelikt begangen, so verlängert sich der Zeitraum auf drei Jahre."** Wurde eine Entziehung gemäß § 7 Abs. 3 Z 14 oder 15 ausgesprochen „oder die Entziehungsdauer gemäß § 25 Abs. 3 zweiter Satz verlängert"*, so sind die dieser Entziehung zugrunde liegenden Vormerkungen künftig nicht mehr zu berücksichtigen. Wurde die Entziehung der Lenkberechtigung wegen einer der in § 7 Abs. 3 genannten bestimmten Tatsache ausgesprochen, so sind später eingetragene Vormerkungen aufgrund von Delikten, die vor dem Zeitpunkt der Entziehung der Lenkberechtigung begangen wurden, hinsichtlich der Rechtsfolgen des § 25 Abs. 3 zweiter Satz, „ "* oder hinsichtlich der sonstigen Entziehungsdauer nicht mehr zu berücksichtigen. *(*BGBl I 2005/152; **BGBl I 2010/117)*

(5) Wenn sich ergibt, dass eine Vormerkung gemäß Abs. 1 zu Unrecht erfolgte, so ist diese Eintragung unverzüglich zu löschen.

(BGBl I 2005/15)

Besondere Maßnahmen

§ 30b. (1) Unbeschadet einer etwaigen Entziehung der Lenkberechtigung ist eine besondere Maßnahme gemäß Abs. 3 anzuordnen:

1. wenn zwei oder mehrere der im § 30a Abs. 2 genannten Delikte in Tateinheit (§ 30a Abs. 3) begangen werden oder

2. anlässlich einer zweiten zu berücksichtigenden Vormerkung (§ 30a Abs. 4) wegen eines der in § 30a Abs. 2 genannten Delikte, sofern wegen des ersten Deliktes nicht bereits eine Maßnahme gemäß Z 1 angeordnet wurde.

(2) Von der Anordnung einer besonderen Maßnahme ist jedoch Abstand zu nehmen, wenn

1. die Voraussetzungen des § 7 Abs. 3 Z 14 oder 15 vorliegen oder

2. eine Nachschulung gemäß § 4 Abs. 3 angeordnet wird oder

3. eine begleitende Maßnahme gemäß § 24 Abs. 3 angeordnet wird.

(3) Als besondere Maßnahmen kommen die Teilnahme an

1. Nachschulungen gemäß der Verordnung des Bundesministers für Verkehr, Innovation und Technologie über verkehrspsychologische Nachschulungen (Nachschulungsverordnung – FSG-NV), BGBl. II Nr. 357/2002,

2. Perfektionsfahrten gemäß § 13a der Verordnung des Bundesministers für Wissenschaft und Verkehr über die Durchführung des Führerscheingesetzes (Führerscheingesetz-Durchführungsverordnung – FSG-DV), BGBl. II Nr. 320 idF BGBl. II Nr. 223/2004,

3. das Fahrsicherheitstraining gemäß § 13b der Verordnung des Bundesministers für Wissenschaft und Verkehr über die Durchführung des Führerscheingesetzes (Führerscheingesetz-Durchführungsverordnung – FSG-DV), BGBl. II Nr. 320 idF BGBl. II Nr. 223/2004,

4. Vorträgen oder Seminaren über geeignete Ladungssicherungsmaßnahmen „" *(BGBl I 2009/93)*

5. Unterweisungen in lebensrettenden Sofortmaßnahmen gemäß § 6 der Verordnung des Bundesministers für Wissenschaft und Verkehr über die Durchführung des Führerscheingesetzes (Führerscheingesetz-Durchführungsverordnung – FSG-DV), BGBl. II Nr. 320 idF BGBl. II Nr. 223/2004 „oder" *(BGBl I 2009/93)*

6. Kurse über geeignete Maßnahmen zur Kindersicherung *(BGBl I 2009/93)*

in Betracht.
Die zu absolvierende Maßnahme ist von der Behörde festzusetzen, wobei darauf Bedacht zu nehmen ist, dass die Maßnahme geeignet ist, im Wesentlichen den Unrechtsgehalt der gesetzten Delikte aufzuarbeiten. Es ist jene Maßnahme zu wählen, die für den Betroffenen am besten geeignet ist, sich mit seinem Fehlverhalten auseinanderzusetzen, sich die Gefahren im Straßenverkehr bewusst zu machen und durch entsprechende Bewusstseinsbildung, auch im Hinblick auf die Notwendigkeit einer unfallvermeidenden defensiven Fahrweise und die fahrphysikalischen Grenzen beim Betrieb eines Kraftfahrzeuges, einen Rückfall in weitere Verkehrsverstöße zu vermeiden.

(4) Der von der Anordnung der besonderen Maßnahme Betroffene hat der Behörde eine Bestätigung jener Einrichtung, bei der die besondere Maßnahme absolviert wurde, über die Teilnahme und seine Mitarbeit vorzulegen.

(5) Wurde die Anordnung der Teilnahme an besonderen Maßnahmen gemäß Abs. 1 innerhalb der von der Behörde festgesetzten Frist nicht befolgt oder bei diesen Maßnahmen die Mitarbeit unterlassen, so ist die Lenkberechtigung bis zur Befolgung der Anordnung zu entziehen.

(6) Der Bundesminister für Verkehr, Innovation und Technologie hat durch Verordnung die näheren Bestimmungen festzusetzen über

1. den Inhalt und zeitlichen Umfang der in Abs. 3 genannten Maßnahmen,

2. die zur Durchführung dieser Maßnahmen berechtigten Personen und Stellen,

3. die Zuordnung der in § 30a Abs. 2 genannten Delikte zur jeweils geeigneten Maßnahme und

4. die Kosten der Maßnahme.

(BGBl I 2005/15)

7. Abschnitt[2]

[2] im Gesetzestext: unrichtig – 6. Abschnitt

Andere Dokumente

Mopedausweis

§ 31. *(aufgehoben samt Überschrift, BGBl I 2011/61)*

Verbot des Lenkens von Motorfahrrädern, vierrädrigen Leichtkraftfahrzeugen oder Invalidenkraftfahrzeugen

§ 32. *(aufgehoben samt Überschrift, BGBl I 2011/61)*

Feuerwehrführerschein

§ 32a. (1) Der Feuerwehrführerschein ist bei Vorliegen der in Abs. 2 genannten Voraussetzungen von dem Landesfeuerwehrkommandanten auszustellen. Der Feuerwehrführerschein gilt nur in Verbindung mit der nach § 1 Abs. 3 zweiter und dritter Satz erforderlichen Lenkberechtigung.

(2) Voraussetzungen für die Ausstellung des Feuerwehrführerscheines:

1. Besitz eines Feuerwehrdienstpasses;

2. Mitgliedschaft bei einer Freiwilligen Feuerwehr (des Feuerwehrverbandes) gemäß den Feuerwehrgesetzen der Länder;

3. Mindestalter: 18 Jahre;

4. Ausbildung und Nachweis der praktischen Kenntnisse;

5. gesundheitliche Eignung.

(3) Der Bundesminister für Verkehr, Innovation und Technologie hat durch Verordnung festzusetzen:

1. Form und Inhalt des Feuerwehrführerscheines;

2. die näheren Bestimmungen über die Voraussetzungen für die Ausstellung eines Feuerwehrführerscheines hinsichtlich der Ausbildung und des Nachweises der praktischen Kenntnisse sowie des Nachweises der gesundheitlichen Eignung.

(4) Der Feuerwehrführerschein wird ungültig

1. für die Dauer der Entziehung der Lenkberechtigung oder

2. wenn die Lenkberechtigung erloschen ist. *(BGBl I 2002/81)*

(5) Bei Abhandenkommen des Feuerwehrführerscheines hat der Landesfeuerwehrkommandant über Antrag einen Duplikatfeuerwehrführerschein auszustellen.

(6) Nimmt der Inhaber eines Feuerwehrführerscheines ein Feuerwehrfahrzeug der Klassen C oder C1 oder der Klassen D oder D1 in Betrieb und lenkt es, gilt § 20 Abs. 4 nicht. *(BGBl I 2015/74)*

(BGBl I 1998/94)

Sonderregelungen für Feuerwehrfahrzeuge und Rettungs- und Krankentransportfahrzeuge

§ 32b. (1) Bei der praktischen Fahrprüfung zum Erwerb einer Bestätigung zum Lenken von Rettungs- und Krankentransportfahrzeugen gemäß „§ 1 Abs. 3 vierter bis sechster Satz" ist auf die speziellen Anforderungen beim Lenken dieser Fahrzeuge im innerstädtischen Verkehr und vor allem im Hinblick auf den Transport von Personen besonders Bedacht zu nehmen. *(BGBl I 2015/74)*

(2) Die Bestätigung gemäß § 1 Abs. 3 Z 3 ist nur in Verbindung mit einer aufrechten Lenkberechtigung für die Klasse B gültig. Eine wechselseitige Verwendung dieser Bestätigung für die Fahrzeuge der jeweils anderen Einrichtung (die Bestätigung der Rettungsorganisation für das Lenken von Feuerwehrfahrzeugen und umgekehrt) ist nicht zulässig.

(3) Der Bundesminister für Verkehr, Innovation und Technologie hat durch Verordnung die näheren Bestimmungen über Inhalt und Umfang der internen theoretischen und praktischen Ausbildung und Prüfung gemäß § 1 Abs. 3 Z 2 festzusetzen.

(BGBl I 2010/117)

Internationale Führerscheine

§ 33. (1) Dem Besitzer eines nationalen Führerscheines ist auf Antrag von der gemäß § 5 Abs. 2 zuständigen Behörde ein internationaler Führerschein gemäß „Art. 41 Abs. 2 lit. a sublit. ii)" des Wiener Übereinkommens, Art. 24 des Genfer Abkommens oder Art. 7 des Pariser Übereinkommens über den Verkehr von Kraftfahrzeugen BGBl. Nr. 304/1930, mit dem entsprechenden Berechtigungsumfang auszustellen. Über seine Ausstellung sind entsprechende Aufzeichnungen zu führen. Die Gültigkeit des internationalen Führerscheines erlischt ein Jahr nach dem Tag der Ausstellung. *(BGBl I 2019/76)*

(2) Wurden Vereine gemäß § 36 Abs. 2 Z 3 zur Ausstellung der internationalen Führerscheine ermächtigt, so dürfen Anträge auf Ausstellung dieser Dokumente nur bei solchen Vereinen eingebracht werden; stellt jedoch der ermächtigte Verein die Dokumente nicht binnen einer Woche nach Einlangen des Antrages aus, so kann der Antrag auch bei der im Abs. 1 angeführten Behörde eingebracht werden.

(3) Einer Person ohne „Wohnsitz (§ 5 Abs. 1 Z 1)"* im Bundesgebiet, die keinen nationalen Führerschein (§ 23 Abs. 6) vorweisen kann und für das Abhandenkommen des Dokumentes einen zureichenden Grund, wie etwa Verlust oder Diebstahl, glaubhaft macht, ist auf Antrag, wenn keine Bedenken bestehen, ein internationaler Führerschein gemäß Abs. 1 auszustellen. Dieser berechtigt zum Lenken eines Kraftfahrzeuges „in Österreich"** in Verbindung mit der Bestätigung der Anzeige gemäß § 14 Abs. 3 auf die Dauer von sechs Wochen. *(*BGBl I 2005/152; **BGBl I 2015/74)*

8. Abschnitt[3]

[3] im Gesetzestext: unrichtig – 7. Abschnitt

Sachverständige und Behörden

Sachverständige Ärzte

§ 34. (1) Der Landeshauptmann hat zur Begutachtung der gesundheitlichen Eignung von Bewerbern um eine Lenkberechtigung sachverständige Ärzte zu bestellen. Diese sind auf die Dauer von höchstens fünf Jahren zu bestellen, müssen für diese Begutachtung besonders geeignet sein und unterliegen den allgemeinen Bestimmungen des § 128 KFG 1967 über Sachverständige. Die in den Ermächtigungsbescheiden ausgesprochenen Beschränkungen auf bestimmte Behördensprengel gelten als nicht beigesetzt.

(2) Zu sachverständigen Ärzten dürfen nur vertrauenswürdige Personen bestellt werden, die EWR-Staatsbürger sind und die besonderen im Verordnungswege festgelegten Anforderungen erfüllen.

(3) Der Bundesminister für Verkehr, Innovation und Technologie hat mit Verordnung die näheren Bestimmungen festzusetzen über:

1. die Vergütung für Gutachten gemäß §§ 8 und 9 für Ärzte und technische Sachverständige sowie

2. die Kosten einer verkehrspsychologischen Untersuchung gemäß § 8 oder § 28.

(BGBl I 2011/61)

Fahrprüfer

§ 34a. (1) Der Landeshauptmann hat zur Begutachtung der fachlichen Befähigung von Personen, Kraftfahrzeuge zu lenken, Fahrprüfer zu bestellen. Diese sind auf die Dauer von höchstens fünf Jahren zu bestellen, müssen EWR-Staatsbürger, vertrauenswürdig und für diese Begutachtung besonders geeignet sein und unterliegen den allgemeinen Bestimmungen des § 128 KFG 1967 über Sachverständige. Weiters müssen sie über folgende Kenntnisse und Fähigkeiten verfügen:

1. Kenntnisse der Straßenverkehrsvorschriften,

2. fahrzeugtechnische und physikalische Kenntnisse,

3. Kenntnisse und Fähigkeiten, den Prüfungsablauf genau zu beobachten, zu kontrollieren und zu bewerten,

4. Fähigkeiten ein Kraftfahrzeug der entsprechenden Klasse unter Einhaltung der einschlägigen Straßenverkehrsvorschriften und unter besonderer Berücksichtigung der Sicherheit und Flüssigkeit des Verkehrs sowie in Kraftstoff sparender, umweltfreundlicher und defensiver Fahrweise von höherem Niveau, als für den Erwerb einer Lenkberechtigung erforderlich ist unbeschadet § 34b Abs. 2 Z 2 zu lenken,

5. Fähigkeit klar und freundlich zu kommunizieren und für einen nichtdiskriminierenden und respektvollen Ablauf der Prüfung zu sorgen.

Im Bestellungsdekret ist insbesondere festzuhalten, für welche Klassen der Fahrprüfer die Fahrprüfung abnehmen darf. Eine solche Bestellung begründet jedoch keinen Rechtsanspruch auf Beiziehung als Fahrprüfer.

(2) Bedienstete aus dem Personalstand einer Gebietskörperschaft dürfen vom Landeshauptmann überdies nur dann zum Fahrprüfer bestellt werden, wenn die Zustimmung der Dienstbehörde zu seiner Heranziehung als Sachverständiger, auch hinsichtlich des Ausmaßes und der Zeiten, vorliegt. Durch diese Zustimmung werden die Verpflichtungen des Bediensteten gegenüber seiner Dienstbehörde nicht berührt.

(3) Die Fahrprüfer sind vom Landeshauptmann oder von einer von ihm beauftragten Stelle über

§§ 34a – 34b

Anforderung der Fahrschulen oder Behörden für die Fahrprüfungen einzuteilen. Fahrprüfer dürfen praktische Fahrprüfungen nur für jene Fahrzeugklassen abnehmen, für die sie selbst eine gültige Lenkberechtigung besitzen, wobei § 34b Abs. 3 anzuwenden ist.

(4) Der Bundesminister für Verkehr, Innovation und Technologie hat mit Verordnung die näheren Bestimmungen festzusetzen über

1. die Voraussetzungen zur Bestellung als Fahrprüfer betreffend Inhalt, Durchführung und Nachweis der Aus- und Weiterbildung, Zeugnisse und berufliche Erfahrung,

2. die näheren Vorschriften hinsichtlich der Grundausbildung und der Befähigungsprüfung als Fahrprüfer,

3. die besonderen Pflichten der Fahrprüfer,

4. den Widerruf der Bestellung und der Aussetzung der Beiziehung,

5. die Vergütung für Gutachten gemäß §§ 10 und 11 für Fahrprüfer,

6. die Vergütung für Gutachten zur Absolvierung der Befähigungsprüfung für Fahrprüfer,

7. den Umfang sowie die näheren Inhalte der jährlichen Überwachung der Prüfertätigkeit sowie des Qualitätssicherungssystems,

8. die Vergütung der einzelnen Maßnahmen im Rahmen des Qualitätssicherungssystems,

9. die näheren Kriterien zur Erstellung von Statistiken „ " und *(BGBl I 2015/74)*

10. die Voraussetzungen um als Fahrprüferprüfer und/oder als Auditor herangezogen zu werden.

(BGBl I 2011/61)

Persönliche Voraussetzungen der Fahrprüfer

§ 34b. (1) Zum Fahrprüfer für die „Klasse B" darf nur bestellt werden, wer

1. seit mindestens drei Jahren ununterbrochen die Lenkberechtigung für die Klassen B besitzt und sich nicht mehr in der Probezeit gemäß § 4 befindet,

2. *(aufgehoben, BGBl I 2015/74)*

3. das 27. Lebensjahr vollendet hat,

4. die entsprechende Grundausbildung absolviert und eine Befähigungsprüfung als Fahrprüfer erfolgreich abgelegt hat,

5. ein in Österreich gültiges Reifeprüfungszeugnis, ein gleichwertiges Reifeprüfungszeugnis aus dem EWR oder eine Studienberechtigungsprüfung besitzt,

6. innerhalb der letzten drei Jahre vor der Bestellung keinen Entzug der Lenkberechtigung wegen eines der in § 7 Abs. 3 genannten Delikte hatte und

7. eine mindestens zweijährige Tätigkeit im Verkehrsbereich glaubhaft macht.

(BGBl I 2015/74)

(2) Zum Fahrprüfer weiterer Klassen darf nur bestellt werden, wer

1. entweder

a) mindestens drei Jahre lang als Fahrprüfer für die Klasse B tätig war oder

b) eine mindestens fünfjährige Fahrpraxis mit Fahrzeugen der entsprechenden Klasse nachweisen kann, oder

c) über einen Nachweis einer Fahrpraxis von höherem Niveau, als für den Erwerb einer Lenkberechtigung dieser Klasse erforderlich ist, verfügt,

2. die Lenkberechtigung für die betreffende Klasse besitzt; „ * „ *** *(*BGBl I 2015/74; **BGBl I 2019/76)*

3. die entsprechende Prüferausbildung absolviert und eine Befähigungsprüfung als Fahrprüfer für die entsprechende Klasse erfolgreich abgelegt hat und

4. innerhalb der letzten drei Jahre vor der Bestellung keinen Entzug der Lenkberechtigung wegen eines der in § 7 Abs. 3 genannten Delikte hatte.

(3) Ein Fahrprüfer darf Fahrprüfungen für die Klassen A1, A2 und A abnehmen, wenn er die Prüfberechtigung für die Klasse A erworben hat. Ein Fahrprüfer darf Fahrprüfungen für die Klassen C(C1) „und C1E" abnehmen, wenn er die Prüfberechtigung für die Klasse CE erworben hat. „Ein Fahrprüfer darf Fahrprüfungen für die Klassen D(D1) und D1E abnehmen, wenn er die Prüfberechtigung für die Klasse DE erworben hat." Die Prüfberechtigung für die Klassen B oder CE umfasst auch jene für die Klasse F. *(BGBl I 2015/74)*

(4) Die Befähigungsprüfung zum Fahrprüfer ist vor einer Kommission abzulegen. Sie hat aus einem theoretischen und einem praktischen Teil zu bestehen. Die theoretische Prüfung ist unter Bedachtnahme auf die angestrebte Berechtigung abzunehmen und hat sich insbesondere bei Erwerb der Berechtigung zum Fahrprüfer für die „Klasse B" auch auf den Nachweis von Kenntnissen in Verkehrssinnbildung und Prüfungspsychologie zu erstrecken. Die praktische Prüfung darf erst abgenommen werden, wenn die theoretische Prüfung erfolgreich abgelegt wurde und ist auf zum Verkehr zugelassenen Fahrzeugen der beantragten Berechtigung abzunehmen. *(BGBl I 2015/74)*

(4a) Personen, die seit mindestens fünf Jahren Besitzer einer Fahrschullehrerberechtigung sind und während dieses Zeitraumes zumindest als Fahrlehrer tätig gewesen sind, sind von der Voraussetzung des Abs. 1 Z 4 und Abs. 2 Z 3 jeweils hinsichtlich der Ausbildung befreit und können zum Fahrprüfer für jene Klassen, auf die sich ihre Fahrschullehrerberechtigung erstreckt, bestellt werden. Darüberhinaus können Besitzer einer

Fahrschullehrerberechtigung, die die Anforderung des Abs. 1 Z 5 nicht erfüllen, zum Fahrprüfer bestellt werden, wenn sie mindestens insgesamt zehn Jahre als Fahrlehrer oder mindestens insgesamt fünf Jahre als Fahrschullehrer tätig waren. *(BGBl I 2013/43)*

(5) Besitzer einer Fahrlehrer- oder Fahrschullehrerberechtigung dürfen nur dann zum Fahrprüfer bestellt werden, wenn und solange sie von ihrer Fahrlehrer- oder Fahrschullehrerberechtigung keinen Gebrauch machen. Sollte während des Bestellungszeitraumes als Fahrprüfer der Sachverständige wieder aktiv als Fahrlehrer oder Fahrschullehrer tätig werden, so hat er dies unverzüglich dem Landeshauptmann anzuzeigen und darf diesfalls nicht als Fahrprüfer herangezogen werden.

(6) Bestellte Fahrprüfer müssen eine regelmäßige theoretische und praktische Weiterbildung absolvieren. Hat ein Fahrprüfer innerhalb eines Zeitraumes von 24 Monaten für eine Klasse, für die er berechtigt ist, Fahrprüfungen abzunehmen, keine Fahrprüfung abgenommen, so hat er, bevor er wiederum eingeteilt werden darf, eine Weiterbildung insbesondere für diese Klasse nachzuweisen.

(7) Die Aus- und Weiterbildung von Fahrprüfern darf nur „vom Bundesministerium für Verkehr, Innovation und Technologie" oder vom Landeshauptmann durchgeführt werden. Jeder durchgeführte Ausbildungsgang sowie jede Weiterbildung sind in besonderen Aufzeichnungen zu dokumentieren; diese Aufzeichnungen sind fünf Jahre lang nach Abschluss der Ausbildung oder der abgehaltenen Weiterbildung aufzubewahren und „dem Bundesministerium für Verkehr, Innovation und Technologie" auf Verlangen zur Einsichtnahme vorzulegen. Über die absolvierte Aus- oder Weiterbildung ist ein Nachweis auszustellen und vom Landeshauptmann oder „vom Bundesministerium für Verkehr, Innovation und Technologie" im Führerscheinregister einzutragen. *(BGBl I 2015/74)*

(8) Der Landeshauptmann hat die Tätigkeit bestellter Fahrprüfer zu überwachen und gegebenenfalls Defiziten durch geeignete Kontrollmaßnahmen vorzubeugen oder entgegenzuwirken. Das Bundesministerium für Verkehr, Innovation und Technologie hat zur Kontrolle der Fahrprüfer jährlich eine Statistik der Fahrprüfer mit der Anzahl der von jedem Fahrprüfer durchgeführten Fahrprüfungen (aufgegliedert nach Lenkberechtigungsklassen) sowie der Prüfungsergebnissen zu erstellen. Jeder Fahrprüfer unterliegt in einem Zeitraum von fünf Jahren zumindest einem Audit. Dieses Audit ist entweder vom zuständigen Landeshauptmann oder vom Bundesministerium für Verkehr, Innovation und Technologie durchzuführen. Der Landeshauptmann hat dem Bundesministerium für Verkehr, Innovation und Technologie bis spätestens 28. Februar jeden Jahres einen Bericht über die Überwachung und die durchgeführten Audits des Vorjahres zu übergeben. *(BGBl I 2015/74)*

(BGBl I 2011/61)

Behörden und Organe

§ 35. (1) Für die in diesem Bundesgesetz vorgesehenen Amtshandlungen ist, sofern darin nichts anderes bestimmt ist, in erster Instanz die Bezirksverwaltungsbehörde, im „Gebiet einer Gemeinde, für das die Landespolizeidirektion zugleich Sicherheitsbehörde erster Instanz ist, die Landespolizeidirektion"* zuständig. „** *(BGBl I 2002/65; *BGBl I 2012/50; **BGBl I 2013/96)*

(2) An der Vollziehung dieses Bundesgesetzes durch die Bezirksverwaltungsbehörden, die „Landespolizeidirektionen" und den Landeshauptmann haben mitzuwirken:

1. die Organe der Bundespolizei, *(BGBl I 2004/151)*

2. *(aufgehoben, BGBl I 2012/50)*

3. die Organe der Gemeindewachen und,

4. sonstige Straßenaufsichtsorgane. *(BGBl I 2012/50)*

(3) Die in Abs. 2 genannten Organe haben

1. die Einhaltung der in diesem Bundesgesetz genannten Vorschriften zu überwachen; zu diesem Zweck sind sie berechtigt, gemäß § 97 Abs. 5 StVO 1960 Fahrzeuglenker zum Anhalten aufzufordern;

2. Maßnahmen zu treffen, die für die Einleitung oder Durchführung von Verwaltungsstrafverfahren erforderlich sind und

3. in den in diesem Bundesgesetz ausdrücklich vorgesehenen Fällen einzuschreiten. Sie unterstehen dabei in fachlicher Hinsicht der jeweils zuständigen Behörde.

Sonstige Zuständigkeiten

§ 36. (1) Der Landeshauptmann ist zuständig für:

1. die Erteilung von Ermächtigungen:

a) an Fahrschulen zur Abhaltung von theoretischen Fahrprüfungen gemäß § 11 (Prüfungsstellen),

b) *(aufgehoben, BGBl I 2011/61)*

c) an Fahrschulen und Vereine gemäß § 4a Abs. 6 Z 1 zur Eintragung der Absolvierung von Perfektionsfahrten, Fahrsicherheitstrainings und verkehrspsychologischen Gruppengesprächen gemäß § 4c Abs. 1 im Zentralen Führerscheinregister, sofern die jeweils durchführende Stelle zur Durchführung dieser Maßnahme berechtigt ist,

d) an Fahrschulen, Aufsichtspersonen und Fahrprüfer zur Eintragung der in „§ 16b Abs. 1

und 4" genannten Daten – diese haben von Amts wegen unter Entfall der Prüfung der Voraussetzungen des Abs. 3 Z 2 und 3 zu erfolgen; *(BGBl I 2005/152; BGBl I 2008/31)*

2. die Bestellung von sachverständigen Ärzten und Fahrprüfern. *(BGBl I 2011/61)*

„ " *(BGBl I 2013/96)*

(2) Der Bundesminister für Verkehr, Innovation und Technologie ist zuständig für die Erteilung von Ermächtigungen

1. an geeignete Einrichtungen zur Durchführung von Nachschulungen gemäß §§ 4 und 24 Abs. 3,

2. an geeignete Einrichtungen zur Durchführung verkehrspsychologischer Untersuchungen (verkehrspsychologische Untersuchungsstellen),

3. an Vereine von Kraftfahrzeugbesitzern zur Ausstellung der in § 33 Abs. 1 angeführten internationalen Führerscheine,

4. an das mit der Herstellung des Führerscheines betraute Unternehmen zur Eintragung der in § 16b Abs. 4 Z 3 genannten Daten.

Diese ermächtigten Stellen unterliegen hinsichtlich der auf Grund dieser Ermächtigungen zu erfüllenden Aufgaben der Aufsicht und den Weisungen des Bundesministers für Verkehr, Innovation und Technologie. Über die von den ermächtigten Stellen gemäß Z 1 durchgeführten Nachschulungen sind zum Zweck der Qualitätssicherung ua. in Zusammenarbeit mit dem Führerscheinregister statistische Evaluationen durchzuführen. Zu diesem Zweck sind die Daten über die wieder auffällig gewordenen Absolventen einer Nachschulung dem Bundesministerium für Verkehr, Innovation und Technologie in pseudonymisierter Form bekannt zu geben. Von den in Z 1 und 2 genannten Ermächtigungen ausgenommen sind Meldungen betreffend weiterer Standorte der einzelnen ermächtigten Stellen. Die Eignung der Standorte ist vom Landeshauptmann auf Antrag zu überprüfen. Für diese Überprüfung ist ein Kostenersatz zu entrichten, der dem Landeshauptmann zufließt. Durch Verordnung des Bundesministers für Verkehr, Innovation und Technologie ist die Höhe dieses Kostenersatzes festzusetzen. Der Landeshauptmann hat vierteljährlich dem Bundesministerium für Verkehr, Innovation und Technologie die Veränderungen bei diesen Standorten bekanntzugeben. *(BGBl I 2018/37)*

(2a) Der Bundesminister für Verkehr, Innovation und Technologie ist zuständig für die Erteilung von Genehmigungen von neuen Testverfahren für die verkehrspsychologische Untersuchung an den jeweiligen Antragsteller. *(BGBl I 2016/68)*

(3) Eine Ermächtigung gemäß Abs. 1 Z 1 und Abs. 2 ist auf Antrag zu erteilen, wenn der Antragsteller:

1. vertrauenswürdig ist,

2. über das erforderliche Personal und die erforderlichen Einrichtungen verfügt und

3. die besonderen Anforderungen erfüllt, die durch die jeweiligen Verordnungen festgelegt werden.

(4) Die Ermächtigung gemäß Abs. 1 Z 1 und Abs. 2 sowie die Bestellung gemäß Abs. 1 Z 2 sind vorbehaltlich der Bestimmungen des Abs. 5 zu widerrufen, wenn die Voraussetzungen für die Erteilung nicht mehr gegeben sind oder die Aufgaben nicht vorschriftsmäßig durchgeführt werden oder es zur Wahrung öffentlicher Interessen notwendig ist. „Wurden von der Fahrschule oder von den gemäß § 16b Abs. 1a ermächtigten Vereinen die von der Bundesrechenzentrum GmbH vorgeschriebenen Abgaben für die gemäß § 16b Abs. 1 letzter Satz durchzuführende Anfrage an das Zentrale Melderegister für das dem laufenden Jahr vorangegangenen Jahr ganz oder teilweise nicht entrichtet, so hat die Bundesrechenzentrum GmbH den Landeshauptmann, der die Ermächtigung gemäß Z 1 lit. d erteilt hat, darüber zu informieren. Dieser hat die genannte Ermächtigung bis zur Entrichtung aller offenen Beträge zu widerrufen." *(BGBl I 2005/152; BGBl I 2016/68)*

(5) Wenn die Fahrschule ihre Mitwirkung am Lenkberechtigungserteilungsverfahren beharrlich verweigert (insbesondere wenn die Fahrschule die Vornahme von Eintragungen im Führerscheinregister entsprechend den Bestimmungen des §§ 16b Abs. 1 verweigert oder diese wiederholt mangelhaft vornimmt) so ist nach einem Zeitraum von drei Monaten von der Behörde eine Verwarnung mit der Androhung des Entzuges der Berechtigung gemäß Abs. 1 Z 1 lit. d und gegebenenfalls der Fahrschulbewilligung anzudrohen. Wurden nach einem weiteren Zeitraum von drei Monaten die Mängel oder Missstände nicht beseitigt, ist die Berechtigung gemäß Abs. 1 Z 1 lit. d zu entziehen. Gleichzeitig kann auch die Vertrauenswürdigkeit gemäß § 109 Abs. 1 lit. b KFG 1967 in Frage gestellt werden und bejahendenfalls die Fahrschulbewilligung entzogen werden. Frühestens ein Monat nach Entziehung der genannten Berechtigung kann die Fahrschule erneut den Antrag auf Zuerkennung der Berechtigung gemäß Abs. 1 Z 1 lit. d und gegebenenfalls der Fahrschulbewilligung stellen. *(BGBl I 2005/152)*

9. Abschnitt[4)]

[4)] *im Gesetzestext: unrichtig – 8. Abschnitt*

Strafbestimmungen

Strafausmaß

§ 37. (1) Wer diesem Bundesgesetz, den auf Grund dieses Bundesgesetzes erlassenen Verordnungen, Bescheiden oder sonstigen Anordnungen zuwiderhandelt, begeht eine Verwaltungsübertretung und ist, sofern in den folgenden Absätzen nichts anderes bestimmt ist, mit einer Geldstrafe von 36 Euro bis zu 2.180 Euro, im Falle ihrer Uneinbringlichkeit mit einer Ersatzfreiheitsstrafe bis zu sechs Wochen zu bestrafen. Zuwiderhandlungen gegen Bestimmungen nach diesem Bundesgesetz, die einen bestimmten Alkoholgrenzwert zum Lenken oder Inbetriebnehmen von Kraftfahrzeugen festlegen, sind unbeschadet des Abs. 3 Z 3 jedoch nur dann zu bestrafen, wenn keine Übertretung der StVO 1960 oder des § 37a vorliegt. Dies gilt auch für Zuwiderhandlungen, die auf dem Wege von einer österreichischen Grenzabfertigungsstelle, die auf ausländischem Gebiet liegt, zur Staatsgrenze begangen werden. Auch der Versuch einer solchen Zuwiderhandlung ist strafbar. *(BGBl I 2002/81)*

(2) Wurde der Täter wegen der gleichen Zuwiderhandlung bereits einmal bestraft, so kann an Stelle der Geldstrafe eine Freiheitsstrafe bis zu sechs Wochen verhängt werden. Wurde der Täter wegen der gleichen Zuwiderhandlung bereits zweimal bestraft, so können Geld- und Freiheitsstrafen auch nebeneinander verhängt werden. Die Verhängung einer Freiheitsstrafe ist in diesen Fällen aber nur zulässig, wenn es ihrer bedarf, um den Täter von weiteren Verwaltungsübertretungen der gleichen Art abzuhalten.

(2a) Eine Geldstrafe von mindestens 20 Euro ist zu verhängen für das Lenken eines Kraftfahrzeuges entgegen der „Bestimmungen des § 14 Abs. 1 und 4 und des § 17a Abs. 1 letzter Satz". *(BGBl I 2005/15; BGBl I 2011/61)*

(3) Eine Mindeststrafe von 363 Euro ist zu verhängen für das Lenken

1. eines Kraftfahrzeuges entgegen der Bestimmung des § 1 Abs. 3, sofern der Lenker überhaupt keine gültige Klasse von Lenkberechtigungen besitzt, *(BGBl I 2002/81)*

2. eines Kraftfahrzeuges, obwohl der Führerschein „oder vorläufige Führerschein" gemäß § 39 vorläufig abgenommen wurde oder *(BGBl I 2002/81; BGBl I 2005/152)*

3. eines Kraftfahrzeuges der Klasse D entgegen der Bestimmung des „§ 20 Abs. 4", sofern nicht auch ein Verstoß gegen § 99 Abs. 1 bis 1b StVO 1960 vorliegt. *(BGBl I 2002/81; BGBl I 2011/61)*

(4) Eine Mindeststrafe von 726 Euro ist zu verhängen für das Lenken eines Kraftfahrzeuges, obwohl

1. die Lenkberechtigung entzogen wurde oder

2. gemäß § 30 Abs. 1 ein Lenkverbot ausgesprochen wurde. *(BGBl I 2002/32)*

(5) Bei einer Verwaltungsübertretung nach Abs. 3 Z 2 und 3, nach Abs. 4, sowie nach § 37a finden die Bestimmungen der §§ 21 Abs. 2 und 50, BGBl. Nr. 52/1991, keine Anwendung. *(BGBl I 2002/81)*

(6) Bei Übertretung der in §§ 14 Abs. 3 „"** und 22 Abs. 2 enthaltenen Bestimmungen „ "* kann § 50 VStG mit der Maßgabe angewendet werden, daß Geldstrafen bis 72 Euro sofort eingehoben werden können. *(BGBl I 2005/15; *BGBl I 2005/152; **BGBl I 2015/74)*

(7) Beim Verdacht einer Übertretung der Vorschriften dieses Bundesgesetzes oder der auf Grund dieses Bundesgesetzes erlassenen Verordnungen kann von den Organen des öffentlichen Sicherheitsdienstes und der Straßenaufsicht als vorläufige Sicherheit gemäß § 37a VStG ein Betrag bis 726 Euro festgesetzt werden. *(BGBl I 2002/32)*

(8) Die eingehobenen Strafgelder fließen der Gebietskörperschaft zu, die den Aufwand jener Behörde zu tragen hat, die das Strafverfahren in erster Instanz durchführt. Sie sind für die Vollziehung dieses Bundesgesetzes zu verwenden.

§ 37a. Wer entgegen der Bestimmung des § 14 Abs. 8 ein Kraftfahrzeug in Betrieb nimmt oder lenkt, begeht eine Verwaltungsübertretung und ist, sofern nicht ein Verstoß gegen § 99 Abs. 1 bis 1b StVO 1960 vorliegt, mit einer Geldstrafe von „300 Euro bis 3700 Euro", im Falle ihrer Uneinbringlichkeit mit einer Ersatzfreiheitsstrafe bis zu sechs Wochen zu bestrafen. Bei der Strafbemessung sind auch der Grad der Alkoholisierung und die Häufigkeit der Verstöße zu berücksichtigen. *(BGBl I 2009/93)*

(BGBl I 2002/81)

Zwangsmaßnahmen

§ 38. (1) Die Organe des öffentlichen Sicherheitsdienstes und der Straßenaufsicht sind berechtigt, Personen am Lenken oder an der Inbetriebnahme eines Fahrzeuges zu hindern, wenn diese hiedurch eine Übertretung begehen oder begehen würden:

1. des § 1 Abs. 3 (Lenken ohne gültige Lenkberechtigung für die betreffende Klasse),

2. des § 23 Abs. 5 letzter Satz (Lenken eines Motorfahrrades oder vierrädrigen Leichtkraftfahrzeuges ohne Wohnsitz in Österreich ohne entsprechende Berechtigung), *(BGBl I 2011/61)*

2a. *(aufgehoben, BGBl I 2011/61)*

3. des § 1 Abs. 5 (Lenken eines dort genannten Kraftfahrzeuges vor Vollendung des dort genannten Mindestalters), *(BGBl I 2011/61)*

4. des § 14 Abs. 1 Z 1 „ ", wenn der Besitz der vorgeschriebenen Lenkberechtigung nicht glaubhaft gemacht werden kann oder wenn die Lenkberechtigung gemäß §§ 24 bis 26 entzogen oder der Führerschein gemäß § 39 vorläufig abgenommen wurde, *(BGBl I 2002/81; BGBl I 2011/61)*

5. des § 30 Abs. 1 (Lenken von Kraftfahrzeugen durch einen Besitzer einer ausländischen

§§ 38 – 39

Lenkberechtigung trotz verhängtem Lenkverbot) ,," *(BGBl I 2002/81; BGBl I 2019/76)*

6. des § 14 Abs. 1a (Nichtbeachtung von Auflagen beim Lenken von Kraftfahrzeugen), wenn durch die Nichtbeachtung von Auflagen die Verkehrssicherheit gefährdet wird. *(BGBl I 2019/76)*

(2) Zu diesem Zweck sind erforderlichenfalls, je nach Lage des Falles und Art des Fahrzeuges oder der Beladung, Zwangsmaßnahmen, wie etwa Abnahme der Fahrzeugschlüssel, Absperren oder Einstellen des Fahrzeuges, Anbringen von technischen Sperren und dergleichen anzuwenden. Solche Zwangsmaßnahmen sind unverzüglich aufzuheben, wenn der Grund für ihre Anwendung weggefallen ist oder wenn eine andere Person, bei der keine Hinderungsgründe gegeben sind, beabsichtigt, das Fahrzeug in Betrieb zu nehmen und zu lenken.

Vorläufige Abnahme des Führerscheines

§ 39. (1) Die Organe des öffentlichen Sicherheitsdienstes und der Straßenaufsicht haben einem Kraftfahrzeuglenker, aus dessen Verhalten deutlich zu erkennen ist, dass er insbesondere infolge Alkohol- oder Suchtmittelgenusses, Einnahme von Medikamenten oder eines außergewöhnlichen Erregungs- oder Ermüdungszustandes nicht mehr die volle Herrschaft über seinen Geist und seinen Körper besitzt, den Führerschein, den Mopedausweis oder gegebenenfalls beide Dokumente vorläufig abzunehmen, wenn er ein Kraftfahrzeug lenkt, in Betrieb nimmt oder versucht, es in Betrieb zu nehmen. Weiters haben die Organe die genannten Dokumente vorläufig abzunehmen, wenn ein Alkoholgehalt des Blutes von 0,8 g/l (0,8 Promille) oder mehr oder ein Alkoholgehalt der Atemluft von 0,4 mg/l oder mehr festgestellt wurde oder der Lenker eine Übertretung gemäß § 99 Abs. 1 lit. b oder c StVO 1960 begangen hat, wenn der Lenker ein Kraftfahrzeug gelenkt hat, in Betrieb genommen hat oder versucht hat, es in Betrieb zu nehmen, auch wenn anzunehmen ist, dass der Lenker in diesem Zustand kein Kraftfahrzeug mehr lenken oder in Betrieb nehmen wird. Außerdem haben diese Organe Personen, denen die Lenkberechtigung mit Bescheid vollstreckbar entzogen wurde oder über die ein mit Bescheid vollstreckbares Lenkverbot verhängt wurde und die der Ablieferungsverpflichtung der Dokumente nicht nachgekommen sind, den Führerschein, den Mopedausweis oder gegebenenfalls beide Dokumente abzunehmen. Ebenso können diese Organe bei mit technischen Hilfsmitteln festgestellten Geschwindigkeitsübertretungen, die mit einer Entziehung geahndet werden, den Führerschein vorläufig abnehmen. Bei der vorläufigen Abnahme ist eine Bescheinigung auszustellen, in der die Gründe für die Abnahme und eine Belehrung über die zur Wiedererlangung des Führerscheines oder Mopedausweises erforderlichen Schritte enthalten sind. *(BGBl I 2002/81)*

(1a) Wurde der Führerschein vorläufig abgenommen, so ist diese Abnahme in das Führerscheinregister durch die Organe des öffentlichen Sicherheitsdienstes und der Organe der Straßenaufsicht einzutragen. Liegen die Voraussetzungen zur vorläufigen Abnahme des Führerscheines vor (Abs. 1) und ist die Abnahme nicht möglich, weil der Führerschein nicht mitgeführt wird, so ist dieser Umstand ins Führerscheinregister einzutragen und darüber eine Bescheinigung gemäß Abs. 1 auszustellen. Durch die ausgefolgte Bescheinigung gilt der Führerschein auch in diesen Fällen als vorläufig abgenommen und es sind dieselben Rechtsfolgen daran geknüpft, wie im Falle einer physischen Abnahme. *(BGBl I 2020/169)*

(2) Der vorläufig abgenommene Führerschein oder Mopedausweis ist unverzüglich der Behörde vorzulegen, in deren örtlichem Wirkungsbereich er abgenommen wurde; wurde der Führerschein oder Mopedausweis jedoch wegen eines außergewöhnlichen Erregungs- oder Ermüdungszustandes vorläufig abgenommen, ist er dem Besitzer wieder auszufolgen, wenn dieser die volle Herrschaft über seinen Geist und seinen Körper vor Ablauf von zwei Tagen, gerechnet vom Tage der vorläufigen Abnahme, wiedererlangt hat. *(BGBl I 2002/81)*

(3) Die im Abs. 2 angeführte Behörde hat den vorläufig abgenommenen Führerschein dem Besitzer auf Antrag binnen drei Tagen, gerechnet vom Tage der vorläufigen Abnahme, auszufolgen, sofern nicht ein Entziehungsverfahren eingeleitet wird.

(4) Wird kein Entziehungsverfahren eingeleitet oder der vorläufig abgenommene Führerschein nach Ablauf der dreitägigen Frist nicht ausgefolgt, ist er unverzüglich der Behörde zu übermitteln, in deren örtlichem Wirkungsbereich der Führerscheinbesitzer seinen „Wohnsitz" hat. *(BGBl I 2005/152)*

(5) Das Lenken von Kraftfahrzeugen, für die der Besitz einer Lenkberechtigung vorgeschrieben ist, vor der Wiederausfolgung des vorläufig abgenommenen Führerscheines oder das Lenken von Motorfahrrädern, Invalidenkraftfahrzeugen oder vierrädrigen Leichtkraftfahrzeugen vor der Wiederausfolgung des vorläufig abgenommenen Mopedausweises ist unzulässig. *(BGBl I 2002/81)*

(6) Die in den Abs. 1 bis 5 beschriebenen Amtshandlungen oder Verbote beziehen sich auch auf vorläufige Führerscheine oder Besitzer von vorläufigen Führerscheinen. *(BGBl I 2005/152)*

10. Abschnitt[5]

---

[5] im Gesetzestext: unrichtig – 9. Abschnitt

Übergangs- und Schlußbestimmungen

Bisher erworbene Rechte und Umtausch von Führerscheinen in Führerscheine nach diesem Bundesgesetz

§ 40. (1) Lenkerberechtigungen, die auf Grund der vor dem Inkrafttreten dieses Bundesgesetzes in Geltung gewesenen Bestimmungen erteilt worden sind und die hierüber ausgestellten Bestätigungen (Führerscheine) bleiben, sofern nichts anderes bestimmt ist, unberührt. Bestimmungen dieses Bundesgesetzes, die sich auf Fahrzeugklassen beziehen, sind auf die entsprechenden Fahrzeuggruppen dieser Lenkerberechtigungen anzuwenden. Wird ein Führerschein gemäß Abs. 2 umgetauscht, so gilt die im neuen Führerschein bezeichnete Lenkberechtigung als erteilt. Eine Lenkberechtigung für die Unterklasse C1, die vor dem 31. März 2001 erteilt wurde und nicht ab der Vollendung des 21. Lebensjahres zur Klasse C wird, gilt als bis zum 31. März 2011, hat der Betreffende in der Zwischenzeit das 60. Lebensjahr vollendet, bis zum 31. März 2006 befristet. Für eine Verlängerung ist ein ärztliches Gutachten gemäß § 8 erforderlich. Eine Lenkberechtigung für die Klasse G, die vor dem 1. Oktober 2002 erteilt wurde, gilt als Lenkberechtigung für die Klasse F. Für eine Lenkberechtigung für die Klasse F, die vor dem 1. Oktober 2002 erteilt wurde, gilt der Berechtigungsumfang gemäß § 2 Abs. 1 Z 6 in der Fassung BGBl. I Nr. 81/2002. Wurde eine Lenkberechtigung vor dem 1. Oktober 2002 unter einer Bedingung gemäß § 8 Abs. 4 erteilt, gilt diese nunmehr als Auflage. *(BGBl I 2002/81)*

(2) Führerscheine, die vor Inkrafttreten dieses Bundesgesetzes in Österreich ausgestellt wurden, können auf Antrag gegen Führerscheine nach diesem Bundesgesetz im gleichen Berechtigungsumfang umgetauscht werden. Dabei ist
1. für die Gruppe AL eine Lenkberechtigung für die Klasse A,
2. für die Gruppe DL eine Lenkberechtigung für die Klasse D

zu erteilen. Personen, denen eine Lenkberechtigung für die Vorstufe A auf Grund einer Lenkberechtigung für die Gruppe AL erteilt wurde, ist auf Antrag die Lenkberechtigung für die Klasse A zu erteilen. In dem nach diesem Bundesgesetz ausgestellten Führerschein sind alle bisherigen Befristungen, Beschränkungen, Auflagen und dergleichen einzutragen. *(BGBl I 2002/81)*

(3) Bei einem Umtausch einer Lenkerberechtigung für die Gruppe AK ist in der Rubrik für die „Klasse A1" der Zahlencode „79 (=< 50 ccm)" einzutragen. Ein solcher Führerschein ist auch jenen Personen auszustellen, die innerhalb eines Monates nach Inkrafttreten dieses Bundesgesetzes die Fahrprüfung zur Lenkerberechtigung für die Gruppe AK erfolgreich abgelegt haben, wenn sie die Ausbildung vor Inkrafttreten dieses Bundesgesetzes begonnen haben. *(BGBl I 2013/43)*

(4) Führerscheine, die vor Inkrafttreten dieses Bundesgesetzes ausgestellt wurden, dürfen weder ergänzt noch verlängert werden, sondern sind anläßlich einer Ergänzung oder Verlängerung gegen Führerscheine nach diesem Bundesgesetz umzutauschen. Im Falle des Abhandenkommens eines solchen Führerscheines ist ein Führerschein gemäß § 15 auszustellen.

(5) Besitzer einer Lenkerberechtigung für die Gruppe C haben sich innerhalb von 36 Monaten nach Vollendung des 45. Lebensjahres einer ärztlichen Untersuchung gemäß „§ 17a Abs. 2"** zu unterziehen. Besitzer einer Lenkerberechtigung für die Gruppe C, die bei Inkrafttreten dieses Bundesgesetzes das 45. Lebensjahr überschritten haben, müssen sich innerhalb von 36 Monaten nach Inkrafttreten dieses Bundesgesetzes dieser ärztlichen Untersuchung unterziehen. „ "* Lenkerberechtigungen für die Gruppe D gelten längstens bis zum 1. November 2002. *(*BGBl I 2011/61; **BGBl I 2015/74)*

(5a) Personen, die glaubhaft machen, dass sie bereits vor dem Inkrafttreten des Bundesgesetzes (BGBl. I Nr. 25/2001) ein vierrädriges Leichtkraftfahrzeug zulässigerweise gelenkt haben, ist von einer ermächtigten Einrichtung auf Antrag bis zum 1. Juli 2002 ein Mopedausweis mit dem Vermerk „vierrädriges Leichtkraftfahrzeug" auszustellen. *(BGBl I 2001/25)*

(6) Wird der Umtausch eines Führerscheines, der auf Grund der Kraftfahrverordnung 1947, BGBl. Nr. 83, ausgestellt wurde, beantragt, so richtet sich der Berechtigungsumfang der zu erteilenden Lenkberechtigung nach den Bestimmungen des § 133 Abs. 2 und 3 KFG 1967 in Verbindung mit Abs. 1 und 2.

(7) Durch Verordnung kann die für den Umtausch zuständige Behörde in ihrem örtlichen Wirkungsbereich nähere Vorschriften über die Vorgangsweise beim Führerscheinumtausch festsetzen.

(8) *(aufgehoben, BGBl I 2009/93)*

Übergangsbestimmungen

§ 41. (1) Die zum Zeitpunkt des Inkrafttretens dieses Bundesgesetzes anhängigen Verfahren auf Grund der §§ 64 bis 77 KFG 1967 sind nach der bisher geltenden Rechtslage zu Ende zu führen. Ausgenommen hiervon ist die Bestimmung des § 11 Abs. 4.

(1a) Für die zum Zeitpunkt des In-Kraft-Tretens des Verwaltungsreformgesetzes 2001, BGBl. I Nr. 65/2002, anhängigen Verfahren bleiben § 35 Abs. 1 und § 36 Abs. 1 in der vorher geltenden Fassung maßgeblich. *(BGBl I 2002/65)*

§ 41

(2) Jene Einrichtungen, die vor Inkrafttreten dieses Bundesgesetzes Aufgaben erfüllt haben, für die nunmehr eine Ermächtigung nach § 36 erforderlich ist, dürfen diese nach Inkrafttreten dieses Bundesgesetzes während längstens 24 Monaten weiter ausüben. Sie gelten bis längstens 1. November 1999 als ermächtigte Einrichtungen im Sinne dieses Bundesgesetzes, wenn sie binnen zwölf Monaten nach Inkrafttreten dieses Bundesgesetzes einen Antrag auf Erteilung einer Ermächtigung gemäß § 36 bei der zuständigen Behörde eingebracht haben.

(3) *(aufgehoben, BGBl I 2011/61)*

(4) Bis zur Einrichtung eines Zentralen Führerscheinregisters hat die Behörde bei der Erteilung einer Lenkberechtigung gemäß § 78 KFG 1967 vorzugehen. Nach der Einrichtung des Zentralen Führerscheinregisters hat die Behörde bis zum Abschluß der Erfassung der im Zentralnachweis für Lenkerberechtigungen enthaltenen Daten im Zentralen Führerscheinregister Anfragen sowohl gemäß § 17 Abs. 3 an das Zentrale Führerscheinregister als auch gemäß § 78 Abs. 2 KFG 1967 an den Zentralnachweis für Lenkerberechtigungen zu richten. Wenn die Nacherfassung der im Zentralnachweis für Lenkerberechtigungen enthaltenen Aufzeichnungen in das Zentrale Führerscheinregister abgeschlossen ist, hat der Bundesminister für Verkehr, Innovation und Technologie durch Verordnung festzulegen, daß bei der Erteilung einer Lenkberechtigung Anfragen an den Zentralnachweis für Lenkerberechtigungen gemäß § 78 Abs. 2 KFG 1967 nicht mehr zu stellen sind.

(5) *(aufgehoben, BGBl I 2002/81)*

(6) *(aufgehoben, BGBl I 2011/61)*

(7) Besitzern einer noch nicht abgelaufenen Bestätigung gemäß § 79 Abs. 3 KFG 1967 in der Fassung BGBl. I Nr. 103/1997 ist auf Antrag eine Lenkberechtigung im gleichen Berechtigungsumfang zu erteilen, wobei § 64 Abs. 6 KFG 1967 sinngemäß gilt. *(BGBl I 1998/94)*

(8) Die mit 1. März 2006 anhängigen Verfahren sind nach der zu diesem Zeitpunkt geltenden Rechtslage fortzuführen. Die mit 1. Oktober 2006 anhängigen Verfahren sind nach der zu diesem Zeitpunkt geltenden Rechtslage fortzuführen. *(BGBl I 2005/152)*

(9) Im Hinblick auf die Änderungen durch BGBl. I Nr. 93/2009 gelten folgende Übergangsvorschriften:

1. Personen, die

a) bereits im Besitz eines Mopedausweises für Motorfahrräder oder Invalidenkraftfahrzeuge nach den bis 1. September 2009 geltenden Bestimmungen sind, haben für den Erwerb eines Mopedausweises für vierrädrige Leichtkraftfahrzeuge nur die praktische Ausbildung gemäß § 31 Abs. 1 Z 4 auf einem solchen Fahrzeug zu absolvieren,

b) bereits im Besitz eines Mopedausweises für vierrädrige Leichtkraftfahrzeuge nach den bis 1. September 2009 geltenden Bestimmungen sind, können bis zum 1. September 2011 bei einer ermächtigten Einrichtung die Ausstellung eines Mopedausweises für Motorfahrräder und/oder Invalidenkraftfahrzeuge ohne zusätzliche praktische Ausbildung beantragen; nach diesem Zeitpunkt ist die Ausbildung gemäß § 31 Abs. 1 Z 4 auf einem Fahrzeug der betreffenden Kategorie zu absolvieren,

c) glaubhaft machen, dass sie vor dem 1. September 2009 zulässigerweise ein Motorfahrrad gelenkt haben ohne im Besitz eines Mopedausweises zu sein, ist von einer ermächtigten Einrichtung auf Antrag bis zum 1. September 2011 ein Mopedausweis für Motorfahrräder und/oder Invalidenkraftfahrzeuge auszustellen.

Die Eintragung zusätzlicher Berechtigungen auf bestehenden Dokumenten von Mopedausweisen ist zulässig, sofern diese gemäß § 14 Abs. 4 zweiter Satz gültig sind.

2. Bewerbern um einen Mopedausweis, die mit 1. September 2009 das 15. Lebensjahr vollendet haben oder es spätestens am 1. März 2010 vollenden und die mit der Ausbildung zum Erwerb eines Mopedausweises bereits begonnen haben, darf der Mopedausweis bis zum 1. März 2010 unter Anwendung der bisher geltenden Bestimmungen ausgestellt werden. Dabei ist Bewerbern um einen Mopedausweis für vierrädrige Leichtkraftfahrzeuge auf Antrag auch ein Mopedausweis für Motorfahrräder und/oder Invalidenkraftfahrzeuge auszustellen.

3. Jene Verfahren zur Entziehung einer Lenkberechtigung, die mit 31. August 2009 anhängig waren, sind nach der bisher geltenden Rechtslage fortzuführen. *(BGBl I 2009/93)*

(10) Die Verlängerung des Zeitraumes auf drei Jahre bei Begehung eines zweiten Vormerkdeliktes gilt erst für Delikte, die ab dem 1. März 2011 begangen wurden. Vormerkdelikte, die mit 1. März 2011 nach der bis dahin geltenden Rechtslage nicht mehr zu berücksichtigen sind (§ 30a Abs. 4), sind auch weiterhin nicht mehr zu berücksichtigen, selbst wenn die Begehung dieser Delikte mit 1. März 2011 nicht länger als drei Jahre zurückliegt. *(BGBl I 2010/117)*

(11) Bewilligungen zur Durchführung von Ausbildungsfahrten, die vor dem 1. März 2013 erteilt wurden, bleiben weiterhin gültig. Anträge auf Erteilung einer Bewilligung von Ausbildungsfahrten gemäß § 19, die vor dem 1. März 2013 eingebracht wurden, sind nach der bis zu diesem Zeitpunkt geltenden Rechtslage zu Ende zu führen. *(BGBl I 2013/43)*

(12) Für Besitzer von Lenkberechtigungen, die vor dem 1. Juli 2017 erteilt wurden, gilt § 4 Abs. 1

und 2 in der bis zu diesem Zeitpunkt geltenden Fassung. *(BGBl I 2017/15)*

(13) Für Personen, die vor dem 1. März 2017 die Erteilung der Lenkberechtigung für die Klasse AM beantragt haben, gilt § 18 Abs. 1 dritter Satz nicht. *(BGBl I 2017/15)*

(14) Für die Anwendung der Bestimmungen des § 7 Abs. 3 Z 3, § 24 Abs. 3 Z 1a und 2, § 24 Abs. 3 fünfter Satz (hinsichtlich der in § 7 Abs. 3 Z 3 genannten Delikte), § 26 Abs. 3 Z 1 und 2 sowie § 26 Abs. 3 zweiter und dritter Satz auf Delikte, die vor dem 1. September 2021 begangen worden sind, ist die bis zum 1. September 2021 geltende Rechtslage anzuwenden. Für Delikte, die vor dem 1. September 2021 begangen wurden, ist für die Fristberechnung zur Beurteilung der Frage, ob ein Delikt erstmalig begangen ist (§ 24 Abs. 3 Z 2, § 26 Abs. 2a zweiter Satz und § 26 Abs. 3 zweiter und dritter Satz) die bis 1. September 2021 geltende Frist von zwei Jahren anzuwenden. Berechtigungen gemäß § 2 Abs. 1a, die vor dem 1. März 2022 erteilt worden sind, bleiben im ursprünglichen Berechtigungsumfang aufrecht. Dies gilt auch dann, wenn ein neuer Führerschein ohne Code 120 ausgestellt wird. *(BGBl I 2021/154, erster und zweiter Satz ab 1. 9. 2021, dritter und vierter Satz ab 1. 3. 2022, siehe § 43 Abs. 32)*

(15) § 8 Abs. 2a ist auch auf jene Verfahren auf Verlängerung der Lenkberechtigung anzuwenden, bei denen der Antrag vor dem 1. August 2022 gestellt worden ist. *(BGBl I 2022/121)*

Übergangsbestimmungen und bisher erworbene Rechte im Rahmen der Umsetzung der Richtlinie 2006/126/EG

§ 41a. (1) Eine Lenkberechtigung für die Vorstufe A, die vor dem 19. Jänner 2013 erteilt wurde, gilt nach dem 19. Jänner 2013 als Lenkberechtigung für die Klasse A2.

(2) Führerscheine, die vor dem 19. Jänner 2013 ausgestellt wurden, sind, sofern nicht eine Umschreibung aufgrund anderer Bestimmungen dieses Bundesgesetzes erforderlich ist, spätestens bis zum 19. Jänner 2033 in Führerscheine, die der Anlage 1 der Führerscheingesetz-Durchführungsverordnung BGBl. II Nr. 320/1997 in der geltenden Fassung entsprechen, umzuschreiben. Anlässlich dieser Umschreibung ist die Frist gemäß § 17a Abs. 1 sowie die Klasse AM einzutragen. Mopedausweise, die vor dem 19. Jänner 2013 ausgestellt worden sind, bleiben weiterhin gültig und sind bis 19. Jänner 2033 in Führerscheine der Klasse AM umzuschreiben.

(3) (Lenk-)Berechtigungen, die vor dem 19. Jänner 2013 erteilt wurden und Berechtigungen enthalten haben, die nach der ab 19. Jänner 2013 geltenden Rechtslage nicht mehr bestehen, bleiben in der ursprünglichen Form aufrecht. Wenn der Führerschein nach dem 19. Jänner 2013 neu ausgestellt wird, ist zwecks Beibehaltung der jeweiligen Berechtigung die Eintragung des entsprechenden Zahlencodes erforderlich. Folgende Berechtigungen bleiben auch nach dem 19. Jänner 2013 bestehen:

1. Lenken von allen dreirädrigen Kraftfahrzeugen mit der Klasse B vor Vollendung des 21. Lebensjahres,

2. Lenken von Leichtmotorrädern mit einer Lenkberechtigung für die Klasse A2,

3. Ziehen von Anhängern mit einer höchstzulässigen Gesamtmasse von mehr als 3500 kg mit der Klasse BE.

Im Fall einer Wiedererteilung der Lenkberechtigung gehen die vor dem 19. Jänner 2013 bestehenden Berechtigungen, die nach diesen Datum nicht mehr existieren, verloren. Ebenso ist die Wiedererteilung einer erloschenen Klasse A gemäß § 18a Abs. 3 nur dann möglich, wenn der Bewerber das 24. Lebensjahr vollendet hat.

(4) Im Fall der Neuausstellung eines Führerscheines, der (auch) die Lenkberechtigung für die Klasse A (Vorstufe A) und/oder D(DE) enthält, ist die Klasse A1(A2) und/oder D1(D1E) mit dem Erteilungsdatum der Klasse A (Vorstufe A) und/oder D(DE) miteinzutragen.

(5) Für eine Lenkberechtigung der Klasse A, die vor dem 19. Jänner 2013 aufgrund des zweijährigen Besitzes der Vorstufe A erteilt wurde, die aber erst nach dem genannten Datum ausgeübt werden darf, ist eine praktische Fahrprüfung oder Schulung gemäß § 18a Abs. 2 nicht erforderlich.

(6) Ein Mopedausweis gilt innerhalb Österreichs als Führerschein und der Führerscheinbesitzer als Besitzer einer Lenkberechtigung für die Klasse AM im jeweiligen Berechtigungsumfang.

(7) Ein Verbot zum Lenken von Motorfahrrädern und vierrädrigen Leichtkraftfahrzeugen, das mit 19. Jänner 2013 aufrecht ist, gilt bis zu seinem Ablauf als Entzug der Lenkberechtigung.

(8) Besitzer einer vor dem 19. Jänner 2013 erteilten Lenkberechtigung der Vorstufe A oder A haben die zweite Ausbildungsphase nach den bis zu diesem Zeitpunkt geltenden Bestimmungen zu absolvieren.

(9) Vor dem 19. Jänner 2013 bereits bestellte Fahrprüfer sind vom Nachweis der Grundausbildung sowie von der Verpflichtung zur Ablegung einer Befähigungsprüfung zum Fahrprüfer für jene Klasse(n) ausgenommen, für die sie bereits vor dem 19. Jänner 2013 zum Fahrprüfer bestellt wurden. Sie unterliegen jedoch den Vorschriften der Weiterbildung der Fahrprüfer und haben daher bis spätestens zum 19. Jänner 2015 die erste theoretische Weiterbildung und bis spätestens zum 19. Jänner 2018 die erste praktische Weiterbildung nachzuweisen.

(10) Verfahren zur Ausstellung von Mopedausweisen, die vor dem 19. Jänner 2013 anhängig waren, sind bis zum 30. April 2013 nach der bis 19. Jänner 2013 geltenden Rechtslage zu Ende zu führen. In diesen Fällen ist jedoch nicht ein Mopedausweis auszustellen, sondern eine Lenkberechtigung für die Klasse AM zu erteilen. Die Daten gemäß § 16a Abs. 1 Z 7 über Mopedausweise die vor dem 19. Jänner 2013 ausgestellt wurden, sind auch noch nach dem 19. Jänner 2013 im Führerscheinregister einzutragen.

(11) Personen, die vor dem 19. Jänner 2013 zum Lenken von Invalidenkraftfahrzeugen berechtigt waren, dürfen diese Berechtigung auch nach dem 19. Jänner 2013 unter den bis dahin geltenden Bedingungen ausüben. Liegen die Voraussetzungen des § 15 Abs. 2 vor, so ist dem Betreffenden ein Führerschein für die Klasse AM auszustellen.

(12) Verfahren auf Erteilung der Lenkberechtigung, die vor dem 1. Oktober 2015 anhängig waren, sind nach der bis dahin geltenden Rechtslage zu Ende zu führen. Verfahren auf Entziehung der Lenkberechtigung, die vor dem 1. Oktober 2015 anhängig waren und bei denen nunmehr vom Fehlen eines Wohnsitzes (§ 5 Abs. 1 Z 1) auszugehen ist, sind einzustellen und ist stattdessen gemäß § 30 Abs. 1 vorzugehen. *(BGBl I 2015/74)*

(13) § 6 Abs. 1 Z 4a ist nur anzuwenden, wenn der Lenker die Lenkberechtigung für die Klasse A nach dem 1. Jänner 2016 erworben hat. *(BGBl I 2015/74)*

(14) Fahrprüfer die bis zum 19. Jänner 2013 Fahrprüfungen für die Klasse D und DE abgenommen haben, dürfen auch weiterhin Fahrprüfungen für Klasse D(DE) und D1(D1E) abnehmen, auch wenn sie nicht die in § 34b Abs. 3 dritter Satz genannte Prüfberechtigung besitzen. Das gilt auch für die Wiederbestellung solcher Fahrprüfer. Fahrprüfer, die nach dem 19. Jänner 2013 bis zum 1. Jänner 2016 zum Fahrprüfer für die Klasse CE bestellt wurden und die (weiterhin) Fahrprüfungen für die Klasse D(DE) und D1(D1E) abnehmen wollen, müssen ab dem 1. Juni 2016 im Besitz der Prüfberechtigung für die Klasse DE sein. *(BGBl I 2015/74)*

(15) Personen, die vor dem 19. Jänner 2013 berechtigt waren, Fahrzeuge der Klasse D1 oder D – sofern keine Fahrgäste befördert werden – mit einer Lenkberechtigung für die Klasse C (sofern sie das 21. Lebensjahr vollendet haben und seit mindestens zwei Jahren im Besitz der Klasse C waren) oder Gruppe C

1. in den Fällen von Überprüfungs- oder Begutachtungsfahrten zur Feststellung des technischen Zustandes des Fahrzeuges oder

2. zum Entfernen eines Busses aus der Gefahrenzone

zu lenken, dürfen diese Berechtigung auch nach dem 1. Oktober 2016 weiterhin ausüben. Dies gilt auch, wenn die Lenkberechtigung für die Klasse C gemäß § 17a Abs. 2 verlängert wird. Im Fall der Wiedererteilung der Lenkberechtigung geht diese Berechtigung hingegen verloren. *(BGBl I 2016/68)*

(BGBl I 2011/61)

Verweisungen

§ 42. Soweit in diesem Bundesgesetz auf Bestimmungen anderer Bundesgesetze verwiesen wird, sind diese, sofern nichts anderes ausdrücklich bestimmt wird, in ihrer jeweils geltenden Fassung anzuwenden.

Inkrafttreten und Aufhebung

§ 43. (1) Dieses Bundesgesetz tritt mit 1. November 1997 in Kraft, sofern in den folgenden Absätzen nichts anderes bestimmt ist.

(2) § 16 Abs. 5, § 17 und § 19 dieses Bundesgesetzes treten mit 1. März 1999 in Kraft.

(3) Mit Ablauf des 31. Oktober 1997 treten folgende Bestimmungen des Kraftfahrgesetzes 1967, BGBl. Nr. 267, samt Überschriften außer Kraft: §§ 64, 64a, 65, 66, 67, 68, 68a, 69, 70, 71, 72, 73, 74, 75, 75a, 76 und 77.

(4) § 122b des Kraftfahrgesetzes 1967, BGBl. Nr. 267, tritt mit Ablauf des 28. Februar 1999 außer Kraft.

(5) § 78 des Kraftfahrgesetzes 1967, BGBl. Nr. 267, samt Überschrift tritt am Tag nach Kundmachung der gemäß § 41 Abs. 4 erlassenen Verordnung des Bundesministers für Verkehr, Innovation und Technologie außer Kraft.

(6) Verordnungen auf Grund dieses Bundesgesetzes können bereits ab dem seiner Kundmachung folgenden Tag an erlassen werden. Sie dürfen jedoch frühestens mit dem Inkrafttreten dieses Bundesgesetzes in Kraft treten.

(7) § 4 Abs. 8, § 26 Abs. 1 bis 3 und § 26 Abs. 5 bis 8 in der Fassung des Bundesgesetzes BGBl. Nr. 2/1998 treten mit 1. November 1997 in Kraft. *(BGBl I 1998/2)*

(8) § 41 Abs. 7 tritt mit 1. November 1997 in Kraft. *(BGBl I 1998/94)*

(9) § 1 Abs. 6, § 31 Abs. 3a, § 38 Abs. 1 und § 40 Abs. 5a in der Fassung des Bundesgesetzes BGBl. I Nr. 25/2001 treten mit 1. Juli 2001 in Kraft. *(BGBl I 2002/81)*

(10) § 37 Abs. 1, § 37 Abs. 3, § 37 Abs. 4, § 37 Abs. 6, § 37 Abs. 7 und § 37a, jeweils in der Fassung BGBl. I Nr. 32/2002, treten mit 1. Jänner 2002 in Kraft. *(BGBl I 2002/32)*

(11) § 35 Abs. 1 und § 36 Abs. 1 in der Fassung des Verwaltungsreformgesetzes 2001, BGBl. I Nr. 65/2002, treten mit 1. Juli 2002, jedoch nicht

vor dem vierten der Kundmachung des Verwaltungsreformgesetzes 2001 folgenden Monatsersten in Kraft. Die zu diesem Zeitpunkt anhängigen Verfahren sind nach der vorher geltenden Rechtslage weiterzuführen. *(BGBl I 2002/65)*

(12) Das Inhaltsverzeichnis, § 1 Abs. 1a, 3, 4 und 6, § 2 Abs. 1 bis 4, § 3 Abs. 3, § 4 Abs. 1 bis 4, 7 und 8, § 5 Abs. 2, 5 und 6, § 6 Abs. 1, § 7, § 8 Abs. 1, 3 bis 6, § 10 Abs. 1 und 4, § 11 Abs. 1, 2, 6, 6a und 7, § 12 Abs. 2 und 3, § 13 Abs. 2, § 15 Abs. 1, § 16, § 17, § 18 Abs. 1, § 19 Abs. 6 bis 10, § 20 Abs. 6, § 21 Abs. 4, § 23 Abs. 1, 3, 5 und 6, § 24 Abs. 1 und 3 bis 5, § 25 Abs. 1 und 3, § 26 Abs. 1, 2 und 4 bis 8, § 27 Abs. 1, § 28, § 30 Abs. 3, § 31 Abs. 1, 3, 3a und 4, § 32 Abs. 1 und 2, § 32a Abs. 4, § 34 Abs. 1, § 36 Abs. 1 und 2, § 37 Abs. 1, 3 und 5, § 37a, § 38 Abs. 1, § 39 Abs. 1, 2 und 5, § 40 Abs. 1, § 41 Abs. 5 und § 43 Abs. 9 jeweils in der Fassung BGBl. I Nr. 81/2002 treten mit 1. Oktober 2002 in Kraft. *(BGBl I 2002/81)*

(13) Das Inhaltsverzeichnis, §§ 4a bis 4c, § 22 Abs. 7, § 24 Abs. 3 sowie § 40 Abs. 8 in der Fassung BGBl. I Nr. 129/2002 treten mit 1. Jänner 2003 in Kraft. Verordnungen auf Grund der §§ 4a bis 4c in der Fassung BGBl. I Nr. 129/2002 können bereits von dem der Kundmachung des Bundesgesetzes BGBl. I Nr. 129/2002 folgenden Tag an erlassen werden. Sie dürfen jedoch frühestens mit 1. Jänner 2003 in Kraft treten. *(BGBl I 2002/129)*

(14) Das Inhaltsverzeichnis, § 7 Abs. 3, 4, 6 und 7, § 16 Abs. 2 Z 4 lit. i, Z 5 lit. f, Abs. 8 Z 5 und Abs. 9 zweiter Halbsatz, § 23 Abs. 3, § 25 Abs. 3, § 26, § 30a und § 30b jeweils in der Fassung des Bundesgesetzes BGBl. I Nr. 15/2005 treten mit 1. Juli 2005 in Kraft. Bestrafungen aufgrund von Delikten, die vor dem 1. Juli 2005 begangen wurden, aber nach dem 1. Juli 2005 rechtskräftig werden, sind im Rahmen des Vormerksystems nicht zu berücksichtigen. *(BGBl I 2005/15)*

(15) Es treten in Kraft:

1. § 30a Abs. 2 Z 13 in der Fassung des Bundesgesetzes BGBl. I Nr. 152/2005 mit 1. Jänner 2006;

2. § 2 Abs. 2, § 4 Abs. 3, § 6 Abs. 2 und Abs. 4, § 7 Abs. 3 Z 15, § 11 Abs. 6b und 7, § 13 Abs. 1, 2 und 4 bis 8, § 14 Abs. 1, § 15 Abs. 1 dritter und vierter Satz und Abs. 2 und 4, § 16 Abs. 2 hinsichtlich des den Führerschein herstellenden Unternehmens, § 16a Z 9, § 16b Abs. 4 Z 3, § 18 Abs. 1a, § 20 Abs. 4 und § 21 Abs. 2, § 24 Abs. 1 und 3, § 30a Abs. 4, § 31 Abs. 4, § 32 Abs. 1, § 34 Abs. 1, § 36 Abs. 2, § 37 Abs. 3 und 6, § 39 Abs. 6, § 41 Abs. 8 jeweils in der Fassung des Bundesgesetzes BGBl. I Nr. 152/2005 mit 1. März 2006;

3. § 4 Abs. 2, § 4c Abs. 1, § 5, § 7 Abs. 7 und 8, § 8 Abs. 1, § 10 Abs. 1 und 2, § 11 Abs. 6, § 13

Abs. 3, § 14 Abs. 5 und 7, § 15 Abs. 1 erster und zweiter Satz und Abs. 3, §§ 16 bis 17 soweit sie nicht am 1. März 2006 in Kraft getreten sind, § 19 Abs. 3, § 20 Abs. 6, § 21 Abs. 4, § 22 Abs. 5, § 23, § 30 Abs. 1 und 3, § 32 Abs. 2, § 33 Abs. 3, § 36 Abs. 1, 4 und 5, § 38 Abs. 1, § 39 Abs. 4 jeweils in der Fassung des Bundesgesetzes BGBl. I Nr. 152/2005 mit 1. Oktober 2006. Ab 1. Jänner 2006 dürfen die Behörden und anderen künftig am Verfahren Beteiligten im Rahmen des Testbetriebes die nach diesem Bundesgesetz in der Fassung BGBl. I Nr. 152/2005 vorgesehenen Verfahrensabläufe erproben. Parallel dazu sind die Verfahren auf die bisherige Art und Weise durchzuführen. Verordnungen aufgrund des § 11 Abs. 7 und § 13 Abs. 8 in der Fassung des Bundesgesetzes BGBl. I Nr. 152/2005 können bereits von dem seiner Kundmachung folgenden Tag an erlassen werden, dürfen jedoch frühestens mit 1. März 2006 in Kraft treten. Die in § 36 Abs. 1 Z 1 lit. d genannten Ermächtigungen dürfen bereits vor dem 1. Oktober 2006 ausgesprochen werden. *(BGBl I 2005/152)*

(16) § 11 Abs. 4a und § 16a Z 2 treten hinsichtlich der Klasse D am 10. September 2008, hinsichtlich der Klasse C und der Unterklasse C1 am 10. September 2009 in Kraft. § 20 Abs. 3 tritt drei Jahre nach Kundmachung dieses Bundesgesetzes in der Fassung BGBl. I Nr. 31/2008 in Kraft. *(BGBl I 2008/31)*

(17) § 1 Abs. 6, § 4 Abs. 8, § 4c Abs. 2, § 24 Abs. 1, 3, 3a und 6, § 26 Abs. 2, § 30b Abs. 3, § 31, § 37a und § 41 Abs. 9 jeweils in der Fassung des Bundesgesetzes BGBl. I Nr. 93/2009 treten mit 1. September 2009 in Kraft. *(BGBl I 2009/93)*

(18) § 1 Abs. 3, § 7 Abs. 3, § 14 Abs. 1, § 26 Abs. 1, 2a und 3 und § 32b jeweils in der Fassung des Bundesgesetzes BGBl. I Nr. 117/2010 treten mit 1. Jänner 2011 in Kraft. § 30a Abs. 2 und 4 und § 41 Abs. 10 jeweils in der Fassung des Bundesgesetzes BGBl. I Nr. 117/2010 treten mit 1. März 2011 in Kraft. *(BGBl I 2010/117)*

(19) § 1 Abs. 1a und 3 bis 6, § 2, § 3 Abs. 1a, § 4 Abs. 1, § 4a Abs. 1, 3, 4 und 7, § 4b Abs. 1 bis 4, § 4c Abs. 1 und 2, § 5 Abs. 1, 2 und 6, § 6 Abs. 1 und 2, § 8 Abs. 1 und 5, § 10 Abs. 1 und 4, § 11 Abs. 2, 4 und 4a, § 12 Abs. 2 bis 4, § 13 Abs. 1, 2, 4 und 5, § 14 Abs. 1, § 15 Abs. 3, § 16 Abs. 3, § 16a, § 16b Abs. 1, 3, 3a, 4a, 4b und 5, § 17 Abs. 2, §§ 17a bis 18a, § 19 Abs. 1 und 8, §§ 20 und 21, § 23 Abs. 3a und 5, § 24 Abs. 1 und 2, § 24 Abs. 3 neunter Satz, § 27 Abs. 2, § 30, §§ 31 und 32, §§ 34 bis 34b, § 35, § 37 Abs. 2a und 3, § 38 Abs. 1, § 40 Abs. 5, § 41 Abs. 3 und § 41a jeweils in der Fassung BGBl. I Nr. 61/2011 treten mit 19. Jänner 2013 in Kraft. *(BGBl I 2011/61)*

(20) § 35 Abs. 1 und 2 in der Fassung des Bundesgesetzes BGBl. I Nr. 50/2012 tritt mit

4/5. FSG
§§ 43 – 44

1. September 2012 in Kraft; gleichzeitig tritt § 35 Abs. 2 Z 2 außer Kraft. *(BGBl I 2012/50)*

(21) § 19 in der Fassung des Bundesgesetzes BGBl. I Nr. 43/2013 tritt am 1. März 2013 in Kraft. *(BGBl I 2013/43)*

(22) § 22 Abs. 1 und 4, § 35 Abs. 1 und § 36 Abs. 1 jeweils in der Fassung des Bundesgesetzes BGBl. I Nr. 96/2013 treten mit 1. Jänner 2014 in Kraft. *(BGBl I 2013/96)*

(23) § 1 Abs. 3, § 2 Abs. 2 bis 4, § 3 Abs. 3, § 4a Abs. 6a, § 7 Abs. 5, § 8 Abs. 6, § 10 Abs. 3, § 12 Abs. 2 und 3, § 13 Abs. 1, § 16 Abs. 3, § 16a Abs. 1, § 16b Abs. 3a und 4a, § 17 Abs. 2, § 17a Abs. 1, § 20 Abs. 2 und 3, § 22 Abs. 1, 5 und 8, § 23 Abs. 3a, § 24 Abs. 5a, § 26 Abs. 5, § 30 Abs. 2, § 32a Abs. 6, § 32b Abs. 1, § 33 Abs. 3, § 34a Abs. 4, § 34b Abs. 1, § 34b Abs. 4, § 34b Abs. 7 und 8, § 37 Abs. 6, § 40 Abs. 5 und § 44 Abs. 3 und 4 in der Fassung des Bundesgesetzes BGBl. I Nr. 74/2015 treten mit 1. Oktober 2015 in Kraft. § 5 Abs. 2, § 6 Abs. 1, § 16 Abs. 3a, § 34b Abs. 2 und 3 und § 41a Abs. 12 bis 14 in der Fassung des Bundesgesetzes BGBl. I Nr. 74/2015 treten mit 1. Jänner 2016 in Kraft. *(BGBl I 2015/74)*

(24) § 4a Abs. 3, § 5 Abs. 1 und 1a, § 23 Abs. 1 und 5, § 29 Abs. 1 und § 36 Abs. 2a und 4 in der Fassung des Bundesgesetzes BGBl. I Nr. 68/2016 treten am Tag nach der Kundmachung in Kraft. § 4a Abs. 5, § 18a Abs. 7 und § 41a Abs. 15 treten am 1. Oktober 2016 in Kraft, zugleich tritt § 2 Abs. 1 Z 9 lit. c außer Kraft. *(BGBl I 2016/68)*

(25) § 2 Abs. 1a, § 6 Abs. 2 und § 18 Abs. 1, 4 und 6 in der Fassung des Bundesgesetzes BGBl. I Nr. 15/2017 treten am 1. März 2017 in Kraft. § 4 Abs. 1 bis 3 und 6, § 18a Abs. 5, § 19 Abs. 2 und § 41 Abs. 12 in der Fassung des Bundesgesetzes BGBl. I Nr. 15/2017 treten am 1. Juli 2017 in Kraft. § 26 Abs. 6 in der Fassung des Bundesgesetzes BGBl. I Nr. 15/2017 tritt am 1. September 2017 in Kraft. § 2 Abs. 1a tritt am 1. März 2022 außer Kraft. Verordnungen auf Grund des § 26 Abs. 6 in der Fassung BGBl. I Nr. 15/2017 können bereits von dem seiner Kundmachung folgenden Tag an erlassen werden. Sie dürfen jedoch frühestens mit dem Inkrafttreten dieses Bundesgesetzes in Kraft treten. *(BGBl I 2017/15)*

(26) § 16 Abs. 1 und 4, die Überschrift zu § 16b, § 16b Abs. 4a, 4b, 6 und 8 sowie § 36 Abs. 2 in der Fassung des 2. Materien-Datenschutz-Anpassungsgesetzes, BGBl. I Nr. 37/2018, treten mit 25. Mai 2018 in Kraft. *(BGBl I 2018/37)*

(27) § 4 Abs. 6, § 5 Abs. 1, § 11a samt Überschrift, § 14 Abs. 7, § 16b Abs. 6, § 18a Abs. 5, § 33 Abs. 1 und § 34b Abs. 2 in der Fassung des Bundesgesetzes BGBl. I Nr. 76/2019 treten am Tag nach der Kundmachung in Kraft. § 7 Abs. 7 und 8, § 11 Abs. 6, § 14 Abs. 1a, § 30 Abs. 2, § 30a Abs. 2 und § 38 Abs. 1 in der Fassung des Bundesgesetzes BGBl. I Nr. 76/2019 treten am 1. September 2019 in Kraft. *(BGBl I 2019/76)*

(28) § 41b samt Überschrift in der Fassung des Bundesgesetzes BGBl. I Nr. 24/2020, tritt rückwirkend am 14. März 2020 in Kraft und mit 31. Dezember 2020 außer Kraft. *(BGBl I 2020/24)*

(29) § 14 Abs. 1, § 15a, § 39 Abs. 1a und § 40 Abs. 5 jeweils in der Fassung des Bundesgesetzes BGBl. I Nr. 169/2020 treten mit Ablauf des Tages der Kundmachung in Kraft und finden erst Anwendung, wenn die technischen und organisatorischen Voraussetzungen für den Echtbetrieb des digitalen Dokumentennachweises im Führerscheinregister vorliegen. Dieser Zeitpunkt ist von der Bundesministerin für Digitalisierung und Wirtschaftsstandort im Bundesgesetzblatt kundzumachen.[1)] *(BGBl I 2020/169)*

(30) § 41b samt Überschrift in der Fassung des Bundesgesetzes BGBl. I Nr. 48/2021 tritt mit Ablauf des Tages der Kundmachung des genannten Bundesgesetzes in Kraft und am 1. Oktober 2021 außer Kraft. *(BGBl I 2021/48)*

(31) § 7 Abs. 3 Z 10 in der Fassung des Bundesgesetzes BGBl. I Nr. 153/2021 tritt mit 1. August 2021 in Kraft. *(BGBl I 2021/153)*

(32) § 7 Abs. 3, § 24 Abs. 3, § 26 Abs. 3 und § 41 Abs. 14 erster und zweiter Satz in der Fassung des Bundesgesetzes BGBl. I Nr. 154/2021 treten mit 1. September 2021 in Kraft. § 2 Abs. 1a und § 41 Abs. 14 dritter und vierter Satz in der Fassung des Bundesgesetzes BGBl. I Nr. 154/2021 treten mit 1. März 2022 in Kraft. *(BGBl I 2021/154)*

(33) § 8 Abs. 2a und 3a, § 11a Abs. 6, § 15 Abs. 1, § 17 Abs. 2, § 23 Abs. 3b, § 41 Abs. 15 und § 44 Abs. 4 in der Fassung des Bundesgesetzes BGBl. I Nr. 121/2022 treten mit 1. August 2022 in Kraft. § 16 Abs. 2, § 16a Abs. 1 und § 16b Abs. 1a in der Fassung des Bundesgesetzes BGBl. I Nr. 121/2022 treten mit 1. Oktober 2022 in Kraft. *(BGBl I 2022/121)*

[1)] *Diese Kundmachung ist durch den Bundesminister für Finanzen mit BGBl. II 2022/383 erfolgt.*

Vollzugsbestimmungen

§ 44. (1) Mit der Vollziehung dieses Bundesgesetzes ist der Bundesminister für Verkehr, Innovation und Technologie betraut, sofern in den folgenden Absätzen nichts anderes bestimmt ist.

(2) Mit der Vollziehung des § 27 Abs. 2 ist der Bundesminister für Inneres betraut; er hat hierfür das Einvernehmen mit dem Bundesminister für Verkehr, Innovation und Technologie herzustellen. *(BGBl I 1999/134)*

(3) Mit der Vollziehung des § 22 Abs. 1 bis 4 und 8 ist der Bundesminister für Landesverteidigung „und Sport" betraut. Er hat hierfür das Einvernehmen mit dem Bundesminister für Verkehr, Innovation und Technologie herzustellen. *(BGBl I 2005/15; BGBl I 2015/74)*

(4) Mit der Vollziehung des § 8 Abs. 2a und § 17a Abs. 2, soweit es um Stempelgebühren und Verwaltungsabgaben geht, und § 22 Abs. 1 jeweils letzter Satz ist der Bundesminister für Finanzen betraut. *(BGBl I 2022/121)*

(5) Mit der Vollziehung des § 15a und § 43 Abs. 29 ist die Bundesministerin für Digitalisierung und Wirtschaftsstandort betraut. *(BGBl I 2020/169)*

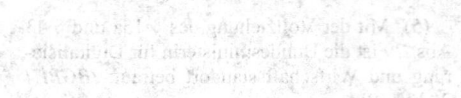

# Führerscheingesetz-Durchführungsverordnung – FSG-DV

BGBl 1997/320 idF

1 BGBl II 2000/88
2 BGBl II 2002/495
3 BGBl II 2004/42
4 BGBl II 2004/223
5 BGBl II 2005/221
6 BGBl II 2006/66
7 BGBl II 2008/325
8 BGBl II 2009/26
9 BGBl II 2009/274
10 BGBl II 2012/472
11 BGBl II 2013/290
12 BGBl II 2015/54
13 BGBl II 2017/46
14 BGBl II 2017/282
15 BGBl II 2018/58
16 BGBl II 2018/349
17 BGBl II 2019/88
18 BGBl II 2019/227
19 BGBl II 2020/237
20 BGBl II 2020/570

Verordnung des Bundesministers für Wissenschaft und Verkehr über die Durchführung des Führerscheingesetzes (Führerscheingesetz-Durchführungsverordnung – FSG-DV)

Auf Grund der §§ 2 Abs. 5, 13 Abs. 3, 15 Abs. 5, 23 Abs. 3 und 31 Abs. 6 des Führerscheingesetzes, BGBl. I Nr. 120/1997, wird verordnet:

1. Abschnitt
Merkmale und Eintragungen in den Führerschein

Aussehen des Führerscheines

§ 1. (1) Der Führerschein hat aus Polycarbonat zu bestehen und nach Form und Inhalt dem Muster der **Anlage 1** zu entsprechen. Die äußeren Merkmale des Trägermaterials des Führerscheines hat den ISO-Normen 7810 und 7816-1 zu entsprechen.

(2) Das Trägermaterial hat folgende Fälschungssicherheitsmerkmale zu beinhalten:
1. Kartenträger ohne optische Aufheller,
2. Sicherheitsuntergrundmuster unter Verwendung von Irisdruck, Mehrfarben-Sicherheitsdruckfarbe und Positiv- und Negativ-Guillochendruck. Das Muster muss einen komplexen Aufbau mit mindestens zwei Spezialfarben haben und darf nicht aus Primärfarben bestehen.
3. optisch variable Komponenten,
4. Lasergravur,
5. der Sicherheitsuntergrund muss das Lichtbild zum Teil am Rand überlappen,
6. variable Laserbilder,
7. sichtbare und transparente UV-Fluoreszenzfarbe und
8. irisierender Druck.

„Führerscheine dürfen nur von einem von der Bundesministerin für Verkehr, Innovation und Technologie bestimmten Dienstleister hergestellt werden." *(BGBl II 2013/290)*

(BGBl II 2006/66)

Eintragungen in den Führerschein

§ 2. (1) Der Führerschein enthält:
1. auf Seite 1 mit der aus der Anlage 1 ersichtlichen Nummerierung
   a) Familienname des Führerscheinbesitzers,
   b) Vorname(n) des Führerscheinbesitzers,
   c) Geburtsdatum und -ort des Führerscheinbesitzers,
   d) Ausstellungsdatum des Führerscheines,
   e) das Ablaufdatum des Führerscheins, *(BGBl II 2012/472)*
   f) die Ausstellungsbehörde,
   g) die Führerscheinnummer,
   h) ein Lichtbild, mit einer Höhe zwischen 36 und 45 mm und einer Breite zwischen 28 und 35 mm, wobei der Kopf erkennbar und vollständig abgebildet sein muss,
   i) die Unterschrift des Führerscheinbesitzers,
   j) die Klassen, die der Führerscheinbesitzer zu lenken berechtigt ist;
2. auf Seite 2 mit der aus Anlage 1 ersichtlichen Nummerierung
   a) die Fahrzeugklassen oder -unterklassen, die der Führerscheinbesitzer zu lenken berechtigt ist, wobei die Klasse F in einer anderen Schrifttype zu drucken ist,
   b) das Datum der erstmaligen Erteilung der jeweiligen Klasse,
   c) das Datum, an dem die jeweilige Lenkberechtigungsklasse ungültig wird, bei unbefristeter Gültigkeit einen Querstrich,
   d) gegebenenfalls Zusatzangaben oder Einschränkungen mittels der in Abs. 3 genannten Zahlencodes; Zahlencodes, die für alle Klassen gelten, können auch unter der für Klasse F bestimmten Reihe gedruckt werden.

§ 2

e) ein Feld, in das bei der Verlegung des ordentlichen Wohnsitzes in einen anderen Mitgliedstaat der Aufnahmemitgliedstaat Angaben aufnehmen kann, die für die Verwaltung des Führerscheines erforderlich sind;

3. „auf Seite 1 die Aufschrift „Modell der Europäischen Union" und die Aufschrift „Führerschein" in allen Sprachen der Europäischen Union in rosafarbenem Druck." Im Übrigen muss ausreichend Raum für die eventuelle Einführung eines Microprozessors frei bleiben. *(BGBl II 2015/54) (BGBl II 2006/66)*

(2) Die Behörde hat für die in § 13 Abs. 2 FSG genannten Eintragungen Zahlencodes gemäß den Abs. 3 und 4 zu verwenden. Soweit die Codes ergänzende Angaben vorsehen, sind diese in Klammern neben den Codes auf Grund des Einzelfalles einzutragen.

(3) Für Eintragungen in den Führerschein stehen folgende durch Unionsrecht harmonisierte Zahlencodes und Untercodes zur Verfügung:

LENKER (medizinische Gründe)
01. Korrektur des Sehvermögens und/oder Augenschutz
    01.01. Brille
    01.02. Kontaktlinse(n)
    01.05. Augenschutz
    01.06. Brille oder Kontaktlinsen
    01.07. Spezifische optische Hilfe
02. Hörprothese/Kommunikationshilfe
03. Prothese/Orthese der Gliedmaßen
    03.01. Prothese/Orthese der Arme
    03.02. Prothese/Orthese der Beine

FAHRZEUGANPASSUNGEN
10. Angepasste Schaltung
    10.02. Automatische Wahl des Getriebegangs
    10.04. Angepasste Schalteinrichtung
15. Angepasste Kupplung
    15.01. Angepasstes Kupplungspedal
    15.02. Handkupplung
    15.03. Automatische Kupplung
    15.04. Maßnahme, um eine Blockierung oder Betätigung des Kupplungspedals zu verhindern
20. Angepasste Bremsvorrichtungen
    20.01. Angepasstes Bremspedal
    20.03. Bremspedal, geeignet für Betätigung mit dem linken Fuß
    20.04. Bremspedal mit Gleitschiene
    20.05. Bremspedal (Kipppedal)
    20.06. Mit der Hand betätigte Bremse
    20.07. Bremsbetätigung mit maximaler Kraft von … N (*) (z. B.: ‚20.07(300N)')
    20.09. Angepasste Feststellbremse
    20.12. Maßnahme, um eine Blockierung oder Betätigung des Bremspedals zu verhindern
    20.13. Mit dem Knie betätigte Bremse
    20.14. Durch Fremdkraft unterstützte Bremsanlage
25. Angepasste Beschleunigungsvorrichtung
    25.01. Angepasstes Gaspedal
    25.03. Gaspedal (Kipppedal)
    25.04. Handgas
    25.05. Mit dem Knie betätigter Gashebel
    25.06. Durch Fremdkraft unterstützte Betätigung des Gaspedals/-hebels
    25.08. Gaspedal links
    25.09. Maßnahme, um eine Blockierung oder Betätigung des Gaspedals zu verhindern
31. Anpassungen und Sicherungen der Pedale
    31.01. Extrasatz Parallelpedale
    31.02. Pedale auf der gleichen (oder fast gleichen) Ebene
    31.03. Maßnahme, um eine Blockierung oder Betätigung des Gas- und des Bremspedals zu verhindern, wenn Pedale nicht mit dem Fuß betätigt werden
    31.04. Bodenerhöhung
32. Kombinierte Beschleunigungs- und Betriebsbremsvorrichtungen
    32.01. Gas und Betriebsbremse als kombinierte, mit einer Hand betätigte Vorrichtung
    32.02. Gas und Betriebsbremse als kombinierte, mit Fremdkraft betätigte Vorrichtung
33. Kombinierte Betriebsbrems-, Beschleunigungs- und Lenkvorrichtungen
    33.01. Gas, Betriebsbremse und Lenkung als kombinierte, mit Fremdkraft mit einer Hand betätigte Vorrichtung
    33.02. Gas, Betriebsbremse und Lenkung als kombinierte, mit Fremdkraft mit zwei Händen betätigte Vorrichtung

35. Angepasste Bedienvorrichtungen (Schalter für Licht, Scheibenwischer/-waschanlage, akustisches Signal, Fahrtrichtungsanzeiger usw.)
    35.02. Gebrauch der Bedienvorrichtung möglich, ohne Lenkvorrichtung loszulassen
    35.03. Gebrauch der Bedienvorrichtung mit der linken Hand möglich, ohne Lenkvorrichtung loszulassen
    35.04. Gebrauch der Bedienvorrichtung mit der rechten Hand möglich, ohne Lenkvorrichtung loszulassen
    35.05. Gebrauch der Bedienvorrichtung möglich, ohne Lenkvorrichtung und Beschleunigungs- und Bremsvorrichtungen loszulassen
40. Angepasste Lenkung
    40.01. Lenkung mit maximaler Kraft von … N (*) (z. B.: ‚40.01(140N)')
    40.05. Angepasstes Lenkrad (mit verbreitertem/verstärktem Lenkradteil; verkleinertem Durchmesser usw.)
    40.06. Angepasste Position des Lenkrads
    40.09. Fußlenkung
    40.11. Assistenzeinrichtung am Lenkrad
    40.14. Andersartig angepasstes, mit einer Hand/einem Arm bedientes Lenksystem
    40.15. Andersartig angepasstes, mit zwei Händen/Armen bedientes Lenksystem
42. Angepasste Einrichtung für die Sicht nach hinten/zur Seite
    42.01. Angepasste Einrichtung für die Sicht nach hinten
    42.03. Zusätzliche Innenvorrichtung zur Erweiterung der Sicht zur Seite
    42.05. Einrichtung für die Sicht in den toten Winkel
43. Sitzposition des Fahrzeugführers
    43.01. Höhe des Führersitzes für normale Sicht und in normalem Abstand zum Lenkrad und zu den Pedalen
    43.02. Der Körperform angepasster Sitz
    43.03. Führersitz mit Seitenstützen zur Verbesserung der Stabilität
    43.04. Führersitz mit Armlehne
    43.06. Angepasster Sicherheitsgurt
    43.07. Sicherheitsgurte mit Unterstützung zur Verbesserung der Stabilität
44. Anpassungen an Krafträdern (obligatorische Verwendung von Untercodes)
    44.01. Einzeln gesteuerte Bremsen
    44.02. Angepasste Vorderradbremse
    44.03. Angepasste Hinterradbremse
    44.04. Angepasste Beschleunigungsvorrichtung
    44.08. Sitzhöhe muss im Sitzen die Berührung des Bodens mit beiden Füßen gleichzeitig sowie das Balancieren des Kraftrades beim Anhalten und Stehen ermöglichen
    44.09. Maximale Betätigungskraft der Vorderradbremse … N (*) (z. B. ‚44.09(140N)')
    44.10. Maximale Betätigungskraft der Hinterradbremse … N (*) (z. B. ‚44.10(240N)')
    44.11. Angepasste Fußraste
    44.12. Angepasster Handgriff
45. Kraftrad nur mit Seitenwagen
46. Nur dreirädrige Kraftfahrzeuge
47. Beschränkt auf Fahrzeuge mit mehr als zwei Rädern, die vom Fahrer beim Anfahren, Anhalten und Stehen nicht im Gleichgewicht ausbalanciert werden müssen
50. Beschränkung auf ein bestimmtes Fahrzeug/eine bestimmte Fahrgestellnummer (Angabe der Fahrzeugidentifizierungsnummer)

In Kombination mit den Codes 01 bis 44 für eine weitere Präzisierung verwendete Buchstaben:

a links
b rechts
c Hand
d Fuß
e Mitte
f Arm
g Daumen

CODES MIT BEGRENZTER VERWENDUNG

61. Beschränkung auf Fahrten bei Tag (z. B. eine Stunde nach Sonnenaufgang und eine Stunde vor Sonnenuntergang)

4/6a. FSG-DV
§ 2

62. Beschränkung auf Fahrten in einem Umkreis von … km vom Wohnsitz oder innerorts in …/innerhalb der Region …
63. Fahren ohne Beifahrer
64. Beschränkt auf Fahrten mit einer zulässigen Höchstgeschwindigkeit von nicht mehr als … km/h
65. Fahren nur mit Beifahrer, der im Besitz eines Führerscheins von mindestens der gleichwertigen Klasse sein muss
66. Ohne Anhänger
67. Fahren auf Autobahnen nicht erlaubt
68. Kein Alkohol
69. Beschränkt auf Fahrzeuge mit einer alkoholempfindlichen Wegfahrsperre gemäß EN 50436. Angabe eines Ablaufdatums ist fakultativ (z. B. ‚69' oder ‚69(01.01.2016)')

ANGABEN FÜR BEHÖRDLICHE ZWECKE

70. Umtausch des Führerscheins Nummer …, ausgestellt durch … (EU/UN-Kennzeichnung im Falle eines Drittlandes, z. B. ‚70.0123456789.NL')
71. Duplikat des Führerscheins Nummer … (EU/UN-Kennzeichnung im Falle eines Drittlandes, z. B. ‚71.987654321.HR')
73. Nur für vierrädrige Kraftfahrzeuge der Klasse B (B1)
78. Nur Fahrzeuge mit Automatikgetriebe
79. (…) Im Rahmen der Anwendung des Artikels 13 dieser Richtlinie nur Fahrzeuge, die den in Klammern angegebenen Spezifikationen entsprechen.
   79.01. Beschränkung auf zweirädrige Kraftfahrzeuge mit oder ohne Beiwagen
   79.02. Beschränkung auf dreirädrige Kraftfahrzeuge oder vierrädrige Leichtkraftfahrzeuge der Klasse AM
   79.03. Beschränkung auf dreirädrige Kraftfahrzeuge
   79.04. Beschränkung auf dreirädrige Kraftfahrzeuge mit einem Anhänger mit einer höchstzulässigen Gesamtmasse von 750 kg
   79.05. Krafträder der Klasse A1 mit einem Leistungsgewicht von mehr als 0,1 kW/kg
   79.06. Fahrzeuge der Klasse BE, bei denen die höchstzulässige Gesamtmasse des Anhängers 3 500 kg übersteigt

80. Beschränkung auf Inhaber eines Führerscheins, der zum Führen von dreirädrigen Kraftfahrzeugen der Klasse A berechtigt ist und das 24. Lebensjahr nicht vollendet hat
81. Beschränkung auf Inhaber eines Führerscheins, der zum Führen von zweirädrigen Kraftfahrzeugen der Klasse A berechtigt ist und das 21. Lebensjahr nicht vollendet hat
95. Kraftfahrer, der Inhaber eines Befähigungsnachweises ist und die Befähigungspflicht gemäß der Richtlinie 2003/59/EG bis zum … erfüllt (z. B. ‚95(01.01.12)')
96. Fahrzeuge der Klasse B mit einem Anhänger mit einer höchstzulässigen Gesamtmasse von mehr als 750 kg, wobei die höchstzulässige Gesamtmasse dieser Fahrzeugkombination mehr als 3 500 kg, jedoch nicht mehr als 4 250 kg beträgt
97. Berechtigt nicht zum Führen eines Fahrzeugs der Klasse C1, das in den Geltungsbereich der Verordnung (EWG) Nr. 3821/85 des Rates fällt

Bei den Codes 01 und 44 sind Untercodes jedenfalls zu verwenden.
(BGBl II 2017/46)

(4) Folgende Zahlencodes mit ausschließlicher Geltung für Österreich sind zu verwenden:

101 *(entfällt, BGBl II 2004/223)*
   101.01 bis 101.04 *(entfällt, BGBl II 2002/495)*
   101.05 bis 101.06 *(entfällt, BGBl II 2004/223)*
104 Lenkberechtigung ist auf Grund ärztlicher Kontrolluntersuchungen gemäß § 2 Abs. 3 letzter Satz der Führerscheingesetz-Gesundheitsverordnung (FSG-GV) zu verlängern
105 *(entfällt, BGBl II 2008/325)*
110 Verlängerung der Probezeit
   110.01 Erste Verlängerung der Probezeit bis (TT.MM.JJJJ)
   110.02 Zweite Verlängerung der Probezeit bis (TT.MM.JJJJ)
   110.03 Dritte Verlängerung der Probezeit bis (TT.MM.JJJJ)
111 Berechtigung zum Lenken von Krafträdern gemäß „§ 2 Abs. 1 Z 5 lit. c"* FSG *(BGBl II 2012/472)*
112 *(entfällt, BGBl II 2020/570)*
113 *(entfällt, BGBl II 2020/570)*
114 „Berechtigung zum Lenken von dreirädrigen Kraftfahrzeugen mit einer Lenkberech-

tigung für die Klasse B vor Vollendung des 21. Lebensjahres"* *(BGBl II 2012/472)*

115 „Berechtigung zum Lenken von (allen) Motorrädern mit einer Motorleistung von nicht mehr als 25 kW und einem Verhältnis von Leistung/Leergewicht von nicht mehr als 0,16kW/kg mit einer Lenkberechtigung für die Klasse A2"* *(BGBl II 2012/472)*

116 „Berechtigung zum Lenken von vierrädrigen Kraftfahrzeugen mit einer Eigenmasse von nicht mehr als 400 kg mit einer Lenkberechtigung für die Klasse A"* *(BGBl II 2012/472)*

117 *(entfällt, BGBl II 2013/290)*

118 *(entfällt, BGBl II 2013/290)*

120. „Elektrofahrzeuge mit einer höchstzulässigen Gesamtmasse von nicht mehr als 4 250 kg gemäß § 2 Abs. 1a FSG"** *(BGBl II 2017/282)*

*(*BGBl II 2012/472; **BGBl II 2017/282)*

(5) Wird die Lenkberechtigung unter einer „Auflage"*, Befristung oder Beschränkung erteilt, sind die Zahlencodes „01 bis 69 sowie 73 bis 79"*** zu verwenden. „.."* *(*BGBl II 2002/495; **BGBl II 2017/46)*

(6) Wird einer Person ein Führerschein ausgehändigt, in dem ein oder mehrere der in Abs. 3 oder 4 genannten Zahlencodes vermerkt sind, so ist ihr deren Bedeutung in einem Merkblatt zur Kenntnis zu bringen.

Vorgangsweise bei der Eintragung

§ 3. (1) Das Datum der Ersterteilung einer Lenkberechtigung ist für jede Klasse oder Unterklasse bei der Ausstellung von Duplikatführerscheinen oder einem Umtausch gemäß § 40 Abs. 2 oder 4 FSG auf Seite 2 in Spalte 10 erneut einzutragen. Im Fall der Wiedererteilung der Lenkberechtigung ist das Datum der Wiedererteilung einzutragen. Bei der Erteilung einer Lenkberechtigung gemäß § 23 Abs. 3 FSG ist außerdem der Code 70 sowie in Klammern das internationale Unterscheidungszeichen des Staates einzutragen, der die ausländische Lenkberechtigung erteilt hat.

(2) Bei der Erteilung der Klasse AM ist gegebenenfalls der Berechtigungsumfang am Führerschein mit den „Zahlencodes 79.01 oder 79.02" einzuschränken. Bei der Erteilung der Klasse A1, A2 oder A sind jeweils auch die Klasse AM sowie die Motorradklassen mit dem geringeren Berechtigungsumfang einzutragen. Ebenso ist die Klasse AM bei der Erteilung der Klassen B und/oder F einzutragen. Die in § 17a Abs. 1 FSG vorgesehene Frist ist auf Seite 1 des Führerscheines unter Punkt 4b einzutragen. Anlässlich jeder Neuausstellung eines Führerscheines ist gleichzeitig die in § 17a Abs. 1 FSG vorgesehene Frist neuerlich zu berechnen und einzutragen. *(BGBl II 2012/472; BGBl II 2017/46)*

(3) Bei der Absolvierung der praktischen Fahrprüfung für die Klasse C(CE) oder D(DE) vor Erreichen des für diese Klassen vorgesehenen Mindestalters (§ 20 Abs. 1 letzter Satz FSG) ist auf Seite 2 des Führerscheines bei der Klasse C1(C1E) oder D1(D1E) in der Spalte 10 das Datum der Erteilung der Lenkberechtigung einzutragen und bei der Klasse C(CE) das Datum des 21. bzw. „bei der Klasse D(DE) das Datum des" 24. Geburtstages des Führerscheinbesitzers. In Spalte 11 auf Seite 2 des Führerscheines ist bei der Klasse C1(C1E) oder D1(D1E) das Ende der Gültigkeit dieser Lenkberechtigung, gerechnet ab Erteilung der Lenkberechtigung für die Klasse C1(C1E) oder D1(D1E) und bei der Klasse C(CE) oder D(DE) das gleiche Datum einzutragen. Anlässlich der ersten Wiederholungsuntersuchung für die Klasse C(CE), D(DE) sind die Gültigkeitsdauer für die Klasse C(CE), D(DE) einerseits und C1(C1E), D1(D1E) andererseits gleichzuschalten. *(BGBl II 2012/472; BGBl II 2017/46)*

(4) *(entfällt, BGBl II 2012/472)*

(5) Besitzern einer Lenkberechtigung der Klasse B ist auf Antrag ein neuer Führerschein, der den Zahlencode 111 beinhaltet, auszustellen, wenn die Voraussetzungen des „§ 2 Abs. 1 Z 5 lit. c" FSG und des § 7 erfüllt sind. *(BGBl II 2012/472)*

(BGBl II 2006/66)

Kostenbeitrag

§ 4. Im Fall der Verlängerung der Lenkberechtigung für die Klassen C(C1), CE(C1E), D(D1) und DE (D1E) gemäß § 17a Abs. 2 FSG hat der Führerscheinbesitzer einen Kostenbeitrag in der Höhe von „12,40 Euro" an die Behörde zu leisten. *(BGBl II 2020/237)*

(BGBl II 2012/472)

2. Abschnitt

Antrag auf Erteilung einer Lenkberechtigung

Antragstellung

§ 5. „Der Antrag auf Erteilung oder Ausdehnung einer Lenkberechtigung ist mit einem Formblatt, das die in der **Anlage 2** dargestellten Textblöcke enthält, einzubringen, der Antrag auf Umschreibung oder Verlängerung einer Lenkberechtigung, der Antrag auf Ausstellung eines neuen Führerscheines gemäß § 15 FSG oder der Antrag auf Eintragung des Zahlencodes 111 ist mit einem Formblatt, das die in der **Anlage 3** dargestellten Textblöcke enthält, einzubringen."*

Der Antragsteller hat die von ihm auszufüllenden Rubriken dieses Formblattes vollständig und wahrheitsgetreu auszufüllen. „Bei der Erteilung oder Ausdehnung einer Lenkberechtigung ist eine Anfrage an den Zentralnachweis für Lenkberechtigungen (§ 78 Abs. 2 KFG 1967) gemäß § 41 Abs. 4 letzter Satz FSG nicht mehr zu stellen."** *(*BGBl II 2006/66; **BGBl II 2012/472)*

Nachweis über die Unterweisung in lebensrettenden Sofortmaßnahmen

§ 6. (1) „Die Unterweisung in lebensrettenden Sofortmaßnahmen hat den Bewerbern um eine Lenkberechtigung für alle Klassen mit Ausnahme der Klasse AM und D(DE) durch theoretische Unterweisung von mindestens einer Stunde und praktischen Übungen von mindestens vier Stunden die Grundzüge der Erstversorgung von Unfallverletzten im Straßenverkehr zu vermitteln; die Gesamtdauer der Unterweisung in lebensrettenden Sofortmaßnahmen darf jedoch sechs Stunden nicht unterschreiten." Sie hat folgende Sachgebiete zu umfassen:

1. Sicherheit und Selbstschutz, *(BGBl II 2019/227)*

2. Rettung aus akuter Gefahr, *(BGBl II 2019/227)*

3. Notruf, *(BGBl II 2019/227)*

4. Wiederbelebung (inklusive Defibrillation), *(BGBl II 2019/227)*

5. Blutstillung, *(BGBl II 2019/227)*

6. Betreuung bis zum Eintreffen des Rettungsdienstes. *(BGBl II 2019/227)*
(BGBl II 2018/58)

(1a) Die theoretische Unterweisung im Ausmaß von höchstens zwei Stunden kann durch Absolvieren eines computerunterstützten E-learning-Programms ersetzt werden, mit dem alle wesentlichen Inhalte der theoretischen Unterweisung behandelt werden. Dieses E-learning Programm hat sicherzustellen, dass folgende Kriterien eingehalten werden:

1. eine Identitätskontrolle durch eine entsprechend dem Stand der Technik anerkannte elektronische Authentifizierung oder Identifikation (2-Faktor-Authentifizierung, Bürgerkarte oä), mit der sichergestellt wird, dass der Bewerber persönlich das Programm durchgearbeitet hat,

2. eine nachvollziehbare Dokumentation, dass das Programm vollständig durchgearbeitet wurde und

3. die positive Absolvierung eines Abschlusstests.
(BGBl II 2018/58)

(2) Der Nachweis über die Unterweisung in lebensrettenden Sofortmaßnahmen ist durch eine Bescheinigung einer Dienststelle, bei der die Unterweisung vorgenommen wurde, folgender Institutionen zu führen:

1. des Roten Kreuzes, *(BGBl II 2020/570)*

2. des Arbeiter-Samariter-Bundes, *(BGBl II 2020/570)*

3. des Hospitaldienstes des souveränen Malteser Ritterordens,

4. einer Ärztekammer,

5. des Rettungs- oder Krankenbeförderungsdienstes einer Gebietskörperschaft,

6. der Johanniter-Unfall-Hilfe, *(BGBl II 2020/570)*

7. *(aufgehoben, BGBl II 2019/227)*

8. sonstiger Einrichtungen, denen gemäß § 45 des Bundesgesetzes über die Ausbildung, Tätigkeiten und Beruf der Sanitäter - SanG, BGBl. I Nr. 30/2002, das Modul zur Ausbildung zum Rettungssanitäter bewilligt wurde. *(BGBl II 2004/42)*

„Es sind die Bescheinigungen von in EWR-Staaten niedergelassenen Einrichtungen der genannten Institutionen anzuerkennen, die am Ort ihrer Niederlassung jeweils befugt sind, Unterweisungen in lebensrettenden Sofortmaßnahmen bei einem Verkehrsunfall abzuhalten, wobei bei den in Z 1, 2, 3 und 6 genannten Institutionen die Befugnis zur Durchführung von Unterweisungen in lebensrettenden Sofortmaßnahmen bei einem Verkehrsunfall gemäß Abs. 1 vermutet wird. Bei den in Z 4, 5 und 8 genannten Fällen ist die Bescheinigung über die Absolvierung der Unterweisung in lebensrettenden Sofortmaßnahmen gemeinsam mit einem Nachweis der Befugnis zur Durchführung dieser Unterweisungen der jeweiligen Institution vorzulegen, widrigenfalls eine Anerkennung der Bestätigung zu versagen ist. Der Nachweis der Befugnis hat den Namen und die Kontaktdaten der Institution zu enthalten sowie die rechtliche Grundlage zu nennen, aufgrund der diese Institution tätig wird." *(BGBl II 2020/570)*

(3) Die Bescheinigung gemäß Abs. 2 hat zu enthalten:

1. Vor- und Zuname sowie Geburtsdatum des Unterwiesenen,

2. Name, Anschrift und Unterschrift der Person, die die Unterweisung durchgeführt hat,

3. die Bestätigung einer der in Abs. 2 genannten Organisationen über die ordnungsgemäße Durchführung der Unterweisung und

4. das Datum der Ausstellung.

(4) Bei mangelnder Mitarbeit des Bewerbers um eine Lenkberechtigung bei der Unterweisung in lebensrettenden Sofortmaßnahmen ist keine Bescheinigung auszustellen.

(5) „Die Unterweisung ist, sofern sie nicht gemäß Abs. 1a durch ein E-learning-Programm ersetzt wird, durch Ärzte vorzunehmen." Die in Abs. 2 genannten Organisationen haben, wenn

bei ihnen Ärzte für eine Unterweisung nicht in ausreichendem Maße zur Verfügung stehen, wegen der Namhaftmachung von Ärzten mit der örtlich zuständigen Ärztekammer und der ärztlichen Kraftfahrvereinigung Österreichs das Einvernehmen zu pflegen. Stehen Ärzte nicht zur Verfügung, so kann die Unterweisung auch durch Personen, die den in Abs. 2 angeführten Organisationen angehören und nicht Ärzte sind, erfolgen, wenn sie hiezu besonders ausgebildet sind. Die besondere Ausbildung solcher Personen hat nach den Richtlinien dieser Organisationen zu erfolgen. *(BGBl II 2018/58)*

(6) Die in Abs. 2 genannte Bescheinigung wird ersetzt durch

1. das Doktorat der gesamten Heilkunde,

2. eine Bescheinigung der in Abs. 2 genannen Organisationen über eine abgeschlossene Ausbildung in Erster Hilfe,

3. eine Bescheinigung eines Sozialversicherungsträgers über die Teilnahme an einem Kurs zur Ausbildung in Erster Hilfe,

4. eine Bescheinigung einer öffentlichen Dienststelle, die gemäß § 120 KFG 1967 zur Ausbildung von Kraftfahrern berechtigt ist, über die Teilnahme an einem Kurs in Erster Hilfe,

5.1. ein Diplom in einem gehobenen Dienst für Gesundheits- und Krankenpflege oder ein Zeugnis über die Abschlußprüfung in der Pflegehilfe,

5.2. ein Diplom in einem gehobenen medizinisch-technischen Dienst oder einem medizinisch-technischen Fachdienst oder ein Zeugnis in einem Sanitätshilfsdienst oder eine Bescheinigung über die Unterweisung in Erster Hilfe im Rahmen der Ausbildung in diesen Berufen,

6. den Nachweis der abgeschlossenen Sanitätsgrundausbildung beim Bundesheer,

7. eine Bescheinigung des österreichischen Zivilschutzverbandes über die Teilnahme an einem Lehrgang für Selbstschutz-Grundunterweisung,

8. den Nachweis über die Absolvierung der Vorlesung „Erste Hilfe" des 1. Studienabschnittes der Studienrichtung Medizin,

9. den Nachweis über die Absolvierung des Lehrganges „Erste Hilfe im Feuerwehrdienst" eines Landesfeuerwehrverbandes,

10. den Nachweis über die Absolvierung der Vorlesung „Erste Hilfe" der Studienrichtung Pharmazie,

11. den Nachweis über die Absolvierung des Lehrganges „Erste Hilfe" an den Bundesanstalten für Leibeserziehung,

12. eine Bescheinigung über die Absolvierung des nach den Richtlinien des Österreichischen Roten Kreuzes geführten Kurses für Erste Hilfe des Österreichischen Bundesheeres,

13. eine Bescheinigung „der Johanniter-Unfall-Hilfe in Österreich" über die Teilnahme an einem Kurs in Erster Hilfe, *(BGBl II 2012/472)*

14. eine Bescheinigung über die Teilnahme an einem Grundlehrgang für Zivildienstleistende „oder" *(BGBl II 2015/54)*

15. eine Bescheinigung über die Absolvierung der „Erste Hilfe Ausbildung" gemäß den „Erste Hilfe Ausbildungsrichtlinien" der Österreichischen Wasserrettung. *(BGBl II 2015/54)*

Praktische Ausbildung zum Erwerb der Lenkberechtigungsklasse A2 und A im stufenweisen Zugang (§ 18a Abs. 1 und 2)

§ 6a. (1) Die praktische Ausbildung gemäß § 18a Abs. 1 Z 2 und § 18a Abs. 2 Z 2 FSG hat aus allen im Prüfungsprotokoll für die praktische Fahrprüfung für die Klassen A1, A2 und A angeführten Themenbereichen und Übungen zu bestehen und umfasst sieben Unterrichtseinheiten zu je 50 Minuten. Drei Unterrichtseinheiten entfallen auf Übungen im verkehrsfreien Raum und vier Unterrichtseinheiten auf Fahrten im Verkehr, wobei die Verschiebung von einer Unterrichtseinheit in die eine oder andere Richtung zulässig ist. Die Übungen im verkehrsfreien Raum haben in Gruppen von maximal zehn Personen, die Fahrten im Verkehr in Gruppen von maximal zwei Personen stattzufinden. Jeder Teilnehmer muss während der gesamten Dauer der praktischen Ausbildung über ein Motorrad der Lenkberechtigungsklasse verfügen, die er erwerben möchte und zu dessen Lenken die Lenkberechtigung der jeweils niedrigeren Klasse nicht berechtigt. „Bei den Fahrten im Verkehr hat der Fahrlehrer oder Instruktor die Kandidaten auf einem einspurigen Kraftfahrzeug zu begleiten."* „Die gesamte Ausbildung in der Dauer von sieben Unterrichtseinheiten darf an einem Tag durchgeführt werden."** *(*BGBl II 2017/46; **BGBl II 2019/227)*

(2) Die in Abs. 1 genannte praktische Ausbildung hat in Fahrschulen oder in Vereinen von Kraftfahrzeugbesitzern, die Mitglieder des Kraftfahrbeirates sind, stattzufinden und ist von einem Fahrlehrer für die Klasse A oder einem besonders geeigneten Instruktor für die Klasse A gemäß § 4a Abs. 6 FSG durchzuführen. Nach Absolvierung der praktischen Ausbildung ist von der durchführenden Stelle eine Bestätigung auszustellen. *(BGBl II 2017/46)*

(3) Die Instruktoren haben während der praktischen Ausbildung eine Bestätigung der Feststellung ihrer Eignung gemäß § 4a Abs. 6 FSG der durchführenden Stelle mitzuführen. Diese hat zu enthalten:

1. die Bezeichnung der durchführenden Stelle,

2. den Namen des Instruktors,

3. das Datum der Entscheidung der Kommission über die Eignung als Instruktor gemäß § 4a Abs. 6 FSG für die Klasse A.
(BGBl II 2017/46)

(4) Für die praktische Ausbildung gilt § 114 Abs. 3 KFG 1967 sinngemäß mit der Maßgabe, dass bei der Durchführung durch geeignete Instruktoren anstelle der Aufschrift „Fahrschule" die Abkürzung des Vereins von Kraftfahrzeugbesitzern zu verwenden ist. *(BGBl II 2017/46)*

(5) Über die praktische Ausbildung sind Aufzeichnungen unter sinngemäßer Anwendung des § 64b Abs. 8 bis 8b KDV 1967 zu führen. *(BGBl II 2017/46)*

(BGBl II 2012/472)

Berechtigung zum Lenken von Krafträdern mit einer Lenkberechtigung für die Klasse B

§ 7. (1) „Einem Antrag auf Eintragung des Zahlencodes 111 gemäß § 3 Abs. 5 sind Bestätigungen beizulegen, dass der Antragsteller in einem Ausmaß von insgesamt sechs „Unterrichtseinheiten"** praktische Fahrübungen gemäß Abs. 2 auf Krafträdern mit einem Hubraum von nicht mehr als 125 ccm und einer Motorleistung von nicht mehr als 11 kW durchgeführt hat."* „Dabei können einige dieser Unterrichtseinheiten auch auf Krafträdern mit höheren technischen Werten absolviert werden, zumindest eine Unterrichtseinheit hat jedoch auf einem Kraftrad mit einem Hubraum von nicht mehr als 125 ccm und einer Motorleistung von nicht mehr als 11 kW zu erfolgen. Einem Be-werber um eine Berechtigung gemäß § 2 Abs. 1 Z 5 lit. c FSG der im Rahmen einer Ausbildung zum Erwerb der Lenkberechtigung für die Klassen A2 oder A praktische Unterrichtseinheiten absolviert hat, sind diese Ausbildungsteile anzurechnen, wenn die letzte absolvierte Unterrichtseinheit nicht länger als 18 Monate zurückliegt."*** Diese Fahrübungen können in Fahrschulen und bei Vereinen von Kraftfahrzeugbesitzern, die Mitglieder des Kraftfahrbeirates sind, durchgeführt werden. Fahrübungen auf Straßen mit öffentlichem Verkehr dürfen jedoch nur unter Anleitung eines Fahrlehrers „für die Klasse A"**** durchgeführt werden. „Die gesamte Ausbildung in der Dauer von sechs Unterrichtseinheiten darf an einem Tag durchgeführt werden."*** *(*BGBl II 2006/66; **BGBl II 2012/472; ***BGBl II 2019/227; ****BGBl II 2020/570)*

(2) Die praktischen Fahrübungen müssen insbesondere folgende Übungen beinhalten:

1. aus dem Stand mit dem Motorrad eine enge Rechtskurve fahren;

2. einen etwa acht Schritte durchmessenden Kreis fahren, wobei richtige Blickführung und gleichmäßiges Gasgeben Voraussetzung sind;

3. Slalom mit Handling-Kontrolle;

4. Bremsen auf einer geraden Strecke: nur mit der Hinterradbremse bis kurz vor dem Blockieren der Räder, nur mit der Vorderradbremse sowie mit beiden Bremsen gemeinsam;

5. in eine Kurve hineinbremsen bis zum Fahrzeugstillstand;

6. eine enge Spurgasse so langsam wie möglich durchfahren.

Abweichender Umfang der Lenkberechtigungsklasse B für Elektrofahrzeuge

§ 7a. (1) Die in § 2 Abs. 1a Z 4 FSG genannte Ausbildung im Ausmaß von insgesamt fünf Unterrichtseinheiten hat einen theoretischen von mindestens drei und einen praktischen Teil von mindestens einer Unterrichtseinheit zu umfassen. Eine weitere Unterrichtseinheit kann wahlweise im Rahmen des theoretischen oder des praktischen Teils absolviert werden. Der praktische Teil hat mit Elektrofahrzeugen der angestrebten Berechtigung zu erfolgen und ist nicht auf Straßen mit öffentlichem Verkehr zu absolvieren. Die praktische Schulung darf auch in Gruppen, die nicht mehr als acht Personen umfasst, durchgeführt werden. Dabei sind folgende Inhalte zu vermitteln:

1. die besonderen Fahreigenschaften der Fahrzeuge aufgrund des Antriebs und des zusätzlichen Gewichts sowohl bei Routine- als auch bei konkreten Gefahrensituationen mit unterschiedlichen Geschwindigkeiten, Sichtverhältnissen und Straßenzuständen sowie Bremsvorgängen insbesondere der Rekuperationsbremse,

2. die antriebsbezogenen Gefahren,

3. die Eigensicherung,

4. das Verhalten bei Störungen (Unfall, Panne),

5. die energiesparende Fahrweise bei elektrisch betriebenen Fahrzeugen,

6. die Ladung der Fahrzeugbatterien und

7. Partnerkunde insbesondere im Hinblick auf ungeschützte Verkehrsteilnehmer.

Über die Teilnahme an der Ausbildung ist vom Leiter der Fahrzeugeinweisung eine Teilnahmebescheinigung auszustellen. Eine Unterrichtseinheit umfasst 50 Minuten.

(2) Zur Durchführung der in Abs. 1 genannten Ausbildung sind berechtigt:

1. Fahrschulen,

2. Landesfeuerwehrverbände oder

3. Kraftwagenhersteller oder Kraftwagenfuhrparkhalter.

(3) Die Personen, die die in Abs. 1 genannte Ausbildung durchführen, müssen folgende Voraussetzungen erfüllen:

1. Besitz der Lenkberechtigungsklasse C1 seit mindestens fünf Jahren,

2. Glaubhaftmachen einer besonderen Erfahrung im Umgang mit Elektrofahrzeugen während der letzten zwei Jahre.

Die in Z 1 und 2 genannten Voraussetzungen sind von der in Abs. 2 genannten jeweils durchführenden Stelle zu überprüfen.

(4) Die Eintragung von Code 120 im Führerschein ist mit dem Ablaufdatum „28.2.2022" zu versehen.

(BGBl II 2017/282, tritt am 1. 3. 2022 wieder außer Kraft)

3. Abschnitt

Ausländische Führerscheine

Berechtigungsumfang ausländischer EWR-Führerscheine

§ 8. (1) Der Berechtigungsumfang von im EWR ausgestellten Führerscheinen, die nicht der Richtlinie 2006/126/EG über den Führerschein, ABl. Nr. L 403 vom 30. 12. 2006 S. 18, zuletzt geändert durch die Richtlinie 2012/36/EU, ABl. Nr. L 321 vom 20.11.2012 S. 54 entsprechen, richtet sich nach dem Berechtigungsumfang, der im Ausstellungsstaat anlässlich einer Umschreibung erteilt worden wäre. Beschränkt sich der Berechtigungsumfang des ausländischen Führerscheines auf die Lenkberechtigung für die Klasse B1, so ist die Lenkberechtigung mit Zahlencode 73 einzuschränken. Ist in einem ausländischen EWR-Führerschein der Zahlencode 72, 74, 75, 76 oder 77 eingetragen, so ist anlässlich der Umschreibung dieses Führerscheines die Klasse A1, C1, D1, C1E oder D1E einzutragen. *(BGBl II 2012/472)*

(2) und (3) *(entfällt, BGBl II 2012/472)*

(4) „Wurde einer Person mit Wohnsitz (§ 5 Abs. 1 Z 1 FSG) in Österreich vor In-Kraft-Treten des FSG auf Grund einer im EWR erteilten Lenkberechtigung ein österreichischer Führerschein ausgestellt, der jedoch nicht alle Klassen „"** der ausländischen Lenkberechtigung umfasst, so kann diese Person „"*** beantragen, dass ihr ein neuer Führerschein ausgestellt wird, der auch diese im alten österreichischen Führerschein nicht eingetragenen Klassen „"*** des ausländischen Führerscheines umfasst, sofern die Gültigkeit dieser ausländischen Lenkberechtigung nicht bereits abgelaufen ist."* „Die Fristberechnung gemäß § 15 Abs. 3 zweiter Satz FSG ist zu beachten."** Lenkberechtigungen der Klassen C und D sind jedoch auf fünf Jahre, gerechnet ab dem Datum der Erteilung, zu befristen. Für diese Neuausstellung eines Führerscheines sind sowohl der bisherige österreichische Führerschein als auch der nationale Führerschein, sofern er dem Antragsteller überlassen wurde, der Behörde abzuliefern. *(*BGBl II 2006/66; **BGBl II 2012/472)*

Gleichwertigkeit von Nicht-EWR-Führerscheinen

§ 9. (1) Die Lenkberechtigung folgender Nicht-EWR-Staaten gilt gemäß „§ 23 Abs. 3 Z 5 FSG" als unter den gleichen Voraussetzungen erteilt wie in Österreich:

1. für alle Klassen: Andorra „", Gibraltar"****, Guernsey, Insel Man, Japan, Jersey, „"* Monaco, „Montenegro,"*** San Marino, Schweiz „", Serbien „", Vereinigtes Königreich Großbritannien und Nordirland"*******; *(BGBl II 2006/66; *BGBl II 2013/290; **BGBl II 2017/46; ***BGBl II 2019/227; ****BGBl II 2020/570)*

2. für die Klasse B: Australien, Bosnien-Herzegowina, „Hong Kong,"* Israel, Kanada, „Neuseeland,"*** „Nordmazedonien,"**** Republik Südafrika, Republik Südkorea (wenn sie nach dem 1. Jänner 1997 erteilt wurde), „Vereinigte Arabische Emirate,"** Vereinigte Staaten von Amerika. *(BGBl II 2009/26; *BGBl II 2012/472; **BGBl II 2013/290; ***BGBl II 2017/282; ****BGBl II 2020/237)*

(BGBl II 2000/88)

(2) Der umgeschriebene Führerschein ist von der Behörde einzubehalten und der Ausstellungsbehörde zu übermitteln. „In besonders berücksichtigungswürdigen Fällen kann von der Übermittlung der Führerscheine abgesehen werden."** Wird ein Führerschein nicht für alle darin eingetragenen Klassen umgeschrieben, so ist bei den umgeschriebenen Klassen der Vermerk „gilt nicht in Österreich" anzubringen und der Führerschein dem Besitzer wieder auszuhändigen. „Kann der Vermerk auf Grund der Beschaffenheit des Führerscheines nicht angebracht werden, so ist der Führerschein von der Behörde aufzubewahren und dem Besitzer bei einer etwaigen Wiederausreise oder Aufgabe des österreichischen Wohnsitzes (§ 5 Abs. 1 Z 1 FSG) diesem auf Antrag im Austausch gegen den österreichischen Führerschein wieder auszuhändigen."* *(*BGBl II 2006/66; **BGBl II 2017/46)*

4. Abschnitt

Lenkberechtigung für die Klasse AM

Aussehen

§ 10. *(entfällt, BGBl II 2012/472)*

Voraussetzungen für den Erwerb der Lenkberechtigung für die Klasse AM

§ 11. (1) „Eine Lenkberechtigung für die Klasse AM darf nur erteilt werden", wenn der

4/6a. FSG-DV
§ 11

Bewerber ausreichende Kenntnisse in folgenden Sachgebieten nachweist:

1. Vorschriften,

1.1. Bedeutung der einzelnen Verkehrszeichen für den Lenker eines Motorfahrrades,

1.2. Vorrangregeln,

1.3. ausgewählte verkehrsrechtliche Vorschriften, wie insbesondere Vertrauensgrundsatz, Verkehrsunfälle, Fahrregeln, bevorzugte Straßenbenützer, Arm- und Lichtzeichen, Verkehrsleiteinrichtungen, allgemeine Vorschriften über den Fahrzeugverkehr, besondere Vorschriften über den Verkehr mit Motorfahrrädern, Fußgängerverkehr (Fußgängerzone, Wohnstraße), Eisenbahnkreuzungen, Berechtigung zum Lenken von Kraftfahrzeugen, Sondervorschriften für Krafträder, Pflichten des Lenkers, Verwendungspflicht für Sturzhelm, Fahrdynamik einspuriger Kraftfahrzeuge;

2. Grundkenntnisse über Verhalten in konkreten Situationen, Erkennen und Vermeiden von Gefahren, Partnerkunde „„ Risikokompetenz gemäß Anlage 10a Z 2 Abschnitt 1.15 der KDV 1967" sowie *(BGBl II 2017/282)*

3. spezifische Problemkreise der Altersgruppe der 15- und 16jährigen, wie Alkohol, Drogen, Freizeitverhalten mit Fahrzeugen (Gruppenverhalten), technische Manipulation am Fahrzeug und rechtliche Folgen, Unfallrisiko und Unfallverhalten von Jugendlichen, Umweltverhalten. *(BGBl II 2012/472)*

(2) Die Kenntnisse sind im Rahmen einer Prüfung nachzuweisen. Die Prüfung hat an Hand der vom Bundesministerium für Verkehr, Innovation und Technologie genehmigten Prüfungsunterlagen in IT-unterstützer Form zu erfolgen. Die in Abs. 4 „zweiter Satz" genannte Person hat sich im Prüfungssystem mittels elektronischer Signatur anzumelden. Die Prüfung ist unter Aufsicht der Fahrschule, des ausbildenden Vereines der Kraftfahrzeuglenker oder der Schule von einer der in Abs. 4 „zweiter Satz" genannten Personen abzuhalten. Die Kenntnisse gelten als ausreichend, wenn zumindest 80 vH der Fragen richtig beantwortet werden. Eine Wiederholung der Prüfung darf frühestens in zwei Wochen erfolgen. Bei nachgewiesenen Manipulationen und/oder unzulässigen Unterstützungen des Kandidaten durch die die Aufsicht führende Person hat die Behörde dieser Person für mindestens zwei Jahre die Durchführung der Aufsichtstätigkeit zu untersagen. *(BGBl II 2017/282; BGBl II 2019/227)*

(3) Die Prüfung ist in Räumlichkeiten abzunehmen, die einen ordnungsgemäßen und störungsfreien Prüfungsablauf gewährleisten.

(4) „Die theoretische Ausbildung gemäß § 18 Abs. 1 Z 2 FSG „ *** darf nur von folgenden Personen vorgenommen werden:"* *(*BGBl II 2017/282; **BGBl II 2019/227)*

1. Sachverständige gemäß § 34a FSG, *(BGBl II 2012/472)*

2. Besitzer einer Fahrschullehrerberechtigung, *(BGBl II 2012/472)*

2a. Instruktoren gemäß § 4a Abs. 6 FSG, *(BGBl II 2017/282)*

3. Lehrer, die das einwöchige Seminar für die unverbindliche Übung bzw. für den Schulversuch „Vorbereitung auf die motorisierte Teilnahme am Straßenverkehr in der 9. Schulstufe" erfolgreich absolviert haben und den entsprechenden Unterricht erteilen,

4. Personen mit mindestens dreijähriger Erfahrung in der Verkehrssicherheitsarbeit oder Jugendarbeit, die in den Bereichen Rechtskunde, Sicherheits- und Gefahrenlehre und psychologische Situationen des Jugendlichen besonders unterwiesen worden sind, „wenn sie bei einer zur Abnahme der Prüfung befugten Stelle tätig sind" oder *(BGBl II 2013/290)*

5. Organe der Straßenaufsicht, insbesondere der Bundessicherheitswache und der Bundesgendarmerie, mit besonderen Erfahrungen bei der Vollziehung verkehrsrechtlicher Vorschriften sowie in der Verkehrssicherheitsarbeit oder Jugendarbeit.
„Die Aufsicht im Rahmen der Prüfung darf nur von geeignetem Personal der jeweiligen Stelle, die die Prüfung abnimmt, durchgeführt werden." *(BGBl II 2019/227)*

(5) „Die ausbildende Stelle hat Aufzeichnungen über die praktische Ausbildung gemäß § 18 Abs. 1 Z 4 und 5 FSG mittels der in Anlage 10h und 10i KDV 1967 enthaltenen Formulare zu führen." Die ausbildende Stelle hat die Aufzeichnungen über die Ausbildung und Prüfung von Bewerbern um eine Lenkberechtigung für die Klasse AM drei Jahre lang aufzubewahren und auf Verlangen der Behörde zur Einsichtnahme vorzulegen. *(BGBl II 2012/472; BGBl II 2017/282)*

(6) Die in § 18 Abs. 1 Z 2 bis 4 FSG genannten Ausbildungsschritte sind vor der in Z 5 genannten Schulung zu absolvieren. Nach der in § 18 Abs. 1 Z 4 FSG genannten Ausbildung ist der in § 18 Abs. 1 Z 6 FSG genannte Nachweis der Fahrzeugbeherrschung dem Kandidaten schriftlich zu bestätigen, erst danach darf die in § 18 Abs. 1 Z 5 FSG genannte Ausbildung durchgeführt werden. Kann diese Bestätigung für den Kandidaten nicht ausgestellt werden, ist die in § 18 Abs. 1 Z 4 FSG genannte Ausbildung erneut zu absolvieren. Jeder Kandidat muss während der gesamten Dauer der praktischen Ausbildung gemäß § 18 Abs. 1 Z 4 und 5 FSG über ein Fahrzeug der Fahrzeugkategorie verfügen, für das er die Berechtigung erwerben möchte. *(BGBl II 2017/282)*

§ 12. *(entfällt samt Überschrift, BGBl II 2012/472)*

§ 13. *(entfällt samt Überschrift, BGBl II 2012/472)*

5. Abschnitt
Zweite Ausbildungsphase

Perfektionsfahrten

§ 13a. (1) „Im Rahmen der Perfektionsfahrten ist insbesondere auf die Blicktechnik, auf eine unfallvermeidende defensive sowie umweltbewusste und treibstoffsparende Fahrweise und auf soziales Verhalten gegenüber anderen Verkehrsteilnehmern des jeweiligen Lenkers zu achten." Insbesondere ist dabei auch das Fehlverhalten anderer Verkehrsteilnehmer zu beobachten und der mögliche negative Einfluss auf den Fahrstil des Fahranfängers individuell zu analysieren. Es sind eventuelle Mängel in den theoretischen Kenntnissen oder im Fahrverhalten des Teilnehmers aufzuzeigen und Verbesserungsvorschläge zu unterbreiten. *(BGBl II 2008/325)*

(2) Die „Die erste Perfektionsfahrt im Rahmen der Fahrausbildung gemäß § 4b Abs. 1 FSG"** sowie das darauf folgende Gespräch gemäß § 4a Abs. 5 FSG „haben aus folgenden Inhalten in der Dauer von insgesamt zwei Unterrichtseinheiten zu bestehen:"* *(*BGBl II 2004/223; **BGBl II 2008/325)*

1. Kontrolle der Sitzposition und Lenkradhaltung,
2. ökonomisches Fahren,
3. Befahren von Tunnels, wenn dies möglich ist,
4. Befahren von Beschleunigungs- und Verzögerungsstreifen auf Autobahnen oder Autostraßen,
5. Befahren von komplexen Querstellen,
6. Überholen,
7. Anwenden des Sekundentrainings und der Blicktechnik
8. kommentiertes Fahren durch den Lenker für die Dauer von rund zehn Minuten,
9. Durchführen von Nebentätigkeiten,
10. Gefahrenvermeidungstraining,
11. Dynomentraining und 3A-Training,
12. Diskussion über das Verhalten in Tunnels bei außergewöhnlichen Situationen und
13. Diskussion über die Notwendigkeit und Gefahren von Nebentätigkeiten.

(2a) Die zweite Perfektionsfahrt im Rahmen der Fahrausbildung gemäß § 4b Abs. 1 FSG oder die Perfektionsfahrt im Rahmen der Fahrausbildung gemäß § 4b Abs. 2 FSG sowie das jeweils darauf folgende Gespräch gemäß § 4a Abs. 5 FSG haben den Schwerpunkt auf die Inhalte der umweltbewussten und treibstoffsparenden Fahrweise zu legen. Die Dauer beträgt insgesamt zwei Unterrichtseinheiten und hat folgende Inhalte in der genannten Reihenfolge zu umfassen:

1. Fahrt in der Dauer von mindestens 15 Minuten mit den in Abs. 2 genannten Inhalten mit Ausnahme deren Z 2, 3, 7, 11 und 12 mit gleichzeitiger Messung des Treibstoffverbrauches und der Fahrtdauer,
2. Besprechung der Eckpunkte der umweltbewussten und treibstoffsparenden Fahrweise,
3. Wiederholung der Fahrt gemäß Z 1 mit gleichzeitiger Messung des Treibstoffverbrauches und der Fahrtdauer,
4. Gegenüberstellung der beiden Fahrten,
5. Analyse der Ergebnisse der beiden Fahrten unter dem Aspekt der umweltbewussten Fahrweise und der Verkehrssicherheit.

Die Fahrten gemäß Z 1 und 3 sind im Fall der Absolvierung der Perfektionsfahrt in Gruppen von jedem Kandidaten selbst zu absolvieren. *(BGBl II 2008/325)*

(3) „Die Perfektionsfahrt gemäß Abs. 2 umfasst"

1. eine Fahrt im Beisein eines Ausbildners in der Dauer von mindestens einer Unterrichtseinheit pro Teilnehmer,
2. ein Gespräch mit dem Ausbildner in der Dauer von höchstens einer Unterrichtseinheit, wobei dieses Gespräch in Gruppen mit bis zu drei Teilnehmern durchgeführt werden kann.

(BGBl II 2008/325)

(3a) Die Perfektionsfahrt im Rahmen der Fahrausbildung gemäß § 4b Abs. 3 FSG sowie das Gespräch gemäß § 4a Abs. 5 FSG haben aus folgenden Inhalten „ "* zu bestehen:

1. ökonomisches Fahren,
2. Befahren von Tunnels, wenn dies möglich ist,
3. Fahren im Freiland, wenn möglich überwiegend,
4. Fahren im Schnellverkehr, wenn möglich Befahren von Beschleunigungs- und Verzögerungsstreifen auf Autobahnen oder Autostraßen,
5. Befahren von komplexen Querstellen,
6. Überholen,
7. Anwenden des Sekundentrainings und der Blicktechnik,
8. Gefahrenvermeidungstraining,
9. Dynomentraining und 3A-Training.

Die Perfektionsfahrt und das Gespräch sind nach Möglichkeit in Gruppen durchzuführen, deren Größe höchstens zwei Teilnehmer betragen darf. „Die Dauer der Perfektionsfahrt hat insgesamt zwei Unterrichtseinheiten zu betragen, wobei auf die Fahrt und auf das Gespräch je eine Unterrichtseinheit entfallen. Nach Wahl der Teilnehmer kann die Perfektionsfahrt auch in Gruppen von bis zu vier Teilnehmern durchgeführt werden. Diesfalls hat der Umfang der Perfektionsfahrt vier Unterrichtseinheiten zu umfassen, wobei auf die Fahrt drei Unterrichtseinheiten und auf das Gespräch eine Unterrichtseinheit zu entfallen haben. Unabhängig von der gewählten Variante ist das Gespräch nach Möglichkeit auf die Pausen zwischen der Fahrt aufzuteilen."* Während der Perfektionsfahrt muss vom Ausbildner zu den Teilnehmern eine Funkverbindung bestehen, mittels derer Anweisungen und Hinweise gegeben werden können. Die Teilnehmer haben die Perfektionsfahrt auf einem Motorrad zu absolvieren, zu dessen Lenken sie unbeschadet des § 4a Abs. 5 letzter Satz FSG befugt sind. Dabei sollte nach Möglichkeit unter Berücksichtigung der Fähigkeiten des Teilnehmers ein Fahrzeug der jeweils höchsten Lenkberechtigungsklasse verwendet werden, die der Betreffende besitzt. „Bei der Perfektionsfahrt hat der Fahrlehrer oder Instruktor die Kandidaten auf einem einspurigen Kraftfahrzeug zu begleiten."** *(BGBl II 2012/472; *BGBl II 2015/54; **BGBl II 2017/46)*

(4) Die Perfektionsfahrt darf auch mit anderen als Schulfahrzeugen durchgeführt werden und ist im Rahmen des Betriebes einer Fahrschule abzuhalten. „Perfektionsfahrten für die Klassen A1, A2 und A dürfen auch von Vereinen oder Kraftfahrzeugbesitzern, sofern sie im Kraftfahrbeirat vertreten sind, abgehalten werden." Die Perfektionsfahrt darf nur von folgenden Personen durchgeführt werden: *(BGBl II 2017/46)*

1. Fahrlehrer oder Fahrschullehrer im Sinne des § 7 Abs. 1 der Verordnung über die vorgezogene Lenkberechtigung für die Klasse B (FSG-VBV, BGBl. II Nr. 54/1999 in der Fassung BGBl. II Nr. 496/2002)

2. Fahrlehrer, die folgende Voraussetzungen erfüllen:

a) eine mindestens einjährige praktische Tätigkeit als Fahrlehrer und

b) die Absolvierung einer Schulung im Ausmaß von acht Stunden (wovon sechs Stunden auf die fachspezifischen Inhalte und gesetzlichen Grundlagen und zwei Stunden auf die psychologischen Grundlagen zur Gesprächsführung, die auch in Gruppen von bis zu drei Teilnehmern durchgeführt werden können, entfallen) absolviert haben „ " *(BGBl II 2017/46)*

3. besonders geeignete Instruktoren für die Klasse A gemäß § 4a Abs. 6 FSG. *(BGBl II 2017/46)*
(BGBl II 2004/223)

(4a) Die Instruktoren haben während der Perfektionsfahrt eine Bestätigung der Feststellung ihrer Eignung gemäß § 4a Abs. 6 FSG der durchführenden Stelle mitzuführen „und auf Verlangen den gemäß § 35 Abs. 2 FSG zuständigen Organen zur Überprüfung auszuhändigen". Diese hat zu enthalten:

1. die Bezeichnung der durchführenden Stelle,

2. den Namen des Instruktors,

3. das Datum der Entscheidung der Kommission über die Eignung als Instruktor gemäß § 4a Abs. 6 FSG für die Klasse A.
(BGBl II 2017/46; BGBl II 2018/58)

(4b) Über die Durchführung der Perfektionsfahrten sind Aufzeichnungen unter sinngemäßer Anwendung des § 64b Abs. 8 bis 8b KDV 1967 zu führen. *(BGBl II 2017/46)*

(5) Eine Unterrichtseinheit im Sinne der §§ 13a bis 13c hat 50 Minuten zu betragen.
(BGBl II 2002/495)

Fahrsicherheitstraining

§ 13b. (1) Im Rahmen des Fahrsicherheitstrainings ist den Teilnehmern die Bedeutung fahrphysikalischer Grenzen im Hinblick auf die daraus resultierenden Unfallgefahren zu demonstrieren. Dabei ist der Zusammenhang zwischen Geschwindigkeit und Bremsweg je nach Fahrzeugzustand und Fahrbahnbeschaffenheit praktisch vor Augen zu führen. Weiters hat eine individuelle Unterweisung in den wichtigsten Notreaktionen (insbesondere Notbremsung) zu erfolgen. Der Instruktor hat auf individuelle fahrsicherheitsrelevante Defizite einzelner Teilnehmer einzugehen. Im Rahmen des Fahrsicherheitstrainings sind Übungen, die zur Selbstüberschätzung des Teilnehmers führen können, zu vermeiden. Das Fahrsicherheitstraining ist in Gruppen von mindestens sechs und höchstens zwölf Teilnehmern durchzuführen und hat sechs Unterrichtseinheiten zu umfassen.

(2) Das Fahrsicherheitstraining für die Klasse B besteht aus einem theoretischen Teil in der Dauer von höchstens einer Unterrichtseinheit und einem praktischen Teil in der Dauer von fünf Unterrichtseinheiten und hat folgende Inhalte zu umfassen:

1. Theoretischer Teil:

a) fahrphysikalische Grundlagen,

b) Bremstechnik,

c) mögliche Fahrzeugreaktionen und deren Ursachen beim Durchfahren einer Kurve,

d) Ursachen, die zum Über- und Untersteuern eines Kraftfahrzeuges führen,

e) passive und aktive Sicherheitseinrichtungen im und am Kraftfahrzeug;

f) Personenbeförderung, insbesondere richtige Kindersicherung. *(BGBl II 2005/221)*

2. Praktischer Teil:

a) Überprüfen der richtigen Sitzposition und Durchführen von Lenkübungen,

b) Bremsübungen (Gefahrenbremsung, Notbremsung und Bremswegvergleich),

c) Bremsausweichübung,

d) Bremsen auf einseitig glatter Fahrbahn,

e) richtiges Kurvenfahren und Bremsen in Kurven und

f) Korrigieren eines über- und untersteuernden Kraftfahrzeuges;

g) richtige Kindersicherung. *(BGBl II 2005/221)*

(3) Das Fahrsicherheitstraining für die Klassen A1, A2 und A besteht aus einem theoretischen Teil in der Dauer von höchstens einer Unterrichtseinheit und einem praktischen Teil in der Dauer von fünf Unterrichtseinheiten und hat folgende Inhalte zu umfassen:

1. Theoretischer Teil:

a) fahrphysikalische Grundlagen,

b) Blicktechnik,

c) Bremstechnik, einschließlich der Vorteile eines Antiblockiersystems,

d) Kurvenfahrstile,

e) Sicherheitstipps, darunter Fahren mit Beifahrer, Sichtbarkeit und Nachteile hoher Geschwindigkeit,

f) richtiges Abstandhalten;

2. Praktischer Teil:

a) Blicktechnik, diese ist bei allen Übungen zu berücksichtigen,

b) Lenktechnik,

c) Bremsübungen, einschließlich einer Demonstration oder Übung zu den Vorteilen eines Antiblockiersystems,

d) Bremsausweichübung,

e) Kurventechnik,

f) Handlingtraining,

g) Demonstration oder Übung zum richtigen Abstandhalten.

Jeder Teilnehmer muss während der gesamten Dauer des praktischen Teils zur alleinigen Nutzung über ein Motorrad verfügen, zu dessen Lenken er aufgrund seiner Lenkberechtigung befugt ist. Dabei sollte nach Möglichkeit unter Berücksichtigung der Fähigkeiten des Teilnehmers ein Fahrzeug der jeweils höchsten Lenkberechtigungsklasse verwendet werden, die der Betreffende besitzt. *(BGBl II 2012/472)*

(4) Zur Durchführung des Fahrsicherheitstrainings sind Instruktoren berechtigt, die folgende Voraussetzungen erfüllen:

1. Vollendung des 24. Lebensjahres;

2. mindestens fünfjähriger Besitz der Lenkberechtigungsklasse, für die Fahrsicherheitstrainings durchgeführt werden sollen;

3. keine Bestrafung gemäß § 99 Abs. 1, 1a, 1b und 2 StVO 1960 innerhalb der letzten fünf Jahre;

4. keine Bestrafung wegen gerichtlicher Delikte, die mit einer Freiheitsstrafe von mehr als sechs Monaten bedroht sind;

5. Ausbildung in den Fachbereichen Psychologie und Pädagogik, die zu umfassen hat:

a) im psychologischen Bereich im Ausmaß von acht Stunden:

aa) wahrnehmungspsychologische und leistungsspezifische Phänomene im Straßenverkehr,

bb) lerntheoretische Prinzipien im Rahmen des Fahrsicherheitstrainings

cc) verkehrspsychologische Grundlagen, insbesondere wie Unfallursachenforschung mit Schwerpunkt auf Fahranfänger, spezifische Lenkerrisikogruppen, Beeinträchtigung der Verkehrstüchtigkeit und Bedeutung der realistischen Selbsteinschätzung als Kraftfahrer;

b) im pädagogischen Bereich im Ausmaß von 15 Stunden:

aa) pädagogische Aufgaben des Fahrinstruktors, insbesondere Vorbildfunktion sowie positive und negative Imageseiten des Fahrinstruktors,

bb) Didaktik des Fahrtechnikunterrichts mit Darbietungsmöglichkeiten von Unterrichtsinhalten sowie Präsentations- und Moderationstechniken;

6. theoretische und praktische Ausbildung entsprechend der angestrebten Instruktorenqualifikation in folgendem Ausmaß:

a) 16 Stunden allgemeine Ausbildung,

b) je acht Stunden Ausbildung pro angestrebter Klasse,

c) Teilnahme an mindestens drei Fahrsicherheitstrainings pro angestrebter Klasse.

Die Ausbildung gemäß Z 5 lit. a ist von Verkehrspsychologen durchzuführen, die gemäß § 7 Abs. 2 der Verordnung über verkehrspsychologische Nachschulungen (Nachschulungsverordnung – FSG-NV), BGBl. II Nr. 357/2002, zur Ausbildung von Psychologen zur Durchführung von Nachschulungen befugt sind. Die Ausbildung gemäß Z 5 lit. b ist von Personen durchzuführen, die Ausbildung des Fachgebietes „Pädagogik II" im Rahmen der Fahrschullehrerausbildung gemäß Anlage 10d Z 1 Abschnitt 13 der Kraftfahrgesetz-Durchführungsverordnung 1967 (BGBl. Nr. 399/1967 in der Fassung BGBl. II Nr. 376/2002) befugt sind. Die Ausbildung gemäß Z 6 hat in einer der in § 4a Abs. 6 Z 1 FSG genannten Institutionen oder beim Fachverband der Fahrschulen zu erfolgen. Für Fahrlehrer entfällt die Voraussetzung gemäß Z 5. Für Instruktoren und Fahrlehrer entfällt die Voraussetzung gemäß Z 6 lit. c, wenn sie in den letzten zwei Jahren bereits Fahrsicherheitstrainingskurse der angestrebten Klasse geleitet haben. Die Voraussetzungen gemäß Z 5 und

4/6a. FSG-DV

§ 13b

6 entfallen für Instruktoren oder Fahrlehrer, die bereits mindestens 40 Kurse je angestrebter Klasse als Instruktor für Fahrsicherheitstrainings geleitet haben.

(5) Das Fahrsicherheitstraining darf nur auf einem im Bundesgebiet gelegenen Übungsplatz durchgeführt werden, dessen Absicherung eine Gefährdung von nicht mit dem Übungsbetrieb in Verbindung stehenden Personen oder eine Beschädigung solcher Sachen ausschließt und der hinsichtlich der Größe und Ausstattung folgenden Mindestkriterien entspricht:

1. Vorhandensein eines Platzes mit einer Länge von mindestens 150 Metern und einer Breite von mindestens 40 Metern (nutzbare Fläche von mindestens 6000 m²);

2. Vorhandensein einer permanenten Rutschfläche mit einer Länge von mindestens 40 Metern und einer Breite von mindestens vier Metern, um Bremsübungen mit einer Geschwindigkeit von mindestens 50 km/h am Beginn der Rutschfläche durchführen zu können. Vor der Rutschfläche muss eine mindestens 50 Meter lange und mindestens 3 Meter breite Anlaufspur vorhanden sein, wobei die unmittelbar vor der Rutschfläche befindlichen 30 Meter der Anlaufspur eine gerade Verlängerung derselben darstellen müssen. Ab Beginn dieser Rutschfläche muss beidseitig ein befestigter (asphaltierter oder betonierter) Sturzraum von mindestens 3 Metern Breite vorhanden sein, der sich nach höchstens 15 Metern auf mindestens 8 Meter verbreitert und sich in der gesamten Breite (Breite der Rutschfläche und des Sturzraumes zu beiden Seiten) entlang der Rutschfläche und bis 30 Meter nach dem Ende der Rutschfläche erstreckt;

3. Vorhandensein einer Rutschfläche in einer Kreisbahn mit einem Sektor von mindestens 90 Grad, einem Außenradius von mindestens 20 Metern und einer Breite von mindestens vier Metern, um mit einer Geschwindigkeit von mindestens 30 km/h am Beginn der Rutschfläche Kurvenfahrten und Kurvenbremsübungen durchführen zu können. Ab Beginn dieser Rutschfläche muss beidseitig ein befestigter (asphaltierter oder betonierter) Sturzraum von mindestens 2 Metern Breite vorhanden sein, der sich auf der Kurvenaußenseite nach höchstens 10 Metern auf mindestens 8 Meter verbreitert und sich in der gesamten Breite (Breite der Rutschfläche und des Sturzraumes zu beiden Seiten) entlang der Rutschfläche und bis 15 Meter nach Ende der Rutschfläche erstreckt. Diese Rutschfläche ist nicht erforderlich, wenn die Übungen gemäß Abs. 2 Z 2 lit. e und f mit einem Skid-car durchgeführt werden können;

4. Für die Abhaltung von Fahrsicherheitstrainings der Klasse A ist innerhalb des Übungsplatzes ein rutschflächenfreier befestigter (asphaltierter oder betonierter) Bereich von mindestens 1.500 m² mit einer Mindestlänge von 120 Metern notwendig, der die gefahrlose Durchführung der in Abs. 3 Z 2 vorgeschriebenen Übungen ermöglicht;

5. Vorhandensein einer Bewässerungsanlage, mit der die ständige Bewässerung der Rutschfläche möglich ist, wobei die Verwendung von chemischen Gleitmitteln nicht gestattet ist;

6. Vorhandensein einer Geschwindigkeitsmessanlage mit Großanzeige, die es dem Teilnehmer und dem Instruktor ermöglicht, die am Beginn der Rutschfläche gefahrene Geschwindigkeit abzulesen;

7. Vorhandensein von Sprechfunk in jedem teilnehmenden Fahrzeug und für den Instruktor;

8. Vorhandensein eines Seminarraumes und entsprechender sanitärer Einrichtungen zur Durchführung des theoretischen Teiles und des verkehrspsychologischen Gruppengespräches für insgesamt 14 Personen, eingerichtet zur Präsentation von Stand- und bewegten Bildern;

9. Vorhandensein von geeignetem Schulungsmaterial und

10. Vorhandensein von mindestens 30 Leitkegeln, Kippstangen oder dgl.

Während der Durchführung der praktischen Übungen des Fahrsicherheitstrainings darf auf der für dieses Training bestimmten Fläche keine weitere Tätigkeit stattfinden. „Der Inhalt und der Umfang des Fahrsicherheitstrainings sind von der durchführenden Stelle von außen lesbar neben oder in der Nähe der Eingangstüre anzubringen."
(BGBl II 2004/223; BGBl II 2015/54)

(BGBl II 2002/495)

(6) Über die Berechtigung, als Instruktor tätig zu werden sowie über die Eignung der durchführenden Stelle zur Durchführung von Fahrsicherheitstrainings hat die Kommission gemäß § 4a Abs. 6 FSG zu entscheiden. In diesem Zusammenhang hat die Kommission über

1. das Vorliegen der Voraussetzungen gemäß Abs. 4,

2. das Vorliegen der Voraussetzungen des Abs. 5 über die Größe und Ausstattung des Übungsplatzes für das Fahrsicherheitstraining,

3. die Anzahl der Gruppen, die zur selben Zeit den praktischen Teil auf dem Übungsplatz durchführen können

zu entscheiden. „Die Entscheidung der Kommission über die im ersten Satz genannten Berechtigungen darf nur für die Dauer von zehn Jahren erfolgen. Danach ist eine neuerliche Entscheidung der Kommission erforderlich." Weiters sind die Inhalte des Fahrsicherheitstrainings gemäß Abs. 2 und 3 von dieser Kommission konkret festzulegen. Liegen die Voraussetzungen gemäß Z 1 und 2 nicht mehr vor, ist die zuständige Behörde zu verständigen. Diese hat die jeweilige Berechtigung durch einen Bescheid zu widerrufen. Die Kommission entscheidet mit Stimmenmehrheit, wobei die in § 4a Abs. 6 Z 1 FSG genannten Vereine nur eine Stimme haben. *(BGBl II 2015/54)*

(BGBl II 2004/223)

Verkehrspsychologisches Gruppengespräch und Gefahrenwahrnehmungstraining

§ 13c. (1) Im Rahmen des verkehrspsychologischen Gruppengesprächs sind die für Fahranfänger „klassenspezifischen" typischen Unfalltypen, insbesondere der Alleinunfall und die zugrunde liegenden Unfallrisiken, wie beispielsweise Selbstüberschätzung, geringe soziale Verantwortungsbereitschaft oder Auslebenstendenzen unter aktiver Mitarbeit der Teilnehmer zu erarbeiten. Darüber hinaus hat auch eine individuelle Risikobetrachtung zu erfolgen, wobei die Teilnehmer dahin gehend anzuleiten sind, sich über potentiell unfallkausale persönliche Schwächen im Allgemeinen, aber vor allem auch im speziellen Zusammenhang mit situationsspezifischen Außenreizen (die zu erhöhter Irritierbarkeit, erhöhter Impulsivität, situationsspezifischer reaktiver Aggressivität oder Selbstüberforderung führen können) sowie mit Alkohol- oder Suchtmittelmissbrauch bewusst zu werden und darauf aufbauend individuelle unfallpräventive Lösungsstrategien zu erarbeiten. *(BGBl II 2012/472)*

(2) Das verkehrspsychologische Gruppengespräch ist in Gruppen von mindestens sechs und höchstens zwölf Teilnehmern durchzuführen und hat bei Besitzern einer Lenkberechtigung der Klasse B zwei, bei Besitzern einer Lenkberechtigung der Klassen A1, A2 oder A eineinhalb Unterrichtseinheiten zu umfassen. *(BGBl II 2012/472)*

(3) Zur Durchführung des verkehrspsychologischen Gruppengesprächs befugt sind „unbeschadet der Bestimmungen des Abs. 4"* Psychologen „gemäß § 4 des Psychologengesetzes 2013, BGBl. I Nr. 182/2013 in der Fassung BGBl. I Nr. 32/2014"**, die eine Ausbildung zum

1. Kursleiter gemäß § 7 Abs. 1 der Verordnung über verkehrspsychologische Nachschulungen (Nachschulungsverordnung – FSG-NV), BGBl. II Nr. 357/2002, oder

2. Verkehrspsychologen gemäß § 20 Abs. 1 und 2 der Führerscheingesetz-Gesundheitsverordnung (FSG-GV), BGBl. II Nr. 322/1997 in der Fassung BGBl. II Nr. 427/2002

absolviert haben „ "*. *(*BGBl II 2004/223; **BGBl II 2015/54)*

(4) Psychologen, die sich in Ausbildung zum Kursleiter gemäß § 7 Abs. 1 FSG-NV oder Verkehrspsychologen gemäß § 20 Abs. 1 und 2 FSG-GV befinden, sind zur Durchführung des verkehrspsychologischen Gruppengesprächs befugt, wenn sie

1. die Ausbildung gemäß § 13b Abs. 4 Z 6 lit. a absolviert und

2. an mindestens drei Fahrsicherheitstrainings gemäß § 4a Abs. 4 Z 2 und 3 FSG als Hospitant teilgenommen haben.

Die Psychologen haben die Kommission gemäß § 4a Abs. 6 FSG von der Absolvierung dieser Ausbildung zu verständigen. *(BGBl II 2004/223)*

(5) Psychologen, die verkehrspsychologische Gruppengespräche für die Klassen A1, A2 oder A durchführen, müssen zusätzlich über eine Lenkberechtigung der Klasse A1, A2 oder A verfügen oder den Code 111 in ihrem Führerschein eingetragen haben. *(BGBl II 2012/472)*

(6) Das Gefahrenwahrnehmungstraining hat im Anschluss an das verkehrspsychologische Gruppengespräch stattzufinden und aus folgenden Inhalten in der Dauer von eineinhalb Unterrichtseinheiten zu bestehen:

1. Schulung der rechtzeitigen visuellen Gefahrenwahrnehmung in konkreten, potentiell gefährlichen Situationen, etwa durch geeignete Filmausschnitte, unter aktiver Mitarbeit der Teilnehmer. Zu erarbeiten sind insbesondere das richtige Beobachten in der Situation, die Fokussierung der Aufmerksamkeit auf relevante Situationsmerkmale und die Einschätzung, wie sich die Situation entwickeln könnte;

2. die Teilnehmer sind anzuleiten, sich über das Ausmaß der mit der jeweiligen Situation verbundenen Gefahr bewusst zu werden;

3. Erarbeitung von auf die jeweilige potentiell gefährliche Situation abgestimmten, unfallpräventiven Verhaltensreaktionen, wobei generell die Notwendigkeit einer defensiven Fahrweise ins Bewusstsein der Teilnehmer gerückt werden soll;

4. mentales Festigen bzw. Einüben der im Gefahrenwahrnehmungstraining erarbeiteten situationsbedingten unfallpräventiven Verhaltensreaktionen.

Für die Gruppengröße und die zur Durchführung berechtigten Personen gelten die Voraussetzungen gemäß § 13c Abs. 2 bis 5. *(BGBl II 2012/472)*

(BGBl II 2002/495)

Gebühren

§ 13d. Für die bescheidmäßige Erledigung des Antrages zur Durchführung von Fahrsicherheitstrainings gemäß § 4a Abs. 5 FSG sind folgende Gebühren an die Behörde zu entrichten:

1. von der jeweiligen durchführenden Stelle für die Überprüfung des Vorliegens der sachlichen Voraussetzungen gemäß § 13b Abs. 5 ...... 200 ,

2. von der jeweiligen durchführenden Stelle für den jeweiligen Instruktor für die Überprüfung

des Vorliegens der persönlichen Voraussetzungen bei einem Instruktor gemäß § 13b Abs. 4..........
....80 .
(BGBl II 2002/495)

6. Abschnitt
Besondere Maßnahmen des Vormerksystems

Arten von Maßnahmen

§ 13e. (1) Für die besondere Maßnahme der Nachschulung sind die Bestimmungen des § 4a der FSG-NV, für die Perfektionsfahrten die Bestimmungen des § 13a und für das Fahrsicherheitstraining die Bestimmungen des § 13b anzuwenden, wobei jeweils besonders auf die Delikte, die zur Anordnung der Maßnahme geführt haben, einzugehen ist.

(2) Der Vortrag oder das Seminar über geeignete Ladungssicherung hat aus einem theoretischen und praktischen Teil in der Dauer von insgesamt acht Unterrichtseinheiten zu bestehen, welche an einem Tag zu absolvieren sind. Der theoretische Teil hat mindestens vier Unterrichtseinheiten zu umfassen und die Vermittlung folgender Kenntnisse zu enthalten:

1. bei der Fahrt auf das Fahrzeug und auf das Ladegut wirkende Kräfte,

2. physikalische Zusammenhänge, insbesondere der Reibung und der Gewichtskraft,

3. Berechnung der Nutzlast eines Fahrzeuges oder einer Fahrzeugkombination,

4. Verteilung der Ladung,

5. Auswirkungen der Überladung auf die Achse,

6. Fahrzeugstabilität und

7. Schwerpunkt des Fahrzeuges.

Der praktische Teil hat mindestens zwei Unterrichtseinheiten zu umfassen und hat praktische Übungen am Fahrzeug selbst zu enthalten. Insbesondere ist der Unterschied zwischen kraftschlüssiger und formschlüssiger Ladungssicherung sowie die ordnungsgemäße Sicherung unterschiedlicher Ladegüter mit den am besten geeigneten Ladungssicherungsmitteln zu vermitteln. „Sofern Vorträge oder Seminare über geeignete Ladungssicherung in Gruppen abgehalten werden, dürfen diese nicht mehr als fünfzehn Teilnehmer umfassen." *(BGBl II 2013/290)*

(3) Zur Durchführung der Vorträge oder Seminare über geeignete Ladungssicherung sind berechtigt:

1. Fahrschulen,

2. der Fachverband der Fahrschulen,

3. Vereine von Kraftfahrzeugbesitzern, sofern sie im Kraftfahrbeirat vertreten sind,

4. Institutionen, die für Verkehrssicherheitsfragen zuständig sind sowie

5. sonstige Einrichtungen für berufliche Aus- und Weiterbildung, die für Kammern und Interessenvertretungen tätig werden, oder Unfallversicherungsträger.

Diese Stellen haben über geeignete Vortragende, geeignete Kursräume und entsprechendes Lehrmaterial zu verfügen.

(4) Der Kurs über geeignete Maßnahmen zur Kindersicherung hat aus einem theoretischen und praktischen Teil in der Dauer von insgesamt vier Unterrichtseinheiten zu bestehen, welche an einem Halbtag zu absolvieren sind. Der theoretische Teil hat zwei Unterrichtseinheiten zu umfassen und die Vermittlung folgender Kenntnisse zu enthalten:

1. Crashphysik und Unfallentstehung,

2. Unfallmedizin,

3. Unfallstatistik,

4. Recht,

5. Behandlung typischer Einwände,

6. Sicherungstechnik im Fahrzeug.

Der praktische Teil hat zwei Unterrichtseinheiten zu umfassen und hat die richtige Eigensicherung, die Sicherung von Kindern im Fahrzeug sowie Hinweise auf typische Montage- und Sicherungsfehler zu enthalten. „Sofern Kurse über geeignete Maßnahmen zur Kindersicherung in Gruppen abgehalten werden, dürfen diese nicht mehr als zwölf Teilnehmer umfassen." *(BGBl II 2009/274; BGBl II 2013/290)*

(5) Zur Durchführung der Kurse über geeignete Maßnahmen zur Kindersicherung sind berechtigt:

1. Fahrschulen,

2. der Fachverband der Fahrschulen,

3. Vereine von Kraftfahrzeugbesitzern, sofern sie im Kraftfahrbeirat vertreten sind,

4. Institutionen, die für Verkehrssicherheitsfragen zuständig sind sowie

5. Einrichtungen, die gemäß § 6 Abs. 2 der FSG-NV zur Durchführung von verkehrspsychologischen Nachschulungen ermächtigt sind.

Diese Stellen haben über geeignete Vortragende, geeignete Kursräume und entsprechendes Lehrmaterial zu verfügen. *(BGBl II 2009/274)*

(BGBl II 2005/221)

Anordnung besonderer Maßnahmen

§ 13f. (1) Für die in § 30a Abs. 2 FSG genannten Delikte sind von der Behörde besondere Maßnahmen wie folgt anzuordnen:

1. bei Delikten gemäß § 30a Abs. 2 Z 1, 2 „" und 5 FSG eine Nachschulung gemäß § 4a FSG-NV; *(BGBl II 2017/46)*

1a. bei Delikten gemäß § 30a Abs. 2 Z 13 FSG einen Kurs über geeignete Maßnahmen zur Kindersicherung; *(BGBl II 2009/274)*

2. bei Delikten gemäß § 30a Abs. 2 Z 4, 6, 7 und 11 FSG eine Perfektionsfahrt gemäß § 13a, „ " bei Delikten gemäß § 30a Abs. 2 Z 4, 6 und 7 FSG kann anstelle der Perfektionsfahrt ein Fahrsicherheitstraining angeordnet werden, wenn die Deliktsbegehung auf mangelnde Fahrzeugbeherrschung zurückzuführen ist; *(BGBl II 2009/274)*

3. bei Delikten gemäß § 30a Abs. 2 Z 9, 10 und 12 FSG, bei letzterem sofern ein Kraftfahrzeug mit nicht entsprechend gesicherter Beladung gelenkt wurde, einen Vortrag oder ein Seminar über geeignete Ladungssicherung gemäß § 13e Abs. 2, bei Delikten gemäß § 30a Abs. 2 Z 12 FSG, sofern ein Kraftfahrzeug gelenkt wurde, dessen technischer Zustand eine Gefährdung der Verkehrssicherheit darstellt, ein Fahrsicherheitstraining gemäß § 13b oder, wenn vor Fahrtantritt keine Fahrzeugkontrolle durchgeführt worden ist, eine Perfektionsfahrt gemäß § 13a;

4. bei Delikten gemäß „§ 30a Abs. 2 Z 8 und 8a" FSG eine Nachschulung gemäß § 4a FSG-NV. *(BGBl II 2019/227)*

(2) Liegen der Anordnung der besonderen Maßnahme verschiedene Delikte zugrunde, die in unterschiedlichen Ziffern gemäß Abs. 1 enthalten sind, so hat die Behörde die besondere Maßnahme nach dem Delikt anzuordnen, welches in Abs. 1 unter der niedrigeren Ziffer genannt ist. Liegen der Anordnung der besonderen Maßnahme verschiedene Delikte zugrunde, die in derselben Ziffer gemäß Abs. 1 enthalten sind und jeweils unterschiedliche Maßnahmen nach sich ziehen würden, so richtet sich die Maßnahme nach dem später begangenen Delikt.

(BGBl II 2005/221)

VII. Abschnitt

Verkehrscoaching

Inhalt und Umfang

§ 14. (1) Im Rahmen des Verkehrscoachings sollen dem Kursteilnehmer die Folgen des Lenkens von Kraftfahrzeugen in alkoholisiertem Zustand vor Augen geführt werden sowie durch eine Auseinandersetzung mit dem eigenen Fehlverhalten auf eine künftige Änderung des Verhaltens hingewirkt werden.

(2) Im ersten Teil des Verkehrscoachings soll dem Kursteilnehmer durch Erfahrungsberichte des Kursleiters veranschaulicht werden, welche Unfallfolgen das Lenken von Kraftfahrzeugen in einem durch Alkohol beeinträchtigten Zustand nach sich ziehen kann. Dadurch soll das Bewusstsein für die Notwendigkeit von verantwortungsvollem Handeln im Straßenverkehr geschaffen werden. Außerdem sind die Auswirkungen von Alkoholkonsum auf den menschlichen Körper darzustellen.

(3) Ziel des zweiten Teils des Verkehrscoachings ist es, bei den Kursteilnehmern nachhaltig eine Verhaltensänderung im Hinblick auf das Lenken von Kraftfahrzeugen in einem durch Alkohol beeinträchtigten Zustand zu erreichen, indem auf die individuelle Persönlichkeit jedes Kursteilnehmers eingegangen wird. Aufgrund der Erfahrungen aus dem ersten Teil des Verkehrscoachings soll eine reflexive Auseinandersetzung mit dem eigenen Verhalten erfolgen um Alkoholkonsum und das Lenken von Kraftfahrzeugen künftig zuverlässig zu trennen. Dies soll auch durch die gemeinsame Erarbeitung von geeigneten Verhaltensmustern und Handlungsalternativen erreicht werden.

(4) Die Dauer des Verkehrscoachings beträgt insgesamt mindestens vier Kurseinheiten, die in gleichen Teilen auf die beiden Teile gemäß Abs. 2 und 3 aufzuteilen sind. Eine Kurseinheit beträgt 50 Minuten.

(BGBl II 2009/274)

Ablauf und Durchführung

§ 15. (1) Das Verkehrscoaching ist in Gruppen von mindestens vier und höchstens zwölf Teilnehmern im Rahmen einer halbtägigen Veranstaltung abzuhalten. In begründeten Einzelfällen, insbesondere wenn die Gruppenfähigkeit nicht gegeben ist, bei individuellen Belastungen oder bei Sprach- und Kommunikationsschwierigkeiten kann das Verkehrscoaching in Form eines Einzelkurses absolviert werden. Die Dauer dieser Form des Verkehrscoachings hat mindestens zwei Unterrichtseinheiten zu betragen, die auf die zwei in § 14 Abs. 2 und 3 genannten Teile gleichmäßig aufzuteilen ist.

(2) Zur Organisation und Durchführung des Verkehrscoachings sind die in § 23 Abs. 1 Z 1 bis 4 des SanG genannten Institutionen berechtigt. Das Verkehrscoaching ist in geeigneten Räumlichkeiten abzuhalten.

(3) Zur Durchführung des ersten Teils des Verkehrscoachings (§ 14 Abs. 2) hat die jeweilige Institution Ärzte oder Notfallsanitäter heranzuziehen. „Zur Durchführung des zweiten Teils des Verkehrscoachings sind Psychologen gemäß § 4 des Psychologengesetzes 2013 heranzuziehen." Das Vorliegen der geforderten Qualifikationen ist von der Institution, von der das Verkehrscoaching organisiert wird, zu überprüfen und nachweislich zu dokumentieren sowie auf Verlangen der Behörde vorzulegen. *(BGBl II 2015/54)*

(4) Die das Verkehrscoaching organisierende Institution hat

1. für das Vorhandensein der geeigneten Räumlichkeiten (Abs. 2) Sorge zu tragen,

2. für das Vorhandensein des geeigneten Personals (Abs. 3) Sorge zu tragen,

3. an die Teilnehmer eine Kursbesuchsbestätigung auszustellen,

4. die abgehaltenen Verkehrscoachings, insbesondere die Namen der Vortragenden und der Teilnehmer, zu dokumentieren und

5. diese Dokumentation zweimal jährlich der Behörde, in deren Sprengel die jeweilige Organisation tätig ist, zu übermitteln.

(5) Eine Kursbesuchsbestätigung gemäß § 15 Abs. 4 Z 3 ist auszustellen, wenn

1. der Teilnehmer während der gesamten Kursdauer anwesend war,

2. im Kurs ausreichend mitgearbeitet hat und

3. die gesamte Kursgebühr entrichtet hat.

Die Kursbesuchsbestätigung hat Ort und Datum der Absolvierung des Verkehrscoachings, die Bezeichnung der durchführenden Organisation „sowie die Namen der Kursleiter und ihre Unterschrift oder die Unterschrift eines für die Unternehmensführung Verantwortlichen enthalten". *(BGBl II 2012/472)*

(6) Die Gebühr für die Teilnahme an einem Verkehrscoaching beträgt

1. für eine Gruppensitzung pro Kurseinheit und Teilnehmer .... 25 Euro,

2. für einen Einzelkurs pro Kurseinheit .... 50 Euro.

In diesen Preisen sind alle Zuschläge enthalten („Inklusivpreise"). Im Fall von fremdsprachigen Kursteilnehmern kann von der organisierenden Institution ein Dolmetscher beigezogen werden. Die Kosten dafür sind von dem oder den Kursteilnehmern zu tragen.

(BGBl II 2009/274)

VIII. Abschnitt

Inkrafttreten

„**§ 16.**" (1) Diese Verordnung tritt mit 1. November 1997 in Kraft.

(2) Mit Inkrafttreten dieser Verordnung treten die §§ 28b, 29 und 35a einschließlich der Anlagen 6 und 6a der Kraftfahrgesetz-Durchführungsverordnung 1967, BGBl. Nr. 399, in der Fassung der Verordnung BGBl. Nr. 80/1997 außer Kraft.

(3) Formblätter gemäß Anlage 2, die nicht der Fassung BGBl. II Nr. 88/2000 entsprechen, dürfen bis 30. Juni 2000 weiter verwendet werden. *(BGBl II 2000/88)*

(4) §§ 13a bis 13d treten mit 1. Jänner 2003 in Kraft. *(BGBl II 2002/495)*

(5) § 2 Abs. 3 bis 5 in der Fassung BGBl. II Nr. 223/2004 treten mit 1. Juli 2004 in Kraft. *(BGBl II 2004/223)*

(6) Es treten in Kraft:

1. § 1, § 2 Abs. 1 und 2, §§ 3 bis 5, § 7 Abs. 1, § 10 und Anlagen 1 bis 4 in der Fassung BGBl. II Nr. 66/2006 mit 1. März 2006;

2. § 8 Abs. 4, § 9 Abs. 2 in der Fassung BGBl. II Nr. 66/2006 mit 1. Oktober 2006.

Führerscheine, die nicht dem § 1 und dem Muster der Anlage 1 in der Fassung BGBl. II Nr. 66/2006 entsprechen, sind weiterhin gültig. *(BGBl II 2006/66)*

(7) § 2 Abs. 4, § 13a Abs. 1, 2, 2a und 3 in der Fassung BGBl. II Nr. 325/2008 treten mit 1. November 2008 in Kraft.

(8) § 13e Abs. 4 und 5, § 13f Abs. 1 und die §§ 14 und 15 in der Fassung BGBl. II Nr. 274/2009 treten mit 1. September 2009 in Kraft. *(BGBl II 2009/274)*

(9) § 2 Abs. 1, 3 und 4, § 3 Abs. 2, 3 und 5, § 4, § 6 Abs. 1, § 6a, § 8 Abs. 1 und 4, die Überschrift des IV. Abschnittes, § 11 Abs. 1, 4 und 5, § 13a Abs. 3a, § 13b Abs. 3, die Überschrift des § 13c, § 13c Abs. 1, 2, 5 und 6 und die Anlagen 1 bis 3 treten mit 19. Jänner 2013 in Kraft. § 8 Abs. 2 und 3, § 10, § 12 und § 13 sowie Anlage 4 treten mit 19. Jänner 2013 außer Kraft. *(BGBl II 2012/472)*

(10) Anlage 1 in der Fassung BGBl. II Nr. 290/2013 tritt mit 1. November 2013 in Kraft. Führerscheine nach dem Muster der bisherigen Rechtslage dürfen bis 1. März 2014 ausgegeben (versendet) werden. *(BGBl II 2013/290)*

(11) § 2 Abs. 1, § 6 Abs. 6, § 9 Abs. 1, § 13b Abs. 5 und 6, § 13c Abs. 3 und § 15 Abs. 3 jeweils in der Fassung BGBl. II Nr. 54/2015 treten mit Ablauf des Tages der Kundmachung in Kraft. § 13a Abs. 3a in der Fassung BGBl. II Nr. 54/2015 tritt mit 16. März 2015 in Kraft und gilt für alle Perfektionsfahrten, die ab diesem Zeitpunkt durchgeführt werden. Berechtigungen gemäß § 13b Abs. 6 über die vor dem Inkrafttreten des § 13b Abs. 6 in der Fassung der Verordnung BGBl II. Nr. 54/2015 entschieden wurde, bleiben nach dem Inkrafttreten für weitere 10 Jahre aufrecht. *(BGBl II 2015/54)*

(12) § 2 Abs. 3 und 5, § 3 Abs. 2 und 3, § 4, § 6a Abs. 1 bis 5, § 9 Abs. 1 und 2, § 13a Abs. 3a und Abs. 4 bis 4b und § 13f Abs. 1 jeweils in der Fassung BGBl. II Nr. 46/2017 treten am Tag nach der Kundmachung der genannten Verordnung in Kraft. *(BGBl II 2017/46)*

(13) § 2 Abs. 4, § 7a und § 9 Abs. 1 jeweils in der Fassung BGBl. II Nr. 282/2017 treten mit Ablauf des Tages der Kundmachung dieser Verordnung in Kraft. § 11 Abs. 1, 4, 5 und 6 jeweils in der Fassung BGBl. II Nr. 282/2017 treten am 1. November 2017 in Kraft. § 11 Abs. 2 in der

Fassung BGBl. II Nr. 282/2017 tritt am „1. März 2019" in Kraft. § 7a samt Überschrift tritt am 1. März 2022 außer Kraft. *(BGBl II 2017/282; BGBl II 2018/349)*

(14) § 6 Abs. 1, 1a und 5 jeweils in der Fassung BGBl. II Nr. 58/2018 treten am 1. Oktober 2018 in Kraft. § 13a Abs. 4a und § 16 Abs. 13 jeweils in der Fassung BGBl. II Nr. 58/2018 treten mit Ablauf des Tages der Kundmachung dieser Verordnung in Kraft. *(BGBl II 2018/58)*

(15) § 4, § 6 Abs. 1 und 2, § 6a Abs. 1, § 7 Abs. 1, § 9 Abs. 1, § 11 Abs. 2 und 4 und § 13f Abs. 1 in der Fassung BGBl. II Nr. 227/2019 treten am 1. September 2019 in Kraft. Bescheinigungen über die Unterweisungen in lebensrettenden Sofortmaßnahmen, die von der in § 6 Abs. 2 Z 7 genannten Institution vor dem 1. September 2019 ausgestellt wurden, sind weiterhin anzuerkennen. *(BGBl II 2019/227)*

(16) § 9 Abs. 1 in der Fassung BGBl. II Nr. 88/2019 tritt mit dem Zeitpunkt des Wirksamwerdens des Austritts des Vereinigten Königreichs Großbritannien und Nordirland aus der Europäischen Union unter der Bedingung in Kraft, dass der Austritt ohne Austrittsabkommen gemäß Art. 50 Abs. 2 EUV erfolgt. *(BGBl II 2019/88)*

(17) § 4 und § 9 Abs. 1 in der Fassung BGBl. II Nr. 237/2020 treten am 1. Juli 2020 in Kraft. *(BGBl II 2020/237)*

(18) § 6 Abs. 2, § 7 Abs. 1 und § 9 Abs. 1 in der Fassung BGBl. II Nr. 570/2020 treten am 1. Jänner 2021 in Kraft; zugleich tritt § 2 Abs. 4 Z 112 und 113 außer Kraft. *(BGBl II 2020/570)*

(BGBl II 2009/274)

4/6a. FSG-DV
Anlage 1

Anlage 1

Anlage 1

Darstellung nicht in Originalgröße

Vorderseite:

Rückseite:

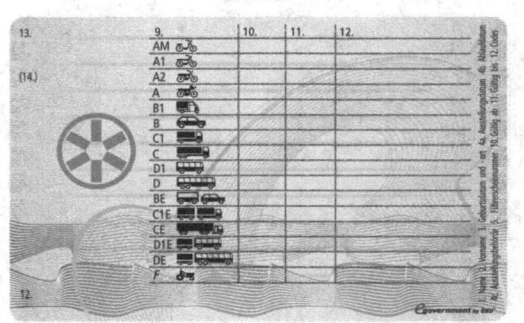

(BGBl II 2013/290)

4/6a. FSG-DV
Anlage 2

Anlage 2

Führerscheinantrag

FOTO

Eigenhändige Unterschrift des Dokumenteninhabers/der Dokumenteninhaberin
Bitte erst vor dem Sachbearbeiter/der Sachbearbeiterin und innerhalb des durch Winkel gekennzeichneten Feldes unterschreiben!!!

Ev. Fahrschulstempel

KFG
KDV
PBStV
Kraftstoff-VO
FSG + VO

Daten zur Person

Familienname/Nachname:	Akadem.Grad vorgestellt:	Akadem. Grad nachgestellt:
Familienname/Nachname lt. Geburtsurkunde:	Frühere Familiennamen/Nachnamen:	
Vorname(n):		Geschlecht: (M=männlich, W=weiblich)
Geburtsdatum und Geburtsort:	Staatsbürgerschaft:	
Hauptwohnsitz (PLZ, Ort/Straße/Gasse/Platz, Hausnummer, Stiege, Tür):		

Anträge und Erklärungen

Ich erkläre, dass ich bereits 6 Monate in Österreich wohne oder
☐ beabsichtige für mindestens 6 Monate in Österreich zu wohnen

Ich stelle den Antrag auf
☐ **Erteilung** einer Lenkberechtigung   ☐ **Ausdehnung** einer Lenkberechtigung

Beantragte Klassen/Unterklassen: AM ☐ A1 ☐ A2 ☐ A ☐ B ☐ BV ☐ C1 ☐ C1 95 ☐ C ☐ C 95 ☐ D1 ☐ D1 95 ☐ D ☐ D 95 ☐ F ☐ BE ☐ C1E ☐ CE ☐ D1E ☐ DE ☐

Ich ersuche um Zustellung des Führerscheines an:
☐ Behörde   ☐ Express
☐ Wohnadresse
☐ sonstige Adresse: ....

....
Datum   Unterschrift
Identitätsnachweis erfolgt durch:

Behördliche Verfügungen

Vorläufiger Führerschein	Ausgestellter Führerschein
Seriennummer/Führerscheinnummer:	Seriennummer/Führerscheinnummer:
Ausstellungsbehörde:	Ausstellungsbehörde:
Ausstellungsdatum:	Ausstellungsdatum:
Eingetragene(r) Zahlencode(s):	Eingetragene(r) Zahlencode(s):
Übernahmebestätigung	**Übernahmebestätigung**
Ich bestätige die Übernahme des oben bezeichneten vorläufigen Führerscheines *). Merkblatt Zahlencodes*)	Ich bestätige die Übernahme des oben bezeichneten vorläufigen Führerscheines *). Merkblatt Zahlencodes*)
Datum Unterschrift	Datum Unterschrift

*) Bitte Nichtzutreffendes streichen!
☒ Bitte Zutreffendes ankreuzen!

(BGBl II 2012/472)

4/6a. FSG-DV
Anlage 3

Anlage 3

Führerscheinantrag

FOTO

Eigenhändige Unterschrift des Dokumenteninhabers/der Dokumenteninhaberin
Bitte erst vor dem Sachbearbeiter/der Sachbearbeiterin und innerhalb des durch Winkel gekennzeichneten Feldes unterschreiben!!!

Ev. Fahrschulstempel

Daten zur Person

Familienname/Nachname:	Akadem. Grad vorgestellt:	Akadem. Grad nachgestellt:
Familienname/Nachname lt. Geburtsurkunde:	Frühere Familiennamen/Nachnamen:	
Vorname(n):		Geschlecht: (M=männlich, W=weiblich)
Geburtsdatum und Geburtsort:	Staatsbürgerschaft:	
Hauptwohnsitz (PLZ, Ort/Straße/Gasse/Platz, Hausnummer, Stiege, Tür):		

Anträge und Erklärungen

☐ Ich erkläre, dass ich bereits 6 Monate in Österreich wohne oder beabsichtige für mindestens 6 Monate in Österreich zu wohnen.

Ich bin/war im Besitz des Führerscheines mit der Nummer	ausgestellt von	am

Ich stelle den Antrag auf Ausstellung eines Führerscheinduplikats wegen
☐ Verlust/Diebstahl ☐ Ungültigkeit meines Führerscheines ☐ C1 95/C 95/D1 95/D 95 Verlängerung ☐ Scheckkartenführerschein
☐ Namensänderung ☐ C1/C/D1/D Verlängerung ☐ sonstiger Verlängerung ☐ sonstiges

Ich stelle den Antrag auf Austausch
☐ meines ausländischen **EWR-Führerscheines** ☐ meines Führerscheines wegen **Eintragung des Zahlencodes 95** ☐ meines Führerscheines wegen **Eintragung des Zahlencodes 111** (Krafträder bis 125 ccm) gültig nur in Österreich
☐ meines ausländischen **Nicht EWR-Führerscheines** ☐ meines Führerscheines wegen **Eintragung des Zahlencodes 96**
☐ meines **Heeresführerscheines**

| Beantragte Klassen/ Unterklassen | AM ☐ | A1 ☐ | A2 ☐ | A ☐ | B ☐ | BV ☐ | C1 ☐ | C1 95 ☐ | C ☐ | C 95 ☐ | D1 ☐ | D1 95 ☐ | D ☐ | D 95 ☐ | F ☐ | BE ☐ | C1E ☐ | CE ☐ | D1E ☐ | DE ☐ |

Ich stelle den Antrag auf Wiedererteilung
☐ aufgrund Fristablauf am
☐ nach Entziehung der Lenkberechtigung
☐ aufgrund des Verzichtes vom

Ich stelle den Antrag auf Wiederausfolgung nach Ablauf der Entziehung bis
☐ Ich verzichte auf meine Lenkberechtigung für die Klasse(n)

Ich ersuche um Zustellung des Führerscheines an:
☐ Behörde ☐ Express
☐ Wohnadresse
☐ sonstige Adresse:

....
Datum   Unterschrift

☒ Bitte Zutreffendes ankreuzen

4/6a. FSG-DV

Anlage 3

Nachweise

			Datum und Unterschrift des Beamten
Eingangsstempel	Identitätsnachweis erfolgt durch:		
	Meldenachweis: Meldezettel der Gemeinde mit Hauptwohnsitz seit		
	☐ Prüfung des Hauptwohnsitzes durch ZMR-Abfrage		

Gesundheitliche Eignung nachgewiesen durch:		
☐ privatärztliches GA vom	Zentralnachweis:	☐
☐ amtsärztliches GA vom	Strafregister:	☐
☐ Namensänderungsurkunde	Verwaltungsvormerkungen	☐
	Erste Hilfe (lebensrettende Maßnahmen):	
für Duplikats-Führerscheine: ☐	Diebstahls-/Verlustanzeige, vom	
☐	Namensänderungsurkunde vom	

KFG
KDV
PBStV
Kraftstoff-VO
FSG + VO

Behördliche Verfügungen

Produktion des Führerscheines
☐ Ausstellungsgebühren eingelangt
☐ Produktionsauftrag erteilt

Vorläufiger Führerschein	Ausgestellter Führerschein
Seriennummer/Führerscheinnummer:	Seriennummer/Führerscheinnummer:
Ausstellungsbehörde:	Ausstellungsbehörde:
Ausstellungsdatum:	Ausstellungsdatum:
Eingetragene(r) Zahlencode(s):	Eingetragene(r) Zahlencode(s):
Übernahmebestätigung	**Übernahmebestätigung**
Ich bestätige die Übernahme des oben bezeichneten vorläufigen Führerscheines *). Merkblatt Zahlencodes*)	Ich bestätige die Übernahme des oben bezeichneten Führerscheines *). Merkblatt über Zahlencodes*)
.... Datum Unterschrift	.... Datum Unterschrift

*) Bitte Nichtzutreffendes streichen!
☒ Bitte Zutreffendes ankreuzen!

(BGBl II 2012/472)

Anlage 4

(entfällt, BGBl II 2012/472)

Fahrprüfungsverordnung

BGBl II 1997/321 idF

1 BGBl II 1998/111	**8** BGBl II 2012/244
2 BGBl II 2000/246	**9** BGBl II 2013/41
3 BGBl II 2002/15	**10** BGBl II 2013/289
4 BGBl II 2004/115	**11** BGBl II 2015/187
5 BGBl II 2006/65	**12** BGBl II 2019/229
6 BGBl II 2008/46	**13** BGBl II 2019/299
7 BGBl II 2009/307	**14** BGBl II 2020/415

Verordnung des Bundesministers für Wissenschaft und Verkehr über die Fahrprüfung (Fahrprüfungsverordnung – FSG-PV)

„Auf Grund der §§ 10 bis 12 und § 34 Abs. 4 des Führerscheingesetzes, BGBl. I Nr. 120/1997, wird verordnet:" *(BGBl II 1998/111)*

1. Abschnitt
Fahrprüfung

Allgemeine Bestimmungen über die theoretische Fahrpüfung

§ 1. (1) Bei der theoretischen Fahrprüfung müssen ausreichende Kenntnisse und ausreichendes Verständnis aus folgenden Sachgebieten nachgewiesen werden:

1. die für das Lenken eines Kraftfahrzeuges maßgeblichen kraftfahrrechtlichen Bestimmungen und Verkehrsvorschriften und

2. das für das sichere Lenken von Kraftfahrzeugen maßgebende Verhalten unter Berücksichtigung der technischen Umstände und Gefahren, insbesondere im Hinblick auf Bremswege, Fahrbahnbeschaffenheit, Reaktionsvermögen, Sicherheitsabstand, Sichtverhältnisse und Fahrzeugeigenschaften einschließlich Ladung.

(2) Die theoretische Fahrprüfung ist computerunterstützt im multiple-choice-Verfahren abzunehmen, wobei die Fragen auf die Eigenart der angestrebten Fahrzeugklasse abzustimmen sind. „Die Fragen sind anhand des vom Bundesministerium für Verkehr, Innovation und Technologie erstellten Fragenkataloges für jeden Kandidaten nach dem Zufallsprinzip zusammenzustellen." *(BGBl II 2013/41)*

(3) „Der Fragenkatalog besteht aus folgenden Modulen: GW (Grundwissen; allgemeine Fragen), A, B, C, D, BE, E und F.** Der Erstbewerber um eine oder mehrere Lenkberechtigungsklassen (ausgenommen der Klasse AM) hat das Modul GW und das oder die klassenspezifische(n) Modul(e) zu absolvieren. Jedes dieser Module (inklusive das Modul GW) ist als eigenständige Prüfung zu behandeln und zu beurteilen. Werden einzelne Module bestanden und andere nicht bestanden, so sind bei der Wiederholung nur mehr die nicht bestandenen Module zu absolvieren. Für die Ablegung eines klassenspezifischen Moduls ist die Absolvierung des Moduls GW nicht Voraussetzung. Die Absolvierung eines klassenspezifischen Moduls für eine Lenkberechtigungsklasse, für die der Besitz einer anderen Lenkberechtigungsklasse Voraussetzung ist, ist auch dann zulässig, wenn die Theorieprüfung für die letztgenannte Lenkberechtigungsklasse noch nicht positiv absolviert wurde. Im Fall einer Ausdehnung der Lenkberechtigung auf eine oder mehrere weitere Klasse(n) ist (sind) – ausgenommen bei der Ausdehnung der Klasse AM auf andere Klassen – nur das (die) klassenspezifisch(en) Modul(e) der jeweils beantragte(n) Klasse(n) zu absolvieren. „ "* Als Theorieprüfung für die Klassen A1, A2 und A ist immer das Modul A zu verwenden. „Als Theorieprüfung für die Klasse C1 ist immer das Modul C und für die Klasse D1 ist immer das Modul D zu verwenden. Im Fall der Ausdehnung der Klasse C1 auf C oder D1 auf D ist das Modul der Klasse C bzw. D nicht neuerlich zu absolvieren."** Das Modul E ist keine eigene Lenkberechtigungsklasse, sondern nur in Verbindung mit dem Erwerb einer der Klassen CE(C1E) oder DE(D1E) zu absolvieren. Wird die Klasse BE beantragt, so ist stets das klassenspezifische Modul BE zu absolvieren. Werden mehrere der Klassen CE, C1E, DE oder D1E beantragt, so ist das Modul E nur ein Mal zu absolvieren. Wird eine (oder mehrere) der Klassen CE, C1E, DE oder D1E beantragt und ist der Antragsteller bereits im Besitz einer oder mehrerer dieser Klassen, so muss das Modul E nicht erneut absolviert werden. *(BGBl II 2013/41; *BGBl II 2015/187; **BGBl II 2019/229)*

(4) Die Prüfung eines Prüfungsmoduls hat aus mindestens 20 Hauptfragen zu bestehen, bei denen auch jeweils eine oder mehrere Zusatzfrage(n) gestellt werden können. Die Prüfungszeit pro Modul beträgt 30 Minuten, wobei § 3 Abs. 6 und 8 unberührt bleiben. *(BGBl II 2013/41)*

Beurteilung der theoretischen Fahrprüfung

§ 2. (1) Eine Frage gilt nur dann als richtig beantwortet, wenn, im Falle daß es auch mehrere richtige Antworten gibt, alle erkannt und markiert worden sind; wird auch nur eine unrichtige Antwort markiert, so gilt die Frage als falsch beantwortet. Die Auswertung der Prüfung erfolgt in Punkten. Wird eine Hauptfrage richtig und die Zusatzfrage falsch beantwortet, so sind die Punkte für die Hauptfrage anzurechnen.

(2) Ein Prüfungsmodul ist positiv absolviert, wenn mindestens 80 Prozent der höchstmöglichen Punkteanzahl erreicht worden ist. *(BGBl II 2013/41)*

Abhaltung der theoretischen Fahrprüfung

§ 3. (1) Die computerunterstützte theoretische Prüfung ist in gemäß § 36 Abs. 1 Z 1 lit. a des Bundesgesetzes über den Führerschein (Führerscheingesetz – FSG), BGBl. I Nr. 120/1997, ermächtigten Prüfungsstellen abzuhalten. „Der Bundesminister für Verkehr, Innovation und Technologie hat einen zentralen Prüfungsserver zu betreiben, auf dem die Prüfungsfragen und „Prüfmodule"** gespeichert sind und der über das Internet erreichbar ist."* *(*BGBl II 2008/46; **BGBl II 2013/41)*

(2) Als Prüfungsstellen sind Fahrschulen zu ermächtigen, bei denen folgende Voraussetzungen vorhanden sind:

1. mindestens ein Prüfungsverwaltungscomputer mit gesichertem Internetzugang,
2. mindestens sechs Plätze mit geeigneten Geräten, um die automationsunterstützte theoretische Fahrprüfung mit der vom Bundesministerium für Verkehr, Innovation und Technologie „zur Verfügung" gestellten Prüfungssoftware ordnungsgemäß durchzuführen, *(BGBl II 2019/229; BGBl II 2020/415)*
3. mindestens ein USB-Stick pro vorhandenem Prüfplatz mit einer Speicherkapazität von zumindest 32MB und
4. mindestens ein Drucker, um die Prüfungsergebnisse auszudrucken.

Die in Z 3 genannten USB-Sticks sind so zu verwahren, dass ein Zugriff durch nicht befugte Personen verhindert wird. Die Datenübertragung zwischen Fahrschulverwaltungscomputer und den einzelnen Prüfcomputern sollte nach Möglichkeit mittels eines fahrschulinternen Netzwerkes erfolgen. Die Räumlichkeiten in denen die theoretische Fahrprüfung abgehalten wird, müssen einen ordnungsgemäßen und störungsfreien Prüfungsablauf gewährleisten. *(BGBl II 2008/46)*

(3) Im Bereich des Bundeslandes Wien kann ohne Ermächtigung zusätzlich eine Prüfungsstelle mit höchstens 15 Computerplätzen von der „Landespolizeidirektion" Wien eingerichtet werden. *(BGBl II 2019/229)*

(4) Eine gemäß § 36 Abs. 1 Z 1 lit. a FSG ermächtigte Prüfungsstelle ist verpflichtet, jeden von der Behörde zugewiesenen Prüfungskandidaten anzunehmen, unabhängig davon, in welcher Fahrschule dieser die Ausbildung absolviert hat. Diesem Kandidaten ist überdies rechtzeitig Gelegenheit zu geben, auf den Übungsgeräten der Fahrschule den Prüfungsablauf zu üben.

(5) Für die theoretische Fahrprüfung hat der Landeshauptmann eine geeignete Aufsichtsperson aus dem Personalstand einer Gebietskörperschaft oder der Liste der bestellten Fahrprüfer zu bestellen oder durch die Behörde bestellen zu lassen. Die Fahrschule hat bei der Behörde die Beistellung einer Aufsichtsperson anzufordern, wenn zumindest sechs Kandidaten für die theoretische Fahrprüfung vorhanden sind. Die Aufsichtsperson hat bei jedem Kandidaten die Identität festzustellen und die Namen mit den in der Kandidatenliste genannten Namen zu vergleichen. „Das Starten der theoretischen Fahrprüfung durch die Aufsichtsperson hat mittels einer Karte mit Bürgerkartenfunktion zu erfolgen." Nach Beendigung der Prüfung hat die Aufsichtsperson die Prüfungsergebnisse der Kandidaten einzusammeln, die Prüfsummen darauf zu überprüfen, den Ergebnisausdruck zu unterschreiben und den Kandidaten das Ergebnis bekanntzugeben. Die Prüfungsergebnisse sind unverzüglich nach Beendigung der täglichen Aufsichtstätigkeit, spätestens aber am nächsten Arbeitstag in das Führerscheinregister einzutragen. Die Aufsichtsperson hat den Antrag und die dazugehörigen Beilagen von der Fahrschule zu übernehmen und an die das Verfahren führende Behörde zu übermitteln. Ist die Prüfsumme auf einem Ergebnisausdruck eines Kandidaten falsch, so ist diesem die Prüfung nicht anzuerkennen. Die Prüfungsergebnisse und der dazugehörige Datenträger sind der Behörde zu übermitteln, die die Ergebnisse im Akt festzuhalten hat. *(BGBl II 2006/65; BGBl II 2008/46)*

(6) Die Behörde hat einer Person mit Verständnis- oder Leseschwierigkeiten auf deren Antrag die mündliche Ablegung der Prüfung zu bewilligen, wenn der Antragsteller durch ein psychologisches Gutachten nachweist, daß er nicht lesen oder gelesene Texte nicht verstehen kann. Der Landeshauptmann hat hierbei einen Fahrprüfer beizustellen, der mit dem Kandidaten die für die Prüfung vorgegebenen Fragen am Bildschirm mündlich durchgeht und erforderlichenfalls die Eingaben für den Kandidaten vornimmt. Die Prüfungszeit ist für diese Form der Prüfung entsprechend zu verlängern. Der Kandidat hat die zusätzlichen Kosten dieses Fahrprüfers gemäß „§ 15 Abs. 1 Z 3" zu ersetzen. Durch dieses Prüfungsgespräch dürfen andere Kandidaten nicht bei ihrer Prüfung gestört werden. *(BGBl II 2004/115)*

(7) Personen, die auf Grund körperlicher Behinderungen den Computer nicht bedienen können, ist eine geeignete Person beizustellen, die die Antworten entsprechend der Anweisung des Kandidaten eingibt. *(BGBl II 1998/111)*

(8) Bei gehörlosen oder stark schwerhörigen Personen ist die Prüfungszeit entsprechend zu verlängern. *(BGBl II 2000/246)*

Inhalte des Moduls GW

§ 4. „Das Modul GW der theoretischen Fahrprüfung muss jedenfalls Fragen aus folgenden Themenbereichen enthalten:" *(BGBl II 2013/41)*

1. Verkehrszeichen
2. Vorrangbeispiele
3. Partnerkunde
4. Fahrtauglichkeit
5. Allgemeine Fahrordnung
6. Verhalten im Ortsgebiet und auf Freilandstraßen
7. „ " Fahrtechnik, Verhalten nach Verkehrsunfällen *(BGBl II 2004/115)*
8. Fahrzeugtechnik
9. Fahrgeschwindigkeit und Fahren auf Sicht *(BGBl II 2004/115)*
10. Überholen
11. Bewegen im Verkehr
12. Lenkerpflichten, ruhender Verkehr, Dokumente
13. „ " Eisenbahnkreuzungen *(BGBl II 2013/41)*
14. Kreuzungen
15. Fahren in Straßentunneln *(BGBl II 2009/307)*

Inhalte der klassenspezifischen Fragen

§ 5. (1) „Hinsichtlich der Klassen A1, A2 und A haben sich die Fragen zusätzlich auf folgende Themenbereiche zu erstrecken:" *(BGBl II 2013/41)*

1. die für die Klasse A maßgeblichen Rechtsvorschriften,
2. das Verhalten bei Personenbeförderung und Verwenden von Anhängern,
3. spezielle Fahrzeugtechnik,
4. Gefahrenlehre,
5. Fahrtechnik und Blickverhalten,
6. Bekleidung und Schutzausrüstung „," *(BGBl II 2013/41)*
7. Verhalten auf Autobahnen, *(BGBl II 2013/41)*
8. Fahrgeschwindigkeit und Fahren auf Sicht, *(BGBl II 2013/41)*
9. Überholen, *(BGBl II 2013/41)*
10. Bewegen im Verkehr „," *(BGBl II 2013/41; BGBl II 2015/187)*
11. Sicherheit des Fahrzeuges, der Ladung, der beförderten Personen sowie der Kindersicherung. *(BGBl II 2015/187)*

(2) Hinsichtlich der Klasse B haben sich die Fragen zusätzlich auf folgende Themenbereiche zu erstrecken:

1. die für die Klasse B maßgeblichen Rechtsvorschriften,
2. das Verhalten bei Personenbeförderung und Verwenden von Anhängern,
3. Gefahrenlehre „," *(BGBl II 2013/41)*
4. Verhalten auf Autobahnen, *(BGBl II 2013/41)*
5. Fahrgeschwindigkeit und Fahren auf Sicht, *(BGBl II 2013/41)*
6. Überholen, *(BGBl II 2013/41)*
7. Bewegen im Verkehr, *(BGBl II 2013/41)*
8. Anhänger und Abschleppen „," *(BGBl II 2013/41; BGBl II 2015/187)*
9. Sicherheit des Fahrzeuges und der Ladung *(BGBl II 2015/187)*
10. Sicherheit der beförderten Personen, insbesondere Verwendung von Sicherheitsgurten und Kopfstützen sowie Kindersicherung. *(BGBl II 2015/187)*

(3) Hinsichtlich der „Klassen C1 und C" haben sich die Fragen zusätzlich auf folgende Themenbereiche zu erstrecken: *(BGBl II 2013/41)*

1. die für die „Klassen C1 und C" maßgeblichen führerscheinrechtlichen und sonstigen Rechtsvorschriften, *(BGBl II 2013/41)*
2. die erforderlichen Kenntnisse über besondere Fahrzeuge und Aufbauten,
3. das Verhalten bei Eisenbahnkreuzungen,
4. die erforderlichen Kenntnisse über Langgut- und Wirtschaftsfuhren,
5. die auf dem Fahrzeug anzubringenden Aufschriften,
6. Beladung und Ladungssicherung,
7. Gefahrenlehre,
8. spezielle Fahrzeugtechnik „," *(BGBl II 2015/187)*
9. Sicherheit des Fahrzeuges und der Ladung *(BGBl II 2015/187)*
10. Sicherheit der beförderten Personen, insbesondere Verwendung von Sicherheitsgurten und Kopfstützen sowie Kindersicherung. *(BGBl II 2015/187)*

(4) Hinsichtlich der „Klassen D1 und D" haben sich die Fragen zusätzlich auf folgende Themenbereiche zu erstrecken: *(BGBl II 2013/41)*

1. die für die „Klassen D1 und D" maßgeblichen führerscheinrechtlichen und sonstigen Rechtsvorschriften, *(BGBl II 2013/41)*
2. die erforderlichen Kenntnisse über die Ausstattung und den Aufbau des Omnibusses,
3. Gefahrenlehre,

4. spezielle Fahrzeugtechnik „..." *(BGBl II 2015/187)*

5. Sicherheit des Fahrzeuges und der Ladung *(BGBl II 2015/187)*

6. Lenkerverantwortung bezüglich Personenbeförderung inklusive Sicherheit und Komfort der beförderten Personen insbesondere hinsichtlich der Beförderung von Kindern. *(BGBl II 2015/187)*

(5) Hinsichtlich der „Klasse BE einerseits und der Klassen C1E, CE, D1E und DE (Prüfmodul E) andererseits" haben sich die Fragen zusätzlich auf folgende Themenbereiche zu erstrecken: *(BGBl II 2013/41)*

1. Anhängerbremsen,
2. Anhängerlenkung,
3. Beladung und Ladungssicherung,
4. Fahrgestell und Aufbauten,
5. elektrische Anlage,
6. Gefahrenlehre,
7. spezielle Fahrzeugtechnik.

(6) Hinsichtlich der Klasse F haben sich die Fragen zusätzlich auf folgende Themenbereiche zu erstrecken:

1. die für die Klasse F maßgeblichen Rechtsvorschriften,
2. die für die Zugmaschine wesentliche Fahrzeugtechnik (Bremse, Elektrische Anlage, Fahrwerk, Motor, Kraftübertragung),
3. die für die Bremse des Anhängers erforderlichen Kenntnisse,
4. Fahrtechnik,
5. Beladung und Ladungssicherung,
6. Gefahrenlehre.

(BGBl II 2004/115)

Praktische Fahrprüfung

§ 6. (1) Die praktische Fahrprüfung ist anhand des für die jeweilige Klasse vorgesehenen Prüfungsprotokolls gemäß der Anlage „1"*** abzunehmen und hat folgende Teile zu umfassen:

1. Überprüfung am Fahrzeug,
2. Übungen im „verkehrsfreien Raum", *(BGBl II 2008/46)*
3. Fahren im Verkehr,
4. Besprechung von erlebten Situationen.

Die praktische Fahrprüfung hat in der in Z 1 bis 4 genannten Reihenfolge abzulaufen, jedoch ist es zulässig, die Übungen im „verkehrsfreien Raum"* (Z 2) vor der Überprüfung am Fahrzeug (Z 1) durchzuführen. (*BGBl II 2008/46; **BGBl II 2012/244)*

(1a) Die Fahrschule hat bei der Behörde die Beistellung eines Fahrprüfers anzufordern, wenn sie eine entsprechende Auslastung des Prüfers (die einem Zeitaufwand für sechs Fahrprüfungen für die Klasse B oder vier Fahrprüfungen für die Klasse C entspricht) für den Zeitraum, in dem der Fahrprüfer zur Verfügung stehen soll, garantieren kann. *(BGBl II 2006/65)*

(2) Im Rahmen der Überprüfung am Fahrzeug (Abs. 1 Z 1) sind je angestrebter Klasse mindestens drei der im Prüfungsprotokoll gemäß der Anlage jeweils in Abschnitt A. genannten Themenbereiche stichprobenartig zu überprüfen. „"* Bei den Klassen „BE, CE(C1E) und DE(D1E)"** hat in den drei überprüften Themenbereichen jedenfalls der Themenbereich „Anhänger an-, abschließen" enthalten zu sein; beim Ankuppeln des Anhängers dürfen das Zugfahrzeug und der Anhänger nicht in einer Linie stehen. (*BGBl II 2008/46; **BGBl II 2012/244)*

(3) Im Rahmen der Übungen im verkehrsfreien Raum (Abs. 1 Z 2) für die Klassen „A(A1, A2), C(C1), D(D1), BE, CE(C1E), DE(D1E) und F" sind die in Abschnitt B. des Prüfungsprotokolls zur jeweiligen Klasse gemäß der Anlage enthaltenen Übungen durchzuführen. Bei der praktischen Fahrprüfung für die Klasse B sind von den in Abschnitt B. des Prüfungsprotokolls enthaltenen Übungen mindestens drei zu überprüfen, wobei das Umkehren und die Parklücke jedenfalls durchzuführen sind. Bei den Übungen für die „Klasse A(A1, A2)", bei denen im Teil B. des Prüfungsprotokolles eine Mindestgeschwindigkeit angegeben ist, ist die jeweils gefahrene Geschwindigkeit mit einer Geschwindigkeitsmessanlage zu überprüfen. Die Fahrübungen für alle Klassen können auch auf einem geeigneten Übungsplatz durchgeführt werden. *(BGBl II 2008/46; BGBl II 2012/244)*

(4) Im Rahmen der Prüfungsfahrt im Verkehr (Abs. 1 Z 3) sind die Fähigkeiten des Kandidaten anhand der in Abschnitt C. des Prüfungsprotokolls zur jeweiligen Klasse genannten Themenbereiche zu beurteilen. Die Prüfungsfahrt ist unter den am Prüfungsort und in seiner näheren Umgebung zur Verfügung stehenden Straßenverkehrsverhältnissen, wenn möglich auch „auf Freilandstraßen, Autobahnen oder in Straßentunneln", vorzunehmen. „Des Weiteren sind, sofern dies möglich ist, Kreisverkehre, Eisenbahnübergänge, Straßenbahn- bzw. Bushaltestellen, Fußgängerübergänge und längere Steigungen oder Gefälle im Rahmen der Prüfungsfahrt zu befahren."**** An der Prüfungsfahrt muss zumindest ein Fahrprüfer und eine Lehrperson der Fahrschule, an der der Kandidat ausgebildet worden ist, teilnehmen. „Bei der Prüfungsfahrt für die Klasse F kann die Teilnahme der Lehrperson der Fahrschule oder des Begleiters oder Ausbilders unterbleiben."*** Bei Kandidaten, die gemäß § 122, § 122a KFG 1967 oder § 19 FSG ausgebildet wurden, haben entweder eine Lehrperson der Fahrschule und/oder der Ausbilder und/oder ein Begleiter teilzunehmen. Wird die Prüfungsfahrt für die Klassen A oder F mit einer Zugmaschine, einem

4/6b. FSG-PV
§ 6

Kraftrad oder einem Kraftfahrzeug ohne geeigneten Sitz für zu befördernde Personen durchgeführt, so darf der Kandidat auch von einem anderen Fahrzeug aus oder sonst in geeigneter Weise überwacht werden. Der während der Prüfungsfahrt neben dem Kandidaten Sitzende muss die Lenkberechtigung für die Klasse, für die der Kandidat die Lenkberechtigung beantragt hat, besitzen, wobei eine Lenkberechtigung für die Klasse C zur Teilnahme an Fahrprüfungen für die Klasse D „und die Klasse B zur Teilnahme an Fahrprüfungen für die Klasse F"*** berechtigt. „Findet im Rahmen der Fahrprüfung ein Hospitieren durch einen in Ausbildung stehenden Fahrprüfer (§ 8 Abs. 3 Z 4 und Abs. 5) oder ein Audit im Sinne des § 12 statt, so haben alle an der Fahrprüfung Mitwirkenden die Teilnahme des Hospitanten/Auditors zu ermöglichen."** (*BGBl II 2009/307; **BGBl II 2012/244; ***BGBl II 2013/41; ****BGBl II 2015/187)

(5) Der Fahrprüfer hat dem Kandidaten während der Prüfungsfahrt die zu fahrende Strecke jeweils rechtzeitig anzugeben. Er hat sein Augenmerk besonders darauf zu richten, ob der Kandidat die Betätigungsvorrichtungen richtig handhabt und eine entsprechende Bereitschaft zur Verkehrsanpassung und ein ausreichendes Verständnis für Partner im Verkehr zeigt sowie Verständnis für die verschiedenen Verkehrslagen besitzt. Hierbei ist insbesondere festzustellen, ob der Kandidat die im § 4 angeführten Vorschriften beim Lenken des Kraftfahrzeuges einzuhalten vermag. Die Weisungen des Fahrprüfers sind so deutlich zu erteilen, dass Missverständnisse oder Verwechslungen nicht zu erwarten sind. Er darf nur Weisungen erteilen, durch deren Befolgung bei richtigem Verhalten des Kandidaten und anderer Straßenbenützer voraussichtlich eine Gefährdung der Verkehrssicherheit nicht eintreten kann. Die Befolgung eines Auftrages zu einem verbotenen Verhalten darf nicht zu Ungunsten des Kandidaten gewertet werden.

(6) Im Zuge der praktischen Prüfung hat der Prüfer bei Zweifeln an einer ausreichenden Verkehrssinnbildung des Kandidaten auch konkret während der Prüfungsfahrt unmittelbar vorher erlebte Situationen aus dem Bereich Gefahrenlehre mit dem Kandidaten zu besprechen (Abs. 1 Z 4) und die richtigen Verhaltensketten zu hinterfragen. Ist der Kandidat nicht in der Lage, im Gespräch die Zweifel des Prüfers zu beseitigen, so ist der Fahrfehler anzukreiden. Dies gilt auch für Personen, die die Fahrprüfung gemäß § 23 Abs. 3 Z 4 FSG ablegen und die deutsche Sprache nicht oder unzureichend beherrschen und auf die Beiziehung eines Dolmetschers verzichtet haben. Für dieses Gespräch ist an geeigneter Stelle zu halten. Die Unterbrechung der Prüfungsfahrt darf höchstens fünf Minuten betragen und ist nicht auf die vorgeschriebene Fahrtdauer der Prüfungsfahrt anzurechnen. Wurden im Zuge der Prüfungsfahrt keine Fahrfehler begangen, die eine Besprechung erforderlich machen, so kann von der Besprechung der erlebten Situationen abgesehen werden.

(7) Bei der praktischen Fahrprüfung ist festzustellen, ob der Kandidat imstande ist,

1. auch praktisch nachzuprüfen, ob das von ihm zu lenkende Kraftfahrzeug den kraftfahrrechtlichen Vorschriften entspricht; bei Bewerbern um eine Lenkberechtigung für die Klassen „BE, CE(C1E), DE(D1E) und F" muss sich die Überprüfung auch auf den mit dem Fahrzeug zu ziehenden Anhänger erstrecken. Diese Überprüfung hat sich insbesondere auf die Lenkvorrichtung, die Kupplung, die Bremsanlagen, die Scheinwerfer, Leuchten und Rückstrahler, die Reifen und die dem Betrieb des Fahrzeuges dienenden Kontrolleinrichtungen zu erstrecken; *(BGBl II 2012/244)*

2. die für das Lenken des Fahrzeuges richtige Sitzstellung einzunehmen, den Motor in Gang zu setzen und die Lenkvorrichtung, die Bremsanlagen und die übrigen in Betracht kommenden Vorrichtungen richtig und sicher zu betätigen;

3. eine gegebene Fahrtrichtung einzuhalten, auftauchenden Hindernissen auszuweichen, das Fahrzeug richtig einzuordnen, richtig zu überholen, mit der Betriebsbremsanlage des Fahrzeuges schnell anzuhalten, auf Steigungen und Gefällen anzufahren, rückwärts zu fahren und zu wenden sowie in Parklücken einzufahren und

4. sich den Verkehrsvorschriften entsprechend zu verhalten sowie umweltbewusst zu fahren. *(BGBl II 2008/46)*

(8) Während der Fahrübungen und der Prüfungsfahrt hat der Fahrprüfer seine Eindrücke vom Verhalten des Kandidaten nachvollziehbar festzuhalten. „Am Ende der Prüfung sind Prüfungsdauer und -strecke in das Prüfungsprotokoll gemäß der **Anlage 1** einzutragen sowie die Wertung „bestanden" oder „nicht bestanden." Im Falle des Nichtbestehens der praktischen Prüfung sind dem Kandidaten die Gründe für sein Nichtbestehen zu erläutern und ihm ein Durchschlag des Prüfungsprotokolls auszuhändigen. *(BGBl II 2006/65)*

(9) Die praktische Fahrprüfung darf vorzeitig abgebrochen werden:

1. wenn der Kandidat durch seine Verhaltensweise (Verletzung von grundlegenden Verkehrsregeln) andere Verkehrsteilnehmer auf schwere Weise gefährdet hat oder eine solche Situation nur durch das Eingreifen des neben dem Kandidaten Sitzenden verhindert werden konnte;

2. wenn sich die Gefährdung konkret ausgewirkt hat (Zusammenstoß);

3. wenn berechtigte Zweifel an der gesundheitlichen Eignung bestehen;

4. wenn der Kandidat es verlangt;

5. zusätzlich bei Prüfungen für die Klasse A: wenn der Kandidat „bei den Übungen im verkehrsfreien Raum" stürzt oder so schwere Fahrfehler begeht, dass seine persönliche Sicherheit beim Fahren im Verkehr gefährdet erscheinen muss. *(BGBl II 2008/46)*

(10) Die praktische Fahrprüfung ist abzubrechen, wenn dem Kandidaten nicht zugemutet werden kann, die Fahrt wegen eines unvorhergesehenen Ereignisses, wie etwa unverschuldeter Unfall, Witterungseinflüsse oder Fahrzeugdefekt, fortzusetzen. In diesem Fall kann der Kandidat bei der folgenden praktischen Prüfung verlangen, nur das Fahren im Verkehr zu wiederholen, falls die Überprüfungen am Fahrzeug und die Fahrübungen gemäß § 11 Abs. 4 Z 1 und 2 FSG abgelegt wurden.

(11) Nach erfolgreich abgelegter praktischer Fahrprüfung hat der Fahrprüfer den vorläufigen Führerschein gemäß Anlage 2 auszuhändigen. Wurden mehrere Klassen „ " beantragt, so ist für jede Klasse „ ", für die die Fahrprüfung bestanden wurde, ein vorläufiger Führerschein gemäß **Anlage 2** auszuhändigen. Wurden von mehreren beantragten Klassen „ " nicht alle bestanden, so hat der Kandidat bekanntzugeben, ob für ihn ein Führerschein ausgestellt werden soll. Wünscht der Kandidat keine Ausstellung des Führerscheines, ist ihm kein Kostenblatt (Abs. 14) auszuhändigen. Die Entscheidung des Kandidaten ist gemeinsam mit dem Prüfungsergebnis vom Fahrprüfer im Führerscheinregister einzutragen. Sobald in diesem Fall der Produktionsauftrag für den Führerschein für die bestandene(n) Klasse(n) „ " erteilt wird, gilt der Antrag für die andere(n) Klasse(n) „ " als zurückgezogen. *(BGBl II 2006/65; BGBl II 2012/244)*

(12) Im Fall der Ausdehnung auf andere Klassen „ " und der Erteilung der Lenkberechtigung gemäß § 23 Abs. 3 FSG hat der Kandidat spätestens nach Bestehen der praktischen Prüfung bekanntzugeben, ob er den bisherigen Führerschein bis zur Ausstellung des neuen Führerscheines behalten möchte. Entscheidet sich der Kandidat, den bisherigen Führerschein abzugeben, so hat der Fahrprüfer diesen entgegenzunehmen und binnen drei Tagen bei der Behörde abzuliefern. Der vorläufige Führerschein hat auch jene Klassen „ " zu enthalten, die der Kandidat bereits besessen hat. Die Entscheidung des Kandidaten ist gemeinsam mit dem Prüfungsergebnis vom Fahrprüfer in das Führerscheinregister einzutragen. *(BGBl II 2006/65; BGBl II 2012/244)*

(13) Der vorläufige Führerschein und das Kostenblatt sind vor der praktischen Prüfung von der Fahrschule oder – sofern der Kandidat eine solche nicht besucht hat – von der Behörde vorzubereiten. *(BGBl II 2006/65)*

(14) Der Fahrprüfer hat dem Kandidaten im Fall der bestandenen Fahrprüfung ein Kostenblatt gemäß **Anlage 3** auszuhändigen, wobei der Zahlschein auch im oberen Drittel des Kostenblattes enthalten sein kann. Der Kandidat ist darüber in Kenntnis zu setzen, dass die auf dem Kostenblatt ausgewiesenen Gebühren unter Angabe der Antragsnummer zu entrichten sind. Mit der Inanspruchnahme der jeweiligen behördlichen Leistung wird die Gebühr fällig, sie ist jedoch erst nach erfolgreichem Absolvieren der praktischen Fahrprüfung für diese oder eine andere Klasse „ " zu entrichten. Wurden mehrere Lenkberechtigungsklassen „ " beantragt, aber nicht alle bestanden (Abs. 11 dritter Satz), so werden die Gebühren bis zum Erwerb aller beantragter Lenkberechtigungsklassen, höchstens aber 18 Monate gestundet, wenn der Kandidat keine sofortige Ausstellung eines Führerscheines wünscht. Spätestens 18 Monate nach der letzten Fahrprüfung sind alle noch nicht beglichenen Gebühren mit Bescheid vorzuschreiben. *(BGBl II 2006/65; BGBl II 2012/244)*

(BGBl II 2004/115)

Prüfungsfahrzeuge

§ 7. (1) Legt der Bewerber um eine Lenkberechtigung die praktische Fahrprüfung auf einem Kraftfahrzeug mit automatischer Kraftübertragung ab, so ist die Lenkberechtigung auf das Lenken solcher Fahrzeuge einzuschränken. „Dies gilt nicht für Bewerber um eine Lenkberechtigung für die Klassen „BE, C, CE, C1, C1E, D, DE, D1 oder D1E"*****, sofern von dieser Person die praktische Fahrprüfung für zumindest eine der Klassen B, BE, C, CE, C1, C1E, D, DE, D1 oder D1E auf einem Kraftfahrzeug mit einem mechanisch schaltbarem Getriebe abgelegt wurde."*** „Unter einem Kraftfahrzeug mit automatischer Kraftübertragung ist ein Kraftfahrzeug zu verstehen, das kein Kupplungspedal (bzw. keinen Schalthebel bei Fahrzeugen der „Klasse A(A1, A2)"**) besitzt."* „Für den Wegfall dieser Einschränkung ist die Ablegung einer praktischen Fahrprüfung auf einem Kraftfahrzeug mit mechanisch schaltbarem Getriebe erforderlich. Im Fall der Ausdehnung der Klasse A1 oder A2 auf eine höherwertige Klasse gemäß § 18a Abs. 1 oder 2 FSG entfällt die Einschränkung auf Kraftfahrzeuge mit automatischer Kraftübertragung auch dann, wenn die in § 18a Abs. 1 und 2 FSG genannte praktische Ausbildung auf einem Motorrad mit mechanisch schaltbarem Getriebe absolviert wurde. Die Absolvierung dieser Ausbildung auf einem Motorrad mit mechanisch schaltbarem Getriebe ist von der Fahrschule „oder von dem zur Ausbildung befugten Verein"**** zu bestätigen."* (**BGBl II 2009/307*; **BGBl II 2012/244*; ***BGBl II 2015/187*; ****BGBl II 2019/229*; *****BGBl II 2020/415*)

4/6b. FSG-PV
§ 7

(2) Fahrzeuge, auf denen die Fahrprüfung abgelegt wird, müssen den nachstehenden Mindesterfordernissen genügen:

1. Klasse A:

1.1. Klasse A1: Einspurige Krafträder der Klasse A1 ohne Beiwagen, mit einem Hubraum von mindestens 115 ccm und einer Bauartgeschwindigkeit von mindestens 90 km/h; im Fall von Fahrzeugen mit Elektromotor muss das Verhältnis von Leistung/Eigengewicht mindestens 0,08 kW/kg betragen; *(BGBl II 2013/289)*

1.2. Klasse A2: Einspurige Krafträder der Klasse A2 ohne Beiwagen, mit einer Motorleistung von mindestens 20 kW und einem Hubraum von mindestens „245 ccm"; im Fall von Fahrzeugen mit Elektromotor muss das Verhältnis von Leistung/Eigengewicht mindestens 0,15 kW/kg betragen; *(BGBl II 2013/289; BGBl II 2020/415)*

1.3. Klasse A: Einspurige Krafträder ohne Beiwagen, mit einem Eigengewicht über 175 kg mit einem Hubraum von mindestens 595 ccm und einer Motorleistung von mindestens 50 kW; im Fall von Fahrzeugen mit Elektromotor muss das Verhältnis von Leistung/Eigengewicht mindestens 0,25 kW/kg betragen; *(BGBl II 2013/289)* *(BGBl II 2013/289)*

2. Klasse B: vierrädrige Fahrzeuge der Klasse B, mit einer Bauartgeschwindigkeit von mindestens 100 km/h und mindestens einer Zugangstüre in der Sitzreihe, in der der Fahrprüfer Platz nimmt;

2.1. Klasse „BE": Fahrzeugkombinationen, bestehend aus

a) einem Prüfungsfahrzeug der Klasse B gemäß Z 2 und

b) einem Anhänger mit einer höchsten zulässigen Gesamtmasse von mindestens 1 000 kg, wobei die Gesamtmasse jedoch mindestens 800 kg betragen muss. Der Anhänger hat aus einem geschlossenen Körper zu bestehen, mit dem sichergestellt ist, dass die Sicht nach hinten nur über die Außenspiegel des Zugfahrzeuges möglich ist und darf überdies nicht vom Berechtigungsumfang des jeweiligen Prüfungsfahrzeuges der Klasse B umfasst sein;
(BGBl II 2012/244)

3. Klasse C: Fahrzeuge der Klasse C mit

a) einer höchsten zulässigen Gesamtmasse von mindestens 12 000 kg,

b) einer Gesamtmasse von mindestens 10 000 kg,

c) einer Länge von mindestens 8 m,

d) einer Breite von mindestens 2,4 m,

e) einem Kraftübertragungssystem mit der Möglichkeit der manuellen Gangwahl, *(BGBl II 2013/289)*

f) einem Antiblockiersystem,

g) einem Kontrollgerät entsprechend der Verordnung (EWG) Nr. 3821/85 des Rates vom 20. Dezember 1985 über das Kontrollgerät im Straßenverkehr, ABl. Nr. L 370 vom 31. Dezember 1985, S. 1 ff,

h) mindestens zwei Plätzen für zu befördernde Personen,

i) einem Frachtraum, der aus einem geschlossenen Körper besteht, der mindestens so breit und so hoch wie die Führerkabine ist und mit dem sichergestellt ist, dass die Sicht nach hinten nur über die Außenspiegel des Zugfahrzeuges möglich ist und

j) einer Bauartgeschwindigkeit von mindestens 80 km/h;

3.1. Klasse „CE": entweder Sattelkraftfahrzeuge oder Kombinationen aus einem Prüfungsfahrzeug der Klasse C gemäß Z 3 und einem Anhänger mit einer Länge von mindestens 7,5 m, die

a) eine höchste zulässige Gesamtmasse von mindestens 20 000 kg und eine Gesamtmasse von mindestens 15 000 kg haben,

b) eine Gesamtlänge von mindestens 14 m aufweisen,

c) eine Breite von mindestens 2,4 m aufweisen,

d) eine Bauartgeschwindigkeit von mindestens 80 km/h aufweisen,

e) einem Kraftübertragungssystem mit der Möglichkeit der manuellen Gangwahl, *(BGBl II 2013/289)*

f) einem Antiblockiersystem,

g) einem Kontrollgerät entsprechend der Verordnung (EWG) Nr. 3821/85 des Rates vom 20. Dezember 1985 über das Kontrollgerät im Straßenverkehr, ABl. Nr. L 370 vom 31. Dezember 1985, S. 1 ff ausgestattet sind und

h) einem Frachtraum aufweisen, der aus einem geschlossenen Körper besteht, der mindestens so breit und so hoch wie die Führerkabine ist und mit dem sichergestellt ist, dass die Sicht nach hinten nur über die Außenspiegel des Zugfahrzeuges möglich ist;
(BGBl II 2012/244)

3.2. „Klasse" C1: Fahrzeuge der „Klasse" C1 mit

a) einer höchsten zulässigen Gesamtmasse von mindestens 4 000 kg,

b) einer Länge von mindestens 5 m,

c) einer Bauartgeschwindigkeit von mindestens 80 km/h,

d) einem Antiblockiersystem,

e) einem Kontrollgerät entsprechend der Verordnung (EWG) Nr. 3821/85 des Rates vom 20. Dezember 1985 über das Kontrollgerät im Straßenverkehr, ABl. Nr. L 370 vom 31. Dezember 1985, S. 1 ff und

f) einem Frachtraum, der aus einem geschlossenen Körper besteht, der mindestens so breit und so hoch wie die Führerkabine ist und mit dem sichergestellt ist, dass die Sicht nach hinten nur über die Außenspiegel des Zugfahrzeuges möglich ist;
(BGBl II 2012/244)

3.3. „Klasse" „C1E": Kombinationen aus einem Prüfungsfahrzeug der „Klasse" C1 gemäß Z 3.2. und einem Anhänger mit einer höchsten zulässigen Gesamtmasse von mindestens 1250 kg, einer Gesamtmasse von „mindestens" 800 kg und

a) einer Gesamtlänge von mindestens 8 m,

b) einer Bauartgeschwindigkeit von mindestens 80 km/h und

c) einem Frachtraum, der aus einem geschlossenen Körper besteht, der mindestens so breit und so hoch wie die Führerkabine ist und mit dem sichergestellt ist, dass die Sicht nach hinten nur über die Außenspiegel des Zugfahrzeuges möglich ist;
(BGBl II 2012/244)

4. Klasse D: Fahrzeuge der Klasse D mit

a) einer Länge von mindestens 10 m,

b) einer Breite von mindestens 2,4 m,

c) einem Antiblockiersystem,

d) einem Kontrollgerät entsprechend der Verordnung (EWG) Nr. 3821/85 des Rates vom 20. Dezember 1985 über das Kontrollgerät im Straßenverkehr, ABl. Nr. L 370 vom 31. Dezember 1985, S. 1 ff und

e) einer Bauartgeschwindigkeit von mindestens 80 km/h;

4.1. Klasse „DE": Kombinationen aus einem Prüfungsfahrzeug der Klasse D gemäß Z 4 und einem Anhänger mit einer höchsten zulässigen Gesamtmasse von mindestens 1250 kg, einer Gesamtmasse von „mindestens" 800 kg und

a) einer Breite von mindestens 2,4 m,

b) einer Bauartgeschwindigkeit von mindestens 80 km/h und

c) einem Frachtraum, der aus einem geschlossenen Körper besteht, der mindestens 2 m breit und 2 m hoch ist „;" *(BGBl II 2012/244)*

4.2. Klasse D1: Fahrzeuge der Klasse D1 mit

a) einer höchsten zulässigen Gesamtmasse von mindestens 4000 kg,

b) einer Länge von mindestens 5 m,

c) einer Bauartgeschwindigkeit von mindestens 80 km/h,

d) einem Antiblockiersystem und

e) einem Kontrollgerät entsprechend der Verordnung (EWG) Nr. 3821/85 über das Kontrollgerät im Straßenverkehr, ABl. Nr. L370 vom 31.12.1985, S.8, zuletzt geändert durch die Verordnung (EU) Nr. 1266/2009, ABl. Nr. L339 vom 22.12.2009 S.3;
(BGBl II 2012/244)

4.3. Klasse D1E: Kombinationen aus einem Prüfungsfahrzeug der Klasse D1 gemäß Z 4.2. und einem Anhänger mit einer höchsten zulässigen Gesamtmasse von mindestens 1250 kg, einer Gesamtmasse von mindestens 800 kg und

a) einer Bauartgeschwindigkeit von mindestens 80 km/h und

b) einem Frachtraum des Anhängers, der aus einem geschlossenen Körper mit einer Breite und Höhe von mindestens 2 m besteht.
(BGBl II 2012/244)

(3) Praktische Fahrprüfungen für die Klasse F sind sowohl auf Zugmaschinen „mit einer Bauartgeschwindigkeit von mindestens 30 km/h" allein als auch mit einem zum Verkehr zugelassenem Anhänger abzunehmen, dessen Gesamtmasse mindestens 1000 kg beträgt und der eine Bremsanlage gemäß § 6 Abs. 10 erster Satz KFG 1967 aufweist. Die Zugmaschinen müssen nicht mit Rückfahrscheinwerfern ausgerüstet sein. Falls der Fahrprüfer nicht am Prüfungsfahrzeug mitfährt, ist eine Funkverbindung zwischen Kandidat und Fahrprüfer zu verwenden. *(BGBl II 2012/244; BGBl II 2019/229)*

(4) Bei Fahrprüfungen für die Klasse A gemäß Abs. 2 Z 1 muss eine Funkverbindung verwendet werden, mit der der Fahrprüfer während der Prüfungsfahrt dem Kandidaten die jeweils zu fahrende Strecke mitteilt.

(BGBl II 2004/115)

2. Abschnitt

Fahrprüfer

Ausbildung und Befähigungsprüfung zum Fahrprüfer

§ 8. (1) Die Ausbildung zum Fahrprüfer ist nach dem Lehrplan gemäß Anlage 4 durchzuführen. Eine Unterrichtseinheit (UE) beträgt 50 Minuten.

(2) Die theoretische Ausbildung zum Fahrprüfer für die „Klasse B" umfasst insgesamt „28" Unterrichtseinheiten, wobei insbesondere folgende Inhalte zu vermitteln sind: *(BGBl II 2019/229)*

1. Aufbau und Inhalt des Lehrplans für die theoretische und praktische Ausbildung für die Klasse B den Anlagen 10a und 10c zur Kraftfahrgesetz-Durchführungsverordnung 1967, BGBl. Nr. 77/1968 (KDV 1967),

2. Fahrzeugtechnische und physikalische Kenntnisse,

3. Kenntnisse, um den Prüfungsablauf genau zu beobachten, zu kontrollieren und zu bewerten,

4. Aufbau und Inhalte des Prüferhandbuchs – Erörterung von Praxissituationen,

§ 8

5. Kenntnisse in Verkehrssinnbildung und Prüfungspsychologie,

6. Kenntnisse in Gesprächsführung.

(3) Die praktische Ausbildung zum Fahrprüfer für die „Klasse B" umfasst insgesamt „44" Unterrichtseinheiten, wobei insbesondere folgende Inhalte zu vermitteln sind: *(BGBl II 2019/229)*

1. Praktische Übungen gemäß dem Lehrplan für die theoretische und praktische Ausbildung für die Klasse B gemäß der Anlage 10c zur KDV 1967,

2. Fahrzeugtechnische und physikalische Kenntnisse,

3. Aufbau und Inhalte des Prüferhandbuchs – Fehlerbewertung,

4. Ablauf der praktischen Fahrprüfung durch Hospitieren bei Fahrprüfungen.

(4) Die theoretische Ausbildung zum Fahrprüfer für weitere Klassen umfasst für

1. Klasse A..................4 Unterrichtseinheiten,
2. Klasse BE................2 Unterrichtseinheiten,
3. Klasse C..................6 Unterrichtseinheiten,
4. Klasse CE................2 Unterrichtseinheiten,
5. Klasse D..................4 Unterrichtseinheiten,
6. Klasse DE................2 Unterrichtseinheiten,
7. Klasse F..................2 Unterrichtseinheiten,

(BGBl II 2019/229)

(5) Die praktische Ausbildung zum Fahrprüfer für weitere Klassen umfasst für

1. Klasse A..................8 Unterrichtseinheiten,
2. Klasse BE................2 Unterrichtseinheiten,
3. Klasse C..................8 Unterrichtseinheiten,
4. Klasse CE................4 Unterrichtseinheiten,
5. Klasse D..................4 Unterrichtseinheiten,
6. Klasse DE................2 Unterrichtseinheiten.

(BGBl II 2019/229)

(6) Die Befähigungsprüfung zum Fahrprüfer ist von der Fahrprüferkommission gemäß § 9 abzunehmen. Vor Prüfungsantritt ist bei jedem Kandidaten die Identität festzustellen. Die Prüfung zur Erlangung der Prüfberechtigung für die „Klasse B" hat mindestens zu umfassen: *(BGBl II 2019/229)*

1. einen theoretischen Teil von mindestens 45 Minuten, beinhaltend ein klassenspezifisches Fachgespräch im Umfang von mindestens 30 Minuten sowie ein Fachgespräch im Umfang von ca. 15 Minuten zur Überprüfung der Kenntnisse in Verkehrssinnbildung und Prüfungspsychologie (u.a. Didaktik, Fragetechnik);

2. einen praktischen Teil von mindestens 45 Minuten, bei dem der Kandidat selbst einige Inhalte einer klassenspezifischen Fahrprüfung abzulegen hat; weiters ist die Abnahme einer Fahrprüfung der beantragten Klasse unter Supervision der Fahrprüferprüfer zu simulieren, wobei bei dieser simulierten Prüfung die Teilnahme von nur einem Mitglied der Fahrprüferkommission ausreicht.

„Bei der theoretischen und praktischen Prüfung ist die Teilnahme eines Vertreters des Bundesministeriums für Verkehr, Innovation und Technologie zulässig. Eine Prüfung für den Erwerb der Prüfberechtigung für weitere Klassen ist nur für die Klassen A, C oder CE erforderlich. Wird die Prüfberechtigung für die Klassen C und CE angestrebt, so ist nur eine Prüfung für die Klasse CE erforderlich. Wird die Ausdehnung der Prüfberechtigung der Klasse C auf die Klasse CE angestrebt, beschränkt sich die theoretische und praktische Prüfung nur auf klassenspezifische Inhalte. Wird die Prüfberechtigung für die Klassen BE, D oder DE angestrebt, ist lediglich die erfolgreiche Absolvierung der theoretischen und praktischen Ausbildung gemäß Abs. 4 und 5 für die jeweilige Klasse erforderlich. Ein Fahrprüfer für die Klasse B darf nur zur Fahrprüfungen der Klasse F eingeteilt werden, wenn er die in Abs. 4 genannte Ausbildung absolviert hat. Bei jeder Form der Prüfung für weitere Klassen entfällt beim theoretischen Teil die Überprüfung der Kenntnisse in Verkehrssinnbildung und Prüfungspsychologie." Der praktische Teil kann in diesem Fall um mindestens 30 Minuten verkürzt werden. Das Prüfungsfahrzeug ist vom Kandidaten zur Verfügung zu stellen und hat den Anforderungen des § 7 zu entsprechen. Ist das Prüfungsfahrzeug ein Kraftwagen, so muss ein eigener Sitzplatz für den (die) Fahrprüferprüfer vorhanden sein. Die Bestimmungen des § 6 Abs. 6 und 7 gelten sinngemäß. *(BGBl II 2019/229)*

(7) Wurde einer der beiden Prüfungsteile nicht bestanden, so darf dieser frühestens nach Ablauf von einem Monat wiederholt werden. Die theoretische Prüfung ist jedenfalls neuerlich abzulegen, wenn die praktische Prüfung nicht innerhalb von 18 Monaten nach Bestehen der theoretischen Prüfung bestanden wird.

(8) Die Gesamtgebühr pro Antritt beträgt

1. für die Befähigungsprüfung zum Fahrprüfer für die „Klasse B"................................400 Euro

(BGBl II 2019/229)

2. für die Befähigungsprüfung zum Fahrprüfer für die „Klassen A, C oder CE" jeweils........200 Euro

(BGBl II 2019/229)

(9) Aus den in Abs. 8 genannten Prüfungsgebühren hat der Landeshauptmann einem Fahrprüferprüfer, der dem Personalstand einer Gebietskörperschaft angehört, nicht im Ruhestand ist und die Fahrprüferprüfungen während seiner regelmäßigen Wochendienstzeit abnimmt, 25 vH der in Abs. 8 genannten Beträge zu vergüten. Der Rest gebührt dem Landeshauptmann.

(BGBl II 2012/244)

Fahrprüferkommission

§ 9. (1) Die Fahrprüferkommission besteht aus zwei besonders qualifizierten Fahrprüfern oder Sachverständigen für die Lehrbefähigungsprüfung für Fahrschullehrer oder Fahrlehrer, die vom Landeshauptmann aus dem Personalstand einer Gebietskörperschaft herangezogen werden, wobei zumindest ein Mitglied der Kommission die Qualifizierung als Fahrprüfer für jene Klasse besitzen muss, für die der Bewerber die Befähigungsprüfung zum Fahrprüfer erlangen will, wobei für die Klasse D(D1) und DE(D1E) die Klasse CE und für die Klasse F die Klasse B ausreichend ist.

(2) Zum Fahrprüferprüfer dürfen nur Fahrprüfer oder Sachverständige für die Lehrbefähigungsprüfung für Fahrschullehrer oder Fahrlehrer herangezogen werden, die seit mindestens fünf Jahren als Fahrprüfer oder Sachverständige für die Lehrbefähigungsprüfung für Fahrschullehrer oder Fahrlehrer tätig sind.

(BGBl II 2012/244)

Weiterbildung der Fahrprüfer

§ 10. (1) Im Rahmen der Weiterbildung (§ 34b Abs. 6 FSG) sind die in der Anlage 5 für die jeweilige Führerscheinklasse bestimmten Sachgebiete zu vertiefen.

(2) Jeder Fahrprüfer hat – ungeachtet der Klassen die er zu prüfen berechtigt ist – jeweils innerhalb von zwei Jahren nach seiner Bestellung eine theoretische Weiterbildung im Umfang von 32 Unterrichtseinheiten nachzuweisen. Der vom Landeshauptmann jährlich zu veranstaltende interaktive Erfahrungsaustausch ist im Umfang von maximal acht Unterrichtseinheiten jährlich auf die Weiterbildungsverpflichtung anzurechnen. Von den modularen Weiterbildungskursen (Punkt I.2. von Anlage 5) hat der Fahrprüfer so viele Module nach seiner Wahl zu besuchen, wie für das Erreichen des Umfanges der theoretischen Weiterbildung erforderlich ist. Ein mehrfacher Besuch des gleichen Moduls ist zulässig.

(3) Jeder Fahrprüfer hat – ungeachtet der Klassen die er zu prüfen berechtigt ist – jeweils innerhalb von fünf Jahren nach seiner Bestellung eine praktische Weiterbildung im Umfang von 40 Unterrichtseinheiten nachzuweisen. Hierbei stehen die unter Punkt II. des Anhanges 5 genannten Module zur Auswahl, wobei der mehrfache Besuch des gleichen Moduls zulässig ist.

(4) Die Aus- und Weiterbildung der Fahrprüfungsauditoren ist auf den Umfang der Weiterbildungsverpflichtung nach Abs. 1 bis 3 anzurechnen.

(5) Hat ein Fahrprüfer die vorgeschriebene Weiterbildung (auch jene gemäß § 34b Abs. 6 FSG) nicht absolviert, so ist dieser Fahrprüfer bis zu Absolvierung der Weiterbildung nicht zur Gutachtenserstellung heranzuziehen.

(BGBl II 2012/244)

Pflichten der Fahrprüfer

§ 11. (1) Fahrprüfer sind verpflichtet, die von ihnen verlangten Gutachten zu dem vom Landeshauptmann „oder der von ihm beauftragten Stelle" bestimmten Zeitpunkt zu erstatten. Ein Fahrprüfer darf die Einteilung zu einer Fahrprüfung nur ablehnen, wenn berücksichtigungswürdige Gründe vorliegen; er ist verpflichtet, die Prüfung von Kandidaten abzulehnen und darf – soweit dies der Behörde bekannt ist – nicht zu solchen Fahrprüfungen herangezogen werden, wenn eine Befangenheit im Sinne des § 7 Abs. 1 des Allgemeinen Verwaltungsverfahrensgesetzes (AVG), BGBl. Nr. 51/1991 vorliegt. *(BGBl II 2013/41)*

(2) Fahrprüfer sind bei der zur Erstattung des Gutachtens vorzunehmenden Prüfung bezüglich der dabei anzuwendenden Hilfsmittel und Methoden, insbesondere hinsichtlich von Verzeichnissen der zu erhebenden Umstände und zu stellenden Fragen, sowie hinsichtlich des Inhaltes und des Umfanges der Prüfung an die Weisungen des Landeshauptmannes gebunden, von dem sie bestellt wurden.

(3) Fahrprüfer haben im Rahmen der von ihnen abzunehmenden Fahrprüfung ein fachlich fundiertes und nachvollziehbares Gutachten darüber zu erstatten, ob der Kandidat im Rahmen der praktischen Prüfung

1. vor Antritt der Fahrt die erforderliche Fahrzeugkontrolle sachgemäß vornimmt,

2. die vorgeschriebenen Fahrübungen im verkehrsfreien Raum beherrscht,

3. während der Prüfungsfahrt die Betätigungsvorrichtungen richtig handhabt, die erforderliche Ruhe, Geistesgegenwart und Selbständigkeit sowie Verständnis für die verschiedenen Verkehrslagen besitzt und die Verkehrsvorschriften beim Lenken des Kraftfahrzeuges einzuhalten vermag.

Weiters hat der Fahrprüfer bei Personen mit Verständnis- oder Leseschwierigkeiten im Fall des § 3 Abs. 6 die vorgesehene Unterstützung zu leisten.

(4) Im Rahmen jeder Fahrprüfung hat der Prüfer das Prüfungsprotokoll gemäß Anlage 1 für die jeweilige Klasse zur Gutachtungserstellung auszufüllen und den Prüfungshergang nachvollziehbar zu dokumentieren; diese Aufzeichnungen sind von der Behörde zumindest fünf Jahre lang aufzubewahren und dem Landeshauptmann bzw. dem Bundesministerium für Verkehr, Innovation und Technologie auf Verlangen vorzulegen.

(5) Stellt der Fahrprüfer im Rahmen der von ihm durchgeführten Fahrprüfungen Mängel bei Kandidaten, die auf gravierende Ausbildungsmängel bei der Fahrschule hinweisen oder andere

prüfungsrelevante Mängel fest, die einen ordnungsgemäßen Ablauf der Prüfung nicht gewährleisten, so hat der Fahrprüfer umgehend den zuständigen Landeshauptmann von diesem Umstand zu verständigen.

(BGBl II 2012/244)

Qualitätssicherung

§ 12. (1) Zur Qualitätssicherung haben sowohl der Landeshauptmann (oder eine von ihm beauftragte Stelle) als auch das Bundesministerium für Verkehr, Innovation und Technologie geeignete Audits abzuhalten. Der jeweilige Landeshauptmann hat nach einem im Einvernehmen mit dem Bundesministerium für Verkehr, Innovation und Technologie festgelegten Auswahlverfahren zu bestimmen, welche Fahrprüfer vom zuständigen Landeshauptmann oder vom Bundesministerium für Verkehr, Innovation und Technologie zu auditieren sind. Im Rahmen des Audits soll jeder Fahrprüfer bei der Abnahme von zumindest drei Fahrprüfungen, möglichst unterschiedlicher Klassen, beobachtet werden. Der dazu herangezogene Auditor hat dem Landeshauptmann, bei Audits des Bundesministeriums für Verkehr, Innovation und Technologie zusätzlich auch diesem, in geeigneter Weise über das Ergebnis zu berichten. Der Landeshauptmann und das Bundesministerium für Verkehr, Innovation und Technologie haben jeweils über die von ihnen durchgeführten Audits geeignete Aufzeichnungen zu führen und das Ergebnis im Führerscheinregister einzutragen.

(2) Zum Auditor dürfen nur Fahrprüfer herangezogen werden, die

1. seit mindestens fünf Jahren als Fahrprüfer tätig sind,

2. die Berechtigung zum Fahrprüfer für jene Klasse besitzen, für die sie ein Audit im Rahmen einer Fahrprüfung erstellen sollen, wobei die Klasse C für die Klassen D(D1) und DE (D1E) und die Klasse B für die Klasse F ausreicht und

3. die Ausbildung zum Auditor gemäß Anlage 6 beim Bundesministerium für Verkehr, Innovation und Technologie absolviert haben.

Die Auditoren haben sich in Zeiträumen von jeweils drei Jahren nach Absolvierung der in Z 3 genannten Ausbildung einer Weiterbildung im Umfang von acht Unterrichtseinheiten zu unterziehen. Diese Weiterbildung in der Dauer von acht Unterrichtseinheiten ist beim Bundesministerium für Verkehr, Innovation und Technologie zu absolvieren und besteht aus der zusammengefassten Auffrischung der drei in Anhang 6 genannten Module der Ausbildung zum Auditor. Darüber hinausgehend können im Bedarfsfall zusätzlich bundesländerübergreifende Zusammenkünfte und Erfahrungsaustausch von Auditoren durchgeführt werden.

(3) Audits sind dem Fahrprüfer entsprechend anzukündigen und haben nach einem vom Bundesministerium für Verkehr, Innovation und Technologie vorgegebenen Rahmenplan abzulaufen. Der Auditor hat seine Eindrücke während der Beobachtung in einem im Führerscheinregister verfügbaren, standardisiertem Formular elektronisch festzuhalten. In Einzelfällen können vom Bundesministerium für Verkehr, Innovation und Technologie auch die beim Audit angefertigten Unterlagen, wie schriftliche Protokolle, Fotos, etc. angefordert werden und sind vom Landeshauptmann auf elektronischem Weg zu übermitteln.

(4) Werden im Rahmen des Audits gravierende Mängel an der Kompetenz des Fahrprüfers festgestellt, so ist dem Fahrprüfer vom Landeshauptmann bzw. vom Bundesministerium für Verkehr, Innovation und Technologie Gelegenheit zur Stellungnahme einzuräumen. Weiters sind vom Landeshauptmann – zusätzlich zu den nach § 10 vorgeschriebenen – erforderlichenfalls weitere geeignete Weiterbildungsmaßnahmen vorzuschreiben und vom Fahrprüfer zu absolvieren sowie nach Ablauf einer angemessenen Zeit vom Bundesministerium für Verkehr, Innovation und Technologie oder vom Landeshauptmann in Absprache mit dem Bundesministerium für Verkehr, Innovation und Technologie ein neuerliches Audit durchzuführen. Werden hiebei erneut gravierende Mängel festgestellt, so hat der zuständige Landeshauptmann den Fahrprüfer nicht mehr zur Gutachtenerstellung heranzuziehen. Eine etwaige weitere Heranziehung zur Gutachtenerstellung nach vorläufiger Aussetzung kommt – unbeschadet der Möglichkeit des Widerrufs der Bestellung nach § 13 Abs. 2 – nur nach Absolvierung einer zusätzlichen Weiterbildung in Betracht.

(5) Wenn es zur Qualitätssicherung notwendig ist, können überdies vom Landeshauptmann oder vom Bundesministerium für Verkehr, Innovation und Technologie im Einvernehmen mit dem Landeshauptmann auch zusätzliche unangekündigte Audits durchgeführt werden.

(6) Der in § 34b Abs. 8 letzter Satz FSG genannten Berichtspflicht des Landeshauptmannes wird entsprochen, wenn im Führerscheinregister sämtliche relevanten Informationen gemäß Abs. 3 zur Verfügung gestellt werden. Einzelauditprotokolle, beim Audit gemachte digitale Aufnahmen oder Kopien, sowie die Auswertung der Audits dieses Jahres samt der Namen der am Audit beteiligten Personen sind nur im Einzelfall auf Verlangen des Bundesministeriums für Verkehr, Innovation und Technologie vom Landeshauptmann auf elektronischem Weg zu übermitteln.

(BGBl II 2012/244)

Widerruf der Bestellung

§ 13. (1) Der Fahrprüfer ist vom Landeshauptmann seiner Funktion als Sachverständiger zu entheben, wenn ihm die Lenkberechtigung wegen mangelnder Verkehrszuverlässigkeit entzogen wurde oder er nicht mehr vertrauenswürdig ist (unbeschadet der Bestimmungen des § 128 Abs. 1 KFG 1967).

(2) Bei Verdacht auf schwere Unzulänglichkeiten bei der Abnahme einer praktischen Fahrprüfung durch einen Fahrprüfer oder wenn er seine Entscheidung in den Prüfungsprotokollen nur mangelhaft begründet, ist der Fahrprüfer vom Landeshauptmann auf seine Eignung zu überprüfen und allenfalls seiner Funktion zu entheben oder zumindest nicht mehr zur Gutachtenserstellung heranzuziehen.

(3) Wird ein Fahrprüfer von der Behörde seiner Funktion enthoben, so hat die Behörde eine Frist festzulegen, nach deren Ablauf die Wiederbestellung dieses Fahrprüfers möglich ist.

(BGBl II 2012/244)

3. Abschnitt

Zulassung zur Fahrprüfung und Gebühren

Zulassung zur praktischen Fahrprüfung

§ 14. (1) Zur theoretischen und praktischen Fahrprüfung ist ein Kandidat nur zuzulassen, wenn er seine Identität mit einem Lichtbildausweis gegenüber der Aufsichtsperson und dem Fahrprüfer nachgewiesen hat. *(BGBl II 2006/65)*

(2) Zur praktischen Fahrprüfung für die Klassen BE, CE(C1E) und DE(D1E) ist nur zuzulassen, wer die praktische Fahrprüfung für die Klasse oder Unterklasse des Zugfahrzeuges bestanden hat. *(BGBl II 2012/244)*

(3) Strebt ein Kandidat für die Fahrprüfung neben der Klasse B auch eine oder mehrere der Klassen C(C1), CE(C1E), D(D1) oder DE(D1E) an, so darf die praktische Fahrprüfung für die Klasse B nicht am selben Tag stattfinden wie jene für die Klasse(n) C(C1), CE(C1E), D(D1) oder DE(D1E). *(BGBl II 2012/244)*

Prüfungsgebühr

§ 15. (1) Die Prüfungsgebühr beträgt für

1. „ " die theoretische Fahrprüfung je Antritt zu einem Modul .... 5,50 Euro

(BGBl II 2013/41; BGBl II 2013/289)

2. die praktische Fahrprüfung für die Klassen A(A1,A2), B, BE, und F je Klasse........ 60 Euro

3. die praktische Fahrprüfung für die Klassen C(C1), D(D1), CE(C1E) und DE(D1E) gemäß § 11 Abs. 4 Z 3 FSG je Klasse................ 90 Euro

4. die praktische Fahrprüfung für die Klassen C(C1) und D(D1) gemäß § 11 Abs. 4a FSG....... 180 Euro

(BGBl II 2012/244)

(1a) „Von der in Abs. 1 Z 1 genannten Prüfungsgebühr gebühren 1,50 Euro je Modul dem Bundesministerium für Verkehr, Innovation und Technologie, die für die Bereitstellung des Prüfprogrammes für die theoretische Fahrprüfung sowie für die Qualitätssicherung der praktischen Fahrprüfung (inklusive Audits) zu gleichen Teilen zu verwenden sind." Die Beträge sind von der Behörde dem Landeshauptmann (im Fall der „Landespolizeidirektionen" dem Bundesministerium für Inneres) zu überweisen und vom Landeshauptmann (dem Bundesministerium für Inneres) gesammelt zweimal jährlich (bis 15. Jänner und 15. Juli eines jeden Jahres für das vorangegangene Halbjahr) an das Bundesministerium für Verkehr, Innovation und Technologie abzuführen. *(BGBl II 2012/244; BGBl II 2013/41)*

(2) Sagt ein Prüfungswerber sein Antreten zur praktischen Fahrprüfung nicht bis zwölf Uhr des der anberaumten praktischen Fahrprüfung vorangegangenen Tages, bei der Fahrschule, bei der Behörde oder der vom Landeshauptmann bestellten Stelle ab, so sind 50 vH der in „Abs. 1 Z 2 bis 4"** genannten Prüfungsgebühr einzuheben oder einzubehalten. Ebenso sind 50 vH der in „Abs. 1 Z 2 bis 4"** genannten Prüfungsgebühr zu entrichten oder einzubehalten, wenn ein Abbruch der praktischen Fahrprüfung aus den in § 6 Abs. 10 genannten Gründen erfolgt ist. „Die Gebühr gemäß Abs. 1 Z 4 reduziert sich auf „135 Euro"** , wenn der Kandidat im Zuge der Prüfung gemäß § 11 Abs. 4a FSG den Teil zum Erwerb der Lenkberechtigungsklasse C (C1) „oder D(D1)"*** nicht besteht."* *(BGBl II 2008/46; *BGBl II 2009/307; **BGBl II 2012/244; ***BGBl II 2013/41)*

(3) Aus den Prüfungsgebühren hat die Behörde oder die vom Landeshauptmann bestellte Stelle zu vergüten:

1. Für die Gutachtertätigkeit:

a) einem Fahrprüfer, der dem Personalstand einer Gebietskörperschaft angehört, nicht im Ruhestand ist und die Fahrprüfungen während seiner regelmäßigen Wochendienstzeit abnimmt, „20 vH" der in „Abs. 1 Z 2 bis 4" genannten Beträge, wobei der Gesamtbetrag für die Gutachtertätigkeit jährlich „8 500 Euro" nicht überschreiten darf; *(BGBl II 2012/244)*

b) einem Fahrprüfer, der nicht dem Personalstand einer Gebietskörperschaft angehört oder zwar dieser angehört, aber die Fahrprüfungen in seiner Freizeit abnimmt, „85 vH" der in „Abs. 1 Z 2 bis 4" genannten Beträge *(BGBl II 2012/244)*

2. für den Zeitaufwand einem Fahrprüfer gemäß Z 1 lit. b 25 vH der gemäß Abs. 2 verfallenen Prüfungsgebühr *(BGBl II 1998/111)*

3. für die entgangenen Dienstleistungen eines Fahrprüfers, der die Tätigkeit während seiner Dienstzeit ausübt, der Gebietskörperschaft, der dieser angehört, 65 vH der Gebühren der in „Abs. 1 Z 2 bis 4"** genannten Beträge „;"* *(BGBl II 1998/111; *BGBl II 2000/246; **BGBl II 2012/244)*

4. für die Aufsicht über die theoretische Prüfung der Aufsichtsperson 20 vH der Gebühr gemäß Abs. 1 Z 1. *(BGBl II 2000/246)*
(BGBl II 1998/111)

(4) Für die Deckung des Aufwandes (Organisation, Gebührenabrechnung, Fahrprüferbestellung, Fahrprüferfortbildung) stehen dem Landeshauptmann oder der von diesem hiefür bestellten Stelle diejenigen Gebührenanteile zu, die nicht gemäß Abs. 3 anderweitig zuzuordnen sind, einschließlich der verfallenen Prüfungsgebühren. *(BGBl II 1998/111)*

(5) Die Prüfungsgebühr ist gemeinsam mit den sonstigen anhand des Lenkberechtigungserteilungsverfahrens anfallenden Gebühren am Kostenblatt auszuweisen. Die Herstellung des Führerscheines darf erst veranlasst werden, wenn alle bislang angefallenen Gebühren, einschließlich jener fälliger Gebührenteile, die für jene Klassen oder Unterklassen angefallen sind, die vorerst nicht erteilt werden, entrichtet wurden. *(BGBl II 2006/65)*

4. Abschnitt
Übergangs- und Schlußbestimmungen
Mündliche theoretische Fahrprüfung

§ 16. *(außer Kraft getreten, BGBl II 1998/111, ab 1. 7. 1998, vgl § 18 Abs 4)*

Prüfungsfahrzeuge – Übergangsbestimmungen

§ 17. (1) *(entfallen, BGBl II 2006/65)*

(2) *(entfallen, BGBl II 2006/65)*

(3) *(entfällt, BGBl II 2019/229)*

Inkraft- und Außerkrafttreten

§ 18. (1) Diese Verordnung tritt mit 1. November 1997 in Kraft.

(2) §§ 1 bis 3 dieser Verordnung treten am 25. Mai 1998 in Kraft. *(BGBl II 1998/111)*

(3) Mit dem Inkrafttreten dieser Verordnung treten die §§ 36, 37, 37a, 37b, 38 und 66 Abs. 1 Z 7 und 8 der Kraftfahrgesetz-Durchführungsverordnung 1967, BGBl. Nr. 399, in der Fassung der Verordnung BGBl. II Nr. 80/1997 außer Kraft.

(4) § 16 dieser Verordnung tritt mit Ablauf des 31. Juli 1998 außer Kraft. *(BGBl II 1998/111)*

(5) § 15 Abs. 1 und Abs. 3 in der Fassung BGBl. II Nr. 15/2002 tritt mit 1. Jänner 2002, jedoch nicht vor dem der Kundmachung des genannten Bundesgesetzblattes folgenden Tag, in Kraft. *(BGBl II 2002/15)*

(6) Die in § 6 Abs. 3 dritter Satz in der Fassung BGBl. II Nr. 115/2004 genannten Übungen im Langsamfahrbereich für die Klasse A sind ab 1. Oktober 2008 durchzuführen. *(BGBl II 2004/115)*

(7) § 7 Abs. 2 Z 2 in der Fassung BGBl. II Nr. 115/2004 tritt mit 1. Oktober 2006 in Kraft. § 7 Abs. 4 in der Fassung BGBl. II Nr. 115/2004 tritt am 1. Oktober 2005 in Kraft. *(BGBl II 2004/115)*

„(8)" Es treten in Kraft:

1. § 1 Abs. 3 und § 2 Abs. 2 jeweils in der Fassung BGBl. II Nr. 65/2006 mit 1. April 2006;

2. § 6 Abs. 8, Abs. 11, 12 und 14, § 15 Abs. 5 und Anlage 2 und 3 jeweils in der Fassung BGBl. II Nr. 65/2006 mit 1. März 2006;

3. § 3 Abs. 5, § 6 Abs.1a, § 6 Abs. 13, § 11 Abs. 2, § 14 Abs. 1, § 15 Abs. 2 jeweils in der Fassung BGBl. II Nr. 65/2006 mit 1. Oktober 2006.
(BGBl II 2006/65; BGBl II 2008/46)

(9) § 1 Abs. 2 und 3, § 2 Abs. 2 und § 3 Abs. 1, 2 und 5 treten am 31. März 2008 in Kraft. § 6 Abs. 1 bis 3 und 9 sowie Anlage 1 treten am 1. Oktober 2008 in Kraft. § 15 Abs. 1 tritt hinsichtlich der Klasse D am 10. September 2008, hinsichtlich der Klasse C und der Unterklasse C1 am 10. September 2009 in Kraft. *(BGBl II 2008/46)*

(10) § 15 Abs. 1 und 1a in der Fassung BGBl. II. Nr. 307/2009 treten am 1. Oktober 2009 in Kraft. *(BGBl II 2009/307)*

(11) § 6 Abs. 1 und 4, § 7 Abs. 1, 2 und 5[2], §§ 8 bis 13, § 15 Abs. 1 bis 3 und § 17 Abs. 3 in der Fassung BGBl. II. Nr. 244/2012 treten am 19. Jänner 2013 in Kraft. § 7 Abs. 3 in der Fassung BGBl. II. Nr. 244/2012 tritt mit 1. September 2012 in Kraft. *(BGBl II 2012/244)*

(12) § 1 Abs. 2 bis 4, § 2 Abs. 2, § 3 Abs. 1, § 4, § 5 Abs. 1 bis 5 und § 15 Abs. 1, 1a und 2 in der Fassung BGBl. II. Nr. 41/2013 treten am 19. Jänner 2013 in Kraft. *(BGBl II 2013/41)*

(13) § 7 Abs. 2 Z 1.1., Z 1.2., Z 3 und Z 3.1. in der Fassung BGBl. II. Nr. 289/2013 treten am 1. Jänner 2014 in Kraft. § 7 Abs. 2 Z 1.3. in der Fassung BGBl. II. Nr. 289/2013 tritt am 1. Jänner 2019 in Kraft. Anlage 1 in der Fassung BGBl. II. Nr. 289/2013 tritt am 1. November 2013 in Kraft." *(BGBl II 2013/289)*

(14) § 5 Abs. 1 bis 4, Anlage 2 und Anlage 4 in der Fassung BGBl. II. Nr. 187/2015 treten am Tag nach der Kundmachung in Kraft. § 1 Abs. 3 in der Fassung BGBl. II. Nr. 187/2015 tritt am 1. Oktober 2015 in Kraft. § 6 Abs. 4 und § 7 Abs. 1 in der Fassung BGBl. II. Nr. 187/2015 treten am 1. Jänner 2016 in Kraft. *(BGBl II 2015/187)*

(15) § 1 Abs. 3, § 3 Abs. 2 und 3, § 7 Abs. 1 und 3, § 8 Abs. 2 bis 6 und 8, § 17 Abs. 3 sowie die Anlagen 1, 4 und 5 in der Fassung der Verordnung BGBl. II Nr. 229/2019 treten mit 1. Oktober 2019 in Kraft. Fahrprüfungsformulare, die der Rechtslage vor Inkrafttreten der Anlage 1 in der Fassung BGBl. II Nr. 229/2019 entsprechen, dürfen aufgebraucht werden. Für Fahrprüfer, die die Ausbildung zum Erwerb einer Fahrprüferberechtigung vor dem 1. Oktober 2019 begonnen haben, ist die bis dahin geltende Rechtslage anzuwenden. Prüfberechtigungen, die vor dem 1. Oktober 2019 bestanden haben, bleiben durch die Verordnung BGBl. II Nr. 229/2019 unberührt; auch eine Wiederbestellung nach Ablauf des Bestellungszeitraumes für die gleichen Klassen ist zulässig. *(BGBl II 2019/229)*

(16) § 3 Abs. 2, § 7 Abs. 1 und 2 sowie die Anlagen 4 und 5 in der Fassung der Verordnung BGBl. II Nr. 415/2020 treten am 1. Dezember 2020 in Kraft. *(BGBl II 2020/415)*

---

[2] *BGBl II 2012/244 weist keine Änderung an dieser Stelle an.*

4/6b. FSG-PV
Anlage 1

Anlage 1

PRÜFUNGSPROTOKOLL Gemäß FSG § 11 Abs. 7 ANLAGE 1 Klasse **A1 / A2 / A**

Aktenzahl:		Prüfer-Nr.:		Dolmetsch:	
Nachname:		Name:		Prüfort:	
Vorname:	geb.:	Fahrzeug:		Prüfstrecke:	
Ausweis-Nr.		Automatik: Ja Nein	Code: gem. FSG-DV § 2 Abs. 3 und 4	Trocken Nass Schnee Eis Nebel	

Fahrzeit:	Prüfung	Prüfer
Von: Bis:	O BESTANDEN O NICHT BESTANDEN	Datum, Unterschrift

A. ÜBERPRÜFUNGEN AM FAHRZEUG (die drei gewählten Themengebiete und Bewertung eintragen) ✓ / L / M = in Ordnung/leicht/Mittel **Gesamtkalkül Teil A**

Themengebiet	L	M	Themengebiet	L	M	Themengebiet	L	M	Raum für Bemerkungen:
Reifen/Räder			Signal- und Warneinricht.			Antrieb			
Fahrwerk			Flüssigkeitsstände			Sonstiges			
Bremsanlage			Fahrbereitschaft / Absichern						
Beleuchtung									

B. ÜBUNGEN IM VERKEHRSFREIEN RAUM (Prüfplatz) (es müssen alle Übungen durchgeführt werden) ✓ / L / M = in Ordnung/leicht/Mittel **Gesamtkalkül Teil B**

Themengebiet	L	M
1 Rangieren ohne Motor		
2.1. Langsamer Salom		
2.2. Enges Einbiegen		
3.1. Vermeiden eines Hindernisses		
3.2. 8er für weite Kurvenfahrt		
4.1. Zielbremsung		
4.2. Gefahrenbremsung		

2.1. Mind. 6 Leitkegel 4 m
3.1. Ausgangsgeschw. min. 50 km/h Trocken 10m Nass 12 m
4.1. Ausgangsgeschw. ca. 30 km/h 3,5 m 1 m
2.2. 10 – 15 m
3.2. 12 – 15 m 10 m
4.2. Ausgangsgeschw. min. 50 km/h Trocken max. 19 m Nass max. 27 m

C. FAHREN IM VERKEHR (Fehler eintragen) L/M/S = Leicht/Mittel/Schwer   ¹¹ Mehrfachwertung möglich

Bezeichnung	L	M	S	Bezeichnung	L	M	S
EBENE, STEIGUNG, GEFÄLLE				**VORBEIFAHREN, ÜBERHOLEN**			
A3.01 Anfahrsicherheit				A3.21 Verkehrsbeurteilung, Kontaktaufnahme, Blicktechnik			
A3.02 Gangwahl				A3.22 Überholsicht, Behinderung			
A3.03 Nebenhandlungen				A3.23 Rechtzeitige Anzeige			
A3.04 Abstellen und Sichern				A3.24 Beschleunigen			
SPURGESTALTUNG (GERADE, KURVE)				A3.25 Seitenabstand			
A3.05 Wahl des Fahrstreifens ¹¹				A3.26 Wiedereinordnen			
A3.06 Spur innerhalb des Fahrstreifens				**BEFAHREN VON QUERSTELLEN**			
A3.07 Spursicherheit, Blickverhalten				A3.27 Verkehrsbeurteilung ¹¹			
				A3.28 Richtiges Annähern			
TEMPOGESTALTUNG				A3.29 Wartepflichterfüllung			
A3.09 Zu langsam (behindernd)				A3.30 Stop, Arm- und Lichtzeichen (anhalten) ¹¹			
A3.10 Zu schnell für die Situation				A3.31 Fußgänger, Radfahrer ¹¹			
A3.11 Überschreiten der Höchstgeschwindigkeit ¹¹				A3.32 Blicktechnik			
A3.12 Sicherheitsabstände				A3.33 Rasches Verlassen			
FAHRSTREIFENWECHSEL				**EINBIEGEN**			
A3.13 Verkehrsbeurteilung, Kontaktaufnahme				A3.34 Rechtzeitige Anzeige, Tempoanpassung			
A3.14 Beachtung der Bodenmarkierungen				A3.35 Einordnen			
A3.15 Rechtzeitige Anzeige				A3.36 Blickverhalten			
A3.16 Richtige Ausführung				A3.37 Fahrspur beim Einbiegen			
SONSTIGES VERHALTEN				**HOHES TEMPO**			
A3.17 Beachtung der Verkehrsvorschriften ¹¹				A3.38 Einfahren			
A3.18 Verhalten bei besonderen Partnern ¹¹				A3.39 Ausfahren			
A3.19 Voraussehen der Gefahr							
A3.20 Behinderung, Gefährdung ¹¹							

D. BESPRECHUNG VON ERLEBTEN SITUATIONEN (Besprochenes markieren)

O Wahl der Fahrgeschwindigkeit	O Gefahrenstellen erkennen, Partnerkunde	Raum für Bemerkungen:
O Wahl der Fahrspur	O Defensiv-, Taktik-, Öko-Fahrstil	
O Wahl von Tiefen- und Seitenabstand	O Anlauf-Ablauf erkennen	
O Fahren auf Autobahnen und Autostraßen	O Vorrangsituationen	
O Überholen, Überholtwerden	O Sonstiges	
O FAHRTABBRUCH	Grund:	

4/6b. FSG-PV
Anlage 1

PRÜFUNGSPROTOKOLL Gemäß FSG § 11 Abs. 7   Klasse **B**

Aktenzahl:		Prüfer-Nr.:			Dolmetsch:				
Nachname:		Name:			Prüfort:				
Vorname:	geb.:	Fahrzeug:		Code:	Prüfstrecke:				
Ausweis-Nr.		Automatik:	Ja	Nein gem. FSG-DV § 2 Abs. 3 und 4	Trocken	Nass	Schnee	Eis	Nebel

Fahrzeit:	Prüfung	Prüfer
Von:		
Bis:	O BESTANDEN O NICHT BESTANDEN	Datum, Unterschrift

A. ÜBERPRÜFUNGEN AM FAHRZEUG (die drei gewählten Themengebiete und Bewertung eintragen) ✓ / L / M = In Ordnung/Leicht/Mittel   **Gesamtkalkül Teil A**

Themengebiet	L	M	Themengebiet	L	M	Themengebiet	L	M	Raum für Bemerkungen:
Reifen/Räder			Lenkung			Kontrolleinrichtungen			
Bremsanlage			Ausreichende Sicht			Innenkontrollen			
Beleuchtung			Flüssigkeitsstände			Sonstiges			
Signal- und Warneinricht.			Batterie						

B. ÜBUNGEN IM VERKEHRSFREIEN RAUM (Prüfplatz) (min. 3 Übungen; Verpflichtend) ✓ / L / M = In Ordnung/Leicht/Mittel   **Gesamtkalkül Teil B**

	Themengebiet	L	M
1	Verzögerung		
2	Halt		
3	Umkehren		
4	Parklücke		
5	Garage		
6	Slalom		
7	Tor		

*) Fahrzeugbreite +20cm — Slalom — Garage — 2,5 m — Parklücke — 2m — 8m — 40m — Einfahrt — Halt — Umkehren

C. FAHREN IM VERKEHR (Fehler eintragen) L/M/S = Leicht/Mittel/Schwer   " *Mehrfachwertung möglich*

Bezeichnung	L	M	S	Bezeichnung	L	M	S
EBENE, STEIGUNG, GEFÄLLE				**VORBEIFAHREN, ÜBERHOLEN**			
B3.01 Anfahrsicherheit				B3.21 Verkehrsbeurteilung, Kontaktaufnahme, Blicktechnik			
B3.02 Gangwahl				B3.22 Überholsicht, Behinderung			
B3.03 Nebenhandlungen				B3.23 Rechtzeitige Anzeige			
B3.04 Abstellen und Sichern				B3.24 Beschleunigen			
SPURGESTALTUNG (GERADE , KURVE)				B3.25 Seitenabstand			
B3.05 Wahl des Fahrstreifens "				B3.26 Wiedereinordnen			
B3.06 Spur innerhalb des Fahrstreifens				**BEFAHREN VON QUERSTELLEN**			
B3.07 Spursicherheit, Blickverhalten				B3.27 Verkehrsbeurteilung "			
B3.08 Lenkradführung				B3.28 Richtiges Annähern			
TEMPOGESTALTUNG				B3.29 Wartepflichterfüllung			
B3.09 Zu langsam (behindernd)				B3.30 Stop, Arm- und Lichtzeichen (anhalten) "			
B3.10 Zu schnell für die Situation				B3.31 Fußgänger, Radfahrer "			
B3.11 Überschreiten der Höchstgeschwindigkeit "				B3.32 Blicktechnik			
B3.12 Sicherheitsabstände				B3.33 Rasches Verlassen			
FAHRSTREIFENWECHSEL				**EINBIEGEN**			
B3.13 Verkehrsbeurteilung, Kontaktaufnahme				B3.34 Rechtzeitige Anzeige, Tempoanpassung			
B3.14 Beachtung der Bodenmarkierungen				B3.35 Einordnen			
B3.15 Rechtzeitige Anzeige				B3.36 Blickverhalten			
B3.16 Richtige Ausführung				B3.37 Fahrspur beim Einbiegen			
SONSTIGES VERHALTEN				**HOHES TEMPO**			
B3.17 Beachtung der Verkehrsvorschriften "				B3.38 Einfahren			
B3.18 Verhalten bei besonderen Partnern "				B3.39 Ausfahren			
B3.19 Voraussehen der Gefahr							
B3.20 Behinderung, Gefährdung "							

D. BESPRECHUNG VON ERLEBTEN SITUATIONEN (besprochenes markieren)

O Wahl der Fahrgeschwindigkeit	O Gefahrenstellen erkennen, Partnerkunde	Raum für Bemerkungen:
O Wahl der Fahrspur	O Defensiv-, Taktik-, Öko-Fahrstil	
O Wahl von Tiefen- und Seitenabstand	O Anlauf-Ablauf erkennen	
O Fahren auf Autobahnen und Autostraßen	O Vorrangsituationen	
O Überholen, Überholtwerden	O Sonstiges	
O FAHRTABBRUCH	Grund:	

KFG
KDV
PBStV
Kraftstoff-VO
FSG + VO

4/6b. FSG-PV
Anlage 1

PRÜFUNGSPROTOKOLL Gemäß FSG § 11 Abs. 7 — Klasse **C1 / C**

Aktenzahl:	Prüfer-Nr.:		Dolmetsch:
Nachname:	Name:		Prüfort:
Vorname: geb.:	Fahrzeug:		Prüfstrecke:
Ausweis-Nr.	Automatik: Ja Nein	Code: gem. FSG-DV § 2 Abs. 3 und 4	Trocken Nass Schnee Eis Nebel

Fahrzeit:	Prüfung	Prüfer
Von: Bis:	O BESTANDEN O NICHT BESTANDEN	Datum, Unterschrift

A. ÜBERPRÜFUNGEN AM FAHRZEUG (die dreigewählten Themengebiete und Bewertung eintragen) ✓ / L/M = in Ordnung/Leicht/Mittel

Themengebiet	L	M	Themengebiet	L	M	Themengebiet	L	M	Gesamtkalkül Teil A	
Reifen/Räder			EU-Kontrollgerät			Innenkontrollen			Raum für Bemerkungen:	
Bremsanlage			Batterie			Kontrolleinrichtungen				
Außenkontrollen			Flüssigkeitsstände			Sonstiges				
Lenkung			Ausreichende Sicht							

B. ÜBUNGEN IM VERKEHRSFREIEN RAUM (Prüfplatz) (es müssen alle Übungen durchgeführt werden) ✓ / L/M = in Ordnung/leicht/Mittel

	Themengebiet	L	M	Gesamtkalkül Teil B	
1	Zielbremsung				
2	Rückwärts seitlich an Rampe				
3	Rückwärts in Garage				
4	Rückwärts an Rampe				
5	Knappes Vorbeifahren an einem Hindernis				

C. FAHREN IM VERKEHR (Fehler eintragen) L/M/S = Leicht/Mittel/Schwer   " *Mehrfachwertung möglich*

Bezeichnung	L	M	S	Bezeichnung	L	M	S
EBENE, STEIGUNG, GEFÄLLE				**VORBEIFAHREN, ÜBERHOLEN**			
C3.01 Anfahrsicherheit				C3.21 Verkehrsbeurteilung, Kontaktaufnahme, Blicktechnik			
C3.02 Gangwahl				C3.22 Überholsicht, Behinderung			
C3.03 Nebenhandlungen				C3.23 Rechtzeitige Anzeige			
C3.04 Abstellen und Sichern				C3.24 Beschleunigen			
SPURGESTALTUNG (GERADE, KURVE)				C3.25 Seitenabstand			
C3.05 Wahl des Fahrstreifens "				C3.26 Wiedereinordnen			
C3.06 Spur innerhalb des Fahrstreifens				**BEFAHREN VON QUERSTELLEN** "			
C3.07 Spursicherheit, Blickverhalten				C3.27 Verkehrsbeurteilung "			
C3.08 Lenkradführung				C3.28 Richtiges Annähern			
TEMPOGESTALTUNG				C3.29 Wartepflichterfüllung			
C3.09 Zu langsam (behindernd)				C3.30 Stop-, Arm- und Lichtzeichen (anhalten) "			
C3.10 Zu schnell für die Situation				C3.31 Fußgänger, Radfahrer "			
C3.11 Überschreiten der Höchstgeschwindigkeit "				C3.32 Blicktechnik			
C3.12 Sicherheitsabstände				C3.33 Rasches Verlassen			
FAHRSTREIFENWECHSEL				**EINBIEGEN**			
C3.13 Verkehrsbeurteilung, Kontaktaufnahme				C3.34 Rechtzeitige Anzeige, Tempoanpassung			
C3.14 Beachtung der Bodenmarkierungen				C3.35 Einordnen			
C3.15 Rechtzeitige Anzeige				C3.36 Blickverhalten			
C3.16 Richtige Ausführung				C3.37 Fahrspur beim Einbiegen			
SONSTIGES VERHALTEN				**HOHES TEMPO**			
C3.17 Beachtung der Verkehrsvorschriften "				C3.38 Einfahren			
C3.18 Verhalten bei besonderen Partnern "				C3.39 Ausfahren			
C3.19 Voraussehen der Gefahr							
C3.20 Behinderung, Gefährdung "							

D. BESPRECHUNG VON ERLEBTEN SITUATIONEN (besprochenes markieren)

O Wahl der Fahrgeschwindigkeit	O Gefahrenstellen erkennen, Partnerkunde	Raum für Bemerkungen:
O Wahl der Fahrspur	O Defensiv-, Taktik-, Öko-Fahrstil	
O Wahl von Tiefen- und Seitenabstand	O Anlauf-Ablauf erkennen	
O Fahren auf Autobahnen und Autostraßen	O Vorrangsituationen	
O Überholen, Überholtwerden	O Sonstiges	
O FAHRTABBRUCH	Grund:	

4/6b. FSG-PV

Anlage 1

PRÜFUNGSPROTOKOLL Gemäß FSG § 11 Abs. 7   Klasse **C95**

Aktenzahl:		Prüfer-Nr.:		Dolmetsch:	
Nachname:		Name:		Prüfort:	
Vorname:	geb.:	Fahrzeug:		Prüfstrecke:	
Ausweis-Nr.		Automatik: Ja Nein	Code: gem. FSG-DV § 2 Abs. 3 und 4	Trocken Nass Schnee Eis Nebel	

Fahrzeit:	Prüfung	Prüfer
Von: Bis:	O BESTANDEN O NICHT BESTANDEN	Datum, Unterschrift

A. ÜBERPRÜFUNGEN AM FAHRZEUG (die drei gewählten Themengebiete und Bewertung eintragen) ✓ / L / M = in Ordnung/Leicht/Mittel

Themengebiet	L	M	Themengebiet	L	M	Themengebiet	L	M	Gesamtkalkül Teil A
Reifen/Räder			EU-Kontrollgerät			Innenkontrollen			Raum für Bemerkungen:
Bremsanlage			Batterie			Kontrolleinrichtungen			
Außenkontrollen			Flüssigkeitsstände			Sonstiges			
Lenkung			Ausreichende Sicht						

Themengebiet	L	M	Themengebiet	L	M	Themengebiet	L	M	Gesamtkalkül Teil B
Assistenzsysteme			Ladungssicherung			GO-Box			
Routenkenntnisse			Sicherheiteinrichtungen			EU-Kontrollgerät			
			Dokumente						

C. FAHREN IM VERKEHR (Fehler eintragen) L/M/S = Leicht/Mittel/Schwer   ¹⁾ *Mehrfachwertung möglich*

Bezeichnung	L	M	S	Bezeichnung	L	M	S
EBENE, STEIGUNG, GEFÄLLE				**VORBEIFAHREN, ÜBERHOLEN**			
C3.01 Anfahrsicherheit				C3.21 Verkehrsbeurteilung, Kontaktaufnahme, Blicktechnik			
C3.02 Gangwahl				C3.22 Überholsicht, Behinderung			
C3.03 Nebenhandlungen				C3.23 Rechtzeitige Anzeige			
C3.04 Abstellen und Sichern				C3.24 Beschleunigen			
SPURGESTALTUNG (GERADE, KURVE)				C3.25 Seitenabstand			
C3.05 Wahl des Fahrstreifens ¹⁾				C3.26 Wiedereinordnen			
C3.06 Spur innerhalb des Fahrstreifens				**BEFAHREN VON QUERSTELLEN**			
C3.07 Spursicherheit, Blickverhalten				C3.27 Verkehrsbeurteilung ¹⁾			
C3.08 Lenkradführung				C3.28 Richtiges Annähern			
TEMPOGESTALTUNG				C3.29 Wartepflichterfüllung			
C3.09 Zu langsam (behindernd)				C3.30 Stop, Arm- und Lichtzeichen (anhalten) ¹⁾			
C3.10 Zu schnell für die Situation				C3.31 Fußgänger, Radfahrer ¹⁾			
C3.11 Überschreiten der Höchstgeschwindigkeit ¹⁾				C3.32 Blicktechnik			
C3.12 Sicherheitsabstände				C3.33 Rasches Verlassen			
FAHRSTREIFENWECHSEL				**EINBIEGEN**			
C3.13 Verkehrsbeurteilung, Kontaktaufnahme				C3.34 Rechtzeitige Anzeige, Tempoanpassung			
C3.14 Beachtung der Bodenmarkierungen				C3.35 Einordnen			
C3.15 Rechtzeitige Anzeige				C3.36 Blickverhalten			
C3.16 Richtige Ausführung				C3.37 Fahrspur beim Einbiegen			
SONSTIGES VERHALTEN				**HOHES TEMPO**			
C3.17 Beachtung der Verkehrsvorschriften ¹⁾				C3.38 Einfahren			
C3.18 Verhalten bei besonderen Partnern ¹⁾				C3.39 Ausfahren			
C3.19 Voraussehen der Gefahr							
C3.20 Behinderung, Gefährdung ¹⁾							
Vorausschauendes Fahren				Abstellen des Fahrzeuges zum sicheren Be- und Entladen			
Fahrzeug- und Ladungsschonendes Fahren				Wagenumsicht			
Ökonomisches Fahren				Abstellen des Fahrzeuges			

D. BESPRECHUNG VON ERLEBTEN SITUATIONEN (Besprochenes markieren)

O Wahl der Fahrgeschwindigkeit	O Gefahrenstellen erkennen, Partnerkunde	Raum für Bemerkungen:
O Wahl der Fahrspur	O Defensiv-, Taktik, Öko-Fahrstil	
O Wahl von Tiefen- und Seitenabstand	O Anlauf-Ablauf erkennen	
O Fahren auf Autobahnen und Autostraßen	O Vorrangsituationen	
O Überholen, Überholtwerden	O Sonstiges	
O FAHRTABBRUCH	Grund:	

KFG
KDV
PBStV
Kraftstoff-VO
FSG + VO

4/6b. FSG-PV
Anlage 1

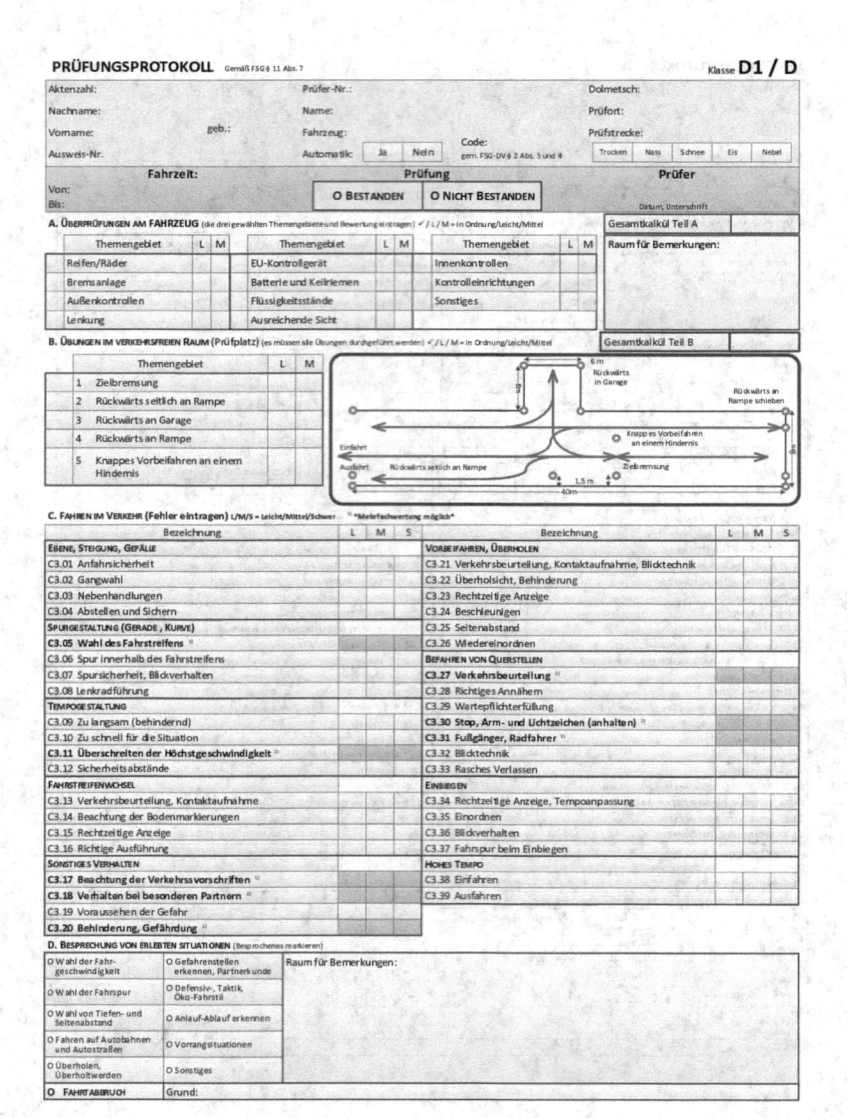

PRÜFUNGSPROTOKOLL gemäß FSG § 11 Abs. 7   Klasse **D1 / D**

Aktenzahl:		Prüfer-Nr.:		Dolmetsch:	
Nachname:		Name:		Prüfort:	
Vorname:	geb.:	Fahrzeug:		Prüfstrecke:	
Ausweis-Nr.:		Automatik: Ja Nein	Code: gem. FSG-DV § 2 Abs. 3 und 4	Trocken Nass Schnee Eis Nebel	

	Fahrzeit:	Prüfung	Prüfer
Von:		O BESTANDEN O NICHT BESTANDEN	
Bis:			Datum, Unterschrift

A. ÜBERPRÜFUNGEN AM FAHRZEUG (die drei gewählten Themengebiete und Bewertung eintragen) ✓ / L / M = in Ordnung/Leicht/Mittel

Gesamtkalkül Teil A

Themengebiet	L	M	Themengebiet	L	M	Themengebiet	L	M	Raum für Bemerkungen:
Reifen/Räder			EU-Kontrollgerät			Innenkontrollen			
Bremsanlage			Batterie und Keilriemen			Kontrolleinrichtungen			
Außenkontrollen			Flüssigkeitsstände			Sonstiges			
Lenkung			Ausreichende Sicht						

B. ÜBUNGEN IM VERKEHRSFREIEN RAUM (Prüfplatz) (es müssen alle Übungen durchgeführt werden) ✓ / L / M = in Ordnung/Leicht/Mittel

Gesamtkalkül Teil B

	Themengebiet	L	M
1	Zielbremsung		
2	Rückwärts seitlich an Rampe		
3	Rückwärts an Garage		
4	Rückwärts an Rampe		
5	Knappes Vorbeifahren an einem Hindernis		

C. FAHREN IM VERKEHR (Fehler eintragen) L/M/S = Leicht/Mittel/Schwer   "Mehrfachwertung möglich"

Bezeichnung	L	M	S	Bezeichnung	L	M	S
EBENE, STEIGUNG, GEFÄLLE				**VORBEIFAHREN, ÜBERHOLEN**			
C3.01 Anfahrsicherheit				C3.21 Verkehrsbeurteilung, Kontaktaufnahme, Blicktechnik			
C3.02 Gangwahl				C3.22 Überholsicht, Behinderung			
C3.03 Nebenhandlungen				C3.23 Rechtzeitige Anzeige			
C3.04 Abstellen und Sichern				C3.24 Beschleunigen			
SPURGESTALTUNG (GERADE, KURVE)				C3.25 Seitenabstand			
C3.05 Wahl des Fahrstreifens "				C3.26 Wiedereinordnen			
C3.06 Spur innerhalb des Fahrstreifens				**BEFAHREN VON QUERSTELLEN**			
C3.07 Spursicherheit, Blickverhalten				C3.27 Verkehrsbeurteilung "			
C3.08 Lenkradführung				C3.28 Richtiges Annähern			
TEMPOGESTALTUNG				C3.29 Wartepflichterfüllung			
C3.09 Zu langsam (behindernd)				C3.30 Stop, Arm- und Lichtzeichen (anhalten) "			
C3.10 Zu schnell für die Situation				C3.31 Fußgänger, Radfahrer "			
C3.11 Überschreiten der Höchstgeschwindigkeit "				C3.32 Blicktechnik			
C3.12 Sicherheitsabstände				C3.33 Rasches Verlassen			
FAHRSTREIFENWECHSEL				**EINBIEGEN**			
C3.13 Verkehrsbeurteilung, Kontaktaufnahme				C3.34 Rechtzeitige Anzeige, Tempoanpassung			
C3.14 Beachtung der Bodenmarkierungen				C3.35 Einordnen			
C3.15 Rechtzeitige Anzeige				C3.36 Blickverhalten			
C3.16 Richtige Ausführung				C3.37 Fahrspur beim Einbiegen			
SONSTIGES VERHALTEN				**HOHES TEMPO**			
C3.17 Beachtung der Verkehrsvorschriften "				C3.38 Einfahren			
C3.18 Verhalten bei besonderen Partnern "				C3.39 Ausfahren			
C3.19 Voraussehen der Gefahr							
C3.20 Behinderung, Gefährdung "							

D. BESPRECHUNG VON ERLEBTEN SITUATIONEN (Besprochenes markieren)

O Wahl der Fahrgeschwindigkeit	O Gefahrenstellen erkennen, Partnerkunde	Raum für Bemerkungen:
O Wahl der Fahrspur	O Defensiv-, Taktik-, Öko-Fahrstil	
O Wahl von Tiefen- und Seitenabstand	O Anlauf-Ablauf erkennen	
O Fahren auf Autobahnen und Autostraßen	O Vorrangsituationen	
O Überholen, Überholtwerden	O Sonstiges	
O FAHRTABBRUCH	Grund:	

4/6b. FSG-PV
Anlage 1

PRÜFUNGSPROTOKOLL Gemäß FSG § 11 Abs. 7   Klasse **D95**

Aktenzahl:		Prüfer-Nr.:		Dolmetsch:			
Nachname:		Name:		Prüfort:			
Vorname:	geb.:	Fahrzeug:		Prüfstrecke:			
Ausweis-Nr.		Automatik: Ja Nein	Code: gem. FSG-DV § 2 Abs. 3 und 4	Trocken	Nass	Schnee	Eis Nebel

Fahrzeit:	Prüfung	Prüfer
Von:	O BESTANDEN O NICHT BESTANDEN	
Bis:		Datum, Unterschrift

A. ÜBERPRÜFUNGEN AM FAHRZEUG (die drei gewählten Themengebiete und Bewertung eintragen) ✓ / L / M = in Ordnung/Leicht/Mittel   **Gesamtkalkül Teil A**

Themengebiet	L	M	Themengebiet	L	M	Themengebiet	L	M	Raum für Bemerkungen:
Reifen/Räder			EU-Kontrollgerät			Innenkontrollen			
Bremsanlage			Batterie und Keilriemen			Kontrolleinrichtungen			
Außenkontrollen			Flüssigkeitsstände			Sonstiges			
Lenkung			Ausreichende Sicht						

Themengebiet	L	M	Themengebiet	L	M	Themengebiet	L	M	Gesamtkalkül Teil 95
Assistenzsysteme			Ladungssicherung			Go-Box			
Ausrüstungsgegenstände			Sicherheitseinrichtungen			EU-Kontrollgerät			
Routenkenntnisse			Dokumente			Wagenbuch			

C. FAHREN IM VERKEHR (Fehler eintragen) L/M/S = Leicht/Mittel/Schwer   *Mehrfachwertung möglich*

Bezeichnung	L	M	S	Bezeichnung	L	M	S
EBENE, STEIGUNG, GEFÄLLE				**VORBEIFAHREN, ÜBERHOLEN**			
C3.01 Anfahrsicherheit				C3.21 Verkehrsbeurteilung, Kontaktaufnahme, Blicktechnik			
C3.02 Gangwahl				C3.22 Überholsicht, Behinderung			
C3.03 Nebenhandlungen				C3.23 Rechtzeitige Anzeige			
C3.04 Abstellen und Sichern				C3.24 Beschleunigen			
SPURGESTALTUNG (GERADE, KURVE)				C3.25 Seitenabstand			
C3.05 Wahl des Fahrstreifens *)				C3.26 Wiedereinordnen			
C3.06 Spur innerhalb des Fahrstreifens				**BEFAHREN VON QUERSTELLEN**			
C3.07 Spursicherheit, Blickverhalten				C3.27 Verkehrsbeurteilung *)			
C3.08 Lenkradführung				C3.28 Richtiges Annähern			
TEMPOGESTALTUNG				C3.29 Wartepflichterfüllung			
C3.09 Zu langsam (behindernd)				C3.30 Stop, Arm- und Lichtzeichen (anhalten) *)			
C3.10 Zu schnell für die Situation				C3.31 Fußgänger, Radfahrer *)			
C3.11 Überschreiten der Höchstgeschwindigkeit *)				C3.32 Blicktechnik			
C3.12 Sicherheitsabstände				C3.33 Rasches Verlassen			
FAHRSTREIFENWECHSEL				**EINBIEGEN**			
C3.13 Verkehrsbeurteilung, Kontaktaufnahme				C3.34 Rechtzeitige Anzeige, Tempoanpassung			
C3.14 Beachtung der Bodenmarkierungen				C3.35 Einordnen			
C3.15 Rechtzeitige Anzeige				C3.36 Blickverhalten			
C3.16 Richtige Ausführung				C3.37 Fahrspur beim Einbiegen			
SONSTIGES VERHALTEN				**HOHES TEMPO**			
C3.17 Beachtung der Verkehrsvorschriften *)				C3.38 Einfahren			
C3.18 Verhalten bei besonderen Partnern *)				C3.39 Ausfahren			
C3.19 Voraussehen der Gefahr							
C3.20 Behinderung, Gefährdung *)							
Vorausschauendes und fahrgastgerechtes (ruck- u. stossloses) Fahren				Benutzung der Einstiegshilfen			
Innenraumbeobachtung				Haltestellen- bzw. Halteplatzausfahrt			
Zufahren zur Haltestelle bzw. zum Halteplatz				Ökonomisches Fahren			
Haltestellenaufenthalt / Ein- und Ausstieg der Fahrgäste				Wagenumsicht			
				Abstellen des Fahrzeuges			

D. BESPRECHUNG VON ERLEBTEN SITUATIONEN (Besprochenes markieren)

O Wahl der Fahrgeschwindigkeit	O Gefahrenstellen erkennen, Partnerkunde	Raum für Bemerkungen:
O Wahl der Fahrspur	O Defensiv-, Taktik-, Öko-Fahrstil	
O Wahl von Tiefen- und Seitenabstand	O Anlauf-Ablauf erkennen	
O Fahren auf Autobahnen und Autostraßen	O Vorrangsituationen	
O Überholen, Überholtwerden	O Sonstiges	
O FAHRTABBRUCH	Grund:	

KFG
KDV
PBStV
Kraftstoff-VO
FSG + VO

4/6b. FSG-PV
Anlage 1

PRÜFUNGSPROTOKOLL Gemäß FSG § 11 Abs. 7   Klasse __E

Aktenzahl:	Prüfer-Nr.:	Dolmetsch:
Nachname:	Name:	Prüfort:
Vorname:	geb.:	Fahrzeug:	Prüfstrecke:
Ausweis-Nr.	Automatik: Ja Nein	Code: gem. FSG-DV § 2 Abs. 3 und 4	Trocken Nass Schnee Eis Nebel

Fahrzeit:	Prüfung	Prüfer
Von:	O BESTANDEN O NICHT BESTANDEN	
Bis:		Datum, Unterschrift

A. ÜBERPRÜFUNGEN AM FAHRZEUG (die drei gewählten Themengebiete und Bewertung eintragen) ✓ / L / M = in Ordnung/Leicht/Mittel

Themengebiet	L	M	Themengebiet	L	M	Themengebiet	L	M	Gesamtkalkül Teil A	
Vorschriften			Außenkontrollen			Anhänger an-, abschließen			Raum für Bemerkungen:	
Bremsanlage										

B. ÜBUNGEN IM VERKEHRSFREIEN RAUM (Prüfplatz) (es müssen alle Übungen durchgeführt werden) ✓ / L / M = in Ordnung/Leicht/Mittel   Gesamtkalkül Teil B

	Themengebiet	L	M
1	Rückwärts durch Tor		
2	Rückwärts an Rampe		
3	Seitliches Versetzen in Rückwärtsfahrt		
4	Zielbremsung		

(Skizze: Ausfahrt, Zielbremsung, Seitliches Versetzen in Rückwärtsfahrt, Rückwärts an Rampe schieben, Rückwärts durch Tor, Einfahrt, *) 4m, 40m, 5m)

C. FAHREN IM VERKEHR (Fehler eintragen) L/M/S = Leicht/Mittel/Schwer   *Mehrfachwertung möglich*

Bezeichnung	L	M	S	Bezeichnung	L	M	S
EBENE, STEIGUNG, GEFÄLLE				**VORBEIFAHREN, ÜBERHOLEN**			
C3.01 Anfahrsicherheit				C3.21 Verkehrsbeurteilung, Kontaktaufnahme, Blicktechnik			
C3.02 Gangwahl				C3.22 Überholsicht, Behinderung			
C3.03 Nebenhandlungen				C3.23 Rechtzeitige Anzeige			
C3.04 Abstellen und Sichern				C3.24 Beschleunigen			
SPURGESTALTUNG (GERADE, KURVE)				C3.25 Seitenabstand			
C3.05 Wahl des Fahrstreifens *				C3.26 Wiedereinordnen			
C3.06 Spur innerhalb des Fahrstreifens				**BEFAHREN VON QUERSTELLEN**			
C3.07 Spursicherheit, Blickverhalten				C3.27 Verkehrsbeurteilung *			
C3.08 Lenkradführung				C3.28 Richtiges Annähern			
TEMPOGESTALTUNG				C3.29 Wartepflichterfüllung			
C3.09 Zu langsam (behindernd)				C3.30 Stop, Arm- und Lichtzeichen (anhalten) *			
C3.10 Zu schnell für die Situation				C3.31 Fußgänger, Radfahrer *			
C3.11 Überschreiten der Höchstgeschwindigkeit *				C3.32 Blicktechnik			
C3.12 Sicherheitsabstände				C3.33 Rasches Verlassen			
FAHRSTREIFENWECHSEL				**EINBIEGEN**			
C3.13 Verkehrsbeurteilung, Kontaktaufnahme				C3.34 Rechtzeitige Anzeige, Tempoanpassung			
C3.14 Beachtung der Bodenmarkierungen				C3.35 Einordnen			
C3.15 Rechtzeitige Anzeige				C3.36 Blickverhalten			
C3.16 Richtige Ausführung				C3.37 Fahrspur beim Einbiegen			
SONSTIGES VERHALTEN				**HOHES TEMPO**			
C3.17 Beachtung der Verkehrsvorschriften *				C3.38 Einfahren			
C3.18 Verhalten bei besonderen Partnern *				C3.39 Ausfahren			
C3.19 Voraussehen der Gefahr							
C3.20 Behinderung, Gefährdung *							

D. BESPRECHUNG VON ERLEBTEN SITUATIONEN (Besprochenes markieren)

O Wahl der Fahrgeschwindigkeit	O Gefahrenstellen erkennen, Partnerkunde	Raum für Bemerkungen:
O Wahl der Fahrspur	O Defensiv-, Taktik-, Öko-Fahrstil	
O Wahl von Tiefen- und Seitenabstand	O Anlauf-Ablauf erkennen	
O Fahren auf Autobahnen und Autostraßen	O Vorrangsituationen	
O Überholen, Überholtwerden	O Sonstiges	
O FAHRTABBRUCH	Grund:	

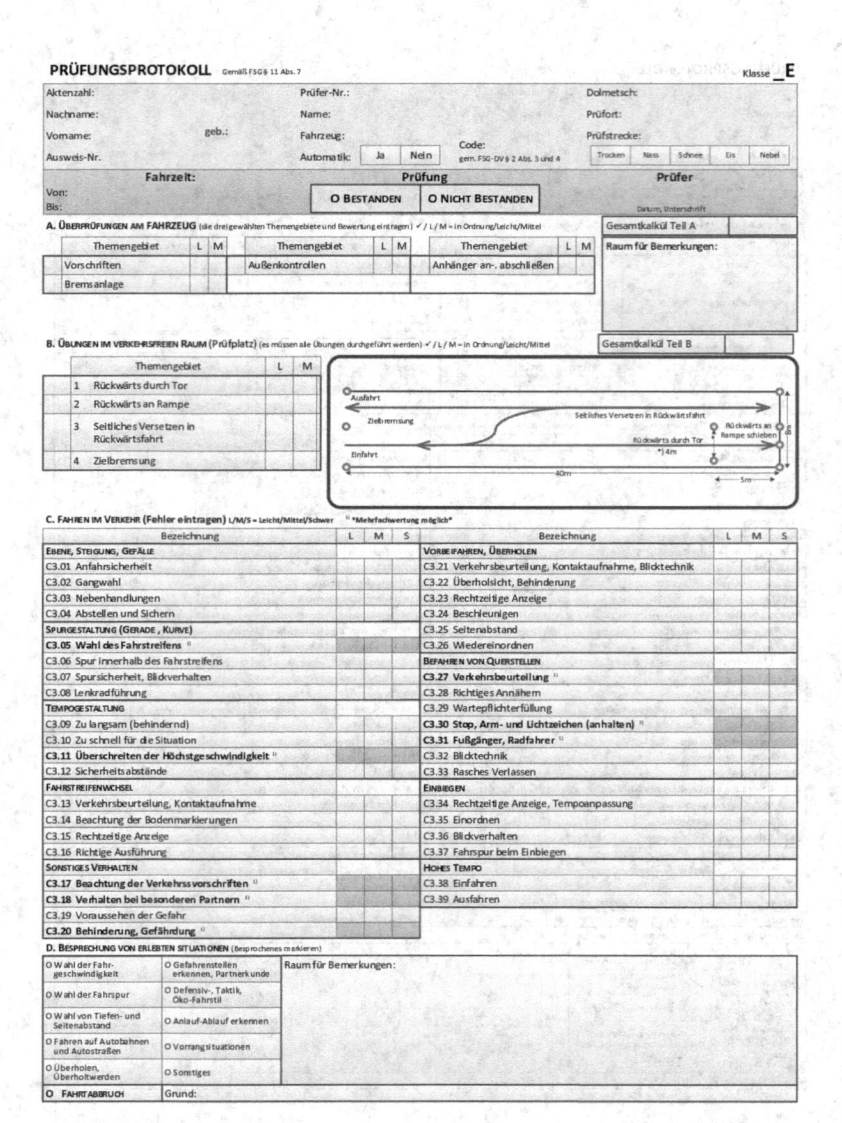

4/6b. FSG-PV

Anlage 1

PRÜFUNGSPROTOKOLL Gemäß FSG § 11 Abs. 7 — Klasse **F**

Aktenzahl:		Prüfer-Nr.:			Dolmetsch:			
Nachname:		Name:			Prüfort:			
Vorname:	geb.:	Fahrzeug:		Code:	Prüfstrecke:			
Ausweis-Nr.		Automatik: Ja Nein		gem. FSG-DV § 2 Abs. 3 und 4	Trocken	Nass	Schnee	Eis	Nebel

Fahrzeit:	Prüfung	Prüfer
Von:	O BESTANDEN O NICHT BESTANDEN	
Bis:		Datum, Unterschrift

A. ÜBERPRÜFUNGEN AM FAHRZEUG (die drei gewählten Themengebiete und Bewertung eintragen) ✓ / L / M = in Ordnung/Leicht/Mittel — Gesamtkalkül Teil A

Themengebiet	L	M	Themengebiet	L	M	Themengebiet	L	M	Raum für Bemerkungen:
Reifen/Räder			Außenkontrollen			Flüssigkeitsstände			
Bremsanlage			Lenkung			Innenkontrollen			
			Batterie und Keilriemen						

B. ÜBUNGEN IM VERKEHRSFREIEN RAUM (Prüfplatz) (es müssen alle Übungen durchgeführt werden) ✓ / L / M = in Ordnung/Leicht/Mittel — Gesamtkalkül Teil B

	Themengebiet	L	M
1	Anhänger an Rampe schieben		
2	Abkuppeln		
3	Slalom		
4	Tor		
5	Zielbremsung		
6	Ankuppeln		

*) Fahrzeugbreite +20cm

C. FAHREN IM VERKEHR (Fehler eintragen) L/M/S = Leicht/Mittel/Schwer " "Mehrfachwertung möglich"

Bezeichnung	L	M	S	Bezeichnung	L	M	S
EBENE, STEIGUNG, GEFÄLLE				**VORBEIFAHREN, ÜBERHOLEN**			
C3.01 Anfahrsicherheit				C3.21 Verkehrsbeurteilung, Kontaktaufnahme, Blicktechnik			
C3.02 Gangwahl				C3.22 Überholsicht, Behinderung			
C3.03 Nebenhandlungen				C3.23 Rechtzeitige Anzeige			
C3.04 Abstellen und Sichern				C3.24 Beschleunigen			
SPURGESTALTUNG (GERADE, KURVE)				C3.25 Seitenabstand			
C3.05 Wahl des Fahrstreifens				C3.26 Wiedereinordnen			
C3.06 Spur innerhalb des Fahrstreifens				**BEFAHREN VON QUERSTELLEN**			
C3.07 Spursicherheit, Blickverhalten				C3.27 Verkehrsbeurteilung "			
C3.08 Lenkradführung				C3.28 Richtiges Annähern			
TEMPOGESTALTUNG				C3.29 Wartepflichterfüllung			
C3.09 Zu langsam (behindernd)				C3.30 Stop, Arm- und Lichtzeichen (anhalten) "			
C3.10 Zu schnell für die Situation				C3.31 Fußgänger, Radfahrer "			
C3.11 Überschreiten der Höchstgeschwindigkeit "				C3.32 Blicktechnik			
C3.12 Sicherheitsabstände				C3.33 Rasches Verlassen			
FAHRSTREIFENWECHSEL				**EINBIEGEN**			
C3.13 Verkehrsbeurteilung, Kontaktaufnahme				C3.34 Rechtzeitige Anzeige, Tempoanpassung			
C3.14 Beachtung der Bodenmarkierungen				C3.35 Einordnen			
C3.15 Rechtzeitige Anzeige				C3.36 Blickverhalten			
C3.16 Richtige Ausführung				C3.37 Fahrspur beim Einbiegen			
SONSTIGES VERHALTEN							
C3.17 Beachtung der Verkehrsvorschriften "							
C3.18 Verhalten bei besonderen Partnern "							
C3.19 Voraussehen der Gefahr							
C3.20 Behinderung, Gefährdung "							

D. BESPRECHUNG VON ERLEBTEN SITUATIONEN (Besprochenes markieren)

O Wahl der Fahrgeschwindigkeit	O Gefahrenstellen erkennen, Partnerkunde	Raum für Bemerkungen:
O Wahl der Fahrspur	O Defensiv-, Taktik-, Öko-Fahrstil	
O Wahl von Tiefen- und Seitenabstand	O Anlauf-Ablauf erkennen	
	O Vorrangsituationen	
O Überholen, Überholtwerden	O Sonstiges	
O FAHRTABBRUCH	Grund:	

KFG
KDV
PBStV
Kraftstoff-VO
FSG + VO

Anhang 1 tritt am 1. 10. 2019 in Kraft.

Gem BGBl II 2019/299 wird in Anlage 1 Prüfungsprotokoll für die Klasse B ab 10. 10. 2019 der Wert „8m" bei der Tiefe der Garage ersetzt durch „min. 6m".
(BGBl II 2019/229)

4/6b. FSG-PV
Anlage 2

Anlage 2

VORLÄUFIGER FÜHRERSCHEIN

Nr.: _____

ausstellende Behörde: _____

für _____

geboren am _____

Dieser vorläufige Führerschein berechtigt zum Lenken von Kraftfahrzeugen für folgende Klasse(n) bis zum Erhalt des Führerscheines im Kartenformat, längstens jedoch bis zum _____

	Fahrzeugklassen	vom	bis zum	Auflagen	Unterschrift des Prüfers
A	AM	************			
	A1	************			
	A2	************			
	A	************			
B	B1	************			
	B	01.03.2006	01.01.2007		
C	C1	************			
	C	************			
D	D1	************			
	D	************			
E	BE	************			
	C1E	************			
	CE	************			
	D1E	************			
	DE	************			
	F	01.01.2004			Klasse im Besitz
	Codes für alle Klassen				

_____ _____
Datum und Unterschrift des Prüfers   Unterschrift des Führerscheinwerbers

Hinweise

Dieser vorläufige Führerschein gilt nur in Österreich und nur in Verbindung mit einem amtlichen Lichtbildausweis. Sollten Sie 14 Tage nach ordnungsgemäßer Entrichtung der Gebühren den Führerschein im Kartenformat nicht erhalten haben, werden Sie ersucht, sich mit Ihrer Führerscheinbehörde in Verbindung zu setzen.
Nach Ablauf der Gültigkeit dieses vorläufigen Führerscheines sind Sie bis zum Erhalt des Führerscheines im Kartenformat nicht berechtigt, Kraftfahrzeuge zu lenken.
* Über die oben angeführte(n) Befristungen) und/oder Auflage(n) können Sie binnen 14 Tagen ab dem Tag der praktischen Fahrprüfung bei der ausstellenden Behörde einen schriftlichen Bescheid verlangen, gegen den Sie das Rechtsmittel der Berufung einbringen können.
* gemäß § 5 Abs. 5 letzter Satz FSG, optional

(BGBl II 2012/244, BGBl II 2015/187, im letzten Satz der Hinweise wird das Wort „Berufung" durch das Wort „Beschwerde" ersetzt.)

4/6b. FSG-PV
Anlage 3

Anlage 3

Kostenblatt
gem. § 11 Abs. 6b Führerscheingesetz

Name:	Familienname, Vorname	DVR: 9999999
Geb. am:	TT.MM.JJJJ	Antragsnummer: 06/000000
Straße:	Straße 1	Datum: TT.MM.JJJJ
PLZ/Ort:	9999 Ort	

Sie haben am TT.MM.JJJJ einen Antrag auf Erteilung der Lenkberechtigung für die Klasse(n) **XX** gestellt. Es sind folgende Kosten entstanden:

Kostenart	Betrag
Führerscheingebühr	€ 0,00
Prüfgebühr	€ 0,00
Expressherstellung	€ 0,00
Gebühren Veröffentlichungen	€ 0,00
Summe:	€ 0,00

Achtung!
Falls Sie diesen Zahlschein nicht verwenden, sind die Kundendaten **980600000099** unbedingt als Verwendungszweck anzugeben, andernfalls kann der eingezahlte Betrag nicht zugeordnet werden, und Sie erhalten unter Umständen den Scheckkartenführerschein nicht oder verspätet! Der mit diesem Kostenblatt ausgehändigte vorläufige Führerschein gilt für die Dauer von **vier Wochen**, diese Frist kann nicht verlängert werden.
Erst nach korrekter Entrichtung sämtlicher auf diesem Kostenblatt angeführten Gebühren wird die Behörde die Herstellung des Scheckkartenführerscheines und die Zustellung an Sie veranlassen.

Mit freundlichen Grüßen
Ihre Verwaltungsbehörde

KFG
KDV
PBStV
Kraftstoff-VO
FSG + VO

AUFTRAGSBESTÄTIGUNG - EURO
Betrag 0,00
Kontonummer Empfängerln
9999999999
Empfängerln
Behörde
Verwendungszweck
Führerschein
06/000000
Kontonummer Auftraggeberln
Auftraggeberln/Einzahlerln - Name und Anschrift
Familienname, Vorname
Straße 1
9999 Ort
C04

Bank
Kontonummer Empfängerln
9999999999 BLZ Empfängerbank 99999
Empfängerln
Behörde
Unterschrift Auftraggeberln - bei Verwendung als Überweisungsauftrag
Kontonummer Auftraggeberln BLZ-Auftragg./Bookverw.
Auftraggeberln/Einzahlerln - Name und Anschrift
Familienname, Vorname
Straße 1
9999 Ort

ZAHLSCHEIN - INLAND
EUR
Betrag 0,00
Verwendungszweck
Führerschein
06/000000

Bei ONLINE-BANKING
bitte im Feld
KUNDENDATEN
folgende Zahl eingeben:
980600000099
004

980600000099<9999999999+ 00099999> 00000000000< 40+.

(BGBl II 2006/65)

4/6b. FSG-PV
Anlage 4

Anlage 4

Lehrplan für die Ausbildung zum Fahrprüfer
I. Ausbildung zum Fahrprüfer für die Klasse B

I.1. Theoretische Ausbildung (28 UE)

I.1.1. Allgemeine Kenntnisse (6 UE)
- Theorie des Fahrverhaltens
- Gefahrenerkennung und Unfallvermeidung
- Anforderungen an die Fahrprüfung
- einschlägige Straßenverkehrsvorschriften einschließlich der einschlägigen unionsrechtlichen und nationalen Rechtsvorschriften und Auslegungsleitlinien

I.1.2. Bewertungsfähigkeit (12 UE)
- Theorie und Praxis der Bewertung (Fehlererkennung, Tauglichkeitsniveau)
- Besprechung der Inhalte des Prüferhandbuchs
- Einheitlichkeit und Kohärenz der Bewertung
- Fähigkeit, die Leistung des Bewerbers insgesamt genau zu beobachten, zu kontrollieren und zu bewerten, und zwar insbesondere
  - das richtige und umfassende Erkennen gefährlicher Situationen
  - die genaue Bestimmung von Ursache und voraussichtlicher Auswirkung derartiger Situationen (defensives Fahren)
  - die Fähigkeit zur kraftstoffsparenden und umweltfreundlichen Fahrweise
  - rasche Aneignung von Informationen und Herausfiltern von Kernpunkten
  - vorausschauendes Handeln, Erkennung potenzieller Probleme und Entwicklung von entsprechenden Abhilfestrategien

I.1.3. Kenntnisse betreffend Qualität der Fahrprüfung und Verkehrssinnbildung (8 UE)
- nicht diskriminierende und respektvolle Behandlung der Kandidaten
- festlegen und vermitteln, worauf sich der Kandidat in der Prüfung einzustellen hat (Prüfungspsychologie)
- klar kommunizieren, wobei Inhalt, Stil- und Wortwahl der Zielgruppe entsprechen müssen und auf Fragen der Kandidaten einzugehen ist
- klare Rückmeldung in Bezug auf das Prüfungsergebnis
- Kenntnisse in Verkehrssinnbildung
- Wahrnehmungstraining
- Gefahrenerkennung
- Gefahrenvermeidung und Defensivtraining
- GDE-Matrix (Goals for Driver Education)
- Methoden der hierarchischen Beurteilung des Fahrerverhaltens (Können – Wissen – Fahrmotive)
- Prinzipien des Coachings (didaktische Methoden zur Vermittlung der Eigenverantwortung)

I.1.4. Fahrzeugtechnische und physikalische Kenntnisse (2 UE)
- fahrzeugtechnische Kenntnisse (insbesondere Lenkung, Reifen, Bremsen, Beleuchtung)
- Kenntnisse der Ladungssicherung
- Kenntnisse über Fahrzeugphysik wie Geschwindigkeit, Reibung, Dynamik, Energie
- Kenntnisse in kraftstoffsparender und umweltschonender Fahrweise

I.2. Praktische Ausbildung (44 UE)

I.2.1. Persönliche hohe Fahrfertigkeiten (8 UE)
- praktische Übungen des Lehrplanes B, das sind die im § 11 Abs. 4 Z 2 FSG angeführten Übungen (Anlage 10c der KDV 1967)
- Fahren mit einem Anhänger inkl. Rangierübungen auf einem Übungsgelände (möglichst auch Klasse F)
- defensives Fahren
- Feedbackfahrt mit kommentierten Fahren in allen 4 Verkehrsräumen

I.2.2. Kraftstoffsparende und umweltfreundliche Fahrweise (4 UE)
- Spritspartraining

I.2.3. Fahrsicherheitstraining (8 UE)
- Teilnahme an einem Fahrsicherheitstraining entsprechend der Mehrphasenausbildung für die Klasse B oder Höherwertiges

I.2.4. Hospitieren (24 UE)
- Teilnahme an Fahrprüfungen der Klassen B (möglichst auch Klasse F) mit selbstständigem Ausfüllen eines Prüfungsprotokolls
- simulierte Prüfungsfahrt

II. Ausbildung zum Fahrprüfer für die Klasse A

II.1. Theoretische Ausbildung (4 UE)
- klassenspezifische rechtliche Kenntnisse
- klassenspezifische fahrzeugtechnische und physikalische Kenntnisse
- klassenspezifische Theorie der Bewertung (defensives und partnerbewusstes Fahren) unter Beachtung:
- Blicktechnik, Geschwindigkeit, Sicherheitsabstand, sichere Handhabung des Fahrzeugs
- Straßen- und Witterungsverhältnisse
- anderer Verkehrsteilnehmer
- Besprechung klassenspezifischer Inhalte des Prüferhandbuches

II.2. Praktische Ausbildung (8 UE)

II.2.1. Persönliche hohe Fahrfertigkeiten (4 UE)
- praktische Übungen des Lehrplanes A, u.zw. Spurgasse, Achterfahren usw. (Anlage 10b der KDV 1967)
- Fahren im Verkehr unter Beachtung:
- Blicktechnik, Geschwindigkeit, Sicherheitsabstand, sichere Handhabung des Fahrzeugs
- defensives Fahren

II.2.2. Hospitieren (4 UE)
- Teilnahme an Fahrprüfungen der Klasse A „(oder A1 oder A2)" mit selbstständigem Ausfüllen eines Prüfprotokolls *(BGBl II 2020/415)*
- simulierte Prüfungsfahrt

III. Ausbildung zum Fahrprüfer für die Klasse BE

III.1. Theoretische Ausbildung (2 UE)
- „klassenspezifische rechtliche Kenntnisse" *(BGBl II 2020/415)*
- „klassenspezifische fahrzeugtechnische und physikalische Kenntnisse" *(BGBl II 2020/415)*
- klassenspezifische Theorie der Bewertung (defensives und partnerbewusstes Fahren) unter Beachtung:
  - Blicktechnik, Geschwindigkeit, Sicherheitsabstand, sichere Handhabung des Fahrzeuges
  - Straßen- und Witterungsverhältnisse
  - anderer Verkehrsteilnehmer
  - „Ladungssicherung" *(BGBl II 2020/415)*
  - Besprechung klassenspezifischer Inhalte des „Prüferhandbuches" *(BGBl II 2020/415)*

III.2. Praktische Ausbildung (2 UE)
- Hospitieren
- Teilnahme an Fahrprüfungen der Klassen BE oder CE mit selbstständigem Ausfüllen eines Prüfungsprotokolls
- simulierte Prüfungsfahrt

IV. Ausbildung zum Fahrprüfer für die Klassen C und CE

IV.1. Theoretische Ausbildung (6 UE für C + weitere 2 UE für CE)
- klassenspezifische rechtliche Kenntnisse
- klassenspezifische fahrzeugtechnische und physikalische Kenntnisse

KFG
KDV
PBStV
Kraftstoff-VO
FSG + VO

4/6b. FSG-PV
Anlage 4

- klassenspezifische Theorie der Bewertung (defensives und partnerbewusstes Fahren) unter Beachtung:
- Blicktechnik, Geschwindigkeit, Sicherheitsabstand, sichere Handhabung des Fahrzeugs
- Straßen- und Witterungsverhältnisse
- anderer Verkehrsteilnehmer
- Ladungssicherung
- Besprechung klassenspezifischer Inhalte des Prüferhandbuches

IV.2. Praktische Ausbildung (8 UE für C + weitere 4 UE für CE)

IV.2.1. „Persönliche" hohe Fahrfertigkeiten (2 UE für C + weitere 2 UE für CE) *(BGBl II 2020/415)*
- praktische Übungen des Lehrplanes C bzw. CE, u.zw. Rangierübungen und dgl. (Anlage 10g der KDV 1967)
- Fahren im Verkehr unter Beachtung:
- Blicktechnik, Geschwindigkeit, Sicherheitsabstand, sichere Handhabung des Fahrzeugs
- defensives Fahren

IV.2.2. Hospitieren (6 UE für C+ weitere 2 UE für CE)
- Teilnahme an Fahrprüfungen der entsprechenden Klassen mit selbstständigem Ausfüllen eines Prüfungsprotokolls
- simulierte Prüfungsfahrt

V. Ausbildung zum Fahrprüfer für die Klassen D und DE

V.1. Theoretische Ausbildung (4 UE für D und weitere 2 UE für DE)
- klassenspezifische rechtliche Kenntnisse
- klassenspezifische fahrzeugtechnische und physikalische Kenntnisse
- klassenspezifische Theorie der Bewertung (defensives und partnerbewusstes Fahren) unter Beachtung:
- Blicktechnik, Geschwindigkeit, Sicherheitsabstand, sichere Handhabung des Fahrzeugs
- Straßen- und Witterungsverhältnisse
- anderer Verkehrsteilnehmer
- Personensicherheit / Erste Hilfe
- Ladungssicherung
- Besprechung klassenspezifischer Inhalte des Prüferhandbuches

V.2. Praktische Ausbildung (4 UE für D + weitere 2 UE für DE)

V.2.1. „Persönliche" hohe Fahrfertigkeiten (2 UE für D + weitere 1 UE für DE) *(BGBl II 2020/415)*
- Übungen im verkehrsfreien Raum laut „Prüfungsprotokoll" Klasse D1/D bzw. _E *(BGBl II 2020/415)*
- Fahren im Verkehr unter Beachtung:
- Blicktechnik, Geschwindigkeit, Sicherheitsabstand, sichere Handhabung des Fahrzeugs
- defensives Fahren

V.2.2. Hospitieren (2 UE für D + weitere 1 UE für DE)
- Teilnahme an Fahrprüfungen der entsprechenden Klassen C, CE (möglichst auch Klassen D, DE) mit selbstständigem Ausfüllen eines „Prüfungsprotokolls" *(BGBl II 2020/415)*
- simulierte Prüfungsfahrt

VI. Theoretische Ausbildung zum Fahrprüfer für die Klasse F (2 UE)
- klassenspezifische rechtliche Kenntnisse
- klassenspezifische fahrzeugtechnische und physikalische Kenntnisse

(BGBl II 2019/229)

Lehrplan für die Weiterbildung der Fahrprüfer
I. Theoretische Weiterbildung

I.1. Interaktiver Erfahrungsaustausch (8 UE)

I.1.1. Moderierte Diskussion der Teilnehmer zu aktuellen Fragestellungen im Bereich der Fahrprüfungsabläufe (insbesondere in Anwendung der geltenden Rechtsvorschriften sowie des Prüferhandbuches unter Hauptaugenmerk auf Bewertungskriterien und deren konsistente Umsetzung, sowie auf Umsetzung in Extrem- und Grenzfällen) (4 UE)

I.1.2. Fachvorträge und deren Nachbesprechung/Diskussion zu relevanten aktuellen Straßenverkehrssicherheitsthemen zur Erhaltung und Weiterentwicklung der Prüffähigkeit der Teilnehmer (insbesondere mit der Zielsetzung, dass der Prüfer die Prüfungen nach wie vor nach fairen und einheitlichen Anforderungen durchführt) (4 UE)

I.2. Modulare Weiterbildungskurse

I.2.1. Modul rechtliche Grundlagen (KFG, StVO, FSG, sowie Verordnungen – auch auf Grund umweltbezogener Maßnahmen, etc.) (4 UE)

I.2.2. Modul technisch-physikalische Grundlagen (Wirkungsweisen von elektronischer Fahrerunterstützung wie z.B. EBS, ESP, ASR, TRSP etc.) (4 UE)

I.2.3. Modul Verkehrssinnbildung (GDE-Matrix, Gefahrenfrüherkennung, Verhaltenstraining etc.) (4 UE)

I.2.4. Modul Verkehrssinnbildung – Vertiefung (4 UE)

I.2.5. Modul Ladungssicherung (Feststell- und Verzurrtechniken, Haltevorrichtungen, Plane, Arten von Verpackungen, Lastträger, Achslasten, bei der Fahrt wirkende Kräfte etc.) (4 UE)

I.2.6. Modul Klasse A (Blicktechnik, Wahl der Fahrlinie, Fahrphysik-Kreiselkräfte, Partnerkunde, Gepäck, Fahren mit Beifahrer, etc.) (4 UE)

I.2.7. Modul Klassen C und D (kinematische Kette für optimierte Nutzung, technische Merkmale und Funktionsweise der Sicherheitsausstattung, Ladungssicherheit durch Beladen und richtige Fahrzeugnutzung – Gewährleistung von Sicherheit und Komfort der Fahrgäste, etc.) (4 UE)

I.2.8. Modul Theorie der ökonomischen Fahrweise (vorausschauendes risikoprognostizierendes Fahrverhalten und Kenntnis von Drehmomentkurven, spezifischen Verbrauchskurven und optimaler Nutzung des Drehzahlmessers) (4 UE)

I.2.9. „Modul Prüfungspsychologie, Kommunikation und Pädagogik (Theoretische Behandlung der Prüfungssituation, Gesprächsführung und -techniken, Aggressions- und Stressmanagement, Umgang mit eingeschränkter Fahrtüchtigkeit)",,(4 UE)" *(BGBl II 2019/229; BGBl II 2020/415)*

I.2.10. „Modul Auditoren-Weiterbildung (für die als Auditoren tätigen Fahrprüfer relevante Inhalte nach Stand der Technik und aktuellen Forschungsergebnissen",,(4 UE)" *(BGBl II 2019/229; BGBl II 2020/415)*

II. Praktische Weiterbildung

II.1. Modul Übungen im verkehrsfreien Raum (Rangierübungen, Umkehren, Rückwärtsfahren, Anfahren auf Steigungen, Einfahren in Parklücken, Halt, Verzögerung etc.) (4 UE)

II.2. Modul Fahrsicherheitstraining (insbesondere Bremsübungen, Gefahrenbremsung, Notbremsung, Bremsausweichübung, Bremsen auf einseitig glatter Fahrbahn, richtiges Kurvenfahren und korrigieren eines unter- bzw. übersteuernden Fahrzeuges) (4 UE)

II.3. Modul Fahrsicherheitstraining – Vertiefung (4 UE)

II.4. Modul Ökonomisches Fahren (Fahrt in einer Dauer von mindestens 30 Minuten mit gleichzeitiger Messung des Kraftstoffverbrauches und der Fahrtdauer, Besprechung der Eckpunkte der umweltbewussten Fahrweise, Wiederholung der Fahrt, Gegenüberstellung beider Fahrten insbesondere des Treibstoffverbrauches, Analyse der Ergebnisse des Vergleiches der beiden Fahrten insb. in Hinblick auf Verbrauch und Verkehrssicherheit) (4 UE)

II.5. Modul Klasse A (Gruppenfahrt, Fahrt in einer Dauer von mindestens 90 Minuten, Nachbesprechung und Analyse der erlebten Verkehrssituationen und aller sicherheitsrelevanten Aspekte – aktives und passives Erleben der Verkehrsdynamik, Blickfiltertraining, Partnerkunde) (4 UE)

II.6. Modul Fahrsicherheitstraining Klasse A (Slalom, Bremsübungen, Bremsausweichübung, Kurventechnik, Handlingtraining, Blicktechnik, Sicherheitstipps etc.) (4 UE)

II.7. Modul Fahrsicherheitstraining Klasse A – Vertiefung (4 UE)

KFG
KDV
PBStV
Kraftstoff-VO
FSG + VO

4/6b. FSG-PV
Anlage 6

II.8.	Modul Übungen im Langsamfahrbereich im verkehrsfreien Raum für die Klassen C und D (Rangierübungen, Umkehren, Rückwärtsfahren, Anfahren auf Steigungen, Einfahren in Parklücken, seitlich an Rampe, rückwärts an Rampe, Zielbremsung etc.) (4 UE)
II.9.	Modul Ökonomisches Fahren für die Klassen C und D (Inhalte wie in II.4. abgestimmt auf Kraft-fahrzeuge mit größeren Längsabmessungen und/oder höheren Gewichten) (4 UE)
II.10.	Modul praktische Ladungssicherung (Niederzurren von Stückgut, Überprüfen der Vorspannkraft, Direktzurren einer Ladung, praktische Handhabe von Ladungssicherungshilfsmitteln wie z.B. Antirutschmaterialien, Nachmessung der richtigen Ladungssicherung mittels ausgewählter Berechnungsmethoden etc.) (4 UE)
II.11.	„Modul Abnahme praktischer Fahrprüfungen (Ausfahrt, Simulierung der Abnahme einer Fahrprüfung, Nachbesprechung und Analyse der erlebten Situationen) (4 UE)" *(BGBl II 2013/289)*
II.12.	„Hospitieren, Teilnahme an Fahrprüfungen mit selbständigem Ausfüllen eines Prüfprotokolls sowie eventuell Teilnahme an Audits (4 UE)" *(BGBl II 2013/289)*
II.13.	„Modul praktische Übungen zu Prüfungspsychologie, Kommunikation und Pädagogik (Gecoachtes (Kamera-)Training, simulierte Prüfungen mit Schwerpunkt Didaktik, Aggressions- und Stressbewältigung, Umgang mit eingeschränkter Fahrtüchtigkeit)",(4 UE)" *(BGBl II 2019/229; BGBl II 2020/415)*
II.14.	„Modul klassenspezifische Übungen zu speziellen Themen (praktische Erfahrungen in der spezifischen Fahrzeugklasse und zur Partnerkunde, Übungen im verkehrsfreien Raum und Fahren im Verkehr mit der entsprechenden Fahrzeugklasse unter Auswahl einer geeigneten Prüfstrecke/geeigneter Prüfstrecken, praktische Übungen im Bereich Notfalltraining (bei Fahrzeugen) bezogen auf den/die gewählten Schwerpunkt/e.)",(4 UE)" *(BGBl II 2019/229; BGBl II 2020/415)*

(BGBl II 2012/244)

Anlage 6

Lehrplan für die Ausbildung zum Fahrprüfungsauditor	
1.	Einführung in das Qualitätsmanagement, die wichtigsten Kapitel der ISO 9001 ff, sowie die allgemeine Erklärung der Funktion, Rolle des Auditors (4 UE)
2.	Theorie der spezifischen Anwendung und Funktionsweise des QMS im System „Fahrprüfung". Systemspezifische Erklärung der Funktion, Rolle des Auditors im Qualitätsmanagement (4 UE)
3.	Praktische Übungen im Bereich der Audits; Probeaudits mit verteilten Rollen, Kameracoaching und Kommunikationsberatung. Durchführung eines Übungsauditgesprächs (mit modellhaften Vorgaben eines Planspieles) mit Beurteilung der Stellungnahme des Auditierten, sowie probeweise Erstellung einer Gesamtbeurteilung. Durchführung einer Dokumentation des Probeaudits mit statistischer Endfassung (4 UE)

(BGBl II 2012/244)

Führerscheingesetz-Gesundheitsverordnung – FSG-GV

BGBl 1997/322 idF

1 BGBl II 1998/138
2 BGBl II 2002/16
3 BGBl II 2002/427
4 BGBl II 2006/64
5 BGBl II 2011/280
6 BGBl II 2015/285
7 BGBl II 2016/206
8 BGBl II 2018/64
9 BGBl II 2019/228
10 BGBl II 2021/267

Verordnung des Bundesministers für Wissenschaft und Verkehr über die gesundheitliche Eignung zum Lenken von Kraftfahrzeugen (Führerscheingesetz-Gesundheitsverordnung – FSG-GV)

Auf Grund der §§ 8 und 34 des Führerscheingesetzes, BGBl. I Nr. 120/1997, wird im Einvernehmen mit dem Bundesminister für Arbeit, Gesundheit und Soziales verordnet:

Begriffsbestimmungen

§ 1. „" Im Sinne dieser Verordnung bedeutet:

1. ärztliches Gutachten: ein von einem Amtsarzt oder von einem gemäß § 34 FSG bestellten sachverständigen Arzt für Allgemeinmedizin gemäß der **Anlage** erstelltes Gutachten, das in begründeten Fällen auch fachärztliche Stellungnahmen, gegebenenfalls eine Beobachtungsfahrt gemäß § 9 FSG oder erforderlichenfalls auch eine verkehrspsychologische Stellungnahme zu umfassen hat.

2. fachärztliche Stellungnahme: diese hat ein Krankheitsbild zu beschreiben und dessen Auswirkungen auf das Lenken von Kraftfahrzeugen zu beurteilen und ist von einem Facharzt des entsprechenden Sonderfaches abzugeben. „In dieser ist gegebenenfalls auch die kraftfahrspezifische Leistungsfähigkeit mitzubeurteilen." *(BGBl II 2002/427)*

3. verkehrspsychologische Untersuchung eines Bewerbers um eine Lenkberechtigung oder eines Führerscheinbesitzers: diese besteht aus
a) der Prüfung seiner kraftfahrspezifischen verkehrspsychologischen Leistungsfähigkeit und
b) der Untersuchung seiner Bereitschaft zur Verkehrsanpassung.

4. amtsärztliche Nachuntersuchung: Grundlage für ein von einem Amtsarzt erstelltes ärztliches Gutachten über die Eignung zum Lenken von Kraftfahrzeugen eines Besitzers einer Lenkberechtigung; sie umfaßt sowohl das Aktenstudium als auch die Beurteilung allfälliger fachärztlicher Stellungnahmen sowie verkehrspsychologischer Stellungnahmen sowie gegebenenfalls eine Beobachtungsfahrt und hat sich auf die gesundheitlichen Mängel zu beschränken, auf Grund derer die Nachuntersuchung vorgeschrieben wurde, es sei denn, anläßlich der Nachuntersuchung treten andere Auffälligkeiten auf.

5. ärztliche Kontrolluntersuchung: Grundlage für eine fachärztliche Stellungnahme, auf Grund bestimmter Leiden, die im Hinblick auf eine Befristung der Lenkberechtigung regelmäßig durchzuführen ist und für die amtsärztliche Nachuntersuchung erforderlich ist.

6. Wiederholungsuntersuchung: Grundlage für das von Besitzern von Lenkberechtigungen der Klassen C(C1), CE(C1E), D(DE) und D1(D1E) gemäß § 17a Abs. 2 vorzulegende ärztliche Gutachten. *(BGBl II 2011/280)*

7. Beobachtungsfahrt: eine Fahrt von mindestens 30 Minuten für die Gruppe 1 und mindestens 45 Minuten für die Gruppe 2 im Beisein eines Amtsarztes und/oder gegebenenfalls eines technischen Sachverständigen. Es ist dabei die Beherrschung des Fahrzeuges, das verkehrsangepaßte und mit Rücksicht auf andere Verkehrsteilnehmer umsichtige Fahren sowie die Kompensation von gesundheitlichen Mängeln zu beobachten. Die Beobachtungsfahrt hat insbesondere zu umfassen:
a) Überqueren von mindestens vier ungeregelten Kreuzungen,
b) Überholen und Vorbeifahren,
c) links und rechts einbiegen,
d) Kreisverkehr,
e) Anfahren auf Steigungen,
f) Rückwärtsfahren,
g) Ausparken, Einparken, Umdrehen,
h) Slalomfahrt bei Kraftfahrzeugen der Klasse A.

8. Gruppe 1: Kraftfahrzeuge der Klassen AM, A(A1, A2), B, BE und F, *(BGBl II 2011/280)*

9. Gruppe 2: Kraftfahrzeuge der Klassen C(C1), CE(C1E), D(D1) und DE(D1E). *(BGBl II 2011/280)*
(BGBl II 2011/280)

Allgemeines

§ 2. (1) Das ärztliche Gutachten hat gegebenenfalls auszusprechen:

1. ob und nach welchem Zeitraum eine amtsärztliche Nachuntersuchung erforderlich ist,

2. ob und in welchen Zeitabständen ärztliche Kontrolluntersuchungen erforderlich sind,

3. ob die Verwendung eines Körperersatzstückes oder Behelfes unumgänglich notwendig ist, um das sichere Lenken eines Kraftfahrzeuges zu gewährleisten „," *(BGBl II 1998/138)*

4. ob der Bewerber oder Führerscheinbesitzer nur unter zeitlichen, örtlichen oder sachlichen Beschränkungen zum Lenken von Kraftfahrzeugen geeignet ist. *(BGBl II 1998/138)*

„Werden in den Fällen der §§ 5 bis 16 ärztliche Kontrolluntersuchungen als Auflage vorgeschrieben, so dürfen diese niemals alleine, sondern immer nur in Verbindung mit einer Befristung der Lenkberechtigung und einer amtsärztlichen Nachuntersuchung bei Ablauf dieser Befristung verfügt werden." *(BGBl II 2011/280)*

(2) Die verkehrspsychologische Untersuchung hat, je nach den Erfordernissen der Verkehrssicherheit, den Gesichtspunkt der kraftfahrspezifischen Leistungsfähigkeit oder der Bereitschaft zur Verkehrsanpassung besonders zu berücksichtigen. Sie kann in den Fällen des § 17 Abs. 3 Z 1 und 2 auf Grund einer positiven Kurzuntersuchung (Screening) abgekürzt werden.

(3) Im Falle, daß das ärztliche Gutachten eine amtsärztliche Nachuntersuchung oder ärztliche Kontrolluntersuchungen oder die Verwendung von bestimmten Körperersatzstücken oder Behelfen vorschreibt, ist die Lenkberechtigung nur bis zu dem Zeitpunkt der nächsten amtsärztlichen Nachuntersuchung befristet, erforderlichenfalls unter der „Auflage" ärztlicher Kontrolluntersuchungen, oder unter der „Auflage" der Verwendung dieser Körperersatzstücke oder Behelfe zu erteilen. Die Befristung oder Bedingung ist gemäß § 13 Abs. 2 FSG in den Führerschein einzutragen. „Werden ärztliche Kontrolluntersuchungen als Auflage vorgeschrieben, so ist der Befund oder das Gutachten in den vorgeschriebenen Zeitabständen gemeinsam mit dem Führerschein der Behörde vorzulegen." *(BGBl II 2002/427)*

(4) Bei der Erstellung des ärztlichen Gutachtens darf keine fachärztliche oder verkehrspsychologische Stellungnahme miteinbezogen werden, die älter als sechs Monate ist. Aktenkundige Vorbefunde sind jedoch heranzuziehen, um einen etwaigen Krankheitsverlauf beurteilen zu können. Zu diesem Zweck hat die Behörde dem Sachverständigen bei Nachuntersuchungen in diese Vorbefunde Einsicht zu gewähren. *(BGBl II 1998/138)*

(5) Soweit in dieser Verordnung bestimmte Beschränkungen der Lenkberechtigung wie beispielsweise Auflagen vorgesehen sind, wird dadurch das Recht der Behörde, erforderlichenfalls zusätzliche Einschränkungen, wie beispielsweise Befristungen zu verfügen, nicht berührt. *(BGBl II 2002/427)*

Allgemeine Bestimmungen über die gesundheitliche Eignung zum Lenken von Kraftfahrzeugen

§ 3. (1) Als zum Lenken von Kraftfahrzeugen einer bestimmten Fahrzeugklasse im Sinne des § 8 FSG gesundheitlich geeignet gilt, wer für das sichere Beherrschen dieser Kraftfahrzeuge und das Einhalten der für das Lenken dieser Kraftfahrzeuge geltenden Vorschriften

1. die nötige körperliche und psychische Gesundheit besitzt,

2. die nötige Körpergröße besitzt,

3. ausreichend frei von Behinderungen ist und

4. aus ärztlicher Sicht über die nötige kraftfahrspezifische „" Leistungsfähigkeit verfügt. *(BGBl II 2002/427)*

Kraftfahrzeuglenker müssen die für ihre Gruppe erforderlichen gesundheitlichen Voraussetzungen gemäß den nachfolgenden Bestimmungen erfüllen. Um die gesundheitliche Eignung nachzuweisen, ist der Behörde ein ärztliches Gutachten gemäß § 8 Abs. 1 oder 2 FSG vorzulegen.

(2) Die ärztliche Untersuchung ist in der Regel mit den einem Arzt für Allgemeinmedizin üblicherweise zur Verfügung stehenden Untersuchungsbehelfen durchzuführen. Die Untersuchung umfaßt jedenfalls

1. die Erhebung der Krankheitsgeschichte, bezogen auf die gesundheitliche Eignung zum Lenken von Kraftfahrzeugen; *(BGBl II 1998/138)*

2. den Gesamteindruck – zusammengesetzt aus Motorik, Mimik, Gestik, Koordination und Sprachvermögen;

3. die Größe und das Gewicht;

4. eine Sehschärfenkontrolle ohne Sehbehelf sowie eine grobe Überprüfung des Gesichtsfeldes; falls die angegebenen Mindestsehschärfen unterschritten werden, zusätzlich eine Sehschärfenkontrolle mit Sehbehelf. Bei Brillenträgern der Gruppe 2 ist die Brillenstärke zu bestimmen; wenn dem sachverständigen Arzt die erforderlichen Untersuchungsbehelfe nicht zur Verfügung stehen, ist eine Brillenglasbestimmung eines Augenoptikers oder ein augenfachärztlicher Befund beizubringen; die Brillenglasbestimmung oder der augenfachärztliche Befund dürfen zum Zeitpunkt der Untersuchung nicht älter als sechs Monate sein; *(BGBl II 2011/280)*

5. einen Hörtest mit Konversationssprache (ein Meter für Lenker der Gruppe 1, sechs Meter für Lenker der Gruppe 2);

6. eine Herzkreislaufkontrolle durch Blutdruckmessung und Pulszählung;

7. eine Kontrolle der Beweglichkeit der Extremitäten (insbesondere durch Kniebeugen, seitliches Bewegen der Arme, Griffunktion beider Hände);

8. eine Überprüfung auf Tremor.

(3) Ergibt sich aus der Vorgeschichte oder anläßlich der Untersuchung der Verdacht auf das Vorliegen eines Zustandes, der die Eignung zum Lenken von Kraftfahrzeugen einschränken oder ausschließen würde, so ist gegebenenfalls die Vorlage allfälliger fachärztlicher oder verkehrspsychologischer Stellungnahmen zu verlangen. Diese Stellungnahmen sind bei der Gesamtbeurteilung zu berücksichtigen und im Gutachten in geeigneter Weise zu bewerten, wobei die zusätzlichen Risiken und Gefahren, die mit dem Lenken von Kraftfahrzeugen der Gruppe 2 verbunden sind, besonders zu berücksichtigen sind.

(4) Besitzer einer Lenkberechtigung, bei denen Erkrankungen oder Behinderungen festgestellt wurden, die nach den nachfolgenden Bestimmungen die Eignung zum Lenken von Kraftfahrzeugen ausschließen würden, gelten dann als geeignet zum Lenken von Kraftfahrzeugen der Gruppe 1, wenn sie

1. während der, der Feststellung der Erkrankung oder Behinderungen unmittelbar vorangehenden zwei Jahre Kraftfahrzeuge tatsächlich gelenkt haben und

2. die Annahme gerechtfertigt ist, daß ein Ausgleich des bestehenden Mangels durch erlangte Geübtheit eingetreten ist.

Der Eintritt dieses Ausgleichs und die Dauer des Vorliegens dieser Eignung ist durch das ärztliche Gutachten nötigenfalls im Zusammenhang mit einer Beobachtungsfahrt festzustellen und darf nur auf höchstens fünf Jahre ausgesprochen werden. Bestehen trotz der durchgeführten Beobachtungsfahrt noch Bedenken über die Eignung des zu Untersuchenden, ist zusätzlich eine verkehrspsychologische Stellungnahme zu seiner kraftfahrspezifischen Leistungsfähigkeit einzuholen.

(5) Personen mit einer fortschreitenden Erkrankung kann eine Lenkberechtigung befristet erteilt oder belassen werden unter der „Auflage" ärztlicher Kontrolluntersuchungen und amtsärztlicher Nachuntersuchungen. Die „Auflage" kann aufgehoben werden, sobald sich die Erkrankung oder Behinderung stabilisiert hat. *(BGBl II 2002/427)*

Körpergröße

§ 4. (1) Die Eignung einer Person zum Lenken von Kraftfahrzeugen setzt eine Körpergröße von mindestens 155 cm und bei Kraftfahrzeugen der Klassen C(C1), CE(C1E), D(D1) und DE(D1E) von mindestens 160 cm voraus.

(2) Personen, deren Körpergröße das im Abs. 1 angeführte Mindestmaß nicht erreicht, gelten unter den in § 8 Abs. 3 Z 2 FSG angeführten Voraussetzungen als zum Lenken von Kraftfahrzeugen geeignet, wenn dieser Mangel durch die Verwendung von Behelfen, Fahrzeugen mit bestimmten Merkmalen oder Ausgleichkraftfahrzeugen ausgeglichen werden kann.

(BGBl II 2011/280)

Gesundheit

§ 5. (1) Als zum Lenken von Kraftfahrzeugen hinreichend gesund gilt eine Person, bei der keine der folgenden Krankheiten festgestellt wurde:

1. schwere Allgemeinerkrankungen oder schwere lokale Erkrankungen, die das sichere Beherrschen des Kraftfahrzeuges und das Einhalten der für das Lenken des Kraftfahrzeuges geltenden Vorschriften beeinträchtigen könnten,

2. organische Erkrankungen des zentralen oder peripheren Nervensystems, die das sichere Beherrschen des Kraftfahrzeuges und das Einhalten der für das Lenken des Kraftfahrzeuges geltenden Vorschriften beeinträchtigen könnten,

3. Erkrankungen, bei denen es zu unvorhersehbaren Bewußtseinsstörungen oder -trübungen kommt,

4. schwere psychische Erkrankungen gemäß § 13 sowie:

a) Alkoholabhängigkeit oder

b) andere Abhängigkeiten, die das sichere Beherrschen des Kraftfahrzeuges und das Einhalten der für das Lenken des Kraftfahrzeuges geltenden Vorschriften beeinträchtigen könnten,

5. Augenerkrankungen, die das Sehvermögen beeinträchtigen.

(2) Wenn sich aus der Vorgeschichte oder bei der Untersuchung zur Feststellung der Gesundheit gemäß Abs. 1 Z 1 ein krankhafter Zustand ergibt, der die Eignung zum Lenken eines Kraftfahrzeuges einschränken oder ausschließen würde, ist gegebenenfalls eine fachärztliche Stellungnahme einzuholen; bei Erkrankungen gemäß Abs. 1 Z 2, 3 und 4 ist eine entsprechende fachärztliche Stellungnahme einzuholen, die die „kraftfahrspezifische Leistungsfähigkeit" mitzubeurteilen hat. Bei Erkrankungen gemäß Abs. 1 Z 4 lit. a und b ist zusätzlich eine verkehrspsychologische Stellungnahme einzuholen. *(BGBl II 1998/138; BGBl II 2002/427)*

Behinderungen

§ 6. (1) Als zum Lenken von Kraftfahrzeugen hinreichend frei von Behinderungen gilt eine Person, bei der keine der folgenden Behinderungen vorliegt:

1. grobe Störungen des Raum- und Muskelsinnes, des Tastgefühles oder der Koordination der Muskelbewegungen, die das sichere Beherrschen des Kraftfahrzeuges beeinträchtigen können,

2. organische Veränderungen, die eine respiratorische Insuffizienz verursachen, *(BGBl II 2015/285)*

3. Defekte an Gliedmaßen, die das sichere Beherrschen des Kraftfahrzeuges beeinträchtigen können,

4. *(entfällt, BGBl II 2006/64)*

5. eingeschränkte Beweglichkeit der Gelenke, Muskulatur und Gliedmaßen, die das sichere Beherrschen des Kraftfahrzeuges beeinträchtigen kann,

6. mangelhaftes Sehvermögen oder

7. mangelhaftes Hörvermögen oder Störungen des Gleichgewichtes.

(2) Personen, bei denen Defekte an den Gliedmaßen im Sinne des Abs. 1 Z 3 oder 5 festgestellt wurden, die durch Verwendung von Körperersatzstücken oder Behelfen oder von Fahrzeugen mit bestimmten Merkmalen oder von Invalidenkraftfahrzeugen oder Ausgleichkraftfahrzeugen ausgeglichen werden können, gelten unter den in § 8 Abs. 3 Z 2 oder 3 FSG angeführten Voraussetzungen als zum Lenken von Kraftfahrzeugen bedingt oder beschränkt geeignet.

Sehvermögen

§ 7. (1) Alle Bewerber um eine Lenkberechtigung müssen sich einer Untersuchung unterziehen, um festzustellen, dass sie einen für das sichere Lenken von Kraftfahrzeugen ausreichenden Visus (Abs. 2 Z 1) haben. Diese Untersuchung hat auch eine grobe Überprüfung des Gesichtsfeldes (Abs. 2 Z 2) zu umfassen. In Zweifelsfällen ist der Bewerber von einem Facharzt für Augenheilkunde und Optometrie zu untersuchen. Die in Abs. 2 Z 3 und 4 genannten Kriterien sowie andere Störungen der Sehfunktion, die ein sicheres Fahren in Frage stellen können sowie das Vorliegen fortschreitender Augenkrankheiten sind bei dieser Untersuchung nicht einzeln zu untersuchen. In Zweifelsfällen oder beim Verdacht auf Vorliegen fortschreitender Augenerkrankungen ist der Bewerber von einem Facharzt für Augenheilkunde und Optometrie zu untersuchen.

(2) Das im § 6 Abs. 1 Z 6 angeführte mangelhafte Sehvermögen liegt vor, wenn nicht erreicht wird

1. ein Visus mit oder ohne Korrektur

a) für das Lenken von Kraftfahrzeugen der Gruppe 1 beim beidäugigen Sehen von mindestens 0,5

b) für das Lenken von Kraftfahrzeugen der Gruppe 2 von mindestens 0,8 auf einem Auge und von mindestens 0,1 auf dem anderen;

2. ein beidäugiges Gesichtsfeld

a) für das Lenken von Kraftfahrzeugen der Gruppe 1 mit Außengrenzen von horizontal mindestens 120 Grad, davon rechts und links mindestens 50 Grad und nach oben und unten mindestens 20 Grad und ohne Ausfall im zentralen Bereich von 20 Grad „Radius"; *(BGBl II 2019/228)*

b) für das Lenken von Kraftfahrzeugen der Gruppe 2 mit Außengrenzen von horizontal mindestens 160 Grad, davon rechts und links mindestens 70 Grad und nach oben und unten mindestens 30 Grad und ohne Ausfall im zentralen Bereich von 30 Grad „Radius"; *(BGBl II 2019/228)*

3. die Freiheit von Doppeltsehen, gegebenenfalls durch Abdeckung eines Auges oder durch optische Hilfsmittel;

4. ein ausreichendes Dämmerungssehen, ungestörte Blend- und Kontrastempfindlichkeit.

(BGBl II 2011/280)

Mängel des Sehvermögens

§ 8. (1) Wird der in § 7 Abs. 2 Z 1 lit. a geforderte Visus von Lenkern von Kraftfahrzeugen der Gruppe 1 nur mit Korrektur erreicht, so ist die Verwendung eines entsprechenden Sehbehelfes beim Lenken eines Kraftfahrzeuges vorzuschreiben. Lochbrillen (stenopäische Brillen) dürfen nicht verwendet werden und Zylindergläser dürfen nicht kreisrund sein.

(2) Wird der in § 7 Abs. 2 Z 1 lit. b geforderte Visus von Lenkern von Kraftfahrzeugen der Gruppe 2 nur mit Korrektur erreicht, so gilt die Eignung zum Lenken von Kraftfahrzeugen als gegeben, wenn auf Grund der bisherigen Verwendung von Sehbehelfen keine Bedenken bestehen und

1. die Gläserstärke nicht mehr als +8 oder -8 Dioptrien sphärisches Äquivalent und ± 2 Dioptrien zylindrisch beträgt und die Korrekturdifferenz nicht mehr als 2 Dioptrien sphärisches Äquivalent zwischen den beiden Augen beträgt oder

2. eine entsprechende fachärztliche Stellungnahme vorliegt, die den für das Lenken von Kraftfahrzeugen notwendigen Visus bestätigt oder

3. der erforderliche Visus mittels Kontaktlinsen erreicht wird.

Lochbrillen (stenopäische Brillen) dürfen nicht verwendet werden und Zylindergläser dürfen nicht kreisrund sein.

(3) Werden die Anforderungen an das Gesichtsfeld nicht erfüllt, darf eine Lenkberechtigung der Gruppe 1 in Ausnahmefällen aufgrund einer befürwortenden fachärztlichen Stellungnahme für einen Zeitraum von höchstens fünf Jahren erteilt oder belassen werden. Erforderlichenfalls muss durch eine Überprüfung der kraftfahrspezifischen Leistungsfähigkeit und/oder eine Beobachtungsfahrt festgestellt werden, ob das mangelhafte Sehvermögen ausreichend kompensiert werden kann. Ergibt die fachärztliche Untersuchung ein Gesichtsfeld eines Auges, das in dem in § 7 Abs. 2 Z 2 lit. a angeführten Bereich Defekte aufweist, so sind (zusätzlich zur fünfjährigen Befristung der Lenkberechtigung) die Bestimmun-

gen des Abs. 4 über das Fehlen eines Auges und die funktionelle Einäugigkeit anzuwenden. Ergibt die fachärztliche Untersuchung nicht überlappende Defekte der Gesichtsfelder beider Augen in dem in § 7 Abs. 2 Z 2 lit. a angeführten Bereich, so gelten (zusätzlich zur fünfjährigen Befristung der Lenkberechtigung) die in Abs. 4 angeführten Voraussetzungen mit Ausnahme der Bestimmungen über das Gesichtsfeld (§ 7 Abs. 2 Z 2) für beide Augen. Weisen die Gesichtsfelder beider Augen überlappende Defekte auf, darf eine Lenkberechtigung weder erteilt noch belassen werden. Eine Lenkberechtigung der Gruppe 2 darf in keinem Fall einer Gesichtsfeldeinschränkung erteilt oder belassen werden.

(4) Fehlt ein Auge oder ist eine funktionelle Einäugigkeit gegeben, so kann eine Lenkberechtigung erteilt oder belassen werden, wenn durch eine fachärztliche Stellungnahme bestätigt wird, dass beim normal sehenden Auge kein im § 7 Abs. 2 Z 2, 3 und 4 angeführtes mangelhaftes Sehvermögen und der in § 7 Abs. 2 Z 1 genannte Visus ohne oder mit Korrektur vorhanden ist. Eine Lenkberechtigung für die Gruppe 2 darf jedenfalls nur erteilt oder belassen werden, wenn der in § 7 Abs. 2 Z 1 lit. b genannte Visus auf beiden Augen erreicht wird. Eventuelle Anzeichen bei beginnender Erkrankung des sehenden Auges müssen dahingehend beurteilt werden, in welchem Zeitraum eine augenärztliche Kontrolluntersuchung erforderlich ist; die Eignung kann nur für diesen Zeitraum angenommen werden. Bei der Festsetzung des Zeitraumes ist auch auf die Ursache und den Zeitpunkt des Verlustes oder der Blindheit des einen Auges Bedacht zu nehmen. Erforderlichenfalls muss durch eine Beobachtungsfahrt oder eine Überprüfung der kraftfahrspezifischen Leistungsfähigkeit festgestellt werden, ob der Verlust eines Auges ausreichend kompensiert werden kann. Für einen Zeitraum von sechs Monaten nach Eintritt der Einäugigkeit darf jedenfalls keine Lenkberechtigung erteilt oder belassen werden. Beim Lenken von Kraftfahrzeugen ohne Windschutzscheiben oder mit Windschutzscheiben, deren oberer Rand nicht höher liegt als die Augen des Lenkers, ist ein Augenschutz zu verwenden.

(5) Im Falle des Doppeltsehens ist die Eignung zum Lenken von Kraftfahrzeugen der Gruppe 1 nach einer befürwortenden fachärztlichen Stellungnahme gegeben, unter der Auflage der Verwendung einer entsprechenden Vorrichtung wie schwarzes Glas, Mattglas usw., die die Sicht eines Auges ausschaltet. Die Lenkberechtigung für die Gruppe 1 darf für einen Zeitraum von höchstens fünf Jahren erteilt werden und überdies sind in diesem Fall die Bestimmungen des Abs. 4 über das Fehlen eines Auges und die funktionelle Einäugigkeit anzuwenden. Eine Lenkberechtigung der Gruppe 2 darf weder erteilt noch belassen werden.

(6) Personen mit einer fortschreitenden Augenkrankheit kann eine Lenkberechtigung befristet und unter der Auflage ärztlicher Kontrolluntersuchungen erteilt oder belassen werden. Die Auflage kann aufgehoben werden, sobald sich die Erkrankung oder Behinderung stabilisiert hat.

(7) Ergibt die fachärztliche Untersuchung einen Verdacht auf andere Augenerkrankungen, die das sichere Lenken eines Kraftfahrzeuges einschränken würden, so kann in Ausnahmefällen auf Grund einer erfolgreichen Beobachtungsfahrt eine befristete Lenkberechtigung erteilt werden.

(8) Bei Vorliegen von Augenzittern (Nystagmus) ist auch bei Erbringen der geforderten Sehschärfe eine fachärztliche Stellungnahme beizubringen, die die Eignung zum Lenken von Kraftfahrzeugen der Gruppe 1 bestätigt. Eine Lenkberechtigung der Gruppe 2 darf weder erteilt noch belassen werden.

(BGBl II 2011/280)

Hörvermögen

§ 9. Das in § 6 Abs. 1 Z 7 angeführte mangelhafte Hörvermögen liegt vor, wenn ohne Verwendung von Hörbehelfen nicht erreicht wird ein Hörvermögen bei beidohriger Prüfung

1. für das Lenken von Kraftfahrzeugen der Gruppe 1 für Konversationssprache auf eine Entfernung von mindestens 1 m,

2. für das Lenken von Kraftfahrzeugen der Gruppe 2 für Konversationssprache auf eine Entfernung von 6 m.

Wird das in Z 1 oder 2 angeführte Hörvermögen nicht erreicht, so ist eine fachärztliche Stellungnahme erforderlich, die nur nach einer tonaudiometrischen Untersuchung und einer Prüfung der Gleichgewichtsfunktion, wie etwa durch Steh- und Tretversuch sowie Blindgang, erstellt werden darf. Bei eventuellen Anzeichen auf Erkrankungen im Bereich der Hör- und Gleichgewichtsorgane ist deren Auswirkung auf die Eignung zum sicheren Beherrschen eines Kraftfahrzeuges zu beurteilen. Erforderlichenfalls muß durch eine Beobachtungsfahrt oder eine Untersuchung der kraftfahrspezifischen Leistungsfähigkeit festgestellt werden, ob das mangelnde oder fehlende Hörvermögen ausreichend kompensiert werden kann.

Herz-Kreislauf-Erkrankungen

§ 10. (1) Personen mit nachfolgend genannten Herz-Kreislauf-Erkrankungen darf eine Lenkberechtigung der jeweils genannten Gruppe(n) nur erteilt oder belassen werden, wenn die Erkrankung wirksam behandelt wurde und eine befürwortende fachärztliche Stellungnahme beigebracht wurde; erforderlichenfalls ist die Lenkberechtigung unter der Auflage amtsärztlicher

4/6c. FSG-GV
§ 10

Kontrolluntersuchungen und amtsärztlicher Nachuntersuchungen zu erteilen oder zu belassen:

1. bradykarde Herzrhythmusstörungen (Sinusknotenerkrankungen und Störungen des Reizleitungssystems) und tachykarde Herzrhythmusstörungen (supraventrikuläre und ventrikuläre Herzrhythmusstörungen) mit Anamnese von Synkopen oder synkopalen Episoden aufgrund von Herzrhythmusstörungen (gilt für Gruppe 1 und Gruppe 2);

2. bradykarde Herzrhythmusstörungen: Sinusknotenerkrankungen und Störungen des Reizleitungssystems mit AV-Block zweiten Grades Mobitz Typ II, AV-Block dritten Grades oder alternierendem Schenkelblock (gilt nur für Gruppe 2);

3. tachykarde Herzrhythmusstörungen (supraventrikuläre und ventrikuläre Herzrhythmusstörungen) mit

a) strukturellen Herzerkrankungen und anhaltenden ventrikulären Tachykardien (VT) (gilt für Gruppe 1 und 2), oder

b) polymorphen nichtanhaltenden VT, anhaltenden ventrikulären Tachykardien oder mit Indikation für einen Defibrillator (gilt nur für Gruppe 2);

4. Angina-Symptomatik (gilt für Gruppe 1 und Gruppe 2);

5. Implantation oder Austausch eines permanenten Schrittmachers (gilt nur für Gruppe 2);

6. Implantation oder Austausch eines Defibrillators oder angemessene oder nicht angemessene Schockabgabe (gilt nur für Gruppe 1);

7. Synkope (vorübergehender Verlust des Bewusstseins und Tonusverlust, gekennzeichnet durch plötzliches Einsetzen, kurze Dauer und spontane Erholung, zurückzuführen auf eine globale Minderdurchblutung des Gehirns, vermutlich reflexvermittelt, Ursache unbekannt, ohne Anzeichen einer bestehenden Herzerkrankung) (gilt für Gruppe 1 und Gruppe 2);

8. akutes Koronarsyndrom (gilt für Gruppe 1 und Gruppe 2);

9. stabile Angina, wenn Symptome bei leichter körperlicher Beanspruchung nicht auftreten (gilt für Gruppe 1 und Gruppe 2);

10. perkutane Koronarintervention (PCI) (gilt für Gruppe 1 und Gruppe 2);

11. Koronararterien-Bypass (CABG) (gilt für Gruppe 1 und Gruppe 2);

12. Schlaganfall/vorübergehende Durchblutungsstörung (TIA) (gilt für Gruppe 1 und Gruppe 2);

13. signifikante Verengung der Halsschlagader (gilt nur für Gruppe 2);

14. maximaler Aortendurchmesser übersteigt 5,5 cm (gilt nur für Gruppe 2);

15. Herzversagen: – New York Heart Association (NYHA) Stadien I, II, III (gilt nur für Gruppe 1), – NYHA Stadien I und II, vorausgesetzt, die linksventrikuläre Ejektionsfraktion beträgt mindestens 35 % (gilt nur für Gruppe 2);

16. Herztransplantation (gilt für Gruppe 1 und Gruppe 2);

17. herzunterstützendes Gerät (gilt nur für Gruppe 1);

18. Herzklappenchirurgie (gilt für Gruppe 1 und Gruppe 2);

19. maligne Hypertonie (Erhöhung des systolischen Blutdrucks ≥ 180 mmHg oder des diastolischen Blutdrucks ≥ 110 mmHg, verbunden mit drohender oder progressiver Organschädigung) (gilt für Gruppe 1 und Gruppe 2);

20. Blutdruck Stadium III (diastolischer Blutdruck ≥ 110 mmHg und/oder systolischer Blutdruck ≥ 180 mmHg) (gilt nur für Gruppe 2);

21. angeborene Herzerkrankung (gilt für Gruppe 1 und Gruppe 2);

22. hypertrophe Kardiomyopathie, wenn keine Synkope auftritt (gilt nur für Gruppe 1);

23. Long-QT-Syndrom mit Synkope, Torsade des Pointes oder QTc > 500 ms (gilt nur für Gruppe 1).

(2) Bei folgenden Herz-Kreislauf-Erkrankungen darf die Lenkberechtigung für die jeweils genannte(n) Gruppe(n) nur in besonderen Ausnahmefällen nach Beibringung einer befürwortenden fachärztlichen Stellungnahme und unter der Auflage amtsärztlicher Kontrolluntersuchungen und amtsärztlicher Nachuntersuchungen erteilt oder belassen werden:

1. Implantation eines Defibrillators (gilt nur für Gruppe 2);

2. periphere Gefäßerkrankung – thorakales und abdominales Aortenaneurysma, wenn der maximale Aortendurchmesser zu einer Prädisposition für ein signifikantes Risiko einer plötzlichen Ruptur und folglich einer unvermittelten Fahrunfähigkeit führt (gilt für Gruppe 1 und Gruppe 2);

3. Herzversagen:

a) NYHA Stadium IV (gilt nur für Gruppe 1),

b) NYHA Stadium III und IV (gilt nur für Gruppe 2),

4. herzunterstützende Geräte (gilt nur für Gruppe 2);

5. Herzklappenerkrankung mit Aorteninsuffizienz, Aortenstenose, Mitralinsuffizienz oder Mitralstenose, wenn die funktionelle Fähigkeit als NYHA Stadium IV eingeschätzt wird oder wenn synkopale Episoden aufgetreten sind (gilt nur für Gruppe 1);

6. Herzklappenerkrankung im NYHA Stadium III oder IV oder mit Ejektionsfraktion (EF) unter 35 %, Mitralstenose und schwerer pulmonaler Hypertonie oder mit schwerer echokardiographi-

scher Aortenstenose oder Aortenstenose, die Synkopen auslöst; außer für vollständig asymptomatische schwere Aortenstenose, wenn die Anforderungen des Belastungstests erfüllt sind (gilt nur für Gruppe 2);

7. strukturelle und elektrische Kardiomyopathien – hypertrophe Kardiomyopathie mit Anamnese von Synkopen oder wenn zwei oder mehr der folgenden Probleme bestehen: Wanddicke der linken Herzkammer (LV) > 3 cm, nichtanhaltende ventrikuläre Tachykardie, Familienanamnese von plötzlichem Tod (bei Verwandten ersten Grades), keine Erhöhung des Blutdrucks unter Belastung (gilt nur für Gruppe 2);

8. Long-QT-Syndrom mit Synkope, Torsade des Pointes und QTc > 500 ms (gilt nur für Gruppe 2);

9. Brugada-Syndrom mit Synkope oder Zustand nach erfolgreicher Reanimation (gilt für Gruppe 1 und 2).

(3) Beim Vorliegen von anderen als die in Abs. 1 und 2 genannten Kardiomyopathien (z. B. arrhythmogene rechtsventrikuläre Kardiomyopathie, Non-Compaction-Kardiomyopathie, katecholaminerge polymorphe ventrikuläre Tachykardie und Short-QT-Syndrom) die das Risiko plötzlich eintretender Ereignisse umfassen, die zum Verlust der Fahrtüchtigkeit führen, kann eine Lenkberechtigung für die Gruppe 1 oder 2 nur erteilt oder belassen werden wenn dies durch eine befürwortende fachärztliche Stellungnahme begründet ist. Gegebenenfalls kann auch die Auflage von Kontrolluntersuchungen mit amtsärztlichen Nachuntersuchungen vorgeschrieben werden.

(BGBl II 2018/64)

Zuckerkrankheit

§ 11. (1) Zuckerkranken darf eine Lenkberechtigung nur nach einer befürwortenden fachärztlichen Stellungnahme erteilt oder belassen werden, aus der insbesondere auch hervorgeht, dass der Zuckerkranke die mit Hypoglykämie verbundenen Risiken versteht und seinen Zustand angemessen beherrscht.

(2) Zuckerkranken, die mit Insulin oder bestimmten Tabletten behandelt werden müssen, darf eine Lenkberechtigung der Gruppe 1 nur für einen Zeitraum von höchstens fünf Jahren unter der Auflage ärztlicher Kontrolluntersuchungen und amtsärztlicher Nachuntersuchungen erteilt oder belassen werden.

(3) Zuckerkranken, die mit Insulin oder bestimmten Tabletten behandelt werden müssen, darf eine Lenkberechtigung der Gruppe 2 nur für einen Zeitraum von höchstens drei Jahren unter der Auflage ärztlicher Kontrolluntersuchungen und amtsärztlicher Nachuntersuchungen und unter Einhaltung folgender Voraussetzungen erteilt oder belassen werden:

1. der Lenker gibt eine Erklärung ab, dass in den letzten 12 Monaten keine Hypoglykämie aufgetreten ist, die eine Hilfe durch eine andere Person erforderlich macht (schwere Hypoglykämie);

2. es besteht keine Hypoglykämie-Wahrnehmungsstörung;

3. der Lenker weist eine angemessene Überwachung der Krankheit durch regelmäßige Blutzuckertests nach, die mindestens zweimal täglich sowie zu jenen Zeiten vorgenommen werden, zu denen die Person üblicherweise Kraftfahrzeuge lenkt;

4. der Lenker zeigt, dass er die mit Hypoglykämie verbundenen Risiken versteht;

5. es liegen keine anderen Komplikationen der Zuckerkrankheit vor, die das Lenken von Fahrzeugen ausschließen.

(4) Zuckerkranken, bei denen innerhalb von 12 Monaten zwei Mal eine Hypoglykämie aufgetreten ist, die eine Hilfe durch eine andere Person erforderlich macht (wiederholte schwere Hypoglykämie) sowie Zuckerkranken, die an Hypoglykämie-Wahrnehmungsstörung leiden, darf eine Lenkberechtigung „nur nach einer befürwortenden fachärztlichen Stellungnahme sowie unter der Auflage von Kontrolluntersuchungen und Nachuntersuchungen erteilt oder belassen werden." „Bei wiederholten schweren Hypoglykämien im Wachzustand darf eine Lenkberechtigung erst drei Monate nach der letzten Episode erteilt oder verlängert werden." *(BGBl II 2018/64)*

(BGBl II 2011/280)

Krankheiten des Nervensystems

§ 12. (1) Personen, die an einer schweren Erkrankung des Nervensystems leiden, darf eine Lenkberechtigung nur erteilt oder belassen werden, wenn die Eignung zum Lenken von Kraftfahrzeugen auch durch eine fachärztliche Stellungnahme bestätigt wird.

(2) Störungen des Nervensystems, die auf Erkrankungen, Verletzungen oder Operationen des zentralen oder peripheren Nervensystems zurückzuführen sind, sich in motorischen, sensiblen, sensorischen, trophischen und/oder neuropsychiatrischen oder neuropsychologischen Symptomen äußern und das Gleichgewicht und die Koordinierung stören, sind im Hinblick auf ihre kraftfahrspezifische Funktionsbeeinträchtigung und Prognose zu beurteilen. Bei Gefahr einer Verschlechterung kann die Lenkberechtigung nur unter der „Auflage" ärztlicher Kontrolluntersuchungen und amtsärztlicher Nachuntersuchungen erteilt oder belassen werden. *(BGBl II 2002/427)*

(3) *(entfällt, BGBl II 2011/280)*

§§ 12a – 12b

Anfallsleiden/Epilepsie

§ 12a. (1) Personen, die unter epileptischen Anfällen oder anderen anfallsartigen Bewusstseinsstörungen oder -trübungen leiden, kann eine Lenkberechtigung nur unter Einbeziehung einer befürwortenden fachärztlichen Stellungnahme und während der ersten fünf Jahre nach einem Anfall nur unter der Auflage ärztlicher Kontrolluntersuchungen und nur für höchstens fünf Jahre erteilt oder belassen werden. Der Facharzt hat die Epilepsie oder andere Bewusstseinsstörungen, deren klinische Form und Entwicklung, die bisherige Behandlung und die Anfallsfreiheit und das Anfallsrisiko zu beurteilen. Bei Lenkern der Gruppe 2 muss jedenfalls eine geeignete medizinische Nachbehandlung erfolgt sein, die Untersuchung darf keinen pathologischen zerebralen Befund ergeben haben und das Elektroenzephalogramm (EEG) darf keine epileptiforme Aktivität zeigen. Während der in Abs. 2 und 3 vorgeschriebenen anfallsfreien Zeiträume darf bei Lenkern der Gruppe 2 keine medikamentöse Behandlung der Epilepsie erfolgt sein.

(2) Personen, die einen erstmaligen Anfall erlitten haben, kann eine Lenkberechtigung der Gruppe 1 nach einer anfallsfreien Zeit von sechs Monaten, eine Lenkberechtigung der Gruppe 2 nach einer anfallsfreien Zeit von fünf Jahren erteilt oder belassen werden. Dieser Zeitraum kann entfallen, wenn der Anfall auf eine erkennbare und vermeidbare Ursache zurückzuführen ist, deren Auftreten am Steuer unwahrscheinlich ist (provozierter Anfall). Bei nicht provozierten Anfällen kann der Zeitraum in Einzelfällen aufgrund einer befürwortenden fachärztlichen Stellungnahme verkürzt werden.

(3) Personen, die an einer Epilepsie leiden (mehr als ein nicht provozierter Anfall oder ein nicht provozierter Anfall und im EEG epilepsietypische Veränderungen und/oder im MRT nachweisbare ursächliche strukturelle Läsion) oder mehr als einen Anfall (provozierte oder gemischt provozierte und nicht provozierte) erlitten haben, kann eine Lenkberechtigung der Gruppe 1 nach einer anfallsfreien Zeit von einem Jahr, eine Lenkberechtigung der Gruppe 2 nach einer anfallsfreien Zeit von zehn Jahren erteilt oder belassen werden. Bei Lenkern der Gruppe 2 kann der Zeitraum in Einzelfällen aufgrund einer befürwortenden fachärztlichen Stellungnahme verkürzt werden.

(4) Personen, die ausschließlich Anfälle ohne Beeinträchtigung des Bewusstseins oder der Handlungsfähigkeit oder schlafgebundene Anfälle erlitten haben, kann eine Lenkberechtigung der Gruppe 1 erteilt oder belassen werden, wenn dieses Krankheitsmuster über einen Zeitraum von einem Jahr ab dem ersten Anfall beobachtet wurde, es sei denn, dass die Erteilung oder Belassung einer Lenkberechtigung für die Gruppe 1 gemäß Abs. 2 zu einem früherem Zeitpunkt möglich ist. Für Lenker der Gruppe 2 gelten bei Anfällen ohne Beeinträchtigung des Bewusstseins oder der Handlungsfähigkeit oder bei schlafgebundenen Anfällen die in den Abs. 2 und 3 genannten Bestimmungen für Gruppe 2.

(5) Personen, die einen Anfall bei Änderung oder Beendigung einer antiepileptischen Therapie erlitten haben, kann eine Lenkberechtigung der Gruppe 1 bei Wiederaufnahme der zuvor wirksamen Behandlung nach einer erneuten anfallsfreien Zeit von drei Monaten erteilt oder belassen werden. Eine Lenkberechtigung für die Gruppe 2 darf in solchen Fällen nicht erteilt oder belassen werden (Abs. 1 letzter Satz).

(6) Personen, bei denen zwar noch keine Anfälle aufgetreten sind, die aber unter Gesundheitsstörungen (etwa arteriovenöse Fehlbildungen oder intrazerebrale Blutungen) leiden, die mit einem erhöhten Anfallsrisiko einhergehen, kann eine Lenkberechtigung der Gruppe 2 nur aufgrund einer befürwortenden fachärztlichen Stellungnahme erteilt oder belassen werden.

(BGBl II 2011/280)

Obstruktives Schlafapnoe-Syndrom

§ 12b. (1) Personen, bei denen der Verdacht auf ein mittelschweres oder schweres obstruktives Schlafapnoe-Syndrom gemäß Abs. 4 besteht, darf eine Lenkberechtigung nur nach Einholung einer fachärztlichen Stellungnahme erteilt oder belassen werden. Besitzer von Lenkberechtigungen sind auf die besonderen Risiken beim Lenken von Kraftfahrzeugen hinzuweisen.

(2) Personen, die ein mittelschweres oder schweres „obstruktives" Schlafapnoe-Syndrom aufweisen, kann eine Lenkberechtigung erteilt oder belassen werden, wenn *(BGBl II 2018/64)*

1. sie ihren Zustand angemessen unter Kontrolle haben,

2. eine geeignete regelmäßige Behandlung (gute „Compliance") einhalten und *(BGBl II 2018/64)*

3. sich deren übermäßige Tagesmüdigkeit „oder -schläfrigkeit", sofern eine solche vorhanden war, verbessert hat. *(BGBl II 2018/64)*

(3) Personen, die ein mittelschweres oder schweres „obstruktives" Schlafapnoe-Syndrom aufweisen, ist die Lenkberechtigung unter der Auflage von ärztlichen Kontrolluntersuchungen im Abstand von „höchstens" drei Jahren für eine Lenkberechtigung der Gruppe 1 und „höchstens" einem Jahr für eine Lenkberechtigung der Gruppe 2 zu erteilen oder zu belassen. Dabei sind die in Abs. 2 genannten Kriterien sowie die Notwendigkeit der Fortsetzung der medizinischen Behandlung und eine weiterhin hohe Vigilanz zu beurteilen. *(BGBl II 2018/64)*

(4) Ein mittelschweres obstruktives Schlafapnoe-Syndrom liegt vor, wenn eine Anzahl von Apnoen und „Hypopnoen" zwischen 15 und 29 pro Stunde vorliegen, ein schweres obstruktives Schlafapnoe-Syndrom, wenn mindestens 30 Apnoen und „Hypopnoen" pro Stunde vorliegen, jeweils im Zusammenhang mit übermäßiger Tagesmüdigkeit „oder -schläfrigkeit". *(BGBl II 2018/64)*

(BGBl II 2016/206)

Psychische Krankheiten und Behinderungen

§ 13. (1) Als ausreichend frei von psychischen Krankheiten im Sinne des § 3 Abs. 1 Z 1 gelten Personen, bei denen keine Erscheinungsformen von solchen Krankheiten vorliegen, die eine Beeinträchtigung des Fahrverhaltens erwarten lassen. Wenn sich aus der Vorgeschichte oder bei der Untersuchung der Verdacht einer psychischen Erkrankung ergibt, der die psychische Eignung zum Lenken eines Kraftfahrzeuges einschränken oder ausschließen würde, ist eine psychiatrische fachärztliche Stellungnahme beizubringen, die die „kraftfahrspezifische Leistungsfähigkeit" mitbeurteilt. *(BGBl II 2002/427)*

(2) Personen, bei denen

1. eine angeborene oder infolge von Krankheiten, Verletzungen oder neurochirurgischen Eingriffen erworbene schwere psychische Störung,

2. eine erhebliche geistige Behinderung,

3. ein schwerwiegender pathologischer Alterungsprozeß oder

4. eine schwere persönlichkeitsbedingte Störung des Urteilsvermögens, des Verhaltens und der Anpassung

besteht, darf eine Lenkberechtigung nur dann erteilt oder belassen werden, wenn das ärztliche Gutachten auf Grund einer psychiatrischen fachärztlichen Stellungnahme, in der die „kraftfahrspezifische Leistungsfähigkeit mitbeurteilt wird", die Eignung bestätigt. *(BGBl II 2002/427)*

Alkohol-, Sucht- und Arzneimittel

§ 14. (1) Personen, die von Alkohol, einem Sucht- oder Arzneimittel abhängig sind oder den Konsum dieser Mittel nicht so weit einschränken können, daß sie beim Lenken eines Kraftfahrzeuges nicht beeinträchtigt sind, darf, soweit nicht Abs. 4 anzuwenden ist, eine Lenkberechtigung weder erteilt noch belassen werden. Personen, bei denen der Verdacht einer Alkohol-, Suchtmittel- oder Arzneimittelabhängigkeit besteht, haben eine fachärztliche psychiatrische Stellungnahme beizubringen.

(2) Lenker von Kraftfahrzeugen, bei denen ein Alkoholgehalt des Blutes von 1,6 g/l (1,6 Promille) oder mehr oder der Atemluft von 0,8 mg/l oder mehr festgestellt wurde, haben ihre psychologische Eignung zum Lenken von Kraftfahrzeugen durch eine verkehrspsychologische Stellungnahme nachzuweisen.

(3) Personen, die ohne abhängig zu sein, in einem durch Sucht- oder Arzneimittel beeinträchtigten Zustand ein Kraftfahrzeug gelenkt haben, darf eine Lenkberechtigung weder erteilt noch belassen werden, es sei denn, sie haben ihre Eignung zum Lenken von Kraftfahrzeugen durch eine verkehrspsychologische und eine fachärztliche Stellungnahme nachgewiesen.

(4) Personen, die aus medizinischen Gründen Sucht- oder Arzneimittel erhalten, die geeignet sind, die Fahrtauglichkeit zu beeinträchtigen, darf nach einer befürwortenden fachärztlichen Stellungnahme eine Lenkberechtigung erteilt oder belassen werden.

(5) Personen, die alkohol-, suchtmittel- oder arzneimittelabhängig waren oder damit gehäuften Mißbrauch begangen haben, ist nach einer befürwortenden fachärztlichen Stellungnahme und unter der „Auflage" ärztlicher Kontrolluntersuchungen eine Lenkberechtigung der Gruppe 1 zu erteilen oder wiederzuerteilen. *(BGBl II 2002/427)*

Nierenerkrankungen

§ 15. (1) Nach einer befürwortenden Stellungnahme eines zuständigen Facharztes kann Personen, die unter einer schweren Niereninsuffizienz leiden, unter der „Auflage" ärztlicher Kontrolluntersuchungen eine Lenkberechtigung der Gruppe 1 erteilt oder belassen werden. *(BGBl II 2002/427)*

(2) Personen, die unter einer schweren Niereninsuffizienz leiden, darf eine Lenkberechtigung der Gruppe 2 nur in außergewöhnlichen, durch die Stellungnahme eines zuständigen Facharztes begründeten Fällen und unter der „Auflage" ärztlicher Kontrolluntersuchungen erteilt oder belassen werden. *(BGBl II 2002/427)*

Andere Leiden

§ 16. (1) Personen, an denen eine Organtransplantation vorgenommen wurde oder die ein Implantat erhalten haben, darf, wenn sich dies auf die Fahrtüchtigkeit auswirken kann, eine Lenkberechtigung nur nach einer befürwortenden Stellungnahme eines zuständigen Facharztes und gegebenenfalls ärztlicher Kontrolluntersuchungen erteilt oder belassen werden.

(2) Personen, die an einer in den vorangehenden Bestimmungen nicht genannten Krankheit leiden, diese jedoch eine funktionelle Untauglichkeit bedeuten oder zur Folge haben kann, so daß dadurch beim Lenken eines Kraftfahrzeugs die Sicherheit im Straßenverkehr gefährdet wird, darf

eine Lenkberechtigung weder erteilt noch belassen werden.

Verkehrspsychologische Stellungnahme

§ 17. (1) Die Stellungnahme einer verkehrspsychologischen Untersuchungsstelle gemäß § 8 Abs. 2 FSG ist im Hinblick auf ein verkehrspsychologisch auffälliges Verhalten insbesondere dann zu verlangen, wenn der Bewerber um eine Lenkberechtigung oder der Besitzer einer Lenkberechtigung Verkehrsunfälle verursacht oder Verkehrsverstöße begangen hat, die den Verdacht

1. auf verminderte kraftfahrspezifische Leistungsfähigkeit oder

2. auf mangelnde Bereitschaft zur Verkehrsanpassung

erwecken. Mangelnde Bereitschaft zur Verkehrsanpassung ist jedenfalls dann anzunehmen, wenn einem Lenker innerhalb eines Zeitraumes von fünf Jahren die Lenkberechtigung dreimal entzogen wurde, oder wenn ein Lenker wegen einer Übertretung gemäß § 99 Abs. 1 lit. b oder c StVO 1960 bestraft wurde.

(2) Die Vorlage einer verkehrspsychologischen Stellungnahme ist im Hinblick auf das Lebensalter jedenfalls zu verlangen, wenn auf Grund der ärztlichen Untersuchung geistige Reifungsmängel oder ein Leistungsabbau im Vergleich zur Altersnorm zu vermuten sind; hierbei ist auch die Gruppe der Lenkberechtigung zu berücksichtigen.

(3) Eine verkehrspsychologische Stellungnahme ist jedenfalls von folgenden Personen zu erbringen:

1. Bewerbern um eine Lenkberechtigung für die Klasse D,

2. *(entfällt, BGBl II 2016/206)*

3. *(entfällt, BGBl II 2006/64)*

4. Bewerbern um eine Lenkberechtigung, die „ " viermal den praktischen Teil der Fahrprüfung nicht bestanden haben und bei denen auf Grund einer ergänzenden amtsärztlichen Untersuchung Zweifel an deren kraftfahrspezifischer Leistungsfähigkeit, insbesondere an der Intelligenz und am Erinnerungsvermögen bestehen. *(BGBl II 2015/285)*

Verkehrspsychologische Untersuchung

§ 18. (1) Die Überprüfung der einzelnen Merkmale ist nach dem jeweiligen Stand der verkehrspsychologischen Wissenschaft mit entsprechenden Verfahren vorzunehmen. Die Relevanz dieser Verfahren für das Verkehrsverhalten muß durch Validierungsstudien wissenschaftlich nachgewiesen werden.

(2) Für die Überprüfung der kraftfahrspezifischen Leistungsfähigkeit sind insbesondere folgende Fähigkeiten zu überprüfen:

1. Beobachtungsfähigkeit sowie Überblicksgewinnung,

2. Reaktionsverhalten, insbesondere die Geschwindigkeit und Sicherheit der Entscheidung und Reaktion sowie die Belastbarkeit des Reaktionsverhaltens,

3. Konzentrationsvermögen,

4. Sensomotorik und

5. Intelligenz und Erinnerungsvermögen.

(3) Für die Erfassung der Bereitschaft zur Verkehrsanpassung ist insbesondere das soziale Verantwortungsbewußtsein, die Selbstkontrolle, die psychische Stabilität und die Risikobereitschaft des zu Untersuchenden zu untersuchen sowie zu prüfen, ob eine Tendenz zu aggressiver Interaktion im Straßenverkehr besteht und ob sein Bezug zum Autofahren kritisch von der Norm abweicht. Zur Überprüfung der Bereitschaft zur Verkehrsanpassung ist neben einem verkehrsbezogenen Persönlichkeitstest auch ein ausführliches Explorationsgespräch durchzuführen. Dieses darf nur von einem gemäß § 20 für Verkehrspsychologie qualifizierten Psychologen geführt werden oder, unter seiner Verantwortung und in seinem Beisein, von einem in Ausbildung zum Verkehrspsychologen befindlichen Psychologen.

(4) Bewerber um eine Lenkberechtigung, die gemäß § 17 Abs. 3 Z 1 „ " eine verkehrspsychologische Stellungnahme zu erbringen haben, sind einem verkehrspsychologischen Screening zu unterziehen, bei dem jedenfalls Beobachtungs- und Konzentrationsfähigkeit, Belastbarkeit und Koordination sowie in einem verkürzten Explorationsgespräch unter anderem die Motivation für den Erwerb der Lenkberechtigung zu untersuchen sind. Ergibt das Screening einen Verdacht auf Mängel in der kraftfahrspezifischen Leistungsfähigkeit oder auf mangelnde Bereitschaft zur Verkehrsanpassung, ist die volle verkehrspsychologische Untersuchung durchzuführen. *(BGBl II 2018/64)*

(4a) *(entfällt, BGBl II 2006/64)*

(5) „Jede durchgeführte verkehrspsychologische Untersuchung ist unverzüglich der das Verfahren führenden Behörde zu melden, die Übermittlung der verkehrspsychologischen Stellungnahme hat jedoch erst nach vollständiger Bezahlung des in § 23 Abs. 3 genannten Untersuchungsentgeltes zu erfolgen." Eine weitere verkehrspsychologische Untersuchung derselben Person innerhalb eines Zeitraumes von zwölf Monaten nach der erstmaligen Untersuchung darf nur auf ausdrückliche Anordnung der Behörde erfolgen. *(BGBl II 2016/206)*

(5a) Ist eine verkehrspsychologische Stellungnahme nicht schlüssig oder ist sie aus anderen Gründen mangelhaft, so ist sie an die jeweilige Untersuchungsstelle mit dem Auftrag zur Verbesserung zurückzustellen. Diesem Auftrag ist nachzukommen, ohne dass weitere Beträge gemäß § 23 Abs. 3 in Rechnung gestellt werden. *(BGBl II 2016/206)*

(6) Die für die verkehrspsychologische Untersuchung angewandten Testverfahren müssen dem Stand der Wissenschaft entsprechend als geeignet anerkannt und vom Bundesminister für Wissenschaft und Verkehr genehmigt werden.

Verkehrspsychologische Untersuchungsstellen

§ 19. (1) Eine verkehrspsychologische Stellungnahme darf nur von einer vom Bundesminister für Wissenschaft und Verkehr ermächtigten verkehrspsychologischen Untersuchungsstelle abgegeben werden.

(2) Als verkehrspsychologische Untersuchungsstelle ist gemäß § 36 FSG eine Einrichtung oder eine Vereinigung von selbständigen Psychologen zu ermächtigen,

1. in der mindestens sechs Verkehrspsychologen (§ 20) tätig sind, die im Besitz einer gültigen Lenkberechtigung für die Klasse B sind, und

2. die in der Lage ist, verkehrspsychologische Untersuchungen in mehr als einem Bundesland gleichzeitig durchzuführen.

(3) Handelt es sich bei der verkehrspsychologischen Untersuchungsstelle um eine Vereinigung von selbständigen Verkehrspsychologen, so ist überdies nachzuweisen, daß alle für die Untersuchungsstelle tätigen Verkehrspsychologen dieselben Testverfahren anwenden und gleichartig auswerten.

(4) Jede verkehrspsychologische Untersuchungsstelle hat beim Bundesministerium für Wissenschaft und Verkehr ein Handbuch zu hinterlegen, das dokumentiert:

1. Standards der Verwaltung der Stellungnahmen,

2. Ablauf der Untersuchung,

3. Kriterien für die Entscheidung,

4. Organisation der Aus- und Weiterbildung,

5. Gewährleistung des Erfahrungsaustausches und der Abstimmung der Verkehrspsychologen untereinander (Intervision) und bundesweit mit anderen verkehrspsychologischen Untersuchungsstellen im Ausmaß von mindestens acht Stunden.

(5) Die verkehrspsychologischen Stellungnahmen sind von dem hierfür verantwortlichen Psychologen abzugeben „ ". *(BGBl II 2016/206)*

(6) Wird durch das Ausscheiden von Verkehrspsychologen die Anzahl der in einer verkehrspsychologischen Untersuchungsstelle tätigen Verkehrspsychologen auf weniger als sechs herabgesetzt, so hat die verkehrspsychologische Untersuchungsstelle binnen zwölf Monaten die erforderliche Anzahl von Verkehrspsychologen wieder aufzuweisen. Beträgt die Anzahl der tätigen Verkehrspsychologen weniger als drei, ist die Ermächtigung jedenfalls zu entziehen.

Ausbildung zum Verkehrspsychologen

§ 20. (1) Als Verkehrspsychologen tätig werden dürfen Personen, die

1. gemäß „§ 4 Psychologengesetz 2013, BGBl. Nr. 182/2013", zur Führung der Berufsbezeichnung „Psychologin" oder „Psychologe" berechtigt sind und *(BGBl II 2016/206)*

2. besondere Kenntnisse und Erfahrungen in Verkehrspsychologie und dem Bereich der Unfallforschung durch eine mindestens 1600 Stunden umfassende Tätigkeit im Rahmen der Ausbildung in einer verkehrspsychologischen Untersuchungsstelle „ " nachweisen. *(BGBl II 2016/206)*

(2) Die Ausbildung zum Verkehrspsychologen hat mindestens 160 Stunden Theorie der Verkehrspsychologie (wie insbesondere Gefahrenlehre, Verkehrserziehung, Verkehrsrecht, Verkehrskonflikttechnik und Interaktion im Straßenverkehr, Diagnostik) zu enthalten sowie die Durchführung von mindestens 100 Explorationsgesprächen im Beisein eines Verkehrspsychologen. Für den Abschluß der Ausbildung ist die Erstellung von insgesamt 150 verkehrspsychologischen Stellungnahmen unter der Verantwortung des ausbildenden Verkehrspsychologen gemäß Abs. 3 erforderlich. Dieser Ausbildung gleichgesetzt ist eine mindestens dreijährige Forschungstätigkeit im Fachgebiet der Verkehrspsychologie im universitären Bereich sowie die Erstellung von mindestens 150 verkehrspsychologischen Stellungnahmen im Rahmen dieser Tätigkeit.

(3) Zur praktischen Ausbildung von Verkehrspsychologen befugt sind Verkehrspsychologen, die im Rahmen einer verkehrspsychologischen Untersuchungsstelle seit mindestens vier Jahren selbständig verkehrspsychologische Stellungnahmen abgegeben haben. Die Namen der befugten Ausbildner sind dem Bundesministerium für Wissenschaft und Verkehr bekanntzugeben.

(4) Verkehrspsychologen sind verpflichtet, jährlich

1. mindestens 8 Stunden Weiterbildung auf dem Gebiet der Verkehrspsychologie nachzuweisen,

2. im Rahmen von Intervision zumindest einen Fall pro Jahr detailliert zu besprechen sowie

3. sich einmal jährlich innerhalb der verkehrspsychologischen Untersuchungsstelle, in der sie tätig sind, einer gemeinsamen Supervision zu unterziehen.

(5) Die verkehrspsychologische Untersuchungsstelle hat dem Bundesminister für Verkehr, Innovation und Technologie alle Änderungen im Personalstand der Verkehrspsychologen zu melden, insbesondere jene Personen, die die Voraussetzun-

gen gemäß Abs. 1 und 2 erfüllen und demnach als Verkehrspsychologen tätig werden dürfen. *(BGBl II 2016/206)*

Verfahren zur Genehmigung von Testverfahren und zur Ermächtigung von verkehrspsychologischen Untersuchungsstellen

§ 21. (1) Bei einem Antrag auf Genehmigung von Testverfahren für die verkehrspsychologische Untersuchung ist eine wissenschaftliche Stellungnahme des Berufsverbandes Österreichischer Psychologen, Sektion Verkehrspsychologie oder nach Wahl des Bundesministers für Verkehr, Innovation und Technologie eines anderen geeigneten verkehrspsychologischen Verbandes, über die Eignung dieser Testverfahren vorzulegen. Diese hat besonders zu berücksichtigen:

1. die Validitäts-, Reliabilitäts- und Objektivitätskriterien,
2. die Normierung und
3. die Angemessenheit der Testbatterie für die Fragestellung.

Vor Abgabe dieser Stellungnahme ist seitens des Verbandes ein Experte aus dem universitären Bereich zu konsultieren. Die dafür anfallenden Kosten sind vom Antragsteller zu tragen. *(BGBl II 2016/206)*

(2) Bei einem Antrag auf Ermächtigung als verkehrspsychologische Untersuchungsstelle hat die inhaltliche Überprüfung der grundsätzlichen Eignung des Handbuches gemäß § 19 Abs. 4 vor Erteilung der Ermächtigung durch Vorlage eines aktuellen, wissenschaftlichen Gutachtens zu erfolgen, das von einem vom Bundesminister für Verkehr, Innovation und Technologie ausgewählten Gutachter erstellt wurde. Die Kosten für dieses Gutachten hat die antragstellende verkehrspsychologische Untersuchungsstelle zu tragen. Im Ermächtigungsbescheid können Maßnahmen zur Qualitätssicherung und -steigerung angeordnet werden. *(BGBl II 2016/206)*

(3) Eine Änderung des Handbuches gemäß § 19 Abs. 4 wegen der Untersuchungsabläufe oder der verwendeten Testverfahren ist dem Bundesminister für Verkehr, Innovation und Technologie unter Anschluss eines befürwortenden Ergänzungsgutachtens anzuzeigen. Treten Missstände oder Unzulänglichkeiten bei der Durchführung der Aufgaben der verkehrspsychologischen Untersuchungsstelle auf und betreffen diese Missstände oder Unzulänglichkeiten einzelne Mitglieder der verkehrspsychologischen Untersuchungsstelle, hat die Behörde diesen Mitgliedern die Ausübung der verkehrspsychologischen Tätigkeit auf Zeit oder auf Dauer zu untersagen. Betreffen die Missstände oder Unzulänglichkeiten die gesamte verkehrspsychologische Untersuchungsstelle hat der Bundesminister für Verkehr, Innovation und Technologie der Untersuchungsstelle die Ermächtigung zu entziehen. *(BGBl II 2016/206)*

(4) bis (6) *(entfallen, BGBl II 2016/206)*

(7) Die Höhe des Kostenersatzes für die Überprüfung der Standorte der ermächtigten Stellen gemäß § 36 Abs. 2 FSG beträgt 60 Euro. *(BGBl II 2006/64)*

Sachverständige Ärzte für Allgemeinmedizin

§ 22. (1) Ärzte für Allgemeinmedizin, die
1. Besitzer einer gültigen Lenkberechtigung für die Klasse B sind,
2. die Physikatsprüfung gemäß der Verordnung des Ministers des Innern vom 21. März 1873 betreffend die Prüfung der Ärzte und Tierärzte zur Erlangung einer bleibenden Anstellung im öffentlichen Sanitätsdienst bei den politischen Behörden, RGBl. Nr. 37/1873, in der Fassung der Verordnung BGBl. Nr. 294/1986 abgelegt haben und
3. in die Ärzteliste als Ärzte für Allgemeinmedizin eingetragen sind,

sind auf Antrag als sachverständige Ärzte gemäß § 34 FSG zu bestellen.

(2) Ärzte für Allgemeinmedizin, die nicht den Voraussetzungen des Abs. 1 Z 2 entsprechen, sind auf Antrag als sachverständige Ärzte gemäß § 34 FSG zu bestellen, wenn sie eine verkehrsmedizinische Schulung im Ausmaß von mindestens zwölf Stunden besucht haben, deren Inhalt von der Österreichischen Ärztekammer und dem Bundesminister für Wissenschaft und Verkehr genehmigt wurde.

(3) Jeder sachverständige Arzt hat sich vor Beginn der Untersuchung von der Identität des zu Untersuchenden zu überzeugen. Ein sachverständiger Arzt darf keine Person untersuchen, die er, ausgenommen im Vertretungsfall, in den letzten fünf Jahren vor der Untersuchung regelmäßig betreut hat. „Ein sachverständiger Arzt ist verpflichtet, im Zeitraum des dritten bis fünften Jahres nach seiner Bestellung oder Wiederbestellung an verkehrsmedizinischen Fortbildungskursen im Ausmaß von mindestens vier Stunden teilzunehmen." *(BGBl II 1998/138; BGBl II 2015/285)*

(4) Ergibt die ärztliche Untersuchung, daß fachärztliche Stellungnahmen, eine Beobachtungsfahrt oder eine verkehrspsychologische Stellungnahme notwendig sind, so ist die zu untersuchende Person dem zuständigen Amtsarzt zuzuweisen und das Gutachten von diesem zu erstellen. „Ausgenommen hievon sind Stellungnahmen von Fachärzten für Augenheilkunde und Optometrie, wenn es sich nicht um ein fortschreitendes Augenleiden handelt, sowie positive Screenings gemäß § 18 Abs. 4." Der sachverständige Arzt hat jede Zuweisung zum Amtsarzt unverzüglich der zuständigen Behörde zu melden und die von ihm

bisher erstellten Untersuchungsergebnisse dem Amtsarzt zu übermitteln. *(BGBl II 2019/228)*

(5) Bei nachgewiesenen Mißständen in der Gutachtenerstellung eines sachverständigen Arztes gemäß Abs. 1 oder 2 hat die Behörde die Bestellung zu widerrufen.

(6) Der Arzt hat in seinem Antrag den oder die Berufssitze zu benennen, an denen er gemäß § 45 Ärztegesetz 1998, BGBl. I Nr. 169/1998, in der Fassung BGBl. I Nr. 26/2017, als sachverständiger Arzt tätig werden will. *(BGBl II 2018/64)*

„(7)" Die Behörde hat eine Liste der sachverständigen Ärzte für Allgemeinmedizin in ihrem örtlichen Wirkungsbereich zur Einsicht aufzulegen. Personen, die auf Grund der voranstehenden Bestimmungen jedenfalls eine fachärztliche oder verkehrspsychologische Stellungnahme beizubringen haben, können von der Behörde unmittelbar eine Zuweisung zum Amtsarzt verlangen. *(BGBl II 1998/138)*

Gebühren für ärztliche Gutachten und Kosten einer verkehrspsychologischen Untersuchung

§ 23. (1) Für ein ärztliches Gutachten gemäß § 8 Abs. 1 FSG sind vom zu Untersuchenden dem sachverständigen Arzt zu zahlen:

1. von einem Bewerber um eine Lenkberechtigung der Gruppe 1 .... 35 Euro,

(BGBl II 2011/280)

2. von einem Bewerber um eine Lenkberechtigung der Gruppe 2 .... 50 Euro, wobei in diesem Betrag die Untersuchung für die Gruppe 1 enthalten ist

(BGBl II 2011/280)

3. für Wiederholungsuntersuchungen .... 30 Euro, wobei dieses Gutachten auch für die Erteilung einer Lenkberechtigung für die Gruppe 1 verwendet werden kann.

(BGBl II 2015/285)

Wird eine Person gemäß § 22 Abs. 4 dem Amtsarzt zugewiesen, so gebühren dem sachverständigen Arzt nur 50 vH des oben angeführten Honorars.

(2) Für ein amtsärztliches Gutachten auf Grund besonderer fachärztlicher oder verkehrspsychologischer Stellungnahmen, ärztlicher Nachuntersuchungen auf Grund einer Befristung oder eines Entzuges der Lenkberechtigung sind vom zu Untersuchenden vor der Zuweisung zum Amtsarzt an die Behörde folgende Beträge zu entrichten:

1. für das amtsärztliche Gutachten ....47,20 Euro

2. mit Beobachtungsfahrt zusätzlich............18 Euro.

75vH der Vergütung nach Z 1 gebührt der Gebietskörperschaft, die den Aufwand für die Behörde zu tragen hat, bei der der Amtsarzt tätig ist, die restlichen 25vH gebühren dem Amtsarzt. Die Vergütung nach Z 2 gebührt den Sachverständigen, die die Beobachtungsfahrt durchführen. Wurde die zu untersuchende Person gemäß § 22 Abs. 4 von einem sachverständigen Arzt dem Amtsarzt zugewiesen, so sind von dem in Z 1 genannten Betrag 17 Euro abzuziehen. *(BGBl II 2011/280)*

(3) Für eine verkehrspsychologische Untersuchung sind vom zu Untersuchenden zu zahlen:

1. Screening gemäß § 18 Abs. 4...................... ....„130 Euro"

(BGBl II 2002/16)

2. kraftfahrspezifische Leistungsfähigkeit .... „181 Euro"

(BGBl II 2002/16)

3. volle verkehrspsychologische Untersuchung .... „363 Euro"

(BGBl II 2002/16)

4. verkehrspsychologische Untersuchung gemäß § 18 Abs. 4a........................... „181 Euro"

(BGBl II 1998/138; BGBl II 2002/16)

„Diese Beträge verstehen sich exklusive Umsatzsteuer." *(BGBl II 2021/267)*

(4) Für die Bestellung als sachverständiger Arzt gemäß „§ 34 Abs. 1"** FSG ist eine Bundesverwaltungsabgabe in der Höhe von „145 Euro"* zu entrichten. Für die Ermächtigung als verkehrspsychologische Untersuchungsstelle gemäß § 36 Abs. 2 Z 2 FSG ist eine Bundesverwaltungsabgabe in der Höhe von „363 Euro"* zu entrichten. *(*BGBl II 2002/16; **BGBl II 2011/280)*

Übergangsbestimmungen

§ 24. (1) *(entfällt, BGBl II 2006/64)*

(2) *(entfällt, BGBl II 2016/206)*

(3) Personen, die gemäß § 65 KFG 1967 vor dem 1. November 1997 eine Lenkerberechtigung für die Gruppe C oder C und E erteilt bekommen haben und bei denen

1. bei Erteilung der Lenkberechtigung bereits eine tatsächliche oder funktionelle Einäugigkeit bestand, oder

2. die tatsächliche oder funktionelle Einäugigkeit vor dem 1. November 1997 eingetreten ist,

darf entgegen den Bestimmungen des „§ 8 Abs. 4" die Lenkberechtigung für die Klasse C oder C+E oder die Unterklasse C1 oder C1+E verlängert werden, wenn beim sehenden Auge keine weiteren Beeinträchtigungen entstanden sind und nachweislich in den letzten zwei Jahren vor der Wiederholungsuntersuchung Kraftfahrzeuge der Klasse C oder der Unterklasse C1 gelenkt haben. *(BGBl II 2006/64; BGBl II 2011/280)*

(4) Sachverständige Ärzte, die im letzten fünfjährigen Bestellungszeitraum einmal einen verkehrsmedizinischen Fortbildungskurs absolviert haben, müssen für die Wiederbestellung als sachverständiger Arzt nicht neuerlich einen solchen besuchen, auch wenn dieser Kurs abweichend von § 22 Abs. 3 letzter Satz nicht zwischen dem dritten und fünften Jahr nach der Bestellung absolviert wurde. *(BGBl II 2015/285)*

(5) Die am 1. September 2016 anhängigen Verfahren auf Ermächtigung als verkehrspsychologische Untersuchungsstelle sind nach der bis dahin geltenden Rechtslage zu Ende zu führen. *(BGBl II 2016/206)*

(6) Sachverständige Ärzte die bis zum 1. März 2018 ihre Sachverständigentätigkeit ausschließlich aufgrund der Benennung eines Wohnsitzes ausgeübt haben, dürfen diese Tätigkeit bis zum Ende des Bestellungszeitraumes weiterhin ausüben. *(BGBl II 2018/64)*

Inkrafttreten

§ 25. (1) Diese Verordnung tritt mit 1. November 1997 in Kraft.

(2) Mit dem Inkrafttreten dieser Verordnung treten die §§ 30 bis 35 und § 66 Abs. 1 Z 5 und 6 der Kraftfahrgesetz-Durchführungsverordnung 1967, BGBl. Nr. 399, in der Fassung der Verordnung BGBl. II Nr. 80/1997 außer Kraft.

(3) § 23 in der Fassung BGBl. II Nr. 16/2002 tritt mit 1. Jänner 2002, jedoch nicht vor dem der Kundmachung des genannten Bundesgesetzblattes folgenden Tag, in Kraft. *(BGBl II 2002/16)*

(4) § 18 Abs. 5 in der Fassung BGBl. II Nr. 64/2006 tritt mit 1. Oktober 2006 in Kraft. *(BGBl II 2006/64)*

(5) § 1 und § 4 in der Fassung BGBl. II Nr. 280/2011 treten am 19. Jänner 2013 in Kraft. § 2 Abs. 1, § 3 Abs. 2, § 7, § 8, § 11, § 12 Abs. 3, § 12a, § 22 Abs. 4 und 6, § 23 Abs. 1 und 2, § 24 Abs. 3 und die Seiten 1 und 2 der Anlage in der Fassung BGBl. II Nr. 280/2011 treten am 1. Oktober 2011 in Kraft. *(BGBl II 2011/280)*

(6) § 12b, § 18 Abs. 5 und 5a, § 19 Abs. 5, § 20 Abs. 1 und 5, § 21 Abs. 1 bis 3 und § 24 Abs. 5 in der Fassung der Verordnung BGBl. II Nr. 206/2016 treten am 1. September 2016 in Kraft; zugleich treten § 17 Abs. 3 Z 2, § 21 Abs. 4 bis 6 und § 24 Abs. 2 außer Kraft. *(BGBl II 2016/206)*

(7) § 10 samt Überschrift, § 11 Abs. 4, § 12b Abs. 2 bis 4, § 18 Abs. 4, § 22 Abs. 6 und § 24 Abs. 6 jeweils in der Fassung der Verordnung BGBl. II Nr. 64/2018 treten am 1. März 2018 in Kraft. *(BGBl II 2018/64)*

(8) § 7 Abs. 2 und § 22 Abs. 4 in der Fassung der Verordnung BGBl. II Nr. 228/2019 treten am 1. September 2019 in Kraft. *(BGBl II 2019/228)*

(9) § 23 Abs. 3 in der Fassung der Verordnung BGBl. II Nr. 267/2021 tritt am 1. Juli 2021 in Kraft. *(BGBl II 2021/267)*

4/6c. FSG-GV

Sehr geehrte (r)   Führerscheinwerber (in) !

Sie werden ersucht, den nachstehenden Fragebogen wahrheitsgemäß auszufüllen. Sie werden darauf aufmerksam gemacht, dass unwahre Angaben rechtliche Folgen nach sich ziehen können.

Name	Vorname	Geburtsdatum

	ja	nein
Ich leide/litt an - Schwindelanfällen	☐	☐
- Bewusstseinsstörungen	☐	☐
- epileptischen Anfällen	☐	☐
Ich leide an schwerer Tagesmüdigkeit oder Einschlafneigung	☐	☐
Ich leide/litt an einer psychischen Krankheit	☐	☐
Ich habe/hatte Probleme mit		
- Alkohol	☐	☐
- Drogen	☐	☐
- Medikamentenmissbrauch	☐	☐
Ich war an einer Nervenabteilung in Behandlung	☐	☐
Ich hatte Spitalsaufenthalte (außer Blinddarmop., Mandelop., Leistenbruchop., Geburt)	☐	☐
Ich bin zuckerkrank	☐	☐
Ich habe/hatte Bluthochdruck	☐	☐
Ich habe/hatte Herzprobleme/eine Herzkrankheit	☐	☐
Ich habe/hatte eine Augenkrankheit/Sehstörung/Schielbehandlung als Kind	☐	☐
Ich trage Kontaktlinsen/Brille	☐	☐
Ich bin nachtblind	☐	☐
Ich trage eine Arm-/Beinprothese	☐	☐
Ich nehme regelmäßig Medikamente wegen: _____	☐	☐

KFG
KDV
PBStV
Kraftstoff-VO
FSG + VO

Datum: _____   Unterschrift: _____

(BGBl II 2011/280)

4/6c. FSG-GV

Ärztliche Untersuchung nach § 8 Führerscheingesetz (FSG)

über die gesundheitliche Eignung zum Lenken von Kraftfahrzeugen für

Gruppe 1	Gruppe 2	Wiederholungsuntersuchung
		Nichtzutreffendes ist zu streichen

der Antragstellerin/des Antragstellers

Name		Vorname	
Geburtsdatum	Geburtsort		Ausweis (Art und Nr.)
Adresse (PLZ, Ort, Straße, Hausnummer)			Ausbildung bei Fahrschule

Befund

Größe	cm		Gewicht	kg	
Wirbelsäule	beweglich ❏ ja ❏ nein			Abschnitt →	
Atmung	a) ❏ ja Atmung normal b) ❏ nein	b.1) Atemnot in Ruhe	❏ ja ❏ nein	b.2) bei Anstrengung	❏ ja ❏ nein
Herz/Kreislauf	Blutdruck /	mg Hg	Puls /min.	❏ rhythm. ❏ arhythm.	
Gliedmaßen	Faustschluss seitengleich ❏ ja ❏ nein	Beweglichkeit der Arme ❏ ja ❏ nein		Beweglichkeit der Beine ❏ ja ❏ nein	
Nervensystem	auffällig ❏ ja ❏ nein	Tremor ❏ ja ❏ nein		psychisch auffällig ❏ ja ❏ nein	
Visus	Gruppe 1 Visus naturalis beidäugig	Visus mit Korrektur:	❏ Brille ❏ Kontaktlinsen		
	Gruppe 2 Visus nat. R L Brillenstärke R: sph	Visus mit Korrektur: R: cyl	❏ Brille R L ❏ Kontaktlinsen R L L: sph L: cyl		
Gehör	Konversationssprache wird gehört ❏ ja ❏ nein				
Gang	❏ sicher ❏ →				
Sprache	❏ klar ❏ →				
Klinischer Gesamteindruck	❏ normal ❏ Auffälligkeiten:				

Zuweisung zum Amtsarzt

❏ ja ❏ nein	Zuweisungsgrund →		
Möglicherweise erforderliche fachärztliche Stellungnahmen	❏ Augen ❏ Innere Medizin ❏ Neurologie/Psychiatrie	❏ Orthopädie ❏ Sonstige →	

Gutachten

Die/Der Untersuchte ist gemäß § 8 FSG zum Lenken eines Kraftfahrzeuges der angeführte(n) Klasse(n) geeignet.

Auflage(n)	❏ Tragen von Kontaktlinsen ❏ Tragen einer Brille	❏ In der Höhe angepasster Lenkersitz (43.01)

Bemerkungen/Begründung/Ergänzende Anamnese:

_____   _____
Ort und Datum   Stempel und Unterschrift

(BGBl II 2011/280)

4/6c. FSG-GV

Amtsärztliche Untersuchung nach § 8 Abs. 2 Führerscheingesetz (FSG)

Fachärztliche Stellungnahme von	☐ Augen ☐ Innere Medizin ☐ Orthopädie ☐ Neurologie/Psychiatrie ☐ Sonstiges ▶

Verkehrs-psychologische Untersuchung	☐ kraftfahrspezifische Leistungsfähigkeit ☐ Bereitschaft zur Verkehrsanpassung wegen

KFG
KDV
PBStV
Kraftstoff-VO
FSG + VO

Noch beizubringende Befunde	
Ergebnis der Befunde	

Beobachtungsfahrt	☐ nein ☐ ja ☐ mit technischem Sachverständigen
Ergebnis der Beobachtungsfahrt	☐ Anfahren ☐ Bremsen ☐ Lenken ☐ ☐ ☐

St.Dr. Lager-Nr. 799. - Österreichische Staatsdruckerei.

4/6c. FSG-GV

Gutachten nach § 8 Führerscheingesetz (FSG)

Die/der Untersuchte   Zutreffendes ist anzukreuzen ☒!

Name und Vorname

Geburtsdatum	Geburtsort	Ausweis (Art und Nr.)

Adresse (PLZ, Ort, Straße, Hausnummer)

ist gemäß § 8 FSG zum Lenken eines Kraftfahrzeuges ☐ der Gruppe 1   ☐ der Gruppe 2

☐ **geeignet**

☐ **nicht geeignet**

☐ **befristet geeignet**   auf (Zeitraum) _____

  ☐ **Nachuntersuchung** durch den Amtsarzt in
    Monaten   Jahren
  ☐ **Kontrolluntersuchung** auf   durch/auf
                                          Monate   Jahre

☐ unter folgender **Bedingung** geeignet

  ☐ **Verwendung von**
  ☐ **Kontrolluntersuchung** auf   durch/auf
                                          Monate   Jahre

☐ unter folgender **Beschränkung** geeignet

  ☐ örtliche/zeitliche/sachliche Beschränkung

  ☐ Beschränkung der Eignung laut technischem Sachverständigen: Diese Mängel können ausgeglichen werden bei dem (den) Fahrzeug(en)
    Fahrgestell Nr.   Kennzeichen

Begründung

Ort und Datum	Stempel und Unterschrift

(BGBl II 2011/280)

Feuerwehr- und Rettungsverordnung – FSG-FRV

BGBl 1998/378 idF

1 BGBl II 2011/79 (1. Novelle zur FSG-FV)

„Verordnung der Bundesministerin für Verkehr, Innovation und Technologie über die besonderen Lenkberechtigungen für Feuerwehren und Rettungsorganisationen (Feuerwehr- und Rettungsverordnung – FSG-FRV)"

(BGBl II 2011/79)

Auf Grund des § 32a Abs. 3 des Führerscheingesetzes, BGBl. I Nr. 120/1997, in der Fassung BGBl. I Nr. 94/1998 wird verordnet:

Form und Inhalt des Feuerwehrführerscheines

§ 1. Der Feuerwehrführerschein hat nach Form und Inhalt dem Muster der Anlage zu entsprechen und hat die jeweilige Landesbezeichnung des Bundeslandes, in dem der Feuerwehrführerschein ausgestellt wird, zu enthalten. Die Farbe des Feuerwehrführerscheines ist rot.

Ausbildung von Bewerbern um einen Feuerwehrführerschein

§ 2. Bewerber um einen Feuerwehrführerschein, die nicht im Besitz einer Lenkberechtigung für die Klasse C oder D oder die Unterklasse C1 gemäß § 20 Abs. 3 FSG sind, müssen die erforderlichen Kenntnisse zum Lenken von Feuerwehrfahrzeugen nachweisen. Dazu haben sie eine praktische Ausbildung von mindestens zwölf Unterrichtseinheiten gemäß dem in Anlage 10g der Kraftfahrgesetz-Durchführungsverordnung 1967, BGBl. Nr. 399/1967, in der Fassung BGBl. II Nr. 136/1998 enthaltenen Lehrplan in einer Fahrschule oder einer Landesfeuerwehrschule gemäß § 120 Abs. 5 KFG 1967, BGBl. Nr. 267/1967, in der Fassung BGBl. I Nr. 93/1998 nachzuweisen.

Nachweis der praktischen Kenntnisse

§ 3. (1) Der Nachweis der praktischen Kenntnisse ist durch eine Prüfung zu erbringen. Diese hat zu umfassen:

1. die Vorgangsweise bei den für die Fahrt notwendigen und möglichen Überprüfungen des Zustandes des Kraftfahrzeuges einschließlich des Anhängers (insbesondere Lenkvorrichtung, Bremsanlagen, Kupplung, Scheinwerfer, Leuchten und Rückstrahler, Reifen, Kontrolleinrichtungen und Blaulicht),

2. Fahrübungen, wie insbesondere Umkehren, Rückwärtsfahren, Anfahren auf Steigungen, Einfahren in Parklücken und Ausfahren aus diesen, und Bremsübungen, wie insbesondere Gefahrenbremsungen, und

3. eine Prüfungsfahrt auch auf Straßen mit starkem Verkehr von mindestens 45 Minuten mit einem Feuerwehrfahrzeug mit einer höchsten zulässigen Gesamtmasse von mehr als 7 500 kg. Besitzer der Lenkberechtigung für die Klasse B+E müssen nach erfolgreicher Absolvierung der Prüfungsfahrt gemäß Z 3 eine weitere Prüfungsfahrt von 45 Minuten durchführen, bei der ein anderer als leichter Anhänger mitgeführt wird. Die Bestimmungen des § 6 Abs. 2, 3 und 6 Z 1 bis 4 FSG-PV, BGBl. II Nr. 321/1997, in der Fassung BGBl. II Nr. 111/1998 sind anzuwenden.

(2) Vor Durchführung der Prüfung ist mit dem Kandidaten ein Prüfungsgespräch zu führen, das sich auf folgende Themenbereiche zu erstrecken hat:

1. kraftfahrrechtliche und straßenpolizeiliche Bestimmungen, soweit sie sich auf das Lenken von Einsatzfahrzeugen beziehen,

2. das ausreichende Verständnis für die Fahrzeugtechnik (Fehlererkennung, Fehlerbegrenzung sowie die einfache Wartung),

3. die Fahrphysik von Feuerwehrfahrzeugen und

4. die Absicherung und das richtige Verhalten am Einsatzort.

(3) Der Landesfeuerwehrkommandant hat fachlich geeignete Personen zu Prüfern zwecks Beurteilung der erforderlichen Kenntnisse von Bewerbern um einen Feuerwehrführerschein zu bestellen. Diese müssen jedenfalls die Voraussetzungen des § 9 Abs. 1 Z 1 bis 5 FSG-PV erfüllen. Unter den im § 13 FSG-PV genannten Voraussetzungen ist die Bestellung zum Prüfer vom Landesfeuerwehrkommandanten zu widerrufen.

Gesundheitliche Eignung eines Besitzers eines Feuerwehrführerscheines

§ 4. (1) Feuerwehrführerscheine dürfen nur für Personen ausgestellt werden, die die Erfordernisse der gesundheitlichen Eignung für das Lenken von Kraftfahrzeugen der Gruppe 2 gemäß der Führerscheingesetz-Gesundheitsverordnung (FSG-GV), BGBl. II Nr. 322/1997, in der Fassung BGBl. II Nr. 138/1998 erfüllen.

(2) Der Feuerwehrführerschein ist für 10 Jahre auszustellen, es sei denn, die feuerwehrärztliche Untersuchung bestätigt das Vorhandensein der gesundheitlichen Eignung nur für einen kürzeren Zeitraum. Die Gültigkeitsdauer ist vom untersuchenden Arzt im Feuerwehrführerschein auf Seite 4 einzutragen. Verlängerungen des Feuerwehrführerscheines sind jeweils für die Dauer von bis zu 10 Jahren vorzunehmen. Eine neuerliche Verlängerung des Feuerwehrführerscheines auf bis zu 10 Jahre kann auch vor Ablauf der Befristung eingetragen werden, wenn zwischenzeitlich durch eine feuerwehrärztliche Untersuchung die allgemeine Einsatztauglichkeit oder die Tauglichkeit zum Tragen von Atemschutzgeräten festgestellt wurde, wodurch auch die gesundheitliche Eignung zum Lenken von Feuerwehrfahrzeugen festgestellt ist.

(3) Ein Arzt, der als sachverständiger Arzt gemäß § 34 FSG bestellt ist, kann auf Grund der feuerwehrärztlichen Untersuchung auch ein Gutachten für die Gruppe 2 gemäß § 8 Abs. 1 FSG erstellen. Dieses hat den Anforderungen der §§ 3 bis 16 FSG-GV zu entsprechen, wobei die Bestimmungen des § 22 Abs. 3 und 4 FSG-GV anzuwenden sind.

(4) Bei Besitzern von Lenkberechtigungen für die Klasse C oder D gilt der Nachweis der gesundheitlichen Eignung zur Ausstellung eines Feuerwehrführerscheines für die Dauer der Gültigkeit der Lenkberechtigung für die Klasse C oder D als erbracht.

(5) Bestehen beim Landesfeuerwehrkommandanten Bedenken, ob die gesundheitliche Eignung des Besitzers des Feuerwehrführerscheines noch gegeben ist, so hat er ein ärztliches Gutachten gemäß Abs. 1 über dessen gesundheitliche Eignung zum Lenken von Kraftfahrzeugen der Gruppe 2 einzuholen. Ist der Besitzer des Feuerwehrführerscheines danach zum Lenken von Feuerwehrfahrzeugen gesundheitlich nicht geeignet, hat er den Feuerwehrführerschein dem Landesfeuerwehrkommandanten unverzüglich abzuliefern.

Ausbildung zum Erwerb der Berechtigung gemäß § 1 Abs. 3 vierter Satz FSG

§ 5. (1) Die theoretische Ausbildung in der Dauer von mindestens drei Unterrichtseinheiten hat folgende Inhalte, die die besonderen Anforderungen der Feuerwehren und Rettungsorganisationen berücksichtigen, zu umfassen:

1. spezielles Straßenverkehrsrecht für Lenker von Einsatzfahrzeugen,

2. Fahrzeugtechnik der von der Berechtigung gemäß § 1 Abs. 3 FSG umfassten Fahrzeuge (Fehlererkennung, Fehlerbehebung und einfache Wartung),

3. Fahrphysik,

4. Gefahrenlehre und Partnerkunde.

(2) Die praktische Ausbildung in der Dauer von mindestens fünf Unterrichtseinheiten hat folgende Inhalte zu umfassen:

1. Einschulung auf die Fahrzeuge, die während und nach der Ausbildung gelenkt werden sollen,

2. Zustandsüberprüfung des Fahrzeuges,

3. Fahrübungen zum Kennenlernen des Fahrzeuges.

Im Rahmen der praktischen Ausbildung können auch ein Fahrsicherheitstraining und/oder Übungsfahrten auf Straßen mit öffentlichem Verkehr durchgeführt werden. Die Dauer einer Unterrichtseinheit hat 50 Minuten zu betragen.

(BGBl II 2011/79)

Fahrprüfung zum Erwerb der Berechtigung gemäß § 1 Abs. 3 vierter Satz FSG

§ 6. (1) Die theoretische Prüfung hat sich auf die in § 5 Abs. 1 genannten Inhalte zu erstrecken und kann von der prüfenden Stelle entweder mündlich, schriftlich, oder computerunterstützt abgehalten werden. Alle die in § 5 Abs. 1 Z 1 bis 4 genannten Themenbereiche müssen Gegenstand der theoretischen Prüfung sein.

(2) Die praktische Prüfung ist von einer geeigneten Person der jeweiligen Organisation abzunehmen und hat folgende Teile zu umfassen:

1. Überprüfungen am Fahrzeug, insbesondere jene die bei Dienst- oder Fahrtantritt durchzuführen sind,

2. Langsamfahrübungen, die jedenfalls das Einparken, Umkehren und Rückwärtsfahren beinhalten müssen, in einem verkehrsberuhigten Verkehrsraum oder auf dem Gelände der jeweiligen Organisation,

3. eine Prüfungsfahrt auf Straßen im öffentlichen Verkehr in der Dauer von mindestens 25 Minuten,

4. wenn es die während der Prüfungsfahrt aufgetretenen Situationen verlangen, eine Besprechung der erlebten Situationen.

(3) Nach erfolgreich abgelegter Fahrprüfung hat der Landesfeuerwehrkommandant oder die Rettungsorganisation eine Bestätigung darüber auszustellen, dass der Inhaber der Bestätigung zum Lenken dieser Fahrzeuge besonders geeignet ist. Diese Bestätigung hat folgende Angaben zu enthalten:

1. die Bildmarke und den Schriftzug der ausstellenden Organisation,

2. die Wortfolge „Bestätigung gemäß § 1 Abs. 3 Z 3 des Führerscheingesetzes",

3. die persönlichen Daten des Inhabers der Bestätigung (Akademischer Grad, Nach- und Vornamen, Geburtsdatum, Angabe der Organisation, der der Inhaber der Bestätigung angehört),

4. Ausstellungsdatum und Unterschrift des Inhabers der Bestätigung und der ausstellenden Person der jeweiligen Organisation,

5. die Wortfolge „Der Inhaber dieser Bestätigung ist berechtigt, Feuerwehrfahrzeuge mit einer höchstzulässigen Gesamtmasse bis 5 500 kg zu lenken. Diese Bestätigung ist nur in Verbindung mit einer aufrechten Lenkberechtigung für die Klasse B gültig und ist bei Fahrten mitzuführen. Diese Bestätigung ist auf Verlangen der zuständigen Organe zur Überprüfung auszuhändigen." Wird die Bestätigung von einer Rettungsorganisation ausgestellt, hat anstelle des Wortes „Feuerwehrfahrzeuge" die Wortfolge „Rettungs- und Krankentransportfahrzeuge" zu treten.

(BGBl II 2011/79)

Anrechenbarkeit von Ausbildungen und Berechtigungen

§ 7. Ausbildungen gemäß § 5 oder Teile davon, Fahrprüfungen gemäß § 6 oder Teile davon, die bei einer Feuerwehr oder Rettungsorganisation absolviert wurden, können bei der Ausstellung einer Bestätigung gemäß § 1 Abs. 3 Z 3 FSG bei einer anderen der genannten Organisationen angerechnet werden. Ebenso können sonstige Fahrausbildungen angerechnet werden, die bei einer der genannten Organisationen absolviert wurden, sofern die in § 5 genannten Ausbildungsinhalte abgedeckt werden. Die Entscheidung, welche Ausbildungen oder Prüfungen angerechnet werden und in welchem Umfang, obliegt der Organisation, die die Bestätigung gemäß § 1 Abs. 3 Z 3 FSG ausstellt.

(BGBl II 2011/79)

4/6d. FSG-FRV
Anlage

Anlage

Anlage

4				1
gültig bis:	ärztliche Untersuchung am:	Stempel des Arztes:		

SALZBURGER LANDESFEUERWEHRVERBAND

FEUERWEHR-FÜHRERSCHEIN

(gem. § 32a FSG – Führerscheingesetz)

2

Feuerwehrführerschein Nr. 0001

Lichtbild

R.S.

(Unterschrift des Inhabers)

(Das Lenken von Feuerwehrfahrzeugen über 3.500 kg höchstzulässiger Gesamtmasse ist mit dem Feuerwehrführerschein und der Lenkberechtigung für die Klassen „B" bzw. „C1" zulässig.)

3

(Familienname)

(Vorname)

(Identifikationsnummer)

(Datum und Ort der Geburt)

(Wohnort)
Mitglied der Freiwilligen Feuerwehr

(Feuerwehrführerschein gültig bis)

(Ausstellungsdatum)

R.S.

(Unterschrift des Landesfeuerwehrkommandanten)

4/6e. FSG-VBV

§§ 1 – 4

Führerscheingesetz – Vorgezogene Lenkerberechtigung

BGBl 1994/54 idF

1 BGBl II 2001/52
2 BGBl II 2002/496
3 BGBl II 2013/489
4 BGBl II 2020/76

Verordnung des Bundesministers für Wissenschaft und Verkehr über die vorgezogene Lenkberechtigung für die Klasse B (FSG-VBV)

Auf Grund des § 19 Abs. 10 des Führerscheingesetzes, BGBl. I Nr. 120/1997, idF BGBl. I Nr. 94/1998 wird verordnet:

§ 1. *(entfällt samt Überschrift, BGBl II 2013/489)*

Voraussetzungen für die Bewilligung von Ausbildungsfahrten

§ 2. (1) „Die Bewilligung zur Durchführung von Ausbildungsfahrten darf nur erteilt werden, wenn der Bewerber" *(BGBl II 2013/489)*

1. eine theoretische Schulung, die zumindest die Lehrinhalte des Basislehrplanes für die Ersterteilung aller Klassen (sofern diese nicht bereits im Rahmen des Erwerbs einer anderen Lenkberechtigungsklasse absolviert wurde) sowie des Lehrplanes für die Erteilung der Klasse B gemäß Anlage 10a Kapitel 1 und 3 der Kraftfahrgesetz-Durchführungsverordnung 1967 – KDV 1967, BGBl. Nr. 399/1967, in der Fassung BGBl. II Nr. 471/2012 in der Dauer von insgesamt 32 Unterrichtseinheiten (bzw. zwölf Unterrichtseinheiten, wenn der Basiskurs bereits früher absolviert wurde) und

2. eine praktische Schulung in der Dauer von zwölf Unterrichtseinheiten, die die Elemente Vorbereitung, Vorschulung, Überprüfung, Grundschulung und Hauptschulung aus Anlage 10c der KDV 1967 zu umfassen hat, absolviert hat.

(2) Eine Unterrichtseinheit im Sinne dieser Verordnung hat 50 Minuten zu betragen.

(3) *(entfällt, BGBl II 2013/489)*

(4) Zusätzlich zu der in Abs. 1 genannten Schulung ist vor Beginn der Ausbildungsfahrten eine theoretische Einweisung gemeinsam mit zumindest einem Begleiter und dem Ausbildner gemäß § 7 in der Dauer von einer Unterrichtseinheit durchzuführen. *(BGBl II 2020/76)*

Fahrtenprotokoll

§ 3. „" Die Durchführung jeder Ausbildungsfahrt ist in das Fahrtenprotokoll gemäß **„der Anlage"** einzutragen. Das Fahrtenprotokoll ist wahrheitsgetreu zu führen und ist vom jeweiligen Begleiter und vom Bewerber zu unterschreiben. Zu den begleitenden Schulungen und zur Perfektionsschulung ist das Fahrtenprotokoll dem Ausbildner gemäß § 7 vorzulegen. „Das Fahrtenprotokoll ist spätestens vor der Zulassung zur praktischen Fahrprüfung der Behörde vorzulegen." *(BGBl II 2013/489)*

(2) *(entfällt, BGBl II 2013/489)*

Begleitende Schulung

§ 4. (1) Nachdem vom Bewerber „mindestens"* 1 000 km im Zuge von Ausbildungsfahrten zurückgelegt worden sind, haben sich der Bewerber und „der oder ein Begleiter"** einer begleitenden Schulung durch einen Ausbildner gemäß § 7 zu unterziehen. Diese umfaßt

1. die Durchführung einer Ausbildungsfahrt in der Dauer von einer Unterrichtseinheit, wobei der oder ein Begleiter neben dem Bewerber sitzt,

2. ein individuelles Gespräch des Ausbildners gemäß § 7 mit dem Bewerber und „dem oder einem Begleiter"** in der Dauer von „einer Unterrichtseinheit"* über die Erkenntnisse der Ausbildungsfahrten, wobei jedenfalls das Thema Geschwindigkeit und Blicktechniken (bisherige persönliche Erfahrungen, Analysen von Gefahrenschwerpunkten, Konsequenzen, Erkenntnisse und Vorsätze) ausführlich besprochen werden muß. *(*BGBl II 2013/489; **BGBl II 2020/76)*
*(*BGBl II 2013/489; **BGBl II 2020/76)*

(2) Nach der begleitenden Schulung gemäß Abs. 1 und weiteren „mindestens"* 1 000 km im Zuge von Ausbildungsfahrten haben sich der Bewerber und „der oder ein Begleiter"* einer weiteren begleitenden Schulung durch einen Ausbildner gemäß § 7 zu unterziehen. Diese umfaßt

1. die Durchführung einer Ausbildungsfahrt in der Dauer von einer Unterrichtseinheit, wobei der oder ein Begleiter neben dem Bewerber sitzt.

2. ein individuelles Gespräch des Ausbildners gemäß § 7 mit dem Bewerber und „dem oder einem Begleiter"** in der Dauer von „einer Unterrichtseinheit"* über die Erkenntnisse der Ausbildungsfahrten, wobei jedenfalls das Thema Partnerkunde und Gefahrenlehre (bisherige persönliche Erfahrungen, Analysen von Gefahrenschwerpunkten, Konsequenzen, Erkenntnisse und Vorsätze) ausführlich besprochen werden muß.
*(*BGBl II 2013/489; **BGBl II 2020/76)*

KFG
KDV
PBStV
Kraftstoff-VO
FSG + VO

4/6e. FSG-VBV
§§ 4 – 8

(*BGBl II 2013/489; **BGBl II 2020/76)

(3) *(entfällt, BGBl II 2013/489)*

(4) *(entfällt, BGBl II 2013/489)*

Perfektionsschulung

§ 5. Nach mindestens 3000 gefahrenen Kilometern hat der Bewerber die praktische Perfektionsschulung aus Anlage 10c der KDV 1967 zu absolvieren. Diese umfasst Schulfahrten in der Dauer von insgesamt drei Unterrichtseinheiten, in deren Rahmen der komplette Prüfungsablauf der praktischen Fahrprüfung in der Dauer von 25 Minuten zu simulieren ist und jedenfalls eine Autobahnfahrt enthalten sein muss. „Der, ein oder die Begleiter" ist (sind) berechtigt, an der praktischen Perfektionsschulung teilzunehmen. *(BGBl II 2020/76)*

(BGBl II 2013/489)

Kennzeichnung der Fahrzeuge

§ 6. „" Der Begleiter hat dafür zu sorgen, daß bei Ausbildungsfahrten vorne und hinten am Fahrzeug eine Tafel mit der Aufschrift „L 17" in vollständig sichtbarer und gut lesbarer und unverwischbarer weißer Schrift auf „blauem"*** Grund sowie eine Tafel mit der vollständig sichtbaren und dauernd gut lesbaren und unverwischbaren Aufschrift „Ausbildungsfahrt" angebracht ist. „Die Tafel mit der Aufschrift „L 17" hat eine Höhe und eine Länge von jeweils 160 mm. Die Höhe der Aufschrift muss den Abmessungen der Anlage 10 lit. b KDV 1967 entsprechen und so gestaltet sein, dass eine ausreichende Erkennbarkeit gegeben ist."* „Wahlweise ist es auch zulässig, das bei Ausbildungsfahrten verwendete Kraftfahrzeug mit einer Tafel für Übungsfahrten gemäß § 122 Abs. 7 KFG 1967 zu kennzeichnen."*** *(*BGBl II 2002/496; **BGBl II 2013/489; ***BGBl II 2020/76)*

(2) *(entfällt, BGBl II 2013/489)*

Voraussetzungen zur Ausbildung für die vorgezogene Lenkberechtigung für die Klasse B

§ 7. (1) Die begleitende Schulung und die praktische Perfektionsschulung dürfen nur folgende Personen (Ausbildner) durchführen:

1. Fahrschullehrer im Sinne des § 3 Abs. 2 dritter Satz der Verordnung über verkehrspsychologische Nachschulungen (Nachschulungsverordnung FSG-NV) BGBl. II Nr. 357/2002, *(BGBl II 2002/496)*

2. sonstige Fahrschullehrer, die folgende Voraussetzungen erfüllen:

a) eine mindestens einjährige praktische Tätigkeit als Fahrschullehrer und

b) die Absolvierung einer besonderen Schulung im Ausmaß von zwölf Stunden bei einer vom Landeshauptmann zur Ausbildung von Fahrlehrern und Fahrschullehrern ermächtigten Einrichtung oder

3. Fahrlehrer, die folgende Voraussetzungen erfüllen:

a) eine mindestens 3-jährige praktische Tätigkeit als Fahrlehrer und

b) die Absolvierung der besonderen Schulung gemäß Z 2 lit. b.
(BGBl II 2001/52)

(2) Die besondere Ausbildung gemäß Abs. 1 Z 2 hat insbesondere zu umfassen:

1. die Unterweisung in gruppendynamischer Gesprächsführung im Ausmaß von drei Stunden, um dem Fahrlehrer richtige und zielführende Verhaltensmaßstäbe zu vermitteln, wie insbesondere bei divergierenden Ansichten zwischen dem oder den Begleiter(n) und Fahrlehrer vorzugehen ist;

2. die Unterschiede zur herkömmlichen Ausbildung, insbesondere die Rücksichtnahme auf einen eigenen Fahrstil des oder der Begleiter und die Beurteilung, ob dieser Fahrstil oder diese Verhaltensweisen eine Gefährdung der Verkehrssicherheit darstellen, sowie geeignete Verhaltensweisen des Fahrlehrers in dieser Situation im Ausmaß von drei Stunden und

3. Erarbeitung von Beurteilungskriterien über das Fahrkönnen des Bewerbers im Ausmaß von sechs Stunden.

(3) Die besondere Ausbildung gemäß Abs. 2 Z 1 hat durch Psychologen gemäß § 1 Psychologengesetz, BGBl. Nr. 360/1990, zu erfolgen, die Ausbildung gemäß Abs. 2 Z 2 und 3 von zur Ausbildung von Fahrlehrern und Fahrschullehrern berechtigten Instruktoren.

Inkrafttreten

§ 8. (1) Diese Verordnung tritt am 1. März 1999 in Kraft.

(2) Schulungen gemäß § 7 Abs. 1 Z 2 lit. b dürfen ab dem auf die Kundmachung im Bundesgesetzblatt folgenden Tag durchgeführt werden.

(3) § 2 Abs. 1 und § 5 Abs. 1 jeweils in der Fassung BGBl. II Nr. 496/2002 treten mit 1. Jänner 2003 in Kraft. *(BGBl II 2002/496)*

(4) § 2 Abs. 4, § 4 Abs. 1 und 2, § 5 und § 6 jeweils in der Fassung BGBl. II Nr. 76/2020 treten nach Ablauf des Tages der Kundmachung dieser Verordnung in Kraft. Vorhandene Tafeln gemäß § 6, die bisher zur Kennzeichnung der Fahrzeuge verwendet wurden, dürfen weiterverwendet werden. *(BGBl II 2020/76)*

4/6e. FSG-VBV
Anlage

Anlage 3

Fahrtenprotokoll
gemäß § 19 Abs. 8 FSG

Datum	gefahrene km	Kilometerstand von	bis	Kfz-Kennzeichen	Tageszeit	Fahrtstrecke/-ziel	Straßenzustand, Witterung	Unterschrift des Begleiters	Bewerbers

KFG
KDV
PBStV
Kraftstoff-VO
FSG + VO

Anlage 1 und 2 entfallen und die Bezeichnung „Anlage 3" wird durch „Anlage" ersetzt. In der Überschrift dieser Anlage entfällt der Ausdruck „Abs.8".
(BGBl II 2013/489)

Führerscheingesetz – Nachschulungsverordnung – FSG-NV

BGBl II 2002/357 idF

1 BGBl II 2004/196 (VfGH)
2 BGBl II 2005/32
3 BGBl II 2005/220
4 BGBl II 2021/452

Verordnung des Bundesministers für Verkehr, Innovation und Technologie über verkehrspsychologische Nachschulungen (Nachschulungsverordnung FSG-NV)

Auf Grund der §§ 4, 24 und 36 des Führerscheingesetzes, BGBl. I Nr. 120/1997 idF BGBl. I Nr. 25/2001 sowie des § 8 Abs. 1 und 2 des Bundesministeriengesetzes BGBl. Nr. 76/1986 idF BGBl. I Nr. 87/2002, wird verordnet:

1. Abschnitt
Kurstypen und Kursinhalte

Begriffsbestimmungen

§ 1. Im Sinne dieser Verordnung gilt als:

1. Nachschulung: ein verkehrspsychologischer Kurs für verkehrs- oder alkoholauffällige Kraftfahrzeuglenker oder Lenker mit sonstiger Problematik (insbesondere Suchtmittel- oder Arzneimittelmissbrauch) unabhängig davon, ob es sich um einen Probeführerscheinbesitzer handelt oder nicht „sowie für Lenker, denen eine besondere Maßnahme im Rahmen des Vormerksystems gemäß § 30b Abs. 3 Z 1 FSG angeordnet wurde;"
(BGBl II 2005/220)

2. Alkoholauffällig: ein Kraftfahrzeuglenker, dessen Lenkberechtigung wegen Verletzung einer in den für den Kraftfahrzeugverkehr relevanten Rechtsvorschriften enthaltenen Alkoholgrenze entzogen wurde oder ein Probeführerscheinbesitzer, der eine Übertretung des § 4 Abs. 7 FSG begangen hat;

3. Verkehrsauffällig: ein Kraftfahrzeuglenker, dessen Lenkberechtigung wegen eines Verstoßes gegen Verkehrsvorschriften entzogen wurde sofern nicht die Voraussetzungen gemäß Z 2 oder 4 vorliegen oder ein Probeführerscheinbesitzer, der einen schweren Verstoß gemäß § 4 Abs. 6 FSG begangen hat;

4. sonstige Problematik: das Lenken eines Kraftfahrzeuges unter einer Beeinträchtigung von Sucht- oder Arzneimitteln.

Nachschulungen für alkoholauffällige Lenker

§ 2. (1) „Dieser Kurstyp ist bei Vorliegen der Voraussetzungen gemäß § 4 Abs. 3 und § 24 Abs. 3 FSG von folgenden Personen zu absolvieren:"

1. alkoholauffälligen Probeführerscheinbesitzern, auch wenn durch die der Übertretung zu Grunde liegende Tat andere Alkoholgrenzen oder sonstige Verkehrsvorschriften verletzt wurden sowie

2. sonstigen alkoholauffälligen Kraftfahrzeuglenkern.
(BGBl II 2005/220)

(2) Im Rahmen der Nachschulung für alkoholauffällige Lenker sind die Ursachen, die zur Anordnung dieser Maßnahme geführt haben, zu erörtern, der Bezug des Fehlverhaltens zu persönlichen Einstellungen bewusst zu machen und die Möglichkeiten für ihre Beseitigung zu behandeln. Wissenslücken der Kursteilnehmer über die Wirkung des Alkohols auf die Verkehrsteilnehmer sollen geschlossen und individuell angepasste Verhaltensweisen entwickelt, erprobt und ansatzweise stabilisiert werden, um Trinkgewohnheiten zu ändern und Alkoholkonsum und Lenken künftig zuverlässig zu trennen. Durch die Entwicklung geeigneter Verhaltensmuster sollen die Möglichkeiten zur Selbstkontrolle gefördert werden, die die Kursteilnehmer in die Lage versetzen sollen, einen Rückfall in weitere Verkehrsverstöße unter Alkoholeinfluss zu vermeiden.

(3) Am Beginn von zumindest einer Kurssitzung sowie bei Vorliegen des Verdachts auf Alkoholisierung ist die Atemluft der Kandidaten mittels geeigneter Geräte auf etwaigen Alkoholgehalt zu überprüfen. Die Testergebnisse sind zu protokollieren und das Protokoll fünf Jahre aufzubewahren. Beträgt bei einem Teilnehmer der Alkoholgehalt des Blutes mehr als 0,1 g/l (0,1 Promille) oder der Alkoholgehalt der Atemluft mehr als 0,05 mg/l oder verweigert der Teilnehmer die Untersuchung der Atemluft auf Alkoholgehalt, ist dem Teilnehmer die Ausstellung einer Kursbesuchsbestätigung zu verweigern.

Nachschulungen für verkehrsauffällige Lenker

§ 3. (1) Dieser Kurstyp ist bei Vorliegen der Voraussetzungen gemäß §§ 4 Abs. 3 und 24 Abs. 3 FSG von folgenden Personen zu absolvieren:

1. verkehrsauffälligen Probeführerscheinbesitzern sowie

2. sonstigen verkehrsauffälligen Kraftfahrzeuglenkern

(2) Zwischen der ersten und der dritten Sitzung ist eine Fahrprobe durchzuführen, die der Beobachtung des Fahrverhaltens der Kursteilnehmer

und als Grundlage für die Erörterung des Verhaltens der Kursteilnehmer im Straßenverkehr dient. Die Fahrprobe ist in Gruppen mit höchstens drei Teilnehmern durchzuführen, wobei die reine Fahrzeit jedes Teilnehmers 30 Minuten nicht unterschreiten darf. Die Fahrprobe ist auf einem Schulfahrzeug durchzuführen und darf nur von einem Fahrschullehrer, der an Seminaren über Gruppendynamik oder Selbsterfahrung im Ausmaß von mindestens 20 Stunden teilgenommen hat, durchgeführt werden. Dieser Fahrschullehrer hat jedenfalls auch bei der Besprechung der Fahrprobe mitzuwirken. Sofern keine Bedenken bestehen und die anderen Teilnehmer zustimmen, kann die Fahrprobe auf Ersuchen des Teilnehmers auch mit einem anderen Fahrzeug durchgeführt werden. Personen, die noch nie im Besitz einer Lenkberechtigung für die Klasse B waren, haben an der Fahrprobe als Beobachter teilzunehmen.

(3) Ziel dieses Kurstyps ist die Herstellung eines normgerechten, sicherheitsbewussten und rücksichtsvollen Fahrverhaltens beim Kursteilnehmer, insbesondere durch Änderung der Einstellung zu anderen Verkehrsteilnehmern, durch Förderung des Risikobewusstseins und durch Entwicklung einer realistischen Selbsteinschätzung sowie durch Verbesserung der Gefahrenerkennung. Dabei soll der Kursteilnehmer dazu angeleitet werden, sich mit den persönlichen Voraussetzungen seines Fehlverhaltens auseinander zu setzen und sich der Beziehung zwischen seinem Fehlverhalten, seiner Einstellung und seinen Persönlichkeitsmerkmalen unter Einbindung der Verhaltensbeobachtungen bei der Fahrprobe bewusst werden.

Nachschulungen bei sonstiger Problematik

§ 4. (1) Dieser Kurstyp ist bei Vorliegen der Voraussetzungen gemäß § 24 Abs. 3 FSG von jenen Personen zu absolvieren, die Kraftfahrzeuge unter einer sonstigen Beeinträchtigung gelenkt haben.

(2) Im Rahmen dieses Kurses sollen adäquate Verhaltensstrategien entwickelt werden, um das Lenken von Kraftfahrzeugen unter spezieller Beeinträchtigung zu vermeiden, und zwar durch Aufzeigen der Motive und Probleme für den Missbrauch, Bewusstmachen der Gefahren im Straßenverkehr durch bewusstseinsverändernde und verhaltensbeeinträchtigende Substanzen sowie Entwicklung, Erprobung und ansatzweise Stabilisierung von individuellen Lösungsmöglichkeiten für künftige Vorfallsfreiheit.

Nachschulungen im Rahmen des Vormerksystems

§ 4a. Dieser Kurstyp ist von Personen zu absolvieren, denen von der Behörde gemäß § 30b FSG eine Nachschulung im Rahmen des Vormerksystems angeordnet wurde. Im Rahmen dieses Kurstyps sind die Ursachen, die zur Anordnung dieser Maßnahme geführt haben, zu erörtern, wobei im Rahmen dieser Nachschulung sowohl Inhalte der in § 2 als auch § 3 genannten Kurstypen in entsprechendem Umfang aufzuarbeiten sind.

(BGBl II 2005/220)

2. Abschnitt
Kursablauf

Kursablauf

§ 5. (1) Bei Einteilung der Nachschulungskurse hat die ermächtigte Einrichtung den Kurstyp, an dem der Betreffende teilzunehmen hat, zu bestimmen. Die ermächtigte Einrichtung hat darauf zu achten, dass jeder Teilnehmer an einem Kurs desjenigen Kurstyps gemäß §§ 2 bis 4 teilnimmt, in dem die Problematik aufgearbeitet wird, die der Grund für die Anordnung der Nachschulung war. Der Betreffende hat den oder die Strafbescheid(e) oder - sofern eine Bestrafung nicht erfolgt ist - den Bescheid, mit dem die Nachschulung angeordnet wurde, zur Anmeldung zur Nachschulung mitzubringen. Beim Zusammentreffen mehrerer Nachschulungsgründe hat die ermächtigte Einrichtung festzulegen, welcher Kurstyp zu absolvieren ist. In diesem Fall ist von der ermächtigten Einrichtung sicherzustellen, dass alle der Nachschulung zugrundeliegenden Ursachen erörtert werden. Es ist zulässig, dass Probeführerscheinbesitzer und Nicht-Probeführerscheinbesitzer am selben Kurs teilnehmen.

(2) „Die Nachschulung gemäß §§ 2 bis 4 „und 4a ist"** in Gruppen mit mindestens drei und höchstens elf Teilnehmern durchzuführen."* Ist einem Teilnehmer die Teilnahme an einer Gruppensitzung nicht möglich, kann in begründeten Ausnahmefällen höchstens eine Gruppensitzung durch ein Einzelgespräch im Ausmaß von einem Drittel der Dauer der versäumten Gruppensitzung ersetzt werden. Abgesehen davon hat die Zusammensetzung der Gruppe über die gesamte Dauer des Nachschulungskurses gleich zu bleiben.
(*BGBl II 2005/220; **BGBl II 2021/452)

(3) Die Nachschulungskurse haben folgendes Ausmaß aufzuweisen: Die zusätzliche Kurssitzung beim wiederholten Besuch einer Nachschulung gemäß §§ 2 bis 4 innerhalb von fünf Jahren kann auch in Form eines Einzelgesprächs in der Dauer von einer Kurseinheit durchgeführt werden. Eine Kurseinheit hat 50 Minuten zu betragen.

KFG
KDV
PBStV
Kraftstoff-VO
FSG + VO

4/6f. FSG-NV
§§ 5 – 6

	Erstmaliger Besuch einer Nachschulung	Wiederholter Besuch einer Nachschulung desselben Kurstyps innerhalb von fünf Jahren
Nachschulung gemäß §§ 2 oder 4	mindestens vier Gruppensitzungen zu insgesamt 15 Kurseinheiten	Mindestens fünf Gruppensitzungen zu insgesamt 18 Kurseinheiten
Nachschulung gemäß § 3	mindestens vier Gruppensitzungen zu insgesamt zwölf Kurseinheiten sowie eine Fahrprobe, die hinsichtlich des Aufwandes einer Gruppensitzung von insgesamt drei Kurseinheiten entspricht	mindestens fünf Gruppensitzungen zu insgesamt 15 Kurseinheiten sowie eine Fahrprobe, die hinsichtlich des Aufwandes einer Gruppensitzung von insgesamt drei Kurseinheiten entspricht
Nachschulung gemäß § 4a	mindestens zwei Gruppensitzungen zu insgesamt sechs Kurseinheiten	mindestens zwei Gruppensitzungen zu insgesamt sechs Kurseinheiten sowie ein Einzelgespräch im Ausmaß von einer Kurseinheit

Die zusätzliche Kurssitzung beim wiederholten Besuch einer Nachschulung gemäß §§ 2 bis 4 innerhalb von fünf Jahren kann auch in Form eines Einzelgesprächs in der Dauer von einer Kurseinheit durchgeführt werden. Eine Kurseinheit hat 50 Minuten zu betragen. *(BGBl II 2005/220)*

(4) Die Kurssitzungen der Nachschulung gemäß §§ 2 bis 4 sind möglichst gleichmäßig auf einen Zeitraum von mindestens 22 und höchstens 40 Kalendertagen verteilt durchzuführen, zwischen den zwei Kurssitzungen gemäß § 4a hat ein Zeitraum von mindestens acht und höchstens 40 Kalendertagen zu liegen. An einem Tag darf jedoch nicht mehr als eine Kurssitzung durchgeführt werden. Die Dauer einer Gruppensitzung hat mindestens drei und höchstens fünf Kurseinheiten zu betragen. Der Zeitraum zwischen zwei Kurssitzungen einer Nachschulung gemäß §§ 2 bis 4 hat mindestens zwei Tage zu betragen, ausgenommen bei Ersatzsitzungen gemäß Abs. 2 zweiter Satz. *(BGBl II 2005/220)*

(5) In begründeten Einzelfällen, insbesondere wenn beim Betreffenden die Gruppenfähigkeit nicht gegeben ist, bei individuellen Belastungen oder bei Sprach- und Kommunikationsschwierigkeiten, kann die Nachschulung gemäß §§ 2 bis 4 in Form eines Einzelgesprächs absolviert werden. Die Dauer dieser Form der Nachschulung hat mindestens fünf Einzelgespräche zu je einer Kurseinheit zu betragen, wobei bei Personen, die bereits zum wiederholten Mal an einer Nachschulung desselben Kurstyps innerhalb von fünf Jahren teilnehmen, eine Erweiterung auf sechs Kurseinheiten zu erfolgen hat. Ebenso kann aus den oben genannten Gründen in begründeten Einzelfällen eine Nachschulung gemäß § 4a in Form eines Einzelgesprächs absolviert werden. Die Dauer dieser Form der Nachschulung hat mindestens zwei Einzelgespräche zu je einer Kurseinheit zu betragen. *(BGBl II 2005/220)*

(6) Mit Ausstellung einer Kursbesuchsbestätigung gilt die Nachschulung als ordnungsgemäß absolviert. Folgende Voraussetzungen müssen für die Ausstellung einer Kursbesuchsbestätigung erfüllt sein:

1. Teilnahme an allen Kurssitzungen unbeschadet Abs. 2,
2. ausreichende Mitarbeit im Kurs,
3. keine Übertretung der Bestimmung des § 2 Abs. 3,
4. vollständige Bezahlung der Kursgebühr.

Wird die Ausstellung einer Kursbesuchsbestätigung aus den in Z 1 bis 3 genannten Gründen verweigert, ist für einen Erwerb einer Kursbesuchsbestätigung ein neuerlicher Nachschulungskurs zu absolvieren.

(7) Wurde von der Behörde sowohl eine verkehrspsychologische Stellungnahme als auch eine Nachschulung angeordnet, ist vor Absolvierung der Nachschulung die verkehrspsychologische Untersuchung durchzuführen. Die verkehrspsychologische Stellungnahme und die Nachschulung dürfen in diesen Fällen nicht vom selben Verkehrspsychologen durchgeführt werden.

3. Abschnitt
Voraussetzungen zur Durchführung von Nachschulungen

Ermächtigung

§ 6. (1) Eine Nachschulung darf nur von einer vom Bundesminister für Verkehr, Innovation und Technologie nach Befassung des verkehrspsychologischen Koordinationsausschusses ermächtigten Stelle durchgeführt werden.

(2) Als Nachschulungsstelle ist gemäß § 36 Abs. 2 Z 1 FSG eine Einrichtung oder eine Vereinigung zu ermächtigen, wenn folgende Voraussetzungen erfüllt sind:

1. Organisationsstruktur, die einen bundesweit einheitlichen Ablauf der Kurse ermöglicht,

2. Niederlassungen in mindestens sechs Bundesländern, an denen eine angemessene Erreichbarkeit eines Kursleiters der ermächtigten Stelle sichergestellt ist,

3. Vorhandensein geeigneter Räumlichkeiten zur Durchführung der Nachschulungen,

4. Verfügbarkeit von mindestens sechs Kursleitern gemäß § 7,

5. Sicherung der einheitlichen Aus- und Weiterbildung der Kursleiter,

6. Vorlage eines geeigneten Kursmodellkonzeptes gemäß § 8 Abs. 1,

7. Begleitende Kontrolle der Kurse (Ergebnisevaluation der Kurse und Evaluation des Kursmodells),

8. Vorhandensein von Schulfahrzeugen für Nachschulungen gemäß § 3,

9. Organisationsstruktur mit Rechtspersönlichkeit.

(3) Ist durch das Ausscheiden von Kursleitern das Erfordernis von Abs. 2 Z 4 vorübergehend nicht erfüllt, so hat die Nachschulungsstelle binnen zwölf Monaten die erforderliche Anzahl von Kursleitern wieder aufzuweisen.

(4) Die Ermächtigung ist zu widerrufen, wenn

1. die Voraussetzungen für die Erteilung nicht mehr gegeben sind,

2. nach Ablauf der in Abs. 3 genannten Frist die erforderliche Zahl der Kursleiter nicht gegeben ist,

3. bei Durchführung der Nachschulungen Missstände oder Unzulänglichkeiten aufgetreten sind, die innerhalb angemessener Frist nicht beseitigt wurden oder

4. den Meldepflichten gemäß § 10 nach wiederholter Aufforderung oder Setzung einer angemessenen Nachfrist nicht nachgekommen wird.

Anforderungen an die Kursleiter

§ 7. (1) Als Kursleiter tätig werden dürfen Personen, die

1. Psychologe gemäß § 1 Psychologengesetz BGBl. Nr. 360/1990 sind,

2. eine 1 600 Stunden umfassende Berufserfahrung in Verkehrspsychologie, die 160 Stunden theoretische Ausbildung und 120 Stunden praktische Erfahrung in Verkehrspsychologie beinhaltet, aufweisen,

3. eine 160 Stunden umfassende Einführung in therapeutische Interventionstechniken absolviert haben,

4. eine Einschulung in das Kursmodell, bestehend aus 20 Stunden Theorie, zwei Kursen als Co-Trainer und drei Kursen unter Supervision absolviert haben und

5. im Besitz der Lenkberechtigung für die Klasse B sind. Beim Autor des Kursmodells entfällt die Voraussetzung gemäß Z 4. Bei Personen, die nicht Autor des Kursmodells sind, aber als anerkannte Kursleiter bereits Kurse nach zumindest einem anderen anerkannten Modell geleitet haben, entfällt bei der Einschulung gemäß Z 4 das Erfordernis der Kurse als Co-Trainer sowie der Kurse unter Supervision. Das Erfordernis der Z 5 entfällt bei Personen, die im Besitz einer Lenkberechtigung für die Klasse B waren und denen die Lenkberechtigung wegen mangelnder gesundheitlicher Eignung entzogen wurde, sofern es sich nicht um eine Entziehung wegen Abhängigkeit von Alkohol, eines Sucht- oder Arzneimittels handelt.

(2) Die theoretische Ausbildung sowie die Intervision im Rahmen der Aus- und Weiterbildung darf nur durch Verkehrspsychologen erfolgen, die im Rahmen einer ermächtigten Einrichtung seit mindestens vier Jahren begleitende Maßnahmen durchgeführt haben.

(3) Während der Kurse darf beim Kursleiter der Alkoholgehalt des Blutes 0,1g/l (0,1 Promille) oder der Alkoholgehalt der Atemluft 0,05 mg/l nicht überschreiten.

(4) Die Kursleiter sind verpflichtet, jährlich

1. acht Arbeitseinheiten Intervision,

2. acht Arbeitseinheiten Supervision durch einen Supervisor gemäß § 6 Abs. 2 Psychologengesetz oder durch einen Kursleiter, wobei diese Personen bereits im Rahmen einer ermächtigten Stelle mindestens 20 begleitende Maßnahmen selbstständig geleitet haben müssen und

3. acht Arbeitseinheiten Weiterbildung in Verkehrspsychologie sowie in ergänzenden Bereichen, wie insbesondere Recht, Sucht oder Epidemiologie, die gemäß § 9 Abs. 2 Z 2 vom verkehrspsychologischen Koordinationsausschuss angeboten werden

nachzuweisen.

Eignung des Kursmodells

§ 8. (1) Zur Durchführung der begleitenden Maßnahmen hat sich die ermächtigte Einrichtung eines geeigneten Kursmodells zu bedienen. Dieses muss nach dem Stand der Wissenschaft

1. grundsätzlich geeignet sein,

2. für die Anwendung innerhalb eines bestimmten Kurstyps geeignet sein und

3. im Hinblick auf die Zielgruppe und die angestrebten Ziele wirksam sein.

(2) Die Überprüfung der grundsätzlichen Eignung des wissenschaftlichen Konzeptes hat vor der Ermächtigung der Einrichtung durch Vorlage einer wissenschaftlichen Beschreibung des Kursmodelles beim Bundesminister für Verkehr, Inno-

vation und Technologie zu erfolgen. Das Kursmodell ist offen zu legen.

(3) Die Effizienz des jeweiligen Modells im Sinne der Dauerhaftigkeit der Einstellungs- und Verhaltensänderung der Kursteilnehmer ist durch die Überprüfung der Rückfallquote der Absolventen der Nachschulung nachzuweisen. Dabei ist über einen Beobachtungszeitraum von fünf Jahren in anonymisierter Form zu erheben, wie viele Nachschulungen pro ermächtigter Einrichtung durchgeführt wurden sowie die Zahl der Personen zu ermitteln, denen in weiterer Folge wieder eine Nachschulung angeordnet wurde. Diese Daten sind vom Zentralen Führerscheinregister dem Bundesministerium für Verkehr, Innovation und Technologie zu übermitteln.

(4) Das Bundesministerium für Verkehr, Innovation und Technologie hat den verkehrspsychologischen Koordinationsausschuss mit den Ergebnissen der Überprüfung gemäß Abs. 3 zu befassen. Ergibt das Überprüfungsverfahren gemäß Abs. 3 eine Nichteignung des überprüften Kursmodells oder wurde das Überprüfungsverfahren nicht fristgerecht nach Setzung einer angemessenen Nachfrist durchgeführt, so hat der Bundesminister für Verkehr, Innovation und Technologie die Anwendung dieses Kursmodells bis zum Nachweis der Eignung zu untersagen.

4. Abschnitt

Sonstige Einrichtungen, Meldepflichten, Kosten, Übergangs- und Schlussbestimmungen

Verkehrspsychologischer Koordinationsausschuss

§ 9. (1) Zur sachverständigen Beratung in Fragen der Nachschulung kann sich der Bundesminister für Verkehr, Innovation und Technologie des verkehrspsychologischen Koordinationsausschusses bedienen. Dieser besteht aus je einem Vertreter der zur Durchführung von Nachschulungen ermächtigten Einrichtungen und einem nicht stimmberechtigten koordinierenden Vertreter des Berufsverbandes österreichischer Psychologen, Sektion Verkehrspsychologie, der den Vorsitz zu führen hat. Institutionen, die nach In-Kraft-Treten dieser Verordnung ermächtigt werden, haben ebenfalls einen Vertreter zur Mitarbeit im Koordinationsausschuss zu entsenden. Der verkehrspsychologische Koordinationsausschuss entscheidet mit Stimmenmehrheit.

(2) Der verkehrspsychologische Koordinationsausschuss hat folgende Aufgaben wahrzunehmen:

1. Beurteilung der regelmäßig durchzuführenden statistischen Erhebungen gemäß § 8 Abs. 3 über die Rückfallhäufigkeit nach Absolvierung von Nachschulungen,

2. Sicherstellung der Aus- und Weiterbildungsveranstaltungen facheinschlägiger Art zur Erlangung und Aufrechterhaltung der verkehrspsychologischen Qualifikationen im Rahmen von Nachschulungen,

3. Erarbeitung und Weiterentwicklung von Qualitätskriterien für fachliche, personelle, räumliche und organisatorische Voraussetzungen von ermächtigten Einrichtungen für Nachschulungen,

4. Erarbeitung von Kriterien und Verfahren zur wissenschaftlichen Weiter- und Neuentwicklung verkehrspsychologischer Tätigkeiten.

Die Namen der Psychologen, die eine Aus- und Weiterbildung gemäß Z 2 absolviert haben, sind dem Bundesministerium für Verkehr, Innovation und Technologie bekanntzugeben.

Meldepflichten

§ 10. (1) Jede erfolgreiche Kursteilnahme sowie jede Verweigerung der Ausstellung einer Kursbesuchsbestätigung sowie den dafür maßgeblichen Grund (§ 5 Abs. 6) ist der Behörde unverzüglich von der ermächtigten Einrichtung zu melden.

(2) Die ermächtigte Einrichtung hat im Wege des verkehrspsychologischen Koordinationsausschusses dem Bundesministerium für Verkehr, Innovation und Technologie zu melden:

1. alle Änderungen im Personalstand der Kursleiter,

2. die Anzahl der pro Kalenderjahr durchgeführten Nachschulungen bis zum 1. April des folgenden Kalenderjahres. Aus dieser Meldung muss zu entnehmen sein, wie viele Nachschulungen pro Kurstyp abgehalten wurden sowie die Anzahl der pro Kurstyp gehaltenen Einzelkurse.

Kosten der Nachschulungen

§ 11. Die Gebühr für die Teilnahme an einer Nachschulung beträgt pro Teilnehmer

1. für eine Gruppensitzung pro Kurseinheit ...., zwischen 33 und 37 Euro

(BGBl II 2005/32)

2. für ein Einzelgespräch pro Kurseinheit .... zwischen 103 und 115 Euro.

(BGBl II 2005/32)

In diesen Preisen sind alle Zuschläge enthalten ("Inklusivpreise"). Im Fall von fremdsprachigen Kursteilnehmern kann ein Dolmetscher beigezogen werden.

Übergangsbestimmungen

§ 12. Ermächtigte Einrichtungen, die bereits vor In-Kraft-Treten dieser Verordnung zur

Durchführung von Nachschulungen ermächtigt waren, dürfen diese Tätigkeit bis zu sechs Monate nach In-Kraft-Treten dieser Verordnung weiterhin ausüben. Innerhalb dieser Frist haben sie beim Bundesministerium für Verkehr, Innovation und Technologie einen Antrag auf Ermächtigung gemäß § 6 einzubringen, widrigenfalls die weitere Ausübung der Tätigkeit unzulässig ist. Wurde der Antrag innerhalb der genannten Frist eingebracht, darf die Tätigkeit bis zu zwei Jahre nach In-Kraft-Treten der Verordnung weiterhin ausgeübt werden. Wurde bis zu diesem Zeitpunkt eine Ermächtigung gemäß § 6 nicht erteilt, ist die bisherige Ermächtigung erloschen.

In-Kraft-Treten und Aufhebung

§ 13. (1) Diese Verordnung tritt mit 1. Oktober 2002 in Kraft.

(2) § 5 Abs. 7 zweiter Satz tritt mit 1. Jänner 2003 in Kraft.

(3) Mit In-Kraft-Treten dieser Verordnung treten die §§ 29a bis 29c der Kraftfahrgesetz-Durchführungsverordnung 1967, BGBl. Nr. 399 idF BGBl. II Nr. 414/2001, außer Kraft.

(4) § 5 Abs. 2 in der Fassung BGBl. II Nr. 452/2021 tritt am 1. Dezember 2021 in Kraft. *(BGBl II 2021/452)*

Freisprecheinrichtungsverordnung

BGBl II 1999/152

Verordnung des Bundesministers für Wissenschaft und Verkehr über Freisprecheinrichtungen für Kraftfahrzeuge (FreisprecheinrichtungsV)

Auf Grund des § 102 Abs. 3 KFG 1967, BGBl. Nr. 267, zuletzt geändert durch das Bundesgesetz BGBl. I Nr. 146/1998, sowie des § 8 des Produktsicherheitsgesetzes 1994, BGBl. Nr. 63/1995, wird - hinsichtlich des § 2 im Einvernehmen mit der Bundesministerin für Frauenangelegenheiten und Verbraucherschutz - verordnet:

Begriffsbestimmung

§ 1. Freisprecheinrichtungen im Sinne dieser Verordnung sind Zusatzeinrichtungen für Mobiltelefone, die das Führen eines Telefongespräches während des Fahrens mit einem Kraftfahrzeug ermöglichen, wobei beide Hände des Telefonierenden frei bleiben.

Bestimmungen für Inverkehrbringer

§ 2. Freisprecheinrichtungen gemäß § 1, die für die Verwendung in Kraftfahrzeugen vorgesehen sind, dürfen nur dann in Verkehr gebracht werden, wenn sie folgenden Anforderungen entsprechen:

1. Fixe Freisprecheinrichtungen

a) Diese müssen eine Vorrichtung zur Befestigung von Mobiltelefonen im Wageninneren enthalten. Diese Vorrichtung muß so ausgeführt sein, daß der Lenker nach dem Einbau der Freisprecheinrichtung die maßgeblichen Funktionen des Mobiltelefons mit einer Hand bedienen kann, ohne die beim Lenken erforderliche Körperhaltung wesentlich zu ändern.

b) Mikrofon sowie Ohrhörer (Kopfhörer) oder Lautsprecher der Freisprecheinrichtung müssen so angebracht werden können, daß die beim Lenken erforderliche Körperhaltung während des Telefonierens nicht wesentlich geändert werden muß und weder die freie Sicht noch die Bewegungsfreiheit des Lenkers - insbesondere durch Kabel - beeinträchtigt wird. Weiters muß das Mikrofon so angebracht werden können, daß der Lenker bei Zuwendung nicht von der Beobachtung des Verkehrsumfeldes abgelenkt wird.

2. Mobile Freisprecheinrichtungen

Diese müssen über ein ausreichend langes Verbindungskabel oder schnurlos einen Ohrhörer (Kopfhörer) mit dem Mobiltelefon so verbinden, daß gewährleistet ist, daß das Verbindungskabel nicht durch das Blickfeld des Lenkers verläuft. Weiters muß gewährleistet sein, daß das Mikrofon so angebracht werden kann, daß ein einwandfreies Sprechen möglich ist und die beim Lenken erforderliche Körperhaltung während des Telefonierens nicht wesentlich geändert werden muß und weder die freie Sicht noch die Bewegungsfreiheit des Lenkers - insbesondere durch Kabel - beeinträchtigt wird und der Lenker bei Zuwendung nicht von der Beobachtung des Verkehrsumfeldes abgelenkt wird. Der Lenker muß die maßgeblichen Funktionen des Mobiltelefones mit einer Hand bedienen können, ohne die beim Lenken erforderliche Körperhaltung wesentlich zu ändern.

Bestimmungen für Lenker von Kraftfahrzeugen

§ 3. Freisprecheinrichtungen dürfen von Lenkern von Kraftfahrzeugen während des Fahrens nur dann verwendet werden, wenn sie den Anforderungen des § 2 entsprechen.

Übergangs- und Schlußbestimmungen

§ 4. (1) Diese Verordnung tritt am 1. Juli 1999 in Kraft.

(2) Freisprecheinrichtungen, die zum Zeitpunkt des Inkrafttretens dieser Verordnung bereits in Kraftfahrzeugen eingebaut sind und nicht den Bestimmungen dieser Verordnung entsprechen, dürfen noch bis längstens 31. Dezember 2001 verwendet werden.

§ 5. Diese Verordnung wurde unter Einhaltung der Bestimmungen der Richtlinie 98/34/EG über ein Informationsverfahren auf dem Gebiet der Normen und technischen Vorschriften der Europäischen Kommission notifiziert (Notifikationsnummer 98/424/A).

Automatisiertes Fahren Verordnung

BGBl II 2016/402 idF

1 BGBl II 2019/66 2 BGBl II 2022/143

(ab 20. 12. 2016)

Verordnung des Bundesministers für „Klimaschutz, Umwelt, Energie, Mobilität, Innovation und Technologie" über Rahmenbedingungen für automatisiertes Fahren (Automatisiertes Fahren Verordnung – AutomatFahrV)

(BGBl II 2022/143)

Aufgrund der §§ 34 Abs. 6, 102 Abs. 3a und 3b des Kraftfahrgesetzes 1967, BGBl. Nr. 267/1967 zuletzt geändert durch das Bundesgesetz BGBl. I Nr. 67/2016, wird verordnet:

1. Abschnitt
Allgemeines

Anwendungsbereich

§ 1. (1) Die Bestimmungen dieser Verordnung sind auf Fahrzeuge anzuwenden, die den im 2. „oder 3." Abschnitt angeführten Anwendungsfällen entsprechen, in denen Assistenzsysteme oder automatisierte oder vernetzte Fahrsysteme vorhanden sind. Das Verwenden solcher Systeme ist nur zulässig, sofern *(BGBl II 2019/66)*

1. diese Systeme genehmigt, in Serie und den Anwendungsfällen des 3. Abschnitts zuordenbar sind oder *(BGBl II 2019/66)*

2. diese Systeme für Testzwecke eingesetzt werden und den Anwendungsfällen des 2. Abschnittes zuordenbar sind.

(2) Diese Systeme müssen so ausgeführt sein, dass die Einhaltung der Bestimmungen der Straßenverkehrsordnung 1960 (StVO 1960, BGBl. Nr. 159/1960), der Eisenbahnkreuzungsverordnung 2012 (EisbKrV, BGBl. II Nr. 2016/2012) und des Immissionsschutzgesetz-Luft (IG-L, BGBl. I Nr. 115/1997), bei der Verwendung dieser Systeme, jedenfalls gewährleistet ist.

(3) Fahrzeuge, in denen Assistenzsysteme oder automatisierte Fahrsysteme vorhanden sind, dürfen auf Straßen mit öffentlichem Verkehr nur getestet werden, sofern

1. während der Testfahrten Versicherungsschutz durch einen Haftpflichtversicherer gewährleistet ist und eine schriftliche Bestätigung des Kfz-Haftpflichtversicherers, dass für die Testfahrten im beantragten Umfang Versicherungsschutz nach den Bestimmungen des Kraftfahrzeug-Haftpflichtversicherungsgesetz 1994 (KHVG 1994, BGBl. Nr. 651/1994) besteht, mitgeführt wird und

2. dem Bundesminister für „Klimaschutz, Umwelt, Energie, Mobilität, Innovation und Technologie" vor Durchführung der Testfahrten folgende Daten übermittelt werden: *(BGBl II 2022/143)*

a) Angaben zum geplanten Anwendungsfall

b) Name der testenden Einrichtung

c) Kontaktperson und Kontaktdaten

d) Angaben zum Lenker des für Testfahrten zu verwendenden Fahrzeuges

e) Kennzeichen des für Testfahrten zu verwendenden Fahrzeuges

f) schriftliche Bestätigung des Kfz-Haftpflichtversicherers, dass für die Testfahrten im beantragten Umfang Versicherungsschutz nach den Bestimmungen des Kraftfahrzeug-Haftpflichtversicherungsgesetz 1994 (KHVG 1994, BGBl. Nr. 651/1994) besteht

g) Summe der bisher insgesamt real, virtuell und experimentell gefahrenen Testkilometer mit dem zu testenden System

h) Beginn und Ende des geplanten Testzeitraumes

i) geplante Teststrecke oder geplantes Testgebiet *(BGBl II 2022/143)*

j) Bedarf an infrastrukturellen Anforderungen „ " *(BGBl II 2022/143)*

k) Nachweis der Streckenanalyse, Risikobewertung und des Risikomanagements. *(BGBl II 2022/143)*

(4) Systeme für Testzwecke dürfen auf Straßen mit öffentlichem Verkehr nur verwendet werden, wenn sie im Vorfeld ausreichend getestet worden sind. „Die Systeme müssen vorab in vergleichbaren Situationen und bei unterschiedlichen Verhältnissen sowohl in der Simulation als auch auf privatem Gelände ausreichend getestet und für sicher befunden worden sein. Die Durchführung einer vorgegebenen Streckenanalyse und Risikobewertung für die geplante Teststrecke oder das geplante Testgebiet ist nachzuweisen und die Ergebnisse sind in das Risikomanagement des Testvorhabens aufzunehmen. Benachteiligungen und Einschränkungen sowie erhöhte Risiken für die aktive Mobilität (Radfahren, Zufußgehen) sind hierbei weitestgehend auszuschließen." Wenn entsprechende Nachweise vorgelegt werden, stellt der Bundesminister für „Klimaschutz, Umwelt,

Energie, Mobilität, Innovation und Technologie" für Testfahrten auf Straßen mit öffentlichem Verkehr eine Bescheinigung aus. Diese Bescheinigung ist bei jeder Testfahrt mitzuführen und den Organen des öffentlichen Sicherheitsdienstes oder der Straßenaufsicht auf Verlangen zur Überprüfung auszuhändigen. *(BGBl II 2022/143)*

(5) Testfahrten dürfen in dem vom Antragsteller beantragten Zeitraum durchgeführt werden. Der jeweilige Testzeitraum ist in der Bescheinigung gemäß Abs. 4 anzuführen.

(6) Nach Ende des Testzeitraumes ist dem Bundesminister für „Klimaschutz, Umwelt, Energie, Mobilität, Innovation und Technologie" ein Bericht über die gewonnenen Erkenntnisse zu übermitteln. Insbesondere ist der Bundesminister für „Klimaschutz, Umwelt, Energie, Mobilität, Innovation und Technologie" unverzüglich über kritische Situationen bzw. Unfälle und deren Ursachen zu informieren, die während der Testfahrten vorgefallen sind. *(BGBl II 2022/143)*

(7) Werden Testfahrten auf Autobahnen oder Schnellstraßen durchgeführt, muss der Antragsteller vor den Testfahrten den für das hochrangige Straßennetz zuständigen Straßenerhalter informieren und in die Planung miteinbeziehen. „Der örtlich zuständige Landeshauptmann ist schriftlich darüber zu informieren, welche Anwendungsfälle für Testzwecke auf welchen Straßen, in welchen Zeiträumen und mit welchen Fahrzeugen getestet werden sollen." *(BGBl II 2019/66)*

(8) Werden Testfahrten auf dem niederrangigen Straßennetz durchgeführt, muss der Antragsteller den örtlich zuständigen Landeshauptmann bis spätestens einen Monat vor Beginn der Testfahrt schriftlich darüber informieren, welche Anwendungsfälle für Testzwecke auf welchen Straßen, in welchen Zeiträumen und mit welchen Fahrzeugen getestet werden sollen. Der jeweils zuständige Landeshauptmann hat die Möglichkeit, binnen eines Monats ab Einlangen der Information, allfällige Bedenken zu äußern. Diesen Bedenken ist entsprechend Rechnung zu tragen. *(BGBl II 2019/66)*

§ 2. Soweit sich in dieser Verordnung verwendete Bezeichnungen auf natürliche Personen beziehen, gilt die gewählte Form für beide Geschlechter. Bei der Anwendung dieser Bezeichnungen auf bestimmte natürliche Personen ist die jeweils geschlechtsspezifische Form zu verwenden.

Lenker

§ 3. (1) Fahrzeuge, die mit solchen Systemen ausgerüstet sind, dürfen nur verwendet werden, wenn der Lenker den für ihn vorgesehenen Platz in bestimmungsgemäßer Weise einnimmt.

(2) Der Lenker darf diesen Systemen bestimmte Fahraufgaben übertragen, bleibt aber stets verantwortlich, seine Fahraufgaben wieder zu übernehmen.

(3) Für Testfahrten dürfen nur solche Lenker eingesetzt werden, die sich nicht mehr in der Probezeit befinden und die entsprechend geschult und mit dem jeweiligen System vertraut sind. „Zusätzlich haben diese Personen einen Nachweis über ein adäquates Fahrtraining zu erbringen, welches der jeweiligen Anwendungsfall und dem konkreten Testvorhaben sowie den damit verbundenen Fahrmanövern angepasst ist; dies gilt nicht für Anwendungsfälle des Bundesministeriums für Landesverteidigung." *(BGBl II 2022/143)*

(4) Der Lenker muss seine Zustimmung erteilen, dass während der Testfahrten Daten aus den elektronischen Steuergeräten des Testfahrzeuges aufgezeichnet und gespeichert werden.

Fahrten mit Fahrzeugen, die nicht zum Verkehr zugelassen sind

§ 4. Fahrzeuge, in denen Assistenzsysteme oder automatisierte oder vernetzte Fahrsysteme vorhanden sind, die nicht zum Verkehr zugelassen sind, können mit Probefahrtkennzeichen auf Straßen mit öffentlichem Verkehr verwendet werden.

Unfalldatenspeicher

§ 5. (1) In den Fällen des § 1 Abs. 1 Z 2 ist jedes Fahrzeug mit einem Unfalldatenspeicher auszurüsten, der während der Testfahrt auch zu verwenden ist.

(2) Mit dem Unfalldatenspeicher dürfen lediglich Daten aus den elektronischen Steuergeräten des Testfahrzeuges aufgezeichnet werden. Diese Daten dürfen nicht veränderbar sein.

(3) Diese Daten dürfen ausschließlich für Testzwecke und der Rekonstruktion von kritischen Situationen oder Unfällen verwendet werden. In Zusammenhang mit Unfällen sind die unfallbezogenen Daten für den Zeitraum von 30 Sekunden vor und nach dem Unfall auf Verlangen den Ermittlungsbehörden und dem Bundesminister für „Klimaschutz, Umwelt, Energie, Mobilität, Innovation und Technologie" zur Verfügung zu stellen. *(BGBl II 2022/143)*

Testdaten

§ 6. Werden neben den in § 5 erfassten Daten auch Videodaten aufgezeichnet, so ist dafür eine Bewilligung der Datenschutzbehörde „im Sinne des § 7 Abs. 3 DSG" erforderlich. In diesen Fällen sind die Kennzeichen der erfassten Fahrzeuge und Personen unkenntlich zu machen, außer die Unkenntlichmachung würde dem Testzweck zuwiderlaufen. Aufzeichnungen dürfen nur intern von der Testorganisation verwendet werden. Eine Weitergabe der Daten ist nur im Rahmen des § 1 Abs. 6 und § 5 Abs. 3 zulässig. *(BGBl II 2019/66)*

2. Abschnitt

„Anwendungsfälle für Testzwecke"

(BGBl II 2019/66)

„Automatisierter" Kleinbus

(BGBl II 2022/143)

§ 7. (1) Im Sinne dieser Verordnung gilt als automatisierter Kleinbus ein Fahrzeug zur Beförderung von maximal 15 Personen der Klassen M, das mit einem System ausgerüstet ist, das in der Lage ist, bei einer Geschwindigkeit bis zu 20 km/h alle Fahraufgaben zu übernehmen. *(BGBl II 2022/143)*

(2) Dieses System darf von Fahrzeugherstellern, Entwicklern von Systemen, Forschungseinrichtungen, Verkehrsunternehmen und Betreibern von Kraftfahrlinien getestet werden. *(BGBl II 2019/66)*

(3) *(entfällt, BGBl II 2022/143)*

(4) Der „automatisierte" Kleinbus darf auf einer vordefinierten Teststrecke „oder in einem vordefinierten Testgebiet" getestet werden. *(BGBl II 2022/143)*

(5) Sobald der Lenker das System aktiviert, werden sämtliche Fahraufgaben auf das System übertragen. Das System muss daher in der Lage sein, alle Fahrsituationen automatisch zu bewältigen.

(6) Es muss eine Notfallvorrichtung vorhanden sein, mit der das System deaktiviert werden kann. Wenn es zu einer kritischen Situation kommt, muss der Lenker die Notfallvorrichtung unverzüglich betätigen.

(7) Das System darf bis zu einer maximalen Geschwindigkeit von 20 km/h getestet werden. „Die tatsächlich zulässige Geschwindigkeit beim Testen basiert jedenfalls auf den Ergebnissen der Streckenanalyse und Risikobewertung." *(BGBl II 2022/143)*

(8) Während des Testzeitraumes dürfen Personen ausschließlich auf den vorgesehenen Sitzplätzen und nicht gewerblich befördert werden. „Personen in einem Rollstuhl sowie Personen mit einem Kinderwagen dürfen transportiert werden, wenn durch entsprechende Sicherungsmaßnahmen sichergestellt ist, dass dadurch für alle Fahrzeuginsassen keine höhere Gefährdung entsteht." *(BGBl II 2022/143)*

Automatisiertes Fahrzeug zur Personenbeförderung

§ 7a. (1) Im Sinne dieser Verordnung gilt als automatisiertes Fahrzeug zur Personenbeförderung ein typengenehmigtes Fahrzeug der Klassen M1, M2 und L7e, das mit einem System ausgerüstet ist, das in der Lage ist, bei einer Geschwindigkeit bis zu 50 km/h alle Fahraufgaben zu übernehmen.

(2) Dieses System darf von Fahrzeugherstellern, Entwicklern von Systemen, Forschungseinrichtungen, Verkehrsunternehmen und Betreibern von Kraftfahrlinien getestet werden.

(3) Das automatisierte Fahrzeug zur Personenbeförderung darf auf einer vordefinierten Teststrecke oder in einem vordefinierten Testgebiet getestet werden. Das System darf nicht auf Autobahnen und Schnellstraßen aktiviert werden.

(4) Sobald der Lenker das System aktiviert, werden sämtliche Fahraufgaben auf das System übertragen. Das System muss daher in der Lage sein, alle Fahrsituationen automatisch zu bewältigen.

(5) Es muss eine Notfallvorrichtung vorhanden sein, mit der das System deaktiviert werden kann. Wenn es zu einer kritischen Situation kommt, muss der Lenker die Notfallvorrichtung unverzüglich betätigen.

(6) Das System darf bis zu einer maximalen Geschwindigkeit von 50 km/h getestet werden. Die tatsächlich zulässige Geschwindigkeit beim Testen basiert jedenfalls auf den Ergebnissen der Streckenanalyse und Risikobewertung.

(7) Während des Testzeitraumes dürfen Personen ausschließlich auf den vorgesehenen Sitzplätzen und nicht gewerblich befördert werden. Personen in einem Rollstuhl sowie Personen mit einem Kinderwagen dürfen transportiert werden, wenn durch entsprechende Sicherungsmaßnahmen sichergestellt ist, dass dadurch für alle Fahrzeuginsassen keine höhere Gefährdung entsteht.

(BGBl II 2022/143)

Automatisiertes Fahrzeug zur Güterbeförderung

§ 7b. (1) Im Sinne dieser Verordnung gilt als automatisiertes Fahrzeug zur Güterbeförderung ein Fahrzeug der Klassen L7e, N1, N2 und N3, das mit einem System ausgerüstet ist, das in der Lage ist, bei einer Geschwindigkeit bis zu 30 km/h, im Falle von typengenehmigten Fahrzeugen bis 50 km/h, alle Fahraufgaben zu übernehmen und vorrangig für den Güterverkehr genutzt wird.

(2) Dieses System darf von Fahrzeugherstellern, Entwicklern von Systemen, Forschungsein-

richtungen und Güterbeförderungsunternehmen getestet werden.

(3) Das automatisierte Fahrzeug zur Güterbeförderung darf auf einer vordefinierten Teststrecke oder in einem vordefinierten Testgebiet getestet werden. Das System darf nicht auf Autobahnen und Schnellstraßen aktiviert werden.

(4) Sobald der Lenker das System aktiviert, werden sämtliche Fahraufgaben auf das System übertragen. Das System muss daher in der Lage sein, alle Fahrsituationen automatisch zu bewältigen.

(5) Es muss eine Notfallvorrichtung vorhanden sein, mit der das System deaktiviert werden kann. Wenn es zu einer kritischen Situation kommt, muss der Lenker die Notfallvorrichtung unverzüglich betätigen.

(6) Das System darf bis zu einer maximalen Geschwindigkeit von 30 km/h, im Falle von typengenehmigten Fahrzeugen bis 50 km/h, getestet werden. Die tatsächlich zulässige Geschwindigkeit beim Testen basiert jedenfalls auf den Ergebnissen der Streckenanalyse und Risikobewertung.

(7) Die Vorschriften über die Ladungssicherung sind zu beachten. Der Transport von Gefahrgut ist nicht zulässig.

(BGBl II 2022/143)

Autobahnpilot mit automatischem Spurwechsel

§ 8. (1) Im Sinne dieser Verordnung gilt als Autobahnpilot mit automatischem Spurwechsel, ein System, das die Längsführung und Querführung des Fahrzeuges auf Autobahnen und Schnellstraßen übernehmen kann.

(2) Dieses System darf von Fahrzeugherstellern, Entwicklern des Systems und Forschungseinrichtungen getestet werden.

(3) *(entfällt, BGBl II 2022/143)*

(4) Sobald der Lenker auf die Autobahn oder Schnellstraße aufgefahren ist und sich in den fließenden Verkehr eingereiht hat, darf er das System aktivieren. Mit der Aktivierung des Systems können folgende Fahraufgaben auf das System übertragen werden:

1. Längsführung des Fahrzeuges, wie beschleunigen, bremsen, anhalten, Abstandskontrolle

2. Querführung des Fahrzeuges, wie Spur halten, Spur wechseln, überholen

(4a) Die Unterstützung der automatisierten Fahrfunktionen durch externe straßenseitige Sensoren und C-ITS Kommunikation ist erlaubt. *(BGBl II 2022/143)*

(5) Rechtzeitig vor Erreichen der Ausfahrt sind die Fahraufgaben wieder vom Lenker zu übernehmen.

(6) Wenn es zu einer kritischen Situation kommt, muss der Lenker die übertragenen Fahraufgaben unverzüglich wieder übernehmen.

(7) Es muss eine Notfallvorrichtung vorhanden sein, mit der das System deaktiviert werden kann. Wenn es zu einer kritischen Situation kommt, muss der Lenker die Notfallvorrichtung unverzüglich betätigen.

(8) Das System darf ausschließlich auf Autobahnen und Schnellstraßen getestet werden.

(9) Das System darf in Fahrzeugen der Klassen M1, M2, M3, N1, N2 und N3 getestet werden.

Autobahnpilot mit automatisiertem Auf- und Abfahren

§ 8a. (1) Im Sinne dieser Verordnung gilt als Autobahnpilot mit automatisiertem Auf- und Abfahren, ein System, das die Längsführung und Querführung des Fahrzeuges auf Auf- und Abfahrten von Autobahnen und Schnellstraßen übernehmen kann.

(2) Dieses System darf von Fahrzeugherstellern, Entwicklern des Systems und Forschungseinrichtungen getestet werden.

(3) Mit der Aktivierung des Systems können folgende Fahraufgaben auf das System übertragen werden:

1. Längsführung des Fahrzeuges, wie beschleunigen, bremsen, anhalten, Abstandskontrolle,

2. Querführung des Fahrzeuges, wie Spur halten, Spur wechseln, überholen.

(4) Die Unterstützung der automatisierten Fahrfunktionen durch externe straßenseitige Sensoren und C-ITS Kommunikation ist erlaubt.

(5) Wenn es zu einer kritischen Situation kommt, muss der Lenker die übertragenen Fahraufgaben unverzüglich wieder übernehmen.

(6) Es muss eine Notfallvorrichtung vorhanden sein, mit der das System deaktiviert werden kann. Wenn es zu einer kritischen Situation kommt, muss der Lenker die Notfallvorrichtung unverzüglich betätigen.

(7) Das System darf ausschließlich auf Autobahnen und Schnellstraßen und auf solchen Auf- und Abfahrten getestet werden, für die eine Freigabe des für das hochrangige Straßennetz zuständigen Straßenerhalters vorliegt.

(8) Das System darf in Fahrzeugen der Klassen M1, M2, M3, N1, N2 und N3 getestet werden.

(BGBl II 2022/143)

Selbstfahrendes Heeresfahrzeug

§ 9. (1) Im Sinne dieser Verordnung gilt als selbstfahrendes Heeresfahrzeug, ein Fahrzeug der Klassen N1, N2, N3, T1, T2, T3, T4 und T5, das mit einem System ausgerüstet ist, das in der Lage ist, alle Fahraufgaben selbst oder teleoperiert zu übernehmen. „Selbstfahrende zivile Fahrzeuge, welche Zwecken des Bundesheeres dienen, sind selbstfahrenden Heeresfahrzeugen gleichgestellt." *(BGBl II 2022/143)*

(2) Dieses System darf vom Bundesministerium für Landesverteidigung „ " getestet werden. *(BGBl II 2022/143)*

(3) *(entfällt, BGBl II 2022/143)*

(4) Mit dem System sollen folgende Funktionalitäten getestet werden:

1. autonomes Fahren
2. teleoperiertes Fahren
3. Fahren im Folgemodus (autonomer Konvoi)
4. Fremdkraftlenkanlagen im Sinne der ECE-Regelung Nr. 79 mit rein hydraulischen Übertragungseinrichtungen, rein elektrischen Übertragungseinrichtungen oder Hybrid-Übertragungseinrichtungen. *(BGBl II 2019/66)*

„In allen Fällen der Z 1 bis 4" muss ein Lenker in jedem Testfahrzeug anwesend sein und seine Lenkerpflichten gemäß § 3 wahrnehmen. *(BGBl II 2019/66)*

(5) Sobald der Lenker das System aktiviert, werden sämtliche Fahraufgaben auf das System übertragen. Das System muss daher in der Lage sein, alle Fahrsituationen automatisch zu bewältigen.

(6) Wenn es zu einer kritischen Situation kommt, muss der Lenker die übertragenen Fahraufgaben unverzüglich wieder übernehmen.

(7) Es muss eine Notfallvorrichtung vorhanden sein, mit der das System deaktiviert werden kann. Wenn es zu einer kritischen Situation kommt, muss der Lenker die Notfallvorrichtung unverzüglich betätigen.

(8) Das System darf auf allen Straßenarten getestet werden.

Automatisiertes Parkservice

§ 9a. (1) Im Sinne dieser Verordnung gilt als automatisiertes Parkservice ein System, das die Längs- und Querführung eines Fahrzeuges der Klasse M1 übernehmen kann, um dieses von einem Übergabepunkt bis in eine Parklücke und wieder zurück zu bewegen. Die zulässige Maximalgeschwindigkeit ist mit 10 km/h begrenzt.

(2) Dieses System darf von Fahrzeugherstellern, Entwicklern von Systemen, Forschungseinrichtungen, Verkehrsunternehmen und Betreibern von Parkhäusern und Parkplätzen getestet werden.

(3) Das System darf auf einem vordefinierten Gebiet oder Gelände getestet werden (z. B. auf einem Parkplatz oder in einem Parkhaus).

(4) Sobald der Lenker das System aktiviert, werden sämtliche Fahraufgaben auf das System übertragen. Das System muss daher in der Lage sein, alle Fahrsituationen automatisch zu bewältigen. Das System kann neben den Sensoren im Fahrzeug auch auf straßen- oder gebäudeseitige Sensoren zurückgreifen. Die Entscheidung über die Fahrstrecke kann von Systemkomponenten sowohl innerhalb des Fahrzeugs als auch außerhalb getroffen werden.

(5) Solange das System aktiviert ist, ist der Lenker von den Verpflichtungen, den Lenkerplatz einzunehmen und die Lenkvorrichtung während des Fahrens mit mindestens einer Hand festzuhalten, enthoben. Solange das System aktiviert ist, muss sich der Lenker in unmittelbarer Nähe zum Fahrzeug befinden und sämtliche Fahrbewegungen überwachen.

(6) Es muss eine Notfallvorrichtung vorhanden sein, mit der das System deaktiviert werden kann. Wenn es zu einer kritischen Situation kommt, muss der Lenker die Notfallvorrichtung unverzüglich betätigen.

(7) Sofern das System Kommunikationseinrichtungen zwischen dem Fahrzeug und der Infrastruktur benutzt, müssen diese dem Stand der Technik entsprechen und gegen unberechtigte Zugriffe von außen geschützt sein.

(8) Das System darf in Fahrzeugen der Klasse M1 und bis zu einer maximalen Geschwindigkeit von 10 km/h getestet werden. Die tatsächlich zulässige Geschwindigkeit beim Testen basiert jedenfalls auf den Ergebnissen der Streckenanalyse und Risikobewertung.

(BGBl II 2022/143)

Automatisierte Arbeitsmaschine

§ 9b. (1) Im Sinne dieser Verordnung gilt als automatisierte Arbeitsmaschine eine selbstfahrende Arbeitsmaschine, die mit einem System ausgerüstet ist, das in der Lage ist, bei einer Geschwindigkeit bis zu 20 km/h alle Fahraufgaben zu übernehmen und vorrangig für die Durchführung von Arbeitsvorgängen genutzt wird.

(2) Dieses System darf von Fahrzeugherstellern, Straßenerhaltern, Entwicklern von Systemen und Forschungseinrichtungen getestet werden.

(3) Die automatisierte Arbeitsmaschine darf auf einer vordefinierten Teststrecke oder in einem vordefinierten Testgebiet getestet werden.

(4) Sobald das System aktiviert wird, werden sämtliche Fahraufgaben auf das System übertragen. Das System muss daher in der Lage sein, alle Fahrsituationen automatisiert zu bewältigen.

(5) Es muss eine Notfallvorrichtung vorhanden sein, mit der das System deaktiviert werden kann. Wenn es zu einer kritischen Situation kommt, muss der Lenker die Notfallvorrichtung unverzüglich betätigen.

(6) Das System darf bis zu einer maximalen Geschwindigkeit von 20 km/h getestet werden.

Die tatsächlich zulässige Geschwindigkeit beim Testen basiert jedenfalls auf den Ergebnissen der Streckenanalyse und Risikobewertung.

(7) Solange das System aktiviert ist und bei einer maximalen Geschwindigkeit von 10 km/h darf der Lenker sich auch außerhalb des Fahrzeuges befinden, sofern der Überblick über die Verkehrssituation gegeben ist und er jederzeit in die Fahrzeugsteuerung eingreifen kann. Der Lenker muss sich in unmittelbarer Nähe zum Fahrzeug befinden und sämtliche Fahrbewegungen überwachen.

(BGBl II 2022/143)

3. Abschnitt[1]

[1] *eingefügt gem. BGBl II 2019/66*

Anwendungsfälle für genehmigte Systeme in Serie

Einparkhilfe

§ 10. (1) Im Sinne dieser Verordnung gilt als Einparkhilfe ein System, das die Fahraufgaben beim Ein- und Ausparken des Fahrzeugs mittels automatischer Lenkfunktion im Sinne der ECE-Regelung Nr. 79 übernehmen kann.

(2) Das System darf ausschließlich zum Ein- und Ausparken des Fahrzeugs verwendet werden.

(3) Sobald der Lenker das System aktiviert, werden einzelne oder sämtliche Fahraufgaben beim Ein- und Ausparken auf das System übertragen. Das System muss daher in der Lage sein, alle übertragenen Fahraufgaben beim Ein- und Ausparken automatisch zu bewältigen.

(4) Solange das System aktiviert ist, ist der Lenker von den Verpflichtungen den Lenkerplatz einzunehmen und die Lenkvorrichtung während des Fahrens mit mindestens einer Hand festzuhalten enthoben. Solange das System aktiviert ist, muss sich der Lenker in unmittelbarer Nähe zum Fahrzeug befinden und den Ein- oder Ausparkvorgang überwachen.

(5) Es muss eine Notfallvorrichtung vorhanden sein, mit der das System unverzüglich deaktiviert oder übersteuert werden kann. Wenn es zu einer kritischen Situation kommt, muss der Lenker die Notfallvorrichtung unverzüglich betätigen.

(6) Das System darf nur nach Herstellerangaben und nur bis zu einer maximalen Geschwindigkeit von 10 km/h verwendet werden.

(7) Das System darf auf allen Straßenarten verwendet werden.

(8) Das System darf in Fahrzeugen der Klassen M1 und N1 verwendet werden.

(BGBl II 2019/66)

Autobahn-Assistent mit automatischer Spurhaltung

§ 11. (1) Im Sinne dieser Verordnung gilt als Autobahn-Assistent mit automatischer Spurhaltung ein System, das die Längsführung des Fahrzeugs, wie beschleunigen, bremsen, anhalten, Abstandskontrolle, sowie die Querführung des Fahrzeugs zur Spurhaltung mittels automatischer Lenkfunktion im Sinne der ECE-Regelung Nr. 79 auf Autobahnen und Schnellstraßen übernehmen kann.

(2) Sobald der Lenker auf die Autobahn oder Schnellstraße aufgefahren ist und sich in den fließenden Verkehr eingereiht hat, darf er das System aktivieren.

(3) Solange das System aktiviert ist, ist der Lenker von der Verpflichtung die Lenkvorrichtung während des Fahrens mit mindestens einer Hand festzuhalten enthoben.

(4) Rechtzeitig vor einem Spurwechsel, vor Baustellenbereichen und vor Erreichen der Ausfahrt sind die Fahraufgaben wieder vom Lenker zu übernehmen.

(5) Es muss eine Notfallvorrichtung vorhanden sein, mit der das System unverzüglich deaktiviert oder übersteuert werden kann. Wenn es zu einer kritischen Situation kommt, muss der Lenker die Notfallvorrichtung unverzüglich betätigen und die übertragenen Fahraufgaben übernehmen.

(6) Das System darf nur nach Herstellerangaben und ausschließlich auf Autobahnen und Schnellstraßen, jedoch nicht in Baustellenbereichen, verwendet werden.

(7) Das System darf in Fahrzeugen der Klassen M1, M2, M3, N1, N2 und N3 verwendet werden.

(BGBl II 2019/66)

4. Abschnitt[1]

[1] *eingefügt gem. BGBl II 2019/66*

Schlussbestimmungen

Inkrafttreten

§ 12. „(1)" § 1 Abs. 1, Abs. 7 und Abs. 8, § 6, die Überschrift des 2. Abschnitts, § 7 Abs. 2, § 9 Abs. 4 und der 3. Abschnitt samt Überschrift jeweils in der Fassung der Verordnung BGBl. II Nr. 66/2019 treten am 11. März 2019 in Kraft. *(BGBl II 2022/143)*

(2) § 1 Abs. 3 Z 2 lit. i und k, Abs. 4 und 6, § 3 Abs. 3, § 5 Abs. 3, die Überschrift des § 7, § 7 Abs. 1, 4, 7 und 8, § 7a und § 7b jeweils samt Überschrift, § 8 Abs. 4a, § 8a samt Überschrift, § 9 Abs. 1 und 2, § 9a und § 9b jeweils samt Überschrift, die Absatzbezeichnung des § 12 Abs. 1 sowie § 13 samt Überschrift in der Fassung der Verordnung BGBl. II Nr. 143/2022 treten mit

Ablauf des Tages der Kundmachung der genannten Verordnung in Kraft; zugleich treten § 7 Abs. 3, § 8 Abs. 3 und § 9 Abs. 3 außer Kraft.
(BGBl II 2022/143)

(BGBl II 2019/66)

Übergangsbestimmungen

§ 13. (1) § 1 Abs. 4 in der Fassung der Verordnung BGBl. II Nr. 143/2022 gilt nur für Testfälle, für die nach Inkrafttreten dieser Bestimmung eine Testbescheinigung ausgestellt wird.

(2) Die Bestimmung des § 3 Abs. 3 in der Fassung der Verordnung BGBl. II Nr. 143/2022 gilt nicht für Personen, die bereits vor Inkrafttreten dieser Bestimmung als Testfahrer eingesetzt worden sind.

(BGBl II 2022/143)

Führerscheingesetz-Alternative Bewährungssystemverordnung

BGBl II 2017/35 idF

1 BGBl II 2018/90

Mit 31. August 2022 außer Kraft getreten ; gem. § 14 dürfen jene Teilnehmer, deren ABS-Dauer zum Zeitpunkt des Außerkrafttretens noch nicht abgelaufen ist, ihre Teilnahme am Alternativen Bewährungssystem entsprechend der Bestimmungen dieser Verordnung beenden.

Verordnung des Bundesministers für Verkehr, Innovation und Technologie über das Alternative Bewährungssystem mittels Alkoholwegfahrsperre (Führerscheingesetz-Alternative Bewährungssystemverordnung – FSG-ABSV)

Aufgrund des § 26 Abs. 6 des Führerscheingesetzes BGBl. I Nr. 120/1997, zuletzt geändert durch BGBl. I Nr. 15/2017, wird verordnet:

1. Abschnitt
Voraussetzungen für die Teilnahme und Ablauf des Systems

Allgemeines

§ 1. (1) Wurde die Lenkberechtigung gemäß § 24 bis § 26 des Führerscheingesetzes – FSG, BGBl. I Nr. 120/1997 in der jeweils geltenden Fassung bescheidmäßig entzogen, so hat der Betroffene die Möglichkeit am Alternativen Bewährungssystem (ABS) teilzunehmen und unter den in den folgenden Ziffern und Absätzen genannten Voraussetzungen Kraftfahrzeuge zu lenken:

1. Vorliegen eines Bescheides über die Entziehung der Lenkberechtigung mit einer Entziehungsdauer von mindestens vier Monaten wegen eines in § 99 Abs. 1, 1a oder 1b der Straßenverkehrsordnung 1960 – StVO 1960, BGBl. Nr. 159/1960 in der jeweils geltenden Fassung genannten Deliktes,

2. Verstreichen von mindestens der Hälfte der von der Behörde festgesetzten Entziehungsdauer wegen des in Z 1 genannten Deliktes,

3. Nichtvorliegen einer Alkoholabhängigkeit und

4. Befolgung der Auflage der Verwendung einer Alkoholwegfahrsperre.

Ergeben sich bei der Berechnung des frühestmöglichen Einstieges in das ABS gemäß Z 2 keine ganzen Monate, so ist eine Abrundung auf das nächste ganze Monat vorzunehmen. Die Dauer der Teilnahme am Alternativen Bewährungssystem (ABS-Dauer) hat das doppelte Ausmaß der restlichen noch nicht verstrichenen Entziehungsdauer wegen dem in Z 1 genannten Delikt zu betragen, mindestens jedoch sechs Monate. Der Teilnehmer hat ein Fahrzeug oder mehrere Fahrzeuge, die er zu verwenden berechtigt ist, für die Teilnahme am Alternativen Bewährungssystem zur Verfügung zu stellen.

(2) Wird am ABS teilgenommen, ist von der weiteren Entziehung der Lenkberechtigung abzusehen. Der Einstieg in das Alternative Bewährungssystem ist bis zum Ende der von der Behörde verhängten Entziehungsdauer in Folge der Begehung eines der in Abs. 1 Z 1 genannten Delikte zulässig. Es ist jedoch unabhängig vom Zeitpunkt des Einstieges in das Alternative Bewährungssystem jedenfalls die restliche gemäß Abs. 1 dritter Satz festgelegte ABS-Dauer samt Mentoringgesprächen zu absolvieren.

(3) Der Einstieg in das Alternative Bewährungssystem ist nur für Lenkberechtigungen für die Klasse B zulässig. Eine eventuell vorhandene Lenkberechtigung für die Klasse BE ist von dieser Auswahl mitumfasst, alle übrigen Lenkberechtigungsklassen (einschließlich der Klasse AM) gelten im Fall des Einstieges in das Alternative Bewährungssystem für die gesamte ABS-Dauer als entzogen, jedoch ist § 27 Abs. 1 Z 1 FSG in diesem Fall nicht anzuwenden. Ebenso kann eine etwaig vorhandene Berechtigung gemäß § 2 Abs. 1 Z 5 lit. c FSG (Code 111) während der Teilnahme am Alternativen Bewährungssystem nicht ausgeübt werden.

(4) Wurden bei der Entziehung der Lenkberechtigung von der Behörde gemäß § 24 Abs. 3 FSG die Beibringung von Gutachten, verkehrspsychologischen Untersuchungen etc. oder die Absolvierung von begleitenden Maßnahmen angeordnet, so sind diese Anordnungen vor der Antragstellung auf Teilnahme am Alternativen Bewährungssystem zu absolvieren.

(5) Der Teilnehmer am Alternativen Bewährungssystem hat die dafür anfallenden Kosten, insbesondere jene für die Bereitstellung des Gerätes gemäß § 12, für die Mentoringgespräche etc. zu tragen.

Einstieg in das Alternative Bewährungssystem und dessen Ablauf

§ 2. (1) Nach der Zustellung des Entziehungsbescheides und der Befolgung von behördlichen

Anordnungen gemäß § 1 Abs. 4 kann der Antragsteller die Teilnahme am Alternativen Bewährungssystem bei der Behörde beantragen, was auch den Antrag auf Wiederausfolgung des Führerscheines bzw. Wiedererteilung der Lenkberechtigung mitumfasst.

(2) Die ABS-Institution gemäß § 7 hat den künftigen Teilnehmer am Alternativen Bewährungssystem (ABS-Teilnehmer) über die Kosten der Teilnahme am ABS und über den Ablauf des ABS zu informieren. Der ABS-Teilnehmer hat das Fahrzeug oder die Fahrzeuge, in das die Alkoholwegfahrsperre eingebaut werden sollen, der ABS-Institution bekanntzugeben. Die ABS-Institution hat dies zu dokumentieren. Die Verwendung von anderen als den bekanntgegebenen Fahrzeugen im ABS ist für den Teilnehmer verboten. Auf Verlangen des Teilnehmers hat die ABS-Institution die erforderliche Anzahl an entsprechenden Geräten zur Verfügung zu stellen. Die ABS-Institution hat weiters den Teilnehmer darüber zu informieren, bei welchen Fachwerkstätten der fachgerechte Einbau des Gerätes möglich ist. Der Teilnehmer hat eine dieser Fachwerkstätten auszuwählen. Nach dem Einbau des Gerätes hat eine Überprüfung dieses Fahrzeuges von der ABS-Institution zu erfolgen und ist von dieser nach der Durchführung des ersten Mentoringgespräches gemäß § 3 Abs. 2 das Gerät freizuschalten. Im Rahmen des Alternativen Bewährungssystems dürfen Fahrzeuge nur in Betrieb genommen oder gelenkt werden, wenn beim Lenker der Alkoholgehalt der Atemluft nicht mehr als 0,05 mg/l beträgt. Das Gerät ist auf diesen Wert einzustellen. Sämtliche in den Alkoholwegfahrsperren aufgezeichnete Daten sind dem ABS-Teilnehmer zuzurechnen, es sei denn er kann zweifelsfrei beweisen, dass die Begehung des Verstoßes nicht von ihm gesetzt wurde.

(3) Sofern die Voraussetzungen (inklusive jener des Abs. 2) für den Einstieg in das Alternative Bewährungssystem vorliegen, hat die Behörde die Herstellung eines neuen Führerscheines, in dem Code 69 (inklusive seines Ablaufdatums) einzutragen ist, zu veranlassen und dem Antragsteller diesen auszuhändigen oder zukommen zu lassen. Die Ausstellung eines vorläufigen Führerscheines ist zulässig. Das Ausstellungsdatum dieses Führerscheines gilt als Beginn der Teilnahme am Alternativen Bewährungssystem.

(4) In Abständen von jeweils zwei Monaten ab dem Einstieg in das Alternative Bewährungssystem hat der ABS-Teilnehmer ein Mentoringgespräch gemäß § 3 mit einem von der ABS-Institution bestellten Mentor zu absolvieren. Die zweimonatige Frist kann von der ABS-Institution in begründeten Einzelfällen (etwa wegen Krankheit oder längerem Auslandsaufenthalt etc.) im angemessenen Ausmaß erstreckt oder verkürzt werden.

(5) Wenn es für die Feststellung von Verstößen geeignet erscheint, kann der Mentor dem Teilnehmer die Führung eines Fahrtenbuches auftragen.

(6) Sofern der ABS-Teilnehmer mit mehreren Fahrzeugen am ABS teilnimmt, gelten die Bestimmungen des Abs. 2 sowie sonstige auf das Fahrzeug oder die Alkoholwegfahrsperre Bezug nehmende Bestimmungen dieser Verordnung (mit Ausnahme des § 3 Abs. 2 Z 1) für alle verwendeten Fahrzeuge oder Geräte.

Mentoringgespräch

§ 3. (1) Beim Mentoringgespräch haben ausschließlich der Mentor und der Teilnehmer und gegebenenfalls ein Sprachhelfer anwesend zu sein. Die Gesamtdauer des Mentoringgespräches darf (mit Ausnahme des ersten Mentoringgesprächs) einschließlich der Datenauslese des Gerätes höchstens eine Stunde betragen.

(2) Anlässlich des ersten Mentoringgesprächs

1. hat die Einschulung des Teilnehmers am Gerät zu erfolgen,

2. sind die allgemeinen Rahmenbedingungen über den Ablauf des Alternativen Bewährungssystems zu erläutern,

3. sind gegebenenfalls besondere Umstände über den Ablauf des Alternativen Bewährungssystems wie etwa die Rechtsfolgen bei Verstößen gemäß § 5 zu erläutern,

4. ist über die Datenaufzeichnungen durch das Gerät und die Datenverarbeitung durch die ABS-Institution aufzuklären und

5. hat der Teilnehmer in die Aufzeichnung und Verarbeitung der Daten schriftlich einzuwilligen. *(BGBl II 2018/90)*

(3) Anlässlich der weiteren Mentoringgespräche

1. sind die Daten des Gerätes auszulesen und auf das Vorliegen von Verstößen zu überprüfen,

2. sind die Erfahrungen des Teilnehmers mit der Alkoholwegfahrsperre zu besprechen,

3. ist das Fahrverhalten anhand der ausgelesenen Daten und gegebenenfalls des Fahrtenbuches zu besprechen und gemeinsam Strategien für eine erfolgreiche Weiterführung des Programmes zu erarbeiten,

4. ist eine Unterstützung bei administrativen Vorgängen im Zusammenhang mit dem Alkoholdelikt anzubieten und

5. hat eine Kalibrierung des Gerätes durch den Mentor zu erfolgen.

(4) Das Mentoringgespräch hat bei der ABS-Institution oder an einem anderen geeigneten Ort stattzufinden. Die Organisation von Zeit und Ort des Mentoringgesprächs obliegt dem Mentor. Der Mentor hat eine nachvollziehbare Dokumentation über die Durchführung der Mentoringgespräche

zu führen, aus der der Zeitpunkt der Gespräche, deren Dauer, der agierende Mentor inklusive der in Ausbildung befindlichen Mentoren, der Name des Teilnehmers und Angaben zu den festgestellten Verstößen zu entnehmen sind. Diese Dokumentation ist der ABS-Institution zu übergeben.

(5) Die aus der Alkoholwegfahrsperre ausgelesenen Daten sind von der ABS-Institution zu speichern und fünf Jahre nach Ende der Teilnahme am ABS zu löschen.

Beendigung der Teilnahme am Alternativen Bewährungssystem

§ 4. (1) Anlässlich des Ablaufes der ABS-Dauer gemäß § 1 Abs. 1 zweiter Satz hat das letzte Mentoringgespräch stattzufinden. Sofern das vorangegangene Mentoringgespräch weniger als einen Monat zurückliegt, kann dieser Termin in abgekürzter Form abgehalten werden und sich gegebenenfalls auf die Auslese der Daten beschränken. Die Beendigung der Teilnahme am Alternativen Bewährungssystem ist dem Teilnehmer zu bestätigen und der Behörde mitzuteilen. Der Teilnehmer ist berechtigt das Gerät aus seinem Fahrzeug ausbauen zu lassen. Die Behörde hat auf Antrag die Herstellung eines neuen Führerscheines zu veranlassen. Nach Ablauf der ABS-Dauer erlischt die in § 1 Abs. 1 Z 4 genannte Auflage der Teilnahme am Alternativen Bewährungssystem.

(2) Hat der Teilnehmer am Alternativen Bewährungssystem seinen Wohnsitz (§ 5 Abs. 1 Z 1 FSG) während der ABS-Dauer ins Ausland verlegt, so bleibt es ihm freigestellt, die Teilnahme am Alternativen Bewährungssystem in Österreich fortzusetzen oder aus diesem auszuscheiden. Scheidet der Teilnehmer aus dem System aus, ist nach § 6 vorzugehen. Wird die Teilnahme am Alternativen Bewährungssystem fortgesetzt, so ist das Verfahren von der bisher zuständigen Behörde und der ABS-Institution weiterzuführen. Diesfalls hat diese Behörde die Behörde des nunmehrigen Wohnsitzstaates nach Ablauf der ABS-Dauer von der Beendigung der Teilnahme am Alternativen Bewährungssystem zu informieren und ihr mitzuteilen, dass nichts gegen die Ausstellung eines Führerscheines mit Auflage der Verwendung der Alkoholwegfahrsperre spricht. Wurde der Wohnsitz (§ 5 Abs. 1 Z 1 FSG) in einen Nicht-EWR-Staat verlegt, ist in diesem Fall ein Führerschein von der letzten österreichischen Wohnsitzbehörde auszustellen.

2. Abschnitt
Verstöße, Ausschluss und Ausscheiden aus dem System

Verstöße und Ausschluss aus dem ABS

§ 5. (1) Als Verstoß im Rahmen des Alternativen Bewährungssystems gilt insbesondere:
1. der Versuch das Fahrzeug unter Umgehung der Alkoholwegfahrsperre zu starten,
2. der Versuch, die Alkoholwegfahrsperre zu deaktivieren,
3. die Registrierung von Alkoholwerten in einem dem in § 2 Abs. 2 genannten Wert übersteigenden Ausmaß nach Aufforderung zur Abgabe einer Atemluftprobe durch das Gerät während der Fahrt,
4. das Lenken von anderen Fahrzeugen als jene, die gemäß § 2 Abs. 2 bekanntgegeben wurden,
5. das Überschreiten der für das Mentoringgespräch festgesetzten Frist gemäß § 2 Abs. 4 im nicht angemessenen Ausmaß,
6. die mangelnde Mitarbeit im Rahmen des Alternativen Bewährungssystems im Sinne des § 9 Abs. 2,
7. die wiederholte Registrierung von Alkoholwerten in einem dem in § 2 Abs. 2 genannten Wert übersteigenden Ausmaß vor Inbetriebnahme des Fahrzeuges,
8. die wiederholte Nichtabgabe einer Atemluftprobe bei Aufforderung durch das Gerät,
9. das wiederholte Abgeben einer fehlerhaften Probe ohne Korrektur nach Aufforderung zur Abgabe einer Atemluftprobe durch das Gerät während der Fahrt,
10. das wiederholte Fehlen oder mangelhaftes Führen eines Fahrtenbuches gemäß § 2 Abs. 5, das bei zumindest zwei Mentoringgesprächen festgestellt wurde.

Ein wiederholter Verstoß im Rahmen des Alternativen Bewährungssystems gemäß den Z 7 bis 10 liegt auch dann vor, wenn zumindest zwei in den Z 7 bis 10 genannten Handlungen nur ein Mal begangen werden.

(2) Wurde ein Verstoß gemäß Abs. 1 festgestellt, ist dem ABS-Teilnehmer die Lenkberechtigung für die gesamte von der Behörde ursprünglich festgesetzte Restdauer zu entziehen. Der für die Teilnahme am Alternativen Bewährungssystem ausgestellte Führerschein ist der Behörde unverzüglich abzuliefern. Damit endet für den Teilnehmer die Teilnahme am Alternativen Bewährungssystem. Darüber hinaus zieht die Begehung von Verstößen gemäß Abs. 1 keine weiteren Rechtsfolgen, weder für den Teilnehmer noch für andere Personen nach sich. Wenn der ABS-Teilnehmer während der ABS-Dauer Delikte begeht, die zum Entzug der Lenkberechtigung führen, ist

gemäß § 24 ff FSG und zusätzlich gemäß der voranstehenden Bestimmungen dieses Absatzes vorzugehen.

(3) Wurden vom Mentor Verstöße festgestellt, hat er den Teilnehmer darüber sowie über die möglichen Rechtsfolgen zu informieren. Der Mentor hat darüber eine Bestätigung auszustellen. Diese Bestätigung ist vom Mentor zu unterzeichnen. Die ABS-Institution hat die Behörde unverzüglich darüber zu informieren (§ 10 Z 2).

(4) Ein neuerlicher Einstieg in das Alternative Bewährungssystem wegen desselben Deliktes nach einem Ausschluss gemäß Abs. 2 ist unzulässig.

(5) Abs. 1 bis Abs. 4 sind auch anzuwenden, wenn der ABS-Teilnehmer seinen Wohnsitz (§ 5 Abs. 1 Z 1 FSG) während der ABS-Dauer ins Ausland verlegt hat und nicht aus dem Alternativen Bewährungssystem ausgeschieden ist. Die Mentoringgespräche gemäß § 3 sind diesfalls bei der ABS-Institution gemäß § 7 Abs. 1 zu absolvieren. Wurden zusätzlich ärztliche Kontrolluntersuchungen als Auflage vorgeschrieben, so ist diese Auflage ebenfalls unverändert weiterhin zu erfüllen.

Ausscheiden aus dem Alternativen Bewährungssystem

§ 6. Kann der Lenker das Alternative Bewährungssystem aus Gründen nicht mehr fortsetzen, die er nicht selbst zu vertreten hat (wie z. B. Erkrankung, Fahrzeugdiebstahl, Totalschaden, sodass die weitere Benützung eines Fahrzeuges nicht mehr möglich ist), so hat er die Behörde oder die ABS-Institution darüber zu informieren. Die Behörde hat die Entziehung der Lenkberechtigung für die Restdauer der ursprünglichen Entziehungsdauer festzusetzen. Dies gilt auch für den Fall eines freiwilligen Ausscheidens aus dem Alternativen Bewährungssystem. Ein neuerlicher Einstieg in das Alternative Bewährungssystem nach dem Ausscheiden wegen demselben Delikt ist unzulässig. Die Behörde hat die ABS-Institution über das Ausscheiden aus dem Alternativen Bewährungssystem zu informieren.

3. Abschnitt
Die mit der Abwicklung betraute Institution (ABS-Institution), Mentoren, Anforderungen an die Alkoholwegfahrsperre, Führerscheinregister

Schaffung der ABS-Institution

§ 7. (1) Der Bundesminister für Verkehr, Innovation und Technologie hat mit einer geeigneten Einrichtung einen unentgeltlichen Vertrag abzuschließen, in dem insbesondere vereinbart wird, dass die Einrichtung die in den §§ 2 bis 5 und §§ 9 bis 12 der ABS-Institution zugewiesenen Aufgaben erfüllt. Der Vertrag ist auf fünf Jahre zu befristen sowie vorzusehen, dass auch die mit Vertragsende sich im Laufen befindlichen Bewährungsfälle zu Ende zu führen sind. Der Abschluss von mehreren zeitlich parallel laufenden derartigen Verträgen ist nicht zulässig.

(2) Von der ABS-Institution sind folgende Voraussetzungen zu erfüllen:

1. Juristische Person mit Weisungsrecht des Leiters gegenüber allen Mentoren und Organisationsstruktur, die eine bundesweite Verfügbarkeit insbesondere hinsichtlich der Anzahl an Mentoren und einen bundesweit einheitlichen Ablauf des Alternativen Bewährungssystems sicherstellt,

2. Sicherstellung einer einheitlichen Aus- und Weiterbildung der Mentoren,

3. Vorlage eines geeigneten Handbuches über die Durchführung des ABS,

4. Vorhandensein eines geeigneten Qualitätssicherungssystems,

5. Vorhandensein von geeigneten Geräten gemäß § 12 in ausreichender Anzahl.

Handbuch

§ 8. (1) Das in § 7 Abs. 2 Z 3 genannte Handbuch hat insbesondere folgende Inhalte zu umfassen:

1. Interne Abläufe der ABS-Institution,

2. Ablauf der Mentoringgespräche durch die Mentoren,

3. Durchführung der Schulung der Mentoren,

4. Qualitätssicherungssystem und Kontrolle.

(2) Die grundsätzliche Eignung des Handbuches gemäß Abs. 1 hat die ABS-Institution vor Abschluss des in § 7 Abs. 1 genannten Vertrages durch Vorlage eines aktuellen von einem unabhängigen Gutachter erstellten wissenschaftlichen Gutachtens nachzuweisen. Der Gutachter wird vom Bundesministerium für Verkehr, Innovation und Technologie ausgewählt. Die Kosten für das Gutachten hat die ABS-Institution zu tragen.

Tätigkeit der ABS-Institution

§ 9. (1) Die ABS-Institution hat die Dokumentation gemäß § 3 Abs. 4 sowie die Ausleseprotokolle der Alkoholwegfahrsperre zumindest fünf Jahre lang nach Ende der Teilnahme am Alternativen Bewährungssystem aufzubewahren. Die Dokumentation ist auf Verlangen der zuständigen Behörde und/oder dem Bundesminister für Verkehr, Innovation und Technologie vorzulegen.

(2) Die ABS-Institution hat das Recht, in begründeten Einzelfällen, wie etwa im Fall von Unterlassen der Mitarbeit bei der Durchführung des Alternativen Bewährungssystems, den in den

§§ 2 bis 5 genannten Pflichten, wie etwa der Durchführung der Mentoringgespräche, gegenüber dem Teilnehmer nicht nachzukommen, wenn durch die mangelnde Mitarbeit die Durchführung des Alternativen Bewährungssystems verunmöglicht oder erheblich erschwert wird.

(3) Der Bundesminister für Verkehr, Innovation und Technologie kann jederzeit eine Überprüfung der beauftragten ABS-Institution anordnen. Die ABS-Institution ist verpflichtet, auf Verlangen die dafür erforderlichen Daten und Unterlagen an den Bundesminister für Verkehr, Innovation und Technologie in peudonymisierter Form zu übermitteln. Sofern die Übermittlung der personenbezogenen Daten zur Überprüfung des konkreten Anlassfalles erforderlich ist, sind die Daten in nicht pseudonymisierter Form zu übermitteln. Der Behörde, die den konkreten Anlassfall geführt hat, sind auf ihr Verlangen die erforderlichen Daten und Unterlagen dieses Anlassfalles zwecks Überprüfung desselben vorzulegen. *(BGBl II 2018/90)*

Meldepflichten

§ 10. Die ABS-Institution hat folgende Daten unverzüglich an die Behörde zu melden:

1. Zeitpunkt des Einbaues und Freischaltung des oder der Alkoholwegfahrsperre(n) und die Durchführung des ersten Mentoringgesprächs,

2. Feststellen eines oder mehrerer Verstöße gemäß § 5 Abs. 1, sofern dies einen Ausschluss aus dem Alternativen Bewährungssystem zur Folge hat,

3. Zeitpunkt der erfolgreichen und vollständigen Absolvierung des Alternativen Bewährungssystems.

Mentoren

§ 11. (1) Als Mentor tätig werden darf, wer

1. im Besitz einer Lenkberechtigung für die Klasse B ist,

2. vertrauenswürdig ist und

3. eine Schulung in der Dauer von 30 Stunden absolviert hat, die folgende Inhalte umfasst:

a) technische Kenntnisse im Zusammenhang mit dem Alternativen Bewährungssystem, insbesondere betreffend den Umgang mit dem Gerät inklusive dem Auslesen der Daten,

b) rechtliche und administrative Rahmenbedingungen des Alternativen Bewährungssystems,

c) Gesprächsführung,

d) Grundlagen zur Verhaltensänderung.

(2) Die Schulung gemäß Abs. 1 Z 3 ist von der ABS-Institution durchzuführen.

Anforderungen an die Alkoholwegfahrsperre

§ 12. (1) Die als Alkoholwegfahrsperren zum Einsatz kommenden Geräte haben der Norm ÖVE/ÖNORM EN 50436-1:2014 und 50436-6 – Alkohol-Interlocks zu entsprechen. Die ABS-Institution hat sich solcher Geräte zu bedienen, die sämtliche Anforderungen des Alternativen Bewährungssystems erfüllen.

Führerscheinregister, Datenschutz

§ 13. (1) Zum Zweck der Administrierung des Alternativen Bewährungssystems sind im Führerscheinregister folgende Daten zu verarbeiten:

1. der Personendatensatz gemäß § 16a Abs. 1 Z 1 FSG,

2. der Zeitpunkt des Einbaues und der Freischaltung der Alkoholwegfahrsperre,

3. der Zeitpunkt des Beginnes sowie die Dauer der Teilnahme am Alternativen Bewährungssystem,

4. die Feststellung von Verstößen, die zum Ausschluss aus dem Alternativen Bewährungssystems führen,

5. der Zeitpunkt des Ausschlusses aus dem Alternativen Bewährungssystem,

6. der Zeitpunkt der Absolvierung der Mentoringgespräche,

7. den Zeitpunkt der vollständigen Absolvierung des Alternativen Bewährungssystems sowie

8. den Zeitpunkt des Ausscheidens und den Grund für das Ausscheiden aus dem Alternativen Bewährungssystem.

(2) Die Alkoholwegfahrsperre hat folgende Daten zu speichern:

1. jede Tätigkeit an den Bedieneinrichtungen des Fahrzeuges,

2. Datum und Uhrzeit der in Z 1 genannten Tätigkeiten,

3. das Testergebnis der Atemluftprobe und

4. im Fall von negativen Testergebnissen den Grund dafür.

(3) Die Wohnsitzbehörde des ABS-Teilnehmers hat die in Abs. 1 genannten Daten zu erfassen und dem Führerscheinregister im Wege der Datenfernübertragung zu übermitteln. Der ABS-Teilnehmer hat in die Verarbeitung der in Abs. 2 genannten Daten einzuwilligen, dass sein Fahrverhalten während der ABS- Dauer überwacht wird. Zugriff auf die in der Alkoholwegfahrsperre gespeicherten Daten gemäß Abs. 2 haben nur Personen, die beim Gerätehersteller registriert sind und von diesem die Zugangsberechtigung erhalten haben. Die ABS-Institution hat die Einholung dieser Zugangsdaten für die bei ihr tätigen Mentoren zu bewerkstelligen. Der Gerätehersteller selbst darf keinen Zugriff auf die in der Alkohol-

wegfahrsperre gespeicherten Daten haben. *(BGBl II 2018/90)*

(4) Die in Abs. 1 und 2 genannten Daten sind fünf Jahre nach Ende der Teilnahme am Alternativen Bewährungssystem von der Behörde bzw. von der ABS-Institution zu löschen. Die Löschung der in der Alkoholwegfahrsperre gespeicherten Daten hat automatisch durch das Gerät zu erfolgen, sobald die Daten ausgelesen wurden.

Inkrafttreten

§ 14. „(1)" Diese Verordnung tritt mit 1. September 2017 in Kraft und ist nur auf jene Sachverhalte anzuwenden, die sich nach dem 31. August 2017 ereignet haben. Sie tritt mit 31. August 2022 außer Kraft. Jene Teilnehmer, deren ABS-Dauer zum Zeitpunkt des Außerkrafttretens noch nicht abgelaufen ist, dürfen ihre Teilnahme am Alternativen Bewährungssystem entsprechend der voranstehenden Bestimmungen beenden. *(BGBl II 2018/90)*

(2) § 3 Abs. 2, § 9 Abs. 3 und § 13 Abs. 3 in der Fassung der Verordnung BGBl. II Nr. 90/2018 treten mit 25. Mai 2018 in Kraft. *(BGBl II 2018/90)*

5. GGBG
Inhaltsverzeichnis

Gefahrgutbeförderungsrecht

5/1. Gefahrgutbeförderungsgesetz – **GGBG**, BGBl I 1998/145 idF
BGBl I 1999/108   BGBl I 1999/194 (DFB)   BGBl I 2002/32
BGBl I 2002/86   BGBl I 2003/61   BGBl I 2004/151
BGBl I 2005/118   BGBl I 2007/63   BGBl I 2011/35
BGBl I 2012/50   BGBl I 2013/91   BGBl I 2018/47
BGBl I 2019/104

5/2. Gefahrgutbeförderungsverordnung – **GGBV**, BGBl II 1999/303 idF
BGBl II 2005/214   BGBl II 2012/277   BGBl II 2013/43
BGBl II 2018/90

5/3. Gefahrgutbeförderungsverordnung Geringe Mengen, BGBl II 2019/303

5/4. Gefahrgutbeförderungsverordnung land- oder forstwirtschaftliche Zugmaschinen, BGBl II 2020/337

5/5. Beschränkungen für Beförderungseinheiten mit gefährlichen Gütern beim Befahren von Autobahntunneln, BGBl II 2001/395

5/1. GGBG
Inhaltsverzeichnis

Gefahrgutbeförderungsgesetz – GGBG

BGBl I 1998/145 idF

1 BGBl I 1999/108
2 BGBl I 1999/194 (DFB)
3 BGBl I 2002/32
4 BGBl I 2002/86
5 BGBl I 2003/61
6 BGBl I 2004/151
7 BGBl I 2005/118
8 BGBl I 2007/63 (GGBG-Nov 2007)
9 BGBl I 2011/35 (GGBG-Nov 2011)
10 BGBl I 2012/50 (SNG)
11 BGBl I 2013/91
12 BGBl I 2018/47
13 BGBl I 2019/104

Bundesgesetz über die Beförderung gefährlicher Güter (Gefahrgutbeförderungsgesetz – GGBG)

Inhaltsverzeichnis

1. Abschnitt
Allgemeine Bestimmungen

- § 1 Geltungsbereich
- § 1a „Verweisungen; Bezugnahme auf EU-Rechtsakte" *(BGBl I 2018/47)*
- § 2 Anzuwendende Vorschriften
- § 3 Begriffsbestimmungen

2. Abschnitt
Verpackungen, Container und Tanks; Genehmigungen bei radioaktiven Stoffen; Fahrzeuge

- § 4 Zulässigkeit der Verwendung von Verpackungen, Containern und Tanks
- § 5 Genehmigung von radioaktiven Stoffen in besonderer Form sowie Bauartmustern von Verpackungen (Versandstückmustern) für radioaktive Stoffe
- § 6 Zulässigkeit der Verwendung von Fahrzeugen

3. Abschnitt
Pflichten von Beteiligten, Genehmigung, Ausnahmen, ergänzende generelle Regelungen, Gefahrgutbeauftragte, Meldungen von Ereignissen, Sicherung

- § 7 Pflichten von Beteiligten
- § 8 Beförderungsgenehmigung
- § 9 Ausnahmebewilligung
- § 10 Ergänzende generelle Regelungen
- § 11 Sicherheitsberater (Gefahrgutbeauftragte)
- § 12 Meldungen von Ereignissen
- § 12a Sicherung

4. Abschnitt
Besondere Bestimmungen über die Beförderung gefährlicher Güter auf der Straße

- § 13 Besondere Pflichten von Beteiligten
- § 14 Besondere Ausbildung der Lenker
- § 15 Kontrollen auf der Straße
- § 15a Mängeleinstufung
- § 16 Anordnung der Unterbrechung der Beförderung
- § 17 Genehmigung der weiteren Beförderung, Einschränkung oder Untersagung der Beförderung
- § 20 Kontrollen in Unternehmen
- § 21 Amtshilfe
- § 22 Kontrollberichte

5. Abschnitt
Besondere Bestimmungen über die Beförderung gefährlicher Güter auf der Eisenbahn

- § 23 Besondere Pflichten von Beteiligten
- § 24 Abweichende Kennzeichnung bei der Stückgutbeförderung

6. Abschnitt
Besondere Bestimmungen über die Beförderung gefährlicher Güter auf Wasserstraßen

- § 25 Besondere Pflichten von Beteiligten
- § 26 Ausbildung von Sachkundigen
- § 27 Kontrollen auf Wasserstraßen
- § 28 Anordnung der Unterbrechung der Beförderung
- § 29 Kontrollen in Unternehmen
- § 30 Amtshilfe

7. Abschnitt
Besondere Bestimmungen über die Beförderung gefährlicher Güter im Seeverkehr

- § 31 Besondere Ausbildung

8. Abschnitt

Besondere Bestimmungen über die Beförderung gefährlicher Güter im Rahmen der Zivilluftfahrt

§ 32 Besondere Pflichten von Beteiligten
§ 33 Besondere Ausbildung
§ 34 „Kontrollen; Notifizierung und Untersuchung von Ereignissen" *(BGBl I 2018/47)*

9. Abschnitt

Behörden und Sachverständige, Strafbestimmungen, Schluss- und Übergangsbestimmungen

§ 35 Zuständige Behörden
§ 36 Sachverständige
§ 37 Strafbestimmungen, besondere Vorschriften für das Strafverfahren
§ 38 „In- und" *(BGBl I 2012/50)* Außerkrafttreten
§ 39 Übergangsbestimmungen
§ 40 Vollziehung
§ 41 „ " *(BGBl I 2018/47, entfällt)*

(BGBl I 2011/35)

1. Abschnitt

Allgemeine Bestimmungen

Geltungsbereich

§ 1. (1) Dieses Bundesgesetz ist anzuwenden auf die Beförderung gefährlicher Güter:

1. auf der Straße mit Fahrzeugen gemäß § 3 Abs. 1 Z 6 lit. a,
2. auf der Eisenbahn mit Fahrzeugen gemäß § 3 Abs. 1 Z 6 lit. b,
3. auf Wasserstraßen (§ 15 Schifffahrtsgesetz, BGBl. I Nr. 62/1997) mit Fahrzeugen gemäß § 3 Abs. 1 Z 6 lit. c,
4. im Seeverkehr,
5. im Rahmen der Zivilluftfahrt und
6. soweit die Beförderung gemäß § 10 Abs. 1 Z 5 geregelt ist.

(BGBl I 2011/35)

(2) Der Geltungsbereich gemäß Abs. 1 umfaßt auch

1. die Fahrzeuge, die zur Beförderung dieser Güter bestimmt sind oder mit denen diese Güter befördert werden,
2. den Betrieb dieser Fahrzeuge und den Verkehr mit diesen Fahrzeugen,
3. die mit diesen Fahrzeugen beförderten gefährlichen Güter,
4. die Verpackungen, einschließlich Großverpackungen und Großpackmittel (IBC), die Container, die Tanks und die Versandstücke, die zur Verwendung für die Beförderung dieser Güter bestimmt sind oder in denen solche Güter befördert werden,
5. das Verpacken, Einfüllen und die sonstige Handhabung der gefährlichen Güter im Hinblick auf die Beförderung,
6. das Laden, Stauen und die sonstige Handhabung der Versandstücke, Container und Tanks im Hinblick auf die Beförderung,
7. die zeitweiligen Unterbrechungen im Verlauf der Beförderung,
8. das verkehrsbedingte Verweilen der Güter im Fahrzeug vor, während und nach der Ortsveränderung,
9. das Entladen,
10. den Umschlag auf einen oder von einem anderen Verkehrsträger, *(BGBl I 2018/47)*
11. die besondere Ausbildung im Hinblick auf die sichere Beförderung gefährlicher Güter im Rahmen der gemäß § 2 in Betracht kommenden Vorschriften, *(BGBl I 2018/47)*
12. die Sicherung von gefährlichen Gütern vor Missbrauch und *(BGBl I 2018/47)*
13. Maßnahmen Dritter zur Verhinderung vorschriftswidriger Beförderungen gefährlicher Güter. *(BGBl I 2018/47)*

(3) Dieses Bundesgesetz gilt nicht für die Beförderung gefährlicher Güter

1. ausschließlich innerhalb eines geschlossenen Betriebsgeländes oder eines sonstigen abgeschlossenen Bereichs oder
2. mit Fahrzeugen, die den Streitkräften (§ 3 Abs. 1 Z 9) gehören oder der Verantwortung der Streitkräfte unterstehen, es sei denn die gemäß § 2 in Betracht kommenden Vorschriften sehen ihre Anwendung auch auf diese Fahrzeuge vor. *(BGBl I 2011/35)*

(4) Regelungen sonstiger Schutzbereiche wie ArbeitnehmerInnenschutz, Gewerberecht, Chemikalienrecht, Wasserrecht, Gesundheitswesen, öffentliche Sicherheit oder Strahlenschutz werden durch dieses Bundesgesetz nicht berührt.

(5) *(entfällt, BGBl I 2018/47)*

Verweisungen; Bezugnahme auf EU-Rechtsakte

§ 1a. (1) Die in diesem Bundesgesetz enthaltenen Verweisungen auf andere Bundesgesetze sowie den Anhang G zum COTIF (ATMF), BGBl. III Nr. 122/2006, sind Verweisungen auf die jeweils in Österreich geltende Fassung, sofern im Einzelfall nicht auf eine bestimmte Fassung verwiesen wird.

(2) Verweisungen und Bezugnahmen auf EU-Rechtsakte betreffen, sofern im Einzelfall nicht auf eine bestimmte Fassung verwiesen wird, folgende Fassungen:

1. Richtlinie 2008/68/EG über die Beförderung gefährlicher Güter im Binnenland, ABl. Nr. L 260 vom 30.09.2008 S. 13, zuletzt geändert durch die Richtlinie 2018/217/EU, ABl. Nr. L 42 vom 15.2.2018 S. 52;

2. Richtlinie 95/50/EG über einheitliche Verfahren für die Kontrolle von Gefahrguttransporten auf der Straße, ABl. Nr. L 249 vom 17.10.1995 S. 35, zuletzt geändert durch die Richtlinie 2008/54/EG, ABl. Nr. L 162 vom 21.6.2008 S. 11;

3. Verordnung (EU) Nr. 965/2012 zur Festlegung technischer Vorschriften und von Verwaltungsverfahren in Bezug auf den Flugbetrieb gemäß der Verordnung (EG) Nr. 216/2008 des Europäischen Parlaments und des Rates, ABl. Nr. L 296 vom 25.10.2012 S. 1 in der jeweils geltenden Fassung;

4. Verordnung (EU) Nr. 996/2010 über die Untersuchung und Verhütung von Unfällen in der Zivilluftfahrt und zur Aufhebung der Richtlinie 94/56/EG, ABl. Nr. L 295 vom 12.11.2010 S. 35 in der jeweils geltenden Fassung.

(3) Durch dieses Bundesgesetz werden die Richtlinien 95/50/EG und 2008/68/EG in österreichisches Recht umgesetzt.

(BGBl I 2018/47)

Anzuwendende Vorschriften

§ 2. Für die Beförderung gefährlicher Güter gemäß § 1 Abs. 1 gelten folgende Vorschriften:

1. für die Beförderung gemäß § 1 Abs. 1 Z 1 das Europäische Übereinkommen über die internationale Beförderung gefährlicher Güter auf der Straße (ADR), BGBl. Nr. 522/1973, samt Anlagen in der völkerrechtlich jeweils geltenden und im Bundesgesetzblatt kundgemachten Fassung;
(BGBl I 2011/35)

2. für die Beförderung gemäß § 1 Abs. 1 Z 2 das Übereinkommen über den internationalen Eisenbahnverkehr (COTIF), BGBl. III Nr. 122/2006, Anhang C - Ordnung für die internationale Eisenbahnbeförderung gefährlicher Güter (RID) samt Anlage, in der völkerrechtlich jeweils geltenden und im Bundesgesetzblatt kundgemachten Fassung;
(BGBl I 2011/35)

3. für die Beförderung gemäß § 1 Abs. 1 Z 3 das Übereinkommen über die internationale Beförderung von gefährlichen Gütern auf Binnenwasserstraßen (ADN), BGBl. III Nr. 67/2008, samt „Anlage" in der völkerrechtlich jeweils geltenden und im Bundesgesetzblatt kundgemachten Fassung;
(BGBl I 2011/35; BGBl I 2018/47)

4. „für die Beförderung gemäß § 1 Abs. 1 Z 4:"
„Kapitel VII des Internationalen Übereinkommens von 1974 zum Schutz des menschlichen Lebens auf See und Protokoll von 1978 zu dem Internationalen Übereinkommen von 1974 zum Schutz des menschlichen Lebens auf See samt Anlage (SOLAS-Übereinkommen) gemäß § 2 Abs. 1 Seeschiffahrts-Erfüllungsgesetz (SSEG), BGBl. Nr. 387/1996 mit nachstehenden Codes:"

a) International Maritime Dangerous Goods Code (IMDG Code),

b) International Code for the Construction and Equipment of Ships Carrying Dangerous Chemicals in Bulk (IBC Code),

c) Code for the Construction and Equipment of Ships Carrying Dangerous Chemicals in Bulk (BCH Code),

d) International Code for the Construction and Equipment of Ships Carrying Liquified Gases in Bulk (IGC Code),

e) Code for the Construction and Equipment of Ships Carrying Liquified Gases in Bulk (GC Code) und

f) Code for Existing Ships Carrying Liquified Gases in Bulk und
(BGBl I 2011/35)

5. für die Beförderung gemäß § 1 Abs. 1 Z 5: Anhang 18 des Abkommens über die internationale Zivilluftfahrt, BGBl. Nr. 97/1949, samt den Technischen Anweisungen für die sichere Beförderung gefährlicher Güter im Luftverkehr (Technical Instructions for the Safe Transport of Dangerous Goods by Air) der ICAO (ICAO-TI), einschließlich der zugehörigen Ergänzungen, Anhänge und Berichtigungen, in der gemäß Verordnung (EU) Nr. 965/2012 anzuwendenden Fassung.
(BGBl I 2018/47)

Begriffsbestimmungen

§ 3. (1) Für dieses Bundesgesetz gelten folgende allgemeine Begriffsbestimmungen:

1. Gefährliche Güter sind Stoffe und Gegenstände, deren Beförderung mit den in § 1 Abs. 1 genannten Verkehrsträgern gemäß den in § 2 genannten Vorschriften verboten oder nur unter bestimmten Bedingungen gestattet ist.

2. Gefährliche Güter mit hohem Gefahrenpotential sind gefährliche Güter, bei denen die Möglichkeit eines Missbrauchs zu terroristischen Zwecken und damit die Gefahr schwerwiegender Folgen, wie Verlust zahlreicher Menschenleben, massive Zerstörungen oder, insbesondere im Fall der Klasse 7, tiefgreifende sozioökonomische

Veränderungen, besteht, und die als solche in den gemäß § 2 in Betracht kommenden Vorschriften angeführt sind. *(BGBl I 2018/47)*

3. Beförderung ist die Ortsveränderung der gefährlichen Güter einschließlich der transportbedingten Aufenthalte und einschließlich des verkehrsbedingten Verweilens der gefährlichen Güter in den Fahrzeugen, Tanks und Containern vor, während und nach der Ortsveränderung. Die vorliegende Definition schließt auch das zeitweilige Abstellen gefährlicher Güter für den Wechsel der Beförderungsart oder des Beförderungsmittels (Umschlag) ein. Dies gilt unter der Voraussetzung, dass die Beförderungsdokumente, aus denen Versand- und Empfangsort feststellbar sind, auf Verlangen vorgelegt werden, sowie – außer für Kontrollzwecke der zuständigen Behörde – unter der Voraussetzung, dass Versandstücke und Tanks während des zeitweiligen Aufenthalts nicht geöffnet werden.

4. Sicherung sind Maßnahmen oder Vorkehrungen, die zu treffen sind, um den Diebstahl oder den Missbrauch gefährlicher Güter, durch den Personen, Güter oder die Umwelt gefährdet werden können, zu minimieren.

5. Verkehrsträgerspezifische generelle Vorschriften sind:

a) für Beförderungen gemäß § 1 Abs. 1 Z 1 das Kraftfahrgesetz 1967 (KFG), BGBl. Nr. 267/1967;

b) für Beförderungen gemäß § 1 Abs. 1 Z 2 das Eisenbahngesetz 1957 (EisbG), BGBl. Nr. 60/1957;

c) für Beförderungen gemäß § 1 Abs. 1 Z 3 das Schifffahrtsgesetz (SchFG), BGBl. I Nr. 62/1997;

d) für Beförderungen gemäß § 1 Abs. 1 Z 4 das Seeschifffahrtsgesetz (SeeSchFG), BGBl. Nr. 174/1981;

e) für Beförderungen gemäß § 1 Abs. 1 Z 5 das Luftfahrtgesetz (LFG), BGBl. Nr. 253/1957.

6. Fahrzeug ist:

a) für Beförderungen gemäß § 1 Abs. 1 Z 1: mit Ausnahme von

– Schienenfahrzeugen,

– selbstfahrenden Arbeitsmaschinen, die nach ihrer Bauart und Ausrüstung ausschließlich zur Durchführung von nicht in der Beförderung von Personen oder Gütern auf Straßen bestehenden Arbeitsvorgängen bestimmt sind, sowie

– land- oder forstwirtschaftlichen Zugmaschinen, die zur Verwendung im Rahmen eines land- und forstwirtschaftlichen Betriebes bestimmt sind, sofern diese nicht mit einer Geschwindigkeit von über 40 km/h fahren, wenn sie gefährliche Güter befördern

ein zur Teilnahme am Straßenverkehr bestimmtes Kraftfahrzeug mit mindestens vier Rädern und einer bauartbedingten Höchstgeschwindigkeit von mehr als 25 km/h sowie Anhänger solcher Fahrzeuge;
(BGBl I 2018/47)

b) für Beförderungen gemäß § 1 Abs. 1 Z 2: ein Eisenbahnfahrzeug gemäß 1.2.1 RID; *(BGBl I 2018/47)*

c) für Beförderungen gemäß § 1 Abs. 1 Z 3: ein Fahrzeug gemäß § 2 Z 1 SchFG mit Ausnahme von Fähren, die Binnenwasserstraßen oder Binnenhäfen nur queren;

d) für Beförderungen gemäß § 1 Abs. 1 Z 4: ein Frachtschiff gemäß § 2 Z 4 SeeSchFG;

e) für Beförderungen gemäß § 1 Abs. 1 Z 5: ein Luftfahrzeug gemäß § 11 LFG.

7. Unternehmen ist:

a) jede natürliche oder juristische Person mit oder ohne Erwerbszweck,

b) jede Vereinigung oder jeder Zusammenschluss von Personen ohne Rechtspersönlichkeit, mit oder ohne Erwerbszweck sowie

c) jede staatliche Einrichtung, unabhängig davon, ob sie über eine eigene Rechtspersönlichkeit verfügt oder von einer Behörde mit Rechtspersönlichkeit abhängt,

die gefährliche Güter befördert, lädt, entlädt oder befördern lässt, sowie eine solche, die gefährliche Güter im Rahmen einer Beförderungstätigkeit sammelt, verpackt, in Empfang nimmt oder zeitweilig lagert.

8. Terminal ist ein Schnittpunkt des Kombinierten Verkehrs,

a) in welchem der Umschlag von Fahrzeugen oder Containern durchgeführt wird und

b) der auch der Lagerung dient und

c) der in manchen Fällen auch Einrichtungen für Reparatur- und Wartungsarbeiten besitzt.

9. Streitkräfte sind das Bundesheer sowie ausländische Streitkräfte, die sich mit Zustimmung der Republik Österreich im Bundesgebiet befinden.

10. MEGC ist ein Gascontainer mit mehreren Elementen.

(2) Für Beteiligte im Sinn dieses Bundesgesetzes gelten folgende Begriffsbestimmungen:

1. Beförderer ist das Unternehmen, das die Beförderung mit oder ohne Beförderungsvertrag durchführt.

2. Absender ist das Unternehmen, das selbst oder für einen Dritten gefährliche Güter versendet. Erfolgt die Beförderung auf Grund eines Beförderungsvertrages, gilt als Absender der Absender gemäß diesem Vertrag.

3. Verpacker ist das Unternehmen, das die gefährlichen Güter in Verpackungen, einschließlich Großverpackungen und Großpackmittel (IBC)

einfüllt und gegebenenfalls die Versandstücke zur Beförderung vorbereitet.

4. Befüller ist das Unternehmen, das gefährliche Güter in einen Tank (Tankfahrzeug, Kesselwagen, Aufsetztank, Wagen mit abnehmbaren Tanks, ortsbeweglicher Tank oder Tankcontainer), in Ladetanks (Tankschiff), in ein Batterie-Fahrzeug, einen Batteriewagen oder MEGC oder in loser Schüttung in ein Fahrzeug, einen Container oder Schüttgut-Container einfüllt.

5. Betreiber eines Tankcontainers, eines ortsbeweglichen Tanks oder eines Kesselwagens ist das Unternehmen, auf dessen Namen der Tankcontainer, der ortsbewegliche Tank oder der Kesselwagen eingestellt oder sonst zum Verkehr zugelassen ist. „Bei Kesselwagen entspricht dem der Halter gemäß den in 1.2.1 RID zu diesem Begriff verwiesenen Vorschriften." *(BGBl I 2018/47)*

6. Verlader ist das Unternehmen, das

a) verpackte gefährliche Güter, Kleincontainer oder ortsbewegliche Tanks in oder auf ein Fahrzeug gemäß Abs. 1 Z 6 lit. a bis d oder einen Container verlädt oder

b) einen Container, Schüttgut-Container, MEGC, Tankcontainer oder ortsbeweglichen Tank auf ein Fahrzeug gemäß Abs. 1 Z 6 lit. a bis d verlädt oder

c) ein Fahrzeug gemäß Abs. 1 Z 6 lit. a oder b auf ein Fahrzeug gemäß Abs. 1 Z 6 lit. c oder d verlädt.

7. Abfertigungsagent (Handling Agent) ist ein Unternehmen, das im Auftrag des „Luftfahrzeugbetreibers" einige oder alle Aufgaben desselben ausführt, einschließlich der Annahme, des Beladens und Entladens, des Transfers oder anderer Abfertigungsdienste für Fluggäste oder Fracht. *(BGBl I 2018/47)*

8. Empfänger ist der Empfänger gemäß Beförderungsvertrag. Bezeichnet der Empfänger gemäß den für den Beförderungsvertrag geltenden Bestimmungen einen Dritten, so gilt dieser als Empfänger. Erfolgt die Beförderung ohne Beförderungsvertrag, so ist Empfänger das Unternehmen, welches die gefährlichen Güter bei der Ankunft übernimmt.

9. Entlader ist das Unternehmen, das

a) einen Container, Schüttgut-Container, MEGC, Tankcontainer oder ortsbeweglichen Tank von einem Fahrzeug gemäß Abs. 1 Z 6 lit. a bis d absetzt oder

b) verpackte gefährliche Güter, Kleincontainer oder ortsbewegliche Tanks aus oder von einem Fahrzeug gemäß Abs. 1 Z 6 lit. a bis d oder Container entlädt oder

c) gefährliche Güter aus einem Tank (Tankfahrzeug, Kesselwagen, Aufsetztank, abnehmbarer Tank, ortsbeweglicher Tank oder Tankcontainer) oder Ladetank oder aus einem Batterie-Fahrzeug, Batteriewagen, MEMU oder MEGC oder in loser Schüttung aus einem Fahrzeug, Container oder Schüttgut-Container entleert oder

d) ein Fahrzeug gemäß Abs. 1 Z 6 lit. a oder b von einem Fahrzeug gemäß Abs. 1 Z 6 lit. b, c oder d absetzt. *(BGBl I 2018/47)*

10. Für die Instandhaltung zuständige Stelle (ECM) ist diejenige Stelle, die gemäß Anlage A zum ATMF zertifiziert und deren Aufgabe die Instandhaltung eines Eisenbahnfahrzeugs ist. *(BGBl I 2018/47)*

11. Betreiber der Eisenbahninfrastruktur ist jede öffentliche Einrichtung oder jedes Unternehmen, dem insbesondere die Einrichtung und die Unterhaltung der Eisenbahninfrastruktur sowie die Führung der Betriebsleit- und Sicherheitssysteme übertragen sind. *(BGBl I 2018/47)*

12. Betreiber von Postdiensten ist ein Unternehmen, das als solcher gemäß Art. 2 des Weltpostvertrages, BGBl. III Nr. 53/2008, dem Weltpostverein bekanntgegeben worden ist. *(BGBl I 2018/47)*

(BGBl I 2011/35)

2. Abschnitt

Verpackungen, Container und Tanks; Genehmigungen bei radioaktiven Stoffen; Fahrzeuge

Zulässigkeit der Verwendung von Verpackungen, Containern und Tanks

§ 4. Verpackungen einschließlich Großverpackungen und Großpackmittel (IBC) dürfen als Versandstücke sowie Container und Tanks dürfen für Beförderungen im Sinne dieses Bundesgesetzes nur verwendet werden, wenn

1. die Beförderung der jeweiligen gefährlichen Güter in der vorgesehenen Verpackung, im vorgesehenen Container oder im vorgesehenen Tank auf Grund der gemäß § 2 in Betracht kommenden Vorschriften zulässig ist,

2. sie, wenn dies in den gemäß § 2 in Betracht kommenden Vorschriften vorgeschrieben ist, diesen Vorschriften entsprechend geprüft, überprüft und zugelassen sind,

3. ihr Bauartmuster, wenn dies in den gemäß § 2 in Betracht kommenden Vorschriften vorgeschrieben ist, diesen Vorschriften entsprechend zugelassen ist und sie diesem entsprechen und

4. an ihnen die auf Grund der gemäß § 2 in Betracht kommenden Vorschriften vorgeschriebenen Aufschriften, Gefahrzettel, Großzettel (Placards) und sonstigen Informationen über die gefährlichen Güter, über die Verpackung, über den Container oder über den Tank diesen Vorschriften entsprechend angebracht sind.

Genehmigung von radioaktiven Stoffen in besonderer Form sowie Bauartmustern von Verpackungen (Versandstückmustern) für radioaktive Stoffe

§ 5. (1) Radioaktive Stoffe in besonderer Form sowie Bauartmuster von Verpackungen (Versandstückmuster) für radioaktive Stoffe sind, wenn dies in den gemäß § 2 in Betracht kommenden Vorschriften vorgeschrieben ist, auf Antrag behördlich zu genehmigen, wenn sie hinsichtlich ihrer Bauart, Ausrüstung und Ausstattung diesen Vorschriften entsprechen.

(2) Über einen Antrag auf Genehmigung gemäß Abs. 1 hat der Bundesminister für Verkehr, Innovation und Technologie zu entscheiden.

(3) Der Antrag hat sämtliche Angaben und Bescheinigungen zu enthalten, die auf Grund der gemäß § 2 in Betracht kommenden Vorschriften erforderlich sind. Mit dem Antrag ist ein Gutachten eines Sachverständigen „(§ 36)" darüber vorzulegen, daß der radioaktive Stoff in besonderer Form oder das Bauartmuster den gemäß § 2 in Betracht kommenden Vorschriften entspricht. Dieses Gutachten ist auf Grund der in diesen Vorschriften vorgeschriebenen Prüfungen zu erstatten. Es hat sämtliche Ergebnisse dieser Prüfungen zu enthalten. Wenn dies zur Feststellung des für die Entscheidung maßgebenden Sachverhaltes erforderlich ist, hat der Antragsteller auf Verlangen des Bundesministers für Verkehr, Innovation und Technologie weitere Beweismittel beizubringen. *(BGBl I 2011/35)*

(4) Der Bundesminister für Verkehr, Innovation und Technologie ist berechtigt, seiner Genehmigung auch Gutachten ausländischer Sachverständiger zugrunde zu legen, wenn dies aus Gründen der Zweckmäßigkeit, Einfachheit oder Raschheit des Verfahrens geboten erscheint und keine Bedenken hinsichtlich der Vollständigkeit und Vorschriftsmäßigkeit dieser Prüfungen bestehen.

(5) Im Genehmigungsbescheid ist für den genehmigten radioaktiven Stoff in besonderer Form oder für das genehmigte Bauartmuster ein Kennzeichen festzusetzen. Das Kennzeichen hat den gemäß § 2 in Betracht kommenden Vorschriften zu entsprechen.

(6) Wenn es im Interesse der Beförderungssicherheit erforderlich oder in den gemäß § 2 in Betracht kommenden Vorschriften vorgeschrieben ist, sind bei der Genehmigung entsprechende Bedingungen, Befristungen und Auflagen festzusetzen.

(7) Wenn es die gemäß § 2 in Betracht kommenden Vorschriften vorsehen, kann die Genehmigung von Bauartmustern von Verpackungen (Versandstückmustern) für radioaktive Stoffe auch durch Gültigkeitserklärung der von einer ausländischen Genehmigungsbehörde ausgestellten Zeugnisse durch den Bundesminister für Verkehr, Innovation und Technologie erteilt werden.

(8) Verwaltungsabgaben in nachstehender Höhe sind zu entrichten:

1. für die Erteilung der Genehmigung gemäß Abs. 1 .... 363 Euro,

2. für die Erteilung der Genehmigung gemäß Abs. 7 .... 181 Euro.

Zulässigkeit der Verwendung von Fahrzeugen

§ 6. Fahrzeuge dürfen zur Beförderung gefährlicher Güter nur verwendet werden,

1. wenn sie nach den verkehrsträgerspezifischen generellen Vorschriften „(§ 3 Abs. 1 Z 5)" im Verkehr verwendet werden dürfen, *(BGBl I 2011/35)*

2. wenn sie hinsichtlich ihrer Bauart, Ausrüstung und Ausstattung den gemäß § 2 in Betracht kommenden Vorschriften entsprechen,

3. wenn sie, sofern dies in den gemäß § 2 in Betracht kommenden Vorschriften vorgeschrieben ist, diesen Vorschriften entsprechend gereinigt, entgiftet oder anders dekontaminiert sind und

4. wenn an ihnen die auf Grund der gemäß § 2 in Betracht kommenden Vorschriften vorgeschriebenen Aufschriften, Gefahrzettel, Großzettel (Placards), Tafeln und sonstigen Informationen über die gefährlichen Güter und über das Fahrzeug diesen Vorschriften entsprechend angebracht sind.

3. Abschnitt

Pflichten von Beteiligten, Genehmigung, Ausnahmen, ergänzende generelle Regelungen, Gefahrgutbeauftragte, Meldungen von Ereignissen, Sicherung

Pflichten von Beteiligten

§ 7. (1) Die an der Beförderung gefährlicher Güter Beteiligten haben die nach Art und Ausmaß der vorhersehbaren Gefahren erforderlichen Vorkehrungen zu treffen, um Schadensfälle zu verhindern und bei Eintritt eines Schadens dessen Umfang so gering wie möglich zu halten. Sie haben jedenfalls die für sie jeweils geltenden Bestimmungen der gemäß § 2 in Betracht kommenden Vorschriften einzuhalten. Die Beteiligten haben im Fall einer möglichen unmittelbaren Gefahr für die öffentliche Sicherheit unverzüglich die Einsatz- und Sicherheitskräfte zu verständigen und mit den für den Einsatz notwendigen Informationen zu versehen.

(2) Der Beförderer hat im Rahmen des Abs. 1 insbesondere die in den Abschnitten 4. bis 8. an-

5/1. GGBG
§ 7

geführten Pflichten des Beförderers. *(BGBl I 2011/35)*

(3) Der Absender darf nur Sendungen zur Beförderung übergeben, die den gemäß § 2 in Betracht kommenden Vorschriften entsprechen. Im Rahmen des Abs. 1 hat er insbesondere:

1. sich zu vergewissern, dass die gefährlichen Güter nach den gemäß § 2 in Betracht kommenden Vorschriften klassifiziert und zur Beförderung zugelassen sind;

2. dem Beförderer „in nachweisbarer Form" die erforderlichen Angaben und Informationen und gegebenenfalls die erforderlichen Beförderungspapiere und Begleitpapiere (Genehmigungen, Zulassungen, Benachrichtigungen, Zeugnisse usw.) zu liefern; *(BGBl I 2018/47)*

3. nur Verpackungen, Großverpackungen, Großpackmittel (IBC) und Tanks (Tankfahrzeuge, Kesselwagen, Tankschiffe, Batterie-Fahrzeuge, Batteriewagen, Aufsetztanks, Wagen mit abnehmbaren Tanks, ortsbewegliche Tanks, Tankcontainer oder MEGC) zu verwenden, die für die Beförderung der betreffenden Güter zugelassen und geeignet sowie mit den in den gemäß § 2 in Betracht kommenden Vorschriften vorgeschriebenen „Kennzeichen" versehen sind; *(BGBl I 2011/35; BGBl I 2018/47)*

4. die Vorschriften über die Versandart und die Abfertigungsbeschränkungen zu beachten und *(BGBl I 2011/35)*

5. dafür zu sorgen, dass auch ungereinigte und nicht entgaste leere Tanks (Tankfahrzeuge, Kesselwagen, Batterie-Fahrzeuge, Batteriewagen, Aufsetztanks, Wagen mit abnehmbaren Tanks, ortsbewegliche Tanks, Tankcontainer oder MEGC) oder ungereinigte leere Fahrzeuge oder Container für Güter in loser Schüttung entsprechend den gemäß § 2 in Betracht kommenden Vorschriften mit Großzetteln (Placards) versehen, gekennzeichnet und bezettelt werden und dass ungereinigte leere Tanks ebenso verschlossen und undurchlässig sind wie in gefülltem Zustand. *(BGBl I 2018/47)*

Nimmt der Absender die Dienste anderer Beteiligter (Verpacker, Verlader, Befüller usw.) in Anspruch, hat er geeignete Maßnahmen zu ergreifen, damit gewährleistet ist, dass die Sendung den gemäß § 2 in Betracht kommenden Vorschriften entspricht. Er kann jedoch in den Fällen der Z 1, 2, 3 und 5 auf die ihm von anderen Beteiligten zur Verfügung gestellten Informationen und Daten vertrauen.

(4) Handelt der Absender im Auftrag eines Dritten, so hat dieser den Absender schriftlich auf das gefährliche Gut hinzuweisen und ihm alle Auskünfte und Dokumente, die zur Erfüllung seiner Aufgaben erforderlich sind, zur Verfügung zu stellen.

(5) Der Verpacker hat im Rahmen des Abs. 1 insbesondere zu beachten:

1. die Verpackungsvorschriften und die Vorschriften über die Zusammenpackung und

2. wenn er die Versandstücke zur Beförderung vorbereitet, die Vorschriften über die Kennzeichnung und Bezettelung von Versandstücken.

(6) Der Befüller hat im Rahmen des Abs. 1 insbesondere folgende Pflichten: Er

1. hat sich vor dem Befüllen zu vergewissern, dass sich die Fahrzeuge und Container für gefährliche Güter in loser Schüttung sowie die Tanks und ihre jeweiligen Ausrüstungsteile in einem technisch einwandfreien Zustand befinden; *(BGBl I 2011/35)*

2. hat sich zu vergewissern, dass bei Tankfahrzeugen, Kesselwagen, Batterie-Fahrzeugen, Batteriewagen, Aufsetztanks, Wagen mit abnehmbaren Tanks, ortsbeweglichen Tanks, Tankcontainern und MEGC das Datum der nächsten Prüfung nicht überschritten ist; *(BGBl I 2011/35)*

3. darf Fahrzeuge und Container für gefährliche Güter in loser Schüttung sowie Tanks nur mit den für diese zugelassenen gefährlichen Gütern befüllen; *(BGBl I 2011/35)*

4. hat beim Befüllen des Tanks die Vorschriften hinsichtlich gefährlicher Güter in unmittelbar nebeneinander liegenden Tankabteilen zu beachten;

5. hat beim Befüllen des Tanks den höchstzulässigen Füllungsgrad oder die höchstzulässige Masse der Füllung je Liter Fassungsraum für das Füllgut einzuhalten;

6. hat nach dem Befüllen des Tanks sicherzustellen, dass alle Verschlüsse in geschlossener Stellung sind und keine Undichtheit auftritt; *(BGBl I 2018/47)*

7. hat dafür zu sorgen, dass an den von ihm befüllten Tanks außen keine gefährlichen Reste des Füllgutes anhaften, „ " *(BGBl I 2011/35)*

8. hat, wenn er die gefährlichen Güter zur Beförderung vorbereitet, dafür zu sorgen, dass die Großzettel (Placards), Kennzeichen, orangefarbenen Tafeln, Gefahr- und Rangierzettel vorschriftsgemäß angebracht sind, und *(BGBl I 2018/47)*

9. hat beim Befüllen von Fahrzeugen oder Containern mit gefährlichen Gütern in loser Schüttung die Beachtung jener gemäß § 2 in Betracht kommenden Vorschriften sicherzustellen, die diese Beförderungsart im Besonderen regeln. *(BGBl I 2011/35)*

(7) Der Betreiber eines Tankcontainers, eines ortsbeweglichen Tanks oder eines Kesselwagens hat im Rahmen des Abs. 1 insbesondere dafür zu sorgen, dass:

1. die Vorschriften betreffend Bau, Ausrüstung, Prüfungen und Kennzeichnung beachtet werden;

2. die Instandhaltung der Tankkörper und ihrer Ausrüstungen in einer Weise durchgeführt wird, die gewährleistet, dass der Tankcontainer oder ortsbewegliche Tank unter normalen Betriebsbeanspruchungen bis zur nächsten Prüfung die gemäß § 2 in Betracht kommenden Vorschriften erfüllt, und *(BGBl I 2018/47)*

3. eine außerordentliche Prüfung durchgeführt wird, wenn die Sicherheit des Tankkörpers oder seiner Ausrüstungen durch Ausbesserung, Umbau oder Unfall beeinträchtigt sein kann.

(8) Der Verlader hat im Rahmen des Abs. 1 insbesondere folgende Pflichten: Er

1. darf gefährliche Güter dem Beförderer nur übergeben, wenn sie nach den gemäß § 2 in Betracht kommenden Vorschriften zur Beförderung zugelassen sind;

2. hat bei der Übergabe verpackter gefährlicher Güter oder ungereinigter leerer Verpackungen zur Beförderung zu prüfen, ob die Verpackung beschädigt ist. Er darf ein Versandstück, dessen Verpackung beschädigt, insbesondere undicht ist, so dass gefährliches Gut austritt oder austreten kann, zur Beförderung erst übergeben, wenn der Mangel beseitigt worden ist; Gleiches gilt für ungereinigte leere Verpackungen;

3. hat die Vorschriften für die Beladung und Handhabung zu beachten; *(BGBl I 2018/47)*

4. hat nach dem Verladen gefährlicher Güter in Container die betreffenden Vorschriften des ADR, ADN oder IMDG-Codes für das Anbringen von Großzetteln (Placards), die Kennzeichnung und das Anbringen orangefarbener Tafeln oder, wenn er die gefährlichen Güter dem Beförderer unmittelbar zur Beförderung auf der Bahn übergibt, die Vorschriften des RID für das Anbringen von Großzetteln (Placards), die Kennzeichnung und das Anbringen orangefarbener Tafeln an Fahrzeugen und Containern zu beachten und *(BGBl I 2018/47)*

5. hat beim Verladen von Versandstücken die Zusammenladeverbote auch unter Berücksichtigung der bereits im Fahrzeug oder Container befindlichen gefährlichen Güter sowie die Vorschriften über die Trennung von Nahrungs-, Genuss- und Futtermitteln zu beachten.

Der Verlader kann jedoch in den Fällen der Z 1, 4 und 5 auf die ihm von anderen Beteiligten zur Verfügung gestellten Informationen und Daten vertrauen.

(9) Der Empfänger darf die Annahme des Gutes nicht ohne zwingenden Grund verzögern und hat zu prüfen, ob die ihn betreffenden Bestimmungen der gemäß § 2 in Betracht kommenden Vorschriften eingehalten sind. Ein Fahrzeug gemäß § 3 Abs. 1 Z 6 lit. b oder Container darf erst zurückgestellt oder wieder verwendet werden, wenn die vorstehend genannten Vorschriften beachtet worden sind. Nimmt der Empfänger die Dienste anderer Beteiligter (Entlader, Reiniger, Entgiftungsstelle usw.) in Anspruch, so hat er geeignete Maßnahmen zu ergreifen, damit gewährleistet ist, dass diesen Vorschriften entsprochen wird. *(BGBl I 2011/35)*

(10) Der Entlader hat im Rahmen des Abs. 1 hinsichtlich des Absetzens, Entladens und Entleerens insbesondere

1. sich durch einen Vergleich der entsprechenden Informationen im Beförderungspapier mit den Informationen auf dem Versandstück, Container, Tank, MEMU, MEGC oder Fahrzeug zu vergewissern, dass die richtigen Güter ausgeladen werden;

2. vor und während der Entladung zu prüfen, ob die Verpackungen, der Tank, das Fahrzeug oder der Container so stark beschädigt worden sind, dass eine Gefahr für den Entladevorgang entsteht. In diesem Fall hat er sich zu vergewissern, dass die Entladung erst durchgeführt wird, wenn geeignete Maßnahmen ergriffen wurden;

3. alle anwendbaren Vorschriften für die Entladung und Handhabung einzuhalten; *(BGBl I 2018/47)*

4. unmittelbar nach der Entladung des Tanks, Fahrzeugs oder Containers

a) gefährliche Rückstände zu entfernen, die sich während des Entladevorgangs an der Außenseite des Tanks, Fahrzeugs oder Containers angehaftet haben;

b) den Verschluss der Ventile und der Besichtigungsöffnungen sicherzustellen;

c) sicherzustellen, dass die vorgeschriebene Reinigung und Entgiftung von Fahrzeugen oder Containern vorgenommen wird, und

5. dafür zu sorgen, dass bei vollständig entladenen, gereinigten und entgifteten Fahrzeugen gemäß § 3 Abs. 1 Z 6 lit. b und Containern keine Großzettel (Placards), keine Kennzeichen und keine orangefarbenen Tafeln mehr sichtbar sind, die entsprechend den gemäß § 2 in Betracht kommenden Vorschriften angebracht wurden. *(BGBl I 2018/47)*

Nimmt der Entlader die Dienste anderer Beteiligter (Reiniger, Entgiftungseinrichtung usw.) in Anspruch, hat er geeignete Maßnahmen zu ergreifen, um zu gewährleisten, dass den gemäß § 2 in Betracht kommenden Vorschriften entsprochen worden ist. *(BGBl I 2011/35)*

Beförderungsgenehmigung

§ 8. (1) Beförderungen gefährlicher Güter bedürfen der Genehmigung der Behörde, wenn in den gemäß § 2 in Betracht kommenden Vorschriften eine solche Genehmigung vorgeschrieben ist.

(2) Über Anträge auf Genehmigungen gemäß Abs. 1 hat der Bundesminister für Verkehr, Innovation und Technologie zu entscheiden.

(3) Der Antrag hat zu enthalten:

1. die genaue Bezeichnung und Beschreibung der zur Beförderung bestimmten gefährlichen Güter, insbesondere hinsichtlich ihrer chemischen und physikalischen Beschaffenheit,

2. alle in den gemäß § 2 in Betracht kommenden Vorschriften jeweils vorgeschriebenen Angaben und Bescheinigungen sowie

3. Angaben darüber, wann und wo die Beförderungen stattfinden sollen.
(BGBl I 2007/63)

(4) Reichen die gemäß Abs. 3 vorgelegten Unterlagen zur Feststellung des maßgebenden Sachverhaltes zur Entscheidung über den Antrag nicht aus, so hat der Antragsteller auf Verlangen der Behörde Nachweise der Eignung der vorgesehenen Umschließungsmittel, Fahrzeuge und Beförderungsstrecken oder sonst erforderliche Beweismittel beizubringen. *(BGBl I 2007/63)*

(5) Die Beförderungsgenehmigung ist zu erteilen, wenn die Zulässigkeit der Beförderung im Sinne dieses Bundesgesetzes gegeben ist. Sie ist, wenn dies nach der Art und Gefährlichkeit der zu befördernden Güter oder wegen anderer Gegebenheiten erforderlich ist, unter den entsprechenden Auflagen sowie zeitlichen, örtlichen oder sachlichen Einschränkungen der Gültigkeit zu erteilen. Die Genehmigung kann für eine einzelne Beförderung oder für eine besondere oder unbegrenzte Anzahl von Beförderungen innerhalb eines bestimmten Zeitraumes erteilt werden. Ein Anspruch auf Genehmigung der Beförderung für eine bestimmte Beförderungsstrecke besteht nicht. *(BGBl I 2007/63)*

(6) Ist es zum Schutz der Beförderung vor unbefugten Eingriffen Dritter, zur Wahrung der äußeren und inneren Sicherheit Österreichs, zur Einhaltung der von Österreich übernommenen völkerrechtlichen Verpflichtungen oder um den Schutz von Menschen, fremden Sachen oder sonstigen wichtigen Rechtsgütern zu sichern erforderlich, so hat der Bundesminister für Verkehr, Innovation und Technologie im Einvernehmen mit dem Bundesminister für Inneres die Überwachung der Beförderung durch Organe des öffentlichen Sicherheitsdienstes anzuordnen. Der Bundesminister für Verkehr, Innovation und Technologie hat in diesem Fall die Landeshauptmänner und die Landesregierungen, in deren örtlichem Wirkungsbereich die Beförderung(en) erfolgen soll(en), und die örtlich zuständigen „Landespolizeidirektoren" von der Erteilung der Beförderungsgenehmigung unverzüglich zu verständigen und diesen eine Gleichschrift des Genehmigungsbescheides zuzustellen. *(BGBl I 2007/63; BGBl I 2012/50)*

(7) Für die Gültigkeitserklärung von im Ausland erteilten Beförderungsgenehmigungen auf Grund der gemäß § 2 in Betracht kommenden Vorschriften gelten die Abs. 1 bis 6 sinngemäß. *(BGBl I 2007/63)*

(8) Die Beförderungsgenehmigung ist unverzüglich zu entziehen oder einzuschränken, wenn oder insoweit die Voraussetzungen für ihre Erteilung nicht mehr gegeben sind oder sich die darin festgelegten Vorschriften oder Maßnahmen zur Gewährleistung der Sicherheit der Beförderung als unzureichend erweisen. *(BGBl I 2007/63)*

(9) Ein Rechtsmittel gegen einen Bescheid gemäß Abs. 8 hat keine aufschiebende Wirkung.

(10) Für die Erteilung der Beförderungsgenehmigung ist eine Verwaltungsabgabe in Höhe von 109 Euro zu entrichten.

Ausnahmebewilligung

§ 9. (1) Wenn vom Standpunkt der Verkehrs-, Betriebs- und Beförderungssicherheit keine Bedenken bestehen, können Beförderungen gefährlicher Güter, die im Sinne dieses Bundesgesetzes nicht zulässig sind, bewilligt werden:

1. zum Zweck der Erprobung oder

2. wegen besonderer Gegebenheiten, unter denen die Beförderung(en) durchgeführt werden soll(en).

„Die Bewilligung ist auf einzelne Beförderungen zu beschränken oder zeitlich zu befristen und, wenn dies die Verkehrs-, Betriebs- oder Beförderungssicherheit erfordern, unter Bedingungen oder mit Auflagen zu erteilen." *(BGBl I 2018/47)*

(2) Über Anträge auf Erteilung einer Ausnahmebewilligung für nur § 1 Abs. 1 Z 1 unterliegende Beförderungen hat der Landeshauptmann zu entscheiden, in dessen örtlichem Wirkungsbereich der Antragsteller seinen Hauptwohnsitz, seine Hauptniederlassung oder seinen Sitz hat. Befindet sich keine dieser Örtlichkeiten in Österreich, so hat der Landeshauptmann des ersten von der Beförderung berührten österreichischen Bundeslandes zu entscheiden.

(3) Über andere als in Abs. 2 angeführte Anträge auf Erteilung einer Ausnahmebewilligung hat der Bundesminister für Verkehr, Innovation und Technologie zu entscheiden.

(4) Verwaltungsabgaben in nachstehender Höhe sind zu entrichten:

1. für die Erteilung einer Ausnahmebewilligung gemäß Abs. 2

a) für Beförderungen im örtlichen Wirkungsbereich von nicht mehr als zwei Landeshauptmännern .... 87 Euro,

b) für Beförderungen im örtlichen Wirkungsbereich von mehr als zwei Landeshauptmännern .... 174 Euro;

2. für die Erteilung einer Ausnahmebewilligung gemäß Abs. 3 .... 174 Euro.

Ergänzende generelle Regelungen

§ 10. (1) Mit Verordnung können für die Beförderung gefährlicher Güter

1. Gefahrguteinstufungen bestätigt,
2. Beförderungsbedingungen festgelegt,
3. Bau-, Verfahrens- oder sonstige Regelwerke anerkannt,
4. ergänzende oder abweichende Bestimmungen zu den gemäß § 2 in Betracht kommenden Vorschriften erlassen oder
5. gemäß § 1 Abs. 1 Z 1 bis 3 oder § 1 Abs. 3 Z 2 grundsätzlich ausgenommene Fahrzeuge Bestimmungen der gemäß § 2 in Betracht kommenden Vorschriften oder anderen geeigneten Sicherheitsmaßnahmen unterworfen werden,

soweit dies nach den gemäß § 2 in Betracht kommenden Vorschriften und der Richtlinie 2008/68/EG „ " zulässig und von über Einzelfälle hinausgehender Bedeutung ist. Abweichend von § 35 Abs. 3 sind Verordnungen über Beförderungen gefährlicher Güter mit Fahrzeugen der Streitkräfte vom Bundesminister für Landesverteidigung „ " im Einvernehmen mit dem Bundesminister für Verkehr, Innovation und Technologie zu erlassen. *(BGBl I 2018/47)*

(2) Der Bundesminister für Verkehr, Innovation und Technologie ist zuständig für den Abschluss von Übereinkommen über befristete Abweichungen auf der Grundlage der gemäß § 2 Z 1 bis 3 in Betracht kommenden Vorschriften. Werden solche Übereinkommen von Österreich abgeschlossen, gelten die Abweichungen für den betroffenen Verkehrsträger hinsichtlich aller auf österreichischem Gebiet durchgeführten Beförderungen einschließlich innerstaatlicher Beförderungen.

(BGBl I 2011/35)

Sicherheitsberater (Gefahrgutbeauftragte)

§ 11. (1) Unternehmen, deren Tätigkeiten die Beförderung gefährlicher Güter nach den gemäß § 2 Z 1 bis 3 in Betracht kommenden Vorschriften oder das mit dieser Beförderung zusammenhängende Befüllen oder Verpacken sowie Be- oder Entladen, mit Ausnahme des Entladens am endgültigen Bestimmungsort, umfassen, haben eine oder mehrere qualifizierte Personen mit deren Zustimmung als Sicherheitsberater für die Gefahrgutbeförderung (Gefahrgutbeauftragte) zu benennen. Diese Verpflichtung gilt nicht für Unternehmen, deren Tätigkeiten sich auf die Beförderung gefährlicher Güter in Mengen erstrecken, die unterhalb der für den jeweiligen Verkehrsträger in 1.8.3.2 lit. a ADR oder ADN oder 1.8.3.2 lit. b RID verwiesenen Grenzwerte liegen. Die Unternehmen haben dem Bundesminister für Verkehr, Innovation und Technologie binnen eines Monats nach Benennung oder Änderung der Benennung Namen und Geburtsdatum der betreffenden Gefahrgutbeauftragten, Ausstellungsstaat und Nummer des Schulungsnachweises, den Beginn und gegebenenfalls das Ende von deren Funktionsdauer sowie allfällige Einschränkungen ihres Aufgabengebiets mitzuteilen. Der Bundesminister für Verkehr, Innovation und Technologie darf Auskünfte über diese Meldungen nur Unternehmen und Gefahrgutbeauftragten in ihren eigenen Angelegenheiten sowie den Kontroll- und Strafbehörden erteilen.

(2) Gefahrgutbeauftragte haben unter der Verantwortung der Unternehmensleitung die in den gemäß § 2 in Betracht kommenden Vorschriften genannten Aufgaben zu erfüllen. „Jahresberichte sind spätestens bis zum Ende des sechsten auf das Berichtsjahr folgenden Monats zu erstellen. Soweit die genannten Vorschriften nicht anderes bestimmen, sind Jahres- und Unfallberichte der Behörde nur auf deren Verlangen vorzulegen." *(BGBl I 2018/47)*

(3) Die Unternehmensleitung ist verpflichtet, Gefahrgutbeauftragte bei der Wahrnehmung ihrer Aufgaben zu unterstützen, ihnen hiefür ausreichend Zeit während der Arbeitszeit zu gewähren und ihnen die erforderlichen Hilfsmittel sowie Aus- und Weiterbildungsmöglichkeiten zur Verfügung zu stellen. Die näheren Einzelheiten hinsichtlich „der Ausbildung, insbesondere der Anerkennung und Durchführung von Schulungen, Qualifikation des Lehrpersonals und Prüfungen, sowie Kostentragung", Gewährung von Freizeit unter Fortzahlung des Lohnes und sonstiger Unterstützungsmaßnahmen für unternehmensinterne Gefahrgutbeauftragte werden durch Verordnung geregelt. *(BGBl I 2018/47)*

(4) Gefahrgutbeauftragte müssen Inhaber eines für den oder die betreffenden Verkehrsträger gültigen Schulungsnachweises gemäß den nach § 2 in Betracht kommenden Vorschriften sein. Zur Erlangung des Nachweises ist eine Schulung zu absolvieren, nach der durch bestehen einer Prüfung über die in den gemäß § 2 in Betracht kommenden Vorschriften vorgesehenen Sachgebiete die zur Erfüllung ihrer Aufgaben erforderlichen Kenntnisse nachgewiesen werden.

(5) Der Nachweis hat eine Geltungsdauer von fünf Jahren. Sie wird automatisch um jeweils fünf Jahre verlängert, wenn der Inhaber des Nachweises im letzten Jahr der Gültigkeit an einer Fortbildungsschulung teilgenommen und eine Prüfung bestanden hat.

(6) Schulungskurse für Gefahrgutbeauftragte dürfen in Österreich nur von mittels Bescheid anerkannten Schulungsveranstaltern durchgeführt werden. Über den Antrag auf Anerkennung hat der Landeshauptmann zu entscheiden, in dessen örtlichen Wirkungsbereich Räumlichkeiten für die Durchführung der Schulungskurse gelegen sind. Befinden sich Räumlichkeiten auch im

Wirkungsbereich von anderen Landeshauptmännern, so ist deren Stellungnahme einzuholen. „Über Anträge auf Änderung der Anerkennung hat der Landeshauptmann zu entscheiden, der den Anerkennungsbescheid erlassen hat." Wird der Antrag von einer natürlichen Person gestellt, so muss diese das 24. Lebensjahr vollendet haben und vertrauenswürdig sein. Bei juristischen Personen müssen jene Personen vertrauenswürdig sein, denen ein maßgeblicher Einfluss auf den Betrieb der Geschäfte zusteht. Die Anerkennung berechtigt den Veranstalter, die im Bescheid bezeichneten Kurse und deren Kombination durchzuführen. Die Anerkennung ist zu widerrufen, wenn die Voraussetzungen für die Erteilung nicht mehr gegeben sind. Verwaltungsabgaben in nachstehender Höhe sind zu entrichten:

1. für den Anerkennungsbescheid ... 581 Euro und

2. für einen Bescheid über die Änderung der Anerkennung .... 145 Euro.
(BGBl I 2013/91, ab 1. 1. 2014)

(7) Bei Schulungsveranstaltern im Bereich des Bundesheers und der Heeresverwaltung, bei denen ausschließlich Angehörige des Aktiv- und Milizstandes entsprechend den Bestimmungen der gemäß § 2 Z 1, 2 und 3 in Betracht kommenden Vorschriften über die Schulung der Gefahrgutbeauftragten geschult werden, bedarf es keiner Anerkennung gemäß Abs. 6. Von diesen Schulungsveranstaltern ausgestellte Bescheinigungen behalten ihre Gültigkeit bis zum Ablaufdatum auch dann, wenn deren Inhaber im Zeitraum zwischen Ausstellungs- und Ablaufdatum der Bescheinigung aus dem Aktiv- und Milizstand der genannten Institutionen ausscheiden. Eine Verlängerung der Gültigkeit kann diesfalls jedoch nur durch gemäß Abs. 6 Berechtigte erfolgen.

(8) Bei Schulungsveranstaltungen des Bundesministeriums für Inneres, bei denen Organe des öffentlichen Sicherheitsdienstes entsprechend den Bestimmungen der gemäß § 2 Z 1, 2 und 3 in Betracht kommenden Vorschriften über die Schulung der Gefahrgutbeauftragten geschult werden, bedarf es keiner Anerkennung gemäß Abs. 6. Von diesem Schulungsveranstalter ausgestellte Bescheinigungen behalten ihre Gültigkeit bis zum Ablaufdatum auch dann, wenn deren Inhaber im Zeitraum zwischen Ausstellungs- und Ablaufdatum der Bescheinigung aus dem Aktivstand ausscheiden. Eine Verlängerung der Gültigkeit kann diesfalls jedoch nur durch gemäß Abs. 6 Berechtigte erfolgen.

(BGBl I 2011/35)

Meldung von Ereignissen mit gefährlichen Gütern

§ 12. (1) Sehen die gemäß § 2 Z 1 bis 4 in Betracht kommenden Vorschriften Meldungen über Ereignisse mit gefährlichen Gütern an die zuständige Behörde vor, so sind diese an das Bundesministerium für Verkehr, Innovation und Technologie zu richten.

(2) Im Falle der in § 2 Z 5 genannten Vorschriften sind die betreffenden Ereignisse der Austro Control GmbH zu melden. Auf diese Meldungen sind die Bestimmungen des § 136 LFG anzuwenden.

(BGBl I 2011/35)

Meldungen von Ereignissen

§ 12a. Sind auf Grund der gemäß § 2 in Betracht kommenden Vorschriften Ereignisse mit gefährlichen Gütern an die zuständige Behörde zu melden, sind diese Meldungen im Falle der Vorschriften gemäß § 2 Z 5 an die Austro Control GmbH, sonst an das Bundesministerium für Verkehr, Innovation und Technologie zu richten.

(BGBl I 2007/63)

Sicherung

„**§ 12a.**"[1] (1) Alle an der Beförderung gefährlicher Güter beteiligten Personen müssen entsprechend ihren Verantwortlichkeiten die in den nachstehenden Absätzen angeführten Vorschriften für die Sicherung beachten.

(2) Gefährliche Güter dürfen nur Beförderern zur Beförderung übergeben werden, deren Identität in geeigneter Weise festgestellt wurde.

(3) Bereiche innerhalb von Terminals für das zeitweilige Abstellen, Plätzen für das zeitweilige Abstellen, Fahrzeugdepots, Liegeplätzen und Verschiebebahnhöfen, die für das zeitweilige Abstellen während der Beförderung gefährlicher Güter verwendet werden, müssen ordnungsgemäß gesichert, gut beleuchtet und, soweit möglich und angemessen, für die Öffentlichkeit unzugänglich sein. Um diese Bestimmungen zu erfüllen, haben Betreiber einer vorstehend angeführten Infrastruktur

1. dafür zu sorgen, dass Informationen hinsichtlich des zeitweiligen Abstellens der gefährlichen Güter soweit möglich auf Personen begrenzt werden, die diese Informationen benötigen;

2. dafür zu sorgen, dass die sich aus den Möglichkeiten des unbemerkten Zugangs zu den für das zeitweilige Abstellen während der Beförderung gefährlicher Güter verwendeten Bereichen und aus den Modalitäten des zeitweiligen Abstellens, wie Häufigkeit der Abstellvorgänge, Arten der Fahrzeuge sowie Arten und Mengen der betroffenen gefährlichen Güter ergebenden Gefährdungen bewertet und in einer Gefährdungsdokumentation, gegebenenfalls im Rahmen des Sicherungsplans (Abs. 7), festgehalten werden, die auf dem aktuellen Stand zu halten ist, und

3. sich zu vergewissern, dass die der Bewertung laut Gefährdungsdokumentation entsprechenden Maßnahmen durchgeführt werden.

(4) Jedes Mitglied der Besatzung eines Fahrzeugs oder Zuges, mit dem gefährliche Güter befördert werden, muss während der Beförderung einen Lichtbildausweis in der Weise mit sich führen, wie es die gemäß § 2 in Betracht kommenden Vorschriften vorsehen. *(BGBl I 2011/35)*

(5) Kontrollen gemäß den §§ 15 bis 20 sowie Sicherheitsüberprüfungen an Be- und Entladeorten auf Grund der gemäß § 2 Z 1 in Betracht kommenden Vorschriften müssen sich auch auf angemessene Maßnahmen für die Sicherung erstrecken.

(6) „Die in den gemäß § 2 in Betracht kommenden Vorschriften vorgesehenen Unterweisungen von Personen, die an der Beförderung gefährlicher Güter beteiligt sind, sowie die Aufzeichnungen hierüber müssen auch Bestandteile enthalten, die der Sensibilisierung gegenüber der Sicherung dienen. Diese Teile der Unterweisung müssen sich auf die Art der Risiken für die Sicherung, deren Erkennung und die Verfahren zur Verringerung dieser Risiken sowie die bei Beeinträchtigung der Sicherung zu ergreifenden Maßnahmen beziehen sowie Kenntnisse über eventuelle Sicherungspläne entsprechend dem Arbeits- und Verantwortungsbereich des Einzelnen und dessen Rolle bei der Umsetzung dieser Pläne vermitteln." Auffrischungsunterweisungen im Bereich der Sicherung sind in regelmäßigen Abständen durchzuführen, unabhängig davon, ob geänderten Vorschriften Rechnung zu tragen ist. *(BGBl I 2011/35)*

(7) Die an der Beförderung von gefährlichen Gütern mit hohem Gefahrenpotential beteiligten Beförderer, Absender, Empfänger, Verlader, Verpacker, Befüller, Betreiber eines Tankcontainers, eines ortsbeweglichen Tanks oder eines Kesselwagens sowie Betreiber der Schieneninfrastruktur müssen Sicherungspläne einführen und tatsächlich anwenden. Jeder Sicherungsplan muss mindestens die nachstehenden Elemente beinhalten:

1. spezifische Zuweisung der Verantwortlichkeiten im Bereich der Sicherung an Personen, welche über die erforderlichen Kompetenzen und Qualifikationen verfügen und mit den entsprechenden Befugnissen ausgestattet sind;

2. Verzeichnis der betroffenen gefährlichen Güter oder der Art der betroffenen gefährlichen Güter;

3. Bewertung der üblichen Vorgänge und der sich daraus ergebenden Risiken für die Sicherung, einschließlich des transportbedingten Aufenthalts, des verkehrsbedingten Verweilens der Güter in den Fahrzeugen, Tanks oder Containern vor, während und nach der Ortsveränderung und des zeitweiligen Abstellens gefährlicher Güter für den Wechsel der Beförderungsart oder des Beförderungsmittels (Umschlag), soweit angemessen;

4. klare Darstellung der Maßnahmen, die für die Verringerung der Risiken für die Sicherung entsprechend den Verantwortlichkeiten und Pflichten des Beteiligten zu ergreifen sind, einschließlich:

a) Unterweisung;

b) Sicherungspolitik (zB Maßnahmen bei erhöhter Bedrohung, Überprüfung bei Einstellung von Personal oder Versetzung von Personal auf bestimmte Stellen, usw.);

c) Betriebsverfahren (zB Wahl und Nutzung von Strecken, sofern diese bekannt sind, Zugang zu gefährlichen Gütern während des zeitweiligen Abstellens, Nähe zu gefährdeten Infrastruktureinrichtungen, usw.);

d) für die Verringerung der Risiken für die Sicherung zu verwendende Ausrüstungen und Ressourcen;

5. wirksame und aktualisierte Verfahren, wie Bedrohungen, Verletzungen der Sicherung oder damit zusammenhängende Zwischenfälle zu melden sind und wie man sich dabei zu verhalten hat;

6. Verfahren zur Bewertung und Erprobung der Sicherungspläne und Verfahren zur wiederkehrenden Überprüfung und Aktualisierung der Pläne;

7. Maßnahmen zur Gewährleistung der physischen Sicherung der im Sicherungsplan enthaltenen Beförderungsinformation und

8. Maßnahmen zur Gewährleistung, dass die Verbreitung der im Sicherungsplan enthaltenen Information betreffend den Beförderungsvorgang auf diejenigen Personen begrenzt ist, die diese Informationen benötigen. Diese Maßnahmen dürfen die Bereitstellung von Informationen auf Grund der gemäß § 2 in Betracht kommenden Vorschriften nicht ausschließen.

(8) „Gefährliche Güter mit hohem Gefahrenpotential sowie die Fahrzeuge und Züge, mit denen sie befördert werden, müssen mit betrieblichen oder technischen Maßnahmen gegen missbräuchliche Verwendung geschützt sein." Maßnahmen sind zu treffen, um sicherzustellen, dass solche Vorrichtungen, Ausrüstungen oder Verfahren jederzeit funktionsfähig und wirksam sind. Die Anwendung Anwendung dieser Schutzmaßnahmen darf die Reaktion auf Notfälle nicht gefährden. *(BGBl I 2011/35)*

(9) Die Vorschriften der Abs. 1 bis 8 gelten nicht, soweit die gemäß § 2 in Betracht kommenden Vorschriften Freistellungen von den Bestim-

mungen für die Sicherung vorsehen. *(BGBl I 2018/47)*

(BGBl I 2011/35)

---

¹⁾ *Wohl irrtümliche Doppelbezeichnung durch den Gesetzgeber.*

4. Abschnitt
Besondere Bestimmungen über die Beförderung gefährlicher Güter auf der Straße

Besondere Pflichten von Beteiligten

§ 13. (1) Unbeschadet der ihm gemäß § 7 Abs. 3 erwachsenden Verpflichtungen darf der Absender gefährliche Güter zur Beförderung auf der Straße nur übergeben, wenn

1. er dem Beförderer die erforderlichen Anweisungen für die vorgeschriebene Kennzeichnung der Beförderungseinheit, mit der gefährliche Güter befördert werden, erteilt hat und

2. er, sofern er auf Grund der gemäß § 2 Z 1 in Betracht kommenden Vorschriften hierzu verpflichtet ist, die gemäß den in § 2 Z 1 angeführten Vorschriften erforderlichen Gefahrzettel/Großzettel (Placards) an der Beförderungseinheit, mit der gefährliche Güter befördert werden, vorschriftsmäßig angebracht hat oder diese mit den gefährlichen Gütern zwecks Anbringung übergeben hat.

(1a) Der Beförderer hat im Rahmen des § 7 Abs. 1

1. zu prüfen, ob die zu befördernden gefährlichen Güter nach den gemäß § 2 Z 1 in Betracht kommenden Vorschriften zur Beförderung zugelassen sind;

2. sich zu vergewissern, dass alle im ADR vorgeschriebenen „Informationen zu den zu befördernden gefährlichen Gütern" vom Absender vor der Beförderung zur Verfügung gestellt wurden, dass die vorgeschriebenen Unterlagen in der Beförderungseinheit mitgeführt werden oder, wenn anstelle der Papierdokumentation Arbeitsverfahren der elektronischen Datenverarbeitung (EDV) oder des elektronischen Datenaustausches (EDI) verwendet werden, die Daten während der Beförderung in einer Art verfügbar sind, die der Papierdokumentation zumindest gleichwertig ist; *(BGBl I 2011/35; BGBl I 2018/47)*

3. sich durch eine Sichtprüfung zu vergewissern, dass die Fahrzeuge und die Ladung keine den gemäß § 2 Z 1 in Betracht kommenden Vorschriften widersprechenden offensichtlichen Mängel, insbesondere keine Undichtheiten oder Risse aufweisen und dass keine Ausrüstungsteile fehlen; *(BGBl I 2007/63)*

4. sich zu vergewissern, dass bei Tankfahrzeugen, Batterie-Fahrzeugen, festverbundenen Tanks, Aufsetztanks, ortsbeweglichen Tanks, Tankcontainern und „MEGC"* „die Frist für die nächste"** Prüfung nicht überschritten ist; *(*BGBl I 2011/35; **BGBl I 2018/47)*

5. zu prüfen, dass die Fahrzeuge nicht überladen sind;

6. sich zu vergewissern, dass die für die Fahrzeuge vorgeschriebenen Großzettel (Placards), Kennzeichen und orangefarbenen Tafeln angebracht sind; *(BGBl I 2018/47)*

7. sich zu vergewissern, dass die im ADR für die Beförderungseinheit, für die Fahrzeugbesatzung und für bestimmte Klassen vorgeschriebenen Ausrüstungen in der Beförderungseinheit mitgeführt werden, und *(BGBl I 2018/47)*

8. der Fahrzeugbesatzung die vorgeschriebenen schriftlichen Weisungen bereitzustellen und sich zu vergewissern, dass sie dem ADR gemäß über ihre Pflichten und die Besonderheiten der Beförderung und über das Verhalten bei Unfällen oder Zwischenfällen ausreichend in Kenntnis gesetzt und unterwiesen ist. *(BGBl I 2018/47)*

9. dafür zu sorgen, dass das Fahrzeug nur dann zur Beförderung gefährlicher Güter verwendet wird, wenn die Voraussetzungen gemäß § 6 erfüllt sind und

10. das Lenken einer Beförderungseinheit, mit der gefährliche Güter befördert werden, nur Personen zu überlassen, die im Sinne des § 14 besonders ausgebildet sind.

Dies ist gegebenenfalls anhand der Beförderungsdokumente und der Begleitpapiere durch eine Sichtprüfung des Fahrzeugs oder des Containers und gegebenenfalls der Ladung durchzuführen. „Der Beförderer kann jedoch in den Fällen der Z 1, 2, 5 und 6 auf die ihm von anderen Beteiligten zur Verfügung gestellten Informationen und Daten vertrauen, sowie im Fall der Z 3 auf die Angaben, die im Container-/Fahrzeugpackzertifikat bescheinigt werden." *(BGBl I 2018/47)*

(2) Der Lenker darf eine Beförderungseinheit, mit der gefährliche Güter befördert werden, nur in Betrieb nehmen oder lenken, wenn

1. er über seine Pflichten und die Besonderheiten der Beförderung „informiert" ist, *(BGBl I 2011/35)*

2. er die Voraussetzungen des § 14 erfüllt und

3. er sich, soweit dies zumutbar ist, davon überzeugt hat, dass die Beförderungseinheit, mit der gefährliche Güter befördert werden, sowie die Ladung den „gemäß § 2 Z 1" in Betracht kommenden Vorschriften entsprechen und die Aufschriften, Gefahrzettel, Großzettel (Placards), Tafeln und sonstigen Informationen über die gefährlichen Güter und über das Fahrzeug vorschriftsmäßig angebracht sind. Der Lenker kann jedoch im Fall der Z 3 auf die ihm von anderen Beteiligten zur Verfügung gestellten Informationen und Daten vertrauen. *(BGBl I 2011/35)*

(3) Der Lenker hat bei der Beförderung die in den gemäß § 2 Z 1 in Betracht kommenden Vor-

schriften vorgeschriebenen Begleitpapiere und Ausstattungsgegenstände mitzuführen. Im Falle der Anzeige des Verlustes eines oder mehrerer Begleitpapiere hat die Behörde oder die nächste Dienststelle des öffentlichen Sicherheitsdienstes, bei welcher der Besitzer des in Verlust geratenen Begleitpapiers dies beantragt, diesem eine Bestätigung über die Verlustanzeige auszustellen. Die Bestätigung über die Verlustanzeige ersetzt das jeweilige Begleitpapier bis zur Ausstellung des neuen Begleitpapiers, jedoch nicht länger als vier Wochen, gerechnet vom Tage des Verlustes.

(4) Beträgt im Falle von Beförderungen, bei denen auf Grund der gemäß § 2 Z 1 in Betracht kommenden Vorschriften eine besondere Ausbildung der Lenker (§ 14) erforderlich ist, beim Lenker der Alkoholgehalt

1. des Blutes mehr als 0,1 g/l (0,1 Promille) oder
2. der Atemluft mehr als 0,05 mg/l,

so ist es ihm verboten, die Beförderungseinheit, mit der gefährliche Güter befördert werden, in Betrieb zu nehmen oder zu lenken.

(5) entfällt.

Besondere Ausbildung der Lenker

§ 14. (1) Lenker von Beförderungseinheiten, mit denen gefährliche Güter befördert werden, müssen, soweit dies auf Grund der gemäß § 2 Z 1 in Betracht kommenden Vorschriften erforderlich ist, besonders ausgebildet sein. Art, Dauer, Umfang und Inhalt der besonderen Ausbildung sowie die über deren erfolgreiche Absolvierung ausgestellte Bescheinigung müssen den gemäß § 2 Z 1 in Betracht kommenden Vorschriften entsprechen. Die näheren Einzelheiten hinsichtlich „der Ausbildung, insbesondere der Anerkennung und Durchführung von Schulungen, Qualifikation des Lehrpersonals und Prüfungen, sowie" Kostentragung, Gewährung von Freizeit unter Fortzahlung des Lohnes und sonstiger Unterstützung für die besondere Ausbildung werden durch Verordnung geregelt. *(BGBl I 2018/47)*

(2) Der Veranstalter eines gemäß Abs. 3 anerkannten Lehrgangs ist berechtigt und verpflichtet, allen, die erfolgreich am Lehrgang teilgenommen haben, eine Bescheinigung gemäß Abs. 1 auszustellen. Er hat Verzeichnisse aller von ihm nach dem 30. Juni 2005 ausgestellten oder verlängerten Bescheinigungen binnen eines Monats nach Ausstellung oder Verlängerung in elektronischer Form in einem gängigen Tabellenformat unaufgefordert dem Landeshauptmann zur Verfügung zu stellen, der die Lehrgänge gemäß Abs. 3 anerkannt hat. Dieser hat auf dem neuesten Stand befindliche Verzeichnisse über alle gültigen Schulungsbescheinigungen gemäß Abs. 1 zu führen, die auf Grund dieser Lehrgänge nach dem 30. Juni 2005 ausgestellt oder verlängert wurden.

Die Verzeichnisse müssen mindestens die mit Verordnung des Bundesministers für Verkehr, Innovation und Technologie festgelegten Daten beinhalten.

(3) Die besondere Ausbildung darf in Österreich nur im Rahmen von mittels Bescheid anerkannten Lehrgängen durchgeführt werden. Über den Antrag auf Anerkennung hat der Landeshauptmann zu entscheiden, in dessen örtlichem Wirkungsbereich Räumlichkeiten für die Durchführung der Lehrgänge gelegen sind. Befinden sich Räumlichkeiten auch im Wirkungsbereich von anderen Landeshauptmännern, so ist deren Stellungnahme einzuholen. „Über Anträge auf Änderung der Anerkennung hat der Landeshauptmann zu entscheiden, der den Anerkennungsbescheid erlassen hat." Wird der Antrag von einer natürlichen Person gestellt, so muss diese das 24. Lebensjahr vollendet haben und vertrauenswürdig sein. Bei juristischen Personen müssen jene Personen vertrauenswürdig sein, denen ein maßgeblicher Einfluss auf den Betrieb der Geschäfte zusteht. *(BGBl I 2013/91, ab 1. 1. 2014)*

(4) Die Anerkennung gemäß Abs. 3 ist zu erteilen, wenn der Antragsteller die Bedingungen der in Abs. 1 genannten Vorschriften erfüllt. *(BGBl I 2018/47)*

(5) Die Anerkennung gemäß Abs. 3 ist zu widerrufen, wenn die Voraussetzungen für die Erteilung nicht mehr gegeben sind.

(6) Bei Schulungsveranstaltern im Bereich des Bundesheers und der Heeresverwaltung, bei denen ausschließlich Angehörige des Aktiv- und Milizstandes entsprechend den Bestimmungen der gemäß § 2 Z 1 in Betracht kommenden Vorschriften über die besondere Ausbildung der Lenker geschult werden, bedarf es keiner Anerkennung gemäß Abs. 3. Von diesen Schulungsveranstaltern ausgestellte Bescheinigungen behalten ihre Gültigkeit bis zum Ablaufdatum auch dann, wenn deren Inhaber im Zeitraum zwischen Ausstellungs- und Ablaufdatum der Bescheinigung aus dem Aktiv- und Milizstand der genannten Institutionen ausscheiden. Eine Verlängerung der Gültigkeit kann diesfalls jedoch nur durch gemäß Abs. 3 Berechtigte erfolgen.

(7) „Bei Schulungsveranstaltungen des Bundesministeriums für Inneres, bei denen jene seiner Bediensteten, die diese Ausbildung zur Erfüllung ihrer Dienstpflichten benötigen, entsprechend den Bestimmungen der gemäß § 2 Z 1 in Betracht kommenden Vorschriften über die besondere Ausbildung der Lenker geschult werden, bedarf es keiner Anerkennung gemäß Abs. 3." Von diesem Schulungsveranstalter ausgestellte Bescheinigungen behalten ihre Gültigkeit bis zum Ablaufdatum auch dann, wenn deren Inhaber im Zeitraum zwischen Ausstellungs- und Ablaufdatum der Bescheinigung aus dem Aktivstand ausscheiden. Eine Verlängerung der Gültigkeit kann

diesfalls jedoch nur durch gemäß Abs. 3 Berechtigte erfolgen. *(BGBl I 2011/35)*

(8) Für die Bescheide gemäß Abs. 3 sind Verwaltungsabgaben in nachstehender Höhe zu entrichten:

1. für den Anerkennungsbescheid .... 290 Euro und
2. für den Bescheid über die Änderung der Anerkennung .... 72 Euro.

Kontrollen auf der Straße

§ 15. (1) Die Behörde, in deren örtlichem Wirkungsbereich sich ein Fahrzeug, mit dem gefährliche Güter auf der Straße befördert werden, befindet, und die ihr zur Verfügung stehenden Organe des öffentlichen Sicherheitsdienstes können jederzeit an Ort und Stelle prüfen, ob die Zulässigkeit der Beförderung im Sinne dieses Bundesgesetzes gegeben ist. Zu dieser Kontrolle können auch Sachverständige herangezogen werden.

(2) Der Einsatz von Organen gemäß Abs. 1 ist in dem für die Überwachung eines repräsentativen Anteils der Beförderungen gefährlicher Güter erforderlichen Ausmaß anzuordnen.

(3) Die Kontrollen sind im Stichprobenverfahren durchzuführen und haben soweit möglich einen ausgedehnten Teil des Straßennetzes zu erfassen.

(4) Die Kontrollen sind anhand der Prüfliste des Anhangs I der Richtlinie 95/50/EG durchzuführen und dürfen für einen Gefahrguttransport nicht länger als 90 Minuten dauern. Die Organe gemäß Abs. 1 dürfen jederzeit Firmenplomben zur Ladungskontrolle öffnen. Festgestellte Mängel sind gemäß § 15a einzustufen. *(BGBl I 2018/47)*

(5) Lenker von Beförderungseinheiten, mit denen gefährliche Güter befördert werden, haben die Fahrzeuge auf Verlangen eines Organs des öffentlichen Sicherheitsdienstes an Ort und Stelle oder an einem von diesem Organ bezeichneten vom Weg zum Fahrtziel nicht mehr als 10 km entfernten geeigneten Platz kontrollieren zu lassen. Als geeignet gilt ein Platz, an dem Fahrzeuge, bei denen Verstöße festgestellt wurden, in einen vorschriftsmäßigen Zustand versetzt oder stillgelegt werden können, ohne daß dadurch ein Sicherheitsrisiko entsteht.

(6) Der Lenker hat auf Verlangen der Behörde oder Organe gemäß Abs. 1 diesen die in den gemäß § 2 Z 1 in Betracht kommenden Vorschriften vorgeschriebenen Begleitpapiere und Ausstattungsgegenstände zur Überprüfung auszuhändigen und, wenn dies zur Prüfung im Sinne des Abs. 1 erforderlich ist, Teile und Ausrüstungsgegenstände des Kraftfahrzeuges oder Anhängers auf den einfachsten Weg ohne Gefährdung von Personen zugänglich zu machen, insoweit ihm dies ohne Verwendung besonderer Werkzeuge und ohne besondere Fähigkeiten und Kenntnisse möglich und zumutbar ist. Wenn dies für eine Prüfung im Sinne des Abs. 1 erforderlich, ohne Gefährdung von Personen, Sachen oder der Umwelt möglich und nach den gemäß § 2 Z 1 in Betracht kommenden Vorschriften zulässig ist, sind auf Verlangen der Behörde gemäß Abs. 1 die hiefür notwendigen Mengen oder Teile beförderter Stoffe ohne Anspruch auf Entschädigung zur Verfügung zu stellen.

(7) Eine Ausfertigung der Prüfliste gemäß Abs. 4 ist dem Lenker vom Organ des öffentlichen Sicherheitsdienstes nach durchgeführter Kontrolle auszuhändigen. Diese Ausfertigung ist vom Lenker während der weiteren Beförderung bis zum Ende der Beförderung mitzuführen und bei weiteren Kontrollen im Zuge dieser Beförderung auf Verlangen vorzuweisen.

(8) Sobald feststeht, daß eine Kontrolle eines Gefahrguttransportes auf dem Gebiet des Europäischen Wirtschaftsraums bereits stattgefunden hat, dürfen weitere Kontrollen nur dann erfolgen, wenn für das Organ des öffentlichen Sicherheitsdienstes Grund zur Annahme besteht, daß seit der letzten Kontrolle eine wesentliche Änderung des zu überprüfenden Sachverhalts eingetreten ist. Bei Schwerpunktkontrollen von Gefahrguttransporten darf in jedem Fall neuerlich kontrolliert werden.

(9) Im Rahmen der amtlichen Aufsicht gemäß § 47 Mineralölsteuergesetz 1995 und § 86 Alkoholsteuergesetz in Verbindung mit § 18 Zollrechts-Durchführungsgesetz dürfen bei Verbrauchsteuergegenständen, die gleichzeitig gefährliche Güter sind, außer den angeordneten und bereits durchgeführten Kontrollen während der Beförderung von Verbrauchsteuergegenständen auch Gefahrgutkontrollen durchgeführt werden. Bei diesen Kontrollen sind die „ " Zollbehörden von den geschulten Organen des öffentlichen Sicherheitsdienstes zu unterstützen. *(BGBl I 2019/104)*

Mängeleinstufung

§ 15a. (1) Bei Kontrollen gemäß § 15 festgestellte Mängel sind entsprechend den Bestimmungen der nachstehenden Absätze und unter Berücksichtigung der besonderen Umstände der jeweiligen Beförderung in Gefahrenkategorie I, II oder III einzustufen. Dabei sind, soweit zutreffend, die in Anhang II der Richtlinie 95/50/EG „ " zu den einzelnen Gefahrenkategorien angegebenen Beispiele heranzuziehen. Der Bundesminister für Verkehr, Innovation und Technologie hat darüber hinaus einen Mängelkatalog mit Empfehlungen für die Einstufung von Mängeln in die Gefahrenkategorien auszuarbeiten und den gemäß § 15 in Betracht kommenden Behörden und Organen zur Verfügung zu stellen. *(BGBl I 2018/47)*

(2) In Gefahrenkategorie I ist einzustufen, wenn der Mangel geeignet sein könnte, eine große Gefahr des Todes oder der schweren Verletzung von Personen oder einer erheblichen Schädigung der Umwelt herbeizuführen.

(3) In Gefahrenkategorie II ist einzustufen, wenn der Mangel geeignet sein könnte, eine Gefahr der schweren Verletzung von Personen oder einer erheblichen Schädigung der Umwelt herbeizuführen und nicht in Gefahrenkategorie I einzustufen ist.

(4) In Gefahrenkategorie III ist einzustufen, wenn der Mangel mit geringer Gefahr hinsichtlich Verletzung von Personen oder Schädigung der Umwelt verbunden und nicht in Gefahrenkategorie I oder II einzustufen ist.

Anordnung der Unterbrechung der Beförderung

§ 16. (1) Bestehen Bedenken, ob die Zulässigkeit der Beförderung gegeben ist, so haben die Behörde oder Organe gemäß § 15 Abs. 1 die Unterbrechung der Beförderung anzuordnen. Die Anordnung der Unterbrechung ist aufzuheben, wenn

1. keine Mängel festgestellt wurden oder

2. nur Mängel festgestellt wurden, welche gemäß § 15a in Gefahrenkategorie III einzustufen sind, und die gegebenenfalls gemäß „§ 37 Abs. 4" festgesetzte Sicherheit geleistet wurde, oder *(BGBl I 2011/35)*

3. festgestellte Mängel, welche gemäß § 15a in Gefahrenkategorie II oder I einzustufen sind und „* ohne Gefährdung von Personen, Sachen oder der Umwelt und ohne Hilfe von besonders geschulten Personen sowie ohne besondere Werkzeuge und Vorrichtungen behoben werden können, behoben worden sind, und die gegebenenfalls gemäß „§ 37 Abs. 4"** festgesetzte Sicherheit geleistet wurde. *(*BGBl I 2007/63; **BGBl I 2011/35)*

(2) Solange die Anordnung der Unterbrechung aufrecht ist, darf die Beförderungseinheit, mit der gefährliche Güter befördert werden, nur nach den von der Behörde gemäß § 15 Abs. 1 oder von deren Organen erteilten Anweisungen in Betrieb genommen oder gelenkt werden. Bei drohender Zuwiderhandlung gegen die Anordnung der Unterbrechung oder gegen die Anweisungen sind die Behörde gemäß § 15 Abs. 1 und deren Organe berechtigt, die Fortsetzung der Beförderung durch angemessene Zwangsmaßnahmen, wie Abnahme der Fahrzeugschlüssel, Absperren der Fahrzeuge, Anlegen von technischen Sperren, zu verhindern. Die Zwangsmaßnahmen sind aufzuheben, wenn der Grund für ihre Anordnung weggefallen ist.

(3) Bei Gefahr im Verzug haben die Behörden oder deren Organe die nächste Katastropheneinsatzstelle unter Bekanntgabe der im oder am Fahrzeug verfügbaren Informationen sowie der sonstigen zur Einleitung der notwendigen Katastrophenbekämpfungsmaßnahmen erforderlichen Angaben unverzüglich zu verständigen. Insoweit dies erforderlich ist, sind von der Behörde und deren Organen, allenfalls unter Heranziehung von Sachverständigen, die zur Verhinderung einer Gefährdung von Personen, Sachen und der Umwelt erforderlichen vorbeugenden Sicherheitsmaßnahmen zu treffen.

(4) Ergibt sich aus den im oder am Fahrzeug verfügbaren Informationen oder aus den Feststellungen von Sachverständigen, daß die Fortsetzung der Beförderung zur Vermeidung von Gefahren unerläßlich ist, so ist die Anordnung der Unterbrechung aufzuheben. Für die weitere Beförderung sind jedoch von der Behörde gemäß § 15 Abs. 1 und deren Organen die erforderlichen Vorsichtsmaßnahmen zu treffen oder anzuordnen. Die Aufhebung darf nur unter der Bedingung ausgesprochen werden, daß diese Vorsichtsmaßnahmen eingehalten werden. Der Lenker und die Begleitpersonen haben diese Vorsichtsmaßnahmen zu beachten und die Anordnungen zu befolgen, soweit sie ihren Aufgabenbereich betreffen.

(5) bis (7) *(entfallen, BGBl I 2007/63)*

Genehmigung der weiteren Beförderung, Einschränkung oder Untersagung der Beförderung

§ 17. (1) Wurde die Anordnung der Unterbrechung der Beförderung nicht gemäß § 16 aufgehoben, so hat die Behörde unverzüglich zu prüfen, ob die weitere Beförderung einzuschränken oder zu untersagen ist. Hierfür hat der Lenker auf ihr Verlangen alle Nachweise und sonstigen Unterlagen, die bei der Beförderung mitgeführt werden müssen, vorzulegen. Wenn dies ohne Gefährdung von Personen, Sachen und der Umwelt möglich und nach den gemäß § 2 Z 1 in Betracht kommenden Vorschriften zulässig ist, sind ihr außerdem auf Verlangen die für die Prüfung notwendige Mengen oder Teile beförderter Stoffe ohne Anspruch auf Entschädigung zur Verfügung zu stellen.

(2) Je nach Ergebnis der Prüfung gemäß Abs. 1 hat die Behörde mit Bescheid

1. die weitere Beförderung zu genehmigen, wenn diese ohne zusätzliche Auflagen oder Bedingungen ohne unmittelbare Gefährdung möglich ist, oder

2. die weitere Beförderung unter Auflagen und Bedingungen zu genehmigen, wenn die unmittelbare Gefährdung nur durch diese Auflagen oder Bedingungen beseitigt werden kann, oder

3. die Beförderung gefährlicher Güter zu untersagen, wenn die weitere Beförderung nicht ohne unmittelbare Gefährdung von Personen, Sachen oder der Umwelt möglich ist.

(3) Bei der Einschränkung oder Untersagung gemäß Abs. 2 Z 2 und 3 ist auszusprechen, welche Maßnahmen, insbesondere zum Schutz der Sicherheit des Lebens und der Gesundheit von Menschen und der Sicherheit von Sachen und der Umwelt, zu treffen sind. Bei der Untersagung gemäß Abs. 2 Z 3 ist auch anzuordnen, auf welche Weise und unter welchen Maßnahmen die Beförderungseinheit, mit der gefährliche Güter befördert werden, oder die gefährlichen Güter auf kürzestem Weg von den Straßen mit öffentlichem Verkehr zu entfernen sind. Hierbei ist darauf Bedacht zu nehmen, dass diese Entfernung unter möglichster Vermeidung von unmittelbaren Gefahren für Personen, Sachen oder die Umwelt erfolgen kann und transportwirtschaftlich zumutbar ist.

(4) Wurde ein Bescheid gemäß Abs. 2 Z 1 oder 2 erlassen, so ist dieser vom Lenker während der weiteren Beförderung bei den Begleitpapieren mitzuführen und auf Verlangen eines Organes des öffentlichen Sicherheitsdienstes diesem auszuhändigen.

(5) Der Lenker gilt hinsichtlich der gemäß §§ 16 und 17 erlassenen Anordnungen und Bescheide als Vertreter des Beförderers, wenn nicht dieser selbst oder ein von ihm schriftlich Bevollmächtigter an der Beförderung teilnimmt.

(6) Rechtsmittel gegen einen auf Grund des Abs. 2 erlassenen Bescheid haben keine aufschiebende Wirkung.

(BGBl I 2007/63)

Verfahren bei der Untersagung und Einschränkung der Beförderung und der Entziehung und Einschränkung der Beförderungsgenehmigung

§ 18. *(entfällt, BGBl I 2007/63)*

Einfahrt in den Europäischen Wirtschaftsraum

§ 19. *entfällt.*

Kontrollen in Unternehmen

§ 20. (1) Neben den Maßnahmen gemäß § 15 können – vorbeugend oder wenn unterwegs Verstöße festgestellt wurden, welche die Sicherheit der Beförderung gefährlicher Güter gefährden – auch Kontrollen in den Unternehmen durchgeführt werden.

(2) Durch diese Kontrollen soll sichergestellt werden, daß die Beförderung gefährlicher Güter auf der Straße unter Sicherheitsbedingungen erfolgt, die den gemäß § 2 Z 1 in Betracht kommenden Vorschriften entsprechen.

(3) Zu diesen Kontrollen sind die gemäß „§ 35" zuständigen Behörden und die diesen zur Verfügung stehenden Organe des öffentlichen Sicherheitsdienstes ermächtigt. Diese können

1. für beabsichtigte Transporte das Verlassen des Unternehmens untersagen, bis diese in einen vorschriftsmäßigen Zustand versetzt worden sind, oder

2. andere geeignete Maßnahmen vorsehen.

Für diese Untersagungen und anderen Maßnahmen gelten die §§ 15 bis 18[1]) sinngemäß. *(BGBl I 2011/35)*

(4) *entfällt.*

---

[1]) *Einarbeitungshinweis unzutreffend; richtig wohl "§ 17"*

Amtshilfe

§ 21. (1) Die Behörden gewähren Amtshilfe bei der Durchführung der Richtlinie 95/50/EG „ ". *(BGBl I 2018/47)*

(2) Schwerwiegende oder wiederholte Verstöße gegen die gemäß § 2 Z 1 in Betracht kommenden Vorschriften bei Beförderungen mit Fahrzeugen, die in einem Mitgliedstaat des Europäischen Wirtschaftsraums zugelassen sind, hat die Behörde an den Bundesminister für Inneres zwecks Weiterleitung an die zuständigen Behörden des Mitgliedstaats des Europäischen Wirtschaftsraums zu melden, in dem das Fahrzeug zugelassen ist oder das Unternehmen seinen Sitz hat. „Ersucht die Behörde eines Mitgliedstaats des Europäischen Wirtschaftsraums um Maßnahmen" gegenüber dem Zulassungsbesitzer eines österreichischen Fahrzeugs, mit dem in einem Mitgliedstaat des Europäischen Wirtschaftsraums Übertretungen nach den gemäß § 2 Z 1 in Betracht kommenden Vorschriften gesetzt wurden, oder gegenüber einem Unternehmen mit Sitz in Österreich, so ist diesem „Ersuchen" nach Maßgabe dieses Bundesgesetzes vom Bundesminister für Inneres nachzukommen. Den ersuchenden Behörden sind die getroffenen Maßnahmen vom Bundesminister für Inneres mitzuteilen. *(BGBl I 2018/47)*

Kontrollberichte

§ 22. (1) Das Bundesministerium für Inneres hat

1. für jedes Kalenderjahr spätestens neun Monate nach dessen Ablauf über die Anwendung der Richtlinie 95/50/EG nach dem Muster in deren Anhang III einen Bericht zu erstellen und

2. diesen der Europäischen Kommission, dem Bundesministerium für Verkehr, Innovation und Technologie sowie allen Landeshauptleuten zu übermitteln.

(BGBl I 2018/47)

(2) Der Bericht gemäß Abs. 1 hat mindestens folgende Angaben zu enthalten:

1. soweit möglich, erfaßter oder geschätzter Umfang der Gefahrguttransporte auf der Straße (in beförderten Tonnen oder in Tonnenkilometern),
2. Anzahl der durchgeführten Kontrollen,
3. Anzahl der kontrollierten Fahrzeuge, aufgeschlüsselt nach der Zulassung (in Österreich, in anderen Mitgliedstaaten des Europäischen Wirtschaftsraums oder in Drittländern),
4. Anzahl der festgestellten Verstöße und Art der Verstöße,
5. Anzahl und Art der verhängten Sanktionen.

(3) *(entfällt, BGBl I 2018/47)*

5. Abschnitt
Besondere Bestimmungen über die Beförderung gefährlicher Güter auf der Eisenbahn

Besondere Pflichten von Beteiligten

§ 23. (1) Unbeschadet der ihm gemäß § 7 Abs. 3 erwachsenden Verpflichtungen darf der Absender gefährliche Güter zur Beförderung auf der Eisenbahn nur übergeben, wenn er, sofern er auf Grund der gemäß § 2 Z 2 in Betracht kommenden Vorschriften hierzu verpflichtet ist, die erforderlichen Gefahrenkennzeichnungen am Fahrzeug, in dem gefährliche Güter befördert werden, vorschriftsmäßig angebracht hat oder diese mit den gefährlichen Gütern zwecks Anbringung übergeben hat.

(2) „Der Beförderer hat im Rahmen des § 7 Abs. 1 insbesondere dem Triebfahrzeugführer die schriftlichen Weisungen bereitzustellen, ihn vor Antritt der Fahrt über die geladenen gefährlichen Güter „und deren Position im Zug"** zu informieren und sich zu vergewissern, dass das zuständige bei der Beförderung tätige Personal entsprechend den gemäß § 2 Z 2 in Betracht kommenden Vorschriften über seine Pflichten, über die Besonderheiten des Schienenverkehrs und über das Verhalten bei Unfällen oder Zwischenfällen ausreichend in Kenntnis gesetzt und unterwiesen worden ist. Weiters hat der Beförderer, der die gefährlichen Güter am Abgangsort übernimmt, im Rahmen des § 7 Abs. 1 „** insbesondere" *(*BGBl I 2011/35; **BGBl I 2018/47)*

1. „zu prüfen, ob die zu befördernden gefährlichen Güter nach den gemäß § 2 Z 2 in Betracht kommenden Vorschriften zur Beförderung zugelassen sind;" *(BGBl I 2011/35)*
2. „sich zu vergewissern, dass alle im RID vorgeschriebenen „Informationen zu den zu befördernden gefährlichen Gütern"** vom Absender vor der Beförderung zur Verfügung gestellt wurden, dass die vorgeschriebenen Unterlagen dem Beförderungspapier beigefügt sind oder, wenn anstelle der Papierdokumentation Arbeitsverfahren der elektronischen Datenverarbeitung (EDV) oder des elektronischen Datenaustausches (EDI) verwendet werden, die Daten während der Beförderung in einer Art verfügbar sind, die der Papierdokumentation zumindest gleichwertig ist;"* *(*BGBl I 2011/35; **BGBl I 2018/47)*
3. „sich durch eine Sichtprüfung zu vergewissern, dass die Fahrzeuge und die Ladung keine den gemäß § 2 Z 2 in Betracht kommenden Vorschriften widersprechenden offensichtlichen Mängel aufweisen, insbesondere keine Undichtheiten oder Risse aufweisen, und dass keine Ausrüstungsteile fehlen;" *(BGBl I 2011/35)*
4. „sich zu vergewissern, dass bei Kesselwagen, Batteriewagen, Wagen mit abnehmbaren Tanks, ortsbeweglichen Tanks, Tankcontainern und MEGC „die Frist für die nächste"** Prüfung nicht überschritten ist;"* *(*BGBl I 2011/35; **BGBl I 2018/47)*
5. „zu prüfen, dass die Fahrzeuge nicht überladen sind;" *(BGBl I 2011/35)*
6. sich zu vergewissern, dass die für die Fahrzeuge vorgeschriebenen Großzettel (Placards), Kennzeichen und orangefarbenen Tafeln angebracht sind; *(BGBl I 2018/47)*
7. sich zu vergewissern, dass die in den schriftlichen Weisungen vorgeschriebenen Ausrüstungen auf dem Führerstand mitgeführt werden, und *(BGBl I 2018/47)*
8. dafür zu sorgen, dass die Informationen, die gemäß Art. 15a § 3 ATMF und Art. 5 der Anlage A ATMF der für die Instandhaltung zuständigen Stelle (ECM) zur Verfügung gestellt werden, auch den Tank und seine Ausrüstung erfassen. *(BGBl I 2018/47)*

„Dies ist anhand der Beförderungsdokumente und der Begleitpapiere durch eine Sichtprüfung des Fahrzeugs oder des Containers und gegebenenfalls der Ladung durchzuführen."**

„Von den vorstehenden Bestimmungen gelten als erfüllt:"**

a) Z 1 bis 7 bei Anwendung des UIC-Merkblattes 471-3 V Punkt 5 und *(BGBl I 2018/47)*
b) die Information des Triebfahrzeugführers über die geladenen gefährlichen Güter und deren Position im Zug bei Anwendung des UIC-Merkblattes 472 Anlagen A und B. *(BGBl I 2018/47)*

„Der Beförderer kann jedoch in den Fällen der Z 1, 2, 4, 5 und 6 auf die ihm von anderen Beteiligten zur Verfügung gestellten Informationen und Daten vertrauen, sowie im Fall der Z 3 auf die Angaben, die im Container-/Fahrzeugpackzertifikat bescheinigt werden."** *(**BGBl I 2018/47)*

(3) Unbeschadet der ihm gemäß § 7 Abs. 6 erwachsenden Verpflichtungen hat der Befüller

1. Verfahren für die Überprüfung der richtigen Funktionsweise der Verschlüsse des Kesselwagentanks und die Gewährleistung der Dichtheit der

Verschlusseinrichtungen vor und nach dem Befüllen zu erarbeiten und

2. vor und nach dem Befüllen von Flüssiggas in Kesselwagen die hierfür geltenden besonderen Kontrollvorschriften einzuhalten.
(BGBl I 2018/47)

(4) Der Betreiber eines Kesselwagens darf die Organisation der Prüfungen gemäß 6.8 RID an eine für die Instandhaltung zuständige Stelle (ECM) übertragen. Er hat im Rahmen des § 7 Abs. 1 insbesondere dafür zu sorgen, dass

1. die Ergebnisse der in § 7 Abs. 7 Z 1 und 3 vorgeschriebenen Tätigkeiten in der Tankakte aufgezeichnet werden;

2. die dem Kesselwagen zugewiesene für die Instandhaltung zuständige Stelle (ECM) über ein gültiges Zertifikat verfügt, das auch Gefahrgutkesselwagen umfasst;

3. die Informationen, die gemäß Art. 15 § 3 ATMF und Art. 5 der Anlage A ATMF der für die Instandhaltung zuständigen Stelle (ECM) zur Verfügung gestellt werden, auch den Tank und seine Ausrüstung erfassen.
(BGBl I 2018/47)

(5) Die für die Instandhaltung zuständige Stelle (ECM) hat im Rahmen des § 7 Abs. 1 insbesondere dafür zu sorgen, dass

1. die Instandhaltung des Tanks und seiner Ausrüstungen in einer Weise sichergestellt wird, die gewährleistet, dass der Kesselwagen unter normalen Betriebsbeanspruchungen die Vorschriften des RID erfüllt;

2. die in Art. 15a § 3 ATMF und Art. 5 der Anlage A ATMF festgelegten Informationen auch den Tank und seine Ausrüstung erfassen;

3. die Instandhaltungsarbeiten betreffend den Tank und seine Ausrüstung in den Instandhaltungsunterlagen aufgezeichnet werden.
(BGBl I 2018/47)

(6) Unbeschadet der ihm gemäß § 7 Abs. 10 erwachsenden Verpflichtungen hat der Entlader von Kesselwagentanks Verfahren für die Überprüfung der richtigen Funktionsweise von dessen Verschlüssen und die Gewährleistung der Dichtheit der Verschlusseinrichtungen vor und nach dem Entladen zu erarbeiten. *(BGBl I 2018/47)*

(7) Der Betreiber der Eisenbahninfrastruktur hat im Rahmen des § 7 Abs. 1 insbesondere

1. dafür zu sorgen, dass die im RID vorgesehenen internen Notfallpläne für Rangierbahnhöfe aufgestellt werden und

2. sicherzustellen, dass er zu jedem Zeitpunkt während der Beförderung einen schnellen und uneingeschränkten Zugriff auf die im RID vorgesehenen Informationen über Zugzusammensetzung, Wagenreihung und gefährliche Güter hat.
(BGBl I 2018/47)

Abweichende Kennzeichnung bei der Stückgutbeförderung

§ 24. Bei Beförderungen von Versandstücken auf der Eisenbahn, die ausschließlich auf österreichischem Gebiet stattfinden, dürfen anstelle der gemäß den in § 2 Z 2 angeführten Vorschriften erforderlichen Großzettel (Placards), mit Ausnahme solcher nach Muster 1, 1.5 oder 1.6, „sowie mit Großzetteln anzubringende Kennzeichen für umweltgefährdende Stoffe" in die Wagenzettel integrierte rechteckige orangefarbene Gefahrguthinweise, die eine Grundlinie von 180 mm, eine Höhe von 76 mm und einen schwarzen Rand von 5 mm aufweisen, an den Fahrzeugen angebracht werden. *(BGBl I 2011/35)*

6. Abschnitt

Besondere Bestimmungen über die Beförderung gefährlicher Güter auf Wasserstraßen

Besondere Pflichten von Beteiligten

§ 25. (1) Der Beförderer hat im Rahmen des § 7 Abs. 1 insbesondere

1. zu prüfen, ob die zu befördernden gefährlichen Güter gemäß ADN zur Beförderung zugelassen sind;

2. sich zu vergewissern, dass alle im ADN vorgeschriebenen Informationen zu den zu befördernden gefährlichen Gütern vom Absender vor der Beförderung zur Verfügung gestellt wurden, dass die vorgeschriebenen Unterlagen an Bord des Fahrzeugs mitgeführt werden oder, wenn anstelle der Papierdokumentation Arbeitsverfahren der elektronischen Datenverarbeitung (EDV) oder des elektronischen Datenaustausches (EDI) verwendet werden, die Daten während der Beförderung in einer Art verfügbar sind, die der Papierdokumentation zumindest gleichwertig ist;

3. sich durch eine Sichtprüfung zu vergewissern, dass die Ladungen keine dem ADN widersprechenden offensichtlichen Mängel, insbesondere keine Undichtheiten oder Risse aufweisen und dass keine Ausrüstungsteile fehlen;

4. sicherzustellen, dass ein zweites Evakuierungsmittel verfügbar ist, damit das Schiff in Notfällen verlassen werden kann, sofern die landseitige Einrichtung nicht mit dem vorgeschriebenen zweiten Evakuierungsmittel ausgerüstet ist und deren Verfügbarkeit gegebenenfalls mit dem Betreiber der landseitigen Einrichtung vor einem Umschlag zu klären;

5. sich zu vergewissern, dass die Fahrzeuge nicht überladen sind;

6. dem Schiffsführer schriftliche Weisungen zu übergeben und sich zu vergewissern, dass die in den schriftlichen Weisungen vorgeschriebene

Ausstattung an Bord des Fahrzeugs mitgeführt wird;

7. sich zu vergewissern, dass die für das Fahrzeug vorgeschriebenen Bezeichnungen angebracht sind;

8. sich zu vergewissern, dass beim Laden, Befördern, Löschen und sonstigen Handhaben von gefährlichen Gütern in Laderäumen oder Ladetanks die besonderen Vorschriften beachtet werden,

9. dafür zu sorgen, dass die Schiffsstoffliste fristgerecht den relevanten Änderungen in Kapitel 3.2. Tabelle C des ADN angepasst wird, und

10. sich zu vergewissern, dass das zuständige bei der Beförderung tätige Personal gemäß ADN über seine Pflichten und über die Besonderheiten der Beförderung und über das Verhalten bei Unfällen oder Zwischenfällen ausreichend in Kenntnis gesetzt und unterwiesen worden ist. Dies ist gegebenenfalls anhand der Beförderungsdokumente und der Begleitpapiere durch eine Sichtprüfung des Fahrzeugs oder des Containers und gegebenenfalls der Ladung durchzuführen. Der Beförderer kann jedoch in den Fällen der Z 1 und 2 auf die ihm von anderen Beteiligten zur Verfügung gestellten Informationen und Daten vertrauen.

(2) Abweichend von § 3 Abs. 2 Z 2 wird bei Tankschiffen mit leeren oder entladenen Ladetanks hinsichtlich der erforderlichen Beförderungspapiere der Schiffsführer als Absender angesehen.

(3) Unbeschadet der ihm gemäß § 7 Abs. 6 erwachsenden Verpflichtungen hat der Befüller von Ladetanks

1. vor dem Befüllen der Ladetanks eines Tankschiffes seinen Teil der im ADN vorgesehenen Prüfliste ordnungsgemäß auszufüllen;

2. Ladetanks nur mit den für diese Tanks zugelassenen gefährlichen Gütern zu befüllen;

3. sofern erforderlich, bei der Beförderung von Stoffen mit einem Schmelzpunkt ≥ 0 °C eine Heizinstruktion mitzugeben;

4. sicherzustellen, dass beim Laden der Grenzwertgeber für die Auslösung der Überlaufsicherung die von der Landanlage übergebene und gespeiste Stromschleife unterbricht und dass er Maßnahmen gegen ein Überlaufen vornimmt;

5. sicherzustellen, dass die landseitige Einrichtung mit einem oder zwei Evakuierungsmitteln ausgerüstet ist, damit das Schiff in Notfällen verlassen werden kann;

6. sicherzustellen, dass in der Gasrückfuhrleitung, wenn diese gemäß ADN erforderlich ist, eine Flammendurchschlagsicherung vorhanden ist, welche das Schiff gegen Detonation und Flammendurchschlag von Land aus schützt;

7. sicherzustellen, dass die Laderate mit der Instruktion für die Lade- und Löschraten überein-

stimmt und der Druck an der Übergabestelle der Gasrückführ- oder Gasabfuhrleitung den Öffnungsdruck des Hochgeschwindigkeitsventils nicht übersteigt;

8. sicherzustellen, dass die von ihm zur Verfügung gestellten Dichtungen zwischen den Verbindungsflanschen der Schiff-Land-Verbindung der Lade- und Löschleitungen aus Werkstoffen bestehen, die weder durch die Ladung angegriffen werden oder eine Zersetzung der Ladung oder eine schädliche oder gefährliche Reaktion mit der Ladung verursachen können, und

9. sicherzustellen, dass für die gesamte Dauer des Beladens eine ständige und zweckmäßige Überwachung sichergestellt ist.

(4) Unbeschadet der ihm gemäß § 7 Abs. 6 erwachsenden Verpflichtungen hat der Befüller von Schiffen mit gefährlichen Gütern in loser Schüttung

1. wenn die Sondervorschrift 803 ADN Anwendung findet, durch geeignete Verfahren sicherzustellen und zu dokumentieren, dass die maximal zulässige Temperatur beim Verladen nicht überschritten wird, und dem Schiffsführer in nachweisbarer Form Instruktionen zu erteilen und

2. sicherzustellen, dass die landseitige Einrichtung mit einem oder zwei Evakuierungsmitteln ausgerüstet ist, damit das Schiff in Notfällen verlassen werden kann.

(5) Unbeschadet der ihm gemäß § 7 Abs. 8 erwachsenden Verpflichtungen hat der Verlader sicherzustellen, dass die landseitige Einrichtung mit einem oder zwei Evakuierungsmitteln ausgerüstet ist, damit das Schiff in Notfällen verlassen werden kann.

(6) Unbeschadet der ihm gemäß § 7 Abs. 9 erwachsenden Verpflichtungen hat der Empfänger die in den gemäß ADN vorgesehenen Fällen vorgeschriebene Reinigung und Entgiftung von Schiffen vorzunehmen.

(7) Unbeschadet der ihm gemäß § 7 Abs. 10 erwachsenden Verpflichtungen hat der Entlader sicherzustellen, dass die landseitige Einrichtung mit einem oder zwei Evakuierungsmitteln ausgerüstet ist, damit das Schiff in Notfällen verlassen werden kann.

(8) Unbeschadet der ihm gemäß § 7 Abs. 10 erwachsenden Verpflichtungen hat der Entlader von Ladetanks

1. vor dem Entladen seinen Teil der im ADN vorgesehenen Prüfliste auszufüllen;

2. sicherzustellen, dass in der Gasrückfuhrleitung, wenn diese gemäß ADN erforderlich ist, eine Flammendurchschlagsicherung vorhanden ist, welche das Schiff gegen Detonation und Flammendurchschlag von Land aus schützt;

3. sicherzustellen, dass die Löschrate in Übereinstimmung mit der Instruktion für die Lade- und Löschraten nach 9.3.2.25.9 oder 9.3.3.25.9

ADN ist und der Druck an der Übergabestelle der Gasrückführ- oder Gasabfuhrleitung den Öffnungsdruck des Hochgeschwindigkeitsventils nicht übersteigt;

4. sicherzustellen, dass die von ihm zur Verfügung gestellten Dichtungen zwischen den Verbindungsflanschen der Schiff-Land-Verbindung der Lade- und Löschleitungen aus Werkstoffen bestehen, die weder durch die Ladung angegriffen werden noch eine Zersetzung der Ladung oder eine schädliche oder gefährliche Reaktion mit der Ladung verursachen können;

5. sicherzustellen, dass für die gesamte Dauer des Löschens eine ständige und zweckmäßige Überwachung sichergestellt ist;

6. sicherzustellen, dass beim Löschen unter Verwendung der bordeigenen Löschpumpe diese von der Landanlage aus abgeschaltet werden kann.

(BGBl I 2018/47)

Ausbildung von Sachkundigen

§ 26. (1) Soweit dies auf Grund der gemäß § 2 Z 3 in Betracht kommenden Vorschriften erforderlich ist, muss an Bord von Schiffen, die gefährliche Güter befördern, ein besonders ausgebildeter Sachkundiger sein. Art, Dauer, Umfang und Inhalt der besonderen Ausbildung sowie die über deren erfolgreiche Absolvierung ausgestellte Bescheinigung müssen den gemäß § 2 Z 3 in Betracht kommenden Vorschriften entsprechen. „Die näheren Einzelheiten hinsichtlich der Ausbildung, insbesondere der Anerkennung und Durchführung von Schulungen, Qualifikation des Lehrpersonals und Prüfungen, sowie Kostentragung, Gewährung von Freizeit unter Fortzahlung des Lohnes und sonstiger Unterstützung für die besondere Ausbildung werden durch Verordnung geregelt." *(BGBl I 2018/47)*

(2) Der Bundesminister für Verkehr, Innovation und Technologie hat allen, die erfolgreich an einem gemäß Abs. 3 anerkannten Lehrgang teilgenommen haben, eine Bescheinigung gemäß Abs. 1 auszustellen. Über diese Bescheinigungen hat er ein Verzeichnis zu führen, das mindestens folgende Daten beinhaltet:

1. die in den Bescheinigungen über besondere Kenntnisse des ADN enthaltenen Daten,

2. die Zustelladresse des Inhabers der Bescheinigung,

3. die Angabe, ob die Bescheinigung auf Grund einer Wiederholungsschulung erneuert wurde.

(3) Die Ausbildung darf nur im Rahmen von mittels Bescheid anerkannten Lehrgängen durchgeführt werden. Über den Antrag auf Anerkennung hat der Bundesminister für Verkehr, Innovation und Technologie zu entscheiden. Wird der Antrag von einer natürlichen Person gestellt, so muss diese das 24. Lebensjahr vollendet haben und vertrauenswürdig sein. Bei juristischen Personen müssen jene Personen vertrauenswürdig sein, denen ein maßgeblicher Einfluss auf den Betrieb der Geschäfte zusteht.

(4) Die Anerkennung gemäß Abs. 3 ist zu erteilen, wenn der Antragsteller die Bedingungen der in Abs. 1 genannten Vorschriften erfüllt. *(BGBl I 2018/47)*

(5) Die Anerkennung gemäß Abs. 3 ist zu widerrufen, wenn die Voraussetzungen für die Erteilung nicht mehr gegeben sind.

(6) Für die Bescheide gemäß Abs. 3 sind Verwaltungsabgaben in nachstehender Höhe zu entrichten:

1. für den Anerkennungsbescheid ... 290 Euro und

2. für den Bescheid über die Änderung der Anerkennung .... 72 Euro.

(BGBl I 2011/35)

Kontrollen auf Wasserstraßen

§ 27. (1) Die Organe gemäß § 38 Abs. 2 des Schifffahrtsgesetzes können auf einem Fahrzeug, mit dem gefährliche Güter auf Wasserstraßen befördert werden, jederzeit an Ort und Stelle prüfen, ob die Zulässigkeit der Beförderung im Sinne dieses Bundesgesetzes gegeben ist. Zu dieser Kontrolle können auch Sachverständige herangezogen werden.

(2) Kontrollen gemäß Abs. 1 sind in dem für die Überwachung eines repräsentativen Anteils der Beförderungen gefährlicher Güter erforderlichen Ausmaß vorzunehmen.

(3) Die Kontrollen sind im Stichprobenverfahren durchzuführen und haben soweit möglich einen ausgedehnten Teil des Wasserstraßennetzes zu erfassen.

(4) Die Kontrollen sind anhand der Kontrollliste nach den gemäß § 2 Z 3 in Betracht kommenden Vorschriften durchzuführen. Dabei ist tunlichst zu vermeiden, dass die Fahrzeuge über Gebühr lange stillgelegt oder aufgehalten werden. Kontrollen gemäß § 38 Abs. 1 Z 1 des Schifffahrtsgesetzes bleiben unberührt.

(5) Die an der Beförderung gefährlicher Güter Beteiligten haben im Rahmen ihrer jeweiligen Verpflichtungen die zur Durchführung der Kontrollen erforderlichen Auskünfte unverzüglich zu erteilen.

(6) Der Schiffsführer hat insbesondere auf Verlangen der Organe gemäß Abs. 1 diesen die in den gemäß § 2 Z 3 in Betracht kommenden Vorschriften vorgeschriebenen Begleitpapiere und Ausstattungsgegenstände zur Überprüfung auszuhändigen und, wenn dies zur Prüfung im Sinne des Abs. 1 erforderlich ist, Teile und Ausrüstungsgegenstände der Fahrzeuge auf dem ein-

fachsten Weg ohne Gefährdung von Personen zugänglich zu machen. Wenn dies für eine Prüfung im Sinne des Abs. 1 erforderlich, ohne Gefährdung von Personen, Sachen oder der Umwelt möglich und nach den gemäß § 2 Z 3 in Betracht kommenden Vorschriften zulässig ist, sind auf Verlangen der Organe gemäß Abs. 1 die hiefür notwendigen Mengen oder Teile beförderter Stoffe ohne Anspruch auf Entschädigung zur Verfügung zu stellen.

(7) Eine Ausfertigung der Kontrollliste gemäß Abs. 4 ist dem Schiffsführer nach durchgeführter Kontrolle auszuhändigen. „ " *(BGBl I 2018/47)*

(8) Sobald feststeht, dass eine Kontrolle eines Gefahrguttransportes auf dem Gebiet des Europäischen Wirtschaftsraums bereits stattgefunden hat, dürfen weitere Kontrollen nur dann erfolgen, wenn für das Organ der Schifffahrtspolizei Grund zur Annahme besteht, dass seit der letzten Kontrolle eine wesentliche Änderung des zu überprüfenden Sachverhalts eingetreten ist. Bei Schwerpunktkontrollen von Gefahrguttransporten darf in jedem Fall neuerlich kontrolliert werden.

(9) Im Rahmen der amtlichen Aufsicht gemäß § 47 Mineralölsteuergesetz 1995 und § 86 Alkoholsteuergesetz in Verbindung mit § 18 Zollrechts-Durchführungsgesetz dürfen bei Verbrauchsteuergegenständen, die gleichzeitig gefährliche Güter sind, außer den angeordneten und bereits durchgeführten Kontrollen während der Beförderung von Verbrauchsteuergegenständen auch Gefahrgutkontrollen durchgeführt werden. Bei diesen Kontrollen sind die „ " Zollbehörden von den geschulten Organen gemäß Abs. 1 zu unterstützen. *(BGBl I 2019/104)*

(BGBl I 2011/35)

Anordnung der Unterbrechung der Beförderung

§ 28. (1) Fahrzeuge, bei denen ein oder mehrere Verstöße gegen die gemäß § 2 Z 3 in Betracht kommenden Vorschriften festgestellt wurden, können an einem von den Organen gemäß § 38 Abs. 2 des Schiffahrtsgesetzes bezeichneten Platz angehalten werden. Die Fahrt darf erst fortgesetzt werden, wenn die Vorschriften erfüllt sind. Je nach den Gegebenheiten oder Sicherheitserfordernissen können auch andere angemessene Maßnahmen ergriffen werden.

(2) Bei Gefahr im Verzug haben die Organe gemäß Abs. 1 die nächste Katastropheneinsatzstelle unter Bekanntgabe der verfügbaren Informationen sowie der sonstigen zur Einleitung der notwendigen Katastrophenbekämpfungsmaßnahmen erforderlichen Angaben unverzüglich zu verständigen. Insoweit dies erforderlich ist, sind von den Organen gemäß Abs. 1, allenfalls unter Heranziehung von Sachverständigen, die zur Verhinderung einer Gefährdung von Personen, Sachen und der Umwelt erforderlichen vorbeugenden Sicherheitsmaßnahmen zu treffen.

(3) Ergibt sich aus den verfügbaren Informationen oder aus den Feststellungen von Sachverständigen, dass die Fortsetzung der Beförderung zur Vermeidung von Gefahren unerlässlich ist, so ist die Anordnung der Unterbrechung aufzuheben. Für die weitere Beförderung sind jedoch von den Organen gemäß Abs. 1 die erforderlichen Vorsichtsmaßnahmen zu treffen oder anzuordnen. Die Aufhebung darf nur unter der Bedingung ausgesprochen werden, dass diese Vorsichtsmaßnahmen eingehalten werden. Der Schiffsführer und die anderen an Bord befindlichen Personen haben diese Vorsichtsmaßnahmen zu beachten und die Anordnungen zu befolgen, soweit sie ihren Aufgabenbereich betreffen.

(BGBl I 2011/35)

Kontrollen in Unternehmen

§ 29. (1) Neben den Maßnahmen gemäß § 27 können - vorbeugend oder wenn unterwegs Verstöße festgestellt wurden, welche die Sicherheit der Beförderung gefährlicher Güter gefährden - auch Kontrollen in den Unternehmen durchgeführt werden.

(2) Durch diese Kontrollen soll sichergestellt werden, dass die Beförderung gefährlicher Güter auf Wasserstraßen unter Sicherheitsbedingungen erfolgt, die den gemäß § 2 Z 3 in Betracht kommenden Vorschriften entsprechen.

(3) Zu diesen Kontrollen sind die gemäß § 35 zuständigen Behörden ermächtigt. Diese können

1. für beabsichtigte Transporte das Verlassen des Unternehmens untersagen, bis diese in einen vorschriftsmäßigen Zustand versetzt worden sind, oder

2. andere geeignete Maßnahmen vorsehen.

Für diese Untersagungen und anderen Maßnahmen gelten die §§ 27 und 28 sinngemäß.

(BGBl I 2011/35)

Amtshilfe

§ 30. (1) Die Behörden gewähren Amtshilfe bei der Durchführung der Kontrollen.

(2) Schwerwiegende oder wiederholte Verstöße gegen die gemäß § 2 Z 3 in Betracht kommenden Vorschriften hat der Bundesminister für Verkehr, Innovation und Technologie an die zuständigen Behörden des Mitgliedstaats des Europäischen Wirtschaftsraums oder der Vertragspartei des ADN zu melden, in dem das Fahrzeug zugelassen ist oder das Unternehmen seinen Sitz hat. Der Bundesminister für Verkehr, Innovation und Technologie hat Ersuchen von Behörden der Mitgliedstaaten des Europäischen Wirtschaftsraums und der Vertragsparteien des ADN um

Maßnahmen gegenüber dem Zulassungsbesitzer eines in Österreich zugelassenen Fahrzeugs, mit dem in einem dieser Staaten Übertretungen nach den gemäß § 2 Z 3 in Betracht kommenden Vorschriften gesetzt wurden, oder gegenüber einem Unternehmen mit Sitz in Österreich, entgegenzunehmen, anderen inländischen Behörden, deren Zuständigkeit berührt ist, zu übermitteln und den ersuchenden Behörden die getroffenen Maßnahmen mitzuteilen.

(3) Gibt die Kontrolle Anlass zu der Annahme, dass schwerwiegende oder wiederholte Verstöße vorliegen, die bei dieser Kontrolle nicht festgestellt werden können, weil die erforderlichen Erkenntnisse fehlen, gewähren die zuständigen Behörden der betroffenen Mitgliedstaaten des europäischen Wirtschaftsraums und der Vertragsparteien des ADN einander Amtshilfe bei der Klärung des Falls.

(BGBl I 2011/35)

7. Abschnitt
Besondere Bestimmungen über die Beförderung gefährlicher Güter im Seeverkehr

Besondere Ausbildung

„**§ 31.**" (1) Sehen die gemäß § 2 Z 4 in Betracht kommenden Vorschriften eine besondere Ausbildung von an der Beförderung gefährlicher Güter Beteiligten vor, so darf diese in Österreich nur im Rahmen von Lehrgängen durchgeführt werden, die vom Bundesminister für Verkehr, Innovation und Technologie mit Bescheid anerkannt worden sind. „Die näheren Einzelheiten hinsichtlich der Ausbildung, insbesondere der Anerkennung und Durchführung von Schulungen, Qualifikation des Lehrpersonals und Prüfungen, sowie Kostentragung, Gewährung von Freizeit unter Fortzahlung des Lohnes und sonstiger Unterstützung für die besondere Ausbildung werden durch Verordnung geregelt." *(BGBl I 2018/47)*

(2) Die Anerkennung ist zu erteilen, wenn die Anforderungen der „in Abs. 1 genannten" Vorschriften erfüllt sind und wenn der Anerkennungswerber ist hat und vertrauenswürdig ist. Bei juristischen Personen gelten diese Voraussetzungen für jene Personen, denen ein maßgeblicher Einfluss auf die Geschäfte zusteht. Die Anerkennung ist zu widerrufen, wenn die Voraussetzungen für die Erteilung nicht mehr gegeben sind. *(BGBl I 2018/47)*

(3) Für die Bescheide gemäß Abs. 1 sind Verwaltungsabgaben in nachstehender Höhe zu entrichten:

 1. für den Anerkennungsbescheid .... 290 Euro und
 2. für den Bescheid über die Änderung der Anerkennung .... 72 Euro.

(4) Bei Schulungsveranstaltern im Bereich des Bundesheeres und der Heeresverwaltung, bei denen ausschließlich Angehörige des Aktiv- und Milizstandes entsprechend den Bestimmungen der gemäß § 2 Z 4 lit. a in Betracht kommenden Vorschriften über die besondere Ausbildung der an der Beförderung gefährlicher Güter Beteiligten geschult werden, bedarf es keiner Anerkennung gemäß Abs. 1. Von diesen Schulungsveranstaltern ausgestellte Bescheinigungen behalten ihre Gültigkeit bis zum Ablaufdatum auch dann, wenn deren Inhaber im Zeitraum zwischen Ausstellungs- und Ablaufdatum der Bescheinigung aus dem Aktiv- und Milizstand der genannten Institutionen ausscheiden. Eine Verlängerung der Gültigkeit kann diesfalls jedoch nur durch gemäß Abs. 1 Berechtigte erfolgen. *(BGBl I 2018/47)*

(BGBl I 2011/35)

8. Abschnitt
Besondere Bestimmungen über die Beförderung gefährlicher Güter im Rahmen der Zivilluftfahrt

Besondere Pflichten von Beteiligten

§ 32. (1) Absender und Verpacker gefährlicher Güter für die Beförderung im Luftverkehr, sowie Sicherheitsunternehmen, die Reisende, Gepäck, Fracht oder Post im Luftverkehr kontrollieren, dürfen hiefür nur Personal verwenden, das entsprechend den gemäß § 2 Z 5 in Betracht kommenden Vorschriften sowie § 33 ausgebildet und mit den jeweils erforderlichen Informationen versehen ist. Sie haben Aufzeichnungen über den Aufgabenbereich der betreffenden Personen und über die absolvierten sowie die Termine der nächsten fälligen Schulungen zu führen. Diese Aufzeichnungen sind für mindestens fünf Jahre aufzubewahren.

(2) Unbeschadet der ihm gemäß § 7 Abs. 3 erwachsenden Verpflichtungen darf der Absender gefährliche Güter zur Beförderung im Luftverkehr nur übergeben, wenn bei Verwendung von Umverpackungen, Ladeeinheiten und Bergeverpackungen die besonderen Anforderungen dafür erfüllt sind, und nur getrennt von nicht gefährlichen Gütern, soweit das in den gemäß § 2 Z 5 in Betracht kommenden Vorschriften vorgesehen ist.

(3) Der Beförderer hat innerhalb von 6 Stunden nach Übergabe der gefährlichen Güter zur Beförderung eine Annahmekontrolle durchzuführen.

(4) Auch Betreiber von Luftfahrzeugen, die der Verordnung (EU) Nr. 965/2012 nicht unterliegen, dürfen gefährliche Güter nur unter Einhaltung der gemäß § 2 Z 5 in Betracht kommenden Vorschriften zur Beförderung annehmen und befördern und haben die in diesen Vorschriften

vorgesehenen Maßnahmen zur Verhinderung rechtswidriger Beförderungen zu treffen.

(5) Wer in eigener Verantwortung Tätigkeiten des Absenders übernimmt, gilt hinsichtlich dieser selbst als Absender und hat die damit verbundenen Pflichten zu erfüllen.

(6) Soweit ein Abfertigungsagent in eigener Verantwortung Tätigkeiten des Betreibers eines Luftfahrzeugs ausführt, übernimmt er dessen Pflichten im selben Maß und hat sie zu erfüllen. Das gilt auch für die Anforderungen bezüglich der Personalschulung.

(7) Betreiber von Postdiensten müssen über die Verfahren und Genehmigungen verfügen, die in den gemäß § 2 Z 5 in Betracht kommenden Vorschriften für die Annahme von Post und deren Einbringung in die Luftbeförderung vorgesehen sind, und sie einhalten. In Österreich sind diese Genehmigungen von der Austro Control GmbH mit Bescheid zu erteilen. Dafür ist eine Verwaltungsabgabe in Höhe von 1300 Euro zu entrichten.

(BGBl I 2018/47)

Besondere Ausbildung

„**§ 33.**" (1) Sehen die gemäß § 2 Z 5 in Betracht kommenden Vorschriften eine besondere Ausbildung des Personals von an der Beförderung gefährlicher Güter Beteiligten oder Dritter vor, so darf diese in Österreich außer für Personal der Kategorien 4 und 5 nur im Rahmen von Lehrgängen durchgeführt werden, die von der Austro Control GmbH mit Bescheid anerkannt worden sind. Schulungen, für die eine Anerkennung weder erforderlich ist noch vorliegt, dürfen nur von solchen Personen durchgeführt werden, die selbst über eine gültige Schulung der Personalkategorie 6 verfügen und demselben Unternehmen wie das zu schulende Personal angehören. Die näheren Einzelheiten hinsichtlich der Ausbildung, insbesondere der Anerkennung von Schulungen, Qualifikation der Lehrpersonals und Prüfungen, sowie Kostentragung, Gewährung von Freizeit unter Fortzahlung des Lohnes und sonstiger Unterstützung für die besondere Ausbildung werden durch Verordnung geregelt. *(BGBl I 2018/47)*

(2) Die Anerkennung ist zu erteilen, wenn die Anforderungen der „in Abs. 1 genannten" Vorschriften erfüllt sind und wenn der Anerkennungswerber das 24. Lebensjahr vollendet hat und vertrauenswürdig ist. Bei juristischen Personen gelten diese Voraussetzungen für jene Personen, denen ein maßgeblicher Einfluss auf die Geschäfte zusteht. Die Anerkennung ist zu widerrufen, wenn die Voraussetzungen für die Erteilung nicht mehr gegeben sind. *(BGBl I 2018/47)*

(3) Für die Bescheide gemäß Abs. 1 sind Verwaltungsabgaben in nachstehender Höhe zu entrichten:

1. für den Anerkennungsbescheid 581 Euro und

2. für den Bescheid über die Änderung der Anerkennung 145 Euro.

(BGBl I 2011/35)

Kontrollen; Notifizierung und Untersuchung von Ereignissen

§ 34. (1) Betreiber von Luftfahrzeugen und deren Abfertigungsagenten unterliegen hinsichtlich der Einhaltung der gemäß diesem Gesetz oder der Verordnung (EU) Nr. 965/2012 auf sie anwendbaren Gefahrgutvorschriften der Inspektion durch besonders geschulte und ermächtigte Organe der Austro Control GmbH. *(BGBl I 2018/47)*

(2) „Die Inspektionen sind durch angekündigte oder unangekündigte Kontrollen der Versandstücke, Dokumente, Luftfahrzeuge und Tätigkeiten sowie systematische, vorangekündigte Audits wahrzunehmen." Neben den Voraussetzungen und Verfahren, die das Supplement der ICAO-TI für die Tätigkeit der Kontrollorgane vorsieht, sind gegebenenfalls auch jene zu berücksichtigen, die sich aus anderen auf die jeweiligen Kontrollen anwendbaren luftfahrtrechtlichen Vorschriften ergeben. Den Kontrollorganen ist jede erforderliche Auskunft zu erteilen und Zutritt zu allen Betriebsräumlichkeiten, Einrichtungen und Fahrzeugen zu gewähren. Auf Verlangen haben sie sich mit einem Ausweis gemäß § 141a LFG auszuweisen. Zu den Kontrollen können auch Sachverständige beigezogen werden. Diese und die Kontrollorgane dürfen, wenn dies für eine Prüfung erforderlich, ohne Gefährdung von Personen, Sachen und der Umwelt möglich und nach den gemäß § 2 Z 5 in Betracht kommenden Vorschriften zulässig ist, Verpackungen öffnen und verlangen, dass die hiefür notwendigen Mengen oder Teile beförderter Stoffe ohne Anspruch auf Entschädigung zur Verfügung gestellt werden. *(BGBl I 2018/47)*

(3) Werden im Rahmen einer Kontrolle Mängel festgestellt, die die Sicherheit eines Luftfahrzeuges oder seiner Insassen gefährden können, so haben die Kontrollorgane, die Beförderung bis zur Behebung der festgestellten Mängel zu untersagen. Gleiches gilt für den Zeitraum, in dem der dringende Verdacht besteht, dass derartige Mängel vorliegen. Die Bestimmungen des § 171 Abs. 2 bis 4 LFG sind auf jeden Gegenstand der Untersagung anzuwenden.

(4) Bei Gefahr im Verzug haben die Kontrollorgane die nächste Katastropheneinsatzstelle unter Bekanntgabe der verfügbaren Informationen sowie der sonstigen für die Einleitung der notwendigen Katastrophenbekämpfungsmaßnahmen erforderlichen Angaben unverzüglich zu verständigen. Insoweit dies erforderlich ist, sind von den Kontrollorganen, allenfalls unter Heranziehung von

Sachverständigen, die zur Verhinderung einer Gefährdung von Personen, Sachen und der Umwelt erforderlichen vorbeugenden Sicherheitsmaßnahmen zu treffen.

(5) Dieselben Befugnisse kommen den Kontrollorganen gegenüber anderen Beteiligten an der Beförderung gefährlicher Güter im Rahmen der Zivilluftfahrt sowie Dritten gemäß § 7 und § 32 zu. Diese sind zu kontrollieren

1. beim Verdacht, dass festgestellte Mängel auf sie zurückzuführen sind, und

2. hinsichtlich ihrer Pflichten gemäß § 32 Abs. 1 und 5. *(BGBl I 2018/47)*

(6) Die Austro Control GmbH hat gemäß dem Supplement der ICAO-TI Unfälle und sonstige Ereignisse mit gefährlichen Gütern zu notifizieren und zu untersuchen sowie darüber zu berichten. Die Pflichten und Befugnisse gemäß Abs. 2 bis 4 kommen dabei sinngemäß zur Anwendung. Diesen Aufgaben ist nicht nachzukommen, wenn es wahrscheinlich oder bekannt ist, dass gefährliche Güter zu einem Unfall oder einer schweren Störung gemäß der Verordnung (EU) Nr. 996/2010 geführt und damit die Zuständigkeit der Sicherheitsuntersuchungsstelle des Bundes begründet haben. *(BGBl I 2018/47)*

(7) Ist die Austro Control GmbH nicht selbst die zuständige luftfahrtrechtliche Aufsichtsbehörde, so hat sie dieser Verstöße, die zu einer Untersagung der Beförderung geführt haben, sowie Meldungen gemäß Abs. 6 der zuständigen luftfahrtrechtlichen Aufsichtsbehörde zur Kenntnis zu bringen. Beteiligten an der Beförderung gefährlicher Güter im Rahmen der Zivilluftfahrt sowie Dritten gemäß § 7 und § 32, die keine luftfahrtrechtliche Bewilligung benötigen, hat sie die Ausübung von Tätigkeiten, die in diesem Gesetz und den darin verwiesenen Vorschriften geregelt sind, und für die sie die Voraussetzungen nicht erfüllen, mit Bescheid zu untersagen und die Untersagung auf ihrer Homepage zu veröffentlichen oder unter Androhung der Untersagung Verbesserungsmaßnahmen aufzutragen. Rechtsmitteln gegen diese Bescheide kommt keine aufschiebende Wirkung zu. *(BGBl I 2018/47)*

(BGBl I 2011/35)

9. Abschnitt
Behörden und Sachverständige, Strafbestimmungen, Schluß- und Übergangsbestimmungen

Zuständige Behörden

„**§ 35.**" (1) Für die auf Grund dieses Bundesgesetzes durchzuführenden Amtshandlungen und für die Durchführung der Verwaltungsstrafverfahren wegen Übertretungen im Sinne des „§ 37"** sind, wenn in diesem Bundesgesetz nicht anderes bestimmt ist, die in den verkehrsträgerspezifischen generellen Vorschriften „(§ 3 Abs. 1 Z 5)"*** bestimmten Behörden zuständig. „Bei Beförderungen gemäß „§ 1 Abs. 1 Z 2 bis 6"** sind die Verwaltungsstrafverfahren wegen Übertretungen im Sinne des „§ 37"*** von den Bezirksverwaltungsbehörden zu führen."* *(*BGBl I 2007/63; **BGBl I 2011/35)*

(2) Bei Beförderungen gemäß § 1 Abs. 1 Z 1 hat an der Vollziehung dieses Bundesgesetzes durch die Bezirksverwaltungsbehörde, die „Landespolizeidirektion" und den Landeshauptmann die Bundespolizei mitzuwirken. Die Bundespolizei hat

1. die Einhaltung der Vorschriften dieses Bundesgesetzes, der auf Grund dieses Bundesgesetzes erlassenen Verordnungen und der anderen gemäß § 2 in Betracht kommenden Vorschriften zu überwachen,

2. Maßnahmen, die für die Einleitung oder Durchführung von Verwaltungsstrafverfahren erforderlich sind, zu treffen und

3. in den in diesem Bundesgesetz ausdrücklich vorgesehenen Fällen einzuschreiten. *(BGBl I 2012/50)*

(3) Die Erlassung von Verordnungen auf Grund dieses Bundesgesetzes obliegt „, sofern nicht ausdrücklich anderes festgelegt ist," dem Bundesminister für Verkehr, Innovation und Technologie. *(BGBl I 2018/47)*

(BGBl I 2011/35)

Sachverständige

„**§ 36.**" (1) Behördlich anerkannte Prüfstellen und Sachverständige im Sinne der gemäß § 2 in Betracht kommenden Vorschriften sind, im Rahmen ihrer Befugnisse,

1. Prüf-, Überwachungs- und Zertifizierungsstellen, die gemäß dem Akkreditierungsgesetz, BGBl. Nr. 468/1992, akkreditiert oder solche, deren Berichte oder Zertifizierungen gemäß § 3 des Akkreditierungsgesetzes als inländischen gleichzuhalten anerkannt worden sind, oder

2. Ziviltechniker, die gemäß dem Ziviltechnikergesetz 1993, BGBl. Nr. 156/1994, und Technische Büros – Ingenieurbüros (Beratende Ingenieure), die gemäß § 134 GewO 1994 befugt sind, bestimmte, in den gemäß § 2 in Betracht kommenden Vorschriften vorgeschriebene Untersuchungen und Prüfungen durchzuführen und darüber Befunde und Gutachten auszustellen, oder

„3." Prüfstellen und Sachverständige gemäß den verkehrsträgerspezifischen generellen Vorschriften. *(BGBl I 2018/47)*

„Für die gemäß Z 2 oder 3 Tätigen dürfen keine Interessenskonflikte vorliegen." *(BGBl I 2018/47)*

(2) Der Bundesminister für Verkehr, Innovation und Technologie hat Prüfstellen und Sachverständigen gemäß Abs. 1 auf deren Antrag die zur Kennzeichnung der von ihnen geprüften, überprüften oder zugelassenen Verpackungen einschließlich Großpackmittel (IBC) oder der von ihnen geprüften, überprüften oder zugelassenen Tanks auf Grund der gemäß § 2 in Betracht kommenden Vorschriften erforderliche Kurzbezeichnung oder Art der Zulassungsnummer zuzuweisen, aus welcher die Prüfstelle oder der Sachverständige feststellbar ist.

(3) Die Kennzeichnung der Verpackungen und Tanks gemäß Abs. 2 hat „A/X..... – Y.....“ zu lauten, wobei X für die gemäß Abs. 2 zugewiesene bzw. gemäß § 29 Abs. 2 weiterhin gültige Kurzbezeichnung der Prüfstelle oder des Sachverständigen und Y für eine von der Prüfstelle oder dem Sachverständigen frei gewählte numerische oder alphanumerische Zeichenfolge zwecks Registrierung steht. Sind Gefäße nach den Bestimmungen der Verordnung des Bundesministers für Wirtschaft und Arbeit über ortsbewegliche Druckgeräte (ortsbewegliche Druckgeräteverordnung – ODGVO), BGBl. II Nr. 291/2001 in der jeweils geltenden Fassung gekennzeichnet, so gilt diese Kennzeichnung auch als solche gemäß diesem Absatz.

(4) Bei der Ausstellung von Zulassungsbescheinigungen für Fahrzeuge gemäß den in § 2 Z 1 GGBG angeführten Vorschriften haben Prüfstellen und Sachverständige gemäß Abs. 1 in dem dafür vorgesehenen Feld eine Bescheinigungsnummer einzutragen, die folgendermaßen lautet: A/X – Y. Dabei steht X für eine vom Bundesminister für Verkehr, Innovation und Technologie der Prüfstelle oder dem Sachverständigen auf Antrag zu diesem Zweck zugewiesene Identifizierungsnummer und Y für eine von der Prüfstelle oder dem Sachverständigen zur Registrierung frei gewählte numerische oder alphanumerische Zeichenfolge. Diese Zulassungsbescheinigungen sind öffentliche Urkunden. Werden sie nicht vom Aussteller verlängert, sind sie neu auszustellen. Über Ausstellung und Verlängerung sowie die zugrundeliegenden Untersuchungen hat der Aussteller ein Verzeichnis zu führen, das mindestens sieben Jahre lang aufzubewahren und den mit Angelegenheiten des Kraftfahr- oder Gefahrgutwesens befassten Behörden auf Verlangen vorzulegen ist. Enthalten Genehmigungsbescheide auf Grund außer Kraft getretener Bestimmungen auch Angaben, die in den Zulassungsbescheinigungen enthalten sein müssen oder mussten, wie insbesondere Fahrzeugbezeichnung, Tankcodierung und Wirkung der Dauerbremsanlage, so sind diese unbeachtlich. *(BGBl I 2007/63)*

(5) Der Bundesminister für Verkehr, Innovation und Technologie hat eine Liste zu führen und auf seiner Homepage zu veröffentlichen, aus der die gemäß Abs. 2 und 4 zugewiesenen Kennzeichen sowie Namen und Adressen der betreffenden Prüfstellen und Sachverständigen ersichtlich sind. *(BGBl I 2011/35)*

(BGBl I 2011/35)

Strafbestimmungen, besondere Vorschriften für das Strafverfahren

„**§ 37.**" (1) Wer

1. Schulungskurse für Gefahrgutbeauftragte veranstaltet (§ 11), ohne dass diese von der Behörde anerkannt worden sind, oder

2. Lehrgänge zur besonderen Ausbildung von Lenkern veranstaltet (§ 14), ohne dass diese von der Behörde anerkannt worden sind, oder

3. Lehrgänge zur „Ausbildung von Sachkundigen" gemäß „§ 26 Abs. 1" veranstaltet, ohne dass diese von der Behörde anerkannt worden sind, oder *(BGBl I 2011/35)*

4. Lehrgänge zur besonderen Ausbildung gemäß „§ 31 Abs. 1" veranstaltet, ohne dass diese von der Behörde anerkannt worden sind, begeht, wenn die Tat nicht den Tatbestand einer in die Zuständigkeit der Gerichte fallenden strafbaren Handlung bildet oder nach anderen Verwaltungsstrafbestimmungen mit strengerer Strafe bedroht ist, eine Verwaltungsübertretung und ist mit einer Geldstrafe von 1000 Euro bis 50 000 Euro, im Fall ihrer Uneinbringlichkeit mit einer Ersatzfreiheitsstrafe bis zu sechs Wochen zu bestrafen. *(BGBl I 2011/35)*

5. Lehrgänge zur besonderen Ausbildung gemäß § 33 Abs. 1 veranstaltet, ohne dass diese von der Behörde anerkannt worden sind, *(BGBl I 2011/35)*

(2) Wer

1. als Absender oder Betreiber von Postdiensten gefährliche Güter entgegen § 7 Abs. 3 oder § 13 Abs. 1 oder § 23 Abs. 1 oder § 32 Abs. 1, 2, 5 oder 7 zur Beförderung übergibt oder *(BGBl I 2018/47)*

2. als Auftraggeber gefährliche Güter entgegen § 7 Abs. 4 befördern lässt oder

3. als Verpacker entgegen § 7 Abs. 5 „oder § 32 Abs. 1" gefährliche Güter verpackt oder Versandstücke mit gefährlichen Gütern zur Beförderung vorbereitet oder *(BGBl I 2011/35)*

4. als Befüller entgegen § 7 Abs. 6, § 23 Abs. 3 oder „§ 25 Abs. 3 oder 4" Tanks, Ladetanks, Batterie- Fahrzeuge, Batteriewagen oder „MEGC" oder Fahrzeuge oder Container für Güter in loser Schüttung befüllt oder die gefährlichen Güter zur Beförderung vorbereitet oder Fahrzeuge nicht kontrolliert oder *(BGBl I 2011/35)*

5. als Betreiber eines Tankcontainers, eines ortsbeweglichen Tanks oder eines Kesselwagens entgegen § 7 Abs. 7 „oder § 23 Abs. 4" nicht für

5/1. GGBG
§ 37

die Einhaltung der ihn betreffenden Bestimmungen sorgt oder *(BGBl I 2018/47)*

6. als Verlader gefährliche Güter entgegen § 7 Abs. 8 oder „§ 25 Abs. 5" verlädt „ " oder *(BGBl I 2011/35)*

7. als Empfänger, dem die gefährlichen Güter nicht als Verbraucher zugestellt worden sind oder werden sollten, entgegen § 7 Abs. 9 oder § 25 Abs. 6 die ihn betreffenden Bestimmungen nicht einhält oder *(BGBl I 2018/47)*

8. als Beförderer gefährliche Güter entgegen 13 Abs. 1a oder § 23 Abs. 2 oder § 25 Abs. 1 oder § 32 Abs. 3 oder 4 oder der Verordnung (EU) Nr. 965/2012 befördert oder zur Beförderung annimmt oder *(BGBl I 2018/47)*

9. als Lenker entgegen § 13 Abs. 2 bis 4, § 15 Abs. 5 und 6 oder § 17 Abs. 1 und 4 eine Beförderungseinheit, mit der gefährliche Güter befördert werden, in Betrieb nimmt oder lenkt, Begleitpapiere oder Ausstattungsgegenstände nicht mitführt oder nicht auf Verlangen aushändigt, der Behörde nicht auf Verlangen die notwendigen Mengen oder Teile der beförderten gefährlichen Güter zur Verfügung stellt oder nicht die in § 17 Abs. 1 angeführten Nachweise oder sonstigen Unterlagen vorlegt oder nicht den Bescheid gemäß § 17 Abs. 4 mitführt oder diesen nicht auf Verlangen aushändigt „oder" *(BGBl I 2011/35)*

10. als Entlader entgegen § 7 Abs. 10 „ ", § 23 Abs. 6" oder § 25 Abs. 7 oder 8 gefährliche Güter entlädt oder entleert oder Container, Schüttgut-Container, MEGC, Tankcontainer, ortsbewegliche Tanks oder Fahrzeuge absetzt oder *(BGBl I 2011/35; BGBl I 2018/47)*

11. als Abfertigungsagent entgegen § 32 (6) Tätigkeiten des Beförderers ausführt oder *(BGBl I 2018/47)*

12. anders als gemäß Z 8 als Betreiber eines Luftfahrzeugs die in der Verordnung (EU) Nr. 965/2012 oder § 32 Abs. 4 vorgesehenen Maßnahmen zur Verhinderung rechtswidriger Beförderungen nicht trifft oder *(BGBl I 2018/47)*

13. als für die Instandhaltung zuständige Stelle (ECM) seinen Pflichten gemäß § 23 Abs. 5 nicht nachkommt *(BGBl I 2018/47)*

14. als Betreiber der Eisenbahninfrastruktur seinen Pflichten gemäß § 23 Abs. 7 nicht nachkommt, *(BGBl I 2018/47)*

begeht, wenn die Tat nicht den Tatbestand einer in die Zuständigkeit der Gerichte fallenden strafbaren Handlung bildet oder nach anderen Verwaltungsstrafbestimmungen mit strengerer Strafe bedroht ist, eine Verwaltungsübertretung und ist,

a) wenn „gemäß den Kriterien des § 15a" in Gefahrenkategorie I einzustufen ist, mit einer Geldstrafe von 750 Euro bis 50 000 Euro, im Fall der Ziffer 9 mit einer Geldstrafe von 150 Euro bis 6000 Euro oder *(BGBl I 2011/35)*

b) wenn „gemäß den Kriterien des § 15a" in Gefahrenkategorie II einzustufen ist, mit einer Geldstrafe von 110 Euro bis 4000 Euro oder *(BGBl I 2011/35)*

c) wenn „gemäß den Kriterien des § 15a" in Gefahrenkategorie III einzustufen ist mit einer Geldstrafe bis 80 Euro, *(BGBl I 2011/35)*

im Fall der Uneinbringlichkeit mit einer Ersatzfreiheitsstrafe zu bestrafen, die bei Geldstrafen gemäß lit. a oder b bis zu sechs Wochen betragen kann. Geldstrafen gemäß lit. c können auch durch Organstrafverfügung gemäß § 50 VStG eingehoben werden. *(BGBl I 2007/63)*

(3) Wer

1. entgegen § 11 Abs. 1 keinen oder einen nicht ausreichend qualifizierten Gefahrgutbeauftragten benennt oder einen Gefahrgutbeauftragten benennt oder einsetzt, obwohl dieser entgegen „§ 11 Abs. 4" keinen gültigen Schulungsnachweis besitzt, oder *(BGBl I 2011/35)*

2. als Unternehmensleiter entgegen „§ 11 Abs. 3" seine Verantwortung hinsichtlich des Gefahrgutbeauftragten nicht wahrnimmt oder *(BGBl I 2011/35)*

3. als Gefahrgutbeauftragter entgegen § 11 Abs. 2 seine Aufgaben nicht wahrnimmt oder

4. entgegen § 16 Abs. 2 erster Satz, § 28 Abs. 1 oder § 34 Abs. 3 eine Beförderungseinheit oder ein Fahrzeug, womit gefährliche Güter befördert werden, in Betrieb nimmt oder lenkt oder die Beförderung fortsetzt oder *(BGBl I 2011/35)*

5. entgegen § 16 Abs. 4 letzter Satz „oder § 28 Abs. 3 letzter Satz" die getroffenen Vorsichtsmaßnahmen nicht beachtet oder Anordnungen nicht befolgt oder *(BGBl I 2011/35)*

6. die gemäß § 17 Abs. 2 und 3 angeordneten Maßnahmen nicht trifft oder nicht befolgt oder

7. in sonstiger Weise den in § 2 „ " angeführten Vorschriften oder den Vorschriften dieses Bundesgesetzes zuwiderhandelt oder *(BGBl I 2011/35)*

8. den auf Grund dieses Bundesgesetzes erlassenen Verordnungen zuwiderhandelt oder

9. einem auf Grund der in § 2 angeführten Vorschriften, dieses Bundesgesetzes oder einer Verordnung gemäß Z 8 erlassenen Bescheid zuwiderhandelt, *(BGBl I 2011/35)*

begeht, wenn die Tat nicht den Tatbestand einer in die Zuständigkeit der Gerichte fallenden strafbaren Handlung bildet oder nach anderen Verwaltungsstrafbestimmungen mit strengerer Strafe bedroht ist, eine Verwaltungsübertretung und ist mit einer Geldstrafe von 110 Euro bis 4000 Euro, im Fall ihrer Uneinbringlichkeit mit einer Ersatzfreiheitsstrafe bis zu sechs Wochen zu bestrafen. *(BGBl I 2007/63)*

(4) „Als vorläufige Sicherheit im Sinne des § 37a VStG, BGBl. Nr. 52/1991, kann bei Ver-

dacht einer Übertretung gemäß Abs. 2 ein Betrag festgesetzt werden, der im Falle der lit. a Z 1 bis 8 7 500 Euro, im Falle der Z 9 sowie der lit. b 2 500 Euro und im Falle der lit. c das Höchstmaß der angedrohten Geldstrafe nicht übersteigt, und bei Verdacht einer Übertretung gemäß Abs. 3 ein Betrag bis 2 500 Euro festgesetzt werden." Der Lenker der Beförderungseinheit gilt als Vertreter des Beförderers, falls nicht dieser selbst oder ein von ihm bestellter Vertreter bei den Amtshandlungen anwesend ist. *(BGBl I 2007/63)*

(5) Die Behörde hat im Straferkenntnis im Sinne des § 57 VStG auch über die aus einer Übertretung gemäß Abs. 2 oder 3 abgeleiteten privatrechtlichen Ansprüche des Straßenerhalters und der den Aufwand der Katastropheneinsatzorgane tragenden Gebietskörperschaft gegen die Beschuldigten zu entscheiden.

(6) Bei der Einbringung von Fahrzeugen in das Bundesgebiet sind Übertretungen gemäß Abs. 2 oder 3 auch strafbar, wenn sie auf dem Wege von einer österreichischen Grenzabfertigungsstelle, die auf ausländischem Gebiet liegt, zur Staatsgrenze begangen werden. Auch der Versuch einer solchen Übertretung ist strafbar.

(7) In den Fällen des Abs. 2 Z 8 gilt als Tatort der Ort der Kontrolle, an dem die den Tatvorwurf begründenden Mängel festgestellt worden sind. *(BGBl I 2011/35)*

(BGBl I 2011/35)

In- und Außerkrafttreten

„**§ 38.**" „(1)" Mit dem Inkrafttreten dieses Bundesgesetzes treten außer Kraft:

1. das Bundesgesetz über die Beförderung gefährlicher Güter auf der Straße und über eine Änderung des Kraftfahrgesetzes 1967 und der Straßenverkehrsordnung 1960 (Gefahrgutbeförderungsgesetz-Straße – GGSt), BGBl. Nr. 209/1979, zuletzt geändert durch das Bundesgesetz BGBl. Nr. 430/1995;

2. die Verordnung des Bundesministers für Verkehr über Vergütungen für die Gutachtertätigkeit zur Erstattung der nach dem GGSt von den gemäß § 125 KFG 1967 bestellten Sachverständigen einzuholenden Gutachten, BGBl. Nr. 404/1979;

3. die Verordnung des Bundesministers für Verkehr über die Ausrüstung von Kraftfahrzeugen und Anhängern zur Beförderung gefährlicher Güter, BGBl. Nr. 200/1980 in der Fassung der Verordnung BGBl. Nr. 657/1986;

4. die Verordnung des Bundesministers für Verkehr über Änderung der Kennzeichnungsvorschriften des ADR und über die Eintragung in das Beförderungspapier (3. Ausnahmeverordnung), BGBl. Nr. 207/1980 in der Fassung der Verordnung BGBl. Nr. 142/1981;

5. die Verordnung des Bundesministers für Verkehr über die Zuweisung einer Kurzbezeichnung an Sachverständige und Prüfstellen, BGBl. Nr. 143/1981;

6. die Verordnung des Bundesministers für öffentliche Wirtschaft und Verkehr über Ausnahmen vom Anwendungsbereich des GGSt (Kleinmengenverordnung), BGBl. Nr. 220/1987 in der Fassung der Verordnung BGBl. Nr. 166/1990;

7. die Verordnung des Bundesministers für öffentliche Wirtschaft und Verkehr über die Beförderung gefährlicher Güter auf bestimmten Straßenstrecken (Straßentunnelverordnung), BGBl. Nr. 270/1987 in der Fassung der Verordnung BGBl. Nr. 22/1990;

8. die Verordnung des Bundesministers für öffentliche Wirtschaft und Verkehr über die besondere Ausbildung der Lenker von Kraftfahrzeugen zur Beförderung gefährlicher Güter (Gefahrgut-Lenkerausbildungsverordnung), BGBl. Nr. 506/1987 in der Fassung der Verordnung BGBl. Nr. 687/1992;

9. die Verordnung des Bundesministers für öffentliche Wirtschaft und Verkehr über die einer Streckenbewilligung unterliegenden gefährlichen Güter (Streckenbewilligungsverordnung), BGBl. Nr. 20/1988, zuletzt geändert durch die Verordnung BGBl. Nr. 267/1989;

10. die Verordnung des Bundesministers für öffentliche Wirtschaft und Verkehr über Verpackungen und Versandstücke zur Beförderung gefährlicher Güter auf der Straße (Verpackungsverordnung), BGBl. Nr. 526/1989;

11. die Verordnung des Bundesministers für öffentliche Wirtschaft und Verkehr über Kraftfahrzeuge und Anhänger zur Beförderung gefährlicher Stoffe in festverbundenen Tanks (Tankfahrzeugen), Aufsetztanks und Gefäßbatterien (Gefahrgut-Tankfahrzeugverordnung 1993 – GGTFV 1993), BGBl. Nr. 370/1993 in der Fassung der Verordnung BGBl. Nr. 639/1993 sowie

12. die Verordnung des Bundesministers für Verkehr über die Beförderung gefährlicher Güter mit österreichischen Frachtschiffen, BGBl. Nr. 565/1982.
(BGBl I 2011/35)

(2) Mit Inkrafttreten der GGBG-Novelle 2011, BGBl I Nr. 35/2011 tritt außer Kraft:
die Verordnung des Bundesministers für Verkehr, Innovation und Technologie über die Beförderung gefährlicher Güter auf Wasserstraßen (ADN-Verordnung), BGBl. II Nr. 13/2005, zuletzt geändert durch BGBl. II Nr. 292/2009.
(BGBl I 2011/35)

(3) § 8 Abs. 6 und § 35 Abs. 2 in der Fassung des Bundesgesetzes BGBl. I Nr. 50/2012 treten mit 1. September 2012 in Kraft. *(BGBl I 2012/50)*

(4) § 11 Abs. 6 und § 14 Abs. 3 in der Fassung des Bundesgesetzes BGBl. I Nr. 91/2013 treten mit 1. Jänner 2014 in Kraft. *(BGBl I 2013/91)*

(5) § 15 Abs. 9 und § 27 Abs. 9, jeweils in der Fassung des Bundesgesetzes BGBl. I Nr. 104/2019, treten mit 1. Juli 2020 in Kraft. *(BGBl I 2019/104)*

(BGBl I 2011/35)

Übergangsbestimmungen

„§ 39." „(1)"** Ungeachtet des in „§ 38"* bestimmten Außerkrafttretens der dort genannten Rechtsvorschriften bleiben auf deren Grundlage erteilte Genehmigungen, Bewilligungen, Anerkennungen und Bestätigungen sowie ausgestellte Bescheinigungen und angebrachte Kennzeichnungen im bisherigen Ausmaß gültig. Hatten die betreffenden Erteilungen, Ausstellungen und Anbringungen eine befristete Geltung, so erlischt ihre Gültigkeit mit Fristablauf. Verlängerungen auf Grundlage dieses Bundesgesetzes oder einer Verordnung hierzu sind jedoch bei Einhaltung der Bestimmungen dieses Bundesgesetzes und der Verordnung zulässig. *(*BGBl I 2011/35; **BGBl I 2018/47)*

„(2)" Verfahren gemäß den §§ 16 bis 18 sind nach deren bisheriger Fassung zu Ende zu führen, wenn zum Zeitpunkt des In-Kraft-Tretens des Bundesgesetzes BGBl. I Nr. 63/2007 bereits eine vorläufige Untersagung erlassen worden ist. *(BGBl I 2007/63; BGBl I 2018/47)*

(3) Unbefristete, für eine unbestimmte Anzahl von Beförderungen erteilte Ausnahmebewilligungen gemäß § 9 treten spätestens am 1.7.2021 außer Kraft. Schulungen, die gemäß § 33 in der Fassung vor Inkrafttreten des Bundesgesetzes BGBl. I Nr. 47/2018 durchgeführt worden sind und letzterem nicht entsprechen, behalten ihre Gültigkeit im bisherigen Umfang, unterliegen im Weiteren aber den Bestimmungen dieses Bundesgesetzes. *(BGBl I 2018/47)*

(BGBl I 2011/35)

Vollziehung

§ 40. Mit der Vollziehung dieses Bundesgesetzes ist betraut:

1. hinsichtlich § 8 Abs. 6 der Bundesminister für Inneres im Einvernehmen mit dem Bundesminister für Verkehr, Innovation und Technologie,

2. hinsichtlich § 10 Abs. 1 Satz 2 der Bundesminister für Landesverteidigung und Sport im Einvernehmen mit dem Bundesminister für Verkehr, Innovation und Technologie,

3. hinsichtlich der §§ 21 und 22 der Bundesminister für Inneres und

4. in allen übrigen Fällen der Bundesminister für Verkehr, Innovation und Technologie.

(BGBl I 2011/35)

§ 41. *(entfällt samt Überschrift, BGBl I 2018/47)*

5/2. GGBV

Inhaltsverzeichnis

Gefahrgutbeförderungsverordnung – GGBV

BGBl II 1999/303 idF

1 BGBl II 2005/214
2 BGBl II 2012/277
3 BGBl II 2013/43
4 BGBl II 2018/90

Verordnung des Bundesministers für Wissenschaft und Verkehr über die Beförderung gefährlicher Güter (Gefahrgutbeförderungsverordnung – GGBV)

Inhaltsverzeichnis

Auf Grund der §§ 2, 11 und 14 des Gefahrgutbeförderungsgesetzes, BGBl. I Nr. 145/1998, in der Fassung BGBl. I Nr. 108/1999 wird verordnet:

1. Abschnitt
Ausbildung der Gefahrgutbeauftragten

- § 1 Sachgebiete, Organisation
- § 2 Anerkennung der Schulungsveranstalter
- § 3 Qualifikationen des Veranstalters
- § 4 Dauer der Schulungen
- § 5 Qualifikationen des Lehrpersonals
- § 6 Lehrmittel
- § 7 Teilnehmerzahl
- § 8 Sprache
- § 9 Durchführung der Schulungen, Kontrollen
- § 10 Erteilung oder Verlängerung des Nachweises über die Gefahrgutbeauftragtenschulung
- § 11 Prüfungen nach der Erstschulung
- § 12 Durchführung der Prüfung
- § 13 Prüfungen nach der Fortbildungsschulung
- § 14 Unterstützungsmaßnahmen der Arbeitgeber/Arbeitgeberinnen

2. Abschnitt
Schulung der Gefahrgutlenker

- § 15 Anerkennung der Lehrgänge
- § 16 Qualifikationen des Veranstalters
- § 17 Dauer der Lehrgänge
- § 18 Qualifikationen des Lehrpersonals
- § 19 Lehrmittel
- § 20 Teilnehmerzahl
- § 21 Sprache
- § 22 Durchführung der Lehrgänge, Kontrollen
- § 23 Erteilung oder Verlängerung der Bescheinigung über die Gefahrgutlenkerschulung
- § 23a Prüfungen nach der Erstschulung
- § 23b Prüfungen nach der Auffrischungsschulung
- § 23c „Ausstellung der Bescheinigung" *(BGBl II 2013/43)*
- § 24 Unterstützungsmaßnahmen der Arbeitgeber/Arbeitgeberinnen

3. Abschnitt
„Unterweisung anderer Personen, die an der Beförderung gefährlicher Güter im Landverkehr beteiligt sind" *(BGBl II 2012/277)*

- § 25 „Lehrpersonal" *(BGBl II 2012/277)*
- § 26 „Dokumentation" *(BGBl II 2012/277)*

4. Abschnitt
Schulung von an der Beförderung gefährlicher Güter im Seeverkehr beteiligten Personen

- § 27 Geltung, Organisation
- § 28 Anerkennung der Schulungsveranstalter
- § 29 Qualifikationen des Veranstalters
- § 30 Dauer der Schulungen
- § 31 Qualifikationen des Lehrpersonals
- § 32 Lehrmittel
- § 33 Teilnehmerzahl
- § 34 Durchführung der Schulungen, Kontrollen
- § 35 Ausstellung des Zeugnisses und Verlängerung seiner Geltungsdauer
- § 36 Prüfungen
- § 37 Durchführung der Prüfung

5. Abschnitt
Schulung von an der Beförderung gefährlicher Güter im Rahmen der Zivilluftfahrt beteiligten Personen

- § 38 Geltung, Organisation
- § 39 Anerkennung der Schulungsveranstalter
- § 40 Qualifikationen des Veranstalters
- § 41 Dauer der Schulungen
- § 42 Qualifikationen des Lehrpersonals
- § 43 Lehrmittel
- § 44 Teilnehmerzahl
- § 45 Durchführung der Schulungen, Kontrollen
- § 46 Ausstellung des Zeugnisses und Verlängerung seiner Geltungsdauer
- § 47 Prüfungen
- § 48 Durchführung der Prüfung

„6. Abschnitt" *(BGBl II 2013/43)*
„Sonstige Bestimmungen" *(BGBl II 2013/43)*

GGBG VO

5/2. GGBV

Inhaltsverzeichnis, §§ 1 – 2

§ 49 „Notifikationshinweis gemäß Artikel 12 der Richtlinie 98/34/EG" *(BGBl II 2013/43)*

§ 50 „Bezugnahme auf Richtlinien" *(BGBl II 2013/43)*

§ 51 „In-Kraft-Treten" *(BGBl II 2013/43)*

§ 52 „Übergangsbestimmungen" *(BGBl II 2013/43)*

(BGBl II 2005/214)

1. Abschnitt

Ausbildung der Gefahrgutbeauftragten

Sachgebiete, Organisation

§ 1. (1) Die Ausbildung der Gefahrgutbeauftragten umfaßt

1. Erstschulungen, das sind solche, nach deren erfolgreichem Abschluß gemäß § 11 Abs. 5 GGBG ein Schulungsnachweis ausgehändigt wird,

2. Fortbildungsschulungen, das sind solche, nach deren erfolgreichem Abschluß gemäß § 11 Abs. 6 GGBG die Geltungsdauer des Schulungsnachweises verlängert wird.

(2) Die in den Erstschulungen zu behandelnden Sachgebiete ergeben sich aus § 11 Abs. 2, 3 und 5 GGBG.

(3) Die Schulungen müssen umfassen

1. einen allgemeinen Teil, in welchem die erforderlichen Kenntnisse für alle Gefahrgutbeauftragten vermittelt werden, die der Schulungspflicht gemäß § 11 Abs. 5 GGBG unterliegen, und

2. einen oder mehrere besondere Teile, in denen die jeweils erforderlichen Kenntnisse für den Straßen-, Schienen- und Binnenschiffverkehr vermittelt werden.

Die Schulungen können auch als Gesamtschulung in integrierter Form für mehrere Verkehrsträger durchgeführt werden.

(4) Schulungen für Teilnehmer, deren Prüfung gemäß den Bestimmungen in § 11 Abs. 3 erfolgen soll, dürfen auf die Vermittlung solcher Kenntnisse eingeschränkt werden, die im Hinblick auf die vorgesehenen Tätigkeitsbereiche maßgebend sind. Im Titel des Schulungsnachweises gemäß § 11 Abs. 5 GGBG ist deutlich anzugeben, daß dieser nur für jene der in § 11 Abs. 3 Z 1 bis 5 genannten Arten von gefährlichen Gütern gültig ist, für die der Teilnehmer geprüft worden ist.

(5) In den Fortbildungsschulungen sind

1. die Kenntnisse der Gefahrgutbeauftragten zu vertiefen,

2. die Kenntnisse – insbesondere hinsichtlich Änderungen des Gefahrguttransportrechts – auf den aktuellen Stand zu bringen und

3. neue technische, rechtliche und die gefährlichen Güter betreffende Entwicklungen zu behandeln.

Anerkennung der Schulungsveranstalter

§ 2. (1) Gefahrgutbeauftragte dürfen in Österreich nur von gemäß § 11 Abs. 7 GGBG anerkannten Schulungsveranstaltern ausgebildet werden.

(2) Der Spruch des Anerkennungsbescheides hat folgende Angaben zu enthalten:

1. den Namen, die Anschrift und, sofern die Anerkennung einer natürlichen Person erteilt wird, auch das Geburtsdatum des Veranstalters,

2. den Umfang der Anerkennung, einschließlich der Angabe der erfaßten Schulungen (Erstschulungen, allgemeiner Teil, besondere Teile, Gesamtschulungen, eingeschränkte Schulungen, Fortbildungsschulungen),

3. die Namen, die Geburtsdaten, die Anschriften und die jeweiligen Sachgebiete des Lehrpersonals,

4. *(entfällt, BGBl II 2005/214)*

„4." die Namen, die Geburtsdaten und die Anschriften jener Personen, die für die Ausstellung der Nachweise über die Gefahrgutbeauftragtenschulung zeichnungsberechtigt sind und *(BGBl II 2005/214)*

„5." gegebenenfalls eine Befristung der Anerkennung oder andere Nebenbestimmungen. *(BGBl II 2005/214)*

(3) Dem Antrag auf Anerkennung sind insbesondere Unterlagen zu folgenden Einzelheiten beizufügen:

1. Qualifikationen des Veranstalters und des Lehrpersonals,

2. detailliertes Schulungsprogramm samt Lehrplänen und Zeitplänen,

3. Angaben zur Schulung der Berichterstellung gemäß § 11 Abs. 8 GGBG, *(BGBl II 2005/214)*

4. Lehrmittel,

5. Bedingungen für die Teilnahme an der Schulung und Prüfung, wie die Anzahl der Teilnehmer und die Sprache.

(4) Der Veranstalter hat dem Landeshauptmann, der den Bescheid über die Anerkennung erlassen hat, unverzüglich jede Änderung hinsichtlich der Angaben im Spruch des Anerkennungsbescheides gemäß Abs. 2 mitzuteilen. Nachstehende Änderungen erfordern die Erlassung eines Bescheides über die Änderung der Anerkennung gemäß § 11 Abs. 7 GGBG:

1. Änderung des Namens des Veranstalters,

2. Änderung des Umfangs der Anerkennung,

3. Einsatz von Lehrpersonen, die für ein entsprechendes Sachgebiet bislang in keinem gültigen anderen Anerkennungsbescheid gemäß § 11 Abs. 7 GGBG aufscheinen, und

4. Änderungen bei den Namen der zeichnungsberechtigten Personen.
(BGBl II 2005/214)

Qualifikationen des Veranstalters

§ 3. In den Unterlagen, die den Anträgen auf Anerkennung beizufügen sind, sind Nachweise über folgende Qualifikationen des Veranstalters zu erbringen:

1. Erfüllung der Voraussetzungen im Sinne von § 8 und Fehlen von Ausschließungsgründen im Sinne von § 13 der Gewerbeordnung 1994, BGBl. Nr. 194 und

2. Erfüllung der Voraussetzungen gemäß § 11 Abs. 7 GGBG.

Dauer der Schulungen

§ 4. (1) Das den Anträgen auf Anerkennung im Rahmen der vorgeschriebenen Unterlagen beizufügende Schulungsprogramm samt Lehrplänen und Zeitplänen hat mindestens folgende Zeitansätze zu berücksichtigen (UE = Unterrichtseinheiten von rund 45 Minuten):

1. Erstschulung für den allgemeinen Teil samt einem besonderen Teil .... 32 UE,

2. Erstschulung für jeden weiteren besonderen Teil... 10 UE,

3. Fortbildungsschulung für den allgemeinen Teil samt einem besonderen Teil........... 16 UE,

4. Fortbildungsschulung für jeden weiteren besonderen Teil........................ 5 UE.

(2) Schulungsprogramme der Erstschulung für

1. auf eine der Ziffern des § 11 Abs. 3 eingeschränkte Prüfungen oder

2. Inhaber gültiger Gefahrgut-Lenkerbescheinigungen oder

3. mehrjährig in einer dem Gefahrgutbeauftragten vergleichbaren Funktion in Unternehmen gemäß § 11 Abs. 1 GGBG Tätige oder

4. Sachverständige gemäß § 26 GGBG oder

5. Inhaber von Bescheinigungen über eine einschlägige Ausbildung mittels Fernunterricht oder e-Learning

können gegenüber Abs. 1 auf jeweils bis zur Hälfte verkürzte Zeitansätze zugrunde gelegt werden. *(BGBl II 2005/214)*

(3) Verkürzungen auf Grund der einzelnen Ziffern des Abs. 2 dürfen nicht kumuliert werden.

(4) Ein Unterrichtstag darf höchstens 8 UE theoretischen Unterricht und nur die Zeit zwischen 8.00 Uhr und 22.00 Uhr umfassen. *(BGBl II 2005/214)*

Qualifikationen des Lehrpersonals

§ 5. In den Unterlagen, die den Anträgen auf Anerkennung beizufügen sind, sind Nachweise über folgende Qualifikationen des Lehrpersonals zu erbringen:

1. ausreichende Kenntnisse der für die jeweiligen Schulungen vorgeschriebenen Themen auf Grund einer einschlägigen Ausbildung in einem hinsichtlich § 11 Abs. 2 relevanten Sachgebiet oder auf Grund gleichwertiger Erfahrungen aus der Praxis der Schulung oder sonstigen Tätigkeit auf dem Gebiet der Beförderung der in Betracht kommenden gefährlichen Güter und

2. entsprechende Befähigung für die Erwachsenenbildung.

Lehrmittel

§ 6. Die Unterlagen, die den Anträgen auf Anerkennung beizufügen sind, haben insbesondere für nachstehende Lehrmittel Angaben über deren ausreichende Verfügbarkeit, Eignung und Aktualität zu enthalten:

1. Vorschriftenmaterial,

2. schriftliche Ausbildungsbehelfe wie Skripten und Fachbroschüren,

3. Begleitpapiere und

4. audiovisuelle Ausbildungsbehelfe wie Ausbildungssoftware, Lichtbilder oder Filme.

(BGBl II 2005/214)

Teilnehmerzahl

§ 7. In den Unterlagen, die den Anträgen auf Anerkennung beizufügen sind, ist den Bedingungen für die Teilnahme an den Schulungen eine Höchstzahl von 25 Teilnehmern zugrundezulegen.

Sprache

§ 8. In den Unterlagen, die den Anträgen auf Anerkennung beizufügen sind, sind den Bedingungen für die Teilnahme an den Schulungen ausreichende Kenntnisse der deutschen Sprache zugrundezulegen. Es können jedoch auch Schulungen für Teilnehmer ohne solche Kenntnisse anerkannt werden, wenn durch Nebenbestimmungen im Anerkennungsbescheid gemäß § 2 Abs. 2 Z 6 sichergestellt ist, daß die Schulungen und Prüfungen korrekt durchgeführt werden.

Durchführung der Schulungen, Kontrollen

§ 9. (1) Der Veranstalter hat die Schulungen in Räumlichkeiten durchzuführen, die so gelegen und beschaffen sind, daß

1. Personen, Sachen oder die Umwelt nicht gefährdet werden,

2. Personen nicht unzumutbar belästigt werden und

3. die Teilnehmer nicht durch andere Personen gestört werden.

(2) Die Dauer der Schulungen hat mindestens die in § 4 Abs. 1 und 2 jeweils angegebene Anzahl von Unterrichtseinheiten zu betragen.

(3) Der Veranstalter hat die Identität der Teilnehmer festzustellen und deren Teilnahme durch Führung von Anwesenheitslisten zu bestätigen.

(4) Der Veranstalter hat Verzeichnisse über die Teilnehmer an von ihm veranstalteten Schulungen mit folgenden Angaben zu führen:

1. Namen, Geburtsdaten, Staatsangehörigkeit und Anschrift des Teilnehmers,

2. absolvierte Schulungen einschließlich durchgeführter Prüfungen,

3. ausgestellte Nachweise (jeweils mit Ausstellungsdatum und Ablaufdatum) und

4. Verlängerungen der Gültigkeit der Nachweise.

(5) Der Veranstalter hat die Verzeichnisse gemäß Abs. 4 mindestens sieben Jahre lang aufzubewahren und dem Landeshauptmann, der den Bescheid über seine Anerkennung erlassen hat, auf Verlangen vorzulegen. „Ist die Anerkennung erloschen, so sind die Verzeichnisse dem Landeshauptmann ohne Aufforderung zur Hinterlegung für Kontrollzwecke sowie zur Ausstellung von Duplikaten der Nachweise, deren Ausfertigungen vom Bundesminister für Verkehr, Innovation und Technologie vorzubereiten sind, zu übersenden." *(BGBl II 2005/214)*

(6) Der Veranstalter hat dem Landeshauptmann, der den Bescheid über die Anerkennung erlassen hat, Termin und Ort der Schulungen rechtzeitig mitzuteilen.

(7) Der Landeshauptmann, der den Anerkennungsbescheid erlassen hat, kann jederzeit unangesagte Kontrollen der Schulungen durchführen, um sich zu vergewissern, daß die Voraussetzungen für die Erteilung der Anerkennung weiterhin gegeben sind und die Schulungen entsprechend der Anerkennung durchgeführt werden. Wurde der Anerkennungsbescheid ohne Befristung erteilt, so ist eine solche Kontrolle jedenfalls wenigstens einmal innerhalb eines Zeitraums von fünf Jahren, gerechnet vom Datum des Bescheides oder vom Datum der letzten Kontrolle, durchzuführen. „Der Landeshauptmann kann die Behebung von Mängeln verfügen. Seinen Anordnungen ist unverzüglich zu entsprechen. Die Anerkennung ist ganz oder hinsichtlich einzelner Schulungen zu widerrufen, wenn der anerkannte Schulungsveranstalter" *(BGBl II 2005/214)*

1. nicht mehr vertrauenswürdig ist oder

2. nicht mehr über qualifiziertes Lehrpersonal verfügt oder

3. hinsichtlich seiner Schulungsräumlichkeiten und Lehrmittel die einschlägigen Bestimmungen dieser Verordnung nicht mehr erfüllt oder

4. die Bestimmungen des Anerkennungsbescheids nicht einhält oder

5. zuläßt, daß Prüfungen bei ihm nicht gemäß den Bestimmungen des GGBG und dieser Verordnung durchgeführt werden.

Erteilung oder Verlängerung des Nachweises über die Gefahrgutbeauftragtenschulung

§ 10. (1) Der Nachweis über die Gefahrgutbeauftragtenschulung ist nach erfolgreicher Teilnahme an einer von einem anerkannten Veranstalter (§ 2) durchgeführten Schulung zu erteilen oder zu verlängern.

(2) Eine Teilnahme ist erfolgreich, wenn der Teilnehmer

1. die Schulung ohne Fehlzeiten besucht hat und

2. die Prüfung persönlich und ohne fremde Hilfe, unter Verwendung von Textausgaben des GGBG und der gemäß § 2 GGBG in Betracht kommenden Vorschriften, erfolgreich abgelegt hat. Zulässige weitere Hilfsmittel sind Taschenrechner „ ". *(BGBl II 2005/214; BGBl II 2012/277)*

(3) Konnten bei der Prüfung eines Teilnehmers die erforderlichen Kenntnisse und Fähigkeiten nicht festgestellt werden, so ist der Nachweis nicht oder entsprechend eingeschränkt auszustellen oder zu verlängern. Der Teilnehmer darf ohne neuerliche Schulung ein zweites Mal zur Prüfung antreten.

(4) Die erfolgreiche Teilnahme an einer Schulung für einen weiteren besonderen Teil darf nur dann bescheinigt werden, wenn der Teilnehmer zuvor die Schulung mit dem allgemeinen Teil und einem besonderen Teil erfolgreich abgeschlossen hat.

(5) Für die Gültigkeitsdauer des Nachweises ist das Datum der Prüfung der Erstschulung maßgebend.

(6) Hat der Inhaber des Nachweises innerhalb eines Zeitraums von zwölf Monaten vor Ablauf der Gültigkeitsdauer an einer von einem anerkannten Schulungsveranstalter durchgeführten Fortbildungsschulung erfolgreich teilgenommen (Abs. 2), so ist der Nachweis um fünf Jahre, gerechnet ab dem Datum des Ablaufes seiner Gültigkeit, zu verlängern. Hat der Inhaber des Nachweises mehr als zwölf Monate vor dem Datum des Ablaufs

der Gültigkeit erfolgreich an einer solchen Fortbildungsschulung teilgenommen, so ist der Nachweis um fünf Jahre, gerechnet ab dem Datum der Prüfung der Fortbildungsschulung, zu verlängern.

Prüfungen nach der Erstschulung

§ 11. (1) Nach Abschluß der Erstschulung ist eine Prüfung abzulegen, in welcher der Schulungsteilnehmer nachzuweisen hat, daß er über die Kenntnisse, das Verständnis und die Fähigkeiten verfügt, die für die Tätigkeit eines Gefahrgutbeauftragten gemäß § 11 GGBG erforderlich sind.

(2) Die Prüfung muß den Beförderungsarten angepaßt sein, für die der Schulungsnachweis gemäß § 11 Abs. 5 GGBG ausgestellt werden soll. Dabei ist folgenden Aspekten besondere Aufmerksamkeit zu widmen:

1. allgemeine Risikovorsorge- und Sicherheitsmaßnahmen,

2. Klassifizierung der gefährlichen Güter,

3. allgemeine Verpackungsvorschriften sowie Anforderungen an Tanks (Tankfahrzeuge, Kesselwagen, Tankcontainer usw.),

4. Aufschriften und Gefahrzettel,

5. Handhabung und Sicherung der Ladung,

6. Ausbildung des Fahrpersonals bzw. der Besatzung,

7. mitzuführende Papiere, Beförderungspapiere,

8. Vermerke in den Beförderungspapieren,

9. Sicherheitsanweisungen und

10. Anforderungen an die Beförderungsmittel.

(3) Teilnehmer, die als Gefahrgutbeauftragte für Unternehmen tätig werden wollen, die sich auf die Beförderung bestimmter Arten von gefährlichen Gütern spezialisiert haben, dürfen eine Prüfung ablegen, welche die Sachgebiete gemäß § 11 Abs. 5 GGBG nur soweit berücksichtigt, als sie von dieser Tätigkeit betroffen sind. Bei diesen Arten von Gütern kann es sich handeln um

1. Güter der Klasse 1: Explosivstoffe oder

2. Güter der Klasse 2: Gase oder

3. Güter der Klasse 7: radioaktive Stoffe oder

4. Mineralölerzeugnisse (UN-Kennzeichnungsnummern 1202, 1203, 1223) oder

5. Güter der Klassen 3, 4.1, 4.2, 4.3, 5.1, 5.2, 6.1, 6.2, 8 und 9: feste und flüssige Stoffe.

(4) Die Prüfung ist schriftlich. Sie wird im Fall des Abs. 6 Z 2 durch mündliche Fragen ergänzt. Die Prüfung umfasst

1. mindestens 20 Fragen mit direkter Antwort für den allgemeinen und einen besonderen Teil, wobei die erreichbare Höchstpunktzahl insgesamt 100 Punkte und die Dauer der Prüfung insgesamt 120 Minuten beträgt, sowie

2. mindestens 10 Fragen mit direkter Antwort für jeden weiteren besonderen Teil, wobei die erreichbare Höchstpunktzahl für jeden weiteren besonderen Teil 60 Punkte und die Dauer der Prüfung für jeden weiteren besonderen Teil 90 Minuten beträgt.
(BGBl II 2005/214)

(5) Im Rahmen der Prüfung gemäß Abs. 4 hat jeder Teilnehmer auch mindestens ein Fallbeispiel für jeden besonderen Teil zu einem die Aufgaben des Gefahrgutbeauftragten gemäß § 11 Abs. 2 Z 1 bis 3 und Abs. 3 GGBG betreffenden Thema zu bearbeiten. Die erreichbare Höchstpunktzahl erhöht sich dadurch für jeden besonderen Teil um 20 Punkte. *(BGBl II 2005/214)*

(6) Die Prüfung gilt für den allgemeinen Teil und für jeden besonderen Teil als bestanden, wenn der Teilnehmer jeweils

1. mindestens 80% der Höchstpunktzahl erreicht oder

2. mindestens 60% der Höchstpunktzahl erreicht und durch Beantwortung nachfolgender mündlicher Fragen, bei denen insbesondere die schriftlich falsch beantworteten Fragen zu vertiefen sind, einen der Z 1 entsprechenden Kenntnisstand nachweist.

(7) „Der Bundesminister für Verkehr, Innovation und Technologie hat eine Liste von Prüfungssachverständigen zu führen, in die Personen aus nachstehenden Gruppen aufgenommen werden dürfen:"

1. mit Angelegenheiten der Beförderung gefährlicher Güter befaßte Bedienstete aus dem Personalstand von Gebietskörperschaften oder

2. Gefahrgutbeauftragte im Sinne von § 11 GGBG oder

3. Personen, die eine der Gefahrgutbeauftragtenausbildung gemäß dieser Verordnung entsprechende qualifizierte Ausbildung aufweisen oder

4. Personen, die mindestens drei Jahre im Bereich der Beförderung gefährlicher Güter verantwortlich tätig sind, oder

5. Sachverständige gemäß § 26 GGBG oder

6. Lehrpersonal im Sinne dieser Verordnung mit Prüfungserfahrung.
(BGBl II 2005/214)

(8) Für Prüfungssachverständige gemäß Abs. 7 und für deren Tätigkeit gelten folgende Voraussetzungen:

1. Der Prüfungssachverständige muß der Aufnahme in die Liste und der fallweisen Entsendung durch den „Bundesminister für Verkehr, Innovation und Technologie" zu Prüfungen zugestimmt haben. *(BGBl II 2005/214)*

2. Der Prüfungssachverständige darf die Entsendung zu einer bestimmten Prüfung nur ablehnen, wenn berücksichtigungswürdige Gründe vorliegen.

3. Die beabsichtigte Entsendung zu einer bestimmten Prüfung ist dem Prüfungssachverständigen und dem Schulungsveranstalter ehestmöglich mitzuteilen.

4. Personal des Schulungsveranstalters, bei dem die Teilnehmer geschult wurden, ist nicht zu entsenden. Weiters hat die Entsendung des in Aussicht genommenen Prüfungssachverständigen zu unterbleiben, wenn nach der Mitteilung und rechtzeitig vor der Entsendung Umstände glaubhaft gemacht werden, welche seine Unbefangenheit in Zweifel stellen. Ist die Entsendung eines anderen Prüfungssachverständigen für die bestimmte Prüfung nicht möglich, so muss die Prüfung zu einem neuen Termin gemäß § 12 durchgeführt werden. *(BGBl II 2005/214)*

Durchführung der Prüfung

§ 12. (1) Der Schulungsveranstalter hat dem „Bundesminister für Verkehr, Innovation und Technologie" für jede Prüfung mitzuteilen

1. mindestens zwei Wochen vor dem geplanten Termin, Art, Ort und Zeit der Prüfung sowie ein aktuelles Verzeichnis seines Lehrpersonals und *(BGBl II 2005/214)*

2. mindestens zwei Werktage vor der Prüfung die zu erwartende Anzahl der Teilnehmer.

„Der Schulungsveranstalter darf die Prüfung, sofern eine Gesamtzahl von 25 Teilnehmern dadurch nicht überschritten wird, zusätzlich auch für Schulungsteilnehmer anderer Veranstalter durchführen. In einem solchen Fall hat er auch mitzuteilen, inwieweit Verpflichtungen gemäß Abs. 2 von dem (den) anderen Veranstalter(n) wahrgenommen werden." *(BGBl II 2005/214)*

(2) Der Schulungsveranstalter hat für jede Prüfung

1. die zur Abdeckung des Prüfungsstoffes erforderliche Anzahl von Lehrpersonen als Prüfer zu stellen,

2. für geeignete Prüfungsräumlichkeiten zu sorgen und

3. die Kosten der Prüfung zu tragen.

(3) Der Bundesminister für Verkehr, Innovation und Technologie hat

1. den Anforderungen des § 11 entsprechende Prüfungsbogen für die schriftliche Prüfung zu erstellen, wobei die Fragen mit ihrem Punktewert zu versehen und um die erforderlichen Fallbeispiele zu ergänzen sind,

2. einen Prüfungssachverständigen aus der Liste gemäß § 11 Abs. 7 für die Entsendung auszuwählen, sowie

3. für jeden Teilnehmer die Ausfertigung eines Schulungsnachweises gemäß § 11 Abs. 5 GGBG vorzubereiten und dem Schulungsveranstalter zur Verfügung zu stellen. *(BGBl II 2005/214)*

(4) Der Prüfungssachverständige hat

1. die Prüfungsbögen im verschlossenen Kuvert an den Prüfungsort zu überbringen,

2. sich über die Identität der Teilnehmer und darüber zu vergewissern, daß sie die erforderliche Schulung absolviert haben und ihr Antreten zur Prüfung im Verzeichnis gemäß § 9 Abs. 4 vermerkt worden ist, und

3. die Prüfungsbögen an die Teilnehmer zu verteilen.

(5) Der Prüfungssachverständige sowie der oder die Prüfer gemäß Abs. 2 Z 1 haben

1. den Ablauf der Prüfung zu überwachen,

2. Teilnehmer, die Täuschungshandlungen unternehmen oder die Prüfung erheblich stören, auszuschließen und deren Prüfung als nicht bestanden (§ 10 Abs. 3) zu erklären,

3. die schriftliche Prüfung auszuwerten,

4. gegebenenfalls mündliche Fragen zu stellen,

5. die Leistungen der Teilnehmer gemäß § 11 Abs. 6 zu beurteilen, *(BGBl II 2005/214)*

6. gegebenenfalls eine Mindestfrist zwischen zwei und vier Wochen für das nochmalige Antreten gemäß § 10 Abs. 3 festzulegen und *(BGBl II 2005/214)*

7. korrigierende oder nicht auszustellende Schulungsnachweise dem Bundesminister für Verkehr, Innovation und Technologie zurückzustellen. *(BGBl II 2005/214)*

In Zweifelsfällen gibt die Meinung des Prüfungssachverständigen den Ausschlag.

(6) Die Kosten gemäß Abs. 2 Z 3 schließen eine Vergütung ein, die dem Prüfungssachverständigen für Zeitversäumnis, Aufwand und Mühewaltung zu leisten ist. Diese beträgt

1. je Prüfung .... 150 Euro und

2. zusätzlich je Teilnehmer und Prüfung

a) für den allgemeinen Teil und einen besonderen Teil .... 10 Euro,

b) für den allgemeinen Teil und zwei besondere Teile .... 15 Euro,

c) für den allgemeinen Teil und drei besondere Teile .... 20 Euro,

d) für einen besonderen Teil .... 5 Euro und

e) für zwei besondere Teile .... 10 Euro.

Bei an Samstagen, Sonntagen oder gesetzlichen Feiertagen abgehaltenen Prüfungen erhöhen sich die Beträge in Z 1 und 2 jeweils um 50 %. *(BGBl II 2005/214)*

Prüfungen nach der Fortbildungsschulung

§ 13. (1) Nach Abschluß der Fortbildungsschulung ist gemäß § 11 Abs. 6 GGBG eine Prüfung abzulegen. In der Prüfung hat der Schulungsteilnehmer nachzuweisen, daß er weiterhin über die Kenntnisse, das Verständnis und die Fähigkeiten verfügt, die für die Tätigkeit eines Gefahrgutbeauftragten erforderlich sind.

(2) Für die Prüfungen gemäß Abs. 1 und deren Durchführung gelten die Bestimmungen der §§ 11 und 12. Jedoch ist

1. abweichend von § 11 Abs. 4 Z 1 und 2 eine auf die Hälfte verminderte erreichbare Höchstpunktezahl und Dauer der Prüfung vorzusehen und für Auswahl und Anzahl der Fragen zugrunde zu legen,

2. abweichend von § 11 Abs. 5 kein Fallbeispiel zu bearbeiten und

3. abweichend von § 12 Abs. 6 eine Vergütung in der Höhe von jeweils 80% der in § 12 Abs. 6 Z 1 und 2 angeführten Beträge zu leisten.
(BGBl II 2005/214)

Unterstützungsmaßnahmen der Arbeitgeber/Arbeitgeberinnen

§ 14. (1) Unternehmen gemäß § 11 Abs. 1 GGBG haben als Arbeitgeber/Arbeitgeberinnen sicherzustellen, daß

1. Kosten, die bei ihren Arbeitnehmern/Arbeitnehmerinnen für deren im betrieblichen Interesse (§ 49 Abs. 3 Z 23 ASVG und § 26 Z 3 EStG 1988) angeordnete Ausbildung oder Fortbildung zur Erlangung der Erteilung oder Verlängerung von Schulungsnachweisen gemäß § 11 Abs. 5 und 6 GGBG entstehen, von den Arbeitgebern/Arbeitgeberinnen getragen werden und

2. solchen Arbeitnehmern/Arbeitnehmerinnen während der Arbeitszeit, unter Fortzahlung des Entgeltes, die Zeit eingeräumt wird, die zur Erlangung der Kenntnisse hinsichtlich der in § 11 Abs. 2 letzter Satz und Abs. 3 genannten Aufgaben und zur Erlangung der Erteilung oder Verlängerung von Schulungsnachweisen gemäß § 11 Abs. 5 und 6 GGBG nötig ist.

(2) Die erforderlichen Erstschulungen oder Fortbildungsschulungen von Arbeitnehmern/Arbeitnehmerinnen, die von Unternehmen gemäß § 11 Abs. 1 GGBG als Gefahrgutbeauftragte benannt werden sollen oder benannt wurden, gelten als angeordnet im Sinne von Abs. 1.

(3) Unternehmen gemäß § 11 Abs. 1 GGBG haben als Arbeitgeber/Arbeitgeberinnen den Gefahrgutbeauftragten Gelegenheit zu geben,

1. ihnen unmittelbar und rechtzeitig Bedenken und Vorschläge vorzutragen und

2. mit anderen zur Wahrnehmung von Aufgaben im Bereich des Umweltschutzes oder des Arbeitnehmerschutzes bestellten Beauftragten und mit der Belegschaftsvertretung zusammenzuarbeiten.

2. Abschnitt

Schulung der Gefahrgutlenker

Anerkennung der Lehrgänge

§ 15. (1) Anerkannte Lehrgänge setzen sich aus Schulung und Prüfung zusammen. Der Anerkennungsbescheid berechtigt den Veranstalter, die darin bezeichneten Lehrgänge durchzuführen.

(2) Der Spruch des Anerkennungsbescheides hat folgende Angaben zu enthalten:

1. den Namen, die Anschrift und, sofern die Anerkennung einer natürlichen Person erteilt wird, auch das Geburtsdatum des Veranstalters,

2. den Umfang der Anerkennung, einschließlich der Angabe der erfaßten Lehrgänge (Basis- oder Aufbaukurse, Erst- oder Auffrischungsschulungen, Gesamtlehrgänge),

3. die Namen, die Geburtsdaten, die Anschriften und die jeweiligen Sachgebiete des Lehrpersonals,

„4." die Namen, die Geburtsdaten und die Anschriften jener Personen, die für die Ausstellung der Bescheinigungen über die Gefahrgutlenkerschulung zeichnungsberechtigt sind, und *(BGBl II 2005/214)*

„5." gegebenenfalls eine Befristung der Anerkennung oder andere Nebenbestimmungen. *(BGBl II 2005/214)*

(3) Dem Antrag auf Anerkennung sind insbesondere Unterlagen zu folgenden Einzelheiten beizufügen:

1. Qualifikationen des Veranstalters und des Lehrpersonals,

2. detailliertes Schulungsprogramm samt Lehrplänen und Zeitplänen,

3. Durchführung der persönlichen praktischen Übungen, insbesondere der Löschübungen mit dem Feuerlöscher, *(BGBl II 2005/214)*

4. Lehrmittel,

5. Bedingungen für die Teilnahme an der Schulung und Prüfung, wie die Anzahl der Teilnehmer und die Sprache,

6. Katalog der Prüfungsfragen und

7. ausführliches Programm der Prüfung, in welchem die Prüfungsgebiete festgelegt sowie die vorgesehenen Prüfungsmethoden, die Dauer der schriftlichen Prüfung und die erforderliche Mindestnote angegeben sind.

(4) Der Veranstalter hat dem Landeshauptmann, der den Bescheid über die Anerkennung der Lehrgänge erlassen hat, unverzüglich jede Änderung hinsichtlich im Spruch des Anerken-

nungsbescheides gemäß Abs. 2 enthaltener Angaben mitzuteilen. Nachstehende Änderungen erfordern die Erlassung eines Bescheides über die Änderung der Anerkennung gemäß § 14 Abs. 3 GGBG:

1. Änderung des Namens des Veranstalters,
2. Änderung des Umfangs der Anerkennung,
3. Einsatz von Lehrpersonen, die für ein entsprechendes Sachgebiet bislang in keinem gültigen anderen Anerkennungsbescheid gemäß § 14 Abs. 3 GGBG aufscheinen, und
4. Änderungen bei den Namen der zeichnungsberechtigten Personen.
(BGBl II 2005/214)

Qualifikationen des Veranstalters

§ 16. In den Unterlagen, die den Anträgen auf Anerkennung beizufügen sind, sind Nachweise über folgende Qualifikationen des Veranstalters zu erbringen:

1. Erfüllung der Voraussetzungen im Sinne von § 8 und Fehlen von Ausschließungsgründen im Sinne von § 13 der Gewerbeordnung 1994, BGBl. Nr. 194 und
2. Erfüllung der Voraussetzungen gemäß § 14 Abs. 3 GGBG.

Dauer der Lehrgänge

§ 17. (1) Die den Anträgen auf Anerkennung im Rahmen der vorgeschriebenen Unterlagen beizufügen-den Lehrpläne und Zeitpläne haben mindestens folgende Zeitansätze zu berücksichtigen (UE = Unterrichtseinheiten von grundsätzlich 45 Minuten):

1. Erstschulung
    a) Basiskurs .... 18 UE Theorie und 1 UE praktische Übungen,
    b) Aufbaukurs Tank .... 12 UE Theorie und 1 UE praktische Übungen,
    c) Aufbaukurs Klasse 1 .... 8 UE Theorie,
    d) Aufbaukurs Klasse 7 .... 8 UE Theorie;
2. Die Dauer der Auffrischungsschulung, einschließlich der praktischen Übungen, muss bei Mehr-zweckkursen mindestens 16 UE und bei Einzelkursen mindestens die Hälfte der Dauer betragen, die für die entsprechenden Erstschulungen vorgesehen ist.
(BGBl II 2012/277)

(2) Abweichend von Abs. 1 Z 1 dürfen den Aufbaukursen Klasse 1 oder Klasse 7 auf jeweils 4 UE „ " verkürzte Zeitansätze zugrundegelegt werden, wenn die Aufbaukurse vorgesehen sind

1. als Teile von Gesamtlehrgängen oder
2. im Rahmen von Lehrgängen für Gefahrgutlenker, die bereits an gleichwertigen Schulungen teilgenommen haben, die nach einem anderen System oder zu einem anderen Zweck durchgeführt wurden und die vorgeschriebenen Themen umfassen.
(BGBl II 2012/277)

(3) Werden Aufbaukurse Klasse 1 oder Klasse 7 und in Abs. 2 Z 2 genannte gleichwertige Schulungen durch denselben Veranstalter in kombinierter Weise durchgeführt, ist ein Zeitansatz von insgesamt mindestens 8 UE „ " je kombiniertem Kurs zugrundezulegen. *(BGBl II 2012/277)*

(4) Verkürzungen auf Grund Abs. 2 Z 1 dürfen nicht mit sonstigen Verkürzungen kumuliert werden.

(5) Ein Unterrichtstag darf höchstens 8 UE theoretischen Unterricht und nur die Zeit zwischen 8.00 Uhr und 22.00 Uhr umfassen. *(BGBl II 2005/214)*

Qualifikationen des Lehrpersonals

§ 18. In den Unterlagen, die den Anträgen auf Anerkennung beizufügen sind, sind Nachweise über folgende Qualifikationen des Lehrpersonals zu erbringen:

1. ausreichende Kenntnisse der für die jeweiligen Lehrgänge vorgeschriebenen Themen auf Grund einer einschlägigen Ausbildung in einem relevanten Sachgebiet oder auf Grund gleichwertiger Erfahrungen aus der Praxis der Schulung oder sonstigen Tätigkeit auf dem Gebiet der Beförderung der in Betracht kommenden gefährlichen Güter und
2. entsprechende Befähigung für die Erwachsenenbildung.

Lehrmittel

§ 19. Die Unterlagen, die den Anträgen auf Anerkennung beizufügen sind, haben insbesondere für nachstehende Lehrmittel Angaben über deren ausreichende Verfügbarkeit, Eignung und Aktualität zu enthalten:

1. Vorschriftenmaterial,
2. schriftliche Ausbildungsbehelfe wie Skripten und Fachbroschüren,
3. Begleitpapiere,
4. Feuerlöscher und bei Zwischenfällen erforderliche andere Ausstattungsgegenstände und
5. audiovisuelle Ausbildungsbehelfe wie Ausbildungssoftware, Lichtbilder oder Filme.

(BGBl II 2005/214)

Teilnehmerzahl

§ 20. In den Unterlagen, die den Anträgen auf Anerkennung beizufügen sind, ist den Bedingungen für die Teilnahme an den Schulungen eine Höchstzahl von 25 Teilnehmern zugrundezulegen.

Schulungen mit einer um bis zu 15 Teilnehmer höheren Teilnehmerzahl können jedoch anerkannt werden, sofern nachgewiesen wird, daß dieser Abweichung, insbesondere bei den persönlichen praktischen Übungen, Rechnung getragen wird durch

1. höhere als die in § 17 genannten Zeitansätze oder
2. einen Stationsbetrieb oder
3. andere geeignete organisatorische Maßnahmen.

Sprache

§ 21. In den Unterlagen, die den Anträgen auf Anerkennung beizufügen sind, sind den Bedingungen für die Teilnahme an den Schulungen ausreichende Kenntnisse der deutschen Sprache zugrundezulegen. Es können jedoch auch Lehrgänge für Teilnehmer ohne solche Kenntnisse anerkannt werden, wenn durch Nebenbestimmungen im Anerkennungsbescheid gemäß § 15 Abs. 2 „Z 5" sichergestellt ist, daß die Lehrgänge korrekt durchgeführt werden. *(BGBl II 2013/43)*

Durchführung der Lehrgänge, Kontrollen

§ 22. (1) Der Veranstalter hat die Lehrgänge in Räumlichkeiten durchzuführen, die so gelegen und beschaffen sind, daß

1. Personen, Sachen oder die Umwelt nicht gefährdet werden,
2. Personen nicht unzumutbar belästigt werden und
3. die Teilnehmer nicht durch andere Personen gestört werden.

(2) Die Dauer der Lehrgänge hat mindestens die in § 17 Abs. 1 bis 4 jeweils angegebene Anzahl von Unterrichtseinheiten zu betragen.

(3) Der Veranstalter hat die Identität der Teilnehmer festzustellen und deren Teilnahme durch Führung von Anwesenheitslisten zu bestätigen.

(4) Der Veranstalter hat Verzeichnisse über die Teilnehmer an von ihm veranstalteten Lehrgängen mit folgenden Angaben zu führen:

1. Namen, Geburtsdaten, Staatsangehörigkeit und Anschrift der Teilnehmer,
2. absolvierte Lehrgänge einschließlich durchgeführter Prüfungen,
3. ausgestellte Bescheinigungen (jeweils mit Ausstellungsdatum und Ablaufdatum) und
4. Verlängerungen der Gültigkeit der Bescheinigungen.

„Bei Ausstellung ab 1. Jänner 2013 ist statt des Ausstellungsdatums die Nummer der Bescheinigung anzugeben." *(BGBl II 2013/43)*

(5) Der Veranstalter hat die Verzeichnisse gemäß Abs. 4 sowie die schriftlichen Prüfungen und Aufzeichnungen gemäß § 23a mindestens sieben Jahre lang aufzubewahren und, soweit dies in § 14 GGBG vorgesehen ist, ohne Aufforderung in der vorgeschriebenen Art und Weise zu übermitteln, sonst auf Verlangen vorzulegen. Ist die Anerkennung erloschen, so sind die vorgenannten Unterlagen dem Landeshauptmann ohne Aufforderung zur Hinterlegung für Kontrollzwecke und zur Ausstellung von Duplikaten der Bescheinigungen gemäß § 23 zu übersenden. *(BGBl II 2012/277)*

(6) Der Veranstalter hat dem Landeshauptmann, der den Bescheid über die Anerkennung erlassen hat, Termin und Ort der Lehrgänge rechtzeitig mitzuteilen.

(7) Der Landeshauptmann, der den Anerkennungsbescheid erlassen hat, kann jederzeit unangesagte Kontrollen der Lehrgänge durchführen, um sich zu vergewissern, daß die Voraussetzungen für die Erteilung der Anerkennung weiterhin gegeben sind und die Lehrgänge entsprechend der Anerkennung durchgeführt werden. Wurde der Anerkennungsbescheid ohne Befristung erteilt, so ist eine solche Kontrolle jedenfalls wenigstens einmal innerhalb eines Zeitraums von fünf Jahren, gerechnet vom Datum des Bescheides oder vom Datum der letzten Kontrolle, durchzuführen. „Der Landeshauptmann kann die Behebung von Mängeln verfügen. Seinen Anordnungen ist unverzüglich zu entsprechen. Die Anerkennung ist ganz oder hinsichtlich einzelner Lehrgänge zu widerrufen, wenn der anerkannte Lehrgangsveranstalter" *(BGBl II 2005/214)*

1. nicht mehr vertrauenswürdig ist oder *(BGBl II 2005/214)*
2. nicht mehr über qualifiziertes Lehrpersonal verfügt oder *(BGBl II 2005/214)*
3. hinsichtlich seiner Schulungsräumlichkeiten und Lehrmittel die einschlägigen Bestimmungen dieser Verordnung nicht mehr erfüllt oder *(BGBl II 2005/214)*
4. die Bestimmungen des Anerkennungsbescheids nicht einhält oder *(BGBl II 2005/214)*
5. zulässt, dass Prüfungen oder Ausstellungen von Bescheinigungen über die Gefahrgutlenkerschulung bei ihm nicht gemäß den Bestimmungen des GGBG und dieser Verordnung durchgeführt werden. *(BGBl II 2013/43)*

Erteilung oder Verlängerung der Bescheinigung über die Gefahrgutlenkerschulung

§ 23. (1) Die Bescheinigung über die Gefahrgutlenkerschulung ist nach erfolgreicher Teilnahme an einem anerkannten Lehrgang (§ 15) zu erteilen oder zu verlängern.

(2) Eine Teilnahme ist erfolgreich, wenn der Teilnehmer

1. die Schulung ohne Fehlzeiten besucht hat und

2. die Prüfung persönlich ohne fremde Hilfe erfolgreich abgelegt hat. Zulässige Hilfsmittel sind Taschenrechner, Unterlagen gemäß § 19 Z 2 und 3 sowie Textausgaben von Vorschriften, die für die Beförderung gefährlicher Güter von Bedeutung sind.

(3) Konnten bei der Prüfung eines Teilnehmers die erforderlichen Kenntnisse und Fähigkeiten nicht festgestellt werden, so ist die Bescheinigung nicht oder entsprechend eingeschränkt auszustellen oder zu verlängern. Die Prüfung kann nach Ablauf einer vom Lehrpersonal festzulegenden Frist, frühestens jedoch nach zwei Wochen, wiederholt werden.

(4) Die erfolgreiche Teilnahme an einem Aufbaukurs darf nur dann bescheinigt werden, wenn der Teilnehmer zuvor den Basiskurs erfolgreich abgeschlossen hat.

(5) Für die Gültigkeitsdauer der Bescheinigung ist das Datum der Prüfung des Basiskurses maßgebend.

(6) Hat der Lenker innerhalb eines Zeitraums von zwölf Monaten vor Ablauf der Gültigkeitsdauer der Bescheinigung eine Auffrischungsschulung erfolgreich besucht (Abs. 1), so ist die Bescheinigung um fünf Jahre, gerechnet ab dem Datum des Ablaufes ihrer Gültigkeit, zu verlängern. Wird die Auffrischungsschulung mehr als zwölf Monate vor dem Datum des Ablaufs der Gültigkeit der Bescheinigung erfolgreich besucht, so ist die Bescheinigung um fünf Jahre, gerechnet ab dem Datum der Prüfung der Auffrischungsschulung, zu verlängern.

Prüfungen nach der Erstschulung

§ 23a. (1) Nach Abschluss der Erstschulung ist vom Lehrpersonal des Schulungsveranstalters eine Prüfung gemäß den in § 2 Z 1 GGBG angeführten Vorschriften durchzuführen.

(2) Die Prüfung ist schriftlich. Sie wird im Fall des Abs. 3 Z 2 durch mündliche Fragen ergänzt. Sie umfasst

1. für den Basiskurs 25 Fragen, wobei die erreichbare Höchstpunktezahl 100 Punkte und die Dauer der Prüfung 50 Minuten beträgt und

2. für jeden Aufbaukurs 15 Fragen, wobei die erreichbare Höchstpunktezahl 60 Punkte und die Dauer der Prüfung 30 Minuten beträgt.

(3) Die Prüfung gilt für den Basiskurs und für jeden Aufbaukurs als bestanden, wenn der Teilnehmer jeweils

1. mindestens 80 % der Höchstpunktezahl erreicht oder

2. mindestens 60 % der Höchstpunktezahl erreicht und durch Beantwortung nachfolgender mündlicher Fragen, bei denen insbesondere die schriftlich falsch beantworteten Fragen zu vertiefen sind, einen der Z 1 entsprechenden Kenntnisstand nachweist.

(4) Wird die schriftliche Prüfung durch mündliche Fragen ergänzt, so hat der Veranstalter schriftliche Aufzeichnungen über die Fragen und die Beurteilung der Antworten zu führen. *(BGBl II 2012/277)*

Prüfungen nach der Auffrischungsschulung

§ 23b. Nach Abschluss der Auffrischungsschulung ist eine Prüfung nach dem Verfahren des § 23a in folgendem Umfang durchzuführen:

1. für den Basiskurs 15 Fragen, wobei die erreichbare Höchstpunktezahl 60 Punkte und die Dauer der Prüfung 30 Minuten beträgt und

2. für jeden Aufbaukurs 10 Fragen, wobei die erreichbare Höchstpunktezahl 40 Punkte und die Dauer der Prüfung 20 Minuten beträgt.

(BGBl II 2012/277)

Ausstellung der Bescheinigung

§ 23c. (1) Das Bundesministerium für Verkehr, Innovation und Technologie hat ein elektronisches Bestellsystem für die Ausstellung der Bescheinigung zur Verfügung zu stellen. Dessen Einrichtung und Betrieb erfolgt durch die Bundesrechenzentrum GmbH (BRZ GmbH). Diese ist funktionell Auftragsverarbeiter im Sinne des Art. 4 Z 8 der Verordnung (EU) Nr. 2016/679 zum Schutz natürlicher Personen bei der Verarbeitung personenbezogener Daten, zum freien Datenverkehr und zur Aufhebung der Richtlinie 95/45/EG (Datenschutz-Grundverordnung), ABl. Nr. L 119 vom 04.05.2016 S.1. Dem Schulungsveranstalter ist bis zur Betriebsaufnahme eines GefahrgutlenkerInnen-Registers ein Zugang über Portal Austria zum Zweck der Datenübermittlung zur Herstellung der Bescheinigung, des Ausdrucks der vorläufigen Bescheinigung und der Erstellung der Verzeichnisse gemäß § 22 Abs. 4 einzurichten. Der Landeshauptmann hat dem Schulungsveranstalter mit der Anerkennung oder auf Antrag in einem ergänzenden Bescheid die Zugangsberechtigung zu erteilen und der BRZ GmbH zur Freischaltung folgende Daten zu übermitteln:

1. Name und Anschrift des Schulungsveranstalters,

2. Name und persönliche Emailadresse einer zeichnungsberechtigten Person gemäß § 15 Abs. 2 Z 4,

3. soweit vorhanden Umsatzsteueridentifikationsnummer (UID) und Kennziffer des Unternehmensregisters (KUR) und

4. die als Aussteller zu verwendende Bezeichnung.

Die zu verwendende Bezeichnung darf nicht mehr als 20 alphanumerische Zeichen umfassen und soll den Namen des Schulungsveranstalters oder dessen gängige Abkürzung erkennen lassen. Der Antrag hat einen Vorschlag für diese Bezeichnung sowie die Angaben zu Z 1 bis 3 zu enthalten. Verfügt der Schulungsveranstalter über Anerkennungsbescheide mehrerer Landeshauptleute oder einer anderen Behörde, so ist er beim Landeshauptmann seines Sitzes einzubringen. In letzterem Fall ist dem Antrag eine Kopie des Anerkennungsbescheides anzuschließen, auf den er sich bezieht. Endet die Anerkennung, so hat der Landeshauptmann die BRZ GmbH zu verständigen, die den Zugang zu sperren hat. *(BGBl II 2018/90)*

(2) Für Schulungen gemäß § 14 Abs. 6 und 7 GGBG, nach denen Bescheinigungen gemäß diesem Paragrafen ausgestellt werden sollen, hat das betreffende Bundesministerium die Mitteilung an die BRZ GmbH selbst durchzuführen. Als Ausstellerbezeichnung ist die aus § 1 Abs. 1 Bundesministeriengesetz jeweils abzuleitende Abkürzung zu verwenden.

(3) Der Schulungsveranstalter hat die für die Gewährleistung der Identität des Bescheinigungswerbers sowie die für die Ausstellung und Zusendung der Bescheinigung nach dem Muster gemäß 8.2.2.8.5 ADR erforderlichen Daten einzugeben. Das sind:

1. Name,
2. Vorname(n),
3. Geburtsdatum und Geburtsort,
4. Akademischer Titel,
5. Anrede,
6. Wohnadresse,
7. Adresse, an die die Bescheinigung zu senden ist,
8. Identitätsnachweis,
9. Staatsangehörigkeit,
10. Lichtbild, mit einer Höhe zwischen 36 und 45 mm und einer Breite zwischen 28 und 35 mm, wobei der Kopf erkennbar und vollständig abgebildet sein muss, in gescannter Form,
11. Unterschrift in gescannter Form,
12. Art der bestandenen Prüfung(en),
13. Datum, bis zu dem die Bescheinigung gültig ist.

(4) Der Schulungsveranstalter hat jedem Teilnehmer nach erfolgreich abgelegter Prüfung die im Bestellsystem zur Verfügung gestellte vorläufige Bescheinigung gemäß Anhang 1 mit Prüfungsdatum sowie Name und Unterschrift einer zeichnungsberechtigten Person auszustellen und vom Teilnehmer unterzeichnen zu lassen. Diese ersetzt die Bescheinigung gemäß 8.2.2.8.5 ADR in deren Umfang für die Dauer von vier Wochen ab dem Datum der Prüfung für Beförderungen innerhalb Österreichs.

(5) Unabhängig von dieser Frist gilt die vorläufige Bescheinigung als Bestätigung der Schulung und Prüfung gegenüber anderen Schulungsveranstaltern, wenn bei diesen noch Aufbaukurse geplant sind und die Bescheinigung erst über den gesamten Schulungsumfang ausgestellt werden soll.

(6) Erteilt der Schulungsveranstalter den Auftrag zur Herstellung der Bescheinigung, so hat die BRZ GmbH den Datensatz dafür grundsätzlich täglich dem Hersteller und Versender zur Verfügung zu stellen. Dieser hat sie grundsätzlich an jedem Arbeitstag zu übernehmen und spätestens am fünften Arbeitstag nach Einlangen der Bescheinigung zu versenden. Für den Fall der Nichtzustellbarkeit ist als Ersatzadresse die des Schulungsveranstalters anzugeben.

(7) Die neuerliche Ausstellung einer Bescheinigung ohne Schulung und Prüfung ist nur zulässig, wenn ohne Änderung der Geltungsdauer

1. der Umstieg auf das Kartenformat,

2. ein Duplikat einer abhanden gekommenen Bescheinigung oder

3. die Vornahme von Berichtigungen

gewünscht wird. Der Schulungsveranstalter hat im Fall der Z 3 Hinweise auf den Inhalt der Berichtigung und vorgelegte Nachweise einzugeben. Auch in diesen Fällen ist eine vorläufige Bescheinigung auszustellen. Verfügt im Fall der Z 2 der ursprüngliche Schulungsveranstalter nicht über einen Zugang gemäß Abs. 1 oder sind die Unterlagen gemäß § 22 Abs. 5 zur Hinterlegung übersandt worden, so hat der Landeshauptmann, der über diese Unterlagen oder die Verzeichnisse gemäß § 14 Abs. 2 GGBG verfügt, zum Zweck der neuerlichen Ausstellung bei anderen Schulungsveranstaltern eine Bestätigung über die bestehende Bescheinigung oder abgelegte Prüfungen auszustellen.

(8) Dem Hersteller und Versender der Bescheinigung ist Kostenersatz in Höhe von 9,90 Euro zu leisten. Dieser ist mit den Schulungsveranstaltern mittels Sammelrechnung ein Mal pro Quartal abzurechnen. Für den Ersatz der Betriebskosten des Bestellsystems hat der Schulungsveranstalter dem Bundesministerium für Verkehr, Innovation und Technologie bei gleichfalls quartalsmäßiger Abrechnung 9,- Euro je Bescheinigung zu leisten.

(9) Zugriff auf die in Abs. 2 angeführten Daten und die damit verbundenen Verfahrensdaten hat nur jener Schulungsveranstalter, der sie eingegeben oder ihre automatisierte Erstellung bewirkt hat.

(BGBl II 2013/43)

Unterstützungsmaßnahmen der Arbeitgeber/Arbeitgeberinnen

§ 24. (1) Die Arbeitgeber/Arbeitgeberinnen haben sicherzustellen, daß

1. Kosten, die bei ihren Arbeitnehmern/Arbeitnehmerinnen für deren im betrieblichen Interesse (§ 49 Abs. 3 Z 23 ASVG und § 26 Z 3 EStG 1988) angeordnete Ausbildung oder Fortbildung gemäß § 14 GGBG entstehen, von den Arbeitgebern/Arbeitgeberinnen getragen werden und

2. solchen Arbeitnehmern/Arbeitnehmerinnen während der Arbeitszeit, unter Fortzahlung des Entgeltes, die zur Absolvierung der besonderen Ausbildung gemäß § 14 GGBG nötige Zeit eingeräumt wird und die für Erstschulungen oder Auffrischungsschulungen nötigen Unterlagen zur Verfügung gestellt werden.

(2) Die erforderlichen Erstschulungen oder Auffrischungsschulungen gemäß § 14 GGBG von Arbeitnehmern/Arbeitnehmerinnen, die Beförderungseinheiten mit gefährlichen Gütern lenken und die der Schulungsverpflichtung gemäß den in § 2 Z 1 GGBG genannten Vorschriften unterliegen, gelten als angeordnet im Sinne von Abs. 1.

3. Abschnitt

Unterweisung anderer Personen, die an der Beförderung gefährlicher Güter im Landverkehr beteiligt sind

Lehrpersonal

§ 25. Sehen die gemäß § 2 Z 1 bis 3 GGBG in Betracht kommenden Vorschriften die Unterweisung von Personal vor, die nicht als Ausbildung von Gefahrgutbeauftragten, Gefahrgutlenkern und Sachkundigen besonders geregelt ist, so darf diese Unterweisung nur von Gefahrgutbeauftragten der betreffenden Unternehmen oder unter deren Überwachung durchgeführt werden oder durch Lehrpersonal erfolgen, das die Qualifikationen aufweist, die für die genannten besonders geregelten Ausbildungen für den jeweiligen Verkehrsträger vorgeschrieben sind.

(BGBl II 2012/277)

Dokumentation

§ 26. Die in den gemäß § 2 Z 1 bis 3 GGBG in Betracht kommenden Vorschriften vorgesehene Dokumentation von Unterweisungen gemäß § 25 ist zumindest fünf Jahre lang ab dem Zeitpunkt der Unterweisung aufzubewahren.

(BGBl II 2012/277)

4. Abschnitt

Schulung von an der Beförderung gefährlicher Güter im Seeverkehr beteiligten Personen

Geltung, Organisation

§ 27. (1) Dieser Abschnitt gilt für die in den gemäß § 2 Z 4 GGBG in Betracht kommenden Vorschriften vorgeschriebene Schulung.

(2) Die Schulung umfasst Erstschulungen und Wiederholungsschulungen.

(3) Über die erfolgreiche Absolvierung der Erstschulung ist ein Zeugnis mit auf drei Jahre befristeter Geltung auszustellen. Das Datum des Ablaufs der Geltungsdauer muss auf dem Zeugnis deutlich vermerkt sein.

(4) Wird erfolgreich eine Wiederholungsschulung absolviert, so wird die Geltungsdauer des Zeugnisses gemäß § 35 Abs. 5 verlängert. Das neue Datum des Ablaufs der Geltungsdauer muss auf dem Zeugnis deutlich vermerkt sein.

(5) Die Schulungen dürfen nur im Rahmen von Lehrgängen erfolgen, die vom Bundesminister für Verkehr, Innovation und Technologie gemäß „§ 31" GGBG anerkannt wurden. Diese Anerkennung gilt als erteilt für

1. Lehrgänge, die der STCW - Verordnung, BGBl. II Nr. 228/2000 unterliegen und

2. Lehrgänge, in denen an der Beförderung gefährlicher Güter im Seeverkehr beteiligte Personen von einer ihrem Unternehmen angehörenden Person geschult werden, die über ein gültiges Zeugnis über die Schulung gemäß diesem Abschnitt verfügt.

Für alle anderen Lehrgänge hat die Anerkennung gemäß den Bestimmungen dieses Abschnittes zu erfolgen. *(BGBl II 2013/43)*

(BGBl II 2005/214)

Anerkennung der Schulungsveranstalter

§ 28. (1) Die Anerkennung betrifft Lehrgänge, soweit sie nicht unter § 27 Abs. 5 Z 1 und 2 fallen, für Personal von an der Beförderung gefährlicher Güter mit nachstehenden Tätigkeiten Beteiligten

1. Einstufen,
2. Verpacken,
3. Beschriften, Markieren, Kennzeichnen und Plakatieren,
4. Be- und Entladen von Cargo Transport Units (CTU),
5. Ausfertigen von Beförderungsdokumenten,
6. Anbieten zur Beförderung,
7. Annehmen zur Beförderung,
8. Umgang mit den Gütern während der Beförderung,
9. Ausarbeiten von Lade- / Stauplänen,

10. Laden auf Schiffe und Löschen von diesen,
11. Befördern,
12. Durchsetzen oder Überwachen oder Überprüfen der Einhaltung der anwendbaren Vorschriften und Regelungen und
13. sonstige Tätigkeiten.

(2) Der Spruch des Anerkennungsbescheides hat folgende Angaben zu enthalten:
1. den Namen, die Anschrift und, sofern die Anerkennung einer natürlichen Person erteilt wird, auch das Geburtsdatum des Veranstalters,
2. den Umfang der Anerkennung, einschließlich der Angabe der erfassten Schulungen (Erstschulungen, Wiederholungsschulungen, Personengruppen),
3. die Namen, die Geburtsdaten, die Anschriften und die jeweiligen Sachgebiete des Lehrpersonals,
4. die Namen, die Geburtsdaten und die Anschriften jener Personen, die für die Ausstellung der Zeugnisse zeichnungsberechtigt sind und
5. gegebenenfalls eine Befristung der Anerkennung oder andere Nebenbestimmungen.

(3) Dem Antrag auf Anerkennung sind insbesondere Unterlagen zu folgenden Einzelheiten beizufügen:
1. Qualifikationen des Veranstalters und des Lehrpersonals,
2. detaillierte(s) Schulungsprogramm(e) samt Lehrplänen und Zeitplänen,
3. Lehrmittel,
4. Bedingungen für die Teilnahme an der Schulung und Prüfung, wie die Anzahl der Teilnehmer und die Sprache,
5. Katalog der Prüfungsfragen und
6. ausführliches Programm der Prüfung, in welchem die Prüfungsgebiete festgelegt sowie die vorgesehenen Prüfungsmethoden, die Dauer der schriftlichen Prüfung und die erforderliche Mindestnote angegeben sind.

(4) Der Veranstalter hat dem Bundesminister für Verkehr, Innovation und Technologie unverzüglich jede Änderung hinsichtlich im Spruch des Anerkennungsbescheides gemäß Abs. 2 enthaltener Angaben mitzuteilen. Nachstehende Änderungen erfordern die Erlassung eines Bescheides über die Änderung der Anerkennung gemäß „§ 31" GGBG: *(BGBl II 2013/43)*
1. Änderung des Namens des Veranstalters,
2. Änderung des Umfangs der Anerkennung und
3. Einsatz von Lehrpersonen, die für ein entsprechendes Sachgebiet bislang in keinem gültigen anderen Anerkennungsbescheid gemäß „§ 31" GGBG aufscheinen, und *(BGBl II 2013/43)*
4. Änderungen bei den Namen der zeichnungsberechtigten Personen.

Qualifikationen des Veranstalters

§ 29. In den Unterlagen, die den Anträgen auf Anerkennung beizufügen sind, sind Nachweise über folgende Qualifikationen des Veranstalters zu erbringen:
1. Erfüllung der Voraussetzungen im Sinne von § 8 und Fehlen von Ausschließungsgründen im Sinne von § 13 der Gewerbeordnung 1994, BGBl. Nr. 194 und
2. Erfüllung der Voraussetzungen gemäß „§ 31" Abs. 2 GGBG. *(BGBl II 2013/43)*

(BGBl II 2005/214)

Dauer der Schulungen

§ 30. (1) Das den Anträgen auf Anerkennung im Rahmen der vorgeschriebenen Unterlagen beizufügende Schulungsprogramm samt Lehrplänen und Zeitplänen hat mindestens folgende Zeitansätze zu berücksichtigen (UE = Unterrichtseinheiten von rund 45 Minuten):
1. Erstschulung für Personal, dessen Tätigkeiten in § 28 Abs. 1 Z 6, 7, 9, 11 oder 12 genannte einschließen .... 32 UE,
2. Erstschulung für Personal, dessen Tätigkeiten in § 28 Abs. 1 sonst genannte einschließen .... 8 UE,
3. Wiederholungsschulung für Personal gemäß Z 1 .... 16 UE und
4. Wiederholungsschulung für Personal gemäß Z 2 .... 4 UE.

(2) Schulungsprogrammen der Erstschulung für
1. Inhaber von Bescheinigungen über eine einschlägige Ausbildung mittels Fernunterricht oder e-Learning oder
2. Personal, aus dessen Aufgabenbereich und Grad der Verantwortlichkeit sich ein eingeschränktes Ausbildungserfordernis ergibt,
können gegenüber Abs. 1 auf jeweils bis zur Hälfte verkürzte Zeitansätze zugrunde gelegt werden.

(3) Verkürzungen auf Grund der einzelnen Ziffern des Abs. 2 dürfen nicht kumuliert werden.

(4) Ein Unterrichtstag darf höchstens 8 UE theoretischen Unterricht und nur die Zeit zwischen 8.00 Uhr und 22.00 Uhr umfassen.

(BGBl II 2005/214)

Qualifikationen des Lehrpersonals

§ 31. In den Unterlagen, die den Anträgen auf Anerkennung beizufügen sind, sind Nachweise über folgende Qualifikationen des Lehrpersonals zu erbringen:
1. ausreichende Kenntnisse der für die jeweiligen Schulungen vorgeschriebenen Themen auf

Grund einer einschlägigen Ausbildung in einem relevanten Sachgebiet oder auf Grund gleichwertiger Erfahrungen aus der Praxis der Schulung oder sonstigen Tätigkeit auf dem Gebiet der Beförderung gefährlicher Güter im Seeverkehr und

2. entsprechende Befähigung für die Erwachsenenbildung.

(BGBl II 2005/214)

Lehrmittel

§ 32. Die Unterlagen, die den Anträgen auf Anerkennung beizufügen sind, haben insbesondere für nachstehende Lehrmittel Angaben über deren ausreichende Verfügbarkeit, Eignung und Aktualität zu enthalten:

1. Vorschriftenmaterial,

2. schriftliche Ausbildungsbehelfe wie Skripten und Fachbroschüren,

3. Begleitpapiere und

4. audiovisuelle Ausbildungsbehelfe wie Ausbildungssoftware, Lichtbilder oder Filme.

(BGBl II 2005/214)

Teilnehmerzahl

§ 33. In den Unterlagen, die den Anträgen auf Anerkennung beizufügen sind, ist den Bedingungen für die Teilnahme an den Schulungen eine Höchstzahl von 25 Teilnehmern zugrunde zu legen. Schulungen mit einer um bis zu 15 Teilnehmer höheren Teilnehmerzahl können jedoch anerkannt werden, sofern nachgewiesen wird, dass dieser Abweichung, insbesondere bei den persönlichen praktischen Übungen, Rechnung getragen wird durch

1. höhere als die in § 30 genannten Zeitansätze oder

2. einen Stationsbetrieb oder

3. andere geeignete organisatorische Maßnahmen.

(BGBl II 2005/214)

Durchführung der Schulungen, Kontrollen

§ 34. (1) Der Veranstalter hat die Schulungen in Räumlichkeiten durchzuführen, die so gelegen und beschaffen sind, dass

1. Personen, Sachen oder die Umwelt nicht gefährdet werden,

2. Personen nicht unzumutbar belästigt werden und

3. die Teilnehmer nicht durch andere Personen gestört werden.

(2) Der Veranstalter hat die Identität der Teilnehmer festzustellen und deren Teilnahme durch Führung von Anwesenheitslisten zu bestätigen.

(3) Der Veranstalter hat Verzeichnisse über die Teilnehmer an von ihm veranstalteten Schulungen mit folgenden Angaben zu führen:

1. Namen, Geburtsdaten, Staatsangehörigkeit und Anschrift der Teilnehmer,

2. absolvierte Schulungen einschließlich durchgeführter Prüfungen,

3. ausgestellte Zeugnisse (jeweils mit Ausstellungsdatum und Ablaufdatum) und

4. Verlängerungen der Geltungsdauer mit Ablaufdatum.

(4) Der Veranstalter hat die Verzeichnisse gemäß Abs. 3 „sowie die schriftlichen Prüfungen und Aufzeichnungen gemäß § 36 Abs. 5" mindestens vier Jahre lang aufzubewahren und dem Bundesminister für Verkehr, Innovation und Technologie auf Verlangen vorzulegen. *(BGBl II 2012/277)*

(5) Der Bundesminister für Verkehr, Innovation und Technologie kann jederzeit unangesagte Kontrollen der Schulungen durchführen, um sich zu vergewissern, dass die Voraussetzungen für die Erteilung der Anerkennung weiterhin gegeben sind und die Schulungen entsprechend der Anerkennung durchgeführt werden.

(BGBl II 2005/214)

Ausstellung des Zeugnisses und Verlängerung seiner Geltungsdauer

§ 35. (1) Die Ausstellung des Zeugnisses oder Verlängerung seiner Geltungsdauer hat nach erfolgreicher Teilnahme an einer von einem anerkannten Veranstalter (§ 27) durchgeführten Schulung zu erfolgen.

(2) Eine Teilnahme ist erfolgreich, wenn der Teilnehmer

1. die Schulung ohne Fehlzeiten besucht hat und

2. die Prüfung persönlich und ohne fremde Hilfe, unter Verwendung von Textausgaben der gemäß § 2 Z 4 GGBG in Betracht kommenden Vorschriften, abgelegt hat. Zulässige weitere Hilfsmittel sind Taschenrechner sowie Unterlagen gemäß § 32 Z 2.

(3) Konnten bei der Prüfung eines Teilnehmers die erforderlichen Kenntnisse und Fähigkeiten nicht festgestellt werden, so ist das Zeugnis nicht auszustellen oder seine Geltungsdauer nicht zu verlängern. Der Teilnehmer darf ohne neuerliche Schulung ein zweites Mal zur Prüfung antreten.

(4) Für die Gültigkeitsdauer des Zeugnisses ist das Datum der Prüfung der Erstschulung maßgebend.

(5) Hat der Inhaber des Zeugnisses innerhalb eines Zeitraums von einem Jahr vor Ablauf der Gültigkeitsdauer an einer von einem anerkannten Schulungsveranstalter durchgeführten Wiederho-

lungsschulung erfolgreich teilgenommen (Abs. 2), so ist das Zeugnis um drei Jahre, gerechnet ab dem Datum des Ablaufes der Geltungsdauer, zu verlängern. Hat der Inhaber des Zeugnisses mehr als ein Jahr vor dem Datum des Ablaufs der Geltungsdauer erfolgreich an einer solchen Wiederholungsschulung teilgenommen, so ist das Zeugnis um drei Jahre, gerechnet ab dem Datum der Prüfung der Wiederholungsschulung, zu verlängern.

(BGBl II 2005/214)

Prüfungen

§ 36. (1) Nach Abschluss der Schulung ist vom Lehrpersonal des Veranstalters eine Prüfung durchzuführen, in welcher der Schulungsteilnehmer nachzuweisen hat, dass er über die Kenntnisse, das Verständnis und die Fähigkeiten verfügt, die für die Tätigkeit der ihn betreffenden Personengruppe erforderlich sind, sowie im Falle der Wiederholungsschulung, dass er sich mit seinen Kenntnissen auf dem aktuellen Stand befindet.

(2) Die Prüfung muss den Aspekten angepasst sein, auf denen die betreffende Personengruppe auf Grund der gemäß § 2 Z 4 GGBG in Betracht kommenden Vorschriften mindestens vertraut sein muss.

(3) Die Prüfung ist schriftlich. Sie wird im Fall des Abs. 4 Z 2 durch eine mündliche Prüfung ergänzt. Sie umfasst

1. bei der Prüfung nach der Erstschulung mindestens 20 Fragen mit direkter Antwort und bis zu fünf weitere Fragen mit zur Auswahl stehenden Antworten, wobei die erreichbare Höchstpunktezahl insgesamt 100 Punkte und die Dauer der Prüfung insgesamt 120 Minuten beträgt und

2. bei der Prüfung nach der Wiederholungsschulung Fragen, deren Auswahl und Anzahl eine erreichbare Höchstpunktezahl von insgesamt 50 Punkten und eine Prüfungsdauer von 60 Minuten zugrunde liegt.

(4) Die Prüfung gilt als bestanden, wenn der Teilnehmer jeweils

1. mindestens 80% der Höchstpunktezahl erreicht oder

2. mindestens 60% der Höchstpunktezahl erreicht und durch Beantwortung nachfolgender mündlicher Fragen, bei denen insbesondere die schriftlich falsch beantworteten Fragen zu vertiefen sind, einen der Z 1 entsprechenden Kenntnisstand nachweist.

(5) Wird die schriftliche Prüfung durch mündliche Fragen ergänzt, so hat der Veranstalter schriftliche Aufzeichnungen über die Fragen und die Beurteilung der Antworten zu führen. *(BGBl II 2012/277)*

(BGBl II 2005/214)

Durchführung der Prüfung

§ 37. Der Schulungsveranstalter hat für jede Prüfung

1. die zur Abdeckung des Prüfungsstoffes erforderliche Anzahl von Lehrpersonen als Prüfer zu stellen,

2. für geeignete Prüfungsräumlichkeiten zu sorgen und

3. die Kosten der Prüfung zu tragen.

(BGBl II 2005/214)

5. Abschnitt

Schulung von an der Beförderung gefährlicher Güter im Rahmen der Zivilluftfahrt beteiligten Personen

Geltung, Organisation

§ 38. (1) Die in den gemäß § 2 Z 5 GGBG in Betracht kommenden Vorschriften für die darin genannten Personengruppen vorgeschriebene Ausbildung umfasst Erstschulungen und Wiederholungsschulungen.

(2) Über die erfolgreiche Absolvierung der Erstschulung ist ein Zeugnis mit auf 24 Monate befristeter Geltung auszustellen. Das Datum des Ablaufs der Geltungsdauer muss auf dem Zeugnis deutlich vermerkt sein. Das Zeugnis und die darin enthaltenen Eintragungen dürfen auch in englischer Sprache verfasst sein.

(3) Wird erfolgreich eine Wiederholungsschulung absolviert, so wird die Geltungsdauer des Zeugnisses gemäß § 46 Abs. 5 verlängert. Das neue Datum des Ablaufs der Geltungsdauer muss auf dem Zeugnis deutlich vermerkt sein.

(4) Die Schulungen dürfen nur im Rahmen von Lehrgängen erfolgen, die gemäß § 33 GGBG anerkannt wurden. Diese Anerkennung gilt für Lehrgänge als erteilt, die

1. im Rahmen von Programmen der Luftfahrtunternehmer für die Schulung ihres Personals oder des Personals von in ihrem Namen handelnden Unternehmen gemäß Luftverkehrsbetreiberzeugnis-Verordnung 2008 (AOCV 2008), BGBl. II Nr. 254/2008 in ihrer jeweils geltenden Fassung genehmigt worden sind oder

2. von einer Ausbildungsgenehmigung gemäß § 46 Luftfahrtgesetz (LFG), BGBl. Nr. 253/1957 in der jeweils geltenden Fassung erfasst sind.

(BGBl II 2012/277)

(BGBl II 2005/214)

Anerkennung der Schulungsveranstalter

§ 39. (1) Die Anerkennung betrifft Lehrgänge, soweit sie nicht unter § 38 Abs. 4 Z 1 oder 2 fallen, für Personal, das:

1. bei Absendern von Gefahrgut und Agenten solcher Absender entsprechend tätig ist oder

2. bei Verpackern von Gefahrgut entsprechend tätig ist oder

3. bei Spediteuren an der Behandlung von Gefahrgut beteiligt ist oder

4. bei Spediteuren an der Behandlung von Fracht (andere als Gefahrgut) beteiligt ist oder

5. bei Spediteuren an der Handhabung, Lagerung und Verladung von Fracht beteiligt ist oder

6. bei Beförderern und in deren Auftrag handelnden Agenten mit der Gefahrgutannahme befasst ist oder

7. bei Beförderern und in deren Auftrag handelnden Agenten mit der Frachtannahme (andere als Gefahrgut) befasst ist oder

8. bei Beförderern und in deren Auftrag handelnden Agenten für die Handhabung, Lagerung und Verladung von Fracht und Gepäck verantwortlich ist oder

9. bei der Passagierabfertigung tätig ist oder

10. zur Flugbesatzung gehört und mit der Beladeplanung befasst ist oder

11. zur Besatzung (andere als Flugbesatzung) gehört oder

12. zum Sicherungspersonal gehört und mit der Überprüfung von Fluggästen und deren Gepäck sowie von Fracht befasst ist.

(2) Der Spruch des Anerkennungsbescheides hat folgende Angaben zu enthalten:

1. den Namen, die Anschrift und, sofern die Anerkennung einer natürlichen Person erteilt wird, auch das Geburtsdatum des Veranstalters,

2. den Umfang der Anerkennung, einschließlich der Angabe der erfassten Schulungen (Erstschulungen, Wiederholungsschulungen, Personengruppen),

3. die Namen, die Geburtsdaten, die Anschriften und die jeweiligen Sachgebiete des Lehrpersonals,

4. die Namen, die Geburtsdaten und die Anschriften jener Personen, die für die Ausstellung der Zeugnisse zeichnungsberechtigt sind und

5. gegebenenfalls eine Befristung der Anerkennung oder andere Nebenbestimmungen.

(3) Dem Antrag auf Anerkennung sind insbesondere Unterlagen zu folgenden Einzelheiten beizufügen:

1. Qualifikationen des Veranstalters und des Lehrpersonals,

2. detaillierte(s) Schulungsprogramm(e) samt Lehrplänen, Zeitplänen und Prüfungsprogrammen,

3. Lehrmittel, bei e-Learning: entsprechendes Lernprogramm,

4. Bedingungen für die Teilnahme an der Schulung und Prüfung, wie die Anzahl der Teilnehmer und die Sprache.

(4) Der Veranstalter hat der Behörde, die den Anerkennungsbescheid erlassen hat, unverzüglich jede Änderung hinsichtlich im Spruch des Anerkennungsbescheides gemäß Abs. 2 enthaltener Angaben mitzuteilen. Nachstehende Änderungen erfordern die Erlassung eines Bescheides über die Änderung der Anerkennung gemäß „§ 33" GGBG: *(BGBl II 2013/43)*

1. Änderung des Namens des Veranstalters,

2. Änderung des Umfangs der Anerkennung und

3. Einsatz von Lehrpersonen, die für ein entsprechendes Sachgebiet bislang in keinem gültigen anderen Anerkennungsbescheid gemäß „§ 33" GGBG aufscheinen, und *(BGBl II 2013/43)*

4. Änderungen bei den Namen der zeichnungsberechtigten Personen.

(BGBl II 2005/214)

Qualifikationen des Veranstalters

§ 40. In den Unterlagen, die den Anträgen auf Anerkennung beizufügen sind, sind Nachweise über folgende Qualifikationen des Veranstalters zu erbringen:

1. Erfüllung der Voraussetzungen im Sinne von § 8 und Fehlen von Ausschließungsgründen im Sinne von § 13 der Gewerbeordnung 1994, BGBl. Nr. 194 und

2. Erfüllung der Voraussetzungen gemäß „§ 33" Abs. 2 GGBG. *(BGBl II 2013/43)*

(BGBl II 2005/214)

Dauer der Schulungen

§ 41. (1) Das den Anträgen auf Anerkennung im Rahmen der vorgeschriebenen Unterlagen beizufügende Schulungsprogramm samt Lehrplänen und Zeitplänen hat mindestens folgende Zeitansätze zu berücksichtigen (UE = Unterrichtseinheiten von rund 45 Minuten):

1. Erstschulung für Personal, dessen Tätigkeiten in § 39 Abs. 1 Z 1, 3 und 6 genannte einschließen ...... 32 UE,

2. Erstschulung für Personal, dessen Tätigkeiten in § 39 Abs. 1 sonst genannte einschließen ...... 16 UE,

3. Wiederholungsschulung für Personal gemäß Z 1 ...... 16 UE und

4. Wiederholungsschulung für Personal gemäß Z 2 ...... 8 UE.

(2) Schulungsprogrammen für

1. Inhaber von Bescheinigungen über eine einschlägige Ausbildung mittels Fernunterricht oder e - Learning oder

2. Personal, aus dessen Aufgabenbereich und Grad der Verantwortlichkeit sich ein eingeschränktes Ausbildungserfordernis ergibt,

können gegenüber Abs. 1 auf jeweils bis zur Hälfte verkürzte Zeitansätze zugrunde gelegt werden.

(3) Verkürzungen auf Grund der einzelnen Ziffern des Abs. 2 dürfen nicht kumuliert werden.

(4) Ein Unterrichtstag darf höchstens 8 UE theoretischen Unterricht und nur die Zeit zwischen 8.00 Uhr und 22.00 Uhr umfassen.

(BGBl II 2005/214)

Qualifikationen des Lehrpersonals

§ 42. In den Unterlagen, die den Anträgen auf Anerkennung beizufügen sind, sind Nachweise über folgende Qualifikationen des Lehrpersonals zu erbringen:

1. ausreichende Kenntnisse der für die jeweiligen Schulungen vorgeschriebenen Themen auf Grund einer einschlägigen Ausbildung in einem relevanten Sachgebiet oder auf Grund gleichwertiger Erfahrungen aus der Praxis der Schulung oder sonstigen Tätigkeit auf dem Gebiet der Beförderung gefährlicher Güter im Luftverkehr und

2. entsprechende Befähigung für die Erwachsenenbildung.

(BGBl II 2005/214)

Lehrmittel

§ 43. Die Unterlagen, die den Anträgen auf Anerkennung beizufügen sind, haben insbesondere für nachstehende Lehrmittel Angaben über deren ausreichende Verfügbarkeit, Eignung und Aktualität zu enthalten:

1. Vorschriftenmaterial,

2. schriftliche Ausbildungsbehelfe wie Skripten und Fachbroschüren,

3. Begleitpapiere und

4. audiovisuelle Ausbildungsbehelfe wie Ausbildungssoftware, Lichtbilder oder Filme.

(BGBl II 2005/214)

Teilnehmerzahl

§ 44. In den Unterlagen, die den Anträgen auf Anerkennung beizufügen sind, ist den Bedingungen für die Teilnahme an den Schulungen eine Höchstzahl von 25 Teilnehmern zugrunde zu legen. Schulungen mit einer um bis zu 15 Teilnehmer höheren Teilnehmerzahl können jedoch anerkannt werden, sofern nachgewiesen wird, dass dieser Abweichung, insbesondere bei den persönlichen praktischen Übungen, Rechnung getragen wird durch

1. höhere als die in § 41 genannten Zeitansätze oder

2. einen Stationsbetrieb oder

3. andere geeignete organisatorische Maßnahmen.

(BGBl II 2005/214)

Durchführung der Schulungen, Kontrollen

§ 45. (1) Der Veranstalter hat die Schulungen in Räumlichkeiten durchzuführen, die so gelegen und beschaffen sind, dass

1. Personen, Sachen oder die Umwelt nicht gefährdet werden,

2. Personen nicht unzumutbar belästigt werden und

3. die Teilnehmer nicht durch andere Personen gestört werden.

(2) Der Veranstalter hat die Identität der Teilnehmer festzustellen und deren Teilnahme durch Führung von Anwesenheitslisten zu bestätigen.

(3) Der Veranstalter hat Verzeichnisse über die Teilnehmer an von ihm veranstalteten Schulungen mit folgenden Angaben zu führen:

1. Namen, Geburtsdaten und Staatsangehörigkeit,

2. absolvierte Schulungen einschließlich durchgeführter Prüfungen,

3. ausgestellte Zeugnisse (jeweils mit Ausstellungsdatum und Ablaufdatum) und

4. Verlängerungen der Geltungsdauer mit Ablaufdatum.

(4) Der Veranstalter hat die Verzeichnisse gemäß Abs. 3 mindestens vier Jahre lang aufzubewahren und der Behörde, die den Bescheid über seine Anerkennung erlassen hat, auf Verlangen vorzulegen. *(BGBl II 2012/277)*

(5) Der Veranstalter hat Informationen über Termin und Ort von Schulungen möglichst umgehend nach deren Festlegung der Behörde, die den Bescheid über seine Anerkennung erlassen hat, zur Verfügung zu stellen. Diese kann jederzeit unangesagte Kontrollen der Schulungen durchführen, um sich zu vergewissern, dass die Voraussetzungen für die Erteilung der Anerkennung weiterhin gegeben sind und die Schulungen entsprechend der Anerkennung und den geltenden Vorschriften durchgeführt werden. *(BGBl II 2012/277)*

(BGBl II 2005/214)

Ausstellung des Zeugnisses und Verlängerung seiner Geltungsdauer

§ 46. (1) Die Ausstellung des Zeugnisses oder Verlängerung seiner Geltungsdauer hat nach erfolgreicher Teilnahme an einer von einem anerkannten Veranstalter (§ 38) durchgeführten Schulung zu erfolgen.

(2) Eine Teilnahme ist erfolgreich, wenn der Teilnehmer

1. die Schulung ohne Fehlzeiten besucht hat und

2. die Prüfung persönlich und ohne fremde Hilfe, unter Verwendung von Textausgaben der gemäß § 2 Z 5 GGBG in Betracht kommenden Vorschriften oder der Vorschriften, welche diese Vorschriften übernehmen und ergänzen, abgelegt hat. Zulässige weitere Hilfsmittel sind Taschenrechner sowie Unterlagen gemäß § 43 Z 2.

(3) Konnten bei der Prüfung eines Teilnehmers die erforderlichen Kenntnisse und Fähigkeiten nicht festgestellt werden, so ist das Zeugnis nicht auszustellen oder seine Geltungsdauer nicht zu verlängern. Der Teilnehmer darf ohne neuerliche Schulung ein zweites Mal zur Prüfung antreten.

(4) Für die Gültigkeitsdauer des Zeugnisses ist das Datum der Prüfung der Erstschulung maßgebend.

(5) Hat der Inhaber des Zeugnisses innerhalb eines Zeitraums von sechs Monaten vor Ablauf der Gültigkeitsdauer an einer von einem anerkannten Schulungsveranstalter durchgeführten Wiederholungsschulung erfolgreich teilgenommen (Abs. 2), so ist das Zeugnis um 24 Monate, gerechnet ab dem Datum des Ablaufes der Geltungsdauer, zu verlängern. Hat der Inhaber des Zeugnisses mehr als sechs Monate vor dem Datum des Ablaufs der Geltungsdauer erfolgreich an einer solchen Wiederholungsschulung teilgenommen, so ist das Zeugnis um 24 Monate, gerechnet ab dem Datum der Prüfung der Wiederholungsschulung, zu verlängern.

(BGBl II 2005/214)

Prüfungen

§ 47. (1) Nach Abschluss der Schulung ist eine schriftliche Prüfung oder ein rechnergesteuerter genehmigter Abschlusstest durchzuführen, worin der Schulungsteilnehmer nachzuweisen hat, dass er über die Kenntnisse, das Verständnis und die Fähigkeiten verfügt, die für die Tätigkeit der ihn betreffenden Personengruppe (§ 39 Abs. 1) erforderlich sind, sowie im Falle der Wiederholungsschulung, dass er sich mit seinen Kenntnissen auf dem aktuellen Stand befindet.

(2) Die Prüfung muss den Aspekten angepasst sein, mit denen die betreffende Personengruppe auf Grund der gemäß § 2 Z 5 GGBG in Betracht kommenden Vorschriften mindestens vertraut sein muss.

(3) Die Prüfung gilt als bestanden, wenn mindestens 80% einer zu erreichenden Höchstpunktezahl erreicht werden.

(BGBl II 2005/214)

Durchführung der Prüfung

§ 48. Der Schulungsveranstalter hat für jede Prüfung

1. für geeignete Prüfungsräumlichkeiten zu sorgen und

2. die Kosten der Prüfung zu tragen.

(BGBl II 2005/214)

6. Abschnitt
Sonstige Bestimmungen

Notifikationshinweis gemäß Artikel 12 der Richtlinie 98/34/EG

§ 49. Diese Verordnung wurde unter Einhaltung der Bestimmungen der Richtlinie 98/34/EG über ein Informationsverfahren auf dem Gebiet der Normen und technischen Vorschriften und der Vorschriften für die Dienste der Informationsgesellschaft, ABl. Nr. L 204 vom 21.7.1998, S. 37 in der Fassung der Richtlinie 98/48/EG, ABl. Nr. L 217 vom 5.8.1998, S. 18 unter der Notifikationsnummer 2004/263/A notifiziert.

(BGBl II 2005/214)

Bezugnahme auf Richtlinien

§ 50. Mit dieser Verordnung wird die Richtlinie 2010/61/EU zur erstmaligen Anpassung der Anhänge der Richtlinie 2008/68/EG des Europäischen Parlaments und des Rates über die Beförderung gefährlicher Güter im Binnenland an den wissenschaftlichen und technischen Fortschritt, ABl. Nr. L 233 vom 03.09.2010 S. 27, in österreichisches Recht umgesetzt.

(BGBl II 2012/277)

In-Kraft-Treten

„**§ 51.**" „(1)"** „Die Änderungen dieser Verordnung durch die Verordnung BGBl. II Nr. 214/2005 treten mit 1. Oktober 2005 in Kraft."* (**BGBl II 2012/277;* ***BGBl II 2013/43*)

(2) Die Änderungen dieser Verordnung durch die Verordnung BGBl. II Nr. 43/2013 treten mit 1. Jänner 2013 in Kraft. *(BGBl II 2013/43)*

(3) Die Änderung des § 23c Abs. 1 sowie des Musters zu § 23c Abs. 4 in der Fassung der Verordnung BGBl. II Nr. 90/2018 treten mit 25. Mai 2018 in Kraft. *(BGBl II 2018/90)*

(BGBl II 2005/214; BGBl II 2012/277)

Übergangsbestimmungen

§ 52. Im Jänner 2013 dürfen Veranstalter von Gefahrgutlenker-Schulungen, die noch keinen Zugang zum elektronischen Bestellsystem gemäß

§ 52,

§ 23c haben, die vorläufige Bescheinigung ohne dessen Nutzung nach dem vom Bundesministerium für Verkehr, Innovation und Technologie auf seiner Homepage publizierten Muster ausstellen.

(BGBl II 2013/43)

**Vorläufige
ADR-SCHULUNGSBESCHEINIGUNG FÜR FAHRZEUGFÜHRER
für Beförderungen innerhalb Österreichs**

NR. DER BESCHEINIGUNG: ....
NAME: ....
VORNAME(N): ....
GEBURTSDATUM (TT/MM/JJJJ): ....
STAATSANGEHÖRIGKEIT: ....
AUSSTELLERBEZEICHNUNG: ....

GÜLTIG FÜR KLASSE(N) ODER UN-NUMMERN:

IN TANKS[1]	AUSGENOMMEN IN TANKS[1]
1	1
2	2
3	3
4.1, 4.2, 4.3	4.1, 4.2, 4.3
5.1, 5.2	5.1, 5.2
6.1, 6.2	6.1, 6.2
7	7
8	8
9	9

....
Zeichnungsberechtigte(r) (§ 15 (2) Z 4 GGBV):   Bescheinigungswerber(in):
Prüfungsdatum, Name, Unterschrift   Unterschrift

[1] *Nicht zutreffendes ist zu streichen.*

Hinweise für Bescheinigungswerber:
– Diese vorläufige Bescheinigung gilt nur für Beförderungen innerhalb Österreichs und nur in Verbindung mit einem amtlichen Lichtbildausweis bis zum Erhalt der Bescheinigung im Kartenformat, längstens jedoch für die Dauer von vier Wochen ab dem Datum der Prüfung.
– Mit Ihrer Unterschrift bestätigen Sie die richtige Wiedergabe Ihrer personenbezogenen Daten. Die für eine Bescheinigung im Kartenformat erforderlichen Daten werden an den Hersteller ausschließlich zu diesem Zweck übermittelt.
– Sollten Sie die Schulungsbescheinigung im Kartenformat bestellt, 14 Tage nach Abschluss der Ausbildung aber noch nicht erhalten haben, werden Sie ersucht, sich mit Ihrem Schulungsveranstalter in Verbindung zu setzen.

Als Zustelladresse haben Sie angegeben:
....

– Unabhängig von den genannten Fristen gilt diese vorläufige Bescheinigung als Bestätigung der Schulung und Prüfung gegenüber anderen Schulungsveranstaltern, wenn Sie bei diesen noch Aufbaukurse planen und die Bescheinigung erst über den gesamten Schulungsumfang ausgestellt werden soll.

(BGBl II 2018/90)

Gefahrgutbeförderungsverordnung Geringe Mengen

BGBl II 2019/303

Verordnung des Bundesministers für Verkehr, Innovation und Technologie über die Beförderung geringer Mengen gefährlicher Güter auf der Straße (Gefahrgutbeförderungsverordnung Geringe Mengen – GGBV-GM)

Auf Grund des § 10 des Gefahrgutbeförderungsgesetzes, BGBl. I Nr. 145/1998, in der Fassung des Bundesgesetzes BGBl. I Nr. 47/2018, wird verordnet:

Abholverkehr

§ 1. (1) Gefährliche Güter dürfen zum Zweck ihrer Verwendung, nicht aber des Weiterverkaufs, gemäß den nachfolgenden Bestimmungen im Abholverkehr auf der Straße befördert werden, wenn die Abgabestelle dafür Dokumente gemäß § 5 aushändigt, und die Beförderung nicht durch Dritte gegen Entgelt erfolgt.

(2) Die Regelungen dieser Verordnung sind nicht anwendbar auf Beförderungen

1. von gefährlichen Gütern, die

   a) der Klasse 1, 6.2 oder 7 oder

   b) in Spalte 15 der Tabelle A in 3.2 ADR der Beförderungskategorie 0 oder 1 zugeordnet oder

   c) unter Temperaturkontrolle zu befördern sind oder

   d) die Nebengefahr radioaktiv aufweisen; oder

2. die einen Umkreis von 100 km (Luftlinie) von der Abgabestelle oder

3. Mengen je Beförderungseinheit von 333 kg oder Liter entsprechend den Angaben gemäß § 5 überschreiten.

Verpackung

§ 2. (1) Die gefährlichen Güter sind gemäß den Bestimmungen des ADR zu verpacken.

(2) Abweichend von Abs. 1 dürfen

1. Innenverpackungen gemäß 3.4 oder 4 ADR, die nicht leicht zerbrechen,

2. Gegenstände mit gefährlichen Stoffen, die nicht leicht zerbrechen und

3. ADR-konforme Versandstücke

in Kisten aus Metall oder Kunststoff befördert werden, die für feste Stoffe der Verpackungsgruppe I für eine Bruttohöchstmasse von zumindest 35 kg gemäß ADR baumustergeprüft und in einem einwandfreien und voll funktionstüchtigen Zustand sind. Die Verpackungen müssen jedoch nicht 6.1.5.1.7 ADR zu entsprechen und mit dem Buchstaben „V" gemäß 6.1.2.4 ADR gekennzeichnet zu sein.

(3) Die Verpackungen und Gegenstände gemäß Abs. 2 Z 1 bis 3 müssen so in die Kiste eingesetzt sein, dass sie unter normalen Beförderungsbedingungen nicht zerbrechen oder durchlöchert werden können und ihr Inhalt nicht in die Kiste austreten kann. Enthalten sie flüssige Stoffe, müssen ihre Verschlüsse nach oben gerichtet sein. Freiräume sind mit geeigneten Füllstoffen so auszufüllen, dass eine Bewegung innerhalb der Kiste ausgeschlossen wird.

(4) In Kisten gemäß Abs. 2 dürfen

1. nicht mehr als 30 kg oder Liter an gefährlichen Gütern entsprechend den Angaben gemäß § 5 und

2. Lebens-, Genuss- und Futtermittel nur dann zugleich enthalten sein, wenn diese selbst als gefährliche Güter nach den Bestimmungen dieser Verordnung befördert werden.

Kennzeichnung

§ 3. (1) Versandstücke gemäß § 2 Abs. 1 sind nach den Bestimmungen des ADR zu kennzeichnen und zu bezetteln.

(2) Kisten gemäß § 2 Abs. 2 sind stattdessen deutlich (insbesondere gut kontrastierend zum Hintergrund) und dauerhaft mit der Aufschrift „GGBV-GM" innerhalb einer rautenförmigen Fläche zu kennzeichnen, die von einer Linie mit einer Seitenlänge von mindestens 100 mm eingefasst ist. Die Begrenzungslinie der Raute muss mindestens 2 mm breit sein; die Zeichenhöhe der Aufschrift muss mindestens 10 mm betragen.

(3) Bei bis zum 31.10.2019 hergestellten Kisten, die gemäß vor Inkrafttreten dieser Verordnung geltenden Bestimmungen mit der Kennzeichnung „Landwirtschaftliches Gefahrgut" mit einer Schrifthöhe von mindestens 10 mm versehen sind, darf diese Kennzeichnung weiterhin anstelle jener gemäß Abs. 2 verwendet werden.

Be- und Entladung, Handhabung

§ 4. (1) Die Versandstücke sind so zu laden und zu sichern, dass sie unter normalen Beförderungsbedingungen nicht verrutschen, verkanten, umfallen oder durch andere Gegenstände beschädigt werden können und die erforderliche Ausrichtung erhalten bleibt.

(2) Verpackungen aus nässeempfindlichen Werkstoffen müssen witterungsgeschützt verladen werden.

(3) Bei Ladearbeiten ist das Rauchen in den Fahrzeugen und in deren Nähe untersagt.

(4) Sind gefährliche Güter im Fahrzeug ausgetreten, so ist es so bald wie möglich, auf jeden Fall aber vor erneutem Beladen, zu reinigen. Ist das vor Ort nicht möglich, muss das Fahrzeug unter Beachtung einer ausreichenden Sicherheit bei der Beförderung der nächsten geeigneten Stelle zugeführt werden, wo eine Reinigung durchgeführt werden kann. Eine ausreichende Sicherheit bei der Beförderung liegt vor, wenn geeignete Maßnahmen ergriffen wurden, die ein unkontrolliertes Freiwerden der ausgetretenen gefährlichen Güter verhindern.

(5) Gase in Flaschen sind in offenen oder belüfteten Fahrzeugen zu befördern.

Dokumentation

§ 5. Bei der Beförderung sind Dokumente (wie Rechnungen oder Lieferscheine) der Abgabestelle mitzuführen, die deren Namen und Adresse sowie die Handelsnamen der gefährlichen Güter und diesen eindeutig zuordenbar folgende Angaben enthalten:

1. die UN-Nummer, der die Buchstaben „UN" vorangestellt werden,

2. die Verpackungsgruppe,

3. die Gesamtmenge jedes gefährlichen Gutes mit unterschiedlichem Handelsnamen, unterschiedlicher UN-Nummer, oder unterschiedlicher Verpackungsgruppe (als Volumen, Brutto- oder Nettomasse; für gefährliche Güter in Geräten oder Ausrüstungen die Gesamtmenge der darin enthaltenen gefährlichen Güter in kg oder Liter).

Zustellung

§ 6. Unternehmen, die Abgabestellen gemäß § 1 Abs. 1 betreiben, dürfen gefährliche Güter nach den Bestimmungen der §§ 1 bis 5 zu den Abnehmern sowie auch zum Weiterverkauf zwischen ihren Filialen befördern.

Rücklieferung und Entsorgung

§ 7. (1) Rücklieferungen an Abgabestellen und Beförderungen zum Zwecke der Entsorgung sind nach Maßgabe der Abs. 2 und 3 in gleicher Weise wie in den §§ 1 bis 5 vorgesehen zulässig.

(2) Innenverpackungen dürfen nur dann in eine Außenverpackung eingesetzt und Verpackungen nur dann in ein Fahrzeug verladen werden, wenn ihnen außen keine gefährlichen Güter anhaften.

(3) Abweichend von § 5 sind folgende Angaben zulässig:

1. die ursprüngliche Menge der gemäß Abs. 1 beförderten gefährlichen Güter anstelle der in den Verpackungen noch vorhandenen Reste;

2. Name und Adresse des Absenders oder Empfängers statt der Abgabestelle.

Gefahrgutbeförderungsverordnung land- oder forstwirtschaftliche Zugmaschinen – GGBV-lof

BGBl II 2020/337

Verordnung der Bundesministerin für Klimaschutz, Umwelt, Energie, Mobilität, Innovation und Technologie über die Beförderung gefährlicher Güter mit land- oder forstwirtschaftlichen Zugmaschinen (Gefahrgutbeförderungsverordnung land- oder forstwirtschaftliche Zugmaschinen – GGBV-lof)

Auf Grund des § 10 des Gefahrgutbeförderungsgesetzes (GGBG), BGBl. I Nr. 145/1998, zuletzt geändert durch das Bundesgesetz BGBl. I Nr. 104/2019, wird verordnet:

Anwendungsbereich

§ 1. Diese Verordnung gilt für die Beförderung gefährlicher Güter bei einer Geschwindigkeit von nicht mehr als 40 km/h mit land- oder forstwirtschaftlichen Zugmaschinen auf Rädern, die zur Verwendung im Rahmen eines land- und forstwirtschaftlichen Betriebes bestimmt sind.

Beförderung in Tanks oder über größere Strecken

§ 2. Bei der Beförderung gefährlicher Güter in Tanks gemäß 1.2.1 ADR oder in einem Umkreis um den Ausgangsort von mehr als 100 km (Luftlinie) sind die Bestimmungen des GGBG unabhängig von dessen § 3 Abs. 1 Z 6 lit. a) 3. Anstrich einzuhalten.

Beförderung in Verpackungen mit mehr als 450 l Fassungsraum

§ 3. Soweit nicht eine weitergehende Freistellung gemäß 1.1.3 ADR oder einer auf Grund des GGBG erlassenen Verordnung in Anspruch genommen wird, müssen Versandstücke mit einem Fassungsraum von mehr als 450 l bei Beförderungen im Umkreis von 100 km (Luftlinie) den Verpackungs-, Kennzeichnungs- und Bezettelungsbestimmungen in 4 und 5.2 ADR entsprechen.

Allgemeine Sicherungsmaßnahmen

§ 4. Bei Beförderungen gemäß § 3 sowie solchen, die nicht den §§ 2 oder 3 unterliegen, sind Maßnahmen zu treffen, die unter normalen Beförderungsbedingungen ein Freiwerden der gefährlichen Güter verhindern.

Inkrafttreten

§ 5. Diese Verordnung tritt mit 1. September 2020 in Kraft.

5/5. AutobahntunnelV
§§ 1 – 4, Anhang 1

Beschränkungen für Beförderungseinheiten mit gefährlichen Gütern beim Befahren von Autobahntunneln

BGBl II 2001/395

395. Verordnung der Bundesministerin für Verkehr, Innovation und Technologie über Beschränkungen für Beförderungseinheiten mit gefährlichen Gütern beim Befahren von Autobahntunneln

Gemäß § 43 Abs. 2 lit. a der Straßenverkehrsordnung 1960, BGBl. Nr. 159, zuletzt geändert durch das Bundesgesetz BGBl. I Nr. 142/2001, wird verordnet:

Geltungsbereich

§ 1. Diese Verordnung gilt für Tunnel der im Anhang 1 angeführten Kategorien auf Autobahnen mit Ausnahme des Karawankentunnels.

Fahrverbot

§ 2. In den unter § 1 fallenden Tunneln ist das Fahren mit Beförderungseinheiten, mit denen gefährliche Güter gemäß den Vorschriften über die Beförderung gefährlicher Güter befördert werden und die gemäß diesen Vorschriften zu kennzeichnen sind, verboten.

Ausnahmen

§ 3. (1) Mit Beförderungseinheiten, die gemäß den Vorschriften über die Beförderung gefährlicher Güter orangefarbene Kennzeichnungen aufweisen müssen, deren Nummern zur Kennzeichnung der Gefahr mit der Ziffer 2 (wie bei 20, 225 und 23) oder einer Verdoppelung der Ziffer 3, 4, 5, 6 oder 8 (wie bei 33, 333, 336 und 44) beginnen oder dem Buchstaben X (wie bei X423) vorangestellt haben, darf gefahren werden

1. in Tunneln der Kategorie A gemäß Anhang 1, wenn mit einer Warnleuchte gemäß Anhang 2 wirksam gewarnt wird und

2. in Tunneln der Kategorie B gemäß Anhang 1, wenn

a) mit einer Warnleuchte gemäß Anhang 2 wirksam gewarnt wird,

b) sie durch ein hinter der Beförderungseinheit fahrendes Begleitfahrzeug gemäß Anhang 3 gesichert sind und

c) über sie bei dem Fahrpersonal im Begleitfahrzeug folgende Informationen vorliegen:

– Name des Beförderers,

– amtliche(s) Kennzeichen der Fahrzeuge (des Fahrzeugs) der Beförderungseinheit,

– Angaben des Beförderungspapiers gemäß den Vorschriften über die Beförderung gefährlicher Güter und

– abschätzbarer Zeitraum des Befahrens.

(2) Mit Beförderungseinheiten, die gemäß den Vorschriften über die Beförderung gefährlicher Güter orangefarbene Kennzeichnungen aufweisen müssen,

1. deren Nummern zur Kennzeichnung der Gefahr andere sind als in Abs. 1 angeführt, oder

2. die keine Nummern zur Kennzeichnung der Gefahr und des Stoffes aufweisen,

darf in Tunneln der Kategorie A und B gemäß Anhang 1 gefahren werden, wenn mit einer Warnleuchte gemäß Anhang 2 wirksam gewarnt wird.

In-Kraft-Treten, Außer-Kraft-Treten

§ 4. (1) Diese Verordnung tritt am 1. Dezember 2001 in Kraft.

(2) Mit dem In-Kraft-Treten dieser Verordnung tritt die Verordnung des Bundesministers für Wissenschaft und Verkehr über Beschränkungen für Gefahrgutfahrzeuge beim Befahren von Autobahntunneln mit Gegenverkehr, BGBl. II Nr. 196/1999, außer Kraft.

Anhang 1

Tunnelkategorien gemäß § 1

Kategorie A

Tunnel, einschließlich Portalbauwerke, mit einer Länge von mindestens 1 000 m, jedoch weniger als 5 000 m.

Kategorie B

Tunnel, einschließlich Portalbauwerke, mit einer Länge von mindestens 5 000 m.

5/5. Autobahntunnel V
Anhänge 2–3

Anhang 2
Warnleuchte und wirksames Warnen gemäß § 3

1. Es ist eine Warnleuchte mit gelbrotem Licht anzubringen, die den technischen Bestimmungen der ECE-Regelung Nr. 65 entspricht.

2. Die Warnleuchte ist so anzubringen und zu betreiben, dass ein wirksames Warnen gewährleistet ist.

3. Das Warnen gilt als wirksam, wenn

3.1 das Licht der Warnleuchte nach allen Richtungen sichtbar und

3.2 die Warnleuchte spätestens 200 m vor der Einfahrt in den Tunnel eingeschaltet und auf der gesamten Tunnelstrecke in Betrieb ist.

Anhang 3
Begleitfahrzeug gemäß § 3 Abs. 1 Z 2
A. Ausrüstung

1. Warnleuchte zum wirksamen Warnen gemäß Anhang 2, wobei das Licht besonders zum nachfolgenden Fahrzeug hin gut sichtbar sein muss;

2. Einrichtungen zur Gewährleistung jederzeit in beiden Richtungen möglicher Sprechverbindungen mit der begleiteten Beförderungseinheit und der Tunnel-Überwachungszentrale;

3. Feuerlöscher und sonstige Ausrüstung gemäß den Vorschriften über die Beförderung gefährlicher Güter entsprechend den mit der begleiteten Beförderungseinheit beförderten gefährlichen Gütern.

B. Personal

Mindestens ein Mitglied des Fahrpersonals im Begleitfahrzeug muss

1. im Besitz einer Bescheinigung über die besondere Schulung der Lenker gemäß den Vorschriften über die Beförderung gefährlicher Güter für die der begleiteten Beförderungseinheit entsprechende(n) Klasse(n) und Beförderungsart(en) sein,

2. Kenntnisse in der Handhabung der Sicherheitseinrichtungen der befahrenen Tunnel aufweisen und

3. Fähigkeiten, Kenntnisse und Berechtigungen besitzen, die ausreichen, Maßnahmen gemäß den in den Vorschriften für die Beförderung gefährlicher Güter vorgeschriebenen schriftlichen Weisungen für den Lenker sowie sonstige Erstmaßnahmen bis zum Eintreffen der Einsatzkräfte zu setzen.

6. Güterbef
Inhaltsverzeichnis

Güterbeförderungsrecht

6/1. Güterbeförderungsgesetz, BGBl 1995/593 (WV) idF
BGBl I 1998/17 BGBl I 2001/106 BGBl I 2002/32
BGBl I 2006/23 BGBl I 2006/153 BGBl I 2012/50
BGBl I 2013/32 BGBl I 2013/96 BGBl I 2017/62
BGBl I 2018/37 BGBl I 2019/104 BGBl I 2022/18

6/2. Berufszugangs-Verordnung Güterkraftverkehr, BGBl 1994/221 idF
BGBl II 2000/280 BGBl II 2022/191

6/3. Verordnung über den nichtlinienmäßigen Personenverkehr und den Güterverkehr mit Kraftfahrzeugen über die Grenze, BGBl 1961/300 idF
BGBl 1964/87

6/4. Verordnung über die Anerkennung von Beförderungspapieren für bestimmte Beförderungstätigkeiten von Eisenbahnunternehmen, BGBl II 1997/340

6/5. Kontingenterlaubnis-Vergabeverordnung – KVV 1999, BGBl II 1999/519 idF
BGBl II 2001/207

6/6. Straßen- und Schienengüterverkehrsstatistik-Verordnung, BGBl 1995/393 idF
BGBl II 2005/119

6/7. Kabotagekontrollverordnung – KKV, BGBl II 2007/132

Die **Grundqualifikations- und Weiterbildungsverordnung – Berufskraftfahrer** *BGBl II 2008/139 idF BGBl III 2021/531 ist unter Punkt 7/4 als Verordnung zum Gelegenheitsverkehrs-Gesetz abgedruckt.*

Güterbeförderungsgesetz 1995

BGBl 1995/593 (WV) idF

1 BGBl I 1998/17	8 BGBl I 2013/96
2 BGBl I 2001/106	9 BGBl I 2017/62
3 BGBl I 2002/32	10 BGBl I 2018/37
4 BGBl I 2006/23	11 BGBl I 2018/61 (2. BRBG)
5 BGBl I 2006/153	12 BGBl I 2019/104
6 BGBl I 2012/50 (SNG)	13 BGBl I 2022/18
7 BGBl I 2013/32	

Bundesgesetz über die gewerbsmäßige Beförderung von Gütern mit Kraftfahrzeugen (Güterbeförderungsgesetz 1995 – GütbefG)

ABSCHNITT I
Allgemeine Bestimmungen

Geltungsbereich

§ 1. (1) Dieses Bundesgesetz gilt für

1. die gewerbsmäßige Beförderung von Gütern mit Kraftfahrzeugen des Straßenverkehrs oder solchen mit Anhängern, bei denen die Summe der höchsten zulässigen Gesamtgewichte insgesamt 3 500 kg übersteigt, durch Beförderungsunternehmen,

2. den Werkverkehr mit solchen Kraftfahrzeugen,

3. die gewerbsmäßige Beförderung von Gütern im grenzüberschreitenden Güterverkehr ausschließlich mit Kraftfahrzeugen des Straßenverkehrs oder solchen mit Anhängern, bei denen die Summe der höchsten zulässigen Gesamtgewichte insgesamt zwischen 2 500 kg und 3 500 kg liegt, durch Beförderungsunternehmen sowie

4. die Arbeitszeit von selbstständigen Kraftfahrern bei der gewerbsmäßigen Beförderung von Gütern mit den in Z 1 genannten Kraftfahrzeugen.

Es gilt nicht für Fuhrwerksdienste, auf die die Gewerbeordnung 1994 (GewO 1994), BGBl. Nr. 194, gemäß ihrem § 2 Abs. 1 Z 2 nicht anzuwenden ist. *(BGBl I 2022/18)*

(2) Abweichend von Abs. 1 gelten jedoch die Bestimmungen der § 6 Abs. 1 bis 4, § 7 Abs. 2, § 10, § 11 und die Bestimmungen der Abschnitte VI, VII und X auch für:

1. die gewerbsmäßige Beförderung von Gütern im innerstaatlichen Güterverkehr mit Kraftfahrzeugen des Straßenverkehrs oder solchen Kraftfahrzeugen mit Anhängern, bei denen die Summe der höchsten zulässigen Gesamtgewichte insgesamt zwischen 2 500 kg und 3 500 kg liegt und

2. die gewerbsmäßige Beförderung von Gütern mit Kraftfahrzeugen des Straßenverkehrs oder solchen Kraftfahrzeugen mit Anhängern, bei denen die Summe der höchsten zulässigen Gesamtgewichte insgesamt 2 500 kg nicht übersteigt. *(BGBl I 2022/18)*

(3) Abweichend von Abs. 1 gelten jedoch die Bestimmungen der § 7 Abs. 2, § 10 und die Bestimmungen der Abschnitte VI, VII und X auch für den Werkverkehr mit Kraftfahrzeugen des Straßenverkehrs oder solchen Kraftfahrzeugen mit Anhängern, bei denen die Summe der höchsten zulässigen Gesamtgewichte insgesamt 3 500 kg nicht übersteigt. *(BGBl I 2022/18)*

(4) Als Güter gemäß Abs. 1 gelten körperliche, bewegliche Sachen, auch dann, wenn sie keinen Verkehrswert haben.

(5) Soweit dieses Bundesgesetz nicht besondere Bestimmungen trifft, gilt für die gewerbsmäßige Beförderung von Gütern mit Kraftfahrzeugen die Gewerbeordnung 1994 mit der Maßgabe, dass das Güterbeförderungsgewerbe als reglementiertes Gewerbe gilt, auf das § 95 Abs. 2 der GewO 1994 anzuwenden ist.

(BGBl I 2006/23)

ABSCHNITT II
Besondere Bestimmungen über die Konzession

Konzessionspflicht und Arten der Konzessionen

§ 2. (1) Die gewerbsmäßige Beförderung von Gütern mit Kraftfahrzeugen darf nur auf Grund einer Konzession ausgeübt werden, sofern dieses Bundesgesetz nichts anderes bestimmt (§ 4).

(2) Konzessionen dürfen nur für folgende Arten der gewerbsmäßigen Güterbeförderung erteilt werden:

1. für die Beförderung von Gütern mit Kraftfahrzeugen gemäß § 1 Abs. 1 Z 1 im innerstaatlichen Verkehr;

2. für die Beförderung von Gütern mit Kraftfahrzeugen gemäß § 1 Abs. 1 Z 1 im grenzüberschreitenden Verkehr

3. für die Beförderung von Gütern mit Kraftfahrzeugen gemäß § 1 Abs. 1 Z 3 im grenzüberschreitenden Verkehr.

(BGBl I 2022/18)

(3) Konzessionen für den grenzüberschreitenden Güterverkehr berechtigen auch zur Ausübung des innerstaatlichen Güterverkehrs. Konzessionen für den innerstaatlichen Güterverkehr berechtigen zu jeder gewerbsmäßigen Güterbeförderung, bei der Ausgangsort und Ziel der Fahrt im Inland liegen. Konzessionen für die Beförderung von Gütern mit Kraftfahrzeugen gemäß § 1 Abs. 1 Z 1 berechtigen auch zur Beförderung von Gütern mit Kraftfahrzeugen gemäß § 1 Abs. 1 Z 3. *(BGBl I 2022/18)*

(4) Wer ein Gewerbe gemäß Abs. 2 ausüben will, hat einen Antrag auf Erteilung einer Konzession bei der Behörde, die für den beabsichtigten Standort zuständig ist, einzubringen. Dem Antrag sind die Belege gemäß § 339 Abs. 3 Z 1 bis 3 GewO 1994 und die Nachweise der Konzessionsvoraussetzungen gemäß § 5 anzuschließen. Die Frist für die Bearbeitung des Antrags auf Erteilung einer Konzession richtet sich nach § 73 Allgemeines Verwaltungsverfahrensgesetz 1991, BGBl.Nr 51, mit der Maßgabe, dass ab dem Zeitpunkt, zu dem alle erforderlichen Belege bei der Behörde eingelangt sind, eine Frist von drei Monaten gemäß Art. 11 Abs. 3 Verordnung (EG) Nr. 1071/09 nicht überschritten werden darf. *(BGBl I 2013/32)*

(BGBl I 2001/106)

Umfang der Konzession

§ 3. (1) Die Konzession ist für eine bestimmte Anzahl von Kraftfahrzeugen zu erteilen. Die Behörde (§ 20) stellt dem Konzessionsinhaber so viele beglaubigte Abschriften der Konzessionsurkunde „oder beglaubigte Auszüge aus dem Gewerberegister" aus, als Kraftfahrzeuge vom Konzessionsumfang umfasst sind. *(BGBl I 2001/106; BGBl I 2006/23)*

(2) Eine Vermehrung der Anzahl der Kraftfahrzeuge bedarf einer Genehmigung, für die, ausgenommen das Erfordernis der Erbringung des Befähigungsnachweises, dieselben Vorschriften wie für die Erteilung der Konzession gelten.

(2a) Setzt der Konzessionsinhaber weniger Kraftfahrzeuge ein, als vom Konzessionsumfang umfasst sind, so bedarf dies keiner Genehmigung. Die finanzielle Leistungsfähigkeit ist jedoch, solange keine entsprechende Änderung des Konzessionsumfanges beantragt wird, weiterhin für den in der Konzession angeführten Umfang nachzuweisen. Wird der Konzessionsumfang eingeschränkt, so sind die überzähligen, gemäß der Verordnung (EG) Nr. 1072/09 ausgegebenen beglaubigten Abschriften der Gemeinschaftslizenz und gemäß § 3 Abs. 1 ausgestellten Abschriften der Konzessionsurkunde oder beglaubigten Auszüge aus dem Gewerberegister unverzüglich bei der Konzessionsbehörde abzugeben. *(BGBl I 2013/32)*

(3) Mietfahrzeuge sind Kraftfahrzeuge, die einem Konzessionsinhaber im Rahmen eines Vertrages gegen Entgelt für einen bestimmten Zeitraum ohne Beistellung eines Fahrers zur Verfügung gestellt werden. Mietfahrzeuge dürfen im gewerblichen Güterverkehr nur dann verwendet werden, wenn deren Nutzung innerhalb der vom Konzessionsumfang festgelegten Anzahl der Kraftfahrzeuge liegt. Den Mietfahrzeugen sind Kraftfahrzeuge gleichgestellt, bei denen der Konzessionsinhaber nicht Zulassungsbesitzer ist. *(BGBl I 1998/17)*

Ausnahmen von der Konzessionspflicht

§ 4. „" Eine Konzession nach § 2 oder die Anmeldung eines besonderen Gewerbes ist nicht erforderlich:

1. für die Beförderung von Postsendungen im Rahmen des Universaldienstes; *(BGBl I 2013/32)*
2. für die Beförderung von Gütern auf Grund einer Berechtigung für Spediteure gemäß „§ 94 Z 63 GewO 1994"; *(BGBl I 2006/23)*
3. für den Werkverkehr (§ 10);
4. für die Beförderung des Gepäcks der Fahrgäste durch Unternehmen für die Personenbeförderung;
5. für die Beförderungstätigkeiten von Eisenbahnunternehmen

a) in Ausübung des Rollfuhrdienstes (Zu- und Abstreifen von der Eisenbahn zur Beförderung übergebenem Stückgut, von Gepäck der Reisenden sowie von Behältern, einschließlich Wechselaufbauten, im Ortsbereich des Versand- oder Bestimmungsbahnhofes oder in deren benachbarten Orten) und des Straßenrollerdienstes;

b) in Ausübung des Schienenersatzverkehrs bei Unterbrechung der Schienenwege, insbesondere im Falle eines Betriebsnotstandes. *(BGBl I 2006/23)*

(2) *(aufgehoben, BGBl I 2006/23)*

Voraussetzungen für die Erteilung der Konzession

§ 5. (1) Die Konzession darf nur erteilt werden, wenn neben den allgemeinen Voraussetzungen für die Ausübung eines reglementierten Gewerbes folgende Voraussetzungen gemäß Artikel 3 Verordnung (EG) Nr. 1071/09 erfüllt sind:

1. die Zuverlässigkeit,
2. die finanzielle Leistungsfähigkeit,
3. die fachliche Eignung (Befähigungsnachweis) und
4. eine tatsächliche und dauerhafte Niederlassung in Österreich.

Der Bewerber um eine Konzession für die gewerbsmäßige Beförderung von Gütern mit

6/1. Güterbef

§ 5

Kraftfahrzeugen gemäß § 1 Abs. 1 Z 1 hat überdies entsprechend dem beabsichtigten Konzessionsumfang (§ 3) in der in Aussicht genommenen Standortgemeinde oder einer anderen Gemeinde im selben oder einem angrenzenden Verwaltungsbezirk über die erforderlichen Abstellplätze außerhalb von Straßen mit öffentlichem Verkehr zu verfügen. Sämtliche Voraussetzungen müssen während der gesamten Dauer der Gewerbeausübung vorliegen. Werden diese Voraussetzungen vom Gewerbetreibenden nicht mehr erfüllt, so ist die Konzession zu entziehen. Die §§ 87 bis 91 GewO 1994 bleiben hiervon unberührt. Die zuständige Gliederung der Landeskammer der gewerblichen Wirtschaft ist vor der Erteilung der Konzession aufzufordern, zur Frage der Leistungsfähigkeit des Betriebes eine Stellungnahme abzugeben. *(BGBl I 2022/18)*

(1a) Die in Abs. 1 genannten Voraussetzungen sind der zur Erteilung der Konzession zuständigen Behörde alle fünf Jahre ab Erteilung der Konzession nachzuweisen. Überprüfungen im Rahmen der Erteilung einer Gemeinschaftslizenz gemäß Art. 6 in Verbindung mit Art. 4 der Verordnung (EG) Nr. 1072/09 gelten als Überprüfung der Voraussetzungen gemäß Abs. 1 Z 1 bis 4. *(BGBl I 2013/32)*

(1b) Bewerber um eine Konzession für die gewerbsmäßige Beförderung von Gütern gemäß § 1 Abs. 1 Z 3, die nachweisen können, dass sie in dem Zeitraum von zehn Jahren vor dem 20. August 2020 ohne Unterbrechung ein Unternehmen derselben Art geleitet haben, sind vom Nachweis der fachlichen Eignung gemäß Abs. 1 Z 3 befreit. *(BGBl I 2022/18)*

(2) Die Zuverlässigkeit ist, abgesehen von den in Art. 6 Abs. 1 Verordnung (EG) Nr. 1071/09 geregelten Fällen, insbesondere dann nicht gegeben, wenn

1. der Antragsteller, der Gewerbeberechtigte oder der Verkehrsleiter von einem Gericht zu einer drei Monate übersteigenden Freiheitsstrafe oder zu einer Geldstrafe von mehr als 180 Tagessätzen verurteilt wurde, solange die Verurteilung weder getilgt ist noch der Beschränkung der Auskunft aus dem Strafregister unterliegt (§§ 1 bis 6 Tilgungsgesetz 1972, BGBl. Nr. 68), oder

2. dem Antragsteller, dem Gewerbeberechtigten oder dem Verkehrsleiter aufgrund der geltenden Vorschriften die Bewilligung zur Ausübung des Güterbeförderungsgewerbes rechtskräftig entzogen wurde, oder

3. der Antragsteller, der Gewerbeberechtigte oder der Verkehrsleiter wegen schwerwiegender Verstöße gegen die Vorschriften über

   a) die für den Berufszweig geltenden Entlohnungs- und Arbeitsbedingungen oder

   b) die Güterbeförderung, insbesondere die Lenk- und Ruhezeiten der Lenker, die Gewichte und Abmessungen der Kraftfahrzeuge, die Sicherheit im Straßenverkehr und der Kraftfahrzeuge und den Umweltschutz sowie die sonstigen Vorschriften in Bezug auf die Berufspflichten,

rechtskräftig bestraft wurde. *(BGBl I 2013/32)*

(3) Die finanzielle Leistungsfähigkeit gemäß Art. 7 Verordnung (EG) Nr. 1071/09 ist gegeben, wenn die zur ordnungsgemäßen Inbetriebnahme und Führung des Unternehmens erforderlichen finanziellen Mittel verfügbar sind und keine erheblichen Rückstände an Steuern oder an Beiträgen zur Sozialversicherung bestehen, die aus unternehmerischer Tätigkeit geschuldet werden. *(BGBl I 2013/32)*

(4) Die Voraussetzung der fachlichen Eignung (Befähigungsnachweis) wird nachgewiesen durch eine Bescheinigung gemäß Anhang III der Verordnung (EG) Nr. 1071/09 über die erfolgreiche Ablegung einer Prüfung vor einer Prüfungskommission, die von der Landeshauptfrau/vom Landeshauptmann bestellt wird. Die Gestaltung der Bescheinigung (Sicherheitsmerkmale) ist durch Verordnung der Bundesministerin/des Bundesministers für Verkehr, Innovation und Technologie festzulegen. Die §§ 18 und 19 GewO 1994 sind nicht anzuwenden. *(BGBl I 2013/32)*

(5) Die Prüfungskommissionen sind von der Landeshauptfrau/vom Landeshauptmann zu bestellen. In diese Kommissionen hat die Landeshauptfrau/der Landeshauptmann zwei Personen, die das betreffende Gewerbe als Gewerbeinhaber oder Pächter seit mindestens drei Jahren ohne Unterbrechung ausüben oder in diesem Gewerbe als Geschäftsführer, Filialgeschäftsführer oder Verkehrsleiter ebensolange ohne Unterbrechung tätig sind, aufgrund eines Vorschlages der zuständigen Fachgruppe zu berufen. In die Kommissionen sind überdies unter Berücksichtigung der Sachgebiete der Prüfung zwei weitere Fachleute zu berufen; die Berufung eines dieser Fachleute wird von der Landeshauptfrau/vom Landeshauptmann aufgrund eines Vorschlages der zuständigen Kammer für Arbeiter und Angestellte vorgenommen. Wurden Vorschläge nicht innerhalb einer Frist von vier Wochen erstattet, hat die Landeshauptfrau/der Landeshauptmann die jeweilige Berufung nach Anhörung der säumigen Stelle vorzunehmen. Zum Vorsitzenden der Kommission hat die Landeshauptfrau/der Landeshauptmann einen für diese Aufgabe geeigneten öffentlich Bediensteten des höheren Dienstes zu bestellen. *(BGBl I 2013/32)*

(6) Die Bundesministerin/der Bundesminister für Verkehr, Innovation und Technologie hat unter Bedachtnahme auf den jeweiligen Stand der Entwicklung des betreffenden Gewerbes, auf die von Personen, die die Leistungen des Gewerbes in Anspruch nehmen, üblicherweise gestellten Anforderungen, auf Gefahren für Leben, Gesundheit oder Eigentum, die von der Gewerbeaus-

übung ausgehen, auf die für die Gewerbeausübung geltenden besonderen Rechtsvorschriften, durch Verordnung

1. die Form und Dauer der Prüfung,
2. die Anforderungen an die Prüfer,
3. nähere Bestimmungen über die Anberaumung der Termine,
4. die auszustellenden Bescheinigungen nach Abs. 4,
5. nähere Bestimmungen über die Wiederholung der Prüfung,
6. die Universitäts-, Fachhochschul- und Fachschuldiplome sowie sonstigen Prüfungszeugnisse, die gründliche Kenntnisse der Sachgebiete im Sinne des Anhangs I der Verordnung (EG) Nr. 1071/09 gewährleisten,
7. die vom Prüfling zu zahlende, dem besonderen Verwaltungsaufwand einschließlich einer angemessenen Entschädigung der Mitglieder der Prüfungskommission entsprechende Prüfungsgebühr, wobei auch auf die wirtschaftlichen Verhältnisse des Prüflings Bedacht genommen werden kann,
8. die aus den Prüfungsgebühren zu zahlende angemessene Entschädigung der Mitglieder der Prüfungskommission sowie
9. die Voraussetzung für die Rückzahlung der Prüfungsgebühr bei Nichtablegung oder teilweiser Ablegung der Prüfung sowie die Höhe der rückzuzahlenden Prüfungsgebühr festzulegen. *(BGBl I 2013/32)*

(7) Die Erteilung der Konzession erfordert neben der Erfüllung der im Abs. 1 angeführten Voraussetzungen

1. bei einer natürlichen Person, dass sie Angehöriger einer Vertragspartei des Abkommens über den Europäischen Wirtschaftsraum (EWR-Angehöriger) oder langfristig aufenthaltsberechtigter Drittstaatsangehöriger im Sinne der Richtlinie 2003/109/EG ist und als Unternehmer einen Sitz oder eine nicht nur vorübergehende Niederlassung in Österreich hat; *(BGBl I 2022/18)*
2. bei juristischen Personen und Personengesellschaften des Handelsrechts, dass sie ihren Sitz oder eine nicht nur vorübergehende Niederlassung in Österreich haben und die zur gesetzlichen Vertretung berufenen Organe oder geschäftsführungs- und vertretungsbefugten Gesellschafter EWR-Angehörige sind. *(BGBl I 2006/23)*

(8) Der Landeshauptmann kann von den in Abs. 7 angeführten Voraussetzungen befreien, wenn hinsichtlich der Ausübung der Gewerbe durch österreichische Staatsangehörige oder österreichische Personengesellschaften oder juristische Personen mit dem Heimatstaat des Antragstellers formelle Gegenseitigkeit besteht. *(BGBl I 2022/18)*

(9) Die in Abs. 7 und 8 angeführten Voraussetzungen müssen während der gesamten Dauer der Gewerbeausübung vorliegen. Werden diese Voraussetzungen vom Gewerbetreibenden nicht mehr erfüllt, so ist die Konzession von der zur Erteilung der Konzession zuständigen Behörde zu entziehen. Die §§ 87 bis 91 GewO 1994 bleiben hiervon unberührt. *(BGBl I 2006/23)*

Verkehrsleiter

§ 5a. (1) Für jedes Unternehmen ist ein Verkehrsleiter gegenüber der konzessionserteilenden Behörde zu benennen. Erfüllt die genannte Person die Voraussetzungen gemäß Artikel 4 der Verordnung (EG) Nr. 1071/09, ist die Benennung mit Bescheid durch die konzessionserteilende Behörde zu genehmigen. Sofern nicht eine andere Person als Verkehrsleiter benannt wird, gilt eine natürliche Person, der eine Konzession gemäß § 5 erteilt wurde, als Verkehrsleiter; ist in einem Unternehmen die Bestellung eines gewerberechtlichen Geschäftsführers gemäß § 39 GewO 1994 von der Behörde bescheidmäßig genehmigt worden, so gilt jedenfalls dieser als Verkehrsleiter; eine bescheidmäßige Genehmigung ist in diesen Fällen nicht erforderlich. Die Aufnahme der Gewerbeausübung ohne Verkehrsleiter ist unzulässig.

(2) Wird festgestellt, dass bei einem Unternehmer oder einem Geschäftsführer, der auch Verkehrsleiter ist, die Zuverlässigkeit nicht mehr vorliegt, ist jedenfalls gemäß Artikel 14 der Verordnung (EG) Nr. 1071/09 mit Bescheid auszusprechen, dass diese Person ungeeignet ist, die Verkehrstätigkeiten eines Unternehmens zu leiten.

(3) Verkehrsleiter sind von der konzessionserteilenden Behörde in das Verkehrsunternehmensregister gemäß § 24a Abs. 3 Z 3 einzutragen.

(4) Die Bestimmungen des Artikel 13 Abs. 1 lit. a Verordnung (EG) Nr. 1071/09 gelten unbeschadet der Bestimmungen der §§ 41 bis 45 GewO 1994 über die Fortbetriebsrechte.

(BGBl I 2013/32)

Bestimmungen über die Gewerbeausübung

§ 6. (1) Die zur gewerbsmäßigen Beförderung von Gütern verwendeten Kraftfahrzeuge müssen im Zulassungsschein bzw. in der Zulassungsbescheinigung die Verwendungsbestimmung "zur Verwendung für die gewerbsmäßige Beförderung bestimmt" eingetragen haben. Die gewerbsmäßige Beförderung von Gütern ist auch mit Kraftfahrzeugen gemäß § 3 Abs. 3 und solchen gemäß § 11 Z 1 zulässig. *(BGBl I 2006/23)*

(2) Der Unternehmer hat dafür zu sorgen, dass in jedem zur Ausübung des Güterverkehrs verwendeten Kraftfahrzeug während der gesamten Fahrt eine beglaubigte Abschrift der Konzessionsurkun-

de oder ein beglaubigter Auszug aus dem Gewerberegister sowie die allenfalls nach Abs. 4 erforderlichen Dokumente mitgeführt werden. *(BGBl I 2006/23)*

(3) Der Lenker hat in jedem zur Ausübung des Güterverkehrs verwendeten Kraftfahrzeug eine beglaubigte Abschrift der Konzessionsurkunde oder einen beglaubigten Auszug aus dem Gewerberegister mitzuführen und den Aufsichtsorganen auf Verlangen auszuhändigen. *(BGBl I 2006/23)*

(4) Werden Mietfahrzeuge gemäß § 3 Abs. 3 zur gewerbsmäßigen Beförderung von Gütern oder für den Werkverkehr verwendet, sind folgende Dokumente im Kraftfahrzeug mitzuführen und den Aufsichtsorganen auf Verlangen auszuhändigen:

1. Vertrag über die Vermietung des Kraftfahrzeuges, aus dem der Name des Vermieters, der Name des Mieters, das Datum und die Laufzeit des Vertrages sowie das Kennzeichen des Kraftfahrzeuges hervorgehen;

2. sofern der Lenker nicht der Mieter ist, Beschäftigungsvertrag des Lenkers, aus dem der Name des Arbeitgebers, der Name des Arbeitnehmers, das Datum und die Laufzeit des Beschäftigungsvertrages hervorgehen oder eine Bestätigung des Arbeitgebers mit diesen Inhalten.
(BGBl I 2013/32)

(5) Für die Dauer einer vorübergehend erhöhten Nachfrage nach Transportleistungen, wie insbesondere aus Anlass der Durchführung von Großbauvorhaben, bei Großveranstaltungen oder zu Erntezeiten, kann der Landeshauptmann auf Antrag des Inhabers einer Konzession nach § 2 Abs. 2 Z 1 die Ausübung des innerstaatlichen Güterverkehrs mit einer bestimmten Anzahl von Kraftfahrzeugen bewilligen. Die Bewilligung hat den besonderen Anlass, die Gültigkeitsdauer sowie die Anzahl der Kraftfahrzeuge anzuführen.

(BGBl I 2001/106)

Weitere Betriebsstätten

§ 6a. (1) Für weitere Betriebsstätten gelten die Bestimmungen der §§ 46 bis 48 GewO 1994 mit den Maßgaben, dass der Konzessionsinhaber in der Gemeinde der weiteren Betriebsstätte oder einer anderen Gemeinde im selben oder einem angrenzenden Verwaltungsbezirk für die dort betriebenen Kraftfahrzeuge über die erforderlichen Abstellplätze außerhalb von Straßen mit öffentlichem Verkehr zu verfügen hat und dass an die Stelle der Bezirksverwaltungsbehörde die Konzessionsbehörde tritt.

(2) Werden die erforderlichen Abstellplätze nicht nachgewiesen, so hat die Behörde die Ausübung des Gewerbes in der weiteren Betriebsstätte zu untersagen.

(BGBl I 2006/23)

Verkehr über die Grenze

§ 7. (1) Die gewerbsmäßige Beförderung von Gütern mit Kraftfahrzeugen von Orten, die außerhalb des Bundesgebietes liegen, in das Bundesgebiet oder durch das Bundesgebiet hindurch, oder von innerhalb des Bundesgebietes liegenden Orten in das Ausland ist außer Inhabern von Konzessionen nach § 2 auch Unternehmern gestattet, die nach den im Staat des Standortes ihres Unternehmens geltenden Vorschriften zur Beförderung von Gütern mit Kraftfahrzeugen befugt sind und Inhaber einer der folgenden Berechtigungen sind:

1. Gemeinschaftslizenz gemäß der Verordnung (EG) Nr. 1072/09,

2. Genehmigung aufgrund der Resolution des Rates der Europäischen Konferenz der Verkehrsminister (CEMT) vom 14. Juni 1973,

3. Bewilligung der Bundesministerin/des Bundesministers für Verkehr, Innovation und Technologie für den Verkehr nach, durch oder aus Österreich,

4. aufgrund zwischenstaatlicher Abkommen vergebene Genehmigung der Bundesministerin/des Bundesministers für Verkehr, Innovation und Technologie.

Eine solche Berechtigung ist jedoch nicht erforderlich, wenn eine anders lautende Anordnung nach Abs. 4 ergangen ist. *(BGBl I 2013/32)*

(2) Die gewerbsmäßige Beförderung von Gütern, deren Be- und Entladeort innerhalb Österreichs liegt, durch Güterkraftverkehrsunternehmer mit Sitz im Ausland (Kabotage) ist – ausgenommen für die in Art. 8 Abs. 1, 5 und 6 Verordnung (EG) Nr. 1072/09 genannten Güterkraftverkehrsunternehmer - verboten; sie ist nur gestattet,

1. wenn mit dem Staat, in dem der Unternehmer seinen Sitz hat, eine diesbezügliche Vereinbarung besteht, sowie

2. im Rahmen des Vor- oder Nachlaufs im grenzüberschreitenden Kombinierten Verkehr mit einem in einem EWR-Staat zugelassenen Kraftfahrzeug; durch Verordnung der Bundesministerin/des Bundesministers für Verkehr, Innovation und Technologie ist festzulegen, unter welchen Voraussetzungen grenzüberschreitender Kombinierter Verkehr vorliegt und welche Nachweise mitzuführen sind.
(BGBl I 2013/32)

(3) Die Bundesministerin/der Bundesminister für Verkehr, Innovation und Technologie kann Kabotagevereinbarungen mit Drittländern aufgrund dieses Bundesgesetzes abschließen, wenn für österreichische Unternehmer in dem betreffenden Staat Gegenseitigkeit besteht und verkehrspolitische und volkswirtschaftliche Interessen dem nicht entgegenstehen. Die Bundesministerin/der Bundesminister für Verkehr, Innovation und Technologie hat durch Verordnung festzusetzen:

1. die Staaten, mit denen Kabotagevereinbarungen bestehen,

2. die Voraussetzungen, unter denen Kabotage durchgeführt werden darf,

3. die Pflichten der Unternehmer und des Lenkpersonals und

4. etwaige Meldepflichten der Behörden.

(BGBl I 2013/32)

(4) Der Bundesminister für Verkehr, Innovation und Technologie kann anordnen, dass die gewerbsmäßige Beförderung von Gütern nach, durch oder aus Österreich durch ausländische Unternehmer ohne die in Abs. 1 vorgeschriebenen Berechtigungen gestattet ist, wenn und insoweit der betreffende ausländische Staat in dieser Hinsicht Gegenseitigkeit einräumt oder wenn wirtschaftliche Interessen Österreichs dies rechtfertigen.

(5) Die Bundesministerin/der Bundesminister für Verkehr, Innovation und Technologie hat durch Verordnung nähere Bestimmungen hinsichtlich des Mitführens und der ordnungsgemäßen Erfassung der Fahrten im Fahrtenberichtsheft gemäß Anhang 7 des Handbuches der Europäischen Verkehrsministerkonferenz festzulegen.

(BGBl I 2013/32)

(BGBl I 2001/106)

Gemeinschaftslizenz

§ 7a. (1) Die Gemeinschaftslizenz gemäß § 7 Abs. 1 Z 1 und die beglaubigten Kopien entsprechen dem Muster in Anhang II der Verordnung (EG) Nr. 1072/09. Die Gestaltung der Gemeinschaftslizenz (Sicherheitsmerkmale) ist durch Verordnung der Bundesministerin/des Bundesministers für Verkehr, Innovation und Technologie festzulegen.

(2) Die Gemeinschaftslizenz wird für die Dauer von fünf Jahren ausgestellt.

(3) Die Seriennummern der Gemeinschaftslizenz und der beglaubigten Kopien, die gemäß § 24a Abs. 3 in das Verkehrsunternehmensregister einzutragen sind, müssen aus Buchstaben und arabischen Ziffern bestehen. Die Seriennummer muss mit den Buchstaben „AT", danach einem Bindestrich gefolgt von einem oder zwei Buchstaben als Bezeichnung der Behörde, die die Gemeinschaftslizenz oder die beglaubigte Kopie ausgibt, beginnen. Auf die Bezeichnung der Behörde haben ein Bindestrich, der Buchstabe „G", ein Bindestrich, die letzten beiden Stellen der Jahreszahl des Ausgabejahres der Gemeinschaftslizenz, ein weiterer Bindestrich und danach eine fortlaufende Ausgabenummer, bezogen auf das Ausgabejahr, als vierstellige Zahl zu folgen; im Fall einer beglaubigten Kopie ist zusätzlich nach einem weiteren Bindestrich die Nummer der Kopie als vierstellige Zahl anzufügen. Leerstellen in der Seriennummer sind nicht zulässig; die Ausgabenummern und die Nummern der Kopien sind nach dem Muster „0001" bis „9999" auszuführen.

(4) Als Bezeichnung der Behörde (Abs. 2) sind folgende Buchstaben zu verwenden:

– für die Landeshauptfrau/den Landeshauptmann von Burgenland: B

– für die Landeshauptfrau/den Landeshauptmann von Kärnten: K

– für die Landeshauptfrau/den Landeshauptmann von Niederösterreich: N

– für die Landeshauptfrau/den Landeshauptmann von Oberösterreich: O

– für die Landeshauptfrau/den Landeshauptmann von Salzburg: S

– für die Landeshauptfrau/den Landeshauptmann von Steiermark: ST

– für die Landeshauptfrau/den Landeshauptmann von Tirol: T

– für die Landeshauptfrau/den Landeshauptmann von Vorarlberg: V

– für die Landeshauptfrau/den Landeshauptmann von Wien: W

(5) Abgesehen von dem in § 3 Abs. 2a geregelten Fall, sind die Gemeinschaftslizenz sowie sämtliche Abschriften unverzüglich bei der Konzessionsbehörde abzugeben, wenn

1. die Gewerbeberechtigung gemäß § 85 GewO 1994 endigt oder

2. die Konzession wegen Nichterfüllung der Konzessionsvoraussetzungen gemäß § 5 Abs. 1 entzogen wird.

(BGBl I 2013/32)

Fahrerbescheinigung

§ 7b. (1) Die Fahrerbescheinigung entspricht dem Muster in Anhang III der Verordnung (EG) Nr. 1072/09. Die Gestaltung der Fahrerbescheinigung (Sicherheitsmerkmale) ist durch Verordnung der Bundesministerin/des Bundesministers für Verkehr, Innovation und Technologie festzulegen.

(2) Die Fahrerbescheinigung wird für die Dauer von fünf Jahren ausgestellt.

(3) Liegen die Voraussetzungen für die Ausstellung der Fahrerbescheinigung gemäß Art. 5 Abs. 1 Verordnung (EG) Nr. 1072/09 nicht mehr vor, ist die Fahrerbescheinigung der ausstellenden Behörde rückzuerstatten.

(BGBl I 2013/32)

Erlangung der Berechtigungen

§ 8. (1) Die Bewilligung nach § 7 Abs. 1 Z 3 wird für einzelne Güterbeförderungen „ " erteilt.

Die Bewilligung ist nur zu erteilen, wenn daran ein erhebliches öffentliches Interesse besteht. Der Antragsteller hat glaubhaft zu machen, dass die Fahrt weder durch organisatorische Maßnahmen noch durch die Wahl eines anderen Verkehrsmittels vermieden werden kann. Die Bewilligung ist zu versagen, wenn (insbesondere auch im Hinblick auf die im Bundesgebiet bereits bestehenden Verkehrseinrichtungen) ein Bedürfnis für die beantragte Güterbeförderung nicht besteht. Dabei sind die verkehrsmäßigen und volkswirtschaftlichen Interessen Österreichs, der Schutz der Bevölkerung und der Umwelt sowie die Möglichkeit der Durchführung der Güterbeförderung im Wege anderer Verkehrseinrichtungen zu berücksichtigen. *(BGBl I 2006/23)*

(2) Der Bundesminister für Verkehr, Innovation und Technologie kann den Landeshauptmann sowie „im Gebiet einer Gemeinde, für das die Landespolizeidirektion zugleich Sicherheitsbehörde erster Instanz ist, auch die Landespolizeidirektionen", in dessen oder deren örtlichen Wirkungsbereich das Fahrzeug in das Bundesgebiet eingebracht wird, gegebenenfalls unter Beschränkungen hinsichtlich Zahl oder Umfang der zu erteilenden Bewilligungen, ermächtigen, die Bewilligungen nach § 7 Abs. 1 Z 3 in seinem Namen und Auftrag zu erteilen, soweit die verkehrsmäßigen und volkswirtschaftlichen Interessen Österreichs sowie Gründe der Sparsamkeit, Wirtschaftlichkeit und Zweckmäßigkeit der Verwaltung dies erfordern. *(BGBl I 2012/50)*

(3) Auf Grundlage dieses Bundesgesetzes können Vereinbarungen über die grenzüberschreitende Beförderung von Gütern gemäß § 7 geschlossen werden, wenn der Umfang des zwischenstaatlichen Güterverkehrs dies erfordert. In den Vereinbarungen ist vorzusehen, dass Kraftfahrzeuge mit ausländischen Kennzeichen auf der Grundlage der Gegenseitigkeit Fahrten nach, durch und aus Österreich durchführen können. Dabei können auch zwischenstaatliche Kontingente festgelegt werden, bei deren Ausmaß die verkehrsmäßigen und volkswirtschaftlichen Interessen Österreichs sowie der Schutz der Bevölkerung und der Umwelt zu berücksichtigen sind. Die Vergabe der Kontingenterlaubnis gemäß Abs. 4 vierter Satz durch ausländische Behörden kann vereinbart werden. Die Kundmachung der Kontingente erfolgt durch Verlautbarung in der offiziellen Zeitschrift des Fachverbandes und der Fachgruppen des Güterbeförderungsgewerbes.

(4) Die Vergabe der vereinbarten Kontingente erfolgt in einem vereinfachten Verfahren. Die zuständige Behörde kann Bestätigungen darüber ausgeben, dass die in der Vereinbarung festgelegten Voraussetzungen, insbesondere die Einhaltung des vereinbarten Kontingents, gegeben sind (Kontingenterlaubnis). Die Vergabe der Kontingenterlaubnis zur Beförderung von Gütern nach, durch und aus dem anderen Staat an österreichische Unternehmer kann nur erfolgen, wenn diese – je nach der Art der vorgesehenen Beförderung – entweder zur gewerbsmäßigen Beförderung von Gütern mit Kraftfahrzeugen oder zur Ausübung des Werkverkehrs (§ 10) berechtigt sind und den Anforderungen der gemäß Abs. 5 zu erlassenden Verordnung entsprechen und wenn volkswirtschaftliche Interessen Österreichs nicht entgegenstehen. Die Vergabe der Kontingenterlaubnis an ausländische Unternehmer kann auch durch die zuständige Behörde des gegenbeteiligten Vertragspartners vorgenommen werden.

(5) Durch Verordnung des Bundesministers für Verkehr, Innovation und Technologie sind die Vergabe der Kontingenterlaubnis nach Abs. 4 in zeitlicher, räumlicher und sachlicher Hinsicht, deren äußere Form, die näheren Bestimmungen des Vergabeverfahrens sowie der fachlichen Eignung und die Voraussetzungen der betrieblichen Leistungsfähigkeit des Güterbeförderungsunternehmers für die grenzüberschreitende Beförderung von Gütern zu regeln. Neubewerber um die Ausstellung einer Kontingenterlaubnis sind im Verhältnis zu den Marktanteilen der bereits in der grenzüberschreitenden Beförderung von Gütern tätigen Unternehmer angemessen zu berücksichtigen. Der Bundesminister für Verkehr, Innovation und Technologie kann die Vergabe der Kontingenterlaubnis ganz oder teilweise an den Landeshauptmann in seinem Namen und Auftrag übertragen, soweit die verkehrsmäßigen und volkswirtschaftlichen Interessen Österreichs sowie Gründe der Sparsamkeit, Wirtschaftlichkeit und Zweckmäßigkeit der Verwaltung dies erfordern.

(6) Bei der erstmaligen Vergabe und dem Entzug von Kontingenterlaubnissen sind die gesetzlichen beruflichen Vertretungen zu hören.

(BGBl I 2001/106)

§ 9. (1) Der Unternehmer hat dafür zu sorgen, dass die Nachweise über die in § 7 Abs. 1 angeführten Berechtigungen bei jeder Güterbeförderung über die Grenze während der gesamten Fahrt vollständig ausgefüllt und erforderlichenfalls entwertet mitgeführt werden.

(2) Der Lenker hat die Nachweise über die in § 7 Abs. 1 angeführten Berechtigungen bei jeder Güterbeförderung über die Grenze während der gesamten Fahrt vollständig ausgefüllt und erforderlichenfalls entwertet im Kraftfahrzeug mitzuführen und den Aufsichtsorganen (§ 21) auf Verlangen auszuhändigen.

(3) *(entfällt, BGBl I 2022/18)*

(4) Die Aufsichtsorgane haben das Mitführen der Nachweise über die in § 7 Abs. 1 angeführten Berechtigungen zu kontrollieren. Nähere Bestimmungen über die Kontrolle sind durch Verordnung der Bundesministerin/des Bundesministers für Klimaschutz, Umwelt, Energie, Mobilität,

Innovation und Technologie zu erlassen. *(BGBl I 2022/18)*

(5) Wird die Güterbeförderung ohne die in § 7 Abs. 1 angeführten Berechtigungen durchgeführt oder wird gegen unmittelbar anwendbare Vorschriften der Europäischen Union über den Güterverkehr auf der Straße verstoßen, so haben die Behörden, in deren örtlichen Wirkungsbereich sich das Kraftfahrzeug befindet, oder die ihr zur Verfügung stehenden Organe der Straßenaufsicht sowie an Grenzübergängen die diesen zugeordneten Organe, die Unterbrechung der Beförderung anzuordnen. Solange die Anordnung der Unterbrechung aufrecht ist, darf das Kraftfahrzeug nur nach den Weisungen der Behörde oder deren Organe in Betrieb genommen werden. Bei drohender Zuwiderhandlung gegen die Anordnung der Unterbrechung oder gegen die Weisungen sind die Behörde und deren Organe berechtigt, die Fortsetzung der Güterbeförderung durch angemessene Zwangsmaßnahmen, wie Abnahme der Fahrzeugschlüssel, Absperren der Fahrzeuge, Anlegen von technischen Sperren und Abstellen an einem geeigneten Ort, zu verhindern. Die Zwangsmaßnahmen sind aufzuheben, wenn der Grund für ihre Anordnung weggefallen ist.

(6) Wird die Anordnung der Unterbrechung der Güterbeförderung nicht aufgehoben, so hat die Behörde die Güterbeförderung mit Bescheid bis zu dem Zeitpunkt zu untersagen, bis das einzuleitende Verfahren abgeschlossen und die verhängte Strafe vollzogen ist oder eine Sicherheit gemäß §§ 37, 37a VStG 1991 geleistet wurde. Bei der Untersagung hat die Behörde auch darüber zu entscheiden, was mit dem Kraftfahrzeug oder dem beförderten Gut nach dem Grundsatz der Verhältnismäßigkeit zu geschehen hat. Ein Rechtsmittel gegen den Untersagungsbescheid hat keine aufschiebende Wirkung.

(7) Stellt das Grenzzollamt fest, dass die beabsichtigte Güterbeförderung ohne die gemäß § 7 Abs. 1 erforderlichen Berechtigungen durchgeführt wird, so hat es eine Maßnahme nach Abs. 5 zu veranlassen sowie erforderlichenfalls zu veranlassen, dass ein Verfahren gemäß Abs. 6 durchgeführt wird.

(8) Bei Übertretungen von Abkommen mit Staatengemeinschaften über die grenzüberschreitende Güterbeförderung mit Kraftfahrzeugen, Vereinbarungen gemäß § 8 Abs. 3 sowie einer Verordnung gemäß § 8 Abs. 5 kann die erforderliche Bewilligung oder die Kontingenterlaubnis zeitlich oder – im Wiederholungsfall – auf Dauer entzogen werden. Die §§ 87 und 88 GewO 1994 bleiben hiervon unberührt. Der Entzug der erforderlichen Bewilligung oder der Kontingenterlaubnis ist zunächst anzudrohen und mit einer Kürzung der Gesamtanzahl der dem Unternehmer für den in Betracht kommenden Vertragspartner zur Verfügung stehenden Kontingenterlaubnis – je nach Schwere der Übertretung für höchstens vier Monate – zu verbinden. Dabei ist der Transport in seiner Gesamtheit zu beurteilen. Auch Begehungen im Ausland können zum Entzug der erforderlichen Bewilligung oder der Kontingenterlaubnis führen. *(BGBl I 2006/23)*

(9) *(entfällt, BGBl I 2022/18)*

(BGBl I 2001/106)

ABSCHNITT III
Bestimmungen über den Werkverkehr

Werkverkehr

§ 10. (1) Werkverkehr liegt vor, wenn folgende Voraussetzungen erfüllt sind:

1. Die beförderten Güter müssen Eigentum des Unternehmens oder von ihm verkauft, gekauft, vermietet, gemietet, erzeugt, gewonnen, bearbeitet oder ausgebessert werden oder worden sein.

2. Die Beförderung muss der Heranschaffung der Güter zum Unternehmen, ihrer Fortschaffung vom Unternehmen, ihrer Überführung innerhalb oder – zum Eigengebrauch – außerhalb des Unternehmens dienen.

3. Die für die Beförderung verwendeten Kraftfahrzeuge müssen von Personal geführt werden, das bei dem Unternehmen beschäftigt ist oder ihm im Rahmen einer vertraglichen Verpflichtung zur Verfügung gestellt wurde.

4. Die die Güter befördernden Kraftfahrzeuge müssen dem Unternehmen gehören, von ihm auf Abzahlung gekauft worden sein oder gemietet sein. Dies gilt nicht bei Einsatz eines Ersatzfahrzeuges für die Dauer eines kurzfristigen Ausfalls des sonst verwendeten Kraftfahrzeugs.

5. Die Beförderung darf nur eine Hilfstätigkeit im Rahmen der gesamten Tätigkeit des Unternehmens darstellen.

(BGBl I 2013/32)

(2) Zum Unternehmen im Sinne des Abs. 1 gehören auch alle Zweigniederlassungen, weiteren Betriebsstätten u. dgl. sowie auch die nur vorübergehend betriebenen Arbeitsstellen (insbesondere Baustellen).

(3) Als Werkverkehr gilt ferner unter der Voraussetzung des Abs. 1 Z 3 das Abschleppen der im Unternehmen verwendeten Fahrzeuge sowie die Beförderung von Gütern in besonders eingerichteten Vorführungswagen zum ausschließlichen Zweck der Werbung oder Belehrung.

§ 11. „" Werkverkehr im Sinne des § 10 darf nur mit

1. Kraftfahrzeugen, bei denen im Zulassungsschein bzw. in der Zulassungsbescheinigung die Verwendungsbestimmung „zur Verwendung für den Werkverkehr bestimmt" eingetragen ist, oder

2. mit Kraftfahrzeugen gemäß § 3 Abs. 3 durchgeführt werden. *(BGBl I 2006/23)*

(2) *(aufgehoben, BGBl I 2006/23)*

(BGBl I 2001/106)

ABSCHNITT IV

Tarife

§ 12. (1) Der Fachverband für das Güterbeförderungsgewerbe kann im übertragenen Wirkungsbereich durch Beschluß für die gewerbsmäßige Beförderung von Gütern mit Kraftfahrzeugen über die Grenze oder über Entfernungen von mehr als 65 km, gerechnet in der Luftlinie vom Standort des Gewerbes (der Zweigniederlassung), verbindliche Tarife – in der Regel Mindest- und Höchsttarife (Tarifbänder) – festlegen.

(2) Die Tarife haben alle zur Bestimmung des Beförderungsentgeltes (der Entgelte für die Beförderung und für Nebenleistungen) notwendigen Angaben und alle anderen für den Beförderungsvertrag maßgebenden Beförderungsbedingungen zu enthalten sowie einen angemessenen Gewinn zu berücksichtigen.

§ 13. (1) Die Festsetzung oder Aufhebung der Tarife bedarf der Genehmigung des Bundesministers für Verkehr, Innovation und Technologie. Die Tarife sind zu genehmigen, wenn sie den Bestimmungen dieses Bundesgesetzes entsprechen und volkswirtschaftliche Rücksichten nicht entgegenstehen.

(2) Die Tarife sind im „Amtsblatt zur Wiener Zeitung" kundzumachen und treten frühestens vier Wochen nach dem Tag ihrer Kundmachung in Kraft.

§ 14. (1) Der Bundesminister für Verkehr, Innovation und Technologie kann, hinsichtlich der Baustellentransporte im Einvernehmen mit dem Bundesminister für Wirtschaft und Arbeit,

1. für bestimmte Arten der gewerbsmäßigen Beförderung von Gütern (zB Baustellentransporte, Kühl- und Warmhaltetransporte, Stückguttransporte) oder

2. für die gewerbsmäßige Beförderung bestimmter Güter über Entfernungen bis höchstens 65 km, gerechnet in der Luftlinie vom Standort des Gewerbes (der weiteren Betriebsstätte), unter Zugrundelegung bestehender Verbandsempfehlungen des Fachverbandes für das Güterbeförderungsgewerbe gemäß § 31 KartG 1988, BGBl. Nr. 600,

durch Verordnung verbindliche Tarife, die die durchschnittlichen Gesamtkosten und einen angemessenen Gewinn zu berücksichtigen haben, nach Maßgabe der folgenden Absätze festsetzen, wenn sich Be- und Entladeort im Inland befinden. *(BGBl I 2001/106)*

(2) Einer Tariffestsetzung durch Verordnung gemäß Abs. 1 unterliegt nicht die gewerbsmäßige Beförderung

1. von Gütern, für die nach dem Preisgesetz 1992, BGBl. Nr. 145, Preise und Entgelte festgesetzt sind, sowie

2. von Rohstoffen, die für die Herstellung der unter Z 1 angeführten Güter mengen- und kostenmäßig bedeutungsvoll sind.

(3) Eine Verordnung gemäß Abs. 1 darf nur erlassen werden, wenn die Stunden- oder Kilometersätze bestehender Verbandsempfehlungen gemäß § 31 KartG 1988, die außer den durchschnittlichen Gesamtkosten nicht mehr als einen angemessenen Gewinn berücksichtigen, von einem größeren Teil der Güterbeförderungsunternehmer bei gleichgelagerten Beförderungen erheblich unterboten werden und volkswirtschaftliche Rücksichten nicht entgegenstehen.

(4) Die Verordnung hat unter Bedachtnahme auf die Marktsituation Mindesttarife oder Ausgangssätze für ein Tarifband festzusetzen; in diesem Fall sind überdies die zur Ermittlung des Tarifbandes erforderlichen, in Hundertsätzen auszudrückenden Zuschläge und Abschläge zu bestimmen.

(5) Werden die Stunden- oder Kilometersätze bestehender Verbandsempfehlungen nur in bestimmten Teilen des Bundesgebietes im Sinne des Abs. 3 unterboten, ist die Wirksamkeit einer Verordnung gemäß Abs. 1 auf diese Teile des Bundesgebietes zu beschränken.

(6) Die Verordnung darf für höchstens zwei Jahre erlassen werden. Ihre Geltungsdauer kann jeweils für höchstens ein Jahr verlängert werden, wenn auf Grund der Marktsituation anzunehmen ist, daß bei Auslaufen der Geltungsdauer die für die Erlassung erforderlichen Voraussetzungen wieder eintreten werden.

(7) Während der Geltungsdauer einer Verordnung gemäß Abs. 1 ist ihre Anpassung an geänderte Verbandsempfehlungen gemäß § 31 KartG 1988, mit denen andere Stunden- oder Kilometersätze hinausgegeben werden, nicht erforderlich.

(BGBl I 1998/17)

§ 15. Dem Fachverband für das Güterbeförderungsgewerbe obliegt nach Erteilung der Genehmigung der Tarife gemäß § 13 Abs. 1 ihre Kundmachung. Er hat die Erfüllung der sich aus diesem Gesetz für tarifgebundene Beförderungen ergebenden Pflichten der Güterbeförderungsunternehmer zu überwachen und Verstöße anzuzeigen.

§ 16. Die Güterbeförderungsunternehmer haben dem Fachverband für das Güterbeförderungsgewerbe alle Auskünfte zu erteilen, die zur Überprüfung der Einhaltung der Tarife notwendig sind, und ihm nach vorangehender Ankündigung Einsicht in alle erforderlichen Aufzeichnungen des Unternehmens zu gewähren.

§ 17. (1) Der Unternehmer hat dafür zu sorgen, dass in jedem zur gewerbsmäßigen Beförderung von Gütern verwendeten Kraftfahrzeug während der gesamten Beförderung Belege in elektronischer oder Papierform an den Lenker ausgehändigt, während der Beförderung mitgeführt und auf Verlangen den Aufsichtsorganen ausgehändigt werden, aus denen das beförderte Gut, der Be- und Entladeort und der Auftraggeber ersichtlich sind.

(2) Der Lenker hat die Belege nach Abs. 1 während der gesamten Beförderung mitzuführen und den Aufsichtsorganen auf Verlangen auszuhändigen; Belege in elektronischer Form müssen dabei ohne Zutun des Aufsichtsorgans lesbar sein.

(BGBl I 2017/62)

§ 18. Die Bestimmungen der §§ 12 bis 17 finden auf die Beförderung von Postsendungen keine Anwendung.

(BGBl I 2013/32)

ABSCHNITT V
Ausbildung der Lenker

Fahrerqualifizierungsnachweis

§ 19. (1) Unbeschadet des § 14 des Gefahrgutbeförderungsgesetzes, BGBl. I Nr. 145/1998, haben Lenker,
1. die Kraftfahrzeuge gemäß § 1 Abs. 1 lenken, für die eine Lenkberechtigung für die Klassen C1, C1E, C oder CE erforderlich ist,
2. die
a) Staatsangehörige eines Mitgliedstaates der Europäischen Union oder
b) Staatsangehörige eines Drittlandes sind und die von einem in einem Mitgliedstaat niedergelassenen Unternehmen beschäftigt oder eingesetzt werden,
und
3. denen nach dem 9. September 2009 eine Lenkberechtigung für die Klassen C1, C1E, C oder CE erstmals erteilt wurde,
einen von der zuständigen Behörde eines Mitgliedstaates ausgestellten Fahrerqualifizierungsnachweis mitzuführen und den Aufsichtsorganen auf Verlangen auszuhändigen. *(BGBl I 2022/18)*

(2) In Abs. 1 Z 1 und 2 genannte Lenker, denen vor dem 10. September 2009 eine Lenkberechtigung für die Klassen C1 oder C erstmals erteilt wurde, haben ab dem 10. September 2014 einen von der zuständigen Behörde eines Mitgliedstates ausgestellten Fahrerqualifizierungsnachweis mitzuführen und den Aufsichtsorganen auf Verlangen auszuhändigen.

(3) Ausgenommen von den Bestimmungen der Abs. 1 und 2 sind Lenker von
1. Kraftfahrzeugen, deren nach den kraftfahrrechtlichen Bestimmungen zulässige Höchstgeschwindigkeit nicht über 45 km/h liegt;
2. Kraftfahrzeugen, die von den Streitkräften, dem Katastrophenschutz, der Feuerwehr und den für die Aufrechterhaltung der öffentlichen Ordnung zuständigen Kräften eingesetzt werden oder ihrer Kontrolle unterstellt sind, wenn die Beförderung im Rahmen der diesen Diensten zugewiesenen Aufgaben ausgeführt wird;
3. Kraftfahrzeugen, die zum Zweck der technischen Entwicklung, zu Reparatur- oder Wartungszwecken Prüfungen auf der Straße unterzogen werden, sowie Neufahrzeugen oder umgebauten Fahrzeugen, die noch nicht in Betrieb genommen sind;
4. Kraftfahrzeugen, die in Notfällen oder für Rettungsaufgaben eingesetzt werden, einschließlich Kraftfahrzeugen, die für nichtgewerbliche Transporte für humanitäre Hilfe eingesetzt werden;
5. Kraftfahrzeugen, die beim Fahrunterricht zum Erwerb einer Lenkberechtigung oder der Grundqualifikation eingesetzt werden;
6. Kraftfahrzeugen, die im Rahmen der Lehrberufsausbildung zum Berufskraftfahrer innerhalb von Österreich eingesetzt werden;
7. Kraftfahrzeugen zur Beförderung von Material, Ausrüstung oder Maschinen, das bzw. die der Lenker zur Ausübung seines Berufs verwendet, sofern es sich beim Lenken des Fahrzeugs nicht um die Hauptbeschäftigung des Fahrers handelt.

(BGBl I 2022/18)

(4) Als Fahrerqualifizierungsnachweise gelten:
1. eine von der zuständigen Behörde eines Mitgliedstaates neben der Fahrzeugklasse in Lenkberechtigungen vorgenommene Eintragung des harmonisierten Codes „95" der Union gemäß Anhang I der Richtlinie 2006/126/EG, oder
2. ein von der zuständigen Behörde eines Mitgliedstaates ausgestellter Fahrerqualifizierungsnachweis nach dem Modell in Anhang II der Richtlinie 2003/59/EG oder
3. eine von der zuständigen Behörde eines Mitgliedstaates vorgenommene Eintragung des Unionscodes „95" auf einer gemäß der Verordnung (EG) Nr. 1072/2009 ausgestellten Fahrerbescheinigung.

Fahrerbescheinigungen, auf denen der Unionscode „95" nicht vermerkt ist und die gemäß Artikel 5 der Verordnung (EG) Nr. 1072/2009, und insbesondere dessen Abs. 7, vor dem 23. Mai 2020 zum Nachweis der Erfüllung der Ausbildungsanforderungen nach der Richtlinie 2003/59/EG ausgestellt wurden, werden bis zum Ablauf ihrer Gültigkeitsdauer als Fahrerqualifizierungsnachweis anerkannt. *(BGBl I 2022/18)*

(5) Für Lenker, die in § 19c genannt sind, ist von der Behörde ein Fahrerqualifizierungsnachweis für jeweils fünf Jahre auszustellen, wenn ein Nachweis über eine Grundqualifikation oder eine Weiterbildung vorgelegt wird. Die Bundesministerin/der Bundesminister für Verkehr, Innovation und Technologie hat durch Verordnung die Form, den Inhalt und die Vorgangsweise bei der Ausstellung des Fahrerqualifizierungsnachweises festzusetzen. *(BGBl I 2013/32)*

(BGBl I 2006/153)

Grundqualifikation

§ 19a. (1) Lenker von Kraftfahrzeugen gemäß § 1 Abs. 1, denen nach dem 9. September 2009 eine Lenkberechtigung für die Klassen C1, C1E, C oder CE erstmals erteilt wurde, haben eine Grundqualifikation nachzuweisen. Der Nachweis der Grundqualifikation wird durch eine Bescheinigung über die erfolgreiche Ablegung einer theoretischen Prüfung vor einer Prüfungskommission und einer praktischen Fahrprüfung erbracht. Der Nachweis der Grundqualifikation einer dieser Klassen gilt als Nachweis der Grundqualifikation für die anderen Klassen. *(BGBl I 2022/18)*

(2) Die Prüfungskommissionen sind vom Landeshauptmann zu bestellen. In diese Kommissionen sind zu berufen:

1. ein geeigneter rechtskundiger Bediensteter des höheren Dienstes als Vorsitzender und

2. zwei weitere Mitglieder unter Berücksichtigung der Sachgebiete der Prüfung, von denen ein Mitglied auf Grund eines Vorschlages der zuständigen Kammer für Arbeiter und Angestellte und ein Mitglied auf Grund eines Vorschlages des zuständigen Fachverbandes zu bestellen ist.

Werden die Vorschläge nach Z 2 nicht innerhalb einer Frist von vier Wochen erstattet, hat der Landeshauptmann die jeweilige Berufung nach Anhörung der säumigen Stelle vorzunehmen. Für die Abnahme der praktischen Fahrprüfung ist ein gemäß § 8 FSG-PV, BGBl. II Nr. 321/1997 in der Fassung BGBl. II Nr. 65/2006, bestellter Fahrprüfer zu berufen.

(3) Der Bundesminister für Verkehr, Innovation und Technologie hat hinsichtlich der Prüfung zur Erlangung der Grundqualifikation durch Verordnung festzulegen:

1. die Sachgebiete der Prüfung,

2. die Form und Dauer der Prüfung,

3. die Anforderungen an die Prüfer,

4. nähere Bestimmungen über die Anberaumung der Termine,

5. die auszustellenden Bescheinigungen,

6. nähere Bestimmungen über die Wiederholung der Prüfung,

7. der vom Prüfling zu zahlende, dem besonderen Verwaltungsaufwand einschließlich einer angemessenen Entschädigung der Mitglieder der Prüfungskommission entsprechende Kostenbeitrag, wobei auch auf die wirtschaftlichen Verhältnisse des Prüflings Bedacht genommen werden kann,

8. die aus den Kostenbeiträgen zu zahlende angemessene Entschädigung der Mitglieder der Prüfungskommission,

9. die Voraussetzung für die Rückzahlung des Kostenbeitrags bei Nichtablegung oder teilweiser Ablegung der Prüfung sowie die Höhe des rückzuzahlenden Kostenbeitrags und

10. die Prüfungen, die den Vorgaben der Richtlinie 2003/59/EG entsprechen und daher eine Prüfung gemäß Abs. 1 ersetzen.

(BGBl I 2006/153)

Weiterbildung

§ 19b. (1) Lenker von Kraftfahrzeugen gemäß § 1 Abs. 1, die Inhaber eines Fahrerqualifizierungsnachweises sind, müssen entweder alle fünf Jahre vor Ablauf der Gültigkeitsdauer des Fahrerqualifizierungsnachweises oder – wenn die Gültigkeitsdauer bereits abgelaufen ist – vor einer Wiederaufnahme der Tätigkeit eine Weiterbildung nachweisen. Lenker, denen vor dem 10. September 2009 eine Lenkberechtigung für die Klassen C1 oder C erteilt wurde, haben spätestens bis zum 10. September 2014 oder, wenn die Tätigkeit zu diesem Zeitpunkt nicht ausgeübt wird, vor Aufnahme der Tätigkeit eine Weiterbildung nachzuweisen. Der Nachweis der Weiterbildung einer dieser Klassen gilt als Nachweis der Weiterbildung für die andere Klasse.

(2) Die Weiterbildung darf nur von Ausbildungsstätten auf Grund einer Ermächtigung des Landeshauptmannes durchgeführt werden. Diese ist auf Antrag zu erteilen, wenn der Antragsteller die durch Verordnung des Bundesministers für Verkehr, Innovation und Technologie festgelegten Voraussetzungen erfüllt. Die Ermächtigung ist zu widerrufen, wenn die Voraussetzungen für die Erteilung nicht mehr gegeben sind. Die Ausbildungsstätten haben als Nachweis über eine erfolgte Weiterbildung eine Bescheinigung auszustellen.

(3) Der Bundesminister für Verkehr, Innovation und Technologie hat mit Verordnung nähere Vorschriften über die Sachgebiete, den Umfang und die Art der Weiterbildung sowie über die Voraussetzungen, unter denen eine Ermächtigung gemäß Abs. 2 zu erteilen ist, über die Voraussetzungen, unter denen ein Ausbilder zugelassen

wird, über den Weiterbildungsort und über die auszustellenden Bescheinigungen zu erlassen.

(BGBl I 2006/153)

Grundqualifikation und Weiterbildung in Österreich

§ 19c. (1) Lenker, die Staatsangehörige eines Mitgliedstaates der Europäischen Union sind, haben die Prüfung zur Erlangung der Grundqualifikation in Österreich abzulegen, wenn sie ihren Hauptwohnsitz in Österreich haben.

(2) Lenker, die Staatsangehörige eines Drittstaates sind und bei einem in Österreich niedergelassenen Unternehmen arbeiten, haben die Prüfung zur Erlangung der Grundqualifikation in Österreich abzulegen. Lenker, die Staatsangehörige eines Drittstaates sind, können die Prüfung zur Erlangung der Grundqualifikation in Österreich ablegen, wenn ihnen ein Aufenthaltstitel, der das Recht auf unbeschränkten Zugang zum Arbeitsmarkt in Österreich ermöglicht, erteilt wurde.

(3) Lenker, die ihren Hauptwohnsitz in Österreich haben oder bei einem in Österreich niedergelassenen Unternehmen arbeiten, können die Weiterbildung in Österreich durchlaufen.

(BGBl I 2006/153)

Berufskraftfahrerqualifikationsregister

§ 19d. (1) Die Bundesministerin/der Bundesminister für Klimaschutz, Umwelt, Energie, Mobilität, Innovation und Technologie hat bei der Bundesrechenzentrum GmbH ein automationsunterstütztes zentrales Berufskraftfahrerqualifikationsregister zu führen. Sie/er ist Verantwortliche/r im Sinne des Art. 4 Z 7 der Verordnung (EU) Nr. 2016/679 zum Schutz natürlicher Personen bei der Verarbeitung personenbezogener Daten, zum freien Datenverkehr und zur Aufhebung der Richtlinie 95/46/EG (Datenschutz-Grundverordnung), ABl. Nr. L 119 vom 04.05.2016 S. 1, in der Fassung der Berichtigung ABl. Nr. L 74 vom 04.03.2021 S. 35. Die Bundesrechenzentrum GmbH ist Auftragsverarbeiter im Sinne des Art. 4 Z 8 der Datenschutz-Grundverordnung und damit zur Wahrnehmung der Datenschutzpflichten gemäß Artikel 28 Abs. 3 lit. a bis h der Datenschutz-Grundverordnung verpflichtet. Im Register sind sämtliche, von inländischen Behörden ausgestellte Fahrerqualifizierungsnachweise zu erfassen, um feststellen zu können, ob ein Berufskraftfahrer über die erforderliche Qualifikation verfügt.

(2) Die für die Ausstellung der Fahrerqualifizierungsnachweise zuständigen Behörden haben die erforderlichen Daten online über eine gesicherte Datenverbindung in das Berufskraftfahrerqualifikationsregister einzutragen.

(3) Folgende Daten sind im Berufskraftfahrerqualifikationsregister zu erfassen:

1. für Fahrerqualifizierungsnachweise gemäß § 19 Abs. 4 Z 1:

a) Name und Vorname des Inhabers;

b) Geburtsdatum und Geburtsort des Inhabers;

c) Eintragungsdatum;

d) Ablaufdatum;

e) Führerscheinnummer;

f) Fahrzeugklassen.

2. für Fahrerqualifizierungsnachweise gemäß § 19 Abs. 4 Z 2:

a) Name und Vorname des Inhabers;

b) Geburtsdatum und Geburtsort des Inhabers;

c) Ausstellungsdatum;

d) Ablaufdatum;

e) Behörde, die den Fahrerqualifizierungsnachweis ausgestellt hat;

f) Führerscheinnummer;

g) Seriennummer des Nachweises;

h) Fahrzeugklassen.

3. für Fahrerqualifizierungsnachweise gemäß § 19 Abs. 4 Z 3:

a) Name und Vorname des Inhabers;

b) Geburtsdatum und Geburtsort des Inhabers;

c) Eintragungsdatum;

d) Ablaufdatum;

e) Fahrerbescheinigungsnummer.

(4) Zum Zweck der Umsetzung von Artikel 10 Abs. 1 zweiter Unterabsatz und Prüfung der Einhaltung von Artikel 10a der Richtlinie 2003/59/EG dürfen die Behörden gemäß Abs. 2 auf die Daten gemäß Abs. 3 lit. a bis c zugreifen und diese verarbeiten. Das Berufskraftfahrerqualifikationsregister hat eine vollständige Protokollierung aller erfolgten Datenabfragen vorzunehmen, aus der erkennbar ist, welcher Person welche Daten aus dem Berufskraftfahrerqualifikationsregister übermittelt wurden. Diese Protokolldaten sind zu speichern und drei Jahre nach der Entstehung dieser Daten zu löschen.

(5) Auskünfte aus dem Register sind im Wege der Datenfernverarbeitung zu erteilen:

1. den Organen des Bundes, der Länder und der Gemeinden, und

2. den zuständigen Behörden anderer Mitgliedstaaten,

soweit sie für die Umsetzung und Überwachung der Einhaltung von Artikel 10a der Richtlinie 2003/59/EG zuständig sind und das Auskunftsersuchen der Prüfung der Einhaltung dieser Richtlinie dient.

(BGBl I 2022/18)

ABSCHNITT VI
Behörden und Amtshilfe

Behörden

§ 20. (1) Konzessionen für den innerstaatlichen Güterverkehr (§ 2 Abs. 2 Z 1) erteilt die Bezirksverwaltungsbehörde. *(BGBl I 2001/106)*

(2) Konzessionen für den grenzüberschreitenden Güterverkehr (§ 2 Abs. 2 Z 2) erteilt die Landeshauptfrau/der Landeshauptmann. Gemeinschaftslizenzen und Fahrerbescheinigungen gemäß der Verordnung (EG) Nr. 1072/09 werden von der Landeshauptfrau/vom Landeshauptmann ausgestellt. *(BGBl I 2013/32)*

(3) Die Untersagung der Güterbeförderung (§ 9 Abs. 6) verfügt die Bezirksverwaltungsbehörde. *(BGBl I 2001/106)*

(4) Den Entzug der erforderlichen Bewilligung oder der Kontingenterlaubnis (§ 9 Abs. 8) verfügt der Bundesminister für Verkehr, Innovation und Technologie, im Falle der Ermächtigung des Landeshauptmannes im Sinne des § 8 Abs. 5 der Landeshauptmann. *(BGBl I 2001/106)*

(5) Die konzessionserteilende Behörde ist insbesondere auch zuständig für:

1. das Konzessionsentziehungsverfahren;

2. die Genehmigung und den Widerruf der Bestellung eines Geschäftsführers;

3. die Genehmigung und den Widerruf der Bestellung eines Filialgeschäftsführers für die Ausübung des Gewerbes in einer weiteren Betriebsstätte;

4. den Widerruf der Übertragung der Ausübung eines Gewerbes an einen Pächter;

5. die Vollziehung der §§ 46 bis 48 der GewO 1994;

6. die Rückforderung der Gemeinschaftslizenz und der Fahrerbescheinigung mittels Bescheid gemäß Art. 7 Verordnung (EG) Nr. 1072/09;

7. folgende Maßnahmen hinsichtlich des Verkehrsleiters:

a) die Genehmigung der Benennung eines Verkehrsleiters gemäß § 5a;

b) die Überprüfung gemäß Art. 11 Verordnung (EG) Nr. 1071/09, ob ein Verkehrsleiter, sofern Zweifel an der Zuverlässigkeit eines Unternehmens bestehen, zum Zeitpunkt der Antragstellung in einem Mitgliedstaat für ungeeignet erklärt wurde;

c) die Erklärung gemäß Art. 14 Verordnung (EG) Nr. 1071/09, dass ein Verkehrsleiter ungeeignet ist, die Verkehrstätigkeiten eines Unternehmens zu leiten;

8. die Eintragung der einschlägigen Daten in das Verkehrsunternehmensregister gemäß § 24a, sowie deren Berichtigung, Übermittlung und Löschung;

9. die Meldung an das Bundesministerium für Verkehr, Innovation und Technologie gemäß Art. 26 Abs. 1 lit. b und c Verordnung (EG) Nr. 1071/09 und gemäß Art. 17 Abs. 1 und 2 Verordnung (EG) Nr. 1072/09 über

a) die Anzahl der erteilten, ausgesetzten und entzogenen Güterbeförderungskonzessionen sowie die Angabe der Gründe, die zu dieser Entscheidung geführt haben, aufgeschlüsselt nach Jahr und Art,

b) die Anzahl der Erklärungen, dass ein Verkehrsleiter ungeeignet ist, die Verkehrstätigkeiten eines Unternehmens zu leiten sowie die Angabe der Gründe, die zu dieser Entscheidung geführt haben, aufgeschlüsselt nach Jahr und Art,

c) die Anzahl der jedes Jahr erteilten Bescheinigungen über die fachliche Eignung,

d) die Anzahl der am 31.12. des vorangegangenen Jahres im Umlauf befindlichen Gemeinschaftslizenzen und der beglaubigten Kopien alle zwei Jahre, beginnend mit dem 31.12.2011, wobei die Meldung bis zum 31.1. des Folgejahres im Bundesministerium für Verkehr, Innovation und Technologie eingelangt sein muss, und

e) die Anzahl der im Vorjahr ausgestellten und der am 31.12. des vorangegangenen Jahres im Umlauf befindlichen Fahrerbescheinigungen, wobei die Meldung bis zum 31.1. des Folgejahres im Bundesministerium für Verkehr, Innovation und Technologie eingelangt sein muss. *(BGBl I 2013/32)*

(6) Auf Grund des Bescheides, mit dem eine Konzession erteilt wurde, hat die Bezirksverwaltungsbehörde für jedes im Umfang der Konzession enthaltene Fahrzeug einen beglaubigten Auszug aus dem Gewerberegister auszufertigen, aus dem insbesondere das Datum des Bescheides, der Inhaber der Konzession, die genaue Bezeichnung und der Umfang des Gewerbes sowie der Standort der Gewerbeausübung und die weiteren Betriebsstätten, gegebenenfalls Bedingungen, Beschränkungen oder Auflagen ersichtlich sind. Die Bezirksverwaltungsbehörde hat für die gewerbsmäßige Beförderung von Gütern im Sinne von § 1 Abs. 2 für jedes eingesetzte Kraftfahrzeug, bei dem im Zulassungsschein die Verwendungsbestimmung gemäß § 6 Abs. 1 eingetragen ist, sowie für alle in § 3 Abs. 3 genannten Kraftfahrzeuge einen beglaubigten Auszug aus dem Gewerberegister auszufertigen. *(BGBl I 2006/23)*

(7) *(entfällt, BGBl I 2013/96)*

(8) Zuständige Behörde für den Informationsaustausch gemäß den in § 22 genannten Bestimmungen ist jene Behörde, die das zugrundeliegende Verfahren geführt hat. *(BGBl I 2013/96)*

§ 21. An der Vollziehung dieses Bundesgesetzes, von unmittelbar anwendbaren Vorschriften der Europäischen Union über den Güterverkehr auf der Straße sowie von Abkommen mit Staatengemeinschaften über den grenzüberschreitenden Güterverkehr mit Kraftfahrzeugen durch die Bezirksverwaltungsbehörde, den Landeshauptmann sowie den Bundesminister für Verkehr, Innovation und Technologie haben die Aufsichtsorgane mitzuwirken; es sind dies

1. die Organe der Straßenaufsicht (§ 97 StVO), ausgenommen die Organe der Bundespolizei, sowie

2. in Wahrnehmung der ihnen sonst obliegenden Aufgaben die Organe der Bundespolizei, die Zollorgane sowie die Organe „des Amtes für Betrugsbekämpfung". *(BGBl I 2019/104)*

Die Aufsichtsorgane unterstehen dabei in fachlicher Hinsicht der jeweils zuständigen Behörde.

(BGBl I 2017/62)

Revision

§ 21a. Der Bundesminister bzw. die Bundesministerin für Verkehr, Innovation und Technologie kann gegen Erkenntnisse der Verwaltungsgerichte der Länder Revision wegen Rechtswidrigkeit vor dem Verwaltungsgerichtshof erheben.

(BGBl I 2013/96)

Amtshilfe

§ 22. Über Art. 24 Verordnung (EG) Nr. 1071/09 und Art. 11 Verordnung (EG) Nr. 1072/09 hinausgehende gegenseitige Amts- und Rechtshilfeabkommen bleiben aufrecht.

(BGBl I 2013/32)

Abschnitt VII
Strafbestimmungen

§ 23. (1) Abgesehen von gemäß dem V. Hauptstück der GewO 1994 zu ahndenden Verwaltungsübertretungen begeht eine Verwaltungsübertretung, die mit einer Geldstrafe bis zu 7 267 Euro zu ahnden ist, wer als Unternehmer

1. die Anzahl der Kraftfahrzeuge ohne Genehmigung gemäß § 3 Abs. 2 vermehrt;

2. § 6 Abs. 1 oder 2 zuwiderhandelt;

3. Beförderungen gemäß §§ 7 bis 9 ohne die hierfür erforderliche Berechtigung durchführt oder Gebote oder Verbote von zwischenstaatlichen Vereinbarungen nicht einhält;

4. § 11 zuwiderhandelt;

5. die gemäß § 12 festgelegten Tarife nicht einhält;

6. § 9 Abs. 1 oder 3 zuwiderhandelt;

7. andere als die in Z 1 bis 6 genannten Gebote oder Verbote dieses Bundesgesetzes oder der aufgrund dieses Bundesgesetzes erlassenen Verordnungen nicht einhält;

8. nicht dafür sorgt, dass die gemäß der Verordnung (EG) Nr. 1072/09 erforderlichen Gemeinschaftslizenzen oder Fahrerbescheinigungen oder Art. 8 Abs. 3 der Verordnung (EG) Nr. 1072/09 entsprechende Belege an den Lenker ausgehändigt, während der Beförderung mitgeführt und auf Verlangen den Aufsichtsorganen ausgehändigt werden; *(BGBl I 2017/62)*

9. Bestimmungen gemäß der Verordnung (EG) Nr. 1071/09 und der Verordnung (EG) Nr. 1072/09 verletzt;

10. *(entfällt, BGBl I 2022/18)*
(BGBl I 2013/32)

(1a) Wer als Versender, Spediteur, Auftragnehmer und Unterauftragnehmer eine Güterbeförderung in Auftrag gegeben hat, obwohl er hätte wissen müssen, dass dadurch die Bestimmungen der Kapitel II oder III der Verordnung (EG) Nr. 1072/2009 verletzt werden, begeht eine Verwaltungsübertretung, die mit einer Geldstrafe bis zu 7 267 Euro zu ahnden ist. *(BGBl I 2022/18)*

(2) Eine Verwaltungsübertretung begeht, die mit einer Geldstrafe bis zu 726 Euro zu ahnden ist, wer als Lenker

1. § 6 Abs. 3 oder 4 zuwiderhandelt;

2. § 9 Abs. 2 zuwiderhandelt;

3. andere als die in Z 1 und 2 genannten Gebote oder Verbote dieses Bundesgesetzes oder der aufgrund dieses Bundesgesetzes erlassenen Verordnungen nicht einhält;

4. eine gemäß der Verordnung (EG) Nr. 1072/09 erforderliche Gemeinschaftslizenz und Fahrerbescheinigung oder Art. 8 Abs. 3 der Verordnung (EG) Nr. 1072/09 entsprechende Belege nicht mitführt oder auf Verlangen den Aufsichtsorganen nicht aushändigt; *(BGBl I 2017/62)*

5. sonstige Bestimmungen gemäß der Verordnung (EG) Nr. 1071/09 oder der Verordnung (EG) Nr. 1072/09 oder anderer unmittelbar anwendbarer Vorschriften der Europäischen Union über den Güterverkehr auf der Straße verletzt, sofern dies nicht nach anderen Vorschriften zu bestrafen ist.

(BGBl I 2013/32)

(3) Strafbar nach Abs. 1 Z 3, Z 6 oder Z 8 ist ein Unternehmer auch dann, wenn er die in §§ 7 bis 9 genannten Verpflichtungen oder die in der Verordnung (EG) Nr. 1072/09 normierten Gebote und Verbote im Ausland verletzt. Örtlich zuständig ist diesfalls jene Behörde, in deren Sprengel der Lenker im Zuge einer Straßenkontrolle betreten wird, sonst jene Behörde, in deren Sprengel der Grenzübertritt in das Bundesgebiet erfolgte. Stellt die Übertretung zugleich einen schwersten

Verstoß gemäß Anhang IV der Verordnung (EG) Nr. 1071/09 dar, ist die zuständige Behörde des Niederlassungsmitgliedstaates davon zu verständigen. *(BGBl I 2013/32)*

(4) Bei Verwaltungsübertretungen gemäß Abs. 1 Z 1 und 2 sowie Z 5 bis 7 hat die Geldstrafe mindestens 363 Euro zu betragen. Bei Verwaltungsübertretungen gemäß Abs. 1 Z 3, 8 und 9 sowie bei Verwaltungsübertretungen gemäß § 366 Abs. 1 Z 1 der GewO 1994 hat die Geldstrafe mindestens 1 453 Euro zu betragen. *(BGBl I 2022/18)*

(5) Der Unternehmer haftet für die über die von ihm beschäftigten Lenker verhängten Geldstrafen, sonstige in Geld bemessene Unrechtsfolgen und die Verfahrenskosten zur ungeteilten Hand.

(6) Von den eingehobenen Strafgeldern fließen 30 vH der Gebietskörperschaft zu, die den Aufwand jener Behörde zu tragen hat, die das Strafverfahren in erster Instanz durchführt. Weitere 70 vH fließen dem Österreichischen Verkehrssicherheitsfonds zu.

(7) Wurde die Bestellung eines Geschäftsführers nach § 39 der Gewerbeordnung 1994 oder nach anderen Verwaltungsvorschriften genehmigt, so ist der Geschäftsführer strafrechtlich verantwortlich und sind Strafen gegen ihn zu verhängen. Dies gilt sinngemäß auch für den Fall der Genehmigung der Bestellung eines Filialgeschäftsführers hinsichtlich der Betriebsstätte, für die er verantwortlich ist.

(8) Wer als selbstständiger Kraftfahrer

1. die wöchentliche Höchstarbeitszeit gemäß § 24c überschreitet,

2. die gemäß § 24d vorgeschriebenen Ruhepausen nicht einhält,

3. an Tagen, an denen er Nachtarbeit leistet, die gemäß § 24e Abs. 1 erlaubte Tagesarbeitszeit überschreitet oder

4. geleistete Nachtarbeit nicht gemäß § 24e Abs. 2 ausgleicht,

begeht eine Verwaltungsübertretung und ist mit einer Geldstrafe von 72 Euro bis 1 815 Euro, im Wiederholungsfall von 145 Euro bis 1 815 Euro zu bestrafen. *(BGBl I 2013/32)*

(9) Wer als selbstständiger Kraftfahrer die Aufzeichnungs- oder Aufbewahrungspflicht gemäß § 24f verletzt, begeht eine Verwaltungsübertretung und ist mit einer Geldstrafe von 72 Euro bis 1 000 Euro, im Wiederholungsfall von 145 Euro bis 1 500 Euro zu bestrafen. *(BGBl I 2013/32)*

(10) Wer als Inhaber einer ermächtigten Ausbildungsstätte seine Pflichten gemäß § 13a der Grundqualifikations- und Weiterbildungsverordnung – Berufskraftfahrer (GWB), BGBl. II Nr. 139/2008, in der jeweils geltenden Fassung, verletzt, begeht eine Verwaltungsübertretung, die mit einer Geldstrafe bis zu 2 000 Euro zu ahnden ist. *(BGBl I 2022/18)*

(BGBl I 2006/23)

§ 24. Als vorläufige Sicherheit im Sinne des § 37a VStG kann bei Verdacht einer Übertretung der Vorschriften über den grenzüberschreitenden Güterverkehr mit Kraftfahrzeugen (§§ 7 bis 9) oder einer Zuwiderhandlung gemäß § 23 Abs. 1 Z 3, 6 sowie Z 8 und 9 ein Betrag von 1 453 Euro festgesetzt werden. Bei Verdacht einer Übertretung des Unternehmers gilt dabei der Lenker als Vertreter des Unternehmers, falls nicht dieser selbst oder ein von ihm bestellter Vertreter bei den Amtshandlungen anwesend ist.

(BGBl I 2022/18)

ABSCHNITT VIII
Erfassung der Verkehrsunternehmen

Verkehrsunternehmensregister

§ 24a. (1) Die Bundesministerin/der Bundesminister für Verkehr, Innovation und Technologie hat bei der Bundesrechenzentrum GmbH ein automationsunterstütztes zentrales Verkehrsunternehmensregister im Sinne des Art. 16 Verordnung (EG) Nr. 1071/09 zu führen. Im Register werden die im Inland konzessionierten Güterbeförderungsunternehmen erfasst. Das Register wird zur Speicherung von Daten geführt, die erforderlich sind, um feststellen zu können, welche Güterbeförderungsunternehmen über eine Konzession verfügen, welche Verkehrsleiter oder rechtlichen Vertreter für diese Unternehmen bestellt wurden, über welche Art der Konzession diese Unternehmen verfügen, für welche Anzahl von Kraftfahrzeugen die Konzession erteilt wurde, gegebenenfalls die laufende Nummer der Gemeinschaftslizenz und der beglaubigten Kopien gemäß Art. 4 Verordnung (EG) Nr. 1072/09. Weiters ist in dem Register auch die Anzahl, Kategorie und Art der schwerwiegenden Verstöße gemäß § 5 Abs. 2 Z 3 und die Namen der Personen, die für ungeeignet erklärt wurden, die Verkehrstätigkeiten eines Unternehmens zu leiten, zu erfassen.

(2) Die gemäß § 20 Abs. 5 zuständige Behörde sowie die gemäß § 21 zuständigen Verwaltungsstrafbehörden haben die erforderlichen Daten online über eine gesicherte Datenverbindung an die Bundesrechenzentrum GmbH zu übermitteln.

(3) Folgende Daten sind gemäß Art. 16 Abs. 2 Verordnung (EG) Nr. 1071/09 in das Verkehrsunternehmensregister einzutragen:

1. Name und Rechtsform des Unternehmens;

2. Anschrift der Niederlassung;

3. Namen der Verkehrsleiter, die zur Erfüllung der Voraussetzungen hinsichtlich Zuverlässigkeit

und fachlicher Eignung benannt wurden, oder gegebenenfalls eines rechtlichen Vertreters;

4. Art der Konzession und Anzahl der Kraftfahrzeuge, für die die Konzession erteilt wurde, und gegebenenfalls laufende Nummer der Gemeinschaftslizenz und der beglaubigten Kopien;

5. Anzahl, Kategorie und Art der in § 5 Abs. 2 Z 3 genannten schwerwiegenden Verstöße, die in den vorangehenden zwei Jahren zu einer rechtskräftigen Verurteilung oder einer Bestrafung geführt haben;

6. Namen der Personen, die für ungeeignet erklärt wurden, als Verkehrsleiter die Verkehrstätigkeiten eines Unternehmens zu leiten, solange die Zuverlässigkeit der betreffenden Person nicht wieder hergestellt ist.

(4) Die gemäß § 20 Abs. 5 zuständigen Behörden können auf die jeweils in Betracht kommenden Daten zugreifen und diese verarbeiten. Das Verkehrsunternehmensregister hat eine vollständige Protokollierung aller Datenabfragen vorzunehmen, aus der erkennbar ist, welcher Person welche Daten aus dem Verkehrsunternehmensregister übermittelt wurden. Diese Protokolldaten sind zu speichern und drei Jahre nach der Entstehung dieser Daten zu löschen. *(BGBl I 2018/37)*

(5) Zusätzlich zu den in Abs. 3 genannten Daten sind folgende Daten in das Verkehrsunternehmensregister einzutragen:

1. bei natürlichen Personen das Geburtsdatum;

2. Nummer, Ausstellungsdatum und Ausstellungsland der Bescheinigung der fachlichen Eignung des Verkehrsleiters;

3. soweit vorhanden, die Firmenbuchnummer des Verkehrsunternehmens.

(6) Auskünfte aus dem Register sind im Wege der Datenfernverarbeitung zu erteilen:

1. den Organen des Bundes, der Länder und der Gemeinden, soweit sie diese für die Wahrnehmung ihrer gesetzlichen Aufgaben benötigen und

2. den zuständigen Behörden anderer Staaten, sofern sich eine solche Verpflichtung aus diesem Bundesgesetz, aus unmittelbar anwendbarem Gemeinschaftsrecht oder anderen zwischenstaatlichen Abkommen ergibt.

(7) Die Daten gemäß Abs. 3 Z 1 bis 4 sind öffentlich zugänglich.

(BGBl I 2013/32)

Abschnitt IX
Arbeitszeit der selbständigen Kraftfahrer

Begriffsbestimmungen

§ 24b. Für die Zwecke dieses Bundesgesetzes bezeichnet der Ausdruck

1. selbstständiger Kraftfahrer: alle Personen, deren berufliche Tätigkeit hauptsächlich darin besteht, mit Gemeinschaftslizenz oder einer anderen berufsspezifischen Beförderungsermächtigung gewerbsmäßig Güter zu befördern, die

a) befugt sind, auf eigene Rechnung zu arbeiten,

b) nicht durch einen Arbeitsvertrag oder ein anderes arbeitsrechtliches Abhängigkeitsverhältnis an einen Arbeitgeber gebunden sind,

c) über den erforderlichen freien Gestaltungsspielraum für die Ausübung der betreffenden Tätigkeit verfügen,

d) deren Einkünfte direkt von den erzielten Gewinnen abhängen und

e) die Freiheit haben, als Einzelne oder durch eine Zusammenarbeit zwischen selbständigen Kraftfahrern Geschäftsbeziehungen zu mehreren Kunden zu unterhalten;

2. Arbeitsplatz:

a) den Standort der Hauptniederlassung des Unternehmens, für das der selbstständige Kraftfahrer tätig ist, und seine verschiedenen Zweigniederlassungen, ob sie nun mit seinem Geschäftssitz oder seiner Hauptniederlassung zusammenfallen oder nicht,

b) das Fahrzeug, das der selbstständige Kraftfahrer bei seiner Tätigkeit benutzt und

c) jeden anderen Ort, an dem die mit der Beförderung verbundenen Tätigkeiten ausgeführt werden;

3. Arbeitszeit: die Zeitspanne zwischen Arbeitsbeginn und Arbeitsende, in der sich der selbstständige Kraftfahrer an seinem Arbeitsplatz befindet, dem Kunden zur Verfügung steht, und während deren er seine Funktionen oder Tätigkeiten ausübt; dies umfasst nicht allgemeine administrative Tätigkeiten, die keinen direkten Zusammenhang mit der gerade ausgeführten spezifischen Transporttätigkeit aufweisen, sowie die Ruhepausen gemäß § 24d;

4. Woche: den Zeitraum von Montag 00.00 Uhr bis Sonntag 24.00 Uhr;

5. Tagesarbeitszeit: die Arbeitszeit innerhalb eines ununterbrochenen Zeitraumes von vierundzwanzig Stunden;

6. Nachtzeit: die Zeit zwischen 0.00 Uhr und 04.00 Uhr;

7. Nachtarbeit: jede Arbeit, die während der Nachtzeit ausgeführt wird.

(BGBl I 2013/32)

Wöchentliche Höchstarbeitszeit

§ 24c. Die durchschnittliche wöchentliche Arbeitszeit eines selbstständigen Kraftfahrers darf 48 Stunden nicht überschreiten. Die wöchentliche Höchstarbeitszeit kann bis zu 60 Stunden betragen, sofern der Wochendurchschnitt in einem Zeitraum von sechs Monaten 48 Stunden nicht übersteigt.

(BGBl I 2013/32)

Ruhepausen

§ 24d. (1) Die Tagesarbeitszeit eines selbstständigen Kraftfahrers ist

1. bei einer Gesamtdauer zwischen sechs und neun Stunden durch eine Ruhepause von mindestens 30 Minuten,

2. bei einer Gesamtdauer von mehr als neun Stunden durch eine Ruhepause von mindestens 45 Minuten,

zu unterbrechen. Die Ruhepause ist spätestens nach sechs Stunden einzuhalten.

(2) Die Ruhepause kann in mehrere Teile von mindestens 15 Minuten aufgeteilt werden.

(3) Bei Teilung der Ruhepause nach Abs. 2 ist der erste Teil nach spätestens sechs Stunden einzuhalten.

(BGBl I 2013/32)

Nachtarbeit

§ 24e. (1) Die Tagesarbeitszeit eines selbstständigen Kraftfahrers darf an Tagen, an denen er Nachtarbeit leistet, zehn Stunden nicht überschreiten.

(2) Der selbstständige Kraftfahrer hat Nachtarbeit binnen 14 Tagen durch eine Verlängerung einer täglichen oder wöchentlichen Ruhezeit im Ausmaß der geleisteten Nachtarbeit auszugleichen.

(BGBl I 2013/32)

Aufzeichnungspflicht

§ 24f. Jeder selbstständige Kraftfahrer hat Aufzeichnungen über die von ihm geleistete Arbeitszeit zu führen und diese mindestens 2 Jahre lang aufzubewahren. Diese Aufzeichnungen sind der Behörde nach Aufforderung lückenlos und geordnet nach Datum zur Verfügung zu stellen.

(BGBl I 2013/32)

ABSCHNITT X
Schluß- und Übergangsbestimmungen

Verweisungen

§ 25. (1) Soweit in diesem Bundesgesetz auf Bestimmungen anderer Bundesgesetze verwiesen wird, sind diese, sofern nichts anderes ausdrücklich angeordnet ist, in ihrer jeweils geltenden Fassung anzuwenden.

(2) Soweit in diesem Bundesgesetz auf die Verordnung (EG) Nr. 1071/09 verwiesen wird, ist die Verordnung (EG) Nr. 1071/2009 zur Festlegung gemeinsamer Regeln für die Zulassung zum Beruf des Kraftverkehrsunternehmers und zur Aufhebung der Richtlinie 96/26/EG des Rates, ABl. Nr. L 300 vom 14.11.2009 S. 51, anzuwenden. *(BGBl I 2013/32)*

(3) Soweit in diesem Bundesgesetz auf die Richtlinie 2003/59/EG verwiesen wird, ist die Richtlinie 2003/59/EG des Europäischen Parlaments und des Rates vom 15.07.2003 über die Grundqualifikation und Weiterbildung der Fahrer bestimmter Kraftfahrzeuge für den Güter- oder Personenkraftverkehr und zur Änderung der Verordnung (EWG) Nr. 3820/85 des Rates und der Richtlinie 91/439/EWG des Rates sowie zur Aufhebung der Richtlinie 76/914/EWG des Rates, ABl. Nr. L 226 vom 10.09.2003, S. 4, geändert durch die Richtlinie 2004/66/EG vom 26.04.2004, ABl. Nr. L 168 vom 01.05.2004, S. 35, anzuwenden. *(BGBl I 2006/153)*

(4) Soweit in diesem Bundesgesetz auf die Verordnung (EG) Nr. 1072/09 verwiesen wird, ist die Verordnung (EG) Nr. 1072/2009 über gemeinsame Regeln für den Zugang zum Markt des grenzüberschreitenden Güterkraftverkehrs, ABl. Nr. L 300 vom 14.11.2009 S. 72, anzuwenden. *(BGBl I 2013/32)*

(5) Soweit in diesem Bundesgesetz auf die Richtlinie 2003/109/EG verwiesen wird, ist die Richtlinie 2003/109/EG betreffend die Rechtsstellung der langfristig aufenthaltsberechtigten Drittstaatsangehörigen, ABl. Nr. L 16 vom 23.1.2004 S. 44, in der Fassung der Richtlinie 2011/51/EU, ABl. Nr. L 132 vom 19.5.2011 S. 1, anzuwenden. *(BGBl I 2022/18)*

(6) Soweit in diesem Bundesgesetz auf die Richtlinie 2006/126/EG verwiesen wird, ist die Richtlinie 2006/126/EG über den Führerschein, ABl. Nr. L 403 vom 30.12.2006 S. 18, in der Fassung der Richtlinie 2020/612/EU, ABl. Nr. L 141 vom 5.5.2020 S. 9, anzuwenden. *(BGBl I 2022/18)*

(BGBl I 2006/23)

Übergangsbestimmungen

§ 26. (1) Berechtigungen zur gewerbsmäßigen Beförderung von Gütern im Umfang des § 5 Abs. 1 dieses Bundesgesetzes, in der Fassung BGBl. Nr. 126/1993, die auf Grund der bisher in Geltung gestandenen Vorschriften erlangt oder aufrechterhalten worden sind, gelten nach Maßgabe ihres sachlichen Inhaltes und der folgenden Bestimmungen als entsprechende Berechtigungen im Sinne der Bestimmungen dieses Bundesgesetzes, in der Fassung BGBl. Nr. 126/1993, und der Gewerbeordnung 1994.

(2) Am Tag des Inkrafttretens dieses Bundesgesetzes in der Fassung BGBl. Nr. 126/1993 anhängige Verfahren sind nach der bis zum Inkrafttreten des Bundesgesetzes, BGBl. Nr. 126/1993, geltenden Rechtslage zu Ende zu führen.

(3) Vor dem In-Kraft-Treten dieses Bundesgesetzes in der Fassung BGBl. I Nr. 106/2001 erteilte Konzessionen für den Güternahverkehr gelten ab In-Kraft-Treten dieses Bundesgesetzes in der Fassung BGBl. I Nr. 106/2001 als Konzessionen für den innerstaatlichen Güterverkehr und vor dem In-Kraft-Treten dieses Bundesgesetzes in der Fassung BGBl. I Nr. 106/2001 erteilte Konzessionen für den Güterfernverkehr als Konzessionen für den grenzüberschreitenden Güterverkehr. *(BGBl I 2001/106)*

(4) Bis 31. Dezember 2001 gelten an Stelle der beglaubigten Abschriften der Konzessionsurkunden auch die Nah- bzw. Fernverkehrstafeln und an Stelle der in § 6 Abs. 4 in der Fassung BGBl. I Nr. 106/2001 genannten Dokumente auch die Mietfahrzeugtafeln weiterhin als entsprechender Nachweis. Weiters darf bis 31. Dezember 2001 Werkverkehr im Sinne des § 10 auch mit einer nach den bis zum In-Kraft-Treten dieses Bundesgesetzes in der Fassung BGBl. I Nr. 106/2001 geltenden Bestimmungen ausgestellten Werkverkehrskarte durchgeführt werden. *(BGBl I 2001/106)*

(5) Vor dem In-Kraft-Treten dieses Bundesgesetzes in der Fassung BGBl. I Nr. 106/2001 erteilte Berechtigungen für die Güterbeförderung mit Kraftfahrzeugen, deren höchste zulässige Nutzlast 600 kg nicht übersteigt, gelten ab In-Kraft-Treten dieses Bundesgesetzes in der Fassung BGBl. I Nr. 106/2001 als Berechtigungen zur Güterbeförderung mit Kraftfahrzeugen oder Kraftfahrzeugen mit Anhängern, wenn die Summe der höchsten zulässigen Gesamtgewichte insgesamt 3 500 kg nicht übersteigt. *(BGBl I 2001/106)*

(6) Im Zeitpunkt des In-Kraft-Tretens des Bundesgesetzes BGBl I Nr. 23/2006, aufrechte Pachtverhältnisse werden nicht beeinträchtigt. Auf Tätigkeiten der Pächter sind die Vorschriften der GewO 1994 in der Fassung vor dem In-Kraft-Treten des Bundesgesetzes BGBl. I Nr. 111/2002 weiter anzuwenden. Ab dem im ersten Satz genannten Zeitpunkt dürfen Pächter nicht neu bestellt werden. Die Daten über bestehende Pächter und den Widerruf der Übertragung der Ausübung des Gewerbes an einen Pächter sind in den Gewerberegistern weiter zu führen. *(BGBl I 2006/23)*

(7) Dieses Bundesgesetz in der Fassung BGBl. I Nr. 23/2006 gilt als Neuregelung im Sinne des § 375 Abs. 4 der GewO 1994. *(BGBl I 2006/23)*

(8) Für die gewerbsmäßige Beförderung von Gütern mit Kraftfahrzeugen des Straßenverkehrs oder solchen Kraftfahrzeugen mit Anhängern, bei denen die Summe der höchsten zulässigen Gesamtgewichte insgesamt 3 500 kg nicht übersteigt, sind die Bestimmungen des § 6 Abs. 1 bis 4 sechs Monate nach In-Kraft-Treten dieses Bundesgesetzes in der Fassung BGBl. I Nr. 23/2006 anzuwenden. *(BGBl I 2006/23)*

(9) Natürliche Personen, denen vor dem 4. Dezember 2011 eine Konzession gemäß § 5 erteilt wurde, gelten als Verkehrsleiter im Sinne des Artikels 4 Verordnung (EG) Nr. 1071/09. Ist in einem Unternehmen die Bestellung eines gewerberechtlichen Geschäftsführers gemäß § 39 GewO 1994 zum Zeitpunkt des Inkrafttretens dieses Gesetzes, in der Fassung BGBl. I Nr. 32/2013, von der Behörde bescheidmäßig genehmigt worden, so gilt jedenfalls dieser als Verkehrsleiter. Unternehmen, die zum Zeitpunkt des Inkrafttretens dieses Gesetzes keinen Verkehrsleiter benannt haben, müssen innerhalb eines Monats einen Verkehrsleiter benennen. *(BGBl I 2013/32)*

(10) Aufgrund dieses Bundesgesetzes in der Fassung BGBl. I Nr. 104/2019 erteilte Konzessionen für die gewerbsmäßige Beförderung von Gütern gelten ab dem In-Kraft-Treten dieses Bundesgesetzes in der Fassung BGBl. I Nr. 18/2022 als Konzessionen für die gewerbsmäßige Beförderung von Gütern gemäß § 1 Abs. 1 Z 1. *(BGBl I 2022/18)*

Vollziehung

§ 27. Mit der Vollziehung ist der Bundesminister für Verkehr, Innovation und Technologie, hinsichtlich des § 14 im Einvernehmen mit dem Bundesminister für Wirtschaft und Arbeit, betraut.

(BGBl I 2001/106)

Bezugnahme auf Richtlinien

§ 27a. Durch dieses Bundesgesetz werden folgende Richtlinien der Europäischen Gemeinschaft umgesetzt:

1. Richtlinie 2002/15/EG zur Regelung der Arbeitszeit von Personen, die Fahrtätigkeiten im Bereich des Straßentransports ausüben, ABl. Nr. L 80 vom 23.03.2002 S. 35; *(BGBl I 2013/32)*

2. Richtlinie 2006/1/EG über die Verwendung von ohne Fahrer gemieteten Fahrzeugen im Güterkraftverkehr, ABl. Nr. L 33 vom 04.02.2006 S. 82; *(BGBl I 2022/18)*

3. Richtlinie 2003/59/EG des Europäischen Parlaments und des Rates vom 15.07.2003 über die Grundqualifikation und Weiterbildung der Fahrer bestimmter Kraftfahrzeuge für den Güter- oder Personenkraftverkehr und zur Änderung der Verordnung (EWG) Nr. 3820/85 des Rates und der Richtlinie 91/439/EWG des Rates sowie zur Aufhebung der Richtlinie 76/914/EWG des Rates, ABl. Nr. L 226 vom 10.09.2003, S. 4, geändert durch die Richtlinie 2004/66/EG vom 26.04.2004, ABl. Nr. L 168 vom 01.05.2004, S. 35. *(BGBl I 2006/153)*

4. Richtlinie 2018/645/EU zur Änderung der Richtlinie 2003/59/EG über die Grundqualifikation und Weiterbildung der Fahrer bestimmter Kraftfahrzeuge für den Güter- oder Personenkraftverkehr und der Richtlinie 2006/126/EG über den Führerschein, ABl. Nr. L 112 vom 02.05.2018 S. 29. *(BGBl I 2022/18)*

(BGBl I 2001/106)

Inkrafttreten

§ 28. (1) § 3 Abs. 3 und § 6 Abs. 1 treten mit 1. September 1995 in Kraft. *(BGBl I 2002/32)*

(2) § 9 Abs. 9, § 23 Abs. 1, § 23 Abs. 2, § 23 Abs. 4 und § 24, jeweils in der Fassung BGBl. I Nr. 32/2001, treten mit 1. Jänner 2002 in Kraft. *(BGBl I 2002/32)*

(3) § 8 Abs. 2 in der Fassung des Bundesgesetzes BGBl. I Nr. 50/2012 tritt mit 1. September 2012 in Kraft. *(BGBl I 2012/50)*

(4) Der Entfall des § 20 Abs. 7, § 20 Abs. 8 und § 21a samt Überschrift jeweils in der Fassung des Bundesgesetzes BGBl. I Nr. 96/2013 treten mit 1. Jänner 2014 in Kraft. *(BGBl I 2013/96)*

(5) § 24a Abs. 4 in der Fassung des 2. Materien-Datenschutz-Anpassungsgesetzes, BGBl. I Nr. 37/2018, tritt mit 25. Mai 2018 in Kraft. *(BGBl I 2018/37)*

(6) § 21 Z 2 in der Fassung des Bundesgesetzes BGBl. I Nr. 104/2019 tritt mit 1. Juli 2020 in Kraft. *(BGBl I 2019/104)*

(7) § 1 Abs. 3, § 5 Abs. 7 Z 1 und 8, § 9 Abs. 4, § 19 Abs. 1, 3 und 4, § 19a Abs. 1, § 23 Abs. 1a, 4 und 10, § 24, § 25 Abs. 5 und 6 und § 27a Z 2 und 4 in der Fassung des Bundesgesetzes BGBl. I Nr. 18/2022 treten mit Ablauf des Tages der Kundmachung des genannten Gesetzes in Kraft; gleichzeitig treten § 9 Abs. 3 und 9 und § 23 Abs. 1 Z 10 außer Kraft. § 19d tritt mit 1. April 2022 in Kraft. § 1 Abs. 1 und 2, § 2 Abs. 3a, § 5 Abs. 1 und 1b und § 26 Abs. 10 treten mit 21. Mai 2022 in Kraft. Anträge auf Erteilung einer Konzession für die gewerbsmäßige Beförderung von Gütern gemäß § 1 Abs. 1 Z 3 und Anmeldungen für die Prüfung der fachlichen Eignung (§ 5 Abs. 4) sind bereits ab dem der Kundmachung folgenden Tag zulässig. *(BGBl I 2022/18)*

6/2. Güterbef

BZGü-VO

Berufszugangs-Verordung Güterkraftverkehr – BZGü-VO

BGBl 1994/221 idF

1 BGBl II 2000/280

2 BGBl II 2022/191

Verordnung des Bundesministers für öffentliche Wirtschaft und Verkehr über den Zugang zum mit Kraftfahrzeugen betriebenen Güterbeförderungsgewerbe (Berufszugangs-Verordnung Güterkraftverkehr – BZGü-VO)

Auf Grund des § 5 Abs. 3 und 3 c des Güterbeförderungsgesetzes, BGBl. Nr. 63/1952, zuletzt geändert durch BGBl. Nr. 126/1993, wird verordnet:

1. Abschnitt

Geltungsbereich

§ 1. Die nachfolgenden Bestimmungen gelten für den Zugang zum Beruf der gewerbsmäßigen Beförderung von Gütern mit Kraftfahrzeugen im Nah- und Fernverkehr.

2. Abschnitt

Finanzielle Leistungsfähigkeit

Beurteilung der finanziellen Leistungsfähigkeit

§ 2. (1) Die Beurteilung der finanziellen Leistungsfähigkeit hat anhand einer Vermögensübersicht und der Jahresabschlüsse der dem Antrag vorhergehenden letzten drei Jahre zu erfolgen; können solche nicht vorgelegt werden, anhand einer Vermögensübersicht und gegebenenfalls einer Eröffnungsbilanz. Dabei sind insbesondere folgende Posten zu berücksichtigen:

1. verfügbare Finanzmittel einschließlich Bankguthaben, Überziehungskredite und Darlehen,
2. als Sicherheit verfügbare Guthaben und Vermögensgegenstände,
3. Betriebskapital,
4. Kosten einschließlich der Erwerbskosten oder Anzahlungen für Fahrzeuge, Grundstücke und Gebäude, Anlagen und Ausrüstungen sowie
5. Belastungen des Betriebsvermögens insbesondere mit Pfandrechten, Pfandrechten auf Liegenschaften oder Eigentumsvorbehalte.

(2) Die finanzielle Leistungsfähigkeit gilt insbesondere dann nicht als gegeben, wenn

1. bei Inhabern einer Konzession gemäß § 1 Abs. 1 Z 1 des Güterbeförderungsgesetzes 1995 (GütbefG) das Eigenkapital und die Reserven

a) weniger als 9 000 Euro für das erste Fahrzeug,

b) weniger als 5 000 Euro für jedes weitere Fahrzeug mit einem höheren höchsten zulässigen Gesamtgewicht als 3 500 kg und

c) weniger als 900 Euro für jedes weitere Fahrzeug mit einem höchsten zulässigen Gesamtgewicht zwischen 2 500 kg und 3 500 kg

betragen;

2. bei Inhabern einer Konzession gemäß § 1 Abs. 1 Z 3 GütbefG das Eigenkapital und die Reserven

a) weniger als 1 800 Euro für das erste Fahrzeug und

b) weniger als 900 Euro für jedes weitere Fahrzeug

betragen;

3. erhebliche Rückstände an Steuern oder an Beiträgen zur Sozialversicherung bestehen, die aus unternehmerischer Tätigkeit geschuldet werden.

(BGBl II 2022/191)

Nachweis der finanziellen Leistungsfähigkeit

§ 3. (1) Der Nachweis des Eigenkapitals und der Reserven ist durch Vorlage einer entsprechenden Bestätigung mit nachvollziehbarer Begründung einer Bank oder eines Wirtschaftstreuhänders zu erbringen. *(BGBl II 2000/280)*

(2) Die gemäß Abs. 1 ausgestellten Nachweise dürfen bei ihrer Vorlage nicht älter als drei Monate sein.

3. Abschnitt

Fachliche Eignung

Prüfung der fachlichen Eignung

§ 4. (1) Die Prüfung der fachlichen Eignung vor der Prüfungskommission umfaßt die in der Anlage 1 angeführten Sachgebiete der Prüfung, soweit nicht deren Kenntnis durch eine Bescheinigung gemäß § 14 nachgewiesen wird.

(2) Die Prüfung hat aus einem schriftlichen und einem mündlichen Teil zu bestehen und ist in deutscher Sprache abzuhalten. „ " *(BGBl II 2000/280)*

6/2. Güterbef
BZGü-VO

Prüfungskommission

§ 5. Von den beiden weiteren Fachleuten, die gemäß § 5 Abs. 5 des Güterbeförderungsgesetzes 1995, idF BGBl. I Nr. 17/1998 in die Prüfungskommission zu bestellen sind, muss einer in einem Beruf tätig sein, für dessen Ausübung einschlägige Kenntnisse auf dem Gebiet der Betriebswirtschaftslehre erforderlich sind. Der andere Fachmann muss in einem Beruf tätig sein, für dessen Ausübung einschlägige Kenntnisse auf dem Gebiet der Rechtskunde erforderlich sind.

(BGBl II 2000/280)

Prüfungstermin

§ 6. Der Landeshauptmann hat in jedem Jahr mindestens je einen Termin für die Abhaltung der Prüfung der fachlichen Eignung für den Güternahverkehr und für den Güterfernverkehr festzulegen und zu veranlassen, daß diese Termine spätestens drei Monate vor Beginn der Prüfung im Amtsblatt des betreffenden Landes und im Mitteilungsblatt der zuständigen Landeskammer der gewerblichen Wirtschaft verlautbart werden.

Anmeldung zur Prüfung

§ 7. (1) Die Anmeldung zur Prüfung hat der Prüfungswerber spätestens sechs Wochen vor dem festgelegten Prüfungstermin schriftlich beim Landeshauptmann einzubringen.

(2) Der Prüfungsanmeldung sind anzuschließen:

1. allfällige Anträge auf Ausstellung von Bescheinigungen sowie die hierfür erforderlichen Unterlagen oder bereits ausgestellte Bescheinigungen der Prüfungskommission gemäß § 14,

2. Urkunden zum Nachweis des Vor- und Familiennamens und

3. der Nachweis über die Entrichtung der Prüfungsgebühr.

Verständigung vom Prüfungstermin

§ 8. Der Prüfungswerber ist vom Prüfungstermin rechtzeitig, spätestens zwei Wochen vor diesem Termin schriftlich zu verständigen. In der Verständigung sind dem Prüfungswerber

1. Zeit und Ort der Prüfung (schriftlicher und mündlicher Teil),

2. die Gegenstände der schriftlichen und mündlichen Prüfung sowie

3. Unterlagen und Hilfsmittel, die er für die schriftliche Prüfung mitzubringen hat,

bekanntzugeben.

Identitätsnachweis

§ 9. Der Prüfungswerber hat bei Antritt der schriftlichen und der mündlichen Prüfung seine Identität durch einen amtlichen Lichtbildausweis nachzuweisen.

Prüfungsvorgang

§ 10. (1) Die Prüfung ist mit dem schriftlichen Teil zu beginnen. Der Zeitraum zwischen dem Ende des schriftlichen Teiles und dem Beginn des mündlichen Teiles darf zwei Stunden nicht unter und zwei Wochen nicht überschreiten.

(2) Die schriftliche Prüfung besteht aus zwei Teilen, und zwar einerseits aus Fragen, die direkt zu beantworten sind, andererseits aus schriftlichen Übungen oder Fallstudien. Die Erledigung der Aufgaben der beiden Teile der schriftlichen Prüfung für den Güternahverkehr muss vom Prüfungswerber in jeweils eindreiviertel Stunden erwartet werden können; die schriftliche Prüfung ist nach vier Stunden zu beenden. Die Erledigung der Aufgaben der beiden Teile der schriftlichen Prüfung für den Güterfernverkehr muss vom Prüfungswerber in jeweils zwei Stunden erwartet werden können; die schriftliche Prüfung ist nach fünf Stunden zu beenden. *(BGBl II 2000/280)*

(3) Die mündliche Prüfung kann für höchstens sechs Prüfungswerber gemeinsam abgehalten werden und darf bei der Prüfung für den Güternahverkehr eine Dauer von einer Stunde und bei der Prüfung für den Güterfernverkehr eine Dauer von zwei Stunden je Prüfungswerber nicht überschreiten.

(4) Umfang und Schwierigkeit der Prüfungsfragen haben den Anforderungen der Berufspraxis zu entsprechen. Dabei sind dem Prüfungswerber aus jedem Sachgebiet so viele Fragen zu stellen, daß sich die Prüfungskommission ein Urteil über die in dem angestrebten Gewerbe erforderlichen Kenntnisse bilden kann.

(5) Die drei Teilprüfungen werden mit Punkten gewichtet. Jeweils 30 vH der möglichen Gesamtpunkteanzahl entfallen auf die beiden schriftlichen Prüfungsteile, 40 vH auf den mündlichen Prüfungsteil. Der Prüfungswerber muss insgesamt mindestens 60 vH der möglichen Gesamtpunkteanzahl erreichen, wobei der in jeder der drei Teilprüfungen erreichte Punkteanteil nicht unter 50 vH der möglichen Punkteanzahl liegen darf. *(BGBl II 2000/280)*

Prüfungsergebnis und Bescheinigungen

§ 11. (1) Das Ergebnis der schriftlichen Prüfung ist spätestens eine Woche nach dem Prüfungstermin, das Ergebnis der mündlichen Prüfung ist unmittelbar nach Beendigung der Prüfung bekanntzugeben.

(2) Hat der Prüfungswerber alle Teilprüfungen erfolgreich abgeschlossen, so ist ihm auf Grund eines Beschlusses der Prüfungskommission vom Landeshauptmann über die bestandene Prüfung eine Bescheinigung entsprechend dem Muster der Anlage 3 auf dickem, beigefarbenem Papier im Format DIN A4 auszustellen. *(BGBl II 2000/280)*

Wiederholung

§ 12. Die Prüfung kann im Falle des Nichtbestehens frühestens nach „drei Monaten"** wiederholt werden. Bei Nichtbestehen nur eines der „* Prüfungsteile ist nur dieser Teil zu wiederholen.
(* BGBl II 2000/280; ** BGBl II 2022/191)

Prüfungsgebühr

§ 13. (1) Der Prüfungswerber hat als Kostenbeitrag zur Durchführung der Prüfung eine Gebühr von 12 vH des Gehalts eines Bundesbediensteten der Dienstklasse V, Gehaltsstufe 2, einschließlich einer allfälligen Teuerungszulage, aufgerundet auf einen durch fünfzig teilbaren Schillingbetrag, zu entrichten.

(2) Wenn der Prüfungswerber die Prüfungsgebühr selbst zu tragen hat und nachweist, daß die Entrichtung der Prüfungsgebühr in der sich aus dem Abs. 1 ergebenden Höhe wegen seiner Einkommensverhältnisse oder Sorgepflichten eine erhebliche wirtschaftliche Härte darstellt, ist die Prüfungsgebühr entsprechend den Einkommensverhältnissen und Sorgepflichten des Prüfungswerbers bis auf zwei Fünftel der sich aus dem Abs. 1 ergebenden Prüfungsgebühr zu ermäßigen.

(3) Zur Bezahlung der Entschädigung an die Mitglieder der Prüfungskommission hat der Landeshauptmann neun Zehntel der Prüfungsgebühr auf die Mitglieder der Prüfungskommission zu gleichen Teilen aufzuteilen. Das verbleibende Zehntel ist zur Abdeckung des durch die Abhaltung der Prüfung entstandenen sonstigen besonderen Verwaltungsaufwandes zu verwenden.

(4) Die Prüfungsgebühr ist dem Prüfungswerber vom Landeshauptmann zur Gänze zu erstatten, wenn dieser
1. spätestens zehn Tage vor dem Prüfungstermin die Bekanntgabe, vom Prüfungstermin zurückzutreten, zur Post gibt oder
2. nachweist, daß er an der termingemäßen Ablegung der Prüfung ohne sein Verschulden verhindert war.

Anrechnung für die Prüfung der fachlichen Eignung

§ 14. (1) Die Prüfungskommission hat auf Antrag des Prüfungswerbers eine Bescheinigung darüber auszustellen, welche der in der Anlage 1 angeführten Sachgebiete der Prüfung durch ein in Abs. 2 bis 9 genanntes Zeugnis abgedeckt sind. Ein Zeugnis nach Abs. 6 ersetzt ein solches nach Abs. 2 bis 5. Diese Bescheinigung ist entsprechend dem Muster in der Anlage 2 auszuführen. *(BGBl II 2000/280)*

(2) Die durch ein Zeugnis nachgewiesenen Abschlüsse einer Höheren technischen und gewerblichen Lehranstalt sowie deren Sonderformen gemäß § 73 Abs. 1 lit. a bis c und Abs. 4 des Schulorganisationsgesetzes, BGBl. Nr. 242/1962, in der jeweils geltenden Fassung ersetzen folgende Sachgebiete der Prüfung: Buchhaltung und Grundzüge der Bilanzierung, Lohnverrechnung, Kalkulation sowie Angebots- und Rechnungswesen. *(BGBl II 2000/280)*

(3) Die durch ein Zeugnis nachgewiesenen Abschlüsse einer Handelsakademie sowie deren Sonderformen gemäß § 75 Abs. 1 lit. a bis c und Abs. 3 des Schulorganisationsgesetzes, BGBl. Nr. 242/1962 idgF, einer Höheren Lehranstalt für wirtschaftliche Berufe sowie deren Sonderformen gemäß § 77 Abs. 1 lit. a. bis c und Abs. 3 leg. cit. sowie einer Höheren Lehranstalt für Tourismus sowie deren Sonderformen gemäß § 73 Abs. 1 lit. a bis c und Abs. 4 leg. cit. ersetzen zusätzlich zu den in Abs. 2 genannten Sachgebieten folgende Sachgebiete der Prüfung:
1. Sozialversicherungsrecht;
2. Grundsätze des Zivilrechts und des allgemeinen Handelsrechts;
3. Grundsätze des Gesellschaftsrechts;
4. Steuerrecht;
5. Marketing „;" *(BGBl II 2000/280)*
6. Zahlungs- und Finanzierungsmodalitäten.
(BGBl II 2000/280)

(4) Der durch ein Zeugnis (Diplom) nachgewiesene Abschluß eines Studiums der Betriebswirtschaft oder der Handelswissenschaft ersetzt folgende Sachgebiete der Prüfung:
1. Sozialversicherungsrecht;
2. Grundsätze des Zivilrechts und des allgemeinen Handelsrechts;
3. Grundsätze des Gesellschaftsrechts und des Firmenbuchrechts;
4. Steuerrecht;
5. Buchhaltung, Lohnverrechnung, Kalkulation sowie Angebots- und Rechnungswesen;
6. Marketing „;" *(BGBl II 2000/280)*
7. Zahlungs- und Finanzierungsmodalitäten;
8. Mitarbeiterführung und Personalmanagement. *(BGBl II 2000/280)*

(5) Der durch ein Zeugnis (Diplom) nachgewiesene Abschluß eines Studiums der Rechtswissenschaften ersetzt folgende Sachgebiete der Prüfung:

6/2. Güterbef
BZGü-VO

1. Sozialversicherungsrecht;
2. Grundsätze des Zivilrechts und des allgemeinen Handelsrechts;
3. Grundsätze des Gesellschaftsrechts und des Firmenbuchrechts;
4. Arbeitsrecht, ausgenommen Arbeitnehmerschutzrecht, Arbeitszeitrecht, die einschlägigen Kollektivverträge, die einschlägigen EU-Vorschriften sowie die Aufgabe und die Arbeitsweise derjenigen, die im Kraftverkehrsgewerbe zur Wahrung der Arbeitnehmerinteressen tätig sind; *(BGBl II 2000/280)*
5. Steuerrecht, falls dieses als Wahlpflichtfach durch eine erfolgreich abgelegte Prüfung nachgewiesen wird.

(6) Die erfolgreich abgelegte Unternehmerprüfung oder das Vorliegen der Voraussetzungen für den Entfall der Unternehmerprüfung gemäß § 8 der Unternehmerprüfungsordnung, BGBl. Nr. 453/1993, in der Fassung der Verordnung BGBl. II Nr. 210/1999 ersetzen folgende Sachgebiete der Prüfung:
1. Buchhaltung und Grundzüge der Bilanzierung, Lohnverrechnung, Kalkulation sowie Angebots- und Rechnungswesen;
2. Sozialversicherungsrecht;
3. Grundsätze des Zivilrechts und des allgemeinen Handelsrechts;
4. Grundsätze des Gesellschaftsrechts;
5. Steuerrecht;
6. Arbeitsrecht, ausgenommen Arbeitnehmerschutzrecht, Arbeitszeitrecht, die einschlägigen Kollektivverträge, die einschlägigen EU-Vorschriften sowie die Aufgabe und die Arbeitsweise derjenigen, die im Kraftverkehrsgewerbe zur Wahrung der Arbeitnehmerinteressen tätig sind;
7. Marketing;
8. Organisation der Kammern der gewerblichen Wirtschaft;
9. Zahlungs- und Finanzierungsmodalitäten;
10. Mitarbeiterführung und Personalmanagement.
(BGBl II 2000/280)

(7) Der Nachweis der fachlichen Eignung für das mit Omnibussen betriebene Personenbeförderungsgewerbe gemäß der Richtlinie 96/26/EG, in der Fassung der Richtlinie 98/76/EG, ersetzt zusätzlich zu den in Abs. 6 genannten Sachgebieten folgende Sachgebiete:
1. Arbeitnehmerschutzrecht, Arbeitszeitrecht, die einschlägigen Kollektivverträge, die einschlägigen EU-Vorschriften sowie die Aufgabe und die Arbeitsweise derjenigen, die im Kraftverkehrsgewerbe zur Wahrung der Arbeitnehmerinteressen tätig sind;
2. Rechts- und Verwaltungsvorschriften für den Straßenverkehr;
3. wichtigste kraftfahrrechtliche und straßenpolizeiliche Vorschriften ausländischer Staaten, soweit sie von österreichischen Regeln abweichen;
4. Verkehrsgeographie und Streckenplanung sowie den Bereich der Logistik.
(BGBl II 2000/280)

(8) Der erfolgreiche Abschluss (Lehrabschlussprüfung) des Lehrberufes Berufskraftfahrer ersetzt folgende Sachgebiete der Prüfung:
1. Beförderungsverträge;
2. Versicherungsrecht;
3. Arbeitsrecht;
4. Beförderungsdokumente;
5. Abschnitt 4 (Technische Normen und technischer Betrieb);
6. Abschnitt 5 (Straßenverkehrssicherheit).
(BGBl II 2000/280)

(9) Der durch ein Zeugnis nachgewiesene erfolgreiche Abschluß des einjährigen mittleren Speziallehrganges für Verkehrswirtschaft gemäß der Verordnung des Bundesministers für Unterricht und Kunst, mit der die Verordnung über die Lehrpläne für die Handelsakademie und die Handelsschule geändert wird, BGBl. Nr. 529/1991, ersetzt folgende Teil- und Sachgebiete der Prüfung:
1. den schriftlichen Prüfungsteil;
2. vom mündlichen Prüfungsteil:
a) Abschnitt 1 (Recht);
b) Abschnitt 2 (Kaufmännische und finanzielle Führung des Unternehmens); *(BGBl II 2000/280)*
c) Abschnitt 3 (Zugang zum Markt);
d) Abschnitt 4 (Technische Normen und technischer Betrieb);
e) Verkehrsgeographie und Streckenplanung sowie den Bereich der Logistik.

4. Abschnitt
Vorschriften für Angehörige eines Staates, der Vertragspartei des Abkommens über den Europäischen Wirtschaftsraum ist (EWR-Angehörige)

§ 15. (1) Als Nachweis der Zuverlässigkeit „ " haben Antragsteller aus dem Europäischen Wirtschaftsraum Strafregisterauszüge und sonstige geeignete Bescheinigungen der zuständigen Justiz- oder Verwaltungsbehörde ihres Herkunftsstaates zu erbringen. *(BGBl II 2000/280)*

(2) Als Nachweis der finanziellen Leistungsfähigkeit im Sinne des § 3 Abs. 1 gelten die von Banken oder anderen befähigten Instituten in einem Staat, der Vertragspartei des Abkommens über den Europäischen Wirtschaftsraum ist (EWRVertragspartei), ausgestellten Bescheinigungen. Antragsteller, die nachweisen, daß sie in den

letzten vier Jahren vor Inkrafttreten des Abkommens über den EWR in einem EWR-Mitgliedstaat auf Grund dessen innerstaatlicher Regelung den Beruf des Güterkraftverkehrsunternehmers ausgeübt haben, sind vom Nachweis der finanziellen Leistungsfähigkeit befreit.

(3) Als Nachweis der fachlichen Eignung gelten:

1. Bescheinigungen der zuständigen Behörden oder Stellen des Herkunftsstaates über die Ablegung der Eignungsprüfung gemäß der Richtlinie 74/561/EWG, in der Fassung der Richtlinie 89/438/EWG,

2. Bescheinigungen der genannten Behörden oder Stellen über eine fachliche Tätigkeit in dem betreffenden Gewerbe, die vor dem 1. Jänner 1994 auf Grund von einzelstaatlichen Rechtsvorschriften während mindestens drei Jahren ausgeübt wurde und die nicht länger als fünf Jahre vor dem Zeitpunkt der Vorlage der Bescheinigung beendet wurde,

3. Bescheinigungen der zuständigen Behörden oder Stellen des Herkunftsstaates über die Ablegung der Eignungsprüfung gemäß der Richtlinie 96/26/EG,

4. Bescheinigungen gemäß dem Muster des Anhanges Ia der Richtlinie 96/26/EG, in der Fassung der Richtlinie 98/76/EG.
(BGBl II 2000/280)

(4) Die in den Abs. 1 und 2 genannten Nachweise dürfen nicht älter als drei Monate sein.

5. Abschnitt
Übergangs- und Schlußbestimmungen

Übergangsbestimmungen

§ 16. (1) Für die Abhaltung von Konzessionsprüfungen, deren Termin nach den Vorschriften der Verordnung des Bundesministers für Verkehr vom 26. April 1984 über die zum Nachweis der Befähigung für die gewerbsmäßige Beförderung von Gütern mit Kraftfahrzeugen vorgeschriebenen Konzessionsprüfungen, BGBl. Nr. 168/1984, ausgeschrieben wurde, gelten die in der genannten Verordnung enthaltenen Prüfungsvorschriften.

(2) Konzessionsprüfungszeugnisse, die auf Grund der im Abs. 1 genannten Verordnung ausgestellt wurden, sind auf Antrag durch die Prüfungskommission auf eine Bescheinigung zum Nachweis der Befähigung entsprechend dem Muster der Anlage 3 zu dieser Verordnung umzuschreiben.

(3) Unternehmen, denen vor Inkrafttreten dieser Verordnung eine Konzession für die Ausübung des Güterbeförderungsgewerbes erteilt wurde, müssen spätestens am 1. Oktober 2001 die Voraussetzungen des § 2 Abs. 2 Z 1 erfüllen. Bezüglich der nach Inkrafttreten dieser Verordnung zusätzlich eingesetzten Fahrzeuge müssen sie die Voraussetzungen des § 2 Abs. 2 Z 1 erfüllen. *(BGBl II 2000/280)*

(4) Bescheinigungen, die vor Inkrafttreten dieser Verordnung gemäß den bisherigen Bestimmungen als Nachweis der fachlichen Eignung ausgestellt wurden und bis zu diesem Zeitpunkt gültig waren, sind den gemäß Anlage 3 ausgestellten Bescheinigungen gleichgestellt und können auf Antrag gegen Bescheinigungen gemäß der Anlage 3 ausgetauscht werden. *(BGBl II 2000/280)*

(5) Für Prüfungswerber, die die Prüfung der fachlichen Eignung für das Gewerbe gemäß § 1 Abs. 1 Z 3 GütbefG ablegen möchten und die nachweisen können, dass sie im Zeitraum von mindestens fünf Monaten vor dem 21. Mai 2022 ohne Unterbrechung in einem Unternehmen derselben Art geleitet haben, gilt § 4 mit der Maßgabe, dass die Prüfung der fachlichen Eignung bis 30. Juni 2023 nur schriftlich abzulegen ist und der Prüfungsstoff sämtliche der in **Anlage 1** angeführten Sachgebiete umfasst; der Kostenbeitrag für die Durchführung der schriftlichen Prüfung beträgt die Hälfte der sich aus § 13 Abs. 1 ergebenden Prüfungsgebühr. *(BGBl II 2022/191)*

(6) Für die in Abs. 5 genannten Prüfungswerber gilt § 7 Abs. 1 bis 30. Juni 2023 mit der Maßgabe, dass die Anmeldung zur Prüfung spätestens zwei Wochen vor dem festgelegten Prüfungstermin einzubringen ist. *(BGBl II 2022/191)*

(7) Auf Prüfungen für in Abs. 5 genannte Prüfungswerber ist hinsichtlich der Termine für die Abhaltung der Prüfung § 6 zweiter Halbsatz bis 30. Juni 2023 nicht anzuwenden. *(BGBl II 2022/191)*

(8) Für die in Abs. 5 genannten Prüfungswerber gilt § 10 Abs. 5 bis 30. Juni 2023 mit der Maßgabe, dass die zwei schriftlichen Teilprüfungen mit Punkten gewichtet werden, wobei jeweils 50% der möglichen Gesamtpunkteanzahl auf diese entfallen. Der Prüfungswerber muss insgesamt mindestens 60% der möglichen Gesamtpunkteanzahl erreichen, wobei der in jeder der zwei Teilprüfungen erreichte Punkteanteil nicht unter 50% der möglichen Punkteanzahl liegen darf. *(BGBl II 2022/191)*

Inkrafttreten

§ 17. (1) Diese Verordnung tritt mit 1. April 1994 in Kraft.

(2) Mit dem Inkrafttreten dieser Verordnung treten folgende Verordnungen außer Kraft:

1. Verordnung des Bundesministers für Handel und Wiederaufbau vom 15. Juli 1964, mit der die Ausübung der gewerbsmäßigen Beförderung von Gütern mit Kraftfahrzeugen an die Voraussetzungen einer mit Erfolg abgelegten Prüfung gebunden

6/2. Güterbef
BZGü-VO

wird, BGBl. Nr. 205/1964, in der Fassung BGBl. Nr. 271/1964, und

2. Verordnung des Bundesministers für Verkehr vom 26. April 1984 über die zum Nachweis der Befähigung für die gewerbsmäßige Beförderung von Gütern mit Kraftfahrzeugen vorgeschriebenen Konzessionsprüfungen, BGBl. Nr. 168/1984, in der Fassung BGBl. Nr. 432/1989.

(3) § 2 Abs. 2, § 12 und § 16 Abs. 5 bis 8 in der Fassung der Verordnung BGBl. II Nr. 191/2022 treten mit Ablauf des Tages der Kundmachung der genannten Verordnung in Kraft. *(BGBl II 2022/191)*

Bezugnahme auf Richtlinien

§ 18. Durch diese Verordnung wird die Richtlinie 96/26/EG, ABl. Nr. L 124 vom 23. Mai 1996, S 1, in der Fassung der Richtlinie 98/76/EG, ABl. Nr. L 277 vom 14. Oktober 1998, S 17, in österreichisches Recht umgesetzt.

(BGBl II 2000/280)

Anlage 1

1. Schriftlicher Teil, wobei die Sachgebiete entsprechend der Bewerbung für den Güternahverkehr oder den Güterfernverkehr anzupassen sind:

a) Kalkulation für Kilometer- und Stundenleistung, Kostenstellenrechnung, Ermittlung des Kostendeckungsbeitrages und Indexberechnung;

b) Angebots- und Rechnungswesen unter Berücksichtigung der einschlägigen Tarife und Tarifempfehlungen; Frachtbriefbestimmungen;

c) Umsatzsteuer- und Straßenbenützungsabgabeberechnung; *(BGBl II 2000/280)*

d) Buchführung und Lohnverrechnung im Zusammenhang mit den angeführten Sachgebieten, Grundkenntnisse der Bilanzanalyse.

2. Mündlicher Teil, wobei die Sachgebiete entsprechend der Bewerbung für den Güternahverkehr oder den Güterfernverkehr anzupassen sind:

1. Recht:
Für die Ausübung des Berufs erforderliche Kenntnisse im Zivil-, Handels-, Sozial- und Steuerrecht, insbesondere in bezug auf:

a) Sozialversicherungsrecht;

b) Grundsätze des Zivilrechts und des Handelsrechts (unter besonderer Berücksichtigung des allgemeinen Vertragsrechts, des Frachtrechts, des Schadenersatzrechts und des Dienstnehmerhaftpflichtrechts);

c) Beförderungsverträge (CMR);

d) Grundsätze des Gesellschaftsrechts unter besonderer Berücksichtigung des Firmenbuchrechts;

e) Versicherungsrecht, insbesondere im Hinblick auf die Haftung des Zulassungs- und Fahrzeugbesitzers sowie des Frachtführers; Transportversicherung;

f) Steuerrecht;

g) Arbeitsrecht unter besonderer Berücksichtigung des Arbeitnehmerschutzrechts, insbesondere Arbeitszeitrecht einschließlich der einschlägigen Kollektivverträge, die einschlägigen EU-Vorschriften sowie die Aufgabe und die Arbeitsweise derjenigen, die im Kraftverkehrsgewerbe zur Wahrung der Arbeitnehmerinteressen tätig sind; *(BGBl II 2000/280)*

2. Kaufmännische und finanzielle Führung des Unternehmens:

a) Zahlungs- und Finanzierungsmodalitäten;

b) Buchhaltung und Grundzüge der Bilanzierung, Lohnverrechnung, Kalkulation sowie Angebots- und Rechnungswesen;

c) Tarifvorschriften, Tarifempfehlungen, Handelsbräuche und Fakturierungen;

d) Betriebsführung von Güterbeförderungsunternehmen;

e) Marketing;

f) Mitarbeiterführung und Personalmanagement;

g) Hilfsgewerbetreibende des Verkehrs (82/470/EWG);

h) Organisation der Kammern der gewerblichen Wirtschaft;

i) Grundsätze der die Straßenverkehrsstatistik betreffenden Rechtsvorschriften;

j) Telematikanwendungen;
(BGBl II 2000/280)

3. Zugang zum Markt:

a) gewerberechtliche Vorschriften des Güterbeförderungsgewerbes;

b) Beförderungsdokumente;

c) zuständige Behörden;

4. Technische Normen und technischer Betrieb:

a) Fahrzeuggewichte und -abmessungen;

b) Wahl des Fahrzeugs;

c) Genehmigung und Zulassung;

d) Normen für die Instandhaltung der Fahrzeuge;

e) Laden und Entladen der Fahrzeuge;

f) die besondere Verantwortung des Frachtführers bei der Beförderung von

– gefährlichen Gütern,

– Nahrungsmitteln,

– lebenden Tieren;

g) Grundregeln des Umweltschutzes bei der Verwendung und Wartung von Fahrzeugen; *(BGBl II 2000/280)*

5. Straßenverkehrssicherheit:

a) Rechts- und Verwaltungsvorschriften für den Straßenverkehr;

b) Pflichten des Zulassungs- bzw. Fahrzeugbesitzers nach dem Kraftfahrrecht (KFG 1967, GGBG, FSG) und dem Straßenpolizeirecht (StVO 1960); *(BGBl II 2000/280)*

c) Unfallverhütung und bei Unfällen oder anderen Zwischenfällen zu ergreifende Maßnahmen;

6. Zusätzliche Sachgebiete für den Güterfernverkehr:

a) Wichtigste kraftfahrrechtliche und straßenpolizeiliche Vorschriften ausländischer Staaten, soweit sie von österreichischen Regeln abweichen;

b) Rechtsvorschriften über den grenzüberschreitenden Straßengüterverkehr wie:

– Vertragsrecht bei internationalen Beförderungen (internationale Schiedsgerichtsbarkeit usw.),

– Vorschriften des ATP,

6/2. Güterbef
BZGü-VO

- Vorschriften der EU,
- Vorschriften des AETR sowie einschlägige Sozialvorschriften der EU
- Vorschriften für die Schadensabdeckung im grenzüberschreitenden Güterverkehr (zB CMR-, See- und allgemeine Transportversicherung),
- Steuerrecht unter Bedachtnahme auf grenzüberschreitende Beförderungen,
- Frachtbriefbestimmungen;

c) Allgemeine Grundsätze des Zollrechts und Zollvorschriften, insbesondere Begleitscheinverfahren, Zollvormerkverkehr, Carnet-TIR und gW, Carnet-ATA;

d) Kombinierter Verkehr Schiene – Straße mit seinen verschiedenen Techniken (Rollende Landstraße, Verkehr mit Anhängern, Sattelanhängern, Wechselaufbauten und Containern usw.) sowie Ro/Ro-Verkehr (in Verbindung mit Binnen- und Hochseeschiffahrt);

e) Verkehrsgeographie und Streckenplanung sowie den Bereich der Logistik.

6/2. Güterbef
BZGü-VO

Anlage 2

Anlage 2

Amt der .... Landesregierung

Prüfungskommission zur Feststellung der fachlichen Eignung nach § 5 Abs. 4 Z 1 Güterbeförderungsgesetz, BGBl. Nr. 593/1995, idF BGBl. I Nr. 17/1998.

Geschäftszahl:

Bescheinigung

Frau/Herr _____
(Titel, Vor- und Familienname)

geboren am _____ in _____

hat durch Vorlage des Abschlußzeugnisses / Diplomes *) folgender Schule / Universität *) bzw. des Prüfungszeugnisses über *)

_____

_____

die gemäß § 5 Abs. 4 Z 2 Güterbeförderungsgesetz, BGBl. Nr. 593/1995, idF BGBl. I Nr. 17/1998, in Verbindung mit § 14 der BZGü-VO, BGBl. II Nr. 280/2000, erforderliche

fachliche Eignung

in folgenden Sachgebieten nachgewiesen:

_____

_____

_____

_____

Ausstellungsort, Datum

Die Prüfungskommission

Prüfungskommissäre: Vorsitzender:

L.S.

*) Nichtzutreffendes streichen

GüterbefG VO

6/2. Güterbef
BZGü-VO

Anlage 3

„Anlage 3

EUROPÄISCHE GEMEINSCHAFT

| A | Amt der .... Landesregierung |

BESCHEINIGUNG ÜBER DIE FACHLICHE EIGNUNG FÜR DEN INNERSTAATLICHEN [UND GRENZÜBERSCHREITENDEN]* GÜTERNAH-[GÜTERFERN-]*VERKEHR

Nr.

Die Prüfungskommission zur Feststellung der fachlichen Eignung gemäß § 5 Abs. 5 des Güterbeförderungsgesetzes 1995, BGBl. Nr. 593, zuletzt geändert durch BGBl. I Nr. 17/1998, bescheinigt folgendes:

a) Herr/Frau*) ....
   geboren in .... am ....
   hat gemäß § 4 BZGü-VO, BGBl. Nr. 221/1994, idF BGBl. II Nr. 280/2000 die Prüfung zur Erlangung der Bescheinigung über die fachliche Eignung zum Beruf des Güterkraftverkehrsunternehmers im Güternah[Güterfern-]*Verkehr (Jahr ....; Prüfungstermin ....) mit Erfolg abgelegt.

b) Die unter Buchstabe a bezeichnete Person ist auf Grund ihrer fachlichen Eignung zur Berufsausübung in einem Güterkraftverkehrsunternehmen,
   – das ausschließlich Beförderungen im innerstaatlichen Verkehr in dem die Bescheinigung ausstellenden Mitgliedstaat durchführt*,
   – das Beförderungen im grenzüberschreitenden Verkehr durchführt*,
   berechtigt.

Durch diese Bescheinigung wird der ausreichende Nachweis der fachlichen Eignung gemäß Artikel 10 Absatz 1 der Richtlinie 96/26/EG, idF 98/76/EG, über den Zugang zum Beruf des Güter- und Personenkraftverkehrsunternehmers im innerstaatlichen und grenzüberschreitenden Verkehr sowie über die gegenseitige Anerkennung der Diplome, Prüfungszeugnisse und sonstigen Befähigungsnachweise für die Beförderung von Gütern und die Beförderung von Personen im Straßenverkehr und über Maßnahmen zur Förderung der tatsächlichen Inanspruchnahme der Niederlassungsfreiheit der betreffenden Verkehrsunternehmer erbracht.

Ausgestellt in ...., am ....

Die Prüfungskommission

Prüfungskommissäre: Vorsitzender:

L. S.

*) Nichtzutreffendes Streichen"

Schmid

6/3. Güterbef
Grenzverkehr

Nichtlinienmäßiger Personenverkehr und Güterverkehr mit Kraftfahrzeugen über die Grenze

BGBl 1961/300 idF

1 BGBl 1964/87

Verordnung des Bundesministeriums für Handel und Wiederaufbau vom 13. Dezember 1961 über den nichtlinienmäßigen Personenverkehr und den Güterverkehr mit Kraftfahrzeugen über die Grenze.

Auf Grund des § 9 Abs. 5 des Gelegenheitsverkehrs- Gesetzes, BGBl. Nr. 85/1952, und des § 7 Abs. 5 des Güterbeförderungsgesetzes, BGBl. Nr. 63/1952, wird angeordnet:

I. Nichtlinienmäßiger Personenverkehr.

§ 1. (1) Unternehmer mit Standorten in
Belgien,
Dänemark,
der Bundesrepublik Deutschland,
Italien,
den Niederlanden,
Norwegen und
Schweden
bedürfen für die Beförderung von Personen mit Omnibussen in oder durch das Bundesgebiet keiner Bewilligung nach § 9 Abs. 1 des Gelegenheitsverkehrs- Gesetzes, wenn es sich um die Durchführung folgender Fahrten handelt:

a) Rundfahrten, deren Ausgangs- und Endpunkte in jenem Staat liegen, in dem die Fahrzeuge zugelassen sind;

b) Zielfahrten, bei denen der Endpunkt in Österreich liegt und die Fahrzeuge nach dem Ausgangsland leer zurückkehren;

c) Pendelfahrten, bei denen auf Grund vorhergegangener Bestellung ein jeweils geschlossener Teilnehmerkreis von einem Ausgangsort im Ausland nach einem Zielort in Österreich gebracht wird, um daselbst Aufenthalt zu nehmen, sofern

aa) die einzelnen Reiseteilnehmer je nach der Dauer ihres Aufenthaltes bei späteren Fahrten, bei denen eine neue Gruppe von Reisenden an diesen Zielort gebracht wird, wieder in einer geschlossenen Reisegesellschaft zusammengefaßt und an den Ausgangsort zurückgebracht werden und

bb) die erste Rückfahrt vom Zielort zum Ausgangsort und die letzte Fahrt vom Ausgangsort zum Zielort ohne Fahrgäste gefahren werden. *(BGBl 1964/87)*

(2) Keiner Bewilligung bedürfen ferner Unternehmer mit Standorten in Belgien, wenn

a) Fahrten nach Abs. 1 lit. a oder lit. c mit Personenkraftwagen ausgeführt werden;

b) eine geschlossene Gruppe von Personen in einem Kraftfahrzeug von einem Seehafen oder einem Flughafen der Beneluxstaaten oder einem Flughafen in Österreich nach einem in einem anderen Staat gelegenen Seehafen oder Flughafen befördert wird und das Kraftfahrzeug leer zum Ausgangspunkt zurückfährt;

c) im Verlauf einer Rundfahrt nach Abs. 1 lit. a von einem beliebigen Punkt Ausflüge veranstaltet werden, die bereits vor der Abfahrt in einer mitzuführenden Liste („Feuille de route") eingetragen sind. *(BGBl 1964/87)*

„(3)" Keiner Bewilligung bedürfen ferner Unternehmer mit Standorten in Dänemark und in Norwegen, wenn eine Schiffs- oder Flugzeugbesatzung nach Österreich befördert worden ist und im selben Kraftfahrzeug auf der Rückfahrt eine andere Schiffs- oder Flugzeugbesatzung mitgenommen wird. *(BGBl 1964/87)*

§ 2. (1) Keiner Bewilligung nach § 9 Abs. 1 des Gelegenheitsverkehrs-Gesetzes bedürfen Unternehmer von Kraftdroschken und Mietwagenbetrieben mit Standorten in der Bundesrepublik Deutschland, die Fahrgäste in oder durch das Bundesgebiet mit Personenkraftwagen befördern.

(2) Unternehmer mit Standorten in der Bundesrepublik Deutschland dürfen Fahrgäste in Kraftdroschken oder Mietwagen im Bundesgebiet aufnehmen, wenn der Beförderungsvertrag für die Fahrgäste abgeschlossen worden ist, bevor sie im Bundesgebiet eintreffen, oder wenn sie von demselben Unternehmer in das Bundesgebiet gebracht worden sind. *(BGBl 1964/87)*

(3) Unternehmer, die ihren Standort in der deutschen Grenzzone (§ 8) haben, dürfen unbeschadet der Bestimmungen des Abs. 2 Fahrgäste innerhalb der österreichischen Grenzzone (§ 8) in Kraftdroschken oder Mietwagen aufnehmen, wenn die Fahrt auf Bestellung durchgeführt wird und die Fahrgäste nicht in Österreich abgesetzt werden. *(BGBl 1964/87)*

§ 3. (1) Die Aufnahme neuer Fahrgäste im Bundesgebiet, somit insbesondere auch die Durchführung von Fahrten, bei denen Fahrgäste in Österreich aufgenommen und im Gebiet des Staates, in dem das Kraftfahrzeug zugelassen ist,

GüterbefG VO

6/3. Güterbef
Grenzverkehr

abgesetzt werden (Abholfahrten), bedarf jedenfalls der im § 9 Abs. 1 des Gelegenheitsverkehrs-Gesetzes vorgeschriebenen Bewilligung.

(2) Das Aufnehmen und Absetzen von Fahrgästen im Bundesgebiet (Orts- und Unterwegsverkehr) ist nicht gestattet; Ausnahmen bedürfen einer Bewilligung nach § 9 Abs. 1 des Gelegenheitsverkehrs- Gesetzes.

II. Güterverkehr.

§ 4. Unternehmer mit Standorten in
Belgien,
Bulgarien,
Dänemark,
der Bundesrepublik Deutschland,
Finnland,
Griechenland,
Italien,
den Niederlanden,
Norwegen,
Polen,
Schweden und
Ungarn
bedürfen für die Beförderung von Gütern mit Kraftfahrzeugen in oder durch das Bundesgebiet keiner Bewilligung nach § 7 Abs. 1 des Güterbeförderungsgesetzes, wenn sie einen von der zuständigen Behörde ihres Heimatstaates ausgegebenen Ausweis mitführen, aus dem die näheren Angaben hinsichtlich des Unternehmers, des beförderten Gutes und verwendeten Kraftfahrzeuges zu ersehen sind. Er ist den Organen der mit der Überwachung dieses Verkehrs betrauten Behörden auf Verlangen vorzuweisen.

(BGBl 1964/87)

§ 5. (1) Weder eine Bewilligung (§ 7 Abs. 1 des Güterbeförderungsgesetzes) noch ein Ausweis (§ 4) ist erforderlich für:

a) Leichentransporte,

b) Umzugstransporte,

c) Transporte von Messe- und Ausstellungsgut,

d) Transporte von Tieren, Fahrzeugen und Geräten, die für bestimmte sportliche Veranstaltungen vorgesehen sind,

e) Transporte von Theaterdekorationen und -requisiten sowie Musikinstrumenten,

f) Transporte von Geräten für Musikveranstaltungen, Rundfunk-, Fernseh- und Filmaufnahmen,

g) Beförderung von Geräten aller Art und von lebendem und totem Inventar für internationale Veranstaltungen in Österreich durch Unternehmer, die ihren Standort in Polen haben,

h) Kraftfahrzeuge, die in Italien zugelassen sind, zu Reparaturzwecken zu Fabriken in Österreich fahren und bei der Hin- und Rückfahrt unbeladen sind,

i) Beförderungen im Werkverkehr von Unternehmern, die ihren Standort in Belgien oder Finnland haben.
(BGBl 1964/87)

(2) Die unter Abs. 1 lit. c bis g angeführten Ausnahmen gelten jedoch nur, wenn die betreffenden Güter wieder zurückgeführt werden.
(BGBl 1964/87)

(3) Weder eine Bewilligung noch ein Ausweis ist ferner für Unternehmer mit dem Standort in der Bundesrepublik Deutschland erforderlich:

a) im Straßendurchgangsverkehr zwischen Garmisch-Partenkirchen und Pfronten— Füssen;

b) im Straßendurchgangsverkehr zwischen Asch und Balderschwang (Allgäu);

c) für die gelegentliche Beförderung von Gütern nach und von Flughäfen bei Umleitung der Flugdienste;

d) für die Beförderung von

aa) Gepäck in Anhängern an Kraftfahrzeugen, mit denen bestimmungsgemäß Reisende befördert werden,

bb) Gepäck mit Fahrzeugen jeglicher Art nach und von Flughäfen,

cc) Postsendungen,

dd) beschädigten Fahrzeugen,

ee) Müll und Fäkalien,

ff) Tierkörpern zur Tierkörperbeseitigung,

gg) Bienen und Fischbrut.
(BGBl 1964/87)

(4) Für Unternehmer mit Standorten in Norwegen gelten die im Abs. 1 lit. b bis f, für Unternehmer mit Standorten in Polen die im Abs. 1 lit. d bis f angeführten Ausnahmen von der Ausweis- und Bewilligungspflicht nicht. *(BGBl 1964/87)*

§ 6. (1) Die Aufnahme von Rückfracht, jedoch ausschließlich für den Heimatstaat, ist gestattet.

(2) Das Aufnehmen und Absetzen von Gütern im Bundesgebiet (Orts- und Unterwegsverkehr) ist verboten; Ausnahmen bedürfen einer Bewilligung nach § 7 Abs. 1 des Güterbeförderungsgesetzes.

(3) Der Ausweis nach § 4 berechtigt nur zu Beförderungen zwischen e i n e m der im § 4 genannten Staaten und Österreich; Beförderungen von oder nach einem dritten Staat auf Grund eines solchen Ausweises sind verboten.

§ 7. (1) Unternehmern mit einem Standort in
Belgien,
Dänemark,
Italien,
den Niederlanden und
Norwegen
sind Leereinfahrten in das Bundesgebiet nur gestattet, wenn bei der Einfahrt der schriftliche

6/3. Güterbef

Grenzverkehr

Nachweis erbracht wird, daß die Fahrt durchgeführt wird, um im voraus vereinbarte Transporte abzuwickeln. Der Nachweis kann durch eine Bescheinigung des Importeurs oder Exporteurs oder eines von ihnen bevollmächtigten Spediteurs erbracht werden. In der Bescheinigung müssen Abholort, Versender, Empfänger, Warenart und -menge angegeben sein *(BGBl 1964/87)*

(2) Unternehmer mit Standorten in Belgien oder Polen sind von der Erbringung des Nachweises nach Abs. 1 befreit. *(BGBl 1964/87)*

„(3)" Ein Nachweis nach Abs. 1 befreit nicht von der Verpflichtung des Mitführens eines Ausweises (§4). *(BGBl 1964/87)*

§ 8. Die für den nichtlinienmäßigen Personenverkehr und den Güterverkehr mit Kraftfahrzeugen über die Grenze zwischen Österreich und der Bundesrepublik Deutschland festgelegte Grenzzone umfaßt

a) im Gebiet der Republik Österreich die Verwaltungsbezirke Rohrbach, Schärding, Grieskirchen, Ried, Braunau, Salzburg-Land, Salzburg, Hallein, St. Johann, Zell am See sowie jene Teile der Bundesländer Tirol und Vorarlberg, die nördlich der Linie Feldkirch, Illtal, Bludenz, Klostertal, Arlbergpaß, Stanzertal, Landeck, Oberinntal, Innsbruck, Unterinntal, Wörgl, Brixental, Kitzbühel, St. Johann i. T., Fieberbrunn und Hochfilzen gelegen sind, einschließlich der Gemeinden Feldkirch, Bludenz, Landeck, Innsbruck, Schwaz, Wörgl und Kitzbühel;

b) im Gebiet der Bundesrepublik Deutschland die Land-(Stadt-)Kreise Wolfstein, Wegscheid, Passau, Griesbach, Pfarrkirchen, Altötting, Laufen, Berchtesgaden, Bad Reichenhall, Traunstein, Rosenheim, Bad Aibling, Miesbach, Bad Tölz, Garmisch-Partenkirchen, Füssen, Kempten, Sonthofen, Lindau, Tettnang, Wangen, Ravensburg, Überlingen, Stockach und Konstanz.

(BGBl 1964/87)

III. Allgemeine Bestimmungen.

§ 9. Die Unternehmer, die ihren Standort in einem der in den §§ 1 und 4 genannten Staaten haben, halben die für den internationalen Verkehr nach den Rechtsvorschriften jeweils erforderlichen Dokumente sowie die zum Nachweis der Befugnis zur Durchführung der Transporte notwendige Berechtigungsurkunde (Genehmigungsurkunde) oder von den Ausstellungsbehörden beglaubigte Abschriften dieser Urkunden mitzuführen.

§ 10. (1) Für den Personen- und Güterverkehr zwischen Österreich und der Schweiz gelten die Bestimmungen des Abkommens zwischen der Republik Österreich und der Schweizerischen Eidgenossenschaft über den grenzüberschreitenden Verkehr mit Motorfahrzeugen auf öffentlichen Straßen, BGBl. Nr. 123/1959.

(2) Für den Personen- und Güterverkehr zwischen Österreich und Jugoslawien gelten die Bestimmungen des Abkommens zwischen der Österreichischen Bundesregierung und der Regierung der Föderativen Volksrepublik Jugoslawien über den grenzüberschreitenden Personen- und Güterverkehr auf der Straße, BGBl. Nr. 223/1961, in der Fassung der Abkommen, BGBl. Nr. 132/1963 und 292/1963. *(BGBl 1964/87)*

GüterbefG VO

6/4. Güterbef

Bef-Papiere

Beförderungspapiere – Eisenbahnunternehmen

BGBl II 1997/340

Verordnung des Bundesministers für Wissenschaft und Verkehr über die Anerkennung von Beförderungspapieren für bestimmte Beförderungstätigkeiten von Eisenbahnunternehmen

Auf Grund des § 18 Abs. 3 des Bundesgesetzes über die gewerbsmäßige Beförderung von Gütern mit Kraftfahrzeugen (Güterbeförderungsgesetz 1995 – GütbefG), BGBl. Nr. 593/1995, wird verordnet:

§ 1. (1) Für bestimmte Beförderungstätigkeiten von Eisenbahnunternehmen, soweit diese nicht gemäß § 4 Abs. 1 Z 5 Güterbeförderungsgesetz, BGBl. Nr. 593/1995, in Ausübung des Rollfuhrdienstes von der Konzessionspflicht ausgenommen sind, werden die in den nachfolgenden Bestimmungen angeführten (Eisenbahn-)Beförderungspapiere anstelle des für Güterbeförderungen über die Grenze sowie bei Beförderungen im Güterfernverkehr (§ 2 Abs. 5 leg. cit.) vorgesehenen Frachtbriefes als Beförderungspapier anerkannt.

(2) Als Beförderungstätigkeiten von Eisenbahnunternehmen im Sinne dieser Verordnung gelten alle Beförderungen von Stückgut mit einem Kraftfahrzeug (Kraftwagenzug) auf der Straße. Stückgüter im Sinne dieser Verordnung sind Sendungen, die einem Eisenbahnunternehmen von einem oder mehreren Absendern stückweise zur Beförderung mit dem genannten Transportmittel an einen oder mehrere Empfänger übergeben werden. Je nach Art der Beförderung des Stückgutes kann eines der beiden Beförderungspapiere nach dem Muster der **Anlage** verwendet werden.

§ 2. (1) Als für bestimmte Beförderungen von Eisenbahnunternehmen in Betracht kommende andere Beförderungspapiere als der Frachtbrief gemäß § 17 Abs. 1 GütbefG gelten nachstehende Beförderungspapiere:

1. ExpressCargo-Beförderungspapier
2. CIM- und Expreßgutfrachtbrief

Die Beschaffenheit dieser Beförderungspapiere ist den als Anlage angeschlossenen Mustern zu entnehmen. Diese bilden einen Bestandteil dieser Verordnung.

(2) Die im Abs. 1 angeführten Beförderungspapiere sind für alle Stückgutbeförderungen von Eisenbahnunternehmen zu verwenden, sofern ihnen die Stückgüter mit einem dieser Beförderungspapiere übergeben werden. Diese Beförderungspapiere können unter denselben Voraussetzungen auch von Gewerbetreibenden, die zur Ausübung des Güterfernverkehrs auf Grund einer Konzession (§ 2 Abs. 2 Z 2 GütbefG) berechtigt sind, verwendet werden, sofern sie im Auftrag von Eisenbahnunternehmen tätig werden.

(3) Die im Abs. 1 angeführten Beförderungspapiere gelten nicht als amtliche Erhebungsformulare gemäß § 10 Abs. 1 Straßen- und Schienengüterverkehrsstatistikverordnung, BGBl. Nr. 393/1995. Die Anmeldung der unter Verwendung von im Abs. 1 genannten Beförderungspapieren durchgeführten Transporte im Güterfernverkehr (§ 2 Abs. 5 GütbefG) zur Verkehrsstatistik hat mittels Sammelanmeldung zu erfolgen. Wenn Datenträger zur Verfügung gestellt werden, ist deren Aufbau und Inhalt im Einvernehmen zwischen dem meldepflichtigen Unternehmen und dem Österreichischen Statistischen Zentralamt festzulegen.

§ 3. (1) Das ExpressCargo-Beförderungspapier besteht aus vier Teilen:
Blatt 1: Original   erhält der Empfänger
Blatt 2: Empfangsschein bleibt im Bestimmungsbahnhof
Blatt 3: Versandschein   bleibt im Versandbahnhof
Blatt 4: Doppel   erhält der Absender

(2) Das ExpressCargo-Beförderungspapier kann im Einzelfall durch ein vereinfachtes Beförderungspapier ersetzt werden, das die gleichen Angaben wie das ExpressCargo-Beförderungspapier enthält und zumindest aus zwei Teilen besteht:
Blatt 1: Original   erhält der Empfänger
Blatt 2: Empfangsschein bleibt im Bestimmungsbahnhof

§ 4. Der CIM- und Expreßgutfrachtbrief besteht aus fünf Teilen:
Blatt 1: Frachtbrieforiginal   erhält der Empfänger
Blatt 2: Frachtkarte   bleibt im Umbehandlungs- oder im Bestimmungsbahnhof
Blatt 3: Empfangsschein bleibt im Bestimmungsbahnhof, dient als Stellungspapier für die Zollbehörde
Blatt 4: Frachtbriefdoppel   erhält der Absender
Blatt 5: Versandschein   bleibt im Versandbahnhof

§ 5. (1) Diese Verordnung tritt mit 15. November 1997 in Kraft.

6/4. Güterbef
Bef-Papiere

(2) Mit dem Inkrafttreten dieser Verordnung tritt die Verordnung des Bundesministers für öffentliche Wirtschaft und Verkehr vom 17. Dezember 1986 über die Anerkennung von Beförderungspapieren für bestimmte Beförderungstätigkeiten von Eisenbahnunternehmen, BGBl. Nr. 715/1986, außer Kraft.

(Anlage nicht abgedruckt)

6/5. Güterbef Kontingent

Kontingenterlaubnis-Vergabeverordnung

BGBl II 1999/519 idF

1 BGBl II 2001/207

Verordnung des Bundesministers für Wissenschaft und Verkehr über die Vergabe von Kontingenterlaubnissen (Kontingenterlaubnis-Vergabeverordnung – KVV 1999)

Auf Grund des § 8 Abs. 3 des Güterbeförderungsgesetzes, BGBl. Nr. 593/1995, zuletzt geändert durch das Bundesgesetz BGBl. I Nr. 17/1998, wird verordnet:

1. Abschnitt
Allgemeines

Geltungsbereich und Begriffsbestimmungen

§ 1. (1) Diese Verordnung gilt für die Vergabe von Kontingenterlaubnissen im Sinne des Güterbeförderungsgesetzes, ausgenommen CEMT-Genehmigungen und Kontingenterlaubnisse, die gemäß zwischenstaatlicher Vereinbarungen im Rahmen von Belohnungskontingenten direkt an Unternehmer zu vergeben sind.

(2) Kontingenterlaubnisse sind insbesondere Einzelgenehmigungen einschließlich Ökopunktefahrten und Dauergenehmigungen.

(3) Als Unternehmer im Sinne dieser Verordnung gilt, wer

1. Inhaber einer Konzession gemäß § 3 Güterbeförderungsgesetz ist, oder

2. Werkverkehr im Sinne des § 10 Güterbeförderungsgesetz betreibt.

Vergabe durch den Landeshauptmann

§ 2. (1) Die Vergabe der Kontingenterlaubnisse zur Beförderung von Gütern mit Kraftfahrzeugen nach, durch und aus den Hoheitsgebieten der Republik Slowenien, der Tschechischen Republik, der Slowakischen Republik und der Republik Ungarn wird gemäß § 8 Abs. 3 Güterbeförderungsgesetz auf die Landeshauptmänner im Namen und Auftrag des Bundesministers für Wissenschaft und Verkehr übertragen. Dies gilt auch für die Österreich von der Europäischen Kommission zur Verfügung gestellten Ökopunktefahrten gemäß Verordnung (EG) Nr. 3298/94, in der jeweils geltenden Fassung. Örtlich zuständig für die Vergabe ist der Landeshauptmann des Landes, in dem der Unternehmer seinen Sitz oder eine weitere Betriebsstätte hat.

(2) Ausgenommen von der Übertragung gemäß Abs. 1 ist die Vergabe von

1. Kontingenterlaubnissen, die gemäß zwischenstaatlicher Vereinbarungen im Rahmen von Vor- und Nachlaufkontingenten zu vergeben sind,

2. jährlich 15 000 Ökopunktefahrten als Reserve, die in erster Linie an die Benützer „Rollender Landstraßen" als Belohnungskontingent zu vergeben sind. *(BGBl II 2001/207)*

3. Kontingenterlaubnissen, die gemäß zwischenstaatlicher Vereinbarungen als Sonderkontingent für Mineralöltransporte zu vergeben sind, und

4. Dauergenehmigungen, ausgenommen Grenzzonen-Dauergenehmigungen.

Aufteilung der Kontingenterlaubnisse auf die Länder

§ 3. Der Bundesminister für Wissenschaft und Verkehr hat die durch die Landeshauptmänner zu vergebenden Kontingenterlaubnisse nach Anhörung der Wirtschaftskammer Österreich unter Beachtung von volkswirtschaftlichen und wirtschaftspolitischen Erfordernissen auf die Länder aufzuteilen.

Anzahl der Kontingenterlaubnisse

§ 4. Die Gesamtzahl der zu vergebenden Kontingenterlaubnisse ergibt sich aus den jeweiligen zwischenstaatlichen Vereinbarungen; die jeweils zur Verfügung stehenden Kontingenterlaubnisse sind nach Maßgabe der folgenden Bestimmungen zu vergeben.

2. Abschnitt
Verfahren zur Vergabe von Kontingenterlaubnissen

Anmeldungsverfahren

§ 5. (1) Unternehmer, an die im gemäß § 8 jeweils geltenden Berechnungszeitraum Einzelgenehmigungen vergeben wurden, haben einen Anspruch auf Einzelgenehmigungen nach Maßgabe des Abs. 2. Dasselbe gilt in dem in § 7 Abs. 3 bezeichneten Fall für Unternehmer, die im jeweiligen Berechnungszeitraum Güterbeförderungen in den Staat durchgeführt haben, mit dem eine zwischenstaatliche Vereinbarung erstmals abgeschlossen wurde, und in dem in § 7 Abs. 4 bezeichneten Fall für Unternehmer, die im jeweiligen

Berechnungszeitraum Güterbeförderungen durchgeführt haben, die ihrer Art nach erstmals von einer zwischenstaatlichen Vereinbarung erfasst werden.

(2) Sofern sie ihren Anspruch spätestens bis dem 1. November nächstfolgenden Werktag jeden Jahres bei der zuständigen Vergabebehörde angemeldet haben, erhalten die in Abs. 1 bezeichneten Unternehmer Einzelgenehmigungen für das Folgejahr im Ausmaß von

1. 95% der im jeweiligen Bundesland oder,

2. bei Vergabe durch den Bundesminister für Wissenschaft und Verkehr, 95% der im Bundesgebiet im Berechnungszeitraum im Jahresdurchschnitt an sie vergebenen Einzelgenehmigungen.

(3) Kein Anspruch im Sinne von Abs. 2 besteht,

1. wenn Kontingenterlaubnisse vor der Vergabe an den betreffenden Unternehmer von einem anderen Unternehmer zurückgelegt wurden (Aushilfen),

2. auf Kontingenterlaubnisse, die im Rahmen von zwischenstaatlich vereinbarten Belohnungssystemen von ausländischen Unternehmern erwirtschaftet wurden und für Österreich reziprok zur Verfügung stehen.

(4) Dauergenehmigungen sind nach Maßgabe des § 12 jeweils für ein Kalenderjahr an Unternehmer zu vergeben, an die bereits im vorangegangenen Kalenderjahr eine Dauergenehmigung vergeben wurde, sofern sie ihren Anspruch für das Folgejahr spätestens bis 1. November jeden Jahres bei der zuständigen Vergabebehörde angemeldet haben.

(5) Die Höhe des Anspruchs im Sinne von Abs. 2 kann dem Unternehmer auf Wunsch formlos bekannt gegeben werden.

Bewerbungsverfahren

§ 6. (1) Jeder Unternehmer kann sich schriftlich unter Verwendung eines Formulars gemäß der **Anlage** zu dieser Verordnung bei der zuständigen Vergabebehörde um Kontingenterlaubnisse bewerben; telegrafische, fernschriftliche (Fernschreiben, Telekopie) oder elektronische (E-Mail) Bewerbungen sind zulässig. Für jeden Staat ist ein gesondertes Formular zu verwenden. Eine Bewerbung um Einzelgenehmigungen darf frühestens vier Monate und muss spätestens vier Wochen vor dem jeweiligen Stichtag gemäß § 10 bei der Vergabebehörde einlangen; eine Bewerbung um eine Dauergenehmigung darf nicht vor dem 1. August und nicht nach dem 1. November nächstfolgenden Werktag bei der Vergabebehörde einlangen. Zu früh oder verspätet eingelangte Bewerbungen sind bei der Vergabe nicht zu berücksichtigen.

(2) Die Bewerbung muss gefertigt sein und folgende Angaben enthalten:

1. den Namen des Bewerbers;

2. den Sitz des Unternehmens oder den Ort der weiteren Betriebsstätte;

3. das Datum der Bewerbung;

4. den Staat, für den Kontingenterlaubnisse beantragt werden;

5. die Art der beantragten Kontingenterlaubnisse (wie etwa bilaterale Kontingenterlaubnisse, Grenzzonenkontingente, Dauergenehmigungen, Kontingenterlaubnisse für den Vor- und Nachlauf im Rahmen des Kombinierten Verkehrs, Kontingenterlaubnisse für den Transit, Kontingenterlaubnisse für umweltfreundliche Kraftfahrzeuge, Kontingenterlaubnisse für bestimmte Güter, Kabotagekontingente, Kontingenterlaubnisse im Rahmen der Kombikabotage);

6. die Angabe, ob die Kontingenterlaubnisse für Fahrten im Werkverkehr oder zur gewerbsmäßigen Beförderung von Gütern benötigt werden;

7. das Halbjahr, für das die Kontingenterlaubnisse benötigt werden;

8. die Anzahl der benötigten Kontingenterlaubnisse;

9. die Anzahl der Einzelgenehmigungen, die bei Erhalt einer Dauergenehmigung zurückgelegt werden.

3. Abschnitt

Besondere Bestimmungen für die Vergabe von Kontingenterlaubnissen

Anmeldungsvergabe von Einzelgenehmigungen

§ 7. (1) Die an einen Unternehmer im Sinne des § 5 Abs. 1 zu vergebenden Einzelgenehmigungen oder Ökopunktefahrten sind um diejenigen zu vermindern, die seit der letzten Vergabe entweder

1. nicht ordnungsgemäß verwendet wurden, oder

2. hinsichtlich Einzelgenehmigung, die nicht spätestens drei Monate vor Verfall oder hinsichtlich Ökopunktefahrten, die nicht spätestens bis 30. September, zurückgelegt wurden, oder

3. verfallen sind.

(2) Stehen in dem Jahr, in dem der Unternehmer einen Anspruch angemeldet hat, auf Grund zwischenstaatlicher Vereinbarungen weniger Einzelgenehmigungen zur Verfügung als im Jahresdurchschnitt im Berechnungszeitraum, so ist die für die Berechnung heranzuziehende Anzahl der Einzelgenehmigungen anteilsmäßig im selben Ausmaß zu vermindern. In dem in Abs. 3 bezeichneten Fall ist die Anzahl der für die Berechnung heranzuziehenden Fahrten in dem Ausmaß zu

vermindern, das dem Unterschied zwischen der Summe aller im Berechnungszeitraum in diesem Staat durchgeführten Güterbeförderungen und der auf Grund der neuen zwischenstaatlichen Vereinbarung zur Verfügung stehenden Kontingenterlaubnisse entspricht.

(3) Wurden mit einem Staat durch eine zwischenstaatliche Vereinbarung erstmals Kontingente für die grenzüberschreitende Beförderung von Gütern festgelegt, so hat die zuständige Vergabebehörde unter Anhörung der Wirtschaftskammer Österreichs zu ermitteln, Fahrten zum Zweck der grenzüberschreitenden Güterbeförderung in diesem Staat der betreffende Unternehmer im jeweils geltenden Berechnungszeitraum durchgeführt hat; die Summe aller Fahrten ist sodann für die Berechnung gemäß § 5 Abs. 2 heranzuziehen.

(4) Wurden durch eine zwischenstaatliche Vereinbarung erstmals Kontingente für bestimmte Arten der grenzüberschreitenden Beförderung von Gütern festgelegt, für die bisher keine Kontingenterlaubnis notwendig war, so gilt Abs. 3 mit der Maßgabe, dass der betreffende Unternehmer die ihm gemäß § 5 Abs. 2 zustehenden Einzelgenehmigungen, soweit sie für Güterbeförderungen der genannten Art benötigt werden, vorweg aus den für die Vergabe gemäß § 9 zur Verfügung stehenden Einzelgenehmigungen erhält.

Berechnungszeitraum

§ 8. Der Berechnungszeitraum umfasst eine Zeit von fünf Jahren; für die Jahre 1996 bis 2000 gilt jedoch das Jahr 1995 als Berechnungszeitraum. Als Grundlage für die Berechnung des Jahresdurchschnitts gemäß § 5 Abs. 2 ist jeweils fünf Jahre lang derselbe Berechnungszeitraum heranzuziehen (Vergabezeitraum). Der jeweils abgelaufene Vergabezeitraum bildet den Berechnungszeitraum für die folgenden fünf Jahre.

Bewerbungsvergabe

§ 9. (1) Die in Folge

1. von Kontingentaufstockungen,

2. der Vergabe gemäß § 7,

3. von nicht erfolgten Anmeldungen gemäß § 5 Abs. 2 sowie

4. von Zurücklegungen

zur Verfügung stehenden Kontingenterlaubnisse sind unter allen Bewerbern aufzuteilen.

(2) Die Vergabebehörde hat die gemäß Abs. 1 zu vergebenden Kontingenterlaubnisse zu gleichen Teilen unter allen Bewerbern aufzuteilen, jedoch erhält jeder Unternehmer höchstens die beantragte Anzahl an Kontingenterlaubnissen. Entfällt auf den einzelnen Bewerber weniger als eine Kontingenterlaubnis, so sind die Kontingenterlaubnisse einzeln an die Bewerber in der Reihenfolge des Einlangens der Bewerbung bei der Vergabebehörde zu vergeben. Wenn sich bei der Berechnung der auf die einzelnen Bewerber entfallenden Anzahl an Kontingenterlaubnissen Bruchteile an Kontingenterlaubnissen ergeben, sind diese zunächst bei der Vergabe unberücksichtigt zu lassen; sodann sind die restlichen Kontingenterlaubnisse einzeln an die Bewerber in der Reihenfolge des Einlangens der Bewerbung zu vergeben.

(3) Hinsichtlich der Vergabe von zurückgelegten Kontingenterlaubnissen, die nicht mehr zum nächsten Stichtag zuerkannt werden können, sind Bewerbungen auch später als in § 6 Abs. 1 angegeben zulässig. Für die Vergabe dieser Kontingenterlaubnisse gilt Abs. 2.

(4) Hinsichtlich der Vergabe von Kontingenterlaubnissen, die nicht gemäß Abs. 2 vergeben wurden, sind Bewerbungen auch später als in § 6 Abs. 1 angegeben zulässig. In diesem Fall sind die Kontingenterlaubnisse nach Maßgabe der zur Verfügung stehenden Anzahl in der Reihenfolge des Einlangens der Bewerbungen in der beantragten Anzahl auszugeben.

Ausgabe der Kontingenterlaubnisse

§ 10. (1) Die Vergabe der Kontingenterlaubnisse gemäß §§ 5 und 9 Abs. 1 hat jeweils zum 1. Dezember und zum 1. Juni zu erfolgen (Stichtage). Das auszugebende oder aufzubuchende Kontingent an Kontingenterlaubnissen oder Ökopunktefahrten darf dabei einen Zweimonatsbedarf des jeweiligen Unternehmers nicht überschreiten. Jede weitere Ausgabe von Kontingenterlaubnissen oder Aufbuchung von Ökopunktefahrten darf erst nach Rückgabe der ordnungsgemäß verwendeten Kontingenterlaubnisse bei der Vergabebehörde oder nachweislich erfolgter Abbuchung der Ökopunkte erfolgen, wobei die Zahl der neu ausgegebenen Kontingenterlaubnisse oder aufzubuchenden Ökopunkte die Zahl der zurückgegebenen oder abgebuchten Ökopunkte nicht übersteigen darf, außer der Mehrbedarf wird glaubhaft begründet. Dieser Mehrbedarf darf den festgestellten Anspruch (§§ 8 bis 9) nicht übersteigen.

(2) Dauergenehmigungen sind jeweils zum 1. Dezember zu vergeben und im Dezember für das Folgejahr auszugeben.

Verwendungsnachweis und Rücklegung

§ 11. (1) Verwendete Kontingenterlaubnisse sind bei der Vergabebehörde jeweils bis zum Ende des auf die Verwendung folgenden Kalendermonats abzuliefern; auf Verlangen der Vergabebehörde ist die bestimmungsgemäße Verwendung glaubhaft zu machen. Nicht abgelieferte Kontingenterlaubnisse gelten als nicht ordnungsgemäß verwendet.

(2) Als ordnungsgemäß zurückgelegt gelten Genehmigungen, die spätestens drei Monate vor deren Ablauf zurückgelegt werden. Als ordnungsgemäß zurückgelegt gelten Ökopunktefahrten, die spätestens bis 30. September jedes Kalenderjahres zurückgelegt werden.

Dauergenehmigungen

§ 12. (1) Unternehmer, die sich um eine Dauergenehmigung bewerben wollen, können für die Vergabe einer Dauergenehmigung die Zurücklegung von Einzelgenehmigungen – ausgenommen solche für Grenzzonen und den Vor- und Nachlauf – für den Staat anbieten, für den die Dauergenehmigung gelten soll. Unternehmer, die sich um eine Grenzzonen-Dauergenehmigung bewerben wollen, können für die Vergabe einer Grenzzonen-Dauergenehmigung die Zurücklegung von Einzelgenehmigungen für Grenzzonen – ausgenommen solche für den Vor- und Nachlauf – für den Staat anbieten, für den die Grenzzonen-Dauergenehmigung gelten soll.

(2) Eine Dauergenehmigung für einen bestimmten Staat ist dann nicht gemäß § 5 Abs. 3 zu vergeben, wenn ein Bewerber gemäß Abs. 1 die Zurücklegung von Einzelgenehmigungen in einer Anzahl angeboten hat, die die Zahl der Fahrten – ausgenommen Leerfahrten – übersteigt, die der bisherige Inhaber der Dauergenehmigung durchgeführt hat. In diesem Fall hat der bisherige Inhaber der Dauergenehmigung jedoch einen Anspruch auf Einzelgenehmigungen; für die Berechnung der Anzahl ist nach § 7 Abs. 3 vorzugehen.

(3) Dauergenehmigungen, die
1. auf Grund zwischenstaatlicher Vereinbarungen neu zur Verfügung stehen,
2. auf Grund nicht erfolgter Anmeldungen gemäß § 5 Abs. 4 zur Verfügung stehen, oder
3. auf Grund von Abs. 2 nicht an den bisherigen Inhaber zu vergeben waren, sind an Bewerber gemäß Abs. 1 gegen Zurücklegung von Einzelgenehmigungen für Fahrten in den Staat, für den die Dauergenehmigung gelten soll, in der ihrem Anbot entsprechenden Anzahl zu vergeben; dabei sind die Dauergenehmigungen einzeln beginnend beim höchsten Anbot zu vergeben. Zurückgelegte Einzelgenehmigungen sind durch die Vergabebehörde zu vergeben, die für die Vergabe von Einzelgenehmigungen an den bisherigen Inhaber der Dauergenehmigung zuständig ist.

4. Abschnitt

Gemeinsame Bestimmungen

Anhörungsrecht

§ 13. Vor der erstmaligen Vergabe einer Kontingenterlaubnis an einen Bewerber hat die Vergabebehörde der jeweiligen Wirtschaftskammer und der örtlich zuständigen Kammer für Arbeiter und Angestellte unter Vorlage der Bewerbung innerhalb einer nicht erstreckbaren Frist von zwei Wochen Gelegenheit zu geben, eine Stellungnahme zu der Bewerbung abzugeben.

Vergabeverbot

§ 14. Eine Kontingenterlaubnis darf nur vergeben werden, wenn nicht offensichtlich

1. gegen den Unternehmer ein Verfahren zur Entziehung der Gewerbeberechtigung gemäß § 5 Abs. 1 oder 9 des Güterbeförderungsgesetzes oder gemäß den §§ 87 bis 91 der Gewerbeordnung 1994 eingeleitet wurde, oder

2. Gründe für die Entziehung von Kontingenterlaubnissen gemäß § 9 Abs. 6 Güterbeförderungsgesetz vorliegen.

Übertragung von Kontingenterlaubnissen und Ansprüchen

§ 15. Bereits vergebene Kontingenterlaubnisse und Ansprüche gemäß § 5 Abs. 1 können übertragen werden, wenn die Vergabebehörde auf Antrag des Unternehmers, auf den Kontingenterlaubnisse oder Ansprüche übertragen werden sollen, festgestellt hat, dass

1. der bisherige Inhaber der Kontingenterlaubnisse oder Ansprüche aus den in § 85 Z 1, 3, 4 oder 7 GewO 1994 bezeichneten Gründen untergegangen ist,

2. bedeutende Vermögenswerte des bisherigen Inhabers, insbesondere Kraftfahrzeuge, in das Eigentum des Antragstellers übertragen wurden und

3. zwischenstaatliche Vereinbarungen dies nicht verbieten.

Inkrafttreten

§ 16. Die Verordnung tritt mit 1. Jänner 2000 in Kraft. Mit Ablauf des 31. Dezember 1999 tritt die Verordnung des Bundesministers für öffentliche Wirtschaft und Verkehr über die Vergabe von Kontingenterlaubnissen (Kontingenterlaubnis-Vergabeverordnung), BGBl. Nr. 974/1994, außer Kraft.

6/5. **Güterbef**
Kontingent

Anlage

Name/Firma/Anschrift:

An

Bewerbung um die Kontingenterlaubnis
Für folgenden Staat werden Kontingenterlaubnisse benötigt ....

Zeitraum, für die Kontingenterlaubnisse benötigt werden *)	1. Halbjahr 200.	2. Halbjahr 200.
Art der Kontingenterlaubnis	Anzahl der Kontingenterlaubnisse zur gewerbsmäßigen Beförderung von Gütern	Anzahl der Kontingenterlaubnisse im Werkverkehr
Bilaterale Kontingenterlaubnisse		
Grenzzonenkontingente		
Dauergenehmigungen		
Anzahl der Einzelgenehmigungen die bei Erhalt einer DG zurückgelegt werden		
Kontingenterlaubnisse für Vor- und Nachlauf im Rahmen des Kombinierten Verkehrs		
Transit-Kontingenterlaubnisse		
Kontingenterlaubnisse für lärmarme Kraftfahrzeuge		
Kontingenterlaubnisse für bestimmte Güter:		
Kobotage-Kontingente		
Kontingenterlaubnisse im Rahmen der Kombi-Kabotage		
Summe		

Ort, Datum   *Firmenmäßige Fertigung*

*) Nichtzutreffendes bitte streichen

6/6. Güterbef

Statistik

Straßen- und Schienengüterverkehrsstatistik-Verordnung

BGBl 1995/393 idF

1 BGBl II 2005/19

Verordnung des Bundesministers für öffentliche Wirtschaft und Verkehr über statistische Erhebungen im Bereich des Straßen- und Schienengüterverkehrs (Straßen- und Schienengüterverkehrsstatistik-Verordnung)

Auf Grund der §§ 7, 11 und 12 des Straßen- und Schienenverkehrsstatistikgesetzes, BGBl. Nr. 142/1983, und des § 15 Abs. 3 des Güterbeförderungsgesetzes, BGBl. Nr. 63/1952, zuletzt geändert durch BGBl. Nr. 222/1994, wird verordnet:

1. ABSCHNITT
Allgemeines

§ 1. Das österreichische Statistische Zentralamt hat statistische Erhebungen über:
1. die Betriebsleistungen österreichischer Straßen- und Schienenverkehrsunternehmen,
2. die Verkehrs- und Transportleistungen inländischer Unternehmen auf der Straße und Schiene,
3. den Bestand an österreichischen Straßen- und Schienenfahrzeugen und
4. das Güterverkehrsaufkommen auf dem österreichischen Straßen- und Schienenverkehrsnetz durchzuführen.

§ 2. Die Angaben für die Bestands-, Betriebs- und Verkehrsstatistik sind für den jeweiligen Berichtszeitraum anzumelden. Der Berichtszeitraum ist jener Zeitraum; für den der Erhebungsadressat seine statistischen Berichte abzugeben hat. Er wird vom Österreichischen Statistischen Zentralamt im Rahmen der Festlegung der Erhebungsform im Sinne des § 9 bekanntgegeben und beträgt pro berichtspflichtigem Unternehmen höchstens eine Woche im Vierteljahr.

§ 3. Wenn für die Erhebungen Datenträger zur Verfügung gestellt werden, ist deren Aufbau und Inhalt vom Österreichischen Statistischen Zentralamt im Einvernehmen mit dem berichtspflichtigen Unternehmen festzulegen.

2. ABSCHNITT
Straßenverkehr

§ 4. Die Straßenverkehrsstatistik hat zu umfassen:
1. eine Bestandsstatistik;
2. eine Betriebsstatistik;
3. eine Verkehrsstatistik.

§ 5. Die Bestandsstatistik hat die Anzahl, die Art, die höchste zulässige Nutzlast, das höchste zulässige Gesamtgewicht, die Verwendung der Kraftfahrzeuge und der Anhänger sowie den Personalstand gemäß § 6 Abs. 3 Z 4 und 5 Straßen- und Schienenverkehrsstatistikgesetz, BGBl. Nr. 142/1983, zu umfassen.

§ 6. Die Betriebsstatistik hat die Kraftfahrzeugkilometer, getrennt nach Transport- und Leersowie nach Inlands- und Auslandsstrecken zu umfassen, wobei dabei auch der Stand des Kontrollgerätes oder des Wegstreckenmessers zu Beginn und zum Ende des Berichtszeitraumes für die Erhebung herangezogen werden kann.

§ 7. Die Verkehrsstatistik hat zu umfassen:
1. das behördliche Kennzeichen des Kraftfahrzeuges sowie der mitgeführten Anhänger;
2. die Verkehrsart (gewerbsmäßiger Verkehr, Werkverkehr);
3. den Beladeort (Postleitzahl), das Beladeland (internationales Unterscheidungszeichen) und den Beladetag, bzw. den Abgangsort (Postleitzahl), das Abgangsland (internationales Unterscheidungszeichen) und den Abgangstag;
4. den Entladeort (Postleitzahl) und das Entladeland (internationales Unterscheidungszeichen), bzw. den Zielort (Postleitzahl) und das Zielland (internationales Unterscheidungszeichen);
5. die Entfernung, über die die Fahrt durchgeführt wird, getrennt nach Inlands- und Auslandsstrecke, sowie Angaben zur gefahrenen Strecke (insbesondere der Ort des Grenzübertrittes und die transitierten Staaten);
6. den Stand sowohl der Kontrollgeräte als auch der Wegstreckenmesser;
7. die Größe und die Anzahl der beförderten Großcontainer und Wechselaufbauten;
8. die Warenbezeichnung bzw Verpackungsart nach der zweistelligen Gliederung des einheitlichen Güterverzeichnisses für die Verkehrsstatistik (NSTR), bei gefährlichen Gütern auch die in den Stoffaufzählungen angegebene vierstellige Identifikationsnummer nach den Vorschriften über die Beförderung gefährlicher Güter auf der Straße;
9. das Bruttogewicht der Sendung.

6/6. Güterbef
Statistik

§ 8. Auskunftspflichtig sind alle österreichischen Unternehmen, die Güterbeförderungen auf der Straße durchführen. Der Zulassungsbesitzer eines Kraftfahrzeuges hat im Falle einer Vermietung seines Kraftfahrzeuges oder des Abschlusses eines Leasingvertrages über sein Kraftfahrzeug zum Zwecke des Gütertransportes den Mieter bzw. Leasingnehmer über die Auskunftspflicht zu informieren.

§ 9. Die Erhebungen sind im Stichprobenverfahren durchzuführen. Das Österreichische Statistische Zentralamt hat über die im Rahmen des Auswahlverfahrens ermittelten Erhebungsadressaten Aufzeichnungen zu führen, in die die zur Auskunft Verpflichteten Einsicht nehmen können.

§ 10. (1) Als amtliche Erhebungsformulare gelten:

1. die Meldeformulare über den Güterverkehr auf der Straße (Anlage 1);

2. der Frachtbrief gemäß § 14 Güterbeförderungsgesetz;

3. das vereinfachte Frachtdokument (Anlage 2).

(2) Die Erhebungsformulare gemäß Abs. 1 Z 1 werden vom Österreichischen Statistischen Zentralamt, die fortlaufend numerierten Vordrucke für die Frachtbriefe gem. Abs. 1 Z 2 und 3 vom Fachverband für das Güterbeförderungsgewerbe aufgelegt.

(3) Werden innerhalb eines Tages

1. mehrere Sendungen des gleichen Gutes mit demselben Kraftfahrzeug (Kraftwagenzug) von ein und demselben Absender und Beladeort zu ein und demselben Empfänger und Entladeort oder 2. mehrere Teilsendungen oder

2. mehrere Teilsendungen oder

3. Güter über eine Entfernung von höchstens 149 km befördert,

so kann das vereinfachte Frachtdokument nach dem Muster der Anlage 2 verwendet werden.

(4) Der Fachverband für das Güterbeförderungsgewerbe stellt dem Österreichischen Statistischen Zentralamt monatlich Unterlagen zur Verfügung, aus denen hervorgeht, welche Nummerngruppen welchen Unternehmen ausgefolgt worden sind.

§ 11. (1) Die Erhebungsformulare sind vorschriftsmäßig auszufüllen und dem Österreichischen Statistischen Zentralamt unmittelbar nach Ablauf des Berichtszeitraumes, die Frachtbriefe nach Nummern geordnet, zu übersenden.

(2) Unbrauchbar gewordene Frachtbriefe sind zu entwerten und mit den ausgefüllten Frachtbriefen vorzulegen. Ist eine Rücksendung nicht möglich, so ist dies in einer Meldung an das Österreichische Statistische Zentralamt zu begründen. Des weiteren sind die Nummern der während eines Jahres bezogenen und bis zum Jahresablauf nicht verwendeten Frachtbriefe bis zum zwanzigsten Jänner des Folgejahres bekanntzugeben.

3. ABSCHNITT
Eisenbahnverkehr

§ 12. Die Eisenbahnstatistik hat zu umfassen:

1. eine Bestandsstatistik;

2. eine Vertriebsstatistik;

3. eine Verkehrsstatistik.

§ 13. Die Bestandsstatistik hat zu umfassen:

1. die Bau- und Betriebslängen nach Art und Einrichtung;

2. die Fahrzeugbestände nach ihrer Art;

3. den Personalstand nach Beschäftigungsverhältnis.

§ 14. Die Betriebsstatistik hat zu umfassen:

1. die Triebfahrzeuge-, Zug- und Bruttotonnenkilometer nach Zugarten und Betriebsarten;

2. die Wagenkilometer der beladenen und leeren Güterwagen;

3. die durchschnittliche Auslastung der Güterwagen.

§ 15. Die Verkehrsstatistik hat zu umfassen:

1. die beförderten Güter in Tonnen und Tonnenkilometern (nach dem Tarif) des frachtbriefpflichtigen Wagenladungsverkehrs und des Stückgutverkehrs in der Verflechtung nach Belade- und Entladeregionen (innerstaatlich gegliedert nach Bezirkshauptmannschaften, im grenzüberschreitenden Verkehr nach Staaten), nach der Anzahl der Transporte, nach Entfernungsstufen sowie nach der zweistelligen Gliederung des einheitlichen Güterverzeichnisses für die Verkehrsstatistik (NSTR);

2. die im frachtbriefpflichtigen Wagenladungs- und Stückgutverkehr nach der internationalen Ordnung für die Beförderung gefährlicher Güter mit der Eisenbahn (RID) beförderten Güter in Tonnen und Tonnenkilometern (nach dem Tarif) sowie nach der Anzahl der Transporte, unterteilt in Inlands-, Einfuhr-, Ausfuhr- und Durchfuhrverkehr;

3. die im Rahmen des Kombinierten Verkehrs in Großcontainern und Wechselaufbauten beförderten Güter in Tonnen und Tonnenkilometern (nach dem Tarif), die Anzahl der beförderten Container und Wechselaufbauten und der LKW-Anhänger und Sattelauflieger mit oder ohne Zugmaschine (beladen und leer), in der Verflechtung nach Belade- und Entladeregionen (im grenzüberschreitenden Verkehr nach Staaten)

nach Entfernungsstufen sowie nach der zweistelligen Gliederung des einheitlichen Güterverzeichnisses für die Verkehrsstatistik (NSTR).

§ 16. Es sind Sammelmeldungen abzugeben. Auskunftspflichtig sind alle Unternehmen, die Eisenbahnverkehr auf der Schiene betreiben.

4. ABSCHNITT
Straf- und Schlußbestimmungen

§ 17. Eine Verwaltungsübertretung „gemäß der §§ 66 und 67 des Bundesstatistikgesetzes 2000, BGBl. I Nr. 163/1999, zuletzt geändert durch Bundesgesetz BGBl. I Nr. 71/2003" begeht, wer seiner Auskunftspflicht gemäß §§ 8 und 16 nicht, unvollständig oder nicht zeitgerecht nachkommt. *(BGBl II 2005/119)*

§ 18. Mit dem Inkrafttreten dieser Verordnung tritt die Verordnung des Bundesministers für Verkehr vom 26. April 1983 über statistische Erhebungen im Bereich des Straßen- und Schienengüterverkehrs sowie über die Führung von Begleitdokumenten im Straßengüterverkehr (Straßen- und Schienengüterverkehrsstatistikverordnung), BGBl. Nr. 290/1983, außer Kraft.

6/6. Güterbef

Statistik

— 844 —

Anlage 1

6/6. Güterbef

Statistik

Anlage 2

6/6. Güterbef
Statistik

ÖSTERR. GRENZÜBERGANG

Code	Ort
6215	Achenkirch
4785	Achleiten
4164	Angerhäuser(Breitenberg(D))
9602	Arnoldstein
6952	Bad Radkersburg
6335	Baldernschwang
2412	Bayrischzell
9150	Berg
8384	Bleiburg-Grablach
5280	Bonisdorf
6156	Braunau
6156	Brenner Straße
6156	Brennerpaß
5122	Burghausen
5122	Burghausen-Alte Brücke
6934	Deutschkreutz
2165	Drasenhofen
5422	Dürnbach
6832	Ehrwald
6343	Erl
5121	Ettenau
6073	Fallmühle
6900	Feldkirch-Bangs
6800	Feldkirch-Meiningen
6900	Feldkirch-Nofels
6800	Feldkirch-Tisis
6800	Feldkirch-Tosters
4091	Felsenfürt
6974	Gaißau
3950	Gmünd
3874	Grametten
8020	Graz-Hauptbahnhof
8020	Graz-Ostbahnhof
5094	Großgmain
4785	Haibach
5083	Hangenderstein
7561	Heiligenkreuz
6845	Hohenems
6914	Hohenweiler
6973	Höchst
6912	Hörbranz
6912	Hörbranz-Oberhochsteg
6912	Hörbranz-Unterhochsteg
6932	Hub
9183	Karawankentunnel
2054	Kleinhaugsdorf
6330	Kiefersfelden
7013	Klingenbach
6842	Koblach
6330	Kufstein
2136	Laa an der Thaya
8463	Langegg
9473	Lavamünd
8463	Leutasch
6105	Leutasch
9163	Loibltunnel
6890	Lustenau
6890	Lustenau-Schmitterbrücke
6890	Lustenau-Wiesenrain
6841	Mäder
9620	Naßfeld
6543	Nauders
6543	Nauders-Martinsbruck
4780	Neuhaus
3871	Neunagelberg
4143	Neustift
2425	Nickelsdorf
6342	Niederdorf
4144	Oberkappel
4892	Obernberg
5110	Oberndorf
6934	Oberrevte
4785	Passau-Halbach
4784	Passau-Mariahilf
4785	Passau-Saming
4794	Passau-Voglau
6542	Pfunds
6900	Piesenreng
9640	Plöckenpaß
8552	Radlpaß
7443	Rattersdorf-Liebing
6346	Reit im Winkl
6900	Reuthe-Plansee
9163	Rosenbach
5020	Saalbrücke
5020	Salzburg
7472	Schachendorf
6108	Scharnitz
6677	Schieglried
6345	Schleching
5071	Schwarzenberg
4164	Schwarzenberg
9136	Seebergsattel
8490	Sicheldorf
9920	Sillian
5280	Sinabach
7021	Sopron-Baumgarten
8471	Spielfeld
6542	Spiß
6943	Springen
5091	Steinpaß
4975	Suben
4261	Summerau
6682	Vils
6200	Vordernß
5071	Walserberg-Autobahn
4154	Weigsedorf
6900	Weienried
4190	Weigetschlag
6342	Wildbichl
4282	Wullowitz
9587	Wurzenpaß

ADR - KLASSE

10	Explosive Stoffe und Gegenstände mit Explosivstoff
20	Verdichtete, verflüssigte oder unter Druck gelöste Gase
30	Entzündbare flüssige Stoffe
41	Entzündbare feste Stoffe
42	Selbstentzündliche Stoffe
43	Stoffe, die in Berührung mit Wasser entzündliche Gase entwickeln
51	Entzündend (oxydierend) wirkende Stoffe
52	Organische Peroxide
61	Giftige Stoffe
62	Ekelerregende oder ansteckungsgefährliche Stoffe
70	Radioaktive Stoffe
80	Ätzende Stoffe
90	Verschiedene gefährliche Stoffe und Gegenstände

GÜTERART NACH NSTR

00	Lebende Tiere
01	Getreide
02	Kartoffeln
03	Frische Früchte, frisches und gefrorenes Gemüse
04	Spinnstoffe und textile Abfälle
05	Holz und Kork
06	Zuckerrüben
09	Sonstige pflanzliche, tierische und verwandte Rohstoffe
11	Zucker
12	Getränke
13	Genußmittel und Nahrungsmittelzubereitungen, anderweitig nicht genannt
14	Fleisch, Fische, Fleisch- und Fischwaren, Eier, Milch und Milcherzeugnisse, Speisefette
16	Getreide-, Obst- und Gemüseerzeugnisse, Hopfen
17	Futtermittel
18	Ölsaaten, Ölfrüchte, pflanzliche und tierische Öle und Fette
21	Steinkohle und Steinkohlenbriketts
22	Braunkohle, Braunkohlenbriketts und Torf
23	Steinkohlen- und Braunkohlenkoks
31	Rohes Erdöl
32	Kraftstoffe und Heizöl
33	Natur-, Raffinerie- und verwandte Gase
34	Mineralerzeugnisse, a.n.g.
41	Eisenerze (ausgenommen Schwefelkiesabbrände)
45	NE-Metallerze, -abfälle und -schrott
46	Eisen- und Stahlabfälle u. -schrott
51	Roheisen, Ferrolegierungen, Rohstahl
52	Stahlhalbzeug
53	Stab- und Formstahl, Draht, Eisenbahnober-baumaterial
54	Stahlbleche, Bandstahl, Weißblech und -band
55	Rohre u.a. aus Stahl, rohe Gießereierzeugnisse und Schmiedestücke aus Eisen und Stahl
56	NE-Metalle und NE-Metallhalbzeug
61	Sand, Kies, Bims, Ton, Schlacken
62	Salz, Schwefelkies, Schwefel
63	Sonstige Steine, Erden und verwandte Rohmineralien
64	Zement, Kalk
65	Gips
69	Sonstige mineralische Baustoffe u.ä. (ausgenommen Glas)
71	Natürliche Düngemittel
72	Chemische Düngemittel
81	Chemische Grundstoffe (ausgenommen Aluminiumoxyd und -hydroxyd)
82	Aluminiumoxyd und -hydroxyd
83	Benzol, Teere u.ä. Destillationserzeugnisse
84	Zellstoff und Altpapier
89	Sonstige chemische Erzeugnisse (einschl.Stärke)
91	Fahrzeuge
92	Landwirtschaftliche Maschinen
93	Elektrotechnische Erzeugnisse, andere Maschinen
94	Baukonstruktionen aus Metall, EBM-Waren
95	Glas, Glaswaren, feinkeramische u.ä. mineralische Erzeugnisse
96	Leder, Lederwaren, Textilien, Bekleidung
97	Sonstige Halb- und Fertigwaren
99	Besondere Transportgüter (einschl. Sammel- und Stückgut, Müll)
25	Nur Verpackung

BUNDESLAND

BGL.	Burgenland
NOE.	Niederösterreich
WIEN	Wien
STM.	Steiermark
KTN.	Kärnten
OOE.	Oberösterreich
SBG.	Salzburg
TIR.	Tirol
VBG.	Vorarlberg

Rola/Roll-on/Roll-off

| 1 | Bahn |
| 2 | Schiff |

VERPACKUNGSART

1	Flüssige Massengüter (unverp.)
2	Trockene Massengüter (unverpackt)
3	Großcontainer
4	Andere Container
5	Gut auf Paletten
6	Gebündeltes Gut
7	Fahrzeuge mit eigenem Antrieb
8	Fahrzeuge ohne eigenen Antrieb
9	Andere

INTERNATIONALES KENNZEICHEN

AL	Albanien
B	Belgien
BIH	Bosnien und Herzegowina
BG	Bulgarien
D	Deutschland
DK	Dänemark
EW	Estland
FIN	Finnland
F	Frankreich
GBZ	Gibraltar
GR	Griechenland
GB	Großbritannien
IRL	Irland
IS	Island
I	Italien
HR	Kroatien
LR	Lettland
FL	Liechtenstein
LT	Litauen
LU	Luxemburg
M	Malta
MK	Makedonien
NL	Niederlande
N	Norwegen
PL	Polen
P	Portugal
RO	Rumänien
RUS	Rußland
A	Österreich
S	Schweden
CH	Schweiz
YU	Jugoslawien
SK	Slowakei
SLO	Slowenien
E	Spanien
CZ	Tschechische Republik
TA	Tadschikistan
TR	Türkei
TU	Turkmenistan
H	Ungarn
UA	Ukraine
US	Usbekistan
CY	Zypern

Kodex Verkehrsrecht 1. 11. 2022

Kabotagekontrollverordnung – KKV

BGBl II 2007/132

Verordnung des Bundesministers für Verkehr, Innovation und Technologie über die während der Kabotage mitzuführenden Kontrollblätter (Kabotagekontrollverordnung – KKV)

Auf Grund des § 7 Abs. 2 Z 2 des Güterbeförderungsgesetzes 1995 - GütbefG, BGBl. Nr. 593, in der Fassung BGBl. Nr. 153/2006, wird verordnet:

Geltungsbereich

§ 1. Diese Verordnung gilt für die gewerbsmäßige Beförderung von Gütern, deren Be- und Entladeort innerhalb Österreichs liegt, durch Güterkraftverkehrsunternehmer mit Sitz im Ausland (Kabotage) gemäß der Verordnung (EWG) Nr. 3118/93 des Rates vom 25. Oktober 1993 zur Festlegung der Bedingungen für die Zulassung von Verkehrsunternehmen zum Güterkraftverkehr innerhalb eines Mitgliedstaats, in dem sie nicht ansässig sind, ABl. L Nr. 279 vom 12.11.1993, S. 1, zuletzt geändert durch die Verordnung (EG) Nr. 484/2002 des Europäischen Parlaments und des Rates vom 1. März 2002, ABl. L Nr. 76 vom 19.03.2002, S. 1.

Verfahren zur Ausgabe der Kontrollblätter

§ 2. (1) Die während der Kabotage mitzuführenden Kontrollblätter nach dem Muster der Anlage 1 sind vom Bundesminister für Verkehr, Innovation und Technologie nach Mitteilung folgender Angaben auszugeben:

1. Name und Anschrift des Unternehmers, der in einem Mitgliedstaat zur grenzüberschreitenden gewerblichen Güterbeförderung zugelassen ist und der die Kabotagetätigkeiten in Österreich durchführen wird;
2. Nummer der Gemeinschaftslizenz;
3. Beginn der Kabotagetätigkeit und
4. die Anzahl der benötigten Kontrollblätter.

(2) Die Kontrollblätter sind für einen Gültigkeitszeitraum von 60 Tagen pro Kalenderjahr auszustellen.

(3) Sollte innerhalb der Gültigkeitsdauer der Kontrollblätter keine Kabotagetätigkeit durchgeführt werden, dürfen neue Kontrollblätter für einen anderen Zeitraum nur ausgegeben werden, wenn die leeren, ungenützten Kontrollblätter an die Ausgabebehörde retourniert wurden.

Handhabung der Kontrollblätter

§ 3. (1) Der Unternehmer hat dafür zu sorgen, dass in jedem Fahrzeug, mit dem Kabotagetätigkeiten durchgeführt werden, ein Kontrollblatt nach dem Muster der Anlage 1 mitgeführt wird. Der Unternehmer hat die Lenker über die ordnungsgemäße Handhabung der Kontrollblätter zu unterweisen.

(2) Auf dem Kontrollblatt sind einzutragen:

1. das Kennzeichen des Fahrzeuges mit dem die Kabotagetätigkeit durchgeführt wird;
2. das Datum an dem die jeweilige Kabotagetätigkeit begonnen wird;
3. der jeweilige Beladeort;
4. das Datum an dem die jeweilige Kabotagetätigkeit beendet wird;
5. der jeweilige Entladeort;
6. das Datum der Ausreise des Fahrzeuges aus Österreich.

(3) Die Kontrollblätter sind nur gültig in Verbindung mit einer Gemeinschaftslizenz gemäß der Verordnung (EWG) Nr. 881/92 des Rates vom 26. März 1992 über den Zugang zum Güterkraftverkehrsmarkt in der Gemeinschaft für Beförderungen aus oder nach einem Mitgliedstaat oder durch einen oder mehrere Mitgliedstaaten, ABl. L 95 vom 09.04.1992, S. 1, geändert durch die Verordnung (EG) Nr. 484/2002 des Europäischen Parlaments und des Rates vom 01.03.2002, ABl. L 76 vom 19.3.2002, S. 1, die Beitrittsakte Österreichs, Finnlands und Schwedens, angepasst durch den Beschluss 95/1/EG, Euratom, EGKS des Rates, ABl. L 1 vom 01.01.1995, S.1, ABl. C 241 vom 29.8.1994, S.21, und die Akte über die Bedingungen des Beitritts der Tschechischen Republik, der Republik Estland, der Republik Zypern, der Republik Lettland, der Republik Litauen, der Republik Ungarn, der Republik Malta, der Republik Polen, der Republik Slowenien und der Slowakischen Republik und die Anpassungen der die Europäische Union begründenden Verträge, ABl. L 236 vom 23.09.2003, S. 33.

In-Kraft-Treten

§ 4. Die Verordnung tritt ein Monat nach ihrer Kundmachung in Kraft.

6/7. Güterbef
Anlage 1

Anlage 1

(farbiges Papier mit UV-Unterdruck)

Vorderseite

Bundesministerium für Verkehr, Innovation und Technologie
Stubenring 1
1010 Wien

A

Kontrollblatt

für die gewerbsmäßige Beförderung von Gütern, deren Be- und Entladeort innerhalb Österreichs liegt, durch Güterkraftverkehrsunternehmer mit Sitz im Ausland (Kabotage)

Nr. ....

(Zeichen des Mitgliedstaates, in dem das Unternehmen zur grenzüberschreitenden gewerblichen Güterbeförderung zugelassen ist[1])	
Nummer der Gemeinschaftslizenz	Name und Anschrift des Unternehmers

Gültigkeitszeitraum

Ausstellungsort, Ausstellungsdatum

Stempel

[1] B-Belgien; CY-Zypern; D-Deutschland; DK-Dänemark; E-Spanien; F-Frankreich; FIN-Finnland; FL-Lichtenstein; GR-Griechenland; I-Italien; IRL-Irland; IS-Island; L-Luxemburg; M-Malta, N-Norwegen; NL-Niederlande; P-Portugal, S-Schweden; SLO-Slowenien; UK-Vereinigtes Königreich

6/7. Güterbef

Anlage 1

Anlage 1

Rückseite

1 Kennzeichen des Kraftfahrzeuges

2 Datum des Kabotagebeginns	3 Beladeort	4 Datum des Kabotageendes	5 Entladeort

6 Datum der Ausreise	

GüterbefG VO

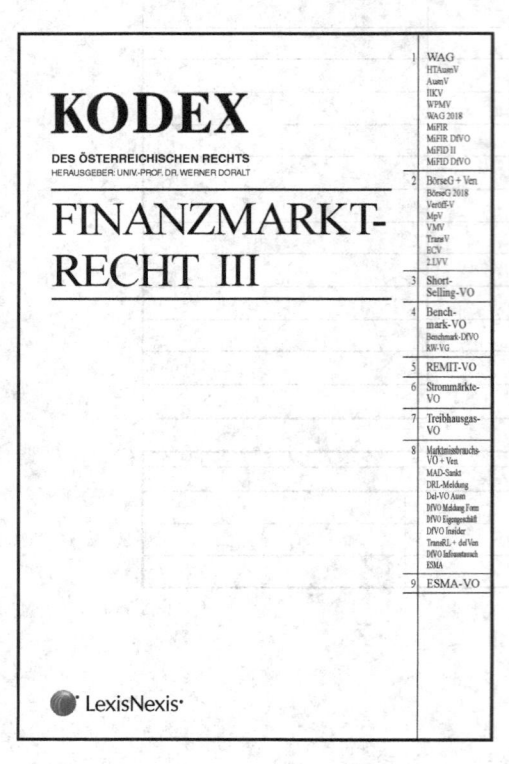

KODEX

DES ÖSTERREICHISCHEN RECHTS
HERAUSGEBER: UNIV.-PROF. DR. WERNER DORALT

FINANZMARKT-RECHT I

LexisNexis

1	BWG CRR-BegleitV KI-RMV MindestkichensteitsV RenovierungsidungsV ZKR-AustauschVO AP-VO JKAB-V VERA-V STDM-V 2016 ZKBMV EKV 2016 SK-EMV KP-V ParameterV
2	CRR + Ven EZB-Finrep Ext-VO EZB-Wahlrechte-VO EZB-AnaCredit-VO CRD-IV + Ven
3	ESAEG + Ven
4	BaSAG + Ven EU-DelV und DVen SRM-VO + Ven
5	SpG
6	BSpG + v
7	PSK-G
8	HypBG PfandbriefG + EinfVen FBSchVG PfandbriefstelleG KuratorenG
9	WBIB-G

KODEX

DES ÖSTERREICHISCHEN RECHTS
HERAUSGEBER: UNIV.-PROF. DR. WERNER DORALT

FINANZMARKT-RECHT II

LexisNexis

1	ZaDiG + Ven SEPA-VO VZKG + VO ÜberweisungsVO AuftraggeberdatenVO GeldtransferVO ZertifizierungsVO ZertifizierungsVO-Beschl ZahlungsdiensteRL (PSD II) InterbankenkonzegeltaVO (MIF) E-GeldG + VO DevisenG + Ven SanktionenG Euro-Beglaitgesetze ScheckG
2	VKrG VKrRL HIKrG FMA-MiKaNa-V ImmoKrRL + vo FernFinG FernFinRL
3	FM-GwG + V 4. GW-RL DelVO Drittländer
4	StabAbgG
5	KontRegG/KapAbflMG + Ven
6	GMSG + v ADG EU-Amtshilfe-RL
7	FMABG + Ven NBG EBA-VO ESRB-VO SSM-VO + Ven
8	FinStaG + Ven ZaBiStaG ÖIAG-G/ÖBIB-G HypoSanG HaftungsG Ktn
9	FinanzkonglomerateG + V FK-DelVO
10	APAG RL-KG

KODEX

DES ÖSTERREICHISCHEN RECHTS
HERAUSGEBER: UNIV.-PROF. DR. WERNER DORALT

FINANZMARKT-RECHT III

LexisNexis

1	WAG HTAusnV AusnV IIKV WPMV WAG 2018 MiFIR MiFIR DfVO MiFID II MiFID DfVO
2	BörseG + Ven BörseG 2018 VeröffF-V MpV VMV TransV BCV 2.LVV
3	Short-Selling-VO
4	Benchmark-VO Benchmark-DfVO RW-VG
5	REMIT-VO
6	Strommärkte-VO
7	Treibhausgas-VO
8	Marktmissbrauchs-VO + Ven MAD-Sankt DRL-Meldung DelVO Ausn DfVO Meldung Frem DfVO Eignegeschäft DfVO Insider TransRL + delVen DfVO Infoaustausch ESMA
9	ESMA-VO

KODEX

DES ÖSTERREICHISCHEN RECHTS
HERAUSGEBER: UNIV.-PROF. DR. WERNER DORALT

FINANZMARKT-RECHT IV

LexisNexis

1	KMG HGebV MVS-V EU-ProspektVO Prospekt-DfV DelV VeröffNach DelV VeröffÄquivalenzV
2	UDRBG UDRB-KonV
3	AltFG AltF-InfoV
4	PRIIP-VO
5	DepG
6	FinSG
7	KEG
8	InvFG AnteileV InfoGheV 4. DerRiskM-V Geldmarktf-V EU-GeldmarktF-VO ÜbHi-V TeilfondsV KID-V InvF-LRMV FMV, WPV OGAWKID-V OGAW VerfV OGAW Asset-RL OGAW VwGesRL OGAW-MF-RL OGAW DefV VwfS OGAW DfV Infol
9	AIFMG AIF-WatsV AIFM-MV AIFM-Ven RisikokapitalfondsVO + DfVO SeeUnternehmenFondsVO + DfVO ELIF-VO
10	ImmoInvFG RiskhinweisV OTC-DerV ProspInV
11	EMIR-VO + Ven SFT-VO SFT-VollzugsG ZGVG + ZG-EKV
12	FinalitätsG CSD-VO + ZvVG
13	BMSVG + Ven PKG, BPG DfV Pensfonds EU-EbAV-RL
14	CRA-VO RAVG Ratingagenturliste

7. GelverkG
Inhaltsverzeichnis

Gelegenheitsverkehrsrecht

7/1. **Gelegenheitsverkehrs-Gesetz 1996,** BGBl 1996/112 idF
  BGBl I 1998/116   BGBl I 1999/135   BGBl I 2002/32
  BGBl I 2002/164   BGBl I 2006/24   BGBl I 2006/108
  BGBl I 2006/153   BGBl I 2012/50   BGBl I 2013/32
  BGBl I 2013/96   BGBl I 2014/63   BGBl I 2017/3
  BGBl I 2018/37   BGBl I 2018/61   BGBl I 2019/83
  BGBl I 2020/24   BGBl I 2021/13   BGBl I 2022/18

7/2. **Betriebsordnung für den nichtlinienmäßigen Personenverkehr – BO 1994,** BGBl 1993/951 idF
  BGBl 1994/1028   BGBl II 2003/337   BGBl II 2003/440
  BGBl II 2005/165 BGBl II 2020/408

7/3. **Berufszugangsverordnung Kraftfahrlinien- und Gelegenheitsverkehr – BZP-VO,** BGBl 1994/889 idF
  BGBl II 2001/46   BGBl II 2010/280 (VfGH)   BGBl II 2010/459

7/4. **Grundqualifikations- und Weiterbildungsverordnung – Berufskraftfahrer – GWB,** BGBl II 2008/139 idF
  BGBl II 2021/531

Anmerkung:
Die Verordnung über den nichtlinienmäßigen Personenverkehr und den Güterverkehr mit Kraftfahrzeugen über die Grenze BGBl 1961/300 idF BGBl 1964/87 ist unter Punkt 4 als Verordnung zum Güterbeförderungsgesetz abgedruckt.

Gelegenheitsverkehrs-Gesetz 1996

BGBl 1996/112 (WV) idF

1 BGBl I 1998/116	10 BGBl I 2013/96
2 BGBl I 1999/135	11 BGBl I 2014/63
3 BGBl I 2002/32	12 BGBl I 2017/3
4 BGBl I 2002/164 (VfGH)	13 BGBl I 2018/37
5 BGBl I 2006/24	14 BGBl I 2018/61 (2. BRBG)
6 BGBl I 2006/108 (VfGH)	15 BGBl I 2019/83
7 BGBl I 2006/153	16 BGBl I 2020/24 (4. COVID-19-Gesetz)
8 BGBl I 2012/50 (SNG)	17 BGBl I 2021/13
9 BGBl I 2013/32	18 BGBl I 2022/18

Bundesgesetz über die nichtlinienmäßige gewerbsmäßige Beförderung von Personen mit Kraftfahrzeugen (Gelegenheitsverkehrs-Gesetz 1996 – GelverkG)

ABSCHNITT I
Allgemeine Bestimmungen

Geltungsbereich

§ 1. (1) Dieses Bundesgesetz gilt für

1. die gewerbsmäßige Beförderung von Personen mit Kraftfahrzeugen sowie

2. die Arbeitszeit von selbstständigen Kraftfahrern bei der gewerbsmäßigen Beförderung von Personen mit Omnibussen.

Dieses Bundesgesetz gilt nicht für die gewerbsmäßige Beförderung von Personen im Kraftfahrlinienverkehr auf Grund des Kraftfahrliniengesetzes, BGBl. I Nr. 203/1999. *(BGBl I 2013/32)*

(2) Soweit dieses Bundesgesetz nicht besondere Bestimmungen trifft, gilt für die diesem Bundesgesetz unterliegenden Gewerbezweige (Abs. 1) die Gewerbeordnung 1994, BGBl. Nr. 194, mit der Maßgabe, daß die nach dem Gelegenheitsverkehrsgesetz als „reglementierte Gewerbe gelten, auf die § 95 Abs. 2 der GewO 1994 anzuwenden ist." *(BGBl I 2006/24)*

(3) (**Verfassungsbestimmung**) Zu den Angelegenheiten des Gewerbes im Sinne des Artikels 10 Abs. 1 Z 8 B-VG gehören nicht die Angelegenheiten der Beförderung von Personen mit Fahrzeugen, die durch die Kraft von Tieren bewegt werden.

ABSCHNITT II
Besondere Bestimmungen über die Konzession

Konzessionspflicht

§ 2. (1) Die gewerbsmäßige Beförderung von Personen mit Kraftfahrzeugen im Umfang des § 1 Abs. 1 darf nur auf Grund einer Konzession ausgeübt werden.

(2) Eine Konzession auf Grund des „Kraftfahrliniengesetzes, BGBl. I Nr. 203/1999", gilt auch als Konzession für das Ausflugswagen- und Mietwagen-Gewerbe mit Omnibussen. Die Anzahl der für diese Gelegenheitsverkehrs-Gewerbe zulässigen Fahrzeuge richtet sich nach der im Kraftfahrlinienverkehr eingesetzten Anzahl der Fahrzeuge. *(BGBl I 2006/24)*

(3) Wer ein Gewerbe gemäß § 3 Abs. 1 ausüben will, hat einen Antrag auf Erteilung einer Konzession bei der Behörde, die für den beabsichtigten Standort zuständig ist, einzubringen. Dem Antrag sind die Belege gemäß § 339 Abs. 3 Z 1 bis 3 GewO 1994 und, die Nachweise der Konzessionsvoraussetzungen gemäß § 5 anzuschließen. Die Frist für die Bearbeitung des Antrags auf Erteilung einer Konzession richtet sich nach § 73 Allgemeines Verwaltungsverfahrensgesetz 1991 (AVG), BGBl.Nr 51, mit der Maßgabe, dass ab dem Zeitpunkt, zu dem alle erforderlichen Belege bei der Behörde eingelangt sind, für das Ausflugswagen-Gewerbe, das Stadtrundfahrten-Gewerbe und das Mietwagen-Gewerbe mit Omnibussen eine Frist von drei Monaten gemäß Art. 11 Abs. 3 Verordnung (EG) Nr. 1071/09 nicht überschritten werden darf. *(BGBl I 2013/32)*

Arten der Konzessionen für die gewerbsmäßige Beförderung von Personen mit Kraftfahrzeugen

§ 3. (1) Konzessionen für die gewerbsmäßige Beförderung von Personen mit Kraftfahrzeugen (§ 2 Abs. 1) dürfen nur für folgende Arten des gewerbsmäßigen Gelegenheitsverkehrs erteilt werden:

1. für die Personenbeförderung mit Omnibussen, die zu jedermanns Gebrauch unter Einzelvergebung der Sitzplätze an öffentlichen Orten bereitgehalten oder angeboten werden (Ausflugswagen-Gewerbe; ein auf das Gebiet einer Gemeinde beschränktes Ausflugswagen-Gewerbe heißt Stadtrundfahrten-Gewerbe); oder

2. für die Beförderung eines geschlossenen Teilnehmerkreises mit Omnibussen, unter Beistellung des Lenkers auf Grund besonderer Aufträge (Bestellungen) (Mietwagen-Gewerbe); oder *(BGBl I 2019/83)*

3. für die Personenbeförderung mit Personenkraftwagen, die zu jedermanns Gebrauch an öffentlichen Orten bereitgehalten werden oder durch Zuhilfenahme von Kommunikationsdiensten angefordert werden (Personenbeförderungsgewerbe mit Pkw – Taxi); diese Gewerbeberechtigung umfasst auch die alleinige Beförderung von Sachen, die von einer Person ohne Zuhilfenahme technischer Hilfsmittel getragen werden können, sowie die Beförderung eines geschlossenen Teilnehmerkreises aufgrund besonderer Aufträge (Bestellungen); oder *(BGBl I 2019/83)*

4. für die Beförderung der Wohngäste (Pfleglinge) und der Bediensteten von Gastgewerbebetrieben mit Beherbergung von Gästen, von Heilanstalten, von Erholungsheimen u. dgl. durch die Kraftfahrzeuge dieser Unternehmen vom eigenen Betrieb zu Aufnahmestellen des öffentlichen Verkehrs und umgekehrt sowie für die Beförderung der nicht in Beherbergung genommenen Gäste von Gastgewerbebetrieben gemäß „§ 111 GewO 1994" durch Kraftfahrzeuge dieser Unternehmen vom eigenen Betrieb zu Aufnahmestellen des öffentlichen Verkehrs und umgekehrt oder von ihrer Unterkunft und umgekehrt (Gästewagen-Gewerbe). *(BGBl I 1998/116; BGBl I 2006/24)*

(2) Eine Konzession für das mit Omnibussen ausgeübte Mietwagen-Gewerbe und Ausflugswagen-Gewerbe berechtigt nach Maßgabe des Umfanges dieser Konzession auch zur Durchführung von Fahrten im Auftrag eines Unternehmers, der eine Kraftfahrlinie betreibt, im Rahmen der diesem Unternehmer erteilten Kraftfahrlinien-Konzession.

(3) Kombinationskraftwagen (§ 2 Z 6 KFG 1967, BGBl. Nr. 267) gelten als Personenkraftwagen im Sinne dieses Bundesgesetzes.

(4) *(aufgehoben, BGBl I 2006/24)*

Umfang der Konzession

§ 4. (1) Die Konzession ist für eine bestimmte Zahl von Fahrzeugen zu erteilen.

(2) Eine Vermehrung der Zahl der Fahrzeuge bedarf einer Genehmigung, für die, ausgenommen das Erfordernis der Erbringung des Befähigungsnachweises, dieselben Vorschriften wie für die Erteilung der Konzession gelten.

(3) Setzt der Konzessionsinhaber weniger Kraftfahrzeuge ein, als vom Konzessionsumfang umfasst sind, so bedarf dies keiner Genehmigung. Die finanzielle Leistungsfähigkeit ist jedoch, solange keine entsprechende Änderung des Konzessionsumfanges beantragt wird, weiterhin für den in der Konzession angeführten Umfang nachzuweisen. Wird der Konzessionsumfang eingeschränkt, so sind die überzähligen, gemäß der Verordnung (EG) Nr. 1073/09 ausgegebenen beglaubigten Abschriften der Gemeinschaftslizenz unverzüglich bei der Konzessionsbehörde abzugeben. *(BGBl I 2013/32)*

Voraussetzungen für die Erteilung der Konzession

§ 5. (1) Die Konzession darf nur erteilt werden, wenn neben den allgemeinen Voraussetzungen für die Ausübung eines reglementierten Gewerbes folgende Voraussetzungen gemäß Art. 3 Verordnung (EG) Nr. 1071/09 erfüllt sind:

1. die Zuverlässigkeit,

2. die finanzielle Leistungsfähigkeit,

3. die fachliche Eignung (Befähigungsnachweis) und

4. eine tatsächliche und dauerhafte Niederlassung in Österreich.

Z 1 bis 4 gilt auch für die nicht von der Verordnung (EG) Nr. 1071/09 erfassten Gewerbe. Der Bewerber hat überdies entsprechend dem beabsichtigten Konzessionsumfang (§ 4) in der in Aussicht genommenen Standortgemeinde oder einer daran unmittelbar angrenzenden Gemeinde über die erforderlichen Abstellplätze außerhalb von Straßen mit öffentlichem Verkehr zu verfügen. Sämtliche Voraussetzungen müssen während der gesamten Dauer der Gewerbeausübung vorliegen. Werden diese Voraussetzungen vom Gewerbetreibenden nicht mehr erfüllt, so ist die Konzession zu entziehen. Die §§ 87 bis 91 GewO 1994 bleiben hiervon unberührt. Die zuständige Gliederung der Landeskammer der gewerblichen Wirtschaft ist vor der Erteilung der Konzession aufzufordern, zur Frage der Leistungsfähigkeit des Betriebes eine Stellungnahme abzugeben. *(BGBl I 2013/32)*

(2) Für das Gästewagen-Gewerbe mit Personenkraftwagen sind die finanzielle Leistungsfähigkeit (Abs. 1 Z 2) und die fachliche Eignung (Befähigungsnachweis) (Abs. 1 Z 3) nicht erforderlich.

(2a) Beim Ausflugswagen-Gewerbe, Stadtrundfahrten-Gewerbe und Mietwagen-Gewerbe mit Omnibussen sind die Voraussetzungen gemäß Abs. 1 Z 1 bis 4 der zur Erteilung der Konzession zuständigen Behörde mindestens alle fünf Jahre ab Erteilung der Konzession nachzuweisen. Überprüfungen im Rahmen der Erteilung einer Gemeinschaftslizenz gemäß Art. 4 der Verordnung (EG) Nr. 1073/09 gelten als Überprüfung der Voraussetzungen gemäß Abs. 1 Z 1 bis 4. *(BGBl I 2013/32)*

(2b) Beim Personenbeförderungsgewerbe mit Pkw (Taxi) sind der zur Erteilung der Konzession

7/1. GelverkG
§ 5

zuständigen Behörde mindestens alle 5 Jahre ab Erteilung der Konzession nachzuweisen

1. dass die Voraussetzung gemäß Abs. 1 Z 1 gegeben ist und

2. dass keine Rückstände an Steuern und, soweit dies in Betracht kommt, an Beiträgen zur Sozialversicherung bestehen, die aus unternehmerischer Tätigkeit geschuldet werden. Als Nachweis über das Nichtvorhandensein von Rückständen an Steuern und Sozialversicherungsbeiträgen kommen insbesondere eine Unbedenklichkeitsbescheinigung des Finanzamtes oder eine entsprechende Erklärung der zuständigen Sozialversicherungsträger in Betracht; die Nachweise dürfen nicht älter als drei Monate sein.

Können die in Z 2 genannten Voraussetzungen nicht nachgewiesen werden, kann die Behörde dem Konzessionsinhaber eine zusätzliche, ein Jahr nicht übersteigende Frist für den Nachweis setzen, wenn die wirtschaftliche Lage des Unternehmens annehmen lässt, dass die Voraussetzungen in absehbarer Zukunft auf der Grundlage eines Finanzplanes erneut und auf Dauer erfüllt werden. Werden diese Voraussetzungen vom Gewerbeinhaber auch dann nicht erfüllt, ist die Gewerbeberechtigung zu entziehen. *(BGBl I 2019/83)*

(2c) Mit der Abweisung des Insolvenzverfahrens mangels kostendeckenden Vermögens im Sinne des § 71b Insolvenzordnung endet die Konzession für das Personenbeförderungsgewerbe mit Pkw (Taxi). *(BGBl I 2019/83)*

(3) Die Zuverlässigkeit ist, abgesehen von den in Art. 6 Abs. 1 Verordnung (EG) Nr. 1071/09 geregelten Fällen, insbesondere dann nicht gegeben, wenn

1. der Antragsteller, Gewerbeberechtigte oder der Verkehrsleiter von einem Gericht zu einer drei Monate übersteigenden Freiheitsstrafe oder zu einer Geldstrafe von mehr als 180 Tagessätzen verurteilt wurde, solange die Verurteilung weder getilgt ist noch der Beschränkung der Auskunft aus dem Strafregister unterliegt (§§ 1 bis 6 Tilgungsgesetz 1972, BGBl. Nr. 68), oder

2. dem Antragsteller, dem Gewerbeberechtigten oder dem Verkehrsleiter aufgrund der geltenden Vorschriften die Bewilligung zur Ausübung des Personenbeförderungsgewerbes rechtskräftig entzogen wurde oder

3. der Antragsteller, der Gewerbeberechtigte oder der Verkehrsleiter wegen schwerwiegender Verstöße gegen die Vorschriften über

a) die für den Berufszweig geltenden Entlohnungs- und Arbeitsbedingungen oder

b) die Personenbeförderung, insbesondere die Lenk- und Ruhezeiten der Fahrer, die Gewichte und Abmessungen der Kraftfahrzeuge und die Sicherheit im Straßenverkehr und der Kraftfahrzeuge, den Umweltschutz sowie die sonstigen Vorschriften in Bezug auf die Berufspflichten,

rechtskräftig bestraft wurde. *(BGBl I 2013/32)*

(4) Die finanzielle Leistungsfähigkeit für das „Personenbeförderungsgewerbe mit Pkw (Taxi)"* und das mit Omnibussen ausgeübte Gästewagen-Gewerbe ist gegeben, wenn die zur ordnungsgemäßen Inbetriebnahme und Führung des Unternehmens erforderlichen finanziellen Mittel verfügbar sind. Die zur Beurteilung der finanziellen Leistungsfähigkeit für die ordnungsgemäße Inbetriebnahme und Führung des Unternehmens heranzuziehenden Geschäftsdaten, aus denen die wirtschaftliche Lage des Unternehmens ersichtlich ist, und die erforderlichen finanziellen Mittel kann durch Verordnung der Bundesministerin/des Bundesministers für „Klimaschutz, Umwelt, Energie, Mobilität, Innovation und Technologie"** festzulegen. Die finanzielle Leistungsfähigkeit hinsichtlich des Ausflugswagen-Gewerbes, des Stadtrundfahrten-Gewerbes und des Mietwagen-Gewerbes mit Omnibussen ist gegeben, wenn die Voraussetzungen gemäß Art. 7 Verordnung (EG) Nr. 1071/09 vorliegen und keine erheblichen Rückstände an Steuern oder an Beiträgen zur Sozialversicherung bestehen, die aus unternehmerischer Tätigkeit geschuldet werden. Die Bundesministerin/der Bundesminister für „Klimaschutz, Umwelt, Energie, Mobilität, Innovation und Technologie"** kann durch Verordnung nähere Bestimmungen über den Nachweis der finanziellen Leistungsfähigkeit festlegen. *(BGBl I 2013/32; *BGBl I 2019/83; **BGBl I 2021/13)*

(5) Die Voraussetzung der fachlichen Eignung (Befähigungsnachweis) für das Ausflugswagen-Gewerbe, das Stadtrundfahrten-Gewerbe und das Mietwagen-Gewerbe mit Omnibussen wird nachgewiesen durch eine Bescheinigung gemäß Anhang III der Verordnung (EG) Nr. 1071/09 über die erfolgreiche Ablegung einer Prüfung vor einer Prüfungskommission, die von der Landeshauptfrau/vom Landeshauptmann bestellt wird. Die Gestaltung der Bescheinigung (Sicherheitsmerkmale) ist durch Verordnung der Bundesministerin/des Bundesministers für „Klimaschutz, Umwelt, Energie, Mobilität, Innovation und Technologie" festzulegen. Die §§ 18 und 19 GewO 1994 sind nicht anzuwenden. *(BGBl I 2013/32; BGBl I 2021/13)*

(5a) Die Voraussetzung der fachlichen Eignung (Befähigungsnachweis) für das Personenbeförderungsgewerbe mit Pkw (Taxi) und das mit Omnibussen ausgeübte Gästewagen-Gewerbe wird nachgewiesen durch

1. eine Bescheinigung gemäß Abs. 8 Z 5 über die erfolgreiche Ablegung einer Prüfung vor einer Prüfungskommission, die von der Landeshauptfrau/vom Landeshauptmann bestellt wird, oder

2. eine Bescheinigung der Prüfungskommission aufgrund von Universitäts-, Fachhochschul- oder Fachschuldiplomen sowie sonstigen Prüfungszeugnissen, die gründliche Kenntnisse von Sachgebieten der Prüfung im Sinne des Abs. 8 Z 1 gewährleisten. Werden durch die Universitäts-, Fachhochschul- und Fachschuldiplome sowie sonstigen Prüfungszeugnisse nicht alle Sachgebiete der Prüfung abgedeckt, so ersetzt die Bescheinigung die Prüfung im Sinne der Z 1 nur für jene Sachgebiete, für die aufgrund der Universitäts-, Fachhochschul- oder Fachschuldiplome sowie sonstigen Prüfungszeugnisse gründliche Kenntnisse gewährleistet sind.

Die §§ 18 und 19 GewO 1994 sind nicht anzuwenden. *(BGBl I 2019/83)*

(6) Die Prüfungskommissionen sind von der Landeshauptfrau/vom Landeshauptmann zu bestellen. In diese Kommissionen hat die Landeshauptfrau/der Landeshauptmann zwei Personen, die das betreffende Gewerbe als Gewerbeinhaber oder Pächter seit mindestens drei Jahren ohne Unterbrechung ausüben oder in diesem Gewerbe als Geschäftsführer, Filialgeschäftsführer oder Verkehrsleiter ebensolange ohne Unterbrechung tätig sind, aufgrund eines Vorschlages der zuständigen Fachgruppe zu berufen. In die Kommissionen sind überdies unter Berücksichtigung der Sachgebiete der Prüfung zwei weitere Fachleute zu berufen; die Berufung eines dieser Fachleute wird von der Landeshauptfrau/vom Landeshauptmann auf Grund eines Vorschlages der zuständigen Kammer für Arbeiter und Angestellte vorgenommen. Wurden Vorschläge nicht innerhalb einer Frist von vier Wochen erstattet, hat die Landeshauptfrau/der Landeshauptmann die jeweilige Berufung nach Anhörung der säumigen Stelle vorzunehmen. Zum Vorsitzenden der Kommission hat die Landeshauptfrau/der Landeshauptmann einen für diese Aufgabe geeigneten öffentlich Bediensteten des höheren Dienstes zu bestellen. *(BGBl I 2013/32)*

(7) Der Befähigungsnachweis ist in den im § 17 Abs. 1 GewO 1994 geregelten Fällen nicht erforderlich, wobei auch das Ausflugswagen-(Stadtrundfahrten-)Gewerbe und das Mietwagen-Gewerbe als gleiche Gewerbe im Sinne des § 17 Abs. 1 GewO 1994 gelten. *(BGBl I 2019/83)*

(8) Die Bundesministerin/der Bundesminister für „Klimaschutz, Umwelt, Energie, Mobilität, Innovation und Technologie" hat unter Bedachtnahme auf den jeweiligen Stand der Entwicklung des betreffenden Gewerbes, auf die von Personen, die die Leistungen des Gewerbes in Anspruch nehmen, üblicherweise gestellten Anforderungen, auf Gefahren für Leben, Gesundheit oder Eigentum, die von der Gewerbeausübung ausgehen, auf die für die Gewerbeausübung geltenden besonderen Rechtsvorschriften, durch Verordnung

1. die Sachgebiete der Prüfung für das „Personenbeförderungsgewerbe mit Pkw (Taxi)" und das mit Omnibussen ausgeübte Gästewagen-Gewerbe, *(BGBl I 2019/83)*

2. die Form und Dauer der Prüfung,

3. die Anforderungen an die Prüfer,

4. nähere Bestimmungen über die Anberaumung der Termine,

5. die auszustellenden Bescheinigungen für das „Personenbeförderungsgewerbe mit Pkw (Taxi)" und das mit Omnibussen ausgeübte Gästewagen-Gewerbe nach Abs. 5a, *(BGBl I 2019/83)*

6. nähere Bestimmungen über die Wiederholung der Prüfung,

7. die Universitäts-, Fachhochschul- und Fachschuldiplome sowie sonstigen Prüfungszeugnisse, die gründliche Kenntnisse der Sachgebiete im Sinne des Anhangs I der Verordnung (EG) Nr. 1071/09 für das Ausflugswagen-Gewerbe, das Stadtrundfahrten-Gewerbe und das Mietwagen-Gewerbe mit Omnibussen oder im Sinne der Z 1 für das „Personenbeförderungsgewerbe mit Pkw (Taxi)" und das mit Omnibussen ausgeübte Gästewagen-Gewerbe gewährleisten, *(BGBl I 2019/83)*

8. die vom Prüfling zu zahlende, den besonderen Verwaltungsaufwand einschließlich einer angemessenen Entschädigung der Mitglieder der Prüfungskommission entsprechende Prüfungsgebühr, wobei auch auf die wirtschaftlichen Verhältnisse des Prüflings Bedacht genommen werden kann,

9. die aus den Prüfungsgebühren zu zahlende angemessene Entschädigung der Mitglieder der Prüfungskommission sowie

10. die Voraussetzungen für die Rückzahlung der Prüfungsgebühr bei Nichtablegung oder teilweiser Ablegung der Prüfung sowie die Höhe der rückzuzahlenden Prüfungsgebühr

festzulegen. *(BGBl I 2013/32; BGBl I 2021/13)*

§ 6. (1) Die Erteilung der Konzession erfordert neben der Erfüllung der im § 5 angeführten Voraussetzungen

1. bei einer natürlichen Person, dass sie Angehöriger einer Vertragspartei des Abkommens über den Europäischen Wirtschaftsraum (EWR-Angehöriger) oder langfristig aufenthaltsberechtigter Drittstaatsangehöriger im Sinne der Richtlinie 2003/109/EG ist und als Unternehmer einen Sitz oder eine nicht nur vorübergehende geschäftliche Niederlassung in Österreich hat; *(BGBl I 2019/83)*

2. bei juristischen Personen und Personengesellschaften des Handelsrechts, dass sie ihren Sitz oder eine nicht nur vorübergehende Niederlassung in Österreich haben und die zur gesetzlichen Vertretung berufenen Organe oder geschäftsfüh-

rungs- und vertretungsbefugten Gesellschafter EWR-Angehörige sind. *(BGBl I 2006/24)*

(2) Der Landeshauptmann kann von den in Abs. 1 angeführten Voraussetzungen befreien, wenn hinsichtlich der Ausübung der Gewerbe durch österreichische Staatsangehörige oder österreichische Personengesellschaften oder juristische Personen mit dem Heimatstaat des Antragstellers formelle Gegenseitigkeit besteht. *(BGBl I 2019/83)*

(3) Die in Abs. 1 und 2 angeführten Voraussetzungen müssen während der gesamten Dauer der Gewerbeausübung vorliegen. Werden diese Voraussetzungen vom Gewerbetreibenden nicht mehr erfüllt, so ist die Konzession von der zur Erteilung der Konzession zuständigen Behörde zu entziehen. Die §§ 87 bis 91 GewO 1994 bleiben hiervon unberührt. *(BGBl I 2006/24)*

(4) Tritt in den Betrieb eines Einzelkaufmannes ein Gesellschafter ein, so darf die durch den Eintritt des Gesellschafters entstandene Personengesellschaft auf Grund der diesem Betrieb entsprechenden Konzession des Einzelkaufmannes das Gewerbe durch längstens sechs Monate nach der Eintragung der Personengesellschaft in das Firmenbuch weiter ausüben. Die Personengesellschaft hat die Eintragung und die weitere Ausübung innerhalb von zwei Wochen nach der Eintragung anzuzeigen. Nach Ablauf von sechs Monaten nach der Eintragung endet die Konzession.

(5) Die Anzeige gemäß Abs. 4 ist bei der für die Erteilung der Konzession zuständigen Behörde zu erstatten. Wenn die im Abs. 4 geforderten Voraussetzungen gegeben sind, hat diese Behörde die Anzeige mit Bescheid zur Kenntnis zu nehmen; sind die im Abs. 4 geforderten Voraussetzungen nicht gegeben, so hat die Behörde dies mit Bescheid festzustellen und die weitere Gewerbeausübung zu untersagen.

Verkehrsleiter

§ 6a. (1) Für jedes Unternehmen des Ausflugswagen-Gewerbes, des Stadtrundfahrten-Gewerbes und des Mietwagen-Gewerbes mit Omnibussen ist ein Verkehrsleiter gegenüber der konzessionserteilenden Behörde zu benennen. Erfüllt die genannte Person die Voraussetzungen gemäß Artikel 4 der Verordnung (EG) Nr. 1071/09, ist die Benennung mit Bescheid durch die konzessionserteilende Behörde zu genehmigen. Sofern nicht eine andere Person als Verkehrsleiter benannt wird, gilt eine natürliche Person, der eine Konzession gemäß § 5 erteilt wurde, als Verkehrsleiter; ist in einem Unternehmen die Bestellung eines gewerberechtlichen Geschäftsführers gemäß § 39 GewO 1994 von der Behörde bescheidmäßig genehmigt worden, so gilt jedenfalls dieser als Verkehrsleiter; eine bescheidmäßige Genehmigung ist in diesen Fällen nicht erforderlich. Die Aufnahme der Gewerbeausübung ohne Verkehrsleiter ist unzulässig.

(2) Wird festgestellt, dass bei einem Unternehmer oder einem Geschäftsführer, der auch Verkehrsleiter ist, die Zuverlässigkeit nicht mehr vorliegt, ist jedenfalls gemäß Artikel 14 der Verordnung (EG) Nr. 1071/09 mit Bescheid auszusprechen, dass diese Person ungeeignet ist, die Verkehrstätigkeiten eines Unternehmens zu leiten.

(3) Verkehrsleiter sind von der konzessionserteilenden Behörde in das Verkehrsunternehmensregister gemäß § 18a Abs. 3 Z 3 einzutragen.

(4) Die Bestimmungen des Artikel 13 Abs. 1 lit. a Verordnung (EG) Nr. 1071/09 gelten unbeschadet der Bestimmungen der §§ 41 bis 45 GewO 1994 über die Fortbetriebsrechte. *(BGBl I 2013/32)*

§ 7. *(entfällt, BGBl I 2013/32)*

Besondere Bestimmungen über die Gewerbeausübung durch einen Geschäftsführer und die Übertragung der Gewerbeausübung an einen Pächter

§ 8. *(aufgehoben samt Überschrift, BGBl I 2006/24)*

Besondere Bestimmungen über die Zurücklegung von Konzessionen

§ 9. *(aufgehoben samt Überschrift, BGBl I 2006/24)*

Bestimmungen über die Gewerbeausübung

§ 10. (1) Die Fahrten des Ausflugswagen-(Stadtrundfahrten-) Gewerbes müssen zum Ausgangspunkt zurückführen; Fahrgäste dürfen nur für die gesamte Fahrtstrecke aufgenommen werden.

(2) Gewerbetreibende, die zur Ausübung des Mietwagen-Gewerbes (§ 3 Abs. 1 Z 2) berechtigt sind, dürfen Plätze weder einzeln noch in Gruppen vergeben, es sei denn, daß sie die Berechtigung zur gewerbsmäßigen Veranstaltung von Gesellschaftsfahrten nach den für Reisebüros geltenden Vorschriften („§ 126 GewO 1994") besitzen. *(BGBl I 2006/24)*

(3) *(entfällt, BGBl I 2013/32)*

(4) *(entfällt, BGBl I 2019/83)*

(5) Kraftfahrzeuge müssen während ihrer Verwendung zur Ausübung des Gästewagen-Gewerbes außen mit einer Bezeichnung versehen sein, die zumindest den Namen des Gewerbetreibenden (§ 63 GewO 1994), die Art des Betriebes im Sinne des § 3 Abs. 1 Z 4 (zB Hotel, Heilanstalt, Erholungsheim) und den Standort dieses Betriebes in

vollständig sichtbarer, dauernd gut lesbarer und unverwischbarer Schrift enthält.

(6) Die zur gewerbsmäßigen Beförderung von Personen verwendeten Kraftfahrzeuge müssen im Zulassungsschein bzw. in der Zulassungsbescheinigung die der Gewerbeart entsprechende Verwendungsbestimmung gemäß Anlage 4 der Zulassungsstellenverordnung – ZustV, BGBl. II Nr. 464/1998 in der jeweils geltenden Fassung, eingetragen haben. Die Zulassung des Fahrzeuges hat am dauernden Standort gem. § 40 Abs. 1 KFG zu erfolgen. *(BGBl I 2019/83)*

(7) Für weitere Betriebsstätten gelten die Bestimmungen der §§ 46 bis 48 GewO 1994 mit den Maßgaben, dass der Konzessionsinhaber in der Gemeinde der weiteren Betriebsstätte oder einer daran unmittelbar angrenzenden Gemeinde über die für die dort betriebenen Kraftfahrzeuge erforderlichen Abstellplätze außerhalb von Straßen mit öffentlichem Verkehr zu verfügen hat und dass an die Stelle der Bezirksverwaltungsbehörde die Konzessionsbehörde tritt. Werden die erforderlichen Abstellplätze nicht nachgewiesen, so hat die Behörde die Ausübung des Gewerbes in der weiteren Betriebstätte zu untersagen. *(BGBl I 2006/24)*

Verkehr über die Grenze

§ 11. (1) Die gewerbsmäßige Beförderung von Personen mit Kraftfahrzeugen von Orten, die außerhalb des Bundesgebietes liegen, in das Bundesgebiet oder durch das Bundesgebiet hindurch, oder von innerhalb des Bundesgebietes liegenden Orten in das Ausland, ist außer den nach §§ 2 und 7 berechtigten Personen auch Unternehmern gestattet, die nach den im Staat des Standortes ihres Unternehmens geltenden gesetzlichen Vorschriften zur Beförderung von Personen befugt sind und Inhaber einer

1. Gemeinschaftslizenz gemäß der Verordnung (EG) Nr. 1073/09 oder

2. Genehmigung der Bundesministerin/des Bundesministers für „Klimaschutz, Umwelt, Energie, Mobilität, Innovation und Technologie" für den Verkehr nach, durch oder aus Österreich oder *(BGBl I 2021/13)*

3. Genehmigung aufgrund des Landverkehrsabkommens zwischen der Europäischen Gemeinschaft und der Schweizerischen Eidgenossenschaft über den Güter- und Personenverkehr auf Schiene und Straße (Landverkehrsabkommen mit der Schweiz), ABl. Nr. L 114 vom 30.04.2002 S. 91, zuletzt geändert durch den Beschluss Nr. 1/2009, ABl. Nr. L 273 vom 17.10.2009 S. 15, oder

4. auf Grund zwischenstaatlicher Vereinbarungen gemäß § 12 vergebenen Genehmigung der Bundesministerin/des Bundesministers für „Kli- maschutz, Umwelt, Energie, Mobilität, Innovation und Technologie" oder *(BGBl I 2021/13)*

5. Genehmigung aufgrund des Übereinkommens über die Personenbeförderung im grenzüberschreitenden Gelegenheitsverkehr mit Omnibussen (Interbus-Übereinkommen), ABl. Nr. L 321 vom 26.11.2002 S. 13, zuletzt geändert durch den Beschluss Nr. 1/2011, ABl. Nr. L 8 vom 12.1.2012 S. 38,

sind oder eine genehmigungsfreie Gelegenheitsfahrt gemäß einer in Z 4 und 5 genannten Rechtsvorschrift oder aufgrund des Bundesgesetzes vom 1. Oktober 1987 zur Durchführung des Übereinkommens über die Personenbeförderung im grenzüberschreitenden Gelegenheitsverkehr mit Kraftomnibussen, BGBl. Nr. 17/1987 (ASOR-Durchführungsgesetz), BGBl. Nr. 521/1987, durchführen. *(BGBl I 2013/32)*

(2) Eine Genehmigung nach Abs. 1 Z 2 wird für Einzelfahrten oder auf Zeit erteilt. Die Genehmigung ist zu versagen, wenn (insbesondere auch im Hinblick auf die im Bundesgebiet bereits bestehenden Verkehrseinrichtungen) ein Bedürfnis für die beantragte Personenbeförderung nicht besteht oder der Genehmigungswerber bereits wegen eines schweren Verstoßes oder wiederholter geringfügiger Verstöße gegen die Vorschriften dieses Gesetzes oder des Kraftfahrliniengesetzes, BGBl. I Nr. 203/1999 rechtskräftig bestraft wurde. Eine Genehmigung ist jedoch nicht erforderlich, wenn eine anderslautende Anordnung nach Abs. 4 ergangen ist.

(3) Nachweise über die Erteilung der Bewilligung nach Abs. 1 sind bei jeder Personenbeförderung über die Grenze mitzuführen und den Organen der Straßenaufsicht (§ 97 Abs. 1 der Straßenverkehrsordnung 1960, BGBl. Nr. 159) und den Zollorganen auf Verlangen vorzuweisen.

(4) Der Bundesminister für „Klimaschutz, Umwelt, Energie, Mobilität, Innovation und Technologie"** kann im Einvernehmen mit dem jeweils zuständigen Bundesminister nachgeordnete Behörden, insbesondere auch „Landespolizeidirektionen, insoweit diese nicht das Gebiet einer Gemeinde zugleich Sicherheitsbehörde erster Instanz sind,"*,[1)] oder Zollstellen, gegebenenfalls unter Beschränkung hinsichtlich Zahl oder Umfang der zu erteilenden Genehmigung, ermächtigen, in seinem Namen und Auftrag die Genehmigung nach Abs. 1 Z 2 auszugeben. Die Ermächtigung kann die Einhebung einer Gebühr zur Abdeckung des zusätzlichen Verwaltungsaufwandes umfassen. *(*BGBl I 2012/50; **BGBl I 2021/13)*

(5) Der Bundesminister für „Klimaschutz, Umwelt, Energie, Mobilität, Innovation und Technologie" kann anordnen, dass die gewerbsmäßige Beförderung von Personen nach, durch oder aus Österreich durch ausländische Unternehmer ohne die in Abs. 1 Z 2 vorgeschriebene Genehmigung gestattet ist, wenn und insoweit der

betreffende ausländische Staat in dieser Hinsicht Gegenseitigkeit einräumt oder wenn wirtschaftliche Interessen Österreichs dies rechtfertigen; die Aufnahme neuer Fahrgäste durch ausländische Unternehmen im Bundesgebiet bedarf aber jedenfalls der in Abs. 1 Z 2 vorgeschriebenen Genehmigung. *(BGBl I 2021/13)*

(BGBl I 2006/24)

---

1) *Doppelter Beistrich wohl redaktionelles Versehen*

Gemeinschaftslizenz

§ 11a. (1) Die Gemeinschaftslizenz gemäß § 11 Abs. 1 Z 1 und die beglaubigten Kopien gemäß § 11 Abs. 1 Z 1 entsprechen dem Muster in Anhang II der Verordnung (EG) Nr. 1073/09. Die Gestaltung der Gemeinschaftslizenz (Sicherheitsmerkmale) ist durch Verordnung der Bundesministerin/des Bundesministers für „Klimaschutz, Umwelt, Energie, Mobilität, Innovation und Technologie" festzulegen. *(BGBl I 2021/13)*

(2) Die Gemeinschaftslizenz wird für die Dauer von fünf Jahren ausgestellt.

(3) Die Seriennummern der Gemeinschaftslizenz und der beglaubigten Kopien, die gemäß § 18a Abs. 3 in das Verkehrsunternehmensregister einzutragen sind, müssen aus lateinischen Buchstaben und arabischen Ziffern bestehen. Die Seriennummer muss mit den Buchstaben „AT", danach einem Bindestrich gefolgt von einem oder zwei Buchstaben als Bezeichnung der Behörde, die die Gemeinschaftslizenz oder die beglaubigte Kopie ausgibt, beginnen. Auf die Bezeichnung der Behörde haben ein Bindestrich, der Buchstabe „P", ein Bindestrich, die letzten beiden Stellen der Jahreszahl des Ausgabejahres der Gemeinschaftslizenz, ein weiterer Bindestrich und danach eine fortlaufende Ausgabenummer, bezogen auf das Ausgabejahr, als vierstellige Zahl zu folgen; im Fall einer beglaubigten Kopie ist zusätzlich nach einem weiteren Bindestrich die Nummer der Kopie als vierstellige Zahl anzufügen. Leerstellen in der Seriennummer sind nicht zulässig; die Ausgabenummern und die Nummern der Kopien sind nach dem Muster „0001" bis „9999" auszuführen.

(4) Als Bezeichnung der Behörde (Abs. 2) sind folgende Buchstaben zu verwenden:

– für die Landeshauptfrau/den Landeshauptmann von Burgenland: B

– für die Landeshauptfrau/den Landeshauptmann von Kärnten: K

– für die Landeshauptfrau/den Landeshauptmann von Niederösterreich: N

– für die Landeshauptfrau/den Landeshauptmann von Oberösterreich: O

– für die Landeshauptfrau/den Landeshauptmann von Salzburg: S

– für die Landeshauptfrau/den Landeshauptmann von Steiermark: ST

– für die Landeshauptfrau/den Landeshauptmann von Tirol: T

– für die Landeshauptfrau/den Landeshauptmann von Vorarlberg: V

– für die Landeshauptfrau/den Landeshauptmann von Wien: W.

(5) Abgesehen von dem in § 4 Abs. 3 geregelten Fall, sind die Gemeinschaftslizenz sowie sämtliche Abschriften unverzüglich bei der Konzessionsbehörde abzugeben, wenn

1. die Gewerbeberechtigung gemäß § 85 GewO 1994 endigt oder

2. die Konzession wegen Nichterfüllung der Konzessionsvoraussetzungen gemäß § 5 Abs. 1 entzogen wird.

(BGBl I 2013/32)

Zwischenstaatliche Vereinbarungen

§ 12. (1) Vereinbarungen mit Drittländern über die grenzüberschreitende Beförderung von Personen gemäß § 11 dieses Bundesgesetzes oder über die grenzüberschreitende Beförderung von Personen gemäß § 32 Abs. 4 Z 14 GewO 1994 (nichtlinienmäßiger Personenwerkverkehr) können auf der Grundlage dieses Bundesgesetzes geschlossen werden, wenn der Umfang des zwischenstaatlichen Personenverkehrs dies erfordert. In den Vereinbarungen ist insbesondere vorzusehen, dass Kraftfahrzeuge mit ausländischem Kennzeichen auf der Grundlage der Gegenseitigkeit Fahrten nach, durch und aus Österreich durchführen können. Dabei sind, wenn Kontingente festgelegt sind, die verkehrsmäßigen und wirtschaftlichen Interessen Österreichs zu berücksichtigen. Die Ausgabe der Kontingente kann auch durch den jeweiligen Vertragspartner vorgenommen werden. *(BGBl I 2013/32)*

(2) Der „Bundesminister für „Klimaschutz, Umwelt, Energie, Mobilität, Innovation und Technologie"**** kann die von einem anderen Staat eingeräumte Erlaubnis zur Beförderung von Personen nach, durch und aus dem anderen Staat an österreichische Unternehmer ausgeben, wenn diese – je nach der Art der vorgesehenen Beförderung – entweder zur gewerbsmäßigen Beförderung von Personen mit Kraftfahrzeugen im Sinne dieses Bundesgesetzes oder zur Ausübung des Personenwerkverkehrs berechtigt sind und den Anforderungen des internationalen Verkehrs entsprechen, und wenn volkswirtschaftliche Interessen Österreichs nicht entgegenstehen. Wurde ein Kontingent festgelegt (Abs. 1), so ist bei der Ausgabe der Erlaubnis auch auf den Umfang des Kontingentes Bedacht zu nehmen. *(*BGBl I 2006/24; **BGBl I 2021/13)*

Besondere Ausübungsvorschriften

§ 13. (1) Der „Bundesminister für „Klimaschutz, Umwelt, Energie, Mobilität, Innovation und Technologie"*"* kann für die diesem Bundesgesetz unterliegenden Gewerbe mit Verordnung Vorschriften über die nach der Eigenart des Gewerbes erforderlichen Eigenschaften der im Fahrdienst tätigen Personen hinsichtlich ihrer Ausbildung, Gesundheit und Zuverlässigkeit erlassen. *(*BGBl I 2006/24; **BGBl I 2021/13)*

(2) Hinsichtlich des Ausflugswagen-(Stadtrundfahrten-)Gewerbes, des Mietwagen-Gewerbes mit Omnibussen und des Gästewagen-Gewerbes mit Omnibussen kann der „Bundesminister für „Klimaschutz, Umwelt, Energie, Mobilität, Innovation und Technologie"*"* mit Verordnung Vorschriften erlassen über

1. die nach der Eigenart des Gewerbes erforderliche Beschaffenheit, Ausrüstung und Kennzeichnung der bei der Gewerbeausübung verwendeten Fahrzeuge hinsichtlich ihrer Betriebssicherheit und Eignung, insbesondere auch für Zwecke des Fremdenverkehrs;

2. die nach der Eigenart des Gewerbes erforderlichen Betriebs- und Beförderungsbedingungen; die Vorschreibung einer Versicherungspflicht, die hinsichtlich der Versicherungssumme der Eigenart des Gewerbes Rechnung trägt und auch über die für Kraftfahrzeuge allgemein vorgesehene Versicherungspflicht hinausgeht.
(*BGBl I 2006/24; **BGBl I 2021/13)

(3) Hinsichtlich des Personenbeförderungsgewerbes mit Pkw (Taxi) und des Gästewagen-Gewerbes mit Personenkraftwagen kommt die Erlassung einer Verordnung nach Abs. 2 unter Landeshauptmann mit der Maßgabe zu, dass er für das Personenbeförderungsgewerbe mit Pkw (Taxi) auch eine Beförderungspflicht und die Anbringung eines Fahrpreisanzeigers vorschreiben kann. *(BGBl I 2019/83)*

(3a) Unbeschadet der aufgrund von Abs. 2 und 3 erlassenen Verordnungen besteht für Hunde Beförderungspflicht, wenn die zu befördernde Person auf die Begleitung eines Assistenzhundes gemäß § 39a Bundesbehindertengesetz angewiesen ist. Für diese Tiere besteht keine Maulkorb- und Leinenpflicht. *(BGBl I 2017/3)*

(4) Erforderlichenfalls hat der Landeshauptmann im Interesse einer geordneten Gewerbeausübung und im Interesse der Leistungen des betreffenden Gewerbes in Anspruch nehmenden Personen unter besonderer Berücksichtigung der örtlichen Gegebenheiten weitere Vorschriften, insbesondere über ein Verbot oder eine Beschränkung des Auffahrens auf Standplätzen (§ 96 Abs. 4 StVO 1960) einer Gemeinde mit Fahrzeugen des Personenbeförderungsgewerbes mit Pkw (Taxi), die auf Grund von Konzessionen mit einem Standort außerhalb der betreffenden Gemeinde eingesetzt werden, über eine bestimmte Reihenfolge im Auffahren auf Standplätzen, über die Entgegennahme von Fahrtaufträgen mittels Standplatztelefon oder Funk sowie über den Nachtdienst durch Verordnung festzulegen. *(BGBl I 2019/83)*

(5) Die Organe der zur Vollziehung der Vorschriften dieses Bundesgesetzes zuständigen Behörden können sich vom ordnungsgemäßen Betrieb der mit Omnibussen ausgeübten gewerbsmäßigen Gelegenheitsverkehre jederzeit überzeugen und dabei, wenn es sich um Betriebe des Mietwagen-Gewerbes handelt, insbesondere überprüfen, ob geforderte Beförderungsentgelte den gemäß § 14 Abs. 3 festgelegten Tarifen entsprechen; die Gewerbetreibenden oder deren Beauftragte haben den mit der Überprüfung betrauten Organen die erforderlichen Auskünfte zu geben und notwendige Unterlagen vorzulegen.

Tarife

§ 14. (1) Der Landeshauptmann kann auf Anregung der zuständigen Fachgruppe oder von Amts wegen unter Berücksichtigung der bestehenden Verhältnisse (Art und Umfang der verschiedenen Leistungen und des hiefür erforderlichen Aufwandes sowie Interessen der Kunden) für den mit Personenkraftwagen ausgeübten gewerbsmäßigen Gelegenheitsverkehre – ausgenommen Beförderungen von Schülern auf Grund des § 30f des Familienlastenausgleichsgesetzes 1967, BGBl. Nr. 376 – nach Anhörung der Landeskammer der gewerblichen Wirtschaft und der Kammer für Arbeiter und Angestellte sowie in jenen Fällen, in denen ein Tarif nur für eine Gemeinde festgelegt werden soll, auch dieser, verbindliche Tarife festlegen. In den Fällen, in denen ein Tarif nur für eine Gemeinde gelten soll, kann auch diese die Festlegung verbindlicher Tarife anregen. Die Tarife sind durch Verordnung zu bestimmen und können für das gesamte Bundesland, für einzelne Verwaltungsbezirke oder für einzelne Gemeinden festgelegt werden. Für Beförderungen aus besonderen Anlässen können im Tarif Sondervereinbarungen (Pauschale) festgelegt werden.

(1a) Eine Verordnung gemäß Abs. 1 ist auf folgende Fahrten jedenfalls nicht anzuwenden:

1. Fahrten, die aufgrund einer ärztlichen Transportanweisung durchgeführt werden, wenn dafür mit den Versicherungsanstalten Rahmentarife vereinbart sind;

2. Fahrten, die im Zuge der Schülerbeförderung gemäß § 30f des FLAG durchgeführt werden, wenn dafür Rahmentarife vereinbart sind;

3. Fahrten, die im Auftrag einer Körperschaft öffentlichen Rechts, im Auftrag eines von einer Körperschaft öffentlichen Rechts beauftragten Unternehmens oder eines Verkehrsverbundes

durchgeführt werden, wenn dafür Rahmentarife vereinbart sind; Fahrten, die im Ersatzverkehr (Schienenersatzverkehr, aber auch Ersatzverkehr für Omnibuskraftfahrlinien) durchgeführt werden;

4. Fahrten, die im Rahmen der Beförderung von Menschen mit besonderen Bedürfnissen durchgeführt werden, wenn dafür Fahrtkostenzuschüsse von Körperschaften öffentlichen Rechts geleistet werden;

5. Fahrten, die im Rahmen des Betriebes eines Anrufsammeltaxis gemäß § 38 Abs. 3 KFLG durchgeführt werden;

6. Fahrten, die über das Tarifgebiet oder die Landesgrenze hinaus erfolgen;

7. Fahrten, bei denen ausschließlich Sachen befördert werden und die beförderten Sachen ohne Zuhilfenahme technischer Hilfsmittel getragen werden können (Botenfahrten);

8. Fahrten, die über eine Pauschalvereinbarung abgerechnet werden, wobei der Fahrpreis jedenfalls über dem einstündigen Zeittarif liegen muss. *(BGBl I 2019/83)*

(1b) Bei Fahrten, die im Weg eines Kommunikationsdienstes bestellt werden, darf von in einer Verordnung gemäß Abs. 1 festgelegten verbindlichen Tarifen abgewichen werden, wenn eine Vereinbarung über den Fahrpreis sowie Abfahrts- und Zielort getroffen wird. Es dürfen jedoch in der Verordnung für Fahrten, die im Weg eines Kommunikationsdienstes bestellt werden, anstelle verbindlicher Tarife sowohl Mindest- als auch Höchstentgelte (Preisband) einschließlich von Zuschlägen gem. Abs. 4 festgelegt werden; werden in der Verordnung die Mindestentgelte nicht festgelegt, so beträgt das Mindestentgelt jedenfalls die Summe aus Grundentgelt und für die jeweilige Beförderung vorgesehenen Zuschlägen gemäß Abs. 4. Der Fahrpreis ist unter Beachtung der vorstehenden Bestimmungen bereits bei der Bestellung zu vereinbaren und darf im Nachhinein nicht überschritten werden. Näheres über eine schriftliche oder elektronische Bestätigung des vereinbarten Fahrpreises darf mit Verordnung des Landeshauptmannes geregelt werden. Wurde eine Vereinbarung über den Fahrpreis getroffen, muss kein Fahrpreisanzeiger verwendet werden. *(BGBl I 2021/13)*

(1c) Bei Fahrten, die im Weg eines Kommunikationsdienstes bestellt werden, darf bei der Bestellung auch angeboten werden, die Fahrt zu einem herabgesetzten Fahrpreis mit anderen Fahrgästen zu teilen, die gegebenenfalls an verschiedenen Stellen aufgenommen und/oder abgesetzt werden. In diesem Fall ist

1. die aufgrund der Aufnahme weiterer Fahrgäste voraussichtliche verlängerte Fahrtdauer sowie

2. das Ausmaß der Herabsetzung des Fahrpreises

im Vorhinein bekanntzugeben. Wurde eine Verordnung gem. Abs. 1 erlassen, darf der Fahrpreis für jeden Fahrgast keinesfalls in der Verordnung festgelegte Mindestentgelte unterschreiten. Der Fahrpreis ist unter Beachtung der vorstehenden Bestimmungen sowie Festlegung von Abfahrts- und Zielort bereits bei der Bestellung zu vereinbaren und darf im Nachhinein nicht überschritten werden. Näheres zum Bestellvorgang, wie insbesondere eine schriftliche oder elektronische Bestätigung des Fahrpreises darf mittels Verordnung des Landeshauptmannes geregelt werden. Wurde eine Vereinbarung über den Fahrpreis getroffen, muss kein Fahrpreisanzeiger verwendet werden. *(BGBl I 2021/13)*

(2) Wenn eine Stadt und der dazugehörige Flughafen in verschiedenen Bundesländern gelegen sind, erfolgt die Festlegung der verbindlichen Tarife für den mit Personenkraftwagen ausgeübten Flughafenzubringer- und -abholverkehr durch den „Bundesminister für „Klimaschutz, Umwelt, Mobilität, Energie, Innovation und Technologie"*"**. Im übrigen gilt Abs. 1 mit der Maßgabe, daß eine Tarifanregung durch den Fachverband für die Beförderungsgewerbe mit Personenkraftwagen erfolgen kann und an Stelle der Landeskammer der gewerblichen Wirtschaft sowie an Stelle der Kammer für Arbeiter und Angestellte die Bundesarbeitskammer anzuhören ist. *(*BGBl I 2006/24; **BGBl I 2021/13)*

(3) Auf Anregung des Fachverbandes der Autobusunternehmen oder von Amts wegen kann der „Bundesminister für „Klimaschutz, Umwelt, Energie, Mobilität, Innovation und Technologie"*"**" für das mit Omnibussen ausgeübte Mietwagen-Gewerbe – ausgenommen Beförderungen von Schülern auf Grund des § 30f des Familienlastenausgleichsgesetzes 1967 – nach Anhörung der Wirtschaftskammer Österreich und der Bundesarbeitskammer verbindliche Tarife festlegen. Diese müssen Höchst- und Mindesttarife sein, wobei die Mindesttarife nicht mehr als 25% unter den Höchsttarifen liegen dürfen. Im Tarif können Sondervereinbarungen über die Art des Verkehrs, der saisonalen Verkehrsnachfrage, der Häufigkeit der im Rahmen eines Auftrages durchgeführten Fahrten und der Anzahl der zu befördernden Personen sowie unter Berücksichtigung des eingesetzten Beförderungsmittels festgelegt werden. *(*BGBl I 2006/24; **BGBl I 2021/13)*

(4) Die Tarife gemäß Abs. 1 bis 3 haben alle zur Bestimmung des Beförderungsentgeltes notwendigen Angaben sowie erlaubte Zuschläge zu enthalten und einen angemessenen Gewinn zu berücksichtigen. Setzt sich ein Tarif aus einem Grundentgelt und weiteren Bestandteilen zusammen, so darf für das Grundentgelt auch eine Preisspanne festgelegt werden. Zuschläge können insbesondere für den Transport mehrerer Perso-

nen, die Bestellung des Fahrzeugs im Wege eines Kommunikationsdienstes sowie die Vermittlung von Personentransportleistungen durch Drittanbieter vorgesehen werden. Bei Fahrten, die einer Verordnung gemäß Abs. 1 unterliegen, sind Preisnachlässe oder geldwerte Begünstigungen aller Art unzulässig; als Preisnachlässe gelten insbesondere auch Sonderpreise, die wegen der Zugehörigkeit zu bestimmten Verbraucherkreisen, Berufen, Vereinen oder Gesellschaften eingeräumt werden. *(BGBl I 2019/83)*

(5) Die genehmigten Tarife sind im Amtsblatt der betroffenen Landesregierung, bei Genehmigung durch die Bundesministerin/den Bundesminister für „Klimaschutz, Umwelt, Energie, Mobilität, Innovation und Technologie" im „Amtsblatt zur Wiener Zeitung" kundzumachen. *(BGBl I 2013/32; BGBl I 2021/13)*

(6) Die im Abs. 1 festgelegten Aufgaben der Gemeinden sind solche des eigenen Wirkungsbereiches.

Fahrerqualifizierungsnachweis

§ 14a. (1) Lenker von Kraftfahrzeugen für die gewerbsmäßige Beförderung von Personen mit Omnibussen,

1. die Staatsangehörige eines Mitgliedstaates der Europäischen Union oder

2. Staatsangehörige eines Drittlandes sind und die von einem in einem Mitgliedstaat niedergelassenen Unternehmen beschäftigt oder eingesetzt werden,
und

3. denen nach dem 9. September 2008 eine Lenkberechtigung für die Klassen D1, D1E, D oder DE erstmals erteilt wurde,

haben einen von der zuständigen Behörde eines Mitgliedstaates ausgestellten Fahrerqualifizierungsnachweis mitzuführen und den Aufsichtsorganen auf Verlangen auszuhändigen. *(BGBl I 2022/18)*

(2) In Abs. 1 Z 1 und 2 genannte Lenker von Kraftfahrzeugen für die gewerbsmäßige Beförderung von Personen mit Omnibussen, denen vor dem 10. September 2008 eine Lenkberechtigung für die Klasse D erstmals erteilt wurde, haben ab dem 10. September 2013 einen von der zuständigen Behörde eines Mitgliedstaates ausgestellten Fahrerqualifizierungsnachweis mitzuführen und den Aufsichtsorganen auf Verlangen auszuhändigen.

(3) Ausgenommen von den Bestimmungen der Abs. 1 und 2 sind Lenker von:

1. Kraftfahrzeugen, deren höchstzulässige Bauartgeschwindigkeit nicht über 45 km/h liegt;

2. Kraftfahrzeugen, die von den Streitkräften, dem Katastrophenschutz, der Feuerwehr und den für die Aufrechterhaltung der öffentlichen Ordnung zuständigen Kräften eingesetzt werden oder ihrer Kontrolle unterstellt sind, wenn die Beförderung im Rahmen der diesen Diensten zugewiesenen Aufgaben ausgeführt wird;

3. Kraftfahrzeugen, die zum Zweck der technischen Entwicklung, zu Reparatur- oder Wartungszwecken Prüfungen auf der Straße unterzogen werden, sowie Neufahrzeugen oder umgebauten Fahrzeugen, die noch nicht in Betrieb genommen sind;

4. Kraftfahrzeugen, die in Notfällen oder für Rettungsaufgaben eingesetzt werden, einschließlich Kraftfahrzeugen, die für nichtgewerbliche Transporte für humanitäre Hilfe eingesetzt werden;

5. Kraftfahrzeugen, die beim Fahrunterricht zum Erwerb einer Lenkberechtigung oder der Grundqualifikation eingesetzt werden;

6. Kraftfahrzeugen, die im Rahmen der Lehrberufsausbildung zum Berufskraftfahrer innerhalb von Österreich eingesetzt werden;

7. Kraftfahrzeugen, die vom Wartungspersonal ohne Fahrgäste zu einer Wartungsstätte oder wieder zurück gefahren werden, die sich in der Nähe des nächsten, vom Verkehrsunternehmer genutzten Wartungsstandorts befindet, sofern das Führen des Fahrzeugs nicht die Hauptbeschäftigung des Fahrers darstellt.
(BGBl I 2022/18)

(4) Als Fahrerqualifizierungsnachweise gelten:

1. eine von der zuständigen Behörde eines Mitgliedstaates neben der Fahrzeugklasse in Lenkberechtigungen vorgenommene Eintragung des harmonisierten Codes „95" der Union gemäß Anhang I der Richtlinie 2006/126/EG oder

2. ein von der zuständigen Behörde eines Mitgliedstaates ausgestellter Fahrerqualifizierungsnachweis nach dem Modell in Anhang II der Richtlinie 2003/59/EG.
(BGBl I 2022/18)

(5) Für Lenker, die in genannt sind, ist von der Behörde ein Fahrerqualifizierungsnachweis für jeweils fünf Jahre auszustellen, wenn ein Nachweis über eine Grundqualifikation oder eine Weiterbildung vorgelegt wird. Die Bundesministerin/der Bundesminister für „Klimaschutz, Umwelt, Energie, Mobilität, Innovation und Technologie" hat durch Verordnung die Form, den Inhalt und die Vorgangsweise bei der Ausstellung des Fahrerqualifizierungsnachweises festzusetzen. *(BGBl I 2013/32; BGBl I 2021/13)*

(BGBl I 2006/153)

Grundqualifikation

§ 14b. (1) Lenker von Kraftfahrzeugen für die gewerbsmäßige Beförderung von Personen mit Omnibussen, denen nach dem 9. September 2008 eine Lenkberechtigung für die Klassen D1, D1E,

D oder DE erstmals erteilt wurde, haben eine Grundqualifikation nachzuweisen. Der Nachweis der Grundqualifikation wird durch eine Bescheinigung über die erfolgreiche Ablegung einer theoretischen Prüfung vor einer Prüfungskommission und einer praktischen Fahrprüfung erbracht. *(BGBl I 2022/18)*

(2) Die Prüfungskommissionen sind vom Landeshauptmann zu bestellen. In diese Kommissionen sind zu berufen:

1. ein geeigneter rechtskundiger Bediensteter des höheren Dienstes als Vorsitzender und
2. zwei weitere Mitglieder unter Berücksichtigung der Sachgebiete der Prüfung, von denen ein Mitglied auf Grund eines Vorschlages der zuständigen Kammer für Arbeiter und Angestellte und ein Mitglied auf Grund eines Vorschlages des zuständigen Fachverbandes zu bestellen ist.

Werden die Vorschläge nach Z 2 nicht innerhalb einer Frist von vier Wochen erstattet, hat der Landeshauptmann die jeweilige Berufung nach Anhörung der säumigen Stelle vorzunehmen. Für die Abnahme der praktischen Fahrprüfung ist ein gemäß § 8 FSG-PV, BGBl. II Nr. 321/1997 in der Fassung BGBl. II Nr. 65/2006, bestellter Fahrprüfer zu berufen.

(3) Der Bundesminister für „Klimaschutz, Umwelt, Energie, Mobilität, Innovation und Technologie" hat hinsichtlich der Prüfung zur Erlangung der Grundqualifikation durch Verordnung festzulegen:

1. die Sachgebiete der Prüfung,
2. die Form und Dauer der Prüfung,
3. die Anforderungen an die Prüfer,
4. nähere Bestimmungen über die Anberaumung der Termine,
5. die auszustellenden Bescheinigungen,
6. nähere Bestimmungen über die Wiederholung der Prüfung,
7. der vom Prüfling zu zahlende, dem besonderen Verwaltungsaufwand einschließlich einer angemessenen Entschädigung der Mitglieder der Prüfungskommission entsprechende Kostenbeitrag, wobei auch auf die wirtschaftlichen Verhältnisse des Prüflings Bedacht genommen werden kann,
8. die aus den Kostenbeiträgen zu zahlende angemessene Entschädigung der Mitglieder der Prüfungskommission,
9. die Voraussetzung für die Rückzahlung des Kostenbeitrags bei Nichtablegung oder teilweiser Ablegung der Prüfung sowie die Höhe des rückzuzahlenden Kostenbeitrags und
10. die Prüfungen, die den Vorgaben der Richtlinie 2003/59/EG entsprechen und daher eine Prüfung gemäß Abs. 1 ersetzen.

(BGBl I 2021/13)

(BGBl I 2006/153)

Weiterbildung

§ 14c. (1) Lenker von Kraftfahrzeugen für die gewerbsmäßige Beförderung von Personen mit Omnibussen, die Inhaber eines Fahrerqualifizierungsnachweises sind, müssen entweder alle fünf Jahre vor Ablauf der Gültigkeitsdauer des Fahrerqualifizierungsnachweises oder – wenn die Gültigkeitsdauer bereits abgelaufen ist – vor einer Wiederaufnahme der Tätigkeit eine Weiterbildung nachweisen. Lenker, denen vor dem 10. September 2008 eine Lenkberechtigung für die Klasse D erteilt wurde, haben spätestens bis zum 10. September 2013 oder, wenn die Tätigkeit zu diesem Zeitpunkt nicht ausgeübt wird, vor Aufnahme der Tätigkeit eine Weiterbildung nachzuweisen.

(2) Die Weiterbildung darf nur von Ausbildungsstätten auf Grund einer Ermächtigung des Landeshauptmannes durchgeführt werden. Diese ist auf Antrag zu erteilen, wenn der Antragsteller die durch Verordnung des Bundesministers für „Klimaschutz, Umwelt, Energie, Mobilität, Innovation und Technologie" festgelegten Voraussetzungen erfüllt. Die Ermächtigung ist zu widerrufen, wenn die Voraussetzungen für die Erteilung nicht mehr gegeben sind. Die Ausbildungsstätten haben als Nachweis über eine erfolgte Weiterbildung eine Bescheinigung auszustellen. *(BGBl I 2021/13)*

(3) Der Bundesminister für „Klimaschutz, Umwelt, Energie, Mobilität, Innovation und Technologie" hat mit Verordnung nähere Vorschriften über die Sachgebiete, den Umfang und die Art der Weiterbildung, sowie über die Voraussetzungen, unter denen eine Ermächtigung gemäß Abs. 2 zu erteilen ist, über die Voraussetzungen, unter denen ein Ausbilder zugelassen wird, über den Weiterbildungsort und über die auszustellenden Bescheinigungen zu erlassen. *(BGBl I 2021/13)*

(BGBl I 2006/153)

Grundqualifikation und Weiterbildung in Österreich

§ 14d. (1) Lenker, die Staatsangehörige eines Mitgliedstaates der Europäischen Union sind, haben die Prüfung zur Erlangung der Grundqualifikation in Österreich abzulegen, wenn sie ihren Hauptwohnsitz in Österreich haben.

(2) Lenker, die Staatsangehörige eines Drittstaates sind und bei einem in Österreich niedergelassenen Unternehmen arbeiten, haben die Prüfung zur Erlangung der Grundqualifikation in Österreich abzulegen. Lenker, die Staatsangehörige eines Drittstaates sind, können die Prüfung zur Erlangung der Grundqualifikation in Österreich ablegen, wenn ihnen ein Aufenthaltstitel, der das

Recht auf unbeschränkten Zugang zum Arbeitsmarkt in Österreich ermöglicht, erteilt wurde.

(3) Lenker, die ihren Hauptwohnsitz in Österreich haben oder bei einem in Österreich niedergelassenen Unternehmen arbeiten, können die Weiterbildung in Österreich durchlaufen.

(BGBl I 2006/153)

Berufskraftfahrerqualifikationsregister

§ 14e. (1) Die Bundesministerin/der Bundesminister für Klimaschutz, Umwelt, Energie, Mobilität, Innovation und Technologie hat bei der Bundesrechenzentrum GmbH ein automationsunterstütztes zentrales Berufskraftfahrerqualifikationsregister zu führen. Sie/er ist Verantwortliche/r im Sinne des Art. 4 Z 7 der Verordnung (EU) Nr. 2016/679 zum Schutz natürlicher Personen bei der Verarbeitung personenbezogener Daten, zum freien Datenverkehr und zur Aufhebung der Richtlinie 95/46/EG (Datenschutz-Grundverordnung), ABl. Nr. L 119 vom 04.05.2016 S. 1, in der Fassung der Berichtigung ABl. Nr. L 74 vom 04.03.2021 S. 35. Die Bundesrechenzentrum GmbH ist Auftragsverarbeiter im Sinne des Art. 4 Z 8 der Datenschutz-Grundverordnung und damit zur Wahrnehmung der Datenschutzpflichten gemäß Artikel 28 Abs. 3 lit. a bis h der Datenschutz-Grundverordnung verpflichtet. Im Register sind sämtliche, von inländischen Behörden ausgestellte Fahrerqualifizierungsnachweise zu erfassen, um feststellen zu können, ob ein Berufskraftfahrer über die erforderliche Qualifikation verfügt.

(2) Die für die Ausstellung des Fahrerqualifizierungsnachweises zuständigen Behörden haben die erforderlichen Daten online über eine gesicherte Datenverbindung in das Berufskraftfahrerqualifikationsregister einzutragen.

(3) Folgende Daten sind im Berufskraftfahrerqualifikationsregister zu erfassen:

1. für Fahrerqualifizierungsnachweise gemäß § 14a Abs. 4 Z 1:

a) Name und Vorname des Inhabers;
b) Geburtsdatum und Geburtsort des Inhabers;
c) Eintragungsdatum;
d) Ablaufdatum;
e) Führerscheinnummer;
f) Fahrzeugklassen.

2. für Fahrerqualifizierungsnachweise gemäß § 14a Abs. 4 Z 2:

a) Name und Vorname des Inhabers;
b) Geburtsdatum und Geburtsort des Inhabers;
c) Ausstellungsdatum;
d) Ablaufdatum;
e) Behörde, die den Fahrerqualifizierungsnachweis ausgestellt hat;
f) Führerscheinnummer;

g) Seriennummer des Nachweises;
h) Fahrzeugklassen.

(4) Zum Zweck der Umsetzung von Artikel 10 Abs. 1 zweiter Unterabs. und Prüfung der Einhaltung von Artikel 10a der Richtlinie 2003/59/EG dürfen die Behörden gemäß Abs. 2 auf die Daten gemäß Abs. 3 lit. a und b zugreifen und diese verarbeiten. Das Berufskraftfahrerqualifikationsregister hat eine vollständige Protokollierung aller erfolgten Datenabfragen vorzunehmen, aus der erkennbar ist, welcher Person welche Daten aus dem Berufskraftfahrerqualifikationsregister übermittelt wurden. Diese Protokolldaten sind zu speichern und drei Jahre nach der Entstehung dieser Daten zu löschen.

(5) Auskünfte aus dem Register sind im Wege der Datenfernverarbeitung zu erteilen:

1. den Organen des Bundes, der Länder und der Gemeinden, und

2. den zuständigen Behörden anderer Mitgliedstaaten,

soweit sie für die Umsetzung und Überwachung der Einhaltung von Artikel 10a der Richtlinie 2003/59/EG zuständig sind und das Auskunftsersuchen der Prüfung der Einhaltung dieser Richtlinie dient.

(BGBl I 2022/18)

ABSCHNITT III
Schlußbestimmungen

Strafbestimmungen

§ 15. (1) Abgesehen von gemäß dem V. Hauptstück der GewO 1994 zu ahndenden Verwaltungsübertretungen begeht eine Verwaltungsübertretung, die mit einer Geldstrafe bis zu 7 267 Euro zu ahnden ist, wer als Unternehmer

1. die Zahl der Fahrzeuge ohne Genehmigung gemäß § 4 Abs. 2 vermehrt;

2. § 10 zuwiderhandelt;

3. eine Beförderung gemäß § 11 Abs. 1 Z 2 ohne die erforderliche Genehmigung durchführt;

4. die gemäß § 14 festgelegten Tarife nicht einhält;

5. andere als die in Z 1 bis 4 genannten Gebote oder Verbote dieses Bundesgesetzes oder der auf Grund dieses Bundesgesetzes erlassenen Verordnungen nicht einhält;

6. nicht dafür sorgt, dass die gemäß der Verordnung (EG) Nr. 1073/09 erforderliche beglaubigte Abschrift der Gemeinschaftslizenz oder das Fahrtenblatt mitgeführt wird;

7. gegen sonstige Gebote oder Verbote der Verordnung (EG) Nr. 1071/09 und der Verordnung (EG) Nr. 1073/09 oder andere unmittelbar

7/1. GelverkG
§ 15

anwendbare Vorschriften der Europäischen Union über den Personenverkehr auf der Straße verstößt;

8. nicht dafür sorgt, dass die notwendigen Genehmigungen oder Nachweise gemäß dem Landesverkehrsabkommen mit der Schweiz oder gemäß den Vereinbarungen nach § 12 oder gemäß dem Interbus-Übereinkommen oder dem Bundesgesetz vom 1. Oktober 1987 zur Durchführung des Übereinkommens über die Personenbeförderung im grenzüberschreitenden Gelegenheitsverkehr mit Kraftomnibussen, BGBl. Nr. 17/1987 (ASOR-Durchführungsgesetz), BGBl. Nr. 521/1987, mitgeführt werden.
(BGBl I 2013/32)

(2) Bei Verwaltungsübertretungen gemäß Abs. 1 Z 1, 4, 6 und 8 sowie bei Verwaltungsübertretungen gemäß Abs. 1 Z 2, wenn es sich um Zuwiderhandlungen gegen § 10 Abs. 2 handelt, hat die Geldstrafe mindestens 363 Euro zu betragen. Bei Verwaltungsübertretungen gemäß Abs. 1 Z 3 und 7 sowie bei Verwaltungsübertretungen gemäß § 366 Abs. 1 Z 1 der Gewerbeordnung 1994 hat die Geldstrafe mindestens 1 453 Euro zu betragen.

(3) Bei Verwaltungsübertretungen gemäß Abs. 1 Z 4 ist das gewährte unzulässige Entgelt für verfallen zu erklären.

(4) Strafbar nach Abs. 1 Z 3, 6 und 8 ist ein Unternehmer auch dann, wenn er die Verpflichtungen im Ausland verletzt. Örtlich zuständig ist diesfalls jene Behörde, in deren Sprengel der Lenker im Zuge einer Straßenkontrolle betreten wird, sonst jene Behörde, in deren Sprengel der Grenzübertritt in das Bundesgebiet erfolgte. Stellt die Übertretung zugleich einen schwersten Verstoß gemäß Anhang IV der Verordnung (EG) Nr. 1071/09 dar, ist die zuständige Behörde des Niederlassungsmitgliedstaates davon zu verständigen.
(BGBl I 2013/32)

(5) Eine Verwaltungsübertretung, die mit einer Geldstrafe bis zu 726 Euro zu ahnden ist, begeht, wer als Lenker

1. Gebote oder Verbote dieses Bundesgesetzes oder der auf Grund dieses Bundesgesetzes erlassenen Verordnungen nicht einhält;

2. eine gemäß der Verordnung (EG) Nr. 1073/09 erforderliche Abschrift der Gemeinschaftslizenz oder das Fahrtenblatt nicht mitführt oder auf Verlangen den Kontrollorganen nicht vorweist;

3. gegen sonstige Gebote oder Verbote der Verordnung (EG) Nr. 1071/09 und der Verordnung (EG) Nr. 1073/09 verstößt;

4. die notwendigen Genehmigungen oder Nachweise gemäß dem Landesverkehrsabkommen mit der Schweiz oder gemäß den Vereinbarungen nach § 12 oder gemäß dem Interbusabkommen oder dem Bundesgesetz vom 1. Oktober 1987 zur Durchführung des Übereinkommens über die Personenbeförderung im grenzüberschreitenden Gelegenheitsverkehr mit Kraftomnibussen, BGBl. Nr. 17/1987 (ASOR-Durchführungsgesetz), BGBl. Nr. 521/1987, nicht mitführt oder auf Verlangen den Kontrollorganen nicht vorweist;

5. gegen sonstige unmittelbar anwendbare Vorschriften der Europäischen Union über den Personenverkehr auf der Straße verstößt.
(BGBl I 2013/32)

(6) Wurde die Bestellung eines Geschäftsführers nach § 39 der Gewerbeordnung 1994 oder nach anderen Verwaltungsvorschriften genehmigt, so ist der Geschäftsführer strafrechtlich verantwortlich und sind Strafen gegen ihn zu verhängen. Dies gilt sinngemäß auch für den Fall der Genehmigung der Bestellung eines Filialgeschäftsführers hinsichtlich der Betriebsstätte, für die er verantwortlich ist.

(7) Wer als selbstständiger Kraftfahrer

1. die wöchentliche Höchstarbeitszeit gemäß § 18c überschreitet,

2. die gemäß § 18d vorgeschriebenen Ruhepausen nicht einhält,

3. an Tagen, an denen er Nachtarbeit leistet, die gemäß § 18e Abs. 1 erlaubte Tagesarbeitszeit überschreitet oder

4. geleistete Nachtarbeit nicht gemäß § 18e Abs. 2 ausgleicht,

begeht eine Verwaltungsübertretung und ist mit einer Geldstrafe von 72 Euro bis 1 815 Euro, im Wiederholungsfall von 145 Euro bis 1 815 Euro zu bestrafen. *(BGBl I 2013/32)*

(8) Wer als selbstständiger Kraftfahrer die Aufzeichnungs- oder Aufbewahrungspflicht gemäß § 18f verletzt, begeht eine Verwaltungsübertretung und ist mit einer Geldstrafe von 72 Euro bis 1 000 Euro, im Wiederholungsfall von 145 Euro bis 1 500 Euro zu bestrafen. *(BGBl I 2013/32)*

(9) Wer als Lenker einen Schülertransport (§ 106 Abs. 10 KFG) durchführt, obwohl der Alkoholgehalt seines Blutes mehr als 0,1 g/l (0,1 Promille) oder der Alkoholgehalt seiner Atemluft mehr als 0,05 mg/l beträgt, begeht eine Verwaltungsübertretung und ist mit einer Geldstrafe von 363 Euro bis zu 2180 Euro zu bestrafen, sofern nicht auch ein Verstoß gegen die §§ 37 Abs. 3 Z 3 oder 37a FSG oder gegen § 99 Abs. 1 bis 1b StVO 1960 vorliegt. *(BGBl I 2014/63)*

(10) Wer als Inhaber einer ermächtigten Ausbildungsstätte seine Pflichten gemäß § 13a der Grundqualifikations- und Weiterbildungsverordnung – Berufskraftfahrer (GWB), BGBl. II Nr. 139/2008, in der jeweils geltenden Fassung, verletzt, begeht eine Verwaltungsübertretung und ist gemäß § 23 Abs. 10 des Güterbeförderungsgesetzes 1995 zu bestrafen. *(BGBl I 2022/18)*

(BGBl I 2006/24)

Vorläufige Sicherheit

§ 15a. Als vorläufige Sicherheit im Sinne des § 37a VStG kann bei Verdacht einer Übertretung der Vorschriften über den grenzüberschreitenden Personenverkehr mit Kraftfahrzeugen (§§ 11 und 12) oder einer Zuwiderhandlung gemäß § 15 Abs. 1 Z 3, sowie Z 6 bis 8 ein Betrag bis zu 1 453 Euro festgesetzt werden. Bei Verdacht einer Übertretung des Unternehmers gilt dabei der Lenker als Vertreter des Unternehmers, falls nicht dieser selbst oder ein von ihm bestellter Vertreter bei den Amtshandlungen anwesend ist.

(BGBl I 2006/24)

Behörden

§ 16. (1) Die Landeshauptfrau/der Landeshauptmann ist zuständig für die Erteilung der Konzessionen für den Betrieb des Ausflugswagen-(Stadtrundfahrten-)Gewerbes (§ 3 Abs. 1 Z 1) und für das Mietwagen-Gewerbes (§ 3 Abs. 1 Z 2) sowie für die Ausstellung und Entziehung der diesen Konzessionen zuzuordnenden Gemeinschaftslizenzen gemäß der Verordnung (EG) Nr. 1073/09. *(BGBl I 2013/32)*

(2) Konzessionen für das Personenbeförderungsgewerbe mit Pkw (§ 3 Abs. 1 Z 3 – Taxi) und für das Gästewagen-Gewerbe (§ 3 Abs. 1 Z 4) erteilt die Bezirksverwaltungsbehörde. *(BGBl I 2019/83)*

(3) Die konzessionserteilende Behörde ist insbesondere auch zuständig für:

1. das Konzessionsentziehungsverfahren;

2. die Genehmigung und den Widerruf der Bestellung eines Geschäftsführers;

3. die Genehmigung und den Widerruf der Bestellung eines Filialgeschäftsführers für die Ausübung des Gewerbes in einer weiteren Betriebsstätte;

4. den Widerruf der Übertragung der Ausübung eines Gewerbes an einen Pächter;

5. die Vollziehung der §§ 46 bis 48 der GewO 1994;

6. Kontrollen im Sinne des Art. 19 Abs. 2 Verordnung (EG) Nr. 1073/09;

7. folgende Maßnahmen hinsichtlich des Verkehrsleiters für das Ausflugswagen-Gewerbe, das Stadtrundfahrten-Gewerbe und das Mietwagen-Gewerbe mit Omnibussen:

a) die Genehmigung der Benennung eines Verkehrsleiters gemäß § 6a;

b) die Überprüfung gemäß Art. 11 Verordnung (EG) Nr. 1071/09, ob ein Verkehrsleiter, sofern Zweifel an der Zuverlässigkeit eines Unternehmens bestehen, zum Zeitpunkt der Antragstellung in einem Mitgliedstaat für ungeeignet erklärt wurde;

c) die Erklärung gemäß Art. 14 Verordnung (EG) Nr. 1071/09, dass ein Verkehrsleiter ungeeignet ist, die Verkehrstätigkeiten eines Unternehmens zu leiten;

8. die Eintragung der einschlägigen Daten in das Verkehrsunternehmensregister gemäß § 18a, sowie deren Berichtigung, Übermittlung und Löschung;

9. die Meldung an das Bundesministerium für „Klimaschutz, Umwelt, Energie, Mobilität, Innovation und Technologie" gemäß Art. 26 Abs. 1 lit. b und c Verordnung (EG) Nr. 1071/09 und gemäß Art. 28 Abs. 4 Verordnung (EG) Nr. 1073/09 hinsichtlich des Ausflugswagen-Gewerbes, des Stadtrundfahrten-Gewerbes und des Mietwagen-Gewerbes mit Omnibussen über

a) die Anzahl der erteilten, ausgesetzten und entzogenen Personenbeförderungskonzessionen sowie die Angabe der Gründe, die zu dieser Entscheidung geführt haben, aufgeschlüsselt nach Jahr und Art,

b) die Anzahl der Erklärungen, dass ein Verkehrsleiter ungeeignet ist, die Verkehrstätigkeiten eines Unternehmens zu leiten sowie die Angabe der Gründe, die zu dieser Entscheidung geführt haben, aufgeschlüsselt nach Jahr und Art,

c) die Anzahl der jedes Jahr erteilten Bescheinigungen über die fachliche Eignung, und

d) die Anzahl der am 31.12. des vorangegangenen Jahres im Umlauf befindlichen Gemeinschaftslizenzen und der beglaubigten Kopien, wobei die Meldung bis zum 31.1. des Folgejahres im Bundesministerium für „Klimaschutz, Umwelt, Energie, Mobilität, Innovation und Technologie" eingelangt sein muss. *(BGBl I 2021/13)*
(BGBl I 2013/32)

(4) *(aufgehoben, BGBl I 2006/24)*

(5) Den „Landespolizeidirektionen, insoweit diese für das Gebiet einer Gemeinde zugleich Sicherheitsbehörde erster Instanz sind," kommt in ihrem örtlichen Zuständigkeitsbereich die Handhabung der zur gewerbepolizeilichen Regelung auf Grund des § 13 Abs. 1 bis 4 dieses Bundesgesetzes erlassenen Vorschriften für die diesem Bundesgesetz unterliegenden Gewerbe und die Bestrafung der Übertretungen dieser Vorschriften zu. *(BGBl I 2012/50)*

(6) *(entfällt, BGBl I 2013/96)*

(7) Zuständige Behörde für den Informationsaustausch gemäß den in § 17 genannten Bestimmungen ist jene Behörde, die das zugrundeliegende Verfahren geführt hat. *(BGBl I 2013/96)*

Amtshilfe

§ 17. Über Art. 24 Verordnung (EG) Nr. 1071/09 und Art. 20 Verordnung (EG) Nr.

1073/09 hinausgehende gegenseitige Amts- und Rechtshilfeabkommen bleiben aufrecht.

(BGBl I 2013/32)

Verweisungen

§ 18. (1) Soweit in diesem Bundesgesetz auf Bestimmungen anderer Bundesgesetze verwiesen wird, sind diese, sofern nichts anderes ausdrücklich angeordnet ist, in ihrer jeweils geltenden Fassung anzuwenden.

(2) Soweit in diesem Bundesgesetz auf das Landverkehrsabkommen mit der Schweiz verwiesen wird, ist das Abkommen zwischen der Europäischen Gemeinschaft und der Schweizerischen Eidgenossenschaft über den Güter- und Personenverkehr auf Schiene und Straße, ABl. Nr. L 114 vom 30.4.2002, S 91, anzuwenden.

(3) Soweit in diesem Bundesgesetz auf das Interbus-Übereinkommen verwiesen wird, ist das Übereinkommen über die Personenbeförderung im grenzüberschreitenden Gelegenheitsverkehr mit Omnibussen, ABl. Nr. L 321 vom 26.11.2002, S 11, anzuwenden.

(4) Soweit in diesem Bundesgesetz auf die Richtlinie 2003/59/EG verwiesen wird, ist die Richtlinie 2003/59/EG des Europäischen Parlaments und des Rates vom 15.07.2003 über die Grundqualifikation und Weiterbildung der Fahrer bestimmter Kraftfahrzeuge für den Güter- oder Personenkraftverkehr und zur Änderung der Verordnung (EWG) Nr. 3820/85 des Rates und der Richtlinie 91/439/EWG des Rates sowie zur Aufhebung der Richtlinie 76/914/EWG des Rates, ABl. Nr. L 226 vom 10.09.2003, S. 4, geändert durch die Richtlinie 2004/66/EG vom 26.04.2004, ABl. Nr. L 168 vom 01.05.2004, S. 35, anzuwenden.

(5) Soweit in diesem Bundesgesetz auf die Verordnung (EG) Nr. 1071/09 verwiesen wird, ist die Verordnung (EG) Nr. 1071/2009 zur Festlegung gemeinsamer Regeln für die Zulassung zum Beruf des Kraftverkehrsunternehmers und zur Aufhebung der Richtlinie 96/26/EG des Rates, ABl. Nr. L 300 vom 14.11.2009 S. 51, anzuwenden.

(6) Soweit in diesem Bundesgesetz auf die Verordnung (EG) Nr. 1073/09 verwiesen wird, ist die Verordnung (EG) Nr. 1073/2009 über gemeinsame Regeln für den Zugang zum grenzüberschreitenden Personenkraftverkehrsmarkt und zur Änderung der Verordnung (EG) Nr. 561/2006, ABl. Nr. L 300 vom 14.11.2009 S. 88, anzuwenden.

(7) Soweit in diesem Bundesgesetz auf die Richtlinie 2006/126/EG verwiesen wird, ist die Richtlinie 2006/126/EG über den Führerschein, ABl. Nr. L 403 vom 30.12.2006 S. 18, in der Fassung der Richtlinie 2020/612/EU, ABl. Nr. L 141 vom 5.5.2020 S. 9, anzuwenden. *(BGBl I 2022/18)*

(BGBl I 2013/32)

ABSCHNITT IV

Erfassung der Verkehrsunternehmen

Verkehrsunternehmensregister

§ 18a. (1) Die Bundesministerin/der Bundesminister für „Klimaschutz, Umwelt, Energie, Mobilität, Innovation und Technologie" hat bei der Bundesrechenzentrum GmbH ein automationsunterstütztes zentrales Verkehrsunternehmensregister im Sinne des Art. 16 Verordnung (EG) Nr. 1071/09 zu führen. Im Register werden die im Inland konzessionierten Personenbeförderungsunternehmen für das Ausflugswagen-(Stadtrundfahrten-)Gewerbe und das mit Omnibussen betriebene Mietwagen-Gewerbe erfasst. Das Register wird zur Speicherung von Daten geführt, die erforderlich sind, um feststellen zu können, welche Personenbeförderungsunternehmen über eine Konzession verfügen, welche Verkehrsleiter oder rechtlichen Vertreter für diese Unternehmen bestellt wurden, über welche Art der Konzession diese Unternehmen verfügen, für welche Anzahl von Kraftfahrzeugen die Konzession erteilt wurde, gegebenenfalls die laufende Nummer der Gemeinschaftslizenz und der beglaubigten Kopien gemäß Art. 4 Verordnung (EG) Nr. 1073/09. Weiters ist in dem Register auch die Anzahl, Kategorie und Art der schwerwiegenden Verstöße gemäß § 5 Abs. 3 Z 3 und die Namen der Personen, die für ungeeignet erklärt wurden, die Verkehrstätigkeiten eines Unternehmens zu leiten, zu erfassen. *(BGBl I 2021/13)*

(2) Die gemäß § 16 Abs. 3 zuständige Behörde sowie die zuständigen Verwaltungsstrafbehörden haben die erforderlichen Daten online über eine gesicherte Datenverbindung an die Bundesrechenzentrum GmbH zu übermitteln.

(3) Folgende Daten sind gemäß Art. 16 Abs. 2 Verordnung (EG) Nr. 1071/09 in das Verkehrsunternehmensregister einzutragen:

1. Name und Rechtsform des Unternehmens;

2. Anschrift der Niederlassung;

3. Namen der Verkehrsleiter, die zur Erfüllung der Voraussetzungen hinsichtlich Zuverlässigkeit und fachlicher Eignung benannt wurden, oder gegebenenfalls eines rechtlichen Vertreters;

4. Art der Konzession und Anzahl der Kraftfahrzeuge, für die die Konzession erteilt wurde, und gegebenenfalls laufende Nummer der Gemeinschaftslizenz und der beglaubigten Kopien;

5. Anzahl, Kategorie und Art der in § 5 Abs. 3 Z 3 genannten schwerwiegenden Verstöße, die in den vorangehenden zwei Jahren zu einer

rechtskräftigen Verurteilung oder einer Bestrafung geführt haben;

6. Namen der Personen, die für ungeeignet erklärt wurden, als Verkehrsleiter die Verkehrstätigkeiten eines Unternehmens zu leiten, solange die Zuverlässigkeit der betreffenden Person nicht wieder hergestellt ist.

(4) Die gemäß § 16 Abs. 3 zuständigen Behörden können auf die jeweils in Betracht kommenden Daten zugreifen und diese verarbeiten. Das Verkehrsunternehmensregister hat eine vollständige Protokollierung aller Datenabfragen vorzunehmen, aus der erkennbar ist, welcher Person welche Daten aus dem Verkehrsunternehmensregister übermittelt wurden. Diese Protokolldaten sind zu speichern und drei Jahre nach der Entstehung dieser Daten zu löschen. *(BGBl I 2018/37)*

(5) Zusätzlich zu den in Abs. 3 genannten Daten sind folgende Daten in das Verkehrsunternehmensregister einzutragen:

1. bei natürlichen Personen das Geburtsdatum;

2. Nummer, Ausstellungsdatum und Ausstellungsland der Bescheinigung der fachlichen Eignung des Verkehrsleiters;

3. soweit vorhanden, die Firmenbuchnummer des Verkehrsunternehmens.

(6) Auskünfte aus dem Register sind im Wege der Datenfernverarbeitung zu erteilen:

1. den Organen des Bundes, der Länder und der Gemeinden, soweit sie diese für die Wahrnehmung ihrer gesetzlichen Aufgaben benötigen und

2. den zuständigen Behörden anderer Staaten, sofern sich eine solche Verpflichtung aus diesem Bundesgesetz, aus unmittelbar anwendbarem Gemeinschaftsrecht oder anderen zwischenstaatlichen Abkommen ergibt.

(7) Die Daten gemäß Abs. 3 Z 1 bis 4 sind öffentlich zugänglich.

(BGBl I 2013/32)

ABSCHNITT V

Arbeitszeit der selbstständigen Kraftfahrer

Begriffsbestimmungen

§ 18b. Für die Zwecke dieses Bundesgesetzes bezeichnet der Ausdruck

1. selbstständiger Kraftfahrer: alle Personen, deren berufliche Tätigkeit hauptsächlich darin besteht, mit Gemeinschaftslizenz oder einer anderen berufsspezifischen Beförderungsermächtigung gewerbsmäßig Personen mit Omnibussen zu befördern, die

a) befugt sind, auf eigene Rechnung zu arbeiten,

b) nicht durch einen Arbeitsvertrag oder ein anderes arbeitsrechtliches Abhängigkeitsverhältnis an einen Arbeitgeber gebunden sind,

c) über den erforderlichen freien Gestaltungsspielraum für die Ausübung der betreffenden Tätigkeit verfügen,

d) deren Einkünfte direkt von den erzielten Gewinnen abhängen und

e) die Freiheit haben, als Einzelne oder durch eine Zusammenarbeit zwischen selbständigen Kraftfahrern Geschäftsbeziehungen zu mehreren Kunden zu unterhalten;

2. Arbeitsplatz:

a) den Standort der Hauptniederlassung des Unternehmens, für das der selbstständige Kraftfahrer tätig ist, und seine verschiedenen Zweigniederlassungen, ob sie nun mit seinem Geschäftssitz oder seiner Hauptniederlassung zusammenfallen oder nicht,

b) das Fahrzeug, das der selbstständige Kraftfahrer bei seiner Tätigkeit benutzt und

c) jeden anderen Ort, an dem die mit der Beförderung verbundenen Tätigkeiten ausgeführt werden;

3. Arbeitszeit: die Zeitspanne zwischen Arbeitsbeginn und Arbeitsende, in der sich der selbständige Kraftfahrer an seinem Arbeitsplatz befindet, dem Kunden zur Verfügung steht, und während deren er seine Funktionen oder Tätigkeiten ausübt; dies umfasst nicht allgemeine administrative Tätigkeiten, die keinen direkten Zusammenhang mit der gerade ausgeführten spezifischen Transporttätigkeit aufweisen, sowie die Ruhepausen gemäß § 18d;

4. Woche: den Zeitraum von Montag 00.00 Uhr bis Sonntag 24.00 Uhr;

5. Tagesarbeitszeit: die Arbeitszeit innerhalb eines ununterbrochenen Zeitraumes von vierundzwanzig Stunden;

6. Nachtzeit: die Zeit zwischen 0.00 Uhr und 04.00 Uhr;

7. Nachtarbeit: jede Arbeit, die während der Nachtzeit ausgeführt wird.

(BGBl I 2013/32)

Wöchentliche Höchstarbeitszeit

§ 18c. Die durchschnittliche wöchentliche Arbeitszeit eines selbständigen Kraftfahrers darf 48 Stunden nicht überschreiten. Die wöchentliche Höchstarbeitszeit kann bis zu 60 Stunden betragen, sofern der Wochendurchschnitt in einem Zeitraum von sechs Monaten 48 Stunden nicht übersteigt.

(BGBl I 2013/32)

Ruhepausen

§ 18d. (1) Die Tagesarbeitszeit eines selbstständigen Kraftfahrers ist

1. bei einer Gesamtdauer zwischen sechs und neun Stunden durch eine Ruhepause von mindestens 30 Minuten,

2. bei einer Gesamtdauer von mehr als neun Stunden durch eine Ruhepause von mindestens 45 Minuten,

zu unterbrechen. Die Ruhepause ist spätestens nach sechs Stunden einzuhalten.

(2) Die Ruhepause kann in mehrere Teile von mindestens 15 Minuten aufgeteilt werden.

(3) Bei Teilung der Ruhepause nach Abs. 2 ist der erste Teil nach spätestens sechs Stunden einzuhalten.

(BGBl I 2013/32)

Nachtarbeit

§ 18e. (1) Die Tagesarbeitszeit eines selbstständigen Kraftfahrers darf an Tagen, an denen er Nachtarbeit leistet, zehn Stunden nicht überschreiten.

(2) Der selbstständige Kraftfahrer hat Nachtarbeit binnen 14 Tagen durch eine Verlängerung einer täglichen oder wöchentlichen Ruhezeit im Ausmaß der geleisteten Nachtarbeit auszugleichen.

(BGBl I 2013/32)

Aufzeichnungspflicht

§ 18f. Jeder selbstständige Kraftfahrer hat Aufzeichnungen über die von ihm geleistete Arbeitszeit zu führen und diese mindestens 2 Jahre lang aufzubewahren. Diese Aufzeichnungen sind der Behörde nach Aufforderung lückenlos und geordnet nach Datum zur Verfügung zu stellen.

(BGBl I 2013/32)

ABSCHNITT VI
Übergangsbestimmungen

Bestehende Berechtigungen

§ 19. (1) Berechtigungen zur gewerbsmäßigen Beförderung von Personen im Umfang des § 1 Abs. 1 dieses Bundesgesetzes, in der Fassung BGBl. Nr. 129/1993, die auf Grund der bisher in Geltung gestandenen Vorschriften erlangt oder aufrechterhalten worden sind, gelten nach Maßgabe ihres sachlichen Inhaltes und der folgenden Bestimmungen als entsprechende Berechtigungen im Sinne dieses Bundesgesetzes, in der Fassung BGBl. Nr. 129/1993, und der Gewerbeordnung 1994.

(2) Bestehende sachlich eingeschränkte Mietwagengewerbeberechtigungen für Omnibusse gelten, mit Ausnahme der Anzahl der Kraftfahrzeuge, als uneingeschränkte Berechtigungen weiter.

(3) Im Zeitpunkt des In-Kraft-Tretens des Bundesgesetzes BGBl. I Nr. 24/2006, aufrechte Pachtverhältnisse werden nicht beeinträchtigt. Auf Tätigkeiten der Pächter sind die vor dem In-krafttreten des Bundesgesetzes BGBl. I Nr. 111/2002 geltenden Vorschriften der GewO 1994 weiter anzuwenden. Ab dem im ersten Satz genannten Zeitpunkt dürfen Pächter nicht neu bestellt werden. Die Daten über bestehende Pächter und den Widerruf der Übertragung der Ausübung des Gewerbes an einen Pächter sind in den Gewerberegistern weiter zu führen. *(BGBl I 2006/24)*

(4) Dieses Bundesgesetz in der Fassung BGBl. I Nr. 24/2006 gilt als Neuregelung im Sinne des § 375 Abs. 4 der GewO 1994. *(BGBl I 2006/24)*

(5) § 10 Abs. 6 ist sechs Monate nach In-Kraft-Treten dieses Bundesgesetzes in der Fassung BGBl. I Nr. 24/2006 anzuwenden. *(BGBl I 2006/24)*

(6) Natürliche Personen, denen vor dem 4. Dezember 2011 eine Konzession gemäß § 5 erteilt wurde, gelten als Verkehrsleiter im Sinne des Artikels 4 Verordnung (EG) Nr. 1071/09. Ist in einem Unternehmen die Bestellung eines gewerberechtlichen Geschäftsführers gemäß § 39 GewO 1994 zum Zeitpunkt des Inkrafttretens dieses Gesetzes, in der Fassung BGBl. I Nr. 32/2013, von der Behörde bescheidmäßig genehmigt worden, so gilt jedenfalls dieser als Verkehrsleiter. Unternehmen, die zum Zeitpunkt des Inkrafttretens dieses Gesetzes keinen Verkehrsleiter benannt haben, müssen innerhalb eines Monats einen Verkehrsleiter benennen. *(BGBl I 2013/32)*

(7) Ab dem Inkrafttreten dieses Bundesgesetzes in der Fassung BGBl. I Nr. 83/2019 dürfen Konzessionen für das mit Personenkraftwagen betriebene Mietwagen-Gewerbe nicht mehr erteilt werden. *(BGBl I 2019/83)*

(8) Bestehende Konzessionen für das mit Personenkraftwagen betriebene Mietwagen-Gewerbe und für das Taxi-Gewerbe gelten ab dem Inkrafttreten dieses Bundesgesetzes in der Fassung BGBl. I Nr. 83/2019 als Konzessionen für das Personenbeförderungsgewerbe mit Pkw. Bestehende Konzessionen, bei deren Erteilung der Antragsteller von den Voraussetzungen des § 6 Abs. 1 in der Fassung vor dem Inkrafttreten dieses Bundesgesetzes in der Fassung BGBl. I Nr. 83/2019 befreit wurde, bleiben aufrecht. *(BGBl I 2019/83)*

(9) Die Konzessionsvoraussetzungen sind im Sinne des § 5 Abs. 2b erstmals nachzuweisen:

1. für Konzessionen, die 2015 oder in Abständen von jeweils 5 Jahren davor erteilt wurden, bis spätestens 30.4.2021; *(BGBl I 2020/24)*

2. für Konzessionen, die 2016 oder in Abständen von jeweils 5 Jahren davor erteilt wurden, bis spätestens 31.12.2021;

3. für Konzessionen, die 2017 oder in Abständen von jeweils 5 Jahren davor erteilt wurden, bis spätestens 31.12.2022;

4. für Konzessionen, die 2018 oder in Abständen von jeweils 5 Jahren davor erteilt wurden, bis spätestens 31.12.2023;

5. für Konzessionen, die 2019 oder in Abständen von jeweils 5 Jahren davor erteilt wurden, bis spätestens 31.12.2024.
(BGBl I 2019/83)

Anhängige Verfahren

§ 20. (1) Dieses Bundesgesetz ist auch auf strafbare Handlungen anzuwenden, die vor seinem Wirksamkeitsbeginn begangen worden sind, sofern diese dadurch nicht einer strengeren Behandlung unterliegen als nach den bisher in Geltung gestandenen Vorschriften; im übrigen sind noch nicht abgeschlossene Verfahren nach den Vorschriften dieses Bundesgesetzes und nach den gemäß diesem Bundesgesetz anzuwendenden Rechtsvorschriften zu beurteilen.

(2) Am Tag des Inkrafttretens dieses Bundesgesetzes, in der Fassung BGBl. Nr. 129/1993, anhängige Verfahren sind nach der bis zum Inkrafttreten des Bundesgesetzes BGBl. Nr. 129/1993 geltenden Rechtslage zu Ende zu führen.

Wirksamkeitsbeginn und Vollziehung

§ 21. (1) Mit der Vollziehung, ausgenommen § 1 Abs. 3, ist der „Bundesminister für „Klimaschutz, Umwelt, Energie, Mobilität, Innovation und Technologie"*"* betraut. *(*BGBl I 2006/24; **BGBl I 2021/13)*

(2) (**Verfassungsbestimmung**) Mit der Vollziehung des § 1 Abs. 3 ist die Bundesregierung betraut.

(3) § 15 Abs. 1, 2 und 4 und § 15a in der Fassung des Bundesgesetzes BGBl. I Nr. 32/2002 treten mit 1. Jänner 2002 in Kraft. *(BGBl I 2002/32)*

(4) § 11 Abs. 4 und § 16 Abs. 5 in der Fassung des Bundesgesetzes BGBl. I Nr. 50/2012 treten mit 1. September 2012 in Kraft. *(BGBl I 2012/50)*

(5) Der Entfall des § 16 Abs. 6 und § 16 Abs. 7 in der Fassung des Bundesgesetzes BGBl. I Nr. 96/2013 treten mit 1. Jänner 2014 in Kraft. *(BGBl I 2013/96)*

(6) § 3 Abs. 1 Z 3 und § 15 Abs. 9 in der Fassung des Bundesgesetzes BGBl. I Nr. 63/2014 treten mit 1. September 2014 in Kraft. *(BGBl I 2014/63)*

(7) § 18a Abs. 4 in der Fassung des 2. Materien-Datenschutz-Anpassungsgesetzes, BGBl. I Nr. 37/2018, tritt mit 25. Mai 2018 in Kraft. *(BGBl I 2018/37)*

(8) Die §§ 3 Abs. 1 Z 2 und 3, 5 Abs. 2b, 2c, 4, 5a, 7 und 8 Z 1, 5 und 7, 6 Abs. 1 und 2, 10 Abs. 4 und 6, 13 Abs. 3 und 4, 14 Abs. 4, 16 Abs. 2 und 19 Abs. 8 und 9 in der Fassung des Bundesgesetzes BGBl. I Nr. 83/2019 treten mit „1. Jänner 2021" in Kraft. §§ 14 Abs. 1a und 1b treten mit 1. Jänner 2020 in Kraft. § 19 Abs. 7 in der Fassung des Bundesgesetzes BGBl. I Nr. 83/2019 tritt mit Ablauf des Tages der Kundmachung in Kraft. *(BGBl I 2019/83; BGBl I 2020/24)*

(9) § 14 Abs. 1b in der Fassung des Bundesgesetzes BGBl. I Nr. 13/2021 tritt mit 1. März 2021 in Kraft, § 14 Abs. 1c in der Fassung des Bundesgesetzes BGBl. I Nr. 13/2021 tritt mit 1. Juni 2021 in Kraft. *(BGBl I 2021/13)*

(10) Die §§ 14a Abs. 1, 3 und 4, 14b Abs. 1, 15 Abs. 10, 18 Abs. 7 und 22 Z 3 in der Fassung des Bundesgesetzes BGBl. I Nr. 18/2022 treten mit Ablauf des Tages der Kundmachung des genannten Gesetzes in Kraft. § 14e tritt mit 1. April 2022 in Kraft. *(BGBl I 2022/18)*

Bezugnahme auf Richtlinien

§ 22. Durch dieses Bundesgesetz werden folgende Richtlinien der Europäischen Gemeinschaft umgesetzt:

1. Richtlinie 2002/15/EG des europäischen Parlaments und des Rates vom 11. März 2002 zur Regelung der Arbeitszeit von Personen, die Fahrtätigkeiten im Bereich des Straßentransports ausüben, ABl. Nr. L 80 vom 23.03.2002, S. 35; *(BGBl I 2013/32)*

2. Richtlinie 2003/59/EG des Europäischen Parlaments und des Rates vom 15.07.2003 über die Grundqualifikation und Weiterbildung der Fahrer bestimmter Kraftfahrzeuge für den Güter- oder Personenkraftverkehr und zur Änderung der Verordnung (EWG) Nr. 3820/85 des Rates und der Richtlinie 91/439/EWG des Rates sowie zur Aufhebung der Richtlinie 76/914/EWG des Rates, ABl. Nr. L 226 vom 10.09.2003, S. 4, geändert durch die Richtlinie 2004/66/EG vom 26.04.2004, ABl. Nr. L 168 vom 01.05.2004, S. 35.

3. Richtlinie 2018/645/EU zur Änderung der Richtlinie 2003/59/EG über die Grundqualifikation und Weiterbildung der Fahrer bestimmter Kraftfahrzeuge für den Güter- oder Personenkraftverkehr und der Richtlinie 2006/126/EG über den Führerschein, ABl. Nr. L 112 vom 02.05.2018 S. 29. *(BGBl I 2022/18)*

(BGBl I 2006/153)

7/2. GelverkG
BO 1994

Betriebsordnung für den nichtlinienmäßigen Personenverkehr – BO 1994

BGBl 1993/951 idF

1 BGBl 1994/1028
2 BGBl II 2003/337
3 BGBl II 2003/440
4 BGBl II 2005/165
5 BGBl II 2020/408

Verordnung des Bundesministers für öffentliche Wirtschaft und Verkehr, mit der gewerbepolizeiliche Regelungen für die nichtlinienmäßige Beförderung von Personen mit Fahrzeugen des Straßenverkehrs getroffen werden

Auf Grund des § 10 Abs. 1 und 1 a des Gelegenheitsverkehrs-Gesetzes, BGBl. Nr. 85/1952, zuletzt geändert durch BGBl. Nr. 129/1993, wird verordnet:

1. TEIL
Geltungsbereich

§ 1. (1) Die nachfolgenden Bestimmungen über die nach der Eigenart des Gewerbes erforderlichen Eigenschaften der im Fahrdienst tätigen Personen hinsichtlich ihrer Ausbildung, Gesundheit und Zuverlässigkeit gelten für die Ausübung des Ausflugswagen-(Stadtrundfahrten-)Gewerbes, des Mietwagen-Gewerbes mit Omnibussen, des Personenbeförderungsgewerbes mit Pkw (Taxi) und des Gästewagen-Gewerbes mit Personenkraftwagen und Omnibussen. *(BGBl II 2020/408)*

(2) Zusätzlich gelten für die Ausübung des Ausflugswagen- (Stadtrundfahrten-) Gewerbes, des Mietwagen-Gewerbes mit Omnibussen und des Gästewagen-Gewerbes mit Omnibussen die nachfolgenden Bestimmungen über

1. die nach der Eigenart des Gewerbes erforderliche Beschaffenheit, Ausrüstung und Kennzeichnung der bei der Gewerbeausübung verwendeten Fahrzeuge hinsichtlich ihrer Betriebssicherheit und Eignung, insbesondere auch für Zwecke des Fremdenverkehrs und

2. die nach der Eigenart des Gewerbes erforderlichen Betriebs- und Beförderungsbedingungen.

2. TEIL
Bestimmungen über die Ausbildung, Gesundheit und Zuverlässigkeit der im Fahrdienst tätigen Personen

Allgemeine Bestimmungen

§ 2. Im Fahrdienst dürfen nur vertrauenswürdige Personen tätig sein. Als Fahrdienst gilt die Einsatzzeit gemäß § 16 Arbeitszeitgesetz, BGBl. Nr. 461/1969 „ ". *(BGBl II 2003/337)*

§ 3. Dem Lenker eines Fahrzeuges im Sinne dieser Verordnung ist untersagt:

1. Fahrten auszuführen, solange er oder ein Mitglied seiner häuslichen Gemeinschaft an einer fieberhaften Infektionskrankheit leidet oder der Verdacht besteht, dass bei ihm oder einem Mitglied seiner häuslichen Gemeinschaft eine akute fieberhafte Infektionskrankheit vorliegt;

2. den Fahrdienst anzutreten, wenn der Alkoholgehalt des Blutes mehr als 0,1 g/l (0,1 Promille) oder der Alkoholgehalt der Atemluft mehr als 0,05 mg/l beträgt;

3. den Fahrdienst in einem durch Medikamente oder Suchtgift beeinträchtigten Zustand oder in einer hiefür sonst nicht geeigneten körperlichen oder geistigen Verfassung anzutreten;

4. während des Fahrdienstes Alkohol, die körperliche oder geistige Verfassung beeinträchtigende Medikamente oder Suchtgifte zu sich zu nehmen.

(BGBl II 2020/408)

Besondere Bestimmungen für das Personenbeförderungsgewerbe mit Pkw (Taxi)

§ 4. (1) Als Lenker im Fahrdienst (Taxilenker) dürfen nur Personen tätig werden, die einen Ausweis nach dem Muster der Anlage 1 besitzen.

(2) Der Gewerbeinhaber darf im Fahrdienst nur Lenker verwenden, die Inhaber eines derartigen Ausweises sind.

(3) Der Lenker hat den Ausweis während des Fahrdienstes mitzuführen und den Organen des öffentlichen Sicherheitsdienstes oder der Straßen-

aufsicht auf Verlangen zur Überprüfung auszuhändigen. Die Bestätigung der Behörde über die Verlust- oder Diebstahlsanzeige ersetzt den Ausweis jedoch nicht länger als vier Wochen, gerechnet vom Tage der Meldung des Verlustes oder der Anzeige des Diebstahls.

§ 5. (1) Den Ausweis nach § 4 hat die nach dem Wohnsitz des Antragstellers zuständige Behörde auf Antrag auszustellen, sofern die Voraussetzungen des § 6 Abs. 1 gegeben sind. *(BGBl II 2020/408)*

(2) Der Ausweis muss folgende Angaben enthalten:

1. Nachname und Vorname(n) des Ausweisinhabers (Taxilenkers),

2. Geltungsdauer (§ 10),

3. Lichtbild des Ausweisinhabers mit einer Höhe zwischen 36 und 45 mm und einer Breite zwischen 28 und 35 mm, das die Identität des Inhabers zweifelsfrei erkennen lässt und

4. den Bereich, für den die Ortskenntnisse, die Kenntnisse der jeweiligen Landesbetriebsordnungen sowie die Kenntnisse der jeweils geltenden Tarife und kollektivvertraglichen Bestimmungen nachgewiesen wurden.
(BGBl II 2020/408)

(3) Die Bestellung des Ausweises hat auf elektronischem Weg zu erfolgen. Die Bundesministerin für Klimaschutz, Umwelt, Energie, Mobilität, Innovation und Technologie hat zu diesem Zweck ein elektronisches Bestellsystem für die Ausstellung des Ausweises zur Verfügung zu stellen. Dessen Einrichtung und Betrieb erfolgt durch die Bundesrechenzentrum GmbH (BRZ GmbH). Diese ist funktionell Auftragsverarbeiter im Sinne des Art. 4 Z 3 der Verordnung (EU) Nr. 2016/679 zum Schutz natürlicher Personen bei der Verarbeitung personenbezogener Daten, zum freien Datenverkehr und zur Aufhebung der Richtlinie 95/45/EG (Datenschutz-Grundverordnung), ABl. Nr. L 119 vom 04.05.2016 S.1. Den Behörden ist ein Zugang zum Bestellsystem über Portal Austria zum Zweck der Datenübermittlung zur Herstellung des Ausweises zu ermöglichen. Die Behörde hat die Daten gemäß Abs. 4 im Wege des Bestellsystems an den Hersteller und Versender zu übermitteln. Die Ausweise dürfen nur von einer von der Bundesministerin für Klimaschutz, Umwelt, Energie, Mobilität, Innovation und Technologie bestimmten Stelle hergestellt und versendet werden. *(BGBl II 2020/408)*

(4) Die Behörde hat folgende, für die Gewährleistung der Identität des Lenkers sowie die für die Ausstellung und Zusendung des Ausweises nach dem Muster gemäß der Anlage 1 erforderlichen Daten in mittelbarer Bundesverwaltung eigenverantwortlich zu verarbeiten und wird insoweit als Verantwortlicher gemäß Art. 4 Z 7 DSGVO tätig:

1. Nachname,

2. Vorname(n),

3. Geburtsdatum und Geburtsort,

4. Akademischer Titel,

5. Anrede,

6. Wohnadresse,

7. Lichtbild mit einer Höhe zwischen 36 und 45 mm und einer Breite zwischen 28 und 35 mm, das die Identität des Inhabers zweifelsfrei erkennen lässt, in gescannter Form,

8. Unterschrift in gescannter Form,

9. Ausweisnummer

10. Bereich, für den die Ortskenntnisse, die Kenntnisse der jeweiligen Landesbetriebsordnungen sowie die Kenntnisse der jeweils geltenden Tarife und kollektivvertraglichen Bestimmungen nachgewiesen wurden,

11. Geltungsdauer des Ausweises.
(BGBl II 2020/408)

(5) Erteilt die Behörde den Auftrag zur Herstellung des Ausweises, so hat sie die in Abs. 4 genannten Daten dem Hersteller und Versender zur Verfügung zu stellen. Dieser hat den Ausweis herzustellen und an den Antragsteller zu versenden. Für den Fall der Nichtzustellbarkeit ist als Ersatzadresse die der Behörde anzugeben. Der Hersteller hat die Daten spätestens 14 Tage nach der Versendung des Ausweises zu löschen. *(BGBl II 2020/408)*

(BGBl II 2020/408)

§ 6. (1) Der Ausweis ist auszustellen, wenn der Bewerber

1. eine Lenkberechtigung für die Klasse B besitzt, sich nicht mehr innerhalb der Probezeit nach § 4 FSG befindet und – bei erstmaliger Ausstellung eines Ausweises – glaubhaft macht, dass er mindestens das Jahr vor der Antragstellung regelmäßig Kraftwagen, ausgenommen Zugmaschinen, tatsächlich gelenkt hat,

2. körperlich so leistungsfähig ist, dass er den sich aus der Eigenart des Gewerbes für ihn allenfalls ergebenden Verpflichtungen (insbesondere Verladen von Gepäck und Unterstützung von Fahrgästen mit Behinderungen) nachkommen kann,

3. vertrauenswürdig ist. Die Vertrauenswürdigkeit muss zumindest in den letzten fünf Jahren vor der Ausstellung des Ausweises nachweislich gegeben sein. Nicht als vertrauenswürdig gilt insbesondere

a) wer nicht als verkehrszuverlässig im Sinne des § 7 FSG anzusehen ist,

b) wer durch wiederholte rechtskräftige Bestrafungen wegen Übertretungen der die Ordnung und die Sicherheit des Straßenverkehrs regelnden Vorschriften eine auffallende Sorglosigkeit gegenüber diesen Vorschriften erkennen lässt.

4. das 20. Lebensjahr vollendet hat,

5. durch ein Zeugnis nachweist:

a) Kenntnisse der Bestimmungen dieser Verordnung und der Betriebsordnung jenes Landes, in dem die Tätigkeit ausgeübt werden soll,

b) Kenntnisse anderer einschlägiger gewerberechtlicher Vorschriften,

c) Kenntnisse über die Verkehrssicherheit sowie den Straßenverkehr betreffende Rechtsvorschriften, insbesondere soweit sie sich auf das Personenbeförderungsgewerbe mit Pkw (Taxi) beziehen,

d) Kenntnisse der einschlägigen arbeits- und sozialrechtlichen Vorschriften, insbesondere Arbeitszeitrecht,

e) Kenntnisse über Unfallverhütung, Arbeitshygiene und Umweltschutz, soweit sie sich auf das Personenbeförderungsgewerbe mit Pkw (Taxi) beziehen,

f) entsprechende Ortskenntnisse, einschließlich der erforderlichen Verkehrsgeographie sowie für den Fremdenverkehr wichtige Kenntnisse,

g) Kenntnisse über die in dem betreffenden Bundesland geltenden verbindlichen Tarife und sonstigen für das Personenbeförderungsgewerbe mit Pkw (Taxi) relevanten preisrechtlichen Bestimmungen

h) Kenntnisse in Kriminalprävention,

i) Kenntnisse über kundenorientiertes Verhalten im Personenbeförderungsgewerbe mit Pkw (Taxi) und

6. den Nachweis über die Unterweisung in lebensrettenden Sofortmaßnahmen am Ort des Verkehrsunfalles im Ausmaß von mindestens sechs Stunden erbringt und

7. sofern in das Prüfungszeugnis ein Vermerk gemäß § 8 Abs. 2 aufgenommen wurde, einen österreichischen oder gleichwertigen Pflichtschulabschluss mit Deutsch als primärer Unterrichtssprache, oder Deutschkenntnisse zumindest auf Sprachniveau A2 (Sprechen und Verstehen) durch ein Zertifikat des Österreichischen Integrationsfonds (ÖIF) oder einer Einrichtung, deren Sprachprüfungen für den Besuch einer Bildungseinrichtung mit österreichischem Öffentlichkeitsrecht anerkannt werden, nachweist

(2) Eine Bescheinigung gemäß § 5 Abs. 5a Z 1 GelverkG ersetzt den Nachweis der Kenntnisse gemäß § 6 Abs. 1 Z 5 lit. a bis e und lit. g bis i.

(3) Bewerber, denen Asyl nach § 3 AsylG 1997, BGBl. I Nr. 76, gewährt wurde, benötigen für den Zeitraum vor der Asylgewährung keinen Nachweis der Vertrauenswürdigkeit, sofern keine Tatsachen bekannt sind, die zumindest Zweifel an der vermuteten Vertrauenswürdigkeit aufkommen lassen.

(BGBl II 2020/408)

§ 7. Die Ausbildung im Sinne des § 6 Abs. 1 Z 5 darf nur auf Grund einer Ermächtigung des Landeshauptmannes durchgeführt werden. Diese ist auf Antrag zu erteilen, wenn der Antragsteller für die Vermittlung der Fachkenntnisse über das erforderliche Personal und die erforderlichen Einrichtungen verfügt. Die Ermächtigung ist zu widerrufen, wenn die Voraussetzungen für die Erteilung nicht mehr gegeben sind.

(BGBl II 2020/408)

§ 8. (1) Die Feststellung der Kenntnisse nach § 6 Abs. 1 Z 5 erfolgt durch eine bei der zuständigen Fachgruppe für die Beförderungsgewerbe mit Personenkraftwagen eingerichtete Kommission. Voraussetzung für den Antritt zur Feststellung der Kenntnisse ist der Nachweis einer erfolgten Ausbildung gemäß § 7.

(2) Wenn auf Grund der bei der Feststellung der Kenntnisse gewonnenen Eindrücke anzunehmen ist, dass der Bewerber über keine für die Tätigkeit als Lenker (Taxilenker) ausreichenden Kenntnisse der deutschen Sprache verfügt, ist ein entsprechender Vermerk in das Zeugnis aufzunehmen. *(BGBl II 2020/408)*

§ 9. (1) Die Kommission zur Feststellung der Kenntnisse setzt sich mindestens aus je einem Vertreter der zuständigen Fachgruppe für die Beförderungsgewerbe mit Personenkraftwagen und der Kammer für Arbeiter und Angestellte zusammen. Weitere Mitglieder können im Einvernehmen zwischen der Fachgruppe für die Beförderungsgewerbe mit Personenkraftwagen und der Kammer für Arbeiter und Angestellte bestellt werden.

(2) Die Feststellung der Kenntnisse kann sowohl schriftlich, elektronisch als auch mündlich erfolgen. *(BGBl II 2020/408)*

§ 10. (1) Der Ausweis gilt nur in Verbindung mit dem nach den kraftfahrrechtlichen Vorschriften erforderlichen Führerschein.

(2) Der Ausweis wird für die Dauer von fünf Jahren, gerechnet vom Ausstellungsdatum, erteilt.

(3) Der Ausweis ist von der nach dem Wohnsitz des Antragstellers zuständigen Behörde auf Antrag für weitere fünf Jahre zu verlängern, wenn die Vertrauenswürdigkeit gemäß § 6 Abs. 1 Z 3 weiterhin besteht. Darüber hinaus gilt als nicht vertrauenswürdig

a) wer ein Fahrzeug im Fahrdienst gelenkt hat, ohne im Besitz eines gültigen Ausweises gewesen zu sein,

b) wer als im Fahrdienst tätige Person entgegen der Bestimmung des § 3 Z 2 bis 4 ein Fahrzeug gelenkt hat,

c) wer wiederholt wegen Übertretungen der jeweiligen Landesbetriebsordnung rechtskräftig bestraft worden ist,

d) wer als im Fahrdienst tätige Person eine höhere als die bei der Genehmigung des Kraftfahrzeuges festgesetzte Personenanzahl befördert hat,

e) wer als im Fahrdienst tätige Person Fahrgäste diskriminiert oder sexuell belästigt hat.

(BGBl II 2020/408)

§ 11. (entfallen, BGBl II 2020/408)

§ 12. (1) War der Inhaber des Ausweises in dem Ort, in dem die Lenkertätigkeit (Taxi) ausgeübt werden soll, noch nicht als Lenker (Taxi) beschäftigt, dann darf der Lenker (Taxi) nur dann im Fahrdienst tätig werden, wenn er Kenntnisse über die jeweiligen Landesbetriebsordnungen, über die in dem betreffenden Bundesland geltenden Tarife und kollektivvertraglichen Bestimmungen sowie entsprechende Ortskenntnisse nachgewiesen hat und dies von der nach dem Wohnsitz des Ausweisinhabers zuständigen Behörde im Ausweis eingetragen wurde. *(BGBl II 2020/408)*

(2) Die Feststellung der Kenntnisse gemäß Abs. 1 hat durch die Kommission nach § 8 Abs. 1 zu erfolgen. Die Kommission hat über den erbrachten Nachweis ein Zeugnis auszustellen.

(3) Auf Grund des Nachweises gemäß Abs. 2 hat die zuständige Behörde die Eintragung in den Ausweis vorzunehmen.

(BGBl II 2003/337)

§ 13. (1) Der Ausweis wird ungültig und muss bei der Behörde abgeliefert werden, wenn

1. die Berechtigung zum Lenken von Kraftfahrzeugen nach den führerscheinrechtlichen Vorschriften erlischt oder

2. der Ausweis entzogen wird (Abs. 2) oder

3. eine der sonstigen in § 6 bezeichneten Voraussetzungen nicht mehr gegeben ist.

Kommt der Inhaber dieser Verpflichtung nicht nach, so ist der Ausweis von der Behörde abzunehmen. *(BGBl II 2020/408)*

(2) Der Ausweis ist von der Behörde nur für einen angemessenen, „ " die Geltungsdauer des Ausweises jedoch nicht überschreitenden Zeitraum zu entziehen, wenn eine der in § 6 bezeichneten Voraussetzungen nicht mehr gegeben ist, jedoch angenommen werden kann, dass sie in absehbarer Zeit wieder vorliegen wird. Der Ausweis ist nach Ablauf der Entziehungsdauer auf Verlangen wieder auszufolgen, wenn die vorübergehend weggefallene Voraussetzung wieder gegeben ist. *(BGBl II 2020/408)*

(3) Örtlich zuständige Behörde im Sinne der vorstehenden Absätze ist jene, in deren Bereich der Wohnsitz des Antragstellers liegt. *(BGBl II 2020/408)*

(BGBl II 2003/337)

§ 14. Ausgenommen von den Bestimmungen des § 4 sind Lenker,

1. die Schülertransporte gemäß § 106 Abs. 10 Kraftfahrgesetz 1967 durchführen, oder

2. die Fahrten aufgrund einer ärztlichen Transportanweisung gemäß § 14 Abs. 1a Z 1 GelverkG durchführen, oder

3. die Fahrten im Rahmen der Beförderung von Menschen mit besonderen Bedürfnissen gemäß § 14 Abs. 1a Z 4 GelverkG durchführen oder

4. die Fahrten im Rahmen der Beförderung von Menschen mit besonderen Bedürfnissen mit gemäß § 33 KFG genehmigten rollstuhlgerechten Fahrzeugen im Sinne der Richtlinie 2007/46/EG durchführen

sofern sie gemäß § 15 zum Lenken von Schülertransporten berechtigt sind.

(BGBl II 2020/408)

Besondere Bestimmungen für Schülertransporte

§ 15. (1) Bei Schülertransporten im Sinne des § 106 Abs. 10 zweiter Satz KFG 1967 dürfen nur Personen im Fahrdienst tätig sein und verwendet werden, die entweder

1. einen Ausweis gemäß § 16 Abs. 1 nach dem Muster der Anlage 2 besitzen oder

2. eine Lenkberechtigung für die Klassen D1, D1E, D oder DE besitzen, den Code „95" in ihrem Führerschein eingetragen haben und keine Eintragung gemäß § 16 Abs. 6 besteht.

(BGBl II 2020/408)

(2) Die Dokumente gemäß Abs. 1 sind bei Schülertransporten mitzuführen und den Organen des öffentlichen Sicherheitsdienstes oder der Straßenaufsicht auf Verlangen zur Überprüfung auszuhändigen.

(BGBl 1994/1028)

§ 16. (1) Auf Antrag hat die Behörde den in § 15 Abs. 1 Z 1 angeführten Ausweis auszustellen, wenn der Antragsteller

1. für mit Personenkraftwagen betriebene Schülertransporte eine Lenkberechtigung für die Klasse B seit mindestens drei Jahren besitzt, sich nicht mehr innerhalb der Probezeit nach § 4 FSG befindet und innerhalb der drei der Antragstellung unmittelbar vorangegangenen Jahre Kraftwagen der Klasse B oder C tatsächlich gelenkt hat oder

2. für mit Personenkraftwagen oder Omnibussen betriebene Schülertransporte eine Lenkberechtigung für die Klasse D besitzt.

(2) und (3) *(entfallen, BGBl II 2020/408)*

(4) Der Antragsteller gemäß Abs. 1 darf innerhalb der fünf der Antragstellung unmittelbar vorangegangenen Jahre nicht wegen schwerer Verstöße gegen kraftfahrrechtliche oder straßenpolizeiliche Vorschriften, insbesondere wegen solcher Verstöße, die objektiv geeignet sind, Leben, Gesundheit oder Vermögen dritter Personen unmittelbar zu gefährden oder die Vollziehung der kraftfahrrechtlichen oder straßenpolizeilichen Vorschriften in einer den Schutz der öffentlichen Verkehrssicherheit gefährdenden Weise zu beeinträchtigen, bestraft worden sein.

(5) Bei Personen, die gemäß § 15 Abs. 1 Z 2 zu Schülertransporten im Sinne des § 106 Abs. 10 zweiter Satz KFG 1967 berechtigt sind, hat die Behörde mit Bescheid festzustellen, dass die Berechtigung zur Durchführung von Schülertransporten für einen der Schwere des Einzelfalls angemessenen Zeitraum außer Kraft getreten ist, wenn sie im Sinne von Abs. 4 bestraft worden sind. *(BGBl II 2020/408)*

(6) Wenn ein Bescheid nach Abs. 5 ergangen ist, hat die Behörde im Führerschein des Betroffenen im Raum für behördliche Eintragungen den Wortlaut „Ungültig für Schülertransporte im Sinne des § 106 Abs. 10 zweiter Satz KFG 1967" einzutragen. Zur Durchführung dieser Eintragung hat der Betroffene den Führerschein der Behörde nach Zustellung des Bescheides unverzüglich vorzulegen. *(BGBl II 2020/408)*

(7) Die Eintragung nach Abs. 6 ist von der Behörde auf Antrag des Betroffenen nach Ablauf der im Bescheid nach Abs. 5 festgesetzten Frist zu streichen.

(8) Im Falle der Ausstellung des Ausweises nach § 15 Abs. 1 Z 1 ist ein ärztliches Gutachten einzuholen, ob der Antragsteller die erforderliche gesundheitliche Eignung besitzt. Der Antragsteller hat die zur Erstattung des Gutachtens erforderlichen besonderen Befunde oder einen insbesondere im Hinblick auf sein Lebensalter oder im Hinblick auf ein verkehrspsychologisch auffälliges Verhalten erforderlichen Befund einer verkehrspsychologischen Untersuchungsstelle zu erbringen. *(BGBl II 2020/408)*

(9) Die nach dem Wohnsitz des Antragstellers zuständige Behörde hat den Ausweis nach Abs. 1 auszustellen, die Eintragungen nach Abs. 2, 3 und 6 sowie die Streichung nach Abs. 7 durchzuführen. Verfügt der Antragsteller über keinen Wohnsitz im Inland, so ist jene Behörde zuständig, in dessen Zuständigkeitsbereich der Ort, in dem die Lenktätigkeit ausgeübt werden soll, liegt.

(10) Auf Besitzer eines Ausweises nach § 15 Abs. 1 Z 1 sind die Bestimmungen der §§ 5 Abs. 2 Z 1 und 2, 10 Abs. 1 und 13 anzuwenden, wobei § 13 Abs. 2 (Entziehung) unter sinngemäßer Anwendung des § 16 Abs. 4 zu gelten hat. *(BGBl II 2020/408)*

(BGBl II 2003/337)

3. TEIL

Bestimmungen über die Betriebssicherheit, die Eignung der Fahrzeuge und über die Betriebs- und Beförderungsbedingungen

Beschaffenheit, Ausrüstung und Kennzeichnung der Fahrzeuge

§ 17. (1) Unbeschadet der kraftfahrrechtlichen Vorschriften dürfen bei der Ausübung der im § 1 bezeichneten Gewerbe nur Omnibusse verwendet werden, deren Bau, Einrichtung und Ausrüstung den Bestimmungen dieser Verordnung entsprechen. Die Omnibusse müssen bei niedrigen Temperaturen ausreichend beheizt werden können.

(2) Die für die Benützung durch die Fahrgäste bestimmten Einrichtungen (insbesondere Sitze, Kleiderhaken, Gepäckträger) müssen sich in einwandfreiem Zustand befinden, die Verglasung darf keine wesentlichen oder sichtbehindernden Schäden aufweisen. Die Omnibusse müssen unter Berücksichtigung der Witterungsverhältnisse innen und außen sauber sein.

(3) An den für Schülertransporte im Sinne des § 106 Abs. 10 zweiter Satz KFG 1967 verwendeten Omnibussen muss vorne und hinten am Fahrzeug je eine gelbrote, quadratische Tafel aus rückstrahlendem Material von 400 mm Seitenlänge mit einer 30 mm breiten schwarzen Umrandung angebracht sein, die in der Mitte die im Verkehrszeichen nach § 50 Z 12 StVO 1960 ersichtliche bildliche Darstellung mit einer Höhe von 200 mm zeigt. Bei anderen als Schülertransporten sind die Tafeln abzudecken oder zu entfernen. Bei Leerfahrten im Rahmen von Schülertransporten im Sinne des § 106 Abs. 10 zweiter Satz KFG 1967 müssen die Tafeln nicht abgedeckt oder entfernt werden. *(BGBl II 2020/408)*

(4) Für Schülertransporte im Sinne des § 106 Abs. 10 zweiter Satz KFG 1967 dürfen nur Omnibusse verwendet werden, die eine Alarmblinkanlage (§ 19 Abs. 1a KFG 1967) aufweisen. *(BGBl II 2020/408)*

Betriebs- und Beförderungsbedingungen

§ 18. Die im Fahrdienst tätigen Personen haben bei jeder Fahrt einen Abdruck dieser Verordnung mitzuführen und auf Verlangen der Fahrgäste einen Abdruck der Verordnung vorzulegen. Diesen Abdruck der Verordnung hat der Gewerbeinhaber dem Lenker zur Verfügung zu stellen.

§ 19. (1) Die im Fahrdienst tätigen Personen haben sich während des Dienstes besonnen, rücksichtsvoll und höflich zu verhalten.

(2) Dem Lenker eines Omnibusses und dem mitfahrenden Ersatzlenker ist untersagt, während der Fahrt zu rauchen. Im Fahrdienst von Schülertransporten ist in den hiefür verwendeten Omnibussen (§ 17 Abs. 3 und 4) das Rauchen nicht gestattet.

(3) Nach Beendigung der Fahrt hat der Lenker festzustellen, ob Gegenstände zurückgeblieben sind.

§ 20. (1) Der Lenker hat außer den ihm aufgetragenen Pflichten hinsichtlich der Überwachung des Fahrzeuges

1. nach jeder längeren Fahrpause vor der Fortsetzung der Fahrt die Wirksamkeit der Bremsen und die Betriebssicherheit der Kupplung zwischen ziehendem Fahrzeug und Anhänger (auch Gepäcksanhänger) zu prüfen und

2. dafür zu sorgen, daß während der Fahrt die Außentüren geschlossen sind.

(2) Zum Schutz ein- und aussteigender Schüler muß der Lenker eines Schülertransportes die Alarmblinkanlage einschalten, wenn das Fahrzeug stillsteht und Schüler ein- oder aussteigen.

§ 21. (1) Die Fahrgäste haben bei Benützung der Fahrzeuge die Bestimmungen der nachstehenden Abs. 2 und 4 sowie des § 22 Abs. 1 zu beachten und den sich darauf beziehenden Anordnungen des Fahrpersonals Folge zu leisten, widrigenfalls sie von der Fahrt ausgeschlossen werden.

(2) Die Fahrgäste haben alles zu vermeiden, was die Sicherheit des Verkehrs gefährden könnte; ihnen ist insbesondere untersagt:

1. mit dem Lenker während der Fahrt mehr als nötig zu sprechen;

2. den Lenker bei der Führung des Fahrzeuges zu behindern;

3. die Außentüren während der Fahrt eigenmächtig zu öffnen.

(3) Die Verbote des Abs. 2 sowie die Anzahl der zugelassenen Plätze sind im Fahrzeug ersichtlich zu machen.

(4) Die an den Lenkersitz eines Omnibusses seitlich unmittelbar angrenzenden Plätze sind vor allem für einen Ersatzlenker und einen Reisebegleiter bestimmt.

§ 22. (1) Gepäckstücke, die den Verkehr oder den Betrieb gefährden oder behindern oder das Fahrzeug beschmutzen oder beschädigen können, sowie bösartige oder beschmutzte Tiere können von der Beförderung ausgeschlossen werden; ebenso Hunde, die keinen Maulkorb tragen. Tiere dürfen nicht auf Sitzplätzen untergebracht werden.

(2) Personen, die die Sicherheit und Ordnung des Betriebes oder die Mitfahrenden gefährden, können von der Beförderung ausgeschlossen werden. Dies gilt insbesondere für

1. Betrunkene und Personen mit fieberhaften Infektionskrankheiten;

2. Personen, die erkennbar gefährliche Gegenstände oder Stoffe mit sich führen, sofern sie nicht dem in § 74 Z 4 StGB angeführten Personenkreis angehören;

3. Personen, die den Lenker beschimpfen, im Fahrzeug randalieren oder das Fahrzeug beschmutzen oder beschädigen.

4. TEIL

Besondere Bestimmungen für Fahrten des Ausflugswagen-(Stadtrundfahrten-)Gewerbes

§ 23. In Orten, in denen Standplätze für das Ausflugswagen-(Stadtrundfahrten-)Gewerbe vorgesehen sind (§ 96 Abs. 4 StVO 1960), dürfen Ausflugsfahrten (Stadtrundfahrten) nur von diesen Plätzen aus durchgeführt werden. Diese Plätze sind unter Beachtung der straßenpolizeilichen Vorschriften zu kennzeichnen.

§ 24. (1) Wiederkehrende Stadtrundfahrten – das sind wenigstens vier Stadtrundfahrten im Monat – dürfen nur von gekennzeichneten, von den Behörden als Standplätze für das Stadtrundfahrten- Gewerbe bestimmten Abfahrtsstellen (§ 96 Abs. 4 StVO 1960) aus durchgeführt werden, die auch die Endpunkte der Fahrt sein müssen.

(2) Fahrgäste dürfen nur an den Abfahrtsstellen aufgenommen werden. Jede Zwischenbedienung ist unzulässig.

(3) Die im Stadtrundfahnen-Gewerbe verwendeten Omnibusse müssen mit einer betriebsfähigen Lautsprecheranlage ausgestattet sein.

(4) Für wiederkehrende Ausflugsfahrten, bei denen neben Besichtigungsfahrten im Gemeindegebiet das Gebiet dieser Gemeinde nur überschritten wird, um auch nahegelegene Aussichtspunkte, Sehenswürdigkeiten oder sonstige Ausflugsziele zu erreichen, gelten die Bestimmungen der Abs. 2 und 3 sinngemäß.

5. TEIL

Strafbestimmungen

§ 25. (1) Übertretungen von Bestimmungen dieser Verordnung sind als Verwaltungsübertretungen nach § 15 Abs. 1 Z 5 und Abs. 5 Z 1 des

[GelegenheitsVG VO]

7/2. GelverkG
BO 1994

Gelegenheitsverkehrs-Gesetzes 1996 von der Behörde zu bestrafen. *(BGBl II 2020/408)*

(2) Übertretungen von Bestimmungen der §§ 21 und 22, die zu einem Ausschluß von der Beförderung geführt haben, gelten nicht als Übertretungen im Sinne des Abs. 1.

6. TEIL
Aufhebungs-, Übergangs- und Schlussbestimmungen

§ 26. Mit dem Inkrafttreten dieser Verordnung tritt die Verordnung des Bundesministers für öffentliche Wirtschaft und Verkehr vom 13. März 1986, BGBl. Nr. 163, mit der gewerbepolizeiliche Regelungen für die nichtlinienmäßige Beförderung von Personen mit Fahrzeugen des Straßenverkehrs getroffen werden (Betriebsordnung für den nichtlinienmäßigen Personenverkehr – BO 1986), in der Fassung BGBl. Nr. 633/1989 außer Kraft.

Vor dem 1. Jänner 1994 ausgestellte Ausweise „und Zeugnisse" sind weiter gültig.

Unbefristete Ausweise (Taxi)

§ 26a. (1) Vor dem Inkrafttreten dieser Verordnung ausgestellte unbefristete Ausweise behalten ihre Gültigkeit spätestens fünf Jahre nach dem Inkrafttreten dieser Verordnung. § 10 Abs. 2 (Befristung) gilt für solche Ausweise mit der Maßgabe, dass sie ihre Gültigkeit bis zum Ablauf des Monats, der durch seine Benennung oder Zahl dem Monat entspricht, an dem der unbefristete Ausweis ausgestellt wurde, behalten.

(2) Für die Verlängerung des Ausweises für weitere fünf Jahre ist § 10 Abs. 3 anzuwenden.

(BGBl II 2020/408)

Lenker von Personenkraftwagen im Mietwagen-Gewerbe (Taxi)

§ 26b. (1) Lenkern, die zum Zeitpunkt des Inkrafttretens dieser Verordnung im Mietwagen-Gewerbe mit Personenkraftwagen tätig waren, ist von der nach dem Wohnsitz des Antragstellers zuständigen Behörde auf Antrag ein Ausweis gemäß § 4 auszustellen, sofern die Voraussetzungen des § 6 Abs. 1 Z 1 bis 3 und 5 bis 6 gegeben sind, wobei der Nachweis, dass mindestens ein Jahr vor der Antragstellung regelmäßig Kraftwagen tatsächlich gelenkt worden sind, nicht zu erbringen ist. Für den Antritt zur Feststellung der Kenntnisse gemäß § 6 Abs. 1 Z 5 ist kein Nachweis einer erfolgten Ausbildung gemäß § 7 zu erbringen.

(2) Die Ausstellung von Ausweisen gemäß Abs. 1 vor dem 1. Jänner 2021 ist zulässig. In diesem Fall gilt Abs. 1 mit der Maßgabe, dass die Voraussetzungen des § 6 in der bis zum 1. Jänner 2021 geltenden Fassung anzuwenden sind.

(BGBl II 2020/408)

Inkrafttreten

§ 27. „(1)" Diese Verordnung tritt mit 1. Jänner 1994 in Kraft. *(BGBl II 2003/337)*

(2) Diese Verordnung in der Fassung BGBl. II Nr. 337/2003 tritt mit 15. Juli 2003 in Kraft. *(BGBl II 2003/337)*

(3) Die §§ 1 Abs. 1, 3, 5 Abs. 1, 6, 7, 8 Abs. 2, 9 Abs. 2, 10, 12 Abs. 1, 13, 14, 15 Abs. 1, 16 Abs. 5, 6 und 8, 17 Abs. 3 und 4, 25 Abs. 1 und 26a in der Fassung der Verordnung BGBl. II Nr. 408/2020 treten mit 1. Jänner 2021 in Kraft, gleichzeitig treten die §§ 11 und 16 Abs. 2 und 3 außer Kraft. Die §§ 5 Abs. 2 bis 5, 16 Abs. 10 und Anlage 1 in der Fassung der Verordnung BGBl. II Nr. 408/2020 treten mit 1. Jänner 2022 in Kraft. § 26b in der Fassung der Verordnung BGBl. II Nr. 408/2020 tritt mit Ablauf des Tages der Kundmachung in Kraft. *(BGBl II 2020/408)*

Verweisungen

§ 28. Soweit in dieser Verordnung auf Bestimmungen in Bundesgesetzen verwiesen wird, sind diese, sofern nichts anderes ausdrücklich angeordnet ist, in ihrer jeweils geltenden Fassung anzuwenden.

(BGBl II 2003/337)

7/2. GelverkG
BO 1994

Anlage 1 (§ 4)

Der Ausweis hat zwei Seiten:

Seite 1 mit einfachem Hologramm enthält:
1. Nachname,
2. Vorname(n),
3. Akademischer Titel,
4. Lichtbild,
5. Unterschrift in gescannter Form,
6. Ausweisnummer,
7. Ausstellende Behörde,
8. Ausstellungsdatum,
9. Datum, bis zu dem der Ausweis gültig ist,
10. Bereich, für den der Ausweis gelten soll.

Seite 2 enthält:
1. Geburtsdatum,
2. Geburtsort.

(BGBl II 2020/408, ab 1.1. 2022)

GelegenheitsVG VO

7/2. GelverkG
BO 1994

Anlage 2 (§ 15)
(in hellgrauer Farbe in der Form
und Größe des Führerscheines)

1. Seite

Ausweis

gemäß § 15 der Betriebsordnung
für den nichtlinienmäßigen
Personenverkehr

....
(Vor- und Zuname)

geboren am ....

in ....

wohnhaft ....

ist auf Grund der Betriebsordnung für den nichtlinienmäßigen Personenverkehr berechtigt, als Lenker eines für

Schülertransporte

verwendeten Personenkraftwagens/Omnibusses *)
tätig zu sein.

*) Nichtzutreffendes streichen.

3. Seite

Raum für sonstige Eintragungen

2. Seite

Der Ausweis gilt nur in Verbindung mit dem Führerschein (§§ 5 und 10 der Betriebsordnung)

....
(Zahl, Datum und ausstellende Behörde)

Für den Fall einer zeitlichen Beschränkung verliert dieser Ausweis seine Gültigkeit .... *)

Der Ausweis ist bei Schülertransporten mitzuführen und auf Verlangen den zuständigen Kontrollorganen vorzuweisen.

.... , am ....

....
(Unterschrift)

Allfällige Änderungen sind auf der 3. Seite vermerkt.

*) Verlängerungen der Geltungsdauer oder die Aufhebung von Beschränkungen sind auf der 4. Seite vermerkt.

4. Seite

Verlängerung der Geltungsdauer von zeitlich beschränkten Ausweisen (§ 10 Abs. 2 der Betriebsordnung) oder die Aufhebung von Beschränkungen gemäß § 11 Abs. 2 der Betriebsordnung

7/3. GelverkG
BZP-VO

Berufszugangsverordnung Kraftfahrlinien- und Gelegenheitsverkehr – BZP-VO

BGBl 1994/889 idF

1 BGBl 2001/46
2 BGBl II 2010/280 (VfGH)
3 BGBl II 2010/459

Verordnung des Bundesministers für öffentliche Wirtschaft und Verkehr über den Zugang zum mit Kraftfahrzeugen betriebenen Personenbeförderungsgewerbe (Berufszugangsverordnung Kraftfahrlinien- und Gelegenheitsverkehr – BZP-VO)

„Auf Grund des § 7 Abs. 1 Z 1 sowie der §§ 8, 10, 11 und 46 Z 2 Kraftfahrliniengesetz, BGBl. I Nr. 203/1999, und des § 5 Abs. 4 und 8 des Gelegenheitsverkehrs-Gesetzes 1996, BGBl. Nr. 112, zuletzt geändert durch BGBl. I Nr. 135/1999, wird verordnet:" *(BGBl 2001/46)*

1. Abschnitt
Allgemeine Bestimmungen

Geltungsbereich

§ 1. (1) Die Bestimmungen über die finanzielle Leistungsfähigkeit und die fachliche Eignung gelten für:

1. den Betrieb von Kraftfahrlinien, das Ausflugswagen-(Stadtrundfahrten-)Gewerbe und das mit Omnibussen betriebene Mietwagen-Gewerbe (im weiteren kurz **Personenkraftverkehr** genannt) und

2. a) das Taxi-Gewerbe,

b) das mit Personenkraftwagen betriebene Mietwagen-Gewerbe sowie

c) das mit Omnibussen ausgeübte Gästewagen-Gewerbe (im weiteren kurz **Z 2-Gewerbe** genannt).

(2) Die Bestimmungen über die Zuverlässigkeit (§ 8 Kraftfahrliniengesetz, BGBl. I Nr. 203/1999, und § 5 Gelegenheitsverkehrs-Gesetz 1996, BGBl. Nr. 112) für die in Abs. 1 genannten Verkehre sind für EWR-Angehörige gemäß § 15 zu beurteilen. *(BGBl 2001/46)*

2. Abschnitt
Finanzielle Leistungsfähigkeit

Beurteilung der finanziellen Leistungsfähigkeit

§ 2. (1) Bei der Beurteilung der finanziellen Leistungsfähigkeit hat die zuständige Behörde insbesondere zu berücksichtigen:

1. den letzten Jahresabschluss des Unternehmens, falls ein solcher erstellt wurde;

2. die verfügbaren Mittel einschließlich Bankguthaben, mögliche Überziehungskredite und Darlehen;

3. als Sicherheit für das Unternehmen verfügbare Guthaben und Vermögensgegenstände;

4. die Kosten einschließlich der gesamten Anschaffungskosten und der Anzahlungen für Fahrzeuge, Grundstücke und Gebäude, Anlagen und Ausrüstungen sowie

5. das Betriebskapital.

(2) Das Unternehmen muss jedenfalls über Eigenkapital und unversteuerte Rücklagen verfügen, die sich

1. für den Personenkraftverkehr auf mindestens 9 000 Euro für das erste und auf mindestens 5 000 Euro für jedes weitere Fahrzeug belaufen, und *(BGBl II 2010/280 (VfGH); BGBl II 2010/459)*

2. für die **Z 2-Gewerbe** auf mindestens 7 500 € (103 202,25 S) für jedes Fahrzeug belaufen.

(3) Für die Berechnung nach Abs. 2 sind hinsichtlich des Kraftfahrlinienverkehrs die einzusetzenden bzw. eingesetzten Fahrzeuge und hinsichtlich des Gelegenheitsverkehrs die beantragten bzw. die von der Konzession umfassten Fahrzeuge heranzuziehen.

(BGBl 2001/46)

Nachweis der finanziellen Leistungsfähigkeit

§ 3. (1) Die finanzielle Leistungsfähigkeit ist für den Personenkraftverkehr durch Vorlage eines Gutachtens einer Bank oder eines anderen befähigten Kreditinstitutes, eines Steuerberaters, Wirtschaftstreuhänders oder Wirtschaftsprüfers nachzuweisen. Für das Gutachten ist das Formblatt gemäß **Anlage 10** zu verwenden. Wenn sich aus dem Gutachten ergibt, dass kein ausreichendes Eigenkapital vorhanden ist, kann der Fehlbe-

7/3. GelverkG
BZP-VO

trag durch eine Haftungs- oder Garantieerklärung von ausreichend solventen Dritten ersetzt werden.

(2) Alle Unternehmen, denen vor dem 1. Oktober 1999 in einem Vertragsstaat des Abkommens über den Europäischen Wirtschaftsraum eine Berechtigung zur Ausübung des Berufes des Personenkraftverkehrsunternehmers erteilt wurde, müssen für

1. die zum Zeitpunkt des Inkrafttretens dieser Verordnung in der Fassung BGBl. II Nr. 46/2001 für den Gelegenheitsverkehr bewilligten oder im Kraftfahrlinienverkehr eingesetzten Fahrzeuge spätestens bis zum 1. Oktober 2001 und

2. jede nach dem Zeitpunkt des Inkrafttretens dieser Verordnung in der Fassung BGBl. II Nr. 46/2001 vorgenommene Vergrößerung des Fahrzeugparks

die Anforderung des § 2 Abs. 2 Z 1 erfüllen. Die Erfüllung dieser Anforderungen ist durch die Vorlage eines Gutachtens gemäß Abs. 1 (**Anlage 10**) nachzuweisen.

(3) Der Nachweis der finanziellen Leistungsfähigkeit der Z 2-Gewerbe kann durch Vorlage eines Prüfungsberichts einer Bank oder eines anderen befähigten Kreditinstituts, eines Steuerberaters, Wirtschaftstreuhänders oder Wirtschaftsprüfers erbracht werden. Es müssen darin Angaben zu den in § 2 genannten Posten enthalten sein. Wenn sich aus dem Prüfungsbericht ergibt, dass kein ausreichendes Eigenkapital vorhanden ist, kann der Fehlbetrag durch eine Haftungs- oder Garantieerklärung von ausreichend solventen Dritten ersetzt werden. Abs. 2 gilt mit der Maßgabe, dass die Anforderungen des § 2 Abs. 2 Z 2 erfüllt werden müssen.

(4) Bei erheblichen Zweifeln an der finanziellen Leistungsfähigkeit des Antragstellers kann die Behörde zusätzlich den Nachweis verlangen, dass keine erheblichen Rückstände an Steuern oder an Beiträgen zur Sozialversicherung bestehen, die aus unternehmerischer Tätigkeit geschuldet werden.

(5) Alle Nachweise (mit Ausnahme des Jahresabschlusses) dürfen zum Zeitpunkt ihrer Vorlage an die Behörde nicht älter als drei Monate sein.

(BGBl 2001/46)

3. Abschnitt
Fachliche Eignung

Prüfung der fachlichen Eignung

§ 4. (1) Die Prüfung der fachlichen Eignung umfaßt, je nach beabsichtigter Gewerbeausübung, die in den **Anlagen 1 oder 2** angeführten Sachgebiete der Prüfung, soweit deren Kenntnis nicht gemäß § 14 bescheinigt wird.

(2) Personen, die ihre fachliche Eignung bereits für eines der in § 1 Z 1 oder 2 genannten Gewerbe erlangt haben und die fachliche Eignung für das andere Gewerbe anstreben, haben die Ergänzungsprüfung über die Sachgebiete entsprechend der Anlage 3 abzulegen.

(3) Die Prüfung hat aus einem schriftlichen und einem mündlichen Teil zu bestehen und ist in deutscher Sprache abzuhalten.

Prüfungskommission für den Gelegenheitsverkehr

§ 5. Von den beiden weiteren Fachleuten, die gemäß § 5 Abs. 6 Gelegenheitsverkehrs-Gesetz 1996, BGBl. Nr. 112, in die Prüfungskommission zu bestellen sind, muss einer in einem Beruf tätig sein, für dessen Ausübung einschlägige Kenntnisse auf dem Gebiet der Betriebswirtschaftslehre erforderlich sind. Der andere Fachmann muss in einem Beruf tätig sein, für dessen Ausübung einschlägige Kenntnisse auf dem Gebiet der Rechtskunde erforderlich sind.

(BGBl 2001/46)

Prüfungstermin

§ 6. Der Landeshauptmann hat in jedem Jahr mindestens je einen Termin für die Abhaltung der Prüfung der fachlichen Eignung für den **Personenkraftverkehr** sowie für die **Z 2-Gewerbe** festzulegen und zu veranlassen, daß diese Termine spätestens drei Monate vor Beginn der Prüfung im Amtsblatt des betreffenden Landes und im Mitteilungsblatt der zuständigen Wirtschaftskammer verlautbart werden.

Anmeldung zur Prüfung

§ 7. (1) Die Anmeldung zur Prüfung hat der Prüfungswerber spätestens sechs Wochen vor dem festgelegten Prüfungstermin schriftlich beim Landeshauptmann des Wohn- oder des Firmensitzes einzubringen.

(2) Der Prüfungsanmeldung sind anzuschließen:

1. Urkunden zum Nachweis des Vor- und Familiennamens,

2. der Nachweis über die Entrichtung der Prüfungsgebühr (§ 13) sowie

3. allfällige Anträge auf Ausstellung von Bescheinigungen oder bereits ausgestellte Bescheinigungen gemäß § 14.

Verständigung vom Prüfungstermin

§ 8. Der Prüfungswerber ist vom Prüfungstermin rechtzeitig, spätestens zwei Wochen vor diesem Termin schriftlich zu verständigen. In der

Verständigung sind dem Prüfungswerber bekanntzugeben.

1. Zeit und Ort der schriftlichen und mündlichen Prüfung und

2. Unterlagen und Hilfsmittel, die er für die schriftliche Prüfung mitzubringen hat.

Allfällige Bescheinigungen gemäß § 14 sind der Verständigung beizulegen.

Identitätsnachweis

§ 9. Der Prüfungswerber hat bei Antritt der schriftlichen und der mündlichen Prüfung seine Identität durch einen amtlichen Lichtbildausweis nachzuweisen.

Prüfungsvorgang

§ 10. (1) Die Prüfung hat mit dem schriftlichen Teil zu beginnen. Der Zeitraum zwischen dem Ende des schriftlichen Teiles und dem Beginn des mündlichen Teiles darf zwei Stunden nicht unter- und zwei Wochen nicht überschreiten.

(2) Die schriftliche Prüfung für den **Personenkraftverkehr** besteht aus zwei Teilen, und zwar einerseits aus Fragen, die direkt zu beantworten sind, und andererseits aus schriftlichen Übungen oder Fallstudien. Die Erledigung der Aufgaben der schriftlichen Prüfung muss vom Prüfungswerber für jede der beiden Teilprüfungen in jeweils zwei Stunden erwartet werden können; die schriftliche Prüfung ist nach viereinhalb Stunden zu beenden. Die Erledigung der Aufgaben der schriftlichen Prüfung für die **Z 2-Gewerbe** muss vom Prüfungswerber in zweieinhalb Stunden erwartet werden können; die schriftliche Prüfung ist nach drei Stunden zu beenden. *(BGBl 2001/46)*

(3) Die mündliche Prüfung kann für höchstens sechs Prüfungswerber gemeinsam abgehalten werden und darf bei der Prüfung für den **Personenkraftverkehr** eine Dauer von zwei Stunden und bei der Prüfung für die **Z 2- Gewerbe** eine Dauer von einer Stunde je Prüfungswerber nicht überschreiten.

(4) Umfang und Schwierigkeit der Prüfungsfragen haben den Anforderungen der Berufspraxis des Leiters eines Verkehrsunternehmens zu entsprechen. Dabei sind dem Prüfungswerber aus jedem Sachgebiet so viele Fragen zu stellen, dass sich die Prüfungskommission ein Urteil über die in dem angestrebten Gewerbe erforderlichen Kenntnisse bilden kann. *(BGBl 2001/46)*

(5) Die drei Teilprüfungen für den **Personenkraftverkehr** werden mit Punkten gewichtet. Jeweils 30% der möglichen Gesamtpunkteanzahl entfällt auf jede der beiden schriftlichen Prüfungsteile, 40% auf den mündlichen Prüfungsteil. Der Prüfungswerber muss insgesamt mindestens 60% der möglichen Gesamtpunktzahl erreichen, wobei der in jeder Teilprüfung erreichte Punkteanteil nicht unter 50% der möglichen Punkteanzahl liegen darf. *(BGBl 2001/46)*

Prüfungsergebnis und Bescheinigungen

§ 11. (1) Das Ergebnis der schriftlichen Prüfung ist spätestens bei Antritt zur mündlichen Prüfung, das Ergebnis der mündlichen Prüfung ist anschließend an diese bekanntzugeben.

(2) Hat der Prüfungswerber beide Prüfungsteile erfolgreich abgeschlossen, so ist ihm von der Prüfungskommission über die bestandene Prüfung eine **Bescheinigung** über die fachliche Eignung auszustellen entsprechend den Mustern:

1. für den Betrieb von Kraftfahrlinien, für das Ausflugswagen-(Stadtrundfahrten-)Gewerbe sowie für das mit Omnibussen betriebene Mietwagengewerbe gemäß der **Anlage 5**,

2. für das mit Personenkraftwagen betriebene Mietwagengewerbe sowie das Taxi-Gewerbe gemäß der Anlage 6,

3. für das mit Omnibussen betriebene Gästewagen- Gewerbe gemäß der **Anlage 7**.

(3) Bescheinigungen gemäß § 11 Abs. 2 Z 1 bis 3 BZP-VO, BGBl. Nr. 889/1994, sind den gemäß **Anlage 5, 6 und 7** dieser Verordnung ausgestellten Bescheinigungen gleichgestellt. *(BGBl 2001/46)*

Wiederholung

§ 12. (1) Die schriftliche Prüfung, ist im Falle des Nichtbestehens zur Gänze zu wiederholen. Bei Nichtbestehen der mündlichen Prüfung entscheidet die Prüfungskommission, in welchem Umfang diese zu wiederholen ist.

(2) Die Prüfungskommission entscheidet, nach welchem Zeitraum der Prüfungswerber zur Wiederholungsprüfung zuzulassen ist.

(3) Für Wiederholungsprüfungen gelten §§ 7 bis 9.

Prüfungsgebühr

§ 13. (1) Der Prüfungswerber hat als Kostenbeitrag zur Durchführung der Prüfung eine Gebühr von 12 vH des Gehalts eines Bundesbediensteten der Dienstklasse V, Gehaltsstufe 2, einschließlich einer allfälligen Teuerungszulage, aufgerundet auf einen durch fünfzig teilbaren Schillingbetrag, zu entrichten.

(2) Zur Bezahlung der Entschädigung an die Mitglieder der Prüfungskommission hat der Landeshauptmann neun Zehntel der Prüfungsgebühr auf die Mitglieder der Prüfungskommission zu gleichen Teilen aufzuteilen. Das verbleibende Zehntel ist zur Abdeckung des durch die Abhal-

tung der Prüfung entstandenen sonstigen besonderen Verwaltungsaufwandes zu verwenden.

(3) Die Prüfungsgebühr ist dem Prüfungswerber vom Landeshauptmann zur Gänze zu erstatten, wenn dieser

1. spätestens zehn Tage vor dem Prüfungstermin die Bekanntgabe, vom Prüfungstermin zurückzutreten, zur Post gibt oder

2. nachweist, daß er an der termingemäßen Ablegung der Prüfung ohne sein Verschulden verhindert war.

Anrechnung für die Prüfung der fachlichen Eignung

§ 14. (1) Die Prüfungskommission hat auf Antrag des Prüfungswerbers eine Bescheinigung darüber auszustellen, welche der in der Anlage 1 oder 2 angeführten Sachgebiete der Prüfung durch einen in Abs. 2 bis 5 genannten Abschluß einer Hochschule oder berufsbildenden höheren Schule[1)] oder durch ein in Abs. 5 bis 8 genanntes Zeugnis abgedeckt sind. Diese Bescheinigung ist entsprechend dem Muster in der **Anlage 4** auszuführen.

(2) Die durch ein Zeugnis nachgewiesenen Abschlüsse einer **Höheren technischen und gewerblichen Lehranstalt sowie deren Sonderformen** gemäß § 73 Abs. 1 lit. a bis c und Abs. 4 des Schulorganisationsgesetzes, BGBl. Nr. 242/1962, in der jeweils geltenden Fassung, deren Ablegung nicht den Entfall der Unternehmensprüfung zufolge haben, ersetzen folgendes Sachgebiet der **mündlichen** Prüfung:
kaufmännische Buchführung und Grundzüge der Bilanzierung. *(BGBl 2001/46)*

(3) Der durch ein Zeugnis (Diplom) nachgewiesene Abschluß der Studienrichtung **Maschinenbau** ersetzt folgende Sachgebiete der **mündlichen** Prüfung:

1. Normen für die Instandhaltung der Fahrzeuge,

2. Grundregeln des Umweltschutzes bei der Verwendung und Wartung der Fahrzeuge,

zusätzlich bei Abschluß der Studienrichtung Wirtschaftsingenieurwesen-Maschinenbau:

3. Grundsätze des Zivilrechts und des allgemeinen Handelsrechts,

4. kaufmännische Buchführung und Grundzüge der Bilanzierung. *(BGBl 2001/46)*

(4) *(entfällt, BGBl 2001/46)*

(5) Die erfolgreich abgelegte **Unternehmerprüfung oder das Vorliegen der Voraussetzungen für den Entfall der Unternehmerprüfung** gemäß der Unternehmerprüfungsverordnung, BGBl. Nr. 453/1993, in der jeweils geltenden Fassung, ersetzt folgende Sachgebiete der Prüfung:
schriftlich:

1. kaufmännische Buchführung,

2. Lohnverrechnung.
mündlich:

1. Verträge im Allgemeinen,

2. Grundsätze des Gesellschaftsrechts unter besonderer Berücksichtigung des Firmenbuchrechts,

3. Geschäftsbücher,

4. Grundsätze des Zivilrechts und des allgemeinen Handelsrechts,

5. Sozialversicherungsrecht,

6. Arbeitsrecht ausgenommen Arbeitnehmerschutzrecht, Arbeitszeitrecht, die einschlägigen Kollektivverträge und EU-Vorschriften sowie die Aufgabe und Arbeitsweise derjenigen, die im Kraftverkehrsgewerbe zur Wahrung der Arbeitnehmerinteressen tätig sind,

7. Steuerrecht,

8. Zahlungs- und Finanzierungsmodalitäten,

9. kaufmännische Buchführung und Grundzüge der Bilanzierung,

10. Fakturierung,

11. Marketing,

12. Mitarbeiterführung und Personalmanagement,

13. Organisation der Wirtschaftskammern. *(BGBl 2001/46)*

Der **Nachweis der fachlichen Eignung** für das mit Kraftfahrzeugen betriebene **Güterbeförderungsgewerbe** gemäß der Berufszugangs-Verordnung Güterverkehr – BZGü-VO, BGBl. Nr. 221/1994, in der jeweils geltenden Fassung ersetzt **zusätzlich** zu den in Abs. 5 genannten Sachgebieten folgende Sachgebiete der **mündlichen** Prüfung:

1. Rechts- und Verwaltungsvorschriften für den Straßenverkehr,

2. wichtigste kraftfahrrechtliche und straßenpolizeiliche Vorschriften ausländischer Staaten, soweit sie von österreichischen Regeln abweichen,

3. Normen für die Instandhaltung der Fahrzeuge,

4. Grundregeln des Umweltschutzes bei der Verwendung und Wartung der Fahrzeuge,

5. Straßenverkehrssicherheit.

(7) „Der **Befähigungsnachweis für das Gewerbe der Reisebüros** gemäß der Reisebürogewerbe-Befähigungsnachweisverordnung, BGBl. II Nr. 95/1999, ersetzt folgende Sachgebiete der Prüfung:"
schriftlich:

1. kaufmännische Buchführung,

2. Lohnverrechnung.
mündlich:

1. Verträge im allgemeinen,

2. Grundsätze des Gesellschaftsrechts unter besonderer Berücksichtigung des Firmenbuchrechts,

3. Geschäftsbücher,

4. Grundsätze des Zivilrechts und des allgemeinen Handelsrechts (unter besonderer Berücksichtigung des Schadenersatzrechts und des Dienstnehmerhaftpflichtrechts),

5. Sozialversicherungsrecht,

6. Arbeitsrecht ausgenommen Arbeitnehmerschutzrecht, Arbeitszeitrecht, die einschlägigen Kollektivverträge sowie die einschlägigen EU-Vorschriften,

7. Steuerrecht,

8. Zahlungs- und Finanzierungsmodalitäten,

9. kaufmännische Buchführung und Grundzüge der Bilanzierung, *(BGBl 2001/46)*

10. Fakturierung,

11. Reisebüros,

12. Organisation der Wirtschaftskammern,

13. Verkehrsgeographie.
(BGBl 2001/46)

(8) Der durch ein Zeugnis nachgewiesene erfolgreiche Abschluß des einjährigen mittleren **Speziallehrganges für Verkehrswirtschaft** gemäß der Verordnung des Bundesministers für Unterricht und Kunst, mit der die Verordnung über die Lehrpläne für die Handelsakademie und die Handelsschule geändert wird, BGBl. Nr. 529/1991, ersetzt folgende Teil- und Sachgebiete der Prüfung:

1. den **schriftlichen** Prüfungsteil:

2. vom **mündlichen** Prüfungsteil:

a) Abschnitt 1 (Recht);

b) Abschnitt 2 (kaufmännische und finanzielle Führung des Unternehmens); *(BGBl 2001/46)*

c) Abschnitt 3 (fachspezifische Vorschriften): ausgenommen

– Rechtsvorschriften für den Kraftfahrlinienverkehr und

– Bestimmungen, die auf Grund einzelstaatlicher Rechtsvorschriften, gemeinschaftlicher Regeln und internationaler Übereinkommen für den Personenverkehr zwischen den Vertragsparteien des Europäischen Wirtschaftsraumes sowie diesen und Drittländern gelten;

d) Abschnitt 4 (technische Normen und technischer Betrieb);

e) von Abschnitt 5 Verkehrsgeographie.

---
[1]) *im Europäischen Wirtschaftsraum als Fachhochschule" bezeichnet.*

4. Abschnitt
Vorschriften für Angehörige und Unternehmen eines Staates, der Vertragspartei des Abkommens über den Europäischen Wirtschaftsraum ist

Vorschriften für Angehörige und Unternehmen eines Staates, der Vertragspartei des Abkommens über den Europäischen Wirtschaftsraum ist

§ 15. (1) Als Nachweis der **Zuverlässigkeit** haben Staatsangehörige einer Vertragspartei des Europäischen Wirtschaftsraumes Strafregisterbescheinigungen und sonstige geeignete Bescheinigungen der zuständigen Justiz- oder Verwaltungsbehörde ihres Heimat- oder Herkunftstaates zu erbringen, aus denen die Erfüllung dieser Anforderung hervorgeht.

(2) Als Nachweis der **finanziellen Leistungsfähigkeit** im Sinne des § 3 Abs. 1 gelten Bescheinigungen, die von Banken oder sonstigen von den Behörden des Heimat- oder Herkunftstaates des Antragstellers benannten Institutionen ausgestellt wurden. Unternehmer, die nachweisen, dass sie ab dem 1. Jänner 1990 in einem Vertragsstaat des Abkommens des Europäischen Wirtschaftsraumes auf Grund einer nationalen Rechtsvorschrift den Beruf des Personenkraftverkehrsunternehmers ausgeübt haben, sind vom Nachweis der finanziellen Leistungsfähigkeit gemäß § 2 befreit.

(3) Als Nachweis der **fachlichen Eignung** gelten:

1. Bescheinigungen, die vor dem 1. Oktober 1999 gemäß den geltenden Bestimmungen als Nachweis der fachlichen Eignung von den zuständigen Behörden oder Stellen des Herkunftslandes ausgestellt wurden,

2. Bescheinigungen der genannten Behörden oder Stellen über eine fachliche Tätigkeit in dem betreffenden Gewerbe, die vor dem 1. Jänner 1994 auf Grund von nationalen Rechtsvorschriften während mindestens drei Jahren ausgeübt wurde. Die Ausübung dieser Tätigkeit darf nicht mehr als fünf Jahre vor dem Zeitpunkt der Vorlage der Bescheinigung beendet worden sein,

3. Bescheinigungen gemäß dem Muster des Anhanges II der Richtlinie 98/76/EG.

(4) Die in den Abs. 1 und 2 genannten Nachweise dürfen nicht älter als drei Monate sein.

(BGBl 2001/46)

5. Abschnitt
Übergangsbestimmungen

§ 16. (1) Inhabern von **Konzessionsprüfungszeugnissen** für den Gelegenheitsverkehr mit

7/3. GelverkG
BZP-VO

Omnibussen, die auf Grund der Verordnung des Bundesministers für Verkehr vom 3. März 1982 über die zum Nachweis der Befähigung für die gewerbsmäßige Beförderung von Personen mit Fahrzeugen des Straßenverkehrs vorgeschriebenen Konzessionsprüfungen, BGBl. Nr. 134/1982, ausgestellt wurden, ist auf Antrag durch die Prüfungskommission eine Bescheinigung zum Nachweis der fachlichen Eignung entsprechend dem Muster der **Anlage 5** zu dieser Verordnung auszustellen.

(2) Bescheinigungen über das Vorliegen der fachlichen Eignung, die vor dem 1. Oktober 1999 ausgestellt wurden, behalten ihre Gültigkeit. Inhabern von Bescheinigungen gemäß Anlage 5, 8 und 9 der BZP-VO, BGBl. Nr. 889/1994, die nach dem 1. Oktober 1999 und vor Inkrafttreten dieser Verordnung in der Fassung BGBl. II Nr. 46/2001 ausgestellt wurden, ist auf Antrag von der Prüfungskommission eine Bescheinigung zum Nachweis der fachlichen Eignung entsprechend dem Muster der **Anlage 5** auszustellen.

(3) Natürlichen Personen, die ihre fachliche Eignung gemäß § 10 Abs. 2 Z 1 und 2 **Kraftfahrliniengesetz**, BGBl. I Nr. 203/1999, oder vor dem 1. Jänner 1994 gemäß § 4 Abs. 3 Z 2 lit. a oder b **Kraftfahrliniengesetz 1952** idF BGBl. Nr. 128/1993 nachgewiesen haben, ist auf Antrag von der Aufsichtsbehörde eine Bescheinigung entsprechend dem Muster der **Anlage 9** zu dieser Verordnung auszustellen. Inhabern dieser Bestätigung ist auf Antrag von der Prüfungskommission eine Bescheinigung zum Nachweis der fachlichen Eignung entsprechend dem Muster der **Anlage 5** auszustellen.

(BGBl 2001/46)

6. Abschnitt
Schlußbestimmungen

§ 17. (1) Diese Verordnung tritt mit 1. Dezember 1994 in Kraft.

(2) Mit dem Inkrafttreten dieser Verordnung treten folgende Verordnungen außer Kraft:

1. Verordnung des Bundesministers für Verkehr vom 3. März 1982 über die zum Nachweis der Befähigung für die gewerbsmäßige Beförderung von Personen mit Fahrzeugen des Straßenverkehrs vorgeschriebenen Konzessionsprüfungen, BGBl. Nr. 134/1982, in der Fassung BGBl. Nr. 354/1989, und

2. Verordnung des Bundesministers für öffentliche Wirtschaft und Verkehr vom 3. November 1988 über die Anrechnung einer bestimmten schulischen oder beruflichen Ausbildung auf die vorgeschriebene fachliche Tätigkeit zum Nachweis der Befähigung für die gewerbsmäßige Beförderung von Personen bei den mit Omnibussen ausgeübten Gelegenheitsverkehren, BGBl. Nr. 710/1988.

(3) § 2 Abs. 2 Z 1 in der Fassung BGBl. II Nr. 459/2010 tritt mit 1. Jänner 2011 in Kraft. *(BGBl II 2010/459)*

Bezugnahme auf Richtlinien

§ 18. Durch diese Verordnung wird die Richtlinie 96/26/EG, ABl. Nr. L 124 vom 23. Mai 1996, S. 1, in der Fassung der Richtlinie 98/76/EG, ABl. Nr. L 277 vom 14. Oktober 1998, S. 17, in österreichisches Recht umgesetzt.

(BGBl 2001/46)

Anlage 1
Prüfungsstoff für den Nachweis der fachlichen Eignung für den Personenverkehr

1. Sachgebiete, deren Kenntnis einer **schriftlichen** Prüfung zu unterziehen ist:

   a) Kalkulation und Umsatzsteuerberechnung,

   b) kaufmännische Buchführung,

   c) Lohnverrechnung.

2. Sachgebiete, deren Kenntnis einer mündlichen Prüfung zu unterziehen ist:

1. Für die Ausübung des Berufs erforderliche Kenntnisse im Zivil-, Handels-, Sozial- und Steuerrecht:

   a) Verträge im allgemeinen,

   b) Beförderungsverträge, insbesondere die Verantwortlichkeit des Verkehrsunternehmers (Art und Grenzen); Organisation des Verkehrsunternehmens,

   c) Grundsätze des Gesellschaftsrechts unter besonderer Berücksichtigung des Firmenbuchrechts,

   d) Geschäftsbücher,

   e) Grundsätze des Zivilrechts und des allgemeinen Handelsrechts (unter besonderer Berücksichtigung des Schadenersatzrechts und des Dienstnehmerhaftpflichtrechts),

   f) Sozialversicherungsrecht,

   g) Arbeitsrecht unter besonderer Berücksichtigung des Arbeitnehmerschutzrechts, insbesondere Arbeitszeitrecht einschließlich der einschlägigen Kollektivverträge und EU-Vorschriften sowie Aufgabe und Arbeitsweise derjenigen, die im Kraftverkehrsgewerbe zur Wahrung der Arbeitnehmerinteressen tätig sind, *(BGBl II 2001/46)*

   h) Steuerrecht;

2. kaufmännische und finanzielle Führung des Unternehmens: *(BGBl II 2001/46)*
   a) Zahlungs- und Finanzierungsmodalitäten;
   b) Kalkulationen;
   c) Beförderungstarife, -preise und -bedingungen,
   d) kaufmännische Buchführung und Grundzüge der Bilanzierung, *(BGBl II 2001/46)*
   e) Versicherungen,
   f) Fakturierung,
   g) Reisebüros,
   h) Betriebsführung von Unternehmen des gewerblichen Straßenpersonenverkehrs,
   i) Marketing,
   j) Mitarbeiterführung udn Personalmanagement,
   k) Telematikanwendung im Straßenverkehr; *(BGBl II 2001/46)*
3. fachspezifische Vorschriften:
   a) Organisation von Verkehrsdiensten und Aufstellung von Beförderungsplänen,
   b) gewerberechtliche Vorschriften betreffend den Gelegenheitsverkehr,
   c) Rechtsvorschriften für den Kraftfahrlinienverkehr,
   d) Bestimmungen, die auf Grund einzelstaatlicher Rechtsvorschriften, gemeinschaftsrechtlicher Regeln und internationaler Übereinkommen für den Personenverkehr zwischen den Vertragsparteien des Europäischen Wirtschaftsraumes sowie zwischen diesen und Drittländern gelten,
   e) Vorschriften über den Zugang zum Beruf und dessen Ausübung,
   f) Praxis und Formalitäten beim Grenzübergang,
   g) Organisation der Wirtschaftskammern,
   h) Beförderungspapiere;
4. technische Normen und technischer Betrieb:
   a) Wahl der Fahrzeuge,
   b) Genehmigung und Zulassung,
   c) Normen für die Instandhaltung der Fahrzeuge,
   d) Grundregeln des Umweltschutzes bei der Verwendung und Wartung der Fahrzeuge;
5. Straßenverkehrssicherheit:
   a) Rechts- und Verwaltungsvorschriften für den Straßenverkehr,
   b) Pflichten des Zulassungsbesitzers bzw. Fahrzeuglenkers nach dem Kraftfahrrecht (KFG 1967, FSG) und dem Straßenpolizeirecht (StVO 1960), zuständige Behörden, *(BGBl II 2001/46)*
   c) wichtigste kraftfahrrechtliche und straßenpolizeiliche Vorschriften ausländischer Staaten, sofern sie von österreichischen abweichen,
   d) Straßenverkehrssicherheit,
   e) Verkehrsgeographie,
   f) Unfallverhütung und bei Unfällen zu ergreifende Maßnahmen.

Anlage 2

Prüfungsstoff für das mit **Personenkraftwagen betriebene Mietwagen- und das Taxi-Gewerbe sowie für das mit Omnibussen ausgeübte Gästewagen- Gewerbe,** wobei die Fragen entsprechend dem angestrebten Gewerbe anzupassen sind.

1. Sachgebiete, deren Kenntnis einer **schriftlichen** Prüfung zu unterziehen ist:
   1. Kalkulation, unter Berücksichtigung der einschlägigen Tarife, sowie Umsatzsteuerberechnung,
   2. kaufmännische Buchführung,
   3. Lohnverrechnung.
2. Sachgebiete, deren Kenntnis einer **mündlichen** Prüfung zu unterziehen ist:
   1. Für die Ausübung des Berufs erforderliche Kenntnisse im Zivil-, Handels-, Sozial- und Steuerrecht:
      a) Die Verantwortlichkeit des Verkehrsunternehmers (Art und Grenzen),
      b) Grundsätze des Gesellschaftsrechts unter besonderer Berücksichtigung des Firmenbuchrechts,
      c) Geschäftsbücher,
      d) Grundsätze des Zivilrechts und des allgemeinen Handelsrechts (unter besonderer Berücksichtigung des - Schadenersatzrechts und des Dienstnehmerhaftpflichtrechts),
      e) Sozialversicherungsrecht,
      f) Arbeitsrecht unter besonderer Berücksichtigung des Arbeitnehmerschutzrechts, insbesondere Arbeitszeitrecht einschließlich der einschlägigen Kollektivverträge sowie die Aufgabe und Arbeitsweise derjenigen, die im Kraftverkehrsgewerbe zur Wahrung der Arbeitnehmerinteressen tätig sind, *(BGBl II 2001/46)*
      g) Steuerrecht;
   2. kaufmännische und finanzielle Führung des Unternehmens: *(BGBl II 2001/46)*

7/3. GelverkG
BZP-VO

  a) Kalkulation,
  b) Zahlungs- und Finanzierungsmodalitäten,
  c) Beförderungstarife, -preise und -bedingungen,
  d) kaufmännische Buchführung und Grundzüge der Bilanzierung, Fakturierung, *(BGBl II 2001/46)*
  e) Betriebsführung,
  f) Versicherungen,
  g) Marketing,
  h) Mitarbeiterführung und Personalmanagement;
3. fachspezifische Vorschriften:
   a) gewerberechtliche Vorschriften einschließlich der BO 1994 und der jeweiligen Landesbetriebsordnung,
   b) Organisation von Verkehrsdiensten,
   c) Rechtsvorschriften über den grenzüberschreitenden Personenverkehr,
   d) Organisation der Wirtschaftskammern;
4. technische Normen und technischer Betrieb:
   a) Wahl der Fahrzeuge,
   b) Genehmigung und Zulassung,
   c) Normen für die Instandhaltung der Fahrzeuge,
   d) Grundregeln des Umweltschutzes bei der Verwendung und Wartung der Fahrzeuge,
   e) Funk- und Fernmeldewesen;
5. Straßenverkehrssicherheit:
   a) Pflichten des Zulassungsbesitzers bzw. Fahrzeuglenkers nach dem Kraftfahrrecht (KFG 1967, FSG) und dem Straßenpolizeirecht (StVO 1960), *(BGBl II 2001/46)*
   b) einschlägige Vorschriften zur Erhöhung der Straßenverkehrssicherheit,
   c) Verkehrsgeographie,
   d) Unfallverhütung und bei Unfällen zu ergreifende Maßnahmen.

Anlage 3

1. Ergänzender Prüfungsstoff für den Nachweis der fachlichen Eignung für das mit Personenkraftwagen betriebene Mietwagen- und das Taxi- Gewerbe sowie für das mit Omnibussen ausgeübte Gästewagen-Gewerbe für Inhaber eines Nachweises der fachlichen Eignung zum Personenkraftverkehrsunternehmer:
   a) Kalkulation unter Berücksichtigung der einschlägigen Tarife (schriftlich),
   b) die Verantwortlichkeit des Verkehrsunternehmers (Art und Grenzen),
   c) Arbeitsrecht unter besonderer Berücksichtigung des Arbeitnehmerschutzrechts, des Arbeitszeitrechts und der einschlägigen Kollektivverträge sowie Aufgabe und Arbeitsweise derjenigen, die im Kraftverkehrsgewerbe zur Wahrung der Arbeitnehmerinteressen tätig sind, *(BGBl II 2001/46)*
   d) Beförderungstarife und -bedingungen,
   e) gewerberechtliche Vorschriften einschließlich der BO 1994 und der jeweiligen Landesbetriebsordnung,
   f) Organisation von Verkehrsdiensten,
   g) Rechtsvorschriften über den grenzüberschreitenden Personenverkehr,
   h) Wahl der Fahrzeuge, Genehmigung und Zulassung,
   i) Normen für die Instandhaltung der Fahrzeuge,
   j) Funk- und Fernmeldewesen.
2. Ergänzender Prüfungsstoff für den Nachweis der fachlichen Eignung für den Personenkraftverkehr für Inhaber eines Befähigungsnachweises für das mit Personenkraftwagen betriebene Mietwagen- und das Taxi-Gewerbe sowie für das mit Omnibussen ausgeübte Gästewagen-Gewerbe:
   a) Kalkulation (schriftlich),
   b) Beförderungsverträge, insbesondere die Verantwortlichkeit des Verkehrsunternehmers (Art und Grenzen), Organisation des Verkehrsunternehmens,
   c) Arbeitsrecht unter besonderer Berücksichtigung des Arbeitnehmerschutzrechts, des Arbeitszeitrechts, der einschlägigen Kollektivverträge und EU-Vorschriften sowie Aufgabe und Arbeitsweise derjenigen, die im Kraftverkehrsgewerbe zur Wahrung der Arbeitnehmerinteressen tätig sind, *(BGBl II 2001/46)*
   d) Kalkulation,
   e) Beförderungstarife, -preise und -bedingungen,
   f) Versicherungen,
   g) Reisebüros,
   h) Organisation von Verkehrsdiensten und Aufstellung von Beförderungsplänen,
   i) gewerberechtliche Vorschriften betreffend den Gelegenheitsverkehr,
   j) Rechtsvorschriften für den Kraftfahrlinienverkehr,
   k) Bestimmungen, die auf Grund einzelstaatlicher Rechtsvorschriften, gemeinschaftlicher Regeln und internationaler Übereinkommen für den Personenverkehr zwi-

schen den Vertragsparteien des Europäischen Wirtschaftsraumes sowie zwischen diesen und Drittländern gelten,

l) Praxis und Formalitäten beim Grenzübergang, Beförderungspapiere,
m) Wahl der Fahrzeuge,
n) Genehmigung und Zulassung,
o) Normen für die Instandhaltung der Fahrzeuge,
p) Pflichten des Zulassungsbesitzers bzw. Fahrzeuglenkers nach dem Kraftfahrrecht (KFG 1967, FSG) und dem Straßenpolizeirecht (StVO 1960), *(BGBl II 2001/46)*
q) wichtigste kraftfahrrechtliche und straßenpolizeiliche Vorschriften ausländischer Staaten, soweit sie von österreichischen abweichen,
r) Verkehrsgeographie,
s) Telematikanwendung im Straßenverkehr.

7/3. **GelverkG**
BZP-VO

Anlage 4

Amt der .... Landesregierung

Prüfungskommission zur Feststellung der fachlichen Eignung
nach § 8 Abs. 1 Kraftfahrliniengesetz, BGBl. I Nr. 203/1999, und
§ 5 Abs. 5 Z 1 Gelegenheitsverkehrs-Gesetz 1996, BGBl. Nr. 112, idF BGBl. I Nr. 135/1999.

Geschäftszahl

Bescheinigung

Frau/Herr ....
(Titel, Vor- und Familienname)

geboren am .... in ....

hat durch Vorlage des Abschlusszeugnisses/Diplomes *) folgender Schule/Universität *)
bzw. des Prüfungszeugnisses über *)

die gemäß § 10 Abs. 1 Kraftfahrliniengesetz , BGBl. I Nr. 203/1999, sowie die gemäß § 5 Abs. 5 Z 2
Gelegenheitsverkehrs-Gesetz 1996, BGBl. Nr. 112, idF BGBl. I Nr. 135/1999 in Verbindung mit
§ 14 Abs. 1 der BZP-VO, BGBl. Nr. 889/1994, idF BGBl. II Nr. 46/2001 erforderliche

fachliche Eignung

in folgenden Sachgebieten nachgewiesen:

Ausstellungsort, Datum

Die Prüfungskommission

Prüfungskommissäre: Vorsitzender:

L. S.

---

*) Nichtzutreffendes streichen

7/3. GelverkG
BZP-VO

Anlage 5

[Dickes beigefarbenes Papier]

REPUBLIK ÖSTERREICH Amt der .... **Landesregierung**
— A —

Geschäftszahl

**Bescheinigung über die fachliche Eignung für den innerstaatlichen
und grenzüberschreitenden Personenkraftverkehr**

Die Prüfungskommission zur Feststellung der fachlichen Eignung nach § 10 Abs. 1 Kraftfahrliniengesetz, BGBl. I Nr. 203/1999, und § 5 Abs. 5 Z 1 Gelegenheitsverkehrs-Gesetz 1996, BGBl. Nr. 112, idF BGBl. I Nr. 135/1999 bescheinigt, dass

Frau/Herr ....
(Titel, Vor- und Familienname)
geboren am .... in ....

☐ am .... gemäß
(Prüfungstermin)
- § 10 Abs. 1 Kraftfahrliniengesetz, BGBl. I Nr. 203/1999, und § 5 Abs. 5 Z 1 Gelegenheitsverkehrs-Gesetz 1996, BGBl. Nr. 112, idF BGBl. I Nr. 135/1999 in Verbindung mit § 11 Abs. 2 Z 1 der BZP-VO, BGBl. Nr. 889/1994, idF BGBl. II Nr. 46/2001, *)
- der Verordnung des Bundesministers für Verkehr vom 3. März 1982 über die zum Nachweis der Befähigung für die gewerbsmäßige Beförderung von Personen mit Fahrzeugen des Straßenverkehrs vorgeschriebenen Konzessionsprüfungen, BGBl. Nr. 134/1982, *)

die Prüfung zur Erlangung der Bescheinigung über die fachliche Eignung zum Beruf des Personenkraftverkehrsunternehmers im innerstaatlichen und grenzüberschreitenden Verkehr mit Erfolg abgelegt hat,

☐ § 10 Abs. 2 Z 1 und 2 Kraftfahrliniengesetz, BGBl. I Nr. 203/1999, in Verbindung mit § 16 Abs. 3 der BZP-VO, BGBl. Nr. 889/1994, idF BGBl. Nr. 46/2001 die fachliche Eignung zum Beruf des Personenkraftverkehrsunternehmers im innerstaatlichen und grenzüberschreitenden Verkehr besitzt,

und somit zur Berufsausübung in einem Personenkraftverkehrsunternehmen berechtigt ist, das Beförderungen
- im innerstaatlichen Verkehr des die Bescheinigung ausstellenden Mitgliedstaates und
- im grenzüberschreitenden Verkehr durchführt.

Durch diese Bescheinigung wird der ausreichende Nachweis der fachlichen Eignung gemäß Artikel 10 Absatz 1 der Richtlinie 96/26/EG des Rates vom 29. April 1996 über den Zugang zum Beruf des Güter- und Personenkraftverkehrsunternehmers im innerstaatlichen und grenzüberschreitenden Verkehr sowie über die gegenseitige Anerkennung der Diplome, Prüfungszeugnisse und sonstigen Befähigungsnachweise für die Beförderung von Gütern und die Beförderung von Personen im Straßenverkehr und über Maßnahmen zur Förderung der tatsächlichen Inanspruchnahme der Niederlassungsfreiheit der betreffenden Verkehrsunternehmer erbracht.

Ausstellungsort, Datum

Die Prüfungskommission

Prüfungskommissäre: Vorsitzender:

L. S.

Belgien (B), Dänemark (DK), Deutschland (D), Griechenland (GR), Spanien (E), Frankreich (F), Irland (IRL), Italien (I), Luxemburg (L), Niederlande (NL), Österreich (A), Portugal (P), Finnland (FIN), Schweden (S), Vereinigtes Königreich (UK).

☐ Zutreffendes ankreuzen
*) Nichtzutreffendes streichen

7/3. GelverkG
BZP-VO

Anlage 6

Amt der .... Landesregierung

Prüfungskommission zur Feststellung der fachlichen Eignung
nach § 5 Abs. 5 Z 1 Gelegenheitsverkehrs-Gesetz 1996, BGBl. Nr. 112, idF BGBl. I Nr. 135/1999.

Geschäftszahl

Prüfungszeugnis

Frau/Herr ....
(Titel, Vor- und Familienname)

geboren am .... in ....

hat sich am .... der

**Prüfung zum Nachweis der fachlichen Eignung
für das mit Personenkraftwagen betriebene Mietwagen-Gewerbe
und das Taxi-Gewerbe**

gemäß § 5 Abs. 5 Z 1 Gelegenheitsverkehrs-Gesetz 1996, BGBl. Nr. 112, idF BGBl. I Nr. 135/1999
in Verbindung mit § 11 Abs. 2 Z 2 der BZP-VO, BGBl. Nr. 889/1994, idF BGBl. II Nr. 46/2001
unterzogen und diese Prüfung bestanden.

Die fachliche Eignung gemäß § 5 Abs. 1 Z 3 Gelegenheitsverkehrs-Gesetz 1996,
BGBl. Nr. 112, idF BGBl. I Nr. 135/1999 wird bescheinigt.

Ausstellungsort, Datum

Die Prüfungskommission

Prüfungskommissäre: Vorsitzender:

L. S.

7/3. GelverkG
BZP-VO

Anlage 7

Amt der .... Landesregierung

Prüfungskommission zur Feststellung der fachlichen Eignung
nach § 5 Abs. 5 Z 1 Gelegenheitsverkehrs-Gesetz 1996, BGBl. Nr. 112, idF BGBl. I Nr. 135/1999.

Geschäftszahl

Prüfungszeugnis

Frau/Herr ....
(Titel, Vor- und Familienname)

geboren am .... in ....

hat sich am .... der

**Prüfung zum Nachweis der fachlichen Eignung
für das mit Omnibussen betriebene
Gästewagen-Gewerbe**

GelegenheitsVG
VO

gemäß § 5 Abs. 5 Z 1 Gelegenheitsverkehrs-Gesetz 1996, BGBl. Nr. 112, idF BGBl. I Nr. 135/1999
in Verbindung mit § 11 Abs. 2 Z 3 der BZP-VO, BGBl. Nr. 889/1994, idF BGBl. II Nr. 46/2001
unterzogen und diese Prüfung bestanden.

Die fachliche Eignung gemäß § 5 Abs. 1 Z 3 Gelegenheitsverkehrs-Gesetz 1996,
BGBl. Nr. 112, idF BGBl. I Nr. 135/1999 wird bescheinigt.

Ausstellungsort, Datum

Die Prüfungskommission

Prüfungskommissäre: Vorsitzender:

L. S.

… **7/3. GelverkG**
BZP-VO

Anhang 9

Der Bundesminister für Verkehr, Innovation und Technologie *)
Der Landeshauptmann von .... *)

Geschäftszahl

Bescheinigung

Frau/Herr ....
(Titel, Vor- und Familienname)

geboren am .... in ....

wird hiemit gemäß § 10 Abs. 2 Z 1 und 2 Kraftfahrliniengesetz, BGBl. I Nr. 203/1999, in Verbindung mit § 16 Abs. 3 der BZP-VO, BGBl. Nr. 889/1994, idF BGBl. II Nr. 46/2001 die fachliche Eignung für den Beruf des Personenkraftverkehrsunternehmers im innerstaatlichen und grenzüberschreitenden Verkehr gemäß Artikel 3 Abs. 4 lit. a der Richtlinie 96/26/EG des Rates vom 29. April 1996 über den Zugang zum Beruf des Güter- und Personenkraftverkehrsunternehmers im innerstaatlichen und grenzüberschreitenden Verkehr sowie über die gegenseitige Anerkennung der Diplome, Prüfungszeugnisse und sonstigen Befähigungsnachweise für die Beförderung von Gütern und die Beförderung von Personen im Straßenverkehr und über Maßnahmen zur Förderung der tatsächlichen Inanspruchnahme der Niederlassungsfreiheit der betreffenden Verkehrsunternehmer idF der Richtlinie 98/76/EG des Rates vom 1. Oktober 1998 bescheinigt.

Ausstellungsort, Datum

für den Bundesminister für Verkehr, Innovation und Technologie: *)

für den Landeshauptmann: *)

L. S.

*) Nichtzutreffendes streichen

7/3. GelverkG
BZP-VO

Anlage 10

(Vorderseite)

GUTACHTEN

zur Feststellung der finanziellen Leistungsfähigkeit von
Personenkraftverkehrsunternehmen gemäß 3 Abs. 1 BZP-VO, BGBl. II Nr. 46/2011

1. Name oder Firma des Unternehmens:

   Anschrift des Betriebssitzes:

2. Anzahl der Omnibusse (§ 2 Abs. 3):

   Eigenkapital und unversteuerte Rücklage:

   Bestätigungsvermerk I: Es wird bestätigt, dass das Unternehmen eine Summe von Eigenkapital und unversteuerten Rücklagen in der Höhe von zumindest „9 000 Euro" für das erste und zumindest „5 000 Euro" für jedes weitere Fahrzeug aufweist. *(BGBl II 2010/459)*
   Datum und
   Fertigung der prüfenden Stelle:

3. Ist über das Unternehmen in den letzten fünf Jahren der Konkurs eröffnet oder ein Ausgleichsantrag gestellt worden?

   ○ ja   ○ nein

4. | | Erfordernis |
   |---|---|
   | Eigenkapitalquote [= Eigenkapital/Gesamtkapital x 100]: | • *10%* |
   | Schuldentilgungsdauer in Jahren [= (Fremdkapital - flüssige Mittel)/Netto-Cash-Flow *]: | • *12 Jahre* |
   | Netto-Cash-Flow * aus dem Ergebnis in % der Umsatzhöhe [= Netto-Cash-Flow */Umsatzhöhe x 100]: | • *8 %* |

   Bestätigungsvermerk II: Es wird bestätigt, dass die Unternehmen die für die ordnungsgemäße Ingangsetzung/den ordnungsgemäßen Betrieb erforderlichen finanziellen Mittel

   ○ aufweist.   ○ nicht aufweist.

   Bei der wiederkehrenden Überprüfung für Kraftfahrlinienunternehmer:
   Ist auf Grund der näheren Begutachtung zu erwarten, dass diese inerhalb einer Frist von .... Monaten (max. 12) wieder erlangt werden wird?

   ○ ja   ○ nein

   Datum und
   Fertigung der prüfenden Stelle:
   Erforderlichenfalls Erläuterungen und verbale Beurteilung durch die prüfende Stelle auf Beiblatt:

* Siehe umseitige Erklärung

7/3. GelverkG
BZP-VO

Anlage 10

(Rückseite)

Der Cash-Flow aus dem Ergebnis errechnet sich:

Jahresüberschuss/-fehlbetrag
+   Abschreibung auf das Anlagevermögen
−   Zuschreibung auf das Anlagevermögen
+   Dotierung (− Auflösung) langfristiger Rückstellungen
−   Gewinne (+ Verluste) aus dem Verkauf von Anlagevermögen
−   Auflösung nichtrückzahlbarer Investitionszuschüsse
+/− sonstige zahlungsunwirksame Aufwendungen/Erträge
=   Cash-Flow aus dem Ergebnis

(BGBl 2001/46)

Grundqualifikations- und Weiterbildungsverordnung – Berufskraftfahrer – GWB

BGBl II 2008/139 idF

1 BGBl II 2021/531

Verordnung des Bundesministers für Verkehr, Innovation und Technologie über die Grundqualifikation und Weiterbildung der Fahrer bestimmter Fahrzeuge für den Güter- oder Personenkraftverkehr (Grundqualifikations- und Weiterbildungsverordnung – Berufskraftfahrer – GWB)

Auf Grund des § 19 Abs. 5, § 19a Abs. 3 und § 19b Abs. 3 des Güterbeförderungsgesetzes 1995 – GütbefG, BGBl. Nr. 593, und § 14a Abs. 5, § 14b Abs. 3 und § 14c Abs. 3 des Gelegenheitsverkehrs-Gesetzes 1996 – GelverkG 1996, BGBl. Nr. 112, und § 44a Abs. 5, § 44b Abs. 3 und § 44c Abs. 3 des Kraftfahrliniengesetzes – KflG, BGBl. I Nr. 203/1999, jeweils in der Fassung BGBl. I Nr. 153/2006, wird verordnet:

1. Teil

Geltungsbereich

§ 1. (1) Die nachfolgenden Bestimmungen gelten für Lenker von Kraftfahrzeugen gemäß § 19 Güterbeförderungsgesetz 1995, § 14a Gelegenheitsverkehrs-Gesetz 1996 und § 44a Kraftfahrlinien-gesetz.

(2) Alle personenbezogenen Bezeichnungen gelten gleichermaßen für Personen sowohl weiblichen als auch männlichen Geschlechts.

2. Teil

Grundqualifikation

Prüfung über die Grundqualifikation

§ 2. (1) Die Prüfung über die Grundqualifikation vor der Prüfungskommission umfasst die in der **Anlage 1** angeführten Sachgebiete der Prüfung, soweit nicht deren Kenntnis gemäß § 11 angerechnet wird.

(2) Die Prüfung hat aus einem theoretischen Prüfungsteil und einer praktischen Fahrprüfung zu bestehen und ist in deutscher Sprache abzuhalten. Die Beiziehung eines Dolmetschers für die mündlichen Teile der Prüfung ist zulässig.

Prüfungstermin

§ 3. Der Landeshauptmann hat in jedem Jahr mindestens vier Termine für die Abhaltung der Prüfungen über die Grundqualifikation festzulegen und zu veranlassen, dass diese Termine spätestens drei Monate vor Beginn der Prüfung im Internet auf der Homepage des betreffenden Landes verlautbart werden.

(BGBl II 2021/531)

Anmeldung zur Prüfung

§ 4. (1) Die Anmeldung zur Prüfung hat der Prüfungswerber spätestens drei Wochen vor dem festgelegten Prüfungstermin schriftlich beim Landeshauptmann einzubringen. Der Prüfungswerber kann frei wählen, bei welchem Landeshauptmann er die Prüfung ablegen will. *(BGBl II 2021/531)*

(2) Der Prüfungsanmeldung sind anzuschließen:

1. Urkunden zum Nachweis des Vor- und Familiennamens;

2. zum Nachweis der Staatsbürgerschaft geeignete Dokumente;

3. die für eine allfällige Anrechnung gemäß § 11 erforderlichen Unterlagen;

4. die für eine allfällige Ermäßigung gemäß § 10 Abs. 2 erforderlichen Unterlagen und

5. a) bei Angehörigen eines Mitgliedstaates der Europäischen Union ein Nachweis eines österreichischen Hauptwohnsitzes;

b) bei Staatsangehörigen eines Drittstaates entweder ein Nachweis über ein aufrechtes Arbeitsverhältnis bei einem in Österreich niedergelassenen Unternehmen oder der Nachweis über einen Aufenthaltstitel, der das Recht auf unbeschränkten Zugang zum Arbeitsmarkt in Österreich ermöglicht.

Verständigung vom Prüfungstermin

§ 5. Der Prüfungswerber ist vom Prüfungstermin rechtzeitig, spätestens zwei Wochen vor diesem Termin schriftlich zu verständigen. In der Verständigung sind dem Prüfungswerber

1. Zeit und Ort der Prüfung,

2. die Sachgebiete, die gemäß § 11 angerechnet werden,

3. Unterlagen und Hilfsmittel, die er für die Prüfung mitzubringen hat und

4. die Höhe der Prüfungsgebühr

bekannt zu geben.

(BGBl II 2021/531)

Nachweis der Identität und der Bezahlung der Prüfungsgebühr

§ 6. Der Prüfungswerber hat bei Antritt der Prüfung seine Identität durch einen amtlichen Lichtbildausweis nachzuweisen und den Nachweis über die Bezahlung der Prüfungsgebühr vorzulegen.

Prüfungsvorgang

§ 7. (1) Die theoretische Prüfung hat mindestens vier Stunden und 30 Minuten zu dauern und aus folgenden Teilen zu bestehen:

1. Multiple-Choice-Fragen,

2. einer Erörterung von Praxissituationen und

3. einem mündlichen Prüfungsteil, der mindestens die Punkte 1.d bis f, 3.b und c sowie 3.e der Sachgebiete der Anlage 1 umfasst. Dieser Teil hat mindestens 30 Minuten zu dauern.

(2) Umfang und Schwierigkeit der Prüfungsfragen haben den Anforderungen der Berufspraxis zu entsprechen. Dabei sind dem Prüfungswerber aus jedem Sachgebiet so viele Fragen zu stellen, dass sich die Prüfungskommission ein Urteil über die in der angestrebten Fahrtätigkeit erforderlichen Kenntnisse bilden kann.

(3) Bei der praktischen Fahrprüfung sind die Sachgebiete über das rationelle Fahrverhalten und die Einhaltung der Verkehrssicherheit (Punkt 1. der Anlage 1) zu bewerten. Diese Prüfung hat das Fahren auf Straßen sowohl innerhalb als auch außerhalb des Ortsgebietes zu umfassen und soll nach Möglichkeit in Situationen mit unterschiedlicher Verkehrsdichte erfolgen. Die praktische Fahrprüfung hat mindestens 90 Minuten zu dauern und ist mit Fahrzeugen gemäß § 7 Fahrprüfungsverordnung – FSG-PV, BGBl. II Nr. 321/1997, in der jeweils geltenden Fassung durchzuführen. Das für die Prüfung erforderliche Fahrzeug hat der Prüfungswerber beizustellen und bei Fahrzeugen, die nicht ihm gehören, eine schriftliche Erklärung des Zulassungsbesitzers darüber vorzulegen, dass dieser der Verwendung des Fahrzeuges für die Prüfungsfahrt zustimmt.

Prüfungsergebnis und Bescheinigungen

§ 8. (1) Das Ergebnis der theoretischen Prüfung ist spätestens eine Woche nach dem Prüfungstermin, das Ergebnis der praktischen Fahrprüfung ist unmittelbar nach Beendigung der Prüfung dem Prüfungswerber und der Prüfungskommission bekannt zu geben.

(2) Hat der Prüfungswerber alle Prüfungsteile erfolgreich abgeschlossen, so ist ihm auf Grund eines Beschlusses der Prüfungskommission vom Landeshauptmann eine Bescheinigung über die bestandene Prüfung entsprechend dem Muster der **Anlage 2** auszustellen.

Wiederholung

§ 9. Die Prüfung kann im Falle des Nichtbestehens frühestens nach drei Wochen wiederholt werden. Bei Nichtbestehen nur eines der Prüfungsteile ist nur dieser Teil zu wiederholen.

(BGBl II 2021/531)

Prüfungsgebühr

§ 10. (1) Der Prüfungswerber hat als Kostenbeitrag zur Durchführung der Prüfung eine Gebühr von 330 Euro zu entrichten. Der Landeshauptmann hat den aktuellen Betrag der Prüfungsgebühr im Internet auf der Homepage des betreffenden Landes bekannt zu machen. *(BGBl II 2021/531)*

(2) Wenn der Prüfungswerber die Prüfungsgebühr selbst zu tragen hat und nachweist, dass die Entrichtung der Prüfungsgebühr in der sich aus dem Abs. 1 ergebenden Höhe wegen seiner Einkommensverhältnisse oder Sorgepflichten eine erhebliche wirtschaftliche Härte darstellt, ist die Prüfungsgebühr entsprechend den Einkommensverhältnissen und Sorgepflichten des Prüfungswerbers bis auf zwei Fünftel der sich aus dem Abs. 1 ergebenden Prüfungsgebühr zu ermäßigen.

(3) Zur Bezahlung der Entschädigung an die Mitglieder der Prüfungskommission und des Fahrprüfers hat der Landeshauptmann neun Zehntel der Prüfungsgebühr auf die Mitglieder der Prüfungskommission zu drei Teilen und den Fahrprüfer zu zwei Teilen aufzuteilen. Das verbleibende Zehntel ist zur Abdeckung des durch die Abhaltung der Prüfung entstandenen sonstigen besonderen Verwaltungsaufwandes zu verwenden. Im Falle einer Anrechnung gemäß § 11 Abs. 5 oder im Wiederholungsfall der bereits bestandenen Prüfung gemäß § 7 Abs. 3 sind die neun Zehntel der Prüfungsgebühr nur auf die Mitglieder der Prüfungskommission zu drei Teilen aufzuteilen.

(4) Eine bereits entrichtete Prüfungsgebühr ist dem Prüfungswerber vom Landeshauptmann zur Gänze zu erstatten, wenn dieser

1. spätestens fünf Tage vor dem Prüfungstermin schriftlich mitteilt, vom Prüfungstermin zurückzutreten, oder

2. nachweist, dass er an der termingemäßen Ablegung der Prüfung ohne sein Verschulden verhindert war.

Die Tage des Postlaufes sind nicht einzuberechnen.

(5) Wird der Prüfungstermin ohne fristgerechten Rücktritt (Abs. 4 Z 1) oder Nachweis der unverschuldeten Verhinderung (Abs. 4 Z 2) nicht wahrgenommen, ist die Prüfungsgebühr jedenfalls zu entrichten.

(6) Werden Teilprüfungen gemäß § 11 anerkannt oder nicht bestandene Prüfungsteile wiederholt, so ist ein Zehntel der Prüfungsgebühr zur Abdeckung des durch die Abhaltung der Prüfung entstandenen sonstigen besonderen Verwaltungsaufwandes zu verwenden. Die restlichen neun Zehntel sind um folgende Prozentsätze zu kürzen:
10 % bei bereits abgelegter Prüfung gemäß § 7 Abs. 1 Z 1
10 % bei bereits abgelegter Prüfung gemäß § 7 Abs. 1 Z 2
40 % bei bereits abgelegter Prüfung gemäß § 7 Abs. 1 Z 3
40 % bei bereits abgelegter Prüfung gemäß § 7 Abs. 3

Anrechnung

§ 11. (1) Die durch eine Bescheinigung gemäß § 11 Abs. 2 Z 1 BZP-VO, BGBl. Nr. 889/1994, in der jeweils geltenden Fassung, nachgewiesene fachliche Eignung (Befähigungsnachweis) für den Personenkraftverkehr ersetzt folgende Sachgebiete der Prüfung:
2.a und c der Anlage 1.

(2) Die durch eine Bescheinigung gemäß § 11 Abs. 2 BZGÜ-VO, BGBl. Nr. 221/1994, in der jeweils geltenden Fassung, nachgewiesene fachliche Eignung (Befähigungsnachweis) für den Güterkraftverkehr ersetzen folgende Sachgebiete der Prüfung:
2.a und b der Anlage 1.

(3) Bei Lenkern im Güterkraftverkehr, die ihre Tätigkeit auf den Personenkraftverkehr ausweiten oder ändern, und eine Grundqualifikation für den Güterkraftverkehr besitzen, oder bei Lenkern im Personenkraftverkehr, die ihre Tätigkeit auf den Güterkraftverkehr ausweiten oder ändern und eine Grundqualifikation für den Personenkraftverkehr besitzen, ersetzt die Bescheinigung gemäß § 8 Abs. 2 folgende Sachgebiete der Prüfung:
1.a bis d, 2.a und 3.a bis f der **Anlage 1**.
Die praktische Fahrprüfung ist jedoch vollständig abzulegen.
(BGBl II 2021/531)

(4) Die abgelegte Lehrabschlussprüfung mit dem Schwerpunkt Güterbeförderung gemäß der Berufskraftfahrer/Berufskraftfahrerin – Ausbildungsordnung, BGBl. II Nr. 190/2007, in der jeweils geltenden Fassung, ersetzt die theoretische Prüfung gemäß § 7 Abs. 1 bei der Prüfung über die Grundqualifikation für den Güterkraftverkehr. Die abgelegte Lehrabschlussprüfung mit dem Schwerpunkt Personenbeförderung gemäß der Berufskraftfahrer/Berufskraftfahrerin – Ausbildungsordnung, in der jeweils geltenden Fassung, ersetzt die theoretische Prüfung gemäß § 7 Abs. 1 bei der Prüfung über die Grundqualifikation für den Personenkraftverkehr. *(BGBl II 2021/531)*

(5) Die gemäß § 11 Abs. 4a Führerscheingesetz, BGBl. I Nr. 120/1997, in der Fassung BGBl. I Nr. 31/2008, abgelegte Fahrprüfung ersetzt die praktische Fahrprüfung gemäß § 7 Abs. 3.

3. Teil

Weiterbildung

§ 12. (1) Durch die Weiterbildung sind in **Anlage 1** für die jeweilige Führerscheinklasse bestimmte Sachgebiete zu vertiefen und zu wiederholen, wobei jedenfalls besondere Betonung auf die Verkehrssicherheit (Sachgebiete 1.b, 1.d, 1.e, 1.f, 1.g, 1.h und 2.a), die Sicherheit und den Gesundheitsschutz am Arbeitsplatz (Sachgebiete 3a, 3c, und 3d) und die Reduzierung der Umweltauswirkungen des Fahrens (Sachgebiete 1.a und 1.c) zu legen ist. Die Kenntnisbereiche der Weiterbildung müssen den Entwicklungen der einschlägigen Gesetzgebung und der Technik Rechnung tragen und so weit wie möglich dem konkreten Weiterbildungsbedarf des Lenkers gerecht werden.

(2) Ausbildungseinheiten für die Weiterbildung sind von ermächtigten Ausbildungsstätten durchzuführen. Die Weiterbildung hat aus Unterricht in einem Schulungsraum, praktischer Ausbildung und – sofern verfügbar – Weiterbildungsmaßnahmen in Form von E-Learning zu bestehen. Die praktische Ausbildung kann durch den Einsatz von Simulatoren ergänzt werden. Wechselt der Lenker zu einer anderen Ausbildungsstätte, so ist die bereits erfolgte Weiterbildung anzurechnen.

(3) Die Dauer der Weiterbildung hat 35 Stunden innerhalb von fünf Jahren zu betragen, die in Ausbildungseinheiten von jeweils mindestens sieben Stunden erteilt werden, die auf zwei aufeinanderfolgende Tage aufgeteilt werden können. Die Weiterbildung darf höchstens im Ausmaß von zwölf Stunden in Form von E-Learning erteilt werden. Die Unterrichtsdauer darf maximal acht Stunden pro Tag betragen.

(4) Die Kursgröße darf 25 Personen nicht überschreiten.

(5) Die Ausbildungsstätten haben über die Weiterbildung eine Bescheinigung nach dem Muster der **Anlage 3** auszustellen.

(6) Legt der Inhaber eines Fahrerqualifizierungsnachweises die Lehrabschlussprüfung gemäß der Berufskraftfahrer/Berufskraftfahrerin – Ausbildungsordnung, in der jeweils geltenden

Fassung, ab, so ersetzt diese die erste auf die Lehrabschlussprüfung folgende Weiterbildung.

(7) Die absolvierte Gefahrgutlenker-Ausbildung gemäß 8.2 ADR ersetzt eine Ausbildungseinheit für die Weiterbildung im Ausmaß von sieben Stunden.

(8) Der Befähigungsnachweis gemäß § 6 Abs. 1 der Tiertransport-Ausbildungsverordnung, BGBl. II Nr. 92/2008, in der jeweils geltenden Fassung, ersetzt eine Ausbildungseinheit für die Weiterbildung im Ausmaß von sieben Stunden.

Ermächtigung von Ausbildungsstätten

§ 13. (1) Eine Ermächtigung ist, erforderlichenfalls unter Vorschreibung von Auflagen und Bedingungen, sofern deren Erfüllung oder Einhaltung für die Ausübung der Tätigkeit geboten ist, zu erteilen, wenn die antragstellende Ausbildungsstätte im Hinblick auf die zu vermittelnden Kenntnisse und Fertigkeiten über ausreichendes und qualifiziertes Lehrpersonal (Abs. 5), geeignete Schulungsräume und Lehrmittel verfügt.

(2) Dem schriftlichen Antrag auf Zulassung als Ausbildungsstätte für die Weiterbildung sind folgende Unterlagen beizufügen:

1. ein Ausbildungsprogramm, in dem die zu unterrichtenden Sachgebiete gemäß **Anlage 1** sowie die geplante Durchführung und die Unterrichtsmethoden näher darzustellen sind;

2. Angaben über die Anzahl, die Qualifikation und die Tätigkeitsbereiche der Ausbilder, einschließlich der Angaben zu den gemäß Abs. 5 erforderlichen Kriterien sowie der Darstellung ihrer didaktischen und pädagogischen Kenntnisse;

3. Angaben zu den Unterrichtsorten, zum Lehrmaterial, zu den für die praktische Ausbildung bereitgestellten Unterrichtsmitteln und zu den eingesetzten Ausbildungsfahrzeugen;

4. voraussichtliche Kursgröße und

5. die Darlegung eines Qualitätssicherungssystems, das betrieben wird, um die Vermittlung der Inhalte und die Erreichung der Ziele der Weiterbildung zu gewährleisten.

6. Im Falle des beabsichtigten Einsatzes von E-Learning eine Darstellung der Inhalte, die mit E-Learning vermittelt werden sollen und wie eine zuverlässige Nutzeridentifizierung und Kontrolle gewährleistet wird.

7. Soll die praktische Ausbildung durch Simulatoren ergänzt werden, eine Darstellung der praktischen Übungen, die mit Simulatoren durchgeführt werden sollen.

(3) Die Behörde darf hinsichtlich der eingesetzten Mittel, des ordnungsgemäßen Ablaufs der Weiterbildungsmaßnahmen und der Pflichten des Inhabers einer Ermächtigung gemäß § 13a unangemeldete Kontrollen der Ausbildungsstätten durchführen.

(4) Eine Änderung des Ausbildungsprogramms ist erst nach Genehmigung durch die Behörde zulässig.

(5) Als Ausbilder dürfen eingesetzt werden:

1. Vortragende im Rahmen der Ausbildung für den Lehrberuf Berufskraftfahrer gemäß der Berufskraftfahrer/Berufskraftfahrerin-Ausbildungsordnung, in der jeweils geltenden Fassung;

2. Fahrschullehrer für die Klasse C oder D gemäß § 116 Kraftfahrgesetz 1967 (KFG 1967), BGBl. Nr. 267/1967, in der jeweils geltenden Fassung;

3. Fahrlehrer für die Klasse C oder D gemäß § 117 KFG 1967 oder

4. Personen, die ausreichende Kenntnisse in wenigstens einem der gemäß der **Anlage 1** vorgeschriebenen Sachgebiete auf Grund einer einschlägigen Ausbildung oder auf Grund gleichwertiger Erfahrungen aus der Praxis nachweisen können.

Die Ausbilder müssen den neuesten Stand der Vorschriften und Bestimmungen für die Aus- und Weiterbildung kennen sowie didaktische und pädagogische Kenntnisse nachweisen. Für den praktischen Teil der Ausbildung müssen die Ausbilder eine Berufserfahrung als Berufskraftfahrer oder eine entsprechende Fahrererfahrung, beispielsweise als Fahrlehrer für Lastkraftwagen, nachweisen.

(6) Weiterbildungen in nicht regelmäßig genutzten Unterrichtsorten (Außenkurse) sind unter Beifügung von Angaben zum geplanten Unterrichtsort dem örtlich zuständigen Landeshauptmann mindestens zwei Wochen vor Durchführung anzuzeigen. Die Behörde kann die Durchführung des Außenkurses innerhalb einer Woche nach Anzeige unter Angabe von Gründen untersagen.

(BGBl II 2021/531)

Pflichten des Inhabers einer Ermächtigung gemäß § 13

§ 13a. Die Inhaber einer Ermächtigung gemäß § 13 sind verpflichtet dafür Sorge zu tragen, dass

1. die Weiterbildung gemäß § 12 Abs. 1 in Verbindung mit der **Anlage 1** durchgeführt wird;

2. die zeitlichen Vorgaben in § 12 Abs. 3 eingehalten werden;

3. nur Ausbilder eingesetzt werden, die gemäß § 13 Abs. 5 fachlich geeignet sind und der Behörde vor dem ersten Einsatz gemeldet wurden;

4. Weiterbildungen nur an den von der Behörde genehmigten Unterrichtsorten oder im Rahmen von Außenkursen gemäß § 13 Abs. 6 durchgeführt werden;

5. die Kursgröße gemäß § 12 Abs. 4 nicht überschritten wird;

6. jede Weiterbildung spätestens drei Werktage vor der Durchführung der Behörde gemeldet wird;

7. jede Abweichung von den gemäß § 13 Abs. 2 vorgelegten Unterlagen betreffend Lehrmaterial, Unterrichtsmittel und Qualitätssicherungssystem der Behörde zeitgerecht angezeigt wird.

4. Teil
Nachweise, Übergangs- und Schlussbestimmungen

Fahrerqualifizierungsnachweis

§ 14. (1) Die Führerscheinbehörde hat zur entsprechenden Führerscheinklasse als Fahrerqualifizierungsnachweis im österreichischen Führerschein den Unionscode „95" einzutragen, wenn

1. eine Bescheinigung gemäß § 8 Abs. 2 vorgelegt wird oder

2. Bescheinigungen gemäß § 12 Abs. 5 vorgelegt werden, mit denen Ausbildungseinheiten über eine Weiterbildung von insgesamt 35 Stunden innerhalb der letzten fünf Jahre nachgewiesen werden oder

3. eine Bescheinigung gemäß § 12 Abs. 6, 7 oder 8 vorgelegt wird.

(2) Für Lenker gemäß § 19 Abs. 1 Z 2 Güterbeförderungsgesetz, die keine langfristig aufenthaltsberechtigten Drittstaatsangehörigen im Sinne der Richtlinie 2003/109/EG betreffend die Rechtsstellung der langfristig aufenthaltsberechtigten Drittstaatsangehörigen, ABl. Nr. L 16 vom 23.1.2004 S. 44, sind, ist von der für die Ausstellung einer Fahrerbescheinigung Artikel 5 Abs. 2 der Verordnung (EG) Nr. 1072/2009 über gemeinsame Regeln für den Zugang zum Markt des grenzüberschreitenden Güterkraftverkehrs, ABl. Nr. L 300 vom 14.11.2009 S. 72, zuständigen Behörde als Fahrerqualifizierungsnachweis eine Eintragung des Unionscode „95" auf der Fahrerbescheinigung vorzunehmen, wenn

1. eine Bescheinigung gemäß § 8 Abs. 2 vorgelegt wird oder

2. Bescheinigungen gemäß § 12 Abs. 5 vorgelegt werden, mit denen Ausbildungseinheiten über eine Weiterbildung von insgesamt 35 Stunden innerhalb der letzten fünf Jahre nachgewiesen werden oder

3. eine Bescheinigung gemäß § 12 Abs. 6, 7 oder 8 vorgelegt wird.

(3) Für Lenker, die nicht Inhaber eines österreichischen Führerscheins oder Lenker gemäß Abs. 2 sind, hat die Führerscheinbehörde einen Fahrerqualifizierungsnachweis nach dem Modell in Anhang II der Richtlinie 2003/59/EG auszustellen, wenn

1. eine Bescheinigung gemäß § 8 Abs. 2 vorgelegt wird oder

2. Bescheinigungen gemäß § 12 Abs. 5 vorgelegt werden, mit denen Ausbildungseinheiten über eine Weiterbildung von insgesamt 35 Stunden innerhalb der letzten fünf Jahre nachgewiesen werden oder

3. eine Bescheinigung gemäß § 12 Abs. 6, 7 oder 8 vorgelegt wird.

Bestellsystem

§ 14a. (1) Die Bestellung des Fahrerqualifizierungsnachweises gemäß § 14 Abs. 3 hat auf elektronischem Weg zu erfolgen. Die Bundesministerin für Klimaschutz, Umwelt, Energie, Mobilität, Innovation und Technologie hat zu diesem Zweck ein elektronisches Bestellsystem für die Ausstellung des Fahrerqualifizierungsnachweises zur Verfügung zu stellen. Dessen Einrichtung und Betrieb erfolgt durch die Bundesrechenzentrum GmbH (BRZ GmbH). Den Behörden ist ein Zugang zum Bestellsystem über Portal Austria zum Zweck der Datenübermittlung zur Herstellung des Fahrerqualifizierungsnachweises zu ermöglichen. Die Behörde hat die Daten gemäß Abs. 2 im Wege des Bestellsystems an den Hersteller und Versender zu übermitteln. Die Ausweise dürfen nur von einer von der Bundesministerin für Klimaschutz, Umwelt, Energie, Mobilität, Innovation und Technologie bestimmten Stelle hergestellt und versendet werden.

(2) Erteilt die Behörde den Auftrag zur Herstellung des Fahrerqualifizierungsnachweises, so hat sie die in Abs. 3 genannten Daten dem Hersteller und Versender zur Verfügung zu stellen. Dieser hat den Ausweis herzustellen und an den Antragsteller zu versenden. Für den Fall der Nichtzustellbarkeit ist als Ersatzadresse die der Behörde anzugeben. Der Hersteller hat die Daten spätestens zwölf Wochen nach der Versendung des Ausweises zu löschen.

(3) Die Behörde hat folgende, für die Gewährleistung der Identität des Lenkers sowie die für die Ausstellung und Zusendung des Fahrerqualifizierungsnachweises nach dem Muster gemäß Anhang II der Richtlinie 2003/59/EG erforderlichen Daten in mittelbarer Bundesverwaltung eigenverantwortlich zu verarbeiten und sind insoweit als Verantwortlicher gemäß Art. 4 Z 7 der Datenschutz-Grundverordnung tätig:

1. Nachname,

2. Vorname(n),

3. Geburtsdatum und Geburtsort,

4. Anrede,

5. Adresse des Unternehmens, bei dem der Lenker beschäftigt ist,

6. Lichtbild mit einer Höhe zwischen 36 und 45 mm und einer Breite zwischen 28 und 35 mm, das die Identität des Inhabers zweifelsfrei erkennen lässt, in gescannter Form,

7. Unterschrift in gescannter Form,
8. Führerscheinnummer,
9. Seriennummer des Nachweises,
10. Ausstellungsdatum,
11. Ablaufdatum,
12. Bezeichnung der Behörde, die den Nachweis ausstellt,
13. Fahrzeugklassen, für die der Lenker die Grundqualifikations- und Weiterbildungsverpflichtung erfüllt.

(BGBl II 2021/531)

Übergangsbestimmungen

§ 14b. (1) Bereits im Sinne dieser Verordnung in der Fassung BGBl. II Nr. 139/2008 absolvierte Weiterbildungen über Sachgebiete gemäß **Anlage 1** bleiben gültig.

(2) Ausbildungsprogramme gemäß § 13 Abs. 2 Z 1 bleiben sechs Monate nach Inkrafttreten dieser Verordnung gültig. Innerhalb dieser sechs Monate muss die Ausbildungsstätte ein Ausbildungsprogramm vorlegen, das dieser Verordnung in der Fassung BGBl. II Nr. 531/2021 entspricht. Bis dahin dürfen die Ausbildungsstätten die Weiterbildung aufgrund der bereits erteilten Ermächtigung durchführen.

(BGBl II 2021/531)

Bezugnahme auf Richtlinien und Verweisungen

§ 15. (1) Durch diese Verordnung wird die Richtlinie 2003/59/EG über die Grundqualifikation und Weiterbildung der Fahrer bestimmter Kraftfahrzeuge für den Güter- oder Personenkraftverkehr und zur Änderung der Verordnung (EWG) Nr. 3820/85 und der Richtlinie 91/439/EWG sowie zur Aufhebung der Richtlinie 76/914/EWG, ABl. Nr. L 226 vom 10.09.2003 S. 4, in der Fassung der Verordnung (EU) Nr. 2019/1243, ABl. Nr. L 198 vom 25.07.2019 S. 241, in österreichisches Recht umgesetzt.

(2) Durch diese Verordnung wird die Richtlinie (EU) 2018/645 zur Änderung der Richtlinie 2003/59/EG über die Grundqualifikation und Weiterbildung der Fahrer bestimmter Kraftfahrzeuge für den Güter- oder Personenkraftverkehr und der Richtlinie 2006/126/EG über den Führerschein, ABl. Nr. L 112 vom 02.05.2018 S. 29, in österreichisches Recht umgesetzt.

(BGBl II 2021/531)

Inkrafttreten

§ 16. Die §§ 3, 4 Abs. 1, 5, 9, 10 Abs. 1, 11 Abs. 3 und 4, 12, 13, 13a, 14 Abs. 1 und 2, 14b, 15 und die Anlagen 1 und 3 in der Fassung der Verordnung BGBl. II Nr. 531/2021 treten mit Ablauf des Tages der Kundmachung der genannten Verordnung in Kraft, gleichzeitig tritt Anlage 4 außer Kraft. Die §§ 14 Abs. 3 und 14a treten mit 1. April 2022 in Kraft.

(BGBl II 2021/531)

Anlage 1

Sachgebiete der Grundqualifikationsprüfung und Weiterbildung
1. Verbesserung des rationellen Fahrverhaltens auf der Grundlage der Sicherheitsregeln
a) Kenntnis der Eigenschaften der kinematischen Kette für eine optimierte Nutzung Drehmomentkurven, Leistungskurven, spezifische Verbrauchskurven eines Motors, optimaler Nutzungsbereich des Drehzahlmessers, optimaler Drehzahlbereich beim Schalten.
b) Kenntnis der technischen Merkmale und der Funktionsweise der Sicherheitsausstattung, um das Fahrzeug zu beherrschen, seinen Verschleiß möglichst gering zu halten und Fehlfunktionen vorzubeugen. Grenzen des Einsatzes der Bremsanlagen und der Dauerbremsanlage, kombinierter Einsatz von Brems- und Dauerbremsanlage, bestes Verhältnis zwischen Geschwindigkeit und Getriebeübersetzung, Einsatz der Trägheit des Fahrzeugs, Einsatz der Bremsanlagen im Gefälle, Verhalten bei Defekten, Verwendung von elektronischen und mechanischen Geräten wie elektronisches Stabilitätsprogramm (ESP), vorausschauende Notbremssysteme (AEBS), Antiblockiersystem (ABS), Traktionskontrollsysteme (TCS) und Überwachungssysteme im Fahrzeug (IVMS) sowie andere zur Verwendung zugelassene Fahrerassistenz- oder Automatisierungssysteme.
c) Fähigkeit zur Optimierung des Kraftstoffverbrauchs Optimierung des Kraftstoffverbrauchs durch Anwendung der Kenntnisse gemäß den Nummern Z 1 lit. a und Z 1 lit. b, Bedeutung der Antizipation des Verkehrsflusses, geeigneter Abstand zu anderen Fahrzeugen und Nutzung der Fahrzeugdynamik, konstante Geschwindigkeit, ausgeglichener Fahrstil und angemessener Reifendruck sowie Kenntnis intelligenter Verkehrssysteme, die ein effizienteres Fahren und eine bessere Routenplanung ermöglichen.
d) Fähigkeit, Risiken im Straßenverkehr vorherzusehen, zu bewerten und sich daran anzupassen Sich unterschiedlicher Straßen-, Verkehrs- und Witterungsbedingungen bewusst sein und sich daran anpassen, künftige Ereignisse vorhersehen, ermessen, welche Vorkehrungen für eine Fahrt bei außergewöhnlichen Witterungsbedingungen getroffen werden müssen, die Verwendung der damit verbundenen Sicherheitsausrüstung beherrschen und sich bewusst machen, wann eine Fahrt aufgrund extremer Witterungsbedingungen verschoben oder abgesagt werden muss, sich an Verkehrsrisiken anpassen, einschließlich gefährlicher Verhaltensweisen im Verkehr oder Ablenkung beim Fahren (durch die Nutzung elektronischer Geräte, Nahrungs- und Getränkeaufnahme usw.), Gefahrensituationen erkennen, sich daran anpassen und den damit verbundenen Stress bewältigen, vor allem in Bezug auf Größe und Gewicht des Fahrzeugs und schwächere Verkehrsteilnehmer, beispielsweise Fußgänger, Radfahrer und motorisierte Zweiräder. Mögliche Gefahrensituationen erkennen und korrekte Schlüsse ziehen, wie aus dieser potenziell gefährlichen Lage Situationen entstehen können, in denen Unfälle möglicherweise nicht mehr vermieden werden können, sowie Maßnahmen auswählen und durchführen, durch die die Sicherheitsabstände so erhöht werden, dass ein Unfall noch vermieden werden kann, falls die potenziellen Gefahren auftreten sollten.
Führerscheinklassen C1, C1E, C und CE
e) Verkehrssicherheit und toter Winkel Veranschaulichung der Problematik des toten Winkels, insbesondere beim Rechtsabbiegen.
Führerscheinklassen C1, C1E, C und CE
f) Fähigkeit zur Gewährleistung der Sicherheit der Ladung unter Anwendung der Sicherheitsvorschriften und durch richtige Benutzung des Fahrzeugs. Bei der Fahrt auf das Fahrzeug wirkende Kräfte, Einsatz der Getriebeübersetzung entsprechend der Belastung des Fahrzeugs und dem Fahrbahnprofil, Nutzung von Automatikgetrieben, Berechnung der Nutzlast eines Fahrzeugs oder einer Fahrzeugkombination, Berechnung des Nutzvolumens, Verteilung der Ladung, Auswirkungen

der Überladung auf die Achse, Fahrzeugstabilität und Schwerpunkt, Arten von Verpackungen und Lastträgern.

Wichtigste Kategorien von Gütern, bei denen eine Ladungssicherung erforderlich ist, Feststell- und Verzurrtechniken, Verwendung der Zurrgurte, Überprüfung der Haltevorrichtungen, Einsatz des Umschlaggeräts, Abdecken mit einer Plane und Entfernen der Plane.

Führerscheinklassen D1, D1E, D und DE

g) Fähigkeit zur Gewährleistung der Fahrgastsicherheit und des Fahrgastkomforts

Richtige Einschätzung der Längs- und Seitwärtsbewegungen des Fahrzeugs, rücksichtsvolles Verkehrsverhalten, Positionierung auf der Fahrbahn, sanftes Abbremsen, Beachtung der Überhänge, Nutzung spezifischer Infrastrukturen (öffentliche Verkehrsflächen, bestimmten Verkehrsteilnehmern vorbehaltene Verkehrswege), angemessene Prioritätensetzung im Hinblick auf die sichere Steuerung des Fahrzeugs und die Erfüllung anderer dem Fahrer obliegenden Aufgaben, Umgang mit den Fahrgästen, besondere Merkmale der Beförderung bestimmter Fahrgastgruppen (Behinderte, Kinder).

Führerscheinklassen D1, D1E, D und DE

h) Fähigkeit zur Gewährleistung der Sicherheit der Ladung unter Anwendung der Sicherheitsvorschriften und durch richtige Benutzung des Fahrzeugs.

Bei der Fahrt auf das Fahrzeug wirkende Kräfte, Einsatz der Getriebeübersetzung entsprechend der Belastung des Fahrzeugs und dem Fahrbahnprofil, Nutzung von Automatikgetrieben, Berechnung der Nutzlast eines Fahrzeugs oder einer Fahrzeugkombination, Verteilung der Ladung, Auswirkungen der Überladung auf die Achse, Fahrzeugstabilität und Schwerpunkt.

2. Anwendung der Vorschriften

a) Kenntnis der sozialrechtlichen Rahmenbedingungen und Vorschriften für den Kraftverkehr

Höchstzulässige Arbeitszeiten in der Verkehrsbranche; Grundsätze, Anwendung und Auswirkungen der Verordnungen (EG) Nr. 561/2006 und (EU) Nr. 165/2014; Sanktionen für den Fall, dass der Fahrtenschreiber oder das Kontrollgerät nicht benutzt, falsch benutzt oder verfälscht wird; Kenntnis der sozialrechtlichen Rahmenbedingungen für den Kraftverkehr: Rechte und Pflichten der Kraftfahrer im Bereich der Grundqualifikation und der Weiterbildung.

Führerscheinklassen C1, C1E, C und CE

b) Kenntnis der Vorschriften für den Güterkraftverkehr

Beförderungsgenehmigungen, im Fahrzeug mitzuführende Dokumente, Fahrverbote für bestimmte Straßen, Straßenbenutzungsgebühren, Verpflichtungen im Rahmen der Musterverträge für die Güterbeförderung, Erstellen von Beförderungsdokumenten, Genehmigungen im internationalen Verkehr, Verpflichtungen im Rahmen des CMR (Übereinkommen über den Beförderungsvertrag im internationalen Straßengüterverkehr), Erstellen des internationalen Frachtbriefs, Überschreiten der Grenzen, Verkehrskommissionäre, besondere Begleitdokumente für die Güter.

Führerscheinklassen D1, D1E, D und DE

c) Kenntnis der Vorschriften für den Personenkraftverkehr

Beförderung bestimmter Personengruppen, Sicherheitsausstattung in Bussen, Sicherheitsgurte, Beladen des Fahrzeugs.

3. Gesundheit, Verkehrs- und Umweltsicherheit, Dienstleistung, Logistik

a) Sensibilisierung in Bezug auf Risiken des Straßenverkehrs und Arbeitsunfälle

Typologie der Arbeitsunfälle in der Verkehrsbranche, Verkehrsunfallstatistiken, Beteiligung von Lastkraftwagen/Omnibussen, menschliche, materielle und finanzielle Auswirkungen.

b) Fähigkeit, der Kriminalität und der Schleusung illegaler Einwanderer vorzubeugen

Allgemeine Information, Folgen für die Fahrer, Vorbeugungsmaßnahmen, Checkliste für Überprüfungen, Rechtsvorschriften betreffend die Verantwortung der Kraftverkehrsunternehmer.

c) Fähigkeit, Gesundheitsschäden vorzubeugen

	Grundsätze der Ergonomie: gesundheitsbedenkliche Bewegungen und Haltungen, physische Kondition, Übungen für den Umgang mit Lasten, individueller Schutz.
d)	Sensibilisierung für die Bedeutung einer guten körperlichen und geistigen Verfassung
	Grundsätze einer gesunden und ausgewogenen Ernährung, Auswirkungen von Alkohol, Arzneimitteln oder jedem Stoff, der eine Änderung des Verhaltens bewirken kann, Symptome, Ursachen, Auswirkungen von Müdigkeit und Stress, grundlegende Rolle des Zyklus von Aktivität/Ruhezeit.
e)	Fähigkeit zu richtiger Einschätzung der Lage bei Notfällen
	Verhalten in Notfällen: Einschätzung der Lage, Vermeidung von Nachfolgeunfällen, Verständigung der Hilfskräfte, Bergung von Verletzten und Leistung erster Hilfe, Reaktion bei Brand, Evakuierung der Mitfahrer des LKW bzw. der Fahrgäste des Omnibusses, Gewährleistung der Sicherheit aller Fahrgäste, Vorgehen bei Gewalttaten, Grundprinzipien für die Erstellung der einvernehmlichen Unfallmeldung.
f)	Fähigkeit zu einem Verhalten, das zu einem positiven Image des Unternehmens beiträgt
	Verhalten des Fahrers und Ansehen des Unternehmens: Bedeutung der Qualität der Leistung des Fahrers für das Unternehmen, unterschiedliche Rollen des Fahrers, unterschiedliche Gesprächspartner des Fahrers, Wartung des Fahrzeugs, Arbeitsorganisation, kommerzielle und finanzielle Konsequenzen eines Rechtsstreits.
	Führerscheinklassen C1, C1E, C und CE
g)	Kenntnis des wirtschaftlichen Umfelds des Güterkraftverkehrs und der Marktordnung
	Kraftverkehr im Verhältnis zu bestimmten Verkehrsmitteln (Wettbewerb, Verlader) unterschiedliche Tätigkeiten im Kraftverkehr (gewerblicher Güterverkehr, Werkverkehr, Transporthilfstätigkeiten), Organisation der wichtigsten Arten von Verkehrsunternehmen oder Transporthilfstätigkeiten, unterschiedliche Spezialisierungen (Tankwagen, temperaturgeführte Transporte, gefährliche Güter, Tiertransporte usw.), Weiterentwicklung der Branche (Diversifizierung des Leistungsangebots, Huckepackverkehr, Subunternehmer usw.).
	Führerscheinklassen D1, D1E, D und DE
h)	Kenntnis des wirtschaftlichen Umfelds des Personenkraftverkehrs und der Marktordnung
	Personenkraftverkehr im Verhältnis zu den verschiedenen Verkehrsmitteln zur Beförderung von Personen (Bahn, Personenkraftwagen), unterschiedliche Tätigkeiten im Personenkraftverkehr, Sensibilisierung für die Belange von Menschen mit Behinderungen, Überschreiten der Grenzen (internationaler Personenkraftverkehr), Organisation der wichtigsten Arten von Personenkraftverkehrsunternehmen.

(BGBl II 2021/531)

7/4. GWB
GWB

Anlage 2

Prüfungszeugnis und Bescheinigung gemäß § 8 Abs. 2 GWB

_____
(Behörde)

Prüfungskommission zur Feststellung der Grundqualifikation nach § 19a Abs. 1 Güterbeförderungsgesetz 1995, BGBl. Nr. 593/1995, oder § 14b Abs. 1 Gelegenheitsverkehrs-Gesetz 1996, BGBl.Nr. 112, oder § 44b Abs. 1 Kraftfahrliniengesetz, BGBl. I Nr. 203/1999, jeweils in der Fassung BGBl I Nr. 153/2006.

Geschäftszahl:

Prüfungszeugnis und Bescheinigung

Frau/Herr _____
(Titel, Vor- und Familienname)

geboren am _____ in _____ hat sich

am _____ der

Prüfung zur Erlangung der Grundqualifikation für den Güterkraftverkehr / Personenkraftverkehr*)
gemäß § 19a Abs. 1 GütbefG / § 14b Abs. 1 GelverkG / § 44b Abs. 1 KflG*)
unterzogen und diese Prüfung
bestanden.

Es wird hiermit die Grundqualifikation gemäß Artikel 3 der Richtlinie 2003/59/EG des Europäischen Parlaments und des Rates vom 15.07.2003 über die Grundqualifikation und Weiterbildung der Fahrer bestimmter Kraftfahrzeuge für den Güter- oder Personenkraftverkehr, ABl. L 226 vom 10.09.2003, S. 4 in der Fassung der Richtlinie 2004/66/EG des Rates vom 26.04.2004, ABl. L 168 vom 01.05.2004, S. 4, bescheinigt.

Ausstellungsort, Datum

Die Prüfungskommission

Prüfungskommissäre: Vorsitzender

L.S.

*) Nichtzutreffendes streichen

7/4. GWB
GWB

Anlage 3

Bescheinigung über eine Weiterbildung gemäß § 12 Abs. 5 GWB

Ausbildungsstätte:

Bescheinigung über eine Weiterbildung
gemäß § 19b GütbefG / § 14c GelverkG / § 44c KflG*) iVm § 12 GWB

Frau/Herr _____
(Titel, Vor- und Familienname)

geboren am _____ in _____ hat am _____

eine Weiterbildung in nachstehenden Sachgebieten **für den Güterkraftverkehr / Personenkraftverkehr***) gemäß § 19b GütbefG / § 14c GelverkG / § 44c KflG[1] iVm § 12 GWB absolviert:

Sachgebiet	Stunden
1.a) Kenntnis der Eigenschaften der kinematischen Kette für eine optimierte Nutzung	
1.b) Kenntnis der technischen Merkmale und der Funktionsweise der Sicherheitsausstattung, um das Fahrzeug zu beherrschen, seinen Verschleiß möglichst gering zu halten und Fehlfunktionen vorzubeugen	
1.c) Fähigkeit zur Optimierung des Kraftstoffverbrauchs	
1.d) Fähigkeit, Risiken im Straßenverkehr vorherzusehen, zu bewerten und sich daran anzupassen	
1.e) Verkehrssicherheit und toter Winkel	
1.f) Fähigkeit zur Gewährleistung der Sicherheit der Ladung unter Anwendung der Sicherheitsvorschriften und durch richtige Benutzung des Fahrzeugs	
1.g) Fähigkeit zur Gewährleistung der Fahrgastsicherheit und des Fahrgastkomforts	
1.h) Fähigkeit zur Gewährleistung der Sicherheit der Ladung unter Anwendung der Sicherheitsvorschriften und durch richtige Benutzung des Fahrzeugs	
2.a) Kenntnis der sozialrechtlichen Rahmenbedingungen und Vorschriften für den Kraftverkehr	
2.b) Kenntnis der Vorschriften für den Güterkraftverkehr	
2.c) Kenntnis der Vorschriften für den Personenkraftverkehr	
3.a) Sensibilisierung in Bezug auf Risiken des Straßenverkehrs und Arbeitsunfälle	
3.b) Fähigkeit, der Kriminalität und der Schleusung illegaler Einwanderer vorzubeugen	
3.c) Fähigkeit, Gesundheitsschäden vorzubeugen	
3.d) Sensibilisierung für die Bedeutung einer guten körperlichen und geistigen Verfassung	
3.e) Fähigkeit zu richtiger Einschätzung der Lage bei Notfällen	
3.f) Fähigkeit zu einem Verhalten, das zu einem positiven Image des Unternehmens beiträgt	
3.g) Kenntnis des wirtschaftlichen Umfelds des Güterkraftverkehrs und der Marktordnung	
3.h) Kenntnis des wirtschaftlichen Umfelds des Personenkraftverkehrs und der Marktordnung	

Ausstellungsort, Datum _____

_____
(Ausbildungsstätte, Unterschrift)

_____
[1] Nichtzutreffendes streichen

(BGBl II 2021/531)

Anlage 4

(entfällt, BGBl II 2021/531)

8. KflG
Inhaltsverzeichnis

Kraftfahrlinienrecht

8/1. **Kraftfahrliniengesetz,** BGBl I 1999/203 idF
  BGBl I 2002/77   BGBl I 2003/62   BGBl I 2004/151
  BGBl I 2006/12   BGBl I 2006/153 BGBl I 2012/50
  BGBl I 2013/32   BGBl I 2013/96   BGBl I 2015/58
  BGBl I 2015/61   BGBl I 2016/79   BGBl I 2018/37
  BGBl I 2019/17   BGBl I 2022/18

Anmerkung:
Die Regelungen über den Berufszugang zum Kraftfahrlinienverkehr sind unter Punkt 3 als Verordnung zum Gelegenheitsverkehrsgesetz (Berufszugangsverordnung Kraftfahrlinien- und Gelegenheitsverkehr – **BZP-VO**) abgedruckt.

8/2. **Öffentliches Personennah- und Regionalverkehrsgesetz 1999 – ÖPNRV-G 1999,**
  BGBl I 1999/204 idF
  BGBl I 2002/32   BGBl I 2015/59

8/3. **Kraftfahrliniengesetz-Durchführungsverordnung – KflG-DV,**
  BGBl II 2001/45

KraftfahrlinienG
ÖPNRV-G

8/1. KflG

Inhaltsverzeichnis

Kraftfahrliniengesetz – KflG

BGBl I 1999/203 idF

1 BGBl I 2002/77
2 BGBl I 2003/62
3 BGBl I 2004/151
4 BGBl I 2006/12
5 BGBl I 2006/153
6 BGBl I 2012/50 (SNG)
7 BGBl I 2013/32
8 BGBl I 2013/96
9 BGBl I 2015/58
10 BGBl I 2015/61
11 BGBl I 2016/79
12 BGBl I 2018/37
13 BGBl I 2019/17
14 BGBl I 2022/18

Bundesgesetz über die linienmäßige Beförderung von Personen mit Kraftfahrzeugen (Kraftfahrliniengesetz – KflG)

Abschnitt I
Allgemeine Bestimmungen

§ 1 Begriffsbestimmungen, Inhalt und Umfang der Berechtigungen
§ 2 Antragspflicht für Konzessionen und Genehmigungen, Inhalt des Konzessionsantrages
§ 3 Aufsichtsbehörden
§ 4 Grenzüberschreitende Kraftfahrlinienverkehre, zwischenstaatliche Vereinbarungen
§ 4a „Verkehrsunternehmensregister" *(BGBl I 2013/32)*

Abschnitt II
Bestimmungen über Berechtigungen

§ 5 Verfahrensvorschriften für die Erteilung einer Berechtigung
§ 6 Weitere Verfahrensvorschriften
§ 7 Voraussetzungen und Ausschließungsgründe für die Erteilung von Berechtigungen
§ 8 „Voraussetzungen für die Ausübung des Berufs des Personenkraftverkehrsunternehmers" *(BGBl I 2013/32)*
§ 8a „Gemeinschaftslizenz" *(BGBl I 2013/32)*
§ 9 Zuverlässigkeit
§ 10 „Fachliche Eignung, Bescheinigung über deren Nachweis, Prüfungskommissionen" *(BGBl I 2013/32)*
§ 10a „Verkehrsleiter" *(BGBl I 2013/32)*
§ 11 Finanzielle Leistungsfähigkeit
§ 12 Befreiung von der Voraussetzung der österreichischen Staatsbürgerschaft, Gleichstellung mit Inländern
§ 13 Straßeneignung
§ 14 Verkehrsbereich
§ 15 Konzessionsdauer und jährliche Betriebsdauer
§ 16 Auflagen
§ 17 Teilen und Koppeln von Kraftfahrlinien, Betrieb von Schnellkursen
§ 18 „Aufnahme des Betriebes" *(BGBl I 2013/32)*
§ 19 Inhalt des Konzessionsbescheides
§ 20 „Pflichten des Berechtigungsinhabers, des Verkehrsleiters und des Fahrzeuglenkers" *(BGBl I 2013/32)*
§ 21 „entfällt" *(BGBl I 2013/96)*

Abschnitt III
Bestimmungen über den Kraftfahrlinienbetrieb

§ 22 Betriebsführerübertragung und Auftragsfahrten
§ 23 „Bestellung von Kursen, nicht-kommerzieller Betrieb von Kraftfahrlinien" *(BGBl I 2015/58)*
§ 24 Betriebspflichtenthebung
§ 25 Widerruf der Berechtigung
§ 26 Amtshilfe
§ 27 Erlöschen der Berechtigung
§ 28 Rechtsnachfolge
§ 29 Wiedererteilung der Konzession, Ersatz- und Nachfolgeverkehr
§ 30 „entfällt" *(BGBl I 2013/32)*
§ 31 Beförderungspreise und Fahrpreissystem
§ 32 Beförderungsbedingungen
§ 32a „Fahrgastrechte, Geltungsbereich" *(BGBl I 2015/61)*
§ 32b „Außergerichtliche Streitbeilegung mit Fahrgästen" *(BGBl I 2015/61)*
§ 33 Haltestellengenehmigung
§ 34 Haltestellenzeichen
§ 35 Übergangsbestimmungen für bestehende Haltestellenzeichen
§ 36 Fahrpläne
§ 37 „Ausgleich der Verkehrsinteressen, Förderung der Zusammenarbeit und von Zusammenschlüssen der Unternehmen und Berücksichtigung der Ziele der Bundes- und

8/1. KflG

Inhaltsverzeichnis, § 1

Landesverkehrsplanung" *(BGBl I 2015/58)*
§ 38 Rufbusse und Anrufsammeltaxis

Abschnitt IV
Bestimmungen über die Fahrzeuge

§ 39 Fahrzeuge
§ 40 Zwischenüberprüfung
§ 41 Leiter des Betriebsdienstes
§ 42 Meldepflichten
§ 43 Fahrdienst
§ 44 Benützung der Fahrzeuge

Abschnitt V *(BGBl I 2006/153)*
Bestimmungen über die Aus- und Weiterbildung von Fahrzeuglenkern

§ 44a Fahrerqualifizierungsnachweis *(BGBl I 2006/153)*
§ 44b Grundqualifikation *(BGBl I 2006/153)*
§ 44c Weiterbildung *(BGBl I 2006/153)*
§ 44d Grundqualifikation und Weiterbildung in Österreich *(BGBl I 2006/153)*
§ 44e „Berufskraftfahrerqualifikationsregister" *(BGBl I 2022/18)*

Abschnitt VI *(BGBl I 2006/153)*
Übergangs- und Schlußbestimmungen

§ 45 Aufsicht
§ 46 Verordnungen
§ 47 Strafbestimmungen
§ 48 Mitwirkung
§ 49 Verweisungen
§ 49a „Bezugnahme auf Richtlinien" *(BGBl I 2022/18)*
§ 50 „Revision" *(BGBl I 2013/96)*
§ 51 Inkrafttreten
§ 52 Übergangsbestimmungen
§ 53 Anhängige Verwaltungsstrafverfahren
§ 54 Vollziehung
§ 55 *„entfällt" (BGBl I 2013/32)*

„Abschnitt VII" *(BGBl I 2013/32)*
Arbeitszeit der selbstständigen Kraftfahrer

§ 56 „Geltungsbereich" *(BGBl I 2013/32)*
§ 57 „Begriffsbestimmungen" *(BGBl I 2013/32)*
§ 58 „Wöchentliche Höchstarbeitszeit" *(BGBl I 2013/32)*
§ 59 „Ruhepausen" *(BGBl I 2013/32)*
§ 60 „Nachtarbeit" *(BGBl I 2013/32)*
§ 61 „Aufzeichnungspflicht" *(BGBl I 2013/32)*

Abschnitt I
Allgemeine Bestimmungen

Begriffsbestimmungen, Inhalt und Umfang der Berechtigungen

§ 1. (1) Kraftfahrlinienverkehr ist die regelmäßige Beförderung von Personen mit Kraftfahrzeugen durch Personenkraftverkehrsunternehmer in einer bestimmten Verkehrsverbindung, wobei Fahrgäste an vorher festgelegten Haltestellen aufgenommen und abgesetzt werden. Der Kraftfahrlinienverkehr ist ungeachtet einer etwaigen Verpflichtung zur Buchung für jedermann zugänglich.

(2) Im Sinne dieses Bundesgesetzes gilt bzw. gelten als

1. Beruf des Personenkraftverkehrsunternehmers die Tätigkeit jedes Unternehmens, das eine der Öffentlichkeit oder bestimmten Benützergruppen angebotene Personenbeförderung gegen Vergütung durch die beförderte Person oder durch Dritte ausführt, und zwar regelmäßig mit Kraftfahrzeugen, welche nach ihrer Bauart und ihrer Ausstattung geeignet und dazu bestimmt sind, mehr als neun Personen – einschließlich des Lenkers – zu befördern;

2. Unternehmen jede natürliche Person, jede juristische Person mit oder ohne Erwerbszweck, jede Vereinigung oder jeder Zusammenschluß von Personen ohne Rechtspersönlichkeit mit oder ohne Erwerbszweck sowie jedes staatliche Organ, unabhängig davon, ob dieses über eine eigene Rechtspersönlichkeit verfügt oder von einer Behörde mit Rechtspersönlichkeit abhängt;

3. Handgepäck jeder Gegenstand, den der Fahrgast ohne Behinderung, Belästigung oder Gefährdung der Mitreisenden über oder unter dem Sitzplatz unterbringen oder auf dem Schoß oder in der Hand halten kann;

4. Reisegepäck das über das Handgepäck hinaus mitgenommene Gepäck;

5. Gegenstände des täglichen Bedarfs, Lebensmittel, Arzneimittel, Datenverarbeitungsmaterial und dergleichen bis zu einem Einzelgewicht von 25 kg, und zwar unabhängig von der Mitfahrt eines Fahrgastes.

(3) Der innerstaatliche und grenzüberschreitende Kraftfahrlinienverkehr nach Abs. 1 bedarf einer Konzession, der grenzüberschreitende Kraftfahrlinienverkehr, dessen Endhaltestellen auf dem Staatsgebiet von Mitgliedstaaten der Europäischen Union oder Vertragsparteien des Abkommens über den Europäischen Wirtschaftsraum oder der Schweiz liegen, bedarf einer dieser gleichzuhaltenden Genehmigung.

(4) Die Berechtigung zur Personenbeförderung gemäß Abs. 3 (Konzession, Genehmigung) umfaßt auch die Verpflichtung zur unentgeltlichen

Beförderung des Handgepäcks und zur Beförderung des Reisegepäcks der Fahrgäste und der Gegenstände des täglichen Bedarfs, letztere jedoch nur, soweit sie mit den für die Personenbeförderung eingesetzten Kraftfahrzeugen vorgenommen werden kann. Ausgenommen von der Verpflichtung zur Beförderung von Gegenständen des täglichen Bedarfs ist der Kraftfahrlinienverkehr innerhalb von Gemeinden mit mehr als 5 000 Einwohnern.

Antragspflicht für Konzessionen und Genehmigungen, Inhalt des Konzessionsantrages

§ 2. (1) Die Erteilung einer Konzession oder einer Genehmigung bedarf eines Antrages des Personenkraftverkehrsunternehmers. Dieser ist unmittelbar bei der Aufsichtsbehörde (§ 3) einzubringen.

(2) Der Konzessionsantrag hat zu enthalten:

1. die Bezeichnung des Konzessionswerbers, die Anschrift des Betriebssitzes und die Telefonnummer sowie allfällige andere Telekommunikationsverbindungen;

2. bei natürlichen Personen weiters die Anschrift des Wohnortes des Konzessionswerbers, seine Geburtsdaten und den Nachweis seiner Staatsbürgerschaft; falls es sich um keine natürliche Person handelt, den Nachweis des rechtlichen Bestandes;

3. Angaben darüber, ob dem Antragsteller bereits eine Konzession oder Genehmigung erteilt wurde;

4. Angaben und Unterlagen zur Beurteilung, ob der Konzessionswerber zuverlässig und fachlich geeignet ist und die finanzielle Leistungsfähigkeit besitzt; insbesondere ist eine Strafregisterbescheinigung, die bei der Vorlage nicht älter als drei Monate sein darf, vorzulegen;

5. die Nennung des Verkehrsleiters (§ 10a) sowie Angaben und Unterlagen zur Beurteilung, ob dieser zuverlässig und fachlich geeignet ist; *(BGBl I 2013/32)*

6. die Namen der Gemeinden, die von der Kraftfahrlinie berührt werden;

7. die jeden Zweifel ausschließende Bezeichnung der beantragten Strecke und deren Länge in Kilometern;

8. eine Auflistung der Fahrtstrecken der von Verkehrsunternehmen des öffentlichen Personenverkehrs (Eisenbahn- und Kraftfahrlinienunternehmen) in dem von der beantragten Kraftfahrlinie berührten Verkehrsbereich bereits betriebenen öffentlichen Verkehre unter Anführung aller Gleich- und Parallellaufstrecken, weiters eine Darstellung der beantragten Kraftfahrlinie sowie der Strecken der bereits betriebenen öffentlichen Verkehre in verschiedenen Farben auf einer Straßen- oder Landkarte geeigneten Maßstabes;

9. die gewünschte Dauer der Konzession;

10. die Angabe, ob die Kraftfahrlinie während des ganzen Jahres oder nur während eines Teiles desselben betrieben werden soll (jährliche Betriebsdauer);

11. einen Fahrplanentwurf und ein Verzeichnis der vorgesehenen Haltestellen;

12. die Art und erforderlichenfalls die Höhe der Beförderungspreise (Beförderungspreise eines bestimmten Verkehrsverbundes, Regelbeförderungspreise oder Besondere Beförderungspreise);

13. die Beförderungsbedingungen, sofern sie von den Allgemeinen Beförderungsbedingungen für den Kraftfahrlinienverkehr abweichen (Besondere Beförderungsbedingungen);

14. Angaben über Bauart, Ausstattung und Beschaffenheit (insbesondere Abmessungen und höchstes zulässiges Gesamtgewicht) der Fahrzeuge, die verwendet werden sollen.

(3) Wenn der Konzessionswerber bereits eine Kraftfahrlinie betreibt, kann die Aufsichtsbehörde vom Nachweis der Erfordernisse des Abs. 2 Z 2, 4 und 5 Abstand nehmen. Die Zuverlässigkeit des Konzessionswerbers ist in jedem Fall zu prüfen. Der Bund, die Länder und die Gemeinden sind vom Nachweis des rechtlichen Bestandes befreit.

(4) Bei Anträgen auf Erteilung einer Konzession gemäß § 1 Abs. 3 in Verbindung mit § 23 Abs. 3 ist eine Kopie des Verkehrsdienstevertrages anzuschließen. *(BGBl I 2015/58)*

(5) Sofern es sich nicht um einen Konzessionsantrag für eine Verkehrsleistung gemäß § 1 Abs. 3 in Verbindung mit § 23 Abs. 3 oder für einen grenzüberschreitenden Kraftfahrlinienverkehr handelt, ist der Konzessionsantrag frühestens 12 Monate und spätestens 6 Monate vor dem Beginn des beantragten Gültigkeitszeitraumes zu stellen. Nach Ablauf der Antragsfrist sind wesentliche Änderungen des Konzessionsantrages unzulässig. *(BGBl I 2015/58)*

(6) Außerhalb der Antragsfrist eingebrachte Anträge sind zurückzuweisen. Die Aufsichtsbehörde kann jedoch unter Berücksichtigung der Fristen des § 5 Abs. 5 verspätete Anträge zulassen, sofern dies auf Umstände zurückzuführen ist, die der Konzessionswerber nicht abwenden konnte, und denen er auch nicht abzuhelfen vermochte. *(BGBl I 2015/58)*

Aufsichtsbehörden

§ 3. (1) Zur Erteilung der in § 1 vorgesehenen Konzession ist „der Landeshauptmann bzw. die Landeshauptfrau" zuständig. Der Antrag auf Erteilung der in § 1 vorgesehenen Konzession für Kraftfahrlinien, die sich über zwei oder mehrere Bundesländer erstrecken, ist nach Wahl des Unternehmens „beim Landeshauptmann bzw. bei der Landeshauptfrau" jenes Bundeslandes einzubringen, in dem sich der Anfangs- oder der Endpunkt der Kraftfahrlinie befindet. Die Zuständigkeit bleibt auf die Dauer der erteilten Konzession unverändert. *(BGBl I 2013/32)*

(2) Hinsichtlich grenzüberschreitender Kraftfahrlinien ist „der Bundesminister bzw. die Bundesministerin für Verkehr, Innovation und Technologie" zur Erteilung der in § 1 vorgesehenen Konzession (Genehmigung) zuständig. *(BGBl I 2013/32)*

(3) In jedem Fall ist „der Landeshauptmann bzw. die Landeshauptfrau" des betreffenden Bundeslandes für die Feststellung, ob die Straßen, über die eine Kraftfahrlinie geführt werden soll, sich aus Gründen der Verkehrssicherheit oder wegen ihres Bauzustandes für diesen Verkehr eignen (§ 7 Abs. 1 Z 4 lit. a) und zur Erteilung der Genehmigung zur Festsetzung, Verlegung und Auflassung der Haltestellen zuständig. *(BGBl I 2013/32)*

(4) Der Landeshauptmann bzw. die Landeshauptfrau haben dem Bundesministerium für Verkehr, Innovation und Technologie gemäß Artikel 26 Abs. 1 lit. b und c der Verordnung (EG) Nr. 1071/2009 und gemäß Artikel 28 Abs. 4 der Verordnung (EG) Nr. 1073/2009 hinsichtlich der in ihren Kompetenzbereich fallenden Kraftfahrlinienunternehmen folgende Meldungen zu übermitteln:

a) die Anzahl der erteilten und entzogenen Zulassungen zum Beruf des Personenkraftverkehrsunternehmers sowie die Angabe der Gründe, die zu dieser Entscheidung geführt haben, aufgeschlüsselt nach Jahr und Art, und

b) die Anzahl der Erklärungen, dass ein Verkehrsleiter ungeeignet ist, die Verkehrstätigkeiten eines Unternehmens zu leiten sowie die Angabe der Gründe, die zu dieser Entscheidung geführt haben, aufgeschlüsselt nach Jahr und Art, und

c) die Anzahl der jedes Jahr ausgestellten Bescheinigungen über die fachliche Eignung, und

d) bis spätestens am 31. Jänner des Folgejahres die Anzahl der bis zum 31. Dezember des vorangegangenen Jahres im Umlauf befindlichen Gemeinschaftslizenzen und der beglaubigten Kopien. *(BGBl I 2013/32)*

Grenzüberschreitende Kraftfahrlinienverkehre, zwischenstaatliche Vereinbarungen

§ 4. (1) Wenn dies zur leichteren Durchführung grenzüberschreitender Verkehre mit anderen Staaten erforderlich ist, können zwischenstaatliche Vereinbarungen über diese Verkehre auf Grund dieses Bundesgesetzes abgeschlossen werden.

(2) In den Vereinbarungen ist vorzusehen, daß die Einrichtung grenzüberschreitender Kraftfahrlinien auf der Grundlage der Gegenseitigkeit der von diesen Kraftfahrlinien berührten Staaten zu erfolgen hat und nach Maßgabe der jeweiligen innerstaatlichen Rechtsvorschriften einer Konzession bedarf. Ferner ist grundsätzlich nur die grenzüberschreitende Beförderung von Fahrgästen vorzusehen.

(3) Weiters kann vereinbart werden:

1. die Einbringung aller Ansuchen im Wege der zuständigen Behörden des Heimatstaates des Berechtigungswerbers. Diese schließen den Ansuchen ihre Stellungnahmen an und leiten sie an die zuständigen Behörden der anderen Vertragspartei und erforderlichenfalls an die zuständigen Behörden dritter Staaten, die vom beabsichtigten Kraftfahrlinienverkehr berührt sind, weiter;

2. das regelmäßige Zusammentreffen der zuständigen Behörden der Vertragsparteien zur Besprechung der Anträge auf Einrichtung, Änderung oder Einstellung des Betriebes von Kraftfahrlinien sowie zur Abstimmung der Fahrpläne, Beförderungspreise und Beförderungsbedingungen;

3. der wechselseitige Entfall nationaler Gebühren und Abgaben für die Erteilung von Konzessionen und mit diesen in Zusammenhang stehenden Bewilligungen.

Verkehrsunternehmensregister

§ 4a. (1) Der Bundesminister bzw. die Bundesministerin für Verkehr, Innovation und Technologie hat bei der Bundesrechenzentrum GmbH ein automationsunterstütztes zentrales Verkehrsunternehmensregister im Sinne des Artikels 16 Verordnung (EG) Nr. 1071/2009 zu führen. Im Register werden die im Inland zum Beruf des Personenkraftverkehrsunternehmers zugelassenen Unternehmen erfasst. Das Register wird zur Speicherung von Daten geführt, die erforderlich sind, um feststellen zu können, welche Personenkraftverkehrsunternehmen über eine Konzession verfügen, welche Verkehrsleiter oder rechtlichen Vertreter für diese Unternehmen bestellt wurden, über welche Art der Konzession diese Unternehmen verfügen, gegebenenfalls die laufende Nummer der Gemeinschaftslizenz und der beglaubigten Kopien. Weiters sind in dem Register auch die Anzahl, Kategorie und Art der schwerwiegenden Verstöße gemäß § 9 Abs. 2 und die Namen der Personen, die für ungeeignet erklärt wurden, die Verkehrstätigkeiten eines Unternehmens zu leiten, zu erfassen.

(2) Die zuständige Aufsichtsbehörde (§ 3 Abs. 1 und 2) sowie die zuständigen Verwaltungsstrafbehörden (§ 47 Abs. 1 bis 5) haben die erforderlichen Daten online über eine gesicherte Datenverbindung an die Bundesrechenzentrum GmbH zu übermitteln. *(BGBl I 2016/79)*

(3) Folgende Daten sind gemäß Artikel 16 Abs. 2 Verordnung (EG) Nr. 1071/2009 in das Verkehrsunternehmensregister einzutragen:

1. Name und Rechtsform des Unternehmens;
2. Anschrift der Niederlassung;
3. Namen der Verkehrsleiter, die zur Erfüllung der Voraussetzungen hinsichtlich Zuverlässigkeit und fachlicher Eignung benannt wurden, oder gegebenenfalls eines rechtlichen Vertreters des Unternehmens;
4. Art der Konzession, Anzahl der im Kraftfahrlinienverkehr eingesetzten Kraftfahrzeuge und gegebenenfalls die laufende Nummer der Gemeinschaftslizenz und der beglaubigten Kopien;
5. Anzahl, Kategorie und Art der in § 9 Abs. 2 genannten schwerwiegenden Verstöße, die in den vorangegangenen zwei Jahren zu einer rechtskräftigen Verurteilung oder einer Bestrafung geführt haben;
6. Namen der Personen, die für ungeeignet erklärt wurden, die Verkehrstätigkeiten eines Unternehmens zu leiten, solange die Zuverlässigkeit der betreffenden Person nicht wieder hergestellt ist.

(4) Die in Abs. 2 genannten Behörden können auf die jeweils in Betracht kommenden Daten zugreifen und diese verarbeiten. Das Verkehrsunternehmensregister hat eine vollständige Protokollierung aller Datenabfragen vorzunehmen, aus der erkennbar ist, welcher Person welche Daten aus dem Verkehrsunternehmensregister übermittelt wurden. Diese Protokolldaten sind zu speichern und drei Jahre nach der Entstehung dieser Daten zu löschen. *(BGBl I 2018/37)*

(5) Zusätzlich zu den in Abs. 3 genannten Daten sind folgende Daten in das Verkehrsunternehmensregister einzutragen:

1. bei natürlichen Personen das Geburtsdatum;
2. Nummer, Ausstellungsdatum und Ausstellungsland der Bescheinigung der fachlichen Eignung des Verkehrsleiters;
3. soweit vorhanden, die Firmenbuchnummer des Verkehrsunternehmens.

(6) Auskünfte aus dem Register sind im Wege der Datenfernverarbeitung zu erteilen:
1. den Organen des Bundes, der Länder und der Gemeinden, soweit sie diese für die Wahrnehmung ihrer gesetzlichen Aufgaben benötigen und
2. den zuständigen Behörden anderer Staaten, sofern sich eine solche Verpflichtung aus diesem Bundesgesetz, aus unmittelbar anwendbarem Unionsrecht oder anderen zwischenstaatlichen Abkommen ergibt.

(7) Die Daten gemäß Abs. 3 Z 1 bis 4 sind öffentlich zugänglich.

(BGBl I 2013/32)

Abschnitt II
Bestimmungen über Berechtigungen

Verfahrensvorschriften für die Erteilung einer Berechtigung

§ 5. (1) Vor der Entscheidung über die Erteilung einer Berechtigung (Konzession oder Genehmigung) sind bei sonstiger Nichtigkeit (§ 68 Abs. 4 Z 4 Allgemeines Verwaltungsverfahrensgesetz 1991 – AVG, BGBl. Nr. 51) zu hören:

1. jene Unternehmen des öffentlichen Eisenbahnverkehrs und jene Kraftfahrlinienunternehmen, in deren Verkehrsbereich (§ 14) die beantragte Kraftfahrlinie ganz oder teilweise fällt,
2. „die Landeshauptmänner bzw. die Landeshauptfrauen", wenn es sich um eine Kraftfahrlinie handelt, die sich über zwei oder mehrere Bundesländer erstreckt (§ 3 Abs. 1), *(BGBl I 2013/32)*
3. „die Landeshauptmänner bzw. die Landeshauptfrauen", wenn „der Bundesminister bzw. die Bundesministerin für Verkehr, Innovation und Technologie" zur Erteilung der Berechtigung zuständig ist (§ 3 Abs. 2), und es sich nicht um eine grenzüberschreitende Kraftfahrlinie handelt, für die im betreffenden Bundesland keine Haltestelle vorgesehen ist, *(BGBl I 2013/32)*
4. die Gemeinden, in deren Gebiet einer der beiden Endpunkte der beantragten Kraftfahrlinie liegt,
5. die Gemeinden, über deren Gebiet die Linie geführt wird, sofern es sich nicht um eine grenzüberschreitende Kraftfahrlinie handelt, für die auf dem Gemeindegebiet keine Haltestelle vorgesehen ist,
6. die Wirtschaftskammern,
7. die Kammern für Arbeiter und Angestellte,
8. die Verkehrsverbundorganisationsgesellschaften (§ 17 ÖPNRV-G 1999, BGBl. I Nr. 204), in deren Verbundraum die beantragte Kraftfahrlinie ganz oder teilweise fällt, sofern es sich nicht um eine grenzüberschreitende Kraftfahrlinie handelt, für die im Verbundraum keine Haltestelle vorgesehen ist.

(2) Von den in Abs. 1 Z 2, 3, 6 und 7 genannten Stellen sind jene zu hören, die nach der Linienführung örtlich in Betracht kommen. Bei grenzüberschreitenden Kraftfahrlinien sind die für das gesamte Bundesgebiet zuständigen Bundesorganisationen der unter Abs. 1 Z 6 und 7 genannten Kammern zu hören.

(3) Die Anhörung der in Abs. 1 genannten Stellen entfällt, wenn es sich um den Antrag auf Erteilung einer Berechtigung (Konzession oder Genehmigung) zum Betrieb einer Kraftfahrlinie handelt, für die im Bundesgebiet keine Haltestelle vorgesehen ist und feststeht, dass sich die zu be-

fahrenden Straßen aus Gründen der Verkehrssicherheit und wegen ihres Bauzustandes zur Befahrung durch eine Kraftfahrlinie eignen.

(4) Das Recht auf Anhörung gemäß Abs. 1 Z 4 und 5 wird von den Gemeinden im eigenen Wirkungsbereich wahrgenommen.

(5) Den in Abs. 1 genannten Stellen ist im Konzessionsverfahren eine Frist von mindestens 30 und höchstens 60 Tagen, im Genehmigungsverfahren eine nicht erstreckbare Frist von 30 Tagen zur Abgabe ihrer Äußerung einzuräumen.

Weitere Verfahrensvorschriften

§ 6. (1) Die Vorschriften des § 5 sind sinngemäß auch in Verfahren über Anträge auf Änderung oder Wiedererteilung von Konzessionen und auf das Koppeln von Kraftfahrlinien (§ 17) sowie weiters in Verfahren über Anträge auf Änderung oder Erneuerung von Genehmigungen anzuwenden.

(2) Sofern sich ein Antrag auf Änderung einer Konzession oder Genehmigung nur auf eine bloß in einer einzigen Gemeinde gelegenen Strecke bezieht, ist im Verfahren nach § 5 Abs. 1 Z 4 und 5 nur die betroffene Gemeinde zu hören.

Voraussetzungen und Ausschließungsgründe für die Erteilung von Berechtigungen

§ 7. (1) Die Konzession ist zu erteilen, wenn:

1. der Konzessionswerber oder der nach § 10a vorgesehene Verkehrsleiter zuverlässig und fachlich geeignet ist und der Konzessionswerber überdies die entsprechende finanzielle Leistungsfähigkeit besitzt; *(BGBl I 2013/32)*

2. der Konzessionswerber als natürliche Person die österreichische Staatsbürgerschaft besitzt und das Unternehmen (§ 1 Abs. 2 Z 2) seinen Sitz im Inland hat. Staatsangehörige und Unternehmen anderer Mitgliedstaaten der Europäischen Union oder einer sonstigen Vertragspartei des Abkommens über den Europäischen Wirtschaftsraum sind österreichischen Konzessionswerbern gleichgestellt; *(BGBl I 2013/32)*

3. die Art der Linienführung eine zweckmäßige und wirtschaftliche Befriedigung des in Betracht kommenden Verkehrsbedürfnisses gewährleistet und

4. die Erteilung einer Konzession auch sonst öffentlichen Interessen nicht zuwiderläuft. Dieser Ausschließungsgrund liegt insbesondere dann vor, wenn

a) die Kraftfahrlinie auf Straßen geführt werden soll, die sich aus Gründen der Verkehrssicherheit oder wegen ihres Bauzustandes für diesen Verkehr nicht eignen, oder

b) der beantragte Kraftfahrlinienverkehr die Erfüllung der Verkehrsaufgaben durch die Verkehrsunternehmen, in deren Verkehrsbereich (§ 14 Abs. 1, 2 und 4) die beantragte Linie ganz oder teilweise fällt, ernsthaft zu gefährden geeignet ist; dies gilt nicht im Falle der Gefährdung eines Kraftfahrlinienverkehrs, der im Wesentlichen touristischen Zwecken dient, und die Entscheidung über dessen Gefährdung alleine aufgrund der Angaben des konkurrenzierten Verkehrsunternehmens wegen der geminderten Rentabilität dieses Kraftfahrlinienverkehrs erfolgen würde, oder

c) der beantragte Kraftfahrlinienverkehr die Erfüllung der Verkehrsaufgaben nicht-kommerzieller Verkehrsdienste (§ 3 Abs. 3 ÖPNRV-G 1999), in deren Verkehrsbereich (§ 14 Abs. 1, 3 und 5) er ganz oder teilweise fällt, ernsthaft beeinträchtigen würde, oder

d) bereits ein Vergabeverfahren nach den anwendbaren Bestimmungen des Vergaberechts oder der Verordnung (EG) Nr. 1370/2007 zur Vergabe eines nicht-kommerziellen Kraftfahrlinienverkehrs (§ 23 Abs. 3) eingeleitet wurde, der sich ganz oder zum Teil auf die im Wesentlichen gleichen Verkehrsleistungen wie der beantragte Kraftfahrlinienverkehr bezieht, oder

e) der beantragte Kraftfahrlinienverkehr einer dem öffentlichen Bedürfnis mehr entsprechenden Ausgestaltung des Verkehrs durch die Verkehrsunternehmen, in deren Verkehrsbereich (§ 14 Abs. 6) die beantragte Linie ganz oder teilweise fällt, vorgriffe, und eines von diesen der notwendige Verbesserung der Verkehrsbedienung innerhalb einer von der Aufsichtsbehörde festzusetzenden angemessenen Frist von höchstens sechs Monaten vornimmt.
(BGBl I 2015/58)

(2) Die Aufsichtsbehörde hat zur Feststellung des Vorliegens des Ausschließungsgrundes gemäß Abs. 1 Z 4 lit. c alle relevanten Informationen bei den gemäß Art. 2 lit. b der Verordnung (EG) Nr. 1370/2007 zuständigen Behörden oder nach dem 31. Dezember 2015 auch bei den gemäß § 30a ÖPNRV-G 1999 benannten Stellen einzuholen. *(BGBl I 2015/58)*

„(3)" Für den Fall der Erteilung einer Genehmigung nach § 1 Abs. 3 haben die Voraussetzungen des Abs. 1 Z 1 und 2 vorzuliegen und darf der Ausschließungsgrund des Abs. 1 Z 4 lit. a nicht gegeben sein. *(BGBl I 2015/58)*

Voraussetzungen für die Ausübung des Berufs des Personenkraftverkehrsunternehmers

§ 8. (1) Das Vorliegen der Voraussetzungen für die Ausübung des Berufs des Personenkraftverkehrsunternehmers im Sinne der Artikel 3 der Verordnung (EG) Nr. 1071/2009,

1. der Zuverlässigkeit,

2. der finanziellen Leistungsfähigkeit,

3. der fachlichen Eignung und

4. der tatsächlichen und dauerhaften Niederlassung im Inland,

ist von der Aufsichtsbehörde (§ 3 Abs. 1 und 2) zu prüfen und die Zulassung zum Beruf des Personenkraftverkehrsunternehmers zu genehmigen.

(2) Die in Abs. 1 Z 1 bis 4 angeführten Voraussetzungen müssen während der gesamten Dauer der Berechtigung vorliegen und sind von der Aufsichtsbehörde zumindest alle fünf Jahre zu überprüfen und deren weiteres Vorliegen bescheidmäßig festzustellen. Überprüfungen im Rahmen der Erteilung einer Gemeinschaftslizenz (Artikel 4 der Verordnung (EG) Nr. 1073/2009) gelten als Überprüfungen im Sinne dieses Absatzes.

(3) Kommt die Aufsichtsbehörde zu dem Schluss, dass das Unternehmen (§ 1 Abs. 2 Z 2) eine oder mehrere Voraussetzungen des Abs. 1 trotz angemessener Fristsetzungen für die Behebung dieses vorschriftswidrigen Zustandes nicht mehr erfüllt, so hat sie die gemäß Abs. 1 erteilte Genehmigung zu entziehen und die Berechtigung zum Betrieb einer Kraftfahrlinie zu widerrufen (§ 25).

(BGBl I 2013/32)

Gemeinschaftslizenz

§ 8a. (1) Die Gemeinschaftslizenz und die beglaubigten Kopien gemäß Art. 4 der Verordnung (EG) Nr. 1073/2009 entsprechen dem Muster in Anhang II dieser Verordnung. Die Gestaltung der Gemeinschaftslizenz ist durch Verordnung des Bundesministers bzw. der Bundesministerin für Verkehr, Innovation und Technologie festzulegen.

(2) Die Seriennummern der Gemeinschaftslizenz und der beglaubigten Kopien, die gemäß § 4a Abs. 3 in das Verkehrsunternehmensregister einzutragen sind, müssen aus lateinischen Buchstaben und arabischen Ziffern bestehen. Die Seriennummer muss mit den Buchstaben „AT", danach einem Binde-strich gefolgt von einem oder zwei Buchstaben als Bezeichnung der Behörde, die die Gemeinschaftslizenz oder die beglaubigte Kopie ausgibt, beginnen. Auf die Bezeichnung der Behörde haben ein Binde-strich, der Buchstabe „P", ein Bindestrich, die letzten beiden Stellen der Jahreszahl des Ausgabejahres der Gemeinschaftslizenz, ein weiterer Bindestrich und danach eine fortlaufende Ausgabenummer, bezogen auf das Ausgabejahr, als vierstellige Zahl zu folgen; im Fall einer beglaubigten Kopie ist zusätzlich nach einem weiteren Bindestrich die Nummer der Kopie als vierstellige Zahl anzufügen. Leerstellen in der Seriennummer sind nicht zulässig; die Ausgabenummern und die Nummern der Kopien sind nach dem Muster „0001" bis „9999" auszuführen.

(3) Als Bezeichnung der Behörde (Abs. 2) sind folgende Buchstaben zu verwenden:

– für den Landeshauptmann bzw. die Landeshauptfrau von Burgenland: B

– für den Landeshauptmann bzw. die Landeshauptfrau von Kärnten: K

– für den Landeshauptmann bzw. die Landeshauptfrau von Niederösterreich: N

– für den Landeshauptmann bzw. die Landeshauptfrau von Oberösterreich: O

– für den Landeshauptmann bzw. die Landeshauptfrau von Salzburg: S

– für den Landeshauptmann bzw. die Landeshauptfrau von Steiermark: ST

– für den Landeshauptmann bzw. die Landeshauptfrau von Tirol: T

– für den Landeshauptmann bzw. die Landeshauptfrau von Vorarlberg: V

– für den Landeshauptmann bzw. die Landeshauptfrau von Wien: W

– für den Bundesminister bzw. die Bundesministerin für Verkehr, Innovation und Technologie: M.

(BGBl I 2013/32)

Zuverlässigkeit

§ 9. (1) Als zuverlässig (§ 7 Abs. 1 Z 1) ist anzusehen, wer das Unternehmen unter Beachtung der für den Betrieb von Kraftfahrlinien geltenden Vorschriften führt und die Allgemeinheit beim Betrieb des Unternehmens vor Schaden und Gefahren bewahrt.

(2) „Der Personenkraftverkehrsunternehmer (§ 1 Abs. 2) oder der Verkehrsleiter (§ 10a) ist insbesondere dann nicht mehr als zuverlässig anzusehen, wenn"

1. er von einem Gericht zu einer drei Monate übersteigenden Freiheitsstrafe oder zu einer Geldstrafe von mehr als 180 Tagessätzen verurteilt wurde, solange die Verurteilung weder getilgt ist noch der Beschränkung der Auskunft aus dem Strafregister unterliegt (§§ 1 bis 6 Tilgungsgesetz 1972, BGBl. Nr. 68), oder

2. ihm auf Grund der geltenden Vorschriften die Berechtigung für den Beruf des Personenkraftverkehrsunternehmers rechtskräftig entzogen wurde;

3. er wegen schwerwiegender Verstöße

a) gegen die für den Berufszweig geltenden Entlohnungs- und Arbeitsbedingungen oder

b) gegen Gemeinschaftsvorschriften in den in Art. 6 Abs. 1 lit. b der Verordnung (EG) Nr. 1071/2009 genannten Bereichen,

rechtskräftig bestraft wurde.

(BGBl I 2013/32)

(3) Um die Aufsichtsbehörden vom Wegfall der Voraussetzung der Zuverlässigkeit in Kennt-

nis zu setzen, haben den Aufsichtsbehörden den Eintritt von Sachverhalten, die den Tatbeständen des Abs. 2 entsprechen, folgende Stellen zu melden:

1. die jeweils andere Aufsichtsbehörde nach Z 2,
2. die Bezirksverwaltungsbehörden nach Z 3 lit. a,
3. die Bezirksverwaltungsbehörden und die „Landespolizeidirektionen, soweit diese zugleich Sicherheitsbehörde erster Instanz sind," nach Z 3 lit. b. *(BGBl I 2012/50)*

Fachliche Eignung, Bescheinigung über deren Nachweis, Prüfungskommissionen

§ 10. (1) Die Voraussetzung der fachlichen Eignung (§ 7 Abs. 1 Z 1) ist der Aufsichtsbehörde durch die Bescheinigung über die Ablegung einer Prüfung vor einer Prüfungskommission nachzuweisen. Die Prüfungskommission hat über Antrag auf Grund vorgelegter Zeugnisse Bewerber von Prüfungen aus Sachgebieten zu befreien, die vom Prüfungsstoff ihres Universitätsstudiums oder vom Prüfungsstoff ihres Abschlusses von Fachhochschulen oder ihrer Reifeprüfung an einer berufsbildenden höheren Schule oder auf Grund sonstiger Prüfungszeugnisse umfasst waren. *(BGBl I 2013/32)*

(2) Nach Bestehen der Prüfung stellt die Prüfungskommission gemäß Anhang III der Verordnung (EG) Nr. 1071/2009 eine Bescheinigung über die fachliche Eignung für den Personenkraftverkehr aus. Die Gestaltung der Gemeinschaftslizenz ist durch Verordnung des Bundesministers bzw. der Bundesministerin für Verkehr, Innovation und Technologie festzulegen. *(BGBl I 2013/32)*

(3) 1. Die Prüfungskommissionen sind „vom Landeshauptmann bzw. von der Landeshauptfrau" zu bestellen. Sie bestehen aus

a) einem geeigneten „öffentlich Bediensteten" des höheren Dienstes als Vorsitzenden, *(BGBl I 2013/32)*

b) zwei über Vorschlag der Fachgruppe der Autobusunternehmungen berufenen Personenkraftverkehrsunternehmern als Beisitzer sowie

c) zwei weiteren beruflich einschlägig tätigen Beisitzern mit juristischer oder betriebswirtschaftlicher Ausbildung, von denen einer über Vorschlag der zuständigen Kammer für Arbeiter und Angestellte zu bestellen ist.
(BGBl I 2013/32)

2. Die Vorschläge nach Z 1 lit. b und c sind binnen vier Wochen einzubringen. Werden die Vorschläge nicht innerhalb dieser Frist erstattet, hat „der Landeshauptmann bzw. die Landeshauptfrau" die jeweilige Bestellung nach Anhörung der säumigen Stelle vorzunehmen. *(BGBl I 2013/32)*

(4) und (5) *(entfallen, BGBl I 2013/32)*

Verkehrsleiter

§ 10a. (1) Der Berechtigungswerber hat der Aufsichtsbehörde gemäß Artikel 4 der Verordnung (EG) Nr. 1071/2009 einen Verkehrsleiter zu benennen, wenn er als natürliche Person die Voraussetzungen der fachlichen Eignung nicht erfüllt, oder wenn er keine natürliche Person ist. Dieser hat die Voraussetzungen der Zuverlässigkeit und der fachlichen Eignung zu erfüllen, den Kraftfahrlinienbetrieb ständig und tatsächlich zu leiten und bedarf der Genehmigung durch die Aufsichtsbehörde.

(2) Die bisher gemäß § 10 Abs. 5 Kraftfahrlinengesetz, BGBl. I Nr. 203/1999, in der Fassung BGBl. I Nr. 50/2012, bestellten Betriebsleiter gelten als Verkehrsleiter im Sinne des Abs. 1.

(3) Bestellt ein Unternehmen mehr als einen Verkehrsleiter, so ist der Zuständigkeitsbereich für jeden Verkehrsleiter gesondert festzulegen.

(BGBl I 2013/32)

Finanzielle Leistungsfähigkeit

§ 11. Die finanzielle Leistungsfähigkeit (§ 7 Abs. 1 Z 1) ist gegeben, wenn die Voraussetzungen gemäß Artikel 7 der Verordnung (EG) Nr. 1071/2009 nachweislich vorliegen.

(BGBl I 2013/32)

Befreiung von der Voraussetzung der österreichischen Staatsbürgerschaft, Gleichstellung mit Inländern

§ 12. Die Aufsichtsbehörde kann von den Erfordernissen des § 7 Abs. 1 Z 2 erster Satz aus Gründen des öffentlichen Interesses befreien. Staatsangehörige einer Nichtvertragspartei des Europäischen Wirtschaftsraumes sind gegen Nachweis der formellen Reziprozität seitens der zuständigen Behörden ihres Heimatstaates in bezug auf die Einrichtung und den Betrieb eines Kraftfahrlinienunternehmens Inländern gleichgestellt.

Straßeneignung

§ 13. (1) Die Straßeneignung von Bundesautobahnen und Bundesschnellstraßen (BStG 1971, BGBl. Nr. 286) für den Kraftfahrlinienbetrieb wird unter Berücksichtigung etwaiger Einschränkungen durch die StVO 1960, BGBl. Nr. 159, und durch das KFG 1967, BGBl. Nr. 267, angenommen.

(2) Sofern keine Verordnung nach § 46 Abs. 2 erlassen wird, ist die Feststellung, ob sich andere Straßen aus Gründen der Verkehrssicherheit oder wegen ihres Bauzustandes für die Befahrung

durch eine Kraftfahrlinie eignen (§ 7 Abs. 1 Z 4 lit. a) vom Landeshauptmann bzw. von der Landeshauptfrau unter Einhaltung der Fristen des § 5 Abs. 5 zu treffen. Im Falle des § 23 Abs. 2 ist diese Feststellung auch auf Antrag des Bestellers oder der für diesen tätig werdenden Stelle zu treffen. Ein solcher Antrag kann bereits vor Einleitung eines Vergabeverfahrens eingebracht werden. *(BGBl I 2015/58)*

„(3)"** Die Straßeneignung hat während der gesamten Berechtigungsdauer vorzuliegen. „Der Landeshauptmann bzw. die Landeshauptfrau"* kann jederzeit von Amts wegen prüfen, ob sich eine von einer Kraftfahrlinie befahrene Straße auch weiterhin aus Gründen der Verkehrssicherheit oder wegen ihres Bauzustandes für die Befahrung durch die Kraftfahrlinie eignet. *(*BGBl I 2013/32; **BGBl I 2015/58)*

„(4)"** Hat der Berechtigungsinhaber insbesondere nach Straßenrückbauten oder Straßenumbauten Zweifel, ob die Straßeneignung weiterhin vorliegt, so hat er hievon „den Landeshauptmann bzw. die Landeshauptfrau"* sowie, wenn „der Bundesminister bzw. die Bundesministerin für Verkehr, Innovation und Technologie seine Aufsichtsbehörde ist, auch diesen bzw. diese"* seine Aufsichtsbehörde ist, auch diesen zu verständigen. „Der Landeshauptmann bzw. die Landeshauptfrau"* hat unverzüglich zu prüfen, ob die Straßeneignung weiter vorliegt. *(*BGBl I 2013/32; **BGBl I 2015/58)*

„(5)"** Stellt „der Landeshauptmann bzw. die Landeshauptfrau"* anlässlich der Prüfung nach Abs. 4 oder 5 fest, dass sich die Straße für die Befahrung durch eine Kraftfahrlinie nicht mehr eignet, „so hat er bzw. sie dies"* bescheidmäßig festzustellen und die Einstellung des Betriebes aller diese Straße benützenden Kraftfahrlinien auf der gesamten Strecke oder für ein Teilstück zu verfügen. Dieser Bescheid ist auch „dem Bundesminister bzw. der Bundesministerin für Verkehr, Innovation und Technologie, wenn er bzw. sie"* Aufsichtsbehörde ist, dem Straßenerhalter und der Straßenaufsichtsbehörde zuzustellen. *(*BGBl I 2013/32; **BGBl I 2015/58)*

Verkehrsbereich

§ 14. (1) Der Verkehrsbereich erstreckt sich so weit, wie sich eine beantragte Kraftfahrlinie auf einen bereits konzessionierten öffentlichen Verkehr ernsthaft gefährdend auswirken (§ 7 Abs. 1 Z 4 lit. b) oder diesen ernsthaft beeinträchtigen (§ 7 Abs. 1 Z 4 lit. c) kann.

(2) Eine ernsthafte Gefährdung der Erfüllung der Verkehrsaufgaben liegt dann vor, wenn ein Verkehrsunternehmer bei der Führung seines öffentlichen Verkehrs hinsichtlich der gefährdeten Linie einen die wirtschaftliche Betriebsführung sichtlich in Frage stellenden Einnahmenausfall erleiden würde.

(3) Eine ernsthafte Beeinträchtigung der Erfüllung der Verkehrsaufgaben liegt dann vor, wenn bei der Führung eines nicht-kommerziellen öffentlichen Verkehrs (§ 3 ÖPNRV-G 1999) hinsichtlich der beeinträchtigten Linie die wirtschaftliche Betriebsführung nur durch zusätzliche Ausgleichszahlungen aus öffentlichen Mitteln gesichert wäre.

(4) Behauptet ein Verkehrsunternehmen, durch die Erteilung einer neuen oder einer hinsichtlich der Streckenführung abzuändernden Konzession eine ernsthafte Gefährdung im Sinne des Abs. 2, so hat es der Aufsichtsbehörde jene zum Teil nur ihm bekannten Daten zu liefern, anhand derer diese beurteilen kann, wie sich der Einnahmenausfall auf die wirtschaftliche Betriebsführung seiner Linie auswirken wird. Sofern dies für die Beurteilung erforderlich ist, hat das Unternehmen auch eine entsprechende betriebswirtschaftliche Kalkulation vorzulegen, aus der das Einnahmenerfordernis für eine wirtschaftliche Betriebsführung hervorgeht.

(5) Ist durch die Erteilung einer neuen oder einer hinsichtlich der Streckenführung abzuändernden Konzession eine ernsthafte Beeinträchtigung im Sinne des Abs. 3 zu erwarten, so hat auch das Verkehrsunternehmen der Aufsichtsbehörde jene zum Teil nur ihm bekannten Daten zu liefern, anhand derer diese beurteilen kann, wie sich der Einnahmenausfall auf die wirtschaftliche Betriebsführung dieser Linie auswirken wird. Sofern dies für die Beurteilung erforderlich ist, hat das Unternehmen auch eine entsprechende betriebswirtschaftliche Kalkulation vorzulegen, aus der das Einnahmenerfordernis sowie das Erfordernis zusätzlicher Ausgleichszahlungen aus öffentlichen Mitteln für eine wirtschaftliche Betriebsführung hervorgeht.

(6) Unter Verkehrsbereich nach § 7 Abs. 1 Z 4 lit. e ist der Bereich zu verstehen, innerhalb dessen die bereits bestehende Kraftfahrlinie das Verkehrsbedürfnis befriedigt.

(BGBl I 2015/58)

Konzessionsdauer und jährliche Betriebsdauer

§ 15. (1) Die Konzession zum Betrieb einer Kraftfahrlinie wird auf höchstens zehn Jahre erteilt. Die Konzession kann auf einen kürzeren Zeitraum erteilt werden, wenn

a) ein zeitlich begrenztes oder nur vorübergehendes Verkehrsbedürfnis vorliegt, oder

b) die Harmonisierung des Ablaufes der Dauer einer oder mehrerer Konzessionen für die Realisierung der konkreten Ziele der Bundes- und Landesverkehrsplanung zweckdienlich ist (§ 37 Abs. 3).

(BGBl I 2015/58)

(2) Die Konzession zum Betrieb einer Kraftfahrlinie, die Gegenstand eines öffentlichen Dienstleistungsauftrages im Sinne der Verordnung (EG) Nr. 1370/2007 ist, wird auf höchstens zehn Jahre, unter der Voraussetzung des Art. 4 Abs. 3 Satz 2 der Verordnung (EG) Nr. 1370/2007 jedoch auch auf höchstens fünfzehn Jahre erteilt. *(BGBl I 2015/58)*

„(3)" Die Konzession kann ferner entweder für den Betrieb während des ganzen Jahres oder für einen bestimmten Zeitraum während eines Jahres erteilt werden. Eine ohne nähere Bestimmung erteilte Konzession gilt für den Betrieb während des ganzen Jahres. *(BGBl I 2015/58)*

Auflagen

§ 16. (1) Im Bescheid, mit dem die Berechtigung erteilt wird, können aus öffentlichen Rücksichten bestimmte Auflagen vorgeschrieben werden, die dem Berechtigungswerber von der Aufsichtsbehörde vor Erteilung der Berechtigung bekanntzugeben sind.

(2) Als Auflagen kommen insbesondere in Betracht:

1. Bestimmungen über Art und Beschaffenheit der einzusetzenden Linienfahrzeuge, wie etwa Beschränkungen des höchsten zulässigen Gesamtgewichtes;

2. die Verpflichtung zur fahrplanmäßigen Herstellung eines Anschlusses an andere Verkehrsmittel des öffentlichen Personenverkehrs;

3. die Verpflichtung zur Führung einer Mindestanzahl von Kursen;

4. die Verpflichtung zur Bedienung eines bestimmten Berufs- oder Schülerverkehrs;

5. das Verbot, auf einer bestimmten Teilstrecke Fahrgäste zur Beförderung nach einem anderen Ort innerhalb dieser Strecke – die Endpunkte miteingerechnet – aufzunehmen; dieses Verbot schließt jedoch nicht die Beförderung von Fahrgästen von Orten außerhalb der Verbotszone in Orte innerhalb derselben mit der Aufnahme von Fahrgästen in Orten der Verbotszone nach Orten außerhalb derselben aus (Zwischenbedienungsverbot);

6. das generelle Verbot jedes Zu- und Aussteigens auf einer bestimmten Teilstrecke einschließlich deren Endpunkte (Halteverbot);

7. Beschränkungen der Anzahl der Kurse;

8. die Fahrplanabsprache mit konkurrenzierten Verkehrsunternehmen des öffentlichen Personenverkehrs.

(3) Bei Vorliegen von Anträgen auf Konzessionserteilung mit im wesentlichen gleichartiger Streckenführung und positivem Ergebnis der hierüber durchgeführten Ermittlungsverfahren (§ 7) kann die Aufsichtsbehörde bei der Konzessionserteilung den Betrieb der Kraftfahrlinien im Gemeinschaftsverkehr vorschreiben.

(4) Auf die Dauer der Teilnahme eines Konzessionsinhabers an einem Gemeinschaftsverkehr oder an einem Verkehrsverbund können Auflagen, die zugunsten anderer am Gemeinschaftsverkehr oder am Verkehrsverbund teilnehmenden Verkehrsunternehmen des öffentlichen Personenverkehrs vorgeschrieben wurden, über Antrag sistiert werden. Die derart sistierten Auflagen leben wieder auf:

1. bei Auflösung des Gemeinschaftsverkehrs,

2. bei Auflösung des Verkehrsverbundes sowie

3. bei Beendigung des Vertragsverhältnisses durch den belasteten oder begünstigten Konzessionsinhaber oder durch den Verkehrsverbund (Kündigung).

Teilen und Koppeln von Kraftfahrlinien, Betrieb von Schnellkursen

§ 17. (1) Eine Kraftfahrlinie ist grundsätzlich vom Anfangs- bis zum Endpunkt der konzessionierten Strecke zu betreiben und hat alle Haltestellen zu bedienen; der bedarfsbedingt verdichtete Betrieb auf Teilstrecken (Teilen einer Kraftfahrlinie) sowie die teilweise Führung von Schnellkursen, das sind Kurse, die nicht alle auf der Strecke einer konzessionierten Kraftfahrlinie gelegenen Haltestellen bedienen, ist jedoch erlaubt.

(2) Die durchlaufende Befahrung mehrerer Kraftfahrlinien oder von Teilstücken verschiedener Linien (Koppeln von Kraftfahrlinien) bedarf der ausdrücklichen Genehmigung der Konzessionsbehörde. Eine solche Genehmigung darf nicht erteilt werden, wenn dadurch wirtschaftliche Interessen anderer Verkehrsträger einschneidend verletzt werden.

(3) Auf die Dauer der Teilnahme eines Konzessionsinhabers an einem Gemeinschaftsverkehr oder an einem Verkehrsverbund kann über Antrag das Koppeln eigener Kraftfahrlinien oder Kraftfahrlinienteile mit Kraftfahrlinien oder mit Teilen von Kraftfahrlinien anderer Konzessionsinhaber, die Vertragspartner sind, genehmigt werden.

Aufnahme des Betriebes

§ 18. „(1)" Im Konzessionsbescheid hat die Aufsichtsbehörde eine angemessene Frist für die Aufnahme des Betriebes festzusetzen; wird der Betrieb bis zum Ablauf dieser Frist nicht im vollen Umfang der Konzession aufgenommen und vermag der Konzessionsinhaber nicht nachzuweisen, daß ihn an dieser Verzögerung kein Verschulden trifft, so kann die Aufsichtsbehörde die Konzession widerrufen. Andernfalls ist die Frist angemessen zu erstrecken. *(BGBl I 2013/32)*

(2) Staatsangehörige und Unternehmen anderer Mitgliedstaaten der Europäischen Union oder ei-

ner sonstigen Vertragspartei des Abkommens über den Europäischen Wirtschaftsraum haben vor Aufnahme des Betriebes (Abs. 1) einen Sitz oder eine ständige geschäftliche Niederlassung im Inland nachzuweisen. *(BGBl I 2013/32)*

Inhalt des Konzessionsbescheides

§ 19. (1) Der Konzessionsbescheid ist dem Antragsteller und den in § 5 Abs. 1 genannten Personen und Stellen zuzustellen. Er hat insbesondere zu enthalten:

1. Name und Betriebssitz des Konzessionsinhabers; ist der Konzessionsinhaber eine natürliche Person, weiters seine Geburtsdaten und die Anschrift seines Wohnortes;

2. die jeden Zweifel ausschließende Bezeichnung der zu befahrenden Strecke;

3. die Dauer der Konzession;

4. etwaige Auflagen (§ 16);

5. eine Frist zur Aufnahme des Betriebes (§ 18).

(2) Nach Eintritt der Rechtskraft des Konzessionsbescheides ist die Konzession zu beurkunden. Die Konzessionsurkunde muß dem Muster in Anlage 1 oder 2 entsprechen, stellt einen Auszug aus dem Konzessionsbescheid dar und hat die in Abs. 1 angeführten Angaben zu enthalten. Sie ist bei grenzüberschreitenden Kraftfahrlinienverkehren und im Fall der Durchführung von Auftragsfahrten (§ 22 Abs. 3) während der Fahrt im Original mitzuführen, dient zur Ausweisleistung bei Kontrollen und ist daher in so vielen Gleichschriften zu beantragen, wie dies zur Erfüllung des Betriebsprogrammes des jeweiligen Kraftfahrlinienverkehrs erforderlich ist.

(2a) Eine Beurkundung gemäß Abs. 2 kann im innerstaatlichen Kraftfahrlinienverkehr entfallen. *(BGBl I 2019/17)*

(3) Ist eine Konzession anders als durch Ablauf der Konzessionsdauer ungültig geworden, sind alle Gleichschriften der Konzessionsurkunde unverzüglich einzuziehen. Ist dies nicht möglich, sind sie auf Kosten des Unternehmens für ungültig zu erklären.

Pflichten des Berechtigungsinhabers, des Verkehrsleiters und des Fahrzeuglenkers

§ 20. (1) Die Berechtigung verpflichtet deren Inhaber:

1. die Kraftfahrlinie während der gesamten Berechtigungsdauer gemäß

a) den Vorschriften dieses Bundesgesetzes,

b) den Vorschriften der Verordnung (EG) Nr. 1073/2009, *(BGBl I 2013/32)*

c) den Vorschriften der Verordnung (EG) Nr. 1071/2009 „" *(BGBl I 2013/32; BGBl I 2015/61)*

d) den Vorschriften der Verordnung (EU) Nr. 181/2011 und *(BGBl I 2015/61)*

„e)" den Vorschriften des Landverkehrsabkommens zwischen der Europäischen Union und der Schweizerischen Eidgenossenschaft sowie *(BGBl I 2015/61)*

„f)" den Vorschreibungen der Berechtigung und dem Fahrplan entsprechend ununterbrochen *(BGBl I 2015/61)*

zu betreiben (Betriebspflicht);

2. soweit seine für den regelmäßigen Betrieb erforderlichen Beförderungsmittel ausreichen und nicht Umstände, die er nicht abwenden konnte und denen er sich nicht abzuhelfen vermag, die Beförderung unmöglich machen, alle Fahrgäste und deren Gepäck den Beförderungsbedingungen entsprechend zu befördern (Beförderungspflicht);

3. die Beförderungspreise und die Beförderungsbedingungen in gleicher Weise gegenüber allen Benützern seiner Kraftfahrlinie zur Anwendung zu bringen; vom Berechtigungsinhaber gewährte Begünstigungen, die nicht unter den gleichen Bedingungen jedermann zugute kommen, sind unzulässig [Anwendungszwang von Beförderungspreisen (Tarifpflicht) und -bedingungen];

4. die Besonderen Beförderungspreise und die Besonderen Beförderungsbedingungen einschließlich allfälliger vom Berechtigungsinhaber gewährte Begünstigungen nach Z 3 zeitgerecht der Aufsichtsbehörde zur Genehmigung vorzulegen (Genehmigungspflicht für Besondere Beförderungspreise und -bedingungen);

5. zur Einhaltung der Vorschriften der §§ 33 bis 35 über Haltestellen (Haltestellenpflicht);

6. die Fahrpläne, sofern in den Linienfahrzeugen keine Abfertigungsgeräte zum Einsatz gelangen auch eine Aufstellung der Fahrpreise (Tarifdreieck), sowie die Beförderungsbedingungen in den Linienfahrzeugen mitzuführen und den Fahrgästen auf Verlangen vorzulegen. Außer bei Verwendung einer Haltestellenanzeige im Linienfahrzeug hat dieser Fahrplan sämtliche Haltestellen der Kraftfahrlinie anzuführen. An den Haltestellen sind gut lesbare Fahrpläne oder Auszüge aus diesen (Durchfahrtszeiten) unter Angabe der die Kraftfahrlinie betreibenden Unternehmen anzuschlagen und zu erhalten. Die Beförderungspreise und die Fahrpläne sind im Österreichischen Kraftfahrlinienkursbuch oder in einem Verbundkursbuch auf Kosten des Berechtigungsinhabers zu veröffentlichen. Die Kursbücher (Fahrplanauskünfte) können als Druckwerke oder in elektronischen Medien veröffentlicht werden. Die Fahrplandaten sind dem jeweiligen Herausgeber des Kursbuches in geeigneter und Kosten sparender Form zu überlassen und jedenfalls aber auch den Verkehrsverbundorganisationsgesellschaften zur Verfügung zu stellen. Fahrpläne von Kraftfahrlinien, die nicht in einem Verkehrsverbund eingebunden sind, haben vom Berechtigungsinhaber

in jeder für den Fahrgast geeigneten Form, nach Maßgabe der Möglichkeiten insbesondere auch in elektronischen Medien, veröffentlicht zu werden. In den Linienfahrzeugen ist die Betriebsführung sowie die Durchführung von Auftragsfahrten in der in § 22 Abs. 4 angeführten Weise kenntlich zu machen (Publizitätspflichten).

7. dafür zu sorgen, dass jeder Fahrgast vor oder bei Antritt der Fahrt die Möglichkeit hat, einen Fahrausweis gemäß den jeweiligen Beförderungsbedingungen zu lösen, aus dem der Abfahrts- und Zielort oder die Gültigkeitszonen und der Fahrpreis und bei Zeitkarten überdies die Gültigkeitsdauer hervorgehen. Für entgeltlich befördertes Gepäck ist ein Gepäckschein auszugeben (Fahrscheinpflicht);

8. zur Einhaltung der Vorschriften der §§ 13 Abs. 5, 22 Abs. 3, 31 Abs. 5, 35 Abs. 1 und 5 sowie 42 Abs. 1 und 3 (Anzeige- und Meldepflichten);

9. zur Einhaltung der Vorschriften des § 45 Abs. 2 hinsichtlich der Organe der Aufsicht (Duldungspflichten);

10. für Ordnung, Sicherheit und Regelmäßigkeit des Betriebs zu sorgen. Der Berechtigungsinhaber ist, unbeschadet der Verpflichtungen des Zulassungsbesitzers, insbesondere dafür verantwortlich, dass sich die Linienfahrzeuge stets in verkehrs- und betriebssicherem Zustand befinden, und die bei ihm beschäftigten Personen die für ihre Tätigkeit maßgeblichen Vorschriften kennen und beachten (Ordnungs- und Beaufsichtigungspflicht);

11. für die Durchführung des Dienstes eine Dienstanweisung zu erlassen, soweit dies nach den Größenverhältnissen des Unternehmens erforderlich ist. Eine Dienstanweisung muss erlassen werden, wenn ein Leiter des Betriebsdienstes (§ 41) bestellt wurde (Dienstanweisungspflicht);

12. dafür zu sorgen, dass bei grenzüberschreitenden Kraftfahrlinienverkehren dem Lenker vor Antritt der Fahrt alle Dokumente übergeben werden, die gemäß den in Z 1 zitierten Vorschriften für den Betrieb einer Kraftfahrlinie erforderlich sind.

(1a) Der Verkehrsleiter ist bei der ständigen und tatsächlichen Leitung des Betriebes verpflichtet die in Abs. 1 zitierten Vorschriften einzuhalten. *(BGBl I 2013/32)*

(2) Der Fahrzeuglenker ist verpflichtet:

1. bei der Verrichtung seines Dienstes die Bestimmungen der in Abs. 1 Z 1 zitierten Vorschriften einzuhalten und bei grenzüberschreitenden Kraftfahrlinienverkehren während der gesamten Fahrt alle gemäß diesen Vorschriften für den Betrieb einer Kraftfahrlinie erforderlichen Dokumente mitzuführen und diese Dokumente auf Verlangen den zuständigen Kontrollorganen auszuhändigen;

2. sich im grenzüberschreitenden Kraftfahrlinienverkehr davon zu überzeugen oder dafür zu sorgen, dass jeder Fahrgast bei Antritt der Fahrt einen Fahrausweis besitzt, aus dem jedenfalls der Abfahrts- und Zielort, das Datum der Fahrt und der Fahrpreis hervorgehen.

§ 21. *(entfällt samt Überschrift, BGBl I 2013/96)*

Abschnitt III

Bestimmungen über den Kraftfahrlinienbetrieb

Betriebsführerübertragung und Auftragsfahrten

§ 22. (1) Soweit sich aus den folgenden Bestimmungen nicht etwas anderes ergibt, hat der Konzessionsinhaber den Betrieb selbst zu führen. Dies bedeutet, daß er den Verkehr im eigenen Namen, unter eigener Verantwortung und auf eigene Rechnung zu betreiben hat.

(2) Die Übertragung der Führung des Betriebes einer Kraftfahrlinie an einen anderen Personenkraftverkehrsunternehmer ist über Antrag des Konzessionsinhabers nur mit Genehmigung der Aufsichtsbehörde zulässig. Die Genehmigung ist zu verweigern, wenn der in Aussicht genommene Betriebsführer den in § 7 Abs. 1 Z1 und 2 angeführten Voraussetzungen nicht entspricht, oder wenn der Konzessionsinhaber bereits für ein Drittel der ihm konzessionierten Kraftfahrlinien die Führung des Betriebes übertragen hat oder zur Gänze im Auftragsverkehr führen läßt. Der Betriebsführer ist der Aufsichtsbehörde in gleicher Weise wie der Konzessionsinhaber verantwortlich; doch tritt an Stelle des Widerrufs der Berechtigung nach § 25 der Entzug der Genehmigung.

(3) Der Konzessionsinhaber kann andere Personenkraftverkehrsunternehmer sowohl mit der Durchführung einzelner als auch aller zum Betrieb der Kraftfahrlinie erforderlichen Fahrten beauftragen. Die Durchführung von Fahrten im Auftrag des Konzessionsinhabers bedarf der Genehmigung der Konzessionsbehörde, wenn sie alle Kurse betrifft. Umfaßt die Beauftragung nur einzelne Kurse regelmäßig, sind solche Fahrten der Aufsichtsbehörde vom Konzessionsinhaber lediglich anzuzeigen.

(4) Die Betriebsführung sowie die Durchführung von Auftragsfahrten ist in den Linienfahrzeugen auf einem Schild kenntlich zu machen, welches entweder hinter der Windschutzscheibe oder an der rechten Seitenfront hinter der ersten Fensterscheibe nach der Vordertüre anzubringen ist. Bei der Durchführung von nicht genehmigungspflichtigen Auftragsfahrten hat der Auftragnehmer

im grenzüberschreitenden Kraftfahrlinienverkehr zusätzlich einen Fahrauftrag des Konzessionsinhabers mitzuführen.

(5) Der Betriebsführer nach Abs. 2 und der Auftragnehmer nach Abs. 3 sind ohne Zustimmung des Konzessionsinhabers nicht berechtigt, andere Personenkraftverkehrsunternehmer mit der Durchführung der ihnen vom Konzessionsinhaber übertragenen Fahrten zu beauftragen.

Bestellung von Kursen, nicht-kommerzieller Betrieb von Kraftfahrlinien

§ 23. (1) Werden über das vorgesehene Fahrplanangebot einer Kraftfahrlinie hinaus Kurse bestellt, so hat der Besteller oder die für diesen tätig werdende Stelle die anwendbaren Bestimmungen des Vergaberechts sowie der Verordnung (EG) Nr. 1370/2007 zu berücksichtigen. Wird ein anderer Personenkraftverkehrsunternehmer als der Konzessionsinhaber mit der Durchführung der bestellten Kurse betraut, so ist er vom Konzessionsinhaber mit der Durchführung dieser Kurse zu beauftragen (§ 22 Abs. 3).

(2) Sollen in den nicht in Abs. 1 genannten Fällen nicht-kommerzielle Verkehrsdienste (§ 3 Abs. 3 ÖPNRV-G 1999) im Rahmen öffentlicher Dienstleistungsaufträge im Sinne der Verordnung (EG) Nr. 1370/2007 im Kraftfahrlinienverkehr bestellt werden, so dürfen diese Verkehrsdienste nur dann in einem Vergabeverfahren beschafft werden, wenn diese Verkehrsdienste nicht durch kommerzielle Verkehrsdienste (§ 3 Abs. 2 ÖPNRV-G 1999) abgedeckt sind. In diesem Fall hat der Besteller oder die für diesen tätig werdende Stelle unter Berücksichtigung der anwendbaren Bestimmungen des Vergaberechts sowie der Verordnung (EG) Nr. 1370/2007 einen geeigneten Personenkraftverkehrsunternehmer zu ermitteln.

(3) Dem nach Abs. 2 ermittelten Personenkraftverkehrsunternehmer ist vor Betriebsaufnahme über Antrag eine Konzession (§ 1 Abs. 3) zum Betrieb eines nicht-kommerziellen Verkehrsdienstes zu erteilen, sofern die Voraussetzungen des Abs. 2, 1. Satz und des § 7 Abs. 1 Z 1 und 2 gegeben sind, und der Ausschließungsgrund des § 7 Abs. 1 Z 4 lit. a nicht vorliegt.

(4) Im Verfahren über einen Antrag gemäß Abs. 3 findet § 5 keine Anwendung. Die Konzessionsdauer sowie das Betriebsprogramm haben bei sonstiger Nichtigkeit (§ 68 Abs. 4 Z 4 Allgemeines Verwaltungsverfahrensgesetz 1991 – AVG, BGBl. Nr. 51) dem zwischen Besteller und Personenkraftverkehrsunternehmer geschlossenen Vertrag zu entsprechen, wobei die höchstzulässige Konzessionsdauer (§ 15 Abs. 1) nicht überschritten werden darf. Die in Verbindung mit Abs. 3 erteilte Konzession ist den im Sinne des § 5 Abs. 1 und 2 nach der Linienführung örtlich in Betracht kommenden Stellen zur Kenntnis zu bringen.

(5) Auf den Konzessionsinhaber finden diesfalls die Bestimmungen der §§ 16 Abs. 2 Z 2 bis 4, 22 Abs. 2, 28 Abs. 3 und 4 und 29 Abs. 1 keine Anwendung.

(6) Die Vertragspartner haben die Aufsichtsbehörde über eine vorzeitige Beendigung des Vertrages (Abs. 4) in Kenntnis zu setzen, die das Erlöschen (§ 27 Z 6) der in Verbindung mit Abs. 3 erteilten Konzession mit Wirksamkeit des Vertragsendes festzustellen hat.

(BGBl I 2015/58)

Betriebspflichtenthebung

§ 24. (1) Die Konzessionsbehörde hat den Konzessionsinhaber auf seinen Antrag von der Verpflichtung des § 20 Abs. 1 Z 1 dauernd für den ganzen Betrieb oder einen Teil desselben zu entheben, wenn ihm die Weiterführung des Betriebes nicht mehr zugemutet werden kann, oder wenn kein Verkehrsbedürfnis mehr besteht. Bis zur Erteilung der Genehmigung hat der Konzessionsinhaber den Verkehr fahrplangemäß aufrechtzuerhalten.

(2) Die Konzession erlischt hinsichtlich des von der Betriebspflichtenthebung betroffenen Streckenteils.

Widerruf der Berechtigung

§ 25. Außer bei Entzug der Zulassung zum Beruf des Personenkraftverkehrsunternehmers (§ 8 Abs. 3) kann die Aufsichtsbehörde die Berechtigung zum Betrieb einer Kraftfahrlinie auch dann widerrufen, wenn der Inhaber der Berechtigung den Bestimmungen des § 20 Abs. 1 wiederholt trotz mindestens zweimaliger schriftlicher Verwarnung zuwiderhandelt. Überdies kann die Aufsichtsbehörde die Konzession widerrufen, wenn aus Verschulden des Konzessionsinhabers der Betrieb der Kraftfahrlinie nicht bis zum Ablauf der im Konzessionsbescheid vorgeschriebenen Frist aufgenommen wird (§ 18 Abs. 1).

(BGBl I 2013/32)

Amtshilfe

§ 26. Über Artikel 24 der Verordnung (EG) Nr. 1071/2009 und Artikel 20 der Verordnung (EG) Nr. 1073/2009 hinausgehende gegenseitige Amts- und Rechtshilfeabkommen bleiben aufrecht.

(BGBl I 2013/32)

Erlöschen der Berechtigung

§ 27. Die Berechtigung erlischt in folgenden Fällen:

1. bei Tod des Inhabers der Berechtigung, sofern der Aufsichtsbehörde kein Fortbetriebsrecht nach § 28 Abs. 1 angezeigt wird; wenn es sich um keine natürliche Person handelt, bei Untergang des Unternehmens;
2. bei Widerruf der Berechtigung (§ 25);
3. mit Ablauf der Konzessionsdauer; *(BGBl I 2015/58)*
4. im Falle der Enthebung von der Betriebspflicht (§ 24 Abs. 2);
5. im Falle der Übertragung der Konzession (§ 28 Abs. 3) „;" *(BGBl I 2013/32; BGBl I 2015/58)*
6. im Falle der Beendigung des zwischen Besteller und Personenkraftverkehrsunternehmer geschlossenen Vertrages (§ 23 Abs. 4 und 6). *(BGBl I 2015/58)*

Rechtsnachfolge

§ 28. (1) Für den Fall des Todes des Inhabers der Berechtigung gelten die Bestimmungen der §§ 41 bis 43 Gewerbeordnung 1994, BGBl. Nr. 194, über den Fortbetrieb der Verlassenschaft, des überlebenden Ehegatten und der Deszendenten mit der Maßgabe, dass an die Stelle der Bezirksverwaltungsbehörde die Aufsichtsbehörde (§ 3 Abs. 1 und 2) tritt, und das Fortbetriebsrecht einer natürlichen Person spätestens nach sechs Monaten endet, wenn nicht vorher ein Verkehrsleiter bestellt wird; in begründeten Fällen kann die Behörde eine Verlängerung dieser Frist um höchstens drei Monate genehmigen.

(2) Im Falle der Geschäftsunfähigkeit des Inhabers der Berechtigung, der die Funktion des Verkehrsleiters innehatte, darf der Sachwalter den Betrieb höchstens sechs Monate weiterführen. Danach muss ein Verkehrsleiter bestellt werden, wobei die Aufsichtsbehörde diese Frist um drei Monate verlängern kann.

(3) Bei Verschmelzungen, Umwandlungen, Einbringungen, Zusammenschlüssen, Realteilungen und Spaltungen kann das ursprüngliche Recht zur Ausübung der Konzession vom bisherigen Konzessionsinhaber auf den Nachfolgeunternehmer übertragen werden, wenn dieser die Voraussetzungen des § 7 Abs. 1 Z 1 und 2 erfüllt.

(4) Die Übertragung der Konzession nach Abs. 3 ist von der Aufsichtsbehörde (§ 3 Abs. 1 und 2) zu genehmigen, und das Erlöschen der Konzession des bisherigen Konzessionsinhabers ist festzustellen (§ 27 Z 5).

(BGBl I 2015/58)

Wiedererteilung der Konzession, Ersatz- und Nachfolgeverkehr

§ 29. (1) Soll die Konzession für eine Kraftfahrlinie wiedererteilt werden, so ist in Konkurrenz mit einem anderen Konzessionswerber bei sonst gleichem Angebot der bisherige Konzessionsinhaber vor allem zu berücksichtigen.

(2) Ebenso sind Ersatz- und Nachfolgeverkehre von Schienenbahnen mit öffentlicher Personenbeförderung in Konkurrenz mit einem anderen Konzessionswerber bei sonst gleichem Angebot vor allem zu berücksichtigen. Die Rechte betroffener Kraftfahrlinienunternehmer nach „§ 7 Abs. 1 Z 4 lit. b, c und e" bleiben hiedurch unberührt. *(BGBl I 2015/58)*

Verlängerung der Konzessionsdauer

§ 30. *entfällt.*

Beförderungspreise

§ 31. (1) Für die Erfüllung des Beförderungsvertrages hat der Fahrgast dem Unternehmen einen Beförderungspreis (Regelbeförderungspreis) zu vergüten.

(2) Die für einen Verbundraum festgesetzten Verbundregelbeförderungspreise sind von der jeweiligen Verkehrsverbundorganisationsgesellschaft den Konzessionsbehörden anzuzeigen und gelten für alle am Verbund teilnehmenden Kraftfahrlinienunternehmer.

(3) Die Wirtschaftskammer Österreich erhöht den jeweils gültigen Regelbeförderungspreis jährlich nach Feststellung des Preissteigerungsindex für Kraftfahrlinien durch die Statistik Austria um die Indexdifferenz und zeigt den so festgestellten Regelbeförderungspreis den Aufsichtsbehörden an. § 39f Familienlastenausgleichsgesetz 1967 in der Fassung des Bundesgesetzes BGBl. Nr. 433/1996 bleibt unberührt.

(4) Der Index orientiert sich an folgenden Komponenten der Kostenrechnung der Kraftfahrlinienunternehmungen:

a) Abschreibung Bus und Reifen,
b) Zinsen Bus und Reifen,
c) Treibstoffkosten,
d) Öl- und Schmierstoffverbrauch,
e) Reparaturkosten,
f) Wagenpflege,
g) Steuern und Versicherung,
h) Fahrpersonal,
i) Aufwandsentschädigungen, Sonderzahlungen, Abfertigungen,
j) Lohnnebenkosten,
k) Garagierung,
l) Verwaltungskostenanteil.

(5) Werden von Dritten (Zahlern wie beispielsweise privaten Bestellern oder Gebietskörperschaften) Teilbeträge des Beförderungsentgeltes für den Fahrgast bezahlt, so hat der Fahrgast statt des

Beförderungsentgeltes den um den Förderungsbetrag verminderten Fahrpreis zu bezahlen. Der Konzessionsinhaber hat jedoch jedenfalls den Regelbeförderungspreis zu erhalten. Der Aufsichtsbehörde ist die regelmäßige Übernahme der Bezahlung sowohl von Teilbeträgen des Beförderungsentgeltes als auch des gesamten Beförderungsentgeltes durch Dritte vom Konzessionsinhaber anzuzeigen.

(6) Beabsichtigt der Konzessionsinhaber die Anwendung von Beförderungspreisen, die von den in einzelnen Verbundräumen geltenden Beförderungspreisen oder von den Regelbeförderungspreisen abweichen, so hat er diese Beförderungspreise (Besondere Beförderungspreise) vor ihrer Anwendung der Aufsichtsbehörde zur Genehmigung vorzulegen. Die Aufsichtsbehörde hat diese Beförderungspreise insbesondere darauf zu prüfen, ob sie unter Berücksichtigung der wirtschaftlichen Lage des Unternehmens angemessen sind und mit den öffentlichen Verkehrsinteressen und dem Gemeinwohl in Einklang stehen.

Beförderungsbedingungen

§ 32. Die Beförderungsbedingungen sind vor ihrer Anwendung der Aufsichtsbehörde zur Genehmigung vorzulegen, soweit sie für das Unternehmen im Einzelfalle von den Allgemeinen Beförderungsbedingungen (§ 46 Z 4) abweichen (Besondere Beförderungsbedingungen). Diese hat vor ihrer Entscheidung über das betreffende Ansuchen „den Bundesminister bzw. die Bundesministerin für Wirtschaft, Familie und Jugend", die zuständige Wirtschaftskammer und die Kammer für Arbeiter und Angestellte sowie allenfalls von den Besonderen Beförderungsbedingungen betroffene in § 5 Abs. 1 Z 1 bezeichnete Verkehrsunternehmen zu hören. Gleiches gilt für Änderungen der Besonderen Beförderungsbedingungen. Die Aufsichtsbehörde kann überdies eine Änderung der Besonderen Beförderungsbedingungen verlangen, wenn sich die für ihre Genehmigung maßgeblichen Umstände wesentlich geändert haben. *(BGBl I 2013/32)*

Fahrgastrechte, Geltungsbereich

§ 32a. Die Bestimmungen der Verordnung (EU) Nr. 181/2011 sind auf Kraftfahrlinien, von denen ein bedeutender Teil und mindestens eine Haltestelle außerhalb des Unionsgebietes bzw. des Gebietes des EWR liegen, bis einschließlich 28. Februar 2017 nicht anzuwenden.

(BGBl I 2015/61)

Außergerichtliche Streitbeilegung mit Fahrgästen

§ 32b. (1) Unbeschadet der Zuständigkeit der ordentlichen Gerichte können Fahrgäste in Streit- bzw. Beschwerdefällen gegen Berechtigungsinhaber als Beförderer im Sinne des Artikel 3 lit. e der Verordnung (EU) Nr. 181/2011 wegen behaupteter Verstöße gegen Ge- oder Verbote, die sich aus der Verordnung (EU) Nr. 181/2011 ergeben, Beschwerde bei der Agentur für Passagier- und Fahrgastrechte einbringen. Die Berechtigungsinhaber sind verpflichtet, an einem Schlichtungsverfahren mitzuwirken und alle zur Beurteilung der Sachlage erforderlichen Auskünfte zu erteilen sowie erforderliche Unterlagen vorzulegen.

(2) Eine Beschwerde gemäß Abs. 1 kann bei der Agentur für Passagier- und Fahrgastrechte eingebracht werden, nachdem der Fahrgast den Berechtigungsinhaber gemäß Artikel 27 der Verordnung (EU) Nr. 181/2011 befasst hat und es zu keiner Einigung gekommen ist oder binnen drei Monaten nach Eingang der Beschwerde keine endgültige Beantwortung durch den Berechtigungsinhaber erfolgte.

(3) Bei der Streitbeilegung ist die im Bundesgesetz über die Agentur für Passagier- und Fahrgastrechte festgelegte Verfahrensweise anzuwenden.

(4) Von der Einleitung eines Schlichtungsverfahrens durch die Agentur für Passagier- und Fahrgastrechte ist die zuständige Aufsichtsbehörde (§ 3) in Kenntnis zu setzen. Unabhängig vom Zustandekommen einer einvernehmlichen Lösung ist auch nach Abschluss eines solchen Verfahrens die Aufsichtsbehörde zu verständigen.

(5) In Verfahren gemäß § 25 hat die Agentur für Passagier- und Fahrgastrechte der Aufsichtsbehörde die von ihr benötigten Informationen zukommen zu lassen.

(6) Die Berichtspflicht gemäß Art. 29 der Verordnung (EU) Nr. 181/2011 ist von der Agentur für Passagier- und Fahrgastrechte zu erfüllen.

(7) Die Bestimmungen des § 32a sowie § 32b Abs. 1, 3 und 6 gelten sinngemäß auch für Reisevermittler, Reiseveranstalter, Fahrscheinverkäufer und Busbahnhofbetreiber gemäß Artikel 3 lit. g, h, i und o der Verordnung (EU) Nr. 181/2011.

(BGBl I 2015/61)

Haltestellengenehmigung

§ 33. (1) Die Festsetzung sowie die Verlegung von Haltestellen wird über Antrag des Berechtigungsinhabers „vom Landeshauptmann bzw. von der Landeshauptfrau"** auf Grund einer mit einem Lokalaugenschein verbundenen mündlichen Verhandlung bescheidmäßig genehmigt. Zu dieser Verhandlung sind insbesondere der Unternehmer, der Straßenbaulastträger, die Straßenaufsichtsbehörde, die Bezirksverwaltungsbehörde, im „Gebiet einer Gemeinde, für das die Landespolizeidirektion zugleich Sicherheitsbehörde erster Instanz ist, auch die Landespolizeidirektion"*, und die

Gemeinde zu laden. Die Auflassung einer Haltestelle kann sowohl über Antrag des Berechtigungsinhabers als auch erforderlichenfalls von Amts wegen vorgenommen werden. Die Durchführung einer mündlichen mit einem Lokalaugenschein verbundenen Verhandlung ist diesfalls nicht erforderlich. (*BGBl I 2012/50; ** BGBl I 2013/32)

(1a) Der Landeshauptmann bzw. die Landeshauptfrau kann bei Festsetzung einer Haltestelle auf ein Ermittlungsverfahren samt Durchführung einer mündlichen mit einem Lokalaugenschein verbundenen Verhandlung verzichten, wenn die Haltestelle schon vorher für den Kraftfahrlinienbetrieb eines Personenkraftverkehrsunternehmers genehmigt war. (BGBl I 2019/17)

(2) Über Antrag kann die Mitbenützung einer für eine bestehende Kraftfahrlinie bereits genehmigte Haltestelle durch weitere Kraftfahrlinien desselben oder eines anderen Berechtigungsinhabers genehmigt werden. Es darf diesfalls nur ein Haltestellenzeichen angebracht werden, dessen Erhaltungskosten zu gleichen Teilen zu tragen sind. Die Durchführung einer mündlichen mit einem Lokalaugenschein verbundenen Verhandlung hat nur zu erfolgen, wenn dies sachlich gerechtfertigt und erforderlich ist.

(3) Befinden sich die Haltestellen mehrerer Linien oder Unternehmer in unmittelbarer Nähe voneinander, so sind sie, sofern nicht aus betrieblichen Gründen mehrere Haltestellenbereiche erforderlich sind, zu einer Haltestelle zusammenzufassen und mit nur einem Haltestellenzeichen kenntlich zu machen und jedenfalls einheitlich zu bezeichnen.

(4) Aus besonders wichtigen Gründen kann „der Landeshauptmann bzw. die Landeshauptfrau" dem Unternehmer die Ausgestaltung von Haltestellen in wirtschaftlich zumutbaren Grenzen, nicht jedoch straßenbauliche Maßnahmen, die Schneeräumung oder die Reinigung der Haltestellen vorschreiben. (BGBl I 2013/32)

Haltestellenzeichen

§ 34. (1) Die Haltestellen sind durch ein von beiden Seiten les- und erkennbares Haltestellenzeichen sowie eine Haltestellenbezeichnung kenntlich zu machen.

(2) Neben der Haltestellenbezeichnung können außer der Bezeichnung des Berechtigungsinhabers auch eine Haltestellennummer und zusätzliche Hinweise auf Verbünde, deren Zonen sowie auf die Bedienung durch Rufbusse oder Anrufsammeltaxis angebracht werden. Die zusätzlichen Hinweise dürfen nicht größer sein als die Haltestellenbezeichnung.

(3) Die Haltestellenzeichen sind gut sichtbar quer zur Fahrtrichtung anzubringen. Die Entfernung des Haltestellenzeichens vom Rande der Fahrbahn hat mindestens 0,30 m, die Höhe des unteren Randes der Zeichen über dem Erdboden 2,40 m zu betragen.

(4) Der Unternehmer hat nach Erlöschen der Berechtigung sowie an aufgelassenen Haltestellen die Haltestellenzeichen zu entfernen, oder sie bei vorübergehender Betriebseinstellung als ungültig zu kennzeichnen.

Übergangsbestimmungen für bestehende Haltestellenzeichen

§ 35. (1) Innerhalb von zwei Jahren ab Inkrafttreten dieses Bundesgesetzes haben die Haltestellen für mehrere Linien oder mehrere Unternehmen, die sich in unmittelbarer Nähe voneinander befinden, den Bestimmungen des § 33 Abs. 3 zu entsprechen. Die Einhaltung dieser Vorschriften ist vom Berechtigungsinhaber „dem Landeshauptmann bzw. der Landeshauptfrau sowie, wenn dieser bzw. diese Aufsichtsbehörde ist, dem Bundesminister bzw. der Bundesministerin für Verkehr, Innovation und Technologie" zu melden. (BGBl I 2013/32)

(2) Zum Zeitpunkt des Inkrafttretens dieses Gesetzes in Verwendung stehende Haltestellenzeichen haben spätestens zehn Jahre nach Inkrafttreten dieses Gesetzes den Bestimmungen des § 34 zu entsprechen.

(3) Spätestens zum letztgenannten Termin erlöschen auch alle bis zum Inkrafttreten dieses Bundesgesetzes gemäß § 31 Abs. 2 der 1. Durchführungsverordnung zum Kraftfahrliniengesetz 1952, BGBl. Nr. 206/1954, für Form, Farbe und Art der Anbringung erteilten Ausnahmegenehmigungen für Haltestellen.

(4) Spätestens ein Jahr nach Wiedererteilung der Konzession, Verlängerung der Konzessionsdauer oder Erneuerung einer Genehmigung sind alle Haltestellen der Kraftfahrlinie in einer diesem Bundesgesetz entsprechenden Weise zu erneuern und anzubringen. Die Einhaltung dieser Vorschriften ist vom Berechtigungsinhaber „dem Landeshauptmann bzw. der Landeshauptfrau sowie, wenn er bzw. sie Aufsichtsbehörde ist, dem Bundesminister bzw. der Bundesministerin für Verkehr, Innovation und Technologie" zu melden. (BGBl I 2013/32)

(5) Sobald unabhängig von den Fällen des Abs. 4 für eine Kraftfahrlinie alle Haltestellen diesem Bundesgesetz entsprechen, ist dies vom Berechtigungsinhaber „dem Landeshauptmann bzw. der Landeshauptfrau sowie, wenn dieser bzw. diese Aufsichtsbehörde ist, dem Bundesminister bzw. der Bundesministerin für Verkehr, Innovation und Technologie" zu melden. (BGBl I 2013/32)

Fahrpläne

§ 36. (1) Die Fahrpläne für die Kraftfahrlinien gelten für jeweils eine Jahresfahrplanperiode. Sofern „vom Bundesminister bzw. von der Bundesministerin für Verkehr, Innovation und Technologie" aus Zweckmäßigkeitsgründen nicht anderes bestimmt wird, fällt die Jahresfahrplanperiode mit jener des Eisenbahnbetriebes der Österreichischen Bundesbahnen zusammen. *(BGBl I 2013/32)*

(2) Die Fahrplanentwürfe sind der Aufsichtsbehörde für jede Fahrplanperiode so rechtzeitig vor ihrem Inkrafttreten vorzulegen, daß ihre Übersendung an den Herausgeber des Österreichischen Kraftfahrlinienkursbuches oder den Herausgeber des Verbundkursbuches (§ 20 Abs. 1 Z 6) zur Veröffentlichung zeitgerecht veranlaßt werden kann.

(3) Die Fahrplanentwürfe müssen den Vorschreibungen der Berechtigungen entsprechen. Sie haben neben dem Namen und der Anschrift des Unternehmens zu enthalten:

1. Die Angabe des Zeitraumes, für den sie gelten sollen, soweit dieser von der unter Abs. 1 bestimmten Fahrplanperiode abweicht;

2. die Haltestellen auf der dem Berechtigungsbescheid entsprechenden Fahrtstrecke unter Angabe der Entfernungen in Kilometern, wobei Strecken ab 500 Meter auf den nächsten Kilometer aufzurunden sind;

3. die Anführung der beabsichtigten Kurse und deren Fahrtzeiten sowie, falls sie nicht täglich ausgeführt werden, die Angabe der Fahrtage unter Verwendung der für den öffentlichen Verkehr bestimmten Zeichen und Symbole. Allfällige Halte- und Bedienungsverbote sind ersichtlich zu machen;

4. die Fahrpreise, sofern diese bei grenzüberschreitenden Verkehren nicht gesondert bekannt gemacht sind. *(BGBl I 2013/32)*

(4) Bei innerstädtischen Verkehren sowie in Verkehrsverbünden kann die Angabe der Entfernung und der Fahrpreise entfallen und erforderlichenfalls durch die Angabe einer Verbundzone und des Fahrpreissystems ersetzt werden.

(5) Die Fahrplanentwürfe sind jeweils vor Beginn der Fahrplanperiode, mindestens aber einmal im Jahr, mit den in § 5 Abs. 1 Z 1, 6 und 7 angeführten Stellen sowie mit den sonst in Betracht kommenden Verkehrsinteressenten zu erörtern. Verkehrswünsche sind nach Maßgabe der wirtschaftlichen Möglichkeiten zu berücksichtigen.

(6) Die diesbezüglichen Verhandlungen sind von den Verkehrsverbundorganisationsgesellschaften zu führen. In verbundfreien Räumen haben hiezu unter der Leitung der Aufsichtsbehörde (§ 3 Abs. 1) mündliche Verhandlungen (Fahrplankonferenzen) stattzufinden, zu denen die in Abs. 5 genannten Stellen zu laden sind.

Ausgleich der Verkehrsinteressen, Förderung der Zusammenarbeit und von Zusammenschlüssen der Unternehmen und Berücksichtigung der Ziele der Bundes- und Landesverkehrsplanung

§ 37. (1) Zur Optimierung des öffentlichen Personenverkehrs haben die Aufsichtsbehörden fördernd darauf einzuwirken, daß die Interessen der verschiedenen Verkehrsträger des öffentlichen Personenverkehrs ausgeglichen und ihre Leistungen und ihre Entgelte aufeinander abgestimmt werden. Sie haben zu diesem Zweck die freiwillige Zusammenarbeit und die Zusammenschlüsse der Unternehmen, wie beispielsweise Gemeinschaftsverkehre und Verkehrsverbünde, zu fördern.

(2) Im Sinne des Abs. 1 gilt als

1. Gemeinschaftsverkehr die Kooperation einzelner Berechtigungsinhaber mit dem Zweck, zwei oder mehrere ihrer Kraftfahrlinien mit durchgehenden Kursen und durchgehenden Beförderungspreisen gemeinsam zu betreiben;

2. Verkehrsverbund die Kooperation möglichst aller in einem bestimmten Gebiet (Verbundraum) tätigen Verkehrsunternehmen des öffentlichen Personenverkehrs (Eisenbahn- und Kraftfahrlinienunternehmen) in einer Organisation mit Rechtspersönlichkeit zum Zwecke der Angebotsoptimierung und der unternehmensübergreifenden Anwendung eines einheitlichen Fahrpreissystems in einem zusammenhängenden und koordinierten Verkehrsnetz;

3. Angebotsoptimierung die Einrichtung und befriedigende Bedienung und erforderlichenfalls die Erweiterung und Änderung von Verkehrsverbindungen sowie die Abstimmung der Fahrpläne in wirtschaftlich zumutbarem Rahmen.

(3) Die Aufsichtsbehörden haben bei ihren Maßnahmen auch zur Erreichung der konkreten Ziele der Bundes- und Landesverkehrsplanung beizutragen, wobei die Interessen der Personenkraftverkehrsunternehmer in angemessener Weise zu berücksichtigen sind. *(BGBl I 2015/58)*

Rufbusse und Anrufsammeltaxis

§ 38. (1) Der Kraftfahrlinienverkehr mit Rufbussen bedarf einer Konzession nach § 1 Abs. 3. Die Bestimmungen der §§ 17 Abs. 1 erster Satz und 36 Abs. 2 bis 4 finden jedoch keine Anwendung. Auf den Haltestellenzeichen ist ein Hinweis auf die Rufbusbedienung anzubringen.

(1a) Sofern eine bestehende Kraftfahrlinie oder ein Teil derselben als Rufbusverkehr geführt werden soll, ist die gemäß § 1 Abs. 3 erteilte Konzession sinngemäß zu ändern (§ 6). *(BGBl I 2013/32)*

(2) Dem Taxigewerbe ist das Anwerben von Fahrgästen bei Haltestellen des Kraftfahrlinien-

verkehrs nicht gestattet, doch dürfen Anrufsammeltaxis diese Haltestellen außerhalb der täglichen Betriebszeiten der Kraftfahrlinien oder mit Billigung des Berechtigungsinhabers auch während der Betriebszeiten als Abfahrtsstellen benützen.

(3) Im Sinne der Abs. 1 und 2 gelten als

1. Rufbusse „innerstaatliche" Kraftfahrlinienverkehre, die *(BGBl I 2019/17)*

a) entweder ohne Anmeldung nicht verkehren und nur bei Vorliegen von Anmeldungen über Telefon oder in anderer festgesetzter Art von den erforderlichen Haltestellen ausgehend, die gewünschten Verbindungen innerhalb eines konzessionierten Streckensystems herstellen, oder

b) ohne Anmeldung fahrplanmäßig nur auf einer bestimmten Grundstrecke des Streckensystems verkehren, bei Vorliegen von Anmeldungen aber von der Grundstrecke abweichen, die erforderliche Haltestelle (Bedarfshaltestelle) bedienen, und danach wieder auf die Grundstrecke zurückkehren und zur Endhaltestelle weiterfahren;

2. Anrufsammeltaxis Taxiverkehre, die Fahrgäste nach telefonischer Vorbestellung mit eigens als Anrufsammeltaxi gekennzeichneten Taxis zu festen Abfahrtszeiten von besonders bezeichneten Abfahrtsstellen gegen einen fixen Fahrpreis zu einem gewünschten Fahrziel innerhalb eines vorgegebenen abgegrenzten Betriebsgebietes befördern.

Abschnitt IV
Bestimmungen über die Fahrzeuge

Fahrzeuge

§ 39. (1) Kraftfahrlinien dürfen nur mit Linienfahrzeugen betrieben werden, die hinsichtlich ihrer Bauart, Beschaffenheit und Ausrüstung den Bestimmungen dieses Gesetzes sowie den Bestimmungen des KFG 1967, BGBl. Nr. 267, entsprechen. Die Linienfahrzeuge müssen den Anforderungen des Kraftfahrlinienverkehrs Rechnung tragen und sind bei niedrigen Temperaturen ausreichend zu beheizen.

(2) Als Linienfahrzeuge kommen in Betracht:

1. Omnibusse mit Ausnahme von Oberleitungsomnibussen,

2. Omnibusanhänger,

3. Gelenkkraftfahrzeuge,

4. im innerstaatlichen Kraftfahrlinienverkehr sowie im grenzüberschreitenden Kraftfahrlinienverkehr, der innerhalb der Grenzzone betrieben wird, in Ausnahmefällen auch Fahrzeuge des Personenbeförderungsgewerbes mit Pkw (Taxi) auf Grund besonderer Bewilligung durch die Konzessionsbehörde. Als Grenzzone wird ein Gebiet bezeichnet, das einen Radius von jeweils 30 km ab der Grenzübertrittstelle umfasst. *(BGBl I 2022/18)*

(3) Fahrzeuge nach Abs. 2 Z 1 dürfen zur Gepäcksbeförderung Anhänger mitführen, die den Bestimmungen des KFG 1967 entsprechen.

(4) Die als Linienfahrzeuge eingesetzten Omnibusse müssen an der Fahrzeugfront mit einer Fahrzielanzeige ausgestattet sein. Falls diese nicht selbstleuchtend ist, muß sie während der Dämmerung, bei Dunkelheit oder Nebel oder, wenn es die Witterung sonst erfordert, mit weißem Licht ausreichend beleuchtet sein, darf jedoch nicht blenden. Im Ortslinienverkehr kann die Aufsichtsbehörde die Ausrüstung der Linienfahrzeuge mit selbstleuchtenden oder beleuchtbaren Linienbezeichnungen zusätzlich anordnen. Nach Maßgabe der technischen Möglichkeit soll das Fahrziel auch auf der rechten Seite des Linienfahrzeuges nach Abs. 2 Z 1 bis 3 angegeben werden.

Zwischenprüfung

§ 40. (1) Die Beschaffenheit und die Wirkungsweise der Bremsanlagen und der Lenkung sowie der Zustand der Bereifung sind jeden dritten Monat unter Verantwortung des Berechtigungsinhabers oder des Verkehrsleiters (§ 10a) oder des Leiters des Betriebsdienstes (§ 41) unter Beiziehung geeigneter Fachkräfte genau zu überprüfen. *(BGBl I 2013/32)*

(2) Das Ergebnis dieser Zwischenüberprüfung sowie die allenfalls zur Herstellung des ordnungsgemäßen Betriebszustandes notwendigen Arbeiten sind in das Wagenbuch (§ 48 KDV 1967) unter Angabe des Zustandes der Lenkung und der Bereifung, der Bremsanlagen samt Ergebnis der Bremsproben (Verzögerung der Bremskräfte) einzutragen. Das Wagenbuch ist bei jeder Begutachtung unaufgefordert vorzulegen.

(3) Vorübergehend außer Verkehr gesetzte Fahrzeuge sind vor erneuter Inbetriebnahme einer Zwischenüberprüfung zu unterziehen, wenn die letzte Zwischenüberprüfung länger als drei Monate zurückliegt. Die Dauer der Stillegung ist im Wagenbuch zu vermerken.

(4) Werden bei der Zwischenprüfung Mängel festgestellt, die die Verkehrssicherheit beeinträchtigen, so darf das Fahrzeug vor deren Behebung nicht in Betrieb genommen werden.

Leiter des Betriebsdienstes

§ 41. (1) Zur Wahrung der Sicherheit des Kraftfahrlinienbetriebes und zur Besorgung der ihm nach § 20 Abs. 1 Z 10 obliegenden Aufgaben kann der Unternehmer einen Leiter des Betriebsdienstes bestellen. *(BGBl I 2013/32)*

(2) Ein Leiter des Betriebsdienstes ist vom Unternehmer zu bestellen:

1. wenn die Aufsichtsbehörde dies zur Wahrung der Sicherheit des Kraftfahrlinienbetriebes anordnet;

2. wenn im Linienbetrieb mehr als 40 Fahrzeuge regelmäßig verwendet werden und der Unternehmer oder der Verkehrsleiter nicht selbst der Voraussetzungen des Abs. 3 erfüllt. *(BGBl I 2013/32)*

(3) Für die Bestellung zum Leiter des Betriebsdienstes ist erforderlich:

1. im Falle des Abs. 1 die abgeschlossene Ausbildung als Kraftfahrzeugmechaniker oder die Lenkberechtigung für die Klasse D;

2. im Falle des Abs. 2 die Abschlußprüfung an einer Technischen Universität oder an einer Höheren Technischen Lehranstalt oder an einer dieser gleichzuhaltenden Schule und eine wenigstens dreijährige einschlägige Fachpraxis sowie die Ausbildung zur Lenkberechtigung für die Klasse D.

(4) Die Bestellung des Leiters des Betriebsdienstes bedarf der Genehmigung durch die Konzessionsbehörde.

(5) Der Unternehmer kann für bestimmte räumliche oder sachlich abgegrenzte Bereiche des Betriebes eigene Leiter des Betriebsdienstes einsetzen. Auf diese ist Abs. 4 ebenfalls anzuwenden.

Meldepflichten

§ 42. (1) „Der Unternehmer, der Verkehrsleiter oder der Leiter des Betriebsdienstes hat der Aufsichtsbehörde anzuzeigen:"

1. Unfälle im Linienbetrieb, bei denen eine Person getötet oder schwer verletzt worden ist;

2. Betriebsstörungen von mehr als 24 Stunden;

3. sonstige Betriebsvorkommnisse von besonderer Bedeutung.

(BGBl I 2013/32)

(2) Bei Unfällen, in die ein Linienfahrzeug verwickelt war und bei denen eine Person getötet oder erkennbar schwer verletzt wurde, ist der Aufsichtsbehörde eine Durchschrift der von den Organen des öffentlichen Sicherheitsdienstes oder der Straßenaufsicht angefertigten Verkehrsunfallsanzeige zu übersenden.

(3) „Der Unternehmer oder der Verkehrsleiter hat der Aufsichtsbehörde bis Ende Februar für das abgelaufene Kalenderjahr Meldung zu machen über:"

1. Art und Anzahl der verwendeten Fahrzeuge;

2. die im Linienverkehr zurückgelegten Fahrtkilometer;

3. die Anzahl der beförderten Personen, aufgegliedert nach Schülern, Lehrlingen, Zeitkartenfahrern und sonstigen Fahrgästen. In Verkehrsverbünden kann diese Meldung auch von den Verkehrsverbundorganisationsgesellschaften vorgenommen werden.

(BGBl I 2013/32)

Fahrdienst

§ 43. (1) Im Fahrdienst dürfen nur vertrauenswürdige Personen eingesetzt werden; diese haben sich während des Dienstes besonnen, rücksichtsvoll und höflich zu verhalten.

(2) Außer den in kraftfahrrechtlichen Vorschriften dem Fahrzeuglenker aufgetragenen Pflichten hinsichtlich der Überwachung des Fahrzeugzustandes hat dieser

1. nach jeder längeren Fahrpause vor der Fortsetzung der Fahrt die Wirksamkeit der Bremsen und bei Einsatz von Anhängern die Betriebssicherheit der Kupplung zwischen ziehendem Fahrzeug und Anhänger (auch Gepäcksanhänger) zu prüfen und

2. dafür zu sorgen, daß während der Fahrt die Außentüren geschlossen bleiben.

Benützung der Fahrzeuge

§ 44. Fahrgäste haben bei Benützung der Linienfahrzeuge die behördlich genehmigten Beförderungsbedingungen zu beachten und den sich darauf beziehenden Anordnungen des Unternehmers und der im Fahrdienst tätigen Personen Folge zu leisten, widrigenfalls sie von der Fahrt ausgeschlossen werden können.

Abschnitt V

Bestimmungen über die Aus- und Weiterbildung von Fahrzeuglenkern

Fahrerqualifizierungsnachweis

§ 44a. (1) Lenkerinnen bzw. Lenker von Omnibussen des Kraftfahrlinienverkehrs,

1. die Staatsangehörige eines Mitgliedstaates der Europäischen Union oder

2. Staatsangehörige eines Drittlandes sind und die von einem in einem Mitgliedstaat niedergelassenen Unternehmen beschäftigt oder eingesetzt werden, und

denen eine Lenkberechtigung für die Klassen D1, D1E, D oder DE erteilt wurde, haben einen von der zuständigen Behörde eines Mitgliedstaates ausgestellten Fahrerqualifizierungsnachweis mitzuführen und den Aufsichtsorganen auf Verlangen auszuhändigen. *(BGBl I 2022/18)*

(2) Ausgenommen von den Bestimmungen des Abs. 1 sind Lenkerinnen bzw. Lenker von:

1. Kraftfahrzeugen, deren höchstzulässige Bauartgeschwindigkeit nicht über 45 km/h liegt;

2. Kraftfahrzeugen, die von den Streitkräften, dem Katastrophenschutz, der Feuerwehr und den für die Aufrechterhaltung der öffentlichen Ordnung zuständigen Kräften eingesetzt werden oder ihrer Kontrolle unterstellt sind, wenn die Beförderung im Rahmen der diesen Diensten zugewiesenen Aufgaben ausgeführt wird;

3. Kraftfahrzeugen, die zum Zweck der technischen Entwicklung, zu Reparatur- oder Wartungszwecken Prüfungen auf der Straße unterzogen werden, sowie Neufahrzeugen oder umgebauten Fahrzeugen, die noch nicht in Betrieb genommen sind;

4. Kraftfahrzeugen, die in Notfällen oder für Rettungsaufgaben eingesetzt werden, einschließlich Fahrzeugen, die für nichtgewerbliche Transporte für humanitäre Hilfe eingesetzt werden;

5. Kraftfahrzeugen, die beim Fahrunterricht zum Erwerb einer Lenkberechtigung oder der Grundqualifikation eingesetzt werden, sofern diese nicht für die gewerbliche Beförderung von Gütern und Personen eingesetzt werden;

6. Kraftfahrzeugen, die im Rahmen der Lehrberufsausbildung zur Berufskraftfahrerin bzw. zum Berufskraftfahrer innerhalb von Österreich eingesetzt werden;

7. Kraftfahrzeugen, für die ein Führerschein der Klassen D oder D1 erforderlich ist und die vom Wartungspersonal ohne Fahrgäste zu einer Wartungsstätte oder wieder zurück gefahren werden, die sich in der Nähe des nächsten, vom Verkehrsunternehmer genutzten Wartungsstandorts befindet, sofern das Führen des Fahrzeugs nicht die Hauptbeschäftigung der Fahrerin bzw. des Fahrers darstellt;
(BGBl I 2022/18)

(3) Als Fahrerqualifizierungsnachweise gelten:

1. eine von der zuständigen Behörde eines Mitgliedstaates neben der Fahrzeugklasse in Lenkberechtigungen vorgenommene Eintragung des harmonisierten Codes „95" der Union gemäß Anhang I der Richtlinie 2006/126/EG oder

2. ein von der zuständigen Behörde eines Mitgliedstaates ausgestellter Fahrerqualifizierungsnachweis nach dem Modell in Anhang II der Richtlinie 2003/59/EG.
(BGBl I 2022/18)

(4) Für Lenkerinnen bzw. Lenker, die in § 44d genannt sind, ist von der Behörde ein Fahrerqualifizierungsnachweis für jeweils fünf Jahre auszustellen, wenn ein Nachweis über eine Grundqualifikation oder eine Weiterbildung vorgelegt wird. Der Bundesminister bzw. die Bundesministerin für Klimaschutz, Umwelt, Energie, Mobilität, Innovation und Technologie hat durch Verordnung die Form, den Inhalt und die Vorgangsweise bei der Ausstellung des Fahrerqualifizierungsnachweises festzusetzen. *(BGBl I 2022/18)*

(5) *(entfällt, BGBl I 2022/18)*
(BGBl I 2006/153)

Grundqualifikation

§ 44b. (1) Lenkerinnen bzw. Lenker von Omnibussen des Kraftfahrlinienverkehrs, denen nach dem 9. September 2008 eine Lenkberechtigung für die Klassen D1, D1E, D oder DE erstmals erteilt wurde, haben eine Grundqualifikation nachzuweisen. Der Nachweis der Grundqualifikation wird durch eine Bescheinigung über die erfolgreiche Ablegung einer theoretischen Prüfung vor einer Prüfungskommission und einer praktischen Fahrprüfung erbracht.

(2) Die Prüfungskommissionen sind vom Landeshauptmann bzw. von der Landeshauptfrau zu bestellen. In diese Kommissionen sind zu berufen:

1. eine geeignete rechtskundige Bedienstete bzw. ein geeigneter rechtskundiger Bediensteter des höheren Dienstes als Vorsitzende bzw. Vorsitzender und

2. zwei weitere Mitglieder unter Berücksichtigung der Sachgebiete der Prüfung, von denen ein Mitglied auf Grund eines Vorschlages der zuständigen Kammer für Arbeiter und Angestellte und ein Mitglied auf Grund eines Vorschlages des zuständigen Fachverbandes zu bestellen ist.

Werden die Vorschläge nach Z 2 nicht innerhalb einer Frist von vier Wochen erstattet, hat der Landeshauptmann bzw. die Landeshauptfrau die jeweilige Berufung nach Anhörung der säumigen Stelle vorzunehmen. Für die Abnahme der praktischen Fahrprüfung ist eine bzw. ein gemäß § 8 Verordnung des Bundesministers für Wissenschaft und Verkehr über die Fahrprüfung (Fahrprüfungsverordnung – FSG-PV), BGBl. II Nr. 321/1997 in der Fassung BGBl. II Nr. 415/2020, bestellte Fahrprüferin bzw. bestellter Fahrprüfer zu berufen.

(3) Der Bundesminister bzw. die Bundesministerin für Klimaschutz, Umwelt, Energie, Mobilität, Innovation und Technologie hat für die Erlangung der Grundqualifikation durch Verordnung festzulegen:

1. die Sachgebiete der Prüfung,

2. die Form und Dauer der Prüfung,

3. die Anforderungen an die Prüferinnen bzw. Prüfer,

4. nähere Bestimmungen über die Anberaumung der Termine,

5. die auszustellenden Bescheinigungen,

6. nähere Bestimmungen über die Wiederholung der Prüfung,

7. der von den Prüflingen zu zahlende, dem besonderen Verwaltungsaufwand einschließlich einer angemessenen Entschädigung der Mitglieder der Prüfungskommission entsprechende Kosten-

beitrag, wobei auch auf die wirtschaftlichen Verhältnisse der Prüflinge Bedacht genommen werden kann,

8. die aus den Kostenbeiträgen zu zahlende angemessene Entschädigung der Mitglieder der Prüfungskommission,

9. die Voraussetzung für die Rückzahlung des Kostenbeitrags bei Nichtablegung oder teilweiser Ablegung der Prüfung sowie die Höhe des rückzuzahlenden Kostenbeitrags und

10. die Prüfungen, die den Vorgaben der Richtlinie 2003/59/EG entsprechen und daher eine Prüfung gemäß Abs. 1 ersetzen.

(BGBl I 2022/18)

Weiterbildung

§ 44c. (1) Lenker von Omnibussen des Kraftfahrlinienverkehrs, die Inhaber eines Fahrerqualifizierungsnachweises sind, müssen entweder alle fünf Jahre vor Ablauf der Gültigkeitsdauer des Fahrerqualifizierungsnachweises oder – wenn die Gültigkeitsdauer bereits abgelaufen ist – vor einer Wiederaufnahme der Tätigkeit eine Weiterbildung nachweisen. Lenker, denen vor dem 10. September 2008 eine Lenkberechtigung für die Klasse D erteilt wurde, haben spätestens bis zum 10. September 2013 oder, wenn die Tätigkeit zu diesem Zeitpunkt nicht ausgeübt wird, vor Aufnahme der Tätigkeit eine Weiterbildung nachzuweisen.

(2) Die Weiterbildung darf nur von Ausbildungsstätten auf Grund einer Ermächtigung „des Landeshauptmannes bzw. der Landeshauptfrau" durchgeführt werden. Diese ist auf Antrag zu erteilen, wenn der Antragsteller die durch Verordnung „des Bundesministers bzw. der Bundesministerin für Verkehr, Innovation und Technologie" festgelegten Voraussetzungen erfüllt. Die Ermächtigung ist zu widerrufen, wenn die Voraussetzungen für die Erteilung nicht mehr gegeben sind. Die Ausbildungsstätten haben als Nachweis über eine erfolgte Weiterbildung eine Bescheinigung auszustellen. *(BGBl I 2013/32)*

(3) „Der Bundesminister bzw. die Bundesministerin für Verkehr, Innovation und Technologie" hat mit Verordnung nähere Vorschriften über die Gegenstände, den Umfang und die Art der Ausbildung, sowie über die Voraussetzungen, unter denen eine Ermächtigung gemäß Abs. 2 zu erteilen ist, über die Voraussetzungen, unter denen ein Ausbilder zugelassen wird, über den Weiterbildungsort und über die auszustellenden Bescheinigungen zu erlassen. *(BGBl I 2013/32)*

(BGBl I 2006/153)

Grundqualifikation und Weiterbildung in Österreich

§ 44d. (1) Lenker, die Staatsangehörige eines Mitgliedstaates der Europäischen Union sind, haben die Prüfung zur Erlangung der Grundqualifikation in Österreich abzulegen, wenn sie ihren Hauptwohnsitz in Österreich haben.

(2) Lenker, die Staatsangehörige eines Drittstaates sind und bei einem in Österreich niedergelassenen Unternehmen arbeiten, haben die Prüfung zur Erlangung der Grundqualifikation in Österreich abzulegen. Lenker, die Staatsangehörige eines Drittstaates sind, können die Prüfung zur Erlangung der Grundqualifikation in Österreich ablegen, wenn ihnen ein Aufenthaltstitel, der das Recht auf unbeschränkten Zugang zum Arbeitsmarkt in Österreich ermöglicht, erteilt wurde.

(3) Lenker, die ihren Hauptwohnsitz in Österreich haben oder bei einem in Österreich niedergelassenen Unternehmen arbeiten, können die Weiterbildung in Österreich durchlaufen.

(BGBl I 2006/153)

Berufskraftfahrerqualifikationsregister

§ 44e. (1) Die Bundesministerin bzw. der Bundesminister für Klimaschutz, Umwelt, Energie, Mobilität, Innovation und Technologie hat bei der Bundesrechenzentrum GmbH ein automationsunterstütztes zentrales Berufskraftfahrerqualifikationsregister zu führen. Sie bzw. er ist Verantwortliche bzw. Verantwortlicher im Sinne des Art. 4 Z 7 der Verordnung (EU) Nr. 2016/679 zum Schutz natürlicher Personen bei der Verarbeitung personenbezogener Daten, zum freien Datenverkehr und zur Aufhebung der Richtlinie 95/46/EG (Datenschutz-Grundverordnung), ABl. Nr. L 119 vom 04.05.2016 S.1, in der Fassung der Berichtigung ABl. Nr. L 74 vom 04.03.2021 S. 35. Die Bundesrechenzentrum GmbH ist Auftragsverarbeiter im Sinne des Art. 4 Z 8 der Datenschutz-Grundverordnung und damit zur Wahrnehmung der Datenschutzpflichten gemäß Artikel 28 Abs. 3 lit. a bis h der Datenschutz-Grundverordnung verpflichtet. Im Register sind sämtliche, von inländischen Behörden ausgestellte Fahrerqualifizierungsnachweise zu erfassen, um feststellen zu können, ob eine Berufskraftfahrerin bzw. ein Berufskraftfahrer über die erforderliche Qualifikation verfügt.

(2) Die für die Ausstellung des Fahrerqualifizierungsnachweises zuständigen Behörden haben die erforderlichen Daten online über eine gesicherte Datenverbindung in das Berufskraftfahrerqualifikationsregister einzutragen.

(3) Folgende Daten sind im Berufskraftfahrerqualifikationsregister zu erfassen:

1. für Fahrerqualifizierungsnachweise gemäß § 44a Abs. 3 Z 1:

a) Name und Vorname der Inhaberin bzw. des Inhabers;

b) Geburtsdatum und Geburtsort der Inhaberin bzw. des Inhabers;

c) Eintragungsdatum;

d) Ablaufdatum;

e) Führerscheinnummer;

f) Fahrzeugklassen.

2. für Fahrerqualifizierungsnachweise gemäß § 44a Abs. 3 Z 2:

a) Name und Vorname der Inhaberin bzw. des Inhabers;

b) Geburtsdatum und Geburtsort der Inhaberin bzw. des Inhabers;

c) Ausstellungsdatum;

d) Ablaufdatum;

e) Behörde, die den Fahrerqualifizierungsnachweis ausgestellt hat;

f) Führerscheinnummer;

g) Seriennummer des Nachweises;

h) Fahrzeugklassen.

(4) Zum Zweck der Umsetzung von Artikel 10 Abs. 1 zweiter Unterabs. und Prüfung der Einhaltung von Artikel 10a der Richtlinie 2003/59/EG dürfen die Behörden gemäß Abs. 2 auf die Daten gemäß Abs. 3 Z 1 und 2 zugreifen und diese verarbeiten. Das Berufskraftfahrerqualifikationsregister hat eine vollständige Protokollierung aller erfolgten Datenabfragen vorzunehmen, aus der erkennbar ist, welcher Person welche Daten aus dem Berufskraftfahrerqualifikationsregister übermittelt wurden. Diese Protokolldaten sind zu speichern und drei Jahre nach der Entstehung dieser Daten zu löschen.

(5) Auskünfte aus dem Register sind im Wege der Datenfernverarbeitung zu erteilen:

1. den Organen des Bundes, der Länder und der Gemeinden, und

2. den zuständigen Behörden anderer Mitgliedstaaten,

soweit sie für die Umsetzung und Überwachung der Einhaltung von Artikel 10a der Richtlinie 2003/59/EG zuständig sind und das Auskunftsersuchen der Prüfung der Einhaltung dieser Richtlinie dient.

(BGBl I 2022/18)

Abschnitt VI
Übergangs- und Schlußbestimmungen

Aufsicht

§ 45. (1) Die Aufsicht über die Kraftfahrlinienunternehmen kommt den Aufsichtsbehörden (§ 3) zu.

(2) Die mit der Durchführung der Aufsicht beauftragten Organe weisen sich mit „vom Bundesminister bzw. von der Bundesministerin für Verkehr, Innovation und Technologie" ausgestellten Legitimationen aus, die zum Betreten sämtlicher Betriebsanlagen und zur Kontrolle aller Linienfahrzeuge berechtigen. Diese Organe haben in Ausübung des Aufsichtsrechtes weiters Anspruch auf freie Fahrt mit den Linienfahrzeugen. *(BGBl I 2013/32)*

Verordnungen

§ 46. (1) Durch Verordnung „des Bundesministers bzw. der Bundesministerin für Verkehr, Innovation und Technologie" können insbesondere erlassen werden:

1. die näheren Vorschriften über

a) ein Muster des Konzessionsantrages (§ 2 Abs. 2);

b) die Gestaltung, den Farbton und die Anbringung der Haltestellenzeichen (§ 34);

c) für den Fahrdienst und die Fahrgäste geltende Verbote (§§ 43 und 44);

2. die näheren Vorschriften über die Prüfung der fachlichen Eignung und der Form des Nachweises der finanziellen Leistungsfähigkeit. Nähere Bestimmungen über die Eignungsprüfung insbesondere hinsichtlich

a) der Prüfungstermine,

b) der Anmeldung zur Prüfung und der Verständigung vom Prüfungstermin,

c) der Universitäts-, Fachhochschul- und Fachschuldiplome und sonstige Prüfungszeugnisse, die eine Prüfung über Sachgebiete des Anhanges I der Verordnung (EG) Nr. 1071/2009 ersetzen,

d) der Form und Dauer der Prüfung,

e) der Prüfungsgebühren und gegebenenfalls deren Rückzahlung sowie

f) der aus den Prüfungsgebühren zu zahlenden angemessenen Entschädigung der Mitglieder der Prüfungskommission;
(BGBl I 2013/32)

3. unter Berücksichtigung von § 39f Familienlastenausgleichsgesetz 1967 in der Fassung des Bundesgesetzes BGBl. Nr. 433/ 1996 die von der Wirtschaftskammer Österreich angezeigten Regelbeförderungspreise samt etwaigen Zuschlägen sowie deren Erhöhung auf Grund des vom Österreichischen Statistischen Zentralamt festgestellten Preissteigerungsindex für Kraftfahrlinien. Weiters die näheren Bestimmungen über

a) Ermäßigungen,

b) Zeitkarten,

c) Rückfahrkarten,

d) Beförderungspreise für Reisegepäck und für Gegenstände des täglichen Bedarfs sowie

e) sonstige Entgelte im Kraftfahrlinienverkehr;

4. die erforderlichen Vorschriften über einheitliche Allgemeine Beförderungsbedingungen, in denen insbesondere geregelt ist

a) das Verhalten der Fahrgäste,

b) der Ausschluß von der Beförderung,

c) die Ausstellung der Fahrkarten,

d) die Beförderung von Gepäck und von Tieren,

e) die Rückerstattung der Beförderungspreise,

f) die Behandlung verlorener oder zurückgelassener Gegenstände,

g) die Haftung des Unternehmens.
(BGBl I 2013/32)

(2) Durch Verordnung kann „der Landeshauptmann bzw. die Landeshauptfrau" festlegen, dass sich andere Straßen als Bundesautobahnen und Bundesschnellstraßen (BStG 1971, BGBl. Nr. 286) aus Gründen der Verkehrssicherheit und wegen ihres Bauzustandes für die Befahrung durch eine Kraftfahrlinie eigenen (§ 7 Abs. 1 Z 4 lit. a). *(BGBl I 2013/32)*

Strafbestimmungen

§ 47. (1) Wer als Berechtigungsinhaber gegen die Bestimmungen des § 20 Abs. 1 und als Verkehrsleiter gegen die Bestimmungen des § 20 Abs. 1a verstößt, begeht eine Verwaltungsübertretung und ist von der Bezirksverwaltungsbehörde mit einer Geldstrafe von 726 Euro bis zu 7 267 Euro zu bestrafen. *(BGBl I 2013/32)*

(2) Wer als Reisevermittler, Reiseveranstalter, Fahrscheinverkäufer oder Busbahnhofbetreiber gemäß Artikel 3 lit. g, h, i und o der Verordnung (EU) Nr. 181/2011 gegen Bestimmungen der Verordnung (EU) Nr. 181/2011 verstößt, begeht eine Verwaltungsübertretung und ist von der Bezirksverwaltungsbehörde mit einer Geldstrafe von 726 Euro bis zu 7 267 Euro zu bestrafen. *(BGBl I 2015/61)*

„(3)" Wer als Fahrzeuglenker gegen die Bestimmungen des § 20 Abs. 2 verstößt, begeht eine Verwaltungsübertretung und ist von der Bezirksverwaltungsbehörde mit einer Geldstrafe bis zu 726 Euro zu bestrafen. *(BGBl I 2015/61)*

„(4)"*** Wer gegen die Bestimmungen der auf Grund des § 46 Abs. 1 Z 1 lit. c ergangenen Verordnungen verstößt und hierdurch die öffentliche Sicherheit gefährdet, begeht hinsichtlich der Tat dann, wenn sie nicht gerichtlich strafbar ist, eine Verwaltungsübertretung und ist von der Bezirksverwaltungsbehörde, im „Gebiet einer Gemeinde, für das die Landespolizeidirektion zugleich Sicherheitsbehörde erster Instanz ist, von der Landespolizeidirektion"*, mit einer Geldstrafe von 726 Euro bis zu 7 267 Euro zu bestrafen. *(*BGBl I 2012/50; **BGBl I 2015/61)*

„(5)"*** Wer eine Kraftfahrlinie ohne die gemäß § 1 Abs. 3 erforderliche Berechtigung betreibt, begeht eine Verwaltungsübertretung und ist von der Bezirksverwaltungsbehörde, „Gebiet einer Gemeinde, für das die Landespolizeidirektion zugleich Sicherheitsbehörde erster Instanz ist, von der Landespolizeidirektion"*, mit einer Geldstrafe von 2 180 Euro bis zu 7 267 Euro zu bestrafen. „"*** *(*BGBl I 2012/50; **BGBl I 2013/32; ***BGBl I 2015/61)*

„(6)" Strafbar nach Abs. 1 ist der Berechtigungsinhaber auch dann, wenn er in § 20 Abs. 1 genannte Pflichten im Ausland verletzt. Örtlich zuständig ist diesfalls jene Behörde, in deren Sprengel der Lenker im Zuge einer Straßenkontrolle betreten wurde, sonst jene Behörde, in deren Sprengel der Grenzübertritt in das Bundesgebiet erfolgte. *(BGBl I 2015/61)*

„(7)"* „Als vorläufige Sicherheit gemäß § 37a VStG, BGBl. Nr. 52/1991, kann bei Verdacht einer Übertretung nach Abs. 1 und 5 ein Betrag bis zu 7 267 Euro festgesetzt werden, bei Verdacht einer Übertretung nach Abs. 3 ein Betrag bis zu 726 Euro."** Bei Verdacht einer Übertretung des Unternehmers gilt dabei der Lenker als Vertreter des Unternehmens, falls nicht dieser selbst oder ein von ihm bestellter Vertreter bei der Amtshandlung anwesend ist. *(*BGBl I 2015/61; **BGBl I 2016/79)*

„(8)" Der Unternehmer haftet für die über die von ihm beschäftigten Lenker und Verkehrsleiter verhängten Geldstrafen, sonstige in Geld bemessene Unrechtsfolgen und die Verfahrenskosten zur ungeteilten Hand. *(BGBl I 2013/32; BGBl I 2015/61)*

„(9)" Wer als selbstständiger Kraftfahrer die Aufzeichnungs- oder Aufbewahrungspflicht gemäß § 61 verletzt, begeht eine Verwaltungsübertretung und ist mit einer Geldstrafe von 72 Euro bis 1 000 Euro, im Wiederholungsfall von 145 Euro bis 1 500 Euro zu bestrafen. *(BGBl I 2013/32; BGBl I 2015/61)*

„(10)" Wer als selbstständiger Kraftfahrer

1. die wöchentliche Höchstarbeitszeit gemäß § 58 überschreitet,

2. die gemäß § 59 vorgeschriebenen Ruhepausen nicht einhält,

3. an Tagen, an denen er Nachtarbeit leistet, die gemäß § 60 Abs. 1 erlaubte Tagesarbeitszeit überschreitet oder

4. geleistete Nachtarbeit nicht gemäß § 60 Abs. 2 ausgleicht,

begeht eine Verwaltungsübertretung und ist mit einer Geldstrafe von 72 Euro bis 1 815 Euro, im Wiederholungsfall von 145 Euro bis 1 815 Euro zu bestrafen. *(BGBl I 2013/32; BGBl I 2015/61)*

(11) Wer als Inhaberin bzw. Inhaber einer ermächtigten Ausbildungsstätte ihre bzw. seine Pflichten gemäß § 13a der Grundqualifikations-

§§ 47 – 49a

und Weiterbildungsverordnung – Berufskraftfahrer (GWB), BGBl. II Nr. 139/2008, in der jeweils geltenden Fassung, verletzt, begeht eine Verwaltungsübertretung und ist gemäß § 23 Abs. 10 des Güterbeförderungsgesetzes 1995 zu bestrafen. *(BGBl I 2022/18)*

Mitwirkung

§ 48. (1) An der Vollziehung der §§ 46 Abs. 1 Z 1 lit. c und 47 Abs. 4 und 5 dieses Bundesgesetzes, hiezu ergangener Verordnungen und unmittelbar anwendbarer Rechtsakte der Europäischen Union und des Landverkehrsabkommens zwischen der Europäischen Union und der Schweizerischen Eidgenossenschaft haben die Organe der Bundespolizei und die Zollorgane bei der Wahrnehmung der ihnen sonst obliegenden Aufgaben mitzuwirken durch

a) Maßnahmen zur Vorbeugung gegen drohende Verwaltungsübertretungen und

b) Maßnahmen, die für die Einleitung von Verwaltungsstrafverfahren erforderlich sind. *(BGBl I 2016/79)*

(2) Die Organe der Bundespolizei haben den nach diesem Bundesgesetz zuständigen Organen der Aufsichtsbehörden über deren Ersuchen zur Sicherung der Ausübung des Aufsichtsrechtes gemäß § 45 Abs. 1 im Rahmen ihres gesetzmäßigen Wirkungsbereiches Hilfe zu leisten.

Verweisungen

§ 49. (1) Soweit in diesem Bundesgesetz auf Bestimmungen anderer Bundesgesetze verwiesen wird, sind diese, sofern nichts anderes ausdrücklich angeordnet ist, in ihrer jeweils geltenden Fassung anzuwenden.

(2) Soweit in diesem Bundesgesetz auf die Verordnung (EG) Nr. 1071/2009 verwiesen wird, ist die Verordnung (EG) Nr. 1071/2009 zur Festlegung gemeinsamer Regeln für die Zulassung zum Beruf des Kraftverkehrsunternehmers und zur Aufhebung der Richtlinie 96/26/EG des Rates, ABl. Nr. L 300 vom 14.11.2009, S. 51 anzuwenden. *(BGBl I 2013/32)*

(3) Soweit in diesem Bundesgesetz auf die Verordnung (EG) Nr. 1073/2009 verwiesen wird, ist die Verordnung (EG) Nr. 1073/2009 über gemeinsame Regeln zum Zugang zum grenzüberschreitenden Personenkraftverkehrsmarkt und zur Änderung der Verordnung (EG) Nr. 561/2006, ABl. Nr. L 300 vom 14.11.2009, S. 88 anzuwenden. *(BGBl I 2013/32)*

(4) Soweit in diesem Bundesgesetz auf das Landverkehrsabkommen zwischen der Europäischen Union und der Schweizerischen Eidgenossenschaft verwiesen wird, ist das Abkommen zwischen der Europäischen Gemeinschaft und der Schweizerischen Eidgenossenschaft über den Güter- und Personenverkehr auf Schiene und Straße, ABl. Nr. L 114 vom 30.4.2002, S. 91, anzuwenden.

(5) Soweit in diesem Bundesgesetz auf die Richtlinie 2003/59/EG verwiesen wird, ist die Richtlinie 2003/59/EG über die Grundqualifikation und Weiterbildung der Fahrer bestimmter Kraftfahrzeuge für den Güter- oder Personenkraftverkehr, ABl. Nr. L 226 vom 10.09.2003, S. 4, in der Fassung der Verordnung (EU) 2019/1243, ABl. Nr. L 198 vom 25.07.2019, S. 241, anzuwenden. *(BGBl I 2022/18)*

(6) Soweit in diesem Bundesgesetz auf die Richtlinie 2002/15/EG verwiesen wird, ist die Richtlinie 2002/15/EG zur Regelung der Arbeitszeit von Personen, die Fahrtätigkeiten im Bereich des Straßentransports ausüben, ABl. Nr. L 80 vom 23.03.2002, S. 35 anzuwenden. *(BGBl I 2013/32)*

(7) Soweit in diesem Bundesgesetz auf die Verordnung (EG) Nr. 1370/2007 verwiesen wird, ist die Verordnung (EG) Nr. 1370/2007 des Europäischen Parlaments und des Rates vom 23. Oktober 2007 über öffentliche Personenverkehrsdienste auf Schiene und Straße und zur Aufhebung der Verordnungen (EWG) Nr. 1191/69 und (EWG) Nr. 1107/70 des Rates ABl. Nr. L 315 vom 03.12.2007, S. 1, anzuwenden. *(BGBl I 2015/58)*

„(8)" Soweit in diesem Bundesgesetz auf die Verordnung (EU) Nr. 181/2011 verwiesen wird, ist dies die Verordnung (EU) Nr. 181/2011 vom 16. Februar 2011 über die Fahrgastrechte im Kraftomnibusverkehr und zur Änderung der Verordnung (EU) Nr. 2006/2004, ABl. Nr. L 55 vom 28.02.2011 S. 1, in der jeweils geltenden Fassung. *(BGBl I 2015/61; BGBl I 2016/79)*

(9) Soweit in diesem Bundesgesetz auf die Richtlinie 2006/126/EG verwiesen wird, ist die Richtlinie 2006/126/EG über den Führerschein, ABl. Nr. L 403 vom 30.12.2006 S. 18, in der Fassung der Richtlinie (EU) 2020/612, ABl. Nr. L 141 vom 5.5.2020 S. 9, anzuwenden. *(BGBl I 2022/18)*

Bezugnahme auf Richtlinien

§ 49a. Durch dieses Bundesgesetz werden folgende Richtlinien der Europäischen Union umgesetzt:

1. Richtlinie 2002/15/EG zur Regelung der Arbeitszeit von Personen, die Fahrtätigkeiten im Bereich des Straßentransports ausüben, ABl. Nr. L 80 vom 23.03.2002, S. 35;

2. Richtlinie 2003/59/EG über die Grundqualifikation und Weiterbildung der Fahrer bestimmter Kraftfahrzeuge für den Güter- oder Personenkraftverkehr und zur Änderung der Verordnung (EWG) Nr. 3820/85 des Rates und der Richtlinie 91/439/EWG des Rates sowie zur Aufhebung der

Richtlinie 76/914/EWG des Rates, ABl. Nr. L 226 vom 10.09.2003, S. 4, in der Fassung der Richtlinie 2004/66/EG vom 26.04.2004, ABl. Nr. L 168 vom 01.05.2004, S. 35;

3. Richtlinie 2018/645/EU zur Änderung der Richtlinie 2003/59/EG über die Grundqualifikation und Weiterbildung der Fahrer bestimmter Kraftfahrzeuge für den Güter- und Personenkraftverkehr und der Richtlinie 2006/126/EG über den Führerschein, ABl. Nr. L 112 vom 02.05.2018, S. 29.

(BGBl I 2022/18)

Revision

§ 50. Der Bundesminister bzw. die Bundesministerin für Verkehr, Innovation und Technologie kann gegen Erkenntnisse der Verwaltungsgerichte der Länder bzw. Bescheiden des Landeshauptmannes bzw. der Landeshauptfrau Revision wegen Rechtswidrigkeit vor dem Verwaltungsgerichtshof erheben.

(BGBl I 2013/96)

Inkrafttreten

§ 51. (1) Dieses Bundesgesetz tritt mit 1. Jänner 2000 in Kraft.

(2) Das Kraftfahrliniengesetz 1952, BGBl. Nr. 84, und die 1. Durchführungsverordnung zum Kraftfahrliniengesetz 1952, BGBl. Nr. 206/1954, treten mit Inkrafttreten dieses Bundesgesetzes außer Kraft.

(3) § 47 in der Fassung des Bundesgesetzes BGBl. I Nr. 77/2002 tritt mit 1. Jänner 2002 in Kraft.

(4) § 9 Abs. 3, § 33 Abs. 1 sowie § 47 Abs. 3 und 4 in der Fassung des Bundesgesetzes BGBl. I Nr. 50/2012 treten mit 1. September 2012 in Kraft. *(BGBl I 2012/50)*

(5) Der Entfall des § 21 samt Überschrift und die Änderung des § 50 samt Überschrift in der Fassung BGBl. I Nr. 96/2013 treten mit 1. Jänner 2014 in Kraft. *(BGBl I 2013/96)*

(6) § 4a Abs. 4 in der Fassung des 2. Materien-Datenschutz-Anpassungsgesetzes, BGBl. I Nr. 37/2018, tritt mit 25. Mai 2018 in Kraft. *(BGBl I 2018/37)*

(7) Die § 39 Abs. 2, § 44a, § 44b, § 44c, § 44d, § 47 Abs. 11, § 49 Abs. 5 und 9 sowie § 49a in der Fassung des Bundesgesetzes BGBl. I Nr. 18/2022 treten mit Ablauf des Tages der Kundmachung des genannten Gesetzes in Kraft. § 44e tritt mit 1. April 2022 in Kraft. *(BGBl I 2022/18)*

Übergangsbestimmungen

§ 52. (1) Bestehende Konzessionen und mit diesen in Zusammenhang stehende Genehmigungen nach §§ 10 Abs. 5, 17 Abs. 1 und 2, 22 Abs. 2 und 3, 24 Abs. 1, 31 Abs. 1, 2 und 6, 32, 33 Abs. 1, 36 Abs. 2 und 41 Abs. 4, die auf Grund der bisher in Geltung gestandenen Vorschriften erteilt worden sind, gelten nach Maßgabe ihrer zeitlichen Begrenzung und ihres sachlichen Inhalts als entsprechende Berechtigungen und Genehmigungen im Sinne der Bestimmungen dieses Bundesgesetzes.

(2) Vor dem 1. Jänner 2000 eingereichte Anträge sind noch nach den Bestimmungen des Kraftfahrliniengesetzes 1952 zu erledigen.

(3) Sofern in Folge nichts anderes bestimmt ist, sind vor In-Kraft-Treten dieses Bundesgesetzes in der Fassung BGBl. I Nr. 12/2006 eingereichte Anträge noch nach den Bestimmungen dieses Bundesgesetzes in der Fassung BGBl. I Nr. 151/2004 zu erledigen.

(4) § 2 Abs. 5 ist auf Konzessionsanträge zur Wiedererteilung solcher Konzessionen nicht anzuwenden, deren Dauer zum Zeitpunkt des Inkrafttretens dieses Bundesgesetzes in der Fassung BGBl. I Nr. 58/2015 noch höchstens ein Jahr beträgt. *(BGBl I 2015/58)*

Anhängige Verwaltungsstrafverfahren

§ 53. Die Bestimmungen dieses Bundesgesetzes in der Fassung BGBl. I Nr. 12/2006 sind auch auf strafbare Handlungen anzuwenden, die vor seinem Wirksamkeitsbeginn begangen worden sind, sofern diese schon zur Zeit ihrer Begehung mit Strafe bedroht waren und nicht einer strengeren Behandlung unterliegen als nach den bisher in Geltung gestandenen Vorschriften. Am Tag des In-Kraft-Tretens dieses Bundesgesetzes in der Fassung BGBl. I Nr. 12/2006 anhängige Verfahren sind nach der bis zum In-Kraft-Treten des Bundesgesetzes, BGBl. I Nr. 12/2006, geltenden Rechtslage zu Ende zu führen.

Vollziehung

§ 54. Mit der Vollziehung dieses Bundesgesetzes ist „der Bundesminister bzw. die Bundesministerin für Verkehr, Innovation und Technologie" betraut. *(BGBl I 2013/32)*

§ 55. *(entfällt samt Überschrift, BGBl I 2013/32)*

Abschnitt VII
Arbeitszeit der selbständigen Kraftfahrer

Geltungsbereich

§ 56. Die §§ 57 bis 61 gelten für die Arbeitszeit von selbstständigen Kraftfahrern im Kraftfahrlinienverkehr (§ 1 Abs. 1), sofern die Linienstrecke mehr als 50 km beträgt.

(BGBl I 2013/32)

Begriffsbestimmungen

§ 57. Für die Zwecke dieses Bundesgesetzes bezeichnet der Ausdruck

1. selbstständiger Kraftfahrer: alle Personen, deren berufliche Tätigkeit hauptsächlich darin besteht, mit Gemeinschaftslizenz oder einer anderen berufsspezifischen Beförderungsermächtigung gewerbsmäßig Personen im Kraftfahrlinienverkehr zu befördern, die

   a) befugt sind, auf eigene Rechnung zu arbeiten,

   b) nicht durch einen Arbeitsvertrag oder ein anderes arbeitsrechtliches Abhängigkeitsverhältnis an einen Arbeitgeber gebunden sind,

   c) über den erforderlichen freien Gestaltungsspielraum für die Ausübung der betreffenden Tätigkeit verfügen,

   d) deren Einkünfte direkt von den erzielten Gewinnen abhängen und

   e) die Freiheit haben, als Einzelne oder durch eine Zusammenarbeit zwischen selbständigen Kraftfahrern Geschäftsbeziehungen zu mehreren Kunden zu unterhalten;

2. Arbeitsplatz:

   a) den Standort der Hauptniederlassung des Unternehmens, für das der selbstständige Kraftfahrer tätig ist, und seine verschiedenen Zweigniederlassungen, ob sie nun mit seinem Geschäftssitz oder seiner Hauptniederlassung zusammenfallen oder nicht,

   b) das Fahrzeug, das der selbstständige Kraftfahrer bei seiner Tätigkeit benutzt und

   c) jeden anderen Ort, an dem die mit der Beförderung verbundenen Tätigkeiten ausgeführt werden;

3. Arbeitszeit: die Zeitspanne zwischen Arbeitsbeginn und Arbeitsende, in der sich der selbständige Kraftfahrer an seinem Arbeitsplatz befindet, dem Kunden zur Verfügung steht, und während der er seine Funktionen oder Tätigkeiten ausübt; dies umfasst nicht allgemeine administrative Tätigkeiten, die keinen direkten Zusammenhang mit der gerade ausgeführten spezifischen Transporttätigkeit aufweisen, sowie die Ruhepausen gemäß § 59;

4. Woche: den Zeitraum von Montag 00.00 Uhr bis Sonntag 24.00 Uhr;

5. Tagesarbeitszeit: die Arbeitszeit innerhalb eines ununterbrochenen Zeitraumes von vierundzwanzig Stunden;

6. Nachtzeit: die Zeit zwischen 0.00 Uhr und 04.00 Uhr;

7. Nachtarbeit: jede Arbeit, die während der Nachtzeit ausgeführt wird.

(BGBl I 2013/32)

Wöchentliche Höchstarbeitszeit

§ 58. Die durchschnittliche wöchentliche Arbeitszeit eines selbstständigen Kraftfahrers darf 48 Stunden nicht überschreiten. Die wöchentliche Höchstarbeitszeit kann bis zu 60 Stunden betragen, sofern der Wochendurchschnitt in einem Zeitraum von sechs Monaten 48 Stunden nicht übersteigt.

(BGBl I 2013/32)

Ruhepausen

§ 59. (1) Die Tagesarbeitszeit eines selbstständigen Kraftfahrers ist

1. bei einer Gesamtdauer zwischen sechs und neun Stunden durch eine Ruhepause von mindestens 30 Minuten,

2. bei einer Gesamtdauer von mehr als neun Stunden durch eine Ruhepause von mindestens 45 Minuten,

zu unterbrechen. Die Ruhepause ist spätestens nach sechs Stunden einzuhalten.

(2) Die Ruhepause kann in mehrere Teile von mindestens 15 Minuten aufgeteilt werden.

(3) Bei Teilung der Ruhepause nach Abs. 2 ist der erste Teil nach spätestens sechs Stunden einzuhalten.

(BGBl I 2013/32)

Nachtarbeit

§ 60. (1) Die Tagesarbeitszeit eines selbstständigen Kraftfahrers darf an Tagen, an denen er Nachtarbeit leistet, zehn Stunden nicht überschreiten.

(2) Der selbständige Kraftfahrer hat Nachtarbeit binnen 14 Tagen durch eine Verlängerung einer täglichen oder wöchentlichen Ruhezeit im Ausmaß der geleisteten Nachtarbeit auszugleichen.

(BGBl I 2013/32)

Aufzeichnungspflicht

§ 61. Jeder selbständige Kraftfahrer hat Aufzeichnungen über die von ihm geleistete Arbeitszeit zu führen und diese mindestens 2 Jahre lang aufzubewahren. Diese Aufzeichnungen sind der Behörde nach Aufforderung lückenlos und geordnet nach Datum zur Verfügung zu stellen.

(BGBl I 2013/32)

[Papierfarbe blau]

Anlage 1

REPUBLIK ÖSTERREICH
Bundesministerium für Verkehr,
Innovation und Technologie

Zl.

(Bundeswappen)

KONZESSIONSURKUNDE

KraftfahrlinienG
ÖPNRV-G

Das Bundesministerium für Verkehr, Innovation und Technologie bescheinigt hiemit gemäß § 19 Abs. 2 Kraftfahrliniengesetz, BGBl. I Nr. 203/1999, daß (Name und Vorname, Geburtsdatum und Wohnadresse oder Firmenbezeichnung sowie Betriebssitz des Konzessionsinhabers)

die Konzession zum Betrieb der Kraftfahrlinie   auf der Strecke

bis zum   besitzt.

Für die Ausübung der Konzession bestehen die nachstehenden Auflagen:

Wien, am

L. S.   Für den Bundesminister:
(Trockenstempel)

8/1. KflG
Anhang

[Papierfarbe blau]

Anlage 2

Amt der .... Landesregierung

Zl.

(Landeswappen)

KONZESSIONSURKUNDE

Der Landeshauptmann von .... bescheinigt hiemit gemäß § 19 Abs. 2 Kraftfahrliniengesetz, BGBl. I Nr. 203/1999, daß (Name und Vorname, Geburtsdatum und Wohnadresse oder Firmenbezeichnung sowie Betriebssitz des Konzessionsinhabers)

die Konzession zum Betrieb der Kraftfahrlinie auf der Strecke

bis zum besitzt.

Für die Ausübung der Konzession bestehen die nachstehenden Auflagen:

(Ausstellungsort, Datum)

L. S.   Für den Landeshauptmann:
(Trockenstempel)

2. ÖPNRV-G 1999
§§ 1 – 7

Öffentlicher Personennah- und Regionalverkehrsgesetz 1999 – ÖPNRV-G 1999

BGBl I 1999/204 idF

1 BGBl I 2002/32
2 BGBl I 2015/59

Bundesgesetz über die Ordnung des öffentlichen Personennah- und Regionalverkehrs (Öffentlicher Personennah- und Regionalverkehrsgesetz 1999 – ÖPNRV-G 1999)

Abschnitt I
Allgemeine Bestimmung, Begriffsbestimmungen, Anwendungsbereich, Aufgaben und Nah- und Regionalverkehrsplanung

Allgemeine Bestimmung

§ 1. Dieses Bundesgesetz legt die organisatorischen und finanziellen Grundlagen für den Betrieb des öffentlichen Personennah- und Regionalverkehrs unter Beachtung der Verordnung (EG) Nr. 1370/2007 über öffentliche Personenverkehrsdienste auf Schiene und Straße und zur Aufhebung der Verordnung (EWG) Nr. 1191/69 und (EWG) Nr. 1107/70 des Rates, ABl. Nr. L 315 vom 03.12.2007 S. 1, sowie die Struktur und den Aufgabenbereich von Verkehrsverbünden fest. *(BGBl I 2015/59)*

Begriffsbestimmungen

§ 2. (1) Unter Personennahverkehr im Sinne dieses Bundesgesetzes sind Verkehrsdienste zu verstehen, die den Verkehrsbedarf innerhalb eines Stadtgebietes (Stadtverkehre) oder zwischen einem Stadtgebiet und seinem Umland (Vorortverkehre) befriedigen.

(2) Unter Personenregionalverkehr (Verkehr im ländlichen Raum) im Sinne dieses Bundesgesetzes sind nicht unter den Anwendungsbereich der Bestimmung des Abs. 1 fallende Verkehrsdienste zu verstehen, die den Verkehrsbedarf einer Region bzw. des ländlichen Raumes befriedigen.

§ 3. (1) Verkehrsdienste sind im öffentlichen Schienenpersonenverkehr oder im öffentlichen Straßenpersonenverkehr (insbesondere Kraftfahrlinienverkehr) erbrachte Dienstleistungen.

(2) Kommerzielle Verkehrsdienste sind solche, die weder gänzlich noch teilweise durch Ausgleichszahlungen aus öffentlichen Mitteln finanziert werden.

(3) Nicht-kommerzielle Verkehrsdienste sind solche, die nicht unter Abs. 2 fallen.

(4) Nicht-kommerzielle Verkehrsdienste, die zur Gewährung von Sondertarifen für alle Fahrgäste oder bestimmte Gruppen von Fahrgästen aus Fahrpreisersätzen finanziert werden, können nach Entscheidung der zuständigen Behörde auch in Form einer allgemeinen Vorschrift im Sinne der Verordnung (EG) Nr. 1370/2007 ausgestaltet werden.

(BGBl I 2015/59)

§ 4. Verkehrsverbünde sind Kooperationsformen von Verkehrsunternehmen zur Optimierung des Gesamtangebotes des öffentlichen Personennah- und Regionalverkehrs im Interesse der Sicherstellung der Benutzung unterschiedlicher öffentlicher Verkehrsmittel auf Grund eines Gemeinschaftstarifes. Zur Erreichung dieser Zielsetzungen ist die Zusammenarbeit mit einer Verkehrsverbundorganisationsgesellschaft im Sinne des § 17 erforderlich.

Anwendungsbereich

§ 5. (1) Die Bestimmungen dieses Bundesgesetzes finden auf den Betrieb von öffentlichen Personennah- und Regionalverkehren zu Lande Anwendung.

„(2)" Nicht unter die Bestimmungen dieses Bundesgesetzes fallen Verkehre nach dem Gelegenheitsverkehrs- Gesetz 1996, BGBl. Nr. 112, ausgenommen für Zwecke des öffentlichen Personennah- oder Regionalverkehrs eingerichtete alternative Betriebsformen, wie Rufbusse oder Anrufsammeltaxis im Sinne des § 38 des Kraftfahrliniengesetzes, BGBl. I Nr. 203/1999. *(BGBl I 2015/59)*

§ 6. *(entfällt, BGBl I 2015/59)*

Aufgaben

Schienenpersonenverkehr

§ 7. Aufgabe des Bundes ist gemäß diesem Bundesgesetz die Sicherstellung eines Grundangebotes im öffentlichen Personennah- und Regionalverkehr im Umfang der im Fahrplanjahr 1999/2000 bestellten oder erbrachten Leistungen. „Ausgenommen davon ist die Sicherstellung der für die Aufrechterhaltung des Grundangebotes durch Ländermittel erbrachten Leistungen im Umfang der vor Inkrafttreten dieses Bundesgesetzes abgeschlossenen Verkehrsdienstverträge sowie die Sicherstellung eines Grundangebotes hinsichtlich derjenigen Verkehrsunternehmen, die ausschließlich Verkehrsdienste im Personennahverkehr erbringen." *(BGBl I 2015/59)*

§ 8. Nicht kundenorientierte und nicht nachgefragte Verkehrsdienstleistungen können zur Optimierung des Verkehrsangebotes umgeschichtet werden.

§ 9. Nicht unter das Grundangebot im Sinne des § 7 fallen sonstige, nicht durch „die Bundesministerin bzw. den Bundesminister für Verkehr, Innovation und Technologie", durch Länder oder Gemeinden finanzierte Leistungen. *(BGBl I 2015/59)*

Kraftfahrlinienverkehr

§ 10. (1) Insoweit mit Stichtag 1. Juni 1999 von den im Eigentum des Bundes befindlichen Kraftfahrlinienunternehmen Forderungen zur Abdeckung von Verlusten geltend gemacht wurden, werden diese unabhängig davon, ob seitens der Länder bereits entsprechende Verkehrsdienstverträge abgeschlossen wurden oder nicht, durch den Bund abgedeckt.

(2) Die sich aus Abs. 1 ergebenden Beträge werden den Verkehrsverbundorganisationsgesellschaften bzw. bis zu deren Errichtung den jeweiligen Verbundmanagements überwiesen, die unter Beachtung der gemäß § 11 seitens der Länder und Gemeinden vorzunehmenden Planungen diese Mittel zur Bestellung von nachfrageorientierten Verkehrsdienstleistungen im Kraftfahrlinienbereich zu verwenden haben.

(3) Die unter Abs. 1 genannten Zahlungen des Bundes werden ab dem Jahr 2001 jährlich um ein Fünftel reduziert. Die Verkehrsverbundorganisationsgesellschaften sind verpflichtet, jährlich dem Bundesministerium für Wissenschaft und Verkehr über die erfolgten Bestellungen gemäß Abs. 2 zu berichten, wobei die Nachfrage sowie die Kundenorientierung der bestellten Leistungen anhand von Frequenzzahlen nachzuweisen sind. Hiebei haben die Verkehrsunternehmen mitzuwirken. In den Berichten sind auf Grundlage dieses Nachweises Vorschläge für Umschichtungen oder Leistungsrücknahmen für die Optimierung aufzunehmen.

Nah- und Regionalverkehrsplanung

§ 11. „Aufgabe der Länder und Gemeinden ist die auf Basis des Angebotes gemäß § 7 vorzunehmende Planung einer nachfrageorientierten Verkehrsdienstleistung (Reduzierung, Ausweitung oder Umschichtung von Verkehrsleistungen) unter Einbeziehung der in § 31 angeführten Kriterien." Die in § 16 angeführten Planungen der Verkehrsunternehmen sind nach Möglichkeit zu berücksichtigen. *(BGBl I 2015/59)*

§ 12. Ergibt sich auf Grund der Nah- oder Regionalverkehrsplanung gemäß § 11 eine Reduzierung der Fahrplankilometer des Angebotes gemäß § 7, sind dadurch frei werdende Bundesmittel weiterhin, vorrangig für qualitätssichernde Maßnahmen, im öffentlichen Schienenpersonennah- und Regionalverkehr zur Verfügung zu stellen.

(BGBl I 2015/59)

§ 13. Der Abschluß von Verträgen über Verkehrsdienstleistungen im Personenregionalverkehr, die über das Angebot gemäß § 7 hinausgehen oder Angebotsverbesserungen im Kraftfahrlinienverkehr darstellen, fällt unter Bedachtnahme auf die Bestimmungen des § 26 Abs. 3 in den Aufgabenbereich der Länder und Gemeinden, wobei die budgetäre Bedeckung zu berücksichtigen ist.

Abschnitt II

Verkehrsverbünde

§ 14. (1) Der räumliche Geltungsbereich eines Verkehrsverbundes orientiert sich an den jeweiligen Fahrgastströmen und kann auch ein Bundesländer- oder Staatsgrenzen übergreifendes Gebiet umfassen.

(2) Die Vorteile eines Verkehrsverbundes sind unter Bedachtnahme auf die Bestimmungen über die Schüler- und Lehrlingsfreifahrt gemäß § 29 allen Fahrgastgruppen zu gewähren.

§ 15. Für Verkehrsverbünde gelten unter Bedachtnahme auf regionale Besonderheiten folgende Zielsetzungen:

1. Orientierung der Verbundgrenzen an Fahrgastströmen.

2. Bundesweit einheitliche Tarifierungssystematik.

3. Kompatibilität im Bereich der Abfertigungssysteme und Fahrkartengattungen.

4. Gewährleistung von Qualitätskriterien gemäß § 31.

§ 16. (1) Im Rahmen ihrer verbundbedingten Kooperation kommen für die Verkehrsunternehmen insbesondere folgende Aufgaben in Betracht:

1. Festsetzung, Entwicklung oder Weiterentwicklung des Verbundregelbeförderungspreises im Zusammenwirken mit der Verkehrsverbundorganisationsgesellschaft.

2. Unternehmensspezifische Verkehrsplanung.
3. Fahrplangestaltung.
4. Abrechnung und Zuscheidung von Tarifeinnahmen und sonstiger Erlöse, sofern hiefür nicht die Verkehrsverbundorganisationsgesellschaft beauftragt wird.
5. Ausübung unternehmensspezifischer Marketing- und Vertriebstätigkeiten.
6. Gewährleistung der Transparenz der Vekehrsleistungen und deren finanziellen Grundlagen im Verkehrsverbund.
7. Transparente Darstellung der Verwendung der von den jeweiligen Bestellern aufgewendeten Mittel (strecken- oder bereichsbezogen).
8. Mitwirkung bei der Berichtspflicht gemäß § 10 Abs. 3.

(2) Zur Umsetzung dieser Aufgaben werden die Verkehrsunternehmer eine Kooperationsgemeinschaft bilden, die die Interessen aller am Verbund beteiligten Konzessionsinhaber gegenüber der Verkehrsverbundorganisationsgesellschaft vertritt und in der jedes Verkehrsunternehmen Sitz und Stimme haben muß.

§ 17. (1) Zur organisatorischen Umsetzung der im Zusammenhang mit Verkehrsverbünden wahrzunehmenden Aufgaben der Gebietskörperschaften und zur Umsetzung der von den Verkehrsunternehmen im Rahmen ihrer Kooperation nicht oder nur unzureichend wahrnehmbaren oder wahrgenommenen Aufgaben ist für jeden Verkehrsverbundraum eine Verkehrsverbundorganisationsgesellschaft einzurichten.

(2) Die unabhängig von der Kooperation der Verkehrsunternehmen gemäß Abs. 1 einzurichtende Gesellschaft kann organisiert sein:
1. als Gesellschaft, in der sowohl Gebietskörperschaften als auch Besteller von Verkehrsdiensten oder ausschließlich Gebietskörperschaften als Gesellschafter vertreten sind;
2. als Gesellschaft, in der weder Gebietskörperschaften und Besteller von Verkehrsdiensten noch Verkehrsunternehmen als Gesellschafter vertreten sind.

§ 18. (1) Als Aufgaben der Verkehrsverbundorganisationsgesellschaft kommen insbesondere in Betracht:
1. Rahmenvorgaben für die Festsetzung, Entwicklung oder Weiterentwicklung sowie die Umsetzung des Verbundregelbeförderungspreises.
2. Koordination der Bestellung (Auferlegung) von Verkehrsdiensten.
3. Kontrolle der Erfüllung der Qualitätskriterien gemäß § 31 sowie der Einhaltung der Bestimmungen von Verkehrsdienstverträgen.
4. Ausübung verbundspezifischer Marketing- und Vertriebstätigkeiten.

5. Verbundspezifische Kundeninformation.
6. Schlichtungs- und Clearingstelle für die Abrechnung und Zuscheidung der Erlöse einschließlich Schüler- und Lehrlingsfreifahrt. Gegebenenfalls im Auftrag der Verkehrsunternehmen Abrechnung unternehmensübergreifender Verbundtarife und sonstiger Erlöse.
7. Vorschlag an die Gebietskörperschaften für Nah- und Regionalverkehrsplanung gemäß § 11.
8. Über Auftrag von Gebietskörperschaften oder Dritten Einzelplanungen für den Abschluß von Verkehrdienstverträgen (Bestellungen) einschließlich Kosten- und Erlösschätzung.
9. Abwicklung von Verkehrsdienstverträgen, Bestellung von Verkehrsdienstleistungen im Kraftfahrlinienverkehr sowie Ausschreibungsverfahren im Auftrag von Gebietskörperschaften oder von Dritten.
10. Anhörung bei Konzessionsvergaben gemäß „§ 5 Abs. 1 Z 8" des Kraftfahrliniengesetzes und „dem Eisenbahngesetz 1957, BGBl. Nr. 60", soweit es sich um streckenbezogene Konzessionen handelt. *(BGBl I 2015/59)*
11. Maßnahmen im Zusammenhang mit Parallelverkehren gemäß den Bestimmungen des Abschnittes III.

(2) Planungen im Sinne des Abs. 1 Z 7 und 8 haben im Zusammenwirken mit den in Betracht kommenden Verkehrsunternehmen, sofern sie nicht durch diese selbst durchgeführt werden, zu erfolgen und auf verkehrspolitische Grundsätze Bedacht zu nehmen.

§ 19. (1) Die zum Zeitpunkt des Inkrafttretens dieses Bundesgesetzes bestehenden Systeme einer valorisierten Alteinnahmengarantie sind spätestens innerhalb von fünf Jahren ab Inkrafttreten dieses Bundesgesetzes durch ein neues System zu ersetzen, das auf den Abschluß von Verkehrsdienstverträgen ausgerichtet ist.

(2) Die in den, zum Zeitpunkt des Inkrafttretens dieses Bundesgesetzes aufrechten Grund- und Finanzierungsverträgen für die Verkehrsverbünde vertraglich festgelegten Bundesmittel sind bis zur Änderung bzw. Neufassung dieser Verträge im Sinne des Abs. 1 weiterhin zu leisten. Ab Neufassung dieser Verträge werden diese Bundesmittel zumindest in der zuletzt geleisteten Höhe, auch im Zusammenhang mit der Finanzierung von Verkehrsdienstverträgen im Sinne des Abs. 1 weiterhin gewährt, sofern auch die Finanzmittel der regionalen Gebietskörperschaften und Gemeinden oder Zuzahlungen Dritter zumindest gleichbleiben.

(3) *(entfällt, BGBl I 2015/59)*

Abschnitt III
Vermeidung von Parallelverkehren, Verknüpfungsverbesserung

§§ 20 bis 23. *(außer Kraft getreten, BGBl I 1999/204)*

Abschnitt IV
Finanzierung

Unternehmen, die ausschließlich Personennahverkehre betreiben

§ 24. (1) „Als Bundesmittel stehen zur Abgeltung der Verkehrsdienste jedenfalls zur Verfügung:" *(BGBl I 2015/59)*

1. Finanzzuweisungen aus dem Finanzausgleich. *(BGBl I 2015/59)*

2. Die zum Zeitpunkt des Inkrafttretens dieses Bundesgesetzes gemäß den Grund- und Finanzierungsverträgen für Verkehrsverbünde geleisteten Zahlungen für Unternehmen, die ausschließlich Stadt- und Vororteverkehre betreiben.

3. Die zum Zeitpunkt des Inkrafttretens dieses Bundesgesetzes den Unternehmen, die ausschließlich Stadt- und Vororteverkehre betreiben, direkt oder im Wege der Verkehrsverbundorganisationsgesellschaft für Zwecke der Schüler- und Lehrlingsfreifahrt gemäß § 29 und von Semestertickets für Studierende zufließenden Einnahmen.

(2) „Zusätzlich zu den Mitteln gemäß Abs. 1 werden nach Maßgabe der budgetären Möglichkeiten maximal 50% der den Gemeinden für den öffentlichen Personennahverkehr im Jahr 1999 zugekommenen Finanzzuweisungen gemäß § 20 Abs. 3 Z 1 des Finanzausgleichsgesetzes 1997, BGBl. Nr. 201/1996, seitens des Bundes unter der Voraussetzung beigestellt, dass ein jeweils gleich hoher Betrag durch die betreffende Gemeinde aus nicht durch den Bund zugewiesenen Mitteln zur Verfügung gestellt wird und die den Gemeinden aus dem Finanzausgleich zugekommenen Finanzzuweisungen für das betreffende Jahr zur Gänze zwecksentsprechend aufgewendet wurden."** Seitens des Bundes steht ab Inkrafttreten dieses Bundesgesetzes bundesweit ein jährlicher zusätzlicher Betrag jedenfalls in Höhe von insgesamt „1 453 456 Euro"* zur Verfügung. *(*BGBl I 2002/32; **BGBl I 2015/59)*

§ 25. Die prozentuelle Höhe der den einzelnen Gemeinden für Zwecke gemäß § 24 Abs. 2 zukommenden Bundesmittel ergibt sich jeweils aus dem Verteilungsschlüssel des vorangegangenen Jahres „aus dem Finanzausgleich". *(BGBl I 2015/59)*

Unternehmen, die Personennah- und Regionalverkehre betreiben

§ 26. (1) „Als Bundesmittel stehen zur Abgeltung der Verkehrsdienste jedenfalls zur Verfügung:" *(BGBl I 2015/59)*

1. Finanzzuweisungen aus dem Finanzausgleich. *(BGBl I 2015/59)*

2. Budgetmittel der Bundesministerin bzw. des Bundesministers für Verkehr, Innovation und Technologie für die Bestellung gemeinwirtschaftlicher Leistungen gemäß den Bestimmungen des Bundesbahngesetzes, BGBl. Nr. 825/1992, und des Privatbahngesetzes 2004, BGBl. I Nr. 39, zur Sicherstellung eines Grundangebotes gemäß § 7. *(BGBl I 2015/59)*

3. Die zum Zeitpunkt des Inkrafttretens dieses Bundesgesetzes in den Grund- und Finanzierungsverträgen für Verkehrsverbünde vorgesehenen Zahlungen. *(BGBl I 2015/59)*

4. Die zum Zeitpunkt des Inkrafttretens dieses Bundesgesetzes den Verkehrsunternehmen direkt oder im Wege der Verkehrsverbundorganisationsgesellschaft für die Schüler- und Lehrlingsfreifahrt gemäß § 29 und von Semestertickets für Studierende zufließenden Einnahmen.

(2) Die Finanzmittel gemäß Abs. 1 Z 1, 3 und 4 stehen insoweit zur Verfügung, als diese nicht für Verkehre gemäß § 24 gebunden sind.

(3) „Zusätzlich zu den Mitteln gemäß Abs. 1 werden nach Maßgabe der budgetären Möglichkeiten maximal 50% der den Bundesländern für den öffentlichen Personennah- und Regionalverkehr im Jahr 1999 zugekommenen Finanzzuweisungen gemäß § 20 Abs. 4 des Finanzausgleichsgesetzes 1997 seitens des Bundes für zusätzliche Verkehrsdienste unter der Voraussetzung beigestellt, dass ein jeweils gleich hoher Betrag durch das betreffende Bundesland bzw. durch die betroffene Gemeinde aus nicht durch den Bund zugewiesenen Mitteln zur Verfügung gestellt wird und die Finanzzuweisungen aus dem Finanzausgleich zur Gänze zwecksentsprechend aufgewendet werden."** Seitens des Bundes steht ab Inkrafttreten dieses Bundesgesetzes bundesweit ein jährlicher zusätzlicher Betrag jedenfalls in Höhe von insgesamt „5 813 826 Euro"* zur Verfügung. *(*BGBl I 2002/32; **BGBl I 2015/59)*

(4) Maximal 10% der Mittel im Sinne des Abs. 3 können im jeweiligen Bundesland für Verkehrsdienste von Unternehmen vorgesehen werden, die ausschließlich Personennahverkehre betreiben. *(BGBl I 2015/59)*

§ 27. *(entfällt, BGBl I 2015/59)*

§ 28. (1) Die in den einzelnen Bundesländern gemäß § 26 Abs. 3 voraussichtlich maximal zu leistenden Mittel sind jährlich über Aufforderung "der Bundesministerin bzw. des Bundesministers für Verkehr, Innovation und Technologie" auf Grundlage eines nachfrageorientierten Vorschlages der Bundesländer und Gemeinden unter Berücksichtigung der im jeweiligen Bundesland bereits abgeschlossenen bzw. im Folgejahr voraussichtlich abzuschließenden Verkehrsdienstverträge „der Bundesministerin bzw. dem Bundesminister für Verkehr, Innovation und Technologie" bekanntzugeben. Im Vorschlag der Bundesländer sind die Vergleichszahlen des laufenden (Voranschlag) sowie des vergangenen Jahres (Rechnungsabschluß) anzugeben. *(BGBl I 2015/59)*

(2) Seitens des Bundes wird nur die Bestellung solcher Verkehrsdienste gefördert, die mit Verbundfahrausweisen benützt werden können.

Schüler- und Lehrlingsfreifahrt

§ 29. Die Höhe der für den Ersatz der Fahrpreise für die Schüler- und Lehrlingsfreifahrt durch „die Bundesministerin bzw. den Bundesminister für Familien und Jugend" getragenen finanziellen Mittel sowie der Verrechnungsmodus bestimmen sich nach folgenden Grundsätzen:

Beginnend mit dem Schuljahr 2000/2001, in begründbaren Ausnahmefällen ab dem Schuljahr 2001/2002, ist ein Schülerverrechnungstarif zu ermitteln. Ausgangspunkt hiefür sind die Schüler- und Lehrlingsanträge sowie die Fahrpreisersätze aus dem Familienlastenausgleichsfonds für das Schuljahr 1997/98, in begründeten Ausnahmefällen sowie für den Schienenverkehre das Schuljahr 1998/99, gemäß §§ 30f und 30j „des Familienlastenausgleichsgesetzes 1967, BGBl. Nr. 376". Dieser Verrechnungstarif wird mit den tatsächlich entstandenen Kosten, höchstens jedoch mit dem Verbraucherpreisindex jährlich wertgesichert. Bis zur Anwendung des Verrechnungstarifes gelten die für den jeweiligen Verkehrsverbundbereich zwischen „der Bundesministerin bzw. dem Bundesminister für Familien und Jugend", den Gebietskörperschaften (Länder, Gemeinden) und den Verkehrsunternehmen getroffenen Vereinbarungen.

(BGBl I 2015/59)

Sondertarife für bestimmte Gruppen von Reisenden

§ 30. Zur Gewährung von Sondertarifen für bestimmte Gruppen von Reisenden sind die hiefür notwendigen Mittel durch diejenige Institution aufzubringen, die derartige Sondertarife wünscht.

Transparenz

§ 30a. (1) Die Länder haben für sämtliche in ihren örtlichen Wirkungsbereich fallenden nichtkommerziellen Verkehrsdienste gemäß § 3 Abs. 3 spätestens bis 31. Dezember 2015 eine entsprechende Stelle zu benennen, die sämtliche für diese Verkehrsdienste anfallenden Ausgleichszahlungen und Zahlungsflüsse erfasst und transparent darstellt.

(2) Für die Bestellung eines nicht-kommerziellen Verkehrsdienstes gemäß § 3 Abs. 3 können die Besteller bei der im jeweiligen örtlichen Wirkungsbereich zuständigen Stelle gemäß Abs. 1 entsprechende Auskünfte im Zusammenhang mit der Gewährung von Ausgleichszahlungen anderer finanzierender Stellen für den betreffenden Verkehrsdienst in schriftlicher Form beantragen, sofern dies für eine ordnungsgemäße Berechnung ihrer auf den entsprechenden Verkehrsdienst entfallenden Ausgleichszahlungen erforderlich ist.

(BGBl I 2015/59)

§ 30b. (1) Die Länder haben der Bundesministerin bzw. dem Bundesminister für Verkehr, Innovation und Technologie spätestens ab dem Jahr 2016 einen jährlichen Bericht über die transparente Darstellung der anfallenden Ausgleichszahlungen und der entsprechenden Zahlungsflüsse der in ihren örtlichen Wirkungsbereich fallenden nicht-kommerziellen Verkehrsdienste gemäß § 3 Abs. 3 zur Verfügung zu stellen.

(2) Der jeweilige jährliche Bericht gemäß Abs. 1 ist der Bundesministerin bzw. dem Bundesminister für Verkehr, Innovation und Technologie spätestens bis 30. Juni des Folgejahres zu übermitteln.

(BGBl I 2015/59)

§ 30c. Die gemäß § 30a Abs. 1 zu benennende Stelle kann für die im Rahmen der Vergabe von Ausgleichszahlungen im örtlichen Wirkungsbereich des jeweiligen Landes fallenden nichtkommerziellen Verkehrsdienste gemäß § 3 Abs. 3 mit Veröffentlichungspflichten gemäß Art. 7 Abs. 1 der Verordnung (EG) Nr. 1370/2007 durch die die betreffenden Verkehrsdienste finanzierenden Gebietskörperschaften betraut werden.

(BGBl I 2015/59)

Abschnitt V
Qualitätskriterien

§ 31. Voraussetzung zur Bereitstellung von Bundesmitteln gemäß den Bestimmungen der §§ 24 Abs. 2 und 26 Abs. 3 ist die Erfüllung nachstehender Kriterien, die für jeden Verkehrsdienst gesondert zu beurteilen sind:

1. Zugänglichkeit der Systeme durch

– Berücksichtigung der Bedürfnisse von in ihrer Mobilität physisch beeinträchtigten Personen,

- benutzerfreundliche Konzipierung der Fahrzeuge und Fahrkartenausgabegeräte, gute Erreichbarkeit von Haltestellen unter Berücksichtigung möglichst kurzer Umsteige- und Haltestellenwege,
- benutzerfreundliche Gestaltung von Verkehrsverbundfahrausweisen und Zeitkarten,
- Anbindung von wichtigen Fahrzielen an das öffentliche Regional- und Nahverkehrssystem,
- optimale Anknüpfung und Verbindung der Verkehre durch abgestimmte Fahrpläne,
- Anbindung von ländlichen Gegenden und Randregionen, auch unter Einsatz bedarfsorientierter alternativer Betriebsformen.

2. Persönliche und betriebliche Sicherheit, insbesondere Berücksichtigung von
- technischen und betrieblichen Vorschriften,
- Beleuchtungsgüte der Stationsbauwerke,
- Qualifikation des Personals.

3. Keine schwerwiegenden Verstöße gegen arbeits- und sozialrechtliche Bestimmungen.

4. Fahrkomfort durch
- Minimierung von Fahrt- und Umsteigedauer, Zuverlässigkeit und Häufigkeit der Fahrten,
- Sauberkeit und Komfort der Fahrbetriebsmittel.

5. Bundesweit einheitliche und verkehrsträgerübergreifende Informationssysteme über Fahrpreise, Fahrpläne, Routenwahl und Umsteigerelationen.

6. Positive Umweltauswirkung durch Reduktion von Schadstoffemissionen.

7. Möglichkeit der Benützung der Verkehrsmittel mit Verkehrsverbundfahrausweisen.

Abschnitt VI

Verkehrsanschlußabgabe

§ 32. (1) Die Gemeinden werden ermächtigt, durch Beschluß der Gemeindevertretung eine flächenbezogene Abgabe zur Deckung der mit dem Anschluß von öffentlichen Verkehrsmitteln an Betriebsansiedlungen verbundenen Kosten auszuschreiben (Verkehrsanschlußabgabe).

(2) Unter Betriebsansiedlung im Sinne dieses Abschnittes sind gewerbliche Betriebsanlagen (Einzel- oder Gesamtanlagen, wie Gewerbe-, Business-, Technologie-, Freizeitparks, Büro-, Geschäfts-, Einkaufs-, Technologie-, Kino-, Freizeitzentren, Arzt- und Gesundheitseinrichtungen und dergleichen) mit einer Fläche (Grund- und Geschoßfläche) von mehr als 10 000 m2 zu verstehen, wenn sie infolge der Art oder des Umfanges ihres Unternehmenszweckes geeignet sind, einen wesentlich erhöhten Kundenstrom zu bewirken.

(3) Unter gewerblichen Betriebsanlagen im Sinne des Abs. 2 sind zu verstehen

a) Betriebsanlagen des Gewerbes, die aus mehreren Bauobjekten bestehen, auf Grund der betriebso

b) mehrere innerhalb eines einzigen Bauobjektes gelegene Betriebsanlagen des Gewerbes.

§ 33. Die Abgabe ist sowohl von im Zeitpunkt der Ausschreibung bestehenden als auch von künftig zu errichtenden Betriebsansiedlungen zu erheben.

§ 34. Die Abgabe ist monatsweise oder einmalig in einer Höhe zu erheben, daß deren Ertrag die geschätzten Kosten (einschließlich Finanzierungskosten)

a) für die Errichtung des öffentlichen Verkehrsmittels zu den Betriebsanlagen,

b) für die dafür erforderlichen zusätzlichen Fahrbetriebsmittel abzudecken in der Lage ist. Sie hat jedoch mindestens „0,07 Euro" pro Quadratmeterfläche und Kalendermonat zu betragen. *(BGBl I 2002/32)*

abzudecken in der Lage ist. Sie hat jedoch mindestens „0,07 Euro" pro Quadratmeterfläche und Kalendermonat zu betragen. *(BGBl I 2002/32)*

§ 35. (1) Die Abgabe ist entweder von den Betreibern oder von den zivilrechtlichen Eigentümern der Betriebsanlagen zu entrichten.

(2) Die Verpflichtung zur Entrichtung der Abgabe entfällt, wenn die Betreiber oder die zivilrechtlichen Eigentümer der Betriebsanlagen einen entsprechenden Verkehrsdienst mit Anbindung an ein öffentliches Verkehrsmittel selbst errichten und durchführen oder errichten und durchführen lassen.

§ 36. Die Verkehrsanschlußabgabe kommt derjenigen Gemeinde zugute, in deren örtlichen Wirkungsbereich die jeweilige Betriebsansiedlung fällt. Fällt die Betriebsansiedlung in den örtlichen Wirkungsbereich mehrerer Gemeinden, die eine Abgabe gemäß der Bestimmung des § 33 ausschreiben oder haben die durch Nichtanschluß zu erwartenden oder bestehenden Auswirkungen andere Gemeinden als die jeweilige Standortgemeinde zu tragen, ist bei der Aufteilung der aus der Abgabe resultierenden Mittel einvernehmlich vorzugehen. Die Standortgemeinde ist zur Einhebung dieser Abgabe berechtigt.

§ 37. Die in den §§ 32 bis 36 geregelten Aufgaben der Gemeinden sind solche des eigenen Wirkungsbereiches.

Abschnitt VII
Inkrafttreten, Verweisungen und Vollziehung

§ 38. „(1)" Dieses Bundesgesetz tritt mit 1. Jänner 2000 in Kraft. *(BGBl I 2002/32)*

(2) § 24 Abs. 2, § 26 Abs. 3 und § 34 in der Fassung des Bundesgesetzes BGBl. I Nr. 32/2002 treten mit 1. Jänner 2002 in Kraft. *(BGBl I 2002/32)*

§ 38a. Soweit in diesem Bundesgesetz auf Bestimmungen anderer Bundesgesetze verwiesen wird, sind diese in ihrer jeweils geltenden Fassung anzuwenden.

(BGBl I 2015/59)

§ 39. Mit der Vollziehung dieses Bundesgesetzes ist, soweit nicht anders geregelt, „die Bundesministerin bzw. der Bundesminister für Verkehr, Innovation und Technologie", hinsichtlich der §§ 7, „ " 24 Abs. 1 Z 1 und Abs. 2, 25, 26 Abs. 1 Z 1 und Abs. 1 Z 1 im Einvernehmen mit „der Bundesministerin bzw. dem Bundesminister für Finanzen", betraut. *(BGBl I 2015/59)*

§ 40. Mit der Vollziehung der Bestimmungen der §§ 32 bis 37 ist „die Bundesministerin bzw. der Bundesminister für Finanzen" betraut. *(BGBl I 2015/59)*

§ 41. Mit der Vollziehung der Bestimmung des § 29 ist „die Bundesministerin bzw. der Bundesminister für Familien und Jugend" betraut. *(BGBl I 2015/59)*

Kraftfahrliniengesetz-Durchführungsverordnung – KflG-DV

BGBl II 2001/45

45. Verordnung des Bundesministers für Verkehr, Innovation und Technologie über die Durchführung des Bundesgesetzes über die linienmäßige Beförderung von Personen mit Kraftfahrzeugen (Kraftfahrliniengesetz) (Kraftfahrliniengesetz-Durchführungsverordnung – KflG-DV)

Auf Grund des § 46 Z 1 des Kraftfahrliniengesetzes, BGBl. I Nr. 203/1999, wird verordnet:

Konzessionsantrag

§ 1. Der Konzessionsantrag hat inhaltlich dem Muster in Anlage 1 zu entsprechen.

Haltestellenzeichen

§ 2. (1) Das Haltestellenzeichen besteht aus einem gelben, grünumrandeten Kreis mit einem grünen „H" in der Mitte. Dieses ist beidseitig sichtbar am oberen Ende eines Ständers in Mittellage, an den äußeren Seitenwänden von Wartehäuschen oder an Bauwerken

1. in der Mitte einer weißen Tafel (**Anlage 2**) oder
2. in der Mitte einer weißen Tafel mit der Haltestellenbezeichnung in schwarzer Farbe darunter (**Anlage 3**) oder
3. integriert in ein gelbes, grünumrandetes Schild (**Anlage 4**), dessen Arm die Haltestellenbezeichnung in schwarzer Farbe enthält, anzubringen oder
4. in ein an der Haltestelle angebrachtes Fahrgastinformationssystem zu integrieren.

(2) Bei Gestaltung des Haltestellenzeichens nach

1. Abs. 1 Z 1, 2 oder 4 hat der Durchmesser des Kreises mindestens 200 mm und höchstens 350 mm,
2. Abs. 1 Z 3 hat der Durchmesser des Kreises am runden Ende des Schildes 250 mm und die Länge des Armes bis zur Mitte des Buchstaben „H" 500 mm zu betragen. Das abgerundete Ende hat außer bei Anbringung an Bauwerken von der Fahrbahn fortzuweisen.

(3) Die Haltestellenbezeichnung ist bei Gestaltung des Haltestellenzeichens nach Abs. 1 Z 1 oder 4 entweder auf einer Zusatztafel oder separat neben dem Aushangfahrplan anzuführen.

(4) Die Haltestellenzeichen sind mit wetterbeständiger Farbe im Farbton RAL 1023 (Verkehrsgelb) und im Farbton RAL 6024 (Verkehrsgrün) oder mit reflektierendem Material gleichen Farbtons zu belegen. Diesfalls ist in erster Linie die festgelegte Farbtönung bei Tageslicht maßgebend. Die Haltestellenzeichen können in gleicher Form und Farbe auch als beleuchtete Transparente hergestellt werden.

(5) Das Anbringen von Fremdwerbung oder von Verkaufsautomaten an den für die Haltestellenzeichen vorgesehenen Ständern ist verboten. Hievon ausgenommen sind Fahrkartenautomaten.

Fahrdienst

§ 3. Dem Fahrzeuglenker ist untersagt:

1. Fahrten auszuführen, solange er oder ein Mitglied seiner häuslichen Gemeinschaft an einer anzeigepflichtigen, ansteckenden Krankheit leidet oder einer solchen Krankheit verdächtig ist,
2. die Einsatzzeit (§ 16 Arbeitszeitgesetz, BGBl. Nr. 461/1969) in einem durch Alkohol, Medikamente oder Suchtmittel beeinträchtigten Zustand oder in einer sonst nicht geeigneten körperlichen oder geistigen Verfassung anzutreten, oder während der Einsatzzeit Alkohol oder die körperliche oder geistige Verfassung beeinträchtigende Medikamente oder Suchtmittel zu sich zu nehmen,
3. während der Fahrt mit anderen Personen mehr als das Notwendigste zu sprechen,
4. in den Linienfahrzeugen zu rauchen sowie Ton- oder Bildwiedergabegeräte zu benützen, die ihn von seinen Aufgaben ablenken könnten.

Benützung der Fahrzeuge

§ 4. (1) Die Fahrgäste haben alles zu vermeiden, was die Sicherheit des Verkehrs gefährden könnte; insbesondere ist ihnen untersagt:

1. mit dem Lenker während der Fahrt mehr als das Notwendigste zu sprechen,

2. den Lenker beim Lenken des Fahrzeuges zu behindern,

3. die Außentüren während der Fahrt eigenmächtig zu öffnen,

4. in den Linienfahrzeugen zu rauchen,

5. in den Fahrzeugen zu lärmen, zu musizieren oder ein Ton- oder Bildwiedergabegerät zu benützen, das den Lenker oder andere Fahrgäste belästigen könnte,

6. das Fahrzeug mit Rollschuhen oder Inlineskates zu betreten,

7. in ein von Bediensteten der Verkehrsunternehmen als vollbesetzt bezeichnetes Fahrzeug einzusteigen.

(2) Die Verbote des Abs. 1 Z 1 bis 6 sowie die Zahl der zugelassenen Sitz- und Stehplätze sind in den als Linienfahrzeugen eingesetzten Omnibussen und Gelenkkraftfahrzeugen deutlich ersichtlich zu machen.

8/3. KflG-DV
Anlage 1

Anlage 1

An

....

....

....

....

....

Beachten Sie bitte folgende Hinweise:
Der Antrag wird in einfacher Ausfertigung benötigt.

Reicht der vorgesehene Platz nicht aus, machen Sie bitte alle weiteren Angaben auf Beiblättern, die Sie jeweils als Beiblatt zur entsprechenden lfd. Nr. kennzeichnen.

Zutreffendes bitte ankreuzen oder ausfüllen

ANTRAG
gemäß Kraftfahrliniengesetz

auf

○ Erteilung einer Konzession
  auf der unter Punkt 2 beschriebenen Strecke

○ Wiedererteilung der Konzession

○ Verlängerung der Konzessionsdauer

○ Änderung der Konzession

○ Betriebspflichtenthebung

der Kraftfahrlinie (Fahrplanbildnummer)

von   nach

1. Name, ggf. Geburtsname und Vorname oder Firma des Antragstellers
Adresse des Betriebssitzes   Telephon Nr.   Telefax Nr.
Adresse des Wohnortes   Telephon Nr.
Geburtsdatum   Geburtsort   Staatsangehörigkeit
Auszug aus dem Firmenbuch oder sonstiger Nachweis des rechtlichen Bestandes des Unternehmens (Gesellschaftsvertrag)

2. Namen der von der Kraftfahrlinie berührten Gemeinden

8/3. KflG-DV
Anlage 1

Genaue, jeden Zweifel ausschließende Beschreibung der beantragten Strecke (bei grenzüberschreitenden Kraftfahrlinien auch Angabe der Grenzübergänge)

Gesamtlänge der Kraftfahrlinie (in km)

Angaben der berührten Verkehrsverbünde

Allfällige Verkehrsbeschränkungen, Verkehrsverbote oder Verkehrsgebote auf der beantragten Strecke, die der Berechtigung entgegenstehen könnten

Gewünschte Konzessionsdauer   jährliche Betriebsdauer

---

3. Name, ggf. Geburtsname und Vorname des Betriebsleiters

Geburtsdatum   Geburtsort   Staatsangehörigkeit

Wurde der Betriebsleiter bereits aufsichtsbehördlich genehmigt?

　　　　　　　　　　O ja　　　　　　　　　　O nein

Wenn ja, Angabe der Bescheiddaten

Wenn nein, Unterlage zum Nachweis des Beschäftigungsverhältnisses des zu genehmigenden Betriebsleiters

---

KraftfahrlinienG
ÖPNRV-G

8/3. KflG-DV
Anlage 1

4. Sind Sie bereits Inhaber einer Berechtigung (Konzession, Genehmigung) für einen Kraftfahrlinienverkehr?

　　　　　○ ja　　　　　　　　　　　○ nein

Wenn ja, Angabe der Behörde, die den Bescheid erlassen hat, sowie Angabe der Endpunkte der Kraftfahrlinie

Wenn nein, Vorliegen der fachlichen Eignung für den

　　　　　○ Antragsteller　　　　　　○ Betriebsleiter

Nachweis der fachlichen Eignung durch Vorlage einer beglaubigten Abschrift
- ○ des Prüfungszeugnisses
- ○ einer Betriebsleitergenehmigung
- ○ einer Konzession zum Betrieb des Ausflugswagen-(Stadtrundfahrten-)Gewerbes oder des mit Omnibussen betriebenen Mietwagen-Gewerbes

Wurde dem Antragsteller oder dem Betriebsleiter die Berechtigung für den Beruf des Personenkraftverkehrsunternehmers rechtskräftig entzogen?

　　　　　○ ja　　　　　　　　　　　○ nein

Wurde der Antragsteller oder der Betriebsleiter nach § 9 Abs. 2 Z 1 oder 3 KflG rechtskräftig bestraft?

　　　　　○ ja　　　　　　　　　　　○ nein

5. Sind in dem von der Kraftfahrlinie berührten Verkehrsbereich bereits öffentliche Verkehre tätig?

　　　　　○ ja　　　　　　　　　　　○ nein

Wenn ja, Name des Unternehmens　　a) Eisenbahn- oder　　Anführung der Zugs- bzw. Kraftfahrlinienverbindung sowie der Gleich- und Parallellaufstrecken
　　　　　　　　　　　　　　　　　b) Kraftfahrlinienverkehr

6. Anzahl der beantragten Konzessionsurkunden

8/3. KflG-DV

Anlage 1

7. Als Anlagen sind beizufügen

   ○ Fahrplanentwurf mit Kilometerangabe

   ○ Straßen- oder Landkarte, in der die beantragte Strecke und die im Verkehrsbereich ggf. bereits betriebenen öffentlichen Verkehre eingezeichnet sind

   ○ Besondere Beförderungspreise und Besondere Beförderungsbedingungen

   ○ Haltestellenverzeichnis

   ○ Angaben über die Bauart (Omnibus, Gelenkkraftfahrzeug, Stockomnibus, PKW), Ausstattung und Beschaffenheit (insbesondere Abmessungen, höchstes zulässiges Gesamtgewicht, Anzahl der Achsen und Achsabstände) der Fahrzeuge

8. Falls die erste Frage des Punktes 4 mit Nein beantwortet wurde, sind zusätzlich folgende Anlagen beizufügen

   ○ Strafregisterbescheinigung für den Antragsteller und ggf. für den Betriebsleiter

   ○ Nachweis der finanziellen Leistungsfähigkeit gemäß § 3 BZP-VO

KraftfahrlinienG
ÖPNRV-G

9. Bemerkungen

10. Ich versichere, dass ich alle Angaben in diesem Antrag und in den Beilagen nach bestem Wissen richtig und vollständig gemacht habe

Ort, Datum   Firmenmäßige Zeichnung des Antragstellers

8/3. KflG-DV
Anlage 2

Maße in mm

Anlage 2

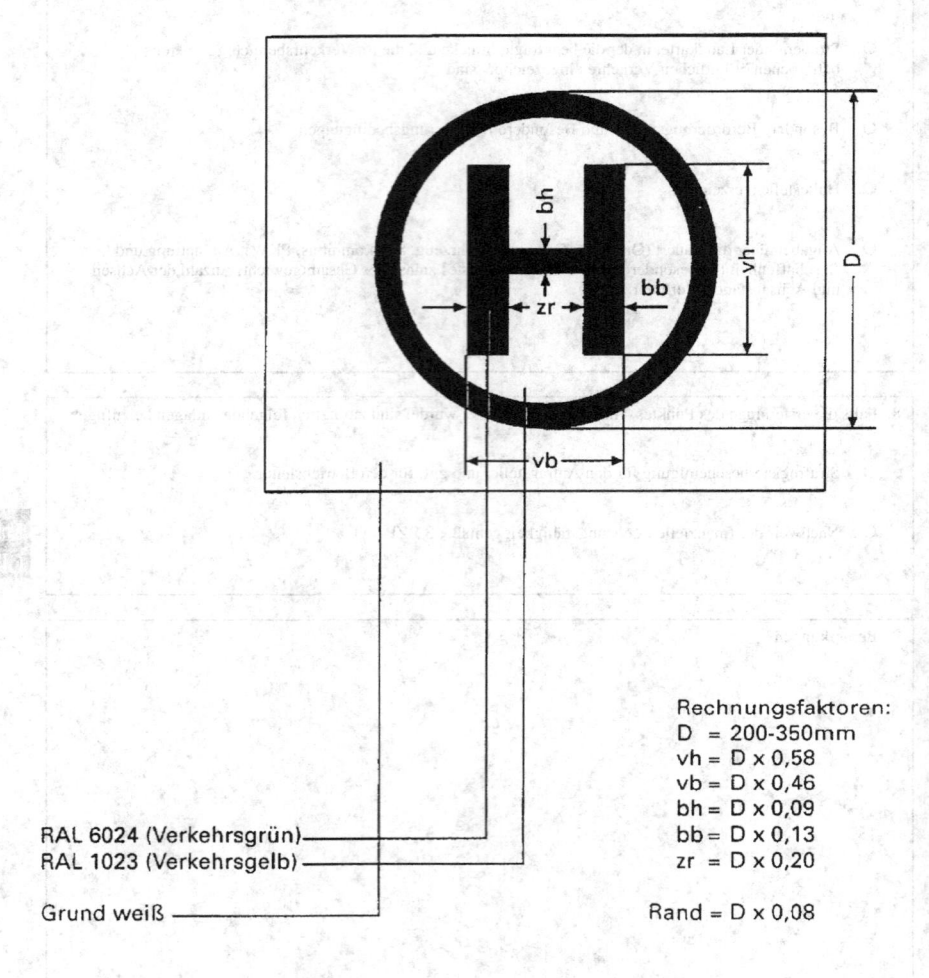

RAL 6024 (Verkehrsgrün)
RAL 1023 (Verkehrsgelb)
Grund weiß

Rechnungsfaktoren:
D = 200-350mm
vh = D × 0,58
vb = D × 0,46
bh = D × 0,09
bb = D × 0,13
zr = D × 0,20

Rand = D × 0,08

8/3. KflG-DV

Anlage 3

Maße in mm

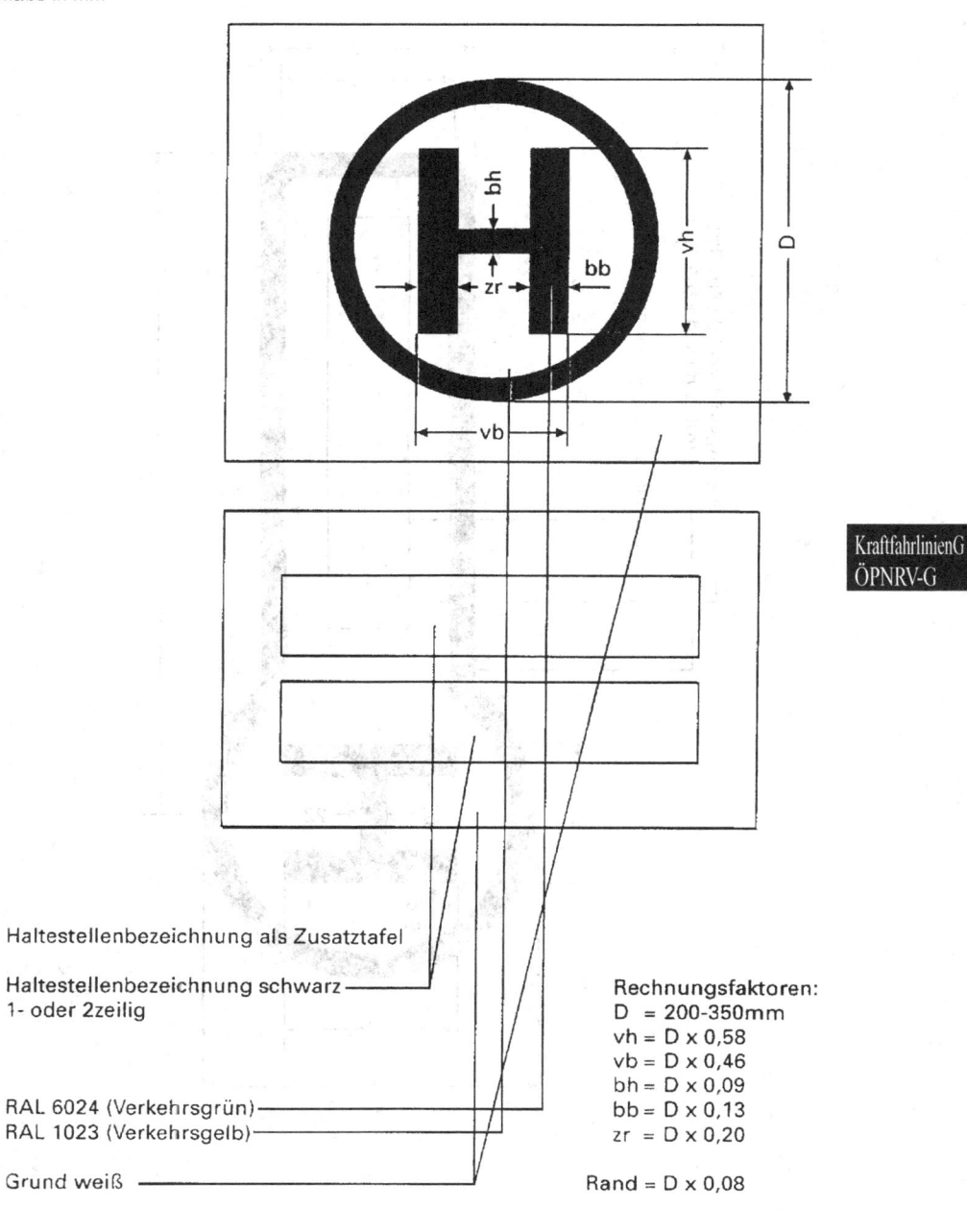

Haltestellenbezeichnung als Zusatztafel

Haltestellenbezeichnung schwarz
1- oder 2zeilig

RAL 6024 (Verkehrsgrün)
RAL 1023 (Verkehrsgelb)

Grund weiß

KraftfahrlinienG
ÖPNRV-G

Rechnungsfaktoren:
D = 200-350mm
vh = D x 0,58
vb = D x 0,46
bh = D x 0,09
bb = D x 0,13
zr = D x 0,20

Rand = D x 0,08

8/3. KflG-DV
Anlage 4

Anlage 4

Maße in mm

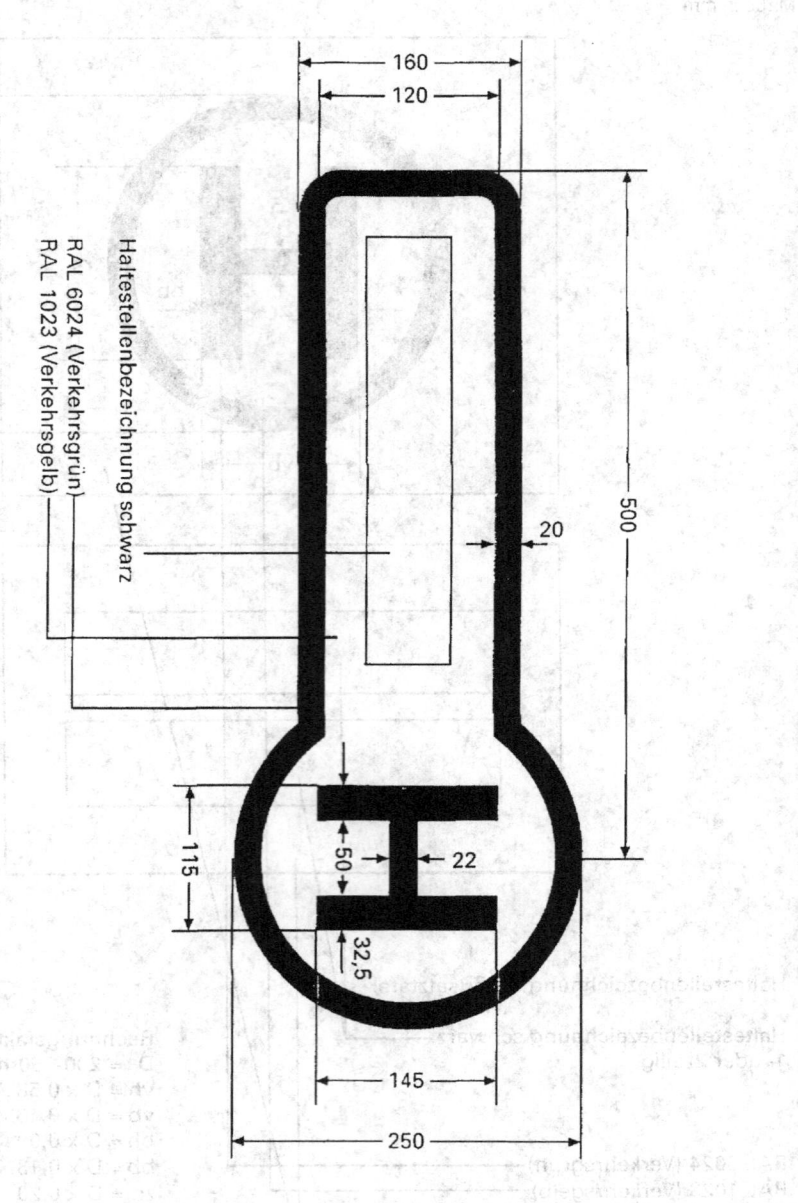

- 160
- 120
- 500
- 20
- 115
- 50
- 22
- 32,5
- 145
- 250

RAL 6024 (Verkehrsgrün)
RAL 1023 (Verkehrsgelb)
Haltestellenbezeichnung schwarz

9. KHVG 94
Inhaltsverzeichnis

Kraftfahrzeug-Versicherungs- und Abgabenrecht

9/1. **Kraftfahrzeug-Haftpflichtversicherungsgesetz 1994 – KHVG 1994,** BGBl 1994/651 idF
BGBl 1995/258   BGBl I 1997/71   BGBl I 2001/97
BGBl I 2001/98   BGBl I 2002/11   BGBl I 2002/46
BGBl I 2002/76   BGBl I 2004/31   BGBl I 2004/115
BGBl I 2007/37   BGBl I 2010/107 BGBl I 2011/138
BGBl I 2015/34   BGBl I 2017/19   BGBl I 2021/245

9/2. **Zulassungsstellenverordnung – ZustV,** BGBl II 1998/464 idF
BGBl II 2002/200 BGBl II 2005/33   BGBl II 2007/131
BGBl II 2010/92   BGBl II 2010/350 BGBl II 2013/291
BGBl II 2015/101 BGBl II 2016/104 (VfGH) BGBl II 2017/76
BGBl II 2019/92   BGBl II 2020/77   BGBl II 2020/303
BGBl II 2022/120 BGBl II 2022/387

9/3. **Kraftfahrzeugsteuergesetz – KfzStG 1992,** BGBl 1992/449 idF
BGBl 1993/254   BGBl 1993/818   BGBl 1994/629
BGBl 1995/21   BGBl 1995/503   BGBl 1996/201
BGBl 1996/798   BGBl I 2000/26 BGBl I 2000/142
BGBl I 2003/71 BGBl I 2005/161 BGBl I 2007/64
BGBl I 2010/9   BGBl I 2010/111 BGBl I 2012/112
BGBl I 2014/13 BGBl I 2014/105 BGBl I 2018/62
BGBl I 2019/103 BGBl I 2020/99 BGBl I 2022/108

9/4. **Normverbrauchsabgabegesetz – NoVAG 1991,** BGBl 1991/695 idF
BGBl 1992/449   BGBl 1993/818   BGBl 1994/681
BGBl 1995/21   BGBl 1995/50   BGBl 1996/201
BGBl I 1998/9   BGBl I 1999/122 BGBl I 2000/142
BGBl I 2001/144 BGBl I 2002/132 BGBl I 2003/71
BGBl I 2003/124 BGBl I 2004/180 BGBl I 2006/16
BGBl I 2006/99 BGBl I 2006/143 BGBl I 2007/24
BGBl I 2007/65 BGBl I 2008/46 BGBl I 2009/52
BGBl I 2010/34 BGBl I 2010/111 BGBl I 2012/112
BGBl I 2014/13 BGBl I 2015/118 BGBl I 2017/89
BGBl I 2019/103 BGBl I 2019/104 BGBl I 2020/99
BGBl I 2021/18 BGBl I 2021/208 BGBl I 2022/108

9/5a. **Bundesstraßen-Mautgesetz 2002 – BStMG,** BGBl I 2002/109 idF
BGBl I 2006/26 BGBl I 2007/82 BGBl I 2008/135
BGBl I 2013/99 BGBl I 2016/38 BGBl I 2017/65
BGBl I 2018/37 BGBl I 2018/62 BGBl I 2019/45
BGBl I 2019/107 BGBl I 2021/74 BGBl I 2021/155

9/5b. **Verordnung des Bundesministers für Verkehr, Innovation und Technologie betreffend den Beginn der Einhebung der fahrleistungsabhängigen Maut,** BGBl II 2003/568

Kraftfahrzeug-Haftpflichtversicherungsgesetz 1994 – KHVG 1994

BGBl 1994/651 idF

1 BGBl 1995/258
2 BGBl I 1997/71
3 BGBl I 2001/97
4 BGBl I 2001/98
5 BGBl I 2002/11
6 BGBl I 2002/46
7 BGBl I 2002/76
8 BGBl I 2004/31
9 BGBl I 2004/115
10 BGBl I 2007/37 (KrÄG 2007)
11 BGBl I 2010/107
12 BGBl I 2011/138
13 BGBl I 2015/34 (VAG 2016)
14 BGBl I 2017/19 (MinVersValG 2016)
15 BGBl I 2021/245 (MinVersValG 2021)

Bundesgesetz über die Kraftfahrzeug-Haftpflichtversicherung (Kraftfahrzeug-Haftpflichtversicherungsgesetz 1994 – KHVG 1994)

1. Abschnitt

Anwendungsbereich

§ 1. (1) Dieses Bundesgesetz gilt für die Haftpflichtversicherung von Fahrzeugen, die nach den Vorschriften des Kraftfahrgesetzes 1967, BGBl. Nr. 267 (KFG 1967), zum Verkehr zugelassen oder an denen Probefahrt- oder Überstellungskennzeichen angebracht sind.

(2) Für die Haftpflichtversicherung von Fahrzeugen, die nicht unter Abs. 1 fallen, gilt dieses Bundesgesetz mit Ausnahme der §§ 14 bis 17, 19 bis 21 und 25 insoweit, als der Versicherungsvertrag zum Nachweis einer Haftung gemäß „§ 62 Abs. 1 KFG 1967"** „ "* abgeschlossen wurde. (*BGBl I 2004/31; **BGBl I 2007/37)

(3) (aufgehoben, BGBl I 2007/37)

2. Abschnitt

Inhalt des Versicherungsvertrages

Umfang des Versicherungsschutzes

§ 2. (1) Die Versicherung umfaßt die Befriedigung begründeter und die Abwehr unbegründeter Ersatzansprüche, die auf Grund gesetzlicher Haftpflichtbestimmungen gegen den Versicherungsnehmer oder mitversicherte Personen erhoben werden, wenn durch die Verwendung des versicherten Fahrzeugs Personen verletzt oder getötet worden, Sachen beschädigt oder zerstört worden oder abhanden gekommen sind oder ein Vermögensschaden verursacht worden ist, der weder Personen- noch Sachschaden ist (bloßer Vermögensschaden).

(2) Mitversichert sind jedenfalls der Eigentümer, der Halter und Personen, die mit Willen des Halters bei der Verwendung des Fahrzeugs tätig sind oder mit dem Fahrzeug befördert werden oder die den Lenker einweisen.

(3) Soweit der Versicherungsschutz über den in diesem Bundesgesetz vorgeschriebenen Umfang hinausgeht, können auch solche Einschränkungen des Versicherungsschutzes rechtswirksam vereinbart werden, zu denen dieses Bundesgesetz sonst nicht berechtigt. Dies gilt nicht für die Vereinbarung höherer als der gesetzlich vorgeschriebenen Versicherungssummen. Auf die Einschränkungen muß der Versicherungsnehmer vor Vertragsabschluß ausdrücklich hingewiesen werden.

Örtlicher Geltungsbereich

§ 3. (1) Der örtliche Geltungsbereich der Versicherung erstreckt sich, unbeschadet einer darüber hinausgehenden Vereinbarung, auf Europa im geographischen Sinn, jedenfalls aber auf das Gebiet jener Staaten, die das „Übereinkommen zwischen den nationalen Versicherungsbüros der Mitgliedstaaten des Europäischen Wirtschaftsraums und anderen assoziierten Staaten vom 30. Mai 2002, ABl. Nr. L 192 vom 31. Juli 2003, S. 23," unterzeichnet haben. *(BGBl I 2004/31)*

(2) Im Gebiet jener Staaten, für die eine Internationale Versicherungskarte (Grüne Karte) ausgestellt wurde oder bei denen auf deren Vorlage auf Grund des „in Abs. 1 genannten Übereinkommens" verzichtet worden ist, erstreckt sich die Versicherung auf den in dem betreffenden Staat vorgeschriebenen, mindestens jedoch den im Versicherungsvertrag vereinbarten Umfang. *(BGBl I 2004/31)*

Ausschlüsse

§ 4. (1) Von der Versicherung dürfen nur ausgeschlossen werden

1. Ersatzansprüche des Eigentümers, des Halters und – bei Vermietung des Fahrzeuges ohne Beistellung eines Lenkers – des Mieters und der Personen, denen der Mieter das Fahrzeug überläßt, gegen mitversicherte Personen wegen Sach- oder bloßer Vermögensschäden,

2. Ersatzansprüche wegen Beschädigung, Zerstörung oder Abhandenkommens des versicherten Fahrzeuges,

3. Ersatzansprüche wegen Beschädigung, Zerstörung oder Abhandenkommens von mit dem versicherten Fahrzeug beförderten Sachen mit Ausnahme jener, die mit Willen des Halters beförderte Personen üblicherweise an sich tragen oder, sofern die Fahrt überwiegend der Personenbeförderung dient, als Gegenstände des persönlichen Bedarfs mit sich führen; dies gilt nicht für das nicht gewerbsmäßige Abschleppen betriebsunfähiger Fahrzeuge im Rahmen üblicher Hilfeleistung;

4. Ersatzansprüche aus der Verwendung des versicherten Fahrzeuges als ortsgebundene Kraftquelle oder zu ähnlichen Zwecken,

5. Ersatzansprüche aus der Verwendung des Fahrzeuges bei einer kraftfahrsportlichen Veranstaltung, bei der es auf die Erzielung einer Höchstgeschwindigkeit ankommt, oder ihren Trainingsfahrten,

6. Ersatzansprüche, die besonderen Bestimmungen über die Haftung für Nuklearschäden unterliegen.

(2) Auf nicht in Abs. 1 angeführte Ausschlußtatbestände kann sich der Versicherer nicht berufen. § 2 Abs. 3 ist jedoch anzuwenden.

Obliegenheiten vor Eintritt des Versicherungsfalls

§ 5. (1) Als Obliegenheit vor Eintritt des Versicherungsfalls darf nur vorgesehen werden,

1. mit dem Fahrzeug nicht eine größere Anzahl als die vereinbarte Höchstanzahl von Personen zu befördern,

2. Vereinbarungen über die Verwendung des Fahrzeuges einzuhalten,

3. im Fall der Zuweisung eines Wechselkennzeichens nur das Fahrzeug zu verwenden, an dem die Kennzeichentafeln angebracht sind,

4. daß der Lenker zum Lenken des Fahrzeugs kraftfahrrechtlich berechtigt ist,

5. daß der Lenker sich nicht in einem durch Alkohol oder Suchtgift beeinträchtigten Zustand im Sinn der Straßenverkehrsvorschriften befindet,

6. mit dem Kraftfahrzeug nicht eine größere Anzahl von Personen zu befördern, als nach den kraftfahrrechtlichen Vorschriften zulässig ist.

(2) Bei Verletzung der Obliegenheit gemäß Abs. 1 Z 1 oder 6 umfaßt die Leistungsfreiheit höchstens den Teil der Entschädigung, der dem Verhältnis der Anzahl der zu Unrecht beförderten Personen zur Anzahl der insgesamt beförderten Personen entspricht.

(3) Die Leistungspflicht bleibt jedenfalls in den Fällen der Abs. 1 Z 4 und 5 gegenüber anderen versicherten haftpflichtigen Personen als dem Lenker bestehen, sofern für diese die Obliegenheitsverletzung ohne Verschulden nicht erkennbar war.

(4) Eine Verletzung der Obliegenheit gemäß Abs. 1 Z 5 liegt nur vor, wenn im Spruch oder in der Begründung einer rechtskräftigen verwaltungsbehördlichen oder gerichtlichen Entscheidung festgestellt wird, daß das Fahrzeug in einem durch Alkohol oder Suchtgift beeinträchtigten Zustand gelenkt wurde.

(5) Auf nicht in Abs. 1 angeführte Obliegenheiten vor Eintritt des Versicherungsfalls kann sich der Versicherer nicht berufen. § 2 Abs. 3 ist jedoch anzuwenden.

Anzeigepflicht

§ 6. (1) Nach Eintritt eines Versicherungsfalls besteht für den Versicherungsnehmer die Obliegenheit, dem Versicherer längstens innerhalb einer Woche ab Kenntnis anzuzeigen

1. den Versicherungsfall unter möglichst genauer Angabe des Sachverhalts,

2. die Anspruchserhebung durch den geschädigten Dritten,

3. die Einleitung eines gerichtlichen oder behördlichen Verfahrens.

(2) Abs. 1 Z 1 und 2 gilt nicht, soweit der Versicherungsnehmer dem Geschädigten den Schaden selbst ersetzt.

Obliegenheiten und Gefahrerhöhung

§ 7. (1) Die Leistungsfreiheit wegen Verletzung einer Obliegenheit oder einer Erhöhung der Gefahr beträgt höchstens je „11 000 Euro", für jeden Versicherungsfall insgesamt höchstens „22 000 Euro". *(BGBl I 2001/98)*

(2) Die Beschränkung der Leistungsfreiheit gemäß Abs. 1 kann, wenn die Obliegenheit in der Absicht verletzt wurde, sich oder einem Dritten rechtswidrig einen Vermögensvorteil zu verschaffen, im Umfang dieses Vermögensvorteils entfallen. Wenn der Versicherungsnehmer einen Entschädigungsanspruch ganz oder teilweise anerkannt „ " oder die Führung eines Rechtsstreits nicht dem Versicherer überlassen hat, kann die Leistungsfreiheit jedenfalls bis zur Höhe des dem Versicherer dadurch entstandenen Vermögensnachteils ausgedehnt werden. *(BGBl I 2002/76)*

Anhänger

§ 8. (1) Die Versicherung von Anhängern umfaßt auch mit dem Ziehen des Anhängers durch das Zugfahrzeug zusammenhängende Versicherungsfälle

1. hinsichtlich der Ersatzansprüche von Insassen eines Omnibusanhängers oder

2. hinsichtlich der Schäden durch das mit einem Anhänger zur Beförderung gefährlicher Güter beförderte gefährliche Gut, insoweit die Versicherungssumme für den Anhänger die Versicherungssumme für das Zugfahrzeug übersteigt.

(2) Im Fall des Abs. 1 sind die durch den Versicherungsvertrag über das Zugfahrzeug versicherten Personen mitversichert.

Versicherungssumme

§ 9. (1) Der Versicherer hat unbeschadet einer darüber hinausgehenden Vereinbarung, in jedem Versicherungsfall Versicherungsleistungen bis zu dem sich aus den folgenden Bestimmungen ergebenden Betrag zu erbringen (gesetzliche Versicherungssumme).

(2) Vorbehaltlich der Abs. 5 und 6 ist die gesetzliche Versicherungssumme eine Pauschalversicherungssumme, die Personenschäden und Sachschäden umfasst. *(BGBl I 2007/37)*

(3) Die Pauschalversicherungssumme beträgt

1. für Omnibusse mit nicht mehr als 19 Plätzen (Sitz- und Stehplätzen) außer dem Lenkerplatz sowie Lastkraftwagen mit mehr als acht, jedoch nicht mehr als 19 Plätzen außer dem Lenkerplatz „15 580 000 Euro", *(BGBl I 2021/245, ab 1. 4. 2022, s § 37a Abs 13)*

2. für Omnibusse und Lastkraftwagen mit mehr als 19 Plätzen für je weitere angefangene fünf Plätze zusätzlich „3 900 000 Euro", *(BGBl I 2021/245, ab 1. 4. 2022, s § 37a Abs 13)*

3. für Omnibusanhänger mit nicht mehr als zehn Plätzen „7 790 000 Euro" und für je weitere angefangene fünf Plätze zusätzlich „3 900 000 Euro", *(BGBl I 2021/245, ab 1. 4. 2022, s § 37a Abs 13)*

4. für alle anderen Fahrzeuge „7 790 000 Euro". *(BGBl I 2021/245, ab 1. 4. 2022, s § 37a Abs 13)*
(BGBl I 2011/138)

(4) Innerhalb der Pauschalversicherungssumme sind jedenfalls

1. alle Personenschäden

a) bei Omnibussen mit nicht mehr als 19 Plätzen (Sitz- und Stehplätzen) außer dem Lenkerplatz sowie Lastkraftwagen mit mehr als acht, jedoch nicht mehr als 19 Plätzen außer dem Lenkerplatz bis zu „14 240 000 Euro", *(BGBl I 2021/245, ab 1. 4. 2022, s § 37a Abs 13)*

b) bei Omnibussen und Lastkraftwagen mit mehr als 19 Plätzen für je weitere angefangene fünf Plätze bis zu „3 900 000 Euro", *(BGBl I 2021/245, ab 1. 4. 2022, s § 37a Abs 13)*

c) bei Omnibusanhängern mit nicht mehr als zehn Plätzen bis zu „6 450 000 Euro" und für je weitere angefangene fünf Plätze zusätzlich bis zu „3 900 000 Euro", *(BGBl I 2021/245, ab 1. 4. 2022, s § 37a Abs 13)*

d) bei allen anderen Fahrzeugen bis zu „6 450 000 Euro", *(BGBl I 2021/245, ab 1. 4. 2022, s § 37a Abs 13)*

2. alle Sachschäden bis zu „1 340 000 Euro" *(BGBl I 2021/245, ab 1. 4. 2022, s § 37a Abs 13)*

voll zu decken. *(BGBl I 2011/138)*

(5) Zusätzlich zur Pauschalversicherungssumme beträgt die gesetzliche Versicherungssumme für bloße Vermögenschäden „80 000 Euro". *(BGBl I 2011/138; BGBl I 2017/19, ab 1. 1. 2017)*

(6) Für Fahrzeuge, mit denen gefährliche Güter gemäß den in § 2 Z 1 des Gefahrgutbeförderungsgesetzes, BGBl. I Nr. 145/1998, angeführten Vorschriften befördert werden und die gemäß diesen Vorschriften zu kennzeichnen sind, beträgt die gesetzliche Versicherungssumme

1. für die Tötung oder Verletzung einer Person „7 790 000 Euro", *(BGBl I 2021/245, ab 1. 4. 2022, s § 37a Abs 13)*

2. für die Tötung oder Verletzung mehrerer Personen „15 580 000 Euro", *(BGBl I 2021/245, ab 1. 4. 2022, s § 37a Abs 13)*

3. für Sachschäden insgesamt „15 580 000 Euro", *(BGBl I 2021/245, ab 1. 4. 2022, s § 37a Abs 13)*

4. für bloße Vermögenschäden „80 000 Euro". *(BGBl I 2017/19, ab 1. 1. 2017)*
(BGBl I 2011/138)

Rentenzahlungen

§ 10. Hat der Versicherer Rentenzahlungen zu leisten und übersteigt der Kapitalwert der Rente die Versicherungssumme oder den nach Abzug sonstiger Leistungen aus demselben Versicherungsfall noch verbleibenden Restbetrag der Versicherungssumme, so gebührt die Rente nur im Verhältnis der Versicherungssumme oder ihres Restbetrages zum Kapitalwert der Rente. Der Ermittlung des Kapitalwerts ist die Allgemeine Sterbetafel für Österreich und ein Zinsfuß von 3 vH zugrunde zu legen.

3. Abschnitt

Sonstige Vorschriften für den Versicherungsvertrag

Rechtsstellung der mitversicherten Personen

§ 11. (1) Hinsichtlich der mitversicherten Personen ist die Versicherung für fremde Rechnung geschlossen.

(2) Die mitversicherten Personen können ihre Ansprüche selbständig geltend machen. § 75 Abs. 2 des Versicherungsvertragsgesetzes 1958, BGBl. Nr. 2/1959, ist nicht anzuwenden.

(3) Der Versicherer kann eine gemäß § 24 Abs. 4 auf ihn übergegangene Forderung des geschädigten Dritten nur gegen einen Versicherten geltend machen, der durch sein Verhalten die Freiheit des Versicherers von der Verpflichtung zur Leistung herbeigeführt hat.

Schadenersatzbeitrag

§ 12. Ist vereinbart, daß der Versicherungsnehmer dem Versicherer die Ersatzleistung, die dieser zu seinen Lasten erbracht hat, bis zu einem bestimmten Umfang zu erstatten hat (Schadenersatzbeitrag), so gelten hiefür dieselben Verzugsfolgen wie für Folgeprämien. Der Schadenersatzbeitrag ist Versicherungsentgelt im Sinn des Versicherungssteuergesetzes 1953, BGBl. Nr. 133.

Interessenkollision

§ 13. Hat der Versicherer in einem Versicherungsfall dem geschädigten Dritten ebenfalls Versicherungsschutz aus einer Haftpflichtversicherung zu gewähren, so kann sich der Versicherungsnehmer oder die mitversicherte Person in einem vom geschädigten Dritten angestrengten Rechtsstreit auf Kosten des Versicherers von einem Rechtsanwalt seiner Wahl vertreten lassen, der im Sprengel des für das Verfahren zuständigen Gerichts seinen Sitz hat. Entgegenstehende Vereinbarungen sind auf diesen Fall nicht anzuwenden.

Laufzeit

§ 14. (1) Der Versicherungsvertrag endet, wenn er

1. mit einem Monatsersten, 0 Uhr, begonnen hat, ein Jahr nach diesem Zeitpunkt,

2. zu einem anderen Zeitpunkt begonnen hat, mit dem nächstfolgenden Monatsersten, 0 Uhr, nach Ablauf eines Jahres,

es sei denn, es wurde eine kürzere Laufzeit als ein Jahr vereinbart.

(2) Der Versicherungsvertrag verlängert sich um jeweils ein Jahr, wenn er nicht spätestens einen Monat vor Ablauf schriftlich gekündigt worden ist. Beträgt die Laufzeit weniger als ein Jahr, so endet der Vertrag, ohne daß es einer Kündigung bedarf.

Kündigungsrecht bei Prämienerhöhung

§ 14a. (1) Übt der Versicherer ein Recht zur einseitigen Erhöhung der vereinbarten Prämie aus, so kann der Versicherungsnehmer den Versicherungsvertrag binnen eines Monats kündigen. Die Frist zur Ausübung des Kündigungsrechts beginnt zu laufen, sobald der Versicherer dem Versicherungsnehmer die erhöhte Prämie und den Grund der Erhöhung mitgeteilt hat. Die Kündigung wird mit Ablauf eines Monats wirksam, frühestens jedoch mit dem Wirksamwerden der Prämienerhöhung.

(2) Der Versicherer hat in der Mitteilung dem Versicherungsnehmer den Grund der Erhöhung klar und verständlich zu erläutern. Zudem hat er den Versicherungsnehmer auf dessen Kündigungsrecht hinzuweisen, sofern er die Prämienerhöhung nicht bloß auf die Entwicklung eines von der Bundesanstalt Statistik Austria verlautbarten Verbraucherpreisindex (§ 14b Abs. 1) stützt. *(BGBl I 2004/115)*

(BGBl 1995/258)

Prämienanpassungsklauseln

§ 14b. (1) In vertraglichen Prämienanpassungsklauseln kann als Maßstab für Prämienänderungen ein von der Bundesanstalt Statistik Austria verlautbarter Verbraucherpreisindex herangezogen werden. Allgemeine Vorschriften über Vertragsbestimmungen, die eine Änderung des Entgelts vorsehen, bleiben unberührt. *(BGBl I 2004/115)*

(2) Prämienerhöhungen aufgrund von vertraglichen Prämienanpassungsklauseln können rechtswirksam frühestens nach einem Jahr ab Versicherungsbeginn und in der Folge nicht in kürzeren als einjährigen Abständen vorgenommen werden. *(BGBl I 2007/37)*

(3) Die Erklärung einer rückwirkenden Erhöhung der Prämie ist unwirksam; die Erklärung wirkt erst ab ihrem Zugang an den Versicherungsnehmer.

(BGBl 1995/258)

Änderungen des Versicherungsvertrages

§ 15. (1) Ändert sich der Versicherungsvertrag auf Grund einer Änderung des 2. Abschnitts, so kann der Versicherer unter Bedachtnahme auf eine dadurch eingetretene Änderung der von ihm getragenen Gefahr die Prämie innerhalb dreier Monate mit Wirkung ab Änderung des Versicherungsvertrages neu festsetzen.

(2) Dem Versicherer oder dem Versicherungsnehmer gebührt der anteilige Unterschiedsbetrag zwischen vereinbarter und neuer Prämie für den Rest der laufenden Versicherungsperiode.

(3) *(aufgehoben, BGBl 1995/258)*

Bescheinigung des Schadenverlaufs

§ 16. Der Versicherer hat dem Versicherungsnehmer auf dessen Antrag jederzeit innerhalb von zwei Wochen eine Bescheinigung über die innerhalb der letzten fünf Jahre der Vertragslaufzeit gedeckten Ansprüche von Geschädigten oder die Schadenfreiheit in diesem Zeitraum auszustellen.

(BGBl I 2007/37)

Bestandübertragung

§ 17. (1) Wird ein Bestand an Kraftfahrzeug-Haftpflichtversicherungsverträgen mit Genehmigung der zuständigen „Aufsichtsbehörde" zu Zwecken der Sanierung auf ein anderes Versicherungsunternehmen übertragen, so ist das übernehmende Versicherungsunternehmen berechtigt, auf die übernommenen Versicherungsverträge vom Beginn der nächsten Versicherungsperiode an die von ihm allgemein verwendeten Tarife und Versicherungsbedingungen anzuwenden. *(BGBl I 2001/97)*

(2) Wird die Prämie auf Grund des Abs. 1 erhöht oder ändern sich auf Grund dieser Bestimmung die für den Vertrag geltenden Versicherungsbedingungen, so hat der Versicherer dies dem Versicherungsnehmer unter Angabe des Unterschiedsbetrages der Prämie oder der Änderungen der Versicherungsbedingungen spätestens einen Monat vor dem Ende der Versicherungsperiode mitzuteilen. Neue Versicherungsbedingungen sind dem Versicherungsnehmer gleichzeitig auszufolgen. Der Versicherungsnehmer kann den Versicherungsvertrag, sobald er diese Mitteilung erhalten hat, zum Ende der Versicherungsperiode kündigen. „§ 14a ist nicht anzuwenden." *(BGBl 1995/258)*

4. Abschnitt
Besondere Vorschriften für die Pflichtversicherung

Versicherungsbedingungen

§ 18. (1) Die Versicherungsbedingungen sind der „FMA"* „ "** mitzuteilen. Hiezu gehören alle Regelungen, die sich nicht auf die bloße Festsetzung von Prämienbeträgen, Prämiensätzen oder Schadenersatzbeiträgen beschränken. Die Versicherungsbedingungen dürfen erst nach Ablauf von drei Monaten, nachdem sie der „FMA"* mitgeteilt worden sind, verwendet werden. *(BGBl I 1997/71; * BGBl I 2001/97; ** BGBl I 2007/37)*

(2) Versicherungsverträge dürfen nur unter Zugrundelegung von Versicherungsbedingungen abgeschlossen werden, die der „FMA" mitgeteilt worden sind. Die Rechtswirksamkeit der Versicherungsverträge wird dadurch nicht berührt. *(BGBl I 2001/97)*

(3) Auf den dem Versicherungsnehmer ausgefolgten Versicherungsbedingungen ist anzugeben, wann die Versicherungsbedingungen der „FMA" mitgeteilt worden sind *(BGBl I 2001/97)*

(4) Weichen die vom Versicherungsunternehmen verwendeten Versicherungsbedingungen von Musterbedingungen „des Fachverbandes der Versicherungsunternehmen" ab, so ist in den dem Versicherungsnehmer ausgefolgten Versicherungsbedingungen auf diese Abweichungen von den Musterbedingungen ausdrücklich hinzuweisen. *(BGBl I 2010/107)*

Auflegungspflicht

§ 19. (1) Versicherungsunternehmen, die im Inland ihren Sitz oder eine Zweigniederlassung haben, haben die der „FMA" gemäß § 18 Abs. 1 mitgeteilten Versicherungsbedingungen, die sie verwenden, und die vollständigen von ihnen allgemein verwendeten Tarife am Sitz des Unternehmens oder der Zweigniederlassung sowie in allen Betriebsstätten zur Einsichtnahme aufzulegen. *(BGBl I 2001/97)*

(2) Betreibt ein Versicherungsunternehmen die Kraftfahrzeug-Haftpflichtversicherung im Dienstleistungsverkehr und verfügt es über Betriebsstätten im Inland, so hat es die in Abs. 1 angeführten Unterlagen in allen Betriebsstätten zur Einsichtnahme aufzulegen. Verfügt es über keine Betriebsstätten im Inland, so hat es dafür zu sorgen, daß die in Abs. 1 angeführten Unterlagen am Sitz oder Hauptwohnsitz des Schadenregulierungsbeauftragten (§ 31 Abs. 1) zur Einsichtnahme aufliegen.

(BGBl I 1997/71)

Vorläufige Deckung

§ 20. (1) Die Ausstellung der Versicherungsbestätigung gemäß § 61 Abs. 1 KFG 1967 bewirkt die Übernahme einer vorläufigen Deckung.

(2) Der Versicherer ist berechtigt, die vorläufige Deckung mit einer Frist von mindestens zwei Wochen zu kündigen. Dem Versicherer gebührt die auf die Dauer der vorläufigen Deckung entfallende anteilige Prämie.

(3) § 1a Abs. 2 des Versicherungsvertragsgesetzes 1958 ist nicht anzuwenden.

Anspruchsverzicht

§ 21. (1) Verzichtet der Versicherungsnehmer rechtswirksam auf Ansprüche auf Ersatz von Mietkosten eines Ersatzfahrzeuges einschließlich eines Taxis und des Verdienstentganges wegen der Nichtbenützbarkeit des Fahrzeuges, die ihm gegen Personen zustehen, die durch einen Haftpflichtversicherungsvertrag für ein unter § 59 Abs. 1 KFG 1967 fallendes Fahrzeug versichert sind, so gebührt ihm ein Nachlaß von 20 vH von der vereinbarten Prämie.

(2) Die Rechtswirksamkeit des Verzichts gemäß Abs. 1 wird nicht dadurch gehindert, dass der Verzicht sich nicht auf Ansprüche körperbehinderter Lenker von Ausgleichskraftfahrzeugen oder von Personen- oder Kombinationskraftwagen erstreckt, die entsprechend einer Auflage oder Beschränkung in einer gemäß § 5 Abs. 5 Führerscheingesetz (FSG) wegen einer Behinderung im Sinn des § 6 Abs. 1 Z 3 oder 5 Führerscheingesetz-Gesundheitsverordnung (FSG-GV), eingeschränkt erteilten Lenkberechtigung umgebaut worden sind. *(BGBl I 2007/37)*

(3) Der Verzicht gemäß Abs. 1 ist nur rechtswirksam, wenn

1. sich der Versicherungsnehmer verpflichtet, auch die mitversicherten Personen zum Verzicht auf die gleichen Ersatzansprüche zu veranlassen,

2. sich der Verzicht auch auf die Ansprüche gegen den entschädigungspflichtigen Versicherten

erstreckt, soweit diesem ein Deckungsanspruch aus dem Versicherungsvertrag zusteht.

(4) Hat der geschädigte Versicherungsnehmer einen Verzicht gemäß Abs. 1 nicht geleistet, so steht dem Versicherer des Schädigers im Schadenfall der Ersatz seiner durch die Abgeltung der in Abs. 1 angeführten Ansprüche entstandenen Aufwendungen durch den Versicherer des Geschädigten zu.

Grenzversicherung

§ 22. (1) Die Leistungspflicht des Versicherers aus Versicherungsverträgen gemäß § 1 Abs. 2 (Grenzversicherung) beschränkt sich auf den den Vorschriften dieses Bundesgesetzes entsprechenden Umfang. Der örtliche Geltungsbereich kann abweichend von § 3 Abs. 1 auf das Gebiet der Vertragstaaten des Abkommens über den Europäischen Wirtschaftsraum, BGBl. Nr. 909/1993, eingeschränkt werden.

(2) und (3) *(aufgehoben, BGBl I 2004/31)*

(4) Grenzversicherungsverträge werden vom Verband der Versicherungsunternehmen Österreichs für Rechnung derjenigen Versicherungsunternehmen abgeschlossen, die die Kraftfahrzeug-Haftpflichtversicherung im Inland betreiben dürfen. Diese Versicherungsunternehmen sind im Verhältnis ihres Prämienaufkommens aus der Kraftfahrzeug-Haftpflichtversicherung in jedem Kalenderjahr zum gesamten Prämienaufkommen aller beteiligten Versicherungsunternehmen aus dieser Versicherung als Mitversicherer an den Versicherungsverträgen beteiligt.

Gerichtsstand

§ 23. Der Versicherungsnehmer und die mitversicherten Personen können Ansprüche aus dem Versicherungsvertrag auch bei den Gerichten geltend machen, in deren Sprengel der Versicherungsnehmer seinen Wohnsitz oder seinen Sitz im Inland hat.

Rechte des geschädigten Dritten

§ 24. (1) Ist der Versicherer von der Verpflichtung zur Leistung dem Versicherungsnehmer gegenüber ganz oder teilweise frei, so bleibt gleichwohl seine Verpflichtung in Ansehung des Dritten bestehen.

(2) Ein Umstand, der das Nichtbestehen oder die Beendigung des Versicherungsverhältnisses zur Folge hat, wirkt in Ansehung des Dritten erst nach Ablauf von drei Monaten, nachdem der Versicherer diesen Umstand gemäß § 61 Abs. 4 KFG 1967 angezeigt hat. Das gleiche gilt, wenn das Versicherungsverhältnis durch Zeitablauf endet. Der Lauf der Frist beginnt nicht vor der Beendigung des Versicherungsverhältnisses.

(3) Die Leistungspflicht des Versicherers beschränkt sich auf den den Vorschriften dieses Bundesgesetzes entsprechenden Umfang. Sie besteht nicht, insoweit ein anderer Haftpflichtversicherer zur Leistung verpflichtet ist.

(4) Soweit der Versicherer den Dritten auf Grund „des Abs. 1 oder 2" befriedigt, geht die Forderung des Dritten gegen den Versicherungsnehmer auf ihn über. Der Übergang kann nicht zum Nachteil des Dritten geltend gemacht werden. *(BGBl 1995/258)*

(5) Die §§ 158c und 158f des Versicherungsvertragsgesetzes 1958 sind nicht anzuwenden.

Außergewöhnliche Risken

§ 25. (1) Fahrzeugbesitzer, die nachweisen können, daß drei Versicherungsunternehmen, die die Kraftfahrzeug-Haftpflichtversicherung im Inland betreiben dürfen, den Abschluß eines Versicherungsvertrages für ein der Versicherungspflicht unterliegendes Fahrzeug abgelehnt haben, haben gegenüber dem Fachverband der „Versicherungsunternehmen" den Anspruch, daß ihnen ein Versicherer zugewiesen wird. Die Versicherungsunternehmen, die den Abschluß des Versicherungsvertrages ablehnen, haben darüber eine schriftliche Bestätigung auszustellen. *(BGBl I 2010/107)*

(2) Als Versicherer darf nur ein Versicherungsunternehmen zugewiesen werden, das „gemäß § 6 Abs. 1 des Versicherungsaufsichtsgesetzes 2016 (VAG 2016), BGBl. I Nr. 34/2015," zum Betrieb der Kraftfahrzeug-Haftpflichtversicherung zugelassen ist oder diese im Dienstleistungsverkehr im Inland betreibt. *(BGBl I 2015/34)*

(3) Das Versicherungsunternehmen, das dem Fahrzeugbesitzer zugewiesen wurde, ist verpflichtet, für das betreffende Fahrzeug einen Versicherungsvertrag in dem in diesem Bundesgesetz vorgeschriebenen Umfang abzuschließen.

(4) Für einen Versicherungsvertrag gemäß Abs. 3 kann entsprechend einer vom Versicherer getragenen Gefahr entweder

1. ein Zuschlag zu der sich aus seinem allgemein verwendeten Tarif ergebenden Prämie von höchstens 50 vH oder

2. ein Schadenersatzbeitrag vorgesehen werden, der für ein Versicherungsjahr das Ausmaß der Jahresprämie nicht übersteigen darf.

5. Abschnitt
Direktes Klagerecht

Anspruchsberechtigung

§ 26. Der geschädigte Dritte kann den ihm zustehenden Schadenersatzanspruch im Rahmen des betreffenden Versicherungsvertrages auch gegen den Versicherer geltend machen. Der Versicherer und der ersatzpflichtige Versicherte haften als Gesamtschuldner.

Verjährung

§ 27. (1) Der Schadenersatzanspruch des geschädigten Dritten gegen den Versicherer unterliegt der gleichen Verjährung wie der Schadenersatzanspruch gegen den ersatzpflichtigen Versicherten. Die Verjährung beginnt mit dem Zeitpunkt, mit dem die Verjährung des Schadenersatzanspruches gegen den ersatzpflichtigen Versicherten beginnt, endet jedoch spätestens zehn Jahre nach dem Schadenereignis.

(2) Ist der Schadenersatzanspruch des geschädigten Dritten dem Versicherer gemeldet worden, so ist die Verjährung bis zur Zustellung einer schriftlichen Erklärung des Versicherers, daß er den Schadenersatzanspruch ablehnt, gehemmt. Weitere Anmeldungen desselben Schadenersatzanspruches hemmen die Verjährung jedoch nicht. Die Hemmung oder die Unterbrechung der Verjährung des Schadenersatzanspruches gegen den ersatzpflichtigen Versicherten bewirkt auch die Hemmung oder die Unterbrechung der noch laufenden Verjährung des Schadenersatzanspruches gegen den Versicherer und umgekehrt.

Urteilswirkung

§ 28. Soweit durch rechtskräftiges Urteil ein Schadenersatzanspruch des geschädigten Dritten aberkannt wird, wirkt das Urteil, wenn es zwischen dem geschädigten Dritten und dem Versicherer ergeht, auch zugunsten des Versicherten; wenn es zwischen dem geschädigten Dritten und dem Versicherten ergeht, wirkt es auch zugunsten des Versicherers.

Pflichten des geschädigten Dritten

§ 29. (1) Der geschädigte Dritte, der seinen Schadenersatzanspruch gegen den ersatzpflichtigen Versicherten oder gegen den Versicherer geltend machen will, hat diesem das Schadenereignis binnen vier Wochen von dem Zeitpunkt an schriftlich anzuzeigen, zu dem er von der Person des Versicherers Kenntnis erhalten hat oder erhalten hätte müssen. Wenn er den Schadenersatzanspruch gegen den ersatzpflichtigen Versicherten gerichtlich geltend macht, hat er dies dem Versicherer unverzüglich schriftlich anzuzeigen.

(2) Der Versicherer kann vom geschädigten Dritten Auskunft verlangen, soweit sie zur Feststellung des Schadenereignisses und der Höhe des Schadens erforderlich und dem geschädigten Dritten zumutbar ist. Zur Vorlage von Belegen ist der geschädigte Dritte nur insoweit verpflichtet, als ihm die Beschaffung zugemutet werden kann.

(3) Verletzt der geschädigte Dritte die Pflichten gemäß Abs. 1 und 2, so beschränkt sich die Haftung des Versicherers auf den Betrag, den er auch bei gehöriger Erfüllung der Pflichten zu leisten gehabt hätte. Diese Rechtsfolge tritt bezüglich der Pflichten gemäß Abs. 2 nur ein, wenn der Versicherer den geschädigten Dritten vorher ausdrücklich schriftlich auf die Folgen der Verletzung hingewiesen hat.

(4) Abs. 3 erster Satz gilt auch, wenn der Versicherungsnehmer mit dem Dritten ohne Einwilligung des Versicherers einen Vergleich abschließt oder dessen Anspruch anerkennt; § 154 Abs. 2 des Versicherungsvertragsgesetzes 1958 ist anzuwenden.

(5) Die §§ 158d und 158e des Versicherungsvertragsgesetzes 1958 sind nicht anzuwenden.

Pflichten des Versicherers

§ 29a. (1) Der Versicherer oder sein „gemäß § 100 VAG 2016" bestellter Schadenregulierungsbeauftragter sind verpflichtet, dem geschädigten Dritten innerhalb von drei Monaten ab dem Zeitpunkt, in dem dieser ihm das Schadenereignis angezeigt hat, die Ersatzleistung anzubieten, wenn diese dem Grunde und der Höhe nach nicht bestritten wird. *(BGBl I 2015/34)*

(2) Bestreiten der Versicherer oder sein Schadenregulierungsbeauftragter die Pflicht zur Erbringung einer Ersatzleistung oder sind die Erhebungen zur Feststellung der Ersatzpflicht innerhalb der in Abs. 1 angeführten Frist noch nicht abgeschlossen, so haben sie dies gegenüber dem geschädigten Dritten innerhalb der in Abs. 1 angeführten Frist schriftlich zu begründen.

(3) Sind die Erhebungen zur Feststellung der Ersatzpflicht innerhalb der in Abs. 1 angeführten Frist noch nicht abgeschlossen, so kann der geschädigte Dritte in Anrechnung auf seine Gesamtforderung Abschlagszahlungen in der Höhe des Betrages verlangen, den der Versicherer nach Lage des Falles mindestens zu zahlen hat.

(4) Kommen der Versicherer oder sein Schadenregulierungsbeauftragter ihrer Pflicht gemäß Abs. 1 und 2 nicht nach, so gebühren dem geschädigten Dritten die gesetzlichen Verzugszinsen spätestens ab dem Zeitpunkt des Ablaufes der Frist gemäß Abs. 1.

(5) Die Abs. 1 bis 4 gelten auch für die Leistungsverpflichtungen des Verbandes der Versicherungsunternehmen Österreichs gegenüber geschädigten Dritten auf Grund des Übereinkommens zwischen den nationalen Versicherungsbüros der Mitgliedstaaten des Europäischen Wirtschaftsraums und anderen assoziierten Staaten vom 30. Mai 2002 (ABl. Nr. L 192 vom 31.7.2003, S. 23). *(BGBl I 2007/37)*

(BGBl I 2002/11)

Schadenregulierungsbeauftragter

§ 29b. (1) Das Recht von Geschädigten mit Wohnsitz oder Sitz in anderen Vertragsstaaten, Ansprüche auf Ersatzleistung unmittelbar gegen den Schädiger oder den Versicherer geltend zu machen, wird durch die Befugnisse des „gemäß § 100 VAG 2016" bestellten Schadenregulierungsbeauftragten nicht berührt. *(BGBl I 2015/34)*

(2) Die Pflichten des geschädigten Dritten gegenüber dem Versicherer (§ 29) können auch gegenüber dem Schadenregulierungsbeauftragten „gemäß § 100 VAG 2016" erfüllt werden. *(BGBl I 2015/34)*

(BGBl I 2002/11)

6. Abschnitt

Vorschriften für den EWR

Pflichten der Versicherungsunternehmen

§ 30. (1) Folgende Versicherungsverträge dürfen von Versicherungsunternehmen, die ihren Sitz in einem Vertragsstaat des Abkommens über den Europäisch Wirtschaftsraum haben, „über eine Zweigniederlassung oder" im Dienstleistungsverkehr nur abgeschlossen werden, wenn das Versicherungsunternehmen sich an Einrichtungen, die dem Nachweis einer Haftung gemäß § 62 Abs. 1 KFG 1967 dienen, in gleicher Weise beteiligt wie Versicherungsunternehmen, die im Inland ihren Sitz oder eine Zweigniederlassung haben:

1. Versicherungsverträge, die der Erfüllung der Versicherungspflicht dienen (§ 59 Abs. 1 KFG 1967),

2. Versicherungsverträge für Fahrzeuge, die gemäß § 59 Abs. 2 KFG 1967 von der Versicherungspflicht ausgenommen sind, wenn sie bei nicht unter diese Bestimmung fallenden Fahrzeugen der Erfüllung der Versicherungspflicht dienen würden.
(BGBl I 1997/71; BGBl I 2002/46)

(2) Unbeschadet sonstiger Erfordernisse darf der Betrieb „über eine Zweigniederlassung oder" im Dienstleistungsverkehr erst aufgenommen werden, wenn das Versicherungsunternehmen seine Beteiligung an der Einrichtung gemäß Abs. 1 vollzogen hat. *(BGBl I 2002/46)*

Schadenregulierungsvertreter

§ 31. (1) Die Kraftfahrzeug-Haftpflichtversicherung darf im Dienstleistungsverkehr im Inland nur betrieben werden, solange für diesen Betrieb ein Schadenregulierungsvertreter „gemäß Art. 152 der Richtlinie 2009/138/EG betreffend die Aufnahme und Ausübung der Versicherungs- und Rückversicherungstätigkeit (Solvabilität II) (Neufassung), ABl. Nr. L 335 vom 17.12.2009 S. 1, zuletzt geändert durch die Richtlinie 2014/51/EU, ABl. Nr. L 153 vom 22.05.2014 S. 1," bestellt ist. *(BGBl I 2015/34)*

(2) Unbeschadet sonstiger Erfordernisse darf der Betrieb der Kraftfahrzeug-Haftpflichtversicherung im Dienstleistungsverkehr erst aufgenommen werden, wenn das Versicherungsunternehmen einen Schadenregulierungsvertreter im Inland bestellt hat.

(3) Dem Versicherungsnehmer sind vor Abschluss des Versicherungsvertrages Name und Anschrift des Schadenregulierungsvertreters mitzuteilen. Wenn dem Versicherungsnehmer Unterlagen zur Verfügung gestellt werden, so muss diese Mitteilung darin enthalten sein. Während der Laufzeit des Versicherungsvertrages ist dem Versicherungsnehmer jede Änderung der Person oder der Anschrift des Schadenregulierungsvertreters unverzüglich mitzuteilen.

(4) Ansprüche auf die Ersatzleistung können außer gegen den Schädiger und den Versicherer bei im Dienstleistungsverkehr abgeschlossenen Verträgen auch gegen den Schadenregulierungsvertreter geltend gemacht werden.

(5) Die Pflichten des geschädigten Dritten gegenüber dem Versicherer (§ 29) können auch gegenüber dem Schadenregulierungsvertreter erfüllt werden.

(BGBl I 2002/46)

6a. Versicherungsregister

Inländische Fahrzeuge

§ 31a. (1) Der Fachverband der Versicherungsunternehmen hat nach Maßgabe der nachstehenden Vorschriften ein Register über die Haftpflichtversicherung für die im Inland zugelassenen Fahrzeuge zu führen und den hiezu berechtigten Personen Auskünfte aus diesem Register zu erteilen. In das Register ist auch die Bewilligung von Probefahrten und, sofern gemäß § 46 Abs. 2 erster Satz KFG 1967 eine Versicherungsbestätigung beizubringen ist, von Überstellungsfahrten einzutragen.

(2) Das Register hat folgende Angaben zu enthalten:

1. das Kennzeichen,

2. die Nummer der Versicherungsbestätigung (§ 61 Abs. 1 KFG 1967) über den zur Erfüllung der Versicherungspflicht (§ 59 Abs. 1 KFG 1967) abgeschlossenen Versicherungsvertrag und, wenn der Versicherungsvertrag nicht mehr besteht, den Zeitpunkt, zu dem der Versicherungsschutz in Ansehung des Dritten endet (§ 24 Abs. 2 dieses Bundesgesetzes),

3. das Versicherungsunternehmen, mit dem der Versicherungsvertrag zur Erfüllung der Versicherungspflicht abgeschlossen worden ist, und die für die anderen Vertragsstaaten „gemäß § 100 VAG 2016" bestellten Schadenregulierungsbeauftragten, *(BGBl I 2015/34)*

4. bei Fahrzeugen, die gemäß § 59 Abs. 2 KFG 1967 von der Versicherungspflicht ausgenommen sind, die Gebietskörperschaft oder das Unternehmen, die das Fahrzeug besitzen, und, wenn eine

Kraftfahrzeug-Haftpflichtversicherung abgeschlossen wurde, das Versicherungsunternehmen.

(3) Die Angaben gemäß Abs. 2 sind bis zum Ablauf von sieben Jahren nach Ablauf, Erlöschen oder Aufhebung der Zulassung oder nach Beendigung des Versicherungsvertrages aufzubewahren.

(4) Der Fachverband der Versicherungsunternehmen hat Personen, die mit einem im Inland zugelassenen Fahrzeug geschädigt wurden, auf Grund einer innerhalb von sieben Jahren nach dem Schadenereignis eingelangten Anfrage Auskunft zu geben über

1. Namen und Anschrift des Versicherungsunternehmens, mit dem der Versicherungsvertrag zur Erfüllung der Versicherungspflicht abgeschlossen worden ist,

2. die Nummer der Versicherungsbestätigung über den zur Erfüllung der Versicherungspflicht abgeschlossenen Versicherungsvertrag,

3. Namen und Anschrift des „gemäß § 100 VAG 2016" für den Staat, in dem der Geschädigte seinen Wohnsitz oder Sitz hat, bestellten Schadenregulierungsbeauftragten, *(BGBl I 2015/34)*

4. bei Fahrzeugen, die gemäß § 59 Abs. 2 KFG 1967 von der Versicherungspflicht ausgenommen sind,

a) Namen und Anschrift der Gebietskörperschaft oder des Unternehmens, die das Fahrzeug besitzen, und deren Eintrittspflicht für mit diesen Fahrzeugen verursachte Schäden oder

b) wenn eine Kraftfahrzeug-Haftpflichtversicherung abgeschlossen wurde, Namen und Anschrift des Versicherungsunternehmens sowie des „gemäß § 100 VAG 2016" für den Staat, in dem der Geschädigte seinen Wohnsitz oder Sitz hat, bestellten Schadenregulierungsbeauftragten. *(BGBl I 2015/34)*
(BGBl I 2007/37)

(5) Die Zulassungsbehörde (§ 40 KFG 1967) oder Zulassungsstelle (§ 40b KFG 1967) hat dem Fachverband der Versicherungsunternehmen unverzüglich mitzuteilen

1. die Zulassung und das Kennzeichen eines Fahrzeugs sowie den Ablauf, das Erlöschen oder die Aufhebung der Zulassung,

2. Namen und Anschrift des Versicherungsunternehmens, mit dem der Versicherungsvertrag zur Erfüllung der Versicherungspflicht abgeschlossen worden ist,

3. bei Fahrzeugen, die gemäß § 59 Abs. 2 KFG 1967 von der Versicherungspflicht ausgenommen sind, Namen und Anschrift der Gebietskörperschaft oder des Unternehmens, die das Fahrzeug besitzen,

4. die Bewilligung von Probefahrten und, sofern gemäß § 46 Abs. 2 erster Satz KFG 1967 eine Versicherungsbestätigung beizubringen ist, von Überstellungsfahrten sowie das dafür ausgestellte Kennzeichen.

(6) Die Versicherungsunternehmen haben dem Fachverband der Versicherungsunternehmen unverzüglich mitzuteilen

1. die Nummer der Versicherungsbestätigung über die zur Erfüllung der Versicherungspflicht abgeschlossenen Versicherungsverträge,

2. jeden Umstand, der das Nichtbestehen oder die Beendigung von zur Erfüllung der Versicherungspflicht abgeschlossenen Versicherungsverträgen zur Folge hat, und den Zeitpunkt, zu dem der Versicherungsschutz in Ansehung des Dritten endet,

3. den Abschluss einer Kraftfahrzeug-Haftpflichtversicherung für Fahrzeuge, die gemäß § 59 Abs. 2 KFG 1967 von der Versicherungspflicht ausgenommen sind, und die Beendigung dieser Versicherung,

4. Namen und Anschrift der Schadenregulierungsbeauftragten, die sie „gemäß § 100 VAG 2016" für die einzelnen Vertragsstaaten des Abkommens über den Europäischen Wirtschaftsraum bestellt haben. *(BGBl I 2015/34)*

(7) Der Fachverband der Versicherungsunternehmen hat Personen, die mit einem im Inland zugelassenen Fahrzeug geschädigt wurden, auf Grund einer innerhalb von sieben Jahren nach dem Schadenereignis eingelangten Anfrage auch über Namen und Anschrift des Halters Auskunft zu geben, wenn diese Personen ein berechtigtes Interesse an einer solchen Auskunft glaubhaft machen. Der Fachverband der Versicherungsunternehmen hat unverzüglich die Behörde oder Zulassungsstelle oder das Versicherungsunternehmen um die für diese Auskunft erforderlichen Mitteilungen zu ersuchen. Diese haben dem Ersuchen unverzüglich zu entsprechen.

(BGBl I 2002/11)

Ausländische Fahrzeuge

§ 31b. (1) Der Fachverband der Versicherungsunternehmen hat Personen, die mit einem Fahrzeug mit gewöhnlichem Standort in einem anderen Vertragsstaat des Abkommens über den Europäischen Wirtschaftsraum geschädigt wurden, innerhalb von sieben Jahren nach dem Schadenereignis Auskunft zu geben über

1. Namen und Anschrift des Versicherungsunternehmens, mit dem der Versicherungsvertrag zur Erfüllung der Versicherungspflicht abgeschlossen worden ist,

2. die Nummer der Urkunde über den zur Erfüllung der Versicherungspflicht abgeschlossenen Versicherungsvertrag,

„3."* Namen und Anschrift des für den Staat, in dem der Geschädigte seinen Wohnsitz oder Sitz hat, nach „Art. 21 Abs. 1 der Richtlinie 2009/103/EG über die Kraftfahrzeug-Haftpflichtversicherung und die Kontrolle der entsprechenden Versicherungspflicht, ABl. Nr. L 263 vom 07.10.2009 S. 11,"** bestellten Schadenregulierungsbeauftragten, *(*BGBl I 2007/37; **BGBl I 2017/19)*

„4." Namen und Anschrift der Einrichtung oder Stelle, die dem Geschädigten den Schaden zu ersetzen hat, wenn das Fahrzeug von der Versicherungspflicht ausgenommen ist und nicht das nationale Versicherungsbüro im Staat des Wohnsitzes oder Sitzes des Geschädigten den Schaden ersetzt, *(BGBl I 2007/37)*

„5." Namen und Anschrift des Fahrzeugeigentümers, des gewöhnlichen Fahrers oder des Halters, wenn der Geschädigte ein berechtigtes Interesse an dieser Auskunft glaubhaft macht. *(BGBl I 2007/37)*

(2) Der Fachverband der Versicherungsunternehmen hat die nach „Art. 23 der Richtlinie 2009/103/EG" eingerichtete Auskunftsstelle in dem Vertragsstaat, in dem das Fahrzeug seinen gewöhnlichen Standort hat, unverzüglich um die für die Auskunft gemäß Abs. 1 erforderlichen Mitteilungen zu ersuchen. *(BGBl I 2017/19)*

(3) Der Fachverband der Versicherungsunternehmen hat den nach „Art. 23 der Richtlinie 2009/103/EG" eingerichteten Auskunftsstellen in anderen Vertragsstaaten unverzüglich die Angaben mitzuteilen, die diese zur Erteilung einer Auskunft nach „Art. 23 Abs. 3 oder 4 der Richtlinie 2009/103/EG" benötigen. *(BGBl I 2017/19)*

(4) *(aufgehoben, BGBl I 2007/37)*

(BGBl I 2002/11)

7. Abschnitt
Ausschuß für die Kraftfahrzeug-Haftpflichtversicherung

Zusammensetzung

§ 32. (1) Zur Beratung der zuständigen Bundesminister in Angelegenheiten der Kraftfahrzeug-Haftpflichtversicherung ist ein Ausschuß für die Kraftfahrzeug-Haftpflichtversicherung zu bilden. In diesen sind je ein Vertreter der Wirtschaftskammer Österreich, der Bundeskammer für Arbeiter und Angestellte, der Präsidentenkonferenz der Landwirtschaftskammern Österreichs, des Österreichischen Gewerkschaftsbundes, des Fachbandes der „Versicherungsunternehmen"**, des Auto-, Motor- und Radfahrerbundes Österreichs, des Österreichischen Automobil-, Motorrad- und Touring-Clubs „und der FMA"* zu entsenden. *(*BGBl I 2001/97; **BGBl I 2010/107)*

(2) Die Tätigkeit im Ausschuß für die Kraftfahrzeug-Haftpflichtversicherung ist ein unbesoldetes Ehrenamt.

(3) Der Ausschuß für die Kraftfahrzeug-Haftpflichtversicherung hat aus seiner Mitte einen Vorsitzenden und einen Stellvertreter des Vorsitzenden für die Dauer von zwei Jahren zu wählen. Wiederwahl ist zulässig.

Verfahren

§ 33. (1) Der Ausschuß für die Kraftfahrzeug-Haftpflichtversicherung hat sich eine Geschäftsordnung zu geben.

(2) Der Ausschuß faßt seine Beschlüsse mit einfacher Stimmenmehrheit. Bei Stimmengleichheit gibt die Stimme des Vorsitzenden den Ausschlag. Der Ausschuß ist bei Anwesenheit von mindestens zwei Dritteln der Mitglieder beschlußfähig.

(3) Die in der Minderheit gebliebenen Mitglieder können begründete Minderheitsvoten abgeben, die den zuständigen Bundesminister zur Kenntnis zu bringen sind.

(4) Der Ausschuß hat zu seinen Beratungen Vertreter der zuständigen Bundesminister einzuladen. Diese sind anzuhören. Der Ausschuß darf ferner zu seinen Beratungen Sachverständige beiziehen.

8. Abschnitt
Schluß- und Übergangsbestimmungen

§ 34. (1) Dieses Bundesgesetz tritt mit 1. September 1994 in Kraft.

(2) Das Kraftfahrzeug-Haftpflichtversicherungsgesetz 1987, BGBl. Nr. 296, in der Fassung der KHVG-Novelle 1992, BGBl. Nr. 770, und der Kundmachung BGBl. Nr. 917/1993 tritt mit Ablauf des 31. August 1994 außer Kraft.

§ 34a. „(1)" § 9 Abs. 2 bis 4 und § 19 in der Fassung des Bundesgesetzes BGBl. I Nr. 71/1997 treten mit 1. Juli 1997 in Kraft. *(BGBl I 2001/97)*

(2) Die §§ 17, 18, 19, 31 und 32 in der Fassung des Bundesgesetzes BGBl. I Nr. 97/2001 treten mit 1. April 2002 in Kraft. *(BGBl I 2001/97)*

(3) § 30 und § 31 in der Fassung von Art. II des Bundesgesetzes BGBl. I Nr. 46/2002 treten mit 2. April 2002 in Kraft. Verordnungen auf Grund dieser Bestimmungen dürfen bereits von dem der Kundmachung des Bundesgesetzes BGBl. I Nr. 46/2002 folgenden Tag an erlassen werden, jedoch frühestens mit 2. April 2002 in Kraft treten. Vor dem 1. April 2002 steht dieses Recht, soweit der Bundesminister für Finanzen mit der Vollziehung betraut ist, der Versicherungsaufsichtsbehörde zu. *(BGBl I 2002/46)*

(BGBl I 1997/71)

§ 34b. (1) § 14b Abs. 1 und § 16 in der Fassung von Art. III des Bundesgesetzes BGBl. I Nr. 11/2002 treten mit 1. Juli 2002 in Kraft. Verordnungen auf Grund dieser Bestimmungen dürfen bereits von dem der Kundmachung des Bundesgesetzes BGBl. I Nr. 11/2002 folgenden Tag an erlassen werden, jedoch frühestens mit 1. Juli 2002 in Kraft treten.

(2) § 29a, § 29b, § 31a und § 31b in der Fassung von Art. III des Bundesgesetzes BGBl. I Nr. 11/2002 treten mit 19. Jänner 2003 in Kraft. Verordnungen auf Grund dieser Bestimmungen dürfen bereits vom Tag der Kundmachung des Bundesgesetzes BGBl. I Nr. 11/2002 an erlassen werden, jedoch frühestens mit 19. Jänner 2003 in Kraft treten. Vor dem 1. April 2002 steht dieses Recht, soweit der Bundesminister für Finanzen mit der Vollziehung betraut ist, der Versicherungsaufsichtsbehörde zu.

(3) Die §§ 7, 34b und 37a in der Fassung des Bundesgesetzes BGBl. I Nr. 76/2002 treten mit 1. Jänner 2003 in Kraft. *(BGBl I 2002/76)*

(4) § 1 Abs. 2, § 22, § 31b Abs. 4 und § 38 in der Fassung des Bundesgesetzes BGBl. I Nr. 31/2004 treten mit 1. Mai 2004 in Kraft und sind auf Versicherungsverträge anzuwenden, die nach dem 30. April 2004 abgeschlossen werden. *(BGBl I 2004/31)*

(BGBl I 2002/11)

§ 35. (1) Soweit in anderen Bundesgesetzen auf Bestimmungen des KHVG 1987 verwiesen wird, treten an deren Stelle die entsprechenden Bestimmungen dieses Bundesgesetzes.

(2) Soweit in diesem Bundesgesetz auf Bestimmungen anderer Bundesgesetze verwiesen wird, bezieht sich dieser Verweis auf die jeweils geltende Fassung.

§ 36. (1) Zum Zeitpunkt des Inkrafttretens dieses Bundesgesetzes bestehende Versicherungsverträge ändern sich zu diesem Zeitpunkt, insoweit sie den Bestimmungen des 2. Abschnitts nicht entsprechen. § 15 ist anzuwenden.

(2) Auf zum Zeitpunkt des Inkrafttretens dieses Bundesgesetzes bestehende und auf „innerhalb von zehn Monaten" nach diesem Zeitpunkt abgeschlossene Versicherungsverträge können Änderungen der vom Versicherungsunternehmen allgemein verwendeten Tarife angewendet werden. Dies gilt nicht, soweit Versicherungsbedingungen verwendet werden, die eine Prämienanpassungsklausel enthalten. *(BGBl 1995/258)*

(3) Ändert sich die Prämie auf Grund des Abs. 2, so gebührt dem Versicherer oder dem Versicherungsnehmer der anteilige Unterschiedsbetrag zwischen der bisherigen und der geänderten Prämie für den Rest der laufenden Versicherungsperiode. „ " *(BGBl 1995/258)*

(4) § 37 Abs. 3 wird durch den vorstehenden Abs. 2 nicht berührt.

§ 37. (1) Die §§ 11 bis 17, 23 und 24 gelten auch für im Zeitpunkt des Inkrafttretens dieses Bundesgesetzes bestehende Versicherungsverträge.

(2) § 18 Abs. 1 gilt nicht für Versicherungsbedingungen, die von der Versicherungsaufsichtsbehörde genehmigt sind oder gemäß § 34 KHVG 1987 als genehmigt gelten.

(3) Die Bestimmungen der Verordnung über die Prämienbemessung nach dem Schadenverlauf in der Kraftfahrzeug-Haftpflichtversicherung, BGBl. Nr. 369/1987, in der Fassung der Verordnungen BGBl. Nr. 108/1988 und BGBl. Nr. 156/1993 gelten als Bestandteil der zum Zeitpunkt des Inkrafttretens dieses Bundesgesetzes bestehenden Versicherungsverträge, auf die diese Verordnung anwendbar war.

§ 37a. (1) § 14a in der Fassung des Bundesgesetzes BGBl. Nr. 258/1995 ist auf zum Zeitpunkt des Inkrafttretens dieser Bestimmung bestehende Versicherungsverträge anzuwenden. § 36 Abs. 3 zweiter Satz in der bis zu diesem Zeitpunkt geltenden Fassung ist auf diese Versicherungsverträge nicht anzuwenden. *(BGBl 1995/258)*

(2) Die §§ 7, 9 und 37a in der Fassung des Bundesgesetzes BGBl. I Nr. 98/2001 treten mit 1. Jänner 2002 in Kraft. Bestehende Versicherungsverträge sind bis zu diesem Zeitpunkt an die geänderten Bestimmungen anzupassen. *(BGBl I 2001/98)*

(3) § 14b Abs. 1 und § 16 in der Fassung von Art. III des Bundesgesetzes BGBl. I Nr. 11/2002 sind auf zum Zeitpunkt des In-Kraft-Tretens dieser Bestimmungen bestehende Versicherungsverträge anzuwenden. *(BGBl I 2002/11)*

(4) § 29a und § 29b in der Fassung von Art. III des Bundesgesetzes BGBl. I Nr. 11/2002 sind auf Schadensfälle anzuwenden, die nach dem 18. Jänner 2003 eintreten. *(BGBl I 2002/11)*

(5) § 31a und § 31b in der Fassung von Art. III des Bundesgesetzes BGBl. I Nr. 11/2002 sind auch auf Fahrzeuge anzuwenden, die zum Zeitpunkt des In-Kraft-Tretens dieser Bestimmungen zugelassen sind. *(BGBl I 2002/11)*

(6) Bestehende Versicherungsverträge sind bis zum 1. Jänner 2003 an die mit dem Bundesgesetz BGBl. I Nr. 76/2002 geänderte Bestimmung des § 7 Abs. 2 anzupassen. *(BGBl I 2002/76)*

(7) Die §§ 9, 14a und 14b in der Fassung des Bundesgesetzes BGBl. I Nr. 115/2004 treten mit 1. Oktober 2004 in Kraft. Bestehende Versicherungsverträge sind mit diesem Zeitpunkt an die geänderten Bestimmungen anzupassen. Der Versicherer kann in bestehenden Verträgen als Maßstab für Prämienänderungen den von der Bundesanstalt Statistik Austria verlautbarten Verbraucherpreisindex 2000 heranziehen. *(BGBl I 2004/115)*

(8) § 1 Abs. 2, § 9 Abs. 2 bis 6, § 14b Abs. 2, § 16, § 18 Abs. 1, § 21 Abs. 2, § 29a Abs. 5, § 31a Abs. 4 und § 31b Abs. 1 in der Fassung des Bundesgesetzes BGBl. I Nr. 37/2007 treten mit 1. Juli 2007 in Kraft. § 1 Abs. 3 tritt gleichzeitig außer Kraft. Bestehende Versicherungsverträge

sind mit diesem Zeitpunkt an § 9 Abs. 2 bis 6 in der Fassung des Bundesgesetzes BGBl. I Nr. 37/2007 anzupassen. § 29a Abs. 5 in der Fassung des Bundesgesetzes BGBl. I Nr. 37/2007 ist auf Schadenfälle anzuwenden, die nach dem 30. Juni 2007 eintreten. *(BGBl I 2007/37)*

(9) § 18 Abs. 4, § 25 Abs. 1 und § 32 Abs. 1 in der Fassung des Bundesgesetzes BGBl. I Nr. 107/2010 treten mit 1. Jänner 2011 in Kraft. *(BGBl I 2010/107)*

(10) § 9 Abs. 3 bis 6 in der Fassung des Bundesgesetzes BGBl. I Nr. 138/2011 tritt mit 1. Jänner 2012 in Kraft. Bestehende Versicherungsverträge sind mit diesem Zeitpunkt an § 9 Abs. 3 bis 6 in der Fassung des Bundesgesetzes BGBl. I Nr. 138/2011 anzupassen. *(BGBl I 2011/138)*

(11) § 25 Abs. 2, § 29a Abs. 1, § 29b Abs. 1 und 2, § 31 Abs. 1, § 31a Abs. 2 Z 3, Abs. 4 Z 3 und Z 4 lit. b und Abs. 6 Z 4 in der Fassung des Bundesgesetzes BGBl. I Nr. 34/2015 treten mit 1. Jänner 2016 in Kraft. *(BGBl I 2015/34)*

(12) § 9 Abs. 3 bis 6 in der Fassung des Bundesgesetzes BGBl. I Nr. 19/2017 tritt mit 1. Jänner 2017 in Kraft. Bestehende Versicherungsverträge sind mit diesem Zeitpunkt an § 9 Abs. 3 bis 6 in der Fassung des Bundesgesetzes BGBl. I Nr. 19/2017 anzupassen. *(BGBl I 2017/19)*

(13) § 9 Abs. 3, Abs. 4 und Abs. 6 in der Fassung des Bundesgesetzes BGBl. I Nr. 245/2021 tritt mit 1. April 2022 in Kraft. Bestehende Versicherungsverträge sind mit diesem Zeitpunkt an § 9 Abs. 3, Abs. 4 und Abs. 6 in der Fassung des Bundesgesetzes BGBl. I Nr. 245/2021 anzupassen. *(BGBl I 2021/245)*

§ 38. Mit der Vollziehung dieses Bundesgesetzes ist betraut

1. hinsichtlich der §§ 12 zweiter Satz, 18, 19, "*** 30, „31 Abs. 1 bis 3"**, „31a, 31b, 32 und 33"* der Bundesminister für Finanzen, *(*BGBl I 2002/11; **BGBl I 2002/46; ***BGBl I 2004/31)*

2. hinsichtlich der übrigen Bestimmungen der Bundesminister für Justiz.

Zulassungsstellenverordnung – ZustV

BGBl II 1998/464 idF

1 BGBl II 2002/200
2 BGBl II 2005/33
3 BGBl II 2007/131
4 BGBl II 2010/92
5 BGBl II 2010/350 (5. Novelle zur ZustV)
6 BGBl II 2013/291 (6. Novelle zur ZustV)
7 BGBl II 2015/101 (7. Novelle zur ZustV)
8 BGBl II 2016/104 (VfGH)
9 BGBl II 2017/76 (8. Novelle zur ZustV)
10 BGBl II 2019/92 (9. Novelle zur ZustV)
11 BGBl II 2020/77 (10. Novelle zur ZustV)
12 BGBl II 2020/303 (11. Novelle zur ZustV)
13 BGBl II 2022/120 (12. Novelle zur ZustV)
14 BGBl II 2022/387 (13. Novelle zur ZustV)

Verordnung des Bundesministers für Wissenschaft und Verkehr, mit der Bestimmungen über die Einrichtung von Zulassungsstellen festgelegt werden (Zulassungsstellenverordnung – ZustV)

Auf Grund des § 40a Abs. 2 und des § 41 Abs. 2 KFG 1967, BGBl. Nr. 267, zuletzt geändert durch das Bundesgesetz BGBl. I Nr. 146/1998, wird verordnet:

Leistungsfähigkeit

§ 1. (1) Die Zulassungsstelle muß alle gemäß § 40a Abs. 5 KFG 1967 übertragenen Aufgaben in gleicher Art und Weise wie eine Behörde auf Dauer erfüllen können.

(2) Die Zulassungsstelle muß jedenfalls in der Lage sein, alle anfallenden Geschäftsfälle ohne unnötigen Aufschub bewältigen zu können.

(3) Im Ermächtigungsbescheid ist jeweils auch der Zeitpunkt festzulegen, ab dem die einzelnen Zulassungsstellen ihre Tätigkeit aufzunehmen haben.

Räumlichkeiten

§ 2. (1) Die Zulassungsstelle muß über Räumlichkeiten in Gebäuden verfügen, die die Abwicklung der übertragenen Aufgaben ermöglichen. Eine räumliche Trennung zum sonstigen Geschäftsbetrieb der Versicherung (Kundenbüro) ist nicht erforderlich. Eine räumliche Trennung zum Geschäftsbetrieb anderer gewerblicher oder nicht gewerblicher Tätigkeiten muß aber sichergestellt sein.

(2) Die Zulassungsstelle muß über die entsprechenden Anlagen zur elektronischen Datenverarbeitung verfügen, die zur Abwicklung der übertragenen Aufgaben und zur Datenübermittlung erforderlich sind. Für die Ausstellung der amtlichen Dokumente muß weiters ein geeigneter Drucker vorhanden sein.

(3) Amtliche Dokumente, wie insbesondere Kennzeichentafeln, Begutachtungsplaketten und Zulassungsbescheinigungen, müssen stets vor dem Zugriff Unbefugter geschützt aufbewahrt werden. „Insbesondere außerhalb der Öffnungszeiten müssen Kennzeichentafeln, Begutachtungsplaketten, Zulassungsbescheinigungen sowie der oder die Zulassungsstellenstempel sicher aufbewahrt werden." *(BGBl II 2002/200)*

(4) Im Ermächtigungsbescheid gemäß § 40a Abs. 4 KFG 1967 ist der Standort der Zulassungsstelle anzuführen. Weitere Zulassungsstellen bzw. eine Standortverlegung einer bereits bestehenden Zulassungsstelle an eine neue Adresse dürfen erst nach Anzeige an den Landeshauptmann, in dessen örtlichem Wirkungsbereich die Zulassungsstelle eingerichtet werden soll, und deren Überprüfung eröffnet werden. Der Landeshauptmann hat den Ermächtigungsbescheid entsprechend zu ergänzen. *(BGBl II 2002/200)*

Personal

§ 3. (1) Die Zulassungsstelle muß über geeignetes, für die Abwicklung der übertragenen Aufgaben entsprechend geschultes Personal in ausreichender Anzahl verfügen, damit eine reibungslose Abwicklung der übertragenen Aufgaben gewährleistet ist. Die Schulungen müssen insbesondere den 4. Abschnitt des Kraftfahrgesetzes sowie mit diesen Bestimmungen in Zusammenhang stehende Rechtsbereiche betreffen. Der Nachweis über die absolvierten Schulungen ist durch eine Bestätigung des Versicherers zu erbringen.

(2) Das Personal muss hauptberuflich bei dem ermächtigten Versicherer oder einem anderen ermächtigten Versicherer angestellt sein oder aus einem Personalpool der Versicherungsholding stammen. Es muss eine strikte Trennung zum Geschäftsbetrieb anderer gewerblicher oder nicht gewerblicher Tätigkeiten sichergestellt sein. *(BGBl II 2002/200)*

Verantwortliche Person

§ 4. (1) Die gemäß § 40a Abs. 4 KFG 1967 namhaft zu machende verantwortliche natürliche Person muß unbescholten und vertrauenswürdig (verläßlich) sein und die nötigen Fachkenntnisse zur Wahrnehmung der übertragenen Aufgaben haben, wie insbesondere spezielle Kenntnisse des 4. Abschnittes des Kraftfahrgesetzes sowie weiterer Rechtsbereiche, die damit in Zusammenhang stehen. Diese Fachkenntnisse müssen durch eine ausreichende Tätigkeit im Bereich der Kraftfahrzeug-Haftpflichtversicherung oder durch entsprechende Schulungen erworben worden sein. Jeder Wechsel der verantwortlichen Person ist dem Landeshauptmann unverzüglich anzuzeigen.

(2) Die verantwortliche Person muß in der Lage sein, die Anordnungen der Behörde erfüllen zu können.

(3) Die verantwortliche Person muss hauptberuflich bei dem ermächtigten Versicherer oder einem anderen ermächtigten Versicherer angestellt sein oder aus einem Personalpool der Versicherungsholding stammen. Es muss eine strikte Trennung zum Geschäftsbetrieb anderer gewerblicher oder nicht gewerblicher Tätigkeiten sichergestellt sein. *(BGBl II 2002/200)*

(4) Die verantwortliche Person kann innerhalb eines Bundeslandes auch für mehrere Behörden namhaft gemacht werden. Eine Namhaftmachung ist auch gegenüber dem jeweils zuständigen Landeshauptmann in mehreren Bundesländern möglich. Innerhalb eines Bundeslandes können auch mehrere Personen als verantwortliche natürliche Person namhaft gemacht werden. Es muss jedoch sichergestellt sein, dass nicht mehrere Personen für dieselbe Zulassungsstelle namhaft gemacht werden. *(BGBl II 2002/200)*

Kennzeichnung

§ 5. Die Zulassungsstellen sind in einer von außen gut erkennbaren Weise mit einer gelben, RAL Farbton 1023 (Verkehrsgelb) oder Pantone Farbton 109 C, jeweils dem Muster der Anlage 1 entsprechenden Tafel oder innerhalb der Zulassungsstelle an einem Schau- oder Außenfenster angebrachten Folie zu kennzeichnen. Auf dieser Tafel/Folie ist auf einem weißen, rechteckigen Feld der Name der Versicherung anzugeben. In diesem Feld kann auch ein bildliches Firmenzeichen der Versicherung wiedergegeben werden. Auf dieser Tafel/Folie oder auf einer gelben Zusatztafel/Zusatzfolie ist anzugeben, für welche Behörde oder Behörden die Zulassungsstelle tätig wird.

(BGBl II 2010/350)

Datenerfassung

§ 6. (1) Die Datenerfassung und Formatierung hat nach einem einheitlichen, auf Basis des Datenträgeraustauschmodelles der zentralen Zulassungsevidenz des Bundesministers für Inneres entwickelten und vom Bundesminister für Inneres und vom Bundesminister für Verkehr, Innovation und Technologie genehmigten EDV-Systems hinsichtlich der Datenerfassung, Formatierung und eventueller Korrektur zu erfolgen.

(2) Sofern bei einer Anmeldung bereits in der Zulassungsevidenz hinsichtlich eines bestimmten Fahrzeuges elektronisch gespeicherte Fahrzeugdaten übernommen werden, sind diese vollständig zu übernehmen und gegebenenfalls zu korrigieren. Eine Ergänzung fehlender Daten hat ausschließlich anhand des Datenblattes sowie etwaiger behördlicher Eintragungen im Genehmigungsdokument zu erfolgen. Sofern kein Datenblatt zur Verfügung steht und in sonstigen Zulassungsfällen – außer im Fall einer neuerlichen Anmeldung – sind die gespeicherten Daten ungeprüft und im gespeicherten Umfang zu übernehmen. Können im Feld A 17 Auflagen/A 18 Behördliche Eintragungen der Zulassungsbescheinigung nicht alle Daten eingetragen werden, kann ein Beiblatt verwendet werden. Das Mitführen dieses Beiblatts ist im Feld A 17 Auflagen/A 18 Behördliche Eintragungen der Zulassungsbescheinigung als Auflage anzuführen.

(BGBl II 2002/200)

Datenaustausch

§ 7. (1) „Die im Zuge der Durchführung der übertragenen Aufgaben aufgenommenen Daten gemäß § 47 Abs. 4 KFG 1967 sind von der Zulassungsstelle online im Wege der Datenfernverarbeitung der Gemeinschaftseinrichtung der zum Betrieb der Kraftfahrzeug-Haftpflichtversicherung berechtigten Versicherer zu übermitteln." Diese Gemeinschaftseinrichtung speichert die Daten in einer Zulassungsevidenz. Zulassungsstellen anderer Versicherer haben zum Zwecke der Abmeldung eines Fahrzeuges oder der Vornahme von Änderungen Zugriff auf diese Daten. *(BGBl II 2002/200)*

(2) „Von der Gemeinschaftseinrichtung der zum Betrieb der Kraftfahrzeug-Haftpflichtversicherung berechtigten Versicherer sind diese Daten über die Statistik Österreich als Dienstleister oder online an die zentrale Zulassungsevidenz des Bundesministers für Inneres und die jeweils in Frage kommenden Daten an die Behörden (Bezirksverwaltungsbehörden und Bundespolizeibehörden), für die die Zulassungsstellen jeweils tätig geworden sind, weiterzuleiten." Eine Weiterleitung der Daten an die Behörden ist aber nicht erforderlich, wenn die Behörden mit der Zulassungsevidenz der Gemeinschaftseinrichtung der zum Betrieb der Kraftfahrzeug-Haftpflichtversicherung berechtigten Versicherer verbunden sind und auf die betreffenden Daten zugreifen können. *(BGBl II 2002/200)*

(3) Von der Gemeinschaftseinrichtung der zum Betrieb der Kraftfahrzeug-Haftpflichtversicherung berechtigten Versicherer sind diese Daten gemäß § 47 Abs. 1a KFG 1967 von Amts wegen peri-

odisch den Finanzbehörden und der Statistik Österreich zu übermitteln, sofern diese Daten für Zwecke der Einhebung der Kraftfahrzeugsteuer oder der Bundesstatistik notwendig sind. *(BGBl II 2002/200)*

(4) Von der Gemeinschaftseinrichtung der zum Betrieb der Kraftfahrzeug-Haftpflichtversicherung berechtigten Versicherer sind diese Daten über die Statistik Österreich als Dienstleister den zuständigen Anforderungsbehörden im Sinne des § 31 des Militärbefugnisgesetzes, BGBl. I Nr. 86/2000, auf deren Verlangen zu übermitteln, sofern diese Daten eine wesentliche Voraussetzung für eine Anforderung von Leistungen bilden. *(BGBl II 2002/200)*

Antragstellung

§ 7a. (1) Vorzulegende Dokumente sind grundsätzlich im Original beizubringen, wobei die Vorlage einer Kopie des Gewerbescheines, des Auszuges aus dem Gewerberegister oder des Datenauszuges aus der Genehmigungsdatenbank als ausreichend anerkannt wird. Leasing-, Kammer- oder Versicherungsbestätigungen und Prüfgutachten gemäß § 57a KFG 1967, die vom Aussteller per Fax oder Mailübermittlung direkt an die Zulassungsstelle übermittelt werden, gelten ebenfalls als Originaldokumente. „Mit Zustimmung des Leasingnehmers kann die Leasingbestätigung vom ausstellenden Unternehmen auch in elektronischer Form übermittelt werden." *(BGBl II 2010/92; BGBl II 2019/92)*

(2) Folgendes ist bei der Antragstellung zu beachten:

1. Nachweis der Identität: Sofern der Antragsteller bzw. eine bevollmächtigte Person der den Zulassungsfall bearbeitenden Person nicht persönlich namentlich bekannt ist, haben der Antragsteller bzw. eine bevollmächtigte Person ihre Identität mittels eines amtlichen Lichtbildausweises nachzuweisen.

2. Vollmacht: Sollte der Antragsteller nicht persönlich erscheinen, hat der Bevollmächtigte eine auf seinen Namen lautende schriftliche Vollmacht vorzulegen. „Eine Vollmacht ist nicht erforderlich bei der Abmeldung des Fahrzeuges bei Besitzwechsel, sowie bei der Bestellung von Kennzeichentafeln."* Berufsmäßige Parteienvertreter können jedoch unter Berufung auf die ihnen erteilte Vollmacht tätig werden. Bedient sich der Antragsteller eines Vertreters, so ist eine Ablichtung der Vollmacht zum Akt zu nehmen. Eine Vollmacht muss zumindest den Namen und die Unterschrift des Vollmachtgebers enthalten „; die Unterschrift kann auch mittels eines elektronischen Hilfsmittels geleistet werden, sofern es sich um eine qualifizierte elektronische Signatur oder eigenhändige Unterschrift handelt (e-pad)"**
(*BGBl II 2005/33; **BGBl II 2015/101)

3. Besitznachweis: Als Antragslegitimation gemäß § 37 Abs. 2 KFG 1967 und § 46 KFG 1967 gilt alternativ:

a) Eintragung des Eigentümers im Typenschein oder im Datenauszug aus der Genehmigungsdatenbank bei einem Neufahrzeug, *(BGBl II 2010/92)*

b) persönliche Erklärung des Vorbesitzers bei der Zulassungsstelle, worüber ein schriftlicher Vermerk aufzunehmen ist,

c) Rechnung, sofern der Name des Käufers daraus hervorgeht,

d) Kaufvertrag, sofern der Name des Käufers daraus hervorgeht,

e) Verkaufsbestätigung, sofern der Name des Käufers daraus hervorgeht,

f) Schenkungsvertrag,

g) gerichtliches Urteil,

h) gerichtlicher Beschluss,

i) Einantwortungsurkunde,

j) Zustimmungserklärung des zur Vertretung des Nachlass Berufenen,

k) Zuschlag bei Versteigerung,

l) Einbringungsvertrag,

m) Leasingbestätigung,

n) Benützungsüberlassungserklärung.

4. Beglaubigung: Wenn keine begründeten Bedenken hinsichtlich der Echtheit der Urkunden bestehen, ist eine Beglaubigung nicht erforderlich. Falls bei der Antragstellung auf Zulassung Bedenken bestehen, gelten alternativ jedenfalls zur Glaubhaftmachung der Echtheit der Unterschriften:

a) Beglaubigung durch Gericht oder Notar,

b) Bestätigung durch Behörde,

c) Bestätigung durch ÖAMTC oder ARBÖ,

d) Vermittlungsstampiglie eines KFZ Händlers.

5. Nachweis der örtlichen Zuständigkeit bei:

5.1. Natürlichen Personen
Als Nachweis für die örtliche Zuständigkeit bei der Zulassung eines Fahrzeuges gilt die Abfrage beim Zentralen Melderegister, wobei die Kosten dieser Anfrage an den Antragsteller weiterverrechnet werden. Im Falle eines technischen Ausfalles des Zentralen Melderegisters, gilt die vom Antragsteller bekanntgegebene Adresse.
(BGBl II 2010/92)

5.2. Personen mit Legitimationskarten des Bundesministeriums für auswärtige Angelegenheiten, die nicht österreichische Staatsbürger sind

Als Nachweis für die örtliche Zuständigkeit bei der Zulassung eines Fahrzeuges gilt:
Adresse laut Angabe des Antragstellers.

5.3. Freiberuflich Tätigen für den Standort

Die Zulassung eines Fahrzeuges auf eine Büro-, Ordinations- oder Geschäftsadresse einer natürlichen Person ist möglich, wenn der Standort durch eine Bestätigung der jeweiligen Kammer bzw. durch ein Konzessionsdekret nachgewiesen wird.

5.4. Juristischen Personen (zB AG, GmbH) für den Sitz
Als Nachweis für die örtliche Zuständigkeit bei der Zulassung eines Fahrzeuges gelten alternativ:

a) Gewerbeschein oder Auszug aus dem Gewerberegister *(BGBl II 2005/33)*

b) Auszug aus dem Firmenbuch.

c) Abfrage beim GewerbeInformationssystemAustria (GISA) *(BGBl II 2019/92)*

5.5. Sonstigen als juristische Person anzumeldenden Antragstellern

a) Personengesellschaften (zB OG, KG), eingetragene Unternehmer
Als Nachweis für die örtliche Zuständigkeit bei der Zulassung eines Fahrzeuges gelten alternativ:

aa) Gewerbeschein oder Auszug aus dem Gewerberegister

bb) Auszug aus dem Firmenbuch.

cc) Abfrage beim GewerbeInformationssystemAustria (GISA) *(BGBl II 2019/92)*
(BGBl II 2010/92)

b) Gebietskörperschaften, öffentlichrechtliche Körperschaften
Als Nachweis für die örtliche Zuständigkeit bei der Zulassung eines Fahrzeuges gilt:
Bestätigung des vertretungsbefugten Organs.

c) Vereine
Als Nachweis für die örtliche Zuständigkeit bei der Zulassung eines Fahrzeuges gelten alternativ:

aa) ein inhaltlich aktueller Vereinsregisterauszug oder

bb) Abfrage beim Zentralen Vereinsregister.
(BGBl II 2007/131)

6. Bei der beabsichtigten Verwendungsbestimmung im Rahmen des Schaustellergewerbes, ist ein Nachweis über die entsprechende Gewerbeberechtigung vorzulegen. *(BGBl II 2005/33)*

7. Bei der Zulassung vorzulegende Unterlagen gemäß § 37 Abs. 2 KFG 1967:

a) Zu § 37 Abs. 2 lit. a KFG 1967:
Bei der erstmaligen Zulassung ist ein entsprechender Genehmigungsnachweis für das Fahrzeug vorzulegen (Typenschein bei Fahrzeugen mit nationaler Typengenehmigung, „** gültige Übereinstimmungsbescheinigung oder Datenauszug aus der Genehmigungsdatenbank bei Fahrzeugen mit EG-Betriebserlaubnis, Bescheid über die Einzelgenehmigung bei einzeln genehmigten Fahrzeugen), bei Fahrzeugen, die bereits in einem anderen Mitgliedstaat zugelassen waren, zusätzlich – sofern vorhanden – „die Zulassungsbescheinigung im Sinne der Richtlinie 1999/37/EG in der geltenden Fassung"** ; bei neuerlicher Zulassung ist das bei der letzten Zulassung hergestellte Fahrzeug-Genehmigungsdokument vorzulegen;
(BGBl II 2007/131; *BGBl II 2010/92; **BGBl II 2022/120)

b) „Zu § 37 Abs. 2 lit. b KFG 1967
Eine Versicherungsbestätigung kann im Original, per Fax oder mittels Mailübermittlung einzeln vorgelegt werden oder im Zulassungsantrag integriert sein." Bei der Anmeldung eines Fahrzeuges zu einem Wechselkennzeichen ist für alle aufrechten Fahrzeuge eine gültige Versicherungsbestätigung desselben Versicherers (in einem gemeinsamen Dokument oder in Einzeldokumenten) vorzulegen. *(BGBl II 2010/92)*

c) Zu § 37 Abs. 2 lit. c KFG 1967:
Wenn ein Antrag auf Zulassung eines Fahrzeuges unter der Verwendungsbestimmung 20, 22, 25 oder 29 gestellt wird, so bist eine Bestätigung der zuständigen gesetzlichen Interessensvertretung vorzulegen. Vorfragen dazu sind nicht von den Zulassungsstellen zu beurteilen.
(BGBl II 2005/33)

d) Zu § 37 Abs. 2 lit. d und e KFG 1967:
Bei der Zulassung eines Fahrzeuges für Diplomaten ist eine Bestätigung des Bundesministeriums für europäische und internationale Angelegenheiten über die völkerrechtliche Steuerbefreiung vorzulegen.
(BGBl II 2007/131)

e) Zu § 37 Abs. 2 lit. h KFG 1967
Bei Fahrzeugen die der wiederkehrenden Begutachtung unterliegen, ist ein gültiges, positives Prüfgutachten (Prüfergebnis: „Das Fahrzeug entspricht den Erfordernissen der Verkehrs- und Betriebssicherheit.") vorzulegen, sofern bereits eine wiederkehrende Begutachtung fällig geworden ist und sofern das Gutachten noch nicht in der Begutachtungsplakettendatenbank gemäß § 57c KFG 1967 gespeichert ist, wobei die „ " Toleranzfrist gemäß § 57a Abs. 3 KFG 1967 jedenfalls zu berücksichtigen ist.
(BGBl II 2015/101; BGBl II 2019/92)

8. (aufgehoben, *BGBl II 2007/131*)

9. Als Nachweis des Verlustes oder Diebstahls von Kennzeichentafeln gilt eine Bestätigung einer inländischen Dienststelle des öffentlichen Sicherheitsdienstes und zwar auch dann, wenn der Verlust oder Diebstahl im Ausland erfolgt ist. Bei Verlust des Zulassungsscheines oder von „Teil I" oder „Teil II" der Zulassungsbescheinigung ist eine Erklärung gegenüber der Zulassungsstelle über den Verlust ausreichend. *(BGBl II 2007/131; BGBl II 2019/92)*

(BGBl II 2002/200)

Aktenführung

§ 8. (1) Über die übertragenen Tätigkeiten haben die Zulassungsstellen Akten anzulegen und den Vorgang zu dokumentieren. „Die Aktenführung kann sowohl elektronisch als auch in Papierform erfolgen." Dabei ist es nicht erforderlich, dass die Archivierung in der Zulassungsstelle selbst erfolgt. Es ist jedoch sicherzustellen, dass ein Akt bei Bedarf binnen drei Arbeitstagen in Papierform vor Ort rekonstruiert werden kann. Bei elektronisch gespeicherten Akten dürfen die Papierunterlagen sofort vernichtet werden. In die Zulassungsakten sind jedenfalls folgende Unterlagen aufzunehmen:

1. Antragsformular,
2. Versicherungsbestätigung,
3. die je nach Fallkonstellation erforderlichen Bestätigungen gemäß § 37 Abs. 2 lit. c bis h KFG 1967 (grundsätzlich in Kopie),
4. Vollmacht (grundsätzlich in Kopie),
5. *(entfällt, BGBl II 2010/350)*

„5." Kopie des Nachweises gemäß § 7a Abs. 2 Z 6. *(BGBl II 2005/33; BGBl II 2010/350) (BGBl II 2002/200; BGBl II 2010/92)*

(2) Fahrzeuge, die bereits in einem anderen Mitgliedstaat zugelassen waren und erstmals in Österreich zugelassen werden, sind in einer Liste zu vermerken. Die Zulassungsbescheinigung im Sinne der Richtlinie 1999/37/EG ist – sofern vorhanden – einzuziehen und zum Akt zu nehmen. *(BGBl II 2007/131)*

(3) Bei der Zuweisung eines Kennzeichens nach Diebstahl oder Verlust der Kennzeichentafel ist die diesbezügliche Bestätigung einer inländischen Dienststelle des öffentlichen Sicherheitsdienstes einzuziehen und zum Akt zu nehmen. „Bei der Vorlage einer Verlustbestätigung oder einer Diebstahlsanzeigenbestätigung im Original oder in Kopie, welche sich auf mehrere Dokumente (wie zB Führerschein, Pass, Zulassungsschein,…) bezieht, ist auf der Bestätigung der Vermerk „Duplikat-Zulassungsbescheinigung ausgestellt am xx. xx. xxxx" mit dem Zulassungsstellenstempel zu bestätigen und dem Antragsteller wieder auszufolgen."* Eine Kopie dieser Verlustbestätigung bzw. Diebstahlsanzeigenbestätigung ist zum Akt zu nehmen. Wird der Zulassungsstelle lediglich eine Erklärung über den Verlust des Zulassungsscheines oder von „Teil I"** oder „Teil II"** der Zulassungsbescheinigung abgegeben, so ist diese Erklärung zum Akt zu nehmen. Ebenso sind Anträge samt den erforderlichen Erklärungen im Sinne des § 13a Abs. 2 zum Akt zu nehmen. *(BGBl II 2002/200; *BGBl II 2010/92; **BGBl II 2019/92)*

(4) Andere als in den Absätzen 1 bis 3 genannten Unterlagen sind nicht zum Akt zu nehmen. Die Rekonstruktion eines Aktes in Papierform muss jedenfalls bis zu sieben Jahre nach dem Anlassfall möglich sein. *(BGBl II 2010/92)*

(5) Die Ausgabe der Kennzeichentafeln mit Probefahrtkennzeichen ist unter Angabe der Anzahl der ausgefolgten Kennzeichentafeln ebenso auf der Probefahrtbewilligung zu vermerken wie alle weiteren Vorgänge im Rahmen einer Probefahrtbewilligung und mit Zulassungsstellenstempel und Unterschrift zu bestätigen. *(BGBl II 2002/200)*

Zulassungsstellennummer

§ 9. Die Gemeinschaftseinrichtung der zum Betrieb der Kraftfahrzeug-Haftpflichtversicherung berechtigten Versicherer hat den Zulassungsstellen eine Identitätsnummer (Zulassungsstellennummer), aus der das Bundesland, die Behörde, für die Zulassungsstelle tätig wird, der ermächtigte Versicherer, der die Zulassungsstelle eingerichtet hat, und die jeweilige Zulassungsstelle erkennbar sind, zuzuweisen.

Zulassungsstellenstempel

§ 10. (1) Für die Vornahme von Bestätigungen der von der Ermächtigung umfaßten Tätigkeiten (wie insbesondere Bestätigung der Zulassung oder Abmeldung im Genehmigungsdokument) ist ein Zulassungsstellenstempel gemäß der **Anlage 2** mit der zugewiesenen Zulassungsstellennummer zu verwenden. „Die Angabe des Namens der Versicherung auf dem Stempel ist nicht zwingend erforderlich." Weiters muß jede Tätigkeit der Zulassungsstelle durch Unterschrift des Personals bestätigt werden. *(BGBl II 2002/200)*

(2) Jede Zulassungsstelle muß über eine für die anfallenden Geschäftsfälle ausreichende Anzahl von Zulassungsstellenstempeln verfügen. Der Landeshauptmann ist über die Anzahl der in der Zulassungsstelle vorhandenen Zulassungsstellenstempel zu informieren.

(3) Im Falle der Zurücklegung oder des Widerrufes der Ermächtigung sind der oder die Zulassungsstellenstempel unverzüglich dem Landeshauptmann abzuliefern. Die Ablieferung begründet keinen Anspruch auf Entschädigung.

Kennzeichenverwaltung

§ 11. Die Zulassungsstelle hat die benötigten Kennzeichentafeln direkt bei den ermächtigten Kennzeichentafelherstellern abzurufen. Über die ausgegebenen Kennzeichentafeln hat die Zulassungsstelle genaue Aufzeichnungen zu führen. Diese Aufzeichnungen sind der Behörde auf Verlangen vorzulegen.

Formblätter

§ 12. (1) Anträge auf Zulassung, auf vorübergehende Zulassung oder auf Erteilung von Bewilligungen zur Durchführung von Überstellungsfahrten von Kraftfahrzeugen oder Anhängern oder Anträge auf Ausgabe von Kennzeichentafeln für eingeschränkte Zulassung oder für Probefahrten sind bei den Zulassungsstellen mit einem Formblatt nach dem Muster der Anlage 3 einzubringen (der Andruck des QR-Codes ist optional). Der Antragsteller hat durch Unterschrift die Richtigkeit der Angaben des Formblattes zu bestätigen. Die Unterschrift kann auch mittels eines elektronischen Hilfsmittels geleistet werden, sofern es sich um eine qualifizierte elektronische Signatur oder eigenhändige Unterschrift handelt (e-pad). Dies gilt für alle Anträge im Rahmen der Tätigkeiten der Zulassungsstellen. Solcherart unterschriebene Antragsformulare können elektronisch in den Zulassungsakt übernommen werden und müssen nicht ausgedruckt werden, sofern ein Ausdruck nicht aus anderen Gründen erforderlich oder vom Antragsteller gewünscht ist. *(BGBl II 2015/101)*

(2) Auf dem Antragsformular gemäß Abs. 1 ist auch die Erklärung über die beabsichtigte Verwendungsbestimmung des Fahrzeuges unter Angabe der Kennziffer im Sinne der Anlage 4 abzugeben. Es sind auch Kombinationen von Verwendungsbestimmungen zulässig, sofern diese einander nicht ausschließen. Nicht zulässig sind jedenfalls die Angabe der Kennziffer 01 (zu keiner besonderen Verwendung bestimmt) mit einer anderen Kennziffer „ ". *(BGBl II 2016/104 (VfGH))*

(3) Die Abmeldung eines Kraftfahrzeuges oder Anhängers ist bei den Zulassungsstellen mit einem Formblatt nach dem Muster der Anlage 5 einzubringen (der Andruck des QR-Codes ist optional). Der Antragsteller hat durch Unterschrift die Richtigkeit der Angaben des Formblattes zu bestätigen. Die Unterschrift kann auch mittels eines elektronischen Hilfsmittels geleistet werden, sofern es sich um eine qualifizierte elektronische Signatur oder eigenhändige Unterschrift handelt (e-pad). *(BGBl II 2015/101)*

(4) Die Formblätter gemäß Abs. 1 und 3 sind auch bei den den Behörden vorbehaltenen Verfahren zu verwenden.

(BGBl II 2007/131)

Zulassungsbescheinigung

§ 13. (1) Die von den Zulassungsstellen ausgestellte Zulassungsbescheinigung entspricht funktionell dem bisherigen Zulassungsschein. Die Zulassungsbescheinigung hat nach Form und Inhalt dem Muster der **Anlage 6** zu entsprechen; ihre Farbe ist gelb, wobei auf der Außenseite jeweils der untere Bereich bei Teil I rot und bei Teil II blau gefärbt ist; ihre Gesamtabmessungen haben zu betragen:

1. Zulassungsbescheinigung Teil I
   Höhe 105 mm
   Breite 297 mm

2. Zulassungsbescheinigung Teil II
   Höhe 105 mm
   Breite 223 mm.

In die Zulassungsbescheinigung sind fluoreszierende Fasern einzudrucken, die nach dem letzten Stand der Technik schwer nachgeahmt oder vervielfältigt werden können. Das Material muß ein Wasserzeichen beinhalten. Auf der Innenseite ist ein ca. 4 cm breiter Streifen in der Tagesleuchtfarbe orange angebracht.

(1a) Die Zulassungsbescheinigung Teil I im Chipkartenformat, welche funktionell der Zulassungsbescheinigung Teil I im Papierformat entspricht (§ 41a Abs. 1 KFG 1967), hat nach Form und Inhalt dem Muster der Anlagen 7 und 7a zu entsprechen. Die äußeren Merkmale richten sich nach den ISO-Normen 7810 und 7816-1, sowie nach den Vorgaben der Richtlinie 2003/127/EG, ABl. Nr. L 10 vom 16. Jänner 2004. Das Trägermaterial hat folgende Fälschungssicherheitsmerkmale zu beinhalten:

1. Kartenmaterial Polycarbonat
2. Sicherheitsuntergrundmuster unter Verwendung von Guillochendruck und Mikroschriften
3. Innen liegender Hologrammstreifen auf der Vorderseite
4. Optisch variable Komponente (OVI) auf der Rückseite
5. Verwendung von Lasergravur zur Personalisierung
6. Hochprägung der Kartenoberfläche auf der Vorderseite
7. Taktile Laserung auf der Vorderseite
8. Irisdruck von UV-Fluoreszenzfarben.

Im Falle der Beantragung einer Zulassungsbescheinigung Teil I im Chipkartenformat erhält der Antragsteller ein Merkblatt ausgehändigt, in welchem unter anderem über Datenkorrekturmöglichkeit, Fristen und Gültigkeit in Bezug auf die Zulassungsbescheinigung im Chipkartenformat informiert wird. „Die Höhe des Kostenersatzes für die Zulassungsbescheinigung Teil I im Chipkartenformat beträgt „ „25,60"*** Euro"*, wobei davon „ „22,66"*** Euro"*** dem Produzenten gebühren."* *(BGBl II 2010/350; *BGBl II 2013/291; **BGBl II 2020/77; ***BGBl II 2022/387)*

(2) Die Zulassungsbescheinigung besteht aus einem Teil I und einem Teil II. Die Auflagen und behördlichen Eintragungen sind nur im Teil I enthalten. Lediglich Teil I der Zulassungsbescheinigung ist auf Fahrten mitzuführen und den Organen des öffentlichen Sicherheitsdienstes oder der Straßenaufsicht auf Verlangen zur Überprüfung auszuhändigen.

(3) „Die Zulassungsbescheinigungen dürfen nur von einem von der Bundesministerin für Verkehr, Innovation und Technologie bestimmten

Dienstleister hergestellt werden."** „Zulassungsbescheinigungen können von Behörden, von ermächtigten Versicherern, direkt von Zulassungsstellen oder im Fall einer technischen Änderung am Fahrzeug (§ 33 Abs. 3 und 3a KFG 1967), vom Landeshauptmann bezogen, beziehungsweise im Fall einer Zulassungsbescheinigung Teil I im Chipkartenformat, dort beantragt werden."*
(* BGBl II 2010/350; ** BGBl II 2013/291)

(4) Zulassungsbescheinigungen weisen eine fortlaufende Nummer auf. Der Name der Behörde ist durch die Zulassungsstelle auf der Vorderseite der Zulassungsbescheinigung im Papierformat mittels Stampiglie aufzubringen, im Falle einer Zulassungsbescheinigung Teil I im Chipkartenformat unter anderem im Bereich des Feldes C 4 zusammen mit der Zulassungsstellennummer auf der Karte aufzudrucken. Im Feld A 1 der Zulassungsbescheinigung im Papierformat muss mindestens die Zulassungsstellennummer angegeben sein. Wird gemäß § 33 Abs. 3 oder 3a KFG 1967 eine neue Zulassungsbescheinigung durch den Landeshauptmann ausgestellt, so ist auf der Vorderseite der Zulassungsbescheinigung im Papierformat anstelle des Namens der zuständigen Behörde der jeweilige Amtsstempel des Landeshauptmannes anzubringen. Im Feld A 1 ist in diesem Fall anstelle der Zulassungsstelle einzutragen, dass die Ausstellung vom Landeshauptmann für die jeweils zuständige Zulassungsbehörde erfolgt ist. Die Zulassungsstelle hat über verdruckte, beschädigte oder sonst unbrauchbar gewordene Zulassungsbescheinigungsformulare genaue Aufzeichnungen (Eintragung in eine Liste) zu führen. *(BGBl II 2010/350)*

(4a) Auf Antrag des Zulassungsbesitzers bei zugelassenen Fahrzeugen oder auf Antrag des früheren Zulassungsbesitzers bei nicht zugelassenen Fahrzeugen kann ein Duplikat des jeweils verlorenen Teiles I oder II der Zulassungsbescheinigung ausgestellt werden. Einen derartigen Antrag auf Ausstellung eines Duplikates kann bei nicht zugelassenen Fahrzeugen auch der rechtmäßige, mit dem früheren Zulassungsbesitzer nicht idente Besitzer stellen, sofern er bei der Antragstellung seinen rechtmäßigen Besitz glaubhaft macht (§ 7a Abs. 2 Z 3). „Bei bereits abgemeldeten Fahrzeugen kann ein Duplikat der Zulassungsbescheinigung nur im Papierformat ausgestellt werden." *(BGBl II 2010/92; BGBl II 2010/350)*

(5) Zulassungsbescheinigungen nach dem Muster der Anlage 6, beziehungsweise nach dem Muster der Anlagen 7 und 7a im Falle einer Zulassungsbescheinigung Teil I im Chipkartenformat, sind auch bei den Behörden vorbehaltenen Verfahren zu verwenden. *(BGBl II 2010/350)*

(6) Bei Abmeldung, bei Änderungen, Berichtigungen und Ergänzungen der Daten in der Zulassungsbescheinigung, „bei Ausschluss eines Fahrzeuges von einem Wechselkennzeichen, sofern die Eintragung „Wechselkennzeichen" für ein verbliebenes Fahrzeug dann nicht mehr zutrifft,"** bei Zuweisung eines Ersatzkennzeichens nach Diebstahl oder Verlust, bei Zuweisung eines Wunschkennzeichens bei bereits aufrechter Zulassung und bei Neuausgabe von beschädigten Zulassungsbescheinigungen sind grundsätzlich beide Teile der Zulassungsbescheinigung abzuliefern. Können diese nicht vorgelegt werden, so ist eine Erklärung des Zulassungsbesitzers über den Grund darüber abzugeben. Die Abmeldung ist auf der Zulassungsbescheinigung „Teil I"*** zu bestätigen und diese ist dem Antragsteller wieder auszufolgen, sofern nicht im Zuge der gleichen Amtshandlung eine neuerliche Zulassung des Fahrzeuges erfolgt oder einer der in § 43 Abs. 2 KFG genannten Fälle für die Nicht-Wiederausfolgung vorliegt. „Bei einer Zulassungsbescheinigung Teil I im Chipkartenformat erfordert jede Veränderung der Eintragungen die Beantragung einer neuen Zulassungsbescheinigung Teil I im Chipkartenformat, sofern nicht der Umstieg auf eine Zulassungsbescheinigung Teil I im Papierformat beantragt wird. Nach einer Abmeldung oder sonst ungültig gewordenen Zulassungsbescheinigungen Teil I im Chipkartenformat werden diese mittels Lochung entwertet und sodann dem Antragsteller wieder ausgefolgt. Die Lochung muss derart erfolgen, dass der Mikrochip dabei unversehrt bleibt."* *(BGBl II 2007/131; *BGBl II 2010/350; **BGBl II 2017/76; ***BGBl II 2019/92)*

Fahrzeug-Genehmigungsdokument

§ 13a. (1) Im Zuge einer Zulassung oder bei Änderungen, die Eintragungen in die Zulassungsbescheinigung betreffen, wird die als Bestätigung über die Zulassung ausgedruckte Zulassungsbescheinigung „Teil II" von der Zulassungsstelle mit dem vorgelegten Genehmigungsnachweis zum Fahrzeug-Genehmigungsdokument verbunden. Die Abmeldung des Fahrzeuges wird auch auf der Zulassungsbescheinigung „Teil II" vermerkt. Im Falle einer neuerlichen Zulassung wird der bisherige „Teil II" durch einen neuen ersetzt. Auf diesem ist auch die Anzahl der bisherigen Zulassungen ab dem 1. Juli 2007 anzugeben. Bei Fahrzeugen, die vor dem 1. Juli 2007 zugelassen worden sind und die nach dem 1. Juli 2007 abgemeldet werden bzw. deren Zulassung nach diesem Termin aufgehoben wird, ist dieser Umstand in den bisherigen Genehmigungsnachweis einzutragen. *(BGBl II 2019/92)*

(2) Wird der Verlust des Fahrzeug-Genehmigungsdokumentes glaubhaft gemacht, so hat die Zulassungsstelle bei Fahrzeugen, deren Daten vollständig in der Genehmigungsdatenbank enthalten sind, auf Antrag des Zulassungsbesitzers oder bei nicht zugelassenen Fahrzeugen auf Antrag des letzten Zulassungsbesitzers des Fahrzeu-

ges einen aktuellen Datenausdruck aus der Genehmigungsdatenbank herzustellen und mit einer neuerlich ausgedruckten Zulassungsbescheinigung Teil II zu einem Duplikat-Genehmigungsdokument zu verbinden. „Einen derartigen Antrag auf Ausstellung eines Duplikates kann bei nicht zugelassenen Fahrzeugen auch der rechtmäßige, mit dem früheren Zulassungsbesitzer nicht idente Besitzer stellen, sofern er bei der Antragstellung seinen rechtmäßigen Besitz glaubhaft macht (§ 7a Abs. 2 Z 3)." Ein aktueller Datenausdruck aus der Genehmigungsdatenbank darf nur dann hergestellt werden, wenn durch eine Abfrage bei einer dafür zur Verfügung stehenden Datenbank die Unbedenklichkeit der Duplikatausstellung bestätigt worden ist. Bei Ausfall oder technischer Unerreichbarkeit der Datenbank kann eine Duplikatausstellung des Fahrzeug-Genehmigungsdokumentes ohne diese Abfrage erfolgen, sofern alle sonstigen Voraussetzungen erfüllt sind. Bei Fahrzeugen, deren Daten nicht vollständig in der Genehmigungsdatenbank enthalten sind, ist vom jeweiligen Aussteller des bisherigen Genehmigungsnachweises ein Duplikat dieses Nachweises herzustellen und von der Zulassungsstelle mit einer neuerlich ausgedruckten Zulassungsbescheinigung Teil II zu einem Duplikat-Genehmigungsdokument zu verbinden. Das Duplikat-Genehmigungsdokument ist als solches zu bezeichnen und es ist jeweils anzugeben, um das wievielte Duplikat es sich handelt. *(BGBl II 2019/92; BGBl II 2020/77)*

(BGBl II 2007/131)

In-Kraft-Treten

§ 14. (1) § 7a Abs. 2 Z 6, § 7a Abs. 2 Z 7 lit. c, § 8 Abs. 1 Z 6 und die Anlage 4, jeweils in der Fassung der Verordnung BGBl. II Nr. 33/2005, treten mit 1. März 2005 in Kraft. *(BGBl II 2007/131)*

(2) § 7a Abs. 2 Z 5.1 lit. c, 5.5 lit. c, Z 7 lit. a und d und Z 9, § 8 Abs. 2 und 3, § 12, § 13 Abs. 4 bis 6, § 13a, Anlage 3, Anlage 4 und Anlage 6 jeweils in der Fassung der Verordnung BGBl. II Nr. 131/2007 treten mit 1. Juli 2007 in Kraft. § 7a Abs. 2 Z 8 tritt mit Ablauf des 30. Juni 2007 außer Kraft. *(BGBl II 2007/131)*

(3) § 7a Abs. 2 Z 5.1, in der Fassung der Verordnung BGBl. II Nr. 92/2010, tritt mit 1. April 2010 in Kraft. *(BGBl II 2010/92)*

(4) § 13 Abs. 1a, § 13 Abs. 5, Anlage 3, Anlage 4 Kennziffer 22, 26, 27, 33 und 70, Anlage 7 und Anlage 7a jeweils in der Fassung der Verordnung BGBl. II Nr. 350/2010, treten mit 1. Dezember 2010 in Kraft. Zulassungsbescheinigungen im Chipkartenformat können ab Inkrafttreten dieser Bestimmungen beantragt werden. Die Erstausgabe der Zulassungsbescheinigungen im Chipkartenformat erfolgt ab dem 1. Jänner 2011. *(BGBl II 2010/350)*

(5) § 7a Abs. 2 Z 2, § 7a Abs. 2 Z 7 lit. e, § 12 Abs. 1, § 12 Abs. 3 und Anlage 6 jeweils in der Fassung der Verordnung BGBl. II Nr. 101/2015 treten mit Ablauf des Tages der Kundmachung der genannten Verordnung in Kraft. § 13 Abs. 1a in der Fassung der Verordnung BGBl. II Nr. 101/2015 tritt mit 11. Mai 2015 in Kraft. Anlage 3, Anlage 4 und Anlage 5 jeweils in der Fassung der Verordnung BGBl. II Nr. 101/2015 treten mit 1. Juli 2015 in Kraft. *(BGBl II 2015/101)*

(6) § 13 Abs. 6 und Anlage 4 jeweils in der Fassung der Verordnung BGBl. II Nr. 76/2017 treten mit Ablauf des Tages der Kundmachung dieser Verordnung in Kraft. *(BGBl II 2017/76)*

(7) § 7a Abs. 2 Z 5.4 lit. c, Z 5.5 lit. a, lit. cc, Z 7 lit. e und Z 9, § 8 Abs. 3, § 13 Abs. 6 und § 13a Abs. 1 jeweils in der Fassung der Verordnung BGBl. II Nr. 92/2019 treten mit Ablauf des Tages der Kundmachung dieser Verordnung in Kraft. § 13 Abs. 1a in der Fassung der Verordnung BGBl. II Nr. 92/2019 tritt mit 15. April 2019 in Kraft. § 7a Abs. 1 und § 13a Abs. 2 jeweils in der Fassung der Verordnung BGBl. II Nr. 92/2019 treten mit 1. Oktober 2019 in Kraft. *(BGBl II 2019/92)*

(8) § 13a Abs. 2 und Anlage 5 jeweils in der Fassung der Verordnung BGBl. II Nr. 77/2020 treten mit Ablauf des Tages der Kundmachung dieser Verordnung in Kraft. Anlagen 3, 6 und 7 jeweils in der Fassung der Verordnung BGBl. II Nr. 77/2020 treten mit 30. März 2020 in Kraft. Die Felder #3, #57, #58, #59, #60, #61 und #62 gemäß der Anlage 7a müssen bei Zulassungsbescheinigungen Teil I im Chipkartenformat, deren Daten ab dem 30. März 2020 von der Zulassungsevidenz zum Hersteller der Zulassungsbescheinigungen im Chipkartenformat übertragen werden, nicht mit Werten befüllt sein oder können entfallen. Die Felder #19, #20 und #21 gemäß der Anlage 7a müssen bei Zulassungsbescheinigungen Teil I im Chipkartenformat, deren Daten ab dem 2. April 2020 von der Zulassungsevidenz zum Hersteller der Zulassungsbescheinigungen im Chipkartenformat übertragen werden, mit den jeweils zutreffenden Werten befüllt sein. § 13 Abs. 1a in der Fassung der Verordnung BGBl. II Nr. 77/2020 tritt mit 1. April 2020 in Kraft. Anlage 4 in der Fassung der Verordnung BGBl. II Nr. 77/2020 tritt mit „1. Jänner 2021" in Kraft. Fahrzeuge, die davor als Mietwagen unter der Verwendungsbestimmung 29 zugelassen sind und ab „1. Jänner 2021" unter die Verwendungsbestimmung 25 fallen, dürfen die bestehende Verwendungsbestimmung noch bis 31. August 2021 führen. *(BGBl II 2020/77; BGBl II 2020/303)*

(9) § 13 Abs. 1a in der Fassung der Verordnung BGBl. II Nr. 120/2022 tritt mit 1. Mai 2022 in Kraft. *(BGBl II 2022/120)*

(10) § 13 Abs. 1a in der Fassung der Verordnung BGBl. II Nr. 387/2022 tritt mit 31. Oktober 2022 in Kraft. *(BGBl II 2022/387)*

(BGBl II 2005/33)

Anlagen nicht abgedruckt.

Kraftfahrzeugsteuergesetz – KfzStG 1992

BGBl 1992/449 idF

1 BGBl 1993/254
2 BGBl 1993/818
3 BGBl 1994/629
4 BGBl 1995/21
5 BGBl 1995/503
6 BGBl 1996/201
7 BGBl 1996/798
8 BGBl I 2000/26
9 BGBl I 2000/142
10 BGBl I 2003/71
11 BGBl I 2005/161 (AbgÄG 2005)
12 BGBl I 2007/64 (KfzStG-Novelle 2007)
13 BGBl I 2010/9
14 BGBl I 2010/111 (BudgetbegleitG 2011)
15 BGBl I 2012/112 (AbgÄG 2012)
16 BGBl I 2014/13 (AbgÄG 2014)
17 BGBl I 2014/105 (2. AbgÄG 2014)
18 BGBl I 2018/62 (JStG 2018)
19 BGBl I 2019/103 (StRefG 2020)
20 BGBl I 2020/99 (2. FORG)
21 BGBl I 2022/108 (AbgÄG 2022)

Bundesgesetz über die Erhebung einer Kraftfahrzeugsteuer (Kraftfahrzeugsteuergesetz 1992 – KfzStG 1992)

1. TEIL

Gegenstand der Steuer

§ 1. (1) Der Kraftfahrzeugsteuer unterliegen

1. in einem inländischen Zulassungsverfahren zum Verkehr zugelassene Kraftfahrzeuge

a) deren höchstes zulässiges Gesamtgewicht mehr als 3,5 Tonnen beträgt;

b) die kraftfahrrechtlich als Zugmaschine oder Motorkarren genehmigt sind;

c) wenn und solange für diese eine Kraftfahrzeug-Haftpflichtversicherung, auf die § 6 Abs. 3 Versicherungssteuergesetz 1953 anzuwenden ist, nicht besteht; *(BGBl 1996/201)*

2. in einem ausländischen Zulassungsverfahren zum Verkehr zugelassene Kraftfahrzeuge, die auf Straßen mit öffentlichem Verkehr im Inland verwendet werden;

3. Kraftfahrzeuge, die auf Straßen mit öffentlichem Verkehr im Inland ohne die kraftfahrrechtlich erforderliche Zulassung verwendet werden (widerrechtliche Verwendung).

4. *(aufgehoben, BGBl 1996/201)*

(2) 1. Anhänger mit einem höchsten zulässigen Gesamtgewicht von mehr als 3,5 Tonnen gelten als Kraftfahrzeuge im Sinne dieses Gesetzes.

2. Übersteigt die Anzahl der Anhänger die Anzahl der ziehenden steuerpflichtigen Kraftfahrzeuge mit einem höchsten zulässigen Gesamtgewicht von mehr als 3,5 Tonnen desselben Steuerschuldners (überzählige Anhänger), sind jene Anhänger steuerfrei, die die niedrigere Bemessungsgrundlage aufweisen. Die Feststellung, ob überzählige Anhänger vorhanden sind, hat jeweils auf den 1. Tag eines Kalendermonats zu erfolgen. Anhänger, die von einem Kraftfahrzeug eines anderen Steuerschuldners gezogen werden, sind bei der Feststellung, ob überzählige Anhänger vorhanden sind, nicht zu berücksichtigen; für sie ist die Steuer für den Kalendermonat, in dem die Verwendung erfolgt, zu erheben. *(BGBl I 2014/13)*

Steuerbefreiungen

§ 2. (1) Von der Steuer sind befreit:

1. Kraftfahrzeuge, die für den Bund oder eine andere Gebietskörperschaft zugelassen und zur Verwendung im Bereich des öffentlichen Sicherheitsdienstes „ " oder der Justizwache bestimmt sind, sowie Heeresfahrzeuge; *(BGBl I 2014/13)*

2. Kraftfahrzeuge, die ausschließlich oder vorwiegend für die Feuerwehr, für den Rettungsdienst oder als Krankenwagen bestimmt sind;

3. Kraftfahrzeuge, die mit Probefahrtkennzeichen oder mit Überstellungskennzeichen benützt werden;

4. Kraftfahrzeuge der Klassen M2 und M3 (Omnibusse) sowie Kraftfahrzeuge, die ausschließlich oder vorwiegend im Mietwagen- oder Taxigewerbe verwendet werden;" *(BGBl I 2019/103)*

5. Invalidenkraftfahrzeuge;

6. Kraftfahrzeuge der Klassen L1e, L2e, L3e, L4e und L5e (Krafträder), deren Hubraum 100 Kubikzentimeter nicht übersteigt; *(BGBl I 2019/103)*

7. Zugmaschinen und Motorkarren, die ausschließlich oder vorwiegend in land- und forstwirtschaftlichen Betrieben verwendet werden und ausschließlich von jenen gezogenen Anhänger; *(BGBl 1994/629)*

8. kraftfahrrechtlich als selbstfahrende Arbeitsmaschine und als Anhänger-Arbeitsmaschine genehmigte Fahrzeuge; *(BGBl 1994/629)*

9. Kraftfahrzeuge, die auf Grund ihres Antriebes (insbesondere Elektro oder Wasserstoff) einen CO_2-Emissionswert von 0 g/km aufweisen; *(BGBl I 2022/108, ab 1. 1.2023)*

10. Kraftfahrzeuge, für die „die Bescheinigung der Zulassung" und die Kennzeichentafeln bei der zuständigen Behörde hinterlegt werden,
– bei Fahrzeugen, deren höchstes zulässiges Gesamtgewicht mehr als 3,5 Tonnen beträgt, für einen Zeitraum von mindestens 10 Tagen,
– bei anderen Fahrzeugen für einen Zeitraum von mindestens 45 Tagen;

der Tag, an dem die Hinterlegung erfolgt, und der Tag der Wiederausfolgung werden nicht in die Frist einbezogen. *(BGBl I 2000/142; BGBl I 2012/112)*

11. Kraftfahrzeuge von Personen, denen eine Steuerbefreiung auf Grund von Staatsverträgen, Gegenseitigkeitserklärungen oder sonst nach den Grundsätzen des zwischenstaatlichen Steuerrechtes zukommt oder auf Grund tatsächlich gewährter Gegenseitigkeit zuerkannt wird;

12. Kraftfahrzeuge, die ausschließlich für Menschen mit Behinderung zugelassen sind und von diesen zur persönlichen Fortbewegung verwendet werden müssen, unter folgenden Voraussetzungen:

a) Überreichung einer Abgabenerklärung an das Finanzamt. Bei Erfüllung aller Voraussetzungen entsteht der Anspruch auf Steuerfreiheit mit der Überreichung der Abgabenerklärung; dies gilt auch, wenn der Nachweis über die Behinderung erst nachträglich beigebracht wird;

b) Nachweis der Behinderung durch
– einen Ausweis gemäß § 29b der Straßenverkehrsordnung 1960 oder
– einen Eintrag der Unzumutbarkeit der Benützung öffentlicher Verkehrsmittel oder der Blindheit im Behindertenpass gemäß § 40 ff. Bundesbehindertengesetz, BGBl. Nr. 283/1990 in der geltenden Fassung;

c) vorwiegende Verwendung des Kraftfahrzeuges zur persönlichen Fortbewegung des Menschen mit Behinderung und für Fahrten, die Zwecken des Menschen mit Behinderung und seiner Haushaltsführung dienen;

d) die Steuerbefreiung steht nur für ein Kraftfahrzeug zu. Unter einem Wechselkennzeichen zum Verkehr zugelassene Kraftfahrzeuge werden von der Steuerbefreiung miterfasst; *(BGBl I 2019/103)*

13. Anhänger, die für die Beförderung von Schienenfahrzeugen auf der Straße eingerichtet sind und ausschließlich dafür verwendet werden; *(BGBl 1994/629)*

14. in einem inländischen Zulassungsverfahren zugelassene Kraftfahrzeuge mit einem höchsten zulässigen Gesamtgewicht von mehr als 3,5 Tonnen in dem Kalendermonat, in welchem diese ausschließlich im Vor- und Nachlaufverkehr zum kombinierten Verkehr Straße/Schiene für die Zustellung und Abholung von Containern von mindestens 20 Fuß Länge, von auswechselbaren Aufbauten oder von bahnbeförderten Anhängern verwendet werden. Ein Vor- oder Nachlaufverkehr liegt nur dann vor, wenn von der Be- oder Entladestelle der nächstgelegene technisch geeignete inländische Ver- oder Entladebahnhof benützt wird. *(BGBl 1994/629)*

(2) „Wird zwei oder drei Kraftfahrzeugen ein Wechselkennzeichen gemäß § 48 Abs. 2 des Kraftfahrgesetzes 1967 zugewiesen, so ist die Steuer nur für das Kraftfahrzeug zu entrichten, das der höchsten Steuer unterliegt." In die Berechnung sind auch Kraftfahrzeuge, die der motorbezogenen Versicherungssteuer (§ 6 Abs. 3 VersStG 1953) unterliegen, einzubeziehen. Kraftfahrzeuge, die gemäß Abs. 1 von der Steuer befreit sind, sind nicht zu berücksichtigen. Wird für eines der unter Wechselkennzeichen zugelassenen Kraftfahrzeuge motorbezogene Versicherungssteuer entrichtet, so ist diese, soweit sie auf den Steuerberechnungszeitraum (§ 6 Abs. 3) entfällt, auf die Kraftfahrzeugsteuer anzurechnen. *(BGBl 1996/201; BGBl I 2019/103)*

(3) 1. Wird ein in einem inländischen Zulassungsverfahren zugelassenes Kraftfahrzeug mit einem höchsten zulässigen Gesamtgewicht von mehr als 3,5 Tonnen leer oder beladen im Huckepackverkehr im Inland mit der Eisenbahn befördert, so ermäßigt sich die Steuer für dieses Fahrzeug auf Antrag für jede Bahnbeförderung um 15% der monatlich für dieses Fahrzeug zu entrichtenden Steuer, höchstens jedoch um den Betrag, der für das Fahrzeug im Kalenderjahr an Steuer zu entrichten ist. „Kann für das mit der Bahn beförderte Kraftfahrzeug die Ermäßigung nicht in Anspruch genommen werden, weil dieses Fahrzeug gemäß Abs. 1 Z 14 steuerbefreit ist, ermäßigt sich die Steuer auf Antrag für jede Bahnbeförderung dieses Fahrzeuges um 15% der monatlich für ein anderes Kraftfahrzeug desselben Steuerschuldners zu entrichtenden Steuer, soweit dessen höchstes zulässiges Gesamtgewicht jenes des mit der Bahn beförderten Fahrzeuges nicht übersteigt, höchstens jedoch um den Betrag, der für das mit der Bahn beförderte Fahrzeug im Kalenderjahr an Steuer zu entrichten ist." *(BGBl I 2005/161)*

2. Der Nachweis, daß die Voraussetzungen für die Ermäßigung der Steuer erfüllt sind, ist für jedes Fahrzeug durch fortlaufend geführte Aufzeichnungen über die Bahnbeförderung und eine vom Eisenbahnunternehmen darüber ausgestellte Rechnung zu erbringen. *(BGBl 1994/629)*

Steuerschuldner

§ 3. Steuerschuldner ist

1. bei einem in einem inländischen Zulassungsverfahren zugelassenen Kraftfahrzeug die Person, für die das Kraftfahrzeug zugelassen ist;

2. in allen anderen Fällen die Person, die das Kraftfahrzeug auf Straßen mit öffentlichem Verkehr im Inland verwendet.

Dauer der Steuerpflicht

§ 4. (1) Die Steuerpflicht dauert:
1. Für ein in einem inländischen Zulassungsverfahren zugelassenes Kraftfahrzeug vom Tag der Zulassung bis zum Tag, an dem die Zulassung endet;
2. für ein in einem ausländischen Zulassungsverfahren zugelassenes Kraftfahrzeug vom Tag des Grenzeintrittes bis zum Tag des Grenzaustrittes;
3. bei widerrechtlicher Verwendung (§ 1 Z 3) eines Kraftfahrzeuges vom Beginn des Kalendermonates, in dem die Verwendung einsetzt, bis zum Ablauf des Kalendermonates, in dem die Verwendung endet.

(2) Wird ein steuerbefreites Kraftfahrzeug steuerpflichtig, so beginnt die Steuerpflicht mit dem Tag, an dem der Befreiungsgrund wegfällt.

(3) Kommt es zu einer Änderung der für die Steuerbemessung maßgeblichen Verhältnisse, so ist dies ab dem Tag der Änderung zu berücksichtigen.

Steuersatz

§ 5. (1) Die Steuer beträgt je Monat bei
1. Kraftfahrzeugen der Klassen L1e, L2e, L3e, L4e und L5e,

a) die vor dem 1. Oktober 2020 erstmalig zugelassen wurden, je Kubikzentimeter Hubraum 0,0275 Euro,

b) die nach dem 30. September 2020 erstmalig zugelassen werden, 0,014 Euro je Kubikzentimeter des um 52 Kubikzentimeter verringerten Hubraums sowie 0,20 Euro je Gramm des um 52 verringerten Wertes der CO_2-Emissionen in Gramm pro Kilometer, die nach dem World Motorcycle Test Cycle (WMTC) gemäß der Verordnung (EU) Nr. 168/2013 über die Genehmigung und Marktüberwachung von zwei- oder dreirädrigen und vierrädrigen Fahrzeugen, ABl. Nr. L 60 vom 2. März 2013, Seite 52 zuletzt geändert durch Verordnung (EU) Nr. 129/2019 zur Änderung der Verordnung (EU) Nr. 168/2013 hinsichtlich der Anwendung der Stufe Euro 5 auf die Typgenehmigung von zwei- oder dreirädrigen und vierrädrigen Fahrzeugen, ABl. Nr. L 30 vom 16. Januar 2019, Seite 106, ermittelt wurden, mindestens aber 10 Gramm pro Kilometer.

2. Kraftfahrzeugen mit einem höchsten zulässigen Gesamtgewicht bis 3,5 Tonnen

a) der Klasse M1,„ ausgenommen Wohnmobile der Aufbauart „SA", bei denen das Basisfahrzeug ein Kraftfahrzeug der Klasse N ist,"

aa) die vor dem 1. Oktober 2020 erstmalig zugelassen wurden, je Kilowatt der um 24 Kilowatt verringerten Leistung des Verbrennungsmotors
- für die ersten 66 Kilowatt 0,682 Euro,
- für die weiteren 20 Kilowatt 0,726 Euro
- und für die darüber hinausgehenden Kilowatt 0,825 Euro

mindestens 6,82 Euro. Für mit einem Fremdzündungsmotor ausgestattete Kraftfahrzeuge, die vor dem 1. Jänner 1987 erstmals im Inland zum Verkehr zugelassen wurden, erhöht sich die Kraftfahrzeugsteuer um 20%, sofern nicht nachgewiesen wird, dass das Kraftfahrzeug die gemäß § 1d Abs. 1 Z 3 Kategorie A oder B der KDV 1967, BGBl. Nr. 399/1967, in der Fassung der 34. Novelle, BGBl. Nr. 579/1991, vorgeschriebenen Schadstoffgrenzwerte einhält;

bb) die nach dem 30. September 2020 erstmalig zugelassen werden und für welche die CO_2-Emissionen gemäß der Verordnung (EU) 2017/1151 zur Ergänzung der Verordnung (EG) Nr. 715/2007 über die Typgenehmigung von Kraftfahrzeugen hinsichtlich der Emissionen von leichten Personenkraftwagen und Nutzfahrzeugen (Euro 5 und Euro 6) und über den Zugang zu Fahrzeugreparatur- und -wartungsinformationen, zur Änderung der Richtlinie 2007/46/EG, der Verordnung (EG) Nr. 692/2008 sowie der Verordnung (EU) Nr. 1230/2012 und zur Aufhebung der Verordnung (EG) Nr. 692/2008 (im Folgenden: Verordnung (EU) 2017/1151), ABl. Nr. L 175 vom 7. Juli 2017, Seite 1, gemäß dem weltweit harmonisierten Prüfverfahrens für leichte Nutzfahrzeuge (WLTP) ermittelt wurden, 0,72 Euro je Kilowatt der um 65 Kilowatt verringerten Leistung des Verbrennungsmotors sowie 0,72 Euro je Gramm des um 115 Gramm pro Kilometer verringerten Wertes der CO_2-Emissionen in Gramm pro Kilometer; es sind aber mindestens 5 Kilowatt und mindestens 5 Gramm pro Kilometer anzusetzen. Es gilt der kombinierte WLTP-Wert der CO_2-Emissionen in Gramm pro Kilometer, bei extern aufladbaren Hybridelektrofahrzeugen jedoch der gewichtet kombinierte WLTP-Wert der CO_2-Emissionen in Gramm pro Kilometer;

cc) die nach dem 30. September 2020 erstmalig zugelassen werden und für welche die CO_2-Emissionen nicht gemäß der Verordnung (EU) 2017/1151 ermittelt wurden, je Kilowatt der um 24 Kilowatt verringerten Leistung des Verbrennungsmotors
- für die ersten 66 Kilowatt 0,682 Euro,
- für die weiteren 20 Kilowatt 0,726 Euro
- und für die darüber hinausgehenden Kilowatt 0,825 Euro

mindestens 6,82 Euro;
(BGBl I 2022/108, ab 1. 1.2023)

b) allen übrigen Kraftfahrzeugen je Kilowatt der um 24 Kilowatt verringerten Leistung des Verbrennungsmotors
- für die ersten 66 Kilowatt 0,682 Euro,
- für die weiteren 20 Kilowatt 0,726 Euro
- und für die darüber hinausgehenden Kilowatt 0,825 Euro

mindestens 6,82 Euro höchstens aber 80 Euro;

3. Kraftfahrzeugen mit einem höchsten zulässigen Gesamtgewicht von mehr als 3,5 Tonnen für jede angefangene Tonne höchstes zulässiges Gesamtgewicht
- bei Fahrzeugen mit einem höchsten zulässigen Gesamtgewicht bis zu 12 Tonnen 1,55 Euro, mindestens 15 Euro;
- bei Fahrzeugen mit einem höchsten zulässigen Gesamtgewicht von mehr als 12 Tonnen bis zu 18 Tonnen 1,70 Euro;
- bei Fahrzeugen mit einem höchsten zulässigen Gesamtgewicht von mehr als 18 Tonnen 1,90 Euro, höchstens 80 Euro, bei Anhängern höchstens 66 Euro.

Bei Sattelanhängern ist das kraftfahrrechtlich höchste zulässige Gesamtgewicht um die Sattellast zu verringern.
(BGBl I 2019/103)

(2) Für die Steuerberechnung gemäß Abs. 1 sind die in der Zulassungsbescheinigung eingetragenen Werte maßgebend. Ist die Leistung des Verbrennungsmotors nicht in Kilowatt angegeben, hat die Umrechnung gemäß § 64 des Maß- und Eichgesetzes 1950, BGBl. Nr. 152, in der Fassung des Bundesgesetzes BGBl. Nr. 174/1973, zu erfolgen. Bruchteile von Kilowatt oder Gramm pro Kilometer sind auf volle Kilowatt oder Gramm pro Kilometer aufzurunden. Fehlt eine entsprechende Eintragung, ist bei Kraftfahrzeugen
- gemäß Abs. 1 Z 1 lit. a ein Hubraum von 350 Kubikzentimeter,
- gemäß Abs. 1 Z 1 lit. b ein Hubraum von 350 Kubikzentimeter oder ein CO_2-Ausstoß von 85 Gramm pro Kilometer,
- gemäß Abs. 1 Z 2 lit. a sublit. aa und cc sowie lit. b eine Leistung des Verbrennungsmotors von 50 Kilowatt,
- „gemäß Abs. 1 Z 2 lit. a sublit. bb" eine Leistung des Verbrennungsmotors von 85 Kilowatt oder ein CO_2-Ausstoß von 125 Gramm pro Kilometer, *(BGBl I 2022/108, ab 1. 1.2023)*
- gemäß Abs. 1 Z 3 ein höchstes zulässiges Gesamtgewicht von 8 Tonnen anzusetzen.

(BGBl I 2019/103; BGBl I 2022/108, ab 1. 1.2023)

(3) Zur Berechnung der Steuer ist der Monat mit 30 Tagen anzusetzen. Angefangene Tage zählen als volle Tage.

(4) Für ein in einem ausländischen Zulassungsverfahren zugelassenes Kraftfahrzeug, das vorübergehend im Inland benützt wird, beträgt der Tagessteuersatz für:
1. Krafträder.................................. 1,10 Euro;
2. Personenkraftwagen und Kombinationskraftwagen................................. 2,20 Euro;
3. alle übrigen Kraftfahrzeuge......... 13 Euro.

(BGBl I 2014/13)

(5) Der Bundesminister für Finanzen ist ermächtigt, für bestimmte Gruppen von Kraftfahrzeugen mit ausländischen Kennzeichen die gemäß Abs. 4 anzuwendenden Steuersätze mit Verordnung zu erhöhen, um diese Kraftfahrzeuge einer Steuerbelastung zu unterwerfen, die der Belastung entspricht, welcher Kraftfahrzeuge mit inländischem Kennzeichen im Heimatstaat der Kraftfahrzeuge mit ausländischen Kennzeichen unterliegen. Hiebei ist auf alle Abgaben Bedacht zu nehmen, die in dem betreffenden Staat für die Benützung oder das Halten von Kraftfahrzeugen erhoben werden.

(6) 1. Beginnend mit 1. Jänner 2021 werden jährlich der Wert 115 Gramm pro Kilometer in Abs. 1 Z 2 lit. a sublit. bb um den Wert 3 und der Wert 65 Kilowatt in Abs. 1 Z lit. a sublit. bb um den Wert 1 abgesenkt.

2. Abweichend von lit. a wird der Bundesminister für Finanzen ermächtigt, einmal jährlich zum 1. Jänner des Folgejahres, durch Verordnung die Steuersätze und die Abzugsbeträge gemäß Abs. 1 anzupassen, um die Änderung der durchschnittlichen CO_2-Emissionen auf Grund der technischen Entwicklung und der regulatorischen Vorgaben zu berücksichtigen; dabei ist auf ökologische und soziale Zielsetzungen Bedacht zu nehmen.

3. Die gemäß Z 1 oder 2 angepassten Werte sind für jene Kraftfahrzeuge anzuwenden, die ab dem Wirksamwerden der Änderungen bis zum Wirksamwerden der Änderungen des Folgejahres erstmalig zugelassen werden.

(BGBl I 2019/103)

Anzeige-, Aufzeichnungs- und Erklärungspflicht, Entrichtung der Steuer

§ 6. (1) Der Steuerschuldner hat dem Finanzamt „ " die Umstände anzuzeigen, die die Abgabepflicht nach diesem Bundesgesetz begründen; diese Anzeige ist binnen einem Monat, gerechnet vom Eintritt des anzeigepflichtigen Ereignisses, zu erstatten. *(BGBl I 2020/99)*

(2) Aus im Inland vom Steuerschuldner fortlaufend zu führenden Aufzeichnungen muss sich für nach diesem Bundesgesetz steuerpflichtige Kraftfahrzeuge deren Art und Kennzeichen, die

Dauer der Steuerpflicht und die Steuerbemessungsgrundlage ergeben.

(3) 1. Bei widerrechtlicher Verwendung (§ 1 Abs. 1 Z 3) hat der Steuerschuldner jeweils für einen Kalendermonat die Steuer selbst zu berechnen und bis zum 15. Tag (Fälligkeitstag) des auf den Kalendermonat zweitfolgenden Kalendermonats an das Finanzamt zu entrichten. Wenn die Selbstberechnung unterlassen wird oder wenn sich die Selbstberechnung als nicht richtig erweist, hat das Finanzamt die Steuer festzusetzen. Der festgesetzte Abgabenbetrag hat den im ersten Satz genannten Fälligkeitstag. Eine Festsetzung kann nur so lange erfolgen, als nicht ein den Selbstberechnungszeitraum beinhaltender Jahresbescheid erlassen wurde.

2. „In Fällen des § 1 Abs. 1 Z 1" hat der Steuerschuldner jeweils für ein Kalendervierteljahr die Steuer selbst zu berechnen und bis zum 15. Tag (Fälligkeitstag) des auf das Kalendervierteljahr zweitfolgenden Kalendermonats an das Finanzamt zu entrichten. Ein gemäß § 201 BAO festgesetzter Abgabenbetrag hat den im ersten Satz genannten Fälligkeitstag. *(BGBl I 2020/99) (BGBl I 2018/62)*

(4) Der Steuerschuldner hat für jedes abgelaufene Kalenderjahr bis zum 31. März des darauf folgenden Kalenderjahres dem Finanzamt eine Steuererklärung über die steuerpflichtigen Kraftfahrzeuge abzugeben. „ " *(BGBl I 2014/105)*

(5) Für ein in einem ausländischen Zulassungsverfahren zugelassenes Kraftfahrzeug hat der Steuerschuldner den Beginn der inländischen Steuerpflicht beim Grenzübertritt dem Zollamt Österreich bekanntzugeben. Das Zollamt Österreich hat die Steuer nach den im Zoll geltenden Rechtsvorschriften zu erheben. Der Steuerschuldner hat den Bescheid über die Festsetzung der Steuer im Inland mitzuführen und den Organen einer Abgabenbehörde auf Verlangen auszuhändigen. Beim Verlassen des Staatsgebietes hat das Zollamt Österreich, soweit erforderlich, die Steuer unter Anrechnung der beim Eintritt in das Staatsgebiet festgesetzten Steuer neu zu berechnen. *(BGBl I 2020/99)*

§ 7. *(entfällt samt Überschrift, BGBl I 2020/99)*

Aufhebung der Zulassung

§ 8. Die Nicht- oder nicht vollständige Entrichtung der Kraftfahrzeugsteuer ist ein Grund zur Aufhebung der Zulassung, den das Finanzamt bei der Behörde, die das Kraftfahrzeug zum Verkehr zugelassen hat, durch Anzeige geltend machen kann.

Verweisungen

§ 9. (1) Soweit in diesem Bundesgesetz auf Bestimmungen anderer Bundesgesetze hingewiesen wird, sind diese Bestimmungen, wenn nichts anderes bestimmt ist, in ihrer jeweils geltenden Fassung anzuwenden.

(2) Die in diesem Bundesgesetz verwendeten Begriffe des Kraftfahrrechtes richten sich nach den jeweils geltenden kraftfahrrechtlichen Vorschriften. „Die Einteilung der Kraftfahrzeuge in Klassen richtet sich nach § 3 des Kraftfahrgesetzes 1967, BGBl. Nr. 267/1967, in der jeweils geltenden Fassung." *(BGBl I 2019/103)*

(3) Wird in anderen Bundesgesetzen auf Bestimmungen des Kraftfahrzeugsteuergesetzes 1952, BGBl. Nr. 110, verwiesen, bezieht sich diese Verweisung auf die entsprechenden Bestimmungen dieses Bundesgesetzes.

Übergangsbestimmung und Aufhebung bisheriger Rechtsvorschriften

§ 10. *(entfällt samt Überschrift, BGBl I 2019/103)*

Inkrafttreten und Vollziehung

§ 11. (1) „1." Die §§ 1 bis 9 sind unter Berücksichtigung der durch das Bundesgesetz BGBl. Nr. 254/1993 getroffenen Änderungen (§ 2 Abs. 1 Z 12 und § 5 Abs. 1 Z 2) für die Besteuerung von Kraftfahrzeugen für Zeiträume nach dem 30. April 1993 anzuwenden. *(BGBl 1993/254; BGBl 1994/629)*

2. Die §§ 1 Abs. 2; 2 Abs. 1 Z 7, 8 und 13; 2 Abs. 3; 5 Abs. 1 Z 3; 5 Abs. 2; 6 Abs. 5 und 7 Abs. 3 in der Fassung des Bundesgesetzes BGBl. Nr. 629/1994 sind für die Besteuerung von Kraftfahrzeugen für Zeiträume nach dem 31. Dezember 1994 anzuwenden. *(BGBl 1994/629)*

3. § 2 Abs. 1 Z 10 in der Fassung des Bundesgesetzes BGBl. Nr. 21/1995 ist auf die Besteuerung von Kraftfahrzeugen anzuwenden, für die der Zulassungsschein und die Kennzeichentafeln am 1. Jänner 1995 hinterlegt sind oder nach dem 1. Jänner 1995 hinterlegt werden. *(BGBl 1995/21)*

4. Die §§ 1 Abs. 1 Z 1; 1 Abs. 1 Z 3; 2 Abs. 1 und 5 Abs. 1 Z 2, jeweils in der Fassung des Bundesgesetzes BGBl. Nr. 201/1996, sind für die Besteuerung von Kraftfahrzeugen für Zeiträume nach dem 31. Dezember 1996 anzuwenden. *(BGBl 1996/201)*

5. § 2 Abs. 1 Z 10 in der Fassung des Bundesgesetzes BGBl. I Nr. 26/2000 ist auf die Besteuerung von Kraftfahrzeugen anzuwenden, für die der Zulassungsschein und die Kennzeichentafeln nach dem 31. Mai 2000 hinterlegt werden. *(BGBl I 2000/26)*

6. § 2 Abs. 3 Z 1 in der Fassung des Bundesgesetzes BGBl. I Nr. 161/2005 ist auf die Besteuerung von Kraftfahrzeugen für Zeiträume nach dem 31. Dezember 2005 anzuwenden. *(BGBl I 2005/161)*

7. §§ 2 Abs. 1 Z 10 und Abs. 2, 5 Abs. 2 sowie 7 Abs. 2, jeweils in der Fassung des Bundesgesetzes BGBl. I Nr. 112/2012, treten mit 1. Jänner 2013 in Kraft. *(BGBl I 2012/112)*

8. § 5 Abs. 1 und 4 in der Fassung des Bundesgesetzes BGBl. I Nr. 13/2014 sind für die Besteuerung von Kraftfahrzeugen für Zeiträume nach dem 28. Februar 2014 anzuwenden. *(BGBl I 2014/13)*

9. § 6 Abs. 3 in der Fassung des Bundesgesetzes BGBl. I Nr. 62/2018 tritt mit 1. Jänner 2019 in Kraft und ist auf die Besteuerung von Kraftfahrzeugen für Zeiträume nach dem 31. Dezember 2018 anzuwenden. *(BGBl I 2018/62)*

10. In der Fassung des Bundesgesetzes BGBl. I Nr. 103/2019 treten in Kraft,

1. § 2 Abs. 1 Z 12 mit 1. Dezember 2019,
2. § 2 Abs. 1 Z 4 und 6, § 5 Abs. 1, 2 und 6 sowie § 9 Abs. 2 mit 1. Oktober 2020. *(BGBl I 2019/103)*

11. § 6 Abs. 1, Abs. 3 Z 2 und Abs. 5 in der Fassung des Bundesgesetzes BGBl. I Nr. 99/2020 tritt mit 1. Jänner 2021 in Kraft. § 7 samt Überschrift in der Fassung des Bundesgesetzes BGBl. I Nr. 99/2020 tritt mit Ablauf des 31. Dezember 2020 außer Kraft. *(BGBl I 2020/99)*

12. § 2 Abs. 1 Z 9, § 5 Abs. 1 Z 2 lit. a und § 5 Abs. 2 Teilstrich 4, jeweils in der Fassung des Bundesgesetzes BGBl. I Nr. 108/2022, treten mit 1. Jänner 2023 in Kraft. *(BGBl I 2022/108)*

(2) Mit der Vollziehung dieses Bundesgesetzes ist der Bundesminister für Finanzen, hinsichtlich des § 8 der Bundesminister für öffentliche Wirtschaft und Verkehr im Einvernehmen mit dem Bundesminister für Finanzen, betraut.

2. TEIL

(eingearbeitet bzw. nicht abgedruckt)

Normverbrauchsabgabegesetz – NoVAG 1991

BGBl 1991/695 idF

1 BGBl 1992/449
2 BGBl 1993/818
3 BGBl 1994/681
4 BGBl 1995/21
5 BGBl 1995/50 (K über Idat)
6 BGBl 1996/201
7 BGBl I 1998/9
8 BGBl I 1999/122
9 BGBl I 2000/142
10 BGBl I 2001/144
11 BGBl I 2002/132
12 BGBl I 2003/71
13 BGBl I 2003/124 (AbgÄG 2003)
14 BGBl I 2004/180 (AbgÄG 2004)
15 BGBl I 2006/16 (VfGH)
16 BGBl I 2006/99
17 BGBl I 2006/143
18 BGBl I 2007/24
19 BGBl I 2007/65
20 BGBl I 2008/46
21 BGBl I 2009/52 (BudgetbegleitG 2009)
22 BGBl I 2010/34 (AbgÄG 2010)
23 BGBl I 2010/111 (BudgetbegleitG 2011)
24 BGBl I 2012/112 (AbgÄG 2012)
25 BGBl I 2014/13 (AbgÄG 2014)
26 BGBl I 2015/24 (VfGH)
27 BGBl I 2015/118 (StRefG 2015/2016)
28 BGBl I 2017/89
29 BGBl I 2019/103 (StRefG 2020)
30 BGBl I 2019/104 (FORG)
31 BGBl I 2020/99 (2. FORG)
32 BGBl I 2021/18
33 BGBl I 2021/208
34 BGBl I 2022/108 (AbgÄG 2022)

Bundesgesetz, mit dem eine Abgabe für den Normverbrauch von Kraftfahrzeugen eingeführt wird (Normverbrauchsabgabegesetz – NoVAG 1991)

Steuerbare Vorgänge

§ 1. Der Normverbrauchsabgabe unterliegen die folgenden Vorgänge:

1. Die Lieferung von bisher im Inland nicht zum Verkehr zugelassenen Kraftfahrzeugen, die ein Unternehmer (§ 2 UStG 1994) im Inland gegen Entgelt im Rahmen seines Unternehmens ausführt, ausgenommen die Lieferung an einen anderen Unternehmer zur gewerblichen Weiterveräußerung. *(BGBl I 2007/24)*

2. Der innergemeinschaftliche Erwerb (Art. 1 UStG 1994) von Kraftfahrzeugen, ausgenommen der Erwerb durch befugte Fahrzeughändler zur Weiterlieferung. *(BGBl I 2010/34)*

3. a) Die erstmalige Zulassung von Kraftfahrzeugen zum Verkehr im Inland, sofern die Steuerpflicht nicht bereits nach Z 1 oder Z 2 eingetreten ist oder nach Eintreten der Steuerpflicht eine Vergütung nach § 12 oder § 12a erfolgt ist.

b) Als erstmalige Zulassung gilt auch die Zulassung eines Fahrzeuges, das bereits im Inland zugelassen war, aber nicht der Normverbrauchsabgabe unterlag oder befreit war, sowie die Verwendung eines Fahrzeuges im Inland, wenn es nach dem Kraftfahrgesetz zuzulassen wäre, ausgenommen es wird ein Nachweis der Entrichtung der Normverbrauchsabgabe in jener Höhe erbracht, die im Zeitpunkt der erstmaligen Verwendung im Inland zu entrichten gewesen wäre. *(BGBl I 2015/118)*

4. Die Lieferung, der Eigenverbrauch durch Entnahme (§ 3 Abs. 2 UStG 1994) und die Änderung der begünstigten Nutzung von nach „§ 3 Abs. 1 Z 2 und Abs. 3" befreiten Kraftfahrzeugen, weiters der Wegfall der Voraussetzungen für die Steuerbefreiung nach „§ 3 Abs. 4". *(BGBl I 2007/24; BGBl I 2021/18)*

„Inland ist das Bundesgebiet, ausgenommen das Gebiet der Gemeinden Mittelberg und Jungholz." *(BGBl I 2007/24)*

Kraftfahrzeuge

§ 2. (1) Als Kraftfahrzeuge gelten:

1. Krafträder und Kraftfahrzeuge mit zwei oder drei Rädern (Klassen L3e, L4e und L5e), jeweils mit einem Hubraum von mehr als 125 Kubikzentimetern;

2. Schwere vierrädrige Kraftfahrzeuge (Klasse L7e) mit einem Hubraum von mehr als 125 Kubikzentimetern; *(BGBl I 2022/108)*

3. Personen- und Kombinationskraftwagen (Klasse M1) sowie

4. Kraftfahrzeuge zur Güterbeförderung mit mindestens vier Rädern und einer zulässigen Gesamtmasse von nicht mehr als 3.500 kg (Klasse N1).

Ausgenommen sind jeweils historische Fahrzeuge gemäß § 2 Abs. 1 Z 43 Kraftfahrgesetz 1967.

(2) Die Einteilung der Kraftfahrzeuge in Klassen richtet sich nach § 3 Kraftfahrgesetz 1967, BGBl. Nr. 267/1967, in der jeweils geltenden Fassung. Für die Einordnung eines Kraftfahrzeuges in diese Klassen ist der Typenschein, der Einzelgenehmigungsbescheid oder die EG- bzw. EU-Übereinstimmungsbescheinigung, jeweils

gemäß Abschnitt III des Kraftfahrgesetzes 1967, maßgeblich. Wurde für ein Kraftfahrzeug keine oder eine falsche Einordnung in einem entsprechenden Fahrzeugdokument vorgenommen, sind für die Einordnung die kraftfahrrechtlichen Vorschriften (§ 3 Kraftfahrgesetz 1967) sinngemäß anzuwenden.
(BGBl I 2021/18)

Steuerbefreiungen

§ 3. (1) Von der Normverbrauchsabgabe sind befreit

1. Vorgänge in Bezug auf Kraftfahrzeuge, die auf Grund ihres Antriebes (insbesondere Elektro oder Wasserstoff) einen CO_2-Emissionswert von 0 g/km aufweisen.

2. Vorführkraftfahrzeuge von Fahrzeughändlern sowie Kraftfahrzeuge, die auf den Fahrzeughändler zugelassen und nicht auf öffentlichen Straßen verwendet werden (sogenannte „Tageszulassung"), wenn die Zulassung nicht länger als drei Monate dauert. Wird dieser Zeitraum überschritten, entsteht die Steuerpflicht „gemäß § 1 Z 3" mit dem Tag der Überschreitung. Für diese Kraftfahrzeuge ist § 6 Abs. 8 nicht anwendbar.
(BGBl I 2022/108)

(2) Von der Normverbrauchsabgabe sind unter der Voraussetzung der Bekanntgabe der Fahrzeugidentifizierungsnummer und der Sperre des Fahrzeuges in der Genehmigungsdatenbank nach § 30a Kraftfahrgesetz 1967 befreit:

1. Ausfuhrlieferungen. § 6 Abs. 1 Z 1 und § 7 Umsatzsteuergesetz 1994 sind mit der Maßgabe anzuwenden, dass als Ausfuhrlieferungen auch Lieferungen in das übrige Unionsgebiet (§ 1 Abs. 1 Umsatzsteuergesetz 1994) gelten.

2. Vorgänge in Bezug auf Kraftfahrzeuge, die von Menschen mit Behinderung zur persönlichen Fortbewegung verwendet werden, sofern bescheinigt wird, dass der Mensch mit Behinderung für das Kraftfahrzeug die Steuerbefreiung gemäß § 4 Abs. 3 Z 9 Versicherungssteuergesetz 1953, BGBl. Nr. 133/1953, in der jeweils geltenden Fassung, in Anspruch nimmt.

a) In jenen Fällen, in denen der Steuerschuldner ein Unternehmer ist, muss die Bescheinigung dem Unternehmer innerhalb von zwei Wochen ab Lieferung vorgelegt werden. Wird die Bescheinigung nicht innerhalb dieser Frist vorgelegt, geht die Steuerschuld auf den Empfänger der Leistung über. In diesem Fall hat der Unternehmer die Sperre des Kraftfahrzeuges in der Genehmigungsdatenbank nach § 30a Kraftfahrgesetz 1967 zu veranlassen und das zuständige Finanzamt über den Übergang der Steuerschuld in Kenntnis zu setzen. Das Finanzamt hat bei unberechtigter Inanspruchnahme der Befreiung den Steuerschuldner aufzufordern, eine Anmeldung über die zu entrichtende Normverbrauchsabgabe einzureichen. „Wird das zuständige Finanzamt über den Übergang der Steuerschuld nicht in Kenntnis gesetzt, bleibt neben dem Empfänger der Leistung der Unternehmer Abgabenschuldner (Gesamtschuldner gemäß § 6 Abs. 1 BAO)." *(BGBl I 2022/108)*

b) In allen übrigen Fällen muss die Bescheinigung innerhalb von zwei Wochen ab Zulassung dem zuständigen Finanzamt vorgelegt werden. Nachdem die Bescheinigung vorgelegt wurde, hat das Finanzamt die Sperre des Kraftfahrzeuges in der Genehmigungsdatenbank nach § 30a Kraftfahrgesetz 1967 zu veranlassen. Wird die Bescheinigung nicht vorgelegt, hat das Finanzamt der Person, die die Befreiung unberechtigt in Anspruch genommen hat, die Normverbrauchsabgabe vorzuschreiben. Die Steuerschuld entsteht mit Ablauf der Frist.

Die Befreiung steht auch dann zu, wenn das Kraftfahrzeug nicht an den Menschen mit Behinderung, sondern zu Zwecken der Finanzierung an einen anderen Unternehmer geliefert wird. Der Bundesminister für Finanzen wird ermächtigt, das Verfahren zur Gewährung der Befreiung durch Verordnung näher zu regeln oder ein abweichendes Verfahren vorzusehen, wenn dadurch der Verwaltungsaufwand für Menschen mit Behinderung verringert wird.

3. Vorgänge in Bezug auf Kraftfahrzeuge, die als Einsatzfahrzeuge zur Verwendung durch eine Gebietskörperschaft im Bereich des öffentlichen Sicherheitsdienstes oder der Justizwache sowie durch das Bundesheer zur Erfüllung seiner Aufgaben bestimmt sind.

(3) Folgende Vorgänge in Bezug auf Kraftfahrzeuge sind von der Normverbrauchsabgabe im Wege der Vergütung (§ 12) befreit, wenn die vorwiegende Verwendung (mehr als 80%) für den begünstigten Zweck nachgewiesen wird:

1. Begleitfahrzeuge für Sondertransporte

2. Fahrschulkraftfahrzeuge

3. Miet-, Taxi- und Gästewagen

4. Kraftfahrzeuge, die zur kurzfristigen Vermietung verwendet werden

5. Kraftfahrzeuge, die für den Rettungsdienst oder als Krankenwagen verwendet werden

6. Leichenwagen

7. Einsatzfahrzeuge der Feuerwehren

8. Kraftfahrzeuge, die ausschließlich zu Erprobungs- und Entwicklungszwecken durch unternehmerisch tätige Fahrzeughersteller oder Fahrzeugentwickler verwendet werden *(BGBl I 2022/108)*

(4) Von der Normverbrauchsabgabe sind befreit

1. Vorgänge in den Fällen des § 1 Z 1 und 2 nach Maßgabe der folgenden Voraussetzungen im Wege der Vergütung: Personen und Einrichtungen, die nach dem Bundesgesetz, BGBl.

Nr. 257/1976, über die Umsatzsteuervergütung an ausländische Vertretungsbehörden und ihre im diplomatischen oder berufskonsularischen Rang stehenden Mitglieder, oder nach anderen vergleichbaren gesetzlichen Vorschriften zur Entlastung von der Umsatzsteuer berechtigt sind, haben auch Anspruch auf eine Entlastung von der Normverbrauchsabgabe. Hinsichtlich des Verfahrens und der Bedingungen für die Entlastung gelten die Bestimmungen des Bundesgesetzes, BGBl. Nr. 257/1976,

2. Vorgänge in den Fällen des § 1 Z 3 nach Maßgabe der folgenden Voraussetzungen: Die Entlastung steht im Bereich völkerrechtlicher Privilegien Personen und Einrichtungen zu, soweit und solange eine Steuerbefreiung von der Einfuhrumsatzsteuer besteht.

3. Unterliegt die Lieferung eines Kraftfahrzeuges nach § 6 Abs. 1 Z 6 lit. d Umsatzsteuergesetz 1994 oder nach anderen vergleichbaren gesetzlichen Vorschriften nicht der Umsatzsteuer, so unterliegt die Lieferung (§ 1 Z 1) auch nicht der Normverbrauchsabgabe. § 6 Abs. 1 Z 6 lit. d Umsatzsteuergesetz 1994 ist sinngemäß anzuwenden. Voraussetzung für die Befreiung ist die Bekanntgabe der Fahrgestellnummer (der Fahrzeugidentifizierungsnummer) und die Sperre des Fahrzeuges in der Genehmigungsdatenbank nach § 30a Kraftfahrgesetz 1967. Eine Nacherhebung der Normverbrauchsabgabe hat in sinngemäßer Anwendung des § 5 Internationales Steuervergütungsgesetz zu erfolgen.

(BGBl I 2021/18)

Abgabenschuldner

§ 4. Abgabenschuldner ist

1. in den Fällen der Lieferung (§ 1 Z 1 und 4), des Eigenverbrauchs und der Nutzungsänderung (§ 1 Z 4) der Unternehmer, der die Lieferung ausführt oder einen der sonstigen Tatbestände des § 1 Z 4 setzt, *(BGBl I 2007/24)*

1a. im Falle des innergemeinschaftlichen Erwerbes der Erwerber, *(BGBl I 2010/34)*

2. im Falle der erstmaligen Zulassung (§ 1 Z 3) derjenige, für den das Kraftfahrzeug zugelassen wird. Wird das Kraftfahrzeug für mehrere Personen zugelassen, so sind diese Gesamtschuldner (§ 6 Abs. 1 BAO) „," *(BGBl I 2010/34)*

3. im Falle der Verwendung eines Fahrzeuges im Inland, wenn es nach dem Kraftfahrzeug zuzulassen wäre (§ 1 Z 3), der Zulassungsbesitzer und derjenige, der das Fahrzeug verwendet, als Gesamtschuldner (§ 6 Abs. 1 BAO). *(BGBl I 2009/52)*

Bemessungsgrundlage

§ 5. (1) Die Abgabe ist in den Fällen der Lieferung (§ 1 Z 1 und 4) und in den Fällen des innergemeinschaftlichen Erwerbes (§ 1 Z 2) nach dem Entgelt im Sinne des § 4 UStG 1994 zu bemessen. *(BGBl I 2010/34)*

(2) Die Abgabe ist in allen anderen Fällen „(§ 1 Z 3 und Z 4)"* nach dem ohne Umsatzsteuerkomponente ermittelten gemeinen Wert des Kraftfahrzeuges zu bemessen. Wird das Fahrzeug im übrigen „Unionsgebiet"** bei einem befugten Fahrzeughändler erworben, dann gilt der Anschaffungspreis als gemeiner Wert. *(BGBl I 2000/142; *BGBl I 2009/52; **BGBl I 2019/103)*

(3) Die Normverbrauchsabgabe gehört nicht zur Bemessungsgrundlage.

Tarif

§ 6. (1) Für Kraftfahrzeuge gemäß § 2 Abs. 1 Z 1 und Z 2 bestimmt sich der Steuersatz in Prozent nach der folgenden Formel: (CO_2-Emissionswert in g/km minus 55 (CO_2-Abzugsbetrag) g/km) dividiert durch vier. Die errechneten Steuersätze sind auf volle Prozentsätze auf- bzw. abzurunden. Der Höchststeuersatz beträgt 30%. Hat ein Fahrzeug einen höheren CO_2-Ausstoß als 150 g/km, erhöht sich die Steuer für den die Grenze von 150 g/km übersteigenden CO_2-Ausstoß um 20 Euro je g/km.

(2) Für Kraftfahrzeuge gemäß § 2 Abs. 1 Z 3 bestimmt sich der Steuersatz in Prozent nach der folgenden Formel: (CO_2-Emissionswert in g/km minus 112 (CO_2-Abzugsbetrag) g/km) dividiert durch fünf. Die errechneten Steuersätze sind auf volle Prozentsätze auf- bzw. abzurunden. Der Höchststeuersatz beträgt 50%. Hat ein Fahrzeug einen höheren CO_2-Ausstoß als 200 g/km (Malusgrenzwert), erhöht sich die Steuer für den, den Malusgrenzwert übersteigenden CO_2-Ausstoß um 50 Euro (Malusbetrag) je g/km. Die so errechnete Steuer ist um einen Abzugsposten in Höhe von 350 Euro (Abzugsbetrag) zu vermindern. Die Berechnung kann zu keiner Steuergutschrift führen.

(3) Für Kraftfahrzeuge gemäß § 2 Abs. 1 Z 4 bestimmt sich der Steuersatz in Prozent nach der folgenden Formel: (CO_2-Emissionswert in g/km minus 165 (CO_2-Abzugsbetrag) g/km) dividiert durch fünf. Die errechneten Steuersätze sind auf volle Prozentsätze auf- bzw. abzurunden. Der Höchststeuersatz beträgt 50%. Hat ein Fahrzeug einen höheren CO_2-Ausstoß als 253 g/km (Malusgrenzwert), erhöht sich die Steuer für den, den Malusgrenzwert übersteigenden CO_2-Ausstoß um 50 Euro (Malusbetrag) je g/km. Die so errechnete Steuer ist um einen Abzugsposten in Höhe von 350 Euro (Abzugsbetrag) zu vermindern. Die Berechnung kann zu keiner Steuergutschrift führen.

(4) Der maßgebliche CO_2-Emissionswert ist der kombinierte WLTP-Wert der CO_2-Emissionen in g/km, bei extern aufladbaren Elektro-Hybrid-

fahrzeugen jedoch der gewichtet kombinierte WLTP-Wert der CO_2-Emissionen in g/km. Für Krafträder ist der WMTC-Wert der CO_2-Emissionen in g/km, heranzuziehen. Es ist jeweils der Wert laut Typenschein, Einzelgenehmigungsbescheid oder der EG- bzw. EU-Übereinstimmungsbescheinigung, jeweils gemäß Abschnitt III des Kraftfahrgesetzes 1967, maßgeblich.

(5) Werden für ein Kraftfahrzeug gemäß § 2 Abs. 1 Z 4 die CO_2-Emissionen nicht nach dem WLTP-Messzyklus, sondern ausschließlich nach dem NEFZ-Messzyklus ermittelt (auslaufende Serien), sind die nach dem NEFZ-Messzyklus ermittelten kombinierten CO_2-Emissionen maßgeblich. Für diese Kraftfahrzeuge sind für die Ermittlung der Steuer gemäß Abs. 3 als CO_2-Abzugsbetrag ein Wert von 140 g/km und als Malusgrenzwert ein Wert von 238 g/km anzunehmen.

(6) Liegt für ein Kraftfahrzeug kein CO_2-Emissionswert vor, gilt Folgendes:

1. Für Kraftfahrzeuge gemäß § 2 Abs. 1 Z 1 und 2 bestimmt sich der Steuersatz in Prozent aus dem um 100 Kubikzentimeter verminderten Hubraum in Kubikzentimeter multipliziert mit 0,02. Die errechneten Steuersätze sind auf volle Prozentsätze auf- bzw. abzurunden. Der Höchststeuersatz beträgt 30%.

2. Für Kraftfahrzeuge gemäß § 2 Abs. 1 Z 3 und Z 4 bestimmt sich der CO_2-Emissionswert mit dem Zweifachen der Nennleistung des Verbrennungsmotors in Kilowatt.

3. Wird vom Antragsteller der entsprechende CO_2-Emissionswert gemäß Absatz 4 nachgewiesen, ist dieser heranzuziehen.

4. Für Wohnmobile der Aufbauart „SA" laut Typenschein, Einzelgenehmigungsbescheid oder EG- bzw. EU-Übereinstimmungsbescheinigung, jeweils gemäß Abschnitt III des Kraftfahrgesetzes 1967, kann der CO_2-Emissionswert, der der Berechnung des Steuersatzes nach Abs. 2 zugrunde liegt, wahlweise mit dem Zweifachen der Nennleistung des Verbrennungsmotors in Kilowatt angenommen werden. Der Mindeststeuersatz beträgt in diesem Fall und bei Anwendung der Z 2 für Wohnmobile der Aufbauart „SA" 16%.

(7) Beginnend mit 1. Jänner 2024 wird der CO_2-Abzugsbetrag nach Abs. 1 alle zwei Jahre jeweils um den Wert 2 abgesenkt. Beginnend mit 1. Jänner 2022 und letztmalig mit 1. Jänner 2024 werden in Abs. 2 und 3 jährlich jeweils:

– der CO_2-Abzugsbetrag um den Wert 5 und
– der Malusgrenzwert um den Wert 15 abgesenkt sowie
– der Malusbetrag um den Wert 10 und
– der Höchststeuersatz um 10 Prozentpunkte erhöht.

Die jährliche Absenkung des CO_2-Abzugsbetrages gemäß Abs. 2 und 3 wird ab 1. Jänner 2025 mit dem Wert 3 fortgesetzt. Zur Sicherstellung der Umsetzung wirksamer Maßnahmen zum Klimaschutz und der Wettbewerbsfähigkeit des Wirtschaftsstandortes hat der Bundesminister für Finanzen im Einvernehmen mit der Bundesministerin für Klimaschutz, Umwelt, Energie, Mobilität, Innovation und Technologie bis zum 31. März 2024 die Entwicklung der CO_2-Emissionen im Sektor Verkehr im Hinblick auf die Ausgestaltung des CO_2-Abzugsbetrages ab 1. Jänner 2025 zu evaluieren. Auf Grundlage der Ergebnisse der Evaluierung hat die Bundesregierung einen Vorschlag zur Anpassung des CO_2-Abzugsbetrages bis zum 31. Mai 2024, mit Wirksamkeit ab 1. Jänner 2025, dem Nationalrat vorzulegen.

Auf Fahrzeuge, für die ein unwiderruflicher schriftlicher Kaufvertrag vor dem 1. Dezember eines Jahres abgeschlossen wurde und deren Lieferung gemäß § 1 Z 1 oder deren innergemeinschaftlicher Erwerb gemäß § 1 Z 2 vor dem 1. April des Folgejahres erfolgt, können die bis zum 31. Dezember eines Jahres geltenden Werte weiter angewendet werden.

(8) Bei Gebrauchtfahrzeugen, die unmittelbar aus dem übrigen Unionsgebiet in das Inland gebracht werden und im übrigen Unionsgebiet zugelassen waren, ist die Steuer nach jener Rechtslage zu bemessen, die im Zeitpunkt der erstmaligen Zulassung des Fahrzeuges im übrigen Unionsgebiet im Inland anzuwenden gewesen wäre. Dabei ist für die Bonus-Malus-Berechnung und den Abzugsbetrag die Wertentwicklung des Fahrzeuges zu berücksichtigen. Dies gilt sinngemäß für Vorgänge gemäß § 1 Z 3 lit. b und Z 4 betreffend Kraftfahrzeuge, die bereits im Geltungszeitraum einer älteren Rechtslage im Inland zugelassen waren, aber gemäß § 3 befreit waren und Kraftfahrzeuge gemäß § 2 Abs. 1 Z 4, die bereits im Geltungszeitraum einer älteren Rechtslage im Inland zugelassen waren, aber nicht der Normverbrauchsabgabe unterlegen sind.

(9) Wird für ein Fahrzeug nach der Lieferung durch den Fahrzeughändler oder der erstmaligen Zulassung beim unmittelbar folgenden umsatzsteuerpflichtigen Rechtsgeschäft über das Kraftfahrzeug die Normverbrauchsabgabe für die Berechnung des Entgelts einbezogen, dann ist dem Erwerber des Fahrzeuges ein Betrag von 16,67% der Normverbrauchsabgabe zu vergüten.

(BGBl I 2021/18)

§ 6a. *(entfällt, BGBl I 2014/13)*

Entstehen der Steuerschuld

§ 7. (1) Die Steuerschuld entsteht

1. im Falle der Lieferung (§ 1 Z 1 und 4), des Eigenverbrauches und der Nutzungsänderung (§ 1 Z 4) mit Ablauf des Kalendermonats, in dem die Lieferung ausgeführt worden ist oder der Eigen-

verbrauch oder die Nutzungsänderung stattgefunden hat, *(BGBl I 2007/24)*

1a. im Falle des innergemeinschaftlichen Erwerbes mit dem Tag des Erwerbes, *(BGBl I 2010/34)*

2. im Falle der Zulassung nach § 1 Z 3 mit dem Tag der Zulassung oder bei der Verwendung eines Fahrzeuges im Inland, wenn es nach dem Kraftfahrgesetz zuzulassen wäre, mit dem Zeitpunkt der Einbringung in das Inland. *(BGBl I 2010/34)*

3. *(entfällt, BGBl I 2009/52)*

(2) Abweichend von Abs. 1 Z 1 haben Unternehmer, die ihre Umsatzsteuer auf Grund der Bestimmungen des Umsatzsteuergesetzes „1994" nach den vereinnahmten Entgelten berechnen (Istbesteuerung), diese Besteuerungsart für Lieferungen auch auf die Normverbrauchsabgabe anzuwenden § 17 UStG „1994" ist anzuwenden. *(BGBl I 2010/34)*

(3) Im Fall der Änderung der Bemessungsgrundlage einer Lieferung oder des Durchschnittsverbrauchs entsteht die Steuerschuld mit Ablauf des Kalendermonats, in dem die Änderung eingetreten ist.

Änderung der Bemessungsgrundlage oder des Durchschnittsverbrauchs

§ 8. (1) Hat sich die Bemessungsgrundlage für eine steuerpflichtige Lieferung oder der CO_2-Emissionswert geändert, so ist eine Berichtigung für den Anmeldungszeitraum vorzunehmen, in dem die Änderung eingetreten ist. *(BGBl I 2014/13)*

(2) Ist das Entgelt für eine steuerpflichtige Lieferung uneinbringlich geworden, so ist eine Berichtigung für den Anmeldungszeitraum vorzunehmen, in dem die Uneinbringlichkeit feststeht. Wird das Entgelt nachträglich vereinnahmt, so ist der Steuerbetrag erneut zu berichtigen.

(3) Wurde die steuerpflichtige Lieferung des Kraftfahrzeuges vor der erstmaligen Zulassung zum Verkehr rückgängig gemacht, so ist der Steuerbetrag für den Anmeldungszeitraum der Rücklieferung zu berichtigen.

(4) *(entfällt, BGBl I 2014/13)*

Aufzeichnungspflicht

§ 9. (1) Der Unternehmer ist verpflichtet, zur Feststellung der Abgabe und der Grundlagen ihrer Berechnung im Inland Aufzeichnungen zu führen.

(2) Die Aufzeichnungspflicht ist erfüllt, wenn

1. sämtliche vom Unternehmer ausgeführten steuerbaren Vorgänge fortlaufend unter Angabe des Tages derart aufgezeichnet werden, dass zu ersehen ist, welche Bemessungsgrundlage und welcher Steuersatz auf den jeweiligen Vorgang entfällt,

2. der Unternehmer den Nachweis über den begünstigten Verwendungszweck fortlaufend geordnet aufbewahrt.

Bescheinigungspflicht

§ 10. Der Unternehmer hat bei der Lieferung „ " eines Kraftfahrzeuges eine Bescheinigung über die ordnungsgemäße Berechnung und Abfuhr der Normverbrauchsabgabe auszustellen. *(BGBl I 2009/52)*

Abgabenerhebung

§ 11. (1) Die Erhebung der Normverbrauchsabgabe obliegt

1. in jenen Fällen, in denen der Abgabenschuldner ein Unternehmer im Sinne des § 2 UStG 1994 ist, dem für die Erhebung der Umsatzsteuer des Abgabenschuldners zuständigen Finanzamt,

2. in allen anderen Fällen dem Finanzamt Österreich.

Abweichend von Z 1 und 2 ist in jenen Fällen, in denen ein Fahrzeug im Inland ohne die kraftfahrrechtlich erforderliche Zulassung verwendet wird, jedenfalls das Finanzamt Österreich zuständig. *(BGBl I 2020/99)*

(2) In den Fällen des § 7 Abs. 1 Z 1, in den Fällen des innergemeinschaftlichen Erwerbs (§ 7 Abs. 1 Z 1a) durch Unternehmer und der Änderung der Bemessungsgrundlage nach § 8 hat der Abgabenschuldner spätestens am 15. Tag (Fälligkeitstag) des auf den Kalendermonat, in dem die Steuerschuld entstanden ist (Anmeldungszeitraum), zweitfolgenden Monats eine Anmeldung einzureichen, in der er den für den Anmeldungszeitraum zu entrichtenden Betrag selbst zu berechnen hat.

(3) In den Fällen des § 7 Abs. 1 Z 1a (soweit nicht in Abs. 2 erfasst) und Z 2 hat der Abgabenschuldner spätestens einen Monat nach der Zulassung (Fälligkeitstag) eine Anmeldung einzureichen, in der er den zu entrichtenden Betrag selbst zu berechnen hat.

(4) Die Anmeldung gilt als Abgabenerklärung. Der Abgabenschuldner hat die Abgabe spätestens am Fälligkeitstag zu entrichten. Ein gemäß § 201 BAO festgesetzter Abgabenbetrag hat den in den Abs. 2 oder 3 genannten Fälligkeitstag.

(BGBl I 2019/104)

Vergütung

§ 12. (1) Eine von einem Unternehmer zu entrichtende Abgabe ist dem Empfänger der Leistung auf Antrag zu vergüten, wenn

1. feststeht, dass eine Zulassung zum Verkehr im Inland aus rechtlichen oder tatsächlichen

Gründen nicht oder nicht mehr in Betracht kommt oder

2. innerhalb von fünf Jahren ab der Lieferung tatsächlich keine Zulassung erfolgt ist oder

3. eine Steuerbefreiung gemäß „§ 3 Abs. 3" vorliegt. *(BGBl I 2021/18)*

(2) Voraussetzung für die Befreiung ist die Bekanntgabe der Fahrgestellnummer (der Fahrzeugidentifizierungsnummer) und die Sperre des Fahrzeuges in der Genehmigungsdatenbank nach § 30a KFG 1967. *(BGBl I 2019/104)*

(3) Der Antrag kann binnen fünf Jahren ab der Verwirklichung des Vergütungstatbestandes in jenen Fällen, in denen der Antragsteller ein Unternehmer im Sinne des § 2 UStG 1994 ist, bei dem für die Erhebung der Umsatzsteuer des Antragstellers zuständigen Finanzamt gestellt werden, in allen anderen Fällen beim Finanzamt Österreich. *(BGBl I 2020/99)*

§ 12a. (1) Wird ein Fahrzeug
– durch den Zulassungsbesitzer selbst nachweislich ins Ausland verbracht oder geliefert
– durch einen befugten Fahrzeughändler nachweislich ins Ausland verbracht oder geliefert
– nach Beendigung der gewerblichen Vermietung im Inland durch den Vermieter nachweislich ins Ausland verbracht oder geliefert,

dann wird auf Antrag die Abgabe vom nachweisbaren gemeinen Wert zum Zeitpunkt der Beendigung der Zulassung zum Verkehr im Inland vergütet, wenn die Fahrgestellnummer (die Fahrzeugidentifizierungsnummer) bekanntgegeben wird und wenn das Fahrzeug im Zeitpunkt des Antrages in der Genehmigungsdatenbank gemäß § 30a KFG 1957 gesperrt und nicht im Inland zum Verkehr zugelassen ist. Die Höhe der Vergütung ist mit dem Betrag der tatsächlich für das Fahrzeug entrichteten Normverbrauchsabgabe begrenzt. *(BGBl I 2015/118)*

(2) Der Antrag kann binnen fünf Jahren ab der Verwirklichung des Vergütungstatbestandes in jenen Fällen, in denen der Antragsteller ein Unternehmer im Sinne des § 2 UStG 1994 ist, bei dem für die Erhebung der Umsatzsteuer des Antragstellers zuständigen Finanzamt gestellt werden, in allen anderen Fällen beim Finanzamt Österreich. *(BGBl I 2020/99)*

(3) *(entfällt, BGBl I 2019/104)*

(BGBl I 2009/52)

Mitwirkung anderer Behörden

§ 13. (1) Bei der Zulassung zum Verkehr im Inland hat die Zulassungsstelle zu überprüfen, ob gegen die Zulassung steuerliche Bedenken bestehen. Liegen derartige steuerliche Bedenken vor, so hat der Zulassungswerber „ " nachzuweisen, dass die Normverbrauchsabgabe entrichtet worden ist und keine Vergütung gemäß § 12 oder § 12a stattgefunden hat. *(BGBl I 2007/24; BGBl I 2019/104)*

(2) Kann der Zulassungswerber die steuerlichen Bedenken nicht ausräumen, so hat er den Betrag in Höhe der voraussichtlichen Normverbrauchsabgabe zu entrichten. Wird das Fahrzeug im Inland zum Verkehr zugelassen, so ist die entrichtete Normverbrauchsabgabe „*" zu erstatten.
Ist der Vorgang gemäß „§ 3 Abs. 4 Z 3"** befreit, darf eine Zulassung nur dann vorgenommen werden, wenn eine Bescheinigung des Bundesministeriums für europäische und internationale Angelegenheiten vorliegt, dass das Kraftfahrzeug von der Normverbrauchsabgabe befreit ist. *(BGBl I 2007/24; *BGBl I 2019/104; **BGBl I 2022/108)*

(3) Das Finanzamt Österreich ist berechtigt zu überprüfen, ob für im Inland nicht zugelassene Kraftfahrzeuge die Steuerpflicht gemäß § 1 Z 3 entstanden ist. Soweit Organe des Zollamts Österreich oder des Amts für Betrugsbekämpfung Maßnahmen im Sinne dieses Absatzes setzen, ist ihr Handeln dem Finanzamt Österreich zuzurechnen. *(BGBl I 2019/104)*

(BGBl I 2003/71)

Verweisungen

§ 14. Soweit in diesem Bundesgesetz auf andere Bundesgesetze verwiesen wird, sind diese in ihrer jeweils geltenden Fassung anzuwenden.

§ 14a. *(entfällt samt Überschrift, BGBl I 2009/52)*

Inkrafttreten, Übergangsregelungen

§ 15. (1) Dieses Bundesgesetz ist auf Vorgänge nach dem 31. Dezember 1991 anzuwenden.

(2) Für Kraftfahrzeuge, die auf Grund einer Lieferung oder einer Einfuhr einem Umsatzsteuersatz von 32 % unterzogen worden sind, ohne dass der Empfänger der Lieferung oder der Importeur einen Vorsteuerabzug in Anspruch nehmen konnte, ist die erstmalige Zulassung zum Verkehr im Inland nicht abgabepflichtig. Für Kraftfahrzeuge, bei denen die gewerbliche Vermietung einem Umsatzsteuersatz von 32 % unterliegt, ist die erstmalige Zulassung zum Verkehr im Inland nicht abgabepflichtig.

(3) Abweichend von § 11 Abs. 1 ist der Fälligkeitstag für den Monat Jänner 1992 der 10. April 1992.

9/4. NoVAG
§ 15

(4) § 6 Abs. 1 zweiter Satz, § 6 Abs. 2, § 6 Abs. 3 zweiter Satz, § 6 Abs. 4 zweiter Satz und § 6 Abs. 5 erster Satz, jeweils in der Fassung des Bundesgesetzes BGBl. Nr. 201/1996, sind auf Vorgänge nach dem 31. Mai 1996 anzuwenden. *(BGBl 1996/201)*

(5) § 1 Z 3 letzter Satz und § 13 Abs. 2, jeweils in der Fassung des Bundesgesetzes BGBl. I Nr. 9/1998, ist auf Vorgänge nach dem 31. Dezember 1997 anzuwenden. *(BGBl I 1998/9)*

(6) § 3 Z 4 lit c und d sind auf Vorgänge nach dem 31. Dezember 2003 anzuwenden. In diesen Fällen ist § 3 Z 4 lit a nicht mehr anzuwenden.

(7) § 13 Abs. 1 und 3 jeweils in der Fassung des Bundesgesetzes BGBl. I Nr. 99/2006 treten mit 1. Jänner 2007 in Kraft. *(BGBl I 2006/99)*

(8) § 12a in der Fassung des Bundesgesetzes BGBl. I Nr. 143/2006 ist auf Vorgänge nach dem 31. Dezember 2006 anzuwenden. *(BGBl I 2006/143)*

(9) Die §§ 1, 3, 4, 7 und 13 in der Fassung des Budgetbegleitgesetzes 2007, BGBl. I Nr. 24, sind auf Vorgänge nach dem 30. Juni 2007 anzuwenden. *(BGBl I 2007/24)*

(10) § 6a in der Fassung des BGBl. I Nr. 46/2008 ist auf Vorgänge nach dem 30. Juni 2008 anzuwenden. *(BGBl I 2008/46)*

(11) § 14a ist auf Vorgänge nach dem 30. Juni 2008 nicht mehr anzuwenden. *(BGBl I 2009/52)*

(12) § 1 Z 2 und 3, § 4 Z 1a, § 5 Abs. 1, § 7 Abs. 1 Z 1a, § 11 Abs. 1 und 2 in der Fassung des Bundesgesetzes BGBl. I Nr. 34/2010 sind auf Vorgänge nach dem 30. Juni 2010 anzuwenden. *(BGBl I 2010/34)*

(13) § 6a Abs. 1 Z 2a und 2b in der Fassung des Budgetbegleitgesetzes 2011, BGBl. I Nr. 111/2010, ist auf Vorgänge nach dem 28. Februar 2011 anzuwenden. *(BGBl I 2010/111)*

(14) § 6a Abs. 1 Z 4 in der Fassung des Bundesgesetzes BGBl. I Nr. 112/2012, tritt mit 1. September 2012 in Kraft. *(BGBl I 2012/112)*

(15) § 6 und § 8 Abs. 1, jeweils in der Fassung des Bundesgesetzes BGBl. I Nr. 13/2014 sind auf Vorgänge nach dem 28. Februar 2014 anzuwenden. § 6a und § 8 Abs. 4 treten mit Ablauf des 28. Februar 2014 außer Kraft. Bei Fahrzeugen, für die ein unwiderruflicher schriftlicher Kaufvertrag vor dem 16. Februar 2014 abgeschlossen wurde und deren Lieferung gemäß § 1 Z 1 oder 2 vor dem 1. Oktober 2014 erfolgt, kann die bis zum 28. Februar 2014 geltende Rechtslage angewendet werden. *(BGBl I 2014/13)*

(16) § 12a Abs. 1 und 2, jeweils in der Fassung des Bundesgesetzes BGBl. I Nr. 118/2015, ist auf Vorgänge nach dem 31. Dezember 2015 anzuwenden. *(BGBl I 2015/118)*

(17) § 3 Z 2 in der Fassung des Bundesgesetzes BGBl. I Nr. 89/2017, tritt im Zeitpunkt des Inkrafttretens der betreffenden Vorschriften der Europäischen Union über die Einreihung der dort beschriebenen Fahrzeuge in die Kombinierte Nomenklatur in Kraft. *(BGBl I 2017/89)*

(18) § 11, § 12 Abs. 2 und Abs. 3, § 12a Abs. 2 samt Entfall des Abs. 3 und § 13 Abs. 1 bis Abs. 3, jeweils in der Fassung des Bundesgesetzes BGBl. I Nr. 104/2019, sind auf Vorgänge nach dem 31. Dezember 2020 anzuwenden. *(BGBl I 2020/99)*

(19) § 6 Abs. 1 bis 5 und § 16 erster Satz, jeweils in der Fassung des Bundesgesetzes BGBl. I Nr. 103/2019, sind auf Vorgänge nach dem 31. Dezember 2019 anzuwenden. *(BGBl I 2019/103)*

(20) § 6 in der Fassung des Bundesgesetzes BGBl. I Nr. 89/2017 ist auch nach dem 31. Dezember 2019 weiterhin auf Kraftfahrzeuge anzuwenden, die im übrigen Unionsgebiet vor dem 1. Jänner 2020 zugelassen waren. Dies gilt weiters für Vorgänge gemäß § 1 Z 4 betreffend Kraftfahrzeuge, die bereits vor dem 1. Jänner 2020 im Inland zugelassen waren, aber nicht der Normverbrauchsabgabe unterlagen oder befreit waren. *(BGBl I 2019/103)*

(21) Auf Kraftfahrzeuge, für die ein unwiderruflicher schriftlicher Kaufvertrag vor dem 1. Dezember 2019 abgeschlossen wurde und deren Lieferung gemäß § 1 Z 1 oder deren innergemeinschaftlicher Erwerb gemäß § 1 Z 2 vor dem 1. Juni 2020 erfolgt, kann die bis zum 31. Dezember 2019 geltende Rechtslage angewendet werden. *(BGBl I 2019/103)*

(22) Auf Kraftfahrzeuge, deren CO_2-Emissionen auch nach dem 31. Dezember 2019 ausschließlich nach dem Neuen Europäischen Fahrzyklus („NEFZ") gemäß der Verordnung (EG) Nr. 692/2008 zur Durchführung und Änderung der Verordnung (EG) Nr. 715/2007 über die Typgenehmigung von Kraftfahrzeugen hinsichtlich der Emissionen von leichten Personenkraftwagen und Nutzfahrzeugen (Euro 5 und Euro 6) und über den Zugang zu Reparatur- und Wartungsinformationen für Fahrzeuge, ABl. Nr. L 199 vom 28.07.2008, S. 1 ermittelt wurden und für die eine Ausnahmegenehmigung für Fahrzeuge einer auslaufenden Serie im Sinne des Art. 27 der Richtlinie 2007/46/EG erteilt wurde, findet § 6 Abs. 2 und 3 in der Fassung des Bundesgesetzes BGBl. I Nr. 89/2017 weiterhin Anwendung. *(BGBl I 2019/103)*

(23) § 11 Abs. 1, § 12 Abs. 3 und § 12a Abs. 2, jeweils in der Fassung des Bundesgesetzes BGBl. I Nr. 104/2019, treten nicht in Kraft. *(BGBl I 2020/99)*

(24) § 11 Abs. 1, § 12 Abs. 3 und § 12a Abs. 2, jeweils in der Fassung des Bundesgesetzes BGBl. I Nr. 99/2020, treten mit 1. Jänner 2021 in Kraft. *(BGBl I 2020/99)*

(25) § 1 Z 4, § 2, § 3, § 6 und § 12 Abs. 1 Z 3, jeweils in der Fassung des Bundesgesetzes BGBl. I Nr. 18/2021, treten mit 1. Juli 2021 in Kraft. Auf Fahrzeuge, für die ein unwiderruflicher schriftlicher Kaufvertrag vor dem 1. Juni 2021 abgeschlossen wurde und deren Lieferung gemäß § 1 Z 1 oder deren innergemeinschaftlicher Erwerb gemäß § 1 Z 2 vor dem „1. Mai 2022" erfolgt, kann die bis zum 30. Juni 2021 geltende Rechtslage angewendet werden. *(BGBl I 2021/18; BGBl I 2021/208)*

(26) § 2 Abs. 1 Z 2, § 3 Abs. 1 Z 2, § 3 Abs. 2 Z 2 lit. a, § 3 Abs. 3 Z 8 und § 13 Abs. 2, jeweils in der Fassung des Bundesgesetzes BGBl. I Nr. 108/2022, treten mit 1. September 2022 in Kraft. *(BGBl I 2022/108)*

(BGBl I 2003/71)

Vollziehung

§ 16. Mit der Vollziehung dieses Bundesgesetzes ist der Bundesminister für Finanzen, „ " hinsichtlich des § 13 der Bundesminister für Finanzen im Einvernehmen mit dem Bundesminister für Verkehr, Innovation und Technologie, und hinsichtlich des § 3 Z 4 lit c der Bundesminister für Finanzen im Einvernehmen mit dem Bundesminister für auswärtige Angelegenheiten betraut. *(BGBl I 2019/103)*

(BGBl I 2003/71)

9/5a. BStMG
Inhaltsverzeichnis

Bundesstraßen-Mautgesetz 2002

BGBl 2002/109 idF

1 BGBl I 2006/26	**7** BGBl I 2018/37
2 BGBl I 2007/82	**8** BGBl I 2018/62
3 BGBl I 2008/135	**9** BGBl I 2019/45
4 BGBl I 2013/99	**10** BGBl I 2019/107
5 BGBl I 2016/38	**11** BGBl I 2021/74
6 BGBl I 2017/65	**12** BGBl I 2021/155

Bundesgesetz über die Mauteinhebung auf Bundesstraßen (Bundesstraßen-Mautgesetz 2002 – BStMG)

Inhaltsverzeichnis

1. Teil
Mautpflicht auf Bundesstraßen

- § 1 Mautstrecken
- § 2 Arten der Mauteinhebung
- § 3 Mautgläubiger
- § 4 Mautschuldner
- § 5 Allgemeine Ausnahmen von der Mautpflicht

2. Teil
Fahrleistungsabhängige Maut

- § 6 Mautpflicht
- § 7 Mautentrichtung
- § 8 „Pflichten der Fahrzeuglenker und Arbeitgeber" *(BGBl I 2007/82)*
- § 8a „Registrierung von Anbietern des europäischen elektronischen Mautdienstes" *(BGBl I 2021/155)*
- § 8b „Register" *(BGBl I 2013/99)*
- § 8c „Streitbeilegung" *(BGBl I 2013/99)*
- § 8d „Benannte Stellen" *(BGBl I 2021/155)*
- § 9 Mauttarife

3. Teil
Zeitabhängige Maut

- § 10 Mautpflicht
- § 11 Mautentrichtung
- § 12 Vignettenpreise
- § 13 Ausnahmen und Erleichterungen

4. Teil
„Mautordnung und Datenverarbeitung" *(BGBl I 2018/37)*

- § 14 Erlassung
- § 15 Inhalt
- § 16 Verlautbarung
- § 16a „Datenverarbeitung" *(BGBl I 2018/37)*
- § 16b „Vignettenevidenz" *(BGBl I 2017/65)*

5. Teil
Mautaufsicht und Ersatzmaut

- § 17 Mautaufsichtsorgane
- § 18 Mitwirkung der Mautaufsichtsorgane
- § 19 Ersatzmaut
- § 19a „Automatische Überwachung" *(BGBl I 2017/65)*

6. Teil
Strafbestimmungen

- § 20 Mautprellerei
- § 21 „Verletzung der Informations-, Mitwirkungs- und Anhaltepflicht" *(BGBl I 2013/99)*
- § 22 „ " *(BGBl I 2017/65, entfällt)*
- § 23 Haftung für Geldstrafen und Verfahrenskosten
- § 24 Widmung von Strafgeldern
- § 25 Abfahrtsrecht nach Betretung

7. Teil
Behörden und Verfahren

- § 26 Behörde
- § 26a „Revision" *(BGBl I 2021/155)*
- § 27 Vorläufige Sicherheit
- § 28 Fahrtunterbrechung
- § 29 „Mitwirkung der Organe der Straßenaufsicht" *(BGBl I 2006/26)*
- § 30 „Auskünfte aus der zentralen Zulassungsevidenz" *(BGBl I 2021/155)*
- § 30a „Nationale Kontaktstelle im Sinne der Richtlinie (EU) 2019/520" *(BGBl I 2021/155)*
- § 30b „Grenzüberschreitende Aufforderung zur Zahlung der Ersatzmaut und Verfolgung von Mautprellerei" *(BGBl I 2021/155)*

8. Teil
Übergangs- und Schlussbestimmungen

- § 31 Übergang zur fahrleistungsabhängigen Maut
- § 32 „Straßensonderfinanzierungsgesetze" *(BGBl I 2006/26)*
- § 33 In-Kraft-Treten
- § 34 Außer-Kraft-Treten
- § 35 Verweisungen

§ 36 Sprachliche Gleichbehandlung
§ 37 „Umsetzung von Unionsrecht" *(BGBl I 2013/99)*
§ 38 Vollziehung

1. Teil
Mautpflicht auf Bundesstraßen

Mautstrecken

§ 1. (1) Für die Benützung der Bundesstraßen mit Kraftfahrzeugen ist Maut zu entrichten.

(2) „Die Bundesministerin für Klimaschutz, Umwelt, Energie, Mobilität, Innovation und Technologie" hat im Einvernehmen mit dem Bundesminister für Finanzen durch Verordnung unter Verkehr stehende Bundesstraßenstrecken, in deren Verlauf Anschlussstellen nicht niveaufrei ausgeführt sind, von der Mautpflicht auszunehmen. *(BGBl I 2007/82; BGBl I 2021/74)*

(3) Die Festlegung von Mautabschnitten gemäß § 9 Abs. 4 setzt voraus, dass die betroffene Bundesstraßenstrecke für jede Fahrtrichtung mindestens zwei Mautabschnitte umfasst. *(BGBl I 2007/82)*

(4) Mautpflichtige Bundesstraßen (Mautstrecken) sind deutlich und rechtzeitig als solche zu kennzeichnen. *(BGBl I 2007/82)*

Arten der Mauteinhebung

§ 2. Die Maut ist entweder für zurückgelegte Fahrstrecken (fahrleistungsabhängige Maut) oder für bestimmte Zeiträume (zeitabhängige Maut) zu entrichten.

Mautgläubiger

§ 3. Mautgläubiger ist der Bund oder, soweit ihr von diesem das Recht der Fruchtnießung eingeräumt wurde, die Autobahnen- und Schnellstraßen-Finanzierungs-Aktiengesellschaft.

Mautschuldner

§ 4. Mautschuldner sind der Kraftfahrzeuglenker und der Zulassungsbesitzer. Mehrere Mautschuldner haften zur ungeteilten Hand.

Allgemeine Ausnahmen von der Mautpflicht

§ 5. (1) Von der Mautpflicht sind ausgenommen:
1. Fahrzeuge, an denen gemäß § 20 Abs. 1 Z 4 und Abs. 5 Kraftfahrgesetz 1967 Scheinwerfer oder Warnleuchten mit blauem Licht sichtbar angebracht sind, im Fall von Fahrzeugen gemäß § 20 Abs. 5 Kraftfahrgesetz 1967 nur sofern bei ihrer Verwendung den gemäß § 20 Abs. 6 Kraftfahrgesetz 1967 erteilten Auflagen und Bedingungen entsprochen wird; *(BGBl I 2013/99)*
2. Heeresfahrzeuge (§ 2 Z 38 Kraftfahrgesetz 1967);
3. Fahrzeuge, die im Rahmen des Übereinkommens zwischen den Vertragsstaaten des Nordatlantikvertrages und den anderen an der Partnerschaft für den Frieden teilnehmenden Staaten über die Rechtsstellung ihrer Truppen („PfP-SOFA", BGBl. III Nr. 136/1998) eingesetzt werden;
4. Fahrzeuge, die in Durchführung von Maßnahmen der Friedenssicherung im Rahmen einer internationalen Organisation, der Organisation für Sicherheit und Zusammenarbeit in Europa oder der Europäischen Union auf Grund eines Beschlusses im Rahmen der gemeinsamen Außen- und Sicherheitspolitik eingesetzt werden.

(2) Die Autobahnen- und Schnellstraßen-Finanzierungs-Aktiengesellschaft kann für Fahrten im Rahmen von humanitären Hilfstransporten „ " in Notstandsfällen Fahrzeuge von der Mautpflicht ausnehmen. Die Regelung erfolgt anlassbezogen in der Mautordnung. *(BGBl I 2006/26)*

(3) *(entfällt, BGBl I 2016/38)*

2. Teil
Fahrleistungsabhängige Maut

Mautpflicht

§ 6. Die Benützung von Mautstrecken mit mehrspurigen Kraftfahrzeugen, deren „höchstes zulässiges"* Gesamtgewicht mehr als 3,5 Tonnen beträgt, unterliegt der fahrleistungsabhängigen Maut. „Mehrspurige Kraftfahrzeuge, die noch nie zum Verkehr zugelassen waren und ein Probefahrt- oder Überstellungskennzeichen führen, unterliegen der fahrleistungsabhängigen Maut, sofern ihr Eigengewicht mehr als 3,5 Tonnen beträgt."* „Sofern kein Nachweis des Eigengewichtes erbracht wird, gelten diese Fahrzeuge als solche mit einem Eigengewicht von mehr als 3,5 Tonnen."** *(*BGBl I 2006/26; **BGBl I 2007/82)*

Mautentrichtung

§ 7. (1) Die Maut ist durch Einsatz zugelassener Geräte zur elektronischen Entrichtung der Maut im Wege der Abbuchung von Mautguthaben oder der zugelassenen Verrechnung im Nachhinein zu entrichten. Es ist dafür Sorge zu tragen, dass die Kraftfahrzeuglenker ihre Fahrzeuge vor der Benützung von Mautstrecken mit diesen Geräten ausstatten können.

(2) Für die Geräte zur elektronischen Entrichtung der Maut kann ein angemessener Kostenersatz gefordert werden, der mit den Anforderungen „des Artikels 7 Abs. 3 und des Artikels 7j Abs. 2"

der Richtlinie 1999/62/EG vereinbar ist. Andere Formen der Mautentrichtung ohne Einsatz dieser Geräte können zusätzlich zugelassen werden. *(BGBl I 2013/99)*

(3) Der Mautgläubiger hat zur Mautabwicklung eine technische Lösung gemäß Artikel 3 der Richtlinie (EU) 2019/520 einzusetzen, hat Vorgaben für Anbieter des europäischen elektronischen Mautdienstes (EETS-Anbieter), die gemäß Artikel 4 der Richtlinie (EU) 2019/520 registriert sind, nach Maßgabe der Artikel 6 Abs. 2, 7 Abs. 2 und 15 Abs. 1 der Richtlinie (EU) 2019/520 zu erstellen und hat ihnen Zugang zu den Mautstrecken einzuräumen (Zulassung), wenn sie diese Vorgaben erfüllen. Zugelassenen EETS-Anbietern gebührt eine Vergütung gemäß den in Artikel 7 der Richtlinie (EU) 2019/520 niedergelegten Grundsätzen. Der Mautgläubiger hat im Internet unter der Adresse www.asfinag.at eine Liste jener EETS-Anbieter zu führen, mit denen er einen entsprechenden Vertrag abgeschlossen hat. *(BGBl I 2021/155)*

(4) Die näheren Bestimmungen über Geräte, deren Zulassung und Einsatz, über Abbuchung, „Verrechnung und Erstellung eines Beleges nach Maßgabe des Artikels 7j Abs. 3 der Richtlinie 1999/62/EG"** und andere Formen der Mautentrichtung ohne Einsatz von Geräten zur elektronischen Entrichtung der Maut sowie über den europäischen elektronischen Mautdienst „nach Maßgabe der „Artikel 5 bis 8, 10, 13, 14 Abs. 1, 15 Abs. 1 und 2 sowie 17 der Richtlinie (EU) 2019/520"***"* sind in der Mautordnung zu treffen. *(*BGBl I 2013/99; **BGBl I 2016/38; ***BGBl I 2021/155)*

(5) Mautdienstanbieter im Sinne des Artikels 2 Z 2 der Richtlinie (EU) 2019/520 haben den Vorgaben des Artikels 9 der Richtlinie (EU) 2019/520 zu entsprechen. *(BGBl I 2021/155)*

(BGBl I 2007/82)

Pflichten der Fahrzeuglenker und Arbeitgeber

§ 8. (1) Soweit Lenker nicht von anderen in der Mautordnung vorgesehenen Formen der Mautentrichtung Gebrauch machen, haben sie vor der Benützung von Mautstrecken ihr Fahrzeug mit Geräten zur elektronischen Entrichtung der Maut auszustatten.

(2) Sie haben sich bei Verwendung von Geräten zur elektronischen Entrichtung der Maut vor, während und nach jeder Fahrt auf Mautstrecken der Funktionsfähigkeit dieser Geräte zu vergewissern und Funktionsstörungen unverzüglich zu melden, die Anzahl der Achsen ihres Fahrzeuges und - mit Ausnahme des Falles gemäß § 9 Abs. 3 letzter Satz - des von diesem gezogenen Anhängers auf dem Gerät zur elektronischen Entrichtung der Maut einzustellen und Nachweise mitzuführen, die eine Zuordnung des Fahrzeuges zu einer Tarifgruppe gemäß § 9 Abs. 5 und 6 ermöglichen. *(BGBl I 2007/82)*

(3) Die näheren Bestimmungen über die Pflichten der Fahrzeuglenker sind in der Mautordnung zu treffen. *(BGBl I 2007/82)*

(4) Arbeitgeber haben die von ihnen beschäftigten Arbeitnehmer und arbeitnehmerähnliche Personen, sofern sie diese zu Fahrten auf Mautstrecken veranlassen, über den ordnungsgemäßen Einsatz des Gerätes zur elektronischen Entrichtung der Maut zu informieren. Arbeitnehmerähnlich sind Personen, die, ohne in einem Arbeitsverhältnis zu stehen, im Auftrag und für Rechnung bestimmter Personen Arbeit leisten und wirtschaftlich unselbständig sind. *(BGBl I 2007/82)*

Registrierung von Anbietern des europäischen elektronischen Mautdienstes

§ 8a. (1) Anbieter des europäischen elektronischen Mautdienstes (EETS-Anbieter) mit Sitz, Hauptverwaltung oder Hauptniederlassung in Österreich bedürfen der Registrierung durch die Bundesministerin für Klimaschutz, Umwelt, Energie, Mobilität, Innovation und Technologie, sofern sie nicht schon in einem anderen Mitgliedstaat der Europäischen Union registriert sind.

(2) Die Registrierung ist vorzunehmen, wenn der EETS-Anbieter die in Artikel 4 der Richtlinie (EU) 2019/520 genannten Anforderungen erfüllt. Sie ist zu entziehen, sobald diese Anforderungen und jene in Artikel 5 Abs. 1 bis 4 und 6 der Richtlinie (EU) 2019/520 genannten Anforderungen nicht erfüllt werden. Zur Erfüllung der Anforderungen kann eine angemessene Nachfrist gesetzt werden. Registrierung und Entzug der Registrierung erfolgen durch Bescheid.

(3) EETS-Anbieter haben im Antrag auf Registrierung und danach wiederkehrend spätestens bis zum Ende des zweiten auf das Jahr der Registrierung folgenden Kalenderjahres einen von ihnen erstellten globalen Risikomanagementplan und ein von einem allgemein beeideten und gerichtlich zertifizierten Sachverständigen oder von einem Wirtschaftsprüfer oder einer Wirtschaftsprüfungsgesellschaft erstelltes Audit über ihren globalen Risikomanagementplan samt einer die wesentlichen Schlussfolgerungen enthaltenden Kurzfassung vorzulegen. Im Antrag auf Registrierung und danach wiederkehrend spätestens bis zum Ende des jeweils folgenden Kalenderjahres vorzulegen sind Belege über die Erfüllung der in Artikel 4 lit. a, d, e und f der Richtlinie (EU) 2019/520 genannten Anforderungen und ein von einem allgemein beeideten und gerichtlich zertifizierten Sachverständigen oder von einem Wirtschaftsprüfer oder einer Wirtschaftsprüfungsgesellschaft erstelltes Gutachten über die Erfüllung dieser Anforderungen. Die Erfüllung der in Artikel 5 Abs. 1 der Richtlinie (EU) 2019/520 genannt-

ten Anforderungen ist unverzüglich zu belegen, die Erfüllung der in Artikel 5 Abs. 2, 3 und 6 der Richtlinie (EU) 2019/520 genannten Anforderungen ist wiederkehrend spätestens bis zum Ende eines Kalenderjahres zu belegen.
(BGBl I 2021/155)

Register

§ 8b. Die Bundesministerin für Klimaschutz, Umwelt, Energie, Mobilität, Innovation und Technologie hat im Internet unter der Adresse des Bundesministeriums nach Maßgabe des Artikels 21 der Richtlinie (EU) 2019/520 ein Register zu führen, in dem die Mautstrecken, die von ihr gemäß § 8a Abs. 2 registrierten EETS-Anbieter und die wesentlichen Schlussfolgerungen der gemäß § 8a Abs. 3 durchgeführten Audits verzeichnet sind.
(BGBl I 2021/155)

Streitbeilegung

§ 8c. (1) Unbeschadet der Zuständigkeit der ordentlichen Gerichte oder der Behörden kann der Mautgläubiger oder der Anbieter des europäischen elektronischen Mautsystems (EETS-Anbieter) Streitigkeiten aus einem zwischen ihnen bestehenden Vertrags- oder Vertragsverhandlungsverhältnis, insbesondere über den diskriminierenden Charakter von Vertragsbedingungen, über die Vergütung gemäß den in Artikel 7 der Richtlinie (EU) 2019/520 niedergelegten Grundsätzen und über die Einhaltung der Verpflichtungen gemäß § 7 Abs. 5, der Schienen-Control GmbH als Vermittlungsstelle vorlegen. *(BGBl I 2021/155)*

(2) Dem Antrag gemäß Abs. 1 ist der Beleg über die Einzahlung eines Vermittlungsentgeltes in der Höhe von 20 000 € einschließlich Umsatzsteuer anzuschließen. Binnen eines Monats nach Einlangen teilt die Vermittlungsstelle den Streitparteien mit, ob alle für die Vermittlung erforderlichen Unterlagen vorliegen. Erforderlichenfalls trägt sie dem (den) Antragsteller(n) die Behebung von Mängeln auf oder fordert vom Antragsgegner Unterlagen ein.

(3) Die Streitparteien und Dritte, die an der Bereitstellung des europäischen elektronischen Mautdienstes auf den Mautstrecken beteiligt sind, sind verpflichtet, an dem Verfahren mitzuwirken und der Vermittlungsstelle auf Verlangen Auskünfte zu erteilen, ihr Unterlagen zu übermitteln und ihr Einsicht in Aufzeichnungen zu gewähren. Die Vermittlungsstelle kann dem Verfahren von den Streitparteien unabhängige Sachverständige auf Kosten der Streitparteien beiziehen und diese ihrem Personalstand entnehmen. Die Bestellung der Sachverständigen und die Festsetzung ihrer Vergütung hat im Einvernehmen mit den Streitparteien zu erfolgen.

(4) Die Vermittlungsstelle wirkt auf eine gütliche Einigung zwischen den Streitparteien hin. Kommt eine solche nicht zustande, teilt sie spätestens sechs Monate nach Einlangen des Antrages auf Vermittlung ihre Ansicht zur Streitigkeit mit.

(5) Im Rahmen der Streitbeilegung findet das Allgemeine Verwaltungsverfahrensgesetz 1991 (AVG), BGBl. Nr. 51, keine Anwendung. Die Vermittlungsstelle hat Richtlinien für die Durchführung des Vermittlungsverfahrens festzulegen und sie auf ihrer Website im Internet zu veröffentlichen.

(6) Die Vermittlungsstelle hat ihr bekannt gewordene Betriebs- oder Geschäftsgeheimnisse zu wahren. Die Qualifizierung einer Tatsache als Betriebs- oder Geschäftsgeheimnis obliegt der Vermittlungsstelle, die dabei auch eine Abwägung der Interessen des Berechtigten an der Geheimhaltung einerseits und den Interessen Dritter an der Offenlegung andererseits vorzunehmen hat. Hegt die Vermittlungsstelle berechtigte Zweifel an der Schutzwürdigkeit der Geheimhaltung einer Tatsache, hat sie dies dem Berechtigten mitzuteilen und ihn aufzufordern, sein wirtschaftliches Interesse an der Geheimhaltung glaubhaft zu machen. *(BGBl I 2018/37)*

(7) Der Vermittlungsstelle obliegt der Informationsaustausch über ihre Arbeit, „Leitlinien und Verfahren" mit entsprechenden ausländischen Stellen. *(BGBl I 2021/155)*

(8) „Die Bundesministerin für Klimaschutz, Umwelt, Energie, Mobilität, Innovation und Technologie" hat mit Wirkung vom 1. Jänner 2017 auf Grundlage des von der Bundesanstalt Statistik Österreich verlautbarten Harmonisierten Verbraucherpreisindex das Vermittlungsentgelt mit Verordnung anzupassen, und zwar durch Heranziehung des kaufmännisch auf eine Dezimalstelle gerundeten Durchschnittes der prozentuellen Veränderungen der Indexwerte für die Monate August 2015 bis Dezember 2015 gegenüber dem Vorjahr. Danach ist auf Grundlage des von der Bundesanstalt Statistik Österreich verlautbarten Harmonisierten Verbraucherpreisindex oder an seine Stelle tretenden Index eine jährliche Anpassung des Vermittlungsentgeltes jeweils mit Wirkung vom 1. Jänner mit Verordnung vorzusehen, und zwar durch Heranziehung der auf eine Dezimalstelle berechneten Rate der Veränderung des Jahresdurchschnittswertes des Vorjahres gegenüber dem entsprechenden Wert des Vorjahr vorangegangenen Jahres. Die so errechneten Beträge sind kaufmännisch auf volle Euro zu runden. *(BGBl I 2016/38; BGBl I 2021/74)*

(BGBl I 2013/99)

Benannte Stellen

§ 8d. (1) Eine Konformitätsbewertungsstelle kann bei Vorliegen eines aufrechten Akkreditierungsbescheides der „Akkreditierung Austria" oder eines entsprechenden Dokumentes einer anderen nationalen Akkreditierungsstelle gemäß Artikel 7 Abs. 1 der Verordnung (EG) 765/2008, in dem bescheinigt wird, dass die Konformitätsbewertungsstelle die Mindesteignungskriterien gemäß Artikel 19 Abs. 5 der Richtlinie (EU) 2019/520 zur Durchführung von Verfahren zur Beurteilung der Konformität oder der Gebrauchsfähigkeit der Interoperabilitätskomponenten gemäß Artikel 15 Abs. 7 der Richtlinie (EU) 2019/520 erfüllt, ihre Benennung bei der Bundesministerin für Klimaschutz, Umwelt, Energie, Mobilität, Innovation und Technologie beantragen.

(2) Die Bundesministerin für Klimaschutz, Umwelt, Energie, Mobilität, Innovation und Technologie hat der Europäischen Kommission und den anderen EU-Mitgliedstaaten die Konformitätsbewertungsstelle unter Angabe ihrer Zuständigkeitsbereiche und der zuvor von der Europäischen Kommission zugeteilten Kennnummer zu benennen. Mit der durchgeführten Benennung einer Konformitätsbewertungsstelle ist der darauf gerichtete Antrag der Konformitätsbewertungsstelle erledigt. Die Bundesministerin für Klimaschutz, Umwelt, Energie, Mobilität, Innovation und Technologie hat die Konformitätsbewertungsstelle über die durchgeführte Benennung zu unterrichten.

(3) Eine benannte Stelle hat der Bundesministerin für Klimaschutz, Umwelt, Energie, Mobilität, Innovation und Technologie die Einschränkung, die Aussetzung und den Widerruf ihrer Akkreditierung gemäß Abs. 1 mitzuteilen. Die Bundesministerin für Klimaschutz, Umwelt, Energie, Mobilität, Innovation und Technologie hat die Benennung einzuschränken, auszusetzen oder zu widerrufen und hievon unverzüglich die Europäische Kommission und die anderen EU-Mitgliedstaaten in Kenntnis zu setzen.

(BGBl I 2021/155)

Mauttarife

§ 9. (1) Die fahrleistungsabhängige Maut dient der Anlastung der Infrastrukturkosten sowie der Kosten, die verkehrsbedingt durch Luftverschmutzung und durch Lärmbelastung entstehen.

(2) „Die Bundesministerin für Klimaschutz, Umwelt, Energie, Mobilität, Innovation und Technologie" setzt im Einvernehmen mit dem Bundesminister für Finanzen die Grundkilometertarife zur Anlastung der Kosten gemäß Abs. 1 für Kraftfahrzeuge mit zwei Achsen für die fahrleistungsabhängige Maut durch Verordnung auf hundertstel Cent genau fest. Die Autobahnen- und Schnellstraßen-Finanzierungs-Aktiengesellschaft hat entsprechende Vorschläge zu erstellen. *(BGBl I 2021/74)*

(3) Die Mauttarife sind nach Anzahl der Achsen der Kraftfahrzeuge und der von diesen gezogenen Anhänger unabhängig vom höchsten zulässigen Gesamtgewicht des Anhängers nach folgenden Verhältnissen zu differenzieren:

1. zur Anlastung der Infrastrukturkosten:
a) Kraftfahrzeuge mit zwei Achsen: 100 vH,
b) Kraftfahrzeuge und Fahrzeugkombinationen mit drei Achsen: 140 vH,
c) Kraftfahrzeuge und Fahrzeugkombinationen mit vier und mehr Achsen: 210 vH,

2. zur Anlastung der Kosten der verkehrsbedingten Luftverschmutzung:
a) Kraftfahrzeuge mit zwei Achsen: 100 vH,
b) Kraftfahrzeuge und Fahrzeugkombinationen mit drei Achsen: 140 vH,
c) Kraftfahrzeuge und Fahrzeugkombinationen mit vier und mehr Achsen: 160 vH,

3. zur Anlastung der Kosten der verkehrsbedingten Lärmbelastung:
a) Kraftfahrzeuge mit zwei Achsen: 100 vH,
b) Kraftfahrzeuge und Fahrzeugkombinationen mit drei Achsen: 230 vH,
c) Kraftfahrzeuge und Fahrzeugkombinationen mit vier und mehr Achsen: 290 vH.

(4) Die Berechnung der Mauttarife zur Anlastung der Infrastrukturkosten hat den Bestimmungen der Artikel 2 lit. aa, 7b, 7e Abs. 3, 7f und 7g der Richtlinie 1999/62/EG zu entsprechen. Die Berechnung der Mauttarife zur Anlastung der Kosten der verkehrsbedingten Luftverschmutzung und Lärmbelastung hat den Bestimmungen des Artikels 7c und des Anhanges IIIa der Richtlinie 1999/62/EG zu entsprechen.

(5) Die Mauttarife zur Anlastung der Infrastrukturkosten sind in der Verordnung nach den Anhang 0 der Richtlinie 1999/62/EG angeführten EURO-Emissionsklassen zu differenzieren, soweit nicht nach Maßgabe der in Artikel 7g Abs. 1 der Richtlinie 1999/62/EG genannten Ausnahmegründe davon abgesehen wird. Fahrzeuge mit den in Anhang 0 der Richtlinie 1999/62/EG angeführten EURO-Emissionsklassen sind zu Tarifgruppen zusammenzufassen, wobei eine Tarifgruppe zu bilden ist, in der zumindest die EURO-Emissionsklassen 0 bis III zusammengefasst sind. „Sofern eine Differenzierung nach EURO-Emissionsklassen erfolgt, ist sie nach Maßgabe des Artikels 7g Abs. 1 und 4 der Richtlinie 1999/62/EG durchzuführen. Für Fahrzeuge mit reinem Elektroantrieb oder mit reinem Wasserstoff-Brennstoffzellenantrieb ist eine eigene Tarifgruppe zu bilden, für die der Tarif nicht mehr als 75 vH unter dem höchsten Tarif für EURO-Emissionsklassen liegen darf." Eine Differenzierung nach dem Zeitpunkt der

Straßenbenützung kann nach Maßgabe des Artikels 7g Abs. 3 und 4 der Richtlinie 1999/62/EG erfolgen, wobei diese Differenzierung auch eingeschränkt auf einzelne Mautabschnitte oder Fahrzeugkategorien zulässig ist. *(BGBl I 2019/45; BGBl I 2021/74)*

(6) „Die Bundesministerin für Klimaschutz, Umwelt, Energie, Mobilität, Innovation und Technologie" kann im Einvernehmen mit dem Bundesminister für Finanzen durch Verordnung *(BGBl I 2021/74)*

a) für Mautabschnitte, deren Herstellung, Erweiterung und bauliche und betriebliche Erhaltung überdurchschnittliche Kosten verursachen, insbesondere für die in § 10 Abs. 2 genannten Strecken, Mautabschnitts-Teiltarife (Abs. 12 zweiter und dritter Satz) zur Anlastung der Infrastrukturkosten festsetzen, die höher sind als jene, die sich auf Grund einer Berechnung gemäß Abs. 4 ergeben,

b) nach Maßgabe des Artikels 7f der Richtlinie 1999/62/EG die gemäß lit. a festgesetzten Mautabschnitts-Teiltarife zur Anlastung der Infrastrukturkosten erhöhen oder den gemäß Abs. 2 festgesetzten Grundkilometertarif zur Anlastung der Infrastrukturkosten erhöhen,

c) nach Maßgabe des Artikels 9 Abs. 1a der Richtlinie 1999/62/EG und auf Grund einer besonderen gesetzlichen Regelung die gemäß lit. a festgesetzten Mautabschnitts-Teiltarife zur Anlastung der Infrastrukturkosten erhöhen oder den gemäß Abs. 2 festgesetzten Grundkilometertarif zur Anlastung der Infrastrukturkosten erhöhen.

(7) Der Grundkilometertarif zur Anlastung der Kosten der verkehrsbedingten Luftverschmutzung ist für alle Mautstrecken einheitlich so festzusetzen, dass die sich aus Anhang IIIb und Artikel 10a der Richtlinie 1999/62/EG für Fernstraßen ergebenden Höchstwerte nicht überschritten werden. Für Fahrzeuge der EURO-Emissionsklasse EEV gelten die sich für Fahrzeuge der EURO-Emissionsklasse V ergebenden Höchstwerte. Die EURO-Emissionsklassen sind zu Tarifgruppen zusammenzufassen, wobei eine Tarifgruppe zu bilden ist, in der zumindest die EURO-Emissionsklassen 0 bis III zusammengefasst sind. Für alle Fahrzeuge einer Tarifgruppe gilt der Höchstwert für jene EURO-Emissionsklasse, für die sich der niedrigste Höchstwert ergibt. „Für alle in Tarifgruppen zusammengefassten EURO-Emissionsklassen ist ein Grundkilometertarif zur Anlastung der Kosten der verkehrsbedingten Luftverschmutzung festzusetzen. Für Fahrzeuge mit reinem Elektroantrieb oder mit reinem Wasserstoff-Brennstoffzellenantrieb ist kein Grundkilometertarif zur Anlastung der verkehrsbedingten Luftverschmutzung festzusetzen." *(BGBl I 2019/45)*

(8) Der Grundkilometertarif zur Anlastung der Kosten der verkehrsbedingten Lärmbelastung ist für alle Mautstrecken einheitlich so festzusetzen, dass die sich jeweils für Tag und Nacht aus Anhang IIIb und Artikel 10a der Richtlinie 1999/62/EG für Fernstraßen ergebenden Höchstwerte nicht überschritten werden. Als Nacht gilt der Zeitraum zwischen 22 Uhr und 5 Uhr.

(9) Sofern die Verordnungsermächtigung gemäß Abs. 6 lit. b nach einer allfälligen Feststellung des Vorliegens einer in Artikel 7f Abs. 1 der Richtlinie 1999/62/EG genannten Voraussetzung für eine Tariferhöhung nicht in Anspruch genommen wird, erfolgt auf den betroffenen Mautabschnitten keine Einhebung der fahrleistungsabhängigen Maut zur Anlastung der Kosten der verkehrsbedingten Luftverschmutzung und Lärmbelastung.

(10) Achsen sind unabhängig vom Radstand alle Aufhängungen von Rädern, die im Wesentlichen symmetrisch zur Längsmittelebene des Fahrzeuges liegen. Stützachsen gelten nicht als Achsen. Achsen von Anhängern, die von Omnibussen und Wohnmobilen gezogen werden, sind bei der Ermittlung der Achsenzahl nicht zu berücksichtigen.

(11) Sind Fahrzeuge, denen nur ein einziges Kennzeichen zugewiesen wurde, nicht derselben Tarifgruppe zuzuordnen, so gilt für alle Fahrzeuge der Tarif jener Tarifgruppe, für die der höchste Tarif festgesetzt wird. Fahrzeuge, für die kein Nachweis erfolgt, der ihre Zuordnung zu einer Tarifgruppe ermöglicht, sind jener Tarifgruppe zuzuordnen, für die der höchste Tarif festgesetzt wird. Die Autobahnen- und Schnellstraßen-Finanzierungs-Aktiengesellschaft kann zur Erleichterung der Mautabwicklung in der Mautordnung unter Setzung einer Befristung vorsehen, dass der Zulassungsbesitzer durch Erklärung des Fahrzeugantriebs gemäß Abs. 5 dritter Satz oder der EURO-Emissionsklasse die vorläufige Zuordnung eines Fahrzeuges zu einer Tarifgruppe erwirkt. Der Zulassungsbesitzer hat fristgerecht den Nachweis des erklärten Fahrzeugantriebs gemäß Abs. 5 dritter Satz oder der erklärten EURO-Emissionsklasse nachzuholen, widrigenfalls die vorläufige Zuordnung rückwirkend erlischt. *(BGBl I 2019/45)*

(12) Die Autobahnen- und Schnellstraßen-Finanzierungs-Aktiengesellschaft legt in der Mautordnung für die durch Anschlussstellen und Knoten begrenzten Straßenabschnitte (Mautabschnitte) die Tarife (Mautabschnittstarife) fest. Der Berechnung der Mautabschnittstarife sind die Mautabschnitts-Teiltarife zur Anlastung der Infrastrukturkosten, zur Anlastung der Kosten der verkehrsbedingten Luftverschmutzung und zur Anlastung der Kosten der verkehrsbedingten Lärmbelastung zu Grunde zu legen. Der Berechnung der Mautabschnitts-Teiltarife sind die Grundkilometertarife, die in Abs. 3 angeführten Verhältniszahlen und die auf den Hauptfahrbahnen des Mautabschnitts zurückzulegenden Weg-

strecken zu Grunde zu legen. Die Berechnung der Mautabschnitts-Teiltarife zur Anlastung der Kosten der verkehrsbedingten Luftverschmutzung und Lärmbelastung hat auf Mautabschnitten, für welche die Verordnungsermächtigung gemäß Abs. 6 lit. b in Anspruch genommen wurde, für die Fahrzeuge aller EURO-Emissionsklassen nach Maßgabe des Artikels 7f Abs. 5 erster Halbsatz der Richtlinie 1999/62/EG zu erfolgen. Die Beträge der Mautabschnitts-Teiltarife sind kaufmännisch jeweils auf hundertstel Cent zu runden. Die Mautabschnittstarife ergeben sich aus der Summe der Mautabschnitts-Teiltarife, wobei die Beträge jeweils kaufmännisch auf volle Cent zu runden sind. Die Autobahnen- und Schnellstraßen-Finanzierungs-Aktiengesellschaft hat die auf die einzelnen Mautabschnitte entfallenden Mautabschnitts-Teiltarife zur Anlastung der Kosten der verkehrsbedingten Luftverschmutzung und zur Anlastung der Kosten der verkehrsbedingten Lärmbelastung in der Mautordnung gesondert auszuweisen.

(13) „Die Bundesministerin für Klimaschutz, Umwelt, Energie, Mobilität, Innovation und Technologie" hat im Einvernehmen mit dem Bundesminister für Finanzen mit Wirkung vom 1. Jänner 2017 auf Grundlage des von der Bundesanstalt Statistik Österreich verlautbarten Harmonisierten Verbraucherpreisindex die gemäß Abs. 2 festgelegten Grundkilometertarife zur Anlastung der Infrastrukturkosten und die gemäß Abs. 6 lit. a festgesetzten Mautabschnitts-Teiltarife zur Anlastung der Infrastrukturkosten mit Verordnung anzupassen, und zwar durch Heranziehung des kaufmännisch auf eine Dezimalstelle gerundeten Durchschnittes der prozentuellen Veränderungen der Indexwerte für die Monate August 2015 bis Dezember 2015 gegenüber dem Vorjahr. Danach ist auf Grundlage des von der Bundesanstalt Statistik Österreich verlautbarten Harmonisierten Verbraucherpreisindex oder an seine Stelle tretenden Index eine jährliche Anpassung der Tarife jeweils mit Wirkung vom 1. Jänner mit Verordnung vorzusehen, und zwar durch Heranziehung der auf eine Dezimalstelle gerundeten Rate der Veränderung des Jahresdurchschnittswertes des Vorjahres gegenüber dem entsprechenden Wert des dem Vorjahr vorangegangenen Jahres. Die so errechneten Beträge sind jeweils kaufmännisch auf hundertstel Cent zu runden. *(BGBl I 2021/74)*

(14) *(entfällt, BGBl I 2019/45)*

(BGBl I 2016/38)

3. Teil
Zeitabhängige Maut

Mautpflicht

§ 10. (1) Die Benützung von Mautstrecken mit einspurigen Kraftfahrzeugen und mit mehrspurigen Kraftfahrzeugen, deren höchstes zulässiges Gesamtgewicht nicht mehr als 3,5 Tonnen beträgt, unterliegt der zeitabhängigen Maut.

(2) Von der Pflicht zur Entrichtung der zeitabhängigen Maut sind ausgenommen:

1. A 9 Pyhrn Autobahn in den Abschnitten zwischen der Anschlussstelle Spital/Pyhrn und der Anschlussstelle Ardning und zwischen der Anschlussstelle St. Michael und „Anschlussstelle Übelbach", *(BGBl I 2006/26)*

2. A 10 Tauern Autobahn im Abschnitt zwischen der Anschlussstelle Flachau und der Anschlussstelle Rennweg,

3. A 11 Karawanken Autobahn im Abschnitt zwischen der Anschlussstelle St. Jakob im Rosental und der Staatsgrenze im Karawankentunnel,

4. A 13 Brenner Autobahn,

5. S 16 Arlberg Schnellstraße im Abschnitt zwischen der Anschlussstelle St. Anton und der Anschlussstelle Langen.

(3) „Mehrspurige Fahrzeuge, die noch nie zum Verkehr zugelassen waren und ein Probefahrt- oder Überstellungskennzeichen führen, unterliegen der zeitabhängigen Maut, sofern ihr Eigengewicht nicht mehr als 3,5 Tonnen beträgt."* „Sofern kein Nachweis des Eigengewichtes erbracht wird, gelten diese Fahrzeuge als solche mit einem Eigengewicht von mehr als 3,5 Tonnen."** Kraftfahrzeuge mit drei Rädern gelten als „einspurige"*** Kraftfahrzeuge. *(*BGBl I 2006/26; **BGBl I 2007/82; ***BGBl I 2019/45, ab 1. 12. 2019, zur Anwendung siehe § 33 Abs. 12)*

(4) Für Anhänger, die von mehrspurigen Kraftfahrzeugen gezogen werden, deren höchstes zulässiges Gesamtgewicht nicht mehr als 3,5 Tonnen beträgt, und für Beiwagen einspuriger Kraftfahrzeuge ist keine zeitabhängige Maut zu entrichten.

Mautentrichtung

§ 11. (1) Die zeitabhängige Maut ist vor der Benützung von Mautstrecken durch Anbringen einer Klebevignette am Fahrzeug oder durch Registrierung des Kennzeichens des Fahrzeugs im Mautsystem der Autobahnen- und Schnellstraßen-Finanzierungs-Aktiengesellschaft (digitale Vignette) zu entrichten. *(BGBl I 2017/65)*

(2) Die Jahresvignette hat eine Gültigkeit von einem Kalenderjahr und berechtigt zur Benützung aller Mautstrecken auch im Dezember des Vorjahres und im Jänner des Folgejahres. Die Zweimonatsvignette berechtigt zur Benützung aller Mautstrecken im Zeitraum von zwei Monaten. Die Gültigkeit endet mit Ablauf jenes Tages, der durch sein Tagesdatum dem ersten Gültigkeitstag entspricht. Fehlt dieser Tag im zweiten Monat, so endet die Gültigkeit mit Ablauf des letzten Tages dieses Monats. Die Zehntagesvignette berechtigt zur Benützung aller Mautstrecken wäh-

rend zehn aufeinanderfolgender Kalendertage. „ " *(BGBl I 2007/82; BGBl I 2016/38)*

(3) Das Mitführen der „Klebevignette" an Stelle der Anbringung am Fahrzeug ist zulässig: *(BGBl I 2017/65)*

1. bei mehrspurigen Kraftfahrzeugen, die typengenehmigt ohne Windschutzscheibe ausgestattet sind;

2. für Zweimonatsvignetten bei Kraftfahrzeugen, die Probefahrt- oder Überstellungskennzeichen führen *(BGBl I 2016/38)*

3. *(entfällt, BGBl I 2016/38)*

(4) Wird eine am Fahrzeug angebrachte Klebe-Jahresvignette infolge Scheibenbruchs, Zerstörung des Fahrzeuges oder aus vergleichbaren Gründen unbrauchbar, so ist der Zulassungsbesitzer zum Bezug einer Ersatzklebevignette oder zur Registrierung des Kennzeichens des Fahrzeuges im Mautsystem (digitale Jahresvignette) berechtigt. Die Ersatzklebevignette ist vor der nächsten Benützung von Mautstrecken auf dem Fahrzeug anzubringen. Die Registrierung muss vor der nächsten Benützung von Mautstrecken erfolgt sein. *(BGBl I 2017/65)*

(5) Wird eine digitale Jahresvignette infolge Diebstahls des Fahrzeuges, Verlegung des dauernden Standorts in den örtlichen Wirkungsbereich einer anderen Behörde „ , Erlöschens des Wunschkennzeichens" oder aus vergleichbaren Gründen unbrauchbar, so ist der Zulassungsbesitzer berechtigt, die Umregistrierung der digitalen Jahresvignette auf das ihm neu zugewiesene Kennzeichen zu beantragen. Die Umregistrierung muss vor der nächsten Benützung von Mautstrecken erfolgt sein. *(BGBl I 2017/65; BGBl I 2019/45)*

(6) Die näheren Bestimmungen über die Beschaffenheit der Klebevignetten, über ihre Anbringung an den Fahrzeugen, über das Mitführen der Klebevignetten an Stelle der Anbringung, über Ersatzklebevignetten, über die Registrierung des Kennzeichens des Fahrzeugs im Mautsystem und über die Umregistrierung digitaler Jahresvignetten sind in der Mautordnung zu treffen. Die Mautordnung kann vorsehen, dass die Umregistrierung bedingt erfolgt und nach Ablauf einer in der Mautordnung vorgesehenen Frist wieder erlischt, falls der Zulassungsbesitzer die erforderlichen Nachweise für das Vorliegen der Voraussetzungen für die Umregistrierung nicht fristgerecht erbringt. *(BGBl I 2017/65)*

(7) Für den Erwerb einer digitalen Vignette im Wege des Fernabsatzes ist die Bekanntgabe des Kennzeichens und des Zulassungsstaates des Fahrzeugs, der für den unbaren Zahlungsverkehr notwendigen Daten sowie einer E-Mail-Adresse erforderlich. *(BGBl I 2017/65)*

Vignettenpreise

§ 12. (1) „Die Bundesministerin für Klimaschutz, Umwelt, Energie, Mobilität, Innovation und Technologie" legt im Einvernehmen mit dem Bundesminister für Finanzen die Vignettenpreise einschließlich der Umsatzsteuer durch Verordnung nach Fahrzeugkategorien und nach zeitlicher Geltungsdauer fest. Dabei ist auf die Kosten der Herstellung, Erweiterung, baulichen und betrieblichen Erhaltung und der Einhebung der Mauten des Mautstreckennetzes Bedacht zu nehmen. Die Autobahnen- und Schnellstraßen-Finanzierungs-Aktiengesellschaft hat entsprechende Vorschläge zu erstellen. *(BGBl I 2021/74)*

(2) Bei Jahres-, Zweimonats- und Zehntagesvignetten sind als Kategorien einspurige Kraftfahrzeuge und mehrspurige Kraftfahrzeuge, deren höchstes zulässiges Gesamtgewicht nicht mehr als 3,5 Tonnen beträgt, vorzusehen. „ " *(BGBl I 2007/82; BGBl I 2016/38)*

(3) „Die Bundesministerin für Klimaschutz, Umwelt, Energie, Mobilität, Innovation und Technologie"** hat im Einvernehmen mit dem Bundesminister für Finanzen jährlich, „erstmals im Jahr 2009"*, auf Grundlage des von der Bundesanstalt Statistik Österreich verlautbarten Harmonisierten Verbraucherpreisindex oder des an seine Stelle tretenden Index die „Preise der Jahres-, Zweimonats- und Zehntagesvignetten"* mit Verordnung anzupassen, und zwar durch Heranziehung der auf eine Dezimalstelle berechneten Rate der Veränderung des Jahresdurchschnittswertes des Vorjahres gegenüber dem entsprechenden Wert des dem Vorjahr vorangegangenen Jahres. Die so errechneten Beträge sind kaufmännisch auf volle zehn Cent zu runden. Die geänderten Preise gelten für Jahresvignetten, die in dem der Erlassung der Verordnung folgenden Jahr zur Benützung der Mautstrecken berechtigen, und für „Zweimonats- und Zehntagesvignetten"*, die ab dem 1. Dezember des Jahres der Erlassung der Verordnung zur Benützung der Mautstrecken berechtigen. *(BGBl I 2007/82; *BGBl I 2008/135; **BGBl I 2021/74)*

Ausnahmen und Erleichterungen

§ 13. (1) „Die Bundesministerin für Klimaschutz, Umwelt, Energie, Mobilität, Innovation und Technologie"*** kann im Einvernehmen mit dem Bundesminister für Finanzen durch Verordnung „Fahrzeuge, deren Verwendung im öffentlichen Interesse gelegen ist,"* von der Pflicht zur Entrichtung der zeitabhängigen Maut ausnehmen, sofern die Wirtschaftlichkeit und die zuverlässige Abwicklung der Mauteinhebung nicht beeinträchtigt werden. *(*BGBl I 2006/26; **BGBl I 2021/74)*

(1a) Von der Pflicht zur Entrichtung der zeitabhängigen Maut werden ausgenommen

9/5a. BStMG
§ 13

1. die Mautstrecke A 1 Westautobahn zwischen der Staatsgrenze am Walserberg und der Anschlussstelle Salzburg Nord,

2. die zu errichtenden Bypassbrücken auf der Mautstrecke A 7 Mühlkreis Autobahn zwischen der Anschlussstelle Hafenstraße und der Anschlussstelle Urfahr,

3. die Mautstrecke A 12 Inntalautobahn zwischen der Staatsgrenze bei Kufstein und der Anschlussstelle Kufstein-Süd,

4. die Mautstrecke A 14 Rheintal/Walgau Autobahn zwischen der Staatsgrenze bei Hörbranz und der Anschlussstelle Hohenems und

5. die Mautstrecke A 26 Linzer Autobahn. *(BGBl I 2019/107)*

(1b) „Die Bundesministerin für Klimaschutz, Umwelt, Energie, Mobilität, Innovation und Technologie" kann im Einvernehmen mit dem Bundesminister für Finanzen durch Verordnung bestimmte Abschnitte von Mautstrecken von der Pflicht zur Entrichtung der zeitabhängigen Maut ausnehmen, wenn dies erforderlich ist, um eine unzumutbare Beeinträchtigung der Sicherheit, Leichtigkeit und Flüssigkeit des Verkehrs auf nicht mautpflichtigen Straßen und eine unzumutbare verkehrsbedingte Lärmbelästigung oder eine unzumutbare verkehrsbedingte Luftverschmutzung zu vermeiden, die sich aufgrund besonderer örtlicher Verhältnisse ergeben. *(BGBl I 2019/107; BGBl I 2021/74)*

(2) Das Bundesamt für Soziales und Behindertenwesen (Sozialministeriumservice) hat bis zu dem Tag, der dem Inkrafttreten des § 4 Abs. 3 Z 9 Versicherungssteuergesetz 1953 in der Fassung des Bundesgesetzes BGBl. I Nr. 62/2018 vorangeht, auf Ansuchen Menschen mit Behinderungen, die im Inland ihren Wohnsitz oder gewöhnlichen Aufenthalt haben und auf die zumindest ein mehrspuriges Kraftfahrzeug mit einem höchsten zulässigen Gesamtgewicht von nicht mehr als 3,5 Tonnen zugelassen wurde, soweit sie im Besitz eines Behindertenpasses gemäß § 40 ff Bundesbehindertengesetz, BGBl. Nr. 283/1990, sind, in dem die Unzumutbarkeit der Benützung öffentlicher Verkehrsmittel oder die Blindheit eingetragen ist (Anspruchsberechtigten), eine Jahresvignette für ein Kraftfahrzeug der genannten Kategorie kostenlos zur Verfügung zu stellen, und zwar entweder durch Übermittlung einer Klebe-Jahresvignette oder auf Ansuchen durch Übermittlung eines Registrierungscodes für eine digitale Jahresvignette. Das Bundesamt für Soziales und Behindertenwesen (Sozialministeriumservice) ist ermächtigt, zu diesem Zweck einen Behindertenpass auch behinderten Menschen auszustellen, die nicht dem in § 40 Abs. 1 Z 1 bis 5 Bundesbehindertengesetz angeführten Personenkreis angehören. Wird eine Klebe-Jahresvignette in den Fällen des § 11 Abs. 4 unbrauchbar, so hat die Autobahnen- und Schnellstraßen-Finanzierungs-Aktiengesellschaft Anspruchsberechtigten den von ihnen entrichteten Aufwandersatz für die Abgabe der Ersatzklebevignette zurückzuerstatten. Wird eine digitale Jahresvignette gemäß § 11 Abs. 5 umregistriert, so hat die Autobahnen- und Schnellstraßen-Finanzierungs-Aktiengesellschaft Anspruchsberechtigten den von ihnen entrichteten Aufwandersatz für die Umregistrierung zurückzuerstatten. Die Autobahnen- und Schnellstraßen-Finanzierungs-Aktiengesellschaft hat dem Bundesamt für Soziales und Behindertenwesen (Sozialministeriumservice) die erforderliche Anzahl an Klebe-Jahresvignetten und an Registrierungscodes für das jeweils folgende Kalenderjahr zu überlassen. *(BGBl I 2018/62)*

(3) Ab dem Tag des Inkrafttretens des § 4 Abs. 3 Z 9 Versicherungssteuergesetz 1953 in der Fassung des Bundesgesetzes BGBl. I Nr. 62/2018 hat die Gemeinschaftseinrichtung der zum Betrieb der Kraftfahrzeug-Haftpflichtversicherung berechtigten Versicherer (Gemeinschaftseinrichtung) im Wege der von ihr geführten Zulassungsevidenz (§ 47 Abs. 4a Kraftfahrgesetz 1967) einem Anspruchsberechtigten auf Ansuchen in einer für die Zulassung des Kraftfahrzeuges örtlich zuständigen Zulassungsstelle (§ 40a Kraftfahrgesetz 1967) eine digitale Vignette kostenlos dadurch zur Verfügung zu stellen, dass „automationsunterstützt" eine Registrierung des vom Anspruchsberechtigten für Zwecke der Befreiung von der motorbezogenen Versicherungssteuer angegebenen Kennzeichens des auf ihn zugelassenen mehrspurigen Kraftfahrzeuges mit einem höchsten zulässigen Gesamtgewicht von nicht mehr als 3,5 Tonnen im Mautsystem der Autobahnen- und Schnellstraßen-Finanzierungs-Aktiengesellschaft für die Dauer der Zulassung dieses Kraftfahrzeuges auf den Anspruchsberechtigten veranlasst wird. *(BGBl I 2018/62; BGBl I 2021/155)*

(4) Erlischt die Zulassung auf den Anspruchsberechtigten, so hat die Gemeinschaftseinrichtung die Übermittlung der Information über die Löschung des Kennzeichens an die Autobahnen- und Schnellstraßen-Finanzierungs-Aktiengesellschaft „automationsunterstützt" unverzüglich zu veranlassen. Bei einer Änderung des dem Anspruchsberechtigten zugewiesenen Kennzeichens hat die Gemeinschaftseinrichtung auf Antrag die Übermittlung der Information über diese Änderung an die Autobahnen- und Schnellstraßen-Finanzierungs-Aktiengesellschaft zur Umregistrierung der digitalen Vignette im Mautsystem der Gesellschaft kostenlos und „automationsunterstützt" unverzüglich zu veranlassen. *(BGBl I 2018/62; BGBl I 2021/155)*

(5) Sowohl Registrierung als auch Umregistrierung müssen vor der nächsten Benützung von vignettenpflichtigen Mautstrecken erfolgt sein. *(BGBl I 2018/62)*

(6) Die kostenlose digitale Vignette berechtigt zur Benützung von vignettenpflichtigen Mautstrecken bis zu dem 31. Jänner, der auf den Tag des Gültigkeitsendes der Eintragung einer dauernden starken Gehbehinderung, der Unzumutbarkeit der Benützung öffentlicher Verkehrsmittel oder der Blindheit im Behindertenpass folgt. Die Gemeinschaftseinrichtung hat die Übermittlung der Information über das Gültigkeitsende an die Autobahnen- und Schnellstraßen-Finanzierungs-Aktiengesellschaft „automationsunterstützt" unverzüglich zu veranlassen. *(BGBl I 2018/62; BGBl I 2021/155)*

(7) Die Autobahnen- und Schnellstraßen-Finanzierungs-Aktiengesellschaft hat einem Anspruchsberechtigten auf Antrag den Preis einer oder mehrerer Jahresvignetten, die er nachweislich für das auf ihn zugelassene Kraftfahrzeug erworben hat, ab dem Kalenderjahr zurückzuerstatten, in dem eine der genannten Eintragungen im Behindertenpass des Anspruchsberechtigten gegolten hat. *(BGBl I 2018/62)*

(8) Sofern der Nachweis der Behinderung durch Eintragung der Unzumutbarkeit der Benützung öffentlicher Verkehrsmittel oder der Blindheit im Behindertenpass erfolgt ist, hat die Gemeinschaftseinrichtung im Wege der von ihr geführten Zulassungsevidenz mit dem Tag des Inkrafttretens des § 4 Abs. 3 Z 9 Versicherungssteuergesetz 1953 in der Fassung des Bundesgesetzes BGBl. I Nr. 62/2018 die Registrierung des Kennzeichens jenes Kraftfahrzeugs, das auf den Anspruchsberechtigten zugelassen ist und für das vor diesem Tag eine Befreiung von der motorbezogenen Versicherungssteuer besteht, im Mautsystem der Autobahnen- und Schnellstraßen-Finanzierungs-Aktiengesellschaft „automationsunterstützt" zu veranlassen. *(BGBl I 2018/62; BGBl I 2021/155)*

(9) Die Autobahnen- und Schnellstraßen-Finanzierungs-Aktiengesellschaft ist berechtigt, die ihr von der Gemeinschaftseinrichtung übermittelten Daten im Mautsystem und in der von ihr zu führenden Vignettenevidenz zu verarbeiten. Die Gemeinschaftseinrichtung hat aus der von ihr geführten Zulassungsevidenz der Autobahnen- und Schnellstraßen-Finanzierungs-Aktiengesellschaft „automationsunterstützt"** die für die Überprüfung von Rückerstattungsanträgen gemäß § 13 Abs. 7 notwendigen Daten zur Verfügung zu stellen. Form, Inhalt und Verfahren der elektronischen Zurverfügungstellung der Daten werden vom Bundesminister für Finanzen gemeinsam mit „der Bundesministerin für Klimaschutz, Umwelt, Energie, Mobilität, Innovation und Technologie"* sowie dem Bundesminister für „Soziales, Gesundheit, Pflege und Konsumentenschutz"* in der Verordnung gemäß § 4 Abs. 3 Z 9 lit. h Versicherungssteuergesetz 1953 in der Fassung des Bundesgesetzes BGBl. I Nr. 62/2018 festgelegt.

(BGBl I 2018/62; *BGBl I 2021/74; **BGBl I 2021/155)

„(10)"* „Die Bundesministerin für Klimaschutz, Umwelt, Energie, Mobilität, Innovation und Technologie"** kann im Einvernehmen mit dem Bundesminister für Finanzen im Rahmen der Mautfestsetzung für Mautstrecken Regelungen treffen, die es den Straßenbenützern mit Personenkraftwagen, deren höchstes zulässiges Gesamtgewicht nicht mehr als 3,5 Tonnen beträgt, ermöglichen, *(BGBl I 2021/74)*

1. als Arbeitnehmer und Zulassungsbesitzer eines mit einer Jahresvignette ausgestatteten Personenkraftwagens eine auf die Gültigkeitsdauer der Jahresvignette begrenzte Mautkarte für Mautstrecken gemäß § 10 Abs. 2 kostenlos zu erwerben, die zu Fahrten vom Wohnort zum Arbeitsplatz des Arbeitnehmers berechtigt, wobei die näheren Regelungen der Mautordnung vorbehalten sind, und

2. beim Besitz einer Jahresvignette und zusätzlichem Erwerb einer Jahresmautkarte für Mautstrecken gemäß § 10 Abs. 2 innerhalb der Gültigkeitsdauer der Jahresvignette 40 € samt Umsatzsteuer auf den jeweils gültigen Jahresmautkartenpreis angerechnet zu erhalten.

(*BGBl I 2018/62)

4. Teil
Mautordnung und Datenverarbeitung

Erlassung

§ 14. (1) Die Autobahnen- und Schnellstraßen-Finanzierungs-Aktiengesellschaft hat Bestimmungen über die Benützung der Mautstrecken festzulegen (Mautordnung).

(2) Die Mautordnung bedarf der Genehmigung „der Bundesministerin für Klimaschutz, Umwelt, Energie, Mobilität, Innovation und Technologie" im Einvernehmen mit dem Bundesminister für Finanzen. Die Genehmigung ist zu erteilen, wenn die Mautordnung den gesetzlichen Vorschriften entspricht und wenn sie den Grundsätzen der Wirtschaftlichkeit und Zweckmäßigkeit nicht zuwiderläuft. *(BGBl I 2021/74)*

Inhalt

§ 15. (1) Die Mautordnung hat zu enthalten:

1. allgemeine Bedingungen für die Benützung von Mautstrecken;

2. Bestimmungen über die äußere Form und das Anbringen von Hinweisen auf die Mautpflicht „(§ 1 Abs. 4)"; *(BGBl I 2007/82)*

3. Informationen über Ausnahmen von der Pflicht zur Entrichtung der fahrleistungsabhängigen und der zeitabhängigen Maut (§§ 5 Abs. 1,

§ 15

10 Abs. 2, „13 Abs. 1, 1a und 1b"); *(BGBl I 2019/107)*

4. Bestimmungen über die Auf- und Abbuchung von Mautguthaben und über die Zulässigkeit der Verrechnung im Nachhinein (§ 7 Abs. 1);

5. Bestimmungen über die Zulassung von Geräten zur elektronischen Entrichtung der fahrleistungsabhängigen Maut, ihre Anbringung am oder im Fahrzeug, ihren Einsatz sowie über den europäischen elektronischen Mautdienst (§ 7 Abs. 1, 3 und 4) „und das Muster für Informationsschreiben (§ 30b Abs. 6)"; *(BGBl I 2007/82; BGBl I 2021/155)*

6. Bestimmungen über die Pflichten der Kraftfahrzeuglenker (§ 8 Abs. 2); *(BGBl I 2007/82)*

7. die Festlegung der Mautabschnitte und der Mautabschnittstarife sowie Bestimmungen über die für die Zuordnung von Fahrzeugen zu einer Tarifgruppe erforderlichen Nachweise (§ 9); *(BGBl I 2007/82)*

8. Informationen über die Mautkilometertarife („§ 9 Abs. 2 und 3"), die Mautabschnittstarife gemäß „§ 9 Abs. 6" und die Vignettenpreise (§ 12); *(BGBl I 2007/82; BGBl I 2016/38)*

9. die Festlegung der Beschaffenheit der Klebevignette, Bestimmungen über ihre Anbringung am Fahrzeug und über das Mitführen an Stelle der Anbringung, Bestimmungen über die Registrierung des Kennzeichens des Fahrzeugs im Mautsystem sowie Informationen über die Gültigkeitsdauer der Vignetten „(§ 11 Abs. 6)"; *(BGBl I 2017/65; BGBl I 2019/45)*

10. Bestimmungen über die Abgabe von Ersatzklebevignetten (§ 11 Abs. 4), über die Möglichkeit, das Kennzeichen eines Fahrzeuges im Mautsystem zu registrieren (digitale Jahresvignette), wenn die auf diesem Fahrzeug angebrachte Klebe-Jahresvignette in den Fällen des § 11 Abs. 4 unbrauchbar wird, über die Umregistrierung digitaler Vignetten (§ 11 Abs. 5) und digitaler Streckenmautberechtigungen (§ 32 Abs. 2); *(BGBl I 2017/65)*

11. Bestimmungen über die kostenlose Zurverfügungstellung der digitalen Vignette und über den kostenlosen Erwerb von Mautkarten (§ 13); *(BGBl I 2018/62)*

12. Bestimmungen über die Ausweise von Mautaufsichtsorganen (§ 17 Abs. 4);

13. Bestimmungen über die Höhe der Ersatzmaut (§ 19 Abs. 1);

14. Bestimmungen über den Nachweis des Eigengewichtes von mehrspurigen Fahrzeugen, die noch nie zum Verkehr zugelassen waren und ein Probefahrt- oder Überstellungskennzeichen führen (§§ 6, 10 Abs. 3); *(BGBl I 2006/26)*

15. die Beschreibung des Erscheinungsbildes und die Kennzeichnung der Fahrzeuge der Mautaufsichtsorgane als Fahrzeuge für den Bereich des öffentlichen Sicherheitsdienstes „(§ 20 Abs. 1 Z 4 lit. a Kraftfahrgesetz 1967)"** „; "* *(*BGBl I 2007/82; **BGBl I 2019/45)*

16. unter Bedachtnahme auf die Verkehrssicherheit die Festlegung der Mautkontrollplätze (§ 18 Abs. 2) „; " *(BGBl I 2007/82; BGBl I 2017/65)*

17. Bestimmungen über die Vignettenevidenz „(§ 16b)"; *(BGBl I 2017/65; BGBl I 2018/62)*

18. Bestimmungen über die Art und Bedingungen der Entrichtung der Maut für die Benützung der in § 10 Abs. 2 genannten Mautabschnitte (Streckenmaut) mit einspurigen Kraftfahrzeugen und mit mehrspurigen Kraftfahrzeugen, deren höchstes zulässiges Gesamtgewicht nicht mehr als 3,5 Tonnen beträgt (§ 32 Abs. 1) „, und Bestimmungen über die Registrierung und Umregistrierung digitaler Streckenmautberechtigungen"; *(BGBl I 2017/65; BGBl I 2021/155)*

19. Bestimmungen über die Vertriebswege. *(BGBl I 2017/65)*

(2) Die Mautordnung kann enthalten:

1. anlassbezogene Ausnahmen von der Mautpflicht für Fahrten im Rahmen humanitärer Hilfstransporte „ " in Notstandsfällen (§ 5 Abs. 2); *(BGBl I 2006/26)*

2. Bestimmungen über einen angemessenen Kostenersatz für Geräte zur elektronischen Entrichtung der Maut (§ 7 Abs. 2);

3. Bestimmungen über die Mautentrichtung ohne Verwendung von Geräten zur elektronischen Entrichtung der Maut (§ 7 Abs. 2);

4. Bestimmungen über die vorläufige Zuordnung eines Fahrzeuges zu einer Tarifgruppe durch Erklärung des Fahrzeugantriebs oder der EURO-Emissionsklasse und über das Nachholen des Nachweises des Fahrzeugantriebs oder der EURO-Emissionsklasse (§ 9 Abs. 11); *(BGBl I 2019/45)*

5. Bestimmungen über einen kostendeckenden Ersatz des Aufwandes in den Fällen der Abgabe von Ersatzklebevignetten oder der Registrierung des Kennzeichens des Fahrzeuges im Mautsystem (§ 11 Abs. 4) und der Umregistrierung digitaler Vignetten (§ 11 Abs. 5) und digitaler Streckenmautberechtigungen (§ 32 Abs. 2), wobei im Einzelfall der Betrag von 20 € einschließlich Umsatzsteuer nicht überstiegen werden darf und bei Scheibenbruch, Zerstörung des Fahrzeuges, Diebstahl des Kennzeichens oder Diebstahl des Fahrzeuges kein Ersatz des Aufwandes eingehoben wird; *(BGBl I 2017/65)*

6. Bestimmungen über die bedingte Umregistrierung digitaler Vignetten und digitaler Streckenmautberechtigungen über die Erbringung der erforderlichen Nachweise für das Vorliegen der Voraussetzungen für die Umregistrierung (§§ 11 Abs. 6, 32 Abs. 2); *(BGBl I 2017/65)*

7. Bestimmungen über die Möglichkeit, bei einer digitalen Vignette oder bei einer digitalen Streckenmautberechtigung vor Beginn ihrer Gül-

tigkeit das Kennzeichen oder den Beginn ihrer Gültigkeit zu ändern; *(BGBl I 2017/65)*

8. Bestimmungen über den Rücktritt vom Erwerb digitaler Vignetten und digitaler Streckenmautberechtigungen sowie Bestimmungen, dass bei ihrem Erwerb im Fernabsatz der erste Tag ihrer Gültigkeit frühestens der achtzehnte Tag nach dem Tag des Erwerbes ist; *(BGBl I 2017/65)*

„9."*** Bestimmungen über die Zahlung der Ersatzmaut in fremden Währungen und über ihre unbare Begleichung „(§ 19 Abs. 7)"*; *(*BGBl I 2007/82; **BGBl I 2013/99; ***BGBl I 2017/65)*

„10."** sonstige anlassbezogene Regelungen, sofern sie keine Belastungen der Mautschuldner zur Folge haben. *(*BGBl I 2013/99; **BGBl I 2017/65)*

Verlautbarung

§ 16. (1) Die Mautordnung ist von der Autobahnen- und Schnellstraßen-Finanzierungs-Aktiengesellschaft im Internet „unter der Adresse www.asfinag.at" zu verlautbaren und muss frei von Sondergebühren jederzeit ohne Identitätsnachweis zugänglich sein. *(BGBl I 2007/82)*

(2) Die Autobahnen- und Schnellstraßen-Finanzierungs-Aktiengesellschaft hat die Mautordnung auf Verlangen jedermann gegen angemessenen Kostenersatz zuzusenden.

Datenverarbeitung

§ 16a. (1) Die Autobahnen- und Schnellstraßen-Finanzierungs-Aktiengesellschaft ist berechtigt, die zur Mauteinhebung, zur Mautaufsicht und zur Verfolgung von Mautprellerei erforderlichen personenbezogenen Daten automationsunterstützt zu verarbeiten.

(2) Die Autobahnen- und Schnellstraßen-Finanzierungs-Aktiengesellschaft darf im Anwendungsbereich der fahrleistungsabhängigen Maut folgende Daten verarbeiten:

1. Daten über Geräte zur elektronischen Entrichtung der fahrleistungsabhängigen Maut;
2. Daten über Fahrzeuge, deren Verwendung auf Bundesstraßen der fahrleistungsabhängigen Maut unterliegt;
3. Kontakt-, Kommunikations-, Zahlungs-, Transaktions- und Verrechnungsdaten;
4. Daten im Zusammenhang mit interoperablen Mautsystemen;
5. Daten über Fälle der Mautprellerei „(einschließlich Verdachtsfälle)"** „;"* *(*BGBl I 2019/45; **BGBl I 2021/155)*
6. Daten, die gemäß § 19a Abs. 3 gespeichert werden „;" *(BGBl I 2019/45; BGBl I 2021/155)*
7. Daten, die gemäß §§ 30 und 30a Abs. 2 erlangt werden. *(BGBl I 2021/155)*

(3) Die Autobahnen- und Schnellstraßen-Finanzierungs-Aktiengesellschaft darf im Anwendungsbereich der zeitabhängigen Maut sowie der Streckenmaut (§ 32 Abs. 1) folgende Daten verarbeiten:

1. Daten über Fahrzeuge, die über eine digitale Vignette oder über eine digitale Streckenmautberechtigung verfügen;
2. Kontakt-, Kommunikations-, Zahlungs- und Verrechnungsdaten;
3. Transaktionsdaten bei der Streckenmaut;
4. Daten über Fälle der Mautprellerei „(einschließlich Verdachtsfälle)"** „;"* *(*BGBl I 2019/45; **BGBl I 2021/155)*
5. Daten, die gemäß § 19a Abs. 3 gespeichert werden „;" *(BGBl I 2019/45; BGBl I 2021/155)*
6. Daten, die gemäß §§ 30 und 30a Abs. 2 erlangt werden. *(BGBl I 2021/155)*

(4) Spätestens drei Jahre nach Zahlung der Ersatzmaut oder nach Abschluss des Verwaltungsstrafverfahrens sind Zulassungsdaten, die auf Grund von automationsunterstützten Verfahren im Wege der Nationalen Kontaktstelle gemäß § 30 Abs. 2 erlangt wurden, in nicht rückführbarer Weise zu löschen. Dies gilt nicht, solange gerichtliche Verfahren über Maut, Ersatzmaut oder Verwaltungsstrafen oder Verfahren zur Vollstreckung der Verwaltungsstrafe anhängig sind. *(BGBl I 2021/155)*

(BGBl I 2018/37)

Vignettenevidenz

§ 16b. (1) Jedermann kann durch Eingabe eines Kennzeichens in die von der Autobahnen- und Schnellstraßen-Finanzierungs-Aktiengesellschaft zu führende Vignettenevidenz im Internet kostenlos abfragen, ob ein Fahrzeug über eine digitale Vignette oder über eine digitale Streckenmautberechtigung verfügt und für welche Zeiträume sie gelten.

(2) Andere als die in Abs. 1 genannten Daten dürfen von der Autobahnen- und Schnellstraßen-Finanzierungs-Aktiengesellschaft in der Vignettenevidenz nicht verarbeitet werden.

(BGBl I 2017/65)

5. Teil

Mautaufsicht und Ersatzmaut

Mautaufsichtsorgane

§ 17. (1) Die Autobahnen- und Schnellstraßen-Finanzierungs-Aktiengesellschaft kann zur Mitwirkung an der Vollziehung dieses Gesetzes Mautaufsichtsorgane bestimmen.

(2) „Die Mautaufsichtsorgane sind von der Behörde auf Vorschlag der Autobahnen- und

Schnellstraßen-Finanzierungs-Aktiengesellschaft oder von Organen der Autobahnen- und Schnellstraßen-Finanzierungs-Aktiengesellschaft, die von dieser hierzu ermächtigt wurden, zu bestellen und zu vereidigen." Die Vereidigung entfällt bei Personen, die vor ihrer Bestellung zu Mautaufsichtsorganen als Organe der öffentlichen Aufsicht tätig waren. *(BGBl I 2019/45)*

(3) Als Mautaufsichtsorgane können nur Personen bestellt werden, die verlässlich sind, das 18. Lebensjahr vollendet haben und die im Hinblick auf ihre Aufgaben und Befugnisse besonders geschult sind. Von der Bestellung zum Mautaufsichtsorgan ist ausgeschlossen, wer wegen eines Verbrechens oder Vergehens zu einer Freiheitsstrafe rechtskräftig verurteilt worden ist, sofern die Verurteilung nicht der Beschränkung der Auskunft aus dem Strafregister (§ 6 Tilgungsgesetz 1972, BGBl. Nr. 68/1972) unterliegt. Zum Nachweis der Verlässlichkeit ist insbesondere eine Strafregisterbescheinigung vorzulegen. Mautaufsichtsorgane, die sich zur Ausübung ihrer Obliegenheiten ungeeignet zeigen, sind von der Behörde abzuberufen.

(4) Als Organe der öffentlichen Aufsicht müssen Mautaufsichtsorgane bei Ausübung ihres Dienstes mit einem Ausweis versehen sein, aus dem ihre amtliche Eigenschaft hervorgeht, und ihn Betroffenen auf Verlangen vorweisen. Der Inhalt des Ausweises ist in der Mautordnung festzulegen.

Mitwirkung der Mautaufsichtsorgane

§ 18. (1) Die Mautaufsichtsorgane wirken an der Vollziehung dieses Gesetzes durch Überwachung der Einhaltung seiner Vorschriften, durch Entgegennahme von Zahlungen gemäß § 19, durch Maßnahmen zur Einleitung des Verwaltungsstrafverfahrens, durch Einhebung vorläufiger Sicherheiten gemäß § 27 und durch Verhinderung der Fortsetzung der Fahrt gemäß § 28 mit.

(2) Zum Zweck der Kontrolle der ordnungsgemäßen Entrichtung der Maut und der Durchführung von Verkehrserhebungen (wie Verkehrszählungen u. dgl.) sind die Mautaufsichtsorgane berechtigt, Kraftfahrzeuglenker durch deutlich sichtbare oder hörbare Zeichen zum Anhalten aufzufordern, sie anzuhalten, die Identität des Lenkers und des Zulassungsbesitzers festzustellen „, Nachweise über das Eigengewicht des Fahrzeuges und Nachweise, die die Zuordnung von Fahrzeugen zu einer Tarifgruppe gemäß § 9 Abs. 5 und 6 ermöglichen, zu überprüfen"* und das Fahrzeug, insbesondere das Gerät zur elektronischen Entrichtung der Maut, die Anbringung der „Klebevignette"*** , den Fahrtschreiber, den Wegstreckenmesser und das Kontrollgerät gemäß der Verordnung (EWG) Nr. 3821/85, ABl. Nr. L 370 vom 31. Dezember 1985, S. 8, zuletzt geändert durch die Verordnung (EG) Nr. 432/2004, ABl. Nr. L 71 vom 10. März 2004, S. 3, zu überprüfen. Kraftfahrzeuglenker haben der Aufforderung zum Anhalten Folge zu leisten, an der Identitätsfeststellung mitzuwirken und die Überprüfung des Fahrzeuges zu dulden. In Angelegenheiten des Straßenverkehrs besonders geschulte Mautaufsichtsorgane sind zu diesen Zwecken nach jeweiliger vorheriger Abstimmung mit der für die Handhabung der Verkehrspolizei zuständigen Behörde und einsatzbezogener Absprache mit der örtlich zuständigen Dienststelle der Bundespolizei berechtigt, die aus Gründen der Verkehrssicherheit allenfalls notwendigen Verkehrsbeschränkungen (zB Geschwindigkeitstrichter) „Bereich von Mautkontrollplätzen, Grenzübergängen und Anschlussstellen"** anzuordnen und durch Straßenverkehrszeichen kundzumachen sowie eine allenfalls notwendige Regelung mit Lichtzeichen vorzunehmen. „Art, Zeit und Dauer der angeordneten Verkehrsbeschränkungen sind gemäß § 97 Abs. 5 letzter Satz Straßenverkehrsordnung 1960, BGBl. Nr. 159, in einem Aktenvermerk festzuhalten."*** *(BGBl I 2006/26; *BGBl I 2007/82; **BGBl I 2013/99; ***BGBl I 2017/65)*

Ersatzmaut

§ 19. (1) In der Mautordnung ist für den Fall der nicht ordnungsgemäßen Entrichtung der Maut eine Ersatzmaut festzusetzen, die den Betrag von „250 €" einschließlich Umsatzsteuer nicht übersteigen darf. *(BGBl I 2007/82)*

(2) Die Mautaufsichtsorgane sind befugt, Lenker, die bei der Begehung einer Verwaltungsübertretung gemäß § 20 Abs. 1 und 2 sowie gemäß § 32 Abs. 1 zweiter Satz entweder auf frischer Tat oder in engem zeitlichen Zusammenhang mit der Begehung betreten werden, mündlich zur Zahlung einer Ersatzmaut aufzufordern. Der Aufforderung wird entsprochen, wenn der Lenker unverzüglich die entsprechende Ersatzmaut zahlt. Hierüber ist eine Bescheinigung auszustellen. *(BGBl I 2019/45)*

(3) Die Mautaufsichtsorgane sind im Fall, dass wegen einer von ihnen dienstlich wahrgenommenen Verwaltungsübertretung gemäß § 20 Abs. 1 keine bestimmte Person beanstandet werden kann, befugt, am Fahrzeug eine schriftliche Aufforderung zur Zahlung der Ersatzmaut zu hinterlassen. Die Aufforderung hat eine Identifikationsnummer und eine Kontonummer zu enthalten. Ihr wird entsprochen, wenn die Ersatzmaut binnen zwei Wochen ab Hinterlassung der Aufforderung dem angegebenen Konto gutgeschrieben wird und der Überweisungsauftrag die automationsunterstützt lesbare, vollständige und richtige Identifikationsnummer enthält. *(BGBl I 2019/45)*

(4) Kommt es bei einer Verwaltungsübertretung gemäß § 20 sowie § 32 Abs. 1 zweiter Satz zu keiner Betretung, so ist die Autobahnen- und

Schnellstraßen-Finanzierungs-Aktiengesellschaft befugt, den Zulassungsbesitzer schriftlich zur Zahlung einer Ersatzmaut aufzufordern, sofern der Verdacht auf automatischer Überwachung oder dienstlicher Wahrnehmung eines Mautaufsichtsorgans beruht. Die Aufforderung hat eine Identifikationsnummer und eine Kontonummer zu enthalten. Ihr wird entsprochen, wenn die Ersatzmaut binnen vier Wochen ab Ausfertigung der Aufforderung dem angegebenen Konto gutgeschrieben wird und der Überweisungsauftrag die automationsunterstützt lesbare, vollständige und richtige Identifikationsnummer enthält. *(BGBl I 2019/45)*

(5) Kommt es bei einer Verwaltungsübertretung gemäß § 20 sowie § 32 Abs. 1 zweiter Satz zu keiner Betretung, so sind die Mautaufsichtsorgane befugt, anlässlich einer Kontrolle der ordnungsgemäßen Entrichtung der Maut jenes Fahrzeuges, mit dem die Tat begangen wurde, den Zulassungsbesitzer mündlich zur Zahlung einer Ersatzmaut aufzufordern, sofern der Verdacht auf automatischer Überwachung oder auf dienstlicher Wahrnehmung eines Mautaufsichtsorgans beruht und die Tat nicht bereits verjährt ist. Die Aufforderung ist an den Lenker zu richten, der bei der Leistung der Ersatzmaut als Vertreter des Zulassungsbesitzers fungiert. Ihr wird entsprochen, wenn der Lenker unverzüglich die Ersatzmaut zahlt. Hierüber ist eine Bescheinigung auszustellen. *(BGBl I 2019/45)*

(6) Subjektive Rechte des Lenkers und des Zulassungsbesitzers auf mündliche oder schriftliche Aufforderungen zur Zahlung einer Ersatzmaut bestehen nicht. *(BGBl I 2006/26)*

(7) Soweit in der Mautordnung bestimmt ist, dass die Ersatzmaut auch in bestimmten fremden Währungen gezahlt oder unbar beglichen werden kann, sind von den Mautaufsichtsorganen Zahlungen auch in diesen Formen entgegenzunehmen. Gebühren, Spesen und Abschläge sind vom Mautgläubiger zu tragen. *(BGBl I 2006/26)*

Automatische Überwachung

§ 19a. (1) Die Autobahnen- und Schnellstraßen-Finanzierungs-Aktiengesellschaft darf zur Feststellung der ordnungsgemäßen Entrichtung der Maut und zur Verfolgung von Mautprellerei technische Einrichtungen einsetzen, die insbesondere die Erfassung von Fahrzeugart, Achsenzahl, Windschutzscheibe des Fahrzeugs, Fahrzeuglenker, Kennzeichen, Klebevignette, Ort und Zeit der Straßenbenützung ermöglichen. Der Einsatz bildgebender technischer Einrichtungen zur Feststellung der ordnungsgemäßen Entrichtung der zeitabhängigen Maut hat an regelmäßig wechselnden Mautabschnitten zu erfolgen, wobei aber an jedem Mautabschnitt mehrfach im Jahr ein solcher Einsatz erfolgen darf.

(2) Bilddaten und daraus gewonnene Kennzeichen- und Kontrolldaten, die Fälle „erwiesenermaßen" ordnungsgemäßer Entrichtung der Maut betreffen, sind unverzüglich in nicht rückführbarer Weise zu löschen. Bilddaten, die Fälle der Mautprellerei „(einschließlich Verdachtsfälle)" dokumentieren, dürfen im Mautsystem gespeichert, aber nur für Zwecke der Einbringung der Maut, der Aufforderung zur Zahlung einer Ersatzmaut und der Verfolgung von Mautprellerei verarbeitet werden. *(BGBl I 2018/37; BGBl I 2021/155)*

(3) Ebenfalls im Mautsystem gespeichert werden dürfen aus der automatischen Überwachung gewonnene Daten von Fahrzeugen (Kennzeichen und technische Fahrzeugmerkmale), „und Auskunftsdaten von automationsunterstützten Abrufen gemäß § 30a Abs. 2 betreffend Fahrzeuge" bei denen nicht eindeutig erkennbar ist, welcher Art der Mautentrichtung (§§ 2 und 32) diese unterliegen. Die Speicherung dieser Daten darf ausschließlich in pseudonymisierter Form und für den Zweck erfolgen, bei einer zukünftigen Erfassung von Fahrzeugen im Rahmen der automatischen Überwachung Fehlerkennungen automationsunterstützt zu minimieren. Die Speicherung hat in einer Weise zu erfolgen, die keine Rückschlüsse auf den Zeitpunkt und den Ort der Erfassung der Daten zulässt. Diese Daten sind spätestens am Ende des Jahres, das dem Jahr der letzten Erfassung folgt, in nicht rückführbarer Weise zu löschen. Die Speicherung von Bilddaten für diesen Zweck ist unzulässig. *(BGBl I 2019/45; BGBl I 2021/155)*

„(4)"* Spätestens drei Jahre nach Einbringung der Maut, nach Zahlung der Ersatzmaut oder nach Abschluss des Verwaltungsstrafverfahrens sind im Mautsystem Bilddaten und daraus gewonnene Kennzeichen- und Kontrolldaten, die Fälle der Mautprellerei dokumentieren, in nicht rückführbarer Weise zu löschen. Dies gilt nicht, solange gerichtliche Verfahren über Maut, Ersatzmaut oder Verwaltungsstrafe „oder Verfahren zur Vollstreckung der Verwaltungsstrafe"** anhängig sind. (*BGBl I 2019/45; **BGBl I 2021/155)

(BGBl I 2017/65)

6. Teil
Strafbestimmungen

Mautprellerei

§ 20. (1) Kraftfahrzeuglenker, die Mautstrecken benützen, ohne die nach § 10 geschuldete zeitabhängige Maut ordnungsgemäß entrichtet zu haben, begehen eine Verwaltungsübertretung und sind mit „Geldstrafe von 300 Euro bis zu 3000 €" zu bestrafen. *(BGBl I 2007/82)*

(2) Kraftfahrzeuglenker, die Mautstrecken benützen, ohne die nach § 6 geschuldete fahrleistungsabhängige Maut ordnungsgemäß zu entrich-

ten, begehen eine Verwaltungsübertretung und sind mit Geldstrafe von „Geldstrafe von 300 € bis zu 3000 €" zu bestrafen. *(BGBl I 2007/82)*

(3) Zulassungsbesitzer, die den Nachweis über die Zuordnung des Fahrzeuges „zum erklärten Fahrzeugantrieb gemäß § 9 Abs. 5 dritter Satz oder" zur erklärten EURO-Emissionsklasse nicht fristgerecht nachholen und dadurch die nicht ordnungsgemäße Entrichtung fahrleistungsabhängiger Maut für die Benützung von Mautstrecken verursachen „(§ 9 Abs. 11 zweiter und vierter Satz)", begehen eine Verwaltungsübertretung und sind mit Geldstrafe von 300 € bis 3 000 € zu bestrafen. *(BGBl I 2013/99; BGBl I 2021/155)*

(4) Verwaltungsübertretungen gemäß Abs. 3 gelten als an jenem Ort begangen, an dem die Benützung von Mautstrecken mit einem „gemäß § 9 Abs. 11 dritter Satz" vorläufig einer Tarifgruppe zugeordneten Fahrzeug durch automatische Überwachung oder durch dienstliche Wahrnehmung eines Mautaufsichtsorgans festgestellt wurde. *(BGBl I 2013/99; BGBl I 2019/45)*

(5) Taten gemäß Abs. 1 bis 3 werden straflos, wenn der Mautschuldner nach Maßgabe des § 19 Abs. 2 bis 5 der Aufforderung zur Zahlung der in der Mautordnung festgesetzten Ersatzmaut entspricht. *(BGBl I 2013/99)*

(6) Die Rückforderung gemäß § 19 ordnungsgemäß gezahlter Ersatzmauten ist ausgeschlossen. *(BGBl I 2019/45)*

Verletzung der Informations-, Mitwirkungs- und Anhaltepflicht

§ 21. Eine Verwaltungsübertretung begeht und ist mit Geldstrafe bis zu 3 000 € zu bestrafen, wer

1. der Bestimmung des § 8 Abs. 4 zuwiderhandelt;
2. entgegen § 8c Abs. 3 erster Satz nicht gehörig am Vermittlungsverfahren mitwirkt;
3. entgegen § 18 Abs. 2 der Aufforderung zum Anhalten nicht Folge leistet.

(BGBl I 2013/99)

§ 22. *(entfällt samt Überschrift, BGBl I 2017/65)*

Haftung für Geldstrafen und Verfahrenskosten

§ 23. (1) Zulassungsbesitzer haften für die über die Lenker ihres Fahrzeugs wegen Übertretung des § 20 Abs. 2 verhängten Geldstrafen und für die Verfahrenskosten zur ungeteilten Hand, wenn sie dem Lenker das Fahrzeug selbst oder über Dritte überlassen haben.

(2) Zulassungsbesitzer haben im Strafverfahren gegen den Lenker keine Parteistellung; ein gegen den Lenker ergangener Strafbescheid hat für sie keine bindende Wirkung.

Widmung von Strafgeldern

§ 24. (1) 80 vH der gemäß §§ 20 und 21 Z 1 und 3 sowie gemäß § 32 Abs. 1 zweiter Satz eingehobenen Strafgelder sind der Autobahnen- und Schnellstraßen-Finanzierungs-Aktiengesellschaft abzuführen. *(BGBl I 2019/45)*

(2) 20 vH der gemäß „§ 20 Abs. 2 und 3"* eingehobenen Strafgelder „und der gemäß §§ 20 Abs. 1 und 32 Abs. 1 zweiter Satz eingehobenen Strafgelder in den Fällen der Vorschreibung von Geldstrafen gemäß § 30b Abs. 3 erster Satz"** fließen der Gebietskörperschaft zu, die den Aufwand jener Behörde zu tragen hat, die die Geldstrafe verhängte. (**BGBl I 2013/99*; ***BGBl I 2021/155)*

Abfahrtsrecht nach Betretung

§ 25. (1) Mit Kraftfahrzeugen, deren Lenker bei einer strafbaren Handlung nach „§ 20 Abs. 1 und 2" betreten wurden, dürfen Mautstrecken bis zur nächsten Abfahrt benützt werden. *(BGBl I 2013/99)*

(2) Wurde aus Anlass einer Betretung bei einer strafbaren Handlung nach § 20 Abs. 1 Ersatzmaut geleistet, eine vorläufige Sicherheit eingehoben oder eine Beschlagnahme vorgenommen, so gilt damit überdies die zeitabhängige Maut für den Tag der Betretung und den darauf folgenden Kalendertag als entrichtet und die ausgestellte Bescheinigung als Nachweis hiefür.

7. Teil

Behörden und Verfahren

Behörde

§ 26. Behörde im Sinne dieses Bundesgesetzes ist die Bezirksverwaltungsbehörde.

Revision

§ 26a. Die Autobahnen- und Schnellstraßen-Finanzierungs-Aktiengesellschaft ist berechtigt, gegen Entscheidungen der Verwaltungsgerichte in Verwaltungsstrafverfahren gemäß §§ 20, 21 Z 3 und 32 Abs. 1 zweiter Satz Revision an den Verwaltungsgerichtshof zu erheben. Die Verwaltungsgerichte haben Ausfertigungen solcher Entscheidungen unverzüglich der Autobahnen- und Schnellstraßen-Finanzierungs-Aktiengesellschaft zu übermitteln.

(BGBl I 2021/155)

Vorläufige Sicherheit

§ 27. (1) Mautaufsichtsorgane sind ermächtigt, von Lenkern, bei denen die Strafverfolgung oder die Strafvollstreckung offenbar unmöglich oder wesentlich erschwert sein wird, eine vorläufige Sicherheit „ "* einzuheben, wenn der Verdacht einer Verwaltungsübertretung gemäß „§ 20 Abs. 1 und 2"* „sowie gemäß § 32 Abs. 1 zweiter Satz"** auf automatischer Überwachung oder auf dienstlicher Wahrnehmung eines „Mautaufsichtsorgans"** beruht und die Betretung in engem zeitlichem Zusammenhang mit der Tat erfolgt. *(*BGBl I 2013/99; **BGBl I 2019/45)*

(2) Mautaufsichtsorgane sind ermächtigt, von Zulassungsbesitzern aus Anlass der Kontrolle der Lenker ihrer Fahrzeuge eine vorläufige Sicherheit „ " einzuheben, wenn

1. der Verdacht einer Verwaltungsübertretung gemäß § 20 Abs. 2 auf automatischer Überwachung oder auf dienstlicher Wahrnehmung eines Mautaufsichtsorgans beruht,

2. die Verwaltungsübertretung mit dem kontrollierten Fahrzeug begangen wurde und nicht mehr als „neun" Monate zurückliegt, *(BGBl I 2016/38)*

3. der Zulassungsbesitzer gemäß § 23 für die zu verhängenden Geldstrafen und die Verfahrenskosten haftet und

4. die Geltendmachung dieser Haftung beim Zulassungsbesitzer offenbar unmöglich oder wesentlich erschwert sein wird.
Das Verlangen ist an den Lenker zu richten, der bei der Leistung der vorläufigen Sicherheit als Vertreter des Zulassungsbesitzers fungiert. *(BGBl I 2013/99)*

(3) Mautaufsichtsorgane sind ermächtigt, von Zulassungsbesitzern aus Anlass der Kontrolle der Lenker ihrer Fahrzeuge eine vorläufige Sicherheit einzuheben, wenn

1. der Verdacht einer Verwaltungsübertretung gemäß § 20 Abs. 3 auf automatischer Überwachung oder auf dienstlicher Wahrnehmung eines Mautaufsichtsorgans beruht,

2. die Verwaltungsübertretung mit dem kontrollierten Fahrzeug begangen wurde und nicht mehr als „neun" Monate zurückliegt und *(BGBl I 2016/38)*

3. beim Zulassungsbesitzer die Strafverfolgung oder der Strafvollzug offenbar unmöglich oder wesentlich erschwert sein wird.
Das Verlangen ist an den Lenker zu richten, der bei der Leistung der vorläufigen Sicherheit als Vertreter des Zulassungsbesitzers fungiert. *(BGBl I 2013/99)*

(4) Auf nach Abs. 1 bis 3 eingehobene vorläufige Sicherheiten ist § 37a Abs. 1 letzter Satz, Abs. 4 und 5 des Verwaltungsstrafgesetzes 1991 (VStG), BGBl. Nr. 52, sinngemäß anzuwenden. *(BGBl I 2013/99)*

Fahrtunterbrechung

§ 28. (1) Unter den in „§ 27 Abs. 1 bis 3" angeführten Bedingungen können die Mautaufsichtsorgane die Unterbrechung der Fahrt anordnen und ihre Fortsetzung durch geeignete Vorkehrungen (Abnahme der Fahrzeugschlüssel und der Fahrzeugpapiere, Anbringung technischer Sperren am Fahrzeug, Abstellung an geeignetem Ort u. dgl.) verhindern, solange die festgesetzte vorläufige Sicherheit nicht geleistet wird. Hierbei ist mit möglichster Schonung der Person vorzugehen; der Grundsatz der Verhältnismäßigkeit ist zu wahren. *(BGBl I 2013/99)*

(2) Wird die Unterbrechung der Fahrt gemäß Abs. 1 nicht innerhalb von 72 Stunden aufgehoben, so kann die Behörde das Kraftfahrzeug als Sicherheit beschlagnahmen. § 37 Abs. 3 bis 6 VStG ist sinngemäß anzuwenden.

(BGBl I 2006/26)

Mitwirkung der Organe der Straßenaufsicht

§ 29. (1) Die Organe der Straßenaufsicht (§ 97 Abs. 1 Straßenverkehrsordnung 1960, BGBl. Nr. 159) haben im Falle, dass Kraftfahrzeuglenker gegen die Bestimmung des § 18 Abs. 2 verstoßen, auf Ersuchen der Mautaufsichtsorgane an der Vollziehung dieses Bundesgesetzes durch Maßnahmen mitzuwirken, die für die Einleitung und Durchführung von Verwaltungsstrafverfahren erforderlich sind. *(BGBl I 2017/65)*

(2) Auf Verwaltungsübertretungen gemäß „§§ 20, 21 und 32 Abs. 1 zweiter Satz" ist/sind *(BGBl I 2019/45)*

1. §§ 47 und 49a VStG auch auf strafbares Verhalten anwendbar, das auf Grund automatischer Überwachung festgestellt wird,

2. „§ 47 Abs. 2 VStG" mit der Maßgabe anwendbar, dass durch Verordnung Geldstrafen bis zum Betrag von 600 € vorgesehen werden dürfen, *(BGBl I 2021/155)*

3. § 50 VStG nicht anwendbar. *(BGBl I 2013/99)*

(3) Die für Verwaltungsübertretungen gemäß §§ 20, 21 und 32 Abs. 1 zweiter Satz durch Anonymverfügung gemäß § 49a VStG vorzuschreibende Geldstrafe beträgt 300 €. *(BGBl I 2021/155)*

„(4)" Auf Verwaltungsübertretungen gemäß §§ 20, 21 und 32 Abs. 1 zweiter Satz ist § 33a VStG nicht anwendbar. *(BGBl I 2019/45; BGBl I 2021/155)*

„(5)"**** „ "* Zollstellen können auf Rechnung der Autobahnen- und Schnellstraßen-Finanzierungs-Aktiengesellschaft „Klebevignetten"** verkaufen. *(*BGBl I 2006/26; **BGBl I 2017/65; ***BGBl I 2019/45; ****BGBl I 2021/155)*

Auskünfte aus der zentralen Zulassungsevidenz

§ 30. (1) Der Bundesminister für Inneres hat aus der „zentralen Zulassungsevidenz" gemäß § 47 Abs. 4 Kraftfahrgesetz 1967 der Autobahnen- und Schnellstraßen-Finanzierungs-Aktiengesellschaft auf Anfrage „automationsunterstützt in Echtzeit fahrzeugbezogene Daten" mitzuteilen, soweit es zur automatischen Überwachung der Einhaltung der Vorschriften über die Entrichtung der fahrleistungsabhängigen und zeitabhängigen Maut sowie der Streckenmaut erforderlich ist. *(BGBl I 2021/155)*

(2) Der Bundesminister für Inneres hat aus der zentralen Zulassungsevidenz gemäß § 47 Abs. 4 Kraftfahrgesetz 1967 der Autobahnen- und Schnellstraßen-Finanzierungs-Aktiengesellschaft auf Anfrage automationsunterstützt in Echtzeit die Zulassungsdaten mitzuteilen, soweit dies

1. für die Registrierung digitaler Vignetten (§ 11 Abs. 1), die Umregistrierung digitaler Jahresvignetten (§ 11 Abs. 5) sowie die Registrierung und Umregistrierung digitaler Streckenmautberechtigungen (§ 15 Abs. 1 Z 18, § 32 Abs. 1) und

2. bei Verwaltungsübertretungen gemäß §§ 20 und 32 Abs. 1 zweiter Satz für Aufforderungen zur Zahlung einer Ersatzmaut gemäß § 19 Abs. 4

erforderlich ist. *(BGBl I 2021/155)*

(3) Der Bundesminister für Inneres hat aus der „zentralen Zulassungsevidenz"** gemäß § 47 Abs. 4 Kraftfahrgesetz 1967 dem Bundesamt für Soziales und Behindertenwesen (Sozialministeriumservice) auf Anfrage „automationsunterstützt in Echtzeit die Zulassungsdaten"** mitzuteilen, soweit dies für die Zurverfügungstellung „einer"* Jahresvignette gemäß § 13 Abs. 2 erforderlich ist. *(*BGBl I 2018/62; **BGBl I 2021/155)*

(4) Die Besitzer von Bewilligungen zur Durchführung von Probe- oder Überstellungsfahrten gelten im Anwendungsbereich dieses Gesetzes als Zulassungsbesitzer.

(BGBl I 2017/65)

Nationale Kontaktstelle im Sinne der Richtlinie (EU) 2019/520

§ 30a. (1) Nationale Kontaktstelle im Sinne des Artikel 23 der Richtlinie (EU) 2019/520 ist die Bundesministerin für Klimaschutz, Umwelt, Energie, Mobilität, Innovation und Technologie. Die Nationale Kontaktstelle hat Datenabrufe gemäß Abs. 2 und 3 im Wege der Anbindung an das Europäische Fahrzeug- und Führerschein-Informationssystem (EUCARIS) zu ermöglichen und übt dabei die Funktion eines Verantwortlichen im Sinne des Artikel 4 Z 7 DSGVO aus. Der Bundesminister für Inneres ist insoweit Auftragsverarbeiter im Sinne des Artikel 4 Z 8 DSGVO für die Nationale Kontaktstelle; er hat die Verpflichtungen gemäß Artikel 28 Abs. 3 DSGVO zu erfüllen und ist berechtigt, weitere Auftragsverarbeiter in Anspruch zu nehmen.

(2) Sofern der Verdacht einer Verwaltungsübertretung gemäß §§ 20 und 32 Abs. 1 zweiter Satz auf automatischer Überwachung oder dienstlicher Wahrnehmung eines Mautaufsichtsorgans beruht, sind die Autobahnen- und Schnellstraßen-Finanzierungs-Aktiengesellschaft und die Behörden als Verantwortliche im Sinne des Artikel 4 Z 7 DSGVO befugt, unter Angabe des vollständigen Kennzeichens des Fahrzeuges automationsunterstützte Datenabrufe aus Fahrzeugzulassungsregistern anderer EU-Mitgliedstaaten zu veranlassen. Die Datenabrufe in diesen Registern sind im Wege der Nationalen Kontaktstelle durchzuführen, haben unter Verwendung der im Anhang I der Richtlinie (EU) 2019/520 angeführten Anfragedaten zu erfolgen und dürfen nur die dort angeführten Auskunftsdaten umfassen.

(3) Die Nationale Kontaktstelle hat den Nationalen Kontaktstellen anderer EU-Mitgliedstaaten den automationsunterstützten Abruf von Daten aus der zentralen Zulassungsevidenz gemäß § 47 Abs. 4 des Kraftfahrgesetzes 1967, die vom Bundesminister für Inneres als Verantwortlicher im Sinne des Artikel 4 Z 7 DSGVO geführt wird, nach Maßgabe der Artikel 23 und 25 sowie des Anhanges I der Richtlinie (EU) 2019/520 zu ermöglichen.

(4) Die Nationale Kontaktstelle hat sicherzustellen, dass ausschließlich Abrufe gemäß Abs. 2 und 3 erfolgen. Die Verarbeitung der Daten gemäß Abs. 2 darf nur zum Zweck der Feststellung des Zulassungsbesitzers oder des Fahrzeuglenkers, zur Ausfertigung einer schriftlichen Aufforderung zur Zahlung einer Ersatzmaut gemäß § 19 Abs. 4 oder zur Führung eines Verwaltungsstrafverfahrens zur Ahndung von Verwaltungsübertretungen gemäß §§ 20 und 32 Abs. 1 zweiter Satz vorgenommen werden.

(5) Jeder von einem Abruf gemäß Abs. 3 betroffene Zulassungsbesitzer hat das Recht, von der Nationalen Kontaktstelle nach Maßgabe der Bestimmungen des Kapitels III der DSGVO unverzüglich Informationen darüber zu erhalten, welche Daten einem EU-Mitgliedstaat, in dem eine Maut nicht entrichtet wurde, übermittelt wurden, einschließlich des Datums des Abrufs und der Bezeichnung der abrufenden Nationalen Kontaktstelle des EU-Mitgliedstaates.

(6) Die Nationale Kontaktstelle hat eine vollständige Protokollierung aller Abrufe gemäß Abs. 2 und 3 vorzunehmen, aus der feststellbar ist, welcher Nationalen Kontaktstelle eines anderen EU-Mitgliedstaates oder welchem Mitarbeiter der Autobahnen- und Schnellstraßen-Finanzierungs-Aktiengesellschaft oder Organwalter bei einer Behörde welche Übermittlungen aus der zentralen Zulassungsevidenz gemäß § 47 Abs. 4

des Kraftfahrgesetzes 1967 oder aus den Fahrzeugzulassungsregistern anderer EU-Mitgliedstaaten zuzuordnen sind. Diese Protokolldaten sind drei Jahre aufzubewahren und danach in nicht rückführbarer Weise zu löschen.

(7) Der Nationalen Kontaktstelle obliegt die Berichterstattung an die Europäische Kommission gemäß Artikel 26 der Richtlinie (EU) 2019/520 über die Zahl der von ihr durchgeführten automationsunterstützten Abrufe von Daten bei Nationalen Kontaktstellen anderer EU-Mitgliedstaaten, die Zahl der ergebnislosen Abrufe, die Zahl der von der Autobahnen- und Schnellstraßen-Finanzierungs-Aktiengesellschaft und von den Behörden an Zulassungsbesitzer übermittelten Informationsschreiben gemäß § 30b Abs. 1 und die Zahl der Fälle, in denen die Ersatzmaut oder die gemäß § 30b Abs. 3 vorgeschriebene Geldstrafe nicht gezahlt wurde. Die Autobahnen- und Schnellstraßen-Finanzierungs-Aktiengesellschaft hat für die Nationale Kontaktstelle die Erhebung der Fallzahlen bei den Behörden in anonymisierter Form durchzuführen. Die Behörden haben auf Anfrage die für die Berichterstattung erforderlichen Daten der Autobahnen- und Schnellstraßen-Finanzierungs-Aktiengesellschaft zur Verfügung zu stellen.

(8) Die Autobahnen- und Schnellstraßen-Finanzierungs-Aktiengesellschaft hat die Kosten, die dem Bundesminister für Inneres im Zuge der Umsetzung der Richtlinie (EU) 2019/520 und allfälliger Änderungen dieser Richtlinie entstehen, zu tragen. Die näheren Regelungen sind zwischen dem Bund und der Autobahnen- und Schnellstraßen-Finanzierungs-Aktiengesellschaft zu vereinbaren.

(BGBl I 2021/155)

Grenzüberschreitende Aufforderung zur Zahlung der Ersatzmaut und Verfolgung von Mautprellerei

§ 30b. (1) Die Autobahnen- und Schnellstraßen-Finanzierungs-Aktiengesellschaft ist befugt, dem nach §§ 18 Abs. 2, 19 Abs. 5 und 30a oder nach einer anderen Rechtsgrundlage ermittelten Zulassungsbesitzer eines Fahrzeuges, mit dem Verwaltungsübertretungen gemäß §§ 20 und 32 Abs. 1 zweiter Satz begangen wurden, ein Informationsschreiben gemäß Artikel 24 und 25 der Richtlinie (EU) 2019/520 zu übermitteln. Die von der Autobahnen- und Schnellstraßen-Finanzierungs-Aktiengesellschaft übermittelten Informationsschreiben gelten als Aufforderungen zur Zahlung einer Ersatzmaut gemäß § 19 Abs. 4. Die Autobahnen- und Schnellstraßen-Finanzierungs-Aktiengesellschaft hat den Zulassungsbesitzer darauf hinzuweisen, dass er sich schriftlich zu dem Vorwurf der Verwaltungsübertretung äußern kann, insbesondere Angaben über das höchste zulässige Gesamtgewicht des Fahrzeuges, mit dem die Verwaltungsübertretung begangen wurde, machen kann, und dass er die dazu dienlichen Beweismittel der Äußerung beigeben kann.

(2) Leitet die Behörde auf Grund einer Anzeige der Autobahnen- und Schnellstraßen-Finanzierungs-Aktiengesellschaft ein Verwaltungsstrafverfahren ein, so hat die Behörde dem Zulassungsbesitzer ein Informationsschreiben gemäß Artikel 24 der Richtlinie (EU) 2019/520 zu übermitteln, sofern Name und Anschrift des Lenkers des Fahrzeuges, mit dem die Verwaltungsübertretung gemäß §§ 20 Abs. 1 und 2 und 32 Abs. 1 zweiter Satz begangen wurden, nicht bekannt sind.

(3) Das von der Behörde übermittelte Informationsschreiben gilt als Anonymverfügung gemäß § 49a VStG und § 29 Abs. 3, durch die eine Geldstrafe von 300 € vorzuschreiben ist. Die Behörde kann im Fall von Verwaltungsübertretungen gemäß § 20 Abs. 1 und 2 sowie § 32 Abs. 1 zweiter Satz das Informationsschreiben mit einer Lenkererhebung gemäß § 103 Abs. 2 des Kraftfahrgesetzes 1967 verbinden.

(4) Im Informationsschreiben müssen angegeben sein:

1. die übermittelnde Stelle gemäß Abs. 1 und das Datum der Ausfertigung;

2. die Tat, die als erwiesen angenommen ist, ferner der Ort, das Datum und die Uhrzeit ihrer Begehung;

3. die Verwaltungsstrafbestimmung, durch die die Tat verletzt worden ist;

4. im Falle eines Informationsschreibens der Autobahnen- und Schnellstraßen-Finanzierungs-Aktiengesellschaft die zur Feststellung der Tat verwendete technische Einrichtung;

5. im Falle eines Informationsschreibens der Autobahnen- und Schnellstraßen-Finanzierungs-Aktiengesellschaft die Höhe der zu entrichtenden Ersatzmaut und im Falle eines Informationsschreibens der Behörde die Höhe der mit der Anonymverfügung vorgeschriebenen Geldstrafe sowie die jeweils angewendeten Gesetzesbestimmungen;

6. die Belehrung über die Rechtsfolgen der Zahlung und die Rechtsfolgen einer Nichtzahlung der Ersatzmaut oder der mit einer Anonymverfügung vorgeschriebenen Geldstrafe sowie allenfalls über die Rechtsfolgen der Nichterteilung oder der unrichtigen oder unvollständigen Erteilung einer Auskunft über den Fahrzeuglenker.

(5) Das Informationsschreiben der Autobahnen- und Schnellstraßen-Finanzierungs-Aktiengesellschaft ist in der Sprache der Zulassungsbescheinigung des Fahrzeuges, mit dem die Verwaltungsübertretung begangen wurde, zu verfassen. Das Informationsschreiben der Behörde ist auch in dieser Sprache zu verfassen. Sofern diese Sprache nicht bekannt ist, ist es in einer der Amtssprachen

des EU-Mitgliedstaates, in dem das Fahrzeug zugelassen ist, zu verfassen.

(6) Die Bundesministerin für Klimaschutz, Umwelt, Energie, Mobilität, Innovation und Technologie hat durch Verordnung das Muster für Informationsschreiben der Behörde vorzusehen. Die Autobahnen- und Schnellstraßen-Finanzierungs-Aktiengesellschaft hat in der Mautordnung das Muster für ihre Informationsschreiben vorzusehen. Diese Muster haben dem in Anhang II der Richtlinie (EU) 2019/520 vorgesehenen Muster zu entsprechen.

(7) Die Autobahnen- und Schnellstraßen-Finanzierungs-Aktiengesellschaft hat der Nationalen Kontaktstelle bis zum 28. Februar 2023 und danach jeweils alle drei Jahre die für die Erstellung des Berichtes an die Europäische Kommission gemäß § 30a Abs. 7 erforderlichen Daten mitzuteilen.

(BGBl I 2021/155)

8. Teil
Übergangs- und Schlussbestimmungen

Übergang zur fahrleistungsabhängigen Maut

§ 31. „(1)"** „Die Bundesministerin für Klimaschutz, Umwelt, Energie, Mobilität, Innovation und Technologie"*** hat „ "* den Beginn der Einhebung der fahrleistungsabhängigen Maut durch Verordnung mit einem Monatsersten festzulegen, sobald eine zuverlässige Abwicklung der Bemautung und der Schutz personenbezogener Daten gewährleistet sind. *(*BGBl I 2007/82; **BGBl I 2016/38; ***BGBl I 2021/74)*

(2) Die Einhebung der fahrleistungsabhängigen Maut zur Anlastung der Kosten der verkehrsbedingten Luftverschmutzung und Lärmbelastung beginnt mit 1. Jänner 2017. *(BGBl I 2016/38)*

Straßensonderfinanzierungsgesetze

§ 32. „(1)"* Die Benützung der in § 10 Abs. 2 genannten Mautabschnitte mit einspurigen Kraftfahrzeugen und mit mehrspurigen Kraftfahrzeugen, deren höchstes zulässiges Gesamtgewicht nicht mehr als 3,5 Tonnen beträgt, unterliegt der Bemautung nach den Bestimmungen des Arlberg Schnellstraßen-Finanzierungsgesetzes, BGBl. Nr. 113/1973, des Bundesgesetzes betreffend die Finanzierung der Autobahn Innsbruck-Brenner, BGBl. Nr. 135/1964, des Karawanken-Autobahn-Finanzierungsgesetzes, BGBl. Nr. 442/1978, des Pyhrn-Autobahn-Finanzierungsgesetzes, BGBl. Nr. 479/1971, und des Tauernautobahn-Finanzierungsgesetzes, BGBl. Nr. 115/1969 „(Streckenmaut)"***. „Kraftfahrzeuglenker, die diese Mautabschnitte benützen, ohne das nach den genannten Gesetzen geschuldete Entgelt ordnungs-gemäß zu entrichten, begehen eine Verwaltungsübertretung, die als Mautprellerei im Sinn des § 20 Abs. 1 gilt. Kraftfahrzeuglenker, die durch diese Tat gegen eine auf Grund der Straßenverkehrsordnung 1960, BGBl. Nr. 159, erlassene Fahrverbotsverordnung verstoßen, indem sie die Fahrspur einer Mautstelle benützen, die Kraftfahrzeugen vorbehalten ist, die der fahrleistungsabhängigen Maut unterliegen, sind nur wegen Mautprellerei zu bestrafen."** *(*BGBl I 2007/82; **BGBl I 2016/38; ***BGBl I 2019/45)*

(2) Die näheren Bestimmungen über die Art und Bedingungen der Entrichtung der Maut für die Benützung der in § 10 Abs. 2 genannten Mautabschnitte (Streckenmaut) sind in der Mautordnung zu treffen. Sie müssen die Entrichtung der Maut ohne Verwendung elektronischer Einrichtungen gewährleisten. Die Mautabwicklung kann auch durch Registrierung des Kennzeichens des Fahrzeugs im Mautsystem der Autobahnen- und Schnellstraßen-Finanzierungs-Aktiengesellschaft erfolgen. *(BGBl I 2017/65)*

In-Kraft-Treten

§ 33. (1) Dieses Bundesgesetz tritt am 1. Jänner 2003 in Kraft.

(2) Verordnungen auf Grund dieses Bundesgesetzes können bereits ab dem seiner Kundmachung folgenden Tag erlassen werden. Sie dürfen jedoch nicht vor 1. Jänner 2003 in Kraft treten. Gleiches gilt für die Mautordnung.

(3) Mautaufsichtsorgane können bereits ab dem der Kundmachung dieses Bundesgesetzes folgenden Tag bestellt und vereidigt werden. Sie dürfen jedoch ihre Tätigkeit erst am 1. Jänner 2003 aufnehmen.

(4) §§ 6, 10 Abs. 3 und 15 Abs. 1 Z 14 in der Fassung des Bundesgesetzes BGBl. I Nr. 26/2006 treten mit 1. Juli 2006 in Kraft. *(BGBl I 2006/26)*

(5) § 8 Abs. 4 und § 9 Abs. 4 letzter Satz in der Fassung des Bundesgesetzes BGBl. I Nr. 82/2007 treten mit 1. Mai 2008 in Kraft. *(BGBl I 2007/82)*

(6) Die Bestimmungen des § 19 Abs. 1, des § 19 Abs. 4 letzter Satz, des § 20 Abs. 1 und 2 und des § 21 in der Fassung des Bundesgesetzes BGBl. I Nr. 82/2007 sind auf Verwaltungsübertretungen anzuwenden, die nach ihrem In-Kraft-Treten begangen werden. *(BGBl I 2007/82)*

(7) § 19 Abs. 2 erster Satz, Abs. 4 und 5, § 20 Abs. 3 bis 5, § 21, § 24, § 25 Abs. 1, § 27, § 28 Abs. 1 und § 29 Abs. 2 in der Fassung des Bundesgesetzes BGBl. I Nr. 99/2013 treten mit 1. Juli 2013 in Kraft. *(BGBl I 2013/99)*

(8) § 7 Abs. 4, § 8c Abs. 8, § 9, § 11 Abs. 2 und 3, § 12 Abs. 2, § 13 Abs. 2, § 15 Abs. 1 Z 8 und Abs. 2 Z 4, § 27 Abs. 2 Z 2 und Abs. 3, § 31, § 32 Abs. 2, § 35 Abs. 3, § 37 und § 38 Z 2 in der Fassung des Bundesgesetzes BGBl. I Nr. 38/2016 treten mit Ablauf des Tages der

Kundmachung im Bundesgesetzblatt in Kraft; gleichzeitig treten § 5 Abs. 3 und § 11 Abs. 6 außer Kraft. § 32 Abs. 1 in der Fassung des genannten Bundesgesetzes tritt mit 1. Jänner 2017 in Kraft. *(BGBl I 2016/38)*

(9) §§ 11 Abs. 1, 3 bis 7, 13 Abs. 2, 15 Abs. 1 Z 9, 10, 17 bis 19, 15 Abs. 2 Z 5 bis 10, 16a, 16b, 18 Abs. 2, 19a, 29 Abs. 1 und 3, 30, 32, die Inhaltsverzeichnisänderungen und die Überschrift des 4. Teils in der Fassung des Bundesgesetzes BGBl. I Nr. 65/2017 treten mit Ablauf des Tages ihrer Kundmachung in Kraft, zugleich tritt § 22 samt Überschrift außer Kraft. Ab diesem Zeitpunkt sind die für die Einführung der digitalen Vignette und für die Inbetriebnahme der Vignettenevidenz erforderlichen Vorbereitungsmaßnahmen zu treffen. Der Bundesminister für Verkehr, Innovation und Technologie bestimmt durch Verordnung den Tag, an dem die digitale Vignette spätestens verfügbar sein muss, sowie die Tage, an denen sie als Jahres-, Zweimonats- und Zehntagesvignette frühestens gültig sein darf. Mit Verfügbarkeit der digitalen Vignette muss auch die Mautordnung die näheren Bestimmungen über die digitale Vignette und über die Vignettenevidenz enthalten. *(BGBl I 2017/65)*

(10) Das Inhaltsverzeichnis, § 8c Abs. 6, die Überschrift des 4. Teils, § 16a samt Überschrift und § 19a Abs. 2 in der Fassung des 2. Materien-Datenschutz-Anpassungsgesetzes, BGBl. I Nr. 37/2018, treten mit 25. Mai 2018 in Kraft. *(BGBl I 2018/37)*

(11) §§ 13 Abs. 2 bis 10, 15 Abs. 1 Z 11 und 17, 30 Abs. 3 und 38 Z 1 und 2 in der Fassung des Bundesgesetzes BGBl. I Nr. 62/2018 treten mit Ablauf des Tages ihrer Kundmachung in Kraft. § 16a Abs. 4 in der Fassung des Bundesgesetzes BGBl. I Nr. 62/2018 tritt mit dem Tag des Inkrafttretens des § 4 Abs. 3 Z 9 Versicherungssteuergesetz 1953 in der Fassung des Bundesgesetzes BGBl. I Nr. 62/2018 außer Kraft. *(BGBl I 2018/62)*

(12) § 9 Abs. 5, 7 und 11, § 11 Abs. 5, § 15 Abs. 1 Z 9 und 15, § 15 Abs. 2 Z 4, § 16a Abs. 2 und 3, § 17 Abs. 2, § 19 Abs. 2 bis 5, § 19a Abs. 3 und 4, § 20 Abs. 4 und 6, § 24 Abs. 1, § 27 Abs. 1, § 29 Abs. 2 bis 4 und § 32 Abs. 1 in der Fassung des Bundesgesetzes BGBl. I Nr. 45/2019 treten mit Ablauf des Tages ihrer Kundmachung in Kraft; gleichzeitig tritt § 9 Abs. 10 außer Kraft. Die Bestimmung des § 10 Abs. 3 letzter Satz in der Fassung des Bundesgesetzes BGBl. I Nr. 45/2019 tritt mit 1. Dezember 2019 in Kraft und ist anwendbar auf die Entrichtung des Preises für Jahresvignetten, die ab dem Jahr 2020 zur Straßenbenützung berechtigen, und des Preises für Zweimonats- und Zehntagesvignetten, die ab dem 1. Dezember 2019 zur Straßenbenützung berechtigen. *(BGBl I 2019/45)*

(13) § 13 Abs. 1a Z 1, 3 und 4, § 13 Abs. 1b, § 15 Abs. 1 Z 3 und § 38 Z 1 in der Fassung des Bundesgesetzes BGBl. I Nr. 107/2019 treten mit 15. Dezember 2019 in Kraft. Die Bundesministerin oder der Bundesminister hat die Auswirkungen der Mautbefreiungen durch § 13 Abs. 1a und 1b in Zusammenarbeit mit der ASFINAG und den Bundesländern zu evaluieren und dem Nationalrat spätestens im Februar 2021 einen Bericht über das Ergebnis der Evaluierung vorzulegen. *(BGBl I 2019/107)*

(14) § 13 Abs. 1a Z 2 in der Fassung des Bundesgesetzes BGBl. I Nr. 107/2019 tritt mit dem Tag der jeweiligen Verkehrsfreigabe der Bypassbrücke in Kraft und nach Ablauf des Tages der Verkehrsfreigabe der Neuen Donaubrücke Linz außer Kraft. *(BGBl I 2019/107)*

(15) § 13 Abs. 1a Z 5 in der Fassung des Bundesgesetzes BGBl. I Nr. 107/2019 tritt mit 15. Dezember 2019 in Kraft und nach Ablauf des Tages der Verkehrsfreigabe des Anschlusses der A 26 Linzer Autobahn an die A 7 Mühlkreis Autobahn Knoten Linz/Hummelhof außer Kraft. *(BGBl I 2019/107)*

(16) § 1 Abs. 2, § 8a Abs. 1, § 8b, § 8c Abs. 8, § 9 Abs. 2, 5, 6 und 13, § 12 Abs. 1 und 3, § 13 Abs. 1, 1b, 9 und 10, § 14 Abs. 2, § 31 Abs. 1, § 38 Z 1, 2, 3 und 6 und § 36 in der Fassung des Bundesgesetzes BGBl. I Nr. 74/2021 treten mit Ablauf des Tages ihrer Kundmachung in Kraft. *(BGBl I 2021/74)*

(17) Das Inhaltsverzeichnis hinsichtlich der §§ 26a und 30 betreffenden Zeilen, § 13 Abs. 3, 4, 6, 8 und 9, § 15 Abs. 1 Z 18, § 16a Abs. 2 Z 5, § 16a Abs. 3 Z 4, § 19a Abs. 2, § 19a Abs. 4, § 20 Abs. 3, § 26a und § 30 Abs. 1 bis 3 in der Fassung des Bundesgesetzes BGBl. I Nr. 155/2021 treten mit Ablauf des Tages ihrer Kundmachung in Kraft. Das Inhaltsverzeichnis hinsichtlich der § 8a, 8d, 30a und 30b betreffenden Zeilen, § 7 Abs. 3 bis 5, § 8a, § 8b, § 8c Abs. 1 und 7, § 8d, § 15 Abs. 1 Z 5, § 16a Abs. 2 Z 7, § 16a Abs. 3 Z 6, § 16a Abs. 4, § 19a Abs. 3, § 24 Abs. 2, § 29 Abs. 2 bis 5, § 30a, § 30b, § 35 Abs. 4 bis 6, § 37 und § 38 Z 6 und 7 in der Fassung des Bundesgesetzes BGBl. I Nr. 155/2021 treten mit Oktober 2021 in Kraft. § 26a ist auf Strafverfahren über Verwaltungsübertretungen gemäß §§ 20, 21 Z 3 und 32 Abs. 1 zweiter Satz anzuwenden, die nach Ablauf des Tages der Kundmachung des Bundesgesetzes BGBl. I Nr. 155/2021 begangen werden. § 29 Abs. 3 ist auf Verwaltungsübertretungen gemäß §§ 20, 21 Z 3 und 32 Abs. 1 zweiter Satz anzuwenden, die ab 19. Oktober 2021 begangen werden. Die in §§ 30a und 30b vorgesehenen Regelungen über den Abruf von Zulassungsdaten und über die Übermittlung von Informationsschreiben sind auf Verwaltungsübertretungen gemäß §§ 20 und 32 Abs. 1 zweiter Satz anzuwenden, die ab dem 19. Oktober 2021 began-

gen werden. Eine Verordnung gemäß § 30b Abs. 6 kann ab dem auf die Kundmachung des Bundesgesetzes BGBl. I Nr. 155/2021 folgenden Tag erlassen werden; sie darf jedoch nicht vor dem 19. Oktober 2021 in Kraft treten. *(BGBl I 2021/155)*

Außer-Kraft-Treten

§ 34. (1) Mit In-Kraft-Treten dieses Bundesgesetzes tritt das Bundesstraßenfinanzierungsgesetz 1996, BGBl. Nr. 201/1996, zuletzt geändert durch BGBl. I Nr. 50/2002, außer Kraft.

(2) Die Mautstreckenverordnung, BGBl. Nr. 615/1996, ist außer Kraft getreten.

Verweisungen

§ 35. (1) Soweit in diesem Bundesgesetz auf Bestimmungen anderer Bundesgesetze verwiesen wird, sind diese in der jeweils geltenden Fassung anzuwenden.

(2) Wenn in Rechtsvorschriften des Bundes auf das Bundesstraßenfinanzierungsgesetz 1996 verwiesen wird, treten die entsprechenden Bestimmungen dieses Bundesgesetzes an seine Stelle.

(3) Soweit in diesem Bundesgesetz auf die Richtlinie 1999/62/EG verwiesen wird, ist dies ein Verweis auf die Richtlinie 1999/62/EG über die Erhebung von Gebühren für die Benutzung bestimmter Verkehrswege durch schwere Nutzfahrzeuge, ABl. Nr. L 187 vom 20.07.1999 S. 42, „in der Fassung der Richtlinie 2013/22/EU, ABl. Nr. L 158 vom 10.06.2013 S. 356". *(BGBl I 2013/99; BGBl I 2016/38)*

(4) Soweit in diesem Bundesgesetz auf die Richtlinie (EU) 2019/520 verwiesen wird, ist dies ein Verweis auf die Richtlinie (EU) 2019/520 über die Interoperabilität elektronischer Mautsysteme und die Erleichterung des grenzüberschreitenden Informationsaustauschs über die Nichtzahlung von Straßenbenützungsgebühren in der Union, ABl. Nr. L 91 vom 29.03.2019 S. 45, und auf gemäß dieser Richtlinie von der Europäischen Kommission erlassene Durchführungsakte und delegierte Rechtsakte. *(BGBl I 2021/155)*

(5) Soweit in diesem Bundesgesetz auf die DSGVO verwiesen wird, ist dies ein Verweis auf die Verordnung (EU) 2016/679 zum Schutz natürlicher Personen bei der Verarbeitung personenbezogener Daten, zum freien Datenverkehr und zur Aufhebung der Richtlinie 95/46/EG (Datenschutz-Grundverordnung), ABl. Nr. L 119 vom 04.05.2016 S. 1. *(BGBl I 2021/155)*

(6) Soweit in diesem Bundesgesetz auf die Verordnung (EG) 765/2008 verwiesen wird, ist dies ein Verweis auf die Verordnung (EG) 765/2008 über die Vorschriften für die Akkreditierung und zur Aufhebung der Verordnung (EWG) Nr. 339/93, ABl. Nr. L 218 vom 13.08.2008 S. 30, in der Fassung der Verordnung (EU) 2019/1020, ABl. Nr. L 169 vom 25.06.2019 S. 1. *(BGBl I 2021/155)*

Sprachliche Gleichbehandlung

§ 36. „Soweit in diesem Bundesgesetz personenbezogene Bezeichnungen angeführt sind, beziehen sie sich auf Frauen und Männer in gleicher Weise." Bei der Anwendung auf bestimmte Personen ist die jeweils geschlechtsspezifische Form zu verwenden. *(BGBl I 2021/74)*

Umsetzung von Unionsrecht

§ 37. Mit diesem Bundesgesetz werden die Richtlinie 1999/62/EG über die Erhebung von Gebühren für die Benutzung bestimmter Verkehrswege durch schwere Nutzfahrzeuge, ABl. Nr. L 187 vom 20.07.1999 S. 42, in der Fassung der Richtlinie 2013/22/EU ABl. Nr. L 158 vom 10.06.2013 S. 356 und die Richtlinie (EU) 2019/520 über die Interoperabilität elektronischer Mautsysteme und die Erleichterung des grenzüberschreitenden Informationsaustauschs über die Nichtzahlung von Straßenbenützungsgebühren in der Union, ABl. Nr. L 91 vom 29.03.2019 S. 45 umgesetzt.

(BGBl I 2021/155)

Vollziehung

§ 38. Mit der Vollziehung dieses Bundesgesetzes ist betraut:

1. hinsichtlich des § 1 Abs. 2, der „§§ 9 bis 12"*, des „§ 13 Abs. 1, 1b und 10"***, der §§ 14, 15, 19 und des § 32 „die Bundesministerin für Klimaschutz, Umwelt, Energie, Mobilität, Innovation und Technologie"*** im Einvernehmen mit dem Bundesminister für Finanzen; *(*BGBl I 2017/65; **BGBl I 2019/107; ***BGBl I 2021/74)*

2. hinsichtlich des § 13 Abs. 2 erster und zweiter Satz der Bundesminister für „Soziales, Gesundheit, Pflege und Konsumentenschutz" im Einvernehmen mit „der Bundesministerin für Klimaschutz, Umwelt, Energie, Mobilität, Innovation und Technologie"; *(BGBl I 2018/62; BGBl I 2021/74)*

3. hinsichtlich des § 29 Abs. 1 und 2 der Bundesminister für Inneres im Einvernehmen mit „der Bundesministerin für Klimaschutz, Umwelt, Energie, Mobilität, Innovation und Technologie"; *(BGBl I 2021/74)*

4. hinsichtlich des § 29 Abs. 3 der Bundesminister für Finanzen;

5. hinsichtlich des „§ 30 Abs. 1 bis 3" der Bundesminister für Inneres; *(BGBl I 2017/65)*

6. hinsichtlich des § 30a Abs. 8 die Bundesministerin für Klimaschutz, Umwelt, Energie, Mo-

bilität, Innovation und Technologie im Einvernehmen mit dem Bundesminister für Inneres; *(BGBl I 2021/155)*

7. im Übrigen die Bundesministerin für Klimaschutz, Umwelt, Energie, Mobilität, Innovation und Technologie. *(BGBl I 2021/155)*

(BGBl I 2006/26)

9/5b. Maut

Beginn der Einhebung der fahrleistungsabhängigen Maut

BGBl II 2003/268

568. Verordnung des Bundesministers für Verkehr, Innovation und Technologie betreffend den Beginn der Einhebung der fahrleistungsabhängigen Maut

Auf Grund des § 31 Abs. 1 des Bundesstraßen-Mautgesetzes 2002 – BSTMG, BGBl. I Nr. 109, wird verordnet:

Der Beginn der Einhebung der fahrleistungsabhängigen Maut wird mt 1. Jänner 2004 festgelegt.

10. TTG 2007
Inhaltsverzeichnis

Tiertransportrecht

10/1. **Tiertransportgesetz 2007 – TTG 2007,** BGBl I 2007/54 idF BGBl I 2018/37 BGBl I 2022/130

10/2. **Tiertransport-Ausbildungsverordnung (TT-AusbVO),** BGBl II 2008/92 idF BGBl II 2012/451

Tiertransportgesetz 2007 – TTG 2007

BGBl I 2007/54 idF

1 BGBl I 2018/37

2 BGBl I 2022/130

Bundesgesetz über den Transport von Tieren und damit zusammenhängenden Vorgängen (Tiertransportgesetz 2007 – TTG 2007)

Inhaltsverzeichnis

1. Abschnitt – Allgemeine Bestimmungen

- § 1 Ziel- und Geltungsbereich
- § 2 Begriffsbestimmungen
- § 2a „Vollziehung von Verordnungen der Europäischen Union" *(BGBl I 2022/130)*
- § 3 Vollzug

2. Abschnitt – Überwachung, Kontroll- und Krisenpläne

- § 4 Kontrollorgane
- § 5 Überwachung und Duldungspflicht
- § 6 Kontrollpläne
- § 7 Berichtspflichten
- § 8 Kontaktstelle
- § 9 Krisenpläne

3. Abschnitt – Zulassungen und Befähigungsnachweise

- § 10 Zulassung von Transportunternehmern
- § 11 Zulassung von Transportunternehmern und Transportmitteln für lange Beförderungen
- § 12 Ausbildung und Ausstellung von Befähigungsnachweisen für Personen, die beim Transport mit Tieren umgehen
- § 13 Zulassung von Schiffen zum Tiertransport

4. Abschnitt – Besondere Bestimmungen

- § 14 Besondere Bestimmungen für Transporte gemäß § 1 Abs. 2 Z 3
- § 15 Tierseuchenrechtliche Mindestanforderungen
- § 16 Zusätzliche Bestimmungen für Transporte mit Luftfahrzeugen
- § 17 Zusätzliche Bestimmungen für Transporte mit Schienenfahrzeugen
- § 18 Höchstdauer für innerstaatliche Beförderungen
- § 19 Ausnahmen betreffend die Durchführungen von Beförderungen über acht Stunden
- § 20 Vorübergehendes Beförderungsverbot
- § 20a „Besondere Regelungen für Transporte bestimmter Tiere zu wirtschaftlichen Zwecken" *(BGBl I 2022/130)*
- § 20b „Verordnungsermächtigung" *(BGBl I 2022/130)*

5. Abschnitt Straf-, Schluss- und Übergangsbestimmungen

- § 21 Strafbestimmungen
- § 22 Widmung von Strafgeldern
- § 22a „Verarbeitung personenbezogener Daten" *(BGBl I 2018/37)*
- § 23 Verweisungen und personenbezogene Bezeichnungen
- § 24 In-Kraft-Treten und Übergangsbestimmungen
- § 25 Vollziehungsklausel

1. Abschnitt

Allgemeine Bestimmungen

Ziel und Geltungsbereich

§ 1. (1) Ziel dieses Bundesgesetzes sind der Schutz von Tieren beim Transport durch Kraftfahrzeug und Anhänger (in der Folge: Straßentransportmittel), Luftfahrzeug, Schienenfahrzeug oder Schiff in Verbindung mit einer wirtschaftlichen Tätigkeit sowie die Festlegung der dabei einzuhaltenden Mindestanforderungen zur Verhinderung der Verschleppung von Tierseuchen.

(2) In diesem Bundesgesetz geregelt werden

1. Bestimmungen zur Durchführung der Verordnung (EG) Nr. 1/2005 über den Schutz von Tieren beim Transport und damit zusammenhängenden Vorgängen sowie zur Änderung der Richtlinien 64/432/EWG und 93/119/EG und der Verordnung (EG) Nr. 1255/97, ABl. L 3 vom 5.1.2005 S. 1;

2. der Transport von Tieren, soweit dieser gemäß Art. 1 Abs. 2 lit. a und b von einzelnen Bestimmungen der Verordnung (EG) Nr. 1/2005 ausgenommen ist;

3. nähere Bestimmungen für den Transport von Tieren gemäß Art. 30 Abs. 8 der Verordnung

(EG) Nr. 1/2005 sowie für den Transport von Kopffüßern und Zehnfußkrebsen, soweit dieser in Verbindung mit einer wirtschaftlichen Tätigkeit durchgeführt wird;

4. zusätzliche tierseuchenrechtliche Bestimmungen, die beim Transport von Tieren einzuhalten sind.

Begriffsbestimmungen

§ 2. (1) Die Begriffsbestimmungen der Verordnung (EG) Nr. 1/2005 gelten als Begriffsbestimmungen im Sinne dieses Bundesgesetzes.

(2) Auftraggeber im Sinne dieses Bundesgesetzes ist jede juristische oder natürliche Person, welche einen Tiertransport bei der zuständigen Behörde am Versandort zur Abfertigung vorstellt (Versender), unabhängig davon, ob es sich hierbei um den Tierhalter, Organisator, Transportunternehmer oder sonstigen Verfügungsberechtigten handelt.

(BGBl I 2022/130)

Vollziehung von Verordnungen der Europäischen Union

§ 2a. (1) Die in der **Anlage 1** genannten unmittelbar anwendbaren Rechtsakte der Europäischen Union sind samt Änderungsrechtsakten, delegierten Rechtsakten und Durchführungsrechtsakten im Rahmen dieses Bundesgesetzes zu vollziehen.

(2) Der Bundesminister für Soziales, Gesundheit, Pflege und Konsumentenschutz hat durch Verordnung die Anlage 1 zu aktualisieren.

(3) Der Bundesminister für Soziales, Gesundheit, Pflege und Konsumentenschutz kann unter Bedachtnahme auf die Zielsetzung dieses Bundesgesetzes durch Verordnung nähere Vorschriften zur Durchführung der in der **Anlage 1** genannten unmittelbar anwendbaren Rechtsakte der Europäischen Union samt Änderungsrechtsakten, delegierten Rechtsakten und Durchführungsrechtsakten in sinngemäßer Anwendung des § 20b erlassen.

(4) Die in diesem Bundesgesetz und auf Grundlage dieses Bundesgesetzes erlassenen Verordnungen enthaltenen Verweise auf die durch Art. 154 Abs. 2 der Verordnung (EU) 2017/625 aufgehobenen Bestimmungen gelten als Verweis auf die Verordnung (EU) 2017/625.

(BGBl I 2022/130)

Vollzug

§ 3. (1) Die Vollziehung dieses Bundesgesetzes sowie der unmittelbar anwendbaren Bestimmungen der Verordnung (EG) Nr. 1/2005 obliegt, sofern im Folgenden nichts anderes bestimmt wird, in erster Instanz der Bezirksverwaltungsbehörde.

(2) Die Vollziehung dieses Bundesgesetzes an veterinärbehördlich zugelassenen Grenzkontrollstellen obliegt dem Bundesminister für Gesundheit, Familie und Jugend.

2. Abschnitt
Überwachung, Kontroll- und Krisenpläne

Kontrollorgane

§ 4. (1) Die Behörde hat sich zur Kontrolle der Einhaltung der Bestimmungen der Verordnung (EG) Nr. 1/2005 und dieses Bundesgesetzes sowie darauf beruhender Verordnungen besonders geschulter Organe zu bedienen. Als besonders geschult gelten:

1. Tierärzte mit Physikatsprüfung und

2. Personen, die eine durch Verordnung gemäß Abs. 2 festgelegte Ausbildung absolviert haben.

Diese Kontrollorgane sind als Tiertransportinspektoren zu bezeichnen.

(2) Der Bundesminister für Gesundheit, Familie und Jugend hat, in Hinblick auf Art. 16 der Verordnung (EG) Nr. 1/2005 im Einvernehmen mit dem Bundesminister für Verkehr, Innovation und Technologie durch Verordnung nähere Bestimmungen über Ausbildung und Kenntnisse der Tiertransportinspektoren erlassen.

(3) Die Tiertransportinspektoren, die Amtstierärzte, die amtlichen Tierärzte im Sinne veterinärrechtlicher Bestimmungen insbesondere, die amtlichen Tierärzte im Sinne des Lebensmittelsicherheits- und Verbraucherschutzgesetzes, die die Schlachttieruntersuchung durchführen, die Organe der Straßenaufsicht, soweit sie keine Organe des öffentlichen Sicherheitsdienstes sind, und die Zollorgane in Wahrnehmung der ihnen sonst obliegenden Aufgaben haben bei der Vollziehung dieses Bundesgesetzes und der auf dessen Grundlage erlassenen Verordnungen mitzuwirken, insbesondere durch

1. Vorbeugungsmaßnahmen gegen drohende Verwaltungsübertretungen,

2. Maßnahmen, die für die Einleitung von Verwaltungsstrafverfahren erforderlich sind,

3. Anordnungen und Maßnahmen gemäß § 5 Abs. 3 dieses Bundesgesetzes sowie Art. 9 Abs. 2 lit. d sowie Art. 23 der Verordnung (EG) Nr. 1/2005,

4. Kontrollen von Transportmitteln und Tieren an Versandorten, an Ausgangsorten, auf Sammelstellen, an Kontrollstellen, an Ruhe- und Umladeorten und

5. Kontrollen von Transportmitteln und Tieren während des Transports auf der Straße,

6. Kontrollen von Transportmitteln und Tieren bei der Ankunft am Bestimmungsort,

7. Kontrollen der Angaben auf den Begleitdokumenten und sonstiger mit dem Transport zusammenhängender Dokumente.

Sie unterstehen dabei in fachlicher Hinsicht der jeweils gemäß § 3 zuständigen Behörde.

(4) Die Organe des öffentlichen Sicherheitsdienstes, soweit sie Straßenaufsichtsorgane sind, haben bei der Wahrnehmung der ihnen sonst obliegenden Aufgaben an der Vollziehung des § 21 Abs. 1 Z 1, 2, 6, 7, 8 erster Halbsatz, 10, 14 erster Halbsatz, 15 und 26, soweit es sich um einen Transport auf der Straße handelt

1. im Umfang des Abs. 3 Z 1, 2 und 7 mitzuwirken und

2. Anordnungen und Maßnahmen, wie etwa die Verhinderung der Fortsetzung der Beförderung durch Abnahme der Fahrzeugschlüssel, Absperren des Fahrzeuges, Anlegen von technischen Sperren oder die Anordnung der Weiterfahrt unter Begleitung durch Organe des öffentlichen Sicherheitsdienstes zu treffen, um das unverzügliche Einschreiten der Behörde oder eines Tiertransportinspektors zu gewährleisten.

Sie unterstehen dabei in fachlicher Hinsicht der jeweils gemäß § 3 zuständigen Behörde.

(5) Außerdem haben die Organe des öffentlichen Sicherheitsdienstes der gemäß § 3 Abs. 1 dieses Bundesgesetzes zuständigen Behörde über deren Ersuchen zur Sicherung der Ausübung der Befugnisse im Rahmen ihres gesetzmäßigen Wirkungsbereiches Hilfe zu leisten.

Überwachung und Duldungspflicht

§ 5. (1) Die zuständige Behörde und die in § 4 Abs. 1 und 3 genannten Organe sind berechtigt, jederzeit an Ort und Stelle zu überprüfen, ob ein Tiertransport den Bestimmungen der Verordnung (EG) Nr. 1/2005 sowie den Bestimmungen dieses Bundesgesetzes und auf Grundlage dessen erlassener Verordnungen entspricht.

(2) Personen, die Tiere transportieren oder Tiertransporte veranlassen oder organisieren haben den Anordnungen der Kontrollorgane unverzüglich Folge zu leisten. Sie haben insbesondere,

1. Kontrollen gemäß § 4 und 6 zu dulden,

2. die Kontrollorgane in Ausübung der diesen obliegenden Aufgaben bestmöglich zu unterstützen,

3. die Kontrolle des Transportmittels und Einsichtnahme in die für die Kontrolle maßgeblichen Unterlagen zu ermöglichen und

4. auf Verlangen den Kontrollorganen die erforderlichen Auskünfte zu erteilen.

(3) Stellt die Behörde fest, dass Gefahr für Leben, Gesundheit oder das Wohlbefinden der transportierten Tiere droht, weil Vorschriften der Verordnung (EG) Nr. 1/2005 nicht eingehalten werden oder eingehalten worden sind, so hat sie, unabhängig von der Einleitung eines Strafverfahrens, der für den Transport verantwortlichen Person die erforderlichen Maßnahmen gemäß Art. 23 der Verordnung (EG) Nr. 1/2005 innerhalb einer angemessenen Frist aufzutragen; kommt der Verpflichtete innerhalb der gesetzten Frist der Aufforderung nicht oder nicht ausreichend nach, oder liegt Gefahr im Verzug vor, so hat die Behörde die Maßnahmen gemäß Art. 23 der Verordnung (EG) Nr. 1/2005 unmittelbar anzuordnen und gegen Ersatz der Kosten durch den Transportunternehmer unverzüglich durchführen zu lassen.

(4) Werden die Kosten gemäß Abs. 3 nicht ohne weiteres vom Verpflichteten bezahlt, so hat die Behörde ihm den Kostenersatz mit Bescheid vorzuschreiben.

(5) Eine Mitteilung über die festgestellten Mängel und die angeordneten Maßnahmen ist der Behörde entsprechend Art. 26 Abs. 2 der Verordnung (EG) Nr. 1/2005

1. bei innerösterreichischen Transporten der Behörde, die den Zulassungsnachweis für den Transportunternehmer oder das Transportmittel oder den Befähigungsnachweis ausgestellt hat,

2. in allen anderen Fällen der Kontaktstelle gemäß § 8

schriftlich zu übermitteln. Die Behörde gemäß Z 1 und die Kontaktstelle haben derartige Meldungen mindestens fünf Jahre aufzubewahren.

(6) Wer als Auftraggeber einen Langstreckentransport in Drittstaaten von Österreich aus durchführen lässt, hat dafür zu sorgen, dass die für Retrospektivkontrollen notwendigen Daten gemäß Art. 6 Abs. 9 und Art. 15 Abs. 4 der Verordnung (EG) Nr. 1/2005 und Aufzeichnungen gemäß Art. 5 Abs. 4, Art. 8 Abs. 2, Art. 14 Abs. 1 lit. a) und c) sowie Art. 21 Abs. 2 der Verordnung (EG) Nr. 1/2005 nach Abschluss des Transportes innerhalb eines Monats der zuständigen Behörde am Versandort übermittelt werden. Werden diese Daten und Aufzeichnungen nicht innerhalb der oben genannten Frist beigebracht, sind weitere Transporte für diesen Auftraggeber erst nach Vorlage der genannten Daten abzufertigen. *(BGBl I 2022/130)*

Kontrollpläne

§ 6. (1) Der Bundesminister für Gesundheit, Familie und Jugend erstellt jährlich nach Anhörung des Tierschutzrates und mit Bezugnahme auf allfällige Stellungnahmen des Tierschutzrates für das gesamte Bundesgebiet einen Kontrollplan für stichprobenartige Kontrollen von Tiertransporten.

(2) Für die Durchführung des Kontrollplanes gemäß Abs. 1 ist der Landeshauptmann zuständig.

Berichtspflichten

§ 7. Der Landeshauptmann hat dem Bundesminister für Gesundheit, Familie und Jugend bis zum 31. Jänner des jeweiligen Folgejahres einen Bericht vorzulegen, in dem aufgegliedert nach Tierarten die Anzahl aller während des vorhergehenden Kalenderjahres durchgeführten Kontrollen, die festgestellten Zuwiderhandlungen und die von der zuständigen Behörde daraufhin getroffenen Maßnahmen angegeben sind. Der Bundesminister für Gesundheit, Familie und Jugend legt der Kommission der Europäischen Gemeinschaften einen Gesamtbericht vor und veranlasst dessen Veröffentlichung. Diese Berichte sind in den Tierschutzbericht gemäß § 42 Abs. 10 TSchG einzuarbeiten.

Kontaktstelle

§ 8. Kontaktstelle gemäß Art. 24 Abs. 2 der Verordnung (EG) Nr. 1/2005 ist das Bundesministerium für Soziales, Gesundheit, Pflege und Konsumentenschutz. Sie ist zuständige Stelle für die Weiterleitung und Entgegennahme von Mitteilungen über Verstöße gegen die Bestimmungen der Verordnung (EG) Nr. 1/2005 gegenüber anderen Mitgliedstaaten. Das Bundesministerium für Soziales, Gesundheit, Pflege und Konsumentenschutz kann sich zur Erfüllung seiner Aufgaben als Kontaktstelle der Fachstelle für tiergerechte Tierhaltung und Tierschutz bedienen.

(BGBl I 2022/130)

Krisenpläne

§ 9. Der Landeshauptmann hat bis zum 31. Dezember 2007 dem Bundesminister für Gesundheit, Familie und Jugend Krisenpläne vorzulegen, durch die nachgewiesen wird, dass in behördlich angeordneten Fällen so schnell wie möglich Maßnahmen zum Schutz der Tiere getroffen werden können, insbesondere dass entsprechende Einrichtungen für die Versorgung und Betreuung der Tiere (Notversorgungsstellen) zur Verfügung stehen. Wenn Änderungen eintreten, sind diese vom Landeshauptmann dem Bundesminister für Gesundheit, Familie und Jugend mitzuteilen.

3. Abschnitt
Zulassungen und Befähigungsnachweise

Zulassung von Transportunternehmern

§ 10. (1) Transportunternehmer, die einer Zulassung gemäß Art. 10 der Verordnung (EG) Nr. 1/2005 bedürfen, ist bei Vorliegen der Voraussetzungen eine Zulassung gemäß Anhang III Kapitel I der Verordnung (EG) Nr. 1/2005 zu erteilen. Für alle Betriebe, die bereits mit einer Identifikationsnummer im Veterinärinformationssystem (VIS) erfasst sind, ist diese als Zulassungsnummer zu verwenden. Für alle anderen Transportunternehmer ist die Geschäftszahl der Zulassung als Zulassungsnummer einzutragen.

(2) Eine Verlängerung der Zulassung um jeweils weitere fünf Jahr ist zu erteilen, wenn der Transportunternehmer spätestens drei Monate und längstens sechs Monate vor Ablauf der Zulassung eine entsprechende Meldung an die zuständigen Behörde erstattet, vorausgesetzt, dass die für die Zulassung maßgeblichen Voraussetzungen weiterhin vorliegen und keine Umstände eingetreten sind, die eine Verlängerung ausschließen würden.

(3) Wird auf Grund von Kontrollen oder Meldungen gemäß § 5 Abs. 5 festgestellt, dass die Zulassungsvoraussetzungen nicht mehr vorliegen und werden etwaigen Mängel oder Missstände nicht innerhalb der von der Behörde festgelegten, angemessenen Frist behoben, so ist die Zulassung bis zur Herstellung des gesetzmäßigen Zustandes, oder wenn dies nicht möglich ist, dauernd zu entziehen. In den Fällen des Entzuges hat der Transportunternehmer den Zulassungsnachweis der Behörde unverzüglich abzuliefern. Wird der Zulassungsnachweis nicht abgeliefert, ist er zwangsweise einzuziehen.

(4) Zulassungen gemäß Art. 10 der Verordnung (EG) Nr. 1/2005 sind von der Bezirksverwaltungsbehörde so zu erfassen und evident zu halten, dass dem Art. 13 Abs. 3 der Verordnung (EG) Nr. 1/2005 entsprochen wird.

Zulassung von Transportunternehmern und Transportmitteln für lange Beförderungen

§ 11. (1) Transportunternehmer, die einer Zulassung gemäß Art. 11 der Verordnung (EG) Nr. 1/2005 bedürfen, ist bei Vorliegen der Voraussetzungen eine Zulassung gemäß Anhang III Kapitel II der Verordnung (EG) Nr. 1/2005 zu erteilen. Hinsichtlich der Zulassungsnummern ist im Sinne des § 10 Abs. 1 Satz 2 und Satz 3 zu verfahren. Hinsichtlich einer Verlängerung gilt § 10 Abs 2, hinsichtlich des Entzuges § 10 Abs. 3.

(2) Für Zulassungen von Straßentransportmitteln gemäß Art. 18 der Verordnung (EG) Nr. 1/2005 können erforderliche Sachverständige, insbesondere ein Sachverständiger gemäß § 125 des Kraftfahrgesetzes 1967, BGBl. Nr. 267 und ein Veterinärsachverständiger beigezogen werden. Hinsichtlich des Entzuges der Zulassung gilt § 10 Abs. 3 sinngemäß.

(3) Zulassungen nach Abs. 1 sind von der Bezirksverwaltungsbehörde so zu erfassen und evident zu halten, dass dem Art. 13 Abs. 3 der Verordnung (EG) Nr. 1/2005 entsprochen wird. Zulassungen gemäß Abs. 1 und 2 sowie deren Ver-

längerung oder Entzug sind vom Landeshauptmann dem Bundesminister für Gesundheit, Familie und Jugend zu melden und von diesem auf der Homepage des Bundesministeriums für Gesundheit, Familie und Jugend unentgeltlich zu veröffentlichen.

Ausbildung und Ausstellung von Befähigungsnachweisen für Personen, die beim Transport mit Tieren umgehen

§ 12. (1) Die Durchführung von Lehrgängen gemäß Art. 17 Abs. 1 der Verordnung (EG) Nr. 1/2005 hat durch eine Wirtschaftskammer oder durch eine Landes-Landwirtschafts- bzw. Landarbeiterkammer oder durch ein Fortbildungsinstitut einer dieser Einrichtungen oder das Arbeitsmarktservice zu erfolgen.

(2) Der Bundesminister für Gesundheit, Familie und Jugend hat nach Anhörung des Tierschutzrates und in Bezugnahme auf allfällige Stellungnahmen des Tierschutzrates durch Verordnung die näheren Bestimmungen hinsichtlich eines Lehrganges gemäß Art. 17 und Anhang IV der Verordnung (EG) Nr. 1/2005 festzulegen. Dabei sind insbesondere Regelungen hinsichtlich Dauer und Umfang des Lehrganges, Durchführung des Lehrganges und der Prüfungen, Anerkennung einschlägiger Lehrgänge und Prüfungen sowie praktischer Erfahrungen im Umgang mit Tieren festzulegen.

(3) Die Stellen, die Lehrgänge abhalten, sind berechtigt Befähigungsnachweise gemäß Art. 17 Abs. 2 der Verordnung (EG) Nr. 1/2005, welche dem in Anhang III Kapitel III leg.cit. festgelegten Muster entsprechen, auszustellen.

(4) Wird auf Grund von Kontrollen oder Meldungen gemäß § 5 Abs. 5 festgestellt, dass ein Fahrer oder Betreuer, der Inhaber eines Befähigungsnachweises ist, gegen die Vorschriften der Verordnung (EG) Nr. 1/2005 oder nationaler tierschutzrelevanter Vorschriften derart verstoßen hat, dass anzunehmen ist, dass die erforderlichen Kenntnisse und Informationen für den Transport von Tieren fehlen, so ist der Befähigungsnachweis befristet oder dauernd zu entziehen. In den Fällen des Entzuges ist der Befähigungsnachweis der Behörde unverzüglich abzuliefern. Wird der Befähigungsnachweis nicht abgeliefert, ist er zwangsweise einzuziehen. Die Behörde hat den Entzug der Stelle, die den Befähigungsnachweis ausgestellt hat, unverzüglich mitzuteilen.

(5) Der Bundesminister für Gesundheit, Familie und Jugend hat durch Verordnung die näheren Bestimmungen über die Ausstellung und Evidenthaltung der Befähigungsnachweise sowie über eine allfällige Befristung festzulegen.

Zulassung von Schiffen zum Tiertransport

§ 13. Für Zulassungen von Transportschiffen gemäß Art. 19 der Verordnung (EG) Nr. 1/2005 ist der Bundesminister für Gesundheit, Familie und Jugend zuständig.

4. Abschnitt
Besondere Bestimmungen

Besondere Bestimmungen für Transporte gemäß § 1 Abs. 2 Z 3

§ 14. Der Bundesminister für Gesundheit, Familie und Jugend kann für den Transport von Tieren gemäß Art. 30 Abs. 8 der Verordnung (EG) Nr. 1/2005 sowie für den Transport von Kopffüßern und Zehnfußkrebsen unter Berücksichtigung des anerkannten Standes der wissenschaftlichen Erkenntnisse durch Verordnung nähere Bestimmungen zum Schutz dieser Tiere beim Transport insbesondere hinsichtlich Versorgung der Tiere während des Transports, Transportgeschwindigkeit, Platzbedarf und Ausstattung der Transportfahrzeuge oder -behältnisse sowie notwendige Kenntnisse und Fähigkeiten, der mit den Tieren umgehenden Personen und mitzuführende Bescheinigungen in Hinblick auf Art. 4 der Verordnung (EG) Nr. 1/2005 erlassen.

Tierseuchenrechtliche Mindestanforderungen

§ 15. (1) Unbeschadet sonstiger tierseuchenrechtlicher Regelungen sind jedenfalls folgende Bestimmungen einzuhalten:

1. Es dürfen nur Tiere, bei denen kein Verdacht auf eine nach dem Tierseuchengesetz oder einer auf Grund des Tierseuchengesetzes erlassenen Verordnung anzeigepflichtige Tierseuche vorliegt, transportiert werden.

2. Tiere, die mit demselben Transportmittel gemeinsam befördert werden, müssen – sofern sie nicht direkt in einen Schlachthof verbracht werden – in Bezug auf bundeseinheitlich geltende veterinärrechtliche Bekämpfungs- und Überwachungsprogramme denselben Gesundheitsstatus aufweisen.

3. Die Transportmittel und allfällige Transportbehältnisse sind nach jedem Tiertransport gründlich zu reinigen und gegebenenfalls zu desinfizieren.

(2) Der Bundesminister für Gesundheit, Familie und Jugend kann - in Bezug auf landwirtschaftliche Nutztiere im Einvernehmen mit dem Bundesminister für Land- und Forstwirtschaft, Umwelt und Wasserwirtschaft - nähere Bestimmungen insbesondere hinsichtlich Reinigung und Desinfektion von Transportmitteln, das Vorgehen im Falle der Erkrankung oder des Verendens von Tieren während des Transports sowie über das

Mitführen von Fahrtenbüchern, soweit nicht Transporte gemäß Art. 1 Abs. 2 oder Art. 6 Abs. 7 der Verordnung (EG) Nr. 1/2005 vorliegen, durch Verordnung erlassen.

(3) Einhufer, Wiederkäuer, Schweine oder Geflügel, die mittels Schienenfahrzeug, Schiff oder Luftfahrzeug befördert werden, sind vor der Verladung auf Kosten des Transportunternehmers von einem hiezu vom Landeshauptmann bestellten Tierarzt klinisch zu untersuchen. Hierbei ist auch die Transportfähigkeit zu prüfen. Über diese Untersuchung ist ein Zeugnis auszustellen.

(4) Sonstige tierseuchenrechtliche Bestimmungen werden durch dieses Bundesgesetz nicht berührt.

Zusätzliche Bestimmungen für Transporte mit Luftfahrzeugen

§ 16. (1) Flugplatzhalter, die ihren Flugplatz als Ort für den Versand, den Aufenthalt, die Umladung oder die bestimmungsmäßige Ankunft von Tieren anbieten, haben dafür zu sorgen, dass auf den Flugplätzen geeignete Räumlichkeiten zur Kontrolle und Versorgung der jeweiligen Tiere zur Verfügung stehen. Diese Räume sind nach jeder Benützung gründlich zu reinigen und erforderlichenfalls zu desinfizieren.

(2) Die Tiere sind unverzüglich nach ihrer Ankunft am Bestimmungsflugplatz schonend auszuladen und dem nach anderen gesetzlichen Bestimmungen gegebenenfalls durchzuführenden veterinär- und zollbehördlichen Kontrollverfahren zu übergeben. Bei unvermeidbaren Verzögerungen ist vom Transportunternehmer Sorge zu tragen, dass die Tiere in geeigneter Weise untergebracht und versorgt werden.

(3) Die Tiere sind von der Zollbehörde vorrangig abzufertigen, damit sie so rasch wie möglich dem Empfänger übergeben werden können.

(4) Nach der Ankunft auf dem Aufenthaltsflugplatz sind die Tiere tiergerecht zu versorgen. Werden die Tiere ausgeladen, hat der Transportunternehmer nach erfolgter Durchführung des gemäß anderen gesetzlichen Bestimmungen gegebenenfalls notwendigen veterinärbehördlichen Kontrollverfahrens dafür Sorge zu tragen, dass die Tiere in geeigneter Weise untergebracht werden. Werden die Tiere nicht ausgeladen, ist dafür zu sorgen, dass die klimatischen Verhältnisse im Laderaum den Bedürfnissen und dem Wohlbefinden der Tiere entsprechen.

(5) Nach der Ankunft auf dem Umladeflugplatz sind die Tiere zu versorgen und nach Durchführung des gemäß anderen gesetzlichen Bestimmungen gegebenenfalls notwendigen veterinärbehördlichen Kontrollverfahrens so rasch wie möglich weiterzutransportieren. Ist ein rascher Weitertransport nicht möglich, hat derjenige Transportunternehmer, der den weiteren Transport durchführt, dafür zu sorgen, dass die Tiere in geeigneter Weise untergebracht und versorgt werden.

(6) Erkrankte oder verletzte Tiere sind von der Begleitperson unverzüglich einem Tierarzt vorzuführen. Im Falle eines unbegleiteten Transportes hat,

1. am Bestimmungsflugplatz der Empfänger, wenn jedoch dieser unerreichbar ist, der Transportunternehmer oder,

2. in allen übrigen Fällen derjenige Transportunternehmer, der den weiteren Transport durchführt,

für eine unverzügliche Betreuung der Tiere durch einen Tierarzt zu sorgen.

(7) Sollen die Tiere nach ihrer Ankunft am Bestimmungs-, Aufenthalts- oder Umladeflugplatz über einen länger als sechs Stunden andauernden Zeitraum weitertransportiert werden, so ist, wenn nicht schon nach anderen gesetzlichen Bestimmungen eine tierärztliche Untersuchung notwendig ist, eine neuerliche Bestätigung der Transportfähigkeit durch einen Tierarzt von den im Abs. 6 genannten Personen zu veranlassen.

(8) Werden die Tiere im Falle eines unbegleiteten Transportes vom Empfänger am Bestimmungsflughafen nicht oder nicht rechtzeitig abgeholt, ist vom Transportunternehmer Sorge zu tragen, dass sie unter Bedachtnahme der veterinärbehördlichen Vorschriften in geeigneter Weise untergebracht und versorgt werden.

Zusätzliche Bestimmungen für Transporte mit Schienenfahrzeugen

§ 17. Die Bestimmungen gemäß § 16 gelten sinngemäß auch für Transporte mit Schienenfahrzeugen, wobei an die Stelle des Begriffs „Flugplatz" der Begriff „Bahnhof" und an die Stelle des Begriffes „Flugplatzhalter" der Begriff „Eisenbahnunternehmer" tritt.

Höchstdauer für innerstaatliche Beförderungen

§ 18. (1) Im Sinne von Art. 1 Abs. 3 der Verordnung (EG) Nr. 1/2005 wird für Schlachttiere eine Beförderungsdauer für innerösterreichische Transporte, bei denen Versand- und Bestimmungsort in Österreich liegen, von 4,5 Stunden festgelegt. Wenn es aus geographischen, strukturellen Gründen oder aufgrund von aufrechten Verträgen notwendig ist, darf die Beförderungsdauer auf maximal 8 oder im Falle von Transporten, bei denen aufgrund kraftfahrrechtlicher Bestimmungen Lenkerpausen einzuhalten sind, auf 8,5 Stunden verlängert werden. Im Rahmen der Pausen ist dem Wohl der Tiere bestmöglich Rechnung zu tragen.

(2) Im Sinne von Art. 1 Abs. 3 der Verordnung (EG) Nr. 1/2005 wird für Nutz- und Zuchttiere

sowie Legehennen am Ende ihrer Nutzungsdauer, die für die Schlachtung vorgesehen sind, eine Höchstbeförderungsdauer für innerösterreichische Transporte, bei denen Versand- und Bestimmungsort in Österreich liegen, von acht Stunden festgelegt. Im Einzelfall ist, wenn es aufgrund der geographischen Gegebenheiten unumgänglich ist, eine Verlängerung der „im ersten Satz" angeführten maximalen Beförderungsdauer auf maximal zehn Stunden zulässig. Wobei die aufgrund kraftfahrrechtlicher Bestimmungen einzuhaltenden Pausen auch zur Versorgung der transportierten Tiere einzuhalten sind. *(BGBl I 2022/130)*

Ausnahmen betreffend die Durchführung von Beförderungen über acht Stunden

§ 19. Im Falle von Beförderungen im Inland oder aus dem Inland in einen benachbarten Mitgliedstaat der Europäischen Union können Straßentransportmittel, für die Erleichterungen gemäß Art. 18 Abs. 4 der Verordnung (EG) Nr. 1/2005 gestattet sind, verwendet werden, wenn sichergestellt ist, dass der letzte Bestimmungsort in maximal zehn Stunden erreicht werden kann.

Vorübergehendes Beförderungsverbot

§ 20. Wird auf Grund von Kontrollen oder Meldungen gemäß § 5 Abs. 5 festgestellt, dass ein nicht in Österreich zugelassener Transportunternehmer in Österreich wiederholt oder ernsthaft gegen die Bestimmungen der Verordnung (EG) Nr. 1/2005 verstoßen hat und wurden bereits alle Mittel des gegenseitigen Informationsaustausches gemäß der Verordnung (EG) Nr. 1/2005 ausgeschöpft, kann der Bundesminister für Gesundheit, Familie und Jugend gemäß Art. 26 Abs. 6 der Verordnung (EG) Nr. 1/2005 ein befristetes Beförderungsverbot durch Österreich für den betroffenen Transportunternehmer aussprechen.

Besondere Regelungen für Transporte bestimmter Tiere zu wirtschaftlichen Zwecken

§ 20a. (1) Aus Gründen der Tiergesundheit ist die Transportfähigkeit im Sinne des Anhang 1 Kapitel 1 der Verordnung (EG) Nr. 1/2005 für Transporte, bei denen der Versandort in Österreich und der Bestimmungsort außerhalb Österreichs liegt, bei Tieren frühestens ab einem Alter von drei Wochen gegeben. Ab dem 1.1.2025 ist die Transportfähigkeit bei Kälbern ab einem Alter von drei Wochen bis zu einem Alter von vier Wochen nur dann gegeben, wenn im abgebenden Tierbestand eine gute Kälbergesundheit im Rahmen einer regelmäßigen tierärztlichen Bestandsbetreuung gegeben ist.

(2) Unbeschadet von Abs. 1 dürfen Kälber, Lämmer, Kitze (Zickel), Fohlen und Ferkel auch bis zu einem Alter von drei Wochen innerbetrieblich, sowie von und zur Alm- und/oder Weidefläche transportiert werden. Darüber hinaus dürfen diese Tiere innerösterreichisch einmalig direkt zwischen zwei landwirtschaftlichen Betrieben transportiert werden, wenn die Tiere zur Bestandsergänzung:

1. innerhalb des Bundeslandes, in dem sich der Betrieb befindet, oder

2. außerhalb des eigenen Bundeslandes bis höchstens 100 km

transportiert werden.

(3) Transporte von Kälbern, Lämmern, Kitzen (Zickeln), Fohlen und Ferkeln, die älter als drei Wochen sind, müssen so abgeschlossen werden, dass keine Ruhezeit gemäß Anhang 1, Kapitel V Ziffer 1.5. der Verordnung (EG) Nr. 1/2005 erforderlich ist. Beträgt die Beförderungszeit bis zur Ruhezeit gemäß Anhang 1, Kapitel V Ziffer 1.5 der Verordnung (EG) Nr. 1/2005 weniger als acht Stunden, dürfen die Transporte nach erfolgter Ruhezeit fortgesetzt werden. Die Transporte müssen danach so abgeschlossen werden, dass keine weitere Ruhezeit gemäß Anhang 1, Kapitel V Ziffer 1.5 der Verordnung (EG) Nr. 1/2005 erforderlich ist.

(4) Bis 1. 1. 2027 ist die Auswirkung der in Abs. 1 bis 3 festgelegten Verbringungsvoraussetzungen auf die Entwicklung der Transportfähigkeit und der Tiergesundheit in der inländischen Kälbermast unter Berücksichtigung der Vermarktung von Kalbfleisch, der Exportzahlen und der Mortalitätsrate im Einvernehmen mit dem Bundesminister für Landwirtschaft, Regionen und Tourismus zu evaluieren und ein Bericht im Hinblick auf eine Erhöhung des Mindesttransportalters auf vier Wochen zu erstellen.

(5) Transporte von Hausequiden, Hausrindern, Hausschafen, Hausziegen und Hausschweinen zum Zwecke der unmittelbaren Schlachtung oder Mast von einem Versandort in Österreich direkt an einen Bestimmungsort in einem Drittstaat (außerhalb der Europäischen Union) sind verboten. Ausgenommen von diesem Verbot sind Bestimmungsorte in Staaten mit dem Status „EU-Beitrittskandidat", welche sich bereits im Prozess der Integration von EU-Rechtsvorschriften befinden, oder Staaten der Europäischen Freihandelszone (EFTA).

(6) Transporte auf der Straße von Zuchttieren in Drittstatten sind untersagt. Ausgenommen davon sind Transporte in Drittstaaten, wenn

1. der Transport so abgeschlossen werden kann, dass eine Ruhezeit gemäß Anhang 1, Kapitel V Ziffer 1.5. der Verordnung (EG) Nr. 1/2005 erforderlich ist, oder

2. diese in **Anlage 2** angeführt sind. Die **Anlage 2** ist bei Bedarf, jedenfalls aber alle drei Jahre zu evaluieren, wobei im Zuge der Evaluierung von der Rinderzucht Austria, Schweinezucht

Österreich eGen oder dem Österreichischen Bundesverband für Schafe und Ziegen gemeinsam mit der Wirtschaftskammer Österreich, dargelegt werden muss, dass die Exporte im Zuge eines national geförderten Herdenaufbauprogrammes erfolgen oder ein nachhaltiger Herdenaufbau im jeweiligen Zielland erfolgt.

(7) Der Bundesminister für Soziales, Gesundheit, Pflege und Konsumentenschutz hat im Einvernehmen mit dem Bundesminister für Landwirtschaft, Regionen und Tourismus bei Bedarf auf Basis der Evaluierung gemäß Abs. 6 Z 2 durch Verordnung die **Anlage 2** zu aktualisieren.

(BGBl I 2022/130)

Verordnungsermächtigung

§ 20b. Der Bundesminister für Soziales, Gesundheit, Pflege und Konsumentenschutz kann durch Verordnung nähere Bestimmungen zu Transportfähigkeit, Transportmittel und zusätzliche Bedingungen für lange Beförderungen festlegen. Weiters kann er festlegen, dass bei langen Beförderungen mit Bestimmungsorten in bestimmten Drittstaaten die geplanten Transportrouten und auf der Strecke anzufahrenden Kontrollstellen sowie die Befähigungsnachweise für Fahrer und Betreuer mindestens vier Wochen vor Beginn der Beförderung der zuständigen Behörde bekanntzugeben sind, damit eine Plausibilitätskontrolle im Sinne des Art. 14 Abs. 1 der Verordnung (EG) Nr. 1/2005 entsprechend durchgeführt werden kann.

(BGBl I 2022/130)

5. Abschnitt
Straf-, Schluss- und Übergangsbestimmungen

Strafbestimmungen

§ 21. (1) Wer
1. eine Tierbeförderung durchführt, veranlasst oder organisiert, obwohl dem Tier dadurch Verletzungen oder unnötige Leiden zugefügt werden oder
2. eine Tierbeförderung durchführt, veranlasst oder organisiert und dabei entgegen Art. 3 lit. a der Verordnung (EG) Nr. 1/2005 nicht vor der Beförderung alle erforderlichen Vorkehrungen und Maßnahmen trifft, um die Beförderungsdauer so kurz wie möglich zu halten, um den Bedürfnissen, insbesondere Wohlbefinden, der Tiere während der Beförderung Rechnung zu tragen, oder
3. entgegen Art. 3 lit b der Verordnung (EG) Nr. 1/2005 Tiere transportiert, die nicht transportfähig sind oder
4. entgegen Art. 3 lit. c, d oder g der Verordnung (EG) Nr. 1/2005 zum Transport von Tieren Transportmittel, Ver- und Entladevorrichtungen benützt, die nicht den dort genannten Anforderungen entsprechen oder
5. entgegen Art. 3 lit. e der Verordnung (EG) Nr. 1/2005 beim Transport von Tieren ohne entsprechende Kenntnisse mit Tieren umgeht oder den Umgang mit Tieren solchen Personen überlässt oder
6. entgegen Art. 3 lit. f der Verordnung (EG) Nr. 1/2005 den Transport von Tieren nicht ohne Verzögerung durchführt oder die Tiere nicht regelmäßig kontrolliert oder
7. entgegen Art. 3 lit. h der Verordnung (EG) Nr. 1/2005 die Tiere nicht entsprechend mit Wasser und Futter versorgt oder dafür sorgt, dass die Tiere ruhen können oder
8. entgegen Art. 4 der Verordnung (EG) Nr. 1/2005 keine oder mangelhafte Transportpapiere mit sich führt oder diese nicht oder nicht rechtzeitig der Behörde zur Verfügung stellt,
9. als Organisator entgegen Art. 5 Abs. 3 lit. b der Verordnung (EG) Nr. 1/2005 nicht dafür Sorge trägt, dass eine Person verantwortlich ist, die dort genannten Auskünfte zu geben oder
10. als Organisator oder Transportunternehmer entgegen Art. 5 Abs. 4 oder als Tierhalter entgegen Art. 8 Abs. 2 Satz 2 jeweils in Verbindung mit Anhang II der Verordnung (EG) Nr. 1/2005 die ihn jeweils treffenden Verpflichtungen hinsichtlich des Fahrtenbuches nicht einhält oder
11. entgegen Art. 6 Abs. 1 oder Abs. 8 der Verordnung (EG) Nr. 1/2005 eine Kopie oder einen Nachweis nicht oder nicht rechtzeitig vorlegt oder
12. entgegen Art. 6 Abs. 2 der Verordnung (EG) Nr. 1/2005 Änderungen in Bezug auf die Zulassungen nicht oder nicht rechtzeitig der Behörde meldet oder
13. entgegen Art. 6 Abs. 3 der Verordnung (EG) Nr. 1/2005 die Tiere nicht nach Maßgabe der in Anhang I der genannten Verordnung technischen Vorschriften befördert oder
14. entgegen Art. 6 Abs. 5 der Verordnung (EG) Nr. 1/2005 den Befähigungsnachweis gemäß Art. 17 der Verordnung (EG) Nr. 1/2005 beim Transport von Tieren nicht mit sich führt oder nicht oder nicht rechtzeitig vorlegt oder
15. entgegen Art. 6 Abs. 6 der Verordnung (EG) Nr. 1/2005 nicht dafür Sorge trägt, dass jede Tiersendung durch einen Betreuer begleitet wird oder
16. entgegen Art. 6 Abs. 9 Satz 2 der Verordnung (EG) Nr. 1/2005 eine Aufzeichnung nicht oder nicht mindestens drei Jahre aufbewahrt oder nicht oder nicht rechtzeitig zur Verfügung stellt oder
17. entgegen Art. 7 der Verordnung (EG) Nr. 1/2005 lange Beförderungen mit nicht gemäß Art. 18 der genannten Verordnung dafür zugelas-

senen oder nach Anhang I Kapitel VI der Verordnung (EG) Nr. 1/2005 ausgestatteten Transportmitteln durchführt, ohne dass ein Ausnahmetatbestand nach Art. 18 Abs. 4 der genannten Verordnung vorliegt oder

18. als Tierhalter nicht die Bestimmungen des Art. 8 der Verordnung (EG) Nr. 1/2005 einhält oder

19. als Betreiber von Sammelstellen nicht die Bestimmungen des Art. 9 der Verordnung (EG) Nr. 1/2005 einhält oder

20. entgegen den Bestimmungen des Anhangs I Kapitel III der Verordnung (EG) Nr. 1/2005 mit Tieren umgeht oder

21. als Transportunternehmer die Ruhezeiten oder Vorgaben zur Beförderungsdauer nach Anhang I Kapitel V der Verordnung (EG) Nr. 1/2005 nicht einhält oder

22. „entgegen § 5 Abs. 2 und 6" Kontrollen nicht duldet, Kontrollorgane nicht entsprechend unterstützt, die Einsichtnahme in die für die Kontrolle maßgeblichen Unterlagen oder erforderliche Auskünfte verweigert oder *(BGBl I 2022/130)*

23. als Transportunternehmer Tiere transportiert oder Tiertransporte veranlasst, ohne eine entsprechende gültige Zulassung gemäß Art. 10 und 11 der Verordnung (EG) Nr. 1/2005 zu besitzen oder

24. entgegen Art. 12 der Verordnung (EG) Nr. 1/2005 eine Zulassung als Transportunternehmer bei mehreren Behörden oder in mehreren Mitgliedstaaten beantragt oder

25. bei Transporten gemäß § 1 Abs. 2 Z 3 entgegen den Bestimmungen einer auf § 14 basierenden Verordnung handelt oder

26. eine Tierbeförderung durchführt, veranlasst oder organisiert und dabei die in § 18 festgelegte nationale Höchstbeförderungsdauer für innerstaatliche Transporte unzulässigerweise oder in unzulässigem Ausmaß überschreitet oder die in § 19 höchstzulässige Beförderungsdauer überschreitet oder

27. als Flugplatzhalter, Transportunternehmer oder Begleitperson bei einem Lufttransport von Tieren den Bestimmungen des § 16 zuwiderhandelt oder

28. als Eisenbahnunternehmer, Transportunternehmer oder Begleitperson bei einem Eisenbahntransport eines Tieres dem nach § 17 den Bestimmungen des sinngemäß anzuwendenden § 16 zuwiderhandelt,

29. als Transportunternehmer Tiere in oder durch Österreich befördert, obwohl ein Verbot oder anderslautende Regelung gemäß § 20 oder § 20a besteht, *(BGBl I 2022/130)*

„begeht, sofern die Tat nicht den Tatbestand einer in die Zuständigkeit der Gerichte fallenden strafbaren Handlung bildet, eine Verwaltungsübertretung und ist in den Fällen von Z 8 bis 12, 14, 16 und 24 mit einer Geldstrafe bis 2000 Euro, in den Fällen der Z 2, 4 bis 6, 13, 15, 18, 19, 22, 23, 25, 27 und 28 mit einer Geldstrafe bis zu 3500 Euro und in den Fällen der Z 1, 3, 7, 17, 20, 21, 26 und 29 mit einer Geldstrafe von 400 Euro bis zu 5 000 Euro zu bestrafen. Im Wiederholungsfall kann eine Geldstrafe bis zu 50 Prozent des oben angeführten Strafrahmens erhöht werden." *(BGBl I 2022/130)*

(2) Wer

1. Tiere transportiert, bei denen ein Verdacht auf eine anzeigepflichtige Tierseuche vorliegt oder

2. Tiere, die nicht denselben Gesundheitsstatus im Sinne des § 15 Abs. 1 Z 2 aufweisen, gemeinsam befördert oder

3. gegen Bestimmungen einer auf Grund des § 15 Abs. 2 erlassenen Verordnung zuwiderhandelt oder

4. entgegen § 15 Abs. 3 Tiere ohne Untersuchung durch einen Tierarzt zur Beförderung übernimmt,

begeht eine Verwaltungsübertretung und ist bei Vorsatz mit einer Geldstrafe bis zu 4360 Euro, im Fall der Fahrlässigkeit mit einer Geldstrafe bis zu 1450 Euro zu bestrafen.

(3) Strafbar nach Abs. 1 und 2 ist ein Unternehmer auch dann, wenn er die dort genannten Verwaltungsübertretungen im Ausland setzt. Örtlich zuständig ist diesfalls jene Behörde, in deren Sprengel der Missstand bei der Beförderung im Zuge einer Kontrolle gemäß §§ 4 oder 6 festgestellt wird, sonst jene Behörde, in deren Sprengel der Grenzübertritt in das Bundesgebiet erfolgte.

(4) § 50 VStG ist mit der Maßgabe anzuwenden, dass Geldstrafen „bis 500 Euro" sofort eingehoben werden können. *(BGBl I 2022/130)*

(5) Als vorläufige Sicherheit im Sinne des § 37a VStG kann beim Verdacht einer Übertretung nach Abs. 1 und 2 ein Betrag bis zu 1500 Euro, maximal aber 30 vH der für die jeweilige Übertretung gesetzlich vorgesehenen Höchststrafe, festgesetzt werden. Der die Tiersendung begleitende Betreuer gemäß Art. 6 Abs. 6 der Verordnung (EG) Nr. 1/2005 gilt als Vertreter des Transportunternehmers, falls nicht dieser selbst oder eine von ihm gemäß Art. 5 Abs. 2 Verordnung (EG) Nr. 1/2005 benannte verantwortliche Person bei den Amtshandlungen anwesend ist.

Widmung von Strafgeldern

§ 22. (1) Die eingehobenen Strafgelder fließen dem Bundesland zu, in dessen Gebiet die Verwaltungsstrafe verhängt wird.

(2) Die eingehobenen Strafgelder sind für die Überwachung der Tiertransporte, für die Ausbildung und Schulung der in § 4 Abs. 1 genannten Organe zum Zweck der Vollziehung dieses Bundesgesetzes zu verwenden.

(3) In dem Falle dass, die Verwaltungsübertretung durch Organe des öffentlichen Sicherheitsdienstes wahrgenommen wurde, fließen 20 vH der eingenommenen Strafgelder der Gebietskörperschaft zu, die den Personal- und Sachaufwand für diese Organe zu tragen hat.

Verarbeitung personenbezogener Daten

§ 22a. (1) Personenbezogene Daten dürfen nur zu Zwecken, die in diesem Bundesgesetz oder in gemäß diesem Bundesgesetz erlassenen Verordnungen festgelegt sind, unter Einhaltung der Verordnung (EU) 2016/679 zum Schutz natürlicher Personen bei der Verarbeitung personenbezogener Daten, zum freien Datenverkehr und zur Aufhebung der Richtlinie 95/46/EG (Datenschutz-Grundverordnung), ABl. Nr. L 119 vom 4.5.2016 S.1, und des Datenschutzgesetzes (DSG), BGBl. I Nr. 165/1999, verarbeitet werden.

(2) Hinsichtlich der Verarbeitung personenbezogener Daten gemäß Abs. 1 sind die Rechte und Pflichten gemäß Art. 13, 14, 18 und 21 Datenschutz-Grundverordnung ausgeschlossen.

(3) Werden Daten gemäß Abs. 1 zu wissenschaftlichen oder historischen Forschungszwecken oder statistischen Zwecken weiterverarbeitet, hat die Weiterverarbeitung in pseudonymisierter Form zu erfolgen, wenn auf diese Weise die Zwecke erreicht werden können. Soweit der Personenbezug für die Verwirklichung des Zwecks unerlässlich ist, dürfen die Rechte der Betroffenen gemäß Art. 15, 16, 18 und 21 Datenschutz-Grundverordnung vom Verantwortlichen insofern ausgeschlossen werden, als diese Rechte die Verwirklichung der spezifischen Zwecke unmöglich machen oder ernsthaft beeinträchtigen würden.

(BGBl I 2018/37)

Verweisungen und personenbezogene Bezeichnungen

§ 23. (1) Soweit in diesem Bundesgesetz auf Bestimmungen anderer Bundesgesetze verwiesen wird, sind diese, sofern nicht anderes ausdrücklich angeordnet ist, in ihrer jeweils geltenden Fassung anzuwenden.

(2) Alle in diesem Bundesgesetz verwendeten personenbezogenen Bezeichnungen gelten gleichermaßen für Personen sowohl weiblichen als auch männlichen Geschlechts.

In-Kraft-Treten und Übergangsbestimmungen

§ 24. (1) Dieses Bundesgesetz tritt mit 1. August 2007 in Kraft.

(2) Mit In-Kraft-Treten dieses Bundesgesetzes treten folgende Bundesgesetze außer Kraft:

1. Tiertransportgesetz-Straße, BGBl. Nr. 411/1994, zuletzt geändert durch das Bundesgesetz BGBl. I Nr. 139/2003,

2. Tiertransportgesetz-Luft, BGBl. Nr. 152/1996, zuletzt geändert durch das Bundesgesetz BGBl. I Nr. 32/2002,

3. Tiertransportgesetz-Eisenbahn, BGBl. I Nr. 43/1998, zuletzt geändert durch das Bundesgesetz BGBl. I Nr. 151/2004.

4. § 11 Tierseuchengesetz-Durchführungsverordnung, RGBl. Nr. 178/1909, zuletzt geändert durch Bundesgesetz BGBl. I Nr. 151/2004

(3) Mit In-Kraft-Treten dieses Bundesgesetzes treten folgende Verordnungen außer Kraft:

1. Tiertransport-Bescheinigungsverordnung, BGBl. Nr. 1995/129, zuletzt geändert durch BGBl. II Nr. 355/2005,

2. Tiertransport-Betreuungsverordnung, BGBl. Nr. 440/1995,

3. Tiertransportmittelverordnung, BGBl. Nr. 679/1996.

(4) Zum In-Kraft-Tretens-Zeitpunkt (Abs. 1) nach den früheren Vorschriften gemäß § 24 Abs 2 und 3 anhängige Verfahren sind von den bisher zuständigen Behörden nach den Bestimmungen dieses Bundesgesetzes zu Ende zu führen.

(5) Bestehende Zulassungen aufgrund des § 4a des Tiertransportgesetzes-Straße, sind von der Behörde bis zum 31. Dezember 2007 auf Antrag des Berechtigten ohne neuerliches Verfahren auf Zulassungen gemäß § 10 Abs. 1 umzuschreiben.

(6) Befähigungsnachweise gemäß § 7 Abs. 3 des Tiertransportgesetzes-Straße verlieren mit Ablauf des 31. Dezember 2007 ihre Gültigkeit.

(7) Soweit in anderen Bundesgesetzen und Verordnungen auf Bestimmungen des Tiertransportgesetzes-Straße, des Tiertransportegsetzes-Luft oder des Tiertransportgesetzes-Eisenbahn verwiesen wird, erhalten diese Verweisungen ihren Inhalt aus den entsprechenden Bestimmungen dieses Bundesgesetzes oder der Verordnung (EG) Nr. 1/2005.

(8) Soweit in Verordnungen auf Grund des Tiertransportgesetzes-Straße auf Bestimmungen des Tiertransportgesetzes-Straße verwiesen wird, erhalten diese Verweisungen ihren Inhalt aus den entsprechenden Bestimmungen dieses Bundesgesetzes.

(9) Der § 22a samt Überschrift und Eintrag im Inhaltsverzeichnis zu § 22a in der Fassung des 2. Materien-Datenschutz-Anpassungsgesetzes,

BGBl. I Nr. 37/2018, tritt mit 25. Mai 2018 in Kraft. *(BGBl I 2018/37)*

(10) Das Inhaltsverzeichnis, die § 2, § 2a Abs. 1 bis 3, § 5 Abs. 6, § 8, § 20a, § 20b, § 21 Abs. 1 und 4, § 25 sowie die Anlagen 1 und 2 in der Fassung des BGBl. I Nr. 130/2022, treten mit 1. September 2022 in Kraft. § 2a Abs. 4 in der Fassung des BGBl. I Nr. 130/2022 tritt mit 14. Dezember 2022 in Kraft. *(BGBl I 2022/130)*

Vollziehungsklausel

§ 25. Mit der Vollziehung dieses Bundesgesetzes ist der Bundesminister für Soziales, Gesundheit, Pflege und Konsumentenschutz, und zwar

1. hinsichtlich des § 4 Abs. 2 im Einvernehmen und hinsichtlich des Abs. 3 gemeinsam mit der Bundesministerin für Klimaschutz, Umwelt, Energie, Mobilität, Innovation und Technologie,

2. hinsichtlich des § 4 Abs. 4 und 5 gemeinsam mit dem Bundesminister für Inneres,

3. hinsichtlich des § 15 Abs. 2 in Bezug auf landwirtschaftliche Nutztiere sowie hinsichtlich des § 20a Abs. 7 im Einvernehmen mit dem Bundesminister für Landwirtschaft, Regionen und Tourismus

betraut.

(BGBl I 2022/130)

10/1. TTG 2007

Anlage 1

Anlage 1

Verordnungen der Europäischen Union gemäß § 2a Abs. 1

1. Verordnung (EG) Nr. 1/2005 des Rates vom 22. Dezember 2004 über den Schutz von Tieren beim Transport und damit zusammenhängenden Vorgängen sowie zur Änderung der Richtlinien 64/432/EWG und 93/119/EG und der Verordnung (EG) Nr. 1255/97 (ABl. Nr. L 3 vom 5. Jänner 2005);

2. Verordnung (EG) Nr. 1255/97 zur Festlegung gemeinschaftlicher Kriterien für Aufenthaltsorte und zur Anpassung des im Anhang der Richtlinie 91/628/EWG vorgesehenen Transportplans (ABl. L 174 vom 2.7.1997);

3. Verordnung (EU) 2017/625 über amtliche Kontrollen (ABl. Nr. L 95 vom 7. April 2017 S. 1) soweit diese Tiertransporte betrifft.

(BGBl I 2022/130)

Anlage 2

Drittstaaten, in welche Zuchttiere auf der Straße transportiert werden dürfen

Armenien
Aserbaidschan
Georgien
Kasachstan
Kirgisistan
Russische Föderation
Usbekistan

(BGBl I 2022/130)

Tiertransport-Ausbildungsverordnung

BGBl II 2008/92 idF

1 BGBl II 2013/451

Verordnung der Bundesministerin für Gesundheit, Familie und Jugend über die Ausbildung von Personen, die Tiertransporte durchführen, Personen, die auf Sammelstellen mit Tieren umgehen, sowie Personen, die Tiertransportkontrollen durchführen (Tiertransport-Ausbildungsverordnung, TT-AusbVO)

Aufgrund der §§ 4 Abs. 2, 12 Abs. 2 und 5 des Tiertransportgesetzes 2007 (TTG 2007), BGBl. I Nr. 54/2007 Art. I, wird im Einvernehmen mit dem Bundesminister für Verkehr, Innovation und Technologie verordnet:

1. ABSCHNITT
Inhalt der Verordnung

§ 1. Diese Verordnung regelt

1. nähere Bestimmungen über die Ausgestaltung und Durchführung des Lehrganges und der Prüfung, die zur Erlangung eines Befähigungsnachweises gemäß Art. 17 Abs. 2 der Verordnung (EG) Nr. 1/2005 berechtigt, sowie nähere Bestimmungen betreffend die Ausstellung und Evidenthaltung desselben,

2. Bestimmungen über die Ausbildung der Tiertransportinspektoren.

Erforderliche Kenntnisse und Lehrgang

§ 2. (1) Personen, die gemäß Art. 6 Abs. 5 der Verordnung (EG) Nr. 1/2005 Hausequiden, Hausrinder, Hausschafe, Hausziegen, Hausschweine oder Hausgeflügel transportieren oder während des Transports betreuen sowie Personen, die auf Sammelstellen gemäß Art. 2 lit. b der Verordnung (EG) Nr. 1/2005 mit solchen Tieren umgehen, haben Folgendes nachzuweisen:

1. erfolgreichen Abschluss eines Lehrganges, der die Inhalte des Anhangs IV der Verordnung (EG) Nr. 1/2005 vermittelt, im Gesamtausmaß von mindestens acht Stunden sowie

2. Praxis im Umgang mit Tieren gemäß Art. 6 Abs. 5 der Verordnung (EG) Nr. 1/2005 bei Tiertransporten im Ausmaß von mindestens 80 Stunden unter Aufsicht und Anleitung einer Person, die in Besitz eines Befähigungsnachweises ist und die Anwesenheit zu bestätigen hat.

(2) Personen, die eine mindestens einjährige einschlägige Erfahrung im Umgang mit den in Abs. 1 genannten Tieren insbesondere durch Tätigkeit im Rahmen der Landwirtschaft glaubhaft machen können, haben einen Lehrgang, der die Kenntnisse des Anhangs IV der Verordnung (EG) Nr. 1/2005 vermittelt, im Gesamtausmaß von mindestens vier Stunden erfolgreich zu absolvieren.

Zusatzausbildung für Personen, die lange Beförderungen durchführen

§ 3. Personen, die lange Beförderungen durchführen, für die gemäß Verordnung (EG) Nr. 1/2005 das Führen eines Fahrtenbuches vorgesehen ist, haben einen zusätzlichen Lehrgang im Ausmaß von mindestens vier Stunden erfolgreich zu absolvieren, der mit einer Personenzertifizierung (Zertifizierungsstelle EN ISO/IEC 17024) abschließt und ergänzend zu § 2 vertiefend insbesondere folgende Inhalte umfasst:

1. Ausstattung von Straßentransportmitteln, mit denen lange Beförderungen durchgeführt werden (Anhang I Kapitel VI Z 1.1 bis 1.8 der Verordnung (EG) Nr. 1/2005),

2. Mindestanforderungen betreffend bestimmte Tierarten bei langen Beförderungen (Anhang I Kapitel VI Z 1.9 der Verordnung (EG) Nr. 1/2005),

3. Zeitabstände für das Füttern und Tränken sowie Beförderungsdauer und Ruhezeiten bei langen Beförderungen,

4. Anforderungen betreffend das Fahrtenbuch, wie insbesondere dessen Handhabung und korrekte Ausstellung.

Abschluss des Lehrgangs und Prüfung

§ 4. (1) Der Lehrgang gemäß § 2 gilt als erfolgreich abgeschlossen, wenn folgende Voraussetzungen erfüllt sind:

1. Anwesenheit,

2. erfolgreich absolvierte Prüfung gemäß Abs. 3.

(2) Die Prüfung ist im Anschluss an den Lehrgang abzuhalten. Sie ist von einer Prüfungskommission bestehend aus einem Vortragenden und zumindest einer weiteren unabhängigen Person, die von der durchführenden Stelle zum Prüfer bestellt wurde, abzunehmen. Als Prüfer dürfen nur Personen bestellt werden, die selbst im Besitz eines Befähigungsnachweises sind oder eine Ausbildung gemäß § 8 Abs. 1 Z 1 besitzen.

(3) Für einen positiven Abschluss der Prüfung hat der Kandidat die Kenntnisse gemäß Anhang

IV der Verordnung (EG) Nr. 1/2005 nachzuweisen. Die Prüfung gilt als absolviert, wenn 60 Prozent der gestellten Fragen aus einem vom Bundesministerium für Gesundheit, Familie und Jugend approbierten Fragenkatalog richtig beantwortet werden.

(4) Über die gesamte Prüfung ist ein Prüfungsprotokoll zu erstellen, das mindestens folgende Angaben zu enthalten hat:

1. Namen der Mitglieder der Prüfungskommission,

2. Datum und Ort der Prüfung,

3. Vor- und Zuname sowie Geburtsdatum der geprüften Person,

4. Ergebnisse der Prüfung.

(5) Das Prüfungsprotokoll ist von den Mitgliedern der Prüfungskommission zu unterfertigen und von der Ausbildungseinrichtung mindestens fünf Jahre aufzubewahren oder automationsunterstützt zu speichern. Der zuständigen Behörde ist auf Verlangen Einsichtnahme zu gewähren.

Anrechnungen

§ 5. (1) Personen, die folgende Ausbildungen absolviert haben, gelten als einschlägig ausgebildet und erfüllen die Anforderungen des § 2 und des § 4 Abs. 1, sodass ein Befähigungsnachweis ausgestellt werden kann:

1. Personen mit erfolgreichem Abschluss des Studiums der Veterinärmedizin an der Veterinärmedizinischen Universität oder

2. Personen mit erfolgreichem Abschluss des Masterstudiums Nutztierwissenschaften oder des Bachelorstudiums Agrarwissenschaften an der Universität für Bodenkultur oder

3. Personen, die eine nicht in Z 1 oder 2 genannte universitäre Ausbildung oder eine Ausbildung bei einer sonstigen Einrichtung oder Organisation erfolgreich abgeschlossen haben und durch eine Bestätigung der ausbildenden Stelle nachweisen können, dass im Rahmen der Ausbildung die Kenntnisse gemäß Anhang IV der Verordnung (EG) Nr. 1/2005 erworben wurden.

(2) Ausländische Zeugnisse für Ausbildungen im Sinne des Abs. 1 gelten als Nachweis der erforderlichen Kenntnisse, soweit sie nach den jeweiligen Verwaltungsvorschriften als im Inland gültig anerkannt sind.

(3) Die in Abs. 1 genannten Personen haben den Befähigungsnachweis bei der Bezirksverwaltungsbehörde zu beantragen.

Ausstellung des Befähigungsnachweises

§ 6. (1) Die ausstellende Behörde oder Stelle hat bei Nachweis des erfolgreichen Abschlusses des Lehrgangs gemäß § 4 den Befähigungsnachweis nach dem Muster des Anhangs III Kapitel III der Verordnung (EG) Nr. 1/2005 sowie bei Nachweis der erfolgreichen Zusatzausbildung gemäß § 3 das Personenzertifikat auszustellen, sofern der Antragsteller das 16. Lebensjahr vollendet hat und

1. keine Vorstrafen wegen Tierquälerei vorliegen, und

2. die Staatsanwaltschaft nicht aufgrund diversioneller Maßnahmen (§ 198 StPO) von der Strafverfolgung zurückgetreten ist, und

3. keine wiederholten schweren Verstöße gegen die Verordnung (EG) Nr. 1/2005, das Tiertransportgesetz 2007, das Tiertransportgesetz-Straße oder das Bundesgesetz über den Schutz der Tiere bekannt sind.
(BGBl II 2013/451)

(2) Die Bestätigung ist mittels folgender Nummer zu kennzeichnen:

1. „AT" für Österreich,

2. Kennziffer des politischen Bezirks des Ausstellungsorts gemäß **Anlage**,

3. einmal zu vergebende Nummer sowie

4. der Zusatz „BN".

(3) Soweit die erforderlichen Kenntnisse des Anhangs IV der Verordnung (EG) Nr. 1/2005 nur für bestimmte Tiere oder Tierarten nachgewiesen werden, ist die Bestätigung der fachlichen Befähigung auf diese einzuschränken.

(5) Die ausstellende Behörde oder Stelle hat die Unterlagen über die Ausstellung der Befähigungsnachweise zehn Jahre evident zu halten. Im Falle der Ausstellung durch die gemäß § 12 Abs. 3 TTG 2007 berechtigten Stellen ist zusätzlich an die Bezirksverwaltungsbehörde zu melden, für wen, unter Angabe welcher Nummer, ein Befähigungsnachweis ausgestellt wurde. Stellt eine dieser Stellen die Ausstellung von Befähigungsnachweisen ein, sind alle diesbezüglichen Unterlagen der Bezirksverwaltungsbehörde zu übergeben.

(6) Zur innerösterreichischen Verwendung kann von der Behörde oder Stelle eine den inhaltlichen Vorgaben des Anhangs III Kapitel III der Verordnung (EG) Nr. 1/2005 entsprechende Bestätigung ausgestellt werden.

§ 6a. (1) Der Befähigungsnachweis ist unbefristet auszustellen, außer es liegen Gründe für eine Befristung gemäß § 7 vor.

(2) Für Inhaber von Befähigungsnachweisen, welche vor dem 14. März 2008 ausgestellt wurden, gelten die Ausbildungen gemäß der §§ 2 und 3 als absolviert.

(3) Liegt der erfolgreiche Abschluss der Ausbildung gemäß § 2 fünf Jahre und länger zurück und wird die Zusatzausbildung gemäß § 3 angestrebt, ist die Ausbildung gemäß der §§ 2 und § 3 zu absolvieren, liegt der erfolgreiche Ab-

schluss der Ausbildung gemäß § 2 weniger als fünf Jahre zurück, ist eine Prüfung über die Zusatzausbildung des § 3 abzulegen.

(BGBl II 2013/451)

Entzug und Neuausstellung von Befähigungsnachweisen

§ 7. (1) Wird ein Befähigungsnachweis aufgrund des § 12 Abs. 4 TTG 2007 entzogen, kann nach Ablauf einer von der Behörde festzusetzenden Frist neuerlich ein Befähigungsnachweis ausgestellt werden, wenn

1. zumindest der vierstündige Lehrgang gemäß § 2 Abs. 2 nachweislich erfolgreich absolviert wird,
2. nicht Gründe des § 6 Abs. 1 dagegen sprechen, und
3. der Befähigungsnachweis nicht dauernd entzogen wurde.

In diesen Fällen ist der Befähigungsnachweis auf maximal fünf Jahre zu befristen.

(2) Der Entzug oder eine Befristung des Befähigungsnachweises ist unter Angabe der Begründung der Kontaktstelle (§ 8 TTG) und der Zertifizierungsstelle (§ 3) zu melden.

(3) Sofern keine Gründe für eine neuerliche Befristung vorliegen, ist – nach Ablauf der Befristung gemäß Abs. 1 letzter Satz – auf Antrag des Inhabers des Befähigungsnachweises ein unbefristeter Befähigungsnachweis auszustellen. Die Kontaktstelle (§ 8 TTG) ist in diesen Fällen über die unbefristete Ausstellung zu informieren.

(BGBl II 2013/451)

2. ABSCHNITT
Tiertransportinspektoren

Erforderliche Kenntnisse

§ 8. (1) Personen, derer sich die Behörde gemäß § 4 Abs. 1 des TTG 2007 zur Kontrolle bedient,

1. müssen, sofern es sich nicht um Tierärzte mit Physikatsprüfung handelt, eine Ausbildung gemäß § 2 Abs. 1 Z 1 absolviert haben, und
2. dürfen nicht wegen Tierquälerei oder Verstößen gegen die Verordnung (EG) Nr. 1/2005, das Tiertransportgesetz 2007, das Tiertransportgesetz-Straße, die Tierschutzgesetze der Länder oder das Bundesgesetz über den Schutz der Tiere vorbestraft sein.

(2) Tiertransportinspektoren sind, soweit sie noch nicht auf ihre Dienstpflichten vereidigt wurden, auf diese zu vereidigen und für Kontrollzwecke mit einem Dienstausweis für das jeweilige Bundesland auszustatten. Im Dienstausweis sind einzutragen:

1. der Name des Organs,
2. die Bezeichnung „Tiertransportinspektor",
3. das Datum der Ausstellung und
4. der Stempel der ausstellenden Behörde.

3. ABSCHNITT
Schlussbestimmungen

Inkrafttreten und Übergangsbestimmungen

§ 9. (1) Diese Verordnung tritt mit Ablauf des Tages ihrer Kundmachung im Bundesgesetzblatt in Kraft.

(2) Mit Inkrafttreten dieser Verordnung tritt die Tiertransport-Ausbildungsverordnung, BGBl. Nr. 427/1995, zuletzt geändert durch BGBl. II Nr. 83/2007, außer Kraft.

10/2. TT-AusbVO

Anlage

Anlage

1 Burgenland
101 Eisenstadt(Stadt)
102 Rust(Stadt)
103 Eisenstadt-Umgebung
104 Güssing
105 Jennersdorf
106 Mattersburg
107 Neusiedl am See
108 Oberpullendorf
109 Oberwart

2 Kärnten
201 Klagenfurt(Stadt)
202 Villach(Stadt)
210 Feldkirchen
203 Hermagor
204 Klagenfurt Land
205 Sankt Veit an der Glan
206 Spittal an der Drau
207 Villach Land
208 Völkermarkt
209 Wolfsberg

3 Niederösterreich
301 Krems an der Donau(Stadt)
302 Sankt Pölten (Stadt)
303 Waidhofen an der Ybbs(Stadt)
304 Wiener Neustadt(Stadt)
305 Amstetten
306 Baden
307 Bruck an der Leitha
308 Gänserndorf
309 Gmünd
310 Hollabrunn
311 Horn
312 Korneuburg
313 Krems(Land)
314 Lilienfeld
315 Melk
316 Mistelbach
317 Mödling
318 Neunkirchen
319 Sankt Pölten(Land)
320 Scheibbs
321 Tulln
322 Waidhofen an der Thaya
323 Wiener Neustadt(Land)
324 Wien-Umgebung
325 Zwettl

4 Oberösterreich
401 Linz(Stadt)
402 Steyr(Stadt)
403 Wels(Stadt)
404 Braunau am Inn
405 Eferding
406 Freistadt
407 Gmunden
408 Grieskirchen
409 Kirchdorf an der Krems
410 Linz-Land
411 Perg
412 Ried im Innkreis
413 Rohrbach
414 Schärding
415 Steyr-Land
416 Urfahr-Umgebung
417 Vöcklabruck
418 Wels-Land

5 Salzburg
501 Salzburg(Stadt)
502 Hallein
503 Salzburg-Umgebung
504 Sankt Johann im Pongau
505 Tamsweg
506 Zell am See

6 Steiermark
601 Graz(Stadt)
602 Bruck an der Mur
603 Deutschlandsberg
604 Feldbach
605 Fürstenfeld
606 Graz-Umgebung
607 Hartberg
608 Judenburg
609 Knittelfeld
610 Leibnitz
611 Leoben
612 Liezen
613 Mürzzuschlag
614 Murau
615 Radkersburg
616 Voitsberg
617 Weiz

7 Tirol
701 Innsbruck-Stadt
702 Imst
703 Innsbruck-Land
704 Kitzbühel
705 Kufstein
706 Landeck
707 Lienz
708 Reutte
709 Schwaz

8 Vorarlberg
801 Bludenz
802 Bregenz
803 Dornbirn
804 Feldkirch

9 Wien

Eisenbahn- und Kraftfahrzeughaftpflichtgesetz

BGBl 1959/48 idF

1 BGBl 1968/69
2 BGBl 1976/91
3 BGBl 1977/676
4 BGBl 1989/343
5 BGBl 1991/628 (EO-Nov 1991)
6 BGBl I 1997/140 (WGN 1997)
7 BGBl I 2001/98 (2. Euro-JuBeG)
8 BGBl I 2004/115
9 BGBl I 2007/37 (KrÄG 2007)
10 BGBl I 2011/138
11 BGBl I 2017/19 (MinVersValG 2016)
12 BGBl I 2021/245 (MinVersValG 2021)

Bundesgesetz vom 21. Jänner 1959 über die Haftung für den Ersatz von Schäden aus Unfällen beim Betrieb von Eisenbahnen und beim Betrieb von Kraftfahrzeugen (Eisenbahn- und Kraftfahrzeughaftpflichtgesetz – EKHG.)

Anwendungsbereich

§ 1. Wird durch einen Unfall beim Betrieb einer Eisenbahn oder beim Betrieb eines Kraftfahrzeugs ein Mensch getötet, an seinem Körper oder an seiner Gesundheit verletzt oder eine Sache beschädigt, so ist der hieraus entstehende Schaden gemäß den Bestimmungen dieses Bundesgesetzes zu ersetzen.

§ 2. (1) „Der Begriff der Eisenbahn ist im Sinn des Eisenbahngesetzes 1957, BGBl. Nr. 60, in der jeweils geltenden Fassung und des Seilbahngesetzes 2003, BGBl. I Nr. 103/2003, in der jeweils geltenden Fassung auszulegen." Soweit sich aus dem vorliegenden Bundesgesetz nichts anderes ergibt, ist dieses auf Materialbahnen und Materialseilbahnen ohne beschränkt-öffentlichen Verkehr, die Bestandteil eines Bergwerks oder eines gewerblichen oder land- oder forstwirtschaftlichen Unternehmens sind oder einer Gemeinschaft solcher Unternehmungen gehören, sowie auf Bahnen, die ohne besondere Herstellung des Unterbaus angelegt werden (Feldbahnen), nicht anzuwenden. *(BGBl I 2004/115)*

(2) Der Begriff des Kraftfahrzeugs ist im Sinne des Kraftfahrgesetzes 1967, BGBl. Nr. 267, auszulegen. Soweit sich aus dem vorliegenden Bundesgesetz nichts anderes ergibt, ist dieses auf Kraftfahrzeuge, bei denen nach ihrer Bauart und ihrer Ausrüstung dauernd gewährleistet ist, daß mit ihnen auf gerader, waagrechter Fahrbahn bei Windstille eine Geschwindigkeit von 10 km in der Stunde nicht überschritten werden kann, nicht anzuwenden. *(BGBl 1968/69)*

§ 3. Im Falle der Tötung oder Verletzung eines durch die Eisenbahn oder das Kraftfahrzeug beförderten Menschen ist dieses Bundesgesetz hinsichtlich der befördernden Eisenbahn oder des befördernden Kraftfahrzeugs insofern nicht anzuwenden, als der Verletzte zur Zeit des Unfalls

1. durch die Eisenbahn ohne den Willen des Betriebsunternehmers und ohne ein diesem zufließendes, wenn auch unangemessenes Entgelt befördert wurde oder

2. durch das Kraftfahrzeug ohne den Willen des Halters befördert wurde oder *(BGBl I 2004/115)*

3. beim Betrieb der Eisenbahn oder beim Betrieb des Kraftfahrzeugs tätig war.

§ 4. (1) Im Falle der Beschädigung einer durch die Eisenbahn oder das Kraftfahrzeug beförderten Sache ist dieses Bundesgesetz hinsichtlich der befördernden Eisenbahn oder des befördernden Kraftfahrzeugs nur insofern anzuwenden, als zur Zeit des Unfalls ein Fahrgast die Sache als Handgepäck mit sich führte oder an sich trug, dem gegenüber die Anwendung dieses Bundesgesetzes nicht nach § 3 ausgeschlossen ist.

(2) Hinsichtlich der Sachen, die zur Zeit des Unfalls von der Eisenbahn zur Beförderung oder zur Aufbewahrung angenommen waren, ist dieses Bundesgesetz nicht anzuwenden.

Haftung

§ 5. (1) Für den Ersatz der im § 1 bezeichneten Schäden haftet bei der Eisenbahn der Betriebsunternehmer, beim Kraftfahrzeug der Halter.

(2) Mehrere Betriebsunternehmer derselben Eisenbahn und mehrere Halter desselben Kraftfahrzeugs haften zur ungeteilten Hand.

§ 6. (1) Benutzte jemand zur Zeit des Unfalls das Verkehrsmittel der Eisenbahn ohne den Willen des Betriebsunternehmers oder das Kraftfahrzeug ohne den Willen des Halters, so haftet er an Stelle des Betriebsunternehmers oder Halters für den Ersatz des Schadens. Daneben bleibt der Betriebsunternehmer oder Halter für den Ersatz des Schadens haftbar, wenn die Benutzung des Verkehrsmittels der Eisenbahn oder des Kraftfahrzeugs durch sein oder der Personen Verschulden ermöglicht worden ist, die mit seinem Willen beim Betrieb der Eisenbahn oder beim Betrieb des Kraftfahrzeugs tätig gewesen sind.

(2) Der Abs. 1 gilt nicht, wenn der Benutzer vom Betriebsunternehmer oder Halter für den Betrieb der Eisenbahn oder für den Betrieb des Kraftfahrzeugs angestellt oder wenn ihm das Verkehrsmittel der Eisenbahn vom Betriebsunternehmer oder das Kraftfahrzeug vom Halter überlassen war. Eine aus dem allgemeinen bürgerlichen Recht abzuleitende Ersatzpflicht eines solchen Benutzers ist ausgeschlossen, wenn er beweist, daß der Schaden nicht durch sein Verschulden verursacht worden ist.

(3) Benutzer im Sinne der Abs. 1 und 2 ist jeder, der sich den Gebrauch des Verkehrsmittels der Eisenbahn als solchen oder des Kraftfahrzeugs als solchen mit Herrschaftswillen anmaßt.

§ 7. (1) Hat bei der Entstehung des Schadens ein Verschulden des Geschädigten mitgewirkt, so ist der § 1304 Allgemeines bürgerliches Gesetzbuch anzuwenden.

(2) Dem Verschulden des Geschädigten steht im Falle der Tötung das Verschulden des Getöteten und im Falle der Beschädigung einer Sache das Verschulden desjenigen gleich, der die tatsächliche Gewalt über die Sache ausübte.

§ 8. (1) Wurde der Schaden durch mehrere Eisenbahnen oder mehrere Kraftfahrzeuge oder durch eine oder mehrere Eisenbahnen und ein oder mehrere Kraftfahrzeuge verursacht, so kann der Geschädigte seine Ersatzansprüche gegen jeden an dem Unfall Beteiligten richten, soweit nicht dessen Haftung nach den für seine Ersatzpflicht geltenden Vorschriften ausgeschlossen ist.

(2) Sind im Falle des Abs. 1 mehrere Beteiligte verschiedener Eisenbahnen oder Kraftfahrzeuge nebeneinander ersatzpflichtig, so haften sie zur ungeteilten Hand, es haftet jedoch keiner der mehreren Betriebsunternehmer oder Halter, außer bei Verschulden, über die für ihn maßgeblichen Haftungshöchstbeträge hinaus.

Haftungsbefreiung

§ 9. (1) Die Ersatzpflicht ist ausgeschlossen, wenn der Unfall durch ein unabwendbares Ereignis verursacht wurde, das weder auf einem Fehler in der Beschaffenheit noch auf einem Versagen der Verrichtungen der Eisenbahn oder des Kraftfahrzeugs beruhte.

(2) Als unabwendbar gilt ein Ereignis insbesondere dann, wenn es auf das Verhalten des Geschädigten, eines nicht beim Betrieb tätigen Dritten oder eines Tieres zurückzuführen ist, sowohl der Betriebsunternehmer oder Halter als auch die mit Willen des Betriebsunternehmers oder Halters beim Betrieb tätigen Personen jede nach den Umständen des Falles gebotene Sorgfalt beachtet haben und der Unfall nicht unmittelbar auf die durch das Verhalten eines nicht beim Betrieb tätigen Dritten oder eines Tieres ausgelöste außergewöhnliche Betriebsgefahr zurückzuführen ist.

§ 9a. Der Betriebsunternehmer eines Schleppliftes haftet für Schäden, die sich aus dem Zustand der Schleppspur ergeben, nur bei eigenem Verschulden oder Verschulden eines seiner Leute.

(BGBl 1977/676)

§ 10. Die Verpflichtung des Betriebsunternehmers oder Halters, für die Tötung oder Verletzung entgeltlich beförderter Personen Ersatz zu leisten, darf im vorhinein weder ausgeschlossen noch beschränkt werden; entgegenstehende Vereinbarungen sind nichtig.

Rückgriffs- und Ausgleichsanspruch

§ 11. (1) Wurde der Schaden durch mehrere Eisenbahnen oder mehrere Kraftfahrzeuge oder durch eine oder mehrere Eisenbahnen und ein oder mehrere Kraftfahrzeuge verursacht und sind die Beteiligten einem Dritten kraft Gesetzes zum Ersatz des Schadens verpflichtet, so hängen im Verhältnis der Beteiligten zueinander die Verpflichtung zum Ersatz und der Umfang des Ersatzes von den Umständen, insbesondere davon ab, inwieweit der Schaden vorwiegend von dem einen oder anderen Beteiligten verschuldet oder durch außergewöhnliche Betriebsgefahr (§ 9 Abs. 2) oder überwiegende gewöhnliche Betriebsgefahr verursacht wurde. Das gleiche gilt für die gegenseitige Ersatzpflicht der Beteiligten.

(2) In den Fällen des Abs. 1 haftet keiner der beteiligten Betriebsunternehmer oder Halter, außer bei Verschulden, über die für ihn maßgeblichen Haftungshöchstbeträge hinaus.

Gegenstand des Ersatzes

§ 12. (1) Im Falle der Tötung sind zu ersetzen

1. die Kosten der versuchten Heilung des Verletzten,

2. der Vermögensnachteil, den der Verletzte dadurch erlitten hat, daß infolge der Verletzung seine Erwerbsfähigkeit aufgehoben oder gemindert gewesen ist,

3. die Kosten aus einer Vermehrung seiner Bedürfnisse,

4. ein angemessenes Schmerzengeld und

5. die Kosten angemessener Bestattung; Anspruch auf Ersatz der Bestattungskosten hat derjenige, der sie zu tragen verpflichtet ist oder der sie tatsächlich getragen hat.
(BGBl 1968/69)

(2) Stand der Getötete zur Zeit der Verletzung zu einem Dritten in einem Verhältnis, vermöge dessen er diesem kraft Gesetzes unterhaltspflichtig war oder unterhaltspflichtig werden konnte,

und ist dem Dritten infolge der Tötung das Recht auf Unterhalt entzogen, so hat der Ersatzpflichtige dem Dritten insoweit Schadenersatz zu leisten, als der Getötete während der mutmaßlichen Dauer seines Lebens zur Gewährung des Unterhalts verpflichtet gewesen wäre. Die Ersatzpflicht tritt auch dann ein, wenn der Dritte zur Zeit der Verletzung gezeugt, aber noch nicht geboren war.

§ 13. Im Falle der Verletzung des Körpers oder der Gesundheit sind zu ersetzen

1. die Kosten der Heilung oder der versuchten Heilung des Verletzten,

2. der Vermögensnachteil, den der Verletzte dadurch erleidet, daß infolge der Verletzung zeitweise oder dauernd seine Erwerbsfähigkeit aufgehoben oder gemindert ist,

3. die Kosten aus einer Vermehrung seiner Bedürfnisse,

4. ein angemessenes Schmerzengeld und

5. im Fall einer Verunstaltung, durch die das bessere Fortkommen des Verletzten verhindert werden kann, eine angemessene Entschädigung.

(BGBl 1968/69)

§ 14. (1) Der Schadenersatz hinsichtlich

1. der Aufhebung oder Minderung der Erwerbsfähigkeit,

2. der Vermehrung der Bedürfnisse und

3. der Unterhaltsansprüche Dritter

ist für die Zukunft durch Entrichtung einer Geldrente zu leisten.

(2) Die Geldrente ist für einen Monat vorauszuzahlen. „Für die Geldrente gilt § 1418 Satz 3 ABGB sinngemäß." *(BGBl 1991/628)*

(3) Statt der Rente kann der Ersatzberechtigte aus wichtigen Gründen eine Abfindung in Kapital verlangen, wenn die einmalige Zahlung dem Ersatzpflichtigen wirtschaftlich zumutbar ist.

(4) Der Anspruch auf Geldrente wird nicht dadurch ausgeschlossen, daß ein Dritter dem Ersatzberechtigten Unterhalt zu gewähren hat.

Haftungshöchstbeträge

§ 15. (1) Die in diesem Bundesgesetz festgesetzte Haftung für Tötung und Verletzung von Menschen ist der Höhe nach mit

1. einem Kapitalbetrag von „2 130 000 Euro" oder *(BGBl I 2021/245, ab 1. 4. 2022, s § 21 Abs 7)*

2. einem jährlichen Rentenbetrag von „140 000 Euro" *(BGBl I 2021/245, ab 1. 4. 2022, s § 21 Abs 7)*

für den einzelnen Verletzten begrenzt.

(2) Treffen Schäden, die mit einem Kapitalbetrag abzufinden sind, mit Schäden zusammen, für die eine Rente zu gewähren ist, so kürzt sich der im Abs. 1 für die Rente festgesetzte Höchstbetrag um den Hundertsatz, den der zu leistende Kapitalbetrag vom Kapitalhöchstbetrag ausmacht.

(3) Im Falle der Tötung oder der Verletzung mehrerer Menschen durch dasselbe Ereignis haftet der Halter eines Kraftfahrzeugs insgesamt nur bis zu den im folgenden genannten Höchstbeträgen. Hierbei bleiben hinsichtlich der einzelnen Verletzten die in Abs. 1 genannten Höchstbeträge unberührt. Übersteigen die mehreren Menschen zu leistenden Ersätze die nachstehenden Höchstbeträge, so verringern sich die einzelnen Ersätze in dem Verhältnis, in dem ihr Gesamtbetrag zum Höchstbetrag steht. Die Gesamthöchstbeträge sind:

1. für den Halter eines jeden Kraftfahrzeugs „6 450 000 Euro"; *(BGBl I 2021/245, ab 1. 4. 2022, s § 21 Abs 7)*

2. für den Halter eines Omnibusses mit nicht mehr als 19 Plätzen (Sitz- und Stehplätzen) außer dem Lenkerplatz sowie für den Halter eines Lastkraftwagens mit mehr als acht, jedoch nicht mehr als 19 Plätzen außer dem Lenkerplatz überdies „7 790 000 Euro" bezüglich der beförderten Menschen, für den Halter eines Omnibusses und den Halter eines Lastkraftwagens mit mehr als 19 Plätzen außer dem Lenkerplatz für je weitere angefangene fünf Plätze überdies je „3 900 000 Euro" bezüglich der beförderten Menschen; *(BGBl I 2004/115; BGBl I 2021/245, ab 1. 4. 2022, s § 21 Abs 7)*

3. für den Halter eines Kraftfahrzeugs, mit dem gefährliche Güter gemäß den in § 2 Z 1 des Gefahrgutbeförderungsgesetzes, BGBl. I Nr. 145/1998, in der jeweils geltenden Fassung angeführten Vorschriften befördert werden und das gemäß diesen Vorschriften zu kennzeichnen ist, überdies „9 120 000 Euro" für Schäden infolge der gefährlichen Beschaffenheit des Gutes. *(BGBl I 2004/115; BGBl I 2021/245, ab 1. 4. 2022, s § 21 Abs 7)*

(BGBl I 1997/140)

§ 16. (1) Die in diesem Bundesgesetz festgesetzte Haftung für Schäden an Sachen ist, selbst wenn durch dasselbe Ereignis mehrere Sachen beschädigt werden, der Höhe nach mit folgenden Beträgen begrenzt:

1. für den Halter eines jeden Kraftfahrzeugs oder den Betriebsunternehmer einer Eisenbahn (§ 2) bei einem Unfall aus dem Betrieb des Kraftfahrzeugs oder der Eisenbahn mit „1 340 000 Euro"; *(BGBl I 2021/245, ab 1. 4. 2022, s § 21 Abs 7)*

2. für den Halter eines Kraftfahrzeugs, mit dem gefährliche Güter gemäß den in § 2 Z 1 des Gefahrgutbeförderungsgesetzes, BGBl. I Nr. 145/1998, in der jeweils geltenden Fassung ange-

führten Vorschriften befördert werden und das gemäß diesen Vorschriften zu kennzeichnen ist, überdies mit „14 240 000 Euro" für Schäden infolge der gefährlichen Beschaffenheit des Gutes. *(BGBl I 2004/115; BGBl I 2021/245, ab 1. 4. 2022, s § 21 Abs 7)*

(2) Sind auf Grund desselben Ereignisses an mehrere Geschädigte Ersätze zu leisten, die insgesamt die im Abs. 1 genannten Höchstbeträge übersteigen, so verringern sich die einzelnen Ersätze in dem Verhältnis, in dem ihr Gesamtbetrag zum Höchstbetrag steht.

(3) Für Schäden an Liegenschaften durch einen Unfall aus dem Betrieb einer Eisenbahn gelten die Haftungsbegrenzungen des Abs. 1 nicht.

(BGBl I 1997/140)

Verjährung und Anzeigepflicht

§ 17. (1) Die in diesem Bundesgesetz festgesetzten Ersatzansprüche verjähren in drei Jahren von dem Zeitpunkt an, in dem der Ersatzberechtigte von dem Schaden und von der Person des Ersatzpflichtigen Kenntnis erlangt, ohne Rücksicht auf diese Kenntnis in 30 Jahren vom Unfall an.

(2) Im übrigen gelten für die Verjährung die Vorschriften des allgemeinen bürgerlichen Rechtes.

§ 18. Der Ersatzberechtigte verliert die in diesem Bundesgesetz festgesetzten Ersatzansprüche, wenn er nicht innerhalb dreier Monate, nachdem er von dem Schaden und von der Person des Ersatzpflichtigen Kenntnis erlangt hat, diesem den Unfall anzeigt. Der Verlust tritt nicht ein, wenn die Anzeige infolge eines vom Ersatzberechtigten nicht zu vertretenden Umstandes unterblieben ist oder der Ersatzpflichtige innerhalb der bezeichneten Frist auf andere Weise von dem Schaden Kenntnis erhalten hat.

Vorschriften des bürgerlichen Rechtes

§ 19. (1) Unberührt bleiben die Vorschriften des Allgemeinen bürgerlichen Gesetzbuchs und andere Vorschriften, nach denen der Betriebsunternehmer oder Halter für den verursachten Schaden in weiterem Umfang als nach den Bestimmungen dieses Bundesgesetzes haftet oder nach denen ein anderer für den Schaden verantwortlich ist.

(2) Auch dort, wo die Ersatzansprüche für einen durch einen Unfall beim Betrieb einer Eisenbahn oder beim Betrieb eines Kraftfahrzeugs verursachten Schaden nach den allgemeinen Vorschriften des bürgerlichen Rechtes zu beurteilen sind, wie insbesondere auch bei solchen Eisenbahnen und Kraftfahrzeugen, auf die dieses Bundesgesetz nicht anzuwenden ist, haftet der Betriebsunternehmer und der Halter für das Verschulden der Personen, die mit seinem Willen beim Betrieb der Eisenbahn oder beim Betrieb des Kraftfahrzeugs tätig waren, soweit diese Tätigkeit für den Unfall ursächlich war.

Gerichtsstand

§ 20. Für Klagen, die auf Grund dieses Bundesgesetzes erhoben werden, ist auch das Gericht zuständig, in dessen Sprengel sich der Unfall ereignet hat. Bei diesem Gericht können auch anderweitige aus dem Schadensfall abgeleitete Klageansprüche gegen den Betriebsunternehmer oder den Halter oder einen sonst Ersatzpflichtigen erhoben werden.

Inkrafttreten

§ 21. (1) Dieses Bundesgesetz tritt mit dem ersten Tage des auf die Kundmachung folgenden dritten Monats in Kraft.

(2) Die §§ 15, 16 und 21 in der Fassung des Bundesgesetzes BGBl. I Nr. 98/2001 treten mit 1. Jänner 2002 in Kraft. Die geänderten Bestimmungen sind auf Unfälle anzuwenden, die sich nach dem 31. Dezember 2001 ereignet haben. *(BGBl I 2001/98)*

(3) Die §§ 2, 3, 15, 16 und 22 in der Fassung des Bundesgesetzes BGBl. I Nr. 115/2004 treten mit 1. Oktober 2004 in Kraft. Die geänderten Bestimmungen sind auf Unfälle anzuwenden, die sich nach dem 30. September 2004 ereignet haben. *(BGBl I 2004/115)*

(4) Die §§ 15 und 16 in der Fassung des Bundesgesetzes BGBl. I Nr. 37/2007 treten mit 1. Juli 2007 in Kraft. Die geänderten Bestimmungen sind auf Unfälle anzuwenden, die sich nach dem 30. Juni 2007 ereignet haben. *(BGBl I 2007/37)*

(5) § 15 Abs. 1 und 3 sowie § 16 Abs. 1 in der Fassung des Bundesgesetzes BGBl. I Nr. 138/2011 treten mit 1. Jänner 2012 in Kraft. Die geänderten Bestimmungen sind auf Unfälle anzuwenden, die sich nach dem 31. Dezember 2011 ereignet haben. *(BGBl I 2011/138)*

(6) § 15 Abs. 1 und 3 sowie § 16 Abs. 1 in der Fassung des Bundesgesetzes BGBl. I Nr. 19/2017 treten mit 1. Jänner 2017 in Kraft. Die geänderten Bestimmungen sind auf Unfälle anzuwenden, die sich nach dem 31. Dezember 2016 ereignet haben. *(BGBl I 2017/19)*

(7) § 15 Abs. 1 und 3 und § 16 Abs. 1 in der Fassung des Bundesgesetzes BGBl. I Nr. 245/2021 treten mit 1. April 2022 in Kraft. Die geänderten Bestimmungen sind auf Unfälle anzuwenden, die sich nach dem 31. März 2022 ereignet haben. *(BGBl I 2021/245)*

Aufhebung bisheriger Vorschriften

§ 22. (1) Soweit der § 23 nichts anderes bestimmt, werden mit dem Inkrafttreten dieses Bundesgesetzes folgende Vorschriften aufgehoben:

1. Verordnung zur Einführung des Reichshaftpflichtgesetzes in den Reichsgauen der Ostmark und im Reichsgau Sudetenland vom 3. Mai 1940, Deutsches RGBl. I S. 713, soweit sie sich auf Eisenbahnen bezieht,

2. Gesetz, betreffend die Verbindlichkeit zum Schadenersatz für die bei dem Betrieb von Eisenbahnen, Bergwerken usw. herbeigeführten Tötungen und Körperverletzungen vom 7. Juni 1871, Deutsches RGBl. S. 207, soweit es sich auf Eisenbahnen bezieht;

3. Verordnung zur Einführung des Gesetzes über die Haftpflicht der Eisenbahnen und Straßenbahnen für Sachschaden in den Reichsgauen der Ostmark und im Reichsgau Sudetenland vom 25. September 1940, Deutsches RGBl. I S. 1279;

4. Gesetz über die Haftpflicht der Eisenbahnen und Straßenbahnen für Sachschaden vom 29. April 1940, Deutsches RGBl. I S. 691;

5. Verordnung zur Ergänzung des Gesetzes über die Haftpflicht der Eisenbahnen und Straßenbahnen für Sachschaden vom 6. Mai 1941, Deutsches RGBl. I S. 252;

6. Verordnung zur Einführung des Gesetzes über den Verkehr mit Kraftfahrzeugen in der Ostmark und im Reichsgau Sudetenland vom 23. März 1940, Deutsches RGBl. I S. 537;

7. Gesetz über den Verkehr mit Kraftfahrzeugen vom 3. Mai 1909, Deutsches RGBl. S. 437, soweit es nicht bereits aufgehoben ist;

8. Gesetz über die erweiterte Zulassung von Schadenersatzansprüchen bei Dienst- und Arbeitsunfällen vom 7. Dezember 1943, Deutsches RGBl. I S. 674, soweit es nicht bereits aufgehoben ist.

(2) Wo in anderen gesetzlichen Vorschriften des geltenden Rechtes auf die im Abs. 1 genannten Vorschriften verwiesen wird, erhält die Verweisung ihren Inhalt aus den entsprechenden Bestimmungen dieses Bundesgesetzes.

(3) Unberührt bleiben:

1. die §§ 11 und 19 Abs. 2 Eisenbahngesetz 1957, BGBl. Nr. 60,

2. der § 1 Abs. 4 Kraftfahrgesetz 1967, BGBl. Nr. 267, *(BGBl 1968/69)*

3. das Atomhaftungsgesetz 1999, BGBl. I Nr. 170/1998, *(BGBl I 2004/115)*

4. das Allgemeine Sozialversicherungsgesetz, BGBl. Nr. 189/1955,

5. Bestimmungen in Staatsverträgen, soweit sie die Haftung für Schäden aus Unfällen beim Betrieb von Eisenbahnen regeln.

Überleitung

§ 23. Dieses Bundesgesetz ist nur auf Unfälle anzuwenden, die sich nach seinem Inkrafttreten ereignen. Für Unfälle, die sich vorher ereignet haben, gelten die bisherigen Vorschriften.

§ 24. Mit der Vollziehung dieses Bundesgesetzes ist das Bundesministerium für Justiz betraut. Dieses hat das Einvernehmen herzustellen,

1. soweit es sich um Eisenbahnen handelt, mit dem Bundesministerium für öffentliche Wirtschaft und Verkehr,

2. soweit es sich um Kraftfahrzeuge handelt, mit dem Bundesministerium für wirtschaftliche Angelegenheiten und,

3. soweit es sich um die Bestimmungen über die Haftungshöchstbeträge für Kraftfahrzeuge handelt, außerdem mit dem Bundesministerium für Finanzen.

(BGBl 1968/69)

KODEX DES ÖSTERREICHISCHEN RECHTS
HERAUSGEBER: UNIV.-PROF. DR. WERNER DORALT

VERFASSUNGSRECHT

1	B-VG
1a	ÜG, B-VGNov
2a	StGG
2b	EMRK ReligionsR ZDG VerG, VslgG ORF-G, RGG PrR-G, AMD-G PERG, KOG PresseFG MinderheitenR
3a	BVG
3b	VfBest in BG UnabhErkl, R-DG S/V Wien BVG Neutralität KMG SanktG XXF-BVG, TeAnlG Staatl Symbole
4	StbG ParteiG, VerbotG ParFörG KlubFG, PublFG Wahlen Direkte Demokratie
9	Grkr-NR EU-InfoG InfOG
10	BezR Um-IBG
11	BGBlG Rechtsbereinigung
	BMG BVG ÄmterLReg BGemAufsG
13a	F-VG, FAG 2008
13b	KonsMech ÖStP 2012
14	RHG
15	BVwGG VwGVG VwGbk-ÜG
16	VwGG
17	VfGG
18	VolksanwG
19	AHG, OrgHG
20	AuskPfl
21	EUV, AEUV EU-GRC
Anh	IA 1295/A BlgNR 25. GP

KODEX DES ÖSTERREICHISCHEN RECHTS
HERAUSGEBER: UNIV.-PROF. DR. WERNER DORALT

VÖLKERRECHT

1	UN UN-Charta IGH-Statut Völkerbund Atomvisual.
2	WVK WVK I, II
3	Österreich B-VG Auszug Staatsvertrag 1955 Neutralitäts-G
4	Immunität UN-Übk Bader Übk Immunität UN Immunität Spezialorg IO Immunitäten G
5	Dipl. Verkehr WDK WKK Spezialmissionen Strafraum
6	Streitbeilg. 1. Haager Übk Manila-Erkl
7	Gewaltverbot Uniting for Peace Definit. Aggression Friendl. Relations Decl. Weltgipfel 2005 Auszug UNSR-Resolutionen
8	Humanitäres VR Haager LKO GK + Protokoll I, II Kulturgut
9	Seerecht UNCLOS
10	Polarrecht Antarktis
11	Luftfahrtrecht Zivilluftfahrt
12	Weltraum R Weltraum Rettung Haftung Registrierung Mond WeltraumG
13	WirtschaftsR WTO-Abk. GATT GATS TRIPS DSU NY Übk. ICSID
14	UmweltR Rio-Dekl.
15	Menschenrechte UDHR ICCPR + Fak.prot. ICESCR CAT EMRK EU-Charta GFK
16	StrafrechtR Röm. Statut ISGH-G StGB Auszug
17	Verantwortl. ASR, ARIO

KODEX DES ÖSTERREICHISCHEN RECHTS
HERAUSGEBER: UNIV.-PROF. DR. WERNER DORALT

UNTERNEHMENSRECHT

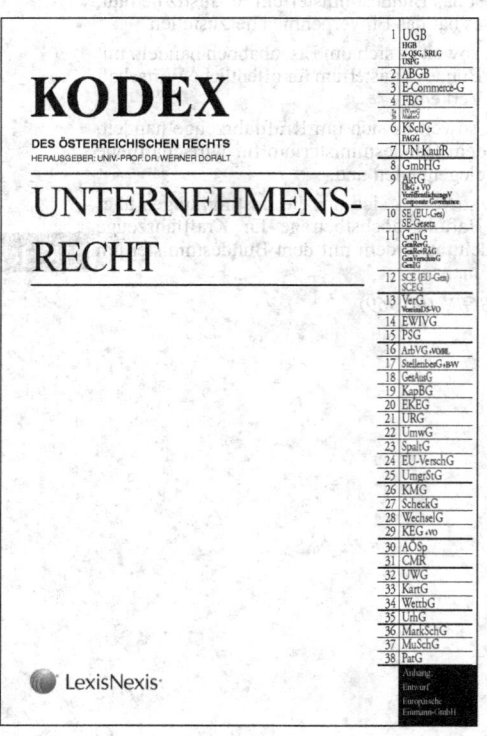

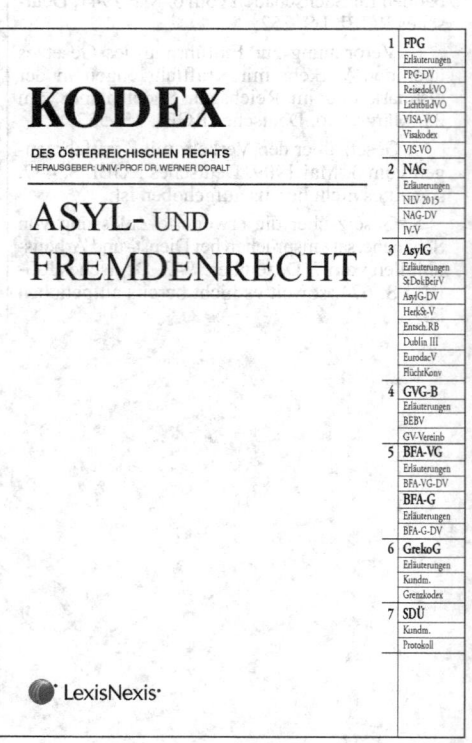

1	UGB HGB A-QSG, SRLG UNPG
2	ABGB
3	E-Commerce-G
4	FBG FBges MailG
6	KSchG FAGG
7	UN-KaufR
8	GmbHG
9	AktG ÜbG, e-VG VeröffentlichungsV Corporate Governance
10	SE (EU-Gm) SE-G SEG-GesVG
11	GenG GenRevG GenRevRLG GenVerschmG GenEG
12	SCE (EU-Gm) SCEG
13	VerG VereinsDS-VO
14	EWIVG
15	PSG
16	ArbVG .VORB.
17	StellenbezG-BSW
18	GesAusG
19	KapBG
20	EKEG
21	URG
22	UmwG
23	SpaltG
24	EU-VerschG
25	UmgrStG
26	KMG
27	ScheckG
28	WechselG
29	KEG .vo
30	AOSp
31	CMR
32	UWG
33	KartG
34	WettbG
35	UrhG
36	MarkSchG
37	MuSchG
38	PatG
Anh	Anhang: Entwurf: Europäische Einartverm-OrdnH

KODEX DES ÖSTERREICHISCHEN RECHTS
HERAUSGEBER: UNIV.-PROF. DR. WERNER DORALT

ASYL- UND FREMDENRECHT

1	FPG Erläuterungen FPG-DV ReisedokVO LichtbildVO VISA-VO Visakodex VIS-VO
2	NAG Erläuterungen NLV 2015 NAG-DV IV-V
3	AsylG Erläuterungen St.DokBeirV AsylG-DV HerkStV-V Entsch. RB Dublin III EurodacV FlüchtKonv
4	GVG-B Erläuterungen BEBV GV-Vereinb
5	BFA-VG Erläuterungen BFA-VG-DV BFA-G Erläuterungen BFA-G-DV
6	GrekoG Erläuterungen Kundm. Grenzkodex
7	SDÜ Kundm. Protokoll

Kodex Verkehrsrecht 1. 11. 2022

12. EisbG
Inhaltsverzeichnis

Eisenbahnverkehrsrecht

12/1. **Eisenbahngesetz 1957,** BGBl 1957/60 idF
BGBl 1963/113, BGBl 1970/20, BGBl I 1971/274
BGBl 1975/422, BGBl 1976/305, BGBl 1992/452
BGBl 1993/899, BGBl 1996/201, BGBl I 1998/15
BGBl I 1999/166, BGBl I 2001/151, BGBl I 2002/67
BGBl I 2003/103, BGBl I 2004/38, BGBl I 2004/106
BGBl I 2004/151, BGBl I 2005/123, BGBl I 2005/163
BGBl I 2006/125, BGBl I 2009/95, BGBl I 2010/25
BGBl I 2011/124, BGBl I 2012/35, BGBl I 2012/50
BGBl I 2013/40, BGBl I 2013/96, BGBl I 2013/205 (VfGH)
BGBl I 2014/89, BGBl I 2015/61, BGBl I 2015/137
BGBl I 2019/60, BGBl I 2020/143, BGBl I 2021/231

12/2. **Eisenbahnkreuzungsverordnung 2012,** BGBl II 2012/216

12/3. **Schienenfahrzeuglärmverordnung – SchLV 2021,** BGBl II 2021/525

12/4. **Schienenverkehrslärm-Immissionsschutzverordnung – SchIV,** BGBl 1993/415 idF BGBl II 2013/362 (VfGH)

12/5. **Eisenbahnschutzvorschriften,** BGBl II 2012/219

12/6. **Unfalluntersuchungsgesetz,** BGBl I 2005/123 idF
BGBl I 2008/2, BGBl I 2012/40, BGBl I 2014/89
BGBl I 2017/102, BGBl I 2020/143, BGBl I 2021/231

EisbG
E-Kr VO
SchLV
SchIV

12/1. EisbG
Inhaltsverzeichnis

Eisenbahngesetz 1957

BGBl 1957/60 idF

1 BGBl 1963/113
2 BGBl 1970/20
3 BGBl 1971/274
4 BGBl 1975/422 (VfGH)
5 BGBl 1976/305
6 BGBl 1992/452
7 BGBl 1993/899
8 BGBl 1996/201
9 BGBl I 1998/15
10 BGBl I 1999/166
11 BGBl I 2001/151
12 BGBl I 2002/67
13 BGBl I 2003/103
14 BGBl I 2004/38
15 BGBl I 2004/106
16 BGBl I 2004/151
17 BGBl I 2005/123
18 BGBl I 2005/163
19 BGBl I 2006/125
20 BGBl I 2009/95
21 BGBl I 2010/25
22 BGBl I 2011/124
23 BGBl I 2012/35 (2. StabG 2012)
24 BGBl I 2012/50 (SNG)
25 BGBl I 2013/40
26 BGBl I 2013/96
27 BGBl I 2013/205 (VfGH)
28 BGBl I 2014/89
29 BGBl I 2015/61
30 BGBl I 2015/137
31 BGBl I 2019/60
32 BGBl I 2020/143
33 BGBl I 2021/231

Bundesgesetz über Eisenbahnen, Schienenfahrzeuge auf Eisenbahnen und den Verkehr auf Eisenbahnen (Eisenbahngesetz 1957 - EisbG)

Inhaltsverzeichnis

1. Teil: Begriffsbestimmungen
- § 1. Eisenbahnen
- § 1a. Eisenbahninfrastrukturunternehmen
- § 1b. Eisenbahnverkehrsunternehmen
- § 1c. Integrierte Eisenbahnunternehmen
- § 1d. Vertikal integriertes Unternehmen
- § 1e. Internationale Gruppierung
- § 1f. Stadt- und Vorortverkehr
- § 1g. Regionalverkehr
- § 1h. Internationaler Güterverkehr
- § 1i. Grenzüberschreitender Personenverkehrsdienst
- § 2. Öffentliche Eisenbahnen
- § 3. Nicht-öffentliche Eisenbahnen
- § 4. Hauptbahnen, Nebenbahnen
- § 5. Straßenbahnen
- § 7. Anschlussbahnen
- § 8. Materialbahnen
- § 9. Gemeinsame Sicherheitsmethoden
- § 9a. Gemeinsame Sicherheitsziele
- § 9b. Stand der Technik
- § 10. Eisenbahnanlagen
- § 10a. Eisenbahninfrastruktur
- § 10b. Akteure

2. Teil: Zuständigkeiten und Aufgaben der Eisenbahnbehörden
- § 11. Entscheidung über Vorfragen
- § 12. Behördenzuständigkeit
- § 13. Behördenaufgaben
- § 13a. Jahresbericht
- § 13b. Sicherheitsempfehlungen

3. Teil: Bau und Betrieb von Eisenbahnen, Bau und Betrieb von Schienenfahrzeugen auf Eisenbahnen und Verkehr auf Eisenbahnen

1. Hauptstück: Konzession
- § 14. Erforderlichkeit der Konzession
- § 14a. Konzessionsverfahren
- § 14b. Betriebseröffnungsfrist, Konzessionsdauer
- § 14c. Erwerb einer Eisenbahn
- § 14d. Verlängerung der Konzessionsdauer
- § 14e. Konzessionsentziehung
- § 14f. Erlöschen der Konzession

2. Hauptstück: Verkehrsgenehmigung
- § 15. Erforderlichkeit der Verkehrsgenehmigung
- § 15a. Unterlagen zum Antrag
- § 15b. Voraussetzungen
- § 15c. Zuverlässigkeit
- § 15d. Finanzielle Leistungsfähigkeit
- § 15e. Fachliche Eignung
- § 15f. Entscheidungspflicht
- § 15g. Verkehrseröffnung
- § 15h. Überprüfungen
- § 15i. Entziehung, Einschränkung
- § 15j. Mitteilungspflichten

12/1. EisbG
Inhaltsverzeichnis

§ 15k. Erlöschen der Verkehrsgenehmigung
3. Hauptstück: Verkehrskonzession
§ 16. Erforderlichkeit der Verkehrskonzession
§ 16a. Unterlagen zum Antrag
§ 16b. Voraussetzungen
§ 16c. Verkehrseröffnungsfrist
§ 16d. Überprüfungen
§ 16e. Entziehung, Einschränkung
§ 16f. Erlöschen der Verkehrskonzession
4. Hauptstück: Genehmigung für nicht-öffentliche Eisenbahnen
§ 17. Erforderlichkeit der Genehmigung
§ 17a. Genehmigungsverfahren
§ 17b. Werksverkehr, beschränkt-öffentlicher Verkehr
5. Hauptstück: Rechte des Eisenbahnunternehmens
§ 18. Bau- und Betriebsrechte
§ 18a. Schutz vor nicht zumutbarer Konkurrenzierung
§ 18b. Enteignungsrecht
§ 18c. Duldungsrechte
§ 18d. Schienenersatzverkehr
6. Hauptstück: Pflichten des Eisenbahnunternehmens
§ 19. Vorkehrungen
§ 19a. Regelmäßig wiederkehrende Überprüfungen
§ 19b. Einstellung aus Sicherheitsgründen
§ 19c. Meldepflicht bei Unfällen und Störungen
§ 19d. Änderung der Zustelladresse, Zustellungsbevollmächtigter
§ 20. Verkehrsanlagen, Wasserläufe
§ 20a. Einfriedungen, Schutzbauten
§ 21. Betriebsleiter
§ 21a. Allgemeine Anordnungen an Eisenbahnbedienstete
§ 21b. Selbständiges Führen und Bedienen eines Triebfahrzeuges
§ 21c. Qualifizierte Tätigkeiten
§ 22a. Tarife samt Bedingungen
§ 22a. Entschädigungsbedingungen
§ 22b. Bekanntgabe der Beförderungsbedingungen an die Schienen-Control GmbH
§ 22c. Notfallpläne für die Hilfeleistungserbringung
§ 23. Direkte Abfertigung, durchgehender Tarif
§ 24. Gemeinwirtschaftliche Verpflichtungen
§ 25. Genehmigungspflichtige Rechtsakte

§ 26. Auskunftspflicht des Eisenbahnunternehmens
§ 27. Erleichterungen
§ 28. Einstellung wegen wirtschaftlicher Unzumutbarkeit
§ 29. Auflassung einer Eisenbahn
§ 30. Eisenbahnaufsichtsorgane
§ 30a. Vorhandensein gefährlicher Stoffe
7. Hauptstück: Bau, Veränderung und Inbetriebnahme von Eisenbahnanlagen, nicht ortsfesten eisenbahnsicherungstechnischen Einrichtungen und Inbetriebnahme von Schienenfahrzeugen
1. Abschnitt: Eisenbahnrechtliche Baugenehmigung
§ 31. Erforderlichkeit einer eisenbahnrechtlichen Baugenehmigung
§ 31a. Antrag
§ 31b. Bauentwurf
§ 31c. Mündliche Verhandlung
§ 31d. Berührte Interessen
§ 31e. Parteien
§ 31f. Genehmigungsvoraussetzungen
§ 31g. Bauausführungsfrist
§ 31h. Höchstgerichtliche Aufhebung eines Baugenehmigungsbescheides
2. Abschnitt: Bauartgenehmigung
1. Unterabschnitt: Schienenfahrzeuge
§ 32. Erforderlichkeit einer Bauartgenehmigung
§ 32a. Antrag
§ 32b. Genehmigungsvoraussetzungen
§ 32c. Berechtigungen
§ 32d. Befristung in der Bauartgenehmigung
§ 32e. Befristete Erprobung von Schienenfahrzeugen
2. Unterabschnitt: Eisenbahnsicherungstechnische Einrichtungen
§ 33. Zulässigkeit einer Bauartgenehmigung
§ 33a. Antrag
§ 33b. Genehmigungsvoraussetzungen
§ 33c. Befristung in der Bauartgenehmigung
3. Abschnitt: Betriebsbewilligung
§ 34. Erforderlichkeit der Betriebsbewilligung
§ 34a. Verbindung mit anderen Genehmigungen
§ 34b. Antrag
§ 35. Erteilung der Betriebsbewilligung
4. Abschnitt: Genehmigungsfreie Vorhaben
§ 36.
8. Hauptstück: Sonstiges

EisbG
E-Kr VO
SchLV
SchIV

12/1. EisbG

Inhaltsverzeichnis

- § 40. Verzeichnis eisenbahntechnischer Fachgebiete
- § 40a. Vorarbeiten
- § 40b. Einlösungsrecht des Bundes
- § 41. Ausländische Rechtsakte
- § 41b. Bewertungsstelle

3a. Teil: Anrainerbestimmungen, Verhalten innerhalb von Eisenbahnanlagen

1. Hauptstück: Anrainerbestimmungen

- § 42. Bauverbotsbereich
- § 43. Gefährdungsbereich
- § 43a. Feuerbereich
- § 44. Beseitigung eines verbotswidrigen Zustandes
- § 45. Beseitigung eingetretener Gefährdungen

2. Hauptstück: Verhalten innerhalb der Eisenbahnanlagen und in Schienenfahrzeugen

- § 46. Verhalten innerhalb der Eisenbahnanlagen
- § 47. Betreten hiefür nicht bestimmter Stellen von Eisenbahnanlagen
- § 47a. Benützung nicht-öffentlicher Eisenbahnübergänge
- § 47b. Bahnbenützende

3. Hauptstück: Sonstiges

- § 47c. Schutzvorschriften

4. Teil: Kreuzungen mit Verkehrswegen, Eisenbahnübergänge

1. Hauptstück: Bauliche Umgestaltung von Verkehrswegen, Auflassung schienengleicher Eisenbahnübergänge

- § 48. Anordnung der baulichen Umgestaltung und der Auflassung

2. Hauptstück: Schienengleiche Eisenbahnübergänge

- § 49. Sicherung und Verhalten bei Annäherung und Übersetzung
- § 50. Bildverarbeitende technische Einrichtungen

5. Teil: Verknüpfung von Schienenbahnen

- § 53a. Anschluss und Mitbenützung
- § 53b. Behandlung von Anschluss- und Mitbenützungsbegehren
- § 53c. Beschwerde an die Schienen-Control Kommission
- § 53d. Vorlage von Verträgen
- § 53f. Wettbewerbsaufsicht

6. Teil: Regulierung des Schienenverkehrsmarktes

1. Hauptstück: Allgemeines

- § 54. Zweck
- § 54a. Ausnahmen vom Geltungsbereich des 6.
- § 55. Trennungsmaßnahmen
- § 55a. Leitstrategie für den Ausbau der Eisenbahninfrastruktur
- § 55b. Finanzierungsverträge zur Eisenbahninfrastruktur
- § 55c. Unabhängigkeit des Eisenbahninfrastrukturunternehmens
- § 55d. Unabhängigkeit bei den wesentlichen Funktionen
- § 55e. Unparteilichkeit hinsichtlich Verkehrsmanagement und Instandhaltungsplanung
- § 55f. Finanzielle Transparenz
- § 55g. „Auslagerung von Funktionen und Arbeiten des Eisenbahninfrastrukturunternehmens" *(BGBl I 2021/231)*
- § 55h. „Wahrnehmung von Funktionen durch verschiedene Eisenbahninfrastrukturunternehmen" *(BGBl I 2021/231)*
- § 55i. „Kooperationsvereinbarungen mit Eisenbahnverkehrsunternehmen" *(BGBl I 2021/231)*
- § 55j. „Koordinierung" *(BGBl I 2021/231)*
- § 55k. „Europäisches Netzwerk der Infrastrukturbetreiber" *(BGBl I 2021/231)*

2. Hauptstück: Zugang zur Eisenbahninfrastruktur, zu Serviceeinrichtungen und -leistungen

1. Abschnitt: Allgemeines

- § 56. Zugang zur Eisenbahninfrastruktur
- § 57. Zugangsberechtigte
- § 57a. Fahrwegkapazitätsberechtigte
- § 57b. Anforderungen an Fahrwegkapazitätsberechtigte
- § 57c. Bedienungsverbot bei Personenverkehrsdiensten
- § 58. Mindestzugangspaket
- § 58a. Serviceeinrichtungen
- § 58b. Zugang zu Serviceeinrichtungen, Gewährung von Serviceleistungen
- § 59. Schienennetz-Nutzungsbedingungen
- § 60. Entziehung von Zugtrassen
- § 62. Zuweisungsstelle
- § 62a. Betreiber einer Serviceeinrichtung
- § 62b. Entgelterhebende Stelle

2. Abschnitt: Zuweisung von Fahrwegkapazität

- § 63. Zuweisungsgrundsätze
- § 63a. „Nutzungsbeschränkung zugunsten bestimmter Arten von Eisenbahnverkehrsdiensten" *(BGBl I 2021/231)*
- § 64. Rahmenregelung
- § 64a. Zusammenarbeit von Zuweisungsstellen
- § 65. Netzfahrplanerstellung

12/1. EisbG
Inhaltsverzeichnis

- § 65a. Fahrwegkapazität für regelmäßige Instandhaltungsarbeiten
- § 65b. Koordinierungsverfahren
- § 65c. Überlastete Eisenbahninfrastruktur
- § 65d. Kapazitätsanalyse
- § 65e. Plan zur Erhöhung der Fahrwegkapazität
- § 65f. Verlangen nach Aufgabe von Zugtrassen
- § 66. Sondermaßnahmen bei Störungen

3. Abschnitt: Wegentgelte und Dienstleistungsentgelte

1. Unterabschnitt: Entgeltgrundsätze für das Wegeentgelt

- § 67. Kosten des Zugbetriebes
- § 67a. Entgeltbestandteile für Kapazitätsengpässe
- § 67b. Umweltbezogene Auswirkungen des Zugbetriebes
- § 67c. Gemittelte Festsetzung des Wegeentgeltes

2. Unterabschnitt: Ausnahme von den Entgeltgrundsätzen für das Wegeentgelt

- § 67d. Volle Kostendeckung der Wegeentgelte
- § 67e. Höhere Wegeentgelte für bestimmte Eisenbahninfrastrukturen
- § 67f. Wegeentgeltregel für bestimmte Eisenbahnkorridore
- § 67g. Vergleichbarkeit der Wegeentgelte

3. Unterabschnitt: Sonstiges

- § 67h. Leistungsabhängige Wegeentgeltbestandteile
- § 67i. Entgelt für nicht genutzte Fahrwegkapazität
- § 67j. Entgelte für Instandhaltung
- § 68. Festsetzung der Wegeentgelte
- § 68a. Verhandlungen über die Höhe des Wegeentgeltes
- § 69. Entrichtung der Wegeentgelte
- § 69a. Wegeentgeltnachlässe
- § 69b. Dienstleistungsentgelte
- § 69c. Informations- und Nachweispflichten
- § 70. Zusammenarbeit bei schienennetzübergreifenden Wegeentgeltregelungen

4. Abschnitt: Behandlung von Begehren, Beschwerde

- § 70a. Rechtsform
- § 71. Behandlung von Begehren auf Fahrwegkapazitätszuweisung und Gewährung des Mindestzugangspaketes
- § 71a. Behandlung von Begehren auf Zugang zu Serviceeinrichtungen und Gewährung von Serviceleistungen
- § 72. Beschwerde gegen die Zuweisungsstelle
- § 73. Beschwerde gegen einen Betreiber von Serviceeinrichtung
- § 73a. Vorlage von Verträgen und Urkunden

5. Abschnitt: Wettbewerbsüberwachung, Marktbeobachtung

- § 74. Überwachung des Wettbewerbs
- § 74a. Marktbeobachtung

6a. Teil: Zugang auf anderen Eisenbahnen

- § 75a. Zugangsrechte auf anderen Eisenbahnen
- § 75b. Freiwillig eingeräumter Zugang

6b. Teil: Schulungseinrichtungen

- § 75c. Zugang zu Schulungseinrichtungen
- § 75d. Prüfung, Zeugnisse
- § 75e. Beschwerde an die Schienen-Control Kommission

6c. Teil: Schienen-Control GmbH

- § 76. Gründung der Schienen-Control GmbH
- § 77. Aufgaben der Schienen-Control GmbH
- § 78. Verfahrensvorschrift
- § 78a. Außergerichtliche Streitbeilegung mit Kunden
- § 78b. Unwirksamkeitserklärung durch die Schienen-Control Kommission
- § 78c. Tätigkeitsbericht
- § 78d. Auskunftspflichten
- § 79. Aufsicht
- § 79a. Erklärung der Geschäftsführer
- § 79b. Berufsverbot
- § 80. Aufwand der Schienen-Control GmbH

7. Teil: Regulierungsbehörde

- § 81. Einrichtung der Schienen-Control Kommission
- § 82. Zusammensetzung der Schienen-Control Kommission
- § 82a. Erklärung der Mitglieder und Ersatzmitglieder
- § 82b. Berufsverbot
- § 83. Beschlussfassung und Geschäftsordnung
- § 84. Verfahrensvorschrift
- § 84a. Auskunftspflichten
- § 84b. Konsultierung von Nutzern
- § 84c. Grenzüberschreitende Zusammenarbeit
- § 84d. Kundmachung von Verordnungen der Schienen-Control Kommission
- § 85. Kosten und Entschädigung der Mitglieder

8. Teil: Interoperabilität

1. Hauptstück: Geltungsbereich, Zweck

- § 86. Geltungsbereich
- § 87. Zweck

2. Hauptstück: Interoperabilität des Eisenbahnsystems

EisbG
E-Kr VO
SchLV
SchIV

12/1. EisbG

Inhaltsverzeichnis

1. Abschnitt: Allgemeines
§ 88. Interoperabilität
§ 89. Technische Spezifikationen für die Interoperabilität (TSI)
§ 90. Grundlegende Anforderungen
§ 91. Aufrüstung
§ 92. Erneuerung
§ 93. Bereitstellung von Daten

2. Abschnitt: Interoperabilitätskomponenten
§ 94. Begriffsbestimmung
§ 95. Inverkehrbringen von Interoperabilitätskomponenten
§ 96. Konformität und Gebrauchstauglichkeit
§ 97. EG-Erklärung
§ 98. Unrichtige EG-Erklärung

3. Abschnitt: Teilsysteme
§ 99. Begriffsbestimmung
§ 100. Erfüllung der grundlegenden Anforderungen
§ 101. Nichtanwendbarkeit der TSI
§ 102. Verfahren zur Ausstellung der EG-Prüferklärung
§ 103. Nichtübereinstimmung von Teilsystemen mit grundlegenden Anforderungen

4. Abschnitt: Inbetriebnahme ortsfester technischer Einrichtungen
§ 104. Erforderlichkeit einer Genehmigung zur Inbetriebnahme
§ 105. Antrag
§ 106. Ermittlungsverfahren und Bescheiderlassung
§ 107. Entscheidung über eine Genehmigungspflicht bei Erneuerung oder Aufrüstung
§ 108. Harmonisierte Einführung des „Europäischen Eisenbahnverkehrsleitsystems" (ERTMS)

5. Abschnitt: Mobile Teilsysteme
§ 109. Inverkehrbringen

6. Abschnitt: Schienenfahrzeuge
§ 110. Genehmigung für das Inverkehrbringen, Fahrzeugtypengenehmigung
§ 111. Dateneingabe in das Europäische Register genehmigter Fahrzeugtypen
§ 112. Prüfung vor Nutzung eines genehmigten Schienenfahrzeuges
§ 113. Nichterfüllung grundlegender Anforderungen

3. Hauptstück: Europäisches Fahrzeugeinstellungsregister
§ 114. Registrierung von Schienenfahrzeugen
§ 115. Europäische Fahrzeugnummer
§ 116. Eintragungsverfahren
§ 117. Auskünfte über Daten und Angaben

4. Hauptstück: Infrastrukturregister
§ 118.

9. Teil: Triebfahrzeugführer

1. Hauptstück: Allgemeines
§ 124. Triebfahrzeugführer
§ 125. Anwendungsbereich
§ 126. Voraussetzung zum Führen eines Triebfahrzeuges
§ 127. Ausländische Fahrerlaubnisse

2. Hauptstück: Fahrerlaubnis
§ 128. Wesen der Fahrerlaubnis
§ 129. Voraussetzungen
§ 130. Zuständigkeit
§ 131. Antragsunterlagen für die Ausstellung einer Fahrerlaubnis
§ 132. Physische Eignung
§ 133. Arbeitspsychologische Eignung
§ 134. Allgemeine Fachkenntnisse
§ 135. Ausstellung, Inhalt und Merkmale der Fahrerlaubnis
§ 136. Erneuerung der Fahrerlaubnis
§ 137. Ausstellung eines Duplikates der Fahrerlaubnis
§ 138. Aktualisierung der Fahrerlaubnis
§ 139. Überprüfungen
§ 140. Entzug und Aussetzung der Fahrerlaubnis

3. Hauptstück: Bescheinigung
§ 141. Ausweis der Triebfahrzeuge und Eisenbahnen
§ 142. Voraussetzungen für die Ausstellung einer Bescheinigung
§ 143. Ausstellung, Inhalt und Merkmale der Bescheinigung
§ 144. Verfahren
§ 145. Fachkenntnisse, Sprachkenntnisse
§ 146. Unternehmensinterne Überprüfungen
§ 147. Beendigung des Beschäftigungsverhältnisses
§ 147a. Behördliche Überprüfung

4. Hauptstück: Sachverständige
§ 148. Bestellung sachverständiger Prüfer
§ 149. Verzeichnis der sachverständigen Prüfer
§ 150. Begutachtungsbefugnis
§ 150a. Überprüfung, Einschränkung der Begutachtungsbefugnis, Widerruf der Bestellung

5. Hauptstück: Ausbildung
§ 151. Ausbildungsmethode
§ 152. Triebfahrzeugführer-Schulungseinrichtung

§ 153. Zugang zur Triebfahrzeugführer-Schulungseinrichtung
§ 154. Beschwerde an die Schienen-Control Kommission
§ 155. Ersatz der Ausbildungskosten
§ 155a. Überprüfung, Einschränkung und Einstellung des Schulungsbetriebes

6. Hauptstück: Fahrerlaubnis-Register
§ 156. Errichtung und Führung
§ 157. Inhalt
§ 158. Auskunft über Daten und Angaben

7. Hauptstück: Bescheinigungs-Register
§ 159. Errichtung und Führung
§ 160. Inhalt
§ 161. Auskunft über Daten und Angaben

8. Hauptstück: Triebfahrzeugführerangelegenheiten mit Auslandsbezug
§ 162. Ausländische Fahrerlaubnis
§ 163. Inländische Fahrerlaubnis
§ 164. Ausländische Bescheinigung
§ 165. Inländische Bescheinigung

9. Hauptstück: Sonstiges
§ 166. Unabhängige Beurteilung
§ 167. Überwachung im Rahmen eines Systems von Qualitätsnormen

10. Teil: Benannte Stellen, Bestimmte Stellen und akkreditierte interne Stellen

1. Hauptstück: Benannte Stellen

1. Abschnitt: Begriffsbestimmungen
§ 168.

2. Abschnitt: Anforderungen für die Benennung einer Konformitätsbewertungsstelle
§ 169. Allgemeine Anforderungen
§ 170. Haftpflichtversicherung
§ 171. Vorkehrungen

3. Abschnitt: Benennung
§ 172. Verfahren
§ 173. Angaben
§ 174. Aufnahme der Tätigkeit
§ 175. Einschränkung, Aussetzung oder Widerruf einer Benennung

4. Abschnitt: Pflichten einer benannten Stelle
§ 176. Tätigkeiten
§ 177. Unparteilichkeit
§ 178. Mitarbeiter
§ 179. Zweigunternehmen, Vergabe von Unteraufträgen
§ 180. Bereitstellung von Informationen
§ 181. Mitwirkungspflichten
§ 182. Beteiligung an einer sektoralen Gruppe

2. Hauptstück: Bestimmte Stellen
§ 183.

3. Hauptstück: Akkreditierte interne Stelle
§ 184.

11. Teil: Spezielle Sicherheitsbestimmungen

1. Hauptstück: Geltungsbereich
§ 185.

2. Hauptstück: Nationale Sicherheitsvorschriften
§ 186. Begriffsbestimmungen
§ 187. Erlassung nationaler Sicherheitsvorschriften

3. Hauptstück: Sicherheitsmanagementsystem
§ 188. Einführung eines Sicherheitsmanagementsystems
§ 189. Dokumentation des Sicherheitsmanagementsystems
§ 190. Inhalt des Sicherheitsmanagementsystems
§ 191. Grundelemente des Sicherheitsmanagementsystems
§ 192. Hilfe für Unfallopfer
§ 193. Sicherheitsbericht

4. Hauptstück: Einheitliche Sicherheitsbescheinigung
§ 194. Erforderlichkeit
§ 195. Ausstellung, Aktualisierung und Erneuerung
§ 196. Einschränkung oder Widerruf
§ 196a. „Mitteilungspflicht der Behörde" *(BGBl I 2021/231)*
§ 197. Überprüfung durch das Eisenbahnverkehrsunternehmen

5. Hauptstück: Sicherheitsgenehmigung
§ 198. Erforderlichkeit einer Sicherheitsgenehmigung
§ 199. Antrag
§ 200. Genehmigungsvoraussetzungen
§ 201. Gültigkeit und Erneuerung der Sicherheitsgenehmigung
§ 202. Aktualisierung der Sicherheitsgenehmigung
§ 203. Widerruf, Einschränkung
§ 204. Mitteilungspflicht der Behörde
§ 205. Entscheidungspflicht
§ 206. Überprüfung durch das Eisenbahnverkehrsunternehmen

6. Hauptstück: Instandhaltung von Schienenfahrzeugen
§ 207. Zuweisung einer für die Instandhaltung zuständigen Stelle
§ 208. Aufgabe einer für die Instandhaltung zuständigen Stelle
§ 209. Instandhaltungssystem
§ 210. Funktionen des Instandhaltungssystems

12/1. EisbG

Inhaltsverzeichnis, §§ 1 – 1b

§ 211. Zertifizierung des Instandhaltungssystems für Güterwagen

7. Hauptstück: Risikobegrenzung

§ 212. Maßnahmen
§ 213. Kenntnis eines Sicherheitsrisikos
§ 214. Austausch von Schienenfahrzeugen

12. Teil: Aufsicht

§ 215. Sicherheitsmanagementsystem
§ 216. Mitteilungspflichten
§ 217. Arbeits-, Fahr- und Ruhezeiten der Triebfahrzeugführer
§ 218. Antrag auf Einschränkung oder Widerruf einer einheitlichen Sicherheitsbescheinigung
§ 219. Schwerwiegendes Sicherheitsrisiko
§ 220. Teilsystems
§ 221. Sonstige Aufsichtstätigkeiten
§ 222. Befugnisse im Rahmen der Aufsicht
§ 223. Ankündigung vor Wahrnehmung bestimmter Aufsichtsbefugnisse
§ 224. Herstellung eines rechtskonformen Zustandes

13. Teil: Schlussbestimmungen

1. Hauptstück: Strafen, Verwalterbestellung

§ 225.
§ 226.
§ 227.
§ 228.
§ 229.
§ 230.
§ 231.
§ 232.
§ 233.

2. Hauptstück: Verhältnis zu anderen Rechtsvorschriften, Verweisungen

§ 234. Verhältnis zu anderen Rechtsvorschriften
§ 235. Bezugnahme auf Rechtsakte der Europäischen Union
§ 236. Verweisungen
§ 237. Personenbezogene Bezeichnungen

3. Hauptstück: Übergangsbestimmungen, Vollziehung, Inkrafttreten, Außerkrafttreten

§ 238. Übergangsbestimmungen zum Bundesgesetz BGBl. Nr. 60/1957
§ 239. Übergangsbestimmungen zur Novelle BGBl. I Nr. 38/2004
§ 240. Übergangsbestimmungen zur Novelle BGBl. I Nr. 125/2006
§ 241. Übergangsbestimmungen zur Novelle BGBl. I Nr. 25/2010
§ 242. Übergangsbestimmungen zur Novelle BGBl. I Nr. 96/2013

§ 243. Übergangsbestimmungen zur Novelle BGBl. I Nr. 143/2020
§ 244. Vollziehung
§ 245. Inkrafttreten, Außerkrafttreten

(BGBl I 2020/143)

1. Teil
Begriffsbestimmungen

Eisenbahnen

§ 1. „" Eisenbahnen im Sinne dieses Bundesgesetzes sind:

1. Öffentliche Eisenbahnen, und zwar:

a) Hauptbahnen;

b) Nebenbahnen:

c) Straßenbahnen;

2. Nicht-öffentliche Eisenbahnen, und zwar:

a) Anschlussbahnen;

b) Materialbahnen.

(BGBl I 2006/125)

(2) *(entfällt, BGBl I 2006/125)*

Eisenbahninfrastrukturunternehmen

§ 1a. Ein Eisenbahninfrastrukturunternehmen ist ein Eisenbahnunternehmen, das dem Bau und Betrieb von Haupt- und Nebenbahnen, ausgenommen solchen Nebenbahnen, die mit anderen Haupt- oder Nebenbahnen nicht vernetzt sind, dient und darüber verfügungsberechtigt ist. Haupt- und Nebenbahnen sind vernetzt, wenn über die bloß örtliche Verknüpfung hinaus ein Übergang von „Schienenfahrzeugen" ohne Spurwechsel und ohne technische Hilfsmittel (beispielsweise Rollschemel) stattfinden kann. Haupt- und Nebenbahnen gelten auch dann als vernetzt, wenn sie grenzüberschreitend mit gleichartigen anderen Schienenbahnen in Nachbarstaaten verknüpft sind. *(BGBl I 2006/125)*

Eisenbahnverkehrsunternehmen

§ 1b. Ein Eisenbahnverkehrsunternehmen ist ein Eisenbahnunternehmen, das Eisenbahnverkehrsdienste auf der Eisenbahninfrastruktur von Hauptbahnen oder vernetzten Nebenbahnen erbringt sowie die Traktion sicherstellt, wobei dies auch solche einschließt, die nur die Traktionsleistung erbringen, und dem eine Verkehrsgenehmigung, eine Verkehrskonzession oder eine einer Verkehrsgenehmigung gemäß § 41 gleichzuhaltende Genehmigung oder Bewilligung erteilt wurde.

(BGBl I 2015/137)

Integrierte Eisenbahnunternehmen

§ 1c. Integrierte Eisenbahnunternehmen sind Eisenbahnunternehmen, die sowohl Eisenbahninfrastrukturunternehmen als auch Eisenbahnverkehrsunternehmen sind. Bei einem solchen Eisenbahnunternehmen beziehen sich die in diesem Bundesgesetz

1. für Eisenbahninfrastrukturunternehmen statuierten Rechte und Pflichten auf die Funktion des Eisenbahnunternehmens als Eisenbahninfrastrukturunternehmen und die

2. für Eisenbahnverkehrsunternehmen statuierten Rechte und Pflichten auf die Funktion des Eisenbahnunternehmens als Eisenbahnverkehrsunternehmen.

Vertikal integriertes Unternehmen

§ 1d. (1) Ein vertikal integriertes Unternehmen ist entweder ein integriertes Eisenbahnunternehmen oder ein Unternehmen, bei dem im Sinne der Verordnung (EG) Nr. 139/2004 über die Kontrolle von Unternehmenszusammenschlüssen („EG-Fusionskontrollverordnung"), ABl. L 24 vom 29.01.2004, S. 1,

1. ein Eisenbahninfrastrukturunternehmen von einem Unternehmen kontrolliert wird, das gleichzeitig ein oder mehrere Eisenbahnverkehrsunternehmen kontrolliert, das bzw. die Eisenbahnverkehrsdienste auf dem Netz des Eisenbahninfrastrukturunternehmens erbringt bzw. erbringen,

2. ein Eisenbahninfrastrukturunternehmen von einem oder mehreren Eisenbahnverkehrsunternehmen kontrolliert wird, das bzw. die Eisenbahnverkehrsdienste auf dem Netz des Eisenbahninfrastrukturunternehmens erbringt bzw. erbringen, oder

3. ein oder mehrere Eisenbahnverkehrsunternehmen, das bzw. die Eisenbahnverkehrsdienste auf dem Netz des Eisenbahninfrastrukturunternehmens erbringt bzw. erbringen, von einem Eisenbahninfrastrukturunternehmen kontrolliert wird bzw. kontrolliert werden

(2) Sind ein Eisenbahninfrastrukturunternehmen und ein Eisenbahnverkehrsunternehmen völlig voneinander unabhängig, werden jedoch beide unmittelbar vom Bund oder einem Bundesland ohne zwischengeschaltete Stelle kontrolliert, gelten sie nicht als vertikal integrierte Unternehmen.

(BGBl I 2019/60)

Internationale Gruppierung

„**§ 1e.**" Eine internationale Gruppierung ist die Verbindung von mindestens zwei Eisenbahnverkehrsunternehmen, deren Sitz in verschiedenen Staaten liegt, zum Zweck der Erbringung grenzüberschreitender Eisenbahnverkehrsdienste. Diese Staaten können Mitgliedstaaten der Europäischen Union, Vertragsparteien des Abkommens über den Europäischen Wirtschaftsraum oder die Schweizerische Eidgenossenschaft sein. *(BGBl I 2019/60)*

(BGBl I 2015/137)

Stadt- und Vorortverkehr

„**§ 1f.**" Stadt- und Vorortverkehr ist jener Verkehr, der den Verkehrsbedarf eines Stadtgebietes oder eines Ballungsraumes sowie den Verkehrsbedarf zwischen einem Stadtgebiet und dem Ballungsraum und dem Umland deckt. *(BGBl I 2019/60)*

(BGBl I 2006/125)

Regionalverkehr

„**§ 1g.**" Regionalverkehr ist jener Verkehr, der den Verkehrsbedarf einer Region deckt. *(BGBl I 2019/60)*

(BGBl I 2006/125)

Internationaler Güterverkehr

„**§ 1h.**" Internationaler Güterverkehr ist jener Verkehr, bei dem der Zug mindestens eine Grenze eines Mitgliedstaates der Europäischen Union, einer Vertragspartei des Abkommens über den Europäischen Wirtschaftsraum oder der Schweizerischen Eidgenossenschaft überquert; der Zug kann erweitert und/oder geteilt werden, und die verschiedenen Zugabschnitte können unterschiedliche Abfahrts- und Bestimmungsorte haben, sofern alle Schienenfahrzeuge mindestens eine Grenze überqueren. *(BGBl I 2019/60)*

(BGBl I 2006/125)

Grenzüberschreitender Personenverkehrsdienst

„**§ 1i.**" Ein grenzüberschreitender Personenverkehrsdienst ist ein Eisenbahnverkehrsdienst, bei dem Personen mit einem Zug, der mindestens eine Grenze eines Mitgliedstaates der Europäischen Union oder einer Vertragspartei des Abkommens über den Europäischen Wirtschaftsraum überquert, befördert werden und dessen Hauptzweck die Beförderung von Fahrgästen zwischen Bahnhöfen in den verschiedenen Mitgliedstaaten der Europäischen Union und Vertragsparteien des Abkommens über den Europäischen Wirtschaftsraum ist; der Zug kann zusammengesetzt und/oder getrennt werden, und die verschiedenen Zugteile können unterschiedliche Ursprungs- und Zielorte haben, sofern alle Schienenfahrzeuge mindestens eine Grenze überqueren. *(BGBl I 2019/60)*

(BGBl I 2015/137)

Öffentliche Eisenbahnen

§ 2. Öffentliche Eisenbahnen sind solche, die dem allgemeinen Personen-, Reisegepäck- oder Güterverkehr zu dienen bestimmt sind und auf denen die Verpflichtung zur Erbringung von „Eisenbahnverkehrsdiensten" nach Maßgabe der hiefür geltenden Rechtsvorschriften und der Beförderungsbedingungen besteht (öffentlicher Verkehr). *(BGBl I 2015/137)*

Nicht-öffentliche Eisenbahnen

§ 3. Nicht-öffentliche Eisenbahnen sind Eisenbahnen, die ein Unternehmen vornehmlich für eigene Zwecke betreibt (nichtöffentlicher Verkehr).

Hauptbahnen, Nebenbahnen

§ 4. (1) Hauptbahnen sind für den öffentlichen Verkehr bestimmte Schienenbahnen von größerer Verkehrsbedeutung. Dazu zählen diejenigen Schienenbahnen

1. die gemäß § 1 des Hochleistungsstreckengesetzes, BGBl. Nr. 135/1989 in der geltenden Fassung, zu Hochleistungsstrecken erklärt sind;

2. die der Bundesminister für Verkehr, Innovation und Technologie durch Verordnung zu Hauptbahnen erklärt, weil ihnen eine besondere Bedeutung für einen leistungsfähigen Verkehr – insbesondere mit internationalen Verbindungen oder im Regionalverkehr – zukommt oder sie hiefür ausgebaut werden sollen.

(2) Nebenbahnen sind für den öffentlichen Verkehr bestimmte Schienenbahnen, sofern sie nicht Hauptbahnen oder Straßenbahnen sind.

Straßenbahnen

§ 5. (1) Straßenbahnen sind für den öffentlichen Verkehr innerhalb eines Ortes bestimmte Schienenbahnen (Ortsstraßenbahnen), und zwar:

1. straßenabhängige Bahnen,

 a) deren bauliche und betrieblichen Einrichtungen sich zumindest teilweise im Verkehrsraum öffentlicher Straßen befinden und

 b) auf denen Schienenfahrzeuge zumindest teilweise den Verkehrsraum öffentlicher Straßen benützen und sich in ihrer Betriebsweise der Eigenart des Straßenverkehrs anpassen;

2. straßenunabhängige Bahnen, auf denen Schienenfahrzeuge ausschließlich auf einem eigenen Bahnkörper verkehren, wie Hoch- und Untergrundbahnen, Schwebebahnen oder ähnliche Bahnen besonderer Bauart.
(BGBl I 2006/125)

(2) Für den öffentlichen Verkehr zwischen mehreren benachbarten Orten bestimmte Eisenbahnen gelten als Straßenbahnen, wenn sie infolge ihrer baulichen oder betrieblichen Einrichtungen oder nach der Art des auf ihnen abzuwickelnden Verkehrs im Wesentlichen den Ortsstraßenbahnen entsprechen. *(BGBl I 2006/125)*

(3) Oberleitungs-Omnibusse gelten als Straßenbahnen, sofern es sich nicht um die Haftung für Schäden beim Betrieb eines Oberleitungs-Kraftfahrzeuges, wenn auch in Verbindung mit ortsfesten eisenbahntechnischen Einrichtungen, handelt.

§ 6. entfällt.

Anschlussbahnen

§ 7. Anschlussbahnen sind Schienenbahnen, die den Verkehr eines einzelnen oder mehrerer Unternehmen mit Haupt- oder Nebenbahnen oder Straßenbahnen vermitteln und mit diesen derart in unmittelbarer oder mittelbarer Verbindung stehen, dass ein Übergang von „Schienenfahrzeugen" stattfinden kann. Anschlussbahnen werden hinsichtlich ihrer Betriebsführung unterschieden in

1. Anschlussbahnen mit Eigenbetrieb mittels Triebfahrzeugen oder Zweiwegefahrzeugen;

2. Anschlussbahnen mit Eigenbetrieb mittels sonstiger Verschubeinrichtungen;

3. Anschlussbahnen ohne Eigenbetrieb.

(BGBl I 2006/125)

Materialbahnen

§ 8. (1) Materialbahnen sind für den nicht-öffentlichen Güterverkehr bestimmte Schienenbahnen, sofern sie nicht Anschlussbahnen sind.

(2) Auf Materialbahnen ohne beschränktöffentlichen Verkehr „ ", die Bestandteil eines Bergwerkes, eines gewerblichen oder eines land- oder forstwirtschaftlichen Betriebes sind, sowie auf Bahnen, die ohne besondere Herstellung des Unterbaues angelegt werden (Feldbahnen), findet dieses Bundesgesetz keine Anwendung. *(BGBl I 2006/125)*

Gemeinsame Sicherheitsmethoden

§ 9. Gemeinsame Sicherheitsmethoden, die von der Europäischen Kommission erlassen werden, sind Methoden zur Beschreibung der Art und Weise, wie Folgendes bewertet wird:

1. das bestehende Sicherheitsniveau

 a) für den Bau und den Betrieb von Haupt- und vernetzten Nebenbahnen;

 b) für den Betrieb von Schienenfahrzeugen auf solchen Eisenbahnen;

 c) für den Verkehr auf solchen Eisenbahnen;

2. die Erreichung der gemeinsamen Sicherheitsziele

a) für den Bau und den Betrieb von Haupt- und vernetzten Nebenbahnen;

b) für den Betrieb von Schienenfahrzeugen auf solchen Eisenbahnen;

c) für den Verkehr auf solchen Eisenbahnen;

3. die bestehenden Anforderungen an die Sicherheit

a) des Betriebes von Haupt- und vernetzten Nebenbahnen;

b) des Betriebes von Schienenfahrzeugen auf solchen Eisenbahnen;

c) des Verkehrs auf solchen Eisenbahnen.

(BGBl I 2006/125)

Gemeinsame Sicherheitsziele

§ 9a. Unter gemeinsamen Sicherheitszielen, die von der Europäischen Kommission erlassen werden, versteht man die Beschreibung des Sicherheitsniveaus, das mindestens erreicht werden muss:

1. für den Bau und den Betrieb von Haupt- und vernetzten Nebenbahnen;

2. für den Betrieb von Schienenfahrzeugen auf solchen Eisenbahnen;

3. für den Verkehr auf solchen Eisenbahnen.

(BGBl I 2006/125)

Stand der Technik

§ 9b. Der Stand der Technik im Sinne dieses Bundesgesetzes ist der auf den einschlägigen wissenschaftlichen Erkenntnissen beruhende Entwicklungsstand fortschrittlicher technologischer Verfahren, Einrichtungen, Bau- und Betriebsweisen, deren Funktionstüchtigkeit erwiesen und erprobt ist. Bei der Bestimmung des Standes der Technik sind insbesondere vergleichbare Verfahren, Einrichtungen, Bau- oder Betriebsweisen heranzuziehen und die Verhältnismäßigkeit zwischen dem Aufwand für die nach der vorgesehenen Betriebsform erforderlichen technischen Maßnahmen und dem dadurch bewirkten Nutzen für die jeweils zu schützenden Interessen zu berücksichtigen.

(BGBl I 2006/125)

Eisenbahnanlagen

§ 10. Eisenbahnanlagen sind Bauten, ortsfeste eisenbahnsicherungstechnische Einrichtungen und Grundstücke, die ganz oder teilweise, unmittelbar oder mittelbar der Abwicklung der Sicherung des Betriebes einer Eisenbahn, des Betriebes von Schienenfahrzeugen auf einer Eisenbahn oder des Verkehrs auf einer Eisenbahn dienen. Ein räumlicher Zusammenhang mit der „Eisenbahninfrastruktur" ist nicht erforderlich. *(BGBl I 2015/137)*

(BGBl I 2006/125)

Eisenbahninfrastruktur

§ 10a. Eisenbahninfrastruktur umfasst die Anlagen, die im Anhang I der Richtlinie 2012/34/EU zur Schaffung eines einheitlichen europäischen Eisenbahnraums, ABl. Nr. L 343 vom 14.12.2012, S. 32, angeführt sind.

(BGBl I 2015/137)

Akteure

§ 10b. (1) Akteure sind Eisenbahnunternehmen und andere natürliche oder juristische Personen, die die Sicherheit des Betriebes einer Eisenbahn, des Betriebes von Schienenfahrzeugen auf Eisenbahnen und des Verkehrs auf Eisenbahnen potentiell beeinflussen können.

(2) Akteure sind insbesondere:

1. Hersteller, das sind natürliche oder juristische Personen, die Produkte in Gestalt von Interoperabilitätskomponenten, Teilsystemen oder Schienenfahrzeugen herstellen bzw. konstruieren oder herstellen lassen, und die diese Produkte unter ihrem eigenen Namen oder unter ihrer eigenen Marke in Verkehr bringen;

2. Instandhaltungsbetriebe;

3. Halter;

4. Dienstleister;

5. Beförderer, das sind natürliche oder juristische Personen, die Beförderungen nach Maßgabe eines Beförderungsvertrages durchführen;

6. Absender, das sind natürliche oder juristische Personen, die Güter entweder für sich selbst oder einen Dritten versenden;

7. Empfänger, das sind natürliche oder juristische Personen, die Güter nach Maßgabe eines Beförderungsvertrages erhalten; wenn die Beförderung der Güter ohne Beförderungsvertrag erfolgt, gilt die natürliche oder juristische Person, die Güter bei deren Ankunft übernimmt, als Empfänger;

8. Verlader, das sind natürliche oder juristische Personen, die verpackte Güter, Kleincontainer oder ortsbewegliche Tanks in oder auf einen Wagen oder Container verladen oder die einen Container, einen Schüttgutcontainer, einen Gascontainer mit mehreren Elementen, einen Tankcontainer oder einen ortsbeweglichen Tank auf einen Wagen verladen;

9. Entlader, das sind natürliche oder juristische Personen:

a) die einen Container, einen Schüttgutcontainer, einen Gascontainer mit mehreren Elementen, einen Tankcontainer oder einen ortsbeweglichen Tank von einem Wagen entladen;

b) die verpackte Güter, Kleincontainer, oder ortsbewegliche Tanks von einem Wagen oder Container entladen; oder

c) die Güter aus einem Tank (Tankwagen, abnehmbarem Tank, ortsbeweglichem Tank oder Tankcontainer) oder aus einem Batteriewagen oder Gascontainer mit mehreren Elementen oder aus einem Wagen, Großcontainer oder Kleincontainer für Güter in loser Schüttung oder einem Schüttcontainer entladen;

10. Befüller, das sind natürliche oder juristische Personen, die Güter in einen Tank (einschließlich Tankwagen, Wagen mit abnehmbarem Tank, ortsbeweglichen Tank oder Tankcontainer), in einen Wagen, Großcontainer oder Kleincontainer für Güter in loser Schüttung oder in einen Batteriewagen oder Gascontainer mit mehreren Elementen einfüllen;

11. Entleerer, das sind natürliche oder juristische Personen, die Güter aus einem Tank (einschließlich Tankwagen, Wagen mit abnehmbarem Tank, ortsbeweglichen Tank oder Tankcontainer), einem Wagen, einem Großcontainer oder Kleincontainer für Güter in loser Schüttung oder aus einem Batteriewagen oder Gascontainer mit mehreren Elementen entleeren.

(BGBl I 2020/143)

2. Teil

Zuständigkeiten und Aufgaben der Eisenbahnbehörden

Entscheidung über Vorfragen

§ 11. Ist die Entscheidung eines Gerichtes oder einer Verwaltungsbehörde von der Klärung der Vorfrage abhängig,

a) ob eine Beförderungseinrichtung als Eisenbahn (§ 1) oder

b) als welche der im § 1 angeführten Eisenbahnen eine Eisenbahn oder

c) ob ein Verkehr als Werksverkehr „(§ 17 Abs. 2)" oder beschränkt-öffentlicher Verkehr „(§ 17 Abs. 3)" oder *(BGBl I 2006/125)*

d) ob eine Anlage als Eisenbahnanlage (§ 10) zu gelten hat oder

e) ob eine erhebliche Beeinträchtigung der bestimmungsgemäßen Benützung eines Grundes oder Gebäudes im Sinne des „§ 18c" erfolgen würde, *(BGBl I 2006/125)*

so ist vorher die Entscheidung des Bundesministers für Verkehr, Innovation und Technologie einzuholen.

Behördenzuständigkeit

§ 12. (1) Soweit sich aus diesem Bundesgesetz keine Zuständigkeit der Bundesministerin/des Bundesministers für Klimaschutz, Umwelt, Energie, Mobilität, Innovation und Technologie, der Schienen-Control Kommission oder der Schieneninfrastruktur-Dienstleistungsgesellschaft mbH oder einer Bezirksverwaltungsbehörde ergibt, ist der Landeshauptmann als Behörde zuständig für alle Angelegenheiten der Nebenbahnen, Straßenbahnen und nicht-öffentlichen Eisenbahnen einschließlich des Verkehrs auf all diesen Eisenbahnen.

(2) Die Bundesministerin/Der Bundesminister für Klimaschutz, Umwelt, Energie, Mobilität, Innovation und Technologie ist als Behörde zuständig für:

1. alle Angelegenheiten der Hauptbahnen;

2. folgende Angelegenheiten von vernetzten Nebenbahnen:

a) die Entscheidung über Anträge nach §§ 14a, 14c, 14d, § 21a Abs. 3, § 25 und § 28 Abs. 1;

b) die Erklärung nach § 28 Abs. 6;

c) die Entziehung der Konzession gemäß § 14e;

3. folgende Angelegenheiten von nicht vernetzten Nebenbahnen:

a) die Entscheidung über Anträge nach §§ 14a, 14c, 14d und § 28 Abs. 1;

b) die Erklärung nach § 28 Abs. 6;

c) Entziehung der Konzession gemäß § 14e;

4. alle Angelegenheiten der Eisenbahnverkehrsunternehmen;

5. alle Angelegenheiten der Triebfahrzeugführer-Schulungseinrichtungen, sonstiger in diesem Bundesgesetz geregelten Schulungseinrichtungen und der sachverständigen Prüfer;

6. die Entscheidung über Anträge auf Erteilung der eisenbahnrechtlichen Baugenehmigung, über Anträge nach § 31g und über Anträge auf Erteilung der Betriebsbewilligung, jeweils für Eisenbahnanlagen oder nicht ortsfeste eisenbahnsicherungstechnische Einrichtungen, die über den Betrieb von oder den Verkehr auf einer Hauptbahn hinaus auch dem Betrieb von oder dem Verkehr auf einer Nebenbahn, einer Straßenbahn oder einer nicht-öffentlichen Eisenbahn dienen;

7. die Entscheidung über Anträge auf Erteilung der Bauartgenehmigung, über Anträge nach § 32d und über Anträge auf Erteilung der Betriebsbewilligung, jeweils für Schienenfahrzeuge, die sowohl zum Betrieb auf Hauptbahnen, als auch zum Betrieb auf Nebenbahnen, Straßenbahnen oder nicht-öffentlichen Eisenbahnen bestimmt sind;

8. die Entscheidung über Anträge auf Erteilung der Bauartgenehmigung und über Anträge nach § 33c, jeweils für eisenbahnsicherungstechnische Einrichtungen, die über den Betrieb einer Haupt-

bahn oder dem Verkehr auf einer Hauptbahn hinaus auch dem Betrieb von oder dem Verkehr auf einer Nebenbahn, einer Straßenbahn oder einer nicht-öffentlichen Eisenbahn dienen;

9. die Entscheidung über Anträge nach § 21 Abs. 6 und die Angelegenheiten des § 21 Abs. 8 solcher Eisenbahnunternehmen, die über den Betrieb einer Hauptbahn hinaus auch Nebenbahnen, Straßenbahnen oder nicht-öffentliche Eisenbahnen betreiben;

10. die In-Eid-Nahme oder die Ermächtigung zur In-Eid-Nahme von Eisenbahnaufsichtsorganen solcher Eisenbahnunternehmen, die über den Betrieb von Hauptbahnen hinaus auch Nebenbahnen oder Straßenbahnen betreiben;

11. alle Angelegenheiten des 8., 9., 10. und 11. Teiles einschließlich der Aufsicht über diese Angelegenheiten;

12. in Angelegenheiten, deren Wahrnehmung in unmittelbar anwendbaren Rechtsakten der Europäischen Union, deren Regelungsgegenstand im Zusammenhang mit der Interoperabilität des Eisenbahnsystems oder mit der Sicherheit des Betriebes von Eisenbahnen, des Betriebes von Schienenfahrzeugen auf Eisenbahnen oder des Verkehrs auf Eisenbahnen steht, der nationalen Sicherheitsbehörde zugewiesen ist.

(3) Wenn es im Interesse der Zweckmäßigkeit, Raschheit, Einfachheit und Kostenersparnis gelegen ist, kann die Bundesministerin/der Bundesminister für Klimaschutz, Umwelt, Energie, Mobilität, Innovation und Technologie den örtlich zuständigen Landeshauptmann im Einzelfall zur Wahrnehmung seiner Aufgaben und Befugnisse ermächtigen, insbesondere

1. zur Durchführung des Baugenehmigungsverfahrens;

2. zur Durchführung des Betriebsbewilligungsverfahrens;

3. zur Durchführung der Verfahren gemäß den §§ 42 und 43.

(BGBl I 2020/143, Abs. 2 Z 11 tritt am 1. 5. 2021 in Kraft, soweit er die Zuständigkeit nach dem 9. Teil betrifft, siehe § 245 Abs. 13)

Behördenaufgaben

§ 13. (1) Die Behörde erteilt die zum Bau und Betrieb einer Eisenbahn erforderlichen Genehmigungen „ ". *(BGBl I 2006/125)*

(2) Die Behörde kann aus Gründen der Sicherheit zur Überwachung der Bauausführung und ordnungsgemäßen Erhaltung von Eisenbahnanlagen, eisenbahntechnischen Einrichtungen und Schienenfahrzeugen technische Organe entsenden. *(BGBl I 2006/125)*

(3) Der Bundesminister für Verkehr, Innovation und Technologie kann

1. zu den Sitzungen der Organe eines Eisenbahninfrastrukturunternehmens, wenn in diesen Sitzungen nicht nur laufende Geschäftsfälle des Eisenbahninfrastrukturunternehmens behandelt werden oder

2. zu den Sitzungen der Organe einer Gesellschaft, die mit mindestens 50 vH am Stamm-, Grund- oder Eigenkapital eines Eisenbahninfrastrukturunternehmens beteiligt ist, wenn diese Sitzungen das Eisenbahninfrastrukturunternehmen zum Gegenstand haben,

einen Staatskommissär entsenden, der über die von ihm gemachten Wahrnehmungen zu berichten hat. „Das Eisenbahninfrastrukturunternehmen oder die Gesellschaft hat dem Bundesminister für Verkehr, Innovation und Technologie für die Entsendung eines Staatskommissärs eine Vergütung zu entrichten, deren Höhe vom Bundesminister für Verkehr, Innovation und Technologie unter Bedachtnahme auf das Ausmaß der Tätigkeit des Staatskommissärs und der jeweiligen „Eisenbahninfrastruktur"** durch Bescheid festzusetzen ist."* *(* BGBl I 2010/25; ** BGBl I 2015/137)*

(4) Der Bundesminister für Verkehr, Innovation und Technologie hat gemeinsam mit der Schienen-Control Kommission Vorkehrungen zu treffen, die einen sachdienlichen Austausch von Informationen zu und eine sachdienliche Zusammenarbeit in den Angelegenheiten des Wettbewerbs am Schienenverkehrsmarkt und zu den behördlichen wahrzunehmenden Angelegenheiten der Sicherheit des Betriebes von Eisenbahnen, des Betriebes von Schienenfahrzeugen auf Eisenbahnen und des Verkehrs auf Eisenbahnen zu ermöglichen; dies zum Zwecke, eine Beeinträchtigung des Wettbewerbes am Schienenverkehrsmarkt und eine Beeinträchtigung der Sicherheit des Betriebes von Eisenbahnen, des Betriebes von Schienenfahrzeugen auf der Eisenbahn und des Verkehrs auf der Eisenbahn, die bei der behördlichen Vollziehung dieses Bundesgesetzes auftreten könnten, so weit wie möglich zu vermeiden. *(BGBl I 2015/137)*

(5) Sind bevorstehende Entscheidungen der Schienen-Control Kommission in Angelegenheiten der Regulierung des Schienenverkehrsmarktes geeignet, die Sicherheit des Betriebes auf Eisenbahnen, des Betriebes von Schienenfahrzeugen auf Eisenbahnen und des Verkehrs auf Eisenbahnen zu beeinträchtigen, hat sie dem Bundesminister für Verkehr, Innovation und Technologie die Gelegenheit zu geben, ihr innerhalb einer angemessenen Frist Empfehlungen zu unterbreiten, deren Erfüllung diese Beeinträchtigung vermeidet. Falls der Bundesminister für Verkehr, Innovation und Technologie von dieser Möglichkeit Gebrauch macht und ihr eine Empfehlung unterbreitet, hat die Schienen-Control Kommission die unterbreiteten Empfehlungen zu prüfen, bevor sie die Entscheidung trifft. Sieht sich die Schie-

nen-Control Kommission nicht in der Lage, diesen Empfehlungen nach deren Überprüfung ganz oder teilweise zu entsprechen, hat sie dies dem Bundesminister für Verkehr, Innovation und Technologie unter Angabe der Gründe mitzuteilen. *(BGBl I 2015/137)*

(6) Sind bevorstehende Entscheidungen des Bundesministers für Verkehr, Innovation und Technologie in behördlich wahrzunehmenden Angelegenheiten der Sicherheit des Betriebes von Eisenbahnen, der Sicherheit des Betriebes von Schienenfahrzeugen auf Eisenbahnen und des Verkehrs auf Eisenbahnen geeignet, den Wettbewerb am Schienenverkehrsmarkt zu beeinträchtigen, hat er der Schienen-Control Kommission die Gelegenheit zu geben, ihm innerhalb einer angemessenen Frist Empfehlungen zu unterbreiten, deren Erfüllung diese Beeinträchtigung vermeidet. Falls die Schienen-Control Kommission von dieser Möglichkeit Gebrauch macht und ihm eine Empfehlung unterbreitet, hat der Bundesminister für Verkehr, Innovation und Technologie die unterbreiteten Empfehlungen zu prüfen, bevor er die Entscheidung trifft. Sieht sich der Bundesminister für Verkehr, Innovation und Technologie nicht in der Lage, diesen Empfehlungen nach deren Überprüfung ganz oder teilweise zu entsprechen, hat er dies der Schienen-Control Kommission unter Angabe der Gründe mitzuteilen. *(BGBl I 2015/137)*

„(7)"** Der Bundesminister für Verkehr, Innovation und Technologie hat im Einvernehmen mit dem Bundesminister für Finanzen für die auf Grund der Behördenzuständigkeit gemäß § 12 „gemäß dem 8. und dem 9. Teil"* durchzuführenden Verwaltungsverfahren durch Verordnung kostenträgerpflichtige Tatbestände und die Höhe der Kostenbeiträge festzulegen. Bei der Ermittlung der Höhe der Kostenbeiträge ist das Kostendeckungsprinzip sowie die Höhe bestehender Abgaben und Gebühren zu beachten. *(*BGBl I 2011/124; **BGBl I 2015/137)*

Jahresbericht

§ 13a. (1) Die Bundesministerin/Der Bundesminister für Klimaschutz, Umwelt, Energie, Mobilität, Innovation und Technologie hat für jedes Jahr einen Bericht über ihre/seine Tätigkeiten im Vorjahr im Zusammenhang mit dem Betrieb von den in den Anwendungsbereich des 11. Teiles fallenden Hauptbahnen und vernetzten Nebenbahnen, dem Betrieb von Schienenfahrzeugen auf solchen Eisenbahnen und dem Verkehr auf solchen Eisenbahnen zu erstellen. Der Jahresbericht ist bis spätestens 30. September des dem Berichtsjahr folgenden Kalenderjahres im Internet auf der Internetseite des Bundesministeriums für Klimaschutz, Umwelt, Energie, Mobilität, Innovation und Technologie zu veröffentlichen und der Eisenbahnagentur der Europäischen Union zu übermitteln. *(BGBl I 2020/143)*

(2) Der Jahresbericht hat Angaben über Folgendes zu enthalten:

1. Entwicklung der Sicherheit des Betriebes von Eisenbahnen, des Betriebes von Schienenfahrzeugen auf Eisenbahnen und des Verkehrs auf Eisenbahnen einschließlich einer Zusammenstellung der gemeinsamen Sicherheitsindikatoren im Einklang mit Art. 5 Abs. 1 der Richtlinie (EU) 2016/798 über Eisenbahnsicherheit, ABl. Nr. L 138 vom 11.05.2016 S. 102;

2. wichtige Änderungen von Bundesgesetzen und auf Grundlage von Bundesgesetzen erlassenen Verordnungen, deren Regelungsgegenstand der Bau oder der Betrieb von im Abs. 1 angeführten Eisenbahnen, der Betrieb von Schienenfahrzeugen auf solchen Eisenbahnen und der Verkehr auf Eisenbahnen ist;

3. Ergebnisse und Erfahrungen im Zusammenhang mit der Kontrolle von Eisenbahninfrastrukturunternehmen und Eisenbahnverkehrsunternehmen, einschließlich der Anzahl und der Ergebnisse von Inspektionen und Audits;

4. Entwicklungen bei einheitlichen Sicherheitsbescheinigungen und Sicherheitsgenehmigungen; und

5. Erfahrungen der Eisenbahnverkehrsunternehmen und der Eisenbahninfrastrukturunternehmen mit der Anwendung der einschlägigen gemeinsamen Sicherheitsmethoden (CSM). *(BGBl I 2020/143)*

(3) Die „Sicherheitsuntersuchungsstelle des Bundes" (§ 3 Unfalluntersuchungsgesetz, BGBl. I Nr. 123/2005) hat dem Bundesminister für Verkehr, Innovation und Technologie die erforderlichen Daten, die für die Zusammenstellung der gemeinsamen Sicherheitsindikatoren für das Berichtsjahr erforderlich sind, bis spätestens 30. Juni des dem Berichtsjahr folgenden Kalenderjahres in elektronischer Form zur Verfügung zu stellen. *(BGBl I 2013/96)*

(BGBl I 2006/125)

Sicherheitsempfehlungen

§ 13b. In den an die Behörde gemäß Unfalluntersuchungsgesetz, BGBl. I Nr. 123/2005, gerichteten Sicherheitsempfehlungen der „Sicherheitsuntersuchungsstelle des Bundes"** ist das Verhältnis von Aufwand und Nutzen darzustellen, die mit der Umsetzung geeigneter Maßnahmen zu erwarten sind. Die Behörde hat bei Wahrnehmung ihrer Aufgaben die Sicherheitsempfehlungen angemessen zu berücksichtigen. „"* *(*BGBl I 2011/124; **BGBl I 2013/96)*

(BGBl I 2006/125)

3. Teil

Bau und Betrieb von Eisenbahnen, Bau und Betrieb von Schienenfahrzeugen auf Eisenbahnen und Verkehr auf Eisenbahnen

1. Hauptstück

Konzession

Erforderlichkeit der Konzession

§ 14. (1) Eine Konzession ist erforderlich:

1. zum Bau und zum Betrieb von sowie zur Erbringung von „Eisenbahnverkehrsdiensten" auf Straßenbahnen und nicht vernetzten Nebenbahnen; *(BGBl I 2015/137)*

2. zum Bau und zum Betrieb von Hauptbahnen und von vernetzten Nebenbahnen;

(2) Keine Konzession ist erforderlich:

1. zum Bau und zum Betrieb bundeseigener Haupt- und vernetzter bundeseigener Nebenbahnen;

2. zum Bau und zum Betrieb von sowie zur Erbringung von „Eisenbahnverkehrsdiensten" auf nicht vernetzten bundeseigenen Nebenbahnen. *(BGBl I 2015/137)*

(BGBl I 2006/125)

Konzessionsverfahren

§ 14a. (1) Die Verleihung der Konzession ist bei der Behörde zu beantragen. In dem Antrag ist glaubhaft zu machen, dass die geplante Eisenbahn den öffentlichen Interessen dient, und anzugeben, wie die erforderlichen Geldmittel beschafft werden sollen.

(2) Dem Antrag ist eine Darstellung des Bauvorhabens, ein Kostenvoranschlag, eine Wirtschaftlichkeitsberechnung mit Verkehrsschätzung, ein Bauentwurf und ein Bau- und Betriebsprogramm beizugeben. Ist eine Hauptbahn oder eine Nebenbahn, die mit anderen Haupt- oder Nebenbahnen vernetzt ist, Gegenstand des Antrages, sind im Antrag auch die Modalitäten für den Zugang zur „Eisenbahninfrastruktur" darzustellen. *(BGBl I 2015/137)*

(3) Die Konzession darf nur verliehen werden, wenn öffentliche Interessen nicht entgegenstehen oder wenn das öffentliche Interesse an der Erbauung und dem Betrieb der geplanten Eisenbahn die entgegenstehenden Interessen überwiegt (Gemeinnützigkeit der Eisenbahn). Vor Verleihung der Konzession ist dem Landeshauptmann, sofern dieser nicht selbst zuständig ist, und den durch die geplante Eisenbahn örtlich berührten Gemeinden als Angelegenheit des eigenen Wirkungsbereiches, Gelegenheit zur Stellungnahme innerhalb von 30 Tagen zu geben.

(BGBl I 2006/125)

Betriebseröffnungsfrist, Konzessionsdauer

§ 14b. Die Konzession ist für eine bestimmte, unter Bedachtnahme auf das öffentliche Interesse an der geplanten Eisenbahn zu bemessende Zeit zu verleihen. Diese Zeit läuft ab dem Tage der Betriebseröffnung der ersten Teilstrecke. In der Konzession ist eine angemessene Betriebseröffnungsfrist festzusetzen.

(BGBl I 2006/125)

Erwerb einer Eisenbahn

§ 14c. Dem Erwerber einer öffentlichen Eisenbahn ist auf Antrag eine neue Konzession für die restliche Dauer der ursprünglichen zu verleihen, wenn die Voraussetzungen für die Verleihung der Konzession gegeben sind.

(BGBl I 2006/125)

Verlängerung der Konzessionsdauer

§ 14d. Stellt der Konzessionsinhaber spätestens sechs Monate vor Ablauf der Konzessionsdauer den Antrag auf deren Verlängerung, so ist diesem Antrag insoweit stattzugeben, als nicht öffentliche Verkehrsinteressen (wie insbesondere das Interesse an der Vereinheitlichung oder Rationalisierung des Eisenbahnverkehrs, das Verkehrsvolumen, die Streckenlänge oder die sonstige verkehrswirtschaftliche Bedeutung der Eisenbahn) entgegenstehen. Wird über einen rechtzeitig eingebrachten Antrag nicht spätestens drei Monate vor Ablauf der Konzessionsdauer entschieden, so gilt diese als auf ein Jahr verlängert.

(BGBl I 2006/125)

Konzessionsentziehung

§ 14e. Die Behörde kann die Konzession entziehen, wenn sich der Konzessionsinhaber trotz wiederholter Ermahnung so verhält, dass die Voraussetzungen für eine ordnungsgemäße Führung des Betriebes der Eisenbahn oder des Betriebes von Schienenfahrzeugen auf der Eisenbahn nicht mehr gegeben sind und dadurch die Sicherheit des Verkehrs auf der Eisenbahn wesentlich beeinträchtigt wird.

(BGBl I 2006/125)

Erlöschen der Konzession

§ 14f. Die Konzession erlischt:

1. mit Zeitablauf;

2. bei Nichteinhaltung der in der Konzession festgesetzten Betriebseröffnungsfrist, durch Erklärung der Behörde bei dauernder Einstellung (§ 28 Abs. 6) oder bei Konzessionsentziehung;

3. mit dem Tod oder dem sonstigen Erlöschen der Rechtspersönlichkeit des Konzessionsinhabers.

(BGBl I 2006/125)

2. Hauptstück
Verkehrsgenehmigung

Erforderlichkeit der Verkehrsgenehmigung

§ 15. Natürliche Personen mit Wohnsitz in Österreich, Gesellschaften mit Sitz in Österreich oder juristische Personen des öffentlichen Rechts mit Sitz in Österreich bedürfen für die Erbringung von „Eisenbahnverkehrsdiensten" auf in Österreich liegenden Hauptbahnen und vernetzten Nebenbahnen und in Mitgliedstaaten der Europäischen Union, in den Vertragsparteien des Abkommens über den Europäischen Wirtschaftsraum und in der Schweizerischen Eidgenossenschaft einer Verkehrsgenehmigung. *(BGBl I 2015/137)*

Unterlagen zum Antrag

§ 15a. Die Erteilung einer Verkehrsgenehmigung ist „bei der Behörde" zu beantragen. Mit dem Antrag sind vorzulegen: *(BGBl I 2020/143)*

1. Angaben über die Art des angestrebten Eisenbahnverkehrsdienstes (Güterverkehrsdienst/Personenverkehrsdienst); *(BGBl I 2015/137)*

2. falls der Antragsteller im Firmenbuch eingetragen ist, ein Auszug aus dem Firmenbuch, der nicht älter als drei Monate ist;

3. eine Strafregisterbescheinigung für den Antragsteller; falls dieser eine juristische Person oder eine Personengesellschaft des Handelsrechtes ist, eine Strafregisterbescheinigung für seine nach Gesetz, Satzung oder Gesellschaftsvertrag zur Vertretung oder Geschäftsführung Berechtigten;

4. eine Erklärung des Antragstellers oder falls dieser eine juristische Person oder eine Personengesellschaft des Handelsrechtes ist, eine Erklärung seiner nach Gesetz, Satzung oder Gesellschaftsvertrag zur Vertretung oder Geschäftsführung Berechtigten, dass gegen sie noch kein rechtskräftiges Straferkenntnis wegen im § 15c Z 3 angeführter Verstöße ergangen ist;

5. eine Erklärung des Antragstellers, dass keine erheblichen Rückstände an Steuern oder Beiträgen zur Sozialversicherung bestehen, die aus der Unternehmenstätigkeit geschuldet werden;

6. eine Amtsbestätigung, dass über das Vermögen des Antragstellers nicht nur wegen mangelnder Deckung der Verfahrenskosten noch kein Konkursverfahren eröffnet wurde;

7. für den Antragsteller oder falls dieser eine juristische Person oder eine Personengesellschaft des Handelsrechtes ist, für seine nach Gesetz, Satzung oder Gesellschaftsvertrag zur Vertretung oder Geschäftsführung Berechtigten, die bisher ihren Sitz oder Wohnsitz in einem anderen Mitgliedstaat der Europäischen Union, in einer anderen Vertragspartei des Abkommens über den Europäischen Wirtschaftsraum oder in der Schweizerischen Eidgenossenschaft haben, Unterlagen gemäß Z 3 und 6 der zuständigen Stellen des jeweiligen Staates;

8. der Jahresabschluss des vorangegangenen Geschäftsjahres; für Antragsteller, die keinen Jahresabschluss vorlegen können, die Bilanz, die Eröffnungsbilanz bzw. eine Vermögensübersicht; beizulegen ist auch der aktuelle Lagebericht; gesondert darzustellen sind:

a) die verfügbaren Finanzmittel einschließlich Bankguthaben sowie zugesagte Überziehungskredite und Darlehen;

b) die als Sicherheit verfügbaren Mittel und Vermögensgegenstände;

c) das Betriebskapital;

d) einschlägige Kosten einschließlich der Erwerbskosten oder Anzahlungen für Transportmittel, Grundstücke, Gebäude, Anlagen und Schienenfahrzeuge sowie der Finanzierungsplan dafür; *(BGBl I 2015/137)*

e) die Belastungen des Betriebsvermögens;

f) Steuern und Sozialversicherungsbeiträge; *(BGBl I 2015/137)*

9. ein Gutachten oder Prüfbericht eines Wirtschaftsprüfers oder eines Kreditinstitutes, woraus unter Bezugnahme auf die unter Z 8 angeführten Angaben hervorgeht, dass der Antragsteller seine derzeitigen und künftig vorhersehbaren finanziellen Verpflichtungen unter realistischer Annahme in den nächsten zwölf Monaten erfüllen wird können;

10. Angaben über die Deckung der Unfallhaftpflicht. *(BGBl I 2015/137)*

(BGBl I 2006/125)

Voraussetzungen

§ 15b. (1) „Die Behörde" hat die Verkehrsgenehmigung zu erteilen, wenn folgende Voraussetzungen erfüllt sind: *(BGBl I 2020/143)*

1. keine Bedenken gegen die Zuverlässigkeit (§ 15c) des Antragstellers;

2. finanzielle Leistungsfähigkeit (§ 15d) des Antragstellers;

3. fachliche Eignung (§ 15e) des Antragstellers;

4. Vorliegen einer ausreichenden Versicherung oder einer angemessenen, zu marktüblichen Konditionen ausgestellten Bürgschaft; beides zur Deckung der Unfallhaftpflicht nach österreichischem und internationalem Recht, insbesondere für Fahrgäste, Gepäck, Güter, Post und für an einer Eisenbahnbeförderung nicht beteiligte Dritte. *(BGBl I 2015/137)*

(2) Diese Voraussetzungen müssen während der gesamten Dauer der Verkehrsgenehmigung vorliegen.
(BGBl I 2006/125)

Zuverlässigkeit

§ 15c. Bedenken gegen die Zuverlässigkeit des Antragstellers bestehen jedenfalls dann, wenn

1. er selbst oder falls er eine juristische Person oder eine Personengesellschaft des Handelsrechtes ist, seine nach Gesetz, Satzung oder Gesellschaftsvertrag zur Vertretung oder Geschäftsführung Berechtigten von einem Gericht rechtskräftig wegen einer oder mehrerer mit Vorsatz begangener strafbarer Handlungen zu einer mehr als einjährigen Freiheitsstrafe verurteilt wurden, solange die Verurteilung weder getilgt ist, noch der Beschränkung der Auskunft aus dem Strafregister unterliegt (§§ 1 bis 7 des Tilgungsgesetzes 1972, BGBl. Nr. 68),

2. über sein Vermögen oder falls er eine juristische Person oder eine Personengesellschaft des Handelsrechtes ist auch über das Vermögen seiner nach Gesetz, Satzung oder Gesellschaftsvertrag zur Vertretung oder Geschäftsführung Berechtigten ein Konkursverfahren eröffnet wurde oder eine solche Konkurseröffnung nur wegen mangelnder Deckung der Verfahrenskosten unterblieben ist, oder

3. gegen ihn oder falls er eine juristische Person oder eine Personengesellschaft des Handelsrechtes ist auch gegen seine nach Gesetz, Satzung oder Gesellschaftsvertrag zur Vertretung oder Geschäftsführung Berechtigten ein rechtskräftiges Straferkenntnis wegen schwerwiegender Verstöße

a) gegen Verkehrsvorschriften, insbesondere gegen das Eisenbahngesetz 1957, das Gefahrgutbeförderungsgesetz und das Tiertransportgesetz-Eisenbahn oder

b) gegen zollrechtliche, arbeits- und sozialrechtliche Pflichten, insbesondere gegen die einem Dienstgeber gemäß Allgemeinen Sozialversicherungsgesetz obliegenden Pflichten oder

c) gegen Pflichten aus dem Arbeitnehmerschutzrecht, insbesondere gegen „das ArbeitnehmerInnenschutzgesetz" *(BGBl I 2019/60)*

4. gegen ihn oder falls er eine eingetragene Personengesellschaft ist auch gegen seine nach Gesetz, Satzung oder Gesellschaftsvertrag zur Vertretung oder Geschäftsführung Berechtigten ein rechtskräftiges Urteil wegen schwerwiegender Verstöße gegen Pflichten aus Kollektivverträgen *(BGBl I 2019/60)*

erlassen worden ist „; schwerwiegend sind dabei auch Verstöße, die durch den Umstand ihrer Wiederholung Bedenken gegen die Zuverlässigkeit begründen." *(BGBl I 2015/137)*

(BGBl I 2006/125)

Finanzielle Leistungsfähigkeit

§ 15d. Die Voraussetzung der finanziellen Leistungsfähigkeit des Antragstellers ist erfüllt, wenn er voraussichtlich seine derzeitigen und künftigen vorhersehbaren finanziellen Verpflichtungen unter realistischen Annahmen in den nächsten zwölf Monaten erfüllen wird können und keine erheblichen Rückstände an Steuern oder Beiträgen zur Sozialversicherung bestehen, die aus der Unternehmenstätigkeit geschuldet werden.

(BGBl I 2006/125)

Fachliche Eignung

§ 15e. Die Voraussetzung der fachlichen Eignung des Antragstellers ist erfüllt, wenn er über eine Betriebsorganisation verfügt oder verfügen wird, welche die erforderlichen Kenntnisse oder Erfahrungen für eine sichere und zuverlässige betriebliche Beherrschung und Überwachung der Geschäftstätigkeit zum Erbringen des beantragten Eisenbahnverkehrsdienstes mit sich bringt.

(BGBl I 2015/137)

Entscheidungspflicht

§ 15f. „Die Behörde" ist verpflichtet, über einen Antrag auf Erteilung der Verkehrsgenehmigung ohne unnötigen Aufschub, spätestens aber drei Monate nach Vorliegen aller erforderlichen Angaben zu entscheiden. *(BGBl I 2020/143)*

(BGBl I 2006/125)

Verkehrseröffnung

§ 15g. Das Eisenbahnverkehrsunternehmen hat „der Behörde" die Eröffnung des Verkehrs auf Haupt- oder vernetzten Nebenbahnen anzuzeigen. *(BGBl I 2020/143)*

(BGBl I 2015/137)

Überprüfungen

§ 15h. (1) Zur Überprüfung, ob die erforderlichen Voraussetzungen für die Erteilung einer Verkehrsgenehmigung vorliegen, hat das Eisenbahnverkehrsunternehmen in einem Zeitraum von jeweils fünf Jahren wiederkehrend, erstmals in einem Zeitraum von fünf Jahren ab Verkehrseröffnung, von sich aus und vor Ablauf der Fünfjahresfrist „der Behörde" diese Voraussetzungen nachzuweisen. „Liegen die Voraussetzungen für eine erteilte Verkehrsgenehmigung nicht mehr vor, ist das Eisenbahnverkehrsunternehmen verpflichtet, dies der Behörde unverzüglich mitzuteilen." *(BGBl I 2020/143)*

(2) Ein Eisenbahnverkehrsunternehmen darf seine Geschäftstätigkeit, soweit sich diese auf die

Erbringung von Eisenbahnverkehrsdiensten bezieht, nur dann erheblich ändern oder erweitern, wenn zuvor „von der Behörde" auf Antrag des Eisenbahnverkehrsunternehmens bescheidmäßig festgestellt worden ist, dass die Voraussetzungen für die erteilte Verkehrsgenehmigung trotz der erheblichen Änderung oder Erweiterung seiner Geschäftstätigkeit nach wie vor vorliegen. *(BGBl I 2020/143)*

(3) „Hat ein Eisenbahnverkehrsunternehmen sechs Monate lang die Erbringung von Eisenbahnverkehrsdiensten eingestellt oder innerhalb von sechs Monaten ab Erlassung der Verkehrsgenehmigung noch keine Eisenbahnverkehrsdienste erbracht, hat es dies der Behörde anzuzeigen. Die Behörde ist in diesem Fall befugt, vom Eisenbahnverkehrsunternehmen den Nachweis zu verlangen, dass die erforderlichen Voraussetzungen für die Erteilung einer Verkehrsgenehmigung nach wie vor vorliegen."* Im Falle, dass das Eisenbahnverkehrsunternehmen noch keine Eisenbahnverkehrsdienste erbracht hat, hat „die Behörde"** diese Frist auf Antrag des Eisenbahnverkehrsunternehmens angemessen zu erstrecken, wenn das durch die Besonderheit des beabsichtigten Eisenbahnverkehrsdienstes gerechtfertigt ist. *(*BGBl I 2020/143; **BGBl I 2021/231)*

(4) „Die Behörde" hat bei Auftreten ernsthafter Zweifel am Vorliegen der für die Erteilung einer Verkehrsgenehmigung erforderlichen Voraussetzungen eine amtswegige Überprüfung vorzunehmen. *(BGBl I 2020/143)*

(BGBl I 2015/137)

Entziehung, Einschränkung

§ 15i. (1) „Liegt auch nur eine für die Erteilung einer Verkehrsgenehmigung erforderliche Voraussetzung nicht mehr vor, hat die Behörde die Verkehrsgenehmigung entweder auszusetzen oder zu entziehen."** Bei Auftreten von Zweifeln am Vorliegen der Voraussetzung der finanziellen Leistungsfähigkeit kann „die Behörde"*, sofern die Sicherheit des Betriebes von Eisenbahnen, des Betriebes von Schienenfahrzeugen auf Eisenbahnen und des Verkehrs auf Eisenbahnen nicht gefährdet ist, eine Einschränkung der Verkehrsgenehmigung durch Befristung für eine Dauer von höchstens sechs Monaten nachträglich verfügen, wenn zu erwarten ist, dass die Zweifel an der finanziellen Leistungsfähigkeit in dieser Zeit ausgeräumt werden können. *(*BGBl I 2020/143; **BGBl I 2021/231)*

(2) Eine erteilte Verkehrsgenehmigung ist „von der Behörde"*** auf die Erbringung bestimmter Arten von „Eisenbahnverkehrsdiensten"* einzuschränken, wenn dies der Inhaber der Verkehrsgenehmigung beantragt. *(*BGBl I 2015/137; **BGBl I 2020/143)*

(3) Einem Eisenbahnverkehrsunternehmen ist die Verkehrsgenehmigung zu entziehen, wenn über sein Vermögen ein Konkursverfahren eröffnet worden ist und

1. das Eisenbahnverkehrsunternehmen bei Konkurseröffnung geschlossen war, oder

2. das Insolvenzgericht die Schließung des Eisenbahnverkehrsunternehmens angeordnet oder bewilligt hat (§ 115 Insolvenzordnung – IO, RGBl. Nr. 337/1914), oder

3. das Insolvenzgericht dem Eisenbahnverkehrsunternehmen keine Frist zum Sanierungsplanantrag einräumte (§ 114b Abs. 2 IO), oder

4. das Eisenbahnverkehrsunternehmen einen Sanierungsplanantrag nicht fristgerecht stellte, oder

5. das Eisenbahnverkehrsunternehmen den Sanierungsplanantrag zurückgezogen hat, oder

6. das Insolvenzgericht den Sanierungsplanantrag zurückgewiesen hat, oder

7. der Sanierungsplan in der Sanierungsplantagsatzung abgelehnt wurde oder

8. dem Sanierungsplan vom Insolvenzgericht die Bestätigung versagt wurde.
(BGBl I 2015/137)

(BGBl I 2006/125)

Mitteilungspflichten

§ 15j. (1) Die Behörde hat die Erteilung, die Aussetzung, die Entziehung, die Einschränkung oder sonstige Änderungen der Verkehrsgenehmigung unverzüglich der Eisenbahnagentur der Europäischen Union mitzuteilen. *(BGBl I 2021/231)*

(2) Wenn anlässlich der Erbringung von Eisenbahnverkehrsdiensten im Inland ernsthafte Zweifel darüber bekannt werden, dass bei einem Eisenbahnverkehrsunternehmen mit Sitz in einem anderen Mitgliedstaat der Europäischen Union, in einer anderen Vertragspartei des Abkommens über den Europäischen Wirtschaftsraum oder in der Schweizerischen Eidgenossenschaft einzelne Voraussetzungen für die Erteilung einer Genehmigung im Sinne der Richtlinie 2012/34/EU nicht mehr vorliegen, hat dies „die Behörde" der Behörde des anderen Staates mitzuteilen. *(BGBl I 2015/137; BGBl I 2020/143)*

(3) „Der Versicherer, mit dem ein Eisenbahnverkehrsunternehmen mit Sitz in Österreich eine Versicherung im Sinne des § 15b Abs. 1 Z 4 abgeschlossen hat, ist verpflichtet," *(BGBl I 2015/137)*

1. „der Behörde" unaufgefordert und umgehend jeden Umstand zu melden, der eine Beendigung oder Einschränkung des Versicherungsschutzes oder eine Abweichung von der ursprünglichen Versicherungsbestätigung bedeutet oder bedeuten kann, und *(BGBl I 2020/143)*

2. auf Verlangen „der Behörde" über solche Umstände Auskunft zu erteilen. *(BGBl I 2020/143)*

(4) Die Behörden, die rechtskräftige Straferkenntnisse im Sinne des § 15c Z 3 erlassen haben, haben dies der Behörde unverzüglich mitzuteilen. *(BGBl I 2020/143)*

(5) Die Strafgerichte haben der Behörde das Vorliegen der in § 15c Z 1 genannten rechtskräftigen Verurteilungen unverzüglich mitzuteilen. *(BGBl I 2020/143)*

(BGBl I 2006/125)

Erlöschen der Verkehrsgenehmigung

§ 15k. Die Verkehrsgenehmigung erlischt:
1. durch Entziehung der Verkehrsgenehmigung;
2. mit dem Tod oder sonstigem Erlöschen der Rechtspersönlichkeit des Inhabers der Verkehrsgenehmigung.

(BGBl I 2015/137)

3. Hauptstück
Verkehrskonzession

Erforderlichkeit der Verkehrskonzession

§ 16. Für die Erbringung nachstehender Eisenbahnverkehrsdienste in Österreich auf Eisenbahninfrastruktur von Hauptbahnen oder vernetzten Nebenbahnen durch natürliche Personen mit Wohnsitz in Österreich, Gesellschaften mit Sitz in Österreich oder juristische Personen des öffentlichen Rechts mit Sitz in Österreich genügt, wenn nicht schon die Berechtigung zur Erbringung dieser Art von Eisenbahnverkehrsdiensten auf Grund einer Verkehrsgenehmigung gegeben ist, eine Verkehrskonzession:

1. Personenverkehrsdienste im Stadt- oder Vorortverkehr;
2. Güterverkehrsdienste im Regional-, Stadt- oder Vorortverkehr.

(BGBl I 2015/137)

Unterlagen zum Antrag

§ 16a. Die Erteilung einer Verkehrskonzession ist „bei der Behörde"** zu beantragen. Im Antrag ist der örtliche Bereich, in dem „Eisenbahnverkehrsdienste"* erbracht werden sollen, darzustellen; beizugeben sind die im § 15a angeführten Angaben und Unterlagen. *(*BGBl I 2015/137; **BGBl I 2020/143)*

(BGBl I 2006/125)

Voraussetzungen

§ 16b. (1) „Die Behörde" hat die Verkehrskonzession zu erteilen, wenn folgende Voraussetzungen erfüllt sind: *(BGBl I 2020/143)*

1. keine Bedenken gegen die Zuverlässigkeit (§ 15c) des Antragstellers;
2. finanzielle Leistungsfähigkeit (§ 15d) des Antragstellers;
3. fachliche Eignung (§ 15e) des Antragstellers;
4. Vorliegen einer ausreichenden Versicherung oder einer angemessenen, zu marktüblichen Konditionen ausgestellten Bürgschaft; beides zur Deckung der Unfallhaftpflicht nach österreichischem und internationalem Recht, insbesondere für Fahrgäste, Gepäck, Güter, Post und für an einer Eisenbahnbeförderung nicht beteiligte Dritte. *(BGBl I 2015/137)*

(2) Diese Voraussetzungen müssen während der gesamten Dauer der Verkehrskonzession vorliegen.

(BGBl I 2006/125)

Verkehrseröffnungsfrist

§ 16c. In der Verkehrskonzession ist eine angemessene Verkehrseröffnungsfrist festzusetzen.

(BGBl I 2006/125)

Überprüfungen

§ 16d. § 15h Abs. 1 und 4 gilt auch für Verkehrskonzessionen.

(BGBl I 2015/137)

Entziehung, Einschränkung

§ 16e. § 15i Abs. 1 gilt auch für Verkehrskonzessionen. Eine erteilte Verkehrskonzession ist „von der Behörde" auf die Erbringung bestimmter Arten von Eisenbahnverkehrsleistungen oder auf einen bestimmten örtlichen Bereich einzuschränken, wenn dies der Inhaber einer Verkehrskonzession beantragt. „Des Weiteren gilt § 15j Abs. 3 bis 5.". *(BGBl I 2020/143)*

(BGBl I 2006/125)

Erlöschen der Verkehrskonzession

§ 16f. Die Verkehrskonzession erlischt:
1. bei Nichteinhaltung der festgesetzten Verkehrseröffnungsfrist;
2. durch Entziehung der Verkehrskonzession;
3. mit dem Tod oder sonstigem Erlöschen der Rechtspersönlichkeit des Inhabers der Verkehrskonzession.

(BGBl I 2015/137)

4. Hauptstück
Genehmigung für nicht-öffentliche Eisenbahnen

Erforderlichkeit der Genehmigung

§ 17. Zum Bau und zum Betrieb von sowie zur Erbringung von „Eisenbahnverkehrsdiensten" auf einer nicht-öffentlichen Eisenbahn ist die Genehmigung erforderlich. *(BGBl I 2015/137)*

(BGBl I 2006/125)

Genehmigungsverfahren

§ 17a. (1) Die Erteilung der Genehmigung ist bei der Behörde zu beantragen. Dem Antrag ist eine Darstellung des Bauvorhabens, ein Bauentwurf und ein Bau- und Betriebsprogramm beizugeben.

(2) Die Genehmigung darf nur erteilt werden, wenn öffentliche Interessen nicht entgegenstehen oder wenn das öffentliche Interesse an der Erbauung und dem Betrieb der geplanten Eisenbahn die entgegenstehenden Interessen überwiegt (Gemeinnützigkeit der Eisenbahn).

(3) In der Genehmigung ist auf Antrag darüber zu entscheiden, ob, unter welchen Bedingungen und auf welche Dauer auf der Eisenbahn ein Werksverkehr oder ein beschränkt-öffentlicher Verkehr zugelassen ist und welche Erleichterungen von den Bestimmungen dieses Bundesgesetzes gewährt werden.

(4) Die Genehmigung kann mit der eisenbahnrechtlichen Baugenehmigung verbunden werden.

(BGBl I 2006/125)

Werksverkehr, beschränkt-öffentlicher Verkehr

§ 17b. (1) Auf nicht-öffentlichen Eisenbahnen kann nach Maßgabe der folgenden Absätze ein Werksverkehr oder ein beschränkt-öffentlicher Verkehr zugelassen werden, wenn die technische Ausstattung der Eisenbahn hinreichende Sicherheit bietet.

(2) Der Werksverkehr umfasst die unentgeltliche Beförderung von Arbeitskräften, die Tätigkeiten zur Gewährleistung der Sicherheit des Betriebes der Eisenbahn, des Betriebes mit Schienenfahrzeugen auf der Eisenbahn und des Verkehrs auf der Eisenbahn ausüben oder dem Unternehmen, dem die Eisenbahn dient, angehören. Die Behörde kann durch Bescheid die unentgeltliche Beförderung von Personen zulassen, deren Beförderung aus öffentlichen Interessen geboten erscheint, sowie von Personen, die das Unternehmen oder dessen Arbeitskräfte zu sich kommen lassen, soweit es sich hiebei nicht um Gäste von Gast- und Schankgewerbebetrieben handelt (erweiterter Werksverkehr).

(3) Der beschränkt-öffentliche Verkehr umfasst über den Verkehr nach Abs. 2 hinausgehend die Beförderung - jedoch ohne Beförderungspflicht - von Personen oder Gütern, sofern der Umfang dieser Beförderung in einer den allgemeinen Verkehr ausschließenden Weise abgegrenzt werden kann und die Ausstattung der Eisenbahn sicherheitsmäßig der einer öffentlichen entspricht. Ein Entgelt für die Beförderung kann eingehoben werden.

(4) In dem Verfahren, in dem über die Zulassung eines beschränkt-öffentlichen Verkehrs auf einer nicht-öffentlichen Eisenbahn zu entscheiden ist, bedarf es keiner Ermittlung darüber, ob die Ausstattung der Eisenbahn sicherheitsmäßig der einer öffentlichen entspricht, wenn die nicht-öffentliche Eisenbahn noch bis ein Jahr vor Antragstellung eine öffentliche Eisenbahn war. *(BGBl I 2011/124)*

„(5)" Die Zulassung eines Werksverkehrs (erweiterten Werksverkehrs) oder eines beschränkt-öffentlichen Verkehrs ist zu entziehen, wenn das Eisenbahnunternehmen die Voraussetzungen, die für die Zulassung maßgebend waren, nicht mehr erfüllt. *(BGBl I 2011/124)*

(BGBl I 2006/125)

5. Hauptstück
Rechte des Eisenbahnunternehmens

Bau- und Betriebsrechte

§ 18. (1) Ein zum Bau und zum Betrieb von Eisenbahnen berechtigtes Eisenbahnunternehmen ist nach Maßgabe der Rechtsvorschriften und entsprechend der nach diesem Bundesgesetz erforderlichen Konzessionen, Genehmigungen und Bewilligungen berechtigt und ausschließlich zuständig, die Eisenbahn einschließlich der zugehörigen Eisenbahninfrastruktur, sonstigen Eisenbahnanlagen, Betriebsmittel und des sonstigen Zugehörs zu bauen, zu betreiben, instandzuhalten, zu erneuern und umzurüsten sowie die Funktion „Verkehrsmanagement" auszuführen. Weiters ist es berechtigt, Verschubleistungen zu erbringen sowie zum Zwecke des Baues und Betriebes einer Eisenbahn Schienenfahrzeuge auf dieser Eisenbahn zu betreiben. *(BGBl I 2021/231)*

(2) Ein zur Erbringung von „Eisenbahnverkehrsdiensten" auf öffentlichen Eisenbahnen berechtigtes Eisenbahnunternehmen ist nach Maßgabe der Rechtsvorschriften und entsprechend der nach diesem Bundesgesetz erforderlichen Konzession, Verkehrsgenehmigung, einer einer Verkehrsgenehmigung gemäß § 41 gleichzuhaltenden Genehmigung oder Bewilligung oder Verkehrskonzession einerseits und sonstigen Genehmigungen

und Bewilligungen andererseits berechtigt, öffentlichen und nicht-öffentlichen Verkehr auf Eisenbahnen zu erbringen und zu diesem Zwecke Eisenbahnanlagen, Betriebsmittel und sonstiges Zugehör zu bauen und zu betreiben sowie Schienenfahrzeuge auf einer Eisenbahn zu betreiben. *(BGBl I 2015/137)*

(3) Ein zur Erbringung von „Eisenbahnverkehrsdiensten" auf nicht-öffentlichen Eisenbahnen berechtigtes Eisenbahnunternehmen ist nach Maßgabe der Rechtsvorschriften und entsprechend der nach diesem Bundesgesetz erforderlichen Genehmigung einerseits und sonstigen erforderlichen Genehmigungen und Bewilligungen andererseits berechtigt, nicht-öffentlichen Güterverkehr, Werksverkehr oder beschränkt-öffentlichen Verkehr zu erbringen und zu diesem Zwecke Eisenbahnanlagen, Betriebsmittel und sonstiges Zugehör zu bauen und zu betreiben sowie Schienenfahrzeuge zu betreiben. *(BGBl I 2015/137)*

(4) Das Eisenbahnunternehmen ist auch berechtigt, die für den Bau und Betrieb einer Eisenbahn, den Betrieb von Schienenfahrzeugen auf einer Eisenbahn und den Verkehr auf einer Eisenbahn erforderlichen Hilfseinrichtungen selbst zu errichten und zu betreiben sowie alle dazu dienenden Arbeiten selbst vorzunehmen.

(BGBl I 2006/125)

Schutz vor nicht zumutbarer Konkurrenzierung

§ 18a. Während der Konzessionsdauer darf niemandem gestattet werden, andere Eisenbahnen zu errichten, die eine dem Konzessionsinhaber nicht zumutbare Konkurrenzierung bedeuten würden.

(BGBl I 2006/125)

Enteignungsrecht

§ 18b. Das Eisenbahnunternehmen hat das Enteignungsrecht nach Maßgabe des Eisenbahn-Enteignungsentschädigungsgesetzes, BGBl. Nr. 71/1954.

(BGBl I 2006/125)

Duldungsrechte

§ 18c. Das Eisenbahnunternehmen ist berechtigt, von den Eigentümern von Grundstücken und Baulichkeiten die Duldung der Errichtung oder Anbringung von Oberleitungen, Haltevorrichtungen für die Oberleitung, von Signalen und sonstigen für den Betrieb einer Eisenbahn, für den Betrieb von Schienenfahrzeugen auf einer Eisenbahn sowie für den Verkehr auf einer Eisenbahn erforderlichen Einrichtungen (Trennschalter, Kabelzuleitungen, Sicherungs- und Schaltkasten, Haltestellenzeichen und dergleichen) ohne Enteignung und ohne Anspruch auf Entschädigung zu verlangen, soweit hiedurch nicht die bestimmungsgemäße Benützung des Grundes oder des Gebäudes erheblich beeinträchtigt wird.

(BGBl I 2006/125)

Schienenersatzverkehr

§ 18d. Bei vorübergehenden Störungen des Betriebes einer öffentlichen Eisenbahn oder bei einer Einstellung aus Sicherheitsgründen (§ 19b) ist ein zur Erbringung von „Eisenbahnverkehrsdiensten" auf öffentlichen Eisenbahnen berechtigtes Eisenbahnunternehmen während dieses Zeitraumes berechtigt, den allgemeinen Personen-, Reisegepäck- oder Güterverkehr mit Fahrzeugen durchzuführen, die nicht an Schienen gebunden sind. *(BGBl I 2015/137)*

(BGBl I 2006/125)

6. Hauptstück

Pflichten des Eisenbahnunternehmens

Vorkehrungen

§ 19. (1) Ein zum Bau und zum Betrieb von Eisenbahnen berechtigtes Eisenbahnunternehmen ist verpflichtet,

1. die Eisenbahn einschließlich der zugehörigen Eisenbahnanlagen, Betriebsmittel und des sonstigen Zugehörs unter Berücksichtigung der Sicherheit, der Ordnung und der Erfordernisse des Betriebes der Eisenbahn und des Verkehrs auf der Eisenbahn zu bauen, zu erhalten, zu ergänzen und nach Maßgabe der Rechtsvorschriften und entsprechend der nach diesem Bundesgesetz erforderlichen Konzessionen, Genehmigungen und Bewilligungen zu betreiben

2. dafür zu sorgen, dass von ihm für Tätigkeiten zur Gewährleistung der Sicherheit und Ordnung des Betriebes der Eisenbahn, des Betriebes von Schienenfahrzeugen auf der Eisenbahn und des Verkehrs auf der Eisenbahn eingesetzte Eisenbahnbedienstete dafür geeignet und zuverlässig sind,

3. dafür zu sorgen, dass die Schienenfahrzeuge, Eisenbahnanlagen, Betriebsmittel und sonstiges Zugehör von Personen, die zu deren Benutzung oder Betretung befugt sind, im Rahmen dieser Befugnis gefahrlos benutzt werden können,

und hat diesbezüglich die notwendigen Vorkehrungen zu treffen. *(BGBl I 2020/143)*

(2) Ein zum Bau und zum Betrieb von Eisenbahnen berechtigtes Eisenbahnunternehmen hat Vorkehrungen zu treffen, dass durch den Bau, Bestand oder Betrieb der Eisenbahn keine Schäden an öffentlichem und privatem Gut entstehen.

(3) Ein zur Erbringung von Eisenbahnverkehrsdiensten auf Eisenbahnen berechtigtes Eisenbahnunternehmen ist verpflichtet,

1. die Schienenfahrzeuge, Eisenbahnanlagen, Betriebsmittel und sonstiges Zugehör unter Berücksichtigung der Sicherheit, der Ordnung und der Erfordernisse des Verkehrs auf der Eisenbahn zu bauen, zu erhalten, zu ergänzen und nach Maßgabe der Rechtsvorschriften und entsprechend der nach diesem Bundesgesetz erforderlichen Genehmigungen und Bewilligungen zu betreiben,

2. dafür zu sorgen, dass von ihm für Tätigkeiten zur Gewährleistung der Sicherheit und Ordnung des Betriebes der Eisenbahn, des Betriebes von Schienenfahrzeugen auf der Eisenbahn und des Verkehrs auf der Eisenbahn eingesetzte Eisenbahnbedienstete dafür geeignet und zuverlässig sind,

3. dafür zu sorgen, dass die Schienenfahrzeuge, Eisenbahnanlagen, Betriebsmittel und sonstiges Zugehör von Personen, die zu deren Benutzung oder Betretung befugt sind, im Rahmen dieser Befugnis gefahrlos benutzt werden können,

und hat diesbezüglich die notwendigen Vorkehrungen zu treffen. *(BGBl I 2020/143)*

(4) Der Bundesminister für Verkehr, Innovation und Technologie kann allgemein, für alle oder einzelne Arten von Eisenbahnen durch Verordnung bestimmen, wie die Anforderungen an die Sicherheit und Ordnung und die Erfordernisse des Betriebes einer Eisenbahn, des Betriebes von Schienenfahrzeugen auf Eisenbahnen und des Verkehrs auf Eisenbahnen nach dem jeweiligen Stand der Technik zu erfüllen sind, und welche Vorkehrungen von den Eisenbahnunternehmen zur Wahrung der ihnen gemäß den Abs. 1 bis 3 obliegenden Verpflichtungen zu treffen sind. Er kann weiters allgemein, für alle oder einzelne Arten von Eisenbahnen durch Verordnung Anforderungen an die Ausbildung und Prüfung der für die Sicherheit verantwortlichen Eisenbahnbediensteten und derjenigen, die Tätigkeiten zur Gewährleistung der Sicherheit und Ordnung des Betriebes einer Eisenbahn, des Betriebes von Schienenfahrzeugen auf einer Eisenbahn und des Verkehrs auf einer Eisenbahn ausführen, festlegen.

(5) Der Bundesminister für Verkehr, Innovation und Technologie hat durch Verordnung die grundlegenden Anforderungen an die Sicherheit und die Ordnung und die Erfordernisse des Betriebes einer Eisenbahn, des Betriebes von Schienenfahrzeugen auf einer Eisenbahn und des Verkehrs auf Eisenbahnen festzulegen, welche beim Bau, bei der Erhaltung und insbesondere als Signal-, Verkehrs- und Betriebsregelungen beim Betrieb von Eisenbahnen, dem Betrieb von Schienenfahrzeugen auf Eisenbahnen und dem Verkehr auf Eisenbahnen zur Gewährleistung eines hohen Sicherheitsniveaus unter Berücksichtigung der gemeinsamen Sicherheitsmethoden, der gemeinsamen Sicherheitsziele, des Standes der Technik, einer Verknüpfung der Eisenbahnen sowie des Schutzes der Anrainer zu beachten sind; eine solche Festlegung durch Verordnung ist insoweit nicht erforderlich, als sich diese Anforderungen aus unmittelbar anzuwendenden „unionsrechtlichen" oder sonstigen bundesrechtlichen Rechtsvorschriften ergeben. Soweit Gegenstand einer solchen Verordnung der Betrieb von Haupt- und vernetzten Nebenbahnen, der Betrieb von Schienenfahrzeugen auf solchen Eisenbahnen oder der Verkehr auf solchen Eisenbahnen ist, ist diese der Europäischen Kommission mitzuteilen. *(BGBl I 2015/137)*

(6) In Verzeichnissen zu Verordnungen gemäß Abs. 4 und 5 können, soweit Dokumentationen über ihren vollständigen Inhalt vorliegen und diese Dokumentationen für jedermann gleichermaßen zugänglich sind, österreichische und internationale Normen, technische Spezifikationen, technische Regelungen oder sonstige technische Vorschriften angeführt werden, bei deren Anwendung davon auszugehen ist, dass den grundlegenden Anforderungen nach dem Stand der Technik entsprochen wird oder die bei der Beurteilung, ob dem entsprochen wird, wichtig oder hilfreich sind. Diese Verzeichnisse können durch Kundmachung des Bundesministers für Verkehr, Innovation und Technologie dem aktuellen Stand angepasst werden.

(BGBl I 2006/125)

Regelmäßig wiederkehrende Überprüfungen

§ 19a. (1) „Eisenbahnunternehmen, die über kein zertifiziertes oder genehmigtes Sicherheitsmanagementsystem im Sinne des 11. Teiles verfügen, haben durch akkreditierte Konformitätsbewertungsstellen im Rahmen des fachlichen Umfanges ihrer Akkreditierung, Ziviltechniker, jeweils im Rahmen ihrer Befugnisse, Technische Büros-Ingenieurbüros im Rahmen ihrer Fachgebiete oder durch im Verzeichnis gemäß § 40 geführte Personen, jeweils im Rahmen ihres eisenbahntechnischen Fachgebietes, in einem Zeitraum von jeweils fünf Jahren regelmäßig wiederkehrend prüfen zu lassen, ob Eisenbahnanlagen, Betriebsmittel einschließlich der Schienenfahrzeuge und sonstiges Zugehör den Bestimmungen dieses Bundesgesetzes, den auf Grund dieses Bundesgesetzes erlassenen Verordnungen und den auf Grund dieses Bundesgesetzes erlassenen eisenbahnrechtlichen Baugenehmigungs-, Bauartgenehmigungs- und Betriebsbewilligungsbescheiden noch entsprechen." Über jede wiederkehrende Prüfung ist eine der Behörde vorzulegende Prüfbescheinigung auszustellen, die insbesondere festgestellte Mängel und Vorschläge zu deren Behebung zu enthalten hat. *(BGBl I 2020/143)*

(2) Werden den im Abs. 1 angeführten Prüfberechtigten vom Eisenbahnunternehmen vollständige, schlüssige und nachvollziehbare Unterlagen über den zum Prüfungszeitpunkt vorliegenden Zustand der Eisenbahnanlagen, Betriebsmittel einschließlich der Schienenfahrzeuge, und von sonstigem Zugehör vorgelegt, die auf Grund dieses Bundesgesetzes, den auf Grund dieses Bundesgesetzes erlassenen Verordnungen, den auf Grund dieses Bundesgesetzes erlassenen eisenbahnrechtlichen Baugenehmigungs-, Bauartgenehmigungs-, oder Betriebsbewilligungsbescheiden oder auf Grund von bescheidmäßig genehmigten allgemeinen Anordnungen erstellt wurden, ist die inhaltliche Richtigkeit der Unterlagen vom Prüfberechtigten anzunehmen, es sei denn, dass der tatsächliche Zustand der Eisenbahnanlagen, Betriebsmittel einschließlich der Schienenfahrzeuge und des sonstigen Zugehörs augenscheinlich nicht dem in diesen Unterlagen ausgewiesenen Zustand entspricht.

(BGBl I 2006/125)

Einstellung aus Sicherheitsgründen

§ 19b. (1) Ist die Sicherheit des Betriebes einer Eisenbahn oder die Sicherheit des Betriebes von Schienenfahrzeugen auf Grund des Zustandes einer Eisenbahn nicht mehr gegeben, so hat die Behörde im ersteren Fall die gänzliche oder teilweise Einstellung des Betriebes einer solchen Eisenbahn und im anderen Fall die gänzliche oder teilweise Einstellung des Schienenfahrzeugbetriebes gegenüber dem zum Betrieb der Eisenbahn berechtigten Eisenbahnunternehmen zu verfügen, sofern im ersteren Fall die Sicherheit des Betriebes der Eisenbahn und im anderen Fall die Sicherheit des Betriebes von Schienenfahrzeugen auf der Eisenbahn nicht durch Verfügung von anderen Maßnahmen gewährleistet werden kann. Der eingestellte Betrieb darf nur mit Bewilligung der Behörde wieder aufgenommen werden. Die Bewilligung ist zu erteilen, wenn die Sicherheit des Betriebes gewährleistet ist. Die Verfügung anderer Maßnahmen ist aufzuheben, wenn die für die Verfügung maßgeblichen Gründe weggefallen sind.

(2) Ist die Sicherheit des Betriebes von Schienenfahrzeugen auf einer Eisenbahn auf Grund des Zustandes von Schienenfahrzeugen oder der Führung des Betriebes von Schienenfahrzeugen nicht mehr gegeben, so hat die Behörde die gänzliche oder teilweise Einstellung des Schienenfahrzeugbetriebes auf einer solchen Eisenbahn gegenüber dem zum Betrieb von Schienenfahrzeugen berechtigten Eisenbahnunternehmen zu verfügen, sofern die Sicherheit des Betriebes von Schienenfahrzeugen auf einer Eisenbahn nicht durch Verfügung von anderen Maßnahmen gewährleistet werden kann. Der Betrieb darf nur mit Bewilligung der Behörde wieder aufgenommen werden. Die Bewilligung ist zu erteilen, wenn die Sicherheit des Betriebes gewährleistet ist. Die Verfügung von anderen Maßnahmen ist aufzuheben, wenn die für die Verfügung maßgeblichen Gründe weggefallen sind.

(BGBl I 2006/125)

Meldepflicht bei Unfällen und Störungen

§ 19c. Das Eisenbahnunternehmen ist verpflichtet, Unfälle und Störungen, die beim Betrieb einer öffentlichen Eisenbahn oder einer Anschlussbahn, beim Betrieb von Schienenfahrzeugen auf einer öffentlichen Eisenbahn oder einer Anschlussbahn oder beim Verkehr auf einer öffentlichen Eisenbahn oder einer Anschlussbahn auftreten, unverzüglich der „Sicherheitsuntersuchungsstelle des Bundes" zu melden. Der Bundesminister für Verkehr, Innovation und Technologie hat den Umfang und die Form der Meldungen der Eisenbahnunternehmen durch Verordnung zu bestimmen. *(BGBl I 2013/96)*

(BGBl I 2006/125)

Änderung der Zustelladresse, Zustellungsbevollmächtigter

§ 19d. (1) Eisenbahnunternehmen haben der Behörde Änderungen der Zustelladresse im Sinne von § 2 Z 3 des Zustellgesetzes, BGBl. Nr. 200/1982, unverzüglich bekannt zu geben.

(2) Eisenbahnverkehrsunternehmen, die Eisenbahnverkehrsdienste im Inland erbringen und über keine Zustelladresse im Inland verfügen, haben

1. andere natürliche Personen mit Hauptwohnsitz im Inland oder

2. andere juristische Personen oder eingetragene Personengesellschaften, wenn diese einen zur Empfangnahme von Dokumenten befugten Vertreter mit Hauptwohnsitz im Inland haben,

gegenüber der Behörde zur Empfangnahme von Dokumenten zu bevollmächtigen und der Behörde namhaft zu machen. Darüber hinaus kann einem Eisenbahnverkehrsunternehmen ohne Zustelladresse in Österreich im Wege des Triebfahrzeugführers wirksam zugestellt werden.

(BGBl I 2020/143)

Verkehrsanlagen, Wasserläufe

§ 20. (1) Verkehrsanlagen und Wasserläufe, die durch den Bau der Eisenbahn gestört oder unbenützbar werden, hat das Eisenbahnunternehmen nach dem Ergebnis des eisenbahnrechtlichen Baugenehmigungsverfahrens auf seine Kosten in geeigneter Weise wiederherzustellen. Die Anlagen und Wasserläufe sind von dem bisher hiezu Verpflichteten zu erhalten und zu erneuern. Den Teil, um den die Erhaltungs- und Erneuerungskosten durch den Bau der Eisenbahn vergrößert worden sind, hat das Eisenbahnunternehmen zu tragen. Für Bauten, die früher nicht vorhanden waren, hat das Eisenbahnunternehmen nicht nur die Kosten der ersten Herstellung, sondern auch die der künftigen Erhaltung und Erneuerung zu tragen. Diese Bestimmungen finden keine Anwendung, soweit eine andere Vereinbarung besteht oder getroffen wird.

(2) Wiederhergestellte Verkehrsanlagen und Wasserläufe sind den zur künftigen Erhaltung und Erneuerung gemäß Abs. 1 Verpflichteten förmlich zu übergeben. Wird die Übernahme verweigert, so entscheidet die Behörde nach Maßgabe des Abs. 1, in welchem Umfang die Übernahme sowie die künftige Erhaltung und Erneuerung zu erfolgen hat.

(BGBl I 2006/125)

Einfriedungen, Schutzbauten

§ 20a. Zwischen der Eisenbahn und ihrer Umgebung sind vom Eisenbahnunternehmen auf seine Kosten Einfriedungen oder Schutzbauten herzustellen, zu erhalten und zu erneuern, soweit dies aus Sicherheitsgründen erforderlich ist. Ob dieses Erfordernis vorliegt, wird im eisenbahnrechtlichen Baugenehmigungsverfahren festgestellt. Erweist sich später eine Abweichung vom bestehenden Zustand als erforderlich, so hat die Kosten der Herstellung, Erhaltung und Erneuerung zu tragen, wer sie verursacht hat. Diese Bestimmungen finden keine Anwendung, soweit eine andere Vereinbarung besteht oder getroffen wird.

(BGBl I 2006/125)

Betriebsleiter

§ 21. (1) Ein zum Bau und zum Betrieb von Eisenbahnen berechtigtes Eisenbahnunternehmen hat einen Betriebsleiter zu bestellen, der für die Sicherheit und Ordnung des Betriebes der Eisenbahn einschließlich der Eisenbahnanlagen, Betriebsmittel und des sonstigen Zugehörs sowie des Betriebes von Schienenfahrzeugen auf der Eisenbahn verantwortlich ist.

(2) Ein zur Erbringung von „Eisenbahnverkehrsdiensten" auf Eisenbahnen berechtigtes Eisenbahnunternehmen hat einen Betriebsleiter zu bestellen, der für die Sicherheit und Ordnung des Betriebes der Eisenbahnanlagen, Betriebsmittel und des sonstigen Zugehörs und des Betriebes von Schienenfahrzeugen auf Eisenbahnen verantwortlich ist. *(BGBl I 2015/137)*

(3) Bei einem zum Bau und zum Betrieb von sowie zur Erbringung von „Eisenbahnverkehrsdiensten" auf Eisenbahnen berechtigten Eisenbahnunternehmen genügt die Bestellung einer Person als Betriebsleiter. *(BGBl I 2015/137)*

(4) Für den Betriebsleiter ist zumindest ein Stellvertreter zu bestellen.

(5) Abs. 1 bis 4 gilt nicht für ausschließlich zum Bau und zum Betrieb von sowie zur Erbringung von „Eisenbahnverkehrsdiensten" auf Anschlussbahnen ohne Eigenbetrieb berechtigte Eisenbahnunternehmen. *(BGBl I 2015/137)*

(6) Die Bestellung des Betriebsleiters und seines Stellvertreters bedarf der Genehmigung der Behörde. Die Genehmigung ist zu erteilen, wenn weder hinsichtlich der Verlässlichkeit noch der Eignung Bedenken bestehen. Wenn sich solche in der Folgezeit ergeben, so ist die Genehmigung zu widerrufen.

(7) Die Bestellung des Betriebsleiters und seines Stellvertreters bedarf abweichend von Abs. 6 für Eisenbahnunternehmen, die ausschließlich zum Bau und zum Betrieb von sowie zur Erbringung von „Eisenbahnverkehrsdiensten" auf Anschlussbahnen mit Eigenbetrieb mittels sonstiger Verschubeinrichtungen berechtigt sind, keiner Genehmigung der Behörde. *(BGBl I 2015/137)*

(8) Bei großen Eisenbahnunternehmen können neben dem Betriebsleiter fachlich zuständige Betriebsleiter bestellt werden. Diese und deren Stellvertreter sind der Behörde anzuzeigen.

(BGBl I 2006/125)

Allgemeine Anordnungen an Eisenbahnbedienstete

§ 21a. (1) Das Eisenbahnunternehmen hat jeweils im Rahmen bestehender Rechtsvorschriften das Verhalten einschließlich der Ausbildung der Eisenbahnbediensteten, die Tätigkeiten zur Gewährleistung der Sicherheit des Betriebes einer Eisenbahn, des Betriebes von Schienenfahrzeugen auf Eisenbahnen und des Verkehrs auf Eisenbahnen „ausführen", durch allgemeine Anordnungen im Interesse der Sicherheit und Ordnung des Betriebes der Eisenbahn, des Betriebes von Schienenfahrzeugen auf der Eisenbahn und des Verkehrs auf Eisenbahnen zu regeln. *(BGBl I 2010/25)*

(2) Abs. 1 gilt nicht für ausschließlich zum Bau und zum Betrieb von sowie zur Erbringung von „Eisenbahnverkehrsdiensten" auf Anschlussbahnen ohne Eigenbetrieb berechtigte Eisenbahnunternehmen.

(3) Die im Abs. 1 angeführten Anordnungen bedürfen der Genehmigung der Behörde, welche zu erteilen ist, wenn nicht öffentliche Verkehrsinteressen entgegenstehen.

(4) Abs. 3 gilt nicht für ausschließlich zum Bau und zum Betrieb von sowie zur Erbringung von „Eisenbahnverkehrsdiensten" auf im § 7 Z 2 angeführten Anschlussbahnen mit Eigenbetrieb berechtigte Eisenbahnunternehmen. *(BGBl I 2015/137)*

(5) Ist Verhalten einschließlich der Ausbildung der im Abs. 1 angeführten Bediensteten bereits durch unmittelbar anwendbare unionsrechtliche Regelungen, durch Bundesgesetz oder in auf Grund von Bundesgesetzen ergangenen Verordnungen geregelt, so bedarf es für ein solches Verhalten einschließlich der Ausbildung keiner Regelung durch allgemeine Anordnungen. *(BGBl I 2020/143)*

(BGBl I 2006/125)

Selbständiges Führen und Bedienen eines Triebfahrzeuges

§ 21b. (1) Das selbständige Führen und Bedienen eines Triebfahrzeuges auf Eisenbahnen in einem durch Medikamente, Alkohol oder Suchtmittel sowie durch Krankheit beeinträchtigten Zustand oder in einer hiefür sonst nicht geeigneten körperlichen oder geistigen Verfassung ist verboten.

(2) Während des selbständigen Bedienens und Führens eines Triebfahrzeuges auf Eisenbahnen ist die Einnahme von Alkohol, Suchtmittel oder die körperliche und geistige Verfassung beeinträchtigenden Medikamenten verboten.

(3) Triebfahrzeugführer und andere Betriebsbedienstete, die unmittelbar Zeugen eines Unfalls werden, bei dem eine Person getötet oder augenscheinlich schwer verletzt wird und welcher sich in direktem Zusammenhang mit ihrer Tätigkeit ereignet, sind für einen Zeitraum von 72 Stunden, gerechnet ab dem Zeitpunkt, ab denen ihnen bei einem Unfallereignis keine mit dem Unfall in Zusammenhang stehenden Aufgaben mehr zukommen, von jeglicher Arbeitsleistung freizustellen. Dabei ist den Bediensteten jedenfalls eine notfallpsychologische Betreuung durch hierfür geschulte interne oder externe Kräfte anzubieten. Von der Freistellung dieser Betriebsbediensteten kann abgesehen werden, wenn durch die hierfür geschulten internen oder externen Kräfte festgestellt wird, dass ihre psychologische und medizinische Eignung für die Ausübung ihrer Tätigkeit weiterhin besteht. *(BGBl I 2020/143)*

(BGBl I 2010/25)

Qualifizierte Tätigkeiten

§ 21c. (1) „Die Bundesministerin/Der Bundesminister für Klimaschutz, Umwelt, Energie, Mobilität, Innovation und Technologie" kann durch Verordnung *(BGBl I 2020/143)*

1. Kategorien von Tätigkeiten festlegen, welche die Sicherheit des Betriebes einer Haupt- oder vernetzten Nebenbahn, des Betriebes von Schienenfahrzeugen auf solchen Eisenbahnen und des Verkehrs auf solchen Eisenbahnen gewährleisten, und welche im Hinblick auf die Anforderungen an die Sicherheit und Ordnung und die Erfordernisse des Betriebes einer Eisenbahn, des Betriebes von Schienenfahrzeugen auf einer Eisenbahn und des Verkehrs auf Eisenbahnen von Eisenbahnbediensteten eines Eisenbahninfrastrukturunternehmens oder eines Eisenbahnverkehrsunternehmens erst nach erfolgter Ausbildung durch ein solches Eisenbahnunternehmen oder durch den Betreiber einer Schulungseinrichtung ausgeführt werden dürfen, wenn in einem oder mehreren, von sachverständigen Prüfern ausgestellten Zeugnissen dokumentiert ist, dass der Eisenbahnbedienstete über die für diese Tätigkeiten erforderliche Eignung verfügt,

2. die Erfordernisse für die erforderliche Eignung festlegen,

3. festlegen, welchen Voraussetzungen der Betrieb einer Schulungseinrichtung hinsichtlich der Qualifikation des Ausbildungspersonals, der Ausbildungsmethode, des Ausbildungsinhaltes, der Ausbildungsunterlagen und der für Schulungszwecke erforderlichen Einrichtungen entsprechen muss,

4. festlegen, wie die Teilnahme an der Ausbildung zu dokumentieren ist,

5. festlegen, welche Voraussetzungen vor der Ausstellung eines Zeugnisses durch sachverständige Prüfer vorliegen müssen,

6. festlegen, ob für Bedienstete, für die Zeugnisse vorliegen, in denen die für die Tätigkeit erforderliche Eignung dokumentiert ist, zusätzlich eine Bescheinigung auszustellen ist sowie Inhalt und äußere Merkmale einer solchen Bescheinigung festlegen,

7. Zeitabstände festlegen, innerhalb der von den „Eisenbahninfrastrukturunternehmen" und Eisenbahnverkehrsunternehmen zu prüfen oder prüfen zu lassen ist, ob die Eisenbahnbediensteten noch über die für die Ausführung der Tätigkeiten erforderliche Eignung verfügen, sowie die Art und Weise dieser Prüfung bestimmen, *(BGBl I 2011/124)*

8. die Eintragung derartiger Eisenbahnbediensteter in ein Register anordnen und die Ausgestaltung dieser Register, die Erteilung von Auskünften über die in diesen Registern enthaltenen Angaben und Daten und die Voraussetzungen für das Löschen von Registereintragungen regeln.

(2) Wer ein Register gemäß Abs. 1 Z 8 führt, hat Vorkehrungen zu treffen, dass auf begründete schriftliche Anfrage

1. „der Behörde", wenn dies zur Wahrnehmung ihrer Aufgaben nach dem Eisenbahngesetz 1957 erforderlich ist, *(BGBl I 2020/143)*

2. einem ins Register eingetragenen Eisenbahnbediensteten im Hinblick auf seine Person,

3. Eisenbahnunternehmen, wenn der in das Register eingetragene Eisenbahnbedienstete für eine Tätigkeit, die mit Verordnung gemäß Abs. 1 festgelegt worden ist, eingesetzt wird oder einge-

setzt werden soll, im Hinblick auf dessen Person, oder

4. der „Sicherheitsuntersuchungsstelle des Bundes", wenn dies zur Untersuchung von Vorfällen notwendig ist, im Hinblick auf die an den Vorfällen beteiligten, in das Register eingetragenen Eisenbahnbediensteten, wenn sie Tätigkeiten ausgeübt haben, die mit Verordnung gemäß Abs. 1 festgelegt worden sind, *(BGBl I 2013/96)* schriftliche Auskunft über die im Register enthaltenen Daten und Angaben erteilt wird.

(3) „Die Behörde" hat Personen, die zuverlässig und für die jeweilige Begutachtung besonders geeignet sind, auf die Dauer von höchstens fünf Jahren zu sachverständigen Prüfern zu bestellen. Eine ein- und mehrmalige Wiederbestellung eines Sachverständigen ist zulässig. Die Behörde hat ein Verzeichnis der bestellten sachverständigen Prüfer zu führen und im Internet bereitzustellen. *(BGBl I 2020/143)*

(4) Der Betrieb einer Schulungseinrichtung zur Vermittlung der erforderlichen Eignung für diejenigen Kategorien von Tätigkeiten, die in einer Verordnung nach Abs. 1 Z 1 festgelegt sind, bedarf der Genehmigung „der Behörde", die zu erteilen ist, wenn qualifiziertes Ausbildungspersonal, die Ausbildungsmethode, der Ausbildungsinhalt, die Ausbildungsunterlagen und die für Schulungszwecke erforderlichen Einrichtungen die Vermittlung einer solchen Eignung gewährleisten. „Die Behörde hat ein Verzeichnis der Schulungseinrichtungen, deren Betrieb genehmigt ist, mit Name, Anschrift und Kennnummer zu führen und im Internet bereitzustellen." *(BGBl I 2011/124; BGBl I 2020/143)*

(5) § 155a ist sinngemäß auf Schulungseinrichtungen anzuwenden. *(BGBl I 2020/143)*

(6) § 150a ist sinngemäß auf die im Abs. 3 angeführten sachverständigen Prüfer anzuwenden. *(BGBl I 2020/143)*

(BGBl I 2010/25)

Tarif, Fahrplan

§ 22. (1) Ein Eisenbahnunternehmen, das „Eisenbahnverkehrsdienste" im Personenverkehr auf öffentlichen Eisenbahnen erbringt, hat diesen bedarfsgerecht und wirtschaftlich zumutbar auf Grund von Tarifen und Fahrplänen anzubieten. Eisenbahnverkehrsunternehmen haben die Fahrpläne auf Basis des von der Zuweisungsstelle erstellten Netzfahrplanes zu erstellen. Im Übrigen sind auf Eisenbahnunternehmen, die „Eisenbahnverkehrsdienste" auf Haupt- oder Nebenbahnen erbringen, die Bestimmungen des Eisenbahnbeförderungsrechtes anzuwenden. *(BGBl I 2015/137)*

(2) Eisenbahnunternehmen, die „Eisenbahnverkehrsdienste" im öffentlichen Personenverkehr auf öffentlichen Eisenbahnen erbringen, haben die Tarife und Fahrpläne unter Einbeziehung der durchgehenden Verbindungen gemäß § 23 rechtzeitig vor ihrem In-Kraft-Treten und auf Kosten des jeweiligen Eisenbahnunternehmens zu veröffentlichen. *(BGBl I 2015/137)*

(3) Das Eisenbahninfrastrukturunternehmen hat die „Eisenbahninfrastruktur" Eisenbahnverkehrsunternehmen zwecks Zuganges anzubieten und zur Verfügung zu stellen. *(BGBl I 2015/137)*

(4) *(entfällt, BGBl I 2010/25)*

(5) Die Tarife für die Erbringung von „Eisenbahnverkehrsdiensten" auf Straßenbahnen haben die Beförderungsbedingungen und alle zur Berechnung der Beförderungspreise notwendigen Angaben zu enthalten. Sie sind jedermann gegenüber in gleicher Weise anzuwenden. Die zur Berechnung der Beförderungspreise notwendigen Angaben sowie die wesentlichen Bestimmungen der Beförderungsbedingungen sind durch Aushang an geeigneter Stelle bekanntzumachen. *(BGBl I 2015/137)*

(6) Bei Zulassung eines beschränkt-öffentlichen Verkehrs auf einer nicht-öffentlichen Eisenbahn hat das Eisenbahnunternehmen Beförderungsbedingungen aufzustellen. Die wesentlichsten Bestimmungen der Beförderungsbedingungen sind durch Aushang an geeigneter Stelle bekanntzumachen.

(7) *(entfällt, BGBl I 2010/25)*

(BGBl I 2006/125)

Tarife samt Bedingungen

§ 22a. Die Tarife für die Erbringung von „Eisenbahnverkehrsdiensten" im Personenverkehr auf Hauptbahnen und vernetzten Nebenbahnen haben die Beförderungsbedingungen einschließlich der Entschädigungsbedingungen insbesondere gemäß dem Eisenbahn-Beförderungs- und Fahrgastrechtegesetz (EisbBFG), BGBl. I Nr. 40/2013, und der Verordnung (EG) Nr. 1371/2007 über die Rechte und Pflichten der Fahrgäste im Eisenbahnverkehr, ABl. Nr. L 315 vom 03.12.2007 S 14, zu enthalten. *(BGBl I 2015/137)*

(BGBl I 2013/40)

Bekanntgabe der Beförderungsbedingungen an die Schienen-Control GmbH

§ 22b. (1) Die Eisenbahnunternehmen haben die Beförderungsbedingungen, einschließlich der Entschädigungsbedingungen, für die Erbringung von „Eisenbahnverkehrsdiensten" im Personenverkehr auf Hauptbahnen und vernetzten Nebenbahnen vor deren Veröffentlichung der Schienen-Control GmbH bekannt zu geben. *(BGBl I 2015/137)*

(2) Jene Beförderungsbedingungen, die durch die Schienen-Control Kommission nach § 78b für unwirksam erklärt wurden, sind von den Eisenbahnunternehmen binnen einer angemessenen Frist vor der Veröffentlichung der Schienen-Control GmbH bekannt zu geben. Die Schienen-Control GmbH hat diese Beförderungsbedingungen der Schienen-Control Kommission unverzüglich vorzulegen. Nach deren Vorlage durch die Schienen-Control GmbH hat die Schienen-Control Kommission von Amts wegen innerhalb von zehn Wochen festzustellen, ob diese gegen bundesrechtliche, unmittelbar anzuwendende unionsrechtliche oder völkerrechtliche Rechtsvorschriften verstoßen.

(3) Die Bekanntgaben gemäß Abs. 1 und Abs. 2 haben nach den von der Schienen-Control GmbH vorgegebenen Modalitäten zu erfolgen.

(4) Die Pflichten gemäß Abs. 1, Abs. 2 und Abs. 3 treffen auch die Verkehrsverbundorganisationsgesellschaften bezüglich der im jeweiligen Verkehrsverbund geltenden Tarife.

(BGBl I 2013/40)

Notfallpläne für die Hilfeleistungserbringung

§ 22c. Eisenbahnverkehrsunternehmen haben für den Fall, dass bei Erbringung von Personenverkehrsdiensten größere Störungen auftreten, Notfallpläne für die Erbringung von Hilfeleistungen für Fahrgäste im Sinne des Art. 18 der Verordnung (EG) Nr. 1371/2007 aufzustellen und sicherzustellen, dass diese Pläne ordnungsgemäß aufeinander abgestimmt sind.

(BGBl I 2019/60)

Direkte Abfertigung, durchgehender Tarif

§ 23. Für die Beförderung von Personen, Reisegepäck und Gütern auf Haupt- oder Nebenbahnen haben die beteiligten Eisenbahnunternehmen eine direkte Abfertigung und einen durchgehenden Tarif im Vereinbarungsweg einzurichten.

(BGBl I 2006/125)

Gemeinwirtschaftliche Verpflichtungen

§ 24. Die Zuständigkeit zur Vergabe oder Auferlegung von gemeinwirtschaftlichen Verpflichtungen nach der Verordnung (EG) Nr. 1370/2007 über öffentliche Personenverkehrsdienste auf Schiene und Straße und zur Aufhebung der Verordnungen (EWG) Nr. 1191/69 und (EWG) Nr. 1107/70 des Rates, ABl. Nr. L 315 vom 03.12.2007 S 1, richtet sich auf Bundesseite nach den Aufgaben gemäß den besonderen bundesgesetzlichen Bestimmungen. Diese gesondert geregelten Bestellzuständigkeiten des Bundes beziehen sich nicht auf die Schülerfreifahrten und Lehrlingsfreifahrten nach dem Familienlastenausgleichsgesetz 1967, BGBl. Nr. 376.

(BGBl I 2015/137)

Genehmigungspflichtige Rechtsakte

§ 25. Die Veräußerung oder Verpachtung einer öffentlichen Eisenbahn oder von Teilen einer öffentlichen Eisenbahn, die sonstige Überlassung des ganzen oder eines Teiles des Betriebes einer öffentlichen Eisenbahn oder von Teilen einer öffentlichen Eisenbahn sowie die sonstige Überlassung des ganzen oder eines Teiles der Abwicklung des Verkehrs auf einer öffentlichen Eisenbahn oder auf Teilen einer öffentlichen Eisenbahn bedarf bei sonstiger Nichtigkeit dieser Rechtsakte der Genehmigung der Behörde; sie ist zu erteilen, wenn öffentliche Interessen nicht entgegenstehen.

(BGBl I 2006/125)

Auskunftspflicht des Eisenbahnunternehmens

§ 26. „." Das Eisenbahnunternehmen hat über seinen Geschäftsbetrieb so Buch zu führen, dass die Behörde jederzeit die für die Wahrnehmung ihrer Aufgaben erforderlichen Feststellungen treffen kann; es hat der Behörde alle hiefür erforderlichen Auskünfte zu erteilen; es hat insbesondere auch den sich ausweisenden Behördenorganen alle geschäftlichen Aufzeichnungen, Bücher und sonstigen Belege zur Einsicht und Prüfung vorzulegen. *(BGBl I 2015/137)*

(BGBl I 2006/125)

Erleichterungen

§ 27. Die Behörde hat für den Bau und für den Betrieb von Nebenbahnen, Straßenbahnen und nicht-öffentlichen Eisenbahnen sowie für den Betrieb von Schienenfahrzeugen und für den Verkehr auf diesen weitere Erleichterungen von sich aus den §§ 19 bis 26 und 30 ergebenden Verpflichtungen zu gewähren, soweit hiedurch die Sicherheit des Betriebes dieser Eisenbahnen, des Betriebes von Schienenfahrzeugen auf diesen Eisenbahnen und des Verkehrs auf diesen Eisenbahnen nicht gefährdet ist und private Rechte oder öffentliche Interessen nicht entgegenstehen.

(BGBl I 2006/125)

Einstellung wegen wirtschaftlicher Unzumutbarkeit

§ 28. (1) Ist die Weiterführung des Betriebes einer öffentlichen Eisenbahn oder eines Streckenteiles einer öffentlichen Eisenbahn wirtschaftlich nicht mehr zumutbar, so hat die Behörde auf Antrag des Eisenbahnunternehmens die vorübergehende oder dauernde Einstellung des Betriebes zu bewilligen.

(2) Abgesehen von den Fällen einer vorübergehenden Störung des Betriebes (§ 18d, § 66) oder einer solchen Einstellung aus Sicherheitsgründen (§ 19b), ist eine vorübergehende Einstellung eines wirtschaftlich nicht mehr zumutbaren Betriebes auf höchstens drei Jahre befristet zu bewilligen. Im Falle einer Hauptbahn oder einer vernetzten Nebenbahn oder von Streckenteilen solcher Eisenbahnen ist die Bewilligung zu erteilen, wenn sich bei der Netzfahrplanerstellung herausstellte, dass Begehren auf Zuweisung von Zugtrassen nicht oder nur für ein geringfügiges Ausmaß vorliegen.

(3) Im Antrag auf Bewilligung einer vorübergehenden Einstellung des Betriebes wegen wirtschaftlicher Unzumutbarkeit sind auch die Vorkehrungen anzuzeigen, die einerseits aus Sicherheitsgründen während der Einstellung des Betriebes notwendig sind und die andererseits die Möglichkeit zur Wiederaufnahme des Betriebes gewährleisten sollen. Falls aus diesen Gründen weitere Vorkehrungen notwendig sind, hat sie die Behörde bei einer Bewilligung der vorübergehenden Einstellung des Betriebes anzuordnen.

(4) Vor der Bewilligung einer dauernden Einstellung des Betriebes wegen wirtschaftlicher Unzumutbarkeit der Weiterführung ist nachzuweisen, dass Bemühungen des antragstellenden Eisenbahnunternehmens zum Weiterbetrieb zu kaufmännisch gerechtfertigten Bedingungen erfolglos blieben. „Die Erfolglosigkeit der Bemühungen ist anhand der Ergebnisse einer zumindest drei Monate dauernden öffentlichen Interessentensuche mit Einholung verbindlicher Angebote zu belegen." Vor der Erteilung von Bewilligungen ist der Landeshauptmann, sofern er nicht selbst zuständig ist, anzuhören. *(BGBl I 2011/124)*

(5) *(entfällt, BGBl I 2011/124)*

(6) Wird die dauernde Einstellung des Betriebes einer Eisenbahn oder eines Streckenteiles derselben bewilligt, so hat die Behörde gleichzeitig die Konzession insoweit für erloschen zu erklären.

(BGBl I 2006/125, ab 1. 6. 2008)

Auflassung einer Eisenbahn

§ 29. (1) „Dauernd betriebseingestellte Eisenbahnen oder dauernd betriebseingestellte Teile einer Eisenbahn sind aufzulassen, sofern sie nicht weiterhin dafür vorgesehen sind, ganz oder teilweise, unmittelbar oder mittelbar der Abwicklung oder der Sicherung des Betriebes einer Eisenbahn, des Betriebes von Schienenfahrzeugen auf einer Eisenbahn oder des Verkehrs auf einer Eisenbahn zu dienen. Solange nicht aufgelassen ist, gilt § 19 Abs. 2 auch für den Inhaber der dauernd betriebseingestellten Eisenbahn oder des dauernd betriebseingestellten Teiles einer Eisenbahn." Der Inhaber der aufzulassenden Eisenbahn oder von aufzulassenden Teilen einer Eisenbahn hat der im Abs. 2 angeführten Behörde anzuzeigen, welche Eisenbahnanlagen er zu beseitigen beabsichtigt und die Vorkehrungen anzuzeigen, die er im Hinblick auf die Belange der öffentlichen Sicherheit und zur Vermeidung von Schäden an öffentlichem oder privatem Gut zu treffen beabsichtigt, die durch die aufzulassende Eisenbahn oder von aufzulassenden Teilen einer Eisenbahn verursacht werden könnten. *(BGBl I 2011/124)*

(2) Bei dauernder Einstellung des Betriebes einer öffentlichen Eisenbahn oder von Teilen einer öffentlichen Eisenbahn hat der Landeshauptmann, bei dauernder Einstellung des Betriebes einer nicht-öffentlichen Eisenbahn oder von Teilen einer nicht-öffentlichen Eisenbahn hat die Bezirksverwaltungsbehörde, unter Bedachtnahme auf die öffentlichen Interessen, insbesondere auf die Belange der öffentlichen Sicherheit, von Amts wegen zu verfügen, welche Eisenbahnanlagen über die bekannt gegebenen Eisenbahnanlagen hinaus zu beseitigen und welche über die angezeigten Vorkehrungen hinaus gehenden Vorkehrungen zu treffen sind, um Schäden an öffentlichem oder privatem Gut, die durch die aufzulassende Eisenbahn oder von aufzulassenden Teilen einer Eisenbahn verursacht werden könnten, zu vermeiden, insoweit nicht ohnedies der vor dem Bau der aufzulassenden Eisenbahn oder des aufzulassenden Teiles einer Eisenbahn bestandene Zustand hergestellt wird. Ist keine behördliche Verfügung notwendig, ist dies der Inhaber der aufzulassenden Eisenbahn oder dem Inhaber von aufzulassenden Teilen einer Eisenbahn mitzuteilen.

(3) Der Inhaber der aufzulassenden Eisenbahn oder der Inhaber eines aufzulassenden Teiles einer Eisenbahn hat die durchgeführte Auflassung der dauernd betriebseingestellten Eisenbahn oder von dauernd betriebseingestellten Teilen einer Eisenbahn der Behörde anzuzeigen.

(4) Die dauernd betriebseingestellte Eisenbahn oder der dauernd betriebseingestellte Teil einer Eisenbahn gelten als aufgelassen, wenn der Inhaber der aufzulassenden Eisenbahn oder eines aufzulassenden Teiles einer Eisenbahn diese entsprechend seiner Anzeige, und falls die Behörde eine Verfügung gemäß Abs. 2 erlassen hat auch entsprechend dieser Verfügung, aufgelassen hat und die Behörde dies bescheidmäßig festgestellt hat. „Mit dem Eintritt der Rechtskraft dieses Feststellungsbescheides ist die Auflassung beendet und erlischt die eisenbahnrechtliche Baugenehmigung für die aufgelassene Eisenbahn oder für den aufgelassenen Teil einer Eisenbahn." *(BGBl I 2011/124)*

(5) Abs. 1 bis 4 gelten sinngemäß auch für Anlagen und Bauten, die auf Grundlage einer für erloschen erklärten eisenbahnrechtlichen Baugenehmigung bereits errichtet worden sind, mit der Maßgabe, dass zuständige Behörde der Landes-

hauptmann ist, wenn die eisenbahnrechtliche Baugenehmigung von diesem oder dem Bundesminister für Verkehr, Innovation und Technologie für erloschen erklärt worden ist, und dass zuständige Behörde die Bezirksverwaltungsbehörde ist, wenn die eisenbahnrechtliche Baugenehmigung von ihr für erloschen erklärt worden ist.

(BGBl I 2006/125, ab 1. 6. 2008)

Eisenbahnaufsichtsorgane

§ 30. (1) Eisenbahnunternehmen haben Eisenbahnbedienstete zur Überwachung des Verhaltens von Personen gegenüber Eisenbahnanlagen einer öffentlichen Eisenbahn, in auf öffentlichen Eisenbahnen betriebenen Schienenfahrzeugen und im Verkehr auf einer öffentlichen Eisenbahn zu bestimmen (Eisenbahnaufsichtsorgane). Die Überwachung schließt die der Ordnung auf den Bahnhofvorplätzen mit ein, sofern nicht die sonst zuständigen Organe zur Stelle sind. Bei Eisenbahnen, auf denen Zugangsrechte ausgeübt werden, hat die Überwachung auch das Verhalten der Eisenbahnbediensteten von Zugang ausübenden Eisenbahnunternehmen einzuschließen, soweit das für die Gewährung der Sicherheit und Ordnung der Abwicklung des jeweiligen Betriebes der Eisenbahn und des jeweiligen Verkehrs auf der Eisenbahn insgesamt erforderlich ist.

(2) Die Eisenbahnaufsichtsorgane sind von der Behörde oder von Organen des Eisenbahnunternehmens, die von dieser hiezu ermächtigt wurden, in Eid zu nehmen. Eisenbahnaufsichtsorgane müssen bei Ausübung ihrer Überwachungstätigkeit mit einem Ausweis versehen sein, aus dem ihre Eigenschaft und ihre Überwachungsbefugnisse hervorgehen. Eisenbahnaufsichtsorgane, die sich zur Ausübung ihrer Befugnisse als nicht mehr geeignet erweisen, sind unverzüglich abzuberufen; dies ist der Behörde anzuzeigen.

(3) Eisenbahnaufsichtsorgane dürfen Personen festnehmen, die sie bei einer Zuwiderhandlung gegen die Bestimmungen der §§ 43 Abs. 1, 46, 47 Abs. 1, 47a und 47b einschließlich derjenigen, die auf Grund einer Verordnung gemäß § 47c erlassen sind, auf frischer Tat betreten, sofern auch die übrigen Voraussetzungen des § 35 Verwaltungsstrafgesetz 1991 (VStG), BGBl. Nr. 52, vorliegen, aber kein Organ des öffentlichen Sicherheitsdienstes einschreiten kann. Festgenommene Personen sind, wenn der Grund der Festnahme nicht schon vorher entfallen ist, von den Eisenbahnaufsichtsorganen dem nächsten Organ des öffentlichen Sicherheitsdienstes so bald wie möglich vorzuführen. *(BGBl I 2011/124)*

(BGBl I 2006/125)

Vorhandensein gefährlicher Stoffe

§ 30a. (1) „Sind in einem Betrieb die in Anlage 5 der Gewerbeordnung 1994 (GewO 1994), BGBl. Nr. 194, genannten gefährlichen Stoffe mindestens in einer in dieser Anlage gegebenen Menge vorhanden, sind die §§ 84a Abs. 4, 84b bis 84o, § 366 Abs. 1 Einleitungssatz in Verbindung mit Z 7 und § 367 Einleitungssatz in Verbindung mit Z 55, 56 und 57 GewO 1994 sinngemäß mit der Maßgabe anzuwenden, dass" *(BGBl I 2015/137)*

1. unter der in §§ 84d Abs. 5 und 84l Abs. 6 und 7 GewO 1994 angeführten Behörde die Sicherheitsuntersuchungsstelle des Bundes, und unter der in allen anderen Fällen angeführten Behörde die Bezirksverwaltungsbehörde zu verstehen sind, *(BGBl I 2015/137)*

2. unter Betriebsinhaber das Eisenbahnunternehmen zu verstehen ist, und

3. technischer Anlage nur eine solche zu verstehen ist, für die

a) eine eisenbahnrechtliche Baugenehmigung und Betriebsbewilligung vorliegt oder erforderlich ist oder

b) für die ausschließlich aufgrund des § 36 Abs. 1 keine eisenbahnrechtliche Baugenehmigung erforderlich ist.

(2) Die im Abs. 1 angeführten Bestimmungen der Gewerbeordnung 1994 gelten nicht:

1. für die außerhalb eines Betriebes erfolgende Beförderung gefährlicher Stoffe mit einem Schienenfahrzeug auf der Eisenbahn;

2. für die außerhalb eines Betriebes erfolgende zeitlich begrenzte Zwischenlagerung gefährlicher Stoffe auf der Eisenbahn, wenn diese Zwischenlagerung im Zusammenhang mit einer Beförderung auf der Eisenbahn erfolgt;

3. für die außerhalb eines Betriebes in einer für solche Zwecke vorgesehenen Eisenbahnanlage erfolgende Beladung eines Schienenfahrzeuges mit gefährlichen Stoffen, erfolgende Entladung gefährlicher Stoffe aus einem Schienenfahrzeug, erfolgende Umladung gefährlicher Stoffe von einem Schienenfahrzeug auf ein anderes Fahrzeug oder erfolgende Umladung gefährlicher Stoffe von einem Fahrzeug auf ein Schienenfahrzeug.

(3) Die Anforderungen des Abs. 1 sind keine Voraussetzungen für die Erteilung von Genehmigungen und Bewilligungen nach diesem Gesetzesteil.

(BGBl I 2011/124)

7. Hauptstück
Bau, Veränderung und Inbetriebnahme von Eisenbahnanlagen und nicht ortsfesten eisenbahnsicherungstechnischen Einrichtungen und Inbetriebnahme von Schienenfahrzeugen

1. Abschnitt
Eisenbahnrechtliche Baugenehmigung

Erforderlichkeit einer eisenbahnrechtlichen Baugenehmigung

§ 31. Für den Bau oder die Veränderung von Eisenbahnanlagen und nicht ortsfesten eisenbahnsicherungstechnischen Einrichtungen ist die eisenbahnrechtliche Baugenehmigung erforderlich.

(BGBl I 2006/125)

Antrag

§ 31a. (1) Die Erteilung der eisenbahnrechtlichen Baugenehmigung ist bei der Behörde zu beantragen. Dem Antrag ist ein Bauentwurf in dreifacher Ausfertigung und projektrelevante Fachgebiete umfassende Gutachten beizugeben; letztere zum Beweis, ob das Bauvorhaben dem Stand der Technik unter Berücksichtigung der Sicherheit und Ordnung des Betriebes der Eisenbahn, des Betriebes von Schienenfahrzeugen auf der Eisenbahn und des Verkehrs auf der Eisenbahn einschließlich der Anforderungen des Arbeitnehmerschutzes entspricht. Im Falle beantragter Abweichungen vom Stand der Technik sind auch die Vorkehrungen darzustellen, die sicherstellen sollen, dass trotz Abweichung vom Stand der Technik die Sicherheit und Ordnung des Betriebes der Eisenbahn, des Betriebes von Schienenfahrzeugen auf der Eisenbahn und des Verkehrs auf der Eisenbahn einschließlich der Anforderungen an den Arbeitnehmerschutz gewährleistet sind. Wenn das Bauvorhaben eine Hauptbahn alleine oder über eine Hauptbahn hinaus gehend auch eine vernetzte Nebenbahn betrifft, ist nur ein Gutachten beizugeben, das alle projektrelevanten Fachgebiete zu umfassen hat; werden für die Erstattung dieses Gutachtens mehr als ein Sachverständiger bestellt, hat ein solches Gutachten eine allgemein verständliche Zusammenfassung zu enthalten. „ " *(BGBl I 2013/205)*

(2) Als Sachverständige gemäß Abs. 1 gelten und dürfen mit der Erstattung von Gutachten beauftragt werden, sofern sie nicht mit der Planung betraut waren oder sonstige Umstände vorliegen, die die Unbefangenheit oder Fachkunde in Zweifel ziehen:

1. Anstalten des Bundes oder eines Bundeslandes;
2. „akkreditierte Konformitätsbewertungsstellen" oder benannte Stellen im Rahmen des fachlichen Umfanges ihrer Akkreditierung; *(BGBl I 2013/96)*
3. Ziviltechniker im Rahmen ihrer Befugnisse;
4. Technische Büros-Ingenieurbüros im Rahmen ihrer Fachgebiete;
5. natürliche Personen, die für die Erstattung von Gutachten der erforderlichen Art im Allgemeinen beeidet sind.

(3) Die Behörde kann nach den Erfordernissen des Einzelfalles die Beigabe einer anderen Anzahl an Bauentwurfsausfertigungen oder Ausfertigungen einzelner Bauentwurfsunterlagen festlegen.

(BGBl I 2006/125)

Bauentwurf

§ 31b. (1) Aus dem Bauentwurf muss insbesondere ersichtlich sein:

1. die Lage der Eisenbahnanlagen und der in der Nähe der Eisenbahntrasse gelegenen Bauten, Verkehrsanlagen, Wasserläufe und Leitungsanlagen;
2. ein Bau- und Betriebsprogramm;
3. die erheblichen Auswirkungen des Bauvorhabens auf die Umgebung;
4. die im § 31e genannten betroffenen Liegenschaften sowie die Eigentümer dieser Liegenschaften, die an diesen dinglich Berechtigten, die Wasserberechtigten und die Bergwerksberechtigten.

(2) Der Bundesminister für Verkehr, Innovation und Technologie kann allgemein, für alle oder einzelne Arten von Eisenbahnen durch Verordnung nähere Bestimmungen über die je nach Art und Umfang des Bauvorhabens erforderlichen Unterlagen treffen.

(BGBl I 2006/125)

Mündliche Verhandlung

§ 31c. Der Bauentwurf ist vor einer mündlichen Verhandlung durch mindestens zwei Wochen und höchstens sechs Wochen in den Gemeinden, deren örtlicher Wirkungsbereich durch das Bauvorhaben berührt wird, zur allgemeinen Einsicht aufzulegen. Die Behörde kann die Auflagefrist bis auf fünf Tage abkürzen, wenn dies aus dringenden öffentlichen Interessen geboten ist.

(BGBl I 2006/125)

Berührte Interessen

§ 31d. Werden durch das Bauvorhaben vom Bund, von den Ländern und von den Gemeinden wahrzunehmende Interessen berührt, ist den zuständigen Dienststellen Gelegenheit zu geben, zu dem Bauvorhaben Stellung zu nehmen. Die Stel-

Parteien

§ 31e. Parteien im Sinne des § 8 des Allgemeinen Verwaltungsverfahrensgesetzes 1991, BGBl. Nr. 51, sind der Bauwerber, die Eigentümer der betroffenen Liegenschaften, die an diesen dinglich Berechtigten, die Wasserberechtigten und die Bergwerksberechtigten. Betroffene Liegenschaften sind außer den durch den Bau selbst in Anspruch genommenen Liegenschaften auch die, die in den Bauverbotsbereich oder in den Feuerbereich zu liegen kommen, sowie die, die wegen ihrer Lage im Gefährdungsbereich Veränderungen oder Beschränkungen unterworfen werden müssen.

(BGBl I 2006/125)

Genehmigungsvoraussetzungen

§ 31f. (1) Die eisenbahnrechtliche Baugenehmigung ist zu erteilen, wenn

1. das Bauvorhaben dem Stand der Technik zum Zeitpunkt der Einbringung des verfahrenseinleitenden Antrages bei der Behörde unter Berücksichtigung der Sicherheit und Ordnung des Betriebes der Eisenbahn, des Betriebes von Schienenfahrzeugen auf der Eisenbahn und des Verkehrs auf der Eisenbahn entspricht,

2. vom Bund, von den Ländern und von den Gemeinden wahrzunehmende Interessen durch das Bauvorhaben nicht verletzt werden oder im Falle des Vorliegens einer Verletzung solcher Interessen der durch die Ausführung und Inbetriebnahme des Bauvorhabens entstehende Vorteil für die Öffentlichkeit größer ist als der Nachteil, der aus der Verletzung dieser Interessen für die Öffentlichkeit durch die Ausführung und Inbetriebnahme des Bauvorhabens entsteht und

3. eingewendete subjektiv öffentliche Rechte einer Partei nicht verletzt werden oder im Falle einer Verletzung eingewendeter subjektiv öffentlicher Rechte einer Partei dann, wenn der durch die Ausführung und Inbetriebnahme des Bauvorhabens entstehende Vorteil für die Öffentlichkeit größer ist als der Nachteil, der der Partei durch die Ausführung und Inbetriebnahme des Bauvorhabens entsteht.

(2) Eine eisenbahnrechtliche Baugenehmigung für ein Bauvorhaben im Gefährdungsbereich (§ 4 Abs. 6 Z 3 des Bundesstraßengesetzes 1971-BStG 1971, BGBl. Nr. 286/1971) eines Betriebes, in dem die in Anlage 5 GewO 1994 genannten gefährlichen Stoffe mindestens in einer in dieser Anlage gegebenen Menge vorhanden sind (Seveso-Betrieb), darf überdies nur dann erteilt werden, wenn dieser Gefährdungsbereich im Bauentwurf ausgewiesen ist und Vorkehrungen vorgesehen sind, die bewirken, dass bei Realisierung des Bauvorhabens und dessen künftigen Betriebes weder schwere Unfälle (§ 84b Z 12 GewO 1994) beim Seveso-Betrieb bewirkt noch das Risiko oder die Folgen solcher Unfälle vergrößert oder verschlimmert werden können.

(3) Vom Stand der Technik sind beantragte Abweichungen in Ausnahmefällen zulässig, wenn mit Vorkehrungen die Sicherheit und Ordnung des Betriebes der Eisenbahn, des Betriebes von Schienenfahrzeugen auf der Eisenbahn und des Verkehrs auf der Eisenbahn auf andere Weise gewährleistet werden kann.

(BGBl I 2021/231)

Bauausführungsfrist

§ 31g. In der eisenbahnrechtlichen Baugenehmigung ist eine angemessene Frist vorzuschreiben, innerhalb der das Bauvorhaben auszuführen und im Falle seiner Ausführung in Betrieb zu nehmen ist. Die Behörde kann auf rechtzeitig gestellten Antrag diese Frist verlängern. Wird die Frist ohne zwingende Gründe nicht eingehalten, so hat die Behörde die eisenbahnrechtliche Baugenehmigung für erloschen zu erklären.

(BGBl I 2006/125)

Höchstgerichtliche Aufhebung eines Baugenehmigungsbescheides

§ 31h. (1) Wird ein Baugenehmigungsbescheid vom Verwaltungs- oder Verfassungsgerichtshof aufgehoben, so darf die betreffende Eisenbahn, Eisenbahnanlage oder eisenbahnsicherungstechnische Einrichtung bis zur Rechtskraft des Ersatzbescheides, längstens jedoch ein Jahr, im Rahmen des aufgehobenen Baugenehmigungsbescheides weiter gebaut oder verändert sowie betrieben werden, falls im letzteren Falle für die gebaute oder veränderte Eisenbahn, Eisenbahnanlage oder eisenbahnsicherungstechnische Einrichtung bereits die Betriebsbewilligung erteilt wurde.

(2) Abs. 1 gilt nicht, wenn der Verfassungsgerichtshof oder Verwaltungsgerichtshof einer Beschwerde, die zur Aufhebung des Baugenehmigungsbescheides geführt hat, die aufschiebende Wirkung zuerkannt hat.

(BGBl I 2011/124)

2. Abschnitt
Bauartgenehmigung

1. Unterabschnitt
Schienenfahrzeuge

Erforderlichkeit einer Bauartgenehmigung

§ 32. (1) Vor Erteilung einer Betriebsbewilligung ist für die Inbetriebnahme einzelner oder zahlenmäßig unbestimmter baugleicher Schienenfahrzeuge sowie veränderter einzelner oder zahlenmäßig unbestimmter baugleicher Schienenfahrzeuge eine Bauartgenehmigung erforderlich. Dies gilt nicht für Schienenfahrzeuge, die in den Anwendungsbereich des 8. Teiles fallen. *(BGBl I 2020/143)*

(2) Keine Bauartgenehmigung ist erforderlich für die Inbetriebnahme von Reisezugwagen und Güterwagen, die

1. internationalen einheitlichen Baumustern entsprechen, „und" *(BGBl I 2011/124)*

„2." die in einem anderen Staat behördlich oder in einer sonst in diesem Staat zulässigen Form zugelassen sind. *(BGBl I 2011/124)*

(BGBl I 2006/125)

Antrag

§ 32a. (1) Die Erteilung der Bauartgenehmigung ist bei der Behörde unter Beigabe eines Bauentwurfes in dreifacher Ausfertigung zu beantragen.

(2) Die Behörde kann nach den Erfordernissen des Einzelfalles die Beigabe einer anderen Anzahl an Bauentwurfsausfertigungen oder Ausfertigungen einzelner Bauentwurfsunterlagen festlegen.

(3) Dem Antrag um Erteilung einer Bauartgenehmigung für die Inbetriebnahme eines nicht unter § 32b Abs. 2 und 3 angeführten Schienenfahrzeuges oder eines nicht unter § 32b Abs. 2 und 3 angeführten, veränderten Schienenfahrzeuges sind Gutachten beizugeben; diese zum Beweis, ob das Schienenfahrzeug oder das veränderte Schienenfahrzeug dem Stand der Technik unter Berücksichtigung der Sicherheit und Ordnung des Betriebes der Eisenbahn, des Betriebes anderer Schienenfahrzeuge auf der Eisenbahn und des Verkehrs auf der Eisenbahn einschließlich der Anforderungen des Arbeitnehmerschutzes entspricht. „ " *(BGBl I 2015/137)*

(4) Dem Antrag um Erteilung der Bauartgenehmigung für die Inbetriebnahme eines Nostalgieschienenfahrzeuges sind für den Fall, dass dieses Schienenfahrzeug nicht dem Stand der Technik zum Zeitpunkt der Einbringung des verfahrenseinleitenden Antrages entspricht, die Vorkehrungen darzustellen, die sicherstellen sollen, dass trotz Abweichung vom Stand der Technik zu diesem Zeitpunkt die Sicherheit und Ordnung des Betriebes der Eisenbahn, des Betriebes anderer Schienenfahrzeuge auf der Eisenbahn und des Verkehrs auf der Eisenbahn, auf der es betrieben werden soll, einschließlich der Anforderungen an den Arbeitnehmerschutz gewährleistet sind.

(5) Dem Antrag um Erteilung der Bauartgenehmigung für die Inbetriebnahme eines gebrauchten ausländischen Schienenfahrzeuges sind zum Beweis, ob das Schienenfahrzeug dem Stand der Technik zum Zeitpunkt seiner erstmaligen Zulassung im Ausland entspricht, Gutachten beizubegen. Weiters sind die Vorkehrungen darzustellen, die sicherstellen sollen, dass trotz Abweichung vom Stand der Technik zum Zeitpunkt der Einbringung des verfahrenseinleitenden Antrages die Sicherheit und Ordnung des Betriebes der Eisenbahn, des Betriebes von Schienenfahrzeugen auf der Eisenbahn und des Verkehrs auf der Eisenbahn, auf der es betrieben werden soll, einschließlich der Anforderungen an den Arbeitnehmerschutz gewährleistet sind.

(6) Die beizugebenden Gutachten dürfen unter Einhaltung der im § 31a Abs. 2 angeführten Voraussetzungen nur erstattet werden von:

1. Anstalten des Bundes oder eines Bundeslandes;

2. „akkreditierten Konformitätsbewertungsstellen oder benannten Stellen" im Rahmen des fachlichen Umfanges ihrer Akkreditierung; *(BGBl I 2013/96)*

3. „Ziviltechnikern" im Rahmen ihrer Befugnisse; *(BGBl I 2015/137)*

4. „Technischen" Büros-Ingenieurbüros im Rahmen ihrer Fachgebiete; *(BGBl I 2015/137)*

5. „natürlichen" Personen, die für die Erstattung von Gutachten der erforderlichen Art im Allgemeinen beeidet sind; *(BGBl I 2015/137)*

6. „sonstigen" Personen mit Hauptwohnsitz (Sitz) in anderen Mitgliedstaaten der Europäischen Union, in anderen Vertragsparteien des Abkommens über den Europäischen Wirtschaftsraum und in der Schweizerischen Eidgenossenschaft, wenn diese Personen in diesen Staaten zur Erstattung von Gutachten im Bereich der Schienenfahrzeugtechnik in Zulassungsverfahren bestellt werden dürfen. *(BGBl I 2015/137)*

(BGBl I 2006/125)

Genehmigungsvoraussetzungen

§ 32b. (1) Die Bauartgenehmigung ist zu erteilen, wenn ein in Betrieb zu nehmendes Schienenfahrzeug oder ein in Betrieb zu nehmendes, verändertes Schienenfahrzeug dem Stand der Technik zum Zeitpunkt der Einbringung des verfahrenseinleitenden Antrages bei der Behörde unter Berücksichtigung der Sicherheit und Ordnung des Betriebes der Eisenbahn, des Betriebes anderer Schienenfahrzeuge auf der Eisenbahn und des Verkehrs auf der Eisenbahn, auf der es betrieben werden soll, entspricht.

(2) Besteht für Schienenfahrzeuge ein museales oder ein anderes fachlich begründetes Interesse an der Beibehaltung oder Herstellung eines historischen Zustandes (Nostalgieschienenfahrzeuge), so ist für die Inbetriebnahme eines solchen Schienenfahrzeuges abweichend von Abs. 1 eine Bauartgenehmigung auch dann zu erteilen, wenn dem Stand der Technik zum Zeitpunkt der Einbringung des verfahrenseinleitenden Antrages nicht entsprochen wird, jedoch durch Vorkehrungen sichergestellt wird, dass trotz Abweichung vom Stand der Technik zum Zeitpunkt der Einbringung des verfahrenseinleitenden Antrages die Sicherheit und Ordnung des Betriebes der Eisenbahn, des Betriebes anderer Schienenfahrzeuge auf der Eisenbahn und des Verkehrs auf der Eisenbahn, auf der es betrieben werden soll, gewährleistet sind.

(3) Für die Inbetriebnahme gebrauchter ausländischer Schienenfahrzeuge ist abweichend von Abs. 1 eine Bauartgenehmigung auch dann zu erteilen, wenn dem Stand der Technik nicht zum Zeitpunkt der Einbringung des verfahrenseinleitenden Antrages, sondern zum Zeitpunkt seiner erstmaligen Zulassung im Ausland entsprochen ist, und durch Vorkehrungen sichergestellt wird, dass trotz Abweichung vom Stand der Technik zum Zeitpunkt der Einbringung des verfahrenseinleitenden Antrages die Sicherheit und Ordnung des Betriebes der Eisenbahn, des Betriebes anderer Schienenfahrzeuge auf der Eisenbahn und des Verkehrs auf der Eisenbahn, auf der es betrieben werden soll, gewährleistet sind.

(BGBl I 2006/125)

Berechtigungen

§ 32c. (1) In der Bauartgenehmigung ist festzulegen, auf welchen Arten von öffentlichen oder nicht-öffentlichen Eisenbahnen und gegebenenfalls unter welchen Bedingungen das von der Bauartgenehmigung erfasste Schienenfahrzeug uneingeschränkt oder eingeschränkt betrieben werden darf.

(2) Die Bauartgenehmigung berechtigt für sich, noch vor Erteilung einer Betriebsbewilligung, zur Inbetriebnahme der von der Bauartgenehmigung erfassten Schienenfahrzeuge außerhalb von Beförderungen im allgemeinen Personen-, Reisegepäck- oder Güterverkehr.

(BGBl I 2006/125)

Befristung in der Bauartgenehmigung

§ 32d. In der Bauartgenehmigung ist unter Berücksichtigung der zu erwartenden Entwicklung des Standes der Technik eine angemessene Frist festzusetzen, innerhalb derer die Schienenfahrzeuge, veränderte Schienenfahrzeuge oder gebrauchte ausländische Schienenfahrzeuge der Bauartgenehmigung entsprechend in Betrieb genommen werden dürfen. Sofern in der Zwischenzeit keine Änderung des Standes der Technik eingetreten ist, hat die Behörde auf rechtzeitig gestellten Antrag diese Frist für einen solchen Zeitraum zu verlängern, innerhalb dessen keine maßgebliche Änderung des Standes der Technik zu erwarten ist.

(BGBl I 2006/125)

Befristete Erprobung von Schienenfahrzeugen

§ 32e. Im Ermittlungsverfahren kann die Behörde insbesondere auch anordnen, dass eine zeitlich befristete Erprobung gebauter oder veränderter Schienenfahrzeuge sowie bestehender gebrauchter ausländischer Schienenfahrzeuge außerhalb von Beförderungen im allgemeinen Personen-, Reisegepäck- oder Güterverkehr zu erfolgen hat, sofern dies für eine ausreichende Beurteilung der Erfordernisse der Sicherheit und Ordnung des Betriebes dieser Schienenfahrzeuge notwendig erscheint. Dabei kann die Behörde die näheren Kriterien für die Erprobung festlegen.

(BGBl I 2006/125)

2. Unterabschnitt

Eisenbahnsicherungstechnische Einrichtungen

Zulässigkeit einer Bauartgenehmigung

§ 33. Für den Bau einer unbestimmten Anzahl baugleicher eisenbahnsicherungstechnischer Einrichtungen oder der Veränderung einer unbestimmten Anzahl baugleicher eisenbahnsicherungstechnischer Einrichtungen ist die Erteilung einer Bauartgenehmigung zulässig.

(BGBl I 2006/125)

Antrag

§ 33a. (1) Die Erteilung der Bauartgenehmigung kann bei der Behörde beantragt werden. Dem Antrag ist ein Bauentwurf in dreifacher Ausfertigung und Gutachten beizugeben; letztere zum Beweis, ob die eisenbahnsicherungstechnische Einrichtung oder die zu verändernde eisenbahnsicherungstechnische Einrichtung dem Stand der Technik unter Berücksichtigung der Sicherheit und Ordnung des Betriebes der Eisenbahn, des Betriebes von Schienenfahrzeugen auf der Eisenbahn und des Verkehrs auf der Eisenbahn einschließlich der Anforderungen des Arbeitnehmerschutzes entspricht. „ *(BGBl I 2015/137)*

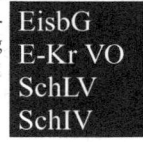

(2) Die beizugebenden Gutachten dürfen unter Einhaltung der im § 31a Abs. 2 angeführten Voraussetzungen nur erstattet werden von:

1. Anstalten des Bundes oder eines Bundeslandes;
2. „akkreditierten Konformitätsbewertungsstellen oder benannten Stellen" im Rahmen des fachlichen Umfanges ihrer Akkreditierung; *(BGBl I 2013/96)*
3. „Ziviltechnikern" im Rahmen ihrer Befugnisse; *(BGBl I 2015/137)*
4. „Technischen" Büros-Ingenieurbüros im Rahmen ihrer Fachgebiete; *(BGBl I 2015/137)*
5. „natürlichen" Personen, die für die Erstattung von Gutachten der erforderlichen Art im Allgemeinen beeidet sind. *(BGBl I 2015/137)*

(3) Die Behörde kann nach den Erfordernissen des Einzelfalles die Beigabe einer anderen Anzahl an Bauentwurfsausfertigungen oder Ausfertigungen einzelner Bauentwurfsunterlagen festlegen.

(BGBl I 2006/125)

Genehmigungsvoraussetzungen

§ 33b. (1) Die Bauartgenehmigung ist zu erteilen, wenn die eisenbahnsicherungstechnische Einrichtung oder eine zu verändernde eisenbahnsicherungstechnische Einrichtung dem Stand der Technik zum Zeitpunkt der Einbringung des verfahrenseinleitenden Antrages unter Berücksichtigung der Sicherheit und Ordnung des Betriebes der Eisenbahn, des Betriebes von Schienenfahrzeugen auf Eisenbahnen und des Verkehrs auf der Eisenbahn, auf der die eisenbahnsicherungstechnische Einrichtung betrieben werden soll, entspricht.

(2) In der Bauartgenehmigung ist festzulegen, auf welchen Arten von öffentlichen oder nichtöffentlichen Eisenbahnen die eisenbahnsicherungstechnische Einrichtung oder die zu verändernde eisenbahnsicherungstechnische Einrichtung uneingeschränkt oder eingeschränkt betrieben werden darf.

(BGBl I 2006/125)

Befristung in der Bauartgenehmigung

§ 33c. In der Bauartgenehmigung ist unter Berücksichtigung der zu erwartenden Entwicklung des Standes der Technik eine angemessene Frist festzusetzen, innerhalb der eisenbahnsicherungstechnische Einrichtungen oder veränderte eisenbahnsicherungstechnische Einrichtungen der Bauartgenehmigung entsprechend in Betrieb genommen werden dürfen. Sofern in der Zwischenzeit keine Änderung des Standes der Technik eingetreten ist, hat die Behörde auf rechtzeitig gestellten Antrag diese Frist für einen solchen Zeitraum zu verlängern, innerhalb dessen keine maßgebliche Änderung des Standes der Technik zu erwarten ist.

(BGBl I 2006/125)

3. Abschnitt
Betriebsbewilligung

Erforderlichkeit der Betriebsbewilligung

§ 34. (1) Die Inbetriebnahme von Eisenbahnanlagen, veränderten Eisenbahnanlagen, nicht ortsfesten eisenbahnsicherungstechnischen Einrichtungen oder veränderten nicht ortsfesten eisenbahnsicherungstechnischen Einrichtungen bedarf der Betriebsbewilligung, wenn für deren Bau oder Veränderung eine eisenbahnrechtliche Baugenehmigung erteilt wurde.

(2) Die Inbetriebnahme von Schienenfahrzeugen, von veränderten Schienenfahrzeugen oder von gebrauchten ausländischen Schienenfahrzeugen bedarf der Betriebsbewilligung, wenn hiefür eine Bauartgenehmigung erteilt wurde.

(BGBl I 2006/125)

Verbindung mit anderen Genehmigungen

§ 34a. Wenn vom Standpunkt der Sicherheit und Ordnung des Betriebes der Eisenbahn, des Betriebes von Schienenfahrzeugen auf der Eisenbahn und des Verkehrs auf der Eisenbahn keine Bedenken bestehen, kann die Behörde verbinden:

1. die Bewilligung zur Inbetriebnahme von Eisenbahnanlagen, veränderten Eisenbahnanlagen, nicht ortsfesten eisenbahnsicherungstechnischen Einrichtungen oder veränderten nicht ortsfesten eisenbahnsicherungstechnischen Einrichtungen mit der eisenbahnrechtlichen Baugenehmigung;
2. die Bewilligung zur Inbetriebnahme von Schienenfahrzeugen, veränderten Schienenfahrzeugen oder von gebrauchten ausländischen Schienenfahrzeugen mit der Bauartgenehmigung.

(BGBl I 2006/125)

Antrag

§ 34b. Die Erteilung der Betriebsbewilligung ist zu beantragen. Dem Antrag ist eine Prüfbescheinigung beizuschließen, aus der ersichtlich sein muss, ob die Eisenbahnanlagen, veränderten Eisenbahnanlagen, nicht ortsfesten eisenbahnsicherungstechnischen Einrichtungen oder veränderten nicht ortsfesten eisenbahnsicherungstechnischen Einrichtungen der eisenbahnrechtlichen Baugenehmigung entsprechen. Für die Ausstellung der Prüfbescheinigung gilt § 31a Abs. 2 sinngemäß. An Stelle einer Prüfbescheinigung kann eine dieser inhaltlich entsprechende Erklärung einer im Verzeichnis gemäß § 40 verzeichneten Person beigeschlossen werden, wenn die

Eisenbahnanlagen, veränderten Eisenbahnanlagen, nicht ortsfesten eisenbahnsicherungstechnischen Einrichtungen oder veränderten nicht ortsfesten eisenbahnsicherungstechnischen Einrichtungen unter der Leitung dieser Person ausgeführt wurden.

(BGBl I 2006/125)

Erteilung der Betriebsbewilligung

§ 35. (1) Die Behörde hat die beantragte Betriebsbewilligung für eine Eisenbahnanlage, veränderte Eisenbahnanlage, nicht ortsfeste eisenbahnsicherungstechnische Einrichtungen oder veränderte nicht ortsfeste eisenbahnsicherungstechnische Einrichtungen zu erteilen, wenn diese Eisenbahnanlagen oder eisenbahnsicherungstechnischen Einrichtungen der eisenbahnrechtlichen Baugenehmigung entsprechen. *(BGBl I 2011/124)*

(2) Wenn keine Bedenken bestehen, dass die Sicherheit des Betriebes der Eisenbahn, des Betriebes von Schienenfahrzeugen auf der Eisenbahn und der Verkehr auf der Eisenbahn, auf der es betrieben werden soll, gewährleistet ist, kann die Behörde die beantragte Betriebsbewilligung für ein Schienenfahrzeug, ein verändertes Schienenfahrzeug oder ein gebrauchtes ausländisches Schienenfahrzeug unter der aufschiebenden Bedingung erteilen, dass eine Erklärung einer im Verzeichnis gemäß § 40 geführten Person vorgelegt wird, die eine anstandslose Erprobung des Schienenfahrzeuges einschließlich der Ergebnisse der Erprobung durch diese Person und seine Übereinstimmung mit der Bauartgenehmigung auf Basis einer Überprüfung durch diese Person ausweist. Für ein gebrauchtes ausländisches Schienenfahrzeug kann überdies die Betriebsbewilligung auch dann ohne weiteres erteilt werden, wenn der Nachweis erbracht wird, dass eine dieser Erprobung und Prüfung gleichwertige Erprobung in dem Staat, in dem dieses Schienenfahrzeug zugelassen wurde, erfolgt ist. Ansonsten ist nach der Lage des Falles zu prüfen, ob die vorangeführten Schienenfahrzeuge der Bauartgenehmigung entsprechen.

(BGBl I 2006/125)

4. Abschnitt

Genehmigungsfreie Vorhaben

§ 36. (1) Keine eisenbahnrechtliche Baugenehmigung oder Bauartgenehmigung ist erforderlich:

1. bei Neu-, Erweiterungs-, Erneuerungs- und Umbauten, soweit sie keine umfangreichen zu einer Verbesserung der Gesamtleistung der Eisenbahn führenden Arbeiten bedingen;

2. bei Veränderungen eisenbahnsicherungstechnischer Einrichtungen und für die Inbetriebnahme von veränderten Schienenfahrzeugen, soweit die Veränderungen keine umfangreichen zu einer Verbesserung der Gesamtleistung führenden Arbeiten bedingen;

3. für die Inbetriebnahme von Kleinstfahrzeugen mit Schienenfahrwerk sowie Zweiwegefahrzeugen, die ausschließlich in Bereichen eingesetzt werden, die für den sonstigen Verkehr auf der Eisenbahn gesperrt sind;

4. bei Abtragungen, soweit diese nicht ortsfeste Anlagen zum Umschlag von Gütern zwischen der Eisenbahn und anderen Verkehrsträgern beseitigen oder erheblich beschränken. *(BGBl I 2020/143)*

Voraussetzung ist, dass diese Bauten, Veränderungen, Inbetriebnahmen und Abtragungen unter der Leitung einer im Verzeichnis gemäß § 40 geführten Person ausgeführt und subjektiv öffentliche Rechte Dritter, denen unter der Voraussetzung einer Baugenehmigungspflicht für die unter „Z 1, 2 und 4"* angeführten Bauten, Veränderungen und Abtragungen Parteistellung zugekommen wäre, nicht verletzt werden. „Derartige Bauten, Veränderungen, Inbetriebnahmen und Abtragungen sind dem Stand der Technik entsprechend auszuführen. Vom Stand der Technik sind Abweichungen in Ausnahmefällen zulässig, wenn mit Vorkehrungen die Sicherheit und Ordnung des Betriebes der Eisenbahn, des Betriebes von Schienenfahrzeugen auf der Eisenbahn und des Verkehrs auf der Eisenbahn auf andere Weise gewährleistet werden kann."** *(* BGBl I 2010/25; ** BGBl I 2011/124)*

(2) Der Bundesminister für Verkehr, Innovation und Technologie kann allgemein, für alle oder für einzelne Arten von Eisenbahnen durch Verordnung näher bezeichnen, für welche der in „Abs. 1 Z 1 bis 4" angeführten Bauten, Veränderungen, Inbetriebnahmen und Abtragungen jedenfalls bei Einhaltung der im Abs. 1 angeführten Voraussetzung keine eisenbahnrechtliche Baugenehmigung oder Bauartgenehmigung erforderlich ist. *(BGBl I 2010/25)*

(3) Keine eisenbahnrechtliche Baugenehmigung ist erforderlich für den Bau oder die Veränderung von eisenbahnsicherungstechnischen Einrichtungen, wenn deren Bau oder Veränderung entsprechend einer europäischen technischen Zulassung erfolgen soll oder für die jeweilige eisenbahnsicherungstechnische Einrichtung europäische Normen, europäische Spezifikationen oder gemeinsame technische Spezifikationen vorliegen und deren Bau oder Veränderung entsprechend dieser Normen und Spezifikationen erfolgen soll. *(BGBl I 2010/25)*

(3a) Keine Bauartgenehmigung ist erforderlich für den Bau oder die Veränderung von eisenbahnsicherungstechnischen Einrichtungen, wenn deren Bau oder Veränderung entsprechend einer europäischen technischen Zulassung erfolgen soll oder für die jeweilige eisenbahnsicherungstechnische Einrichtung gemeinsame europäische technische

Spezifikationen vorliegen und deren Bau oder Veränderung entsprechend dieser Spezifikationen erfolgen soll. *(BGBl I 2010/25)*

(4) Keine Bauartgenehmigung ist für die Inbetriebnahme von Schienenfahrzeugen für folgende Fahrten erforderlich, wenn diese unter der Leitung von im Verzeichnis gemäß § 40 geführten Personen erfolgen und Vorkehrungen getroffen sind, die sicherstellen, dass die Sicherheit und Ordnung des Betriebes der Eisenbahn, des Betriebes des Schienenfahrzeuges auf der Eisenbahn und der Verkehr auf der Eisenbahn nicht gefährdet sind:

1. außerhalb des allgemeinen Personen-, Reisegepäck- oder Güterverkehrs stattfindende Überstellungsfahrten, Probefahrten oder Messfahrten mit Schienenfahrzeugen; *(BGBl I 2011/124)*

2. Überstellungsfahrten, Probefahrten oder Messfahrten mit Schienenfahrzeugen, die für den Export bestimmt sind und für die keine Bauartgenehmigung und Betriebsbewilligung erteilt werden soll;

3. Überstellungsfahrten eines Schienenfahrzeuges auf einer Eisenbahn, auf der es genehmigungsgemäß nicht betrieben werden darf;

4. Überstellungsfahrten eines ausländischen Schienenfahrzeuges im Transit durch Österreich;

5. Interessenten- und Demonstrationsfahrten mit Schienenfahrzeugen, für die die Erteilung einer Bauartgenehmigung oder Betriebsbewilligung beantragt ist und nur auf solchen Eisenbahnen, auf denen sie antragsgemäß betrieben werden sollen;

6. Ausbildungsfahrten für Eisenbahnbedienstete mit Schienenfahrzeugen, für die die Erteilung einer Bauartgenehmigung oder Betriebsbewilligung beantragt ist und nur auf solchen Eisenbahnen, auf denen sie antragsgemäß betrieben werden sollen;

7. vereinzelt stattfindende Sonderfahrten für einen begrenzten Teilnehmerkreis zur Vorstellung ausländischer Schienenfahrzeuge im Rahmen des geplanten Überganges der Verfügungsberechtigung;

8. vereinzelt stattfindende Fahrten mit Schienenfahrzeugen, deren Verfügungsberechtigte ihren Hauptwohnsitz (Sitz) in einem anderen Staat haben und diese Schienenfahrzeuge in diesem Staat behördlich zugelassen sind, zum Zwecke der Gleis-Instandhaltung.

(BGBl I 2006/125)

§§ 37 bis 39d. *(aufgehoben samt Überschriften, BGBl I 2020/143)*

8. Hauptstück
Sonstiges

Verzeichnis eisenbahntechnischer Fachgebiete

§ 40. (1) Der Bundesminister für Verkehr, Innovation und Technologie hat Personen, wenn sie die im Abs. 2 bezeichneten Erfordernisse erfüllen und hinsichtlich ihrer Verlässlichkeit und Eignung keine Bedenken bestehen, auf Antrag eines Eisenbahnunternehmens in einem nach eisenbahntechnischen Fachgebieten unterteilten Verzeichnis zu führen. „Die Bundesministerin/Der Bundesminister für Klimaschutz, Umwelt, Energie, Mobilität, Innovation und Technologie hat das Verzeichnis im Internet bereitzustellen." *(BGBl I 2020/143)*

(2) Im Abs. 1 angeführte Personen haben Eisenbahnbedienstete zu sein und folgende Erfordernisse zu erfüllen:

1. die Vollendung des für das in Betracht kommende Fachgebiet vorgesehenen Studiums an einer Universität oder Fachhochschule;

2. die praktische Betätigung im Eisenbahndienst bei einem inländischen Eisenbahnunternehmen, das zum Bau und zum Betrieb einer öffentlichen Eisenbahn oder zur Erbringung von „Eisenbahnverkehrsdiensten" auf öffentlichen Eisenbahnen berechtigt ist, in der Dauer von mindestens sieben Jahren, davon drei Jahre in dem Fachgebiet, in dem die Person verwendet werden soll, wobei einem inländischen Eisenbahnunternehmen solche mit Sitz in anderen Mitgliedstaaten der Europäischen Union, anderen Vertragsparteien des Abkommens über den Europäischen Wirtschaftsraum oder der Schweizerischen Eidgenossenschaft und mit gleichwertigem Sicherheitsstandard gleichgehalten werden; *(BGBl I 2015/137)*

3. die Kenntnis der für das Fachgebiet in Betracht kommenden Rechtsvorschriften.

(3) Von den Erfordernissen gemäß Abs. 2 Z 1 und 2 kann Abstand genommen werden, wenn der Nachweis der Befähigung auf andere Weise erbracht wird. Das Erfordernis gemäß Abs. 2 Z 3 kann durch eine Bestätigung des Eisenbahnunternehmens, dem die Person angehört, nachgewiesen werden.

(4) Personen, die in einem nach eisenbahntechnischen Fachgebieten unterteilten Verzeichnis geführt werden, dürfen Prüfungen gemäß § 19a nur dann durchführen,

1. wenn sie in einem Zeitraum von weniger als fünf Jahren vor Durchführung der Prüfung in das Verzeichnis eingetragen wurden oder

2. wenn in einem Zeitraum von weniger als fünf Jahren vor Durchführung der Prüfung dem Bundesminister für Verkehr, Innovation und Technologie nachgewiesen wurde, dass diese Personen noch die Voraussetzungen für ihre

Führung in diesem Verzeichnis erfüllen; wurde der Nachweis erbracht, ist dies vom Bundesminister für Verkehr, Innovation und Technologie zu bestätigen.

(5) Den Personen, die in einem nach eisenbahntechnischen Fachgebieten unterteilten Verzeichnis geführt werden, gleichzuhalten sind:

1. Anstalten des Bundes oder eines Bundeslandes;

2. „akkreditierte Konformitätsbewertungsstellen" oder benannte Stellen im Rahmen des fachlichen Umfanges ihrer Akkreditierung; *(BGBl I 2013/96)*

3. Ziviltechniker im Rahmen ihrer Befugnisse;

4. Technische Büros-Ingenieurbüros im Rahmen ihrer Fachgebiete;

5. natürliche Personen, die für die Erstattung von Gutachten der erforderlichen Art im Allgemeinen beeidet sind.

(BGBl I 2006/125)

Vorarbeiten

§ 40a. (1) Zur Durchführung von Vorarbeiten zur Ausarbeitung eines Bauentwurfes für neue oder für die Veränderung bestehender Eisenbahnen oder Eisenbahnanlagen erhält der Bauherr das Recht, auf fremden Liegenschaften die zur Vorbereitung des Bauvorhabens erforderlichen Arbeiten unter möglichster Schonung fremder Rechte und Interessen vorzunehmen oder von einem Beauftragten vornehmen zu lassen. Er hat den hiedurch verursachten Schaden zu ersetzen.

(2) Der Bauherr hat die Eigentümer oder die Nutzungsberechtigten der betroffenen Liegenschaften mindestens vier Wochen vorher vom beabsichtigten Beginn der Vorarbeiten nachweislich zu verständigen.

(3) Wird dem Bauherrn oder dem Beauftragten das Betreten von Liegenschaften, einschließlich der Gebäude und eingefriedeten Grundstücke, oder die Beseitigung von Hindernissen verwehrt, so entscheidet auf Antrag eines Beteiligten die Bezirksverwaltungsbehörde über die Zulässigkeit der beabsichtigten Handlung.

(BGBl I 2006/125)

Einlösungsrecht des Bundes

§ 40b. Der Bund kann durch den Bundesminister für Verkehr, Innovation und Technologie im Einvernehmen mit dem Bundesminister für Finanzen eine Haupt- oder Nebenbahn, soweit keine andere Vereinbarung getroffen ist, nach den sinngemäß anzuwendenden Bestimmungen des Eisenbahn-Enteignungsentschädigungsgesetzes, BGBl. Nr. 71/1954, einlösen, wenn dies aus öffentlichen Verkehrsinteressen erforderlich ist.

(BGBl I 2006/125)

Ausländische Rechtsakte

§ 41. „In anderen Mitgliedstaaten der Europäischen Union, in anderen Vertragsparteien des Abkommens über den Europäischen Wirtschaftsraum oder in der Schweizer Eidgenossenschaft erteilte Genehmigungen, Bewilligungen oder sonstige für die Ausübung der Zugangsrechte erforderliche Rechtsakte, die inhaltlich den nach diesem Bundesgesetz erforderlichen entsprechen, werden letzteren gleichgehalten; ausgenommen davon sind einer Sicherheitsbescheinigung Teil B, einer nach dem 31. Oktober 2020 erteilten Genehmigung für das Inverkehrbringen von Schienenfahrzeugen und einer nach dem 31. Oktober 2020 erteilten Fahrzeugtypengenehmigung entsprechende Genehmigungen, Bewilligungen oder sonstige Rechtsakte." Darüber hinaus können ausländische Genehmigungen, Bewilligungen oder sonstige für die Ausübung der Zugangsrechte erforderliche Rechtsakte, soweit hiefür nicht staatsvertragliche Regelungen bestehen, auf Antrag mit Bescheid der Behörde anerkannt werden, wenn der Antragsteller einen zugrunde liegenden gleichwertigen Sicherheitsstandard belegt. Demgemäß gleichzuhaltende oder mit Bescheid anerkannte ausländische Genehmigungen, Bewilligungen oder sonstige Rechtsakte ersetzen die inhaltlich entsprechenden nach diesem Bundesgesetz erforderlichen Genehmigungen, Bewilligungen oder sonstigen Rechtsakte. *(BGBl I 2020/143)*

(BGBl I 2006/125)

§ 41a. *(entfällt samt Überschrift, BGBl I 2020/143)*

Bewertungsstelle

§ 41b. Die in der Durchführungsverordnung (EU) Nr. 402/2013 über die gemeinsame Sicherheitsmethode für die Evaluierung und Bewertung von Risiken und zur Aufhebung der Verordnung (EG) Nr. 352/2009, ABl. Nr. L 121 vom 03.05.2013 S. 8, angeführte Tätigkeit einer Bewertungsstelle darf nur ausüben, wer hiefür als Konformitätsbewertungsstelle von der Akkreditierungsstelle (§ 3 des Akkreditierungsgesetzes 2012) akkreditiert ist.

(BGBl I 2015/137)

3a. Teil
Anrainerbestimmungen, Verhalten innerhalb von Eisenbahnanlagen und in Schienenfahrzeugen

1. Hauptstück
Anrainerbestimmungen

Bauverbotsbereich

§ 42. (1) Bei Hauptbahnen, Nebenbahnen und nicht-öffentlichen Eisenbahnen ist die Errichtung bahnfremder Anlagen jeder Art in einer Entfernung bis zu zwölf Meter von der Mitte des äußersten Gleises, bei Bahnhöfen innerhalb der Bahnhofsgrenze und bis zu zwölf Meter von dieser, verboten (Bauverbotsbereich).

(2) Die Bestimmungen des Abs. 1 gelten auch für Straßenbahnen auf eigenem Bahnkörper in unverbautem Gebiet.

(3) Die Behörde kann Ausnahmen von den Bestimmungen der Abs. 1 und 2 erteilen, soweit dies mit den öffentlichen Verkehrsinteressen zu vereinbaren ist. Eine solche Bewilligung ist nicht erforderlich, wenn es über die Errichtung der bahnfremden Anlagen zwischen dem Eisenbahnunternehmen und dem Anrainer zu einer Einigung gekommen ist.

(BGBl I 2006/125)

Gefährdungsbereich

§ 43. (1) In der Umgebung von Eisenbahnanlagen (Gefährdungsbereich) ist die Errichtung von Anlagen oder die Vornahme sonstiger Handlungen verboten, durch die der Bestand der Eisenbahn oder ihr Zugehör oder die regelmäßige und sichere Führung des Betriebes der Eisenbahn und des Betriebes von Schienenfahrzeugen auf der Eisenbahn sowie des Verkehrs auf der Eisenbahn, insbesondere die freie Sicht auf Signale oder auf schienengleiche Eisenbahnübergänge, gefährdet wird.

(2) Bei Hochspannungsleitungen beträgt, unbeschadet der Bestimmung des Abs. 3, der Gefährdungsbereich, wenn sie Freileitungen sind, in der Regel je fünfundzwanzig Meter, wenn sie verkabelt sind, in der Regel je fünf Meter beiderseits der Leitungsachse.

(3) Wenn im Gefährdungsbereich Steinbrüche, Stauwerke oder andere Anlagen errichtet oder Stoffe, die explosiv oder brennbar sind, gelagert oder verarbeitet werden sollen, durch die der Betrieb der Eisenbahn, der Betrieb von Schienenfahrzeugen auf der Eisenbahn oder der Verkehr auf der Eisenbahn gefährdet werden kann, so ist vor der Bauausführung oder der Lagerung oder Verarbeitung die Bewilligung der Behörde einzuholen; diese ist zu erteilen, wenn Vorkehrungen getroffen sind, die eine Gefährdung des Betriebes der Eisenbahn, des Betriebes von Schienenfahrzeugen auf der Eisenbahn und des Verkehrs auf der Eisenbahn ausschließen.

(4) Die Bewilligungspflicht gemäß Abs. 3 entfällt, wenn es über die Errichtung des Steinbruches, des Stauwerkes oder einer anderen Anlage oder über die Lagerung oder Verarbeitung der Stoffe zwischen dem Eisenbahnunternehmen und dem Errichter, Lagerer oder Verarbeiter zu einer schriftlich festzuhaltenden zivilrechtlichen Einigung über zu treffende Vorkehrungen gekommen ist, die eine Gefährdung des Betriebes der Eisenbahn, des Betriebes von Schienenfahrzeugen auf der Eisenbahn oder des Verkehrs auf der Eisenbahn ausschließen.

(BGBl I 2006/125)

Feuerbereich

§ 43a. (1) Anlagen jeder Art in einer Entfernung bis zu fünfzig Meter von der Mitte des äußersten Gleises sind sicher gegen Zündung durch Funken (zündungssicher) herzustellen, zu erhalten und zu erneuern, wenn Dampftriebfahrzeuge in Betrieb stehen oder ihr Einsatz nach Erklärung des Betreibers beabsichtigt wird. Wo es besondere örtliche Verhältnisse erfordern, hat die Behörde einen entsprechend geringeren oder größeren Feuerbereich festzusetzen. Über die Bauweise der zündungssicheren Herstellung entscheidet die Behörde im eisenbahnrechtlichen Baugenehmigungsverfahren oder auf Antrag nach dem jeweiligen Stande der Technik.

(2) Beim Bau einer neuen Eisenbahn oder bei Erweiterung bestehender Gleisanlagen trifft die Verpflichtung zur zündungssicheren Herstellung sowie Erhaltung und Erneuerung das Eisenbahnunternehmen, das auch den Teil der Kosten, um den die Erhaltungs- und Erneuerungskosten durch die zündungssichere Herstellung vergrößert worden sind, zu tragen hat.

(3) Bei Anlagen in der Umgebung bestehender Eisenbahnen trifft die Verpflichtung zur zündungssicheren Herstellung sowie Erhaltung und Erneuerung die Besitzer der Anlagen.

(BGBl I 2006/125)

Beseitigung eines verbotswidrigen Zustandes

§ 44. Die Bezirksverwaltungsbehörde hat auf Antrag des Eisenbahnunternehmens die Beseitigung eines

1. durch verbotswidriges Verhalten oder
2. entgegen einer zivilrechtlichen Einigung gemäß § 42 Abs. 3 oder § 43 Abs. 4

herbeigeführten Zustandes anzuordnen.

(BGBl I 2006/125)

Beseitigung eingetretener Gefährdungen

§ 45. Die innerhalb des Gefährdungsbereiches durch Naturereignisse (wie Lawinen, Erdrutsch, natürlicher Pflanzenwuchs) eingetretenen Gefährdungen der Eisenbahn (§ 43 Abs. 1) sind vom Eisenbahnunternehmen zu beseitigen. Wenn der Verfügungsberechtigte hiezu seine Zustimmung verweigert, so hat ihm die Bezirksverwaltungsbehörde auf Antrag des Eisenbahnunternehmens die Duldung der Beseitigung aufzutragen.

(BGBl I 2006/125)

2. Hauptstück
Verhalten innerhalb der Eisenbahnanlagen und in Schienenfahrzeugen

Verhalten innerhalb der Eisenbahnanlagen

§ 46. Innerhalb der Eisenbahnanlagen ist ein den Betrieb einer Eisenbahn, den Betrieb von Schienenfahrzeugen auf einer Eisenbahn und den Verkehr auf einer Eisenbahn störendes Verhalten verboten. Insbesondere ist verboten, Eisenbahnanlagen, eisenbahntechnische Einrichtungen und Schienenfahrzeuge zu beschädigen, zu besteigen oder zu verunreinigen, unbefugt Gegenstände auf die Fahrbahn zu legen, sonstige Fahrthindernisse anzubringen, Weichen umzustellen, Fahrleitungsschalter zu betätigen, Alarm zu erregen oder Signale zu geben.

Betreten hiefür nicht bestimmter Stellen von Eisenbahnanlagen

§ 47. (1) Das Betreten von Eisenbahnanlagen ist, mit Ausnahme der hiefür bestimmten Stellen, nur mit einer vom Eisenbahnunternehmen ausgestellten Erlaubniskarte gestattet.

(2) Organe der Gerichte, der Verwaltungsbehörden, der Volksanwaltschaft, des öffentlichen Sicherheitsdienstes, der Finanzpolizei und des Bundesheeres dürfen Eisenbahnanlagen ohne Erlaubniskarte betreten, wenn und solange dies zur Ausübung ihrer Dienstobliegenheiten erforderlich ist. Die Behörde kann, soweit dies im öffentlichen Interesse notwendig ist, weitere Ausnahmen festsetzen. *(BGBl I 2020/143)*

(3) Die zum Betreten der Eisenbahnanlagen ohne Erlaubniskarte berechtigten Personen haben sich durch eine Dienstlegitimation oder Bescheinigung ihrer Dienststelle auszuweisen.

(4) Werden Personen, die zum Betreten von Eisenbahnanlagen ohne Erlaubniskarte berechtigt sind, durch Unfall beim Betrieb der Eisenbahn oder beim Betrieb eines Schienenfahrzeuges getötet oder verletzt oder erleiden sie einen Sachschaden, so entstehen gegenüber dem Eisenbahnunternehmen nur dann Schadenersatz- oder Rückgriffsansprüche, wenn sich der Unfall aus einer unerlaubten vorsätzlichen oder grob fahrlässigen Handlung oder Unterlassung des Eisenbahnunternehmens oder eines Eisenbahnbediensteten ergibt. Eisenbahnbedienstete eines Eisenbahnunternehmens haften - unbeschadet der Rückgriffsansprüche des Eisenbahnunternehmens - für den von ihnen verursachten Schaden nur dann, wenn sie ihn vorsätzlich herbeigeführt haben.

(5) Die Bestimmungen der Abs. 1 bis 4 sind nicht anzuwenden, wenn Eisenbahnanlagen im Verkehrsraum einer öffentlichen Straße liegen.

(BGBl I 2006/125)

Benützung nicht-öffentlicher Eisenbahnübergänge

§ 47a. Nicht-öffentliche Eisenbahnübergänge dürfen nur von den hiezu Berechtigten und nur unter den vom Eisenbahnunternehmen aus Sicherheitsgründen vorzuschreibenden Bedingungen, die zumindest dem Wegeberechtigten bekannt zu machen sind, benützt werden.

(BGBl I 2006/125)

Bahnbenützende

§ 47b. (1) Bahnbenützende haben den dienstlichen Anordnungen der Eisenbahnaufsichtsorgane (§ 30) Folge zu leisten und sich bei Benützung der Eisenbahnanlagen und der Schienenfahrzeuge so zu verhalten, wie es die Sicherheit und Ordnung des Betriebes der Eisenbahn, des Betriebes von Schienenfahrzeugen auf der Eisenbahn, des Verkehrs auf der Eisenbahn sowie die Rücksicht auf andere gebieten.

(2) Bahnbenützende dürfen nur an den dazu bestimmten Stellen und nur an der dazu bestimmten Seite der Schienenfahrzeuge ein- und aussteigen.

(3) Solange sich ein Schienenfahrzeug in Bewegung befindet, ist das Öffnen der Außentüren des Schienenfahrzeuges, das Betreten der Trittbretter und das Verweilen auf ungesicherten offenen Plattformen sowie das Ein- und Aussteigen verboten.

(4) Es ist verboten, Gegenstände aus dem Schienenfahrzeug zu werfen.

(BGBl I 2006/125)

3. Hauptstück
Sonstiges

Schutzvorschriften

§ 47c. Der Bundesminister für Verkehr, Innovation und Technologie kann für alle oder für einzelne Arten von Eisenbahnen durch Verordnung Vorschriften erlassen, in denen das zum

Schutze der Eisenbahnanlagen, des Betriebes einer Eisenbahn, des Betriebes von Schienenfahrzeugen auf einer Eisenbahn und des Verkehrs auf einer Eisenbahn gebotene Verhalten (§§ 43 Abs. 1, 46, 47, 47a und 47b) näher bestimmt wird.

(BGBl I 2006/125)

4. Teil
Kreuzungen mit Verkehrswegen, Eisenbahnübergänge

1. Hauptstück
Bauliche Umgestaltung von Verkehrswegen, Auflassung schienengleicher Eisenbahnübergänge

Anordnung der baulichen Umgestaltung und der Auflassung

§ 48. (1) Die Behörde hat auf Antrag eines zum Bau und zum Betrieb von Haupt-, Neben-, Anschluss- oder Materialbahnen mit beschränkt-öffentlichem Verkehr berechtigten Eisenbahnunternehmens oder eines Trägers der Straßenbaulast anzuordnen:

1. an einer bestehenden Kreuzung zwischen einer Haupt-, Neben-, Anschluss- oder Materialbahn mit beschränkt-öffentlichem Verkehr einerseits und einer Straße mit öffentlichem Verkehr andererseits die bauliche Umgestaltung der Verkehrswege, wenn dies zur besseren Abwicklung des sich kreuzenden Verkehrs erforderlich und den Verkehrsträgern (Eisenbahnunternehmen und Träger der Straßenbaulast) wirtschaftlich zumutbar ist;

2. die Auflassung eines oder mehrerer in einem Gemeindegebiet gelegener schienengleicher Eisenbahnübergänge zwischen einer Haupt-, Neben-, Anschluss- oder Materialbahn mit beschränkt-öffentlichem Verkehr einerseits und einer Straße mit öffentlichem Verkehr andererseits, sofern das verbleibende oder das in diesem Zusammenhang umzugestaltende Wegenetz oder sonstige in diesem Zusammenhang durchzuführende Ersatzmaßnahmen den Verkehrserfordernissen entsprechen und die allenfalls erforderliche Umgestaltung des Wegenetzes oder die Durchführung allfälliger sonstiger Ersatzmaßnahmen den Verkehrsträgern (Eisenbahnunternehmen und Träger der Straßenbaulast) wirtschaftlich zumutbar sind.

Sie kann unter denselben Voraussetzungen eine solche Anordnung auch von Amts wegen treffen. Für die Durchführung der Anordnung ist eine Frist von mindestens zwei Jahren zu setzen.

(2) Sofern kein Einvernehmen über die Regelung der Kostentragung zwischen dem Eisenbahnunternehmen und dem Träger der Straßenbaulast erzielt wird, sind die Kosten für die bauliche Umgestaltung der bestehenden Kreuzung, für die im Zusammenhang mit der Auflassung schienengleicher Eisenbahnübergänge allenfalls erforderliche Umgestaltung des Wegenetzes oder allenfalls erforderliche Durchführung sonstiger Ersatzmaßnahmen, deren künftige Erhaltung und Inbetriebhaltung je zur Hälfte vom Eisenbahnunternehmen und dem Träger der Straßenbaulast zu tragen. Die Kosten für die im Zusammenhang mit der Auflassung eines schienengleichen Eisenbahnüberganges erforderlichen Abtragungen und allenfalls erforderlichen Absperrungen beiderseits der Eisenbahn sind zur Gänze vom Eisenbahnunternehmen zu tragen. Die Festlegung der Art und Weise allenfalls erforderlicher Absperrungen beiderseits der Eisenbahn hat im Einvernehmen zwischen dem Eisenbahnunternehmen und dem Träger der Straßenbaulast zu erfolgen.

(3) Falls es das Eisenbahnunternehmen oder der Träger der Straßenbaulast beantragen, hat die Behörde ohne Berücksichtigung der im Abs. 2 festgelegten Kostentragungsregelung zu entscheiden,

1. welche Kosten infolge der technischen Anpassung der baulichen Umgestaltung (Abs. 1 Z 1) im verkehrsmäßigen Ausstrahlungsbereich der Kreuzung erwachsen, oder

2. welche Kosten für eine allfällige Umgestaltung des Wegenetzes oder für die Durchführung allfälliger sonstiger Ersatzmaßnahmen im verkehrsmäßigen Ausstrahlungsbereich der verbleibenden oder baulich umzugestaltenden Kreuzungen zwischen Haupt-, Neben-, Anschluss- oder Materialbahn mit beschränkt-öffentlichem Verkehr einerseits und einer Straße mit öffentlichem Verkehr andererseits infolge der Auflassung eines schienengleichen Eisenbahnüberganges erwachsen,

und demgemäß in die Kostenteilungsmasse einzubeziehen sind und in welchem Ausmaß das Eisenbahnunternehmen und der Träger der Straßenbaulast die durch die bauliche Umgestaltung oder durch die Auflassung eines schienengleichen Eisenbahnüberganges und die durch die künftige Erhaltung und Inbetriebhaltung der umgestalteten Anlagen oder durchgeführten Ersatzmaßnahmen erwachsenden Kosten zu tragen haben. Diese Festsetzung ist nach Maßgabe der seit der Erteilung der Baugenehmigung für die Kreuzung eingetretenen Änderung des Verkehrs auf der Eisenbahn oder des Straßenverkehrs, der durch die bauliche Umgestaltung der Verkehrswege, der durch die nach Auflassung verbleibenden oder im Zusammenhang mit der Auflassung baulich umgestalteten Kreuzungen, des umgestalteten Wegenetzes und der durchgeführten Ersatzmaßnahmen erzielten Verbesserung der Abwicklung des Verkehrs auf der Eisenbahn oder des Straßenverkehrs, der hierdurch erzielten allfälligen Ersparnisse und der im Sonderinteresse eines Verkehrsträgers aufgewendeten Mehrkosten zu treffen. Eine derartige Antragstellung ist nur innerhalb einer Frist von drei Jahren ab Rechtskraft einer Anordnung nach Abs. 1 zulässig. Bis zur rechtskräftigen Entscheidung über die vom Eisenbahnunternehmen und vom Träger der Straßenbaulast zu tragenden Kosten gilt die im Abs. 2 festgelegte Kostentragungsregelung.

(4) Die Behörde hat sich bei der Kostenfestsetzung des Gutachtens einer Sachverständigenkommission zu bedienen. Die Geschäftsführung der Sachverständigenkommission obliegt der Schieneninfrastruktur-Dienstleistungsgesellschaft mbH. Die Sachverständigenkommission besteht aus einem Vorsitzenden und zwei weiteren Mitgliedern. Für jedes Mitglied ist ein Ersatzmitglied zu bestellen. Die Mitglieder und die Ersatzmitglieder sind vom Bundesminister für Verkehr, Innovation und Technologie zu bestellen. Der Vorsitzende (Ersatzmitglied) muss rechtskundig sein. Von den weiteren Mitgliedern muss eines eine technische Fachperson des Eisenbahnwesens sowie eines eine technische Fachperson des Straßenwesens sein. Bei Kreuzungen mit Straßen, die nicht Bundesstraßen sind, soll die Fachperson des Straßenwesens mit dem Straßenwesen des in Betracht kommenden Landes besonders vertraut sein. Die Mitglieder der Sachverständigenkommission haben Anspruch auf Ersatz der angemessenen Reisekosten und Barauslagen sowie auf ein Sitzungsgeld. Der Bundesminister für Verkehr, Innovation und Technologie kann im Einvernehmen mit dem Bundesminister für Finanzen unter Bedachtnahme auf den Umfang der von der Sachverständigenkommission wahrzunehmenden Gutachtenstätigkeit durch Verordnung pauschalierte Beträge für das Sitzungsgeld der Mitglieder festlegen.

(BGBl I 2010/25)

2. Hauptstück

Schienengleiche Eisenbahnübergänge

Sicherung und Verhalten bei Annäherung und Übersetzung

§ 49. (1) Der Bundesminister für Verkehr, Innovation und Technologie setzt durch Verordnung fest, in welcher Weise schienengleiche Eisenbahnübergänge nach dem jeweiligen „Stand der Technik" einerseits und nach den Bedürfnissen des Verkehrs andererseits entsprechend zu sichern sind und inwieweit bestehende Sicherungseinrichtungen an schienengleichen Eisenbahnübergängen weiterbelassen werden dürfen. Die Straßenverwaltungen sind zur kostenlosen Duldung von Sicherheitseinrichtungen und Verkehrszeichen, einschließlich von Geschwindigkeitsbeschränkungstafeln, verpflichtet. *(BGBl I 2006/125)*

(2) Über die im Einzelfall zur Anwendung kommende Sicherung hat die Behörde nach Maßgabe der örtlichen Verhältnisse und Verkehrserfordernisse zu entscheiden, wobei die Bestimmungen des § 48 Abs. 2 bis 4 mit der Maßgabe sinngemäß anzuwenden sind, dass die Kosten der Sicherungseinrichtungen für Materialbahnen, ausgenommen solche mit beschränkt-öffentlichem Verkehr, vom Eisenbahnunternehmen alleine zu tragen sind, sofern nicht eine andere Vereinbarung besteht oder getroffen wird. *(BGBl I 2010/25)*

(3) Der Bundesminister für Verkehr, Innovation und Technologie kann zwecks möglichster Hintanhaltung von Gefährdungen im Verkehr durch Verordnung Vorschriften über das Verhalten bei Annäherung an schienengleiche Eisenbahnübergänge und bei Übersetzung solcher Übergänge sowie über die Beachtung der den schienengleichen Eisenbahnübergang sichernden Verkehrszeichen erlassen.

Bildverarbeitende technische Einrichtungen

§ 50. (1) Für Zwecke der automationsunterstützten Feststellung einer entgegen einer Verordnung nach § 49 Abs. 3 im Bereich von schienengleichen Eisenbahnübergängen durch Verkehrsteilnehmer begangenen

1. Missachtung eines von einer Sicherungsanlage abgegebenen Rotlichtzeichens, oder

2. Überschreitung einer ziffernmäßig festgesetzten zulässigen Höchstgeschwindigkeit

dürfen Bezirksverwaltungsbehörden, im „Gebiet einer Gemeinde, für das die Landespolizeidirektion zugleich Sicherheitsbehörde erster Instanz ist, die Landespolizeidirektion", zwecks verwaltungsstrafrechtlicher Ahndung solcher Zuwiderhandlungen gegen eine Verordnung nach § 49 Abs. 3 bildverarbeitende technische Einrichtungen, im Falle der Z 2 solche, mit denen die Fahrgeschwindigkeit eines Fahrzeuges an einem Punkt gemessen werden kann (punktuelle Geschwindigkeitsmessung), verwenden. Diese technischen Einrichtungen umfassen jeweils alle Anlagenteile, die diesem Zweck dienen. *(BGBl I 2012/50)*

(2) Die Ermittlung von Daten, die zur Identifizierung von Fahrzeugen oder Verkehrsteilnehmern geeignet sind, mittels Einrichtungen gemäß Abs. 1 ist jeweils auf den Fall einer festgestellten Missachtung eines Rotlichtzeichens oder jeweils auf den Fall einer festgestellten Überschreitung einer ziffernmäßig festgesetzten zulässigen Höchstgeschwindigkeit zu beschränken. Soweit die bildgebende Erfassung von Personen, die keine Verwaltungsübertretung begangen haben, technisch nicht ausgeschlossen werden kann, sind die Daten dieser Personen ohne unnötigen Verzug in nicht rückführbarer Weise unkenntlich zu machen.

(3) Gemäß Abs. 1 ermittelte Daten dürfen ausschließlich für die Identifizierung des Fahrzeuges oder des Verkehrsteilnehmers verwendet werden, und zwar ausschließlich für Zwecke eines Verwaltungsstrafverfahrens wegen Missachtung eines Rotlichtzeichens oder einer Überschreitung einer ziffernmäßig festgesetzten zulässigen Höchstgeschwindigkeit.

(4) „Ob im Bereich eines schienengleichen Eisenbahnüberganges für die automationsunterstützte Feststellung einer der im Abs. 1 genannten Verwaltungsübertretungen von einem zum Bau und zum Betrieb einer Eisenbahn berechtigten Eisenbahnunternehmen eine bildverarbeitende technische Einrichtung einzurichten ist, haben die im Abs. 1 angeführten Bezirksverwaltungsbehörden und „Landespolizeidirektionen"** im Einzelfall nach Maßgabe der örtlichen Verhältnisse und Verkehrserfordernisse zu entscheiden. Die eingerichteten bildverarbeitenden technischen Einrichtungen sind diesen Behörden zur Verwendung zugänglich zu machen."* Die Träger der Straßenbaulast sind zur kostenlosen Duldung der Anbringung von bildverarbeitenden technischen Einrichtungen oder Anlagenteilen solcher bildverarbeitender technischer Einrichtungen auf Straßengrund verpflichtet. *(*BGBl I 2011/124; **BGBl I 2012/50)*

(BGBl I 2010/25)

3. Hauptstück

Anschlussbahnen, Materialbahnen

(entfällt samt Überschrift, BGBl I 2010/25)

5. Teil

Verknüpfung von Schienenbahnen

Anschluss und Mitbenützung

§ 53a. (1) Ein Eisenbahnunternehmen hat für die Verknüpfung seiner Eisenbahn mit einer anderen den Anschluss oder die Mitbenützung seiner „Eisenbahninfrastruktur" sowie seiner für den Betrieb notwendigen Anlagen durch andere Eisenbahnunternehmen gegen angemessenen Kostenersatz und branchenübliches Entgelt diskriminierungsfrei einzuräumen. *(BGBl I 2015/137)*

(2) Ein Eisenbahninfrastrukturunternehmen hat außerdem die Mitbenützung der Eisenbahninfrastruktur für Prüffahrten von Schienenfahrzeugen gegen Kostenersatz einzuräumen:

1. Unternehmen, die Schienenfahrzeuge erzeugen;
2. Antragstellern im Zuge von Ermittlungen in einem von der Eisenbahnagentur der Europäischen Union oder „der Behörde" geführten Verfahren zur Erteilung der Genehmigung für das Inverkehrbringen; *(BGBl I 2021/231)*
3. Eisenbahnunternehmen, bevor sie ein Schienenfahrzeug in dem in der Genehmigung für das Inverkehrbringen ausgewiesenen Verwendungsgebiet einsetzen.

Diese Unternehmen und die Antragsteller haben hiebei die Pflichten auf Grund des § 19 sinngemäß einzuhalten. *(BGBl I 2020/143)*

(3) Die Einräumung des Anschlusses oder der Mitbenützung hat in Form eines schriftlichen Vertrages zu erfolgen, der sämtliche mit dem Anschluss oder der Mitbenützung zusammenhängende Bedingungen im Hinblick auf die administrativen, technischen und finanziellen Modalitäten zu enthalten hat.

Behandlung von Anschluss- und Mitbenützungsbegehren

§ 53b. Jedes Eisenbahnunternehmen hat ein schriftliches Begehren von Anschluss- und Mitbenützungsberechtigten auf Anschluss oder Mitbenützung zu prüfen und Verhandlungen zu führen. Die Entscheidung über das Begehren hat entweder in der im § 53a Abs. 3 vorgesehenen Form oder durch schriftlich begründete Ablehnung des Begehrens zu erfolgen.

Beschwerde an die Schienen-Control Kommission

§ 53c. (1) Wird das Begehren von Anschluss- und Mitbenützungsberechtigten auf Abschluss eines schriftlichen Vertrages über den Anschluss oder die Mitbenützung abgelehnt oder kommt eine Einigung zwischen dem Eisenbahnunternehmen und dem Anschluss- und Mitbenützungsberechtigten längstens binnen drei Monaten ab Einlangen des Begehrens beim Eisenbahnunternehmen nicht zustande, kann der Anschluss- oder Mitbenützungsberechtigte Beschwerde an die Schienen-Control Kommission erheben. Die Beschwerde hat schriftlich zu erfolgen und einen Antrag auf Anschluss oder Mitbenützung samt Bezeichnung des wesentlichen Inhaltes des angestrebten Vertrages zu enthalten.

(2) Das Eisenbahnunternehmen, an das das Begehren gestellt wurde, hat der Schienen-Control Kommission die für die Entscheidung über die Beschwerde erforderlichen Unterlagen binnen einer Woche nach Anforderung durch die Schienen-Control Kommission vorzulegen.

(3) Die Schienen-Control Kommission darf die in den Unterlagen gemäß Abs. 2 enthaltenen Angaben nur für die Entscheidung über die Beschwerde verwenden.

(4) Die Schienen-Control Kommission hat nach Anhörung des Eisenbahnunternehmens und der Anschluss- oder Mitbenützungsberechtigten nach Einlangen der Beschwerde mit Bescheid zu entscheiden.

(5) Der Beschwerde, mit der Anschluss oder Mitbenützung begehrt wird, ist bei Vorliegen der gesetzlichen Voraussetzungen für den begehrten Anschluss oder die begehrte Mitbenützung stattzugeben; in diesem Fall hat der vom Eisenbahnunternehmen begehrte Anschluss oder die begehrte Mitbenützung oder die vom „Schienenfahrzeuge" erzeugenden Unternehmen begehrte Mitbenützung durch den die Beschwerde erledigenden Bescheid zu erfolgen, der den Abschluss eines schriftlichen Vertrages über den Anschluss oder die Mitbenützung ersetzt; der Bescheid hat sämtliche Bedingungen im Hinblick auf die administrativen, technischen und finanziellen Modalitäten zu enthalten. *(BGBl I 2006/125)*

(6) Ein gemäß Abs. 5 erlassener Bescheid steht einem zeitlich späteren Abschluss eines schriftlichen Vertrages über den Anschluss oder die Mitbenützung zwischen dem beschwerdeführenden Anschluss- oder Mitbenützungsberechtigten und dem Eisenbahnunternehmen nicht entgegen.

Vorlage von Verträgen

§ 53d. Das Eisenbahnunternehmen ist verpflichtet, abgeschlossene Verträge über den Anschluss oder die Mitbenützung innerhalb eines Monats nach Vertragsabschluss zur Gänze der Schienen-Control GmbH vorzulegen.

§ 53e. *(entfällt samt Überschrift, BGBl I 2015/137)*

Wettbewerbsaufsicht

§ 53f. (1) Die Schienen-Control Kommission hat von Amts wegen

1. einem Eisenbahnunternehmen hinsichtlich des Anschlusses oder der Mitbenützung einschließlich sämtlicher damit verbundener Bedingungen im Hinblick auf die administrativen, technischen und finanziellen Modalitäten wie etwa angemessener Kostenersatz und branchenübliches Entgelt ein nichtdiskriminierendes Verhalten aufzuerlegen oder das diskriminierende Verhalten zu untersagen oder

2. diskriminierende Verträge ganz oder teilweise für unwirksam zu erklären.

(2) Die Zuständigkeiten des Kartellgerichtes bleiben unberührt.

6. Teil
Regulierung des Schienenverkehrsmarktes

1. Hauptstück
Allgemeines

Zweck

§ 54. Zweck der Bestimmungen des 6. Teiles dieses Bundesgesetzes ist es, die wirtschaftliche und effiziente Nutzung der Schienenbahnen in Österreich

1. durch die Herstellung eines chancengleichen und funktionsfähigen Wettbewerbs zwischen Eisenbahnverkehrsunternehmen im Bereich des Schienenverkehrsmarktes auf Haupt- und solchen Nebenbahnen, die mit anderen Haupt- oder Nebenbahnen vernetzt sind,

2. durch die Förderung des Eintrittes neuer Eisenbahnverkehrsunternehmen in den Schienenverkehrsmarkt,

3. durch die Sicherstellung des Zuganges zur Eisenbahninfrastruktur für Zugangsberechtigte und *(BGBl I 2015/137)*

4. durch die Schaffung einer Überwachung des Wettbewerbs zum Schutze von Fahrwegkapazitätsberechtigten vor Missbrauch einer marktbeherrschenden Stellung *(BGBl I 2015/137)*

zu gewährleisten.

Ausnahmen vom Geltungsbereich des 6. Teiles

§ 54a. (1) Ausgenommen von der Anwendung des § 55 Abs. 2 bis 5 sind:

1. Eisenbahnverkehrsunternehmen, die Eisenbahnverkehrsdienste ausschließlich im Stadt-, Vorort- oder Regionalverkehr auf eigenständigen örtlichen oder regionalen, vernetzten Nebenbahnen erbringen,

2. Eisenbahnverkehrsunternehmen, die Eisenbahnverkehrsdienste ausschließlich auf solchen vernetzten Nebenbahnen erbringen, die nur für die Erbringung von Eisenbahnverkehrsdiensten im Stadt- oder Vorortverkehr bestimmt sind.

Dies gilt jedoch nicht für solche Eisenbahnverkehrsunternehmen, die direkt oder indirekt von einem Rechtsträger kontrolliert werden, der andere Eisenbahnverkehrsdienste als solche im Stadt-, Vorort- oder Regionalverkehr erbringt oder in sich integriert.

(2) „Ausgenommen von der Anwendung der §§ 55 Abs. 1a, 55a Abs. 3, 55b, 55c, 55d, 55e, 55f, 59, 60, 62 Abs. 2 bis 5, 62b Abs. 2 bis 5, 63 bis 64a, 65 Abs. 2 bis 9, 65a, 65b Abs. 2 bis 4, 65c bis 65f, 66 Abs. 1 zweiter Satz, 67 bis 69a, 69c, 70, 70a Abs. 3, 73a Abs. 1, 74 und 74a sind:" *(BGBl I 2019/60)*

12/1. EisbG

§ 54a

1. örtliche und regionale, eigenständige vernetzte Nebenbahnen für Personenverkehrsdienste;

2. vernetzte Nebenbahnen, die nur für die Durchführung von Personenverkehrsdiensten im Stadt- oder Vorortverkehr bestimmt sind;

3. vernetzte Nebenbahnen, die ausschließlich für die Erbringung regionaler Güterverkehrsdienste durch einen einzigen Zugangsberechtigten genutzt werden, und insoweit als kein Begehren von einem anderen Fahrwegkapazitätsberechtigten auf die Zuweisung von Fahrwegkapazität vorliegt.

(3) Wenn sie für das Funktionieren des Schienenverkehrsmarktes nicht von strategischer Bedeutung sind, sind ausgenommen:

1. örtliche und regionale, vernetzte Nebenbahnen von der Anwendung des § 55a Abs. 4;

2. örtliche, vernetzte Nebenbahnen von der Anwendung der §§ 55 Abs. 1a, 55b, 55c, 55d, 59, 60, 62 Abs. 2 bis 5, 62b Abs. 2 bis 5, 63 bis 64a, 65 Abs. 2 bis 9, 65a, 65b Abs. 2 bis 4, 65c bis 65f, 66 Abs. 1 zweiter Satz, 67 bis 69a, 69c, 70, 73a Abs. 1, 74 und 74a. *(BGBl I 2019/60)*

Voraussetzung für eine solche Ausnahme ist das Vorliegen einer Entscheidung der Europäischen Kommission darüber, dass diese vernetzten Nebenbahnen für das Funktionieren des Schienenverkehrsmarktes nicht von strategischer Bedeutung sind. Zuständig für die Einholung einer derartigen Entscheidung ist der Bundesminister für Verkehr, Innovation und Technologie. Eisenbahninfrastrukturunternehmen, die eine solche Ausnahme anstreben, haben dem Bundesminister für Verkehr, Innovation und Technologie eine Unterlage in zweifacher Ausfertigung zur Verfügung zu stellen, in der unter Bezugnahme insbesondere auf die Streckenlänge, den Auslastungsgrad und das potentiell betroffene Verkehrsaufkommen begründet ist, warum der vernetzten Nebenbahn keine strategische Bedeutung für den Schienenverkehrsmarkt zukommt.

(4) Ausgenommen von der Anwendung der §§ 58a Abs. 2, 58b, 62a Abs. 2 bis 5, 69b, 70a Abs. 1 und 5, 71a, 73, 73a Abs. 2, 74 und 74a sind Betreiber für solche entlang einer Anschlussbahn befindlichen Serviceeinrichtungen, die von einem Eisenbahnunternehmen, das eine solche Eisenbahn betreibt, selbst ausschließlich für Zwecke der eigenen Güterbeförderung genutzt werden.

(5) Eisenbahninfrastrukturunternehmen sind solange von der Anwendung der §§ 55c Abs. 3 und 55c Abs. 4 Z 3 und 4 befreit, als sie die mit der Funktion einer Zuweisungsstelle und die mit der Funktion einer entgelterhebenden Stelle verbundenen Aufgaben entsprechend den §§ 62 Abs. 3 und 62b Abs. 3 an die Schieneninfrastruktur-Dienstleistungsgesellschaft mbH oder an ein anderes geeignetes Unternehmen bzw. an eine andere geeignete Stelle vertraglich übertragen. § 55c Abs. 4 Z 1 und § 55c Abs. 5 sind sinngemäß auf die Bereichsleiter anzuwenden, die für die Verwaltung der Eisenbahninfrastruktur und für die Erbringung von Eisenbahnverkehrsdiensten zuständig sind. *(BGBl I 2019/60)*

(6) Ausgenommen von der Anwendung der §§ 55 Abs. 1a, 55b, 55c, 55d, 55e, 55f, 62 Abs. 2 bis 5 und 62b Abs. 2 bis 5 ist ein Eisenbahninfrastrukturunternehmen,

1. das ausschließlich eine lokale vernetzte Nebenbahn mit schwachem Verkehrsaufkommen und einer Länge von höchstens 100 km betreibt, und

2. eine solche vernetzte Nebenbahn hauptsächlich zur Erbringung von Güterverkehrsdiensten zwischen einer Hauptbahn und dem Abfahrtsort bzw. Bestimmungsort entlang der vernetzten Nebenbahn genutzt wird, wobei sie in begrenztem Umfang auch für die Erbringung von Personenverkehrsdiensten genutzt werden kann, und

3. entweder die vernetzte Nebenbahn nur von einem einzigen, Güterverkehrsdienste erbringenden Eisenbahnverkehrsunternehmen genutzt wird, oder die Funktion einer Zuweisungsstelle und die Funktion einer entgelterhebenden Stelle nicht von Unternehmen wahrgenommen werden, die von einem Eisenbahnverkehrsunternehmen kontrolliert werden.
(BGBl I 2019/60)

(7) Werden auf einer im Abs. 6 angeführten vernetzten Nebenbahn Güterverkehrsdienste nur von einem einzigen Eisenbahnverkehrsunternehmen erbracht, ist dieses solange von der Anwendung der §§ 63 Abs. 5 und 74a ausgenommen, bis ein weiterer Fahrwegkapazitätsberechtigter die Zuweisung von Fahrwegkapazität zwecks Erbringung von Güterverkehrsdiensten auf dieser Eisenbahn begehrt. *(BGBl I 2019/60)*

(8) Ausgenommen von der Anwendung der §§ 55 Abs. 1a, 55c, 55d, 55e, 55f, 62 Abs. 2 bis 5 und 62b Abs. 2 bis 5 ist ein Eisenbahninfrastrukturunternehmen,

1. das ausschließlich eine regionale vernetzte Nebenbahn mit schwachem Verkehrsaufkommen betreibt, und

2. eine solche vernetzte Nebenbahn hauptsächlich zur Erbringung regionaler Personenverkehrsdienste von einem einzigen Eisenbahnverkehrsunternehmen genutzt wird, wobei sie in begrenztem Umfang auch für die Erbringung von Güterverkehrsdiensten genutzt werden kann, und

3. es sich bei dem Personenverkehrsdienste erbringenden Eisenbahnverkehrsunternehmen nicht um das etablierte Eisenbahnverkehrsunternehmen der Republik Österreich handelt und

4. das Personenverkehrsdienste erbringende Eisenbahnverkehrsunternehmen unabhängig von Eisenbahnverkehrsunternehmen ist, die Güterverkehrsdienste erbringen und

5. solange, bis ein weiterer Fahrwegkapazitätsberechtigter die Zuweisung von Fahrwegkapazität zwecks Erbringung von Personenverkehrsdiensten auf dieser Eisenbahn begehrt.
(BGBl I 2019/60)

(BGBl I 2015/137)

Trennungsmaßnahmen

§ 55. (1) Eisenbahnverkehrsunternehmen, die direkt oder indirekt Eigentum einer Gebietskörperschaft sind oder von einer solchen kontrolliert werden, haben in Bezug auf die Geschäftsführung, die Verwaltung und die interne Kontrolle der Verwaltungs-, Wirtschafts- und Rechnungsführungsfragen eine von Gebietskörperschaften unabhängige Stellung zu haben, aufgrund deren sie insbesondere über ein Vermögen, einen Haushaltsplan und eine Rechnungsführung verfügen, die vom Vermögen, vom Haushaltsplan und von der Rechnungsführung der Gebietskörperschaften getrennt sind.

(1a) Integrierte Eisenbahnunternehmen haben für die Funktion Eisenbahninfrastrukturunternehmen als Betreiber der Eisenbahninfrastruktur und für die Funktion Eisenbahnverkehrsunternehmen als Erbringer von Eisenbahnverkehrsdiensten voneinander getrennte Unternehmensbereiche einzurichten. *(BGBl I 2019/60)*

(2) Integrierte Eisenbahnunternehmen haben im Rechnungswesen getrennte Gewinn- und Verlustrechnungen und Bilanzen einerseits für die Funktion Eisenbahnverkehrsunternehmen und andererseits für die Funktion Eisenbahninfrastrukturunternehmen zu erstellen und zu veröffentlichen; öffentliche Gelder, die einem dieser beiden Tätigkeitsbereiche zufließen, dürfen nicht auf den anderen übertragen werden.

(3) Eisenbahnverkehrsunternehmen haben im Rechnungswesen getrennte Gewinn- und Verlustrechnungen und Bilanzen für die Erbringung von einerseits Eisenbahnverkehrsdiensten im Güterverkehr und von andererseits Eisenbahnverkehrsdiensten im Personenverkehr zu erstellen und zu veröffentlichen. Öffentliche Zuwendungen für die Erbringung gemeinwirtschaftlicher Verpflichtungen sind im Einklang mit Art. 7 der Verordnung (EG) Nr. 1370/2007 in den entsprechenden Rechnungen getrennt auszuweisen und dürfen nicht auf Tätigkeitsbereiche übertragen werden, die andere Verkehrsleistungen oder sonstige Geschäfte betreffen.

(4) Die Rechnungsführung der verschiedenen Geschäftsbereiche gemäß Abs. 2 und 3 muss es ermöglichen, die Einhaltung des Verbots der Übertragung von öffentlichen Geldern zugunsten eines Geschäftsbereichs auf den anderen sowie die Verwendung der Einnahmen aus Wegeentgelten und des Gewinns aus anderen wirtschaftlichen Tätigkeiten zu kontrollieren.

(5) Die Schienen-Control Kommission ist befugt, entweder selbst zu überprüfen, oder durch von ihr Beauftragte überprüfen zu lassen, ob die Eisenbahnverkehrsunternehmen und integrierten Eisenbahnunternehmen die Bestimmungen über die getrennte Rechnungsführung (Abs. 2 bis 4) einhalten. Im Falle eines vertikal integrierten Unternehmens erstreckt sich diese Überprüfungsbefugnis auf alle rechtlichen Einheiten. Zu diesem Zwecke ist sie befugt, die Vorlage aller sachdienlichen Informationen von den überprüften Eisenbahnunternehmen, von Eisenbahninfrastrukturunternehmen, Betreibern von Serviceeinrichtungen, rechtlichen Einheiten von vertikal integrierten Unternehmen sowie von sämtlichen Unternehmen oder sonstigen Stellen, die unterschiedliche Leistungen im Bereich des Schienenverkehrs oder des Eisenbahninfrastrukturbetriebes erbringen oder in sich integrieren, zu verlangen. Insbesondere kann sie verlangen, dass alle oder ein Teil der im Anhang VIII der Richtlinie 2012/34/EU angeführten Buchführungsdaten so hinreichend detailliert vorgelegt werden, wie es entsprechend dem Zweck der Vorlage dieser Daten erforderlich und angemessen ist. *(BGBl I 2019/60)*

(6) Die Schienen-Control Kommission ist befugt, aus diesen Finanzdaten Rückschlüsse auf staatliche Beihilfen zu ziehen und diese dem Bundesministerium für Wissenschaft, Forschung und Wirtschaft anzuzeigen.

(7) Werden die Bestimmungen über die getrennte Rechnungsführung (Abs. 2 bis 4) nicht eingehalten, ist den betreffenden Eisenbahnverkehrsunternehmen und integrierten Eisenbahnunternehmen von der Schienen-Control Kommission bescheidmäßig die Herstellung einer gesetzeskonformen Rechnungsführung aufzutragen.

(BGBl I 2015/137)

Leitstrategie für den Ausbau der Eisenbahninfrastruktur

§ 55a. (1) Der Bundesminister für Verkehr, Innovation und Technologie hat eine Leitstrategie zu veröffentlichen, wie die Eisenbahninfrastruktur im österreichischen Eisenbahnsystem der Haupt- und vernetzten Nebenbahnen mit Hilfe öffentlicher Mittel ausgestaltet werden soll, um auf der Grundlage einer dauerhaft tragfähigen Finanzierung dem künftigen Mobilitätsbedarf im Hinblick auf die Instandhaltung, die Erneuerung und den Ausbau der Eisenbahninfrastruktur gerecht zu werden. Überdies soll auf die allgemeinen Erfordernisse für das Eisenbahnsystem der Europäischen Union einschließlich der Zusammenarbeit mit benachbarten Drittstaaten Bedacht genommen werden.

(2) Im Rahmen der Leitstrategie sind auch jene Erfordernisse zu berücksichtigen, die es ermöglichen, im Interesse der Fahrgäste schrittweise eine

Verknüpfung symmetrisch vertakteter Verkehre in Knotenbahnhöfen (Integraler Taktfahrplan) einzuführen. Vertaktete Verkehre sind Eisenbahnverkehrsdienste, die im Personenverkehr in festen Zeitintervallen erbracht werden, und symmetrisch vertaktet sind sie, wenn sie den Fahrgästen das Umsteigen in andere Züge, auch in solche, die in die Gegenrichtung fahren, in angemessener Zeit ermöglichen.

(3) Die Leitstrategie hat sich auf einen künftigen Zeitraum von mindestens fünf Jahren zu erstrecken, und sie ist jeweils weiter zu entwickeln. Vor der Veröffentlichung der Leitstrategie sind die betroffenen Gebietskörperschaften, die Sozialpartner und andere Interessenvertretungen einschließlich der Eisenbahnunternehmen anzuhören, und sie ist mit dem Bundesminister für Finanzen abzustimmen. Die Leitstrategie ist vom Bundesminister für Verkehr, Innovation und Technologie zumindest auf seiner Internetseite zu veröffentlichen.

(4) Die Eisenbahninfrastrukturunternehmen haben die Leitstrategie in ihren Geschäftsplänen, die ein Investitions- und Finanzierungsprogramm zu enthalten haben, zu Maßnahmen der Planung, des Baues und der Instandhaltung ihrer Eisenbahninfrastruktur, welche mit Hilfe öffentlicher Mittel finanziert werden sollen, zu berücksichtigen. Der Geschäftsplan ist so zu gestalten, dass eine optimale, effiziente Nutzung, Bereitstellung und Entwicklung der Eisenbahninfrastruktur unter gleichzeitiger Wahrung des finanziellen Gleichgewichts und eine Bereitstellung der zur Erreichung dieser Ziele erforderlichen Mittel gewährleistet ist. Die Eisenbahninfrastrukturunternehmen haben vor der Annahme der Geschäftspläne den bekannten Zugangsberechtigten, die Zugang ausüben oder begehren, und auf Verlangen auch weiteren Zugangsberechtigten zu ermöglichen, sich zum Inhalt des Geschäftsplanes zu äußern, was die Zugangs- und Nutzungsbedingungen sowie die Art, die Bereitstellung und den Ausbau der Eisenbahninfrastruktur anbelangt.

(BGBl I 2015/137)

Finanzierungsverträge zur Eisenbahninfrastruktur

§ 55b. (1) Verträge zwischen Gebietskörperschaften und Eisenbahninfrastrukturunternehmen über Zuschüsse bzw. Finanzierungsbeiträge zur Eisenbahninfrastruktur von Haupt- und vernetzten Nebenbahnen, wie sie nach den besonderen bundesgesetzlichen Bestimmungen des Bundesbahngesetzes, BGBl. Nr. 825/1992, und des Privatbahngesetzes 2004 – PrivbG, BGBl. I Nr. 39/2004, unter Einhaltung der dort genannten Anforderungen vorgesehen sind, haben jedenfalls die im Anhang V der Richtlinie 2012/34/EU angeführten Grundsätze und Eckdaten und auch Anreize zur Senkung der mit der Bereitstellung der Eisenbahninfrastruktur verbundenen Kosten und Wegeentgelte zu enthalten. In solchen Verträgen ist eine Laufzeit von mindestens fünf Jahren vorzusehen. Alle Vertragsbedingungen und die Modalitäten für die Zahlungen, mit denen dem Eisenbahninfrastrukturunternehmen finanzielle Mittel zur Verfügung gestellt werden, haben im Voraus vereinbart zu sein.

(2) Wurde ein Vertrag im Sinne des Abs. 1 mit einem Eisenbahninfrastrukturunternehmen abgeschlossen, so hat ein solches Eisenbahninfrastrukturunternehmen für die Kohärenz des Vertrages mit seinen Geschäftsplänen zu sorgen.

(3) Die Behörde, die zum Abschluss des Vertrages für die Gebietskörperschaft zuständig ist, hat es denjenigen, die Fahrwegkapazität auf der vom Vertragsinhalt erfassten Eisenbahninfrastruktur zugewiesen bekommen haben oder die während der vorgesehenen Vertragslaufzeit die Zuweisung von Fahrwegkapazität auf einer solchen Eisenbahninfrastruktur zu begehren beabsichtigen, zu ermöglichen, sich vor Vertragsabschluss über den vorgesehenen Vertragsinhalt zu informieren und zu äußern. Zu diesem Zweck hat die Behörde den vorgesehenen Vertragsinhalt auf ihrer Internetseite zugänglich zu machen und eine angemessene Frist für die Abgabe einer Äußerung festzulegen.

(4) Die Verträge sind von der Behörde, die für die Gebietskörperschaft den Vertrag abgeschlossen hat, innerhalb eines Monats nach Vertragsabschluss auf ihrer Internetseite während der gesamten Vertragslaufzeit zu veröffentlichen.

(5) Die Zuständigkeit zum Abschluss solcher Verträge richtet sich auf Bundesseite nach den Aufgaben gemäß den besonderen bundesgesetzlichen Bestimmungen.

(6) Die Eisenbahninfrastrukturunternehmen haben zwecks Beurteilung des Finanzbedarfs für Instandhaltung oder Ersetzung im Zusammenhang mit den Aktiva ein Verzeichnis ihrer eigenen Aktiva und der Aktiva, deren Verwendung ihnen obliegt, sowie über Einzelheiten zu Aufwendungen für die Erneuerung und Umrüstung der Eisenbahninfrastruktur zu erstellen und zu führen.

(7) Die Eisenbahninfrastrukturunternehmen haben ein Verfahren für die Zurechnung der Kosten zu den verschiedenen Kategorien von Leistungen, die für ein Eisenbahnverkehrsunternehmen erbracht werden, festzulegen und dieses Verfahren von Zeit zu Zeit entsprechend den bewährten internationalen Verfahren anzupassen.

(BGBl I 2015/137)

Unabhängigkeit des Eisenbahninfrastrukturunternehmens

§ 55c. (1) Ein vertikal integriertes Unternehmen ist so zu organisieren, dass keine seiner anderen rechtlichen Einheiten einen bestimmenden Einfluss auf die Entscheidungen des Eisenbahninfrastrukturunternehmens hinsichtlich der wesentlichen Funktionen ausüben.

(2) Mitglieder des Vorstandes und des Aufsichtsrates eines Eisenbahninfrastrukturunternehmens und die ihnen unmittelbar unterstellten Führungskräfte haben in diskriminierungsfreier Weise und unparteiisch zu handeln; die Unparteilichkeit darf durch keine Interessenkonflikte beeinträchtigt sein.

(3) Eisenbahninfrastrukturunternehmen haben von Eisenbahnverkehrsunternehmen und in vertikal integrierten Unternehmen von anderen rechtlichen Einheiten des vertikal integrierten Unternehmens rechtlich getrennt zu sein.

(4) Ein und dieselbe Person darf nicht gleichzeitig tätig sein:

1. als Mitglied des Vorstandes eines Eisenbahninfrastrukturunternehmens und als Mitglied des Vorstandes eines Eisenbahnverkehrsunternehmens;

2. als Person, die Entscheidungen über die wesentlichen Funktionen zu treffen hat, und als Mitglied des Vorstandes eines Eisenbahnverkehrsunternehmens;

3. als Mitglied des Aufsichtsrates eines Eisenbahninfrastrukturunternehmens und als Mitglied des Aufsichtsrates eines Eisenbahnverkehrsunternehmens;

4. als Mitglied des Aufsichtsrates eines Unternehmens, das Teil eines vertikal integrierten Unternehmens ist und das sowohl ein Eisenbahnverkehrsunternehmen, als auch ein Eisenbahninfrastrukturunternehmen kontrolliert, und als Mitglied des Vorstandes dieses Eisenbahninfrastrukturunternehmens.

(5) In vertikal integrierten Unternehmen dürfen die Mitglieder des Vorstandes eines Eisenbahninfrastrukturunternehmens und die Personen, die Entscheidungen über die wesentlichen Funktionen zu treffen haben, keine leistungsbezogenen Vergütungen von einer anderen rechtlichen Einheit des vertikal integrierten Unternehmens oder Bonuszahlungen, die im Wesentlichen mit der finanziellen Leistungsfähigkeit einzelner Eisenbahnverkehrsunternehmen verknüpft sind, erhalten.

(6) Verfügen verschiedene Einheiten in einem vertikal integrierten Unternehmen über gemeinsame Informationssysteme, ist der Zugang zu sensiblen Informationen, die wesentliche Funktionen betreffen, auf befugtes Personal des Eisenbahninfrastrukturunternehmens zu beschränken. Diese sensiblen Informationen dürfen vom Eisenbahninfrastrukturunternehmen nicht an andere Einheiten in einem vertikal integrierten Unternehmen weitergegeben werden.

(BGBl I 2019/60)

Unabhängigkeit bei den wesentlichen Funktionen

§ 55d. (1) Wesentliche Funktionen des Eisenbahninfrastrukturunternehmens sind seine Funktion als Zuweisungsstelle und seine Funktion als entgelterhebende Stelle.

(2) Eisenbahnverkehrsunternehmen oder andere juristische Personen dürfen keinen bestimmenden Einfluss auf ein Eisenbahninfrastrukturunternehmen im Hinblick auf die Wahrnehmung seiner wesentlichen Funktionen ausüben.

(3) Ein Eisenbahnverkehrsunternehmen oder eine andere rechtliche Einheit in einem vertikal integrierten Unternehmen dürfen keinen bestimmenden Einfluss auf die Ernennungen und Abberufungen von Personen, die zu Entscheidungen über wesentliche Funktionen befugt sind, ausüben.

(4) Die Mobilität der Personen, die mit der Wahrnehmung wesentlicher Funktionen betraut sind, darf nicht zu Interessenkonflikten führen.

(BGBl I 2019/60)

Unparteilichkeit hinsichtlich Verkehrsmanagement und Instandhaltungsplanung

§ 55e. (1) Eisenbahninfrastrukturunternehmen haben ihre Aufgaben im Zusammenhang mit dem Verkehrsmanagement und der Instandhaltungsplanung auf transparente und diskriminierungsfreie Weise auszuführen; diesbezüglich entscheidungsbefugte Personen müssen frei von Interessenkonflikten sein.

(2) Eisenbahninfrastrukturunternehmen haben ihr Verkehrsmanagement so zu gestalten, dass Eisenbahnverkehrsunternehmen bei sie betreffenden Störungen umfassend und rechtzeitig Zugang zu einschlägigen Informationen erhalten. Gewährt das Eisenbahninfrastrukturunternehmen weiteren Zugang zum Verkehrsmanagementprozess, so hat dies für die betroffenen Eisenbahnverkehrsunternehmen auf transparente und diskriminierungsfreie Weise zu erfolgen.

(3) Bei langfristiger Planung größerer Instandhaltungsarbeiten und/oder Erneuerungsarbeiten an der Eisenbahninfrastruktur hat das Eisenbahninfrastrukturunternehmen die Fahrwegkapazitätsberechtigten zu konsultieren und deren vorgebrachten Anliegen im bestmöglichen Umfang Rechnung zu tragen.

(4) Unter Instandhaltungsarbeiten sind Arbeiten zur Erhaltung des Zustandes der Kapazität der bestehenden Eisenbahninfrastruktur und unter Erneuerungsarbeiten sind umfangreiche Arbeiten zum Austausch bestehender Infrastrukturen, mit denen die Gesamtleistung der Eisenbahninfrastruktur nicht verändert wird, zu verstehen.

(5) Eisenbahninfrastrukturunternehmen haben die Planung von Instandhaltungsarbeiten in diskriminierungsfreier Weise durchzuführen.

(BGBl I 2019/60)

Finanzielle Transparenz

§ 55f. (1) Einnahmen aus dem Betrieb der Eisenbahninfrastruktur, einschließlich öffentlicher Gelder, dürfen vom Eisenbahninfrastrukturunternehmen ausschließlich zur Finanzierung seiner eigenen Geschäftstätigkeit, auch zur Bedienung seiner Darlehen, verwendet werden. Das Eisenbahninfrastrukturunternehmen kann diese Einnahmen auch für die Zahlung von Dividenden verwenden. Keine Dividende darf an Gesellschafter eines Eisenbahninfrastrukturunternehmens ausgezahlt werden, die Teil eines vertikal integrierten Unternehmens sind und die sowohl ein Eisenbahnverkehrsunternehmen, als auch dieses Eisenbahninfrastrukturunternehmen kontrollieren.

(2) Eisenbahninfrastrukturunternehmen und Eisenbahnverkehrsunternehmen dürfen einander weder direkt, noch indirekt ein Darlehen gewähren. Im Rechnungswesen eines integrierten Eisenbahnunternehmens ist die direkte oder indirekte Übertragung von darlehensähnlichen Zuwendungen von dem für den Betrieb der Eisenbahninfrastruktur eingerichteten Unternehmensbereich an den für die Erbringung von Eisenbahnverkehrsdiensten eingerichtete Unternehmensbereich und umgekehrt auch dann unzulässig, wenn solche Zuwendungen später wieder rückübertragen werden sollen.

(3) Es dürfen:

1. Darlehen zwischen rechtlichen Einheiten eines vertikal integrierten Unternehmens nur zu Marktsätzen und Marktbedingungen gewährt, ausgezahlt und bedient werden, die das individuelle Risikoprofil des betreffenden Unternehmens widerspiegeln;

2. im Rechnungswesen eines integrierten Eisenbahnunternehmens darlehensähnliche Zuwendungen zwischen Unternehmensbereichen nur dann übertragen werden, wenn für deren Übertragung und Rückübertragung vergleichbare Marktsätze und Marktbedingungen angewendet werden, die für die Gewährung von Darlehen relevant sind.

„Vor dem 24. Dezember 2016 gewährte Darlehen zwischen rechtlichen Einheiten eines vertikal integrierten Unternehmens sind sofort fällig, soferne sie zu nicht zu Marktsätzen abgeschlossen wurden oder nicht bedient werden. Tatsächlich nicht ausgezahlte Darlehen dürfen nicht mehr ausgezahlt werden." *(BGBl I 2021/231)*

(4) Dienstleistungen, die einem Eisenbahninfrastrukturunternehmen von anderen rechtlichen Einheiten eines vertikal integrierten Unternehmens erbracht werden, hat ein Vertrag zugrunde zu liegen. Entgelte für die erbrachten Dienstleistungen sind entweder nach Preisen, die die Produktionskosten, zuzüglich einer angemessenen Gewinnspanne, widerspiegeln, oder nach Marktpreisen festzulegen.

(5) In einem integrierten Eisenbahnunternehmen sind die Dienstleistungen einschließlich eines Entgeltes hiefür, die dem für den Betrieb der Eisenbahninfrastruktur eingerichteten Unternehmensbereich von einem anderen Unternehmensbereich erbracht werden, schriftlich festzuhalten. Für die Festlegung des Entgeltes gilt Abs. 4.

(6) Verbindlichkeiten eines Eisenbahninfrastrukturunternehmens sind eindeutig getrennt von Verbindlichkeiten anderer rechtlicher Einheiten eines vertikal integrierten Unternehmens auszuweisen. Derartige Schulden sind gesondert zu bedienen.

(7) Im Rechnungswesen eines integrierten Eisenbahnunternehmens sind Verbindlichkeiten, die dem für den Betrieb der Eisenbahninfrastruktur eingerichteten Unternehmensbereich zuzurechnen sind, eindeutig getrennt von den Verbindlichkeiten der anderen Unternehmensbereiche auszuweisen. Derartige Schulden sind gesondert zu bedienen.

(8) Die Konten eines Eisenbahninfrastrukturunternehmens und der übrigen rechtlichen Einheiten eines vertikal integrierten Unternehmens sind so zu führen, dass die Einhaltung der Abs. 1 bis 4 und 6 sichergestellt ist und eine getrennte Rechnungsführung sowie transparente Finanzkreisläufe innerhalb des vertikal integrierten Unternehmens ermöglicht werden.

(9) Im Rechnungswesen eines integrierten Eisenbahnunternehmens sind die Konten für den Unternehmensbereich, der für den Betrieb der Eisenbahninfrastruktur eingerichtet ist, und die Konten der übrigen eingerichteten Unternehmensbereiche so zu führen, dass die Einhaltung der Abs. 1, 2, 3, 5 und 7 sichergestellt ist und eine getrennte Rechnungsführung sowie transparente Finanzkreisläufe innerhalb des integrierten Eisenbahnunternehmens ermöglicht werden.

(10) In vertikal integrierten Unternehmen hat das Eisenbahninfrastrukturunternehmen detaillierte Aufzeichnungen über sämtliche kommerziellen und finanziellen Beziehungen zu den übrigen rechtlichen Einheiten des vertikal integrierten Unternehmens zu führen. In einem integrierten Eisenbahnunternehmen sind detaillierte Aufzeichnungen über sämtliche kommerziellen und finanziellen Beziehungen zwischen dem für den Betrieb der Eisenbahninfrastruktur eingerichteten Unternehmensbereich und den anderen Unternehmensbereichen zu führen.

(11) Die Schienen-Control Kommission ist befugt, entweder selbst zu überprüfen, oder durch von ihr Beauftragte überprüfen zu lassen, ob die Eisenbahnverkehrsunternehmen und integrierten Eisenbahnunternehmen die Bestimmungen der

Abs. 1 bis 10 einhalten. Im Falle eines vertikal integrierten Unternehmens erstreckt sich diese Überprüfungsbefugnis auf alle rechtlichen Einheiten. Zu diesem Zwecke ist sie befugt, die Vorlage aller sachdienlichen Informationen von den überprüften Eisenbahnunternehmen, von Eisenbahninfrastrukturunternehmen, Betreibern von Serviceeinrichtungen, rechtlichen Einheiten von vertikal integrierten Unternehmen sowie von sämtlichen Unternehmen oder sonstigen Stellen, die unterschiedliche Leistungen im Bereich des Schienenverkehrs oder des Eisenbahninfrastrukturbetriebes erbringen oder in sich integrieren, zu verlangen. Insbesondere kann sie verlangen, dass alle oder ein Teil der im Anhang VIII der Richtlinie 2012/34/EU angeführten Buchführungsdaten so hinreichend detailliert vorgelegt werden, wie es entsprechend dem Zweck der Vorlage dieser Daten erforderlich und angemessen ist.

(12) Die Schienen-Control Kommission ist befugt, aus diesen Finanzdaten Rückschlüsse auf staatliche Beihilfen zu ziehen und diese dem Bundesministerium für Digitalisierung und Wirtschaftsstandort anzuzeigen.

(BGBl I 2019/60)

Auslagerung von Funktionen und Arbeiten des Eisenbahninfrastrukturunternehmens

§ 55g. (1) Entstehen keine Interessenkonflikte und ist die Vertraulichkeit des Geschäftsgeheimnisses gewahrt, kann das Eisenbahninfrastrukturunternehmen neben seiner Funktion als Zuweisungsstelle (§ 62) und entgelterhebenden Stelle (§ 62b) auch andere seiner Funktionen an ein anderes geeignetes Unternehmen bzw. an eine andere geeignete Stelle mit schriftlichem Vertrag auslagern. Das geeignete Unternehmen bzw. die geeignete Stelle dürfen kein Eisenbahnverkehrsunternehmen sein, kein Eisenbahnverkehrsunternehmen kontrollieren oder von keinem Eisenbahnverkehrsunternehmen kontrolliert werden.

(2) Entstehen keine Interessenkonflikte und ist die Vertraulichkeit des Geschäftsgeheimnisses gewahrt, kann das Eisenbahninfrastrukturunternehmen die Durchführung von Arbeiten und damit verbundenen Aufgaben hinsichtlich des Ausbaues, der Instandhaltung und der Erneuerung seiner Eisenbahn mit schriftlichem Vertrag auslagern an:

1. Eisenbahnverkehrsunternehmen; oder
2. Unternehmen, die ein Eisenbahnverkehrsunternehmen kontrollieren oder von einem Eisenbahnverkehrsunternehmen kontrolliert werden.

(3) In den gemäß Abs. 1 und 2 abgeschlossenen Verträgen hat sich das Eisenbahninfrastrukturunternehmen eine ausreichende Aufsichtsbefugnis des Eisenbahninfrastrukturunternehmens vorzusehen. Das Eisenbahninfrastrukturunternehmen haftet für Schäden, die seine Vertragspartner bei der Durchführung ausgelagerter Funktionen oder ausgelagerter Arbeiten und damit verbundener Aufgaben verschuldet haben. Trotz Abschluss von Verträgen gemäß Abs. 1 und 2 bleibt das Eisenbahninfrastrukturunternehmen im Außenverhältnis für die ordnungsgemäße Wahrnehmung seiner im § 18 Abs. 1 festgelegten ausschließlichen Zuständigkeiten endgültig verantwortlich.

(4) Die gemäß Abs. 1 und 2 abgeschlossenen Verträge hat das Eisenbahninfrastrukturunternehmen der Schienen-Control Kommission innerhalb eines Monats nach Vertragsabschluss vorzulegen.

(BGBl I 2021/231)

Wahrnehmung von Funktionen durch verschiedene Eisenbahninfrastrukturunternehmen

§ 55h. (1) Es ist zulässig, dass die mit dem Bau und dem Betrieb von Eisenbahnen verbundenen Funktionen nicht nur von einem einzigen Eisenbahninfrastrukturunternehmens, sondern auch von verschiedenen Eisenbahninfrastrukturunternehmen, einschließlich Parteien öffentlich-privater Partnerschaften, auf Grundlage eines schriftlichen Kooperationsvertrages wahrgenommen werden dürfen, soferne all diese den Anforderungen der §§ 55c bis 55f genügen.

(2) Eine öffentlich-private Partnerschaft ist eine verbindliche Vereinbarung zwischen öffentlichen Stellen und einem oder mehreren anderen Unternehmen als dem österreichischen Haupteisenbahninfrastrukturunternehmen, in deren Rahmen die Unternehmen Eisenbahninfrastrukturen teilweise oder ganz aufbauen und/oder finanzieren und/oder das Recht erwerben, den Betrieb, die Instandhaltung und die Erneuerung von Eisenbahninfrastruktur innerhalb des Eisenbahnnetzes und die Beteiligung am Ausbau der Eisenbahninfrastruktur gemäß den für den Ausbau und die Finanzierung der Eisenbahninfrastruktur jeweils geltenden österreichischen Rechtsvorschriften für einen vorab festgelegten Zeitraum wahrzunehmen.

(BGBl I 2021/231)

Kooperationsvereinbarungen mit Eisenbahnverkehrsunternehmen

§ 55i. Kooperationsvereinbarungen zwischen einem Eisenbahninfrastrukturunternehmen und einem oder mehreren Eisenbahnverkehrsunternehmen, die den Kunden der Eisenbahnverkehrsunternehmen Vorteile bieten sollen, wie niedrigere Kosten oder eine höhere Leistungsfähigkeit, sind in diskriminierungsfreier Weise abzuschließen und unterliegen der Prüfung und Überwachung der Schienen-Control Kommission, insbesondere im Hinblick auf deren Durchführung. Die Schienen-Control Kommission hat in begründeten Fällen, wie beispielsweise der Beeinträchtigung der im § 54 festgelegten Ziele, den Vertragsparteien der Kooperationsvereinbarungen zu deren Beendigung zu raten. Das Eisenbahninfrastrukturunternehmen hat der Schienen-Control Kommission eine solche Kooperationsvereinbarung innerhalb eines Monats nach Vereinbarungsabschluss vorzulegen.

(BGBl I 2021/231)

Koordinierung

„**§ 55j.**" (1) Das Haupteisenbahninfrastrukturunternehmen hat sich mit den Fahrwegkapazitätsberechtigten, gegebenenfalls unter Beiziehung von Vertretern der Nutzer von Dienstleistungen im Bereich des Schienengütertransportes und des Schienenpersonenverkehrs, und des Bundesministers für Verkehr, Innovation und Technologie zu folgenden Themen einmal pro Jahr zu koordinieren:

1. Bedarf der Fahrwegkapazitätsberechtigten hinsichtlich Erhaltung und Ausbau der Eisenbahninfrastrukturkapazität;

2. Inhalt und Umsetzung der nutzerorientierten Ziele und Anreize, die in Verträgen gemäß § 55b Abs. 1 vorgegeben werden;

3. Inhalt und Umsetzung der Schienennetz-Nutzungsbedingungen;

4. Fragen der Intermodalität und der Interoperabilität;

5. Fragen zur Nutzung und zu den Bedingungen für den Zugang zur Eisenbahninfrastruktur sowie zur Qualität der Dienstleistungen des Eisenbahninfrastrukturunternehmens.

(2) Die Schienen-Control Kommission ist vom Haupteisenbahninfrastrukturunternehmen zur Teilnahme an der Koordinierung einzuladen und ist als Beobachter zur Teilnahme an der Koordinierung berechtigt.

(3) Das Haupteisenbahninfrastrukturunternehmen hat nach Durchführung einer Konsultation mit den Koordinierungsbeteiligten einen Leitfaden für die Koordinierung zu erstellen und zu veröffentlichen.

(4) Das Haupteisenbahninfrastrukturunternehmen hat auf seiner Internetseite einen Überblick über die gemäß Abs. 1 bis 3 durchgeführten Tätigkeiten zu veröffentlichen.

(BGBl I 2019/60; BGBl I 2021/231)

Europäisches Netzwerk der Infrastrukturbetreiber

„**§ 55k.**" Das Haupteisenbahninfrastrukturunternehmen hat mit anderen Haupteisenbahninfrastrukturunternehmen des europäischen Netzwerkes der Infrastrukturbetreiber zusammenzuarbeiten, insbesondere im Hinblick auf

1. den Ausbau der Eisenbahninfrastruktur in der Europäischen Union, beinhaltend die Netzplanung, die Finanz- und Investitionsplanung sowie den Bau und die Umrüstung der Fahrwege,

2. die Förderung der zeitigen und effizienten Einführung eines einheitlichen europäischen Eisenbahnraums,

3. den Austausch bewährter Praktiken,

4. die Überwachung und den Vergleich der Leistung,

5. den Beitrag zu der Marktüberwachung gemäß Art. 15 der Richtlinie 2012/34/EU,

6. die Befassung mit grenzüberschreitenden Engpässen und

7. die Erörterung der Anwendung der Art. 37 und 40 der Richtlinie 2012/34/EU.

(BGBl I 2019/60; BGBl I 2021/231)

2. Hauptstück
Zugang zur Eisenbahninfrastruktur, zu Serviceeinrichtungen und -leistungen

1. Abschnitt
Allgemeines

Zugang zur Eisenbahninfrastruktur

§ 56. (1) Die Zuweisungsstelle hat Zugangsberechtigten den Zugang zur Eisenbahninfrastruktur der Haupt- und vernetzten Nebenbahnen durch Zuweisung von Fahrwegkapazität zu nicht diskriminierenden, angemessenen und transparenten Bedingungen einzuräumen. Dieses Zugangsrecht schließt auch den Zugang zu Anlageteilen für die Anbindung von Serviceeinrichtungen und zu Infrastrukturen ein, die mehr als einem Endnutzer dienen oder dienen könnten.

(2) Fahrwegkapazität ist die Möglichkeit, für einen Teil der Eisenbahninfrastruktur für einen bestimmten Zeitraum begehrte Zugtrassen einzuplanen, wobei unter Zugtrasse die Fahrwegkapazität zu verstehen ist, die erforderlich ist, damit ein Zug zu einer bestimmten Zeit zwischen zwei Orten verkehren kann.

(BGBl I 2015/137)

Zugangsberechtigte

§ 57. (1) Zugangsberechtigte sind:

1. Eisenbahnverkehrsunternehmen mit Sitz in einem Mitgliedstaat der Europäischen Union oder in einer Vertragspartei über das Abkommens über den Europäischen Wirtschaftsraum für die Erbringung von Personenverkehrsdiensten;

2. Eisenbahnverkehrsunternehmen mit Sitz in einem Mitgliedstaat der Europäischen Union, in einer Vertragspartei des Abkommens über den

Europäischen Wirtschaftsraum oder in der Schweizerischen Eidgenossenschaft für die Erbringung von Eisenbahnverkehrsdiensten im Güterverkehr.

(2) Die in Abs. 1 Z 1 angeführte Zugangsberechtigung schließt das Recht des Eisenbahnverkehrsunternehmens ein, Fahrgäste an jedem beliebigen Bahnhof aufzunehmen und an einem anderen Bahnhof abzusetzen.

(BGBl I 2019/60)

Fahrwegkapazitätsberechtigte

§ 57a. Anspruch auf diskriminierungsfreie Zuweisung von Fahrwegkapazität haben:

1. Zugangsberechtigte;

2. internationale Gruppierungen von Eisenbahnunternehmen, andere natürliche und juristische Personen, wie beispielsweise Behörden im Rahmen der Verordnung (EG) Nr. 1370/2007, Verlader, Spediteure und Unternehmen des kombinierten Verkehrs, die ein gemeinwirtschaftliches oder einzelwirtschaftliches Interesse am Erwerb von Fahrwegkapazität haben.

(BGBl I 2015/137)

Anforderungen an Fahrwegkapazitätsberechtigte

§ 57b. Eisenbahninfrastrukturunternehmen können mit Rücksicht auf legitime Erwartungen hinsichtlich ihrer künftigen Erlöse und der Fahrwegnutzung die in einem Durchführungsrechtsakt gemäß Art. 41 Abs. 3 der Richtlinie 2012/34/EU festgelegten Anforderungen hinsichtlich Finanzgarantien an Fahrwegkapazitätsberechtigte festlegen, die angemessen, transparent und diskriminierungsfrei sein müssen, die in den Schienennetz-Nutzungsbedingungen zu veröffentlichen und der Europäischen Kommission mitzuteilen sind.

(BGBl I 2015/137)

Bedienungsverbot bei Personenverkehrsdiensten

§ 57c. (1) Liegt der Abfahrts- oder der Bestimmungsort eines Personenverkehrsdienstes auf einer Haupt- oder vernetzten Nebenbahn und sind diese Orte über eine Alternativstrecke erreichbar, und sind diese Eisenbahnen Gegenstand eines oder mehrerer öffentlicher Dienstleistungsaufträge (Art. 2 lit. i der Verordnung (EG) Nr. 1370/2007), ist das Recht auf Zugang zu diesen Eisenbahnen zwecks Erbringung von Personenverkehrsdiensten eingeschränkt, falls die Ausübung eines solchen Zuganges das wirtschaftliche Gleichgewicht dieses Dienstleistungsauftrages oder dieser Dienstleistungsaufträge gefährden würde.

(2) Die in dem Durchführungsrechtsakt gemäß Art. 11 Abs. 4 der Richtlinie 2012/34/EU angeführten Rechte und Pflichten der Regulierungsstelle in Zusammenhang mit der Ermittlung und Entscheidung darüber, ob das wirtschaftliche Gleichgewicht eines öffentlichen Dienstleistungsauftrages gefährdet wird, sind von der Schienen-Control Kommission wahrzunehmen. „Eine derartige Entscheidung zu beantragen sind berechtigt:" *(BGBl I 2021/231)*

1. die Vertragsparteien des öffentlichen Dienstleistungsauftrages oder der öffentlichen Dienstleistungsaufträge; *(BGBl I 2021/231)*

2. das vom begehrten Zugang auf seiner Eisenbahn zwecks Erbringung von Personenverkehrsdiensten betroffene Eisenbahninfrastrukturunternehmen; und *(BGBl I 2021/231)*

3. Eisenbahnverkehrsunternehmen, die den öffentlichen Dienstleistungsauftrag oder die öffentlichen Dienstleistungsaufträge erfüllen. *(BGBl I 2021/231)*

(3) Stellt die Schienen-Control Kommission fest, dass durch die Erbringung eines Hochgeschwindigkeits-Personenverkehrsdienstes das wirtschaftliche Gleichgewicht eines öffentlichen Dienstleistungsauftrages oder mehrerer öffentlicher Dienstleistungsaufträge gefährdet wäre, hat sie auf mögliche Änderungen dieses Verkehrsdienstes hinzuweisen, die gewährleisten würden, dass doch ein Zugangsrecht für die Erbringung dieses Verkehrsdienstes gewährt werden kann.

(4) Unter einem Hochgeschwindigkeits-Personenverkehrsdienst ist ein auf einer Eisenbahn erbrachter Personenverkehrsdienst, der ohne fahrplanmäßigen Zwischenhalt zwischen zwei mindestens 200 km voneinander entfernten Orten auf eigens für Hochgeschwindigkeitszüge gebauten Eisenbahnen erbracht wird, die für Geschwindigkeiten von im Allgemeinen mindestens 250 km/h ausgelegt ist und im Durchschnitt mit dieser Geschwindigkeit betrieben werden.

(5) Die Entscheidung der Schienen-Control Kommission, ob ein Zugang auf der Eisenbahn zwecks Erbringung von Personenverkehrsdiensten das wirtschaftliche Gleichgewicht eines öffentlichen Dienstleistungsauftrages oder mehrerer öffentlicher Dienstleistungsaufträge gefährdet, sind zu begründen. Innerhalb eines Monats nach Veröffentlichung dieser Entscheidung auf ihrer Internetseite hat die Schienen-Control Kommission folgenden von der Entscheidung Betroffenen mitzuteilen, unter welchen Bedingungen eine neuerliche Prüfung, ob das wirtschaftliche Gleichgewicht eines oder mehrerer öffentlicher Dienstleistungsaufträge durch den entscheidungsgegenständlichen Zugang auf der Eisenbahn zwecks Erbringung von Personenverkehrsdiensten gefährdet wäre, beantragt werden kann:

1. den Vertragsparteien des öffentlichen Dienstleistungsauftrages oder der öffentlichen Dienstleistungsaufträge;
2. dem vom begehrten Zugang auf seiner Eisenbahn zwecks Erbringung von Personenverkehrsdiensten betroffenen Eisenbahninfrastrukturunternehmen;
3. Eisenbahnverkehrsunternehmen, die den öffentlichen Dienstleistungsauftrag oder die öffentlichen Dienstleistungsaufträge erfüllen; und
4. Eisenbahnverkehrsunternehmen, das den Zugang zur Eisenbahn zwecks Erbringung von Personenverkehrsdiensten begehrt.

(BGBl I 2021/231)
(BGBl I 2019/60)

Mindestzugangspaket

§ 58. (1) Das Eisenbahninfrastrukturunternehmen hat unter Ausschluss jeglicher Diskriminierung Zugangsberechtigten, die dies begehren, folgende Leistungen als Mindestzugangspaket zu gewähren:
1. die Nutzung der Eisenbahninfrastruktur einschließlich Weichen und Abzweigungen;
2. die Zugsteuerung einschließlich der Signalisierung, Regelung, Abfertigung und der Übermittlung und Bereitstellung von Informationen über Zugbewegungen;
3. die Nutzung vorhandener Versorgungseinrichtungen für Fahrstrom;
4. Informationen, die zur Durchführung oder zum Betrieb des Eisenbahnverkehrsdienstes, für den Fahrwegkapazität zugewiesen wurde, erforderlich sind.

(2) Ein Eisenbahninfrastrukturunternehmen hat Zugangsberechtigten das Mindestzugangspaket transparent, angemessen, wirtschaftlich realistisch und ausreichend entbündelt anzubieten, sodass nicht für Leistungen gezahlt werden muss, die nicht benötigt werden.

(BGBl I 2015/137)

Serviceeinrichtungen

§ 58a. (1) Eine Serviceeinrichtung ist eine Anlage, umfassend auch Grundstücke, Gebäude und Ausrüstung, die ganz oder teilweise speziell dafür hergerichtet wurde, um eine oder mehrere der im § 58b Abs. 1 bis 3 angeführten Leistungen als Serviceleistungen in ihr erbringen zu können.

(2) Der Betrieb einer im § 58b Abs. 1 angeführten Serviceeinrichtung, die mindestens zwei aufeinanderfolgende Jahre lang nicht genutzt wurde und für die Eisenbahnverkehrsunternehmen gegenüber der Betreiberin/dem Betreiber der Serviceeinrichtung ihr Interesse am Zugang zur Serviceeinrichtung auf der Grundlage eines nachgewiesenen Bedarfs bekundet haben, ist von ihrer Eigentümerin/ihrem Eigentümer ganz oder teilweise als Schienenverkehrs-Serviceeinrichtung zum Leasing oder zur Vermietung auszuschreiben, es sei denn, die Betreiberin/der Betreiber der Serviceeinrichtung weist nach, dass die Serviceeinrichtung infolge eines Umstellungsprozesses von keinem Eisenbahnverkehrsunternehmen genutzt werden kann. *(BGBl I 2021/231)*

(BGBl I 2015/137)

Zugang zu Serviceeinrichtungen, Gewährung von Serviceleistungen

§ 58b. (1) Betreiber von Serviceeinrichtungen haben unter Ausschluss jeglicher Diskriminierung den Eisenbahnverkehrsunternehmen, die dies begehren, den Zugang, einschließlich des Schienenzugangs, zu ihren nachfolgend angeführten Serviceeinrichtungen und zu den Leistungen zu ermöglichen, die in diesen Serviceeinrichtungen erbracht werden:
1. Personenbahnhöfe, deren Gebäude und Einrichtungen, einschließlich der Einrichtungen für die Anzeige von Reiseauskünften sowie geeigneter Örtlichkeiten für den Fahrscheinverkauf;
2. Güterterminals;
3. Verschubbahnhöfe und Zugbildungseinrichtungen einschließlich Verschubeinrichtungen;
4. Abstellgleise, die speziell für das zeitweilige Abstellen von Schienenfahrzeugen zwischen zwei Zuweisungen von Fahrwegkapazität bestimmt sind;
5. Wartungseinrichtungen, mit Ausnahme von Leistungen im Rahmen der schweren Instandhaltung, die für Hochgeschwindigkeitszüge oder anderen Arten von Schienenfahrzeugen erbracht werden, die besonderer Einrichtungen bedürfen;
6. andere technische Einrichtungen einschließlich Reinigungs- und Wascheinrichtungen;
7. Hafenanlagen mit Verkehr auf Eisenbahnen;
8. Hilfseinrichtungen;
9. Einrichtungen für die Brennstoffaufnahme und Bereitstellung von Brennstoffen in diesen Einrichtungen.

(2) Bietet ein Betreiber von Serviceeinrichtungen die im Folgenden aufgezählten Zusatzleistungen an, so sind diese Zusatzleistungen sämtlichen Eisenbahnverkehrsunternehmen, die dies begehren, unter Ausschluss jeglicher Diskriminierung zu gewähren:
1. das Vorheizen von Personenzügen;
2. die Bereitstellung von Fahrstrom;
3. Abschluss von kundenspezifischen Verträgen über die Überwachung von Gefahrguttransporten oder die Unterstützung beim Betrieb ungewöhnlicher Züge;

4. Beförderung von Schienenfahrzeugen von und zu Verschubbahnhöfen und Zugbildungseinrichtungen einschließlich Verschubeinrichtungen.

(3) Folgende Nebenleistungen kann der Betreiber einer Serviceeinrichtung Eisenbahnverkehrsunternehmen, die dies begehren, gewähren, ist hiezu aber nicht verpflichtet; bietet er jedoch solche Nebenleistungen an, sind sie Eisenbahnverkehrsunternehmen, die dies begehren, unter Ausschluss jeglicher Diskriminierung zu gewähren:

1. Zugang zum Telekommunikationsnetz;

2. Bereitstellung zusätzlicher Informationen;

3. die technische Inspektion von Schienenfahrzeugen;

4. Fahrscheinverkauf in Personenbahnhöfen;

5. Leistungen im Rahmen der schweren Instandhaltung, bestehend aus nicht routinemäßig als Teil des alltäglichen Betriebes durchgeführte Arbeiten mit dem Erfordernis des Herausnahme eines Schienenfahrzeuges aus dem Betrieb; diese Leistungen werden in Wartungseinrichtungen erbracht, die für Hochgeschwindigkeitszüge oder andere Arten von Schienenfahrzeugen bestimmt sind, die besonderer Einrichtungen bedürfen.

(4) Ein Betreiber von Serviceeinrichtungen hat Eisenbahnverkehrsunternehmen Serviceleistungen transparent, angemessen, wirtschaftlich realistisch und ausreichend entbündelt anzubieten, sodass nicht für Leistungen gezahlt werden muss, die nicht benötigt werden.

(BGBl I 2015/137)

Schienennetz-Nutzungsbedingungen

§ 59. (1) Ein Eisenbahninfrastrukturunternehmen hat nach Konsultation mit den Beteiligten Schienennetz-Nutzungsbedingungen in deutscher Sprache und in einer anderen Amtssprache der Europäischen Union zu erstellen. *(BGBl I 2020/143)*

(2) Ein Eisenbahninfrastrukturunternehmen hat seine Schienennetz-Nutzungsbedingungen auf dem neuesten Stand zu halten, bei Bedarf zu ändern und gegenüber jedem Fahrwegkapazitätsberechtigten in gleicher Weise anzuwenden.

(3) Ein Eisenbahninfrastrukturunternehmen hat den Erwerb seiner Schienennetz-Nutzungsbedingungen jedermann gegen Bezahlung eines Entgelts, das nicht höher sein darf als die Kosten der Veröffentlichung der Schienennetz-Nutzungsbedingungen, zu ermöglichen. Überdies hat es die Schienennetz-Nutzungsbedingungen unentgeltlich in elektronischer Form auf seiner Internetseite in für jedermann zugänglicher Weise bereitzustellen und über ein gemeinsames Internetportal, das von Eisenbahninfrastrukturunternehmen im Rahmen ihrer Zusammenarbeit einzurichten ist, zugänglich zu machen.

(4) In den Schienennetz-Nutzungsbedingungen haben Angaben zur Eisenbahninfrastruktur, die Fahrwegkapazitätsberechtigten zur Verfügung steht, und Angaben über die Zugangsbedingungen zur Eisenbahninfrastruktur einschließlich der wesentlichen administrativen, technischen und finanzielle Modalitäten enthalten zu sein. Darüber hinaus haben in Schienennetz-Nutzungsbedingungen Informationen über die Bedingungen, einschließlich der administrativen, technischen und finanziellen Modalitäten für den Zugang zu an ihre Eisenbahninfrastruktur angeschlossenen Serviceeinrichtungen, einschließlich des Schienenzuganges, und über die Gewährung der Serviceleistungen, die in solchen Serviceeinrichtungen erbracht werden, enthalten zu sein oder es hat ein Verweis auf eine Internetseite enthalten zu sein, in der diese Informationen unentgeltlich in elektronischer Form in für jedermann zugänglicher Weise veröffentlicht sind. In den Schienennetz-Nutzungsbedingungen haben insbesondere enthalten zu sein:

1. ein Abschnitt, der die Art der Eisenbahninfrastruktur, die den Zugangsberechtigten zur Verfügung steht, und Zugangsbedingungen angibt, wobei diese Angaben auf Jahresbasis mit dem veröffentlichten Eisenbahninfrastrukturregister im Einklang zu stehen haben oder auf dieses zu verweisen haben; insbesondere hat dieser Abschnitt zu enthalten:

a) die technische Beschreibung und betrieblichen Bedingungen für den Zugang zu den einzelnen Strecken, Streckenteilen oder sonstigen Abschnitten der Eisenbahninfrastruktur;

b) die nicht schon in Rechtsvorschriften vorgegebenen, in betrieblichen Vorschriften des Eisenbahninfrastrukturunternehmens enthaltenen Anforderungen, deren Einhaltung für die und bei der Ausübung des Zugangs vorgeschrieben werden soll;

2. ein Abschnitt, der die Entgeltgrundsätze und die Tarife darlegt und insbesondere beinhaltet

a) hinreichende Einzelheiten der Entgeltregelung;

b) ausreichende Informationen zu den Entgelten;

c) andere für den Zugang zur Eisenbahninfrastruktur relevante Angaben zum Mindestzugangspaket und den Zugang zu Serviceeinrichtungen, einschließlich des Schienenzuganges, und zur Gewährung von Serviceleistungen, die in den Serviceeinrichtungen erbracht werden, wenn all dies nur durch einen einzigen Anbieter erbracht wird;

d) Ausführungen im Einzelnen, welche Verfahren, Regeln und gegebenenfalls Tabellen zur Durchführung der §§ 67a, 67d, 67e und 69a Abs. 2 angewandt werden;

e) Angaben zu beschlossenen oder, soweit verfügbar, in den nächsten fünf Jahren vorgesehenen Entgeltänderungen;

3. ein Abschnitt über die Grundsätze und die Kriterien der Zuweisung von Fahrwegkapazität; es sind Angaben zu den allgemeinen Kapazitätsmerkmalen der Eisenbahninfrastruktur, die den Zugangsberechtigten zur Verfügung steht, sowie zu etwaigen Nutzungseinschränkungen, einschließlich des zu erwartenden Kapazitätsbedarfes für Instandhaltungszwecke zu machen; ferner sind die Abwicklung und die Fristen des Verfahrens der Zuweisung von Fahrwegkapazität anzugeben; des Weiteren hat er spezifische Kriterien zu enthalten, die für dieses Verfahren von Belang sind, insbesondere

a) das Verfahren für die Stellung von Begehren auf Zuweisung von Fahrwegkapazität durch die Fahrwegkapazitätsberechtigten bei der Zuweisungsstelle;

b) Anforderungen an Fahrwegkapazitätsberechtigte;

c) einen Zeitplan für das aufgrund von Begehren auf Zuweisung von Fahrwegkapazität durchzuführende Verfahren einschließlich des Zuweisungsverfahrens sowie einen Zeitplan für Verfahren zur zeitlichen Planung plan- und außerplanmäßiger Instandhaltungsarbeiten;

d) Grundsätze des Koordinierungsverfahrens und des in diesem Rahmen eingerichteten Streitbeilegungssystems;

e) im Fall einer Überlastung der Eisenbahninfrastruktur durchzuführende Verfahren und anzuwendende Kriterien;

f) Einzelheiten zur Nutzungsbeschränkung von Eisenbahninfrastruktur und

g) Bedingungen, durch die dem Grad der bisherigen Inanspruchnahme von Eisenbahninfrastruktur bei der Festlegung von Rangfolgen im Zuweisungsverfahren Rechnung getragen wird.

Zusätzlich ist in diesem Abschnitt im Einzelnen anzugeben, welche Maßnahmen getroffen wurden, um eine angemessene Behandlung der Eisenbahnverkehrsdienste im Güterverkehr, der grenzüberschreitenden Eisenbahnverkehrsdienste und der Begehren auf Zuweisung von Fahrwegkapazität, die außerhalb des Netzfahrplanerstellungsverfahrens gestellt werden, sicherzustellen. Der Abschnitt hat ein Muster für ein Begehren auf Zuweisung von Fahrwegkapazität und genaue Angaben zu den Verfahren für die Zuweisung grenzüberschreitender Zugtrassen zu enthalten.

4. einen Abschnitt mit Informationen, die für die Einbringung eines Antrages auf Erteilung einer Verkehrsgenehmigung, einer Verkehrskonzession, einer Sicherheitsbescheinigung Teil A und einer Sicherheitsbescheinigung Teil B erforderlich sind oder mit Angabe einer Internetseite, auf der diese Informationen unentgeltlich in elektronischer Form zur Verfügung gestellt sind;

5. einen Abschnitt mit Angaben zu den Streitbeilegungs- und Beschwerdeverfahren im Hinblick auf:

a) den Zugang zur Eisenbahninfrastruktur;

b) die Gewährung des Mindestzugangspaketes;

c) den Zugang zu Serviceeinrichtungen, einschließlich des Schienenzuganges, und der Gewährung der Serviceleistungen, die in Serviceeinrichtungen erbracht werden;

d) die leistungsabhängige Entgeltregelung;

6. einen Abschnitt mit Informationen über den Zugang zu Serviceeinrichtungen, einschließlich des Schienenzuganges und über die Gewährung von Serviceleistungen, die in diesen Serviceeinrichtungen erbracht werden, sowie über die dafür zu entrichtenden Entgelte;

7. einen Mustervertrag für Rahmenverträge.

(5) Die Bestimmungen in den Schienennetz-Nutzungsbedingungen müssen so gefasst sein, dass sie der Zuweisungsstelle und der entgelterhebenden Stelle keinen Ermessensspielraum ermöglichen, Fahrwegkapazitätsberechtigte diskriminieren zu können.

(6) Betreiber von Serviceeinrichtungen haben dem Eisenbahninfrastrukturunternehmen folgende Informationen, die in den Schienennetz-Nutzungsbedingungen enthalten zu sein haben, entweder mitzuteilen, oder diesem via Internetseite bekanntzugeben, auf die diese Informationen unentgeltlich und in elektronischer Form in für jedermann zugänglicher Weise veröffentlicht sind:

1. entgeltbezogene Informationen;

2. Informationen über die Bedingungen, einschließlich der administrativen, technischen und finanziellen Modalitäten, für den Zugang zu Serviceeinrichtungen, einschließlich des Schienenzuganges, und die Gewährung der Serviceleistungen, die in diesen Serviceeinrichtungen erbracht werden.

(7) Ein Entwurf der Schienennetz-Nutzungsbedingungen ist der Schienen-Control Kommission unverzüglich nach dessen Erstellung vorzulegen.

(8) Die Eisenbahninfrastrukturunternehmen haben die Schienennetz-Nutzungsbedingungen sowie deren Änderungen mindestens vier Monate vor Ablauf der Frist (§ 65 Abs. 4) für die Einbringung von Begehren auf Zuweisung von Fahrwegkapazität unentgeltlich in elektronischer Form auf ihrer Internetseite in für jedermann zugänglicher Weise zu veröffentlichen und der Schienen-Control Kommission innerhalb eines Monats ab Erstellung oder Änderung derselben vorzulegen.

(BGBl I 2015/137)

§ 59a. *(entfällt samt Überschrift, BGBl I 2015/137)*

§ 59b. *(entfällt samt Überschrift, BGBl I 2015/137)*

Entziehung von Zugtrassen

§ 60. Die Zuweisungsstelle ist berechtigt, durch einseitige, schriftliche und empfangsbedürftige Erklärung solche zugewiesenen Zugtrassen zu entziehen, auf denen der Zugangsberechtigte innerhalb der letzten drei Monate sein Zugangsrecht auf Grund von Umständen, die der Zugangsberechtigte zu vertreten hat, nicht ausgeübt hat.

§ 61. *(entfällt, BGBl I 2006/125, Überschrift des § 61 entfällt mit BGBl I 2010/25)*

Zuweisungsstelle

§ 62. (1) Zuweisungsstelle ist

1. das Eisenbahninfrastrukturunternehmen oder

2. die Schieneninfrastruktur-Dienstleistungsgesellschaft mbH oder ein anderes geeignetes Unternehmen bzw. eine andere geeignete Stelle, wenn ihnen die Funktion einer Zuweisungsstelle mit schriftlichem Vertrag übertragen worden ist.

(2) Entstehen keine Interessenkonflikte und ist die Vertraulichkeit des Geschäftsgeheimnisses gewahrt, kann ein Eisenbahninfrastrukturunternehmen die mit der Funktion als Zuweisungsstelle verbundenen Aufgaben ganz oder teilweise aber auch an die Schieneninfrastruktur-Dienstleistungsgesellschaft mbH oder an ein anderes geeignetes Unternehmen bzw. an eine andere geeignete Stelle mit schriftlichem Vertrag übertragen. In dem Vertrag, mit dem die mit der Funktion einer Zuweisungsstelle verbundenen Aufgaben ganz oder teilweise übertragen werden, ist eine ausreichende Aufsichtsbefugnis des Eisenbahninfrastrukturunternehmens vorzusehen. Das Eisenbahninfrastrukturunternehmen haftet für Schäden, die sein Vertragspartner bei Wahrnehmung der ihm übertragenen Aufgaben verschuldet hat.

(3) Die Wahrnehmung der mit der Funktion einer Zuweisungsstelle verbundenen Aufgaben durch ein Eisenbahninfrastrukturunternehmen, das die im § 54a Abs. 5 angeführten Bestimmungen nicht anwendet, ist jedoch unzulässig. Ein solches Eisenbahninfrastrukturunternehmen hat sämtliche mit der Funktion einer Zuweisungsstelle verbundenen Aufgaben an die Schieneninfrastruktur-Dienstleistungsgesellschaft mbH oder an ein anderes geeignetes Unternehmen bzw. an eine andere geeignete Stelle mit schriftlichem Vertrag zu übertragen, das bzw. die sodann diese Aufgaben als Zuweisungsstelle an Stelle des Eisenbahninfrastrukturunternehmens eigenverantwortlich wahrzunehmen hat; der Vertrag darf keine Regelung enthalten, die eine gesetzeskonforme Ausübung der mit der Funktion einer Zuweisungsstelle verbundenen Aufgaben beeinträchtigen oder unmöglich machen würde.

(4) Die unter Abs. 2 und 3 angeführten anderen geeigneten Unternehmen bzw. anderen geeigneten Stellen dürfen keine Eisenbahnverkehrsunternehmen sein, keine Eisenbahnverkehrsunternehmen kontrollieren, von keinen Eisenbahnverkehrsunternehmen kontrolliert werden und müssen den Anforderungen der §§ 55c bis 55f genügen.

(5) Innerhalb eines vertikal integrierten Unternehmens dürfen die mit der Funktion einer Zuweisungsstelle verbundenen Aufgaben an keine andere Einheit des vertikal integrierten Unternehmens übertragen werden; dies gilt nicht für den Fall, dass eine solche Einheit ausschließlich die mit der Funktion einer Zuweisungsstelle übertragenen Aufgaben wahrnimmt.

(6) Eisenbahninfrastrukturunternehmen haben der Schienen-Control Kommission das Unternehmen bzw. die andere geeignete Stelle bekannt zu geben, an das bzw. an die sie die mit der Funktion einer Zuweisungsstelle verbundenen Aufgaben ganz oder teilweise vertraglich übertragen haben.

(BGBl I 2019/60)

Betreiber einer Serviceeinrichtung

§ 62a. (1) Betreiber einer Serviceeinrichtung ist, wer eine oder mehrere Serviceeinrichtungen betreibt oder eine oder mehrere Serviceleistungen für Eisenbahnverkehrsunternehmen erbringt. Serviceleistungen sind

1. Leistungen, die in einer Serviceeinrichtung erbracht werden (§ 58b Abs. 1),

2. Zusatzleistungen (§ 58b Abs. 2), oder

3. Nebenleistungen (§ 58b Abs. 3).

(2) Wird der Betreiber von im § 58b Abs. 1 Z 1 bis 4 und 7 bis 9 angeführten Serviceeinrichtungen direkt oder indirekt von einem Rechtsträger kontrolliert, der auch in den nationalen Schienenverkehrsmärkten, für die die betreffende Serviceeinrichtung genutzt wird, tätig ist, und der dort eine beherrschende Stellung innehat, so muss der Betreiber dieser Serviceeinrichtungen so organisiert sein, dass er diese Serviceeinrichtungen organisatorisch und in seinen Entscheidungen unabhängig von dem Rechtsträger betreiben kann. Ist ein solcher Rechtsträger selbst Betreiber einer solchen Serviceeinrichtung, so kann diesem Erfordernis zumindest dadurch entsprochen werden, dass für den Betrieb der Serviceeinrichtung ein von den sonstigen Tätigkeiten des Rechtsträgers getrennter Bereich eingerichtet wird.

(3) Für eine im § 58b Abs. 1 „angeführte Serviceeinrichtung" haben deren Betreiber und der Rechtsträger, die diesen Betreiber direkt oder indirekt kontrollieren und auch in den nationalen Schienenverkehrsmärkten, für die die Serviceeinrichtungen genutzt wird, eine beherrschende

Stellung innehat, eine getrennte Rechnungsführung einschließlich getrennter Bilanzen und getrennter Gewinn- und Verlustrechnungen zu haben. *(BGBl I 2021/231)*

(4) Die Schienen-Control Kommission ist befugt zu überprüfen, ob diese Bestimmungen über die getrennte Rechnungsführung eingehalten werden; werden die Bestimmungen nicht eingehalten, hat die Schienen-Control Kommission die Herstellung einer gesetzeskonformen Rechnungsführung bescheidmäßig aufzutragen. Im Verwaltungsverfahren haben die Überprüften der Schienen-Control Kommission auf Verlangen alle sachdienlichen Informationen zukommen zu lassen.

(5) Wird die Serviceeinrichtung von einem Eisenbahninfrastrukturunternehmen betrieben, das rechtlich, organisatorisch und in seinen Entscheidungen von Eisenbahnverkehrsunternehmen unabhängig ist, oder wird der Betreiber direkt oder indirekt von einem solchen Eisenbahninfrastrukturunternehmen kontrolliert, so gilt die Einhaltung der Abs. 2 und 3 als nachgewiesen.

(BGBl I 2015/137)

Entgelterhebende Stelle

§ 62b. (1) Entgelterhebende Stelle ist
1. das Eisenbahninfrastrukturunternehmen oder
2. die Schieneninfrastruktur-Dienstleistungsgesellschaft mbH oder ein anderes geeignetes Unternehmen bzw. eine andere geeignete Stelle, wenn ihnen die Funktion einer entgelterhebenden Stelle mit schriftlichem Vertrag übertragen worden ist.

(2) Entstehen keine Interessenkonflikte und ist die Vertraulichkeit des Geschäftsgeheimnisses gewahrt, kann ein Eisenbahninfrastrukturunternehmen die mit der Funktion einer entgelterhebenden Stelle verbundenen Aufgaben ganz oder teilweise aber auch an die Schieneninfrastruktur-Dienstleistungsgesellschaft mbH oder an ein anderes geeignetes Unternehmen bzw. an eine andere geeignete Stelle mit schriftlichem Vertrag übertragen. In dem Vertrag, mit dem die mit der Funktion einer entgelterhebende Stelle verbundenen Aufgaben ganz oder teilweise übertragen werden, ist eine ausreichende Aufsichtsbefugnis des Eisenbahninfrastrukturunternehmens vorzusehen. Das Eisenbahninfrastrukturunternehmen haftet für Schäden, die sein Vertragspartner bei Wahrnehmung der ihm übertragenen Aufgaben verschuldet hat.

(3) Die Wahrnehmung der mit der Funktion einer entgelterhebenden Stelle verbundenen Aufgaben durch ein Eisenbahninfrastrukturunternehmen, das die in § 54a Abs. 5 angeführten Bestimmungen nicht anwendet, ist jedoch unzulässig. Ein solches Eisenbahninfrastrukturunternehmen hat sämtliche mit der Funktion einer entgelterhebenden Stelle verbundenen Aufgaben an die Schieneninfrastruktur-Dienstleistungsgesellschaft mbH oder an ein anderes geeignetes Unternehmen bzw. an eine andere geeignete Stelle mit schriftlichem Vertrag zu übertragen, das bzw. die sodann diese Aufgaben als entgelterhebende Stelle an Stelle des Eisenbahninfrastrukturunternehmens eigenverantwortlich wahrzunehmen hat; der Vertrag darf keine Regelung enthalten, die eine gesetzeskonforme Ausübung der mit der Funktion einer entgelterhebenden Stelle verbundenen Aufgaben beeinträchtigen oder unmöglich machen würde.

(4) Die unter Abs. 2 und 3 angeführten anderen geeigneten Unternehmen bzw. anderen geeigneten Stellen dürfen keine Eisenbahnverkehrsunternehmen sein, keine Eisenbahnverkehrsunternehmen kontrollieren, von keinen Eisenbahnverkehrsunternehmen kontrolliert werden und müssen den Anforderungen der §§ 55c bis 55f genügen.

(5) Innerhalb eines vertikal integrierten Unternehmens dürfen die mit der Funktion einer entgelterhebenden Stelle verbundene Aufgaben an keine andere Einheit des vertikal integrierten Unternehmens übertragen werden; dies gilt nicht für den Fall, dass eine solche Einheit ausschließlich die mit der Funktion einer entgelterhebenden Stelle übertragenen Aufgaben wahrnimmt.

(6) Eisenbahninfrastrukturunternehmen haben der Schienen-Control Kommission das Unternehmen bzw. die andere geeignete Stelle bekannt zu geben, an das bzw. an die sie die mit der Funktion einer entgelterhebenden Stelle verbundenen Aufgaben ganz oder teilweise vertraglich übertragen haben.

(BGBl I 2019/60)

2. Abschnitt
Zuweisung von Fahrwegkapazität

Zuweisungsgrundsätze

§ 63. (1) Die Zuweisungsstelle hat die Zuweisung von Fahrwegkapazität an Fahrwegkapazitätsberechtigte unter angemessenen, nichtdiskriminierenden und transparenten Bedingungen nach den Grundsätzen der Gleichbehandlung und einer möglichst effektiven Nutzung der Eisenbahninfrastruktur sowie unter Wahrung des Geschäftsgeheimnisses hinsichtlich der ihr gegenüber gemachten Angaben vorzunehmen. *(BGBl I 2021/231)*

(2) Ermöglicht die Eisenbahninfrastruktur eine Verknüpfung symmetrisch vertakteter Verkehre in Knotenbahnhöfen, ist ein Eisenbahninfrastrukturunternehmen berechtigt, die hiefür notwendige Fahrwegkapazität für die Erbringung von Eisenbahnverkehrsdiensten im Personenverkehr festzulegen. Die erforderlichen Angaben müssen in den Schienennetz-Nutzungsbedingungen enthalten sein. Auch die Zuweisung einer solchen Fahrweg-

kapazität hat unter angemessenen, nichtdiskriminierenden und transparenten Bedingungen nach dem Grundsatz der Gleichbehandlung zu erfolgen. Das Recht, die für eine Verknüpfung symmetrisch vertakteter Verkehre in Knotenbahnhöfen erforderliche Fahrwegkapazität für die Erbringung von Eisenbahnverkehrsdiensten im Personenverkehr festzulegen, ist vom Eisenbahninfrastrukturunternehmen so auszuüben, dass keine Unvereinbarkeit mit seiner Verpflichtung zur Organisation und Festlegung von grenzüberschreitenden Zugtrassen für den Güterverkehr in den Güterverkehrskorridoren (Art. 14 der Verordnung (EU) Nr. 913/2012 zur Schaffung eines einheitlichen Schienennetzes für einen wettbewerbsfähigen Güterverkehr, ABl. Nr. L 276 vom 20.10.2012 S 22) entsteht und Fahrwegkapazitätserfordernissen für die Erbringung grenzüberschreitender Güterverkehrsdienste Rechnung getragen wird.

(3) Zugewiesene Fahrwegkapazität darf nicht an andere Fahrwegkapazitätsberechtigte übertragen oder nicht für eine andere Art von Eisenbahnverkehrsdiensten als die, für die sie zugewiesen worden ist, genutzt werden. Die Nutzung von Fahrwegkapazität durch Zugangsberechtigte für solche Fahrwegkapazitätsberechtigte, die kein Eisenbahnverkehrsunternehmen sind, gilt nicht als Übertragung zugewiesener Fahrwegkapazität.

(4) Wer mit zugewiesener Fahrwegkapazität handelt, ist von der Zuweisungsstelle von einer weiteren Zuweisung von Fahrwegkapazität für eine Netzfahrplanperiode auszuschließen.

(5) Die Dauer der Zuweisung von Fahrwegkapazität in Form einzelner Zugtrassen ist mit einer Netzfahrplanperiode begrenzt. Es kann jedoch eine Rahmenregelung über die Zuweisung von Fahrwegkapazität auf der betreffenden Eisenbahninfrastruktur vereinbart werden, die eine Laufzeit von mehr als einer Netzfahrplanperiode hat.

(BGBl I 2015/137)

Nutzungsbeschränkung zugunsten bestimmter Arten von Eisenbahnverkehrsdiensten

§ 63a. (1) Sind geeignete Alternativstrecken vorhanden, kann das Eisenbahninfrastrukturunternehmen nach Konsultation der Beteiligten bestimmte Eisenbahninfrastrukturabschnitte seiner Eisenbahn für die Nutzung zugunsten bestimmter Arten von Eisenbahnverkehrsdiensten ausweisen. Wurde eine solche Nutzungsbeschränkung ausgesprochen, ist die Zuweisungsstelle berechtigt, Begehren auf Zuweisung von Fahrwegkapazität für die Erbringung von Eisenbahnverkehrsdiensten dieser Art vorrangig zu berücksichtigen. Ist Fahrwegkapazität auf den von der Nutzungsbeschränkung erfassten Eisenbahninfrastrukturabschnitten verfügbar, darf die Erbringung sonstiger anderer Arten von Eisenbahnverkehrsdiensten nicht ausgeschlossen werden.

(2) Eine gemäß Abs. 1 ausgewiesene Nutzungsbeschränkung ist in den Schienennetz-Nutzungsbedingungen anzugeben.

(BGBl I 2021/231)

Rahmenregelung

§ 64. (1) Die Zuweisungsstelle kann mit einem Fahrwegkapazitätsberechtigten eine Regelung treffen, die die Zuweisung von Fahrwegkapazität für einen längeren Zeitraum als eine Netzfahrplanperiode vorsieht. Es kann die zeitliche Bandbreite festgelegt werden, innerhalb der Fahrwegkapazität anzubieten ist, wenn die beantragte Fahrwegkapazität nicht verfügbar ist. Die Zuweisung einzelner Zugtrassen darf nicht geregelt werden.

(2) Die Zuweisung von Fahrwegkapazität für einen längeren Zeitraum als eine Netzfahrplanperiode hat, ausgenommen im Falle des Abs. 3, in Form eines schriftlichen Rahmenvertrages zu erfolgen. Sofern ein Eisenbahninfrastrukturunternehmen nicht selbst die Funktion einer Zuweisungsstelle ausübt, haben die Zuweisungsstellen Rahmenverträge mit den Fahrwegkapazitätsberechtigten im Namen und auf Rechnung des Eisenbahninfrastrukturunternehmens abzuschließen.

(3) Die Zuweisung von Fahrwegkapazität für einen längeren Zeitraum als eine Netzfahrplanperiode an ein integriertes Eisenbahnunternehmen zur Ausübung von Zugangsrechten auf seiner Eisenbahninfrastruktur hat in Form einer von der Zuweisungsstelle und dem integrierten Eisenbahnunternehmen unterfertigten Rahmenurkunde zu erfolgen.

(4) Rahmenregelungen dürfen den Zugang zur betreffenden Eisenbahninfrastruktur durch andere Fahrwegkapazitätsberechtigte nicht ausschließen. Rahmenregelungen müssen eine Regelung enthalten, die ihre Änderung im Interesse einer besseren Nutzung der betreffenden Eisenbahninfrastruktur ermöglicht; in einem solchen Fall der Änderung einer Rahmenregelung kann eine Pönale vereinbart werden.

(5) Rahmenregelungen sollen auf die Dauer von fünf Jahren befristet sein und können um die gleichen Zeiträume wie die ursprüngliche Laufzeit verlängert werden. Rahmenregelungen sind der Schienen-Control Kommission innerhalb eines Monats ab ihrer Erstellung von der Zuweisungsstelle vorzulegen. Rahmenregelungen mit Laufzeit von mehr als fünf Jahren sind gegenüber der Schienen-Control Kommission zu rechtfertigen; dafür sind gleichzeitig mit deren Vorlage Angaben über die der Rahmenregelung als Motiv zugrunde liegenden geschäftlichen Verträge, besonderen Investitionen oder Risiken zu machen. Rahmenregelungen mit einer Laufzeit von mehr als zehn Jahren unterliegen der Genehmigung der

Schienen-Control Kommission; diese ist insbesondere bei umfangreichen und langfristigen Investitionen, vor allem in Verbindung mit vertraglichen Verpflichtungen, sowie sonstigen vergleichbaren Risiken zu erteilen.

(6) Erfordert die Erbringung von Eisenbahnverkehrsdiensten auf gemäß § 63a Abs. 1 ausgewiesenen Eisenbahnen von Fahrwegkapazitätsberechtigten gebührend begründete, erhebliche und langfristige Investitionen, können Rahmenregelungen eine Laufzeit von 15 Jahren haben. Eine längere Laufzeit einer Rahmenregelung als 15 Jahre ist nur in Ausnahmefällen zulässig, und zwar insbesondere bei umfangreichen und langfristigen Investitionen, vor allem wenn die Investitionen mit vertraglichen Verpflichtungen, einschließlich eines mehrjährigen Abschreibungsplans, einhergehen. *(BGBl I 2021/231)*

(7) Im Falle des Abs. 6 können in der Rahmenregelung genaue Angaben zu den Fahrwegkapazitäten, die dem Fahrwegkapazitätsberechtigten für die Laufzeit der Rahmenregelung zur Verfügung zu stellen sind, festgelegt sein. Diese Angaben können unter anderem die Nutzungshäufigkeit, den Umfang und die Qualität der Zugtrassen einschließen. Das Eisenbahninfrastrukturunternehmen kann die reservierte Fahrwegkapazität verringern, wenn die Nutzung dieser Fahrwegkapazität in einem Zeitraum von mindestens einem Monat unterhalb des Schwellenwertes nach § 65f liegen. *(BGBl I 2021/231)*

„(8)" Unter Wahrung des Geschäftsgeheimnisses sind die wesentlichen Merkmale jeder Rahmenregelung von der Zuweisungsstelle anderen Fahrwegkapazitätsberechtigten auf Verlangen bekannt zu machen. *(BGBl I 2021/231)*

(BGBl I 2015/137)

Zusammenarbeit von Zuweisungsstellen

§ 64a. (1) Inländische Zuweisungsstellen sind verpflichtet, im Interesse einer effizienten Schaffung und Zuweisung von netzübergreifender Fahrwegkapazität im Eisenbahnsystem der Europäischen Union und der Schaffung von Rahmenregelungen hiefür mit anderen inländischen Zuweisungsstellen, mit anderen Zuweisungsstellen in anderen Mitgliedstaaten der Europäischen Union, in anderen Vertragsparteien des Abkommens über den Europäischen Wirtschaftsraum oder der Schweizerischen Eidgenossenschaft zusammenzuarbeiten.

(2) Dabei haben sie den Bedarf an grenzüberschreitenden Zugtrassen zu bewerten, deren Einrichtung gegebenenfalls vorzuschlagen und diese zu organisieren, um den Betrieb von Güterzügen zu erleichtern, die Gegenstand eines ad-hoc-Begehrens sind.

(3) Zuweisungsstellen, deren Zuweisungsentscheidungen sich auf solche anderer Zuweisungsstellen auswirken, haben mit solchen zusammenzuarbeiten, um Fahrwegkapazität auf internationaler Ebene zuzuweisen oder die Zuweisung einer solchen Fahrwegkapazität zu koordinieren.

(4) Die im Rahmen der Zusammenarbeit von Zuweisungsstellen aufgestellten Grundsätze und Kriterien sind von den Eisenbahninfrastrukturunternehmen in den Schienennetz-Nutzungsbedingungen zu veröffentlichen.

(5) Veranstaltet eine inländische Zuweisungsstelle im Rahmen ihrer Zusammenarbeit mit anderen Zuweisungsstellen eine Sitzung, die wichtig für die Entwicklung von Grundsätzen und Verfahren für die Zuweisung von Fahrwegkapazität ist, hat sie die Europäische Kommission davon zu unterrichten und als Beobachter zur Sitzung einzuladen.

(6) Inländische Zuweisungsstellen haben der Schienen-Control Kommission auf Verlangen ausreichende Informationen über die Entwicklung gemeinsamer Grundsätze und Verfahren für die Zuweisung von Fahrwegkapazität und über die IT-Systeme für die Zuweisung von Fahrwegkapazität zu geben.

(7) Die inländischen Zuweisungsstellen sind verpflichtet, ihre Teilnahme an dieser Zusammenarbeit, die Funktionsweise dieser Zusammenarbeit und alle für die Bewertung und Zuweisung von Fahrwegkapazität relevanten Kriterien kostenlos im Internet öffentlich zugänglich zu machen.

(8) Inländische Zuweisungsstellen haben für Zwecke der netzübergreifenden Zuweisung von Fahrwegkapazität sicherzustellen, dass sich ein Fahrwegkapazitätsberechtigter an eine einzige Anlaufstelle wenden kann. Diese Anlaufstelle kann eine der beteiligten Zuweisungsstellen oder eine von den Zuweisungsstellen gemeinsam eingerichtete Stelle sein.

(BGBl I 2015/137)

Netzfahrplanerstellung

§ 65. (1) Sämtliche geplante Zugbewegungen und Bewegungen des rollenden Materials von Zugangsrechten betroffenen Eisenbahninfrastrukturen sind in einem Netzfahrplan, der von der Zuweisungsstelle einmal im Kalenderjahr zu erstellen ist, festzulegen. Das jeweilige zeitliche Intervall der Netzfahrpläne ist im Rahmen der Zusammenarbeit der Zuweisungsstellen unter Berücksichtigung unionsrechtlicher Festlegungen einvernehmlich festzusetzen. Sollte eine solche einvernehmliche Festlegung nicht zustande kommen, ist dieses Intervall durch Verordnung des Bundesministers für Verkehr, Innovation und Technologie festzusetzen.

(2) Zuweisungsstellen haben mit anderen betroffenen Zuweisungsstellen zu vereinbaren, welche grenzüberschreitenden Zugtrassen in den Netzfahrplan aufgenommen werden müssen, be-

vor Konsultationen über den Netzfahrplan aufgenommen werden. Abweichungen von dieser Vereinbarung sind nur zulässig, wenn dies unbedingt erforderlich ist.

(3) Die Zuweisungsstelle hat dafür Sorge zu tragen, dass spätestens elf Monate vor Inkrafttreten des Netzfahrplanes vorläufige grenzüberschreitende Zugtrassen in Zusammenarbeit mit anderen betroffenen Zuweisungsstellen festgelegt sind und diese Zugtrassen soweit wie möglich in dem nachfolgenden Netzfahrplanerstellungsverfahren beibehalten werden.

(4) Die Frist für die Einbringung von Begehren von Fahrwegkapazitätsberechtigten auf Zuweisung von Fahrwegkapazität, die in den Netzfahrplan aufgenommen werden soll, darf nicht mehr als zwölf Monate vor dem Inkrafttreten des Netzfahrplanes ablaufen. Spätestens vier Monate nach Ablauf der Frist für die Einbringung von Begehren auf Zuweisung von Fahrwegkapazität durch die Fahrwegkapazitätsberechtigten hat die Zuweisungsstelle einen Netzfahrplanentwurf zu erstellen.

(5) Fahrwegkapazitätsberechtigte, die ein Begehren auf Zuweisung von Fahrwegkapazität für die Erbringung von Eisenbahnverkehrsdiensten im Personenverkehr auf im § 57c Abs. 1 angeführten Eisenbahnen bei der Zuweisungsstelle einzubringen beabsichtigen, haben die Zuweisungsstelle und die Schienen-Control Kommission davon mindestens 18 Monate vor dem Inkrafttreten des Netzfahrplanes, auf den sich dieses Begehren beziehen soll, zu unterrichten. Die Schienen-Control Kommission hat ihrerseits die Vertragsparteien des oder der öffentlichen Dienstleistungsaufträge von der beabsichtigten Einbringung des Begehrens unverzüglich, jedoch spätestens innerhalb von zehn Tagen zu unterrichten. *(BGBl I 2019/60)*

(6) Die Zuweisungsstelle hat bei der Netzfahrplanerstellung soweit wie möglich allen Begehren von Fahrwegkapazitätsberechtigten auf Zuweisung von Fahrwegkapazität zu entsprechen und allen Sachzwängen, denen die Fahrwegkapazitätsberechtigten unterliegen, einschließlich der wirtschaftlichen Auswirkungen auf ihre Geschäftstätigkeit, soweit wie möglich Rechnung zu tragen.

(7) Die Zuweisungsstelle hat speziellen Eisenbahnverkehrsdiensten in den im § 65c Abs. 3 geregelten Fällen im Netzfahrplanerstellungs- und Koordinierungsverfahren Vorrang einzuräumen.

(8) Die Zuweisungsstelle ist verpflichtet, alle Fahrwegkapazitätsberechtigten, die die Zuweisung von Fahrwegkapazität begehrt oder unverbindlich nachgefragt haben, sowie Dritten, die zu etwaigen Auswirkungen des Netzfahrplans auf ihre Möglichkeiten zur Inanspruchnahme von Eisenbahnverkehrsdiensten in der betreffenden Netzfahrplanperiode Stellung nehmen möchten, zum Netzfahrplanentwurf anzuhören und ihnen zur Stellungnahme eine Frist von einem Monat einzuräumen. Die Einleitung der Anhörung ist im Internet bekannt zu machen. Die Zuweisungsstelle soll berechtigten Beanstandungen möglichst Rechnung tragen. Der Schienen-Control Kommission ist Gelegenheit zu geben, an der Anhörung als Beobachterin teilzunehmen.

(9) Die Zuweisungsstellen haben der Schienen-Control Kommission den jeweils geltenden Netzfahrplan sowie die für die Netzfahrplanerstellung maßgeblichen Unterlagen binnen eines Monats nach Erstellung des Netzfahrplanes vorzulegen. Die Zuweisungsstellen und Eisenbahninfrastrukturunternehmen haben darüber hinaus die Schienen-Control Kommission rechtzeitig über alle wichtigen Änderungen der Qualität oder der Kapazität der Eisenbahninfrastruktur zu unterrichten.

(10) Zuweisungsstellen haben zu überprüfen, ob es erforderlich ist, Fahrwegkapazitätsreserven innerhalb des fertig erstellten Netzfahrplanes vorzuhalten, um auf vorhersehbare Begehren auf Zuweisung von Fahrwegkapazität, die nicht bei der Netzfahrplanerstellung zu berücksichtigen sind (Ad-Hoc-Begehren), schnell reagieren zu können. *(BGBl I 2020/143)*

(BGBl I 2015/137)

Fahrwegkapazität für regelmäßige Instandhaltungsarbeiten

§ 65a. (1) Begehren auf Zuweisung von Fahrwegkapazität für Fahrweginstandhaltungsarbeiten sind im Rahmen der Netzfahrplanerstellung zu stellen.

(2) Die Zuweisungsstelle hat Auswirkungen auf Fahrwegkapazitätsberechtigte, die durch Vorhaltung von Fahrwegkapazität für regelmäßige Fahrweginstandhaltungsarbeiten hervorgerufen werden, angemessen Rechnung zu tragen.

(3) Eisenbahninfrastrukturunternehmen haben die Fahrwegkapazitätsberechtigten so früh wie möglich über die Nichtverfügbarkeit von Fahrwegkapazität aufgrund außerplanmäßiger Fahrweginstandhaltungsarbeiten zu unterrichten.

(4) Falls dies zur Wahrnehmung ihrer Aufgaben erforderlich ist, kann auch die Schienen-Control Kommission verlangen, vom Eisenbahninfrastrukturunternehmen über die Nichtverfügbarkeit von Fahrwegkapazität aufgrund außerplanmäßiger Fahrweginstandhaltungsarbeiten unterrichtet zu werden. *(BGBl I 2019/60)*

(BGBl I 2015/137)

Koordinierungsverfahren

§ 65b. (1) Ergeben sich bei der Netzfahrplanerstellung Unvereinbarkeiten zwischen verschiedenen Begehren von Fahrwegkapazitätsberechtigten auf Zuweisung von Fahrwegkapazität, die bei der Netzfahrplanerstellung zu berücksichtigen wären, so hat sich die Zuweisungsstelle durch Koordinierung dieser Begehren und durch Verhandlungen mit den Fahrwegkapazitätsberechtigten um die Erzielung einer einvernehmlichen Lösung zu bemühen. Dazu kann sie innerhalb vertretbarer Grenzen Fahrwegkapazität anbieten, die von der begehrten Fahrwegkapazität abweichen. Der Schienen-Control Kommission ist Gelegenheit zu geben, an der Anhörung als Beobachterin teilzunehmen.

(2) Im Zuge der Verhandlungen mit den Fahrwegkapazitätsberechtigten hat die Zuweisungsstelle innerhalb angemessener Frist unentgeltlich und in elektronischer oder schriftlicher Form offenzulegen:

1. Informationen über die von den Fahrwegkapazitätsberechtigten auf denselben Strecken begehrte Fahrwegkapazität;

2. Informationen, welche Fahrwegkapazität auf denselben Strecken zur Zuweisung vorgesehen ist;

3. Informationen über die auf denselben Strecken vorgeschlagene, von der begehrten Fahrwegkapazität abweichende Fahrwegkapazität;

4. vollständige Angaben zu den bei der Zuweisung von Fahrwegkapazität verwendeten Kriterien.

Dabei darf die Identität der betroffenen Fahrwegkapazitätsberechtigten ohne ihre Zustimmung nicht preisgegeben werden.

(3) Die Grundsätze des Koordinierungsverfahrens sind in den Schienennetz-Nutzungsbedingungen festzulegen. Sie müssen insbesondere die Schwierigkeit, vertaktete Verkehre und grenzüberschreitende Zugtrassen zu vereinbaren, und den Auswirkungen etwaiger Änderungen auf andere Eisenbahninfrastrukturunternehmen Rechnung tragen.

(4) Die Zuweisungsstelle hat zum Zwecke der raschen Beilegung von Streitigkeiten zwischen Fahrwegkapazitätsberechtigten im Hinblick auf die Zuweisung von begehrter Fahrwegkapazität ein Streitbeilegungssystem einzurichten, das Entscheidungen über Streitigkeiten innerhalb von zehn Arbeitstagen gewährleistet.

(BGBl I 2015/137)

Überlastete Eisenbahninfrastruktur

§ 65c. (1) In den Fällen, in denen Begehren von Fahrwegkapazitätsberechtigten auf Zuweisung von Fahrwegkapazität, die bei der Netzfahrplanerstellung zu berücksichtigen wäre, nach Koordinierung der Fahrwegkapazitätszuweisungsbegehren und nach Konsultation der begehrenden Fahrwegkapazitätsberechtigten nicht in angemessenem Umfang stattgegeben werden kann, hat die Zuweisungsstelle den betreffenden Eisenbahninfrastrukturabschnitt unverzüglich für überlastet zu erklären. „Dies hat auch bei Eisenbahninfrastruktur zu erfolgen, bei der abzusehen ist, dass ihre Kapazität, einschließlich der gemäß § 65 Abs. 10 vorhersehbaren notwendigen Kapazität, in naher Zukunft nicht ausreichen wird." *(BGBl I 2020/143)*

(2) Wurde Eisenbahninfrastruktur für überlastet erklärt, so hat das Eisenbahninfrastrukturunternehmen die Kapazitätsanalyse (§ 65d) durchzuführen, sofern nicht bereits ein Plan zur Erhöhung der Fahrwegkapazität (§ 65e) umgesetzt wird.

(3) Wurden Entgelte nach § 67a nicht erhoben oder haben sie nicht zu einem befriedigenden Ergebnis geführt und wurde Eisenbahninfrastruktur für überlastet erklärt, so hat die Zuweisungsstelle bei der Netzfahrplanerstellung unter nicht diskriminierenden Bedingungen und unter Einhaltung nachstehender Reihenfolge vorrangig zu berücksichtigen:

1. Begehren auf Zuweisung von gemäß § 63 Abs. 2 festgelegter Fahrwegkapazität;

2. Begehren auf Zuweisung von Fahrwegkapazität zur Erbringung gemeinwirtschaftlicher Verpflichtungen im Personenverkehr in den Hauptverkehrszeiten;

3. andere Begehren auf Zuweisung von Fahrwegkapazität nach der Reihenfolge der Höhe des gesellschaftlichen Nutzens der ihnen zugrunde liegenden Eisenbahnverkehrsdienste; Güterverkehrsdiensten, insbesondere grenzüberschreitenden Güterverkehrsdiensten, ist dabei ein höherer gesellschaftlicher Nutzen als Personenverkehrsdiensten einzuräumen.

(4) Die in Bezug auf überlastete Eisenbahninfrastruktur zu befolgenden Verfahren und anzuwendenden Vorrangkriterien sind in den Schienennetz-Nutzungsbedingungen festzulegen.

(BGBl I 2015/137)

Kapazitätsanalyse

§ 65d. (1) Zweck einer Kapazitätsanalyse ist die Ermittlung der Engpässe bei der Eisenbahninfrastruktur, die verhindern, dass Begehren auf Zuweisung von Fahrwegkapazität in angemessener Weise stattgegeben werden kann, und die Darlegung, auf welche Weise zusätzlichen Begehren stattgegeben werden kann. In der Analyse sind die Gründe für Überlastungen zu ermitteln und mögliche kurz- und mittelfristige Abhilfemaßnahmen darzulegen.

(2) Gegenstand der Analyse sind die Eisenbahninfrastruktur, die Betriebsverfahren, die Art der verschiedenen durchgeführten Eisenbahnverkehrsdienste und die Auswirkungen all dieser Faktoren auf die Fahrwegkapazität. Zu den prüfungsbedürftigen Maßnahmen gehören insbeson-

dere die Umleitung von Eisenbahnverkehrsdiensten, die zeitliche Verlagerung von Eisenbahnverkehrsdiensten, Änderungen der Fahrgeschwindigkeit und Verbesserungen der Eisenbahninfrastruktur.

(3) Die Kapazitätsanalyse ist innerhalb von sechs Monaten abzuschließen, nachdem eine Eisenbahninfrastruktur als überlastet ausgewiesen wurde.

(BGBl I 2015/137)

Plan zur Erhöhung der Fahrwegkapazität

§ 65e. (1) Innerhalb von sechs Monaten nach Abschluss einer Kapazitätsanalyse ist nach Konsultation der Zugangsberechtigten, denen eine Zugtrasse auf der betreffenden überlasteten „Eisenbahninfrastruktur" zugewiesen worden ist, ein Plan zur Erhöhung der Fahrwegkapazität zu erstellen. Darin ist Folgendes darzulegen: *(BGBl I 2015/137)*

1. die Gründe für die Überlastung;

2. die zu erwartende künftige Verkehrsentwicklung;

3. den Ausbau der „Eisenbahninfrastruktur" betreffende Beschränkungen; *(BGBl I 2015/137)*

4. die möglichen Maßnahmen und Kosten für die Erhöhung der Fahrwegkapazität, einschließlich der zu erwartenden Änderungen der „Wegeentgelte". *(BGBl I 2015/137)*

(2) Auf der Grundlage einer Kosten-Nutzen-Analyse der ermittelten möglichen Maßnahmen (Abs. 1 Z 4) ist zu bestimmen, welche Maßnahmen zur Erhöhung der Fahrwegkapazität ergriffen werden sollen; hierzu gehört auch ein Zeitplan für die Durchführung der Maßnahmen.

(3) Das Eisenbahninfrastrukturunternehmen muss die Einhebung der gemäß „§ 67a" erhobenen Entgelte in den Fällen einstellen, in denen es *(BGBl I 2015/137)*

1. keinen Plan zur Erhöhung der Fahrwegkapazität vorlegt oder

2. mit dem im Plan zur Erhöhung der Fahrwegkapazität aufgeführten Maßnahmenkatalog keine Fortschritte erzielt.

(4) Das Eisenbahninfrastrukturunternehmen darf jedoch vorbehaltlich der Genehmigung der Schienen-Control Kommission weiterhin diese Entgelte einheben, wenn

1. der Plan zur Erhöhung der Fahrwegkapazität aus Gründen, die sich seinem Einfluss entziehen, nicht verwirklicht werden kann oder

2. die möglichen Maßnahmen wirtschaftlich oder finanziell nicht tragbar sind.

Verlangen nach Aufgabe von Zugtrassen

§ 65f. Von Fahrwegkapazitätsberechtigten hat die Zuweisungsstelle insbesondere bei überlasteten Fahrwegen die Aufgabe von Zugtrassen zu verlangen, die in einem Zeitraum von mindestens einem Monat unterhalb eines in den Schienennetz-Nutzungsbedingungen festzulegenden Schwellenwertes genutzt wurden, es sei denn, dass dies auf nichtwirtschaftliche Gründe zurückzuführen ist, die sich dem Einfluss des Fahrwegkapazitätsberechtigten entziehen.

(BGBl I 2015/137)

Sondermaßnahmen bei Störungen

§ 66. (1) Bei technisch bedingten oder unfallbedingten Störungen der Zugbewegungen hat das Eisenbahninfrastrukturunternehmen alle erforderlichen Maßnahmen zu treffen, um die Situation wieder zu normalisieren. Zu diesem Zweck hat es einen Notfallplan zu erstellen, in dem die verschiedenen staatlichen Stellen aufgeführt sind, die bei schwerwiegenden Vorfällen oder schwerwiegenden Störungen der Zugbewegungen zu unterrichten sind. *(BGBl I 2019/60)*

(2) Hat eine Störung der Zugbewegung mögliche Auswirkungen auf den grenzüberschreitenden Eisenbahnverkehr, hat das Eisenbahninfrastrukturunternehmen

1. alle relevanten Informationen darüber an alle anderen Eisenbahninfrastrukturunternehmen weiterzugeben, deren Eisenbahninfrastruktur und deren Verkehr auf der Eisenbahninfrastruktur von der Störung betroffen sein könnten, und

2. mit diesen Eisenbahninfrastrukturunternehmen zusammenzuarbeiten, um den grenzüberschreitenden Eisenbahnverkehr wieder zu normalisieren. *(BGBl I 2019/60)*

„(3)" In Notfallsituationen und sofern dies unbedingt notwendig ist, weil ein Zugang zur Eisenbahninfrastruktur wegen einer Betriebsstörung vorübergehend nicht möglich ist, können die zugewiesenen Zugtrassen ohne Ankündigung so lange gesperrt werden, wie es zur Instandsetzung der Eisenbahninfrastruktur erforderlich ist. Das Eisenbahninfrastrukturunternehmen kann, wenn es dies für notwendig hält, verlangen, dass ihm die Zugangsberechtigten, denen Zugtrassen auf der betreffenden Eisenbahninfrastruktur zugewiesen sind, nach Maßgabe verfügbarer Kapazitäten und der Zumutbarkeit gegen angemessenen Kostensatz und branchenübliches Entgelt die Mittel zur Verfügung stellen, die seiner Meinung nach am besten geeignet sind, um die normale Situation möglichst bald wiederherzustellen. *(BGBl I 2015/137; BGBl I 2019/60)*

3. Abschnitt
Wegeentgelte und Dienstleistungsentgelte

1. Unterabschnitt
Entgeltgrundsätze für das Wegeentgelt

Kosten des Zugbetriebes

§ 67. (1) Wegeentgelte für den Zugang zur Eisenbahninfrastruktur, und zwar auch zu einer solchen, durch die Serviceeinrichtungen angebunden sind, und für die Gewährung des Mindestzugangspaketes einschließlich der damit verbundenen Bearbeitung und Prüfung von Begehren auf Zuweisung von Fahrwegkapazität, sind grundsätzlich in Höhe der Kosten zu ermitteln, die unmittelbar aufgrund des Zugbetriebes anfallen. *(BGBl I 2021/231)*

(2) Erlässt die Europäische Kommission einen Durchführungsrechtsakt, mit dem die Modalitäten für die Berechnung der Kosten, die unmittelbar aufgrund des Zugbetriebes anfallen, festgelegt werden, ist das Eisenbahninfrastrukturunternehmen berechtigt, die schrittweise Übernahme dieser Modalitäten zu beschließen; die Übernahme der Modalitäten hat jedoch innerhalb eines Zeitraumes von vier Jahren nach dem Inkrafttreten des Durchführungsrechtsaktes zu erfolgen.

(BGBl I 2015/137)

Entgeltbestandteile für Kapazitätsengpässe

§ 67a. Wegeentgelte können einen Entgeltbestandteil enthalten, der zeitliche und örtliche Kapazitätsengpässe auf einer Strecke, einem Streckenteil oder sonstigen Abschnitt der Eisenbahninfrastruktur für die Dauer der Überlastung widerspiegelt.

(BGBl I 2015/137)

Umweltbezogene Auswirkungen des Zugbetriebes

§ 67b. (1) Solange dadurch der Gesamterlös des Eisenbahninfrastrukturunternehmens nicht erhöht wird, ist zur Deckung der Kosten umweltbezogener Auswirkungen, die aus dem Zugbetrieb resultieren, abweichend von § 67 jedenfalls eine Änderung der Wegeentgelte zulässig; dabei ist nach der Art der umweltbezogenen Auswirkung des Zugbetriebes zu differenzieren.

(2) Eine Änderung der Wegeentgelte dahingehend, dass durch Anlastung der Kosten zur Deckung der aus dem Zugbetrieb resultierenden umweltbezogenen Auswirkungen eine Erhöhung des Gesamterlöses des Eisenbahninfrastrukturunternehmens resultiert, ist jedoch nur dann zulässig, wenn auch für die Benutzung von Bundesstraßen zwecks Erbringung von Güterverkehrsdiensten und für die daraus resultierenden umweltbezogenen Auswirkungen eine solche Anlastung von Kosten zur Deckung dieser Auswirkungen erfolgt.

(3) Die entgelterhebende Stelle hat dem Bundesminister für Verkehr, Innovation und Technologie unaufgefordert mitzuteilen, inwieweit sich durch die Änderung des Wegeentgeltes der Gesamterlös erhöht hat. Der Bundesminister für Verkehr, Innovation und Technologie hat zu entscheiden, wie dieser zusätzliche Mehrerlös vom Eisenbahninfrastrukturunternehmen zu verwenden ist.

(4) Die entgelterhebende Stelle hat Aufzeichnungen darüber zu führen, welche durch den Zugbetrieb resultierenden Kosten umweltbezogener Auswirkungen für eine Änderung des Wegeentgeltes ausschlaggebend waren und in welcher Art und Weise sie zur Änderung des Wegeentgeltes geführt haben. Diese Aufzeichnungen sind der Schienen-Control GmbH unaufgefordert zur Verfügung zu stellen. Wenn es die Europäischen Kommission verlangt, hat ihr die Schienen-Control GmbH diese Aufzeichnungen vorzulegen.

(5) Die Bundesministerin/Der Bundesminister für Klimaschutz, Umwelt, Energie, Mobilität, Innovation und Technologie kann durch Verordnung nähere Festlegungen treffen, für welche umweltbezogenen Auswirkungen eine Änderung der Wegeentgelte zu erfolgen hat. *(BGBl I 2020/143)*

(BGBl I 2015/137)

Gemittelte Festsetzung des Wegeentgeltes

§ 67c. Die Wegeentgelte können über einen angemessenen Zeitraum wie insbesondere ein Kalenderjahr oder eine Netzfahrplanperiode und pro Art und Zeit der Eisenbahnverkehrsdienste gemittelt festgesetzt werden. Dabei muss die relative Höhe der pauschalierten Wegeentgelte zu den von den Eisenbahnverkehrsdiensten verursachten Kosten in Beziehung bleiben.

(BGBl I 2015/137)

2. Unterabschnitt
Ausnahme von den Entgeltgrundsätzen für das Wegeentgelt

Volle Kostendeckung der Wegeentgelte

§ 67d. (1) Sofern die Wegeentgelte und sonstige Erlöse aus dem Betreiben der Eisenbahninfrastruktur nicht ausreichen, um eine volle Deckung der Kosten zu erreichen, können hiezu weitere Aufschläge auf der Grundlage effizienter, transparenter und nichtdiskriminierender Grundsätze festgesetzt werden, wobei die bestmögliche Wettbewerbsfähigkeit der Segmente des Eisenbahnmarktes zu gewährleisten ist. Die Höhe der

Wegeentgelte darf jedoch die Nutzung der Eisenbahninfrastruktur durch Marktsegmente nicht ausschließen, die mindestens die Kosten, die unmittelbar aufgrund des Zugbetriebes anfallen, sowie eine marktgerechte Rendite erbringen können.

(2) Vor Festsetzung weiterer Aufschläge hat das Eisenbahninfrastrukturunternehmen zu prüfen, inwieweit die Aufschläge für bestimmte Marktsegmente relevant sind; dabei hat es mindestens die im Anhang VI Nr. 1 der Richtlinie 2012/34/EU genannten Verkehrsdienst-Paare in Betracht zu ziehen und die zutreffenden auszuwählen.

(3) Die weitere Untergliederung von Marktsegmenten je nach Art der Güter- oder Personenbeförderung ist zulässig.

(4) Das Eisenbahninfrastrukturunternehmen hat eine Liste der von ihm festgelegten Marktsegmente zu erstellen, diese in den Schienennetz-Nutzungsbedingungen zu veröffentlichen und alle fünf Jahre zu überprüfen. In diese Liste sind mindestens die drei folgenden Segmente aufzunehmen:

1. Güterverkehrsdienste,
2. Personenverkehrsdienste im Rahmen eines öffentlichen Dienstleistungsauftrages und
3. andere Personenverkehrsdienste.

(5) In der Liste der festgelegten Marktsegmente sind auch Marktsegmente festzulegen, in denen Zugangsberechtigte gegenwärtig nicht tätig sind, in denen sie aber möglicherweise während der Laufzeit der Entgeltregelung Leistungen erbringen werden.

(6) Die Festsetzung weiterer Aufschläge bedarf der Genehmigung der Schienen-Control Kommission, die zu erteilen ist, wenn die Voraussetzungen des Abs. 1 vorliegen. Dem Antrag ist die Liste der festgelegten Marktsegmente und das Ergebnis der gemäß Abs. 2 durchzuführenden Prüfung vorzulegen.

(7) Beabsichtigt ein Eisenbahninfrastrukturunternehmen, wesentliche Bestandteile der im Abs. 1 bis 5 angeführten Entgeltregel zu verändern, hat es diese Veränderung mindestens drei Monate vor Ablauf der im § 59 Abs. 8 angeführten Frist für die Veröffentlichung der Schienennetz-Nutzungsbedingungen auf seiner Internetseite zu veröffentlichen.

(BGBl I 2015/137)

Höhere Wegeentgelte für bestimmte Eisenbahninfrastrukturen

§ 67e. Auf Grundlage der langfristigen Investitionskosten können höhere Wegeentgelte für den Zugang zu solch einer Eisenbahninfrastruktur festgesetzt werden, deren Bau oder Ausbau nach dem Jahr 1988 abgeschlossen wurde, dieser Bau oder Ausbau zu einer erhöhten Leistungsfähigkeit oder verminderten Kosten für die Nutzung führt, und dieser Bau oder Ausbau ohne erhöhte Wegeentgelte nicht durchgeführt worden wäre.

(BGBl I 2015/137)

Wegeentgeltregel für bestimmte Eisenbahnkorridore

§ 67f. (1) Die Wegeentgelte für den Zugang zu den Eisenbahnkorridoren, die in der Verordnung (EU) 2016/919 über die technische Spezifikation für die Interoperabilität der Teilsysteme „Zugsteuerung, Zugsicherung und Signalgebung" des Eisenbahnsystems in der Europäischen Union, ABl. L 158 vom 15.06.2016, S. 1, angegeben sind, können differenziert werden. Durch eine solche Differenzierung dürfen die Erlöse des Eisenbahninfrastrukturunternehmens insgesamt nicht steigen. *(BGBl I 2019/60)*

(2) Diese Differenzierung hat in einer Weise zu erfolgen, die Anreize dafür gibt, Züge mit einer Version des Europäischen Zugsicherungs- und Zugsteuerungssystems (ETCS) auszurüsten, die mit der durch die Entscheidung 2008/386/EG zur Änderung von Anhang A der Entscheidung 2006/679/EG über die technische Spezifikation für die Interoperabilität des Teilsystems Zugsteuerung, Zugsicherung und Signalgebung des konventionellen transeuropäischen Eisenbahnsystems und von Anhang A der Entscheidung 2006/860/EG über die technische Spezifikation für die Interoperabilität des Teilsystems Zugsteuerung, Zugsicherung und Signalgebung des transeuropäischen Hochgeschwindigkeitsbahnsystems, ABl. L 136 vom 24.05.2008, S. 11, gebilligten Version und Folgeversionen kompatibel ist.

(3) Abs. 1 ist nicht anzuwenden,

1. wenn für den Zugang zu den Eisenbahnkorridoren Züge für die Erbringung regionaler Personenverkehrsdienste eingesetzt werden, die vor 1985 erstmals in Betrieb genommen worden sind und die nicht mit dem Europäischen Zugsicherungs- und Zugsteuerungssystem (ETCS) ausgerüstet sind, oder

2. wenn auf den Eisenbahnkorridoren nur Züge verkehren dürfen, die mit ETCS ausgerüstet sind.

(BGBl I 2015/137)

Vergleichbarkeit der Wegeentgelte

§ 67g. Die durchschnittlichen Wegeentgelte und die grenzkostenbasierenden Wegeentgelte eines Eisenbahninfrastrukturunternehmens haben für gleichartige Nutzungen seiner Eisenbahninfrastruktur vergleichbar zu sein. Für die Erbringung vergleichbarer Eisenbahnverkehrsdienste in einem Segment des Schienenverkehrsmarktes sind dieselben Wegeentgelte zu erheben. Soweit dies ohne Offenlegung vertraulicher Geschäftsdaten möglich ist, hat das Eisenbahninfrastrukturunternehmen in seinen Schienennetz-Nutzungsbedingungen darzulegen, wie diesen Anforderungen entsprochen wird.

(BGBl I 2015/137)

3. Unterabschnitt
Sonstiges

Leistungsabhängige Wegeentgeltbestandteile

§ 67h. Unter Anwendung der Grundsätze einer leistungsabhängigen Entgeltregelung gemäß Anhang VI Nummer 2 der Richtlinie 2012/34/EU, die für die gesamte Eisenbahninfrastruktur zu gelten haben, müssen die Wegeentgeltregeln überdies leistungsabhängige Bestandteile enthalten, die den Zugangsberechtigten und dem Eisenbahninfrastrukturunternehmen Anreize zur Vermeidung von Betriebsstörungen und zur Erhöhung der Leistung der Eisenbahninfrastruktur bieten. Das können insbesondere Pönalen für Betriebsstörungen der Eisenbahninfrastruktur, eine Entschädigung für von den Störungen betroffene Zugangsberechtigte und eine Bonusregelung für Leistungen, die das vereinbarte Leistungsniveau übersteigen, sein.

(BGBl I 2015/137)

Entgelt für nicht genutzte Fahrwegkapazität

§ 67i. Für zugewiesene, aber nicht genutzte Fahrwegkapazität kann die entgelterhebende Stelle ein angemessenes Entgelt erheben. Ein derartiges Entgelt ist zwingend von Fahrwegkapazitätsberechtigten einzuheben, denen eine Zugtrasse zugewiesen wurde, falls sie es regelmäßig versäumen, zugewiesene Zugtrassen oder Teile derselben zu nutzen. Die Eisenbahninfrastrukturunternehmen haben hiefür die Kriterien für die Feststellung einer solchen Nichtnutzung in die Schienennetz-Nutzungsbedingungen aufzunehmen. Die Zuweisungsstelle hat Vorkehrungen zu treffen, die sie in die Lage versetzt, interessierten Zugangsberechtigten und der Schienen-Control Kommission jederzeit Auskunft über den Umfang der Fahrwegkapazität zu geben, die den diese Fahrwegkapazität nutzenden Zugangsberechtigten bereits zugewiesen wurde.

(BGBl I 2021/231)

Entgelte für Instandhaltung

§ 67j. Für zum Zwecke der Instandhaltung von Eisenbahninfrastruktur genutzte Fahrwegkapazität können Entgelte erhoben werden. Diese Entgelte dürfen den Nettoertragsverlust, der dem Eisenbahninfrastrukturunternehmen aufgrund der Instandhaltung entsteht, nicht übersteigen.

(BGBl I 2020/143)

Festsetzung der Wegeentgelte

§ 68. (1) Für ein Eisenbahninfrastrukturunternehmen sind die Wegeentgeltregeln von der entgelterhebenden Stelle – falls diese nicht das Eisenbahninfrastrukturunternehmen selbst ist, nach Einholung dessen Vorschlages – festzusetzen.

(2) Die Wegeentgeltregeln sind vom Eisenbahninfrastrukturunternehmen in die Schienennetz-Nutzungsbedingungen aufzunehmen oder diesen als Anhang anzuschließen. Beizufügen ist auch eine Erläuterung, aus der hervorgeht, wie den Anforderungen nach §§ 67 bis 67h entsprochen wird, soweit dies ohne Offenlegung vertraulicher Geschäftsdaten möglich ist.

(3) Auf Grundlage der Wegeentgeltregeln hat die entgelterhebende Stelle jeweils das für einen begehrten Zugang zur Eisenbahninfrastruktur einschließlich der Gewährung des Mindestzugangspaketes zu entrichtende Wegeentgelt festzusetzen.

(4) Die entgelterhebende Stelle hat dafür zu sorgen,

1. dass außer im Falle des § 67e die Wegeentgeltregelung auf der gesamten Eisenbahninfrastruktur des Eisenbahninfrastrukturunternehmens auf denselben Grundsätzen beruht,

2. dass die Anwendung der Wegeentgeltregeln zu gleichwertigen und nichtdiskriminierenden Wegeentgelten für verschiedene Zugangsberechtigte führt, die Eisenbahnverkehrsdienste gleichwertiger Art in ähnlichen Märkten erbringen und

3. dass die tatsächlich erhobenen Wegeentgelte den in den Schienennetz-Nutzungsbedingungen vorgesehenen Regeln entsprechen.

(5) Entgelterhebende Stellen haben die ihnen von Fahrwegkapazitätsberechtigten gemachten Angaben geheim zu halten.

(BGBl I 2015/137)

Verhandlungen über die Höhe des Wegeentgeltes

§ 68a. Verhandlungen zwischen Fahrwegkapazitätsberechtigten und der entgelterhebenden Stelle über die Höhe des zu entrichtenden Wegeentgeltes sind nur zulässig, wenn sie unter Aufsicht der Schienen-Control Kommission geführt werden. Drohen bei diesen Verhandlungen Verstöße gegen die Bestimmungen über die Festsetzung der Höhe der Wegeentgelte, hat dies die Schienen-Control Kommission den Verhandlungsteilnehmern bekannt zu geben.

(BGBl I 2015/137)

Entrichtung der Wegeentgelte

§ 69. Der Fahrwegkapazitätsberechtigte hat das für den Zugang zur Eisenbahninfrastruktur und das für die Gewährung des Mindestzugangspaketes festgesetzte Wegeentgelt an die entgelterhebende Stelle zu entrichten. Die entgelterhebende Stelle hat dieses Wegeentgelt an das Eisenbahninfrastrukturunternehmen zu entrichten, welches dieser Stelle die Funktion einer entgelterhebenden Stelle vertraglich übertragen hat.

(BGBl I 2015/137)

Wegeentgeltnachlässe

§ 69a. (1) Allfällige Wegeentgeltnachlässe dürfen sich nur auf Wegeentgelte beziehen, die nur für einen bestimmten Abschnitt der Eisenbahninfrastruktur erhoben werden und die auf die eingesparten Verwaltungskosten zu begrenzen sind, wobei bereits bei der Festsetzung des eingehobenen Wegeentgeltes berücksichtigte Kosteneinsparungen nicht berücksichtigt werden dürfen.

(2) Über Abs. 1 hinaus können für eine einzelne Art von Eisenbahnverkehrsdiensten zeitlich begrenzte Wegeentgeltnachlässe zur Förderung der Entwicklung neuer Eisenbahnverkehrsdienste oder zur Förderung des Zuganges zur Eisenbahninfrastruktur mit sehr niedrigem Auslastungsgrad gewährt werden, wenn diese Nachlässe im Wege der Schienennetz-Nutzungsbedingungen allen Zugangsberechtigten zugänglich sind.

(BGBl I 2015/137)

Dienstleistungsentgelte

§ 69b. (1) Bei Ermittlung der für die Gewährung des Schienenzuganges innerhalb von Serviceeinrichtungen, und die Gewährung von Serviceleistungen, die in Serviceeinrichtungen erbracht werden, zu entrichtenden Entgelte gilt, dass die Entgelte die dafür anfallenden Kosten, zuzüglich eines angemessenen Gewinns, nicht übersteigen dürfen. Dies gilt auch für den Fall, dass die Gewährung von Zusatz- oder Nebenleistungen nur von einem einzigen Betreiber von Serviceeinrichtungen angeboten wird.

(2) Unter angemessenen Gewinn ist eine Eigenkapitalrendite, die dem Risiko des Betreibers einer Serviceeinrichtung, auch hinsichtlich der Einnahmen, oder dem Fehlen eines solchen Risikos Rechnung trägt und von der durchschnittlichen Rendite in dem betreffenden Sektor in den Vorjahren nicht wesentlich abweicht, zu verstehen.

(3) Die Entgelte für die Gewährung des Zuganges zu Serviceeinrichtungen, einschließlich des Schienenzuganges, und die Gewährung von Serviceleistungen sind vom Betreiber der Serviceeinrichtung festzusetzen und einzuheben.

(4) Entgelte für Brennstoffe, die in Einrichtungen für die Brennstoffaufnahme bereitgestellt werden, sind auf der Rechnung gesondert auszuweisen.

(5) Entgelte für bereitgestellten Fahrstrom sind auf der Rechnung getrennt von Entgelten für die Nutzung von Stromversorgungseinrichtungen auszuweisen.

(BGBl I 2015/137)

Informations- und Nachweispflichten

§ 69c. (1) Entgelterhebende Stellen und Betreiber von Serviceeinrichtungen haben der Schienen-Control Kommission zur Wahrnehmung ihrer Aufgaben alle Informationen zu erhobenen Entgelten vorzulegen.

(2) Entgelterhebende Stellen und Betreiber von Serviceeinrichtungen müssen Fahrwegkapazitätsberechtigten und anderen Eisenbahnverkehrsunternehmen jederzeit nachweisen können, dass die ihnen tatsächlich verrechneten Entgelte den in den Schienennetz-Nutzungsbedingungen vorgesehenen Verfahren, Regeln und gegebenenfalls Tabellen entsprechen.

(BGBl I 2015/137)

Zusammenarbeit bei schienennetzübergreifenden Wegeentgeltregelungen

§ 70. (1) Entgelterhebende Stellen haben mit anderen entgelterhebenden Stellen mit Sitz in Österreich oder mit Sitz in anderen Mitgliedstaaten der Europäischen Union oder anderen Vertragsparteien des Abkommens über den Europäischen Wirtschaftsraum zusammenzuarbeiten, um die Anwendung effizienter Wegeentgeltregelungen zu ermöglichen.

(2) Zur Koordinierung der Wegeentgelterhebung oder zur Erhebung der Wegeentgelte für den schienennetzübergreifenden Zugbetrieb im Eisenbahnsystem in der Europäischen Union haben sich entgelterhebende Stellen mit anderen entgelterhebenden Stellen mit Sitz in Österreich oder mit Sitz in anderen Mitgliedstaaten der Europäischen Union oder anderen Vertragsparteien des Abkommens über den Europäischen Wirtschaftsraum zusammenzuschließen. Im Rahmen dieses Zusammenschlusses müssen sie insbesondere bestrebt sein, die bestmögliche Wettbewerbsfähigkeit grenzüberschreitender Eisenbahnverkehrsdienste zu gewährleisten und die effiziente Nutzung der Schienennetze sicherzustellen. Zu diesem Zweck haben sie an der Schaffung hiefür erforderlicher Verfahren beizutragen.

(3) Im Bestreben, die bestmögliche Wettbewerbsfähigkeit grenzüberschreitender Eisenbahnverkehrsdienste zu gewährleisten, haben entgelterhebende Stellen mit anderen entgelterhebenden

Stellen mit Sitz in Österreich oder mit Sitz in anderen Mitgliedstaaten der Europäischen Union oder anderen Vertragsparteien des Abkommens über den Europäischen Wirtschaftsraum mit dem Ziel zusammenzuarbeiten, dass die §§ 67d und 67h effizient angewendet werden.

(BGBl I 2015/137)

4. Abschnitt
Behandlung von Begehren, Beschwerde

Rechtsform

§ 70a. (1) Die Zuweisung von Fahrwegkapazität, die Gewährung des Mindestzugangspakets, die Gewährung des Zuganges zu Serviceeinrichtungen, einschließlich des Schienenzuganges, und die Gewährung von Serviceleistungen haben, ausgenommen im Falle des Abs. 4, in Form eines schriftlichen Vertrages zu erfolgen. Dieser Vertrag hat sämtliche mit dem Zugang zur Eisenbahninfrastruktur, der Gewährung des Mindestzugangspaketes, der Gewährung des Zuganges zu Serviceeinrichtungen, einschließlich des Schienenzuganges und der Gewährung von Serviceleistungen zusammenhängende, transparente und nichtdiskriminierende Bedingungen im Hinblick auf die administrativen, technischen und finanziellen Modalitäten, zu enthalten.

(2) Ist ein Fahrwegkapazitätsberechtigter kein Eisenbahnverkehrsunternehmen, hat er der Zuweisungsstelle einen Zugangsberechtigten namhaft zu machen. Für diesen sind die Teile des Vertrages über die Zuweisung von Fahrwegkapazität rechtsverbindlich, die die für die Nutzung von Eisenbahninfrastruktur notwendigen Bedingungen im Hinblick auf die administrativen und technischen Modalitäten regeln; diese Bedingungen haben im Vertrag eindeutig ersichtlich zu sein.

(3) Sofern ein Eisenbahninfrastrukturunternehmen nicht selbst die Funktion einer Zuweisungsstelle ausüben darf, haben die Zuweisungsstellen Verträge über die Zuweisung von Fahrwegkapazität und der Gewährung des Mindestzugangspaketes im Namen und auf Rechnung des Eisenbahninfrastrukturunternehmens abzuschließen. Bei der vertraglichen Festlegung der Wegeentgelte sind die Zuweisungsstellen an die Festlegungen der entgelterhebenden Stellen gebunden.

(4) Die Zuweisung von Fahrwegkapazität an ein integriertes Eisenbahnunternehmen zur Ausübung von Zugangsrechten auf seiner Eisenbahninfrastruktur und die Gewährung des Mindestzugangspaketes für eigene Zwecke hat in Form einer von der Zuweisungsstelle und dem integrierten Eisenbahnunternehmen unterfertigten Urkunde zu erfolgen, welche sämtliche damit zusammenhängende, transparente und nichtdiskriminierende Bedingungen im Hinblick auf die administrativen, technischen und finanziellen Modalitäten zu enthalten hat. Bei der Festlegung der Wegeentgelte ist die Zuweisungsstelle an die Festlegungen der entgelterhebenden Stellen gebunden.

(5) Die Gewährung des Zuganges zu von einem integrierten Eisenbahnunternehmen selbst betriebenen Serviceeinrichtungen, einschließlich des Schienenzugangs, für eigene Zwecke und die Gewährung von Serviceleistungen für eigene Zwecke ist in einer Urkunde zu dokumentieren, welche sämtliche damit zusammenhängende, transparente und nichtdiskriminierende Bedingungen im Hinblick auf die administrativen, technischen und finanziellen Modalitäten zu enthalten hat.

(6) Schriftliche Verträge nach Abs. 1 und 4 unterliegen nicht den Rechtsgeschäftsgebühren nach dem Gebührengesetz 1957.

(BGBl I 2015/137)

Behandlung von Begehren auf Fahrwegkapazitätszuweisung und Gewährung des Mindestzugangspaketes

§ 71. (1) Jede Zuweisungsstelle hat ein Begehren von Fahrwegkapazitätsberechtigten auf Zuweisung von Fahrwegkapazität oder auf Gewährung des Mindestzugangspakets, wenn diese Begehren in der in den Schienennetz-Nutzungsbedingungen angeführten Form eingebracht werden, zu prüfen und Verhandlungen zu führen; ist die Zuweisungsstelle nicht mit dem Eisenbahninfrastrukturunternehmen ident, ist letzteres in die Verhandlungen einzubinden.

(2) Richtet sich ein Begehren auf die Zuweisung von Fahrwegkapazität auf Eisenbahninfrastruktur mehrerer Eisenbahninfrastrukturunternehmen, ist dieses vom Fahrwegkapazitätsberechtigten bei der von den betroffenen Zuweisungsstellen bestimmten Anlaufstelle einzubringen. Ist die Anlaufstelle zugleich eine Zuweisungsstelle, so ist diese verpflichtet, bei den anderen betroffenen Zuweisungsstellen im Auftrag des Fahrwegkapazitätsberechtigten die Zuweisung der notwendigen Fahrwegkapazität zu begehren.

(3) Die Zuweisungsstelle hat über ein Begehren auf Zuweisung von Fahrwegkapazität, das bei der Netzfahrplanerstellung berücksichtigt werden soll, in Abstimmung mit den anderen betroffenen Zuweisungsstellen ohne unnötigen Aufschub, spätestens einen Monat nach Ablauf der Stellungnahmefrist zum Netzfahrplanentwurf, im Falle der Durchführung eines Koordinierungsverfahrens spätestens zehn Arbeitstage nach dessen Abschluss zu entscheiden. Ein Mängelbehebungsauftrag bewirkt, dass erst mit der vollständigen Mängelbehebung das Begehren als eingelangt gilt. Die Entscheidung hat nach Maßgabe der Vorgaben dieses Bundesgesetzes entweder in der im § 70a vorgesehenen Form oder durch schrift-

lich begründete Ablehnung des Begehrens zu erfolgen.

(4) Die Zuweisungsstelle hat über ein Begehren auf Zuweisung von Fahrwegkapazität, das bei der Netzfahrplanerstellung nicht berücksichtigt werden soll, in Abstimmung mit den anderen betroffenen Zuweisungsstellen ohne unnötigen Aufschub, spätestens aber innerhalb von fünf Arbeitstagen ab Einlangen des schriftlichen Begehrens zu entscheiden. Ein Mängelbehebungsauftrag bewirkt, dass erst mit der vollständigen Mängelbehebung das Begehren als eingelangt gilt. Die Entscheidung hat nach Maßgabe der Vorgaben dieses Bundesgesetzes entweder in der im § 70a vorgesehenen Form oder durch schriftlich begründete Ablehnung des Begehrens zu erfolgen.

(5) Über Begehren auf Gewährung des Mindestzugangspaketes ist ohne unnötigen Aufschub, spätestens aber innerhalb von einem Monat nach Einlangen des schriftlichen Begehrens zu entscheiden. Ein Mängelbehebungsauftrag bewirkt, dass erst mit der vollständigen Mängelbehebung das Begehren als eingelangt gilt. Die Entscheidung hat nach Maßgabe der Vorgaben dieses Bundesgesetzes entweder in der im § 70a vorgesehenen Form oder durch schriftlich begründete Ablehnung des Begehrens zu erfolgen.

(6) Über Begehren auf Gewährung des Mindestzugangspaketes ist ohne unnötigen Aufschub, spätestens aber innerhalb von fünf Arbeitstagen nach Einlangen des schriftlichen Begehrens zu entscheiden, wenn diese im Zusammenhang mit einem Begehren auf Zuweisung von Fahrwegkapazität, das nicht bei der Netzfahrplanerstellung berücksichtigt werden soll, gestellt werden. Ein Mängelbehebungsauftrag bewirkt, dass erst mit der vollständigen Mängelbehebung das Begehren als eingelangt gilt. Die Entscheidung hat nach Maßgabe der Vorgaben dieses Bundesgesetzes entweder in der im § 70a vorgesehenen Form oder durch schriftlich begründete Ablehnung des Begehrens zu erfolgen.

(7) Bei der Entscheidung über Begehren auf die Zuweisung von Fahrwegkapazität, die nicht bei der Netzfahrplanerstellung zu berücksichtigen sind (Ad-hoc-Begehren), und bei der Entscheidung über damit im Zusammenhang stehende Begehren auf Gewährung des Mindestzugangspaketes, sind die Begehren, die zur Erfüllung von öffentlichen Aufgaben notwendig sind, vorrangig zu berücksichtigen; das betrifft insbesondere Begehren auf Zuweisung von Fahrwegkapazität, die für einen Einsatz des Bundesheeres oder die unmittelbare Vorbereitung eines Einsatzes gemäß § 2 des Wehrgesetzes 2001 oder für einsatzähnliche Übungen benötigt wird.

(8) Werden Begehren auf Zuweisung von Fahrwegkapazität oder Begehren auf Gewährung des Mindestzugangspaketes abgelehnt, hat dies die Zuweisungsstelle der Schienen-Control Kommission innerhalb eines Monats ab Ablehnung bekanntzugeben.

(BGBl I 2015/137)

Behandlung von Begehren auf Zugang zu Serviceeinrichtungen und Gewährung von Serviceleistungen

§ 71a. (1) Jeder Betreiber einer Serviceeinrichtung hat ein Begehren von Eisenbahnverkehrsunternehmen auf Gewährung des Zuganges zu Serviceeinrichtungen, einschließlich des Schienenzuganges, und auf Gewährung von Serviceleistungen zu prüfen und Verhandlungen zu führen.

(2) Die Schienen-Control Kommission hat durch Verordnung angemessene Fristen festzulegen, innerhalb derer Begehren von Eisenbahnverkehrsunternehmen auf Gewährung des Zuganges zu einer Serviceeinrichtung, einschließlich des Schienenzuganges, und auf die Gewährung von Serviceleistungen zu entscheiden sind.

(3) Begehren auf Gewährung des Zuganges zu einer Serviceeinrichtung, einschließlich des Schienenzugangs, und auf Gewährung von Serviceleistungen, die in einer solchen Serviceeinrichtung erbracht werden, dürfen nur abgelehnt werden, wenn tragfähige Alternativen vorhanden sind.

(4) Eine tragfähige Alternative ist vorhanden, wenn der Zugang zu einer anderen Serviceeinrichtung, einschließlich des Schienenzuganges, und die Gewährung von Serviceleistungen, die in einer solchen Serviceeinrichtung erbracht werden, für das Eisenbahnverkehrsunternehmen wirtschaftlich annehmbar sind und es ihm ermöglicht, den von ihm angestrebten Eisenbahnverkehrsdienst auf der von ihm dafür vorgesehenen Eisenbahninfrastruktur oder einer alternativen Eisenbahninfrastruktur durchzuführen.

(5) Eine alternative Eisenbahninfrastruktur ist eine andere Eisenbahninfrastruktur zwischen demselben Herkunft- und Bestimmungsort, wenn zwischen beiden Eisenbahninfrastrukturen für die Durchführung des angestrebten Eisenbahnverkehrsdienstes durch das Eisenbahnverkehrsunternehmen Substituierbarkeit besteht.

(6) Im § 62a Abs. 2 angeführte Betreiber von Serviceeinrichtungen haben eine gemäß Abs. 3 erfolgte Ablehnung eines Begehrens schriftlich zu begründen und das Vorhandensein tragfähiger Alternativen aufzuzeigen.

(7) Stellt der Betreiber einer im § 58b Abs. 1 angeführten Serviceeinrichtung Konflikte zwischen verschiedenen Begehren auf Gewährung des Zuganges zu dieser Serviceeinrichtung, einschließlich des Schienenzugangs, sowie auf Gewährung von Serviceleistungen, die in einer solchen Serviceeinrichtung erbracht werden, fest, so

hat er sich zu bemühen, all diesen Begehren weitmöglichst zu entsprechen.

(8) Werden Begehren auf Zugang zu Serviceeinrichtungen, einschließlich des Schienenzuganges, und die Gewährung von Serviceleistungen abgelehnt, hat dies der Betreiber der Serviceeinrichtung der Schienen-Control Kommission innerhalb eines Monats ab Ablehnung bekanntzugeben.

(BGBl I 2015/137)

Beschwerde gegen die Zuweisungsstelle

§ 72. (1) Wird das Begehren auf Zuweisung von Fahrwegkapazität oder auf Gewährung des Mindestzugangspaketes abgelehnt oder kommt eine Einigung

1. über ein Begehren auf Gewährung des Mindestzugangspaketes binnen einem Monat ab Einlangen des Begehrens bei der Zuweisungsstelle,

2. über ein Begehren auf Gewährung des Mindestzugangspaketes, das im Zusammenhang mit einem Begehren auf Zuweisung von Fahrwegkapazität, das bei der Netzfahrplanerstellung nicht berücksichtigt werden soll, gestellt wird, binnen fünf Arbeitstagen ab Einlangen des Begehrens bei der Zuweisungsstelle,

3. über ein Begehren auf Zuweisung von Fahrwegkapazität, das bei der Erstellung des Netzfahrplanes berücksichtigt werden soll, binnen einem Monat nach Ablauf der Stellungnahmefrist zum Netzfahrplanentwurf, im Falle der Durchführung eines Koordinierungsverfahrens binnen zehn Arbeitstagen nach dessen Abschluss, und

4. über ein Begehren auf Zuweisung von Fahrwegkapazität, das bei der Erstellung des Netzfahrplanes nicht berücksichtigt werden soll, binnen fünf Arbeitstagen ab Einlangen des Begehrens bei der Zuweisungsstelle

nicht zustande oder wurde die vom Begehren betroffene Fahrwegkapazität einem anderen Fahrwegkapazitätsberechtigten zugewiesen, kann der Fahrwegkapazitätsberechtigte Beschwerde an die Schienen-Control Kommission erheben.

(2) Die Beschwerde hat schriftlich zu erfolgen und wahlweise

1. einen Antrag auf Zuweisung der begehrten Fahrwegkapazität samt Bezeichnung des wesentlichen Inhaltes des angestrebten Vertrages oder der angestrebten Urkunde, oder

2. einen Antrag auf Gewährung des Mindestzugangspaketes samt Bezeichnung des wesentlichen Inhaltes des angestrebten Vertrages oder der angestrebten Urkunde,

zu enthalten.

(3) Die Zuweisungsstelle, an die das Begehren gestellt wurde, hat der Schienen-Control Kommission die für die Entscheidung über die Beschwerde sachdienlichen Informationen, insbesondere den Schriftverkehr mit sämtlichen betroffenen Zuweisungsstellen, binnen einer Woche nach Anforderung durch die Schienen-Control Kommission vorzulegen. Gleiches gilt für die entgelterhebende Stelle, wenn eine Einigung über das Begehren wegen finanzieller Modalitäten nicht zustande gekommen ist. Die Schienen-Control Kommission darf diese sachdienlichen Informationen nur für die Entscheidung über die Beschwerde verwenden.

(4) Die Schienen-Control Kommission hat innerhalb eines Monats nach Einlangen der Beschwerde Ermittlungen einzuleiten, gegebenenfalls sachdienliche Informationen anzufordern und Gespräche mit der für die Zuweisung zuständigen Zuweisungsstelle, der entgelterhebenden Stelle, des beschwerdeführenden Fahrwegkapazitätsberechtigten und des Fahrwegkapazitätsberechtigten, dem die begehrte Zugtrasse zugewiesen worden ist, einzuleiten. Innerhalb einer den Parteien von der Schienen-Control Kommission zuvor bekanntgegebenen, angemessenen Frist, spätestens jedoch innerhalb einer Frist von sechs Wochen nach Einlangen der erforderlichen sachdienlichen Informationen, hat die Schienen-Control Kommission mit Bescheid zu entscheiden.

(5) Der Beschwerde, mit die Zuweisung von Fahrwegkapazität begehrt wird, ist stattzugeben, wenn die gesetzlichen Voraussetzungen für die Zuweisung der begehrten Fahrwegkapazität vorliegen; in diesem Fall hat die Zuweisung der begehrten Fahrwegkapazität durch den die Beschwerde erledigenden Bescheid zu erfolgen, der den Abschluss eines schriftlichen Vertrages oder die Erstellung einer Urkunde über die Zuweisung von Fahrwegkapazität ersetzt; der Bescheid hat sämtliche Bedingungen im Hinblick auf die administrativen, technischen und finanziellen Modalitäten zu enthalten. Wurde die begehrte Fahrwegkapazität bereits einem anderen Fahrwegkapazitätsberechtigten von der Zuweisungsstelle zugewiesen, hat die Schienen-Control Kommission gleichzeitig den Vertrag oder die Urkunde, mit dem beziehungsweise mit der die Zuweisung der begehrten Fahrwegkapazität an diesen Fahrwegkapazitätsberechtigten erfolgte, mit Bescheid ganz oder teilweise für unwirksam zu erklären.

(6) Der Beschwerde, mit der die Gewährung des Mindestzugangspaketes begehrt wird, ist bei Vorliegen der gesetzlichen Voraussetzungen für die Gewährung des Mindestzugangspaketes stattzugeben; in diesem Fall hat die Gewährung des Mindestzugangspaketes durch den die Beschwerde erledigenden Bescheid zu erfolgen, der den Abschluss eines Vertrages oder die Erstellung einer Urkunde über die Gewährung des Mindestzugangspaketes ersetzt; der Bescheid hat sämtliche Bedingungen im Hinblick auf die administrativen, technischen und finanziellen Modalitäten zu enthalten.

(7) Ein gemäß Abs. 5 und 6 erlassener Bescheid steht einem zeitlich späteren Abschluss eines schriftlichen Vertrages oder einer zeitlich späteren Erstellung einer Urkunde über die Zuweisung von Fahrwegkapazität oder über die Gewährung des Mindestzugangspaketes zwischen dem Beschwerdeführenden und der Zuweisungsstelle nicht entgegen.

(BGBl I 2015/137)

Beschwerde gegen einen Betreiber von Serviceeinrichtungen

§ 73. (1) Wird das an einen Betreiber von Serviceeinrichtungen gerichtete Begehren eines Eisenbahnverkehrsunternehmens auf Gewährung des Zuganges zu Serviceeinrichtungen, einschließlich des Schienenzuganges, und auf Gewährung von Serviceleistungen abgelehnt oder kommt eine Einigung zwischen dem Betreiber von Serviceeinrichtungen und dem Eisenbahnverkehrsunternehmen nicht innerhalb einer angemessenen Frist zustande, kann das Eisenbahnverkehrsunternehmen Beschwerde an die Schienen-Control Kommission erheben. Die Beschwerde hat schriftlich zu erfolgen und einen Antrag auf Gewährung des Zuganges zu Serviceeinrichtungen, einschließlich des Schienenzuganges, und auf Gewährung von Serviceleistungen samt Bezeichnung des wesentlichen Inhaltes des angestrebten Vertrages zu enthalten.

(2) Der Betreiber von Serviceeinrichtungen, an den das Begehren gestellt wurde, hat der Schienen-Control Kommission die für die Entscheidung über die Beschwerde erforderlichen sachdienlichen Informationen binnen einer Woche nach Anforderung durch die Schienen-Control Kommission vorzulegen.

(3) Die Schienen-Control Kommission darf diese sachdienlichen Informationen nur für die Entscheidung über die Beschwerde verwenden.

(4) Die Schienen-Control Kommission hat innerhalb eines Monats nach Einlangen der Beschwerde Ermittlungen einzuleiten, gegebenenfalls sachdienliche Informationen anzufordern und Gespräche mit dem Betreiber der Serviceeinrichtung und dem Eisenbahnverkehrsunternehmen einzuleiten. Innerhalb einer den Parteien von der Schienen-Control Kommission zuvor bekanntgegebenen, angemessenen Frist, spätestens jedoch innerhalb einer Frist von sechs Wochen nach Einlangen der erforderlichen sachdienlichen Informationen hat die Schienen-Control Kommission mit Bescheid zu entscheiden.

(5) Der Beschwerde, mit der die Gewährung des Zuganges zu Serviceeinrichtungen, einschließlich des Schienenzuganges, und die Gewährung von Serviceleistungen begehrt wird, ist bei Vorliegen der gesetzlichen Voraussetzungen für die Gewährung des Zuganges zu Serviceeinrichtungen, einschließlich des Schienenzuganges, und die Gewährung von Serviceleistungen stattzugeben; in diesem Fall hat die begehrte Gewährung des Zugangs zu Serviceeinrichtungen, einschließlich des Schienenzugangs, und die begehrte Gewährung von Serviceleistungen durch den die Beschwerde erledigenden Bescheid zu erfolgen, der den Abschluss eines schriftlichen Vertrages darüber ersetzt; der Bescheid hat sämtliche Bedingungen im Hinblick auf die administrativen, technischen und finanziellen Modalitäten zu enthalten.

(6) Liegt einem Begehren auf Zugang zu einer Serviceeinrichtung, einschließlich des Schienenzuganges, und die Gewährung der Serviceleistungen, die in einer solchen Serviceeinrichtung erbracht werden, ein nachgewiesener Bedarf zugrunde, ist eine tragfähige Alternative nicht vorhanden und konnte dem Begehren deshalb nicht entsprochen werden, weil der Betreiber der Serviceeinrichtung nicht über die erforderliche Kapazität verfügt, hat die Schienen-Control Kommission mit dem die Beschwerde erledigenden Bescheid

1. Verträge über die Gewährung des Zuganges zu dieser Serviceeinrichtung, einschließlich des Schienenzuganges, und die Gewährung der in der Serviceeinrichtung erbrachten Serviceleistungen, oder Urkunden, in denen die Gewährung des Zuganges zu dieser Serviceeinrichtung, einschließlich des Schienenzuganges, und die Gewährung der in der Serviceeinrichtung erbrachten Serviceleistungen dokumentiert ist, in einer Weise zu ändern, damit auch dem beschwerdeführende Eisenbahnverkehrsunternehmen ein für erforderlich erachteter, angemessener Teil der vorhandenen Kapazität zugeteilt werden kann, und

2. dem beschwerdeführenden Eisenbahnverkehrsunternehmen Zugang zur Serviceeinrichtung, einschließlich des Schienenzuganges, und die Serviceleistungen zu gewähren, die in der Serviceeinrichtung erbracht werden, wobei der Bescheid den Abschluss eines schriftlichen Vertrages darüber ersetzt; der Bescheid hat sämtliche Bedingungen im Hinblick auf die administrativen, technischen und finanziellen Modalitäten zu enthalten.

(7) Ein gemäß Abs. 5 und 6 erlassener Bescheid steht einem zeitlich späteren Abschluss eines Vertrages über die Gewährung des Zugangs zu Serviceeinrichtungen, einschließlich des Schienenzuganges, und die Gewährung von Serviceleistungen zwischen dem beschwerdeführenden Eisenbahnverkehrsunternehmen und dem Betreiber von Serviceeinrichtungen nicht entgegen.

(BGBl I 2015/137)

Vorlage von Verträgen und Urkunden

§ 73a. (1) Die Zuweisungsstelle ist verpflichtet, abgeschlossene Verträge oder erstellte Urkunden über die Zuweisung von Fahrwegkapazität und abgeschlossene Verträge oder erstellte Urkunden über die Gewährung des Mindestzugangspaketes innerhalb eines Monats nach Vertragsabschluss oder Urkundenerstellung der Schienen-Control Kommission vorzulegen. Die abgeschlossenen Verträge über die Zuweisung von Fahrwegkapazität und abgeschlossene Verträge über die Gewährung des Mindestzugangspaketes sind im Falle des § 62 Abs. 3 auch dem Eisenbahninfrastrukturunternehmen unverzüglich von der Zuweisungsstelle vorzulegen; hat die Zuweisungsstelle nicht auch die Funktion einer entgelterhebenden Stelle wahrgenommen, sind die Verträge auch der entgelterhebenden Stelle unverzüglich von der Zuweisungsstelle vorzulegen.

(2) Abs. 1 erster Satz gilt auch für Betreiber einer Serviceeinrichtung im Hinblick auf Verträge über die Gewährung des Zuganges zu Serviceeinrichtungen, einschließlich des Schienenzuganges, und die Gewährung von Serviceleistungen oder im Hinblick auf Urkunden, in denen die Gewährung des Zuganges zu Serviceeinrichtungen, einschließlich des Schienenzuganges, und die Gewährung von Serviceleistungen dokumentiert sind.

(BGBl I 2015/137)

5. Abschnitt
Wettbewerbsüberwachung, Marktbeobachtung

Überwachung des Wettbewerbs

§ 74. (1) „Die Schienen-Control Kommission hat zur Sicherstellung des Wettbewerbs in den Schienenverkehrsmärkten auf Beschwerde von Fahrwegkapazitätsberechtigten oder Eisenbahnverkehrsunternehmen sowie von Amts wegen über geeignete Maßnahmen zur Korrektur von Fällen der Diskriminierung von Fahrwegkapazitätsberechtigten oder Eisenbahnverkehrsunternehmen, von Marktverzerrungen und anderer unerwünschter Entwicklungen in diesen Märkten zu entscheiden; insbesondere hat sie" *(BGBl I 2019/60)*

1. einer Zuweisungsstelle hinsichtlich der für die Zuweisung von Fahrwegkapazität und hinsichtlich der Gewährung des Mindestzugangspaketes im Falle des Zuwiderhandelns ein den Bestimmungen des 6. Teiles oder ein den unmittelbar anzuwendenden unionsrechtlichen, die Regulierung des Schienenverkehrsmarktes regelnden Rechtsvorschriften entsprechendes Verhalten aufzuerlegen oder nicht entsprechendes Verhalten zu untersagen oder

2. einer entgelterhebenden Stelle hinsichtlich der Entscheidung über die Höhe eines zu entrichtenden Wegeentgeltes, der Gewährung von Wegeentgeltnachlässen und der Einhebung von Wegeentgelten im Falle des Zuwiderhandelns ein den Bestimmungen des 6. Teiles oder ein den unmittelbar anzuwendenden unionsrechtlichen, die Regulierung des Schienenverkehrsmarktes regelnden Rechtsvorschriften entsprechendes Verhalten aufzuerlegen oder nicht entsprechendes Verhalten zu untersagen oder

3. einem Eisenbahninfrastrukturunternehmen hinsichtlich der Ausübung des Zuganges zur Eisenbahninfrastruktur durch einen Zugangsberechtigten und hinsichtlich der Inanspruchnahme eines gewährten Mindestzugangspaketes durch einen Zugangsberechtigten im Falle des Zuwiderhandelns ein den Bestimmungen des 6. Teiles oder ein den unmittelbar anzuwendenden unionsrechtlichen, die Regulierung des Schienenverkehrsmarktes regelnden Rechtsvorschriften entsprechendes Verhalten aufzuerlegen oder nicht entsprechendes Verhalten zu untersagen oder

4. einem Betreiber von Serviceeinrichtungen hinsichtlich der Gewährung des Zuganges zu Serviceeinrichtungen, einschließlich des Schienenzuganges, und der Gewährung von Serviceleistungen im Falle des Zuwiderhandelns ein den Bestimmungen des 6. Teiles oder den unmittelbar anzuwendenden unionsrechtlichen, die Regulierung des Schienenverkehrsmarktes regelnden Rechtsvorschriften entsprechendes Verhalten aufzuerlegen oder nicht entsprechendes Verhalten zu untersagen oder

5. den Bestimmungen des 6. Teiles oder den unmittelbar anzuwendenden unionsrechtlichen, die Regulierung des Schienenverkehrsmarktes regelnden Rechtsvorschriften nicht entsprechende Schienennetz-Nutzungsbedingungen, Verträge oder Urkunden ganz oder teilweise für unwirksam zu erklären, oder

6. die Berufung auf Schienennetz-Nutzungsbedingungen, die zur Gänze für unwirksam erklärt sind oder die Berufung auf diejenigen Teile der Schienennetz-Nutzungsbedingungen, die für unwirksam erklärt sind, zu untersagen, oder

7. die Ergänzung von Schienennetz-Nutzungsbedingungen durch Angaben oder Informationen aufzutragen, die in diesen entgegen den Bestimmungen des 6. Teiles oder den unmittelbar anzuwendenden unionsrechtlichen, die Regulierung des Schienenverkehrsmarktes regelnden Rechtsvorschriften entweder nicht enthalten sind, oder aufgrund einer Unwirksamerklärung unwirksam sind, oder

8. festzustellen, ob in Entwurfsform vorliegende Schienennetz-Nutzungsbedingungen den Bestimmungen des 6. Teiles oder den unmittelbar anzuwendenden unionsrechtlichen, die Regulierung des Schienenverkehrsmarktes regelnden Rechtsvorschriften nicht entsprechen würden, oder

9. Verträge oder Urkunden über die Zuweisung von Fahrwegkapazität oder die Gewährung des Mindestzugangspaketes für unwirksam zu erklären, wenn

a) das Eisenbahninfrastrukturunternehmen, das den Vertrag abgeschlossen oder die Urkunde erstellt hat, entgegen § 62 Abs. 3 die Funktion einer Zuweisungsstelle und entgegen § 62b Abs. 3 die Funktion einer entgelterhebenden Stelle ausgeübt hat, oder

b) eine dem § 62 Abs. 4 nicht entsprechende Zuweisungsstelle den Vertrag abgeschlossen oder die Urkunde erstellt hat oder das in dem Vertrag oder der Urkunde ausgewiesene Wegeentgelt von einer dem § 62b Abs. 4 nicht entsprechenden entgelterhebenden Stelle festgelegt worden ist, oder
(BGBl I 2019/60)

10. Verträge über den Zugang zu Serviceeinrichtungen, einschließlich des Schienenzuganges, und die Gewährung von in diesen Serviceeinrichtungen zu erbringenden Serviceleistungen für unwirksam zu erklären, wenn der Vertrag von einem unter § 62a Abs. 2 fallenden Betreiber von Serviceeinrichtungen abgeschlossen wurde und dieser nicht entsprechend § 62a Abs. 2 organisiert ist, oder

11. einer entgelterhebenden Stelle oder falls ein Eisenbahninfrastrukturunternehmen selbst die Funktion einer entgelterhebenden Stelle ausübt, diesem, die Einhebung eines angemessenen Entgeltes für nicht genutzte Fahrwegkapazität gemäß § 67i aufzutragen „," oder" *(BGBl I 2021/231)*

12. festzustellen, ob die Bestimmungen des § 55c über die Unabhängigkeit des Eisenbahninfrastrukturunternehmens eingehalten werden; falls dies nicht der Fall ist, ist die Einhaltung der Bestimmungen des § 55c aufzutragen „," oder" *(BGBl I 2019/60; BGBl I 2021/231)*

13. festzustellen, ob die Bestimmungen des § 55d über die Unabhängigkeit der wesentlichen Funktionen eines Eisenbahninfrastrukturunternehmens eingehalten werden; falls dies nicht der Fall ist, ist die Einhaltung der Bestimmungen des § 55d aufzutragen „," oder" *(BGBl I 2019/60; BGBl I 2021/231)*

14. festzustellen, ob die Bestimmungen des § 55e über das Verkehrsmanagement, die Instandhaltungsplanung und langfristige Planung größerer Instandhaltungs- und/oder Erneuerungsarbeiten eingehalten werden; falls dies nicht der Fall ist, ist die Einhaltung der Bestimmungen des § 55e aufzutragen „," oder" *(BGBl I 2019/60; BGBl I 2021/231)*

15. festzustellen, ob die Bestimmungen des § 55f über die finanzielle Transparenz eingehalten werden; falls dies nicht der Fall ist, ist die Einhaltung der Bestimmungen des § 55f aufzutragen „," oder" *(BGBl I 2019/60; BGBl I 2021/231)*

16. festzustellen, ob die Bestimmungen des § 55g über Auslagerung von Funktionen und Arbeiten des Eisenbahninfrastrukturunternehmens eingehalten werden; falls dies nicht der Fall ist, ist die Einhaltung der Bestimmungen des § 55g aufzutragen, oder falls dies dem Eisenbahninfrastrukturunternehmen aus rechtlichen Gründen nicht möglich ist, sind die zugrundeliegenden Verträge für unwirksam zu erklären, oder *(BGBl I 2021/231)*

17. festzustellen, ob die Bestimmungen des § 55h über die Wahrnehmung von Funktionen durch verschiedene Eisenbahninfrastrukturunternehmen eingehalten werden; falls dies nicht der Fall ist, ist die Einhaltung der Bestimmungen des § 55h aufzutragen, oder sind die zugrundeliegenden Kooperationsverträge für unwirksam zu erklären, oder *(BGBl I 2021/231)*

18. Kooperationsvereinbarungen zwischen Eisenbahninfrastrukturunternehmen und einem oder mehreren Eisenbahnverkehrsunternehmen (§ 55i) für unwirksam zu erklären, wenn sie nicht in diskriminierungsfreier Weise abgeschlossen wurden. *(BGBl I 2021/231)*

(2) In einem Verfahren nach Abs. 1 haben diejenigen, gegen die sich das Verfahren richtet, alle für die Entscheidung sachdienlichen Informationen, insbesondere Schriftverkehr mit Beschwerdeführern, Fahrwegkapazitätsberechtigten oder Eisenbahnverkehrsunternehmen, nach Anforderung durch die Schienen-Control Kommission vorzulegen. Dafür hat die Schienen-Control Kommission eine angemessene, einen Monat nicht übersteigenden Frist festzusetzen. Auf rechtzeitig gestellten Antrag hat die Schienen-Control Kommission diese festgesetzte Frist um einen Zeitraum von höchstens zwei Wochen zu verlängern, wenn außergewöhnliche Umstände der fristgerechten Vorlage der angeforderten sachdienlichen Informationen entgegenstehen.

(3) Die Schienen-Control Kommission hat im Falle einer Beschwerde innerhalb eines Monats nach Einlangen der Beschwerde Ermittlungen einzuleiten, gegebenenfalls sachdienliche Informationen anzufordern und Gespräche mit dem Beschwerdeführer und denjenigen, gegen die sich die Beschwerde richtet, einzuleiten. Innerhalb einer den Parteien von der Schienen-Control Kommission zuvor bekanntgegebenen, angemessenen Frist, spätestens jedoch innerhalb einer Frist von sechs Wochen nach Einlangen der erforderlichen sachdienlichen Informationen hat die Schienen-Control Kommission mit Bescheid zu entscheiden.

(4) Die Zuständigkeiten des Kartellgerichtes bleiben unberührt.

(BGBl I 2015/137)

Marktbeobachtung

§ 74a. (1) Der Schienen-Control Kommission obliegt die Marktbeobachtung zur Feststellung der Entwicklung und zur Überwachung des Wettbewerbs am österreichischen Schienenverkehrsmarkt, insbesondere auch am Markt für Hochgeschwindigkeits-Personenverkehrsdienste.
(BGBl I 2019/60)

(2) Zuweisungsstellen, entgelterhebende Stellen, Betreiber von Serviceeinrichtungen, Eisenbahninfrastrukturunternehmen und Eisenbahnverkehrsunternehmen haben der Schienen-Control Kommission die von dieser für die Marktbeobachtung zur Feststellung der Entwicklung des Wettbewerbs am österreichischen Schienenverkehrsmarkt, einschließlich der Auswirkungen auf die Fahrgäste und Kunden, benötigten und von ihr angeforderten Daten vollständig innerhalb angemessener Frist zu liefern.

(3) Die Schienen-Control GmbH hat der Bundesanstalt Statistik Österreich auf deren Aufforderung hievon diejenigen Daten zu übermitteln, die für die Erstellung der Schienenverkehrsstatistik nach dem Straßen- und Schienenverkehrsstatistikgesetz, BGBl. Nr. 142/1983, erforderlich sind. Dabei ist § 10 des Bundesstatistikgesetzes 2000, BGBl. I Nr. 163/1999, anzuwenden.

(BGBl I 2015/137)

§ 75. *(entfällt samt Überschrift, BGBl I 2015/137)*

6a. Teil
Zugang auf anderen Eisenbahnen

Zugangsrechte auf anderen Eisenbahnen

§ 75a. (1) Kann die Erbringung von Eisenbahnverkehrsdiensten im öffentlichen Verkehr zu oder von Güterterminals, Häfen oder sonstigen Serviceeinrichtungen, falls letztere nicht ausschließlich dem eigenen Güterverkehr auf einer Anschlussbahn dienen, nur durch Ausübung eines Zuganges auf einer Anschlussbahn erfolgen, hat das eine solche Eisenbahn betreibende Eisenbahnunternehmen hiefür den Zugang zu seiner Anschlussbahn durch Zuweisung von Fahrwegkapazität zu nichtdiskriminierenden, angemessenen und transparenten Bedingungen einzuräumen und zwecks Zuganges über diesen Zugang hinaus unter den im § 58 normierten Voraussetzungen das im § 58 angeführte Mindestzugangspaket unter Ausschluss jeglicher Diskriminierung zu gewähren. Die Zuweisung von Fahrwegkapazität und die Gewährung des Mindestzugangspaketes hat in Form eines schriftlichen Vertrages zu erfolgen.

(2) Kann die Erbringung von Eisenbahnverkehrsdiensten von einer öffentlichen Eisenbahn zu einer Anschlussbahn oder von einer Anschlussbahn zu einer öffentlichen Eisenbahn auf Grund der Anlageverhältnisse nur durch Ausübung eines Zuganges auf einer Anschlussbahn anderer Eisenbahnunternehmen erfolgen, so haben die diese Anschlussbahn betreibenden anderen Eisenbahnunternehmen

1. dem die Anschlussbahn betreibenden Eisenbahnunternehmen und

2. Eisenbahnunternehmen, die zur Erbringung von Eisenbahnverkehrsdiensten auf der öffentlichen Eisenbahn berechtigt sind,

Zugang zu diesen Anschlussbahnen zwecks Erbringung von Eisenbahnverkehrsdiensten im Durchgangsverkehr durch Zuweisung von Fahrwegkapazität zu nichtdiskriminierenden, angemessenen und transparenten Bedingungen einzuräumen und zwecks Zuganges über diesen Zugang hinaus unter den im § 58 normierten Voraussetzungen das im § 58 angeführte Mindestzugangspaket unter Ausschluss jeglicher Diskriminierung zu gewähren. Die Zuweisung von Fahrwegkapazität und die Gewährung des Mindestzugangspaketes hat in Form eines schriftlichen Vertrages zu erfolgen.

(3) Auf einen Zugang nach Abs. 1 und 2 sind sinngemäß die Bestimmungen über die Regulierung des Schienenverkehrsmarktes einschließlich der Beschwerdemöglichkeit zugangsberechtigter Eisenbahnunternehmen an die Schienen-Control Kommission und der Rechte der Schienen-Control Kommission nach §§ 74 und 84a anzuwenden. Für Fälle eines Zugangs nach Abs. 1 und 2 kann über Antrag des die Anschlussbahn betreibenden Eisenbahnunternehmens die Schienen-Control Kommission Erleichterungen von den sich aus den Bestimmungen über die Regulierung des Schienenverkehrsmarktes ergebenden Verpflichtungen gewähren, soweit hiedurch nicht die Erreichung des Regulierungszweckes (§ 54) gefährdet wird. Solche Erleichterungen sind insbesondere zu gewähren, insoweit für die Strecke oder den Streckenteil keine Begehren auf Zugang von Dritten vorliegen. Bei der Gewährung von Erleichterungen sind allenfalls bestehende vertragliche Regelungen für die Benützung der Strecke oder des Streckenteiles zu berücksichtigen, wenn sie der Erreichung des Regulierungszweckes nicht entgegenstehen.

(BGBl I 2015/137)

Freiwillig eingeräumter Zugang

§ 75b. (1) Zum Bau und Betrieb von nicht vernetzten Nebenbahnen oder Straßenbahnen berechtigte Eisenbahnunternehmen sind unbeschadet ihrer Pflichten nach diesem Bundesgesetz berechtigt, anderen zur Erbringung von „Eisenbahnverkehrsdiensten" auf öffentlichen Eisenbahnen berechtigten Eisenbahnunternehmen zwecks Erbringung von „Eisenbahnverkehrsdiensten" freiwillig Zugang zu Eisenbahnanlagen dieser Eisenbahnen durch Zuweisung von Zugtrassen einzuräumen. Diese bedürfen für die Ausübung dieses freiwillig eingeräumten Zugangs keiner weiteren Berechtigung nach diesem Bundesgesetz. *(BGBl I 2015/137)*

(2) Die Zuweisung von Zugtrassen nach Abs. 1 hat in Form eines schriftlichen Vertrages zu erfolgen, der sämtliche mit diesem Zugang zusammenhängenden Bedingungen im Hinblick auf die administrativen und technischen Modalitäten zu enthalten hat. Ein solcher Vertrag ist der Behörde (§ 12) anzuzeigen. Im Vertrag kann vereinbart werden, dass das zugangsberechtigte Eisenbahnunternehmen im Falle einer Beschwerde bei Ausübung des Zugangs die Schienen-Control Kommission als Schlichtungsstelle anrufen kann; diesfalls ist der Vertrag auch der Schienen-Control GmbH vorzulegen.

(BGBl I 2006/125)

6b. Teil
Schulungseinrichtungen

Zugang zu Schulungseinrichtungen

§ 75c. (1) Betreiber einer Schulungseinrichtung zur Schulung von Eisenbahnbediensteten, die Tätigkeiten zur Gewährleistung der Sicherheit des Betriebes einer Eisenbahn, des Betriebes von Schienenfahrzeugen auf Eisenbahnen und des Verkehrs auf Eisenbahnen ausführen, haben Eisenbahnverkehrsunternehmen unter Ausschluss jeglicher Diskriminierung Zugang zu ihren Schulungseinrichtungen für die Schulung solcher Eisenbahnbediensteter zu gewähren, deren Schulung zur „Ausstellung einer einheitlichen Sicherheitsbescheinigung" erforderlich ist. *(BGBl I 2020/143)*

(2) Das für die Schulung von Eisenbahnbediensteten zu entrichtende Entgelt ist nach dem Grundsatz eines angemessenen Kostenersatzes und branchenüblichen Entgeltes festzulegen.

(BGBl I 2006/125)

Ausbildung und Qualifikation

§ 75d. (1) Die Schulung gemäß § 75c hat den Eisenbahnbediensteten die auf eine Eisenbahn Bezug habenden erforderlichen Streckenkenntnisse, die Betriebsvorschriften und -verfahren, die Systeme für Signalgebung und Zugsteuerung/Zugsicherung, Zugüberwachungen und die für die betreffenden Strecken geltenden Notfallverfahren zu vermitteln. Die Eisenbahnbediensteten sind zur Feststellung der vermittelten Kenntnisse zu prüfen und das Prüfungsergebnis ist in Zeugnissen zu dokumentieren.

(2) Bei der Einstellung neuer Triebfahrzeugführer, Zugbegleiter und sonstigem Personal, das sicherheitskritische Aufgaben wahrnimmt, können Eisenbahnverkehrsunternehmen alle zuvor bei anderen Eisenbahnverkehrsunternehmen absolvierten Schulungen, Qualifizierungen und dort gemachten Erfahrungen berücksichtigen.

(3) Eisenbahnverkehrsunternehmen haben Triebfahrzeugführern, Zugbegleitern und sonstigem Personal, das sicherheitskritische Aufgaben wahrnimmt, den Zugang zu allen verfügbaren Dokumenten, die ihre Schulungen, Qualifikationen und Erfahrungen belegen, sowie die Vervielfältigung dieser Dokumente zu ermöglichen.

(4) Eisenbahninfrastrukturunternehmen und Eisenbahnverkehrsunternehmen sind dafür verantwortlich, dass das mit sicherheitskritischen Aufgaben betraute Personal über den dafür notwendigen Ausbildungsstand und über die dafür notwendigen Qualifikationen verfügt.

(BGBl I 2020/143)

Beschwerde an die Schienen-Control Kommission

§ 75e. (1) Wird das Begehren von Zugangsberechtigten auf Abschluss eines Vertrages über die Schulung von Eisenbahnbediensteten abgelehnt oder kommt eine Einigung zwischen dem Betreiber der Schulungseinrichtung und dem Zugangsberechtigten längstens binnen drei Monaten ab Einlangen des Begehrens beim Betreiber der Schulungseinrichtung nicht zustande, kann der Zugangsberechtigte Beschwerde an die Schienen-Control Kommission erheben. Die Beschwerde hat schriftlich zu erfolgen und einen Antrag auf Abschluss eines Vertrages über die Schulung von Eisenbahnbediensteten samt Bezeichnung des wesentlichen Inhaltes des angestrebten Vertrages zu enthalten.

(2) Der Betreiber der Schulungseinrichtung, an den das Begehren gestellt wurde, hat der Schienen-Control Kommission die für die Entscheidung über die Beschwerde erforderlichen Unterlagen binnen einer Woche nach Anforderung durch die Schienen-Control Kommission vorzulegen.

(3) Die Schienen-Control Kommission darf die in den Unterlagen gemäß Abs. 2 enthaltenen Angaben nur für die Entscheidung über die Beschwerde verwenden.

(4) Die Schienen-Control Kommission hat nach Anhörung des Betreibers der Schulungseinrichtung und des Zugangsberechtigten zu Schulungseinrichtungen nach Einlangen der Beschwerde mit Bescheid zu entscheiden.

(5) Der Beschwerde, mit der der Zugang zu Schulungseinrichtungen begehrt wird, ist bei Vorliegen der gesetzlichen Voraussetzungen für den begehrten Zugang zur Schulungseinrichtung

stattzugeben; in diesem Fall hat der vom Zugangsberechtigten begehrte Zugang zu Schulungseinrichtungen durch den die Beschwerde erledigenden Bescheid zu erfolgen, der den Abschluss eines schriftlichen Vertrages über die Schulung der Eisenbahnbediensteten ersetzt; der Bescheid hat sämtliche Bedingungen im Hinblick auf die administrativen und finanziellen Modalitäten zu enthalten.

(6) Ein gemäß Abs. 5 erlassener Bescheid steht einem zeitlich späteren Abschluss eines Vertrages über die Schulung von Eisenbahnbediensteten zwischen dem beschwerdeführenden Zugangsberechtigten und dem Betreiber der Schulungseinrichtung nicht entgegen.

(BGBl I 2006/125)

6c. Teil
Schienen-Control GmbH

Gründung der Schienen-Control GmbH

§ 76. (1) Zur Wahrung der ihr durch dieses Bundesgesetz übertragenen Aufgaben wird eine Gesellschaft mit beschränkter Haftung mit einem Stammkapital von 726 728 Euro gegründet. Der Sitz der Gesellschaft ist Wien. Sie ist nicht gewinnorientiert.

(2) Die Gesellschaft mit beschränkter Haftung führt die Firma „Schienen-Control Österreichische Gesellschaft für Schienenverkehrsmarktregulierung mit beschränkter Haftung" (Schienen-Control GmbH). Ihre Anteile sind zu 100% dem Bund vorbehalten. Die Verwaltung der Anteilsrechte für den Bund obliegt dem Bundesminister für Verkehr, Innovation und Technologie.

(3) Der Bundesminister für Verkehr, Innovation und Technologie wird ermächtigt, im Einvernehmen mit dem Bundesminister für Finanzen Kapitalerhöhungen zuzustimmen.

(4) Der Bundesminister für Verkehr, Innovation und Technologie hat dafür Sorge zu tragen, dass dem Aufsichtsrat der Schienen-Control GmbH auch ein Vertreter des Bundesministers für Finanzen angehört.

(5) Das Stammkapital für die Gründung der Gesellschaft ist beim bundesfinanzgesetzlichen Ansatz 1/65133 im Jahr 1999 zu budgetieren.

Aufgaben der Schienen-Control GmbH

§ 77. (1) Der Schienen-Control GmbH obliegen neben den ihr im 2., 5. und 6c. Teil dieses Bundesgesetzes zugewiesenen Zuständigkeiten (insbesondere §§ 74a Abs. 3, 78a, 78c und 84 Abs. 3) oder durch andere Bundesgesetze zugewiesene Zuständigkeiten folgende Aufgaben:

1. die Überwachung der Wahrung der gegenüber der Schienen-Control Kommission bestehenden Bereitstellungs- und Vorlagepflichten der Zuweisungsstellen, entgelterhebenden Stellen, Fahrwegkapazitätsberechtigten, Eisenbahninfrastrukturunternehmen, Eisenbahnverkehrsunternehmen, sonstiger Eisenbahnunternehmen und Betreibern von Serviceeinrichtungen;

2. die Geschäftsführung für die Schienen-Control Kommission (§ 81 Abs. 3);

3. die Tätigkeit einer Schlichtungsstelle;

4. jährliche Erhebung von Daten, die die Europäische Kommission für Zwecke der Marktüberwachung anfordert, insbesondere einerseits solche über die Nutzung des österreichischen Eisenbahnsystems und andererseits solche über die Entwicklung der Rahmenbedingungen im Eisenbahnsektor; Bereitstellung dieser Daten an die Europäische Kommission;

5. Wahrnehmung von Aufgaben der Schienen-Control Kommission in deren Namen, wenn sie von der Schienen-Control Kommission dazu ermächtigt worden ist (§ 81 Abs. 4).
(BGBl I 2015/137)

(2) Im Rahmen der Geschäftsführung für die Schienen-Control Kommission hat die Schienen-Control GmbH dieser alle „vorlagepflichtigen" Akte zur Kenntnis zu bringen. *(BGBl I 2006/125)*

(3) Die Schienen-Control GmbH kann zur Durchsetzung der ihr zukommenden Aufgaben mit Bescheid Anordnungen erlassen.

(4) Der Bundesminister für Verkehr, Innovation und Technologie kann im Zusammenhang mit seinen Zuständigkeiten im Bereich des Schienenverkehrs auf Haupt- und Nebenbahnen die Schienen-Control GmbH mit der Durchführung vorbereitender Aufgaben und der Erstellung von Gutachten beauftragen.

(5) Die Schienen-Control GmbH hat alle organisatorischen Vorkehrungen zu treffen, um ihre Aufgaben erfüllen zu können und der Schienen-Control Kommission die unabhängige Erfüllung von deren Aufgaben zu ermöglichen; Anforderungen der Schienen-Control Kommission bezüglich der zur unabhängigen Erfüllung ihrer Aufgaben nötigen personellen Ressourcen und des nötigen Sachaufwandes sind zu berücksichtigen. *(BGBl I 2015/137)*

(6) Die Organe und die Bediensteten der Schienen-Control GmbH sind entsprechend Art. 20 Abs. 3 B-VG zur Verschwiegenheit verpflichtet.

Verfahrensvorschrift

§ 78. (1) Die Schienen-Control GmbH hat im behördlichen Verfahren das Allgemeine Verwaltungsverfahrensgesetz 1991 – AVG, BGBl. Nr. 51/1991, anzuwenden. *(BGBl I 2015/137)*

(2) Zuständig, über eine Beschwerde gegen einen Bescheid der Schienen-Control GmbH und

wegen Verletzung ihrer Entscheidungspflicht zu erkennen, ist das Bundesverwaltungsgericht.

(3) und (4) *(entfallen, BGBl I 2015/137)*

(BGBl I 2013/96)

Außergerichtliche Streitbeilegung mit Kunden

§ 78a. (1) Unbeschadet der Zuständigkeit der ordentlichen Gerichte oder der Behörden können Gebietskörperschaften, Interessenvertretungen und Kunden Beschwerden in Streit- bzw. Beschwerdefällen, welche die Beförderung von Fahrgästen, Reisegepäck oder Gütern auf Haupt- und Nebenbahnen betreffen und die mit einem Eisenbahnunternehmen oder mit einer Verkehrsverbundorganisationsgesellschaft, sofern sie im Zusammenhang mit derartigen „Eisenbahnverkehrsdiensten" stehen, nicht befriedigend gelöst worden sind, bei der Agentur für Passagier- und Fahrgastrechte einbringen. Sie hat die von Gebietskörperschaften und Interessenvertretungen eingebrachten Beschwerden im Einzelnen zu behandeln. Die von Kunden eingebrachten Beschwerden von grundsätzlicher Bedeutung oder überdurchschnittlicher Häufung gleich gelagerter Beschwerden können zusammenfassend behandelt werden. *(BGBl I 2015/137)*

(2) Unbeschadet der Zuständigkeit der ordentlichen Gerichte oder der Behörden können Gebietskörperschaften, Interessenvertretungen und Fahrgäste insbesondere auch Beschwerden wegen behaupteter Verstöße gegen anzuwendende Bestimmungen der Verordnung (EG) Nr. 1371/2007 über die Rechte und Pflichten der Fahrgäste im Eisenbahnverkehr, ABl. Nr. L 315 vom 03.12.2007 S. 14 in der jeweils geltenden Fassung, oder des Eisenbahn-Beförderungs- und Fahrgastrechtegesetzes, sowie wegen behaupteter rechtswidriger Regelungen in den Beförderungsbedingungen einschließlich der Entschädigungsbedingungen (§ 22a) bei der Agentur für Passagier- und Fahrgastrechte einbringen. Diese Beschwerden sind im Einzelnen zu behandeln.

(3) Von Beschwerden gemäß Abs. 1 oder 2 betroffene Unternehmen haben an einem Schlichtungsverfahren mitzuwirken und alle zur Beurteilung der Sachlage erforderlichen Auskünfte zu erteilen sowie erforderlichen Unterlagen vorzulegen.

(4) Bei der Streitbeilegung gemäß Abs. 1 und 2 ist die im Bundesgesetz über die Agentur für Passagier- und Fahrgastrechte festgelegte Verfahrensweise anzuwenden.

(5) Die Agentur für Passagier- und Fahrgastrechte hat die Schienen-Control Kommission über gemäß Abs. 2 behandelte und die Entschädigungsbedingungen betreffende Beschwerden zu informieren, wenn es zu keiner einvernehmlichen Lösung kommt. Die Schienen-Control Kommission kann bei einer Beschwerde eines Fahrgasts über die Fahrpreisentschädigung bei Verspätungen oder Zugausfällen aussprechen, dass die Empfehlung der Agentur für Passagier- und Fahrgastrechte wegen eines behaupteten Verstoßes gegen anzuwendende Bestimmungen der Verordnung (EG) Nr. 1371/2007 oder des Eisenbahn-Beförderungs- und Fahrgastrechtegesetzes für verbindlich erklärt wird.

(BGBl I 2015/61)

Unwirksamkeitserklärung durch die Schienen-Control Kommission

§ 78b. (1) Die Schienen-Control Kommission hat von Amts wegen Beförderungsbedingungen, einschließlich der Entschädigungsbedingungen, für die Erbringung von Eisenbahnverkehrsleistungen im Personenverkehr auf Hauptbahnen und vernetzten Nebenbahnen ganz oder teilweise für unwirksam zu erklären, wenn sie gegen bundesrechtliche, unmittelbar anzuwendende unionsrechtliche oder völkerrechtliche Rechtsvorschriften verstoßen.

(2) Die Schienen-Control Kommission hat bei der Unwirksamkeitserklärung gleichzeitig auszusprechen, ab welchem Zeitpunkt welche Bestimmungen neu zu regeln sind. Zugleich mit der gänzlichen oder teilweisen Unwirksamkeitserklärung hat die Schienen-Control Kommission dem Eisenbahnunternehmen oder der Verkehrsverbundorganisationsgesellschaft zu untersagen, die für unwirksam erklärten Bestimmungen zu verwenden und sich auf sie zu berufen. Weiters kann die Schienen-Control Kommission die Modalitäten zur Herstellung des rechtmäßigen Zustandes auftragen.

(BGBl I 2013/40)

Tätigkeitsbericht

„**§ 78c.**"* „Die Schienen-Control GmbH hat jährlich einen Bericht über ihre Tätigkeiten zur Erfüllung ihrer Aufgaben nach diesem Bundesgesetz, mit Ausnahme der Aufgabe als Agentur für Passagier- und Fahrgastrechte, bis spätestens 30. Juni des dem Berichtsjahr folgenden Kalenderjahres zu erstellen; dieser Bericht hat auch die Entwicklung des Schienenverkehrsmarktes darzustellen."** Der Bericht ist in geeigneter Weise zu veröffentlichen und vom Bundesminister für Verkehr, Innovation und Technologie dem Nationalrat vorzulegen. (**BGBl I 2010/25;* ***BGBl I 2015/61)*

(BGBl I 2006/125)

Auskunftspflichten

§ 78d. Eisenbahninfrastrukturunternehmen und Eisenbahnverkehrsunternehmen haben der Schienen-Control GmbH auf Verlangen die Auskünfte zu erteilen, die für den ihr übertragenen Vollzug eisenbahnrechtlicher Regelungen erforderlich sind, sowie dieser und den von ihr Beauftragten zur Überprüfung der Einhaltung der ihr zum Vollzug übertragenen eisenbahnrechtlichen Verpflichtungen auf Verlangen die erforderlichen Auskünfte zu erteilen und Einschau in die Aufzeichnungen und Bücher zu gewähren.

(BGBl I 2015/137)

Aufsicht

§ 79. (1) Unbeschadet der Rechte der Generalversammlung gemäß dem Gesetz über die Gesellschaften mit beschränkter Haftung, RGBl. Nr. 58/1906, unterliegt die Tätigkeit der Schienen-Control GmbH der Aufsicht des Bundesministers für Verkehr, Innovation und Technologie.

(2) Der Bundesminister für Verkehr, Innovation und Technologie kann in Erfüllung seines Aufsichtsrechtes der Schienen-Control GmbH begründete Weisungen in schriftlicher Form erteilen.

(3) Dem Bundesminister für Verkehr, Innovation und Technologie sind von der Geschäftsführung alle zur Erfüllung seiner Aufgaben erforderlichen Auskünfte zu erteilen und die entsprechenden Unterlagen zu übermitteln.

(4) Der Bundesminister für Verkehr, Innovation und Technologie hat dafür Sorge zu tragen, dass der Bestellung zum Geschäftsführer ein transparentes Auswahlverfahren zugrunde liegt. *(BGBl I 2015/137)*

„(5)" Der Bundesminister für Verkehr, Innovation und Technologie kann die Bestellung zum Geschäftsführer widerrufen, wenn ein Geschäftsführer eine Weisung gemäß Abs. 2 nicht befolgt oder eine Auskunft gemäß Abs. 3 nicht erteilt. § 16 des Gesetzes über die Gesellschaften mit beschränkter Haftung, RGBl. Nr. 58/1906, wird dadurch nicht berührt. *(BGBl I 2015/137)*

Erklärung der Geschäftsführer

§ 79a. (1) Die Geschäftsführer der Schienen-Control GmbH
1. haben stets unabhängig von allen Marktinteressen im Bezug auf den Eisenbahnsektor zu handeln,
2. dürfen in keiner Form an Eisenbahninfrastrukturunternehmen, Zuweisungsstellen, entgelterhebenden Stellen, Fahrwegkapazitätsberechtigten oder Betreibern von Serviceeinrichtungen beteiligt sein, und
3. dürfen mit Eisenbahninfrastrukturunternehmen, Zuweisungsstellen, entgelterhebenden Stellen, Fahrwegkapazitätsberechtigten oder Betreibern von Serviceeinrichtungen in keiner rechtsgeschäftlichen Beziehung stehen; davon ausgenommen ist der Abschluss von Verträgen über die Beförderung ihrer Person, ihres Reisegepäcks oder ihrer Güter.

(2) Die Geschäftsführer der Schienen-Control GmbH haben deren Aufsichtsrat jährlich vorzulegen:
1. eine Erklärung, in der sie sich zur Einhaltung der Vorgaben im Abs. 1 verpflichten;
2. eine Erklärung ihrer Interessen, in der sie jegliche unmittelbare oder mittelbare Interessen anzugeben haben, die als Beeinträchtigung ihrer Unabhängigkeit angesehen werden könnten und die die Wahrnehmung ihrer Tätigkeit als Geschäftsführer beeinflussen könnten.

(BGBl I 2015/137)

Berufsverbot

§ 79b. Für einen Zeitraum von mindestens einem Jahr nach Beendigung der Geschäftsführertätigkeit dürfen ehemalige Geschäftsführer der Schienen-Control GmbH bei Eisenbahnverkehrsunternehmen, Eisenbahninfrastrukturunternehmen, Zuweisungsstellen, entgelterhebenden Stellen und Betreibern von Serviceeinrichtungen weder eine berufliche Position bekleiden, noch berufliche Aufgaben wahrnehmen.

(BGBl I 2015/137)

Aufwand der Schienen-Control GmbH

§ 80. (1) Die Geschäftsführung der Schienen-Control GmbH hat wirtschaftlich, zweckmäßig und sparsam zu erfolgen. Dem Bundesminister für Verkehr, Innovation und Technologie und dem Bundesminister für Finanzen ist ein jährlicher Finanzplan vorzulegen. Der notwendige Personal- und Sachaufwand, der der Schienen-Control GmbH für die Erfüllung ihrer Aufgaben nach diesem Bundesgesetz mit Ausnahme der Aufgabe als Agentur für Passagier- und Fahrgastrechte erwächst, ist aus Kostenbeiträgen von Eisenbahnverkehrsunternehmen zu decken, soweit sie Zugang zu von § 56 erfasster „Eisenbahninfrastruktur" ausüben. Dies schließt auch den bei der Schienen-Control Kommission anfallenden Personal- und Sachaufwand mit ein. Diese Kostenbeiträge sind ihnen von der Schienen-Control GmbH pro Kalenderjahr mit Bescheid vorzuschreiben und von dieser einzuheben. *(BGBl I 2015/61; BGBl I 2015/137)*

(2) Die Höhe dieser Kostenbeiträge hat der Bundesminister für Verkehr, Innovation und Technologie im Einvernehmen mit dem Bundesminister für Finanzen durch Verordnung zu regeln, wobei von den Grundsätzen einer pauschalierten anteiligen Anlastung entsprechend der Inanspruchnahme der „Eisenbahninfrastruktur" und der Begrenzung der Höhe nach nach dem für die Erfüllung der Aufgaben bei wirtschaftlicher,

zweckmäßiger und sparsamer Gebarung notwendigen Aufwand auszugehen ist. In dieser Verordnung kann auch die Art und das Ausmaß der Vorschreibung von Vorauszahlungen für die laufende Benützung der „Eisenbahninfrastruktur" während eines Kalenderjahres geregelt werden. *(BGBl I 2015/137)*

7. Teil

Regulierungsbehörde

Einrichtung der Schienen-Control Kommission

§ 81. (1) Bei der Schienen-Control GmbH wird eine Schienen-Control Kommission eingerichtet.

(2) Der Schienen-Control Kommission obliegen die ihr im 2., 3., 5. bis 6b. sowie im 9. Teil dieses Bundesgesetzes zugewiesenen Zuständigkeiten (§§ 13 Abs. 4 bis 6, 22b, 53c, 53f, 55, 57, 57c, 62a, 64 Abs. 5, 65e Abs. 4, 67d, 68a, 72, 73, 74, 74a, 75a Abs. 3, 75e, 78b, 84b, 84c, 154 und 164). In den Angelegenheiten der §§ 77 Abs. 3 und 80 Abs. 1 ist sie sachlich in Betracht kommende Oberbehörde im Sinne der §§ 5 und 68 AVG. Zur Durchsetzung der ihr zukommenden Aufgaben ist sie berechtigt, mit Bescheid Anordnungen zu erlassen. *(BGBl I 2015/137)*

(3) Die Geschäftsführung der Schienen-Control Kommission obliegt der Schienen-Control GmbH. Im Rahmen ihrer Tätigkeit für die Schienen-Control Kommission ist das Personal der Schienen-Control GmbH an die Weisungen einerseits des den Vorsitz führenden Mitgliedes oder des an seine Stelle tretenden Ersatzmitgliedes und andererseits für einzelne laufende Geschäfte des in der Geschäftsordnung hiefür bestimmten Mitgliedes oder des an seine Stelle tretenden Ersatzmitgliedes gebunden. *(BGBl I 2015/137)*

(4) Wenn es im Interesse der Zweckmäßigkeit, Raschheit, Einfachheit und Kostenersparnis gelegen ist, kann die Schienen-Control GmbH von der Schienen-Control Kommission ermächtigt werden, die „in §§ 13 Abs. 4, 55g Abs. 2, 65 Abs. 5 und 8, 65b Abs. 1, 68a, 74a Abs. 1, 84b, 84c Abs. 1 bis 3 angeführten Aufgaben" in ihrem Namen wahrzunehmen. Soll die Schienen-Control GmbH zur Wahrnehmung solcher Aufgaben über den Einzelfall hinaus ermächtigt werden, hat dies durch Verordnung der Schienen-Control Kommission zu erfolgen. *(BGBl I 2015/137; BGBl I 2019/60)*

„(5)" Die Schienen-Control Kommission ist verpflichtet, den Bundesminister für Verkehr, Innovation und Technologie auf dessen Verlangen über alle Gegenstände ihrer Geschäftsführung zu unterrichten. Würde durch eine verlangte Unterrichtung ein Eingriff in die Rechtsprechung der Schienen-Control Kommission resultieren, kann sie von der Schienen-Control Kommission verweigert werden. *(BGBl I 2015/137)*

(BGBl I 2013/96)

Zusammensetzung der Schienen-Control Kommission

§ 82. (1) Die Schienen-Control Kommission besteht aus drei Mitgliedern. Für jedes Mitglied ist ein Ersatzmitglied zu bestellen. Das Ersatzmitglied tritt bei Verhinderung eines Mitglieds an dessen Stelle. Ein Mitglied und das für dieses Mitglied bestellte Ersatzmitglied haben dem Richterstand anzugehören. Die übrigen Mitglieder und die für sie bestellten Ersatzmitglieder haben Fachleute für die einschlägigen Bereiche des Verkehrswesens oder für andere netzgebundene Bereiche zu sein. Die Mitglieder und Ersatzmitglieder sind über Vorschlag des Bundesministers für Verkehr, Innovation und Technologie von der Bundesregierung zu bestellen. Den jeweiligen Bestellungen hat ein transparentes Auswahlverfahren zugrunde zu liegen. *(BGBl I 2015/137)*

(2) Der Schienen-Control Kommission dürfen nicht angehören:

1. Mitglieder der Bundesregierung oder einer Landesregierung sowie Staatssekretäre;

2. Personen, die in einem rechtlichen oder faktischen Naheverhältnis zu jenen stehen, die eine Tätigkeit der Schienen-Control Kommission in Anspruch nehmen;

3. Personen, die zum Nationalrat nicht wählbar sind.

(3) Die Mitglieder und Ersatzmitglieder der Schienen-Control Kommission sind für eine Amtsdauer von fünf Jahren zu bestellen. Sie haben bei Ablauf dieser Amtsdauer ihr Amt bis zu dessen Wiederbesetzung auszuüben. Wiederbestellungen sind zulässig. Scheidet ein Mitglied bzw. ein Ersatzmitglied vor Ablauf der Bestellungsdauer aus, ist unter Anwendung des Abs. 1 für die restliche Bestellungsdauer ein neues Mitglied bzw. Ersatzmitglied zu bestellen.

(4) Die Mitgliedschaft bzw. Ersatzmitgliedschaft erlischt:

1. wegen Todes eines Mitgliedes oder Ersatzmitgliedes;

2. wegen Ablaufes der Bestellungsdauer eines Mitgliedes oder Ersatzmitgliedes;

3. wegen Verzichts eines Mitgliedes oder Ersatzmitgliedes;

4. für ein Mitglied mit der Feststellung aller übrigen Mitglieder, dass das Mitglied wegen schwerer körperlicher oder geistiger Gebrechen zu einer ordentlichen Funktionsausübung unfähig ist;

5. für ein Ersatzmitglied mit der Feststellung der Mitglieder, dass das Ersatzmitglied wegen

schwerer körperlicher oder geistiger Gebrechen zu einer ordentlichen Funktionsausübung unfähig ist;

6. für ein Mitglied mit der Feststellung aller übrigen Mitglieder, dass das Mitglied Einladungen zu drei aufeinanderfolgenden Sitzungen ohne genügende Entschuldigung keine Folge geleistet hat;

7. für ein Ersatzmitglied mit der Feststellung der Mitglieder, dass das Ersatzmitglied Einladungen zu drei aufeinanderfolgenden Sitzungen ohne genügende Entschuldigung keine Folge geleistet hat;

8. für das richterliche Mitglied und das richterliche Ersatzmitglied wegen Ausscheidens aus dem Richterstand.

(5) Die Mitglieder und die Ersatzmitglieder sind entsprechend Art. 20 Abs. 3 B-VG zur Verschwiegenheit verpflichtet.

(BGBl I 2013/96)

Erklärung der Mitglieder und Ersatzmitglieder

§ 82a. (1) Die Mitglieder und Ersatzmitglieder der Schienen-Control Kommission

1. haben stets unabhängig von allen Marktinteressen im Bezug auf den Eisenbahnsektor zu handeln,

2. dürfen in keiner Form an Eisenbahninfrastrukturunternehmen, Zuweisungsstellen, entgelterhebenden Stellen, Fahrwegkapazitätsberechtigten oder Betreibern von Serviceeinrichtungen beteiligt sein, und

3. dürfen mit Eisenbahninfrastrukturunternehmen, Zuweisungsstellen, entgelterhebenden Stellen, Fahrwegkapazitätsberechtigten oder Betreibern von Serviceeinrichtungen in keiner rechtsgeschäftlichen Beziehung stehen; davon ausgenommen ist der Abschluss von Verträgen über die Beförderung ihrer Person, ihres Reisegepäcks oder ihrer Güter.

(2) Die Mitglieder und Ersatzmitglieder der Schienen-Control Kommission haben der Bundesregierung jährlich vorzulegen:

1. eine Erklärung, in der sie sich zur Einhaltung der Vorgaben im Abs. 1 verpflichten;

2. eine Erklärung ihrer Interessen, in der sie jegliche unmittelbare oder mittelbare Interessen anzugeben haben, die als Beeinträchtigung ihrer Unabhängigkeit angesehen werden könnten und die die Wahrnehmung ihrer Tätigkeit in der Schienen-Control Kommission beeinflussen könnten.

(BGBl I 2015/137)

Berufsverbot

§ 82b. Für einen Zeitraum von mindestens einem Jahr nach dem Erlöschen ihrer Mitgliedschaft in der Schienen-Control Kommission dürfen ihre ehemaligen Mitglieder und Ersatzmitglieder bei Eisenbahnverkehrsunternehmen, Eisenbahninfrastrukturunternehmen, Zuweisungsstellen, entgelterhebenden Stellen und Betreibern von Serviceeinrichtungen weder eine berufliche Position bekleiden, noch berufliche Aufgaben wahrnehmen.

(BGBl I 2015/137)

Beschlussfassung und Geschäftsordnung

§ 83. (1) Das richterliche Mitglied, bei dessen Verhinderung das an seine Stelle tretende Ersatzmitglied, führt in der Schienen-Control Kommission den Vorsitz. Die Teilnahme von Ersatzmitgliedern an Sitzungen der Schienen-Control Kommission ist auch dann zulässig, wenn diese nicht an die Stelle eines Mitgliedes treten.

(2) Entscheidungen der Schienen-Control Kommission werden mit Stimmenmehrheit gefasst; Stimmenthaltung ist unzulässig.

(3) Die Schienen-Control Kommission hat sich eine Geschäftsordnung zu geben, in der einzelne ihrer Mitglieder mit der Führung der laufenden Geschäfte, unter Einschluss der Erlassung verfahrensrechtlicher Bescheide, betraut werden können.

(4) Die Mitglieder und die für sie bestellten Ersatzmitglieder sind in Ausübung ihres Amtes unabhängig und an keine Weisungen gebunden.

(BGBl I 2013/96)

Verfahrensvorschrift

§ 84. (1) Die Schienen-Control Kommission hat im behördlichen Verfahren das AVG, im Strafverfahren das VStG und im Vollstreckungsverfahren das Verwaltungsvollstreckungsgesetz 1991 – VVG, BGBl. Nr. 53/1991, anzuwenden. *(BGBl I 2015/137)*

(2) Ein Mitglied oder an dessen Stelle tretendes Ersatzmitglied hat sich in einem Verwaltungsverfahren für befangen zu erklären, wenn es mit Parteien oder Beteiligten eines die Regulierung des Schienenverkehrsmarktes betreffenden Verfahrens im Jahr vor Einleitung des Verfahrens in einer unmittelbaren oder mittelbaren Verbindung stand. *(BGBl I 2015/137)*

(3) Die Schienen-Control GmbH hat in Form eines Bescheides ergangene Entscheidungen der Schienen-Control Kommission in Angelegenheiten der Regulierung des Schienenverkehrsmarktes auf ihrer Internetseite zu veröffentlichen. *(BGBl I 2015/137)*

„(4)" Zuständig, über eine Beschwerde gegen einen Bescheid der Schienen-Control Kommission und wegen Verletzung ihrer Entscheidungspflicht zu erkennen, ist das Bundesverwaltungsgericht. *(BGBl I 2015/137)*

„(5)" Beschwerden gegen Bescheide der Schienen-Control Kommission, die „gemäß §§ 57, 57c, 72, 73, 74" und, soweit ein Zusammenhang mit diesen Bestimmungen besteht, auch gemäß § 81 Abs. 2 erlassen wurden, haben abweichend vom § 13 des Verwaltungsgerichtsverfahrensgesetzes (VwGVG), BGBl. I Nr. 33/2013, keine aufschiebende Wirkung. Das Bundesverwaltungsgericht kann jedoch die aufschiebende Wirkung der Beschwerde mit Beschluss zuerkennen, wenn nach Abwägung aller berührten Interessen mit dem Vollzug des Bescheides oder mit der Ausübung der mit dem Bescheid eingeräumten Berechtigung für den Beschwerdeführer ein schwerer und nicht wieder gutzumachender Schaden verbunden wäre und der Beschwerdeführer die Zuerkennung der aufschiebenden Wirkung der Beschwerde in der Beschwerde beantragt hat. Diesfalls hat die Schienen-Control Kommission dem Bundesverwaltungsgericht die Beschwerde unter Anschluss der Akten des Verfahrens unverzüglich vorzulegen. Das Bundesverwaltungsgericht hat über die beantragte Zuerkennung der aufschiebenden Wirkung der Beschwerde ohne weiteres Verfahren unverzüglich zu entscheiden und der Schienen-Control Kommission, wenn diese nicht von der Erlassung einer Beschwerdevorentscheidung absieht, die Akten des Verfahrens zurückzustellen. *(BGBl I 2015/137)*

„(6)" Neue Tatsachen oder Beweise können in einer Beschwerde gegen einen Bescheid der Schienen-Control Kommission, der „gemäß §§ 57, 57c, 72, 73, 74" und, soweit ein Zusammenhang mit diesen Bestimmungen besteht, auch gemäß § 81 Abs. 2 erlassen wurde, nur insofern vorgebracht werden, als sie der Beschwerdeführer im Verwaltungsverfahren nicht vorbringen konnte. *(BGBl I 2015/137)*

(7) § 34 Abs. 1 erster Satz VwGVG ist mit der Maßgabe anzuwenden, dass über Beschwerden gegen Bescheide der Schienen-Control Kommission, die gemäß §§ 57, 57c, 72, 73 und 74, soweit ein Zusammenhang mit diesen Bestimmungen besteht, auch gemäß § 81 Abs. 2 erlassen wurden, ohne unnötigen Aufschub, spätestens aber zwei Monate nach deren Einlangen zu entscheiden ist. *(BGBl I 2015/137)*

„(8)" Das Bundesverwaltungsgericht entscheidet über Beschwerden in jenen Fällen, in denen die Schienen-Control Kommission belangte Behörde ist, durch Senate. *(BGBl I 2015/137)*

(9) Abweichend von § 1 Abs. 1 des Verwaltungsvollstreckungsgesetzes 1991 – VVG, BGBl. I Nr. 53/1991, obliegt der Schienen-Control Kommission die Vollstreckung der von ihr in Angelegenheiten der Regulierung des Schienenverkehrsmarktes selbst erlassenen Bescheide. *(BGBl I 2015/137)*

(BGBl I 2013/96)

Auskunftspflichten

§ 84a. (1) Die Zuweisungsstellen, entgelterhebenden Stellen, Betreiber einer Serviceeinrichtung, Fahrwegkapazitätsberechtigte, Eisenbahninfrastrukturunternehmen und Eisenbahnverkehrsunternehmen haben der Schienen-Control Kommission auf Verlangen die Auskünfte zu erteilen, die für den ihr übertragenen Vollzug eisenbahnrechtlicher Regelungen erforderlich sind. Neben diesen Auskunftspflichtigen haben zusätzlich Dritte, die von der Regulierung des Schienenverkehrsmarktes betroffen sind, der Schienen-Control Kommission Auskünfte zu erteilen, die für den ihr übertragenen Vollzug des 6. Teiles erforderlich sind.

(2) Für die Erteilung der verlangten Auskünfte hat die Schienen-Control Kommission eine angemessene, jedoch höchstens einmonatige Frist festzulegen. Auf rechtzeitig gestellten Antrag ist diese Frist um einen Zeitraum von höchstens zwei Wochen zu verlängern, wenn außergewöhnliche Umstände der fristgerechten Auskunftserteilung entgegenstehen.

(3) Die Zuweisungsstellen, entgelterhebenden Stellen, Betreiber einer Serviceeinrichtung, Fahrwegkapazitätsberechtigte, Eisenbahninfrastrukturunternehmen und Eisenbahnverkehrsunternehmen haben der Schienen-Control Kommission und den von ihr Beauftragten auf Verlangen Einschau in die Aufzeichnungen und Bücher zu gewähren, wenn dies für den der Schienen-Control Kommission übertragenen Vollzug eisenbahnrechtlicher Regelungen erforderlich ist.

(BGBl I 2015/137)

Konsultierung von Nutzern

§ 84b. Die Schienen-Control Kommission hat Vertreter der Nutzer von Dienstleistungen in den Bereichen Schienengütertransport und Schienenpersonenverkehr regelmäßig, mindestens aber alle zwei Jahre zu konsultieren, um Kenntnis über deren Ansichten zur Entwicklung des Schienenverkehrsmarktes zu erlangen.

(BGBl I 2015/137)

Grenzüberschreitende Zusammenarbeit

§ 84c. (1) Die Schienen-Control Kommission hat an den Tätigkeiten des aus den Regulierungsstellen gebildeten Netzwerkes als Mitglied dieses Netzwerkes teilzunehmen.

(2) Die Schienen-Control Kommission hat in diesem Netzwerk über ihre Tätigkeit, über Entscheidungsgrundsätze, über die Entscheidungspra-

xis, über wichtige Fragestellungen im Zuge von Verwaltungsverfahren, und über Probleme bei der Auslegung von anzuwendendem Recht der Europäischen Union zu informieren.

(3) Die Schienen-Control Kommission hat mit den anderen, am Netzwerk als Mitglieder beteiligten Regulierungsstellen zusammenzuarbeiten, um Entscheidungen in der gesamten Europäischen Union zu koordinieren.

(4) Die Schienen-Control Kommission hat mit den anderen, als Mitglieder am Netzwerk beteiligten Regulierungsstellen im Rahmen der Marktüberwachung der Europäischen Kommission und im Wege einer Amtshilfe in regulierungsbehördlichen und wettbewerbsbehördlichen Verfahren zusammenzuarbeiten, wenn Gegenstand dieser Verfahren die Zuweisung grenzüberschreitender Zugtrassen ist.

(4a) In Angelegenheiten, die einen grenzüberschreitenden Eisenbahnverkehrsdienst betreffen, und in denen neben einer Entscheidung der Schienen-Control Kommission auch die Entscheidung anderer Regulierungsstellen erforderlich ist, hat die Schienen-Control Kommission bei der Ausarbeitung ihrer Entscheidung lösungsorientiert mit den betreffenden anderen Regulierungsstellen zusammenzuarbeiten." *(BGBl I 2019/60)*

(5) Hat die Schienen-Control Kommission in einem regulierungs- oder wettbewerbsbehördlichen Verfahren, deren Gegenstand die Zuweisung von Zugtrassen in Österreich, die Teil einer grenzüberschreitenden Zugtrasse sind, zu entscheiden, hat sie vorher die Regulierungsstelle in dem Mitgliedstaat der Europäischen Union anzuhören, auf dessen Hoheitsgebiet sich ein Teil der grenzüberschreitenden Zugtrasse befindet.

(6) Wird die Schienen-Control Kommission von einer anderen Regulierungsstelle in einem regulierungs- oder wettbewerbsbehördlichen Verfahren, deren Gegenstand die Zuweisung von grenzüberschreitenden Zugtrassen sind, die sich auch auf österreichischem Hoheitsgebiet befinden, angehört, hat sie dieser Regulierungsstelle auf deren Verlangen auch jene Auskünfte zu erteilen, die sie in einem von ihr durchzuführenden gleichartigen Verwaltungsverfahren von Zuweisungsstellen und entgelterhebenden Stellen einzuholen berechtigt ist. Die Zuweisungsstellen und entgelterhebenden Stellen haben der Schienen-Control Kommission die für eine solche Auskunftserteilung notwendigen sachdienlichen Informationen vorzulegen.

(7) Die Schienen-Control Kommission hat ihr zur Kenntnis gelangende Entscheidungen und Verfahren von zusammenarbeitenden Zuweisungsstellen (§ 64a) und von zusammengeschlossenen entgelterhebenden Stellen (§ 70 Abs. 2), die der Durchführung der Richtlinie 2012/34/EU oder anderweitigen Erleichterungen des grenzüberschreitenden Schienenverkehrs dienen, dahingehend zu überprüfen, ob diese Entscheidungen und Verfahren den Bestimmungen des 6. Teiles oder unmittelbar anzuwendenden unionsrechtlichen, die Regulierung des Schienenverkehrsmarktes regelnden Rechtsvorschriften entsprechen. *(BGBl I 2021/231)*

(BGBl I 2015/137)

Kundmachung von Verordnungen der Schienen-Control Kommission

§ 84d. Verordnungen der Schienen-Control Kommission sind von der Schienen-Control GmbH auf ihrer Internetseite kundzumachen.

(BGBl I 2015/137)

Kosten und Entschädigung der Mitglieder

§ 85. Die Mitglieder der Schienen-Control Kommission haben Anspruch auf Ersatz der angemessenen Reisekosten und Barauslagen sowie auf ein Sitzungsgeld. Der Bundesminister für Verkehr, Innovation und Technologie kann im Einvernehmen mit dem Bundesminister für Finanzen unter Bedachtnahme auf den Umfang der von der Schienen-Control Kommission zu besorgenden Aufgaben durch Verordnung pauschalierte Beträge für das Sitzungsgeld festlegen.

(BGBl I 2013/96)

8. Teil
Interoperabilität

1. Hauptstück
Geltungsbereich, Zweck

Geltungsbereich

§ 86. (1) Dieser Gesetzesteil gilt für zum österreichischen Eisenbahnsystem gehörige Hauptbahnen und vernetzte Nebenbahnen sowie für Schienenfahrzeuge, die auf solchen Eisenbahnen betrieben oder betrieben werden sollen.

(2) Dieser Gesetzesteil gilt nicht für:

1. vernetzte Nebenbahnen, die von Hauptbahnen funktional getrennt sind und die nur für die Personenbeförderung im örtlichen Verkehr, im Stadt- oder Vorortverkehr genützt werden;

2. Infrastrukturen und Schienenfahrzeuge, die ausschließlich für den lokal begrenzten Einsatz oder ausschließlich für historische oder touristische Zwecke genutzt werden;

3. vernetzte Nebenbahnen, auf denen überwiegend Eisenbahnpersonenverkehrsdienste im Stadt- und Vorortverkehr mit Schienenfahrzeugen erbracht werden, die einen Kollisionssicherheitswert der Kategorie C-III oder C-IV (gemäß EN 15227:2011) und eine Fahrzeugfestigkeit von

höchstens 800 kN (Längsdruckkraft im Kupplungsbereich) aufweisen;

4. Schienenfahrzeuge, die einen Kollisionssicherheitswert der Kategorie C-III oder C-IV (gemäß EN 15227:2011) und eine Fahrzeugfestigkeit von höchstens 800 kN (Längsdruckkraft im Kupplungsbereich) aufweisen;

5. Schienenfahrzeuge, die überwiegend für die Erbringung von Eisenbahnpersonenverkehrsdiensten im Stadt- und Vorortsverkehr auf vernetzten Nebenbahnen gemäß Z 3 eingesetzt werden, und die mit bestimmten Bauteilen für schwere Schienenfahrzeuge ausgerüstet sind, wenn diese Ausrüstung für den Durchgangsverkehr auf einem begrenzten Abschnitt einer Hauptbahn oder einer anderen als in Z 3 angeführten vernetzten Nebenbahn ausschließlich zu Verbindungszwecken mit einer anderen vernetzten Nebenbahn gemäß Z 3 erforderlich ist.

(BGBl I 2020/143)

Zweck

§ 87. Zweck dieses Gesetzesteiles ist die Sicherstellung der Interoperabilität der vom Geltungsbereich dieses Gesetzesteiles erfassten Eisenbahnen und Schienenfahrzeuge.

(BGBl I 2020/143)

2. Hauptstück
Interoperabilität des Eisenbahnsystems

1. Abschnitt
Allgemeines

Interoperabilität

§ 88. Unter Interoperabilität versteht man die Eignung eines Eisenbahnsystems für einen sicheren und durchgehenden Zugverkehr, indem den dafür erforderlichen Leistungskennwerten entsprochen wird.

(BGBl I 2020/143)

Technische Spezifikationen für die Interoperabilität (TSI)

§ 89. Unter technischen Spezifikationen für die Interoperabilität (TSI) versteht man Spezifikationen, die für jedes Teilsystem oder Teile davon im Hinblick auf die Erfüllung der grundlegenden Anforderungen gelten und die die Interoperabilität des Eisenbahnsystems gewährleisten.

(BGBl I 2020/143)

Grundlegende Anforderungen

§ 90. Die grundlegenden Anforderungen sind die Gesamtheit aller Bedingungen, die das Eisenbahnsystem, die Teilsysteme und die Interoperabilitätskomponenten einschließlich der Schnittstellen erfüllen müssen und die im Anhang III der Richtlinie (EU) 2016/797 angeführt sind.

(BGBl I 2020/143)

Aufrüstung

§ 91. Unter Aufrüstung versteht man umfangreiche Änderungsarbeiten an einem Teilsystem oder von Teilen desselben, die eine Änderung des der EG-Prüferklärung beigefügten Dossiers, soweit ein solches vorhanden ist, zur Folge haben und mit denen die Gesamtleistung des Teilsystems verbessert wird.

(BGBl I 2020/143)

Erneuerung

§ 92. Unter Erneuerung versteht man umfangreiche Arbeiten zum Austausch eines Teilsystems oder eines Teiles davon, mit denen die Gesamtleistung des Teilsystems nicht verändert wird.

(BGBl I 2020/143)

Bereitstellung von Daten

§ 93. Die Behörde hat der mit der Ausarbeitung der TSI beauftragten Eisenbahnagentur der Europäischen Union alle vorhandenen Daten bereitzustellen, die erforderlich sind, um dieser bei der Ausarbeitung, Annahme oder Überarbeitung jeder TSI die Berücksichtigung aller absehbarer Kosten und des absehbaren Nutzens aller geprüften technischen Lösungen sowie der Schnittstelle zwischen ihnen mit dem Ziel zu ermöglichen, die vorteilhaftesten Lösungen zu ermitteln und zu verwirklichen. Die Eisenbahnunternehmen haben derartige, verfügbare Daten der Behörde zur Verfügung zu stellen.

(BGBl I 2020/143)

2. Abschnitt
Interoperabilitätskomponenten

Begriffsbestimmung

§ 94. Interoperabilitätskomponenten sind Bauteile, Bauteilgruppen, Unterbaugruppen oder komplette Materialbaugruppen, die in ein Teilsystem eingebaut sind oder eingebaut werden sollen und von denen die Interoperabilität des Eisenbahnsystems direkt oder indirekt abhängt, einschließlich sowohl materieller als auch immaterieller Produkte.

(BGBl I 2020/143)

Inverkehrbringen von Interoperabilitätskomponenten

§ 95. (1) Es dürfen nur solche Interoperabilitätskomponenten in den inländischen Verkehr gebracht werden, die die Verwirklichung der Interoperabilität des Eisenbahnsystems ermöglichen und den grundlegenden Anforderungen entsprechen. Dies gilt nicht für Interoperabilitätskomponenten, die für andere, vom Geltungsbereich dieses Gesetzesteiles nicht erfasste Anwendungen bestimmt sind.

(2) Unter Inverkehrbringen von Interoperabilitätskomponenten ist deren erstmalige Bereitstellung in Österreich zu verstehen. Als Inverkehrbringen von Interoperabilitätskomponenten gilt nicht das Überlassen von Interoperabilitätskomponenten zum Zwecke der Lagerung, der Verschrottung, ihrer Konformitäts- oder Gebrauchstauglichkeitsprüfung.

(3) Beeinträchtigt eine Interoperabilitätskomponente, für die eine EG-Erklärung vorliegt, die in Verkehr gebracht worden ist und die bestimmungsgemäß verwendet wird, die Einhaltung der grundlegenden Anforderungen, so hat die Behörde mit Verordnung ein Verbot des Inverkehrbringens von und des freien Warenverkehrs mit Komponenten der gleichen Type zu erlassen.

(4) Die Behörde hat die Erlassung einer Verordnung nach Abs. 3 der Europäischen Kommission, der Eisenbahnagentur der Europäischen Union und den anderen Mitgliedstaaten der Europäischen Union unter Angabe der Erlassung einer solchen Verordnung zugrundeliegenden Gründe mitzuteilen, wobei insbesondere zu erläutern ist, ob die betreffende Interoperabilitätskomponente deshalb nicht konform ist, weil

1. die grundlegenden Anforderungen nicht erfüllt werden,

2. die in Anspruch genommenen europäischen Spezifikationen nicht ordnungsgemäß angewandt worden sind, oder

3. die europäischen Spezifikationen unvollständig sind.

(5) Die Verordnung ist von der Behörde aufzuheben, wenn die Europäische Kommission der Republik Österreich mitteilt, dass sie das Verbot des Inverkehrbringens von und des freien Warenverkehrs mit dieser Interoperabilitätskomponente für unbegründet hält.

(6) Die Überwachung der Einhaltung der Bestimmungen über das Inverkehrbringen von und den freien Warenverkehr mit Interoperabilitätskomponenten nach Abs. 1 und 3 obliegt der Bezirksverwaltungsbehörde. Die Organe der Bezirksverwaltungsbehörde sind in Ausübung dieser Überwachung befugt, Geschäfts- und Betriebsräume sowie dem Geschäft und Betrieb dienende Grundstücke, in oder auf denen Interoperabilitätskomponenten hergestellt werden, zum Zwecke des Inverkehrbringens lagern oder ausgestellt sind, zu den Betriebs- und Geschäftszeiten zu betreten, die Interoperabilitätskomponenten zu besichtigen und zu prüfen.

(BGBl I 2020/143)

Konformität und Gebrauchstauglichkeit

§ 96. (1) Mit einer EG-Konformitäts- oder EG-Gebrauchstauglichkeitserklärung für eine Interoperabilitätskomponente wird bescheinigt, dass die Interoperabilitätskomponente den Verfahren für die Bewertung der Konformität oder der Gebrauchstauglichkeit unterzogen wurde, welche in den für sie maßgeblichen TSI festgelegt sind. Ersatzteile von Teilsystemen, die bereits zum Zeitpunkt des Inkrafttretens der für sie maßgeblichen TSI in Betrieb genommen wurden, dürfen in dieses Teilsystem auch ohne dieses Verfahren eingebaut werden.

(2) Falls es in der für eine Interoperabilitätskomponente maßgeblichen TSI verlangt wird, ist der EG-Erklärung Folgendes beizufügen:

1. eine von einer oder mehreren benannten Stellen ausgestellte Bescheinigung über ihre Konformität mit den einschlägigen technischen Spezifikationen;

2. eine von einer oder mehreren benannten Stellen ausgestellte Bescheinigung über ihre Gebrauchstauglichkeit, wobei diese in ihrer eisenbahntechnischen Umgebung, insbesondere im Falle funktionaler Anforderungen, zu prüfen ist.

(3) Das Vorliegen einer EG-Konformitäts- oder einer EG-Gebrauchstauglichkeitserklärung für eine Interoperabilitätskomponente begründet die widerlegbare Vermutung, dass diese den sie betreffenden grundlegenden Anforderungen entspricht.

(BGBl I 2020/143)

EG-Erklärung

§ 97. (1) Für eine Interoperabilitätskomponente hat der Hersteller oder sein Bevollmächtigter eine EG-Konformitäts- oder eine EG-Gebrauchstauglichkeitserklärung auszustellen. Dabei sind die die Interoperabilitätskomponente betreffenden TSI-Bestimmungen anzuwenden. Solche EG-Erklärungen sind vom Hersteller oder seinem Bevollmächtigten mit Datum zu versehen und zu unterzeichnen.

(2) Die Konformität oder die Gebrauchstauglichkeit einer Interoperabilitätskomponente sind von der benannten Stelle zu bewerten, die der

Hersteller oder sein Bevollmächtigter beauftragt haben, wenn dies in der die Interoperabilitätskomponente betreffenden TSI vorgesehen ist.

(3) Hat eine Interoperabilitätskomponente auch noch anderen Anforderungen, die in anderen in Umsetzung von Gemeinschaftsrichtlinien ergangenen Bundesgesetzen normiert sind, zu entsprechen, muss aus der EG-Erklärung auch die Erfüllung dieser anderen Anforderungen ersichtlich sein.

(4) Haben der Hersteller oder sein in der Gemeinschaft ansässiger Bevollmächtigter entgegen Abs. 1 keine EG-Konformitäts- oder keine EG-Gebrauchstauglichkeitserklärung ausgestellt, entgegen Abs. 2 keine benannte Stelle mit der Bewertung der Konformität oder der Gebrauchstauglichkeit beauftragt oder entspricht die EG-Konformitäts- oder die EG-Gebrauchstauglichkeitserklärung nicht dem Abs. 3, gehen die Verpflichtungen der Abs. 1 bis 3 auf denjenigen über, der die Interoperabilitätskomponente in Verkehr bringt.

(BGBl I 2020/143)

Unrichtige EG-Erklärung

§ 98. Erweist sich eine Interoperabilitätskomponente, für die eine EG-Konformitäts- oder eine EG-Gebrauchstauglichkeitserklärung vorliegt, als nicht konform oder gebrauchstauglich, hat die Behörde mit Bescheid die betreffende EG-Konformitäts- oder die betreffende EG-Gebrauchstauglichkeitserklärung für ungültig zu erklären.

(BGBl I 2020/143)

3. Abschnitt

Teilsysteme

Begriffsbestimmung

§ 99. (1) Unter Teilsystemen versteht man die in Anhang II der Richtlinie (EU) 2016/797 angeführten strukturellen und funktionalen Teile des Eisenbahnsystems.

(2) Unter „mobiles Teilsystem" versteht man das Teilsystem „Fahrzeuge" und das Teilsystem „fahrzeugseitige Zugsteuerung/Zugsicherung und Signalgebung".

(3) Nationale Vorschriften im Sinne diese Gesetzesteiles sind rechtlich verbindliche Normen, die die Sicherheit des Betriebes von Eisenbahnen, die Sicherheit des Betriebes von Schienenfahrzeugen auf Eisenbahnen und die Sicherheit des Verkehrs auf Eisenbahnen regeln und welche für Eisenbahnunternehmen und sonstige Dritte gelten.

(BGBl I 2020/143)

Erfüllung der grundlegenden Anforderungen

§ 100. (1) Die Teilsysteme müssen den grundlegenden Anforderungen entsprechen. Liegt für ein strukturelles Teilsystem eine EG-Prüferklärung über die Konformität mit den dafür einschlägigen TSI oder eine Prüferklärung über die Konformität mit nationalen Vorschriften vor, gilt die widerlegbare Vermutung, dass das strukturelle Teilsystem den grundlegenden Anforderungen entspricht. Es dürfen dabei nur solche nationalen Vorschriften Gegenstand einer Prüferklärung sein, die der Europäischen Kommission notifiziert worden sind.

(2) Notifizierte nationale Vorschriften dürfen nur in folgenden Fällen Gegenstand einer Prüferklärung sein:

1. wenn bestimmte, die grundlegenden Anforderungen betreffende Aspekte in den TSI nicht oder nicht vollständig behandelt werden oder die grundlegenden Anforderungen betreffende einzelne technische Aspekte in einem Anhang der TSI eindeutig als offene Punkte benannt werden;

2. wenn die vollständige oder teilweise Nichtanwendung einer oder mehrerer TSI gemäß § 100 Abs. 3 notifiziert wurde;

3. bei nationalen Vorschriften zur Spezifizierung bestehender Systeme, mit denen lediglich auf die Bewertung der technischen Vereinbarkeit des Schienenfahrzeuges mit dem Netz abgestellt wird;

4. wenn Eisenbahnen und Schienenfahrzeuge nicht vom Gegenstand einer TSI erfasst sind;

5. als vorläufige dringliche Präventionsmaßnahme, insbesondere nach einem Unfall, oder

6. wenn ein Sonderfall die Anwendung technischer Vorschriften, die in der einschlägigen TSI nicht enthalten sind, erfordert.

(3) Der Europäischen Kommission und der Eisenbahnagentur der Europäischen Union sind von der Behörde zu notifizieren:

1. die Änderung bereits notifizierter nationaler Vorschriften;

2. die nationalen Vorschriften, die anzuwenden sind, wenn eine TSI nicht oder nicht vollständig angewendet wird;

3. nationale Vorschriften, die nach Veröffentlichung oder Überarbeitung einer TSI überflüssig geworden sind.

(4) Entwürfe neuer nationaler Vorschriften, die nur dann erlassen werden dürfen, wenn eine TSI nicht in vollem Umfang den grundlegenden Anforderungen entspricht, hat die Behörde der Europäischen Kommission und der Eisenbahnagentur der Europäischen Union zur Kenntnisnahme zusammen mit einer Begründung für ihre Einführung vorzulegen.

(5) Der Erlass einer neuen nationalen Vorschrift ist der Europäischen Kommission und der

Eisenbahnagentur der Europäischen Union von der Behörde zu notifizieren.

(6) Bei der Notifizierung neuer nationaler Vorschriften und der im Abs. 3 angeführten nationalen Vorschriften hat die Behörde zu begründen, inwieweit diese nationalen Vorschriften notwendig sind, um solche grundlegenden Anforderungen zu erfüllen, die noch nicht von den TSI erfasst sind.

(BGBl I 2020/143)

Nichtanwendbarkeit der TSI

§ 101. (1) In folgenden Fällen hat die Behörde auf Antrag bestimmte TSI zur Gänze oder teilweise mit Bescheid für nicht anwendbar zu erklären:

1. bei Vorhaben, die den Neubau eines Teilsystems oder eines Teiles davon oder die Erneuerung oder Aufrüstung eines bestehenden Teilsystems oder eines Teiles davon betreffen, die sich zum Zeitpunkt des Inkrafttretens der betreffenden TSI in einem fortgeschrittenen Entwicklungsstadium befinden oder die Gegenstand eines in der Durchführung befindlichen Vertrages sind;

2. bei Vorhaben, die die Erneuerung, Erweiterung oder Aufrüstung eines bestehenden Teilsystems, oder eines Teiles davon betreffen, wenn die Anwendung dieser betreffenden TSI die Wirtschaftlichkeit des Vorhabens und/oder die Unvereinbarkeit mit dem Eisenbahnsystem, wie etwa in Bezug auf das Lichtraumprofil, die Spurweite, den Gleisabstand oder die elektrische Spannung beeinträchtigen würde; oder

3. wenn die Bedingungen für eine rasche Wiederherstellung des Eisenbahnnetzes nach einem Unfall oder einer Naturkatastrophe eine teilweise oder vollständige Anwendung der entsprechenden TSI wirtschaftlich oder technisch nicht erlauben; in diesem Falle ist die Nichtanwendbarkeit der TSI auf den Zeitraum bis zur Wiederherstellung des Netzes zu begrenzen.

(2) In den im Abs. 1 Z 1 und 2 angeführten Fällen hat die Behörde der Europäische Kommission den Antrag auf vollständige oder teilweise Nichtanwendung der TSI zusammen mit einem Dossier zu übermitteln, in dem der Antrag begründet wird und sie hat darin auch die Ausweichbestimmungen zu nennen, die sie anstatt der TSI anzuwenden beabsichtigt. In dem im Abs. 1 Z 2 angeführten Fall ist vor Bescheiderlassung die Beschlussfassung der Europäischen Kommission abzuwarten. Erfolgt innerhalb von vier Monaten nach Einlangen des Antrages und eines vollständigen Dossiers bei der Europäischen Kommission keine Entscheidung der Europäischen Kommission, gilt der Antrag als genehmigt.

(3) In den im Abs. 1 Z 1 angeführten Fällen hat die Behörde

1. der Europäischen Kommission binnen eines Jahres nach Inkrafttreten einer jeden TSI ein Verzeichnis der Vorhaben, die sich ihres Erachtens in einem fortgeschrittenen Entwicklungsstadium befinden, zu übermitteln und

2. die Europäische Kommission über ihre Absicht zu unterrichten, ganz oder teilweise von der Anwendung einer oder mehrerer TSI abzusehen.

(4) Vorhaben in fortgeschrittenem Entwicklungsstadium sind solche, deren Planung oder Bau so weit fortgeschritten ist, dass ihre Durchführbarkeit in der geplanten Form durch eine Änderung der technischen Spezifikationen beeinträchtigt werden könnte.

(5) In den im Abs. 1 Z 3 angeführten Fällen hat die Behörde die Europäische Kommission über ihre Absicht zu unterrichten, ganz oder teilweise von der Anwendung einer oder mehrerer TSI abzusehen. *(BGBl I 2021/231)*

(BGBl I 2020/143)

Verfahren zur Ausstellung der EG-Prüferklärung

§ 102. (1) Zur Ausstellung der für das Inverkehrbringen und die Inbetriebnahme der Teilsysteme „streckenseitige Zugsteuerung/Zugsicherung und Signalgebung", „Energie" und „Infrastruktur", von mobilen Teilsystemen und von Schienenfahrzeugen erforderlichen EG-Prüferklärung hat der Antragsteller eine oder mehrere benannte Stellen mit der Durchführung des EG-Prüfverfahrens gemäß Anhang IV der Richtlinie (EU) 2016/797 zu beauftragen. Antragsteller ist der Auftraggeber, der Hersteller oder deren Bevollmächtigter. Auftraggeber ist, wer den Entwurf und/oder den Bau oder die Erneuerung oder die Aufrüstung eines Teilsystems in Auftrag gibt.

(2) Die EG-Prüferklärung für ein Teilsystem ist vom Antragsteller abzugeben. Dabei hat der Antragsteller alleinverantwortlich die Erklärung abzugeben, dass das betreffende Teilsystem den jeweiligen Prüfverfahren unterworfen wurde und die Anforderungen des einschlägigen Unionsrechtes und aller einschlägigen nationalen Vorschriften erfüllt. Die EG-Prüferklärung und ihre Anlagen müssen datiert und vom Antragsteller unterzeichnet sein.

(3) Der Auftrag der mit der EG-Prüfung eines Teilsystems betrauten benannten Stelle hat sich über den gesamten Zeitraum von der Planung über den Bau bis hin zur Abnahme vor Inverkehrbringen oder Inbetriebnahme des Teilsystems zu erstrecken. Der Auftrag hat im Einklang mit den jeweiligen TSI auch die Prüfung der Schnittstellen des betreffenden Teilsystems mit dem System, dessen Teil es bildet, zu umfassen.

(4) Dem Antragsteller obliegt die Erstellung des technischen Dossiers, das der EG-Prüferklärung beiliegen muss. Dieses technische Dossier

hat alle erforderlichen Schriftstücke hinsichtlich der Merkmale des Teilsystems sowie gegebenenfalls alle Bescheinigungen über die Konformität der Interoperabilitätskomponenten zu enthalten. Ferner hat es alle Angaben über Einsatzbedingungen und -beschränkungen, Wartung, laufende oder periodische Überwachung, Regelung und Instandhaltung zu enthalten.

(5) Im Falle der Erneuerung oder Aufrüstung eines Teilsystems, die eine Änderung des technischen Dossiers bewirkt und die Gültigkeit der bereits durchgeführten Prüfverfahren beeinträchtigt, hat der Antragsteller zu prüfen, ob die Ausstellung einer neuen EG-Prüferklärung notwendig ist.

(6) Eine benannte Stelle und eine bestimmte Stelle können Zwischenprüfbescheinigungen ausstellen, die sich auf bestimmte Phasen des Prüfverfahrens oder bestimmte Teile des Teilsystems beziehen.

(7) Wenn es nach den einschlägigen TSI zulässig ist, kann die benannte Stelle Prüfbescheinigungen für eines oder mehrere Teilsysteme oder für bestimmte Teile dieser Teilsysteme ausstellen.

(BGBl I 2020/143)

Nichtübereinstimmung von Teilsystemen mit grundlegenden Anforderungen

§ 103. (1) Nur in dem Fall, dass die Behörde feststellt, dass ein strukturelles Teilsystem, für das eine EG-Prüferklärung samt technischem Dossier vorliegt, nicht diesem Gesetz, nicht den unmittelbar anwendbaren unionsrechtlichen Rechtsvorschriften und insbesondere nicht den grundlegenden Anforderungen in vollem Umfang entspricht, kann sie ergänzende Prüfungen verlangen.

(2) Die Behörde hat der Europäischen Kommission unter Angabe von Gründen umgehend mitzuteilen, welche ergänzenden Prüfungen verlangt wurden. Dabei hat sie der Europäischen Kommission zu erklären, ob das Nichtentsprechen des strukturellen Teilsystems auf die Nichterfüllung der grundlegenden Anforderungen oder einer TSI, auf eine mangelhafte Anwendung einer TSI oder auf eine unvollständige TSI zurückzuführen ist.

(BGBl I 2020/143)

4. Abschnitt
Inbetriebnahme ortsfester technischer Einrichtungen

Erforderlichkeit einer Genehmigung zur Inbetriebnahme

§ 104. Für die Inbetriebnahme neuer Teilsysteme „streckenseitige Zugsteuerung/Zugsicherung und Signalgebung", „Energie" und „Infrastruktur", erneuerter oder aufgerüsteter bestehender Teilsysteme „streckenseitige Zugsteuerung/Zugsicherung und Signalgebung", „Energie" und „Infrastruktur" ist eine Genehmigung zur Inbetriebnahme erforderlich. Für die Erneuerung oder Aufrüstung bestehender Teilsysteme „streckenseitige Zugsteuerung/Zugsicherung und Signalgebung", „Energie" und „Infrastruktur" ist dann keine Genehmigung zur Inbetriebnahme erforderlich, wenn die Behörde gemäß § 107 entschieden hat, dass eine solche nicht erforderlich ist.

(BGBl I 2020/143)

Antrag

§ 105. (1) Die Erteilung der Genehmigung zur Inbetriebnahme ist bei der Behörde zu beantragen. Dem Antrag ist ein Dossier in zweifacher Ausfertigung beizugeben, in dem Folgendes durch Unterlagen belegt ist:

1. die Prüferklärungen;

2. die aufgrund der einschlägigen TSI, nationaler Vorschriften und Register festgestellte technische Kompatibilität der neuen Teilsysteme mit dem System, in das sie integriert werden;

3. die aufgrund der einschlägigen TSI, nationalen Vorschriften und gemeinsamen Sicherheitsmethoden festgestellte sichere Integration der neuen Teilsysteme;

4. im Falle der Teilsysteme „streckenseitige Zugsteuerung/Zugsicherung und Signalgebung", die Ausrüstung mit dem Europäischen Zugsicherungs- und Zugsteuerungssystem (ETCS) und/oder dem Globalen Mobilfunksystem für Eisenbahnen (GSM-R) umfasst, die positive Entscheidung der Eisenbahnagentur der Europäischen Union gemäß Art. 19 der Richtlinie (EU) 2016/797, und im Falle der Änderung des Entwurfs der Leistungsbeschreibung oder der Beschreibung der geplanten technischen Lösungen, die nach der positiven Entscheidung vorgenommen wurde, die Übereinstimmung mit dem Ergebnis des in Art. 30 Abs. 2 der Verordnung (EU) 2016/796 genannten Verfahrens.

(2) Innerhalb eines Monats nach Einlangen des Antrages hat die Behörde dem Antragsteller mitzuteilen, ob das Dossier vollständig ist oder nicht. Ist das Dossier unvollständig, hat sie dem Antragsteller unter Setzung einer angemessenen Frist die Vervollständigung des Dossiers aufzutragen.

(BGBl I 2020/143)

Ermittlungsverfahren und Bescheiderlassung

§ 106. (1) Im Ermittlungsverfahren hat die Behörde die Vollständigkeit, Relevanz und Kohärenz des Dossiers zu überprüfen und im Falle von streckenseitiger ERTMS-Ausrüstung die Übereinstimmung mit der positiven Entscheidung der

Eisenbahnagentur der Europäischen Union, die gemäß Art. 19 der Richtlinie (EU) 2016/797 getroffen wurde, und gegebenenfalls die Übereinstimmung mit dem Ergebnis des in Art. 30 Abs. 2 der Verordnung (EU) 2016/796 genannten Verfahrens.

(2) Bei positivem Ergebnis der gemäß Abs. 1 durchgeführten Überprüfung und wenn das Teilsystem den grundlegenden Anforderungen entspricht, hat die Behörde innerhalb einer angemessenen, im Voraus festgelegten Frist, spätestens jedoch vier Monate nach Eingang aller erforderlichen Informationen die beantragte Genehmigung zur Inbetriebnahme zu erteilen.

(BGBl I 2020/143)

Entscheidung über eine Genehmigungspflicht bei Erneuerung oder Aufrüstung

§ 107. (1) Auf Antrag hat die Behörde zu entscheiden, ob die Erneuerung oder Aufrüstung bestehender Teilsysteme „streckenseitige Zugsteuerung/Zugsicherung und Signalgebung", „Energie" und „Infrastruktur" einer neuen Genehmigung zur Inbetriebnahme bedarf. Dem Antrag ist ein Dossier mit der Beschreibung des Vorhabens beizugeben. Es gilt § 105 Abs. 2.

(2) Im Falle von Vorhaben zur streckenseitigen ERTMS-Ausrüstung hat die Behörde die Eisenbahnagentur der Europäischen Union vom Antrag zu unterrichten und mit dieser eng zusammenzuarbeiten.

(3) Die Behörde hat zu entscheiden, dass eine neue Genehmigung zur Inbetriebnahme für die Erneuerung oder Aufrüstung bestehender Teilsysteme „streckenseitige Zugsteuerung/Zugsicherung und Signalgebung", „Energie" und „Infrastruktur" erforderlich ist:

1. wenn durch die geplanten Arbeiten das Gesamtsicherheitsniveau des betreffenden Teilsystems beeinträchtigt werden könnte;
2. wenn die Erteilung einer neuen Genehmigung zur Inbetriebnahme in den einschlägigen TSI vorgeschrieben ist; oder
3. wenn an den Werten der Parameter, auf deren Grundlage die Genehmigung zur Inbetriebnahme bereits erteilt wurde, Änderungen vorgenommen werden.

(4) Die Behörde hat innerhalb einer angemessenen, im Voraus festgelegten Frist, spätestens jedoch vier Monate nach Eingang aller erforderlichen Informationen über den Antrag zu entscheiden.

(BGBl I 2020/143)

Harmonisierte Einführung des „Europäischen Eisenbahnverkehrsleitsystems" (ERTMS)

§ 108. (1) Im Falle von Teilsystemen „streckenseitige Zugsteuerung/Zugsicherung und Signalgebung", die die Ausrüstung mit dem „Europäischen Zugsicherungs- und Zugsteuerungssystems" (ETCS) und/oder mit dem globalen Mobilfunksystem für Bahnanwendungen (GSM-R) umfassen, ist vor Ausschreibung und Vergabe für streckenseitige ERTMS-Ausrüstung eine positive Entscheidung der Eisenbahnagentur der Europäischen Union notwendig und zu beantragen. Der Antrag ist bei der in Art. 12 der Verordnung (EU) 2016/796 genannten zentralen Einlaufstelle einzubringen. Dem Antrag ist ein Dossier beizugeben, das Folgendes zu enthalten hat:

1. den Entwurf der Leistungsbeschreibung oder die Beschreibung der geplanten technischen Lösungen;
2. schriftliche Unterlagen zu den Bedingungen, die für die technische und operative Kompatibilität des Teilsystems mit den Schienenfahrzeugen, die in dem betreffenden Eisenbahnnetz betrieben werden sollen, erforderlich sind;
3. schriftliche Unterlagen zu der Übereinstimmung der geplanten technischen Lösungen mit den einschlägigen TSI; und
4. alle sonstigen relevanten Dokumente wie Stellungnahmen der Behörde, Prüferklärungen oder Konformitätsbescheinigungen.

(2) Die Behörde kann eine Stellungnahme zu einem gemäß Art. 19 der Richtlinie (EU) 2016/797 bei der Eisenbahnagentur der Europäischen Union eingebrachten Antrag abgeben, und zwar vor der Antragstellung gegenüber dem Antragsteller oder nach Antragstellung gegenüber der Eisenbahnagentur der Europäischen Union.

(3) Wurde nach Erlassung einer positiven Entscheidung der Eisenbahnagentur der Europäischen Union eine Änderung des Entwurfs der Leistungsbeschreibung oder eine Änderung der Beschreibung der geplanten technischen Lösungen vorgenommen, hat derjenige, dessen Antrag die positive Entscheidung der Eisenbahnagentur der Europäischen Union zugrunde liegt, „unverzüglich der Eisenbahnagentur der Europäischen Union und der Behörde darüber" im Wege über die in Art. 12 der Verordnung (EU) 2016/796 genannte zentralen Anlaufstelle zu unterrichten. *(BGBl I 2021/231)*

(BGBl I 2020/143)

5. Abschnitt

Mobile Teilsysteme

Inverkehrbringen

§ 109. Mobile Teilsysteme dürfen von einem Antragsteller nur dann in Verkehr gebracht werden, wenn sie so geplant, gebaut und installiert werden, dass die grundlegenden Anforderungen erfüllt sind. Insbesondere hat der Antragsteller sicherzustellen, dass die einschlägige Prüferklärung vorliegt. Antragsteller ist der Auftraggeber, der Hersteller oder deren Bevollmächtigter. Auftraggeber ist, wer den Entwurf und/oder den Bau oder die Erneuerung oder die Aufrüstung des mobilen Teilsystems in Auftrag gibt.

(BGBl I 2020/143)

6. Abschnitt

Schienenfahrzeuge

Genehmigung für das Inverkehrbringen, Fahrzeugtypgenehmigung

§ 110. (1) Soweit nicht die Eisenbahnagentur der Europäischen Union zuständig ist, ist die Behörde für die Erteilung der Genehmigung für das Inverkehrbringen für Schienenfahrzeuge und für die Erteilung einer Fahrzeugtypengenehmigung für Schienenfahrzeuge entsprechend den Vorgaben in den von der Europäischen Kommission gemäß Art. 21 Abs. 9 der Richtlinie (EU) 2016/797 zu erlassenden Durchführungsrechtsakten zuständig.

(2) Die Behörde ist für die Erledigung von Anträgen auf Erteilung der Genehmigung für das Inverkehrbringen zuständig,

1. wenn das im Antrag angegebene Verwendungsgebiet des Schienenfahrzeuges ausschließlich in der Republik Österreich liegt, und

2. wenn im Antrag die Wahrnehmung der Zuständigkeit der Behörde beantragt ist.

(3) Unter Verwendungsgebiet eines Schienenfahrzeuges sind Eisenbahnen oder Netze von Eisenbahnen zu verstehen, auf denen ein Schienenfahrzeug verwendet werden soll, und die in einem Mitgliedstaat oder einer Gruppe von Mitgliedstaaten der Europäischen Union liegen.

(4) Im Ermittlungsverfahren können auch Stellungnahmen der Eisenbahninfrastrukturunternehmen eingeholt werden.

(5) Ein Schienenfahrzeug darf erst dann in Verkehr gebracht werden, wenn für das Schienenfahrzeug eine Genehmigung für das Inverkehrbringen erteilt worden ist.

(6) Ein Schienenfahrzeug, für dessen Einsatz auf Eisenbahnen eine Genehmigung für das Inverkehrbringen vorliegt, darf nur auf solchen Eisenbahnen in Betrieb genommen werden, die von dem Verwendungsgebiet, das in einer solchen Genehmigung ausgewiesen ist, erfasst sind.

(7) Keine Genehmigung für das Inverkehrbringen ist für die Inbetriebnahme von Schienenfahrzeugen für folgende Fahrten erforderlich, wenn diese unter der Leitung von im Verzeichnis gemäß § 40 geführten Personen erfolgen und Vorkehrungen getroffen sind, die sicherstellen, dass die Sicherheit und Ordnung des Betriebes der Eisenbahn, des Betriebes des Schienenfahrzeuges auf der Eisenbahn und der Verkehr auf der Eisenbahn nicht gefährdet sind:

1. außerhalb des allgemeinen Personen-, Reisegepäck- oder Güterverkehrs stattfindende Überstellungsfahrten, Probefahrten oder Messfahrten mit Schienenfahrzeugen;

2. Überstellungsfahrten, Probefahrten oder Messfahrten mit Schienenfahrzeugen, die für den Export bestimmt sind und für die keine Genehmigung für das Inverkehrbringen durch die Behörde erteilt werden soll;

3. Überstellungsfahrten eines Schienenfahrzeuges auf einer Eisenbahn, auf der es genehmigungsgemäß nicht betrieben werden darf;

4. Überstellungsfahrten eines ausländischen Schienenfahrzeuges im Transit durch Österreich;

5. Interessenten- und Demonstrationsfahrten mit Schienenfahrzeugen, für die die Erteilung einer Genehmigung für das Inverkehrbringen beantragt ist und nur auf solchen Eisenbahnen, auf denen sie antragsgemäß betrieben werden sollen;

6. Ausbildungsfahrten für Eisenbahnbedienstete mit Schienenfahrzeugen, für die die Erteilung einer Genehmigung für das Inverkehrbringen beantragt ist und nur auf solchen Eisenbahnen, auf denen sie antragsgemäß betrieben werden sollen;

7. vereinzelt stattfindende Sonderfahrten für einen begrenzten Teilnehmerkreis zur Vorstellung ausländischer Schienenfahrzeuge im Rahmen des geplanten Überganges der Verfügungsberechtigung; und

8. vereinzelt stattfindende Fahrten mit Schienenfahrzeugen, deren Verfügungsberechtigte ihren Hauptwohnsitz (Sitz) in einem anderen Staat haben und diese Schienenfahrzeuge in diesem Staat verwendet werden dürfen, zum Zwecke der Gleis-Instandhaltung.

(BGBl I 2020/143)

Dateneingabe in das Europäische Register genehmigter Fahrzeugtypen

§ 111. Für die Übermittlung von Angaben zu den von ihr erteilten Fahrzeugtypgenehmigungen zwecks Eintragung in das Europäische Register genehmigter Fahrzeugtypen ist die Behörde zuständig.

(BGBl I 2020/143)

Prüfung vor Nutzung eines genehmigten Schienenfahrzeuges

§ 112. Bevor ein Eisenbahnverkehrsunternehmen ein Schienenfahrzeug in dem in der Genehmigung für das Inverkehrbringen ausgewiesenen Verwendungsgebiet einsetzt, hat es sich zu vergewissern:

1. dass für das Schienenfahrzeug eine Genehmigung für das Inverkehrbringen erteilt wurde und dass es ordnungsgemäß in europäischen Fahrzeugeinstellungsregister registriert ist;

2. dass das Schienenfahrzeug mit der Eisenbahn, auf der es eingesetzt wird, kompatibel ist, und zwar auf Grundlage des Infrastrukturregisters, der einschlägigen TSI oder anderer, vom Eisenbahninfrastrukturunternehmen gebührenfrei und innerhalb einer angemessenen Frist bereitzustellenden Informationen, falls ein derartiges Infrastrukturregister nicht besteht oder unvollständig ist; und

3. dass sich das Schienenfahrzeug ordnungsgemäß in die Zusammensetzung des Zuges, als dessen Teil es betrieben werden soll, einfügt, und zwar unter Berücksichtigung des Sicherheitsmanagementsystems und der TSI „Betriebsführung und Verkehrssteuerung".

Dafür ist es zulässig, dass das Eisenbahnverkehrsunternehmen in Zusammenarbeit mit dem Eisenbahninfrastrukturunternehmen Prüffahrten durchführt.

(BGBl I 2020/143)

Nichterfüllung grundlegender Anforderungen

§ 113. (1) Stellt ein Eisenbahnverkehrsunternehmen während des Betriebes eines Schienenfahrzeuges fest, dass dieses eine der geltenden grundlegenden Anforderungen nicht erfüllt, so hat es die erforderlichen Korrekturmaßnahmen zu ergreifen, die zur Herstellung der Übereinstimmung des Schienenfahrzeuges mit den betreffenden grundlegenden Anforderungen erforderlich sind. Liegen dem Eisenbahnverkehrsunternehmen Hinweise vor, dass die Nichterfüllung der grundlegenden Anforderungen für das Schienenfahrzeug bereits zum Zeitpunkt der Erteilung der Genehmigung für das Inverkehrbringen vorlag, hat es darüber die Eisenbahnagentur der Europäischen Union, „die Behörde" und die nationalen Sicherheitsbehörden der anderen Mitgliedstaaten der Europäischen Union, in deren Zuständigkeitsbereich das betreffende Schienenfahrzeug betrieben werden darf, zu unterrichten. *(BGBl I 2021/231)*

(2) Ergeben Ermittlungen der Behörde, dass ein Schienenfahrzeug, für das eine Genehmigung für das Inverkehrbringen vorliegt, bei bestimmungsgemäßer Verwendung eine der grundlegenden Anforderungen nicht erfüllt, hat diese den Halter des Schienenfahrzeuges und das Eisenbahnverkehrsunternehmen, das dieses Schienenfahrzeug betreibt, davon in Kenntnis zu setzen und aufzufordern, Korrekturmaßnahmen zu ergreifen, die zur Herstellung der Übereinstimmung des Schienenfahrzeuges mit den betreffenden grundlegenden Anforderungen erforderlich sind. Darüber hat die Behörde die Eisenbahnagentur der Europäischen Union und die nationalen Sicherheitsbehörden der anderen Mitgliedstaaten der Europäischen Union, in deren Zuständigkeitsbereich das betreffende Schienenfahrzeug betrieben werden darf oder in denen ein Verfahren zur Erteilung der Genehmigung für das Inverkehrbringen eines Schienenfahrzeuges desselben Fahrzeugtyps noch anhängig ist, zu unterrichten.

(3) Hat die Behörde eine von ihr erteilte Genehmigung für das Inverkehrbringen eines Schienenfahrzeuges ausgesetzt, widerrufen oder von Amts wegen geändert, so hat sie davon unverzüglich die Eisenbahnagentur der Europäischen Union unter Angabe der Gründe für diese Maßnahmen zu unterrichten.

(4) Widerruft die Behörde eine von ihr erteilte Genehmigung für das Inverkehrbringen eines Schienenfahrzeuges, so darf das betreffende Schienenfahrzeug nicht mehr eingesetzt und sein Verwendungsgebiet nicht erweitert werden.

(5) Widerruft die Behörde eine von ihr erteilte Fahrzeugtypengenehmigung, so dürfen darauf aufbauende Schienenfahrzeuge von deren Inhabern nicht in den Verkehr gebracht werden; falls derartige Schienenfahrzeuge bereits in Verkehr gebracht wurden, sind sie von ihren Inhabern aus dem Verkehr zu nehmen.

(6) Beschränkt sich in den in Abs. 1 und 2 angeführten Fällen die Nichterfüllung der grundlegenden Anforderungen auf einen Teil des Verwendungsgebietes des betreffenden Schienenfahrzeuges und bestand die Nichterfüllung der grundlegenden Anforderungen bereits zum Zeitpunkt, zu dem die Behörde die Genehmigung für das Inverkehrbringen des betreffenden Schienenfahrzeuges erteilt hat, so hat die Behörde diese Genehmigung entweder auf Antrag des Halters des Schienenfahrzeuges oder von Amts wegen so zu ändern, dass die betreffenden Teile des Verwendungsgebietes des betreffenden Schienenfahrzeuges ausgeschlossen werden.

(BGBl I 2020/143)

3. Hauptstück
Europäisches Fahrzeugeinstellungsregister

Registrierung von Schienenfahrzeugen

§ 114. (1) Der Halter eines Schienenfahrzeuges hat das Schienenfahrzeug vor seiner erstmaligen Verwendung und die Änderung aller auf das

Schienenfahrzeug bezogenen Daten im europäischen Fahrzeugeinstellungsregister registrieren zu lassen. Weiters hat der Halter für die Rücknahme der Eintragung eines Schienenfahrzeuges aus dem europäischen Fahrzeugeinstellungsregister zu sorgen, wenn das Schienenfahrzeug dauernd außer Betrieb genommen oder abgewrackt wird.

(2) Halter ist, wer als Eigentümer oder Verfügungsberechtigter ein Schienenfahrzeug als Beförderungsmittel nutzt und als solcher in dem für dieses Schienenfahrzeug angelegten Datensatz des europäischen Fahrzeugeinstellungsregisters eingetragen ist.

(3) Zuständig für die Durchführung von Eintragungen in das europäische Fahrzeugeinstellungsregister ist die Schieneninfrastruktur-Dienstleistungsgesellschaft mbH.

(BGBl I 2020/143)

Europäische Fahrzeugnummer

§ 115. (1) Die Schieneninfrastruktur-Dienstleistungsgesellschaft mbH hat einem Schienenfahrzeug im Zuge der erstmaligen Registrierung im europäischen Fahrzeugeinstellungsregister eine europäische Fahrzeugnummer zuzuweisen. Einem Schienenfahrzeug darf nur einmal eine europäische Fahrzeugnummer zugewiesen werden, es sei denn, in einem Durchführungsrechtsakt gemäß Art. 47 Abs. 2 der Richtlinie (EU) 2016/797 ist etwas anderes bestimmt.

(2) Der Halter des Schienenfahrzeuges hat dafür zu sorgen, dass auf jedem vom ihm gehaltenen Schienenfahrzeug eine europäische Fahrzeugnummer angebracht ist.

(BGBl I 2020/143)

Eintragungsverfahren

§ 116. (1) Der Halter eines Schienenfahrzeuges, das im europäischen Fahrzeugeinstellungsregister erfasst sein muss, hat dessen Eintragung im europäischen Fahrzeugeinstellungsregister und die Änderung aller auf das Schienenfahrzeug bezogenen Daten oder die Rücknahme einer bereits erfolgten Eintragung aus dem europäischen Fahrzeugeinstellungsregister zu beantragen. Der Antrag hat dem im „Durchführungsbeschluss (EU) 2018/1614" vorgegebenen Formblatt zu entsprechen und alle im Formblatt abgefragten Angaben zu enthalten. *(BGBl I 2021/231)*

(2) Die Schieneninfrastruktur-Dienstleistungsgesellschaft mbH hat zur Entscheidung über Anträge auf Eintragungen in das europäische Fahrzeugeinstellungsregister das AVG anzuwenden. Die beantragten Eintragungen in das europäische Fahrzeugeinstellungsregister dürfen nur dann erfolgen, wenn die vom Antragsteller bekanntgegebenen Eintragungsdaten vollständig und richtig sind und das betreffende Schienenfahrzeug gemäß dem in der Genehmigung für das Inverkehrbringen aufscheinenden Verwendungsgebiet auf Eisenbahnen in Österreich eingesetzt werden darf. Mit der Durchführung der Eintragungen in das europäische Fahrzeugeinstellungsregister gilt der darauf gerichtete Antrag als erledigt.

(3) Ist eine Beschwerde gegen einen von der Schieneninfrastruktur-Dienstleistungsgesellschaft mbH erlassenen Bescheid gänzlich oder teilweise berechtigt, hat das Erkenntnis des Bundesverwaltungsgerichtes über die Beschwerde darin zu bestehen, dass die Schieneninfrastruktur-Dienstleistungsgesellschaft mbH verpflichtet wird, der Beschwerde im Umfang ihrer Berechtigung zu entsprechen.

(BGBl I 2020/143)

Auskunft über Daten und Angaben

§ 117. (1) Die Schieneninfrastruktur-Dienstleistungsgesellschaft mbH hat Vorkehrungen zu treffen, dass

1. der Behörde, wenn dies zur Wahrnehmung ihrer Aufgaben nach dem Eisenbahngesetz 1957 erforderlich ist,

2. Personen, die im europäischen Fahrzeugeinstellungsregister als für die Instandhaltung zuständige Stelle eingetragen sind, im Hinblick auf die ihnen in dieser Eigenschaft zugewiesenen Schienenfahrzeuge und auf ihre Person,

3. Personen, die Schienenfahrzeuge im europäischen Fahrzeugeinstellungsregister registriert haben lassen, im Hinblick auf diese Schienenfahrzeuge und auf ihre Person,

4. der Schienen-Control GmbH und der Schienen-Control Kommission, wenn dies für die Entscheidung einer Beschwerde, mit der die Zuweisung einer Zugtrasse begehrt wird, erforderlich ist,

5. Eisenbahninfrastrukturunternehmen im Hinblick auf die Schienenfahrzeuge, die auf ihren Eisenbahnen betrieben werden oder betrieben werden sollen,

6. Eisenbahnverkehrsunternehmen im Hinblick auf die Schienenfahrzeuge, die von ihnen befördert werden oder befördert werden sollen, oder

7. der Sicherheitsuntersuchungsstelle des Bundes, wenn dies zur Untersuchung von Vorfällen erforderlich ist, im Hinblick auf in solche Vorfälle involvierte Schienenfahrzeuge,

Auskunft über die im europäischen Fahrzeugeinstellungsregister enthaltenen Daten und Angaben erteilt wird und die datenschutzrechtliche Zulässigkeit einer solchen Auskunftserteilung gewährleistet wird.

(BGBl I 2020/143)

4. Hauptstück

Infrastrukturregister

§ 118. (1) Im Infrastrukturregister haben die gemäß der jeweiligen TSI für die jeweiligen Teilsysteme oder Teile davon die Werte der Netzparameter angegeben zu sein. Die Werte der im Infrastrukturregister erfassten Parameter dienen gemeinsam mit den Werten der im Register der Genehmigungen für das Inverkehrbringen von Fahrzeugtypen erfassten Parameter zur Prüfung der technischen Kompatibilität zwischen einem Schienenfahrzeug und dem Eisenbahnnetz, auf dem es eingesetzt werden soll. Im Infrastrukturregister können auch Einsatzbedingungen für ortsfeste Einrichtungen und sonstige Beschränkungen festgelegt sein.

(2) Die Eisenbahninfrastrukturunternehmen haben der Schieneninfrastruktur-Dienstleistungsgesellschaft mbH die gemäß Abs. 1 erforderlichen Werte der Netzparameter zu übermitteln.

(3) Das Infrastrukturregister ist von der Schieneninfrastruktur-Dienstleistungsgesellschaft mbH nach den Anforderungen der gemeinsamen Spezifikation der Europäischen Kommission für das nationale Infrastrukturregister zu errichten, zu führen und zu aktualisieren.

(4) Für den Inhalt, das Datenformat, die funktionelle und technische Architektur, die Betriebsweise sowie die Regelungen für die Dateneingabe und Datenabfrage sind die gemeinsamen Spezifikationen für das Infrastrukturregister, welche die Europäische Kommission im Wege von Durchführungsrechtsakten beschließt, maßgeblich.

(5) Die Schieneninfrastruktur-Dienstleistungsgesellschaft mbH hat das Infrastrukturregister auf ihrer Internetseite zu veröffentlichen.

(BGBl I 2020/143)

§§ 119 bis 123. *(aufgehoben samt Überschriften, BGBl I 2020/143)*

9. Teil

Triebfahrzeugführer

1. Hauptstück

Allgemeines

Triebfahrzeugführer

§ 124. Ein Triebfahrzeugführer im Sinne dieses Gesetzesteiles ist, wer Inhaber einer gültigen Fahrerlaubnis ist.

(BGBl I 2010/25)

Anwendungsbereich

§ 125. (1) Eisenbahnen im Sinne dieses Gesetzesteiles sind die zum österreichischen Eisenbahnsystem gehörigen Hauptbahnen und vernetzte Nebenbahnen.

(2) Dieser Gesetzesteil regelt die Berechtigung zum selbständigen Führen und Bedienen von Triebfahrzeugen durch Triebfahrzeugführer auf Eisenbahnen.

(3) Dieser Gesetzesteil gilt nicht für Personen, die ausschließlich Triebfahrzeuge selbständig führen und bedienen:

1. innerhalb bestimmter, vom Eisenbahninfrastrukturunternehmen festgelegter lokaler und funktional getrennter Betriebsbereiche von Eisenbahnen, wenn das selbständige Führen und Bedienen des Triebfahrzeuges eisenbahnbetrieblichen Hilfstätigkeiten oder dem Verkehr von und zu Anschlussbahnen dient; oder

2. auf vernetzten Nebenbahnen, die von Hauptbahnen funktional getrennt sind und die nur für die Personen- und Güterbeförderung im örtlichen Verkehr, Stadt- oder Vorortverkehr bestimmt sind.

(BGBl I 2020/143)

Voraussetzungen zum Führen eines Triebfahrzeuges

§ 126. (1) Ein Triebfahrzeug auf einer Eisenbahn darf nur selbständig führen und bedienen, wer

1. Inhaber einer gültigen Fahrerlaubnis ist,

2. Inhaber einer gültigen Bescheinigung ist, in der die Klasse des von ihm selbständig geführten und bedienten Triebfahrzeuges und die Eisenbahn, auf der er ein solches Triebfahrzeug selbständig führt und bedient, eingetragen ist, und

3. die Fahrerlaubnis und die Bescheinigung mit sich führt.

(2) „Abweichend von Abs. 1 Z 2 darf ein Triebfahrzeugführer ein Triebfahrzeug für nachfolgende Fahrten auf solchen Eisenbahnen selbständig führen und bedienen, die nicht in seiner Bescheinigung ausgewiesen sind, wenn sich das Eisenbahnunternehmen, dem er angehört, dafür entscheidet, neben ihm ein Triebfahrzeugführer sitzt, in dessen Bescheinigung diese Eisenbahn ausgewiesen ist und das Eisenbahninfrastrukturunternehmen von einer solchen Fahrt zuvor in Kenntnis gesetzt wurde:" *(BGBl I 2015/137)*

1. Fahrten im Zuge von Umleitungen, die vom Eisenbahninfrastrukturunternehmen festgelegt wurden;

2. einmalige Sonderfahrten mit historischen Triebfahrzeugen;

3. einmalige Sonderfahrten im Güterverkehr, wenn das Eisenbahninfrastrukturunternehmen zustimmt;
4. Fahrten im Zuge der Auslieferung oder Vorführung von neuen Schienenfahrzeugen;
5. Ausbildungs- und Prüffahrten;
6. Fahrten zum Zwecke der Instandhaltung der Eisenbahn.
(3) *(entfällt, BGBl I 2020/143)*
(BGBl I 2010/25)

Ausländische Fahrerlaubnisse

§ 127. In anderen Mitgliedstaaten der Europäischen Union und in anderen Vertragsparteien des Abkommens über den Europäischen Wirtschaftsraum ausgestellte, in ihren Einzelangaben aktualisierte, duplizierte oder erneuerte Fahrerlaubnisse sind inländischen gleichzuhalten, wenn der darin bezeichnete Inhaber das 20. Lebensjahr bereits vollendet hat.
(BGBl I 2010/25)

2. Hauptstück
Fahrerlaubnis

Wesen der Fahrerlaubnis

§ 128. Durch die Fahrerlaubnis wird ausgewiesen, dass der darin bezeichnete Inhaber im Allgemeinen die zum selbständigen Führen und Bedienen von Triebfahrzeugen auf Eisenbahnen erforderliche Eignung, Kenntnisse und Anforderungen erfüllt.
(BGBl I 2010/25)

Voraussetzungen

§ 129. (1) Voraussetzungen für die Erteilung der Fahrerlaubnis sind:
1. die Vollendung des 20. Lebensjahres;
2. eine mindestens neunjährige Schulausbildung (Primar- und Sekundarstufe) sowie der erfolgreiche Abschluss einer Grundausbildung, die der Stufe 3 gemäß der Entscheidung 85/368/EWG über die Entsprechungen der beruflichen Befähigungsnachweise zwischen Mitgliedstaaten der Europäischen Gemeinschaften, ABl. Nr. L 199 vom 31. 07.1985 S 56, entspricht;
3. die physische Eignung zum selbständigen Führen und Bedienen von Triebfahrzeugen;
4. die arbeitspsychologische Eignung zum selbständigen Führen und Bedienen von Triebfahrzeugen;
5. allgemeine Fachkenntnisse über das selbständige Führen und Bedienen von Triebfahrzeugen.
(BGBl I 2010/25)

Zuständigkeit

§ 130. Zuständig für die Ausstellung einer Fahrerlaubnis, für die Aktualisierung von Einzelangaben einer Fahrerlaubnis, für die Erneuerung einer Fahrerlaubnis oder für die Ausstellung eines Duplikates der Fahrerlaubnis sowie für die Entziehung einer Fahrerlaubnis und die Aussetzung einer Fahrerlaubnis ist die Behörde.
(BGBl I 2020/143)

Antragsunterlagen für die Ausstellung einer Fahrerlaubnis

§ 131. Dem Antrag auf Ausstellung einer Fahrerlaubnis sind beizugeben:
1. eine Geburtsurkunde oder eine andere öffentliche Urkunde, aus der das Alter und der Geburtsort des Antragstellers ersichtlich sind;
2. eine öffentliche Urkunde zum Nachweis, dass der Antragsteller eine mindestens neunjährige Schulausbildung (Primar- und Sekundarstufe) sowie eine Grundausbildung, die der Stufe 3 gemäß der Entscheidung 85/368/EWG entspricht, erfolgreich abgeschlossen hat;
3. ein von einem Arbeitsmediziner oder einem arbeitsmedizinischen Zentrum erstelltes Gutachten, das eine Beurteilung darüber enthält, ob der Antragsteller über die physische Eignung zum selbständigen Führen und Bedienen von Triebfahrzeugen verfügt;
4. ein von einem klinischen Psychologen oder einem Gesundheitspsychologen (§ 150 Abs. 3) erstelltes Gutachten, das eine Beurteilung darüber enthält, ob der Antragsteller über die arbeitspsychologische Eignung zum selbständigen Führen und Bedienen von Triebfahrzeugen verfügt;
5. ein von einem sachverständigen Prüfer ausgestelltes Zeugnis, in dem dokumentiert ist, dass der Antragsteller über allgemeinen Fachkenntnisse für das selbständige Führen und Bedienen von Triebfahrzeugen verfügt.
(BGBl I 2010/25)

Physische Eignung

§ 132. Der Erstellung des Gutachtens, das eine Beurteilung darüber enthält, ob der Antragsteller über die physische Eignung zum selbständigen Führen und Bedienen von Triebfahrzeugen verfügt, sind die Ergebnisse einer ärztlichen Untersuchung, die sich zumindest auf die in Anhang II, Abschnitte 1.1, 1.2, 1.3 und 2.1 der Richtlinie 2007/59/EG über die Zertifizierung von Triebfahrzeugführern, die Züge oder Lokomotiven im Eisenbahnsystem in der Gemeinschaft führen, ABl. Nr. L 315 vom 3.12.2007 S 51, angeführten Punkte erstreckt, zugrunde zu legen.
(BGBl I 2010/25)

Arbeitspsychologische Eignung

§ 133. Der Erstellung des Gutachtens, das eine Beurteilung darüber enthält, ob der Antragsteller über die arbeitspsychologische Eignung zum selbständigen Führen und Bedienen von Triebfahrzeugen verfügt, sind die Ergebnisse einer Untersuchung, die sich zumindest auf die in Anhang II, Abschnitt 2.2 der Richtlinie 2007/59/EG angeführten Punkte erstreckt, zugrunde zu legen.

(BGBl I 2010/25)

Allgemeine Fachkenntnisse

§ 134. Der Ausstellung eines Zeugnisses, in dem dokumentiert wird, dass der Antragsteller über allgemeine Fachkenntnisse für das selbständige Führen und Bedienen von Triebfahrzeugen verfügt, ist das Ergebnis einer Prüfung, deren Gegenstand zumindest die im Anhang IV der Richtlinie 2007/59/EG angeführten allgemeinen Themen umfasst, zugrunde zu legen.

(BGBl I 2010/25)

Ausstellung, Inhalt und Merkmale der Fahrerlaubnis

§ 135. (1) Über den Antrag auf Ausstellung einer Fahrerlaubnis ist innerhalb eines Monats ab dessen Einlangen zu entscheiden. Dem Antrag ist stattzugeben, wenn die im § 129 angeführten Voraussetzungen vorliegen; diesfalls ist der Antrag durch die Ausstellung der Fahrerlaubnis in Form einer Urkunde mit einer Gültigkeitsdauer von „ " zehn Jahren zu erledigen. Es darf nur ein einziges Original dieser Urkunde ausgestellt werden. *(BGBl I 2019/60)*

(2) Inhalt und Merkmale der ausgestellten Fahrerlaubnis haben dem Gemeinschaftsmodell für die Fahrerlaubnis, das von der Kommission in einem Verfahren nach Art. 4 Abs. 4 der Richtlinie 2007/59/EG festgelegt wird, zu entsprechen.

(BGBl I 2010/25)

Erneuerung der Fahrerlaubnis

§ 136. (1) Frühestens sechs Monate vor Ablauf der Gültigkeit einer ausgestellten Fahrerlaubnis kann deren Inhaber eine Erneuerung der Fahrerlaubnis beantragen. Die Fahrerlaubnis ist mit einer Gültigkeit von höchstens zehn Jahren zu erneuern, wenn gemäß § 139 durchgeführte Überprüfungen ergeben haben, dass der Inhaber der Fahrerlaubnis noch die im § 129 Z 3 bis 5 angeführten Voraussetzungen erfüllt. Das Vorliegen dieser Voraussetzungen kann anhand der im Fahrerlaubnis-Register erfolgten Eintragungen der Angaben über die gemäß § 139 durchgeführten Überprüfungen ermittelt werden.

(2) Der Inhaber der erneuerten Fahrerlaubnis hat „der Behörde" seine bisherige Fahrerlaubnis nach Zustellung der erneuerten Fahrerlaubnis unverzüglich abzuliefern. Die ursprüngliche Fahrerlaubnis ist in geeigneter Weise als ungültig zu kennzeichnen und dem Inhaber der erneuerten Fahrerlaubnis zuzustellen. *(BGBl I 2020/143)*

(BGBl I 2010/25)

Ausstellung eines Duplikates der Fahrerlaubnis

§ 137. (1) Im Falle einer verloren gegangenen, gestohlenen oder zerstörten Fahrerlaubnis ist auf Antrag des darin angeführten Inhabers ein Duplikat der verloren gegangenen, gestohlenen oder zerstörten Fahrerlaubnis auszustellen, wenn der Verlust, der Diebstahl oder die Zerstörung glaubhaft gemacht wird.

(2) Wird die verloren gegangene oder gestohlene Fahrerlaubnis wieder gefunden, ist diese, wenn bereits ein Duplikat dieser verloren gegangenen oder gestohlenen Fahrerlaubnis ausgestellt worden ist, „der Behörde" abzuliefern. *(BGBl I 2020/143)*

(BGBl I 2010/25)

Aktualisierung der Fahrerlaubnis

§ 138. Entsprechen Einzelangaben in einer Fahrerlaubnis nicht mehr der Realität, ist der Inhaber einer Fahrerlaubnis verpflichtet, deren Aktualisierung unter Beigabe der notwendigen Angaben und Nachweise zu beantragen. Diesfalls ist eine neue Fahrerlaubnis mit aktualisiertem Inhalt auszustellen. Der Inhaber der ausgestellten, aktualisierten Fahrerlaubnis hat „der Behörde" unverzüglich nach deren Zustellung die nicht mehr aktuelle Fahrerlaubnis abzuliefern. *(BGBl I 2020/143)*

(BGBl I 2010/25)

Überprüfungen

§ 139. (1) Der Inhaber einer Fahrerlaubnis hat in den im Anhang II Abschnitt 3.1 der Richtlinie 2007/59/EG vorgegebenen Zeitabständen das Vorliegen seiner physischen Eignung durch eine Untersuchung bei einem Arbeitsmediziner bzw. bei einer arbeitsmedizinischen Stelle überprüfen zu lassen und das darüber ausgestellte Gutachten „der Behörde" und dem ihn zur selbständigen Führung und Bedienung von Triebfahrzeugen einsetzenden Eisenbahnunternehmen als Nachweis vorzulegen. Der Erstellung des Gutachtens, das eine Beurteilung darüber enthält, ob der Inhaber der Fahrerlaubnis noch über die physische Eignung zum selbständigen Führen und Bedienen von Triebfahrzeugen verfügt, sind die Ergebnisse einer ärztlichen Untersuchung, die sich zumindest auf die in Anhang II Abschnitte 3.2 der Richtlinie

2007/59/EG angeführten Punkte erstreckt, zugrunde zu legen. *(BGBl I 2020/143)*

(2) Der Inhaber einer Fahrerlaubnis hat in regelmäßigen, zehn Jahre unterschreitenden Zeitabständen das Vorliegen seiner arbeitspsychologischen Eignung durch eine Untersuchung bei einem klinischen Psychologen oder einem Gesundheitspsychologen (§ 150 Abs. 3) überprüfen zu lassen und das darüber ausgestellte Gutachten „der Behörde" und dem ihn zur selbständigen Führung und Bedienung von Triebfahrzeugen einsetzenden Eisenbahnunternehmen als Nachweis vorzulegen. *(BGBl I 2020/143)*

(3) Der Inhaber einer Fahrerlaubnis hat in regelmäßigen, fünf Jahre nicht überschreitenden Zeitabständen im Rahmen des im Sicherheitsmanagementsystem vorgesehenen Schulungsprogrammes überprüfen zu lassen, ob seine allgemeinen Fachkenntnisse für das selbständige Bedienen und Führen von Triebfahrzeugen noch vorhanden sind, und dies „der Behörde" nachzuweisen. *(BGBl I 2020/143)*

(4) „Die Behörde" hat die Einhaltung der Bestimmungen der Abs. 1 bis 3 durch den Inhaber einer Fahrerlaubnis zu überwachen. *(BGBl I 2020/143)*

(BGBl I 2010/25)

Entzug und Aussetzung der Fahrerlaubnis

§ 140. (1) Eine Fahrerlaubnis ist deren Inhaber mit Bescheid zu entziehen, wenn dieser die für die Ausstellung einer Fahrerlaubnis erforderlichen Voraussetzungen auf Dauer nicht mehr erfüllt oder er die im § 139 angeführten Nachweise nicht erbringt. In dem Bescheid ist zu verfügen, dass die entzogene Fahrerlaubnis „der Behörde" abzuliefern ist. *(BGBl I 2020/143)*

(2) Ist es jedoch wahrscheinlich, dass der Inhaber einer Fahrerlaubnis die für deren Ausstellung erforderlichen Voraussetzungen in einem absehbaren Zeitraum wiedererlangen wird, ist die Fahrerlaubnis bescheidmäßig auszusetzen und zu verfügen, dass die Fahrerlaubnis „der Behörde" vorläufig abzuliefern ist. Die abgelieferte Fahrerlaubnis ist dem Inhaber wieder zuzustellen, wenn dieser nachgewiesen hat, dass er die für die Ausstellung einer Fahrerlaubnis notwendigen Voraussetzungen wieder erfüllt. Mit Zustellung der Fahrerlaubnis gilt deren Aussetzung als aufgehoben. *(BGBl I 2020/143)*

(3) Der Inhaber einer Fahrerlaubnis, dem bekannt ist, dass er die für die Ausstellung einer Fahrerlaubnis notwendigen Voraussetzungen nicht mehr erfüllt, ist verpflichtet, dies „der Behörde" und dem Eisenbahnunternehmen, dem er angehört, anzuzeigen. *(BGBl I 2020/143)*

(BGBl I 2010/25)

3. Hauptstück
Bescheinigung

Ausweis der Triebfahrzeuge und Eisenbahnen

§ 141. (1) In der Bescheinigung ist auszuweisen, welche Klasse von Triebfahrzeugen auf welchen bestimmten Eisenbahnen der in der Bescheinigung angeführte Triebfahrzeugführer selbständig führen und bedienen darf.

(2) Die Triebfahrzeuge sind in folgende Klassen einzuteilen:

1. Klasse A, welche Verschublokomotiven, Bauzüge, Schienenfahrzeuge für Unterhaltungsarbeiten und alle anderen im Verschubbetrieb eingesetzten Lokomotiven umfasst;

2. Klasse B, welche im Personenverkehr, im Güterverkehr, oder im Personen- und Güterverkehr eingesetzte Triebfahrzeuge umfasst.

(BGBl I 2010/25)

Voraussetzungen für die Ausstellung einer Bescheinigung

§ 142. Die Ausstellung einer Bescheinigung setzt voraus:

1. Innehabung einer Fahrerlaubnis;

2. Kenntnisse der jeweiligen Sprache, mit der auf jenen Eisenbahnen kommuniziert wird, die in der Bescheinigung ausgewiesen werden sollen;

3. schienenfahrzeugbezogene Fachkenntnisse für jene Triebfahrzeuge, die in der Bescheinigung ausgewiesen werden sollen;

4. schienenbahnbezogene Fachkenntnisse für jene Eisenbahnen, die in der Bescheinigung ausgewiesen werden sollen;

5. eine Schulung über die für die selbständige Führung und Bedienung von Triebfahrzeugen relevanten Teile des Sicherheitsmanagementsystems des Eisenbahnunternehmens, dem derjenige angehört, der in der Bescheinigung ausgewiesen werden soll.

(BGBl I 2010/25)

Ausstellung, Inhalt und Merkmale der Bescheinigung

§ 143. (1) Die Ausstellung einer Bescheinigung, die Aktualisierung von Einzelangaben einer Bescheinigung, die Erneuerung einer Bescheinigung sowie die Entziehung oder Aussetzung einer Bescheinigung obliegt dem Eisenbahnunternehmen, dem der darin angeführte Triebfahrzeugführer angehört und ist nur dann zulässig, wenn das Eisenbahnunternehmen entweder Inhaber einer Sicherheitsgenehmigung oder einer einheitlichen Sicherheitsbescheinigung ist. „Die Bescheinigung ist in Form einer Urkunde auszustellen, in ihren

Einzelangaben zu aktualisieren und zu erneuern. Bescheinigungen verbleiben im Eigentum des ausstellenden Eisenbahnunternehmens." *(BGBl I 2020/143; BGBl I 2021/231)*

(2) Inhalt und Merkmale der ausgestellten Bescheinigung haben dem Gemeinschaftsmodell für die Bescheinigung, das von der Kommission in einem Verfahren nach Art. 4 Abs. 4 der Richtlinie 2007/59/EG festgelegt wird, zu entsprechen.

(BGBl I 2010/25)

Verfahren

§ 144. (1) Jedes Eisenbahnunternehmen, das Bescheinigungen ausstellen will, hat im Rahmen seines Sicherheitsmanagementsystems Verfahren für die Ausstellung von Bescheinigungen, für die Aktualisierung von Einzelangaben der Bescheinigungen, für die Erneuerung von Bescheinigungen sowie für die Aussetzung und Entziehung von Bescheinigungen festzulegen sowie ein Beschwerdesystem, welches die Überprüfung einer Entscheidung über die Ausstellung einer Bescheinigung, über die Aktualisierung von Einzelangaben in der Bescheinigung, über die Aussetzung oder Entziehung einer Bescheinigung auf Verlangen eines Triebfahrzeugführers ermöglicht, einzurichten.

(2) In dem Verfahren für die Ausstellung einer Bescheinigung ist die Vorlage eines oder mehrerer von sachverständigen Prüfern ausgestellten Zeugnissen vorzusehen, in dem oder in denen dokumentiert ist, dass der Triebfahrzeugführer über die schienenfahrzeugbezogenen Fachkenntnisse, die schienenbahnbezogenen Fachkenntnisse und die notwendige Sprachkenntnis verfügt.

(3) Sollen in der Bescheinigung Eisenbahnen, die sich in einem anderen Mitgliedstaat der Europäischen Union oder in einer anderen Vertragspartei des Abkommens über den Europäischen Wirtschaftsraum befinden, ausgewiesen werden, ist im Verfahren zur Ausstellung einer Bescheinigung vorzusehen, dass die für das selbständige Führen und Bedienen von Triebfahrzeugen auf diesen Eisenbahnen erforderlichen schienenbahnbezogenen Fachkenntnisse und notwendigen Sprachkenntnisse durch Gutachten, Zeugnisse oder ähnliche Dokumente nachgewiesen werden, die von Personen oder Stellen erstellt werden, die der Staat zugelassen oder anerkannt hat, in dessen Hoheitsgebiet die betreffende Eisenbahn liegt.

(4) Die Bescheinigung ist auszustellen, wenn die im § 142 angeführten Voraussetzungen vorliegen.

(BGBl I 2010/25)

Fachkenntnisse, Sprachkenntnisse

§ 145. (1) Der Ausstellung eines Zeugnisses, in dem dokumentiert wird, ob der Antragsteller über schienenfahrzeugbezogene Fachkenntnisse für jene Triebfahrzeuge, die in der Bescheinigung ausgewiesen werden sollen, verfügt, ist das Ergebnis einer theoretischen und praktischen Prüfung, deren Gegenstand zumindest die im Anhang V der Richtlinie 2007/59/EG angeführten allgemeinen Themen sowie das selbständige Führen und Bedienen des Triebfahrzeuges auf Fahrten auf den in der Bescheinigung auszuweisenden Eisenbahnen umfasst, zugrunde zu legen.

(2) Der Ausstellung eines Zeugnisses, in dem dokumentiert wird, ob der Antragsteller über schienenbahnbezogene Fachkenntnisse für jene Eisenbahnen, die in der Bescheinigung ausgewiesen werden sollen, verfügt, ist das Ergebnis einer theoretischen und praktischen Prüfung, deren Gegenstand zumindest die im Anhang VI der Richtlinie 2007/59/EG angeführten allgemeinen Themen umfasst, zugrunde zu legen. Dieses Zeugnis hat auch zu dokumentieren, ob der Antragsteller über die gemäß Anhang VI der Richtlinie 2007/59/EG notwendigen Kenntnisse der deutschen Sprache verfügt.

(3) bis (5) *(entfallen, BGBl I 2020/143)*

(BGBl I 2010/25)

Unternehmensinterne Überprüfungen

§ 146. (1) Eisenbahnunternehmen haben ein System zur Überwachung ihrer Triebfahrzeugführer einzurichten.

(2) Das Eisenbahnunternehmen hat dafür zu sorgen und zu überprüfen, dass von ihm auf Eisenbahnen eingesetzte Triebfahrzeuge nur von Personen selbständig geführt und bedient werden, die über eine gültige Fahrerlaubnis und eine hiefür gültige Bescheinigung verfügen.

(3) Das Eisenbahnunternehmen hat dafür zu sorgen, dass Triebfahrzeuge nicht durch von ihm eingesetzte Triebfahrzeugführer selbständig geführt und bedient werden, wenn sich diese sich in einem durch Medikamente, Alkohol oder Suchtmittel sowie durch Krankheit beeinträchtigten Zustand befinden.

(4) Das Eisenbahnunternehmen hat in regelmäßigen Zeitabständen zu überprüfen, ob der Inhaber einer Bescheinigung noch über die notwendigen schienenfahrzeugbezogenen und schienenbahnbezogenen Fachkenntnisse sowie über die notwendigen Sprachkenntnisse verfügt. Die Häufigkeit dieser Überprüfungen ist im Rahmen des Sicherheitsmanagementsystems festzulegen, wobei jedoch die im Anhang VII der Richtlinie 2007/59/EG angeführte Mindesthäufigkeit einzuhalten ist. Ergibt die Überprüfung, dass diese Fachkenntnisse nicht vorhanden sind, ist dies vom Eisenbahnunternehmen durch einen Vermerk auf der Bescheinigung selbst und einen entsprechenden Eintrag im Bescheinigungs-Register festzuhalten.

(5) Stellt die Kenntnis oder eine vorliegende ärztliche Mitteilung über eine Verschlechterung des Gesundheitszustandes eines Triebfahrzeugführers, das Ergebnis einer Überwachung eines Triebfahrzeugführers, das Ergebnis einer Überprüfung nach Abs. 4 oder die Versäumung einer Überprüfung nach Abs. 4 dessen berufliche Befähigung, dessen berufliche Eignung, das Vorliegen der für die Ausstellung seiner Fahrerlaubnis oder das Vorliegen der für die Ausstellung seiner Bescheinigung erforderlichen Voraussetzungen in Frage, hat das Eisenbahnunternehmen die zur Herstellung eines es betreffenden gesetzeskonformen Zustandes erforderlichen Maßnahmen unverzüglich zu ergreifen. Des Weiteren hat das Eisenbahnunternehmen zu überprüfen, ob die Voraussetzungen für die Ausstellung der Bescheinigung noch vorliegen und diese gegebenenfalls auszusetzen oder zu entziehen.

(6) Stellt die Kenntnis oder eine vorliegende ärztliche Mitteilung über eine Verschlechterung des Gesundheitszustandes eines Triebfahrzeugführers sowie das Ergebnis einer Überwachung eines Triebfahrzeugführers das Vorliegen der erforderlichen Voraussetzungen für die Erteilung seiner Fahrerlaubnis in Frage, oder ist ein Triebfahrzeugführer bereits länger als drei Monate arbeitsunfähig, hat das Eisenbahnunternehmen „die Behörde" davon unverzüglich in Kenntnis zu setzen. *(BGBl I 2020/143)*

(BGBl I 2015/137)

Beendigung des Beschäftigungsverhältnisses

§ 147. „(1)" Beendigt ein Triebfahrzeugführer sein Beschäftigungsverhältnis mit einem Eisenbahnunternehmen, so wird die von diesem Eisenbahnunternehmen ausgestellte Bescheinigung ungültig. Auf sein Verlangen hat das Eisenbahnunternehmen dem ausscheidenden oder ausgeschiedenen Triebfahrzeugführer eine beglaubigte Kopie der Bescheinigung und sämtliche Nachweise, die seine Ausbildung, Qualifikation, Berufserfahrung und berufliche Befähigung ausweisen, auszufolgen. *(BGBl I 2015/137)*

(2) Das Eisenbahnunternehmen hat „der Behörde" die Beendigung dieses Beschäftigungsverhältnisses mit einem Triebfahrzeugführer unverzüglich bekanntzugeben. *(BGBl I 2015/137; BGBl I 2020/143)*

(BGBl I 2010/25)

Behördliche Überprüfung

§ 147a. (1) „Die Behörde" ist befugt, auch im Triebfahrzeug zu überprüfen, ob der das Triebfahrzeug selbständig führende und bedienende Triebfahrzeugführer eine gültige Fahrerlaubnis und eine gültige Bescheinigung mit sich führt. *(BGBl I 2021/231)*

(2) Bei fahrlässigem Verhalten eines Triebfahrzeugführers an seinem Arbeitsplatz ist „die Behörde" befugt zu überprüfen, ob der betreffende Triebfahrzeugführer nach wie vor über die für die Ausstellung seiner Bescheinigung erforderlichen schienenfahrzeugbezogenen und schienenbahnbezogenen Fachkenntnisse sowie die notwendigen Sprachkenntnisse verfügt. *(BGBl I 2021/231)*

(3) Wird zum selbständigen Führen und Bedienen eines Triebfahrzeuges ein Triebfahrzeugführer eingesetzt, der dabei eine erhebliche Gefährdung der Sicherheit des Betriebes der Eisenbahn und der Sicherheit des Betriebes von Schienenfahrzeugen auf einer Eisenbahn darstellt, hat „die Behörde" die für die Beseitigung dieser Gefährdung erforderlichen Maßnahmen unverzüglich zu verfügen. „Insbesondere hat sie das Eisenbahnunternehmen" aufzufordern, den Einsatz des betreffenden Triebfahrzeugführers unverzüglich zu beenden, dem betreffenden Triebfahrzeugführer das selbständige Führen und Bedienen von Triebfahrzeugen zu untersagen oder ein Eisenbahninfrastrukturunternehmen aufzufordern, einen Zug anzuhalten, dessen Triebfahrzeug von einem solchen Triebfahrzeugführer selbständig geführt und bedient wird. „Die Behörde" hat die Europäische Kommission und die anderen für Fahrerlaubnisangelegenheiten zuständigen Behörden der anderen Mitgliedstaaten der Europäischen Union und der anderen Vertragsparteien des Abkommens über den Europäischen Wirtschaftsraum von den verfügten Maßnahmen zu unterrichten. Der Bescheid, mit dem die erforderlichen Maßnahmen verfügt wurden, ist aufzuheben, wenn die Gründe für dessen Erlassung nicht mehr vorliegen. *(BGBl I 2021/231)*

(4) „Die Behörde" ist befugt Untersuchen durchführen, um zu überprüfen, ob das Eisenbahnunternehmen den Bestimmungen der §§ 141 bis 147 nachkommt. *(BGBl I 2021/231)*

(5) Stellt „die Behörde" fest, dass ein zum selbständigen Führen und Bedienen eines Triebfahrzeuges auf einer Eisenbahn eingesetzter Triebfahrzeugführer die für die Ausstellung seiner Bescheinigung erforderlichen Voraussetzungen nicht erfüllt, „hat sie das Eisenbahnunternehmen", welches die Bescheinigung ausgestellt hat, zu kontaktieren und unter Angabe von Gründen entweder eine zusätzliche Kontrolle oder die Aussetzung der Bescheinigung zu verlangen. Das Eisenbahnunternehmen hat innerhalb vier Wochen das Verlangen zu überprüfen und „der Behörde" seine Entscheidung über das Verlangen mitzuteilen. Bis zum Einlangen der Mitteilung über die getroffene Entscheidung ist „die Behörde" befugt, dem betreffenden Triebfahrzeugführer das selbständige Führen und Bedienen von Triebfahrzeugen untersagen. *(BGBl I 2021/231)*

(BGBl I 2015/137)

4. Hauptstück

Sachverständige

Bestellung sachverständiger Prüfer

§ 148. „Die Behörde" hat zur Begutachtung des Vorhandenseins *(BGBl I 2020/143)*
1. der allgemeinen Fachkenntnisse für das selbständige Führen und Bedienen von Triebfahrzeugen,
2. der schienenfahrzeugbezogenen Fachkenntnisse für das selbständige Führen und Bedienen von Triebfahrzeugen und
3. der schienenbahnbezogenen Fachkenntnisse für das selbständige Führen und Bedienen von Triebfahrzeugen

sachverständige Prüfer zu bestellen, die zuverlässig und für die jeweilige Begutachtung besonders geeignet sind. Die Bestellung hat auf die Dauer von höchstens fünf Jahren zu erfolgen. Eine ein- und mehrmalige Wiederbestellung ist zulässig.

(BGBl I 2010/25)

Verzeichnis der sachverständigen Prüfer

§ 149. „Die Behörde" hat ein Verzeichnis der gemäß § 148 bestellten sachverständigen Prüfer zu führen und im Internet bereitzustellen. *(BGBl I 2020/143)*

(BGBl I 2010/25)

Begutachtungsbefugnis

§ 150. (1) Zu Begutachtungen, ob die im § 148 angeführten Fachkenntnisse vorhanden sind, sind ausschließlich die im Verzeichnis gemäß § 149 geführten sachverständigen Prüfer befugt. Zur Begutachtung, ob die schienenbahnbezogenen Fachkenntnisse und die notwendigen Sprachkenntnisse zum selbständigen Führen und Bedienen von Triebfahrzeugen auf einer Eisenbahn, die sich in einem anderen Mitgliedstaat der Europäischen Union oder in einer anderen Vertragspartei des Abkommens über den Europäischen Wirtschaftsraum befindet, vorhanden sind, sind ausschließlich die von dem betreffenden Mitgliedstaat oder der betreffenden Vertragspartei zugelassenen oder anerkannten Personen oder Stellen befugt.

(2) Sachverständige Prüfer dürfen zur Begutachtung, ob die im § 148 angeführten Fachkenntnisse vorliegen, nur eine Person zulassen, die über eine Teilnahmebestätigung gemäß § 151 verfügt.

(3) Mit der Begutachtung des Vorhandenseins der physischen Eignung für das selbständige Führen und Bedienen von Triebfahrzeugen sind Arbeitsmediziner bzw. arbeitsmedizinische Zentren und mit der Begutachtung des Vorhandenseins der arbeitspsychologischen Eignung für das selbständige Führen und Bedienen von Triebfahrzeugen sind klinische Psychologen oder Gesundheitspsychologen zu betrauen, die hiefür weitergebildet sind und über ein Zertifikat verfügen.

(4) Sachverständige Prüfer, Arbeitsmediziner, arbeitsmedizinische Zentren, klinische Psychologen oder Gesundheitspsychologen haben sich im Einzelfall der Begutachtung bei Vorliegen der im § 7 Z 1 bis 3 AVG angeführten Gründe, insbesondere bei Vorliegen von Interessenkonflikten, zu enthalten. *(BGBl I 2015/137)*

(BGBl I 2010/25)

Überprüfung, Einschränkung der Begutachtungsbefugnis, Widerruf der Bestellung

§ 150a. (1) „Die Behörde" ist zur Durchführung von Untersuchungen befugt, um zu überprüfen, ob „von ihr bestellte" sachverständige Prüfer die Voraussetzungen für ihre Bestellung nach wie vor erfüllen. *(BGBl I 2020/143)*

(2) „Die Behörde" ist zur Durchführung von Untersuchungen befugt, um zu überprüfen, ob sich sachverständige Prüfer, Arbeitsmediziner, arbeitsmedizinische Zentren, klinische Psychologen oder Gesundheitspsychologen der Begutachtung bei Vorliegen der im § 7 Z 1 bis 3 AVG angeführten Gründe, insbesondere bei Vorliegen von Interessenkonflikten, enthalten. *(BGBl I 2020/143)*

(3) Werden die Voraussetzungen für die Bestellung eines sachverständigen Prüfers nur mehr teilweise erfüllt und kann seine Begutachtungsbefugnis eingeschränkt werden, ist die mit seiner Bestellung zum sachverständigen Prüfer verbundene Begutachtungsbefugnis „von der Behörde" entweder von Amts wegen oder auf dessen Antrag entsprechend einzuschränken. *(BGBl I 2020/143)*

(4) Die Bestellung eines sachverständigen Prüfers ist von der Behörde zu widerrufen, wenn der bestellte sachverständige Prüfer die Voraussetzungen für seine Bestellung nicht mehr erfüllt. *(BGBl I 2020/143)*

(BGBl I 2015/137)

5. Hauptstück

Ausbildung

Ausbildungsmethode

§ 151. Der Erwerb der Kenntnisse und Fähigkeiten, die zur Erlangung einer Fahrerlaubnis und einer Bescheinigung notwendig sind, hat in einer Triebfahrzeugführer-Schulungseinrichtung durch die Teilnahme an theoretischen Lehrveranstaltungen und durch eine praktische Verwendung am Triebfahrzeug zu erfolgen. Darüber hat der Betreiber einer Triebfahrzeugführer-Schulungseinrichtung eine Teilnahmebestätigung auszustellen.

(BGBl I 2010/25)

Triebfahrzeugführer-Schulungseinrichtung

§ 152. (1) Der Betrieb einer Triebfahrzeugführer-Schulungseinrichtung zur Vermittlung der für die Erlangung einer Fahrerlaubnis oder der für die Erlangung einer Bescheinigung notwendigen Kenntnisse und Fähigkeiten bedarf der Genehmigung der Behörde, die zu erteilen ist, wenn die Eignung zum Betrieb einer Triebfahrzeugführer-Schulungseinrichtung nachgewiesen ist. Es sind Unterlagen vorzulegen, anhand derer nachgewiesen wird, dass eine Vermittlung der notwendigen Kenntnisse und Fähigkeiten vor allem dadurch sichergestellt ist, dass das entsprechend qualifizierte Schulungspersonal und die notwendigen Lehrbehelfe, Anlagen und Betriebsmittel vorhanden sind.

(2) Der Antragsteller hat die den Ausbildungsaufgaben angemessene technische und betriebliche Kompetenz und Eignung zur Organisation von Ausbildungsgängen zu belegen. Er muss über ausreichendes Personal und Ausrüstung verfügen und in einem für die Ausbildung geeigneten Umfeld tätig sein, das Triebfahrzeugführer auf die Prüfungen zur Erlangung oder Aufrechterhaltung von Fahrerlaubnissen und Bescheinigungen vorbereitet. Insbesondere muss der Antragsteller

1. über eine wirksame Managementstruktur verfügen, die gewährleistet, dass die Ausbilder die angemessene Befähigung und Erfahrung besitzen, um eine Ausbildung gemäß den gesetzlichen Anforderungen durchzuführen;

2. im notwendigen Umfang über Personal, Einrichtungen, Ausrüstung und Unterbringung verfügen, die der angebotenen Ausbildung und der erwarteten Zahl der Auszubildenden angemessen sind;

3. sicherstellen, dass die praktische Ausbildung durch Ausbilder erfolgt, die Inhaber sowohl einer gültigen Fahrerlaubnis als auch einer gültigen Bescheinigung sind, die den Gegenstand der Ausbildung oder Eisenbahnen/Schienenfahrzeuge ähnlicher Art abdeckt, und über eine mindestens dreijährige berufliche Fahrpraxis verfügen. Ist der Ausbilder nicht Inhaber einer gültigen Bescheinigung für die betreffende Eisenbahn und/oder das betreffende Schienenfahrzeug, muss ein Triebfahrzeugführer mit einer Bescheinigung für diese Eisenbahn bzw. dieses Schienenfahrzeug bei Ausbildungs- und Prüfungsfahrten von Triebfahrzeugführern anwesend sein;

4. die Methodik darlegen, die er anzuwenden beabsichtigt, um Inhalt, Organisation und Dauer der Ausbildungsgänge, Ausbildungspläne und Kompetenzregelungen zu gewährleisten;

5. Systeme zur Erfassung der Ausbildungstätigkeiten bereitstellen, einschließlich Informationen über Teilnehmer, Ausbilder und Zahl und Zweck der Ausbildungsgänge;

6. ein Qualitätsmanagementsystem oder gleichwertige Verfahren eingerichtet haben, um Einhaltung und Adäquatheit der Systeme und Verfahren zu überwachen, mit denen sichergestellt wird, dass die Ausbildung den gesetzlichen Anforderungen genügt;

7. ein Kompetenzmanagement bereitstellen und eine laufende Weiterbildung und Maßnahmen zur Aufrechterhaltung der beruflichen Qualifikation der Ausbilder durchführen;

8. Verfahren darlegen, mit denen Ausbildungsmethoden, Instrumente und Ausrüstung auf aktuellem Stand gehalten werden, einschließlich Ausbildungsunterlagen, Ausbildungssoftware, vom Eisenbahninfrastrukturunternehmen bereitgestellte Dokumente wie Regelwerke zu Betriebsregeln, Signalen oder Sicherheitssystemen.

(3) Die Behörde hat ein Verzeichnis aller im Inland befindlichen Triebfahrzeugführer-Schulungseinrichtungen mit Name, Anschrift und Kennnummer zu führen und im Internet bereitzustellen.

(BGBl I 2020/143)

Zugang zur Triebfahrzeugführer-Schulungseinrichtung

§ 153. (1) Betreiber einer Triebfahrzeugführer-Schulungseinrichtung haben allen Personen nach Maßgabe verfügbarer Kapazitäten und unter Ausschluss jeglicher Diskriminierung Zugang zu ihrer Triebfahrzeugführer-Schulungseinrichtung zu gewähren.

(2) Das Entgelt, das für die Vermittlung der für den Erwerb einer Fahrerlaubnis oder der für den Erwerb einer Bescheinigung erforderlichen Kenntnisse und Fähigkeiten zu entrichten ist, ist nach dem Grundsatz eines angemessenen Kostenersatzes und branchenüblichen Entgeltes festzulegen.

(BGBl I 2010/25)

Beschwerde an die Schienen-Control Kommission

§ 154. (1) Wird jemandes Begehren auf Abschluss eines Vertrages zur Vermittlung der für die Erlangung einer Fahrerlaubnis oder für die Erlangung einer Bescheinigung notwendigen Kenntnisse und Fähigkeiten abgelehnt oder kommt eine Einigung mit dem Betreiber der Triebfahrzeugführer-Schulungseinrichtung längstens drei Monate ab Einlangen des Begehrens beim Betreiber der Triebfahrzeugführer-Schulungseinrichtung nicht zustande, kann der

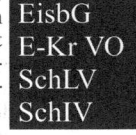

Begehrende Beschwerde an die Schienen-Control Kommission erheben. Die Beschwerde hat schriftlich zu erfolgen und einen Antrag auf Abschluss eines Vertrages zur Vermittlung der für die Erlangung einer Fahrerlaubnis oder der für die Erlangung einer Bescheinigung notwendigen Kenntnisse und Fähigkeiten samt Bezeichnung des wesentlichen Inhaltes des angestrebten Vertrages zu enthalten.

(2) Beschwerdeberechtigt im Sinne des Abs. 1 ist auch ein Eisenbahnunternehmen, wenn sein Begehren auf Abschluss eines Vertrages zur Vermittlung der für die Erlangung einer Fahrerlaubnis oder der für die Erlangung einer Bescheinigung notwendigen Kenntnisse und Fähigkeiten seiner Bediensteten abgelehnt wird oder eine Einigung mit dem Betreiber der Triebfahrzeugführer-Schulungseinrichtung längstens drei Monate ab Einlangen des Begehrens beim Betreiber der Triebfahrzeugführer-Schulungseinrichtung nicht zustande kommt.

(3) Der Betreiber der Triebfahrzeugführer-Schulungseinrichtung, an den das Begehren gestellt wurde, hat der Schienen-Control Kommission die für die Entscheidung über die Beschwerde erforderlichen Unterlagen binnen drei Wochen nach Anforderung durch die Schienen-Control Kommission vorzulegen.

(4) Die Schienen-Control Kommission darf die in den Unterlagen gemäß Abs. 3 enthaltenen Angaben nur für die Entscheidung über die Beschwerde verwenden.

(5) Die Schienen-Control Kommission hat nach Anhörung des Betreibers der Triebfahrzeugführer-Schulungseinrichtung und des Beschwerdeführers nach Einlangen der Beschwerde mit Bescheid zu entscheiden.

(6) Der Beschwerde ist bei Vorliegen der gesetzlichen Voraussetzungen für den begehrten Vertragsabschlusses stattzugeben; in diesem Fall hat der Zugang zur Triebfahrzeugführer-Schulungseinrichtung durch den die Beschwerde erledigenden Bescheid zu erfolgen, der den Abschluss eines schriftlichen Vertrages zur Vermittlung der für die Erlangung einer Fahrerlaubnis oder der Erlangung einer Bescheinigung notwendigen Kenntnisse und Fähigkeiten ersetzt; der Bescheid hat sämtliche Bedingungen im Hinblick auf die administrativen und finanziellen Modalitäten zu enthalten.

(7) Ein gemäß Abs. 6 erlassener Bescheid steht einem zeitlich späteren Abschluss eines Vertrages zur Vermittlung der für die Erlangung einer Fahrerlaubnis „oder der Erlangung" einer Bescheinigung notwendigen Kenntnisse und Fähigkeiten nicht entgegen. *(BGBl I 2011/124)*

(BGBl I 2010/25)

Ersatz der Ausbildungskosten

§ 155. Es ist sicher zu stellen, dass die von einem Eisenbahnunternehmen getätigten Kosten für die Absolvierung der Ausbildung zur Erlangung einer Fahrerlaubnis oder für die Ausbildung zur Erlangung einer Bescheinigung nicht auf unbilliger Weise einem anderen Eisenbahnunternehmen zu Gute kommen, wenn der Triebfahrzeugführer das Eisenbahnunternehmen, mit dem das Dienstverhältnis besteht, vor Ablauf von drei Jahren nach Absolvierung der Ausbildung für ein anderes Eisenbahnunternehmen verlässt. Die erforderlichen Maßnahmen werden durch Kollektivvertrag präzisiert.

(BGBl I 2010/25)

Überprüfung, Einschränkung und Einstellung des Schulungsbetriebes

§ 155a. (1) „Die Behörde" ist zur Durchführung von Untersuchungen befugt, um zu überprüfen, ob der Betrieb der Triebfahrzeugführer-Schulungseinrichtung dem Genehmigungsbescheid entsprechend erfolgt und die Voraussetzungen für die Erteilung der Genehmigung zum Betrieb der Triebfahrzeugführer-Schulungseinrichtung nach wie vor vorliegen. *(BGBl I 2020/143)*

(2) Werden die Voraussetzungen für die Genehmigung des Betriebes einer Triebfahrzeugführer-Schulungseinrichtung zur Vermittlung der für die Erlangung einer Fahrerlaubnis oder für die Erlangung einer Bescheinigung notwendigen Kenntnisse und Fähigkeiten nur mehr teilweise erfüllt und kann der Betrieb der Triebfahrzeugführer-Schulungseinrichtung eingeschränkt werden, ist der Betrieb der Triebfahrzeugführer-Schulungseinrichtung „von der Behörde" entweder von Amts wegen oder auf Antrag des Betreibers der Triebfahrzeugführer-Schulungseinrichtung einzuschränken. *(BGBl I 2020/143)*

(3) „Die Behörde" hat den Betrieb einer Triebfahrzeugführer-Schulungseinrichtung zur Vermittlung der für die Erlangung einer Fahrerlaubnis oder für die Erlangung einer Bescheinigung notwendigen Kenntnisse und Fähigkeiten einzustellen, wenn die Voraussetzungen für die erteilte Genehmigung des Betriebes der Triebfahrzeugführer-Schulungseinrichtung zur Gänze nicht mehr vorliegen. *(BGBl I 2020/143)*

(BGBl I 2015/137)

6. Hauptstück
Fahrerlaubnis-Register

Errichtung und Führung

§ 156. (1) „Die Behörde" hat für die Erfassung aller ausgestellten, in ihren Einzelangaben aktualisierten, erneuerten, ausgesetzten, entzogenen oder als verloren, gestohlen oder zerstört gemeldeten Fahrerlaubnisse ein Fahrerlaubnis-Register zu errichten, zu führen und regelmäßig zu aktualisieren. *(BGBl I 2020/143)*

(2) „Die Behörde" ist berechtigt, Kostenbeiträge für die Erfassung ausgestellter, in ihren Einzelangaben aktualisierter, erneuerter, ausgesetzter, entzogener oder als verloren, gestohlen oder zerstört gemeldeter Fahrerlaubnisse im Fahrerlaubnis-Register festzulegen und vom Fahrerlaubnisinhaber einzuheben. Bei der Ermittlung der Höhe der Kostenbeiträge sind das Kostendeckungsprinzip und die Grundsätze einer pauschalierten anteiligen Anlastung sowie das Erfordernis der künftigen Eintragungen der Angaben über die gemäß § 139 durchzuführenden Überprüfungen zu berücksichtigen und ist von dem bei einer wirtschaftlichen, zweckmäßigen und sparsamen Gebarung notwendigen Aufwand bei der Erfüllung dieser Aufgaben auszugehen. *(BGBl I 2020/143)*

(3) *(entfällt, BGBl I 2020/143)*

(BGBl I 2010/25)

Inhalt

§ 157. (1) „Das Fahrerlaubnis-Register" hat zumindest alle in der jeweiligen Fahrerlaubnis enthaltenen Daten und Angaben über die gemäß § 139 durchgeführten Überprüfungen zu beinhalten. Jedem Triebfahrzeugführer ist eine nationale Kennnummer zuzuweisen. Darüber hinaus haben die Eckdaten des Fahrerlaubnis-Registers, wie etwa die zu registrierenden Daten, das Format dieser Daten und das Datenaustauschprotokoll, die Zugriffsrechte, die Dauer der Speicherung der Daten und das einzuhaltende Verfahren im Falle einer Insolvenz, der Festlegung der Kommission gemäß Art. 22 Abs. 4 der Richtlinie 2007/59/EG zu entsprechen. *(BGBl I 2011/124)*

(2) Das gemäß § 130 Abs. 2 zuständige Eisenbahnunternehmen hat der Behörde unverzüglich eine Kopie einer ausgestellten, in ihren Einzelangaben aktualisierten, erneuerten oder duplizierten Fahrerlaubnis zur Eintragung in das Fahrerlaubnis-Register vorzulegen. *(BGBl I 2021/231)*

(BGBl I 2010/25)

Auskunft über Daten und Angaben

§ 158. „Die Behörde hat Vorkehrungen zu treffen, dass auf begründete schriftliche Anfrage" *(BGBl I 2020/143)*

1. dem Landeshauptmann, wenn dies zur Wahrnehmung seiner Aufgaben nach dem Eisenbahngesetz 1957 erforderlich ist, *(BGBl I 2020/143)*

2. einem Triebfahrzeugführer im Hinblick auf seine Person,

3. den für das Triebfahrzeugführerwesen in anderen Mitgliedstaaten der Europäischen Union oder in den anderen Vertragsparteien des Abkommens über den Europäischen Wirtschaftsraum zuständigen Behörden, wenn der Inhaber einer Fahrerlaubnis in diesen Staaten als Triebfahrzeugführer eingesetzt wird oder eingesetzt werden soll, im Hinblick auf dessen Person,

4. der Europäischen Eisenbahnagentur, wenn die Auskunftserteilung zum Zwecke der Untersuchung, wie sich die Umsetzung der Richtlinie 2007/59/EG in der Praxis auswirkt, erforderlich ist,

5. dem Arbeitgeber von Triebfahrzeugführern im Hinblick auf die von ihm eingesetzten Triebfahrzeugführer,

6. „der Schienen-Control GmbH und der Schienen-Control Kommission", wenn dies für die Entscheidung einer Beschwerde, mit der die Zuweisung einer Zugtrasse begehrt wird, erforderlich ist, *(BGBl I 2011/124)*

7. Eisenbahninfrastrukturunternehmen, wenn der Inhaber einer Fahrerlaubnis auf deren Eisenbahnen als Triebfahrzeugführer eingesetzt wird oder eingesetzt werden soll, im Hinblick auf dessen Person, oder

8. der „Sicherheitsuntersuchungsstelle des Bundes", wenn dies zur Untersuchung von Vorfällen erforderlich ist, im Hinblick auf die an den Vorfällen beteiligten Triebfahrzeugführer, *(BGBl I 2013/96)*

schriftlich Auskunft über die im Fahrerlaubnis-Register enthaltenen Daten und Angaben erteilt wird.

(BGBl I 2010/25)

7. Hauptstück

Bescheinigungs-Register

Errichtung und Führung

§ 159. Eisenbahnunternehmen haben entweder selbst oder durch einen Beauftragten ein Bescheinigungs-Register für die Erfassung aller ausgestellten, aktualisierten, erneuerten, geänderten, abgelaufenen, ausgesetzten, entzogenen oder als verloren, gestohlen oder zerstört gemeldeten Bescheinigungen ihrer Triebfahrzeugführer zu errichten, zu führen und regelmäßig zu aktualisieren.

(BGBl I 2010/25)

Inhalt

§ 160. Das Bescheinigungs-Register hat alle in der jeweiligen Bescheinigung enthaltenen Daten und Angaben zur Überprüfung, ob Inhaber einer Bescheinigung noch über die notwendigen schienenfahrzeugbezogenen und schienenbahnbezogenen Fachkenntnisse verfügen, zu beinhalten. Darüber hinaus haben die Eckdaten des Bescheinigungs-Registers, wie etwa die zu registrierenden Daten, das Format dieser Daten und das Datenaustauschprotokoll, die Zugriffsrechte, die Dauer der Speicherung der Daten und das einzuhaltende Verfahren im Falle einer Insolvenz, der Festlegung der Kommission gemäß Art. 22 Abs. 4 der Richtlinie 2007/59/EG zu entsprechen.

(BGBl I 2010/25)

Auskunft über Daten und Angaben

§ 161. Wer ein Bescheinigungs-Register führt, hat Vorkehrungen zu treffen, dass auf begründete schriftliche Anfrage

1. „der Behörde", wenn dies zur Wahrnehmung ihrer Aufgaben nach dem Eisenbahngesetz 1957 erforderlich ist, *(BGBl I 2021/231)*

2. einem Triebfahrzeugführer im Hinblick auf seine Person,

3. den für das Triebfahrzeugführerwesen in anderen Mitgliedstaaten der Europäischen Union oder in den anderen Vertragsparteien des Abkommens über den Europäischen Wirtschaftsraum zuständigen Behörden, wenn ein Triebfahrzeugführer in ihrem Hoheitsgebiet als Triebfahrzeugführer eingesetzt wird oder eingesetzt werden soll, im Hinblick auf dessen Person,

4. „der Schienen-Control GmbH und der Schienen-Control Kommission", wenn dies für die Entscheidung über die Beschwerde, mit der die Zuweisung einer Zugtrasse begehrt wird, erforderlich ist, *(BGBl I 2011/124)*

5. Eisenbahninfrastrukturunternehmen, wenn ein Triebfahrzeugführer auf deren Eisenbahnen als Triebfahrzeugführer eingesetzt wird oder eingesetzt werden soll, im Hinblick auf dessen Person, oder

6. der „Sicherheitsuntersuchungsstelle des Bundes", wenn dies zur Untersuchung von Vorfällen erforderlich ist, im Hinblick auf die an den Vorfällen beteiligten Triebfahrzeugführer, *(BGBl I 2013/96)*

schriftliche Auskunft über die im Bescheinigungs-Register enthaltenen Daten und Angaben erteilt wird.

(BGBl I 2010/25)

8. Hauptstück
Triebfahrzeugführerangelegenheiten mit Auslandsbezug

Ausländische Fahrerlaubnis

„**§ 162.**" (1) Stellt „die Behörde" fest, dass ein zum selbständigen Führen und Bedienen eines Triebfahrzeuges auf einer österreichischen Eisenbahn eingesetzter Triebfahrzeugführer, der Inhaber einer gültigen Fahrerlaubnis ist, die von einer dafür zuständigen Behörde in einem anderen Mitgliedstaat der Europäischen Union oder in einer anderen Vertragspartei des Abkommens über den Europäischen Wirtschaftsraum ausgestellt wurde, nicht die für eine Ausstellung einer Fahrerlaubnis erforderlichen Voraussetzungen erfüllt, „hat sie diese" Behörde zu kontaktieren und unter Angabe von Gründen entweder eine zusätzliche Kontrolle oder die Aussetzung der Fahrerlaubnis zu verlangen; davon sind die Europäische Kommission und alle anderen für die Ausstellung von Fahrerlaubnissen zuständigen Behörden in den anderen Mitgliedstaaten der Europäischen Union oder in anderen Vertragsparteien des Abkommens über den Europäischen Wirtschaftsraum zu unterrichten. *(BGBl I 2021/231)*

(2) „Die Behörde" ist befugt, dem betreffenden Triebfahrzeugführer das selbständige Führen und Bedienen von Triebfahrzeugen auf österreichischen Eisenbahnen mit Bescheid zu untersagen. Nach dem Einlangen der Mitteilung der kontaktierten Behörde, wie „über ihr Verlangen entschieden worden ist, hat sie" den Bescheid aufzuheben. *(BGBl I 2021/231)*

(3) Ist „die Behörde" der Rechtsansicht, dass die Entscheidung der „von ihr kontaktierten", für die Ausstellung von Fahrerlaubnissen zuständigen Behörde eines anderen Mitgliedstaates der Europäischen Union oder einer anderen Vertragspartei des Abkommens über den Europäischen Wirtschaftsraum unrichtig ist, „hat sie" die Europäische Kommission mit der Angelegenheit zu befassen. Diesfalls „ist sie befugt", dem betreffenden Triebfahrzeugführer das selbständige Führen und Bedienen von Triebfahrzeugen auf österreichischen Eisenbahnen mit Bescheid zu untersagen. Nach Erledigung der Angelegenheit durch die Europäische Kommission „hat sie" den Bescheid aufzuheben. *(BGBl I 2021/231)*

(BGBl I 2015/137; BGBl I 2020/143)

Inländische Fahrerlaubnis

„**§ 163.**" Wird „die Behörde" von einer für die Ausstellung von Fahrerlaubnissen zuständigen Behörde eines anderen Mitgliedstaates der Europäischen Union oder einer anderen Vertragspartei des Abkommens über den Europäischen Wirtschaftsraum unter Angabe von Gründen mit dem Verlangen kontaktiert, eine von ihr ausgestellte, gültige Fahrerlaubnis für einen Triebfahrzeugführer, der auf Eisenbahnen im Staat der kontaktierenden Behörde Triebfahrzeuge selbständig führt und bedient, auszusetzen oder Kontrollen durchzuführen, weil der betreffende Triebfahrzeugführer nicht mehr die für die Ausstellung einer Fahrerlaubnis erforderlichen Voraussetzungen erfüllt, hat „die Behörde" das Verlangen innerhalb von vier Wochen zu überprüfen und der kontaktierenden Behörde ihre Entscheidung über das Verlangen mitzuteilen; von dieser Entscheidung sind die Europäische Kommission und die sonstigen für die Ausstellung einer Fahrerlaubnis zuständigen Behörden der anderen Mitgliedstaaten der Europäischen Union oder der anderen Vertragsparteien des Abkommens über den Europäischen Wirtschaftsraum zu unterrichten. *(BGBl I 2020/143)*

(BGBl I 2015/137)

Ausländische Bescheinigung

„§ 164." (1) Stellt „die Behörde" fest, dass ein zum selbständigen Führen und Bedienen eines Triebfahrzeuges auf einer österreichischen Eisenbahn eingesetzter Triebfahrzeugführer, der über eine gültige Bescheinigung verfügt, die von einem Eisenbahnunternehmen mit Sitz in einem anderen Mitgliedstaat der Europäischen Union oder in einer anderen Vertragspartei des Abkommens über den Europäischen Wirtschaftsraum ausgestellt wurde, nicht die für eine Ausstellung einer Bescheinigung erforderlichen Voraussetzungen erfüllt, „hat sie" dieses Eisenbahnunternehmen zu kontaktieren und unter Angabe von Gründen entweder eine zusätzliche Kontrolle oder die Aussetzung der Bescheinigung zu verlangen. *(BGBl I 2021/231)*

(2) „Die Behörde" ist befugt, dem betreffenden Triebfahrzeugführer das selbständige Führen und Bedienen von Triebfahrzeugen auf österreichischen Eisenbahnen mit Bescheid zu untersagen; von dieser Untersagung sind die Europäische Kommission und die sonstigen für die Ausstellung von Fahrerlaubnissen zuständigen Behörden der anderen Mitgliedstaaten der Europäischen Union oder der anderen Vertragsparteien des Abkommens über den Europäischen Wirtschaftsraum zu unterrichten. Nach dem Einlangen der Mitteilung des kontaktierten Eisenbahnunternehmens, wie „über ihr Verlangen entschieden worden ist, hat sie den" Bescheid aufzuheben. *(BGBl I 2021/231)*

(BGBl I 2015/137; BGBl I 2020/143)

Inländische Bescheinigung

„§ 165." Wird ein Eisenbahnunternehmen von einer für die Ausstellung von Fahrerlaubnissen zuständigen Behörde eines anderen Mitgliedstaates der Europäischen Union oder einer anderen Vertragspartei des Abkommens über den Europäischen Wirtschaftsraum unter Angabe von Gründen mit dem Verlangen kontaktiert, eine von ihm ausgestellte Bescheinigung für einen Triebfahrzeugführer, der auf Eisenbahnen in dem Staat der kontaktierenden Behörde Triebfahrzeuge selbständig führt und bedient, auszusetzen oder Kontrollen durchzuführen, weil der betreffende Triebfahrzeugführer nicht mehr die für die Ausstellung einer Bescheinigung erforderlichen Voraussetzungen erfüllt, hat das Eisenbahnunternehmen innerhalb von vier Wochen das Verlangen zu überprüfen und der kontaktierenden Behörde seine Entscheidung über das Verlangen mitzuteilen. *(BGBl I 2020/143)*

(BGBl I 2015/137)

9. Hauptstück
Sonstiges

Unabhängige Beurteilung

„§ 166." (1) „Die Behörde" hat von Amts wegen in Abständen von höchstens fünf Jahren Gutachten einzuholen, die eine unabhängige Beurteilung der Verfahrensweisen zum Erwerb und zur Beurteilung der für die Tätigkeit eines Triebfahrzeugführers erforderlichen Fachkenntnisse und Fähigkeiten sowie des Systems für die Ausstellung der Fahrerlaubnis und der Ausstellung von Bescheinigungen beinhalten. Ausgenommen von der unabhängigen Beurteilung sind Tätigkeiten, die von Sicherheitsmanagementsystemen erfasst sind. *(BGBl I 2020/143)*

(2) Die für die Erstellung der Gutachten bestellten Sachverständigen haben dafür besonders qualifiziert zu sein, und sie dürfen in den Bereichen, die Gegenstand der unabhängigen Beurteilung sind, selbst nicht tätig sein. „Die Behörde hat in ihrem Zuständigkeitsbereich dafür zu sorgen, dass in den Gutachten dokumentierte Mängel behoben werden." *(BGBl I 2020/143)*

(BGBl I 2015/137; BGBl I 2020/143)

Überwachung im Rahmen eines Systems von Qualitätsnormen

„§ 167."* Alle Tätigkeiten, die mit der Ausbildung von Triebfahrzeugführern, der Beurteilung ihrer Fähigkeiten und der Aktualisierung von Fahrerlaubnissen und Bescheinigungen im Zusammenhang stehen, sind vom Erbringer der Tätigkeit im Rahmen eines Systems von Qualitätsnormen ständig zu überwachen, sofern diese Tätigkeiten nicht bereits von den Sicherheitsmanagementsystemen der Eisenbahninfrastrukturunternehmen und der Eisenbahnverkehrsunternehmen erfasst sind. „Die Behörde"** hat die Einhaltung dieser Bestimmung zu überwachen. (**BGBl I 2020/143; **BGBl I 2021/231)*

(BGBl I 2015/137)

10. Teil
Benannte Stellen, Bestimmte Stellen und akkreditierte interne Stellen

1. Hauptstück
Benannte Stellen

1. Abschnitt
Begriffsbestimmung

§ 168. Benannte Stellen sind für die im 8. Teil vorgesehenen Prüfungen und Bewertungen

1. aufgrund des Akkreditierungsgesetzes 2012, BGBl. I Nr. 28/2012, heranzuziehende akkreditierte, gemäß „§ 172" benannte Konformitätsbewertungsstellen mit Sitz in Österreich oder *(BGBl I 2021/231)*

2. sonstige heranzuziehende Stellen mit Sitz außerhalb Österreichs, die die Europäische Kommission in einem Verzeichnis der im Rahmen der Richtlinie (EU) 2016/797 benannten Stellen veröffentlicht hat.

(BGBl I 2020/143)

2. Abschnitt
Anforderungen für die Benennung einer Konformitätsbewertungsstelle

Allgemeine Anforderungen

§ 169. (1) Eine Konformitätsbewertungsstelle muss über Rechtspersönlichkeit verfügen und nach österreichischem Recht errichtet sein.

(2) Eine Konformitätsbewertungsstelle muss in der Lage sein, alle Konformitätsbewertungsaufgaben durchzuführen, die ihr nach Maßgabe der einschlägigen TSI zugewiesen werden und im Rahmen derer sie benannt werden soll, gleichgültig, ob diese Aufgaben von der Konformitätsbewertungsstelle selbst, in ihrem Auftrag und unter ihrer Verantwortung erfüllt werden sollen.

(3) Eine Konformitätsbewertungsstelle hat jederzeit, für jedes Konformitätsbewertungsverfahren und für jede Art oder jede Kategorie eines Produkts, im Rahmen dessen sie benannt werden soll, über Folgendes zu verfügen:

1. die erforderlichen Mitarbeiter mit Fachkenntnis und ausreichender einschlägiger Erfahrung, um die bei der Konformitätsbewertung anfallenden Aufgaben erfüllen zu können;

2. die maßgeblichen Beschreibungen von Verfahren, nach denen die Konformitätsbewertung durchgeführt wird, um die Transparenz und die Möglichkeit der Anwendung dieser Verfahren sicherzustellen;

3. über geeignete Grundsätze und Verfahren, bei denen zwischen Aufgaben, die sie als benannte Konformitätsbewertungsstelle wahrnehmen soll, und anderen Tätigkeiten unterschieden wird;

4. geeignete Verfahren zur Durchführung der Tätigkeiten, bei denen die Größe eines Unternehmens, die Branche, in der es tätig ist, seine Struktur sowie der Grad der Komplexität der jeweiligen Produktkategorie und der Massenfertigungs- und Seriencharakter des Herstellungsprozesses gebührend berücksichtigt werden.

(4) Einer Konformitätsbewertungsstelle müssen alle erforderlichen Mittel zur Verfügung stehen, um die technischen und administrativen Aufgaben, die mit der Konformitätsbewertung verbunden sind, in angemessener Weise zu erledigen. Weiters muss sie Zugang zu allen benötigten Ausrüstungen oder Einrichtungen haben.

(5) Die für die Durchführung der Konformitätsbewertung zuständigen Mitarbeiter haben über folgende Fähigkeiten zu verfügen:

1. eine solide Fach- und Berufsausbildung, die alle Tätigkeiten für die Konformitätsbewertung umfasst, für die die Konformitätsbewertungsstelle benannt wurde;

2. eine ausreichende Kenntnis der Anforderungen, die mit den durchzuführenden Bewertungen verbunden sind, und die entsprechende Befugnis zur Durchführung solcher Bewertungen;

3. angemessene Kenntnisse und ein angemessenes Verständnis der wesentlichen Anforderungen, der geltenden harmonisierten Normen sowie des einschlägigen Unionsrechtes; und

4. die Fähigkeit zur Erstellung von Bescheinigungen, Protokollen und Berichten als Nachweis für durchgeführte Bewertungen.

(BGBl I 2020/143)

Haftpflichtversicherung

§ 170. Eine Konformitätsbewertungsstelle hat gegen die Folgen einer Haftpflicht eine Haftpflichtversicherung abzuschließen.

(BGBl I 2020/143)

Vorkehrungen

§ 171. Eine Konformitätsbewertungsstelle muss Vorkehrungen zur Erfüllung der in den §§ 177 und 178 geregelten Anforderungen an die Unparteilichkeit und an die Mitarbeiter getroffen haben.

(BGBl I 2020/143)

3. Abschnitt
Benennung

Verfahren

§ 172. (1) Eine Konformitätsbewertungsstelle, die benannt werden will, hat ihre Benennung bei der Behörde zu beantragen. Dem Antrag ist eine Beschreibung der Konformitätsbewertungstätigkeiten, „des Konformitätsbewertungsmoduls oder der -module" und des Produktes oder der Produkte, für die die Konformitätsbewertungsstelle Kompetenz beansprucht sowie die Akkreditierungsurkunde beizulegen. *(BGBl I 2021/231)*

(2) Die Behörde hat eine Konformitätsbewertungsstelle, die ihre Benennung beantragt hat, der Europäischen Kommission und den anderen Mitgliedstaaten der Europäischen Union mittels des elektronischen Benennungsinstrumentes, das von der Europäischen Kommission entwickelt und verwaltet wird, zu benennen, wenn diese die in den §§ 169 bis 171 angeführten Anforderungen erfüllt.

(3) Weist die Konformitätsbewertungsstelle nach, dass sie im Akkreditierungsverfahren die Kriterien der einschlägigen harmonisierten Normen oder Teile dieser Normen erfüllt hat, deren Fundstelle im Amtsblatt der Europäischen Union veröffentlicht worden sind, so gilt die widerlegbare Vermutung, dass die Konformitätsbewertungsstelle die in den §§ 169 bis 171 angeführten Anforderungen erfüllt, soweit diese anwendbaren harmonisierten Normen diese Anforderungen abdecken.

(4) Mit der durchgeführten Benennung einer Konformitätsbewertungsstelle durch die Behörde ist der darauf gerichtete Antrag der Konformitätsbewertungsstelle erledigt. Die Behörde hat die Konformitätsbewertungsstelle über die durchgeführte Benennung zu unterrichten.

(BGBl I 2020/143)

Angaben

§ 173. Die Benennung einer Konformitätsbewertungsstelle durch die Behörde hat vollständige Angaben zu den Konformitätsbewertungstätigkeiten, dem betreffenden Konformitätsbewertungsmodul oder -modulen und dem Produkt oder den Produkten sowie die einschlägige Akkreditierungsurkunde zu enthalten.

(BGBl I 2020/143)

Aufnahme der Tätigkeit

§ 174. Eine benannte Konformitätsbewertungsstelle darf erst dann die Aufgaben einer benannten Stelle wahrnehmen, wenn weder die Europäische Kommission noch die anderen Mitgliedstaaten der Europäischen Union innerhalb von zwei Wochen nach Durchführung der Benennung durch die Behörde erhoben haben.

(BGBl I 2020/143)

Einschränkung, Aussetzung oder Widerruf einer Benennung

§ 175. (1) Stellt die Behörde fest, dass eine von ihr benannte Konformitätsbewertungsstelle die in den §§ 169 bis 171 angeführten Anforderungen nicht mehr erfüllt oder dass sie sonst ihren Pflichten nicht mehr nachkommt, hat sie unter Berücksichtigung des Ausmaßes, in dem diesen Anforderungen oder Pflichten nicht nachgekommen wird, die Benennung einzuschränken, auszusetzen oder zu widerrufen. Davon hat sie die Europäische Kommission und die übrigen Mitgliedstaaten der Europäischen Union unverzüglich in Kenntnis zu setzen.

(2) Wird die Benennung einer Konformitätsbewertungsstelle durch die Behörde geändert, ausgesetzt oder widerrufen, hat die betreffende Konformitätsbewertungsstelle die Akten der von diesen Maßnahmen betroffenen Tätigkeiten einer anderen Stelle für Zwecke der Aktenweiterbearbeitung zur Verfügung zu stellen oder für die Behörde und für die mit der Marktüberwachung betrauten Behörden auf deren Verlangen bereitzuhalten. Dies gilt sinngemäß auch dann, wenn eine benannte Stelle ihre Tätigkeiten einstellt.

(3) Bei Ermittlungen der Europäischen Kommission über das Vorliegen der Kompetenz einer benannten Stelle hat die Behörde der Europäischen Kommission auf deren Verlangen sämtliche Auskünfte über die Grundlagen der Benennung oder über die Erhaltung der Kompetenz der betreffenden benannten Stelle zu erteilen.

(4) Wird die Behörde von der Europäischen Kommission über ihre Feststellung darüber unterrichtet, dass eine von ihr benannte Stelle die Voraussetzungen für ihre Benennung nicht oder nicht mehr erfüllt, und von ihr aufgefordert, die erforderlichen Korrekturmaßnahmen zu ergreifen, umfassend auch den Widerruf der Benennung, hat sie von Amts wegen zu ermitteln, ob eine Einschränkung, eine Aussetzung oder ein Widerruf der von ihr durchgeführten Benennung erforderlich ist.

(BGBl I 2020/143)

4. Abschnitt
Pflichten einer benannten Stelle

Tätigkeiten

§ 176. (1) Eine benannte Stelle hat Konformitätsbewertungen im Einklang mit den Konformitätsbewertungsverfahren gemäß der einschlägigen TSI durchzuführen.

(2) Eine benannte Stelle hat Konformitätsbewertungen, soweit dies möglich ist, unter Wahrung der Verhältnismäßigkeit durchzuführen,

wobei unnötige Belastungen der Wirtschaftsteilnehmer zu vermeiden sind. Sie hat ihre Tätigkeit unter gebührender Berücksichtigung der Größe eines Unternehmens, der Branche, in der es tätig ist, seiner Struktur sowie des Grades der Komplexität der jeweiligen Produkttechnologie und des Massenfertigungs- oder Seriencharakters des Herstellungsprozesses auszuüben.

(3) Stellt eine benannte Stelle fest, dass ein Hersteller die Anforderungen nicht erfüllt hat, die in der einschlägigen TSI oder in den entsprechenden harmonisierten Normen oder technischen Spezifikationen festgelegt sind, darf sie keine Konformitätsbescheinigung ausstellen. Sie hat jedoch den Hersteller davon in Kenntnis zu setzen und ihm die Gelegenheit einzuräumen, Korrekturmaßnahmen vorzunehmen.

(4) Hat eine benannte Stelle bereits eine Bescheinigung ausgestellt und stellt im Rahmen der Überwachung der Konformität fest, dass das Produkt die Anforderungen, die in der einschlägigen TSI oder in den entsprechenden harmonisierten Normen oder technischen Spezifikationen festgelegt sind, nicht mehr erfüllt, so hat sie den Hersteller zu geeigneten Korrekturmaßnahmen aufzufordern und die Bescheinigung falls nötig auszusetzen oder zu widerrufen. Werden vom Hersteller keine Korrekturmaßnahmen ergriffen oder zeigen die Korrekturmaßnahmen nicht die nötige Wirkung, so hat die benannte Stelle gegebenenfalls alle Bescheinigungen mit Einschränkungen zu versehen, sie auszusetzen oder sie zu widerrufen.

(BGBl I 2020/143)

Unparteilichkeit

§ 177. (1) Eine benannte Stelle muss vom Hersteller des Produktes, welches von ihr bewertet wird, unabhängig sein und darf auch mit dem Hersteller des Produktes in keiner ihre Unabhängigkeit beeinträchtigenden Verbindung stehen.

(2) Gehört einem Fachverband oder Wirtschaftsverband eine benannte Stelle an, die Produkte bewertet, an deren Planung, Herstellung, Bereitstellung, Montage, Gebrauch oder Wartung Unternehmen beteiligt sind, die von diesem Fachverband oder diesem Wirtschaftsverband vertreten werden, muss deren Unabhängigkeit von diesen Unternehmen und das Nichtbestehen von Interessenskonflikten nachgewiesen sein.

(3) Die Tätigkeit der obersten Führungsebene einer benannten Stelle und die Tätigkeit deren Bewertungspersonals hat unparteiisch zu sein.

(4) Eine benannte Stelle, ihre oberste Führungsebene und die für die Erfüllung der Konformitätsbewertungsaufgaben zuständigen Mitarbeiter dürfen nicht Planer, Hersteller, Lieferant, Installateur, Käufer, Eigentümer, Verwender oder Wartungsbetrieb der Produkte, die sie bewerten, noch Bevollmächtigte dieser Beteiligten sein. Dadurch ist aber nicht die Verwendung von bereits einer Konformitätsbewertung unterzogenen Produkten ausgeschlossen, die für die Tätigkeit der benannten Stelle nötig sind, oder die Verwendung solcher Produkte zum persönlichen Gebrauch.

(5) Eine benannte Stelle, ihre oberste Führungsebene und die für die Erfüllung der Konformitätsbewertungsaufgaben zuständigen Mitarbeiter dürfen weder direkt an der Planung, Herstellung bzw. Bau, Vermarktung, Installation, Verwendung oder Wartung dieser Produkte teilnehmen, noch die an diesen Tätigkeiten Beteiligten vertreten.

(6) Eine benannte Stelle darf sich nicht mit Tätigkeiten, insbesondere Beratungsdienstleistungen, befassen, die ihre Unabhängigkeit bei ihrer Beurteilung oder ihre Integrität im Zusammenhang mit Konformitätsbewertungen, für die sie benannt ist, beeinträchtigen können.

(7) Eine benannte Stelle hat zu gewährleisten, dass die Tätigkeit ihrer Zweigunternehmen oder Unterauftragnehmer die Vertraulichkeit, Objektivität oder Unparteilichkeit ihrer Konformitätsbewertungstätigkeiten nicht beeinträchtigt.

(8) Eine Konformitätsbewertungsstelle und ihre Mitarbeiter haben die Konformitätsbewertungen mit der größtmöglichen Professionalität und erforderlichen Fachkompetenz in dem betreffenden Bereich durchzuführen. Sie dürfen keinerlei Einflussnahme, insbesondere finanzieller Art, ausgesetzt sein, die sich auf ihre Beurteilung oder die Ergebnisse ihrer Konformitätsbewertungstätigkeiten auswirken könnten. Dies gilt speziell für die Einflussnahmen derjenigen, die ein Interesse an einem bestimmten Ergebnis dieser Tätigkeit haben.

(BGBl I 2020/143)

Mitarbeiter

§ 178. (1) Die Mitarbeiter einer benannten Stelle haben eine berufliche Verschwiegenheit in Bezug auf Informationen zu wahren, welche sie bei der Durchführung ihrer Aufgaben gemäß der einschlägigen TSI oder einer nationalen Vorschrift erhalten. Dies gilt nicht gegenüber österreichischen Behörden und zuständigen Behörden der anderen Mitgliedstaaten, in denen sie ihre Tätigkeiten ausüben.

(2) Die Entlohnung der obersten Führungsebene und des bewertenden Personals einer benannten Stelle darf sich nicht nach der Anzahl der durchgeführten Bewertungen oder deren Ergebnissen richten.

(BGBl I 2020/143)

Zweigunternehmen, Vergabe von Unteraufträgen

§ 179. (1) Vergibt eine benannte Stelle bestimmte mit der Konformitätsbewertung verbundene Aufgaben an Unterauftragnehmer oder überträgt diese einem Zweigunternehmen, hat sie sicherzustellen, dass der Unterauftragnehmer oder das Zweigunternehmen die in den §§ 169 und 170 sowie 176 bis 178 angeführten Anforderungen erfüllt. Von einer solchen Vergabe oder Übertragung von Konformitätsbewertungsaufgaben ist die Behörde zu unterrichten.

(2) Eine benannte Stelle hat die volle Verantwortung für die Arbeiten, die von Unterauftragnehmern oder Zweigunternehmen ausgeführt werden, zu tragen, und zwar unabhängig davon, wo die Unterauftragnehmer oder Zweigunternehmen niedergelassen sind.

(3) Die Vergabe von Tätigkeiten an Unterauftragnehmer oder die Übertragung von Tätigkeiten an Zweigunternehmen darf durch eine benannte Stelle nur dann erfolgen, wenn dem der Auftraggeber dieser Tätigkeiten zugestimmt hat.

(4) Eine benannte Stelle hat für die Behörde die einschlägigen Unterlagen über die Begutachtung der Qualifikation des Unterauftragnehmers oder des Zweigunternehmens und Unterlagen über die vom Unterauftragnehmer oder dem Zweigunternehmen gemäß der einschlägigen TSI ausgeführten Arbeiten bereitzuhalten.

(BGBl I 2020/143)

Bereitstellung von Informationen

§ 180. (1) Eine benannte Stelle hat der Behörde zu melden:

1. jede Vorenthaltung, Einschränkung, Aussetzung und jeden Widerruf einer Bescheinigung;

2. alle Umstände mit Auswirkungen auf den Geltungsbereich und die Bedingungen der Benennung;

3. jedes Auskunftsersuchen über Konformitätsbewertungen, das sie von mit der Marktüberwachung betrauten Behörden erhalten hat;

4. auf Verlangen, welchen Konformitätsbewertungstätigkeiten sie im Geltungsbereich ihrer Benennung nachgegangen ist und welche anderen Tätigkeiten sie ausgeführt hat, einschließlich grenzübergreifender Tätigkeiten und der Vergabe von Unteraufträgen.

(2) Benannte Stellen haben anderen benannten Stellen, die ähnliche Konformitätsbewertungen für dieselben Produkte nachgehen, einschlägige Informationen über negative und auf Verlangen auch über positive Ergebnisse von Konformitätsbewertungen zu übermitteln.

(3) Benannte Stellen haben der Eisenbahnagentur der Europäischen Union von ihnen ausgestellte EG-Prüfbescheinigungen für Teilsysteme sowie von ihnen ausgestellte EG-Konformitäts- und EG-Gebrauchstauglichkeitsbescheinigungen für Interoperabilitätskomponenten zu übermitteln.

(BGBl I 2020/143)

Mitwirkungspflichten

§ 181. (1) Eine benannte Stelle hat an den einschlägigen Normungsaktivitäten und an den Aktivitäten der Koordinierungsgruppe benannter Konformitätsbewertungsstellen mitzuwirken und dafür zu sorgen, dass das Bewertungspersonal darüber informiert wird. Die von der Koordinierungsgruppe benannter Konformitätsbewertungsstellen erarbeiteten Verwaltungsentscheidungen und Dokumente sind von der benannten Stelle als allgemeine Leitlinie anzuwenden.

(2) Eine Konformitätsbewertungsstelle, die für die Teilsysteme „fahrwegseitige Zugsteuerung/Zugsicherung und Signalgebung" und/oder „fahrzeugseitige Zugsteuerung/Zugsicherung und Signalgebung" benannt ist, hat an den Tätigkeiten der nach Art. 29 der Verordnung (EU) 2016/797 geschaffenen ERTMS-Arbeitsgruppe mitzuwirken und dafür zu sorgen, dass das Bewertungspersonal darüber informiert wird. Die Konformitätsbewertungsstelle hat die von der ERTMS-Arbeitsgruppe erarbeiteten Leitlinien anzuwenden.

(3) Hält eine benannte Stelle gemäß Abs. 2 die Anwendung der von der ERTMS-Arbeitsgruppe erarbeiteten Leitlinien für nicht angebracht oder unmöglich, so hat sie dies der ERTMS-Arbeitsgruppe zwecks Erörterung und fortlaufenden Verbesserung der Leitlinien mitzuteilen.

(BGBl I 2020/143)

Beteiligung an einer sektoralen Gruppe

§ 182. Benannte Stellen haben sich an einer sektoralen Gruppe, die die Europäische Kommission zwecks Koordinierung und Kooperation zwischen nach der Richtlinie (EU) 2016/797 benannten Stellen errichtet hat, direkt oder über bestimmte Bevollmächtigte zu beteiligen.

(BGBl I 2020/143)

2. Hauptstück

Bestimmte Stellen

§ 183. (1) Bestimmte Stellen sind für die gemäß dem 8. Teil vorgesehenen, nach nationalen Vorschriften durchzuführenden Prüfverfahren aufgrund des Akkreditierungsgesetzes 2012 heranzuziehende akkreditierte, gemäß Abs. 3 bestimmte Konformitätsbewertungsstellen mit Sitz in Österreich.

(2) Für Konformitätsbewertungsstellen, die eine Bestimmung anstreben, gelten die in den

§§ 169 bis 171 angeführten Anforderungen mit der Maßgabe, dass abweichend von § 169 Abs. 5 Z 3 die Konformitätsbewertungsstelle und ihre Mitarbeiter über angemessene Kenntnisse und ein angemessenes Verständnis des nationalen Rechts verfügen müssen. Desweiteren gelten für sie die §§ 177 und 178 sinngemäß.

(3) Für die Bestimmung einer Konformitätsbewertungsstelle durch die Behörde gilt § 172 Abs. 1 und 3 sinngemäß. Die Bestimmung ist zu erteilen, wenn die im Abs. 2 angeführten Anforderungen erfüllt sind. Die Behörde hat ein Verzeichnis der Konformitätsbewertungsstellen, denen sie die Bestimmung erteilt hat, zu führen und im Internet bereitzustellen.

(4) Für bestimmte Stellen gelten die §§ 175 Abs. 1 erster Satz, 176 Abs. 2 bis 4 und 180 Abs. 1 sinngemäß und § 176 Abs. 1 mit der Maßgabe, dass bestimmte Stellen Konformitätsbewertungen im Einklang mit den Konformitätsbewertungsverfahren gemäß der einschlägigen nationalen Vorschriften durchzuführen haben.

(BGBl I 2020/143)

3. Hauptstück
Akkreditierte interne Stelle

§ 184. (1) Ein Hersteller eines Produktes kann Konformitätsbewertungsverfahren, die in den Modulen A1, A2, C1 oder C2 gemäß Anhang II des Beschlusses Nr. 768/2008 und in den Modulen CA1 und CA2 gemäß Anhang I des Beschlusses 2010/713/EU festgelegt sind, von einer akkreditierten internen Stelle durchführen lassen. Diese interne Stelle hat einen eigenen und gesonderten Teil des Herstellers darzustellen und sie darf sich nicht an der Planung, der Herstellung, Lieferung, Installation, Verwendung oder Wartung der durch sie zu bewertenden Produkte beteiligen.

(2) Eine akkreditierte interne Stelle hat folgende Anforderungen zu erfüllen:

1. Sie muss gemäß Akkreditierungsgesetz 2012 akkreditiert sein;

2. Sie und ihre Mitarbeiter müssen von dem Unternehmen, dem sie angehören, organisatorisch unterscheidbar sein und darin über Berichtsverfahren verfügen, die ihre Unparteilichkeit gewährleisten; dies ist im Akkreditierungsverfahren nachzuweisen;

3. Weder sie noch ihre Mitarbeiter dürfen für die Planung, Herstellung, Lieferung, Installation, Betrieb oder Wartung der von ihnen bewerteten Produkte verantwortlich sein und weder sie noch ihre Mitarbeiter dürfen Tätigkeiten nachgehen, die der Unabhängigkeit ihres Urteils oder ihrer Integrität im Zusammenhang mit den Bewertungsaufgaben schaden könnte;

4. Die interne Stelle darf ihre Leistungen nur für das Unternehmen erbringen, dem sie angehört.

(3) Der Behörde sind auf Verlangen Informationen über die Akkreditierung einer internen Stelle von den Unternehmen, dem sie angehört, oder von der Bundesministerin/vom Bundesminister für Digitalisierung und Wirtschaftsstandort zu übermitteln.

(BGBl I 2020/143)

11. Teil
Spezielle Sicherheitsbestimmungen

1. Hauptstück
Geltungsbereich

§ 185. (1) Dieser Gesetzesteil gilt für zum österreichischen Eisenbahnsystem gehörige Hauptbahnen und vernetzte Nebenbahnen sowie für Schienenfahrzeuge, die auf solchen Eisenbahnen betrieben oder betrieben werden sollen.

(2) Dieser Gesetzesteil gilt nicht für:

1. vernetzte Nebenbahnen, die von Hauptbahnen funktional getrennt sind und die nur für die Personenbeförderung im örtlichen Verkehr, im Stadt- oder Vorortverkehr genützt werden sowie für Eisenbahnverkehrsunternehmen, die ausschließlich auf solchen Eisenbahnen Eisenbahnverkehrsdienste erbringen;

2. Infrastrukturen und Schienenfahrzeuge, die ausschließlich für den lokal begrenzten Einsatz oder ausschließlich für historische oder touristische Zwecke genutzt werden.

3. vernetzte Nebenbahnen, auf denen überwiegend Eisenbahnpersonenverkehrsdienste im Stadt- und Vorortverkehr mit Schienenfahrzeugen erbracht werden, die einen Kollisionssicherheitswert der Kategorie C-III oder C-IV (gemäß EN 15227:2011) und eine Fahrzeugfestigkeit von höchstens 800 kN (Längsdruckkraft im Kupplungsbereich) aufweisen;

4. Schienenfahrzeuge, die einen Kollisionssicherheitswert der Kategorie C-III oder C-IV (gemäß EN 15227:2011) und eine Fahrzeugfestigkeit von höchstens 800 kN (Längsdruckkraft im Kupplungsbereich) aufweisen;

5. Schienenfahrzeuge, die überwiegend für die Erbringung von Eisenbahnpersonenverkehrsdiensten im Stadt- und Vorortverkehr auf vernetzten Nebenbahnen gemäß Z 3 eingesetzt werden, und die mit bestimmten Bauteilen für schwere Schienenfahrzeuge ausgerüstet sind, wenn diese Ausrüstung für den Durchgangsverkehr auf einem begrenzten Abschnitt einer Hauptbahn oder einer anderen als in Z 3 angeführten vernetzten Nebenbahn ausschließlich zu Verbindungszwecken mit einer anderen vernetzten Nebenbahn gemäß Z 3 erforderlich ist.

(BGBl I 2020/143)

2. Hauptstück
Nationale Vorschriften

Begriffsbestimmung

§ 186. Nationale Vorschriften im Sinne dieses Gesetzesteils sind rechtlich verbindliche Normen, in denen die die Sicherheit des Betriebes einer Eisenbahn, des Betriebes von Schienenfahrzeugen auf einer Eisenbahn oder des Verkehrs auf Eisenbahnen betreffende Anforderungen, insbesondere technische Anforderungen, enthalten sind und die für Eisenbahnverkehrsunternehmen, Eisenbahninfrastrukturunternehmen oder für Dritte gelten.

(BGBl I 2020/143)

Erlassung nationaler Vorschriften

§ 187. (1) Neue nationale Vorschriften dürfen nur mehr in folgenden Fällen erlassen werden:

1. wenn Vorschriften in Bezug auf vorhandene Sicherheitsmethoden nicht von einer gemeinsamen Sicherheitsmethode abgedeckt sind;

2. wenn Betriebsvorschriften von unter diesen Gesetzesteil fallenden Eisenbahnen von den TSI noch nicht abgedeckt sind;

3. als dringende Präventivmaßnahme, insbesondere nach einem Unfall oder einer Störung;

4. wenn eine bereits notifizierte nationale Vorschrift überarbeitet werden muss; oder

5. wenn Vorschriften mit Anforderungen an das Personal, das sicherheitskritische Aufgaben wahrnimmt, einschließlich Auswahlkriterien, physische und psychische Eignung und Berufsausbildung, noch nicht von einer TSI oder der Richtlinie 2007/59/EG abgedeckt sind.

(2) Die Behörde hat der Europäischen Kommission und der Eisenbahnagentur der Europäischen Union mit Hilfe des geeigneten IT-Systems gemäß Art. 27 der Verordnung (EU) 2016/796 einen ausreichend ausgearbeiteten Entwurf für eine nationale Vorschrift zusammen mit einer Begründung für ihre Einführung zur Prüfung vorzulegen. Diese Übermittlung hat rechtzeitig und innerhalb der in Art. 25 Abs. 1 der Verordnung (EU) 2016/796 genannten Fristen vor der geplanten rechtlichen Verbindlichmachung der vorgeschlagenen neuen nationalen Vorschrift zu erfolgen.

(3) Im Falle dringlicher Präventionsmaßnahmen können neue nationale Vorschriften unverzüglich rechtlich verbindlich und anwendbar gemacht werden. Solche nationalen Vorschriften sind gemäß Art. 27 Abs. 2 der Verordnung (EU) 2016/796 zu notifizieren.

(4) Die Behörde hat der Europäischen Kommission und der Eisenbahnagentur der Europäischen Union neue nationale Vorschriften unter Nutzung des geeigneten IT-Systems gemäß Art. 27 der Verordnung (EU) 2016/796 zu notifizieren.

(BGBl I 2020/143)

3. Hauptstück
Sicherheitsmanagementsystem

Einführung eines Sicherheitsmanagementsystems

§ 188. Ein Eisenbahnverkehrsunternehmen mit Sitz in Österreich und ein Eisenbahninfrastrukturunternehmen mit Sitz in Österreich haben ein Sicherheitsmanagementsystem einzuführen und sonstige Eisenbahnunternehmen können ein Sicherheitsmanagementsystem einführen, um sicherzustellen, dass beim Betrieb von Eisenbahnen, dem Betrieb von Schienenfahrzeugen auf Eisenbahnen und dem Verkehr auf Eisenbahnen mindestens die gemeinsamen Sicherheitsziele erreicht werden können, die in den TSI festgelegten Sicherheitsanforderungen erfüllt und die einschlägigen Teile der gemeinsamen Sicherheitsmethoden und die notifizierten nationalen Sicherheitsvorschriften angewendet werden.

(BGBl I 2020/143)

Dokumentation des Sicherheitsmanagementsystems

§ 189. (1) Alle wichtigen Elemente eines Sicherheitsmanagementsystems, insbesondere die Zuständigkeitsverteilung innerhalb der Organisation, sind zu dokumentieren.

(BGBl I 2020/143)

Inhalt des Sicherheitsmanagementsystems

§ 190. (1) Das Sicherheitsmanagementsystem hat aufzuzeigen, auf welche Weise die Geschäftsleitung die Kontrolle in den verschiedenen Bereichen sicherstellt, das Personal und seine Vertreter auf allen Ebenen einbezogen werden und die fortlaufende Verbesserung des Sicherheitsmanagements gewährleistet wird. Es hat ein eindeutiges Bekenntnis zur durchgängigen Anwendung von Kenntnissen des Faktors Mensch und von Methoden im Umgang damit zu enthalten. Es ist so zu gestalten, dass damit eine Kultur des gegenseitigen Vertrauens und des wechselseitigen Lernens gefördert wird, durch die das Personal ermutigt wird, zum Ausbau der Sicherheit beizutragen, während gleichzeitig die Vertraulichkeit gewährleistet wird.

(2) Das Sicherheitsmanagementsystem hat der Betriebsart, dem Betriebsumfang und dem geographischen Tätigkeitsgebiet und anderen Merkmalen der ausgeübten Tätigkeit Rechnung zu tragen. Es hat die Kontrolle aller Risiken, die mit der Tätig-

keit des Eisenbahnverkehrsunternehmens und des Eisenbahninfrastrukturunternehmens, einschließlich Instandhaltungsarbeiten und Materialbeschaffung sowie des Einsatzes von Auftragnehmern, verbunden sind, zu gewährleisten. Soweit angezeigt und angemessen hat das Sicherheitsmanagementsystem auch die Risiken zu berücksichtigen, die sich aus der Tätigkeit anderer Akteure als Hersteller, Instandhaltungsbetriebe, Halter, Dienstleister, Beförderer, Absender, Empfänger, Verlader, Entlader, Befüller und Entleerer ergeben.

(3) Das Sicherheitsmanagementsystem jedes Eisenbahninfrastrukturunternehmens hat die Folgen zu berücksichtigen, die sich aus der betrieblichen Tätigkeit verschiedener Eisenbahnverkehrsunternehmen auf seiner Eisenbahninfrastruktur ergeben, und zu gewährleisten, dass alle Eisenbahnverkehrsunternehmen im Einklang mit den TSI, den nationalen Sicherheitsvorschriften und den Anforderungen ihrer Sicherheitsbescheinigung tätig sein können.

(4) Sicherheitsmanagementsysteme haben der Zielsetzung Rechnung zu tragen, die Notfallverfahren des Eisenbahninfrastrukturunternehmens mit allen Eisenbahnverkehrsunternehmen, die seine Eisenbahninfrastruktur nutzen, und mit den Notfalldiensten zu koordinieren, um ein schnelles Eingreifen der Rettungsdienste zu erleichtern sowie mit allen sonstigen Akteuren, die in einer Notsituation hinzugezogen werden können. Bei grenzüberschreitender Infrastruktur ist die erforderliche Koordinierung und Vorbereitung der zuständigen Notfalldienste beiderseits der Grenze durch die Zusammenarbeit zwischen den betroffenen „Eisenbahninfrastrukturunternehmen" zu erleichtern. *(BGBl I 2021/231)*

(BGBl I 2020/143)

Grundelemente des Sicherheitsmanagementsystems

§ 191. (1) Das Sicherheitsmanagementsystem hat folgende Grundelemente zu enthalten:

1. eine Sicherheitsordnung, die von zur Vertretung oder Geschäftsführung Berechtigten genehmigt und dem gesamten Personal mitgeteilt wird;

2. die Organisation betreffende qualitative und quantitative Ziele zur Erhaltung und Verbesserung der Sicherheit des Betriebes der Eisenbahn, des Betriebes von Schienenfahrzeugen auf der Eisenbahn und des Verkehrs auf der Eisenbahn sowie die zur Erreichung dieser Ziele erstellten Pläne und Verfahren;

3. Verfahren zur Einhaltung bestehender, neuer und geänderter Normen technischer und betrieblicher Art oder anderer Vorgaben, die in TSI, „nationalen Vorschriften", in einschlägigen Bundesgesetzen oder in Verordnungen, die auf Grund von Bundesgesetzen ergangen sind, oder in auf Grund dieses Bundesgesetzes erlassenen eisenbahnrechtlichen Bescheiden festgelegt sind; Verfahren, mit denen sichergestellt wird, dass diese Normen oder anderen Vorgaben während der gesamten Lebensdauer des verwendeten Materials und während der gesamten Dauer des Betriebes der Eisenbahn, des Betriebes von Schienenfahrzeugen auf der Eisenbahn und des Verkehrs auf der Eisenbahn erfüllt werden; *(BGBl I 2021/231)*

4. Verfahren und Methoden für die Ermittlung von Risiken, die Durchführung von Risikobewertungen und die Anwendung von Maßnahmen zur Risikokontrolle für den Fall, dass sich aus geänderten Betriebsbedingungen oder dem Einsatz von neuem Material Risiken für Eisenbahnanlagen, den Betrieb der Eisenbahn, dem Betrieb von Schienenfahrzeugen auf der Eisenbahn, dem Verkehr auf der Eisenbahn oder die Schnittstelle zwischen Mensch, Maschine und Organisation ergeben;

5. Schulungsprogramme für das Personal und Systeme, die sicherstellen, dass die Qualifikation des Personals aufrechterhalten und die Arbeit dementsprechend ausgeführt wird, einschließlich Vorkehrungen für die physische und psychische Eignung;

6. Vorkehrungen für einen ausreichenden Informationsfluss innerhalb der Organisation und gegebenenfalls zwischen Organisationen des Eisenbahnsystems;

7. Verfahren und Formate für die Dokumentierung von Sicherheitsinformationen und Bestimmung von Verfahren zur Kontrolle der Konfiguration von entscheidenden Sicherheitsinformationen;

8. Verfahren, die sicherstellen, dass Unfälle, Störungen, Beinaheunfälle und sonstige gefährliche Ereignisse gemeldet, untersucht und ausgewertet werden und die erforderlichen Präventionsmaßnahmen ergriffen werden;

9. die Bereitstellung von Einsatz-, Alarm- und Informationsplänen in Absprache mit den zuständigen Behörden; und

10. Bestimmungen über regelmäßige interne Nachprüfungen des Sicherheitsmanagementsystems.

(2) Eisenbahnverkehrsunternehmen und Eisenbahninfrastrukturunternehmen haben entsprechend den Ergebnissen der Bewertung der Risiken, die sich aus ihren eigenen Tätigkeiten ergeben, jedes weitere Element in das Sicherheitsmanagementsystem aufzunehmen, das erforderlich ist, um Sicherheitsrisiken abzudecken.

(BGBl I 2020/143)

Hilfe für Unfallopfer

§ 192. Nach einem schweren Unfall haben die daran beteiligten Eisenbahnverkehrsunternehmen den Fahrgästen, die Opfer des schweren Unfalls geworden sind, Hilfe anzubieten, bestehend in der Unterstützung bei Beschwerdeverfahren gemäß der Verordnung (EG) Nr. 1371/2007 und anderen in einem solchen Zusammenhang eingerichteten unionsrechtlichen Beschwerdeverfahren, und unter anderem bestehend in der Leistung psychologischer Hilfe für diese Fahrgäste und deren Familienangehörige.

(BGBl I 2020/143)

Sicherheitsbericht

§ 193. Eisenbahnverkehrsunternehmen mit Sitz in Österreich und Eisenbahninfrastrukturunternehmen mit Sitz in Österreich haben der Behörde jedes Jahr vor dem 31. Mai einen Sicherheitsbericht vorzulegen, der sich auf das vorangegangene Kalenderjahr bezieht und der Folgendes zu enthalten hat:

1. Angaben darüber, wie die unternehmensbezogenen Sicherheitsziele erreicht wurden, sowie die Ergebnisse der Sicherheitspläne;
2. eine Darstellung über die Entwicklung der österreichischen und der gemeinsamen Sicherheitsindikatoren, soweit sie für das jeweilige Eisenbahnunternehmen von Belang sind;
3. die Ergebnisse interner Sicherheitsprüfungen;
4. Angaben über Mängel und Störungen der Sicherheit des Betriebes der Eisenbahn, des Betriebes von Eisenbahnfahrzeugen auf der Eisenbahn oder des Verkehrs auf der Eisenbahn, die für die Behörde von Bedeutung sein können, einschließlich einer Zusammenfassung der von den einschlägigen Akteuren mitgeteilten Risiken; und
5. einen Bericht über die Anwendung der einschlägigen gemeinsamen Sicherheitsmethoden.

(BGBl I 2020/143)

4. Hauptstück
Einheitliche Sicherheitsbescheinigung

Erforderlichkeit

§ 194. Die Ausübung von Zugang auf der Eisenbahninfrastruktur von Hauptbahnen und von vernetzten Nebenbahnen darf nur solchen Eisenbahnverkehrsunternehmen gewährt werden, die Inhaber einer einheitlichen Sicherheitsbescheinigung sind. Mit der einheitlichen Sicherheitsbescheinigung ist nachgewiesen, dass das betreffende Eisenbahnverkehrsunternehmen ein Sicherheitsmanagementsystem eingeführt hat und in der Lage ist, einen sicheren Betrieb im geplanten geografischen Tätigkeitsgebiet durchzuführen. Aus dieser einheitlichen Sicherheitsbescheinigung muss ersichtlich sein, dass die vom Zugang betroffenen Eisenbahnen im geographischen Tätigkeitsgebiet des Eisenbahnverkehrsunternehmens liegen. Weiters muss der auf diesen Eisenbahnen zu erbringende Eisenbahnverkehrsdienst als von der einheitlichen Sicherheitsbescheinigung erfasste Art und Umfang des Betriebes aufscheinen.

(BGBl I 2020/143)

Ausstellung, Aktualisierung und Erneuerung

§ 195. (1) Soweit nicht die Eisenbahnagentur der Europäischen Union zuständig ist, ist die Behörde für die Ausstellung, Erneuerung und Aktualisierung der einheitlichen Sicherheitsbescheinigung entsprechend den Vorgaben in den von der Europäischen Kommission gemäß Art. 10 Abs. 10 der Richtlinie (EU) 2016/798 zu erlassenden Durchführungsrechtsakten zuständig.

(2) Die Behörde ist für die Erledigung von Anträgen auf Ausstellung, Erneuerung und Aktualisierung einer einheitlichen Sicherheitsbescheinigung zuständig,

1. wenn das im Antrag angegebene geographische Tätigkeitsgebiet ausschließlich in der Republik Österreich liegt, und
2. wenn im Antrag angegeben wird, dass sie zuständig sein soll.

(3) Unter einem geographischen Tätigkeitsgebiet sind Eisenbahnen oder Netze von Eisenbahnen in einem oder mehreren Mitgliedstaaten der Europäischen Union zu verstehen, auf denen ein Eisenbahnverkehrsunternehmen die Erbringung von Eisenbahnverkehrsdiensten auszuüben beabsichtigt.

(4) Im Zuge des Verfahrens zur Ausstellung einer einheitlichen Sicherheitsbescheinigung sind sowohl die Eisenbahnagentur der Europäischen Union als auch die Behörde berechtigt, Vor-Ort-Besuche und Vor-Ort-Inspektionen beim antragstellenden Eisenbahnverkehrsunternehmen sowie Audits durchzuführen.

(5) Das Eisenbahnverkehrsunternehmen hat eine Aktualisierung „der einheitlichen Sicherheitsbescheinigung" zu beantragen, wenn Art und Umfang des Betriebes wesentlich geändert werden oder das geografische Tätigkeitsgebiet erweitert wird. *(BGBl I 2021/231)*

(6) Im Ermittlungsverfahren können auch akkreditierte Konformitätsbewertungsstellen im Rahmen des fachlichen Umfanges ihrer Akkreditierung als Sachverständige bestellt werden.

(7) Die Behörde hat über Anträge auf Ausstellung, Aktualisierung oder Erneuerung einer einheitlichen Sicherheitsbescheinigung ohne unnötigen Aufschub, spätestens aber vier Monate nach Vorliegen aller angeforderten und entscheidungsrelevanten Angaben zu entscheiden.

(BGBl I 2020/143)

Einschränkung oder Widerruf

§ 196. Sind die Voraussetzungen für eine von der Behörde ausgestellte, aktualisierte oder erneuerte einheitliche Sicherheitsbescheinigung nicht mehr oder nicht mehr gänzlich gegeben, hat sie eine solche unter Angabe von Gründen zu widerrufen oder einzuschränken. „ " *(BGBl I 2021/231)*

(BGBl I 2020/143)

Mitteilungspflicht der Behörde

§ 196a. Die Behörde hat die Eisenbahnagentur der Europäischen Union unverzüglich, auf jeden Fall aber innerhalb einer Frist von zwei Wochen über die Ausstellung einer einheitlichen Sicherheitsbescheinigung zu unterrichten. Weiters hat sie die Eisenbahnagentur der Europäischen Union unverzüglich über die Erneuerung, die Änderung, den Widerruf oder die Einschränkung einer einheitlichen Sicherheitsbescheinigung zu unterrichten. Dabei hat sie den Namen und die Anschrift des Eisenbahnverkehrsunternehmens, das Ausstellungsdatum, die Art und den Umfang des Betriebes, die Gültigkeitsdauer der einheitlichen Sicherheitsbescheinigung und das in ihr ausgewiesene geografische Tätigkeitsgebiet sowie – im Falle des Widerrufes oder der Einschränkung der einheitlichen Sicherheitsbescheinigung – die Gründe für eine solche Entscheidung anzugeben.

(BGBl I 2021/231)

Überprüfung durch das Eisenbahnverkehrsunternehmen

§ 197. (1) Die Behörde kann vom Eisenbahnverkehrsunternehmen bei einer wesentlichen Änderung unmittelbar anzuwendender Rechtsvorschriften im Bereich der Sicherheit eine Überprüfung, ob die Voraussetzungen für die von ihr ausgestellte, aktualisierte oder erneuerten einheitliche Sicherheitsbescheinigung noch vorliegen, verlangen. Dies gilt sinngemäß auch für die Eisenbahnagentur der Europäischen Union im Hinblick auf von ihr ausgestellte, aktualisierte oder erneuerte einheitliche Sicherheitsbescheinigungen.

(2) Die Behörde hat dem Eisenbahnverkehrsunternehmen zur Überprüfung eine ihrer Art und ihrem Umfang angemessene Frist zu setzen.

(3) Das Eisenbahnverkehrsunternehmen hat der Behörde das Ergebnis seiner Überprüfung und seine darauf fußende weitere Vorgangsweise mitzuteilen. Diese Mitteilungspflicht gilt auch zugunsten der Eisenbahnagentur der Europäischen Union für eine von ihr verlangte Überprüfung.

(BGBl I 2020/143)

5. Hauptstück
Sicherheitsgenehmigung

Erforderlichkeit einer Sicherheitsgenehmigung

§ 198. Zur Verwaltung und zum Betrieb von Hauptbahnen und von vernetzten Nebenbahnen bedarf ein Eisenbahninfrastrukturunternehmen einer Sicherheitsgenehmigung, deren Ausstellung, Aktualisierung oder Erneuerung der Behörde obliegt.

(BGBl I 2020/143)

Antrag

§ 199. Die Erteilung der Sicherheitsgenehmigung ist bei der Behörde zu beantragen. Dem Antrag sind Nachweise beizugeben, die belegen,

1. dass das antragstellende Eisenbahninfrastrukturunternehmen ein diesem Bundesgesetz oder unmittelbar anzuwendenden Unionsrecht entsprechendes Sicherheitsmanagementsystem und

2. dass Verfahren und Bestimmungen zur Erfüllung der für eine sichere Planung und Instandhaltung sowie einen sicheren Betrieb der Eisenbahn erforderlichen Anforderungen, wozu gegebenenfalls die Instandhaltung und der Betrieb der Verkehrssteuerungs- und Signalgebungsverfahren gehört,

eingeführt hat. Der Nachweis gemäß Z 1 gilt jedenfalls dann als erbracht anzusehen, wenn das eingerichtete Sicherheitsmanagementsystem von einer gemäß dem Akkreditierungsgesetz 2012 entsprechend akkreditierten Konformitätsbewertungsstelle zertifiziert worden ist. Aus dem vorzulegenden Zertifikat hat ersichtlich zu sein, dass das Sicherheitsmanagementsystem den §§ 189 bis 191 sowie unionsrechtlich vorgegebenen Kriterien entspricht und geeignet ist, die im § 188 angeführten Ziele zu erreichen. Das Zertifikat darf längstens ein Jahr vor der Einbringung des Antrages um Erteilung einer Sicherheitsgenehmigung ausgestellt worden sein.

(BGBl I 2020/143)

Genehmigungsvoraussetzungen

§ 200. Die Sicherheitsgenehmigung ist zu erteilen,

1. wenn das eingeführte Sicherheitsmanagementsystem diesem Bundesgesetz oder unmittelbar anwendbaren Unionsrecht entspricht und

2. wenn die eingeführten Verfahren und Bestimmungen zur Erfüllung der für eine sichere Planung und Instandhaltung sowie einen sicheren Betrieb der Eisenbahn erforderlichen Anforderungen, wozu gegebenenfalls die Instandhaltung und der Betrieb des Verkehrssteuerungs- und Signalgebungsverfahren gehört, geeignet sind eine siche-

re Planung und Instandhaltung sowie einen sicheren Betrieb der Eisenbahn zu gewährleisten.

Mit der Erteilung der Sicherheitsgenehmigung gelten das eingeführte Sicherheitsmanagementsystem einschließlich der eingeführten Verfahren und Bestimmungen zur Erfüllung der für eine sichere Planung und Instandhaltung sowie einen sicheren Betrieb der Eisenbahn erforderlichen Anforderungen als genehmigt.

(BGBl I 2020/143)

Gültigkeit und Erneuerung der Sicherheitsgenehmigung

§ 201. Die Sicherheitsgenehmigung ist mit einer Gültigkeitsdauer von fünf Jahren zu versehen. Sie ist auf Antrag des Eisenbahninfrastrukturunternehmens, dem die im § 199 angeführten Nachweise beizulegen sind, von der Behörde zu erneuern, wenn die im § 200 angeführten Genehmigungsvoraussetzungen vorliegen.

(BGBl I 2020/143)

Aktualisierung der Sicherheitsgenehmigung

§ 202. (1) Das Eisenbahninfrastrukturunternehmen hat eine Aktualisierung der Sicherheitsgenehmigung durch die Behörde zu beantragen, wenn die Teilsysteme Infrastruktur, Signalgebung oder Energieversorgung oder die Grundsätze für ihren Betrieb und ihre Instandhaltung wesentlich geändert werden.

(2) Dem Antrag sind Nachweise über die aktualisierten, im § 199 Z 2 angeführten Verfahren und Bestimmungen beizugeben. Die Behörde hat die Sicherheitsgenehmigung zu aktualisieren, wenn die aktualisierten Verfahren und Bestimmungen zur Erfüllung der für eine sichere Planung und Instandhaltung sowie einen sicheren Betrieb der Eisenbahn erforderlichen Anforderungen, wozu gegebenenfalls die Instandhaltung und der Betrieb des Verkehrssteuerungs- und Signalgebungsverfahren gehört, geeignet sind eine sichere Planung und Instandhaltung sowie einen sicheren Betrieb der Eisenbahn zu gewährleisten.

(BGBl I 2020/143)

Widerruf, Einschränkung

§ 203. Sind die Voraussetzungen für eine ausgestellte, aktualisierte oder erneuerte Sicherheitsgenehmigung nicht mehr gegeben, hat die Behörde die Sicherheitsgenehmigung entweder einzuschränken oder zu widerrufen.

(BGBl I 2020/143)

Mitteilungspflicht der Behörde

§ 204. Die Behörde hat die Eisenbahnagentur der Europäischen Union unverzüglich, auf jeden Fall aber innerhalb einer Frist von zwei Wochen über die Ausstellung, Erneuerung, Aktualisierung und den Widerruf einer Sicherheitsgenehmigung unter Angabe des Namens und der Anschrift des Eisenbahninfrastrukturunternehmens, des Datums der Ausstellung, Erneuerung oder des Widerrufes der Sicherheitsgenehmigung, des Geltungsbereiches und der Gültigkeitsdauer einer ausgestellten oder erneuerten Sicherheitsgenehmigung zu unterrichten. Ist die Sicherheitsgenehmigung widerrufen worden, sind der Eisenbahnagentur der Europäischen Union überdies die Gründe für den Widerruf mitzuteilen.

(BGBl I 2020/143)

Entscheidungspflicht

§ 205. Die Behörde hat über Anträge auf Ausstellung, Aktualisierung oder Erneuerung einer Sicherheitsgenehmigung ohne unnötigen Aufschub, spätestens aber vier Monate nach Vorliegen aller angeforderten und entscheidungsrelevanten Angaben zu entscheiden. Im Ermittlungsverfahren können auch akkreditierte Konformitätsbewertungsstellen im Rahmen des fachlichen Umfanges ihrer Akkreditierung als Sachverständige bestellt werden.

(BGBl I 2020/143)

Überprüfung durch das Eisenbahninfrastrukturunternehmen

§ 206. (1) Die Behörde kann vom Eisenbahninfrastrukturunternehmen bei einer wesentlichen Änderung unmittelbar anzuwendender Rechtsvorschriften im Bereich der Sicherheit des Betriebes von Eisenbahnen eine Überprüfung, ob die Voraussetzungen für die von ihm ausgestellte, aktualisierte oder erneuerten Sicherheitsgenehmigung noch vorliegen, verlangen.

(2) Die Behörde hat dem Eisenbahninfrastrukturunternehmen zur Überprüfung eine ihrer Art und ihrem Umfang angemessene Frist zu setzen.

(3) Das Eisenbahninfrastrukturunternehmen hat der Behörde das Ergebnis seiner Überprüfung und seine darauf fußende weitere Vorgangsweise mitzuteilen.

(BGBl I 2020/143)

6. Hauptstück
Instandhaltung von Schienenfahrzeugen

Zuweisung einer für die Instandhaltung zuständigen Stelle

§ 207. Ein Schienenfahrzeug darf nur dann auf einer Eisenbahn betrieben werden, wenn ihm eine für die Instandhaltung zuständige Stelle, die für dessen Instandhaltung zuständig ist, zugewiesen ist, und diese für die Instandhaltung zuständige Stelle im europäischen Fahrzeugeinstellungsregister für dieses Schienenfahrzeug registriert ist.

(BGBl I 2020/143)

Aufgabe einer für die Instandhaltung zuständigen Stelle

§ 208. Eine für die Instandhaltung zuständige Stelle hat sicherzustellen, dass die Schienenfahrzeuge, für deren Instandhaltung sie zuständig ist, in einem sicheren Betriebszustand sind.

(BGBl I 2020/143)

Instandhaltungssystem

§ 209. (1) Zur Erfüllung ihrer Aufgabe hat eine für die Instandhaltung zuständige Stelle ein Instandhaltungssystem für in ihren Aufgabenbereich fallende Schienenfahrzeuge einzurichten und mittels dieses Systems wie folgt zu verfahren:

1. Sie hat sicherzustellen, dass die Instandhaltung der Schienenfahrzeuge gemäß den Instandhaltungsunterlagen jedes Schienenfahrzeuges und den anwendbaren Anforderungen, einschließlich Instandhaltungsbestimmungen und einschlägigen Bestimmungen der TSI erfolgt;

2. Sie hat die in den CSM festgelegten erforderlichen Methoden für die Evaluierung und Bewertung von Risiken, gegebenenfalls mit anderen Akteuren, anzuwenden;

3. Sie hat dafür zu sorgen, dass ihre Auftragnehmer Maßnahmen zur Risikobegrenzung ergreifen und hiezu die CSM für die Überwachung anwenden und dass dies vertraglich vereinbart wird; und

4. Sie hat die Nachvollziehbarkeit ihrer Instandhaltungstätigkeiten sicherzustellen.

(2) Die für die Instandhaltung zuständige Stelle hat der Behörde und der Eisenbahnagentur der Europäischen Union die unter Abs. 1 Z 3 angeführten vertraglichen Vereinbarungen auf Verlangen offenzulegen.

(BGBl I 2020/143)

Funktionen des Instandhaltungssystems

§ 210. (1) Das Instandhaltungssystem hat folgende Funktionen zu erfüllen:

1. eine Managementfunktion zur Beaufsichtigung und Koordinierung der unter Z 2 bis 4 genannten Instandhaltungsfunktionen und zur Gewährleistung des sicheren Zustandes des Schienenfahrzeuges beim Betrieb auf Eisenbahnen;

2. eine Instandhaltungsentwicklungsfunktion mit Zuständigkeit für die Verwaltung der Instandhaltungsunterlagen, einschließlich des Konfigurationsmanagements, auf der Grundlage von Konstruktions- und Betriebsdaten sowie Leistung und Erfahrungen;

3. eine Fuhrpark-Instandhaltungsmanagementfunktion zur Verwaltung der Abzweigung von Schienenfahrzeugen zur Instandhaltung und deren Wiederinbetriebnahme nach der Instandhaltung;

4. eine Instandhaltungserbringungsfunktion zur Erbringung der technischen Instandhaltung eines Schienenfahrzeuges oder von Teilen davon, einschließlich der Betriebsfreigabeunterlagen.

(2) Die für die Instandhaltung zuständige Stelle hat jedenfalls die Managementfunktion selbst auszuführen. Die Instandhaltungsentwicklungsfunktion, die Fuhrpark-Instandhaltungsmanagementfunktion und die Instandhaltungserbringungsfunktion kann die für die Instandhaltung zuständige Stelle jedoch ganz oder in Teilen an andere Vertragspartner wie etwa Ausbesserungswerke untervergeben.

(3) Die für die Instandhaltung zuständige Stelle hat zu gewährleisten, dass alle Funktionen des Instandhaltungssystems die Anforderungen und Bewertungskriterien, die in den gemäß Art. 14 Abs. 8 lit. a) der Richtlinie (EU) 2016/798 zu erlassenden Durchführungsrechtsakten festgelegt werden, erfüllen.

(4) Ausbesserungswerke haben die Anforderungen anzuwenden, die in den gemäß Art. 14 Abs. 8 lit. a) der Richtlinie (EU) 2016/798 zu erlassenden Durchführungsrechtsakten festgelegt werden und die sich auf die zu zertifizierenden Funktionen und Tätigkeiten beziehen.

(BGBl I 2020/143)

Zertifizierung des Instandhaltungssystems für Güterwagen

§ 211. (1) Eine für die Instandhaltung von Güterwagen zuständige Stelle darf diese Tätigkeit nur ausüben, wenn sie über eine Instandhaltungsstellen-Bescheinigung verfügt, die von einer gemäß Akkreditierungsgesetz 2012 entsprechend akkreditierten Zertifizierungsstelle entsprechend den Vorgaben der gemäß Art. 14 Abs. 6 der Richtlinie (EU) 2016/798 zu erlassenden Durchführungsrechtsakte auszustellen ist.

(2) Die Zertifizierungsstelle hat der Behörde und der Schieneninfrastruktur-Dienstleistungsgesellschaft mbH die Aussetzung oder den Widerruf einer Instandhaltungsstellen-Bescheinigung unverzüglich mitzuteilen.

(BGBl I 2020/143)

7. Hauptstück
Risikobegrenzung

Maßnahmen

§ 212. (1) Eisenbahninfrastrukturunternehmen und Eisenbahnverkehrsunternehmen haben:

1. gegebenenfalls in gegenseitiger Zusammenarbeit und in Zusammenarbeit mit anderen Akteuren, erforderliche Maßnahmen zur Risikobegrenzung durchzuführen, wobei sie die in den gemeinsamen Sicherheitsmethoden festgelegten Methoden für die Evaluierung und Bewertung von Risiken anzuwenden haben;

2. in ihren Sicherheitsmanagementsystemen Risiken Rechnung zu tragen, die mit den Tätigkeiten von anderen Akteuren und Dritten verbunden sind;

3. gegebenenfalls andere Akteure, wie insbesondere Hersteller, Instandhaltungsbetriebe, Halter, Dienstleister, Auftraggeber, Beförderer, Absender, Empfänger, Verlader, Entlader, Befüller und Entleerer, vertraglich dazu zu verpflichten, Maßnahmen zur Risikobegrenzung durchzuführen; und

4. dafür zu sorgen, dass ihre Auftragnehmer Maßnahmen zur Risikobegrenzung durchführen und hiefür die gemeinsamen Sicherheitsmethoden für Überwachungsverfahren anwenden und dass dies in den vertraglichen Vereinbarungen vorgeschrieben wird.

(2) Die gemäß Abs. 1 Z 4 abgeschlossenen Vereinbarungen sind der Eisenbahnagentur der Europäischen Union und der Behörde gegenüber auf deren Verlangen offenzulegen.

(3) Für die Instandhaltung von Schienenfahrzeugen zuständige Stellen und alle anderen Akteure, wie insbesondere Hersteller, Instandhaltungsbetriebe, Halter, Dienstleister, Auftraggeber, Beförderer, Absender, Empfänger, Verlader, Entlader, Befüller und Entleerer, haben:

1. die erforderlichen Maßnahmen zur Risikobegrenzung, gegebenenfalls in Zusammenarbeit mit anderen Akteuren, durchzuführen; und

2. dafür zu sorgen, dass die von ihnen gelieferten Teilsysteme, Zubehörteile, Ausrüstungen sowie erbrachten Dienstleistungen den vorgegebenen Anforderungen und Einsatzbedingungen für den sicheren Betrieb einer Eisenbahn, den sicheren Betrieb von Schienenfahrzeugen auf Eisenbahnen und dem sicheren Verkehr auf Eisenbahnen entsprechen.

(BGBl I 2020/143)

Kenntnis eines Sicherheitsrisikos

§ 213. Eisenbahnverkehrsunternehmen, Eisenbahninfrastrukturunternehmen, für die Instandhaltung von Schienenfahrzeugen zuständige Stellen und alle anderen Akteure, wie insbesondere Hersteller, Instandhaltungsbetriebe, Halter, Dienstleister, Auftraggeber, Beförderer, Absender, Empfänger, Verlader, Entlader, Befüller und Entleerer, die ein Sicherheitsrisiko aufgrund von Mängeln, nicht konformer Bauweise oder Fehlfunktionen von technischer Ausrüstung, einschließlich bei strukturellen Teilsystemen, erkennen oder Kenntnis darüber erhalten, haben im Rahmen ihrer jeweiligen Befugnisse die zur Ausräumung des erkannten Sicherheitsrisikos erforderlichen Abhilfemaßnahmen zu ergreifen und diese Risiken den Betroffenen zu melden. Die Betroffenen haben weitere erforderliche Abhilfemaßnahmen zur Gewährleistung eines sicheren Betriebes der Eisenbahn, eines sicheren Betriebes von Schienenfahrzeugen auf der Eisenbahn und eines sicheren Verkehrs auf der Eisenbahn zu ergreifen.

(BGBl I 2020/143)

Austausch von Schienenfahrzeugen

§ 214. Werden Schienenfahrzeuge zwischen Eisenbahnverkehrsunternehmen ausgetauscht, haben alle betroffenen Akteure einander alle für einen sicheren Betrieb des Schienenfahrzeuges auf einer Eisenbahn erforderlichen relevanten Informationen, wie beispielsweise Informationen zum Zustand des Schienenfahrzeuges und seiner Vorgeschichte, Teile der Instandhaltungsunterlagen für Rückverfolgungszwecke, Informationen zur Rückverfolgbarkeit von Verladevorgängen und die Frachtpapiere, zu übermitteln.

(BGBl I 2020/143)

12. Teil
Aufsicht

Sicherheitsmanagementsystem

§ 215. (1) Die Behörde hat die kontinuierliche Einhaltung der den Eisenbahnverkehrsunternehmen und den Eisenbahninfrastrukturunternehmen obliegenden Verpflichtung, ein Sicherheitsmanagementsystem anzuwenden, zu beaufsichtigen.

(2) Für die Aufsicht hat die Behörde die in den einschlägigen CSM für die Aufsicht dargelegten Grundsätze anzuwenden und sicherzustellen, dass ihre Aufsichtstätigkeit insbesondere die Überprüfung der Anwendung der folgenden Punkte durch

das Eisenbahnverkehrsunternehmen und das Eisenbahninfrastrukturunternehmen einschließt:

1. des Sicherheitsmanagementsystems zwecks Überwachung seiner Wirksamkeit;
2. der einzelnen Komponenten oder Teilkomponenten des Sicherheitsmanagementsystems, einschließlich der Betriebstätigkeiten, der Bereitstellung von Instandhaltung und Material und des Einsatzes von Auftragnehmern, zwecks Überwachung ihrer Wirksamkeit; und
3. der CSM.

(3) Bei der Beaufsichtigung der Eisenbahninfrastrukturunternehmen und Eisenbahnverkehrsunternehmen hinsichtlich der Wirksamkeit des Sicherheitsmanagementsystems kann die Behörde auch die Sicherheitsleistung der Akteure und gegebenenfalls der Triebfahrzeugführer-Schulungseinrichtungen berücksichtigen, soferne deren Tätigkeit sich auf die Sicherheit des Betriebes einer Eisenbahn, des Betriebes von Schienenfahrzeugen auf der Eisenbahn und des Verkehrs auf der Eisenbahn auswirken.

(4) Ist ein Eisenbahnverkehrsunternehmen auch in anderen Mitgliedstaaten der Europäischen Union tätig, hat die Behörde ihre Aufsichtstätigkeit mit den Aufsichtstätigkeiten der anderen für die Aufsicht über dieses Eisenbahnverkehrsunternehmen zuständigen Behörden anderer Mitgliedstaaten der Europäischen Union mit dem Zweck zu koordinieren, dass alle Informationen zu dem Eisenbahnverkehrsunternehmen untereinander ausgetauscht werden, insbesondere in Bezug auf bekannte Risiken und die Sicherheitsleistung.

(5) Ergeben Ermittlungen im Zuge der Aufsicht, dass ein Eisenbahnverkehrsunternehmen nicht die erforderlichen Maßnahmen zur Risikokontrolle trifft, hat die Behörde diesbezüglich Informationen mit den für die Aufsicht über das Eisenbahnverkehrsunternehmen zuständigen Behörden anderer Mitgliedstaaten der Europäischen Union und mit der Eisenbahnagentur der Europäischen Union Informationen auszutauschen.

(6) Die Behörde kann, um Eisenbahnverkehrsunternehmen Doppelinspektionen und –audits zu ersparen, einen gemeinsamen Aufsichtsplan mit anderen für die Aufsicht über die Eisenbahnverkehrsunternehmen zuständigen Behörden anderer Mitgliedstaaten der Europäischen Union erstellen. Dabei ist der Art und dem Umfang der Beförderungstätigkeit des Eisenbahnverkehrsunternehmens in jedem betroffenen Mitgliedstaat der Europäischen Union Rechnung zu tragen.

(BGBl I 2020/143)

Mitteilungspflichten

§ 216. (1) Eisenbahnverkehrsunternehmen, auf die der 11. Teil dieses Bundesgesetzes anzuwenden ist und die einen neuen Eisenbahnbetrieb aufzunehmen beabsichtigen, haben die Behörde spätestens zwei Monate vor der beabsichtigten Aufnahme des neuen Eisenbahnbetriebes in Kenntnis zu setzen und eine Aufstellung der Personalkategorien und der Schienenfahrzeugtypen vorzulegen.

(2) Eisenbahnverkehrsunternehmen, die Inhaber einer einheitlichen Sicherheitsbescheinigung sind, haben die Behörde von jeder wesentlichen Änderung der im Abs. 1 angeführten Informationen in Kenntnis zu setzen.

(BGBl I 2020/143)

Arbeits-, Fahr- und Ruhezeiten der Triebfahrzeugführer

§ 217. Die für die Überwachung der Einhaltung der Bestimmungen über die Arbeits-, Fahr- und Ruhezeiten für Triebfahrzeugführer gemäß Arbeitszeitgesetz, BGBl. 461/1969, zuständigen Arbeitsinspektorate haben mit der Behörde zusammenzuarbeiten, damit sie ihre Rolle bei der Überwachung der Sicherheit des Betriebes einer Eisenbahn und der Sicherheit des Betriebes von Schienenfahrzeugen auf der Eisenbahn wahrnehmen kann.

(BGBl I 2020/143)

Antrag auf Einschränkung oder Widerruf einer einheitlichen Sicherheitsbescheinigung

§ 218. Ergeben Ermittlungen der Behörde, dass ein Eisenbahnverkehrsunternehmen die für die Ausstellung einer einheitlichen Sicherheitsbescheinigung erforderlichen Voraussetzungen nicht mehr erfüllt, und ist diese einheitliche Sicherheitsbescheinigung von der Eisenbahnagentur der Europäischen Union ausgestellt worden, hat die Behörde bei der Eisenbahnagentur der Europäischen Union die Einschränkung oder den Widerruf der vor ihr ausgestellten einheitlichen Sicherheitsbescheinigung zu beantragen.

(BGBl I 2020/143)

Schwerwiegendes Sicherheitsrisiko

§ 219. (1) Ergeben gemäß diesem Gesetzesteil durchgeführte Ermittlungen im Zuge der Aufsichtstätigkeit der Behörde ein schwerwiegendes Sicherheitsrisiko bei einem zur Einrichtung eines Sicherheitsmanagementsystems verpflichteten Eisenbahnverkehrsunternehmen oder Eisenbahninfrastrukturunternehmen, hat die Behörde diesem die Befolgung vorläufiger, verhältnismäßiger Sicherheitsmaßnahmen aufzutragen. Solche Sicherheitsmaßnahmen können auch darin bestehen, dass dem Eisenbahnverkehrsunternehmen oder Eisenbahninfrastrukturunternehmen eine sofortige Einschränkung oder Aussetzung dessen Betriebes aufgetragen wird.

(2) Ist ein Eisenbahnverkehrsunternehmen, dem die Befolgung von Sicherheitsmaßnahmen aufgetragen wurde, Inhaber einer von der Eisenbahnagentur der Europäischen Union ausgestellten einheitlichen Sicherheitsbescheinigung, hat die Behörde die Eisenbahnagentur der Europäischen Union von den von ihr zur Befolgung aufgetragenen Sicherheitsmaßnahmen unter Beilage von Belegen, die eine derartige behördliche Vorgangsweise als gerechtfertigt erkennen lassen, unverzüglich zu unterrichten.

(3) Die Behörde hat

1. auf Antrag des Eisenbahnunternehmens die aufgetragene Befolgung von Sicherheitsmaßnahmen aufzuheben, wenn die Gründe für die aufgetragene Befolgung von Sicherheitsmaßnahmen weggefallen sind, oder

2. auf Antrag des Eisenbahnunternehmens die Befolgung anderer Sicherheitsmaßnahmen aufzutragen, wenn das Eisenbahnverkehrsunternehmen zwischenzeitlich wenigstens teilweise Maßnahmen zur Beseitigung des schwerwiegenden Sicherheitsrisikos durchgeführt hat, die andere Sicherheitsmaßnahmen rechtfertigen.

(4) Sind seit der behördlichen Auftragung an ein Eisenbahnverkehrsunternehmen, Sicherheitsmaßnahmen zu befolgen, bereits mehr als drei Monate vergangen und sind die Sicherheitsmaßnahmen zu diesem Zeitpunkt noch immer zu befolgen, hat die Behörde die Eisenbahnagentur der Europäischen Union zu ersuchen, eine von ihr für dieses Eisenbahnverkehrsunternehmen ausgestellte einheitliche Sicherheitsbescheinigung einzuschränken oder zu widerrufen.

(BGBl I 2020/143)

Teilsysteme

§ 220. Die Behörde hat die Teilsysteme „streckenseitige Zugsteuerung/Zugsicherung und Signalgebung", „Energie" und „Infrastruktur" der Eisenbahninfrastrukturunternehmen, auf die der 8. Teil anzuwenden ist, zu beaufsichtigen und sicherzustellen, dass diese Teilsysteme den grundlegenden Anforderungen genügen.

(BGBl I 2020/143)

Sonstige Aufsichtstätigkeiten

§ 221. Soferne sie nicht ohnehin durch dieses Bundesgesetz zur Durchführung von Überprüfungen oder Überwachungen verpflichtet ist, ist die Behörde zur Durchführung von Überprüfungen dahingehend befugt, ob die Bestimmungen dieses Bundesgesetzes, die Bestimmungen unmittelbar anwendbarer unionsrechtlicher Regelungen, die Bestimmungen von aufgrund dieses Bundesgesetzes erlassenen Verordnungen oder Bescheiden eingehalten werden.

(BGBl I 2020/143)

Befugnisse im Rahmen der Aufsicht

§ 222. (1) Führt die Behörde aufgrund dieses Bundesgesetzes oder aufgrund unmittelbar anwendbarer unionsrechtlicher Regelungen Überprüfungen oder Überwachungen durch, hat der Überprüfte oder Überwachte auf Verlangen der Behörde oder der von ihr beigezogenen Sachverständigen,

1. die für die Überprüfung oder Überwachung erforderlichen Auskünfte zu erteilen, die für die Überprüfung oder Überwachung erforderliche Unterlagen zur Einsichtnahme vorzulegen und deren Vervielfältigung zu dulden,

2. Unterlagen, die für die Überprüfung oder Überwachung erforderlich sind, vorzulegen, in diese Einsicht nehmen zu lassen und diese zu vervielfältigen,

3. die Durchführung eines Augenscheines zu dulden und dabei das gefahrlose Betreten und Besichtigen von Anlagen, Einrichtungen, Schienenfahrzeugen, Lagern und sonstigen Räumlichkeiten in dem für die Überprüfung erforderlichen Ausmaß zu ermöglichen,

4. aktiv an der Überprüfung oder Überwachung mitzuwirken, insbesondere durch beigestelltes, fachkundiges Personal die Funktionsfähigkeit von Eisenbahnanlagen, eisenbahntechnischen Einrichtungen, von Schienenfahrzeugen sowie von Anlagen und Betriebsmitteln in Schulungseinrichtungen vorzuführen, und

5. die Aufnahme von Beweisen zu dulden.

(2) Zur Wahrnehmung der Aufsichtstätigkeiten gemäß §§ 215 und 220 ist die Behörde über die Befugnisse des Abs. 1 hinaus zur Durchführung der dafür notwendigen Inspektionen, Audits und Untersuchungen berechtigt und es ist ihr Einsicht in alle sachdienlichen Dokumente und der Zugang zu Einrichtungen, Anlagen und Ausrüstungen von Eisenbahninfrastrukturunternehmen oder Eisenbahnverkehrsunternehmen, und falls erforderlich, von allen Akteuren zu gewähren. Diese Befugnisse stehen auch der Eisenbahnagentur der Europäischen Union zu, wenn sie ihren Aufgaben im Zusammenhang mit einheitlichen Sicherheitsbescheinigungen nachkommt.

(3) Die Behörde ist überdies berechtigt, zur Wahrnehmung der im Abs. 2 angeführten Aufgaben die technische Unterstützung von Eisenbahninfrastrukturunternehmen, Eisenbahnverkehrsunternehmen oder sonst qualifizierter Stellen anzufordern.

(BGBl I 2020/143)

Ankündigung vor Wahrnehmung bestimmter Aufsichtsbefugnisse

§ 223. (1) Die Behörde hat die Durchführung von Augenscheinen, Inspektionen, Audits und Untersuchungen den davon Betroffenen mindestens vierzehn Tage vorher zeitgerecht anzukündigen.

(2) Von der vierzehntägigen Frist zur Ankündigung der im Abs. 1 angeführten Maßnahmen kann bei Gefahr im Verzug oder in Fällen, in denen die Ankündigung der im Abs. 1 angeführten Maßnahmen deren Zweck vereiteln würde, abgewichen werden; diesfalls ist die Durchführung dieser Maßnahmen ehestmöglich, spätestens aber vor ihrem Beginn anzukündigen. Ist eine Ankündigung der im Abs. 1 angeführten Maßnahmen auf Grund von Gefahr im Verzug oder wegen Abwesenheit des von diesen Maßnahme Betroffenen nicht möglich, ist dieser nachträglich von den durchgeführten, im Abs. 1 angeführten Maßnahmen in Kenntnis zu setzen, wenn er bei der Durchführung dieser Maßnahmen nicht anwesend war.

(3) Die Behörde hat bei Durchführung der im Abs. 1 angeführten Maßnahmen darauf zu achten, dass Beeinträchtigungen des Betriebes von Eisenbahnen, des Betriebes von Schienenfahrzeugen auf der Eisenbahn und des Verkehrs auf der Eisenbahn, Beeinträchtigungen des Betriebes von Schulungseinrichtungen und Beeinträchtigungen des Betriebes von Einrichtungen der von der Durchführung der Maßnahmen betroffenen Akteure soweit wie möglich vermieden werden.

(BGBl I 2020/143)

Herstellung eines rechtskonformen Zustandes

§ 224. (1) Widerspricht das Ergebnis einer Überprüfung, einer Überwachung oder von Aufsichtstätigkeiten den Bestimmungen dieses Bundesgesetzes, den Bestimmungen unmittelbar anwendbarer unionsrechtlicher Regelungen, den Bestimmungen von Verordnungen, die auf Grund dieses Bundesgesetzes erlassen wurden, oder Bescheiden, die auf Grund dieses Bundesgesetzes erlassen wurden, hat die Behörde den von der Überprüfung, Überwachung oder der Aufsichtstätigkeit Betroffenen mit Verfahrensanordnung zur Herstellung eines diesen Bestimmungen und Bescheiden entsprechenden Zustandes innerhalb einer angemessenen, von ihr zu bestimmenden Frist aufzufordern.

(2) Kommt der Betroffene einer Aufforderung nach Abs. 1 innerhalb der von der Behörde festgesetzten Frist nicht nach, so hat die Behörde dem Betroffenen mit Bescheid Maßnahmen aufzutragen, die zur Herstellung des Zustandes notwendig sind, der den Bestimmungen dieses Bundesgesetzes, den Bestimmungen unmittelbar anwendbarer unionsrechtlicher Regelungen, den Bestimmungen von Verordnungen, die auf Grund dieses Bundesgesetzes erlassen wurden oder den Bescheiden, die auf Grund dieses Bundesgesetzes erlassen wurden, entspricht. Der Betroffene hat der Behörde einen Bericht darüber vorzulegen, wie er den angeordneten Maßnahmen entsprochen hat.

(3) Abs. 1 gilt nicht, wenn eine behördliche Vorgangsweise nach §§ 19b oder 218 geboten ist.

(BGBl I 2020/143)

13. Teil
Schlussbestimmungen

1. Hauptstück

Strafen, Verwalterbestellung

„**§ 225.**"** (1) Wer den Bestimmungen der „§§ 42, 43, 46 bis 47b" oder den auf Grund der „§§ 47c und 49" durch Verordnung erlassenen Vorschriften zuwiderhandelt, begeht, sofern im folgenden nichts anderes bestimmt ist, eine Verwaltungsübertretung und ist hiefür von der Bezirksverwaltungsbehörde mit einer Geldstrafe bis zu 726 Euro zu bestrafen. *(BGBl I 2006/125)*

(2) Eine Verwaltungsübertretung begeht und ist hiefür von der Bezirksverwaltungsbehörde mit einer Geldstrafe bis zu 2 180 Euro zu bestrafen, wer

1. entgegen § 21a das Verhalten einschließlich der Ausbildung von Eisenbahnbediensteten nicht durch allgemeine Anordnungen regelt,

2. entgegen § 22 Abs. 2 Tarife und Fahrpläne nicht rechtzeitig vor ihrem In-Kraft-Treten veröffentlicht,

3. entgegen § 22 Abs. 5 die zur Berechnung der Beförderungspreise notwendigen Angaben sowie die wesentlichen Bestimmungen der Beförderungsbedingungen nicht durch Aushang an geeigneter Stelle bekannt macht,

4. entgegen § 25 ohne die erforderliche Genehmigung eine öffentliche Eisenbahn oder Teile einer öffentlichen Eisenbahn veräußert oder verpachtet sowie den ganzen oder einen Teil des Betriebes einer öffentlichen Eisenbahn oder von Teilen einer öffentlichen Eisenbahn sonst überlässt oder die Abwicklung des Verkehrs auf einer öffentlichen Eisenbahn oder auf Teilen einer öffentlichen Eisenbahn sonst überlässt,

5. entgegen § 26 der Behörde keine erforderlichen Auskünfte erteilt, den Behördenorganen nicht die geschäftlichen Aufzeichnungen, Bücher und sonstige Belege zur Einsicht und Prüfung vorlegt oder über den Geschäftsbetrieb nicht so Buch führt, dass die Behörde jederzeit die für die Wahrnehmung ihrer Aufgaben erforderlichen

Feststellungen „treffen kann, oder" *(BGBl I 2020/143)*

„6." gegen die Bestimmungen der gemäß § 19 Abs. 4 und 5 sowie § 47c erlassenen Verordnungen zuwider handelt. *(BGBl I 2020/143)*

7. *(entfällt, BGBl I 2020/143)*
(BGBl I 2006/125)

(3) Zuwiderhandlungen gegen die auf Grund dieses Bundesgesetzes erlassenen Vorschriften über das Verhalten bei Annäherung an schienengleiche Eisenbahnübergänge und bei Übersetzung solcher Übergänge sowie über die Beachtung der den schienengleichen Eisenbahnübergang sichernden Verkehrszeichen sind mit einer Geldstrafe bis zu 726 Euro zu bestrafen. Ist eine Person bereits einmal wegen einer derartigen Zuwiderhandlung bestraft worden, so kann an Stelle der Geldstrafe eine „Freiheitsstrafe" bis zu zwei Wochen verhängt werden; ist eine solche Person bereits zweimal bestraft worden, so können „die Geldstrafe und die Freiheitsstrafe" auch nebeneinander verhängt werden. Die Verhängung einer „Freiheitsstrafe" ist in diesen Fällen aber nur zulässig, wenn es ihrer bedarf, um die betreffende Person von weiteren Verwaltungsübertretungen der gleichen Art abzuhalten. *(BGBl I 2011/124)*

(4) Zuwiderhandlungen gegen Vorschriften gemäß Abs. 3, die sich ausschließlich auf im Verlaufe von Straßen mit öffentlichem Verkehr (§ 1 Abs. 1 der Straßenverkehrsordnung 1960, BGBl. Nr. 159) angelegte schienengleiche Bahnübergänge beziehen, sind im „Gebiet einer Gemeinde, für das die Landespolizeidirektion zugleich Sicherheitsbehörde erster Instanz ist, von der Landespolizeidirektion" zu bestrafen. *(BGBl I 2012/50)*

(5) Eine Verwaltungsübertretung liegt nicht vor:

1. wenn durch die Tat Sachschaden an Sicherungseinrichtungen oder Verkehrszeichen an schienengleichen Bahnübergängen entstanden ist, sofern die nächste Bahndienststelle oder die nächste „Polizeidienststelle" hievon ohne unnötigen Aufschub und unter Bekanntgabe der Identität der Beteiligten verständigt wurde; *(BGBl I 2006/125)*

2. wenn die Tat den Tatbestand einer in die Zuständigkeit der Gerichte fallenden strafbaren Handlung bildet.

(6) „Die Bundespolizeidirektion²⁾ und die Organe der Bundespolizei haben an der Vollziehung der §§ 43 Abs. 1, 46, 47 Abs. 1, 47a und 47b sowie der auf Grund der „des § 49"*** durch Verordnung erlassenen Vorschriften und des „Art. III Abs. 1 Z 2 des Einführungsgesetzes zu den Verwaltungsverfahrensgesetzen 2008 (EGVG), BGBl. I Nr. 87"*** mitzuwirken durch"* *(*BGBl I 2006/125; ***BGBl I 2011/124)*

1. Vorbeugungsmaßnahmen gegen drohende Verwaltungsübertretungen;

2. Maßnahmen, die für die Einleitung von Verwaltungsstrafverfahren erforderlich sind, wie insbesondere die Festnahme und Vorführung von auf frischer Tat betretenen Personen „(§ 30 Abs. 3, §§ 35 und 36 VStG)", die Festsetzung und Einhebung einer vorläufigen Sicherheit (§ 37a VStG) und die Erstattung von Anzeigen; *(BGBl I 2011/124)*

3. die Ahndung von Verwaltungsübertretungen, die in einem Zuwiderhandeln gegen Bestimmungen einer gemäß § 49 Abs. 3 erlassenen Verordnung bestehen, mit Organstrafverfügungen „ " (§ 50 VStG). *(BGBl I 2010/25; BGBl I 2013/96)*

„50 vH der Strafgelder aus jenen Verwaltungsübertretungen, die von Organen der Bundespolizei wahrgenommen werden, fließen der Gebietskörperschaft zu, die den Aufwand für diese Organe zu tragen hat. 20 vH der Strafgelder aus Verwaltungsübertretungen gemäß Abs. 3, die durch eingerichtete bildverarbeitende technische Einrichtungen (§ 50) festgestellt worden sind, fließen dem Eisenbahnunternehmen zu."** (**BGBl I 2010/25)*

(*BGBl I 2010/25; **BGBl I 2020/143)

²⁾ *Wohl Versehen des Gesetzgebers. Gemeint wohl anstatt „Bundespolizeidirektion" „Landespolizeidirektionen, insoweit diese für das Gebiet einer Gemeinde zugleich Sicherheitsbehörde erster Instanz sind,", vgl BGBl I 2012/50.*

„§ 226." Eine Verwaltungsübertretung begeht und ist hiefür von der Bezirksverwaltungsbehörde mit einer Geldstrafe bis zu 7 000 Euro zu bestrafen, wer

1. eine öffentliche Eisenbahn ohne die erforderliche Konzession oder die nicht-öffentliche Eisenbahn ohne die erforderliche Genehmigung baut oder betreibt,

2. „Eisenbahnverkehrsdienste" ohne die hiefür erforderliche Konzession, Verkehrsgenehmigung, eine einer Verkehrsgenehmigung gemäß § 41 gleichzuhaltenden Genehmigung oder Bewilligung, einer Verkehrskonzession oder einer Genehmigung gemäß § 17 erbringt, *(BGBl I 2015/137)*

3. entgegen § 19a Eisenbahnanlagen, Betriebsmittel einschließlich der Schienenfahrzeuge und sonstiges Zugehör nicht regelmäßig wiederkehrend prüfen lässt oder der Behörde die auszustellende Prüfbescheinigung nicht vorlegt,

4. entgegen § 19b behördlich verfügten Maßnahmen zuwiderhandelt oder den Betrieb bei behördlich verfügter Einstellung aus Sicherheitsgründen ohne behördliche Bewilligung wieder aufnimmt,

5. entgegen § 21 keinen Betriebsleiter oder nicht zumindest einen Stellvertreter für den Betriebsleiter bestellt,

6. entgegen § 29 eine dauernd betriebseingestellte Eisenbahn oder dauernd betriebseingestellte Teile einer Eisenbahn nicht auflässt „..." *(BGBl I 2020/143)*

7. entgegen § 29 Abs. 4 Bauten oder Anlagen nicht auflässt „..." *(BGBl I 2020/143)*

8. entgegen § 30 keine Eisenbahnaufsichtsorgane bestimmt oder deren Abberufung der Behörde nicht anzeigt,

9. eine Eisenbahnanlage oder eine nicht ortsfeste eisenbahnsicherungstechnische Einrichtung ohne die hiefür erforderliche eisenbahnrechtliche Baugenehmigung baut oder verändert,

10. eine Eisenbahnanlage oder eine nicht ortsfeste eisenbahnsicherungstechnische Einrichtung ohne die hiefür erforderliche Betriebsbewilligung in Betrieb nimmt,

11. ein Schienenfahrzeug ohne die hiefür erforderliche Bauartgenehmigung in Betrieb nimmt;

12. *(entfällt, BGBl I 2020/143)*

13. ein Schienenfahrzeug ohne die hiefür erforderliche Betriebsbewilligung „in Betrieb nimmt, oder" *(BGBl I 2020/143)*

14. ein Schienenfahrzeug auf solchen Eisenbahnen in Betrieb nimmt, die nicht von der Bauartgenehmigung erfasst sind „.." *(BGBl I 2020/143)*

15. bis 17. *(entfallen, BGBl I 2020/143)*

(BGBl I 2006/125; BGBl I 2020/143)

„**§ 227.**" (1) Eine Verwaltungsübertretung begeht und ist von der Schienen-Control Kommission mit einer Geldstrafe bis zu 7 000 Euro zu bestrafen, wer

1. der Vorlagepflicht nach § 53c Abs. 2 nicht nachkommt,

2. der Vorlagepflicht nach § 53d nicht nachkommt,

3. die Bestimmungen über das Rechnungswesen im § 55 Abs. 2 und 3 nicht beachtet,

4. entgegen § 55 Abs. 5 der Schienen-Control Kommission nicht alle sachdienlichen Informationen zukommen lässt,

5. *(entfällt, BGBl I 2019/60)*

6. entgegen § 59 Abs. 1 der Verpflichtung zur Erstellung und Veröffentlichung von Schienennetz-Nutzungsbedingungen in deutscher Sprache und in einer anderen Amtssprache der Europäischen Union nicht nachkommt,

7. entgegen § 59 Abs. 2 die Schienennetz-Nutzungsbedingungen nicht auf dem neuesten Stand hält,

8. entgegen § 59 Abs. 3 den Erwerb der Schienennetz-Nutzungsbedingungen nicht ermöglicht,

9. entgegen § 59 Abs. 6 keine Informationen über Entgelte und Modalitäten mitteilt oder eine Internetseite bekannt gibt, auf der diese Informationen unentgeltlich und in elektronischer Form in für jedermann zugänglichen Weise veröffentlicht sind,

10. der Vorlagepflicht nach § 59 Abs. 7 nicht nachkommt,

11. entgegen § 59 Abs. 8 die Schienennetz-Nutzungsbedingungen oder deren Änderungen nicht unentgeltlich in elektronischer Form im Internet in für jedermann zugänglichen Weise bereitstellt oder die Schienennetz-Nutzungsbedingungen oder deren Änderungen nicht innerhalb eines Monats ab Erstellung oder Änderung derselben der Schienen-Control Kommission vorlegt,

12. entgegen § 62 Abs. 3 die Funktion einer Zuweisungsstelle ausübt oder überträgt,

13. entgegen § 62b Abs. 3 die Funktion einer entgelterhebenden Stelle ausübt oder überträgt,

14. entgegen § 63 Abs. 2 zugewiesene Fahrwegkapazität überträgt oder zugewiesene Fahrwegkapazität für eine andere Art von Eisenbahnverkehrsdienst nutzt als die, für die ihm Fahrwegkapazität zugewiesen worden ist,

15. der Vorlagepflicht nach § 64 Abs. 5 nicht nachkommt,

16. entgegen § 65c Abs. 2 die Kapazitätsanalyse nicht durchführt,

17. entgegen § 65e Abs. 1 keinen Plan zur Erhöhung der Fahrwegkapazität erstellt,

18. entgegen § 68a Verhandlungen über die Höhe des zu entrichtenden Wegeentgeltes nicht unter Aufsicht der Schienen-Control Kommission führt,

19. der Vorlagepflicht nach § 73a Abs. 1 und 2 nicht nachkommt,

20. gemäß § 74 Abs. 1 Z 1, 2, 3 oder 4 untersagtes Verhalten nicht unterlässt,

21. sich nicht entsprechend dem gemäß § 74 Abs. 1 Z 1, 2, 3 oder 4 auferlegtem Verhalten verhält,

22. einem Bescheid der Schienen-Control Kommission nach § 74 Abs. 1 Z 6, 7 oder 11 nicht Folge leistet „..." *(BGBl I 2020/143)*

23. nicht den gemäß § 74 Abs. 1 Z 12 bis 15 mit Bescheid der Schienen-Control Kommission erteilten Aufträgen nachkommt „..." *(BGBl I 2019/60; BGBl I 2020/143)*

24. nicht Maßnahmen umsetzt, die in Entscheidungen der Schienen-Control Kommission gemäß § 74 Abs. 1 zur Sicherstellung des Wettbewerbs in den Schienenverkehrsmärkten zur Korrektur von Fällen der Diskriminierung von Fahrwegkapazitätsberechtigten oder Eisenbahnverkehrsunternehmen, Marktverzerrungen und anderer unerwünschter Entwicklungen in diesen Märkten getroffen wurden „..." *(BGBl I 2019/60; BGBl I 2020/143)*

„25." einem Bescheid der Schienen-Control GmbH nach § 77 Abs 3 nicht Folge leistet, *(BGBl I 2019/60)*

„26." gegen die im § 78d vorgesehene Verpflichtung zur Auskunft oder Einschau verstößt, *(BGBl I 2019/60)*

„27." entgegen § 79b bei Eisenbahninfrastrukturunternehmen, Zuweisungsstellen, entgelterhebenden Stellen und Betreibern von Serviceeinrichtungen eine berufliche Position bekleidet oder berufliche Aufgaben wahrnimmt, *(BGBl I 2019/60)*

„28."* einem Bescheid der Schienen-Control Kommission nach § 81 Abs. 2 nicht Folge leistet "'** *(*BGBl I 2019/60; **BGBl I 2020/143)*

„29."* entgegen §§ 82b bei Eisenbahninfrastrukturunternehmen, Zuweisungsstellen, entgelterhebenden Stellen und Betreibern von Serviceeinrichtungen eine berufliche Position bekleidet oder berufliche „Aufgaben wahrnimmt,"** *(*BGBl I 2019/60; **BGBl I 2020/143)*

„30."* gegen die im § 84a vorgesehene Verpflichtung zur Auskunft oder „Einschau verstößt, oder"** *(*BGBl I 2019/60; **BGBl I 2020/143)*

„31." entgegen § 84c Abs. 6 Auskünfte nicht erteilt oder notwendige sachdienliche Informationen nicht vorlegt. *(BGBl I 2019/60)*

(2) Eine Verwaltungsübertretung begeht und ist von der Schienen-Control Kommission mit einer Geldstrafe bis zu 36 000 Euro zu bestrafen, wer

1. trotz Vorliegens eines gültigen Vertrages oder eines rechtskräftigen Bescheides nach § 72 Abs. 5 und 6 faktisch den Zugang zur Eisenbahninfrastruktur oder die Gewährung des Mindestzugangspaketes verhindert,

2. trotz Vorliegens eines gültigen Vertrages oder eines rechtskräftigen Bescheides nach § 73 Abs. 5 und 6 faktisch den Zugang zu Serviceeinrichtungen, einschließlich des Schienenzuganges, oder die Gewährung von Serviceleistungen verhindert, oder

3. trotz Vorliegens eines gültigen Vertrages oder eines rechtskräftigen Bescheides nach § 53c Abs. 5 faktisch den Anschluss oder die Mitbenützung verhindert.

(BGBl I 2015/137; BGBl I 2020/143)

§ 228. Eine Verwaltungsübertretung begeht und ist von der Bezirksverwaltungsbehörde mit einer Geldstrafe bis zu 14 000 Euro zu bestrafen, wer

1. entgegen § 95 Abs. 1 eine Interoperabilitätskomponente in Verkehr bringt,

2. einer Verordnung nach § 95 Abs. 3 zuwiderhandelt,

3. entgegen § 95 Abs. 6 den Organen der Bezirksverwaltungsbehörde den Zutritt zu den Geschäfts- und Betriebsräumen oder den dem Geschäft und Betrieb dienenden Grundstücken verweigert,

4. ein Teilsystem betreibt, ohne dass für das Teilsystem eine ausgestellte EG-Prüferklärung vorliegt,

5. die im § 104 angeführten Teilsysteme ohne Vorliegen einer dafür notwendigen Genehmigung zur Inbetriebnahme betreibt,

6. entgegen § 108 Abs. 1 eine Ausschreibung durchführt,

7. der Unterrichtungsverpflichtung im § 108 Abs. 3 nicht nachkommt,

8. entgegen § 110 Abs. 4 ein Schienenfahrzeug ohne Vorliegen einer Genehmigung für das Inverkehrbringen in Verkehr bringt,

9. entgegen § 110 Abs. 5 ein Schienenfahrzeug auf Eisenbahnen einsetzt, die nicht in dem in der Genehmigung für das Inverkehrbringen ausgewiesenen Verwendungsgebiet liegen,

10. entgegen § 112 der Pflicht zur Vergewisserung vor Einsatz eines Schienenfahrzeuges in dem in der Genehmigung für das Inverkehrbringen ausgewiesenen Verwendungsgebiet nicht nachkommt,

11. gegen § 114 Abs. 1 verstößt, oder

12. entgegen § 115 Abs. 2 nicht für die Anbringung einer europäischen Fahrzeugnummer auf einem Schienenfahrzeug sorgt.

(BGBl I 2020/143)

§ 229. Eine Verwaltungsübertretung begeht und ist von der Bezirksverwaltungsbehörde mit einer Geldstrafe bis zu 14 000 Euro zu bestrafen, wer

1. entgegen § 194 Zugang auf Hauptbahnen oder vernetzten Nebenbahnen ausübt, ohne Inhaber einer einheitlichen Sicherheitsbescheinigung zu sein, von deren ausgewiesenen geographischen Tätigkeitsgebiet die betreffenden Eisenbahnen nicht erfasst sind,

2. entgegen § 198 Hauptbahnen oder vernetzte Nebenbahnen verwaltet oder betreibt, ohne Inhaber einer dafür erforderlichen Sicherheitsgenehmigung zu sein,

3. entgegen § 207 ein Schienenfahrzeug betreibt, dem keine für die Instandhaltung zuständige Stelle zugewiesen ist, oder

4. entgegen § 211 Abs. 1 die Tätigkeit einer für die Instandhaltung von Güterwagen zuständigen Stelle ausübt.

(BGBl I 2020/143)

§ 230. Eine Verwaltungsübertretung begeht und ist von der Bezirksverwaltungsbehörde mit einer Geldstrafe bis zu 14 000 Euro zu bestrafen, wer

1. entgegen § 219 Abs. 1 aufgetragene Sicherheitsmaßnahmen nicht befolgt,

2. entgegen § 222 Abs. 1 einem Verlangen der Behörde oder der von ihr beigezogenen Sachverständigen nicht nachkommt, oder

3. den in einem Bescheid nach § 224 Abs. 2 angeordneten Maßnahmen nicht nachkommt oder der Behörde trotz zweimaliger Aufforderung keinen Bericht vorlegt, wie er den im Bescheid angeordneten Maßnahmen entsprochen hat.

(BGBl I 2020/143)

„**§ 231.**" Eine Verwaltungsübertretung begeht und ist von der Bezirksverwaltungsbehörde mit einer Geldstrafe bis zu 2 180 Euro zu bestrafen, wer

1. der Bestimmung des § 21b zuwiderhandelt,

2. „ " eine Klasse von Triebfahrzeugen auf einer im § 125 Abs. 1 angeführten Eisenbahn selbständig führt und bedient, obwohl er entweder kein Inhaber einer Bescheinigung ist oder die von ihm selbständig geführte und bediente Triebfahrzeugklasse nicht in seiner Bescheinigung ausgewiesen ist, oder, *(BGBl I 2020/143)*

3. „ " auf einer im § 125 Abs. 1 angeführten Eisenbahn Triebfahrzeuge selbständig führt und bedient, obwohl er entweder kein Inhaber einer Bescheinigung ist oder die Eisenbahn nicht in seiner Bescheinigung ausgewiesen ist. *(BGBl I 2020/143)*

(BGBl I 2010/25; BGBl I 2020/143)

„**§ 232.**" (1) Wer

1. in die Tarife keine Beförderungs- oder Entschädigungsbedingungen gemäß § 22a aufnimmt,

2. der Pflicht zur Bekanntgabe der Beförderungsbedingungen gemäß § 22b nicht nachkommt,

3. die für den Entschädigungsanspruch notwendigen Personen- und Fahrausweisdaten nicht unentgeltlich, in einer einvernehmlich festzulegenden Form und innerhalb einer einvernehmlich festgelegten Frist gemäß § 4 Abs. 2 des Eisenbahn-Beförderungs- und Fahrgastrechtegesetzes zur Verfügung stellt,

4. gegen die im § 78a Abs. 3 vorgesehenen Verpflichtungen, an einem Schlichtungsverfahren mitzuwirken, erforderliche Auskünfte zu erteilen und erforderliche Unterlagen vorzulegen, verstößt „ oder" *(BGBl I 2015/61; BGBl I 2015/137)*

5. einem Bescheid der Schienen-Control Kommission gemäß § 78b zuwider handelt,

begeht eine Verwaltungsübertretung und ist von der Bezirksverwaltungsbehörde mit einer Geldstrafe bis zu 7 000 Euro, im Wiederholungsfalle bis zu 10 000 Euro zu bestrafen.

(2) Wer gegen Bestimmungen der Verordnung (EG) Nr. 1371/2007 oder gegen andere Bestimmungen des 1. bis 3. Hauptstückes des 1. Teiles des EisbBFG verstößt, begeht eine Verwaltungsübertretung und ist von der Bezirksverwaltungsbehörde mit einer Geldstrafe bis zu 7 000 Euro, im Wiederholungsfalle mit einer Geldstrafe bis zu 10 000 Euro zu bestrafen. *(BGBl I 2020/143)*

(BGBl I 2013/40; BGBl I 2020/143)

„**§ 233.**" (1) Wenn der Konzessionsinhaber, ein Betriebsunternehmer oder der verantwortliche Betriebsleiter eines zum Bau und zum Betrieb von öffentlichen Eisenbahnen berechtigten Eisenbahnunternehmens die auf Grund dieses Bundesgesetzes ergehenden behördlichen Anordnungen beharrlich missachtet, kann die Behörde einen Verwalter bestellen.

(2) Der von der Behörde bestellte Verwalter ist zu allen gerichtlichen und außergerichtlichen Geschäften und Rechtshandlungen befugt, die zur ordentlichen Verwaltung der Eisenbahn gehören. Insbesondere kann er alle Handlungen vornehmen, die erforderlich sind, um die Eisenbahn nach den Rechtsvorschriften und den Bestimmungen der Konzession ordnungsgemäß zu betreiben und zu erhalten. Er untersteht der Eisenbahnaufsicht im gleichen Umfang wie das Eisenbahnunternehmen.

(3) Die Kosten der Verwaltung sind vom Eisenbahnunternehmen zu tragen. Die Bestellung eines Verwalters schließt die Verhängung von Strafen nicht aus. Die Verwaltung ist aufzuheben, wenn eine ordentliche Verwaltung durch die Organe des Eisenbahnunternehmens gewährleistet ist.

(BGBl I 2020/143)

2. Hauptstück
Verhältnis zu anderen Rechtsvorschriften, Verweisungen

Verhältnis zu anderen Rechtsvorschriften

„**§ 234.**" Die Aufgaben und Befugnisse der Arbeitsinspektion nach dem Arbeitsinspektionsgesetz 1993, BGBl. Nr. 27/1993, insbesondere die Überwachung der Einhaltung der zum Schutz der Arbeitnehmer erlassenen Rechtsvorschriften und behördlichen Verfügungen, erstrecken sich auch auf Zugangsberechtigte mit Sitz im Ausland, insoweit Tätigkeiten nach diesem Bundesgesetz in Österreich ausgeübt werden. *(BGBl I 2020/143)*

(BGBl I 2012/35)

Bezugnahme auf Rechtsakte der Europäischen Union

§ 235. Durch dieses Bundesgesetz werden folgende Rechtsakte der Europäischen Union umgesetzt:

1. Richtlinie 2012/34/EU zur Schaffung eines einheitlichen europäischen Eisenbahnraums, ABl. Nr. L 343 vom 14.12.2012 S. 32, zuletzt geändert durch die Richtlinie (EU) 2016/2370, ABl. Nr. L 352 vom 23.12.2016 S. 1;
2. Richtlinie (EU) 2016/797 über die Interoperabilität des Eisenbahnsystems in der Europäischen Union (Neufassung), ABl. Nr. L 138 vom 26.05.2016 S. 44;
3. Richtlinie (EU) 2016/798/EG über Eisenbahnsicherheit, ABl. Nr. L 138 vom 26.05.2016 S. 102, in der Fassung der Berichtigung ABl. Nr. L 110 vom 30.04.2018 S. 141;
4. Richtlinie 2007/59/EG über die Zertifizierung von Triebfahrzeugführern, die Züge und Lokomotiven im Eisenbahnsystem in der Gemeinschaft führen, ABl. Nr. L 315 vom 3.12.2007 S. 51, zuletzt geändert durch die Richtlinie (EU) 2016/882, ABl. Nr. L 146 vom 3.06.2016 S. 22;
5. Richtlinie 2012/18/EU zur Beherrschung der Gefahren mit gefährlichen Stoffen, zur Änderung und anschließenden Aufhebung der Richtlinie 96/82/EG, ABl. Nr. L 197 vom 24.07.2012 S. 1.
(BGBl I 2020/143)

Verweisungen

„**§ 236.**"12* „" Soweit in diesem Bundesgesetz auf Bestimmungen anderer Bundesgesetze verwiesen wird, ist die Verweisung auf die jeweils geltende Fassung zu verstehen. *(BGBl I 2011/124)*

(2) und (3) *(entfallen, BGBl I 2011/124)*
(BGBl I 2006/125; *BGBl I 2010/25; **BGBl I 2020/143)

Personenbezogene Bezeichnungen

„**§ 237.**" Alle in diesem Bundesgesetz verwendeten personenbezogenen Bezeichnungen gelten gleichermaßen für Personen sowohl weiblichen als auch männlichen Geschlechts. *(BGBl I 2020/143)*

(BGBl I 2006/125)

3. Hauptstück
Übergangsbestimmungen, Vollziehung, In-Kraft-Treten, Außer-Kraft-Treten

Übergangsbestimmungen zum Bundesgesetz BGBl. Nr. 60/1957

„**§ 238.**"** (1) Die im Zeitpunkt des „In-Kraft-Tretens des Bundesgesetzes BGBl. Nr. 60/1957" bereits bestehenden Eisenbahnen bleiben im Genuss der ihnen in diesem Zeitpunkt zustehenden Begünstigungen. *(BGBl I 2006/125)*

(2) Die auf Grund dieses Bundesgesetzes erlassenen Verordnungen finden unter der Voraussetzung, dass die Sicherheit und Ordnung des Betriebes der Eisenbahn, des Betriebes von Schienenfahrzeugen auf der Eisenbahn und des Verkehrs auf der Eisenbahn gewahrt ist, auf bereits bestehende Eisenbahnen nur insofern Anwendung, als die hiedurch bedingten Änderungen keine unverhältnismäßig hohen Kosten verursachen. *(BGBl I 2006/125)*

(3) und (4) *entfallen.*

(5) *(entfällt, BGBl I 2006/125)*

(6) *entfällt.*

(*BGBl I 2010/25; **BGBl I 2020/143)

Übergangsbestimmungen zur Novelle BGBl. I Nr. 38/2004

„**§ 239.**"** „" Zum Zeitpunkt der Kundmachung des Bundesgesetzes BGBl. I Nr. 38/2004 zum Bau und zum Betrieb von Straßenbahnen und Nebenbahnen, die nicht mit anderen Haupt- oder Nebenbahnen vernetzt sind, verliehene Konzessionen berechtigen weiterhin zur Erbringung von „Eisenbahnverkehrsdiensten"** auf den in diesen Konzessionen ausgewiesenen Eisenbahnen. *(*BGBl I 2013/96; **BGBl I 2015/137)*

(2) bis (5) *(entfallen, BGBl I 2006/125)*

(6) und (7) *(entfallen, BGBl I 2013/96)*

(8) bis (11) *(entfallen, BGBl I 2006/125)*

(*BGBl I 2010/25; **BGBl I 2020/143)

Übergangsbestimmungen zur Novelle BGBl. I Nr. 125/2006

„**§ 240.**" (1) Zum Zeitpunkt der Kundmachung des Bundesgesetzes BGBl. I Nr. 125/2006 zum Bau und zum Betrieb einer nicht-öffentlichen Eisenbahn erteilte Genehmigungen berechtigen weiterhin zur Erbringung von „Eisenbahnverkehrsdiensten" auf den in der Genehmigung ausgewiesenen Eisenbahnen. *(BGBl I 2015/137)*

(2) „§ 57 Z 2" ist auf Eisenbahnverkehrsunternehmen mit dem Sitz in der Schweizerischen Eidgenossenschaft, deren Tätigkeit nicht ausschließlich auf den Stadt-, Vorort- oder Regionalverkehr beschränkt ist, nur in dem Ausmaß anzuwenden, in dem die Gegenseitigkeit gewährleistet ist. Besteht keine Gegenseitigkeit, so ist Zugang zu Haupt- und vernetzten Nebenbahnen Eisenbahnverkehrsunternehmen mit Sitz in der Schweizerischen Eidgenossenschaft nur *(BGBl I 2019/60)*

1. für die Erbringung von „Eisenbahnverkehrsdiensten" im grenzüberschreitenden kombinierten Güterverkehr und *(BGBl I 2015/137)*

2. für die Erbringung sonstiger grenzüberschreitender „Eisenbahnverkehrsdienste" im Güterverkehr *(BGBl I 2015/137)* diskriminierungsfrei einzuräumen.

(3) § 58 ist auf Eisenbahnverkehrsunternehmen mit Sitz in der Schweizerischen Eidgenossenschaft, deren Tätigkeit nicht ausschließlich auf den Stadt-, Vorort- oder Regionalverkehr beschränkt ist, nur in dem Ausmaß anzuwenden, in dem Gegenseitigkeit gewährleistet ist.

(4) bis (7) *(entfallen, BGBl I 2011/124)*

(8) Die vor Ablauf des Tages der Kundmachung des Bundesgesetzes 125/2006 und im Übergangszeitraum gemäß Abs. 14 für Hochbauten oder Kunstbauten erteilte Genehmigungen nach § 36 Abs. 2 in der Fassung vor dem In-Kraft-Treten des § 31 in der Fassung des Bundesgesetzes BGBl. I Nr. 125/2006 gelten als erteilte eisenbahnrechtliche Baugenehmigungen.

(9) Die vor Ablauf des Tages der Kundmachung des Bundesgesetzes BGBl. I Nr. 125/2006 und im Übergangszeitraum gemäß Abs. 14 im Einzelfall für eisenbahnsicherungstechnische Einrichtungen erteilten Genehmigungen nach § 36 Abs. 3 in der bisher geltenden Fassung gelten als erteilte eisenbahnrechtliche Baugenehmigungen und auf Grund von Typenplänen für eisenbahnsicherungstechnische Einrichtungen erteilten Genehmigungen gemäß § 36 Abs. 3 in der bisher geltenden Fassung gelten als erteilte Bauartgenehmigungen.

(10) Die vor Ablauf des Tages der Kundmachung des Bundesgesetzes BGBl. I Nr. 125/2006 für Schienenfahrzeuge erteilten Genehmigungen nach § 36 Abs. 3 in der bisher geltenden Fassung gelten als erteilte Bauartgenehmigungen.

(11) *(entfällt, BGBl I 2015/137)*

(12) *(entfällt, BGBl I 2020/143)*

(13) *(entfällt, BGBl I 2015/137)*

(14) Die mit Ablauf des Tages der Kundmachung des Bundesgesetzes BGBl. I Nr. 125/2006 anhängigen Verwaltungsverfahren sind nach den bisherigen Bestimmungen weiterzuführen. Dies gilt nicht für folgende, zu diesem Zeitpunkt anhängige Verwaltungsverfahren:

1. Verwaltungsverfahren für Schienenfahrzeuge zur Erteilung der Genehmigung auf Grund von Typenplänen oder im Einzelfall nach § 36 Abs. 3 in der bisher geltenden Fassung;

2. Verwaltungsverfahren zur Erteilung der Genehmigung nach § 36 Abs. 3 in der bisher geltenden Fassung für eisenbahntechnische Einrichtungen auf Grund von Typenplänen oder im Einzelfall, soweit es sich nicht um eisenbahnsicherungstechnische Einrichtungen handelt; falls es sich nicht um eisenbahnsicherungstechnische Einrichtungen handelt, sind diese Verwaltungsverfahren bescheidmäßig einzustellen;

3. Verwaltungsverfahren zur Erteilung der Genehmigung für nicht-öffentliche Eisenbahnen nach §§ 51 und 52 jeweils in der bisher geltenden Fassung.

(15) Die mit Ablauf des Tages der Kundmachung des Bundesgesetzes BGBl. I Nr. 125/2006 anhängigen Verwaltungsverfahren sind abweichend von Abs. 14 nach den durch das Bundesgesetz BGBl. I Nr. 125/2006 geschaffenen Bestimmungen durchzuführen, wenn dies von dem Einbringer des verfahrenseinleitenden Antrages beantragt wird.

(16) Ist mit Ablauf des Tages der Kundmachung des Bundesgesetzes BGBl. I Nr. 125/2006 für ein Bauvorhaben bereits die eisenbahnrechtliche Baugenehmigung gemäß § 36 Abs. 1 in der bisher geltenden Fassung erteilt worden, und wären nach der bisher geltenden Rechtslage noch Genehmigungen gemäß § 36 Abs. 2, gemäß § 36 Abs. 2 und 3, oder gemäß § 36 Abs. 3, alle in der bisher geltenden Fassung, erforderlich, so ist für die von der bereits bestehenden eisenbahnrechtlichen Baugenehmigung für ein solches Bauvorhaben nicht oder nicht vollständig erfassten Eisenbahnanlagen oder eisenbahnsicherungstechnischen Einrichtungen eine eisenbahnrechtliche Baugenehmigung gemäß § 31 erforderlich.

(17) *(entfällt, BGBl I 2020/143)*

(18) § 36 Abs. 1 ist auch auf solche vor Ablauf des Tages der Kundmachung des Bundesgesetzes BGBl. I Nr. 125/2006 durchgeführten Bauten, Veränderungen und Abtragungen anzuwenden, für die zum Zeitpunkt ihrer Durchführung entgegen den Bestimmungen dieses Bundesgesetzes keine eisenbahnrechtliche Baugenehmigung erteilt worden ist, auch wenn sie nicht unter der Leitung einer im Verzeichnis gemäß § 40 geführten Person ausgeführt worden sind.

(19) Die mit Ablauf des Tages der Kundmachung des Bundesgesetzes BGBl. I Nr. 125/2006 von der Behörde gemäß § 43 Abs. 7 in der bisher geltenden Fassung festgelegten Benützungsbewilligungen oder Bedingungen gelten als vom Eisenbahnunternehmen vorgeschriebene Bedingungen.

(20) *(entfällt, BGBl I 2015/137)*

(21) *(entfällt, BGBl I 2011/124)*

(BGBl I 2006/125; BGBl I 2020/143)

Übergangsbestimmungen zur Novelle BGBl. I Nr. 25/2010

„§ 241." (1) Bedienstete eines Eisenbahnunternehmens mit Sitz in einem anderen Mitgliedstaat der Europäischen Union oder mit Sitz in einer Vertragspartei des Abkommens über den Europäischen Wirtschaftsraum, die für die selbständige Führung und Bedienung von Triebfahrzeugen auf österreichischen Eisenbahnen, die zum transeuropäischen Hochgeschwindigkeitsbahnsystem oder zum transeuropäischen konventionellen Eisenbahnsystem gehören, im grenzüberschreitenden Verkehr, im Kabotageverkehr oder im Güterverkehr eingesetzt werden, bedürfen mit Ablauf des 31. Oktober 2011 einer Fahrerlaubnis und einer Bescheinigung im Sinne der Richtlinie 2007/59/EG. Ist jedoch deren ausländische Fahrberechtigung zum selbständigen Führen und Bedienen von Triebfahrzeugen auf zum transeuropäischen Hochgeschwindigkeitsbahnsystem oder zum konventionellen transeuropäischen Eisenbahnsystem gehörenden Eisenbahnen anderer Mitgliedstaaten der Europäischen Union oder anderer Vertragsparteien des Abkommens über den Europäischen Wirtschaftsraum gemäß der Triebfahrzeugführer-Verordnung, BGBl. II Nr. 64/1999, anerkannt, dürfen sie bis zum Ablauf des 31. Oktober 2018 auf den im ersten Satz angeführten österreichischen Eisenbahnen, die in einem vor dem 31. Oktober 2011 ausgestellten Ergänzungszeugnis ausgewiesen sind, für Zwecke der im ersten Satz angeführten Verkehre solche Triebfahrzeuge selbständig führen und bedienen, die im Anerkennungsbescheid oder in einem vor dem 31. Oktober 2011 ausgestellten Ergänzungszeugnis ausgewiesen sind.

(1a) Für Bedienstete eines Eisenbahnunternehmens mit Sitz in Österreich, die für die selbständige Führung und Bedienung von Triebfahrzeugen auf Eisenbahnen in einem anderen Mitgliedstaat der Europäischen Union oder in einer anderen Vertragspartei des Abkommens über den Europäischen Wirtschaftsraum im grenzüberschreitenden Verkehr, im Kabotageverkehr oder im Güterverkehr eingesetzt werden, und die aufgrund der Übergangsregelung im Abs. 1 über keine Fahrerlaubnis und keine Bescheinigung verfügen müssen, gelten die §§ 139 und 146 Abs. 4. *(BGBl I 2015/137)*

(2) Soweit nicht Abs. 1 anzuwenden ist, sind mit Ablauf des 31. Oktober 2013 für das selbständige Führen und Bedienen von Triebfahrzeugen auf österreichischen Eisenbahnen, die zum transeuropäischen Hochgeschwindigkeitsbahnsystem oder zum transeuropäischen konventionellen Eisenbahnsystem gehören, eine Fahrerlaubnis und eine Bescheinigung notwendig. Wer jedoch bis zum Ablauf des 31. Oktober 2013

1. die Befugnis zur selbständigen Führung und Bedienung von Triebfahrzeugen auf Haupt- oder vernetzten Nebenbahnen gemäß der Triebfahrzeugführer-Verordnung, BGBl. II Nr. 64/1999, erworben hat, oder

2. über eine gemäß der Triebfahrzeugführer-Verordnung, BGBl. II Nr. 64/1999, anerkannte ausländische Fahrberechtigung zum selbständigen Führen und Bedienen von Triebfahrzeugen auf zum transeuropäischen Hochgeschwindigkeitsbahnsystem oder zum konventionellen transeuropäischen Eisenbahnsystem gehörenden Eisenbahnen anderer Mitgliedstaaten der Europäischen Union oder anderer Vertragsparteien des Abkommens über den Europäischen Wirtschaftsraum verfügt,

darf bis zum Ablauf des 31. Oktober 2018 solche Triebfahrzeuge, die in dem Anerkennungsbescheid oder in einem vor dem 31. Oktober 2013 ausgestellten Ergänzungszeugnis ausgewiesen sind, auf denjenigen österreichischen Eisenbahnen, die zum transeuropäischen Hochgeschwindigkeitsbahnsystem oder zum transeuropäischen konventionellen Eisenbahnsystem gehören und die in einem vor dem 31. Oktober 2013 ausgestellten Prüf- oder Ergänzungszeugnis ausgewiesen sind, selbständig führen und bedienen.

(2a) Die Schieneninfrastruktur-Dienstleistungsgesellschaft mbH hat Bedienstete eines Eisenbahnunternehmens, die Triebfahrzeuge auf im § 125 angeführten Eisenbahnen selbständig führen und bedienen, und die aufgrund der Übergangsregelung im Abs. 2 über keine Fahrerlaubnis und keine Bescheinigung verfügen müssen, schrittweise Überprüfungen zu unterziehen, die mit den im § 139 vorgesehenen Überprüfungen vergleichbar sind. Solche Bedienstete sind der Schieneninfrastruktur-Dienstleistungsgesellschaft mbH von den Eisenbahnunternehmen, denen sie angehören, innerhalb einer angemessenen Zeit bekanntzugeben. *(BGBl I 2015/137)*

(2b) Für Bedienstete eines Eisenbahnunternehmens, die Triebfahrzeuge auf im § 125 angeführten Eisenbahnen selbständig führen und bedienen, und die aufgrund der Übergangsregelung im Abs. 2 über keine Fahrerlaubnis und keine Bescheinigung verfügen müssen, hat das Eisenbahnunternehmen schrittweise die Durchführung von Überprüfungen einzuführen, die mit den im § 146 Abs. 4 vorgesehenen Überprüfungen vergleichbar sind. *(BGBl I 2015/137)*

(3) Wird ein Antrag auf Ausstellung einer Fahrerlaubnis von Personen eingebracht,

1. die die Befugnis zur selbständigen Führung und Bedienung von Triebfahrzeugen auf österreichischen Eisenbahnen, die zum transeuropäischen Hochgeschwindigkeitsbahnsystem oder zum transeuropäischen konventionellen Eisenbahnsystem gehören, gemäß der Triebfahrzeugführer-Verordnung, BGBl. II Nr. 64/1999, erworben haben, oder

2. deren ausländische Fahrberechtigung zum selbständigen Führen und Bedienen von Triebfahrzeugen auf zum transeuropäischen Hochgeschwindigkeitsbahnsystem oder zum transeuropäischen konventionellen Eisenbahnsystem gehörenden Eisenbahnen anderer Mitgliedstaaten der Europäischen Union oder anderer Vertragsparteien des Abkommens über den Europäischen Wirtschaftsraum gemäß der Triebfahrzeugführer-Verordnung, BGBl. II Nr. 64/1999, anerkannt ist,

ist eine Ermittlung dahingehend, ob die im § 129 angeführten Voraussetzungen vorliegen, nicht notwendig. Abweichend von § 131 sind den durch solche Personen eingebrachten Anträgen auf Ausstellung einer Fahrbescheinigung lediglich eine Kopie der Befugnis (Z 1) oder eine Kopie des Anerkennungsbescheides (Z 2) beizugeben.

(4) Eisenbahnunternehmen können für ihre Bediensteten, die die Befugnis zur selbständigen Führung und Bedienung von Triebfahrzeugen auf österreichischen Eisenbahnen, die zum transeuropäischen Hochgeschwindigkeitsbahnsystem oder zum transeuropäischen konventionellen Eisenbahnsystem gehören, gemäß der Triebfahrzeugführer-Verordnung, BGBl. II Nr. 64/1999, erworben haben und die Inhaber einer Fahrerlaubnis sind, ohne weitere Prüfung, ob die im § 142 angeführten Voraussetzungen vorliegen, in einer auszustellenden Bescheinigung

1. jene österreichischen Eisenbahnen ausweisen, die zum transeuropäischen Hochgeschwindigkeitsbahnsystem oder zum transeuropäischen konventionellen Eisenbahnsystem gehören und die im Prüfzeugnis und einem allfälligen Ergänzungszeugnis angeführt sind und

2. jene Klasse von Triebfahrzeugen ausweisen, die im Prüfzeugnis und einem allfälligen Ergänzungszeugnis angeführt ist.

(5) Eisenbahnunternehmen können für ihre Bediensteten, deren ausländische Fahrberechtigung zum selbständigen Führen und Bedienen von Triebfahrzeugen auf den zum transeuropäischen Hochgeschwindigkeitsbahnsystem oder zum konventionellen transeuropäischen Eisenbahnsystem gehörenden Eisenbahnen anderer Mitgliedstaaten der Europäischen Union oder anderer Vertragsparteien des Abkommens über den Europäischen Wirtschaftsraum gemäß der Triebfahrzeugführer-Verordnung, BGBl. II Nr. 64/1999, anerkannt ist und die Inhaber einer Fahrerlaubnis sind, ohne weitere Prüfung, ob die im § 142 angeführten Voraussetzungen vorliegen, in einer auszustellenden Bescheinigung

1. jene österreichischen Eisenbahnen ausweisen, die zum transeuropäischen Hochgeschwindigkeitsbahnsystem oder zum transeuropäischen konventionellen Eisenbahnsystem gehören und die in einem Ergänzungszeugnis angeführt sind und

2. jene Klasse von Triebfahrzeugen ausweisen, die im Bescheid, mit dem die vorangeführte ausländische Fahrberechtigung anerkannt wurde, oder die in einem allfälligen Ergänzungszeugnis angeführt ist.

(6) Für Bedienstete von Eisenbahnunternehmen mit Sitz in anderen Mitgliedstaat der Europäischen Union oder mit Sitz in einer anderen Vertragspartei des Abkommens über den Europäischen Wirtschaftsraum, die über ein Prüfzeugnis oder Ergänzungszeugnis gemäß der Triebfahrzeugführer-Verordnung, BGBl. II Nr. 64/1999, verfügen, gelten die schienenbahnbezogenen Kenntnisse für die in diesen Zeugnissen ausgewiesenen österreichischen Eisenbahnen, die zum transeuropäischen Hochgeschwindigkeitsbahnsystem oder zum transeuropäischen konventionellen Eisenbahnsystem gehören, als gegeben.

(7) Gemäß der Triebfahrzeugführer-Verordnung, BGBl. II Nr. 64/1999, bestellte Prüfungskommissäre, die zur Prüfung der fachlichen Kenntnisse von Triebfahrzeugführern für eine Befugnis zur selbständigen Führung und Bedienung von Triebfahrzeugen auf Eisenbahnen bestellt sind, die zum transeuropäischen Hochgeschwindigkeitsbahnsystem oder zum transeuropäischen konventionellen Eisenbahnsystem gehören, gelten im Umfang und bis zum Ablauf ihrer Bestellung als gemäß § 148 bestellte sachverständige Prüfer. Personen und Stellen, die als Ärzte oder Psychologen mit der Begutachtung des Vorhandenseins der physischen bzw. psychischen Eignung von Personen als Triebfahrzeugführer im Sinne der Triebfahrzeugführer-Verordnung, BGBl. II Nr. 64/1999, betraut wurden und wiederholt tätig waren, dürfen auch mit Begutachtungen gemäß § 150 Abs. 3 betraut werden.

(8) und (9) *(entfallen, BGBl I 2013/96)*

(BGBl I 2010/25; BGBl I 2020/143)

Übergangsbestimmung zur Novelle BGBl. I Nr. 96/2013

§ 242. Bis zur Neuerlassung einer Verordnung ist die Verordnung der Bundesministerin für Verkehr, Innovation und Technologie über die Sitzungsgelder der Schienen-Control Kommission, BGBl. II Nr. 108/2012, für die Teilnahme von Mitgliedern an Sitzungen der neu eingerichteten Schienen-Control Kommission anzuwenden.

(BGBl I 2020/143)

Übergangsbestimmungen zur Novelle BGBl. I Nr. 143/2020

§ 243. (1) Bis zur Betriebsbereitschaft des europäischen Fahrzeugeinstellungsregisters gelten weiterhin die §§ 108 und 109 sowie 112 bis 116 in der Fassung vor Inkrafttreten des Bundesgesetzes BGBl. I Nr. 143/2020.

(2) Die Schieneninfrastruktur-Dienstleistungsgesellschaft mbH hat die Daten eingetragener Schienenfahrzeuge im Einstellungsregister bis spätestens 16. Juni 2021 in das europäische Fahrzeugeinstellungsregister zu migrieren.

(3) Bis zur Betriebsbereitschaft des europäischen Fahrzeugeinstellungsregisters gilt § 207 mit der Maßgabe, dass ein Schienenfahrzeug nur dann auf einer Eisenbahn betrieben werden darf, wenn ihm eine für die Instandhaltung zuständige Stelle, die für dessen Instandhaltung zuständig

ist, zugewiesen ist, und diese für die Instandhaltung zuständige Stelle im Einstellungsregister für dieses Schienenfahrzeug registriert ist.

(4) Bis zur Betriebsbereitschaft des europäischen Fahrzeugeinstellungsregisters ist § 112 Z 1 mit der Maßgabe anzuwenden, dass sich das Eisenbahnverkehrsunternehmen zu vergewissern hat, dass das Schienenfahrzeug im Einstellungsregister registriert ist.

(5) Bereits vor Inkrafttreten des Bundesgesetzes BGBl. I Nr. 143/2020 benannte akkreditierte Konformitätsbewertungsstellen mit Sitz in Österreich, die bereits bisher im Rahmen des fachlichen Umfanges ihrer Akkreditierung Prüfverfahren nach nationalen Vorschriften durchgeführt haben, gelten bis zum Ablauf des 31. Dezember 2021 als bestimmte Stellen im Sinne des § 183.

(6) Wer bis vor Ablauf des Tages vor dem Inkrafttreten des § 125 Abs. 1 in der Fassung des Bundesgesetzes BGBl. I Nr. 143/2020 ein Prüfzeugnis oder ein Ergänzungszeugnis gemäß der Triebfahrzeugführer-Verordnung, BGBl. II Nr. 64/1999, ausgestellt bekommen hat, darf auch ohne Fahrerlaubnis und Bescheinigung bis zum Ablauf des 31. Oktober 2030 solche Triebfahrzeuge, die im Prüf- oder Ergänzungszeugnis ausgewiesen sind, auf solchen nicht zum transeuropäischen Hochgeschwindigkeitsbahnsystem oder zum konventionellen transeuropäischen Eisenbahnsystem gehörenden Haupt- oder vernetzten Nebenbahnen, die im Prüf- oder Ergänzungszeugnis ausgewiesen sind, selbständig führen und bedienen.

(7) Wer zum Zeitpunkt des Außerkrafttretens des § 126 Abs. 3 in der vor der Kundmachung des Bundesgesetzes BGBl. I Nr. 143/2020 geltenden Fassung auf Grundlage dieser Bestimmung Schienenfahrzeuge auf vernetzten Nebenbahnen selbständig geführt und bedient hat, darf weiterhin bis zum Ablauf des 31. Oktober 2030 Schienenfahrzeuge auf solchen vernetzten Nebenbahnen selbständig führen und bedienen.

(8) Eisenbahnunternehmen können für ihre Bediensteten, die die Befugnis zur selbständigen Führung und Bedienung von Triebfahrzeugen auf Haupt- und vernetzten Nebenbahnen, die nicht zum transeuropäischen Hochgeschwindigkeitsbahnsystem oder zum transeuropäischen konventionellen Eisenbahnsystem gehören, gemäß der Triebfahrzeugführer-Verordnung, BGBl. II Nr. 64/1999, erworben haben und die Inhaber einer Fahrerlaubnis sind, ohne weitere Prüfung, ob die im § 142 angeführten Voraussetzungen vorliegen, in einer auszustellenden Bescheinigung

1. jene Haupt- und vernetzten Nebenbahnen ausweisen, die nicht zum transeuropäischen Hochgeschwindigkeitsbahnsystem oder zum transeuropäischen konventionellen Eisenbahnsystem gehören und die im Prüfzeugnis und einem allfälligen Ergänzungszeugnis angeführt sind und

2. jene Klasse von Triebfahrzeugen ausweisen, die im Prüfzeugnis und einem allfälligen Ergänzungszeugnis angeführt ist.

(9) Bis zum Ablauf des 31. Oktober 2020 an Eisenbahnverkehrsunternehmen mit Sitz in Österreich ausgestellte Sicherheitsbescheinigungen – Teil A und Sicherheitsbescheinigungen Teil B sind bis zu ihrem Ablauf einheitlichen Sicherheitsbescheinigungen gleichzuhalten. Bis zum Ablauf des 31. Oktober 2020 an andere Eisenbahnverkehrsunternehmen ausgestellte Sicherheitsbescheinigungen – Teil B sind bis zu ihrem Ablauf einheitlichen Sicherheitsbescheinigungen gleichzuhalten.

(10) Die mit dem Tag des Ablaufes der Kundmachung des Bundesgesetzes BGBl. I Nr. 143/2020 anhängigen Verwaltungsverfahren sind nach den bisherigen Bestimmungen weiterzuführen.

(BGBl I 2020/143)

Vollziehung

„**§ 244.**" Mit der Vollziehung dieses Bundesgesetzes ist

1. hinsichtlich des § 70a Abs. 6 der Bundesminister für Finanzen,

2. hinsichtlich des § 82 Abs. 1 vierter Satz die Bundesregierung,

„3." hinsichtlich der §§ 13 Abs. 7, 40b, 48 Abs. 4, 76 Abs. 3, 80 Abs. 2 und 85 der Bundesminister für Verkehr, Innovation und Technologie im Einvernehmen mit dem Bundesminister für Finanzen, und *(BGBl I 2019/60)*

„4." hinsichtlich der übrigen Bestimmungen der Bundesminister für Verkehr, Innovation und Technologie *(BGBl I 2019/60)*
betraut.

(BGBl I 2015/137; BGBl I 2020/143)

Inkrafttreten, Außerkrafttreten

„**§ 245.**"** (1) § 10a, § 14 Abs. 6 erster Satz, § 17 Abs. 2, § 22 Abs. 1 letzter Satz, § 28, § 30 lit. b, § 52 Abs. 1, die §§ 54 bis 75 samt Überschriften, die §§ 77 bis 85 samt Überschriften, § 88, § 91 Abs. 7 und 8, § 93 Abs. 4 und § 96 samt Überschrift in der Fassung des Bundesgesetzes BGBl. I Nr. 166/1999 sowie die Änderung der Bezeichnung der §§ 54 bis 61 treten mit 1. Jänner 2000 in Kraft.

(2) Die §§ 24 bis 24g treten mit Ablauf des 31. Dezember 1999 außer Kraft.

(3) § 12 Abs. 1 bis 3, § 13 Abs. 1 bis 3, § 15 samt Überschrift, § 16, § 17 Abs. 1, § 19 Abs. 1, § 26 Abs. 5, § 37 Abs. 3, § 43 Abs. 7, § 48, § 49

12/1. EisbG
§ 245

Abs. 1 und 2, § 51 Abs. 1, § 52 Abs. 1, § 81 Abs. 2 und § 93 Abs. 5 in der Fassung des Bundesgesetzes BGBl. I Nr. 151/2001 treten drei Monate nach dem der Kundmachung des Bundesgesetzes BGBl. I Nr. 151/2001 folgenden Monatsersten in Kraft. Gleichzeitig treten § 26 Abs. 2 und § 33 vierter und fünfter Satz außer Kraft. § 31 Abs. 1 bis 4 tritt mit Ablauf des 31. Dezember 2001 außer Kraft. § 86 Abs. 1 bis 3 und 6 Z 3, § 87 und § 88 Abs. 1 bis 3 in der Fassung des Bundesgesetzes BGBl. I Nr. 151/2001 treten mit 1. Jänner 2002 in Kraft.

(4) § 26 Abs. 5, § 30 lit. b, Abschnitt IVb (§§ 86 bis 102), § 106, § 109 Abs. 8 und 9 sowie § 111 Abs. 6 in der Fassung des Bundesgesetzes BGBl. I Nr. 67/2002 sowie die Änderung der Bezeichnung der §§ 86 bis 96 treten einen Monat nach der Kundmachung des Bundesgesetzes BGBl. I Nr. 67/ 2002 folgenden Monatsersten in Kraft.

(5) Der 5. Teil (§§ 53a bis 53f samt Überschriften), der 6. Teil (§§ 54 bis 75 samt Überschriften), § 77 Abs. 1, § 81 Abs. 2 und das zweite sowie das dritte Hauptstück des 8. Teiles (§§ 103 bis 123 samt Überschriften), § 125, § 126, § 127 und § 130 Abs. 10 in der Fassung des Bundesgesetzes BGBl. I Nr. 38/2004 treten einen Monat nach dem der Kundmachung des Bundesgesetzes BGBl. I Nr. 38/2004 folgenden Monatsersten in Kraft. Mit dem In-Kraft-Treten des § 14 Abs. 1 bis 2 sowie 5 und 5a in der Fassung des Bundesgesetzes BGBl. I Nr. 38/ 2004 tritt die Europakonzessionsverordnung, BGBl. II Nr. 330/1998, außer Kraft.

(6) § 19 Abs. 2a und § 52 Abs. 1 in der Fassung des Bundesgesetzes BGBl. I Nr. 123/2005 treten mit 1. Jänner 2006 in Kraft.

(7) Die §§ 123a bis 123c samt Überschriften in der Fassung des Bundesgesetzes BGBl. I Nr. 125/2006 treten mit 1. Juli 2007 in Kraft. Die §§ 28 und 29 in der Fassung des Bundesgesetzes BGBl. I Nr. 125/2006 treten mit 1. Juni 2008 in Kraft. *(BGBl I 2006/125)*

(8) Das 6. Hauptstück und das 7. Hauptstück des 9. Teiles in der Fassung des Bundesgesetzes BGBl. I Nr. 25/2010, treten mit 1. November 2011 in Kraft. *(BGBl I 2010/25)*

(9) § 169 in der Fassung des 2. Stabilitätsgesetzes 2012, BGBl. I Nr. /2012³⁾, tritt mit 1. Juli 2012 in Kraft. *(BGBl I 2012/35)*

(10) § 50 Abs. 1 und 4 sowie § 162 Abs. 4 und 6 in der Fassung des Bundesgesetzes BGBl. I Nr. 50/2012 treten mit 1. September 2012 in Kraft. *(BGBl I 2012/50)*

(11) § 162 Abs. 6 Z 3 in der Fassung des Bundesgesetzes BGBl. I Nr. 96/2013 tritt mit 1. Juli 2013 in Kraft. *(BGBl I 2013/96)*

(12) § 78 samt Überschrift, das zweite Hauptstück im 7. Teil (§§ 81 bis 85 samt Überschriften), § 114 Abs. 1, § 130 Abs. 3, § 176a samt Überschrift, und die Einträge zu §§ 78, 84, und 176a des Inhaltsverzeichnisses in der Fassung des Bundesgesetzes BGBl. I Nr. 96/2013, treten mit 1. Jänner 2014 in Kraft. Gleichzeitig treten § 12 Abs. 4 letzter Satz und § 130 Abs. 4 außer Kraft. *(BGBl I 2013/96)*

(13) §§ 12 Abs. 2 Z 11, soweit er die Zuständigkeit nach dem 9. Teil betrifft, 130, 136 Abs. 2, 137 Abs. 2, 138, 139 Abs. 1 bis 3, 140 Abs. 1 bis 3, § 146 Abs. 6, § 147 Abs. 2, § 156 Abs. 1 und 2, 157 Abs. 2, 158, 161b und 161e Abs. 1 und 2 in der Fassung des Bundesgesetzes BGBl. I Nr. 143/2020 und der Entfall des § 156 Abs. 3 treten vier Monate nach der Kundmachung des Bundesgesetzes BGBl. I Nr. 143/2020 folgenden Monatsersten in Kraft. § 40 Abs. 1 letzter Satz in der Fassung des Bundesgesetzes BGBl. I Nr. 143/2020 tritt sechs Monate nach der Kundmachung des Bundesgesetzes BGBl. I Nr. 143/2020 folgenden Monatsersten in Kraft. § 125 samt Überschrift in der Fassung des Bundesgesetzes BGBl. I Nr. 143/2020 tritt ein Jahr nach der Kundmachung des Bundesgesetzes BGBl. I Nr. 143/2020 folgenden Monatsersten in Kraft; gleichzeitig tritt § 126 Abs. 3 außer Kraft. Die Verordnung der Bundesministerin für Klimaschutz, Umwelt, Energie, Mobilität, Innovation und Technologie über die Benennung von Konformitätsbewertungsstellen und über die Pflichten von benannten Stellen im Eisenbahnbereich, BGBl. II Nr. 457/2020, tritt mit Ablauf des der Kundmachung des Bundesgesetzes BGBl. I Nr. 143/2020 folgenden Tag außer Kraft. *(BGBl I 2020/143)*

(*BGBl I 2010/25; **BGBl I 2020/143)

---

³⁾ *Wohl gemeint: 35/2012*

12/2. Eisenbahnkreuzungsverordnung 2012

BGBl II 2012/216

Verordnung der Bundesministerin für Verkehr, Innovation und Technologie über die Sicherung von Eisenbahnkreuzungen und das Verhalten bei der Annäherung an und beim Übersetzen von Eisenbahnkreuzungen (Eisenbahnkreuzungsverordnung 2012 - EisbKrV)

Inhaltsverzeichnis

Art / Paragraf	Gegenstand / Bezeichnung
	1. Abschnitt
	Allgemeines
§ 1.	Geltungsbereich
§ 2.	Begriffsbestimmungen
	2. Abschnitt
	Allgemeine Bestimmungen
§ 3.	Verpflichtung zur Sicherung
§ 4.	Arten der Sicherung
§ 5.	Entscheidung über die Art der Sicherung
§ 6.	Behandlung als eine Eisenbahnkreuzung
§ 7.	Unterschiedliche Arten der Sicherung für die beiden Verkehrsrichtungen der Straße und gegen beide Richtungen der Bahn
§ 8.	Sonderbestimmungen für Straßenbahnen und für andere Eisenbahnen, die in einer Längsrichtung der Straße verkehren
§ 9.	Überprüfungen
	3. Abschnitt
	Sicherungseinrichtungen, Zusatztafeln und Zusatzeinrichtungen
§ 10.	Sicherungseinrichtungen
§ 11.	Zusatztafeln
§ 12.	Zusatzeinrichtungen
§ 13.	Sonstige zusätzliche Einrichtungen
	4. Abschnitt
	Bedeutung, Beschaffenheit, Form und Abmessungen der Sicherungseinrichtungen und Zusatztafeln
	Andreaskreuze
§ 14.	Bedeutung
§ 15.	Beschaffenheit, Form und Abmessungen
	Vorschriftszeichen
§ 16.	Abmessungen
	Zusatztafeln
§ 17.	Bedeutung
§ 18.	Abmessungen
	Lichtzeichen
§ 19.	Beschaffenheit und Form
	Schranken
§ 20.	Ausführung der Schranken
§ 21.	Ausführung der Schrankenbäume
	5. Abschnitt
	Anbringung der Sicherungseinrichtungen
§ 22.	Andreaskreuze allgemein
§§ 23.–25.	Andreaskreuze, Vorschriftszeichen und Zusatztafel „auf Züge achten" bei der Sicherung durch Gewährleisten des erforderlichen Sichtraumes
§§ 26.–27.	Andreaskreuze, Vorschriftszeichen und Zusatztafel „auf Pfeifsignal achten" bei der Sicherung durch Abgabe akustischer Signale vom Schienenfahrzeug aus
§§ 28.–29.	Andreaskreuze und Lichtzeichen bei der Sicherung durch Lichtzeichen
§§ 30.–33.	Andreaskreuze, Lichtzeichen und Schrankenantriebe mit Schrankenbäumen bei der Sicherung durch Lichtzeichen mit Schranken
§ 34.	Schutzeinrichtungen bei Sicherungseinrichtungen
	6. Abschnitt
	Zulässigkeit der Sicherungsarten
§ 35.	Sicherung durch Gewährleisten des erforderlichen Sichtraumes
§ 36.	Sicherung durch Abgabe akustischer Signale vom Schienenfahrzeug aus
§ 37.	Sicherung durch Lichtzeichen
§ 38.	Sicherung durch Lichtzeichen mit Schranken
§ 39.	Sicherung durch Bewachung
	7. Abschnitt
	Anforderungen an die Sicherungsarten

12/2. EisbG
EisbKrV

	Sicherung durch Gewährleisten des erforderlichen Sichtraumes
§ 40.	Grundsatz
§§ 41.–43.	Sehpunkt, Sichtpunkt, Kreuzungspunkt
§ 44.	Ermittlung der Lage der Sehpunkte
§ 45.	Ermittlung der erforderlichen Annäherungszeit und der Lage der erforderlichen Sichtpunkte
§§ 46.–47.	Erforderlicher Sichtraum, vorhandener Sichtraum
§ 48.	Ermittlung des vorhandenen Sichtraumes
§ 49.	Freihalten des erforderlichen Sichtraumes
§§ 50.–51.	Sichtbehindernde Verhältnisse
§ 52.	Maßnahmen bei vorübergehender Einschränkung des erforderlichen Sichtraumes bei der Sicherung durch Gewährleisten des erforderlichen Sichtraumes
	Sicherung durch Abgabe akustischer Signale vom Schienenfahrzeug aus
§ 53.	Grundsatz
§ 54.	Ermittlung der Lage der Sehpunkte
§ 55.	Ermittlung der erforderlichen Annäherungszeit des Schienenfahrzeuges und der Lage der erforderlichen Sichtpunkte
§ 56.	Sichtraum
§ 57.	Freihalten des vorhandenen Sichtraumes
§§ 58.–60.	Standort und Bedeutung der Signale für den Eisenbahnbetrieb
§ 61.	Bestimmungen für geschobene Fahrten von Schienenfahrzeugen
	Sicherung durch Lichtzeichen
§ 62.	Dauer des Anhaltegebotes
§§ 63.–64.	Anschaltung der Lichtzeichen; erforderliche Annäherungszeit des Schienenfahrzeuges
§ 65.	Erforderliche Annäherungszeit des Schienenfahrzeuges bei fahrtbewirkter Einschaltung der Lichtzeichen und Fernüberwachung
§ 66.	Erforderliche Annäherungszeit des Schienenfahrzeuges bei fahrtbewirkter Einschaltung der Lichtzeichen und Triebfahrzeugführerüberwachung
	Sicherung durch Lichtzeichen mit Schranken
§ 67.	Dauer des Anhaltegebotes
§§ 68.–69.	Anschaltung der Lichtzeichen mit Schranken; erforderliche Annäherungszeit des Schienenfahrzeuges
§ 70.	Erforderliche Annäherungszeit des Schienenfahrzeuges bei fahrtbewirkter Anschaltung der Lichtzeichen mit Halbschranken und Fernüberwachung
§§ 71.–72.	Erforderliche Annäherungszeit des Schienenfahrzeuges bei fahrtbewirkter Anschaltung der Lichtzeichen mit Vollschranken mit gleichzeitigem Schließen der Schrankenbäume und bei Lichtzeichen mit vierteiligen Vollschranken mit versetztem Schließen der Schrankenbäume und Fernüberwachung
§ 73.	Erforderliche Annäherungszeit des Schienenfahrzeuges bei fahrtbewirkter Anschaltung der Lichtzeichen mit Schranken und Triebfahrzeugführerüberwachung
	Gemeinsame Bestimmungen für die Sicherung durch Lichtzeichen und Lichtzeichen mit Schranken
§ 74.	Technische Ausführung der Lichtzeichen und der Lichtzeichen mit Schranken
§ 75.	Erforderliche Länge der Einschaltstrecke bei fahrtbewirkter Anschaltung der Lichtzeichen und der Lichtzeichen mit Schranken
§ 76.	Abschaltung der Lichtzeichen und der Lichtzeichen mit Schranken
§ 77.	Ortsschalterbetrieb
§ 78.	Vorkehrungen bei Dienstruhe ohne planmäßigen Zugverkehr
§ 79.	Vorkehrungen bei ausnahmsweise höherer Geschwindigkeit auf der Bahn
§ 80.	Vorübergehende Außerbetriebnahme von Lichtzeichen, von Lichtzeichen mit Schranken und von Schranken
§ 81.	Vorübergehende Einschränkung des erforderlichen Sichtraumes im Zusammenhang mit der Errichtung von Lichtzeichen oder von Lichtzeichen mit Schranken
§ 82.	Zusammenwirken von Lichtzeichen oder von Lichtzeichen mit Schranken mit Lichtsignalen an Straßenkreuzungen
	Sicherung durch Bewachung
§ 83.	Bewachung und Regelung des Straßenverkehrs durch Armzeichen oder durch Armzeichen und Hilfseinrichtungen

12/2. EisbG
EisbKrV

§	
§ 84.	Bewachung und Regelung des Straßenverkehrs durch Lichtzeichen
§ 85.	Beginn und Dauer des Bewachungsvorganges
§ 86.	Ausrüstung der Bewachungsorgane

8. Abschnitt
Überwachung von Lichtzeichen und Lichtzeichen mit Schranken

§ 87.	Arten der Überwachung
§ 88.	Fernüberwachung
§ 89.	Triebfahrzeugführerüberwachung
§ 90.	Aufzeichnung über Funktionen von Lichtzeichen und Lichtzeichen mit Schranken

9. Abschnitt
Störungen, Fehler und Maßnahmen im Störungsfall

§§ 91.-92.	Störungen
§§ 93.-94.	Fehler
§ 95.	Maßnahmen im Störungsfall

10. Abschnitt
Verhaltensbestimmungen für Straßenbenützer bei der Annäherung und beim Übersetzen von Eisenbahnkreuzungen

§ 96.	Verbote
§ 97.	Allgemeine Gebote
§ 98.	Besondere Gebote bei Vorschriftszeichen „Geschwindigkeitsbeschränkung (Erlaubte Höchstgeschwindigkeit)" und bei Vorschriftszeichen „Halt"
§ 99.	Besondere Gebote bei Lichtzeichen, bei Lichtzeichen mit Schranken oder bei Schranken
§ 100.	Übersetzen von Eisenbahnkreuzungen mit Tieren
§ 101.	Verhalten bei Straßenbahnen und anderen Eisenbahnen, die in einer Längsrichtung der Straße verkehren

11. Abschnitt
Schlussbestimmungen

§ 102.-104.	Übergangsbestimmungen
§ 105.	Notifikationshinweis gemäß Artikel 12 der Richtlinie 98/34/EG
§ 106.	Inkrafttreten, Außerkrafttreten

Anlage 1: Ermittlung der Sperrstrecken d, d_1 und d_F
Anlage 2: Zusatztafel „auf Züge achten"
Anlage 3: Zusatztafel „auf Pfeifsignal achten"
Anlage 4: Rotierendes Warnsignal

Auf Grund des § 49 Abs. 1 und 3 des Eisenbahngesetzes 1957, BGBl. Nr. 60, zuletzt geändert durch das Bundesgesetz BGBl. I Nr. 124/2011, wird verordnet:

1. Abschnitt
Allgemeines

Geltungsbereich

§ 1. (1) Diese Verordnung gilt für jeden im Verlauf einer Straße mit öffentlichem Verkehr angelegten schienengleichen Eisenbahnübergang mit einer Haupt- oder Nebenbahn, einer Straßenbahn, einer Anschlussbahn oder einer Materialbahn im Sinne des Eisenbahngesetzes 1957 (EisbG), BGBl. Nr. 60, zuletzt geändert durch das Bundesgesetz BGBl. I Nr. 25/2010, unabhängig davon, ob hierbei die Eisenbahn die Straße überschneidet oder in sie einmündet.

(2) Diese Verordnung gilt nicht für nicht-öffentliche Eisenbahnübergänge, für Eisenbahnübergänge, die nur dem innerdienstlichen Verkehr dienen, und für schienengleiche Bahnsteigzugänge.

Begriffsbestimmungen

§ 2. Im Sinne dieser Verordnung gilt als

1. Eisenbahnkreuzung: schienengleicher Eisenbahnübergang gemäß § 1 Abs. 1;

2. Straße mit öffentlichem Verkehr: Straße gemäß § 1 Abs. 1 StVO 1960;

3. Gefahrenzeichen „Bahnübergang mit Schranken": das Straßenverkehrszeichen gemäß § 50 Z 6a Straßenverkehrsordnung 1960 (StVO), BGBl. Nr. 159 idF BGBl. I Nr. 93/2009;

4. Gefahrenzeichen „Bahnübergang ohne Schranken": das Straßenverkehrszeichen gemäß § 50 Z 6b StVO;

5. Vorschriftszeichen „Geschwindigkeitsbeschränkung (Erlaubte Höchstgeschwindigkeit)": das Straßenverkehrszeichen gemäß § 52 Z 10a StVO;

6. Vorschriftszeichen „Ende der Geschwindigkeitsbeschränkung": das Straßenverkehrszeichen gemäß § 52 Z 10b StVO;

7. Vorschriftszeichen „Halt": das Straßenverkehrszeichen gemäß § 52 Z 24 StVO;

8. Straße: eine für den Fußgänger- oder Fahrzeugverkehr bestimmte Landfläche samt der in ihrem Zuge befindlichen baulichen Anlagen gemäß § 2 Abs. 1 Z 1 StVO;

9. Fahrbahn: der für den Fahrzeugverkehr bestimmte Teil der Straße gemäß § 2 Abs. 1 Z 2 StVO;

10. Radweg: ein für den Verkehr mit Fahrrädern bestimmter und als solcher gekennzeichneter Weg gemäß § 2 Abs. 1 Z 8 StVO;

11. Gehsteig: ein für den Fußgängerverkehr bestimmter, von der Fahrbahn durch Randsteine, Bodenmarkierungen oder dergleichen abgegrenzter Teil der Straße gemäß § 2 Abs. 1 Z 10 StVO;

12. Gehweg: ein für den Fußgängerverkehr bestimmter und als solcher gekennzeichneter Weg gemäß § 2 Abs. 1 Z 11 StVO;

13. Geh- und Radweg: ein für den Fußgänger- und Fahrradverkehr bestimmter und als solcher gekennzeichneter Weg gemäß § 2 Abs. 1 Z 11a StVO;

14. Freilandstraße: Straße gemäß § 2 Abs. 1 Z 16 StVO;

15. Ortsgebiet: Straßennetz gemäß § 2 Abs. 1 Z 15 StVO;

16. Leitlinie: eine Längsmarkierung gemäß § 5 Bodenmarkierungsverordnung;

17. Sperrlinie: eine Längsmarkierung gemäß § 6 Bodenmarkierungsverordnung;

18. Sperrfläche: eine sonstige Markierung gemäß § 21 Bodenmarkierungsverordnung;

19. Haltelinie: eine Quermarkierung gemäß § 14 Bodenmarkierungsverordnung;

20. Ordnungslinie: eine Quermarkierung gemäß § 15 Bodenmarkierungsverordnung;

21. Rotierendes Warnsignal: dreiflügeliges Zeichen gemäß Anlage 4 mit einem Durchmesser von etwa 1 m, bestehend aus drei Stielen mit kreisförmigen Enden, die um 120° gegeneinander versetzt sind und sich gemeinsam um eine horizontale Achse drehen. Die Stiele sind weiß und die kreisförmigen Enden rot mit weißer Umrandung ausgebildet;

22. StVO 1960: Straßenverkehrsordnung 1960 (StVO), BGBl. Nr. 159 idF BGBl. I Nr. 93/2009;

23. StVZVO 1998: Verordnung des Bundesministers für Wissenschaft und Verkehr über Straßenverkehrszeichen (Straßenverkehrszeichenverordnung 1998-StVZVO 1998), BGBl II Nr. 238/1998;

24. Bodenmarkierungsverordnung: Bodenmarkierungsverordnung, BGBl. Nr. 848/1995 idF BGBl. II Nr. 370/2002;

25. Behörde: die gemäß § 12 EisbG zuständige Behörde.

2. Abschnitt

Allgemeine Bestimmungen

Verpflichtung zur Sicherung

§ 3. Das Eisenbahnunternehmen hat Eisenbahnkreuzungen nach Maßgabe dieser Verordnung unabhängig davon, in welchem Ausmaß das Eisenbahnunternehmen und der Träger der Straßenbaulast die hieraus erwachsenden Kosten zu tragen haben, zu sichern.

Arten der Sicherung

§ 4. (1) Die Sicherung einer Eisenbahnkreuzung kann vorgenommen werden durch

1. Gewährleisten des erforderlichen Sichtraumes;
2. Abgabe akustischer Signale vom Schienenfahrzeug aus;
3. Lichtzeichen;
4. Lichtzeichen mit Schranken oder
5. Bewachung.

(2) Lichtzeichen mit Schranken gemäß Abs. 1 Z 4 können als Lichtzeichen mit Halbschranken, als Lichtzeichen mit Vollschranken mit gleichzeitigem Schließen der Schrankenbäume oder als Lichtzeichen mit Vollschranken mit versetztem Schließen der Schrankenbäume ausgeführt werden.

(3) Bei Lichtzeichen mit Halbschranken wird nach dem Anhaltegebot durch Lichtzeichen vor dem Schrankenschließen jeweils die rechte Fahrbahnhälfte beziehungsweise jeweils die rechte Straßenhälfte vor der Eisenbahnkreuzung durch Schrankenbäume gesperrt. Bei Lichtzeichen mit Vollschranken mit gleichzeitigem Schließen der Schrankenbäume wird nach dem Anhaltegebot durch Lichtzeichen vor dem Schrankenschließen jeweils die gesamte Fahrbahn oder die gesamte Straße vor der Eisenbahnkreuzung durch Schrankenbäume gesperrt. Bei Lichtzeichen mit Vollschranken mit versetztem Schließen der Schrankenbäume wird nach dem Anhaltegebot durch Lichtzeichen vor dem Schrankenschließen vorerst jeweils die rechte Fahrbahnhälfte beziehungsweise jeweils die rechte Straßenhälfte vor der Eisenbahnkreuzung durch Schrankenbäume gesperrt und werden nach Ablauf einer Zwischenzeit die übrigen Schrankenbäume geschlossen.

(3)[1] Die Behörde kann im Einzelfall zur Erprobung innerhalb eines zu bestimmenden Zeitraumes eine dem Stand der Technik entsprechende, andere als die in Abs. 1 genannten Arten der Sicherung zulassen, wenn damit keine Änderung der Verhaltensbestimmungen für die Straßenbenützer bei der Annäherung und beim Übersetzen von Eisenbahnkreuzungen verbunden ist.

[1] Abs. 3 wurde irrtümlich zweimal vergeben.

Entscheidung über die Art der Sicherung

§ 5. (1) Über die zur Anwendung kommende Sicherung einer Eisenbahnkreuzung hat die Behörde im Einzelfall nach Maßgabe der Zulässigkeit der einzelnen Arten der Sicherung gemäß den §§ 35 bis 39 sowie nach Maßgabe der örtlichen Verhältnisse und Verkehrserfordernisse zu entscheiden. Hierbei ist insbesondere auf die Sicherheit und Ordnung des Eisenbahnbetriebes und Eisenbahnverkehrs einerseits und auf die Leichtigkeit, Flüssigkeit und Sicherheit des Verkehrs auf der Straße andererseits Bedacht zu nehmen. Bei der Entscheidung ist auf den festgestellten Zustand und auf die absehbare Entwicklung des Verkehrs auf der Bahn und auf der Straße abzustellen.

(2) Die für die Entscheidung gemäß Abs. 1 erforderlichen Grundlagen sind der Behörde vom jeweiligen Verkehrsträger zur Verfügung zu stellen.

Behandlung als eine Eisenbahnkreuzung

§ 6. (1) Ist der Abstand der Achsen der zueinander nächstgelegener Gleise zweier oder mehrerer Eisenbahnkreuzungen, die im Verlauf einer Straße hintereinander gelegen sind,

1. für den Fahrzeugverkehr kleiner als 27,5 m oder
2. für den Radfahrverkehr allein oder für den kombinierten Radfahr- und Fußgängerverkehr kleiner als 10,5 m oder
3. für den Fußgängerverkehr allein kleiner als 7,5 m,

sind diese Eisenbahnkreuzungen wie eine Eisenbahnkreuzung zu behandeln.

(2) Von den Bestimmungen des Abs. 1 kann abgesehen werden, wenn diese Eisenbahnkreuzung aus Hauptgleisen und Nebengleisen oder aus Hauptgleisen und Anschlussbahngleisen gebildet wird und für Fahrten von Schienenfahrzeugen auf den Nebengleisen oder auf den Anschlussbahngleisen eine Bewachung angeordnet wird und dagegen im Hinblick auf die Sicherheit des sich kreuzenden Verkehrs keine Bedenken bestehen.

Unterschiedliche Arten der Sicherung für die beiden Verkehrsrichtungen der Straße und gegen beide Richtungen der Bahn

§ 7. (1) Für die beiden Verkehrsrichtungen einer Straße und gegen beide Richtungen der Bahn kann jeweils eine unterschiedliche Sicherung gemäß § 4 Abs. 1 Z. 1 und 2 angeordnet werden, wenn dagegen aus Gründen der Sicherheit des sich kreuzenden Verkehrs keine Bedenken bestehen.

(2) Für die Anbringung von Vorschriftszeichen und Zusatztafeln für die jeweilige Verkehrsrichtung der Straße sind die auf der jeweiligen Verkehrsrichtung der Straße gegen beide Richtungen der Bahn ungünstigsten Sichtverhältnisse maßgebend.

Sonderbestimmungen für Straßenbahnen und für andere Eisenbahnen, die in einer Längsrichtung der Straße verkehren

§ 8. (1) Innerhalb von Ortsgebieten bedürfen Eisenbahnkreuzungen zwischen Straßen und straßenabhängigen Straßenbahnen und Eisenbahnkreuzungen zwischen Straßen und anderen Eisenbahnen, die in einer Längsrichtung der Straße verkehren und die sich mit ihren baulichen und betrieblichen Einrichtungen sowie in ihrer Betriebsweise der Eigenart des Straßenverkehrs anpassen, keiner Sicherung gemäß dieser Verordnung.

(2) Sofern es die örtlichen Verhältnisse erfordern, hat die Behörde jedoch diesen Verhältnissen entsprechende Maßnahmen zur Erhöhung der Sicherheit des sich kreuzenden Verkehrs anzuordnen.

Überprüfungen

§ 9. (1) Das Eisenbahnunternehmen hat jede Eisenbahnkreuzung zumindest einmal jährlich auf den bescheidgemäßen Zustand zu überprüfen. Bei dieser Überprüfung ist auch festzustellen, ob der Zustand der Fahrbahnkonstruktion im Gleisbereich ein rasches und ungefährdetes Verlassen des Gefahrenraumes durch die Straßenbenützer ermöglicht. Bei dieser Überprüfung außerhalb dieses Bereiches festgestellte augenscheinliche Mängel sind dem Träger der Straßenbaulast beziehungsweise dem Straßenerhalter zu melden.

(2) Bei der Sicherung durch Gewährleisten des erforderlichen Sichtraumes ist die Überprüfung quadrantenweise vorzunehmen. Das Vorhandensein des der Entscheidung der Behörde über die Festlegung der Sicherung im Einzelfall gemäß § 49 Abs. 2 EisbG zugrunde gelegten erforderlichen Sichtraumes ist festzustellen. Ist anlässlich der jährlichen Überprüfung eine vorübergehende Einschränkung der erforderlichen Sichträume zu erwarten, sind die Sichträume erforderlichenfalls in kürzeren Abständen zu überprüfen. Gegebenenfalls sind zur Verhinderung der vorübergehenden Einschränkung der vorhandenen Sichträume zeitgerecht geeignete Maßnahmen zu setzen.

(3) Bei der Sicherung durch Abgabe akustischer Signale vom Schienenfahrzeug aus ist die Überprüfung quadrantenweise vorzunehmen. Das Vorhandensein der der Entscheidung der Behörde über die Festlegung der Sicherung im Einzelfall gemäß § 49 Abs. 2 EisbG zugrunde gelegten vorhandenen Sichtraumes ist festzustellen. Darüber hinaus ist zu prüfen, ob Veränderungen in den örtlichen Verhältnissen eingetreten sind, die die Hörbarkeit der akustischen Signale beeinträchtigen.

(4) Unabhängig von der Überprüfung gemäß Abs. 1 ist vom Eisenbahnunternehmen für jede Eisenbahnkreuzung festzustellen, ob an dieser

Eisenbahnkreuzung drei oder mehr Zusammenpralle innerhalb der letzten fünf Jahre oder ein oder mehrere Zusammenpralle mit Todesfolge innerhalb der letzten zwei Jahre erfolgt sind. Zutreffendenfalls ist dies vom Eisenbahnunternehmen der Behörde bekannt zu geben.

(5) Bei der Überprüfung gemäß Abs. 1 beziehungsweise bei der Feststellung gemäß Abs. 4 hat sich das Eisenbahnunternehmen entsprechend fachlich qualifizierter Personen oder Einrichtungen zu bedienen.

3. Abschnitt
Sicherungseinrichtungen, Zusatztafeln und Zusatzeinrichtungen

Sicherungseinrichtungen

§ 10. (1) Sicherungseinrichtungen sind:

a) Andreaskreuze;

b) Lichtzeichen;

c) Schranken;

d) Vorschriftszeichen „Geschwindigkeitsbeschränkung (erlaubte Höchstgeschwindigkeit)";

e) Vorschriftszeichen „Ende der Geschwindigkeitsbeschränkung";

f) Vorschriftszeichen „Halt".

(2) Sicherungseinrichtungen gemäß Abs. 1 sind Bestandteil der Sicherung der Eisenbahnkreuzung.

Zusatztafeln

§ 11. Ergänzend zu den Sicherungseinrichtungen gemäß § 10 sind in den in dieser Verordnung bestimmten Fällen folgende Zusatztafeln anzubringen:

a) Zusatztafel „Richtungspfeil";

b) Zusatztafel „auf Züge achten";

c) Zusatztafel „auf Pfeifsignal achten".

Zusatzeinrichtungen

§ 12. (1) Soll zur Erhöhung der Sicherheit des sich kreuzenden Verkehrs eine zusätzliche Hinderniswirkung oder eine Erhöhung der Aufmerksamkeit der Straßenbenützer bewirkt werden oder ist die Sicherung einer Eisenbahnkreuzung barrierefrei auszugestalten, hat die Behörde die Anbringung von elektrischen oder elektronischen Läutewerken, Drehkreuzen, Toren, Umlaufsperren an Eisenbahnkreuzungen mit Gehwegen oder Gehund Radwegen, Hängegittern oder die erforderlichen zusätzlichen Einrichtungen für die barrierefreie Ausgestaltung der Sicherung einer Eisenbahnkreuzung anzuordnen. Diese sind vom Eisenbahnunternehmen anzubringen. Die akustischen Zeichen der elektrischen oder elektronischen Läutewerke sind bei Lichtzeichen vom Beginn des Anhaltegebotes bis zur Ausschaltung der Lichtzeichen zu geben. Bei Lichtzeichen mit Schranken sind diese vom Beginn des Anhaltegebotes bis zum Erreichen der geschlossenen Endlage der Schrankenbäume zu geben.

(2) Mit den zusätzlichen Einrichtungen für die barrierefreie Ausgestaltung der Sicherung einer Eisenbahnkreuzung ist den Betroffenen eine Information zu geben, ob ein gefahrloses Übersetzen der Eisenbahnkreuzung möglich ist. Zusätzlich ist den Betroffenen jedenfalls auch eine Information zu geben, wenn die technischen Bestandteile der Sicherungseinrichtungen beziehungsweise die zusätzlichen Einrichtungen nicht ordnungsgemäß funktionieren. Bei den zusätzlichen Einrichtungen ist für die Betroffenen in geeigneter Weise auch ein Hinweis anzubringen, bei welcher Stelle die Wiederherstellung der ordnungsgemäßen Funktion der zusätzlichen Einrichtungen veranlasst werden kann.

(3) Die Behörde kann im Einzelfall zur Erprobung innerhalb eines zu bestimmenden Zeitraumes dem Stand der Technik entsprechende, andere als die in Abs. 1 genannten Zusatzeinrichtungen zulassen, wenn zu erwarten ist, dass damit die Sicherheit des sich kreuzenden Verkehrs verbessert werden kann.

(4) Zusatzeinrichtungen und zusätzliche Einrichtungen für die barrierefreie Ausgestaltung der Sicherung einer Eisenbahnkreuzung sind Bestandteil der Sicherung, jedoch keine Sicherungseinrichtungen im Sinne des § 10 dieser Verordnung.

Sonstige zusätzliche Einrichtungen

§ 13. (1) Das Eisenbahnunternehmen hat dem Träger der Straßenbaulast die Anbringung sonstiger zusätzlicher Einrichtungen, wie beispielsweise Fahrbahnlichter oder Wechselverkehrszeichen, zu ermöglichen, wenn dies vom Träger der Straßenbaulast für die Erhöhung der Aufmerksamkeit der Straßenbenützer für erforderlich erachtet wird. Derartige sonstige zusätzliche Einrichtungen dürfen straßenrechtlichen Vorschriften und den Bestimmungen über den Bauverbots- und Gefährdungsbereich der Bahn nicht widersprechen.

(2) Sonstige zusätzliche Einrichtungen sind weder Bestandteil der Sicherung noch Sicherungseinrichtungen gemäß § 10 oder Zusatzeinrichtungen gemäß § 12 dieser Verordnung.

4. Abschnitt
Bedeutung, Beschaffenheit, Form und Abmessungen der Sicherungseinrichtungen und Zusatztafeln

Andreaskreuze

Bedeutung

§ 14. Andreaskreuze zeigen Eisenbahnkreuzungen an.

Beschaffenheit, Form und Abmessungen

§ 15. (1) Andreaskreuze sind aus form- und witterungsbeständigem Material herzustellen. Auf diesen sind die Reflexstoffe (Folien) anzubringen. Die Rückseite muss blendfrei sein.

(2) Andreaskreuze können als einfache oder als doppelte Andreaskreuze ausgeführt sein. Einfache Andreaskreuze sind nach den nachstehend angeführten Maßangaben herzustellen, wobei Abweichungen von bis zu ± 3 % zulässig sind:

	Format I	Format II	Format III
Länge der Balken (einschließlich der Spitzen)	1100 mm	970 mm	1050 mm
Breite der Balken	140 mm	120 mm	150 mm
Kreuzungswinkel der Balken	60°	60°	60°
Winkel der Spitzen der Balken	90°	90°	90°
Länge der weißen Balken	880 mm	770 mm	880 mm
Breite der weißen Balken	60 mm	50 mm	60 mm

(3) Doppelte Andreaskreuze der Formate I und II sind durch zwei einfache Andreaskreuze der Formate I und II in jeweils liegender und hochgestellter Form übereinander und in sich verschoben so darzustellen, dass der lichte Abstand der jeweils parallel liegenden Balken
1. beim Format I 100 mm,
2. beim Format II 90 mm und
3. beim Format III 85 mm

beträgt. Die weißen Balken müssen durchgehend dargestellt sein.

(4) Für Andreaskreuze auf Tafeln (Format III) sind bei Darstellung von
1. einfachen Andreaskreuzen in liegender oder stehender Form weiße Tafeln mit den Abmessungen von 630 mm x 960 mm,
2. doppelten Andreaskreuzen in stehender Form weiße Tafeln mit den Abmessungen Breite x Höhe von 630 mm x 1400 mm und
3. doppelten Andreaskreuzen in liegender Form weiße Tafeln mit den Abmessungen von 960 mm x 960 mm

zu verwenden.

(5) Die Reflexstoffe (Folien) der Andreaskreuze mit den Formaten I und II müssen der Bauart Typ 2 (hochreflektierend) gemäß § 4 StVZVO 1998 entsprechen. Die Reflexstoffe (Folien) der Andreaskreuze mit dem Format III und die Tafeln müssen eine höhere Retroreflexion als Bauart Typ 2 (sehr hochreflektierend) aufweisen. Die Farben Rot und Weiß haben den Anforderungen des § 3 StVZVO 1998 zu entsprechen.

Vorschriftszeichen

Abmessungen

§ 16. Die Abmessungen der Vorschriftszeichen „Geschwindigkeitsbeschränkung (erlaubte Höchstgeschwindigkeit)", „Ende der Geschwindigkeitsbeschränkung" und „Halt", die vor einer Eisenbahnkreuzung angebracht werden, haben nach Möglichkeit zumindest den Abmessungen der Vorschriftszeichen, die im Verlauf derselben Straße verwendet werden, zu entsprechen.

Zusatztafeln

Bedeutung

§ 17. (1) Die Zusatztafel „Richtungspfeil" weist den Straßenbenützer auf die Lage der Eisenbahnkreuzung hin.

(2) Die Zusatztafel „auf Züge achten" weist den Straßenbenützer darauf hin, dass das Vorschriftszeichen „Geschwindigkeitsbeschränkung (erlaubte Höchstgeschwindigkeit)" im Zusammenhang mit der Sicherung einer Eisenbahnkreuzung durch Gewährleisten des erforderlichen Sichtraumes steht.

(3) Die Zusatztafel „auf Pfeifsignal achten" weist den Straßenbenützer darauf hin, dass das Vorschriftszeichen „Halt" im Zusammenhang mit der Sicherung einer Eisenbahnkreuzung durch Abgabe akustischer Signale vom Schienenfahrzeug aus gegen zumindest eine Richtung der Bahn, für die der erforderliche Sichtraum nicht vorhanden ist, steht.

Abmessungen

§ 18. (1) Die Zusatztafel „Richtungspfeil" hat eine Abmessung Breite x Höhe von mindestens 470 mm x 150 mm aufzuweisen. Das Format der Zusatztafel „Richtungspfeil" ist dem Format oder

12/2. EisbG
EisbKrV

der Größe des Andreaskreuzes, des Vorschriftszeichens oder des Lichtzeichens anzugleichen. Der Richtungspfeil ist in schwarzer Farbe auf weißem Hintergrund auszuführen.

(2) Die Zusatztafel „auf Züge achten" gemäß Anlage 2 hat eine Abmessung Breite x Höhe von mindestens 470 mm x 310 mm aufzuweisen. Das Symbol ist in schwarzer Farbe auf weißem Hintergrund auszuführen.

(3) Die Zusatztafel „auf Pfeifsignal achten" gemäß Anlage 3 hat eine Abmessung Breite x Höhe von mindestens 470 mm x 310 mm aufzuweisen. Das Symbol ist in schwarzer Farbe auf weißem Hintergrund auszuführen.

Lichtzeichen

Beschaffenheit und Form

§ 19. (1) Die Einrichtung zur Abgabe von Lichtzeichen besteht aus zwei übereinander angeordneten kreisrunden Signalgebern mit schwarzem Hintergrund. Der schwarze Hintergrund ist innen mit einer weißen und außen mit einer roten Umrandung zu versehen (Signal- oder Tragschild).

(2) Die Reflexstoffe (Folien) der weißen und roten Umrandung müssen der Bauart Typ 2 (hochreflektierend) gemäß § 4 StVZVO 1998 entsprechen. Die Farben Rot und Weiß haben den Anforderungen des § 3 StVZVO 1998 zu entsprechen.

(3) In der Grundstellung zeigen die Signalgeber kein Licht. Mit Beginn des Anhaltegebotes für die Straßenbenützer gemäß § 99 Abs. 1 zeigen die Signalgeber 4 Sekunden gelbes nicht blinkendes Licht und anschließend bis zum Ausschalten der Lichtzeichen bzw. bis zum vollständigen Öffnen der Schrankenbäume rotes nicht blinkendes Licht.

Schranken

Ausführung der Schranken

§ 20. Schranken bestehen aus den Schrankenantrieben und den Schrankenbäumen.

Ausführung der Schrankenbäume

§ 21. (1) Neue oder zu erneuernde Schrankenbäume müssen aus einem leicht verformbaren und bei Bruch nicht splitternden Material, beispielsweise aus Aluminium oder Kunststoff, bestehen.

(2) Schrankenbäume sind in ihrer ganzen Länge mit in einem Abstand von etwa 50 cm sich abwechselnden rot-weißen Streifen zu versehen. Schrankenbäume mit rundem Querschnitt sind beidseitig mit einem Belag aus rot-weißen Streifen von jeweils mindestens 8 cm Breite zu versehen. Schrankenbäume mit rechteckigem Querschnitt sind beidseitig über die gesamte Höhe mit einem Belag aus rot-weißen Streifen zu versehen.

(3) Die Reflexstoffe (Folien) des Belages müssen der Bauart Typ 2 (hochreflektierend) gemäß § 4 StVZVO 1998 entsprechen. Die Farben Rot und Weiß haben den Anforderungen des § 3 StVZVO 1998 zu entsprechen.

5. Abschnitt
Anbringung der Sicherungseinrichtungen

Andreaskreuze allgemein

§ 22. (1) Andreaskreuze sind für die Straßenbenützer leicht und rechtzeitig erkennbar vor sämtlichen Eisenbahnkreuzungen auf Rohrstehern, Masten mit Auslegern, Auslegermasten, Abspannungen oder an anderer geeigneter Stelle anzubringen.

(2) Vor eingleisigen Eisenbahnkreuzungen sind einfache Andreaskreuze anzubringen. Vor mehrgleisigen Eisenbahnkreuzungen sind doppelte Andreaskreuze anzubringen. Eisenbahnkreuzungen innerhalb einer Weiche gelten als mehrgleisig.

(3) Die Andreaskreuze sind in der Regel auf beiden Straßenseiten anzubringen. Ist die Anbringung der Andreaskreuze entweder auf der rechten Straßenseite oder auf der linken Straßenseite nicht möglich, sind die Andreaskreuze auf der linken Straßenseite und oberhalb der Fahrbahn beziehungsweise auf der rechten Straßenseite und oberhalb der Fahrbahn anzubringen. Ist die Anbringung der Andreaskreuze weder auf der rechten noch auf der linken Straßenseite möglich, ist ein Andreaskreuz oberhalb der Fahrbahn anzubringen. Weist die Fahrbahn in der Annäherungsrichtung zur Eisenbahnkreuzung mehr als einen Fahrstreifen auf, ist zusätzlich jedenfalls ein Andreaskreuz oberhalb der Fahrbahn anzubringen.

(4) An Eisenbahnkreuzungen mit Straßen, bei denen im Bereich von jeweils 80 m beiderseits der Bahn ein ungehindertes aneinander Vorbeifahren mehrspuriger Straßenfahrzeuge nicht möglich ist, genügt die Anbringung eines Andreaskreuzes auf der rechten Straßenseite. Zusätzlich können Andreaskreuze auch an anderer geeigneter Stelle vor der Eisenbahnkreuzung angebracht werden.

(5) Bei Eisenbahnkreuzungen mit einem Gehweg, mit einem Radweg oder mit einem für Fußgänger und Radfahrer gemeinsam zu benützenden Geh- und Radweg ist das Andreaskreuz in der Regel auf der rechten Seite des Weges anzubringen. Ist dies nicht möglich, ist das Andreaskreuz auf der linken Seite des Weges anzubringen. Bei Eisenbahnkreuzungen mit einem Geh- und Rad-

weg, bei dem der Fußgänger- und Fahrradverkehr getrennt geführt werden, sind die Andreaskreuze auf beiden Seiten des Weges anzubringen. Ist die Anbringung der Andreaskreuze entweder auf der rechten Seite des Weges oder auf der linken Seite des Weges nicht möglich, sind die Andreaskreuze auf der linken Seite des Weges und oberhalb des Weges beziehungsweise auf der rechten Seite des Weges und oberhalb des Weges anzubringen. Ist die Anbringung der Andreaskreuze weder auf der rechten noch auf der linken Seite des Weges möglich, ist ein Andreaskreuz oberhalb des Weges anzubringen. Zusätzlich können Andreaskreuze auch an anderer geeigneter Stelle vor der Eisenbahnkreuzung angebracht werden.

(6) Münden vor der Eisenbahnkreuzung weitere Straßen in die zur Eisenbahnkreuzung führende Straße ein, muss von jeder einmündenden Straße aus zumindest ein Andreaskreuz leicht und rechtzeitig erkennbar sein. Erforderlichenfalls ist auf jenen einmündenden Straßen, von denen aus eine leichte und rechtzeitige Erkennbarkeit eines Andreaskreuzes nicht gegeben ist, ein zusätzliches Andreaskreuz auf der rechten Straßenseite der zur Eisenbahnkreuzung führenden Straße anzubringen. Ist dies nicht möglich, ist das Andreaskreuz an anderer geeigneter Stelle anzubringen. Zusätzlich können Andreaskreuze auch an anderer geeigneter Stelle angebracht werden. Erforderlichenfalls ist eine auf die Lage der Eisenbahnkreuzung hinweisende Zusatztafel „Richtungspfeil" anzubringen. Diese ist, sofern sich aus den folgenden Bestimmungen nichts anderes ergibt, unterhalb des Andreaskreuzes anzubringen.

(7) Andreaskreuze sind in der Regel in einem Abstand von 3 m vor der nächstgelegenen Schiene anzubringen. Wenn es die örtlichen Verhältnisse erfordern, darf dieser Abstand so weit verringert werden, als dem andere gesetzliche Bestimmungen nicht entgegenstehen.

(8) Bei stumpfwinkeligen Kreuzungen ist der Schnittpunkt der linken Begrenzung eines 2,60 m breiten Straßenfahrzeuges mit der Begrenzung des Gefahrenraumes der Bahn zu ermitteln. Das Andreaskreuz auf der rechten Straßenseite ist in diesem Fall unter Berücksichtigung des erforderlichen Seitenabstandes des Andreaskreuzes zum Fahrbahnrand so aufzustellen, dass ein vor dem Andreaskreuz stehendes Fahrzeug nicht näher als 2,75 m an die Achse des nächstgelegenen Gleises heranragt.

(9) Kann den Anforderungen der Abs. 7 und 8 nicht entsprochen werden, darf das Andreaskreuz in einem solchen näheren Abstand zur nächstgelegenen Schienen angebracht werden, als andere gesetzliche Bestimmungen nicht entgegenstehen. In diesem Fall hat das Eisenbahnunternehmen die Anbringung einer Haltelinie in einer den Bestimmungen der Abs. 7 und 8 entsprechenden Entfernung vor der nächstgelegenen Schiene beim Träger der Straßenbaulast zu veranlassen.

(10) Der Abstand zwischen dem unteren Rand des Andreaskreuzes oder dem unteren Rand der Tafel und der Fahrbahn darf bei seitlicher Anbringung nicht weniger als 0,60 m und nur in Ausnahmefällen mehr als 2,50 m, bei Anbringung oberhalb der Fahrbahn nicht weniger als 4,50 m und nur in Ausnahmefällen mehr als 5,50 m betragen. Bei seitlicher Anbringung darf der seitliche Abstand zwischen dem der Fahrbahn zunächst liegenden Rand des Andreaskreuzes oder dem der Fahrbahn zunächst liegende Rand der Tafel und dem Fahrbahnrand im Ortsgebiet nicht weniger als 0,30 m und nur in Ausnahmefällen mehr als 2 m, auf Freilandstraßen nur in Ausnahmefällen weniger als 1 m und mehr als 2,50 m betragen. Sind zum Andreaskreuz auch Vorschriftszeichen und/oder Zusatztafeln angebracht, gelten die Maßangaben bezüglich des Höhenabstandes für das untere Zeichen und die Maßangaben bezüglich des seitlichen Abstandes für das näher zur Fahrbahn reichende Zeichen.

(11) Ob Andreaskreuze liegend oder stehend und in welchem Format diese anzubringen sind, ergibt sich aus den §§ 23, 26, 29 und 33. Werden Andreaskreuze auf beiden Straßenseiten angebracht, sind beide Andreaskreuze entweder liegend oder stehend anzubringen. Andreaskreuze oberhalb der Fahrbahn sind immer in liegender Form anzubringen.

Andreaskreuze, Vorschriftszeichen und Zusatztafel „auf Züge achten" bei der Sicherung durch Gewährleisten des erforderlichen Sichtraumes

§ 23. Bei der Sicherung durch Gewährleisten des erforderlichen Sichtraumes sind Andreaskreuze mit dem Format III in der Regel in liegender Form zu verwenden. Ist die Anbringung der Andreaskreuze mit dem Format III in liegender Form auf Grund der örtlichen Verhältnisse nicht möglich, sind die Andreaskreuze mit dem Format III in stehender Form anzubringen. Bei Eisenbahnkreuzungen mit Gehwegen, mit Radwegen oder mit Geh- und Radwegen ist das Format I in der Regel in liegender Form zu verwenden. Ist die Anbringung der Andreaskreuze mit dem Format I in liegender Form auf Grund der örtlichen Verhältnisse nicht möglich, sind die Andreaskreuze mit dem Format I in stehender Form anzubringen. Die Verwendung von Andreaskreuzen mit dem Format III bei Eisenbahnkreuzungen mit Gehwegen, mit Radwegen oder mit Geh- und Radwegen ist zulässig.

§ 24. (1) Ist bei der Sicherung einer Eisenbahnkreuzung durch Gewährleisten des erforderlichen

Sichtraumes der Ermittlung des erforderlichen Sichtraumes eine Annäherungsgeschwindigkeit

1. auf der Straße von 40 km/h, von 30 km/h oder von 20 km/h;
2. auf Radwegen oder auf Geh- und Radwegen von 20 km/h

zugrunde zu legen, ist dies den Lenkern von Fahrzeugen mit dem entsprechenden Vorschriftszeichen „Geschwindigkeitsbeschränkung (Erlaubte Höchstgeschwindigkeit)" mit der Zusatztafel „auf Züge achten" leicht und rechtzeitig erkennbar in der Regel auf Höhe des hiefür maßgebenden Sehpunktes anzuzeigen. Ist die Anbringung des Vorschriftszeichens „Geschwindigkeitsbeschränkung (Erlaubte Höchstgeschwindigkeit)" mit der Zusatztafel „auf Züge achten" am rechten Fahrbahnrand auf Höhe des maßgebenden Sehpunktes nicht leicht und rechtzeitig erkennbar oder überhaupt nicht möglich, ist dieses Vorschriftszeichen mit der Zusatztafel am rechten Fahrbahnrand auf Höhe der vor dem maßgebenden Sehpunkt nächst möglich gelegenen Stelle leicht und rechtzeitig erkennbar anzubringen. Erforderlichenfalls ist das Vorschriftszeichen „Geschwindigkeitsbeschränkung (Erlaubte Höchstgeschwindigkeit)" mit der Zusatztafel „auf Züge achten" zusätzlich am linken Fahrbahnrand anzubringen.

(2) Das Vorschriftszeichen „Ende der Geschwindigkeitsbeschränkung" ist unterhalb des Andreaskreuzes in liegender Form, oberhalb des Andreaskreuzes in stehender Form und rechts vom Andreaskreuz oberhalb der Fahrbahn anzubringen.

(3) Ist der Ermittlung des erforderlichen Sichtraumes das Anhalten der Lenker von Fahrzeugen vor der Eisenbahnkreuzung zugrunde zu legen, ist dies mittels des Vorschriftszeichens „Halt" unterhalb des Andreaskreuzes in liegender Form, oberhalb des Andreaskreuzes in stehender Form und rechts vom Andreaskreuz oberhalb der Fahrbahn anzuzeigen.

(4) Sind für eine Annäherungsrichtung der Straße aus Gründen der Sicht gegen den Anfangspunkt und gegen den Endpunkt der Strecke unterschiedliche Sehpunkte maßgebend, ist dem Straßenverkehr die geringere zu Grunde zu legende Annäherungsgeschwindigkeit mit dem Vorschriftszeichen „Geschwindigkeitsbeschränkung (erlaubte Höchstgeschwindigkeit)" oder gegebenenfalls das Anhaltegebot mit dem Vorschriftszeichen „Halt" anzuzeigen.

§ 25. Ist im Straßenverlauf vor einer Eisenbahnkreuzung, die durch Gewährleisten des erforderlichen Sichtraumes in Verbindung mit einem Vorschriftszeichen „Geschwindigkeitsbeschränkung (Erlaubte Höchstgeschwindigkeit)" gesichert wird, eine Einschränkung der Geschwindigkeit aus anderen Gründen als denen der Sicherung einer Eisenbahnkreuzung erforderlich, darf im Bereich des erforderlichen Sichtraumes kein Vorschriftszeichen „Geschwindigkeitsbeschränkung (Erlaubte Höchstgeschwindigkeit)" mit einer höheren Geschwindigkeit als jener, die der Sicherung der Eisenbahnkreuzung zugrunde gelegt wurde, angebracht werden.

Andreaskreuze, Vorschriftszeichen und Zusatztafel „auf Pfeifsignal achten" bei der Sicherung durch Abgabe akustischer Signale vom Schienenfahrzeug aus

§ 26. Bei der Sicherung durch Abgabe akustischer Signale vom Schienenfahrzeug aus sind Andreaskreuze mit dem Format III in der Regel in liegender Form zu verwenden. Ist die Anbringung der Andreaskreuze mit dem Format III in liegender Form auf Grund der örtlichen Verhältnisse nicht möglich, sind Andreaskreuze mit dem Format III in stehender Form anzubringen. Bei Eisenbahnkreuzungen mit Gehwegen, mit Radwegen oder mit Geh- und Radwegen ist das Format I in der Regel in liegender Form zu verwenden. Ist die Anbringung der Andreaskreuze mit dem Format I in liegender Form auf Grund der örtlichen Verhältnisse nicht möglich, sind Andreaskreuze mit dem Format I in stehender Form anzubringen. Die Verwendung von Andreaskreuzen mit dem Format III bei Eisenbahnkreuzungen mit Gehwegen, mit Radwegen oder mit Geh- und Radwegen ist zulässig.

§ 27. (1) Für jene Fahrtrichtung der Straße, für die der erforderliche Sichtraum gegen eine oder beide Richtungen der Bahn nicht vorhanden ist, ist zum Andreaskreuzung das Vorschriftszeichen „Halt" mit der Zusatztafel „auf Pfeifsignal achten" anzubringen. Das Vorschriftszeichen „Halt" mit der Zusatztafel „auf Pfeifsignal achten" ist unterhalb des Andreaskreuzes in liegender Form, oberhalb des Andreaskreuzes in stehender Form und rechts vom Andreaskreuz oberhalb der Fahrbahn anzubringen.

(2) Bei Eisenbahnkreuzungen für den Fußgängerverkehr allein ist kein Vorschriftszeichen „Halt" zum Andreaskreuz anzubringen. Die Zusatztafel „auf Pfeifsignal achten" ist unterhalb des Andreaskreuzes anzubringen.

Andreaskreuze und Lichtzeichen bei der Sicherung durch Lichtzeichen

§ 28. (1) Lichtzeichen sind für die Straßenbenützer leicht und rechtzeitig erkennbar vor der Eisenbahnkreuzung unterhalb der Andreaskreuze in liegender Form, oberhalb der Andreaskreuze in stehender Form und rechts der Andreaskreuze oberhalb der Fahrbahn anzubringen.

(2) Münden vor der Eisenbahnkreuzung weitere Straßen in die zur Eisenbahnkreuzung führende

Straße ein, muss von jeder einmündenden Straße aus zumindest ein Lichtzeichen leicht und rechtzeitig erkennbar sein. Erforderlichenfalls ist auf jenen einmündenden Straßen, von denen aus eine leichte und rechtzeitige Erkennbarkeit eines Lichtzeichens nicht gegeben ist, ein zusätzliches Lichtzeichen auf der rechten Straßenseite der zur Eisenbahnkreuzung führenden Straße anzubringen. Ist dies nicht möglich, ist das Lichtzeichen an anderer geeigneter Stelle anzubringen. Zusätzlich können Lichtzeichen auch an anderer geeigneter Stelle angebracht werden. Erforderlichenfalls ist eine auf die Lage der Eisenbahnkreuzung hinweisende Zusatztafel „Richtungspfeil" anzubringen. Diese ist, sofern sich aus den folgenden Bestimmungen nichts anderes ergibt, unterhalb des Lichtzeichens anzubringen.

(2)[2]) Im Fall des § 22 Abs. 4 ist ein Lichtzeichen auf der linken Straßenseite nach der letzten Schiene (Rücklicht) anzubringen. Erforderlichenfalls können Lichtzeichen zusätzlich auch an anderer geeigneter Stelle nach der letzten Schiene angebracht werden.

(3) Sind bei Eisenbahnkreuzungen mit einem Gehweg, mit einem Radweg und mit einem für Fußgänger und Radfahrer gemeinsam zu benützenden Geh- und Radweg keine zusätzlichen akustischen Zeichen vorgesehen, ist an geeigneter Stelle ein Lichtzeichen nach der letzten Schiene (Rücklicht) anzubringen.

---

[2]) *Abs. 2 wurde irrtümlich zweimal vergeben.*

§ 29. (1) Die Lichtzeichen auf Masten sind so anzubringen, dass sich die optische Achse der Kammer für das rote Licht etwa 2,60 m über der Fahrbahn befindet und zwischen Fahrbahnrand und der weiß-roten Umrandung der Lichtzeichen

1. im Ortsgebiet ein Abstand von 0,30 m nicht unterschritten und nur in Ausnahmefällen ein Abstand von 2 m überschritten

2. auf Freilandstraßen nur in Ausnahmefällen ein Abstand von 1 m unterschritten und ein Abstand von 2,50 m nicht überschritten

wird.

(2) Die Lichtzeichen auf Masten mit Auslegern sind möglichst nahe zum Fahrbahnrand so anzubringen, dass zwischen Fahrbahnrand und der weiß-roten Umrandung der Lichtzeichen

1. im Ortsgebiet ein Abstand von 0,30 m nicht unterschritten

2. auf Freilandstraßen nur in Ausnahmefällen ein Abstand von 1 m unterschritten

wird.

(3) Bei Anbringung der Lichtzeichen auf Masten mit Auslegern über Gehwegen darf der Abstand zur Unterkante der weiß-roten Umrandung der Lichtzeichen nicht weniger als 2,20 m, bei Radwegen und Geh- und Radwegen nicht weniger als 2,50 m betragen. Erforderlichenfalls können Lichtzeichen auch an anderer geeigneter Stelle angebracht werden.

(5) Bei Lichtzeichen auf Masten ist das Andreaskreuz mit dem Format II in stehender Ausführung anzubringen. Die Anbringung eines Andreaskreuzes mit dem Format III ist zulässig.

(6) Bei Lichtzeichen auf Masten mit Auslegern ist das Andreaskreuz mit dem Format II in liegender Ausführung neben der vom Fahrbahnrand abgewandten Seite der weiß-roten Umrandung des Lichtzeichens anzubringen. Die Anbringung von Andreaskreuzen mit dem Format III ist zulässig.

(7) Bei Lichtzeichen oberhalb der Fahrbahn ist das Andreaskreuze mit dem Format III in liegender Form rechts neben der weiß-roten Umrandung des Lichtzeichens anzubringen. Der Abstand zwischen der Unterkante der weiß-roten Umrandung des Lichtzeichens und der Fahrbahn darf nicht weniger als 4,50 m und nur in Ausnahmefällen mehr als 5,50 m betragen.

(8) Vorrichtungen, auf denen Lichtzeichen nach der letzten Schiene (Rücklichter) angebracht werden, sind in der Regel in einem Abstand von 3 m vor der nächstgelegenen Schiene anzubringen. Dieser Abstand von der nächstgelegenen Schiene ist auf den der Schiene nächstgelegenen Teil des Rücklichtes zu beziehen. Wenn es die örtlichen Verhältnisse erfordern, darf dieser Abstand so weit verringert werden, als dem andere gesetzliche Bestimmungen nicht entgegenstehen.

Andreaskreuze, Lichtzeichen und Schrankenantriebe mit Schrankenbäumen bei der Sicherung durch Lichtzeichen mit Schranken

§ 30. (1) Schrankenantriebe, an die der Schrankenbaum parallel zum Gleis angebracht wird, sind unter Berücksichtigung des erforderlichen Seitenabstandes zum Fahrbahnrand in der Regel in einem Abstand von 3 m vor der nächstgelegenen Schiene aufzustellen. Dieser Abstand von der nächstgelegenen Schiene ist auf den der Schiene nächstgelegenen Teil des Schrankenantriebes zu beziehen. Wenn es die örtlichen Verhältnisse erfordern, darf dieser Abstand so weit verringert werden, als dem andere gesetzliche Bestimmungen nicht entgegenstehen. Andernfalls sind die Schrankenantriebe unter Berücksichtigung des erforderlichen Seitenabstandes zum Fahrbahnrand so aufzustellen, dass die Schrankenantriebe oder die daran angebrachten Schrankenbäume nicht näher als 3 m an die nächstgelegenen Schiene heranragen. Dieser Abstand von der nächstgelegenen Schiene ist auf den der Schiene nächstgelegenen Teil des Schrankenantriebes beziehungsweise auf die Spitze des Schrankenbaumes zu beziehen. Wenn es die örtlichen Verhältnisse erfordern, darf dieser Abstand so weit verringert werden, als dem andere gesetzliche Bestimmungen nicht entgegenstehen.

(2) Die Schrankenantriebe sind so aufzustellen, dass zwischen Fahrbahnrand und Schrankenantrieb
1. im Ortsgebiet ein Abstand von 0,30 m nicht unterschritten und
2. auf Freilandstraßen ein Abstand von 1 m nur in Ausnahmefällen unterschritten
wird.

(3) Bei Lichtzeichen mit zweiteiligen Vollschranken sind die Schrankenantriebe, sofern die örtlichen Verhältnisse dies zulassen, auf der jeweils rechten Straßenseite aufzustellen.

§ 31. (1) Bei Lichtzeichen mit Schranken, deren Schrankenbäume in der Grundstellung geöffnet sind, sind die Schrankenbäume in der Grundstellung lotrecht auszuführen.

(2) Schrankenbäume müssen in allen Stellungen von unter Spannung stehenden Teilen einer Oberleitungsanlage einen Mindestabstand von 1 m haben.

(3) Zwischen Fahrbahnoberkante und der Achse des Schrankenbaumes im geschlossenen Zustand ist ein Abstand von 1 m einzuhalten. Hierbei ist der höchste Punkt der Fahrbahnoberkante maßgebend. Abweichungen von ± 0,2 m sind zulässig.

§ 32. (1) Für Halbschranken ist in der Regel eine Mindestbreite der Fahrbahn von mehr als 5,8 m erforderlich. Die Mindestbreite der Fahrbahn muss in der Regel auf einer Länge von etwa 80 m vor bis etwa 80 m nach der Eisenbahnkreuzung gegeben sein. Die Fahrtrichtungen der Fahrbahn müssen durch eine Sperrlinie oder durch bauliche Einrichtungen geteilt sein. Die Sperrlinie ist über die Eisenbahnkreuzung durchzuziehen. Bauliche Einrichtungen zur Teilung der Fahrtrichtungen der Fahrbahn sind im Bereich der Eisenbahnkreuzung mit einer Sperrfläche zu verbinden. Die Schrankenbäume müssen bis an die Sperrlinie beziehungsweise bis an die baulichen Einrichtungen heranreichen und dürfen diese nicht überragen.

(2) Ist eine Fahrbahnbreite von mehr als 5,8 m auf einer Länge von jeweils 80 m vor und nach der Eisenbahnkreuzung nicht vorhanden oder ist die Herstellung einer Fahrbahnbreite von mehr als 5,8 m auf einer Länge von jeweils 80 m vor und nach der Eisenbahnkreuzung mit wirtschaftlich vertretbaren Mitteln nicht möglich, dürfen Halbschranken auch bei einer Mindestbreite der Fahrbahn von 5,2 m, die auf einer Länge von jeweils 30 m vor und nach der Eisenbahnkreuzung gegeben sein muss, errichtet werden. Die Fahrtrichtungen der Fahrbahn müssen durch eine Leitlinie geteilt sein. Die Leitlinie ist über die Eisenbahnkreuzung durchzuziehen. Bauliche Einrichtungen zur Teilung der Fahrtrichtungen der Fahrbahn sind nicht zulässig. Die Schrankenbäume sind so auszuführen, dass für die Straßenbenützer eine Ausfahrbreite von 3 m verbleibt.

§ 33. (1) Für die Anbringung der Andreaskreuze und der Lichtzeichen gelten, soweit im Folgenden nichts anderes bestimmt ist, die §§ 22, 28 und 29 betreffend Anbringung der Andreaskreuze und der Lichtzeichen sinngemäß.

(2) Die Andreaskreuze und die Lichtzeichen sind, aus der Annäherungsrichtung des Straßenbenützers betrachtet, vor dem Schrankenantrieb beziehungsweise vor dem Schrankenbaum anzubringen. Der Abstand zwischen der Achse der Vorrichtung, auf der das Andreaskreuz und das Lichtzeichen angebracht sind, und der Achse des Schrankenantriebes beziehungsweise des Schrankenbaumes hat in der Regel 1,0 m zu betragen. In begründeten Ausnahmefällen kann davon abgesehen werden.

(3) Bei stumpfwinkeligen Kreuzungen ist der Schnittpunkt der linken Begrenzung eines 2,60 m breiten Straßenfahrzeuges mit dem Schrankenbaum zu ermitteln. Die Lichtzeichen auf Masten oder auf Masten mit Ausleger auf der rechten Straßenseite sind in diesem Fall unter Berücksichtigung des Seitenabstandes zum Fahrbahnrand so anzubringen, dass sich die Leuchtfläche der Lichtzeichen auf Höhe dieses Schnittpunktes befindet. Kann diesen Anforderungen nicht entsprochen werden, sind die Bestimmungen des § 22 Abs. 9 sinngemäß anzuwenden.

(4) Vorrichtungen, auf denen Lichtzeichen nach der letzten Schiene (Rücklichter) angebracht werden und die nicht vor einem Schrankenantrieb oder einem Schrankenbaum stehen, sind in der Regel in einem Abstand von 3 m von der nächstgelegenen Schiene aufzustellen. Dieser Abstand von der nächstgelegenen Schiene ist auf den der Schiene nächstgelegenen Teil des Rücklichtes zu beziehen. Wenn es die örtlichen Verhältnisse erfordern, darf dieser Abstand so weit verringert werden, als dem andere gesetzliche Bestimmungen nicht entgegenstehen.

Schutzeinrichtungen bei

Sicherungseinrichtungen

§ 34. Soweit es örtlich erforderlich ist, sind zum Schutz der Sicherungseinrichtungen vor Beschädigungen durch Straßenfahrzeuge oder zum Schutz von Fußgängern und Radfahrern vor Verletzungen geeignete Schutzeinrichtungen vorzusehen.

6. Abschnitt
Zulässigkeit der Sicherungsarten

Sicherung durch Gewährleisten des erforderlichen Sichtraumes

§ 35. (1) Eine Eisenbahnkreuzung kann durch Gewährleisten des erforderlichen Sichtraumes gesichert werden, wenn

1. die örtlich zulässige Geschwindigkeit auf der Bahn im Bereich der Eisenbahnkreuzung nicht mehr als 80 km/h beträgt und
2. der Abstand des erforderlichen Sichtpunktes vom Kreuzungspunkt höchstens 400 m beträgt und der Sichtraum im erforderlichen Ausmaß vorhanden ist und
3. der erforderliche Sichtraum nicht durch stehende oder sich bewegende Schienenfahrzeuge eingeschränkt wird und
4. nicht mehr als ein Fahrstreifen für jede Fahrtrichtung der Straße vorhanden ist und
5. durchschnittlich auf der Straße täglich nicht mehr als 3000 Kraftfahrzeuge innerhalb von 24 Stunden verkehren und
6. dem die Leichtigkeit, Flüssigkeit und Sicherheit des Verkehrs auf der Straße, die Beschaffenheit des sich kreuzenden Verkehrs oder die örtlichen Verhältnisse nicht entgegenstehen.

(2) Legt das Eisenbahnunternehmen im Verfahren betreffend die Entscheidung über die Sicherung der Eisenbahnkreuzung glaubhaft dar, dass der Sichtraum im Einvernehmen mit allenfalls betroffenen Dritten oder im Einvernehmen mit dem Träger der Straßenbaulast, beispielsweise durch Veränderung des Kreuzungswinkels zwischen der Eisenbahn und der Straße oder durch die Beseitigung von Sichthindernissen, im erforderlichen Ausmaß gemäß Abs. 1 Z 2 mit wirtschaftlich vertretbaren Mitteln hergestellt werden kann und liegen die übrigen Voraussetzungen des Abs. 1 vor, kann die Behörde die Sicherung der Eisenbahnkreuzung durch Gewährleisten des erforderlichen Sichtraumes unter der Bedingung anordnen, dass der erforderliche Sichtraum innerhalb einer von der Behörde zu bestimmenden Frist herzustellen ist.

Sicherung durch Abgabe akustischer Signale vom Schienenfahrzeug aus

§ 36. (1) Eine Eisenbahnkreuzung mit Fußgängerverkehr allein, Radfahrverkehr allein oder Fußgänger- und Radfahrverkehr kann durch Abgabe akustischer Signale vom Schienenfahrzeug aus gesichert werden, wenn

1. die örtlich zulässige Geschwindigkeit auf der Bahn im Bereich der Eisenbahnkreuzung mit Radfahrverkehr allein oder Fußgänger- und Radfahrverkehr nicht mehr als 80 km/h beträgt oder, falls auf der Eisenbahnkreuzung Fußgängerverkehr allein stattfindet, die örtlich zulässige Geschwindigkeit auf der Bahn im Bereich der Eisenbahnkreuzung nicht mehr als 90 km/h beträgt und
2. der erforderliche Sichtpunkt höchstens 400 m vom Kreuzungspunkt entfernt ist und
3. dem die örtlichen Verhältnisse nicht entgegen stehen.

(2) Eine Eisenbahnkreuzung mit Fahrzeugverkehr kann durch Abgabe akustischer Signale vom Schienenfahrzeug aus gesichert werden, wenn

1. der gemäß § 45 zu ermittelnde erforderliche Abstand des Sichtpunktes vom Kreuzungspunkt nicht mehr als 120 m beträgt und
2. die durchschnittliche tägliche Verkehrsstärke auf der Straße nicht mehr als 3000 Kraftfahrzeuge innerhalb 24 Stunden beträgt und
3. dem die Leichtigkeit, Flüssigkeit und Sicherheit des Verkehrs auf der Straße, die Beschaffenheit des sich kreuzenden Verkehrs oder die örtlichen Verhältnisse nicht entgegenstehen.

Sicherung durch Lichtzeichen

§ 37. Eine Eisenbahnkreuzung kann durch Lichtzeichen gesichert werden, wenn

1. die örtlich zulässige Geschwindigkeit auf der Bahn im Bereich der Eisenbahnkreuzung nicht mehr als 140 km/h beträgt,
2. die Zeit zwischen dem Einschalten der Lichtzeichen und dem Eintreffen des Schienenfahrzeuges auf der Eisenbahnkreuzung in der Regel nicht mehr als 60 Sekunden beträgt und
3. dem die Leichtigkeit, Flüssigkeit und Sicherheit des Verkehrs auf der Straße, die Beschaffenheit des sich kreuzenden Verkehrs oder die örtlichen Verhältnisse nicht entgegenstehen.

Sicherung durch Lichtzeichen mit Schranken

§ 38. (1) Eine Eisenbahnkreuzung ist durch Lichtzeichen mit Schranken zu sichern, wenn

1. die Eisenbahnkreuzung nicht durch Lichtzeichen allein gemäß § 37 gesichert werden kann oder
2. die örtlich zulässige Geschwindigkeit auf der Bahn im Bereich der Eisenbahnkreuzung mehr als 140 km/h, jedoch nicht mehr als 160 km/h, beträgt.

(2) Die Schranken können als Halbschranken ausgeführt werden, wenn die in § 32 normierten Voraussetzungen vorliegen und die Zeit zwischen dem Einschalten der Lichtzeichen und dem Eintreffen des Schienenfahrzeuges auf der Eisenbahnkreuzung in der Regel nicht mehr als 120 Sekunden beträgt.

(3) In allen anderen Fällen sind die Schranken als zwei- oder mehrteilige Vollschranken auszu-

führen. Bei Lichtzeichen mit vier- oder mehrteiligen Schranken sind bei Vorliegen der in § 32 normierten Voraussetzungen hinsichtlich der Fahrbahnbreite die Schrankenbäume über die Fahrbahn versetzt zu schließen.

Sicherung durch Bewachung

§ 39. (1) Eine Eisenbahnkreuzung kann durch Bewachung gesichert werden, wenn

1. über die Eisenbahnkreuzung im Regelfall innerhalb von 24 Stunden nicht mehr als 20 Zug- und Nebenfahrten stattfinden;
2. über die Eisenbahnkreuzung Verschub erfolgt.

(2) Die Bewachung kann durch Bewachungsorgane, Bewachungsorgane mit Hilfseinrichtungen oder durch Bewachungsorgane mit Lichtzeichen erfolgen.

(3) Die vom Bewachungsorgan gegebenen Armzeichen oder die vom Bewachungsorgan durch Armzeichen und unter Zuhilfenahme von Hilfseinrichtungen gegebenen Zeichen müssen für die Straßenbenützer leicht und rechtzeitig erkennbar sein. Diese sind dann leicht und rechtzeitig erkennbar, wenn sie von den Straßenbenützern bei gehöriger Aufmerksamkeit aus einer solchen Entfernung wahrgenommen werden können, die den Straßenbenützern ein rechtzeitiges Anhalten vor der Eisenbahnkreuzung ermöglicht.

(4) Die erforderliche Anzahl der Bewachungsorgane richtet sich nach den Anforderungen für eine leichte und rechtzeitige Erkennbarkeit der vom Bewachungsorgan gegebenen Armzeichen oder der vom Bewachungsorgan unter Zuhilfenahme von Hilfseinrichtungen gegebenen Armzeichen und sonstigen Zeichen für die Straßenbenützer. Wird eine Eisenbahnkreuzung durch Bewachungsorgane mit Lichtzeichen gesichert, genügt ein Bewachungsorgan.

(5) Die Sicherung einer Eisenbahnkreuzung durch Bewachung ist unabhängig von den Anforderungen des Abs. 1 als Maßnahme im Störungsfall gemäß § 95 zulässig.

7. Abschnitt

Anforderungen an die Sicherungsarten

Sicherung durch Gewährleisten des erforderlichen Sichtraumes

Grundsatz

§ 40. (1) Bei der Sicherung einer Eisenbahnkreuzung durch Gewährleisten des erforderlichen Sichtraumes, die für den Fahrzeugverkehr und für den Fußgängerverkehr bestimmt ist, ist sicher zu stellen, dass

1. Lenker von Fahrzeugen, die sich mit der sich aus dem Vorschriftszeichen „Geschwindigkeitsbeschränkung (Erlaubte Höchstgeschwindigkeit)" ergebenden Geschwindigkeit der Eisenbahnkreuzung nähern und von dem hiefür maßgebenden Sehpunkt aus ein sich der Eisenbahnkreuzung näherndes Schienenfahrzeug wahrnehmen, vor der Eisenbahnkreuzung verlässlich anhalten können oder, wenn ihnen ein Anhalten vor der Eisenbahnkreuzung nicht mehr möglich ist, die Eisenbahnkreuzung ohne Verzögerung und unter Einhaltung der jeweiligen Mindestgeschwindigkeit gemäß § 45 Abs. 2 Z 1 bis 5 im Bereich der Eisenbahnkreuzung ungefährdet befahren und verlassen können oder

2. Lenker von Fahrzeugen, die auf Grund des Vorschriftszeichens „Halt" vor der Eisenbahnkreuzung anhalten und von dem hiefür maßgebenden Sehpunkt aus kein sich der Eisenbahnkreuzung näherndes Schienenfahrzeug wahrnehmen, nach dem Anfahren die Eisenbahnkreuzung ohne Verzögerung und unter Einhaltung der jeweiligen Mindestgeschwindigkeit gemäß § 45 Abs. 2 Z 1 bis 5 im Bereich der Eisenbahnkreuzung ungefährdet befahren und verlassen können und

3. sich der Eisenbahnkreuzung nähernde Fußgänger, wenn sie von dem hiefür maßgebenden Sehpunkt aus kein sich der Eisenbahnkreuzung näherndes Schienenfahrzeug wahrnehmen, die Eisenbahnkreuzung ohne Verzögerung und unter Einhaltung der Mindestgeschwindigkeit gemäß § 45 Abs. 2 Z 6 im Bereich der Eisenbahnkreuzung ungefährdet begehen und verlassen können.

(2) Bei der Sicherung einer Eisenbahnkreuzung durch Gewährleisten des erforderlichen Sichtraumes, die für den Fußgängerverkehr allein bestimmt ist, ist sicher zu stellen, dass sich der Eisenbahnkreuzung nähernde Fußgänger, wenn sie von dem hiefür maßgebenden Sehpunkt aus kein sich der Eisenbahnkreuzung näherndes Schienenfahrzeug wahrnehmen, die Eisenbahnkreuzung ohne Verzögerung und unter Einhaltung der Mindestgeschwindigkeit gemäß § 45 Abs. 2 Z 6 im Bereich der Eisenbahnkreuzung ungefährdet begehen und verlassen können.

Sehpunkt, Sichtpunkt, Kreuzungspunkt

§ 41. (1) Der Sehpunkt ist jener 1 m oberhalb der Straßenoberfläche gedachte, in der Regel 2 m vom rechten Fahrbahnrand entfernte Punkt vor dem Standort des Andreaskreuzes, von dem aus für die Straßenbenützer ein sich der Eisenbahnkreuzung näherndes Schienenfahrzeug spätestens erkennbar sein soll. Bei mehrgleisigen Eisenbahnkreuzungen ist der Sehpunkt vor dem Standort des Andreaskreuzes vor der nächstgelegenen Schiene des ersten Gleises anzunehmen. Für Fußgänger ist der Sehpunkt an der für diese, auf den Fahrbahnrand bezogenen, ungünstigsten Stelle anzunehmen.

(2) Bei Eisenbahnkreuzungen für den Fahrzeugverkehr und bei Eisenbahnkreuzungen mit Geh- und Radwegen ist jedenfalls auch der Abstand des erforderlichen Sichtpunktes vom Kreuzungspunkt für den Fußgängerverkehr beziehungsweise für den Radfahrverkehr zu ermitteln.

§ 42. (1) Der Sichtpunkt ist jener 1 m oberhalb der Gleisachse gelegene Punkt, ab dem ein sich der Eisenbahnkreuzung näherndes Schienenfahrzeug vom Sehpunkt aus optisch wahrnehmbar sein muss oder tatsächlich optisch wahrnehmbar ist.

(2) Der erforderliche Sichtpunkt ist jener 1 m oberhalb der Gleisachse gelegene Punkt, ab dem ein sich der Eisenbahnkreuzung näherndes Schienenfahrzeug vom Sehpunkt aus optisch wahrnehmbar sein muss.

(3) Der vorhandene Sichtpunkt ist jener 1 m oberhalb der Gleisachse gelegene Punkt, ab dem ein sich der Eisenbahnkreuzung näherndes Schienenfahrzeug vom Sehpunkt aus tatsächlich optisch wahrnehmbar ist.

§ 43. Der Kreuzungspunkt ist der 1 m über dem Schnittpunkt von Straßen- und Gleichachse gedachte Punkt.

Ermittlung der Lage der Sehpunkte

§ 44. (1) Die Lage der Sehpunkte ist, sofern kein Anhalten der Straßenfahrzeuge vor der Eisenbahnkreuzung zugrunde zu legen ist, so zu ermitteln, dass Straßenfahrzeuge aus einer Ausgangsgeschwindigkeit von 40 km/h, von 30 km/h, von 20 km/h, von 10 km/h, von 8 km/h und von 6 km/h mit einer Bremsverzögerung von 2,2 m/s² bei Straßenfahrzeugen mit einer Bauartgeschwindigkeit größer als 25 km/h und mit einer Bremsverzögerung von 2,0 m/s² bei Straßenfahrzeugen mit einer Bauartgeschwindigkeit bis 25 km/h und einer Erkennungs- und Reaktionszeit für den Straßenbenützer von 1,2 Sekunden und einer Ansprechzeit der Bremsen von 0,6 Sekunden vor der Eisenbahnkreuzung anhalten können (Anhalteweg). Dem so ermittelten Wert ist bei Straßenfahrzeugen ein Abstand zwischen vorderer Begrenzung des Fahrzeuges und Lenker des Straßenfahrzeuges von 2,0 m hinzuzurechnen.

(2) Für Fahrräder auf Radwegen oder auf Geh- und Radwegen ist der Ermittlung der Lage des Sehpunktes gemäß Abs. 1 eine Ausgangsgeschwindigkeit von 20 km/h und eine Bremsverzögerung von 4 m/s² zugrunde zu legen. Dem so ermittelten Wert ist bei Fahrrädern ein Abstand zwischen vorderer Begrenzung des Fahrrades und Lenker des Fahrrades von 1,0 m hinzuzurechnen.

(3) Für Fußgänger auf Gehwegen oder auf Geh- und Radwegen ist der Ermittlung der Lage des Sehpunktes gemäß Abs. 1 eine Geschwindigkeit von 0,8 m/s zugrunde zu legen.

(4) Das gemäß Abs. 1 bis 3 ermittelte Ergebnis ist mathematisch auf ganze Zahlen zu runden.

(5) Ist ein Anhalten vor der Eisenbahnkreuzung zugrunde zu legen, ist die Lage des Sehpunktes 2 m vom dem Standort des Andreaskreuzes anzunehmen.

(6) Links und rechts der Bahn können verschiedene Sehpunkte maßgebend sein.

Ermittlung der erforderlichen Annäherungszeit und der Lage der erforderlichen Sichtpunkte

§ 45. (1) Die erforderlichen Annäherungszeiten der Schienenfahrzeuge an die Eisenbahnkreuzung und damit die Abstände der erforderlichen, den gemäß § 44 zu bestimmenden Sehpunkten jeweils zugehörigen Sichtpunkte vom Kreuzungspunkt sind so zu ermitteln, dass Straßenbenützer die Annäherung des Schienenfahrzeuges rechtzeitig wahrnehmen und erforderlichenfalls vor der Eisenbahnkreuzung anhalten oder die Eisenbahnkreuzung ungefährdet verlassen können.

(2) Der Ermittlung gemäß Abs. 1 ist die Zeit,

1. die Fahrzeuge, die mit oder ohne Anhänger samt Ladung insgesamt bis 20 m lang sind, für das Zurücklegen einer Strecke, die mit dem Anhalteweg aus einer Annäherungsgeschwindigkeit von 40 km/h, von 30 km/h und von 20 km/h beginnt und 2 m nach der letzten Schiene endet, benötigen;

2. die Fahrzeuge, die mit oder ohne Anhänger samt Ladung insgesamt bis 20 m lang sind, für das Zurücklegen einer Strecke, die 7 m vor dem Standort des Andreaskreuzes beginnt und 2 m nach der letzten Schiene endet, mit einer Mindestgeschwindigkeit von 2,78 m/s benötigen;

3. die Fuhrwerke im Sinne der StVO 1960, die samt Ladung über 10 m bis 16 m lang sind, für das Zurücklegen einer Strecke, die 6 m vor dem Standort des Andreaskreuzes beginnt und 2 m nach der letzten Schiene endet, mit einer Mindestgeschwindigkeit von 2,22 m/s benötigen;

4. die Fuhrwerke im Sinne der StVO 1960, die samt Ladung bis 10 m lang sind, für das Zurücklegen einer Strecke, die 4 m vor dem Standort des Andreaskreuzes beginnt und 2 m nach der letzten Schiene endet, mit einer Mindestgeschwindigkeit von 1,67 m/s benötigen;

5. die Radfahrer, die mit oder ohne Anhänger samt Ladung insgesamt bis 3 m lang sind, für das Zurücklegen einer Strecke, die 3 m vor dem Standort des Andreaskreuzes beginnt und 2 m nach der letzten Schiene endet, mit einer Mindestgeschwindigkeit von 1,67 m/s benötigen und

6. die Fußgänger für das Zurücklegen einer Strecke, die 2 m vor dem Standort des Andreas-

kreuzes beginnt und 2 m nach der letzten Schiene endet, mit einer Mindestgeschwindigkeit von 0,8 m/s benötigen, zugrunde zu legen.

Darüber hinaus ist eine Zeit ab dem Zeitpunkt des Verlassens der Eisenbahnkreuzung bis zum Eintreffen des Schienenfahrzeuges im Kreuzungspunkt von 1 Sekunde (Restzeit) hinzuzurechnen.

(3) Ist der Ermittlung des Abstandes des erforderlichen Sichtpunktes vom Kreuzungspunkt ein Anhalten vor der Eisenbahnkreuzung zugrunde zu legen, ist für das Anfahren von Fahrzeugen gemäß Abs. 2 Z 3 und 4 bis zum Erreichen der Geschwindigkeit gemäß Abs. 2 Z 3 und 4 eine Anfahrbeschleunigung von 0,5 m/s^2, von Fahrzeugen gemäß Abs. 2 Z 2 bis zum Erreichen der Geschwindigkeit gemäß Abs. 2 Z 2 eine Anfahrbeschleunigung von 1,0 m/s^2 sowie für Radfahrer eine Anfahrbeschleunigung von 0,5 m/s^2 bis zum Erreichen der Geschwindigkeit gemäß Abs. 2 Z 5 anzunehmen. Darüber hinaus ist eine Zeit ab dem Zeitpunkt des Verlassens der Eisenbahnkreuzung bis zum Eintreffen des Schienenfahrzeuges im Kreuzungspunkt von 3 Sekunden (Restzeit) hinzuzurechnen.

(4) Das gemäß Abs. 1 bis 3 ermittelte Ergebnis ist mathematisch auf ganze Zahlen zu runden.

(5) Bei der Ermittlung des erforderlichen Abstandes des Sichtpunktes vom Kreuzungspunkt gemäß Abs. 2 Z 1 bis 4 und Abs. 3 bei Eisenbahnkreuzungen, die nicht in einem Kreuzungswinkel von 90°, von der Gleisachse ausgehend im Uhrzeigersinn zur Straßenachse hin bestimmt, angelegt sind, ist eine Fahrzeugbreite von 2,60 m zu berücksichtigen.

(6) Bei Eisenbahnkreuzungen für den Fahrzeugverkehr und bei Eisenbahnkreuzungen mit Geh- und Radwegen ist in jedem Fall auch der Abstand des erforderlichen Sichtpunktes vom Kreuzungspunkt für den Fußgängerverkehr zu ermitteln.

(7) Eisenbahnkreuzungen mit Geh- und Radwegen oder Radwegen können wie Eisenbahnkreuzungen mit Gehwegen behandelt werden, wenn Einrichtungen vorhanden sind, die eine Benützung der Eisenbahnkreuzung nur mit geschobenen Fahrrädern ermöglichen.

(8) Die Ermittlung der Abstände der erforderlichen, den gemäß § 44 zu bestimmenden Sehpunkten jeweils zugehörigen Sichtpunkten vom Kreuzungspunkt hat mit dem Ergebnis aus den Ermittlungen gemäß Abs. 1 bis 6 und der örtlich zulässigen Geschwindigkeit auf der Bahn im Bereich der Eisenbahnkreuzung zu erfolgen.

Erforderlicher Sichtraum, vorhandener Sichtraum

§ 46. (1) Der erforderliche Sichtraum ist jener Raum, der über der Fläche liegt, die von den Verbindungslinien zwischen dem Kreuzungspunkt, den gemäß § 44 zu bestimmenden Sehpunkten und den diesen Sehpunkten jeweils zugehörigen, gemäß § 45 zu bestimmenden erforderlichen Sichtpunkten gebildet wird und nach oben durch eine 1,50 m über den Sehpunkten und jeweils 3 m über dem Kreuzungspunkt und dem erforderlichen Sichtpunkt gelegene Fläche begrenzt wird.

(2) Der vorhandene Sichtraum ist jener Raum, der über der Fläche liegt, die von den Verbindungslinien zwischen dem Kreuzungspunkt, den gemäß § 44 zu bestimmenden Sehpunkten und den diesen Sehpunkten jeweils zugehörigen vorhandenen Sichtpunkten gebildet wird und nach oben durch eine 1,50 m über dem Sehpunkt und jeweils 3 m über dem Kreuzungspunkt und dem vorhandenen Sichtpunkt gelegene Fläche begrenzt wird.

§ 47. (1) Bei jeder Eisenbahnkreuzung ist der Sichtraum in vier Quadranten zu betrachten. Die Quadranten sind wie folgt zu bezeichnen:

Quadrant I: links der Bahn gegen den Anfangspunkt der Strecke;
Quadrant II: rechts der Bahn gegen den Anfangspunkt der Strecke;
Quadrant III: links der Bahn gegen den Endpunkt der Strecke und
Quadrant IV: rechts der Bahn gegen den Endpunkt der Strecke.

Bei der Bezeichnung „links der Bahn" und „rechts der Bahn" sowie „Anfangspunkt der Strecke" und „Endpunkt der Strecke" ist im Sinne der Kilometrierung der konsensmäßigen Bezeichnung der Strecke vorzugehen.

(2) Der Kreuzungswinkel zwischen der Achse der Straße und der Achse der Bahn ist von der Gleisachse ausgehend im Uhrzeigersinn zur Straßenachse hin zu bestimmen. Ist der Verlauf der Straße und/oder der Verlauf der Bahn im Bereich der Eisenbahnkreuzung nicht geradlinig, ist eine Tangente an den Bogen der Achse der Bahn und eine Tangente an den Bogen der Straße zu legen. Der Kreuzungswinkel zwischen der Achse der Straße und Achse der Bahn ist durch den Winkel dieser Tangenten im Kreuzungspunkt, von der Gleisachse ausgehend im Uhrzeigersinn zur Straßenachse hin, zu bestimmen.

(3) Für die Bestimmung der Grundfläche des Sichtraumes in einem Quadranten sind grundsätzlich die Verbindungslinien zwischen dem Kreuzungspunkt, dem Sehpunkt und dem zugehörigen Sichtpunkt maßgebend. Schneidet die Verbindungslinie vom Sehpunkt zum Sichtpunkt die Gleisachse, ist vom Sehpunkt aus eine Tangente an den Gleisbogen zu legen und ist für die Bestimmung der Grundfläche des Sichtraumes jene Fläche maßgebend, die vom gedachten Linienzug vom Kreuzungspunkt über den Sehpunkt, über den Tangentenpunkt, über die Gleisachse bis zum

Ermittlung des vorhandenen Sichtraumes

§ 48. (1) Der Ermittlung des vorhandenen Sichtraumes vom jeweiligen, gemäß § 44 zu ermittelnden Sehpunkt aus ist ein Sichtwinkel aus dem Straßenfahrzeug nach links von 100° und nach rechts von 90° zugrunde zu legen.

(2) Der vorhandene Sichtraum ist nach Maßgabe des Abs. 1 und unter Zugrundelegung des gemäß § 46 Abs. 2 zu ermittelnden erforderlichen Sichtraumes vom jeweiligen Sehpunkt aus vor Ort zu ermitteln. Dabei ist festzustellen, ob vom jeweiligen Sehpunkt aus die Sicht auf ein sich im erforderlichen Sichtraum ab dem jeweils zugehörigen, erforderlichen Sichtpunkt der Eisenbahnkreuzung näherndes Schienenfahrzeug uneingeschränkt gegeben ist.

(3) Ist die gemäß Abs. 2 festzustellende Sicht nicht uneingeschränkt gegeben, ist auf Grund der örtlichen Verhältnisse festzustellen, ob die Einschränkung der Sicht als wesentlich im Sinne des § 49 anzusehen ist.

Freihalten des erforderlichen Sichtraumes

§ 49. (1) Bei Eisenbahnkreuzungen, die durch Gewährleisten des erforderlichen Sichtraumes gesichert sind, ist der erforderliche Sichtraum dauerhaft so freizuhalten, dass das Spitzensignal des sich der Eisenbahnkreuzung nähernden Schienenfahrzeuges dem Straßenbenützer vom erforderlichen Sichtpunkt bis zur Eisenbahnkreuzung bei Tag und Nacht ohne wesentliche Sichteinschränkungen erkennbar ist.

(2) Sichteinschränkungen sind dann nicht wesentlich, wenn trotz vorhandener Sichthindernisse der Blickwinkel des Verkehrsteilnehmers nur geringfügig und nur für kurze Zeit beeinträchtigt ist und das sich nähernde Schienenfahrzeug nicht frontal verdeckt wird.

Sichtbehindernde Verhältnisse

§ 50. Sichtbehindernde Verhältnisse liegen vor, wenn der erforderliche Sichtraum vorübergehend, beispielsweise durch Nebel, Schneefall oder hohe Schneelage, eingeschränkt ist.

§ 51. (1) Bei Eisenbahnkreuzungen mit Fahrzeugverkehr, die durch Gewährleisten des erforderlichen Sichtraumes gesichert sind, hat das Eisenbahnunternehmen in geeigneter Art und Weise die Erkennbarkeit des Vorliegens sichtbehindernder Verhältnisse sicherzustellen.

(2) Liegen vor dem Befahren der Eisenbahnkreuzung ab dem erforderlichen Sichtpunkt sichtbehindernde Verhältnisse vor, ist die Geschwindigkeit so weit herabzusetzen, dass der gemäß § 45 mit dieser Geschwindigkeit zu ermittelnde erforderliche Abstand des Sichtpunktes vom Kreuzungspunkt nicht mehr als 120 m beträgt. Diese Geschwindigkeit ist ab dem für diese Geschwindigkeit auf der Bahn erforderlichen Sichtpunkt bis zum Erreichen der Eisenbahnkreuzung einzuhalten. Ab dem für diese Geschwindigkeit auf der Bahn erforderlichen Sichtpunkt sind gleichzeitig bis zum Erreichen der Eisenbahnkreuzung wiederholt akustische Signale vom Schienenfahrzeug aus abzugeben. Der für diese verminderte Geschwindigkeit auf der Bahn erforderliche Sichtpunkt ist anzuzeigen.

Maßnahmen bei vorübergehender Einschränkung des erforderlichen Sichtraumes bei der Sicherung durch Gewährung des erforderlichen Sichtraumes

§ 52. (1) Wird der bei der Sicherung durch Gewährleisten des erforderlichen Sichtraumes der Entscheidung der Behörde zugrunde gelegte erforderliche Sichtraum vorübergehend eingeschränkt, kann das Eisenbahnunternehmen für die Dauer der vorübergehenden Einschränkung, sofern die Sicherung durch Gewährleisten des erforderlichen Sichtraumes beibehalten werden kann, die den Verhältnissen entsprechenden, die Eisenbahnkreuzung sichernden Vorschriftszeichen „Geschwindigkeitsbeschränkung (Erlaubte Höchstgeschwindigkeit)" oder Vorschriftszeichen „Halt", erforderlichenfalls unter gleichzeitiger Herabsetzung der Geschwindigkeit auf der Bahn nach Maßgabe des vorhandenen Sichtraumes, anbringen.

(2) Ist dies nicht möglich, kann das Eisenbahnunternehmen vor Eisenbahnkreuzungen mit Fahrzeugverkehr oder mit Radfahrverkehr allein oder mit Fußgänger- und Radfahrverkehr das Vorschriftszeichen „Halt" mit der Zusatztafel „auf Pfeifsignal achten" anbringen. Bei Fußgängerverkehr allein ist die Zusatztafel „auf Pfeifsignalachten" anzubringen. Bei Fahrzeugverkehr ist zusätzlich die Geschwindigkeit auf der Bahn so weit herabzusetzen, dass der gemäß § 45 zu ermittelnde Abstand des erforderlichen Sichtpunktes vom Kreuzungspunkt 120 m nicht überschreitet. Der jeweils erforderliche Sichtpunkt ist anzuzeigen. Ab diesem Signal sind bis zum Erreichen der Eisenbahnkreuzung wiederholt akustische Signale vom Schienenfahrzeug aus abzugeben.

(3) Die angebrachten Vorschriftszeichen haben die Wirkung, als ob sie von der Behörde angeordnet worden wären. Hievon ist unverzüglich die nächste Polizeidienststelle zu verständigen.

(4) Die Beseitigung der vorübergehenden Einschränkung des erforderlichen Sichtraumes ist vom Eisenbahnunternehmen unverzüglich zu veranlassen.

Sicherung durch Abgabe akustischer Signale vom Schienenfahrzeug aus

Grundsatz

§ 53. (1) Bei der Sicherung einer Eisenbahnkreuzung durch Abgabe akustischer Signale vom Schienenfahrzeug aus, die für den Fußgängerverkehr allein bestimmt ist, ist sicher zu stellen, dass sich der Eisenbahnkreuzung nähernde Fußgänger, wenn sie von dem hiefür maßgebenden Sehpunkt aus kein sich der Eisenbahnkreuzung näherndes Schienenfahrzeug wahrnehmen, die Eisenbahnkreuzung ohne Verzögerung und unter Einhaltung der Mindestgeschwindigkeit gemäß § 45 Abs. 2 Z 6 im Bereich der Eisenbahnkreuzung ungefährdet begehen und verlassen können.

(2) Bei der Sicherung einer Eisenbahnkreuzung durch Abgabe akustischer Signale vom Schienenfahrzeug aus, die für den Radfahrverkehr und für den Fußgängerverkehr bestimmt ist, ist sicher zu stellen, dass

1. Lenker von Fahrrädern, die auf Grund des Vorschriftszeichens „Halt" vor der Eisenbahnkreuzung anhalten und von dem hiefür maßgebenden Sehpunkt aus kein sich der Eisenbahnkreuzung näherndes Schienenfahrzeug wahrnehmen, nach dem Anfahren die Eisenbahnkreuzung ohne Verzögerung und unter Einhaltung der jeweiligen Mindestgeschwindigkeit gemäß § 45 Abs. 2 Z 5 im Bereich der Eisenbahnkreuzung ungefährdet befahren und verlassen können und

2. sich der Eisenbahnkreuzung nähernde Fußgänger, wenn sie von dem hiefür maßgebenden Sehpunkt aus kein sich der Eisenbahnkreuzung näherndes Schienenfahrzeug wahrnehmen, die Eisenbahnkreuzung ohne Verzögerung und unter Einhaltung der Mindestgeschwindigkeit gemäß § 45 Abs. 2 Z 6 im Bereich der Eisenbahnkreuzung ungefährdet begehen und verlassen können.

(3) Bei der Sicherung einer Eisenbahnkreuzung durch Abgabe akustischer Signale vom Schienenfahrzeug aus, die für den Fahrzeugverkehr und für den Fußgängerverkehr bestimmt ist, ist sicher zu stellen, dass

1. Lenker von Fahrzeugen, die auf Grund des Vorschriftszeichens „Halt" vor der Eisenbahnkreuzung anhalten und von dem hiefür maßgebenden Sehpunkt aus kein sich der Eisenbahnkreuzung näherndes Schienenfahrzeug wahrnehmen, nach dem Anfahren die Eisenbahnkreuzung ohne Verzögerung und unter Einhaltung der jeweiligen Mindestgeschwindigkeit gemäß § 45 Abs. 2 Z 1 bis 5 im Bereich der Eisenbahnkreuzung ungefährdet befahren und verlassen können und

2. sich der Eisenbahnkreuzung nähernde Fußgänger, wenn sie von dem hiefür maßgebenden Sehpunkt aus kein sich der Eisenbahnkreuzung näherndes Schienenfahrzeug wahrnehmen, die Eisenbahnkreuzung ohne Verzögerung und unter Einhaltung der Mindestgeschwindigkeit gemäß § 45 Abs. 2 Z 6 im Bereich der Eisenbahnkreuzung ungefährdet begehen und verlassen können.

Ermittlung der Lage der Sehpunkte

§ 54. Die Ermittlung der Lage der Sehpunkte hat gemäß § 44 zu erfolgen, wobei ein Anhalten der Fahrzeuge vor der Eisenbahnkreuzung zugrunde zu legen ist.

Ermittlung der erforderlichen Annäherungszeit des Schienenfahrzeuges und der Lage der erforderlichen Sichtpunkte

§ 55. Die Ermittlung der erforderlichen Annäherungszeit der Schienenfahrzeuge an die Eisenbahnkreuzung und damit der Lage der erforderlichen Sichtpunkte hat gemäß § 45 Abs. 1 bis 6 zu erfolgen, wobei ein Anhalten der Fahrzeuge vor der Eisenbahnkreuzung zugrunde zu legen ist.

Sichtraum

§ 56. Der erforderliche und der vorhandene Sichtraum sind gemäß den Bestimmungen des § 45 Abs. 2 und 3 und des § 48 zu ermitteln.

Freihalten des vorhandenen Sichtraumes

§ 57. Bei Eisenbahnkreuzungen, die durch Abgabe akustischer Signale vom Schienenfahrzeug aus gesichert sind, ist der vorhandene Sichtraum gemäß § 46 Abs. 2 und § 48 von dauerhaften Sichthindernissen freizuhalten.

Standort und Bedeutung der Signale für den Eisenbahnbetrieb

§ 58. (1) Der erforderliche Sichtpunkt ist durch ein vor der Eisenbahnkreuzung auf der Bahn aufzustellendes Signal zu kennzeichnen. Beträgt der Abstand des erforderlichen Sichtpunktes vom Kreuzungspunkt weniger als 100 m, ist das Signal in einem Abstand von mindestens 100 m aufzustellen.

(2) Ab dem Signal gemäß Abs. 1 bis zum Erreichen der Eisenbahnkreuzung sind akustische Signale vom Schienenfahrzeug aus wiederholt (mindestens dreimal) zu geben.

(3) Die Abgabe akustischer Signale vom Schienenfahrzeug aus ab dem Signal gemäß Abs. 1 kann entfallen, wenn die Schienenfahrzeuge zwischen dem Signal und dem vorhandenen Sichtpunkt planmäßig anhalten. Davon unberührt

bleibt die Abgabe akustischer Signale vom Schienenfahrzeug aus als Achtungssignal. Die akustischen Signale sind ab der Weiterfahrt des Schienenfahrzeuges bis zum Erreichen der Eisenbahnkreuzung wiederholt zu geben, wobei die Bestimmungen des § 53 einzuhalten sind.

(4) Die Abgabe akustischer Signale vom Schienenfahrzeug aus ab dem Signal gemäß Abs. 1 kann entfallen, wenn die Schienenfahrzeuge zwischen dem vorhandenen Sichtpunkt und der Eisenbahnkreuzung planmäßig anhalten. Davon unberührt bleibt die Abgabe akustischer Signale vom Schienenfahrzeug aus als Achtungssignal. Die Fahrt darf erst nach Abgabe akustischer Signale fortgesetzt werden und sind diese bis zum Erreichen der Eisenbahnkreuzung wiederholt zu geben.

§ 59. (1) Bei nacheinander gelegenen Eisenbahnkreuzungen, die durch Abgabe akustischer Signale vom Schienenfahrzeug aus gesichert sind und deren jeweiliger Abstand voneinander geringer ist als der jeweilige Abstand des erforderlichen Sichtpunktes vom jeweiligen Kreuzungspunkt, ist der von der ersten Eisenbahnkreuzung am weitesten entfernt gelegene erforderliche Sichtpunkt aller Eisenbahnkreuzungen durch ein Signal für den Beginn dieser Gruppe von Eisenbahnkreuzungen zu kennzeichnen. Die letzte Eisenbahnkreuzung dieser Gruppe ist durch ein Signal für das Ende dieser Gruppe, das nach der letzten Eisenbahnkreuzung dieser Gruppe aufzustellen ist, zu kennzeichnen.

(2) Ab dem Signal gemäß Abs. 1 bis zum Erreichen der ersten Eisenbahnkreuzung sind akustische Signale vom Schienenfahrzeug aus wiederholt (mindestens dreimal), und in weiterer Folge bis zum Erreichen des Signals gemäß Abs. 1 für das Ende dieser Gruppe, fortgesetzt zu geben. Halten Schienenfahrzeuge planmäßig zwischen dem Signal für den Beginn dieser Gruppe und dem Signal für das Ende dieser Gruppe an, ist § 58 Abs. 3 und 4 sinngemäß anzuwenden.

§ 60. Befindet sich zwischen dem Signal gemäß § 58 Abs. 1 und der zugehörigen Eisenbahnkreuzung eine Eisenbahnkreuzung, die durch Gewährleisten des erforderlichen Sichtraumes gesichert ist, ist statt dem Signal gemäß § 58 Abs. 1 ein Signal gemäß § 59 Abs. 1 zu verwenden. Das Ende dieser Gruppe von Eisenbahnkreuzungen ist durch ein Signal gemäß § 59 Abs. 2 zu kennzeichnen.

Bestimmungen für geschobene Fahrten von Schienenfahrzeugen

§ 61. (1) Geschobene Fahrten von Schienenfahrzeugen, deren erstes Fahrzeug zur Abgabe akustischer Signale vom Schienenfahrzeug aus nicht eingerichtet ist, dürfen sich mit ihrer Spitze Eisenbahnkreuzungen mit Fußgängerverkehr allein, Radfahrverkehr allein oder Fußgänger- und Radfahrverkehr nur mit jener Geschwindigkeit nähern, mit der ab mindestens 100 m vor der Eisenbahnkreuzung bis zur Eisenbahnkreuzung die erforderliche Annäherungszeit gemäß § 55 gewahrt wird.

(2) Geschobene Fahrten von Schienenfahrzeugen, deren erstes Fahrzeug zur Abgabe akustischer Signale vom Schienenfahrzeug aus nicht eingerichtet ist, dürfen sich mit ihrer Spitze Eisenbahnkreuzungen mit Fahrzeugverkehr nur mit jener Geschwindigkeit nähern, mit der ab höchstens 120 m vor der Eisenbahnkreuzung bis zur Eisenbahnkreuzung die erforderliche Annäherungszeit gemäß § 55 gewahrt wird.

(3) Die akustischen Signale sind ab dem Signal gemäß § 58 wiederholt (mindestens dreimal) zu geben.

Sicherung durch Lichtzeichen

Dauer des Anhaltegebotes

§ 62. Das Anhaltegebot für die Straßenbenützer bei Lichtzeichen ist auf den für die Annäherung und das Befahren der Eisenbahnkreuzung durch Schienenfahrzeuge notwendigen Zeitraum zu beschränken. Die Lichtzeichen haben dann zu erlöschen, wenn die Eisenbahnkreuzung frei von Schienenfahrzeugen ist.

Anschaltung der Lichtzeichen; erforderliche Annäherungszeit des Schienenfahrzeuges

§ 63. Erfolgt die Anschaltung der Lichtzeichen fahrtbewirkt, ist der Zeitpunkt der Anschaltung der Lichtzeichen so zu bemessen, dass Straßenbenützer, die sich zum Zeitpunkt der Anschaltung der Lichtzeichen auf der Eisenbahnkreuzung befinden, diese noch gefahrlos verlassen können (erforderliche Annäherungszeit des Schienenfahrzeuges).

§ 64. (1) Erfolgt die Anschaltung der Lichtzeichen nicht fahrtbewirkt und ergibt sich aus den nachfolgenden Bestimmungen nichts anderes, hat diese unter Einhaltung der erforderlichen Annäherungszeit des Schienenfahrzeuges gemäß § 63 so spät wie möglich zu erfolgen.

(2) Erfolgt die Anschaltung der Lichtzeichen, die sich nicht unter Deckung eines Signals befinden, nicht fahrtbewirkt, hat diese unter Einhaltung der erforderlichen Annäherungszeit des Schienenfahrzeuges gemäß § 63 so spät wie möglich zu erfolgen.

(3) Erfolgt die Anschaltung der Lichtzeichen, die sich nicht unter Deckung eines Signals befinden, nicht fahrtbewirkt und halten Schienenfahr-

zeuge im Nahbereich vor der Eisenbahnkreuzung, hat die Anschaltung vor der Weiterfahrt unter Einhaltung der erforderlichen Annäherungszeit des Schienenfahrzeuges gemäß § 63 so spät wie möglich zu erfolgen.

(4) Erfolgt die Anschaltung der Lichtzeichen, die sich unter Deckung eines Signals und in Abhängigkeit zu diesem Signal befinden, nicht fahrtbewirkt, ist bei der Freistellung des deckenden Signals sicherzustellen, dass die Freistellung des deckenden Signals erst dann erfolgt, nachdem die Lichtzeichen den Straßenbenützern entsprechend der erforderlichen Annäherungszeit Halt gebieten. Für den Zeitpunkt der Freistellung des deckenden Signals darf die Fahrzeit vom deckenden Signal bis zur Eisenbahnkreuzung berücksichtigt werden, wenn zum Zeitpunkt der Freistellung des deckenden Signals die Lichtzeichen den Straßenbenützern Halt gebieten und die Fahrzeit zwischen dem deckenden Signal und der Eisenbahnkreuzung zumindest der erforderlichen Annäherungszeit des Schienenfahrzeuges gemäß § 63 entspricht.

(5) Erfolgt die Anschaltung der Lichtzeichen, die sich unter Deckung eines Signals, jedoch ohne Abhängigkeit zu diesem deckenden Signal befinden, nicht fahrtbewirkt und obliegt dem Bediener der Lichtzeichen auch die Bedienung des deckenden Signals, hat der Bediener bei der Freistellung des deckenden Signals sicherzustellen, dass die Freistellung des deckenden Signals erst dann erfolgt, nachdem die Lichtzeichen den Straßenbenützern entsprechend der erforderlichen Annäherungszeit Halt gebieten. Muss abweichend davon das deckende Signal ohne vorherige Anschaltung der Lichtzeichen vom Bediener in Freistellung gebracht werden, hat die Anschaltung der Lichtzeichen durch den Bediener unter Einhaltung der erforderlichen Annäherungszeit des Schienenfahrzeuges gemäß § 63 so spät wie möglich zu erfolgen.

Erforderliche Annäherungszeit des Schienenfahrzeuges bei fahrtbewirkter Einschaltung der Lichtzeichen und Fernüberwachung

§ 65. Bei der Ermittlung der erforderlichen Annäherungszeit des Schienenfahrzeuges an die Eisenbahnkreuzung bei fahrtbewirkter Anschaltung der Lichtzeichen gemäß § 63 und Fernüberwachung ist davon auszugehen, dass Straßenfahrzeuge vor der Eisenbahnkreuzung anhalten. Für das Anfahren bis zum Erreichen der Mindestgeschwindigkeit gemäß § 45 innerhalb der gemäß Anlage 1 zu ermittelnden Sperrstrecke d von Fahrzeugen gemäß § 45 Abs. 2 Z. 2 ist eine Anfahrbeschleunigung von 1,0 m/s², für das Anfahren von Fahrzeugen gemäß § 45 Abs. 2 Z. 3 und 4 ist eine Anfahrbeschleunigung von 0,5 m/s² und für Radfahrer gemäß § 45 Abs. 2 Z 5 eine Anfahrbeschleunigung von 0,5 m/s² anzunehmen. Für Fußgänger ist die gemäß Anlage 1 zu ermittelnde Sperrstrecke d_F zugrunde zu legen. Zusätzlich sind ab dem Ende des Räumvorganges der Eisenbahnkreuzung durch die Straßenbenützer bis zum Eintreffen des Schienenfahrzeuges auf der Eisenbahnkreuzung eine Zeit von drei Sekunden (Restzeit) sowie die für die sicherungstechnischen Schaltfolgen und dazugehörigen Abfragen diesbezüglicher Daten aus elektronischen Systemen erforderlichen Zeiten (Technikzeiten) zu berücksichtigen. Das Ergebnis der so ermittelten erforderlichen Annäherungszeit des Schienenfahrzeuges ist mathematisch auf ganze Zahlen zu runden.

Erforderliche Annäherungszeit des Schienenfahrzeuges bei fahrtbewirkter Einschaltung der Lichtzeichen und Triebfahrzeugführerüberwachung

§ 66. (1) Die erforderliche Annäherungszeit des Schienenfahrzeuges bei fahrtbewirkter Einschaltung der Lichtzeichen gemäß § 63 und Triebfahrzeugführerüberwachung, mit der der ordnungsgemäße Funktion der Lichtzeichen überwacht wird, setzt sich zusammen

1. aus dem für die örtlich zulässige Geschwindigkeit auf der Bahn zwischen dem Überwachungssignal und der Eisenbahnkreuzung erforderlichen Bremsweg für das Schienenfahrzeug und

2. aus der Wegstrecke, die vom Schienenfahrzeug innerhalb einer Zeit von 13 Sekunden mit der örtlich zulässigen Geschwindigkeit zwischen Einschaltstelle und dem Überwachungssignal durchfahren wird und

3. aus den für die sicherungstechnischen Schaltfolgen und dazugehörigen Abfragen diesbezüglicher Daten aus elektronischen Systemen erforderlichen Zeiten (Technikzeiten).

Darüber hinaus ist die erforderliche Annäherungszeit des Schienenfahrzeuges wie bei Lichtzeichen und Fernüberwachung gemäß § 65 zu ermitteln. Der größere der sich hierbei ergebenden Werte ist maßgebend.

(2) Die erforderliche Annäherungszeit des Schienenfahrzeuges bei fahrtbewirkter Einschaltung der Lichtzeichen gemäß § 63 und Triebfahrzeugführerüberwachung, mit der der ordnungsgemäße Zustand der Lichtzeichen überwacht wird, ist wie für Lichtzeichen und Fernüberwachung zu ermitteln.

Sicherung durch Lichtzeichen mit Schranken

Dauer des Anhaltegebotes

§ 67. (1) Das Anhaltegebot für die Straßenbenützer bei Lichtzeichen mit Schranken ist auf den für die Annäherung und das Befahren der Eisenbahnkreuzung durch Schienenfahrzeuge notwendigen Zeitraum zu beschränken. Die Lichtzeichen bei Lichtzeichen mit Schranken haben, ausgenommen in den Fällen des Abs. 2, dann zu erlöschen, wenn die Eisenbahnkreuzung frei von Schienenfahrzeugen ist und die Schrankenbäume die offene Endlage erreicht haben.

(2) Ist eine Eisenbahnkreuzung mit Lichtzeichen mit Vollschranken gesichert und lässt es die Verkehrsbedeutung der Straße zu, kann die Behörde bestimmen, dass die Schrankenbäume in der Regel oder während bestimmter Zeiten geschlossen bleiben. Während der Zeit, in der die Schrankenbäume geschlossen bleiben, dürfen die Lichtzeichen erlöschen. Werden Schrankenbäume in der Regel oder während bestimmter Zeiten geschlossen gehalten, muss bei den Lichtzeichen mit Schranken deutlich erkennbar angegeben werden, zu welchen Zeiten die Eisenbahnkreuzung übersetzt werden kann oder wie das Öffnen der Schrankenbäume veranlasst werden kann (Sperrschranken oder Anrufschranken).

Anschaltung der Lichtzeichen mit Schranken; erforderliche Annäherungszeit des Schienenfahrzeuges

§ 68. Erfolgt die Anschaltung der Lichtzeichen mit Schranken fahrtbewirkt, ist der Zeitpunkt des Einschaltens der Lichtzeichen bei Lichtzeichen mit Schranken so zu bemessen, dass Straßenbenützer, die sich zum Zeitpunkt der Anschaltung der Lichtzeichen auf der Eisenbahnkreuzung befinden, diese noch gefahrlos verlassen können und die Schrankenbäume beim Eintreffen des Schienenfahrzeuges auf der Eisenbahnkreuzung geschlossen sind (erforderliche Annäherungszeit des Schienenfahrzeuges).

§ 69. (1) Erfolgt die Anschaltung der Lichtzeichen mit Schranken nicht fahrtbewirkt und ergibt sich aus den nachfolgenden Bestimmungen nichts anderes, hat diese

1. bei Lichtzeichen mit Halbschranken unter Einhaltung der jeweils erforderlichen Annäherungszeit des Schienenfahrzeuges gemäß § 68;

2. bei Lichtzeichen mit Vollschranken mit gleichzeitigem Schließen der Schrankenbäume unter Einhaltung der jeweils erforderlichen Annäherungszeit des Schienenfahrzeuges gemäß § 68 oder

3. bei Lichtzeichen mit vierteiligen Vollschranken mit versetztem Schließen der Schrankenbäume unter Einhaltung der jeweils erforderlichen Annäherungszeit des Schienenfahrzeuges gemäß § 68

so spät wie möglich zu erfolgen.

(2) Erfolgt die Anschaltung der Lichtzeichen mit Schranken, die sich nicht unter Deckung eines Signals befinden, nicht fahrtbewirkt, hat diese

1. bei Lichtzeichen mit Halbschranken unter Einhaltung der jeweils erforderlichen Annäherungszeit des Schienenfahrzeuges gemäß § 68;

2. bei Lichtzeichen mit Vollschranken mit gleichzeitigem Schließen der Schrankenbäume unter Einhaltung der jeweils erforderlichen Annäherungszeit des Schienenfahrzeuges gemäß § 68 oder

3. bei Lichtzeichen mit vierteiligen Vollschranken mit versetztem Schließen der Schrankenbäume unter Einhaltung der jeweils erforderlichen Annäherungszeit des Schienenfahrzeuges gemäß § 68

so spät wie möglich zu erfolgen.

(3) Erfolgt die Anschaltung der Lichtzeichen mit Schranken, die sich nicht unter Deckung eines Signals befinden, nicht fahrtbewirkt und halten Schienenfahrzeuge im Nahbereich vor der Eisenbahnkreuzung, hat die Anschaltung vor der Weiterfahrt

1. bei Lichtzeichen mit Halbschranken unter Einhaltung der jeweils erforderlichen Annäherungszeit des Schienenfahrzeuges gemäß § 68;

2. bei Lichtzeichen mit Vollschranken mit gleichzeitigem Schließen der Schrankenbäume unter Einhaltung der jeweils erforderlichen Annäherungszeit des Schienenfahrzeuges gemäß § 68 oder

3. bei Lichtzeichen mit vierteiligen Vollschranken mit versetztem Schließen der Schrankenbäume unter Einhaltung der jeweils erforderlichen Annäherungszeit des Schienenfahrzeuges gemäß § 68

so spät wie möglich zu erfolgen.

(4) Erfolgt die Anschaltung der Lichtzeichen mit Schranken, die sich unter Deckung eines Signals und in Abhängigkeit zu diesem Signal befinden, nicht fahrtbewirkt, ist bei der Freistellung des deckenden Signals sicherzustellen, dass die Freistellung des deckenden Signals erst dann erfolgt, nachdem

1. die Lichtzeichen mit Halbschranken entsprechend der erforderlichen Annäherungszeit des Schienenfahrzeuges gemäß § 68;

2. die Lichtzeichen mit Vollschranken mit gleichzeitigem Schließen der Schrankenbäume entsprechend der erforderlichen Annäherungszeit des Schienenfahrzeuges gemäß § 68 oder

3. die Lichtzeichen mit vierteiligen Vollschranken mit versetztem Schließen der Schrankenbäume entsprechend der erforderlichen Annäherungszeit des Schienenfahrzeuges gemäß § 68

den Straßenbenützern Halt gebieten.

Für den Zeitpunkt der Freistellung des deckenden Signals darf die Fahrzeit vom deckenden Signal

12/2. EisbG
EisbKrV

bis zur Eisenbahnkreuzung in die erforderliche Annäherungszeit des Schienenfahrzeuges eingerechnet werden, wenn zum Zeitpunkt der Freistellung des deckenden Signals das gelbe, nicht blinkende Licht beziehungsweise das rote, nicht blinkende Licht leuchtet und sichergestellt ist, dass die Schrankenbäume die offene Endlage verlassen haben und weiters die Fahrzeit zwischen dem deckenden Signal und der Eisenbahnkreuzung ausreicht, dass die Schrankenbäume beim Eintreffen des Schienenfahrzeuges auf der Eisenbahnkreuzung geschlossen sind. Reicht die Fahrzeit zwischen dem deckenden Signal und der Eisenbahnkreuzung nicht aus, dass die Schrankenbäume beim Eintreffen des Schienenfahrzeuges auf der Eisenbahnkreuzung geschlossen sind, ist der Zeitpunkt der Freistellung des deckenden Signales so festzulegen, dass die erforderliche Annäherungszeit des Schienenfahrzeuges gewahrt bleibt.

(5) Erfolgt die Anschaltung der Lichtzeichen mit Schranken, die sich unter Deckung eines Signals, jedoch ohne Abhängigkeit zu diesem deckenden Signal befinden, nicht fahrtbewirkt und obliegt dem Bediener der Lichtzeichen mit Schranken auch die Bedienung des deckenden Signals, ist bei der Freistellung des deckenden Signals sicherzustellen, dass die Freistellung des deckenden Signals erst dann erfolgt, nachdem

1. die Lichtzeichen mit Halbschranken entsprechend der erforderlichen Annäherungszeit des Schienenfahrzeuges gemäß § 68;

2. die Lichtzeichen mit Vollschranken mit gleichzeitigem Schließen der Schrankenbäume entsprechend der erforderlichen Annäherungszeit des Schienenfahrzeuges gemäß § 68 oder

3. die Lichtzeichen mit vierteiligen Vollschranken mit versetztem Schließen der Schrankenbäume entsprechend der erforderlichen Annäherungszeit des Schienenfahrzeuges gemäß § 68

den Straßenbenützern Halt gebieten.

Muss abweichend davon das deckende Signal ohne vorherige Anschaltung der Lichtzeichen mit Schranken vom Bediener in Freistellung gebracht werden, hat die Anschaltung so zeitgerecht zu erfolgen, dass

1. bei Lichtzeichen mit Halbschranken die erforderliche Annäherungszeit des Schienenfahrzeuges gemäß § 68,

2. bei Lichtzeichen mit Vollschranken mit gleichzeitigem Schließen der Schrankenbäume die erforderliche Annäherungszeit des Schienenfahrzeuges gemäß § 68 oder

3. bei Lichtzeichen mit vierteiligen Vollschranken mit versetztem Schließen der Schrankenbäume die erforderliche Annäherungszeit des Schienenfahrzeuges gemäß § 68

gewahrt ist.

Erforderliche Annäherungszeit des Schienenfahrzeuges bei fahrtbewirkter Anschaltung der Lichtzeichen mit Halbschranken und Fernüberwachung

§ 70. (1) Die erforderliche Annäherungszeit des Schienenfahrzeuges bei fahrtbewirkter Anschaltung der Lichtzeichen mit Halbschranken und Fernüberwachung setzt sich zusammen aus:

1. der Dauer des Anhaltegebotes vor dem Schrankenschließen gemäß Abs. 3,

2. der Schließzeit für die Schrankenbäume (diese hat in der Regel 10 Sekunden zu betragen und darf 12 Sekunden nicht überschreiten sowie 6 Sekunden nicht unterschreiten), sofern diese Zeit für das vollständige Verlassen der Eisenbahnkreuzung durch die Straßenbenützer ausreichend ist oder der Schließzeit für die Schrankenbäume und der zur Schließzeit noch erforderlichen Zeit für das vollständige Verlassen der Eisenbahnkreuzung durch die Straßenbenützer,

3. einer Restzeit ab der geschlossenen Endstellung der Schrankenbäume beziehungsweise ab dem vollständigen Verlassen der Eisenbahnkreuzung durch die Straßenbenützer bis zum Eintreffen des Schienenfahrzeuges auf der Eisenbahnkreuzung von 6 Sekunden und

4. den für die sicherungstechnischen Schaltfolgen und dazugehörigen Abfragen diesbezüglicher Daten aus elektronischen Systemen erforderlichen Zeiten (Technikzeiten).

(2) Wird bei fahrtbewirkter Anschaltung der Lichtzeichen mit Halbschranken und Fernüberwachung, noch ehe die Schrankenbäume die offene Endlage erreicht haben, ein weiteres Schließen der Schrankenbäume erforderlich, setzt sich die erforderliche Annäherungszeit des Schienenfahrzeuges zusammen aus:

1. der Öffnungszeit der Schrankenbäume (diese hat in der Regel 8 Sekunden zu betragen und darf 10 Sekunden nicht überschreiten und 6 Sekunden nicht unterschreiten),

2. der Dauer des Anhaltegebotes vor dem Schrankenschließen gemäß Abs. 3,

3. der Schließzeit für die Schrankenbäume (diese hat in der Regel 10 Sekunden zu betragen und darf 12 Sekunden nicht überschreiten sowie 6 Sekunden nicht unterschreiten), sofern diese Zeit in Verbindung mit dem Anhaltegebot vor dem Schrankenschließen für das vollständige Verlassen der Eisenbahnkreuzung durch die Straßenbenützer ausreichend ist, oder der Schließzeit für die Schrankenbäume und der zur Schließzeit noch erforderlichen Zeit für das vollständige Verlassen der Eisenbahnkreuzung durch die Straßenbenützer,

4. einer Restzeit ab der geschlossenen Endstellung der Schrankenbäume beziehungsweise ab dem vollständigen Verlassen der Eisenbahnkreu-

zung durch die Straßenbenützer bis zum Eintreffen des Schienenfahrzeuges auf der Eisenbahnkreuzung von 6 Sekunden und

5. den für die sicherungstechnischen Schaltfolgen und dazugehörigen Abfragen diesbezüglicher Daten aus elektronischen Systemen erforderlichen Zeiten (Technikzeiten).

(3) Bei der Ermittlung der Dauer des Anhaltegebotes vor dem Schrankenschließen ist davon auszugehen, dass Straßenfahrzeuge vor der Eisenbahnkreuzung anhalten. Für das Anfahren bis zum Erreichen der Mindestgeschwindigkeit gemäß § 46 innerhalb der gemäß Anlage 1 zu ermittelnden Sperrstrecke d_1 von Fahrzeugen gemäß § 45 Abs. 1 Z. 2 ist eine Anfahrbeschleunigung von 1,0 m/s², für das Anfahren von Fahrzeugen gemäß § 45 Abs. 1 Z 3 und 4 ist eine Anfahrbeschleunigung von 0,5 m/s² und für Radfahrer gemäß § 45 Abs. 1 Z 5 eine Anfahrbeschleunigung von 0,5 m/s² anzunehmen. Für Fußgänger ist die gemäß Anlage 1 zu ermittelnde Sperrstrecke d_F zugrunde zu legen. Das Ergebnis der so ermittelten erforderlichen Dauer des Anhaltegebotes vor dem Schrankenschließen bei Lichtzeichen mit Halbschranken ist mathematisch auf ganze Zahlen zu runden.

Erforderliche Annäherungszeit des Schienenfahrzeuges bei fahrtbewirkter Anschaltung der Lichtzeichen mit Vollschranken mit gleichzeitigem Schließen der Schrankenbäume und bei Lichtzeichen mit vierteiligen Vollschranken mit versetztem Schließen der Schrankenbäume und Fernüberwachung

§ 71. (1) Die erforderliche Annäherungszeit des Schienenfahrzeuges bei fahrtbewirkter Anschaltung der Lichtzeichen mit Vollschranken mit gleichzeitigem Schließen der Schrankenbäume setzt sich zusammen aus:

1. der Dauer des Anhaltegebotes vor dem Schrankenschließen gemäß Abs. 3,

2. der Schließzeit für die Schrankenbäume (diese hat in der Regel 10 Sekunden zu betragen und darf 12 Sekunden nicht überschreiten sowie 8 Sekunden nicht unterschreiten),

3. einer Restzeit von der geschlossenen Endstellung der Schrankenbäume bis zum Eintreffen des Schienenfahrzeuges auf der Eisenbahnkreuzung von 6 Sekunden und

4. den für die sicherungstechnischen Schaltfolgen und dazugehörigen Abfragen diesbezüglicher Daten aus elektronischen Systemen erforderlichen Zeiten (Technikzeiten).

(2) Wird bei fahrtbewirkter Anschaltung der Lichtzeichen mit Vollschranken mit gleichzeitigem Schließen der Schrankenbäume, noch ehe die Schrankenbäume die offene Endlage erreicht haben, ein weiteres Schließen der Schrankenbäume erforderlich, setzt sich die erforderliche Annäherungszeit des Schienenfahrzeuges zusammen aus:

1. der Öffnungszeit der Schrankenbäume (diese hat in der Regel 8 Sekunden zu betragen und darf 10 Sekunden nicht überschreiten und 6 Sekunden nicht unterschreiten),

2. der Dauer des Anhaltegebotes vor dem Schrankenschließen gemäß Abs. 3,

3. der Schließzeit für die Schrankenbäume (diese hat in der Regel 10 Sekunden zu betragen und darf 12 Sekunden nicht überschreiten sowie 8 Sekunden nicht unterschreiten),

4. einer Restzeit von der geschlossenen Endstellung der Schrankenbäume bis zum Eintreffen des Schienenfahrzeuges auf der Eisenbahnkreuzung von 6 Sekunden und

5. den für die sicherungstechnischen Schaltfolgen und dazugehörigen Abfragen diesbezüglicher Daten aus elektronischen Systemen erforderlichen Zeiten (Technikzeiten).

(3) Bei der Ermittlung der Dauer des Anhaltegebotes vor dem Schrankenschließen bei Lichtzeichen mit Vollschranken und gleichzeitigem Schließen der Schrankenbäume ist davon auszugehen, dass Straßenfahrzeuge vor der Eisenbahnkreuzung anhalten. Für das Anfahren bis zum Erreichen der Mindestgeschwindigkeit gemäß § 45 innerhalb der gemäß Anlage 1 zu ermittelnden Sperrstrecke d von Fahrzeugen gemäß § 45 Abs. 1 Z. 2 eine Anfahrbeschleunigung von 1,0 m/s² und für das Anfahren von Fahrzeugen gemäß § 45 Abs. 1 Z 3 und 4 eine Anfahrbeschleunigung von 0,5 m/s² sowie für Radfahrer gemäß § 45 Abs. 1 Z 5 eine Anfahrbeschleunigung von 0,5 m/s² anzunehmen. Für Fußgänger ist die gemäß Anlage 1 zu ermittelnden Sperrstrecke d_F zugrunde zu legen. Das Ergebnis der so ermittelten erforderlichen Dauer des Anhaltegebotes vor dem Schrankenschließen bei Lichtzeichen mit Vollschranken und gleichzeitigem Schließen der Schrankenbäume ist mathematisch auf ganze Zahlen zu runden.

§ 72. (1) Die erforderliche Annäherungszeit des Schienenfahrzeuges bei fahrtbewirkter Anschaltung der Lichtzeichen mit Vollschranken mit versetztem Schließen der Schrankenbäume setzt sich zusammen aus:

1. der Dauer des Anhaltegebotes vor dem Schrankenschließen gemäß Abs. 3,

2. der Schließzeit für die Schrankenbäume (diese hat in der Regel 10 Sekunden zu betragen und darf 12 Sekunden nicht überschreiten sowie 8 Sekunden nicht unterschreiten) über der jeweils rechten Fahrbahnhälfte beziehungsweise über der jeweils rechten Straßenhälfte vor der Eisenbahnkreuzung und der Schließzeit für die übrigen

Schrankenbäume, wobei zwischen dem Beginn des Schließens der Schrankenbäume über der jeweils rechten Fahrbahnhälfte beziehungsweise über der jeweils rechten Straßenhälfte vor der Eisenbahnkreuzung und dem Beginn des Schließens der übrigen Schrankenbäume die gemäß Abs. 4 zu ermittelnde Zwischenzeit t_z einzuhalten ist,

    3. einer Restzeit von der geschlossenen Endstellung der Schrankenbäume bis zum Eintreffen des Schienenfahrzeuges auf der Eisenbahnkreuzung von 6 Sekunden und

    4. den für die sicherungstechnischen Schaltfolgen und dazugehörigen Abfragen diesbezüglicher Daten aus elektronischen Systemen erforderlichen Zeiten (Technikzeiten).

(2) Wird bei fahrtbewirkter Anschaltung der Lichtzeichen mit Vollschranken mit versetztem Schließen der Schrankenbäume, noch ehe die Schrankenbäume die offene Endlage erreicht haben, ein weiteres Schließen der Schrankenbäume erforderlich, setzt sich die erforderliche Annäherungszeit des Schienenfahrzeuges zusammen aus:

    1. der Öffnungszeit der Schrankenbäume (diese hat in der Regel 8 Sekunden zu betragen und darf 10 Sekunden nicht überschreiten und 6 Sekunden nicht unterschreiten),

    2. der Dauer des Anhaltegebotes vor dem Schrankenschließen gemäß Abs. 3,

    3. der Schließzeit für die Schrankenbäume (diese hat in der Regel 10 Sekunden zu betragen und darf 12 Sekunden nicht überschreiten sowie 8 Sekunden nicht unterschreiten) über der jeweils rechten Fahrbahnhälfte beziehungsweise über der jeweils rechten Straßenhälfte vor der Eisenbahnkreuzung und der Schließzeit für die übrigen Schrankenbäume, wobei zwischen dem Beginn des Schließens der Schrankenbäume über der jeweils rechten Fahrbahnhälfte beziehungsweise über der jeweils rechten Straßenhälfte vor der Eisenbahnkreuzung und dem Beginn des Schließens der übrigen Schrankenbäume die gemäß Abs. 4 zu ermittelnde Zwischenzeit t_z einzuhalten ist,

    4. einer Restzeit von der geschlossenen Endstellung der Schrankenbäume bis zum Eintreffen des Schienenfahrzeuges auf der Eisenbahnkreuzung von 6 Sekunden und

    5. den für die sicherungstechnischen Schaltfolgen und dazugehörigen Abfragen diesbezüglicher Daten aus elektronischen Systemen erforderlichen Zeiten (Technikzeiten).

(3) Die Ermittlung der Dauer des Anhaltegebotes vor dem Schrankenschließen bei Lichtzeichen mit Vollschranken und versetztem Schließen der Schrankenbäume hat wie bei Lichtzeichen mit Halbschranken gemäß § 70 zu erfolgen.

(4) Bei fahrtbewirkter Anschaltung der Lichtzeichen mit Vollschranken mit versetztem Schließen der Schrankenbäume ist die Zeit zwischen dem Beginn des Schließens der Schrankenbäume über der jeweils rechten Fahrbahnhälfte beziehungsweise über der jeweils rechten Straßenhälfte vor der Eisenbahnkreuzung und dem Beginn des Schließens der übrigen Schrankenbäume (Zwischenzeit t_z) aus der Differenz zwischen der Dauer des Anhaltegebotes vor dem Schrankenschließen bei Lichtzeichen mit Vollschranken mit gleichzeitigem Schließen der Schrankenbäume und der Dauer des Anhaltegebotes vor dem Schrankenschließen bei Lichtzeichen mit Halbschranken zu ermitteln.

Erforderliche Annäherungszeit des Schienenfahrzeuges bei fahrtbewirkter Anschaltung der Lichtzeichen mit Schranken und Triebfahrzeugführerüberwachung

§ 73. (1) Die erforderliche Annäherungszeit des Schienenfahrzeuges bei Lichtzeichen mit Schranken und Triebfahrzeugführerüberwachung, mit der die ordnungsgemäße Funktion der Lichtzeichen mit Schranken überwacht wird, ist aus

    1. dem für die örtlich zulässige Geschwindigkeit auf der Bahn zwischen dem Überwachungssignal und der Eisenbahnkreuzung erforderlichen Bremsweg für das Schienenfahrzeug und

    2. der Wegstrecke, die sich aus der Dauer des Anhaltegebotes vor dem Schrankenschließen gemäß § 70 Abs. 3 für Lichtzeichen mit Halbschranken, gemäß § 71 Abs. 3 für Lichtzeichen mit Vollschranken und gleichzeitigem Schließen der Schrankenbäume, gemäß § 72 Abs. 3 und 4 für Lichtzeichen mit vierteiligen Vollschranken mit versetztem Schließen der Schrankenbäume und der Wegstrecke, die vom Schienenfahrzeug innerhalb einer Signalbeobachtungszeit von 9 Sekunden durchfahren wird, zusammensetzt, und

    3. den für die sicherungstechnischen Schaltfolgen und dazugehörigen Abfragen diesbezüglicher Daten aus elektronischen Systemen erforderlichen Zeiten einschließlich der für das Verlassen der offenen Endlage der Schrankenbäume erforderlichen Zeiten (Technikzeiten)

zu ermitteln. Dieses Ergebnis ist mathematisch auf ganze Zahlen zu runden.

(2) Weiters ist, abhängig davon, ob Lichtzeichen mit Halbschranken und Triebfahrzeugführerüberwachung oder Lichtzeichen mit Vollschranken und gleichzeitigem Schließen der Schrankenbäume und Triebfahrzeugführerüberwachung oder Lichtzeichen mit vierteiligen Vollschranken mit versetztem Schließen der Schrankenbäume und Triebfahrzeugführerüberwachung zur Ausführung gelangen sollen, die erforderliche Annäherungszeit des Schienenfahrzeuges wie bei Lichtzeichen mit Halbschranken und Fernüberwachung, wie bei Lichtzeichen mit Vollschranken und gleichzeitigem Schließen der Schrankenbäume und

Fernüberwachung oder wie bei Lichtzeichen mit vierteiligen Vollschranken mit versetztem Schließen und Fernüberwachung gemäß §§ 70 bis 72 zu ermitteln.

(3) Der größere Wert ist für die Ermittlung der erforderlichen Länge der Einschaltstrecke bei fahrtbewirkter Einschaltung der Lichtzeichen mit Schranken und Triebfahrzeugführerüberwachung heranzuziehen.

(4) Die erforderliche Annäherungszeit des Schienenfahrzeuges bei Lichtzeichen mit Schranken und Triebfahrzeugführerüberwachung, mit der der ordnungsgemäße Zustand der Lichtzeichen mit Schranken überwacht wird, ist wie für Lichtzeichen mit Schranken und Fernüberwachung zu ermitteln.

Gemeinsame Bestimmungen für die Sicherung durch Lichtzeichen und Lichtzeichen mit Schranken

Technische Ausführung der Lichtzeichen und der Lichtzeichen mit Schranken

§ 74. Die im Einzelfall ab dem Zeitpunkt des Inkrafttretens dieser Verordnung neu zum Einsatz gelangenden eisenbahnsicherungstechnischen Einrichtungen der Lichtzeichen oder der Lichtzeichen mit Schranken haben dem Stand der Technik gemäß § 9b EisbG zu entsprechen. Dabei ist insbesondere auch der Verhältnismäßigkeit zwischen dem Aufwand für die nach der vorgesehenen Betriebsform auf der Bahn erforderlichen technischen Maßnahmen und dem dadurch bewirkten Nutzen für die zu schützenden Interessen des Eisenbahnbetriebs und -verkehrs einerseits und des Straßenverkehrs andererseits zu berücksichtigen.

Erforderliche Länge der Einschaltstrecke bei fahrtbewirkter Anschaltung der Lichtzeichen und der Lichtzeichen mit Schranken

§ 75. (1) Die erforderliche Länge der Einschaltstrecke vor der Eisenbahnkreuzung ist bei fahrtbewirkter Anschaltung der Lichtzeichen und der Lichtzeichen mit Schranken aus der erforderlichen Annäherungszeit des Schienenfahrzeuges zu ermitteln. Das Ergebnis der so ermittelten erforderlichen Länge der Einschaltstrecke vor der Eisenbahnkreuzung ist mathematisch auf ganze Zahlen zu runden.

(2) Der Ermittlung der erforderlichen Länge der Einschaltstrecke bei fahrtbewirkter Anschaltung der Lichtzeichen und der Lichtzeichen mit Schranken ist grundsätzlich die örtlich zulässige Geschwindigkeit im Bereich der Eisenbahnkreuzung zugrunde zu legen. Dauerhafte Einschränkungen der örtlich zulässigen Geschwindigkeit im Bereich der Eisenbahnkreuzung dürfen dabei berücksichtigt werden. Eine geplante örtlich zulässige Geschwindigkeit darf dann zugrunde gelegt werden, wenn diese gleichzeitig mit der Inbetriebnahme der Lichtzeichen oder der Lichtzeichen mit Schranken wirksam wird oder durch die Zugrundelegung der geplanten örtlichen Geschwindigkeit die erforderliche Annäherungszeit des Schienenfahrzeuges von 60 Sekunden bei Lichtzeichen und von 120 Sekunden bei Lichtzeichen mit Halbschranken bis zum Wirksamwerden der geplanten örtlich zulässigen Geschwindigkeit nicht überschritten wird.

(3) Die Einschaltstrecke ist grundsätzlich in der erforderlichen Länge auszuführen. Sie darf nur in begründeten Fällen im unbedingt notwendigen Ausmaß verlängert werden.

(4) Erfolgt über die Eisenbahnkreuzung nur Verschub, kann die erforderliche Länge der Einschaltstrecke nach Maßgabe der Bestimmungen für die erforderliche Annäherungszeit auf der Bahn bei fahrtbewirkter Einschaltung der Lichtzeichen mit Fernüberwachung, der Lichtzeichen mit Halbschranken mit Fernüberwachung, der Lichtzeichen mit Vollschranken mit Fernüberwachung oder der Lichtzeichen mit vierteiligen Vollschranken mit versetztem Schließen der Schrankenbäume mit Fernüberwachung gemäß §§ 70 bis 72 ermittelt werden, wobei sicherzustellen ist, dass das Schienenfahrzeug unter Wahrung der Signalbeobachtungszeit gemäß § 89 Abs. 4 und 5 für ein vor der Eisenbahnkreuzung aufzustellendes Überwachungssignal erforderlichenfalls vor der Eisenbahnkreuzung anhalten kann.

Abschaltung der Lichtzeichen und der Lichtzeichen mit Schranken

§ 76. (1) Lichtzeichen oder Lichtzeichen mit Schranken sind dann abzuschalten und ist deren Grundstellung herzustellen, wenn sichergestellt ist, dass die Eisenbahnkreuzung frei von Schienenfahrzeugen ist und die für eine allfällige neuerliche Anschaltung der Lichtzeichen oder der Lichtzeichen mit Schranken erforderliche Annäherungszeit des Schienenfahrzeuges eingehalten werden kann.

(2) Für den Fall des Versagens einer fahrtbewirkten Abschaltung der Lichtzeichen oder der Lichtzeichen mit Schranken und Fernüberwachung sind Vorkehrungen zu treffen, dass die Grundstellung der Lichtzeichen oder der Lichtzeichen mit Schranken durch die überwachende Stelle hergestellt werden kann. Bei Lichtzeichen oder Lichtzeichen mit Schranken und Triebfahrzeugführerüberwachung sind Vorkehrungen zu treffen, dass die Grundstellung der Lichtzeichen oder der Lichtzeichen mit Schranken selbsttätig erfolgt.

Ortsschalterbetrieb

§ 77. (1) Lichtzeichen oder Lichtzeichen mit Schranken können bei Bedarf mit einer vom Bediener mit einer entsprechenden Berechtigung zu aktivierenden Ortsschaltereinrichtung bedient werden (Ortsschalterbetrieb). Der Bedarf kann beispielsweise bei Arbeiten im Bereich der Gleisschaltmittel, wenn dadurch eine Beeinflussung der Gleisschaltmittel erfolgen würde oder wenn über die Eisenbahnkreuzung oder über die Gleisschaltmittel der Einschaltstelle wiederholt Fahrten von Schienenfahrzeugen stattfinden und eine Bedienung der Lichtzeichen oder der Lichtzeichen mit Schranken von der Bedienungs- und Überwachungsstelle nicht möglich ist, oder wenn durch eine Störung eine ordnungsgemäße Bedienung von der Bedienungs- und Überwachungsstelle aus nicht möglich ist, oder bei Fahrten gemäß § 79 gegeben sein.

(2) Für Lichtzeichen oder Lichtzeichen mit Schranken mit fahrtbewirkter Anschaltung und Fernüberwachung ist ein Ortsschalterbetrieb zu ermöglichen. Für Lichtzeichen oder Lichtzeichen mit Schranken mit fahrtbewirkter Einschaltung und Triebfahrzeugführerüberwachung ist ein Ortsschalterbetrieb zulässig.

(3) Die Aufnahme des Ortsschalterbetriebes für Lichtzeichen oder für Lichtzeichen mit Schranken mit fahrtbewirkter Einschaltung und Fernüberwachung ist in der überwachenden Stelle als Störung anzuzeigen. Der Ortsschalterbetrieb ist jedoch nicht als Störung gemäß § 91 zu behandeln. Zusätzlich kann auch die Betriebsart „Ortsschalterbetrieb" angezeigt werden.

(4) Bei Ortsschalterbetrieb von Lichtzeichen oder von Lichtzeichen mit Schranken und Fernüberwachung hat der Bediener darauf zu achten, ob eine Störung gemäß § 91 vorliegt. Gegebenenfalls hat dieser das Vorliegen einer Störung an die überwachende Stelle zu melden. Wird der überwachenden Stelle eine Störung gemeldet, hat diese gemäß den Bestimmungen des § 95 über die Maßnahmen im Störungsfall vorzugehen. Weiters hat die überwachende Stelle unverzüglich die Behebung der Störung zu veranlassen.

(5) Bei Ortsschalterbetrieb von Lichtzeichen oder von Lichtzeichen mit Schranken und Triebfahrzeugführerüberwachung und Vorliegen einer Störung gemäß § 91 ist gemäß § 89 Abs. 3 vorzugehen.

(6) Die Bedienung der Lichtzeichen oder der Lichtzeichen mit Schranken bei Ortsschalterbetrieb hat für Lichtzeichen, die nicht fahrtbewirkt eingeschaltet werden, gemäß § 64 oder für Lichtzeichen mit Schranken, die nicht fahrtbewirkt eingeschaltet werden, gemäß § 69 zu erfolgen.

Vorkehrungen bei Dienstruhe ohne planmäßigen Zugverkehr

§ 78. Kann für die ausnahmsweise Durchführung von Zug- oder Nebenfahrten auf Strecken oder Streckenabschnitten mit Dienstruhe ohne planmäßigen Zugverkehr

1. die Bedienung der Lichtzeichen oder der Lichtzeichen mit Schranken, bei denen den Straßenbenützern durch gelbes nicht blinkendes Licht und anschließend rotes nicht blinkendes Licht Halt geboten wird, der Lichtzeichen oder der Lichtzeichen mit Schranken, bei denen den Straßenbenützern durch rotes blinkendes Licht Halt geboten wird oder der Schranken, bei denen den Straßenbenützern mit rotierenden Warnsignalen oder mit Läutewerk allein oder durch das Schließen der Schrankenbäume allein Halt geboten wird, nicht erfolgen oder

2. ist bei fahrtbewirkter Einschaltung und Fernüberwachung der Lichtzeichen oder der Lichtzeichen mit Schranken, bei denen den Straßenbenützern durch gelbes nicht blinkendes Licht und anschließend rotes nicht blinkendes Licht Halt geboten wird, der Lichtzeichen oder der Lichtzeichen mit Schranken, bei denen den Straßenbenützern durch rotes blinkendes Licht Halt geboten wird, eine Überwachung nicht möglich,

ist vor Zulassung der Zug- oder Nebenfahrt dafür zu sorgen, dass Schienenfahrzeuge solange vor der Eisenbahnkreuzung anhalten und die Fahrt erst nach Abgabe akustischer Signale fortsetzen, bis eine Bewachung möglich oder eine Bedienung beziehungsweise die Überwachung der in den betreffenden Strecken oder Streckenabschnitten in Frage kommenden Eisenbahnkreuzungen wieder möglich ist.

Vorkehrungen bei ausnahmsweise höherer Geschwindigkeit auf der Bahn

§ 79. Sollen ausnahmsweise Fahrten mit Geschwindigkeiten, die höher sind als die der Sicherung zugrunde gelegte örtlich zulässige Geschwindigkeit auf der Bahn im Bereich einer Eisenbahnkreuzung durchgeführt werden, hat die Anschaltung beziehungsweise die Bedienung der Lichtzeichen oder der Lichtzeichen mit Schranken, bei denen den Straßenbenützern durch gelbes nicht blinkendes Licht und anschließend rotes nicht blinkendes Licht Halt geboten wird, der Lichtzeichen oder der Lichtzeichen mit Schranken, bei denen den Straßenbenützern durch rotes blinkendes Licht Halt geboten wird oder der Schranken, bei denen den Straßenbenützern mit rotierenden Warnsignalen oder mit Läutewerk allein oder durch das Schließen der Schrankenbäume allein Halt geboten wird, entsprechend der für diese Geschwindigkeit erforderlichen Annäherungszeit des Schienenfahrzeuges zu erfolgen. Andernfalls sind die Bestimmungen der §§ 83 bis 86 betreffend Bewachung sinngemäß anzuwenden, wobei die Bestimmungen des § 39 in diesem Fall nicht anzuwenden sind.

Vorübergehende Außerbetriebnahme von Lichtzeichen, von Lichtzeichen mit Schranken und von Schranken

§ 80. Wird vom Eisenbahnunternehmen für die Sicherung der Eisenbahnkreuzung im Einzelfall anlässlich einer vorübergehenden Außerbetriebnahme von Lichtzeichen oder Lichtzeichen mit Schranken, bei denen den Straßenbenützern durch gelbes nicht blinkendes Licht und anschließend rotes nicht blinkendes Licht Halt geboten wird, von Lichtzeichen oder der Lichtzeichen mit Schranken, bei denen den Straßenbenützern durch rotes blinkendes Licht Halt geboten wird sowie von Schranken, bei denen den Straßenbenützern mit rotierenden Warnsignalen oder mit Läutewerk allein oder durch das Schließen der Schrankenbäume allein kein Halt geboten wird, keine Entscheidung der Behörde gemäß § 49 Abs. 2 EisbG eingeholt, sind die Maßnahmen im Störungsfall gemäß § 95 sinngemäß anzuwenden. Von der Einholung einer Entscheidung der Behörde gemäß § 49 Abs. 2 EisbG oder der sinngemäßen Anwendung der Maßnahmen im Störungsfall kann abgesehen werden, wenn sichergestellt ist, dass Straßenbenützer die Eisenbahnkreuzung weder befahren noch betreten können.

Vorübergehende Einschränkung des erforderlichen Sichtraumes im Zusammenhang mit der Errichtung von Lichtzeichen oder von Lichtzeichen mit Schranken

§ 81. (1) Ordnet die Behörde mit einer Entscheidung gemäß § 49 Abs. 2 EisbG die Sicherung einer Eisenbahnkreuzung durch Lichtzeichen oder durch Lichtzeichen mit Schranken an, hat sie zu prüfen, ob der erforderliche Sichtraum gemäß § 46 Abs. 1 im Zeitraum der Errichtung der Lichtzeichen oder der Lichtzeichen mit Schranken bis zu deren Inbetriebnahme eingeschränkt wird.

(2) Liegt eine Einschränkung des erforderlichen Sichtraumes nicht vor, hat die Behörde anzuordnen, dass die Eisenbahnkreuzung bis zur Inbetriebnahme der Lichtzeichen oder der Lichtzeichen mit Schranken durch Gewährleisten des erforderlichen Sichtraumes gemäß § 40 zu sichern ist. Liegt eine Einschränkung des erforderlichen Sichtraumes vor, kann die Behörde die Beibehaltung der Sicherung durch Gewährleisten des erforderlichen Sichtraumes unter der Voraussetzung anordnen, dass die erforderlichen, den örtlichen Verhältnissen und Verkehrserfordernissen auf der Straße und auf der Bahn entsprechenden, die Eisenbahnkreuzung sichernden Vorschriftszeichen „Geschwindigkeitsbeschränkung" (Erlaubte Höchstgeschwindigkeit)" oder Vorschriftszeichen „Halt", erforderlichenfalls unter gleichzeitiger Herabsetzung der Geschwindigkeit auf der Bahn nach Maßgabe des vorhandenen Sichtraumes, anzubringen sind. Ist dies nicht möglich, kann die Behörde, sofern dies die örtlichen Verhältnisse und die Verkehrserfordernisse auf der Straße und auf der Bahn zulassen, anordnen, dass die Eisenbahnkreuzung unter sinngemäßer Anwendung der Bestimmungen des § 36 durch Abgabe akustischer Signale vom Schienenfahrzeug aus zu sichern ist.

(3) Ist eine Sicherung gemäß Abs. 2 nicht möglich, ist die Eisenbahnkreuzung unter sinngemäßer Anwendung der Bestimmungen der §§ 83 bis 86 zu bewachen, wobei die Bestimmungen des § 39 nicht anzuwenden sind, sofern sichergestellt ist, dass Straßenbenützer die Eisenbahnkreuzung weder befahren noch betreten können.

Zusammenwirken von Lichtzeichen oder von Lichtzeichen mit Schranken mit Lichtsignalen an Straßenkreuzungen

§ 82. (1) Durch das Zusammenwirken von Lichtzeichen oder von Lichtzeichen mit Schranken mit Lichtzeichen an nahegelegenen Straßenkreuzungen (Verkehrslichtsignalanlagen) soll entweder das rechtzeitige Räumen der Eisenbahnkreuzung durch die Straßenbenützer gewährleistet oder zur Vermeidung von Staubildungen zwischen Eisenbahnkreuzungen und nahegelegenen Straßenkreuzungen mit Verkehrslichtsignalanlagen beigetragen werden. Ob und in welcher Form ein Zusammenwirken erforderlich ist, ist im Einzelfall unter Bedachtnahme auf die örtlichen Verhältnisse und Verkehrserfordernisse zu beurteilen.

(2) Ist zur Gewährleistung der rechtzeitigen Räumung der Eisenbahnkreuzung durch Straßenbenützer das Zusammenwirken von Lichtzeichen oder von Lichtzeichen mit Schranken mit Verkehrslichtsignalanlagen erforderlich, müssen

1. entweder alle zur Bahn führenden Fahrrelationen auf der Straßenkreuzung durch gesonderte Lichtzeichen für die Regelung des Straßenverkehrs an der Straßenkreuzung geregelt werden (Spurensignalisierung) oder muss

2. nach einer Bahnanmeldung allen Fahrrelationen auf der Straßenkreuzung Halt geboten werden (Allrot).

Sind die unter Z 1 oder 2 genannten Voraussetzungen nicht gegeben, ist die Eisenbahnkreuzung durch Lichtzeichen mit Schranken, die mit der Verkehrslichtsignalanlage an der nahegelegenen Straßenkreuzung zusammenwirken, zu sichern.

(3) In den Fällen des Abs. 2 Z 1 und 2 sind zusätzlich zu den Lichtsignalen für die Regelung des Straßenverkehrs an der Straßenkreuzung an geeigneter Stelle für sämtliche zur Bahn führen-

12/2. EisbG
EisbKrV

den Fahrrelationen auf der Straßenkreuzung („bahnfeindliche" Fahrrelationen) Lichtzeichen anzubringen.

(4) Das Zusammenwirken der Lichtzeichen oder der Lichtzeichen mit Schranken und der Verkehrslichtsignalanlage an der nahegelegenen Straßenkreuzung gemäß Abs. 2 ist wie folgt zu gestalten:

1. Nach einer Bahnanmeldung durch die Lichtzeichen oder die Lichtzeichen mit Schranken bei der Verkehrslichtsignalanlage an der nahegelegenen Straßenkreuzung ist den Straßenbenützern auf den „bahnfeindlichen" Fahrrelationen gegebenenfalls das Räumen der Eisenbahnkreuzung zu ermöglichen und haben die Lichtzeichen oder die Lichtzeichen mit Schranken die Rückmeldung zu erhalten, dass den „bahnfeindlichen" Fahrrelationen durch die Verkehrslichtsignalanlage Halt geboten wird. Die Zeitspanne zwischen Bahnanmeldung und Rückmeldung ist so kurz wie möglich zu halten, wobei die in den einschlägigen Regelwerken vorgegebenen Mindestzeiten für die einzelnen Phasen des Phasenablaufes der Verkehrslichtsignalanlage an der Straßenkreuzung nicht unterschritten werden dürfen.

2. Nach der Rückmeldung an die Lichtzeichen oder an die Lichtzeichen mit Schranken, dass den „bahnfeindlichen" Fahrrelationen durch die Verkehrslichtsignalanlage Halt geboten wird, ist an den Signalgebern der Lichtzeichen oder der Lichtzeichen mit Schranken das rote nicht blinkende Licht ohne das vorhergehende gelbe nicht blinkende Licht anzuschalten.

3. Erfolgt keine Rückmeldung an die Lichtzeichen oder an die Lichtzeichen mit Schranken, dass den „bahnfeindlichen" Fahrrelationen durch die Verkehrslichtsignalanlage Halt geboten wird, ist an den Signalgebern der Lichtzeichen oder der Lichtzeichen mit Schranken 4 Sekunden gelbes nicht blinkendes Licht und anschließend bis zum Ausschalten rotes nicht blinkendes Licht anzuschalten. Die Verkehrslichtsignalanlage an der nahegelegenen Straßenkreuzung ist in diesem Fall entweder zur Gänze abzuschalten oder haben deren Signalgeber, ausgenommen jene für die „bahnfeindlichen" Fahrrelationen, gelbes blinkendes Licht zu zeigen. Die Signalgeber für die „bahnfeindlichen" Relationen dürfen kein gelbes blinkendes Licht zeigen.

4. Befindet sich die Verkehrslichtsignalanlage an der nahegelegenen Straßenkreuzung zum Zeitpunkt einer Bahnanmeldung durch die Lichtzeichen oder die Lichtzeichen mit Schranken bei der Verkehrslichtsignalanlage an der nahegelegenen Straßenkreuzung in Blinkbetrieb (gelbes blinkendes Licht), ist der unter Z 1 und 2 beschriebene Zustand über einen eigenen Phasenablauf (Startprogramm) herzustellen; ansonsten gilt Z 3.

5. Die Lichtzeichen oder die Lichtzeichen mit Schranken sind in Abhängigkeit zu einem deckenden Signal zu bringen und darf die Eisenbahnkreuzung durch Schienenfahrzeuge erst dann befahren werden, wenn die unter Z 1 und 2 genannten Voraussetzungen erfüllt sind. Andernfalls sind die Voraussetzungen gemäß Z 3 herzustellen und ist gemäß § 95 betreffend die Bestimmungen über die Maßnahmen im Störungsfall vorzugehen. Von der Anwendung der Bestimmungen über die Maßnahmen im Störungsfall kann abgesehen werden, wenn sich die Schienenfahrzeuge in ihrer Betriebsweise der Eigenart des Straßenverkehrs anpassen.

(5) Beim Zusammenwirken von Lichtzeichen oder von Lichtzeichen mit Schranken und Verkehrslichtsignalanlagen an nahegelegenen Straßenkreuzungen gemäß Abs. 4 setzt sich die erforderliche Annäherungszeit des Schienenfahrzeuges aus der Zeit, die für die auf Grund der Bahnanmeldung erforderlich werdenden Abläufe gemäß Abs. 4 Z 1 und 2 erforderlich ist, und der erforderlichen Annäherungszeit für Schienenfahrzeuge bei Lichtzeichen oder bei Lichtzeichen mit Schranken zusammen. In der Zeit, die für die auf Grund der Bahnanmeldung erforderlich werdenden Abläufe gemäß Abs. 4 Z 1 und 2 erforderlich ist, sind die für die Schaltfolgen und die dazugehörigen Abfragen diesbezüglicher Daten aus elektronischen Systemen erforderlichen Zeiten (Technikzeiten) zu berücksichtigen. Der so ermittelte Wert ist mathematisch auf ganze Zahlen zu runden.

Sicherung durch Bewachung

Bewachung und Regelung des Straßenverkehrs durch Armzeichen oder durch Armzeichen und Hilfseinrichtungen

§ 83. (1) Die Armzeichen sind vom Bewachungsorgan im Sinne des § 37 StVO 1960 zu geben. Eine ausdrückliche Freigabe des Straßenverkehrs nach dem Befahren der Eisenbahnkreuzung durch das Schienenfahrzeug ist nicht erforderlich.

(2) Das Bewachungsorgan hat dabei

1. bei Tag eine Signalfahne in roter Farbe, einen Signalstab mit einem nach beiden Fahrtrichtungen der Straße rückstrahlenden, kreisrunden, roten Feld mit weißer Umrandung oder einen Signalstab mit kreisrunden, roten Leuchtfeldern mit weißer Umrandung nach beiden Fahrtrichtungen der Straße oder einen rot leuchtenden Signalstab;

2. ab Beginn der Abenddämmerung bis zur vollen Tageshelle sowie bei unsichtigem Wetter eine Handlaterne, die rotes Licht in einem kreisrunden Leuchtfeld nach beiden Fahrtrichtungen der Straße zeigt, einen Signalstab mit kreisrunden, roten Leuchtfeldern mit weißer Umrandung nach

beiden Fahrtrichtungen der Straße oder einen rot leuchtenden Signalstab

zu verwenden.

(3) Hilfseinrichtungen, wie zum Beispiel rote Signalscheiben oder Scherengitter, müssen mit Reflexstoffen zumindest der Bauart Typ 2 (hoch reflektierend) gemäß § 4 StVZVO 1998 versehen sein.

(4) Bei der Bewachung und Regelung des Straßenverkehrs durch Armzeichen oder bei der Bewachung und Regelung des Straßenverkehrs durch Armzeichen und Hilfseinrichtungen im Bereich einer durch Lichtzeichen geregelten Straßenkreuzung (Verkehrslichtsignalanlage) ist unter sinngemäßer Anwendung der Bestimmungen über das Zusammenwirken von Lichtzeichen und Verkehrslichtsignalanlage an nahegelegenen Straßenkreuzungen gemäß § 82 dafür Sorge zu tragen, dass das Bewachungsorgan diese Lichtsignale zu seiner Unterstützung verwenden kann.

Bewachung und Regelung des Straßenverkehrs durch Lichtzeichen

§ 84. (1) Für die Ausführung der Einrichtung zur Abgabe von Lichtzeichen, für die Art und Dauer der Lichtzeichen und für die Anbringung der Lichtzeichen gelten die Bestimmungen der §§ 19, 28 und 29 sinngemäß.

(2) Das Bewachungsorgan hat sich bei den Lichtzeichen aufzuhalten und diese zu bedienen. Das Bewachungsorgan hat die ordnungsgemäße Funktion der Lichtzeichen über eine Funktionsanzeige zu überwachen. Ist keine Funktionsanzeige vorhanden, hat sich das Bewachungsorgan von der ordnungsgemäßen Funktion der Lichtzeichen anhand der Signalgeber zu überzeugen. Erkennt das Bewachungsorgan, dass die Lichtzeichen nicht ordnungsgemäß funktionieren, hat dieses die Eisenbahnkreuzung durch Bewachung und Regelung des Straßenverkehrs durch Armzeichen gemäß § 83 unter Verwendung von Hilfseinrichtungen zu sichern und unverzüglich die zuständige Stelle hiervon zu verständigen. Diese Stelle hat unverzüglich die Wiederherstellung des ordnungsgemäßen Zustandes der Lichtzeichen zu veranlassen.

(3) Bei der Bewachung und Regelung des Verkehrs durch Lichtzeichen ist das Zusammenwirken mit Lichtzeichen an nahegelegenen Straßenkreuzungen (Verkehrslichtsignalanlagen) nur zulässig, wenn nach einer Bahnanmeldung allen Fahrrelationen auf der Straßenkreuzung Halt geboten wird (Allrot). Die Mindestzeiten für die einzelnen Phasen des Phasenablaufes der Verkehrslichtsignalanlage an der Straßenkreuzung dürfen dabei nicht unterschritten werden.

Beginn und Dauer des Bewachungsvorganges

§ 85. (1) Die Armzeichen im Sinne des § 37 der StVO 1960 oder die Lichtzeichen gemäß § 84 sind so zeitgerecht zu geben, dass die Eisenbahnkreuzung beim Eintreffen des Schienenfahrzeuges auf der Eisenbahnkreuzung frei von Straßenbenützern ist.

(2) Armzeichen im Sinne des § 37 der StVO 1960 sind so lange zu geben, bis das Schienenfahrzeug die Breite der Straße eingenommen hat. Lichtzeichen sind so lange zu geben, bis die Eisenbahnkreuzung frei von Schienenfahrzeugen ist.

Ausrüstung der Bewachungsorgane

§ 86. (1) Das Bewachungsorgan muss ausgerüstet sein:

1. mit einer Signalpfeife;

2. bei Tag mit einer Signalfahne in roter Farbe oder einem Signalstab mit einem nach beiden Fahrtrichtungen der Straße rückstrahlenden, kreisrunden, roten Feld mit weißer Umrandung oder einem Signalstab mit kreisrunden, roten Leuchtfeldern mit weißer Umrandung nach beiden Fahrtrichtungen der Straße oder einem rot leuchtenden Signalstab;

3. ab Beginn der Abenddämmerung bis zur vollen Tageshelle sowie bei unsichtigem Wetter mit einer Handlaterne, die rotes Licht in einem kreisrunden Leuchtfeld nach beiden Fahrtrichtungen der Straße zeigt oder einem Signalstab mit kreisrunden, roten Leuchtfeldern mit weißer Umrandung nach beiden Fahrtrichtungen der Straße oder mit einem rot leuchtenden Signalstab;

4. bei Zug- und Nebenfahrten mit Unterlagen, aus denen die kürzest mögliche Annäherungszeit von der benachbarten Betriebsstelle hervorgeht und

5. einer richtig zeigenden Uhr.

8. Abschnitt
Überwachung von Lichtzeichen und Lichtzeichen mit Schranken

Arten der Überwachung

§ 87. (1) Der ordnungsgemäße Zustand (Überwachung der Verfügbarkeit) der Lichtzeichen oder der Lichtzeichen mit Schranken oder die ordnungsgemäße Funktion (Überwachung der Funktion) der Lichtzeichen oder der Lichtzeichen mit Schranken ist in einer überwachenden Stelle oder in einem deckenden Signal anzuzeigen.

(2) Die Überwachung und Anzeige des ordnungsgemäßen Zustandes und/oder der ordnungsgemäßen Funktion kann durch eine besetzte Betriebsstelle (Fernüberwachung) oder vom Schie-

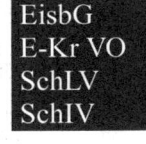

nenfahrzeug aus (Triebfahrzeugführerüberwachung) erfolgen.

(3) Bei der Fernüberwachung ist der ordnungsgemäße Zustand (die Verfügbarkeit) der Lichtzeichen oder der Lichtzeichen mit Schranken in einer besetzten Betriebsstelle anzuzeigen. Die Prüfung des ordnungsgemäßen Zustandes hat auch jeweils die Prüfung zu umfassen, ob bei der Fahrt eines Schienenfahrzeuges über die Eisenbahnkreuzung die Lichtzeichen oder die Lichtzeichen mit Schranken ordnungsgemäß funktioniert haben. In den Fällen des § 69 Abs. 2 bis 4 hat die Prüfung des ordnungsgemäßen Zustandes zusätzlich die Prüfung zu umfassen, ob die Schrankenbäume die offene Endstellung verlassen haben beziehungsweise, ob die Schrankenbäume die geschlossene Endstellung erreicht haben.

(4) Bei der Triebfahrzeugführerüberwachung ist entweder der ordnungsgemäße Zustand oder die ordnungsgemäße Funktion anzuzeigen.

(5) Bei Triebfahrzeugführerüberwachung, mit der der ordnungsgemäße Zustand der Lichtzeichen oder der Lichtzeichen mit Schranken überwacht wird, ist der ordnungsgemäße Zustand (die Verfügbarkeit) am Überwachungssignal anzuzeigen. Bei Triebfahrzeugführerüberwachung, mit der die ordnungsgemäße Funktion der Lichtzeichen oder der Lichtzeichen mit Schranken überwacht wird, ist die ordnungsgemäße Funktion am Überwachungssignal anzuzeigen.

(6) Bei Triebfahrzeugführerüberwachung, mit der die ordnungsgemäße Funktion der Lichtzeichen oder der Lichtzeichen mit Schranken überwacht wird, ist nach einer fahrtbewirkten Einschaltung oder einer nicht fahrtbewirkten Einschaltung am Überwachungssignal anzuzeigen, dass bei Lichtzeichen das gelbe, nicht blinkende Licht und das rote, nicht blinkende Licht leuchtet beziehungsweise, dass bei Lichtzeichen mit Schranken das gelbe, nicht blinkende Licht und das rote, nicht blinkende Licht leuchtet und die Schrankenbäume die offene Endlage verlassen haben. Reicht die Fahrzeit zwischen dem Überwachungssignal und der Eisenbahnkreuzung nicht dafür aus, dass die Schrankenbäume beim Eintreffen des Schienenfahrzeuges auf der Eisenbahnkreuzung die geschlossene Endlage erreicht haben oder ist nicht sichergestellt, dass die Schrankenbäume die offene Endlage verlassen haben und diese beim Eintreffen des Schienenfahrzeuges auf der Eisenbahnkreuzung die geschlossene Endlage erreicht haben, ist nach einer nicht fahrtbewirkten Einschaltung anzuzeigen, dass das gelbe, nicht blinkende Licht und das rote, nicht blinkende Licht leuchtet und die Schrankenbäume die geschlossene Endlage erreicht haben.

(7) Befinden sich Lichtzeichen oder Lichtzeichen mit Schranken unter Deckung eines Signals, ist der ordnungsgemäße Zustand gemäß Abs. 3 zu überwachen. Liegen die entsprechenden Voraussetzungen hiefür vor, ist auch die ordnungsgemäße Funktion im Sinne des Abs. 5 im deckenden Signal zu überwachen.

(8) Der nicht ordnungsgemäße Zustand oder die nicht ordnungsgemäße Funktion von Lichtzeichen und Lichtzeichen mit Schranken gemäß Abs. 3 bis 5 sind der überwachenden Stelle als Störung anzuzeigen.

(9) Der nicht ordnungsgemäße Zustand oder die nicht ordnungsgemäße Funktion, die nicht als Störung gemäß Abs. 7 zu behandeln sind, können zusätzlich der überwachenden Stelle als Fehler angezeigt werden.

(10) Die Fernüberwachung und die Triebfahrzeugführerüberwachung können auch nebeneinander angeordnet werden.

Fernüberwachung

§ 88. (1) Eine Eisenbahnkreuzung darf nur dann befahren werden, wenn der überwachenden Stelle keine Störung gemäß § 91 angezeigt wird oder keine Störung gemäß § 91, die in der überwachenden Stelle nicht angezeigt werden kann, gemeldet wurde.

(2) Wird der überwachenden Stelle eine Störung gemäß § 91 angezeigt oder eine Störung gemäß § 91, die in der überwachenden Stelle nicht angezeigt werden kann, gemeldet, ist gemäß den Bestimmungen des § 95 über die Maßnahmen im Störungsfall vorzugehen. Weiters hat die überwachende Stelle unverzüglich die Behebung der Störung zu veranlassen. Werden der überwachenden Stelle wiederkehrend oder bleibend Fehler angezeigt, hat diese deren Behebung ehest möglich zu veranlassen.

(3) Erkennt der Triebfahrzeugführer das Vorliegen einer Störung gemäß § 91, hat er dies unverzüglich der nächsten besetzten Betriebsstelle zu melden. Diese Betriebsstelle hat vor Zulassung weiterer Fahrten gemäß den Bestimmungen des § 95 über die Maßnahmen im Störungsfall vorzugehen und weiters unverzüglich die Behebung der Störung zu veranlassen.

(4) Wird bei Lichtzeichen oder bei Lichtzeichen mit Schranken, die sich unter Deckung eines Signals und in Abhängigkeit zu diesem Signal befinden, eine Störung gemäß § 91 festgestellt und der überwachenden Stelle angezeigt, hat diese vor Zulassung der Fahrt gemäß den Bestimmungen des § 95 über die Maßnahmen im Störungsfall vorzugehen und weiters unverzüglich die Behebung der Störung zu veranlassen. Werden der überwachenden Stelle wiederkehrend oder bleibend Fehler angezeigt, hat diese deren Behebung ehest möglich zu veranlassen.

Triebfahrzeugführerüberwachung

§ 89. (1) Die Triebfahrzeugführerüberwachung darf angewendet werden, wenn die örtlich zulässige Geschwindigkeit auf der Bahn zwischen der Einschaltstelle und der Eisenbahnkreuzung beziehungsweise zwischen dem Überwachungssignal und der Eisenbahnkreuzung 100 km/h nicht überschreitet.

(2) Das Überwachungssignal hat anzuzeigen, ob die Eisenbahnkreuzung befahren werden darf. Die Eisenbahnkreuzung darf nur dann befahren werden, am Überwachungssignal keine Störung gemäß § 91 angezeigt wird.

(3) Wird am Überwachungssignal angezeigt, dass die Eisenbahnkreuzung nicht befahren werden darf, hat das Schienenfahrzeug vor der Eisenbahnkreuzung anzuhalten und darf die Fahrt nach Abgabe von Achtungssignalen fortsetzen. Der Triebfahrzeugführer hat unverzüglich die nächste besetzte Betriebsstelle vom Vorliegen der Störung zu verständigen. Diese Betriebsstelle hat gemäß den Bestimmungen des § 95 über die Maßnahmen im Störungsfall vorzugehen und weiters unverzüglich die Behebung der Störung zu veranlassen.

(4) Das Überwachungssignal, mit dem die Überwachung der ordnungsgemäßen Funktion erfolgt, ist in der Regel auf Bremsweglänge vor der Eisenbahnkreuzung oder aus Gründen der Sichtbarkeit des Überwachungssignals entsprechend weiter entfernt vor der Eisenbahnkreuzung aufzustellen. Für die Bremsweglänge ist die Geschwindigkeit auf der Bahn am Standort des Überwachungssignals maßgebend. Das Überwachungssignal muss in der Regel auf einer Wegstrecke, die einer Signalbeobachtungszeit von mindestens 9 Sekunden vor dem Überwachungssignal entspricht, sichtbar sein. Ist dies auf Grund der örtlichen Verhältnisse nicht möglich, muss das Überwachungssignal auf einer Wegstrecke, die einer Signalbeobachtungszeit von mindestens 7 Sekunden vor dem Überwachungssignal entspricht, sichtbar sein.

(5) Soll das Überwachungssignal, mit dem die Überwachung der ordnungsgemäßen Funktion erfolgt, nicht auf Bremsweglänge, sondern entweder unmittelbar vor der Eisenbahnkreuzung oder aus Gründen der Sichtbarkeit des Überwachungssignals entsprechend weiter entfernt vor der Eisenbahnkreuzung aufgestellt werden und ist zwischen der Einschaltstelle und der Eisenbahnkreuzung ein planmäßiges Anhalten von Schienenfahrzeugen nicht vorgesehen, muss das Überwachungssignal aus einer Entfernung, die sich aus der Bremsweglänge und einer Wegstrecke, die einer Signalbeobachtungszeit von mindestens 9 Sekunden entspricht, zusammensetzt, sichtbar sein. Ist dies auf Grund der örtlichen Verhältnisse nicht möglich, muss das Überwachungssignal auf einer Wegstrecke, die einer Signalbeobachtungszeit von mindestens 7 Sekunden vor dem Überwachungssignal entspricht, sichtbar sein.

(6) Das Überwachungssignal, mit dem die Überwachung der ordnungsgemäßen Funktion erfolgt, ist zu wiederholen, wenn ein Anhalten von Schienenfahrzeugen (beispielsweise in Haltestellen, vor Signalen) zu berücksichtigen ist und das auf Bremsweglänge vorgesehene Überwachungssignal vom Haltepunkt aus nicht erkennbar ist. Ist ein planmäßiges Anhalten aller Schienenfahrzeuge vor der Eisenbahnkreuzung vorgesehen, ist ein vom Haltepunkt aus erkennbares Überwachungssignal vor der Eisenbahnkreuzung aufzustellen.

(7) Folgen auf eine Eisenbahnkreuzung weitere Eisenbahnkreuzungen, deren Abstand zueinander kürzer als die Bremsweglänge ist, kann für diese Gruppe von Eisenbahnkreuzungen ein Überwachungssignal, mit dem die Überwachung der ordnungsgemäßen Funktion erfolgt, auf Bremsweglänge vor der ersten Eisenbahnkreuzung aufgestellt werden. Das Überwachungssignal ist mit einer Tafel mit der Aufschrift der Anzahl der weiteren folgenden Eisenbahnkreuzungen, für die es gilt, zu versehen. Nach der letzten Eisenbahnkreuzung ist eine Tafel, die das Ende dieser Gruppe anzeigt, aufzustellen.

(8) Folgen auf eine Eisenbahnkreuzung weitere Eisenbahnkreuzungen, deren Abstand zueinander kürzer als die Bremsweglänge ist, kann für diese Gruppe von Eisenbahnkreuzungen ein Überwachungssignal, mit dem die Überwachung der ordnungsgemäßen Funktion erfolgt, auf Bremsweglänge vor der ersten Eisenbahnkreuzung aufgestellt werden und vor jeder weiteren Eisenbahnkreuzung dieser Gruppe unmittelbar oder aus Gründen der Sichtbarkeit des Überwachungssignals entsprechend weiter entfernt ein Überwachungssignal aufgestellt werden. Diese weiteren Eisenbahnkreuzungen sind mit einer Tafel mit der Aufschrift der Anzahl der noch folgenden Eisenbahnkreuzungen zu versehen. Nach der letzten Eisenbahnkreuzung ist eine Tafel, die das Ende dieser Gruppe anzeigt, aufzustellen.

(9) Bei Verschub darf das Überwachungssignal, mit dem die Überwachung der ordnungsgemäßen Funktion erfolgt, entweder unmittelbar vor der Eisenbahnkreuzung oder aus Gründen der Sichtbarkeit des Überwachungssignals entsprechend entfernt vor der Eisenbahnkreuzung aufgestellt werden. Hierbei ist sicherzustellen, dass das Schienenfahrzeug unter Wahrung der Signalbeobachtungszeit gemäß den Abs. 4 und 5 erforderlichenfalls vor der Eisenbahnkreuzung anhalten kann.

(10) Das Überwachungssignal, mit dem die Überwachung des ordnungsgemäßen Zustandes (Überwachung der Verfügbarkeit) erfolgt, ist mindestens auf Bremsweglänge vor der Eisenbahnkreuzung, jedenfalls jedoch vor der Einschaltstelle

oder, wenn dies aus Gründen der Sichtbarkeit des Überwachungssignals erforderlich ist, entsprechend weiter entfernt vor der Einschaltstelle, aufzustellen.

(11) Das Überwachungssignal ist mit einer Mastkennzeichnung (schräg nach rechts steigende schwarze Streifen auf weißem rückstrahlendem Grund) zu versehen. Bei einer Geschwindigkeit auf der Bahn von über 60 km/h ist über der Mastkennzeichnung entweder ein dauernd gelb leuchtender Signalgeber oder eine Rückstrahlfläche mit Reflexstoff der Bauart Typ 2 (hochreflektierend) gemäß § 4 StVZVO 1998 in gelber Farbe anzubringen.

Aufzeichnung über Funktionen von Lichtzeichen und Lichtzeichen mit Schranken

§ 90. Die Funktion der Lichtzeichen und der Lichtzeichen mit Schranken kann mit einer Registriereinrichtung aufgezeichnet werden. Diese Aufzeichnungen sind mindestens zwei Wochen aufzubewahren.

9. Abschnitt
Störungen, Fehler und Maßnahmen im Störungsfall

Störungen

§ 91. (1) Eine Störung bei Lichtzeichen oder bei Lichtzeichen mit Schranken, bei denen den Straßenbenützern durch gelbes nicht blinkendes Licht und anschließend rotes nicht blinkendes Licht Halt geboten wird, liegt vor, wenn

1. die Anschaltung auch nur eines gelben nicht blinkenden Lichtes versagt,

2. die Anschaltung auch nur eines roten nicht blinkenden Lichtes versagt,

3. die Abschaltung eines, mehrerer oder aller Lichtzeichen versagt oder

4. auch nur einer der Schrankenbäume die offene Endlage nicht verlässt beziehungsweise die geschlossene Endlage nicht erreicht,

5. auch nur einer der Schrankenbäume gebrochen ist oder

6. ein sicherheitsrelevanter, die ordnungsgemäße Funktion beeinträchtigender Zustand angezeigt wird;

(2) Eine Störung bei Lichtzeichen oder bei Lichtzeichen mit Schranken, bei denen den Straßenbenützern durch rotes blinkendes Licht Halt geboten wird, liegt vor, wenn

1. weder rotes blinkendes Licht noch rotes nicht blinkendes Licht erscheint,

2. die Abschaltung eines, mehrerer oder aller Lichtzeichen versagt,

3. auch nur einer der Schrankenbäume die offene Endlage nicht verlässt beziehungsweise die geschlossene Endlage nicht erreicht,

4. auch nur einer der Schrankenbäume gebrochen ist oder

5. ein sicherheitsrelevanter, die ordnungsgemäße Funktion beeinträchtigender Zustand angezeigt wird;

(3) Eine Störung bei Schranken, bei denen den Straßenbenützern mit rotierenden Warnsignalen oder mit Läutewerk allein oder durch das Schließen der Schrankenbäume allein Halt geboten wird, liegt vor, wenn

1. auch nur ein rotierendes Warnsignal versagt,

2. das Läutewerk versagt,

3. auch nur einer der Schrankenbäume die offene Endlage nicht verlässt beziehungsweise die geschlossene Endlage nicht erreicht,

4. auch nur einer der Schrankenbäume gebrochen ist,

5. die rot-weiße Kennzeichnung der Schrankenbäume fehlt oder derart beschädigt ist, dass deren leichte und rechtzeitige Erkennbarkeit nicht mehr gewährleistet ist,

6. das rückstrahlende Material an den Schrankenbäumen fehlt oder derart beschädigt ist, dass dessen leichte und rechtzeitige Erkennbarkeit nicht mehr gewährleistet ist;

(4) Eine Störung bei Eisenbahnkreuzungen, die durch Gewährleisten des erforderlichen Sichtraumes oder durch Abgabe akustischer Signale vom Schienenfahrzeug aus gesichert sind, liegt vor, wenn

1. auch nur ein Andreaskreuz fehlt oder derart beschädigt ist, dass dessen leichte und rechtzeitige Erkennbarkeit nicht mehr gewährleistet ist oder

2. auch nur ein Vorschriftszeichen „Halt" oder auch nur ein Vorschriftszeichen „Geschwindigkeitsbeschränkung (Erlaubte Höchstgeschwindigkeit)" fehlt oder derart beschädigt ist, dass dessen leichte und rechtzeitige Erkennbarkeit nicht mehr gewährleistet ist oder

3. auch nur eine Umlaufsperre für den Radfahrverkehr fehlt oder derart beschädigt ist, dass deren leichte und rechtzeitige Erkennbarkeit nicht mehr gewährleistet ist oder fehlt.

§ 92. Nach Feststellung einer Störung gemäß § 91 oder nach Erhalt einer Meldung über das Vorliegen einer Störung gemäß § 91 ist vor Zulassung weiterer Fahrten gemäß den Bestimmungen des § 95 über die Maßnahmen im Störungsfall vorzugehen. Die Behebung der Störung ist unverzüglich zu veranlassen.

Fehler

§ 93. (1) Ein Fehler bei Lichtzeichen oder bei Lichtzeichen mit Schranken, bei denen den Straßenbenützern durch gelbes nicht blinkendes Licht und anschließend rotes nicht blinkendes Licht oder durch rotes blinkendes Licht Halt geboten wird, liegt vor, wenn

1. das Läutewerk versagt, sofern dieses als Zusatzeinrichtung vorhanden ist,
2. eine zusätzliche Einrichtung für die barrierefreie Ausgestaltung der Eisenbahnkreuzung versagt,
3. die rot-weiße Kennzeichnung der Schrankenbäume beschädigt ist oder fehlt,
4. das rückstrahlende Material an den Schrankenbäumen beschädigt ist oder fehlt,
5. ein Hängegitter auch nur an einem der Schrankenbäume beschädigt ist oder fehlt,
6. auch nur ein Signal- oder Tragschild, ein Andreaskreuz oder eine Zusatztafel „Richtungspfeil" beschädigt ist oder fehlt,
7. Bodenmarkierungen nicht ausreichend erkennbar sind oder fehlen oder
8. in der überwachenden Stelle ein Fehler angezeigt wird.

(2) Ein Fehler bei Schranken, bei denen den Straßenbenützern mit rotierenden Warnsignalen oder mit Läutewerken allein oder durch das Schließen der Schrankenbäume allein Halt geboten wird, liegt vor, wenn

1. das Läutewerk versagt, sofern dieses als Zusatzeinrichtung vorhanden ist,
2. die rot-weiße Kennzeichnung der Schrankenbäume beschädigt ist oder fehlt,
3. das rückstrahlende Material an den Schrankenbäumen beschädigt ist oder fehlt,
4. ein Hängegitter auch nur an einem der Schrankenbäume beschädigt ist oder fehlt,
5. auch nur ein Andreaskreuz oder eine Zusatztafel „Richtungspfeil" beschädigt ist oder fehlt oder
6. Bodenmarkierungen nicht ausreichend erkennbar sind oder fehlen;

(3) Ein Fehler bei Eisenbahnkreuzungen, die durch Gewährleisten des erforderlichen Sichtraumes oder durch Abgabe akustischer Signale vom Schienenfahrzeug aus gesichert sind, liegt vor, wenn

1. auch nur eine Zusatztafel „auf Züge achten" oder auch nur eine Zusatztafel „auf Pfeifsignal achten" oder auch nur eine Zusatztafel „Richtungspfeil" beschädigt ist oder fehlt,
2. Bodenmarkierungen nicht ausreichend erkennbar sind oder fehlen oder
3. auch nur eine Umlaufsperre für den Fußgängerverkehr beschädigt ist oder fehlt.

(4) Ein Fehler bei Eisenbahnkreuzungen, die durch Bewachung und Regelung des Straßenverkehrs durch Armzeichen oder durch Lichtzeichen gesichert sind, liegt vor, wenn

1. auch nur ein Signal- oder Tragschild, ein Andreaskreuz oder eine Zusatztafel „Richtungspfeil" beschädigt ist oder fehlt,
2. auch nur ein Vorschriftzeichen „Geschwindigkeitsbeschränkung (Erlaubte Höchstgeschwindigkeit)" bzw. „Ende der Geschwindigkeitsbeschränkung" beschädigt ist oder fehlt oder
3. Bodenmarkierungen nicht ausreichend erkennbar sind oder fehlen.

§ 94. Nach Feststellung eines Fehlers gemäß § 93 oder nach Erhalt einer Meldung über das Vorliegen eines solchen Fehlers hat das Eisenbahnunternehmen die Behebung des Fehlers unverzüglich zu veranlassen. Die Behebung des Fehlers ist unverzüglich durchzuführen.

Maßnahmen im Störungsfall

§ 95. (1) Nach der Anzeige einer Störung gemäß § 91 oder nach Erhalt der Meldung einer Störung gemäß § 91 in der überwachenden Stelle oder in der nächsten besetzten Betriebsstelle hat diese unverzüglich dafür zu sorgen, dass Schienenfahrzeuge vor der Eisenbahnkreuzung anhalten und die Fahrt erst nach Abgabe akustischer Signale fortsetzen.

(2) Spätestens nach zwei Stunden nach Anzeige der Störung oder nach Erhalt der Meldung der Störung ist die Eisenbahnkreuzung durch Bewachung zu sichern. Bei der Bewachung sind, soweit dies möglich ist, die tauglichen Einrichtungen der Lichtzeichen oder der Lichtzeichen mit Schranken zur Unterstützung der Bewachung zu verwenden.

(3) Ist eine Bewachung der Eisenbahnkreuzung nicht möglich, kann, sofern das Verfahren gemäß § 49 Abs. 2 EisbG betreffend Entscheidung über die Art der Sicherung im Einzelfall nichts anderes ergeben hat, das Vorschriftzeichen „Halt" vor der Eisenbahnkreuzung so lange angebracht werden, bis eine Bewachung möglich ist. Vor Eisenbahnkreuzungen für den Fußgängerverkehr allein ist das Vorschriftzeichens „Halt" nicht anzubringen. Das Vorschriftzeichen „Halt" ist zumindest an der rechten Straßenseite und für die Straßenbenützer leicht und rechtzeitig erkennbar vor der Eisenbahnkreuzung anzubringen. Lichtzeichen, die nicht durch das Vorschriftzeichen „Halt" verdeckt werden, sind in geeigneter Weise zu überdecken. Schrankenbäume sind zu verdecken.

(4) Wird das Vorschriftzeichen „Halt" vor der Eisenbahnkreuzung angebracht, haben Schienenfahrzeuge bis zu dem Zeitpunkt, an dem eine Bewachung möglich oder die Störung behoben ist, weiterhin vor der Eisenbahnkreuzung anzuhal-

ten und dürfen die Fahrt erst nach Abgabe akustischer Signale fortsetzen.

(5) Vom Anhalten des Schienenfahrzeuges vor der Eisenbahnkreuzung kann, sofern das Verfahren gemäß § 49 Abs. 2 EisbG betreffend Entscheidung über die Art der Sicherung im Einzelfall nichts anderes ergeben hat, abgesehen werden, wenn nicht mehr als ein Fahrstreifen für jede Fahrtrichtung der Straße vorhanden ist und das Schienenfahrzeug jene Geschwindigkeit nicht überschreitet, mit der bei der Ermittlung erforderlichen Abstandes des Sichtpunktes vom Kreuzungspunkt ein Abstand von 120 m nicht überschritten wird und der hiefür erforderliche Sichtraum vorhanden ist. Während der Annäherung an die Eisenbahnkreuzung sind ab dem hiefür zu ermittelnden erforderlichen Sichtpunkt, der einen Abstand von 100 m von der Eisenbahnkreuzung nicht unterschreiten darf, wiederholt akustische Signale vom Schienenfahrzeug aus abzugeben.

10. Abschnitt
Verhaltensbestimmungen für Straßenbenützer bei der Annäherung und beim Übersetzen von Eisenbahnkreuzungen

Verbote

§ 96. (1) Verboten ist

1. das Überholen auf einer Eisenbahnkreuzung;

2. das Überholen mehrspuriger Kraftfahrzeuge innerhalb von etwa 80 m vor bis unmittelbar nach einer Eisenbahnkreuzung;

3. das Anhalten, Halten, Parken oder Umkehren auf einer Eisenbahnkreuzung;

4. das Halten, Parken oder Umkehren unmittelbar vor oder nach einer Eisenbahnkreuzung, wenn durch das haltende, parkende oder umkehrende Fahrzeug der Lenker eines anderen Fahrzeuges gehindert wird, die Annäherung eines Schienenfahrzeuges oder Sicherungseinrichtungen rechtzeitig wahrzunehmen;

5. das Übersetzen der Eisenbahnkreuzung zu versuchen, wenn nach der Lage des Straßenverkehrs ein Anhalten auf der Eisenbahnkreuzung erforderlich werden könnte;

6. geschlossene Schranken zu umfahren, zu umgehen oder zu übersteigen oder sich sonst unbefugt in den abgesperrten Raum zu begeben;

7. Sicherungseinrichtungen und Zusatzeinrichtungen unbefugt zu betätigen, zu beschädigen, unbefugt zu entfernen, zu überdecken oder in ihrer Lage oder ihrer Bedeutung zu verändern;

8. an den Sicherungseinrichtungen und deren Befestigungseinrichtungen unbefugt Beschriftungen, bildliche Darstellungen, Anschläge, geschäftliche Anpreisungen oder dergleichen anzubringen;

9. im Gefährdungsbereich der Eisenbahnkreuzung insbesondere sichtbehindernde, lärmerregende oder die Aufmerksamkeit der Straßenbenützer sonst beeinträchtigende Einrichtungen anzubringen, Anlagen zu errichten oder Handlungen zu setzen.

(2) Verboten ist das Übersetzen von Eisenbahnkreuzungen

1. mit Fahrzeugen, die eine Länge von mehr als 20 m haben;

2. mit Fahrzeugen mit einer Höhe von mehr als 4,00 m bei Eisenbahnkreuzungen mit Oberleitungen elektrifizierter Eisenbahnen;

3. mit sonstigen Fahrzeugen, die mit oder ohne Anhänger samt Ladung insgesamt bis 20 m Länge bei den gegebenen örtlichen Verhältnissen eine Geschwindigkeit von weniger als 10 km/h erreichen;

4. mit Fuhrwerken im Sinne der StVO 1960 über 10 m bis 16 m Länge samt Ladung, die bei den gegebenen örtlichen Verhältnissen eine Geschwindigkeit von weniger als 8 km/h erreichen;

5. mit Fuhrwerken im Sinne der StVO 1960 bis 10 m Länge samt Ladung, die bei den gegebenen örtlichen Verhältnissen eine Geschwindigkeit von weniger als 6 km/h erreichen;

6. mit Fahrrädern mit oder ohne Anhänger mit einer Länge von über 3 m, wenn bei den gegebenen örtlichen Verhältnissen eine Geschwindigkeit von weniger als 6 km/h erreicht wird.

(3) Ist das Übersetzen einer Eisenbahnkreuzung mit einem Fahrzeug oder Fuhrwerk gemäß Abs. 2 beabsichtigt, hat der Straßenbenützer die Zustimmung des Eisenbahnunternehmens so rechtzeitig einzuholen, dass Maßnahmen für ein sicheres Übersetzen getroffen werden können. Verweigert das Eisenbahnunternehmen die Zustimmung, kann der Straßenbenützer eine Entscheidung bei der Behörde beantragen. Diese hat das Übersetzen der Eisenbahnkreuzung zu gestatten, wenn ein sicheres Übersetzen der Eisenbahnkreuzung gewährleistet ist.

Allgemeine Gebote

§ 97. (1) Die Straßenbenützer haben sich ab dem Standort der Gefahrenzeichen „Bahnübergang ohne Schranken" oder „Bahnübergang mit Schranken" auf Grund der Straßen-, Verkehrs- und Sichtverhältnisse sowie der Eigenschaften von Fahrzeug und Ladung unter Beachtung vorhandener Vorschriftszeichen bei der Annäherung an eine Eisenbahnkreuzung so zu verhalten und insbesondere ihre Geschwindigkeit so zu wählen, dass sie erforderlichenfalls vor der Eisenbahnkreuzung verlässlich anhalten können.

(2) Die Straßenbenützer haben sich bei der Annäherung an eine Eisenbahnkreuzung durch Ausblick auf den Bahnkörper, soweit dies die

örtlichen Verhältnisse zulassen, und durch besondere Achtsamkeit auf allfällige vom Schienenfahrzeug aus abgegebene akustische Signale nach beiden Richtungen der Bahn zu überzeugen, ob ein gefahrloses Übersetzen der Eisenbahnkreuzung möglich ist oder ob sie vor der Eisenbahnkreuzung anzuhalten haben.

(3) In ihrer Mobilität eingeschränkte Personen haben sich der zusätzlichen Einrichtungen für die barrierefreie Ausgestaltung der Sicherung einer Eisenbahnkreuzung, soweit sie für ihre Art der Einschränkung vorhanden sind, zur Beurteilung, ob ein gefahrloses Übersetzen der Eisenbahnkreuzung möglich und erlaubt ist, zu bedienen.

(4) Ist ein gefahrloses Übersetzen der Eisenbahnkreuzung nicht möglich oder haben die Straßenbenützer aufgrund des Vorschriftszeichens „Halt" oder aufgrund von Lichtzeichen, von Lichtzeichen mit Schranken, von Schranken oder aufgrund eines von Bewachungsorganen gegebenen Anhaltegebotes vor der Eisenbahnkreuzung anzuhalten, haben diese, je nachdem, was sie zuerst erreichen,

1. vor der Haltelinie oder Ordnungslinie, wenn eine solche vorhanden ist, oder

2. vor dem Andreaskreuz, jedoch mindestens in einer Entfernung von 3 m vor der nächstgelegenen Schiene, oder

3. vor dem Lichtzeichen vor der Eisenbahnkreuzung, jedoch mindestens in einer Entfernung von 3 m vor der nächstgelegenen Schiene, oder

4. vor dem Schrankenbaum vor der Eisenbahnkreuzung oder

5. vor dem Bewachungsorgan oder vor der Hilfseinrichtung, jedoch mindestens in einer Entfernung von 3 m vor der nächstgelegenen Schiene

anzuhalten.

(5) Die Lenker von Lastkraftwagen, Sattelkraftfahrzeugen und selbstfahrenden Arbeitsmaschinen mit einem höchsten zulässigen Gesamtgewicht von mehr als 7,5 t sowie von Zugmaschinen, Fuhrwerken und Motorkarren haben vor Eisenbahnkreuzungen mit Straßen außerhalb von Ortsgebieten, die durch Lichtzeichen, Lichtzeichen mit Schranken oder Schranken gesichert sind, in einem Abstand von etwa 100 m vor der Eisenbahnkreuzung anzuhalten, wenn diese den Straßenbenützern Halt gebieten und dies den Lenkern dieser Fahrzeuge rechtzeitig erkennbar ist.

Besondere Gebote bei Vorschriftszeichen „Geschwindigkeitsbeschränkung (Erlaubte Höchstgeschwindigkeit)" und bei Vorschriftszeichen „Halt"

§ 98. (1) Ist vor der Eisenbahnkreuzung das Vorschriftszeichen „Geschwindigkeitsbeschränkung (Erlaubte Höchstgeschwindigkeit)" angebracht, haben sich die Straßenbenützer ab dem Standort des Vorschriftszeichens „Geschwindigkeitsbeschränkung (Erlaubte Höchstgeschwindigkeit)" durch Ausblick auf den Bahnkörper und durch besondere Achtsamkeit auf allfällige vom Schienenfahrzeug aus abgegebene akustische Signale nach beiden Richtungen der Bahn zu überzeugen, ob sich ein Schienenfahrzeug nähert oder vor der Eisenbahnkreuzung steht und seine Weiterfahrt durch Abgabe akustischer Signale ankündigt. Nehmen die Straßenbenützer die Annäherung eines Schienenfahrzeuges aus einer der beiden Fahrtrichtungen der Bahn oder ein vor der Eisenbahnkreuzung stehendes Schienenfahrzeug, das seine Weiterfahrt durch Abgabe akustischer Signale vom Schienenfahrzeug aus ankündigt, wahr, haben die Straßenbenützer anzuhalten und darf die Eisenbahnkreuzung nicht übersetzt werden.

(2) Ist zum Andreaskreuz das Vorschriftszeichen „Halt" angebracht, haben die Straßenbenützer anzuhalten. Die Straßenbenützer haben sich durch Ausblick auf den Bahnkörper und, unabhängig davon, ob eine Zusatztafel „auf Pfeifsignal achten" angebracht ist oder nicht, durch besondere Achtsamkeit auf allfällige vom Schienenfahrzeug aus abgegebene akustische Signale nach beiden Richtungen der Bahn zu überzeugen, ob sich ein Schienenfahrzeug nähert oder vor der Eisenbahnkreuzung steht und seine Weiterfahrt durch Abgabe akustischer Signale ankündigt. Nehmen die Straßenbenützer die Annäherung eines Schienenfahrzeuges aus einer der beiden Fahrtrichtungen der Bahn oder ein vor der Eisenbahnkreuzung stehendes Schienenfahrzeug, das seine Weiterfahrt durch Abgabe akustischer Signale ankündigt, wahr, darf die Eisenbahnkreuzung nicht übersetzt werden.

(3) Die Straßenbenützer haben sich nach der Vorbeifahrt des Schienenfahrzeuges und vor dem Übersetzen der Eisenbahnkreuzung zu überzeugen, dass kein weiteres Schienenfahrzeug auf dem selben oder auf einem anderen Gleis nachfolgt und dass sich auch aus der Gegenrichtung kein Schienenfahrzeug nähert.

(4) Liegen sichtbehindernde Verhältnisse, beispielsweise durch Nebel, Schneefall, hohe Schneelage oder dergleichen vor, haben die Straßenbenützer vor der Eisenbahnkreuzung anzuhalten. Die Straßenbenützer haben sich durch besondere Achtsamkeit auf beleuchtete Zugspitzensignale und auf vom Schienenfahrzeug aus abgegebene akustische Signale zu überzeugen, ob aus einer der beiden Fahrtrichtungen der Bahn die Annäherung eines Schienenfahrzeuges oder ein Schienenfahrzeug, das vor der Eisenbahnkreuzung steht und seine Weiterfahrt durch Abgabe akustischer Signale ankündigt, wahrnehmbar ist. Die Eisenbahnkreuzung darf nur übersetzt werden, wenn sich die Straßenbenützer die Gewissheit

verschafft haben, dass ein gefahrloses Übersetzen möglich ist. Liegen gleichzeitig Verhältnisse vor, die die Wahrnehmbarkeit der von Schienenfahrzeugen aus abgegebenen akustischen Signalen beeinträchtigen, darf die Eisenbahnkreuzung während der Dauer dieser Verhältnisse nicht übersetzt werden.

(5) Ist das Übersetzen der Eisenbahnkreuzung gefahrlos möglich, hat dieses ohne Verzögerung und so rasch wie möglich zu erfolgen. Ein Verweilen auf der Eisenbahnkreuzung ist verboten.

Besondere Gebote bei Lichtzeichen, bei Lichtzeichen mit Schranken oder bei Schranken

§ 99. (1) Nehmen die Straßenbenützer bei der Annäherung an die Eisenbahnkreuzung wahr, dass

1. das gelbe Licht oder das rote Licht oder das rote blinkende Licht leuchtet oder
2. optische Zeichen durch sich drehende rotierende Warnsignale abgegeben werden oder
3. akustische Zeichen abgegeben werden oder
4. sich Schrankenbäume abwärts bewegen oder
5. Schrankenbäume vollständig oder auch nur über einen Teil der Straße geschlossen sind oder
6. Schrankenbäume nicht vollständig geschlossen sind oder
7. von Bewachungsorganen durch Armzeichen oder durch Armzeichen unter Zuhilfenahme von Hilfseinrichtungen ein Anhaltegebot gegeben wird oder
8. bei Lichtzeichen oder bei Lichtzeichen mit Schranken oder bei Schranken das Vorschriftszeichen „Halt" angebracht ist oder
9. ein Schienenfahrzeug vor der Eisenbahnkreuzung steht und seine Weiterfahrt durch Abgabe akustischer Signale ankündigt,

haben die Straßenbenützer anzuhalten. Ist bei Aufleuchten des gelben Lichtes ein sicheres Anhalten vor der Eisenbahnkreuzung nicht mehr möglich, haben die Straßenbenützer weiter zu fahren.

(2) Straßenbenützer, die sich

1. bei Aufleuchten des gelben Lichtes oder
2. bei Aufleuchten des roten blinkenden Lichtes oder
3. bei Abgabe akustischer Zeichen oder
4. wenn optische Zeichen durch sich drehende rotierende Warnsignale abgegeben werden

bereits auf der Eisenbahnkreuzung befinden, haben diese so rasch wie möglich zu verlassen.

(3) Die Eisenbahnkreuzung darf erst dann übersetzt werden, wenn

1. sämtliche Lichtzeichen erloschen sind,

2. die Schrankenbäume vollständig geöffnet sind und sämtliche Lichtzeichen erloschen sind oder

3. die Schrankenbäume vollständig geöffnet sind.

Das Übersetzen der Eisenbahnkreuzung hat ohne Verzögerung und so rasch wie möglich zu erfolgen. Ein Verweilen auf der Eisenbahnkreuzung ist verboten.

(4) Ist bei Lichtzeichen, Lichtzeichen mit Schranken oder Schranken vor der Eisenbahnkreuzung das Vorschriftszeichen „Halt" angebracht, haben die Straßenbenützer anzuhalten. Die Straßenbenützer haben sich durch Ausblick auf den Bahnkörper und durch besondere Achtsamkeit auf allfällige vom Schienenfahrzeug aus abgegebene akustische Signale zu überzeugen, ob sich ein Schienenfahrzeug der Eisenbahnkreuzung nähert oder ob ein Schienenfahrzeug vor der Eisenbahnkreuzung steht und seine Weiterfahrt durch Abgabe akustischer Signale ankündigt. Nehmen die Straßenbenützer die Annäherung eines Schienenfahrzeuges aus einer der beiden Fahrtrichtungen der Bahn oder ein vor der Eisenbahnkreuzung stehendes Schienenfahrzeug, das seine Weiterfahrt durch Abgabe akustischer Signale ankündigt, wahr, darf die Eisenbahnkreuzung nicht übersetzt werden. Ist das Übersetzen der Eisenbahnkreuzung gefahrlos möglich, hat dieses ohne Verzögerung und so rasch wie möglich zu erfolgen. Ein Verweilen auf der Eisenbahnkreuzung ist verboten.

Übersetzen von Eisenbahnkreuzungen mit Tieren

§ 100. (1) Vor dem Übersetzen einer Eisenbahnkreuzung mit Tieren haben Führer und Treiber von Tieren in angemessener Zahl dafür zu sorgen, dass ein geordnetes Übersetzen der Eisenbahnkreuzung mit den Tieren möglich ist. Nötigenfalls sind Gruppen von Tieren zu bilden. Ist ein gefahrloses Übersetzen der Eisenbahnkreuzung möglich, hat dies ohne Verzögerung und so rasch wie möglich zu erfolgen. Ein Verweilen auf der Eisenbahnkreuzung ist verboten.

(2) Bestehen an einer Eisenbahnkreuzung besondere Einrichtungen für das Treiben von Tieren, sind diese von Führern und Treibern von Tieren nach Maßgabe einer vom Eisenbahnunternehmen zu erstellenden Bedienungsanweisung zu benützen.

Verhalten bei Straßenbahnen und anderen Eisenbahnen, die in einer Längsrichtung der Straße verkehren

§ 101. Bei Eisenbahnkreuzungen innerhalb von Ortsgebieten mit straßenabhängigen Straßenbahnen und anderen Eisenbahnen, die in einer

Längsrichtung der Straße verkehren, gelten die Verhaltensbestimmungen der §§ 96 bis 100 nur bei jenen Eisenbahnkreuzungen, die gemäß dieser Verordnung gesichert sind.

11. Abschnitt
Schlussbestimmungen

Übergangsbestimmungen

§ 102. (1) Schrankenanlagen gemäß § 8 Eisenbahn-Kreuzungsverordnung 1961 und Lichtzeichenanlagen gemäß § 9 Eisenbahn-Kreuzungsverordnung 1961, die auf der Grundlage einer behördlichen Entscheidung gemäß § 49 Abs. 2 Eisenbahngesetzes 1957 errichtet und in Betrieb genommen wurden, sind innerhalb von 12 Jahren ab Inkrafttreten dieser Verordnung von der Behörde gemäß § 49 Abs. 2 Eisenbahngesetzes 1957 zu überprüfen. Diese hat über die erforderliche Art der Sicherung gemäß dieser Verordnung unter Festsetzung einer angemessenen Ausführungsfrist, die spätestens 17 Jahre ab Inkrafttreten dieser Verordnung endet, zu entscheiden beziehungsweise darüber zu entscheiden, ob die bestehende Art der Sicherung nach Maßgabe des Abs. 3 bis 5 beibehalten werden kann.

(2) Eisenbahnkreuzungen mit Fußgängerverkehr allein, Radfahrverkehr allein oder Fußgänger- und Radfahrverkehr, die auf der Grundlage einer behördlichen Entscheidung gemäß § 49 Abs. 2 Eisenbahngesetzes 1957 in Verbindung mit den Bestimmungen des § 8 Eisenbahn-Kreuzungsverordnung 1961 durch Schrankenanlagen oder des § 9 Eisenbahn-Kreuzungsverordnung 1961 durch Lichtzeichenanlagen gesichert sind, sind innerhalb eines Jahres ab Inkrafttreten dieser Verordnung von der Behörde gemäß § 49 Abs. 2 Eisenbahngesetzes 1957 zu überprüfen. Diese hat über die erforderliche Art der Sicherung gemäß dieser Verordnung unter Festsetzung einer angemessenen Ausführungsfrist, die spätestens drei Jahre ab Inkrafttreten dieser Verordnung endet, zu entscheiden beziehungsweise darüber zu entscheiden, ob die bestehende Art der Sicherung nach Maßgabe des Abs. 3 bis 5 beibehalten werden kann.

(3) Bestehende Schrankenanlagen gemäß § 8 Eisenbahn-Kreuzungsverordnung 1961 und bestehende Lichtzeichenanlagen gemäß § 9 Eisenbahn-Kreuzungsverordnung 1961 gemäß Abs. 1 können unter der Voraussetzung, dass sie unter Anwendung der Bestimmungen des § 36 Eisenbahngesetz 1957 innerhalb von 14 Jahren ab Inkrafttreten dieser Verordnung an die Bestimmungen der §§ 65, 66, 67, 70 bis 73 und 75 dieser Verordnung angepasst werden können, bis zum Ablauf der technischen Nutzungsdauer der bestehenden Schrankenanlage oder Lichtzeichenanlage beibehalten werden. Bestehende Schrankenanlagen gemäß § 8 Eisenbahn-Kreuzungsverordnung 1961 und bestehende Lichtzeichenanlagen gemäß § 9 Eisenbahn-Kreuzungsverordnung 1961, bei denen den Straßenbenützern durch rotes blinkendes Licht Halt geboten wird oder bei denen den Straßenbenützern mit rotierenden Warnsignalen oder mit Läutewerk allein oder durch das Schließen der Schrankenbäume allein Halt geboten wird, dürfen, sofern sie an die Bestimmungen der §§ 65, 66, 67, 70 bis 73 und 75 dieser Verordnung angepasst werden können, längstens 17 Jahre ab Inkrafttreten dieser Verordnung beibehalten werden. Die Bestimmungen des § 37 Z 2 und des § 38 Abs. 2 betreffend die Zeit zwischen dem Einschalten der Lichtzeichen und dem Eintreffen des Schienenfahrzeuges auf der Eisenbahnkreuzung sind in diesem Fall dann nicht anzuwenden, wenn sich durch diese Anpassung die Zeit zwischen dem Einschalten der Lichtzeichen und dem Eintreffen des Schienenfahrzeuges auf der Eisenbahnkreuzung nicht verlängert.

(4) Für bestehende Schrankenanlagen gemäß § 8 Eisenbahn-Kreuzungsverordnung 1961 mit Triebfahrzeugführerüberwachung ist die Bestimmung des § 87 Abs. 6 betreffend Überwachung, dass die Schrankenbäume die offene Endlage verlassen haben, nicht anzuwenden.

(5) Für bestehende Schrankenanlagen gemäß § 8 Eisenbahn-Kreuzungsverordnung 1961 und bestehende Lichtzeichenanlagen gemäß § 9 Eisenbahn-Kreuzungsverordnung 1961 sind die Bestimmungen des § 87 betreffend Überwachung der Lichtzeichen auf Lichtzeichen, die nach der letzten Schienen angebracht sind (Rücklichter) und die bisher nicht in die Überwachung einbezogen sind, nicht anzuwenden.

§ 103. (1) Eisenbahnkreuzungen, die auf der Grundlage einer behördlichen Entscheidung gemäß § 49 Abs. 2 Eisenbahngesetzes 1957 in Verbindung mit den Bestimmungen des § 4 Eisenbahn-Kreuzungsverordnung 1961 durch Andreaskreuze und Gewährleisten des erforderlichen Sichtraumes oder des § 6 Eisenbahn-Kreuzungsverordnung 1961 durch Andreaskreuze und Abgabe akustischer Signale vom Schienenfahrzeug aus gesichert sind, sind innerhalb von 12 Jahren ab Inkrafttreten dieser Verordnung von der Behörde gemäß § 49 Abs. 2 Eisenbahngesetzes 1957 zu überprüfen. Diese hat über die erforderliche Art der Sicherung gemäß dieser Verordnung unter Festsetzung einer angemessenen Ausführungsfrist, die spätestens 17 Jahre ab Inkrafttreten dieser Verordnung endet, zu entscheiden.

(2) Eisenbahnkreuzungen mit Fußgängerverkehr allein, Radfahrverkehr allein oder Fußgänger- und Radfahrverkehr, die auf der Grundlage einer behördlichen Entscheidung gemäß § 49 Abs. 2 Eisenbahn-gesetzes 1957 in Verbindung mit den Bestimmungen des § 4 Eisenbahn-Kreu-

zungsverordnung 1961 durch Andreaskreuze und Gewährleisten des erforderlichen Sichtraumes oder des § 6 Eisenbahn-Kreuzungsverordnung 1961 durch Andreaskreuze und Abgabe akustischer Signale vom Schienenfahrzeug aus gesichert sind, sind innerhalb eines Jahres ab Inkrafttreten dieser Verordnung von der Behörde gemäß § 49 Abs. 2 Eisenbahngesetzes 1957 zu überprüfen. Diese hat über die erforderliche Art der Sicherung gemäß dieser Verordnung unter Festsetzung einer angemessenen Ausführungsfrist, die spätestens drei Jahre ab Inkrafttreten dieser Verordnung endet, zu entscheiden.

§ 104. Bei Eisenbahnkreuzungen, bei denen bisher keine Andreaskreuze anzubringen waren, sind Andreaskreuze, die dieser Verordnung entsprechen, innerhalb von drei Jahren ab Inkrafttreten dieser Verordnung anzubringen.

Notifikationshinweis gemäß Artikel 12 der Richtlinie 98/34/EG

§ 105. Diese Verordnung wurde unter Einhaltung der Bestimmungen der Richtlinie 98/34/EG über ein Informationsverfahren auf dem Gebiet der Normen und technischen Vorschriften, welches das Verfahren nach der Richtlinie 83/189/EWG kodifiziert, unter der Notifikationsnummer 2012 0085 A notifiziert.

Inkrafttreten, Außerkrafttreten

§ 106. (1) Diese Verordnung tritt an dem der Kundmachung dieser Verordnung folgenden dritten Monatsersten in Kraft.[1]

(2) Mit dem Inkrafttreten dieser Verordnung tritt die Verordnung des Bundesministeriums für Verkehr und Elektrizitätswirtschaft vom 21. Dezember 1960 über die Sicherung und Benützung schienengleicher Eisenbahnübergänge (Eisenbahn-Kreuzungsverordnung 1961), BGBl. Nr. 2/1961, zuletzt geändert durch BGBl. Nr. 123/1988, außer Kraft.

[1] *ie. 1. 9. 2012*

Anlage 1

Ermittlung der Sperrstrecken d, d_1 und d_F

1. Messlinie für die Ermittlung der Sperrstrecken
   a) Die Sperrstrecke d ist in der Straßenrichtung und unter Berücksichtigung eines 2,60 m breiten Straßenfahrzeuges in der Achse dieses Fahrzeuges für beide Verkehrsrichtungen der Straße zu erheben oder zu berechnen. Der größere Wert ist maßgebend. Die Achse des Straßenfahrzeuges ist anzunehmen
      - bei einer Fahrbahnbreite bis 4,0 m in der Mitte der Fahrbahn;
      - bei einer Fahrbahnbreite von über 4,0 m bis 5,2 m in einem Abstand von 1,3 m vom rechten Fahrbahnrand;
      - bei einer Fahrbahnbreite von über 5,2 m bis 7,0 m in der Mitte der jeweils rechten Fahrbahnhälfte;
      - bei einer Fahrbahnbreite von über 7,0 m in der Mitte eines 3,50 m breiten an den rechten Fahrbahnrand anschließenden Fahrstreifens;
      - bei Fahrbahnbreiten, die mehr als einen Fahrstreifen in eine Richtung der Straße aufweisen, in der Mitte des jeweiligen Fahrstreifens,

      wobei für die jeweilige Richtung der größere Wert maßgebend ist.
   b) Die Sperrstrecke d_1 ist in der Straßenrichtung und unter Berücksichtigung eines 2,60 m breiten Straßenfahrzeuges in der Achse dieses Fahrzeuges für beide Verkehrsrichtungen der Straße zu erheben oder zu berechnen. Der größere Wert ist maßgebend. Die Achse des Straßenfahrzeuges ist anzunehmen
      - bei einer Fahrbahnbreite bis 4,0 m in der Mitte der Fahrbahn;
      - bei einer Fahrbahnbreite von über 4,0 m bis 5,2 m in einem Abstand von 1,3 m vom rechten Fahrbahnrand;
      - bei einer Fahrbahnbreite von über 5,2 m bis 7,0 m in der Mitte der jeweils rechten Fahrbahnhälfte;
      - bei einer Fahrbahnbreite von über 7,0 m in der Mitte eines 3,50 m breiten an den rechten Fahrbahnrand anschließenden Fahrstreifens;
      - bei Fahrbahnbreiten, die mehr als einen Fahrstreifen in eine Richtung der Straße aufweisen, in der Mitte des jeweiligen Fahrstreifens,

      wobei für die jeweilige Richtung der größere Wert maßgebend ist.
   c) Die Sperrstrecke d_F ist in Wegrichtung 60 cm vom längeren Wegrand entfernt zu erheben.
2. Ermittlung der Sperrstrecke d und d_F bei der Sicherung durch Lichtzeichen
   a) Die Sperrstrecke d für Fahrzeugverkehr beginnt
      - wenn das Straßenfahrzeug den auf der rechten Fahrbahnseite angeordneten Signalgeber zuerst erreicht, bei diesem Signalgeber,
      - wenn das Straßenfahrzeug jene Stelle, die mindestens 3,0 m vor der nächstgelegenen Schiene liegt, zuerst erreicht, bei der mindestens 3,0 m vor der nächstgelegenen Schiene entfernten Stelle,

      und endet 2 m nach der letzten Schiene jenes Gleises, das in die Berechnung der erforderlichen Annäherungszeit einbezogen ist.
   b) Die Sperrstrecke d_F für Fußgängerverkehr beginnt
      - wenn kein Signalgeber nach der letzten Schiene (Rücklicht) angeordnet ist und der Fußgänger den letzten Signalgeber vor der ersten Schiene zuerst erreicht, bei diesem Signalgeber,
      - wenn der Fußgänger jene Stelle, die mindestens 3,0 m vor der ersten Schiene liegt, zuerst erreicht oder ein zugehöriger Signalgeber nach der letzten Schiene (Rücklicht) angeordnet ist, bei der mindestens 3,0 m von der ersten Schiene entfernten Stelle,

      und endet 2 m nach der letzten Schiene jenes Gleises, das in die Berechnung der erforderlichen Annäherungszeit einbezogen ist.

3. Ermittlung der Sperrstrecken d_l und d_F bei der Sicherung durch Lichtzeichen mit Halbschranken oder bei der Sicherung durch Lichtzeichen mit Vollschranken mit versetztem Schließen der Schrankenbäume
   a) Der Teil d_l der Sperrstrecke d bei Fahrzeugverkehr beginnt
      – wenn das Straßenfahrzeug den vor dem Schrankenbaum (Halbschranken bzw. Zufahrtsschranken) auf der rechten Fahrbahnseite angeordneten Signalgeber zuerst erreicht, bei diesem Signalgeber,
      – wenn das Straßenfahrzeug den Zufahrtsschranken zuerst erreicht oder wenn keine Lichtzeichen als Anhaltegebot vorgesehen sind, vor dem Zufahrtsschranken

      und endet nach dem Zufahrtsschranken.
   b) Die Sperrstrecke d_F bei Lichtzeichen mit Halbschranken beginnt bei Fußgängerverkehr auf jener Bahnseite, die durch den Schrankenbaum des Halbschrankens nicht gesperrt wird,
      – wenn kein Signalgeber nach der letzten Schiene (Rücklicht) angeordnet ist und der Fußgänger den vor der ersten Schiene angeordneten Signalgeber zuerst erreicht, bei diesem Signalgeber,
      – wenn der Fußgänger jene Stelle, die mindestens 3,0 m vor der ersten Schiene liegt, zuerst erreicht oder ein zugehöriger Signalgeber nach der letzten Schiene (Rücklicht) angeordnet ist oder keine Lichtzeichen als Anhaltegebot vorgesehen sind, bei der mindestens 3,0 m von der ersten Schiene entfernten Stelle,

      und endet nach dem Schrankenbaum nach der letzten Schiene.
   c) Die Sperrstrecke d_F bei Lichtzeichen mit Vollschranken mit versetztem Schließen der Schrankenbäume beginnt bei Fußgängerverkehr auf jener Bahnseite, die durch den Schrankenbaum des Ausfahrtsschrankens gesperrt wird,
      – wenn kein Signalgeber nach der letzten Schiene (Rücklicht) angeordnet ist und der Fußgänger den vor dem Schrankenbaum des Ausfahrtsschrankens angeordneten Signalgeber zuerst erreicht, bei diesem Signalgeber,
      – wenn der Fußgänger den Schrankenbaum des Ausfahrtsschrankens zuerst erreicht oder ein zugehöriger Signalgeber nach der letzten Schiene (Rücklicht) angeordnet ist oder keine Lichtzeichen als Anhaltegebot vorgesehen sind, vor dem Ausfahrtsschranken

      und endet nach dem Zufahrtsschranken.

4. Ermittlung der Sperrstrecken d und d_F bei der Sicherung durch Lichtzeichen mit Vollschranken
   a) Die Sperrstrecke d beginnt bei Fahrzeugverkehr
      – wenn das Straßenfahrzeug den vor dem Schrankenbaum auf der rechten Fahrbahnseite angeordneten Signalgeber zuerst erreicht, bei diesem Signalgeber,
      – wenn das Straßenfahrzeug den Schrankenbaum zuerst erreicht, vor dem Schrankenbaum,

      und endet nach dem nach der letzten Schiene angeordneten Schrankenbaum.
   b) Die Sperrstrecke d_F beginnt bei Fußgängerverkehr
      – wenn kein Signalgeber nach der letzten Schiene (Rücklicht) angeordnet ist und der Fußgänger den vor dem Schrankenbaum angeordneten Signalgeber zuerst erreicht, bei diesem Signalgeber,
      – wenn der Fußgänger den Schrankenbaum zuerst erreicht oder ein zugehöriger Signalgeber nach der letzten Schiene (Rücklicht) angeordnet ist, vor dem Schrankenbaum,

      und endet nach dem nach der letzten Schiene angeordneten Schrankenbaum.

5. Ermittlung der Sperrstrecken d und d_F bei der Sicherung durch Gewährleisten des erforderlichen Sichtraumes oder durch Abgabe akustischer Signale vom Schienenfahrzeug aus
   a) Die Sperrstrecke d beginnt auf Höhe des Standortes des Andreaskreuzes, jedoch an einer mindestens 3,0 m von der nächstgelegenen Schiene entfernten Stelle, und endet 2 m nach der letzten Schiene jenes Gleises, das in die Berechnung der erforderlichen Annäherungszeit einbezogen ist. Eine Berechnung der Sperrstrecke d ist nur zulässig, wenn der Verlauf der Straße einschließlich eines Straßenstückes beiderseits der Bahn mit einer Länge von jeweils etwa 25 m (gemessen jeweils von der nächstgelegenen Schiene) sowie der Verlauf

der Bahn im Bereich der Eisenbahnkreuzung geradlinig ist. Erforderlichenfalls dürfen unterschiedliche Werte, die sich aus den Verkehrsrichtungen der Straße ergeben, berücksichtigt werden.

b) Die Sperrstrecke d_F beginnt auf Höhe des Standortes des Andreaskreuzes, jedoch an einer mindestens 3,0 m von der nächstgelegenen Schiene entfernten Stelle, und endet 2 m nach der letzten Schiene jenes Gleises, das in die Berechnung der erforderlichen Annäherungszeit einbezogen ist. Eine Berechnung der Sperrstrecke d_F ist nur zulässig, wenn der Verlauf der Straße oder des Weges einschließlich eines Straßen- oder Wegstückes beiderseits der Bahn mit einer Länge von jeweils etwa 3,0 m (gemessen jeweils von der nächstgelegenen Schiene) sowie der Verlauf der Bahn im Bereich der Eisenbahnkreuzung geradlinig ist.

Erforderlichenfalls dürfen unterschiedliche Werte, die sich aus den Verkehrsrichtungen der Straße ergeben, berücksichtigt werden.

Anlage 2

Zusatztafel „auf Züge achten"

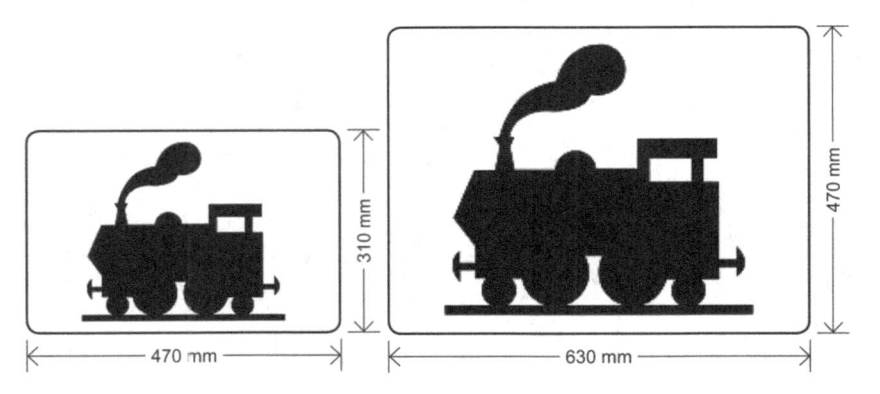

Anlage 3

Zusatztafel „auf Pfeifsignal achten"

Anlage 4

Rotierendes Warnsignal

Schienenfahrzeuglärmverordnung — SchLV 2021

BGBl II 2021/525

Verordnung der Bundesministerin für Klimaschutz, Umwelt, Energie, Mobilität, Innovation und Technologie über die Lärmzulässigkeit von Schienenfahrzeugen (Schienenfahrzeuglärmverordnung – SchLV 2021)

Auf Grund des § 19 Abs. 4 des Eisenbahngesetzes 1957, BGBl. Nr. 60/1957, zuletzt geändert durch das Bundesgesetz BGBl. I Nr. 60/2019, wird verordnet:

1. Abschnitt
Geltungsbereich

§ 1. (1) Diese Verordnung gilt für alle Schienenfahrzeuge, die auf Haupt-, Neben-, Straßen-, oder Anschlussbahnen (gemäß §§ 4, 5 und 7 des Eisenbahngesetzes 1957) betrieben werden.

(2) Diese Verordnung gilt nicht für Schienenfahrzeuge, die den Bestimmungen der Verordnung (EU) Nr. 1304/2014 über die technische Spezifikation für die Interoperabilität des Teilsystems „Fahrzeuge – Lärm" sowie zur Änderung der Entscheidung 2008/232 und Aufhebung des Beschlusses 2011/229/EU, ABl. Nr. L 356 vom 12.12.2014 S. 421, *in der Fassung der Durchführungsverordnung (EU) 2019/774, ABl. Nr. L 139I vom 27.05.2019, S. 89*, unterliegen.

2. Abschnitt
Fahrzeugkategorien

Triebfahrzeuge

§ 2. (1) Triebfahrzeuge im Sinne dieser Verordnung sind Schienenfahrzeuge mit Eigenantrieb, welche die Traktion nicht angetriebener Schienenfahrzeuge bewerkstelligen. Sie werden eingeteilt in:
1. Lokomotiven und
2. Triebwagen.

Lokomotiven dienen ausschließlich der Traktion. Triebwagen dienen überdies der Beförderung von Personen und Reisegepäck.

(2) Triebfahrzeuge werden nach Art der Energiezufuhr unterschieden in:
1. Elektrische Triebfahrzeuge (mit Energiezufuhr aus Oberleitung bzw. Stromschiene, Brennstoffzelle oder Batterie),
2. Triebfahrzeuge mit Verbrennungskraftmotoren,
3. Hybridtriebfahrzeuge (mit einer alternativen oder gleichzeitigen Energiezufuhr gemäß Z 1 und 2) sowie
4. Sonstige Fahrzeuge (zB Dampftriebfahrzeuge).

Nebenfahrzeuge

§ 3. Nebenfahrzeuge im Sinne dieser Verordnung sind Schienenfahrzeuge mit oder ohne Eigenantrieb, die ausschließlich der Bahnerhaltung dienen. Der Eigenantrieb dient im Wesentlichen der eigenen Fortbewegung für Arbeits-, Überstell- und Verschubfahrten. Zu dieser Kategorie zählen auch Gleisbaumaschinen; diese werden in Kapitel 2 des Anhangs der Verordnung (EU) Nr. 1302/2014 über eine technische Spezifikation für die Interoperabilität des Teilsystems „Fahrzeuge – Lokomotiven und Personenwagen" des Eisenbahnsystems in der Europäischen Union, ABl. Nr. L 356 vom 12.12.2014 S. 228, *zuletzt geändert durch die Durchführungsverordnung (EU) 2020/387, ABl. Nr. L 73 vom 10.03.2020, S. 6*, näher bestimmt.

Wagen

§ 4. Wagen im Sinne dieser Verordnung sind Schienenfahrzeuge ohne Eigenantrieb, die der Beförderung von Personen, Reisegepäck oder Gütern dienen. Wagen werden eingeteilt in:
1. Reisezugwagen,
2. Güterwagen und
3. Bahndienstwagen.

Straßenbahnfahrzeuge

§ 5. Straßenbahnfahrzeuge im Sinne dieser Verordnung sind Schienenfahrzeuge, die ausschließlich auf Straßenbahnen (§ 5 EisbG) betrieben werden.

3. Abschnitt
Grundsätzliches

§ 6. (1) In den Bauentwürfen für neu zu bauende Schienenfahrzeuge müssen technische Maßnahmen ersichtlich sein, die erwarten lassen, dass die gemäß **Anlage 2**, I zulässigen Grenzwerte bei Schalldruckpegelmessungen im Sinne der **Anlage 1** nicht überschritten werden.

(2) Innerhalb von sechs Monaten ab Inbetriebnahme des Schienenfahrzeuges, oder im Falle einer Serie ab Inbetriebnahme des ersten Schienen-

fahrzeuges der entsprechenden Bauart, hat das Eisenbahnunternehmen der Behörde den Messbericht gemäß **Anlage 3** vorzulegen.

(3) Wird mindestens einer der in **Anlage 2**, I normierten Grenzwerte überschritten, hat das Eisenbahnunternehmen innerhalb einer Frist von neun Monaten ab der Inbetriebnahme konstruktive Maßnahmen für das betreffende Schienenfahrzeug zu setzen, welche die Schallemission so weit reduzieren, dass die Grenzwerte eingehalten werden. Das Schienenfahrzeug ist sodann einer vollständigen Messserie gemäß § 7 zu unterziehen. Davon kann die Behörde auf Antrag bei Vorliegen berücksichtigungswürdiger Umstände Erleichterungen gewähren oder Abstand nehmen.

(4) Die Bestimmungen der Abs. 1 bis 3 gelten auch für wesentliche Umbauten von Schienenfahrzeugen. Umbauten gelten im Sinne dieser Verordnung jedenfalls als wesentlich, wenn

1. Änderungen am Laufwerk (zB Tausch der Drehgestellbauart), oder

2. Änderungen des mechanischen Teils der Bremse (zB Umbau von Klotz- auf Scheibenbremse), oder

3. Änderungen der Motorbauart oder des Antriebs oder Umbauten des Aufbaues, sofern diese Umbauten einen Wechsel der Fahrzeugart im Sinne der §§ ;2 bis 5 zur Folge haben,

durchgeführt werden. Bei allen anderen Umbauten von Schienenfahrzeugen sind keine Messungen erforderlich, sofern solche nicht im Einzelfall von der Behörde angeordnet werden.

(5) Für Schienenfahrzeugserien oder Schienenfahrzeuge, deren Konstruktion in schalltechnischer Hinsicht identisch ist mit im Sinne dieser Verordnung bereits überprüften Schienenfahrzeugserien oder Schienenfahrzeugen, wird vorbehaltlich einer Nachprüfung der Lärmzulässigkeit keine Messung der Schallemission angeordnet.

(6) Bei Inverkehrbringen eines Schienenfahrzeuges, das sich von einem bereits zugelassenen Schienenfahrzeug akustisch nur geringfügig unterscheidet, kann der Nachweis der Einhaltung der Grenzwerte auch über Plausibilität, einen rechnerischen Nachweis oder einer Messung auf Komponentenebene erfolgen.

Messarten

§ 7. (1) Schalldruckpegelmessungen sind durchzuführen:

1. außerhalb des Schienenfahrzeuges bei stehendem Fahrzeug (Außenschalldruckpegel im Standversuch);

2. außerhalb des Schienenfahrzeuges bei Fahrt mit konstanter Geschwindigkeit, mit 80 km/h und höchster zulässiger Betriebsgeschwindigkeit (Außenschalldruckpegel im Fahrversuch);

3. innerhalb des Schienenfahrzeuges bei stehendem Fahrzeug (Innenschalldruckpegel im Standversuch);

4. innerhalb des Schienenfahrzeuges bei Fahrt mit konstanter Geschwindigkeit, mit 80 km/h und höchster zulässiger Betriebsgeschwindigkeit (Innenschalldruckpegel im Fahrversuch).

(2) Von den in Abs. 1 Z 2 und 4 geforderten Messungen gelten folgende Abweichungen:

1. Bei Schienenfahrzeugen mit einer zulässigen Betriebsgeschwindigkeit von maximal 40 km/h können die Fahrversuche gemäß Abs. 1 Z 2 und 4 entfallen;

2. Bei Schienenfahrzeugen mit einer zulässigen Betriebsgeschwindigkeit von über 40 km/h und weniger als 80 km/h haben die Fahrversuche ausschließlich mit der maximal zulässigen Betriebsgeschwindigkeit zu erfolgen;

3. Bei Schienenfahrzeugen mit einer zulässigen Betriebsgeschwindigkeit von über 80 km/h und weniger als 90 km/h haben die Fahrversuche ausschließlich mit 80 km/h zu erfolgen;

4. Bei Straßenbahnfahrzeugen, bei denen eine Messung vor Ort mit maximaler Betriebsgeschwindigkeit nicht möglich ist, darf die Messung anstelle der maximalen Betriebsgeschwindigkeit mit 60 km/h erfolgen.

(3) Die Schallmessungen (Akustikgutachten) sind von den gemäß § 32a Abs. 6 EisbG berechtigten Stellen durchzuführen.

Nachprüfung der Lärmzulässigkeit

§ 8. (1) Das Eisenbahnunternehmen ist für den Zustand der Schienenfahrzeuge, die es betreibt, verantwortlich und hat auf die Einhaltung der Schalldruckpegel-Grenzwerte zu achten, wobei der Behörde die Überprüfung der Lärmzulässigkeit vorbehalten bleibt.

(2) Ergibt die Nachprüfung der Lärmzulässigkeit, dass die Einhaltung der Schalldruckpegel-Grenzwerte der **Anlage 2**, I nicht nachgewiesen werden kann, so ist gemäß § 6 Abs. 3 zu verfahren.

(3) Für Schienenfahrzeuge, für die vor dem Inkrafttreten dieser Verordnung eine Betriebsbewilligung erteilt wurde, gilt Abs. 2 mit der Maßgabe, dass diesen die Schalldruck-Grenzwerte des § 7 der Schienenfahrzeug-Lärmzulässigkeitsverordnung, BGBl. Nr. 414/1993 zu Grunde zu legen sind. Dies gilt insoweit, als die Schienenfahrzeuge nach Inkrafttreten dieser Verordnung noch keiner Überprüfung gemäß § 6 Abs. 4 iVm Abs. 1 bis 3 unterzogen worden sind.

Schallemissions-Messbericht

§ 9. Die Ergebnisse der gemäß **Anlage 1** durchgeführten Messungen sind in einem Messbericht gemäß **Anlage 3** darzulegen, wobei alle gemessenen Pegel auf eine Nachkommastelle zu runden sind. Zum Vergleich mit den Grenzwerten werden die Ergebnisse auf die nächste ganze Dezibelzahl gerundet. Besonderheiten der Messung, vor allem hinsichtlich der verwendeten Messeinrichtungen und der Umgebungsbedingungen, sind zu vermerken.

Ausländische Schienenfahrzeuge

§ 10. Beim Einsatz von Schienenfahrzeugen, die außerhalb der Europäischen Union, des Gebietes des Europäischen Wirtschaftsraumes sowie der Schweizerischen Eidgenossenschaft zugelassen worden sind und welche die Bedingungen der VO (EU) Nr. 1304/2014 erfüllen, ist keine Schalldruckpegelmessung nach dieser Verordnung vorzunehmen.

4. Abschnitt
Übergangs- und Schlussbestimmungen

§ 11. (1) Schienenfahrzeuge, für die vor Inkrafttreten dieser Verordnung eine Betriebsbewilligung nach §§ 34 Abs. 2 und 35 Abs. 2 EisbG erteilt wurde, sind vorbehaltlich der Anwendung des § 8 Abs. 3 sowie eines Verfahrens gemäß § 6 Abs. 4 iVm Abs. 1 bis 3, keiner weiteren Lärmzulässigkeitsüberprüfung zu unterziehen.

(2) Schienenfahrzeuge, für die vor Inkrafttreten dieser Verordnung ein Antrag auf Bauartgenehmigung nach § 32 EisbG bzw. ein Antrag auf Betriebsbewilligung nach § 34 EisbG bei der Behörde gestellt wurde, eine solche Genehmigung zum Zeitpunkt des Inkrafttretens dieser Verordnung jedoch noch nicht erteilt wurde, sind gemäß § 6 Abs. 1 bis 4 mit der Maßgabe zu behandeln, dass diesen die Schalldruck-Grenzwerte des § 7 der Schienenfahrzeug-Lärmzulässigkeitsverordnung, BGBl. Nr. 414/1993 zu Grunde zu legen sind, zu behandeln.

(3) Diese Verordnung tritt mit dem der Kundmachung folgenden Tag in Kraft; gleichzeitig tritt die Verordnung des Bundesministers für öffentliche Wirtschaft und Verkehr über die Lärmzulässigkeit von Schienenfahrzeugen (Schienenfahrzeug-Lärmzulässigkeitsverordnung – SchLV), BGBl. Nr. 414/1993, mit Ausnahme des § 7 leg cit, außer Kraft.

§ 7 SchLV, BGBl. Nr. 414/1993:

Schalldruck-Grenzwerte[1)2)]

[1)] Tabellenwerte in Dezibel (A-bewertet)
[2)] Für Fahrzeuge gemäß § 5 Abs. 4 gelten um 3 dB (A) höhere Tabellenwerte.

§ 7. Zulässige Grenzwerte im Sinne dieser Verordnung:

Außenschalldruckpegel: (1) Standversuch, (2) Fahrversuch
Innenschalldruckpegel: (3) Standversuch, (4) Fahrversuch

Fahrzeuggattungen		Grundsätzliche Versuche			
		(1)	(2)[3)]	(3)	(4)[4)]
elektr. Lokomotiven		74	84	66	76
elektr. Triebwagen		74	82	64	74
Lokomotiven mit VKM[5)]		80	86	66	76
Triebwagen mit VKM[5)]		76	84	64	74
Nebenfahrzeuge		78	86	68	78
Reisezugwagen	Kat. 1	71	80	54	63
	Kat. 2	71	80	57	66
	Kat. 3	74	83	60	74
	Kat. 4	74	83	60	72
Güterwagen:	Kat. 1	-	81[6)]	-	-
	Kat. 2	-	83	-	-
	Kat. 3	-	85	-	-

[3)] Für Geschwindigkeiten V über 80 km/h ist der Tabellenwert um einen Zuschlag Z zu erhöhen, der sich aus folgender Formel ergibt: $Z = 30 \lg(V[km/h]/80) \, dB\,(A)$, siehe Anlage 2; Z ist auf ganze Zahlen zu runden.
[4)] Für Geschwindigkeiten V über 120 km/h ist der Tabellenwert um den halben Zuschlag Z aus[3)] zu erhöhen, siehe Anlage 2.
[5)] VKM Verbrennungskraftmotor.
[6)] Bis 31. Dezember 1996 gelten um 10 dB (A) höhere Grenzwerte; bis 31. Dezember 2001 gelten um 5 dB (A) höhere Grenzwerte.

Anlage 1

Anlage 1

I.
Messverfahren

1. Die Messgrößen im Sinne dieser Verordnung sind der energieäquivalente A-bewertete Schalldruckpegel (LpAeq,T) gemäß ÖNORM EN ISO 3095:2014 (Definition 3.14 „A-bewerteter äquivalenter Dauerschalldruckpegel") und ÖNORM EN ISO 3381:2011 Definition 3.9 „A-bewerteter äquivalenter Dauerschalldruckpegel") als Summenpegel und als Terzpegelspektrum von 31,5 Hz bis 12,5 kHz.

a) Standversuch außen und Fahrversuch außen: In einem horizontalen Messabstand zur Gleisachse von 7,50 m (siehe ÖNORM EN ISO 3095:2014); für 1,20 m über der Schienenoberkante (SOK) verpflichtend; für 3,50 m über SOK optional.

SchLV 2021

b) Standversuch innen und Fahrversuch innen: siehe ÖNORM EN ISO 3381:2011.

Es sind mindestens drei Messungen an jeder vorgesehenen Position durchzuführen.

Wenn die Differenzen der Messresultate zwischen diesen drei Messungen hinsichtlich des A-bewerteten Schalldruckpegels mehr als drei Dezibel betragen, müssen drei neue Messungen durchgeführt werden.

Der arithmetische Mittelwert des A-bewerteten Schalldruckpegels der drei gültigen Messungen ist für jede Messposition zu ermitteln und anzugeben.

Die arithmetischen Mittelwerte aller Messpositionen sind zum energetischen Mittelwert zusammenzufassen, gemäß § 9 zu runden und in Dezibel als Prüfergebnis anzugeben.

2. Bei den Schalldruckpegelmessungen gemäß ÖNORM EN ISO 3381:2011 ist nach Abschnitt 7.5 (Stillstand) und nach Abschnitt 7.2 (Fahrt) eine Messzeit von grundsätzlich 20 Sekunden und im Ausnahmefall mindestens 5 Sekunden einzuhalten.

Bei den Schalldruckpegelmessungen gemäß ÖNORM EN ISO 3095:2014 ist nach Abschnitt 5.7 (Stillstand) eine Messzeit von grundsätzlich 20 Sekunden und im Ausnahmefall mindestens 5 Sekunden einzuhalten.

II.
Messeinrichtungen

1. Für Messungen im Sinne dieser Verordnung unterliegen die Schallmeßgeräte (Schallpegelmesser und Prüfschallquellen) der Eichpflicht gemäß §§ ;8 und 13 des Meß- und Eichgesetzes, BGBl. Nr. 152/1950, zuletzt geändert durch das Bundesgesetz BGBl. Nr. 468/1992.

2. Für die Messungen ist ein Schallpegelmesser der Klasse 1 gemäß IEC-Publikation 804 mit Freifeldmikrofon (Kugelcharakteristik), der Messungen des A-bewerteten Schalldruckpegels mit der Zeitbewertung F erlaubt, zu verwenden. Vor und nach jeder Meßreihe ist die gesamte Meßkette vom Meßmikrofon bis zum Anzeigegerät mit einer Prüfschallquelle zu kalibrieren. In begründeten Fällen können auch Mikrofone mit einer von den obigen Bestimmungen abweichenden Charakteristik verwendet werden. Dies ist im Messbericht gemäß § 9 anzugeben.

3. Für akkreditierte Stellen gilt die Ausnahme gem. § 13a Abs. 1 Z 2 MEG

III.
Umgebungsbedingungen

1. Die Festlegungen von ÖNORM EN ISO 3095:2014 bzw. ÖNORM EN ISO 3381:2011 sind zu befolgen.

1.1. Gleisbedingungen:

– Die Versuche sind grundsätzlich auf einem Versuchsgleis gemäß ÖNORM EN ISO 3095:2014 durchzuführen.

– Die akustisch relevante Schienenrauheit sowie die vertikalen und horizontalen Abklingraten des Versuchsgleises (TDR) sind zu bestimmen.

– Werden die in Anlage 2/I angegebenen Grenzwerte nicht überschritten, so können Abweichungen bei Schienenrauheit und Abklingraten akzeptiert werden.

– Werden die in Anlage 2/I angegebenen Grenzwerte überschritten, so können wesentliche Abweichungen bei Schienenrauheit und Abklingraten mitunter als berücksichtigungswürdiger Umstand nach Anlage 1/III/2 eingestuft werden.

2. Fahrzeuge, die aus technischen Gründen nicht auf Gleisen erprobt werden können, die den Anforderungen der ÖNORM EN ISO 3095:2014 bzw. ÖNORM EN ISO 3381:2011 entsprechen, sind stattdessen auf Gleisen zu erproben, die dem typischen Einsatzgebiet entsprechen.

– Hinweis (Korrekturen anhand Gleisqualitätsparameter):

– Vereinfachung der Verfügbarkeit eines Messgleises: Ein Messgleis, das der ÖNORM EN ISO 3095:2014 für die Vorbeifahrt und der ÖNORM EN ISO 3381:2011 für Fahren genügt, kann auf Schienennetzen abseits des Vollbahnnetzes schwierig zu finden sein. Daher ist es in zu begründenden Fällen erlaubt, die Ergebnisse einer Vorbeifahrtmessung (Außenschall) und einer Fahrtmessung (Innenschall) auf ein typisches Messgleis, das der ÖNORM EN ISO 3095:2014 bzw. der ÖNORM EN ISO 3381:2011 entspricht, ganz oder teilweise rechnerisch anzupassen. Voraussetzung dafür ist, dass die Methoden für die Umrechnungen dem Stand der Technik entsprechen.

3. Können aus technischen Gründen innerhalb der laut § 6 Abs. 2 festgelegten Frist die Umgebungsbedingungen nach ÖNORM EN ISO 3095:2014 bzw. ÖNORM EN ISO 3381:2011 nicht eingehalten werden, so ist im Antrag auf Bauartgenehmigung des Fahrzeuges nach § 32a EisbG 1957 auf diesen Umstand hinzuweisen.

IV.
Bedingungen für das Fahrzeug

Der Fahrzeugzustand muss ÖNORM EN ISO 3095:2014 Kapitel 5.4 und ÖNORM EN ISO 3381:2011 Kapitel 6.4 entsprechen.
Warneinrichtungen sind nicht zu messen bzw. dürfen während der Messung nicht betrieben werden.

V.
Grundsätzliche Versuche

1. Der Außenschalldruckpegel ist im horizontalen Abstand von 7,5 m von der Gleisachse in einer Höhe von 1,2 m (optional auch in 3,5 m) über der Schienenoberkante im Standversuch nach ÖNORM EN ISO 3095:2014 Kapitel 5 und im Fahrversuch nach ÖNORM EN ISO 3095:2014 Kapitel 6 zu bestimmen.
2. Der Innenschalldruckpegel ist im Standversuch nach ÖNORM EN ISO 3381:2011 Kapitel 7.5 und im Fahrversuch nach ÖNORM EN ISO 3381:2011 Kapitel 7.2 mit folgender Messanordnung zu ermitteln: Im Innenraum der Fahrzeuge sind mindestens 2 Messpunkte, bei personenbefördernden Fahrzeugen jedoch 5 bis 7 Messpunkte pro Einzelfahrzeug (bei Multigelenkfahrzeugen gilt dies für das Gesamtfahrzeug) so anzuordnen, dass eine repräsentative Erfassung der Schalldruckpegelverteilung gewährleistet ist. Je ein Mikrofon ist in den Einstiegräumen, bei Abteilwagen sind zwei Mikrofone am Gang anzuordnen. Bei personenbefördernden Fahrzeugen müssen die Mikrofone senkrecht gerichtet, im Bereich der Sitzplätze in einer Höhe von 1,2 m und im Bereich der Gänge in einer Höhe von 1,6 m über dem Fußboden angeordnet werden. In Führerständen ist ein Mikrofon im Zentrum des Raumes senkrecht nach oben gerichtet und ein weiteres in Kopfnähe des Triebfahrzeugführers anzuordnen. Die Anordnung der Messmikrofone ist im Protokoll anzugeben.

VI.
Versuchsablauf beim Fahrversuch

1. Die Messungen an Lokomotiven und Nebenfahrzeugen mit Eigenantrieb sind in Alleinfahrt vorzunehmen.
2. Die Messungen an Triebwagen und Triebzügen sind in jener Zusammensetzung durchzuführen, die bei Normalbetrieb einer Grundeinheit entspricht.

Anlage 2

Anlage 2

I.
Schalldruckpegel-Grenzwerte

1. Folgende Grenzwerte für den energieäquivalenten A-bewerteten Schalldruckpegel ($L_{pAeq,T}$) dürfen nicht überschritten werden:

Fahrzeuggattungen	Außenschalldruckpegel		Innenschalldruckpegel	
	Standversuch	Fahrversuch[1]	Standversuch	Fahrversuch[2]
Elektrische Lokomotiven	70	84	66	78
Elektrische Triebwagen und elektrische Triebzüge	65	80[4]	64	74[4,5]
Lokomotiven mit Verbrennungskraftmotor	71	85	66	78[3]
Triebwagen und Triebzüge mit Verbrennungskraftmotor	72	81	64	74
Nebenfahrzeuge[6]	71	85	–	78[7]
Reisezugwagen	64	79	55	65[8]
Güterwagen	65	83[9]	–	–
Bahndienstwagen	65	83[9]	66	78[8]

[1] *Für Geschwindigkeiten v > 80 km/h ist der Tabellenwert um einen Zuschlag Z zu erhöhen, siehe Anlage 2, II; Z ist auf ganze Zahlen zu runden.*
[2] *Für Geschwindigkeiten v > 120 km/h ist der Tabellenwert um den halben Zuschlag Z zu erhöhen, siehe Anlage 2, II; Z ist auf ganze Zahlen zu runden.*
[4] *bei Straßenbahnfahrzeugen in Hochflurbauweise:*

SchLV 2021

für v ≤ 70 km/h: +1 dB(A), für 70 km/h < v ≤ 80 km/h: + 2 dB(A)
[5)] bei Straßenbahnfahrzeugen in Niederflurbauweise:
für v ≤ 70 km/h: +2 dB(A), für 70 km/h < v ≤ 80 km/h: + 4 dB(A)
[3)] bei Fahrzeughöchstgeschwindigkeit, dh. ohne Geschwindigkeitszuschlag.
[6)] Bei Gleisbaumaschinen wird ohne Messung von einer Einhaltung des angegebenen Grenzwertes für das Vorbeifahrgeräusch ausgegangen, wenn
- sie entweder nur mit Verbundstoffsohlen oder nur mit Scheibenbremsen ausgerüstet sind und
- sie mit Putzklötzen aus Verbundstoff ausgerüstet sind, sofern Putzklötze eingebaut sind.
[7)] Die Messung darf in allen Fällen entfallen, in denen eine Messung gemäß Verordnung über den Schutz der Arbeitnehmer/innen vor der Gefährdung durch Lärm und Vibrationen (Verordnung Lärm und Vibrationen – VOLV), BGBl. II Nr. 227/2006, verpflichtend ist. In diesem Fall sind jedoch allenfalls strengere Grenzwerte der SchLV einzuhalten.
[8)] Für Steuerwagen gilt der angegebene Grenzwert für Messpunkte in den Fahrgasträumen; im Führerraum ist zusätzlich die Einhaltung eines Grenzwertes von 74 dB(A) nachzuweisen.
[9)] Grenzwert umgerechnet auf ApL (=Anzahl der Radsätze geteilt durch die Länge über Puffer [m^{-1}]) von ApL= 0,225, siehe Ziffer 4.

2. Die Tabellenwerte sind in Dezibel, A-bewertet angegeben und gelten für eine Geschwindigkeit von v = 80 km/h.
3. Weicht die maximal zulässige Betriebsgeschwindigkeit Vmax eines zu messenden Fahrzeuges von 80 km/h ab, sind die im Fahrversuch gemessenen Werte durch die in Anlage 2, II ausgewiesenen Zuschläge zu korrigieren und die so korrigierten Messwerte mit den Schalldruckpegelgrenzwerten der Tabelle (Anlage 2, I) zu vergleichen. Z ist auf ganze Zahlen zu runden.
4. Die Werte für den Außenschalldruckpegel im Fahrversuch gelten für Güterwagen mit 0,225 Radsätzen pro Länge über Puffer. Weicht die tatsächliche Anzahl der Radsätze geteilt durch die Länge über Puffer (ApL) von diesem Wert ab, dann ist der Tabellenwert durch die in Anlage 2, III ausgewiesene ApL-Korrektur anzupassen.

II.
Pegelzuschläge gemäß I

Geschwindigkeit (km/h)	Pegelzuschläge nach Formel dB (A)	gerundet (Fahrversuch außen) dB (A)	Korrekturwert (Fahrversuch innen) dB (A)
80	0,0	0	0
90	1,5	2	0
100	2,9	3	0
110	4,1	4	0
120	5,3	5	0
130	6,3	6	3
140	7,3	7	4
150	8,2	8	4
160	9,0	9	5
170	9,8	10	5
180	10,6	11	6
190	11,3	11	6
200	11,9	12	6

Formel Z = 30 lg(V[km/h]/80) dB (A)

III.
ApL-Korrektur

Es gelten die in der Verordnung (EU) Nr. 1304/2014 in Abschnitt 6.2.2.3.2.2 festgelegten Zu- bzw. Abschläge: $L_{pAeq,T(ApLref)} = L_{pAeq,T(test)} - 10 * \log(ApL_{wag}/0{,}225 m^{-1})$

Anlage 3

SCHALLEMISSIONSMESSUNG VON SCHIENENFAHRZEUGEN
nach SchLV

1. **Prüfbericht gemäß ÖNORM EN ISO 3095:2014 Kapitel 10**
2. **Kenndaten des Fahrzeuges:**
   Fahrzeugart und -type:
   Nummer des Fahrzeuges:
   Betreiber:
   Hersteller:
   Baujahr:
   Fahrzeughöchstgeschwindigkeit:
   Radsatzfolgebezeichnung:
3. **Kenndaten der Maschinenanlage:**
   Antriebsmaschine:
   Bauart und -type:
   Hersteller:
   Baujahr:
   Art des Getriebes:
   Art des Antriebes:
   Art der Steuerung:
   Nennleistung:
   Übersetzung:

- Art und Anzahl der Hilfseinrichtungen

	Bezeichnung	Hersteller	Type	Leistung kW	Drehzahl Us^{-1}
(a)					
(b)					
(c)					
(d)					
(e)					
(f)					

- Sonstige Geräuschquellen am Fahrzeug:
- Verwendete Schalldämmeinrichtungen:

Messergebnisse ($L_{2Aeq,T}$):

Standversuch gemäß § 7 Abs. 1 Z 1.	dB (A)
Fahrversuch gemäß § 7 Abs. 1 Z 2.	dB (A)
Standversuch gemäß § 7 Abs. 1 Z 3.	dB (A)
Fahrversuch gemäß § 7 Abs. 1 Z 4.	dB (A)

12/3. SchLV 2021

SchLV 2021

Messergebnisse (Terzpegelspektrum):
Standversuch (außen) gemäß § 7 Abs. 1 Z 1

Messpunkt	32	40	50	63	80	100	125	160	200	250	315	400	500	630	800	1k	1,25k	1,6k	2k	2,5k	3,15k	4k	5k	6,3k	8k	10k	12,5k
1																											
2																											
3																											
4																											

Terzmittenfrequenz in Hz

Messpunkt 1: rechts 1,2 m Höhe
Messpunkt 2: rechts 3,5 m Höhe
Messpunkt 3: links 1,2 m Höhe
Messpunkt 4: links 3,5 m Höhe

Fahrversuch (außen) gemäß § 7 Abs. 1 Z 2

Messpunkt	32	40	50	63	80	100	125	160	200	250	315	400	500	630	800	1k	1,25k	1,6k	2k	2,5k	3,15k	4k	5k	6,3k	8k	10k	12,5k
1																											
2																											
3																											
4																											

Terzmittenfrequenz in Hz

Messpunkt 1: rechts 1,2 m Höhe
Messpunkt 2: rechts 3,5 m Höhe
Messpunkt 3: links 1,2 m Höhe
Messpunkt 4: links 3,5 m Höhe

12/3. SchLV 2021

Standversuch (innen) gemäß § 7 Abs. 1 Z 3

Messpunkt	32	40	50	63	80	100	125	160	200	250	315	400	500	630	800	1k	1,25k	1,6k	2k	2,5k	3,15k	4k	5k	6,3k	8k	10k	12,5k
												Terzmittenfrequenz in Hz														
1																											
2																											
3																											
4																											

Lage der Messpunkte:

Fahrversuch (innen) gemäß § 7 Abs. 1 Z 4

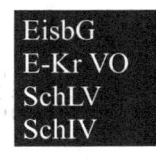

Messpunkt	32	40	50	63	80	100	125	160	200	250	315	400	500	630	800	1k	1,25k	1,6k	2k	2,5k	3,15k	4k	5k	6,3k	8k	10k	12,5k
												Terzmittenfrequenz in Hz														
1																											
2																											
3																											
4																											

Lage der Messpunkte:

EisbG
E-Kr VO
SchLV
SchIV

12/4. EisbG
SchIV

Schienenverkehrslärm-Immissionsschutzverordnung – SchIV

BGBl 1993/415 idF

1 BGBl 2013/362 (VfGH)

Verordnung des Bundesministers für öffentliche Wirtschaft und Verkehr über Lärmschutzmaßnahmen bei Haupt-, Neben- und Straßenbahnen (Schienenverkehrslärm-Immissionsschutzverordnung - SchIV)

Auf Grund des § 19 Abs. 4 des Eisenbahngesetzes 1957, BGBl. Nr. 60, zuletzt geändert durch das Bundesgesetz BGBl. Nr. 452/1992, wird verordnet:

Geltungsbereich

§ 1. (1) Diese Verordnung gilt hinsichtlich der Schallimmissionen auf Grund des Schienenverkehrs (Zugverkehrs) sowohl für den Neubau als auch für den wesentlichen Umbau von Strecken (-teilen) im Zuge von Haupt-, Neben- und Straßenbahnen gemäß §§ 4 und 5 des Eisenbahngesetzes 1957.

(2) Bauliche Maßnahmen gelten dann als wesentlicher Umbau, wenn
1. zumindest ein zusätzliches durchgehendes Gleis (Streckengleis) errichtet wird oder
2. durch die Änderung der örtlichen Lage der durchgehenden Gleise (Streckengleise) in den maßgebenden Immissionspunkten eine Erhöhung des Beurteilungspegels um mehr als zwei dB (Dezibel) eintritt.

Allgemeine Festlegungen

§ 2. (1) Hinsichtlich der schalltechnischen Begriffe, Größen und Meßverfahren gelten die Bestimmungen der ÖNORMEN S 5002 (Ausgabe 1973), S 5003, Teile 1 und 2 (Ausgabe 1974), „ ". *(BGBl 2013/362 (VfGH))*

(2) *(aufgehoben, BGBl 2013/362)*

(3) Sämtliche Schallpegel sind unter Anwendung der Bewertungsfunktion A gemäß Verordnung des Bundesamtes für Eich- und Vermessungswesen vom 29. Juni 1979, veröffentlicht im Amtsblatt für das Eichwesen Nr. 6/79, zu bewerten.

(4) Der für die Beurteilung des Schienenverkehrslärms maßgebliche Beurteilungspegel L_r ist der um fünf dB verminderte A-bewertete energieäquivalente Dauerschallpegel $L_{A,eq}$.

(5) Bei Gebäuden befindet sich der maßgebende Immissionspunkt 0,50 m außerhalb und in der Mitte des betrachteten Fensters. Bei Freiflächen (Erholungs-, Park- und Gartenanlagen), die vor Lärm zu schützen sind, ist der Immissionspunkt 1,50 m über Boden an der maßgebenden Stelle anzunehmen.

(6) Als Tagzeit gilt der Zeitraum zwischen 6 Uhr und 22 Uhr, als Nachtzeit der Zeitraum zwischen 22 Uhr und 6 Uhr.

Maßgebliche Verkehrsbelastung

§ 3. Grundlage für die Berechnung der Beurteilungspegel sind die längenbezogenen Schallleistungspegel der jeweiligen Strecken (-teile). Diese sind unter Berücksichtigung der im Betriebsprogramm festgelegten Daten und unter Bedachtnahme auf mittel- und langfristige technische und verkehrliche Entwicklungen zu ermitteln.

Immissionsgrenzwerte

§ 4. Die Immissionsgrenzwerte sind vom jeweiligen Beurteilungspegel L_r vor Realisierung der baulichen Maßnahmen abhängig und betragen

1. für die Tagzeit
 - 60 dB, wenn $L_r \leq 50$ dB,
 - $L_r + 10$ dB, wenn 50 dB $\leq L_r \leq$ 55 dB, sowie
 - 65 dB, wenn $L_r \geq 55$ dB, und

2. für die Nachtzeit
 - 50 dB, wenn $L_r \leq 40$ dB,
 - $L_r + 10$ dB, wenn 40 dB $\leq L_r \leq$ 45 dB, sowie
 - 55 dB, wenn $L_r \geq 45$ dB.

Lärmschutzmaßnahmen

§ 5. (1) Das Eisenbahnunternehmen hat bauliche Maßnahmen (§ 1) nach dem Grundsatz auszulegen, daß Beeinträchtigungen der Wohnbevölkerung durch den Schienenverkehrslärm so weit herabgesetzt werden, als dies mit einem im Hinblick auf den erzielbaren Zweck wirtschaftlich vertretbaren Aufwand erreicht werden kann, sofern die Beeinträchtigung nicht wegen der Art der Nutzung des benachbarten Geländes zumutbar ist.

(2) Das Eisenbahnunternehmen hat Lärmschutzmaßnahmen vorzusehen, wenn die Beurteilungspegel L_r in den maßgebenden Immissionspunkten nach Realisierung der baulichen Maßnah-

men (§ 1) die Immissionsgrenzwerte überschreiten und wenn zum Zeitpunkt der Erteilung der Baugenehmigung für ein von den Immissionen betroffenes Gebäude nicht bekannt sein konnte, daß in diesem Bereich mit erheblichen Lärmbelästigungen durch den Schienenverkehr gerechnet werden muß.

(3) Der erforderliche Lärmschutz gegen Beeinträchtigungen der Wohnbevölkerung durch den Schienenverkehrslärm ist vornehmlich durch bahnseitige Maßnahmen sicherzustellen. Wenn die für die bahnseitigen Maßnahmen aufzuwendenden Kosten das Dreifache der Herstellungskosten objektseitiger Maßnahmen übersteigen, sind grundsätzlich objektseitige Maßnahmen zu setzen; hievon kann im Einzelfall insofern abgegangen werden, als eine Abwägung der berührten Interessen einen größeren Vorteil für die Öffentlichkeit ergibt.

(4) Als bahnseitige Maßnahmen gelten insbesondere Lärmschutzwände, Lärmschutzwälle, Grünverbauungen und Kombinationen derselben. Ein unmittelbarer örtlicher Zusammenhang mit dem Bahnkörper ist nicht erforderlich, sofern sich andere Anordnungen für die Abwicklung des Eisenbahnbetriebes oder hinsichtlich der Auswirkungen auf die Umwelt als zweckmäßiger und wirtschaftlicher erweisen.

(5) Als objektseitige Maßnahmen gelten Lärmschutzeinrichtungen, die auf Fremdgrund getroffen werden, wie insbesondere der Einbau von Lärmschutzfenstern und -türen einschließlich der erforderlichen Lüftungseinrichtungen in Räumlichkeiten, die zumindest überwiegend Wohn- oder Schlafzwecken dienen, sofern die Erhaltung und Erneuerung dieser objektseitigen Lärmschutzeinrichtungen durch den Eigentümer oder einen Dritten sichergestellt ist. Bei der Dimensionierung der objektseitigen Maßnahmen ist von einem Richtwert des Beurteilungspegels im Rauminneren von 30 dB auszugehen.

(6) Die Behörde kann in Abwägung mit den Schutzinteressen der Wohnbevölkerung in begründeten Einzelfällen eine über den Zeitraum der Bauausführung um höchstens zehn Jahre hinausgehende Frist für die Fertigstellung der objektseitigen Lärmschutzmaßnahmen festsetzen. Dies gilt insbesondere in jenen Fällen, in welchen vom Eisenbahnunternehmen glaubhaft nachgewiesen wird, daß der Zeitaufwand für die Herstellung der Lärmschutzmaßnahmen erheblich über demjenigen für die Herstellung des Bauvorhabens liegt oder daß eine rechtzeitige Fertigstellung der Lärmschutzmaßnahmen vor Inbetriebnahme der neuen Strecke (des neuen Streckenabschnittes) einen unzumutbaren wirtschaftlichen Nachteil für das Eisenbahnunternehmen zur Folge hätte.

(7) Subjektiv-öffentliche Rechte werden durch diese Verordnung nicht begründet.

Eisenbahnschutzvorschriften – EisbSV

BGBl II 2012/219

Verordnung der Bundesministerin für Verkehr, Innovation und Technologie über den Schutz auf Eisenbahnanlagen und in Schienenfahrzeugen

Aufgrund des § 47c des Eisenbahngesetzes 1957 – EisbG, BGBl. Nr. 60, zuletzt geändert durch das Bundesgesetz BGBl. I Nr. 50/2012, wird verordnet:

Geltungsbereich

§ 1. (1) Diese Verordnung gilt für alle Eisenbahnen (Haupt- und Nebenbahnen, Straßenbahnen, Anschlussbahnen und Materialbahnen) gemäß § 1 EisbG in der jeweils geltenden Fassung und bestimmt das zum Schutze der Eisenbahnanlagen, des Betriebes einer Eisenbahn, des Betriebes von Schienenfahrzeugen auf einer Eisenbahn und des Verkehrs auf einer Eisenbahn gebotene Verhalten der Bahnbenützenden.

(2) Bahnbenützende im Sinne dieser Verordnung sind Fahrgäste und Personen, die Fahrgäste begleiten oder abholen, sowie alle sonstigen Personen, die sich nicht für Zwecke der Abwicklung des Betriebes oder des Verkehrs der Eisenbahn auf Eisenbahnanlagen oder in Schienenfahrzeugen aufhalten (zB Güterverkehrskunden, Reinigungspersonal, Bauarbeiter von Nicht-Eisenbahnunternehmen).

Verhalten innerhalb der Eisenbahnanlagen

§ 2. (1) Eisenbahnanlagen dürfen – außer von den in den §§ 3 und 4 genannten Personen – nur an den hiefür bestimmten Stellen betreten werden; das sind solche, die dem allgemeinen Verkehrsgebrauch dienen oder diesen ermöglichen, wie zB Bahnsteige, Zu- und Abgänge, insbesondere schienengleiche Bahnsteigzugänge, Über- und Unterführungen, Warteräume, Sanitäranlagen, Parkplätze und Eisenbahnkreuzungen; im Übrigen ist das Betreten von Eisenbahnanlagen verboten.

(2) Der Aufenthalt

1. im durch Bahnsteigkante und Bodenmarkierung (Warnstreifen) gekennzeichneten Gefahrenraum sowie

2. auf Bahnsteigen von Haupt- und Nebenbahnen, die über keinen durch Bodenmarkierungen (Warnstreifen) gekennzeichneten Gefahrenraum verfügen,

ist auf jenes Ausmaß zu beschränken, das nach dem Anhalten von Zügen und vor dem Türschließwarnsignal oder der Abfertigungsansage für das Aus- und Einsteigen notwendig ist.

(3) Bei schienengleichen Bahnsteigzugängen hat sich der Bahnbenützende zu vergewissern, dass ein gefahrloses Überqueren der Gleise möglich ist und dieselben so schnell wie möglich zu überqueren.

(4) Absperrungen oder das Verbotszeichen „Zutritt für Unbefugte verboten" gelten als Verbot, die Gleise zu überschreiten, wenn diese Absperrungen oder Gefahrenhinweise vor, zwischen oder nach den Gleisen angebracht sind.

(5) Das Betreten von Eisenbahnanlagen an den hiefür bestimmten Stellen (gemäß Abs. 1) und der Aufenthalt dort innerhalb der öffentlich kundgemachten Sperrzeiten, sind verboten.

(6) Abweichungen von den Bestimmungen der Abs. 1 bis 5 sind zulässig, wenn solche im Einzelfall durch Eisenbahnaufsichtsorgane angeordnet wurden, die sich überzeugt haben, dass diesen Anordnungen gefahrlos und unverzüglich nachgekommen werden kann (zB infolge technischer Gebrechen, Betriebsstörungen oder von Unfällen).

(7) Abs. 1 bis 5 gilt nicht für

1. Angehörige von Einsatzorganisationen und sonstige Hilfskräfte im Zuge eines Hilfseinsatzes oder

2. Personen, die sich mit ausdrücklicher Zustimmung des Eisenbahnunternehmens im nicht dem allgemeinen Verkehrsgebrauch dienenden Bereichen aufhalten sollen,

wenn durch betriebliche Maßnahmen und vor Ort anwesende geschulte Eisenbahnbedienstete ein gefahrloses Betreten gewährleistet wird.

Verhalten der im § 47 Abs. 2 EisbG genannten Personen

§ 3. (1) Die Organe der im § 47 Abs. 2 EisbG genannten Behörden, die durch diese Behörden bestellten Sachverständigen, sowie die Angehörigen des Österreichischen Bundesheeres dürfen Eisenbahnanlagen ohne Erlaubniskarten nur betreten, wenn und solange dies zur Ausübung ihrer Dienstobliegenheiten erforderlich ist.

(2) Die in Abs. 1 genannten Personen haben beim Betreten von Eisenbahnanlagen, soweit dies mit der Ausübung ihrer Dienstobliegenheiten vereinbar ist, nachstehende Bedingungen zu beachten:

1. vorherige Verständigung des Eisenbahnunternehmens von der beabsichtigten Betretung des Gefahrenraumes von Gleisen;

2. sofern von einem Eisenbahnbediensteten auf sichere Verkehrswege hingewiesen wird, sind diese zu benützen;

3. zur besseren Erkennbarkeit ist eine geeignete, der Bestimmung des § 102 Abs. 10 des Kraftfahrgesetzes 1967, BGBl. Nr. 267, zuletzt geändert durch das Bundesgesetz BGBl. I Nr. 116/2010, entsprechende Warnkleidung mit weiß retroreflektierenden Streifen zu tragen.

Besondere Erlaubnis zum Betreten von Eisenbahnanlagen

§ 4. (1) Ein Eisenbahnunternehmen darf Erlaubniskarten zum Betreten von Eisenbahnanlagen nur Personen ausstellen, die die für Eisenbahnbedienstete erforderliche Ausbildungen für das Betreten von Gefahrenräumen nachweislich abgeschlossen haben.

(2) Inhaber von Erlaubniskarten haben beim Betreten von Eisenbahnanlagen zu beachten:

1. sofern vorhanden, sind ausschließlich die gemäß den örtlichen Richtlinien ausgewiesenen innerbetrieblichen Verkehrswege, die dazu dienen, Gebäude, Betriebsanlagen oder Arbeitsplätze sicher zu erreichen, zu benützen;

2. der Gefahrenraum von Gleisen darf nur in unabdingbaren Fällen betreten werden;

3. zur besseren Erkennbarkeit ist eine geeignete, der Bestimmung des § 102 Abs. 10 des Kraftfahrgesetzes 1967, BGBl. Nr. 267, zuletzt geändert durch das Bundesgesetz BGBl. I Nr. 116/2010, entsprechende Warnkleidung mit weiß retroreflektierenden Streifen zu tragen.

Besondere Gefahrenbereiche

§ 5. Bei Hochspannungsanlagen ohne geeignete, isolierende Schutzvorrichtung ist vom Körper sowie den mitgeführten Gegenständen ein Schutzabstand einzuhalten, sofern nicht zweifelsfrei festgestellt wurde, dass diese Hochspannungsanlagen nicht unter Spannung stehen und geerdet sind.

Verhalten der Bahnbenützenden

§ 6. (1) Innerhalb der Eisenbahnanlagen ist ein den Betrieb einer Eisenbahn, den Betrieb von Schienenfahrzeugen auf einer Eisenbahn und den Verkehr auf einer Eisenbahn störendes Verhalten verboten. Insbesondere ist verboten, unbefugt

1. Eisenbahnanlagen, eisenbahntechnische Einrichtungen und Schienenfahrzeuge zu bedienen, zu verwenden, zu beschädigen, zu besteigen oder zu verunreinigen;

2. Gegenstände auf die Fahrbahn zu legen;

3. sonstige Fahrthindernisse anzubringen;

4. Weichen umzustellen;

5. Fahrleitungsschalter zu betätigen;

6. missbräuchlich Sicherheits- oder Noteinrichtungen zu verwenden, Alarm oder Signale zu geben.

(2) Das Betreten von Eisenbahnanlagen ist, mit Ausnahme der hiefür bestimmten Stellen, nur mit einer vom Eisenbahnunternehmen ausgestellten Erlaubniskarte gestattet.

(3) Bahnbenützende haben den dienstlichen Anordnungen der Eisenbahnaufsichtsorgane, sofern diese den nach § 30 Abs. 2 EisbG ausgestellten Ausweis vorweisen, umgehend Folge zu leisten.

(4) Bahnbenützende haben sich bei Benützung der Eisenbahnanlagen und der Schienenfahrzeuge so zu verhalten, wie es die Sicherheit und Ordnung des Betriebes der Eisenbahn, des Betriebes von Schienenfahrzeugen auf der Eisenbahn, des Verkehrs auf der Eisenbahn sowie die Rücksicht auf andere gebieten. Hiebei sind die vom Eisenbahnunternehmen nach den Bestimmungen der Kennzeichnungsverordnung, BGBl. II Nr. 101/1997, kundgemachten Hinweise sowie die mit Lautsprechern oder Anzeigeeinrichtungen erteilten Anordnungen, zu beachten. Bahnbenützende haben sich im Bedarfsfall an die Eisenbahnbediensteten zu wenden oder sich gekennzeichneter Kommunikationsmittel zu bedienen. Insbesondere ist verboten,

1. auf schienengleichen Bahnsteigzugängen zu verweilen;

2. sich

a) im durch Bahnsteigkante und Bodenmarkierung (Warnstreifen) gekennzeichneten Gefahrenraum oder

b) auf Bahnsteigen von Haupt- und Nebenbahnen, die über keinen durch Bodenmarkierungen (Warnstreifen) gekennzeichneten Gefahrenraum verfügen

aufzuhalten, soweit dies nicht nach dem Anhalten von Zügen und vor dem Türschließwarnsignal oder der Abfertigungsansage für das Aus- und Einsteigen notwendig ist;

3. sich aus Schienenfahrzeugen hinauszulehnen;

4. Tiere, die andere Bahnbenützende gefährden, behindern oder belästigen können, mitzunehmen; Hunde dürfen nur angeleint und mit Beißschutz versehen transportiert werden; ausgenommen hievon sind Hunde für Menschen mit Sehbehinderung; sonstige Heimtiere sind in bisssicheren Behältnissen zu befördern;

5. gefährliche Gegenstände mitzunehmen, zB nicht verpackte Sägen, Beile, Glasscheiben oder geladene Schusswaffen;

6. Rettungs- und Fluchtwege, Zugänge zu Aufzügen, Fahrtreppen oder Fahrsteige zu verstellen oder zu versperren;

7. Fahrräder und andere Fahrzeuge außerhalb der dafür vorgesehenen Flächen abzustellen;

8. Verstellen von oder unberechtigtes Verweilen auf Einrichtungen, die für Menschen mit Behinderung vorgesehen sind, wie Zugangsrampen, taktilen Blindenleitsystemen.

(5) Bahnbenützende dürfen nur an den dazu bestimmten Stellen und nur an der dazu bestimmten Seite der Schienenfahrzeuge ein- und aussteigen. Insbesondere ist auch verboten, Schienenfahrzeuge bei Haupt- und Nebenbahnen abseits von Bahnsteigen, Straßenbahnen außerhalb von Haltestellen zu verlassen.

(6) Solange sich ein Schienenfahrzeug in Bewegung befindet, ist das Öffnen der Außentüren des Schienenfahrzeuges, das Betreten der Trittbretter und das Verweilen auf ungesicherten offenen Plattformen sowie das Ein- und Aussteigen verboten.

(7) Es ist verboten, Gegenstände aus dem Schienenfahrzeug zu werfen.

(8) Nicht-öffentliche Eisenbahnübergänge dürfen nur von den hiezu Berechtigten und nur unter den vom Eisenbahnunternehmen aus Sicherheitsgründen vorzuschreibenden Bedingungen benützt werden.

(9) Ausnahmen von den Verboten gemäß Abs. 1 bis 8 sind zulässig, wenn solche im Einzelfall durch Eisenbahnaufsichtsorgane angeordnet wurden, die sich überzeugt haben, dass diesen Anordnungen gefahrlos nachgekommen werden kann.

(10) Die in § 3 Abs. 1 genannten Personen sind von der Einhaltung der Bestimmungen der Abs. 1 bis 7 ausgenommen, soweit dies zur Ausübung der Dienstobliegenheiten erforderlich ist. Staatliche Sicherheitsorgane dürfen darüber hinaus Schusswaffen im geladenen Zustand auch dann mit sich führen, wenn dies zur Ausübung der Dienstobliegenheiten nicht erforderlich ist.

§ 7. Zuwiderhandlungen gegen die Gebots- und Verbotsbestimmungen dieser Verordnung sind nach § 162 Abs. 1 EisbG strafbar.

§ 8. Diese Verordnung tritt mit 1. September 2012 in Kraft.

Unfalluntersuchungsgesetz

BGBl I 2005/123 idF

1 BGBl I 2008/2
2 BGBl I 2012/40
3 BGBl I 2014/89
4 BGBl I 2017/102
5 BGBl I 2020/143
6 BGBl I 2021/231

„Bundesgesetz über die unabhängige Sicherheitsuntersuchung von Unfällen und Störungen (Unfalluntersuchungsgesetz – UUG 2005)"

(BGBl I 2012/40)

Inhaltsverzeichnis

1. Abschnitt
Gemeinsame Bestimmungen

§ 1 Gegenstand
§ 2 Errichtung der unabhängigen Sicherheitsuntersuchungsstelle des Bundes
§ 3 Organisation der Sicherheitsuntersuchungsstelle des Bundes
§ 4 Ziel einer Sicherheitsuntersuchung

2. Abschnitt
Bestimmungen über die Sicherheitsuntersuchungen in den Bereichen Schiene, Schifffahrt und Seilbahnen

§ 5 Begriffsbestimmungen
§ 6 Grundsätze des Verfahrens einer Sicherheitsuntersuchung
§ 7 Befangenheit
§ 8 Verschwiegenheitsverpflichtung
§ 9 Einleitung der Sicherheitsuntersuchung
§ 10 Beiziehung von Sachverständigen und Dolmetschern
§ 11 Untersuchungsbefugnisse
§ 12 Organe des öffentlichen Sicherheitsdienstes und der Schifffahrtsaufsicht
§ 13 Dokumentation
§ 14 Stellungnahmeverfahren
§ 15 Untersuchungsbericht
§ 16 Sicherheitsempfehlung
§ 17 Wiederaufnahme der Sicherheitsuntersuchung
§ 18 Aufbewahrungspflichten
§ 19 Sicherheitsbericht
§ 20 Vorfallstatistik
§ 20a Zusammenarbeit im Bereich Schiene mit Untersuchungsstellen anderer Mitgliedstaaten

3. Abschnitt
Bestimmungen über Sicherheitsuntersuchungen im Bereich der Zivilluftfahrt

§ 21 Durchführungsbestimmung
§ 22 Zusammenarbeit der Behörden
§ 23 Zusammenarbeit mit Behörden in Drittländern
§ 24 Untersuchungsberichte aus Drittländern

4. Abschnitt
Einrichtung eines Verkehrssicherheitsbeirates

§ 25 Verkehrssicherheitsbeirat

5. Abschnitt
Schlussbestimmungen

§ 26 Umsetzung von Rechtsakten der Europäischen Union
§ 27 Strafbestimmung
§ 28 Übergangsbestimmungen
§ 29 Personalregelungen für Bundesbedienstete
§ 30 Verweisung
§ 31 Sprachliche Gleichbehandlung
§ 32 Vollziehung
§ 33 Inkrafttreten

1. Abschnitt
Gemeinsame Bestimmungen

Gegenstand

§ 1. (1) Dieses Bundesgesetz gilt für die Sicherheitsuntersuchung von Vorfällen in den Bereichen Schiene, Schifffahrt und Seilbahnen, soweit sich diese Vorfälle im österreichischen Hoheitsgebiet ereignet haben und enthält im Abschnitt 3 Regelungen zur Durchführung der Verordnung (EU) Nr. 996/2010 über die Untersuchung und Verhütung von Unfällen und Störungen in der Zivilluftfahrt und zur Aufhebung der Richtlinie 94/56/EG, ABl. Nr. L 295 vom 12.11.2010 S. 35.

(2) Dieses Bundesgesetz gilt für die Sicherheitsuntersuchung von Vorfällen in den Bereichen Schiene und Schifffahrt, wenn sich diese Vorfälle außerhalb des österreichischen Hoheitsgebietes ereignet haben und

1. diese Schiffe

a) als Fahrzeuge gemäß § 2 Z 1 Schifffahrtsgesetz-SchFG BGBl. I Nr. 62/1996 von österreichischen Behörden zugelassen sind oder von einem

EisbG
E-Kr VO
SchLV
SchIV

österreichischen Binnenschifffahrtsunternehmen gewerblich eingesetzt werden oder

b) als österreichische Seeschiffe gemäß § 2 Z 1 Seeschifffahrtsgesetz-SeeSchFG BGBl. I Nr. 174/1981 zugelassen sind oder

2. diese Schienenfahrzeuge von österreichischen Behörden genehmigt wurden oder von einem österreichischen Eisenbahnunternehmen gewerblich eingesetzt werden

und die Sicherheitsuntersuchung nicht von einem anderen Staat durchgeführt wird. Zwischenstaatliche Vereinbarungen bleiben unberührt.

(3) Dieses Bundesgesetz gilt nicht für Vorfälle mit ausschließlicher Beteiligung der in Art. 2 der Richtlinie 2009/18/EG zur Festlegung der Grundsätze für die Untersuchung von Unfällen im Seeverkehr und zur Änderung der Richtlinie 1999/35/EG und der Richtlinie 2002/59/EG, ABl. Nr. L 131 vom 28.5.2009, S. 114, angeführten Fahrzeuge.

(4) Dieses Bundesgesetz gilt nicht für die Untersuchung von Vorfällen mit Fahrzeugen des Österreichischen Bundesheeres, wenn diese Vorfälle durch militärische Untersuchungskommissionen untersucht werden.

(5) Bei Vorfällen, an denen zivile und militärische Fahrzeuge beteiligt sind, ist – soweit möglich – ein gemeinsamer Unfallbericht der militärischen Untersuchungskommission und der Sicherheitsuntersuchungsstelle des Bundes zu erstellen.

Errichtung der unabhängigen Sicherheitsuntersuchungsstelle des Bundes

§ 2. Die Sicherheitsuntersuchungsstelle des Bundes für die Bereiche Schiene, Schifffahrt, Seilbahnen und Zivilluftfahrt untersteht „ " dem Bundesminister für Verkehr, Innovation und Technologie. Sie ist funktionell und organisatorisch unabhängig von allen Behörden und Parteien, öffentlichen und privaten Stellen, deren Interessen mit den Aufgaben einer Sicherheitsuntersuchungsstelle kollidieren könnten. *(BGBl I 2017/102)*

Organisation der Sicherheitsuntersuchungsstelle des Bundes

§ 3. (1) Der Sicherheitsuntersuchungsstelle des Bundes steht ein Leiter vor. Dieser wird vom Bundesminister für Verkehr, Innovation und Technologie bestellt.

(2) Die Sicherheitsuntersuchungsstelle des Bundes ist eine ständig eingerichtete unabhängige Untersuchungsstelle für die Sicherheit in den Bereichen, Schiene, Schifffahrt, Seilbahnen und Zivilluftfahrt. Sie nimmt ihre Aufgaben unabhängig wahr und führt eine umfassende Sicherheitsuntersuchung von Vorfällen entweder selbst durch oder beaufsichtigt die Durchführung einer Sicherheitsuntersuchung.

(3) Die Untersuchungsbeauftragten gemäß § 5 Abs. 15 sind bei der Durchführung ihrer Sicherheitsuntersuchungen an keine Weisungen von Organen außerhalb der Sicherheitsuntersuchungsstelle des Bundes gebunden.

(BGBl I 2012/40)

Ziel einer Sicherheitsuntersuchung

§ 4. Sicherheitsuntersuchungen nach den Bestimmungen dieses Bundesgesetzes haben als ausschließliches Ziel, die möglichen Ursachen eines Vorfalls festzustellen, um Sicherheitsempfehlungen ausarbeiten zu können, die zur Vermeidung zukünftiger gleichartiger oder ähnlich gelagerter Vorfälle beitragen können. Eine Sicherheitsuntersuchung zielt nicht darauf ab, Schuld- oder Haftungsfragen zu klären.

(BGBl I 2012/40)

2. Abschnitt
Bestimmungen über die Sicherheitsuntersuchungen in den Bereichen Schiene, Schifffahrt und Seilbahnen

Begriffsbestimmungen

§ 5. (1) Unter den Bereichen

1. Schiene ist der Betrieb einer Haupt- und Nebenbahn (§ 4 Eisenbahngesetz 1957, BGBl. Nr. 60), einer Anschlussbahn (§ 7 Eisenbahngesetz 1957, BGBl. Nr. 60) und einer Straßenbahn, auf der Schienenfahrzeuge ausschließlich auf einem eigenen Bahnkörper verkehren, wie einer Untergrundbahn (§ 5 Abs. 1 Z 2 Eisenbahngesetz 1957, BGBl. Nr. 60), einschließlich der Betrieb von Schienenfahrzeugen auf einer Haupt-, Neben-, Anschluss- und Straßenbahn, auf der Schienenfahrzeuge ausschließlich auf einem eigenen Bahnkörper verkehren;

2. Schifffahrt ist der Betrieb eines Fahrzeuges im Sinne des § 2 Z 1 des Schifffahrtsgesetzes, BGBl. I Nr. 62/1997 auf Wasserstraßen gemäß § 15 Schifffahrtsgesetz-SchFG und eines österreichischen Seeschiffes gemäß § 2 Z 1 SeeSchFG;

3. Seilbahn ist der Betrieb einer Eisenbahn im Sinne des § 2 Z 1, Z 2a und Z 2b ba und bb des Seilbahngesetzes 2003, BGBl. I Nr. 103,

zu verstehen.

(2) Als Unfall im Bereich Schiene gilt jedes unerwünschte oder unbeabsichtigte plötzliche Ereignis oder eine besondere Verkettung derartiger Ereignisse, die schädliche Folgen haben; Unfälle werden in die Kategorien

1. Kollisionen,
2. Entgleisungen,

3. Unfälle auf Bahnübergängen,

4. Unfälle mit Personenschaden, unter Beteiligung von in Bewegung befindlichen Schienenfahrzeugen, *(BGBl I 2020/143)*

5. Brände und sonstige Unfälle

eingeteilt. *(BGBl I 2014/89)*

(3) Als schwerer Unfall im Bereich Schiene gelten Zugkollisionen oder Zugentgleisungen mit mindestens einem Todesopfer oder mindestens fünf Schwerverletzten oder mit beträchtlichem Schaden für die Fahrzeuge, Infrastruktur oder Umwelt sowie sonstige Unfälle mit den gleichen Folgen und mit offensichtlichen Auswirkungen auf die Regelung der Sicherheit des Betriebes der Eisenbahn, des Betriebes von Schienenfahrzeugen auf der Eisenbahn oder des Verkehrs auf der Eisenbahn oder das Sicherheitsmanagement; „beträchtlicher Schaden" bedeutet, dass die Kosten von der Sicherheitsuntersuchungsstelle des Bundes unmittelbar auf insgesamt mindestens zwei Millionen EUR veranschlagt werden können; *(BGBl I 2020/143)*

(4) Als Unfall im Bereich Seilbahnen gilt jedes Ereignis, bei dem Personen tödlich oder schwer verletzt worden sind, oder ein unfallbeteiligtes Fahrzeug einer Seilbahn erheblich beschädigt wurde, oder die Infrastruktur oder die Umwelt beträchtlichen Schaden genommen haben.

(5) Als schwerer Unfall im Bereich Seilbahnen gilt jedes Ereignis, bei dem mindestens eine Person getötet oder mindestens fünf Personen schwer verletzt wurden, oder ein unfallbeteiligtes Fahrzeug einer Seilbahn, die Infrastruktur oder die Umwelt Schaden in der Höhe von mindestens zwei Millionen Euro genommen hat.

(6) Unbeschadet der Bestimmung des Abs. 10 gilt als Unfall im Bereich Schifffahrt jedes Ereignis, bei dem Personen tödlich oder schwer verletzt worden sind, oder ein unfallbeteiligtes Fahrzeug erheblich beschädigt wurde, oder die Infrastruktur oder die Umwelt beträchtlichen Schaden genommen haben.

(7) Unbeschadet der Bestimmung des Abs. 10 gilt als schwerer Unfall im Bereich Schifffahrt jedes Ereignis, bei dem mindestens eine Person getötet oder mindestens fünf Personen schwer verletzt wurden, oder ein unfallbeteiligtes Fahrzeug, die Infrastruktur oder die Umwelt Schaden in der Höhe von mindestens zwei Millionen Euro genommen hat.

(8) Als Störung gilt ein anderes Ereignis als ein Unfall, das mit dem Betrieb des jeweiligen Verkehrsmittels zusammenhängt und das den sicheren Betrieb beeinträchtigt.

(8a) Als Störung im Bereich Schiene gilt ein anderes Ereignis als ein Unfall oder schwerer Unfall, das den sicheren Eisenbahnbetrieb beeinträchtigt oder beeinträchtigen könnte. *(BGBl I 2020/143)*

(9) Als schwere Störung gilt eine Störung, deren Umstände darauf hindeuten, dass sich beinahe ein Unfall ereignet hätte.

(10) Als Vorfälle nach diesem Bundesgesetz gelten Unfälle gemäß Abs. 2 bis 7 sowie Störungen gemäß Abs. 8 und 9. Abweichend davon gelten im Bereich der Seeschifffahrt Unfälle und Vorkommnisse gemäß Art. 3 der Richtlinie 2009/18/EG als Vorfälle.

(11) Als Ursachen gelten Handlungen, Unterlassungen, Ereignisse oder Umstände oder eine Kombination dieser Faktoren, die zu einem Vorfall geführt haben.

(12) Als tödliche Verletzung gilt eine Verletzung, die eine Person bei einem Vorfall erlitten hat und die innerhalb von 30 Tagen nach dem Unfallzeitpunkt den Tod zur Folge hat.

(13) Als schwere Verletzung gilt eine Verletzung, die eine Person bei einem Vorfall erlitten hat und die

1. einen Krankenhausaufenthalt von mehr als 24 Stunden innerhalb von sieben Tagen nach Eintritt der Verletzung erfordert oder

2. Knochenbrüche zur Folge hat (mit Ausnahme einfacher Brüche von Fingern, Zehen oder der Nase) oder

3. Risswunden zur Folge hat, die schwere Blutungen oder Verletzungen von Nerven-, Muskel- oder Sehnensträngen oder

4. Schäden an inneren Organen verursacht hat oder

5. Verbrennungen zweiten oder dritten Grades oder von mehr als 5% der Körperoberfläche zur Folge hat oder

6. Folge einer nachgewiesenen Aussetzung gegenüber infektiösen Stoffen oder schädlicher Strahlung ist.

(13a) Als Schwerverletzter im Bereich Schiene gilt jede verletzte Person, die nach einem Unfall für mehr als 24 Stunden in ein Krankenhaus eingewiesen wurde, mit Ausnahme von Personen, die einen Suizidversuch unternommen haben. *(BGBl I 2020/143)*

(14) Sicherheitsuntersuchung im Sinne dieses Bundesgesetzes ist ein Untersuchungsverfahren zum Zweck der Verhütung von Vorfällen, das die Sammlung und Auswertung von Informationen, die Erarbeitung von Schlussfolgerungen einschließlich der Feststellung der möglichen Ursachen und gegebenenfalls die Erstellung von Sicherheitsempfehlungen umfasst.

(15) Untersuchungsbeauftragte sind Bedienstete der „Sicherheitsuntersuchungsstelle des Bundes" und andere Personen, die von der Sicherheitsuntersuchungsstelle des Bundes zur Durchführung einer Sicherheitsuntersuchung eingesetzt werden. *(BGBl I 2017/102)*

(BGBl I 2012/40)

Grundsätze des Verfahrens einer Sicherheitsuntersuchung

§ 6. (1) Das Untersuchungsverfahren ist unter Berücksichtigung des Zieles einer Sicherheitsuntersuchung einfach und zweckmäßig durchzuführen. Im Interesse der Effizienz der Sicherheitsuntersuchung und der Aussagekraft der Beweismittel ist eine Sicherheitsuntersuchung unverzüglich durchzuführen. Die Sicherheitsuntersuchung am Ort des Vorfalls ist schnellstmöglich abzuschließen, damit allenfalls vom Vorfall betroffene Infrastruktur sobald wie möglich wieder instandgesetzt und für den Verkehr freigegeben werden kann.

(2) Der Umfang der Sicherheitsuntersuchung und die dabei anzuwendenden Verfahren sind von der Sicherheitsuntersuchungsstelle des Bundes entsprechend der Schwere des Vorfalls sowie insbesondere entsprechend den Erkenntnissen, die sie zur Verbesserung der Sicherheit im jeweiligen Verkehrsbereich gewinnen will, festzulegen.
(BGBl I 2020/143)

(3) Das Untersuchungsverfahren ist nicht öffentlich.
(BGBl I 2012/40)

Befangenheit

§ 7. (1) Untersuchungsbeauftragte und beigezogene Sachverständige gemäß § 10 haben sich des Amtes zu enthalten und die Vertretung zu veranlassen, wenn wichtige Gründe vorliegen, welche geeignet sind, ihre volle Unbefangenheit in Zweifel zu ziehen, wie insbesondere die im § 7 Abs. 1 des Allgemeinen Verwaltungsverfahrensgesetzes 1991 BGBl. Nr. 51 genannten Gründe.

(2) Bei Gefahr im Verzug haben, wenn eine Vertretung nicht sofort zur Verfügung steht, befangene Untersuchungsbeauftragte unaufschiebbare Maßnahmen zu ergreifen.

(3) Sofern sich der Untersuchungsbeauftragte nicht selbst für befangen erklärt, entscheidet über die Befangenheit des für die jeweilige Sicherheitsuntersuchung zuständigen Untersuchungsbeauftragten der Leiter der Sicherheitsuntersuchungsstelle des Bundes.

(4) Alle Beteiligten in einem Untersuchungsverfahren können die Ablehnung eines Untersuchungsbeauftragten beantragen. Die Ausschließungsgründe sind im Ablehnungsantrag darzulegen. Über die Ausschließung entscheidet der Leiter der Sicherheitsuntersuchungsstelle des Bundes.
(BGBl I 2012/40)

Verschwiegenheitsverpflichtung

§ 8. (1) Die Untersuchungsbeauftragten sowie alle Mitarbeiter der Sicherheitsuntersuchungsstelle des Bundes sind zur Verschwiegenheit über alle ihnen ausschließlich aus ihrer Tätigkeit im Rahmen der Sicherheitsuntersuchungen bekannt gewordenen Tatsachen verpflichtet, deren Geheimhaltung im Interesse eines Beteiligten oder der Sicherheitsuntersuchung geboten ist. Die Verschwiegenheitspflicht besteht gegenüber der Staatsanwaltschaft und im Hauptverfahren gegenüber dem zuständigen Gericht insoweit nicht, als Beweismittel gemäß § 11 Abs. 4 sichergestellt und der Staatsanwaltschaft und im Hauptverfahren dem zuständigen Gericht zur Verwendung im Strafverfahren übergeben wurden.

(2) Haben Untersuchungsbeauftragte sowie Mitarbeiter der Sicherheitsuntersuchungsstelle des Bundes vor Gericht oder vor einer Verwaltungsbehörde auszusagen und lässt sich aus der Ladung erkennen, dass der Gegenstand der Aussage der Verschwiegenheitsverpflichtung gemäß Abs. 1 unterliegen könnte, so haben sie dies dem Leiter der Sicherheitsuntersuchungsstelle des Bundes zu melden. Dieser hat zu entscheiden, ob die Person von der Verschwiegenheitsverpflichtung zu entbinden ist. Bei der Entscheidung ist das Interesse an der Geheimhaltung, insbesondere am Schutz des Datenmaterials und der zur Untersuchung beitragenden Personen gegen das Interesse an der Aussage abzuwägen, wobei der Zweck des Verfahrens zu berücksichtigen ist. Die Entbindung kann auch unter der Voraussetzung ausgesprochen werden, dass die Öffentlichkeit von dem Teil der Aussage, der den Gegenstand der Entbindung bildet, ausgeschlossen wird.

(3) Lässt sich aus der Ladung nicht erkennen, dass der Gegenstand der Aussage der Verschwiegenheitsverpflichtung gemäß Abs. 1 unterliegen könnte und stellt sich dies erst bei der Aussage der Person heraus, so hat diese die Beantwortung weiterer Fragen zu verweigern. Hält die vernehmende Behörde die Aussage für erforderlich, so hat sie die Entbindung der Person von der Verschwiegenheitspflicht gemäß Abs. 1 zu beantragen. Der Leiter der Sicherheitsuntersuchungsstelle des Bundes hat dabei gemäß Abs. 2 zweiter bis vierter Satz vorzugehen.
(BGBl I 2012/40)

Einleitung der Sicherheitsuntersuchung

§ 9. (1) Die Sicherheitsuntersuchungsstelle des Bundes bestimmt im Einzelfall den Untersuchungsbeauftragten, dem die Verantwortung für Organisation, Durchführung und Aufsicht der jeweiligen Sicherheitsuntersuchung einschließlich der Entscheidung zur Mitwirkung von Sicherheitsuntersuchungsstellen anderer Mitgliedstaaten der Europäischen Union übertragen wird.

(1a) Bei Unfällen und Störungen im Bereich Schiene, die sich auf oder in einer Anlage an der Grenze des österreichischen Hoheitsgebietes ereignet haben, so hat die Sicherheitsuntersuchungsstelle des Bundes mit der Untersuchungsstelle des anderen betroffenen Mitgliedstaates zu vereinbaren, welche Untersuchungsstelle die Sicherheitsuntersuchung durchführt oder sie einigen sich auf eine gemeinsame Durchführung. Im erstgenannten Fall hat die Sicherheitsuntersuchungsstelle des Bundes der anderen Untersuchungsstelle die Möglichkeit einzuräumen, an der Sicherheitsuntersuchung mitzuwirken, und uneingeschränkten Zugang zu den Ergebnissen einzuräumen. *(BGBl I 2020/143)*

(2) Schwere Unfälle sind jedenfalls zu untersuchen. Darüber hinaus ist eine Sicherheitsuntersuchung von Vorfällen, die keine schweren Unfälle sind, immer dann durchzuführen, wenn zu erwarten ist, dass eine Sicherheitsuntersuchung neue Erkenntnisse zur Vermeidung künftiger Vorfälle bringt. Im Bereich Schiene können auch Unfälle und Störungen untersucht werden, die unter leicht veränderten Bedingungen zu schweren Unfällen hätten führen können. Die Sicherheitsuntersuchungsstelle des Bundes kann entscheiden, ob ein solcher Unfall oder eine solche Störung untersucht wird oder nicht. Bei ihrer Entscheidung berücksichtigt sie

1. die Frage, ob der Vorfall zu einer für das gesamte System bedeutsamen Serie von Vorfällen gehört,

2. die Auswirkungen des Vorfalls auf die Eisenbahnsicherheit und

3. Anfragen von Eisenbahnunternehmen, der Sicherheitsbehörde oder anderer Mitgliedstaaten der Europäischen Union.
(BGBl I 2020/143)

(3) Die Sicherheitsuntersuchungsstelle des Bundes entscheidet unverzüglich, spätestens aber zwei Monate nach Eingang der Meldung des Unfalls oder der Störung, darüber, ob eine Untersuchung eingeleitet wird, oder nicht. *(BGBl I 2020/143)*

„(4)" Die Sicherheitsuntersuchungsstelle des Bundes kann die Sicherheitsuntersuchung eines Vorfalls auch zu einem späteren Zeitpunkt einleiten, wenn Grund zu der Annahme besteht, dass eine Sicherheitsuntersuchung des Vorfalls neue Erkenntnisse zur Vermeidung künftiger Vorfälle bringt. *(BGBl I 2020/143)*

„(5)" Jeder gemeldete Vorfall ist unabhängig von der Durchführung einer Sicherheitsuntersuchung in die Statistik gemäß § 20 einzutragen. *(BGBl I 2020/143)*

„(6)" Ist zu einem Vorfall auch ein Strafverfahren anhängig, so ist die Sicherheitsuntersuchungsstelle des Bundes von diesem Umstand in Kenntnis zu setzen. *(BGBl I 2020/143)*

(7) Wird im Bereich Schiene eine Sicherheitsuntersuchung eingeleitet, so sind die Eisenbahnagentur der Europäischen Union und die Sicherheitsbehörde innerhalb einer Woche nach der Entscheidung zu verständigen. Die Verständigung hat Angaben zu Datum, Uhrzeit und Ort des Vorfalls sowie zur Art und zu den Folgen des Vorfalls in Bezug auf Personen- und Sachschäden zu enthalten. *(BGBl I 2020/143)*

(BGBl I 2012/40)

Beiziehung von Sachverständigen und Dolmetschern

§ 10. (1) Die Sicherheitsuntersuchungsstelle des Bundes ist zur Beiziehung von geeigneten Personen und Einrichtungen berechtigt, die ihr im Rahmen dieser Tätigkeit verantwortlich sind.

(2) Beigezogene Sachverständige haben für ihre Tätigkeit Anspruch auf Gebühren gemäß den §§ 24 bis 37 und 43 bis 51 des Gebührenanspruchsgesetzes 1975, BGBl. Nr. 136. Die Gebühr ist gemäß § 38 des Gebührenanspruchsgesetzes 1975 bei der Behörde geltend zu machen. Die Sicherheitsuntersuchungsstelle des Bundes hat die Höhe der Gebühr zu bestimmen. Vor der Gebührenbestimmung kann der Sachverständige aufgefordert werden, sich über Umstände die für die Gebührenberechnung bedeutsam sind, zu äußern und unter Setzung einer bestimmten Frist, noch fehlende Bestätigungen vorzulegen.

(3) Für den Gebührenanspruch von Dolmetschern gilt Abs. 2 mit der Maßgabe, dass sich die Höhe des Anspruchs nach den §§ 24 bis 33, 34 Abs. 1 in Verbindung mit Abs. 2 erster Satz, Abs. 4 und 5, 36, 37 Abs. 2, 53 Abs. 2 und 54 des Gebührenanspruchsgesetzes 1975, BGBl. Nr. 136 errechnet.

(BGBl I 2012/40)

Untersuchungsbefugnisse

§ 11. (1) „Die Untersuchungsbeauftragten sind insbesondere berechtigt, im Zuge ihrer behördlichen Ermittlungen folgende Befugnisse wahrzunehmen, soweit dies zur Erfüllung des Zwecks einer Sicherheitsuntersuchung oder für die Entscheidung, ob eine solche einzuleiten ist, notwendig ist:" *(BGBl I 2020/143)*

1. sofortiger, uneingeschränkter und ungehinderter Zugang zum Ort des Vorfalls sowie zu Fahrzeugen, deren Ladung und zu Wrackteilen sowie zu der mit dem Vorfall im Zusammenhang stehenden Infrastruktur und den Anlagen für Verkehrssteuerung und Signalgebung;

2. sofortige Beweisaufnahme und dokumentierte Entnahme von Trümmern und Bauteilen zu Untersuchungs- oder Auswertungszwecken;

3. sofortiger Zugang zu Aufzeichnungsanlagen und sonstigen Aufzeichnungen aus dem Fahrzeug sowie deren Auswertungen und ihrem Inhalt sowie sonstigen einschlägigen Aufzeichnungen und die Kontrolle darüber;

4. Beiziehung einer geeigneten Person oder Einrichtung gemäß § 10 zwecks Durchführung einer Obduktion der Leichen der tödlich verletzten Personen sowie Zugang zu den Ergebnissen dieser Untersuchungen oder der Prüfungen an dabei entnommenen Proben;

5. Beiziehung einer geeigneten Person oder Einrichtung gemäß § 10 zwecks Durchführung einer medizinischen Untersuchung von am Betrieb des Fahrzeuges beteiligten Personen oder zwecks Durchführung von Prüfungen der bei diesen Personen genommenen Proben sowie Zugang zu den Ergebnissen dieser Untersuchungen oder Prüfungen;

6. Ladung und Befragung von Zeugen sowie Aufforderung der Zeugen, Informationen oder Beweismittel, die für die Untersuchungen nach diesem Bundesgesetz von Belang sind, bereitzustellen;

7. ungehinderter Zugang zu allen sachdienlichen Informationen oder Aufzeichnungen des Eigentümers des Fahrzeuges, des Inhabers der Musterzulassung, des für die Instandhaltung zuständigen Betriebs, der Ausbildungseinrichtung, des Betreibers oder des Herstellers des Fahrzeuges sowie der für die jeweiligen Verkehrsbereiche zuständigen Behörden und Unternehmen.

(1a) Erforderlichenfalls kann die Sicherheitsuntersuchungsstelle, sofern ihre Unabhängigkeit gemäß § 2 dadurch nicht beeinträchtigt wird, die Unterstützung durch Untersuchungsstellen anderer Mitgliedstaaten der Europäischen Union oder durch die Eisenbahnagentur der Europäischen Union anfordern, damit diese ihre Sachkenntnis zur Verfügung stellen oder technische Inspektionen, Auswertungen oder Evaluierungen durchführen. *(BGBl I 2020/143)*

(2) In Rechte von natürlichen Personen darf nur eingegriffen werden, soweit dies zur Durchführung von behördlichen Ermittlungen gemäß Abs. 1 unbedingt erforderlich ist und die Verhältnismäßigkeit zum Zweck der Maßnahme gewahrt wird. Dabei ist insbesondere darauf Bedacht zu nehmen, dass der angestrebte Erfolg in einem vertretbaren Verhältnis zu den voraussichtlich bewirkten Eingriffen in die Rechte von Personen steht und ist zu prüfen, ob nicht auch mit weniger eingreifenden Maßnahmen begründete Aussicht auf den angestrebten Erfolg besteht.

(3) Mit Ausnahme des Abs. 4 stehen folgende von den Untersuchungsbeauftragten erhobene Beweismittel für andere Zwecke als die der unabhängigen Sicherheitsuntersuchung nicht zur Verfügung:

1. vom Untersuchungsbeauftragten aufgenommene Aussagen von Beteiligten, Zeugen, Sachverständigen und anderen für den Untersuchungszweck wichtigen Personen;

2. vom Untersuchungsbeauftragten angefertigte Aufzeichnungen, wie insbesondere Notizen, Entwürfe und Stellungnahmen der Untersuchungsbeauftragten sowie Aufzeichnungen jeglicher Art von Kommunikation zwischen Personen, die am Betrieb eines Fahrzeuges beteiligt sind;

3. vom Untersuchungsbeauftragten erhobene medizinische oder persönliche Informationen über Personen, die an einem Vorfall beteiligt sind;

4. vom Untersuchungsbeauftragten erhobene Daten aus fahrzeuggebundenen Aufzeichnungsanlagen.

(4) Wird wegen des Unfalls ein Strafverfahren geführt, so hat die Staatsanwaltschaft nach Anhörung des Leiters der Sicherheitsuntersuchungsstelle des Bundes schriftlich anzuordnen, welche Beweismittel gemäß Abs. 3 für die Zwecke der Strafverfolgung sicherzustellen sind. Die Sicherstellung ist nur zulässig, soweit das Interesse an der Einsichtnahme in die Beweismittel und deren Verwendung für Zwecke der Strafverfolgung das Interesse an der ausschließlichen Verfügbarkeit für Zwecke einer unabhängigen Sicherheitsuntersuchung im Sinne des § 4 aufgrund der Bedeutung der aufzuklärenden Tat, des Umfangs des verursachten Schadens und der Anzahl der Opfer überwiegt. Bei einem Widerspruch gegen die Sicherstellung der in Abs. 3 angeführten Beweismittel ist gemäß § 112 StPO vorzugehen.

(5) Bei Einholen von Auskünften sowie bei Befragungen von Beteiligten und Zeugen ist diesen Personen das Beiziehen einer Vertrauensperson zu ermöglichen. Personen, die sich durch ihre Aussage der Gefahr strafgerichtlicher Verfolgung aussetzen oder die im Zusammenhang mit einem gegen sie geführten Strafverfahren Gefahr laufen, sich selbst zu belasten, sind über ihr Recht zu belehren, die Aussage verweigern zu können. Haben sie nicht ausdrücklich auf ihr Recht, die Aussage zu verweigern, verzichtet, so dürfen ihre Aussagen im gerichtlichen Strafverfahren bei sonstiger Nichtigkeit nicht zu ihrem Nachteil als Beweismittel verwertet werden.

(6) Der zuständige Untersuchungsbeauftragte hat die Rückverfolgbarkeit der Untersuchungshandlungen zu gewährleisten und von ihm erhobenes Beweismaterial in Verwahrung zu halten. Kann das Beweismaterial durch die Sicherheitsuntersuchung verändert oder zerstört werden, ist die vorherige Zustimmung der zuständigen Staatsanwaltschaft, im Hauptverfahren jedoch des zuständigen Gerichts einzuholen. Geht diese Zustimmung nicht innerhalb angemessener Zeit, jedoch höchstens innerhalb von zwei Wochen nach dem Ersuchen ein, so ist der Untersuchungsbeauftragte dennoch befugt, seine Sicherheitsuntersuchung durchzuführen. Zur Koordinierung der Untersuchungen sind im Übrigen die Bestimmungen des Art. 12 Abs. 1 der Verordnung (EU) Nr. 996/2010 sinngemäß anzuwenden.

(7) Den Untersuchungsbeauftragten der Sicherheitsuntersuchungsstelle des Bundes ist ein Aus-

weis auszufolgen, aus dem ihre Eigenschaft als Untersuchungsbeauftragte hervorgeht.

(BGBl I 2012/40)

Organe des öffentlichen Sicherheitsdienstes und der Schifffahrtsaufsicht

§ 12. (1) Bei Vorfällen in den Bereichen Seilbahn und Schiene haben über Ersuchen der Untersuchungsbeauftragte die Organe des öffentlichen Sicherheitsdienstes im Zuge der Wahrnehmung der ihnen sonst obliegenden Aufgaben die erforderliche Unterstützung zu gewähren. Dazu zählen insbesondere:

1. Absperrung der Stelle des Vorfalls gegen unbefugten Zutritt Dritter;

2. Sicherung der Stelle des Vorfalls, der Spuren des Vorfalls, des Fahrzeuges, des Wracks und seiner Teile, der Ladung und des sonstigen Inhalts des Fahrzeuges bis zur Freigabe durch den Untersuchungsleiter.

(2) Bei Vorfällen im Bereich der Schifffahrt haben die Organe der Schifffahrtsaufsicht die erforderliche Unterstützung gemäß Abs. 1 zu gewähren.

(BGBl I 2012/40)

Dokumentation

§ 13. Über einzelne Untersuchungshandlungen hat der Untersuchungsbeauftragte Niederschriften oder Aktenvermerke im Sinne der §§ 14 und 16 des Allgemeinen Verwaltungsverfahrensgesetzes 1991, BGBl. Nr. 51, anzufertigen. Diese haben jedenfalls Ort, Zeit und Gegenstand der Untersuchungshandlungen und die eigenhändige Unterschrift des Untersuchungsbeauftragten zu enthalten.

(BGBl I 2012/40)

Stellungnahmeverfahren

§ 14. (1) Mit einem vorläufigen Untersuchungsbericht, der unter Wahrung der Anonymität der am Vorfall beteiligten Personen Angaben im Sinne des § 15 Abs. 2 enthält, ist allen am Vorfall Beteiligten, insbesondere den Herstellern der am Vorfall beteiligten Fahrzeuge, den betroffenen Eisenbahnunternehmen, den betroffenen Seilbahnunternehmen, den betroffenen Schifffahrtsunternehmen, den betroffenen Fahrzeughaltern, den Vertretern des Personals, den Lenkern der am Vorfall beteiligten Fahrzeuge sowie den zuständigen Behörden Gelegenheit zu geben, vom vorläufigen Untersuchungsbericht Kenntnis zu erlangen und sich zu den für den Vorfall maßgeblichen Tatsachen und Schlussfolgerungen schriftlich zu äußern. Im Bereich Schiene sind betroffene Infrastrukturbetreiber und betroffene Eisenbahnunternehmen, Vertreter von Personal und Benutzern, die Sicherheitsbehörde, die Eisenbahnagentur der Europäischen Union, Opfer und ihre Angehörige, Eigentümer beschädigten Eigentums, Hersteller sowie die beteiligten Rettungsdienste regelmäßig über die Untersuchung und ihren Verlauf zu unterrichten und ist diesen ebenfalls Gelegenheit zu geben, vom vorläufigen Untersuchungsbericht Kenntnis zu erlangen und sich zu den für den Vorfall maßgeblichen Tatsachen und Schlussfolgerungen schriftlich zu äußern. Die Gelegenheit, vom vorläufigen Untersuchungsbericht Kenntnis zu erlangen, kann auch in elektronischer Form gewährt werden. *(BGBl I 2020/143)*

(2) Stellungnahmen können der Sicherheitsuntersuchungsstelle des Bundes schriftlich in jeder technisch möglichen Form übermittelt werden. Inhaltlich begründete Stellungnahmen, die von den in Abs. 1 genannten Adressaten binnen einer bei Genehmigung des vorläufigen Untersuchungsberichtes festzusetzenden Frist, die vier Wochen nicht unterschreiten darf, übermittelt werden, sind im endgültigen Untersuchungsbericht in dem Umfang zu berücksichtigen, als sie für die Analyse des untersuchten Vorfalls von Belang sind. Dem Untersuchungsbericht sind alle inhaltlich begründeten, rechtzeitig eingelangten Stellungnahmen als Anhang anzuschließen.

(3) Im Bereich Schiene ist den im Abs. 1 genannten Adressaten auf Verlangen Auskunft über den Stand der Sicherheitsuntersuchung und ihren Verlauf zu erteilen.

(BGBl I 2012/40)

Untersuchungsbericht

§ 15. (1) Die Sicherheitsuntersuchung eines Vorfalls ist mit einem endgültigen Untersuchungsbericht abzuschließen. Der Bericht hat sich in seinem Inhalt nach Art und Schwere des Vorfalls zu richten. Der Bericht verweist auf den ausschließlichen Zweck einer Sicherheitsuntersuchung gemäß § 4 und § 5 Abs. 14 und enthält gegebenenfalls Sicherheitsempfehlungen. *(BGBl I 2012/40)*

(2) Der Bericht hat unter Wahrung der Anonymität der am Vorfall beteiligten Personen Folgendes zu enthalten:

1. Einzelheiten des Vorfalls;

2. Angaben über die beteiligten Verkehrsmittel;

3. die äußeren für den Vorfall kausalen Umstände;

4. durchgeführte Untersuchungen und deren Ergebnisse;

5. Beeinträchtigungen der Sicherheitsuntersuchung und deren Gründe;

6. die Auswertung der Ergebnisse;

7. Feststellungen zu den möglichen Ursachen des Vorfalls nach Maßgabe des § 4.

(BGBl I 2012/40)

(3) Der endgültige Untersuchungsbericht ist von der Sicherheitsuntersuchungsstelle des Bundes zu veröffentlichen; dies so rasch wie möglich und möglichst nicht später als zwölf Monate nach dem Vorfall. Kann der endgültige Untersuchungsbericht nicht innerhalb von zwölf Monaten veröffentlicht werden, so ist jeweils jährlich ein Zwischenbericht zu erstellen und zu veröffentlichen. *(BGBl I 2012/40)*

(4) Je ein Exemplar des endgültigen Untersuchungsberichts ist an

1. den Bundesminister für Verkehr, Innovation und Technologie;
2. die Teilnehmer des Stellungnahmeverfahrens,
3. im Bereich Schiene zusätzlich an die Eisenbahnagentur sowie
4. die zuständige Staatsanwaltschaft in den Fällen des § 9 Abs. 5

zu übermitteln. *(BGBl I 2012/40)*

(5) Die Ergebnisse des Untersuchungsberichtes gemäß Abs. 2 Z 7 dürfen im gerichtlichen Strafverfahren bei sonstiger Nichtigkeit nicht als Beweismittel zum Nachteil des Beschuldigten verwertet werden.

(6) Der Bundesminister für Verkehr, Innovation und Technologie hat Umfang, Inhalt und Form des Untersuchungsberichtes für den Bereich Schiene durch Verordnung zu bestimmen.

Sicherheitsempfehlung

§ 16. (1) Eine Sicherheitsempfehlung ist ein Vorschlag zur Verhütung von Vorfällen, den der Leiter der Sicherheitsuntersuchungsstelle des Bundes auf Grundlage von Informationen herausgibt, die sich im Zuge der Sicherheitsuntersuchung ergeben haben. Sicherheitsempfehlungen werden grundsätzlich im Rahmen der Untersuchungsberichte herausgegeben und dürfen in keinem Fall Aussagen oder Vermutungen zu Fragen der Schuld oder Haftung enthalten.

(2) Eine Sicherheitsempfehlung ist unabhängig vom Stand des Verfahrens der Sicherheitsuntersuchung ohne weiteren Aufschub herauszugeben, wenn dies zur Verhütung künftiger Vorfälle aus gleichem oder ähnlichem Anlass geboten ist. *(BGBl I 2014/89)*

(3) Sicherheitsempfehlungen sind an die Sicherheitsbehörde und an jene Stellen zu richten, welche die Sicherheitsempfehlung in geeignete Maßnahmen zur Verhütung von Vorfällen umsetzen können. Sicherheitsempfehlungen sind mit datiertem Schreiben zu versenden und es ist dabei soweit wie möglich sicherzustellen, dass die Adressaten nachweislich erreicht werden. Der Adressat einer Sicherheitsempfehlung hat den Empfang des Übermittlungsschreibens zu bestätigen. Im Bereich Schiene unterrichten die Sicherheitsbehörde und andere Behörden oder Stellen sowie gegebenenfalls andere Mitgliedstaaten der Europäischen Union, an die eine Sicherheitsempfehlung gerichtet ist, mindestens jährlich die Sicherheitsuntersuchungsstelle des Bundes über die Maßnahmen, die als Reaktion auf eine Sicherheitsempfehlung ergriffen wurden oder geplant sind. *(BGBl I 2014/89)*

(4) Die Sicherheitsuntersuchungsstelle des Bundes zeichnet alle von ihr herausgegebenen Sicherheitsempfehlungen sowie die dazu eingegangenen Antworten in einer Datenbank auf.

(BGBl I 2012/40)

Wiederaufnahme der Sicherheitsuntersuchung

§ 17. Die Sicherheitsuntersuchungsstelle des Bundes hat die Wiederaufnahme einer Sicherheitsuntersuchung anzuordnen, wenn innerhalb von zehn Jahren nach Fertigstellung des endgültigen Untersuchungsberichtes neu hervorgekommene Tatsachen bekannt werden, auf Grund derer ein anderes Untersuchungsergebnis zu erwarten ist.

(BGBl I 2012/40)

Aufbewahrungspflichten

§ 18. (1) Die Akten der Sicherheitsuntersuchungen und andere Akten über Vorfälle sind gesichert gegen Zugriff durch unbefugte Personen in einer Evidenz strukturiert aufzubewahren und zu archivieren.

(2) Die Frist für die Aufbewahrung von Akten einer Sicherheitsuntersuchung beträgt bei Unfällen mit Todesopfern 20 Jahre. Alle anderen Akten sind 10 Jahre aufzubewahren. Die Fristen beginnen mit Abschluss des Verfahrens der Sicherheitsuntersuchung zu laufen.

(BGBl I 2012/40)

Sicherheitsbericht

§ 19. Die Sicherheitsuntersuchungsstelle des Bundes hat einen ausführlichen Bericht über ihre Tätigkeiten des jeweils vorangegangenen Jahres zu erstellen. Der Bericht hat insbesondere auch die ausgesprochenen Sicherheitsempfehlungen und die im Anschluss an frühere Sicherheitsempfehlungen getroffenen Maßnahmen zu beinhalten. Der Bericht ist bis spätestens 30. September jeden Jahres zu veröffentlichen sowie dem Nationalrat und für den Bereich Schiene der Europäischen Eisenbahnagentur zu übermitteln.

(BGBl I 2012/40)

Vorfallstatistik

§ 20. (1) Die Sicherheitsuntersuchungsstelle des Bundes hat eine anonymisierte Statistik über die ihr gemeldeten Vorfälle zu führen und jährlich als Teil des Sicherheitsberichtes gemäß § 19 zu veröffentlichen. *(BGBl I 2012/40)*

(2) Die Statistik hat die Anzahl der gemeldeten Vorfälle mit Angaben insbesondere zu Datum des Vorfalls, Ort des Vorfalls, Art des Vorfalls sowie die festgestellten möglichen Ursachen des Vorfalls zu enthalten. *(BGBl I 2012/40)*

Zusammenarbeit im Bereich Schiene mit Untersuchungsstellen anderer Mitgliedstaaten

§ 20a. (1) Wird von der Sicherheitsuntersuchungsstelle des Bundes keine gemeinsame Sicherheitsuntersuchung mit Untersuchungsstellen anderer Mitgliedstaaten der Europäische Union gemäß § 9 Abs. 1a durchgeführt, können Untersuchungsstellen einer Sicherheitsuntersuchung gegebenenfalls von der Sicherheitsuntersuchungsstelle des Bundes beigezogen werden und an der Untersuchung mitwirken, wenn

1. ein in einem anderen Mitgliedstaat niedergelassenes und zugelassenes Eisenbahnunternehmen an dem Unfall oder der Störung beteiligt ist oder

2. ein in einem anderen Mitgliedstaat registriertes oder dort instand gehaltenes Fahrzeug an dem Unfall oder der Störung beteiligt ist.

(2) Die Sicherheitsuntersuchungsstelle des Bundes hat beigezogenen Untersuchungsstellen anderer Mitgliedstaaten Zugang zu Informationen und Beweismitteln einzuräumen, damit diese wirksam an der Untersuchung teilnehmen können.

(3) Wird die Sicherheitsuntersuchungsstelle des Bundes von der Untersuchungsstelle eines anderen Mitgliedstaates bei einer Sicherheitsuntersuchung beigezogen, so stehen ihr die Untersuchungsbefugnisse nach § 11 auch zur Erhebung von Beweismitteln für die ersuchende Untersuchungsstelle zu.

(4) Die Sicherheitsuntersuchungsstelle des Bundes stellt im Bereich Schiene mit Unterstützung der Eisenbahnagentur der Europäischen Union gemäß Artikel 38 Absatz 2 der Verordnung (EU) 2016/796 ein Programm für die gegenseitige Begutachtung auf, in dem alle Untersuchungsstellen von Mitgliedstaaten der Europäischen Union zur Teilnahme aufgefordert werden, damit ihre Wirksamkeit und Unabhängigkeit überwacht wird. Die Sicherheitsuntersuchungsstelle des Bundes wirkt mit Unterstützung des in Artikel 38 Absatz 2 der Verordnung (EU) 2016/796 genannten Sekretariats an der Veröffentlichung

1. des gemeinsamen Programms für die gegenseitige Begutachtung und die Kriterien für die Begutachtung und

2. des Jahresberichts über das Programm, in dem die ermittelten Stärken und Verbesserungsvorschläge aufgezeigt werden,

mit. Berichte über die gegenseitige Begutachtung werden allen Untersuchungsstellen und der Eisenbahnagentur der Europäischen Union zur Verfügung gestellt.

(BGBl I 2020/143)

3. Abschnitt

Bestimmungen über Sicherheitsuntersuchungen im Bereich der Zivilluftfahrt

Durchführungsbestimmungen

§ 21. (1) Für Sicherheitsuntersuchungen im Bereich der Zivilluftfahrt gelten die Bestimmungen der Verordnung (EU) Nr. 996/2010.

(2) Die §§ 7, 8, 9 Abs. 1 und Abs. 2 zweiter Satz und Abs. 4 sowie die §§ 10 und 11 Abs. 4, 5, 6 und 7 sowie die §§ 12, 13, 14 Abs. 1 erster und zweiter Satz, 17, 18, 19 und 20 sind sinngemäß auf Sicherheitsuntersuchungen gemäß Abschnitt 3 anzuwenden. *(BGBl I 2020/143)*

(3) Zustellungen gemäß Art. 17 Abs. 1 der Verordnung (EU) Nr. 996/2010 erfolgen an die oberste Zivilluftfahrtbehörde des jeweils betroffenen Staates.

(4) Als Vorfälle im Bereich der Zivilluftfahrt gelten Unfälle und Störungen gemäß Art. 2 Z 1, 7 und 16 der Verordnung (EU) Nr. 996/2010.

(BGBl I 2012/40)

Zusammenarbeit der Behörden

§ 22. (1) Ist ein Vorfall Gegenstand eines Strafverfahrens, so erfolgt die Mitteilung gemäß Art 12 Abs. 1 Verordnung (EU) Nr. 996/2010 durch das zuständige Organ der Strafverfolgungsbehörden an den für die Sicherheitsuntersuchung bestellten Untersuchungsbeauftragten. Ist noch kein Untersuchungsbeauftragter bestellt, erfolgt die Mitteilung an den Leiter der Sicherheitsuntersuchungsstelle des Bundes oder dessen Vertreter.

(2) Justizbehörde gemäß Art 12 Abs. 1 der Verordnung (EU) Nr. 996/2010 ist die Staatsanwaltschaft.

(3) Beamte gemäß Art 12 Abs. 1 der Verordnung (EU) Nr. 996/2010 sind die von der Staatsanwaltschaft beauftragten Personen.

(4) Unrechtmäßiger Eingriff gemäß Art 12 Abs. 2 der Verordnung (EU) Nr. 996/2010 ist jede gerichtlich strafbare Handlung.

(5) Die zuständige Stelle gemäß Art 14 Abs. 3 der Verordnung (EU) Nr. 996/2010 ist die zuständige Staatsanwaltschaft.

(6) Meldungen an die Sicherheitsuntersuchungsstelle des Bundes für den Bereich der Zivilluftfahrt gemäß Art 9 Abs. 1 der Verordnung (EU) Nr. 996/2010 sind bei der zentralen Meldestelle der Austro Control GmbH einzubringen.

(BGBl I 2012/40)

Zusammenarbeit mit Behörden in Drittländern

§ 23. (1) Für den Fall, dass sich im Bundesgebiet beim Betrieb eines nicht im Inland oder einem Mitgliedstaat der Europäischen Union mustergeprüften oder in das österreichische Luftfahrzeugregister oder dem Luftfahrzeugregister eines Mitgliedstaates der Europäischen Union eingetragenen oder nicht von einem österreichischen Luftverkehrsunternehmen oder nicht von einem Luftverkehrsunternehmen eines Mitgliedstaates der Europäischen Union verwendeten Luftfahrzeuges ein Vorfall ereignet, hat die Sicherheitsuntersuchungsstelle des Bundes die Verständigung der im Abkommen über die Internationale Zivilluftfahrt, BGBl. Nr. 97/1949, vorgesehenen Staaten durchzuführen. Anderslautende zwischenstaatliche Vereinbarungen bleiben unberührt.

(2) Die verständigten Staaten gemäß Abs. 1 können einen akkreditierten Vertreter zur Sicherheitsuntersuchung entsenden. Anderslautende zwischenstaatliche Vereinbarungen bleiben unberührt.

(3) Jeder Staat außerhalb der Europäischen Union, der ein besonderes Interesse an einem Vorfall im Bundesgebiet hat, weil Staatsbürger dieses Staates getötet oder schwer verletzt wurden, kann einen Sachverständigen entsenden.

(4) Bei Bedarf kann die Sicherheitsuntersuchungsstelle des Bundes die zuständigen Stellen anderer Staaten außerhalb der Europäischen Union ersuchen,

1. Anlagen, Einrichtungen und Geräte für

a) die technische Untersuchung von Wrackteilen, Bordausrüstungen und anderen für die Untersuchung wichtigen Gegenständen,

b) die Auswertung der Aufzeichnungen der Flugschreiber,

c) die elektronische Speicherung und Auswertung von Daten des Vorfalls,

2. Untersuchungsbeauftragte für bestimmte Aufgaben anlässlich eines Vorfalls von besonderer Bedeutung und Schwere

zur Verfügung zu stellen. Kommen Staaten gemäß Abs. 1 einem solchen Ersuchen nach, können diese einen akkreditierten Vertreter zur Untersuchung entsenden.

(5) Die Sicherheitsuntersuchungsstelle des Bundes kann Staaten gemäß Abs. 1 auf deren Ersuchen Hilfestellungen gemäß Abs. 4 gewähren. Sie werden auf der Grundlage der Gegenseitigkeit kostenlos gewährt.

(6) Bei Vorfällen beim Betrieb von im Inland mustergeprüften, im österreichischen Luftfahrzeugregister eingetragenen oder von im Rahmen eines österreichischen Luftverkehrsunternehmens betriebenen Luftfahrzeugen außerhalb des österreichischen Hoheitsgebietes und des Gebietes der Europäischen Union nimmt im Bedarfsfall die Sicherheitsuntersuchungsstelle des Bundes durch Entsendung eines Untersuchungsbeauftragten und einer dem Ereignis angemessenen Anzahl von Beratern, die vom Luftverkehrsunternehmen oder vom Entwicklungsbetrieb zu entsenden sind, die Funktion des akkreditierten Vertreters in der ausländischen Sicherheitsuntersuchung wahr. Die Sicherheitsuntersuchungsstelle des Bundes ist weiters in allen übrigen Fällen, in welchen sie von einer Sicherheitsuntersuchung in einem Drittland benachrichtigt wird, berechtigt, einen akkreditierten Vertreter oder entsprechend dem Abs. 3 einen Sachverständigen zu entsenden oder eine dafür geeignete Stelle zu benennen.

(BGBl I 2012/40)

Untersuchungsberichte aus Drittländern

§ 24. Untersuchungsberichte aus Drittländern, Teile davon, oder Dokumente, zu denen die Untersuchungsbeauftragten Zugang haben, dürfen ohne ausdrückliche Zustimmung der ausländischen Untersuchungsbehörde nicht veröffentlicht oder Dritten zugänglich gemacht werden. Dies gilt nicht, wenn die ausländische Untersuchungsbehörde diese Berichte bereits veröffentlicht oder freigegeben hat. Eine Verpflichtung zur Veröffentlichung ausländischer Untersuchungsberichte besteht nicht. Allfällige Sicherheitsempfehlungen sind den geeigneten Stellen zur Kenntnis zu bringen.

(BGBl I 2012/40)

4. Abschnitt

Einrichtung eines Verkehrssicherheitsbeirates

Verkehrssicherheitsbeirat

§ 25. (1) Der Bundesminister für Verkehr, Innovation und Technologie hat zur sachverständigen Beratung in Fragen der Verkehrssicherheit und insbesondere zur laufenden Evaluierung und Weiterentwicklung eines Verkehrssicherheitsprogrammes für alle Verkehrsträger den Verkehrssicherheitsbeirat zu bestellen.

(2) Der Verkehrssicherheitsbeirat besteht aus:

1. 3 Vertretern des Bundesministeriums für Verkehr, Innovation und Technologie,

2. 3 Vertretern des Bundesministeriums für Inneres,

3. 1 Vertreter des Bundesministeriums für Bildung, Wissenschaft und Kultur,

4. 1 Vertreter des Bundesministeriums für Landesverteidigung,

5. je 1 Vertreter der Ämter der Landesregierungen,

6. 1 Vertreter der Wirtschaftskammer Österreich,

7. 1 Vertreter der Bundesarbeitskammer,

8. je 1 Vertreter der Vereine von Kraftfahrzeugbesitzern sowie von Vereinen zur Förderung der Verkehrssicherheit, sofern diese im Kraftfahrbeirat vertreten sind,

9. je 1 Vertreter der im Nationalrat vertretenen Klubs,

10. je 1 Vertreter von privaten und staatlichen Einrichtungen aus dem Bereich der Unfallforschung und zur Förderung der Verkehrssicherheit in den Verkehrsbereichen Straßenverkehr, Luftfahrt, Schiene, Seilbahnen und Schifffahrt. Die Anzahl der Vertreter gemäß Z 10 soll insgesamt 16 nicht überschreiten, wobei insbesondere eine ausreichende Vertretung aus dem Bereich der wissenschaftlichen Unfallforschung sowie der in den einzelnen Verkehrsbereichen tätigen Unternehmungen und Arbeitnehmer zu gewährleisten ist.

(3) Zu Mitgliedern des Verkehrssicherheitsbeirates dürfen nur EWR-Staatsbürger bestellt werden, die vertrauenswürdig und für die im Abs. 1 angeführten Aufgaben besonders geeignet sind. Die Bestellung ist auf die Dauer von fünf Jahren zu beschränken. Für jedes Mitglied ist ein Ersatzmitglied zu bestellen

(4) Die Mitglieder des Beirates und ihre Ersatzmitglieder sind mit Handschlag zu verpflichten, ihre Gutachten nach bestem Wissen und Gewissen abzugeben und über alle ihnen ausschließlich aus ihrer Tätigkeit als Mitglied des Beirates bekannt gewordenen Tatsachen Verschwiegenheit zu bewahren. Diese Verschwiegenheitspflicht gilt jedoch nicht für die Berichterstattung eines öffentlich Bediensteten an seine Dienststelle. Das Amt eines Mitgliedes des Beirates ist ein unentgeltliches Ehrenamt; seine Ausübung begründet keinen Anspruch auf Entschädigung für Reisekosten oder Zeitversäumnis gegenüber dem Beirat selbst.

(5) Der Vorsitzende des Verkehrssicherheitsbeirates ist der Bundesminister für Verkehr, Innovation und Technologie. Er kann einen Bediensteten des Bundesministeriums für Verkehr, Innovation und Technologie mit seiner Vertretung als Vorsitzenden betrauen und fallweise auch Sachverständige, die nicht Mitglieder des Beirates sind, zur Mitarbeit heranziehen oder besondere Arbeitsausschüsse bilden. Er hat bei der Abstimmung über Beratungsbeschlüsse dafür zu sorgen, dass die Meinung jedes Mitgliedes, das sich nicht der Meinung der Mehrheit angeschlossen hat, in der Niederschrift über die Sitzung festgehalten wird. Die Sitzungen des Beirates sind nicht öffentlich.

(6) Der Verkehrssicherheitsbeirat hat sich eine Geschäftsordnung zu geben, die der Genehmigung des Bundesministers für Verkehr, Innovation und Technologie bedarf.

5. Abschnitt

Schlussbestimmungen

Umsetzung von Rechtsakten der Europäischen Union

§ 26. Mit diesem Bundesgesetz werden

1. die Richtlinie (EU) 2016/798 über Eisenbahnsicherheit, ABl. Nr. L 138 vom 26.05.2016 S. 102, in der Fassung der Berichtigung ABl. Nr. L 110 vom 30.04.2018 S. 141, umgesetzt, *(BGBl I 2021/231)*

2. die Richtlinie 2009/18/EG zur Festlegung der Grundsätze für die Untersuchung von Unfällen im Seeverkehr und zur Änderung der Richtlinie 1999/35/EG des Rates und der Richtlinie 2002/59/EG des Europäischen Parlaments und des Rates, ABl. Nr. L 131 vom 28.05.2009 S. 114, umgesetzt sowie

3. Vorschriften zur Durchführung der Verordnung (EU) Nr. 996/2010 erlassen.

(BGBl I 2014/89)

Strafbestimmung

§ 27. (1) Wer diesem Bundesgesetz oder den aufgrund dieses Bundesgesetzes erlassenen Verordnungen dadurch zuwiderhandelt, dass er Informationen, die nach diesen Bestimmungen geschützt sind, weitergibt, die Ermittlungen oder Handlungen der Sicherheitsuntersuchungsstelle des Bundes behindert, indem die Untersuchungsbeauftragten daran gehindert werden, ihren Aufgaben nachzukommen, oder indem die Bereitstellung sachdienlicher Aufzeichnungen, Materialien, Informationen und Dokumente verweigert wird oder diese zurückgehalten, verändert oder vernichtet werden, oder die zuständigen Stellen nicht über die Kenntnis vom Eintreten eines Vorfalls informiert, begeht, sofern nicht eine gerichtlich strafbare Handlung vorliegt, eine Verwaltungsübertretung und ist von der Bezirksverwaltungsbehörde mit einer Geldstrafe bis zu Euro 20 000, im Falle ihrer Uneinbringlichkeit mit einer Ersatzfreiheitsstrafe bis zu sechs Wochen zu bestrafen.

(2) Die eingehobenen Strafgelder fließen der Gebietskörperschaft zu, den Aufwand jener Behörde zu tragen hat, die das Strafverfahren in erster Instanz durchführt.

(BGBl I 2012/40)

Übergangsbestimmungen

§ 28. (1) Untersuchungen von Flugunfällen und schweren Störungen im Bereich Luftfahrt, die sich vor In-Kraft-Treten dieses Bundesgesetzes ereignet haben, sind nach den bisher geltenden Vorschriften weiterzuführen und möglichst ein Jahr nach In-Kraft-Treten dieses Bundesgesetzes abzuschließen.

(2) Dieses Bundesgesetz ist im Bereich Schifffahrt nur auf Vorfälle, die sich nach Ablauf des 31.12.2005 ereignen, anzuwenden.

Personalregelungen für Bundesbedienstete

§ 29. Beamte und Vertragsbedienstete der Bundesanstalt für Verkehr, die weder ausschließlich noch überwiegend Aufgaben besorgen, die in den Aufgabenbereich der Sicherheitsuntersuchungsstelle des Bundes gemäß § 2 fallen, sind mit 1. August 2017 in die Zentralstelle des Bundesministeriums für Verkehr, Innovation und Technologie versetzt.

(BGBl I 2017/102)

Verweisung

§ 30. (1) Soweit in diesem Bundesgesetz auf Bestimmungen anderer Bundesgesetze oder Staatsverträge des Bundes verwiesen wird, sind diese, soweit nichts anderes angeordnet ist, in ihrer jeweils geltenden Fassung anzuwenden.

(2) Soweit in diesem Bundesgesetz auf die Verordnung (EU) Nr. 996/2010 verwiesen wird, ist dies ein Verweis auf die Verordnung (EU) Nr. 996/2010 über die Untersuchung und Verhütung von Unfällen und Störungen in der Zivilluftfahrt und zur Aufhebung der Richtlinie 94/56/EG, ABl. Nr. L 295 vom 12.11.2010 S. 35.

(BGBl I 2012/40)

Sprachliche Gleichbehandlung

§ 31. Soweit in diesem Bundesgesetz auf natürliche Personen bezogene Bezeichnungen nur in männlicher Form angeführt sind, beziehen sie sich auf Frauen und Männer in gleicher Weise. Bei der Anwendung der Bezeichnungen auf bestimmte natürliche Personen ist die jeweils geschlechtsspezifische Form zu verwenden.

Vollziehung

§ 32. Mit der Vollziehung ist, soweit nichts anderes bestimmt ist, der Bundesminister für Verkehr, Innovation und Technologie betraut.

Inkrafttreten

§ 33. (1) Dieses Bundesgesetz tritt mit 1. Jänner 2006 in Kraft.

(2) § 2, § 5 Abs. 15 und § 29 jeweils in der Fassung des Bundesgesetzes BGBl. I Nr. 102/2017 treten mit 1. August 2017 in Kraft.

(BGBl I 2017/102)

13. EisbBFG

Inhaltsverzeichnis, § 1

Eisenbahn-Beförderungs- und Fahrgastrechtegesetz – EisbBFG

BGBl I 2013/40 idF

1 BGBl I 2018/37

Bundesgesetz über die Eisenbahnbeförderung und die Fahrgastrechte (Eisenbahn-Beförderungs- und Fahrgastrechtegesetz – EisbBFG)

Inhaltsverzeichnis

1. Teil: Beförderung von Personen

1. Hauptstück: Fahrgastrechte nach der Verordnung (EG) Nr. 1371/2007

- § 1. Anwendungsbereich
- § 2. Ausnahmen vom Anwendungsbereich

2. Hauptstück: Fahrgäste mit Zeitfahrkarten

- § 3. Anwendungsbereich
- § 4. Fahrpreisentschädigungen Jahreskarten
- § 5. Fahrpreisentschädigungen andere Zeitfahrkarten

3. Hauptstück: Weitere Fahrgastrechte und sonstige Bestimmungen

1. Abschnitt: Weitere Fahrgastrechte

- § 6. Anwendungsbereich
- § 7. Abfahrtsversäumnis durch den Fahrgast
- § 8. Verspätung und Ausfall des Zuges
- § 9. Erstattung

2. Abschnitt: Sonstige Bestimmungen über die Beförderung von Personen

- § 10. Anwendungsbereich
- § 11. Beförderungspflicht
- § 12. Kundmachung von Tarifen und Fahrplänen
- § 13. Fahrausweise
- § 14. Betreten der Bahnsteige
- § 15. Erhöhter Fahrpreis und sonstige Nebengebühren
- § 16. Beförderung von Kindern
- § 17. Wartegelegenheit
- § 18. Sitzplätze
- § 19. Verhalten der Fahrgäste
- § 20. Informationspflichten
- § 21. Erbringung von Nebenleistungen

4. Hauptstück: Fahrgastbeirat

- § 22. Einrichtung eines Fahrgastbeirates

2. Teil: Beförderung von Gütern

- § 23. Anwendungsbereich
- § 24. Verwendung von Fahrzeugen
- § 25. Beförderungspflicht
- § 26. Besondere Beförderungen
- § 27. Verpackung
- § 28. Nachprüfung
- § 29. Pfandrecht

3. Teil: Verwendung von Wagen

- § 30. Anwendungsbereich

4. Teil: Nutzung der Infrastruktur

- § 31. Anwendungsbereich

5. Teil: Schlussbestimmungen

- § 32. Vollziehung
- § 33. Inkrafttreten, Außerkrafttreten

1. Teil
Beförderung von Personen

1. Hauptstück
Fahrgastrechte nach der Verordnung (EG) Nr. 1371/2007

Anwendungsbereich

§ 1. Die Bestimmungen der Verordnung (EG) Nr. 1371/2007 über die Rechte und Pflichten der Fahrgäste im Eisenbahnverkehr, ABl. Nr. L 315 vom 03.12.2007 S 14, sind auf Beförderungen von Fahrgästen durch Eisenbahnverkehrsunternehmen auf Hauptbahnen und vernetzten Nebenbahnen anzuwenden.

§§ 2 – 4

Ausnahmen vom Anwendungsbereich

§ 2. (1) Vom Anwendungsbereich der Verordnung (EG) Nr. 1371/2007 ist eine Beförderung im Stadtverkehr ausgenommen. Dies gilt jedoch nicht für die Art. 9, Art. 11, Art. 12, Art. 19, Art. 20 Abs. 1 und Art. 26 der Verordnung (EG) Nr. 1371/2007.

(2) Von der Anwendung auf eine Beförderung im Vorort- und Regionalverkehr sind die Art. 16, Art. 17, Art. 18 Abs. 4 und Art. 28 der Verordnung (EG) Nr. 1371/2007 ausgenommen. Für Beförderungen im Vorort- und Regionalverkehr ist weiters die Anwendung des Art. 15 in Verbindung mit Anhang I Titel IV Kapitel II der Verordnung (EG) Nr. 1371/2007 insoweit ausgenommen, als ein Fahrgast verpflichtet ist, vorrangig zumutbare alternative öffentliche Verkehrsmittel zu benützen, und die Höhe einer Entschädigung mit 50 Euro für eine erforderliche Taxibenützung und mit 80 Euro für eine erforderliche Übernachtung begrenzt ist. Für Personen mit Behinderung und Personen mit eingeschränkter Mobilität sind auch jene Kosten, die notwendig waren und die Höchstbeträge der Entschädigung übersteigen, zu ersetzen.

(3) Der Vorort- und Regionalverkehr ist in den Entschädigungsbedingungen der Eisenbahnunternehmen mit der Zuggattungsbezeichnung für die jeweiligen Züge auszuweisen.

2. Hauptstück

Fahrgäste mit Zeitfahrkarten

Anwendungsbereich

§ 3. Die Bestimmungen dieses Hauptstückes sind auf Beförderungen von Fahrgästen mit Jahreskarten oder anderen Zeitfahrkarten auf Hauptbahnen und vernetzten Nebenbahnen anzuwenden. Beförderungen im Stadtverkehr sind ausgenommen.

Fahrpreisentschädigungen Jahreskarten

§ 4. (1) Fahrgäste, die über eine Jahreskarte verfügen, und denen während deren Geltungsdauer wiederholt Zugverspätungen oder Zugausfälle widerfahren, haben Anspruch auf eine Entschädigung. Für eine Jahreskarte kann nur einmal eine Entschädigung beansprucht werden, wobei bei übertragbaren Jahreskarten die Angaben der Person maßgeblich sind, welche die Jahreskarte erwarb.
Nachstehende Modalitäten sind dabei einzuhalten:

1. Die Jahreskarte muss zu Beförderungen auf Hauptbahnen und vernetzten Nebenbahnen berechtigen und die Inanspruchnahme der konkret benützten Strecke muss von der Person, welche die Jahreskarte erwarb, bestätigt werden.

2. Die vom Eisenbahnunternehmen vorgegebenen Modalitäten für die Fahrpreisentschädigung und die Höhe des Pünktlichkeitsgrades dürfen für die Fahrgäste nicht unangemessen und unzumutbar sein.

3. Bei Nichterreichen eines vom Eisenbahnunternehmen im Vorhinein bekanntzugebenden Pünktlichkeitsgrades erhalten Fahrgäste mit Jahreskarten einmal im Jahr zum Ende der Geltungsdauer unaufgefordert den sich aus Z 5 ergebenden Gesamtbetrag der Entschädigung. Die Entschädigung kann in Form von Gutscheinen erfolgen, auf Wunsch des Fahrgasts muss sie allerdings in Form eines Geldbetrages erfolgen. Die näheren Bestimmungen sind in den Beförderungsbedingungen festzulegen. Die Höhe des Pünktlichkeitsgrades hat für die Züge im Vorort- und Regionalverkehr mindestens 95% zu entsprechen.

4. Ob der Pünktlichkeitsgrad erreicht wird oder nicht, ist im Vorort- und Regionalverkehr jeweils pro Monat zu ermitteln.

5. Die Höhe der bei Nichterreichen des Pünktlichkeitsgrades zu gewährenden Entschädigung ist vom Eisenbahnunternehmen ebenfalls im Vorhinein bekanntzugeben. Die Entschädigung ist anteilig für jeden Monat, in dem der Pünktlichkeitsgrad nicht erreicht wurde, festzusetzen. Die Beträge haben mindestens 10% des rechnerisch auf diesen Monat entfallenden Fahrpreises des konkret auf diese Strecke entfallenden Bahnanteiles einer Jahreskarte zu betragen und sind jedenfalls auf 50 Cent Beträge auf- oder abzurunden, wobei Beträge von 1 bis 25 Cent sowie von 51 bis 75 Cent abgerundet und alle anderen Beträge aufgerundet werden.

(2) Die Jahreskarten verwaltenden Stellen, Verkehrsverbundorganisationsgesellschaften und Eisenbahnunternehmen haben dafür zu sorgen, dass die Fahrgäste mit Jahreskarten über ihre Rechte und Pflichten in geeigneter Art und Weise informiert werden. Die Jahreskarten verwaltenden Stellen und Verkehrsverbundorganisationsgesellschaften haben für die Ermittlung der Entschädigungsbeträge den Eisenbahnunternehmen unter Berücksichtigung der Bestimmungen der Verordnung (EU) 2016/679 zum Schutz natürlicher Personen bei der Verarbeitung personenbezogener Daten, zum freien Datenverkehr und zur Aufhebung der Richtlinie 95/45/EG (Datenschutz-Grundverordnung), ABl. Nr. L 119 vom 04.05.2016 S. 1, und des Datenschutzgesetzes – DSG, BGBl. I Nr. 165/1999, in der jeweils geltenden Fassung, die für den Entschädigungsanspruch notwendigen Personen und Fahrausweisdaten unentgeltlich, in einer einvernehmlich festzulegenden Form und innerhalb einer einvernehmlich festgelegten Frist zur Verfügung zu stellen. *(BGBl I 2018/37)*

(3) Die Eisenbahnunternehmen haben auch für die Anwendung der Regelung über die Fahrpreisentschädigungen für Fahrgäste mit Jahreskarten, unter Beteiligung der Vertretungsorganisationen von Personen mit Behinderung und Personen mit eingeschränkter Mobilität für deren Beförderung, Dienstqualitätsnormen festzulegen und jährlich zusammen mit ihrem Geschäftsbericht zu veröffentlichen.

(4) Die Eisenbahnunternehmen haben auf ihrer Internetseite unentgeltlich die durchschnittliche monatliche Verspätung ihrer Züge im Personenverkehr auf Hauptbahnen und vernetzten Nebenbahnen in der Form auszuweisen, dass es allen am Verfahren für die Fahrpreisentschädigung teilnehmenden Fahrgästen mit Jahreskarten grundsätzlich möglich ist, festzustellen, ob ein Anspruch auf Fahrpreisentschädigung besteht.

Fahrpreisentschädigungen andere Zeitfahrkarten

§ 5. Fahrgäste, die eine andere Zeitfahrkarte besitzen und denen während der Gültigkeitsdauer ihrer Fahrkarte wiederholt Verspätungen oder Zugausfälle widerfahren, ist in den Entschädigungsbedingungen der Eisenbahnunternehmen eine angemessene Entschädigung zu gewähren.

3. Hauptstück
Weitere Fahrgastrechte und sonstige Bestimmungen

1. Abschnitt
Weitere Fahrgastrechte

Anwendungsbereich

§ 6. Die Bestimmungen dieses Abschnittes sind auf Beförderungen von Fahrgästen auf Hauptbahnen und vernetzten Nebenbahnen anzuwenden, soweit nicht die Bestimmungen der Verordnung (EG) Nr. 1371/2007 anzuwenden sind. Beförderungen im Stadtverkehr fallen nicht unter den Anwendungsbereich dieses Abschnittes.

Abfahrtsversäumnis durch den Fahrgast

§ 7. Versäumt ein Fahrgast die Abfahrt des Zuges, so hat er keinen Anspruch auf Entschädigung. In den Beförderungsbedingungen ist jedoch festzulegen, unter welchen Bedingungen der Fahrpreis zu erstatten ist.

Verspätung und Ausfall des Zuges

§ 8. (1) Wird aufgrund einer Zugverspätung der Anschluss an einen anderen Zug versäumt, fällt der Zug ganz oder auf einer Teilstrecke aus oder hat der Zug mehr als sechzig Minuten Verspätung, kann der Fahrgast

1. auf die Weiterfahrt verzichten und eine gebührenfreie anteilsmäßige Erstattung des Fahrpreises nach den in den Beförderungsbedingungen festgesetzten Bedingungen beantragen und gegebenenfalls seine unentgeltliche Rückbeförderung samt Hand- bzw. Reisegepäck mit dem nächsten geeigneten Zug zum Fahrtantrittsbahnhof bzw. -haltestelle beanspruchen oder

2. seine Fahrt fortsetzen, wobei die Weiterbeförderung ohne Erhebung eines zusätzlichen Fahrpreises zu erfolgen hat.

(2) In den Fällen des Abs. 1 Z 1 zweiter Halbsatz und Z 2 hat das Eisenbahnunternehmen, soweit erforderlich, die Geltungsdauer des Fahrausweises zu verlängern und diesen für die erste Wagenklasse, für eine Zuggattung mit höherem Fahrpreis oder für den neuen Beförderungsweg gültig zu schreiben.

(3) Das Eisenbahnunternehmen hat dem Fahrgast auf Verlangen den versäumten Anschluss, den Ausfall oder die Verspätung des Zuges zu bescheinigen.

Erstattung

§ 9. (1) Das Eisenbahnunternehmen hat bei Fahrausweisen für Einzelfahrten bis vor dem ersten Geltungstag, bei Zeitfahrkarten und Gruppenfahrausweisen innerhalb deren Geltungsdauer den Fahrpreis ganz oder teilweise zu erstatten, wenn der Fahrausweis nicht oder nur teilweise oder bei Gruppenfahrausweisen von einer geringeren Teilnehmeranzahl ausgenützt worden ist.

(2) In den Beförderungsbedingungen ist festzulegen, unter welchen Bedingungen der Fahrpreis zu erstatten ist. Erstattungsbeträge unter 4 Euro können von einer Auszahlung ausgeschlossen werden. Das Eisenbahnunternehmen kann die Erstattung von Fahrausweisen beim Kauf über einen bestimmten Vertriebsweg an die Einhaltung besonderer Bedingungen knüpfen.

(3) Der Erstattungsbetrag gemäß Abs. 1 ist gebührenfrei auszuzahlen, wenn der Fahrausweis aus Gründen, die das Eisenbahnunternehmen zu vertreten hat, nicht oder nur teilweise ausgenützt worden ist.

(4) Die Zahlung bzw. die Zahlungsanweisung zur Erstattung hat außer in entsprechend begründeten Fällen innerhalb von zwei Monaten nach Einreichung des vollständigen Antrages auf Erstattung zu erfolgen.

(5) Alle Ansprüche auf Erstattung sind erloschen, wenn sie beim Eisenbahnunternehmen nicht innerhalb einer Frist von sechs Monaten geltend gemacht worden sind. Die Frist beginnt mit dem auf den Ablauf der Geltungsdauer des Fahrausweises folgenden Tag.

(6) Diese Bestimmungen zur Erstattung gelten auch für die Verkehrsverbundorganisationsgesellschaften bezüglich der Erbringung von Eisenbahnverkehrsleistungen.

2. Abschnitt
Sonstige Bestimmungen über die Beförderung von Personen

Anwendungsbereich

§ 10. Die Bestimmungen dieses Abschnittes sind auf Beförderungen von Fahrgästen auf Hauptbahnen und Nebenbahnen anzuwenden, soweit nicht die Bestimmungen der Verordnung (EG) Nr. 1371/2007 anzuwenden sind.

Beförderungspflicht

§ 11. (1) Das Eisenbahnunternehmen hat Personen zu befördern, sofern

1. der Fahrgast die für die Beförderung maßgebenden Regelungen einhält,
2. die Beförderung der Fahrgäste mit den normalen Beförderungsmitteln, die den regelmäßigen Bedürfnissen des Verkehrs genügen, möglich ist, und
3. die Beförderung nicht durch Umstände verhindert wird, welche das Eisenbahnunternehmen nicht abwenden und denen es auch nicht abhelfen kann.

(2) Die näheren Bestimmungen über die vorübergehende Aussetzung der Beförderungspflicht sind in den Beförderungsbedingungen festzulegen.

Kundmachung von Tarifen und Fahrplänen

§ 12. (1) Das Eisenbahnunternehmen hat Fahrpläne und Tarife, welche die Beförderungsbedingungen sowie die Fahrpreise enthalten, zu erstellen und die Fahrpläne und die Tarife auf seine Kosten zu veröffentlichen. Die Fahrpläne und die Tarife sind zumindest auf der Internetseite des Eisenbahnunternehmens zu veröffentlichen und unentgeltlich auszuweisen. Auf der Internetseite des Eisenbahnunternehmens sind auch eine Zusammenfassung der jeweils wichtigsten Tarifänderungen und die bis zu einem Jahr alten Fassungen der Tarife zu veröffentlichen und unentgeltlich bereitzustellen. Die Tarife sind in den mit Personal besetzten Verkaufsstellen der Eisenbahnunternehmen auf Anfrage unentgeltlich zur Verfügung zu stellen. Eine Zusammenfassung der wichtigsten Tarifbestimmungen ist entsprechend den örtlichen Gegebenheiten in den Bahnhöfen bzw. beim Verkauf von Fahrausweisen in Zügen auch beim Fahrkartenautomaten oder in anderer geeigneter Weise auszuhängen.

(2) Änderungen der Fahrpläne und der Tarife dürfen erst nach der Veröffentlichung angewendet werden.

(3) Die Bahnhofsbetreiber haben den Eisenbahnunternehmen die Erfüllung der ihnen auferlegten Kundmachungs- und sonstigen Informationspflichten zu ermöglichen. Die Bahnhofsbetreiber haben überdies für die Kundmachung der in den Bahnhöfen und Haltestellen jeweils relevanten Fahrpläne in geeigneter Form zu sorgen. Zusätzlich ist über die Fahrpreise in geeigneter Form zu informieren.

(4) Die Tarife sind allen Personen gegenüber in gleicher Weise anzuwenden. Das Eisenbahnunternehmen kann jedoch Ermäßigungen der Fahrpreise oder der Nebengebühren sowie sonstige Begünstigungen für bestimmte Personengruppen gewähren.

(5) Die Tarife sind klar, verständlich und transparent zu fassen.

(6) Die Pflichten gemäß Abs. 1, 2, 4 und 5 treffen auch die Verkehrsverbundorganisationsgesellschaften bezüglich der im jeweiligen Verkehrsverbund geltenden Tarife.

Fahrausweise

§ 13. (1) Den Fahrgästen sind Fahrausweise zur Verfügung zu stellen.

(2) Der Fahrausweis hat den Fahrtantrittsbahnhof, den Bestimmungsbahnhof, die Wagenklasse, den Fahrpreis, den ersten und letzten Geltungstag bzw. die Geltungsdauer zu enthalten, wobei in begründeten Fällen davon abgewichen werden kann.

(3) Die Fahrgäste müssen

1. bis zum Ende der Fahrt mit einem Fahrausweis versehen sein und diesen bis zum Verlassen des Bahnsteigs einschließlich der Zu- und Abgänge aufbewahren,
2. den Fahrausweis den Bediensteten der Eisenbahnunternehmen auf Verlangen zur Überprüfung vorweisen und aushändigen und
3. erforderlichenfalls bei der Identitätsfeststellung mitwirken.

(4) Die Bediensteten der Eisenbahnunternehmen haben sich gegenüber den Fahrgästen auf Verlangen auszuweisen.

(5) Das Einbehalten von Fahrausweisen oder sonstigen mit der Beförderung im Zusammenhang stehenden Ausweisen ist zu bestätigen.

(6) Unbeschadet des Art. 9 der Verordnung (EG) Nr. 1371/2007 haben die Eisenbahnunternehmen Fahrausweise mindestens am Fahrkartenschalter, am Fahrkartenautomaten oder in den Zügen anzubieten.

(7) Die Pflichten gemäß Abs. 1 bis 6 treffen auch die Verkehrsverbundorganisationsgesell-

13. EisbBFG
§§ 13 – 20

schaften und ihre Bediensteten bezüglich der Erbringung von Eisenbahnverkehrsleistungen.

Betreten der Bahnsteige

§ 14. Bahnsteige können grundsätzlich ohne Fahrausweis betreten werden, ausgenommen es sind klar erkennbare Bahnsteigsperren eingerichtet.

Erhöhter Fahrpreis und sonstige Nebengebühren

§ 15. (1) Die Eisenbahnunternehmen, Bahnhofsbetreiber und Verkehrsverbundorganisationsgesellschaften können neben dem Fahrpreis Nebengebühren, etwa wenn der Fahrgast über keinen gültigen Fahrausweis verfügt, verlangen und eine außergerichtliche Einbringung von ausständigen Forderungen betreiben oder betreiben lassen. Die gerichtliche Geltendmachung der Forderungen wird dadurch nicht berührt.

(2) Die Eisenbahnunternehmen, Bahnhofsbetreiber und Verkehrsverbundorganisationsgesellschaften haben zuerst zu versuchen, offene Forderungen mittels einer schriftlichen Mahnung einzufordern. Begründete und binnen einem Monat erhobene Einsprüche sind inhaltlich zu beantworten, bevor weitere außergerichtliche Betreibungs- oder Einbringungsmaßnahmen durchgeführt werden. Die Einspruchsfrist beginnt an dem der Überreichung oder der Zustellung der Forderung folgenden Tag.

(3) Wenn ein Fahrgast nachweist, im Zeitpunkt der Feststellung Inhaber eines gültigen Fahrausweises gewesen zu sein, etwa durch Nachbringen eines namentlich auf seine Person ausgestellten Fahr-, Ermäßigungs-, Freifahrt- oder sonstigen Ausweises, ist der erhöhte Fahrpreis auf maximal 10% zu reduzieren.

(4) Auf die Rechte und den Schutz von Kindern und Minderjährigen ist besonders zu achten.

Beförderung von Kindern

§ 16. Das Eisenbahnunternehmen hat in Begleitung fahrende Kinder bis zum vollendeten sechsten Lebensjahr, jedoch je Begleitperson höchstens zwei Kinder, für die ein Sitzplatz nicht beansprucht wird, ohne Fahrausweis unentgeltlich und Kinder vom vollendeten sechsten bis zum vollendeten 15. Lebensjahr sowie jüngere Kinder, für die ein Sitzplatz beansprucht wird, zum halben gewöhnlichen Fahrpreis, vorbehaltlich der Rundung nach dem Tarif, zu befördern; maßgebend ist das Lebensalter am Tag des Fahrtantritts.

Wartegelegenheit

§ 17. Der Bahnhofsbetreiber hat nach Möglichkeit und entsprechend den örtlichen Gegebenheiten dafür Sorge zu tragen, dass den Fahrgästen in Bahnhöfen vorhandene Warteräume oder in Haltestellen sonstige zum Warten geeignete Gelegenheiten mit ausreichenden Sitzgelegenheiten und Vorkehrungen für den Schutz vor Witterungseinflüssen für die gesamte Dauer des plan- und außerplanmäßigen Betriebes zur Verfügung gestellt werden.

Sitzplätze

§ 18. (1) Das Eisenbahnunternehmen hat die Bestimmungen über die Inanspruchnahme von Sitzplätzen, insbesondere über die Reservierung von bestellten Plätzen in den Beförderungsbedingungen festzulegen.

(2) In den Fahrplänen ist ersichtlich zu machen, in welchen Zügen Plätze reserviert werden.

Verhalten der Fahrgäste

§ 19. (1) Das Eisenbahnunternehmen kann Fahrgäste, welche die vorgeschriebene Ordnung oder Sicherheit im Betrieb von Schienenfahrzeugen auf einer Eisenbahn oder den Verkehr auf einer Eisenbahn oder die zu ihrer Aufrechterhaltung getroffenen Anordnungen oder vom Eisenbahnunternehmen beschäftigten oder beauftragten Personen nicht beachten oder sonst auf Grund ihres Zustandes oder ihres Verhaltens stören, von der Beförderung ausschließen; Fahrgäste mit Behinderung dürfen jedoch nicht aufgrund ihres auf die Behinderung zurückzuführenden Verhaltens ausgeschlossen werden. Die Fahrgäste haben diesfalls keinen Anspruch auf Erstattung des Fahrpreises und der sonstigen Kosten oder auf Entschädigung.

(2) Fahrgäste, gegen die ein rechtskräftiges Straferkenntnis wegen schwerwiegender bzw. wiederholter Verstöße gegen die vorgeschriebene Ordnung oder Sicherheit im Betrieb von Schienenfahrzeugen auf einer Eisenbahn oder den Verkehr auf einer Eisenbahn oder die zu ihrer Aufrechterhaltung getroffenen Anordnungen der Bediensteten der Eisenbahnunternehmen vorliegt, können vom Eisenbahnunternehmen befristet oder gegebenenfalls auch dauerhaft von der Beförderung ausgeschlossen werden.

Informationspflichten

§ 20. (1) Die Eisenbahnunternehmen, Bahnhofsbetreiber, Fahrkartenverkäufer und Verkehrsverbundorganisationsgesellschaften haben sofern möglich Informationen im Voraus, aktuell und in der am besten geeigneten Form bereitzustellen.

(2) Die Eisenbahnunternehmen haben den Fahrgästen die Informationen gemäß Art. 8 Abs. 1 und 2 der Verordnung (EG) Nr. 1371/2007 bei Beförderungen im Vorort- und Regionalverkehr insoweit zu erteilen, als sie zumutbarerweise zur Verfügung gestellt werden können.

(3) Die Fahrgäste sind über allfällige Störungen, über Aktivitäten, die voraussichtlich zu Störungen wie Verspätungen oder Zugausfällen von Verkehrsdiensten führen und die voraussichtlichen Auswirkungen, zu informieren. Dies hat angemessen, nach Verfügbarkeit und je nach Umfang und Zeitpunkt des Bekanntwerdens der Störung zu geschehen. Die Informationen sind über die verfügbaren Informationskanäle wie über die jeweilige Internetseite des Eisenbahnunternehmens, am Bahnhof oder im Zug bereitzustellen, beispielsweise am Fahrkartenschalter, vom Zugbegleiter, über Monitore oder Aushänge oder auf sonstige geeignete Weise. Bei personenbezogenen Buchungen wie Reservierungen besteht eine erhöhte Informationsverpflichtung über sonstige Informationstechniken, sofern die Kontaktdaten dem Eisenbahnunternehmen bekannt sind.

(4) Der Fahrgast hat sich angemessen und rechtzeitig über allfällige Störungen wie Verspätungen oder Zugausfälle zu informieren.

(5) Die Eisenbahnunternehmen, Bahnhofsbetreiber und Verkehrsverbundorganisationsgesellschaften haben die Fahrgäste im Bahnhof und auf ihren Internetseiten angemessen über ihre Kontaktdaten, über die eigenen Beschwerdestelle sowie die der Schienen-Control GmbH als Schlichtungsstelle zu informieren. Diese Information erstreckt sich insbesondere auch auf Personen mit Behinderungen und eingeschränkter Mobilität und auf Fragen der Sicherheit, bei Betriebsstörungen, bei Unfällen und des Gepäckverlustes.

(6) Die Eisenbahnunternehmen und die Verkehrsverbundorganisationsgesellschaften haben die Fahrgäste angemessen über die ihnen zustehenden Rechte und Pflichten zu informieren.

(7) Ist die Vorlage einer Beschwerde an die Schienen-Control GmbH gemäß § 78a Eisenbahngesetz 1957 (EisbG), BGBl. Nr. 60 in der jeweils geltenden Fassung, zulässig, haben Eisenbahnunternehmen, Bahnhofsbetreiber und Verkehrsverbundorganisationsgesellschaften bei der Beantwortung einer Beschwerde von Fahrgästen auf diese Möglichkeit hinzuweisen

Erbringung von Nebenleistungen

§ 21. Das Eisenbahnunternehmen ist beim Betrieb von Schienenfahrzeugen auf einer Eisenbahn oder beim Verkehr auf einer Eisenbahn berechtigt, die im Zusammenhang mit der Beförderung erforderlichen Nebenleistungen selbst zu erbringen.

4. Hauptstück
Fahrgastbeirat

§ 22. (1) Der Bundesminister/die Bundesministerin für Verkehr, Innovation und Technologie errichtet einen Fahrgastbeirat und ernennt dessen Mitglieder.

(2) Die Aufgabe des Fahrgastbeirates ist insbesondere die Beratung des Bundesministers/der Bundesministerin in Angelegenheiten der Fahrgastrechte sowie der Qualitätskriterien für die vom Bund bestellten gemeinwirtschaftlichen Leistungen.

(3) Der Fahrgastbeirat setzt sich aus seinen Mitgliedern zusammen; es sind dies

1. ein Vertreter/eine Vertreterin des Bundesministeriums für Verkehr, Innovation und Technologie,
2. ein Vertreter/eine Vertreterin des Bundesministeriums für Wirtschaft, Familie und Jugend,
3. ein Vertreter/eine Vertreterin des Bundesministeriums für Arbeit, Soziales und Konsumentenschutz,
4. ein Vertreter/eine Vertreterin der Schienen-Control GmbH,
5. ein Vertreter/eine Vertreterin der Bundesarbeitskammer,
6. ein Vertreter/eine Vertreterin der Wirtschaftskammer Österreich.

(4) Der Bundesminister/die Bundesministerin für Verkehr, Innovation und Technologie führt den Vorsitz des Fahrgastbeirates. Dieser/diese kann einen dauernden Stellvertreter/eine dauernde Stellvertreterin bestimmen.

(5) Die Bestellung der Mitglieder des Fahrgastbeirates ist auf die Dauer von vier Jahren zu beschränken und kann jederzeit ohne Angabe von Gründen widerrufen werden. Für jedes Mitglied ist ein Ersatzmitglied zu bestellen. Dieses ist berechtigt an den Sitzungen des Fahrgastbeirates teilzunehmen.

(6) Die Mitgliedschaft im Fahrgastbeirat ist ehrenamtlich und begründet keinen Anspruch auf Entschädigung oder auf einen Ersatz von Reisekosten.

(7) Der Vorsitzende/die Vorsitzende des Fahrgastbeirates bzw. deren dauernder Stellvertreter/dauernde Stellvertreterin können im Einzelfall Nichtmitglieder (Auskunftspersonen, Sachverständige) zur Mitarbeit im Fahrgastbeirat heranziehen.

(8) Die Sitzungen des Fahrgastbeirates sind von dem Vorsitzenden/der Vorsitzenden mindestens jährlich sowie dann einzuberufen, wenn dies die Hälfte der Beiratsmitglieder schriftlich ver-

langt. Zu den Sitzungen des Fahrgastbeirates ist stets unter Bekanntgabe der Tagesordnung und mit angemessener Vorlaufzeit einzuberufen.

(9) Die Sitzungen des Fahrgastbeirates sind nicht öffentlich. Über die den Mitgliedern in Zusammenhang mit ihrer Tätigkeit im Fahrgastbeirat zu ihrer Kenntnis gelangenden Informationen, Daten und Angelegenheiten ist Stillschweigen zu bewahren. Dies gilt nicht für die Berichterstattung eines Mitgliedes an die jeweils entsendende Organisation.

(10) Der Fahrgastbeirat hat sich mit Zweidrittelmehrheit eine Geschäftsordnung zu geben, die der Genehmigung des Bundesministers/der Bundesministerin für Verkehr, Innovation und Technologie bedarf.

2. Teil
Beförderung von Gütern

Anwendungsbereich

§ 23. (1) Auf die entgeltliche Beförderung von Gütern auf Hauptbahnen und Nebenbahnen sind der Art. 3, die Art. 6 bis 10, der Art. 11 §§ 2 und 3, die Art. 12 bis 26, die Art. 28 bis 37, die Art. 39 bis 45 und die Art. 47 bis 52 des Anhangs B (CIM) des Übereinkommens vom 9. Mai 1980, BGBl. Nr. 225/1985, über den internationalen Eisenbahnverkehr (COTIF) in der Fassung des Protokolls vom 3. Juni 1999, BGBl. III Nr. 122/2006, in der für Österreich geltenden Fassung auch dann anzuwenden, wenn diese Beförderung nicht unter den Anwendungsbereich des Anhangs B (CIM) zum Übereinkommen vom 9. Mai 1980 über den internationalen Eisenbahnverkehr (COTIF) in der Fassung des Protokolls vom 3. Juni 1999 fällt.

(2) Auf eine Beförderung gemäß Abs. 1 ist Art. 16 § 2 lit. a zweiter Spiegelstrich des Anhangs B (CIM) des Übereinkommens vom 9. Mai 1980 über den internationalen Eisenbahnverkehr (COTIF) in der Fassung des Protokolls vom 3. Juni 1999 mit der Maßgabe anzuwenden, dass die Höchstlieferfrist bei Wagenladungen bei Fehlen einer entsprechenden Vereinbarung über die Lieferfrist für eine Beförderungsfrist je angefangene 500 km 24 Stunden beträgt.

(3) Auf eine Beförderung gemäß Abs. 1 ist Art. 6 § 8 des Anhangs B (CIM) des Übereinkommens vom 9. Mai 1980 über den internationalen Eisenbahnverkehr (COTIF) in der Fassung des Protokolls vom 3. Juni 1999 mit der Maßgabe anzuwenden, dass der CIM-Frachtbrief auch für den nationalen Verkehr angewendet werden kann. Für eine Beförderung gemäß Abs. 1 kann jedoch auch ein anderer Frachtbrief verwendet werden.

(4) Die Regelungen über den ausführenden Beförderer des Anhangs B (CIM) des Übereinkommens vom 9. Mai 1980 über den internationalen Eisenbahnverkehr (COTIF) in der Fassung des Protokolls vom 3. Juni 1999 sind auf eine Beförderung gemäß Abs. 1 nicht anwendbar.

(5) Unbeschadet des Art. 15 § 4 lit. b des Anhangs B (CIM) des Übereinkommens vom 9. Mai 1980 über den internationalen Eisenbahnverkehr (COTIF) in der Fassung des Protokolls vom 3. Juni 1999 sind die Zoll- und sonstigen Rechtsvorschriften, solange das Gut unterwegs ist, vom Eisenbahnunternehmen zu erfüllen.

(6) Auf Beförderungen gemäß Abs. 1 sind auch die §§ 24 bis 29 anzuwenden.

Verwendung von Fahrzeugen

§ 24. Das Eisenbahnunternehmen ist berechtigt, Reisegepäck und Güter mit Fahrzeugen, die nicht an Schienen gebunden sind, abzuholen oder abholen zu lassen und zuzuführen oder zuführen zu lassen.

Beförderungspflicht

§ 25. (1) Das Eisenbahnunternehmen hat Güter zu befördern, wenn die Beförderung von bestimmten Gütern auf anderen Verkehrsträgern rechtlich nicht zulässig ist und die für die Beförderung solcher Güter erforderlichen Voraussetzungen auf Hauptbahnen und Nebenbahnen gegeben sind.

(2) Das Eisenbahnunternehmen kann die Entgelte für diese Beförderungen nach den Grundsätzen angemessenen Kostensatzes und branchenüblichen Entgelts festlegen.

Besondere Beförderungen

§ 26. (1) Bei Vorliegen außergewöhnlicher Umstände oder wirtschaftlicher Unzumutbarkeit können von diesem Bundesgesetz abweichende Vereinbarungen für die Beförderung von Gütern zwischen dem Eisenbahnunternehmen und dem Kunden festgelegt werden.

(2) Befördert das Eisenbahnunternehmen als Stückgut aufgegebene Güter, so kann es darüber von diesem Bundesgesetz abweichende Bestimmungen in den Beförderungsbedingungen festlegen.

(3) Im Falle von Betriebsbeschränkungen kann das Eisenbahnunternehmen die Durchführung des Beförderungsvertrages ganz oder teilweise einstellen. Das ist nach Möglichkeit den betroffenen Kunden unverzüglich in angemessener Form mitzuteilen oder auf angemessene Weise zu veröffentlichen.

Verpackung

§ 27. (1) Der Absender hat das Gut, das eine Verpackung erfordert, so zu verpacken, dass es gegen gänzlichen oder teilweisen Verlust und gegen Beschädigung während der Beförderung geschützt ist und weder Personen verletzen noch Betriebsmittel oder andere Güter beschädigen kann.

(2) Bei Vorliegen von besonderen Bestimmungen zur Verpackung von einem Eisenbahnunternehmen muss die Verpackung auch diesen Bestimmungen entsprechen.

Nachprüfung

§ 28. Das Eisenbahnunternehmen ist berechtigt, jederzeit nachzuprüfen, ob die Beförderungsbedingungen eingehalten sind und ob die Sendung mit den Angaben des Absenders im Frachtbrief übereinstimmt. Wenn sich die Nachprüfung auf den Inhalt der Sendung bezieht, hat diese nach Möglichkeit in Anwesenheit des Verfügungsberechtigten zu erfolgen. Ist dies nicht möglich, hat das Eisenbahnunternehmen zwei Zeugen beizuziehen.

Pfandrecht

§ 29. (1) Das Eisenbahnunternehmen hat für alle Forderungen, die ihm nach diesem Bundesgesetz oder nach dem Tarif zustehen, ein Pfandrecht an dem Gut, auf das sich die Forderungen beziehen, es sei denn, dass es dem Mangel der Berechtigung des Absenders, über das Gut zu verfügen, kannte oder kennen musste. Das Pfandrecht des Eisenbahnunternehmens hat den Vorzug vor dem Pfandrecht anderer Frachtführer, der Spediteure oder Kommissionäre. Es besteht so lange, als sich das Gut im Gewahrsam des Eisenbahnunternehmens oder eines Dritten befindet, der dieses für das Eisenbahnunternehmen innehat.

(2) Das Eisenbahnunternehmen kann zur Hereinbringung seiner Forderungen das Pfand verkaufen. Die §§ 466 ff. des Allgemeinen bürgerlichen Gesetzbuches (ABGB), JGS Nr. 946/1811 in der jeweils geltenden Fassung, sind anzuwenden.

3. Teil

Verwendung von Wagen

Anwendungsbereich

§ 30. Auf die Verwendung von Eisenbahnwagen als Beförderungsmittel zur Durchführung von Beförderungen auf Hauptbahnen und Nebenbahnen sind die Art. 2 bis 10 und der Art. 12 des Anhangs D (CUV) des Übereinkommens vom 9. Mai 1980, BGBl. Nr. 225/1985, über den internationalen Eisenbahnverkehr (COTIF) in der Fassung des Protokolls vom 3. Juni 1999, BGBl. III Nr. 122/2006, in der für Österreich geltenden Fassung auch dann anzuwenden, wenn diese Beförderung nicht unter den Anwendungsbereich des Anhangs D (CUV) zum Übereinkommen vom 9. Mai 1980 über den internationalen Eisenbahnverkehr (COTIF) in der Fassung des Protokolls vom 3. Juni 1999 fällt.

4. Teil

Nutzung der Infrastruktur

Anwendungsbereich

§ 31. Auf die Nutzung der Eisenbahninfrastruktur für Beförderungen auf Hauptbahnen und Nebenbahnen sind der Art. 1 § 2, die Art. 3 bis 23 und der Art. 25 des Anhangs E (CUI) des Übereinkommens vom 9. Mai 1980, BGBl. Nr. 225/1985, über den internationalen Eisenbahnverkehr (COTIF) in der Fassung des Protokolls vom 3. Juni 1999, BGBl. III Nr. 122/2006, in der für Österreich geltenden Fassung auch dann anzuwenden, wenn diese Beförderung nicht unter den Anwendungsbereich des Anhangs E (CUI) zum Übereinkommen vom 9. Mai 1980 über den internationalen Eisenbahnverkehr (COTIF) in der Fassung des Protokolls vom 3. Juni 1999 fällt.

5. Teil

Schlussbestimmungen

Vollziehung

§ 32. Mit der Vollziehung dieses Bundesgesetzes ist der Bundesminister/die Bundesministerin für Verkehr, Innovation und Technologie, in zivilrechtlichen Belangen im Einvernehmen mit dem Bundesminister/der Bundesministerin für Justiz, betraut.

Inkrafttreten, Außerkrafttreten

§ 33. (1) Dieses Bundesgesetz tritt mit 1. Juli 2013 in Kraft. § 4 Abs. 4 tritt mit 1. Jänner 2014 in Kraft. § 20 Abs. 3 letzter Satz tritt mit 1. Jänner 2015 in Kraft.

(2) Mit dem Inkrafttreten dieses Bundesgesetzes am 1. Juli 2013 treten das Bundesgesetz vom 10. März 1988 über die Beförderung von Personen, Reisegepäck und Gütern mit der Eisenbahn (Eisenbahnbeförderungsgesetz — EBG), BGBl. Nr. 180/1988, und das Bundesgesetz zur Verordnung (EG) Nr. 1371/2007 über die Rechte und Pflichten der Fahrgäste im Eisenbahnverkehr, BGBl. I Nr. 25/2010, außer Kraft.

(3) § 4 Abs. 2 in der Fassung des 2. Materien-Datenschutz-Anpassungsgesetzes, BGBl. I Nr. 37/2018, tritt mit 25. Mai 2018 in Kraft. *(BGBl I 2018/37)*

14. EWG/EG

Inhaltsverzeichnis

EWG/EG-Rechtsakte

14/1. Verordnung (EG) Nr. 561/2006 des Europäischen Parlaments und des Rates vom 15. März 2006 zur Harmonisierung bestimmter Sozialvorschriften im Straßenverkehr und zur Änderung der Verordnungen (EWG) Nr. 3821/85 und (EG) Nr. 2135/98 des Rates sowie zur Aufhebung der Verordnung (EWG) Nr. 3820/85 des Rates,
ABl L 102 vom 11. 4. 2006, S. 1,
geändert durch ABl 70 vom 14. 3. 2009, S. 19 (Berichtigung), VO (EG) Nr. 561/2006; ABl L 300 v. 14. 11. 2009, S. 88, VO (EU) Nr. 165/2014, ABl L 60 v. 28. 2. 2014, S. 20, ABl L 101 v. 18. 4. 2015, S. 62 (Berichtigung), ABl L 195 vom 20. 7. 2016, S. 83 und ABl L 249 vom 31. 7. 2020, S. 1

14/1a. Delegierte Verordnung (EU) 2022/1012 der Kommission vom 7. April 2022 zur Ergänzung der Verordnung (EG) Nr. 561/2006 des Europäischen Parlaments und des Rates hinsichtlich der Festlegung von Normen für das Dienstleistungsniveau und das Sicherheitsniveau von sicheren und gesicherten Parkflächen sowie der Verfahren für deren Zertifizierung,
ABl L 170 vom 28. 6. 2022, S. 27

14/2. Verordnung (EU) Nr. 165/2014 des Europäischen Parlaments und des Rates vom 4. Februar 2014 über Fahrtenschreiber im Straßenverkehr, zur Aufhebung der Verordnung (EWG) Nr. 3821/85 des Rates über das Kontrollgerät im Straßenverkehr und zur Änderung der Verordnung (EG) Nr. 561/2006 des Europäischen Parlaments und des Rates zur Harmonisierung bestimmter Sozialvorschriften im Straßenverkehr,
ABl L 60 vom 28. 2. 2014, S. 1,
geändert durch ABl L 93 vom 9. 4. 2015 (Berichtigung), ABl L 246 vom 23. 9. 2015 (Berichtigung) und ABl L 249 vom 31. 7. 2020, S. 1

14/3. Entscheidung der Kommission 93/172/EWG vom 22. Februar 1993 zur Festlegung des in Artikel 6 der Richtlinie 88/599/EWG des Rates auf dem Gebiet des Straßenverkehrs vorgesehenen Einheitsformulars,
ABl L 72 vom 25. 3. 1993, S. 30

14/4. Richtlinie 2006/22/EG des Europäischen Parlaments und des Rates vom 15. März 2006 über Mindestbedingungen für die Durchführung der Verordnungen (EWG) Nr. 3820/85 und (EWG) Nr. 3821/85 des Rates über Sozialvorschriften für Tätigkeiten im Kraftverkehr sowie zur Aufhebung der des Rates,
ABl L 102 vom 11. 4. 2006, S. 35,
geändert durch die RL (EG) Nr. 2009/4, ABl L 21 vom 24. 1. 2009, S. 39, RL (EG) Nr. 2009/5, ABl L 29 vom 30. 1. 2009, S. 45, ABl L 215 vom 20. 8. 2009, S. 7, (Berichtigung), ABl L 256 vom 29. 9. 2009, S. 38 (Berichtigung), ABl L 74 vom 19. 3. 2016, S. 23 und ABl L 249 vom 31. 7. 2020, S. 49

EU-RECHTSAKTE
VO 561/2006
VO 165/2014
VO 2022/1012
Einheitsformulare
RL Mindestbedingungen

14/1. EWG/EG
VO 561/2006

Verordnung (EG) Nr. 561/2006 des Europäischen Parlaments und des Rates

ABl L 102 vom 11. 4. 2006, S. 1 idF

1 ABl L 70 vom 14. 3. 2009, S. 19 (Berichtigung)
2 ABl L 300 vom 14. 11. 2009, S. 88 (Änderung)
3 ABl L 60 vom 28. 02. 2014, S. 20 (Änderung)
4 ABl L 101 vom 18. 4. 2015, S. 62 (Berichtigung)
5 ABl L 195 vom 20. 7. 2016, S. 83 (Berichtigung)
6 ABl L 249 vom 31. 7. 2020, S. 1

Verordnung (EG) Nr. 561/2006 des Europäischen Parlaments und des Rates vom 15. März 2006 zur Harmonisierung bestimmter Sozialvorschriften im Straßenverkehr und zur Änderung der Verordnungen (EWG) Nr. 3821/85 und (EG) Nr. 2135/98 des Rates sowie zur Aufhebung der Verordnung (EWG) Nr. 3820/85 des Rates

DAS EUROPÄISCHE PARLAMENT UND DER RAT DER EUROPÄISCHEN UNION —

gestützt auf den Vertrag zur Gründung der Europäischen Gemeinschaft, insbesondere auf Artikel 71,

auf Vorschlag der Kommission[1],

nach Stellungnahme des Europäischen Wirtschafts- und Sozialausschusses[2],

nach Anhörung des Ausschusses der Regionen,

gemäß dem Verfahren des Artikels 251 des Vertrags[3], im Hinblick auf den vom Vermittlungsausschuss am 8. Dezember 2005 gebilligten Gemeinsamen Entwurf,

in Erwägung nachstehender Gründe:

(1) Durch die Verordnung (EWG) Nr. 3820/85 des Rates vom 20. Dezember 1985 über die Harmonisierung bestimmter Sozialvorschriften im Straßenverkehr[4] sollten die Wettbewerbsbedingungen zwischen Binnenverkehrsträgern, insbesondere im Straßenverkehrsgewerbe, harmonisiert und die Arbeitsbedingungen und die Sicherheit im Straßenverkehr verbessert werden. Die in diesen Bereichen erzielten Fortschritte sollten gewahrt und ausgebaut werden.

(2) Nach der Richtlinie 2002/15/EG des Europäischen Parlaments und des Rates vom 11. März 2002 zur Regelung der Arbeitszeit von Personen, die Fahrtätigkeiten im Bereich des Straßentransports ausüben[5], sind die Mitgliedstaaten verpflichtet, Maßnahmen zur Beschränkung der wöchentlichen Höchstarbeitszeit des Fahrpersonals zu erlassen.

(3) Es hat sich als schwierig erwiesen, gewisse Bestimmungen der Verordnung (EWG) Nr. 3820/85 über Lenkzeiten, Fahrtunterbrechungen und Ruhezeiten von Fahrern im nationalen und grenzüberschreitenden Straßenverkehr innerhalb der Gemeinschaft in allen Mitgliedstaaten einheitlich auszulegen, anzuwenden, durchzusetzen und zu überwachen, weil die Bestimmungen zu allgemein gehalten sind.

(4) Eine wirksame und einheitliche Durchführung dieser Bestimmungen ist wünschenswert, damit ihre Ziele erreicht werden und ihre Anwendung nicht in Misskredit gerät. Daher sind klarere und einfachere Vorschriften nötig, die sowohl vom Straßenverkehrsgewerbe als auch den Vollzugsbehörden leichter zu verstehen, auszulegen und anzuwenden sind.

(5) Durch die in dieser Verordnung vorgesehenen Maßnahmen in Bezug auf die Arbeitsbedingungen sollte das Recht der Sozialpartner, im Zuge von Tarifverhandlungen oder in anderer Weise günstigere Bedingungen für die Arbeitnehmer festzulegen, nicht beeinträchtigt werden.

(6) Es ist wünschenswert, den Geltungsbereich dieser Verordnung klar zu bestimmen, indem die Hauptarten der von ihr erfassten Fahrzeuge aufgeführt werden.

---

[1] ABl. C 51 E vom 26.2.2002, S. 234.
[2] ABl. C 221 vom 17.9.2002, S. 19.
[3] Stellungnahme des Europäischen Parlaments vom 14. Januar 2003 (ABl. C 38 E vom 12.2.2004, S. 152), Gemeinsamer Standpunkt des Rates vom 9. Dezember 2004 (ABl. C 63 E vom 15.3.2005, S. 11) und Standpunkt des Europäischen Parlaments vom 13. April 2005 (ABl. C 33 E vom 9.2.2006, S. 425). Legislative Entschließung des Europäischen Parlaments vom 2. Februar 2006 und Beschluss des Rates vom 2. Februar 2006.
[4] ABl. L 370 vom 31.12.1985, S. 1. Geändert durch die Richtlinie 2003/59/EG des Europäischen Parlaments und des Rates (ABl. L 226 vom 10.9.2003, S. 4).

[5] ABl. L 80 vom 23.3.2002, S. 35.

(7) Diese Verordnung sollte für Beförderungen im Straßenverkehr, die entweder ausschließlich innerhalb der Gemeinschaft oder aber zwischen der Gemeinschaft, der Schweiz und den Vertragsstaaten des Abkommens über den Europäischen Wirtschaftsraum getätigt werden, gelten.

(8) Das Europäische Übereinkommen über die Arbeit des im internationalen Straßenverkehr beschäftigten Fahrpersonals (im Folgenden "AETR" genannt) vom 1. Juli 1970 sollte in seiner geänderten Fassung weiterhin Anwendung finden auf die Beförderung von Gütern und Personen im Straßenverkehr mit Fahrzeugen, die in einem Mitgliedstaat oder einem Staat, der Vertragspartei des AETR ist, zugelassen sind, und zwar für die gesamte Strecke von Fahrten zwischen der Gemeinschaft und einem Drittstaat außer der Schweiz und der Vertragsstaaten des Abkommens über den Europäischen Wirtschaftsraum oder durch einen solchen Staat hindurch. Es ist unabdingbar, dass das AETR so schnell wie möglich, im Idealfall innerhalb von zwei Jahren nach Inkrafttreten dieser Verordnung, geändert wird, um dessen Bestimmungen an diese Verordnung anzupassen.

(9) Bei Beförderungen im Straßenverkehr mit Fahrzeugen, die in einem Drittstaat zugelassen sind, der nicht Vertragspartei des AETR ist, sollte das AETR für den Teil der Fahrstrecke gelten, der innerhalb der Gemeinschaft oder innerhalb von Staaten liegt, die Vertragsparteien des AETR sind.

(10) Da der Gegenstand des AETR in den Geltungsbereich dieser Verordnung fällt, ist die Gemeinschaft für die Aushandlung und den Abschluss dieses Übereinkommens zuständig.

(11) Erfordert eine Änderung der innergemeinschaftlichen Regeln auf dem betreffenden Gebiet eine entsprechende Änderung des AETR, so sollten die Mitgliedstaaten gemeinsam handeln, um eine solche Änderung des AETR nach dem darin vorgesehenen Verfahren so schnell wie möglich zu erreichen.

(12) Das Verzeichnis der Ausnahmen sollte aktualisiert werden, um den Entwicklungen im Kraftverkehrssektor im Laufe der letzten neunzehn Jahre Rechnung zu tragen.

(13) Alle wesentlichen Begriffe sollten umfassend definiert werden, um die Auslegung zu erleichtern und eine einheitliche Anwendung dieser Verordnung zu gewährleisten. Daneben muss eine einheitliche Auslegung und Anwendung dieser Verordnung seitens der einzelstaatlichen Kontrollbehörden angestrebt werden. Die Definition des Begriffs "Woche" in dieser Verordnung sollte Fahrer nicht daran hindern, ihre Arbeitswoche an jedem beliebigen Tag der Woche aufzunehmen.

(14) Um eine wirksame Durchsetzung zu gewährleisten, ist es von wesentlicher Bedeutung, dass die zuständigen Behörden bei Straßenkontrollen nach einer Übergangszeit in der Lage sein sollten, die ordnungsgemäße Einhaltung der Lenk- und Ruhezeiten des laufenden Tages und der vorausgehenden 28 Tage zu kontrollieren.

(15) Die grundlegenden Vorschriften über die Lenkzeiten müssen klarer und einfacher werden, um eine wirksame und einheitliche Durchsetzung mit Hilfe des digitalen Fahrtenschreibers nach der Verordnung (EWG) Nr. 3821/85 des Rates vom 20. Dezember 1985 über das Kontrollgerät im Straßenverkehr[6] und der vorliegenden Verordnung zu ermöglichen. Außerdem sollten sich die Vollzugsbehörden der Mitgliedstaaten in einem Ständigen Ausschuss um Einvernehmen über die Durchführung dieser Verordnung bemühen.

(16) Nach den Vorschriften der Verordnung (EWG) Nr. 3820/85 war es möglich, die täglichen Lenkzeiten und Fahrtunterbrechungen so zu planen, dass Fahrer zu lange ohne eine vollständige Fahrtunterbrechung fahren konnten, was zu Beeinträchtigungen der Straßenverkehrssicherheit und schlechteren Arbeitsbedingungen für die Fahrer geführt hat. Es ist daher angebracht, sicherzustellen, dass aufgeteilte Fahrtunterbrechungen so angeordnet werden, dass Missbrauch verhindert wird.

(17) Mit dieser Verordnung sollen die sozialen Bedingungen für die von ihr erfassten Arbeitnehmer sowie die allgemeine Straßenverkehrssicherheit verbessert werden. Dazu dienen insbesondere die Bestimmungen über die maximale Lenkzeit pro Tag, pro Woche und pro Zeitraum von zwei aufeinander folgenden Wochen, die Bestimmung über die Verpflichtung des Fahrers, mindestens einmal in jedem Zeitraum von zwei aufeinander folgenden Wochen eine regelmäßige wöchentliche Ruhezeit zu nehmen, und die Bestimmungen, wonach eine tägliche Ruhezeit unter keinen Umständen einen ununterbrochenen Zeitraum von neun Stunden unterschreiten sollte. Da diese Bestimmungen angemessene Ruhepausen garantieren, ist unter Berücksichtigung der Erfahrungen mit der praktischen Durchführung in den vergangenen Jahren ein Ausgleichssystem für reduzierte tägliche Ruhezeiten nicht mehr notwendig.

---

[6] ABl. L 370 vom 31.12.1985, S. 8. Zuletzt geändert durch die Verordnung (EG) Nr. 432/2004 der Kommission (ABl. L 71 vom 10.3.2004, S. 3).

(18) Viele Beförderungen im innergemeinschaftlichen Straßenverkehr enthalten Streckenabschnitte, die mit Fähren oder auf der Schiene zurückgelegt werden. Für solche Beförderungen sollten deshalb klare und sachgemäße Bestimmungen über die täglichen Ruhezeiten und Fahrtunterbrechungen festgelegt werden.

(19) Angesichts der Zunahme des grenzüberschreitenden Güter- und Personenverkehrs ist es im Interesse der Straßenverkehrssicherheit und einer besseren Durchsetzung von Straßenkontrollen und Kontrollen auf dem Betriebsgelände von Unternehmen wünschenswert, dass auch die in anderen Mitgliedstaaten oder Drittstaaten angefallenen Lenkzeiten, Ruhezeiten und Fahrtunterbrechungen kontrolliert werden und festgestellt wird, ob die entsprechenden Vorschriften in vollem Umfang und ordnungsgemäß eingehalten wurden.

(20) Die Haftung von Verkehrsunternehmen sollte zumindest für Verkehrsunternehmen gelten, die juristische oder natürliche Personen sind, ohne jedoch die Verfolgung natürlicher Personen auszuschließen, die Verstöße gegen diese Verordnung begehen, dazu anstiften oder Beihilfe leisten.

(21) Fahrer, die für mehrere Verkehrsunternehmen tätig sind, müssen jedes dieser Unternehmen angemessen informieren, damit diese ihren Pflichten aus dieser Verordnung nachkommen können.

(22) Zur Förderung des sozialen Fortschritts und zur Verbesserung der Straßenverkehrssicherheit sollte jeder Mitgliedstaat das Recht behalten, bestimmte zweckmäßige Maßnahmen zu treffen.

(23) Nationale Abweichungen sollten die Änderungen im Kraftverkehrssektor widerspiegeln und sich auf jene Elemente beschränken, die derzeit keinem Wettbewerbsdruck unterliegen.

(24) Die Mitgliedstaaten sollten Vorschriften für Fahrzeuge erlassen, die zur Personenbeförderung im Linienverkehr dienen, wenn die Strecke nicht mehr als 50 km beträgt. Diese Vorschriften sollten einen angemessenen Schutz in Form von erlaubten Lenkzeiten und vorgeschriebenen Fahrtunterbrechungen und Ruhezeiten bieten.

(25) Im Interesse einer wirksamen Durchsetzung dieser Verordnung ist es wünschenswert, dass alle inländischen und grenzüberschreitenden Personenlinienverkehrsdienste unter Einsatz eines Standardkontrollgeräts kontrolliert werden.

(26) Die Mitgliedstaaten sollten Sanktionen festlegen, die bei Verstößen gegen diese Verordnung zu verhängen sind, und deren Durchsetzung gewährleisten. Diese Sanktionen müssen wirksam, verhältnismäßig, abschreckend und nicht diskriminierend sein. Die Möglichkeit, ein Fahrzeug bei einem schweren Verstoß stillzulegen, sollte in das gemeinsame Spektrum möglicher Maßnahmen der Mitgliedstaaten aufgenommen werden. Die in dieser Verordnung enthaltenen Bestimmungen über Sanktionen oder Verfahren sollten nationale Beweislastregeln unberührt lassen.

(27) Im Interesse einer klaren und wirksamen Durchsetzung dieser Verordnung sind einheitliche Bestimmungen über die Haftung von Verkehrsunternehmen und Fahrern bei Verstößen gegen diese Verordnung wünschenswert. Diese Haftung kann in den Mitgliedstaaten gegebenenfalls strafrechtliche, zivilrechtliche oder verwaltungsrechtliche Sanktionen zur Folge haben.

(28) Da das Ziel dieser Verordnung, nämlich die Festlegung eindeutiger gemeinsamer Vorschriften über Lenk- und Ruhezeiten, auf Ebene der Mitgliedstaaten nicht ausreichend erreicht werden kann und daher wegen der Notwendigkeit koordinierter Maßnahmen besser auf Gemeinschaftsebene zu erreichen ist, kann die Gemeinschaft im Einklang mit dem in Artikel 5 des Vertrags niedergelegten Subsidiaritätsprinzip tätig werden. Entsprechend dem in demselben Artikel genannten Verhältnismäßigkeitsprinzip geht diese Verordnung nicht über das für die Erreichung dieses Ziels erforderliche Maß hinaus.

(29) Die zur Durchführung dieser Verordnung erforderlichen Maßnahmen sollten gemäß dem Beschluss 1999/468/EG des Rates vom 28. Juni 1999 zur Festlegung der Modalitäten für die Ausübung der der Kommission übertragenen Durchführungsbefugnisse[7] erlassen werden.

(30) Da die Bestimmungen zum Mindestalter der Fahrer in der Richtlinie 2003/59/EG[8] geregelt worden sind und bis 2009 umgesetzt werden müssen, braucht diese Verordnung lediglich Übergangsbestimmungen für das Mindestalter des Fahrpersonals zu enthalten.

---

[7] ABl. L 184 vom 17.7.1999, S. 23.
[8] *Richtlinie 2003/59/EG des Europäischen Parlaments und des Rates vom 15. Juli 2003 über die Grundqualifikation und Weiterbildung der Fahrer bestimmter Kraftfahrzeuge für den Güter- oder Personenkraftverkehr und zur Änderung der Verordnung (EWG) Nr. 3820/85 und der Richtlinie 91/439/EWG des Rates sowie zur Aufhebung der Richtlinie 76/914/EWG des Rates (ABl. L 226 vom 10.9.2003, S. 4). Geändert durch die Richtlinie 2004/66/EG des Rates (ABl. L 168 vom 1.5.2004, S. 35).*

(31) Die Verordnung (EWG) Nr. 3821/85 sollte geändert werden, um die besonderen Verpflichtungen der Verkehrsunternehmen und der Fahrer klar herauszustellen sowie um die Rechtssicherheit zu fördern und die Durchsetzung der maximalen Lenk- und Ruhezeiten durch Straßenkontrollen zu erleichtern.

(32) Die Verordnung (EWG) Nr. 3821/85 sollte auch geändert werden, um die Rechtssicherheit hinsichtlich der neuen Termine für die Einführung digitaler Fahrtenschreiber und für die Verfügbarkeit von Fahrerkarten zu fördern.

(33) Mit der Einführung des Aufzeichnungsgeräts gemäß Verordnung (EG) Nr. 2135/98 und somit der elektronischen Aufzeichnung der Tätigkeiten des Fahrers auf seiner Fahrerkarte über einen Zeitraum von 28 Tagen und des Fahrzeugs über einen Zeitraum von 365 Tagen wird in Zukunft eine schnellere und umfassendere Kontrolle auf der Straße ermöglicht.

(34) „Die Richtlinie 88/599/EWG[9] schreibt für Kontrollen auf der Straße lediglich die Kontrolle der täglichen Lenkzeiten, der täglichen Ruhezeit sowie der Fahrtunterbrechungen vor." Mit der Einführung eines digitalen Aufzeichnungsgeräts werden die Daten des Fahrers und des Fahrzeuges elektronisch gespeichert und erlauben eine elektronische Auswertung der Daten vor Ort. Dies sollte mit der Zeit eine einfache Kontrolle der regelmäßigen und reduzierten täglichen Ruhezeiten und der regelmäßigen und reduzierten wöchentlichen Ruhezeiten sowie der Ausgleichsruhepausen ermöglichen. *(ABl L 101 vom 18. 4. 2015, S. 62)*

(35) Die Erfahrung zeigt, dass eine Einhaltung der Bestimmungen dieser Verordnung und insbesondere der vorgeschriebenen maximalen Lenkzeit über einen Zeitraum von zwei Wochen nur durchgesetzt werden kann, wenn wirksame und effektive Kontrollen des gesamten Zeitraums durchgeführt werden.

(36) Die Anwendung der gesetzlichen Vorschriften betreffend digitale Tachografen sollte im Einklang mit dieser Verordnung erfolgen, um eine optimale Wirksamkeit bei der Überwachung und Durchsetzung bestimmter Sozialvorschriften im Straßenverkehr zu erreichen.

(37) Aus Gründen der Klarheit und Rationalisierung sollte die Verordnung (EWG) Nr. 3820/85 aufgehoben und durch diese Verordnung ersetzt werden —

HABEN FOLGENDE VERORDNUNG ERLASSEN:

KAPITEL I
EINLEITENDE BESTIMMUNGEN

Artikel 1

Durch diese Verordnung werden Vorschriften zu den Lenkzeiten, Fahrtunterbrechungen und Ruhezeiten für Kraftfahrer im Straßengüter- und personenverkehr festgelegt, um die Bedingungen für den Wettbewerb zwischen Landverkehrsträgern, insbesondere im Straßenverkehrsgewerbe, anzugleichen und die Arbeitsbedingungen sowie die Straßenverkehrssicherheit zu verbessern. Ziel dieser Verordnung ist es ferner, zu einer besseren Kontrolle und Durchsetzung durch die Mitgliedstaaten sowie zu einer besseren Arbeitspraxis innerhalb des Straßenverkehrsgewerbes beizutragen.

Artikel 2

(1) Diese Verordnung gilt für folgende Beförderungen im Straßenverkehr:

a) Güterbeförderung mit Fahrzeugen, deren zulässige Höchstmasse einschließlich Anhänger oder Sattelanhänger 3,5 t übersteigt, oder

aa) ab dem 1. Juli 2026 bei grenzüberschreitenden Güterbeförderungen oder bei Kabotagebeförderungen mit Fahrzeugen, deren zulässige Höchstmasse einschließlich Anhänger oder Sattelanhänger 2,5 Tonnen übersteigt, oder *(ABl L 249 vom 31. 7. 2020, S. 1)*

b) Personenbeförderung mit Fahrzeugen, die für die Beförderung von mehr als neun Personen einschließlich des Fahrers konstruiert oder dauerhaft angepasst und zu diesem Zweck bestimmt sind.

(2) Diese Verordnung gilt unabhängig vom Land der Zulassung des Fahrzeugs für Beförderungen im Straßenverkehr

a) ausschließlich innerhalb der Gemeinschaft oder

b) zwischen der Gemeinschaft, der Schweiz und den Vertragsstaaten des Abkommens über den Europäischen Wirtschaftsraum.

(3) Das AETR gilt anstelle dieser Verordnung für grenzüberschreitende Beförderungen im Straßenverkehr, die teilweise außerhalb der in Absatz 2 genannten Gebiete erfolgen,

a) im Falle von Fahrzeugen, die in der Gemeinschaft oder in Staaten, die Vertragsparteien des

---

[9] Richtlinie 88/599/EWG des Rates vom 23. November 1988 über einheitliche Verfahren zur Anwendung der Verordnung (EWG) Nr. 3820/85 über die Harmonisierung bestimmter Sozialvorschriften im Straßenverkehr und der Verordnung (EWG) Nr. 3821/85 über das Kontrollgerät im Straßenverkehr (ABl. L 325 vom 29.11.1988, S. 55).

AETR sind, zugelassen sind, für die gesamte Fahrstrecke;

b) im Falle von Fahrzeugen, die in einem Drittstaat, der nicht Vertragspartei des AETR ist, zugelassen sind, nur für den Teil der Fahrstrecke, der im Gebiet der Gemeinschaft oder von Staaten liegt, die Vertragsparteien des AETR sind.

Die Bestimmungen des AETR sollten an die Bestimmungen dieser Verordnung angepasst werden, damit die wesentlichen Bestimmungen dieser Verordnung über das AETR auf solche Fahrzeuge für den auf Gemeinschaftsgebiet liegenden Fahrtabschnitt angewendet werden können.

Artikel 3

Diese Verordnung gilt nicht für Beförderungen im Straßenverkehr mit folgenden Fahrzeugen:

a) Fahrzeuge, die zur Personenbeförderung im Linienverkehr verwendet werden, wenn die Linienstrecke nicht mehr als 50 km beträgt;

aa) Fahrzeuge oder Fahrzeugkombinationen mit einer zulässigen Höchstmasse von nicht mehr als 7,5 Tonnen, die

i) zur Beförderung von Material, Ausrüstungen oder Maschinen benutzt werden, die der Fahrer zur Ausübung seines Berufes benötigt, oder

ii) zur Auslieferung von handwerklich hergestellten Gütern,

ausschließlich in einem Umkreis von 100 km vom Standort des Unternehmens, und unter der Bedingung, dass das Lenken des Fahrzeugs für den Fahrer nicht die Haupttätigkeit darstellt und dass die Beförderung nicht gewerblich erfolgt; *(ABl L 249 vom 31. 7. 2020, S. 1)*

b) Fahrzeuge mit einer zulässigen Höchstgeschwindigkeit von nicht mehr als 40 km/h;

c) Fahrzeuge, die Eigentum der Streitkräfte, des Katastrophenschutzes, der Feuerwehr oder der für die Aufrechterhaltung der öffentlichen Ordnung zuständigen Kräfte sind oder von ihnen ohne Fahrer angemietet werden, sofern die Beförderung aufgrund der diesen Diensten zugewiesenen Aufgaben stattfindet und ihrer Aufsicht unterliegt;

d) Fahrzeuge — einschließlich Fahrzeuge, die für nichtgewerbliche Transporte für humanitäre Hilfe verwendet werden —, die in Notfällen oder bei Rettungsmaßnahmen verwendet werden;

e) Spezialfahrzeuge für medizinische Zwecke;

f) spezielle Pannenhilfefahrzeuge, die innerhalb eines Umkreises von 100 km um ihren Standort eingesetzt werden;

g) Fahrzeuge, mit denen zum Zweck der technischen Entwicklung oder im Rahmen von Reparatur- oder Wartungsarbeiten Probefahrten auf der Straße durchgeführt werden, sowie neue oder umgebaute Fahrzeuge, die noch nicht in Betrieb genommen worden sind;

h) Fahrzeuge oder Fahrzeugkombinationen mit einer zulässigen Höchstmasse von nicht mehr als 7,5 t, die zur nichtgewerblichen Güterbeförderung verwendet werden;

ha) Fahrzeuge mit einer zulässigen Höchstmasse einschließlich Anhänger oder Sattelanhänger von mehr als 2,5 aber nicht mehr als 3,5 Tonnen, die für die Güterbeförderung eingesetzt werden, wenn die Beförderung nicht als gewerbliche Beförderung, sondern durch das Unternehmen oder den Fahrer im Werkverkehr erfolgt und das Fahren nicht die Haupttätigkeit der Person darstellt, die das Fahrzeug führt; *(ABl L 249 vom 31. 7. 2020, S. 1)*

i) Nutzfahrzeuge, die nach den Rechtsvorschriften des Mitgliedstaats, in dem sie verwendet werden, als historisch eingestuft werden und die zur nichtgewerblichen Güter- oder Personenbeförderung verwendet werden.

Artikel 4

Im Sinne dieser Verordnung bezeichnet der Ausdruck

a) „Beförderung im Straßenverkehr" jede ganz oder teilweise auf einer öffentlichen Straße durchgeführte Fahrt eines zur Personen- oder Güterbeförderung verwendeten leeren oder beladenen Fahrzeugs;

b) „Fahrzeug" ein Kraftfahrzeug, eine Zugmaschine, einen Anhänger oder Sattelanhänger oder eine Kombination dieser Fahrzeuge gemäß den nachstehenden Definitionen:

- „Kraftfahrzeug": jedes auf der Straße verkehrende Fahrzeug mit Eigenantrieb, das normalerweise zur Personen- oder Güterbeförderung verwendet wird, mit Ausnahme von dauerhaft auf Schienen verkehrenden Fahrzeugen;

- „Zugmaschine": jedes auf der Straße verkehrende Fahrzeug mit Eigenantrieb, das speziell dafür ausgelegt ist, Anhänger, Sattelanhänger, Geräte oder Maschinen zu ziehen, zu schieben oder zu bewegen, mit Ausnahme von dauerhaft auf Schienen verkehrenden Fahrzeugen;

- „Anhänger": jedes Fahrzeug, das dazu bestimmt ist, an ein Kraftfahrzeug oder eine Zugmaschine angehängt zu werden;

- „Sattelanhänger": ein Anhänger ohne Vorderachse, der so angehängt wird, dass ein beträchtlicher Teil seines Eigengewichts und des Gewichts seiner Ladung von der Zugmaschine oder vom Kraftfahrzeug getragen wird;

EU-RECHTSAKTE: VO 561/2006, VO 165/2014, VO 2022/1012, Einheitsformulare, RL Mindestbedingungen

c) „Fahrer" jede Person, die das Fahrzeug, sei es auch nur kurze Zeit, selbst lenkt oder sich in einem Fahrzeug befindet, um es – als Bestandteil seiner Pflichten – gegebenenfalls lenken zu können;

d) „Fahrtunterbrechung" jeden Zeitraum, in dem der Fahrer keine Fahrtätigkeit ausüben und keine anderen Arbeiten ausführen darf und der ausschließlich zur Erholung genutzt wird;

e) „andere Arbeiten" alle in Artikel 3 Buchstabe a der Richtlinie 2002/15/EG als „Arbeitszeit" definierten Tätigkeiten mit Ausnahme der Fahrtätigkeit sowie jegliche Arbeit für denselben oder einen anderen Arbeitgeber, sei es inner- oder außerhalb des Verkehrssektors;

f) „Ruhepause" jeden ununterbrochenen Zeitraum, in dem ein Fahrer frei über seine Zeit verfügen kann;

g) „tägliche Ruhezeit" den täglichen Zeitraum, in dem ein Fahrer frei über seine Zeit verfügen kann und der eine „regelmäßige tägliche Ruhezeit" und eine „reduzierte tägliche Ruhezeit" umfasst;

– „regelmäßige tägliche Ruhezeit" eine Ruhepause von mindestens 11 Stunden. Diese regelmäßige tägliche Ruhezeit kann auch in zwei Teilen genommen werden, wobei der erste Teil einen ununterbrochenen Zeitraum von mindestens 3 Stunden und der zweite Teil einen ununterbrochenen Zeitraum von mindestens 9 Stunden umfassen muss;

– „reduzierte tägliche Ruhezeit" eine Ruhepause von mindestens 9 Stunden, aber weniger als 11 Stunden;

h) „wöchentliche Ruhezeit" den wöchentlichen Zeitraum, in dem ein Fahrer frei über seine Zeit verfügen kann und der eine „regelmäßige wöchentliche Ruhezeit" und eine „reduzierte wöchentliche Ruhezeit" umfasst;

– „regelmäßige wöchentliche Ruhezeit" eine Ruhepause von mindestens 45 Stunden;

– „reduzierte wöchentliche Ruhezeit" eine Ruhepause von weniger als 45 Stunden, die vorbehaltlich der Bedingungen des Artikels 8 Absatz 6 auf eine Mindestzeit von 24 aufeinander folgenden Stunden reduziert werden kann;

i) „Woche" den Zeitraum zwischen Montag 00.00 Uhr und Sonntag 24.00 Uhr;

j) „Lenkzeit" die Dauer der Lenktätigkeit, aufgezeichnet entweder:

– vollautomatisch oder halbautomatisch durch Kontrollgeräte im Sinne der Anhänge I und I B der Verordnung (EWG) Nr. 3821/85, oder

– von Hand gemäß den Anforderungen des Artikels 16 Absatz 2 der Verordnung (EWG) Nr. 3821/85;

k) „tägliche Lenkzeit" die summierte Gesamtlenkzeit zwischen dem Ende einer täglichen Ruhezeit und dem Beginn der darauf folgenden täglichen Ruhezeit oder zwischen einer täglichen und einer wöchentlichen Ruhezeit; *(ABl L 101 vom 18. 4. 2015, S. 62)*

l) „wöchentliche Lenkzeit" die summierte Gesamtlenkzeit innerhalb einer Woche; *(ABl L 101 vom 18. 4. 2015, S. 62)*

m) „zulässige Höchstmasse" die höchstzulässige Masse eines fahrbereiten Fahrzeugs einschließlich Nutzlast;

n) „Personenlinienverkehr" inländische und grenzüberschreitende Verkehrsdienste im Sinne des Artikels 2 der Verordnung (EWG) Nr. 684/92 des Rates vom 16. März 1992 zur Einführung gemeinsamer Regeln für den grenzüberschreitenden Personenverkehr mit Kraftomnibussen[10];

o) „Mehrfahrerbetrieb" den Fall, in dem während der Lenkdauer zwischen zwei aufeinander folgenden täglichen Ruhezeiten oder zwischen einer täglichen und einer wöchentlichen Ruhezeit mindestens zwei Fahrer auf dem Fahrzeug zum Lenken eingesetzt sind. Während der ersten Stunde des Mehrfahrerbetriebs ist die Anwesenheit eines anderen Fahrers oder anderer Fahrer fakultativ, während der restlichen Zeit jedoch obligatorisch;

p) „Verkehrsunternehmen" jede natürliche oder juristische Person und jede Vereinigung oder Gruppe von Personen ohne Rechtspersönlichkeit mit oder ohne Erwerbszweck sowie jede eigene Rechtspersönlichkeit besitzende oder einer Behörde mit Rechtspersönlichkeit unterstehende offizielle Stelle, die Beförderungen im Straßenverkehr gewerblich oder im Werkverkehr vornimmt;

q) „Lenkdauer" die Gesamtlenkzeit zwischen dem Zeitpunkt, zu dem ein Fahrer nach einer Ruhezeit oder einer Fahrtunterbrechung beginnt, ein Fahrzeug zu lenken, und dem Zeitpunkt, zu dem er eine Ruhezeit oder Fahrtunterbrechung einlegt. Die Lenkdauer kann ununterbrochen oder unterbrochen sein.

r) „nichtgewerbliche Beförderung" jede Beförderung im Straßenverkehr, außer Beförderungen auf eigene oder fremde Rechnung die weder direkt noch indirekt entlohnt wird und durch die weder direkt noch indirekt ein Einkommen für den Fahrer des Fahrzeugs oder für Dritte erzielt wird und die nicht im Zusammenhang mit einer beruflichen oder gewerblichen Tätigkeit steht. *(ABl L 249 vom 31. 7. 2020, S. 1)*

---

[10] *ABl. L 74 vom 20.3.1992, S. 1. Zuletzt geändert durch die Beitrittsakte von 2003.*

KAPITEL II

FAHRPERSONAL, LENKZEITEN, FAHRTUNTERBRECHUNGEN UND RUHEZEITEN

Artikel 5

(1) Das Mindestalter für Schaffner beträgt 18 Jahre.

(2) Das Mindestalter für Beifahrer beträgt 18 Jahre. Die Mitgliedstaaten können jedoch das Mindestalter für Beifahrer unter folgenden Bedingungen auf 16 Jahre herabsetzen:

a) Die Beförderung im Straßenverkehr erfolgt innerhalb eines Mitgliedstaats in einem Umkreis von 50 km vom Standort des Fahrzeugs, einschließlich des Verwaltungsgebiets von Gemeinden, deren Zentrum innerhalb dieses Umkreises liegt,

b) die Herabsetzung erfolgt zum Zwecke der Berufsausbildung und

c) die von den arbeitsrechtlichen Bestimmungen des jeweiligen Mitgliedstaates vorgegebenen Grenzen werden eingehalten.

Artikel 6

(1) Die tägliche Lenkzeit darf 9 Stunden nicht überschreiten.
Die tägliche Lenkzeit darf jedoch höchstens zweimal in der Woche auf höchstens 10 Stunden verlängert werden.

(2) Die wöchentliche Lenkzeit darf 56 Stunden nicht überschreiten und nicht dazu führen, dass die in der Richtlinie 2002/15/EG festgelegte wöchentliche Höchstarbeitszeit überschritten wird.

(3) Die summierte Gesamtlenkzeit während zweier aufeinander folgender Wochen darf 90 Stunden nicht überschreiten.

(4) Die tägliche und die wöchentliche Lenkzeit umfassen alle Lenkzeiten im Gebiet der Gemeinschaft oder im Hoheitsgebiet von Drittstaaten.

(5) Der Fahrer muss die Zeiten im Sinne des Artikels 4 Buchstabe e sowie alle Lenkzeiten in einem Fahrzeug, das für gewerbliche Zwecke außerhalb des Anwendungsbereichs der vorliegenden Verordnung verwendet wird, als andere Arbeiten festhalten; ferner muss er gemäß Artikel 34 Absatz 5 Buchstabe b Ziffer iii der Verordnung (EU) Nr. 165/2014 die Bereitschaftszeiten im Sinne des Artikels 3 Buchstabe b der Richtlinie 2002/15/EG des Europäischen Parlaments und des Rates[1] festhalten. Diese Zeiten sind entweder handschriftlich auf einem Schaublatt oder einem Ausdruck einzutragen oder manuell in den Fahrtenschreiber einzugeben. *(ABl L 249 vom 31. 7. 2020, S. 1)*

Artikel 7

Nach einer Lenkdauer von viereinhalb Stunden hat ein Fahrer eine ununterbrochene Fahrtunterbrechung von wenigstens 45 Minuten einzulegen, sofern er keine Ruhezeit einlegt.

Diese Unterbrechung kann durch eine Unterbrechung von mindestens 15 Minuten, gefolgt von einer Unterbrechung von mindestens 30 Minuten, ersetzt werden, die in die Lenkzeit so einzufügen sind, dass die Bestimmungen des Absatzes 1 eingehalten werden.

„Ein im Mehrfahrerbetrieb eingesetzter Fahrer kann eine Fahrtunterbrechung von 45 Minuten in einem Fahrzeug einlegen, das von einem anderen Fahrer gelenkt wird, sofern der Fahrer, der die Fahrtunterbrechung einlegt, den das Fahrzeug lenkenden Fahrer dabei nicht unterstützt."
(ABl L 249 vom 31. 7. 2020, S. 1)

Artikel 8

(1) Der Fahrer muss tägliche und wöchentliche Ruhezeiten einhalten.

(2) Innerhalb von 24 Stunden nach dem Ende der vorangegangenen täglichen oder wöchentlichen Ruhezeit muss der Fahrer eine neue tägliche Ruhezeit genommen haben.
Beträgt der Teil der täglichen Ruhezeit, die in den 24-Stunden-Zeitraum fällt, mindestens 9 Stunden, jedoch weniger als 11 Stunden, so ist die fragliche tägliche Ruhezeit als reduzierte tägliche Ruhezeit anzusehen.

(3) Eine tägliche Ruhezeit kann verlängert werden, so dass sich eine regelmäßige wöchentliche Ruhezeit oder eine reduzierte wöchentliche Ruhezeit ergibt.

(4) Der Fahrer darf zwischen zwei wöchentlichen Ruhezeiten höchstens drei reduzierte tägliche Ruhezeiten einlegen.

(5) Abweichend von Absatz 2 muss ein im Mehrfahrerbetrieb eingesetzter Fahrer innerhalb von 30 Stunden nach dem Ende einer täglichen oder wöchentlichen Ruhezeit eine neue tägliche Ruhezeit von mindestens 9 Stunden genommen haben.

(6) In zwei jeweils aufeinander folgenden Wochen hat der Fahrer mindestens folgende Ruhezeiten einzuhalten:

a) zwei regelmäßige wöchentliche Ruhezeiten oder

---

[1] *Verordnung (EU) Nr. 165/2014 des Europäischen Parlaments und des Rates vom 4. Februar 2014 über Fahrtenschreiber im Straßenverkehr, zur Aufhebung der Verordnung (EWG) Nr. 3821/85 des Rates über das Kontrollgerät im Straßenverkehr und zur Änderung der Verordnung (EG) Nr. 561/2006 des Europäischen Parlaments und des Rates zur Harmonisierung bestimmter Sozialvorschriften im Straßenverkehr (ABl. L 60 vom 28.2.2014, S. 1).*

b) eine regelmäßige wöchentliche Ruhezeit und eine reduzierte wöchentliche Ruhezeit von mindestens 24 Stunden.

Eine wöchentliche Ruhezeit beginnt spätestens am Ende von sechs 24-Stunden-Zeiträumen nach dem Ende der vorangegangenen wöchentlichen Ruhezeit.

Abweichend von Unterabsatz 1 kann ein im grenzüberschreitenden Güterverkehr tätiger Fahrer außerhalb des Mitgliedstaats der Niederlassung zwei aufeinanderfolgende reduzierte wöchentliche Ruhezeiten einlegen, sofern der Fahrer in vier jeweils aufeinanderfolgenden Wochen mindestens vier wöchentliche Ruhezeiten einlegt, von denen mindestens zwei regelmäßige wöchentliche Ruhezeiten sein müssen.

Für die Zwecke dieses Absatzes gilt ein Fahrer als im grenzüberschreitenden Verkehr tätig, wenn der Fahrer die zwei aufeinanderfolgenden reduzierten wöchentlichen Ruhezeiten außerhalb des Mitgliedstaats der Niederlassung des Arbeitgebers und des Landes des Wohnsitzes des Fahrers beginnt.
(ABl L 249 vom 31. 7. 2020, S. 1)

(6a) Abweichend von Absatz 6 darf ein Fahrer, der für einen einzelnen Gelegenheitsdienst im grenzüberschreitenden Personenverkehr im Sinne der Verordnung (EG) Nr. 1073/2009 des Europäischen Parlaments und des Rates vom 21. Oktober 2009 über gemeinsame Regeln für den Zugang zum Markt des grenzüberschreitenden Personenkraftverkehrs eingesetzt wird, die wöchentliche Ruhezeit auf bis zu 12 aufeinander folgende 24-Stunden-Zeiträume nach einer vorhergehenden regelmäßigen wöchentlichen Ruhezeit unter folgenden Voraussetzungen verschieben:

a) der Dienst dauert mindestens 24 aufeinander folgende Stunden in einem anderen Mitgliedstaat oder unter diese Verordnung fallenden Drittstaat als demjenigen, in dem jeweils der Dienst begonnen wurde;

b) nach der Inanspruchnahme der Ausnahmeregelung nimmt der Fahrer

i) entweder zwei regelmäßige wöchentliche Ruhezeiten oder

ii) eine regelmäßige wöchentliche Ruhezeit und eine reduzierte wöchentliche Ruhezeit von mindestens 24 Stunden. Dabei wird jedoch die Reduzierung durch eine gleichwertige Ruhepause ausgeglichen, die ohne Unterbrechung vor dem Ende der dritten Woche nach dem Ende des Ausnahmezeitraums genommen werden muss;

c) ab dem 1. Januar 2014 ist das Fahrzeug mit einem Kontrollgerät entsprechend den Anforderungen des Anhangs IB der Verordnung (EWG) Nr. 3821/85 ausgestattet und

d) ab dem 1. Januar 2014, sofern das Fahrzeug bei Fahrten während des Zeitraums von 22.00 Uhr bis 6.00 Uhr mit mehreren Fahrern besetzt

ist oder die Lenkdauer nach Artikel 7 auf drei Stunden vermindert wird.

Die Kommission überwacht die Inanspruchnahme dieser Ausnahmeregelung genau, um die Aufrechterhaltung der Sicherheit im Straßenverkehr unter sehr strengen Voraussetzungen sicherzustellen, insbesondere indem sie darauf achtet, dass die summierte Gesamtlenkzeit während des unter die Ausnahmeregelung fallenden Zeitraums nicht zu lang ist. Bis zum 4. Dezember 2012 erstellt die Kommission einen Bericht, in dem sie die Folgen der Ausnahmeregelung in Bezug auf die Sicherheit im Straßenverkehr sowie soziale Aspekte bewertet. Wenn sie es für sinnvoll erachtet, schlägt die Kommission diesbezügliche Änderungen der vorliegenden Verordnung vor. *(ABl L 300 vom 14. 11. 2009, S. 88, ab 4. 6. 2010)*

(6b) Jede Reduzierung der wöchentlichen Ruhezeit ist durch eine gleichwertige Ruhepause auszugleichen, die ohne Unterbrechung vor dem Ende der dritten Woche nach der betreffenden Woche zu nehmen ist.

Wurden zwei reduzierte wöchentliche Ruhezeiten gemäß Absatz 6 Unterabsatz 3 nacheinander eingelegt, ist die nächste Ruhezeit – als Ausgleich für diese zwei reduzierten wöchentlichen Ruhezeiten – vor der darauffolgenden wöchentlichen Ruhezeit einzulegen.
(ABl L 249 vom 31. 7. 2020, S. 1)

(7) Jede Ruhepause, die als Ausgleich für eine reduzierte wöchentliche Ruhezeit eingelegt wird, ist an eine andere Ruhezeit von mindestens 9 Stunden anzuhängen.

(8) Die regelmäßigen wöchentlichen Ruhezeiten und jede wöchentliche Ruhezeit von mehr als 45 Stunden, die als Ausgleich für die vorherige verkürzte wöchentliche Ruhezeit eingelegt wird, dürfen nicht in einem Fahrzeug verbracht werden. Sie sind in einer geeigneten geschlechtergerechten Unterkunft mit angemessenen Schlafgelegenheiten und sanitären Einrichtungen zu verbringen. Alle Kosten für die Unterbringung außerhalb des Fahrzeugs werden vom Arbeitgeber getragen.
(ABl L 249 vom 31. 7. 2020, S. 1)

(8a) Verkehrsunternehmen planen die Arbeit der Fahrer so, dass jeder Fahrer in der Lage ist, innerhalb jedes Zeitraums von vier aufeinanderfolgenden Wochen zu der im Mitgliedstaat der Niederlassung des Arbeitgebers gelegenen Betriebsstätte des Arbeitgebers, der der Fahrer normalerweise zugeordnet ist und an der er seine wöchentliche Ruhezeit beginnt, oder zu seinem Wohnsitz zurückzukehren, um dort mindestens eine regelmäßige wöchentliche Ruhezeit oder eine wöchentliche Ruhezeit von mehr als 45 Stunden als Ausgleich für eine reduzierte wöchentliche Ruhezeit zu verbringen.

Hat der Fahrer jedoch zwei aufeinanderfolgende reduzierte wöchentliche Ruhezeiten gemäß Absatz 6 eingelegt, muss das Verkehrsunternehmen die Arbeit des Fahrers so planen, dass dieser in der Lage ist, bereits vor Beginn der regelmäßigen wöchentlichen Ruhezeit von mehr als 45 Stunden, die als Ausgleich eingelegt wird, zurückzukehren.

Das Unternehmen dokumentiert, wie es diese Verpflichtung erfüllt, und es bewahrt die betreffenden Unterlagen in seinen Geschäftsräumen auf, damit sie auf Verlangen der Kontrollbehörden vorgelegt werden können.
(ABl L 249 vom 31. 7. 2020, S. 1)

(9) Eine wöchentliche Ruhezeit, die in zwei Wochen fällt, kann für eine der beiden Wochen gezählt werden, nicht aber für beide.

(10) Die Kommission prüft spätestens am 21. August 2022, ob geeignetere Vorschriften für Fahrer erlassen werden können, die für Gelegenheitsdienste im Personenverkehr im Sinne von Artikel 2 Nummer 4 der Verordnung (EG) Nr. 1073/2009 eingesetzt werden, und teilt das Ergebnis dem Parlament und dem Rat mit. *(ABl L 249 vom 31. 7. 2020, S. 1)*

Artikel 8a

(1) Die Kommission stellt sicher, dass Kraftfahrer im Straßengüter- und -personenverkehr leichten Zugang zu Informationen über sichere und gesicherte Parkflächen haben. Die Kommission veröffentlicht eine Liste aller zertifizierten Parkflächen, damit den Fahrern Folgendes in angemessener Form geboten wird:

– Erkennen und Verhindern von unberechtigtem Eindringen,
– Beleuchtung und Sichtverhältnisse,
– Kontaktstelle und Verfahren für Notfälle,
– geschlechtergerechte sanitäre Einrichtungen,
– Möglichkeiten zum Kauf von Lebensmitteln und Getränken,
– Kommunikationsverbindungen,
– Stromversorgung.

Die Liste dieser Parkflächen wird auf einer einheitlichen amtlichen Internetseite veröffentlicht und regelmäßig aktualisiert.

(2) Die Kommission erlässt delegierte Rechtsakte gemäß Artikel 23a, um Normen festzulegen, mit denen das Dienstleistungs- und Sicherheitsniveau der in Absatz 1 genannten Flächen und die Verfahren für die Zertifizierung von Parkflächen detaillierter vorgelegen werden.

(3) An allen zertifizierten Parkflächen kann darauf hingewiesen werden, dass sie gemäß den Normen und Verfahren der Union zertifiziert sind.
Gemäß Artikel 39 Absatz 2 Buchstabe c der Verordnung (EU) Nr. 1315/2013 des Europäischen Parlaments und des Rates[1] sind die Mitgliedstaaten gehalten, die Schaffung von Parkflächen für gewerbliche Straßennutzer zu fördern.

(4) Die Kommission legt dem Europäischen Parlament und dem Rat bis zum 31. Dezember 2024 einen Bericht über die Verfügbarkeit geeigneter Ruheeinrichtungen für Fahrer und über die Verfügbarkeit gesicherter Parkeinrichtungen sowie über den Ausbau sicherer und gesicherter Parkflächen, die gemäß den delegierten Rechtsakten zertifiziert sind, vor. Dieser Bericht kann eine Liste mit Maßnahmen zur Erhöhung der Zahl und der Qualität sicherer und gesicherter Parkflächen enthalten.
(ABl L 249 vom 31. 7. 2020, S. 1)

Artikel 9

(1) Legt ein Fahrer, der ein Fahrzeug begleitet, das auf einem Fährschiff oder mit der Eisenbahn befördert wird, eine regelmäßige tägliche Ruhezeit oder eine reduzierte wöchentliche Ruhezeit ein, so darf diese Ruhezeit abweichend von Artikel 8 nicht mehr als zwei Mal durch andere Tätigkeiten unterbrochen werden, deren Gesamtdauer eine Stunde nicht überschreiten darf. Während dieser regelmäßigen täglichen Ruhezeit oder reduzierten wöchentlichen Ruhezeit muss dem Fahrer eine Schlafkabine, eine Schlafkoje oder ein Liegeplatz zur Verfügung stehen.

In Bezug auf regelmäßige wöchentliche Ruhezeiten gilt diese Ausnahme für Fähr- oder Zugreisen nur, wenn

a) die geplante Reisedauer 8 Stunden oder mehr beträgt und

b) der Fahrer Zugang zu einer Schlafkabine auf der Fähre oder im Zug hat.
(ABl L 249 vom 31. 7. 2020, S. 1)

(2) Die von einem Fahrer verbrachte Zeit, um zu einem in den Geltungsbereich dieser Verordnung fallenden Fahrzeug, das sich nicht am Wohnsitz des Fahrers oder der Betriebstätte des Arbeitgebers befindet, der der Fahrer normalerweise zugeordnet ist, anzureisen oder von diesem zurückzureisen, ist nur dann als Ruhepause oder Fahrtunterbrechung anzusehen, wenn sich der Fahrer in einem Zug oder auf einem Fährschiff befindet und Zugang zu einer Schlafkabine, einer Koje oder einem Liegewagen hat. *(ABl L 249 vom 31. 7. 2020, S. 1)*

(3) Die von einem Fahrer verbrachte Zeit, um mit einem nicht in den Geltungsbereich dieser Richtlinie fallenden Fahrzeug zu einem in den Geltungsbereich dieser Verordnung fallenden

---

[1] *Verordnung (EU) Nr. 1315/2013 des Europäischen Parlaments und des Rates vom 11. Dezember 2013 über Leitlinien der Union für den Aufbau eines transeuropäischen Verkehrsnetzes und zur Aufhebung des Beschlusses Nr. 661/2010/EU (ABl. L 348 vom 20.12.2013, S. 1).*

14/1. EWG/EG
VO 561/2006

Fahrzeug, das sich nicht am Wohnsitz des Fahrers oder der Betriebsstätte des Arbeitgebers, dem der Fahrer normalerweise zugeordnet ist, befindet, anzureisen oder von diesem zurückzureisen, ist als andere Arbeiten anzusehen.

Artikel 9a

Die Kommission erstellt bis zum 31. Dezember 2025 einen Bericht über die Nutzung autonomer Fahrsysteme in den Mitgliedstaaten und legt ihn dem Europäischen Parlament und dem Rat vor. In dem Bericht geht sie insbesondere auf die möglichen Auswirkungen dieser Systeme auf die Vorschriften über Lenk- und Ruhezeiten ein. Diesem Bericht ist gegebenenfalls ein Gesetzgebungsvorschlag zur Änderung dieser Verordnung beizufügen.

(ABl L 249 vom 31. 7. 2020, S. 1)

KAPITEL III
HAFTUNG VON VERKEHRSUNTERNEHMEN

Artikel 10

(1) Verkehrsunternehmen dürfen beschäftigten oder ihnen zur Verfügung gestellten Fahrern keine Zahlungen in Abhängigkeit von der zurückgelegten Strecke, der Schnelligkeit der Auslieferung und/oder der Menge der beförderten Güter leisten, auch nicht in Form von Prämien oder Lohnzuschlägen, falls diese Zahlungen geeignet sind, die Sicherheit im Straßenverkehr zu gefährden, und/oder zu Verstößen gegen diese Verordnung verleiten. *(ABl L 249 vom 31. 7. 2020, S. 1)*

(2) Das Verkehrsunternehmen organisiert die Arbeit der in Absatz 1 genannten Fahrer so, dass diese die Bestimmungen der Verordnung (EWG) Nr. 3821/85 sowie des Kapitels II der vorliegenden Verordnung einhalten können. Das Verkehrsunternehmen hat den Fahrer ordnungsgemäß anzuweisen und regelmäßig zu überprüfen, dass die Verordnung (EWG) Nr. 3821/85 und Kapitel II der vorliegenden Verordnung eingehalten werden.

(3) Das Verkehrsunternehmen haftet für Verstöße von Fahrern des Unternehmens, selbst wenn der Verstoß im Hoheitsgebiet eines anderen Mitgliedstaates oder eines Drittstaates begangen wurde.
Unbeschadet des Rechts der Mitgliedstaaten, Verkehrsunternehmen uneingeschränkt haftbar zu machen, können die Mitgliedstaaten diese Haftung von einem Verstoß des Unternehmens gegen die Absätze 1 und 2 abhängig machen. Die Mitgliedstaaten können alle Beweise prüfen, die belegen, dass das Verkehrsunternehmen billigerweise nicht für den begangenen Verstoß haftbar gemacht werden kann.

(4) Unternehmen, Verlader, Spediteure, Reiseveranstalter, Hauptauftragnehmer, Unterauftragnehmer und Fahrervermittlungsagenturen stellen sicher, dass die vertraglich vereinbarten Beförderungszeitpläne nicht gegen diese Verordnung verstoßen.

(5) a) Ein Verkehrsunternehmen, das Fahrzeuge einsetzt, die unter die vorliegende Verordnung fallen und die mit einem Kontrollgerät ausgestattet sind, das dem Anhang I B der Verordnung (EWG) Nr. 3821/85 entspricht, stellt Folgendes sicher:

i) Alle Daten werden von dem Bordgerät und der Fahrerkarte so regelmäßig heruntergeladen, wie es der Mitgliedstaat vorschreibt; diese relevanten Daten werden in kürzeren Abständen heruntergeladen, damit sichergestellt ist, dass alle von dem Unternehmen oder für das Unternehmen durchgeführten Tätigkeiten heruntergeladen werden;

ii) alle sowohl vom Bordgerät als auch von der Fahrerkarte heruntergeladenen Daten werden nach ihrer Aufzeichnung mindestens zwölf Monate lang aufbewahrt und müssen für einen Kontrollbeamten auf Verlangen entweder direkt oder zur Fernabfrage von den Geschäftsräumen des Unternehmens zugänglich sein.

b) Im Sinne dieses Absatzes wird der Ausdruck "heruntergeladen" entsprechend der Begriffsbestimmung in Anhang I B Kapitel I Buchstabe s der Verordnung (EWG) Nr. 3821/85 ausgelegt.

c) Die Kommission entscheidet nach dem in Artikel 24 Absatz 2 genannten Verfahren über den Höchstzeitraum für das Herunterladen der relevanten Daten gemäß Buchstabe a Ziffer i.

KAPITEL IV
AUSNAHMEN

Artikel 11

Ein Mitgliedstaat kann für Beförderungen im Straßenverkehr, die vollständig in seinem Hoheitsgebiet durchgeführt werden, längere Mindestfahrtunterbrechungen und Ruhezeiten oder kürzere Höchstlenkzeiten als nach den Artikeln 6 bis 9 festlegen. In einem solchen Fall muss der Mitgliedstaat die relevanten kollektiven oder anderen Vereinbarungen zwischen den Sozialpartnern berücksichtigen. Für Fahrer im grenzüberschreitenden Verkehr gilt jedoch weiterhin diese Verordnung.

Artikel 12

Sofern die Sicherheit im Straßenverkehr nicht gefährdet wird, kann der Fahrer von den Artikeln 6 bis 9 abweichen, um einen geeigneten Halteplatz zu erreichen, soweit dies erforderlich ist, um die Sicherheit von Personen, des Fahrzeugs oder seiner Ladung zu gewährleisten. Der Fahrer hat Art und Grund dieser Abweichung spätestens bei Erreichen des geeigneten Halteplatzes handschriftlich auf dem Schaublatt des Kontrollgeräts oder einem Ausdruck aus dem Kontrollgerät oder im Arbeitszeitplan zu vermerken.

„Sofern die Sicherheit im Straßenverkehr nicht gefährdet wird, kann der Fahrer unter außergewöhnlichen Umständen auch von Artikel 6 Absätze 1 und 2 und von Artikel 8 Absatz 2 abweichen, indem er die tägliche und die wöchentliche Lenkzeit um bis zu eine Stunde überschreitet, um die Betriebsstätte des Arbeitgebers oder den Wohnsitz des Fahrers zu erreichen, um eine wöchentliche Ruhezeit einzulegen."

„Unter den gleichen Bedingungen kann der Fahrer die tägliche und die wöchentliche Lenkzeit um bis zu zwei Stunden überschreiten, sofern eine ununterbrochene Fahrtunterbrechung von 30 Minuten eingelegt wurde, die der zusätzlichen Lenkzeit zur Erreichung der Betriebsstätte des Arbeitgebers oder des Wohnsitzes des Fahrers, um dort eine regelmäßige wöchentliche Ruhezeit einzulegen, unmittelbar vorausgeht."

„Der Fahrer hat Art und Grund dieser Abweichung spätestens bei Erreichen des Bestimmungsorts oder des geeigneten Halteplatzes handschriftlich auf dem Schaublatt des Kontrollgeräts, einem Ausdruck aus dem Kontrollgerät oder im Arbeitszeitplan zu vermerken."

„Jede Lenkzeitverlängerung wird durch eine gleichwertige Ruhepause ausgeglichen, die zusammen mit einer beliebigen Ruhezeit ohne Unterbrechung bis zum Ende der dritten Woche nach der betreffenden Woche genommen werden muss."
(ABl L 249 vom 31. 7. 2020, S. 1)

Artikel 13

(1) Sofern die Verwirklichung der in Artikel 1 genannten Ziele nicht beeinträchtigt wird, kann jeder Mitgliedstaat für sein Hoheitsgebiet oder mit Zustimmung der betreffenden Mitgliedstaaten für das Hoheitsgebiet eines anderen Mitgliedstaats Abweichungen von den Artikeln 5 bis 9 zulassen und solche Abweichungen für die Beförderung mit folgenden Fahrzeugen an individuelle Bedingungen knüpfen:

a) Fahrzeuge, die Eigentum von Behörden sind oder von diesen ohne Fahrer angemietet sind, um Beförderungen im Straßenverkehr durchzuführen, die nicht im Wettbewerb mit privatwirtschaftlichen Verkehrsunternehmen stehen;

b) Fahrzeuge, die von Landwirtschafts-, Gartenbau-, Forstwirtschafts- oder Fischereiunternehmen zur Güterbeförderung im Rahmen ihrer eigenen unternehmerischen Tätigkeit in einem Umkreis von bis zu 100 km vom Standort des Unternehmens benutzt oder ohne Fahrer angemietet werden;

c) land- und forstwirtschaftliche Zugmaschinen, die für land- oder forstwirtschaftliche Tätigkeiten eingesetzt werden, und zwar in einem Umkreis von bis zu 100 km vom Standort des Unternehmens, das das Fahrzeug besitzt, anmietet oder least;

d) Fahrzeuge oder Fahrzeugkombinationen mit einer zulässigen Höchstmasse von nicht mehr als 7,5 t, die von Universaldienstanbietern im Sinne des Artikels 2 Absatz 13 der Richtlinie 97/67/EG des Europäischen Parlaments und des Rates vom 15. Dezember 1997 über gemeinsame Vorschriften für die Entwicklung des Binnenmarktes der Postdienste der Gemeinschaft und die Verbesserung der Dienstequalität[11]) zum Zweck der Zustellung von Sendungen im Rahmen des Universaldienstes benutzt werden.
Diese Fahrzeuge dürfen nur in einem Umkreis von 100 km vom Standort des Unternehmens und unter der Bedingung benutzt werden, dass das Lenken des Fahrzeugs für den Fahrer nicht die Haupttätigkeit darstellt;
(ABl L 60 vom 28. 02. 2014, S. 20)

e) Fahrzeuge, die ausschließlich auf Inseln oder vom Rest des Hoheitsgebiets isolierten Binnengebieten mit einer Fläche von nicht mehr als 2 300 km² verkehren, die mit den übrigen Teilen des Hoheitsgebiets nicht durch eine Brücke, eine Furt oder einen Tunnel, die von Kraftfahrzeugen benutzt werden können, verbunden sind und auch nicht an einen anderen Mitgliedstaat angrenzen;
(ABl L 249 vom 31. 7. 2020, S. 1)

f) Fahrzeuge, die im Umkreis von „100 km" vom Standort des Unternehmens zur Güterbeförderung mit Druckerdgas-, Flüssiggas- oder Elektroantrieb benutzt werden und deren zulässige Höchstmasse einschließlich Anhänger oder Sattelanhänger 7,5 t nicht übersteigt; *(ABl L 60 vom 28. 02. 2014, S. 20)*

g) Fahrzeuge, die zum Fahrschulunterricht und zur Fahrprüfung zwecks Erlangung des Führerscheins oder eines beruflichen Befähigungsnachweises dienen, sofern diese Fahrzeuge nicht für die gewerbliche Personen- oder Güterbeförderung benutzt werden;

h) Fahrzeuge, die in Verbindung mit Kanalisation, Hochwasserschutz, Wasser-, Gas- und Elektrizitätsversorgung, Straßenunterhaltung und -kontrolle, Hausmüllabfuhr, Telegramm- und Telefondienstleistungen, Rundfunk und Fernsehen sowie zur Erfassung von Radio- bzw. Fernsehsendern oder -geräten eingesetzt werden; *(ABl L 70 vom 14. 3. 2009, S. 19)*

i) Fahrzeuge mit 10 bis 17 Sitzen, die ausschließlich zur nichtgewerblichen Personenbeförderung verwendet werden;

---

[11]) *ABl. L 15 vom 21.1.1998, S.14.*

j) Spezialfahrzeuge, die Ausrüstungen des Zirkus- oder Schaustellergewerbes transportieren;

k) speziell ausgerüstete Projektfahrzeuge für mobile Projekte, die hauptsächlich im Stand zu Lehrzwecken dienen;

l) Fahrzeuge, die zum Abholen von Milch bei landwirtschaftlichen Betrieben und/oder zur Rückgabe von Milchbehältern oder von Milcherzeugnissen für Futterzwecke an diese Betriebe verwendet werden; *(ABl L 195 vom 20. 7. 2016, S. 83)*

m) Spezialfahrzeuge für Geld- und/oder Werttransporte;

n) Fahrzeuge, die zur Beförderung von tierischen Abfällen oder von nicht für den menschlichen Verzehr bestimmten Tierkörpern verwendet werden;

o) Fahrzeuge, die ausschließlich auf Straßen in Güterverteilzentren wie Häfen, Umschlaganlagen des Kombinierten Verkehrs und Eisenbahnterminals benutzt werden;

p) Fahrzeuge, die innerhalb eines Umkreises von bis zu „100 km" für die Beförderung lebender Tiere von den landwirtschaftlichen Betrieben zu den lokalen Märkten und umgekehrt oder von den Märkten zu den lokalen Schlachthäusern verwendet werden. *(ABl L 60 vom 28. 02. 2014, S. 20)*

q) Fahrzeuge oder Fahrzeugkombinationen zur Beförderung von Baumaschinen für ein Bauunternehmen, die in einem Umkreis von höchstens 100 km vom Standort des Unternehmens benutzt werden, vorausgesetzt das Lenken der Fahrzeuge für den Fahrer nicht die Haupttätigkeit darstellt; *(ABl L 249 vom 31. 7. 2020, S. 1)*

r) Fahrzeuge, die für die Lieferung von Transportbeton verwendet werden. *(ABl L 249 vom 31. 7. 2020, S. 1)*

(2) Die Mitgliedstaaten teilen der Kommission die Ausnahmen mit, die sie nach Absatz 1 gewähren, und die Kommission unterrichtet die übrigen Mitgliedstaaten hiervon.

(3) Sofern die Verwirklichung der in Artikel 1 genannten Ziele nicht beeinträchtigt wird und ein angemessener Schutz der Fahrer sichergestellt ist, kann ein Mitgliedstaat mit Genehmigung der Kommission in seinem Hoheitsgebiet in geringem Umfang Ausnahmen von dieser Verordnung für Fahrzeuge, die in zuvor festgelegten Gebieten mit einer Bevölkerungsdichte von weniger als 5 Personen pro Quadratkilometer eingesetzt werden, in folgenden Fällen zulassen:

– Bei inländischen Personenlinienverkehrsdiensten, sofern ihr Fahrplan von den Behörden bestätigt wurde (in diesem Fall dürfen nur Ausnahmen in Bezug auf Fahrtunterbrechungen zugelassen werden) und

– im inländischen Werkverkehr oder gewerblich durchgeführten Güterkraftverkehr, soweit sich diese Tätigkeiten nicht auf den Binnenmarkt auswirken und für den Erhalt bestimmter Wirtschaftszweige in dem betroffenen Gebiet notwendig sind und die Ausnahmebestimmungen dieser Verordnung einen Umkreis von höchstens 100 km vorschreiben.

Eine Beförderung im Straßenverkehr nach dieser Ausnahme kann eine Fahrt zu einem Gebiet mit einer Bevölkerungsdichte von 5 Personen pro Quadratmeter oder mehr nur einschließen, wenn damit eine Fahrt beendet oder begonnen wird. Solche Maßnahmen müssen ihrer Art und ihrem Umfang nach verhältnismäßig sein.

Artikel 14

(1) Sofern die Verwirklichung der in Artikel 1 genannten Ziele nicht beeinträchtigt wird, können die Mitgliedstaaten nach Genehmigung durch die Kommission Ausnahmen von den Artikeln 6 bis 9 für unter außergewöhnlichen Umständen durchgeführte Beförderungen zulassen.

(2) Die Mitgliedstaaten können in dringenden Fällen, die mit außergewöhnlichen Umständen einhergehen, eine vorübergehende Ausnahme für einen Zeitraum von höchstens 30 Tagen zulassen, die hinreichend zu begründen und der Kommission sofort mitzuteilen ist. Die Kommission veröffentlicht diese Informationen unverzüglich auf einer öffentlichen Internetseite. *(ABl L 249 vom 31. 7. 2020, S. 1)*

(3) Die Kommission teilt den übrigen Mitgliedstaaten alle nach diesem Artikel gewährten Ausnahmen mit.

Artikel 15

Die Mitgliedstaaten stellen sicher, dass Fahrer der in Artikel 3 Buchstabe a genannten Fahrzeuge unter nationale Vorschriften fallen, die einen angemessenen Schutz bei den erlaubten Lenkzeiten sowie den vorgeschriebenen Fahrtunterbrechungen und Ruhezeiten bieten. Die Mitgliedstaaten teilen der Kommission die für diese Fahrer geltenden einschlägigen nationalen Vorschriften mit.

(ABl L 249 vom 31. 7. 2020, S. 1)

KAPITEL V
ÜBERWACHUNG UND SANKTIONEN

Artikel 16

(1) Verfügt ein Fahrzeug nicht über ein mit der Verordnung (EWG) Nr. 3821/85 übereinstimmendes Kontrollgerät, so gelten die Absätze 2 und 3 des vorliegenden Artikels für:

a) nationale Personenlinienverkehrsdienste und

b) grenzüberschreitende Personenlinienverkehrsdienste, deren Endpunkte in der Luftlinie höchstens 50 km von einer Grenze zwischen zwei

Mitgliedstaaten entfernt sind und deren Fahrstrecke höchstens 100 km beträgt.

(2) Das Verkehrsunternehmen erstellt einen Fahrplan und einen Arbeitszeitplan, in dem für jeden Fahrer der Name, der Standort und der im Voraus festgelegte Zeitplan für die verschiedenen Zeiträume der Lenktätigkeit, der anderen Arbeiten und der Fahrtunterbrechungen sowie die Bereitschaftszeiten angegeben werden.

Jeder Fahrer, der in einem Dienst im Sinne des Absatzes 1 eingesetzt ist, muss einen Auszug aus dem Arbeitszeitplan und eine Ausfertigung des Linienfahrplans mit sich führen.

(3) Der Arbeitszeitplan muss

a) alle in Absatz 2 aufgeführten Angaben mindestens für den Zeitraum des Tages der Kontrolle und der vorausgehenden 56 Tage enthalten; diese Angaben sind in regelmäßigen Abständen von höchstens einem Monat zu aktualisieren; *(ABl L 249 vom 31. 7. 2020, S. 1)*

b) die Unterschrift des Leiters des Verkehrsunternehmens oder seines Beauftragten tragen;

c) vom Verkehrsunternehmen nach Ablauf des Geltungszeitraums ein Jahr lang aufbewahrt werden. Das Verkehrsunternehmen händigt den betreffenden Fahrern auf Verlangen einen Auszug aus dem Arbeitszeitplan aus; und

d) auf Verlangen einem dazu befugten Kontrollbeamten vorgelegt und ausgehändigt werden.

Artikel 17

(1) Die Mitgliedstaaten übermitteln der Kommission unter Verwendung des in der Entscheidung 93/173/EWG[12] vorgesehenen Berichtsmusters die notwendigen Informationen, damit diese alle zwei Jahre einen Bericht über die Durchführung der vorliegenden Verordnung und der Verordnung (EWG) Nr. 3821/85 und über die Entwicklungen auf dem betreffenden Gebiet erstellen kann.

(2) Diese Angaben müssen bei der Kommission spätestens am 30. September des Jahres nach Ende des betreffenden Zweijahreszeitraums mitgeteilt werden.

(3) In dem Bericht wird zugleich angegeben, inwieweit von den Ausnahmeregelungen gemäß Artikel 13 Gebrauch gemacht wird.

(4) Die Kommission leitet den Bericht innerhalb von 13 Monaten nach Ende des betreffenden Zweijahreszeitraums dem Europäischen Parlament und dem Rat zu.

Artikel 18

Die Mitgliedstaaten ergreifen die zur Durchführung dieser Verordnung erforderlichen Maßnahmen.

Artikel 19

(1) Die Mitgliedstaaten erlassen Vorschriften über Sanktionen für Verstöße gegen die vorliegende Verordnung und die Verordnung (EU) Nr. 165/2014 und treffen alle erforderlichen Maßnahmen, um deren Anwendung zu gewährleisten. Diese Sanktionen müssen wirksam und verhältnismäßig zum Schweregrad der Verstöße gemäß Anhang III der Richtlinie 2006/22/EG des Europäischen Parlaments und des Rates[1], sowie abschreckend und nicht-diskriminierend sein. Kein Verstoß gegen die vorliegende Verordnung oder gegen die Verordnung (EU) Nr. 165/2014 darf mehrmals Gegenstand von Sanktionen oder Verfahren sein. Die Mitgliedstaaten teilen der Kommission diese Maßnahmen und Regeln sowie das Verfahren und die Kriterien, die auf einzelstaatlicher Ebene zur Bewertung der Verhältnismäßigkeit herangezogen wurden, mit. Die Mitgliedstaaten teilen etwaige spätere Änderungen daran, die Auswirkungen darauf haben, unverzüglich mit. Die Kommission informiert die Mitgliedstaaten über diese Regeln und Maßnahmen sowie über etwaige Änderungen. Die Kommission stellt sicher, dass diese Informationen in allen Amtssprachen der Union auf einer eigens hierfür eingerichteten öffentlichen Internetseite veröffentlicht werden, die detaillierte Informationen über die in den Mitgliedstaaten geltenden Sanktionen enthält. *(ABl L 249 vom 31. 7. 2020, S. 1)*

(2) Ein Mitgliedstaat ermächtigt die zuständigen Behörden, gegen ein Unternehmen und/oder einen Fahrer bei einem in seinem Hoheitsgebiet festgestellten Verstoß gegen diese Verordnung eine Sanktion zu verhängen, sofern hierfür noch keine Sanktion verhängt wurde, und zwar selbst dann, wenn der Verstoß im Hoheitsgebiet eines anderen Mitgliedstaats oder eines Drittstaats begangen wurde.

Dabei gilt folgende Ausnahmeregelung: Wird ein Verstoß festgestellt,

– der nicht im Hoheitsgebiet des betreffenden Mitgliedstaats begangen wurde und

– der von einem Unternehmen, das seinen Sitz in einem anderen Mitgliedstaat oder einem Drittstaat hat, oder von einem Fahrer, der

---

[1] *Richtlinie 2006/22/EG des Europäischen Parlaments und des Rates vom 15. März 2006 über Mindestbedingungen für die Durchführung der Verordnungen (EG) Nr. 561/2006 und (EU) Nr. 165/2014 und der Richtlinie 2002/15/EG über Sozialvorschriften für Tätigkeiten im Kraftverkehr sowie zur Aufhebung der Richtlinie 88/599/EWG des Rates (ABl. L 102 vom 11.4.2006, S. 35).*

[12] *ABl. L 72 vom 25.3.1993, S. 33.*

seinen Arbeitsplatz in einem anderen Mitgliedstaat oder einem Drittstaat hat, begangen wurde,

so kann ein Mitgliedstaat bis zum 1. Januar 2009, anstatt eine Sanktion zu verhängen, der zuständigen Behörde des Mitgliedstaats oder des Drittstaats, in dem das Unternehmen seinen Sitz oder der Fahrer seinen Arbeitsplatz hat, den Verstoß melden.

(3) Leitet ein Mitgliedstaat in Bezug auf einen bestimmten Verstoß ein Verfahren ein oder verhängt er eine Sanktion, so muss er dem Fahrer gegenüber angemessene schriftliche Belege beibringen.

(4) Die Mitgliedstaaten stellen sicher, dass ein System verhältnismäßiger Sanktionen, die finanzielle Sanktionen umfassen können, für den Fall besteht, dass Unternehmen oder mit ihnen verbundene Verlader, Spediteure, Reiseveranstalter, Hauptauftragnehmer, Unterauftragnehmer und Fahrervermittlungsagenturen gegen die vorliegende Verordnung oder die Verordnung (EWG) Nr. 3821/85 verstoßen.

Artikel 20

(1) Der Fahrer muss alle von einem Mitgliedstaat zu Sanktionen oder zur Einleitung von Verfahren beigebrachten Belege so lange aufbewahren, bis derselbe Verstoß gegen diese Verordnung nicht mehr in ein zweites Verfahren oder eine zweite Sanktion gemäß dieser Verordnung münden kann.

(2) Der Fahrer hat die in Absatz 1 genannten Belege auf Verlangen vorzuweisen.

(3) Ein Fahrer, der bei mehreren Verkehrsunternehmen beschäftigt ist oder mehreren Verkehrsunternehmen zur Verfügung steht, verschafft jedem Unternehmen ausreichende Informationen, um diesem die Einhaltung der Bestimmungen des Kapitels II zu ermöglichen.

Artikel 21

In Fällen, in denen ein Mitgliedstaat der Auffassung ist, dass ein Verstoß gegen diese Verordnung vorliegt, der die Straßenverkehrssicherheit eindeutig gefährden könnte, ermächtigt er die betreffende zuständige Behörde, das betreffende Fahrzeug so lange stillzulegen, bis die Ursache des Verstoßes behoben ist. Die Mitgliedstaaten können dem Fahrer auferlegen, eine tägliche Ruhezeit einzulegen. Die Mitgliedstaaten können ferner gegebenenfalls die Zulassung eines Unternehmens entziehen, aussetzen oder einschränken, falls es seinen Sitz in diesem Mitgliedstaat hat, oder sie können die Fahrerlaubnis eines Fahrers entziehen, aussetzen oder einschränken. Die Kommission entwickelt nach dem in Artikel 24 Absatz 2 genannten Verfahren Leitlinien, um eine harmonisierte Anwendung dieses Artikels zu erreichen.

Artikel 22

(1) Die Mitgliedstaaten arbeiten eng miteinander zusammen und leisten einander ohne unangemessene Verzögerung Amtshilfe, um die einheitliche Anwendung dieser Verordnung und ihre wirksame Durchsetzung gemäß den Anforderungen des Artikels 8 der Richtlinie 2006/22/EG zu erleichtern. *(ABl L 249 vom 31. 7. 2020, S. 1)*

(2) Die zuständigen Behörden der Mitgliedstaaten tauschen regelmäßig alle verfügbaren Informationen aus über

a) die von Gebietsfremden begangenen Verstöße gegen die Bestimmungen des Kapitels II und die gegen diese Verstöße verhängten Sanktionen;

b) die von einem Mitgliedstaat verhängten Sanktionen für Verstöße, die seine Gebietsansässigen in anderen Mitgliedstaaten begangen haben.

c) sonstige spezielle Informationen, darunter die Risikoeinstufung des Unternehmens, die sich auf die Einhaltung dieser Verordnung auswirken können. *(ABl L 249 vom 31. 7. 2020, S. 1)*

(3) Die Mitgliedstaaten übermitteln der Kommission regelmäßig relevante Informationen über die nationale Auslegung und Anwendung dieser Verordnung; die Kommission stellt diese Informationen den anderen Mitgliedstaaten in elektronischer Form zur Verfügung.

(3a) Für die Zwecke des Informationsaustauschs im Rahmen dieser Verordnung nutzen die Mitgliedstaaten die gemäß Artikel 7 der Richtlinie 2006/22/EG benannten Stellen für die innergemeinschaftliche Verbindung. *(ABl L 249 vom 31. 7. 2020, S. 1)*

(3b) Verwaltungszusammenarbeit und gegenseitige Amtshilfe erfolgen unentgeltlich. *(ABl L 249 vom 31. 7. 2020, S. 1)*

(4) Die Kommission unterstützt durch den in Artikel 24 Absatz 1 genannten Ausschuss den Dialog zwischen den Mitgliedstaaten über die einzelstaatliche Auslegung und Anwendung dieser Verordnung.

Artikel 23

Die Gemeinschaft wird mit Drittländern die Verhandlungen aufnehmen, die zur Durchführung dieser Verordnung gegebenenfalls erforderlich sind.

Artikel 23a

(1) Die Befugnis zum Erlass delegierter Rechtsakte wird der Kommission unter den in diesem Artikel festgelegten Bedingungen übertragen.

(2) Die Befugnis zum Erlass delegierter Rechtsakte gemäß Artikel 8a wird der Kommission für einen Zeitraum von fünf Jahren ab dem 20. August 2020 übertragen.

Die Kommission erstellt spätestens neun Monate vor Ablauf des Zeitraums von fünf Jahren einen Bericht über die Befugnisübertragung. Die Befugnisübertragung verlängert sich stillschweigend um Zeiträume gleicher Länge, es sei denn, das Europäische Parlament oder der Rat widersprechen einer solchen Verlängerung spätestens drei Monate vor Ablauf des jeweiligen Zeitraums.

(3) Die Befugnisübertragung gemäß Artikel 8a kann vom Europäischen Parlament oder vom Rat jederzeit widerrufen werden. Der Beschluss über den Widerruf beendet die Übertragung der in diesem Beschluss angegebenen Befugnis. Er wird am Tag nach seiner Veröffentlichung im *Amtsblatt der Europäischen Union* oder zu einem im Beschluss über den Widerruf angegebenen späteren Zeitpunkt wirksam. Die Gültigkeit von delegierten Rechtsakten, die bereits in Kraft sind, wird von dem Beschluss über den Widerruf nicht berührt.

(4) Vor dem Erlass eines delegierten Rechtsakts konsultiert die Kommission die von den einzelnen Mitgliedstaaten benannten Sachverständigen im Einklang mit den in der Interinstitutionellen Vereinbarung vom 13. April 2016 über bessere Rechtsetzung[1] enthaltenen Grundsätzen.

(5) Sobald die Kommission einen delegierten Rechtsakt erlässt, übermittelt sie ihn gleichzeitig dem Europäischen Parlament und dem Rat.

(6) Ein delegierter Rechtsakt, der gemäß Artikel 8a erlassen wurde, tritt nur in Kraft, wenn weder das Europäische Parlament noch der Rat innerhalb einer Frist von zwei Monaten nach Übermittlung dieses Rechtsakts an das Europäische Parlament und den Rat Einwände erhoben haben oder wenn vor Ablauf dieser Frist sowohl das Europäische Parlament als auch der Rat der Kommission mitgeteilt haben, dass sie keine Einwände erheben werden. Auf Initiative des Europäischen Parlaments oder des Rates wird diese Frist um zwei Monate verlängert.

(ABl L 249 vom 31. 7. 2020, S. 1)

Artikel 24

(1) Die Kommission wird von dem durch Artikel 18 Absatz 1 der Verordnung (EWG) Nr. 3821/85 eingesetzten Ausschuss unterstützt.

(2) Wird auf diesen Absatz Bezug genommen, so gilt Artikel 4 der Verordnung (EU) Nr. 182/2011 des Europäischen Parlaments und des Rates[1]. *(ABl L 249 vom 31. 7. 2020, S. 1)*

(2a) Wird auf diesen Absatz Bezug genommen, so gilt Artikel 5 der Verordnung (EU) Nr. 182/2011. *(ABl L 249 vom 31. 7. 2020, S. 1)*

(3) Der Ausschuss gibt sich eine Geschäftsordnung.

Artikel 25

(1) Auf Antrag eines Mitgliedstaates oder von sich aus

a) prüft die Kommission die Fälle, in denen die Bestimmungen dieser Verordnung, insbesondere bezüglich der Lenkzeiten, Fahrtunterbrechungen und Ruhezeiten, unterschiedlich angewandt und durchgesetzt werden;

b) klärt die Kommission die Bestimmungen dieser Verordnung, um einen gemeinsamen Ansatz sicherzustellen.

(2) In den in Absatz 1 Buchstabe b genannten Fällen erlässt die Kommission Durchführungsrechtsakte zur Festlegung gemeinsamer Ansätze.

Diese Durchführungsrechtsakte werden nach dem in Artikel 24 Absatz 2a genannten Prüfverfahren erlassen.

(ABl L 249 vom 31. 7. 2020, S. 1)

KAPITEL VI
SCHLUSSBESTIMMUNGEN

Artikel 26

(nicht abgedruckt; betrifft Änderungen der Verordnung (EWG) Nr. 3821/85)

Artikel 27

(nicht abgedruckt; betrifft Änderungen der Verordnung (EG) Nr. 2135/98)

Artikel 28

Die Verordnung (EWG) Nr. 3820/85 wird aufgehoben und durch die vorliegende Verordnung ersetzt.

Artikel 5 Absätze 1, 2 und 4 der Verordnung (EWG) Nr. 3820/85 gelten jedoch bis zu den in Artikel 15 Absatz 1 der Richtlinie 2003/59/EG genannten Terminen.

Artikel 29

Diese Verordnung tritt am 11. April 2007 in Kraft, ausgenommen Artikel 10 Absatz 5, Artikel

---

[1] ABl. L 123 vom 12.5.2016, S. 1.
[1] Verordnung (EU) Nr. 182/2011 des Europäischen Parlaments und des Rates vom 16. Februar 2011 zur

Festlegung der allgemeinen Regeln und Grundsätze, nach denen die Mitgliedstaaten die Wahrnehmung der Durchführungsbefugnisse durch die Kommission kontrollieren (ABl L 55 vom 28.2.2011, S. 13).

14/1. EWG/EG
VO 561/2006

26 Absätze 3 und 4 und Artikel 27, die am 1. Mai 2006 in Kraft treten.

Diese Verordnung ist in allen ihren Teilen verbindlich und gilt unmittelbar in jedem Mitgliedstaat.

Diese Verordnung ist in allen ihren Teilen verbindlich und gilt gemäß dem Vertrag zur Gründung der Europäischen Gemeinschaft unmittelbar in den Mitgliedstaaten.

Delegierte Verordnung (EU) 2022/1012 der Kommission

ABl L 170 vom 28. 6. 2022, S. 27

Delegierte Verordnung (EU) 2022/1012 der Kommission vom 7. April 2022 zur Ergänzung der Verordnung (EG) Nr. 561/2006 des Europäischen Parlaments und des Rates hinsichtlich der Festlegung von Normen für das Dienstleistungsniveau und das Sicherheitsniveau von sicheren und gesicherten Parkflächen sowie der Verfahren für deren Zertifizierung

DIE EUROPÄISCHE KOMMISSION –

gestützt auf den Vertrag über die Arbeitsweise der Europäischen Union,

gestützt auf die Verordnung (EG) Nr. 561/2006 des Europäischen Parlaments und des Rates vom 15. März 2006 zur Harmonisierung bestimmter Sozialvorschriften im Straßenverkehr und zur Änderung der Verordnungen (EWG) Nr. 3821/85 und (EG) Nr. 2135/98 des Rates sowie zur Aufhebung der Verordnung (EWG) Nr. 3820/85 des Rates[1]), insbesondere auf Artikel 8a Absatz 2,

in Erwägung nachstehender Gründe:

(1) Gemäß Artikel 8 der Verordnung (EG) Nr. 561/2006 müssen Kraftfahrer tägliche und wöchentliche Ruhezeiten einhalten. Einige dieser Ruhezeiten werden häufig unterwegs eingelegt, insbesondere wenn die Fahrer im grenzüberschreitenden Güterfernverkehr tätig sind. Es ist daher von größter Bedeutung, dass die Fahrer Zugang zu Parkflächen haben, auf denen sie ihre Ruhezeiten sicher einlegen können, und dass ihnen geeignete Einrichtungen für den Zugang zu den benötigten Dienstleistungen zur Verfügung stehen.

(2) Artikel 8a Absatz 1 der Verordnung (EG) Nr. 561/2006 enthält eine Liste von Anforderungen, die Parkflächen, die Fahrern im Straßengüter- und -personenverkehr zugänglich sind, erfüllen müssen, damit sie in Bezug auf das Dienstleistungsniveau und das Sicherheitsniveau als sichere und gesicherte Parkflächen zertifiziert werden können.

(3) In einer Studie der Kommission aus dem Jahr 2019 über sichere und gesicherte Parkflächen in der Union[2]) wurde auf den erheblichen Mangel an solchen Parkflächen hingewiesen. Außerdem enthielt sie einige Vorschläge, unter anderem in Bezug auf Normen für sichere und gesicherte Parkflächen und Zertifizierungsverfahren.

(4) Angesichts des derzeitigen Mangels an sicheren und gesicherten Parkflächen in der Union sollte der Aufbau solcher Parkflächen auf Unionsebene gefördert werden, um sicherzustellen, dass Kraftfahrer auf allen Straßen der Union Zugang zu ihnen haben.

(5) Um den Aufbau sicherer und gesicherter Parkflächen zu fördern, muss auf Unionsebene ein gemeinsamer Rahmen entwickelt werden, um sicherzustellen, dass der Sektor Zugang zu klaren und harmonisierten Informationen über sichere und gesicherte Parkflächen in der gesamten Union hat.

(6) Um die Arbeitsbedingungen von Kraftfahrern im Einklang mit der Verordnung (EG) Nr. 561/2006 zu verbessern, sollten alle sicheren und gesicherten Parkflächen unabhängig von ihrem Sicherheitsniveau ein gemeinsames Mindestdienstleistungsniveau aufweisen.

(7) Angesichts der zunehmenden Zahl von Ladungsdiebstählen, von denen Kraftfahrer auf der Straße betroffen sind, sollte die Sicherheit der Kraftfahrer verbessert werden, um sicherzustellen, dass sie ohne Stress ruhen können und nicht übermüden. Gute Ruhebedingungen für Fahrer auf sicheren und gesicherten Parkflächen sind von entscheidender Bedeutung für die Gewährleistung der Straßenverkehrssicherheit und die Verringerung der Gefahr von Unfällen aufgrund von Übermüdung.

(8) Sichere und gesicherte Parkflächen sind für Fahrer und Verkehrsunternehmen von wesentlicher Bedeutung, um Ladungsdiebstahl zu verhindern. Angesichts der Vielfalt der Unternehmen und der beförderten Güter benötigen Verkehrsunternehmen und Fahrer Parkflächen mit unterschiedlichen Sicherheitsniveaus, je nachdem, welche Güter befördert werden. Die Unionsnormen sollten daher den verschiedenen Arten von Unternehmen Rechnung tragen, und Parkflächen sollten unterschiedliche Mindestsicherheitsniveaus bieten.

---
[1]) ABl. L 102 vom 11.4.2006, S. 1.
[2]) *Commission Study on safe and secure parking places for trucks* (2019). Abrufbar unter: https://sstpa.eu-study.eu/download/19/final-report/1188/final-report-sstpa-28022019-isbn.pdf.

(9) Die Sicherheit der Parkflächen sollte dadurch erreicht werden, dass die geeigneten Sicherheitsausrüstungen und -verfahren rund um die Parkfläche, auf der Parkfläche selbst sowie an den Ein- und Ausfahrten vorhanden sind. Darüber hinaus sollte durch Personalverfahren sichergestellt werden, dass Maßnahmen getroffen werden zur Risikoprävention und um die Folgen auftretender Sicherheitsvorfälle zu mindern.

(10) Um den Nutzern sicherer und gesicherter Parkflächen Transparenz und Sicherheit zu bieten, sollten Parkflächen von einer unabhängigen Zertifizierungsstelle nach den auf Unionsebene festgelegten Verfahren zertifiziert werden. Die Zertifizierungsverfahren für Audits, erneute Audits und unangekündigte Audits für sichere und gesicherte Parkflächen sollten klar festgelegt werden, um sicherzustellen, dass Parkflächenbetreiber wissen, wie sie die Zertifizierung oder Neuzertifizierung beantragen können. Es sollte ferner sichergestellt werden, dass angemessene Verfahren angewandt werden, wenn festgestellt wird, dass eine sichere und gesicherte Parkfläche nicht mehr dem Dienstleistungs- oder Sicherheitsniveau entspricht, für das sie zertifiziert wurde.

(11) Den Nutzern sicherer und gesicherter Parkflächen sollten Beschwerdemechanismen zur Verfügung stehen, um Verstöße zu melden.

(12) Die Zertifizierungsstellen sollten den Betreibern Auditzertifikate ausstellen und diese Informationen auch der Kommission übermitteln können, damit die Liste der sicheren und gesicherten Parkflächen auf der entsprechenden amtlichen Internetseite auf dem neuesten Stand bleibt.

(13) Um der raschen Entwicklung digitaler Technologien Rechnung zu tragen und die Arbeitsbedingungen der Fahrer kontinuierlich zu verbessern, sollte die Kommission spätestens vier Jahre nach Erlass dieses Rechtsakts bewerten, ob die Überarbeitung der harmonisierten Normen und Zertifizierungsverfahren angezeigt ist –

HAT FOLGENDE VERORDNUNG ERLASSEN:

Artikel 1
Sicherheits- und Dienstleistungsniveaus

Um als sichere und gesicherte Parkfläche gemäß Artikel 8a Absatz 1 der Verordnung (EG) Nr. 561/2006 zertifiziert zu werden, muss eine Parkfläche die folgenden Normen erfüllen:

a) alle in Anhang I Abschnitt A dieser Verordnung festgelegten Normen für das Mindestdienstleistungsniveau;

b) alle in Anhang I Abschnitt B dieser Verordnung festgelegten Normen für eines der Sicherheitsniveaus.

Artikel 2
Zertifizierungsverfahren

Die Zertifizierung von Parkflächen als sichere und gesicherte Parkfläche gemäß Artikel 8a Absatz 1 der Verordnung (EG) Nr. 561/2006 muss den Normen und Verfahren in Anhang II der vorliegenden Verordnung genügen.

Artikel 3
Revisionsklausel

Bis spätestens 7. April 2026 bewertet die Kommission, ob die in den Anhängen I und II vorgesehenen Normen und Zertifizierungsverfahren unter Berücksichtigung der bestehenden technologischen Entwicklungen und zur kontinuierlichen Verbesserung der Arbeitsbedingungen der Fahrer geändert werden müssen.

Artikel 4
Inkrafttreten

Diese Verordnung tritt am zwanzigsten Tag nach ihrer Veröffentlichung im *Amtsblatt der Europäischen Union* in Kraft.

Diese Verordnung ist in allen ihren Teilen verbindlich und gilt unmittelbar in jedem Mitgliedstaat.

Brüssel, den 7. April 2022

Für die Kommission
Die Präsidentin
Ursula VON DER LEYEN

14/1a. EWG/EG
VO 1012/2022

ANHANG I

UNIONSNORMEN ZUR SPEZIFIZIERUNG DES DIENSTLEISTUNGS- UND SICHERHEITSNIVEAUS SICHERER UND GESICHERTER PARKFLÄCHEN

A. **Mindestdienstleistungsniveau**

Sichere und gesicherte Parkflächen, die nach Unionsnormen zertifiziert sind, müssen dem in Tabelle 1 beschriebenen Mindestdienstleistungsniveau entsprechen.

Tabelle 1

Geschlechtergerechte sanitäre Einrichtungen	– Getrennte Toiletten und Duschen für männliche und weibliche Nutzer müssen zur Verfügung stehen und funktionieren. Die Duschen müssen warmes Wasser liefern.
	– Funktionierende Wasserhähne müssen zur Verfügung stehen und warmes Wasser liefern. Handseife muss kostenlos zur Verfügung gestellt werden.
	– Abfallbehälter müssen vor Ort verfügbar sein und regelmäßig geleert werden.
	– Toiletten, Duschen und Waschbecken müssen täglich in regelmäßigen Abständen gereinigt und kontrolliert werden. Der Reinigungsplan muss ausgehängt werden.
Möglichkeiten zum Kauf und Verzehr von Lebensmitteln und Getränken	– Snacks und Getränke müssen rund um die Uhr zum Kauf erhältlich sein.
	– Ein Speisebereich für Fahrer muss zur Verfügung stehen.
Kommunikationsverbindungen	– Eine Internetverbindung muss kostenlos verfügbar sein.
Stromversorgung	– Steckdosen für den persönlichen Gebrauch müssen zur Verfügung stehen.
	– Bis spätestens 31. Dezember 2026 müssen vor Ort Stromversorgungseinrichtungen für Kühlwagen zur Verfügung stehen.
Kontaktstellen und Verfahren für Notfälle	– Eine klare Beschilderung ist erforderlich, um den sicheren Verkehr in der Parkeinrichtung zu gewährleisten.
	– Notfallkontakte müssen in der Parkeinrichtung zumindest in der Landessprache und in englischer Sprache ausgehängt werden. Sie müssen durch leicht verständliche Piktogramme ergänzt werden.

B. **Sicherheitsniveaus**

1. Sichere und gesicherte Parkflächen, die nach Unionsnormen zertifiziert sind, müssen die Kriterien eines der in den Tabellen 2 bis 5 beschriebenen Sicherheitsniveaus erfüllen.
2. Sichere und gesicherte Parkflächen müssen gewährleisten, dass die unter den einzelnen Sicherheitsniveaus aufgeführten Ausrüstungen und Verfahren voll funktionsfähig sind.
3. Die in dieser Verordnung festgelegten Normen lassen die nationalen Rechtsvorschriften über die Aufgaben unberührt, die von lizenziertem und geschultem internen oder externen Sicherheitspersonal wahrgenommen werden müssen. Das gesamte Sicherheitspersonal muss auch eine angemessene Schulung erhalten haben, wenn dies in den nationalen Rechtsvorschriften vorgeschrieben ist.
4. Die Fristen für die Speicherung von Daten, die über Videoüberwachung (CCTV) erhoben werden, lassen nationales Recht oder Rechtsvorschriften der Union in diesem Bereich unberührt. Sie gelten für alle verbindlichen und freiwilligen Anforderungen im Rahmen der vorliegenden Normen.
5. Die in den verschiedenen Sicherheitsniveaus angegebenen Beleuchtungsstärken (Lux) sind Durchschnittswerte.

EU-RECHTSAKTE: VO 561/2006, VO 165/2014, VO 2022/1012, Einheitsformulare, RL Mindestbedingungen

14/1a. EWG/EG
VO 1012/2022

6. Unbeschadet der nationalen Rechtsvorschriften, in denen zusätzliche Schulungsanforderungen festgelegt sind, stellen die Betreiber sicherer und gesicherter Parkflächen sicher, dass ihr auf oder außerhalb von sicheren und gesicherten Parkflächen tätiges Personal sowie der Parkplatzmanager an einer Schulung zu den Unionsnormen für sichere und gesicherte Parkflächen teilnehmen. Neues Personal muss diese Schulung innerhalb von sechs Monaten nach Dienstantritt absolvieren. Die Schulung erstreckt sich auf folgende Themen:
   - Schulung und Überwachung des Personals;
   - Management von Störungen;
   - Kontrolle und Überwachung;
   - Technologie.

7. Auf sicheren und gesicherten Parkflächen muss vor Ort für die Nutzer angezeigt werden, wie sie eine Beschwerde bei der zuständigen Zertifizierungsstelle einreichen können.

a. *Niveau „Bronze"*

Tabelle 2

	NIVEAU „BRONZE"
Gelände	– Das Gelände der sicheren und gesicherten Parkfläche muss durch eine visuelle Abschreckung gesichert werden. Die visuelle Abschreckung muss am Boden angebracht sein und anzeigen, dass es sich um das Gelände der sicheren und gesicherten Parkfläche handelt und dass nur Güterfahrzeuge und berechtigte Fahrzeuge auf der Parkfläche abgestellt werden dürfen. – Das Gelände der sicheren und gesicherten Parkfläche muss mit 15 Lux beleuchtet sein. – Jegliche Vegetation um das Gelände der sicheren und gesicherten Parkfläche muss beschnitten werden, um eine gute Sicht zu gewährleisten.
Parkfläche	– Eine geeignete Beschilderung muss anzeigen, dass nur Güterfahrzeuge und berechtigte Fahrzeuge auf der Parkfläche abgestellt werden dürfen. – Physische Kontrollen oder Kontrollen per Fernüberwachung müssen mindestens alle 24 Stunden durchgeführt werden. – Jegliche Vegetation auf der Parkfläche muss beschnitten werden, um eine gute Sicht zu gewährleisten. – Alle Fahr- und Fußgängerspuren auf der Parkfläche müssen mit 15 Lux beleuchtet sein.
Einfahrt/Ausfahrt	– Die Ein- und Ausfahrten der sicheren und gesicherten Parkfläche müssen mit 25 Lux beleuchtet sein. – An allen Ein- und Ausfahrten der sicheren und gesicherten Parkfläche müssen Videoüberwachungssysteme (CCTV) installiert werden, die eine gute Bildqualität liefern. – Das CCTV-System muss über eine kontinuierliche digitale Mindestaufzeichnung (5 Bilder pro Sekunde) verfügen oder auf Bewegungserkennung mit Vor- und Nachaufzeichnung und Kameras mit echter Tag-/Nacht-HD-Auflösung von 720 Pixel basieren. – Der Betreiber einer sicheren und gesicherten Parkfläche muss einmal wöchentlich eine CCTV-Routinekontrolle durchführen, von der eine Aufzeichnung eine Woche lang aufbewahrt werden muss. Der Betreiber einer sicheren und gesicherten Parkfläche muss mindestens alle 48 Stunden eine Funktionskontrolle des CCTV-Systems durchführen. – Die CCTV-Daten müssen 30 Tage lang aufbewahrt werden, es sei denn, die geltenden nationalen oder EU-Rechtsvorschriften sehen eine kürzere Speicherfrist vor. In diesem Fall gilt die längste gesetzlich zulässige Speicherfrist. – Die sichere und gesicherte Parkfläche muss über eine CCTV-Garantie und eine Dienstgütevereinbarung verfügen oder eigene Wartungskapazitäten nachweisen.

14/1a. EWG/EG

VO 1012/2022

	Die CCTV-Systeme auf der sicheren und gesicherten Parkfläche müssen stets von qualifizierten Technikern betrieben werden.
Personalverfahren	– Auf der Grundlage einer jährlichen Risikobewertung und unbeschadet nationaler Rechtsvorschriften, in denen zusätzliche Anforderungen festgelegt werden, muss ein Sicherheitsplan erstellt werden, der alle Aspekte von der Risikoprävention und -minderung bis zur Reaktion in Zusammenarbeit mit den Strafverfolgungsbehörden umfasst. – Der Betreiber der sicheren und gesicherten Parkfläche muss eine Person benennen, die bei Störungen für die Personalverfahren zuständig ist. Das Personal der sicheren und gesicherten Parkfläche muss jederzeit Zugang zu einem vollständigen Verzeichnis der örtlichen Strafverfolgungsbehörden haben. – Ein Verfahren muss für den Fall vorgesehen werden, dass nicht berechtigte Fahrzeuge auf einer sicheren und gesicherten Parkfläche abgestellt werden. Dieses Verfahren muss auf der sicheren und gesicherten Parkfläche deutlich sichtbar angezeigt werden. – Die Meldung von Störungen und Straftaten an das Personal und die Polizei muss dadurch erleichtert werden, dass auf der sicheren und gesicherten Parkfläche ein klares Verfahren angezeigt wird.

b. *Niveau „Silber"*

Tabelle 3

NIVEAU „SILBER"	
Gelände	– Das Gelände der sicheren und gesicherten Parkfläche muss mindestens durch eine physische Abschreckung gesichert sein, die die Durchfahrt behindert und den Zugang zu bzw. das Verlassen der sicheren und gesicherten Parkfläche nur über die festgelegten Ein- und Ausfahrten ermöglicht. Das Gelände der sicheren und gesicherten Parkfläche muss durch eine kontinuierliche Videoüberwachung und -aufzeichnung sowie eine visuelle Abschreckung gesichert werden. – Das CCTV-System muss über eine kontinuierliche digitale Mindestaufzeichnung (5 Bilder pro Sekunde) verfügen oder auf Bewegungserkennung mit Vor- und Nachaufzeichnung und Kameras mit echter Tag-/Nacht-HD-Auflösung von 720 Pixel basieren. – Der Betreiber einer sicheren und gesicherten Parkfläche muss alle 72 Stunden eine CCTV-Routinekontrolle durchführen, von der eine Aufzeichnung eine Woche lang aufbewahrt werden muss. – Der Betreiber einer sicheren und gesicherten Parkfläche muss mindestens alle 48 Stunden eine Funktionskontrolle des CCTV-Systems durchführen. – Die CCTV-Daten müssen 30 Tage lang aufbewahrt werden, es sei denn, die geltenden nationalen oder EU-Rechtsvorschriften sehen eine kürzere Speicherfrist vor. In diesem Fall gilt die längste gesetzlich zulässige Speicherfrist. – Die sichere und gesicherte Parkfläche muss über eine CCTV-Garantie und eine Dienstgütevereinbarung verfügen oder eigene Wartungskapazitäten nachweisen. Die CCTV-Systeme auf der sicheren und gesicherten Parkflächen müssen stets von qualifizierten Technikern betrieben werden. – Das Gelände der sicheren und gesicherten Parkfläche muss mit 20 Lux beleuchtet sein. – Jegliche Vegetation um das Gelände der sicheren und gesicherten Parkfläche muss beschnitten werden, um eine gute Sicht zu gewährleisten.
Parkfläche	– Eine geeignete Beschilderung muss anzeigen, dass nur Güterfahrzeuge und berechtigte Fahrzeuge auf der Parkfläche abgestellt werden dürfen. – Physische Kontrollen oder Kontrollen per Fernüberwachung müssen innerhalb eines 24-Stunden-Zeitraums mindestens zweimal und mindestens einmal am Tag und einmal während der Nacht durchgeführt werden.

EU-RECHTSAKTE: VO 561/2006, VO 165/2014, VO 2022/1012, Einheitsformulare, RL Mindestbedingungen

Einfahrt/Ausfahrt	– Alle Fahr- und Fußgängerspuren auf der Parkfläche müssen mit 15 Lux beleuchtet sein. – Jegliche Vegetation auf der Parkfläche muss beschnitten werden, um eine gute Sicht zu gewährleisten.
Einfahrt/Ausfahrt	– Die Ein- und Ausfahrten der sicheren und gesicherten Parkfläche müssen mit 25 Lux beleuchtet und mit Absperrungen gesichert sein. Diese Absperrungen müssen mit einem Sprechfunksystem und einem Parkscheinsystem ausgestattet sein. – An allen Ein- und Ausfahrten der sicheren und gesicherten Parkfläche müssen Videoüberwachungssysteme (CCTV) installiert werden, die eine gute Bildqualität liefern. Die im Abschnitt „Gelände" für dieses Sicherheitsniveau aufgeführten Anforderungen an CCTV gelten auch für die Videoüberwachung an den Ein- und Ausfahrten.
Personalverfahren	– Auf der Grundlage einer jährlichen Risikobewertung und unbeschadet nationaler Rechtsvorschriften, in denen zusätzliche Anforderungen festgelegt werden, muss ein Sicherheitsplan erstellt werden, um zu prüfen, welchen besonderen Risiken die sichere und gesicherte Parkfläche aufgrund von Faktoren wie Standort, Art der Nutzer, Verkehrssicherheitsbedingungen, Kriminalitätsraten und allgemeinen Sicherheitserwägungen ausgesetzt ist. – Der Betreiber der sicheren und gesicherten Parkfläche muss eine Person benennen, die bei Störungen für die Personalverfahren zuständig ist. Das Personal der sicheren und gesicherten Parkfläche muss jederzeit Zugang zu einem vollständigen Verzeichnis der örtlichen Strafverfolgungsbehörden haben. – Ein Verfahren muss für den Fall vorgesehen werden, dass nicht berechtigte Fahrzeuge auf einer sicheren und gesicherten Parkfläche abgestellt werden. Dieses Verfahren muss auf der sicheren und gesicherten Parkfläche deutlich sichtbar angezeigt werden. – Die Meldung von Störungen und Straftaten an das Personal und die Polizei muss dadurch erleichtert werden, dass auf der sicheren und gesicherten Parkfläche ein klares Verfahren angezeigt wird. – Unterstützung für die Nutzer muss rund um die Uhr zur Verfügung stehen.

c. *Niveau „Gold"*

Tabelle 4

NIVEAU „GOLD"	
Gelände	– Das Gelände der sicheren und gesicherten Parkfläche muss durch eine physische Absperrung von mindestens 1,80 Metern Höhe gesichert sein. Zwischen der Absperrung und der Parkfläche muss sich ein freier Bereich von 1 Meter befinden. – Es müssen Maßnahmen getroffen werden, um die unbeabsichtigte Beschädigung der Absperrung zu verhindern. – Das Gelände der sicheren und gesicherten Parkfläche muss mit 25 Lux beleuchtet sein. – Das gesamte Gelände der sicheren und gesicherten Parkfläche muss kontinuierlich und lückenlos videoüberwacht werden. – Das CCTV-System muss über eine kontinuierliche Mindestaufzeichnung (5 Bilder pro Sekunde) verfügen oder auf Bewegungserkennung mit Vor- und Nachaufzeichnung und Kameras mit echter Tag-/Nacht-HD-Auflösung von 720 Pixel basieren. – Der Betreiber einer sicheren und gesicherten Parkfläche muss alle 48 Stunden eine CCTV-Routinekontrolle durchführen, von der eine Aufzeichnung eine Woche lang aufbewahrt werden muss. – Der Betreiber einer sicheren und gesicherten Parkfläche muss mindestens alle 24 Stunden eine Funktionskontrolle des CCTV-Systems durchführen.

	–	Die CCTV-Daten müssen 30 Tage lang aufbewahrt werden, es sei denn, die geltenden nationalen oder EU-Rechtsvorschriften sehen eine kürzere Speicherfrist vor. In diesem Fall gilt die längstmögliche gesetzlich zulässige Speicherfrist.
	–	Die sichere und gesicherte Parkfläche muss über eine CCTV-Garantie oder eine Dienstgütevereinbarung mit mindestens einem Wartungsbesuch durch eine qualifizierte spezialisierte Organisation pro Jahr verfügen oder eigene Wartungskapazitäten nachweisen. Die CCTV-Systeme auf der sicheren und gesicherten Parkfläche müssen stets von qualifizierten Technikern betrieben werden.
	–	Die CCTV- und Zugangsereignisse müssen über eine gemeinsame Notierungssoftware synchronisiert werden.
	–	Bei Ausfall eines Netzwerks müssen alle CCTV- und Zugangsereignisse lokal gespeichert und hochgeladen werden, sobald die Verbindungen zum zentralen Registrierungsgerät wiederhergestellt sind.
	–	Jegliche Vegetation um das Gelände der sicheren und gesicherten Parkfläche muss beschnitten werden, um eine gute Sicht zu gewährleisten.
Parkfläche	–	Eine geeignete Beschilderung muss anzeigen, dass nur Güterfahrzeuge und berechtigte Fahrzeuge auf der Parkfläche abgestellt werden dürfen.
	–	Physische Kontrollen oder Kontrollen per Fernüberwachung müssen innerhalb eines 24-Stunden-Zeitraums mindestens zweimal und mindestens einmal am Tag und einmal während der Nacht durchgeführt werden.
	–	Die Fahrspuren der Parkfläche und die Fußgängerspuren müssen gekennzeichnet und mit 15 Lux beleuchtet sein.
	–	Jegliche Vegetation auf der Parkfläche muss beschnitten werden, um eine gute Sicht zu gewährleisten.
Einfahrt/Ausfahrt	–	Die Ein- und Ausfahrten der sicheren und gesicherten Parkfläche müssen mit 25 Lux beleuchtet und mit Absperrungen mit Unterkriech- und Überkletterschutz sowie Lichtsignalen gesichert sein.
	–	An allen Ein- und Ausfahrten der sicheren und gesicherten Parkfläche müssen Videoüberwachungssysteme (CCTV) installiert werden, die eine gute Bildqualität liefern. Die Ein- und Ausfahrten müssen mit Technologie zur Kennzeichenerfassung ausgestattet sein. Aufzeichnungen über ein- und ausfahrende Fahrzeuge müssen gemäß den geltenden nationalen oder EU-Rechtsvorschriften gespeichert werden.
	–	Die Ein- und Ausfahrten der sicheren und gesicherten Parkfläche müssen durch Mechanismen zur Verhinderung und Erkennung des Eindringens gesichert werden, z. B. Drehkreuze für Fußgänger mit einer Höhe von mindestens 1,80 Metern. Eingänge von Dienstleistungsbereichen wie Toiletten, Restaurants und Läden müssen mit Drehsperren ausgestattet sein, wenn ein direkter Zugang zwischen der Parkfläche und diesen Dienstleistungsbereichen besteht.
Personalverfahren	–	Auf der Grundlage einer jährlichen Risikobewertung und unbeschadet nationaler Rechtsvorschriften, in denen zusätzliche Anforderungen festgelegt werden, muss ein Sicherheitsplan erstellt werden, um zu prüfen, welchen besonderen Risiken die sichere und gesicherte Parkfläche aufgrund von Faktoren wie Standort, Art der Kunden, Verkehrssicherheitsbedingungen, Kriminalitätsraten und allgemeinen Sicherheitserwägungen ausgesetzt ist.
	–	Auf der Grundlage einer jährlichen Risikobewertung und unbeschadet nationaler Rechtsvorschriften, in denen zusätzliche Anforderungen festgelegt werden, muss ein Notfallplan erstellt werden. Er muss detaillierte Maßnahmen zur Reaktion auf Störungen und zur Aufrechterhaltung kritischer Tätigkeiten während einer Störung enthalten. Die Verwaltung der sicheren und gesicherten Parkfläche muss die Durchführung dieser Maßnahmen nachweisen können.
	–	Ein Verfahren muss für den Fall vorgesehen werden, dass nicht berechtigte Fahrzeuge auf einer sicheren und gesicherten Parkfläche abgestellt werden.

14/1a. EWG/EG
VO 1012/2022

	Dieses Verfahren muss auf der sicheren und gesicherten Parkfläche deutlich sichtbar angezeigt werden. – Unterstützung für die Nutzer muss rund um die Uhr zur Verfügung stehen. – Die Meldung von Störungen und Straftaten an das Personal und die Polizei muss dadurch erleichtert werden, dass auf der sicheren und gesicherten Parkfläche ein klares Verfahren angezeigt wird. – Eine für die Personalverfahren zuständige Person muss benannt werden. – Das Parkflächenverwaltungssystem muss für die DATEX-II-Datenübertragung vorbereitet werden.

d. *Niveau „Platin"*

Tabelle 5

	NIVEAU „PLATIN"
Gelände	– Das Gelände der sicheren und gesicherten Parkfläche muss durch eine durchgehende Absperrung von mindestens 1,80 Metern Höhe mit Vorrichtungen zur Verhinderung des Überkletterns gesichert werden. Zwischen der Absperrung und der Parkfläche muss sich ein freier Bereich von 1 Meter befinden. – Es müssen Maßnahmen getroffen werden, um die absichtliche und die unbeabsichtigte Beschädigung der Absperrung zu verhindern. – Das Gelände der sicheren und gesicherten Parkfläche muss mit 25 Lux beleuchtet sein. – Das gesamte Gelände der sicheren und gesicherten Parkfläche muss kontinuierlich und lückenlos videoüberwacht werden. – Das CCTV-System muss über eine kontinuierliche digitale Mindestaufzeichnung (5 Bilder pro Sekunde) verfügen oder auf Bewegungserkennung mit Vor- und Nachaufzeichnung und Kameras mit echter Tag-/Nacht-HD-Auflösung von 720 Pixel basieren. – Der Betreiber einer sicheren und gesicherten Parkfläche muss alle 48 Stunden eine CCTV-Routinekontrolle durchführen, von der eine Aufzeichnung eine Woche lang aufbewahrt werden muss. – Der Betreiber einer sicheren und gesicherten Parkfläche muss mindestens alle 24 Stunden eine Funktionskontrolle des CCTV-Systems durchführen. – Die CCTV-Daten müssen 30 Tage lang aufbewahrt werden, es sei denn, die geltenden nationalen oder EU-Rechtsvorschriften sehen eine kürzere Speicherfrist vor. In diesem Fall gilt die längstmögliche gesetzlich zulässige Speicherfrist. – Die sichere und gesicherte Parkfläche muss über eine CCTV-Garantie oder eine Dienstgütevereinbarung mit mindestens zwei Wartungsterminen durch eine qualifizierte spezialisierte Organisation pro Jahr verfügen oder eigene Wartungskapazitäten nachweisen. Die CCTV-Systeme auf der sicheren und gesicherten Parkfläche müssen stets von qualifizierten Technikern betrieben werden. – Die CCTV- und Zugangsereignisse müssen über eine gemeinsame Notierungssoftware synchronisiert werden. – Die CCTV-Sicherheitsereignisse auf der Parkfläche müssen von Personal mit webbasierten Clients überprüft werden. Bei Ausfall eines Netzwerks müssen alle CCTV- und Zugangsereignisse lokal gespeichert und hochgeladen werden, sobald die Verbindungen zum zentralen Registrierungsgerät wiederhergestellt sind. – Videoüberwachungsbilder müssen rund um die Uhr von einer externen Überwachungs- und Alarmempfangszentrale fernüberwacht werden, es sei denn, Sicherheitspersonal befindet sich vor Ort.

14/1a. EWG/EG
VO 1012/2022

	– Das CCTV-System muss bei Eindringen und Überklettern Alarm auslösen und zwar durch Audio- oder Lichtsignale auf dem Parkplatz sowie in Überwachungs- und Alarmempfangszentralen.
	– Jegliche Vegetation um das Gelände der sicheren und gesicherten Parkfläche muss beschnitten werden, um eine gute Sicht zu gewährleisten.
Parkfläche	– Eine geeignete Beschilderung muss anzeigen, dass nur Güterfahrzeuge und berechtigte Fahrzeuge auf der Parkfläche abgestellt werden dürfen.
	– Die Fahrspuren der Parkfläche und die Fußgängerspuren müssen gekennzeichnet und mit 15 Lux beleuchtet sein.
	– Jegliche Vegetation auf der Parkfläche muss beschnitten werden, um eine gute Sicht zu gewährleisten.
	– Rund um die Uhr muss Personal anwesend sein oder der Standort videoüberwacht werden.
	– Die im Abschnitt „Gelände" für dieses Sicherheitsniveau aufgeführten Anforderungen an CCTV gelten auch für die Videoüberwachung auf der Parkfläche.
Einfahrt/Ausfahrt	– Die Ein- und Ausfahrten der sicheren und gesicherten Parkfläche müssen mit 25 Lux beleuchtet und mit Toren mit Unterkriech- und Überkletterschutz oder Absperrungen mit Unterkriech- und Überkletterschutz, ergänzt durch Poller, gesichert sein.
	– An allen Ein- und Ausfahrten der sicheren und gesicherten Parkfläche müssen Videoüberwachungssysteme (CCTV) installiert werden, die eine gute Bildqualität liefern. Ein- und Ausfahrten sowie Fußgängerein- und -ausgänge müssen in Echtzeit überwacht werden.
	– Die im Abschnitt „Gelände" für dieses Sicherheitsniveau aufgeführten Anforderungen an CCTV gelten auch für die Videoüberwachung an den Ein- und Ausfahrten.
	– Die Ein- und Ausfahrten der sicheren und gesicherten Parkfläche müssen durch Mechanismen zur Verhinderung und Erkennung des Eindringens gesichert werden, z. B. Drehkreuze für Fußgänger mit einer Höhe von mindestens 1,80 Metern. Eingänge von Dienstleistungsbereichen wie Toiletten, Restaurants und Läden müssen mit Drehsperren ausgestattet sein, wenn ein direkter Zugang zwischen der Parkfläche und diesen Dienstleistungsbereichen besteht.
	– Die Ein- und Ausfahrten der sicheren und gesicherten Parkfläche müssen mit Technologie zur Kennzeichenerfassung ausgestattet sein. Beim Verlassen der sicheren und gesicherten Parkfläche muss das Sicherheitspersonal prüfen, ob das Kennzeichen mit der Kennung des Ein- und Ausfahrtsystems (z. B. Parkscheine, RFID-Lesegeräte oder QR-Codes) übereinstimmt. Aufzeichnungen über ein- und ausfahrende Fahrzeuge müssen gemäß den geltenden nationalen oder EU-Rechtsvorschriften gespeichert werden.
	– Die Ein- und Ausfahrten der sicheren und gesicherten Parkfläche müssen durch ein zweistufiges Überprüfungssystem gesichert werden, das die Kontrolle des Kennzeichens und ein zusätzliches, von der sicheren und gesicherten Parkfläche gewähltes Verfahren umfasst, das die Identifizierung und Überprüfung der Fahrer, der Begleitpersonen eines Fahrers und jeder anderen befugten Person bei der Einfahrt in die Parkfläche ermöglicht.
	– Etwaige Torhäuser müssen einem Angriff von außen standhalten können und u. a. über einen Schließmechanismus für seine Türen verfügen.
Personalverfahren	– Auf der Grundlage einer jährlichen Risikobewertung und unbeschadet nationaler Rechtsvorschriften, in denen zusätzliche Anforderungen festgelegt werden, muss ein Sicherheitsplan erstellt werden, um zu prüfen, welchen besonderen Risiken die sichere und gesicherte Parkfläche aufgrund von Faktoren wie Standort, Art der Kunden, Verkehrssicherheitsbedingungen, Kriminalitätsraten und allgemeinen Sicherheitserwägungen ausgesetzt ist.
	– Auf der Grundlage einer jährlichen Risikobewertung und unbeschadet nationaler Rechtsvorschriften, in denen zusätzliche Anforderungen festgelegt werden,

muss ein Notfallplan erstellt werden. Er muss detaillierte Maßnahmen zur Reaktion auf Störungen und zur Aufrechterhaltung kritischer Tätigkeiten während einer Störung enthalten. Die Verwaltung der sicheren und gesicherten Parkfläche muss die Durchführung dieser Maßnahmen nachweisen können.

– Ein Verfahren muss für den Fall vorgesehen werden, dass nicht berechtigte Fahrzeuge auf einer sicheren und gesicherten Parkfläche abgestellt werden. Dieses Verfahren muss auf der sicheren und gesicherten Parkfläche deutlich sichtbar angezeigt werden.

– Unterstützung für die Nutzer muss rund um die Uhr zur Verfügung stehen.

– Die Meldung von Störungen und Straftaten an das Sicherheitspersonal und die Polizei muss dadurch erleichtert werden, dass auf der sicheren und gesicherten Parkfläche ein klares Verfahren angezeigt wird.

– Eine für die Personalverfahren zuständige Person muss benannt werden.

– Ein technisches Benutzerhandbuch muss verwendet werden.

– Verfahren für das Verhalten im Alarmfall müssen vorgesehen werden.

– Das Parkflächenverwaltungssystem muss für die DATEX-II-Datenübertragung vorbereitet werden.

– Eine sichere Vorreservierung über Telefon, Kontaktformulare, E-Mails, Apps oder Buchungsplattformen muss möglich sein. Wenn die Vorreservierung über Apps oder ähnliche Buchungssysteme angeboten wird, muss die Datenübertragung in Echtzeit erfolgen.

14/1a. **EWG/EG**
VO 1012/2022

ANHANG II

ZERTIFIZIERUNGSNORMEN UND -VERFAHREN

A. Zertifizierungsstellen und Schulung von Auditoren

1. Nur Zertifizierungsstellen und Auditoren, die die Anforderungen dieses Anhangs erfüllen, sind berechtigt, die Zertifizierung sicherer und gesicherter Parkflächen gemäß Artikel 8a Absatz 1 der Verordnung (EG) Nr. 561/2006 durchzuführen.
2. Zertifizierungsstellen, deren Auditoren Audits zur Zertifizierung sicherer und gesicherter Parkflächen gemäß den Normen in Anhang I durchführen, müssen über eine Gruppenakkreditierung gemäß ISO 17021 verfügen.
3. Auditoren, die Zertifizierungsaudits durchführen, um sichere und gesicherte Parkflächen nach den in Anhang I festgelegten Normen zu zertifizieren, müssen in einem Vertragsverhältnis mit der Zertifizierungsstelle stehen.
4. Gemäß ISO 17021 müssen die Zertifizierungsstellen sicherstellen, dass die Auditoren, die Audits durchführen, um sichere und gesicherte Parkflächen zu zertifizieren, angemessen geschult sind.
5. Die Auditoren von Zertifizierungsstellen müssen eine Auditorenschulung zu der neuesten Fassung der in Anhang I aufgeführten Normen, die einen theoretischen und einen praktischen Teil umfasst, erfolgreich absolviert haben.
6. Die Auditoren von Zertifizierungsstellen müssen über gute Kenntnisse der englischen Sprache sowie über Kenntnisse der jeweiligen Landessprache des Mitgliedstaats verfügen, in dem sie das Audit durchführen.
7. Zertifizierungsstellen, die sichere und gesicherte Parkflächen zertifizieren wollen, müssen der Kommission die Unterlagen übermitteln, die belegen, dass sie alle Anforderungen dieses Abschnitts erfüllen. Erfüllt die Zertifizierungsstelle alle in diesem Abschnitt festgelegten Kriterien, so werden Name und Kontaktdaten dieser Zertifizierungsstelle auf der in Artikel 8a Absatz 1 der Verordnung (EG) Nr. 561/2006 genannten amtlichen Internetseite veröffentlicht.

B. Verfahren für Zertifizierungsaudits, unangekündigte Audits und den Widerruf des Zertifikats für die sichere und gesicherte Parkfläche

1. Zertifizierungsaudits sicherer und gesicherter Parkflächen müssen physisch stattfinden. Parkflächenbetreiber, die eine Parkfläche gemäß den in Anhang I aufgeführten Unionsnormen zertifizieren lassen wollen, müssen bei einer Zertifizierungsstelle die Durchführung eines Zertifizierungsaudits an ihrem Standort beantragen.
2. Betreiber sicherer und gesicherter Parkflächen, die die Zertifizierung erneuern möchten, müssen drei Monate vor Ablauf der Gültigkeitsdauer des Zertifikats bei der Zertifizierungsstelle ihrer Wahl ein erneutes Audit beantragen. Die Durchführung des erneuten Zertifizierungsaudits und die Mitteilung der Ergebnisse an den Parkplatzbetreiber müssen vor Ablauf der Gültigkeit des aktuellen Zertifikats erfolgen.
3. Ist die Zertifizierungsstelle aufgrund außergewöhnlicher Umstände, die weder von der Zertifizierungsstelle noch vom Betreiber der sicheren und gesicherten Parkfläche vorhergesehen werden konnten, nicht in der Lage, das beantragte erneute Zertifizierungsaudit durchzuführen, so kann die Zertifizierungsstelle beschließen, die Gültigkeit des aktuellen Zertifikats um bis zu sechs Monate zu verlängern. Eine solche Verlängerung kann nur einmal erfolgen.

   Die Zertifizierungsstelle teilt der Kommission die Gründe für eine solche Verlängerung mit und die einschlägigen Informationen werden auf der einheitlichen amtlichen Internetseite gemäß Artikel 8a Absatz 1 der Verordnung (EG) Nr. 561/2006 veröffentlicht.
4. Während der Gültigkeitsdauer des Zertifikats für die sichere und gesicherte Parkfläche führt die zuständige Zertifizierungsstelle mindestens ein unangekündigtes Audit der in Anhang I festgelegten Normen durch.
5. Die Zertifizierungsstelle unterrichtet den Betreiber der sicheren und gesicherten Parkfläche unverzüglich über die Ergebnisse der erneuten Zertifizierungsaudits und der unangekündigten Audits.
6. Stellt die Zertifizierungsstelle nach einem erneuten Zertifizierungsaudit oder einem unangekündigten Audit fest, dass die sichere und gesicherte Parkfläche eine oder mehrere Anforderungen des Zertifikats nicht mehr erfüllt, so teilt sie dem Betreiber die Einzelheiten der festgestellten

Mängel mit und schlägt Abhilfemaßnahmen vor. Die Zertifizierungsstelle gestattet dem Betreiber, diese Mängel innerhalb einer vom Auditor unter Berücksichtigung der Schwere des festgestellten Verstoßes festgesetzten Frist zu beheben. Der Betreiber unterrichtet die Zertifizierungsstelle über die zur Behebung dieser Mängel ergriffenen Maßnahmen und legt alle erforderlichen Einzelheiten vor Ablauf der Frist vor.

7. Die Zertifizierungsstelle nimmt die Bewertung der vom Betreiber ergriffenen Abhilfemaßnahmen innerhalb von vier Wochen vor. Stellt sie fest, dass die sichere und gesicherte Parkfläche alle in Anhang I festgelegten Mindestdienstleistungsanforderungen und alle vom Zertifikat erfassten Sicherheitsanforderungen erfüllt, so wird ein neues Auditzertifikat für das beantragte Niveau ausgestellt. Im Falle eines unangekündigten Audits gilt dasselbe Auditzertifikat bis zum Ablauf seiner Gültigkeitsdauer.

8. Stellt die Zertifizierungsstelle fest, dass die sichere und gesicherte Parkfläche alle in Anhang I festgelegten Mindestdienstleistungsanforderungen und die Sicherheitsanforderungen eines anderen Niveaus als des vom bestehenden Zertifikat erfassten erfüllt, so muss ein neues Auditzertifikat für das entsprechende Sicherheitsniveau ausgestellt werden. Im Falle eines unangekündigten Audits wird ein neues Auditzertifikat über das entsprechende Sicherheitsniveau ausgestellt, das dasselbe Ablaufdatum wie das ersetzte Auditzertifikat hat.

9. Stellt die Zertifizierungsstelle nach einem erneuten Zertifizierungsaudit oder einem unangekündigten Audit und der Bewertung etwaiger nachfolgender Abhilfemaßnahmen fest, dass die sichere und gesicherte Parkfläche nicht die Mindestdienstleistungsanforderungen erfüllt bzw. eine oder mehrere Sicherheitsanforderungen des bestehenden Zertifikats nicht erfüllt, so widerruft die Zertifizierungsstelle das Zertifikat. Die Zertifizierungsstelle unterrichtet unverzüglich den Betreiber, der dafür verantwortlich ist, jeden Verweis auf die Unionsnormen für sichere und gesicherte Parkflächen an seinem Standort zu entfernen.

10. Der Betreiber der sicheren und gesicherten Parkfläche hat die Möglichkeit, gemäß der ISO-Norm 17021 bei der Zertifizierungsstelle, die das Audit durchgeführt hat, Widerspruch einzulegen, wenn er mit dem Ergebnis des Audits nicht einverstanden ist. Nach Prüfung des Widerspruchs kann die Zertifizierungsstelle beschließen, das Auditzertifikat nicht zu widerrufen oder ein neues Auditzertifikat für ein anderes Sicherheitsniveau auszustellen.

C. Anforderungen, die die Zertifizierungsstellen nach dem Audit erfüllen müssen, und Bereitstellung von Informationen

1. Nach dem erfolgreichen Zertifizierungsaudit oder erneuten Zertifizierungsaudit stellt die Zertifizierungsstelle dem Betreiber der Parkfläche das Auditzertifikat unverzüglich aus und übermittelt dem Betreiber der zertifizierten sicheren und gesicherten Parkfläche und der Kommission unverzüglich eine Kopie. Ferner unterrichtet sie die Kommission, wenn Auditzertifikate widerrufen wurden oder wenn sich das Sicherheitsniveau sicherer und gesicherter Parkflächen nach einem Audit geändert hat. Das Auditzertifikat hat eine Gültigkeitsdauer von drei Jahren.

2. Gemäß Artikel 8a Absatz 1 der Verordnung (EG) Nr. 561/2006 stellt die Kommission sicher, dass die einschlägigen Informationen über sichere und gesicherte Parkflächen, die nach den Normen in Anhang I der vorliegenden Verordnung zertifiziert sind, auf der einheitlichen amtlichen Internetseite verfügbar und auf dem neuesten Stand sind.

3. Die Zertifizierungsstellen richten einen Online-Beschwerdemechanismus für die Nutzer sicherer und gesicherter Parkflächen ein.

4. Für die Zwecke des Artikels 8a Absatz 4 der Verordnung (EG) Nr. 561/2006 arbeiten die Zertifizierungsstellen mit der Kommission beim Austausch von Informationen und Rückmeldungen zusammen, um gegebenenfalls Verbesserungen oder Klarstellungen der in Anhang I der vorliegenden Verordnung aufgeführten Normen vorzuschlagen.

14/2. EWG/EG
VO 165/2014

Verordnung (EU) Nr. 165/2014 des Europäischen Parlamentes und des Rates

ABl L 60 vom 28. 2. 2014, S. 1 idF

1 ABl L 93 vom 9. 4. 2015, S. 103 (Berichtigung)

2 ABl L 246 vom 23. 9. 2015, S. 11 (Berichtigung)
3 ABl L 249 vom 31. 7. 2020, S. 1

Verordnung (EU) Nr. 165/2014 des Europäischen Parlaments und des Rates vom 4. Februar 2014 über Fahrtenschreiber im Straßenverkehr, zur Aufhebung der Verordnung (EWG) Nr. 3821/85 des Rates über das Kontrollgerät im Straßenverkehr und zur Änderung der Verordnung (EG) Nr. 561/2006 des Europäischen Parlaments und des Rates zur Harmonisierung bestimmter Sozialvorschriften im Straßenverkehr

DAS EUROPÄISCHE PARLAMENT UND DER RAT DER EUROPÄISCHEN UNION –

gestützt auf den Vertrag über die Arbeitsweise der Europäischen Union, insbesondere auf Artikel 91,

auf Vorschlag der Europäischen Kommission,

nach Zuleitung des Entwurfs des Gesetzgebungsakts an die nationalen Parlamente,

nach Stellungnahme des Europäischen Wirtschafts- und Sozialausschusses[1],

nach Anhörung des Ausschusses der Regionen,

gemäß dem ordentlichen Gesetzgebungsverfahren[2],

in Erwägung nachstehender Gründe:

(1) Die Verordnung (EWG) Nr. 3821/85 des Rates[3] enthält Vorschriften über Bauart, Einbau, Benutzung und Prüfung von Fahrtenschreibern. Sie wurde mehrfach wesentlich geändert. Im Interesse einer größeren Klarheit ist es daher geboten, ihre hauptsächlichen Vorschriften zu vereinfachen und neu zu ordnen.

(2) Aufgrund der Erfahrungen sollten bestimmte technische Aspekte und Kontrollverfahren verbessert werden, um die Wirksamkeit und Effizienz des Fahrtenschreibersystems zu gewährleisten.

(3) Für bestimmte Kraftfahrzeuge gelten Ausnahmen von den Bestimmungen der Verordnung (EG) Nr. 561/2006 des Europäischen Parlaments und des Rates[4]. Zur Wahrung der Kohärenz sollte es möglich sein, solche Kraftfahrzeuge auch vom Anwendungsbereich der vorliegenden Verordnung auszunehmen.

(4) Fahrtenschreiber sollten in Fahrzeuge eingebaut werden, die von der Verordnung (EG) Nr. 561/2006 erfasst sind. Einige Fahrzeuge sollten im Interesse einer gewissen Flexibilität vom Anwendungsbereich der Verordnung (EG) Nr. 561/2006 ausgenommen werden, nämlich Fahrzeuge mit einer zulässigen Höchstmasse von nicht mehr als 7,5 t, die zur Beförderung von Material, Ausrüstungen oder Maschinen benutzt werden, die der Fahrer zur Ausübung seines Berufes benötigt, und die nur in einem Umkreis von 100 km vom Standort des Unternehmens und unter der Bedingung benutzt werden, dass das Lenken dieser Fahrzeuge für den Fahrer nicht die Haupttätigkeit darstellt. Zur Wahrung der Kohärenz zwischen den einschlägigen Ausnahmen gemäß der Verordnung (EG) Nr. 561/2006 und zur Verringerung der Verwaltungslasten der Verkehrsunternehmen sollten unter Beachtung der Ziele der genannten Verordnung einige der in diesen Ausnahmen festgelegten zulässigen Höchstentfernungen geändert werden.

(5) Die Kommission wird die Verlängerung der Dauer der Zulässigkeit von Adaptern für

---

[1] ABl. C 43 vom 15.2.2012, S. 79.
[2] Standpunkt des Europäischen Parlaments vom 3. Juli 2012 (ABl. C 349 E vom 29.11.2013, S. 105) und Standpunkt des Rates in erster Lesung vom 15. November 2013 (ABl. C 360 vom 10.12.2013, S. 66). Standpunkt des Europäischen Parlaments vom 15. Januar 2014 (noch nicht im Amtsblatt veröffentlicht).
[3] Verordnung (EWG) Nr. 3821/85 des Rates vom 20. Dezember 1985 über das Kontrollgerät im Straßenverkehr (ABl. L 370 vom 31.12.1985, S. 8).

[4] Verordnung (EG) Nr. 561/2006 des Europäischen Parlaments und des Rates vom 15. März 2006 zur Harmonisierung bestimmter Sozialvorschriften im Straßenverkehr und zur Änderung der Verordnungen (EWG) Nr. 3821/85 und (EG) Nr. 2135/98 des Rates sowie zur Aufhebung der Verordnung (EWG) Nr. 3820/85 des Rates (ABl. L 102 vom 11.4.2006, S. 1).

Fahrzeuge der Klassen M1 und N1 bis 2015 prüfen und vor dem Jahr 2015 weitere Überlegungen über eine langfristige Lösung für Fahrzeuge der Klassen M1 und N1 anstellen.

(6) Die Kommission sollte den Einbau von Gewichtssensoren in schweren Nutzfahrzeugen in Erwägung ziehen und sollte der Frage nachgehen, inwieweit Gewichtssensoren zu einer besseren Einhaltung der Straßenverkehrsvorschriften beitragen können.

(7) Die Verwendung von Fahrtenschreibern, die an ein globales Satellitennavigationssystem angebunden sind, ist ein geeignetes und kostengünstiges Mittel für die automatische Aufzeichnung des Standorts des Fahrzeugs an bestimmten Punkten während der täglichen Arbeitszeit zur Unterstützung der Kontrolleure bei ihren Kontrollen und sollte daher eingeführt werden.

(8) Der Gerichtshof hat in seinem Urteil in der Rechtssache C-394/92 *Michielsen und Geybels Transport Service*[5)] den Begriff „tägliche Arbeitszeit" definiert und die Kontrollbehörden sollten die Bestimmungen dieser Verordnung im Lichte dieser Definition auslegen. Die „tägliche Arbeitszeit" beginnt in dem Moment, in dem der Fahrer nach einer wöchentlichen oder täglichen Ruhezeit den Fahrtenschreiber in Gang setzt, oder, wenn eine tägliche Ruhezeit in Abschnitten genommen wird, am Ende der Ruhezeit, deren Dauer neun Stunden nicht unterschreitet. Sie endet zu Beginn einer täglichen Ruhezeit oder, wenn die tägliche Ruhezeit in Abschnitten genommen wird, zu Beginn einer Ruhezeit von mindestens neun zusammenhängenden Stunden.

(9) Die Richtlinie 2006/22/EG des Europäischen Parlaments und des Rates[6)] verpflichtet die Mitgliedstaaten zur Durchführung einer bestimmten Mindestzahl von Straßenkontrollen. Die Fernkommunikation zwischen dem Fahrtenschreiber und Kontrollbehörden zu Straßenkontrollzwecken erleichtert die Durchführung gezielter Straßenkontrollen; sie ermöglicht eine Verringerung der Verwaltungslasten, die durch stichprobenartige Überprüfungen der Verkehrsunternehmen entstehen, und sollte daher eingeführt werden.

(10) Intelligente Verkehrssysteme (im Folgenden „IVS") können dabei helfen, die Herausforderungen der europäischen Verkehrspolitik zu bewältigen, beispielsweise die Zunahme des Straßenverkehrsaufkommens und der Verkehrsstaus und den steigenden Energieverbrauch. Deshalb sollten in Fahrtenschreibern genormte Schnittstellen bereitgestellt werden, um die Interoperabilität mit IVS-Anwendungen zu gewährleisten.

(11) Priorität sollte die Entwicklung von Anwendungen erhalten, die den Fahrern helfen, die im Fahrtenschreiber aufgezeichneten Daten zu interpretieren, damit sie die Sozialvorschriften einhalten können.

(12) Die Sicherheit des Fahrtenschreibers und seines Systems ist eine wesentliche Voraussetzung dafür, dass vertrauenswürdige Daten generiert werden. Deshalb sollten die Hersteller den Fahrtenschreiber so konstruieren, erproben und über seinen gesamten Lebenszyklus ständig überprüfen, dass Sicherheitsschwachstellen vermieden, erkannt, und verringert werden.

(13) Die Praxiserprobung von Fahrtenschreibern, für die noch keine Typgenehmigung erteilt wurde, ermöglicht vor der breiten Einführung einen Test unter realen Anwendungsbedingungen, was auch schnellere Verbesserungen ermöglicht. Praxiserprobungen sollten daher unter der Voraussetzung erlaubt werden, dass die Teilnahme daran und die Einhaltung der Verordnung (EG) Nr. 561/2006 wirksam überwacht und kontrolliert wird.

(14) Da es sehr wichtig ist, ein Höchstmaß an Sicherheit aufrechtzuerhalten, sollten Sicherheitszertifikate von einer Zertifizierungsstelle ausgestellt werden, die vom Verwaltungsausschuss im Rahmen des „Mutual Recognition Agreement of Information Technology Security Evaluation Certificates" (Abkommen zur gegenseitigen Anerkennung von IT-Sicherheitszertifikaten) der Gruppe Hoher Beamter für Informationssicherheit (SOG-IS) anerkannt ist.
Im Rahmen der internationalen Beziehungen zu Drittländern sollte die Kommission eine Zertifizierungsstelle für die Zwecke dieser Verordnung nicht anerkennen, wenn die Stelle Bedingungen für die Sicherheitsevaluierung nicht erfüllt, die denen nach dem Abkommen zur gegenseitigen Anerkennung gleichwertig sind. Dabei sollte die Stellungnahme des Verwaltungsausschusses zugrunde gelegt werden.

(15) Den Einbaubetrieben und Werkstätten kommt bei der Gewährleistung der Sicherheit von Fahrtenschreibern eine wichtige Rolle zu. Daher

---

[5)] Slg. 1994 I, S. 2497.
[6)] *Richtlinie 2006/22/EG des Europäischen Parlaments und des Rates vom 15. März 2006 über Mindestbedingungen für die Durchführung der Verordnungen (EWG) Nr. 3820/85 und (EWG) Nr. 3821/85 des Rates über Sozialvorschriften für Tätigkeiten im Kraftverkehr sowie zur Aufhebung der Richtlinie 88/599/EWG des Rates (ABl. L 102 vom 11.4.2006, S. 35).*

sollten bestimmte Mindestanforderungen für ihre Zuverlässigkeit und für ihre Zulassung, und Überprüfung festgelegt werden. Darüber hinaus sollten die Mitgliedstaaten geeignete Maßnahmen ergreifen, damit Interessenkonflikte zwischen Einbaubetrieben oder Werkstätten und Verkehrsunternehmen vermieden werden. Durch diese Verordnung werden die Mitgliedstaaten in keiner Weise daran gehindert, für deren Zulassung, Kontrolle und Zertifizierung nach dem Verfahren der Verordnung (EG) Nr. 765/2008 des Europäischen Parlaments und des Rates[7] zu sorgen, sofern die Mindestkriterien der vorliegenden Verordnung erfüllt sind.

(16) Um eine wirksamere Prüfung und Kontrolle der Fahrerkarten zu ermöglichen und den Kontrolleuren die Wahrnehmung ihrer Aufgaben zu erleichtern, sollten nationale elektronische Register eingerichtet und Vorgaben für deren Vernetzung gemacht werden.

(17) Bei der Prüfung der Einzigkeit von Fahrerkarten sollten die Mitgliedstaaten die Verfahren anwenden, die in der Empfehlung 2010/19/EU der Kommission[8] genannt werden.

(18) Es sollte der Sonderfall berücksichtigt werden, dass ein Mitgliedstaat die Möglichkeit haben sollte, einem Fahrer, der seinen gewöhnlichen Wohnsitz nicht in einem Mitgliedstaat oder einem Staat hat, der Vertragspartei des Europäischen Übereinkommens über die Arbeit des im internationalen Straßenverkehr beschäftigten Fahrpersonals vom 1. Juli 1970 (im Folgenden „AETR-Übereinkommen") ist, eine befristete und nicht erneuerbare Fahrerkarte auszustellen. In diesen Fällen müssen die betreffenden Mitgliedstaaten die einschlägigen Bestimmungen dieser Verordnung uneingeschränkt anwenden.

(19) Die Mitgliedstaaten sollten auch dann Fahrerkarten für in ihrem Hoheitsgebiet ansässige Fahrer ausstellen können, wenn die Verträge für bestimmte Teile ihres Hoheitsgebiets nicht gelten. In diesen Fällen müssen die betreffenden Mitgliedstaaten die einschlägigen Bestimmungen dieser Verordnung uneingeschränkt anwenden.

(20) Veränderungen des Fahrtenschreibers und neue Manipulationstechniken stellen für die Kontrolleure eine ständige Herausforderung dar. Im Interesse einer wirksameren Kontrolle und einer stärkeren Harmonisierung der Kontrollansätze in der Europäischen Union sollte eine gemeinsame Methodik für die Grundausbildung und die Fortbildung der Kontrolleure festgelegt werden.

(21) Die Aufzeichnung von Daten durch den Fahrtenschreiber wie auch die Entwicklung von Technologien für die Aufzeichnung von Standortdaten, die Fernkommunikation und die Schnittstelle zu IVS führen zur Verarbeitung personenbezogener Daten. Daher sollten die einschlägigen Rechtsvorschriften der Union Anwendung finden, insbesondere die in der Richtlinie 95/46/EG des Europäischen Parlaments und des Rates[9] und der Richtlinie 2002/58/EG des Europäischen Parlaments und des Rates[10] festgelegten.

(22) Im Interesse eines unverfälschten Wettbewerbs bei der Entwicklung von Anwendungen für Fahrtenschreiber sollten Rechte des geistigen Eigentums und Patente bezüglich der Übertragung von Daten von und zu Fahrtenschreibern für jedermann unentgeltlich zur Verfügung stehen.

(23) Die im Rahmen der Kommunikation mit den Kontrollbehörden in den Mitgliedstaaten ausgetauschten Daten sollten gegebenenfalls den einschlägigen internationalen Normen entsprechen, wie der vom Europäischen Komitee für Normung verabschiedeten Normenserie für die dedizierte Kurzstreckenkommunikation.

(24) Um gleiche Wettbewerbsbedingungen im Verkehrsbinnenmarkt zu gewährleisten und um ein eindeutiges Signal an Fahrer und Verkehrsunternehmen zu richten, sollten die Mitgliedstaaten – unbeschadet des Subsidiaritätsprinzips – entsprechend den in der Richtlinie 2006/22/EG festgelegten Kategorien von Verstößen wirksame, verhältnismäßige, abschreckende und nicht diskriminierende Sanktionen vorsehen.

(25) Die Mitgliedstaaten sollten sicherstellen, dass die Auswahl der zu kontrollierenden Fahr-

---

[7] Verordnung (EG) Nr. 765/2008 des Europäischen Parlaments und des Rates vom 9. Juli 2008 über die Vorschriften für die Akkreditierung und Marktüberwachung im Zusammenhang mit der Vermarktung von Produkten und zur Aufhebung der Verordnung (EWG) Nr. 339/93 des Rates (ABl. L 218 vom 13.8.2008, S. 30).

[8] Empfehlung 2010/19/EU der Kommission vom 13. Januar 2010 für den sicheren elektronischen Datenaustausch zwischen den Mitgliedstaaten zur Überprüfung der Einzigkeit der von ihnen ausgestellten Fahrerkarten (ABl. L 9 vom 14.1.2010, S. 10).

[9] Richtlinie 95/46/EG des Europäischen Parlaments und des Rates vom 24. Oktober 1995 zum Schutz natürlicher Personen bei der Verarbeitung personenbezogener Daten und zum freien Datenverkehr (ABl. L 281 vom 23.11.1995, S. 31).

[10] Richtlinie 2002/58/EG des Europäischen Parlaments und des Rates vom 12. Juli 2002 über die Verarbeitung personenbezogener Daten und den Schutz der Privatsphäre in der elektronischen Kommunikation (ABl. L 201 vom 31.7.2002, S. 37).

zeuge ohne Diskriminierung aufgrund der Staatsangehörigkeit des Fahrers oder des Landes erfolgt, in dem das Nutzfahrzeug zugelassen ist oder in Betrieb genommen wurde.

(26) Im Interesse der klaren, wirksamen, verhältnismäßigen und einheitlichen Durchsetzung der Sozialvorschriften im Straßenverkehr sollten die Behörden der Mitgliedstaaten die Regeln einheitlich anwenden.

(27) Jeder Mitgliedstaat sollte der Kommission seine Erkenntnisse über das Angebot an betrügerischen Geräten oder Einrichtungen zur Manipulation von Fahrtenschreibern, darunter auch die Angebote im Internet, mitteilen und die Kommission sollte alle anderen Mitgliedstaaten entsprechend von diesen Erkenntnissen informieren.

(28) Die Kommission sollte auch weiterhin ihre Internet-Hotline betreiben, bei der Fahrer, Verkehrsunternehmen, Kontrollbehörden und zugelassene Einbaubetriebe, Werkstätten und Fahrzeughersteller ihre Fragen und Bedenken zum digitalen Fahrtenschreiber vorbringen können, etwa auch zu neuen Formen von Manipulation und Betrug.

(29) Durch die Anpassungen des AETR-Übereinkommens ist die Verwendung eines digitalen Fahrtenschreibers für Fahrzeuge obligatorisch geworden, die in Drittländern zugelassen sind, welche das AETR-Übereinkommen unterzeichnet haben. Da diese Länder direkt von den durch diese Verordnung eingeführten Änderungen am Fahrtenschreiber betroffen sind, sollten sie die Möglichkeit haben, sich an einem Dialog über technische Angelegenheiten, einschließlich des Systems für den Austausch von Informationen über Fahrerkarten und Werkstattkarten, zu beteiligen. Daher sollte ein Fahrtenschreiberforum eingerichtet werden.

(30) Um einheitliche Voraussetzungen für die Durchführung der vorliegenden Verordnung zu gewährleisten, sollten der Kommission Durchführungsbefugnisse für folgende Aspekte übertragen werden: Anforderungen, Anzeige- und Warnfunktionen und Typgenehmigung des Fahrtenschreibers sowie Einzelvorschriften für intelligente Fahrtenschreiber; Verfahren für Praxiserprobungen und dabei verwendete Kontrollformulare; Musterformular für die schriftliche Begründung für die Entfernung der Verplombung; erforderliche gemeinsame Verfahren und Spezifikationen für die Vernetzung der elektronischen Register; methodische Angaben zum Inhalt der Erstausbildung und der Weiterbildung von Kontrollbeamten. Diese Befugnisse sollten gemäß der Verordnung (EU) Nr. 182/2011 des Europäischen Parlaments und des Rates[11] ausgeübt werden.

(31) Die für die Zwecke der vorliegenden Verordnung erlassenen Durchführungsrechtsakte, die die Vorschriften des Anhangs IB der Verordnung (EWG) Nr. 3821/85 ersetzen werden, sowie andere Durchführungsmaßnahmen sollten ab dem 2. März 2016 gelten. Wurden die Durchführungsrechtsakte aus irgendeinem Grund nicht rechtzeitig erlassen, so sollte die erforderliche Kontinuität durch Übergangsmaßnahmen sichergestellt werden.

(32) Die Durchführungsrechtsakte nach dieser Verordnung sollten von der Kommission nicht erlassen werden, wenn der in dieser Verordnung vorgesehene Ausschuss keine Stellungnahme zu dem von der Kommission vorgelegten Entwurf eines Durchführungsrechtsakts abgibt.

(33) Im Rahmen der Anwendung des AETR-Übereinkommens sollten Verweise auf die Verordnung (EWG) Nr. 3821/85 als Verweise auf die vorliegende Verordnung gelten. Die Union wird geeignete Maßnahmen in der Wirtschaftskommission der Vereinten Nationen für Europa (UNECE) in Betracht ziehen, um die erforderliche Kohärenz zwischen dieser Verordnung und dem AETR-Übereinkommen sicherzustellen.

(34) Der Europäische Datenschutzbeauftragte wurde gemäß Artikel 28 Absatz 2 der Verordnung (EG) Nr. 45/2001 des Europäischen Parlaments und des Rates[12] angehört und hat am 5. Oktober 2011 eine Stellungnahme[13] abgegeben.

(35) Die Verordnung (EWG) Nr. 3821/85 sollte daher aufgehoben werden –

HABEN FOLGENDE VERORDNUNG ERLASSEN:

---

[11] *Verordnung (EU) Nr. 182/2011 des Europäischen Parlaments und des Rates vom 16. Februar 2011 zur Festlegung der allgemeinen Regeln und Grundsätze, nach denen die Mitgliedstaaten die Wahrnehmung der Durchführungsbefugnisse durch die Kommission kontrollieren (ABl. L 55 vom 28.2.2011, S. 13).*

[12] *Verordnung (EG) Nr. 45/2001 des Europäischen Parlaments und des Rates vom 18. Dezember 2000 zum Schutz natürlicher Personen bei der Verarbeitung personenbezogener Daten durch die Organe und Einrichtungen der Gemeinschaft zum freien Datenverkehr (ABl. L 8 vom 12.1.2001, S. 1).*

[13] *ABl. C 37 vom 10.2.2012, S. 6.*

14/2. EWG/EG
VO 165/2014

KAPITEL I
GRUNDSÄTZE, GELTUNGSBEREICH UND ANFORDERUNGEN

Artikel 1
Gegenstand und Grundsätze

(1) „Diese Verordnung enthält die Pflichten zu und Vorschriften über Bauart, Einbau, Benutzung, Prüfung und Kontrolle von Fahrtenschreibern im Straßenverkehr, um die Einhaltung der Verordnung (EG) Nr. 561/2006, der Verordnungen (EG) Nr. 1071/2009[1], (EG) Nr. 1072/2009[2], (EG) Nr. 1073/2009[3] des Europäischen Parlaments und des Rates, der Richtlinie 2002/15/EG des Europäischen Parlaments und des Rates[4], der Richtlinien 92/6/EWG[5] und 92/106/EWG[6] des Rates und, was die Entsendung von Arbeitnehmern im Straßenverkehr betrifft, der Richtlinien 96/71/EG[7], 2014/67/EU[8] und (EU) 2020/1057[9] des Europäischen Parlaments und des Rates zu überprüfen."

---

[1] *Verordnung (EG) Nr. 1071/2009 des Europäischen Parlaments und des Rates vom 21. Oktober 2009 zur Festlegung gemeinsamer Regeln für die Zulassung zum Beruf des Kraftverkehrsunternehmers und zur Aufhebung der Richtlinie 96/26/EG des Rates (ABl. L 300 vom 14.11.2009, S. 51).*

[2] *Verordnung (EG) Nr. 1072/2009 des Europäischen Parlaments und des Rates vom 21. Oktober 2009 über gemeinsame Regeln für den Zugang zum Markt des grenzüberschreitenden Güterkraftverkehrs (ABl. L 300 vom 14.11.2009, S. 72).*

[3] *Verordnung (EG) Nr. 1073/2009 des Europäischen Parlaments und des Rates vom 21. Oktober 2009 über gemeinsame Regeln für den Zugang zum grenzüberschreitenden Personenkraftverkehrsmarkt und zur Änderung der Verordnung (EG) Nr. 561/2006 (ABl. L 300 vom 14.11.2009, S. 88).*

[4] *Richtlinie 2002/15/EG des Europäischen Parlaments und des Rates vom 11. März 2002 zur Regelung der Arbeitszeit von Personen, die Fahrtätigkeiten im Bereich des Straßentransports ausüben (ABl. L 80 vom 23.3.2002, S. 35).*

[5] *Richtlinie 92/6/EWG des Rates vom 10. Februar 1992 über Einbau und Benutzung von Geschwindigkeitsbegrenzern für bestimmte Kraftfahrzeugklassen in der Gemeinschaft (ABl. L 57 vom 2.3.1992, S. 27).*

[6] *Richtlinie 92/106/EWG des Rates vom 7. Dezember 1992 über die Festlegung gemeinsamer Regeln für bestimmte Beförderungen im kombinierten Güterverkehr zwischen Mitgliedstaaten (ABl. L 368 vom 17.12.1992, S. 38).*

[7] *Richtlinie 96/71/EG des Europäischen Parlaments und des Rates vom 16. Dezember 1996 über die Entsendung von Arbeitnehmern im Rahmen der Erbringung von Dienstleistungen (ABl. L 18 vom 21.1.1997, S. 1).*

[8] *Richtlinie 2014/67/EU des Europäischen Parlaments und des Rates vom 15. Mai 2014 zur Durchsetzung der Richtlinie 96/71/EG über die Entsendung von Arbeitnehmern im Rahmen der Erbringung von Dienstleistungen und zur Änderung der Verordnung (EU) Nr. 1024/2012 über die Verwaltungszusammenarbeit mit Hilfe des Binnenmarkt-Informationssystems („IMI-Verordnung") (ABl. L 159 vom 28.5.2014, S. 11).*

[9] *Richtlinie (EU) 2020/1057 des Europäischen Parlaments und des Rates vom 15. Juli 2020 zur Festlegung*

Fahrtenschreiber müssen hinsichtlich Bauart, Einbau, Benutzung und Prüfung den Vorschriften dieser Verordnung entsprechen.
(ABl L 249 vom 31. 7. 2020, S. 1)

(2) Diese Verordnung enthält die Bedingungen und Vorschriften, nach denen die Informationen und nicht personenbezogenen Daten, die von den Fahrtenschreibern aufgezeichnet, verarbeitet oder gespeichert wurden, für andere Zwecke verwendet werden können als die Überprüfung der Einhaltung der in Absatz 1 genannten Rechtsakte.

Artikel 2
Begriffsbestimmungen

(1) Im Sinne dieser Verordnung gelten die Begriffsbestimmungen des Artikels 4 der Verordnung (EG) Nr. 561/2006.

(2) Zusätzlich zu den in Absatz 1 genannten Begriffsbestimmungen gelten im Sinne dieser Verordnung folgende Begriffsbestimmungen:

a) „Fahrtenschreiber" oder „Kontrollgerät" ist das für den Einbau in Kraftfahrzeuge bestimmte Gerät zum vollautomatischen oder halbautomatischen Anzeigen, Aufzeichnen, Ausdrucken, Speichern und Ausgeben von Angaben über die Fahrten des Fahrzeugs, einschließlich seiner Fahrgeschwindigkeit, gemäß Artikel 4 Absatz 3 sowie von Angaben über bestimmte Tätigkeitszeiten der Fahrer;

b) „Fahrzeugeinheit" ist der Fahrtenschreiber ohne den Bewegungssensor und ohne die Verbindungskabel zum Bewegungssensor. Die Fahrzeugeinheit kann aus einem Einzelgerät oder aus mehreren im Fahrzeug verteilten Geräten bestehen, sofern sie den Sicherheitsanforderungen dieser Verordnung entspricht; die Fahrzeugeinheit umfasst unter anderem eine Verarbeitungseinheit, einen Massenspeicher, eine Zeitmessfunktion, zwei Chipkarten-Schnittstellengeräte für Fahrer und Beifahrer, einen Drucker, eine Datenanzeige, Steckverbinder und Bedienelemente für Nutzereingaben;

c) „Bewegungssensor" ist der Bestandteil des Fahrtenschreibers, der ein Signal bereitstellt, das die Fahrzeuggeschwindigkeit und/oder die zurückgelegte Wegstrecke darstellt;

d) „Fahrtenschreiberkarte" ist eine zur Verwendung mit dem Fahrtenschreiber bestimmte Chipkarte, die die Feststellung der Rolle des Karteninhabers durch den Fahrtenschreiber und die Übertragung und Speicherung von Daten ermöglicht;

---

spezifischer Regeln im Zusammenhang mit der Richtlinie 96/71/EG und der Richtlinie 2014/67/EU für die Entsendung von Kraftfahrern im Straßenverkehrssektor und zur Änderung der Richtlinie 2006/22/EG über die Durchsetzungsanforderungen und der Verordnung (EU) Nr. 1024/2012 (ABl. L 249 vom 31.7.2020, S. 49).

e) „Schaublatt" ist ein für die dauerhafte Aufzeichnung von Daten bestimmtes Blatt, das in den analogen Fahrtenschreiber eingelegt wird und auf dem die Schreibeinrichtung des analogen Fahrtenschreibers die zu registrierenden Angaben fortlaufend aufzeichnet;

f) „Fahrerkarte" ist eine Fahrtenschreiberkarte, die einem bestimmten Fahrer von den Behörden eines Mitgliedstaats ausgestellt wird, den Fahrer ausweist und die Speicherung von Tätigkeitsdaten des Fahrers ermöglicht;

g) „analoger Fahrtenschreiber" ist ein Fahrtenschreiber, bei dem ein Schaublatt in Einklang mit dieser Verordnung verwendet wird;

h) „digitaler Fahrtenschreiber" ist ein Fahrtenschreiber, bei dem eine Fahrtenschreiberkarte in Einklang mit dieser Verordnung verwendet wird;

i) „Kontrollkarte" ist eine Fahrtenschreiberkarte, die die Behörden eines Mitgliedstaats einer zuständigen nationalen Kontrollbehörde ausstellen, die die Kontrollbehörde, und fakultativ den Kontrolleur, ausweist und das Lesen, Ausdrucken und/oder Herunterladen der im Massenspeicher, auf Fahrerkarten, und fakultativ auf Werkstattkarten gespeicherten Daten, ermöglicht;

j) „Unternehmenskarte" ist eine Fahrtenschreiberkarte, die die Behörden eines Mitgliedstaats einem Verkehrsunternehmen ausstellen, das mit einem Fahrtenschreiber ausgerüstete Fahrzeuge betreiben muss, und die das Verkehrsunternehmen ausweist und das Anzeigen, Herunterladen und Ausdrucken der Daten ermöglicht, die in dem von diesem Verkehrsunternehmen gesperrten Fahrtenschreiber gespeichert sind;

k) „Werkstattkarte" ist eine Fahrtenschreiberkarte, die die Behörden eines Mitgliedstaats benannten Mitarbeitern eines von diesem Mitgliedstaat zugelassenen Fahrtenschreiberherstellers, Einbaubetriebs, Fahrzeugherstellers oder einer von ihm zugelassenen Werkstatt ausstellen, den Karteninhaber ausweist und das Prüfen, Kalibrieren und Aktivieren von Fahrtenschreibern und/oder das Herunterladen der Daten von diesen ermöglicht;

l) „Aktivierung" ist die Phase, in der der Fahrtenschreiber mit Hilfe einer Werkstattkarte seine volle Einsatzbereitschaft erlangt und alle Funktionen, einschließlich Sicherheitsfunktionen, erfüllt;

m) „Kalibrierung" des digitalen Fahrtenschreibers ist die mit Hilfe der Werkstattkarte vorgenommene Aktualisierung oder Bestätigung von Fahrzeugparametern einschließlich der Fahrzeugkennung und der Fahrzeugmerkmale, die im Massenspeicher zu speichern sind;

n) „Herunterladen" von einem digitalen Fahrtenschreiber ist das Kopieren eines Teils oder aller im Massenspeicher der Fahrzeugeinheit oder im Speicher der Fahrtenschreiberkarte gespeicherten Datendateien zusammen mit der digitalen Signatur, sofern hierdurch die gespeicherten Daten weder verändert noch gelöscht werden;

o) „Ereignis" ist eine vom Fahrtenschreiber festgestellte Betriebsabweichung, die möglicherweise auf einen Betrugsversuch zurückgeht;

p) „Störung" ist eine vom Fahrtenschreiber festgestellte Betriebsabweichung, die möglicherweise auf eine technische Fehlfunktion oder ein technisches Versagen zurückgeht;

q) „Einbau" ist die Montage eines Fahrtenschreibers in einem Fahrzeug;

r) „ungültige Karte" ist eine Karte, die als fehlerhaft festgestellt wurde oder deren Erstauthentisierung fehlgeschlagen oder deren Gültigkeitsbeginn noch nicht erreicht oder deren Ablaufdatum überschritten ist;

s) „regelmäßige Nachprüfung" ist ein Komplex von Arbeitsgängen zur Überprüfung der ordnungsgemäßen Funktion des Fahrtenschreibers und der Übereinstimmung seiner Einstellungen mit den Fahrzeugparametern sowie zur Kontrolle, dass keine Manipulationsvorrichtungen an den Fahrtenschreiber angeschlossen sind;

t) „Reparatur" ist die Reparatur eines Bewegungssensors oder einer Fahrzeugeinheit, wozu die Trennung von der Stromversorgung oder die Trennung von anderen Komponenten des Fahrtenschreibers oder die Öffnung des Bewegungssensors oder der Fahrzeugeinheit erforderlich ist;

u) „Typgenehmigung" ist das Verfahren, mit dem durch einen Mitgliedstaat gemäß Artikel 13 bescheinigt wird, dass der Fahrtenschreiber, seine jeweiligen Komponenten oder die Fahrtenschreiberkarte, die in Verkehr gebracht werden sollen, die Anforderungen dieser Verordnung erfüllen;

v) „Interoperabilität" ist die Fähigkeit von Systemen, Daten auszutauschen und Informationen weiterzugeben, sowie die ihnen zugrundeliegenden Geschäftsabläufe;

w) „Schnittstelle" ist eine Einrichtung zwischen Systemen, die der Verbindung und der Kommunikation zwischen den Systemen dient;

x) „Zeitmessung" ist die ununterbrochene digitale Aufzeichnung der koordinierten Weltzeit aus Kalenderdatum und Uhrzeit (UTC);

y) „Zeiteinstellung" ist die in regelmäßigen Abständen vorgenommene automatische Einstellung der aktuellen Zeit mit einer Höchsttoleranz von einer Minute oder die während der Kalibrierung vorgenommene Einstellung;

z) „offene Norm" ist eine Norm, die in einem Normenspezifikationsdokument aufgeführt ist, das kostenlos oder gegen eine Schutzgebühr zur Verfügung steht und gebührenfrei oder gegen eine Schutzgebühr kopiert, verteilt oder benutzt werden darf.

14/2. EWG/EG
VO 165/2014

Artikel 3
Anwendungsbereich

(1) Der Fahrtenschreiber ist in Fahrzeugen einzubauen und zu benutzen, die in einem Mitgliedstaat zugelassen sind, der Personen- oder Güterbeförderung im Straßenverkehr dienen und für die die Verordnung (EG) Nr. 561/2006 gilt.

(2) Die Mitgliedstaaten können die in Artikel 13 Absätze 1 und 3 der Verordnung (EG) Nr. 561/2006 genannten Fahrzeuge von der Anwendung der vorliegenden Verordnung ausnehmen.

(3) Die Mitgliedstaaten können Fahrzeuge, die für Beförderungen eingesetzt werden, für die eine Ausnahme nach Artikel 14 Absatz 1 der Verordnung (EG) Nr. 561/2006 gewährt wurde, von der Anwendung der vorliegenden Verordnung ausnehmen.
Die Mitgliedstaaten können Fahrzeuge, die für Beförderungen eingesetzt werden, für die gemäß Artikel 14 Absatz 2 der Verordnung (EG) Nr. 561/2006 eine Ausnahme gewährt wurde, von der Anwendung der vorliegenden Verordnung ausnehmen; sie setzen die Kommission unverzüglich davon in Kenntnis.

(4) Spätestens drei Jahre nach Ablauf des Jahres des Inkrafttretens der in Artikel 11 Absatz 2 genannten Einzelvorschriften müssen folgende Kategorien von Fahrzeugen, die in einem anderen Mitgliedstaat als dem Mitgliedstaat ihrer Zulassung eingesetzt werden, mit einem intelligenten Fahrtenschreiber gemäß den Artikeln 8, 9 und 10 dieser Verordnung ausgerüstet sein:

a) Fahrzeuge, die mit einem analogen Fahrtenschreiber ausgerüstet sind;

b) Fahrzeuge, die mit einem digitalen Fahrtenschreiber ausgerüstet sind, der den bis zum 30. September 2011 geltenden Spezifikationen in Anhang IB der Verordnung (EWG) Nr. 3821/85 entspricht;

c) Fahrzeuge, die mit einem digitalen Fahrtenschreiber ausgerüstet sind, der den ab dem 1. Oktober 2011 geltenden Spezifikationen in Anhang IB der Verordnung (EWG) Nr. 3821/85 entspricht, und

d) Fahrzeuge, die mit einem digitalen Fahrtenschreiber ausgerüstet sind, der den ab dem 1. Oktober 2012 geltenden Spezifikationen in Anhang IB der Verordnung (EWG) Nr. 3821/85 entspricht.
(ABl L 249 vom 31. 7. 2020, S. 1)

(4a) Spätestens vier Jahre nach Inkrafttreten der in Artikel 11 Absatz 2 genannten Einzelvorschriften müssen Fahrzeuge, die mit einem intelligenten Fahrtenschreiber gemäß Anhang IC der Durchführungsverordnung (EU) 2016/799 der Kommission[1] ausgerüstet sind und in einem anderen Mitgliedstaat als dem Mitgliedstaat ihrer Zulassung eingesetzt werden, mit einem intelligenten Fahrtenschreiber gemäß den Artikeln 8, 9 und 10 der vorliegenden Verordnung ausgerüstet sein. *(ABl L 249 vom 31. 7. 2020, S. 1)*

(5) Die Mitgliedstaaten können für Beförderungen im Binnenverkehr vorschreiben, dass in allen Fahrzeugen, in denen gemäß Absatz 1 nicht anderweitig ein Fahrtenschreiber eingebaut und benutzt zu werden braucht, ein Fahrtenschreiber gemäß dieser Verordnung eingebaut und benutzt werden muss.

Artikel 4
Anforderungen und zu speichernde Daten

(1) Fahrtenschreiber, einschließlich externer Komponenten, Fahrtenschreiberkarten und Schaublätter müssen strenge technische und andere Anforderungen erfüllen, so dass diese Verordnung ordnungsgemäß angewendet werden kann.

(2) Der Fahrtenschreiber und die Fahrtenschreiberkarten müssen die folgenden Anforderungen erfüllen:

– Aufzeichnung genauer und zuverlässiger Daten betreffend den Fahrer, die Tätigkeit des Fahrers und das Fahrzeug;

– Sicherheit, damit insbesondere Integrität und Ursprung der Herkunft der von Fahrzeugeinheiten und Bewegungssensoren aufgezeichneten und von ihnen abgerufenen Daten gewährleistet sind;

– Interoperabilität zwischen den verschiedenen Generationen von Fahrzeugeinheiten und Fahrtenschreiberkarten;

– Ermöglichung einer wirksamen Überprüfung der Einhaltung dieser Verordnung und anderer Rechtsakte;

– „ausreichend Speicherkapazität zur Speicherung aller gemäß dieser Verordnung erforderlichen Daten;" *(ABl L 249 vom 31. 7. 2020, S. 1)*

– Benutzerfreundlichkeit.
(ABl L 249 vom 31. 7. 2020, S. 1)

(3) Der digitale Fahrtenschreiber muss folgende Daten aufzeichnen:

a) zurückgelegte Wegstrecke und Geschwindigkeit des Fahrzeugs;

b) Zeitmessung;

---

[1] *Durchführungsverordnung (EU) 2016/799 der Kommission vom 18. März 2016 zur Durchführung der Verordnung (EU) Nr. 165/2014 des Europäischen Parlaments und des Rates zur Festlegung der Vorschriften über Bauart, Prüfung, Einbau, Betrieb und Reparatur von Fahrtenschreibern und ihren Komponenten (ABl L 139 vom 26.5.2016, S. 1).*

c) Standorte gemäß Artikel 8 Absatz 1;
d) Identität des Fahrers;
e) Tätigkeit des Fahrers;
f) Kontroll-, Kalibrierungs- und Fahrtenschreiber-Reparaturdaten, einschließlich Angaben zur Werkstatt;
g) Ereignisse und Fehler.

(4) Der analoge Fahrtenschreiber muss mindestens die in Absatz 3 Buchstaben a, b und e genannten Daten aufzeichnen.

(5) Folgenden Stellen kann jederzeit Zugang zu den im Fahrtenschreiber und auf der Fahrtenschreiberkarte gespeicherten Daten gewährt werden:

a) den zuständigen Kontrollbehörden, und

b) dem jeweiligen Verkehrsunternehmen, damit es seinen rechtlichen Verpflichtungen nachkommen kann, insbesondere jenen gemäß Artikel 32 und 33.

(6) Das Herunterladen von Daten erfolgt mit geringst möglicher zeitlicher Beeinträchtigung für Verkehrsunternehmen bzw. Fahrer.

(7) Die vom Fahrtenschreiber gespeicherten Daten, die drahtlos oder elektronisch vom oder zum Fahrtenschreiber übertragen werden können, müssen öffentlich verfügbare Protokolle sein, die in offenen Normen definiert sind.

(8) Um sicherzustellen, dass der Fahrtenschreiber und die Fahrtenschreiberkarten den Grundsätzen und Anforderungen dieser Verordnung und insbesondere dieses Artikels genügen, erlässt die Kommission im Wege von Durchführungsrechtsakten Einzelvorschriften für die einheitliche Anwendung dieses Artikels, und zwar insbesondere Bestimmungen zu den technischen Vorkehrungen zwecks Einhaltung dieser Anforderungen. Diese Durchführungsrechtsakte werden nach dem in Artikel 42 Absatz 3 genannten Prüfverfahren erlassen.

(9) Diese Einzelvorschriften gemäß Absatz 8, die gegebenenfalls auf Normen gestützt sind, gewährleisten die Interoperabilität und Kompatibilität zwischen den verschiedenen Generationen von Fahrzeugeinheiten und allen Fahrtenschreiberkarten.

Artikel 5
Funktionen des digitalen Fahrtenschreibers

Der digitale Fahrtenschreiber muss folgende Funktionen gewährleisten:

– Geschwindigkeits- und Wegstreckenmessung;

– Überwachung der Fahrertätigkeiten und des Status der Fahrzeugführung;

– Überwachung des Einsteckens und Entnehmens von Fahrtenschreiberkarten;

– Aufzeichnung manueller Eingaben der Fahrer;

– Kalibrierung;

– automatische Aufzeichnung der Standorte gemäß Artikel 8 Absatz 1;

– Überwachung von Kontrollen;

– Feststellung und Aufzeichnung von Ereignissen und Störungen;

– Auslesen von Daten aus dem Massenspeicher und Aufzeichnung und Speicherung von Daten im Massenspeicher;

– Auslesen von Daten aus Fahrtenschreiberkarten und Aufzeichnung und Speicherung von Daten auf Fahrtenschreiberkarten;

– Datenanzeige, Warnsignale, Ausdrucken und Herunterladen von Daten auf externe Geräte;

– Zeiteinstellung und Zeitmessung;

– Fernkommunikation;

– Unternehmenssperren;

– integrierte Tests und Selbsttests.

Artikel 6
Datenanzeige und Warnsignale

(1) Die im digitalen Fahrtenschreiber und auf der Fahrtenschreiberkarte gespeicherten Informationen über Fahrzeugbewegungen und über Fahrer und Beifahrer müssen klar, unzweideutig und ergonomisch angezeigt werden.

(2) Folgende Informationen müssen angezeigt werden:

a) Uhrzeit;

b) Betriebsart;

c) Fahrertätigkeit:

– bei derzeitiger Tätigkeit „Lenken": die aktuelle ununterbrochene Lenkzeit und die aktuelle kumulierte Arbeitsunterbrechung des Fahrers,

– bei derzeitiger Tätigkeit „Bereitschaft/andere Arbeiten/Ruhezeit oder Pause": die aktuelle Dauer dieser Tätigkeit (seit der Auswahl) und die aktuelle kumulierte Arbeitsunterbrechung;

d) Warndaten;

e) Menüzugangsdaten.

Vom Fahrtenschreiber können zusätzliche Informationen angezeigt werden, sofern sie von den gemäß dem vorliegenden Absatz vorgeschriebenen Informationen deutlich unterscheidbar sind.

(3) Bei Feststellung eines Ereignisses und/oder einer Störung sowie vor und zum Zeitpunkt der Überschreitung der höchstzulässigen ununterbrochenen Lenkzeit erhält der Fahrer vom digitalen

Fahrtenschreiber ein Warnsignal, damit er die einschlägigen Rechtsvorschriften leichter einhalten kann.

(4) Warnsignale werden als optisches Signal ausgegeben; zusätzlich kann ein akustisches Signal ausgegeben werden. Die Warnsignale haben eine Dauer von mindestens 30 Sekunden, sofern sie nicht vom Nutzer durch Drücken einer Taste am Fahrtenschreiber bestätigt werden. Der Grund für die Warnung wird am Fahrtenschreiber angezeigt und bleibt so lange sichtbar, bis der Benutzer ihn mit einer bestimmten Taste oder mit einem bestimmten Befehl über den Fahrtenschreiber bestätigt.

(5) Um sicherzustellen, dass der Fahrtenschreiber die Anzeige- und Warnsignal-Anforderungen nach diesem Artikel erfüllt, erlässt die Kommission die für die einheitliche Anwendung dieses Artikels erforderlichen Einzelvorschriften. Diese Durchführungsrechtsakte werden nach dem in Artikel 42 Absatz 3 genannten Prüfverfahren erlassen.

Artikel 7
Datenschutz

(1) Die Mitgliedstaaten stellen sicher, dass die Verarbeitung personenbezogener Daten im Rahmen der vorliegenden Verordnung nur zum Zwecke der Überprüfung der Einhaltung der vorliegenden Verordnung und der Verordnungen (EG) Nr. 561/2006, (EG) Nr. 1071/2009, (EG) Nr. 1072/2009 und (EG) Nr. 1073/2009, der Richtlinien 92/6/EWG, 92/106/EWG und 2002/15/EG sowie, was die Entsendung von Arbeitnehmern im Straßenverkehr betrifft, der Richtlinien 96/71/EG, 2014/67/EU und (EU) 2020/1057 erfolgt.

(2) Die Mitgliedstaaten stellen insbesondere sicher, dass personenbezogene Daten gegen andere Verwendungen als die strikt mit den in Absatz 1 genannten Rechtsakten der Union zusammenhängende Verwendung in Bezug auf Folgendes geschützt werden:

a) Nutzung eines globalen Satellitennavigationssystems (GNSS) für die Aufzeichnung von Standortdaten gemäß Artikel 8,

b) Nutzung der Fernkommunikation zu Kontrollzwecken gemäß Artikel 9, Nutzung eines Fahrtenschreibers mit einer harmonisierten Schnittstelle gemäß Artikel 10, elektronischer Austausch von Informationen über Fahrerkarten gemäß Artikel 31 und insbesondere grenzüberschreitender Austausch dieser Daten mit Drittländern und

c) Aufbewahrung von Aufzeichnungen durch Verkehrsunternehmen gemäß Artikel 33.

(3) Der digitale Fahrtenschreiber muss so konstruiert sein, dass er die Privatsphäre schützt. Es dürfen nur Daten verarbeitet werden, die für die in Absatz 1 genannten Zwecke erforderlich sind.

(4) Die Fahrzeugeigentümer, die Verkehrsunternehmen und jede sonstige betroffene Stelle halten, soweit anwendbar, die einschlägigen Bestimmungen zum Schutz personenbezogener Daten ein.

(ABl L 249 vom 31. 7. 2020, S. 1)

KAPITEL II
INTELLIGENTER FAHRTENSCHREIBER

Artikel 8
Aufzeichnung des Fahrzeugstandorts an bestimmten Punkten bzw. Zeitpunkten während der täglichen Arbeitszeit

(1) Um die Überprüfung der Einhaltung der einschlägigen Rechtsvorschriften zu erleichtern, wird der Standort des Fahrzeugs an folgenden Punkten oder am nächstgelegenen Ort, an dem das Satellitensignal verfügbar ist, automatisch aufgezeichnet:

– Standort zu Beginn der täglichen Arbeitszeit;

– jedes Mal, wenn das Fahrzeug die Grenze eines Mitgliedstaats überschreitet;

– bei jeder Be- oder Entladung des Fahrzeugs;

– nach jeweils drei Stunden kumulierter Lenkzeit und

– Standort am Ende der täglichen Arbeitszeit.

Um die Überprüfung der Einhaltung der Vorschriften durch die Kontrollbehörden zu erleichtern, zeichnet der intelligente Fahrtenschreiber gemäß den Anforderungen der Verordnung (EG) Nr. 561/2006 ferner auf, ob das Fahrzeug für die Beförderung von Gütern oder Personen benutzt wurde.

Dazu müssen Fahrzeuge, die 36 Monate nach Inkrafttreten der Einzelvorschriften gemäß Artikel 11 Absatz 1 erstmals zugelassen werden, mit einem Fahrtenschreiber ausgerüstet sein, der an einen Positionsbestimmungsdienst auf der Basis eines Satellitennavigationssystems angebunden ist.

Die Aufzeichnung von Grenzüberschreitungen und zusätzlichen Tätigkeiten gemäß Unterabsatz zweiter und dritter Gedankenstrich und gemäß Unterabsatz 2 gilt jedoch für Fahrzeuge, die mehr als zwei Jahre nach Inkrafttreten der in Artikel 11 Absatz 2 genannten Einzelvorschriften in einem Mitgliedstaat erstmals zugelassen wurden, unbeschadet der Pflicht zur späteren Nachrüstung bestimmter Fahrzeuge gemäß Artikel 3 Absatz 4.

(ABl L 249 vom 31. 7. 2020, S. 1)

(2) Was die Anbindung des Fahrtenschreibers an einen auf ein Satellitennavigationssystem gestützten Positionsbestimmungsdienst gemäß Absatz 1 anbelangt, so dürfen nur solche Dienste

EU-RECHTSAKTE: VO 561/2006 · VO 165/2014 · VO 2022/1012 · Einheitsformulare · RL Mindestbedingungen

genutzt werden, die kostenfrei sind. Andere Standortdaten als die – soweit möglich – in geografischen Koordinaten ausgedrückten Daten zur Bestimmung der Standorte gemäß Absatz 1 dürfen im Fahrtenschreiber nicht dauerhaft gespeichert werden. Standortdaten, die vorübergehend gespeichert werden müssen, um die automatische Aufzeichnung der Punkte gemäß Absatz 1 zu ermöglichen oder um den Bewegungssensor abzugleichen, dürfen für keinen Nutzer zugänglich sein und müssen automatisch gelöscht werden, sobald sie für diese Zwecke nicht mehr benötigt werden.

Artikel 9
Früherkennung von möglicher Manipulation oder möglichem Missbrauch per Fernkommunikation

(1) Um den zuständigen Kontrollbehörden gezielte Straßenkontrollen zu erleichtern, muss der Fahrtenschreiber, der in Fahrzeugen eingebaut ist, die 36 Monate nach Inkrafttreten der Einzelvorschriften gemäß Artikel 11 erstmals zugelassen worden sind, fähig sein, mit diesen Behörden zu kommunizieren, während sich das Fahrzeug in Bewegung befindet.

(2) Drei Jahre nach Inkrafttreten der in Artikel 11 Absatz 2 genannten Einzelvorschriften mit Spezifikationen für die Aufzeichnung von Grenzüberschreitungen und zusätzlichen Tätigkeiten nach Artikel 8 Absatz 1 zweiter und dritter Gedankenstrich statten die Mitgliedstaaten ihre Kontrollbehörden in angemessenem Umfang mit den Geräten zur Früherkennung per Fernkommunikation aus, die für die Datenkommunikation gemäß dem vorliegenden Artikel benötigt werden; dabei sind ihre besonderen Durchsetzungsanforderungen und -strategien zu berücksichtigen. Bis zu diesem Zeitpunkt steht es den Mitgliedstaaten frei, ihre Kontrollbehörden mit den Fernkommunikationsgeräten für die Früherkennung auszustatten. *(ABl L 249 vom 31. 7. 2020, S. 1)*

(3) Die Kommunikation mit dem Fahrtenschreiber gemäß Absatz 1 darf nur auf Veranlassung des Prüfgeräts der Kontrollbehörden aufgenommen werden. Sie muss gesichert erfolgen, um die Datenintegrität und die Authentifizierung des Kontrollgeräts und des Prüfgeräts sicherzustellen. Der Zugang zu den übertragenen Daten ist auf die Kontrollbehörden beschränkt, die ermächtigt sind, Verstöße gegen die in Artikel 7 Absatz 1 genannten Rechtsakte der Union und gegen die vorliegende Verordnung zu überprüfen, und auf Werkstätten, soweit ein Zugang für die Überprüfung des ordnungsgemäßen Funktionierens des Fahrtenschreibers erforderlich ist. *(ABl L 249 vom 31. 7. 2020, S. 1)*

(4) Bei der Kommunikation dürfen nur Daten übertragen werden, die für die Zwecke der gezielten Straßenkontrolle von Fahrzeugen notwendig sind, deren Fahrtenschreiber mutmaßlich manipuliert oder missbraucht wurde. Diese Daten müssen sich auf folgende vom Fahrtenschreiber aufgezeichnete Ereignisse oder Daten beziehen:
– letzter Versuch einer Sicherheitsverletzung,
– längste Unterbrechung der Stromversorgung,
– Sensorstörung,
– Datenfehler Weg und Geschwindigkeit,
– Datenkonflikt Fahrzeugbewegung,
– Fahren ohne gültige Karte,
– Einstecken der Karte während des Lenkens,
– Zeiteinstellungsdaten,
– Kalibrierungsdaten einschließlich des Datums der zwei letzten Kalibrierungen,
– amtliches Kennzeichen des Fahrzeugs,
– vom Fahrtenschreiber aufgezeichnete Geschwindigkeit.
– „Überschreitung der maximalen Lenkzeit." *(ABl L 249 vom 31. 7. 2020, S. 1)*

(ABl L 249 vom 31. 7. 2020, S. 1)

(5) Die übertragenen Daten dürfen nur dazu verwendet werden, die Einhaltung dieser Verordnung zu überprüfen. Sie dürfen nur an Behörden, die die Einhaltung der Lenk- und Ruhezeiten kontrollieren, und an Justizbehörden im Rahmen eines laufenden Gerichtsverfahrens übermittelt werden.

(6) Die Daten werden von den Kontrollbehörden nur für die Dauer einer Straßenkontrolle gespeichert und spätestens drei Stunden nach ihrer Übermittlung gelöscht, es sei denn, die Daten lassen eine Manipulation oder einen Missbrauch des Fahrtenschreibers vermuten. Bestätigt sich der Verdacht einer Manipulation oder eines Missbrauchs im Laufe der anschließenden Straßenkontrolle nicht, so werden die übertragenen Daten gelöscht.

(7) Das Verkehrsunternehmen, das das Fahrzeug betreibt, ist dafür verantwortlich, dass der Fahrer über die Möglichkeit der Früherkennung von möglicher Manipulation oder möglichem Missbrauch des Fahrtenschreibers per Fernkommunikation informiert wird.

(8) Eine Fernkommunikation zur Früherkennung der Art, wie sie in dem vorliegenden Artikel beschrieben wird, führt in keinem Fall zu automatischen Geldbußen oder Zwangsgeldern für den Fahrer oder das Unternehmen. Die zuständige Kontrollbehörde kann aufgrund der ausgetauschten Daten entscheiden, eine Überprüfung des Fahrzeugs oder des Fahrtenschreibers durchzuführen. Das Ergebnis der Fernkommunikation hindert die Kontrollbehörden nicht daran, auf der Grundlage des durch Artikel 9 der Richtlinie 2006/22/EG eingeführten Risikoeinstufungssys-

tems stichprobenartige Unterwegskontrollen durchzuführen.

Artikel 10
Schnittstelle zu intelligenten Verkehrssystemen

Fahrtenschreiber von Fahrzeugen, die 36 Monate nach Inkrafttreten der Einzelvorschriften gemäß Artikel 11 erstmals zugelassen werden, können mit genormten Schnittstellen ausgerüstet werden, die im Betriebsmodus die Nutzung der vom Fahrtenschreiber aufgezeichneten oder erzeugten Daten durch externe Geräte ermöglichen, sofern die folgenden Voraussetzungen erfüllt sind:

a) Die Schnittstelle beeinträchtigt die Authentizität und Integrität der Daten des Fahrtenschreibers nicht.

b) Die Schnittstelle entspricht den Einzelvorschriften nach Artikel 11.

c) Das an die Schnittstelle angeschlossene externe Gerät kann auf personenbezogene Daten, einschließlich Ortsbestimmungsdaten, nur zugreifen, wenn der Fahrer, auf den sich die Daten beziehen, nachweisbar seine Zustimmung erteilt hat.

„Fahrtenschreiber von Fahrzeugen, die zwei Jahre nach Inkrafttreten der in Artikel 11 Absatz 2 genannten Einzelvorschriften mit Spezifikationen für die Aufzeichnung von Grenzüberschreitungen und zusätzlichen Tätigkeiten nach Artikel 8 Absatz 1 zweiter und dritter Gedankenstrich erstmals in einem Mitgliedstaat zugelassen werden, werden mit der in Absatz 1 genannten Schnittstelle ausgerüstet." *(ABl L 249 vom 31. 7. 2020, S. 1)*

Artikel 11
Einzelvorschriften für intelligente Fahrtenschreiber

„Um sicherzustellen, dass der intelligente Fahrtenschreiber den Grundsätzen und Anforderungen dieser Verordnung entspricht, erlässt die Kommission die für die einheitliche Anwendung der Artikel 8, 9 und 10 erforderlichen Einzelvorschriften, mit Ausnahme aller Bestimmungen, in denen die Aufzeichnung zusätzlicher Daten durch den Fahrtenschreiber vorgesehen würde."

„Die Kommission erlässt bis zum 21. August 2021 Durchführungsrechtsakte mit genauen Vorschriften für die einheitliche Anwendung der Verpflichtung zur Aufzeichnung und Speicherung der Daten zu sämtlichen Grenzüberschreitungen des Fahrzeugs und Tätigkeiten gemäß Artikel 8 Absatz 1 Unterabsatz 1 zweiter und dritter Gedankenstrich und Artikel 8 Absatz 1 Unterabsatz 2."

„Die Kommission erlässt bis zum 21. Februar 2022 Durchführungsrechtsakte mit genauen Vorschriften, die für die einheitliche Anwendung der Vorschriften über Datenanforderungen und -funktionen, einschließlich der Artikel 8, 9 und 10 dieser Verordnung, und über den Einbau von Fahrtenschreibern für Fahrzeuge im Sinne des Artikels 2 Absatz 1 Unterabsatz 2 Buchstabe aa der Verordnung (EG) Nr. 561/2006 erforderlich sind."

„Diese Durchführungsrechtsakte werden nach dem in Artikel 42 Absatz 3 genannten Prüfverfahren erlassen."

„Die Einzelvorschriften nach den Absätzen 1, 2 und 3 des vorliegenden Artikels müssen:"

a) bezüglich der Ausführung der Funktionen des intelligenten Fahrtenschreibers gemäß dem vorliegenden Kapitel die notwendigen Anforderungen enthalten, um die Sicherheit, Genauigkeit und Zuverlässigkeit der Daten zu gewährleisten, die von dem satellitengestützten Positionsbestimmungsdienst und der Fernkommunikationseinrichtung gemäß den Artikeln 8 und 9 an den Fahrtenschreiber übertragen werden;

b) die verschiedenen Bedingungen und Anforderungen für den satellitengestützten Positionsbestimmungsdienst und die Fernkommunikationseinrichtung gemäß den Artikeln 8 und 9 enthalten, und zwar sowohl für externe Lösungen als auch für den Fall einer Einbettung im Fahrtenschreiber; bei externen Lösungen müssen sie auch die Bedingungen für die Nutzung des satellitengestützten Positionsbestimmungssignals als zweiter Bewegungssensor abdecken;

c) die notwendigen Normen für die Schnittstelle gemäß Artikel 10 enthalten. Hierzu kann eine Bestimmung über die Vergabe von Zugriffsrechten für Fahrer, Werkstatt und Verkehrsunternehmen und über Kontrollfunktionen für die vom Fahrtenschreiber aufgezeichneten Daten enthalten sein; den Kontrollfunktionen muss ein Authentifizierungs-/Autorisierungsmechanismus für die Schnittstelle zugrunde liegen, wie beispielsweise ein Zertifikat für jede Zugriffsebene, allerdings unter dem Vorbehalt der technischen Machbarkeit.

(ABl L 249 vom 31. 7. 2020, S. 1)

KAPITEL III
TYPGENEHMIGUNG

Artikel 12
Beantragung

(1) Die Hersteller oder deren Beauftragte beantragen die Typgenehmigung für die Fahrzeugeinheit, den Bewegungssensor, das Schaublatt-Muster oder die Fahrtenschreiberkarte bei den Typgenehmigungsbehörden, die hierfür von den Mitgliedstaaten benannt worden sind.

(2) Die Mitgliedstaaten teilen der Kommission bis 2. März 2015 die Namen und Kontaktangaben der benannten Behörden gemäß Absatz 1 sowie erforderlichenfalls spätere Aktualisierungen dieser Angaben mit. Die Kommission veröffentlicht die

Liste der benannten Typgenehmigungsbehörden auf ihrer Website und hält diese Liste auf dem neuesten Stand.

(3) Einem Typgenehmigungsantrag müssen die entsprechenden Spezifikationen, einschließlich der erforderlichen Informationen über die Plombierung, und die Sicherheits-, Funktions- und Interoperabilitätszertifikate beigefügt sein. Das Sicherheitszertifikat muss von einer anerkannten Zertifizierungsstelle ausgestellt sein, die von der Kommission benannt ist.
Das Funktionszertifikat wird dem Hersteller von der Typgenehmigungsbehörde ausgestellt.
Ein Interoperabilitätszertifikat wird von einer einzigen Prüfstelle erteilt, die der Kommission untersteht und sich in ihrer Verantwortung befindet.

(4) In Bezug auf den Fahrtenschreiber, seine relevanten Komponenten und die Fahrtenschreiberkarte gilt Folgendes:

a) Das Sicherheitszertifikat muss für die Fahrzeugeinheit, die Fahrtenschreiberkarten, den Bewegungssensor und die Verbindung zum GNSS-Empfänger – falls das GNSS nicht in die Fahrzeugeinheiten integriert ist – Folgendes bescheinigen:

i) Einhaltung der Sicherheitsziele;

ii) Identifizierung und Authentifizierung, Autorisierung, Vertraulichkeit, Nachvollziehbarkeit, Integrität, Audit, Genauigkeit und Zuverlässigkeit des Dienstes.

b) Das Funktionszertifikat muss bescheinigen, dass das geprüfte Gerät die jeweiligen Anforderungen hinsichtlich folgender Punkte einhält: ausgeführte Funktionen, Umwelteigenschaften, elektromagnetische Verträglichkeit, Einhaltung physikalischer Anforderungen und Einhaltung anwendbarer Normen.

c) Das Interoperabilitätszertifikat muss bescheinigen, dass bei dem geprüften Gerät uneingeschränkte Interoperabilität mit den notwendigen Fahrtenschreibern oder Fahrtenschreiberkarten-Modellen gegeben ist.

(5) Änderungen an der Software oder Hardware des Fahrtenschreibers oder an den für seine Herstellung verwendeten Werkstoffen werden vor ihrer Umsetzung der Behörde gemeldet, die die Typgenehmigung für das Gerät erteilt hat. Diese Behörde bestätigt dem Hersteller die Erweiterung der Typgenehmigung oder verlangt eine Aktualisierung oder Bestätigung des entsprechenden Funktions-, Sicherheits- und/oder Interoperabilitätszertifikats.

(6) Der Typgenehmigungsantrag für ein und dieselbe Bauart von Fahrzeugeinheit, Bewegungssensor, Schaublatt-Muster oder Fahrtenschreiberkarte darf nicht bei mehreren Mitgliedstaaten gestellt werden.

(7) Die Kommission erlässt im Wege von Durchführungsrechtsakten Einzelvorschriften für die einheitliche Anwendung dieses Artikels. Diese Durchführungsrechtsakte werden nach dem in Artikel 42 Absatz 3 genannten Prüfverfahren erlassen.

Artikel 13
Erteilung der Typgenehmigung

Ein Mitgliedstaat erteilt die Typgenehmigung für eine Bauart von Fahrzeugeinheit, Bewegungssensor, Schaublatt-Muster oder Fahrtenschreiberkarte, wenn diese den Vorschriften der Artikel 4 und 11 entsprechen und der Mitgliedstaat die Möglichkeit hat, die Übereinstimmung der Produktion mit dem zugelassenen Muster zu überprüfen.
Änderungen oder Ergänzungen eines Musters, für das die Typgenehmigung bereits erteilt worden ist, bedürfen einer Nachtrags-Typgenehmigung des Mitgliedstaats, der die ursprüngliche Typgenehmigung erteilt hat.

Artikel 14
Typgenehmigungszeichen

Die Mitgliedstaaten erteilen dem Antragsteller für jede gemäß Artikel 13 und Anhang II zugelassene Bauart von Fahrzeugeinheit, Bewegungssensor, Schaublatt-Muster oder Fahrtenschreiberkarte ein Typgenehmigungszeichen entsprechend einem vorher festgelegten Muster. Diese Muster werden von der Kommission im Wege von Durchführungsrechtsakten nach dem in Artikel 42 Absatz 3 genannten Prüfverfahren genehmigt.

Artikel 15
Genehmigung oder Ablehnung

Die zuständigen Behörden des Mitgliedstaats, bei dem die Typgenehmigung beantragt wurde, übermitteln den Behörden der anderen Mitgliedstaaten für jede zugelassene Bauart von Fahrzeugeinheit, Bewegungssensor, Schaublatt-Muster oder Fahrtenschreiberkarte innerhalb eines Monats eine Kopie des Typgenehmigungsbogens sowie Kopien der erforderlichen Spezifikationen, auch in Bezug auf die Plombierung. Lehnen die zuständigen Behörden eine beantragte Typgenehmigung ab, so unterrichten sie hiervon die Behörden der anderen Mitgliedstaaten und teilen die Gründe dafür mit.

Artikel 16
Übereinstimmung des Geräts mit der Typgenehmigung

(1) Stellt ein Mitgliedstaat, der eine Typgenehmigung gemäß Artikel 13 erteilt hat, fest, dass Fahrzeugeinheiten, Bewegungssensoren, Schaublätter oder Fahrtenschreiberkarten, die das von ihm erteilte Typgenehmigungszeichen tragen,

nicht dem von ihm zugelassenen Muster entsprechen, so trifft er die erforderlichen Maßnahmen, um die Übereinstimmung der Produktion mit dem zugelassenen Muster sicherzustellen. Diese Maßnahmen können nötigenfalls bis zum Entzug der Typgenehmigung reichen.

(2) Der Mitgliedstaat, der eine Typgenehmigung erteilt hat, muss diese entziehen, wenn die Fahrzeugeinheit, der Bewegungssensor, das Schaublatt oder die Fahrtenschreiberkarte, für die die Typgenehmigung erteilt wurde, dieser Verordnung nicht entspricht oder bei der Verwendung einen Fehler allgemeiner Art erkennen lässt, der es/ihn/sie für seinen/ihren bestimmungsgemäßen Zweck ungeeignet macht.

(3) Wird der Mitgliedstaat, der eine Typgenehmigung erteilt hat, von einem anderen Mitgliedstaat darüber unterrichtet, dass einer der in den Absätzen 1 oder 2 genannten Fälle vorliegt, so trifft er nach Anhörung des mitteilenden Mitgliedstaats die in diesen Absätzen vorgesehenen Maßnahmen vorbehaltlich des Absatzes 5.

(4) Der Mitgliedstaat, der einen der in Absatz 2 genannten Fälle festgestellt hat, kann das Inverkehrbringen und die Inbetriebnahme der betreffenden Fahrzeugeinheiten, Bewegungssensoren, Schaublätter oder Fahrtenschreiberkarten bis auf Weiteres untersagen. Dasselbe gilt in den in Absatz 1 genannten Fällen in Bezug auf Fahrzeugeinheiten, Bewegungssensoren, Schaublätter oder Fahrtenschreiberkarten, die von der EU-Ersteichung befreit worden sind, wenn der Hersteller nach ordnungsgemäßer Anmahnung die Übereinstimmung des Geräts mit dem zugelassenen Muster bzw. mit den Anforderungen dieser Verordnung nicht herbeigeführt hat.

Auf jeden Fall teilen die zuständigen Behörden der Mitgliedstaaten einander und der Kommission innerhalb eines Monats den Entzug einer Typgenehmigung und jedwede andere gemäß den Absätzen 1, 2 oder 3 getroffene Maßnahmen mit und legen die Gründe dafür dar.

(5) Bestreitet der Mitgliedstaat, der eine Typgenehmigung erteilt hat, dass die in den Absätzen 1 und 2 genannten Fälle, auf die er hingewiesen worden ist, gegeben sind, so bemühen sich die betreffenden Mitgliedstaaten um die Beilegung des Streitfalls und unterrichten die Kommission laufend darüber.

Haben die Gespräche zwischen den Mitgliedstaaten nicht binnen vier Monaten nach der Unterrichtung gemäß Absatz 3 zu einem Einvernehmen geführt, so erlässt die Kommission nach Anhörung von Sachverständigen sämtlicher Mitgliedstaaten und nach Prüfung aller einschlägigen Faktoren, z. B. wirtschaftlicher und technischer Faktoren, binnen sechs Monaten nach Ablauf der genannten Viermonatsfrist einen Beschluss, der den beteiligten Mitgliedstaaten bekanntgegeben und gleichzeitig den übrigen Mitgliedstaaten mitgeteilt wird. Die Kommission setzt in jedem Fall die Frist für den Beginn der Durchführung ihres Beschlusses fest.

Artikel 17
Genehmigung der Schaublätter

(1) Im Antrag auf eine Typgenehmigung für ein Schaublatt- Muster ist im Antragsformular anzugeben, für welche Typen von analogen Fahrtenschreibern dieses Schaublatt bestimmt ist; für Prüfungen des Schaublatts ist außerdem ein geeigneter Fahrtenschreiber des entsprechenden Typs zur Verfügung zu stellen.

(2) Die zuständigen Behörden eines jeden Mitgliedstaats geben auf dem Typgenehmigungsbogen des Schaublatt-Musters an, in welchen Typen von analogen Fahrtenschreibern dieses Schaublatt-Muster verwendet werden kann.

Artikel 18
Begründung der Ablehnung

Jede Entscheidung aufgrund dieser Verordnung, durch die eine Typgenehmigung für eine Bauart von Fahrzeugeinheit, Bewegungssensor, Schaublatt-Muster oder Fahrtenschreiberkarte abgelehnt oder entzogen wird, ist eingehend zu begründen. Sie wird dem Betreffenden unter Angabe der nach dem Recht des jeweiligen Mitgliedstaats vorgesehen Rechtsmittel und der Rechtsmittelfristen mitgeteilt.

Artikel 19
Anerkennung typgenehmigter Fahrtenschreiber

Die Mitgliedstaaten dürfen die Zulassung oder Inbetriebnahme oder Benutzung von mit einem Fahrtenschreiber ausgerüsteten Fahrzeugen nicht aus Gründen ablehnen bzw. verbieten, die mit diesem Gerät zusammenhängen, wenn der Fahrtenschreiber das in Artikel 14 genannte Typgenehmigungszeichen und die in Artikel 22 Absatz 4 genannte Einbauplakette aufweist.

Artikel 20
Sicherheit

(1) Die Hersteller müssen ihre produzierten Fahrzeugeinheiten, Bewegungssensoren und Fahrtenschreiberkarten so konstruieren, erproben und ständig überprüfen, um Sicherheitsschwachstellen in allen Phasen des Produktlebenszyklus festzustellen, und müssen deren mögliche Ausnutzung verhindern oder eindämmen. Der Mitgliedstaat, der die Typgenehmigung erteilt hat, legt fest, wie häufig Prüfungen durchgeführt werden, wobei der Zeitraum zwischen zwei Prüfungen zwei Jahre nicht überschreiten darf.

EU-RECHTSAKTE
VO 561/2006
VO 165/2014
VO 2022/1012
Einheitsformulare
RL Mindestbedingungen

(2) Zu diesem Zweck übermitteln die Hersteller der in Artikel 12 Absatz 3 genannten Zertifizierungsstelle die erforderlichen Unterlagen für die Schwachstellenanalyse.

(3) Für die Zwecke des Absatzes 1 führt die in Artikel 12 Absatz 3 genannte Zertifizierungsstelle Prüfungen an Fahrzeugeinheiten, Bewegungssensoren und Fahrtenschreiberkarten durch, um zu bestätigen, dass bekannte Sicherheitsschwachstellen nicht von Personen, die über öffentlich zugängliche Kenntnisse verfügen, ausgenutzt werden können.

(4) Werden bei den in Absatz 1 genannten Prüfungen Sicherheitsschwachstellen in Systemkomponenten (Fahrzeugeinheiten, Bewegungssensoren und Fahrtenschreiberkarten) festgestellt, so werden diese Komponenten nicht in Verkehr gebracht. Werden bei den in Absatz 3 genannten Prüfungen Sicherheitsschwachstellen in Komponenten festgestellt, die bereits in Verkehr gebracht wurden, unterrichtet der Hersteller oder die Zertifizierungsstelle die zuständigen Behörden des Mitgliedstaats, der die Typgenehmigung erteilt hat. Diese zuständigen Behörden ergreifen alle erforderlichen Maßnahmen, um sicherzustellen, dass das Problem – insbesondere vom Hersteller – beseitigt wird; außerdem unterrichten sie die Kommission unverzüglich über die festgestellten Sicherheitsschwachstellen und die geplanten oder ergriffenen Maßnahmen, wozu erforderlichenfalls auch der Entzug der Typgenehmigung gemäß Artikel 16 Absatz 2 zählt.

Artikel 21
Praxiserprobungen

(1) Die Mitgliedstaaten können Praxiserprobungen mit Fahrtenschreibern, für die noch keine Typgenehmigung erteilt wurde, genehmigen. Die von den Mitgliedstaaten erteilten Genehmigungen für Praxiserprobungen werden von ihnen gegenseitig anerkannt.

(2) Fahrer und Verkehrsunternehmen, die an einer Praxiserprobung teilnehmen, müssen die Anforderungen der Verordnung (EG) Nr. 561/2006 erfüllen. Die Fahrer erbringen diesen Nachweis nach dem Verfahren gemäß Artikel 35 Absatz 2 der vorliegenden Verordnung.

(3) Die Kommission kann Durchführungsrechtsakte zur Festlegung der Verfahren für die Durchführung von Praxiserprobungen und der Formulare für deren Überwachung erlassen. Diese Durchführungsrechtsakte werden nach dem in Artikel 42 Absatz 3 genannten Prüfverfahren erlassen.

KAPITEL IV
EINBAU UND PRÜFUNG

Artikel 22
Einbau und Reparatur

(1) Einbau und Reparaturen von Fahrtenschreibern dürfen nur von Einbaubetrieben, Werkstätten oder Fahrzeugherstellern vorgenommen werden, die von den zuständigen Behörden der Mitgliedstaaten gemäß Artikel 24 dafür zugelassen worden sind.

(2) Zugelassene Einbaubetriebe, Werkstätten oder Fahrzeughersteller plombieren den Fahrtenschreiber gemäß den Spezifikationen in dem Typgenehmigungsbogen nach Artikel 15, nachdem sie überprüft haben, dass er ordnungsgemäß funktioniert und insbesondere auf eine Art und Weise, durch die sichergestellt wird, dass die aufgezeichneten Daten durch Manipulationsvorrichtungen weder verfälscht noch geändert werden können.

(3) Der zugelassene Einbaubetrieb, die zugelassene Werkstatt oder der zugelassene Fahrzeughersteller versieht die durchgeführten Plombierungen mit einem besonderen Zeichen und gibt außerdem bei digitalen Fahrtenschreibern die elektronischen Sicherheitsdaten ein, mit denen sich die Authentifizierungskontrollen durchführen lassen. Die zuständigen Behörden eines jeden Mitgliedstaats übermitteln der Kommission das Verzeichnis der verwendeten Zeichen und elektronischen Sicherheitsdaten und die erforderlichen Informationen über die verwendeten elektronischen Sicherheitsdaten. Die Kommission macht den Mitgliedstaaten diese Informationen auf Anfrage zugänglich.

(4) Durch die Anbringung einer deutlich sichtbaren und leicht zugänglichen Einbauplakette wird bescheinigt, dass der Einbau des Fahrtenschreibers den Vorschriften dieser Verordnung entsprechend erfolgt ist.

(5) Fahrtenschreiberbauteile werden gemäß den Vorgaben des Typgenehmigungsbogens plombiert. Anschlüsse an den Fahrtenschreiber, die potenziell manipulationsanfällig sind, einschließlich der Verbindung zwischen dem Bewegungssensor und dem Getriebe, sowie gegebenenfalls die Einbauplakette werden plombiert.
Eine Plombierung darf nur entfernt oder aufgebrochen werden

- durch Einbaubetriebe oder Werkstätten, die gemäß Artikel 24 von den zuständigen Behörden zugelassen sind, zwecks Reparatur, Instandhaltung oder Neukalibrierung des Fahrtenschreibers oder durch angemessen geschulte und erforderlichenfalls ermächtigte Kontrolleure für Kontrollzwecke;

- zwecks Reparaturen oder Umbauten des Fahrzeugs, die sich auf die Plombierung auswirken. In diesen Fällen ist im Fahrzeug eine schriftliche Erklärung mitzuführen, in der das Datum, die Uhrzeit und die Begründung der Entfernung der Plombierung angeführt sind. Die Kommission legt mittels Durchführungsrechtsakten ein Musterformular für die schriftliche Erklärung fest.

„Die entfernte oder aufgebrochene Plombierung ist ohne unangemessene Verzögerung, spätestens jedoch innerhalb von sieben Tagen nach ihrem Entfernen oder Aufbrechen, von einem zugelassenen Einbaubetrieb oder einer zugelassenen Werkstatt zu ersetzen. Wurden Plombierungen zu Kontrollzwecken entfernt oder aufgebrochen, so können sie von einem Kontrolleur ohne unangemessene Verzögerung unter Verwendung einer entsprechenden Vorrichtung und eines eindeutigen besonderen Zeichens ersetzt werden."

„Entfernt ein Kontrolleur eine Plombierung, so wird die Kontrollkarte ab dem Moment der Entfernung der Plombierung bis zum Ende der Kontrolle in den Fahrtenschreiber eingesetzt; das gilt auch im Fall der Anbringung einer neuen Plombierung. Der Kontrolleur stellt eine schriftliche Erklärung aus, die mindestens die folgenden Angaben enthält:"

– Fahrzeug-Identifizierungsnummer;
– Name des Kontrolleurs;
– Kontrollbehörde und Mitgliedstaat;
– Nummer der Kontrollkarte;
– Nummer der entfernten Plombierung;
– Datum und Uhrzeit der Entfernung der Plombierung;
– Nummer der neuen Plombierung, sofern der Kontrolleur eine neue Plombierung angebracht hat.

(ABl L 249 vom 31. 7. 2020, S. 1)

„Vor der Ersetzung der Plombierung wird der Fahrtenschreiber von einer zugelassenen Werkstaat einer Prüfung und Kalibrierung unterzogen, es sei denn, die Plombierung wurde zu Kontrollzwecken entfernt oder aufgebrochen und durch einen Kontrolleur ersetzt."

(ABl L 249 vom 31. 7. 2020, S. 1)

Artikel 23
Nachprüfung der Fahrtenschreiber

(1) Fahrtenschreiber werden regelmäßigen Nachprüfungen durch zugelassene Werkstätten unterzogen. Die regelmäßigen Nachprüfungen finden mindestens alle zwei Jahre statt.

(2) Bei den Nachprüfungen gemäß Absatz 1 wird insbesondere Folgendes überprüft:
– dass der Fahrtenschreiber ordnungsgemäß eingebaut ist und für das Fahrzeug geeignet ist,
– dass der Fahrtenschreiber ordnungsgemäß funktioniert,
– dass auf dem Fahrtenschreiber das Typgenehmigungszeichen angebracht ist,
– dass die Einbauplakette angebracht ist,
– dass alle Plombierungen unversehrt sind und ihre Funktion erfüllen,
– dass keine Manipulationsvorrichtungen an den Fahrtenschreiber angeschlossen sind und dass keine Spuren der Verwendung solcher Vorrichtungen vorhanden sind,
– die Reifengröße und der tatsächliche Umfang der Radreifen.

(3) Falls Unregelmäßigkeiten in der Funktionsweise der Fahrtenschreiber behoben werden mussten, erstellen die zugelassenen Werkstätten, die Nachprüfungen durchführen, einen Nachprüfungsbericht, und zwar unabhängig davon, ob die Nachprüfung im Rahmen einer wiederkehrenden Nachprüfung oder im besonderen Auftrag der zuständigen nationalen Behörde erfolgt ist. Sie führen eine Liste aller erstellten Nachprüfungsberichte.

(4) Die Nachprüfungsberichte werden ab der Erstellung mindestens zwei Jahre lang aufbewahrt. Die Mitgliedstaaten entscheiden, ob die Nachprüfungsberichte in dieser Zeit einbehalten oder aber der zuständigen Behörde übermittelt werden. Bewahrt eine Werkstatt die Nachprüfungsberichte auf, so macht sie auf Anfrage der zuständigen Behörde die Berichte über die in diesem Zeitraum durchgeführten Nachprüfungen und Kalibrierungen zugänglich.

Artikel 24
Zulassung der Einbaubetriebe Werkstätten und Fahrzeughersteller

(1) Die Mitgliedstaaten sorgen für die Zulassung, regelmäßige Kontrolle und Zertifizierung der Einbaubetriebe, Werkstätten und Fahrzeughersteller, die zu Einbau, Einbauprüfung, Nachprüfung und Reparatur von Fahrtenschreibern befugt sind.

(2) Die Mitgliedstaaten gewährleisten die Fachkompetenz und Zuverlässigkeit der Einbaubetriebe, Werkstätten und Fahrzeughersteller. Zu diesem Zweck erstellen und veröffentlichen sie eindeutige nationale Verfahren und sorgen dafür, dass folgende Mindestanforderungen erfüllt werden:

a) das Personal ist ordnungsgemäß geschult,

b) die Ausrüstungen, die zur Durchführung der einschlägigen Prüfungen und Aufgaben erforderlich sind, stehen zur Verfügung,

c) die Einbaubetriebe, Werkstätten und Fahrzeughersteller gelten als zuverlässig.

(3) Zugelassene Einbaubetriebe und Werkstätten werden folgendermaßen überprüft:

EU-RECHTSAKTE: VO 561/2006 / VO 165/2014 / VO 2022/1012 / Einheitsformulare / RL Mindestbedingungen

a) Zugelassene Einbaubetriebe und Werkstätten werden mindestens alle zwei Jahre einem Audit unterzogen, bei dem die von ihnen angewandten Verfahren für den Umgang mit Fahrtenschreibern geprüft werden. Im Mittelpunkt des Audits stehen insbesondere die getroffenen Sicherheitsmaßnahmen und der Umgang mit Werkstattkarten. Die Mitgliedstaaten können diese Audits auch ohne eine Ortsbesichtigung durchführen.

b) Ferner finden unangekündigte technische Audits der zugelassenen Einbaubetriebe und Werkstätten statt, um die durchgeführten Kalibrierungen, Nachprüfungen und Einbauten zu überwachen. Diese Audits müssen jährlich mindestens 10 % der zugelassenen Einbaubetriebe und Werkstätten unterzogen werden.

(4) Die Mitgliedstaaten und ihre zuständigen Behörden ergreifen geeignete Maßnahmen, um Interessenkonflikte zwischen Einbaubetrieben oder Werkstätten mit den Verkehrsunternehmen zu vermeiden. Insbesondere bei Bestehen einer ernsthaften Gefahr eines Interessenkonflikts werden zusätzliche fallbezogene Maßnahmen ergriffen, um sicherzustellen, dass der Einbaubetrieb oder die Werkstatt diese Verordnung einhält.

(5) Die zuständigen Behörden der Mitgliedstaaten übermitteln der Kommission jährlich – möglichst elektronisch – die Verzeichnisse der zugelassenen Einbaubetriebe und Werkstätten sowie der ihnen ausgestellten Karten. Die Kommission veröffentlicht diese Verzeichnisse auf ihrer Website.

(6) Die zuständigen Behörden in den Mitgliedstaaten entziehen Einbaubetrieben, Werkstätten und Fahrzeugherstellern, die ihren Pflichten aus dieser Verordnung nicht nachkommen, vorübergehend oder dauerhaft die Zulassung.

Artikel 25
Werkstattkarten

(1) Die Gültigkeitsdauer der Werkstattkarten darf ein Jahr nicht überschreiten. Bei der Erneuerung der Werkstattkarte stellt die zuständige Behörde sicher, dass der Einbaubetrieb, die Werkstatt oder der Fahrzeughersteller die Kriterien gemäß Artikel 24 Absatz 2 erfüllt.

(2) Die zuständige Behörde erneuert eine Werkstattkarte binnen 15 Arbeitstagen nach Eingang eines gültigen Antrags auf Erneuerung und aller erforderlichen Unterlagen. Bei Beschädigung, Fehlfunktion oder Verlust oder Diebstahl der Werkstattkarte stellt die zuständige Behörde binnen fünf Arbeitstagen nach Eingang eines entsprechenden begründeten Antrags eine Ersatzkarte aus. Die zuständigen Behörden führen ein Verzeichnis der verlorenen, gestohlenen und defekten Karten.

(3) Entzieht ein Mitgliedstaat einem Einbaubetrieb, einer Werkstatt oder einem Fahrzeughersteller nach Maßgabe des Artikels 24 die Zulassung, so zieht er auch die diesem/dieser ausgestellten Werkstattkarten ein.

(4) Die Mitgliedstaaten ergreifen alle erforderlichen Maßnahmen, um das Fälschen der den zugelassenen Einbaubetrieben, Werkstätten und Fahrzeugherstellern ausgestellten Werkstattkarten zu verhindern.

KAPITEL V
FAHRERKARTEN

Artikel 26
Ausstellung von Fahrerkarten

(1) Die Fahrerkarte wird dem Fahrer auf seinen Antrag von der zuständigen Behörde des Mitgliedstaats, in dem er seinen gewöhnlichen Wohnsitz hat, ausgestellt. Die Ausstellung erfolgt binnen eines Monats nach Eingang des Antrags und aller erforderlichen Unterlagen bei der zuständigen Behörde.

(2) Im Sinne dieses Artikels gilt als „gewöhnlicher Wohnsitz" der Ort, an dem eine Person wegen persönlicher und beruflicher Bindungen oder – im Falle einer Person ohne berufliche Bindungen – wegen persönlicher Bindungen, die enge Beziehungen zwischen der Person und dem Wohnort erkennen lassen, gewöhnlich, d. h. während mindestens 185 Tagen im Kalenderjahr, wohnt.

Jedoch gilt als gewöhnlicher Wohnsitz einer Person, deren berufliche Bindungen an einem anderen Ort als dem seiner persönlichen Bindungen liegen und die daher veranlasst ist, sich abwechselnd an verschiedenen Orten in zwei oder mehr Mitgliedstaaten aufzuhalten, der Ort ihrer persönlichen Bindungen, sofern sie regelmäßig dorthin zurückkehrt. Letzteres ist nicht erforderlich, wenn sich die Person in einem Mitgliedstaat zur Ausführung eines Auftrags von bestimmter Dauer aufhält.

(3) Die Fahrer erbringen den Nachweis über ihren gewöhnlichen Wohnsitz anhand aller geeigneten Mittel, insbesondere des Personalausweises oder jedes anderen beweiskräftigen Dokuments. Bestehen bei den zuständigen Behörden des Mitgliedstaats, der die Fahrerkarte ausstellt, Zweifel über die Richtigkeit der Angabe des gewöhnlichen Wohnsitzes oder sollen bestimmte spezifische Kontrollen vorgenommen werden, so können diese Behörden zusätzliche Auskünfte oder zusätzliche Belege verlangen.

(4) In hinreichend begründeten Ausnahmefällen können die Mitgliedstaaten einem Fahrer ohne gewöhnlichen Wohnsitz in einem Mitgliedstaat oder in einem Staat, der Vertragspartei des AETR-Übereinkommens ist, eine befristete und nicht erneuerbare Fahrerkarte ausstellen, die für einen Zeitraum von höchstens 185 Tagen gültig ist, so-

fern dieser Fahrer sich in einem arbeitsrechtlichen Verhältnis mit einem im ausstellenden Mitgliedstaat niedergelassenen Unternehmen befindet und – soweit die Verordnung (EG) Nr. 1072/2009 des Europäischen Parlaments und des Rates[1] gilt – eine Fahrerbescheinigung entsprechend der genannten Verordnung vorlegt.

Die Kommission verfolgt die Anwendung dieses Absatzes fortlaufend anhand der von den Mitgliedstaaten zur Verfügung gestellten Daten. Sie berichtet dem Europäischen Parlament und dem Rat alle zwei Jahre über ihre Erkenntnisse und geht dabei insbesondere der Frage nach, ob sich die befristeten Fahrerkarten negativ auf den Arbeitsmarkt auswirken und ob befristete Karten einem bestimmten Fahrer gewöhnlich mehrmals ausgestellt werden. Die Kommission kann einen sachdienlichen Gesetzgebungsvorschlag zur Änderung dieses Absatzes unterbreiten.

(5) Die zuständigen Behörden des ausstellenden Mitgliedstaats treffen geeignete Maßnahmen, um sicherzustellen, dass der Antragsteller nicht bereits Inhaber einer gültigen Fahrerkarte ist, und versehen die Fahrerkarte auf sichtbare und sichere Weise mit den persönlichen Daten des Fahrers.

(6) Die Gültigkeitsdauer der Fahrerkarte darf fünf Jahre nicht überschreiten.

(7) Eine gültige Fahrerkarte darf nur entzogen oder ausgesetzt werden, wenn die zuständigen Behörden eines Mitgliedstaats feststellen, dass die Karte gefälscht worden ist, der Fahrer eine Karte verwendet, deren Inhaber er nicht ist, oder die Ausstellung der Karte auf der Grundlage falscher Erklärungen und/oder gefälschter Dokumente erwirkt wurde. Werden solche Maßnahmen zum Entzug oder zur Aussetzung der Gültigkeit der Karte von einem anderen als dem ausstellenden Mitgliedstaat getroffen, so sendet dieser Mitgliedstaat die Karte so bald wie möglich an die Behörden des ausstellenden Mitgliedstaats zurück und teilt die Gründe für den Entzug oder die Aussetzung mit. Dauert die Rücksendung der Karte voraussichtlich mehr als zwei Wochen, so teilt der Mitgliedstaat, der die Aussetzung der Gültigkeit oder den Entzug der Karte vorgenommen hat, dem ausstellenden Mitgliedstaat innerhalb dieser zwei Wochen die Gründe für die Aussetzung oder den Entzug mit.

(7a) Die zuständige Behörde des ausstellenden Mitgliedstaats kann verlangen, dass ein Fahrer die Fahrerkarte durch eine neue ersetzt, wenn das zur Einhaltung der einschlägigen technischen Spezifikationen erforderlich ist. *(ABl L 249 vom 31. 7. 2020, S. 1)*

(8) Die Mitgliedstaaten ergreifen alle erforderlichen Maßnahmen, um das Fälschen von Fahrerkarten zu verhindern.

(9) Dieser Artikel hindert die Mitgliedstaaten nicht daran, eine Fahrerkarte einem Fahrer auszustellen, der seinen gewöhnlichen Wohnsitz in einem Teil des Hoheitsgebiets dieses Mitgliedstaats hat, für den der Vertrag über die Europäische Union und der Vertrag über die Arbeitsweise der Europäischen Union nicht gelten, sofern in diesen Fällen die einschlägigen Bestimmungen dieser Verordnung zur Anwendung kommen.

Artikel 27
Benutzung von Fahrerkarten

(1) Die Fahrerkarte ist persönlich und nicht übertragbar.

(2) Ein Fahrer darf nur Inhaber einer einzigen gültigen Fahrerkarte sein und nur seine eigene persönliche Fahrerkarte benutzen. Er darf weder eine defekte noch eine abgelaufene Fahrerkarte benutzen.

Artikel 28
Erneuerung von Fahrerkarten

(1) Ein Fahrer, der die Erneuerung seiner Fahrerkarte wünscht, muss bei den zuständigen Behörden des Mitgliedstaats, in dem er seinen gewöhnlichen Wohnsitz hat, spätestens fünfzehn Arbeitstage vor Ablauf der Gültigkeit der Karte einen entsprechenden Antrag stellen.

(2) Ist bei einer Erneuerung der Mitgliedstaat, in dem der Fahrer seinen gewöhnlichen Wohnsitz hat, ein anderer als der, der die bestehende Fahrerkarte ausgestellt hat, und wurde bei den Behörden des früheren Mitgliedstaats ein Antrag gestellt, die Fahrerkarte zu erneuern, so teilt dieser den Ausstellungsbehörden der bisherigen Karte die genauen Gründe für die Erneuerung mit.

(3) Bei Beantragung der Erneuerung einer Karte, deren Gültigkeitsdauer in Kürze abläuft, stellt die zuständige Behörde vor Ablauf der Gültigkeit eine neue Karte aus, sofern sie den Antrag bis zu der in Absatz 1 genannten Frist erhalten hat.

Artikel 29
Verlorene, gestohlene und defekte Fahrerkarten

(1) Die ausstellende Behörde führt ein Verzeichnis der ausgestellten, gestohlenen, verlorenen und defekten Fahrerkarten, in dem die Fahrerkarten mindestens bis zum Ablauf ihrer Gültigkeitsdauer aufgeführt werden.

(2) Bei Beschädigung oder Fehlfunktion der Fahrerkarte gibt der Fahrer diese Karte der zuständigen Behörde des Mitgliedstaats, in dem er sei-

---

[1] *Verordnung (EG) Nr. 1072/2009 des Europäischen Parlaments und des Rates vom 21. Oktober 2009 über gemeinsame Regeln für den Zugang zum Markt des grenzüberschreitenden Güterkraftverkehrs (ABl. L 300 vom 14.11.2009, S. 72).*

nen gewöhnlichen Wohnsitz hat, zurück. Der Diebstahl einer Fahrerkarte muss den zuständigen Behörden des Staates, in dem sich der Diebstahl ereignet hat, ordnungsgemäß gemeldet werden.

(3) Der Verlust einer Fahrerkarte muss den zuständigen Behörden des ausstellenden Mitgliedstaats sowie, falls es sich nicht um denselben Staat handelt, den zuständigen Behörden des Mitgliedstaats, in dem der Fahrer seinen gewöhnlichen Wohnsitz hat, ordnungsgemäß gemeldet werden.

(4) Bei Beschädigung, Fehlfunktion, Verlust oder Diebstahl der Fahrerkarte muss der Fahrer bei den zuständigen Behörden des Mitgliedstaats, in dem er seinen gewöhnlichen Wohnsitz hat, binnen sieben Kalendertagen die Ersetzung der Karte beantragen. Diese Behörden stellen binnen acht Arbeitstagen nach Eingang eines entsprechenden begründeten Antrags bei ihnen eine Ersatzkarte aus.

(5) Unter den in Absatz 4 genannten Umständen darf der Fahrer seine Fahrt ohne Fahrerkarte während eines Zeitraums von höchstens 15 Kalendertagen fortsetzen, bzw. während eines längeren Zeitraums, wenn dies für die Rückkehr des Fahrzeugs zu seinem Standort erforderlich ist, sofern der Fahrer nachweisen kann, dass es unmöglich war, die Fahrerkarte während dieses Zeitraums vorzulegen oder zu benutzen.

Artikel 30
Gegenseitige Anerkennung und Umtausch von Fahrerkarten

(1) Von den Mitgliedstaaten ausgestellte Fahrerkarten werden von den Mitgliedstaaten gegenseitig anerkannt.

(2) Hat der Inhaber einer von einem Mitgliedstaat ausgestellten gültigen Fahrerkarte seinen gewöhnlichen Wohnsitz in einem anderen Mitgliedstaat begründet, so kann er den Umtausch seiner Karte gegen eine gleichwertige Fahrerkarte beantragen. Es ist Sache des umtauschenden Mitgliedstaats zu prüfen, ob die vorgelegte Karte noch gültig ist.

(3) Die Mitgliedstaaten, die einen Umtausch vornehmen, senden die einbehaltene Karte den Behörden des ausstellenden Mitgliedstaats zurück und begründen ihr Vorgehen.

(4) Wird eine Fahrerkarte von einem Mitgliedstaat ersetzt oder umgetauscht, so wird dieser Vorgang ebenso wie jeder weitere Ersatz oder Umtausch in dem betreffenden Mitgliedstaat erfasst.

Artikel 31
Elektronischer Austausch von Informationen über Fahrerkarten

(1) Um sicherzustellen, dass der Antragsteller nicht bereits Inhaber einer gültigen Fahrerkarte ist, wie in Artikel 26 ausgeführt, führen die Mitgliedstaaten nationale elektronische Register, in denen sie folgende Informationen über Fahrerkarten – auch über die in Artikel 26 Absatz 4 genannten Fahrerkarten – mindestens bis zum Ablauf der Gültigkeitsdauer der Fahrerkarten speichern:

– Name und Vorname des Fahrers,
– Geburtsdatum und, sofern verfügbar, Geburtsort des Fahrers,
– gültige Führerscheinnummer und Ausstellungsland des Führerscheins (falls zutreffend),
– Status der Fahrerkarte,
– Nummer der Fahrerkarte.

(2) Die Mitgliedstaaten treffen alle erforderlichen Maßnahmen, damit die nationalen elektronischen Register vernetzt werden und unionsweit zugänglich sind, und verwenden dazu das in der Empfehlung 2010/19/EU genannte Benachrichtigungssystem TACHOnet oder ein kompatibles System. Im Falle eines kompatiblen Systems muss der Austausch elektronischer Daten mit allen anderen Mitgliedstaaten über das Benachrichtigungssystem TACHOnet möglich sein.

(3) Bei jeder Ausstellung, Ersetzung und erforderlichenfalls Erneuerung einer Fahrerkarte überprüfen die Mitgliedstaaten mittels des elektronischen Datenaustauschs, ob der Fahrer nicht bereits Inhaber einer anderen gültigen Fahrerkarte ist. Dabei dürfen nur die für die Zwecke dieser Überprüfung notwendigen Daten übertragen werden.

(4) Kontrolleuren kann Zugang zu dem elektronischen Register gewährt werden, damit sie den Status der Fahrerkarte überprüfen können.

(5) Die Kommission erlässt Durchführungsrechtsakte zur Festlegung der gemeinsamen Verfahren und Spezifikationen, die für die in Absatz 2 genannte Vernetzung notwendig sind, einschließlich des Datenaustauschformats, der technischen Verfahren für die elektronische Abfrage der nationalen elektronischen Register, der Zugangsverfahren und Sicherheitsvorkehrungen. Diese Durchführungsrechtsakte werden nach dem in Artikel 42 Absatz 3 genannten Prüfverfahren erlassen.

KAPITEL VI
BENUTZUNGSVORSCHRIFTEN

Artikel 32
Ordnungsgemäße Benutzung der Fahrtenschreiber

(1) Das Verkehrsunternehmen und die Fahrer sorgen für das einwandfreie Funktionieren und die ordnungsgemäße Benutzung des digitalen Fahrtenschreibers sowie der Fahrerkarte. Die Verkehrsunternehmen und die Fahrer, die einen

analogen Fahrtenschreiber verwenden, stellen das einwandfreie Funktionieren des Fahrtenschreibers und die ordnungsgemäße Benutzung des Schaublatts sicher.

(2) Der digitale Fahrtenschreiber darf nicht so eingestellt werden, dass er automatisch auf eine bestimmte Tätigkeitskategorie umschaltet, wenn der Fahrzeugmotor abgestellt oder die Zündung ausgeschaltet wird, es sei denn, der Fahrer kann die jeweilige Tätigkeitskategorie weiterhin manuell eingeben.

(3) Es ist verboten, die auf dem Schaublatt aufgezeichneten, im Fahrtenschreiber oder auf der Fahrerkarte gespeicherten oder vom Fahrtenschreiber ausgedruckten Daten zu verfälschen, zu verschleiern, zu unterdrücken oder zu vernichten. Verboten ist ebenfalls jede Manipulation am Fahrtenschreiber, am Schaublatt oder an der Fahrerkarte, durch die die Daten und/oder Ausdrucke verfälscht, unterdrückt oder vernichtet werden könnten. Im Fahrzeug darf keine Vorrichtung vorhanden sein, die zu diesem Zweck verwendet werden kann.

(4) Fahrzeuge dürfen nur mit einem einzigen Fahrtenschreiber ausgerüstet sein, außer für die Zwecke der Praxiserprobungen gemäß Artikel 21.

(5) Die Mitgliedstaaten verbieten die Herstellung, den Vertrieb, die Bewerbung und den Verkauf von Geräten, die dafür konstruiert oder bestimmt sind, Fahrtenschreiber zu manipulieren.

Artikel 33
Verantwortlichkeit des Verkehrsunternehmens

(1) Das Verkehrsunternehmen hat verantwortlich dafür zu sorgen, dass seine Fahrer hinsichtlich des ordnungsgemäßen Funktionierens des Fahrtenschreibers angemessen geschult und unterwiesen werden, unabhängig davon, ob dieser digital oder analog ist; es führt regelmäßige Überprüfungen durch, um sicherzustellen, dass seine Fahrer den Fahrtenschreiber ordnungsgemäß verwenden, und gibt seinen Fahrern keinerlei direkte oder indirekte Anreize, die zu einem Missbrauch des Fahrtenschreibers anregen könnten.
Das Verkehrsunternehmen händigt den Fahrern von Fahrzeugen mit einem analogen Fahrtenschreiber eine ausreichende Anzahl Schaublätter aus, wobei es dem persönlichen Charakter dieser Schaublätter, der Dauer des Einsatzes und der Verpflichtung Rechnung trägt, beschädigte oder von einem ermächtigten Kontrolleur eingezogene Schaublätter zu ersetzen. Das Verkehrsunternehmen händigt den Fahrern nur solche Schaublätter aus, die einem genehmigten Muster entsprechen und die sich für das in das Fahrzeug eingebaute Gerät eignen.
Ist ein Fahrzeug mit einem digitalen Fahrtenschreiber ausgerüstet, so sorgen das Verkehrsunternehmen und der Fahrer dafür, dass im Falle einer Nachprüfung der Ausdruck von Daten aus dem Fahrtenschreiber unter Berücksichtigung der Dauer des Einsatzes auf Verlangen eines Kontrolleurs ordnungsgemäß erfolgen kann.

(2) Das Verkehrsunternehmen bewahrt die Schaublätter und – sofern Ausdrucke gemäß Artikel 35 erstellt wurden – die Ausdrucke in chronologischer Reihenfolge und in lesbarer Form nach der Benutzung mindestens ein Jahr lang auf und händigt den betreffenden Fahrern auf Verlangen eine Kopie aus. Das Verkehrsunternehmen händigt den betreffenden Fahrern ferner auf Verlangen eine Kopie der von den Fahrerkarten heruntergeladenen Daten sowie Ausdrucke davon aus. Die Schaublätter, die Ausdrucke und die heruntergeladenen Daten sind jedem ermächtigten Kontrolleur auf Verlangen vorzulegen oder auszuhändigen.

(3) Ein Verkehrsunternehmen haftet für Verstöße gegen diese Verordnung, die von Fahrern des Unternehmens bzw. von den Fahrern begangen werden, die ihm zur Verfügung stehen. Die Mitgliedstaaten können diese Haftung jedoch von einem Verstoß des Verkehrsunternehmens gegen Absatz 1 Unterabsatz 1 des vorliegenden Artikels und Artikel 10 Absätze 1 und 2 der Verordnung (EG) Nr. 561/2006 abhängig machen.

Artikel 34
Benutzung von Fahrerkarten und Schaublättern

(1) Die Fahrer benutzen für jeden Tag, an dem sie lenken, ab dem Zeitpunkt, an dem sie das Fahrzeug übernehmen, Schaublätter oder Fahrerkarten. Das Schaublatt oder die Fahrerkarte wird nicht vor dem Ende der täglichen Arbeitszeit entnommen, es sei denn, eine Entnahme ist anderweitig zulässig oder sie ist erforderlich, um nach einer Grenzüberschreitung das Symbol des Landes einzutragen. Schaublätter oder Fahrerkarten dürfen nicht über den Zeitraum, für den sie bestimmt sind, hinaus verwendet werden. *(ABl L 249 vom 31. 7. 2020, S. 1)*

(2) Die Fahrer müssen die Schaublätter oder Fahrerkarten angemessen schützen und dürfen keine angeschmutzten oder beschädigten Schaublätter oder Fahrerkarten verwenden.

(3) Wenn der Fahrer sich nicht im Fahrzeug aufhält und daher nicht in der Lage ist, den in das Fahrzeug eingebauten Fahrtenschreiber zu betätigen, werden die in Absatz 5 Buchstabe b Ziffern ii, iii und iv genannten Zeiträume,

a) wenn das Fahrzeug mit einem analogen Fahrtenschreiber ausgerüstet ist, von Hand, durch automatische Aufzeichnung oder auf andere Weise lesbar und ohne Verschmutzung des Schaublatts auf dem Schaublatt eingetragen,

b) wenn das Fahrzeug mit einem digitalen Fahrtenschreiber ausgerüstet ist, mittels der manuellen Eingabevorrichtung des Fahrtenschreibers auf der Fahrerkarte eingetragen.

Die Mitgliedstaaten dürfen von den Fahrern nicht die Vorlage von Formularen verlangen, mit denen die Tätigkeit der Fahrer, während sie sich nicht im Fahrzeug aufhalten, bescheinigt wird.

(4) Befindet sich an Bord eines mit einem digitalen Fahrtenschreiber ausgerüsteten Fahrzeugs mehr als ein Fahrer, so stellt jeder Fahrer sicher, dass seine Fahrerkarte in den richtigen Steckplatz im Fahrtenschreiber eingeschoben ist.

Befindet sich an Bord eines mit einem analogen Fahrtenschreiber ausrüsteten Fahrzeugs mehr als ein Fahrer, nehmen die Fahrer auf den Schaublättern erforderliche Änderungen so vor, dass die relevanten Angaben auf dem Schaublatt des Fahrers, der tatsächlich lenkt, aufgezeichnet werden.

(5) Die Fahrer

a) achten darauf, dass die Zeitmarkierung auf dem Schaublatt mit der gesetzlichen Zeit des Landes übereinstimmt, in dem das Fahrzeug zugelassen ist,

b) betätigen die Schaltvorrichtung des Kontrollgeräts so, dass folgende Zeiten getrennt und unterscheidbar aufgezeichnet werden:

i) unter dem Zeichen ⊗ die Lenkzeiten;

ii) unter dem Zeichen ⚒ „andere Arbeiten", das sind alle anderen Tätigkeiten als die Lenktätigkeit im Sinne von Artikel 3 Buchstabe a der Richtlinie 2002/15/EG sowie jegliche Arbeit für denselben oder einen anderen Arbeitgeber, sei es innerhalb oder außerhalb des Verkehrssektors,

iii) unter dem Zeichen ▯ „Bereitschaftszeit" im Sinne von Artikel 3 Buchstabe b der Richtlinie 2002/15/EG,

iv) unter dem Zeichen 🛏 : Fahrtunterbrechungen, Ruhezeiten, Jahresurlaub oder krankheitsbedingte Fehlzeiten, *(ABl L 249 vom 31. 7. 2020, S. 1)*

v) unter dem Zeichen für „Fähre/Zug": Zusätzlich zu dem Zeichen 🛏 : die Ruhezeiten an Bord eines Fährschiffs oder Zuges gemäß Artikel 9 der Verordnung (EG) Nr. 561/2006. *(ABl L 249 vom 31. 7. 2020, S. 1)*

(6) Jeder Fahrer eines mit einem analogen Fahrtenschreiber ausgestatteten Fahrzeugs trägt auf dem Schaublatt folgende Angaben ein:

a) bei Beginn der Benutzung des Schaublatts: seinen Namen und Vornamen,

b) bei Beginn und am Ende der Benutzung des Schaublatts: den Zeitpunkt und den Ort,

c) das amtliche Kennzeichen des Fahrzeugs, das dem Fahrer zugewiesen ist, und zwar vor der ersten auf dem Schaublatt verzeichneten Fahrt und in der Folge im Falle des Fahrzeugwechsels während der Benutzung des Schaublatts,

d) den Stand des Kilometerzählers:

i) vor der ersten auf dem Schaublatt verzeichneten Fahrt,

ii) am Ende der letzten auf dem Schaublatt verzeichneten Fahrt,

iii) im Falle des Fahrzeugwechsels während des Arbeitstags den Zählerstand des ersten Fahrzeugs, das dem Fahrer zugewiesen war, und den Zählerstand des nächsten Fahrzeugs,

e) gegebenenfalls die Uhrzeit des Fahrzeugwechsels.

f) das Symbol des Landes, in dem die tägliche Arbeitszeit beginnt bzw. endet. Der Fahrer trägt auch das Symbol des Landes ein, in das er nach Überqueren einer Grenze eines Mitgliedstaats einreist, und zwar zu Beginn seines ersten Halts in diesem Mitgliedstaat. Der erste Halt erfolgt auf dem nächstmöglichen Halteplatz an oder nach der Grenze. Wird die Grenze eines Mitgliedstaats mit dem Fährschiff oder der Eisenbahn überquert, so gibt er das Symbol des Landes im Ankunftshafen oder -bahnhof ein. *(ABl L 249 vom 31. 7. 2020, S. 1)*

(7) Der Fahrer gibt in den digitalen Fahrtenschreiber das Symbol des Landes ein, in dem die tägliche Arbeitszeit begann bzw. endete.

Ab dem 2. Februar 2022 gibt der Fahrer auch das Symbol des Landes ein, in das er nach Überqueren einer Grenze eines Mitgliedstaats einreist, und zwar zu Beginn seines ersten Halts in diesem Mitgliedstaat. Der erste Halt erfolgt auf dem nächstmöglichen Halteplatz an oder nach der Grenze. Wird die Grenze eines Mitgliedstaats mit dem Fährschiff oder der Eisenbahn überquert, so gibt er das Symbol des Landes im Ankunftshafen oder -bahnhof ein.

Die Mitgliedstaaten können den Fahrern von Fahrzeugen, die einen innerstaatlichen Transport in ihrem Hoheitsgebiet durchführen, vorschreiben, dem Symbol des Landes genauere geografische Angaben hinzuzufügen, sofern die betreffenden Mitgliedstaaten diese genaueren geografischen Angaben der Kommission vor dem 1. April 1998 mitgeteilt hatten.

Die Fahrer brauchen die Angaben nach Unterabsatz 1 nicht zu machen, wenn der Fahrtenschreiber Standortdaten gemäß Artikel 8 automatisch aufzeichnet.

(ABl L 249 vom 31. 7. 2020, S. 1)

Artikel 35
Beschädigte Fahrerkarten und Schaublätter

(1) Wird ein Schaublatt, das Aufzeichnungen enthält, oder eine Fahrerkarte beschädigt, so müssen die Fahrer das beschädigte Schaublatt oder die beschädigte Fahrerkarte dem ersatzweise verwendeten Reserveblatt beifügen.

(2) Bei Beschädigung, Fehlfunktion, Verlust oder Diebstahl der Fahrerkarte muss der Fahrer

a) zu Beginn seiner Fahrt die Angaben über das von ihm gelenkte Fahrzeug ausdrucken und in den Ausdruck

i) die Angaben eintragen, mit denen der Fahrer identifiziert werden kann (Name, Nummer der Fahrerkarte oder des Führerscheins), und seine Unterschrift anbringen,

ii) die in Artikel 34 Absatz 5 Buchstabe b Ziffern ii, iii und iv genannten Zeiten eintragen, *(ABl L 93 vom 9. 4. 2015, S. 103)*

b) am Ende seiner Fahrt die Angaben über die vom Fahrtenschreiber aufgezeichneten Zeiten ausdrucken, die vom Fahrtenschreiber nicht erfassten Zeiten vermerken, in denen er seit dem Erstellen des Ausdrucks bei Fahrtantritt andere Arbeiten ausgeübt hat, Bereitschaft hatte oder eine Ruhepause eingelegt hat, und auf diesem Dokument die Angaben eintragen, mit denen der Fahrer identifiziert werden kann (Name, Nummer der Fahrerkarte oder des Führerscheins), und seine Unterschrift anbringen.

Artikel 36
Vom Fahrer mitzuführende Aufzeichnungen

(1) Lenkt der Fahrer ein Fahrzeug, das mit einem analogen Fahrtenschreiber ausgerüstet ist, so muss er einem ermächtigten Kontrolleur auf Verlangen jederzeit Folgendes vorlegen können:

i) die Schaublätter für den laufenden Tag und die vorausgehenden 56 Tage, *(ABl L 249 vom 31. 7. 2020, S. 1)*

ii) die Fahrerkarte, falls er Inhaber einer solchen Karte ist, und

iii) alle am laufenden Tag und an den vorausgehenden 56 Tagen erstellten handschriftlichen Aufzeichnungen und Ausdrucke. *(ABl L 249 vom 31. 7. 2020, S. 1)*

(2) Lenkt der Fahrer ein Fahrzeug, das mit einem digitalen Fahrtenschreiber ausgerüstet ist, so muss er einem ermächtigten Kontrolleur auf Verlangen jederzeit Folgendes vorlegen können:

i) seine Fahrerkarte,

ii) alle am laufenden Tag und an den vorausgehenden 56 Tagen erstellten handschriftlichen Aufzeichnungen und Ausdrucke. *(ABl L 249 vom 31. 7. 2020, S. 1)*

iii) die Schaublätter für den Zeitraum gemäß Ziffer ii, falls er in dieser Zeit ein Fahrzeug gelenkt hat, das mit einem analogen Fahrtenschreiber ausgerüstet ist.

(3) Ein ermächtigter Kontrolleur kann die Einhaltung der Verordnung (EG) Nr. 561/2006 überprüfen, indem er die Schaublätter, die vom Fahrtenschreiber oder auf der Fahrerkarte gespeicherten Daten (mittels Anzeige, Ausdruck oder Herunterladen) oder anderenfalls jedes andere beweiskräftige Dokument, das die Nichteinhaltung einer Bestimmung wie etwa des Artikels 29 Absatz 2 und des Artikels 37 Absatz 2 dieser Verordnung belegt, analysiert.

Artikel 37
Verfahren bei einer Fehlfunktion des Gerätes

(1) Bei Betriebsstörung oder Fehlfunktion des Fahrtenschreibers muss das Verkehrsunternehmen die Reparatur, sobald die Umstände dies gestatten, von einem zugelassenen Einbaubetrieb oder einer zugelassenen Werkstatt durchführen lassen. Kann die Rückkehr zum Standort des Verkehrsunternehmens erst nach mehr als einer Woche nach dem Tag des Eintritts der Betriebsstörung oder der Feststellung der Fehlfunktion erfolgen, so ist die Reparatur unterwegs vorzunehmen. In den gemäß Artikel 41 getroffenen Maßnahmen ermächtigen die Mitgliedstaaten die zuständigen Behörden dazu, die Benutzung des Fahrzeugs zu untersagen, wenn eine Betriebsstörung oder Fehlfunktion nicht gemäß Unterabsatz 1 oder 2 des vorliegenden Absatzes behoben wird, sofern dies mit den nationalen Rechtsvorschriften des betreffenden Mitgliedstaats im Einklang steht.

(2) Während einer Betriebsstörung oder bei Fehlfunktion des Fahrtenschreibers vermerkt der Fahrer die Angaben, mit denen er identifiziert werden kann (Name, Nummer seiner Fahrerkarte oder seines Führerscheins), zusammen mit seiner Unterschrift sowie die vom Fahrtenschreiber nicht mehr ordnungsgemäß aufgezeichneten oder ausgedruckten Angaben über die verschiedenen Zeiten

a) auf dem Schaublatt bzw. den Schaublättern oder

b) auf einem besonderen Blatt, das dem Schaublatt oder der Fahrerkarte beigefügt wird.

KAPITEL VII
DURCHSETZUNG UND SANKTIONEN

Artikel 38
Kontrolleure

(1) Um die Einhaltung dieser Verordnung wirksam zu überwachen, werden die ermächtigten Kontrolleure mit ausreichender Ausrüstung und angemessenen gesetzlichen Befugnisse ausgestattet, damit sie ihren Aufgaben gemäß dieser Ver-

ordnung nachkommen können. Zu dieser Ausrüstung gehören insbesondere:

a) Kontrollkarten, die den Zugang zu Daten ermöglichen, die auf dem Fahrtenschreiber und auf den Fahrtenschreiberkarten sowie optional auf der Werkstattkarte aufgezeichnet sind,

b) die Instrumente, die erforderlich sind, um Datendateien der Fahrzeugeinheit und der Fahrtenschreiberkarten herunterzuladen und um derartige Datendateien und vom digitalen Fahrtenschreiber ausgedruckte Daten zusammen mit Schaublättern oder Tabellen vom analogen Fahrtenschreiber analysieren zu können.

(2) Wenn Kontrolleure bei einer Überprüfung genügend Hinweise feststellen, die einen begründeten Betrugsverdacht nahelegen, sind sie befugt, das Fahrzeug zu einer zugelassenen Werkstatt zu schicken, wo weitere Kontrollen vorgenommen werden, um insbesondere zu überprüfen, dass

a) der Fahrtenschreiber ordnungsgemäß funktioniert,

b) der Fahrtenschreiber die Daten korrekt aufzeichnet und speichert und die Kalibrierungsparameter korrekt sind.

(3) Die Kontrolleure sind befugt, zugelassene Werkstätten aufzufordern, die in Absatz 2 genannte Kontrolle sowie spezielle Kontrollen vorzunehmen, die darauf ausgerichtet sind, das Vorhandensein von Manipulationsgeräten festzustellen. Werden Manipulationsgeräte festgestellt, so können der Fahrtenschreiber einschließlich des Gerätes selbst, die Fahrzeugeinheit oder ihre Bestandteile sowie die Fahrerkarte aus dem Fahrzeug entfernt und entsprechend den nationalen Verfahrensregeln für die Behandlung von Beweismaterial als Beweisstücke verwendet werden.

(4) Die Kontrolleure machen gegebenenfalls von der Möglichkeit Gebrauch, während einer Kontrolle des Sitzes des Unternehmens Fahrtenschreiber und Fahrerkarten zu überprüfen, die sich vor Ort befinden.

Artikel 39
Aus- und Fortbildung der Kontrolleure

(1) Die Mitgliedstaaten stellen sicher, dass die Kontrolleure für die Analyse der aufgezeichneten Daten und die Überprüfung des Fahrtenschreibers ordnungsgemäß geschult sind, um eine effiziente und harmonisierte Kontrolle und Rechtsdurchsetzung zu erreichen.

(2) Die Mitgliedstaaten teilen der Kommission bis 2. September 2016 die für ihre Kontrolleure geltenden Aus- und Fortbildungsanforderungen mit.

(3) Die Kommission erlässt im Wege von Durchführungsrechtsakten Vorschriften, in denen der Inhalt der Grundausbildung und Fortbildung der Kontrolleure einschließlich der Ausbildung in Techniken für die gezielte Kontrolle und die Feststellung von Manipulationsgeräten und Betrug präzisiert wird. Diese Maßnahmen beinhalten Leitlinien zur Erleichterung der Durchführung der einschlägigen Bestimmungen dieser Verordnung und der Verordnung (EG) Nr. 561/2006. Diese Durchführungsrechtsakte werden nach dem in Artikel 42 Absatz 3 genannten Prüfverfahren erlassen.

(4) Die Mitgliedstaaten nehmen den von der Kommission präzisierten Inhalt in die Aus- und Fortbildung der Kontrolleure auf.

Artikel 40
Gegenseitige Amtshilfe

Die Mitgliedstaaten gewähren einander Beistand im Hinblick auf die Anwendung dieser Verordnung und die Überwachung der Anwendung. Im Rahmen dieser Amtshilfe sind die zuständigen Behörden der Mitgliedstaaten insbesondere gehalten, sich einander regelmäßig alle verfügbaren Informationen über Verstöße gegen diese Verordnung in Bezug auf Einbaubetriebe und Werkstätten, Arten von Manipulationsverfahren und die wegen solcher Verstöße verhängten Strafen zu übermitteln.

Artikel 41
Sanktionen

(1) Die Mitgliedstaaten erlassen in Einklang mit den nationalen Verfassungsbestimmungen Vorschriften über die bei einem Verstoß gegen diese Verordnung zu verhängenden Sanktionen und treffen alle erforderlichen Maßnahmen, damit diese Sanktionen angewandt werden. Diese Sanktionen müssen wirksam, verhältnismäßig und abschreckend sein und dürfen nicht diskriminierend sein, sie müssen ferner den in der Richtlinie 2006/22/EG festgelegten Kategorien von Verstößen entsprechen.

(2) Die Mitgliedstaaten teilen der Kommission diese Maßnahmen und die Vorschriften für Sanktionen bis 2. März 2016 mit. Sie teilen der Kommission jede spätere Änderung dieser Maßnahmen mit.

KAPITEL VIII
SCHLUSSBESTIMMUNGEN

Artikel 42
Ausschuss

(1) Die Kommission wird von einem Ausschuss unterstützt. Dabei handelt es sich um einen Ausschuss im Sinne der Verordnung (EU) Nr. 182/2011.

(2) Wird auf diesen Absatz Bezug genommen, so gilt Artikel 4 der Verordnung (EU) Nr. 182/2011.

(3) Wird auf diesen Absatz Bezug genommen, so gilt Artikel 5 der Verordnung (EU) Nr. 182/2011.

Gibt der Ausschuss keine Stellungnahme ab, so erlässt die Kommission den Durchführungsrechtsakt nicht und Artikel 5 Absatz 4 Unterabsatz 3 der Verordnung (EU) Nr. 182/2011 findet Anwendung.

Wird die Stellungnahme des Ausschusses in einem schriftlichen Verfahren eingeholt, so wird das Verfahren ohne Ergebnis abgeschlossen, wenn der Vorsitz dies innerhalb der Frist für die Abgabe der Stellungnahme beschließt oder eine einfache Mehrheit der Ausschussmitglieder es verlangt.

Artikel 43
Fahrtenschreiberforum

(1) Ein Fahrtenschreiberforum wird eingerichtet, um den Dialog über technische Angelegenheiten in Bezug auf Fahrtenschreiber zwischen Fachleuten aus den Mitgliedstaaten, Mitgliedern des Ausschusses nach Artikel 42 und Fachleuten aus den Drittländern zu fördern, die Fahrtenschreiber entsprechend dem AETR-Übereinkommen verwenden.

(2) Die Mitgliedstaaten sollten die an dem Ausschuss nach Artikel 42 beteiligten Fachleute als Fachleute in das Fahrtenschreiberforum entsenden.

(3) Das Fahrtenschreiberforum steht für die Beteiligung von Fachleuten aus interessierten Drittstaaten, die Vertragsparteien des AETR-Übereinkommens sind, offen.

(4) Zum Fahrtenschreiberforum werden Beteiligte, Vertreter der Fahrzeughersteller, Fahrtenschreiberhersteller, Sozialpartner und der Europäische Datenschutzbeauftragte eingeladen.

(5) Das Fahrtenschreiberforum gibt sich eine Geschäftsordnung.

(6) Das Fahrtenschreiberforum tritt mindestens einmal jährlich zusammen.

Artikel 44
Mitteilung der innerstaatlichen Vorschriften

Die Mitgliedstaaten teilen der Kommission den Wortlaut der Rechts- und Verwaltungsvorschriften mit, die sie auf dem unter diese Verordnung fallenden Gebiet erlassen, und zwar spätestens 30 Tage nach ihrer Annahme und erstmals bis 2. März 2015.

Artikel 45
Änderung der Verordnung (EG) Nr. 561/2006

Die Verordnung (EG) Nr. 561/2006 wird wie folgt geändert:

Siehe Art. 3 Buchstabe aa) und Art. 13 Abs. 1 der Verordnung (EG) Nr. 561/2006.

Artikel 46
Übergangsmaßnahmen

Sofern die Durchführungsrechtsakte, auf die in dieser Verordnung Bezug genommen wird, nicht rechtzeitig erlassen wurden, dass sie zum Zeitpunkt der Anwendung dieser Verordnung angewendet werden können, gelten weiter vorübergehend die Vorschriften der Verordnung (EWG) Nr. 3821/85 einschließlich des Anhangs IB bis zum Zeitpunkt der Anwendung der Durchführungsrechtsakte, auf die in dieser Verordnung Bezug genommen wird.

Artikel 47
Aufhebung

Die Verordnung (EWG) Nr. 3821/85 wird aufgehoben. Verweise auf die aufgehobene Verordnung gelten als Verweise auf die vorliegende Verordnung.

Artikel 48
Inkrafttreten

Diese Verordnung tritt am Tag nach ihrer Veröffentlichung im *Amtsblatt der Europäischen Union* in Kraft.

Sie gilt vorbehaltlich der Übergangsmaßnahmen gemäß Artikel 46 ab 2. März 2016. Die Artikel 24, 34 und 45 gelten jedoch ab dem 2. März 2015.

Diese Verordnung ist in allen ihren Teilen verbindlich und gilt unmittelbar in jedem Mitgliedstaat.

(Vom Abdruck der Anhänge wurde abgesehen.)

Entscheidung der Kommission

vom 22. Februar 1993

zur Festlegung des in Artikel 6 der Richtlinie 88/599/EWG des Rates auf dem Gebiet des Straßenverkehrs vorgesehenen Einheitsformulars

(93/172/EWG)

DIE KOMMISSION DER EUROPÄISCHEN GEMEINSCHAFTEN –

gestützt auf den Vertrag zur Gründung der Europäischen Wirtschaftsgemeinschaft,

gestützt auf die Richtlinie 88/599/EWG des Rates vom 23. November 1988 über einheitliche Verfahren zur Anwendung der Verordnung (EWG) Nr. 3820/85 über die Harmonisierung bestimmter Sozialvorschriften im Straßenverkehr und der Verordnung (EWG) Nr. 3821/85 über das Kontrollgerät im Straßenverkehr([1]), insbesondere auf Artikel 6,

im Einvernehmen mit den Mitgliedstaaten gemäß Artikel 6 Absatz 2 der genannten Richtlinie,

in der Erwägung,

daß es sich empfiehlt, das in Artikel 6 Absatz 2 der Richtlinie 88/599/EWG vorgesehene Einheitsformular festzulegen, mit dem die zuständigen Behörden der Mitgliedstaaten sich regelmäßig bestimmte Informationen im Rahmen der gegenseitigen Amtshilfe übermitteln sollen –

HAT FOLGENDE ENTSCHEIDUNG ERLASSEN:

Artikel 1

(1) Das Muster des in Artikel 6 Absatz 2 der Richtlinie 88/599/EWG vorgesehenen Einheitsformulars wird im Anhang festgelegt.

(2) Die zuständigen Behörden jedes Mitgliedstaats benutzen dieses Einheitsformular ab 1. April 1993.

Artikel 2

Diese Entscheidung ist an alle Mitgliedstaaten gerichtet.

([1]) ABl. Nr. L 325 vom 29. 11. 1988, S. 55.

14/3. EWG
Einheitsformular

ANHANG

Muster des Einheitsformulars für den Austausch von Informationen über Zuwiderhandlungen und deren Ahndung

(Artikel 6 der Richtlinie 88/599/EWG)

I. ZUWIDERHANDLUNGEN GEBIETSFREMDER VERKEHRSUNTERNEHMER UND AHNDUNG

STAAT: .... JAHR: ....

Name und Anschrift des Unternehmens	Name des Fahrers	Kennzeichen des Fahrzeugs	Datum des Protokolls	Ort der Zuwiderhandlung	Verfasser des Protokolls	Verstöße gegen die Verordnungen		Ahndung Verhängte (oder zu verhängende (¹)) Maßnahme	Bemerkungen
						(EWG) Nr. 3820/85	(EWG) Nr. 3821/85		

(¹) Falls beim Versand dieser Liste noch nicht darüber entschieden war.

EU-RECHTSAKTE
VO 561/2006
VO 165/2014
VO 2022/1012
Einheitsformulare
RL Mindestbedingungen

14/3. EWG
Einheitsformular

STAAT: .... JAHR: ....

2. VOM HEIMATSTAAT DER ZUWIDERHANDELNDEN VERHÄNGTE MASSNAHMEN ZUR AHNDUNG VON IN ANDEREN MITGLIEDSTAATEN BEGANGENEN ZUWIDERHANDLUNGEN

Name und Anschrift des Unternehmens	Name des Fahrers	Kennzeichen des Fahrzeugs	Eingangsdatum der Akte	Datum und Ort der Zuwiderhandlung	Verstöße gegen die Verordnungen		Ahndung		Bemerkungen
					(EWG) Nr. 3820/85	(EWG) Nr. 3821/85	A Im Staat, in dem die Zuwiderhandlung begangen wurde	B Im Heimatstaat des Zuwiderhandelnden	

Für diese Mitteilung verantwortlich:

Name: .... Vorname: ....
Dienststellung: ....
Dienstanschrift: ....
Tel.: ....
Datum: .... Unterschrift: ....

14/4. EWG/EG
RL 2006/22

Richtlinie 2006/22/EG des Europäischen Parlaments und des Rates

ABl L 102 vom 11. 4. 2006, S. 35 idF

1 ABl L 21 vom 24. 1. 2009, S. 39
2 ABl L 29 vom 31. 1. 2009, S. 47
3 ABl L 215 vom 20. 8. 2009, S. 7
4 ABl L 256 vom 29. 9. 2009, S. 38
5 ABl L 74 vom 19. 3. 2016, S. 23
6 ABl L 249 vom 31. 7. 2020, S. 49

„Richtlinie 2006/22/EG des Europäischen Parlaments und des Rates vom 15. März 2006 über Mindestbedingungen für die Durchführung der Verordnungen (EG) Nr. 561/2006 und (EU) Nr. 165/2014 und der Richtlinie 2002/15/EG über Sozialvorschriften für Tätigkeiten im Kraftverkehr sowie zur Aufhebung der Richtlinie 88/599/EWG des Rates"

(ABl L 249 vom 31. 7. 2020, S. 49)

DAS EUROPÄISCHE PARLAMENT UND DER RAT DER EUROPÄISCHEN UNION —

gestützt auf den Vertrag zur Gründung der Europäischen Gemeinschaft, insbesondere auf Artikel 71 Absatz 1,

auf Vorschlag der Kommission,

nach Stellungnahme des Europäischen Wirtschafts- und Sozialausschusses[1],

nach Anhörung des Ausschusses der Regionen,

gemäß dem Verfahren des Artikels 251 des Vertrags[2], im Hinblick auf den vom Vermittlungsausschuss am 8. Dezember 2005 gebilligten Gemeinsamen Entwurf,

in Erwägung nachstehender Gründe:

(1) Die Verordnungen (EWG) Nr. 3820/85 des Rates vom 20. Dezember 1985 über die Harmonisierung bestimmter Sozialvorschriften im Straßenverkehr[3] und (EWG) Nr. 3821/85 des Rates vom 20. Dezember 1985 über das Kontrollgerät im Straßenverkehr[4] sowie die Richtlinie 2002/15/EG des Europäischen Parlaments und des Rates vom 11. März 2002 zur Regelung der Arbeitszeit von Personen, die Fahrtätigkeiten im Bereich des Straßentransports ausüben[5], sind für die Schaffung eines gemeinsamen Marktes für Landverkehrsleistungen, für die Straßenverkehrssicherheit und für die Arbeitsbedingungen von Bedeutung.

(2) In dem Weißbuch "Die Europäische Verkehrspolitik bis 2010: Weichenstellungen für die Zukunft" hat die Kommission festgestellt, dass es notwendig ist, die Kontrollen und Sanktionen vor allem im Bereich der Sozialvorschriften für Tätigkeiten im Straßenverkehr zu verschärfen und insbesondere die Anzahl der Kontrollen zu erhöhen, den systematischen Informationsaustausch zwischen den Mitgliedstaaten zu fördern, Kontrolltätigkeiten zu koordinieren und die Ausbildung der Kontrollbeamten zu fördern.

(3) Deshalb muss die ordnungsgemäße Anwendung und die harmonisierte Auslegung der Sozialvorschriften im Straßenverkehr durch die Festlegung von Mindestanforderungen für die einheitliche und wirksame Kontrolle der Einhaltung der einschlägigen Bestimmungen durch die Mitgliedstaaten sichergestellt werden. Diese Kontrollen sollten zur Verringerung und Vermeidung von Verstößen führen. Darüber hinaus sollte ein System eingeführt werden, wonach Unternehmen mit hoher Risikoeinstufung strenger und häufiger kontrolliert werden.

(4) Die durch Übermüdung der Fahrer entstehenden Risiken sollten ebenfalls durch die Durchsetzung der Bestimmungen der Richtlinie 2002/15/EG angegangen werden.

(5) Die in dieser Richtlinie vorgesehenen Maßnahmen sollten nicht nur zu einer Erhöhung der Straßenverkehrssicherheit führen, sondern auch zu einer Harmonisierung der Arbeitsbedin-

EU-RECHTSAKTE: VO 561/2006 · VO 165/2014 · VO 2022/1012 · Einheitsformulare · RL Mindestbedingungen

---
[1] ABl. C 241 vom 28.9.2004, S. 65.
[2] Stellungnahme des Europäischen Parlaments vom 20. April 2004 (ABl. C 104 E vom 30.4.2004, S. 385), Gemeinsamer Standpunkt des Rates vom 9. Dezember 2004 (ABl. C 63 E vom 15.3.2005, S. 1) und Standpunkt des Europäischen Parlaments vom 13. April 2005 (ABl. C 33 E vom 9.2.2006, S. 415). Legislative Entschließung des Europäischen Parlaments vom 2. Februar 2006 und Beschluss des Rates vom 2. Februar 2006.
[3] ABl. L 370 vom 31.12.1985, S. 1. Geändert durch die Richtlinie 2003/59/EG des Europäischen Parlaments und des Rates (ABl. L 226 vom 10.9.2003, S. 4).
[4] ABl. L 370 vom 31.12.1985, S. 8. Zuletzt geändert durch die Verordnung (EG) Nr. 432/2004 der Kommission (ABl. L 71 vom 10.3.2004, S. 3).
[5] ABl. L 80 vom 23.3.2002, S. 35.

gungen in der Gemeinschaft beitragen und die Wettbewerbsgleichheit fördern.

(6) Aufgrund der Ersetzung analoger Fahrtenschreiber durch digitale Geräte können in zunehmendem Maße größere Datenmengen rascher und genauer geprüft werden, weshalb die Mitgliedstaaten zunehmend in der Lage sein werden, mehr Kontrollen durchzuführen. Im Rahmen der Kontrollen sollte der Anteil der kontrollierten Arbeitstage von Fahrern in Fahrzeugen, die unter die Sozialvorschriften fallen, stufenweise auf 4 % erhöht werden.

(7) Bei den Kontrollsystemen muss es Ziel sein, nationale Lösungen hin zur europäischen Interoperabilität und Praktikabilität zu entwickeln.

(8) Alle Kontrollteams sollten über ausreichende Standardausrüstungen und angemessene gesetzliche Befugnisse verfügen, damit sie ihre Aufgaben wirksam und effizient erfüllen können.

(9) Unbeschadet der ordnungsgemäßen Durchführung der in dieser Richtlinie vorgeschriebenen Aufgaben sollten die Mitgliedstaaten bestrebt sein, dass Straßenkontrollen effizient und schnell durchgeführt werden, damit die Kontrollen in kürzestmöglicher Zeit und mit geringstmöglichem Zeitverlust für den Fahrer abgeschlossen werden.

(10) In jedem Mitgliedstaat sollte eine einzige Stelle für die innergemeinschaftliche Verbindung mit anderen zuständigen Behörden bestehen. Diese Stelle sollte auch einschlägige Statistiken erstellen. Die Mitgliedstaaten sollten zudem eine schlüssige nationale Durchsetzungsstrategie in ihrem jeweiligen Hoheitsgebiet anwenden, wobei sie eine einzige Stelle mit der Koordinierung der Umsetzung dieser Strategie betrauen sollten.

(11) Die Zusammenarbeit zwischen den Vollzugsbehörden der Mitgliedstaaten sollte durch abgestimmte Kontrollen, gemeinsame Ausbildungsprojekte, elektronischen Informationsaustausch sowie Austausch von Erkenntnissen und Erfahrungen weiter gefördert werden.

(12) Bewährte Verfahren für die Kontrollen im Straßenverkehr sollten durch ein Forum für die Vollzugsbehörden der Mitgliedstaaten begünstigt und gefördert werden, um insbesondere ein einheitliches Konzept in Bezug auf Belege für Urlaubs- oder Krankheitstage von Fahrern zu gewährleisten.

(13) Die zur Durchführung dieser Richtlinie notwendigen Maßnahmen sollten gemäß dem Beschluss 1999/468/EG des Rates vom 28. Juni 1999 zur Festlegung der Modalitäten für die Ausübung der der Kommission übertragenen Durchführungsbefugnisse[6] erlassen werden.

(14) Da das Ziel dieser Richtlinie, nämlich die Festlegung eindeutiger gemeinsamer Regeln mit Mindestbedingungen für die Kontrolle der ordnungsgemäßen und einheitlichen Anwendung der Verordnungen (EWG) Nr. 3820/85 und (EWG) Nr. 3821/85 sowie der Verordnung (EG) Nr. 561/2006 des Europäischen Parlaments und des Rates vom 15. März 2006 zur Harmonisierung bestimmter Sozialvorschriften im Straßenverkehr und zur Änderung der Verordnungen (EWG) Nr. 3821/85 und (EG) Nr. 2135/98 des Rates sowie zur Aufhebung der Verordnung (EWG) Nr. 3820/85[7] des Rates auf Ebene der Mitgliedstaaten nicht ausreichend erreicht werden kann und daher wegen der Notwendigkeit koordinierter grenzüberschreitender Maßnahmen besser auf Gemeinschaftsebene zu erreichen ist, kann die Gemeinschaft im Einklang mit dem in Artikel 5 des Vertrags niedergelegten Subsidiaritätsprinzip tätig werden. Entsprechend dem in demselben Artikel genannten Verhältnismäßigkeitsprinzip geht diese Richtlinie nicht über das für die Erreichung dieses Ziels erforderliche Maß hinaus.

(15) Die Richtlinie 88/599/EWG des Rates[8] über einheitliche Verfahren zur Anwendung der Verordnungen (EWG) Nr. 3820/85 und (EWG) Nr. 3821/85 sollte daher aufgehoben werden —

HABEN FOLGENDE RICHTLINIE ERLASSEN:

Artikel 1
Gegenstand

Mit dieser Richtlinie werden Mindestbedingungen für die Durchführung der Verordnungen (EG) Nr. 561/2006[1] und (EU) Nr. 165/2014 des Europäischen Parlaments und des Rates[2] sowie die

---

[6] ABl. L 184 vom 17.7.1999, S. 23.
[7] ABl. L 102 vom 11.4.2006, S. 1.
[8] ABl. L 325 vom 29.11.1988, S. 55. Geändert durch die Verordnung (EG) Nr. 2135/98 (ABl. L 274 vom 9.10.1998, S. 1).
[1] Verordnung (EG) Nr. 561/2006 des Europäischen Parlaments und des Rates vom 15. März 2006 zur Harmonisierung bestimmter Sozialvorschriften im Straßenverkehr und zur Änderung der Verordnungen (EWG) Nr. 3821/85 und (EG) Nr. 2135/98 des Rates sowie zur Aufhebung der Verordnung (EWG) Nr. 3820/85 des Rates (ABl. L 102, vom 11.4.2006, S. 1).
[2] Verordnung (EU) Nr. 165/2014 des Europäischen Parlaments und des Rates vom 4. Februar 2014 über Fahrtenschreiber im Straßenverkehr, zur Aufhebung der Verordnung (EWG) Nr. 3821/85 des Rates über das Kontrollgerät im Straßenverkehr und zur Änderung der Ver-

Umsetzung der Richtlinie 2002/15/EG des Europäischen Parlaments und des Rates[3)] festgelegt.
(ABl L 249 vom 31. 7. 2020, S. 49)

Artikel 2
Kontrollsysteme

(1) Die Mitgliedstaaten errichten ein System angemessener und regelmäßiger Kontrollen der ordnungsgemäßen und einheitlichen Anwendung gemäß Artikel 1 sowohl auf der Straße als auch auf dem Betriebsgelände von Verkehrsunternehmen jeder Beförderungsart.
„Diese Kontrollen erfassen alljährlich einen bedeutenden, repräsentativen Querschnitt des Fahrpersonals, der Kraftfahrer, der Unternehmen und der Fahrzeuge im Rahmen des Geltungsbereichs der Verordnungen (EG) Nr. 561/2006 und (EU) Nr. 165/2014 sowie des Fahrpersonals und der Kraftfahrer im Rahmen des Geltungsbereichs der Richtlinie 2002/15/EG. Straßenkontrollen zur Überprüfung der Einhaltung der Richtlinie 2002/15/EG werden auf Aspekte beschränkt, die mithilfe des Fahrtenschreibers und des zugehörigen Kontrollgeräts effizient kontrolliert werden können. Eine umfassende Kontrolle der Einhaltung der Richtlinie 2002/15/EG darf nur auf dem Betriebsgelände erfolgen."
Die Mitgliedstaaten sorgen dafür, dass in ihrem jeweiligen Hoheitsgebiet eine kohärente nationale Kontrollstrategie angewandt wird. Zu diesem Zweck können die Mitgliedstaaten eine Koordinierungsstelle für die Maßnahmen gemäß den Artikeln 4 und 6 benennen; die Kommission und die anderen Mitgliedstaaten werden in diesem Fall entsprechend unterrichtet.
(ABl L 249 vom 31. 7. 2020, S. 49)

(2) Sofern dies nicht bereits der Fall ist, erteilen die Mitgliedstaaten den zuständigen Beamten, die mit der Kontrolle befasst sind, bis zum 1. Mai 2007 angemessene gesetzliche Befugnisse, damit sie die ihnen übertragenen Inspektionsaufgaben gemäß dieser Richtlinie ordnungsgemäß wahrnehmen können.

(3) „Jeder Mitgliedstaat führt die Kontrollen so durch, dass mindestens 3 % der Tage überprüft werden, an denen Kraftfahrer von Fahrzeugen arbeiten, die in den Geltungsbereich der Verordnungen (EG) Nr. 561/2006 und (EU) Nr. 165/2014 fallen. Der Kraftfahrer ist berechtigt, während der Straßenkontrolle die Hauptverwaltung, den Verkehrsleiter oder jede andere Person oder Stelle zu kontaktieren, um vor Abschluss der Straßenkontrolle die Nachweise zu erbringen, die an Bord fehlen; das gilt unbeschadet der Verpflichtung des Kraftfahrers, die ordnungsgemäße Verwendung des Fahrtenschreibers sicherzustellen."
„Ab dem 1. Januar 2012 kann die Kommission diesen Mindestprozentsatz mittels eines Durchführungsrechtsakts auf 4 % anheben, sofern die nach Artikel 3 erhobenen statistischen Daten zeigen, dass im Durchschnitt mehr als 90 % aller kontrollierten Fahrzeuge mit einem digitalen Fahrtenschreiber ausgerüstet sind. Bei ihrer Entscheidung berücksichtigt die Kommission auch die Effizienz bestehender Kontrollmaßnahmen, insbesondere die Verfügbarkeit von Daten von digitalen Fahrtenschreibern auf dem Betriebsgelände der Unternehmen. Der Durchführungsrechtsakt wird gemäß dem in Artikel 12 Absatz 2 genannten Prüfverfahren erlassen."
Mindestens 15 % aller überprüften Arbeitstage werden bei Straßenkontrollen und mindestens 30 % der überprüften Arbeitstage bei Kontrollen auf dem Betriebsgelände von Unternehmen geprüft. Ab dem 1. Januar 2008 werden mindestens 30 % aller überprüften Arbeitstage bei Straßenkontrollen und mindestens 50 % der überprüften Arbeitstage bei Kontrollen auf dem Betriebsgelände von Unternehmen geprüft.
(ABl L 249 vom 31. 7. 2020, S. 49)

(3a) Jeder Mitgliedstaat veranlasst, dass die Einhaltung der Richtlinie 2002/15/EG unter Berücksichtigung des Risikoeinstufungssystems gemäß Artikel 9 der vorliegenden Richtlinie kontrolliert wird. Diese Kontrollen werden gezielt bei einem Unternehmen durchgeführt, wenn einer oder mehrere seiner Kraftfahrer ständig oder schwer gegen die Verordnungen (EG) Nr. 561/2006 oder (EU) Nr. 165/2014 verstößt bzw. verstoßen. *(ABl L 249 vom 31. 7. 2020, S. 49)*

(4) Die Angaben, die der Kommission nach Artikel 17 der Verordnung (EG) Nr. 561/2006 und Artikel 13 der Richtlinie 2002/15/EG übermittelt werden, müssen die Zahl der bei Straßenkontrollen überprüften Kraftfahrer, die Zahl der auf dem Betriebsgelände von Unternehmen durchgeführten Kontrollen, die Zahl der überprüften Arbeitstage sowie die Zahl und die Art der gemeldeten Verstöße enthalten und müssen einen Vermerk enthalten, ob es sich um Personenbeförderung oder Gütertransport handelte. *(ABl L 249 vom 31. 7. 2020, S. 49)*

Artikel 3
Statistik

Die Mitgliedstaaten stellen sicher, dass die bei den Kontrollen nach Artikel 2 Absätze 1 und 3

---

ordnung (EG) Nr. 561/2006 des Europäischen Parlaments und des Rates zur Harmonisierung bestimmter Sozialvorschriften im Straßenverkehr (ABl. L 60 vom 28.2.2014, S. 1).

[3)] Richtlinie 2002/15/EG des Europäischen Parlaments und des Rates vom 11. März 2002 zur Regelung der Arbeitszeit von Personen, die Fahrtätigkeiten im Bereich des Straßentransports ausüben (ABl. L 80 vom 23.3.2002, S. 35).

erhobenen statistischen Daten nach folgenden Kategorien aufgeschlüsselt werden:

i) Bei Straßenkontrollen:

A. Art der Straße wie Autobahn, Bundes-/Nationalstraße oder Nebenstraße und — um Diskriminierung vorzubeugen — Land, in dem das kontrollierte Fahrzeug zugelassen ist;

B. Art des Fahrtenschreibers: analog oder digital;

ii) Bei Kontrollen auf dem Betriebsgelände:

i) Art der Beförderung wie grenzüberschreitender Binnenverkehr, Personen- oder Güterverkehr, Werksverkehr oder gewerblicher Verkehr;

C. Flottengröße des Unternehmens;

D. Art des Fahrtenschreibers: analog oder digital.

Diese statistischen Daten werden alle zwei Jahre der Kommission vorgelegt und in einem Bericht veröffentlicht.

Die erhobenen Daten des letzten Jahres werden von den zuständigen Behörden in den Mitgliedstaaten aufbewahrt.

Die für den Fahrer verantwortlichen Unternehmen bewahren die ihnen von den Vollzugsbehörden überlassenen Niederschriften, Ergebnisprotokolle und andere relevante Daten über bei ihnen auf dem Gelände vorgenommene bzw. bei ihren Fahrern auf der Straße vorgenommene Kontrollen ein Jahr lang auf.

„Die Kommission präzisiert, falls erforderlich, mittels Durchführungsrechtsakten die Definitionen für die in Absatz 1, Buchstaben a und b genannten Kategorien. Diese Durchführungsrechtsakte werden gemäß dem in Artikel 12 Absatz 2 genannten Prüfverfahren erlassen."

(ABl L 249 vom 31. 7. 2020, S. 49)

Artikel 4
Straßenkontrollen

(1) Straßenkontrollen werden an verschiedenen Orten zu beliebigen Zeiten in einem Teil des Straßennetzes durchgeführt, der so groß ist, dass eine Umgehung der Kontrollposten schwierig ist.

(2) Die Mitgliedstaaten stellen sicher, dass

a) auf oder in der Nähe von bestehenden und geplanten Straßen Kontrollposten in ausreichender Zahl vorgesehen werden, und dass — soweit erforderlich — insbesondere Tankstellen und andere sichere Plätze auf Autobahnen sowie Autohöfe als Kontrollposten dienen können;

ii) Kontrollen nach einem System der Zufallsrotation mit einem angemessenen geografischen Gleichgewicht durchgeführt werden.

(3) Gegenstand der Straßenkontrollen sind die in Anhang I Teil A genannten Punkte. Die Kontrollen können sich erforderlichenfalls auf einen spezifischen Punkt konzentrieren.

(4) Die Straßenkontrollen sind unbeschadet des Artikels 9 Absatz 2 ohne Diskriminierung durchzuführen. Insbesondere dürfen die Kontrollbeamten nicht nach einem der folgenden Gesichtspunkte diskriminieren:

b) Land der Zulassung des Fahrzeugs;

iii) Land des Wohnsitzes des Fahrers;

iv) Land der Niederlassung des Unternehmens;

v) Ursprung und Bestimmung der Beförderung;

vi) Art des Fahrtenschreibers: analog oder digital.

(5) Dem Kontrollbeamten ist Folgendes zur Verfügung zu stellen:

c) eine Liste der wichtigsten zu überprüfenden Punkte gemäß Anhang I Teil A;

vii) eine Standardkontrollausrüstung gemäß Anhang II.

(6) Legt in einem Mitgliedstaat das Ergebnis einer Straßenkontrolle, der der Fahrer eines in einem anderen Mitgliedstaat zugelassenen Fahrzeugs unterzogen wird, den Verdacht auf Verstöße nahe, die während der Kontrolle nicht nachgewiesen werden können, weil die erforderlichen Daten fehlen, so leisten sich die zuständigen Behörden der betreffenden Mitgliedstaaten bei der Klärung gegenseitig Amtshilfe.

Artikel 5
Abgestimmte Kontrollen

Die Mitgliedstaaten führen mindestens sechs Mal jährlich miteinander abgestimmte Straßenkontrollen bei Kraftfahrern und Fahrzeugen durch, die in den Geltungsbereich der Verordnungen (EG) Nr. 561/2006 oder (EU) Nr. 165/2014 fallen. Darüber hinaus bemühen sich die Mitgliedstaaten, abgestimmte Kontrollen auf dem Betriebsgelände von Unternehmen durchzuführen.

Diese abgestimmten Kontrollen werden von den Vollzugsbehörden von zwei oder mehr Mitgliedstaaten in ihren jeweiligen Hoheitsgebieten gleichzeitig durchgeführt.

(ABl L 249 vom 31. 7. 2020, S. 49)

Artikel 6
Kontrollen auf dem Betriebsgelände von Unternehmen

(1) Bei der Planung von Kontrollen auf dem Betriebsgelände werden die bisherigen Erfahrungen mit den verschiedenen Beförderungsarten und Unternehmenstypen berücksichtigt. Sie werden auch durchgeführt, wenn bei Straßenkontrollen schwere Verstöße gegen die Verordnungen (EG) Nr. 561/2006 oder (EU) Nr. 165/2014 oder

die Richtlinie 2002/15/EG festgestellt wurden. *(ABl L 249 vom 31. 7. 2020, S. 49)*

(2) Bei Kontrollen auf dem Betriebsgelände werden die in Anhang I Teil A und Teil B genannten Punkte überprüft.

(3) Dem Kontrollbeamten ist Folgendes zur Verfügung zu stellen:

d) eine Liste der wichtigsten zu überprüfenden Punkte gemäß Anhang I Teile A und B;

viii) eine Standardkontrollausrüstung gemäß Anhang II.

(4) Im Zuge seiner Kontrollen trägt der Kontrollbeamte in einem Mitgliedstaat allen Informationen Rechnung, die von der gemäß Artikel 7 Absatz 1 benannten Verbindungsstelle eines anderen Mitgliedstaates zur Geschäftstätigkeit des betreffenden Unternehmens in diesem anderen Mitgliedstaat übermittelt wurden.

(5) Für die Zwecke der Absätze 1 bis 4 sind Kontrollen, die bei den zuständigen Behörden anhand der von den Unternehmen auf Verlangen dieser Behörden vorgelegten einschlägigen Unterlagen oder Daten durchgeführt werden, den Kontrollen auf dem Betriebsgelände von Unternehmen gleichgestellt.

Artikel 7
Innergemeinschaftliche Verbindung

(1) Die Mitgliedstaaten benennen eine Stelle, die folgende Aufgaben wahrnimmt:

a) die Koordinierung mit den entsprechenden Stellen in den anderen Mitgliedstaaten von Maßnahmen nach Artikel 5;

b) alle zwei Jahre die Übermittlung statistischer Erhebungen an die Kommission gemäß Artikel 17 der Verordnung (EG) Nr. 561/2006; *(ABl L 249 vom 31. 7. 2020, S. 49)*

c) die Hauptverantwortung für die Unterstützung der zuständigen Behörden anderer Mitgliedstaaten im Sinne des Artikels 4 Absatz 6.

d) die Gewährleistung des Informationsaustauschs mit den anderen Mitgliedstaaten gemäß Artikel 8 der vorliegenden Richtlinie über die Anwendung der nationalen Bestimmungen zur Umsetzung der vorliegenden Richtlinie und der Richtlinie 2002/15/EG. *(ABl L 249 vom 31. 7. 2020, S. 49)*

Die Stelle ist in dem in Artikel 12 Absatz 1 genannten Ausschuss vertreten.

(2) Die Mitgliedstaaten unterrichten die Kommission über die Benennung dieser Stelle und die Kommission unterrichtet die anderen Mitgliedstaaten entsprechend.

(3) Der Austausch von Daten, Erfahrungen und Erkenntnissen zwischen den Mitgliedstaaten wird in erster Linie, aber nicht ausschließlich, durch den in Artikel 12 Absatz 1 genannten Ausschuss und gegebenenfalls durch eine entsprechende, von der Kommission benannte Stelle gefördert. Diese Durchführungsrechtsakte werden gemäß dem in Artikel 12 Absatz 2 genannten Prüfverfahren erlassen. *(ABl L 249 vom 31. 7. 2020, S. 49)*

Artikel 8
Informationsaustausch

(1) Die gemäß Artikel 22 Absatz 3 der Verordnung (EG) Nr. 561/2006 gegenseitig bereitgestellten Informationen werden auch zwischen den benannten Stellen, die der Kommission gemäß Artikel 7 dieser Richtlinie bekannt gegeben wurden, wie folgt ausgetauscht:

a) mindestens einmal alle sechs Monate nach Inkrafttreten dieser Richtlinie;

b) in Einzelfällen auf begründetes Ersuchen eines Mitgliedstaats.

(2) Ein Mitgliedstaat stellt die von einem anderen Mitgliedstaat gemäß Absatz 1 Buchstabe b angeforderten Informationen binnen 25 Arbeitstagen ab Eingang des Ersuchens zur Verfügung. Die Mitgliedstaaten können eine kürzere Frist vereinbaren. In dringenden Fällen oder solchen, die nur eine einfache Einsichtnahme in Register, z. B. in Register eines Risikoeinstufungssystems, erfordern, sind die angeforderten Informationen innerhalb von drei Arbeitstagen zur Verfügung zu stellen.

Ist das Ersuchen nach Ansicht des ersuchten Mitgliedstaats unzureichend begründet, so teilt er das dem ersuchenden Mitgliedstaat innerhalb von zehn Arbeitstagen ab Eingang des Ersuchens mit. Der ersuchende Mitgliedstaat begründet das Ersuchen ausführlicher. Ist der ersuchende Mitgliedstaat nicht in der Lage, das Ersuchen ausführlicher zu begründen, so kann der ersuchte Mitgliedstaat das Ersuchen ablehnen.

Ist es schwierig oder unmöglich, einem Auskunftsersuchen nachzukommen oder Kontrollen oder Untersuchungen durchzuführen, so teilt der ersuchte Mitgliedstaat das dem ersuchenden Mitgliedstaat innerhalb von zehn Arbeitstagen ab Eingang des Ersuchens mit und erläutert und rechtfertigt die Schwierigkeit oder Unmöglichkeit in ordnungsgemäßer Weise. Die betreffenden Mitgliedstaaten erörtern die Angelegenheit, um eine Lösung zu finden.

Bei anhaltenden Verzögerungen bei der Übermittlung von Informationen an den Mitgliedstaat, in dessen Hoheitsgebiet der Arbeitnehmer entsandt ist, wird die Kommission unterrichtet und ergreift geeignete Maßnahmen.

(3) Der Informationsaustausch gemäß diesem Artikel erfolgt durch das mit der Verordnung (EU) Nr. 1024/2012 des Europäischen Parlaments

EU-RECHTSAKTE: VO 561/2006, VO 165/2014, VO 2022/1012, Einheitsformulare, RL Mindestbedingungen

und des Rates[1] eingerichtete Binnenmarkt-Informationssystem (IMI). Das gilt nicht für Informationen, die die Mitgliedstaaten durch direkte Abfrage nationaler elektronischer Register gemäß Artikel 16 Absatz 5 der Verordnung (EG) Nr. 1071/2009 des Europäischen Parlaments und des Rates[2] austauschen.
(ABl L 249 vom 31. 7. 2020, S. 49)

Artikel 9
Risikoeinstufungssystem

(1) Die Mitgliedstaaten errichten ein System für die Risikoeinstufung von Unternehmen anhand der relativen Anzahl und Schwere der von den einzelnen Unternehmen begangenen Verstöße gegen die Verordnungen (EG) Nr. 561/2006 oder (EU) Nr. 165/2014 oder gegen die nationalen Bestimmungen zur Umsetzung der Richtlinie 2002/15/EG.

Bis zum 2. Juni 2021 legt die Kommission im Wege von Durchführungsrechtsakten eine gemeinsame Formel für die Risikoeinstufung eines Unternehmens fest. Diese gemeinsame Formel berücksichtigt die Anzahl, Schwere und Häufigkeit von Verstößen, die Ergebnisse von Kontrollen, bei denen keine Verstöße festgestellt wurden, sowie die Tatsache, ob ein Straßenverkehrsunternehmen in allen seinen Fahrzeugen einen intelligenten Fahrtenschreiber gemäß Kapitel II der Verordnung (EU) Nr. 165/2014 einsetzt. Diese Durchführungsrechtsakte werden gemäß dem in Artikel 12 Absatz 2 genannten Prüfverfahren erlassen.
(ABl L 249 vom 31. 7. 2020, S. 49)

(2) Unternehmen mit einer hohen Risikoeinstufung werden strenger und häufiger geprüft. „ "
(ABl L 249 vom 31. 7. 2020, S. 49)

(3) Eine erste Liste von Verstößen gegen die Verordnungen (EG) Nr. 561/2006 und (EU) Nr. 165/2014 mit der Gewichtung ihrer Schwere ist in Anhang III enthalten.

Zur Festlegung oder Aktualisierung der Gewichtung der Schwere von Verstößen gegen die Verordnungen (EG) Nr. 561/2006 oder (EU) Nr. 165/2014 wird der Kommission die Befugnis übertragen, gemäß Artikel 15a dieser Richtlinie delegierte Rechtsakte zur Änderung des Anhangs III zu erlassen, um den regulatorischen Entwicklungen und Erwägungen der Verkehrssicherheit Rechnung zu tragen.

In die Kategorie der schwerwiegendsten Verstöße sollten diejenigen aufgenommen werden, bei denen die Nichteinhaltung der einschlägigen Bestimmungen der Verordnungen (EG) Nr. 561/2006 und (EU) Nr. 165/2014 das hohe Risiko in sich birgt, dass es zu Todesfällen oder schweren Körperverletzungen kommt.
(ABl L 249 vom 31. 7. 2020, S. 49)

(4) Zur Erleichterung gezielter Straßenkontrollen müssen die in dem jeweiligen nationalen Risikoeinstufungssystem erfassten Daten zum Kontrollzeitpunkt allen zuständigen Kontrollbehörden des betreffenden Mitgliedstaats zugänglich sein.
(ABl L 249 vom 31. 7. 2020, S. 49)

(5) Die Mitgliedstaaten machen die in ihren nationalen Risikoeinstufungssystemen erfassten Daten den zuständigen Behörden der anderen Mitgliedstaaten mithilfe der in Artikel 16 der Verordnung (EG) Nr. 1071/2009 genannten interoperablen nationalen elektronischen Register gemäß Artikel 16 Absatz 2 der genannten Verordnung direkt zugänglich. *(ABl L 249 vom 31. 7. 2020, S. 49)*

Die Kommission kann gegebenenfalls nach dem in Artikel 12 Absatz 2 genannten Verfahren im Hinblick auf die Erstellung von Leitlinien zur Gewichtung von Verstößen gegen die Verordnungen (EWG) Nr. 3820/85 und (EWG) Nr. 3821/85 Initiativen ergreifen, um Leitlinien über ein gemeinsames Spektrum von Verstößen aufzustellen, welche gemäß ihrer Schwere in Kategorien aufgeteilt sind.

In die Kategorie der schwerwiegendsten Verstöße sollten diejenigen aufgenommen werden, bei denen die Nichteinhaltung der einschlägigen Bestimmungen der Verordnungen (EWG) Nr. 3820/85 und (EWG) Nr. 3821/85 das hohe Risiko in sich birgt, dass es zu Todesfällen oder schweren Körperverletzungen kommt.

Artikel 10
Berichterstattung

Die Kommission legt dem Europäischen Parlament und dem Rat bis zum 1. Mai 2009 einen Bericht vor, worin die in den Rechtsvorschriften der Mitgliedstaaten für gravierende Verstöße vorgesehenen Sanktionen analysiert werden.

Artikel 11
Bewährte Verfahren

(1) Die Kommission erstellt mittels Durchführungsrechtsakten Leitlinien für bewährte Verfahren bei der Durchsetzung. Die Durchführungsrechtsakte werden gemäß dem in Artikel 12 Absatz 2 genannten Prüfverfahren erlassen.

---

[1] *Verordnung (EU) Nr. 1024/2012 des Europäischen Parlaments und des Rates vom 25. Oktober 2012 über die Verwaltungszusammenarbeit mit Hilfe des Binnenmarkt-Informationssystems und zur Aufhebung der Entscheidung 2008/49/EG der Kommission („IMI-Verordnung") (ABl. L 316 vom 14.11.2012, S. 1).*

[2] *Verordnung (EG) Nr. 1071/2009 des Europäischen Parlaments und des Rates vom 21. Oktober 2009 zur Festlegung gemeinsamer Regeln für die Zulassung zum Beruf des Kraftverkehrsunternehmers und zur Aufhebung der Richtlinie 96/26/EG des Rates (ABl. L 300 vom 14.11.2009, S. 51).*

Die Leitlinien werden in einem Zweijahresbericht der Kommission veröffentlicht.
(ABl L 249 vom 31. 7. 2020, S. 49)

(2) Die Mitgliedstaaten richten gemeinsame Ausbildungsprogramme über bewährte Verfahren ein, die mindestens einmal jährlich durchzuführen sind, und erleichtern den mindestens einmal jährlich vorzunehmenden Austausch von Personal zwischen den jeweiligen Stellen für die innergemeinschaftliche Verbindung.

(3) Die Kommission legt im Wege von Durchführungsrechtsakten eine gemeinsame Vorgehensweise für die Erfassung und Kontrolle der Zeiten für „andere Arbeiten" gemäß der Definition des Artikels 4 Buchstabe e der Verordnung (EG) Nr. 561/2006 fest, einschließlich der Art der Erfassung und besonderer Fälle, in denen sie zu erfolgen hat, sowie für die Erfassung und Kontrolle der Zeiträume von mindestens einer Woche, in denen ein Kraftfahrer sich nicht in seinem Fahrzeug aufhält und keine Tätigkeiten mit dem Fahrzeug verrichten kann. Diese Durchführungsrechtsakte werden gemäß dem in Artikel 12 Absatz 2 der vorliegenden Richtlinie genannten Prüfverfahren erlassen. *(ABl L 249 vom 31. 7. 2020, S. 49)*

(4) Die Mitgliedstaaten stellen sicher, dass die Kontrollbeamten für die Durchführung ihrer Aufgaben ordnungsgemäß geschult sind.

Artikel 12
Ausschussverfahren

(1) Die Kommission wird von dem durch Artikel 42 Absatz 1 der Verordnung (EU) Nr. 165/2014 eingesetzten Ausschuss unterstützt. Dieser Ausschuss ist ein Ausschuss im Sinne der Verordnung (EU) Nr. 182/2011 des Europäischen Parlaments und des Rates[1].

(2) Wird auf diesen Absatz Bezug genommen, so gilt Artikel 5 der Verordnung (EU) Nr. 182/2011.
Gibt der Ausschuss keine Stellungnahme ab, so erlässt die Kommission den Durchführungsrechtsakt nicht und Artikel 5 Absatz 4 Unterabsatz 3 der Verordnung (EU) Nr. 182/2011 findet Anwendung.

(ABl L 249 vom 31. 7. 2020, S. 49)

Artikel 13
Durchführungsmaßnahmen

Die Kommission erlässt auf Antrag eines Mitgliedstaats oder aus eigener Veranlassung Durchführungsmaßnahmen, mit denen insbesondere folgende Ziele verfolgt werden:

a) Förderung eines gemeinsamen Ansatzes zur Durchführung dieser Richtlinie;

b) Förderung eines kohärenten Ansatzes und einer harmonisierten Auslegung der Verordnung (EG) Nr. 561/2006 zwischen den verschiedenen Vollzugsbehörden;

c) Förderung des Dialogs zwischen dem Transportsektor und den Vollzugsbehörden.

Diese Durchführungsrechtsakte werden gemäß dem in Artikel 12 Absatz 2 der vorliegenden Richtlinie genannten Prüfverfahren erlassen.

(ABl L 249 vom 31. 7. 2020, S. 49)

Artikel 14
Verhandlungen mit Drittländern

Nach Inkrafttreten dieser Richtlinie nimmt die Union Verhandlungen mit den betreffenden Drittländern zur Anwendung einer dieser Richtlinie inhaltlich gleichwertigen Regelung auf.
Bis zum Abschluss der Verhandlungen nehmen die Mitgliedstaaten in ihre Erhebungen, die der Kommission gemäß Artikel 17 der Verordnung (EG) Nr. 561/2006 zu übermitteln sind, Angaben über Kontrollen an Fahrzeugen aus Drittstaaten auf.

(ABl L 249 vom 31. 7. 2020, S. 49)

Artikel 15
Aktualisierung der Anhänge

Der Kommission wird die Befugnis übertragen, gemäß Artikel 15a delegierte Rechtsakte zur Änderung der Anhänge I und II zu erlassen, um die notwendigen Anpassungen an die Fortentwicklung bewährter Verfahren einzuführen.

(ABl L 249 vom 31. 7. 2020, S. 49)

Artikel 15a
Ausübung der Befugnisübertragung

(1) Die Befugnis zum Erlass delegierter Rechtsakte wird der Kommission unter den im vorliegenden Artikel festgelegten Bedingungen übertragen.

(2) Die Befugnis zum Erlass delegierter Rechtsakte gemäß Artikel 9 Absatz 3 und Artikel 15 wird der Kommission für einen Zeitraum von fünf Jahren ab dem 1. August 2020 übertragen. Die Kommission erstellt spätestens neun Monate vor Ablauf des Zeitraums von fünf Jahren einen Bericht über die Befugnisübertragung. Die

---

[1] Verordnung (EU) Nr. 182/2011 des Europäischen Parlaments und des Rates vom 16. Februar 2011 zur Festlegung der allgemeinen Regeln und Grundsätze, nach denen die Mitgliedstaaten die Wahrnehmung der Durchführungsbefugnisse durch die Kommission kontrollieren (ABl. L 55 vom 28.2.2011, S. 13).

Befugnisübertragung verlängert sich stillschweigend um Zeiträume gleicher Länge, es sei denn, das Europäische Parlament oder der Rat widersprechen einer solchen Verlängerung spätestens drei Monate vor Ablauf des jeweiligen Zeitraums.

(3) Die Befugnisübertragung gemäß Artikel 9 Absatz 3 und Artikel 15 kann vom Europäischen Parlament oder vom Rat jederzeit widerrufen werden. Der Beschluss über den Widerruf beendet die Übertragung der in diesem Beschluss angegebenen Befugnis. Er wird am Tag nach seiner Veröffentlichung im *Amtsblatt der Europäischen Union* oder zu einem im Beschluss über den Widerruf angegebenen späteren Zeitpunkt wirksam. Die Gültigkeit von delegierten Rechtsakten, die bereits in Kraft sind, wird von dem Beschluss über den Widerruf nicht berührt.

(4) Vor dem Erlass eines delegierten Rechtsakts konsultiert die Kommission die von den einzelnen Mitgliedstaaten benannten Sachverständigen im Einklang mit den in der Interinstitutionellen Vereinbarung vom 13. April 2016 über bessere Rechtsetzung[1] enthaltenen Grundsätzen.

(5) Sobald die Kommission einen delegierten Rechtsakt erlässt, übermittelt sie ihn gleichzeitig dem Europäischen Parlament und dem Rat.

(6) Ein delegierter Rechtsakt, der gemäß Artikel 9 Absatz 3 und Artikel 15 erlassen wurde, tritt nur in Kraft, wenn weder das Europäische Parlament noch der Rat innerhalb einer Frist von zwei Monaten nach Übermittlung dieses Rechtsakts an das Europäische Parlament und den Rat Einwände erhoben haben oder wenn vor Ablauf dieser Frist sowohl das Europäische Parlament als auch der Rat der Kommission mitgeteilt haben, dass sie keine Einwände erheben werden. Auf Initiative des Europäischen Parlaments oder des Rates wird diese Frist um zwei Monate verlängert.

(ABl L 249 vom 31. 7. 2020, S. 49)

Artikel 16
Umsetzung

(1) Die Mitgliedstaaten setzen die Rechts- und Verwaltungsvorschriften in Kraft, die erforderlich sind, um dieser Richtlinie bis zum 1. April 2007 nachzukommen. Sie übermitteln der Kommission unverzüglich den Wortlaut dieser Vorschriften sowie eine Tabelle der Entsprechungen zwischen diesen Vorschriften und den Bestimmungen dieser Richtlinie.
Wenn die Mitgliedstaaten diese Vorschriften erlassen, nehmen sie in den Vorschriften selbst oder durch einen Hinweis bei der amtlichen Veröffentlichung auf diese Richtlinie Bezug. Die Mitgliedstaaten regeln die Einzelheiten der Bezugnahme.

(2) Die Mitgliedstaaten teilen der Kommission den Wortlaut der wichtigsten innerstaatlichen Rechtsvorschriften mit, die sie auf dem unter diese Richtlinie fallenden Gebiet erlassen.

Artikel 17
Aufhebung

(1) Die Richtlinie 88/599/EWG wird aufgehoben.

(2) Verweisungen auf die aufgehobene Richtlinie gelten als Verweisungen auf die vorliegende Richtlinie.

Artikel 18
Inkrafttreten

Diese Richtlinie tritt am zwanzigsten Tag nach ihrer Veröffentlichung im Amtsblatt der Europäischen Union in Kraft.

Artikel 19
Adressaten

Diese Richtlinie ist an die Mitgliedstaaten gerichtet.

Geschehen zu Straßburg am 15. März 2006.

ANHANG I

TEIL A
STRASSENKONTROLLEN

Bei Straßenkontrollen werden im Allgemeinen folgende Punkte überprüft:

1. „tägliche und wöchentliche Lenkzeiten, Ruhepausen sowie tägliche und wöchentliche Ruhezeiten; daneben die Schaublätter der vorhergehenden Tage, die gemäß Artikel 36 Absätze 1 und 2 der Verordnung (EU) Nr. 165/2014 im Fahrzeug mitzuführen sind, und/oder die für den gleichen Zeitraum auf der Fahrerkarte und/oder im Speicher des Kontrollgeräts gemäß Anhang II der vorliegenden Richtlinie aufgezeichneten Daten und/oder Ausdrucke;" *(ABl L 249 vom 31. 7. 2020, S. 49)*

2. „während des in Artikel 36 Absätze 1 und 2 der Verordnung (EU) Nr. 165/2014 genannten Zeitraums jede Überschreitung der zulässigen Höchstgeschwindigkeit des Fahrzeugs, d. h. jeder Zeitraum von mehr als einer Minute, während dessen die Geschwindigkeit des Fahrzeugs bei Fahrzeugen der Klasse N_3 90 km/h bzw. bei Fahrzeugen der Klasse M_3 105 km/h überschritten hat (Fahrzeugklassen N_3 und M_3 entsprechend der Definition der Richtlinie 2007/46/EG

---

[1] ABl. L 123 vom 12.5.2016, S. 1.

des Europäischen Parlaments und des Rates[1]);" *(ABl L 249 vom 31. 7. 2020, S. 49)*

3. erforderlichenfalls die nach den Aufzeichnungen des Kontrollgeräts in den letzten höchstens 24 Stunden der Fahrzeugnutzung zeitweilig vom Fahrzeug erreichten Geschwindigkeiten;

4. „das einwandfreie Funktionieren des Kontrollgeräts (Feststellung eines möglichen Missbrauchs des Geräts und/oder der Kraftfahrerkarte und/oder der Schaublätter) oder gegebenenfalls Vorlage der in Artikel 16 Absatz 2 der Verordnung (EG) Nr. 561/2006 genannten Dokumente;" *(ABl L 249 vom 31. 7. 2020, S. 49)*

5. „erforderlichenfalls und unter gebührender Beachtung der Sicherheitsaspekte eine Überprüfung des in den Fahrzeugen eingebauten Kontrollgeräts, um die Anbringung und/oder Verwendung von Geräten festzustellen, mit denen Daten zerstört, unterdrückt, manipuliert oder verändert oder der elektronische Datenaustausch zwischen den Komponenten des Kontrollgeräts gestört oder die Daten auf derartige Weise schon vor der Verschlüsselung blockiert oder verändert werden sollen." *(ABl L 21 vom 24. 1. 2009, S. 39)*

6. „verlängerte wöchentliche Höchstarbeitszeiten von 60 Stunden im Sinne des Artikels 4 Buchstabe a der Richtlinie 2002/15/EG; andere wöchentliche Arbeitszeiten im Sinne der Artikel 4 und 5 der Richtlinie 2002/15/EG nur, wenn die Technologie die Durchführung wirksamer Kontrollen ermöglicht." *(ABl L 249 vom 31. 7. 2020, S. 49)*

TEIL B
KONTROLLEN AUF DEM BETRIEBSGELÄNDE VON UNTERNEHMEN

Bei den Kontrollen auf dem Betriebsgelände von Unternehmen wird zusätzlich zu den in Teil A genannten Punkten Folgendes überprüft:

---

[1] *Richtlinie 2007/46/EG des Europäischen Parlaments und des Rates vom 5. September 2007 zur Schaffung eines Rahmens für die Genehmigung von Kraftfahrzeugen und Kraftfahrzeuganhängern sowie von Systemen, Bauteilen und selbstständigen technischen Einheiten für diese Fahrzeuge (Rahmenrichtlinie) (ABl. L 263 vom 9.10.2007, S. 1).*

1. wöchentliche Ruhezeiten und Lenkzeiten zwischen diesen Ruhezeiten;

2. die Einhaltung der vierzehntägigen Begrenzung der Lenkzeiten;

3. Schaublätter, Daten im Fahrzeuggerät und auf der Fahrerkarte sowie Ausdrucke.

4. „Einhaltung durchschnittlicher wöchentlicher Höchstarbeitszeiten, Ruhepausen und Nachtarbeit gemäß den Artikeln 4, 5 und 7 der Richtlinie 2002/15/EG;" *(ABl L 249 vom 31. 7. 2020, S. 49)*

5. „die Einhaltung der Verpflichtungen der Unternehmen zur Bezahlung der Unterbringung der Kraftfahrer und die Organisation der Arbeit der Kraftfahrer gemäß Artikel 8 Absätze 8 und 8a der Verordnung (EG) Nr. 561/2006." *(ABl L 249 vom 31. 7. 2020, S. 49)*

„Die Mitgliedstaaten können bei Feststellung eines Verstoßes gegebenenfalls überprüfen, ob eine Mitverantwortung anderer Beteiligter der Beförderungskette, wie etwa Verlader, Spediteure oder Unterauftragnehmer, vorliegt; dabei ist auch zu prüfen, ob die für das Erbringen von Verkehrsdienstleistungen geschlossenen Verträge die Einhaltung der Verordnungen (EG) Nr. 561/2006 und (EU) Nr. 165/2014 ermöglichen."
(ABl L 249 vom 31. 7. 2020, S. 49)

ANHANG II
Standardausrüstung der Kontrollteams

Die Mitgliedstaaten stellen sicher, dass die Kontrollteams, die die in Anhang I genannten Aufgaben wahrnehmen, über folgende Standardausrüstung verfügen:

1. Ausrüstung, die es ermöglicht, Daten vom Fahrzeuggerät und der Fahrerkarte des digitalen Fahrtenschreibers herunterzuladen, zu lesen und zu analysieren und/oder zur Analyse an eine zentrale Datenbank zu übertragen;

2. Ausrüstung zur Überprüfung der Fahrtenschreiberblätter.

3. „besondere Analyseausrüstung mit geeigneter Software zur Überprüfung und Bestätigung der mit den Daten verknüpften digitalen Signatur sowie besondere Analysesoftware, die ein detailliertes Geschwindigkeitsprofil der Fahrzeuge vor der Kontrolle ihres Kontrollgeräts liefert." *(ABl L 21 vom 24. 1. 2009, S. 39)*

14/4. EWG/EG
RL 2006/22

Anhang III

1. Gruppen von Verstößen gegen die Verordnung (EG) Nr. 561/2006

Nr.	RECHTS-GRUND-LAGE	ART DES VERSTOSSES		SCHWERE-GRAD[1]			
				MSI	VSI	SI	MI
A		**Fahrpersonal**					
A1	Artikel 5 Absatz 1	Nichteinhaltung des Mindestalters für Schaffner				X	
B		**Lenkzeiten**					
B1	Artikel 6 Absatz 1	Überschreitung der täglichen Lenkzeit von 9 Std., sofern die Verlängerung auf 10 Std. nicht gestattet ist	9 Std. < ... < 10 Std.				X
B2			10 Std. ≤ ... < 11 Std.			X	
B3			11 Std. ≤ ...		X		
B4		Überschreitung der täglichen Lenkzeit von 9 Std. um mindestens 50 % ohne Fahrtunterbrechung oder Ruhezeit von mindestens 4,5 Stunden	13,5 Std. ≤ ... und keine Fahrtunterbrechung/ Ruhezeit	X			
B5		Überschreitung der verlängerten täglichen Lenkzeit von 10 Std., sofern die Verlängerung gestattet ist	10 Std. < ... < 11 Std.				X
B6			11 Std. ≤ ... < 12 Std.			X	
B7			12 Std. ≤ ...		X		
B8		Überschreitung der täglichen Lenkzeit von 10 Std. um mindestens 50 % ohne Fahrtunterbrechung oder Ruhezeit von mindestens 4,5 Stunden	15 Std. ≤ ... und keine Fahrtunterbrechung/ Ruhezeit	X			
B9	Artikel 6 Absatz 2	Überschreitung der wöchentlichen Lenkzeit	56 Std. < ... < 60 Std.				X
B10			60 Std. ≤ ... < 65 Std.			X	
B11			65 Std. ≤ ... < 70 Std.		X		
B12		Überschreitung der wöchentlichen Lenkzeit um mindestens 25 %	70 Std. ≤ ...	X			
B13	Artikel 6 Absatz 3	Überschreitung der maximalen Gesamtlenkzeit während zweier aufeinander folgender Wochen	90 Std. < ... < 100 Std.				X
B14			100 Std. ≤ ... < 105 Std.			X	
B15			105 Std. ≤ ... < 112,5 Std.		X		
B16		Überschreitung der maximalen Gesamtlenkzeit während zweier aufeinander folgender Wochen um mindestens 25 %	112,5 Std. ≤ ...	X			
C		**Fahrtunterbrechungen**					
C1	Artikel 7	Überschreitung der ununterbrochenen Lenkzeit von 4,5 Std. vor Fahrtunterbrechung	4,5 Std. < ... < 5 Std.				X
C2			5 Std. ≤ ... < 6 Std.			X	
C3			6 Std. ≤ ...		X		
D		**Ruhezeiten**					

14/4. EWG/EG
RL 2006/22

Nr.	RECHTS-GRUND-LAGE	ART DES VERSTOSSES		SCHWEREGRAD[1]			
				MSI	VSI	SI	MI
D1	Artikel 8 Absatz 2	Unzureichende tägliche Ruhezeit von weniger als 11 Std., sofern keine reduzierte tägliche Ruhezeit gestattet ist	10 Std. ≤ ... < 11 Std.				X
D2			8,5 Std. ≤ ... < 10 Std.			X	
D3			... < 8,5 Std.		X		
D4		Unzureichende reduzierte tägliche Ruhezeit von weniger als 9 Std., sofern die reduzierte Ruhezeit gestattet ist	8 Std. ≤ ... < 9 Std.				X
D5			7 Std. ≤ ... < 8 Std.			X	
D6			... < 7 Std.		X		
D7		Unzureichende aufgeteilte tägliche Ruhezeit von weniger als 3 Std. + 9 Std.	3 Std. + [8 Std. ≤ ... < 9 Std.]				X
D8			3 Std. + [7 Std. ≤ ... < 8 Std.]			X	
D9			3 Std. + [... < 7 Std.]		X		
D10	Artikel 8 Absatz 5	Unzureichende tägliche Ruhezeit von weniger als 9 Std. bei Mehrfahrerbetrieb	8 Std. ≤ ... < 9 Std.				X
D11			7 Std. ≤ ... < 8 Std.			X	
D12			... < 7 Std.		X		
D13	Artikel 8 Absatz 6	Unzureichende reduzierte wöchentliche Ruhezeit von weniger als 24 Std.	22 Std. ≤ ... < 24 Std.				X
D14			20 Std. ≤ ... < 22 Std.			X	
D15			... < 20 Std.		X		
D16		Unzureichende wöchentliche Ruhezeit von weniger als 45 Std., sofern keine reduzierte wöchentliche Ruhezeit gestattet ist	42 Std. ≤ ... < 45 Std.				X
D17			36 Std. ≤ ... < 42 Std.			X	
D18			... < 36 Std.		X		
D19	Artikel 8 Absatz 6	Überschreitung von sechs aufeinanderfolgenden 24-Stunden-Zeiträumen nach der vorangegangenen wöchentlichen Ruhezeit	... < 3 Std.				X
D20			3 Std. ≤ ... < 12 Std.			X	
D21			12 Std. ≤ ...		X		
E		**12-Tage-Ausnahmeregelung**					
E1	Artikel 8 Absatz 6a	Überschreitung von zwölf aufeinanderfolgenden 24-Stunden-Zeiträumen nach einer vorangegangenen regelmäßigen wöchentlichen Ruhezeit	... < 3 Std.				X
E2			3 Std. ≤ ... < 12 Std.			X	
E3			12 Std. ≤ ...		X		
E4	Artikel 8 Absatz 6a	Wöchentliche Ruhezeit nach zwölf aufeinanderfolgenden 24-Stunden-Zeiträumen	65 Std. < ... ≤ 67 Std.			X	
E5	Buchstabe b Ziffer ii		... ≤ 65 Std.		X		
E6	Artikel 8 Absatz 6a Buchstabe d	Lenkdauer von mehr als 3 Std. zwischen 22.00 und 6.00 Uhr vor der Pause, sofern das Fahrzeug nicht mit mehreren Fahrern besetzt ist	3 Std. < ... < 4,5 Std.			X	
E7			4,5 Std. ≤ ...		X		
F		**Arbeitsorganisation**					

EU-RECHTSAKTE
VO 561/2006
VO 165/2014
VO 2022/1012
Einheitsformulare
RL Mindestbedingungen

14/4. EWG/EG
RL 2006/22

Nr.	RECHTS-GRUND-LAGE	ART DES VERSTOSSES	SCHWEREGRAD[1]			
			MSI	VSI	SI	MI
F1	Artikel 10 Absatz 1	Verknüpfung von Lohn und zurückgelegter Strecke bzw. Menge der beförderten Güter		X		
F2	Artikel 10 Absatz 2	Keine oder mangelhafte Organisation der Arbeit des Fahrers, keine Anweisungen für den Fahrer, um ihm die Einhaltung der Rechtsvorschriften zu ermöglichen, oder fehlerhafte Anweisungen		X		

[1] MSI = schwerste Verstöße/ VSI = sehr schwerwiegender Verstoß/ SI = schwerwiegender Verstoß/ MI = geringfügiger Verstoß.

2. **Gruppen von Verstößen gegen die Verordnung (EU) Nr. 165/2014 des Europäischen Parlaments und des Rates[2] (Fahrtenschreiber)**

Nr.	RECHTS-GRUND-LAGE	ART DES VERSTOSSES	SCHWEREGRAD			
			MSI	VSI	SI	MI
G		**Einbau des Fahrtenschreibers**				
G1	Artikel 3 Absatz 1 und Artikel 22 Absatz 2	Fehlen bzw. Nichtbenutzung eines typgenehmigten Fahrtenschreibers (*z. B.: Fahrtenschreiber nicht von Einbaubetrieben, Werkstätten und Fahrzeugherstellern eingebaut, die von den zuständigen Behörden der Mitgliedstaaten dafür zugelassen sind, Verwendung eines Fahrtenschreibers, dem die erforderliche, von einem zugelassenen Einbaubetrieb, einer zugelassenen Werkstatt oder einem zugelassenen Fahrzeughersteller vorgenommene oder ersetzte Plombierung fehlt, oder Verwendung eines Fahrtenschreibers ohne Einbauplakette*)	X			
H		**Benutzung von Fahrtenschreibern, Fahrerkarten oder Schaublättern**				
H1	Artikel 23 Absatz 1	Verwendung eines nicht durch eine zugelassene Werkstatt nachgeprüften Fahrtenschreibers		X		
H2	Artikel 27	Fahrer besitzt und/oder benutzt mehr als eine eigene Fahrerkarte		X		
H3		Verwendung einer gefälschten Fahrerkarte (*gilt als Fahren ohne Fahrerkarte*)	X			
H4		Verwendung einer Fahrerkarte durch einen Fahrer, der nicht der Inhaber ist (*gilt als Fahren ohne Fahrerkarte*)	X			
H5		Verwendung einer Fahrerkarte, die aufgrund falscher Erklärungen und/oder gefälschter Dokumente erwirkt wurde (*gilt als Fahren ohne Fahrerkarte*)	X			
H6	Artikel 32 Absatz 1	Fahrtenschreiber funktioniert nicht ordnungsgemäß (*z. B.: Fahrtenschreiber nicht ordnungsgemäß nachgeprüft, kalibriert und verplombt*)		X		
H7	Artikel 32 Absatz 1 und Artikel 33 Absatz 1	Fahrtenschreiber wird nicht ordnungsgemäß verwendet (*z. B.: absichtlicher, freiwilliger oder erzwungener Missbrauch, mangelnde Anweisungen zur richtigen Verwendung usw.*)		X		

[2] Verordnung (EU) Nr. 165/2014 des Europäischen Parlaments und des Rates vom 4. Februar 2014 über Fahrtenschreiber im Straßenverkehr, zur Aufhebung der Verordnung (EWG) Nr. 3821/85 des Rates über das Kontrollgerät im Straßenverkehr und zur Änderung der Verordnung (EG) Nr. 561/2006 des Europäischen Parlaments und des Rates zur Harmonisierung bestimmter Sozialvorschriften im Straßenverkehr (ABl. L 60 vom 28.2.2014, S. 1).

14/4. EWG/EG
RL 2006/22

Nr.	RECHTS-GRUND-LAGE	ART DES VERSTOSSES	SCHWEREGRAD			
			MSI	VSI	SI	MI
H8	Artikel 32 Absatz 3	Verwendung einer betrügerischen Vorrichtung, durch die die Aufzeichnungen des Fahrtenschreibers verändert werden können	X			
H9		Verfälschung, Verschleierung, Unterdrückung oder Vernichtung der auf dem Schaublatt aufgezeichneten Daten oder der im Fahrtenschreiber und/oder auf der Fahrerkarte gespeicherten oder von diesen heruntergeladenen Daten	X			
H10	Artikel 33 Absatz 2	Unternehmen bewahrt Schaublätter, Ausdrucke und heruntergeladene Daten nicht auf		X		
H11		Aufgezeichnete und gespeicherte Daten sind nicht mindestens ein Jahr lang verfügbar		X		
H12	Artikel 34 Absatz 1	Falsche Benutzung von Schaublättern/Fahrerkarten		X		
H13		Unerlaubte Entnahme von Schaublättern oder der Fahrerkarte, die sich auf die Aufzeichnung der einschlägigen Daten auswirkt		X		
H14		Schaublatt oder Fahrerkarte wurde über den Zeitraum, für den es/sie bestimmt ist, hinaus verwendet, mit Datenverlust		X		
H15	Artikel 34 Absatz 2	Benutzung angeschmutzter oder beschädigter Schaublätter oder Fahrerkarten, Daten nicht lesbar		X		
H16	Artikel 34 Absatz 3	Keine Eingabe von Hand, wenn vorgeschrieben		X		
H17	Artikel 34 Absatz 4	Verwendung eines falschen Schaublatts oder Fahrerkarte nicht im richtigen Steckplatz eingeschoben (Mehrfahrerbetrieb)			X	
H18	Artikel 34 Absatz 5	Falsche Betätigung der Schaltvorrichtung		X		
I		**Vorlegen von Angaben**				
I1	Artikel 36	Verweigerung der Kontrolle		X		
I2	Artikel 36	Aufzeichnungen für den laufenden Tag und die vorherigen 28 Tage können nicht vorgelegt werden		X		
I3		Aufzeichnungen der Fahrerkarte (falls der Fahrer Inhaber einer solchen Karte ist) können nicht vorgelegt werden		X		
I4	Artikel 36	Am Tag der Kontrolle und an den vorherigen 28 Tagen erstellte handschriftliche Aufzeichnungen und Ausdrucke können nicht vorgelegt werden		X		
I5	Artikel 36	Fahrerkarte (falls der Fahrer Inhaber einer solchen Karte ist) kann nicht vorgelegt werden		X		
J		**Fehlfunktion**				
J1	Artikel 37 Absatz 1 und Artikel 22 Absatz 1	Reparatur des Fahrtenschreibers nicht von einem zugelassenen Einbaubetrieb oder einer zugelassenen Werkstatt durchgeführt		X		
J2	Artikel 37 Absatz 2	Fahrer vermerkt nicht alle vom Fahrtenschreiber während einer Betriebsstörung oder Fehlfunktion nicht mehr einwandfrei aufgezeichneten Angaben		X		

(ABl L 74 vom 19. 3. 2016, S. 23)

Erklärungen

Die Kommission erklärt, dass nach ihrer Auffassung nachstehende Zuwiderhandlungen als schwere Verstöße gegen die Verordnung zur Harmonisierung bestimmter Sozialvorschriften im Straßenverkehr zu werten sind:

1. Überschreitung der täglichen, 6-tägigen oder 14-tägigen Höchstlenkzeiten um mindestens 20 %;
2. Unterschreitung der täglichen oder wöchentlichen Mindestruhezeiten um mindestens 20 %;
3. Unterschreitung der Mindestunterbrechung um mindestens 33 % und
4. ein nicht gemäß den Anforderungen der Verordnung (EWG) Nr. 3821/85 des Rates eingebautes Kontrollgerät.

Die Kommission und die Mitgliedstaaten tun ihr Möglichstes, um sicherzustellen, dass die Bestimmungen des AETR innerhalb von zwei Jahren nach Inkrafttreten dieser Richtlinie an die Bestimmungen dieser Richtlinie angepasst werden. Für den Fall, dass eine Anpassung innerhalb dieses Zeitraums nicht erreicht wird, schlägt die Kommission angemessene Maßnahmen vor, um dieser Situation Rechnung zu tragen.

KODEX

DES ÖSTERREICHISCHEN RECHTS
HERAUSGEBER: UNIV.-PROF. DR. WERNER DORALT

FINANZMARKT-RECHT I

LexisNexis

1	BWG / CRR-BegleitV / KI-RMV / MitarbeiterbeteiligungV / ReorganisierungV / ZKR-AusttauschVO / AP-VO / JKAB-V / VERA-V / STDM-V 2016 / ZKRMV / EKV 2016 / SK-EMV / KP-V / ParameterV
2	CRR + Ven / EZB-Finrep / Ext-VO / EZB-Wahlrechte-VO / EZB-AnaCredit-VO / CRD-IV + Ven
3	ESAEG + Ven
4	BaSAG + Ven / EU-DelV und DVen / SRM-VO + Ven
5	SpG
6	BSpG + V
7	PSK-G
8	HypBG / PfandbriefG + EinfVen / FBSchVG / PfandbriefstelleG / KuratorenG
9	WBIB-G

KODEX

DES ÖSTERREICHISCHEN RECHTS
HERAUSGEBER: UNIV.-PROF. DR. WERNER DORALT

FINANZMARKT-RECHT II

LexisNexis

1	ZaDiG + Ven / SEPA-VO / VZKG + VO / ÜberweisungsVO / AuftraggeberdatenVO / GeldtransferVO / ZertifizierungVO / ZertifizierungsVO-Beschl / ZahlungsdiensteRL (PSD II) / InterbankentgelteVO (MIF) / E-GeldG + VO / DevisenG + Ven / SanktionenG / Euro-Begleitgesetz / SubMG / WechselG + ScheckG
2	VKrG / VKrRL / HIKrG / FMA-MiKaNa-V / ImmoKrRL + VO / FernFinG / FernFinRL
3	FM-GwG + V / 4. GW-RL / DelVO Drittländer
4	StabAbgG
5	KontRegG / KapAbflMG + Ven
6	GMSG + V / ADG / EU-AmtshilfeRL
7	FMABG + Ven / NBG / EBA-VO / ESRB-VO / SSM-VO + Ven
8	FinStaG + Ven / ZaBiStaG / ÖIAG-G / ÖBIB-G / HypoSanG / HaftungsG Ktn
9	FinanzkonglomerateG + V / FK-DelVO
10	APAG / RL-KG

KODEX

DES ÖSTERREICHISCHEN RECHTS
HERAUSGEBER: UNIV.-PROF. DR. WERNER DORALT

FINANZMARKT-RECHT III

LexisNexis

1	WAG / HTAusnV / AusnV / HKV / WPMV / WAG 2018 / MiFIR / MiFIR DVO / MiFID II / MiFID DVO
2	BörseG + Ven / BörseG 2018 / Veröff-V / MpV / VMV / TransV / ECV / 2.LVV
3	Short-Selling-VO
4	Benchmark-VO / Benchmark-DVO / RW-VG
5	REMIT-VO
6	Strommärkte-VO
7	Treibhausgas-VO
8	Marktmissbrauchs-VO + Ven / MAD-Sankt / DRL-Meldung / Del-VO Ausn / DVO Meldung Form / DVO Eigengeschäft / DVO Insider / TransRL + delVen / DVO Informationstausch / ESMA
9	ESMA-VO

KODEX

DES ÖSTERREICHISCHEN RECHTS
HERAUSGEBER: UNIV.-PROF. DR. WERNER DORALT

FINANZMARKT-RECHT IV

LexisNexis

1	KMG / HGebV / MVS-V / EU-ProspektVO / Prospekt-DVO / DelV VeröffNach / DelV Veröff / AequivalenzV
2	UDRBG / UDRB-KonrV
3	AltFG / AltF-InfoV
4	PRIIP-VO
5	DepG
6	FinSG
7	KEG
8	InvFG / AnteileV / InfoObstV / 4. DurfKollM-V / GeldmarktF-V / EU-GeldmarktF-VO / ÜbfG-V / TeilfondsV / KID-V / InvF-LRMV / FMV, WPV / OGAW KID-V / OGAW VerfV / OGAW Asset-RL / OGAW VwGesRL / OGAW-MF-RL / OGAW DelV VwfG / OGAW DIV InfoAI
9	AIFMG / AIF-WarnV / AIFM-MV / AIFM-Ven / Risikokapitalfonds VO + DIVO / SozUnternehmenFondsVO + DIVO / ELIF-VO
10	ImmoInvFG / RisikohinweisV / OTC DerV / ProspInvV
11	EMIR-VO + Ven / SFT-VO / SFT-VollzugsG / ZGVG + ZG-EKV
12	FinalitätsG / CSD-VO + ZvVG
13	BMSVG + Ven / PKG, BPG / DfV Pensfonds / EU-ZAV-RL
14	CRA-VO / RAVG / Ratingagenturliste

KODEX DES ÖSTERREICHISCHEN RECHTS
HERAUSGEBER: UNIV.-PROF. DR. WERNER DORALT

FINANZMARKT-RECHT I

1. BWG
   CRR-BegleitV
   KI-RMV
   MindestsicherheitsV
   KinrementalangsV
   ZKR-Austausch-VO
   AFsFO
   JKAB-V
   VERA-V
   STDM-V 2016
   ZKRMV
   EKV 2016
   SK-EMV
   KP-V
   ParameterV
2. CRR + Ven
   EZB-Finrep
   Ext-VO
   EZB-Wahlrechte-VO
   EZB-Ana-Credit-VO
   CRD-IV + Ven
3. ESAEG + Ven
4. BaSAG + Ven
   EU-DelV und DVen
   SRM-VO + Ven
5. SpG
6. BSpG + V
7. PSK-G
8. HypBG
   PfandbriefG + EinfVen
   FBSchVG
   PfandbriefstelleG
   KuratorenG
9. WBIB-G

KODEX DES ÖSTERREICHISCHEN RECHTS
HERAUSGEBER: UNIV.-PROF. DR. WERNER DORALT

FINANZMARKT-RECHT II

1. ZaDiG + Ven
   SEPA-VO
   VZKG + VO
   ÜberweisungsVO
   AuftraggeberdatenVO
   GeldtransfeVO
   ZertifizierungsVO
   ZertifizierungsVO -BeschI
   ZahlungsdiensteRL (PSD II)
   InterbankentgeltsVO (MIF)
   E-GeldG + VO
   DevisenG + Ven
   SanktionenG
   Euro-Begleitgesetze
   SchMG
   WechselG + ScheckG
2. VKrG
   VKrRL
   HIKrG
   FMA-MiKaNa-V
   ImmoKrRL + V
   FernFinG
   FernFinRL
3. FM-GwG + V
   4. GW-RL
   DelVO Drittländer
4. StabAbgG
5. KontRegG/KapAbflMG + Ven
6. GMSG + V
   ADG
   EU-Amtshilfe-RL
7. FMABG + Ven
   NBG
   EBA-VO
   ESRB-VO
   SSM-VO + Ven
8. FinStaG + Ven
   ZaBiStaG
   ÖIAG-G/ÖBIB-G
   HypoSanG
   HaftungsG Ktn
9. FinanzkonglomerateG + V
   FK-DelVO
10. APAG
    RL-KG

KODEX DES ÖSTERREICHISCHEN RECHTS
HERAUSGEBER: UNIV.-PROF. DR. WERNER DORALT

FINANZMARKT-RECHT III

1. WAG
   HTAusnV
   AusnV
   IIKV
   WPMV
   WAG 2018
   MiFIR
   MiFIR DfVO
   MiFID II
   MiFID DfVO
2. BörseG + Ven
   BörseG 2018
   VerößV-V
   MpV
   VMV
   TransV
   ECV
   2.LVV
3. Short-Selling-VO
4. Benchmark-VO
   Benchmark-DfVO
   RW-VG
5. REMIT-VO
6. Strommärkte-VO
7. Treibhausgas-VO
8. Marktmissbrauchs-VO + Ven
   MAD-Sankt
   DRL-Meldung
   DelVO Ausn
   DfVO Meldung Form
   DfVO Eigengeschäft
   DfVO Insider
   TransRL + delVen
   DfVO Infoaustausch
   ESMA
9. ESMA-VO

KODEX DES ÖSTERREICHISCHEN RECHTS
HERAUSGEBER: UNIV.-PROF. DR. WERNER DORALT

FINANZMARKT-RECHT IV

1. KMG
   HGebV
   MVS-V
   EU-ProspektVO
   Prospekt-DfV
   DelV VeröffNach
   DelV Veröff
   ÄquivalentV
2. UDRBG
   UDRB-KontV
3. AltFG
   ABF-InfoV
4. PRIIP-VO
5. DepG
6. FinSG
7. KEG
8. InvFG
   AnteileV
   InfoGewV
   4. DerRiskM-V
   GeldmarktF-V
   EU-GeldmarktF-VO
   ÜbHi-P
   TeilfondsV
   KID-V
   InvF-LRMV
   FMV, WPV
   OGAW KD-V
   OGAW VerfV
   OGAW Asset-RL
   OGAW VwGesRL
   OGAW MF-RL
   OGAW DelV Veröff
   OGAW DfV Infoß
9. AIFMG
   AIF-WartV
   AIFM-MV
   AIFM-Ven
   RisikokapitalfondsV + DfVO
   SozUnternehm-FondsVO + DfVO
   ELIF-VO
10. ImmoInvFG
    RisikohinweisV
    OTC Der-V
    ProspInV
11. EMIR-VO + Ven
    SFT-VO
    SFT-VollzugsG
    ZGVG + ZG-EKV
12. FinalitätsG
    CSD-VO + ZwVG
13. BMSVG + Ven
    PKG, BPG
    DfV PensfondS
    EU-EMV-RL
14. CRA-VO
    RAVG
    Ratingagenturliste

KODEX

DES ÖSTERREICHISCHEN RECHTS
HERAUSGEBER: UNIV.-PROF. DR. WERNER DORALT

COMPLIANCE FÜR UNTERNEHMEN

1	StrafR
	StGB
	VbVG
	VStG
2	Lobbying u Medientransp.
	LobbyG
	BVG MedKF-T
3	FinanzR
	FinStrG
	BAO
4	Wettbewerbs R
	KartG
	UWG
	AEUV
5	DatenschutzR
	DSG
	DSG VO
6	Kapitalmarkt R
	BörseG
	ECV
	EU-Verordnungen
7	GesellschaftsR
	ÖCGK
	GmbH
	AktG
	EKEG
	UGB
8	GewO
	GewO
	2. GTV-GewO
9	ImmaterialgR
	UrhG
	MarkschG
	MuSchG
	PatG
10	ArbeitsR
	AZG
	ARG
	ASchG
	GlBG
	LSD-BG
	ASVG
	ArbVG
11	Produktsicherheit
	PSG 2004
	PHG

LexisNexis

KODEX

DES ÖSTERREICHISCHEN RECHTS
HERAUSGEBER: UNIV.-PROF. DR. WERNER DORALT

DATENSCHUTZ

1	Datenschutz international
	DSGVO
	GDPR
	RGPD
	DS Ubk
	EMRK, GRC
2	Datenschutz national
	DSG 2018
	ABGB, ArbVG
	MedienG
	StGB, VStG
	ECG
3	Telekom u E-Gov
	DSRL elektr Kom
	TKG
	TKG-DSVO
	E-GovG
	StZRegBehV
	ERegV
4	AuskPfl u Infoweiterv
	AuskPflG
	AuskPflG Länder
	IWG
5	InfoSicherheit
	NIS-RL
	InfoSiG
	InfoSiV
6	Gesundheit
	GTelG
	GTelV
	ÄrzteG
7	Finanz
	FM-GwG
	WAG, VersVG
	ZaDiG
	VKrG
	WiEReg
8	Transparenzdatenbank
	TDBG
	TDB-BetriebsV
	2. TDB-LeistAngV
	TDB-LeistungsV
	TDB-ÜbertragV
	2. TDB-ÜbertragV
9	Fluggastdaten
	PNR-Daten RL
	Anhang

Linde LexisNexis

KODEX

DES ÖSTERREICHISCHEN RECHTS
HERAUSGEBER: UNIV.-PROF. DR. WERNER DORALT

VERSICHERUNGSRECHT

1	VersVG
2	PHG
	KSchG, FernFinG
3	EuGVVO
	Rom I + IPRG
4	KFG + ZustV
	EKHG
5	KHVG
	AKHB + AKKB
6	KHV Euro-Üb
	Abk Ö-Schweiz
7	VOEG
	Vertrag Ö-Schweiz
8	LFG
	BGzLV
9	GewO
	RSV + ERV-RVB
10	RAO	ERAG	NO
	WTBG	BiBuG
	ÄrzteG
11	Sonstige HP-Vers
12	AVB
	Leben
	Kranken	Unfall
	Sachversicherung
	Einbruchdiebstahl
	Feuer	Glas
	Haftpfl., USKV, ÖAK
	Haushalt
	Rechtsschutz
	Transport
	+ AÖSp (SVS/RVS)
13	VAG
	+ VOen
14	PRIIP-VO
15	FMABG
	+ VOen
16	BAG + VOen
17	GewO
	+ VOen
18	MaklerG
	AGB-VersMakler
19	Hagelvers-FöG
20	Tiervers-FöG
21	Waldbrandvers-Fö
	ForstG + VO
22	Kapitalvers-FöG
	ESkG
23	VersStG
	+ VO
24	FeuerschStG
	+ VO
25	PKG + VOen
26	BPG
27	Kartellrecht
28	FM-GwG
	+ VOen

LexisNexis

KODEX

DES ÖSTERREICHISCHEN RECHTS
HERAUSGEBER: UNIV.-PROF. DR. WERNER DORALT

VERSICHERUNGSRECHT

1	Solvency II
2	L2-VO
3	ITS
	Zweckgesellschaften
	Solvabilität
	Gruppenaufsicht
	Informationen
	Aufsicht und Verfahren
	Übergangsbestimmungen
4	EIOPA-GL
	Allg. Best.
	Governance
	Solvabilität
	Gruppenaufsicht
	Informationen
	Aufsicht und Verfahren
	Übergangsbestimmungen
5	Intl. Abk. Gleichwertigkeit
6	IMD + IDD
	+ Beschwerde-Management
7	PRIIP-VO
8	EIOPA-VO
9	§§ 189 ff UGB
	Bilanz-RL
	VersBil-RL
10	§§ 268 ff UGB
	AP-RL & VO
11	IORP/EbAV
12	4. GW-RL

LexisNexis

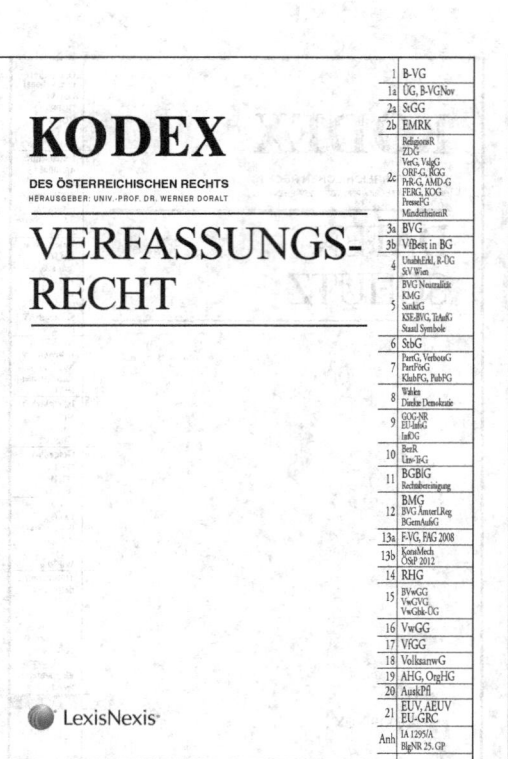

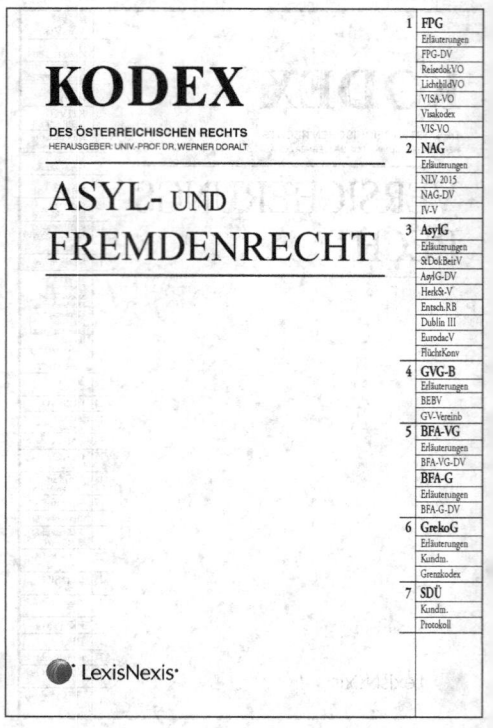

KODEX
DES ÖSTERREICHISCHEN RECHTS
HERAUSGEBER: UNIV.-PROF. DR. WERNER DORALT

VERFASSUNGSRECHT

1	B-VG
1a	ÜG, B-VGNov
2a	StGG
2b	EMRK
2c	ReligionsR, ZDG, VerG, VolgG, ORF-G, RGG, PrR-G, AMD-G, PERG, KOG, PresseFG, MinderheitenR
3a	BVG
3b	VfBest in BG
4	UnabhEtbl, R-DG, S/V Wien
5	BVG Neutralität, KMG, SanktG, ASE-BVG, TeАufG, Staatl. Symbole
6	StbG
7	ParrG, VerbotsG, ParrFörG, KlubFG, PublFG
8	Wahlen, Direkte Demokratie
9	GOG-NR, EU-InfoG, InfDG
10	BezR, Um-TrG
11	BGBlG, Rechtsbereinigung
12	BMG, BVG ÄmterLReg, BGemAufsG
13a	F-VG, FAG 2008
13b	KonsMech, ÖStP 2012
14	RHG
15	BVwGG, VwGVG, VwGbk-ÜG
16	VwGG
17	VfGG
18	VolksanwG
19	AHG, OrgHG
20	AuskPfl
21	EUV, AEUV, EU-GRC
Anh	IA 1295/A, BlgNR 25. GP

KODEX
DES ÖSTERREICHISCHEN RECHTS
HERAUSGEBER: UNIV.-PROF. DR. WERNER DORALT

VÖLKERRECHT

1	**UN**, UN-Charta, IGH-Statut, Völkerbund, Amtssitzabk.
2	**WVK**, WVK I, II
3	**Österreich**, B-VG Auszug, Staatsvertrag 1955 Neutralitätsx
4	**Immunität**, UN-Übk, Bader Übk, Immunität UN, Immunität Spezialorg, IO Immunitätsx
5	**Dipl. Verkehr**, WDK, WKK, Spezialmissionen, Strafraten
6	**Streitbeileg.**, 1. Haager Übk, Manila-Erkl.
7	**Gewaltverbot**, Uniting for Peace, Definit. Aggression, Friendl. Relations Decl., Weltgipfel 2005 Auszug, UNSR-Resolutionen
8	**Humanitäres VR**, Haager LKO, GfK + Protokoll I, II Kulturgut
9	**Seerecht**, UNCLOS
10	**Polarrecht**, Antarktis
11	**LuftfahrtR**, Zivilluftfahrt
12	**WeltraumR**, Weltraum, Rettung, Haftung, Registrierung, Mond, WeltraumG
13	**WirtschaftsR**, WTO-Abk, GATT, GATS, TRIPS, DSU, NY Übk, ICSID
14	**UmweltR**, Rio-Dekl.
15	**Menschenrechte**, UDHR, ICCPR + Fak.prot, ICESCR, CAT, EMRK, EU-Charta, GFK
16	**Strafrecht**, Röm. Statut, ISGH-G, StGB Auszug
17	**Verantwortlk.**, ASR, ARIO

KODEX
DES ÖSTERREICHISCHEN RECHTS
HERAUSGEBER: UNIV.-PROF. DR. WERNER DORALT

UNTERNEHMENSRECHT

1	UGB, 19GB, A-QSG, SRLG, USPG
2	ABGB
3	E-Commerce-G
4	FBG
5	HausG
6	KSchG, FAGG
7	UN-KaufR
8	GmbHG
9	AktG, ÜbG + VO, Veröffentlichungsg. Corporate Governance
10	SE (EU-Gm)
11	GenG, GenRevG, GenVerschmG, GenrevisorG, GenRZG
12	SCE (EU-Gm), SCEG
13	VerG, VereinsDS-VO
14	EWIV/G
15	PSG
16	ArbVG -WiRL
17	StellenbezG+BV
18	GesAusG
19	KapBG
20	EKEG
21	URG
22	UmwG
23	SpaltG
24	EU-VerschG
25	UmgrStG
26	KMG
27	ScheckG
28	WechselG
29	KEG -wo
30	AÖSp
31	CMR
32	UWG
33	KartG
34	WettbG
35	UrhG
36	MarkSchG
37	MuSchG
38	PatG
	Achtung! Entwurf Europäische Einmann-GmbH

KODEX
DES ÖSTERREICHISCHEN RECHTS
HERAUSGEBER: UNIV.-PROF. DR. WERNER DORALT

ASYL- UND FREMDENRECHT

1	**FPG**, Erläuterungen, FPG-DV, ReisedokVO, LichtbildVO, VISA-VO, Viakodex, VIS-VO
2	**NAG**, Erläuterungen, NIV 2015, NAG-DV, IV-V
3	**AsylG**, Erläuterungen, StDokBeirV, AsylG-DV, Herkft-V, Entsch. RB, Dublin III, Eurodac-V, FlüchtKonv
4	**GVG-B**, Erläuterungen, BEBV, GV-Vereinb
5	**BFA-VG**, Erläuterungen, BFA-VG-DV, **BFA-G**, Erläuterungen, BFA-G-DV
6	**GrekoG**, Erläuterungen, Kundm., Grenzkodex
7	**SDÜ**, Kundm., Protokoll

KODEX
DES ÖSTERREICHISCHEN RECHTS
SAMMLUNG DER ÖSTERREICHISCHEN BUNDESGESETZE

VERFASSUNGSRECHT

1	B-VG
1a	ÜG, B-VGNov
2a	StGG
2b	EMRK
2c	ReligionsR, ZDG, VerG, VersammlungsG, ORF-G, RGG, PrR-G, PrTV-G, FERG, KOG, PresseFG, MinderheitenR
3a	BVG
3b	VfBest in BG
4	Unabhstlk, V-ÜG, B-ÜG, StV Wien, BVG Neutralität, KMG
5	Int Sanktionen, KSE-BVG, TrAufG, Staatl Symbole
6	StbG
7	PartG, VerbotsG, KlubFG, PubFG
8	Wahlen, Direkte Demokratie
9	GOG-NR
10	BezR, UstvG
11	BGBlG, Rechtsbereinigung
12	BMG, BVG ÄmterLReg, BGemAufsG
13	F-VG, FAG 2005, KonsMech, StabPakt 2005
14	RHG
15	UBASG
16	VwGG
17	VfGG
18	VolksanwG
19	AHG, OrgHG
20	AuskPfl
21	EUV/EGV

LexisNexis®

KODEX
DES ÖSTERREICHISCHEN RECHTS
SAMMLUNG DER ÖSTERREICHISCHEN BUNDESGESETZE

BÜRGERLICHES RECHT

1	ABGB mit FamErbRÄG
2	IPRG, HVÜ
3	TEG
4	EheG
5	PStG
6	NAG
7	RelKEG
8	UVG mit AusfUG
9	JWG
10	NotwegeG
11	GSGG
12	WWSGG
13	EisbEG
14	WEG
15	MRG, RWG, HeizKG
16	BauRG
17	LPG
18	KIGG
19	GBG mit GUG
20	UHG mit LiegTG
21	AnerbG
22	KSchG, BTVG, TNG, FernFinG
23	WucherG
24	UrhG mit PerkG
25	RHPflG
26	EKHG, VerbG, LFG, RL-LFVO, ÜberfrVO
27	AtomHG
28	AHG, PHBRG
29	OrgHG
30	DHG
31	ASVG Haftung
32	PHG mit GTG
33	UN-KaufR
34	AngG
35	NotaktsG
36	ECG
37	SigG
38	RAPG

LexisNexis®

KODEX
DES ÖSTERREICHISCHEN RECHTS
HERAUSGEBER: UNIV.-PROF. DR. WERNER DORALT

UNTERNEHMENSRECHT

1	UGB, HGB, A-QRG, SRLG
2	ABGB
3	FBG, V-Ötm
4	HVertrG
5	MaklerG
6	KSchG
7	UN-KaufR
8	GmbHG
9	AktG, ÜbG, VeröffentlichungsV, Corporate Governance
10	SE (EU-Ges) SEG
11	GenG, GenRevG, GenRevRAG, GenRevPO, GenVerschmG, GenRevisionsVO, Burm-GenBeG
12	SCE (EU-Gen) SCEG
13	VerG, VereinsDS-VO
14	EWIVG
15	PSG
16	ArbVG, VORL
17	StellenbesG, VO
18	GesAusG
19	KapBG
20	EKEG
21	URG
22	UmwG
23	SpaltG
24	EU-VerschG
25	UmgrStG
26	InvFG, VOen
27	ImmoInvFG
28	BetrlFG
29	KMG
30	ScheckG
31	WechselG
32	KEG, VO
33	AÖSp
34	CMR
35	UWG
36	KartG
37	WettbG
38	UrhG
39	MarkSchG
40	MuSchG
41	PatG
Anhang	EU Privatges

LexisNexis®

KODEX
DES ÖSTERREICHISCHEN RECHTS
SAMMLUNG DER ÖSTERREICHISCHEN BUNDESGESETZE

ZIVILGERICHTLICHES VERFAHREN

1	JN
2	ZPO
3	ZustellG, ZustellV
4	ASGG
5	OGHG
6	ProkG
7	RpflG
8	Winkelschreiber
9	Ehe- und Abstverf, BidorG, FeierRG, B-VG, EMRK
10	EO
11	EO-ÜbgB
12	LBG
13	VGebG
14	VVG
15	USchG
16	KO
17	AO
18	IEG, Insolvenz-ÜbgB
19	AnfO
20	GenKV
21/1	BWG
21/2	URG
22	IFSG
23	EuInsVO
23/1	EuInsVO – Erlass
24	AußStrG
25	GKoärG
26	KFG
27	VerwEinzG
28	UVG
29	AuslUG
30	UbG
31	HeimAufG
Anhang:	BG Wien/Graz, GOG, Elektr Rechtsverk, ADV-Form V, ZustellForm V, TABELLEN, LUGANO-Übk, Belziester Übk, Preßburd LVO, Buzo, BeweisaufnahmeVO, Trolinek-Mediation-G, RL Prozesskostenv, AußStrG AF, FamErbRÄG 2004 samt Mat, Zivilverfahrensnov 2004 samt Mat

LexisNexis®

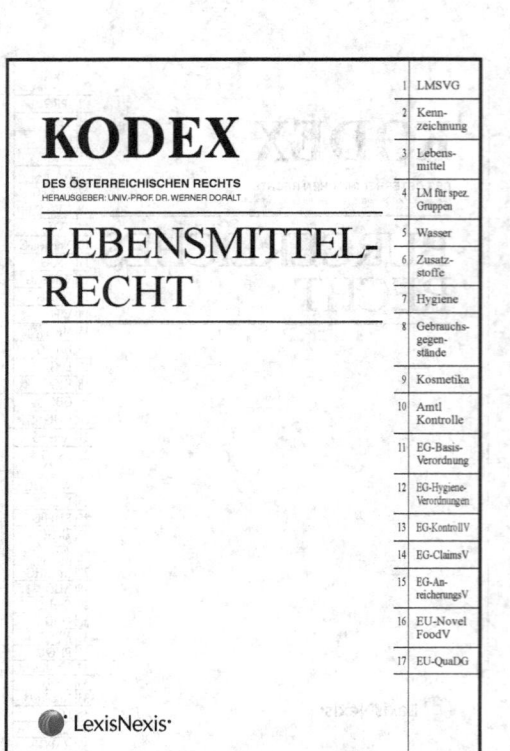

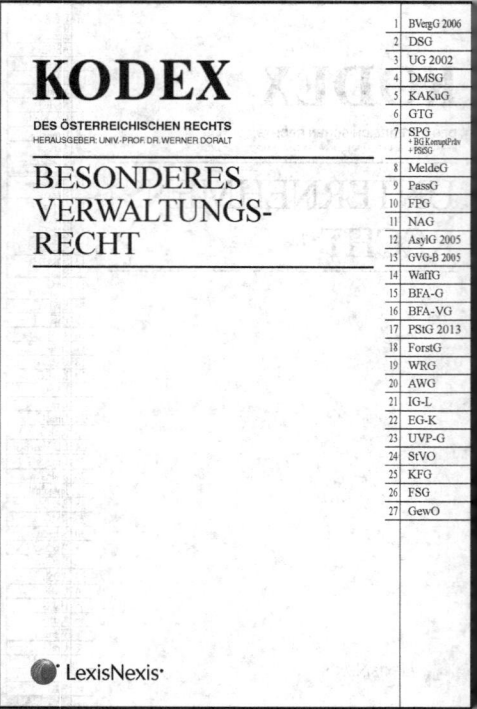

KODEX
DES ÖSTERREICHISCHEN RECHTS
HERAUSGEBER: UNIV.-PROF. DR. WERNER DORALT

LEBENSMITTEL-RECHT

1	LMSVG
2	Kennzeichnung
3	Lebensmittel
4	LM für spez. Gruppen
5	Wasser
6	Zusatzstoffe
7	Hygiene
8	Gebrauchsgegenstände
9	Kosmetika
10	Amtl Kontrolle
11	EG-Basis-Verordnung
12	EG-Hygiene-Verordnungen
13	EG-KontrollV
14	EG-ClaimsV
15	EG-AnreicherungsV
16	EU-Novel FoodV
17	EU-QuaDG

LexisNexis

KODEX
DES ÖSTERREICHISCHEN RECHTS
HERAUSGEBER: UNIV.-PROF. DR. WERNER DORALT

GESUNDHEITS-BERUFE

1	GuKG / GuK-AV / GuK-TAV / FH-GuK-AV / GuK-SV / GuK-LFV / PA-PSA-AV / GuK-WV / GuK-BAV / GuK-AusweisV / GBR-BAV / GuK-EWRV / Art. 15a-B-VG-V / SozbetrB
2	HebG / Heb-AV / FH-Heb-AV / HebAV / Heb-EWRV 2008 / HebSV / Heb-GWO
3	KTG / KT-AV
4	MABG / MAB-AV / TT-AV / TT-AkkV
5	MMHmG / MMHm-AV / MMHm-ZV / Hm-BerufsausweisV
6	MTD-G / FH-MTD-AV / V-RFS-MTD / MTD-AusweisV
7	MTF-SHD-G
8	MuthG
9	PsychologenG / EWR-PsychologenG / EWR-PsychologenV / PsychotherapieG / EWR-PsychotherapieG / EWR-PsychotherapieV
10	SanG / San-AV / SanAFV
11	ZÄG / ZASS-VO / BAG / Lehre ZfAO
12	GBRG

LexisNexis

KODEX
DES ÖSTERREICHISCHEN RECHTS
HERAUSGEBER: UNIV.-PROF. DR. WERNER DORALT

POLIZEI-RECHT

1	SPG + Verz
2	PStSG
3	WaffGebrG
4	BKA-G
5	BAK-G
6	PolKG / EU-PolKG
7	Sonstige
8	StGB VbVG
9	NebenG
10	StPO JGG
11	StRegG TilgG
12	Sonstige
13	EOVG + Sonstige
14	AVG
15	VStG VVG + VwGVG
16	ZustellG
17	MeldeG + DV
18	PassG + DV
19	BFA-G + DV / BFA-VG + DV
20	FPG + DV
21	NAG + DV
22	AsylG + DV
23	GrekoG
24	SDÜ + Sonstiges
25	AuslBG
26	WaffG + Verz
27	KriegsmatG + V
28	PyroTG + DV
29	SprG + Verz
30	MedienG
31	VersammlG
32	StVO + Verz
33	FSG + DV
34	KFG + Verz
35	Sonstige
36	B-VG
37	EMRK + ZP / StGG / HausRG / PersFrG
38	Sonstige
39	ABGB
40	AHG, OrgHG / PolBEG
41	ASVG
42	BDG + Verz

LexisNexis

KODEX
DES ÖSTERREICHISCHEN RECHTS
HERAUSGEBER: UNIV.-PROF. DR. WERNER DORALT

BESONDERES VERWALTUNGS-RECHT

1	BVergG 2006
2	DSG
3	UG 2002
4	DMSG
5	KAKuG
6	GTG
7	SPG + BG KorruptPrv + PStSG
8	MeldeG
9	PassG
10	FPG
11	NAG
12	AsylG 2005
13	GVG-B 2005
14	WaffG
15	BFA-G
16	BFA-VG
17	PStG 2013
18	ForstG
19	WRG
20	AWG
21	IG-L
22	EG-K
23	UVP-G
24	StVO
25	KFG
26	FSG
27	GewO

LexisNexis

KODEX
DES ÖSTERREICHISCHEN RECHTS
HERAUSGEBER: UNIV.-PROF. DR. WERNER DORALT

VERFASSUNGS-RECHT

1	B-VG
1a	UG, B-VGNov
2a	StGG
2b	EMRK
2c	ReligionsR, ZDG, VerG, VolgG, ORF-G, RGG, PrRv-G, AMD-G, FERG, KOG, PresseFG, MinderheitenR
3a	BVG
3b	VfBest in BG
4	UnabhFekG, R-DG, SiV Wien
	BVG Neutralität
5	KMG, SanktG, ESE-BVG, TrAufG, Staatl Symbole
6	StbG
7	ParteiG, VerbotsG, ParteiFörG, KlubFG, PubFG
8	Wahlen, Direkte Demokratie
9	GOG-NR, EU-InfoG, InfOG
10	BezR, Um-TrG
11	BGBlG, Rechtsbereinigung
12	BMG, BVG ÄmterLReg, BGemAufsG
13a	F-VG, FAG 2008
13b	KonsMech ÖStP 2012
14	RHG
15	BVwGG, VwGVG, VwGbk-ÜG
16	VwGG
17	VfGG
18	VolksanwG
19	AHG, OrgHG
20	AuskPfl
21	EUV, AEUV EU-GRC
Anh	IA 1295/A BlgNR 25. GP

KODEX
DES ÖSTERREICHISCHEN RECHTS
HERAUSGEBER: UNIV.-PROF. DR. WERNER DORALT

VÖLKER-RECHT

1	UN, UN-Charta, IGH-Statut, Völkerbund, Amtssitzabk.
2	WVK, WVK I, II
3	Österreich, B-VG Auszug, Staatsvertrag 1955, NeutralitätsG
4	Immunität, UN-Übk, Basler Übk, Immunität UN, Immunität Spezialorg, IO ImmunitätenG
5	Dipl. Verkehr, WDK, WKK, Spezialmissionen, Strafsatzen
6	Streitbeileg., 1. Haager Übk, Manila-Erkl.
7	Gewaltverbot, Uniting for Peace, Definit. Aggression, Friendl. Relations Dekl, Weltgipf.2005 Auszug, UNSR-Resolutionen
8	Humanitäres VR, Haager LKO, GK + Protokoll I, II, Kulturgut
9	Seerecht, UNCLOS
10	Polarrecht, Arctis(tic)
11	LuftfahrtR, Zivilluftfahrt
12	WeltraumR, Weltraum, Rettung, Haftung, Registrierung, Mond, WeltraumG
13	WirtschaftsR, WTO-Abk., GATT, GATS, TRIPS, DSU, NY Übk, ICSID
14	UmweltR, Rio-Dekl.
15	Menschenrechte, UDHR, ICCPR + Fak.prot., ICESCR, CAT, EMRK, EU-Charta, GFK
16	Strafrecht, Röm. Statut, ISrGH-G, StGB Auszug
17	Verantwortlk. ASR, ARIO

KODEX
DES ÖSTERREICHISCHEN RECHTS
HERAUSGEBER: UNIV.-PROF. DR. WERNER DORALT

UNTERNEHMENS-RECHT

1	UGB, HGB, A-QSG, SRLG, USPG
2	ABGB
3	E-Commerce-G
4	FBG
5	1PersG, Mantez
6	KSchG, FAGG
7	UN-KaufR
8	GmbHG
9	AktG, DkG +, VO, VeröffentlichungsV, Corporate Governance
10	SE (EU-Ges) SE-Gesetz
11	GenG, GenRevG, GenRevRAG, GenVerschmG, GenEG
12	SCE (EU-Ges) SCEG
13	VerG, VereinsRS-VO
14	EWIVG
15	PSG
16	ArbVG iVORBL
17	StellenbesG-BV
18	GesAusG
19	KapBG
20	EKEG
21	URG
22	UmwG
23	SpaltG
24	EU-VerschG
25	UmgrStG
26	KMG
27	ScheckG
28	WechselG
29	KEG, VO
30	AÖSp
31	CMR
32	UWG
33	KartG
34	WettbG
35	UrhG
36	MarkSchG
37	MuSchG
38	PatG
	Anhang: Entwurf Europäische Einmann-GmbH

KODEX
DES ÖSTERREICHISCHEN RECHTS
HERAUSGEBER: UNIV.-PROF. DR. WERNER DORALT

ASYL- UND FREMDENRECHT

1	**FPG**
	Erläuterungen
	FPG-DV
	ReisedokVO
	LichtbildVO
	VISA-VO
	Visakodex
	VIS-VO
2	**NAG**
	Erläuterungen
	NLV 2015
	NAG-DV
	IV-V
3	**AsylG**
	Erläuterungen
	StDokBetrV
	AsylG-DV
	HerkSt.-V
	Entsch.RB
	Dublin III
	EurodacV
	FlüchtKonv
4	**GVG-B**
	Erläuterungen
	BEBV
	GV-Vereinb
5	**BFA-VG**
	Erläuterungen
	BFA-VG-DV
	BFA-G
	Erläuterungen
	BFA-G-DV
6	**GrekoG**
	Erläuterungen
	Kundm.
	Grenzkodex
7	**SDÜ**
	Kundm.
	Protokoll

KODEX DES ÖSTERREICHISCHEN RECHTS
SAMMLUNG DER ÖSTERREICHISCHEN BUNDESGESETZE

VERFASSUNGSRECHT

LexisNexis®

1	B-VG
1a	ÜG, B-VGNov
2a	StGG
2b	EMRK
2c	ReligionsR; ZDG VerG VersammlungsG ORF-G, RGG PrR-G, PrTV-G FERG, KOG PresseG MinderheitenR
3a	BVG
3b	VfBest in BG
4	UnabhBehl, V-ÜG R-ÜG, StV Wien
5	BVG Neutralität KMG Int Sanktionen KSE-BVG, TrAusG Staatl Symbole
6	StbG
7	ParteiG VerbotsG KhisbFG, PubFG
8	Wahlen Direkte Demokratie
9	GOG-NR
10	BezIR UnvG
11	BGBlG Rechtsbereinigung
12	BMG BVG ÄmterLReg BGemAufsG
13	F-VG, FAG 2005 KonsMech StabPakt 2005
14	RHG
15	UBASG
16	VwGG
17	VfGG
18	VolksanwG
19	AHG, OrgHG
20	AuskPfl
21	EUV/EGV

KODEX DES ÖSTERREICHISCHEN RECHTS
SAMMLUNG DER ÖSTERREICHISCHEN BUNDESGESETZE

BÜRGERLICHES RECHT

LexisNexis®

1	ABGB mit FamErbRÄG
2	IPRG FFG
3	TEG
4	EheG
5	PStG
6	NAG
7	RelKEG
8	UVG mit AuslUG
9	JWG
10	NotwegeG
11	GSGG
12	WWSGG
13	EisbEG
14	WEG
15	MRG RWG HeizKG
16	BauRG
17	LPG
18	KlGG
19	GBG mit GUG
20	UHG mit LiegTG
21	AnerbG
22	KSchG BTVG, TNG FernFinG
23	WucherG
24	UrhG mit VerwGesG
25	RHPflG
26	EKHG VerkOG, EPG EU-UVO ÜberholVO
27	AtomHG
28	AHG mit PolBEG
29	OrgHG
30	DHG
31	ASVG Haftung
32	PHG mit GTG
33	UN-KaufR
34	AngG
35	NotaktsG
36	ECG
37	SigG
38	RAPG

KODEX DES ÖSTERREICHISCHEN RECHTS
HERAUSGEBER: UNIV.-PROF. DR. WERNER DORALT

UNTERNEHMENSRECHT

LexisNexis®

1	UGB HGB AQSG, SRLG
2	ABGB
3	FBG-VOen
4	HVertrG
5	MaklerG
6	KSchG
7	UN-KaufR
8	GmbHG
9	AktG ÜbG + O NennbetragsumstV Corporate Governance
10	SE (EU-Ges) SEG
11	GenG GenBerRÄG GenRevPO GenVerschmG GenAuslmV Fusion-GenSRL
12	SCE (EU-Gen) SCEG
13	VerG VereinDL-VO
14	EWIVG
15	PSG
16	Arb-VG-AÖRL
17	StellenbesG-VO
18	GerUmG
19	KapBG
20	EKEG
21	URG
22	UmwG
23	SpaltG
24	EU-VerschG
25	UmgrStG
26	InvFG-WOen
27	ImmoInvFG
28	BeteilFG
29	KMG
30	ScheckG
31	WechselG
32	KEG-VO
33	AÖSp
34	CMR
35	UWG
36	KartG
37	WettbG
38	UrhG
39	MarkSchG
40	MuSchG
41	PatG

Anhang: EU-Privatges

KODEX DES ÖSTERREICHISCHEN RECHTS
SAMMLUNG DER ÖSTERREICHISCHEN BUNDESGESETZE

ZIVILGERICHTLICHES VERFAHREN

LexisNexis®

1	JN
2	ZPO
3	ZustellG
3l	ZustellV
4	ASGG
5	OGHG
6	ProkG
7	RpflG
8	Winkelschreiber
9	Ehe- und Abstverf HsbesG FeierttRG B-VG, EMRK
10	EO
11	EO-ÜbgB
12	LBG
13	VGebG
14	VVG
15	USchG
16	KO
17	AO
18	IEG Insolvenz-ÜbgB
19	AnfO
20	GenKV
20l	URG
22	IESG
23	EuInsVO
23l	EuInsVO – Erlass
24	AußStrG
25	GKoärG
26	KEG
27	VerwEinzG
28	UVG
29	AuslUG
30	UbG
31	HeimAufG

Anhang: BG-Wien/Graz GOG Elektr Rechtsverk ADV-Form V ZustellForm V TABELLEN LUGANO-Übk Brüsseler Übk Brüssel I-VO Euro BeweisaufnahmeVO Zivilrechts-MediationsG EU Prozesskosten AuslRecht- uA FamErbRÄG 2004 samt Mat Zivilverfahrensnov 2004 samt Mat

KODEX
DES ÖSTERREICHISCHEN RECHTS
SAMMLUNG DER ÖSTERREICHISCHEN BUNDESGESETZE

SOZIALVERSICHERUNG

1	ASVG
2	AlVG
3	KGG/KBGG
4	SUG
5	NSchG
6	BPGG
7	NeuFÖG
8	IVF-Fonds-G
9	AMPFG
10	GSVG
11	BSVG
12	FSVG
13	K-SVFG
14	NVG
15	B-KUVG
16	EU-BSVG
17	ARÜG
18	SV-EG
19	Int. Abk.

LINDE VERLAG

KODEX
DES ÖSTERREICHISCHEN RECHTS
SAMMLUNG DER ÖSTERREICHISCHEN BUNDESGESETZE

VERGABEGESETZE

1	BVergG, Begl. Best., ABVV, ÖNORM, ErstreckVO, FormVO, BeschVO, Schw.Werte
2	Bgld VergG
3	Krnt VergG, DurchfVO
4	NÖ VergG, VergO
5	OÖ VergG
6	Sbg VergG, VergO
7	Stmk VergG
8	Tirol VergG
9	Vlbg VergG, Vergform
10	Wien VergSG

LINDE

KODEX
DES ÖSTERREICHISCHEN RECHTS
SAMMLUNG DER ÖSTERREICHISCHEN BUNDESGESETZE

WIRTSCHAFTSGESETZE

TEIL I

1	GewO, ÖffnungsZG, Sonn-, FRZG, NahVG, ReisebR, MaklerR, VerbrKV, ProduktSG, GelVG, KraftFLG, GüterbefG
2	BVergG, BB-GmbHG, EU-Recht, DienstL-RL, LiefcrK-RL, BauA-RL, RechtsM-RL, Sek-RL, SekRM-RL, StrandF-RL
3	EIWOG, FRegBG, EigentEG, ÖkostromG, GWG, PreisTrG, RohrLG, EU-Recht, ElektrBM-RL, ErdgasBM-RL, EnergieT-RL
4	DSG, EU-Recht, DatenS-RL, DatenB-RL
5	PreisG, PreisAG, Preis-BÜG, EU-Recht, PreisA-RL
6	VersG, EnLG, Erdöl-BMG, LMBG

LINDE VERLAG

KODEX
DES ÖSTERREICHISCHEN RECHTS
SAMMLUNG DER ÖSTERREICHISCHEN BUNDESGESETZE

WIRTSCHAFTSGESETZE

TEIL II

1	WettbG, KartellG, EU-Recht, EGV, VO Nr. 17, Anhör.-VO, Bagatt-Bek, WettbR-VO, GruFr-VO, FusKon-VO
2	PatentG, SchuZG, GebrMG, HalblSG, MarkenSG, MusterSG, ProdPirG, UrhebRG, VerwertG, EU-Recht, MarkenR-RL, Gem-Mark-VO, GemGM-VO, Halbl-RL, CompPr-RL, Verm-Verl-RL, SchutzD-RL, UrhebR-RL, Sat-RL, Biotech-E-RL, FolgeR-RL, ProdPir-VO
3	UWG, EU-Recht, IrrWerb-RL

LINDE VERLAG

KODEX

DES ÖSTERREICHISCHEN RECHTS
SAMMLUNG DER ÖSTERREICHISCHEN BUNDESGESETZE

ARBEITS-RECHT

LINDE VERLAG

#	
1	AngG
2	GewO
3	ABGB
4	ArbVG
5	ArbAbfG
6	APSG
7	AVRAG
8	AuslBG
9	BEinstG
10	BPG
11	DNHG
12	EFZG
13	GleichbG
14	IESG
15	KautSchG
16	KJBG
17	KoalitG/AntiterrG
18	MSchG/EKUG
19	PatG
20	UrlG
21	BAG
22	BauArb
23	GAngG
24	HausbG
25	HausgG
26	HeimAG
27	JournG
28	SchauspG
29	ASchG
30	AZG/ARG
31	BäckAG
32	FrNachtAG
33	NSchG
34	ArbIG
35	AMFG
36	AÜG
37	VBG/StBG
38	ASGG
39	EO, AO, KO
40	EU-Recht

KODEX

DES ÖSTERREICHISCHEN RECHTS
SAMMLUNG DER ÖSTERREICHISCHEN BUNDESGESETZE

AUSHANGPFLICHTIGE GESETZE

LINDE VERLAG

#	
1	ASchG DOK-VO Kenn-V AMZ-VO STZ-VO SFK-VO SVP-VO VGÜ BS-V VbA ASiV AM-VO ESV GKV Bverbote
2	üVO
3	AAV
4	BauV
5	AZG FahrbVO EU-VOcn
6	ARG ARG-VO
7	MSchG
8	FrNArbG
9	KJBG KJBG-VO
10	KA-AZG
11	BäckAG
12	BEinstG
13	GleichbG

KODEX

DES ÖSTERREICHISCHEN RECHTS
SAMMLUNG DER ÖSTERREICHISCHEN BUNDESGESETZE

PFLEGEGELD-GESETZE

LINDE VERLAG

#	
1	BPGG EinstVO EinrichtungsVO RL-VO
2	Bundes- und Ländervereinb
3	Bgld PGG EinstVO
4	Krnt PGG EinstVO
5	NÖ PGG EinstVO
6	OÖ PGG EinstVO
7	Sbg PGG EinstVO Stb-NachsVO
8	Stmk PGG EinstVO PG-AnpassG PG-Öfl.BedVO
9	Tirol PGG PflegebedVO
10	Vlbg PGG PflegebedVO
11	Wien PGG EinstVO ÜbertragungVO

KODEX

DES ÖSTERREICHISCHEN RECHTS
SAMMLUNG DER ÖSTERREICHISCHEN BUNDESGESETZE

STEUER-GESETZE

LINDE VERLAG

#	
1	EStG
2	KStG
3	UmgrStG UmwG SpaltG
4	UStG
5	BewG
6	GrStG AbgLuF BWA
7	GebG
8	ErbStG
9	GrEStG
10	KVG
11	VersSt FSchSt
12	KfzStG StraBAG
13	Energieabgaben
14	AbgZuw InvFG WKG NoVAG KGG Sicherheitsb KommSt NeuFöG WerbeAbg
15	FLAG KarenzgeldG KBGG
16	DBA Übersicht
17	BAO AVOG ZustellG AuskG
18	AbgEO
19	FinStrG
20	HGB
21	BWG
22	Amtshilfe
23	ASVG
24	WTBG

KODEX

DES ÖSTERREICHISCHEN RECHTS
SAMMLUNG DER ÖSTERREICHISCHEN BUNDESGESETZE

DOPPEL-BESTEUERUNGS-ABKOMMEN

1	Deutschland
2	Liechtenstein
3	Schweiz
4	Italien
5	Slowenien
6	Ungarn
7	Slowakei
8	Tschechien
9	CSSR
10	Belgien
11	Bulgarien
12	Dänemark
13	Finnland
14	Frankreich
15	Griechenland
16	Großbritannien
17	Irland
18	Kroatien
19	Luxemburg
20	Malta
21	Moldova
22	Niederlande
23	Norwegen
24	Polen
25	Portugal
26	Rumänien
27	Russland
28	Schweden
29	Spanien
30	Türkei
31	UdSSR
32	Ukraine
33	Weißrussland
34	Zypern
35	USA
36	Kanada
37	Argentinien
38	Brasilien
39	Australien
40	China
41	Japan
42	Armenien
43	Aserbaidschan
44	Georgien
45	Indien
46	Indonesien
47	Israel
48	Korea, Rep.
49	Malaysia
50	Pakistan
51	Philippinen
52	Tadschikistan
53	Thailand
54	Turkmenistan
55	Usbekistan
56	Ägypten
57	Südafrika
58	Tunesien
Anhang	EU-Recht

LINDE VERLAG

KODEX

DES ÖSTERREICHISCHEN RECHTS
SAMMLUNG DER ÖSTERREICHISCHEN BUNDESGESETZE

VERKEHRS-RECHT

1	StVO / VO
2	PARKGEBÜHRENGESETZE: Bgld / Kärnten / NÖ / OÖ / Salzburg / Steiermark / Tirol / Vorarlberg / Wien
3	BStG
4	KFG / KDV / PBStV / Kraftstoff-VO / FSG + VO
5	GGBG / VO
6	GüterbefG / VO
7	GelegenheitsVG / VO
8	KraftfahrlinienG
9	KHVG 1994 / KfzStG 1992 / NovAG 1991 / BStFG 1996 / Mautstrecken-VO / StraBAG 1994
10	TGSt / VO / TGEisb
11	EKHG
12	EisenbahnG / E-KrVO / SchlV / SchlV
13	EBG
14	Transit
15	Ökopunkte-Vereinbarungen
16	EWG-BREITENSÄTZE: VO 3820 / VO 3821 / Einheitsformulare / Verfahrensrichtlinie

LexisNexis

KODEX

DES ÖSTERREICHISCHEN RECHTS
SAMMLUNG DER ÖSTERREICHISCHEN BUNDESGESETZE

WEHR-RECHT

1	WG
2	B-VG / NeutralVG / SichVerfDok / NSR / EMRK / ZDG
3	AuslEins / KSE-BVG / AuslEG / AZHG
4	HGG
5	APSG
6	HVG
7	MilStG
8	HDG
9	MBG
10	SperrGG
11	MunLG
12	MAG / VerwMG
13	EZG
14	MilBFG
15	VFüDgrd
16	TrAufG / InfoSiG / NATO-SOFA / NATO-PFP-SOFA

LexisNexis

KODEX

DES ÖSTERREICHISCHEN RECHTS
SAMMLUNG DER ÖSTERREICHISCHEN BUNDESGESETZE

ZOLLRECHT UND VERBRAUCHSTEUERN

1	ZK
2	ZBefrVO
3	ZK-DVO
4	ZollR-DG
5	ZollR-DV
6	KN-VO
7	EGV
8	EUBeitr
9	FristVO
10	AußHR
11	AußHStat
12	AHVO
13	BeitrRL
14	Nachg. Waren
15	AusfErst
16	GrekoG
17	StraBAG
18	KfzStG
19	SystemRL
20	BiglDaVO / VersteiBiglDaVO / FristlBuchVO
21	VStBefrV / VStBeglDokV
22	AlkStG
23	BierStG
24	SchwStG
25	TabStG
26	MinStG
27	€
28	EG-AHG
29	EG-VAHG
30	TabMG
31	ALSaG
32	UStG
33	AVOG
34	FinStrG
35	BetrBek

LexisNexis

KODEX-Bestellformular

Titel	Preis im Abo EUR	Einzelpreis EUR
Verfassungsrecht 2022/23, inkl. App	32,-	40,-
Europarecht (EU-Verfassungsrecht) 2022, inkl. App	30,-	37,50
Völkerrecht 2021, inkl. App	28,20	36,-
Basisgesetze ABGB und B-VG 2022, inkl. App		15,-
Bürgerliches Recht 2022/23, inkl. App	28,80	36,-
Taschen-Kodex ABGB 2022, inkl. App		19,-
Familienrecht 2020, inkl. App	44,-	55,-
Unternehmensrecht 2022/23, inkl. App	30,-	37,50
Zivilgerichtliches Verfahren 2022/23, inkl. App	32,-	40,-
Internationales Privatrecht 2021, inkl. App	27,20	34,-
Taschen-Kodex Strafgesetzbuch 2022 inkl. App		16,50
Strafrecht 2022/23, inkl. App	28,80	36,-
Gerichtsorganisation 2022, inkl. App	60,80	76,-
Anwalts- und Gerichtstarife 5/2022, inkl. App	24,80	31,-
Justizgesetze 2022, inkl. App	23,20	29,-
Wohngesetze 2022, inkl. App	44,80	56,-
Finanzmarktrecht Band Ia+Ib (Bankenaufsicht), inkl. App	76,00	95,-
Finanzmarktrecht Band II (Zahlungsverkehr), inkl. App	64,80	81,-
Finanzmarktrecht Band III (Wertpapierrecht, Börse), inkl. App	64,80	81,-
Finanzmarktrecht Band IV (Kapitalmarkt, Prospektrecht), inkl. App	64,80	81,-
Finanzmarktrecht Band V (Geldwäsche), inkl. App	50,40	63,-
Versicherungsrecht Band I 2022/23, inkl. App	64,-	80,-
Versicherungsrecht Band II 2021/22, inkl. App	47,20	59,-
Compliance für Unternehmen 2020/21, inkl. App	58,40	73,-
IP-/IT-Recht 2021, inkl. App	52,-	65,-
Mediation 2022, inkl. App	25,60	32,-
Schiedsverfahren 2020, inkl. App	36,-	45,-
Wirtschaftsprivatrecht 2022/23, inkl. App	23,80	29,80
WirtschaftsG I (Öffentliches Wirtschaftsrecht) 2021, inkl. App	47,20	59,-
WirtschaftsG II (Wettbewerb, Gew. Rechtsschutz) 2022/23, inkl App	48,80	61,-
WirtschaftsG III (UWG) 2019/20, inkl. App	31,20	39,-
WirtschaftsG IV (Telekommunikation) 2022	66,40	83,-
WirtschaftsG V (Wettbewerbs- und Kartellrecht) 2022, inkl. App	53,60	67,-
WirtschaftsG VI (Datenschutz) 2022, inkl. App	52,-	65,-
WirtschaftsG VII (Energierecht) 2022/23, inkl. App	52,-	65,-
Vergabegesetze 2019, inkl App	42,40	53,-
Arbeitsrecht 2022/23, inkl. App	28,80	36,-
EU-Arbeitsrecht 2022, inkl. App	55,20	69,-
Arbeitnehmerschutz 2022, inkl App	31,20	39,-
Sozialversicherung (Bd. I) 2022/23, inkl. App	34,40	43,-
Sozialversicherung (Bd. II) 2022/23, inkl. App	32,80	41,-
Sozialversicherung (Bd. III) 2022 inkl App	28,-	35,-
Personalverrechnung 2022	32,80	41,-
Steuergesetze 2022/23, inkl. App	32,-	40,-
Steuer-Erlässe (Bd. I) 2022/23, inkl. App	48,80	61,-
Steuer-Erlässe (Bd. II) 2022, inkl. App	28,00	35,-
Steuer-Erlässe (Bd. III) 2022, inkl. App	48,80	61,-
Steuer-Erlässe (Bd. IV) 2022, inkl. App	50,60	63,-
EStG - Richtlinienkommentar 2021, inkl. App	56,-	70,-
LStG - Richtlinienkommentar 2022	47,20	59,-
KStG - Richtlinienkommentar 2022	40,70	51,-
UmgrStG - Richtlinienkommentar 2021	48,-	60,-
UStG - Richtlinienkommentar 2022	43,20	54,-
Doppelbesteuerungsabkommen 2022, inkl. App	55,20	69,-
Zollrecht 2022, inkl. App	92,80	116,-
Finanzpolizei 2020, inkl. App	39,20	49,-
Rechnungslegung- und Prüfung 2022, inkl. App	47,60	57,-
Internationale Rechnungslegung IAS/IFRS 2022, inkl. App	24,-	30,-
Verkehrsrecht 2022/23, inkl. App	76,-	95,-
Wehrrecht 2020, inkl. App	44,80	56,-
Ärzterecht 2023, inkl. App	79,20	99,-
Krankenanstaltengesetze 2022/23	57,60	72,-
Veterinärrecht 2022	76,80	96,-
Umweltrecht 2023, inkl. App	87,20	109,-
EU-Umweltrecht 2020, inkl. App	82,40	103,-
Wasserrecht 2022, inkl. App	77,60	97,-
Abfallrecht mit ÖKO-Audit 2022, inkl. App	83,20	104,-
Chemikalienrecht 2021/22, inkl. App	63,20	79,-
EU-Chemikalienrecht 2020, inkl. App	76,-	95,-
Lebensmittelrecht 2022, inkl. App	69,60	87,-
Schulgesetze 2022/23	60,-	75,-
Universitätsrecht 2019, inkl. App	47,20	59,-
Besonderes Verwaltungsrecht 2022/23, inkl. App	55,20	69,-
Innere Verwaltung 2023, inkl. App	82,40	103,-
Asyl- und Fremdenrecht 2022, inkl. App	38,40	48,-
Polizeirecht 2022/23, inkl. App	48,-	60,-
Verwaltungsverfahrensgesetze (AVG) 2022/23, inkl. App	19,20	24,-
Landesrecht Vorarlberg 2021	92,-	115,-
Landesrecht Tirol 2023	106,40	133,-

Die Preise beziehen sich auf die angegebene Auflage, zzgl. Porto und Versandspesen. Satz- und Druckfehler vorbehalten.

Für Ihre Bestellung einfach Seite kopieren, gewünschte Anzahl eintragen, Bestellabschnitt ausfüllen und an Ihren Buchhändler oder an den Verlag LexisNexis ARD Orac übermitteln.

Fax: +43-1-534 52-141 | E-Mail: kundenservice@lexisnexis.at | shop.lexisnexis.at/kodex (versandkostenfrei ab 40 Euro innerhalb von Österreich)

Der KODEX ist unter www.kodex.at als Mobile App und als Desktop-Version für den PC verfügbar!

Firma/Name: .... Kundennr.: ....

Straße: ....

PLZ/Ort: .... Datum/Unterschrift: ....